仏和・和仏
料理フランス語
辞典

PETIT DICTIONNAIRE DE LA GASTRONOMIE
français ⟷ japonais

日仏料理協会 [編]

宇田川 政喜
加藤 綾子
砂川 裕美
堀田 小百合

[協力者]

金原博子
新田学
橋村弘美
古木律子
村山進

白水社

装幀　　**伊勢功治**

写真撮影　**武田正彦**

まえがき

　分野を特定した辞典は，おおよそ利用者の「道具」として役に立つことを旨としている．

　来る日も来る日もフランス語のメニューを書かなければいけない料理長は，過去の例やフランスで書かれた料理名を参考にして凌いできた．然るに現代フランス料理のタイトルは非常に細かいことまで表わす傾向が顕著になってきている．つまり，前例がない時代に突入したのである．それでも，「自分が書きたいメニューを自分のフランス語で書きたい」と思うのはクリエーターとして尤もなことである．また多くのホテルでは英語のメニューを書くのも料理長の仕事となっている．「便利に使える辞典が欲しい」という，こうした現場の切実な要求が，本辞典編纂の出発点となった．

　一方，フランスで修行するキュイジニエやパティシエは年々増加の傾向にあり，ワーキングホリデーや会社の休暇を利用して料理をフランスで学ぼうという人たちも珍しくない．彼らも自分たちの言いたいことをなんとかフランス人に伝えるための道具を必要としている．もちろん一般的な観光でも昔と違ってグループツアーではなく，個人で動き回りたい人も大勢いる．フランス語インストラクターとしては，彼らには出かける前に十分勉強して，いや訓練してもらいたいが，十分に準備期間を設けられる人ばかりではない．

　こういう場合でも，いわば付け焼刃的ではあっても志を完遂したい人たちの役に立つ便利な道具として，収録する語と表現の幅を拡げた．そして「和仏編」ではほぼ全てのフランス語に発音カナ表記を付した．これは他に類を見ないであろうと思われる．メニューを書いたり，ルセットを読んだりするプロの仕事と，フランス人と能動的に関わる必要のある人たちが主に口頭でコミュニケーションをとるという2つの目的を果たすために編纂したらこの形式になった．

　企画当初のコンセプトが実用的な和仏辞典の制作だったこと，1995年に刊行した仏和の「フランス料理用語辞典」には収録していない語を補うこと，という2つの条件を満たすため，料理用語以外の一般語に加え，会話に頻出する語や表現を俗語に至るまで採用した．

　本辞典のような仏和・和仏を併録したコンパクトな双方向辞典は，単語を基として成立している．その場合，日本語を母国語とする利用者がフランス語でコミュニケーションをとるにはもう1つの難題がある．日本語にはない，性・数の存在，形容詞や副詞といった修飾語や「てにをは」にあたる助詞とそれに概ね対応するといえる前置詞の位置の違い，など文法の範疇に入る対応が，この種の辞典ではあまりできない．そこで巻末に，基本的なフランス語文法を載せている．

　5年もの歳月を要してしまった本辞典の編纂に惜しみなく協力をしてくださった金原博子，新田学，橋村弘美，古木律子，村山進諸氏，白水社の及川直志，大内直美両氏には心から感謝している．

　本辞典の利用者の皆さんにはこの道具を使って新しい世界に飛び出していただきたいものである．

　　Bon courage, les chefs !
　　Bon séjour en France, les stagiaires !
　　Bon voyage, les touristes !
　　et Bon appétit, les gastronomes !!

2008年6月

編者一同

本書の使い方

仏和編

I 見出し語, 発音, 品詞

1. 見出し語は abc 順に配列し, 発音は参考までに [ ] 内にカタカナで表記した.
2. 品詞は □ の中に略記した → **[略号一覧]**
3. 性で変化する語は, 見出しにおいては変化する部分を , ではさんで男性形, 女性形の順にイタリック体で示し, 発音においては, 変化する部分を・の後に, ではさんで男性形, 女性形の順に記した.

   accommodé,e [アコモデ] 形 → 形容詞, 男性形 accommodé, 女性形 accommodée, 発音は同じ

   cuit,e [キュイ, -トゥ] 形 → 形容詞, 男性形 cuit [キュイ], 女性形 cuite [キュイトゥ]

   italien,ne [イタリ・ヤン, エーヌ] 形 → 形容詞, 男性形 italien [イタリヤン], 女性形 italienne [イタリエーヌ]

   am*er,ère* [アメール] 形 → 形容詞, 男性形 amer, 女性形 amère, 発音は同じ

   nutriti*f,ve* [ニュトゥリティー・フ,ヴ] 形 → 形容詞, 男性形 nutritif [ニュトゥリティーフ], 女性形 nutritive [ニュトゥリティーヴ]

   cuisini*er,ère* [キュイズィニエール] 男女 → 男性名詞 cuisinier [キュイズィニエ], 女性名詞 cuisinière [キュイズィニエール]

4. 複数形は, s を付ける原則に則る場合は特に示さず, それ以外の場合は必要に応じて 〈複 ~x〉のように, 複合語の場合は 〈複 ~-~s〉, 〈複 ~s-~s〉, 形容詞の場合には 〈男複には ...〉のように示した.

   chou [シュー] 男 〈複 ~x〉 → 複数形 choux

   menu-carte [ムニュ カルトゥ] 男 〈複 ~s-~s〉 → 複数形 menus-cartes

   provincial,e [プロヴァンスィヤール] 形 〈男複には provinciaux〉 → 男性名詞複数形に用いる場合には provinciaux となる.

5. 有音の h で始まる語 (リエゾンやエリズィヨンをしない) には語頭に † 印を付けた.

   †homard [オマール]

6. 動詞は, 規則動詞の基本形 (-er 動詞) は特に示さず, それ以外の活用をする場合は動詞活用表 (付録) の参照すべき番号を付した. 番号の後に 〈備考〉とある場合は, 活用表の備考欄を参照のこと.
7. 代名動詞は, 「‖」の後に「se ~」「s'~」と示した. 規則動詞においては巻末の代名動詞の活用番号 59 のみを付し, それ以外の活用をする場合は参照すべき動詞番号と代名動詞の活用番号を併せて付けた.

   rafraîchir... ‖ se ~ 4 59 → その動詞固有の活用は 4 を, 代名動詞としての活用は 59 を参照のこと.

II 語義, 用例

1. 同綴で品詞が異なる場合は,「‖」の後に見出し語を繰り返し, 品詞の情報を付した
2. 意味の大きな区別には原則として ①② を用いて区別し, その下位の区別には 1) 2) を用いた.「:」は補足的説明を示す.
3. 「~」は見出し語の繰り返しを示す. ただし, 見出し語に「,」があるものはそれ以前の綴り (イタリック体の場合は, イタリックの部分を除く) を意味する.

   soufflé,e   ~e = soufflée

charcuti*er*,*ère*	~ère = charcutière
ail	d'~ = d'ail
aillade	l'~ = l'aillade

また，見出し語が大文字で始まる語を小文字で用いる等，大文字・小文字を使い分ける場合には次のようにした．

Roussillon	r~ = roussillon
Aix-en-Provence	a~-~-p~ = aix-en-provence

Ⅲ 参照

1. 「→」は，その語に関連する記述がある別見出しを示す．
2. 「＝」は，その語の異綴語，あるいは同じ意味を表す語を示す．
3. 「⇒」は，付録の「フランス語のきまり」の参照頁と項目を示す．

和仏編

略語，動詞活用，「～」「→」の用い方等は，仏和に準ずる．
1. 見出し語は50音順に配列した．
2. ‖ は，品詞が異なる場合，また派生語グループをまとめる場合，他，見易くするために適宜使用した．

[略号一覧]

冠	→	冠詞	擬音	→	擬音語
男	→	男性名詞	過分	→	過去分詞
女	→	女性名詞	現分	→	現在分詞
固	→	固有名詞	接頭	→	接頭辞
単	→	単数	(疑問)形	→	疑問形容詞
複	→	複数	(疑問)代	→	疑問代名詞
代	→	代名詞	(疑問)副	→	疑問副詞
前	→	前置詞	(関係)副	→	関係副詞
形	→	形容詞	(関係)代	→	関係代名詞
副	→	副詞	前句	→	前置詞句
動	→	動詞	接句	→	接続詞句
代動	→	代名動詞	副句	→	副詞句
間投	→	間投詞	形句	→	形容詞句

英	→	英語	伊	→	イタリア語
西	→	スペイン語	独	→	ドイツ語
露	→	ロシア語	ポ	→	ポルトガル語
米	→	アメリカ英語			

〈男女同形〉	→	男性と女性が同形
〈単複同形〉	→	単数と複数が同形
〈男は単複同形〉	→	名詞において，男性は単数と複数が同形
〈男に〉〈女に〉	→	形容詞において，男性名詞あるいは女性名詞に用いる
〈男には単複同形〉	→	形容詞において，男性名詞に用いる場合，単数と複数が同形
〈不変〉	→	性と数で変化しない

仏和編
français-japonais

A, a

A,a [ア]男 ①フランス字母の1番め／de A à Z はじめからおわりまで ②a: アール(面積)の記号 ③A: ライ,イ音. 音楽用語 ④A: アンペア ‖ a → avoir ①

à [ア]前 《直後に定冠詞 le が来る場合, à le...ではなく au..., 定冠詞 les が来る場合, à les...ではなく aux...となる》①(向う方向や到着地点を示す)…へ, …に／～ Paris パリへ／Va ～ la cuisine. キッチンへ行け／À table. 食事ですよ ②(位置を示す)…で, …での, …に／～ Tokyo 東京では／rôtir au four オーヴンでローストする ③(時間, 時点を示す)…に, …まで／Le chef dîne ～ 7 heures. 料理長は7時に夕食をとる／À lundi. 月曜日に会いましょう ④(対象を示す)…へ, …に, …に対して Je parle au chef. 私はシェフに話す ⑤(所属, 所有を示す)…の／C'est ～ moi. これは私のだ ⑥(手段, 目的, 用途を示す)…用の, …のための／～ pied 歩いて／cuiller ～ soupe 大さじ, スープ用スプン／～ la minute 仕込なしで(の) ⑦(先行する料理に加える風味や付合せ, 料理の手法などを表す)：1)…的な方法で, …風の／～ la carte 一品料理で, 一品料理の, ア・ラ・カルトで(の)／～ la mode 今風(の)／bouillabaisse ～ la marseillaise ブイヤベース マルセイユ風 2)(風味を示す)…風味の／steak au poivre ペッパーステーキ, 胡椒風味のステーキ 3)(付合せを示す)…添えの／sole aux champignons 舌びらめ きのこ添え 4)(献辞として)…風の／bouchée ～ la reine 小パイ 王妃風：人名を用いる献辞には原則として à la を用いない／pêche Melba 桃 メルバ風 5)(調理方法を示す)…での pommes de terre ～ la vapeur 蒸ポテト

abaisse [アベース]女 ①のばした生地 ②水平に切ったスポンジ生地

abaissé,e [アベセ]形 (パン生地などを)のばした／pâte ～e のばした生地

abaissement [アベースマン]男 下げること, 低下／～ du prix 値下げ

abaisser [アベセ]動 ①下げる, 低くする ②(生地などを)のばす ‖ s'～ 代動 59 下がる, 低くなる

abandonner [アバンドネ]動 あきらめる, 降参する, 断念する

abatis = abat(t)is

abat-jour [アバ ジュール]男 〈単複同形〉(電灯の)笠, ランプシェード

abats [アバ]男複 アバ：心臓, レバー, 舌など家畜の食用内臓の総称／～ blancs 髄, 睾丸, 脳, 腸間膜, 足, 胸腺肉, 頭などの白いアバ／～ rouges 心臓, レバー, 舌などの赤いアバ

abat(t)is [アバティ]男複 アバティ：家禽(きん)の内臓, 首, 手羽先などの総称

abbaye [アベイ]女 アベイ：大修道院. 各地の大修道院でつくるチーズの名にも用いる

abc [アベセ]男 基礎, 初歩

abdominal,e [アブドミナール]形 〈男複には abdominaux [アブドミノ]〉腹部の

abdominaux → abdominal,e

abegnades [アベニャードゥ]女複 = abignades

abeille [アベーユ]女 蜜蜂

abignades [アビニャードゥ]女複 ランド地方の, 血を使ったがちょうの胃と腸の料理 = abegnades, alignade

abîmé,e [アビメ]形 破損した, 傷んだ

abîmer [アビメ]動 傷める, だめにする ‖ s'～ 代動 59 傷む

able [アーブル]男 アーブル：コイ科の淡水魚

ablette [アブレートゥ]女 ブリーク：コイ科の淡水魚 = blanchet

abondamment [アボンダマン]副 多量に, 豊富に

abondance [アボンダーンス]女 ①豊富, 富裕／en ～ ふんだんに ②水割ワイン ‖ abondance 男 ①サヴォワ地方の, 牛乳のAOCチーズ ②(牛の)アボンダンス種

abondant,e [アボンダン, トゥ]形 たくさんの, 多量の／peu ～,e 少ない

abonné,e [アボネ]形 加入した, 予約した

abonnement [アボーヌマン]男 ①(雑誌定期購読の)加入, 予約 ②(電気, ガス, 電話などの)使用申込

abonner [アボネ] 動 (他人用に)予約する ‖ s'~ 代動59 (自分用に)予約する

abord [アボール] 男 態度/ d'~ まず

abordable [アボルダーブル] 形〈男女同形〉① (人が)近づきやすい ②とっつきやすい ③手ごろな, さほど高くない

aboukir [アブーキール] 男 アブーキール:ピスタチオをふったマロンケーキ/ amandes ~ アーモンドを包んだ緑またはピンクの菓子

aboyer [アブワイエ] 動31 ① (犬が)ほえる ② (話言葉)わめく ③オーダーを告げる, 料理の催促をする

aboyeur, se [アブワエール, ズ] 男女 ①よく吠える犬 ②レストランのデシャップ係 = annonceur, se ③わめく人

abrégé, e [アブレージェ] 形 短縮された, 要約された ‖ abrégé 男 要約

abréger [アブレージェ] 動36 〈備考〉(時間を)短縮する

abri [アーブリ] 男 避難所

abricot [アブリコ] 男 アプリコット, あんず/~ sec 干しあんず/ sauce aux ~s アプリコットソース

abricotage [アブリコタージュ] 男 アプリコテすること → abricoter

abricoté, e [アブリコテ] 形 アプリコテした → abricoter

abricoter [アブリコテ] 動 アプリコテする:リキュールを加えて漉(こ)したアプリコットジャムをケーキなどに塗る

abricotine [アブリコティーヌ] 女 アプリコットリキュール

abruti, e [アブリューティ] 形 思考力のない

absence [アプサーンス] 女 ①欠席 ②不在

absent, e [アプサーン, トゥ] 形 ①欠席の ②不在の

absinthe [アプサーントゥ] 女 ①にがよもぎ ②アブサン:アニス風味のリキュール

absolument [アプソリュマン] 副 絶対に

absorbant, e [アプソルバン, トゥ] 形 ①吸収性の/ papier ~ 吸収紙にさせる ‖ absorbant 男 吸収剤

absorber [アプソルベ] 動 吸収する

absorption [アプソールプスィヨン] 女 吸収

abstrait, e [アプストゥレー, トゥ] 形 抽象的な, 抽象の ‖ abstrait 男 抽象芸術

acacia [アカスィヤ] 男 アカシア:マメ科の植物/ faux ~ にせアカシア → pomme

academie [アカデミ] 固女 アカデミー, (学者や芸術家の)協会/ A~ culinaire フランス料理アカデミー

académique [アカデミック] 形 アカデミックな, 学究的な

acajou [アカジュー] 形〈不変〉マホガニー色の, 赤茶色の ‖ acajou 男〈複 ~s〉①カシューナッツ:木 → noix ②マホガニー

acanthe [アカーントゥ] 女 アカンサス:ハアザミ属の植物の総称

accélérat*eur,rice* [アクセレラトゥール, リース] 形 ①加速の ②促進の ‖ accélérateur 男 アクセル

accélérer [アクセレレ] 動36 ①アクセルを踏む, 速度を速める ②促進する ‖ s'~ 代動36 59 速くなる

accent [アクサン] 男 ①アクセント ②なまり

accentué, e [アクサンテュエ] 形 アクセントのある, 強調された

accentuer [アクサンテュエ] 動 アクセントをつける, 強調する

accepter [アクセプテ] 動 受入れる, 承諾する

accès [アークセ] 男〈単複同形〉①接近 ②入口/ ~ aux quais 改札口/ A~ interdit 立入禁止:表示

accessible [アクセスィーブル] 形〈男女同形〉①行きやすい ②納得できる

accessoire [アクセスワール] 形〈男女同形〉①付属の ②二義的な ‖ accessoire 男 ①付属品, アクセサリー ②マンドリンや胡椒挽きなどの小器具 → ustensile

accident [アクスィダン] 男 ①事故, 不幸な出来事, アクシデント ②(土地の)でこぼこ

accidenté, e [アクスィダンテ] 形 (土地の)起伏の多い, でこぼこの

accolade [アコラードゥ] 女 ①(表彰など)儀礼的な抱擁 ②アコラード:同種の肉などを背中合せにもたれかかり合うように盛付ける方法/ décorer... en ~ …をアコラードに盛る

accolé, e [アコレ] 形 くっ付けた, 隣接した

accoler [アコレ] 動 ①隣合せにする, 並べて置く ②くっ付ける, 結びつける ③2つ以上の材料で菓子を構成する

∥ s'~ [代動]59 合さる, つながる

accommodage [アコモダージュ] [男] 調理

accommodation [アコモダスィヨン] [女] ①調理, 料理 ②適応, 順応 ③(視力の)調節

accommodé,e [アコモデ] [形] 調理された

accommodement [アコモードゥマン] [男] ①妥協, 和解 ②調理 ③(部屋などの)模様替, 内装工事

accommoder [アコモデ] [動] ①調理する, 料理する ②適応させる ③(視力を)調整する ④和解させる

accompagnateur,rice [アコンパニャトゥー・ル, リース] [男][女] ①ガイド, 同伴者 ②伴奏者

accompagner [アコンパニェ] [動] ①同伴する ②伴奏する ③送っていく

accompli,e [アコーンプリ] [形] 完成された, 完全な

accomplir [アコンプリール] [動]4 ①完成する ②やり遂げる

accord [アコール] [男] 一致, 合意, 同意 / d'~ いいよ = OK

accordé,e [アコルデ] [形] 調和した

accorder [アコルデ] [動] ①合せる, 一致させる ②同意する, 承認する ③調和させる

accouchement [アクーシュマン] [男] 出産, 分娩

accoucher [アクーシェ] [動] 出産する

accoucheur,se [アクーシュー・ル, ズ] [女] 助産師 = sage-femme

accoudoir [アクードゥワール] [男] ①手すり ②ひじ掛

accouplé,e [アクープレ] [形] 対にした

accoupler [アクープレ] [動] 対にする

accoutumé,e [アクートュメ] [形] 慣れた, 普通の

accrocher [アクローシェ] [動] ①引っかける ②受話器を置く ∥ s'~ [代動]59 引っかかる

accroître [アクルワートゥル] [動]12 〈備考〉増加させる ∥ s'~ [代動]12 59 拡張する, 成長する, (量が)増える

accueil [アクーユ] [男] 応対, 歓迎, 接待, もてなし / faire bon ~ 歓迎する / service d'~ 接待係

accueillant,e [アクーヤン, トゥ] [形] 愛想のよい, 人を快く迎える

accueillir [アクイール] [動]29 〈備考〉接待する, 迎える, もてなす

accumulateur [アキュミュラトゥール] [男] 蓄電池, (自動車の)バッテリー

accusé,e [アキュゼ] [形] ①起訴された, 告発された ②目立った ∥ accusé,e [男][女] 被疑者, 被告 ∥ accusé [男] / ~ de réception 受領書

acerbe [アセールブ] 〈男女同形〉 ①辛らつな ②酸味が強すぎるワインの形容

acérola [アセロラ] [女] アセロラ = azerole

acescence [アセサーンス] [女] ワインなどの酸敗 = piqûre

acescent,e [アセサン, トゥ] [形] 酸化した, ワインやビールが酸っぱくなり始めた

acéteux,se [アセトゥー, ズ] [形] 〈男には単複同形〉酸の味がする

acétification [アセティフィカスィヨン] [女] 酢酸化

acétifier [アセティフィエ] [動] 酢酸化する

acétimètre [アセティメートゥル] [男] 酸度計:酢酸比重計 = acétomètre

acétique [アセティーク] [形] 〈男女同形〉酢酸の / acide ~ 酢酸

acétomel [アセトメール] [男] 蜂蜜入酢

acétomètre [アセトメートゥル] [男] = acétimètre

acha [アシャ] [女] = ache

achar(d) [アシャール] [男] アチャラ:インドの, 野菜やフルーツの酢漬

achat [アシャ] [男] 買物, 購入, 仕入 / ~ en gros 〈卸からの〉仕入

ache [アーシュ] [女] 野生セロリ = acha, ~ des marais / ~ de montagne ラベージ:セリ科の香草 = livèche / ~ sauvage 野生セロリ

acheter [アシュテ] [動]5 買う ∥ s'~ [代動]5 59 自分のために買う

acheteur,se [アシュトゥー・ル, ズ] [男][女] バイヤー

achevé,e [アシュヴェ] [形] 完成した, 終った

achever [アシュヴェ] [動]5 ①完成する, 仕上げる, つくり上げる ②成し遂げる, やり終える

achigan [アシガン] [男] ブラックバス = black-bass, perche d'Amérique, perche noire, perche-truite

achillée [アキレ] 女 西洋のこぎり草 = mille-feuille

acide [アスィードゥ] 形(男女同形) 酸性の, 酸っぱい ‖ acide 男 酸, 酸っぱいもの /~ acétique 酢酸/~ aminé アミノ酸 = aminoacide /~ ascorbique アスコルビン酸/~ azotique, ~ nitrique 硝酸/~ benzoïque 安息香酸: 食品保存料/~ carbonique 炭酸/~ citrique クエン酸/~ inosinique イノシン酸: かつお節などに含まれる旨味成分/~ lactique 乳酸/~ linoléique リノール酸/~ nitreux 亜硝酸/~ malique リンゴ酸/~ pyroligneux 木酢(液): 燻製(くんせい)用品/~ salicylique サリチル酸/~ sorbique ソルビン酸: 保存料/~ tartrique 酒石酸/~ urique 尿酸

acidifié,e [アスィディフィエ] 形 酸化した, 酸味を付けた

acidifier [アスィディフィエ] 動 ①酸化する, 酸性にする ②酸味を付ける

acidité [アスィディテ] 女 酸性(度), 酸味

acidulation [アスィデュラスィヨン] 女 軽く酸味を付けること

acidulé,e [アスィデュレ] 形 軽く酸味を付けた

aciduler [アスィデュレ] 動 軽く酸味を付ける

acier [アスィエ] 男 鋼鉄/ couteau d'~ モリブデン鋼包丁

acné [アークネ] 女 にきび = bouton d'~, bouton de jeunesse

acquis,e [アキ,-ズ] 形(男には単複同形) 得た

acquisition [アキズィスィヨン] 女 ①購入 ②習得, 取得 ③購入物, 取得物

acquit [アキ] 男 受領書, 領収書

acquitter [アキテ] 動 収める

âcre [アークル] 形(男女同形) いがらっぽい, えぐい, 辛い, 渋い, 苦い, のどを刺激する

âcreté [アークルテ] 女 (味やにおいの)きつさ, えぐみ, 辛さ, 渋さ

acrylique [アクリリーク] 形(男女同形) アクリル(酸)の ‖ acrylique 男 アクリル(製品)

acte [アークトゥ] 男 ①行為 ②証書, 証明書/~ de naissance 出生証明書/~s 議事録 ③法令

actif,ve [アクティーフ, ヴ] 形 ①活発な ②積極的な ③現役の ‖ actif 男 能動態: 文法用語 = voix ~ve

actinie [アクティニ] 女 いそぎんちゃく = anémone de mer

action [アクスィヨン] 女 ①活動, 行為, 行動 ②(物理的)作用/ sous l'~ de... …の作用で ③筋, 筋立 ④アクション, 戦闘 ⑤株, 株式

activer [アクティーヴェ] 動 活発にする/ ~ le feu 火をあおぐ

activité [アクティヴィテ] 女 活動

actualité [アクテュアリテ] 女 ①現代性 ②現状/~s ニュース

actuel,le [アクテュエール] 形 現在の, 今日的な ‖ actuel 男 現在

actuellement [アクテュエールマン] 副 今, 現在

acuponcture [アキュポンクテュール] 女 鍼(はり) = acupuncture

acupuncture = acuponcture

adaptateur [アダプタトゥール] 男 ①アダプター ②脚色家

adapté,e [アダプテ] 形 適合した

adapter [アダプテ] 動 適合させる ‖ s'~ 代動 59 順応する, 適合する

additif,ve [アディティー・フ, ヴ] 形 添加の, 付加した ‖ additif 男 添加剤, 添加物/ liste des ~s 添加物表示

addition [アディスィヨン] 女 ①加算, 足算/ faire une ~ 足算する ②(レストラン, カフェでの)会計, 勘定 ③添加

additionné,e [アディスィヨネ] 形 加えた, 足した

additionner [アディスィヨネ] 動 加える, 足算する, 追加する

adhérent,e [アデラン, トゥ] 形 ①粘着性の, 張りついた ②加入している, 所属している ‖ adhérent,e 男 女 会員, 加入者

adhérer [アデレ] 動 36 ~ à... ①…にくっ付く ②…に加入する, 入会する

adhésif,ve [アデズィー・フ, ヴ] 形 粘着性の ‖ adhésif 男 ①接着剤 ②粘着テープ = ruban ~

adieu [アデュー] 間投 (当分または永遠に会わない相手に) さようなら ‖ adieu 男 〈複 ~x〉別れ/ réunion d'~ 送別会

adjectif,ve [アヂェクティー・フ, ヴ] 形 形容詞的な, 形容詞の ‖ adjectif 男 形容詞/~ démonstratif 指示形容詞/

~ déterminatif 限定形容詞／~ indéfini 不定形容詞／~ interrogatif 疑問形容詞／~ possessif 所有形容詞／~ qualificatif 品質形容詞
adjoint,e [アヂョワーン,トゥ] 形 補佐の ‖ adjoint,e 男女 助役, 補佐役
adjonction [アヂョンクスィヨン] 女 添加, 付加
adjudication [アヂュディカスィヨン] 女 競売, 入札／prix d'~ 競売の入札価格
admettre [アドゥメートゥル] 動 26 承認する, 認める, 許す
administrateur,rice [アドゥミニストゥラトゥ・ール,リース] 男女 管理者, 経営者
administratif,ve [アドゥミニストゥラティーフ,ヴ] 形 ①行政の ②管理の, 経営の
administration [アドゥミニストゥラスィヨン] 女 ①行政 ②運営, 管理, 経営 ③ A~ 行政機関, 省庁, 役所
administratrice → administrateur, rice
admirable [アドゥミラーブル] 形 〈男女同形〉感嘆すべき, みごとな, 立派な
admirablement [アドゥミラーブルマン] 副 みごとに, 立派に
admirateur,rice [アドゥミラトゥ・ール,リース] 男女 感嘆の, 賞賛の ‖ admirateur, rice 賞賛者, ファン
admission [アドゥミスィヨン] 女 （入学や加入の）許可／demande d'~ 入学願書
A.D.N. [アデエヌ] 男 DNA, デオキシリボ核酸：acide désoxyribonucléique の略
adorable [アドラーブル] 形 〈男女同形〉愛らしい, とてもかわいい
adorer [アドレ] 動 ①大好きだ, 熱愛する ②あがめる, 崇拝する
adouci,e [アドゥスィ] 形 ①甘くした ②砂糖を加えた ③柔らかくした
adoucir [アドゥースィール] 動 4 ①甘くする ②なめらかにする ③和らげる
adresse [アドゥレース] 女 ①器用さ, 手際／avec ~ 手際よく ②住所, 所在地, 宛先
adresser [アドゥレーセ] 動 ①行かせる ②（言葉を）かける ③送付する
adroit,e [アドゥルワー,トゥ] 形 器用な, 手際のよい
adroitement [アドゥルワートゥマン] 副 器用に

adulte [アデュールトゥ] 男女 大人, 成人, アダルト
adverbe [アドゥヴェールブ] 男 副詞／~ interrogatif 疑問副詞
adverbial,e [アドゥヴェルビヤール] 形〈男複には adverbiaux [アドゥヴェルビョ]〉副詞の
adverbiaux → adverbial,e
advocaat [アドゥヴォカートゥ] 男 アドヴォカート：オランダの, 甘口の卵ブランデー
aérateur,rice [アエラトゥ・ール,リース] 形 換気の, 通気の ‖ aérateur 男 換気装置, 送風機
aération [アエラスィヨン] 女 通風, 換気
aératrice → aérateur,rice
aéré,e [アエレ] 形 風の通る／bien (mal) ~ 通気のいい（悪い）
aérien,ne [アエリ・ヤン,エーヌ] 形 ①空気の, 大気の ②航空の ③高架の
aérobatteur [アエロバトゥール] 男 エアホイッパー, ガスホイッパー
aérobattre [アエロバートゥル] 動 9 ガスで泡立てる
aérobattu,e [アエロバテュ] 形 ガスで泡立てた
aérogare [アエロガール] 女 エアターミナル
aéroglisseur [アエログリスール] 男 ホバークラフト
aéroport [アエロポール] 男 空港
affadir [アファディール] 動 4 味を薄める
affaiblir [アフェブリール] 動 4 弱くする ‖ s'~ 代動 4 59 衰える, 鈍る, 弱くなる
affaire [アフェール] 女 ①事柄, 事件, 問題 ②仕事, 取引, 用事／~s：1) ビジネス, 商売 2) 衣料, 日用品, 身の回り品／~s personnelles 手回り品
affaissé,e [アフェセ] 形 たわんだ, 沈下した, （焼いた生地などが）しぼんだ
affaisser [アフェセ] 動 たわむ, 沈下する, （焼いた生地などが）しぼむ
affamé,e [アファメ] 形 空腹の
affectif,ve [アフェクティー・フ,ヴ] 形 感情の, 情緒の
affection [アフェクスィヨン] 女 ①愛着, 情 ②疾患
affiche [アフィーシュ] 女 張紙, ポスター
afficher [アフィシェ] 動 張紙をする
affilage [アフィラージュ] 男 （刃物の）研磨

affilé,e [アフィレ] 形 ①鋭利な ②辛らつな/d'~ 一気に,連続して

affiler [アフィレ] 動 研ぐ,刃をつける

affiloir [アフィルワール] 男 研磨道具の総称 = affiloire

affiloire [アフィルワール] 女 = affiloir

affinage [アフィナージュ] 男 ①仕上げ ②精製 ③(チーズやソーセージの)熟成

affiné,e [アフィネ] 形 ①精製した ②細かくした ③洗練した ④(チーズを)熟成させた

affiner [アフィネ] 動 ①精製する ②細かくする ③鋭くする ④洗練する ⑤(チーズやソーセージを)熟成させる

affirmatif,ve [アフィルマティーフ,ヴ] 形 ①肯定的な / forme ~ve 肯定形 ②断定的な ‖ affirmative 女 肯定

affranchissement [アフランシースマン] 男 郵送料

affreux,se [アフルー,ズ] 形 〈男には単複同形〉恐しい

affriter [アフリーテ] 動 フライパンの手入れをする

affûté,e [アフュテ] 形 研いだ

affûter [アフュテ] 動 切れ味を取戻す,研ぐ

afin [アファン] (常に de または que を後に伴って) ①《~ de + 不定詞》…するための, …するために ②《~ que + 接続法の活用をする動詞を伴う文》 …するために, …であるために

africain,e [アフリ・カン,ケーヌ] 形 アフリカ (Afrique) の ‖ Africain,e 男 女 アフリカ人

Afrique [アフリーク] 固 女 アフリカ

agape [アガープ] 女 アガペ：最後の晩餐にちなんで初期キリスト教徒が行った会食 /~s 親しい者同士の会食

agar [アガール] 男 = agar-agar

agar-agar [アガラガール] 男 寒天 = agar, mousse du Japon

agaric [アガリーク] 男 ①ハラタケ科の茸 ②シャンピニオン = champignon de couche, champignon de Paris / ~ champêtre はら茸 = psalliote, psalliote champêtre

agave [アガーヴ] 男 竜舌蘭：葉からテキーラをつくる

âge [アージュ] 男 ①年,年齢 ②時期,時代,年代 / moyen ~ 中世 / Moyen(-) Â~ ヨーロッパ中世 ③貯蔵年数 / ~ inconnu カルヴァドス酒 5年以上熟成させたカルヴァドス酒 ④老齢

âgé,e [アジェ] 形 歳を取った,年配の

agence [アジャーンス] 女 代理店,取扱店 /~ d'assurance 保険代理店 /~ de voyages 旅行代理店 /~ immobilière 不動産屋

agenda [アジャンダ] 男 (日記式の) 手帳,メモ帳

agent [アジャン] 男 ①作用物,薬剤 /~ émulsifiant 乳化剤 /~ épaississant 凝固剤 /~ gélifiant ゲル化剤 /~ stabilisant 食品安定剤 /~ tensioactif 表面活性剤 ②中心人物 ③要因 ④(省庁などの)係官 ⑤警官(女性を agente ともいう) ⑥代理業者

agglomération [アグロメラスィヨン] 女 ①凝固,集積 ②都市圏,市街地

aggloméré,e [アグロメレ] 形 凝縮した,集った ‖ aggloméré 男 練炭 = ~ de charbon

agglomérer [アグロメレ] 動 36 凝縮する,集る

aggraver [アグラーヴェ] 動 ①重くする ②悪くする ‖ s'~ 代動 59 重くなる,悪くなる

agir [アジール] 動 4 ①行動する ②影響を与える /~ sur... (…に) 利く ‖ s'~ 代動 4 59 / s'~ de... 1) …することが重要である / Il s'agit de discuter. 討論することが大切だ 2) …に関することである / Il s'agit de notre travail. 私達の仕事に関することだ

agiter [アジテ] 動 振る,ゆする

agneau [アニョ] 男 〈複 ~x〉仔羊 / ~ blanc (生後 80 日~130 日)仔羊 / ~ broutart, ~ gris (生後 5~9 ヶ月の) 仔羊 / ~ de lait 乳飲仔羊 = agnelet, laiton, / ~ de Sisteron システロンの銘柄仔羊 / ~ pré-salé 塩分を含んだ草原の仔羊

agnelet [アニュレ] 男 離乳前の仔羊

agnelle [アニェール] 女 雌仔羊

agnellotti [アニェロッティ] 男 複 伊 イタリア,ピエモンテ地方のラヴィオリ = agnolotti

agnolotti [アニョロッティ] 男 複 伊 = agnellotti

agnus-castus [アニュス カステュス] 男 〈単複同形〉西洋にんじんぼく,チェス

トベリー

agrafa [アグラーファ] 男 ギリシアの, 羊乳のチーズ

agrafe [アグラーフ] 女 ①スナップ, ホック ②ホチキス針

agrafer [アグラフェ] 動 ホチキスで留める

agrafeuse [アグラフーズ] 女 ホチキス

agrandir [アグランディール] 動4 大きくする ‖ s'～ 代動4 59 大きくなる

agraz [アグラーズ] 男 アーモンドと未熟ぶどう果汁をベースにしたグラニテ

agréable [アグレアーブル] 形 〈男女同形〉快適な, 心地よい

agréer [アグレエ] 動 聞入れる

agressi*f,ve* [アグレスィーフ,ヴ] 形 ①攻撃的な ②味が強すぎるワインの形容

agricole [アグリコール] 形 〈男女同形〉農業の／coopérative ～ 農協（農業協同組合）／produits ～s 農産物

agricult*eur,rice* [アグリキュルトゥール,リース] 男 女 農民

agriculture [アグリキュルテュール] 女 農業／～ biologique 有機農業

agro-alimentaire [アグロ アリマンテール] 形 〈男女同形, 複 には～-～s〉農産物加工業の ‖ agro-alimentaire 男 〈複 ～-～s〉農産物加工業

agronome [アグロノーム] 男 女 農学者

agrumes [アグリューム] 男 複 柑橘(かんきつ)類 = citrus

ai → avoir

aide [エードゥ] 女 ①救助, 助け／à l'～ de... を使って／tailler...en julienne à l'～ d'une mandoline ...をマンドリーヌを使って千切りにする ②援助 ‖ aide 男 女 アシスタント, 助手

aide- [エードゥ] 接頭 補助…

aider [エデ] 動 ①手伝う ②補助する

aïe [アイ] 間投 痛い, あいた

aie, aient, aies → avoir ①

aigle [エーグル] 男 ①わし：鳥 ②飛びえい：～ de mer

aiglefin [エーグルファン] 男 ハドック, もんつき鱈(だら) = aigrefin, ânon, églefin

aïgo bouido [アイゴ ブイドゥ] 女 = aïgo boul(l)ido

aïgo bou(l)lido [アイゴブーリド] 女 プロヴァンス地方のにんにくスープ = aïgo bouido

aïgo sau [アイゴ ソ] 女 プロヴァンス地方の, じゃが芋入ブイヤベース

aigre [エーグル] 形 〈男女同形〉酸っぱい, 酸味のある

aigre-dou*x,ce* [エーグル ドゥー, ス] 形 〈男複には～s-～, 女複には～s-～ces〉甘酸っぱい, 甘酢の／(à l')～ce 甘酸風味(の), 甘酢仕立(の, にした)／sauce ～ce 甘酸っぱいソース

aigrefin = aiglefin

aigrelet,te [エーグルレ, トゥ] 形 酸味がかった

aigreur [エグルール] 女 ①酸味／avoir des ～s 胸焼がする／～ stomacale 胃酸過多症 ②酢を想像させるワインの酸味

aigri,e [エーグリ] 形 酸味をつけた, 酸っぱくした

aigrir [エグリール] 動4 酸味をつける, 酸っぱくする

aigrissement [エグリスマン] 男 （ワインなどの）酸敗

aigu,ë [エギュ] 形 ①(声や音が) 高い ②鋭い, 尖った

aiguille [エギュイーユ] 女 ①針／～ à brider ブリデ針／～ à piquer ピケ針 ②さより, ようじ魚 = ～ de mer

aiguillette [エギュイエートゥ] 女 ①(軍服の)飾りひも ②エギュイエット：1) 繊維方向に細く薄切りにした肉 2) 牛ロムステークの先端部 = ～ baronne 3) 家禽(かきん)のささみ = blanc, flanc de volaille

aiguisé,e [エギゼ] 形 研いだ

aiguiser [エギゼ] 動 ①とがらせる, 研ぐ, 磨く ②(感情などを)かきたてる

aiguiseur [エギズール] 男 (包丁)研ぎ器 = aiguisoir

aiguisoir [エギズワール] 男 (包丁)研ぎ器 = aiguiseur

ail [アーユ] 男 〈複 aulx [オ]〉にんにく／gousse d'～ にんにくの片／tête d'～ にんにくの株／tige d'～ にんにくの茎 → p.8 [囲み]

aile [エール] 女 ①翼 ②手羽 ③鶏を4つに切った場合の手羽付の胸肉

aileron [エールロン] 男 ①翼の先端, 手羽先／～ argenté まながつお ②(魚の)ひれ／～ de requin ふかひれ

aillade [アヤードゥ] 女 アイヤード：1) にんにくを使った南フランスの料理／pain à l'～ ガーリックトースト／

ail

ail blanc 白にんにく
ail des ours 野生にんにく
ail d'Espagne, ail rouge des Provençaux 姫にんにく = rocambole
ail rose 赤紫にんにく
ail violet 紫にんにく

sauce (à l')~ にんにく,オリーヴ油,酢などを使ったドレッシング 2) ラングドック地方トゥールーズの,挽いたくるみを加えたアイヨリ
aille → aller 6
aillé, e [アイェ] 形 (にんにくを)加えた,こすりつけた,刺した
aillent → aller 6
ailler [アイエ] 動 (にんにくを…に)すりこむ,加える,差込む
ailles → aller 6
ailleurs [アユール] 副 他の場所に,よそに／d'~ しかも,その上,それに
ailloli = aïoli
aïlloli = aïoli
aimable [エマーブル] 形〈男女同形〉①愛想のよい,親切な,感じのいい ②調和がとれ,快い味のワインの形容
aimant [エマン] 男 磁石
aimer [エメ] 動 愛する,好む／《~+不定詞》…したい
aîné, e [エネ] 形 先に生れた,年上の∥aîné, e 男女 長男,長女,兄,姉,先輩
ainsi [アンスィ] 副 ①あんな風に,そのように ②従って／~ que... この(の)ように,…と同じように／《C'est ~ que +文》そういうわけで…
aïoli [アヨリ] 男 アイヨリ：にんにく,卵黄,オリーヴ油の乳化ソース = ailloli, aïlloli
air [エール] 男 ①空気,外気／au grand ~, en plein ~ 野外で ②様子,態度,表情／《avoir l'~+形容詞》〈avoir ①〉…に見える,思える
aire [エール] 女 ①区域,範囲 ②(高速道路の)サーヴィスエリア
airelle [エレル] 女 ブルーベリー = ~ noire, myrtille／~ rouge こけもも／sauce aux ~s こけもものソース
aise [エーズ] 女 くつろぎ／à l'~ 気楽に,くつろいで／~s 安楽
aisé, e [エゼ] 形 ①気楽な ②やさしい ③ゆとりのある
aisy cendré [エズィ サーンドゥレ] 男 ブルゴーニュ地方の,牛乳のチーズ
ait → avoir 1
Aix-en-Provence [エクサン プロヴァンス] 固 プロヴァンス地方の都市／coteaux d'a~-~-p~ プロヴァンス地方のAOCロゼ,赤,白ワイン
Aix-les-Bains [エークス レ バン] 固 サヴォワ地方の都市
aixois, e [エクスワ, ーズ] 形〈男には単複同形〉エクサン・プロヴァンス(Aix-en-Provence)の,エクス・レ・バン(Aix-les-Bains)の∥Aixois, e 男女〈男は単複同形〉エクサン・プロヴァンスの人,エクス・レ・バンの人
Ajaccio [アジャクスィオ] 固 アジャクシオ：コルシカの都市∥ajaccio 男 コルシカの,AOC白,赤,ロゼワイン
ajoutant [アジュタン] 現分 → ajouter
ajouté, e [アジュテ] 形 加えた
ajouter [アジュテ] 動 加える,添える／en ajoutant ... …を加えながら
ajuster [アジュステ] 動 合せる,適合させる,調整する／~ à... …に合せる∥s'~ 代動 59 合う
akvavit = aquavit
alambic [アランビーク] 男 ①単式蒸留器／~ à distillation continue 連続蒸留器 ②テリーヌなどを飾るゼリーを澄せるための円錐形のフィルター
alarme [アラールム] 女 警報／~s 心配,不安
Alaska [アラスカ] 固男 アラスカ∥alaska 男 グリンピースの種類
albacore [アルバコール] 男 きはだまぐろ
alberge [アルベールジュ] 女 あんずの一種
Albert [アルベール] 固男 アルバート公：イギリス,ヴィクトリア女王の夫∥Albert 形〈不変〉アルベール風(の)：ソース・アルベールを使った料理用表現／sauce ~ ソース・アルベール：ホースラディッシュとマスタード入りのクリームソース
Albi [アルビ] 固 ラングドック地方の町
albigeois, e [アルビジュワ, ーズ] 形〈男には単複同形〉アルビ(Albi)の／(à l')~ e

アルビ風(の)：詰物をしたトマトとじゃが芋のコロッケで構成する付合せを添えた料理用表現 ‖ Albigeois,*e* 固 男 (単複同形) アルビの人

Albuféra [アルビュフェラ] 固 男 アルビュフェラ：ナポレオン軍シュシェ元帥の貴族名/sauce ~ ピーマンの合せバターとグラス・ド・ヴィアンドを加えたソース・シュプレーム

albumen [アルビュメーヌ] 男 胚乳

albumine [アルビュミーヌ] 女 アルブミン：たんぱく質の一種

alcali [アルカリ] 男 アルカリ

alcalin,e [アルカ・ラン, リーヌ] 形 アルカリ性の

alcalinité [アルカリニテ] 女 アルカリ性

alcalisé,e [アルカリゼ] 形 アルカリ化した, アルカリ性になった

alcarazas [アルカラザス] 男 〈単複同形〉素焼の壺

alcazar [アルカザール] 男 ①南スペインのイスラムの王宮 ②上面が格子模様のケーキ

alchémille [アルケミーユ] 女 はごろも草/thé d'~ はごろも草ハーブティ = thé de montagne

alcool [アルコール] 男 ①アルコール ②酒類, 蒸留酒/~ de soho ライチベースのリキュール

alcoolique [アルコリーク] 形 〈男女同形〉アルコールの, アルコール中毒の‖ alcoolique 男 女 アルコール中毒者

alcoolisé,e [アルコリゼ] 形 アルコール化した, アルコールを含んだ

alcooliser [アルコリゼ] 動 アルコール化する, アルコールを加える

alcoolisme [アルコリースム] 男 アルコール中毒

alcoomètre [アルコメートゥル] 男 アルコール計

alco(o)test [アルコテーストゥ] 男 (運転者への)アルコール検査

al dente [アル デンテ] 伊 アル・デンテの‖ al dente 副 アル・デンテに

aleatico [アレアティコ] 男 黒ぶどうの品種

alénois [アレヌワ] 形 オルレアンの：cresson にしか用いない形容詞 → orléanais,*e* / cresson ~ オルレアン芹, 胡椒草, ガーデンクレス

alentours [アラントゥール] 男 複 周辺, 回り, 周り/aux ~ de... …の周囲に

alevin [アルヴァン] 男 (養殖・放流用の)稚魚 = nourrin

Alexandra [アレクサーンドゥラ] 固 女 アレクサンドラ：イギリス国王エドワード7世の妻‖ 形 〈不変〉アレクサンドラ風(の)：同女に捧げた料理用表現‖ Alexandra 男 桃またはあんずのコンポートとヴァニラアイスクリームにいちごのピュレをかけたデザート‖ alexandra アレクサンダー：カクテル = alexandre

alexandre [アレクサーンドゥル] 男 = alexandra

Alger [アルジェ] 固 アルジェ：アルジェリア(Algérie)の首都

Algérie [アルジェリ] 固 女 アルジェリア

algérien,ne [アルジェリ・ヤン, エーヌ] 形 アルジェリア(Algérie)の/(à l')~ne アルジェリア風(の)：1) アルジェリアを想わせる料理の表現 2) さつま芋, にんにく, トマトを付合せた料理用表現‖ Algérien,*ne* アルジェリア人

algine [アルジーヌ] 女 アルギン：アイスクリームなどの安定剤

alginique [アルジニーク] 形 〈男女同形〉アルギンの → algine

algue [アールグ] 女 藻類/~s marines 海藻/~ rouge つのまた：海藻

alicante-bouschet [アリカーントゥ ブーシェ] 男 黒ぶどうの品種

alicot [アリコ] 男 ベアルン及びラングドック地方の, 家禽(かきん)の内臓の煮込 = alycuit, alicuit

alicuit [アリキュイ] 男 = alicot

alignade [アリニャードゥ] 女 = abignades

aligner [アリニェ] 動 一列に並べる

aligot [アリゴ] 男 オヴェルニュ地方の, トム・フレッシュチーズとじゃが芋のペースト = aligouot

aligoté [アリゴテ] 男 ①白ぶどうの品種 ②ブルゴーニュ地方のAOC白ワイン

aligouot [アリグオ] 男 = aligot

aliment [アリマン] 男 栄養物, 食品, 食物/~ diététique 健康食品/~ naturel 自然食品

alimentaire [アリマンテール] 形 〈男女同形〉栄養物の, 食品の, 食物の

alimentation [アリマンタスィヨン] 女 栄養, 食品, 食料品

alise [アリーズ]女 ななかまどの実：ジャムやリキュールに使う／~ pâcaude オレンジ風味の甘味パン = alise pâquaude

alisier [アリズィエ]男 ななかまど：木

alize pâquaude = alise pâcaude → alise

alkékenge [アルケカーンジュ]男 ほおずき = amour en cage, cerise d'hiver, cerise des juifs, coqueret, physalis

alkermès [アルケルメース]男〈単複同形〉イタリア，フィレンツェ発祥の昔の食後酒

allaient, allais, allait → aller 6

allant, e [アラン, トゥ]形 ①元気な ②…へ行くべき，…へ行くところの／ plat ~ au four 耐熱皿‖ allant 現分→ aller 6

all cremat [アル クレマ]男 アル クレマ：カタロニア地方の魚のスープ

alléchant, e [アレシャン, トゥ]形 ①うまそうな ②魅力的な

allé, e 過分→ aller 6

allée [アレ]女 (公園などの)遊歩道

allégé, e [アレジェ]形 軽くした

alléger [アレジェ]動 36〈備考〉軽くする

Allemagne [アルマーニュ]固女 ドイツ

allemand, e [アルマーン, トゥ]形 ドイツ(Allemagne)の／(à l')~e ドイツ風(の)：1) ソース・アルマンドを用いた料理の表現 2) スパゲティとじゃが芋のピュレを添えた肉料理用表現 3) ドイツ風猟肉料理用表現‖ Allemand, e 男女 ドイツ人‖ allemand 男 ドイツ語‖ allemande 女 ソース・アルマンド：ヴルテと鶏のコンソメを使ったソース = sauce ~e, sauce parisienne

aller [アレ]動 6 ①行く／ «~ +不定詞» …しに行く，これから…する，…するつもりだ／ Allez! いけいけ！, さあ！, やれ！／ Allons さあ！, やりましょう！, やろう！／ Allez-y どうぞ：許可／~ chercher (ものを) 取りに行く，(人を)迎えに行く／~ en arrière 後退する，バックする／~ voir 人を訪問する ②~ bien うまく行く／~ bien avec... …とよく合う，似合う，マッチする ③(健康状態が)…だ，…である／ Vous allez bien ? ─ Oui, je vais bien. 元気ですか？─ はい，元気です‖ s'en ~ 代動 6 59 立ち去る‖ aller 男 往路, 片道 = ~ simple／billet ~ simple 片道乗車券

allergie [アレルジ]女 アレルギー

allergique [アレルジーク]形〈男女同形〉アレルギー性の／ être ~ à... …のアレルギー症状になる

aller-retour [アレ ルトゥール]男〈単複同形〉往復

allez → aller 6

alliance [アリヤーンス]女 結婚指輪 = anneau d'~

alliez, allions → aller 6

allô [アロ]間投 もしもし：電話での呼びかけ

allocation [アロカスィヨン]女 ①支給 ②手当

allonge [アローンジュ]女 ①継足し用のもの ②(肉やソーセージをつるす)フック

allongé, e [アロンジェ]形 ①長くした ②寝かせた ③(ソースやコーヒーなどの)のばした，薄めた／ café ~ エスプレッソコーヒーを湯で薄めたもの

allonger [アロンジェ]動 25 ①長くする，のばす ②寝かせる，横たえる ③ソースやコーヒーなどを薄める ④生地などをのばす‖ s'~ 代動 25 59 1) 長くなる，のびる 2) 横たわる

allumage [アリュマージュ]男 (ストーブなどの)着火, 点火, 点灯, 点火装置

allumé, e [アリュメ]形 ①火をつけた ②スイッチを入れた

allumer [アリュメ]動 ①火をつける ②スイッチを入れる‖ s'~ 代動 59 火が付く, 燃える

allumette [アリュメットゥ]女 ①マッチ棒／~s アリュメット：1) マッチ棒状のパイ菓子 2) 縦棒 0.3 cm, 長さ 5 cm の野菜／ en ~s アリュメットに, マッチ棒状の, アリュメットに

almanach [アルマナ]男 ①万用暦：日出・日入時間, 星の位置, 定期市などを記載した暦 ②年鑑, 名鑑

aloés [アロエス]男〈単複同形〉アロエ

alors [アロール]副 ①その時 ②では／«~ que +文» …である一方, …であるのに

alose [アローズ]女 アローサ, 大西洋ひら：ニシン科の魚 = poisson-de-mai

alouette [アルエートゥ]女 ひばり：料理

材料としては mauviette

aloxe-corton [アロス コルトン] 男 ブルゴーニュ地方, コート・ド・ボーヌ地区の AOC 赤, 白ワイン

aloyau [アルワーヨ] 男 〈複 ～x〉牛の腰肉

Alpes [アルプ] 女複 アルプス山脈／～ françaises (suisses) フランス (スイス)アルプス

alphabet [アルファベ] 男 アルファベット

alpin,e [アル・パン,ピーヌ] 形 ①アルプス(Alpes)の ②山岳の, 登山の, 高山の ‖ Alpin,e 男女 アルプスの住民／～e chamoisée シャモワとの交配山羊

alpinisme [アルピニスム] 男 登山

alpiniste [アルピニーストゥ] 男女 登山家

Alsace [アルザス] 固 アルザス地方 ‖ alsace 男 アルザスのぶどう品種を用いたワイン／a～ grand cru アルザス地方の4品種から作る AOC 白ワイン／crémant d'a～ 同地方の AOC 弱発泡性白, ロゼワイン

alsacien,ne [アルザスィ・ヤン, エーヌ] 形 アルザス (Alsace) の／(à l')～ne アルザス風(の, に): 1) シュー・クルート, ゆでたじゃが芋, ベーコンなどを使った料理用表現 2) フォワ・グラ入タンバルなどに用いる表現 3) 溶卵をかけて焼いたフルーツタルト用表現 ‖ Alsacien,ne 男女 アルザスの人

alternant,e [アルテルナン, トゥ] 形 交互の

alternatif,ve [アルテルナティー・フ, ヴ] 形 交互の, 周期的な ‖ alternative 女 ①二者択一 ②解決策, 代案

alternativement [アルテルナティーヴマン] 副 交互に

alterné,e [アルテルネ] 形 交互にした

alterner [アルテルネ] 動 交互にする

altesse [アルテス] 女 ①殿下 ②白ぶどうの品種

altier [アルティエ] 男 オヴェルニュ地方の, 山羊乳のチーズ

altitude [アルティテュードゥ] 女 海抜, 標高

aluminite [アリュミニートゥ] 男 ①アルミナイト ②アルミナを多く入れた耐熱磁器

aluminium [アリュミニヨム] 男 アルミ(ニウム)／en ～, d'～ アルミ製(の)／papier ～ アルミフォイル

alun [アラン] 男 みょうばん

alutère [アリュテール] 男 かわはぎ

alycuit [アリキュイ] 男 = alicot

amabilité [アマビリテ] 女 愛想, 親切／～s 気配り, 心遣い

amaigri,e [アメーグリ] 形 (以前より)やせた

amaigrir [アメグリール] s'～ 代動 4 59 (身体が)やせる

amaigrissant,e [アメグリサーン, トゥ] 形 やせさせる

amande [アマーンドゥ] 女 ①仁(じん) ②アーモンド, はたんきょう／～ amère ビターアーモンド／～ de terre かやつり草 = souchet／～ douce スイートアーモンド／～s effilées スライスアーモンド／～ en poudre, poudre d'～ アーモンドパウダー

amandé,e [アマンデ] 形 アーモンド入の, アーモンド風味の

amander [アマンデ] 動 アーモンドを加える, アーモンド風味をつける

amandine [アマンディーヌ] 女 アーモンドパウダーやアーモンドクリームを用いたケーキ

amanite [アマニートゥ] 女 てんぐ茸:食用と毒きのこの両種がある／～ oronge, ～ des césars たまご茸

amarant(h)e [アマラーントゥ] 女 アマランサス:穀類及び赤紫色の着色料

amaretto [アマレット] 男 イタリアの, アーモンド風味のリキュール

amasser [アマセ] 動 積上げる, 寄せ集める

amassette [アマセートゥ] 女 スケッパー, パレットナイフ

amateur [アマトゥール] 男 愛好家, アマチュア(女性は femme amateur)

amauguette = amauguette

amauguette [アモゲートゥ] 女 ガスコーニュ地方の, 羊の胃と足の煮込 = amauguète

ambassade [アンバサードゥ] 女 大使館

ambassadeur,rice [アンバサドゥ・ール, リース] 男 女 大使

ambassador [アンバサドール] 男 クールジェットの品種

Ambert [アンベール] 固 オヴェルニュ地方の町 ‖ ambert 男 オヴェルニュ地方の, 山羊乳のチーズ

ambiance [アンビヤーンス] 女 雰囲気

ambiant, e [アンビヤーン, トゥ] 形 まわりの

ambigu, ë [アンビギュ] 形 あいまいな ‖ ambigu 男 ①混合物 ②夕方または夜にとる間食

ambra [アーンブラ] 男 琥珀(はく)色のマルサラ酒

ambre [アーンブル] 男 ①琥珀(はく) ②りゅうぜん香 ③りゅうぜん香の香り:ワイン用テイスティング用語

ambré, e [アンブレ] 形 ①琥珀(はく)色の ②りゅうぜん香の香りをつけた

ambroisie [アンブルワーズィ] 女 ①アンブロシア:ギリシャ神話の神々の不老不死の佳肴(こう) ②美味

ambulance [アンビュラーンス] 女 救急車

amélioration [アメリヨラスィヨン] 女 改良

améliorer [アメリヨレ] 動 改良する

aménagement [アメナージュマン] 男 内装工事

amende [アマーンドゥ] 女 罰金

amener [アムネ] 動5 ①連れてくる, 運んでくる ②引起こす ③仕向ける ④引寄せる

am*er*, ère [アメール] 形 苦い ‖ amer 男 苦味をきかせたリキュールの総称

américain, e [アメリ・カン, ケーヌ] 形 アメリカ (Amérique) の / (à l')~e アメリカ風(に, の):1)オマール海老の料理用表現 2)オマール海老とソース・アメリケーヌを添えた魚料理用表現 3)トマトとベーコンを添えた, 卵料理またはグリルした肉料理用表現 / sauce ~e ソース・アメリケーヌ:オマール海老のみそベースのソース ‖ Américain, e 男女 アメリカ人

Amérique [アメリーク] 固女 アメリカ / ~ centrale 中央アメリカ / ~ latine 中南米, ラテンアメリカ / ~ du Nord (Sud) 北(南)アメリカ

Amer Picon [アメール ピコン] 固男 ビターリキュールの商標名

amertume [アメルテューム] 女 苦味

ameublement [アムーブルマン] 男 ①室内装飾, 内装 ②(家具などの)備品

ami, e [アミ] 男女 友, 恋人 / être ~, e avec... …と友達だ / ~ du chambertin ブルゴーニュ地方の, 牛乳のチーズ

amiante [アミヤーントゥ] 男 石綿

amical, e [アミカール] 形 〈男複には amicaux [アミコ]〉 友好的な ‖ amicale 女 友好会, 親睦会

amicalement [アミカールマン] 副 親切に, 友情を込めて

amicaux → amical, e

amidon [アミドン] 男 でんぷん

amiénois, e [アミエヌワ, ーズ] 形 〈男には単複同形〉 アミヤン (Amiens) の ‖ Amiénois, e 男女 〈男は単複同形〉 アミヤンの人

Amiens [アミヤン] 固 アミヤン:ピカルディ地方の都市 / pâté de canard d'~ アミヤンの鴨のパテ

aminci, e [アマンスィ] 形 薄くなった, 細くなった

amincir [アマンスィール] 動4 薄くする, 細くする

amino(-)acide [アミノアスィードゥ] 男 アミノ酸 = acide aminé / ~ essentiel 必須アミノ酸

amiral, e [アミラール] 形 〈男複には amiraux [アミロ]〉 海軍大将の / à l'~e:アミラル風 (の):シャンピニヨン, ムール貝, 牡蠣(かき), トリュフで構成する付合せを使った料理用表現 ‖ amiral 男 〈複 amiraux〉 海軍大将, 提督

amiraux → amiral, e

amitié [アミティエ] 女 友好, 友情

amollir [アモリール] 動4 柔らかくする = ramollir ‖ s'~ 代動4 59 柔らかくなる

amome [アモーム] 男 ショウガ科の植物の総称 = amomum

amomum [アモモーム] 男 = amome

amontillado [アモンティヤード] 男 シェリー酒の一種

amou [アム-] 男 ガスコーニュ地方の, 羊乳のチーズ

amour [アムール] 男 愛 / faire l'~ avec ... …とセックスする / ~ blanc, carpe ~ 草魚(そうぎょ) / ~ en cage ほおずき = alkékenge

amourette [アムーレートゥ] 女 ①(牛, 仔牛, 羊の)脊髄 = moelle ②アニス風味のリキュール

amoureu*x*, se [アムールー, ズ] 形 〈男には単複同形〉 ①恋している / ~, se de... …を愛している ②惚れっぽい ‖ amoureu*x*, se 男女 〈男は単複同形〉 ①恋人 ②恋をしている人

ampélographie [アンペログラーフィ] 女 ぶどう品種学

amphitryon [アンフィトゥリョーン] 男 食卓の主人役, 接待役

amphore [アンフォール] 女 アンフォラ: ギリシア・ローマ時代の壺

ample [アーンプル] 形 ①大きい, 豊かな, ゆったりした ②口の中に豊かに残る調和のとれたワインの形容

amplement [アーンプルマン] 副 たっぷりと

amplitude [アンプリテュードゥ] 女 ①差, 幅 ②規模, 広がり ③振幅

ampoule [アンプール] 女 ①電球／～ à baïonnette はめ込式電球／～ à visse ねじ込式電球 ②(薬などの) アンプル ③(手足の) まめ ④首の長い小瓶

amusant, e [アミュザン, トゥ] 形 楽しい, 愉快な

amuse-bouche [アミューズ ブーシュ] 男〈単複同形〉アミューズ・ブーシュ: 食前酒と共に供する小オードヴル = amuse-gueule, amusette

amuse-gueule [アミューズ グール] 男〈単複同形〉= amuse-bouche

amusement [アミューズマン] 男 娯楽, 楽しみ

amuser [アミュゼ] 動 楽しませる ‖ s'～ 代動59 楽しむ／s'～ à... …で楽しむ

amusette [アミュゼートゥ] 女 ①気晴し ②アミューズ・ブーシュ = amuse-bouche, amuse-gueule

amygdalite [アミ(グ)ダリートゥ] 女 扁桃腺炎

an [アン] 男 年, 歳／à (l'âge de) six ～s 6歳の時に／avoir...～(s) 年齢は…歳だ／～ dernier 昨年／～ prochain 来年／dans un ～ 1年後／par ～ 1年につき／nouvel ～ 正月, 新年, 年始／tous les ～s 毎年

anacarde [アナカールドゥ] 男 カシューナッツ = cajou

anal, e [アナール] 形〈男複〉には anaux [アノ]〉肛門の

analeptique [アナレプティーク] 形〈男女同形〉滋養強壮の ‖ analeptique 男 滋養強壮剤

analyse [アナリーズ] 女 分析

analyser [アナリゼ] 動 分析する

ananas [アナナ(ス)] 男〈単複同形〉パイナップル

anaux → anal, e

Ancenis [アンスニ] 固 ロワール地方の町／coteau d'a～ 同地方の赤, 白のAOCワイン

ancêtre [アンセートゥル] 男 ①先祖, 祖先, ルーツ ②元祖

anchiu(a)ta [アンチュータ(アンチュアータ)] 女 アンチョヴィペーストを塗ったコルシカのトースト

anchoïade [アンショヤードゥ] 女 生野菜やトーストにつける, アンチョヴィ風味のピュレ = anchouiade, anchoyade

anchois [アーンシュワ] 男〈単複同形〉アンチョヴィ, かたくちいわし

anchouiade [アンシュヤードゥ] 女 = anchoïade

anchoyade [アンショワヤードゥ] 女 = anchoïade

ancien, ne [アンスィ・ヤン, エーヌ] 形 ①古い, 古くからある ②古代の, 昔の／(à l')～ne 昔風(の): 1) フリカセやブランケットまたはブレゼした料理用の, 小玉ねぎとシャンピニョンの付合せを使った料理用表現 2) 昔ながらの料理を想起させることを目的とした表現 = (à la) bonne femme ③以前の, 旧…, 前… ‖ ancien, ne 男女 先輩, 年長者 ‖ ancien 男 時代物

anciennement [アンスィエーヌマン] 副 昔は, かつては

andalou, se [アンダルー, ズ] 形〈男複〉には～s〉アンダルシア(Andalousie)の／(à l')～se アンダルシア風(の): ピーマンのピラフ詰め, なすにソテしたトマトをのせたもの, パセリをふったトマト, 時にはチョリソで構成する付合せを使った料理用表現／sauce ～se: 1) トマトのピュレと赤ピーマンを加えたマヨネーズ 2) ヴルテソースに, トマト・コンサントレ, にんにく, ピーマン, きざみパセリを加えたソース ‖ Andalou, se 男女〈男複〉〈～s〉アンダルシア人

Andalousie [アンダルースィ] 固 女 アンダルシア: スペイン南部の地方

andimolle [アンディモール] 女 = landimolle

andouille [アンドゥーユ] 女 アンドゥイユ: 豚の胃腸, ばら肉などの腸詰

andouiller [アンドゥイエ] 動 腸に詰める
andouillette [アンドゥイエートゥ] 女 アンドゥイエット：豚の胃など内臓の,小さい腸詰
âne [アーヌ] 男 ろば / saucisson d'~ → p.313 囲み
anémie [アネミ] 女 貧血
anémone [アネモーヌ] 女 アネモネ / ~ de mer いそぎんちゃく = actinie
anesthésie [アネステズィ] 女 麻酔
aneth [アネートゥ] 男 アネット, ディル：ういきょうに似た香りの香草 = faux-anis, fenouil bâtard, persil suédois
anétole [アネトール] 男 アニス油, アネトール：アニスの芳香主成分
ange [アーンジュ] ①天使 / ~s à cheval グリルした牡蠣(ポ)とベーコンをのせたトースト ②かす鮫 = ~ de mer
angélique [アンジェリーク] 女 アンゼリカ / ~ confite アンゼリカの砂糖漬 / ~ racine とうき：根を生薬に使う / liqueur d'~ アンゼリカリキュール
Angers [アンジェ] 固 アンジュー地方の中心市
angevin,e [アンジュ・ヴァン, ヴィーヌ] 形 アンジェ (Angers) の, アンジュー (Anjou) の / (à l')~e アンジュー風 (の)：アンジュー地方の料理に用いる表現 / vin ~ アンジュー地方のワイン ‖ Angevin,e 男 女 アンジュの人, アンジューの人 ‖ angevine 女 belle ~e 洋梨の品種
anglais,e [アングレ, ーズ] 形 男 には単複同形 イギリスの, イングランド (Angleterre) の / (à l')~ イギリス風 (に, の)：1) 湯でゆでる調理法に用いる表現 / (faire) cuire à l'~e 塩ゆでする / légumes à l'~e きざみパセリとバターであえたゆで野菜 2) 小麦粉, 卵, パン粉を付けて揚げる調理法に用いる表現 3) バターや油を塗ってから調理する料理用表現 / griller à l'~e 魚にバターを塗ってグリルしメトル・ドテル・バターとゆでじゃが芋を付合せる ‖ anglais 男 英語 ‖ Anglais,e 男 女 (男は単複同形) イギリス人, イングランド人
angle [アーングル] ①角(ゲ) ②角度
Angleterre [アングルテール] 固 女 イギリス, イングランド
Angostura [アンゴストゥーラ] 固 女 アンゴストゥーラ：トリニダードのビターリキュールの商標名
Angoulême [アングーレーム] 固 アングーレーム地方の中心市
angoumois,e [アングーモワ, ーズ] 形 男 には単複同形 アングーレーム (Angoulême) の / (à l')~e アングーレーム風 (の) ‖ Angoumois,e 男 女 (男は単複同形) アングーレームの人 ‖ Angoumois 固 男 アングーモワ地方：フランス南西部の地方
angoumoisin,e [アングームワ・ザン, ズィーヌ] 形 アングーモワ地方 (Angoumois) の / (à l')~e アングーモワ風 (の) ‖ Angoumoisin,e 男 女 アングーモワの人
anguille [アンギーユ] 女 うなぎ / ~ au vert うなぎの香草煮込 / ~ de mer 1) あなご = congre 2) はも = murène japonaise / ~ de sable いかなご
animal,e [アニマール] 形 男 複には animaux [アニモ] 動物の ‖ animal 男 (複 animaux) 動物
animaux → animal,e
animé,e [アニメ] 形 ①命のある ②活気のある, 生き生きとした, 賑やかな ③動きのある / dessins ~s アニメ
animelles [アニメール] 女 複 (料理としての) 牛, 羊, 豚などの) 睾丸
anis [アニス] 男 (単複同形) ①アニス：ういきょうに似た香りの香草 ②アニス酒 = liqueur d'~, liqueur anisée

---

anis

anis étoilé　スターアニス, 八角
anis vert　グリーンアニス
graines d'anis　アニスシード
poudre d'anis　アニスパウダー
sucre d'anis　アニスシュガー
tisane d'anis　アニスハーブティ

---

anisé,e [アニゼ] 形 アニス風味を付けた, アニス風味の / liqueur ~e アニス酒 = anis
aniser [アニゼ] 動 アニス風味を付ける
anisette [アニゼートゥ] 女 アニス風味のリキュール
Anjou [アンジュー] 固 男 アンジュー地方：ロワール川下流域の地方 ‖ anjou

男 同地方の AOC 赤, 白, ロゼ, 発泡性ワイン / rosé d'a~ 同地方の AOC ロゼワイン

Anna [アンナ] 固名：料理では 19 世紀, カフェ・アングレの顧客, アンナ・デリヨン (Anna Deslions) のこと / pommes ~ 薄い円盤形にしたじゃが芋を重ねて焼いた付合せ

annatto [アナト] 男 アナットー：ベニノキから採るバターなどに用いる着色料

anneau [アノ] 男 〈複 ~x〉環状のもの, (宗教や祭などに関わる)指輪, 輪 / ~ du vic(-)bilh ガスコーニュ地方の, 山羊乳のチーズ

année [アネ] 女 ①(暦上の, ある意味を持った) 年 / ~ dernière 去年 / ~ favorable, bonne ~ 当り年 / ~ précédente 前年 / ~ prochaine 来年 / ~ suivante 翌年 / Bonne ~. 明けましておめでとう / chaque ~ 毎年 / cette ~ 今年 / combien d'~s 何年間 / quelle ~ (暦)何年 / toute l'~ 一年中 / ~s 時代, 年代 ②学年

Annette [アネートゥ] 固女 アネット：小さいアンナの意味 / pommes ~ 千切りのじゃが芋を重ねて焼いた付合せ → Anna

annexe [アネークス] 女 別館, 離れ：建物

anniversaire [アニヴェルセール] 男 記念日, 誕生日 / Bon (または Joyeux)~! 誕生日おめでとう

annonce [アノーンス] 女 広告, 知らせ, 通知

annoncer [アノンセ] 動 32 通知する, 披露する

annonceur,se [アノンスール, ズ] 男女 注文取次係, デシャップ係 = aboyeur,se

annot [アノ] ニース近郊の, 山羊または羊乳のチーズ

annuaire [アニュエール] 男 ①年鑑 ②名簿 ③電話帳

annuel,le [アニュエール] 形 年間の

annulaire [アニュレール] 男 薬指

annulation [アニュラスィヨン] 女 キャンセル, 取消, 破棄

annulé,e [アニュレ] 形 キャンセルされた, 取消された

annuler [アニュレ] 動 キャンセルする

anomalie [アノマリ] 女 異常

ânon [アノン] 男 ①仔ろば ②ハドック：もんつき鱈(⑤) = aigrefin

anone [アノーヌ] 女 ばんれいし：トロピカルフルーツ = pomme cannelle

anonyme [アノニム] 形 〈男女同形〉特徴のない, 匿名の ‖ anonyme 男女 匿名の人物

anormal,e [アノルマール] 形 〈男複には anormaux [アノルモ]〉異常な

anormalement [アノルマールマン] 副 異常に

anormaux → anormal,e

anse [アーンス] 女 ①(容器などの)柄, 取っ手 ②入江

antécédent,e [アンテセダン, トゥ] 形 先の, 先行する ‖ antécédent 男 ①前例 ②既往症

antenne [アンテーヌ] 女 ①アンテナ ②放送, 放送局 ③触覚 ④支社, 支部, 分校

antérieur,e [アンテリユール] 形 ①前の, 前方の / partie ~e 前部 ②以前の

antérieurement [アンテリユールマン] 副 ~ à ... (時間的に)…より前に

anthémis [アンテミス] 女 〈単複同形〉カミツレモドキ属 / ~ noble ローマカミツレ：香草

antiadhésif,ve [アンティヤデズィーフ, ヴ] 形 焦付き防止の, ノンスティックの

Antibe [アンティーブ] 固 コート・ダジュールの町

antibiotique [アンティビヨティーク] 形 〈男女同形〉抗生物質の ‖ antibiotique 男 抗生物質

antibois,e [アンティーブワ, ーズ] 形 〈男には単複同形〉アンティーブ (Antibe) の / (à l')~e アンティーブ風(の)：トマト, アンチョヴィなどを付合せた料理用表現 ‖ Antibois,e 男女 〈男は単複同形〉アンティーブの人

antichambre [アンティシャーンブル] 女 次の間, 控室

anticristallisant [アンティクリスタリザン] 男 アイスクリーム製造用結晶防止剤

antidiarrhéique [アンティディヤレイーク] 男 下痢止め

antillais,e [アンティエ, ーズ] 形 〈男には単複同形〉アンティル諸島 (Antilles) の / (à l')~e アンティル諸島風(の)：1)米, トマト風味の野菜, パイナップルまたはバナナを付合せた, 魚, 海老, 鶏料理用表現 2) ラム酒またはヴァニ

ラ風味のトロピカルフルーツのデザート用表現‖ Antillais,*e* 形女〈男は単複同形〉アンティル諸島の人

Antilles [アンティーユ] 固女複 アンティル諸島：中米の列島

antioxydant,*e* [アンティヨクスィダン, トゥ] 形 酸化防止の‖ antioxydant 男 酸化防止剤

antipelliculaire [アンティペリキュレール] 形〈男女同形〉ふけ防止の

antique [アンティーク] 形〈男女同形〉昔の

antiquité [アンティキテ] 女 大昔, 古代／～s 骨董品, 古美術品

antiseptique [アンティセプティーク] 形〈男女同形〉防腐の‖ antiseptique 男 化膿止め, 消毒薬, 防腐剤

antivariolique [アンティヴァリオリーク] 形〈男女同形〉天然痘予防の／ vaccination ～ 種痘

anus [アニュス] 男〈単複同形〉肛門

Anvers [アンヴェール] 固 アントワープ：ベルギーの港湾都市

anversois,*e* [アンヴェールスワ, ーズ] 形〈男には単複同形〉アントワープ（Anvers）の／（à l'）～e アントワープ風（の）：ホップの芽を使った料理用表現‖ Anversois,*e* 男女〈男は単複同形〉アントワープの人

A.O.C. [アォセ] 女 ア・オ・セ, 原産地統制名称：Appellation d'origne contrôlée の略

Aoste [アオーストゥ] 固 アオスタ：1）イタリアの町 2）サヴォワ家の傍系

août [ウー(トゥ)] 男 8月／ au mois d'～, en～ 8月に

apercevoir [アペルスヴワール] 動38 見える, 見かける‖ s'～ 代動38 59 気がつく

apéritif,*ve* [アペリティー・フ, ヴ] 形 食欲増進の‖ apéritif 男 アペリティフ, 食前酒

apéro [アペロ] 男（話言葉）アペリティフ, 食前酒

apérobic [アペロビーク] 男 ブルゴーニュ地方の, 山羊乳または牛乳のチーズ

aphteu*x,se* [アフトゥー, ズ] 形〈男には単複同形〉アフタ性の／ fièvre ～se 口蹄疫

apiculée [アピキュレ] 女 ワイン酵母の種類

aplanir [アプラニール] 動4 平にする, 取除く, ならす

aplati,*e* [アプラーティ] 形 ①平になった ②肉などを叩いてのばした ③（話言葉）へとへとの

aplatir [アプラティール] 動4 ①平たくする ②肉などを叩いてのばす‖ s'～ 代動4 59 ぺしゃんこになる

apparat [アパラ] 男 華麗, 豪華／ dîner d'～ フォーマルディナー

appareil [アパレーユ] 男 ①機械, 器具, 用具／～ à express, ～ à expresso エスプレッソマシン ②アパレイユ：詰めたり塗ったりするためにまぜ合せた材料／～ à croquette クロケット（コロッケ）用アパレイユ／～ à soufflé スフレ用アパレイユ／～ crémé シュガーバター ③カメラ, 写真機 =～(de) photo／～ numérique デジタルカメラ ④器官／～ circulatoire 循環器／～ digestif 消化器／～ génital 性器：生殖器／～ respiratoire 呼吸器／～ urinaire 泌尿器

apparence [アパランス] 女 面影, 外観, 外見, 名残, 容姿, 様子

appartement [アパールトゥマン] 男 ①アパート, マンション／～ à deux pièces 2Kのマンション／～ à louer, ～ en location 賃貸マンション ②（ホテルの）スイートルーム = suite

appât [アパ] 男（釣りの）餌

appelé,*e* [アプレ] 形 ①名付けた ②呼ばれた

appeler [アプレ] 動7 ①呼ぶ ②電話する =～ au téléphone ③名前を付ける‖ s'～ 代動7 59 / s'～... …という名前だ／ Je m'appelle A. 私はAです

appellation [アペラスィヨン] 女 呼び方, 名称／～ d'origne contrôlée 原産地統制名称 = A.O.C.

appendicite [アパンディスィートゥ] 女 虫垂炎, 盲腸炎

appétissant,*e* [アペティサン, トゥ] 形 うまそうな, 食欲をそそる

appétit [アペティ] 男 食欲／ avoir de l'～ 食が進む, 食欲がある／ Bon ～ !（食前の挨拶）召上れ／～s シブレット, パセリなどの香草

applaudir [アプロディール] 動4 拍手する

applaudissement [アプロディースマン]

男 拍手

application [アプリカスィヨン] 女 ①実行, 実施, 実践 ②取付, 貼付 ③応用, 実用化, 適用

appliqué, e [アプリーケ] 形 ①付けた, (薬を)塗った ②勤勉な, 熱心な

appliquer [アプリケ] 動 ①張る, (薬を)塗る ②応用する, 適用する

appoint [アプワーン] 男 ①(代金の端数の)小銭 ②援助, 貢献, 補助 ③差額, 差引残高

apporter [アポルテ] 動 持ってくる

appréciation [アプレスィヤスィヨン] 女 評価

apprécié, e [アプレスィエ] 形 尊重された, 高く評価された

apprécier [アプレスィエ] 動 評価する, 味わう

apprendre [アプラーンドゥル] 動37 ①教える ②習得する, 学ぶ, 覚える ③(聞いたり読んだりして)知る

apprenti, e [アプラーンティ] 男女 アプランティ, (専門技術の)実習生, 見習(人)

apprentissage [アプラーンティサージュ] 男 修行, (職業の)実習, 見習:行為

apprêt [アープレ] 男 ①調理, 料理 ②気取り ③(パンの)二次醗酵/~s (婚礼などの)支度, 準備

apprêté, e [アプレーテ] 形 ①わざとらしい ②仕上げた, 調理した ③(パンを)二次醗酵させた

apprêter [アプレーテ] 動 ①(すぐ使えるよう)用意する, 準備する ②調理する, 料理する ③(パンを)二次醗酵させる

approcher [アプローシェ] 動 近づける, 寄せる ‖ s'~ 代動59 近づく

approprié, e [アプロプリエ] 形 適宜の, 適切な, 適当な

approuver [アプルーヴェ] 動 認可する, 認める

approvisionnement [アプロヴィズィヨーヌマン] 男 仕入, 調達

approvisionner [アプロヴィズィヨネ] 動 ①(食糧などを)補給する ②(口座に)入金する ‖ s'~ 代動59 仕入れる

approximati f, ve [アプロクスィマティー・フ, ヴ] 形 おおよその

approximativement [アプロクスィマティーヴマン] 副 おおよそ, だいたい

appui [アプュイー] 男 支え

appuyer [アプュイエ] 動19 (指で)押す/~ sur... …を押す

âpre [アープル] 形 えぐい, 渋い

après [アプレ] 前 (時間, 場所) 後, 後で, 後に/~ vous どうぞお先に/«~ avoir+過去分詞» …した後で:助動詞として être をとる場合は «~ être+過去分詞»/~ tout 要するに/d'~... …に従って, …によれば/l'un, e ~ l'autre 次々と ‖ après 副 後で(に), それから, 次に

après-dîné(e) [アプレ ディネ] 男 (女) = après-dîner

après-dîner [アプレ ディネ] 男 〈複 ~-~s〉アフターディナー = après-dîné(e)

après-midi [アプレ ミディ] 男 (または女)〈単複同形〉午後/ dans l'~ 午後に

après-shampooing [アプレ シャンプーワン] 男 〈複 ~-~s〉(シャンプー後の)リンス

après-vente [アプレ ヴァーントゥ] 男 〈単複同形〉アフターサービス = service ~

âpreté [アープルテ] 女 渋み:味覚

apron [アプローン] 男 ローヌすずき

apte [アープトゥ] 形 〈男女同形〉 ~ à... …の能力のある

aptitude [アプティテュードゥ] 女 才能, 素質, 適性, 能力

aquarelle [アクワレール] 女 水彩画

aquarium [アクワリョーム] 男 ①飼育用水槽 ②水族館

aquatinte [アクワターントゥ] 女 アクワチント:腐食銅版画

aquatique [アクワティーク] 形 〈男女同形〉水生の

aquavit [アクワヴィートゥ] 男 アクアヴィット:北欧の蒸留酒 = akvavit

aqueu x, se [アクー, ズ] 形〈男には単複同形〉①(野菜に)汁気の多い, 水気の多い, 水っぽい ②水性の

aquitain, e [アキ・タン, テーヌ] 形 アキテーヌ (Aquitaine) の ‖ Aquitain, e 男 女 アキテーヌの人

Aquitaine [アキテーヌ] 固 女 南西フランスの地方

arabe [アラーブ] 形 〈男女同形〉アラビア (Arabie) の, アラブの ‖ arabe 男 アラビア語 ‖ Arabe 男 女 アラビア人, アラブ人

Arabie [アラビ] 固 女 アラビア/~

Saoudite サウジアラビア
arac [アラーク] 男 アラキ：中東，東南アジアの蒸留酒 = arack
arachide [アラシードゥ] 女 ピーナッツ，南京豆，落花生 = cacahouette
arack = arac
araignée [アレニェ] 女 ①蜘蛛②けあし蟹：足の長い蟹の呼称 = ~ de mer, esquinade, maïa, maja ③牛の腰骨の周辺肉④穴あき杓子，スキマー／~ à frire, ~ à friture 揚物用穴あき杓子
aralia [アラリヤ] 男 タラノキ属の植物
aramon [アラモン] 男 黒ぶどうの品種
arapède [アラペードゥ] 女 つたのは貝
aravis [アラヴィス] 男 サヴォワ地方の，山羊乳のチーズ
arbin [アルバン] 男 サヴォワ地方の，牛乳のチーズ = tamié
arbois [アルブワ] 男 ①フランシュコンテ地方の AOC 赤，白，ロゼワイン②白ぶどうの品種／~ pupillin 同地方の AOC ロゼワイン
arbolade [アルボラードゥ] 女 ①ハーブなどを入れ，おろしチーズをかけた昔のオムレツ = arboulastre ②洋梨果汁などと卵でつくり，砂糖とオレンジエッセンスをかけたデザート用オムレツ
arboré,e [アルボレ] 形 木の植えられた
arboulastre [アルブーラストゥル] 女 = arbolade
arbouse [アルブーズ] 女 いちごの木の実：ジャムや果実酒，リキュールをつくるのに用いる地中海地方の，いちごに似た果実
arbousier [アルブーズィエ] 男 いちごの木 = arbre à fraises
arbre [アルブル] 男 ①木，樹木／~ à fraises いちごの木 = arbousier ／~ à grives ななかまど ／~ à melons パパイア／~ à poivre 西洋にんじんぼく／~ à thé 茶の木／~ de Bacchus ぶどうの木 = vigne ／~ de Minerve オリーヴの木 = olivier ／~ fruitier 果樹 ②系図
arc [アールク] 男 アーチ／en ~ 弓形の
Arcachon [アルカション] 固 ボルドー南西の牡蠣(ホ)の産地／gravette d'~ 肉厚で黄絲色がかった牡蠣
arcades [アルカードゥ] 女複 アーケード
arc-en-ciel [アルカン スィエル] 男 〈~s-~-~〉虹／truite ~ 虹鱒(ホ)

arche [アールシュ] 女 ①(橋などの)アーチ／en ~ アーチ形の，アーチ形に②ふね貝：赤貝に似た貝
archipel [アルシペール] 男 列島／~ nippon, ~ du Japon 日本列島
architecte [アルシテークトゥ] 男女 建築家
architecture [アルシテクチュール] 女 建築
arctique [アルクティーク] 形 〈男女同形〉北極の
Ardèche [アルデーシュ] 固女 南東フランスの県
ardéchois,e [アルデシュワ，-ズ] 形 〈男には単複同形〉アルデーシュ(Ardèche)の／(à l')~e アルデーシュ風(の) = (à la) vivaraise ‖ Ardéchois,e 男女〈男は単複同形〉アルデーシュの人
ardennais,e [アルデネ，-ズ] 形 〈男には単複同形〉アルデーヌ(Ardennes)の／(à l')~e アルデーヌ風(の)：ねずの実やジュニエーヴルリキュールを使った猟肉の料理用表現 ‖ Ardennais,e 男女〈男は単複同形〉アルデーヌの人
Ardennes [アルデーヌ] 固女複 北フランスの地方
ardent,e [アルダン，トゥ] 形 ①火のついた，燃えている②熱い，焼けるような③熱心な，熱烈な
ardeur [アルドゥール] 女 熱心さ／avec ~ 熱心に
ardi-gasna [アルディ ガスナ] 男 バスク地方の，羊乳のチーズ
arec [アレーク] 男 びんろうの実 = noix d'~
arête [アレートゥ] 女 魚の骨／grande ~ 中骨／= ~ centrale, ~ dorsale
argan [アルガン] 男 アルガンツリー = argania ／huile d'~ アルガンオイル
argania [アルカニヤ] 女 = argan
argent [アルジャン] 男 ①銀／~ blanc 洋銀 = maillechort ／~ massif 純銀／en ~, d'~ 銀製の／~ battu, feuille d'~ 銀箔②お金，金銭
argentan [アルジャンタン] 男 洋銀 = maillechort
argenté,e [アルジャンテ] 形 銀色の，銀張の，銀めっきした
argenter [アルジャンテ] 動 銀めっきする
argenterie [アルジャントゥリ] 女 銀器，銀製品

Argenteuil [アルジャントゥーユ] 固 パリ北西郊外の都市/(à l')～ アルジャントゥーユ風(の)：アスパラガスを付合せた料理用表現

argentin, e [アルジャン・タン, ティーヌ] 形 ①銀色の ②アルゼンチンの ‖ Argentine 固 アルゼンチン ‖ Argentin, e 男女 アルゼンチン人 ‖ argentine 女 にぎす：魚

argenture [アルジャンテュール] 女 銀めっき

argot [アールゴ] 男 隠語

argousier [アルグーズィエ] 男 ヒポファエ：グミ科の酸味のある実のなる木 = hippophaé

Ariège [アリエージュ] 固 南西フランスの県

ariégeois, e [アリエージュワ, ーズ] 形 〈男には単複同形〉アリエージュ(Ariège)の/(à l')～e アリエージュ風(の)：塩漬豚肉、白いんげんまたはじゃが芋などを付合せた南西フランスの料理に用いる表現 ‖ Ariègeois, e 男女 〈男は単複同形〉アリエージュの人

aristocrate [アリストクラートゥ] 形 〈男女同形〉貴族の ‖ aristocrate 男女 貴族, 貴族主義者, 上流階級の人

arithmétique [アリトゥメティーク] 女 算数

arlequin, e [アルル・カン, キーヌ] 形 菱形模様の/(à l')～e アルルカン風(の)：様々な色の材料を組合せて盛付ける料理用表現 ‖ arlequin 男 アルルカン：1) イタリア喜劇の道化役者 2) 19世紀以前の、レストランや館から出た食べ残しでつくった料理

Arles [アール] 固 プロヴァンス地方の町

arlésien, ne [アルレズィ・ヤン, エーヌ] 形 アルル(Arles)の/(à l')～ne アルル風(の)：にんにくをきかせたトマト、揚げたなす、玉ねぎ、クールジェットを付合せた料理用表現 ‖ Arlésien, e 男女 アルルの人

Armagnac [アルマニャーク] 固 男 フランス南西部の地域 ‖ armagnac 男 アルマニャック：同地方産のブランデー

armé, e [アルメ] 形 武装した ‖ armée 女 軍, 軍隊

armillaire [アルミレール] 男 (または 女) なら茸：～ de miel

Armi Ritter [アルミ リター] 男 アルザス及び南ドイツのフレンチトースト

armoire [アルムワール] 女 戸棚, 洋服だんす/～ chauffante 小型の温蔵庫/～ de cuisson ハム用蒸器

armoire-penderie [アルムワール パンドゥリ] 女 〈複 ～s-～s〉ワードローブ

armoise [アルムワーズ] 女 よもぎ

armoricain, e [アルモリ・カン, ケーヌ] 形 ①アルモリカ(ブルターニュの古称)の ②アルモリカ風(の)：1) ブルターニュ風(の)の別称 = à l'～e, à la bretonne 2) アメリカ風(の)の別称 = à l'～e, (à l')américaine

armottes [アルモートゥ] 女複 ガスコーニュ地方の、とうもろこし粉のだんご

arnéguy [アルネギ] 男 バスク地方の、羊乳のチーズ

aromate [アロマートゥ] 男 ①香味野菜 ②香辛料 ③香料

aromatique [アロマティーク] 形 〈男女同形〉芳香性の

aromatisant, e [アロマティザン, トゥ] 形 芳香物質の ‖ aromatisant 男 芳香剤

aromatisation [アロマティザスィヨン] 女 香付け

aromatisé, e [アロマティゼ] 形 芳香の付いた, 芳香を付けた

aromatiser [アロマティゼ] 動 ①香りを付ける ②スパイス, 香草, ワイン, 野菜などの香味を加える

arome = arôme

arôme [アローム] 男 ①アロマ, 匂い(口から鼻に抜けるワインの), 芳香 = arome / ～ patrelle 天然着色料/～ fumé 燻液(くんえき)

arouille [アルーユ] 女 さと芋の一種

arraché, e [アラーシェ] 形 取りあげた, はぎ取った, 引抜いた, むしった

arracher [アラーシェ] 動 取りあげる, はぎ取る, 引抜く, むしる

arrageois, e [アラジュワ, ーズ] 形 〈男には単複同形〉アラス(Arras)の ‖ Arrageois, e 男女 〈男は単複同形〉アラスの人

arrangé, e [アラーンジェ] 形 整った, 並べた

arrangement [アラーンジュマン] 男 ①整理, 配置, 配備/～ des fleurs 華道 ②準備, 段取, 手配 ③協定, 調停, 取決め

arranger [アランジェ] 動 ㉕ ①整理す

Arras [アラース] 固 アルトワ地方の中心都市／cœur d'a~ クール ダラス：アルトワ地方の, 牛乳のチーズ

arrêt [アレ] 男 ①停止, 停車／sans ~ 続けて, 休まずに ②停留所

arrêté, e [アレテ] 形 ①中断した, 止まった ②決めた, 決定的な ③逮捕された ‖ **arrêté** 男 条例

arrêter [アレテ] 動 ①止る, 止める／~ la cuisson 火を止めたり, 水を入れたりして, それ以上肉などに火が入らないようにする／«~ de + 不定詞» …するのを止める ②逮捕する ‖ s'~ 代動 59 ①停車する ②決定する

arrière [アリエール] 形〈男女同形〉後の ‖ **arrière** 男 後ろ, (サッカーなどの)バック

arrière-cour [アリエール クール] 女〈複 ~-~s〉裏庭

arrière-goût [アリエール グー] 男〈複 ~-~s〉後味／sans ~ さっぱりした

arrigny [アリニ] 男 シャンパーニュ地方の, 牛乳のチーズ

arrivage [アリヴァージュ] 男 到着, 入荷

arrivée [アリヴェ] 女 到着

arriver [アリヴェ] 動 ①到着する／«~ à + 不定詞» …できる／Ça arrive, Ça peut ~ ありそうなことだ／en ~ à... やっと…するようになる ②(高い地位に)昇る

arroche [アローシュ] 女 はまあかざ／~ des jardins 山ほうれん草

arrondir [アロンディール] 動 4 丸くする, 丸める

arrondissement [アロンディースマン] 男 大都市の行政区

arrosage [アロザージュ] 男 ①注ぐこと ②(液体を)振りかけること ③水まき

arrosé, e [アロゼ] 形 (肉などにソースをかけた, 注いだ, (液体を)振りかけた

arroser [アロゼ] 動 ①水まきする, 水をかける ②注ぐ, 調理中にバターや肉汁を肉などに少しずつかける ③食事にワインを添える

arrow-root [アロ ルートゥ] 男〈複 ~-~s〉①くずうこん ②アロールート：くずうこんのでんぷん

art [アール] 男 ①芸術, 美術 ②技術, 技法, 仕方, こつ／~ culinaire 調理技術／~ de sucre 飴細工／~ nouveau アール ヌーヴォ：建築, 美術様式のひとつ

artère [アルテール] 女 ①大通り, 幹線道路 ②動脈 ③(ガスなどの)本管

artériel, le [アルテリエール] 形 動脈の／tension ~le 血圧

artésien, ne [アルテズィ・ヤン, エーヌ] 形 アルトワ(Artois)の／(à l')~ne アルトワ風(の)：アルトワ地方の料理に用いる表現 ‖ Artésien, ne 男女 アルトワの人

arthon [アルトン] 男 ペリ地方の, 山羊乳のチーズ

artichaut [アルティショ] 男 アーティチョーク／~ d'espagne, ~ de Jérusalem, ~ d'hiver きく芋 = topinambour ／ fond d'~ アーティチョークの根株

article [アルティークル] 男 ①項目／~ deux 第2条 ②品物／~ de série 量産品／~ d'occasion, ~ de seconde main 中古品 ③記事 ④冠詞／~ contracté 縮約冠詞／~ défini 定冠詞／~ indéfini 不定冠詞／~ partitif 部分冠詞 ⇒ p.747「冠詞」⑤論文

articulation [アルティキュラスィヨン] 女 ①関節 ②活舌, 調音

artifice [アルティフィース] 男 工夫, 策略

artificiel, le [アルティフィスィエール] 形 人工的な／soie ~le レーヨン

artificiellement [アルティフィスィエールマン] 副 人工的に

artisan, e [アルティザ・ン, ーヌ] 男女 (独立した)専門職人

artisanal, e [アルティザナール] 形〈男複には artisanaux [アルティザノ]〉職人の, 手製の ‖ **artisanal** 男 手工業チーズ：生産者の所有ではなく購入したミルクでつくることもあるチーズ

artisanat [アルティザナ] 男 (集合的に)職人

artisanaux → artisanal, e

artiste [アルティーストゥ] 男女 ①演奏家, 画家, 芸術家, 芸人, 俳優 ②(話言葉)気まぐれな人

artistique [アルティスティーク] 形〈男女同

形〉芸術的な
artistiquement [アルティスティークマン] 副 芸術的に
Artois [アールトゥワ] 固男 アルトワ地方：北フランスの地方
arum [アロム] 男 サトイモ科の植物 = pied-de-veau
as → avoir ①
ascenseur [アサンスール] 男 エレベーター
ascension [アサンスィヨン] 女 ①上昇，進歩／A〜 キリストの昇天祭：復活祭40日目の祭②登山
ascidie [アスィディ] 女 ほや = violet
asco [アスコ] 男 コルシカの，羊乳または羊乳と山羊乳でつくるチーズ
aseptique [アセプティーク] 形〈男女同形〉無菌の
asiatique [アズィヤティーク] 形〈男女同形〉アジア（Asie）の／cuisine 〜 アジア料理‖Asiatique 男女 アジア人
Asie [アズィ] 固女 アジア
asile [アズィール] 男 保護施設，避難所／〜 de vieillards 養老院
aspect [アスペ] 男 ①外観，光景，様子，様相②局面，形勢
asperge [アスペールジュ] 女 アスパラガス

asperge

asperge blanche
 ホワイトアスパラガス
asperge blé
 ミニアスパラガス
asperge sauvage
 アスペルジュ・ソヴァージュ
asperge verte
 グリーンアスパラガス
asperge violette
 ヴァイオレットアスパラガス

aspergé,e [アスペルジェ] 形〈液体を少しずつ〉振りかけた，〈水などを〉まいた
asperger [アスペルジェ] 動25〈液体を少しずつ〉振りかける，〈水などを〉まく
aspérule [アスペリュール] 女 ウッドラフ：クルマバソウ属の香草
aspic [アスピーク] 男 アスピック：ゼリー寄せの一種
aspirateur [アスピラトゥール] 男 掃除機
aspirer [アスピレ] 動 吸込む，吸う
aspirine [アスピリーヌ] 女 アスピリン
assaisonné,e [アセゾネ] 形 味を付けた
assaisonnement [アセゾーヌマン] 男 ①味付け，調味 ②調味料／〜 chimique 化学調味料
assaisonner [アセゾネ] 動（塩，胡椒などで）味を付ける，味を整える
assation [アサスィヨン] 女 から炒り：水分，油分を加えずに炒めること
assemblage [アサンブラージュ] 男 ①組立②シャンパーニュ及びボルドー地方で行う，ワインを均質にするためのブレンド
assembler [アサーンブレ] 動 組立てる
asseoir [アスワール] 動 8 座らせる‖s'〜 代動 8 59 座る
assez [アセ] 副 かなり，充分に／〜 de ... 充分な…
assiette [アスィエートゥ] 女 ①皿②料理／〜 assortie 前菜盛合せ／〜 chaude 温製料理／〜 froide 冷製料理

assiette

assiette à dessert デザート皿
assiette à pain パン皿
assiette à soupe, assiette creuse
 スープ皿，深皿
assiette de présentation
 サービスプレート，食卓用飾皿
assiette plate 浅皿

assiettée [アスィエテ] 女 ひと皿分／une 〜 de... ひと皿分の…
assimilation [アスィミラスィヨン] 女 ①同化②消化吸収③同一視
assimiler [アスィミレ] 動 ①自分のものにする，同化する②消化吸収する
assis,e [アスィ,-ズ] 形 座っている
assistance [アスィスターンス] 女 ①観衆，参列者，出席者，聴衆②出席，参加③援助，救済
assistant,e [アスィスタン,トゥ] 形 ①補助の，②参加の，出席の‖assistant,e 男女 アシスタント，助手
assister [アスィステ] 動 ①〜 à ... …に参加する②補佐する，補助する③援助する
association [アソスィヤスィヨン] 女 ①

会, 協会, 非営利団体 ②協力, 参加 ③組合せ, 結合

associé,e [アソシエ] 形 ①組合せた ②参加した ‖ associé,e 男女 出資者

associer [アソシエ] 動 ①組合せる ②参加させる ‖ s'~ 代動59 参加する, 仲間になる

assommoir [アソムワール] 男 ①(屠殺用の)こん棒 ②(話言葉)うんざりさせる人 ③(俗語)居酒屋, 安酒場

assorti,e [アソルティ] 形 盛合せた, 取合せの/~,e de... …を付合せた/être ~,e à... …と似合う/hors-d'œuvre 前菜の盛合せ

assortiment [アソルティマン] 男 ①一式, 一揃 ②組合せ, 配合 ③セット, 付合せ, 取合せ, 盛合せ/~ de hors-d'œuvre 前菜の盛合せ

assortir [アソルティール] 動4 組合せる, 付合せる, 配合する

assujetti,e [アスュジェティ] 形 固定した, 縛った → assujettir

assujettir [アスュジェティール] 動4 ロースト用鶏などの手羽や足を胴に固定する

assurance [アスュランス] 女 ①確信 ②保証 ③保険/~ automobile 自動車保険/~ chômage 失業保険/~ contre incendie 火災保険/~ contre les accidents 傷害保険/~ contre le vol 盗難保険/~ contre responsabilité civile 責任賠償保険/~ maladie 健康保険/~s sociales 社会保険/~ sur la vie 生命保険/~ tous risques オールリスク保険

assuré,e [アスュレ] 形 ①確固とした, 確かな ②確実な ③保険に入っている

assurer [アスュレ] 動 ①断言する, 保証する ②保障する ③保険をかける ‖ s'~ 代動59 確認する

astérie [アステリ] 女 ひとで

asthme [アースム] 男 ぜん息

asticot [アスティコ] 男 蛆(うじ):魚の餌

astigmate [アスティグマートゥ] 形〈男女同形〉乱視の ‖ astigmate 男女 乱視の人

astigmatisme [アスティグマティースム] 男 乱視

astre [アーストゥル] 男 天体

astringence [アストゥランジャーンス] 女 収斂(しゅうれん)性, 渋み:ワイン用テイスティング用語

astringent,e [アストゥランジャン, トゥ] 形 収斂(しゅうれん)性の, (ワインが)渋い

astrologie [アストゥロロジ] 女 占星術, 星座占い

atelet [アートゥレ] 男 アトレ:飾串 = attelet, hâtelet

atelier [アトゥリエ] 男 ①アトリエ, 工房, 作業場 ②(菓子やシャルキュトリの)キッチン

Athéna [アテナ] 固女 アテナ:ギリシア神話の智の女神

Athènes [アテーヌ] 固 アテネ:ギリシアの首都

athénien,ne [アテニ・ヤン, エーヌ] 形 アテネ(Athènes)の, アテナ(Athéna)の/(à l')~ne アテネ風(の):オリーヴ油と玉ねぎで調理した鶏, 仔羊, 串物などになる. ピーマン, ギリシア風ピラフを付合せた料理用表現 ‖ Athénien,ne 男女 アテネの人

athérine [アテリーヌ] 女 きゅうり魚に似た小さい魚 = petit prêtre

atlantique [アトゥランティック] 形〈男女同形〉大西洋の ‖ Atlantique 固男 大西洋 = Océan ~

atlas [アトゥラース] 男〈単複同形〉地図帳

atmosphère [アトゥモスフエール] 女 ①環境 ②雰囲気

atomisé,e [アトミゼ] 形 ①被爆した ②分裂した ③霧状にした, 微粒子にした, 粉砕した

atomiseur [アトミズール] 男 アトマイザー, 霧吹器

âtre [アートゥル] 男 ①暖炉 ②暖炉の火床

atriau = at(t)riau

atroce [アトゥロース] 形〈男女同形〉恐ろしい, 無残な

attaché,e [アタシェ] 形 ①くっ付けた, 縛った ②焦付いた ③執着した ‖ attaché,e 男女 (大使館などの)館員, 担当者/~,e de presse プレス担当者

attacher [アタシェ] 動 ①くくる, くっ付ける, 縛り付ける, 固定する, 留める ②焦付く ③執着させる ‖ s'~ 代動59 くっ付く/s'~ à... …にくっ付く

attendant [アタンダン] 現分 → attendre 39

attaque [アターク] 女 ①攻撃 ②非難 ③発作/~ cardiaque 心臓発作

attaquer [アタケ] 動 ①攻撃する ②(決

2)塩抜・あく抜用水槽／~ à saumure 塩漬用容器 ②大学入学資格・試験：baccalauréat の略 ③連絡船

Bacardi [バカルディ] 固男 ラム酒の商標名

bacasse [バカース] 女 砂糖きびのしぼりかす

baccalauréat [バカロレア] 男 大学入学資格・試験= bac

bacchanal [バカナル] 男 乱痴気騒ぎ

bacchanale [バカナル] 女 乱痴気騒ぎ／~s 古代ローマのバッカス祭

Bacchus [バキュス] 固男 バッカス：ギリシア・ローマ神話の酒の神 = Dionysos

bachique [バシック] 形 〈男女同形〉①酒酔いの ②酒の神バッカス（Bacchus）の

bacille [バスィール] 男 桿菌(かんきん)／~ botulique ボツリヌス菌／~ intestinal 大腸菌

backenoff [バクノフ] 男 = Baekenofe

bacon [バコン] 男 ベーコン：1) イギリスのスモークベーコン 2) 豚の腰肉を塩水に漬けてから燻製(くんせい)にしたフランスのベーコン

bactérie [バクテリ] 女 細菌, バクテリア／~ lactique 乳酸菌／~ pathogène 病原菌

Bade [バードゥ] 固女 バーデン：ドイツ南西部の地方

badiane [バディヤーヌ] 女 とうしきみ：実はスターアニス, 八角

badigeonnage [バディジョナージュ] 男 （卵黄などを）刷毛で塗ること

badigeonné, e [バディジョネ] 形 （卵黄などを）刷毛で塗った

badigeonner [バディジョネ] 動 （卵黄などを）刷毛で塗る

badois, e [バードゥワ, ーズ] 形 〈男には単複同形〉①バーデン（Bade）の／(à la) ~e バーデン風(の)：1) さくらんぼを添えた猟肉料理用表現 2) 蒸煮した紫キャベツ, 豚ばら肉, じゃが芋のピュレを付合せた肉料理用表現 ‖ Badois, e 男女 〈男は単複同形〉バーデンの人 ‖ Badoise 固女 バドワーズ：ドイツのミネラルウォーターの商標名

Badoit [バドゥワ] 固女 バドワ：フランスの炭酸ミネラルウォーターの商標名

Baekenofe [ベクノフ] 男 アルザス地方の, 羊, 豚, 牛の煮込 = backenoff

bâfrer [バーフレ] 動 (俗語) 暴食する

bâfreur, se [バフルール, ズ] 男女 (俗語) 大喰(おおぐ)い

bagage [バガージュ] 男 荷物／~s à main 手荷物／~ non-accompagné 別送荷物／faire les ~s 荷物をまとめる

bagasse [バガース] 女 砂糖きびの搾りかす

bagnes [バーニュ] 男 スイスの, 牛乳のチーズ

bagnole [バニョール] 女 (話言葉) 自動車

bague [バーグ] 女 ①指輪／~ de fiançailles エンゲージリング ②ボンボンチョコレート枝膜用フォーク

baguenaude [バグノードゥ] 女 ①ほうこう豆 ②(話言葉) くだらないこと

baguette [バゲットゥ] 女 ①細い棒／~s 箸 ②バゲットパン ③タクト ④棒状のチーズ／~ de Thiérache ティエラーシュ地方の, 牛乳のチーズ = ~ laonnaise

baguier [バギエ] 男 宝石箱

bahans-haut-brion [バーン オ ブリヨン] 男 ボルドー地方, グラーヴ地区のAOC 特級赤ワイン, シャトー・オ・ブリヨンのセカンドラベル

baie [ベ] 女 ①入江, (入口の狭い) 湾 ②開口部, 大窓 ③紫果(しか)／~ de genièvre ねずの実／~ rose ピンクペッパー：胡椒木(こしょうぼく)の実 = poivre rouge ④ベリー類

baigner [ベニェ] 動 ①風呂に入れる ②（手足などに）漬ける, 浸す ‖ se ~代動59 入浴する, 水浴びする

baignoire [ベニュワール] 女 バスタブ, 浴槽

bail [バーユ] 男 〈複〉baux [ボ]〉①賃貸契約 ②賃貸料

bain [バン] 男 ①入浴, 水遊び, 水浴び／~ de mer 海水浴／~ de soleil 日光浴 ②風呂／~s 浴場 ③煮汁

bain-de-mer [バン ドゥ メール] 男 〈複 ~s-~-~〉ビーチサンダル

bain-marie [バン マリ] 男 〈複 ~s-~〉湯せん, 湯せん鍋／mettre（または prendre）...au ~ …を湯せんにかける

baiser [ベゼ] 動 ①キスする ②(俗語) セックスする ‖ baiser 男 ①キス, 接

吻 ②メレンゲ菓子の一種
baisse [ベース] 女 低下, 落下
baisser [ベセ] 動 低くする, 下げる
baissière [ベスィエール] 女 樽底に残ったワイン
baisure [ベズュール] 女 パンを焼く時, 膨張して他のパンと接合した部分
Baixas [ベシャス] 固 カリフォルニア地方のぶどう栽培地区
bal [バール] 男〈複 ~s〉ダンスパーティ, 舞踏会／~ masqué 仮面舞踏会／~ costumé, ~ travesti 仮装舞踏会
balafre [バラーフル] 女 刃物による切傷
balai [バレ] 男 ほうき／~ à franges（掃除用）モップ
balance [バランス] 女 ①天秤（ﾃﾝﾋﾞﾝ）, はかり ②（経済の）バランス
balancer [バランセ] 動 32 （大きく）振る
balane [バラヌ] 女 ふじつぼ
balaou [バラウ] 男〈複 ~s〉にしさんま：サンマ科の魚
balayage [バレヤージュ] 男 掃き掃除
balayer [バレイエ] 動 31 ほうきで掃く
balayeur,se [バレユール, ズ] 男女（道路の）清掃係
balcon [バルコン] 男 バルコニー, ベランダ
bale = balle③
baleine [バレーヌ] 女 くじら
baliste [バリーストゥ] 男 もんがら皮はぎ
balle [バル] 女 ①（小さな）ボール, 球, 弾丸 ②殻, 莢（ｻﾔ）③もみ殻 = bale
ballet [バレ] 男 バレエ
ballon [バロン] 男 ①風船 ②ボール ③（球形）フラスコ／en ~ バロン仕立
ballottine [バロティーヌ] 女 バロティーヌ：開いた肉または魚に詰物をし, 筒状に巻いた肉料理
balnéaire [バルネエール] 形〈男女同形〉海水浴の／station ~ 海水浴場
balourd,e [バルール, ドゥ] 形 ぐずな, のろまな, 間抜けな, 野暮ったい
balsamico [バルサミコ] 男 伊 バルサミコ酢 = balsamique
balsamique [バルサミーク] 形〈男女同形〉芳しい, バルサムを含む‖ balsamique 男 バルサミコ酢 = balsamico, vinaigre ~／crème de ~ 煮詰めたバルサミコ酢の商標名
balthazar [バルタザール] 男 ①大饗宴 ②12ℓ入シャンパーニュ瓶‖ Baltha-zar 固 男 バビロニア最後の王
Baltique [バルティーク] 固 バルト海／hareng de la ~ にしんの酢漬
bambin,e [バン・バン, ビーヌ] 男女 子供
bamboche [バンボーシュ] 女 ①昔の大型操り人形 ②〔話言葉〕酒宴
bambou [バンブー] 男〈複 ~s〉竹／nain 笹／pousse de ~ たけのこ
bamia [バミヤ] 女 小さいオクラ
ban [バン] 男 公示, 告示／~ de vendange ぶどう収穫開始日の公示
banal,e [バナール] 形〈男〈複には~s〉ありふれた, 平凡な
banalité [バナリテ] 女 平凡
banane [バナーヌ] 女 バナナ／~ du paradis, ~ plaintain 料理用バナナ = figue d'Adam／~ fruit 小型の甘いバナナ = ~ des sages
banc [バン] 男 ①ベンチ ②州（ｽ）, 礁
bancaire [バンケール] 形〈男女同形〉銀行の
bandage [バンダージュ] 男 包帯
bande [バーンドゥ] 女 ①帯, テープ／~ dessinée 漫画／~ magnétique 録音テープ／~ vidéo ビデオテープ ②包帯 ③集団, 仲間
bandé,e [バンデ] 形 鉢巻をした, 包帯をした, 目隠しをした
bandelette [バンドゥレートゥ] 女 細紐
bander [バンデ] 動 ①包帯をする, テープを巻く ②目隠しをする ③張る, 緊張する ④〔俗語〕立つ, 勃起する
Bandol [バンドール] 固 プロヴァンス地方の町‖ bandol 男 同地方の AOC 赤, 白, ロゼワイン
bandoulière [バンドゥーリエール] 女（バッグなどを肩からかける）ベルト
banlieue [バンリュー] 女 郊外, 市外
banlieusard,e [バンリュザール, ドゥ] 男女（パリの）郊外の住民
banneton [バヌトーン] 男 パン用醱酵かご
banon [バノン] 男 プロヴァンス地方の, 栗の葉で包んだ牛, 羊, 山羊乳のチーズ／~ au pèbre d'aï サリエットをまぶし乾燥させたバノンチーズ
banque [バンク] 女 銀行／~ de données データバンク
banquet [バンケ] 男 宴会, 会食, パーティ／~ de mariage, ~ de noces 結婚披露宴

banquette [バンケートゥ] 囡 長椅子,(電車などの)シート

banqui*er,ère* [バンキエ, .エール] 形 銀行家の ‖ banqui*er,ère* 男 囡 銀行家 / sauce ~ère ソース・シュプレームにマデラ酒, トリュフを加えたソース

banyuls [バニュールス] 男 ルシヨン地方の AOC 甘口赤ワイン

Bapamangua [バパマングア] 固 囡 バナナ, パパイヤ, マンゴーのミックスピュレの商標名

baquet [バケ] 男 バケツ

bar [バール] 男 ①すずき = loubine, loup, perche de mer ②スタンドバー ③(バーの)カウンター

baraquilles [バラキーユ] 囡 複 三角形の揚パイ

barattage [バラタージュ] 男 バター製造時の攪拌(かくはん)

baratte [バラットゥ] 囡 ①チャーン: バター製造用攪拌(かくはん)機 ②ハム用の豚肉に塩をすり込むための機械 = malaxeur

barbaresco [バルバレースコ] 男 伊 イタリア, ピエモンテ地方の赤ワイン

barbarie [バルバリ] 囡 粗野, 残忍, 野性, 野蛮 ‖ Barbarie 固 囡 バルバリ: アフリカ北部の古称

barbe [バルブ] 囡 ①あごひげ / ~ à papa 綿飴, 綿菓子 ②(貝の)紐 ③ひらめなど平らな魚のえんがわ

barbeau [バルボ] 男 〈複 ~x〉 バーベル: コイ科の淡水魚

barbecue [バルブキュー] 男 ①バーベキューセット: 炭を使った串焼グリル用器材 ②バーベキュー料理

barbe-de-bouc [バルブ ドゥ ブーク] 囡 〈複 ~s-~-~〉 ばらもんじん = salsifis blanc

barbe-de-capucin [バルブ ドゥ カピュサン] 囡 〈複 ~s-~-~〉 ①そうめん茸 ②野生のチコリ

barbe-de-chèvre [バルブ ドゥ シェーヴル] 囡 〈複 ~s-~-~〉 南ヨーロッパの, セリ科の野草

barbera [バルベラ] 囡 黒ぶどうの品種

barberey [バルブレ] 男 シャンパーニュ地方の, 牛乳のチーズ

barberin [バルブラーン] 男 おおすじひめじ: ヒメジ科の魚

barbier [バルビエ] 男 もとはな鯛

barbouille [バルブーユ] 囡 ニヴェルネ及びベリー地方の, うさぎの赤ワイン煮込

barbu,e [バルビュー] 形 ひげづらの ‖ barbue 囡 バルビュ, なめらびらめ: ひらめに似た魚 = roumbou

barcelonais,e [バルスロネ,ーズ] 形 男 には単複同形 バルセロナ (Barcelone) の ‖ Barcelonais,e 男 囡 〈男は単複同形〉 バルセロナの人

Barcelone [バルスローヌ] 固 バルセロナ: スペインの都市

barcet [バルセ] 男 すずきの英仏海峡での呼称

bardage [バルダージュ] 男 バルデすること → barder

bardane [バルダーヌ] 囡 ごぼう = glouteron, grateron, teigne

bardatte [バルダットゥ] 囡 ブルターニュ地方の, うさぎの挽肉入ロールキャベツ

barde [バルドゥ] 囡 バルド: 豚背脂の薄切り

bardé,e [バルデ] 形 バルデした → barder

barder [バルデ] 動 バルデする: 薄切りの豚の背脂で包む

bardier [バルディエ] 男 バルデナイフ: 刃渡りを調節して豚の背脂を切出すナイフ

barge [バルジュ] 囡 オグロシギ属の鳥の総称 / ~ à queue noire おぐろしぎ

bargkass [バルクァース] 男 ロレーヌ地方の, 牛乳のチーズ

barigoule [バリグール] 囡 あかはつ茸: プロヴァンス地方の乳茸の一種 = brigoule, lactaire délicieux / (à la) ~ バリグール風(の): アーティチョークの根株にきのこの詰物をした料理用表現

barmaid [バルメードゥ] 囡 ①(女性の)バーテン ②バーなどのホステス

barman [バールマン] 男 〈複 barmen [バールメン] または barmans〉 バーテンダー

barmen → barman

barnache [バルナーシュ] 囡 こく雁 = barnacle, barnade

barnacle [バルナークル] 囡 = barnache

barnade [バルナードゥ] 囡 = barnache

barolo [バローロ] 男 伊 イタリア, ピエ

モンテ地方の赤ワイン
baromètre [バロメートゥル] 男 気圧計
baron, ne [バロ・ン, ーヌ] 男女 男爵, 男爵夫人‖baron 男 バロン：仔羊, 羊のもも, 鞍下を含む後半身肉
baroque [バロック] 男 白ぶどうの品種
barousse [バルース] 女 ベアルン地方の, 牛乳のチーズ
barque [バールク] 女 小舟, ボート
barquette [バルケートゥ] 女 ①小舟 ②バルケット：1)舟型 2)舟型でつくった小パイ
barracuda [バラキュダ] 男 鬼かます, バラクーダ
barre [バール] 女 ①(運動競技の)バー ②棒チョコレート
barré, e [バレ] 形 ①途絶えた, 塞いだ, 不通の ②線の入った ③線で消した
barreau [バロ] 男〈複 ~x〉格子, 柵, 桟(さん)
barrer [バレ] 動 (道や水路を)塞(ふさ)ぐ
barrique [バリック] 女 225ℓ入のボルドーのワイン樽
barsac [バルサック] 男 ボルドー地方, ソテルヌ地区のAOC甘口白ワイン
bar-tabac [バール タバ] 男〈複 ~s-~s〉= café-tabac
bartavelle [バルタヴェール] 女 灰色岩しゃこ：猟鳥= perdrix de roche
bas, se [バ, ース] 形〈男には単複同形〉低い／~ morceau 煮込などに用いる動物の部位／~ se côte 牛, 仔牛の肩ロース／~ se venaison 野うさぎ‖bas 男〈単複同形〉①下部, 下／en ~ 下の方に, 低い方に ②裾, 麓(ふもと) ③ストッキング‖basse 女 ①低音部, バス ②コントラバス
bas-armagnac [バザルマニャック] 男 アルマニャック地方の蒸留酒
basculant, e [バスキュラン, トゥ] 形 上下移動
bascule [バスキュール] 女 ①上下運動 ②台秤= balance à ~
base [バーズ] 女 基礎, 基本, 初歩, ベース／à ~ de... …を基にした／~ de données データベース
basilic [バズィリーク] 男 バジリコ, バジル
basilique [バズィリーク] 女 ①(ローマ時代の)公共建物 ②(教皇により与えられた特権のある)聖堂, 教会

basique [バズィーク] 形〈男女同形〉ベーシックの
basmati [バスマティ] 男 南アジアの長粒米= riz ~
Bas-Médoc [バ メドック] 固 男 ボルドレ地方のぶどう栽培地域
basquais, e [バスケ, ーズ] 形〈男には単複同形〉①バスク(Basque)地方の／(à la) ~ e バスク風(の)：トマト, ピーマン, にんにく, 生ハムを使った料理用表現／poulet à la ~ e ソテした鶏をトマト, ピーマン, にんにく, 白ワインで煮た料理‖Basquaise 女 バスク人の女性
basque [バスク] 形〈男女同形〉バスクの／gâteau ~ ガトー・バスク：1)固くなったパンをおろし, 同量の卵, 砂糖とまぜて焼いたバスク地方のケーキ 2)醱酵生地を焼いてさくらんぼをのせ, 再び同じ生地をのせて焼いた同地方のケーキ／Pays ~ バスク地方：フランスからスペインにかけての, 大西洋岸の地方‖basque 男 バスク語‖Basque 男〈女は Basquaise〉バスク人
basse-cour [バス クール] 女〈複 ~s-~s〉鶏小屋, 養鶏場
bassin [バサン] 男 ①大皿 ②金だらい ③バット, ボール ④盆地
bassinage [バスィナージュ] 男 軽く湿らせること= bassinement
bassine [バスィーヌ] 女 たらい, ボール, 鍋／~ à blanchir 野菜をゆがくための大きな銅鍋／~ à blancs d'œuf (卵白泡立用)ボール／~ à confiture ジャム調理用鍋／~ à friture 揚物用鍋／~ à ragoût 煮込またはソテ用鍋／~ à sucre カラメル用鍋
bassiné, e [バスィネ] 形 湿らせた, ぬらした
bassinement [バスィーヌマン] 男 = bassinage
bassiner [バスィネ] 動 ①軽く湿らせる, ぬらす ②固くなった生地に水を加える
bastella [バステラ] 女 コルシカの挽肉入パイ
bastion [バスティヨン] 男 ①砦(とりで) ②塔のようにする盛付法の一種
bataclan [バタクラン] 男 バタクラン：砕いたアーモンド入ケーキ

bataille [バタユー] 囡 ①戦闘 ②2 cm角のじゃが芋, 2 cm角のフライドポテト = pommes ~

bâtard,e [バタール, ドゥ] 形 ①混合の, 雑種の, 折衷の ②非嫡出の / sauce ~e ソース・バタルド：白いルウを卵黄でつなぎバター, クリーム, レモン汁を入れ, 布漉(ぬの)ししたソース = sauce au beurre ‖ bâtard,e 男囡 雑種, 私生児 ‖ bâtard 男 ①バタール：やや短くて太いバゲットパン ②鴨の種類

bâtard-montrachet [バタール モンラシェ] 男 ブルゴーニュ地方, コート・ド・ボーヌ地区の AOC 白ワイン

batavia [バタヴィア] 囡 サニーレタス, リーフレタス：縮れレタス

bateau [バト] 男〈複 ~x〉①船 ②舟型 / ~ de pêche 漁船 / en ~ 船で / par ~ 船便で

batelier,ère [バートゥリエ, ール] 形 ①船頭の ‖ batelier,ère 男囡 (はしけ, 渡し舟などの)船頭 / (à la) ~ère 船頭風, バトリエール風(の)：魚介料理用表現

bâtiment [バティマン] 男 建物

bâtir [バティール] 動 建てる

bâton [バトン] 男 バトン：1) 棒状のパイまたはマジパン 2) 太めの棒状にした野菜など / ~ de chocolat 棒チョコレート / ~ de Jacob 小エクレア / en ~s バトンにした, バトンの / ~ glacé パイ菓子

bâtonnet [バトネ] 男 ①バトネ：1) 細い棒状のパイまたはマジパン 2) 3~4 mm角, 長さ 3~4 cmの棒状に切ったベーコンや野菜 / en ~s バトネにした, バトネの / ②マドラー

battage [バタージュ] 男 ①打つこと / ~ du beurre バターの撹拌(かくはん), チャーニング ②リエットの製造の最終行程の撹拌 ③生地に空気を入れること ④ (米の)脱穀

battant,e [バタン, トゥ] 形 強く打つ, はためく ‖ battant 男 扉

batte [バートゥ] 囡 ①槌(つち), 棒 / ~ à beurre 撹乳(かくにゅう)棒 / ~ à côtelette 肉たたき

battement [バートゥマン] 男 打つこと / ~ de cœur 動悸

batterie [バートゥリ] 囡 ①バッテリー ②器具などのひと揃, ひと組 / ~ de cuisine 調理道具一式

batteur [バトゥール] 男 撹拌(かくはん)器, ミキサー = batteur-mélangeur / ~ à main ハンドミキサー

batteur-mélangeur [バトゥール メランジュール] 男〈複 ~s-~s〉= batteur

battre [バートゥル] 動 ⑨ ①殴る ②打つ, 打ち破る ③泡立てる, 生地に空気を入れる ④たたく, 鳴らす ⑤ (雨風などが)吹きつける

battu,e [バテュ] 形 搔きたてた, 生地に空気を入れた

baudroie [ボードゥルワ] 囡 あんこう = crapaud de mer, diable de mer, gigot de mer, lotte de mer

baudruche [ボードゥリューシュ] 囡 ①牛, 羊の大腸の膜 ②うわべだけの人 ③空論

bauges [ボージュ] 男 サヴォワ地方の, 牛乳のチーズ = tomme de savoie

baume [ボーム] 男 ①バルサム / ~ pour les lèvres リップクリーム ②鎮痛剤 ③はっかなどの香草

baumé [ボメ] 医 糖度計, ボーメ比重計 / degré B~ ボーメ度：1961 年以前に用いた糖度数. 記号は°B

baux → bail

bavarder [バヴァルデ] 動 しゃべる

bavarois,e [バヴァルワ, ーズ] 形〈男には単複同形〉ドイツ, バイエルン (Bavière) の, バヴァリアの / sauce ~e 香草入魚用乳化ソース / gelée ~e 粉ゼラチン ‖ Bavarois,e 男囡〈男は単複同形〉バヴァリア人 ‖ bavarois 男〈複単複同形〉バヴァロワ ‖ bavaroise 囡 牛乳, 紅茶, 卵黄, シロップなどをまぜた飲物

bave [バーヴ] 囡 よだれ

bavette [バヴェートゥ] 囡 バヴェット：牛の腹部肉

baveux,se [バヴー, ーズ] 形〈男には単複同形〉①よだれを垂らした ② (オムレツが)半熟の ‖ baveuse 囡 いそぎんぽ：魚 = blennie

Bavière [バヴィエール] 固 バイエルン：ドイツの地方

bavure [バヴュール] 囡 バヴュール：卵黄を塗りすぎた部分

bayonnais,e [バヨネ, ーズ] 形〈男には単複同形〉バイヨーヌ (Bayonne) の ‖

Bayonnais,e [男][女]〈男は単複同形〉バイヨーヌの人

Bayonne [バヨーヌ] 固 バイヨーヌ：ベアルン地方の町

bazar [バザール] 男 市, バザー

B&B [ベベ] 女 B & B：リキュールの商標 = Bénédictine & Brandy

bd. → boulevard

B.D. [ベデ] 女 漫画：bande dessinée の略

Béarn [ベアールン] 固男 ベアルン：南西フランスの地方 ‖ béarn 男 同地方の AOC 赤, 白, ロゼワイン

béarnais,e [ベアルネ, -ズ] 形〈男は単複同形〉ベアルン地方(Béarn)の/(à la) ~e ベアルン風(の)：1) 同地方の料理に用いる表現 2) ソース・ベアルネーズを使った料理に用いる表現 ‖ sauce ~e ソース・ベアルネーズ：卵黄などでつないだ, 酸味のあるソース = ~e ‖ Béarnais,e [男][女]〈男は単複同形〉ベアルンの人 ‖ béarnaise 女 ソース・ベアルネーズ = sauce ~ e

béatilles [ベアティーユ] 女複 内臓の煮込

beau [ボ] 形〈複 ~x〉〈母音または無音の h で始まる男単の前では bel [ベル], 女には belle [ベル]〉① 美しい, きれいな ② 立派な, 大きな

beau- [ボ] 接頭〈複 ~x-〉〈男の前に〉義理の/ beau-père 義父

beaucoup [ボクー] 副 多くの, ずっと, たいへん, 多量に, とても, 何度も/ ~ de... 多くの… ‖ beaucoup 代 多数, 多量, 多くのこと(人, もの)

beaucuit [ボキュイ] 男 そば：植物 = sarrasin

beaufort [ボフォール] 男 サヴォワ地方の, 牛乳の AOC チーズ

beaujolais [ボジョレ] 男 ブルゴーニュ地方, ボジョレ地区の AOC 赤ワイン/ ~ nouveau, ~ primeur ボジョレ・ヌーヴォ：ボジョレワインの新酒/ ~ supérieur AOC ボジョレワイン/ ~ villages ボジョレ・ヴィラージュ：AOC ボジョレワイン ‖ beaujolais 形 ボジョレのチーズ/ ~ pur chèvre ボジョレの, 山羊乳のチーズ ‖ Beaujolais 固男 ボジョレ：リヨン近郊の赤ワインの産地 ‖ beaujolais,e [ボジョレ, -ズ] 形〈男には単複同形〉ボジョレ(Beaujolais)の / (à la) ~e ボジョレ風(の)：同地方の赤ワインを使った料理用表現 ‖ Beaujolais,e [男][女]〈男は単複同形〉ボジョレの人

Beaulieu [ボリュー] 固 コート・ダジュールの町 ‖ Beaulieu 形〈不変〉黒オリーヴ, トマトなどを付合せた鶏や鴨の料理用表現

beaumes-de-venise [ボーム ドゥ ヴニーズ] 男 プロヴァンス地方の, AOC 天然甘口白ワイン

beaumont [ボモン] 男 サヴォワ地方の, 牛乳のチーズ

beaune [ボーヌ] 男 ボーヌ：ブルゴーニュ地方, コート・ド・ボーヌ地区の上質 AOC 赤, 白ワイン/ côte de ~ 同地区の AOC 赤, 白ワイン/ côte de ~-villages 同地区の選抜された村でつくる AOC 赤, 白ワイン ‖ B~ 固 ブルゴーニュ地方の都市

beaunois [ボヌワ] 男 白ぶどうの品種

beauté [ボテ] 女 美しさ, 美 / produits de ~ 化粧品

beauvilliers [ボヴィリエ] 男〈単複同形〉保存のきくビスケット

beaux → beau

beaux-arts [ボザール] 男複 美術 / les B~-A-~ 美術学校 = école des B~-A~

bébé [ベベ] 男 赤ん坊, 乳児 / attendre un ~ 妊娠している

bec [ベック] 男 ① くちばし ② (くちばし形の) 注ぎ口

bécard [ベカール] 男 鼻曲り：口先の曲った雄鮭

bécasse [ベカス] 女 しぎ, ベカス：猟鳥/ ~ de mer さぎふえ：魚/ ~ des bois 山しぎ：猟鳥

bécasseau [ベカソー] 男〈複 ~x〉① 山しぎのひな ② オバシギ属の鳥の総称

bécassine [ベカスィーヌ] 女 田しぎ, ベカシーヌ：猟鳥 = ~ des marais

bec-de-canard [ベック ドゥ カナール] 男〈複 ~s-~-~〉川かます = brochet

bec-de-jar [ベック ドゥ ジャール] 男〈複 ~s-~-~〉おおの貝 = mye

becfigue [ベックフィーグ] 男 ひたきなど, いちじくやぶどうを食べる鳥の総称

béchamel [ベシャメール] 女 ベシャメル：1) ヴルテソースを卵黄とクリーム

でつないだソース 2) ルウと牛乳でつくるホワイトソース = béchamelle, sauce ~

béchamelle = béchamel

bec(que)ter [ベークテ] 動 ①ついばむ ②(俗語)喰う = becter

beef-tea [ビーフテ] 男 英 イギリス発祥の, 濃いビーフブイヨン = tisane de bœuf

beige [ベージュ] 形〈男女同形〉ベージュ(色)の ‖ beige 男 ベージュ色

beignet [ベニェ] 男 ベニェ: 衣揚/~ des brandons = beugnon /~ soufflé ベニェ・スフレ: シュー生地を揚げたもの/~ sucré 揚菓子/~ viennois ジャムを詰めて揚げ, 粉糖をかけた菓子

Beijing [ベイジン] 固 北京 = Pékin

bel → beau

belge [ベルジュ] 形〈男女同形〉 ベルギー (Belgique) の ‖ Belge 男女 ベルギー人

Belgique [ベルジーク] 固 女 ベルギー

bélier [ベリエ] 男 非去勢雄羊 ‖ Bélier 固 男 牡羊座

belle → beau

belle- [ベル] 接頭〈女の前に〉 義理の/ belle-mère 義母

Belle Époque [ベレポーク] ①固 男 シャンパンの種類 ②固 女 ベル・エポック: 芸術様式

Belle-Hélène [ベレレーヌ] 固 女 オッフェンバッハ作のオペレッタ ‖ Belle-Hélène 形〈不変〉ベレレーヌ風(の): 洋梨のデザートなどに用いる表現/ poire ~ 洋梨をヴァニラアイスクリームの上に盛り, チョコレートソースをかけたデザート

bellet [ベレ] 男 ニース北方の AOC 白, 赤, ロゼワイン

bellevue [ベルヴュ] 女 ベルヴュ: ゼリーで覆った冷製料理/ en ~ ベルヴュ風(の)

bellini [ベリーニ] 男 桃とシャンパンのカクテル

bellota [ベヨータ] 女 西 最高級のイベリコ豚

belon [ブロン] 女 牡蠣(かき)の種類

bélouga [ベルーガ] 男 = béluga

bel paese [ベル パエーゼ] 男 伊 イタリア, ロンバルディア地方の, 牛乳のチーズ

béluga [ベリューガ] 男 ベルーガ: キャヴィアの種類 = bélouga

belval [ベルヴァル] 男 ピカルディ地方の, 牛乳のチーズ

belvédère [ベルヴェデール] 男 展望台

ben [ベーヌ] 男 わさびの木: 葉と根にわさびのような辛味のある木 ‖ ben [バーン] 間投 (俗語)うーんと, えーと, よーし/ eh ~ それでは

bénédictin, e [ベネディクタン, ティーヌ] 形 ベネディクト修道会の/ à la ~e ベネディクト風(の): 干鱈(たら)の料理用表現/ pommes de terre à la ~e らせん状にして揚げたじゃが芋 ‖ bénédictine 女 ベネディクティーヌ: ノルマンディ地方のリキュール = DOM /~e & Brandy ビーアンドビー: ベネディクティーヌとブランデーをまぜた飲物 = B&B

bénévole [ベネヴォール] 形〈男女同形〉ボランティアの, 無料奉仕の ‖ bénévole [ボランティア(人)

benoît, e [ブヌワトゥ] 形 親切ぶった ‖ benoîte 女 だいこん草 = herbe de Saint-Benoît

benoîton [ブヌワトーン] 男 干ぶどう入ライ麦パン

berce [ベルス] 女 はなうど = patte d'ours

berceau [ベルソ] 男〈複 ~x〉①ベビーベッド, ゆりかご ②発祥地

Bercy [ベルスィ] 固 ベルシ: パリの地区 ‖ Bercy 形〈不変〉ベルシ風(の): 白ワインを使ったソースや料理の表現/ sauce ~ ベルシ・ベルシ: 1) 白ワインと魚のフュメを加えた魚料理用ヴルテソース 2) 白ワインとグラス・ド・ヴィアンドを加えた肉料理用ヴルテソース

bergamote [ベルガモートゥ] 女 ①オレンジの種類 ②洋梨の種類 ③ロレーヌ地方の, ベルガモットオレンジ風味のキャンディ

berger, ère [ベルジェ, ール] 男女 羊飼/ (à la) ~ère 羊飼風(の): ポム・パイユを付合せた料理用表現 ‖ Berger 固 男 パスティスの商標名

Bergerac [ベルジュラーク] 固 男 南西フランスのぶどう栽培地区/ côtes de b~ 同地区の AOC 赤, 白, ロゼワイン

bergerette / côtes de b~ moelleux 同地区のやや甘口の AOC 白ワイン / côtes de b~ sec 同地区の辛口の AOC 白ワイン

bergerette [ベルジュレートゥ] 女 ハニーワイン, 蜂蜜酒, ミード

bergues [ベールグ] 男 フランドル地方の, 脱脂牛乳からつくるチーズ

bérix [ベーリクス] 男〈単複同形〉きんめ鯛 = béryx

Berkshire [ベルクシール] 男 バークシャー: 黒豚の種類

Berlin [ベルラン] 固 ベルリン: ドイツの首都

berline [ベルリーヌ] 女 揚菓子の一種 = boule de Berlin, Krapfen

berlingot [ベルランゴ] 男 ピラミッド形の飴

berlinois, e [ベルリヌワ, -ズ] 形〈男には単複同形〉ベルリン(Berlin)の ‖ Berlinois, e 男女〈男は単複同形〉ベルリンの人

bernache [ベルナーシュ] 女 = bernacle
bernacle [ベルナークル] 女 ①烏帽子貝(えぼしがい) ②こく雁 = bernache

bernard-l'(h)ermite [ベルナール レルミートゥ] 男〈単複同形〉やどかり

bernicle [ベルニークル] 女 かさ貝 = bernique

bernique [ベルニーク] 女 = bernicle
Berri = Berry
berrichon, ne [ベリション, -ヌ] 形 ベリ地方 (Berry) の / (à la) ~ne ベリ風 (の): 1) 同地方の料理に用いる表現 2) グリーンキャベツ, 玉ねぎ, 栗, ベーコンを付合せた料理用表現 ‖ Berrichon, ne 男女 ベリの人

Berry [ベリ] 固男 ベリ: 中央フランスの地方 = Berri / cœur du b~ ベリ地方の, 山羊乳のチーズ

béryx = bérix

besace [ブザース] 女 ずだ袋 / ~ de pur chèvre サヴォワ地方の, 山羊乳のチーズ

Besançon [ブザンソン] 固 ブザンソン: フランシュ・コンテ地方の都市

besoin [ブズワーン] 男 ①必要(なもの) / avoir ~ de... …が必要だ ②欲求

bessay [ベセ] 男 ブルボネ地方の, 牛乳のチーズ = petit ~

bestiole [ベスティヨール] 女 虫

besugo [ベスゴ] 男 バスク地方の, 唐辛子入魚料理

bétail [ベターユ] 男 家畜の群

bête [ベートゥ] 形〈男女同形〉ばかな, 間抜な ‖ bête 女: 1) 家畜, (人以外の)動物 / ~ rousse 6～12ヶ月の猪 2) ばか, 間抜

bethmale [ベトゥマール] 男 フォワ地方の, 羊乳または牛乳のチーズ = ercé, oust, oustet, saint-lizier

béthune [ベテューヌ] 男 フランドル地方の牛乳のチーズ = gris de lille, maroilles gris, puant gris, puant de lille, puant macéré, vieux lille

bêtise [ベティーズ] 女 ①愚かさ, うかつさ ②愚かな言動 ③ピカルディ地方の, ミント風味の飴

béton [ベトン] 男 コンクリート / ~ armé 鉄筋コンクリート

bette [ベートゥ] 女 ふだん草 = blette, joutte, poirée

bettelman(n) [ベートゥルマン] 男 アルザス地方の, さくらんぼ入クラフティ

betterave [ベトゥラーヴ] 女 砂糖大根, ビーツ = ~ sucrière / ~ de Chioggia イタリア, キオッジャ原産のビーツ. 実は赤と白の同心円 / ~ rouge 赤ビーツ, 赤かぶ

beugnon [ブニョン] 男 ベリ地方の揚菓子 = beignet des brandons, bignon

beurrage [ブーラージュ] 男 バターを加えること

beurre [ブール] 男 ①バター / ~ de noix くるみバター / crème au ~ バタークリーム → crème / lait de ~ バターミルク = babeurre / sauce au ~ バターソース = sauce bâtarde / sauce au ~ blanc ソース・ブール・ブラン: エシャロット, 酢, クール・ブイヨンなどを煮詰めてかきたてながらポマード状にしたソース ②(植物性の)バター状のもの / ~ d'arachide, ~ de cacahouète ピーナツバター / ~ de coco ココナツオイル = huile de coco / ~ de Gascogne 仔羊の脂肪とにんにくのピュレをまぜた調味料 ③さやいんげんの品種 → p.35 [囲み]

beurré, e [ブーレ] 形 バターを加えた, バターを塗った ‖ beurré 男 洋梨の品種 ‖ beurrée 女 バターを塗った薄切りパン

beurre

beurre allégé　ライトバター：軽くのばしやすくしたバター
beurre Café de Paris　ブール・カフェ・ド・パリ：エシャロット,パセリ,フヌイユ,タイムなどの香草やにんにく,レモンゼストなどとポマード状のバターをまぜたステーキのソース用バター
beurre clarifié　澄しバター
beurre composé　合せバター：各種材料とまぜたバター
beurre concentré　濃縮バター
beurre d'ail　ガーリックバター
beurre d'amande　アーモンドバター
beurre d'anchois　アンチョヴィバター
beurre de basilic　バジリコバター
beurre de crevette　海老バター
beurre de cuisine　キッチンバター
beurre d'écrevisse　ざりがにバター
beurre d'escargot　エスカルゴバター
beurre de homard　オマールバター
beurre demi-sel　減塩バター,有塩バター
beurre de moutarde　マスタードバター：エストラゴン風味のマスタードをまぜたバター
beurre de noisette　ヘーゼルナッツバター
beurre déshydraté　脱水バター
beurre de tourage　折込パイヤクロワサン用脱水バター
beurre de truffe　トリュフバター
beurre en pommade　ポマードバター
beurre fermenté　醗酵バター
beurre fermier　農場バター：無殺菌牛乳からつくるバター
beurre fondu　溶かしバター
beurre (à la) maître d'hôtel　メトル・ドテルバター：パセリとレモン汁をまぜたバター
beurre manié　ブール・マニエ：小麦粉をまぜた,つなぎ用バター
beurre (à la) meunière　ムニエルバター：レモン汁を加えた焦しバター
beurre Montpellier　モンプリエバター→ Montpellier
beurre noir　(黒い)焦しバター
beurre noisette　ブールノワゼット：焦しバター
beurre pasteurisé　低温殺菌バター
beurre rouge　赤バター
beurre salé　有塩バター(濃い塩)
beurre sans sel　塩分無添加バター
beurre vert　グリーンバター

beurreck [ブーレーク] 男　①トルコの,羊のチーズを包んだ揚物　②エメンタールチーズなどとベシャメルソースを包んだ揚物
beurré-hardy [ブーレ アールディ] 男　洋梨の品種
beurrer [ブーレ] 動　バターを加える,バターを塗る
beurrier [ブーリエ] 男　食卓用バター入れ/～ rafraîchisseur バタークーラー
beursaude [ブルソードゥ] 女　豚の脂肪繊維片
beuverie [ブーヴリ] 女　酒盛
biais, e [ビエ, エーズ] 形 〈男には単複同形〉斜めの ‖ biais 男 〈単複同形〉①傾斜,斜め　②バイアス　③一面,側面　④抜道
Biarritz [ビヤリーツ] 固　ビアリッツ：大西洋岸,スペインに近いリゾート都市
biarrot, te [ビヤーロ, ートゥ] 形　ガスコーニュ地方,ビアリッツ(Biarritz)の／(à la) ～te ビアリッツ風(の)：セーブ茸を用いた肉料理用表現 ‖ Biarrot, te 男女　ビアリッツの人
bibace [ビバース] 女　びわの実 = bibasse, loquat, nèfle du Japon
bibal(l)e [ビバル] 女　しらす鰻のボルドー地方での呼称 = civelle, pibale
bibasse = bibace
bibbelskas [ビベルスカーズ] 男　アルザス地方の,牛乳のフレッシュチーズ = bibbelskäse
bibbelskäse = bibbelskas
Bible [ビーブル] 女　聖書
bibliothèque [ビブリヨテーク] 女　図書館

bicarbonate [ビカルボナートゥ] 男 重炭酸塩, 重曹 = ~ de soude

biche [ビーシュ] 女 ①雌鹿 ②(俗語) きれいな女

bichof [ビショーフ] 男 昔のホットワインの一種 = bischof / ~ glacé アイスビショフ：シャンパンにシロップやハーブティーなどを加えて冷やした飲物

bicolore [ビコロール] 形〈男女同形〉2色の

bicyclette [ビスィクレートゥ] 女 自転車

bidet [ビデ] 男 ビデ：洗浄器

bidon [ビドン] 男 蓋付容器

Biélorussie [ビエーロリュスィ] 固女 ベラルーシ：旧白ロシア

bien [ビヤーン] 副 ①うまく, 器用に, 上手に / aller ~ à... …に似合う /《~ + du（または de la, des）+ 名詞》多くの… ②たいへん, とても, 非常に ③まさしく ④少なくとも ⑤さて, では, し / eh ~ それでは /《~ que + 接続法の活用をする動詞を伴う文》…であるにもかかわらず ‖ bien 形〈不変〉①（気分が）いい ②親切な ③優れた, 立派な ‖ bien 男 ①幸福 ②財産 / ~s immobiliers 不動産 ③善

bientôt [ビヤント–] 副 すぐに, まもなく / À ~. ではまた近いうちに

bienvenu, e [ビヤンヴニュ] 形 歓待される, よい時に来た ‖ bienvenu, e 男女 （定冠詞を伴って）歓迎される人 / Soyez le bienvenu (la bienvenue) ! ようこそ ‖ bienvenue 女 歓迎, 歓待

bienvenues-bâtard-montrachet [ビヤンヴニュ バタール モンラシェ] 男 ブルゴーニュ地方, コート・ド・ボーヌ地区のAOC白ワイン

bière [ビエール] 女 ビール / ...à la ~ のビール煮　→ [囲み]

bierewecк(e) = bireweck

bifteck [ビフテック] 男 ステーキ, ビフテキ = steak / ~ haché （牛挽肉だけの）ハンバーグステーキ

bigarade [ビガラードゥ] 女 だいだい：ビターオレンジの種類 / sauce ~ ソース・ビガラード：ビガラードと鴨などを煮てバターを加えたソース

bigarreau [ビガロ] 男〈複 ~x〉さくらんぼの種類

bière

bière à la pression
　生ビール = pression
bière blanche　白ビール
bière blonde　ラガービール = lager
bière brune　黒ビール
bière forte　ストロングビール
bière ménagère
　自家製ビール, 地ビール
petite bière　低アルコールビール

bigarrures [ビガリュレ] 女 トリュフ, 赤牛舌肉, 卵などで様々な色にすること

bignon [ビニョン] 男 = beugnon

bigorneau [ビゴルノ] 男〈複 ~x〉たまきび貝 = guignette, littorine, vigneau, vignot

bijane [ビジャーヌ] 女 砂糖入赤ワインに古いパンを浸した, アンジュー地方のスープ = soupe au perroquet

bijou [ビジュー] 男〈複 ~x〉①アクセサリー, 宝石 ②名作

bijouterie [ビジュートゥリ] 女 宝石店

bijoutier, ère [ビジューティエ, エール] 男女 宝石商

bikini [ビキニ] 男 ビキニ

bile [ビール] 女 （人間の）胆汁

biliaire [ビリエール] 形〈男女同形〉胆汁の

bilibi = billy-by

bilingue [ビラーング] 形〈男女同形〉バイリンガルの ‖ bilingue 男女 バイリンガル：2ヶ国語を話す人

bille [ビーユ] 女 ビー玉, ビリヤードやルーレットなどの玉 / ~s de cuisson タルトストーン

billet [ビエ] 男 ①切符, チケット ②紙幣 ③短信, 短い手紙 ④証明書 ⑤命令書

billion [ビリョン] 男 兆

billot [ビヨ] 男 （厚い）まな板, 木でできた厚い台

billy [ビリ] 男 ベリ地方の, 山羊乳のチーズ

billy-by [ビリビ] 男 ムール貝のポタージュ = bilibi

bilou [ビルー] 男 山羊乳のチーズ / ~ du jura フランシュ・コンテ地方の, 山羊乳からつくるチーズ

bintje [ビーンチュ] 女 じゃが芋の品種

bio [ビョ] 形〈不変〉= biologique / produit ～ 有機製産品
biochimie [ビョシミ] 女 生化学
biologie [ビョロジ] 女 生物学
biologique [ビョロジーク] 形〈男女同形〉①生物学の ②自然食品の / agriculture ～ 有機農業
bioxyde [ビョクスィードゥ] 男 二酸化物 / ～ de carbone 二酸化炭素 / ～ de titane 二酸化チタン：白色着色料
bireweck [ビルヴェーク] 男 アルザス地方の, キルシュ酒風味のフルーツケーキ = biereweck(e)
bis,e [ビース, ビーズ] 形 灰褐色の‖ **bis** [ビース] 男 ①(同番号内の2つめに付ける)…の2/5～ 5番の2 ②アンコール, 再度
bischof = bichof
biscotin [ビスコタン] 男 硬くて小さいビスケット
biscotte [ビスコートゥ] 女 ラスク / ～ parisienne アーモンド, キルシュ酒などと泡立てた卵白でつくった生地を焼いた軽い菓子
biscuit [ビスキュイ] 男 ①スポンジ生地, スポンジケーキ / ～ génois アーモンド入スポンジケーキ = pain de Gênes / ～ glacé 軽いアイスクリーム仕立のデザート / ～ joconde ビスキュイ・ジョコンド：アーモンドパウダー入スポンジケーキの一種 / ～ manqué スポンジケーキの一種 / ～ roulé スイスロール, ロールケーキ / ～ de Savoie 軽いスポンジケーキ ②クッキー, ビスケット / ～ à la cuiller フィンガービスケット / ～ de l'ivrogne 強い塩味のつまみ / ～ de Reims シャンパーニュ地方, ランスの軽くてカリッとしたビスケット / ～ de soldat 乾パン / ～ de voyage 保存のきく固いビスケット = ～ de garde
biscuité,e [ビスキュイテ] 形 白焼にした, 素焼の / pain ～ 乾パン
biscuiter [ビスキュイテ] 動 白焼にする, 素焼にする
biscuiterie [ビスキュイートゥリ] 女 ビスケットなどの焼菓子製造業
biseau [ビゾ] 男〈複～x〉斜角, 斜面 / couper en ～ 斜めに切る
biset [ビゼ] 男 河原鳩 = pigeon ～, pigeon de roche

bison [ビゾン] 男 野牛
bisontin,e [ビゾン, ティーヌ] 形 ブザンソン(Besançon)の /(à la) ～e ブザンソン風(の)：ポム・デュシェスのケースにカリフラワー, サラダ菜を詰めた付合せに用いる表現‖ Bisontin,e 男女 ブザンソンの人
bisque [ビースク] 女 ビスク：甲殻類の濃厚なポタージュ
bisquebouille [ビスクブーユ] 女 淡水魚でつくったブイヤベース
bisteux [ビストゥー] 男〈単複同形〉ピカルディ地方の, じゃが芋のトゥルト
bistortier [ビストルティエ] グレープフルーツナイフ = couteau à pamplemousse
bistouri [ビストゥーリ] 男 (外科用)メス
bistre [ビーストゥル] 男 ブラウンマシュルーム
bistro(t) [ビストゥロ] 男 居酒屋, ビストロ
bistouille [ビストゥーユ] 女 = bistrouille
bistrouille [ビストゥルーユ] 女 ①北フランスの, コーヒーとブランデーをまぜた飲物 ②質の悪いブランデー = bistouille
bit [ビートゥ] 男 ビット：コンピュータ用語
bitok = bitoke
bitoke [ビトック] 男 ビトーク：牛肉だけのメンチカツ = bitok
bitter [ビテール] 男 ビター：苦みのある飲料
bizarre [ビザール] 形〈男女同形〉奇妙な, 変な
bizontin,e = bisontin,e
black-bass [ブラック バース] 男〈単複同形〉英 ブラックバス = achigan
blagny [ブラーニ] 男 ブルゴーニュ地方, コート・ド・ボーヌ地区のAOC赤ワイン / meursault-～ 同地区のAOC白ワイン
blanc,he [ブラーン, シュ] 形 白い, 白の / beurre ～ ブール・ブラン：魚用のソース = sauce beurre ～ / fromage ～ フレッシュチーズ / sauce ～he 白いソース, ホワイトソース‖ **blanc** 男 ①白色→ gros,se ②(鳥の)ささ身, 白身肉, 野菜などの白い部分 / ～ de gorge 豚喉の白身肉 / ～ de poireau ポロねぎの白い部分 ③卵白 = ～

d'œuf ④ブラン：1) レモンと小麦粉を加えた野菜用ゆで汁 2) 鶏や仔牛をゆでるための小麦粉入のクール・ブイヨン／(faire) cuire au 〜：1) ブランでゆでる 2) 素材が色付かないように調理する 3) あくを除いたり表面をしめたりするために熱湯，流水，塩水，酢水などで冷やあくを抜く ⑤白ワイン＝ vin 〜／〜 cassis ブラン・カシス：ブルゴーニュ地方の食前酒キールの元の名 ⑥白ワイン用ぶどうの品種，またその品種でつくるワインやシャンパン／〜 de blanc ブラン・ド・ブラン：白ぶどうでつくる白ワイン，シャンパン／〜 de noirs ブラン・ド・ノワール：黒ぶどうでつくるシャンパン，ワイン／〜 fumé：1) 白ぶどうの品種 2) ニヴェルネ地方，ロワール川流域のプイイ・フュメの別称＝ pouilly fumé ⑦白いチーズ ⑧にしんの塩漬 ⑨白い川魚 ‖ Blanc, *he* 男女 白人

blanchaille [ブランシャーユ] 女 ①白い稚魚 ②白子

blanche → blanc

blanchet [ブランシェ] 男 ①白い毛織物 ②ブリーク：魚＝ ablette ③マーシュ：サラダ菜の種類＝ mâche

blanchi, *e* [ブランシ] 形 ①白くした／riz 〜 精白米 ②ブランシールした → blanchir ③ (レストランなどの労働条件として) 洗濯付の

blanchiment [ブランシマン] 男 ①ブランシッルすること → blanchir ②精白，漂白

blanchir [ブランシール] 動 4 ①白くする，白くなる，洗濯する，漂白する ②ブランシールする＝ faire 〜：1) 卵黄と砂糖を白っぽくなるまでホイップする 2) あくを除いたり表面をしめたりするために熱湯，流水，塩水，酢水などで冷やあくを抜く 4) 卵黄を白っぽくなるまでホイップする 5) (フライドポテト用のじゃが芋などを) 下揚する

blanchissage [ブランシサージュ] 男 ①クリーニング ②ブランシールすること → blanchir

blanchisserie [ブランシスリ] 女 クリーニング屋(業)

blanchisseu*r, se* [ブランシス・ール, ーズ] 男女 クリーニング屋(人)

Blanchot [ブランショ] 固 シャブリ・グラン・クリュの畑の一つ

blanc-manger [ブラン マンジェ] 男 〈複 〜s- 〜s〉 ブラン・マンジェ：アーモンドミルクを冷やし固めたデザート＝ lait d'amande

blanquette [ブランケートゥ] 女 ブランケット：白い肉または魚のホワイトシチューの一種／〜 de veau 仔牛のブランケット ‖ blanquette 女 白ぶどうの種類／〜 de limoux ラングドック・ルシヨン地方，リムーを中心とした地区の AOC 白，発泡ワイン

blatte [ブラートゥ] 女 油虫，ごきぶり＝ cafard

blayais [ブライエ] 男 ＝ blaye

blaye [ブライ] 男 ボルドー地方，ブライ地区の AOC 赤，白ワイン＝ blayais／côtes de 〜 同地区の AOC 白ワイン／première côtes de 〜 同地区の AOC 赤，白ワイン

blazer [ブラゼールまたはブラズール] 男 ブレザーコート

blé [ブレ] 男 小麦／〜 de Turquie, 〜 turc とうもろこし＝ maïs／〜 dur デュラム小麦／〜 germé 麦芽／〜 noir そば：植物＝ sarrasin

blender [ブランデール] 男 英 ミキサー／〜 à main ハンドミキサー

blennie [ブレニー] 女 イソギンポ科の魚＝ baveuse

blennorr(h)agie [ブレノラジ] 女 淋病

blésois, *e* [ブレーズワ, ーズ] 形 男には単複同形 ブロワ (Blois) の ‖ Blésois, *e* 男女 (男は単複同形) ブロワの人

blessé, *e* [ブレーセ] 形 傷ついた ‖ blessé, *e* 男女 負傷者

blesser [ブレセ] 動 傷つける ‖ se 〜 代動 59 傷つく，負傷する

blessure [ブレスュール] 女 痛手，傷，けが／〜 légère (grave) 軽(重)傷

blet, *te* [ブレ. ートゥ] 形 ①熟しすぎた ②盛りを過ぎた，年増の ‖ blette 女 ふだん草＝ bette, poirée

bleu, *e* [ブル] 形 〈男 〈複には〜s〉 ①青い，青ざめた ② (レアより) 生焼の／〜 clair 〈不変〉 水色の／〜 foncé 〈不変〉 濃紺：bleu に foncé や noir など限定する語が付く場合は名詞との性数の一致はなく不変化 ‖ bleu 男 〈複〜s〉 ①青／〜 marine 紺 ②青あざ ③ (野菜などの) 青味 ④安物赤ワイン ⑤ブルー：ステーキの焼方 ⑥魚の料理法／

bocal

au ～ クール・ブイヨンで煮た ⑦ブルーチーズ = fromage ～ →[囲み]

bleuté [ブルーテ] 男 クロタンチーズの種類

blin [ブラーン] 男 ①粉でつくった生地 ②ブリニ = blinis

blini [ブリーニ] 男 = blinis

blinis [ブリーニス] 男〈単複同系〉ブリニ：そば粉のクレープ

bloc [ブローク] 男 ①塊 ②街区, ブロック / en ～ ひとまとめにして, まるごと / ～ de foie gras = foie gras entier, foie gras au naturel → foie

Blois [ブルワー] 固 ブロワ：オルレアネ地方の町

blond, e [ブローン, ドゥ] 形 きつね色の, 金髪の, 黄金色の, ブロンド色の / roux ～ きつね色のルウ ‖ blond 男 ブロンド色, 黄金色

blondi, e [ブロンディ] 形 きつね色に焼色を付けた = roussi, e

blondin [ブロンダン] 男 若いマロワルチーズ

blondir [ブロンディール] 動④ きつね色になる, 金色になる, ブロンド色になる / faire ～ きつね色にする, 黄金色にする = roussir

bloody mary [ブロディ マリ] 男 ブラディマリ：カクテル

bloqué, e [ブロケ] 形 ①固定した, 動かなくなった ②閉ざした, 塞いだ ③途絶えた, 不通の ④冷凍した

bloquer [ブローケ] 動 ①固定する ②妨げる, 塞ぐ ③冷凍する

blouse [ブルーズ] 女 仕事着, ブラウス / ～ blanche（工場で着る）白衣, ブラウス

blouson [ブルーゾーン] 男 ジャンパー, ブルゾン

blue-jean [ブルー ジーン] 男〈複 ～-～s〉（英）ジーンズ

blutage [ブリュタージュ] 男 粉をふるいにかけること

bluté, e [ブリュテ] 形 ふるいにかけた

bluter [ブリュテ] 動 ふるいにかける

blutoir [ブリュトゥワール] 男（粉用）ふるい

boal [ボアール] 男 = bual

bocal [ボカール] 男〈複 bocaux [ボコ]〉広

(fromage) bleu

bleu d'auvergne オヴェルニュ地方のAOCブルーチーズ

bleu de bassillac リムーザン地方のブルーチーズ

bleu de brebis 羊乳のブルーチーズ

bleu de bresse ブルゴーニュ地方のブルーチーズ

bleu de cayres オヴェルニュ地方のブルーチーズ

bleu de chèvre 山羊乳のブルーチーズ

bleu de Corse コルシカのブルーチーズ

bleu de costaros オヴェルニュ地方のブルーチーズ

bleu de gex フランシュ・コンテ地方の, 牛乳のAOCブルーチーズ = ～ de septmoncel, ～ du haut-jura

bleu de langeac オヴェルニュ地方のブルーチーズ

bleu de laqueuille オヴェルニュ地方のブルーチーズ

bleu de loudes オヴェルニュ地方のブルーチーズ

bleu de sainte-foy サヴォワ地方のブルーチーズ

bleu de sassenage ドフィネ地方のブルーチーズ

bleu des causses ルエルグ地方のブルーチーズ

bleu de septmoncel = bleu de gex

bleu de termignon サヴォワ地方のブルーチーズ

bleu de thiézac オヴェルニュ地方のブルーチーズ

bleu de tignes サヴォワ地方のブルーチーズ

bleu du haut-jura = bleu de gex

bleu du quercy ケルシ地方のブルーチーズ

bleu du velay オヴェルニュ地方のブルーチーズ

bleu fermier オヴェルニュ地方のブルーチーズ

口瓶/en ~ 瓶詰の

bocaux → bocal

bock [ボーク] 男 ①約125 cc入のビールジョッキ, またはそのジョッキに入ったビール ②フランス及びベルギーの軽いビール ③ドイツ及びイギリスのアルコール度の高いビール

bœuf [ブーフ] 男〈複 ~s [ブ]〉去勢雄牛, 牛肉/~ bourguignon ブフ・ブルギニョン: 牛の赤ワイン煮/~ Stroganoff ビーフストロガノフ: 牛フィレ肉と玉ねぎなどのクリーム煮

bofos [ボフォス] 男〈単複同形〉シャルキュトリ用スパイス

bogracs [ボグラーク] 男〈単複同形〉自在鉤(鉤)で暖炉の中につるす, グーラーシュ用の鍋

bogue [ボーグ] 男 タイ科の魚 ‖ **bogue** 女 (栗の)いが

bohème [ボエム] 形〈男女同形〉ボヘミヤン的な ‖ **bohème** 男女 自由に生きる芸術家, ボヘミヤン ‖ **bohème** 男 ボヘミヤングラス

bohémien,ne [ボエミ・ヤン, エーヌ] 形 ①チェコ, ボヘミア地方の ②ジプシーの ‖ **Bohémien,ne** 男女 ジプシー, ボヘミヤ人, 浮浪者 ‖ **Bohémienne** 固 オペラの題名/à la B~ne ボエミエーヌ風(の): 同名のオペラにちなんだ料理表現/sauce (à la) B~ne 冷たいベシャメルソースに油とエストラゴン風味の酢を加えた乳化ソース

boichet [ブワーシェ] 男 ブルゴーニュ地方のパン・デピス = pain d'épice

boire [ブワール] 動⑩ 飲む/~ à la bouteille ラッパ飲みする/~ au comptoir 立飲みする/~ tout son soûl 思い切り飲む ‖ **boire** 男 飲物, 飲む行為

bois [ブワ] 男〈単複同形〉①林, 森 ②材木/...de (または en) ~ 木製の…/bons ~ ボン・ボワ: コニャックの種類/~ ordinaires ボワ・オルディネール: コニャックの種類 ③薪/feu de ~ 薪の火

boisette [ブワゼートゥ] 女 ケーキなどに木目模様をつけるためのゴム製の道具

boisson [ブワソーン] 女 飲料, 飲物/~ à base d'acide lactique 乳酸飲料/~ alcoolisée アルコール飲料/~ au fruit 天然果汁10%以上の飲料/~ distillée 蒸留酒/~ fermentée 醸造酒/~ fraîche, ~ rafraîchissante 冷たい飲物/~ gazeuse 炭酸飲料/~ glacée フローズンドリンク/~ lactique 乳飲料/~ non alcoolisée ソフトドリンク/se donner à la ~ 酒浸りになる

boîte [ブワートゥ] 女 ①箱/~ à lettres, ~ aux lettres 郵便受, ポスト/~ à outils 道具箱/~ à poudre コンパクト/~ de nuit ナイトクラブ ②缶, 缶詰=~ de conserve ③骨髄入の骨

boit-tout [ブワトゥー] 男〈単複同形〉(俗語)飲んだくれ

bok choy [ボクチョイ] 男 チンゲン菜

bol [ボール] 男 丼, 鉢, ボール, 椀/avoir du ~ ラッキーである/~ à café au lait カフェオレ用の取っ手なしカップ

bolée [ボレ] 女 シードル用カップ

bolet [ボレ] 男 いぐち茸などのイグチ科の茸の総称

Bollinger [ボランジェ] 固 シャンパンメーカー

bolognais,e [ボロニェ, エーズ] 形〈男には単複同形〉イタリア, ボローニャ (Bologne) の/(à la) ~e ボローニャ風(の)/sauce ~e スパゲティやマカロニなどのパスタ用ミートソース ‖ **Bolognais,e** 男女〈男は単複同形〉ボローニャの人

Bologne [ボローニュ] 固 ボローニャ: イタリアの都市

bombance [ボンバーンス] 女 ごちそう/faire ~ 大盤振舞をする

bombe [ボーンブ] 女 ①爆弾 ②ボンブ: 砲弾形のアイスクリーム ③スプレー ④(話言葉)大いに飲む宴会

bombé,e [ボンベ] 形 ①ふくらませた ②湾曲した

bomber [ボンベ] 動 ふくらませる

bombine [ボンビーヌ] 女 アルデーシュ地方の, 塩漬豚の煮込

bon,ne [ボ・ン, ヌ] 形 ①いい ②うまい, おいしい ③さあ, よし, そう ④上手な/être ~, ne en... …が得手である ‖ **bonne** 女 お手伝いさん ‖ **bon** 男 ①長所, 美点 ②クーポン, 証書, 引換券/~ de commande 発注書/~ de garantie (商品に対する)保証書

bonbon [ボンボン]男 飴玉, キャンディ／~ anglais ドロップ／~ fourré ジャム, チョコレートなどを詰めたキャンディ

bonbonnière [ボンボニエール]女 キャンディ入れ

bondard [ボンダール]男 ヌシャテルチーズの一種

bonde [ボーンドゥ]女 ①栓 ②流し口, 排水口 ③ノルマンディ地方の, 牛乳のチーズ = bondon／double ~ 大きいボンドチーズ

bondé, e [ボンデ]形 ぎっしりの

bonder [ボンデ]動 ぎっしり詰める

bondon [ボンドン]男 ①樽の栓 ②ボンドン：ノルマンディ地方の, 牛乳からつくるチーズ = bonde／~ de gâtine ポワトゥー地方の, 山羊乳のチーズ

bonheur [ボヌール]男 幸福

bonhomme [ボノーム]男〈複 bonshommes [ボンゾーム], bonhommes [ボノーム]〉①あいつ, 奴／~ de neige 雪だるま ②パイ包料理 = pantin

bonification [ボニフィカスィヨン]女 醇化（ジュンカ）→ bonifier

bonifier [ボニフィエ]動 醇化（ジュンカ）させる：樽にあるワインを芳醇にする

bonite [ボニートゥ]女 かつお = pélamide／~ à ventre rayé 本がつお／~ orientale はがつお

bonjour [ボンジュール]男 おはよう, こんにちは

bonjura [ボンジュラ]男 フランシュ・コンテ地方のプロセスチーズ

Bonnefoy [ボヌフォワ]固男 19 世紀, パリにあったレストラン／sauce ~ 香草などを加えて煮詰めた白ワインにヴルテを加えたソース

bonnes-mares [ボヌ マール]男 ブルゴーニュ地方, コート・ド・ニュイ地区の AOC 赤ワイン

bonnet [ボネ]男 ①（縁なしの）帽子／~ d'évêque 七面鳥などの鳥の尻肉の別称 = croupion ②ハチノス：反芻動物の第 2 胃

bonneville [ボヌヴィール]男 トムチーズの一種

bonnezeaux [ボヌゾ]男 ボヌゾ：アンジュー地方の AOC 貴腐ワイン

bonsaï [ボンサイ]男 盆栽

bonsoir [ボンスワール]男 こんばんは

Bontemps [ボンタン]固男 ボンタン：人名／sauce ~ 煮詰めたシードル酒にヴルテとマスタードを加えた肉料理用ソース

bonvalet [ボンヴァレ]男 日もちする菓子の一種

bookmaker [ブークメクール]男英 （ギャンブルの）胴元, ブックメーカー／sandwitch ~ ブックメーカーサンドウィッチ：ステーキサンド

boom [ブーム]男米 ①ブーム ②（株などの）急上昇 ③学生のパーティー

borchtch = bortsch

bord [ボール]男 ①周辺, 端, 縁／à ~ 飛行機（船）に（での）／au ~ de la mer 海辺で, 海岸で ②（帽子の）つば

bordé, e [ボルデ]形 縁取した

Bordeaux [ボルド]固男 ボルドー：ボルドー地方の都市 ‖ bordeaux 形〈不変〉ワインレッドの, ボルドー色の ‖ bordeaux 男 ①ワインレッド, ボルドー色 ②ボルドーワイン：ジロンド県の赤, 白の AOC ワイン → p.42 **[囲み]**

bordelais, e [ボールドゥレ, ーズ]形〈男には単複同形〉ボルドー（Bordeaux）の, ボルドレ地方の／（à la）~ e ボルドー風（に, の）：魚や白い肉には白ワイン, 赤い肉には赤ワインソースを使った料理用表現／sauce ~ e ソース・ボルドレーズ：1）ソース・エスパニョール, フォン・ド・ヴォ, ソテルヌワイン, 香草などでつくるソース 2）赤ワイン, ドミグラスソースなどでつくるソース ‖ Bordelais, e 男女〈男は単複同形〉ボルドーの人 ‖ bordelaise（ボルドー形の）瓶 ‖ Bordelais 固男 ボルドレ：ボルドー市を中心とした地域

border [ボルデ]動 縁取をする

borderies [ボールドゥリ]男 コニャックの種類

bordure [ボルデュール]女 ①縁石, 縁, 縁取部分 ②王冠状に盛付けた料理

bortsch [ボルシュ]男 ボルシチ：ロシアの煮込料理 = borchtch

Boskoop [ボスコープ]女 belle de ~ りんごの品種

bosse [ボース]女 こぶ

bosselure [ボスリュール]女 金属や食器の浮彫

bosser [ボセ]動〔話言葉〕（根を詰めて）働く, 勉強する

bosseux, se [ボス-, ズ] 形〈男には単複同形〉こぶのある

bosson macéré [ボソン マセレ] 男 サヴォワ地方の, オリーヴ油, 白ワイン, 香草などをまぜた液に漬けた山羊乳のチーズ

botanique [ボタニーク] 形〈男女同形〉植物学の ‖ botanique 女 植物学

botrytis [ボトゥリティース] 男 ～ cinéréa ボトリティス・シネレア菌：ぶどうに付く貴腐菌

botte [ボートゥ] 女 ①長靴, ブーツ ②束, 把／ une ～ de... …1把／ une ～ d'asperges アスパラガスひと束

bottereau [ボトゥロー] 男〈複 ～x〉アンジュー地方の揚菓子

bottillon [ボティヨン] 男（野菜などの）小束

bottin [ボタン] 男 電話帳

bottine [ボティーヌ] 女 ①アンクルブーツ, ハーフブーツ ②(俗語)レスビアン

botulinique [ボテュリニーク] 形〈男女同形〉ボツリヌス中毒の = botulique／ bacille ～ ボツリヌス菌

botulique [ボテュリーク] 形〈男女同形〉 = botulinique

bouc [ブーク] 男 雄山羊

boucanade [ブーカナードゥ] 女 山羊の皮袋に入れる, スペインのワイン保存法

boucanage [ブーカナージュ] 男 燻製(くんせい)にすること → boucaner

boucané, e [ブーカネ] 形 燻製(くんせい)にした → boucaner

boucaner [ブーカネ] 動 漬汁液に漬けた肉や魚を燻製(くんせい)にする

boucaud [ブーコ] 男 海老じゃこ = crevette grise

bouchalès [ブーシャレス] 男 黒ぶどうの品種 = bouchedy, bouchy

bouche [ブーシュ] 女 ①口／ avoir (または faire) une fine ～ 口がおごっている／ ～ du roi フランス革命以前の王室の料理及びサービス係／ faire la petite ～ 小食な／ fermer la ～ 黙る／ métiers de ～ 食品関連業 ②出入口／ ～ d'incendie 消火栓／ ～s 河口, 湾口 ③（王の）食事 ④口に含んで感じられるワインの性質

bouché, e [ブーシェ] 形（下水などが）詰まった, 塞いだ ‖ bouchée 女 ①ひと口分（の食べ物）／ une ～e de... ひと口分の… ②ブーシェ：1) 小パイ料理 2) スポンジにアイシングをかけた丸い小菓子／～e à la reine 胸腺肉, ささ身, トリュフなどのさいのめ入ヴォロ・ヴァン

bouchedy [ブーシュディ] 男 = bouchalès

bouche-en-flûte [ブーシャン フリュートゥ] 女〈複 ～s-～-～〉やがら：魚 = fistulaire

boucher [ブーシェ] 動 栓をする, ふさぐ ‖ se ～ 代動 59（穴などが）ふさが

---

bordeaux

bordeaux blanc　ボルドー・ブラン：AOC 白ワイン
bordeaux clairet　ボルドー・クレレ：薄赤の AOC 赤ワイン
bordeaux côtes de castillon　ボルドー・コート・ド・カスティヨン：AOC 赤ワイン
bordeaux côtes de francs　ボルドー・コート・ド・フラン：AOC 赤, 白ワイン
bordeaux mousseux　ボルドー・ムスー：AOC 発泡ワイン
bordeaux rosé　ボルドー・ロゼ：AOC ロゼワイン
bordeaux supérieur　ボルドー・シュペリユール：AOC 赤, 白ワイン
bordeaux supérieur clairet　ボルドー・シュペリユール・クレレ：AOC 赤ワイン
bordeaux supérieur côtes de castillon
　ボルドー・シュペリユール・コート・ド・カスティヨン：AOC 赤ワイン
bordeaux supérieur rosé　ボルドー・シュペリユール・ロゼ：AOC ロゼワイン
côtes de bordeaux saint-macaire
　コート・ド・ボルドー・サン・マケール：同地区の AOC 白ワイン
premières côtes de bordeaux
　プルミエール・コート・ド・ボルドー：ボルドー地方の AOC ワイン

る, 詰まる

boucher,ère [ブーシェ.エール] 形 食肉の, 肉屋の/ (à la) ～ère ブーシェール風(の): 骨髄を用いた料理用表現 ‖ boucher,ère 男 女 ①食肉販売業者, 肉屋(人), ブッチャー (人) ②畜殺人

boucherie [ブーシュリ] 女 ①食肉業, 肉屋(店)/～ chevaline, ～ hippophagique 馬肉店/ viande de ～ 畜殺肉 ②ブッチャー: レストランの肉の切出し係

bouchon [ブーション] 男 ① (コルクなどの) 栓/～ de liège コルク栓/～ hermétique ワインストッパー ②交通渋滞 ③ブーション: リヨンのブラスリ

bouchonné,e [ブーショネ] 形 (ワインが)コルク臭のある, 腐敗した

bouchy [ブーシ] 男 = bouchalès

boucle [ブークル] 女 ①留金, バックル ②(金属の) 輪/～ d'oreille イヤリング ③(道の)カーブ ④カール, 巻毛

bouclé,e [ブークレ] 形 ①留金で締めた ②カールした

boucler [ブークレ] 動 ①留金で締める ②輪にする ③カールする, 巻毛にする ④(話言葉)閉込める

boudane [ブーダーヌ] 女 トムチーズの一種

bouddhique [ブーディーク] 形〈男女同形〉仏教の

bouddhisme [ブーディスム] 男 仏教

bouddhiste [ブーディストゥ] 形〈男女同形〉仏教(徒)の ‖ bouddhiste 男 女 仏教徒

boudin [ブーダン] 男 ブーダン: 腸詰/～ blanc ブーダン・ブラン: 鶏, 仔牛などの白い肉または魚の腸詰/～ noir ブーダン・ノワール: 豚の血のソーセージ

boudinière [ブーディニエール] 女 ブーダンソーセージ用の漏斗(じょうご)

bouée [ブエ] 女 ブイ, 浮(うき)/～ de sauvetage 救命浮袋

boueur 男 (話言葉) = éboueur

boueux,se [ブー.ズ] 形〈男には単複同形〉①泥の, 泥だらけの ②(コーヒーやワインが) 澱(おり)のまわった ‖ boueux 男〈単複同形〉= éboueur

bouffat [ブーファートゥ] 男 = braoubouffat

bouffe [ブーフ] 女 (話言葉)喰い物

bouffer [ブーフェ] 動 ①ふくらむ ②(話言葉)喰う = brifer, briffeter, brifter

bouffi [ブーフィ] ブロター: 軽い燻製(くんせい)塩漬にしんの種類

bougeoir [ブージュワール] 男 (ろうそく1本用)燭台

bouger [ブージェ] 動 25 動く

bougie [ブージ] 女 ①ろうそく ②点火プラグ = ～ d'allumage

bougnette [ブーニェートゥ] 女 ①オヴェルニュ地方の田舎風クレープ ②ラングドック地方の豚挽肉料理 = ～ de Castres

bougon [ブーゴン] 男 ポワトゥー地方の, 山羊乳の白かびタイプのチーズ = mothe-bougon

bougras [ブーグラ] 男 ペリゴール地方の野菜スープ

bougros [ブーグロ] 男 シャブリ AOC 白ワインの種類

bouillabaisse [ブーヤベース] 女 ブイヤベース: マルセイユの魚介類のスープ料理

bouillade [ブーヤードゥ] 女 ノルマンディ地方のエスカルゴのクリーム煮

bouillant,e [ブーヤン, ートゥ] 形 沸騰している ‖ bouillant 男 熱いひと口パイ ‖ bouillante 女 熱いポタージュ

bouille [ブーユ] 女 ①(ぶどう収穫用)背負かご ②牛乳運搬用容器 ③(話言葉)顔, つら/ la ～ ノルマンディ地方の, 牛乳のチーズ

bouilleture [ブーユトゥール] 女 アンジュー及びポワトゥー地方の, うなぎのマトロート = bouillitine, bouilliture

bouilleur [ブーユール] 男 蒸留酒の蒸留職人/～ de cru 自家栽培の果実で自家用の蒸留酒をつくる人

bouilli,e [ブーイ] 形 沸騰した ‖ bouilli 男 ブイイ: ゆで肉 ‖ bouillie 女 小麦粉と野菜などの粥(かゆ)

bouillinada [ブーイナダ] 女 = bouillinade

bouillinade [ブーイナードゥ] 女 ラングドック地方の, 魚とじゃが芋のブイヤベースの一種 = bouillinada

bouillir [ブーイール] 動 ④ ①沸騰する ②煮る, 沸騰させる, ゆでる = faire ～ / (faire) ～ à gros bouillon ぐらぐらさせる ③ワインなどを作る過程で

果汁が醗酵して泡立つ

bouillitine [ブーイティーヌ] 囡 アンジュー地方のうなぎのマトロート

bouilliture [ブーイティュール] 囡 = bouilleture, bouillitine

bouilloire [ブーユワール] 囡 やかん = coquemar

bouillon [ブーヨン] 男 ①ブイヨン：肉や野菜の出汁／～ de légumes, ～ maigre 野菜のブイヨン／～ gras 肉のブイヨン ②(沸騰または攪拌(ホミル)による)泡

bouillonnade [ブーヨナードゥ] 囡 肉と野菜の鍋物

bouillonnant,e [ブーヨナン, トゥ] 形 ぐらぐら沸騰している

bouillonné,e [ブーヨネ] 形 沸騰した

bouillonnement [ブーヨヌマン] 男 (水などの)沸騰

bouillonner [ブーヨネ] 動 たぎる

bouillotte [ブーヨートゥ] 囡 小さな湯わかし

bouillotter [ブーヨテ] 動 軽く沸騰する

boukha [ブーカ] 囡 チュニジアの, いちじくの蒸留酒 = boukhra

boukhra [ブークラ] 囡 = boukha

boulange [ブーランジュ] 囡 ①(話言葉)パン製造業, パンづくり ②全粒粉

boulanger,ère [ブーランジェ, ール] 形 パン屋の／(à la) ～ère パン屋風(の)：1) パン生地で包んだりパン粉をふってオーブンで焼いた料理用表現 2) スライスした玉ねぎとじゃが芋を用いたロースト料理用表現 ‖ boulanger,ère 男囡 パン職人, パン屋(人)

boulangerie [ブーランジュリ] 囡 製パン業, パン屋(店)

boule [ブール] 囡 ①球, 玉／～ à thé 球状の茶漉(ホル)／～ de Berlin = Krapfen／～ de cuisson 香草を入れて煮汁に浸すのに用いる穴のあいた球状の調理用具／en ～ 球状に ②丸いフランスパン／～ de son ふすま入の丸いパン／grosse ～ 円盤形のフランスパン／petite ～ 小型の球形フランスパン ③だんごや球状のチーズ／～s de picolat ルシヨン地方の挽肉料理／～ de lille フランドル地方の, 牛乳のチーズ = mimolette française, tête de maure, vieux hollande／～ des moines ブルゴーニュ地方の, 牛乳のチーズ

boulé [ブーレ] 男 ブーレ：飴状に煮溶した砂糖の状態／grand ～, gros ～ 125~134℃にしたシロップ／petit ～ 115~124℃にしたシロップ

boule-de-neige [ブール ドゥ ネージュ] 囡 〈複 ～s-～-～〉①クリームで覆った球形のケーキ ②ホイップクリームで覆ったボンブ ③小球状のケーキ

bouler [ブーレ] 動 ①転がる ②生地などを球状に丸める

boulette [ブーレートゥ] 囡 ①小球 ②肉や魚のだんご ③球形のチーズ／～ d'avesnes フランドル地方の, 香草と香辛料を加えビールで表面を洗った牛乳のチーズ／～ de cambrai フランドル地方の, 香草で香りを付けた牛乳のチーズ／～ de la pierre-qui-vire ブルゴーニュ地方の, 香辛料を加えた牛乳のチーズ

boulevard [ブールヴァール] 男 大通り, 環状道路：略は bd. ／～ (de)... …通り／～ périphérique (主にパリの)外環状道路

boulghour [ブールグール] 男 中東の, 乾燥発芽小麦をつぶしたもの = bulg(h)ur

boulimie [ブーリミ] 囡 多食症

Boulogne-Billancourt [ブーローニュ ビヤンクール] 固 ブーローニュ・ビヤンクール：パリ西方の町

Boulogne-sur-Mer [ブーローニュ スュル メール] 固 ブーローニュ・シュル・メール：ピカルディ地方の港町

boulon [ブーロン] 男 ねじ, ボルト

boulonnais,e [ブーロネ, ーズ] 形 〈男には単複同形〉ブーローニュ・シュル・メール (Boulogne-sur-Mer) の, ブーローニュ・ビヤンクール (Boulogne-Billancourt) の, ブーロネ地方の／(à la) ～e ブーロネ風(の)：同地方の料理に用いる表現 ‖ Boulonnais,e 男囡 〈男は単複同形〉ブーローニュ・シュル・メールの人, ブーローニュ・ビヤンクールの人, ブーロネの人 ‖ Boulonnais 固 男 ブーロネ：フランス北部の地方

boulonner [ブーロネ] 動 ボルトで締める

boulot [ブーロ] 男 仕事／petit ～ アルバイト

boum [ブーム] 間投 どしん ‖ boum 男

bouquet [ブーケ] 男 ①花束, ブーケ／~ garni ブーケ・ガルニ：香草の束／~ simple パセリの束 ②グラスから鼻にかぐワインの芳香 ③川海老, すじ海老, 手長海老(淡水)

bouquetière [ブーケティエール] 女 花売女／(à la) ~ ブークティエール風(の)：小球状またはさいのめにした野菜を付合せた肉料理用表現

bouquin [ブーカン] 男 ①古本 ②(話言葉)本 ③老いた雄山羊 ④雄うさぎ, 雄野うさぎ

bouquiniste [ブーキニーストゥ] 男女 古本屋(人)

bourbe [ブールブ] 女 ①(池などの底の)泥 ②ワインを澄ませる前の滓(かす)

Bourbon [ブールボン] 固 男 ブルボン家‖ bourbon 男 (米) バーボンウィスキー

bourbonnais, e [ブールボネ, ーズ] 形〈男には単複同形〉ブルボネの／(à la) ~ ブルボネ風(の)：同地方の料理に用いる表現‖ Bourbonnais, e 男女〈男は単複同形〉ブルボネの人‖ Bourbonnais 固 ブルボネ：フランス中部の地方

bourboulenc [ブールブーラン] 男 白ぶどうの品種

bourdaine [ブールデーヌ] 女 リンゴ入パイ菓子 = bourdelot

bourdaloue [ブールダルー] 男 洋梨をのせたケーキ

bourdelot [ブールドゥロ] 男 = bourdaine

Bourg [ブール] 固 ボルドレ地方の町／côtes de b~ 同地方周辺の AOC 赤, 白ワイン

bourgeais [ブールジェ] 男 ボルドレ地方, ブール地区の AOC 赤, 白ワイン = côtes de bourg

bourgeois, e [ブールジュワ, ーズ] 形〈男には単複同形〉ブルジョワの／(à la) ~ e ブルジョワ風(の)：羊や仔牛のもも肉などを煮込んだ, 典型的な家庭料理に用いる表現／ cuisine ~e ブルジョワ料理‖ bourgeois, e 男女〈男は単複同形〉ブルジョワ

bourgeon [ブールジョン] 男 芽／~ gustatif 味蕾(みらい)

bourgeonnement [ブールジョーヌマン] 男 発芽

bourgeonner [ブールジョネ] 動 発芽する

Bourgogne [ブールゴーニュ] 固 女 ブルゴーニュ地方‖ bourgogne 男 同地方の AOC 赤, 薄赤, 白, ロゼワイン = vin de B ~ → p.46 [囲み]

bourgueil [ブールゲュ] 男 ロワール地方の AOC 赤, ロゼワイン

bourguignon, ne [ブールギニョン, ーヌ] 形 ブルゴーニュ地方 (Bourgogne) の／(à la) ~ne ブルゴーニュ風(の)：1) 同地方の料理に用いる表現 2) 小玉ねぎ, シャンピニオンなどを付合せ, 同地方産赤ワインを使った料理用表現／ bœuf ~ ブフ・ブルギニヨン：牛肉の赤ワイン煮込／ escargots (à la) ~ne エスカルゴとエスカルゴバターを殻に詰めてオーヴンで焼く料理／ sauce ~ne ブルゴーニュ産赤ワインに香味野菜や香草を入れて煮詰めたソース‖ Bourguignon, ne 男女 ブルゴーニュの人‖ bourguignon 男 ブルギニョン：ぶどうの種類／~ noir 黒ぶどうの種類 = gamay / petit ~ 黒ぶどうの種類 = pinot noir ‖ bourguignonne 女 ブルゴーニュワインの瓶

bourguignot(e [ブールギニョートゥ] 女 かぶと／(à la) ~ ブルギニョート風(の)：淡水魚の赤ワイン煮に用いる表現

bourigoule [ブーリグール] 女 = barigoule

bourrache [ブーラーシュ] 女 ボリジ, るりぢしゃ：サラダ用葉野菜

bourratif, ve [ブーラティーフ, ーヴ] 形 (話言葉) 胃にもたれる

bourré, e [ブーレ] 形 詰めた, 満たした

bourre-chrétien [ブール クレティヤン] 男〈園 ~s-~s〉 = truffiat

bourre-gueule [ブール グール] 女 = terrinée

bourrer [ブーレ] 動 詰込む, 満たす‖ se ~ 代動 59 暴食る

bourriche [ブーリーシュ] 女 猟肉, 魚, 牡蠣(かき)などの運搬用のかご, その中身

bourricot [ブーリコ] 男 オヴェルニュ地方の, 脱脂牛乳のチーズ

bourride [ブーリードゥ] 女 アイヨリ入ブイヤベース

bourriol(e [ブーリヨール] 男 オヴェルニュ地方の厚いクレープ

boursault [ブールソ] 男 イル・ド・フランス地方の, 牛乳のチーズ

bourse [ブールス] 女 ①巾着, 財布 ②奨学金 ③B~ 証券取引所 ④B~ 株式相場

bourse-à-pasteur [ブールサ パストゥール] 女〈複 ~s-~-~〉なずな = capselle

boursi*er,ère* [ブールスィエ, ール] 男女 給費生, 特待生

boursin [ブールサン] 男 ノルマンディ地方の, 牛乳と生クリームのフレッシュチーズ/~ à l'ail にんにく風味のブールサン/~ au poivre 胡椒風味のブールサン

bout [ブー] 男 終り, 先端, 突当り/au ~ de... …の端に/bas ~ (de table) 末席/haut ~ (de table) 上席

boutargue [ブータルグ] 女 からすみ = poutargue

bouteille [ブーテーユ] 女 ①瓶, ボンベ/~ isolante 魔法瓶 = thermos / mise en ~ 瓶詰作業 ②(瓶の中身としての)ワインなどの酒

boutifar(e) [ブーティファール] 男 カタロニア地方の黒ブーダンソーセージ = boutifaron

boutifaron [ブーティファロン] 男 = boutifar(e)

boutique [ブーティック] 女 ブティック, 小規模専門店

bouton [ブートン] 男 ①新芽/~ de pétasite ふきのとう ②吹出もの/~ de jeunesse にきび ③スイッチボタン, (引出などの)つまみ, ボタン/~ de manchette カフスボタン ④小さな円筒形のチーズ/~ de culotte ブルゴーニュ地方の, 山羊乳のチーズ/~ d'oc ラングドック地方の, 山羊乳のチーズ

boutonnière [ブートニエール] 女 ボタン穴, ボタンホール

bouton-pression [ブートン プレスィヨン] 男〈複 ~s-~〉ホック

bouvard [ブーヴァール] 男 子持にしん

bouvière [ブーヴィエール] 女 たなご:魚

bouvillon [ブーヴィヨン] 男 生後24ヶ月までの去勢した雄牛

bouzigues [ブーズィーグ] 女〈単複同形〉地中海産の牡蠣(かき)の種類

bov*in,e* [ボ・ヴァン, ヴィーヌ] 形 牛の ‖ bovins 男 複 ウシ科

bowling [ボリング] 男 英 (スポーツ) ボーリング

boyau [ブワーヨ] 男 〈複 ~x〉 ①(食用動物の)腸/gros ~ 大腸/petit ~ 小腸/~ artificiel ケーシング, 人工皮膜 ②(ラケットなどの)ガット

brabançon,*ne* [ブラバンソ・ン, -ヌ] 形 ベルギー, ブラバント(Brabant)の/à la ~ne ブラバント風(の):芽キャベツを詰めた小タルトとじゃが芋のコロッケを付合せた肉料理用表現 ‖ Brabançon,*ne* 男女 ブラバントの人

Brabant [ブラバーントゥ] 固 ブラバント:

---

bourgogne

bourgogne aligoté ブルゴーニュ・アリゴテ:アリゴテ種のぶどうでつくった AOC 白ワイン

bourgogne chardonnay ブルゴーニュ・シャルドネ:シャルドネ種のぶどうでつくった AOC 白ワイン

bourgogne clairet ブルゴーニュ・クレレ:AOC 薄赤ワイン

bourgogne (grand) ordinaire ブルゴーニュ・(グラン・)オルディネール:ブルゴーニュ地方全域から産する AOC 赤ワイン

bourgogne mousseux ブルゴーニュ・ムスー:ブルゴーニュ地方全域から産する AOC 発泡性ワイン

bourgogne passetoutgrain ブルゴーニュ・パストゥーグラン:ガメ種とピノ・ノワール種のぶどうでつくる AOC 赤ワイン

bourgogne pinot noir ブルゴーニュ・ピノ・ノワール:ピノ・ノワール種のぶどうでつくる AOC 赤ワイン

crémant de bourgogne クレマン・ド・ブルゴーニュ:シャンパンと同様の製法でつくった AOC 赤, 白, ロゼの弱発泡性ワイン

ベルギーの地方

bracelet [ブラスレ]男 ①ブレスレット ②(時計の)バンド／〜s (俗語)手錠

braconni*er,ère* [ブラコニエ、ール]男女 密猟者／(à la) 〜ère ブラコニエール風(の)：猟鳥獣肉用料理表現

Bragance [ブラガンス]固 ポルトガルの王朝 ‖ Bragance 形〈不変〉ブラガンス風(の)：温製トマトなどを付合せた肉料理用表現 ‖ bragance 男 オレンジ風味のケーキ

braisage [ブレザージュ]男 ブレゼにすること → braiser

braise [ブレーズ]女 燠(おき)

braisé,*e* [ブレゼ]形 ブレゼにした ‖ braisé 男 ブレゼしたもの → braiser

braiser [ブレゼ]動 ブレゼにする：蓋をして少量の水分で弱火で蒸煮する

braisière [ブレズィエール]女 ①ブレイジングパン、ブレゼ鍋 ②仔牛と牛の骨、香味野菜でつくる茶色いフォン

bran [ブラーン]男 (粗い)ふすま

branche [ブラーンシュ]女 ①枝／〜s de lunettes 眼鏡のつる ②支店

branchies [ブランシ]女複 (魚の)えら

branda [ブランダ]女 ピエモンテ地方のグラッパ

brandade [ブランダードゥ]女 ブランダード：干鱈(だら)のペースト = 〜 de morue

brandevin [ブランドゥヴァン]男 ワインからつくる蒸留酒の古称

brandy [ブランディ]男英 ブランデー = eau-de-vie

braok [ブルーク]男 英仏海峡のすずきの呼称

braou-bouffat [ブルー ブーファートゥ]男 ソーセージをゆでた汁に野菜や米などを入れた、ルシヨン地方のスープ = brou-bufat

bras [ブラー]男〈単複同系〉①腕／〜 de Vénus ルシヨン地方のロールケーキ ②働き手 ③(壁用)燭台

brasier [ブラズィエ]男 燠(おき)、真赤に燃えた炭／griller...sur le 〜 …を炭火で焼く

brassadeau [ブラサド]男〈複 〜x〉ラングドック地方のエショデ = brassadeu, brassado, tortillon

brassadeu [ブラサドゥー]男〈複 〜x〉 = brassadeau

brassado [ブラサド]男 = brassadeau

brassage [ブラサージュ]男 ビール醸造

brassé,*e* [ブラセ]形 (サラダを)かきまぜた

brasser [ブラセ]動 ①かきまわす、まぜ合せる ②ビール醸造する

brasserie [ブラスリ]女 ①ビール醸造所 ②ブラスリ：1)一日中開いてるレストラン 2)ビアレストラン 3)郷土料理を供するレストラン

brasseu*r,se* [ブラスール、ズ]男女 ビール醸造業者

bratschtall [ブラチタル]男 = bretzel

brave [ブラーヴ]形〈男女同形〉勇気のある

bravo [ブラヴォ]間投伊 いいぞ、ブラボー

brayaud,*e* [ブレヨー、ドゥ]形 ①オヴェルニュ地方の = auvergnat,e ②ブレヨード風(の)：オヴェルニュの地方料理に用いる表現 = à la 〜e ‖ brayaude 女 オヴェルニュ地方の、仔羊とじゃが芋の蒸煮

breakfast [ブレクファーストゥ]男英 飲物とパンの他オートミール、ベーコン、卵料理なども食べるイギリス式朝食

brebie [ブルビ]男 ベアルン地方の、羊乳のチーズ

brebis [ブルビー]女〈単複同形〉雌羊 ‖ brebis 男 ①羊乳からつくるチーズ／ 〜 de bersend サヴォワ地方の、羊乳のチーズ／〜 du lochois トゥーレーヌ地方の、羊乳のチーズ／〜 de pays プロヴァンス地方の、羊乳のチーズ／ 〜 de pyrénées ベアルン地方の、羊乳のチーズ ②おとなしい人、神のしもべ

bréchet [ブレシェ]男 竜骨：鳥の胸骨

brède [ブレードゥ]女 香草の一種 = cresson de para

br*ef,ève* [ブレー、フ、ヴ]形 簡潔な、短い ‖ bref 副 要するに

brégaude [ブレゴードゥ]女 リムーザン地方のベーコンとキャベツの煮込 = bréjaude

bréjaude [ブレジョードゥ]女 = brégaude

brème [ブレーム]女 ブリーム：コイ科の淡水魚／〜 de mer = griset

brési [ブレズィ]男 フランシュ・コンテ及びジュラ地方の、香草風味の牛の燻製(くんせい)肉

Brésil [ブレズィール]固男 ブラジル

brésilien, ne [ブレズィリ・ヤン, エーヌ] 形 ブラジル(Brésil)の/(à la)～ne ブラジル風(の):黒豆などブラジル産の食材を用いる料理用表現 ‖ Brésilien, ne 男女 ブラジル人

brésol(l)es [ブレゾール] 女複 南東フランスの、野菜と牛などの薄切りを重ねて煮込む料理 = brézoles, brussoles

bressan, e [ブレサー・ン, ヌ] 形 ブレス地方(Bresse)の/(à la)～e ブレス風(の):ブレス産の鶏を使った料理用表現 ‖ Bressan, e 男女 ブレスの人 ‖ bressan 男 ブルゴーニュ地方の、山羊乳のチーズ/～ bleu ブレスのブルーチーズ = bleu de bresse

Bresse [ブレース] 固女 ブレス:フランス東部の地方/poulet de ～ ブレス産地鶏

Brest [ブレーストゥ] 固 ブレスト:ブルターニュ地方の都市

brestois, e [ブレーストゥワ, ーズ] 形〈男には単複同形〉ブレスト(Brest)の ‖ Brestois, e 男女〈男は単複同形〉ブレストの人 ‖ brestois 男 ブレストワ:アーモンド風味のケーキ = gâteau ～

Bretagne [ブルターニュ] 固女 ブルターニュ:フランス最西端の地方

breton, ne [ブルトー・ン, ヌ] 形 ブルターニュ(Bretagne)の/(à la)～ne ブルターニュ風(の):1)同地方の料理用表現 2)いんげんを使った料理用表現/gâteau ～ 有塩バターを使った厚いビスケット/sauce ～ne ソース・ブルトーヌ:1)炒めた玉ねぎと白ワインを煮詰め、ソース・エスパニョールとソース・トマト、にんにくを加えたソース 2)ポロねぎ、玉ねぎ、セロリの千切りに魚のヴルテとクリームを加えたソース ‖ Breton, ne 男女 ブルターニュの人 ‖ breton 男 ①ブルトン語:ケルト語源のブルターニュ語 ②アーモンド風味のデコレーションケーキ ③黒ぶどうの品種:カベルネ・フランのロワール川流域での別称

bretzel [ブレッツェル] 男 アルザス地方の、つまみ用塩味菓子 = bratschtall

brève → bref, ève

brevet [ブルヴェー] 男 (小・中学校卒業)免状/～ de technologie supérieur 職業高校上級課程修了証 = B.T.S.

brézoles = brésolles

bricelet [ブリースレ] 男 サヴォワ地方のゴーフル

brick = brik

bricquebec [ブリークベーク] 男 ノルマンディ地方の、牛乳のチーズ

bridage [ブリダージュ] 男 ブリデすること → brider

bride [ブリードゥ] 女 ①手綱 ②からげ糸

bridé, e [ブリーデ] 形 ブリデした → brider

brider [ブリーデ] 動 ブリデする:鳥の手羽や足をブリデ針と糸で縫ってからげる

brie [ブリー] 男 ブリ:イル・ド・フランス及びシャンパーニュ地方の、白かびタイプのチーズ/～ de coulommiers クロミエ産のブリ/～ de meaux モー産のAOCブリ/～ = ～ de valois/～ de melun ムラン産のAOCブリ/～ de montereau モントロー産のブリ = ville-saint-jacques/～ de nangis ナンジ産のブリ/～ de provins プロヴァン産のブリ/～ fermier 農家でつくったブリ

brié [ブリエー] 男 ノルマンディ地方のパン

brièvement [ブリエーヴマン] 副 手短に、短く

briffe [ブリーフ] 女 (俗語)食い物、めし

brif(f)er [ブリーフェ] 動 = bouffer

briffeter [ブリフテ] 動 = bouffer

brifter [ブリフテ] 動 = bouffer

brigade [ブリガードゥ] 女 ①(軍の)旅団 ②ブリガード:レストラン厨房のチーム = ～ de cuisine

brignole [ブリニョール] 女 干しすもも

brignolet [ブリニョレ] 男 (隠語)パン

brigoule [ブリグール] 女 = barigoule

brik [ブリーク] 男 ①ブリーク:粗挽粉の薄いクレープ = feuille de ～ ②ブリークの皮を使ったアラブ菓子 ③挽肉などをブリークの皮で包んで揚げたチュニジアのオードヴル = brick, brique

brillant, e [ブリヤーン, トゥ] 形 ①輝いている、ぴかぴかの ②光のもとで澄んで輝いているワインの色の形容 ‖ brillant 男 輝き、華麗、ダイヤモンド

Brillat-Savarin [ブリヤ サヴァラン] 固 男 フランスの法律家で美食家 ‖ Brillat-Savarin 形〈不変〉ブリヤ・サヴァラン

が考案した料理または同氏への敬意を表した料理用表現‖ brillat-savarin [男]〈複 ~-~s〉ノルマンディ地方の, 牛乳のフレッシュチーズ

briller [ブリエ][動] 輝く / faire ~ 輝かす‖ se ~ [代動]59 輝く

brilloli [ブリヨリ][男] コルシカの, 栗の粉の粥(⸚) = brillul, brilluri

brilluli [ブリユリ][男][複]= brilloli

brimbelle [ブランベル][女] クランベリーのロレーヌ地方での呼称 = canneberge

brin [ブラン][男] ①少量 ②(草の)細茎, 若枝 / ~ d'amour コルシカの, 羊乳のチーズ

brinde [ブランドゥ][女] (話言葉) 乾杯, 祝杯 / être dans les ~s 酔っている

brindille [ブランディーユ][女] 小枝, 細枝

bringelle [ブランジェール][女] なすの品種

brioche [ブリヨシュ][女] ブリオシュ / ~ à tête こぶのあるブリオシュ / ~ tressée 三つ編ブリオシュ / natte, tressée / saucisson en ~ オードヴル用の, ソーセージ入ブリオシュ

briolet [ブリヨレ][男] ①イル・ド・フランス地方産のワイン ②(酸味の強い)安ワイン

brion(n)e [ブリヨーヌ][女]= chayote

brique [ブリーク][女] ①れんが, れんが形のもの ②小れんが形のチーズ / ~ ardéchoise ヴィヴァレ地方の山羊乳のチーズ / ~ du forez オヴェルニュ地方の, 山羊乳のチーズ ③(帯でとめた)札束 ④= brik

briquet [ブリーケ][男] ライター

briquette [ブリケートゥ][女] ①小れんが形 ②ノルマンディ地方の, ヌシャテルチーズの一種 / ~ de coubon オヴェルニュ地方の, 牛乳のチーズ ③れんが形の練炭

brisco [ブリスコ][男] サヴォワ地方の, 脱脂牛乳のチーズ

brisé,e [ブリーゼ][形] 壊れた / pâte ~e ブリゼ生地：タルトなどの台用

brisegoût [ブリーズグー][男]= brisco

briser [ブリーゼ][動] 砕く‖ se ~ [代動]59 壊れる

bristol [ブリストール][男] ①ブリストル紙：上質の厚紙 ②(話言葉)名刺

brisure [ブリズュール][女] 破片

brix [ブリークス][男] 液体比重度

brocante [ブロカーントゥ][女] 古道具, 古道具屋(店)

brocanteu*r*,se [ブロカントゥール, ズ][男][女] 古道具屋(人)

brocard [ブロカール][男] 生後18ヶ月以上の雄鹿

broccio [ブローチョ][男] コルシカの, 山羊乳または羊乳のチーズ = brocciu

brocciu [ブローチュ][男]= broccio

broche [ブロシュ][女] ①ブローチ ②大きな焼串 / è la ~ 串刺料理用表現 / ~ à rôtir ロースト串 / ~ à tremper チョコレートボンボン被膜用フォーク / mettre...à la ~ …を串刺にする

brochée [ブローシェ][女] ①串に刺した肉 ②ひと串分の肉

brochet [ブローシェ][男] 川かます

brocheton [ブロシュトン][男] 川かますの稚魚

brochette [ブロシェートゥ][女] ①小さい焼串 ②串焼 / à la (または en) ~ 串焼にした, 串焼の / grillade à la ~ 串での網焼

brochure [ブロシュール][女] 冊子, パンフレット

brocoli [ブロコリ][男] ブロコリ

brodé,e [ブローデ][形] 刺繍のある / melon ~ マスクメロン = cantaloup

broder [ブローデ][動] 刺繍する

bronche [ブロンシュ][女] 気管支

bronchite [ブロンシートゥ][女] 気管支炎

bronzage [ブロンザージュ][男] 日焼

bronze [ブロンズ][男] 青銅, ブロンズ

bronzé,e [ブロンゼ][形] 日焼した

bronzer [ブロンゼ] se ~ [代動]59 日焼する

brosse [ブロース][女] ブラシ / ~ à dents 歯ブラシ

brossé,e [ブローセ][形] (ブラシで)磨いた

brosser [ブローセ][動] ブラシをかける, (ブラシで)磨く‖ se ~ [代動]59 (自分の髪や服に)ブラシをかける / se ~ les dents (自分の)歯を磨く

brou [ブル][男]〈複 ~s〉くるみなどの緑の果皮 / ~-bufat = braou bouffat / ~ de noix ドフィネ及びリムーザック地方の, 未熟くるみのリキュール

brouet [ブルーエ][男] ごった煮, まずいスープや煮込

broufado [ブルーファード][男] プロヴァ

ンス地方の, 牛の赤ワイン煮込

brouillade [ブルーヤードゥ] 囡 半熟のスクランブルエッグ = œufs brouillés

brouillage [ブルーヤージュ] 男 ①(ラジオ, テレビなどの)混信 ②まぜること

brouillard [ブルーヤール] 男 霧／être dans le ～ 意識がもうろうとしている

brouillé,e [ブルーイエ] 形 ①かきまぜた, かき回した／œufs ～s 半熟のスクランブルエッグ ②曇った, 濁った ③仲の悪い

brouiller [ブルーイエ] 動 ①かきまぜる, かき回す ②曇らせる, 濁らせる ③仲たがいさせる‖ se ～ 代動 59 曇る, 仲たがいする, 濁る

brouilly [ブルーイ] 男 ブルゴーニュ地方, ボジョレ地区の AOC 赤ワイン／côte de ～ 同地区コート・ド・ブルイの AOC 赤ワイン

brousse [ブルース] 囡 プロヴァンス地方の, 羊乳または山羊乳のフレッシュチーズ = broussin／～ de la vésubie プロヴァンス地方の, 羊乳または山羊乳のチーズ／～ du rove プロヴァンス地方の, 羊乳または山羊乳のチーズ

broussin [ブルーサン] 男 = brousse

broutard [ブルータール] 男 ①ノルマンディ地方の仔牛の種類 ②生後 5～9 ヶ月の仔羊 = broutart

broutart 男 = broutard

broyage [ブルワヤージュ] 男 砕くこと, つぶすこと

broye [ブルワー] 囡 ベアルン地方の, とうもろこし粉の粥(ﾎﾟﾘｯｼﾞ)

broyé,e [ブルワイエ] 形 砕いた‖ broyé 男 ポワトゥー地方のとうもろこし粉またはブリゼ生地でつくる菓子 = ～ poitevin

broyer [ブルワイエ] 動 31 砕く, 粉にする, つぶす

broyeur,se [ブルワユー・ル, ズ] 形 砕く, 粉砕の‖ broyeur 男 粉砕機, クラッシャー = broyeuse

bruant [ブリューアン] 男 ほおじろ:鳥／～ ortolan ずあおほおじろ = ortolan

brucelles [ブリュセール] 囡複 (小物用)ピンセット

brugnon [ブリュニョン] 男 = nectarine

bruit [ブリュイ] 男 ①音, 雑音, 騒音 ②うわさ

brûlant,e [ブリューラン, トゥ] 形 ①火傷をしそうに熱い ②焼けるほどに辛い

brûlé,e [ブリューレ] 形 ①焦した, 焦げた／crème ～e クレーム・ブリュレ ②ブリュレ:(ステーキに)完全に火を通した ③木が焼けるようなワインの香りの形容‖ brûlé 男 焼焦げ

brûler [ブリューレ] 動 ①焦す, 焦げる ②燃える, 燃やす ③焼く ④生地の水分が蒸発してひびが入る ⑤折込パイ生地などをつくる時, 時間をかけすぎて生地が油分を吸い, 油っぽくなる ⑥卵黄が砂糖に接触し, その部分が変質してクリームや生地にまざりにくくなる状態に砂糖焼する ⑦焼きごてなどで菓子の表面に焼きめをつける‖ se ～ 代動 59 やけどする

brûlot [ブリューロ] 男 ①フランベ用ブランデー ②アルコールを染込ませて火をつける角砂糖

brûlure [ブリュリュール] 囡 焼焦げ, 火傷／avoir des ～s d'estomac 胸焼がする

brume [ブリューム] 囡 もや

brun,e [ブ・ラーン, リューヌ] 形 焦茶色の, 茶色の／bière ～e 黒ビール／sauce ～e ブラウンソース:ルウでつないだ茶色いソース‖ brun 男 焦茶色, 茶色／～ foncé 焦茶色／～ rouge 海老茶色／～ sombre 暗褐色‖ brun,e 男囡 焦茶色の髪の人, 褐色の肌の人

brunch [ブランチ] 男英 ブランチ:朝食兼用の昼食

bruni,e [ブリュニ] 形 茶色くした

brunir [ブリュニール] 動 4 ①褐色にする, 茶色にする, 褐色になる, 茶色になる ②銀器を磨く

brunisseuse [ブリュニスーズ] 囡 シルバーポリシャー, バーニシャー:銀磨き器

brunoise [ブリュヌワーズ] 囡 ブリュノワーズ:1～2 mm のさいのめに切ること, または切ったもの／tailler...en ～ ...をブリュノワーズに切る

brusque [ブリュスク] 形〈男女同形〉急激な, 突然の

brusquement [ブリュースクマン] 副 急激に

brussoles [ブリュソール] 囡複 薄切り肉と野菜の煮込 = brésol(l)es

brut,e [ブリュトゥ] 形 ①自然のままの, 純粋の, 精製されていない／sucre ～ 粗糖 ②原始的な, 野生の ③ごく辛口の = très sec／champagne ～ ご

く辛口のシャンパン/～ zéro シャンパンなどが糖分ゼロの ④総計の/ salaire ～ 税込給料‖ brut 男 ①ブリュット：ごく辛口のシャンパンやスパークリングワイン = champagne ～ ②給料総支給額‖ brut 副 経費込で，税込で，総額で

Bruxelles [ブリュセール] 固 ブリュッセル/ chou de ～ 芽キャベツ

bruxellois, e [ブリュセールワ, ーズ] 形〈男には単複同形〉ブリュッセル（Bruxelles）の/ (à la) ～e ブリュッセル風（の）：アンディーヴ，芽キャベツ，じゃが芋を付合せにした料理用表現‖ Bruxellois, e 男 女〈男は単複同形〉ブリュッセルの人

bruyant, e [ブリュイヤン, トゥ] 形 うるさい，騒々しい

bruyère [ブリュイエール] 女 エリカ，ヒース：ツツジ科の植物

bryone [ブリヨーヌ] 女 = chayote

B.T.S. [ベテエス] 男 → brevet

bu, e [ビュ] 過分 → boire ⑩

B.U. [ベユ] 女 大学図書館：bibliothèque universitaire の略

bual [ブアール] 男 ㊟ 甘口マデラ酒 = boal

bucarde [ビュカールドゥ] 女 ヨーロッパざる貝：赤貝に似た貝 = coque, hénon

bucatini [ブカティーニ] 男 複〈伊〉乾燥ロングパスタの種類

buccal, e [ビュカール] 形〈男複には buccaux [ビュコ]〉口の，口腔の

buccaux → buccal, e

buccin [ビュクサン] 男 = bulot

bûche [ビューシュ] 女 薪/ ～ de Noël ビューシュ・ド・ノエル：薪形クリスマスケーキ

bûcher [ビュシェ] 動 (斧などで)粗削りする‖ bûcher 男 ①薪小屋 ②ビュシェ：1.5 cm角，長さ 6～8 cmのじゃが芋/ tailler...en ～ …をビュシェに切る

bûchette [ビュシェットゥ] 女 (焚付用の小さな)薪 ②棒状のチーズ/ ～ d'anjou アンジュー地方の，山羊乳のチーズ/ ～ d'Ariège アキテーヌ地方，アリエージュの山羊乳のチーズ

budget [ビュデェ] 男 予算

budgétaire [ビュデェテール] 形〈男女同形〉予算の

buée [ビュエ] 女 ①(ガラスに付いた)結露，湯気 ②調理時に生じる湯気，水蒸気 ③パンを焼く前にオーヴンを湿らせる水蒸気

buffet [ビュフェ] 男 ①食器棚 ②(レストランの)カウンター，立食パーティ用大テーブル ③立食，立食パーティ ④(駅の)立食スタンド = ～ de la gare / ～ campagnard ソーセージ，テリーヌ，フルーツなどの単純な料理を提供する立食パーティ

buffle [ビュフル] 男 水牛

bufflon [ビュフロン] 男 若い水牛

bufflonne [ビュフローヌ] 女 雌水牛

Bugey [ビュジェ] 固 男 ビュジェ：リヨン東方の小地方/ à la mode de ～ ビュジェ風(の)：同地方の料理に用いる表現

bugne [ビューニュ] 女 リヨンの甘味揚菓子 = ～ lyonnaise

buisson [ビュイソーン] 男 ①茂み，やぶ/ en ～ 生垣風(の，に)：料理の盛付法

bulbe [ビュルブ] 男 ①球根 = de fenouil フヌイユの株/ ～ de lis 百合根

bulbeux, se [ビュルブー, ズ] 形〈男には単複同形〉球根状の，球根のある

bulbille [ビュルビーユ] 女 むかご

bulgare [ビュルガール] 形〈男女同形〉ブルガリア（Bulgarie）の‖ bulgare 男 ブルガリア語‖ Bulgare 男 女 ブルガリア人

Bulgarie [ビュルガリ] 固 女 ブルガリア

bulg(h)ur = boulghour

bulle [ビュール] 女 気泡，泡

bulletin [ビュルタン] 男 ①会報，公報 ②(学校の)通知表 ③ニュース番組 = ～ d'informations ④明細書 = ～ de livraison 納品書

bulot [ビュロ] 男 つぶ貝，ヨーロッパばい貝 = buccin, ran

bungalow [バンガロ] 男 バンガロー

bunyètes [ビュニエートゥ] 女 複 ラングドック地方の揚菓子 = bunyettes

bunyettes = bunyètes

bureau [ビュロ] 男 (複 ～x) ①机 ②書斎 ③オフィス，事務局，事務所/ ～ de change 両替所/ ～ de location (劇場の)切符売場/ ～ de poste 郵便局/ ～ de tabac (たばこの)売店/ ～ de tourisme 旅行案内所/ ～ d'immigration 出入国管理局

burette [ビュレートゥ] 女 油差：卓上小

びん＝〜 à l'huile

burgunder [ブルグンデール]男 ピノ・ノワールのアルザス地方での呼称＝ pinot noir

buron [ビュロン]男 オヴェルニュ地方の、羊飼の小屋、バター・チーズ製造小屋

buronni*er,ère* [ビュロニエ, －ル]男女 オヴェルニュ地方のバター・チーズ製造者

bus [ビュース]男〈単複同形〉(市内) バス＝ autobus

but [ビュートゥ]男 ①標的、目的、目的地 ②意図、目標 ③ (スポーツなどの) 得点、ゴール ④ (ペタンクの木製の) 的球

butane [ビュターヌ]男 ブタンガス＝ gaz 〜

butte [ビュットゥ]女 小丘

butyreu*x,se* [ビュティルー, ズ]形〈男性は単複同形〉バターのような

butyrique [ビュティリーク]形〈男女同形〉①バターの ②酪酸の／ acide 〜 酪酸

buvable [ビュヴァーブル]形〈男女同形〉 まあまあ飲める

buvard [ビュヴァール]男 吸取紙

buverie [ビュヴリ]女 酒宴

buvette [ビュヴェットゥ]女 ①軽食堂、立飲み居酒屋 ②温泉地の鉱泉水飲み場

buveu*r,se* [ビュヴー・ル, ズ]男女 酒飲み／〜 d'eau 下戸／〜 grand 〜 酒豪

Buzet [ビュゼ]固 ガスコーニュ地方のぶどう栽培丘陵／ côtes de b〜 同地の AOC 白、ロゼ、赤ワイン

C, c

C,c [セ]男 ①フランス字母の3番め ②C: ド、ハ音、音楽用語 ③C [サン]ローマ数字の百 ‖ c 接頭 百分の一: centi- の記号 ‖ ℃: 摂氏、degré Celsius または degré centigrade の記号

C',c' 代 母音 a, e の前に来る Ce, ce の略字 → ce

ça [サ]代 これ、あれ、それ ‖ Ç〜 marche.: 1) うまくいっている 2) 動いている 3)(レストランで)ニューオーダーです ‖ Ç〜 ne fait rien. いいよ、かまわない／ Ç〜 va. 何ともない、元気だ／ Ç〜 y est! できた、やった!、ようし／ C'est 〜. その通り

çà [サ]副 ここ、こちら／〜 et là あちこち ‖ çà 間投 さあさあ!

cabaret [カバレ]男 ①キャバレー ②レストランシアター＝ café-théâtre ③昔の居酒屋 ④キャスター付サーヴィス用小テーブル

cabassol [カバソール]男 羊の頭肉を煮てから脳を詰め、パン粉を振って焼いた、ラングドック地方の料理

cabécou [カベクー]男＝ rocamadour

cabernet [カベルネ]男 ①黒ぶどうの品種／ 〜-sauvignon カベルネ・ソヴィニョン: 黒ぶどうの品種／〜 -franc カベルネ・フラン: 黒ぶどうの品種 ②カベルネ種のぶどうを使った赤ワイン／〜 d'anjou アンジュー地方の AOC ロゼワイン／〜 de saumur アンジュー地方ソミュール地区の AOC ロゼワイン

cabessal [カベサール]男 野うさぎの煮込料理＝ chabessal

cabillau [カビヨ]男〈複 〜x〉＝ cabillaud

cabillaud [カビヨ]男 鱈(たら)＝ cabillau

cabine [カビーヌ]女 ①船室 ②(プールなどの) 脱衣所＝〜 de bain ③電話ボックス＝〜 téléphonique

cabinet [カビネ]男 ①(付属の)小部屋／〜 d'essayage 試着室／〜 particulier レストランの個室、サロン／〜s 化粧室、トイレ＝〜 de toilette ②(弁護士などの) オフィス ③診察室 ④陳列室 ⑤内閣

câble [カーブル]男 ケーブル、ワイヤー

cabomba [カボンバ]男 じゅんさい

cabosse [カボス]女 ①カカオの実 ②とうもろこしの穂

caboulot [カブーロ]男 ①田舎風の簡素なカフェ・レストラン ②安酒場、飲み屋

cabri [カーブリ]男 仔山羊＝ chevreau

cabrion [カブリヨーン]男 プラタナスの葉で包んだ、ブルゴーニュ地方の山羊乳のチーズ

cabus [カビュ]男〈単複同形〉結球キャベツ＝ chou 〜, chou pommé

caca [カカ]男 (幼児語) うんち

cacahouète ＝ cacahouette

cacahouette [カカウエートゥ]女 ピーナッツ, 落花生 = arachide, cacahouète, cacahuète, pistache de terre, pois de terre

cacahuète = cacahouette

cacao [カカオ]男 ①カカオ豆 = amande(または fève) de ~ / beurre de ~ カカオバター / pâte de ~ カカオマス ②ココアパウダー = ~ en poudre, poudre de ~

cacaoté, e [カカオテ]形 ココア入の

cachaille [カシャーユ]女 オリーヴオイル, ブランデー, 胡椒を加えた, プロヴァンス地方の瓶入の山羊乳のチーズ

cachait [カシェ]動 = cachat

cachat [カシャ]男 プロヴァンス地方の, 山羊乳または羊乳のフレッシュチーズ = cachait, ~ d'entrechaux

cache-bouteille [カーシュ ブーテーユ]男〈単複同形〉ワイン用ボトルホルダー

cacher [カシェ]動 隠す‖se ~ 代動59 隠れる

cachet [カシェ]男 ①印鑑, 印章 ②個性, 特徴 ③ギャラ, 謝礼, 出演料 ④錠剤

Cacolac [カコラーク]固男 アイスココアの商標名

cactus [カクテュース]男〈単複同形〉サボテン

cade [カードゥ]男 プロヴァンス地方トゥーロンの, エジプト豆のクレープ

cadeau [カド]男〈複 ~x〉プレゼント

cadenas [カードゥナ]男〈単複同形〉南京錠

cadet, te [カデ, -トゥ]形 ①第2子以降の ②末っ子の‖cadet, te 男女 ①第2子以降の子 ②末っ子 ③後輩

cadillac [カディヤーク]男 ボルドー地方の AOC 甘口白ワイン

cadran [カードゥラン]男 ダイヤル, 文字盤

cadre [カードゥル]男 ①額縁 ②ケーキ型, 枠 ③管理職

Caen [カン]固 カン:ノルマンディ地方の都市 / à la mode de ~ カン風(の) / tripes à la mode de ~ 牛胃のシードル酒煮込

caennais, e [カネ, -ズ]形〈男には単複同形〉カン (Caen) の‖Caennais, e 男女〈男は単複同形〉カンの人

cafard, e [カファール, ドゥ]形 偽善的な, 信心深そうにしている‖cafard 男 ごきぶり = blatte / avoir le ~ 落込む, 気が減入る

café [カフェ]男 ①コーヒー ②コーヒー豆 = grain de ~ ③カフェ, 喫茶店

café

café au lait　カフェ・オ・レ
café calva
　カルヴァドス酒を加えたコーヒー
café crème
　クリームを加えたコーヒー
café d'orge　麦芽コーヒー
café express　エスプレッソ:高圧蒸気で出したコーヒー = espresso
café filtre　ドリップコーヒー
café glacé　アイスコーヒー
café irlandais
　アイリッシュコーヒー
café liégeois
　コーヒー風味のデザート
café noir, café nature
　ブラックコーヒー
café turc　トルココーヒー
café viennois　ウインナーコーヒー

café-concert [カフェ コンセール]男〈複 ~s-~s〉飲食しながらコンサートを楽しむ店

caféine [カフェイーヌ]女 カフェイン

café-restaurant [カフェ レストラン]男〈複 ~s-~s〉カフェ・レストラン

café-tabac [カフェ タバ]男〈複 ~s-~s〉たばこ売場のあるカフェ = bar-tabac

cafeteria, caféteria = cafétéria

cafétéria [カフェテリヤ]女 カフェテリア = cafeteria, caféteria

café-théâtre [カフェ テアートゥル]男〈複 ~s-~s〉飲食ができる小劇場

cafetier, ère [カフティエ, ール]男女 カフェの経営者‖cafetière 女 ①コーヒーポット ②コーヒーマシン / ~ère à express, ~ère à espresso エスプレッソマシン / ~ère à siphon コーヒーサイフォン

caghuse [カギューズ]女 ピカルディ地方の, 豚すね肉のテリーヌ = caqhuse, kakuche, kakuse

cagouille [カグーユ]女 エスカルゴの西フランスでの呼称 = caillage

cahier [カイエ]男 帳面, ノート

Cahors [カオール]固 ギュイエーヌ地方の都市 ‖ cahors 男 ギュイエーヌ地方の AOC 赤ワイン

caillage [カヤージュ]男 = cagouille

caille [カーユ]女 うずら/~ botte 西フランス地方の, 牛乳や山羊乳の凝乳, フレッシュチーズ

caillé,e [カイエ]形 凝固した ‖ caillé 男 ①カード, 凝乳= lait ~/ tarte au ~ = tapinette ②フレッシュチーズ ③凝乳のデザート ④カゼイン

caillebotte [カーユボトゥ]女 ①ポワトゥー地方の凝乳のデザート ②サントンジュ及びオニス地方のフレッシュチーズ = jonchée

caillement [カーユマン]男 (牛乳などの)凝固

cailler [カイエ]動 (乳や血を)凝固させる

caillette [カイエトゥ]女 ①ギアラ: 反芻動物の第4胃 ②ヴィヴァレ, プロヴァンス地方の豚挽肉料理

caillou [カイユー]男〈複 ~x〉小石

caïon [カヨン]男 サヴォワ地方の, 豚の赤ワイン煮

caisse [ケース]女 ①箱, 容器 ②(調理用四角の)焼型/~ à génoise スポンジ型/ en ~ ケース入(の) ③タルトレットやブーシェなどに入れた料理 ④ケースにのせた1人用の菓子 ⑤湯せん用容器 ⑥会計 ⑦金庫 ⑧レジ = ~ enregistreuse ⑨基金, 金融機関/ ~ d'épargne 郵便貯金:機関

caissette [ケセートゥ]女 小箱, 小さな型

caissier,ère [ケスィエ, エール]男女 ①会計係, 現金出納係 ②レジ係

cajasse [カジャース]女 ペリゴール地方のフルーツ入クレープ

cajassous [カジャスー]男 ラングドック地方の, 山羊乳のチーズ = cujassous

cajou [カジュー]男〈複 ~s〉カシューナッツ = anacarde

cake [ケーク]男 ①パウンドケーキ/ ~ aux fruits フルーツケーキ ②パウンドケーキ型でつくったテリーヌ

cal [カール]男〈複 ~s〉胼胝(たこ)

Calais [カレ]固 カレ:アルトワ地方の港町

calaisien,ne [カレズィヤン, エーヌ]形 カレ(Calais)の/ (à la) ~ne カレ風(の):英仏海峡で獲れた魚などの海産物を使った料理表現 ‖ Calaisien,ne 男女 カレの人

calamar [カラマール]男 = calmar

calciné,e [カルスィネ]形 黒焦げの

calcium [カルスィヨーム]男 カルシウム

calcul [カルキュール]男 ①計算 ②算数 ③予測 ④結石

calculateur,rice [カルキュラトゥール, リース]形 計算のできる, 先見性のある, 打算的な ‖ calculateur 男 計算機 ‖ calculatrice 女 電卓 = calculette

calculatrice → calculateur,rice

calculer [カルキュレ]動 計算する

calculette [カルキュレトゥ]女 電卓 = calculatrice

calebasse [カルバース]女 ①ひょうたん ②ひょうたん形の容器

caleçon [カルソーン]男 トランクス

calendrier [カラーンドゥリエ]男 カレンダー, 暦

calenzana [カレンザナ]女 コルシカの, 羊乳のチーズ

calice [カリース]男 萼(がく)

calisson [カリソン]男 カリソン:プロヴァンス地方の, マジパンの菓子

calitor [カリトール]男 黒ぶどうの品種

calligraphe [カリグラーフ]男女 カリグラフィ書道家

calligraphie [カリグラーフィ]女 カリグラフィ, 西洋書道

calligraphié,e [カリグラフィエ]形 カリグラフィで書いた

calligraphier [カリグラフィエ]動 カリグラフィ(美しい書体)で書く

calmant [カルマーン]男 鎮痛剤

calmar [カルマール]男 するめいか, 筒いか, やりいか = calamar, encornet, supion

calme [カールム]形〈男女同形〉冷静な, 静かな ‖ calme 男 静寂, 平穏

calmement [カールムマン]副 静かに

calmer [カールメ]動 落着かせる, 静める ‖ se ~ 代動 ⑤⑨ 落着く

calorie [カロリ]女 カロリー, 熱量:記号は *cal*

calorique [カロリーク]形〈男女同形〉カロリーの, 熱の ‖ calorique 男 熱

calot [カロ]男 縁なし帽, 低い調理用帽

calotte [カロートゥ]女 ①頭にフィット

した縁なし帽子②半球形のボール：容器=cul-de-poule ③（話言葉）びんた

caloupilé [カルービレ]男 カレーリーフ：インドのカレーに利用するミカン科の葉=carripoulé, feuille de curry

calva [カルヴァ]男 カルヴァドス酒：calvados の略

Calvados [カルヴァドース]固 ノルマンディ地方の県 ‖ calvados 男 カルヴァドス酒：りんごの蒸留酒，アップルブランデー= calva

camarade [カマラード]男女 同志，（職場や環境が同じ）仲間

Camargue [カマルグ]固女 カマルグ：ローヌ川のデルタ地帯 ‖ camargue 女 プロヴァンス地方の，羊乳のチーズ= tome d'arles

camaron [カマロン]男四 エクアドル海老= crevette à pattes blanches

Cambodge [カンボージュ]固男 カンボジア

cambodgien,ne [カンボジ・ヤン，エーヌ]形 カンボジア（Cambodge）の ‖ cambodgien 男 カンボジア語 ‖ Cambodgien,ne 男女 カンボジア人

cambos d'ouilles [カンボ ドゥーユ]男〈単複同形〉ペリゴール地方の甘味ペニエ

Cambridge [カンブリーデュ]固 ケンブリッジ：ロンドン北方の大学町 / sauce ~ 卵黄，アンチョヴィ，きざみパセリ，セルフイユなどを加えたイギリスの冷製乳化ソース

cambriolage [カンブリヨラージュ]男 空巣：行為

cambrioler [カンブリヨレ]動 盗みに入る，（空巣が）盗む

camélia [カメリア]男 椿= camellia

cameline [カムリーヌ]女 ①甘なずな：種から油をとる= caméline ②香草，香辛料のきいた中世のソース

camellia = camélia

camembert [カマンベール]男 カマンベール：牛乳からつくる白かびタイプのチーズ / ~ de Normandie AOC カマンベールチーズ

caméra [カメラ]女 ムービーカメラ / ~ vidéo ビデオカメラ

camion [カミヨン]男 トラック / ~ à remorque トレーラー

camionnette [カミヨネートゥ]女 小型トラック

camisole [カミゾール]女 キャミソール：下着

camomille [カモミーユ]女 カモミール：香草の種類

campagnard,e [カンパニャール,ドゥ]形 田舎の ‖ campagnard,e 男女 田舎者

campagne [カンパーニュ]女 ①田舎，田園 / pâté de ~ 田舎風パテ，パテ・ド・カンパーニュ：レバー入豚挽肉のパテ，テリーヌ ②活動，キャンペーン

campanile [カンパニール]女 鐘楼

campari [カンパリ]男 ビターリキュールの種類

campénéac [カンペネアーク]男 ブルターニュ地方の，牛乳のチーズ

camping [カンピーング]男 キャンプ

Camus [カミュ]固女 コニャックの商標名

canadien,ne [カナディ・ヤン,エーヌ]形 カナダの ‖ Canadien,ne 男女 カナダ人

canal [カナール]男〈複 canaux [カノ]〉①運河 ②排水溝= ~ d'écoulement

canalisation [カナリザスィヨン]女 ①水道配管工事 ②配線

canapé [カナペ]男 ①ソファ ②カナペ：オープンサンド / ~ chaud セイヴォリ：デザート後の温製軽食 ③（鳥料理の下敷用）揚トースト

canapé-lit [カナペリ]男〈複 ~s-~s〉ソファーベッド

canard [カナール]男 鴨 / ~ laqué (à la) pékinoise 北京ダック：料理

---

canard

canard de Barbarie
　バリケン：バルバリ種の鴨
canard de Challans
　シャラン産バルバリ種の鴨
canard de Pékin
　ペキン：鴨の品種
canard domestique　あひる
canard étouffé　窒息鴨
canard nantais　ナント産種の鴨
canard rouennais　ルーアン産鴨：真鴨と飼育鴨の交配種
canard sauvage　野鴨

canardeau [カナルド] 男〈複 ~x〉仔あひる, 仔鴨

canaux → canal

cancalais, e [カンカレ, -ズ] 形〈男には単複同形〉カンカル(Cancale)の/(à la) ~e カンカル風(の): カンカル産牡蠣(ゕ)を使った魚料理用表現‖Cancalais, e 男女〈男は単複同形〉カンカルの人

Cancale [カンカール] 固 ブルターニュ地方の町‖cancale 女 牡蠣(ゕ)の種類

cancer [カンセール] 男 癌‖Cancer 固 男 蟹座

cancoillote [カンクワョートゥ] 女 乳化させたメトンチーズに白ワインを加えた, フランシュ・コンテ地方の料理

candi [カンディ] 形〈男にのみ〉結晶の/ fruit ~ クリスタルフルーツ‖candi 男 ①煮詰た糖液 ②氷砂糖=sucre ~

candir [カンディール] 動④ 溶した砂糖を結晶化させる

candissoire [カンディスワール] 女 (シロップかけ用)バット

cane [カーヌ] 女 (生後2ヶ月以上の)雌鴨

canepetière [カヌプティエール] 女 ひめの雁(ゕ): 小型の野雁 = petite outarde

caneton [カヌトーン] 男 (生後2ヶ月以下の)雄仔鴨

canette = can(n)ette

caniculaire [カニキュレール] 形〈男女同形〉土用の, 猛暑の

canicule [カニキュール] 女 土用, 猛暑

canif [カニーフ] 男 折りたたみナイフ

canne [カーヌ] 女 ①葦, 竿, 杖/~ à pêche 釣竿/~ à sucre 砂糖きび‖Canne 固 カンヌ: コート・ダジュールのリゾート都市

canneberge [カヌベールジュ] 女 クランベリー, つるこけもも

cannelé, e [カヌレ] 形 カヌレした → canneler‖cannelé 男 ボルドーの円筒形小ケーキ = cannelet

canneler [カヌレ] 動 カヌレする: カヌレナイフで, レモンの皮などに溝模様を付ける

cannelet = cannelé

canneleur [カヌルール] 男 カヌレナイフ: レモンなどの皮に溝をつけるためのナイフ = couteau ~

cannelier [カヌリエ] 男 = cinnamome

cannelle [カネール] 女 ①桂皮, シナモン/~ en poudre シナモンパウダー/~ en tuyau シナモンスティック ②(樽の)栓

cannelloni [カネロニ] 男複伊 カネロニ: 筒形のパスタ, その料理

cannelon [カヌローン] 男 飾溝付の型

cannelure [カヌリュール] 女 ①(果実や野菜の皮につける)溝 ②(ねじの)溝

can(n)ette [カネトゥー] 女 ①(生後2ヶ月以下の)雌仔鴨 ②(陶製の栓を太い針金とゴムで取付けた)小瓶

cannois, e [カヌワ, -ズ] 形〈男には単複同形〉カンヌ (Canne) の‖Cannois, e 男女〈男は単複同形〉カンヌの人

canoë [カノエ] 男 カヌー

canola [カノーラ] 男 カノーラ油: 菜種油の一種

canon [カノン] 男 ①大砲 ②円筒状のもの ③昔の容量単位 ④(俗語)(カウンターで飲む)グラスワイン

canon-fronsac [カノン フロンサック] 男 ボルドー地方, フロンサック地区の AOC 赤ワイン

canot [カノ] 男 小舟, ボート

canotier, ère [カノティエ, ール] 男女 ボートのこぎ手/(à la) ~ère カノティエール風: ゆでた川魚料理用表現/sauce ~ère 白いルウに卵黄, クリーム, バター, レモン汁を加えたソース

cantadou [カンタドゥー] 男 生クリームを加えたフレッシュチーズ

cantal [カンタール] 男 オヴェルニュ地方の, 牛乳の AOC チーズ

cantalet [カンタレ] 男 小型のカンタルチーズ

cantaloup [カンタルー] 男 マスクメロン = melon brodé

canthare [カンタール] 男 カンタロス: 古代ギリシア, ローマの脚付杯

cantine [カンティーヌ] 女 ①社員食堂 ②(高校までの学校の)食堂 ③軍の酒保

cantonais, e [カントネ, -ズ] 形〈男には単複同形〉中国, 広東の/(à la) ~e 広東風(の)/cuisine ~e (体系としての)広東料理/riz à la ~e チャーハン = riz ~‖cantonais 男 広東語‖Cantonais, e 男女〈男は単複同形〉広東の人

canule [カニュール] 女 (腸にファルスなどを詰めるための)注入管

canut, se [カニュ, -ズ] 形〈男複は ca-

nuts または canus, 女は稀〉リヨンの絹織職人の ‖ canut 男 リヨンの絹織職人 / cervelle de ～ セルヴェル・ド・カニュ：リヨンのチーズ料理
caoutchouc [カウーチュー] 男 ゴム
caoutchouté,e [カウーチューテ] 形 ゴム引きした
caoutchouter [カウーチューテ] 動 ゴム引きする
caoutchouteux,se [カウーチュートゥー, ズ] 形〈男には単複同形〉ゴムのような / steak ～ ゴムのように固いステーキ
cap [カープ] 男 岬
C.A.P. [セアペ] 男 職業適正証書 → certificat
capable [カパーブル] 形〈男女同形〉能力のある, 有能な / être ～ de... …することができる
capacité [カパスィテ] 女 ①受容力, 能力 ②容積, 容量
caparaçon [カパラソン] 男 ①牛のばら肉 ②牛の腹部半身肉
cap corse [カープ コールス] 男 コルシカのリキュール
capelan [カプラーン] 男 ①地中海小鱈(だら) ②からふとししゃも, ちか：キュウリウオ科の魚 = capelan
capélan [カペラン] 男 = capelan
capellini [カペリーニ] 男複 伊 カペッリーニ：細いパスタ
capillaire [カピレール] 形〈男女同形〉(髪の)細い, 毛管の ‖ capillaires 男複 毛細血管 = vaisseaux ～s ‖ capillaire 男 しだ：植物
capilotade [カピロタードゥ] 女 残りものの煮込料理
capitaine [カピテーヌ] 男 ①機長, 船長 ②つばめこのしろ, ひめ鯛：すずきに似た魚
capital,e [カピタール] 形〈男複には capitaux〉 [カピト] 主な, 重要な ‖ capital 男〈複 capitaux〉 ①大事な事 ②財産, 資産 ③資本, 資本金 / capitaux 資金 ‖ capitale 女 ①首都 ②大文字
capiteux,se [カピトゥー, ズ] 形〈男には単複同形〉アルコール度の高い
caponata [カポナータ] 女 伊 なす, トマトなどを揚げ, ケーパー, オリーヴ, アンチョヴィを加えたイタリア, シシリー島の冷製料理
capot [カポ] 男 (車の)ボンネット

cappuccino [カプチーノ] 男 伊 カプチーノ
câpre [カープル] 男 ケーパー：ふうちょう木(ぼく)のつぼみ / sauce au ～ ソース・バタルドにケーパーを加えたソース
caprice [カプリース] 男 気まぐれ / ～ des dieux シャンパーニュ地方の, 牛乳と生クリームでつくるチーズ
capricieux,se [カプリスィユー, ズ] 形〈男には単複同形〉気まぐれな
Capricone [カプリコーヌ] 男 山羊座
câpron [カプローン] 男 ふうちょう木(ぼく)の実 → câpre
capselle [カプセール] 女 なずな = bourse-à-pasteur
capsule [カプスュール] 女 ①カプセル ②(瓶の)王冠, 口金 ③(瓶の)キャップシール
capucin [カピュサン] 男 ①カプチン派修道士 ②グリュイエール入生地の小タルト ③野うさぎ：狩猟用語
capucine [カピュスィーヌ] 女 ①カプチン派修道女 ②きんれんか, ナスターチウム
caqhuse [カキューズ] 女 = caghuse
caquelon [カクローン] 男 フォンデュ用土鍋
car [カール] 接 というのは, …だから, なぜなら ‖ car 男 観光バス, 長距離バス = autocar / ～ d'excursion 遊覧バス
caracol [カラコール] 男 フランドル地方の, エスカルゴの呼称
caractère [カラクテール] 男 ①性格, 性質, 特徴 ②文字, 字体
caractéristique [カラクテリスティーク] 形〈男女同形〉特徴的な, 特徴のある ‖ caractéristique 女 性質, 特徴
carafe [カラーフ] 女 キャラフ, デカンタ, 水差 / vin de ～ キャラフワイン
carafon [カラフォン] 男 ①小キャラフ ②金属製のワインクーラー
caraïbe [カライーブ] 形〈男女同形〉カリブの ‖ Caraïbe 男女 カリブ人 ‖ Caraïbe 男 カリブ海 = C～s
carambole [カランボール] 女 スターフルーツ
caramel [カラメール] 男 ①カラメル / ～ blond 黄金色のカラメル = jaune / ～ brun コンソメやソースの着色用の赤レンガ色のカラメル = ～ foncé /

~ très clair ほとんど色づいていないカラメル = petit jaune / **~ clair** 151~160℃に熱した砂糖 / **~ éteint** 赤褐色になった時に水を加えて加熱を止めたカラメル / **~ liquide** 液化カラメル：市販カラメルソース / **~ moyen** ヘーゼルナッツ色のカラメル = grand jaune / **~ sec** 水を加えずに加熱し，レモン汁を少し加えたカラメル / **crème (au) ~** カスタードプリン = crème renversée ②キャラメル / **~ au beurre** タフィー

caramélisation [カラメリザスィヨン] 囡 カラメル化，カラメルにすること

caramélisé, e [カラメリゼ] 形 カラメル化した，カラメルを入れた，カラメルを塗った，カラメル風味のある

caraméliser [カラメリゼ] 動 ①砂糖を加熱してカラメルソースにする②カラメル状にする③カラメルを塗る④カラメル風味にする

caraméliseur [カラメリズール] 男 粉糖などを焦がすための焼きごて

caramotte [カラモートゥ] 囡 地中海のくるま海老の一種

carange [カランジュ] 囡 = carangue

carangue [カラーング] 囡 あじ：魚 = carange, chinchard, trachure

carapace [カラパース] 囡 蟹の甲羅，甲殻類の殻

caraque [カラーク] 囡 ①ベネズエラ産チョコレート②チョコレート菓子

carassin [カラサン] 男 ふな：魚 = cyprin / **~ doré** 金魚

caravane [カラヴァーヌ] 囡 ①隊商，(観光客などの)団体，登山隊②キャンピングカー

carbi [カールビ] 男 山羊乳のチーズ / **le ~ d'ariège** 南西フランス，アリエージュの山羊乳のチーズ

carbonade → carbo(n)nade

carbonara [カルボナーラ] 囡 伊 ベーコン，卵黄，生クリームと和えたスパゲティ

carbonate [カルボナートゥ] 男 炭酸塩 / **~ de calcium** 炭酸カルシウム / **~ de soude** 炭酸ソーダ

carbone [カルボヌ] 男 炭素

carbonique [カルボニーク] 形〈男女同形〉炭酸の / **gaz ~** 炭酸ガス

carbonisation [カルボニザスィヨン] 囡 炭化

carbonisé, e [カルボニゼ] 形 黒焦げの，炭化した

carboniser [カルボニゼ] 動 黒焦げにする，炭化させる ‖ **se ~** 代動59 炭化する

carbon(n)ade [カルボナードゥ] 囡 ①フランドル地方の，牛薄切り肉のビール煮 = **~ à la flamande** ②南フランスの牛の赤ワイン煮込

carcalauda [カルカラウダ] 囡 ルシヨン地方でのエスカルゴの呼称

carcasse [カルカース] 囡 ①牛，羊，豚，鶏などのガラ，骨②枝肉：頭，尾，四肢，内臓を除いた部分③豚の頭，皮，足付の半身または四半身④(建物などの)骨組

carcassonnais, e [カルカソネ, -ズ] 形〈男には単複同形〉カルカソーヌ (Carcassonne)の / **(à la) ~e** カルカソーヌ風(の)：カスレなど同地の料理に用いる表現 ‖ **Carcassonnais, e** 男囡〈男は単複同形〉カルカソーヌの人

Carcassonne [カルカソーヌ] 固 カルカソーヌ：ラングドック地方の町

cardamome [カルダモーム] 男 カルダモン，しょうずく = amome

carde [カールドゥ] 囡 カルドンやふだん草の葉柄(ﾖｳﾍｲ)

cardiaque [カルディヤーク] 形〈男女同形〉心臓の

cardigan [カルディガーン] 男 カーディガン

cardinal, e [カルディナール] 形〈男複にはcardinaux [カルディノ]〉①基本の②カルディナル風(の)：1)赤いソースをかけた料理用表現 2) オマール海老を用いた料理用表現 3) 赤いフルーツを使ったデザートやボンブなどに用いる表現 / **sauce ~e**：ベシャメルソースにクリームやジュ・ド・トリュフを加えて煮詰め，オマールバターなどを加えたソース ‖ **cardinal** 男〈複 cardinaux〉①枢機卿 ②オマール海老の別称 = **~ de mer**

cardinalisé, e [カルディナリゼ] 形 (海老や蟹を)ゆでて赤くした

cardinaliser [カルディナリゼ] 動 (海老や蟹を)ゆでて赤くする

cardinaux [カルディノ] → cardinal, e

cardine [カルディーヌ] 囡 = limandelle

cardon [カルドン] 男 カルドン：アーティチョークに似た野菜

carême [カレーム] 男 ①四旬節 ②(四旬節の)禁欲, 肉断ち

carentan [カランタン] 男 ノルマンディ地方の, 牛乳のチーズ

cargaison [カルゲゾーン] 女 荷, 積荷

cargolade [カルゴラードゥ] 女 ルシヨン地方の, エスカルゴの網焼料理

cari [カリ] 男 = curry

caricature [カリカチュール] 女 風刺画, 漫画

carie [カリ] 女 虫歯

carié,e [カリエ] 形 虫歯になった

carignan(e) [カリニャン] 男 (女) 黒ぶどうの品種

carmin [カルマン] 男 ①カーマイン, カーミン：赤の着色料 ②深紅, 真紅

carnaval [カルナヴァル] 男〈複 ~s〉 カーニヴァル, 謝肉祭

carné,e [カルネ] 形 ①肉入の, 肉からなる ②肌色の

carnet [カルネ] 男 ①手帳／~ d'adresses 住所録 ②綴り, 回数券 ③一覧表

caroline [カロリーヌ] 女 小エクレア

carotte [カロートゥ] 女 にんじん／~ râpée にんじんの千切のサラダ／~ glacée グラセしたにんじん, にんじんのグラセ

caroube [カルーブ] 女 いなご豆 = carouge

carouge [カルージュ] 女 = caroube

carpaccio [カルパチョ] 男 カルパッチョ：ごく薄切りの生牛肉の冷製オードヴル. 赤身ではない生の魚でつくると (à la) tahitienne タヒチ風という／~ de thon まぐろのカルパッチョ

carpe [カールプ] 女 鯉／~ amour 草魚／~ miroir かがみ鯉

carpeau [カルポ] 男〈複 ~x〉 若鯉

carpette [カルペートゥ] 女 マット, 小じゅうたん

carré,e [カレ] 形 ①四角い, 正方形の ②角ばった ③きっぱりとした ④平方の ‖ **carré** 男 ①正方形 ②(碁盤目状の)升目 ③二乗, 平方：数学／ élever (または mettre)...au ~ を二乗する ④背肉：牛, 仔牛, 羊, 仔羊の肋骨付半身背肉／~ d'agneau 仔羊のカレ ⑤四角いスカーフ ⑥角型のチーズ／~ de bray ノルマンディ地方の, 牛乳のチーズ／~ de l'est シャンパーニュ, アルザス及びロレーヌ地方の, 牛乳のチーズ／~ de saint-cyr ポワトゥー地方の, 山羊乳のチーズ

carreau [カロ] 男〈複 ~x〉 ①(格子模様)升目 ②(車の)窓, 窓ガラス ③トランプのダイヤ ④タイル

carrefour [カルフール] 男 ①交差点, 十字路 ②シンポジウム, 討論会

carrelage [カルラージュ] 男 (タイル張の)床

carrelé,e [カルレ] 形 タイル張の

carrelet [カルレ] 男 かれい = plie

carrière [カリエール] 女 キャリア, 経歴, 職業／~ scolaire 学歴

carripoulé [カリプーレ] 男 = caloupilé

carrosserie [カロスリ] 女 車体

carruades [カリュアードゥ] 男 les ~ シャトー・ラフィット・ロトシルドのセカンドワイン

carte [カールトゥ] 女 ①カード／~ à puce ICカード／~ bancaire キャッシュカード／~ de débarquement 入国カード／~ d'embarquement 搭乗券／~ de crédit クレジットカード／~ de Noël クリスマスカード／~ de visite 名刺／~ orange (パリ市バス・メトロの)定期券 ②地図／~ routière 道路地図 ③証明書／~ de séjour 滞在登録証, 滞在許可書／~ d'identité 身分証明書 ④献立表, メニュー, 料理リスト／~ de dessert デザートメニュー／~ des vins ワインリスト ⑤カルト, 一品料理／à la ~ ア・ラ・カルト, (コース料理ではなく)一品ずつ(に, の) ⑥はがき = ~ postale ⑦名刺 = bristol, ~ de visite ⑧トランプ

carthagène [カルタジェーヌ] 男 南フランスの甘口酒精強化ワイン

carthame [カルターム] 男 べに花

cartilage [カルティラージュ] 男 軟骨

cartilagineux,se [カルティラジヌー, ズ] 形〈男には単複同形〉 軟骨の, 軟骨性の

carton [カルトン] 男 ①ボール紙, ダンボール(箱), カルトン／~ jaune (サッカーなどの)イエローカード

carvi [カルヴィ] 男 キャラウェイ, 姫ういきょう = chervis, cumin des montagnes, cumin des prés, faux anis／ graines de ~ キャラウェイシード

cary [カリ] 男 = curry

cas [カ] 男〈単複同形〉ケース, 事態, 場合 /«au ~ où+条件法の活用をする動詞を伴う文» もし…なら/ dans ce ~-là その場合は/ en ~ de... …の場合は/ en certains ~ 場合によっては/ en tous ~ いずれにせよ

cascamèche [カスカメーシュ] 囡 ベリー地方の, 川はぜのエスカベッシュ

case [カーズ] 囡 ①(チェス盤などの)升目 ②(棚や箱の)仕切 ③(書類の)記入欄

caserette [カズレートゥ] 囡 ノルマンディ地方の, 牛乳のフレッシュチーズ

casino [カズィノ] 男 カジノ

casque [カースク] 男 ①ヘルメット ②ヘッドホーン

casquette [カスケートゥ] 囡 カスケット:前につばのある帽子

cassable [カサーブル] 形〈男女同形〉壊れやすい, もろい

cassate [カサートゥ] 囡 長方形の型でつくった3色アイスクリーム

cassave [カサーヴ] 囡 ①キャッサヴァのでんぷん:精製してタピオカにする ②キャッサヴァでつくったビスケット

casse [カース] 囡 ①破損 ②陶製の深皿 ③豚の頭肉, 皮, 仔牛の足の煮込 ④酸化などでワインの透明度が悪くなること

cassé,e [カセ] 形 壊れた, 割れた‖ cassé 男 カセ:シロップの状態 / grand ~ 145〜150℃にしたシロップ / petit ~ 135℃にしたシロップ

casse-croûte [カス クルートゥ] 男〈単複同形〉軽食, フランスパンのサンドイッチの弁当

casse-museau [カス ミュゾ] 男〈単複同形〉フレッシュチーズとアーモンドでつくる固いビスケット = casse-musse

casse-musse [カス ミュース] 男〈単複同形〉 = casse-museau

casse-noix [カス ヌワー] 男〈単複同形〉くるみ割, ナッツクラッカー

casse-pierre [カス ピエール] 男〈単複同形〉①石割ハンマー ②クリスマム = crithmum

casser [カセ] 動 ①折る, 壊す, 破る, 割る ②肉の部位を更に小さくカットする‖ se 代動 59 ①壊れる ②骨折する

casserole [カスロール] 囡 ①カスロール, キャセロール:円筒形の片手鍋 / ~ à jus ソースを温めておく片側に耳, 片側に長い取っ手の付いた深鍋 = ~ à sauce / ~ à pommes Anna ポム・アンナ用の鍋 = ~ plate / ~ russe ソースなどの保温用鍋 / à la ~, en ~ カスロール(の):1)カスロールのまま供する料理用表現 2)カスロールでつくる料理用表現 ②米またはじゃが芋のピュレなどでつくるカスロール形の付合せ用表現

casserolette [カスロレートゥ] 囡 小カスロール

cassette [カセートゥ] 囡 ①カセットテープ, カセットフィルム / ~ vidéo ビデオテープ ②(小さい)宝石箱

cassis [カスィス] 男〈単複同形〉①カシス, 黒すぐり, 黒ふさすぐり, ブラックカラント = groseille noire ②カシスリキュール = crème de ~, liqueur de ~ ‖ cassis [カスィ] 男 プロヴァンス地方の AOC 赤, 白, ロゼワイン

cassolette [カソロートゥ] 囡 カソレット:1)小グラタン皿, または小鍋 2)その容器で供する料理

cassol(l)e [カソール] 囡 カスーレ用土鍋

cassonade [カソナードゥ] 囡 粗糖

cassoulet [カスーレ] 男 カスーレ:ラングドック地方の, 白いんげん豆と塩漬豚肉などの煮込

castagnaccio [カスタニャーチョ] 男 栗の粉の生地を揚げたりゴーフルにしたコルシカの菓子

castagnet [カスタニェートゥ] 男 セヴェーヌ地方の, 栗のケーキ

castagnole [カスタニョール] 囡 しまがつお

castagnou [カスタニュー] 男 栗粉のかゆ

castelnaudarien,ne [カステルノダリ・ヤン, エーヌ] 形 カステルノダリ (Castelnaudary) の ‖ Castelnaudarien,ne 男囡 カステルノダリの人

Castelnaudary [カステルノダリ] 固 ラングドック地方の町

castillan,e [カスティ・ヤン, エーヌ] 形 スペイン, カスティリア地方(Castille)の / (à la) ~e カスティリア風(の):トマトとオリーヴ油を使った料理用表現 ‖ Castillan,e 男囡 カスティリアの人

Castille [カスティーユ] 固 囡 カスティリ

ア：スペイン中央部の地方
- **castillon** [カスティヨン] 男 フォワ地方の, 牛乳のチーズ
- **castré,e** [カーストゥレ] 形 去勢した
- **catalan,e** [カタラ・ン, ーヌ] 形 カタロニア(Catalogne)の/（à la）~e カタロニア風(の)：トマトやなすを使った料理用表現/crème ~e → crème ‖ catalan 男 カタロニア語 ‖ Catalan,e 男 女 カタロニア人 ‖ catalan 男 あかもみ茸に似たチチタケ属のきのこ
- **Catalogne** [カタローニュ] 固 女 カタロニア：地中海に面した, スペインとフランスにまたがる地方
- **catalogue** [カタログ] 男 カタログ
- **catastrophe** [カタストゥロフ] 女 大惨事, 大事故, 大失敗
- **catégorie** [カテゴリ] 女 カテゴリ, 種別, 等級
- **cathédrale** [カテドゥラール] 女 カテドラル：司教座大聖堂
- **cathelain** [カトゥラーン] 男 サヴォワ地方の, 山羊乳のチーズ
- **cathy-biscuit** [カティ ビスキュイ] 男 ケーキを軽く仕上げるための酸酵促進剤
- **catigau** [カティゴ] 男 プロヴァンス地方の, 魚の煮込み = catigot
- **catigot** = catigau
- **cauchemar** [コシュマール] 男 悪夢
- **cauchois,e** [コシュワ, ーズ] 形 男 には単複同形〉コー地方 (Caux) の/（à la）~e コー風(の)：同地方の料理に用いる表現 ‖ Cauchois,e 男 女〈男 は単複同形〉コーの人
- **caudal,e** [コダール] 形〈男 複には caudaux [コド]〉尾の ‖ caudale 女 尾びれ = nageoire ~e
- **caudaux** → caudal,e
- **caudière** [コディエール] 女 ピカルディ地方の, 魚のスープ
- **cause** [コーズ] 女 原因/à ~ de... …が原因で/avoir pour ~ de... …に原因がある
- **causer** [コゼ] 動 おしゃべりをする
- **caution** [コスィヨン] 女 敷金, 保証, 保証金, 保証人, 担保
- **cautionnement** [コスィヨーヌマン] 男 保証金
- **Caux** [コ] 固 男 コー：ノルマンディ地方の地域 = pays de ~
- **cava** [カヴァ] 男 西 カバ：スペインのスパークリングワイン
- **cave** [カーヴ] 女 ①地下倉庫 ②ワインセラー ③地下の酒場 ④酒用の棚, キャビネット/~ à liqueurs リキュールやグラス用のケース
- **caviar** [カヴィヤール] 男 ①キャヴィア/~ blanc 白キャヴィア：白変種のキャヴィア/~ d'aubergine キャヴィアール・ドベルジーヌ：キャヴィアに見立てたなすのペースト/~ d'escargot エスカルゴの卵/~ synthétique 人造キャヴィア
- **caviste** [カヴィーストゥ] 男 女 ①レストランのワインセラー係 ②ワイン醸造所の職人
- **cavité** [カヴィテ] 女 窪み
- **cayenne** [カイエーヌ] 男 カイエーヌペッパー：粉末の赤唐辛子 = piment de C~, poivre de C~
- **cayenné,e** [カイエネ] 形 唐辛子をきかせた, 唐辛子を入れた = pimenté,e
- **cayenner** [カイエネ] 動 唐辛子をきかせる, 唐辛子を入れる = pimenter
- **cc** [セセ] 男 立方センチメートル：centimètre cube の略
- **CD** [セデ] 男 コンパクトディスク：compact disque の略
- **CD-ROM** = cédérom
- **ce** [ス] 代 これ, あれ, それ ‖ ce 形〈単 に〉この, あの, その：フランス語には「この, あの, その」の区別はない → cet/~ restaurant このレストラン ‖ これ, それ（関係代名詞 que の先行詞として）《~ que + 文》/Fais ~ que tu veux. したいようにしろ ‖ これ, それ（関係代名詞 qui の先行詞として）《~ qui + 文》/C'est ~ qui m'intéresse. 私に興味があるのはこれだ
- **cébette** [セベートゥ] 女 若い玉ねぎ
- **ceci** [ススィ] 代 これ, あれ, それ = ça
- **céder** [セデ] 動 36 ①屈する, 負ける ②譲歩する ③譲渡する, 譲る
- **cédérom** [セデロム] 男 シーディーロム = CD-ROM
- **cédrat** [セードゥラ] 男 シトロン：ミカン科の実
- **cédratine** [セドゥラティーヌ] 女 コルシカの, シトロン風味のリキュール
- **ceinture** [サンテュール] 女 ベルト, 帯/~ d'argent たち魚 = trichiure/~ de

sécurité シートベルト
cela [スラ] 代 これ, それ, あれ = ça
célébration [セレブラスィヨン] 女 祝賀
célèbre [セレーブル] 形 〈男女同形〉名高い, (過去にしたことで)評判の, 有名な
célébrer [セレーブレ] 動 36 式を挙げて祝う
célébrité [セレブリーテ] 女 セレブ, 名士, 有名人
céleri [セールリ] 男 セロリ／〜 branche 茎セロリ = céleri-branche／grains de 〜 セロリシード／〜 rave 芋セロリ, 根セロリ = céleri-boule, céleri-rave／sel de 〜 セロリソルト
céleri-boule [セルリ ブール] 男 〈複 〜s-〜s〉= céleri-rave
céleri(-)branche [セルリ ブラーンシュ] 男 〈複 〜s-〜s〉茎セロリ
céleri(-)rave [セルリ ラーヴ] 男 〈複 〜s(-)〜s〉芋セロリ, 根セロリ = céleri-boule
célibat [セリバ] 男 ①独身 ②(夫婦間の)禁欲
célibataire [セリバテール] 形 〈男女同形〉独身の ‖ célibataire 男 女 独身者
celle [セール] 代 (女単を受けて)それ, その人
celle-ci [セール スィ] 代 (女単を受けて)この人, このもの：celle の強調形
celle-là [セールラ] 代 (女単を受けて)あの人, その人, あのもの, そのもの：celle の強調形
cellier [セリエ] 男 食品セラー, ワインセラー
Celsius [セルスィヨース] 男 摂氏：記号は℃
celte [セールトゥ] 形 〈男女同形〉ケルトの ‖ Celte 男 女 ケルト人
celtique [セルティーク] 形 〈男女同形〉ケルトの
celui [スリュイー] 代 (男単を受けて)それ, その人
celui-ci [スリュイ スィー] 代 (男単を受けて)この人, このもの：celui の強調形
celui-là [スリュイ ラー] 代 (男単を受けて)あの人, その人, あのもの, そのもの：celui の強調形
cendre [サーンドル] 女 灰／〜s 灰分／sous la 〜 灰焼の, 灰焼にした
cendré,e [サーンドゥレ] 形 灰色の ‖ cendré 男 サンドレ：灰をまぶして熟成させたチーズ
cendrier [サンドゥリーエ] 男 灰皿
Cène [セーヌ] 女 (キリストの)最後の晩餐(ばん)
cenelle [スネール] 女 西洋さんざしの実
censure [サンスュール] 女 検閲
cent [サン] 形 〈男女同形〉百の：後に 100未満の数や 1000 (mille) が続く場合は 200 以上でも cent に s をつけない ‖ cent 男 百／《数詞 + pour 〜》…パーセント
centaine [サンテーヌ] 女 だいたい百, 百程度／une 〜 de... 百くらいの…
centaurée [サントレ] 女 矢車菊 = bleuet／petite 〜 紅花せんぶり：1)リンドウ科 2)ハーブの種類
centenaire [サントゥネール] 男 百年祭
centième [サンティエーム] 形 〈男女同形〉百番めの ‖ centième 男 女 百番め
centigrade [サンティグラードゥ] 形 〈男女同形〉百分度の／degré 〜 摂氏：略字は℃ = 〜 Celsius
centilitre [サンティリートゥル] 男 センチリットル：100 分の 1 ℓ. 記号は cℓ
centime [サンティーム] 男 フランスでのユーロの補助通貨の通称
centimètre [サンティメートゥル] 男 センチメートル：記号はcm／〜 cube 立方センチメートル：記号はcc
central,e [サントゥラール] 形 〈男女複 centraux [サントゥロー]〉中央の／chauffage 〜 セントラルヒーティング ‖ centrale 女 センター, 中心施設
centraux → central,e
centre [サーントゥル] 男 ①中央, 中心／au 〜 中央に／〜 de la ville 都心 = centre-ville ②センター, 中心施設／〜 médical 医療センター
centrer [サーントゥレ] 動 中央に置く
centre-ville [サーントゥル ヴィール] 男 都心 = centre de la ville
centrifugeur [サントゥリフュジュール] 男 遠心分離器
centrifugeuse [サントゥリフュジューズ] 女 ①ジューサー ②(ジャム・ピュレ用電動大型)遠心分離器
centurion [サンテュリヨン] 男 グリンピース, さやいんげん, 玉ねぎの品種
cépage [セパージュ] 男 ぶどうの品種, ぶどうの苗
cèpe [セープ] 男 いぐち茸, セープ茸／

～ de Bordeaux やまどり茸：フランスで最もポピュラーなセープ茸／**～ noir** 黒セープ茸＝bolet tête de nègre

cependant [スパンダン]接 ただし、でも

cépole [セポール]女 赤たち魚＝jarretière

céramique [セラミック]形〈男女同形〉陶器の／industrie ～ 製陶業 ‖ céramique 女 ①製陶②セラミック，陶器③陶芸技術

céramiste [セラミーストゥ]男女 ①陶芸家，窯業家②タイル職人

cercle [セールクル]男 ①円，円周，輪／en ～ 円形に②セルクル型，輪金／à flan フラン用セルクル／～ à tarte タルト用セルクル③集り，サークル④範囲，領域／～ arctique 北極圏

céréales [セレアール]女 ①穀物，穀類＝graines ②シリアル：穀類及びその加工食品

cérébral,e [セレブラール]形〈男〉cérébraux [セレブロー]〉①脳の②頭脳的な，知的な

cérébraux → cérébral,e

Cérélose [セレローズ]女 転化糖の商標

cérémonie [セレモニ]女 式典，催し

Cérès [セレス]女 セレス：ローマ神話の豊穣の女神．ギリシア神話ではデメテル

cerf [セール]男 ①鹿：総称②雄赤鹿

cerfeuil [セルフーユ]男 セルフイユ，チャービル：香草の一種／～ bulbeux 根セルフイユ：球根を香り付けに用いるセルフイユの一種／～ frisé ちぢれセルフイユ

cerise [スリーズ]女 さくらんぼ／～ acide 酸味桜桃／～ confite ドレンチェリー：さくらんぼの砂糖漬／～ des Antilles アセロラ＝acérola, ～ de la Barbade バルバドス桜桃， ～ des Juifs, ～ d'hiver ほおずき＝alkékenge／～ douce 甘果桜桃＝merise／～ d'ours いちごの木の実／liqueur de ～ さくらんぼのリキュール／sauce aux ～s 煮詰めたオレンジの外皮とポルト酒にグロゼイユのジャムとオレンジ果汁を加えたジビエ用のソース

cerisé [スリーゼ]形 ブルターニュ地方の，さくらんぼのジャム

cerisette [スリゼットゥ]女 ①さくらんぼのラタフィア②ドライチェリー③ニヴェルネ及びモルヴァン地方の，さくらんぼ入の鉛

cerne [セールヌ]男 ①年輪／...aux ～s (料理)年輪造りの… ②目の下の隈

cerneau [セルノ]男〈複 ～x〉未熟な青いくるみ／vir. de ～ 晩夏から初秋に飲み頃のロゼワイン

cerner [セールネ]動 ①くるみの青い殻をむく②栗やりんごなどの皮に切込を入れる

cérons [セロン]男 ボルドー地方のAOC白ワイン

certain,e [セル・タン, テーヌ]形 ①確実な，確かな②ある，特定の／～s, ～es いくつかの，何人かの

certainement [セルテーヌマン]副 確かに，きっと，実に

certificat [セルティフィカ]男 証明書，免状／～ d'aptitude professionnelle 職業適正証書：職業専門学校卒業証書＝C.A.P. ／～ de conformité 適合保証書／～ de dom_cile 住民票，居住証明／～ de mérite 表彰状／～ de travail 在職証明書／～ médical 健康診断書

certification [セルティフィカスィヨン]女 文書での証明，呆証

cerveau [セールヴォ]男〈複 ～x〉脳

cervelas [セルヴラ]男〈単複同形〉セルヴラ：香辛料を加えた太いソーセージ／～ de Lyon トリュフやピスタチオ入のリヨンのセルヴラ＝saucisse de Lyon／～ de Reims 魚または海老，じゃが芋，卵などでつくるソーセージ／～ de Strasbourg 赤く着色したストラスブール風ソーセージ

cervelle [セルヴェル]女 (食用としての)脳／～ de canut セルヴェル・ド・カニュ：フレッシュチーズに香草などをまぜたリヨンのチーズ料理＝claqueret

ces [セ]形〈男女司形，複に〉これらの，あれらの，それらの／～ femmes これらの女性達 → ce

César [セザール]固男 シーザー／salade ～ シーザーサラダ：パルメザンチーズ，クルトンなどをのせたサラダ ‖ césar 男 黒ぶどうの品種＝romain

césarien,ne [セザリ・ヤン, エーヌ]形 ①シーザーの②帝王切開の‖césarienne 女 帝王切開

cesse [セース]女 中断／sans ～ ずっと

cesser [セセ] 動 中止する, 止める
c'est [セ] (それは) …だ / C'est bon. (これは) おいしい / c'est à dire すなわち, つまり
cet [セ] 形 〈母音または無音のhで始まる男単に〉この, あの, その / ~ homme [セトーム] この男性 → ce
céteau [セト] 男〈複 ~x〉大西洋沿岸の舌びらめ = langue d'avocat
cette [セットゥ] 形〈女単に〉この, あの, その / ~ femme この女性 → ce
Cévennes [セヴェンヌ] 固 女 セヴェンヌ山脈: 中央山塊南の山脈
cévenol,e [セヴェノール] 形 セヴェーヌ (Cévennes) の / (à la) ~e セヴェーヌ風 (の): 栗を使った料理用表現 ‖ Cévenol,e 男 女 セヴェーヌの人
Ceylan [セラン] 固 男 セイロン: スリランカの旧称, 島名 / thé de ~ セイロン紅茶
ch [シュヴォ] 男 馬力: cheval-vapeur の略
chabessal [シャベサール] 男 = cabessal
chabichou [シャビシュー] 男 ポワトゥー地方の, 山羊乳または羊乳のチーズ = chaunay / ~ du poitou 同地方の, AOC シャビシューチーズ
chablis [シャブリ] 男 ブルゴーニュ地方の AOC 白ワイン / ~ grand cru シャブリの特級 AOC ワイン / petit ~ 品種の制限のないシャブリワイン / ~ premier cru シャブリの1級 AOC ワイン ‖ Chablis 固 ブルゴーニュ地方の白ぶどう栽培地区
chablisien,ne [シャブリズィン・ヤン, エーヌ] 形〈男には単複同形〉シャブリ (Chablis) の / (à la) ~ne シャブリ風 (の): 同地産の白ワインやエスカルゴを使った料理用表現
chablon [シャブローン] 男 シャブロン: 星, 円などをたくさん切抜いてある紙や薄いステンレスの型
chablonnage [シャブロナージュ] 男 シャブロネすること → chablonner
chablonné,e [シャブロネ] 形 シャブロネした → chablonner
chablonner [シャブロネ] 動 シャブロネする: 1) シャブロンを使って成形する → chablon 2) チョコレートやアイシングで薄く覆う
chabot [シャボ] 男 かじか: 淡水魚 = cotte, crapaud, diable de mer

chabris [シャーブリ] 男 ベリ地方の, 山羊乳のチーズ
chabrol [シャブロール] 男 食べ終えたスープやポト・フに赤ワインを入れて皿をすすぎながら飲むこと = chabrot
chabrot [シャブロ] 男 = chabrol
chacun,e [シャ・カン, キューヌ] 代 おのおの, それぞれ, 皆
chai [シェ] 男 ①(ワイン)醸造所 ②(1階の)ワインセラー = cellier, cuverie
chaîne [シェーヌ] 女 鎖, チェーン / ~ de sûreté ドアチェーン = entre-bâilleur
chair [シェール] 女 ①果肉, 魚や甲殻類などの身, 食用の肉 / ~ rouge まぐろなどの魚や肉の赤身 ②人や動物などの肉 ③ソーセージ用挽肉 / ~ à saucisse ソーセージ製造用挽肉 ④口の中で濃厚な感じを与えるワインの特徴
chaise [シェーズ] 女 椅子 / ~ roulante 車椅子
châle [シャール] 男 肩掛ショール
chalet [シャレ] 男 山荘
chaleur [シャルール] 女 ①熱さ, 暑さ ②熱 / ~ résiduelle 余熱
chaleureux,se [シャルル・, ーズ] 形〈男には単複同形〉①心のこもった, 熱烈な ②アルコール度が強く熱さを感じさせるワインの形容
Challans [シャラン] 固 シャラン: ポワトゥー地方の, 鴨の生産地
challenge [シャラーンジュ] 男 (記念カップ等の争奪)試合
chalonnais,e [シャロネ, ーズ] 形〈男には単複同形〉シャロン・シュル・ソーヌ (Chalon-sur-Saône) の / (à la) ~e シャロン風 (の): 鶏のとさかと腎臓, トリュフ, ソース・シュプレームを使った料理用表現 / côte ~e ブルゴーニュ地方のワイン生産地区 ‖ Chalonnais,e 男 女 〈男は単複同形〉シャロン・シュル・ソーヌの人
Chalon-sur-Saône [シャロン スュル ソーヌ] 固 シャロン・シュル・ソーヌ: ブルゴーニュ地方の町
chalumeau [シャリュモ] 男 〈複 ~x〉①(わらの) 茎 ②ストロー ③バーナー
chalumeauté,e [シャリュモテ] 形 バーナーをあてた
chalumeauter [シャリュモテ] 動 バーナ

ーをあてる = chalumoter
chalumoter = chalumeauter
Chalyapin → Shalyapin
chambarand [シャンバラン] 男 ドフィネ地方の, 牛乳のチーズ
chambérat [シャンベラ] 男 オヴェルニュ地方の, 牛乳のチーズ
chambertin [シャンベルタン] 男 ブルゴーニュ地方のAOC 特級赤ワイン
chambolle-musigny [シャンボール ミュズィニ] 男 ブルゴーニュ地方コート・ド・ニュイのAOC 赤, 白ワイン
Chambord [シャンボール] 固 シャンボール: オルレアネ地方の, 同名の城のある町／Chambord 形〈不変〉(à la)〜 シャンボール風(の): 大きな淡水魚をまるごと使う料理用表現
chambre [シャンブル] 女 ①寝室=〜 à coucher, (ホテルの)客室, 部屋/〜 à deux lits (ホテルの)ツインの部屋= twin /〜 à un lit (ホテルの)シングルルーム= single /〜 dépendante 下宿部屋, ホームステイの部屋/〜 indépendante 風呂トイレなしワンルームマンション/〜 meublée 家具付の貸部屋/〜 individuelle, 〜 particulière 1人部屋/〜 pour une personne (ホテルなどの) 1人部屋/〜s avec petit déjeuner: B&B, ベッド・アンド・ブレックファスト/〜s d'hôtes 民宿 ②チャンバー: 人が入れる大型保存庫/〜 chaude 大型の温室庫/〜 froide 冷蔵チャンバー, 冷蔵室/〜 stérile 無菌室/〜 à air (タイヤの)チューブ
chambré,e [シャンブレ] 形 シャンブレにした → chambrer
chambrer [シャンブレ] 動 ①シャンブレにする: 赤ワインを18℃ほどの温度にする ②白ワインをワインクーラーに入れ5〜10℃の飲み頃にする
chamois [シャモワ] 男〈単複同形〉シャモワ: 高山地帯の野生山羊
champ [シャン] 男 ①畑/〜s 田園, 野原/〜 de riz たんぼ= rizière ②…場/〜 de courses 競馬場 ③範囲, 分野
Champagne [シャンパーニュ] 固 女 シャンパーニュ地方／champagne 男 ①シャンパン／c〜 nature 同地方のAOC 赤, 白, ロゼワイン= coteaux champenois／c〜 rosé ピンクシャンパン／sauce (au) c〜 エシャロットとシャンパンを煮詰め, 魚のフュメ, クリーム, アンチョビペーストを加えたソース‖champagne 女 コニャック地方の高級ブランデー／fine c〜 フィーヌ・シャンパーニュ: コニャックの種類／grande c〜 グランド・シャンパーニュ: コニャックの種類／petite c〜 プティート・シャンパーニュ: コニャックの種類
champenois,e [シャーンプヌワ, ーズ] 形〈男には単複同形〉シャンパーニュ地方 (Champagne) の／(à la)〜e シャンパーニュ風(の): 同地方の料理に用いる表現／coteaux〜 同地方のAOC 赤, 白, ロゼワイン= champagne nature ／méthode〜e シャンパンと同様の発泡性ワインの製造方法‖Champenois,e 男女〈男は単複同形〉シャンパーニュの人‖champenois 男 シャンパーニュ地方の, 牛乳のチーズ= riceys ‖champenoise 女 シャンパン用の瓶
champêtre [シャンペートゥル] 形〈男女同形〉田園の, 田園的な
champignon [シャンピニョン] 男 ①きのこ, シャンピニョン/〜 chinois 椎茸= shiitake /〜 comestible 食用きのこ/〜 cultivé 栽培きのこ/〜 de couche, 〜 de Paris つくり茸, マッシュルーム/〜 noir: 1) きくらげ= oreille-de-Judas, auriculariale 2) 黒らっぱ茸= trompette-des-morts /〜 sauvage 野生きのこ/〜 vénéneux 毒きのこ/sauce (aux)〜s ソース・シャンピニョン: 1)ドミグラスソースにシャンピニョンのフュメとシャンピニョンの笠を加えたソース 2) ソース・アルマンドにシャンピニョンのフュメを加え, シャンピニョンの笠を入れたソース ②きのこ形のパン
champigny [シャンピニ] 男 アプリコット入パイ菓子／C〜-sur-Marne シャンピニ・シュル・マルヌ: パリ東方の町／saumure〜 アンジュー地方のAOC 赤ワイン
champion,ne [シャンピヨ・ン, ーヌ] 男女 チャンピオン, 優勝者
championnat [シャンピヨナ] 男 試合, 選手権
champoléon [シャンポレオン] 男 ドフィネ地方の, 牛乳のチーズ

champoreau [シャンポロ]男〈複 ~x〉ワイン, ブランデー, ラム酒などを入れたコーヒー

chance [シャーンス]女 運／avoir de la ~ 運がいい／bonne ~ 幸運

chanceu*x,se* [シャンスー, ズ]形〈男には単複同形〉運のいい

chandail [シャンダーユ]男 (厚手の)セーター

chandelier [シャーンドゥリエ]男 キャンドルスタンド, ろうそく立て

chandelle [シャンデール]女 ①ろうそく ②(話言葉)鼻水

change [シャーンジュ]男 両替

changement [シャーンジュマン]男 ①変化, 変更 ②(電車などの)乗換 ③(車の)クラッチ＝~ de vitesse

changer [シャンジェ]動25 変える, 替える, 乗換える／~ le yen en (または contre) euro 円をユーロに替える‖ se ~ 代動25·59 着替える

changeu*r,se* [シャンジュー・ル, ズ]男女 ①(カジノなどの)チップ交換係 ②両替商‖ changeur男 オートチェンジャー／~ de monnaie 両替機

Chang-haï [シャンガイ]固 = Shanghaï

chanoinesse [シャヌワネス]女 ①盛式会修道女 ②ディジョン発祥の蜂蜜入小パン／(à la) ~ シャノワーヌ風(の): 豪華で繊細な肥鶏料理用表現

chanson [シャンソン]女 大衆歌, シャンソン, 民謡

chant [シャン]男 ①歌, 声楽 ②さえずり

chanteau [シャント]男〈複 ~x〉パンの切れ端

chanter [シャンテ]動 ①歌う ②(鳥や虫などが)鳴く ③液体が沸騰する前に表面が泡立つ＝ frémir, frissonner

chanterelle [シャントゥレール]女 あんず茸, ジロール茸 = girol(l)e

chanteu*r,se* [シャントゥー・ル, ズ]男女 歌手

chantilly [シャンティイ]女 クレーム・シャンティイ: 甘いホイップクリーム= crème ~‖ C~ 固 シャンティイ: パリ近郊の森／(à la) C~ シャンティイ風(の): ソース・シャンティイを使った料理用表現／sauce C~ ソース・シャンティイ: 1) ソース・シュプレームにホイップしたクリームを加えた鶏用ソース 2) レモン汁入マヨネーズにホイップしたクリームをまぜたソース

chanvre [シャーンヴル]男 麻, 大麻

chao [チャオ]間投 = ciao

chaource [シャウールス]男 シャンパーニュ地方の, 牛乳からつくる白かびタイプの AOC チーズ

chapeau [シャポ]男〈複 ~x〉①(縁ありの)帽子 ②きのこの笠 ③パテなどの上層

chapeler [シャープレ]動7 = chapelurer

chapelet [シャープレ]男 ①ロザリオ, 数珠 ②ひとつながりのソーセージ

chapeli*er,ère* [シャープリエ, エール]男女 帽子屋(職人)

chapelle [シャペール]女 ①チャペル, 礼拝所 ②(祭壇が1つの)教会

chapelle-chambertin [シャペール シャンベルタン]男 ブルゴーニュ地方, コート・ド・ニュイ地区のAOC特級赤ワイン

chapellerie [シャペールリ]女 帽子屋(製造販売店)

chapelure [シャプリュール]女 パン粉／~ blanche パンの白身でつくった白パン粉／~ blonde パンの皮でつくるか白パン粉をオーヴンで軽く色付けたパン粉／~ brune オーヴンでよく色付けしたパン粉

chapelurer [シャプリューレ]動 パン粉をつくる= chapeler

chapon [シャポン]男 ①去勢雄鶏 ②にんにくをこすり付けたトースト= pain à l'aillade ③ノルマンディ地方の, 牛乳スープに入れたパンの皮 ④ひとかけのにんにく= gousse ⑤おにおこぜに似たかさご= ~ de mer, rascasse rouge

chaptalisation [シャプタリザスィヨン]女 (ワイン製造時の)加糖, 補糖

chaptaliser [シャプタリゼ]動 (ワイン製造時に)加糖する, 補糖する

chaque [シャーク]形〈男女とも単に〉各, …毎の, それぞれの／à ~ fois その都度

charbon [シャルボン]男 ①石炭 = ~ de terre ②木炭 = ~ de bois

charbonnée [シャルボネ]女 ①炭または燠(おき)でグリルしたステーキ ②ベリ地方の, 煮汁を血でつないだ豚の煮込

③イル・ド・フランス地方の,豚の血でつないだ牛の煮込

charbonni*er*,*ère* [シャルボニエ,-ル] 形 石炭の ‖ charbonni*er*,*ère* 男女 炭焼(人),炭屋(人) ‖ charbonnier 男 シャルボニエ:キシメジ属のきのこ ‖ charbonnière 女 炭焼場,石炭業

charcuter [シャルキュテ] 動 ①肉をぶつ切りにする ②卓上で鳥を下手(ヘタ)に切り分ける

charcuterie [シャルキュトゥリ] 女 シャルキュトリ:テイクアウト料理店,デリカテッセン,豚肉加工業,豚肉加工品店

charcuti*er*,*ère* [シャルキュティエ,-ル] 形 豚肉加工の/ (à la) ~ère シャルキュティエ風(の):ソース・シャルキュティエールを添えた料理用表現/ sauce ~ère ソース・シャルキュティエール:ソース・ロベールにピクルスを加えた,グリルした肉や卵料理用のソース ‖ charcuti*er*,*ère* 男女 シャルキュティエ:惣菜,(あるいは)調理人・経営者,豚肉加工業者

charcutier-traiteur [シャリュキュティエトゥレトゥール] 男〈複〉~s-~s:ケータリングも行うシャルキュティエ

chardon [シャルドン] 男 あざみ

chardonnay [シャルドネ] 男 ①白ぶどうの品種= morillon ②そのぶどうだけでつくった白ワイン

chardonnette [シャルドネートゥ] 女 アーティチョークの花

charentais,e [シャランテ,-ズ]〈男には単複同形〉 シャラント(Charentes)の/ (à la) ~e シャラント風(の):同地方の料理に用いる表現 ‖ Charentais,e 男女〈男は単複同形〉シャラントの人 ‖ charentais 男〈単複同形〉カンタルーブメロンの一種

Charente [シャラーントゥ] 固女 シャラント:西フランスの地方/ beurre de ~ シャラントのAOCバター

charge [シャルジュ] 女 ①積荷 ②荷重,積載量 ③職,責任,任務/ prendre en ~ de... (…を)担当する ④負荷,負担/~s (アパートの)管理費 ⑤扶養 ⑥充電,充電,充電

charger [シャルジェ] 動25 ①荷を積む,載せる ②(仕事を)任せる ‖ se ~ 代動 25 59 受持つ

chariot [シャリョ] 男 カート,ワゴン

chariot

chariot à dessert　デザートワゴン
chariot à flamber　フランベワゴン
chariot à fromages　チーズワゴン
chariot à hors-d'œuvre
　オードヴルワゴン
chariot à liqueur
　リキュールワゴン
chariot à pâtisserie
　ケーキワゴン
chariot à sorbets　アイスクリーム・シャーベットワゴン
chariot à trancher
　ローストビーフワゴン
chariot de service　サービスワゴン

charlotte [シャルロートゥ] 女 シャルロット:シャルロット型でつくったデザートや料理/~ à la napolitaine ジェノワーズの中に,栗のピュレを加えたホイップクリームを入れ,ホイップクリームとフルーツで飾ったシャルロット/~ de légumes 薄切りの野菜をシャルロット型の内側に張付け,野菜のピュレとホイップしたクリームを加えたサバイヨンを中に入れてオーヴンで焼いた料理/ moule à ~ シャルロット型:円錐台形で両耳のついた型

charmant,e [シャルマン,トゥ] 形 魅力的な

charme [シャルム] 男 魅力

charmes-chambertin [シャルムシャンベルタン] 男 ブルゴーニュ地方,コート・ド・ニュイ地区のAOC特級赤ワイン

charnu,e [シャルニュー] 形 果肉の多い,肉付のよい

charol(l)ais,e [シャロレ,-ズ] 形〈男には単複同形〉 シャロレの/ (à la) ~e シャロレ風(の):牛の尾を使った料理用表現 ‖ Charol(l)ais 固男 シャロレ:ブルゴーニュ地方の地域 ‖ Charol(l)ais,e 男女〈男は単複同形〉シャロレの人 ‖ charol(l)ais 男〈単複同形〉牛のひき肉 ‖ charol(l)aise 女 シャロレ種の牛 = race ~

charolles [シャロール] 男 ブルゴーニュ地方の,山羊乳のチーズ

charpente [シャルパーントゥ] 女 ①骨格,

骨組 ②タンニンが多く長期間の熟成を予想させる, ワインの成分構成

charpentier [シャルパンティエ] 男 大工
Chartres [シャルトゥル] 固 シャルトル : パリ南西の町 / (à la) ～ シャルトル風(の) : エストラゴンを使った料理用表現
chartreux, se [シャルトゥルー, ズ] 形 〈男には単複同形〉 ドフィネ地方, グランド・シャルトルーズ山塊の ‖ chartreux, se 男女 〈男は単複同形〉シャルトル会修道士, 修道女 ‖ chartreuse 女 シャルトルーズ : 1) リキュールの一種 / ～se jaune (verte) 黄色い(緑色の)シャルトルーズ 2) ドーム形に盛った料理
chassagne-montrachet [シャサーニュモンラシェ] 男 ブルゴーニュ地方, コート・ド・ボーヌ地区のAOC 赤, 白ワイン
chasse [シャース] 女 狩猟, / ～ aux cerises さくらんぼ狩り / ～ aux champignons きのこ狩り / ～ aux escargots エスカルゴ採り / ～ royale 猟肉の串刺ロースト料理
chasselas [シャースラ] 男 〈単複同形〉白ぶどうの品種 / ～ de moissac ギュイエーヌ地方のAOC ぶどう
chasseur, se [シャスール, ズ] 形 ①猟の, 猟師の ②猟師風の : 1) 猟肉のピュレを使った料理用表現 2) ソース・シャスールを使った料理用表現 / sauce ～ ソース・シャスール : シャンピニョンにエシャロット, 白ワインを入れて煮詰め, グラス・ド・ヴィアンドなどを加えたソース ‖ chasseur, se 男女 猟師 ‖ chasseur 男 ①豚ばら肉と牛肉のみじん切りを腸に詰め, 冷燻(れいくん)にしたソーセージ ②(ホテルの)ベルボーイ, ルーム係
chassie [シャスィ] 女 目やに
châssis [シャスィ] 男 〈単複同形〉枠
chat, te [シャ, -トゥ] 男女 猫
châtaigne [シャテーニュ] 女 栗 / ～ d'eau ひしの実 = macle / ～ de mer うに= oursin
châtain, e [シャ・タン, テーヌ] 形 (髪が)栗色の ‖ chatain 男 (髪の)栗色
château [シャト] 男 〈複 ～x〉 ①城 ②シャトー : (ボルドーなどの)ワイン醸造所, ワイナリー ③シャトーで製造したワイン→ p.69 囲み ④長さ6cmの樽形に整形したじゃが芋 ⑤牛フィレ肉の太い部分= chateaubriand
chateaubriand [シャトブリヤン] 男 ①シャトブリアン : 牛フィレ肉の太い部分及びその3cmほどの厚切り= château, châteaubriant / sauce ～ ソース・シャトブリヤン : エシャロットなどと白ワインを煮詰め, ジュ・ド・ヴォとメトル・デルバター, エストラゴンを加えたソース ②ノルマンディ地方の, 牛乳のチーズ = magnum
châteaubriant [シャトブリヤン] 男 = chateaubriand
châteauneuf-du-pape [シャトヌフ デュパプ] 男 コート・デュ・ローヌ地方のAOC 赤, 白ワイン
châtillon-en-diois [シャテイヨン アン ディワ] 男 プロヴァンス地方, ドローム川流域のAOC 赤, 白, ロゼワイン
Chatouillard [シャトゥーイヤール] 固 20世紀初頭パリの, ある料理人のあだ名 / pommes ～ リボン状のじゃが芋をポム・スフレのようにふくらませた付合せ
chatouilleux, se [シャトゥーユー, ズ] 形 〈男には単複同形〉くすぐったがりの
châtré, e [シャートゥレ] 形 (海老の)背わたをとった
châtrer [シャートゥレ] 動 ①牛, 馬などを去勢する ②海老の背わたをぬく
chaucetier [ショスティエ] 男 ブルボネ地方の, 脱脂牛乳のフレッシュチーズ
chaud, e [ショ, -ドゥ] 形 ①暖かい, 温かい, 暑い, 熱い / plat ～ 温製料理 / tout, e ～e あつあつの, 焼立ての ②情熱的な, 熱気のある ③ほやほやの ‖ chaud 副 熱く / manger ～ 熱いうちに食べる ‖ chaud 男 暖かさ, 暑さ, 熱さ / à ～ 熱くして / au ～ 熱いところに / avoir ～ 暑い(と感じる) / il fait ～ (気候が)暑い
chaudeau [ショド] 男 〈複 ～x〉 ①熱いスープ ②砂糖などを加えた卵入ホットミルク
chaud-froid [ショフルワ] 男 〈複 ～s-～s〉 ①ショ・フロワ : 一度火を入れてから冷やした料理 / sauce ～ ソース・ショ・フロワ : ショ・フロワ用のソース. ゼラチンを加えたマヨネーズなど多種ある
chau(d)froité, e [ショフルワテ] 形 ①ショ・フロワにした ②ソース・ショ・フロワを塗った

chau(d)froiter [ショフルワテ] 動 ①ショ・フロワにする ②ソース・ショ・フロワを塗る

chaudière [ショディエール] 女 ①釜, ボイラー/~ à eau 湯沸器 ②大鍋

chaudin [ショダン] 男 (ソーセージのケーシング用)豚の大腸

chaudrée [ショードゥレ] 女 サントンジュ及びオニス地方の, ブイヤベースの一種

chaudron [ショドゥローン] 男 (つる付の)鍋

chaudronnée [ショドゥローネ] 女 鍋1杯分の/ une ~ de... 鍋1杯分の…

chauffage [ショファージュ] 男 ①加熱/~ excessif 過熱 ②暖房

chauffant, e [ショファン,トゥ] 形 温める, 温めている

chauffé, e [ショフェ] 形 温めた, 暖めた, 熱した

chauffe-assiettes [ショファスィエートゥ] 男〈単複同形〉ディッシュウォーマー

chauffe-eau [ショフォ] 男〈単複同形〉湯沸器

chauffe-plats [ショフ プラ] 〈単複同形〉ウォーマー, レショー:温製料理用卓上保温器

chauffer [ショフェ] 動 温める, 暖める, 熱する, 温まる, 熱くなる = faire ~/ ~...à sec (フライパンなどを)空焼きする ‖ se ~代動59 温まる,(家や部屋を)暖房する

chauffeur [ショフール] 男 (タクシー, トラックなどの)運転手

chauffrette [ショフレートゥ] 女 あんか, 保温器/~ de poche 携帯かいろ

chaumes [ショーム] 男 ベアルン地方の, 牛乳のチーズ

chaumont [ショモン] 男 シャンパーニュ地方の, 牛乳のチーズ

chaunay [ショネ] 男 ポワトゥー地方の, 山羊乳または羊乳のチーズ = chabichou

chausse [ショース] 女 (漏斗型の)漉袋

chaussée [ショセ] 女 車道

chaussette [ショセートゥ] 女 ①ソックス ②コーヒー用布漉袋

chausseur [ショスール] 男 靴屋

chausson [ショソン] 男 ①ルームシューズ ②半円形の塩味,甘味パイ

chaussure [ショスュール] 女 靴/~s à talons hauts ハイヒール/~s de protection 安全靴

chaux [ショ] 女〈単複同形〉石灰

chavignol → crottin

chayot(t)e [シャヨートゥ] 女 はやと瓜

---

château

château ausone シャトー・オゾーヌ:ボルドー地方,サンテミリヨン地区の AOC 特級赤ワイン

château cheval-blanc シャトー・シュヴァル・ブラン:ボルドー地方,サンテミリヨン地区 AOC 特級赤ワイン

château d'yquem シャトー・ディケム:ボルドー地方,ソテルヌ地区の AOC 特級貴腐ワイン

château grillet シャトー・グリエ:コート・デュ・ローヌ地方,コンドリウ地区の AOC 白ワイン

château haut-brion シャトー・オ・ブリヨン:ボルドー地方,グラーヴ地区の AOC 特級赤ワイン(白も少量産する)

château lafite-rothschild シャトー・ラフィット・ロートシルド:ボルドー地方,オ・メドック地区の AOC 特級赤ワイン

château latour シャトー・ラトゥール:1)ボルドー地方,オ・メドック地区の AOC 特級赤ワイン 2)同地方,アントル・ドゥーメール地区の AOC 白ワイン

château margaux シャトー・マルゴ:ボルドー地方,オ・メドック地区の AOC 特級赤ワイン

château mouton-rothschild シャトー・ムートン・ロートシルド:ボルドー地方,オ・メドック地区の AOC 特級赤ワイン

château pétrus シャトー・ペトリュス:ボルドー地方,ポムロール地区の AOC 特級赤ワイン

= brion(n)e, chouchoute, christophine

check in [チェキーン] 男英 チェックイン = enregistrement

check out [チェカーウトゥ] 男英 チェックアウト = règlement

check-up [チェカープ] 男英〈単複同形〉人間ドック

cheddar [チェダール] 男 チェダーチーズ：イギリス，アメリカなどの牛乳のチーズ

chef [シェフ] 男〈女性でも男性形とする〉長，リーダー／~ de cuisine, ~ cuisinier 料理長／~ de partie （厨房内の各）セクションシェフ／~ de pâtisserie, ~ pâtissier パティシエシェフ／~ de rang テーブル責任者／~ de service （会社の）係長／~ tournant 臨時シェフ：いろいろな部門を担当するセクションシェフ

chef-boutonne [シェフ ブートーヌ] 男 ポワトゥー地方の山羊乳のチーズ

chef-d'œuvre [シェドゥーヴル] 男〈複 ~s-~〉逸品，代表作

chef-lieu [シェフ リュー] 男〈複 ~s-~x〉県や地域の中心地．略字は ch-l／~ de département 県庁所在地

cheilly-les-maranges [シェイイ レ マーンジュ] 男 ブルゴーニュ地方，コート・ド・ボーヌ地区の AOC 赤,白ワイン

chemin [シュマン] 男 道，道順／à mi-~ 途中で（に）／~ de fer 鉄道／~ détourné 横道／~ de traverse 近道

cheminée [シュミネ] 女 ①煙突 ②暖炉 ③（パテの生地に開ける）蒸気穴

chemisage [シュミザージュ] 男 シュミゼすること → chemiser

chemise [シュミーズ] 女 ①シャツ，ワイシャツ／~ de nuit ネグリジェ＝négligé ②紙や布などでくるんで煮たり焼いたりする料理／en ~ : 1)（じゃが芋などが）皮付の 2) くるんだ，包んだ

chemisé,e [シュミゼ] 形 シュミゼした → chemiser

chemiser [シュミゼ] 動 シュミゼする：型の内側に生地，ジュレ，野菜などを張る

chemisette [シュミゼートゥ] 女 男性用半袖シャツ

chemisier [シュミズィエ] 男 女性用シャツ

chénas [シェナ] 男 ブルゴーニュ地方，ボジョレ地区の AOC 赤ワイン

chêne [シェーヌ] 男 樫の木

chènevis [シェーヌヴィ] 男〈単複同形〉麻の実

chenin [シュナン] 男 白ぶどうの品種＝ ~ blanc

chénopode [ケノポードゥ] 男 あかざ：食用の野草 = épinard sauvage／~ blanc しろざ

chèque [シェーク] 男 小切手

chèque-repas [シェークルパ] 男〈複 ~s-~〉食券

chèquier [シェキエ] 男 小切手帳

ch*er,ère* [シェール] 形 ①高価な／pas ~ 安い ②親しい／C~,ère ami,e （手紙などの書出し）友へ／Chère Madame （または Mademoiselle）（女性へ）拝啓／Cher Monsieur （男性へ）拝啓 ‖ chère 女 豪華な食事，ご馳走

Cherbourg [シェルブール] 固 ノルマンディ地方の港町

chercher [シェールシェ] 動 探す／aller ~ 探しに行く，取りに行く，迎えに行く

cherry [シェリ] 男英 ①さくらんぼ ②チェリーブランデー = ~-brandy／C~ Marnier チェリーリキュールの商標

chervis [シェールヴィ] 男〈単複同形〉①むかごにんじん：根を食用とする ②キャラウェイ = carvi

cheshire [シェシール] 男 チェシャー：イギリスの牛乳のチーズ

chester [シェステール] 男 チェスター：イギリスの牛乳のチーズ

chevaine [シュヴェーヌ] 男 チャブ，にしおおうぐい：コイ科の淡水魚 = chabot, chevenne, chevesne

cheval [シュヴァル] 男〈複 chevaux [シュヴォ]〉①馬 ②馬肉 = chevaline, viande de ~／à ~ 目玉焼をのせた盛付方法の一種

chevaler [シュヴァレ] 動 支柱をあてがう，台に載せる

chevalet [シュヴァレ] 男 イーゼル

chevalier [シュヴァリエ] 男 ①ナイト，騎士／~ de la Légion d'honneur レジヨン・ドヌール・シュヴァリエ勲章（第5位）／~ du Mérite agricole 農事功労シュヴァリエ章 ②2500cc 入ビールジョッキ ③筋ひきナイフ = cou-

teau à ～. ～ à dénerver
chevaline [シュヴァリーヌ] 囡 馬肉
cheval-vapeur [シュヴァル ヴァプール] 男 〈復 chevaux- ～ [シュヴォ ヴァプール]〉馬力：仕事率の旧単位. 記号は ch
chevaucher [シュヴォーシェ] 動（薄切りの肉などの一部を重ねて）並べる
chevaux → cheval
chevenne, chevesne = chevaine
cheveu [シュヴー] 男〈復 ～x〉髪, 毛髪／ avoir mal aux ～x 飲みすぎて頭が痛い／～ d'ange エンジェルヘア：極細のパスタ／～ de mer 青海苔, pommes de terre ～x 細い千切りにして揚げたじゃが芋
cheville [シュヴィーユ] 囡 足首, くるぶし
chèvre [シェーヴル] 囡 ①雌山羊 ②生後 18 ヶ月未満の雌の仔山羊 = chevrette ③ゆめかさご ～ de mer, rascasse de fond ④わたり蟹の一種 = étrille ‖ chèvre 男 山羊乳のチーズ／～ fermier ロレーヌ地方の, 山羊乳のチーズ／～ fermier alpilles プロヴァンス地方の, 山羊乳のチーズ／～ frais ベリ地方の, 山羊乳のフレッシュチーズ／ pur ～ 山羊乳100％のチーズ／ pur ～ d'alpage サヴォワ地方の, 山羊乳のチーズ
chevreau [シュヴロー] 男〈復 ～x〉①生後 6 週間から 4 ヶ月の仔山羊 ②仔山羊皮のなめし皮
chevret [シュヴレー] 男 フランシュ・コンテ地方の, 山羊乳の塩まぶしチーズ = saint-claude
chevreton [シュヴルトーン] 男 オヴェルニュ地方の, 山羊乳または牛乳のチーズ／～ de mâcon ブルゴーニュ地方の, 山羊乳のチーズ = ～ mâconnais
chevrette [シュヴレートゥ] 囡 ①テナガエビ科の海老 ②雌のろ鹿 = chèvre ③仔山羊／～ des bauges サヴォワ地方の, 牛乳と山羊乳のチーズ ④（山羊皮の）バグパイプ
chevreuil [シュヴルーユ] 男 鹿肉, のろ鹿／ en ～ シュヴルイユ風（の）：牛フィレ肉や仔羊のノワゼットを鹿の調理と同様に扱ってマリネしてからソテした料理／ sauce ～ ソース・シュヴルイユ：ソース・ポワヴラードに使用別の肉のくずと赤ワイン, 砂糖, カイエーヌペッパーなどを加えたソース

chevrillard [シュヴリヤール] 男（生後 18 ヶ月までの）仔のろ鹿
chevrotin [シュヴロタン] 男 ①（生後 6 ヶ月までの）仔のろ鹿 ②山羊乳のチーズ／～ de mâcon ブルゴーニュ及びサヴォワ地方の, 山羊乳のチーズ
chevru [シュヴリュー] 男 イル・ド・フランス地方の, 牛乳からつくる白かびタイプのチーズ
chewing-gum [シュウィング ゴーム] 男 〈英〉チューインガム
chez [シェ] 前 …の家, …の所に（で, へ）／～ vous あなたの家に（へ, で）
chianti [キャンティ] 男 〈伊〉イタリア, トスカナ地方の赤ワイン
Chiboust [シブーストゥ] 固 シブスト：菓子職人／ crème ～ ホイップした卵白を加えた軽いカスタードクリーム
chic [シーク] 形 〈男女同形〉あか抜けた, 粋な, しゃれた ‖ chic 男 粋
chiche [シーシュ] 形 〈男女同形〉けちな, わずかな／ «être ～ de + 不定詞» …する勇気がある ‖ chiche 男 エジプト豆, ひよこ豆 = pois ～
chichi [シシ] 男（話言葉）気取り, もったいぶり／～ fregi = chichifregi ‖ chichis 男〈復〉かもじ
chichifregi [シシフレージ] 男 エジプト豆粉でつくる, ニースのベニエ = chichi fregi
chicon [シコン] 男 ①アンディーヴ, ベルギーチコリ = endive, witloof ②コスメインレタス = romaine
chicorée [シコレ] 囡 ①エンダイヴ, シコレ, チコリ, ちしゃ：サラダ菜の一種／～ frisée エンダイヴ, ちぢれチコリ, フリゼサラダ／～ de Bruxelles アンディーヴ, ベルギーチコリ／～ sauvage 野生の菊ぢしゃ ②シコレ：代用コーヒー
chien,ne [シ・ヤン, エーヌ] 男 囡 犬／ méchant ～ 猛犬注意：表示
chiffon [シフォン] 男 ①くず, 雑巾, ぼろ ②（細かいしわのような）ひだ
chiffonnade [シフォナードゥ] 囡 シフォナード：7～8 mm 幅の葉野菜の細切り／ tailler en ～ シフォナードに切る
chiffonnage [シフォナージュ] 男 ①しくちゃにすること ②ひだ
chiffonné,e [シフォネ] 形 しわくちゃの, ひだをつけた

chiffonner [シフォネ] 動 しわくちゃにする

chiffonnette [シフォネートゥ] 女 シフォナード入ポタージュ

chiffre [シーフル] 男 数字/～ d'affaires 総売上/～s arabes アラビア数字/～s romains ローマ数字

chili [シリ] 男 英 チリペッパー:辛味の強い唐辛子

chimie [シミ] 女 化学/～ alimentaire 食品化学

chimique [シミーク] 形〈男女同形〉化学の,化学的な/engrais ～ 化学肥料

chimiquement [シミークマン] 副 化学的に

chinchard [シャンシャール] 男 あじ:魚 = carangue/～ rayé しまあじ

Chine [シーヌ] 固 女 中国 ‖ chine 男 ①中国磁器 ②唐紙

chinois,e [シヌワ,ーズ] 形〈男には単複同形〉中国(Chine)の,中華の/(à la) ～e 中国風(の):中国の調味料などを使った料理用表現 ‖ chinois 男 ①中国語 ②ちんぷんかんぷん ‖ Chinois,e 男 女〈男は単複同形〉①中国人 ②(話言葉)細かいことをいうめんどうな奴 ‖ chinois 男〈単複同形〉①シノワ:逆円錐形の漉(こ)器/～ étamine シノワ・エタミーヌ:目の細かいシノワ/passer au ～ シノワで漉(こ)す ②蒸留酒漬のきんかん/～ confit シノワ・コンフィ:未成熟きんかんの砂糖漬

chinoisé,e [シヌワゼ] 形 シノワで漉(こ)した

chinoiser [シヌワゼ] 動 シノワで漉(こ)す

Chinon [シノン] 固 シノン:トゥーレーヌ地方の町 ‖ chinon 男 トゥーレーヌ地方の AOC 赤,白,ロゼワイン

chinonais,e [シノネ,ーズ] 形〈男には単複同形〉シノン(chinon)の/(à la) ～e シノン風(の):1)やつめうなぎなど同地の食材を使った料理用表現 2) ロールキャベツとじゃが芋を添えた牛肉料理用表現

chinook [シヌーク] 男 キングサーモン,ますのすけ

chiottes [ショートゥ] 女複 (俗語)トイレ

chipiron [シピロン] 男 バスク地方での,筒いかの呼称

chipolata [シポラタ] 女 ソーセージの種類

chipoter [シポテ] 動 (まずそうに)ちびちび食べる

chips [シープス] 女複 英 ポテトチップ = liard, pommes ～

chique [シーク] 女 ベルギーのアーモンド入キャンディ

chiquement [シークマン] 副 粋に

chiquetage [シクタージュ] 男 シクテすること → chiqueter

chiqueté,e [シクテ] 形 シクテした → chiqueter

chiqueter [シクテ] 動 7 シクテする:生地の周囲に均等に浅い切込を入れる

chiroubles [シルーブル] 男 ブルゴーニュ地方,ボジョレ地区の AOC 赤ワイン

chirurgie [シリュールジ] 女 外科

chirurgien,ne [シリュルジ・ヤン,エーヌ] 男 女 外科医

Chivry [シーヴリ] 固 女 Diane de ～ ディヤーヌ・ド・シヴリ:18世紀の劇の題名/beurre ～ ブール・シヴリ:パセリ,エストラゴン,セルフイユなどの香草入合せバター/(à la) ～ シヴリ風(の):ブール・シヴリを使った料理用表現/sauce ～ ソース・シヴリ:パセリ,エストラゴン,セルフイユなどの香草,白ワインを加えた魚または鶏のヴルテソースにブール・シヴリを加えたソース

ch-l → chef-lieu

chlore [クロール] 男 塩素

chlorelle [クロレール] 女 クロレラ

chlorophylle [クロロフィーユ] 女 葉緑素

chocart [ショカル] 男 ブルターニュ地方の,りんごジャムのパイ = choquart

chocolat [ショコラ] 男 ①ショコラ,チョコレート,チョコレート色/sauce (au) ～ ソース・ショコラ:溶かしたチョコレートにクリーム,バター,牛乳,砂糖を加えたデザートソース ②ココア → p.73【囲み】

chocolaté,e [ショコラテ] 形 チョコレートを加えた,チョコレートを塗った,チョコレートで風味を付けた

chocolater [ショコラテ] 動 チョコレートを加える,チョコレートを塗る,チョコレートで風味を付ける

chocolaterie [ショコラートゥリ] 女 チョコレート製造業

chocolatier, ère [ショコラティエ, ール] 男女 チョコレート職人 ‖ chocolatier 男 ココアポット

chocolatine [ショコラティーヌ] 女 チョコレートを使ったケーキやデザート

choesels [シューズル] 男 ベルギーの, 牛肉と内臓のビール煮込

choisir [シュワズィール] 動4 選ぶ

choix [シュワー] 男〈単複同形〉選択, チョイス / de ～ 特選の / au ～ 好みで

cholestérol [コレステロール] 男 コレステロール

cholestérolémie [コレステロレミ] 女 コレステロール値

chômage [ショマージュ] 男 失業

chons [ション] 男複 豚の脂肪を溶かした時に残る繊維 = panne

chope [ショープ] 女 (330 cc入) ビールジョッキ ≒ マグカップ

choquart = chocart

chorba [ショルバ] 女 北アフリカ発祥の羊と野菜のスープ = ciorba, tchorba

chorey-lès-beaune [ショレ レ ボーヌ] 男 ブルゴーニュ地方コート・ド・ボーヌ地区の AOC 赤, 白ワイン

chorizo [ショリソ] 男 チョリソ: スペイン発祥の, 唐辛子をきかせたドライソーセージ

Choron [ショロン] 固男 19 世紀, パリの料理長の名 / sauce ～ ソース・ベアルネーズにトマトピュレを加えたソース

chose [ショーズ] 女 こと, もの / ～ semblable 類似品 / quelque ～ comme ça このようなもの

chou [シュー] 男 〈複 ～x〉①キャベツ / ～ amer, ～ moutarde 苦味のある小キャベツ / ～ blanc ホワイトキャベツ / ～ caraïbe さと芋 = colocase / ～ chinois 白菜 / ～ de Bruxelles 芽キャベツ / ～ de Chine ロールキャベツ / ～ frisé, ～ (vert) de Milan ちりめんキャベツ / ～ de mer, ～ marin 浜菜, シーケールキャベツ = crambe, crambé / ～ noir 黒キャベツ: イタリア, トスカーナ地方の苦みのあるキャベツ / ～ palmiste キャベツ椰子の芽 / ～ pommé 結球キャベツ = cabus / ～ rouge 紫キャベツ / ～ vert グリーンキャベツ ②シュー: シュー生地を用いた菓子や料理 / ～ à la crème シュークリーム / ～ profiterole クリームなどを詰めた小さなシュー = profiterole / pâte à ～x シュー生地

chou-branche [シュー ブランシュ] 男 〈複 ～x-～〉結球しないキャベツ

chouchoute [シューシュートゥ] 女 はやと瓜 = chayot(t)e

choucroute [シュークルートゥ] 女 ザワークラウト, シュークルート: 千切りの醸酵キャベツ / ～ garnie ソーセージなどを添えたシュークルート料理

---

chocolat

chocolat à cuire, chocolat de ménage 調理用チョコレート: カカオバターが少ない, ムースやアイスクリームなどの製造用チョコレート

chocolat à croquer, chocolat de labo: chocolat à cuire より上質の板チョコ用チョコレート

chocolat amer
ビターチョコレート

chocolat au lait
ミルクチョコレート, ミルクココア

chocolat aux noisettes
ヘーゼルナッツチョコレート

chocolat blanc
ホワイトチョコレート

chocolat en poudre パウダーチョコレート, ココアパウダー

chocolat fondant
フォンダンチョコレート

chocolat frappé, chocolat glacé
アイスココア

chocolat pailleté, chocolat granulé
スプレーチョコレート

chocolat plastique
プラスティックチョコレート

chocolat viennois ウインナーココア: ホイップクリームをのせたココア

couverture de chocolat, chocolat de couverture
クーヴェルテュールチョコレート

chouette [シュエートゥ] 形〈男女同形〉〈話言葉〉素敵な, かっこいい ‖ chouette 女 ふくろう

chou-fassum [シュー ファスム] 男 = sou-fassum

chou-fleur [シュー フルール] 男〈複 ~x-~s〉カリフラワー

chou-navet [シュー ナヴェ] 男〈複 ~x-~s〉スウェーデンかぶ= rutabaga

chou-palmiste [シュー パルミーストゥ] 男〈複 ~x-~s〉キャベツやしの芯= cœur de palmier

chouquette [シューケートゥ] 女 グラニュー糖をふったシュー

chou-rave [シュー ラーヴ] 男〈複 ~x-~s〉コールラビ: 球形の茎が食用

chouzé [シューゼ] 男 トゥーレーヌ地方の, 牛乳と山羊乳の白かびタイプのチーズ

chrétien, ne [クレティ・ヤン, エーヌ] 形 キリスト教の ‖ chrétien, ne 男女 キリスト教徒

christianisme [クリスティヤニースム] 男 キリスト教

christophine [クリストフィーヌ] 女 はやと瓜= chayot(t)e

chrome [クローム] 男 クロム

chromé, e [クローメ] 形 クロムめっきした

chronique [クロニーク] 形〈男女同形〉慢性の ‖ chronique 女 時評, 年代記

chroniquement [クロニークマン] 副 慢性的に

chrysanthème [クリザンテーム] 男 菊, 菊の花

chut [シュートゥ] 間投 しっ, 静かに!

chute [シュートゥ] 女 ①失墜, 脱落, 低下, 転倒, 落下 ②滝 ③(生地の整形後の)くず

chutney [シュートゥネまたはチョートゥネ] 男 チャツネ

ciao [チャオ] 間投 伊 じゃあね, バイバイ

ciboule [スィブール] 女 長ねぎの一種

ciboulette [スィブーレートゥ] 女 あさつき, えぞねぎ, シブレット, チャイヴ= cive, civette, fines herbes / ~ chinoise にら

ci-dessous [スィドゥスー] 副 下記にあるように / mentionné, e ~, noté, e ~ 下記の

ci-dessus [スィドゥスュ] 副 上記にあるように / mentionné, e ~, noté, e ~ 上記の, 前記の

cidre [スィードゥル] 男 シードル: りんごの蒸留酒 / ~ de figue いちぢくワイン

ciel [スィエール] 男 ①空 / à ~ ouvert 屋外の ②気候 ③神, 天, 天国

cierge [スィエールジュ] 男 ①(教会の)大ろうそく ②はしらサボテン

cierp [スィエール] 男 ラングドック地方の牛乳のチーズ

cigale [スィガール] 女 せみ / ~ de mer しゃこ= squille

cigare [スィガール] 男 ①葉巻たばこ ②葉巻形

cigarette [スィガレートゥ] 女 ①紙巻たばこ ②シガレット形のクッキー= ~ russe

ci-joint, e [スィ ジュワーン, トゥ] 形 添付の, 同封の

cil [スィール] 男 まつ毛 / faux ~ 付けまつ毛

cime [スィーム] 女 頂上

cimetière [スィムティエール] 男 墓地

cimier [スィミエ] 男 らんいち: 牛, 鹿の尻肉

cinéma [スィネマ] 男 映画, 映画館

cing(h)alais, e [サンガレ, ーズ] 形〈男には単複同形〉スリランカ (Sri Lanka) の, シンハラの, セイロン (Ceylan) の / (à la) ~e スリランカ風(の), シンハラ風(の), セイロン風(の): カレー風味のソースや料理用表現 ‖ Cing(h)alais, e 男女〈男は単複同形〉シンハリ人, スリランカ人, セイロン人

cinnamome [スィナモーム] 男 肉桂(にっけい), シナモン: 木= cannelier

cinq [サーンク〈形は子音または有音のhの前ではサン〉] 形〈不変〉5 の ‖ cinq 男〈単複同形〉① 5 ②(月の) 5 日, 5 号室, 5 番地

cinq-épices [サンケピース] 男〈単複同形〉サンケピス: 中国の香辛料, 五香粉

cinquantaine [サンカンテーヌ] 女 だいたい 50 / une ~ de... 50 くらいの…

cinquante [サンカーントゥ] 形〈不変〉50 の ‖ cinquante 男〈単複同形〉50 / ~ et un 51, 51 の ‖ Cinquante et Un 固 男 サンカンテアン, 51: パスティス酒の銘柄の一つ

cinquantième [サンカンティエーム] 形〈男女同形〉50 番めの ‖ cinquantième 男

女 50番め
cinquième [サンキエーム] 形 〈男女同形〉 5番めの ‖ cinquième 男女 5番め ‖ cinquième 男 5分の1
cinsau(l)t [サンソ] 男 黒ぶどうの品種
cintre [サーントゥル] 男 ①(丸天井などの)アーチ ②ハンガー
cintré,e [サーントゥレ] 形 アーチ形の
Cinzano [サンザノ] 固男 チンザノ: イタリアのベルモット酒の一種
ciorba [スィョルバ] 女 = chorba
circonférence [スィルコンフェランス] 女 周囲, 円周
circonstance [スィルコンスターンス] 女 状況, 場合
circulaire [スィルキュレール] 形 〈男女同形〉 ①円形の, 環状の ②周遊の ③循環する
circulation [スィルキュラスィヨン] 女 ①交通, 通行 ②循環 ③流通
circuler [スィルキュレ] 動 循環する
cire [スィール] 女 ①ワックス, 蠟 ②耳あか, 目やに
ciré,e [スィレ] 形 磨いた, ワックスをかけた
cirer [スィレ] 動 (靴を)磨く, ワックスをかける
cisailles [スィザーユ] 女複 (金物用などの大きな)はさみ /~ à volaille 鶏用はさみ
ciseaux [スィゾ] 男複 はさみ /~ à poisson 魚用はさみ /~ de cuisine 調理ばさみ /~ à ongles (はさみ式の)爪切りばさみ
ciselage [スィズラージュ] 男 シズレすること → ciseler
ciselé,e [スィーズレ] 形 シズレした → ciseler
ciseler [スィーズレ] 動⑤ ①シズレする:1)鋭利な刃物でみじん切りにする 2) 野菜を千切りにする ②魚に浅く切込を入れる
cistre [スィーストゥル] 男 セリ科の植物 = fenouil des Alpes
citadin,e [スィタ・ダン, ディーヌ] 形 都市の ‖ citadin,e 男女 都会人
cité [スィテ] 女 ①都市 ②集合住宅, 集合住宅地区/~ universitaire (フランスの) 大学生寮群 ‖ Cité (パリの)シテ島 = l'île de la C~
citrique [スィトゥリーク] 形 〈男女同形〉 クエン酸の / acide ~ クエン酸
citron [スィトゥローン] 男 レモン /~ confit, confit de ~ レモンのコンフィ /~ pressé フレッシュレモンジュース /~ vert : 1) グリーンレモン 2) ライム = lime
citronnade [スィトゥロナードゥ] 女 ①レモネード: 砂糖を加えたレモン水 ②レモン風味を付けた料理
citronnat [スィトゥロナ] 男 シトロナ: レモンの皮の砂糖漬 /~ perlé レモンの皮の砂糖漬の菓子
citronné,e [スィトゥロネ] 形 レモンを加えた, レモン風味をつけた
citronnelle [スィトゥロネール] 女 ①レモングラス: イネ科の香草 = mélisse, schénanthe ②レモン風味のリキュール = eau des Barbades
citronner [スィトゥロネ] 動 レモンを加える, レモン風味を付ける
citrouillat [スィトゥルーヤ] 男 ベリ地方のかぼちゃのデザート. 塩味もある
citrouille [スィトゥルーユ] 女 ぺぽかぼちゃ
citrus [スィトゥリュース] 男複 柑橘(かんきつ)類 = agrumes
cive [スィーヴ] 女 あさつき = ciboulette, civette
civelle [スィヴェール] 女 しらすうなぎ: うなぎの稚魚 = pibale
civet [スィヴェ] 男 ①シヴェ: 野うさぎなどの, 血でつないだ赤ワイン煮込 ②オマール海老, まぐろ, 貝類などの赤ワイン煮込
civette [スィヴェートゥ] 女 あさつき, えぞねぎ, チャイヴ = ciboulette /~ chinoise にら
civil,e [スィヴィール] 形 市民の
civilisation [スィヴィリザスィヨン] 女 文明
civilisé,e [スィヴィリゼ] 形 ①文明化した ②行儀のよい ‖ civilisé,e 男女 文明人
civray [スィーヴレ] 男 ポワトゥー地方の, 山羊乳のチーズ = chabichou
cl → centilitre
clafoutis [クラフーティ] 男 〈単複同形〉 クラフティ: さくらんぼ入パンケーキ
claie [クレー] 女 チーズ製造用すのこ, バット網
clair,e [クレール] 形 ①明るい / rose ~ 明るいピンク色 ②鮮やかな ③薄

い, 淡い ④透明な／potage ～ コンソメ, ブイヨン ⑤純粋な ‖ claire 囡 牡蠣(ホタテ)の品種

clairement [クレールマン] 副 はっきり, 明確に

clairet, te [クレーレ, ートゥ] 形 ①明るい色の,（ワインが）薄赤色の ②甲高い, 鋭い ‖ clairet 男：1) 若飲み用の軽い赤ワイン = vin de café, vin d'une nuit 2) ボルドー地方の淡い赤ワイン = bordeaux ～ ‖ clairette 囡 ①白ぶどうの品種／～te de bellegarde プロヴァンス地方の AOC 白ワイン／～te de die プロヴァンス地方の AOC 発泡性ワイン／～te du languedoc ラングドック地方の AOC 白ワイン／～te dorée 黒ぶどうの品種 = poulsard ②野ぢしゃ, マーシュ = mâche

clam [クラーム] 男 はまぐり／soupe aux ～s クラムチャウダー

Clamart [クラマール] 固 パリ南郊外の町 ‖ Clamart 形〈不変〉グリンピースを用いた料理の表現

clandestin, e [クランデス・タン, ティーヌ] 形 非合法的な, もぐりの

clapier [クラピエ] 男 ①穴うさぎの巣 ②飼うさぎ = lapin de ～ ③うさぎ小屋 = cabane de ～

claquer [クラケ] 動 パチン, パタンと鳴る

claqueret [クラークレ] 男 = cervelle de canut → cervelle

clarequet [クラールケ] 男 フルーツゼリーの一種

clarification [クラリフィカスィヨン] 囡 クラリフィエすること, 清澄 → clarifier

clarifié, e [クラリフィエ] 形 クラリフィエした, 清澄した → clarifier／consommé ～ 澄ませたコンソメ

clarifier [クラリフィエ] 動 ①（考えなどを）はっきりさせる ②クラリフィエする：1) コンソメやバター, 醸造過程のワインを清澄する 2) コンフィなどをつくる時に脂肪と汁を分ける 3) 卵黄を卵白と分ける

clarté [クラールテ] 囡 ①光, 明るさ ②透明, 清澄 ③明瞭

classe [クラース] 囡 ①教室, クラス ②等級

classé, e [クラーセ] 形 格付した／cru ～ 格付ぶどう畑

classement [クラースマン] 男 ①格付, 順位, 等級 ②整理

classer [クラーセ] 動 ①格付けする, 処理済とする, 分類する ②整理する

classeur [クラスール] 男 ①（ファイル用）バインダー ②書類用キャビネット

classique [クラスィーク] 形〈男女同形〉クラシックの, 古典的な, 昔ながらの ‖ classique 男 古典, クラシック

clauvisso [クロヴィソ] 囡 プロヴァンス地方でのあさりの呼称

clavaire [クラヴェール] 囡 そうめん茸, ねずみ茸／～ chou-fleur ほうき茸 = menotte

clavelin [クラーヴラン] 男 フランシュ・コンテ地方の, ヴァン・ジョーヌワイン用瓶

clavier [クラヴィエ] 男 キーボード

clayette [クレイエートゥ] 囡 ①小さいチーズ製造用バット網, すのこ ②棚中のすのこ台

clayon [クレヨーン] 男 小型のチーズ用バット網, すのこ

clé = clef

clef [クレー] 囡 = clé ①鍵／fermer à ～ 鍵をかける ②鍵型の道具, スパナ, レンチ／～ à sardines コーンビーフやいわし缶用の巻上式缶開け器 ③（ピアノなどの）鍵盤 ④キーポイント = point ～, ～ de voûte ⑤キー, 秘訣 ⑥糸口, 手がかり ⑦生地の継目

clémentine [クレマンティーヌ] 囡 クレメンティン：みかんの品種

clergeon [クレールジョン] 男 サヴォワ地方のメスクラン

Clermont-Ferrant [クレルモン フェラン] 固 クレルモン・フェラン：オヴェルニュ地方の中心都市

clermontois, e [クレルモントゥワ, ーズ] 形〈男には単複同形〉クレルモン・フェラン (Clermont-Ferrant) の／(à la) ～e クレルモン・フェラン風(の)：栗やキャベツを使った料理用表現

client, e [クリヤーン, トゥ] 男囡 客／～, e habitué, e 馴染客

clientèle [クリヤンテール] 囡 客層, 客筋

clignotant [クリニョタン] 男 ウィンカー

climat [クリマ] 男 ①気候, 風土, 雰囲気 ②（ブルゴーニュ地方の特定の）ぶどう園

climatisation [クリマティザスィヨン] 囡

空調,冷暖房
- **climatisé,e** [クリマティゼ] 形 エアコンのきいている,冷房設備のある
- **climatiser** [クリマティゼ] 動 冷房をかける
- **climatiseur** [クリマティズール] 男 エアコン／~ de cave ワイン用冷蔵庫
- **clinique** [クリニーク] 女 医院,私立病院
- **clisse** [クリース] 女 チーズ用水切すのこ
- **clitocybe** [クリトスィーブ] 男 カヤタケ属のきのこの総称／~ en entonnoir かや茸／~ géant おおいちょう茸:キシメジ科の食用茸
- **cloche** [クロッシュ] 女 ①鐘②クロッシュ:保温用ディッシュカバー = couvre-plat
- **clochette** [クロシェートゥ] 女 (小釣鐘状の)ベル
- **cloison** [クルワゾーン] 女 間仕切
- **cloisonner** [クルワゾーネ] 動 …で仕切る
- **cloître** [クルワートゥル] 男 修道院:総称
- **cloque** [クローク] 女 (火傷などの)水ぶくれ
- **clos,e** [クロー, ズ] 形〈男には単複同形〉閉鎖的な‖ **clos** 男 (石垣などで囲われた)ぶどう畑／~ de vougeot ブルゴーニュ地方,コート・ド・ニュイ地区のAOC 特級赤,白ワイン = ~-de-vougeot, ~ vougeot / les ~ ブルゴーニュ地方, シャブリ地区のシャブリ・グラン・クリュ白ワイン
- **clou** [クルー] 男〈複 ~s〉釘／~ de girofle クローヴ,丁字の花
- **clouage** [クルワージュ] 男 釘打,釘止
- **clouer** [クルーエ] 動 釘で止める
- **cloutage** [クルタージュ] 男 ①(飾り釘の)鋲(びょう)打②(丁字や細い背脂などを)刺すこと
- **clouté,e** [クルーテ] 形 ①飾り釘を打った②丁字を刺した③肉に豚の背脂などを刺した④魚にアンチョヴィやピクルスを刺した
- **clouter** [クルーテ] 動 ①飾り釘を打つ②丁字を刺す③肉に背脂やトリュフなどを刺す④魚にアンチョヴィやピクルスを刺す
- **clovisse** [クロヴィース] 女 あさり
- **club** [クルーブ] 男 ①クラブ,同好会／~ (house) sandwich クラブハウスサンドウィッチ②ナイトクラブ
- **coagulation** [コアギュラスィヨン] 女 (牛乳などの)凝固
- **coagulé,e** [コアギュレ] 形 (乳や血を)凝固させた
- **coaguler** [コアギュレ] 動 (乳や血を)凝固させる‖ se ~ 代動 59 凝固する
- **coca** [コカ] 男 コカの木,コーラ
- **coca-cola** [コカ コラ] 固男 コカコーラ
- **cocciné,e** [コクスィネ] 形 から煎りして味を強めた
- **cocciner** [コクスィネ] 動 から煎りして味を強める
- **cochon** [コション] 男 豚,去勢雄豚／~ de lait 乳飲仔豚／~ sauvage 猪 = sanglier
- **cochonnaille** [コショナーユ] 女 豚肉加工品 = charcuterie
- **cochonnet** [コショネ] 男 ①仔豚②コショネ:ペタンク競技用の木製の小球
- **cocktail** [コクテール] 男 ①カクテル／~ aux fruits フルーツカクテル②いろいろな材料をまぜたオードヴルやデザート③カクテルパーティ
- **coco** [ココ] 男 ①ココナツ = noix de ~ ②ココナツ入清涼飲料③カスレなどに用いる白いんげん豆 = haricot ~
- **cocotte** [ココートゥ] 女 ①ココット:シチュー鍋,煮込用深鍋／en ~ ココット煮 = en casserole, à la bonne femme ②小さいシャトーにしたじゃが芋 = pomme ~
- **cocotte-minute** [ココートゥ ミニュートゥ] 女〈複 ~s-~〉圧力鍋
- **coction** [コクスィヨン] 女 (調理学的な意味での)熱処理
- **code** [コードゥ] 男 ①法規,法律,規範／~ civil 民法／~ de la route 道路交通法②(記号体系としての)コード／~ à barres バーコード = ~-barres／~ postal 郵便番号／~ secret 暗証番号
- **codé,e** [コデ] 形 暗号化した,コード化した／ porte ~e オートロックドア
- **code-barres** [コードゥ バール] 男〈複 ~s-~〉バーコード = code à barres
- **coder** [コデ] 動 暗号化する,コード化する
- **cœur** [クール] 男 ①心臓,ハート,ハート形,ハツ／~ de veau 仔牛の心臓／en (forme de) ~ ハート形に(の) ②

中心, フィレ肉の中心部 ③感情/avoir mal au 〜 (吐気で) むかむかする ④キャベツなどの芯= trognon /〜 d'artichaut アーティチョークの中心部= fond d'artichaut /〜 de palmier キャベツやしの芯 ⑤ハート形のチーズ/〜 d'arras アルトワ地方の, 牛乳のハート形チーズ/〜 de bray ノルマンディ地方の, 牛乳のハート形ヌシャテルチーズ= gros 〜/〜 du berry ベリ地方の, 山羊乳のハート形チーズ ⑥トランプのハート

coffre [コーフル] 男 ①(蓋付の)箱 ②金庫= 〜-fort ③伊勢海老やオマール海老の殻付の頭 はこふぐ= poisson 〜 ⑤羊の前半身肉 ⑥(車の)トランク

coffre-fort [コーフル フォール] 男〈複 〜s-〜s〉金庫= coffre

coffret [コーフレ] 男 蓋付の小箱/〜 à bijoux 宝石箱/〜 à décanter デカンタ用キャラフ= carafe

Cognac [コニャーク] 固 ボルドー北方, コニャック地方 ‖ cognac 男 コニャック: 同地方産のブランデー

cohabitation [コアビタスィヨン] 女 同居

coiffe [クワーフ] 女 ①頭巾(ずきん) ②網脂: 豚の内臓を包んでいる網状の脂肪= crépine

coiffer [クワーフェ] 動 髪を結う ‖ se 〜 代動 (自分の髪を) 結う / se faire 〜 自分の髪を結ってもらう

coiffeur, se [クワフー・ル, ズ] 男 女 美容師, 理髪師 ‖ coiffeuse 女 化粧台, ドレッサー

coiffure [クワフュール] 女 ①髪形/髪のセット ③帽子, かぶり物の総称

coin [クワーン] 男 ①角, 隅, 端/〜 cuisine キッチンコーナー/ petit 〜 (話言葉)トイレ ②界隈 ③くさび

coing [クワーン] 男 マルメロ: かりんに似た果実/〜 chinois かりん

Cointreau [クワーントゥロ] 固 男 コワントロ: オレンジリキュールの商標名

col [コール] 男 ①えり/〜 roulé タートルネック ②峠 ③瓶の首 ④首, 首肉

cola = kola

Colbert [コルベール] 固 コルベール: 17世紀の政治家/ beurre 〜 グラス・ド・ヴィアンドとエストラゴンを加えた合せバター/ sauce 〜: 1) グラス・ド・ヴォライユにバターとエストラゴンを加えたソース 2) グラス・ド・ヴィアンドにバター, ナツメグ, レモン汁, パセリ, マデラ酒などを加えたソース/ sole 〜 パン粉を付けた舌びらめの料理

colère [コレール] 女 怒り/ en 〜 : 1) 怒っている/ se mettre en 〜 腹を立てる 2) 尾を口にくわえさせて盛付た魚料理用表現

colibacille [コリバスィール] 男 大腸菌

colifichet [コリフィシェ] 男 ①安物の装身具 ②ケーキの飾物, デコレーション

colimaçon [コリマソン] 男 かたつむり = escargot / escalier en 〜 らせん階段

colin [コラン] 男 ①メルルーサ= merlu, merluche, ②しろいと鱈(だら)= lieu noir

colineau [コリノ] 男〈複 〜x〉 (小型の)メルルーサ= colinot

colinot = colineau

colique [コリーク] 女 下痢= diarrhée

colis [コリ] 男〈単複同形〉小包/〜 postal 郵便小包

collaborateur, rice [コラボラトゥ・ール, リース] 男 女 協力者, 作業上の仲間

collaboration [コラボラスィヨン] 女 協力, コラボレーション

collaboratrice → collaborateur, rice

collage [コラージュ] 男 ①接着, 糊付 ②コラージュ: 1) ワインの澄引(すみひき)作業 2) 美術制作での貼付

collagène [コラジェーヌ] 男 コラーゲン

collant, e [コラン, トゥ] 形 くっ付く, 粘着性のある, 糊のような ‖ collant 男 パンティーストッキング

collation [コラスィヨン] 女 ①間食 ②修道僧の軽い食事

colle [コール] 女 ①糊 ②ソースなどに濃度をつけるためのゼラチン ③泡立てた卵白, 血などの澄引(すみひき)剤

collé, e [コレ] 形 ①(接着剤で) はりつけた ②ゼラチンを加えた ③澄引(すみひき)をした → coller

collectif, ve [コレクティー・フ, ヴ] 形 共同の/ repas 〜 給食

collection [コレクスィヨン] 女 ①コレクション, 収集 ②見本帳 ③(服飾デザイナーの)コレクション

collectionner [コレクスィヨネ] 動 集める, 収集する

collectivité [コレクティヴィテ]〔女〕団体
collège [コレージュ]〔男〕中学校
collégien, ne [コレジ・ヤン, エーヌ]〔男女〕中学生
collègue [コレーグ]〔男〕同僚
coller [コレ]〔動〕①糊などで貼りつける②コンソメやソースなどに濃度をつけるためにゼラチンを加える③ワインの澱引(ホೣೣ)をする④リエットをつくる時に脂をまぜ入れる‖ **se ~**〔代動〕⑤くっ付く
collerette [コルレートゥ]〔女〕①レースなどの飾襟(ホೣೣ)/ **pommes ~** 花びら状のポテトチップ/ **chop花:骨付肉の骨用飾花** = **manchette**/ **~ de givre** スノー:カクテルグラスの縁の塩
collet [コレ]〔男〕= **collier**
collier [コリエ]〔男〕①ネックレス②牛の首肉, ネック = **collet, veine**
colline [コリーヌ]〔女〕丘
collioure [コリウール]〔男〕ルシヨン地方のAOC赤ワイン
colloïdal, e [コロイダール]〔形〕〈男複にはcolloïdaux [コロイド]〉コロイドの
colloïdaux → **colloïdal, e**
colloïde [コロイードゥ]〔男〕コロイド
collybie [コリビ]〔女〕キシメジ科のきのこ/ **~ à pied velouté** えのき茸
collyre [コリール]〔男〕目薬
colmater [コルマテ]〔動〕(割れめを)塞ぐ
colocase [コロカーズ]〔女〕さと芋 = **chou caraïbe**
colombard [コロンバール]〔男〕白ぶどうの品種
colombe [コローンブ]〔女〕(白い)鳩
Colombie [コロンビ]〔固〕〔女〕コロンビア‖ **colombie**〔男〕コロンビアコーヒー
colombière [コロンビエール]〔男〕サヴォワ地方の牛乳のチーズ
colombin, e [コロン・バン, ビーヌ]〔形〕赤紫の‖ **colombin**〔男〕ひめもり鳩 = **pigeon ~**‖ **colombine**〔女〕スムールの平たいコロッケ
colombo [コロンボ]〔男〕①薬用及び香り付けに用いる蔓(ネ)性植物②アンティル諸島発祥のミックススパイス
colonel [コロネール]〔男〕①大佐②リヴァロチーズ (livarot)の愛称
colonne [コローヌ]〔女〕①円柱/ **~ vertébrale** 脊椎②列③(新聞の)段
coloquinte [コロカーントゥ]〔女〕コロシン

ト瓜
colorant, e [コロラン, トゥ]〔形〕染めた, 着色の‖ **colorant**〔男〕色粉, 染料, 着色料, 発色剤 = **colorante**‖ **colorante**〔女〕着色料 = **colorant**
coloration [コロラスィヨン]〔女〕①彩色, 染色, 着色/ **sans ~** 焼色を付けずに②色合
coloré, e [コロレ]〔形〕①カラフルな②焼色を付けた
colorer [コロレ]〔動〕①色付ける, 着色する②焼色を付ける
colorier [コロリエ]〔動〕彩色する
coloris [コロリ]〔男〕〈単複同形〉色調
colvert [コルヴェール]〔男〕青首:真鴨
colza [コルザ]〔男〕油菜, 西洋あぶらな, 菜種/ **huile de ~** 菜種油
combattant, e [コンバタン, トゥ]〔形〕戦いの‖ **combattant**〔男〕①戦闘員②軍鶏(ͭᢉ̥)③えりまきしぎ:鳥
combava [コンバヴァ]〔男〕こぶみかん:柑橘(ͭᢉ̥)類
combien [コンビヤーン]〔副〕いくら, どのくらい, どれほど, どれほどの, どんなに, 何人もの/ **~ de...** いくつの…, 何人の…, 何個の…/ **~ de fois** 何回/ **~ de temps** どのくらいの時間/ **le ~** 何日:日付を尋ねる
combinaison [コンビネゾーン]〔女〕①組合せ, 配合②スリップ:下着
combiné, e [コンビネ]〔形〕組合せた
combiner [コンビネ]〔動〕組合せる
combler [コーンブレ]〔動〕①(穴や溝を)埋める②満足させる, 満たす
comédon [コメドン]〔男〕にきび = **bouton de jeunesse**
comestible [コメスティーブル]〔形〕〈男女同形〉可食の, 食用の‖ **comestible**〔男〕食物/ **~s** 食料品
commande [コマーンドゥ]〔女〕①オーダー, 注文, 発注/ **sur ~** あつらえの, 注文に応じた②命令
commander [コマンデ]〔動〕①オーダーする, 注文する, 発注する②命令する
comme [コーム]〔接〕①…のような, …のように/ **~ si** + 直説法半過去の活用をする動詞を伴う文〉まるで…のように/ **~ ça, ~ cela** このくらい, このように, こんな風に/ **~ ci ~ ça** まあまあ, 可もなく不可もなく②…といった③…として④…なので⑤(文の初

commémoration [コメモラスィヨン] 女 記念祭

commencement [コマーンスマン] 男 最初, 初め, 始め

commencer [コマンセ] 動32 始まる, 始める／«~ à +不定詞» …し始める／~ par... …から始める／pour ~ 始めに

commensal,e [コマンサール] 男女〈男複〉commensaux [コマンソ]〉（普段一緒の）会食者

comment [コマン] 副 ①どうやって, どのように ②ええっ？ なんだって？：質問を聞き返す ‖ comment 間投 なに！, なんだって！

commentaire [コマンテール] 男 解説

commentateur,rice [コマンタトゥール,リース] 男女 解説者

commentatrice → commentateur, rice

commerçant,e [コメルサン, トゥ] 男女 商人／~,e en gros 問屋（人）

commerce [コメールス] 男 商業, 商売

commercial,e [コメルスィヤール, 男e〈男複〉には commerciaux [コメルスィヨ]〉 商業的な, 商業の ‖ commerciale 女 ライトバン

commerciaux → commercial,e

commis,e [コミ, ーズ] 男女 役職のないサーヴィス係, 事務員, 店員／~ de cuisine 平コック

commissariat [コミサーリヤ] 男 警察署 = ~ de police

commission [コミスィヨン] 女 ①委託, 頼みごと ②伝言, 取次, メッセージ ③手数料／~s（買物で買った）品／faire les ~s 食料品の買物をする

commode [コモードゥ] 形〈男女同形〉①使いやすい, 適した, 便利な ②簡単な, 容易な ‖ commode 女 整理だんす

commodité [コモディテ] 女 便利

commun,e [コ・マン, ミューヌ] 形 ①共通の, 共同の, 共有の ②一般の, 一般的な, 並の, 普通の, 平凡な ‖ commun 男 平凡 ‖ commune 女 地方自治体：市, 町, 村

communard [コミュナール] 男 ①赤ワインとクレーム・ド・カシスの食前酒 = kir au ~ ②（レストランの）まかない係

communication [コミュニカスィヨン] 女 ①コミュニケーション, 伝達, 通信 ②通話 = ~ téléphonique

communion [コミュニヨン] 女 聖体拝領

compact,e [コンパークトゥ] 形 ①密度の高い, 目の詰った ②小型の, コンパクトな ‖ compact 男 コンパクトパウダー

compagne [コンパーニュ] 女（行動をともにする女性の）仲間, 伴侶

compagnie [コンパニ] 女 会社

compagnon [コンパニョン] 男（行動をともにする男性の）仲間, 伴侶

comparable [コンパラーブル] 形〈男女同形〉類似の, 比較し得る

comparaison [コンパレゾーン] 女 比較

comparé,e [コンパレ] 形 比して

comparer [コンパレ] 動 比べる, 比較する／~ A avec B　A を B と比較する

compas [コンパ] 男〈単複同形〉コンパス

compensation [コンパンサスィヨン] 女 補償, 代償

compenser [コンパンセ] 動 弁償する

compère-loriot [コンペール ロリヨ] 男〈複 ~s-~s〉ものもらい：眼瞼

compétence [コンペタンス] 女（特定の分野の）能力

compétent,e [コンペタン, トゥ] 形 有能な

compétition [コンペティスィヨン] 女（複数の人やチームで行う）コンペ, 試合

Compiègne [コンピエーニュ] 固 パリ東方の都市

complément [コンプレマン] 男 ①補充, 補足 ②補語

complet,ète [コンプレ, ートゥ] 形 ①完全な／farine ~ète 全粒粉／pain complet 全粒粉パン ②満員の ‖ complet 男 三つ揃のスーツ

complètement [コンプレートゥマン] 副 完全に, 全く

compléter [コンプレーテ] 動36 補う

complexe [コンプレークス] 形〈男女同形〉複合の, 複雑な

complication [コンプリカスィヨン] 女 ①複雑／~s もめ事 ②合併症

compliment [コンプリマン] 男 賛辞

compliqué,e [コンプリケ] 形 複雑な

comporter [コンポルテ] 動 含む

composant, e [コンポザン, トゥ]形 構成する ‖ composant 男 成分

composé, e [コンポゼ]形 組合せた, 組立てた, 構成された／beurre ～ 合せバター, 混合バター／salade ～e コンビネーションサラダ／～, e de... …でできている, …でつくられている

composer [コンポゼ]動 ①構成する ②組合せる ③作曲する, 創作する

composition [コンポズィスィヨン]女 ①組合せ, 組立, 構成 ②作品, 作曲 ③作文

composter [コンポステ]動 自動改札を通る

composteur [コンポストゥール]男 (駅の)自動改札機

compote [コンポートゥ]女 コンポート: 1)フルーツのシロップ煮／～ de pomme 林檎のコンポート 2)肉や野菜をよく煮込んだ料理／～ d'oignon 玉ねぎを溶けるまで煮たコンポート

compoté, e [コンポテ]形 ①コンポートにした ②煮込んだ ‖ compotée 女 コンポテ: コンポートになるまで煮込んだ料理 → compote

compoter [コンポテ]動 ①コンポートにする ②肉がばらばらになるまで煮込む, 野菜が溶けるまで煮込む = faire ～, laisser ～

compotier [コンポティエ]男 フルーツコンポティエ: フルーツを盛るための脚付盛台

compréhensible [コンプレアンスィーブル]形〈男女同形〉納得できる, 理解のできる

compréhensif, ve [コンプレアンスィーフ, ヴ]形 ①思いやりのある, 理解のある ②包括的な

compréhension [コンプレアンスィヨン]女 ①理解 ②思いやり

comprendre [コンプラーンドゥル]動[37] ①理解する, わかる ②含む

compresse [コンプレス]女 湿布

compression [コンプレスィヨン]女 圧搾

comprimé [コンプリメ]男 錠剤

compris, e [コンプリ, ーズ]形 ①…込の, 含んだ, 含めた ②理解された

comptabilité [コンタビリテ]女 会計, 経理, 簿記

comptable [コンタブル]男女 会計係

compte [コーントゥ]男 ①計算, 勘定 ②口座／～ courant 普通口座 ③売上

compte-minutes [コーントゥ ミニュートゥ]男〈単複同形〉タイマー

compter [コーンテ]動 ①数える ②計算する ③…するつもりである, …する予定である／～ sur... …をあてにする／～ A pour B A を B とみなす

compte-rendu [コーントゥ ランデュ]男〈複 ～s-～s〉①報告書, レポート ②書評

compte-tours [コーントゥトゥール]男〈単複同形〉(自動車の)タコメーター

compteur [コーントゥール]男 メーター

comptoir [コントゥワール]男 ①バーカウンター ②レジ

comte, sse [コーン, トゥ, テース]男女 伯爵, 伯爵夫人 ‖ comtesse 形〈不変〉伯爵夫人風(の): トリュフや白アスパラガスを使った料理用表現

comté [コンテ]男 ①伯爵領 ②フランシュ・コンテ地方の牛乳からつくる AOC チーズ／～ extra 最高級の AOC コンテチーズ

comtesse → comte, sse

comtois, e [コートゥワ, ーズ]形 男には単複同形〉フランシュ・コンテ地方 (Franche-Comté) の = franc-comtois, e／(à la) ～ フランシュ・コンテ風(の) = à la franc-comtoise ‖ Comtois, e 〈男は単複同形〉フランシュ・コンテの人 = Franc-Comtois, e

con, ne [コ-, ヌ-]形〈(俗語)間抜けな ‖ con, ne 男女 間抜け

conard, e [コナール, ドゥ]男女 馬鹿な人

concassage [コンカサージュ]男 粗みじんにすること, コンカセすること

concassé, e [コンカセ]形 粗みじんにした, コンカセした

concasser [コンカセ]動 粗みじんにする, コンカセする

concave [コンカーヴ]形〈男女同形〉凹状の

concentration [コンサントゥラスィヨン]女 ①集中 ②濃縮

concentré, e [コンサーントゥレ]形 ①集中した ②濃縮した／jus ～ 濃縮ジュース／beurre ～ 濃縮バター／lait ～ コンデンスミルク／tomates ～s ～ トマト・コンサントレ／～ de tomate ‖ concentré 男 コンサントレ: 野菜やフォンなどを煮詰めたもの

concentrer [コンサーントゥレ]動 ①集

中する ②煮詰める,濃縮する
concept [コンセープトゥ] 男 コンセプト
conception [コンセプスィヨン] 女 ①アイデア,思いつき,着想 ②観念,見解 ③理解 ④受胎,妊娠
concernant [コンセルナン] 前 …に関して,…に関する
concerné,e [コンセルネ] 形 関連の
concerner [コンセルネ] 動 …に関係する
concert [コンセール] 男 コンサート
concerter [コンセルテ] 動 打合せをする
concessionnaire [コンセスィヨネール] 男 営業権所有者,代理店
concevoir [コンスヴワール] 動38 構想を抱く,(心に)持つ,理解する
conchage [コンシャージュ] 男 (チョコレートの)温度調整
conche [コーンシュ] 女 (シロップかけ用)バット
conché,e [コンシェ] 形 コンシェした → concher
concher [コンシェ] 動 コンシェする:チョコレートをチョコレートクラッシャーにかけて温度調整をする
concheuse [コンシューズ] 女 チョコレートクラッシャー
conchiglie [コンキリエ] 女複 伊 イタリアの貝殻型パスタ = coquillettes
concierge [コンスィエールジュ] 男女 ①管理人 ②コンシエルジュ:ホテルのインフォメーション係
conclure [コンクリュール] 動52 ①結論を出す ②(契約や条約を)結ぶ
concombre [コンコーンブル] 男 きゅうり/~ de mer なまこ = trépang, tripang
concorde [コンコールドゥ] 女 ①一致,融和 ②じゃが芋のピュレ,にんじん,グリンピースで構成する肉料理用付合せ
concours [コンクール] 男〈単複同形〉コンクール,(順位で合否を決める)試験
concubinage [コンキュビナージュ] 男 同棲
concurrent,e [コンキュラン,トゥ] 男女 ライバル
Condé [コンデ] 固 フランスブルボン王家の傍系 ‖ condé 男 コンデ:糖衣がけをしたパイ菓子 = gâteau c~ / appareil à c~s 粉糖と卵白にアーモンドを加えたアイシング
condensation [コンダンサスィヨン] 女 凝縮
condensé,e [コンダンセ] 形 凝縮した
condenser [コンダンセ] 動 凝縮させる
condiment [コンディマン] 男 香辛料
condimenté,e [コンディマンテ] 形 香辛料をきかせた
condimenter [コンディマンテ] 動 香辛料をきかせる
condition [コンディスィヨン] 女 条件,状態,調子 / ~s physiques 体調
conditionnel,le [コンディスィヨネール] 形 条件付の ‖ conditionnel 男 条件法:文法用語 = mode ~
condoléance [コンドレアーンス] 女 お悔み,弔意 / Je vous présente toutes mes ~s. お悔みを申上げます
condrieu [コンドゥリユー] 男 コート・デュ・ローヌ地方の AOC 白ワイン
conducteur,rice [コンデュクトゥール,リース] 形 導性の ‖ conducteur,rice 男女 運転手,指揮者,操作係
conductrice → conducteur,rice
conduire [コンデュイール] 動11 ①運転する ②連れて行く,導く/~ à… …に至る
conduite [コンデュイートゥ] 女 ①案内 ②運転/~ en état d'ivresse 飲酒運転 ③行動 ④指導 ⑤導管,パイプ/~ de gaz ガス管/~ d'eau 水道管
cône [コーヌ] 男 円錐/en ~ 円錐形に
confection [コンフェクスィヨン] 女 (料理や菓子の)製造
confectionné,e [コンフェクスィヨネ] 形 (料理や菓子を)製作した,つくった
confectionner [コンフェクスィヨネ] 動 (料理や菓子を)製作する,つくる
confectionneur,se [コンフェクスィヨヌール,ズ] 男女 (料理や菓子の)製作者,製造者
conférence [コンフェラーンス] 女 ①会議,会談 ②講演 ③洋梨の種類
confidence [コンフィダーンス] 女 内密の話
confident,e [コンフィダン,トゥ] 男女 親友
confidentiel,le [コンフィダンスィエール] 形 内密の,秘密の
confier [コンフィエ] 動 託す
confire [コンフィール] 動43 コンフィに

する：1) 肉や魚を低温で煮て脂漬にする 2) シロップまたは蒸留酒に漬ける 3) 野菜などを酢に漬ける

confirmation [コンフィルマスィヨン] 女 確認

confirmer [コンフィルメ] 動 確認する

confisage [コンフィザージュ] 男 コンフィにすること → confire

confiserie [コンフィズリ] 女 ①飴, キャンディ, キャラメル, ヌガー, プラリネなどの砂糖菓子, 砂糖菓子製造業 ②砂糖菓子製造業 ③缶詰工場, 瓶詰工場

confiseur, se [コンフィズー・ル, ズ] 男 女 砂糖菓子職人, 砂糖菓子製造業者

confit, e [コンフィ, ーット] 形 コンフィにした → confire / cuisse de canard ～e 鴨の骨付もも肉のコンフィ ‖ confit 男 ①低温で脂煮して保存, 熟成させた料理／～ de canard 鴨のコンフィ／～ d'oie 鵞鳥のコンフィ 2) フルーツのシロップ漬, 砂糖漬／～ de zestes d'orange オレンジゼストのコンフィ／～ fruits ～s フルーツの砂糖漬 3) 野菜の酢漬 4) ブランデー漬／～ d'époisses コンフィ・デポワス：マールブラデーに浸したエポワスチーズ

confiture [コンフィテュール] 女 ジャム／～ de fraise いちごジャム

confituri er, ère [コンフィテュリエ, ール] 男 女 ジャム製造者 ‖ confiturier 男 卓上ジャム入れ

confondre [コンフォーンドゥル] 動 39 取違える, 間違える

conforme [コンフォールム] 形 〈男女同形〉 合った, 適合した

confortable [コンフォルターブル] 形 〈男女同形〉 快適な

confortablement [コンフォルターブルマン] 副 快適に, ゆったりと

confrère [コンフレール] 男 同業者

confronter [コンフロンテ] 動 合せる, 照合する, 対面させる, 比較する

confus, e [コンフュ, ーズ] 形 混乱した, もうろうとした

congé [コンジェ] 男 ①休暇, 休み／～ payé 有給休暇 ②流通でのワイン運搬許可証

congélat eur, rice [コンジェラトゥール, リース] 形 冷凍の ‖ congélateur 男 冷凍庫

congélation [コンジェラスィヨン] 女 ①冷凍 ②凝固

congelé, e [コンジュレ] 形 ①冷凍した ②凝固した ‖ congelé 男 冷凍品, 冷凍食品

congeler [コンジュレ] 動 5 ①冷凍する ②凝固させる ‖ se ～ 代動 5 59 凍る, 氷結する

congolais [コンゴレ] 男 〈単複同形〉 卵白とココナツフレークでつくった小焼菓子

congre [コーングル] 男 あなご＝ anguille de mer

congrès [コーングレ] 男 〈単複同形〉 (外交, 学術の) 会議

conique [コニック] 形 〈男女同形〉 円錐形の, すり鉢形の

conjoint, e [コンジュワーン, トゥ] 男 女 配偶者

conjonction [コンジョンクスィヨン] 女 接続詞

conjonctivite [コンジョンクティヴィートゥ] 女 結膜炎

conjugaison [コンジュゲゾン] 女 (動詞の) 活用, 変化

connaissance [コネサーンス] 女 ①知識 ②知合い／faire ～ avec... …と知合いになる

connaiss eur, se [コネスー・ル, ズ] 男 女 通, 目利き

connaître [コネートゥル] 動 12 知っている／s'y ～ en... …を熟知している, (物事に)通じる

connecter [コネクテ] 動 結合する

connerie [コーヌリ] 女 (俗語) ばかげた失敗

connu, e [コニュ] 形 有名な, よく知られている／peu ～ 無名の, 知られていない

conque [コーンク] 女 ①ほら貝 ②大型の二枚貝

consacrer [コンサークレ] 動 割当てる

consécutif, ve [コンセキュティー・フ, ヴ] 形 連続の

conseil [コンセーユ] 男 ①アドバイス, 助言 ②顧問, コンサルタント ③会, 審議会

conseillé, e [コンセイエ] 形 ①アドバイスされた ②お勧めの

conseill er, ère [コンセイエ, ール] 男 女 カウンセラー, 顧問, コンサルタント ‖

conseiller 動 ①アドバイスする,助言する ②勧める

conséquence [コンセカーンス] 女 ①結果,結論/en ～ : 1)したがって 2)それに応じて ②一貫性/～s 大きな影響

conséquent, e [コンセカン,トゥ] 形 一貫した/par ～ したがって,だから

conservateur, rice [コンセルヴァトゥ・ール,リース] 形 保守主義の,保守的な ‖ conservateur, rice ①保守主義者 ②学芸委員,キュレーター ‖ conservateur 男 ①防腐剤,保存料 = produit ～ ②冷凍庫 = congélateur

conservation [コンセルヴァスィヨン] 女 貯蔵,保管,保存

conservatoire [コンセルヴァトゥワール] 男 芸術学校

conservatrice → conservateur, rice

conserve [コンセールヴ] 女 缶詰,瓶詰(製品) = boîte de ～ / ～ au naturel 水煮の缶詰 / semi-～ 要冷蔵食品

conservé, e [コンセルヴェ] 形 保管した,保存された

conserver [コンセルヴェ] 動 保つ,保管する,保存する

considérable [コンスィデラーブル] 形 〈男女同形〉著しい,大変な

considérablement [コンスィデラーブルマン] 副 非常に

considérer [コンスィデレ] 動 ①…と思う ②検討する ③見入る,見る

consigne [コンスィーニュ] 女 ①手荷物一時預り所/～ automatique コインロッカー ②保証金 ③指示

consistance [コンスィスターンス] 女 粘り気,濃度/prendre (de la)～ 煮詰まる,固まる/(faire) réduire...à ～ …を必要な濃度に煮詰める

consistant, e [コンスィスタン,トゥ] 形 ①(生地が)かたい ②粘り気のある,濃度が濃い ③内容のしっかりした

consister [コンスィステ] 動 ①～ dans..., ～ en... …で構成される ②《～ à + 不定詞》…にある,…に存在する

consolant, e [コンソラン,トゥ] 形 慰めの,力づける

consolation [コンソラスィヨン] 女 慰め

consommation [コンソマスィヨン] 女 ①消費 ②飲食代 ③飲食物

consommé, e [コンソメ] 形 ①完成された,完璧な ②消費された ‖ consommé 男 コンソメ:1)肉または魚と野菜などのブイヨン 2)ディナー用スープ/～ blanc ブイヨン:肉や野菜の出汁/～ de bœuf 牛のコンソメ/～ double ダブルコンソメ:味と風味の高いコンソメ/～ froid, ～ glacé, ～ en gelée 冷製コンソメ/～ simple コンソメ・サンプル:肉または魚と野菜などを煮て漉(こ)しただけのコンソメ

consommer [コンソメ] 動 ①完成する ②消費する/à ～ avant le 4410 消費期限 2010年4月4日 ③飲食する

consonne [コンソーヌ] 女 子音

constamment [コンスタマン] 副 絶えず,常に

constant, e [コンスタン,トゥ] 形 一定の

constipation [コンスティパスィヨン] 女 便秘

constipé, e [コンスティペ] 形 便秘の

constituer [コンスティテュエ] 動 構成する

construction [コンストゥリュクスィヨン] 女 ①建築 ②建物 ③構成

construire [コンストゥリュイール] 動 11 ①建築する,建てる ②構成する ‖ se ～ 代動 11 59 : 1)(自分用に)建てる 2)建てられる

consul [コンスュール] 男 領事/～ général 総領事

consulat [コンスュラ] 男 領事館,領事部/～ général 総領事館

consultation [コンスュルタスィヨン] 女 ①相談 ②診察/donner une ～ à... …を診察する/Pas de ～ 休診:表示

consulter [コンスュルテ] 動 相談する/～ un dictionnaire 辞書を引く/～ un médecin 医者にかかる

contact [コンタークトゥ] 男 (人との)連絡/prendre ～ avec... …と連絡する

contagieux, se [コンタジュー,ズ] 形 移りやすい,伝染性の ‖ contagieux, se 男女 伝染病患者

contaminé, e [コンタミネ] 形 汚染した,感染した

conte [コーントゥ] 男 (短い)物語,短編/～ de fées お伽噺(ばなし)

contemporain, e [コンタンポ・ラン,レーヌ] 形 現代の/cuisine ～e 現代料理

contenance [コントゥナーンス] 女 容量

contenant [コントゥナーン] 男 容器 ‖

contenant [現分] → contenir 47
conteneur [コントゥヌール] 男 コンテナ /~ isotherme 保温ボックス
contenir [コントゥニール] 動47 含有する, 含む
content, e [コンタン, トゥ] 形 嬉しい, 満足な / être ~,e de... …に満足している
contentement [コンタントゥマン] 男 充実感, 満足
contenu, e [コントゥニュ] 形 含まれた, 入った ‖ contenu 男 内容, 中身
Conti [コンティ] 固 ブルボン・コンデ家の傍系 ‖ Conti 形 コンティ風(の): レンズ豆を使った料理用表現
continent [コンティナン] 男 大陸
continental, e [コンティナンタール] 形 男複には continentaux [コンティナント] 〉①大陸的な, 大陸の ②(イギリスに対して)ヨーロッパ風の
continentaux → continental, e
continuellement [コンティニュエールマン] 副 継続して, 絶えず
continuer [コンティニュエ] 動 続く, 続ける /《~ à +不定詞》…し続ける
contiser [コンティゼ] 動 (肉の浅い切込にトリュフなどを)刺込む
contour [コントゥール] 男 ①輪郭 ②周囲
contracepti f, ve [コントゥラセプティー・フ, ヴ] 形 避妊の ‖ contraceptif 男 避妊具, 避妊薬
contraception [コントゥラセプスィヨン] 女 避妊
contraire [コントゥレール] 形〈男女同形〉逆の, 反対の ‖ contraire 男 逆, 反対 / au ~ 反対に
contrairement [コントゥレールマン] 副 ~ à... …と違って, …に反して
contraste [コントゥラーストゥ] 男 コントラスト, 対照, 対比
contrat [コーントゥラ] 男 契約 /~ de location 賃貸契約 / passer un ~ avec... …と契約を結ぶ
contravention [コントゥラヴァンスィヨン] 女 ①違反, 違反調書 ②罰金
contre [コーントゥル] 前 ①…に接して ②…に反して, …に対して / un ~ trois 1対3(割合) ③…に向かって ‖ contre 副 反対して / par ~ それに対して / être ~ …に反対である

contrefaçon [コーントゥルファソーン] 女 作り物, にせ物
contre-filet [コーントゥル フィレ] 男 〈複 ~-~s〉サーロイン, 牛の外ロース = faux-filet
contre-frasage [コーントゥル フラザージュ] 男 〈複 ~-~s〉こねている生地に小麦粉を加えること
contre-fraser [コーントゥル フラゼ] 動 こねている生地に小麦粉を加える
Contrex [コントゥレークス] 固 女 コントレクス: ミネラルウォーターの商標名
contrôle [コントゥロール] 男 ①制御 ②検査 ③管理 ④改札
contrôlé, e [コントゥロレ] 形 管理された, 検査済の, 制御された
contrôler [コントゥロレ] 動 ①制御する ②検査する ③管理する
convection [コンヴェクスィヨン] 女 対流 / four à ~ forcée コンヴェクションオーヴン
convenable [コンヴナーブル] 形 〈男女同形〉①適切な, 適宜の / ~ pour... …に適している ②納得のいく, 満足な
convenablement [コンヴナーブルマン] 副 適宜に
convenir [コンヴニール] 動47 合意する, 適合する, ぴったりする / ~ à... …に適している
convention [コンヴァンスィヨン] 女 覚書
conversation [コンヴェルサスィヨン] 女 ①会話 ②フランジパーヌ入小タルト
conversion [コンヴェルスィヨン] 女 換算
conviennent, conviens, convient → convenir
convier [コンヴィエ] 動 (食事や宴会に)招く
convive [コンヴィーヴ] 男女 ゲスト, 招待客, 会食者 = tablé, e
convivial, e [コンヴィヴィヤール] 形 〈男複には conviviaux [コンヴィヴィヨ]〉①共生の ②(食卓で)懇親性の高い
convivialité [コンヴィヴィアリテ] 女 (食卓を囲んでの)懇親性, 親密性, 満足度
conviviaux → convivial, e
coopérati f, ve [コオペラティー・フ, ヴ] 形 ①協力的な ②共同の ‖ 女 共同組合, 協同組合の店舗 / ~ agricole 農業協同組合 / ~ oléicole オリーヴ栽培者協同組合 / ~ vinicole ワイン農協

coopération [コオペラスィヨン] 女 提携
coordinat*eur,rice* [コオルディナトゥール,リース] 男女 コーディネーター
coordinatrice → coordinat*eur,rice*
copain [コパン] 男 仲間, 友だち, 恋人
copeau [コポ] 男〈複 ~x〉 ①かんなくず, 削りくず ②コポ: 1) 削ったチョコレート/~ blanc ホワイトチョコレートのコポ 2) 薄くのばしてから巻いたチョコレート/~ de chocolat コポチョコレート 3) 細い紐状のポテトチップ 4) 円筒状の菓子
copie [コピ] 女 写し, コピー, ダビング
copié,e [コピエ] 形 コピーした
copier [コピエ] 動 コピーする, 真似る
copieur [コピユール] 男 複写機
copieusement [コピユーズマン] 副 たっぷり
copieu*x,se* [コピユー, ズ] 形 (一皿の)量の多い
copine [コピーヌ] 女 仲間, 友だち, 恋人
coppa [コパ] 女 伊 イタリア発祥のハム
copra(h) [コープラ] 男 コプラ: ココやしの胚, 仁/ huile de ~ ココナツオイル = huile de coco
coprin [コープラン] 男 ひとよ茸
coq [コーク] 男 ①雄鶏/~ au vin 鶏の赤ワイン煮/~ de combat 軍鶏(シャモ)/~ d'été やつがしら: ヤツガシラ科の鳥/~ de mer ヨーロッパヘ鯛: 黒鯛に似た魚 = dorade (royale)/~ faisan 雄きじ = faisan/~ nain チャボ = ~ bantam ②船のコック, 料理人
coque [コーク] 女 ①ヨーロッパざる貝: 赤貝に似た貝 = bucarde, hénon/~ rayée ブレール, まるすだれ貝 = praire, coque ②卵や木の実の殻 ③メレンゲやパイでつくった殻 ④ジャムなどをはさんだ菓子 ⑤砂糖漬フルーツ入の, 南フランスの復活祭用のブリオシュ
coquelet [コークレ] 男 ひな雄鶏
coquelicot [コクリコ] 男 ひなげし/~ de Nemours ひなげしの花びらで赤く着色した四角い飴
coquemar [コクマール] 男 やかん = bouilloire
coqueret [コークレ] 男 ほおずき = alkékenge
coquerico [コークリコ] 擬音 コケコッコ = cocorico
coquet,te [コケ, ートゥ] 形 ①粋な, しゃれた ②気取った
coquetel = cocktail
coqueti*er,ère* [コクティエ, ール] 男女 卵屋(人) ‖ coquetier 男 エッグスタンド ‖ coquetière 女 卵ゆで器
coquillage [コキヤージュ] 男 ①貝 ②貝殻
coquille [コキーユ] 女 ①貝殻 ②コキール: 1) 貝殻形の皿 2) ほたて貝の貝殻または貝殻形の皿に入れて焼色を付けた料理/~ (de) Saint-Jacques ほたて貝 = saint-jacques, peigne
coquillet [コキエ] 男 貝殻形皿
coquillettes [コキエートゥ] 女複 シェルパスタ: 貝殻形のパスタ = conchiglie
coquilleur [コキユール] 男 貝殻形形成器/~ à beurre バターカーラー
coquin,e [コ・カン, キーヌ] 形 ①いたずらな ②すけべな, 卑猥な ‖ coquin,e 男女 ①いたずらっ子 ②すけべ, 不良
corail [コラーユ] 男〈複 coraux [コロ]〉 ①珊瑚(ホッ), 珊瑚色/~ de jardin 唐辛子 = piment ②うにの身 ③ほたて貝のべろ ④(海老や蟹の)内子(卵)
coraux → corail
corbeau [コルボ] 男〈複 ~x〉 からす
corbeille [コルベーユ] 女 (取っ手のない小型の)かご/~ à pain (食卓用)パンかご/~ à papier 紙くずかご
corbicule [コルビキュール] 女 しじみ
corbière [コルビエール] 男 ラングドック地方の AOC 赤, 白, ロゼワイン
corde [コールドゥ] 女 縄, ロープ
cordé,e [コルデ] 形 ①撚(ﾖ)った, 巻いた ②べとべとになった ③固くなった → corder
cordelette [コルドゥレートゥ] 女 細縄
corder [コルデ] 動 ①撚(ﾖ)る, 巻く ②(グルテンの働きで)べとべとになる ③(水分が少ないために生地が)かたくなる ④生地をこねて水分を減らし, かたくする
cordial [コルディヤール] 男〈複 cordiaux [コルディヨ]〉①気付薬 ②(薬用)リキュール
cordifole [コルディフォール] 女 サラダ菜の一種
cordon [コルドン] 男 (飾用などの)紐, リボン/~ de pied ハム, バロティー

ヌなどの加熱した肉を締めるために巻く帯／~ jaune 普通のブランデーを使用したグラン・マルニエ／~ rouge コニャックを使用したグラン・マルニエ／verser un ~ de sauce ソースをひも状にまわし注ぐ

cordon-bleu [コルドン ブルー] 男 〈複 ~s-~s〉料理上手な女性‖Cordon-Bleu 固 男 女性用料理・製菓学校の名称

cordonnerie [コルドヌリ] 女 製靴業

cordonni*er,ère* [コルドニエ, エール] 男 女 製靴職人

Corée [コレ] 固 韓国, 朝鮮／~ du Nord (Sud) 北(南)朝鮮

coréen,ne [コレ・アン, エーヌ] 形 韓国 (Corée)の, 朝鮮の／(à la)~ne 韓国風(の), 朝鮮風(に, の)‖coréen 男 韓国語, 朝鮮語‖Coréen,ne 男 女 韓国人, 朝鮮人

corégone [コレゴーヌ] 女 しろ鱒(ます): 淡水魚

coriace [コリヤス] 形〈男女同形〉①(肉が)固い②頑固な③欲張りな

coriandre [コリヤーンドゥル] 女 コリアンダー, シャンツァイ, 香菜, パクチー／graine de ~ コリアンダーシード／feuille de ~ コリアンダーの葉

Corinthe [コラーントゥ] 固 コリント: ギリシアの都市／raisin de ~ コリント干ぶどう

corme [コルム] 女 コルム: ナナカマド属の木の実

cornadelle [コルナデール] 女 ガトー・ア・コルヌのペリゴール地方での呼称＝gâteau à cornes → gâteau

cornard [コルナール] 男 ガトー・ア・コルヌのシャンパーニュ地方での呼称＝gâteau à cornes → gâteau

cornas [コルナース] 男 コート・デュ・ローヌ地方のAOC赤ワイン

corne [コールヌ] 女 ①角(つの)／~ grecque オクラ＝gombo／~ de bélier じゃが芋の品種＝ratte ②角細工, 角笛／~ d'abondance: 1)豊穣の角: フルーツ, 菓子, 花などを詰める角形の容器 2)黒らっぱ茸＝trompette-des-morts ③カードへら, スケッパー, ドレッジ: 円または半円形のへら ④(足などの)たこ ⑤山ぐみ＝cornouille

corned-beef [コルン (ドゥ) ビーフ] 男 〈単複同形〉コンビーフ

cornée [コルネ] 女 角膜

corner [コルネ] 動 コルヌする: ケーキなどに塗ったクリームなどの余分な部分をコルヌで除く

cornet [コルネ] 男 ①角笛 ②コルネ:1)(紙を巻いてつくる)円錐形の絞袋 2) 円錐形の料理や菓子／~ à glace アイスクリームコーン／~ fourré カスタードクリームなどを入れた円錐形のケーキ ③ノズル／~ à boudin ブーダンソーセージ用ノズル ④喉: 豚などの食道, 気道の入口部分

cornette [コルネートゥ] 女 ガトー・ア・コルヌのシャラント地方での呼称＝gâteau à cornes → gâteau

cornflakes [コンフレーク] 女 複 英 コーンフレーク

corniche [コルニーシュ] 女 ガトー・ア・コルヌのアングーモワ地方での呼称＝gâteau à cornes → gâteau

cornichon [コルニション] 男 ①(ピクルス用)小きゅうり ②ピクルス

cornouille [コルヌーユ] 女 山ぐみ＝corne

cornudo [コルニュード] 女 ガトー・ア・コルヌのアングーモワ地方での呼称＝gâteau à cornes → gâteau

cornuelle [コルニュエル] 女 ガトー・ア・コルヌの中央山塊北部での呼称＝gâteau à cornes → gâteau

corps [コール] 男 〈単複同形〉①体, 胴体, 身／~ gazeux 気体／prendre ~ 計画などが具体化する ②ボディ: ワインのこく ③こし, 弾力性

corpulent,e [コルピュラン, トゥ] 形 かっぷくのいい

correct,e [コレクトゥ] 形 正確な

correctement [コレクトゥマン] 副 きちんと, 正確に, 正しく

correction [コレクスィヨン] 女 ①校正, 修正, 訂正 ②正確さ, 礼儀正しさ ③矯正, 体罰, 懲戒 ④中和, 中和剤添加

correspondance [コレスポンダンス] 女 ①通信 文通, 連絡 ②(駅の)乗換え／gare de ~ 乗換え駅

correspondre [コレスポンドゥル] 動 39 ①~ à… …に対応する ②(交通機関が)連絡している ③文通する, 交信する

Corrèze [コレーズ] 固 女 コレーズ県:

リムーザン地方‖**corrèze** 女 乳飲仔牛の種類
corriger [コリジェ] 動 25 ①矯正する,校正する,修正する,訂正する,補正する ②緩和する,中和する ③工夫して味をよくする,(強い味を)和らげる
corrompre [コロンプル] 動 39 〈備考〉①腐らせる ②退廃させる,堕落させる
corrompu, e [コロンピュ] 形 ①腐った ②退廃した
corse [コールス] 形〈男女同形〉コルシカの/(à la) ～ コルシカ風(の): コルシカ特産の食材を用いた料理表現‖**Corse** 固 女 コルシカ(島)‖**Corse** 女 コルシカの人‖**corse** 女 コルシカワイン用の丸みを帯びた瓶
corsé, e [コルセ] 形 ①こくのある,(食べ物などの味が)濃厚な ②食べ応えのある ③ボディ(ワインのこく)のある ④こしのある ⑤(コーヒーが)濃く強い ⑥アルコール分の高い
corser [コルセ] 動 ①こくを付ける ②味を強める,香辛料をきかす ③(生地に)こしをつける
cortinaire [コルティネール] 男 おおつが茸
corton [コルトン] 男 ブルゴーニュ地方,コート・ド・ボーヌ地区の AOC 赤,白特級ワイン/～-charlemagne 同地区の AOC 特級白ワイン
coryphène [コリフェーヌ] 女 しいら: 魚
cosse [コース] 女 豆のさや
costières-de-nîmes [コスティエールドゥニーム] 男 ラングドック地方の AOC 赤,白,ロゼワイン
costume [コスチューム] 男 スーツ,背広/～ du dimanche 晴着 = habit du dimanche
côt [コ] 男 黒ぶどうの品種 = malbec
côte [コートゥ] 女 ①肋骨 ②(肋骨ごとに切った)背肉,ロース/basses ～s 牛,仔牛の肩ロース/carré de ～s 豚の肩に近い骨付背肉/carré de ～s découvertes 羊,仔牛の肩ロース/carré de ～s premières 羊または仔羊の中央部の骨付背肉/～ de veau 仔牛の中央部の骨付背肉/～s de filet secondes 豚下ロース/～s premières 仔牛の中央部の骨付背肉/～s premières 羊の肩ロース/plat de ～s 豚ばら肉/plat de ～s couvertes 牛前脚の付根に近い骨付背肉/plat de ～s découvertes 牛の中央部の骨付背肉 ③キャベツなどの葉の太い葉脈 ④海岸, 沿岸/C～ d'Azur コート・ダジュール地方 ⑤ぶどう栽培丘陵, ぶどう畑のある河岸地帯の斜面/C～ de Nuits ブルゴーニュ地方,コート・ド・ニュイのぶどう栽培地区/C～ d'Or コート・ドール: ブルゴーニュ地方の県/C～ des Blancs コート・デ・ブラン ③: シャンパーニュ地方のぶどう栽培地域‖**côte** 男 コート: 丘陵地帯でつくられるワインの名称によく用いる表現/～ rôtie コート・デュ・ローヌ地方の AOC 赤ワイン
côté [コテ] 男 ①側,方面/à ～ そばに/à ～ de... …のそばに,…と比べて/de ～ 横に,横向きに,別にして/de chaque ～, des deux ～ 両側に/du ～ de... …の方へ,…の側に/du ～ droit (gauche) 右(左)側から/de l'autre ～ 向こうへ/de l'autre ～ de... …の向こう側に/d'un ～, d'un autre ～ 一方では ②側面, 辺, 面/d'un seul ～ 片面だけに(を)/mettre...de ～ …を別にする/sur le ～ 横に ③脇,脇腹
coteau [コト] 男 〈複 ～x〉 ①小丘 ②(ぶどう畑のある)丘の斜面 ③ ～x コトー: 丘の斜面でつくられるワインによく用いる名称
côtelé, e [コートゥレ] 形 畝織(うねおり)の/velours ～ コーデュロイ
côtelette [コトゥレートゥ] 女 ①(仔牛,仔羊,羊の肋骨ごとに切った)背肉/～ de veau 仔牛の骨付背肉/～s découvertes 肩寄りの背肉/～s premières (羊の)中央部の背肉 ②鶏の胸肉 = aile, ～ de volaille, suprême ③カツレツ形にした料理用名称 ④ = darne
côtelettes-filets [コトゥレートゥ フィレ] 女 複 仔羊, 羊の後部背肉, 中央部背肉
cotentin [コタンタン] 男 カルヴァドス酒の種類
côtes-filets [コートゥ フィレ] 女 複 仔牛の腰肉
côtier, ère [コティエ, ール] 形 沿岸の/poisson ～ 近海魚
cotignac [コティニャック] 男 マルメロのゼリー菓子
cotisation [コティザスィヨン] 女 会費

cotiser [コティゼ] 動 (会費や分担金を)払う

coton [コトン] 男 コットン, 木綿／en (または de)～綿製の／huile de ～ 綿実油=huile de graines de cotonnier／～ hydrophile 脱脂綿

cotonn_**ier,ère**_ [コトニエ, ール] 形 綿の ‖ cotonnier 男 綿の木／huile de graines de ～ 綿実油=huile de coton

coton-tige [コトン ティージュ] 男 〈複 ～s-～s〉綿棒

côtoyer [コトワイエ] 動 ①沿って進む ②交流する ③接する ④ローストしている肉の表面全体に均一に火が入るように裏返す

cotriade [コトゥリヤードゥ] 女 ブルターニュ地方の, スープ仕立の魚料理

cottage [コテージュまたはコタージュ] 男 (田舎用のしゃれた)別荘

cotte [コートゥ] 女 ①オーバーオール ②かじか = chabot

cotylédon [コティレドン] 男 子葉

cou [クー] 男 〈複 ～s〉①首 ②豚の首肉／～ de porc 豚トロ: 豚の首及び肩の肉／～ d'oie がちょうの首の肉

couchant,e [クーシャン, トゥ] 形 ①沈みゆく ②横になっている ‖ couchant 男 夕日

couche [クーシュ] 女 ①層／superposer ～en trois ～s を3層に重ねる ②苗床, 寝床／champignon de ～ マシュルーム = champignon de Paris ③階級 ④出産／fausse ～ 流産 = avortement ⑤おしめ ⑥醗酵時にパン生地を包む布

couché,e [クーシェ] 形 ①寝かせた ②(絞袋で)絞った

coucher [クーシェ] 動 ①寝かせる, 横にする／～ avec... …とセックスする ②(絞袋から天板に)絞る = pousser ‖ se ～ 代動 59 寝る, 横になる ‖ coucher 男 日没／～ du soleil 日暮れ(の光景), 日の入

couchette [クーシェートゥ] 女 (列車などの)寝台

coucoumelle [クークーメール] 女 しろたまご茸

coude [クードゥ] 男 ひじ

coudenou [クードゥヌー] 男 〈複 ～s〉ラングドック地方のブーダンソーセージ

cou-de-pied [クードゥ ピエ] 男 〈複 ～s-~-~〉①足首 ②靴の甲部分

coudre [クードゥル] 動 39 縫う

coudré [クードゥレ] 男 白かびが生え始めたクロタン・ド・シャビニョールチーズ

couenne [クワーヌ] 女 (煮込などに入れる)豚の皮

coufidou [クーフィドゥー] 男 〈複 ～s〉オヴェルニュ地方の, 牛肉の赤ワイン煮

couglof(f) [クーグロフ] 男 アルザス地方のブリオシュ = kouglof

cougnou [クーニュー] 男 〈複 ～s〉= quignon

Couign [クーイニュ] 男 = kouig aman(n)

couille [クーユ] 女 (俗語)睾丸

coulandon [クーランドン] 男 ブルボネ地方の, 脱脂牛乳のフレッシュチーズ

coulant,e [クーラン, トゥ] 形 ①さらさらした ②なめらかな, 流暢る ③飲みやすく, 口の中でとろけるようなワインの形容 ‖ coulant 男 輪金

coulé,e [クーレ] 形 流した ‖ coulée 女 ①流し込み ②流出

coulemelle [クールメール] 女 からかさ茸の俗称 = lépiote, parasol

couler [クーレ] 動 ①(液体を)流す, (時間・涙・水などが)流れる ②パテなどの上部に開けた穴からゼリーを流し込む ③(ソーセージなどの製造時に洗うために)腸に水を入れる

couleur [クールール] 女 ①色, 色彩 ②絵の具／～ à l'eau 水彩絵の具／～ à l'huile 油絵の具／～ pour affiches ポスターカラー

coulibiac [クーリビヤーク] 男 パイ包料理／～ de saumon 鮭のパイ包焼

coulis [クーリ] 男 〈単複同形〉クーリ: 水分の多いピュレ／～ de tomate レモン汁を加えたトマトのクーリ

coulissant,e [クーリサン, トゥ] 形 (溝を)すべる／porte ～e 引戸

coulisse [クーリース] 女 ガイドレール, (レールの)溝

couloir [クールワール] 男 廊下

coulommiers [クーロミエ] 男 イル・ド・フランス地方の, 牛乳の白かびタイプのチーズ = brie de ～

coumarine [クーマリーヌ] 女 クマリン: トンカ豆からつくるヴァニラの代用

品
counoise [クーヌワーズ] 囡 黒ぶどうの種類
coup [クー] 男 ①一撃, 一発, 打つこと／～ de chaleur 熱射病／～ du milieu 食中酒／～ de sang 卒中の発作／～ de soleil 日射病／～ du lapin 鞭打症／～ franc フリーキック／donner un ～ de... …の一撃を与える／tout d'un ～, tout à ～ 急に, 突然に ②行動, 動作 ③一度に飲む一杯量, ひと飲み／boire un ～ 一杯やる／～ de fer 焼きごてによる色付／～ de feu : 1) 火が強すぎて生じる焦げ 2) レストランでオーブンなどを全開している繁忙の時間帯
coupable [クーパーブル] 形〈男女同形〉有罪の
coupage [クーパージュ] 男 切ること
coupant,e [クーパン, トゥ] 形 切れ味のよい, よく切れる = tranchant,e
coupe [クープ] 囡 ①杯, (浅い) シャンパングラス＝à champagne ②優勝カップ ③台の脚の短い盛皿 ④カット, 切ること ⑤切口, 断面 ⑥(バゲットなどの) パンの切込 ⑦脚付の平グラスに入れた料理やデザート ⑧シャルキュトリの店の冷蔵ケースに並べられた豚肉製品
coupé,e [クーペ] 形 ①切った ②途絶えた, 不通の ③水で割った ‖ coupé 男 中央に切込の入った長さ 10 cm ほどのパン
coupe-capsule [クープ カプスュール] 男〈複 ～-～s〉フォイルカッター：ワイン瓶の口を包んだフォイル切り
coupe-circuit [クープ スィルキュイ] 男〈単複同形〉ヒューズ, ブレーカー
coupe-jambon [クープ ジャンボン] 男〈単複同形〉ハムスライサー
coupe-légumes [クープ レギューム] 男〈単複同形〉電動野菜カッタースライサー
coupelle [クーペール] 囡 (小オードヴル用) 小皿
coupe-œuf [クーブーフ] 男〈単複同形〉ゆで卵カッター
coupe-ongles [クーポーングル] 男〈単複同形〉爪切ばさみ
coupe-papier [クープ パピエ] 男〈単複同形〉ペーパーナイフ

coupe-pâte [クープ パートゥ] 男〈単複同形〉スケッパー：生地切りナイフ
couper [クーペ] 動 ①切る／～ en quatre 四つに切分ける ②スイッチを切る, 止める ③ワインを水で割る
couperet [クープレ] 男 骨割ナイフ
coupe-truffe [クープ トゥリュフ] 男〈単複同形〉トリュフカッター
couple [クーブル] 男 カップル, 一組, 夫婦, ペア
coupole [クーポール] 囡 ①丸天井 ②タート・ヴァン＝tâte-vin
coupon [クーポン] 男 ①クーポン ②(劇場などの) 切符, 半券
coupure [クーピュール] 囡 ①カット, 削除 ②切傷 ③遮断／～ d'eau 断水
couque [クーク] 囡 干ぶどうを入れたフランドル地方のブリオシュ
cour [クール] 囡 ①中庭 ②宮廷 ③裁判所
courage [クラージュ] 男 熱意, やる気, 勇気／Du ～! しっかりしろ！／Bon ～! 頑張って！
courageux,se [クラジュー, ズ] 形〈男には単複同形〉①勇気のある ②熱心な, やる気のある
couramment [クラマン] 副 ①すらすら, 流暢に ②しばしば, 日常的に
courant,e [クーラン, トゥ] 形 ①現在の, 日常の ②流れている, 走っている／eau ～e 流水 ‖ courant 男 ①動き, 流れ／dans le ～ de... …中に：期間／être au ～ de... …に詳しい ②電流
courbature [クールバテュール] 囡 (肩などの) 痛み, 凝り
courber [クールベ] 動 たわませる, 曲げる ‖ se ～ 代動 59 曲がる, たわむ
courbu [クールビュ] 男 ぶどうの品種／～ blanc 白ぶどうの品種／～ noir 黒ぶどうの品種
courge [クールジュ] 囡 かぼちゃ
courgette [クールジェットゥ] 囡 クールジェット, ズッキーニ／～ violon ミニ・クールジェットの品種
courir [クリール] 動 13 (人や動物が) 走る
couronne [クローヌ] 囡 ①王冠 ②クーローヌ：1) リング形のパン 2) 王冠状に飾る盛付方法＝bordure, turban／en ～ 王冠状に(の)
couronné,e [クーロネ] 形 ①王位に就

いた ②受賞した／ouvrage ～ 入賞作品 ③（栄光などで）覆われた，飾られた

courquinoise [クールキヌワーズ]［女］フランドル地方のブイヤベース

courriel [クーリエール]［男］eメール＝courrier électronique

courrier [クーリエ]［男］①手紙，郵便物／～ aérien 航空便／～ électronique eメール＝courriel／～ en poste restante 局留郵便物／～ non-délivré 配達不能郵便 ②（新聞などの）欄

courroie [クールワ]［女］（機械の）ベルト

cours [クール]［男］〈単複同形〉①流れ，（時間の）流れ，流通／au ～ de... …中に：期間／en ～ de... …の途中で ②大通り，散歩道 ③講義，授業／～ particulier プライベート授業，個人授業／sécher un ～（授業を）さぼる ④（川の）中流

course [クールス]［女］走ること，競争，ランニング／～s 買物

court,e [クール, トゥ]［形］①短い ②足りない，不充分な／sauce ～e 煮詰まって少なくなりすぎたソース ③すばやい，早い ④飲んだ後，口の中にあまり印象の残らないワインの形容 ‖ court テニスコート＝de tennis, terrain de tennis ‖ court［副］短く

court-bouillon [クール ブーヨン]［男］クール・ブイヨン：魚などを煮るための汁

court-circuit [クール スィルキュイ]［男］〈複 ～s-～s〉（電気の）ショート

courtier,ère [クールティエ, エール]［男］［女］仲介者，仲買人

courtier-gourmet-piqueur [クールティエ グールメ ピクール]［男］〈複 ～s-～s-～s〉（ワインの）利き酒係兼仲買人

courtois,e [クールトゥワ, ーズ]［形］①礼儀正しい ②中世宮廷風の

courtoisement [クールトゥワーズマン]［副］丁寧に，礼儀正しく

courtoisie [クールトゥワーズィ]［女］慇懃（いんぎん）さ，礼儀

Courvoisier [クールヴワズィエ]［固］［男］コニャックの商標名

couscous [クースクース]［男］〈単複同形〉クスクス：1) 挽割硬質小麦を蒸したもの．クスクス用小麦＝graines de ～ 2) 羊，鶏，牛などを野菜，豆と共に煮込み，スムールと共に供する北アフリカ発祥の料理

couscoussier [クースクースィエ]［男］クスクス用二段鍋

cousinat [クーズィナ]［男］①オヴェルニ地方の栗入スープ ②生ハム，そら豆，かぼちゃなどの，バスク地方の煮込

cousinette [クーズィネートゥ]［女］①ベアルン地方の，葉野菜スープをパンにかけた料理 ②りんごの品種

coussin [クーサン]［男］クッション

coussinet [クースィネ]［男］パット，ミニクッション

coût [クー]［男］コスト，費用

couteau [クート]［男］〈複 ～x〉①ナイフ，包丁→ p.92［囲み］②まて貝＝coutelier, solen

couteau-palette [クート パレートゥ]［男］〈複 ～x-～s〉パレットナイフ

couteau-scie [クート スィ]［男］〈複 ～x-～s〉ギザ刃ナイフ，パン切ナイフ

couteau-sommelier [クート ソムリエ]［男］〈複 ～x-～〉ソムリエナイフ＝limonadier

coutelier [クートゥリエ]［男］まて貝＝couteau

coutellerie [クーテルリ]［女］①刃物製品 ②刃物屋

coûter [クーテ]［動］（費用が）…かかる，（値段が）…する

coûteux,se [クートゥー, ズ]［形］［男］には単複同形〉値の張る

coutume [クーテューム]［男］社会の慣習

couture [クーテュール]［女］①裁縫／haute ～ オートクチュール ②縫目

couturier,ère [クーテュリエ, エール]［男］①（オートクチュールの）ファッションデザイナー ②デザイナーズブティック ‖ couturière［女］お針子，縫い子

couve [クーヴ]［女］ドフィネ地方の，雌鶏形の厚い焼菓子

couvent [クーヴァン]［男］修道院

couvercle [クーヴェルクル]［男］蓋／sans ～ 蓋をしないで

couvert,e [クーヴェール, トゥ]［形］①覆われた，カバーされた，包まれた，蓋をした／à ～ 蓋をして ②（服を）着ている ③（天気が）曇りの／il est ～ 曇りだ ‖ couvert［男］①食器（1人分），テーブルセット ②（レストランの）席，席料

couverture [クーヴェルテュール]［女］①覆い ②ベッドカバー，毛布 ③屋根 ④クーヴェルテュール：コーティング用チ

couteau

couteau à beurre
卓上バターナイフ

couteau à canneler, couteau canneleur　カヌレナイフ = canneleur

couteau à découper
カーヴィングナイフ

couteau à dénerver
筋ひきナイフ = chevalier

couteau à dents de loup
ギザ刃ナイフ = couteau-scie

couteau à dessert
卓上デザートナイフ

couteau à filet de sole
ソールナイフ

couteau à fromage　チーズナイフ

couteau à fruit　果物ナイフ

couteau à huître　牡蠣(かき)開ナイフ

couteau à jambon
ハムスライサー

couteau à pain　パン切りナイフ

couteau à pamplemousse　グレープフルーツナイフ = bistortier

couteau à poisson
卓上フィッシュナイフ

couteau à sashimi　柳刃包丁

couteau à saumon
サーモンナイフ

couteau à seigner
豚畜殺時の血抜用ナイフ

couteau à servir le poisson
フィッシュサーヴィスナイフ

couteau à steak　ステーキナイフ

couteau à surgelé　冷凍ナイフ

couteau à tartine　バターナイフ

couteau à tartiner
スパテュール = spatule

couteau à tomate　トマトナイフ

couteau à trancher
スライスナイフ

couteau de boucher
肉切包丁, ブッチャーナイフ

couteau de chasse　狩猟用ナイフ

couteau de table　テーブルナイフ

couteau d'office　ペティナイフ

couteau écailleur
うろこひき = écailleur

couteau éplucheur
皮むきナイフ = économe

couteau pliant
折りたたみのナイフ

couteau zesteur
レモン・オレンジピラー = zesteur

ョコレート = chocolat de ~

couvre-lit [クーヴル リ] 男 〈複 ~-~s〉 ベッドカバー

couvre-plat [クーヴル プラー] 男 〈複 ~-~s〉 (保温用) クロッシュ, ディッシュカバー = cloche

couvrir [クーヴリール] 動29 覆う, 蓋をする ‖ se ~ 代動29 59 ①覆われる ②着込む

crabe [クラーブ] 男 蟹 / ~ à carapace molle 脱皮蟹 / ~ cerise, ~ laineux, ~ nageur わたり蟹 = étrille, chèvre, favouille / ~ de Changhaï 上海蟹 / ~ de pierre ストーンクラブ / ~ des cocotiers 椰子蟹 / ~ des Molusques かぶと蟹 = limule / ~ des neiges ずわい蟹, 松葉蟹 / ~ géant たかあし蟹 / ~ royal たらば蟹, 花咲蟹 / ~ vert 緑蟹 = enragé

crachat [クラーシャ] 男 痰, 唾

cracher [クラーシェ] 動 ①唾を吐く ②吐き出す

cracker [クラケール] 男 クラッカー

crambe = crambé

crambé [クランベ] 男 浜菜 = chou de mer, chou marin, crambe

cramiat [クラミヤ] 男 たんぽぽ = pissenlit

cramik = cramique

cramique [クラミーク] 男 干ぶどう入ブリオシュ = cramik

cramoisi, e [クラムワーズィ] 形 深紅の, えんじの ‖ cramoisi 男 深紅, えんじ

crampe [クラーンプ] 女 けいれん ‖ avoir une ~ à... …がつる (筋肉) / ~ d'estomac 胃けいれん

cran [クラーン] 男 = raifort

crâne [クラーヌ] 男 頭蓋骨

cranson [クランソン] 男 = raifort
crapaud [クラーポ] 男 ①ひき蛙 = crapaudine／〜 de mer：1）かさご = scorpène　2）あんこう = baudroie　3）かじか = chabot, cotte
crapaudine [クラポディーヌ] 女 ひき蛙 = crapaud／en 〜 クラポディーヌ風(の)：ひき蛙の姿に似せた盛付の表現
crapiau [クラーピヨ] 男〈〜x〉クラピヨ：1）モルヴァン地方の，おろしたじゃが芋の塩味クレープ　2）ニヴェルネ地方の，りんご入甘味クレープ = crâpiau, grapiau
craquant,e [クラカーン, トゥ] 形 さくさくした，ぱりぱりした
craquelin [クラクラーン] 男 ①ブルターニュ地方のビスケットの一種 ②砕いたヌガティーヌ
craquelot [クラークロ] 男 軽い塩漬燻製(くんせい)にしん = hareng saur, pec
craquer [クラーケ] 動 ①（ぱりぱりなど）乾いた音をたてる ②（音をたてて）壊れる ③挫折する
craterelle [クラトゥレール] 女 黒らっぱ茸 = trompette-des-morts
cravate [クラヴァートゥ] 女 ネクタイ
crayon [クレヨーン] 男 鉛筆，ペンシル／〜 à sourcils　アイブローペンシル
crayon-feutre [クレヨン フートゥル] 男〈複 〜s-〜s〉フェルトペン
créatif,ve [クレアティー・フ, ヴ] 形 創作の，創造的な／cuisine 〜ve 創作料理
création [クレアスィヨン] 女 創業，創作，創造
créativité [クレアティヴィテ] 女 創造性，創造力
crèche [クレーシュ] 女 保育所
Crécy [クレースィ] 固 クレシー：パリ北東の町‖Crécy 形〈不変〉クレシー風(の)：にんじんを使った料理用表現 = à la 〜‖Crécy 女 クレシー種のにんじん
crédit [クレーディ] 男 ①クレジット，融資／carte de 〜　〜クレジットカード ②暖簾(のれん)：店の信用
crédit-bail [クレーディ バーユ] 男〈複 〜s-〜s〉リース：長期賃貸
créé,e [クレーエ] 形 ①創作された ②創業された／〜,e en 1900　1900 年創業の

créer [クレーエ] 動 創作する，創造する，創設する
crémaillère [クレマイエール] 女 自在鉤(かぎ)
crémant [クレマーン] 男 クレマン：弱発泡性ワイン
crème [クレーム] 女 ①生クリーム ②デザート用クリームソース ③クリーム状のデザート ④料理用クリームソース ⑤クリームポタージュ ⑥甘いリキュール ⑦乳脂肪分の高いクリームチーズ → double-crème, triple-crème ⑧化粧クリーム／〜 à mains　ハンドクリーム／〜 de bronzage　日焼用クリーム／〜 démêlante（シャンプー後の）リンス／〜 épilatoire　除毛クリーム／〜 hydratante　モイスチャークリーム／〜 solaire　日焼止めクリーム ⑨クリーム状のもの／〜 à raser　シェーヴィングクリーム／〜 de balsamique → balsamique／〜 de tartre　タータクリーム：酒石酸水素．安定剤として用いる‖crème　クリームコーヒー = café　→ p.94, p.95 囲み
crémé,e [クレーメ] 形 クリームを加えた‖crémée 女 クリームを加えた料理
crémer [クレーメ] 動 36 クリームを加える
crémerie [クレームリ] 女 ①乳製品屋(店) ②(俗語)カフェ・レストラン
crémet [クレーメ] 男 アンジュー地方の，山羊乳または山羊乳と牛乳のフレッシュチーズ／〜 d'Angers　アンジュー地方の，卵白と生クリームのデザート／〜 nantais　ブルターニュ地方の，卵白と生クリームのデザート
crémeux,se [クレムー, ーズ] 形 男には単複同形 ①クリームを多く含んだ ②クリーミーな／partie 〜se　蟹や海老のみそ‖crémeux 男 クリームを加えた濃いペースト／〜 d'écrevisse　ざりがにのクリームピュレ
crémier,ère [クレミエ, ール] 男女 乳製品屋(人)‖crémier 男 クリーム入れ
crénelé,e [クレーヌレ] 形 ぎざぎざの，ぎざぎざになった
crénelure [クレヌリュール] 女 ぎざぎざ
créole [クレオール] 形〈男女同形〉①クレオル（旧植民地，特に中米及びアンティル諸島生れの白人）の／(à la) 〜　ク

crème

(生クリーム)

crème aigre サワークリーム
crème combinée コンパウンドクリーム:乳脂肪と植物脂肪の混合クリーム
crème d'Isigny クレーム・ディジニ:AOC 生クリームの商標名
crème double, crème épaisse クレーム・ドゥーブル:醱酵した脂肪分 40%ほどの濃い生クリーム
crème en poudre クレーム・アン・プードル:クレーム・パティシエールなどをつくるためのつなぎ材料入粉末クリーム = poudre de crème
crème fleurette 乳脂肪分 15%以下のホイップ用生クリーム
crème fraîche 生クリーム
crème fraîche épaisse クレーム・フレッシュ・エペス:脂肪分の高い生クリーム
crème fraîche pasteurisée
  クレーム・フレッシュ・パストゥリゼ:低温殺菌乳でつくった生クリーム
crème légère クレーム・レジェール:脂肪分 12~30%の生クリーム
crème liquide stérilisée 超高温殺菌クリーム
crème simple クレーム・サンプル:脂肪分 10~20%の生クリーム

(デザート用クリームソース,クリーム状のデザート)

crème anglaise
  クレーム・アングレーズ:卵黄で牛乳に濃度をつけたデザートソース
crème au beurre バタークリーム:バター,砂糖,卵でつくる製菓用クリーム
crème au beurre au sirop
  シロップをまぜた卵黄にバターを加えてまぜたバタークリーム
crème (au) caramel, crème renversée
  クレーム・(オ・)カラメル:カスタードプリン
crème au chocolat チョコレートクリーム
crème brûlée
  クレーム・ブリュレ:生クリーム,牛乳,卵黄,砂糖などでつくった焼デザート
crème catalane クレーム・カタラーヌ:コーンスターチを加えた,クレーム・ブリュレの原形の,カタロニア地方のデザート
crème chantilly, crème fouettée ホイップクリーム
crème Chiboust クレーム・シブスト:デザート用クリーム = crème saint-honoré
crème d'amande クレーム・ダマンド:砂糖,アーモンドパウダー,バター,泡立てた卵のケーキ用材料
crème de marron 砂糖を加えた栗のピュレ
crème de moka モカクリーム:コーヒー風味のケーキ用クリーム
crème frangipane
  クレーム・フランジパーヌ:砕いたマカロン入の,ケーキ用クリーム
crème frite クレーム・フリット:カスタードクリームのコロッケ
crème glacée クレーム・グラセ:アイスクリーム = glace
crème glacée au chocolat チョコレートアイスクリーム = glace au chocolat
crème mousseline クレーム・ムスリーヌ:クレーム・パティシエールにバターやヴァニラなどを加えたケーキ用クリーム
crème pâtissière クレーム・パティシエール:カスタードクリーム
crème renversée = crème (au) caramel
crème saint-honoré クレーム・サントノレ = crème Chiboust

crevaison

(料理用クリームソース, クリームポタージュ)

crème de maïs
　クリームコーンポタージュ
crème de poularde　肥鶏の白いフォンにクリームを加えルウでつないだポタージュ
crème de riz
　クレーム・ド・リ：米のポタージュ

crème moulée　野菜のピュレにホイップクリームなどを加え型に入れてつくるオードヴル
sauce crème　ソース・クレーム：ベシャメルソースにホイップクリームを加えたソース

(甘いリキュール)

crème de cacao　カカオリキュール
crème de café　コーヒーリキュール
crème de cassis　カシスリキュール
crème de coco　ココナツリキュール

crème de menthe
　ミントリキュール
crème de vanille
　ヴァニラリキュール

レオル風(の)：1) パイナップル, バナナ, ラム酒を使った料理やデザート用表現　2) ゆでたライスを付合せた料理用表現 / riz à la ~：1) 長粒米にバターと塩を加えてゆでた付合せ　2) 炊いた白米 ‖ créole 男 クレオル語 ‖ Créole 男女 クレオルの人

crêpe [クレープ] 女 クレープ / ~ flambée クレープにコニャックをかけフランベして供するデザート / mille-~s クレープの間に栗のピュレ入ホイップクリームなどをはさみ重ねたケーキ / pâte à ~s salée (sucrée) 塩味 (甘味) クレープ生地

crêperie [クレープリ] 女 ①クレープ屋 (業, 店) ②クレープ専門レストラン

crêpier, ère [クレピエ, ール] 男女 ①クレープ屋 (人) ‖ crêpière 女 クレープパン = galettière, poêle à crêpes　②クレープ焼器

crépine [クレピーヌ] 女 網脂：豚の内臓を包んでいる網状の脂肪 = coiffe

crépinette [クレピネットゥ] 女 クレピネット：網脂で包んだ料理

crépusculaire [クレピュスキュレール] 形 〈男女同形〉たそがれの

crépuscule [クレピュスキュール] 男 たそがれ, 薄暮

crépy [クレピ] 男 サヴォワ地方の AOC 白ワイン

cresset [クレセ] 男 サヴォワ地方の揚菓子

cresson [クレソーン] 男 クレソン / ~ alénois オルレアン芹

cressonnette [クレソネートゥ] 女 たねつけ花

créssonnière [クレソニエール] 女 クレソン畑 / (à la) ~ クレソニエール風(の)：クレソンを使った料理用表現

Crest [クレーストゥ] 固 オヴェルニュ地方の町

crestois, e [クレーストワ, ーズ] 形 〈男には単複同形〉クレスト (Crest) の ‖ Crestois, e 男女 〈男は単複同形〉クレストの人

crête [クレートゥ] 女 ①とさか / en ~ de coq とさか形に, とさか形の　②頂　③(帽子などの)羽飾, (カーテンの)タッセル, 飾ひも　④(グラフの)最大値

crétin, e [クレタン, ティーヌ] 形 ばかな, 白痴の：医学 / pommes de terre ~ じゃが芋をゆで, バターを塗ってタイムをふりオーヴンで焼いた料理

creusage [クルザージュ] 男 穴をあけること, えぐりとること

creusain [クルーザン] 男 リムーザン地方の, 脱脂牛乳のチーズ = creusois

creusé, e [クルーゼ] 形 穴をあけた, えぐりとった

creuser [クルーゼ] 動 穴をあける, 掘る

creusois [クルーズワ] 男 = creusain

creux, se [クルー, ズ] 形 〈男には単複同形〉①くぼんだ / assiette ~se スープ皿　②中空の ‖ creux 男 〈単複同形〉くぼみ / ~ de la main 手の平 = paume

crevaison [クルヴェゾーン] 女 破裂, パンク

crevasse [クルヴァース] 女 割れめ
crevasser [クルヴァーセ] 動 亀裂を入れる‖se ～ 代動 59 亀裂が入る
crevé,e [クルヴェー] 形 ①破裂した, パンクした ②へとへとに疲れた
crever [クルヴェー] 動 5 ①パンクさせる ②大変疲れさせる／faire ～ du riz 米をゆがいてでんぷんを除く‖se ～ 代動 5 59 パンクする
crevette [クルヴェット] 女 小海老／～ d'Algérie ガンバ = gamba／～ géante, ～ tigrée ブラックタイガー／～ grise 海老じゃこ = salicoque／～ rose, ～ rouge 小海老／～ pattes blanches バナメイ海老／sauce ～s ソース・クルヴェット: 1) すりつぶした小海老入ヴルテソース 2) 小海老入ソース・ノルマンド
crible [クリーブル] 男 ①(目の粗い)濾器(こしき), ふるい ②フルーツ選別器
criblé,e [クリーブレ] 形 ふるいにかけた
cribler [クリーブレ] 動 ふるいにかける
crier [クリエ] 動 ①叫ぶ, 怒鳴る, 泣き叫ぶ ②(動物が)鳴く
crique [クリーク] 女 ①入江 ②ヴィヴァレ地方の, おろしじゃが芋のガレット
criquette [クリケートゥ] 女 オヴェルニュ地方の, おろしじゃが芋のガレット
crise [クリーズ] 女 ①恐慌, 不況 ②発作
cristal [クリスタール] 男 複 cristaux [クリスト] ①水晶 ②クリスタルガラス／～ taillé カットグラス ③結晶体
cristallin,e [クリスタ・ラン, リーヌ] 形 透明な, 結晶の‖cristallin 男 (眼球の)水晶体‖cristalline 女 ①(料理やデザートで)透きとおったもの ②輝いていてカリッとした料理の名称
cristallisation [クリスタリザシォン] 女 結晶作用
cristallisé,e [クリスタリーゼ] 形 結晶した
cristalliser [クリスタリーゼ] 動 結晶させる, 結晶する
cristaux [クリスト] 男 複 クリスタルガラス製品 → cristal
criste-marine [クリーストゥ マリーヌ] 女 = crithmum
cristivomer [クリスティヴォメール] 男 レイクトラウト: サケ科の淡水魚
crithme [クリートゥム] 男 = crithmum
crithmum [クリトゥモーム] 男 クリスマム: 香草の一種 = casse-pierre, criste-marine, crithme, herbe de Saint-Pierre, passe-pierre, perce-pierre
critique [クリティーク] 形 〈男女同形〉 ①危機的な／âge ～ 更年期 ②批判的な‖critique 女 批評, 評価‖critique 男 批評家, 評論家／～ gastronomique 美食批評家
critiquer [クリティーケ] 動 批判する, 批評する
crocher [クローシェ] 動 鉤(かぎ)でひっかける
crochet [クローシェ] 男 ①鉤(かぎ), フック ②(ミキサーの攪拌(かくはん)用の)刃
crocodile [クロコディール] 男 クロコダイル, わに
croire [クルワール] 動 15 信じる, 思う
croisé,e [クルワーゼ] 形 ①交差した, 十字になった ②雑種の ③(上着が)ダブルの ④綾織の‖croisé 男 雑種
croisement [クルワーズマン] 男 ①交差すること ②交差点 ③交雑
croiser [クルワーゼ] 動 交差する, 十字にする, 交わる／～ les bras 腕組する‖se ～ 代動 59 互いに交わる
croisière [クルワズィエール] 女 クルージング, 船旅
croissant,e [クルワサーン, トゥ] 形 増えつつある‖croissant 男 ①上弦の月, 三日月／en ～ 三日月形の(に) ②クロワサン／～ au fromage チーズクロワサン
croître [クルワートゥル] 動 12 〈備考〉(植物が)伸びる
croix [クルワー] 女 十字, 十字架
cromeski = cromesqui
cromesqui [クロメスキ] 男 さいのめにした材料を網脂やクレープで包んで, 揚げたポーランド発祥の料理 = cromeski, kromesqui
croquant,e [クロカーン, トゥ] 形 ①カリッとした ②煮すぎずまだしっかりした野菜の状態‖croquant 男 ①クロカン: 1) カリッとしたビスケット 2) オーヴンなどで乾燥してカリッとさせた料理 3) タルトレットなどカリッとした台にのせた料理 ②軟骨 = cartilage
croque(-)au(-)sel [クロコ セール] 形 副 クロコセルに(の): 野菜がパリッとして生の状態 = à la ～

croque-madame [クロークマダーム] 男〈単複同形〉クロック・マダム：1) クロック・ムシューの上にベシャメルソースを塗ったサンドウィッチ 2) クロック・ムシューに目玉焼をのせたサンドウィッチ

croquembouche [クロカンブーシュ] 男 小さいシューを円錐形に重ねたデコレーションケーキ

croque-monsieur [クロークムシュー] 男〈単複同形〉クロック・ムシュー：グリュイエールチーズとハムをはさんだホットサンドウィッチ

croquer [クロケ] 動 ①クロッキーを描く ②ぱりぱり，かりかりと音をたてる，ぱりぱりと噛む

croquet [クローケ] 男 アーモンド風味の細長いクッキー = croquette

croquette [クロケトゥ] 女 ①クロケット，コロッケ／～ de riz ライスコロッケ ②アーモンド入クッキー = croquet ③コイン型チョコレート

croquignole [クロキニョール] 女 シロップを塗ったクッキー

croquis [クローキ] 男〈単複同形〉①見取図 ②クロッキー

crosne [クローヌ] 男 ちょろぎ = stachys

crosse [クロース] 女 牛のすね肉

crotte [クロートゥ] 女（犬や馬の）糞／～ d'âne 揚菓子 = frivolles

crottin [クロターン] 男 小円筒形の山羊乳のチーズの総称／～ d'ambert オヴェルニュ地方の，山羊乳のチーズ／～ de chavignol ニヴェルネ及びベリー地方の，白かびタイプの山羊乳のチーズ

croupion [クルーピヨン] 男 鶏の尾羽の付根肉 = bonnet d'évêque

crousets [クルーゼ] 男複 = crozets

croustade [クルースタードゥ] 女 ①クルスタード：各種生地やパイなどでつくったケース ②そのケースに，野菜や肉を入れたオードヴルまたは付合せ

croustadine [クルースタディーヌ] 女 小さなクルスタードや小さいパイ殻などに詰物をした料理

croustillant,e [クルスティヤン, トゥ] 形 カリカリした，パリパリした‖croustillant 男 パリッとした菓子や料理

croûtage [クルタージュ] 男 ①グラタンやグリルなどにして，表面をカリッとさせること ②（生地やリキュールボンボンの）乾燥

croûte [クルートゥ] 女 ①パンの皮，耳／casser une ～ 軽い食事をとる ②（グラタンの表面の）焼皮 ③パイクラスト ④パイ生地に包んだ料理／en ～ パイ包の／en ～ de sel 塩釜の，…の岩塩包の／pâté en ～ パテ用生地に各種のパテなどを包んで焼いた料理 ⑤生地やパンでつくった料理をのせるための台 ⑥固くなったサヴァランやブリオシュにシロップ漬フルーツなどを盛り，ジャムを塗ったケーキ ⑦チーズの外皮のこと

croûté,e [クルーテ] 形 焼皮のできた

croûter [クルーテ] 動 ①外側に皮や殻ができる ②食事をする

croûton [クルトン] 男 ①クルトン：1) さいのめの食パンをバターで揚げた付合せや浮身 2) 菱形などにして揚げた食パンを煮込料理の皿の縁に飾った料理 3) 鶏や猟鳥肉料理盛付台用トースト：rôtie, socle ②さいのめのゼリー ③フランスパンなどの端

croûtonner [クルトネ] 動 クルトンを用いる

crouzets [クルーゼ] 男複 = crozets

crozes-hermitage [クローゼルミタージュ] 男 コート・デュ・ローヌ地方のAOC赤, 白ワイン

crozets [クローゼ] 男複 サヴォワ及びドフィネ地方のチーズ料理 = crosets, crousets／～ de Saint-Christophe ドフィネ地方の，クリスマスイヴに食べるチーズ入だんご

cru,e [クリュー] 形 生の／à ～ 生のまま‖cru 男 ①ワイン用ぶどう園 = château, climat／grand ～ グラン・クリュ：一流ぶどう園／～ exceptionnel クリュ・エクセプシヨネル／～ classé クリュ・クラセ／～ bourgeois クリュ・ブルジョワ／～ beaujolais クリュ・ボジョレ／premier ～ プルミエ・クリュ：1級ブルゴーニュワイン／premier grand ～ プルミエ・グラン・クリュ：ボルドーの特別1級格付ワイン／second ～ シャンパンなどの格付2級 ②（食品の）特産地 ③生のソーセージ／petit ～ à l'ail にんにく入の小さい生ソーセージ‖cru,e 過分 → croire ⑮

cruchade [クリュシャードゥ] 女 ①とうもろこし粉の粥(かゆ) ②その粥を揚げてジャムなどをかけた菓子

cruche [クリューシュ] 女 壺／～ à eau 水差

crudités [クリュディテ] 女複 生野菜盛合せ

crustacés [クリュスタセ] 男複 甲殻類／huile de ～ 海老オイル

cube [キューブ] 形〈男女同形〉立方体の／deux mètres ～ 2立方メートル, 2 m³ ‖ cube 男 キューブ, 立方, 立方体

cubèbe [キュベーブ] 男 ①ひっちょうか: コショウ科の木 ②クベバ: ひっちょうかの実の香辛料 = poivre à queue

cubique [キュビーク] 形〈男女同形〉立方体の

cubjac [キュブジャーク] 男 ペリゴール地方の, 山羊乳または山羊乳と牛乳からつくるチーズ

cucurbitacées [キュキュルビタセ] 女複 ウリ科植物の総称

cueilli, e [クイィ] 形 摘んだ, もいだ

cueillir [クイール] 動④ (果物や花を)摘む, (木から実を)もぎ取る

cuignot [キュイニョ] 男 プロヴァンス地方の干ぶどう入小菓子

cuiller [キュイエール] 女 さじ, スプン = cuillère → [囲み]／une ～ de... スプン1杯の…／une bonne ～ de... スプン山盛1杯の…／une forte ～ à soupe de... 大さじ1杯強の…

cuillère = cuiller

cuillerée [キュイユレ] 女 スプン…杯分／une ～ à... …用スプン1杯分／une ～ à soupe de... 大さじ1杯の…／une bonne ～ de... スプン山盛1杯の…

cuir [キュイール] 男 皮革／en (または de) ～ 皮製の…

cuire [キュイール] 動⑪ 〈備考〉煮る, 焼く, 加熱する = faire ～／～ à blanc … を色付かないように炒める, (パイ殻などを)空焼する, 白焼する／～ ...à moitié …に半ば火を通す／～ à sec (油など何も加えないで)そのまま加熱する／～ ...en marmelade …を煮崩す

cuiseur [キュイズール] 男 ①圧力鍋／～ vapeur 蒸器 ②(家畜飼料用)大鍋

cuisine [キュイズィーヌ] 女 ①キッチン, 厨房／～ centrale セントラルキッチン ②(体系としての)料理 → p.99[囲み]

cuisiné, e [キュイズィネ] 形 加工した, 調

---

cuiller

cuiller à arroser　グレービーレードル: ロースト肉の汁かけ用スプン
cuiller à bouillon　ブイヨンスプン
cuiller à café
　コーヒースプン, 小さじ
cuiller à cocktail　カクテルスプン
cuiller à consommé　小型のコンソメスプン, ブイヨンスプン
cuiller à dégraisser　デグレセスプン
cuiller à dessert　デザートスプン
cuiller à glace
　アイスクリームスプン
cuiller à glace automatique
　アイスクリームデッシャー
cuiller (à la) parisienne, cuiller à légumes　くり抜きスプン
cuiller à mélanger
　ミキシングスプン
cuiller à moka　デミタス用スプン
cuiller à pot　ソースレードル

cuiller à salade　サラダサーヴィス用スプン
cuiller à sauce　ソーススプン
cuiller à service
　サーヴィス用スプン
cuiller à soda　ソーダスプン: 背の高いグラスのデザート用スプン
cuiller à soupe　大さじ
cuiller à thé　ティースプン, 小さじ
cuiller de service à glace
　アイスクリームサーヴァー
cuiller de service à salade
　サラダサーヴィス用スプン
cuiller de service à sauce
　ソースを皿に注ぐためのスプン
cuiller de table　卓上スプン
cuiller en porcelaine
　れんげスプン: 中国スプン
cuiller percée
　砂糖をふるための穴開きスプン

理済の/ plat ～ 調理済食品
cuisiner [キュイズィネ] 動 料理する：素材に加熱し手を加えておいしく食べられるようにする = accommoder, apprêter, faire la cuisine, préparer le repas, faire le fricot
cuisini*er*,*ère* [キュイズィニエ, ール] 男女 コック, 料理人 ‖ cuisinière 女 （家庭用）オーヴン付レンジ ‖ cuisinier 男 料理本, ルセット本
cuisiniste [キュイズィニストゥ] 男女 厨房設計家, キッチンデザイナー
cuisse [キュイース] 女 もも, もも肉
cuisseau [キュイーソ] 男 〈複 ～x〉 仔牛もも肉
cuisson [キュイソーン] 女 ①加熱すること, 加熱調理 / ～ à basse température 低温調理 / sous-vide 真空調理 ②焼具合 / à mi-～ 半ば火が通ったら ③焼汁, ゆで汁（フォンなどできあがったもの）/ 煮汁 = fond de ～
cuissot [キュイーソ] 男 鹿, 猪などのもも肉
cuistancier [キュイスタンスィエ] 男 = cuistot
cuistot [キュイスト] 男 （話言葉）軍など集団内の炊事係 = cuistancier
cuit,e [キュイ, トゥ] 形 ①煮た, 火の通った, 焼いた, ゆでた / bien ～,e ウェルダン / ～,e à point ちょうどよく火の通った / fromage ～ 製造過程で加熱してつくったチーズ / terre ～e テラコッタ, 素焼の陶器 / trop ～,e 加熱しすぎの／vin ～ ヴァン・キュイ：加熱してつくった甘口ワイン②(俗語)前後不覚に酔った ‖ cuite 女 ①（陶磁器などの）焙焼(ばいしょう)②(俗語)酔っ払うこと / avoir la ～e （酒などに）酔う ③グリュイエールチーズなどのガス孔 ④シロップを煮詰めること
cuit-pâtes [キュイ パートゥ] 男 〈複 ～s-～〉 ゆで麺器
cuit-vapeur [キュイヴァプール] 男 〈複 ～s-～〉 蒸器
cuivre [キュイーヴル] 男 銅 / ～ jaune 真鍮(しんちゅう) / en（または de）～ 銅の, 銅でできた
cujas [キュジャース] 男 黒ぶどうの品種
cujassous [キュジャスー] 男 = cajassous
cul [キュ] 男 ①(俗語)尻 / faire ～ sec 一気に飲む ②（瓶の）底 ③仔牛尻肉
cul-blanc [キュ ブラーン] 男 〈複 ～s-～〉 小しぎなど腹部の白い鳥
cul-de-poule [キュ ドゥ プール] 男 〈複 ～s-～-～〉（底も丸い泡立用）ボール = calotte
cul-de-sac [キュ ドゥ サーク] 男 〈複 ～s-～-～〉袋小路, 行止り
culinaire [キュリネール] 形〈男女同形〉料理の / art ～ 複雑で厳密な料理技法
culotte [キュロートゥ] 女 ①パンティー, パンツ, 半ズボン ②いちぼ：牛の尻肉

---

cuisine

cuisine artisanale 職人の手づくり料理
cuisine bourgeoise ブルジョワ料理：1)宮廷料理に対する都市の平民料理 2)現代の高級料理
cuisine classique 古典料理
cuisine créative 創作料理
cuisine de terroir 郷土料理
cuisine diététique 健康管理対応料理
cuisine familiale, cuisine ménagère 家庭料理
cuisine familière 普段の料理
cuisine française （体系としての）フランス料理
cuisine japonaise （体系としての）日本料理
cuisine maigre 精進料理
cuisine occidentale （体系としての）西洋料理
cuisine paysanne 農民料理
cuisine populaire 大衆料理
cuisine régionale 地方料理
cuisine spontanée （市場の食材により思いつく）創作料理
cuisine traditionnelle 伝統料理
grande cuisine, haute cuisine グランド・キュイジーヌ：高級料理
nouvelle cuisine ヌーヴェル・キュイジーヌ：1970年代の新料理

③シキンボ：仔牛の尻肉 = cul, quasi ④羊の両もも肉
culotter [キュロテ]動 鍋の底やケーキの下側を焦げつかせる
cultivateur,rice [キュルティヴァトゥール, リース]男女 耕作者, 栽培者, 農民(農業従事者, 主に雇われている人) ／ soupe ～ ペイザーヌに切った野菜のスープ = soupe (à la) paysanne
cultivatrice → cultiva*teur,rice*
cultivé,e [キュルティヴェ]形 栽培した
cultiver [キュルティヴェ]動 栽培する
culture [キュルテュール]女 ①耕作, 栽培／～ en serre 温室栽培／～ maraîchère 野菜栽培／～ organique 有機栽培 ②教養, 文化
culturel,le [キュルテュレール]形 文化的な
Cumières [キュミエール]男 シャンパーニュ地方の AOC 赤ワイン
cumin [キュマン]男 クミン／～ des montagnes, ～ des prés キャラウェイ, 姫ういきょう = carvi／～ noir オールスパイス = toute-épice, nigelle／graines de ～ クミンシード
cumquat [コンクワートゥ]男 金柑 = kumquat／～ chinois ブランデー漬の金柑
Cupidon [キュピドン]固男 キューピッド：ローマ神話の愛の神, 貪欲の神. ギリシャ神話ではエロス
curaçao [キュラソ]男 キュラソ酒：オレンジリキュール
curcuma [キュルキュマ]男 うこん, ターメリック = safran des Indes
cure [キュール]女 療法, 療養
curé [キュレ]男 ①司祭, 神父 ②ブルターニュ地方の, 牛乳のチーズ = ～ nantais, fromage de breton, fromage de ～, nantais
cure-dent(s) [キュール ダン]男〈不変〉つまようじ
cure-oreille(s) [キュロレーユ]男〈不変〉耳かき
curette-à-homard [キュレタ オマール]女〈複 ～s- ～-～〉ロブスターフォーク
curieuse → curieu*x,se*
curieux,se [キュリユー, ズ]形〈男は単複同形〉好奇心をそそられる
curriculum vitæ [キュリキュロム ヴィテ]男 履歴 = C.V.

curry [キュリ]男 カレー粉, カレーペースト, カレー料理 = cari, cary, kari／sauce ～ カレーソース
cutané,e [キュタネ]形 皮膚の
cuticule [キュティキュール]女 角皮, 爪の甘皮
cutter [キュテール]男 ①ミキサー, フードカッター, フードプロセッサー, ロボクープ ②カッターナイフ
cutterage [キュトゥラージュ]男 肉などをフードカッターにかけ, ペースト状にすること
cuvage [キュヴァージュ]男 (醸酵タンク内の)仕込, 醸造, 醸酵 = cuvaison
cuvaison [キュヴェゾン]女 = cuvage
cuve [キューヴ]女 ①桶, 槽, バケツ ②ワインの醸酵タンク
cuvé,e [キュヴェ]形 (醸酵タンク内のぶどうの) 醸酵した ‖ cuvée 女 ①キュヴェ：その年の同一ぶどう畑で獲れたぶどうでつくるワイン／première ～e ブルゴーニュ地方の1級キュヴェ／seconde ～e：1) ブルゴーニュ地方の, 質の劣るキュヴェ 2) 一番搾りのシャンパン 3) 製造年の異なるブレンドシャンパン ②ワインの等級
cuver [キュヴェ]動 (醸酵タンク内のぶどうが) 醸酵する, 醸酵させる／faire ～ de... (ワインなどを)仕込む
cuvette [キュヴェット]女 ①金だらい, 洗面器 ②便器 ③盆地
C.V. [セヴェ]男 履歴(書)：curriculum vitæ の略
cybercafé [スィベールカフェ]男 インターネットカフェ
cycle [スィークル]男 ①サイクル, 周期, 循環 ②教育課程／premier (second) ～：1) リセの前期(後期)課程 2) 大学の一般教養(専門)課程／troisième ～ 博士課程
cyclomoteur [スィクロモトゥール]男 (50 cc以下の)原付バイク
cyclotourisme [スィクロトゥーリスム]男 自転車旅行
cygne [スィーニュ]男 白鳥
cylindre [スィラーンドゥル]男 円筒
cylindrique [スィランドゥリーク]形〈男女同形〉円筒形の
cyprès [スィープレ]男〈単複同形〉糸杉
cyprin [スィプラーン]男 = carassin

D, d

D,d [デ] 男 ①フランス字母の4番目 ②レ, ニ音：音楽用語 ③ D [サンサン] ローマ数字の五百 ‖ d 接頭 デシ： déci- の略, 10分の1を表す記号

d' 冠 母音または無音の h の前に来る場合の de の省略形 → de

dacquoise [ダクワーズ] 女 バタークリームをはさんだ焼菓子の一種

daim [ダン] 男 だま鹿

daine [デーヌ] 女 雌だま鹿

daiquiri [ダイキリ] 男 ダイキリ：ラム酒のカクテル = daïquiri

dalle [ダール] 女 ①敷石 ②骨付魚の薄い筒切り

damaschino [ダマスキノ] 男 ①黒ぶどうの品種 ②マルサラ酒の一種

dame [ダーム] 女 ①婦人, レディ／~ blanche：1) ヴァニラアイスクリームなどの白または淡い色のデザート 2) スポンジにホイップクリームと砂糖漬フルーツをはさみ, イタリアンメレンゲで覆ったケーキ 3) レモンの外皮を加えたイル・フロタント ②トランプのクィーン

dame-jeanne [ダム ジャーヌ] 女 〈複 ~s-~s〉 ①2.5ℓ入の瓶 ②柳のかごで覆った大瓶

damier [ダミエ] 男 ①チェス盤 ②格子模様, 市松模様 ③ダミエ：上面を市松模様にしたケーキ

Dampfnudeln [ダンプフヌーデルン] 女 = Dampfnüdle

Dampfnüdle [ダンプフニュードゥル] 女 ①アルザス地方の甘味パン ②アルザス地方及びドイツの昔の, 甘くないパンケーキ = Dampfnudeln

danabulu [ダナブル] 男 デンマークの, 牛乳でつくる青かびタイプのチーズ

Danemark [ダヌマールク] 固 男 デンマーク

danger [ダンジェ] 男 危険

dangereux,se [ダンジュルー, ーズ] 形 〈男には単複同形〉 危ない, 危険な

danois,e [ダーヌワ, ーズ] 形 〈男には単複同形〉 ①デンマーク(Danemark)の／(à la) ~e デンマーク風(の)：スモークサーモンやにしんの酢漬などを使った料理用表現 ‖ danois 男 デンマーク語 ‖ Danois,e 男 女 〈男は単複同形〉 デンマーク人

dans [ダン] 前 ①…の中に, …の中で／~ la cuisine キッチンで ②…に／~ la longueur 縦に／~ l'avenir 後日, 将来 ③…後に／(d'ici) ~ trois jours 明々後日／un an 今から1年後 ④«~ + 定冠詞付のフランス県名» …で, …では, …に, …へ／~ les Yvelines イヴリーヌ県では

danse [ダンス] 女 踊り, ダンス

dard [ダール] 男 うぐい：魚 = vandoise

dariole [ダリヨール] 女 ①ダリオル型, プリン型 ②フランジパーヌ：1) 折込パイ生地にフランジパーヌを詰めて焼いた円錐台形の菓子 2) ダリオル型でつくったフランなどのデザート, 料理

darjeeling [タルジーン] 男 ダージリン紅茶

darne [ダールヌ] 女 ①まぐろ, 鮭などの大きな魚の厚い輪切り, 筒切り／tailler (または détailler)...en ~ …を輪切りにする ②魚の切身

Darphin [ダルファン] 固 ポム・ダルファンを考案した料理人／pommes ~ ポム・ダルファン：千切りのじゃが芋を厚い円盤状にし, オーヴンで焼いた付合せ = paillasson de pommes, pommes pai'lasson

dartois [ダールトワ] 男 〈単複同形〉 ダルトワ：長方形のパイに詰物などをはさんだオードヴル, 菓子 = sausselse

date [ダートゥ] 女 日付／~ limite d'utilisation optimale 賞味期限：略は D.L.U.O.

daté,e [ダテ] 形 日付入の／«~,e du + 年月日» …付の

dater [ダテ] 動 日付を記入する／à ~ de... …以降／~ de... …にさかのぼる

datte [ダートゥ] 女 なつめやしの実

daube [ドーブ] 女 ①プロヴァンス地方の, 牛のワイン煮込み／~ provençale ②肉またはまぐろの蒸煮料理

daubé,e [ドベ] 形 蒸煮にした, ドーブにした

dauber [ドベ] 動 蒸煮にする, ドーブにする

daubière [ドビエール] 女 オーヴン用煮

込鍋

dauphin [ドファン] 男 ①いるか ②(フランスの) 皇太子 / pommes ～ 千切りにしたじゃが芋とバターを鍋に入れ、オーヴンで両面を焼いた料理 = pommes Annette ③ティエラーシュ地方の、香草入マロワルチーズ

dauphine [ドフィーヌ] 女 皇太子妃 / pommes ～ ポム・ドフィーヌ：ポム・デュシェスとシュー生地をまぜ小球状にして揚げた付合せ

Dauphiné [ドフィネ] 固 男 フランス南東部の地方

dauphinois,e [ドフィヌワ, ーズ] 形 〈男には単複同形〉ドフィネ地方 (Dauphiné) の / (à la) ～e ドフィネ風(の)：同地方の産物を使った料理の表現 ‖ dauphinoise 女 グラタン・ドフィノワ：じゃが芋と牛乳または生クリームのグラタン = gratin (à la)～e, gratin ～, pommes (de terre) à la ～e ‖ Dauphinois,e 男 女 〈男は単複同形〉ドフィネの人

daurade [ドラードゥ] 女 ヨーロッパへ鯛：黒鯛に似た魚 = coq de mer, dorade royale

davantage [ダヴァンタージュ] 副 いっそう、もっと

de [ドゥ] 前 〈母音または無音の h の前では d' となる〉①(所有, 所属) ～の / chair ～ poisson 魚の身 ②(主材料) …でできた, …の pâté ～ foie レバーのパテ ③(起源, 起点) …から / ～ Paris à Lyon パリからリヨンへ(まで) / ～ 9 à 5 heures 9 時から 5 時まで ④(主題) …について, …のことを / Il parle ～ la cuisine. 彼は料理について話している ⑤(受身形の動作主) …によって / Il est aimé ～ tous. 彼は皆から愛されている

dé [デ] 男 ①さいころ ②デ：さいころ形に切ったもの, さいのめ. 通常複数で用いる = cube / tailler en ～s デに切る

deauvillais,e [ドヴィレ, ーズ] 形 〈男には単複同形〉ドーヴィル (Deauville) の / (à la) ～e ドーヴィル風(の)：生クリームで煮た魚料理用表現 ‖ Deauvillais,e 男 女 〈男は単複同形〉ドーヴィルの人

Deauville [ドヴィール] 固 ドーヴィル：ノルマンディ地方の港町

déballage [デバラージュ] 男 荷ほどき

déballé,e [デバレ] 形 荷ほどきをした

déballer [デバレ] 動 荷ほどきする

débardage [デバルダージュ] 男 (肉などに巻いておいた)豚背脂を除くこと

débardé,e [デバルデ] 形 (肉などに巻いておいた)豚背脂を除いた

débarder [デバルデ] 動 (肉などに巻いておいた)豚背脂を除く

débarquement [デバールクマン] 男 下車, 下船, 上陸, 陸揚 / carte de ～ 入国カード

débarquer [デバールケ] 動 下車する, 下船する, 上陸する, 陸揚する

débarras [デバラ] 男 〈単複同形〉物置

débarrassage [デバラサージュ] 男 片づけ

débarrasser [デバラセ] 動 ①材料を鍋からバットなどに移す ②片づける, 邪魔なものを除く ③あいた皿やグラスをテーブルから除く

débile [デビール] 形 〈男女同形〉①虚弱な ②(話言葉)頭の悪い, ばかな

débit [デビ] 男 ①小売, 小売店 ②(水道などの)供給量 ③借方, デビット

débiter [デビテ] 動 ①肉などを細かく切る ②小売する ③売上伝票をきる

déboîtement [デブワートゥマン] 男 脱臼

déborder [デボルデ] 動 あふれる, はみ出す, 煮こぼれる

débouchage [デブーシャージュ] 男 (ワインの瓶の)開栓

débouché,e [デブーシェ] 形 開栓された ‖ débouché 男 (広いところへの)出口

déboucher [デブーシェ] 動 ①開栓する, (コルクの栓を)抜く, (ふさいでいるものを) 除く ②姿を現す ③帰着する ④(川などが)注ぐ, (道が)通じる

débouchoir [デブーシュワール] 男 (瓶の)栓抜 = tire-bouchon / ～ à champagne シャンパン用栓抜

débourbage [デブールバージュ] 男 ①魚の泥抜 ②醗酵前のぶどう搾汁の清澄

débourber [デブールベ] 動 ①魚の泥抜をする ②醗酵前のぶどう搾汁を清澄させる

debout [ドゥブー] 副 立って / manger ～ 立食いする / voir ～ 立見する

déboyauté,e [デブワヨーテ] 形 腸を除

いた
déboyauter [デブワョーテ] 動 腸を除く
débridé,e [デブリーデ] 形 ①はずした, 自由にした ②からげ糸をとった
débridement [デブリードゥマン] 男 ①解放 ②からげ糸を除くこと
débrider [デブリーデ] 動 ①はずす, 自由にする ②からげ糸を除く
débris [デーブリ] 男〈単複同形〉かけら, くず
débroché,e [デブローシェ] 形 串を抜いた
débrocher [デブローシェ] 動 串を抜く
débrouillard,e [デブルーヤール, ドゥ] 形 要領のいい ‖ débrouillard,e 男女 要領のいい人
débrouiller [デブルーイエ] 動 ①明らかにする ②知恵を貸す ‖ se ~ 代動59 (話言葉)何とかする, うまくやる
débuller [デビュレ] 動 濃い液体の入った容器をたたいて空気を抜く
début [デビュ] 男 初め, 始まり / au ~ 初めに / depuis le ~ はじめから
débutant,e [デビュタン, トゥ] 男女 初心者, 新米, 未熟者
débuter [デビュテ] 動 始まる, 始める
déca [デカ] 男 カフェインレスコーヒー:décaféiné の略
deçà [ドゥサー] 副 こちら側に, 手前に / en ~ de... …の手前に
décacheter [デカシュテ] 動5 ①(手紙などを)開く ②(ワイン用瓶の口金を)除く
décaféiné,e [デカフェイネ] 形 カフェインを除いた ‖ décaféiné 男 カフェインレスコーヒー = café ~, déca
décalage [デカラージュ] 男 食違い, ずらすこと, ずれ / ~ horaire 時差
décalé,e [デカレ] 形 ずらした
décaler [デカレ] 動 ずらす
décalotté,e [デカロテ] 形 切った → décalotter
décalotter [デカロテ] 動 (トマトやレモンなどの上部を水平に)切る
décantage [デカンタージュ] 男 (瓶入ワインの)澱引(勢)する = décantation
décantation [デカンタスィヨン] 女 = décantage
décanter [デカンテ] 動 ①上澄みをとる / ~ le beurre clarifié バターを溶し, 上澄みの脂肪分だけすくい取る /

~ la viande 肉を煮汁から取出す ② (瓶入ワインの)澱引(勢)する ③ブーケガルニなど供しない材料を取除く
décapsuler [デカプスュレ] 動 (瓶の王冠を)抜く
décapsuleur [デカプスュルール] 男 (瓶の王冠用)栓抜
décarcassé,e [デカールカセ] 形 (鶏などを)ガラ抜きした
décarcasser [デカールカセ] 動 (鶏などの)ガラを抜く
décéder [デセデ] 動36 死亡する, 亡くなる
décembre [デサーンブル] 男 12月 / en ~, au mois de ~ 12月に
décerclage [デセルクラージュ] 男 セルクル型から抜くこと
décerclé,e [デセールクレ] 形 セルクル型から抜いた
décercler [デセールクレ] 動 セルクル型から抜く
décerner [デセールネ] 動 授ける / ~ un honneur 表彰する
décès [デセ] 男 死亡, 逝去
décevant,e [デスヴァン, トゥ] 形 期待はずれの
décevoir [デスヴワール] 動38 がっかりさせる
décharger [デシャルジェ] 動25 (荷物を)降す
déchet [デシェ] 男 ①減ること, 減らすこと ②落ちこぼれ, くず / ~s 廃棄物
déchiquetage [デシクタージュ] 男 ①(肉などを)ばらばらにすること ②ぎざぎざの切込を入れること
déchiqueté,e [デシクテ] 形 ①ばらばらにした ②ぎざぎざの切込を入れた
déchiqueter [デシクテ] 動 ①ばらばらにする ②ぎざぎざの切込を入れる
déchirer [デシレ] 動 裂く, 破る ‖ se ~ 代動59 裂ける, 破れる
décider [デスィデ] 動 決める, 決定する ‖ se ~ 代動59 «se ~ à + 不定詞» …することを決心する
décilitre [デスィリートゥル] 男 10分の1リットル, デシリットル:記号はdl
déclaration [デクララスィヨン] 女 ①公表, 声明, 宣言 ②申告, 申請, 届出 / ~ de perte 紛失届 / ~ de vol 盗難届
déclarer [デクラーレ] 動 ①公表する, 宣言する, 表明する ②申告する, 申請

する，届出る

déclassement [デクラースマン] 男 ワインの格下げ

déclencheur [デクランシュール] 男 始動装置，(カメラの)シャッター／~ automatique (カメラの)セルフタイマー

déclinaison [デクリネゾーン] 女 ①(文法での)性・数・格の語尾変化 ②デクリネゾン：同じ材料を異なった調理法でつくったものを盛合せた料理用表現

décoction [デコクスィヨン] 女 ①煎じ出すこと ②(成分を煮出して取る)出汁

décollage [デコラージュ] 男 離陸

décollé,e [デコレ] 形 はがした

décollement [デコルマン] 男 はがすこと，剥離／~ de la rétine 網膜剥離

décoller [デコレ] 動 ①はがす ②離陸する ③(塩漬前に鱈(²)の頭を)切離す

décolorant,e [デコロラン, トゥ] 形 脱色の，漂白の ‖ décolorant 男 脱色漂白剤

décoloration [デコロラスィヨン] 女 退色，脱色，漂白，無色

décoloré,e [デコロレ] 形 脱色した

décolorer [デコロレ] 動 脱色する

décomposé,e [デコンポゼ] 形 ①分解した ②腐った

décomposer [デコンポゼ] 動 ①分解する ②腐らせる ‖ se ～ 代動59 ①分解される ②腐る

décomposition [デコンポズィスィヨン] 女 ①分解 ②腐敗

décongélation [デコンジェラスィヨン] 女 解凍

décongelé,e [デコンジュレ] 形 解凍した

décongeler [デコンジュレ] 動5 解凍する

décoquillage [デコキヤージュ] 男 (貝の)殻をむくこと = décoquillement

décoquillé,e [デコキエ] 形 (貝の)殻をむいた

décoquillement [デコキーユマン] 男 (貝の)殻をむくこと = décoquillage

décoquiller [デコキエ] 動 (貝の)殻をむく

décor [デコール] 男 飾り，装飾

décorateur,rice [デコラトゥール, リース] 男女 デザイナー，内装屋

décoratif,ve [デコラティー・フ, ヴ] 形 装飾的な

décoration [デコラスィヨン] 女 ①装飾，デコレーション ②勲章

décoratrice → décorateur,rice

décoré,e [デコレ] 形 ①飾った ②叙勲された

décorer [デコレ] 動 ①飾る ②叙勲する，勲章を授ける

décorticage [デコルティカージュ] 男 むくこと → décortiquer

décortiqué,e [デコールティケ] 形 殻を取った，搗(²)いた，むいた

décortiquer [デコールティケ] 動 ①脱穀する ②(海老や穀物の殻を)むく

découenné,e [デクワーネ] 形 豚皮を除いた

découenner [デクワーネ] 動 豚皮を肉から除く

découpage [デクーパージュ] 男 ①カーヴィング：肉などの卓上での切分け ②(新聞などの)切抜

découpe [デクープ] 女 切ること，肉のカット

découpé,e [デクーペ] 形 切った → découper

découper [デクーペ] 動 ①切取る，切抜く ②切分ける，カーヴィングする ③調理用に，ある大きさに切分ける

découpeur,se [デクープール, ズ] 男女 レストランサービスでの切分け係

découpoir [デクープワール] 男 型抜器，抜型／~ à caramels キャラメル型／~ à vol-au-vent ヴォロ・ヴァン型／~ ovale 楕円型／~ ovale cannelé ぎざつき楕円型／~ rond uni 丸型／~ rond cannelé ぎざつき丸型

découvert,e [デクーヴェール, トゥ] 形 ①発見された，見つかった ②覆われていない，むきだしの／à ～ 蓋をしないで

découvrir [デクーヴリール] 動29 ①発見する，見つける ②覆いを取る，蓋を取る

décret [デークレ] 男 政令

décrire [デクリール] 動18 (文で)描写する

décrocher [デクローシェ] 動 ①はずす／~ de... …から切離す ②受話器を取る

décroître [デクルワートゥル] 動12 〈備考〉減少する，弱まる

déçu,e [デスュ] 形 がっかりした

décuire [デキュイール] 動11 ①(煮詰りすぎたジャムやソースを水で)薄める ②砂糖を熱して好みの温度を超えた

décuit,e [デキュイ, ートゥ] 形 薄めた → décuire

décuvage [デキュヴァージュ] 男 酸酵後のワインをマールと分けるために行う樽替

dedans [ドゥダン] 副 内部に, 中に ‖ dedans 男 内部

dédommagement [デドマージュマン] 男 損害賠償, 弁償

dédommager [デドマジェ] 動 25 損害賠償する, 弁償する

dédouanement [デドゥワーヌマン] 男 関税の支払, 通関

dédouaner [デドゥワーネ] 動 通関する

dédoubler [デドゥーブレ] 動 ①(二重のものを) 一重にする ②アルコールを水で割る

déduction [デデュクスィヨン] 女 差引, 控除, 割引

déduire [デデュイール] 動 11 差引く, 割引く

déesse [デエース] 女 女神

défaire [デフェール] 動 21 ①壊す, 乱す ②(荷物を) 解く, (キャベツの葉など) をはがす, (ひもなどを) 解く

défait,e [デフェ, ートゥ] 形 解いた, はがした, ほぐした ‖ défaite 女 負け, 落選

défarde [デファールドゥ] 女 ドフィネ地方の, 仔牛または仔羊の内臓煮込＝deffarde, delfarde

défaut [デフォ] 男 欠乏, 不足, 欠点, 欠陥

défendre [デファーンドゥル] 動 39 ①防ぐ, 守る ②禁じる

défendu,e [デファンデュ] 形 禁止の, 禁止された

défense [デファーンス] 女 ①防御 ②禁止/ «D～ de ＋不定詞» …禁止: 掲示/ D～ de circuler 通行禁止/ D～ de stationner 駐車禁止

deffarde = défarde

déficit [デフィスィートゥ] 男 ①赤字 ②欠乏, 不足

déficitaire [デフィスィテール] 形〈男女同形〉①赤字の ②不作の, 不足の

défilé [デフィレ] 男 ①縦列行進 ②ファッションショー ＝ ～ de mannequins

défini,e [デフィニ] 形 定義された

définitif,ve [デフィニティーフ, ヴ] 形 最終的な, 決定的な

déformation [デフォルマスィヨン] 女 変形, 歪み

déformé,e [デフォルメ] 形 変形した

déformer [デフォルメ] 動 歪める ‖ se ～ 代動 59 変形する, 歪む

défourné,e [デフールネ] 形 オーヴンから出した

défournement [デフールヌマン] 男 パンなどの窯出(かまだし), オーヴンから出すこと

défourner [デフールネ] 動 オーヴンから出す

dégagé,e [デガジェ] 形 覆われていない, 解放された, 自由な, 障害のない/ ciel ～ 晴上がった空

dégagement [デガージュマン] 男 ①排除 ②(義務などの) 免除

dégager [デガジェ] 動 25 ①片づける, 取除く, 排除する, はずす ②(義務などを) 免除する ‖ se ～ 代動 59 解放される, 熱やにおいを発する

dégarnir [デガルニール] 動 4 飾りや付合せを取除く

dégats [デガ] 男複 被害/ causer des ～ 被害を与える/ subir des ～ 被害を受ける

dégelé,e [デジュレ] 形 解凍した, 溶けた

dégeler [デジュレ] 動 5 溶かす, 解凍する, (氷や雪が) 溶ける ‖ se ～ 代動 5 59 ①(氷や雪が) 溶ける ②(緊張が) 解ける

dégermage [デジェルマージュ] 男 芽を除くこと

dégermé,e [デジェルメ] 形 ①(にんにくの) 芽を除いた ②芽を摘取った

dégermer [デジェルメ] 動 ①(にんにくの) 芽を除く ②芽を摘取る

dégivrage [デジヴラージュ] 男 霜取

dégivrer [デジーヴレ] 動 霜取をする

déglaçage [デグラサージュ] 男 デグラセすること → déglacer

déglacé,e [デグラセ] 形 デグラセした → déglacer

déglacer [デグラセ] 動 32 デグラセする: 1) 鍋の底についた肉汁などのうま味を液体で溶かす 2) アイシングをつくる際, 鍋に残った分を水で溶かす

dégorgé,e [デゴルジェ] 形 デゴルジェした → dégorger

dégorgement [デゴールジュマン] 男 デゴルジェすること → dégorger

dégorger [デゴルジェ] 動25 デゴルジェする：1)肉,魚,内臓を水にさらして臭みや不純物,血を取除く 2)野菜に塩をふって,あくや余分な水分を除く 3)かたつむりに塩をふり不純物を除く 4)シャンパンの澱(ホッ)を口抜きする

dégoûtant,e [デグータン, トゥ] 形 ひどく不愉快な,むかつくような

dégoûter [デグーテ] 動 嫌にさせる,きらいにする

dégoutter [デグーテ] 動 滴(ュセ)る, 垂れる

dégrader [デグラーデ] 動 ①傷める ②降格させる ‖ se ~ 代動59 (状況・心身などが)悪くなる

dégraissage [デグレサージュ] 男 デグレセすること → dégraisser

dégraissé,e [デグレーセ] 形 デグレセした → dégraisser

dégraisser [デグレーセ] 動 ①デグレセする：1)余分な脂肪を包丁で切除く 2) 加熱中に溶け出た脂肪を取除く 3) カラメルをつくるとき,鍋に残った分を湯で溶かして落す ②油状変質した白ワインにタンニンを加えて澱(ホッ)を除き,硫黄処理する

dégraissi [デグレースィ] 男 ブイヨンなどから除いた余分な油脂

degré [ドゥグレー] 男 段階, 度/~ alcoolique, ~ d'alcool アルコール度/~ Baumé ボーメ度：比重の単位/brix ブリックス度：100g中の当該物濃度/~ en densité 現在使用されている比重糖度数

dégrisement [デグリーズマン] 男 酔いざめ,さめた様子

dégriser [デグリーゼ] 動 酔いをさます ‖ se ~ 代動59 酔いがさめる

déguisé,e [デギィゼ] 形 ①扮装した,変装した,偽装した ②フルーツなどに砂糖をかけた/ fruit ~ アイシングなどをかけてくるんだフルーツ

déguisement [デギーズマン] 男 仮装,変装

déguiser [デギゼ] 動 ①扮装させる,変装させる,偽装する ②材料の姿がわからないように変える ‖ se ~ 代動59 扮装する,変装する

dégustateur,rice [デギュスタトゥール, リース] 男女 ワイン,チーズなどの味の鑑定家 = goûteur,se

dégustation [デギュスタスィヨン] 女 味見, 試飲, 試食/~ à l'aveugle （ワインなどの)ブラインドテスト

déguster [デギュステ] 動 味を見る,試飲する,試食する

dehors [ドゥオール] 副 屋外で,外に ‖ dehors 男〈単複同形〉外

déjà [デジャ] 副 ①すでに,もう ②以前

déjeuner [デジュネ] 男 午餐, 昼食/~ d'affaires ビジネスランチ/ petit ~ 朝食/ prendre le ~ 昼食をとる ‖ déjeuner 動 昼食をとる,朝食をとる

déjointage [デジュワンタージュ] 男 (関節での)切離し

déjointé,e [デジュワーンテ] 形 (関節で)切った

déjointer [デジュワーンテ] 動 (鶏などの四肢を)関節で切離す

délai [デレ] 男 期間, 猶予

délardé,e [デラールデ] 形 肉に刺した豚背脂を取除いた

délardement [デラールドゥマン] 男 肉に刺した豚背脂を取除くこと

délarder [デラールデ] 動 肉に刺した豚背脂を取除く

délayé,e [デレイエ] 形 溶いた,のばした,ゆるめた

délayer [デレイエ] 動31 ①(小麦粉などを水で)溶く,のばす,ゆるめる ②液体をまぜる

delfarde [デルファールドゥ] 女 = défarde

délicat,e [デリカ, トゥ] 形 ①繊細な ②敏感な ③微妙な ④もろい

délicatement [デリカトゥマン] 副 慎重に,繊細に,そっと,微妙に

délicatesse [デリカテース] 女 繊細さ

délice [デリース] 男 ①(大きな喜びのもととなる)美味 ②デリス：ケーキやチーズなどがうまそうに思えるようにつける名称 = délicieux ‖ délices 女複 悦楽

délicieux,se [デリスィユー, ズ] 形〈男には単複同形〉 ①おいしい,味のある ②甘美な,ここちよい,とても感じのよい ‖ délicieux 男〈単複同形〉デリス = délice/~ lyonnais リヨンのドライフルーツ入メレンゲのデザート

délié,e [デリエ] 形 ①ほっそりした ②繊細な ③ほどけた

délier [デリエ] 動 ①解く,ほどく ②解放する

deltaplane [デルタプラーヌ] 男 ハンググライダー

déluge [デリュージュ] 男 どしゃぶり

demain [ドゥマン] 男 または 副 明日/À ~. また明日ね/~ matin 明朝

demande [ドゥマーンド] 女 ①依頼，願い，要求 ②申請書，申込書

demander [ドゥマンデ] 動 ①求める，要求する ②頼む，依頼する ③注文する ④質問する，尋ねる ‖ se ~ 代動59 自問する

démangeaison [デマンジェゾン] 女 かゆみ

démanger [デマンジェ] 動25 かゆい

démaquillant,e [デマキヤン, トゥ] 形 化粧落し用の/ crème ~e クレンジングクリーム ‖ démaquillant 男 クレンジング乳液

démarche [デマールシュ] 女 ①歩き方 ②展開 ③進め方, 手続

démarrage [デマラージュ] 男 発車

démarrer [デマレ] 動 ①発車する ②(話言葉)始める

démêlant [デメラン] 男 (シャンプー後の)リンス

démembré,e [デマーンブレ] 形 (動物の四肢を)切分けた

démembrement [デマーンブルマン] 男 (動物の四肢を)切分けること

démembrer [デマーンブレ] 動 (動物の四肢を)切分ける = sectionner

déménagement [デメナージュマン] 男 引越, 引越荷物

déménager [デメナジェ] 動25 引越する

Déméter [デメテール] 固 女 デメテル：ギリシア神話，穀物と大地の女神

demeurer [ドゥムーレ] 動 ①住む ②残る，…のままである

demi- [ドゥミ] 接頭 半分の, 不完全な, 未完成の, を意味する合成語をつくる

demi,e [ドゥミ] 形 半分の ‖ demi 男 ①半分，半ば, 2分の1 ②(小ジョッキ入)生ビール ‖ demie 女 半(時間)/ deux heures et ~e 2時30分

demi-bouteille [ドゥミ ブーテーユ] 女 〈複 ~-~s〉ハーフボトル

demi-carcasse [ドゥミ カルカース] 女 〈複 ~-~s〉半丸：牛などの半身

demi-cercle [ドゥミ セールクル] 男 〈複 ~-~s〉半円/ en ~ 半円(形)の

demi-circulaire [ドゥミ スィルキュレール] 形 〈男女同形〉半円(形)の

demi-deuil [ドゥミ ドゥーユ] 男 〈複 ~-~s〉①半喪, 半喪服 ②ドゥミ・ドゥイユ：白と黒の斑付/ en ~ ドゥミ・ドゥイユ風(に, の)

demi-diamètre [ドゥミ ディヤメートゥル] 男〈複 ~-~s〉半径

Demidof(f) [ドゥミドフ] 固 男 アナトール・ドゥミドフ皇子：19世紀, ロシアの貴族 ‖ Demidof 形 ドゥミドフ風(の)：トリュフなどを使った豪華な料理用表現 = Demidov

demi-doux [ドゥミ ドゥー] 男 〈単複同形〉アルコール分が最低16％の天然半甘口ワイン

demi-douzaine [ドゥミ ドゥーゼーヌ] 女 〈単複同形〉半ダース

Demidov = Demidof(f)

demi-écrémé,e [ドゥミ エクレーメ] 形 半脱脂の

demi-étuvé [ドゥミ エテュヴェ] 男 6～12ヶ月熟成させたエダムチーズ = demi-vieux

demi-étuvée [ドゥミ エテュヴェ] 女 6～12ヶ月熟成させたブール・ド・リルチーズ = demi-vieille

demi-feuilletage [ドゥミ フーユタージュ] 男 〈複 ~-~s〉①折込パイ生地の半分の回数だけ折ったパイ生地 ②二番折込パイ生地：折込パイ生地の切落しを丸め, 再びのばした生地

demi-finale [ドゥミ フィナール] 女 〈複 ~-~s〉準決勝

demi-glace [ドゥミ グラース] 女 〈複 ~-~s〉ドゥミ・グラス：煮詰めたソース・エスパニョールにマデラ酒を加えたソース = sauce ~

demi-gros [ドゥミ グロー] 男 〈単複同形〉仲卸

demi-heure [ドゥミ ユール] 女 〈複 ~-~s〉半時間

demi-journée [ドゥミ ジュールネ] 女 〈複 ~-~s〉半日

demi-litre [ドゥミ リートゥル] 男 〈複 ~-~s〉半リットル

demi-lune [ドゥミ リューヌ] 女 〈複 ~-~s〉半月/ en ~ 半月形に, 半月形の

demi-panaché [ドゥミ パナシェ] 男 生ビールをレモナードで割った飲物

demi-pension [ドゥミ パンスィヨン] 女

demi-portion

〈複 ~-~s〉①学校給食②朝食付下宿

demi-portion [ドゥミポルスィヨン] 女 〈複 ~-~s〉ハーフポーション

demi-sec [ドゥミセーク] 形 〈男にのみ用いる, 複には~-~s〉①(ワインなどが)セミドライ, 半辛口②(シャンパンが)甘口の

demi-sel [ドゥミセール] 形 〈不変〉甘塩の ‖ demi-sel 男 塩味のフレッシュチーズ

démission [デミスィヨン] 女 辞職

démissionner [デミスィヨネ] 動 辞職する, 辞める

demi-tour [ドゥミトゥール] 男 〈複 ~-~s〉逆戻り, Uターン

demi-vieille [ドゥミヴィエーユ] 女 6~12ヶ月熟成させたブール・ド・リルチーズ = demi-étuvée

demi-vieux [ドゥミヴュー] 男 6~12ヶ月熟成させたエダムチーズ = demi-étuvé

démocratie [デモクラースィ] 女 民主主義

démocratique [デモクラティーク] 形 〈男女同形〉民主主義の, 民主的な

démodé,e [デモデ] 形 流行遅れの

demoiselle [ドゥムワゼール] 女 ①未婚の女性②お嬢さん③レインボーベラ:べらの種類 = girelle ④ノルマンディ地方で獲れる小さなオマール海老⑤南西フランスの, 鴨やがちょうのコンフィの残りのガラのグリル料理

démonstrati f,ve [デモンストゥラティー・フ,ヴ] 形 指示の / adjectif ~ 指示形容詞

démonstration [デモンストゥラスィヨン] 女 ①証明, 実証②実演, デモンストレーション

démonter [デモンテ] 動 分解する

démoulage [デムーラージュ] 男 型抜することス

démoulé,e [デムーレ] 形 型から抜いた

démouler [デムーレ] 動 型からはずす

dénervé,e [デネルヴェ] 形 デネルヴェした → dénerver

dénervement [デネールヴマン] 男 デネルヴェすること → dénerver

dénerver [デネルヴェ] 動 デネルヴェする:肉, レバーなどの血管や筋を除く

dénomination [デノミナスィヨン] 女 名称, タイトル, 命名

dénoyautage [デヌワヨタージュ] 男 種を取ること

dénoyauté,e [デヌワヨテ] 形 種を取った

dénoyauter [デヌワヨテ] 動 種を取る

dénoyauteur [デヌワヨトゥール] 男 種抜器 = énoyauteur

denrées [ダンレ] 女複 食料品 = ~ alimentaires

dense [ダーンス] 形 〈男女同形〉濃い, 濃厚な, 密な

densimètre [ダンスィメートゥル] 男 塩水濃度計, 比重計 = pèse-saumure

densité [ダンスィテ] 女 ①濃さ, 濃度②比重, 密度 = ~ relative

dent [ダン] 女 ①歯 / avoir mal aux ~s 歯が痛い②歯状のもの / ~ de loup:1)三角形にしたパイやトーストまたはゼリーで皿を縁どった飾り 2)ビスケットの種類

dentaire [ダンテール] 形 〈男女同形〉歯科の, 歯の

dent-de-chien [ダンドゥシヤーン] 女 〈複 ~s-~-~〉片栗 / farine de ~ 片栗粉

dent-de-lion [ダンドゥリヨーン] 女 〈複 ~s-~-~〉たんぽぽ = pissenlit

denté [ダンテ] 男 ヨーロッパ黄鯛 = denti

dentelé,e [ダーントゥレ] 形 ぎざぎざの, ぎざぎざになった

dentelle [ダンテール] 女 レース / papier ~ レースペーパー = ~ de papier

dentelure [ダントゥリュール] 女 ぎざぎざ

denti [ダンティ] 男 = denté

dentier [ダンティエ] 男 入歯

dentifrice [ダンティフリース] 形 〈男女同形〉歯磨の / pâte ~ 練歯磨

dentiste [ダンティースト] 男 女 歯科医

dénutrition [デニュトゥリスィヨン] 女 栄養失調

déodorant,e [デオドラン,トゥ] 形 臭いを消す ‖ déodorant 男 防臭剤

dépanner [デパネ] 動 修理する

dépaqueter [デパクテ] 動 ⑦ (包を)解く, 開く

départ [デパール] 男 ①出発②最初, スタート, 始まり③発車④辞職⑤区別

département [デパールトゥマン] 男 ①県②課, 部

départemental,e [デパルトゥマンタール]

département 形 〈男複〉には départementaux [デパルトゥマントゥ]〉県の, 県立(の)

départementaux → départemental,e

dépassement [デパスマン] 男 ①追越 ②超過／～ de poids 重量超過

dépasser [デパセ] 動 ①追越す, 追抜く ②オーバーする, 超過する, はみ出す

dépecer [デープセ] 動5 〈備考〉大きな肉の塊を部位に切分ける

dépêcher [デペシェ] 動 急がせる ‖ se ～ 代動59 急ぐ

dépend [デパン] 動 → dépendre 39／il (または ça) ～ de... …次第である

dépendant,e [デパンダン, トゥ] 形 依存している, 従属している

dépense [デパンス] 女 消費, 出費

dépenser [デパンセ] 動 金を使う, 消費する

dépit [デピ] 男 悔しさ／en ～ de... …にもかかわらず

déplacement [デプラースマン] 男 ①移転, 移動 ②出張, 通勤 ③人事異動

déplacer [デプラーセ] 動32 位置を変える, 移動させる ‖ se ～ 代動3259 移動する

déplaire [デプレール] 動33 気に入らない

déplaisant,e [デプレザン, トゥ] 形 嫌な, 感じの悪い, 不快な

dépliant [デプリヤーン] 男 (折畳)パンフレット

déplier [デープリエ] 動 (畳んであるものを)開く, 広げる

déplumé,e [デプリューメ] 動 羽の抜けた, 羽をむしられた = plumé,e

déplumer [デプリューメ] 動 羽をむしる = plumer

dépoli,e [デポリ] 形 艶消しの

déposé,e [デポゼ] 形 登録した

déposer [デポゼ] 動 ①(手に持っていたものを) 置く, 下ろす ②(人を車から) 降ろす ③託す ④登録する ⑤証言する ⑥提出する ⑦沈澱させる ‖ se ～ 代動59 沈澱する

dépôt [デポ] 男 ①置くこと ②委託, 委託物, 供託 ③(商標登録)の登録 ④預金, 保証金 ⑤倉庫, 貯蔵庫, 保管場所 ⑥澱(おり), 沈澱物／～ du vin ワインの澱

dépouillage [デプーヤージュ] 男 剝(は)ぐこと = dépouillement → dépouiller

dépouillé,e [デプーイエ] 形 デプイエした → dépouiller

dépouillement [デプーユマン] 男 デプイエすること = dépouillage → dépouiller

dépouiller [デプーイエ] 動 ①デプイエする: 1) うさぎや魚などの皮を剝(は)ぐ = écorcher 2) 煮詰める際にあくや浮脂をとる ②脱がせる ③奪う ④精査する ‖ se ～ 代動59 ワインの澱(おり)が沈澱する

dépression [デプレスィヨン] 女 沈滞, 不況

depuis [ドゥピュイ] 前 ①…以来, …から, …来(らい)／～ lors それ以来／～ vingt ans 20年来②その後

dérailleur [デラユール] 男 (自転車の)変速器

dérangement [デランジュマン] 男 ①混乱, 乱雑 ②故障 ③邪魔

déranger [デランジェ] 動25 ①散らかす, 乱す ②(調子を) 狂わす ③邪魔する, 迷惑をかける

derby [デールビ] 男 ①ダービー: イギリスの競馬 ②イギリスの, セージをまぜることもあるチーズ

déréglé,e [デレグレ] 形 調子の狂った

dérivé,e [デリヴェ] 形 ①(水の流れを)そらした ②派生した／sauce ～e 派生ソース

dermatite [デルマティートゥ] 女 皮膚炎／～ atopique アトピー性皮膚炎

dermatologie [デルマトロジ] 女 皮膚科

dermatose [デルマトーズ] 女 皮膚病

dernier,ère [デルニエ, ール] 形 ①最近の, 最後の ②先の, 前の／l'an ～ 去年／le mois ～ 先月／la semaine ～ère 先週

dernièrement [デルニエールマン] 副 近頃

dérober [デロベ] 動 ①こっそり盗む ②隠す, かくまう ③そら豆の皮をむく ④トマトの皮をむく = monder ⑤ゆでたじゃが芋の皮をむく

dérouiller [デルーイエ] 動 さびを落す

déroulé,e [デルーレ] 形 (巻いたものを)のばした

dérouler [デルーレ] 動 ①(巻いたものを)のばす ②展開する

derrière [デリエール] 前 (時間, 場所)…の後ろに, …の次に ‖ derrière 男

①後ろ,裏,後部 ②(話言葉)尻

des [デ]冠 幾つかの,幾人かの:複数の不定の数を示し,複数形名詞に付く不定冠詞／~ carottes (何本かの)にんじん ‖ des:前置詞 de と複数定冠詞の les との縮約形／les arêtes des poissons (どれかわかっている複数の)魚の(複数の)骨

dés → dé

dès [デ]前 …以来,…からすぐ／«~ que +不定詞または文» …するや否や／~ que possible できるだけ早く

désagréable [デザグレアーブル]形〈男女同形〉嫌な,感じの悪い,不快な

désarêté,e [デザレテ]形 (魚の)骨を除いた

désarêtement [デザレートゥマン]男 (魚の)骨の除去

désarêter [デザレテ]動 (魚の)骨を除く

désarticulation [デザルティキュラスィヨン]女 ①脱臼 ②(関節での)切断 ③分解

désarticuler [デザルティキュレ]動 ①脱臼させる ②(関節から)切離す ‖ se ~ 代動59 脱臼する

descendant,e [デサンダン,トゥ]形 下りの,下降の ‖ descendant,e 男女 子孫

descendre [デサーンドゥル]動39 降りる,降す,下がる

descente [デサーントゥ]女 降りること,下り／~ de bain バスマット

description [デスクリプスィヨン]女 ①記述,描写 ②明細書,目録,一覧表 ③地誌

désenivrer [デザンニヴレ]動 酔いをさます ‖ se ~ 代動59 酔いがさめる

déséquilibre [デゼキリーブル]男 アンバランス,不安定／~ alimentaire 偏食

déséquilibré,e [デゼキリーブレ]形 アンバランスな,不安定な

désert,e [デゼール,トゥ]形 ①無人の ②ひとけのない ③精彩のない ‖ désert 男 ①砂漠 ②(楽しいことの)何もない場所 ③虚無

déshabiller [デザビエ]動 (服を)脱がせる ‖ se ~ 代動59 (服を)脱ぐ

déshydratant [デズイドゥラターン]男 乾燥剤,吸湿剤

déshydrater [デズイドゥラテ]動 脱水する

désinfecter [デザンフェクテ]動 消毒する

désinfection [デザンフェクスィヨン]女 消毒

désir [デズィール]男 願望

désirer [デズィレ]動 願う／«~ +不定詞» …(し)たい

désolant,e [デゾラン,トゥ]形 嘆かわしい

désolé,e [デゾレ]形 ①困惑した／être ~e de... …を残念に思う ②荒廃した ③悲しみにくれた

désoler [デゾレ]動 悲しませる,困らせる

désordonné,e [デゾールドネ]形 乱れた

désordre [デゾールドゥル]男 混乱,無秩序／en ~ 乱雑な,乱雑に

désossé,e [デゾセ]形 デゾセした,骨抜きにされた → désosser

désossement [デゾースマン]男 デゾセすること → désosser

désosser [デゾセ]動 ①デゾセする:肉に付いている骨を除く ②魚の中骨を取除く

dessalé,e [デサレ]形 塩抜した

dessalement [デサールマン]男 塩抜き

dessaler [デサレ]動 塩抜きする

desséché,e [デセシェ]形 乾燥させた

dessèchement [デセーシュマン]男 乾燥

dessécher [デセシェ]動36 ①乾燥させる ②へらなどで鍋をかきまぜて余分な水分をとばす ‖ se ~ 代動36 59 乾燥する

desserrer [デセレ]動 ゆるめる ‖ se ~ 代動59 たるむ,ゆるむ

dessert [デセール]男 デザート

desserte [デセールトゥ]女 ①(交通の)便 ②配膳及び片付用ワゴン ③他の料理として供することができる残り物

desservi,e [デセールヴィ]形 運航している

desservir [デセルヴィール]動30 ①(電気,ガス,電車などが)通じる,(廊下などが)連絡している ②皿を下げる,食卓を片づける

dessiccatif [デスィカティーフ]男 乾燥剤

dessiccation [デスィカスィヨン]女 凍結乾燥,フリーズドライ

dessin [デサン]男 素描,図面,デザイン,デッサン／~ animé アニメ,動画

dessinateur,rice [デスィナトゥール,リース]男女 デザイナー

dessinatrice → dessinat*eur,rice*

dessiné,e [デシネ] 形 デザインされた，デッサンされた

dessiner [デシネ] 動 単色で描く，デッサンする，デザインする

dessous [ドゥスー] 副 下に，下のほうに ‖ dessous 男 ①下②階下③下着 = sous-vêtement ④瓶用マット

dessous-de-bouteille [ドゥスー ドゥ ブーテーユ] 男〈単複同形〉瓶敷，ボトルマット

dessous-de-plat [ドゥスー ドゥ プラー] 男〈単複同形〉(熱い料理皿の下の)敷皿

dessous-de-verre [ドゥスー ドゥ ヴェール] 男〈単複同形〉コースター，コップ敷

dessus [ドゥスュー] 副 上に，その上に ‖ dessus 男 ①上階②テーブルクロス

dessus-de-lit [ドゥスュ ドゥ リ] 男〈単複同形〉ベッドカバー

dessus-de-plat [ドゥスュー ドゥ プラー] 男〈単複同形〉(保温用)ディッシュカバー

destinataire [デスティナテール] 男女 宛先人

destination [デスティナスィヨン] 女 宛先，目的地，配達先／à ~ de... …行きの

destiné,e [デスティネ] 形 向けられた，割当てられた ‖ destinée 女 運命

destiner [デスティネ] 動 ①用途に当てる，(…のために)用意する②運命づける

détachage [デタシャージュ] 男 ①切離し②染抜

détachant [デタシャン] 男 クリーナー，染抜，汚れ落し

détaché,e [デタシェ] 形 ①切離された②執着しない

détacher [デタシェ] 動 ①切離す②引離す③染抜する

détail [デターユ] 男 ①細部，詳細，ディテール／en ~ 詳しく②小売

détaillé,e [デタイエ] 形 ①詳しい②細かく切った

détailler [デタイエ] 動 ①好みの大きさに小さく切る，切分ける，小分けする②小売する③詳細に述べる

détaxation [デタクササスィヨン] 女 免税

détaxe [デタクス] 女 免税手続

détaxé,e [デタークセ] 形 免税された

déteindre [デタンドゥル] 動 14 (色が)あせる

déteint,e [デタン,トゥ] 形 (色が)あせた

détendre [デタンドゥル] 動 39 ①ゆるめる，和らげる②煮詰めすぎたソースなどに水分を加える③生地やまぜ合せた材料に水分を加えて柔らかくする ‖ se ~ 代動 39 59 (緊張が)ゆるむ

détendu,e [デタンデュ] 形 ゆるめた

détente [デタ－ントゥ] 女 ①(緊張の)ゆるみ②計量と整形の間にパン生地を休ませている時間

détergent,e [デテールジャン,トゥ] 形 洗浄の ‖ détergent 男 クレンザー，洗剤

détérioration [デテリヨラスィヨン] 女 悪化，破損

déterminer [デテルミネ] 動 ①決める，決定する②決心させる③原因となる

détester [デテステ] 動 嫌う

détour [デトゥール] 男 回り道

détourné,e [デトゥールネ] 形 ①遠回りな②間接的な

détournement [デトゥールヌマン] 男 方向転換

détourner [デトゥールネ] 動 ①方向転換する②遠回りさせる③曲解する

détraqué,e [デトゥラーケ] 形 調子が狂った

détrempe [デトゥラーンプ] 女 デトランプ：1)小麦粉と水だけの基本生地 2)鍋のふたの密閉用生地 = repère

détremper [デトゥラーンペ] 動 デトランプをつくる → détrempe

détresse [デトゥレス] 女 苦しみ，悩み

détroit [デートゥロワ] 男 海峡

dette [デートゥ] 女 ①借金，負債②公債③義理

deuil [ドゥーユ] 男 ①哀悼②悲嘆③喪章，喪服④喪，喪中⑤葬列

Deutz [ドゥース] 固 シャンパンメーカーの名称

deux [ドゥー] 形〈不変〉2の，2つの ‖ deux 男〈単複同形〉①2，2つ②(日付の)2日，2号室，2番地，2分

deuxième [ドゥズィエーム] 形〈男女同形〉第2の，2番めの ‖ deuxième 男女 2番め ‖ deuxième 男 2分の1

deuxièmement [ドゥズィエームマン] 副 第2に

deux-livres [ドゥー リーヴル] 男〈単複同形〉バゲットより太いパン = pain d'un kilo

deux-point [ドゥー プワーン] 男〈複 ~s-

Deux-Sèvres [ドゥー セーヴル] 男 AOC バターの商標名

devai- → devoir 16

devant [ドゥヴァーン] 前 …の前に，…の前で ‖ devant 男 前部，前 ‖ devant 現分 → devoir 16

devanture [ドゥヴァンテュール] 女 ①正面，店先 ②ショーウィンドー

développement [デヴロープマン] 男 ①開発，展開，発達，発展 ②膨張

développer [デヴロペ] 動 発達させる，発展させる ‖ se 〜 代動 59 ①成長する，のびる，発達する，発展する ②加熱や醗酵などにより量が増す

devenir [ドゥヴニール] 動 47 (身分や職業など)…になる

déverser [デヴェールセ] 動 ①あふれ出る，注ぐ，流す，放出する ②傾く，反る

devez → devoir 16

devi- → devoir 16

déviation [デヴィヤスィヨン] 女 ①それること ②迂回，バイパス ③逸脱

dévier [デヴィエ] 動 ①曲げる ②迂回させる，そらす，それる ③逸脱する

devis [ドゥヴィ] 男〈単複同形〉見積り

devise [ドゥヴィーズ] 女 ①外国為替，外国通貨 = 〜 étrangère ②格言，標語

devoir [ドゥヴワール] 動 16 ①«〜+不定詞» …しなければならない，…するつもりだ，…するはずだ，…にちがいない ②…を負っている ‖ devoir 男 義務，宿題，務め，役目

devons, devont → devoir 16

dévorer [デヴォレ] 動 がつがつ食べる

devr- → devoir 16

dextrine [デクストゥリーヌ] 女 デキストリン，糊精(こせい)：澱粉を分解して得られる成分

dextrose [デクストゥローズ] 男 ①ぶどう糖 ②水飴，グルコース = glucose

dezize-lès-maranges [ドゥズィーズ レマランジュ] 固 ブルゴーニュ地方，コート・ド・ボーヌ地区のAOC白，赤ワイン

diabète [ディヤベートゥ] 男 糖尿病

diabétique [ディヤベティーク] 男女 糖尿病患者

diable [ディヤーブル] 男 ①悪魔 / 〜 de mer あんこう = baudroie, lotte de mer：えいやおにかさごなどの姿の恐ろしい魚もこう呼ぶ / à la 〜 大急ぎで /（à la）〜 ディアーブル風(の)：マスタードやカイエーヌ胡椒など辛い香辛料を使った料理用表現 / sauce 〜 ソース・ディアーブル：エシャロット，胡椒，酢などを煮詰め，ドミグラスソースときざみパセリを加えたソース ②悪がき ③2輪の手押車 ④無水鍋：ふた付の素焼片手鍋

diablé, e [ディヤーブレ] 形 辛味をきかせた

diabler [ディヤーブレ] 動 辛味をきかせる

diablotin [ディヤブロタン] 男 ①小悪魔 ②ディアブロタン 1) 辛い料理用表現 2) ベシャメルとカイエーヌペッパーなどをかけた薄切りトースト 3) 揚げたデザート = crème frite 4) 包みを開けると格言の書いてある紙が出てくるチョコレートボンボン 5) チョコレートドラジェ ③計量用小スプン

diabolo [ディヤボロ] 男 ディアボロ：甘いソーダ水 / 〜 grenadine ざくろ風味のディアボロ / 〜 menthe ディアボロ・マント：ミント入ディアボロ

diagnostic [ディヤグノスティーク] 男 診断

diagramme [ディヤグラーム] 男 ①グラフ ②(鉄道の)ダイヤ = 〜 horaire

dialecte [ディヤレークトゥ] 男 (広い地域の)方言

diamant [ディヤマン] 男 ①ダイヤモンド ②クールジェットの種類

diamètre [ディヤメートゥル] 男 直径 / … cm de 〜 直径…センチの

Diane [ディヤーヌ] 女固 ディアナ：ローマ神話の月と狩猟の女神．ギリシア神話のアルテミス（Artémis）/（à la）〜 ディアナ風(の)：猟肉，猟鳥肉を使った料理用表現 / sauce 〜 クリームを加えたソース・ポワヴラード

diaphane [ディヤファーヌ] 形〈男女同形〉半透明の

diaphragme [ディアフラーグム] 男 横隔膜

diarrhée [ディヤレ] 女 下痢 = colique

diaux → diot

dictionnaire [ディクスィヨネール] 男 辞書，辞典

Dieppe [ディエープ] 固 ディエープ：ノルマンディ地方の港町

dieppois, e [ディエーブワ, ーズ] 形〈男には単複同形〉ディエープ（Dieppe）の /

diète [ディエートゥ] 女 ①食餌療法 ②絶食, 節食, ダイエット

diététicien, ne [ディエテティスィ・ヤーン, エーヌ] 男 女 栄養学者, 栄養士

diététique [ディエテティーク] 形 〈男女同形〉食餌療法の, ダイエットの ‖ diététique 女 ①食餌療法, ダイエット ②栄養学

diétothérapie [ディエトテラピ] 女 (糖尿病などに対する) 食餌療法, ダイエットセラピ

dieu [デュー] 男 〈複 ~x〉神／D~ (ユダヤ教, キリスト教など一神教の) 神: 無冠詞で使用／Mon D~! まあ

différé, e [ディフェレ] 形 後の, 延期した

différence [ディフェラーンス] 女 相違／à la ~ de... …と違って

différent, e [ディフェラン, トゥ] 形 色々な, 異なった, 別の

différer [ディフェレ] 動 ①違う／~ de... …と異なる ②延期する

difficile [ディフィスィル] 形 〈男女同形〉①困難な, 難しい／«être ~ à + 不定詞» (…し) 難い ②気難しい ③険しい

difficilement [ディフィスィールマン] 副 どうにか

difficulté [ディフィキュルテ] 女 障害, 難しい部分, 難しさ

diffuseur [ディフュズール] 男 ①拡散器, 拡声器 ②オーヴンで鉄板から直接熱が伝わるのを防ぐため, 皿の下に敷く金網や石綿でできた板

diffusion [ディフュズィヨン] 女 放送

digérer [ディジェレ] 動 36 消化する

digestible [ディジェスティーブル] 形 〈男女同形〉消化しやすい

digestif, ve [ディジェスティー・フ, ヴ] 形 消化促進の, 消化の ‖ digestif 男 ①食後酒, ディジェスティフ ②消化剤

digestion [ディジェスティヨン] 女 消化

digicode [ディジコードゥ] 男 暗証番号

digital, e [ディジタル] 形 〈男複には digitaux [ディジト]〉デジタル式の

digitaux → digital, e

digression [ディグレスィヨン] 女 (話の) 横道, 余談

Dijon [ディジョン] 固 ディジョン: ブルゴーニュ地方の都市

dijonnais, e [ディジョネ, ーズ] 形 男 には単複同形〉ディジョン (Dijon) の／(à la) ~e ディジョン風 (の): マスタードやカシスを使った料理, デザート用表現／sauce ~e ディジョンのマスタードなどでつくる乳化ソース ‖ Dijonnais, e 男 女 〈男は単複同形〉ディジョンの人

dilatation [ディラタスィヨン] 女 拡張, 膨張

dilater [ディラテ] 動 膨張させる ‖ se ~ 代動 59 膨張する

diluant [ディリュアン] 男 薄め液, 希釈液

dilué, e [ディリュエ] 形 溶いた, 薄めた

diluer [ディリュエ] 動 溶く, 薄める

dimanche [ディマーンシュ] 男 日曜／le ~ 日曜日はいつも

dimension [ディマンスィヨン] 女 ①大きさ, 寸法 ②次元

diminué, e [ディミニュエ] 形 減った

diminuer [ディミニュエ] 動 減少する, 減らす

diminution [ディミニュスィヨン] 女 ①減少, 短縮 ②(体力などの) 衰え

dinanderie [ディナーンドゥリ] 女 食器などの真鍮 (しんちゅう) 製品

dînatoire [ディナトゥワール] 形 〈男女同形〉(話言葉) 夕食兼用の

dinde [ダーンドゥ] 女 雌七面鳥 = poule d'Inde

dindette [ダンデートゥ] 女 若雌七面鳥

dindon [ダンドン] 男 雄七面鳥

dindonneau [ダンドノー] 男 〈複 ~x〉ひなの七面鳥, 若雌七面鳥

dîner [ディネ] 男 ディナー, 正餐／~ cérémonieux (儀式的な) フォーマルディナー／~ d'affaires ビジネスディナー／~ d'apparat (正装の) フォーマルディナー／~ de gala ガラディナー／~ officiel (公式の) フォーマルディナー ‖ dîner 動 夕食をする

dîner-spectacle [ディネ スペクタークル] 男 〈複 ~s-~s〉ディナーショー

dînette [ディネートゥ] 女 ①ままごと ②内輪の軽い夕食

Dionysos [ディヨニソス] 固男 ディオニソス: ギリシア神話のワインの神. ローマ神話ではバッカス = Bacchus

diot [ディヨ] 男 サヴォワ地方のソーセージ = diaux

diplomate [ディプロマートゥ] 男 ①外交官／(à la) ～ ディプロマート風(の): トリュフとオマール海老を使った料理用表現／sauce ～ ソース・ノルマンドにオマール海老バターを入れた魚料理用ソース ②ディプロマート:プディングの一種／生クリームを加えたクレーム・パティシエール

diplôme [ディプローム] 男 免状, 証書

dire [ディール] 動 17 言う／Dites. あの, あのう（親しくない相手への呼びかけ）／Dis (donc). ねえ（親しい相手への呼びかけ）.／à vrai ～ 本当のことを言うと, 本当は／on dirait... まるで…のよう／«on dit que ＋文» …らしい, …を耳にする

direct,e [ディレクトゥ] 形 ①まっすぐな ②直接の ③正の, 順の／proportion ～e 正比例 ④(電車などの) 直通の ‖ direct 男 ①生中継, 生放送／en ～ (TV などの) ライブの, ライブで ②直通電車

directement [ディレークトゥマン] 副 ①まっすぐに ②直接に

direct*eur*,*rice* [ディレクトゥール,リース] 男 女 長, 支配人, 店長, 部長／～ général, ～e général(e) 1)総支配人 2)専務, 副社長 3) (行政の)局長

direction [ディレクスィヨン] 女 ①方角, 方向 ②方針 ③(会社などの) 局, 部 ④経営陣, 執行部

directrice → directeur,rice

dirigeant,e [ディリジャン,トゥ] 男 女 指導者, リーダー

diriger [ディリジェ] 動 25 ①指揮する, 指導する ②経営する ③導く／～ vers ... …に向けて発送する, 派遣する ‖ se ～ 代動 25 59 / se ～ vers... …へ向けて進む, …へ向かう

disciple [ディスィープル] 男 弟子

discothèque [ディスコテーク] 女 ディスコ

discount [ディスカーウントゥ] 男 英 ①値引 ②ディスカウントショップ

discours [ディスクール] 男〈単複同形〉演説, 講演, スピーチ

discr*et*,*ète* [ディスクレー,トゥ] 形 謙虚な, 控えめな

discrètement [ディスクレートゥマン] 副 控えめに

discuter [ディスキュテ] 動 討論する／～ le prix 値切る

disgracieu*x*,*se* [ディスグラスィユー,ズ] 形〈男には単複同形〉不細工な, 醜い

dislocation [ディスロカスィヨン] 女 脱臼

disparaître [ディスパレートゥル] 動 12 ①消える, なくなる, 見えなくなる ②亡くなる

disparition [ディスパリスィヨン] 女 ①紛失 ②死去

dispenser [ディスパンセ] 動 免除する

disponible [ディスポニーブル] 形〈男女同形〉①自由に使える, 空いている ②予備の

disposé,e [ディスポゼ] 形 並べた, 配置された

disposer [ディスポゼ] 動 置く, 並べる, 配置する, 飾る

disposition [ディスポズィスィヨン] 女 配置, レイアウト

disproportion [ディスプロポルスィヨン] 女 不釣合い

disproportionné,e [ディスプロポルスィヨネ] 形 アンバランスな, 不釣合な

disque [ディースク] 男 円盤, ディスク／～ compact コンパクトディスク／～ dur ハードディスク

disquette [ディスケートゥ] 女 フロッピー

dissemblable [ディサンブラーブル] 形〈男女同形〉似ていない

dissertation [ディセルタスィヨン] 女 (大学などでの)リポート, 小論文

dissolution [ディソリュスィヨン] 女 ①溶液 ②崩壊 ③解散

dissolvant,e [ディソルヴァン,トゥ] 形 ①溶かす ②破壊する ③消耗させる ‖ dissolvant 男 除光液, 溶剤

dissoudre [ディスードゥル] 動 56 (液体中に)溶かす ‖ se ～ 代動 56 59 (液体中に)溶ける

dissou*s*,*te* [ディスー,トゥ] 形 (液体中に)溶けた

dissoute → dissous,te

distance [ディスターンス] 女 間隔, 隔たり

distant,e [ディスターン,トゥ] 形 ①遠い, 離れている ②冷たい, よそよそしい

distillateur [ディスティラトゥール] 男 蒸留酒製造業者

distillation [ディスティラスィヨン] 女 蒸留

distillé,e [ディスティレ] 形 蒸留した

distiller [ディスティレ] 動 蒸留する

distillerie [ディスティルリ] 女 蒸留酒製造業, 蒸留所

distinct, e [ディスターン, クトゥ] 形 ①はっきりした, 明確な ②別の

distinctement [ディスターンクトゥマン] 副 はっきり, 明確に

distinction [ディスタンクスィヨン] 女 ①区別, 差別 ②栄誉, 勲章 ③高貴, 品(位)

distingué, e [ディスタンゲ] 形 ①垢抜けた, 上品な, 気品のある ②格別の/salutations ~es（手紙の末尾で）敬具 ‖ distingué 男 500cc入のビールジョッキ

distinguer [ディスタンゲ] 動 見分ける ‖ se ~ 代動59 区別される/ se ~ de... …と異なる

distraction [ディストゥラクスィヨン] 女 娯楽, 気晴し, 楽しみ

distraire [ディストゥレール] 動57 気晴しさせる ‖ se ~ 代動57 59 気晴しする

distrait, e [ディストゥレー, トゥ] 形 うわのそらな

distraitement [ディストゥレートゥマン] 副 （態度などが）ぼんやりと

distribuer [ディストゥリビュエ] 動 分配する, 配達する

distribut*eur, rice* [ディストゥリビュトゥール, リース] 男 女 配達人 ‖ distributeur 男 販売機, 券売機/~ de billets キャッシュディスペンサー

distribution [ディストゥリビュスィヨン] 女 分けること, 配分

distributrice → distribut*eur, rice*

dit, dites → dire 17

diva [ディヴァ] 女 歌姫, プリマドンナ ‖ D~ 形〈不変〉ディヴァ風（の）：フォワ・グラ, トリュフ入ピラフを詰めた肥鶏の料理用表現

divan [ディヴァン] 男 カウチ, ソファーベッド

divers, e [ディヴェール, ス] 形〈男は単複同形〉いくつかの, 様々な, 各種の/ faits ~ 三面記事

diversement [ディヴェールスマン] 副 様々に

diversifier [ディヴェルスィフィエ] 動 多様化させる ‖ se ~ 代動59 多様化する

divertir [ディヴェルティール] 動4 気晴しさせる ‖ se ~ 代動4 59 楽しむ

divertissement [ディヴェルティースマン] 男 遊び, 気晴し, 娯楽

divin, e [ディ・ヴァン, ヴィーヌ] 形 神の

divisé, e [ディヴィゼ] 形 分けた/huit ~ par deux égalent quatre　8割る2は4

diviser [ディヴィゼ] 動 分割する, 分ける/~ en quatre parties égales　4等分にする/~ par deux　2分divする

division [ディヴィズィヨン] 女 ①部門 ②分けること ③割算

divorce [ディヴォルス] 男 離婚

divorcé, e [ディヴォルセ] 形 離婚した, 離婚している

divorcer [ディヴォルセ] 動32 離婚する

dix [ディス（子音または有音のhの前ではディ）] 形〈不変〉10の ‖ dix〈単複同形〉①10 ②（日付の）10日, 10号室, 10番地/~ mille　1万

dix-huit [ディズュイートゥ] 形〈不変〉18の ‖ dix-huit 男 18

dix-huitième [ディズュイティエーム] 形〈男女同形〉18番めの ‖ dix-huitième 男 女 18番め

dixième [ディズィエーム] 形〈男女同形〉10番めの ‖ dixième 男 女 10番め ‖ dixième 男 10分の1

dix-neuf [ディズヌフ] 形〈不変〉19の ‖ dix-neuf 男〈単複同形〉19

dix-neuvième [ディズヌヴィエーム] 形〈男女同形〉19番めの ‖ dix-neuvième 男 女 19番め

dix-sept [ディセートゥ] 形〈不変〉17の ‖ dix-sept 男〈単複同形〉17

dix-septième [ディセティエーム] 形〈男女同形〉17番めの ‖ dix-septième 男 女 17番め

dizaine [ディゼーヌ] 女 だいたい10/ quelques ~ de... 数十の…

dl → décilitre

D.L.U.O. [デ エル ユ オ] 女 賞味期限 → date

docteur [ドクトゥール] 男 ①医者, 先生：医者の敬称, 女性に対しても用いる ②博士

doctorat [ドクトラ] 男 博士号

dodine [ドディーヌ] 女 ソース・ドディーヌ：1) ロースト肉の焼汁を加えたホワイトソース　2) 鶏や鴨をロストする時に天板の上に流し, 焼汁とまざるようにした中世のソース/ canard à la ~ ローストした鴨の胸肉をスライスにし, ガラ, 白ワイン, 香味野菜, 香辛料, 焼汁, 鶏のレバー, クリームを煮てから

dodu, e [ドデュ]形 ぽっちゃりした

doigt [ドゥワー]男 指／petit ～ 小指＝auriculaire

doillon [ドゥワヨーン]男 ノルマンディ地方の，洋梨を生地で包んだデザート

dois, doit, doiv- → devoir 16

dolic [ドリーク]男 ふじ豆＝dolique

dolique = dolic

domaine [ドメーヌ]男 ①所有地 ②分野 ③ドメーヌ：ぶどう園，ワイナリー

dôme [ドーム]男 ドーム，(半球形の)丸屋根／en ～ ドーム形の

domestique [ドメスティーク]形〈男女同形〉①家庭の ②国内の ③飼いならした ‖ domestique 男女 お手伝いさん，使用人，女中

Domfrontais [ドンフロンテ]固男 AOC カルヴァドス酒の商標名

domicile [ドミスィール]男 住居／à ～ 自宅で

dominer [ドミネ]動 ①抑える，支配する ②見える，見下ろす

domino [ドミノ]男 ドミノゲームの駒／～s ドミノゲーム

dommage [ドマージュ]男 ①損失，被害 ②残念／C'est ～. 残念だ

Dom Pérignon [ドン ペリニヨン]固男 ①ドン・ピエール・ペリニヨン：シャンパン製造に貢献したベネディクト派修道士 ②ヴィンテージシャンパンの商標名

don [ドン]男 ①(生れつきの)才能 ②寄贈 ‖ dons 男複 (天の)恵み／～ de Bacchus バッカスの恵み：ワイン／～ de Cérès ケレスの恵み：穀物

donc [ドーンク]接 ①だから，故に ②(驚きや命令などの強調)さあ，まさか

dondon [ドンドン]女(話言葉)太った女

donné, e [ドネ]形 ①ただでもらった ②一定の，決った ③生れながらの ‖ donnée 女 資料データ

donner [ドネ]動 ①あげる，与える，くれる ②(病気を)うつす ③生み出す ④(行為を)加える ⑤(会などを)催す ⑥実る，実をつける／～ sur... …に面している

donzelle [ドンゼール]女 アシロ科の魚

dorade [ドラードゥ]女 タイ科の魚の総称→ daurade／～ grise グリゼ：タイ科の海水魚＝brème de mer, griset／～ rose ドラード・ローズ：タイ科の海水魚＝pageot rose

dorage [ドラージュ]男 ドレすること → dorer

Dordogne [ドルドーニュ]固女 ドルドーニュ川：フランス南西部の川

doré, e [ドレ]形 ①金めっきした，黄金色の ②ドレした → dorer

dorer [ドレ]動 ①金色にする，金めっきする ②ドレする＝faire ～：1)黄金色に焼色を付ける 2)溶卵や卵黄をパイなどの表面に塗る

Doria [ドリヤ]固男 アンドレア・ドリア：15〜16世紀，艦隊の指揮官 ‖ Doria 形〈不変〉ドリア風(の)：イタリアを想起させる料理用表現

dorine [ドリーヌ]女 マロンクリームとカスタードクリームを詰めた小タルト

dormeur, se [ドルムー・ル, ズ]男女 すぐ眠る人，眠っている人 ‖ dormeuse 女 ①ピアス，イヤリング ②寝椅子 ‖ dormeur 男 いちょう蟹＝poupart, tourteau

dormir [ドルミール]動30 眠る

dorosome [ドロソーム]男 こはだ，このしろ

dorsal, e [ドルサール]形〈男複には dorsaux [ドルソ]〉背の ‖ dorsale 女(魚の)中骨＝arête ～e

dorsaux → dorsal, e

dorure [ドリュール]女 ①金箔 ②金めっき ②(生地などに塗る)卵黄

dos [ド]男〈単複同型〉①背，背中／mettre ...sur son ～ …の背を下にして置く／ouvrir...sur le ～ …を背から開く／sur le ～ 仰向けに ②裏側／～ de la main 手の甲

dosage [ドザージュ]男 ①調合 ②シャンパン製造最終段階で甘口ワインと蒸留酒の混合物を加えること

dose [ドーズ]女 (薬などの)分量

doseur, se [ドズー・ル, ズ]形 計量の／cuiller ～se la cuillère)～se 計量スプン ‖ doseuse 女 計量スプン

dossier [ドスィエ]男 ①書類一式，背，背もたれ／～ médical カルテ

douane [ドゥワーヌ]女 ①税関 ②関税

douanier, ère [ドゥワーニエ, ール]形 関税の，税関の ‖ douanier, ère 男女 税関職員

doublage [ドゥーブラージュ]男 (映画の)

吹替

double [ドゥーブル] 形 〈男女同形〉二重の，2倍の／ crème ～ 濃い生クリーム = crème épaisse ／ ～ bonde 5~6ヶ月熟成のヌシャテルチーズ／ ～ clef (または clé) 合鍵／ ～ édam エダムチーズの一種，ミモレットの別称／ ～ maître マスターキー／ ～ wisky ウイスキーのダブル ‖ double 男 ①写し，コピー ②2倍／ en ～ 二重に ‖ double 女 (ホテルの)ダブルルーム

doublé,e [ドゥーブレ] 形 ①二重にした，2倍にした ②(服の)裏をつけた ③(映画の)吹替をした

double-crème [ドゥーブル クレーム] 男 〈複 ~s-~s〉乳脂肪分60~75%のチーズ

double-magnum [ドゥーブル マグノム] 男 〈複 ~~s〉ダブル・マグナム：3ℓ入の瓶

doublement [ドゥーブルマン] 副 二重に，輪をかけて

doubler [ドゥーブレ] 動 ①2倍にする ②重ねる ③(服の)裏をつける ④(映画の)吹替をする ⑤追越す／ Défense de ～ 追越禁止 ⑥地面を焼く時に焦付かないように，天板を二重にする

doublier [ドゥーブリエ] 男 ①大テーブルクロス ②(中世の)大皿

douce → doux,ce

douceâtre [ドゥーサートゥル] 形 〈男女同形〉①甘味のたりない，薄甘の ②甘いだけで締まりのない ③覇気(はき)のない

doucement [ドゥースマン] 副 ①柔らかく ②そっと，ゆっくり ③弱火で

doucereux**,se** [ドゥースルー，ズ] 形 〈男には単複同形〉①甘いだけの，甘ったるい ②親切ぶった

doucet [ドゥーセ] 男 ①甘味の強いぶどう ②りんごの品種

doucette [ドゥーセットゥ] 女 ①マーシュ：サラダ菜の種類 = mâche ②シロップの一種

douceur [ドゥースール] 女 ①甘さ ②うまみ ③優しさ ④甘美さ，心地よさ ‖ douceurs [ドゥースール] 女複 甘いもの，菓子 = friandises

douche [ドゥーシュ] 女 シャワー／ prendre une ～ シャワーを浴びる

doué,e [ドゥエー] 形 能力のある

douille [ドゥーユ] 女 (絞袋の)口金／ ～ à saucisse ソーセージスタッファ用口金／ ～ cannelée ギザ形口金／ ～ plate 平口金／ ～ rose 花弁形口金／ ～ unie 丸口金

douillet [ドゥーイエ] 男 ①乳飲仔豚の煮込 ②鴨の白マトン煮込

douillon [ドゥーヨン] 男 ノルマンディ地方の，洋梨のデザート

douleur [ドゥルール] 女 痛み，苦しみ／ ～ menstruelle 生理痛／ ～ lancinante 疼痛(とうつう)，うずき／ ～ lombaire 腰痛／ ～ intercostale 肋間神経痛

douloureux**,se** [ドゥールールー，ズ] 形 〈男には単複同形〉苦しい，苦しそうな，辛い

doum [ドーム] 男 ちゃぼ唐棕櫚(しゅろ)：ヤシ科の棕櫚の一種

dourian [ドゥーリヤン] 男 = durian

doute [ドゥートゥ] 男 疑い／ sans ～ きっと，おそらく

douter [ドゥーテ] 動 疑う ‖ se ～ 代動 59 ～ de… ～と予想する／ Je m'en doutais. やはり(思った通り)ね

douteuse → douteux,se

douteux**,se** [ドゥートゥー，ズ] 形 〈男には単複同形〉おかしい，疑わしい

doux**,ce** [ドゥー，ス] 形 〈男には単複同形〉①甘い，(ワインが)甘口の ②優しい，心地よい ③柔らかい ④温和な／ il fait ～ ぽかぽかした陽気の ⑤弱い，ゆるやかな／ à feu ～ 弱火で ‖ doux 男 〈単複同形〉(ワインの)甘口

douzaine [ドゥーゼーヌ] 女 ダース

douze [ドゥーズ] 形 〈不変〉12の ‖ douze [ドゥーズ] 男 〈単複同形〉12

douzième [ドゥーズィエーム] 形 〈男女同形〉12番めの ‖ douzième 男女 12番め

doyen,ne [ドゥワ・ヤン,エンヌ] 男女 ①主席司祭 ②(大学の)学部長 ③最年長者 ④ ～ des fromages カンタルチーズの別称

doyenné [ドゥワイエネ] 女 洋梨の品種

dragée [ドゥラージェ] 女 ①ドラジェ：糖衣で包んだアーモンド ②糖衣錠

dragéifier [ドゥラジェイフィエ] 動 (ドラジェ製造時に)糖衣をかける

drageoir [ドゥラジュワール] 男 ドラジェ入れ

dragon [ドゥラゴーン] 男 竜／ ～ vert エストラゴンの別称 = estragon

dragonnet [ドゥラゴネ] 男 ねずっぽ：

魚/～ lyre しゃれぬめり, ねずっぽ: 魚/～ tacheté もようぬめり: 魚
draguer [ドゥラゲ] 動 (俗語) ナンパする, (異性を)ひっかける
draine [ドゥレーヌ] 女 やどりぎつぐみ: ツグミ科の鳥
Drambuie [ドゥランビューイ] 固男 ドランブイ: スコットランドの, ウィスキーベースのリキュールの商標名
drap [ドゥラ] 男 シーツ
drapeau [ドゥラポ] 男 〈複 ～x〉 旗
dressage [ドレサージュ] 男 ①設置/～ de table テーブルセッティング ②盛付け ③調教, 調整 ④パイピング → dresser
dressé,e [ドゥレーセ] 形 ①飾った, 盛った ②パイピングした → dresser
dresser [ドゥレーセ] 動 ①料理を皿に盛付ける ②縦にする, 立てる ③組立てる, 作成する/～ la table テーブルセッティングをする ④平らにする, まっすぐにする ⑤調教する ⑥パイピングする: 絞袋で天板に並べて絞る ⑦生地をのばす ⑧生地を型に入れる
Dreux [ドゥルー] 固男 パリ西郊外の町/à la ～ ドゥルー風(の): トリュフや赤い牛舌肉を刺した肥鶏や仔牛肉の料理用表現 ‖ dreux 男 ノルマンディ地方の, 牛乳のチーズ = feuille de d～, fromage à la feuille
drogue [ドゥローグ] 女 麻薬
drogué,e [ドゥローゲ] 形 麻薬中毒になった ‖ drogué,e 男 女 麻薬中毒患者
droit,e [ドゥルワー, ト] 形 ①正しい ②まっすぐ ③右の ‖ droit 男 ①権利 ②法律 ③直角 ④料金/～ d'enregistrement, ～ d'inscription 登録料/～ d'entrée 入場料 ⑤税: 関税, 酒税など許可, 権利を得るための間接税 ‖ droite 女 ①直線 ②右, 右側/à ～e 右に/à la ～e de... …の右に ‖ droit 副 ①正しく ②まっすぐに
droitier,ère [ドゥルワティエ, ール] 形 右利きの ‖ droitier,ère 男 女 右利きの人
drôle [ドゥロール] 形 〈男女同形〉 おかしい, おもしろい
Drôme [ドゥローム] 固 女 ①ドローム県: ドフィネ地方 ②ドローム川: ローヌ河支流

drômois,e [ドゥロームワ, ーズ] 形 〈男には単複同形〉 ドローム(Drôme)の/séchon de chèvre ～ ドフィネ地方の, 山羊乳のチーズ ‖ Drômois,e 男 女 〈男は単複同形〉 ドロームの人
drupe [ドゥリューブ] 女 石果(ᵏᵃ): 桃などの固い種
dry [ドゥライ] 形 英 ①辛口の = sec/～ martini ドライマティニ: カクテル ②やや甘口のシャンパンの形容/extra ～ やや辛口の = assez sec
du [デュ] ①数えられない男性名詞について「いくらかの」を表す部分冠詞. 母音またはその h で始まる語の前では de l' ②前置詞 de と定冠詞 le との縮約形 → de
dû,e [デュ] 形 ①支払うべき ②…に帰すべき ‖ dû,e 過分 → devoir 16
Dubarry = du Barry
du Barry [デュ バリ] 固 ジャンヌ・ベキュ・デュバリ夫人: ルイ15世の愛妃 ‖ du Barry 形 〈不変〉 デュバリ風(の): カリフラワーを使った料理用表現
Dubonnet [デュボネ] 固 男 ヴェルモットの一種
duc [デューク] 男 公爵
duchesse [デュシェース] 女 ①公爵夫人, 女公爵 → duc/(à la) ～ デュシェス風(の): 1)繊細な料理に用いる表現 2)ポム・デュシェスを使った料理またはアーモンドを使ったデザート用表現/pommes ～ ポム・デュシェス: バターと卵黄をまぜ合せたじゃが芋のピュレ/grande ～ 大公妃, 大公妃風(の) ②デュシェス: 1)洋梨の種類 2)小さなシューまたはプロフィトロール 3)プラリネなどを加えたバタークリームをはさんだ小菓子
Dugléré [デュグレレ] 固 男 アドルフ・デュグレレ: 19世紀, フランスの料理人/sole ～ 筒切りした舌びらめをトマトとパセリ, 玉ねぎ, エシャロットと共に魚のフュメでゆで, 煮汁を煮詰めてバターを加えてソースとした料理
dulce [デュールス] 女 赤くて柔らかくねとねとしない海藻 = dulse
dulcine [デュルスィーヌ] 女 ズルチン: 甘味料の種類
dulse = dulce
dumpling [ドゥンプリーング] 男 英 ダンプリング: イギリス発祥のだんご

duo [デュオ] 男 ①デュエット，二重奏 ②同じ材料2つを異なる調理法でつくり組合せた料理

duodénum [デュオデノーム] 男 十二指腸

dur, e [デュール] 形 ①堅い，固い/ blé ～ 硬質小麦/ œuf ～ 固ゆで卵 ②厳しい/ «être ～, e à +不定詞» …し難い ③つらい

Duralex [デュラレークス] 固男〈単複同形〉耐熱容器の商標名

durant [デュラン] 前 …の間中

Duras [デュラ] 固 ラングドック地方，ベルジュラック地区のぶどう栽培地/ côtes de d～ 同地の白ワイン

durci, e [デュルスィ] 形 硬くなった

durcir [デュルスィール] 動4 硬くする，硬くなる，強化する

durcissement [デュルスィースマン] 男 固化，凝固，硬化

durée [デュレ] 女 期間

durement [デュールマン] 副 厳しく，冷たく

durian [デュリヤン] 男 ドリアン：フルーツ = dourion, durion

durif [デュリーフ] 男 黒ぶどうの品種

durillon [デュリヨン] 男 胼胝（たこ），まめ

durion = durian

Duroc [デューロック] 固男 ジェロ・クリストフ・ミシェル・デューロック公爵：ナポレオンの元帥‖ Duroc 男 デュロック：豚の種類

duxelles [デュクセール] 女 デュクセル：シャンピニョン，玉ねぎ，エシャロットをみじん切りして炒めた，詰物やソースの材料 = ～ de champignons / ～ sèche ドライデュクセル：水分がなくなるまで炒めたデュクセル/ sauce (à la) ～ ソース・デュクセル：1) デュクセルに白ワインを加えて煮詰め，ドミ・グラスソース，トマトを加え，パセリを散らしたソース 2) デュクセルにコンソメ，トマトを加え，ブール・マニエでつないだソース

D.V.D. [デヴェデ] 男 DVD

dynamique [ディナミーク] 形〈男女同形〉ダイナミックな

E, e

E, e [ウ] 男 英 ①フランス字母の5番め ②ミ，ホ音：音楽用語 ③ E [エーストゥ] : est (東) の略

earl grey [アール グレー] 男 英 紅茶の種類

eau [オ] 女〈複 ～x〉①水/ ～ bouillante 熱湯/ ～ chaude 湯/ ～ courante 流水/ ～ d'arquebuse 銃創に効くといわれた，昔のリキュール，ココナッツジュース = jus de coco / ～ de Cologne オーデコロン/ ～ de fleur d'oranger オレンジエセンス/ ～ de Javel 漂白殺菌液/ ～ de mélisse, ～ des Carmes メリサ水：リキュール/ ～ dentifrice 歯用うがい薬/ ～ de robinet 水道水/ ～ de rose ばら香水，ローズウォーター/ ～ de Seltz ゼルツ炭酸水/ ～ de toilette オードトワレ/ ～ des Barbades レモンリキュール = citronnelle / ～ de Vichy ヴィシー水/ ～ douce 淡水，真水/ (faire) cuire...à l'～ froide …を水から煮る/ ～ fraîche （湯に対しての）水/ ～ gazéifiée 人工炭酸水/ ～ gazeuse 天然炭酸水/ ～ minérale ミネラルウォーター/ ～ non-gazeuse, ～ plate スティルウォーター，無炭酸水/ ～ panée パンを浸してある湯，パン湯/ ～ potable 飲水/ ～ rougie 赤ワインを少量入れた水/ ～ tonique トニックウォーター/ avoir l'～ à la bouche おいしそうでよだれがでる ②フルーツなどの汁気，水気

eau-de-vie [オ ドゥ ヴィ] 女〈複 ～x-～-～〉蒸留酒，ブランデー/ ～ blanche キルシュ酒，ポワールウィリアム酒など，フルーツ風味の透明な蒸留酒/ ～ de Dantzig ダンツヒリキュール：金粉または銀粉を入れた，ポーランド発祥のリキュール/ ～ de poire 洋梨蒸留酒

eau-forte [オ フォールトゥ] 女〈複 ～x-～s〉①エッチング ②硫酸

ébarbage [エバルバージュ] 男 エバルベすること → ébarber

ébarbé, e [エバルベ] 形 エバルベした → ébarber

ébarber [エバルベ] 動 エバルベする：1) 魚のひれをはさみで取除く 2) ポーチドエッグのはみ出た白身の部分を取除く 3) 舌びらめなどの平らな魚のえんがわを取除く 4) ほたて貝や牡蠣($\kakko{か}$)などの貝のひもを取除く 5) ケーキや整形したチョコレートの余分な部分を取除く

ébauchoir [エボシュワール] 男 (パート・ダマンド細工用)へら

éboueur [エブール] 男 ごみ収集人

ébouillantage [エブーヤンタージュ] 男 (熱湯に)浸すこと → ébouillanter

ébouillanté, e [エブーヤンテ] 形 (熱湯に)浸した → ébouillanter

ébouillanter [エブーヤンテ] 動 ①(肉などを引締めたり、表面の不純物を取除いたり、皮むきを容易にしたり、繊維を柔らかくしたり、味やにおいを取ったりするために) 熱湯にくぐらせる ＝ faire ~ ②ジャムなどを入れる前に瓶を熱湯に浸す ＝ faire ~

ébréché, e [エブレシェ] 形 (皿や包丁の刃が)破損した、欠けた

ébrécher [エブレシェ] 動 36 縁に傷をつける ‖ s'~ 代動 36 59 皿や包丁などの一部が破損する

ébullition [エビュリスィヨン] 女 (水などの)沸騰、mettre...en ~, porter...à ~ …を沸騰させる ＝ ébullitionner

ébullitionné, e [エビュリスィヨネ] 形 沸騰した

ébullitionner [エビュリスィヨネ] 動 沸騰させる ＝ faire bouillir, mettre en ébullition, porter à ébullition

écaillage [エカーヤージュ] 男 ①うろこをひくこと ②(牡蠣($\kakko{か}$)などの)殻開け

écaille [エカーユ] 女 ①うろこ ②二枚貝の殻 ③鶏の足先の皮

écaillé, e [エカイエ] 形 ①うろこをひいた ②(貝の殻を)開けた、むいた

écailler [エカイエ] 動 ①うろこをひく ②(貝の殻を)開ける、むく

écailler, ère [エカイエ, ール] ①男女 牡蠣($\kakko{か}$)開殻職人 ‖ écaillère 女 牡蠣開キナイフ

écailleur [エカユール] 男 うろこひき

écale [エカール] 女 ①(くるみ、卵などの)殻 ②(隠元などの)さや

écalé, e [エカレ] 形 ①殻をむいた ②(隠元などの)さやを取った

écaler [エカレ] 動 ①(くるみや卵、貝などの)殻をむく ②(隠元などの)さやをむく

écarlate [エカルラートゥ] 形〈男女同形〉深紅の、緋色の／(à l') ~ エカルラート風(の):1)亜硝酸塩などを加えた塩水に漬けて色を赤くした豚肉や牛肉などに用いる表現 2)赤いソースやトマトを使ったり、トマトを鶏のとさか形に切って盛った料理用表現／langue ~ 赤い牛舌肉 ‖ écarlate 女 深紅、緋色

écart [エカール] 男 ずれ、へだたり

écarté, e [エカルテ] 形 間隔をとった、離れた

écarter [エカルテ] 動 間隔をとる、遠ざける、(両者を)隔てる

E.C.G. [ウセジェ] 男 心電図：électrocardiogramme の略

échalote [エシャロートゥ] 女 エシャロット／~ de Jersey ブルターニュエシャロット：紫がかった白の身のエシャロット／~ grise グレーエシャロット：グレーがかった薄茶の身のエシャロット／sauce ~ 生のムール貝や牡蠣($\kakko{か}$)などに用いる、エシャロットを加えた冷製ソース／semoule d' ~ みじん切りして乾燥させたエシャロット

échange [エシャーンジュ] 男 交換／en ~ de... …(もの)の代わりに／~s 交流、貿易

échanger [エシャンジェ] 動 25 交換する／~ A contre B AをBと取換える

échanson [エシャンソン] 男 王の飲物担当係／grand ~ 王の飲物担当責任者 ＝ bouteiller de France, premier ~

échantillon [エシャンティヨン] 男 (商品の)見本

échappement [エシャープマン] 男 排気

échapper [エシャペ] 動 避ける、逃げる ‖ s'~ 代動 59 漏れる

écharpe [エシャールプ] 女 ①マフラー ②(肩からかける勲章などの)綬($\kakko{じゅ}$)

échaudage [エショダージュ] 男 (熱湯に)浸すこと

échaudé, e [エショデ] 形 熱湯に通した、熱湯に浸した、湯がいた ‖ échaudé 男 中世の塩味の小菓子

échauder [エショデ] 動 熱湯に通す、熱

échéance [エシェアーンス] 囡 (支払などの)期限, 期日

échec [エシェーク] 男 ①失敗 ②(チェスの)王手／~s チェス／jouer aux ~s チェスをする

échelle [エシェール] 囡 ①はしご ②目盛 ③段階／~ des crus ワインのレベル別及び地方別の体系 ④トレイラックワゴン ⑤ディッシュラック

échézeaux [エシェゾ] 男 ブルゴーニュ地方, コート・ド・ニュイ地区のAOC特級赤ワイン／grands-~ エシェゾの隣のAOC特級赤ワイン

échine [エシーヌ] 囡 ①背中, 背骨 ②豚肩ロース = échinée, épinée ③牛後半身肉

échinée [エシネ] 囡 豚肩ロース = échine

Échiré [エシレ] 固男 AOCバターの商標

échouer [エシュエ] 動 失敗する, だめになる, 不合格になる, 落選する

échourgnac [エシュールニャック] 男 ペリゴール地方の, 牛乳のチーズ

éclade [エクラードゥ] 囡 サントンジュ地方の, ムール貝の料理 = églade

éclair [エクレール] 男 ①稲妻 ②エクレア

éclairage [エクレラージュ] 男 照明, 採光

éclaircie [エクレールスィ] 囡 ①晴間 ②間伐, 間引

éclaircir [エクレルスィール] 動4 ①明るい色にする, 明るくする ②薄くする, 間引く ③はっきりさせる

éclaircissement [エクレルスィースマン] 男 ①(色を)明るくすること ②解明, 釈明, 説明

éclairé,e [エクレーレ] 形 照らされた

éclairer [エクレーレ] 動 明るくする, 照らす, 明らかにする ‖ s'~ 代動59 明らかになる

éclaté,e [エクラテ] 形 破裂した

éclatement [エクラトゥマン] 男 破裂

éclater [エクラテ] 動 破裂する

éclisse [エクリース] 囡 ①くさび形の木片 ②(外科用の)副木 ③アーモンドなどの木の実の縦の細切り ④チーズの水切用籐製すのこ

école [エコール] 囡 学校, 流派／~ culinaire 料理学校／~ de formation 養成所／~ des Beaux-Arts 美術学校／~ d'hôtellerie, ~ hôtelière ホテル学校／~ maternelle 幼稚園／~ primaire 小学校

écolier,ère [エコリエ, ール] 男囡 小学生

écologie [エコロジ] 囡 生態学, 環境保護論

écologique [エコロジーク] 形 〈男女同形〉生態学の, 環境保護論の

économat [エコノマ] 男 ①会計課 ②売店 ③(レストランの)食材庫

économe [エコノーム] 形 〈男女同形〉節約家の, 出惜みする ‖ économe 男囡 会計係, 執事 ‖ économe 男 エコノム：皮むき器 = couteau éplucheur

économie [エコノミ] 囡 ①経済 ②構造, 体系 ③節約／~s 貯金

économique [エコノミーク] 形 〈男女同形〉①経済の, 経済学の ②経済的な, 徳用の

économisé,e [エコノミゼ] 形 節約の

économiser [エコノミゼ] 動 ①節約する ②貯金する

écorçage [エコルサージュ] 男 むくこと = écorcement → écorcer

écorce [エコールス] 囡 (木, 果物などの)皮, 鬼皮／~ d'orange オレンジの皮の砂糖漬

écorcé,e [エコルセ] 形 むいた → écorcer

écorcement [エコールスマン] 男 むくこと = écorçage → écorcer

écorcer [エコルセ] 動32 (穀物の殻や樹木, フルーツなどの皮を)むく

écorchage [エコルシャージュ] 男 むくこと = écorchement → écorcher

écorché,e [エコールシェ] 形 むいた → écorcher

écorchement [エコールシュマン] 男 むくこと = écorchage → écorcher

écorcher [エコルシェ] 動 (猟肉の皮を)むく = dépouiller ‖ s'~ 代動59 擦りむく

écorchure [エコルシュール] 囡 擦傷(すりきず)

écornifleur,e [エコルニフルール] 男囡 居候, 食客

écossage [エコサージュ] 男 (豆のさやを)むくこと = écosser

écossais,e [エコセ, ーズ] 形 男には単複同形 スコットランド(Écosse)の／(à l')~e スコットランド風(の)：同地方の料理の影響を受けたり, 鮭など特産物を使った料理用表現／sauce ~e

ソース・エコセーズ：1)にんじん，トリュフ，セロリをソース・ノルマンドにまぜたソース 2) ゆで卵の白身と黄身を加えたベシャメルソース = scotch sauce ‖ Ecossais,e 男女〈男は単複同形〉スコットランド人

Écosse [エコース] 固女 スコットランド

écossé,e [エコセ] 形 むいた → écosser

écosser [エコセ] 動 (豆のさやを)むく / haricot à ~ (さやをむいて食べる)いんげん豆

écosseuse [エコスーズ] 女 豆のさやむき機

écoulement [エクールマン] 男 流れ，排水

écouler [エクーレ] 動 流通させる ‖ s'~ 代動 ①流れ出る ②時間が流れる

écouter [エクーテ] 動 聴く，聞入れる

écouvillon [エクーヴィヨン] 男 棒ブラシ，モップ

écran [エクラン] 男 画面，スクリーン

écrasé,e [エクラーゼ] 形 押しつぶした，砕いた / être ~,e 轢(ひ)かれる

écrasement [エクラーズマン] 男 押しつぶすこと，粉砕

écraser [エクラーゼ] 動 押しつぶす，砕く，潰す，轢(ひ)く ‖ s'~ 代動 59 砕ける，ぺしゃんこになる

écrémage [エクレマージュ] 男 脱脂

écrémé,e [エクレメ] 形 脱脂した

écrémer [エクレメ] 動 36 脱脂する

écrémeuse [エクレムーズ] 女 ①乳脂肪遠心分離機 ②(乳脂肪をすくい取る)杓子，スキマー

écrevisse [エクルヴィス] 女 ざりがに / beurre d'~ ざりがにバター / ~ à pattes rouges, ~ à pieds rouges 赤足ざりがに = pattes rouges

écrin [エクラン] 男 宝石箱

écrire [エクリール] 動 18 書く

écrit,e [エクリ, ートゥ] 形 書かれた ‖ écrit 男 書いたもの

écriture [エクリテュール] 女 ①字体，文字 ②書体，筆跡 ③文体

écroûté,e [エクルーテ] 形 パンの皮を除いた

écroûter [エクルーテ] 動 パンの皮を除く

écuelle [エキュエール] 女 ①小鉢，小どんぶり ②スープなどを入れるふた付チューリン

écumage [エキュマージュ] 男 ①泡取り，あく取り ②下水の油滴分の除去

écume [エキューム] 女 泡，あく，かす

écumé,e [エキュメ] 形 あくをすくった

écumer [エキュメ] 動 あくをすくう

écumoire [エキュムワール] 女 穴開き杓子

écurer [エキュレ] 動 (鍋などを)磨く

écuyer [エキュイエ] 男 ①平貴族 ②王や大貴族の侍従 → tranchant / grand ~ tranchant 王家の大宴会の肉切分けとサーヴィスの責任者 = premier tranchant / ~ tranchant 王や大貴族の肉の切分けサーヴィスに従事した貴族

édam [エダーム] 男 赤玉，エダム：オランダの，牛乳のチーズ = croûte rouge

E.D.F. [ウデエフ] 固女 フランス電力会社：Électricité de France の略

édifice [エディフィス] 男 (大きな)建物

éditeur,rice [エディトゥール, リース] 男女 出版社，発行者

édition [エディスィヨン] 女 ①出版，発行 ②(本などの)版

édredon [エドゥルドーン] 男 羽根布団

éducation [エデュカスィヨン] 女 (子供の)教育

édulcorant,e [エデュルコラン, トゥ] 形 甘味付用の ‖ édulcorant 男 人工甘味料

édulcoré,e [エデュルコレ] 形 甘味を付けた

édulcorer [エデュルコレ] 動 甘味を付ける　　　　　　「洋岸での呼称

éfache [エファーシュ] 男 すずきの大西

effacer [エファセ] 動 32 ①消す ②忘れさせる ‖ s'~ 代動 32 59 消える

effectivement [エフェークティーヴマン] 副 実際に

effectué,e [エフェークテュエ] 形 行われた，実行された

effectuer [エフェークテュエ] 動 行う，実行する ‖ s'~ 代動 59 行われる

effervescence [エフェルヴェサーンス] 女 発泡，沸騰

effervescent,e [エフェルヴェサーン, トゥ] 形 ①発泡性の，沸騰性の ②炭酸ガスの泡が出ているワインの形容

effet [エフェ] 男 結果，効果 / en ~ 確かに，なるほど / ~ secondaire 副作用 / sous l'~ de... …の作用で

effeuillage [エフーヤージュ] 男 ①(葉の)摘取り ②ほぐすこと

effeuillé, e [エフーイエ] 形 ①葉を取った, むしった ②ほぐした ‖ effeuillée 女 ほぐし身：鱈(佐)などを薄い身にほぐしたもの

effeuiller [エフイエ] 動 ①葉を取る, むしる ②(鱈(佐)などを薄い身に)ほぐす

efficace [エフィカース] 形〈男女同形〉きめының, 能率的な

efficacement [エフィカースマン] 副 効率よく, 能率的に, 有効に

efficacité [エフィカスィテ] 女 ききめ, 効果, 効率, 能率

effilage [エフィラージュ] 男 ①(さやの)筋を除くこと ②スライスすること → effiler

effilé, e [エフィレ] 形 ①(さやの)筋を除いた ②スライスした

effiler [エフィレ] 動 ①(さやの)筋を除く ②ナッツ類を縦に薄切りにする

effilochage [エフィロシャージュ] 男 ほぐすこと → effilocher

effiloché, e [エフィロシェ] 形 ほぐした → effilocher

effilocher [エフィロシェ] 動 (肉などを繊維状に)ほぐす

effondrer [エフォーンドゥレ] 動 ①(箱の)底を抜く ②打ちのめす ‖ s'~ 代動59 屈服する, 崩れる, つぶれる

effondrilles [エフォンドゥリーユ] 女複 煮込料理の鍋底に残ったもの

effort [エフォール] 男 努力

effrité, e [エフリテ] 形 砕いた

effriter [エフリテ] 動 砕く, 細片にする

effroyable [エフルワヤーブル] 形〈男女同形〉恐ろしい

égal, e [エガール] 形〈男複には égaux [エゴ]〉等しい／Ça m'est ~. (私には)どうでもよい

également [エガールマン] 副 ①同様に ②(肯定文で)…もまた

égaler [エガレ] 動 同等である, 等しくある

égalisé, e [エガリゼ] 形 均等にした, 平均にした, 平らにした, ならした

égaliser [エガリゼ] 動 均等にする, 平らにする, ならす, 平均にする

égalité [エガリテ] 女 平等

égard [エガール] 男 考慮 / à l'~ de... …に対して, …に向かって

égarer [エガレ] 動 ①置忘れる, なくす ②そらす ③惑わす ‖ s'~ 代動59 ①それる, (道に)迷う ②失う

égaux → égal, e

églade [エグラード] 女 = éclade

églantine [エグランティーヌ] 女 カニナばら：野ばら／pulpe d'~ カニナばらの実, ローズヒップ：ジャムなどにする

églefin = égrefin

église [エグリーズ] 女 カトリック教会／E~ orthodoxe grecque (russe) ギリシア(ロシア)正教会

égout [エグー] 男 ①下水, 下水道 ②樋(と) ③軒, ひさし

égouttage [エグーターージュ] 男 ①水切り ②ワイン製造でぶどうを圧搾する前に自然に流出した果汁

égoutté, e [エグーテ] 形 水切した

égouttement [エグートゥマン] 男 ①水切 ②したたり

égoutter [エグーテ] 動 ①油切する, 排水する, 水切する ②チーズ製造時に凝乳からホエを取除く ③ケーキやフルーツに付いたアイシングやシロップなどの余分な液体を取除く

égouttoir [エグトゥワール] 男 ドレイナー, 水(油)切器

égrappage [エグラパージュ] 男 除梗(じょこう)：ワイン醸造時のぶどうの実と花梗(かこう)の選別

égrapper [エグラーペ] 動 除梗(じょこう)する：ワイン醸造過程でぶどうなどの房から粒をもぎ取る

égrefin [エーグルファン] 男 ハドック, 紋付鱈(たら) = aiglefin, aigrefin, églefin

égrugeoir [エグリュジュワール] 男 ①粗塩, 胡椒などをすりつぶすための乳鉢 ②卓上胡椒挽, 粗塩挽 = moulin

égruger [エグリュジェ] 動25 粗塩や胡椒などをすりつぶす, 粉末にする

Égypte [エジープト] 固女 エジプト

égyptien, ne [エジプスィヤン, エーヌ] 形 エジプト(Égypte)の／(à l')~ne エジプト風(の)：米, なす, トマトの入った料理に用いる表現 ‖ Égyptien, ne 男 女 エジプト人

eh [エ] 間投 おい, ねえ／~ bien えーと, では

eierkückas [アイウルクーカ] 男 = eierkueche

eierkueche [アイウルキューシュ] 男 クレープに砂糖入りフレッシュチーズまたはフルーツのコンポートあるいはサ

ラダなどを入れた, アルザス地方のデザートや料理 = eierkückas

Eiswein [アイスヴァーイン] 男 独 アイスヴァイン：ドイツの甘口ワイン

élaborer [エラボレ] 動 ①つくり上げる, 練上げる ②生成する, 同化する ③(食べ物を)消化する

élan [エラン] 男 へら鹿

élargir [エラルジール] 動4 広げる

élastique [エラスティーク] 形〈男女同形〉弾力性のある ‖ élastique 男 輪ゴム

éléagne [エレアーニュ] 女 ほそばぐみ：グミ科の植物, 赤い実は食用 = olivier de Bohême

élection [エレクスィヨン] 女 選挙

électricité [エレクトゥリスィテ] 女 電気/~ statique 静電気

électrique [エレクトゥリーク] 形〈男女同形〉電気の

électrocardiogramme [エレクトゥロ カルディオグラーム] 男 心電図：略は E.C.G.

électro-encéphalogramme [エレクトゥロ アンセファログラーム] 男〈複 ~-~s〉脳波図

électronique [エレクトゥロニーク] 形〈男女同形〉電子の ‖ électronique 女 エレクトロニクス, 電子工学

élégance [エレガンス] 女 上品, 優雅さ

élégant,e [エレガーン, トゥ] 形 エレガントな, 優雅な

elegant lady [エレガントゥ レディ] 女 桃の品種

élément [エレマン] 男 ①材料, 成分, 要素/ premiers ~s 初歩 ②メンバー

élémentaire [エレマンテール] 形〈男女同形〉①基本的な ②初級の, 初歩的な

élevage [エルヴァージュ] 男 ①飼育, 牧畜, 養殖 ②ワインの瓶詰までの熟成

élève [エレーヴ] 男 女 ①生徒 ②(学問, 芸術の)弟子

élevé,e [エルヴェ] 形 ①高い ②飼育した, 育った/ bien (mal) ~,e 行儀がよい(悪い), 育ちがよい(悪い)

élever [エルヴェ] 動5 ①(値段や高さを)上げる/~ au carré 二乗する ②(像, 塔などを)建てる ③育てる, 保育する ‖ s'~ 代動59 (高い所へ)上る, 達する

éleveur,se [エルヴー・ル, ズ] 男 女 牧畜業者

élider [エリデ] 動 エリジョンにする → élision

élimination [エリミナスィヨン] 女 除去, 淘汰, 排除

éliminatoire [エリミナトゥワール] 形〈男女同形〉除去の ‖ éliminatoire 女 予選

éliminé,e [エリミネ] 形 除去した, 淘汰した, 取除いた, 排除した

éliminer [エリミネ] 動 除去する, 淘汰する, 取除く, 排除する

élision [エリズィヨン] 女 エリジョン：代名詞の je や te, 冠詞の le や la, 前置詞の de などが母音や無音の h で始まる語の直前に来る時, a や e が脱落し, l' や d' になること

élixir [エリクスィール] 男 エリクシャー, エリクシル：1)香草風味の蒸留酒 2)中世の不老不死の霊薬

elle [エール] 代 ①彼女は,（女性名詞を受けて)それは/ Elle est belle. 彼女はきれいだ ②(前置詞の後に付いて)彼女/ Je mange avec elle. 私は彼女と食べる ⇒ p.748「人称代名詞」

elle-même [エル メーム] 代〈複 ~s-~s〉彼女自身,（女性名詞を受けて)それ自身

elles [エール] 代 elle の複数 → elle

éloge [エロージュ] 男 賛辞, 賞賛

éloigner [エルワーニェ] 動 遠ざける ‖ s'~ 代動 遠ざかる

Élysée [エリゼ] 固名 ①エリュシオン：ギリシア神話の極楽浄土/ timbale ~ タンバル・エリゼ：薄いタンバルにアイスクリームやフルーツを入れ, フルーツソースとホイップクリームをかけて糸飴を飾ったデザート ②エリゼ宮：フランス大統領官邸

elzekaria [エルゼカリヤ] 女 玉ねぎ, キャベツ, 白いんげん豆, ベーコンなどでつくる, バスク地方のスープ

e-mail [イメール] 男〈複 ~-~s〉 e メール = courriel, courrier électronique

émail [エマーユ] 男〈複 émaux [エモ]〉①エナメル ②(歯の)エナメル質 ③七宝 ④ほうろう

émaillé,e [エマイエ] 形 ほうろう引の

émailler [エマイエ] 動 ほうろうを引く

émaux → émail

emballage [アンバラージュ] 男 パッキング：荷づくり, 包装/~ sous-vide 真空パック

emballé,e [アンバレ] 形 包んだ, 包装した

emballer [アンバレ] 動 ①梱包する, 包む, 包装する ②ソーセージ用詰物を腸などに詰める ③生地などで内側を覆った型にパテの中身を入れる ④材料を網脂, 硫酸紙, 布などで包む

emballeuse [アンバルーズ] 女 包装機／〜 sous-vide 真空パック機

embarcation [アンバルカスィヨン] 女 小舟, ボート

embarquement [アンバールクマン] 男 ①積込み ②搭乗, 乗車, 乗船

embarquer [アンバルケ] 動 ①(乗物に)乗せる ②乗船する, 搭乗する ‖ s'〜 代動59 搭乗する, 乗船する

embarras [アンバラ] 男〈単複同形〉苦境, 障害, 迷惑／〜 gastrique 胃炎

embarrassant,e [アンバラサン, トゥ] 形 じゃまな, 迷惑な

embarrassé,e [アンバラセ] 形 困っている, 参った

embarrasser [アンバラセ] 動 邪魔する, 迷惑をかける

embaucher [アンボシェ] 動 雇う

embaumé [アンボメ] 形 薫らせた

embaumer [アンボメ] 動 匂いを発する, 芳香で満たす

embêtant,e [アンベタン, トゥ] 形 面倒くさい, 面倒な

embêté,e [アンベテ] 形 ①困る ②うんざりする

embêter [アンベテ] 動 ①困らせる ②うんざりさせる

embossé,e [アンボセ] 形 腸などに詰めた → embosser

embosser [アンボセ] 動 ①ソーセージ用ファルスを腸に詰める ②肉を整形するためにネットや型に入れる

embouteillage [アンブーテヤージュ] 男 ①渋滞, 混雑 ②瓶詰作業

embouteillé,e [アンブーテイエ] 形 渋滞している, 詰まっている

embrayage [アンブレヤージュ] 男 クラッチ

embrochement [アンブローシュマン] 男 串刺

embrocher [アンブローシェ] 動 串刺にする

éméché,e [エメシェ] 形 ①房に分けた ②ほろ酔いの

émécher [エメシェ] 動36 ①房に分ける ②ほろ酔いにさせる

émeraude [エムロードゥ] 女 ①エメラルド, エメラルドグリーン ②白肉ネクタリンの早生種

émetteur,rice [エメトゥール, リース] 男 女 (小切手や手形の)振出人

émettrice → émetteur,rice

émietté,e [エミエテ] 形 細かく砕いた, 細かくちぎった, 身をほぐした

émiettement [エミエートゥマン] 男 ちぎること, ほぐすこと

émietter [エミエテ] 動 細かく砕く, 細かくちぎる, (肉や魚の身を)ほぐす

émigrant,e [エミグラーン, トゥ] 形 移住の ‖ émigrant,e 男女 移住者, 亡命者

émigration [エミグラスィヨン] 女 移住, 亡命

émigré,e [エミグレ] 形 移住した, 亡命した ‖ émigré,e 男女 移住者, 亡命者

émigrer [エミグレ] 動 移住する, 亡命する

émiliée [エミリエ] 女 アルデーヌ地方の, 牛乳やカフェ・オ・レに浸したパン

éminçage [エマンサージュ] 男 エマンセすること → émincer

émincé,e [エマンセ] 形 薄切りにした, スライスした ‖ émincé 男 ①薄切り肉などの料理 ②薄切りにした肉や野菜

émincer [エマンセ] 動32 エマンセする: 均等に薄くスライスする

émission [エミスィヨン] 女 ①番組, 放送 ②(小切手や手形の)振出

emmener [アンムネ] 動5 連れて行く

emment(h)al [エマンタル] 男 エメンタール：スイスアルプス発祥のチーズ／〜 grand cru 国家認定赤ラベルのエメンタール

emmiellé,e [アンミエレ] 形 蜂蜜を塗った, 蜂蜜を加えた

emmieller [アンミエレ] 動 蜂蜜を塗る, 蜂蜜を加える

émondage [エモンダージュ] 男 ①(薄皮を)むくこと ②湯むきすること = émondement

émondé,e [エモンデ] 形 ①(薄皮を)むいた ②湯むきした

émondement [エモーンドゥマン] 男 = émondage

émonder [エモンデ] 動 ①(トマトなどの薄皮を)むく ②湯むきする =

émotion [エモスィヨン] 女 感覚, 感動

émoudre [エムードゥル] 動39 (グラインダーで) 研ぐ

émoulu, e [エムーリュ] 形 研いだ

émoussé, e [エムーセ] 形 切味の悪い

émousser [エムーセ] 動 (切味を) 鈍くする ‖ s'~ 代名59 (切味が) 鈍る

empaquetage [アンパクタージュ] 男 パッキング, 荷づくり

empâter [アンパテ] 動 ①生地で包む ②生地を型に敷く ③ペースト状のものを詰める

empêcher [アンペシェ] 動 妨げる/~ de... …するのを防ぐ ‖ s'~ 代名59 /s'~ de... …するのをがまんする/ne pas pouvoir s'~ de... …せざるを得ない ⇒ p.756「否定文」

empereur [アンプルール] 男 ①皇帝, 天皇 ②めかじき = espadon / ~ gris めいち鯛

empilé, e [アンピレ] 形 積重ねた

empiler [アンピレ] 動 積重ねる

empire [アンピール] 男 帝国

emplâtre [アンプラートゥル] 男 膏薬, 塗薬

emplir [アンプリール] 動④ いっぱいにする, 埋尽くす, 満たす

emploi [アーンプルワ] 男 ①使用 ②用途/~ du temps 時間表, スケジュール, 日程 ③雇用/demande d'~ 求職/offre d'~ 求人 ④職

employé, e [アンプルワーイエ] 男女 会社員, 係, 従業員, サラリーマン, OL

employer [アンプルワーイエ] 動⑲ ①使う, 用いる ②雇う

employeur, se [アンプルワユー・ル, ズ] 男女 雇主

empois [アーンプワ] 男〈単複同形〉(洗濯用) のり

emporte-pièce [アンポルトゥ ピエース] 男〈不変〉抜型

emporter [アンポルテ] 動 ①持帰る, 持っていく/plat à ~ テイクアウト食品 ②抜型で抜く

empreindre [アンプラーンドゥル] 動⑭ 型をチョコレートやケーキに埋込み, 冷やしてから型を外し, 模様をつける

empreint, e [アンプラーン, トゥ] 形 跡のある ‖ empreinte 女 ①跡, 押型, 型/~ e à feuille 葉形の押型 ②指紋

emprunt [アンプラーン] 男 ①借用/faire un ~ 融資を受ける ②借金

emprunter [アンプランテ] 動 (物や金を) 借りる, 借用する

ému, e [エミュ] 形 感動した

émulsif [エミュルスィーフ] 男 乳化剤

émulsifiant [エミュルスィフィヤン] 男 乳化剤

émulsifié, e [エミュルスィフィエ] 形 乳化した = émulsionné, e

émulsifier [エミュルスィフィエ] 動 乳化させる = émulsionner

émulsion [エミュルスィヨン] 女 乳化, 乳化したもの

émulsionnant [エミュルスィヨナン] 男 乳化剤 = émulsifiant

émulsionné, e [エミュルスィヨネ] 形 乳化した = émulsifié, e / sauce ~ e 乳化ソース

émulsionner [エミュルスィヨネ] 動 乳化させる = émulsifier

en [アン] 前 ①(場所) …では, …に, …へ: 1) «~+女性名詞 (または母音で始まる男性名詞) の国名, 地方名» / ~ France フランスでは(に, へ) 2) «~+ヨーロッパなどの 5 大州» / ~ Europe ヨーロッパでは(に, へ) 3) «~+フランスの旧地方名» ~ Provence プロヴァンスでは(に, へ) 4) «~+旧地方名に由来する県名»: 前記以外は dans + 県名 / ~ Savoie サヴォワ県では(に, へ) ②(変化の結果) …に/tailler...~ brunoise …をブリュノワーズに切る/~ deux ふたつに/~ morceaux 塊に ③(乗物) …に乗って, …で/~ metro 地下鉄で ④(手段) …で/~ français フランス語で ⑤(時間) …に, …には, …において/~ mars 3 月に/~ été 夏に ⑥…でできた, …製の/couteau ~ inox ステンレス製の包丁 ⑦(慣用句)~ effet 実際/~ général 一般的に/~ plus, ~ outre その上 ⑧«~+現分»…しながら/Mélanger la sauce ~ ajoutant la crème. クリームを加えながらソースをまぜる ‖ en 代 ①(«不定冠詞または部分冠詞または数詞+名詞»を受けて) それを, それらを, その, それらの Vous avez une voiture?— J'~ ai deux. 車を(1 台)持っていますか—それを 2 台持っています ⇒ p.748「中性代名詞」 ②(«de+場所»

を受けて)そこから/Vous êtes venu,e de Tokyo ?— Oui, j'~ suis venu,e. 東京から来たのですか—はい, そこから来ました

encadrer [アンカードゥレ] 動 ①額装する ②囲む, 縁取る

en(-)cas [アンカ] 男〈単複同形〉①(パン, チーズ, 冷製肉などの)軽食 ②いざという時の物, 金

enceinte [アンサーントゥ] 形〈女にのみ用いる〉妊娠した

enchanté,e [アンシャンテ] 形 ①~, de... …でうれしい / E~,e! 初めまして ②魔法にかかった

enchaud [アンショ] 男 塩漬豚背肉を密閉容器に入れて長時間加熱殺菌した, ペリゴール地方の保存食, その料理

enchère [アンシェール] 女 ①競値(ね)を上げること ②競売 = vente aux ~s

encolure [アンコリュール] 女 ①襟ぐり / ~ ronde 丸首 ②(動物の)首, 首周り

encombrant,e [アンコンブラン, トゥ] 形 ①大きい, 場所ふさぎの ②面倒くさい

encombré,e [アンコンブレ] 形 混雑した, 渋滞した

encombrement [アンコーンブルマン] 男 ①混雑, 渋滞 ②寸法

encombrer [アンコーンブレ] 動 ①(場所を)ふさぐ ②迷惑になる

encore [アンコール] 副 今も, さらに, まだ, もう, もっと / ~ un peu もう少し 余計に / pas ~ まだない

encornet [アンコルネ] 男 やりいかのバスク地方の呼称 = calamar, calmar, supion

encre [アーンクル] 女 ①インク, 墨 ②いかやたこの墨 /...à l'~ …のいか墨煮

encyclopédie [アンスィクロペディ] 女 百科事典

encyclopédique [アンスィクロペディーク] 形〈男女同形〉百科事典的な, 百科事典の

endaubage [アンドーバージュ] 男 ①ドーブにすること → daube ②ベーコン, にんじん, 玉ねぎ, ポーケガルニ, ワインなどのドーブ用の副材料 ③煮込んだり, 脂で煮たりした保存用の肉

endaubé,e [アンドベ] 形 ドーブにした → daube

endauber [アンドベ] 動 ドーブにする → daube

endive [アンディーヴ] 女 アンディーヴ, エンダイブ, きくぢしゃ, ベルギーチコリ = chicon, witloof

endommagé,e [アンドマジェ] 形 損害を受けた

endommager [アンドマジェ] 動 25 (損害を)与える

endormir [アンドルミール] 動 30 眠らせる ‖ s'~ 代動 30 59 眠り込む

endoscopie [アンドスコピ] 女 内視鏡検査

endroit [アーンドルワ] 男 ①(限定された)場所 ②箇所, 部分 ③(紙や布の)表側

enduire [アンデュイール] 動 11 (表面を)覆う, 塗装する

enduit,e [アンデュイ, ートゥ] 形 (壁などに)塗った ‖ enduit 男 塗料

énergiquement [エネルジークマン] 副 力強く

enfant [アンファン] 男女 子供

enfariner [アンファリネ] 動 小麦粉をふる, 打粉をする = fariner

enfiler [アンフィレ] 動 (糸を)通す

enfin [アンファン] 副 ①ついに, とうとう, なんとか ②結局 ③というか ④(がっかりして)やれやれ

enflammer [アンフラーメ] 動 ①燃やす ②炎症を起こさせる ‖ s'~ 代動 59 燃上がる

enfoncé,e [アンフォンセ] 形 押込んだ

enfoncement [アンフォンスマン] 男 ①打込み, 差込み ②陥没, 窪み ③深さ

enfoncer [アンフォンセ] 動 32 ①打込む, 押込む, 差込む, 突立てる ②押付ける ③おとしいれる ④壊す, 破る ‖ s'~ 代動 32 59 ①おちくる ②壊れる ③沈む, 入る, はまる, へこむ ④没頭する, 夢中になる

enfourné,e [アンフールネ] 形 オーヴンに入れた

enfournement [アンフールヌマン] 男 オーヴンに入れること

enfourner [アンフールネ] 動 オーヴンに入れる

enfuir [アンフュイール] s'~ 代動 23 59 逃げる, 逃走する

engagement [アンガージュマン] 男 ①誓い ②契約

engager [アンガジェ] 動 25 ①はめ込む, 差込む ②雇う ③開始する ④引込む ‖ s'~ 代動 25 59 ①約束する ②身を投じる ③始まる

engelure [アンジュリュール] 女 しもやけ

engloutir [アングルーティール] 動4 (一気に)のみ込む

engrais [アングレ] 男〈単複同形〉肥料

engraissé, e [アングレーセ] 形 肥育した

engraissement [アングレースマン] 男 肥育

engraisser [アングレーセ] 動 肥育する, 太らせる

engueuler [アングーレ] 動 (俗語) どなりつける, どやす

enivré, e [アンニーヴレ] 形 ①酔った ②有頂天の

enivrer [アンニーヴレ] 動 ①酔わせる ②有頂天にさせる ‖ s'~ 代動59 酩酊する

enjoliveur [アンジョリヴール] 男 ホイールキャップ/~ de roue

enlevé, e [アンルヴェ] 形 取除いた

enlèvement [アンレーヴマン] 男 ①除去, 引取 ②内臓を抜くこと

enlever [アンルヴェ] 動5 ①取上げる ②持去る ③脱ぐ ④切取る, 取除く/~ la peau (魚の皮を)ひく/~ l'arrière-goût 口直しをする

ennemi, e [エーヌミ] 男女 敵

ennui [アンニュイ] 男 ①気がかり, 退屈, 悩み, 面倒, やっかい/~s 心配, 不安

ennuyé, e [アンニュイエ] 形 困っている, 参った

ennuyer [アンニュイエ] 動31 ①困らせる, 迷惑をかける ②退屈させる ‖ s'~ 代動31 59 ①あきる ②退屈する

ennuyeux, se [アンニュイユー, ズ] 形〈xには単複同形〉①困った, 面倒な, 迷惑な ②うんざりする, 退屈な

énorme [エノールム] 形〈男女同形〉巨大な

énoyautage [エヌワヨタージュ] 男 種を取ること = dénoyautage

énoyauteur [エヌワヨトゥール] 男 種抜き器 = dénoyauteur

enragé, e [アンラジェ] 形 ①狂犬病にかかった, たけり狂った ②熱狂的な ‖ enragé 男 緑蟹:ワタリガニ科の蟹 = crabe vert

enregistrable [アンルジストラブル] 形〈男女同形〉録音, 録画可能な

enregistrement [アンルジーストゥルマン] 男 ①録音 ②(ホテルの) チェックイン ③登録

enregistrer [アンルジーストゥレ] 動 ①録音する ②(ホテルで) チェックインする ③(法的に)登録する

enregistreur, se [アンルジストゥール・ル, ズ] 形 記録の ‖ enregistreur 男 レコーダー, 録音機

enrhumé, e [アンリュメ] 形 風邪をひいた(ひいている)

enrobage [アンロバージュ] 男 ①覆うこと ②コーティングすること ③からめること ④被膜 = enrobement

enrobé, e [アンロベ] 形 ①包んだ, 覆った ②コーティングした ③からめた

enrobement [アンロープマン] 男 = enrobage

enrober [アンロベ] 動 ①覆う, 包む ②コーティングする ③ソースなどをからめる ④揚物用に衣をつける ⑤保存のためにラード, ゼリー, チョコレートなどで包む, 覆う ⑥色や艶(ツャ)をよくするため, コーヒーの生豆に砂糖を添加する

enroulé, e [アンルーレ] 形 巻いた

enroulement [アンルールマン] 男 巻くこと

enrouler [アンルーレ] 動 (ぐるぐると丸く)巻く, 巻付ける

enseignant, e [アンセニャン, トゥ] 男女 教師

enseigne [アンセーニュ] 女 看板

enseignement [アンセーニュマン] 男 教育

enseigner [アンセニェ] 動 教える

ensemble [アンサーンブル] 副 一緒に, そろって, 一斉に ‖ ensemble 男 全体, 集団, 一揃, アンサンブル/ dans l'~ おおむね, 全体として

ensemblier, ère [アンサーンブリエ, ール] 男女 インテリアデザイナー

ensoleillé, e [アンソレイエ] 形 日当りのよい/ mal ~ 日当りが悪い

ensoleillement [アンソレーユマン] 男 日当り

ensuite [アンスュイートゥ] 副 ①それから, 次に ②その後ろに

entaille [アンターユ] 女 ①切込, 溝 ②深い切傷

entame [アンターム] 女 (食べ物の最初の)一切れ

entamé, e [アンタメ] 形 ①(肉やハム, パンなどの最初の一切れを)切った ②手を付けた

entamer [アンタメ] 動 ①(肉やハム, パ

entassé,e [アンタセ] 形 積重ねた
entasser [アンタセ] 動 山積にする
entendre [アンタンドゥル] 動 39 聞こえる,理解する
entendu,e [アンタンデュ] 形 了解した,わかった / bien ~ 当然, 勿論 / Entendu! いいよ, わかりました
entérite [アンテリートゥ] 女 腸炎
entier,ère [アンティエ, ール] 形 完全な,全部の,丸ごとの / foie gras ~ 鴨またはがちょうのフォワ・グラが75%以上入ったテリーヌ / lait ~ 全乳 / le monde ~ 全世界 / œuf ~ 全卵 ‖ entier 男 全体,全部
entièrement [アンティエールマン] 副 完全に,全面に,すっかり残らず
entolome [アントローム] 男 イッポンシメジ属のきのこ:食用も毒きのこもある
entonné,e [アントネ] 形 詰めた → entonner
entonner [アントネ] 動 ①酒,ビールなどを樽詰する②ソーセージ製造時に材料を腸に詰める
entonnoir [アントヌワール] 男 じょうご / ~ à saucisse ソーセージスタッファ / ~ à fondant 飴などの製造用材料調節機能付じょうご
entorse [アントールス] 女 ねんざ = foulure
entortiller [アントルティエ] 動 巻きつける
entouré,e [アントゥーレ] 形 囲まれた,包まれた
entourer [アントゥーレ] 動 囲む,包む
entracte [アントゥラクトゥ] 男 ①(芝居の)幕間②休憩,中断
entrailles [アントゥラーユ] 女複 内臓
entraînement [アントゥレーヌマン] 男 トレーニング,練習
entraîner [アントゥレーネ] 動 ①連れて行く,運んでいく②…をもたらす③訓練する ‖ s'~ 代動 59 腕を磨く,練習する
entraîneur,se [アントゥレヌー・ル, ズ] 男 女 (サッカーなどの)監督,コーチ,トレーナー ‖ entraîneuse 女 (バーなどの)ホステス
entraygues-sur-truyère [アントゥルーグ スュール トゥリュイエール] 男 ルエルグ地方,羊乳または山羊乳からつくるフレッシュチーズ
entre [アーントゥル] 前 (2つのものや時間で)…の間では ‖ entre deux 男 2~6ヶ月熟成したカンタルチーズ
entrebâilleur [アントゥルバユール] 男 ドアチェーン = chaîne de sûreté
entrecôte [アントゥルコートゥ] 女 リブロース / ~ minute ミニッツステーキ
entre(-)cuisse [アントゥルキュイース] 男 〈複〈-〉s〉①股間②ドラムスティックを含まない家禽(きん)のもも肉
entre-deux-mers [アントゥル ドゥー メール] 男 ボルドー地方のAOC白ワイン
entrée [アントゥレ] 女 ①入口,玄関②入会,入学,入ること / E~ libre 入場無料:掲示③インプット,入力④アントレ:1)現代のオードヴル:アメリカでentrée とはメインディッシュのこと 2)古典でのローストの前の料理 / ~s d'abats 内臓肉のアントレ / ~s de volaille 家禽(きん)のアントレ / ~s mixtes アントゥル・ミクスト:クルスタード,タンバル,小さいパテなどのアントゥル / ~s volantes de boucherie 肉料理の軽いアントレ / petites ~s オードヴル = hors d'œuvre
entrelardé,e [アントゥルラールデ] 形 ①(肉などを)豚背脂の薄切りで巻いた②霜降りの = persillé
entrelarder [アントゥルラールデ] 動 (肉などを)豚背脂の薄切りで巻く = barder
entremétier,ère [アントゥルメティエ, ール] 男 女 アントルメティエ:レストラン厨房のポタージュ・温野菜・卵料理係.菓子職人がいないレストランではデザートも担当する = entremettier,ère ‖ entremétier 男 小菓子を入れるための蓋(ふた)付飾皿
entremets [アントゥルメー] 男 〈単複同形〉アントルメ:1)現代ではチーズの後のデザートのこと 2)コロッケ,クレープ,パイ料理,オムレツなどレストランのアントルメティエがつくった料理 3)18~19世紀はアントレの後のハム,鶏,温野菜,卵,パスタ及び甘味料理 4)17世紀以前の,食事間の余興 / deuxième ~ 18~19世紀にローストの後に供されたフルーツ,サラダ,揚物などの料理 / ~ chaud デザート

オムレツ, スフレ, クレープなどの熱いデザート/～ de cuisine 菓子職人ではなくコックのつくったデザート/～ froid チョコレートムース, ババロワ, シャルロットなどの冷たいデザート/～ glacé アイスクリーム, シャーベット, パフェなどの氷菓/omelette d'～ 甘味のデザートオムレツ

entremetti*er*,*ère* = entremétier, ère

entrepôt [アントゥルポー] 男 倉庫

entreprendre [アントゥルプラーンドゥル] 動37 ①取りかかる ②請負う

entreprise [アントゥルプリーズ] 女 会社, 企業

entrer [アーントゥレ] 動 ①入る ②加入する, 参加する ③(状態, 職, 身分に)なる ④入れる ⑤含まれる

entresol [アントゥルソール] 男 中2階

entre(-)temps [アントゥルターン] 副 その間に

entretenir [アントゥルトゥニール] 動47 維持する, 管理する, 整備する

entretien [アントゥルティヤーン] 男 ①維持, 整備, 保存 ②生活費 ③会議, 会見

entrevue [アントゥルヴュー] 女 インタヴュー, 会見, 面会, 面接

entrouvert,*e* [アントゥルーヴェール, トゥ] 形 ①半開きの ②亀裂のある

enveloppe [アンヴロープ] 女 ①封筒 ②包み

enveloppé,*e* [アンヴロペ] 形 ①包んだ, 覆った ②アルコール度は高いがまろやかなワインの形容

envelopper [アンヴロペ] 動 包む, 覆う

envers [アンヴェール] 前 …に対して ‖ envers 男⟨単複同形⟩ 内幕, 裏, 逆, 反対/à l'～ 裏返しに

envie [アンヴィ] 女 ①欲求/«avoir ～ de + 不定詞(または物)» …したい(が欲しい) ②ねたみ

envier [アンヴィエ] 動 うらやむ, ねたむ

environ [アンヴィローン] 副 およそ, 約 ‖ environs 男複 ①付近, 辺り/aux ～s de... …の付近に ②郊外

environnement [アンヴィローヌマン] 男 自然環境, 生活環境

envoi [アーンヴワ] 男 派遣, 発送

envoyer [アンヴワーイエ] 動20 ①送る, 送付する ②(人を)行かせる ③厨房から食卓へ運ぶ

épais,*se* [エペース] 形 ⟨男には単複同形⟩ ①厚い ②濃い, 濃厚な ③密な ④味に厚みを感じさせる色の濃いワインの形容 ‖ épais 副 たくさん, 密に

épaissement [エペースマン] 副 濃く, 密に

épaisseur [エペスール] 女 ①厚さ/3cm d'～ 厚さ3センチ ②濃さ

épaissir [エペスィール] 動4 ①厚くする ②濃度を濃くする/～ la sauce ソースを煮詰める ③太らせる ④鈍感にする ‖ s'～ 代動 4 59 ①厚くなる ②濃くなる ③太る ④鈍感になる

épanoui,*e* [エパヌイ] 形 ①開花した ②ブーケの豊かなワインの形容

épargne [エパルニュ] 女 貯金

épargner [エパールニェ] 動 ①貯金する ②節約する

éparpillé,*e* [エパルピエ] 形 ①散らした, 散らばった ②とりとめのない

éparpiller [エパルピエ] 動 ①(装飾用に)散らす ②散漫にさせる

épaule [エポール] 女 ①肩 ②肩肉

épeautre [エポートゥル] 男 スペルト小麦

épée [エペ] 女 剣/～ de mer めかじき = espadon

épeler [エープレ] 動7 スペルを言う

épépinage [エペピナージュ] 男 (トマトなどの)種を取ること

épépiné,*e* [エペピネ] 形 種を取った

épépiner [エペピネ] 動 ①(トマトなどの)種を取る ②野菜の芯を抜く

éperlan [エペールラン] 男 きゅうり魚

éperon [エプロン] 男 拍車/～s bachiques エプロン・バシック: 1)酒の神バッカスの拍車 2) サラミなどワインがたくさん飲みたくなるつまみ, 料理

épi [エピ] 男 ①穂/～ de maïs ベビーコーン, ヤングコーン ②麦の穂の形に似せたパン

épice [エピース] 女 スパイス, 香辛料/～ blanche, petite ～ しょうが = gingembre/cinq ～s 五香粉: 中国の混合香辛料/～ au loup ねずの実, しょうが, ドライオレンジとガーリックのパウダー/～s de Baixas カタロニア地方の, シナモン, グリーンペッパー, 丁字のミックスパイス/～s de chambre 砂糖漬フルーツ = fruit confit/～s provençales タイム, 塔花, 丁字, ローズマリー, ローリエ, オレ

ンジの皮のゼスト，ナツメグを合せたもの

épicé, e [エピセ] 形 辛い，香辛料を加えた，スパイシーな

épicer [エピセ] 動 32 香辛料を加える，スパイスをきかせる

épicerie [エピスリ] 女 ①乾物，保存のきく食料品／～ fine 嗜好品：食べ物 ②乾物店，コンビニ，食料品店，スパイス店

épici*er*, *ère* [エピスィエ, ール] 男女 乾物商，コンビニ経営者，食料品屋(人)

Épicure [エピキュール] 固男 エピキュロス：古代ギリシアの哲学者，精神的快楽主義者

épicurien, ne [エピキュリ・ヤン, エーヌ] 形 ①快楽主義の，享楽主義の ②エピキュロス派の ‖ épicurien, ne 男女 ①快楽主義者，享楽主義者 ②エピキュロス派哲学者

épidémie [エピデミ] 女 (病気や風俗の)流行

épigramme [エピグラム] 女 ①警句，皮肉，風刺詩 ②エピグラム：仔羊のパン粉焼料理＝～ d'agneau

épilation [エピラスィヨン] 女 除毛，脱毛

épilatoire [エピラトワール] 形 〈男女同形〉脱毛用の／crème ～ 脱毛クリーム ‖ épilatoire 男 脱毛剤

épiler [エピレ] 動 毛を抜く

épinard [エピナール] 男 ほうれん草：料理では常に複数扱い／～ de Chine, ～ des Indes つるむらさき／～ d'été 浜ぢしゃ，つる菜＝～ de la Nouvelle-Zélande, tétragone ／～ en branche 茎をつけたままのほうれん草

épine [エピーヌ] 女 とげ／～ vierge とげうお：魚

épinée [エピネ] 女 = échine

épineu*x*, *se* [エピヌー, ズ] 形 〈男には単複同形〉とげのある

épingle [エパーングル] 女 ピン

épingler [エパーングレ] 動 ピンで留める

épini*er*, *ère* [エピニエ, ール] 形 脊髄の／moelle ～ère 脊髄 ‖ épinier 男 いばらの藪(☆) ‖ épinière 女 脊髄

épinoche [エピノーシュ] 女 トゲウオ科の魚

Épiphanie [エピファニ] 女 公現祭＝jour des rois

épluchage [エプリュシャージュ] 男 ①皮をむくこと ②食べられない部分を取除くこと

épluché, e [エプリューシェ] 形 皮をむいた

éplucher [エプリューシェ] 動 ①皮をむく ②フルーツや野菜の食べられない部分を取除く ③肉の筋と薄皮を取る

éplucheu*r*, *se* [エプリューシュ・ール, ズ] 女 野菜の皮むき係 ‖ éplucheur 男 皮むき器＝couteau ～ ‖ éplucheuse 女 皮むき器，ピーラー＝couteau ～, économe

épluchure [エプリュシュール] 女 野菜くず

épognes [エポーニュ] 〈単複同形〉サヴォワ地方の，ブリオシュ生地のケーキ

époisses [エプワッス] 男 ブルゴーニュ及びシャンパーニュ地方の，牛乳のAOCチーズ

éponge [エポーンジュ] 女 スポンジ

épongé, e [エポーンジェ] 形 ①(水分を)吸い取った，(スポンジで)拭いた ②(水分や油脂分を)切った

éponger [エポーンジェ] 動 25 ①水分を吸い取る，(スポンジで)拭く ②(水分や油分を)切る ③生地を入れる前にぬらした刷毛で型の内側をきれいにする

époque [エポーク] 女 時代／Belle É～ ベル・エポック：フランスの1900年頃／à cette ～-là 当時は

épougne [エプーニュ] 女 サヴォワ地方のブリオシュ

épouse → époux, se

épouser [エプーゼ] 動 結婚する

épou*x*, *se* [エプー, ズ] 男女 〈男は単複同形〉配偶者

epreuve [エプルーヴ] 女 ①試すこと ②(能力を知るための)試験，テスト ③試練 ④競技，試合 ⑤校正刷，ゲラ刷

épuisé, e [エピュイゼ] 形 ①使い尽した，干上がった ②ひどく疲れた

épuisement [エピュイーズマン] 男 ①使い尽すこと ②売切れ ③衰弱，疲労

épuiser [エピュイゼ] 動 汲尽す，使い尽す ‖ s'～ 代動 59 尽きる，なくなる

épuisette [エピュイゼートゥ] 女 たも網

épurat*eur*, *rice* [エピュラトゥール, リース] 形 浄化の ‖ épurateur 男 浄化器

équateur [エクアトゥール] 男 赤道

équestre [エケーストゥル] 形 〈男女同形〉

馬術の

équeutage [エクータージュ] 男 茎やへたを除くこと

équeuté, e [エクーテ] 形 茎を除いた

équeuter [エクーテ] 動 きのこの柄,野菜の茎やへたを除く

équilibre [エキリーブル] 男 ①安定,均衡,バランス ②落着き

équilibré, e [エキリーブレ] 形 ①安定した,バランスのとれた ②酸味とまろやかさのバランスがとれたワインの形容

équilibrer [エキリーブレ] 動 埋合せる,釣合せる

équille [エキーユ] 女 イカナゴ類の総称 = lançon

équipage [エキパージュ] 男 搭乗員

équipe [エキープ] 女 組,チーム

équipé, e [エキペ] 形 備えつけの,設備の整った / bien (mal) ~, e 設備のよい(悪い)

équipement [エキープマン] 男 施設,設備

équiper [エキペ] 動 装備する,備えつける,設ける

équipi*er*, *ère* [エキピエ, エール] 男 女 (スポーツチームの)メンバー

équitation [エキタスィヨン] 女 乗馬,馬術

équivalent, e [エキヴァラン, トゥ] 形 (価値が)等しい

érable [エラーブル] 男 かえで / ~ à sucre さとうかえで

ercé [エールセ] 男 フォワ地方の,牛乳のチーズ = bethmale

ère [エール] 女 紀元,時期,時代

ermitage [エルミタージュ] 男 ①辺地の修道院 ②隠居庵

erreur [エールール] 女 間違い,ミス / par ~ (つい)間違って

ersatz [エルザーツ] 男 代用食

es → être [2]

Ésaü [エザユ] 固 男 エサウ:聖書中の人物 ‖ Ésaü 形〈不変〉レンズ豆を使った料理関係表現

E.S.B. [ウ エス ベ] 女 牛海綿状脳症: encéphalopathie 女 spongiforme bovine [アンセファロパティ スポンジフォールム ボヴィーヌ]の略

esbareich [エスバレーシュ] 男 ベアルン地方の,牛乳のチーズ

escabeau [エスカボ] 男 〈複 ~x〉脚立(きゃたつ)

escabèche [エスカベーシュ] 女 エスカベーシュ:揚げてから,香りをつけた酢でマリネした魚などの料理

escabéché, e [エスカベシェ] 形 エスカベーシュにした → escabèche

escabécher [エスカベシェ] 動 36 エスカベーシュにする

escalator [エスカラトール] 男 英 エスカレーター = escalier mécanique

escale [エスカール] 女 寄港,トランジット

escalier [エスカリエ] 男 階段 / ~ mécanique エスカレーター = escalator

escalopage [エスカロパージュ] 男 エスカロップにすること → escalope

escalope [エスカロープ] 女 エスカロップ:肉,魚などのそぎ切り

escalopé, e [エスカロペ] 形 エスカロップにした → escalope

escaloper [エスカロペ] 動 エスカロップにする → escalope

escaragol [エスカラゴール] 男 (プロヴァンス語)エスカルゴ,かたつむり

escargot [エスカールゴ] 男 エスカルゴ,かたつむり / ~ (à la) bourguignonne エスカルゴブルゴーニュ風:にんにく,バター,パセリ風味のオーヴン焼 / ~ de Bourgogne, ~ des vignes ブルゴーニュ種のエスカルゴ / ~ de rivière たにし

escargotière [エスカルゴティエール] 女 ①エスカルゴ皿 ②エスカルゴ養殖場

escarole [エスカロール] 女 フリゼ,シコリ,チコリ:サラダ菜の一種 = scarole

escarpin [エスカルパン] 男 パンプス:靴

escauton [エスコトン] 男 ガスコーニュ地方の,生ハム,野菜,香草のスープ

Escoffier [エスコフィエ] 固 男 Auguste ~ オギュスト・エスコフィエ:現代フランス料理の祖 / Ordre international des disciples d'Auguste ~ エスコフィエ協会 / Fondation Auguste ~ オギュスト・エスコフィエ財団

escolier [エスコリエ] 男 ばらむつ:味がおひょうに似た海水魚

escubac [エスキュバック] 男 ロレーヌ地方の,香辛料のきいたリキュール = scubac

escuedella [エスクエデーラ] 女 ルシヨン地方の,野菜のポト・フ.詰物をした七面鳥を入れることもある = ~ de Nadal

espace [エスパース]男 ①空間, 宇宙 ②場所 ③距離

espacé,e [エスパセ]形 間隔のあいた, 間をあけた

espacer [エスパセ]動32 間隔をあける, 同間隔にする

espadon [エスパドン]男 めかじき＝empereur, épée de mer, poisson(-)épée

espadrille [エスパドゥリーユ]女 エスパドリュー:靴

Espagne [エスパーニュ]固女 スペイン

espagnol,e [エスパニョール]形 スペイン(Espagne)の/（à l'）〜e スペイン風(の):トマト, ピーマン, 玉ねぎ, にんにくを使った料理用表現/ omelette (à l')〜e:1) 薄切りのじゃが芋入オムレツ 2) トマト, ピーマン, 玉ねぎを卵と合せて焼いたオムレツ/ sauce 〜e grasse 肉用ソース・エスパニョール:仔牛のフォンにルウ, にんじん, 玉ねぎ, トマトなどを加えて煮詰めたソース/ sauce 〜e maigre 魚用ソース・エスパニョール:仔牛のフォンの代りに魚のフュメを用いて, 肉用ソース・エスパニョールと同様につくったソース ‖ espagnol 男 スペイン語 ‖ Espagnol,e 男女 スペイン人

espèce [エスペース]女 ①種類 ②種:属の下位分類/ humaine 人間, 人類/ une 〜 de... …の一種 ‖ espèces 女複 現金

Espelette [エスプレートゥ]固 アキテーヌ地方の町/ piment d'〜 この地方のAOC唐辛子

espérer [エスペレ]動36 希望する,（よいことの実現を）願う

esplanade [エスプラナードゥ]女（大きな建物の前の）広場

espoir [エスプワール]男 希望

espresso [エスプレーソ]男 エスプレッソコーヒー＝express

esprit [エスプリ]男 ①エスプリ, 精神, 才気 ②香草で香りを付けた蒸留酒, スピリット

esprit-de-vin [エスプリ ドゥ ヴァン]男〈複 〜s-〜-〜〉①酒精:エチルアルコール ②アルコール度80°以上の蒸留酒

esquinade [エスキナードゥ]女 けあし蟹のプロヴァンス地方での呼称＝araignée de mer

esquisse [エスキース]女 概要, 下書, 素案, 草案, 素描, プラン

esquisser [エスキセ]動 下絵を描く

essai [エセ]男 ①検査, 試験 ②試作, 試し ③エセー, 随筆 ④毒味

essayage [エセヤージュ]男 ①試着 ②仮縫

essayer [エセイエ]動31 試みる, 試す/ «〜 de+不定詞» …しようとする ‖ s'〜 代動31 59/ s'〜 à... …を試す

esse [エース]女 S字フック ‖ esse 女（車輪止め用）くさび

essence [エサーンス]女 ①エセンス, 本質 ②煮出したり, 絞ったり, 漬込んでつくったもの/〜 d'amande アーモンドエセンス/〜 de café コーヒーエセンス/〜 de champignon シャンピニョンエセンス:みじん切りしたシャンピニョンの茎を香辛料などと煮, 漉(:)して煮詰めたもの/〜 d'estragon エストラゴンエセンス:エストラゴンの枝を白ワインまたは酢に漬けてその汁を煮詰めたもの/〜 de tomate トマトエセンス:トマトを煮詰めたもの/〜 de truffe トリュフエセンス:トリュフの皮をマデラ酒に浸し, 布漉(:)したもの/〜 de violette ヴァイオレットエセンス/〜 de vanille ヴァニラエセンス/〜 naturelle エセンスオイル ③濃縮魚汁, 濃縮肉汁 ④ガソリン, 精油

essentiel,le [エサンスィエール]形 本質的な, 重要な ‖ essentiel 男 ①要点 ②大部分

essorage [エソラージュ]男 脱水

essoré,e [エソレ]形 水切した

essorer [エソレ]動 水切する

essoreuse [エソルーズ]女 サラダ用遠心分離水切器, 脱水器

essuie-glace(s) [エスュイ グラース]男〈単複同形〉ワイパー

essuie-main(s) [エスュイ マン]男〈単複同形〉手ぬぐい, 手ふき

essuie-pieds [エスュイ ピエ]男〈単複同形〉玄関マット

essuie-verres [エスュイ ヴェール]男〈単複同形〉（グラス用）ふきん

essuyage [エスュイヤージュ]男 拭掃除

essuyer [エスュイエ]動31 ぬぐう, 拭掃除をする, ふく ‖ s'〜 代動31 59（自分の身体を）ぬぐう

est [エーストゥ] 形 〈男女同形〉東の ‖ est 男 東 ‖ être → être ② …です, …だ → est-ce que

estaminet [エスタミネ] 男 北フランスの小さな喫茶店, ビストロ

estampe [エスターンプ] 女 版画

est-ce que [エスク] 副 …か？：倒置形ではない疑問文に用いる ⇒ p.755 「疑問文」

esterencuby [エステランキュビ] 男 バスク地方の, 羊乳のチーズ

esthéticien,ne [エステティスィ・ヤン, エーヌ] 男 女 エステティシャン, 美容師

esthétique [エステティーク] 形 〈男女同形〉美容の ‖ esthétique 女 ①美学 ②エステ, 美容術, 美顔術

estimation [エスティマスィヨン] 女 概算, 評価, 見積

estimer [エスティメ] 動 ①尊敬する ②…と思う ③評価する, 見積る

estival,e [エスティヴァール] 形 〈男複には estivaux [エスティヴォ]〉夏の

estivant,e [エスティヴァン, トゥ] 男 女 避暑客

estivaux → estival,e

estocofinado [エストコフィナード] 男 = estofinade

estoficado [エストフィカード] 男 = estofinade

estofinade [エストフィナードゥ] 女 ①塩漬干鱈(だら) ②水で戻した干鱈とトマト, 玉ねぎなどの, プロヴァンス地方の煮込 = estocofinado, estoficado, estofinado, stocaficado, stoficado

estofinado [エストフィナード] 男 = estofinade

estomac [エストマ] 男 ①胃 ②胸

Estonie [エストニ] 固女 エストニア

estonien,ne [エストニ・ヤン, エーヌ] 形 エストニア (Estonie) の ‖ estonien 男 エストニア語 ‖ Estonien,ne 男 女 エストニア人

estouffade [エストゥーファードゥ] 女 ①肉や魚の蒸者込料理 = étouffade ②牛すね肉, 骨, 豚の皮, 香味野菜などを煮込み, 澄ませたフォン

estouffat [エストゥーファ] 男 エストゥーファ：ラングドック地方の煮込/~ de haricots blancs 白いんげん豆, ベーコン, トマトなどのエストゥーファ/~ de lièvre うさぎのエストゥーファ

estragon [エストゥラゴーン] 男 エストラゴン, タラゴン：香草の一種 = dragon vert / sauce (à l') ~ エストラゴンを白ワインに入れて煮詰め, 仔牛のフォンとブール・マニエを加えて漉(こ)したソース

esturgeon [エステュルジョン] 男 ちょう鮫

et [エ] 接 及び, そして, と

établir [エタブリール] 動 ④ ①建設する, 設ける ②確立する, 創設する ③作成する ‖ s'~ 代動 ④ 59 (…で)身を立てる

établissement [エタブリスマン] 男 ①開設, 確立 ②建設 ③機関, 施設 ④企業 ⑤証明, 立証

étage [エタージュ] 男 階 / premier ~ 2階

étagère [エタジェール] 女 棚, ラック

étaient → être ②

étain [エタン] 男 錫(すず) / capsule ~ (ワイン用瓶の)キャップフォイル, 口金

étais, était → être ②

étalage [エタラージュ] 男 陳列, 陳列台

étaler [エタレ] 動 ①飾る, 陳列する, 広げる, 見せる ②塗る

étamé,e [エタメ] 形 錫(すず)めっきした

étamine [エタミーヌ] 女 ①粗織布 ②エタミーヌ：1)漉(こ)布 2)目の細かい漉器 / passer à l'~ 漉布や目の細かい漉器で漉(こ)す = étaminer ③雄しべ

étaminé,e [エタミネ] 形 漉(こ)布や目の細かい漉器で漉(こ)した

étaminer [エタミネ] 動 漉(こ)布や目の細かい漉器で漉(こ)す = passer à l'étamine

étang [エタン] 男 池

étant [エタン] 現分 → être ②

étape [エターブ] 女 ①区間, 行程 ②宿泊, 宿泊地 ③期間, 時期 ④段階

état [エタ] 男 ①状態 / ~ civil 戸籍：法律上の身分, フランスは戸籍法ではなく出生法 ②(共通の法律を持つ独立共同体としての) 国 / É~s-Unis d'Amérique アメリカ合衆国

etc. [エトゥセーテラ] 副 〈単複同形〉等々：et cætera, et cetera の略

été [エテ] 男 夏 / en ~ 夏には ‖ été 過分 → être ②

éteindre [エタンドゥル] 動 14 (明り, ガス, 火などを) 消す ‖ s'~ 代動 14 59 火が消える

éteint,e [エタン, トゥ] 形 (明り, ガス, 火

étendre [エタンードゥル] 動39 のばす, 拡げる ‖ s'～ 代動39/59 横たわる

étendu, e [エタンデュ] 形 薄めた, のびた, 広い, 広げた ‖ **étendue** 女 ①広がり, 広さ ②面積 ③範囲 ④期間

éternel, le [エテルネール] 形 永遠の, 変らない, きりのない

éternellement [エテルネールマン] 副 いつまでも, 永遠に

éternuement [エテールニュマン] 男 くしゃみ

éternuer [エテールニュエ] 動 くしゃみをする

êtes → être ②

étêté, e [エテテ] 形 ①頭を切落した ②頂部を除いた

étêter [エテテ] 動 ①魚などの頭を切落す ②頂部を除く

ethnie [エトゥニ] 女 民族: 文化, 言語により形成された分類

ethnique [エトゥニック] 形〈男女同形〉エスニックの, 民族の → ethnie

éthylique [エティリーク] 形〈男女同形〉エチルの ‖ **éthylique** 男女 飲んだくれ: アルコール中毒者の婉曲(えんきょく)表現

étiez → être ②

étincelle [エタンセール] 女 火花

étiolé, e [エトーレ] 形 軟白した

étiolement [エティヨールマン] 男 軟白

étioler [エティヨレ] 動 軟白させる

étions → être ②

étiquette [エティケートゥ] 女 ①タグ, 荷札, マーク, ラベル, レッテル / quatrième ～ フォースラベル: ボルドー地方の第4ランクのワイン / seconde ～ セカンドワイン: ボルドー地方の1～5級及びクリュ・ブルジョワのぶどう園でつくる次ランクワイン / troisième ～ サードラベル: ボルドー地方の, 第3ランクのワイン ②エチケット, 儀礼, 礼儀作法

étirage [エティラージュ] 男 ①引きのばすこと ②飴の引きのばし

étiré, e [エティレ] 形 ①引きのばした ②(飴を)引いた

étirer [エティレ] 動 ①引きのばす ②(飴を)引く

étoffe [エトーフ] 女 ①素材, 素質 ②(主に服などのための)生地, 織物

étoffé, e [エトフェ] 形 ①詰めた, 膨ませた ②とろみを付けた

étoffer [エトフェ] 動 ①詰物をする, (鶏などに詰物をして)膨らます ②とろみを付ける

étoile [エトゥワール] 女 ①星 / É～(パリの)エトワール広場 = place de l'É～ / ～ de mer ひとで / l'～ ジュラ地方のAOC発泡性ワイン ②ホテル設備の充実度に応じて, フランス観光省が示す星印 ③ホテル・レストランガイドブック, ミシュランによるレストランの格付を示す星印 = macaron

étoilé, e [エトゥワーレ] 形 ①星形に切った, 星形の / anis ～ スターアニス, 八角 ②(ミシュランガイドブックで)星印を付けた

étole [エトール] 女 ストール

étonné, e [エトネ] 形 びっくりした, 驚いた

etouffade [エトゥーファードゥ] 女 = éstouffade

étouffage [エトゥーファージュ] 男 エトゥフェにすること → étouffer

étouffant, e [エトゥーファン, トゥ] 形 息苦しい

etouffat [エトゥーファ] 男 エトゥファ: 肉や魚の蒸煮込料理

étouffé, e [エトゥーフェ] 形 ①窒息した, 窒息死させた / canard ～ 窒息死させた鴨 ②蒸煮にした ‖ étouffée 女 エトゥフェ: 蒸煮料理

étouffer [エトゥーフェ] 動 ①窒息させる ②(俗語)くすねる, 一気に飲む ③エトゥフェする: 密閉した容器で蒸煮する = étuver ‖ s'～ 代動59 窒息する, むせる

étourdi, e [エトゥールディ] 形 そそっかしい, まぬけな ‖ **étourdi, e** 男女 まぬけ

étourneau [エトゥールノ] 男〈複 ～x〉むくどり

étrange [エトゥラーンジュ] 形〈男女同形〉奇妙な, 変な

étranger, ère [エトゥランジェ, ール] 形 ①海外の, 外国の ②部外の ‖ **étranger** 男 外国 / à l'～ 海外で, 海外に ‖ **étranger, ère** 男女 ①外国人 ②部外者

être [エトール] 動 ①…である, いる, ある / Je suis Japonais, e. 私は日本人です ‖ être 助動 ① aller, devenir, naître などある種の自動詞及びすべての代名動詞の複合過去形に用いる / Je suis allé,*e* à Lyon. 私はリヨンへ行った ②受動態に用いる／Ce plat est aimé de tous les clients. この料理はすべての客に好かれている ‖ être 男 生物, 存在物／～ humain 人間

etrennes [エトゥレーヌ] 女複 年末年始のプレゼント

étrille [エトゥリーユ] 女 大西洋岸でのわたり蟹の呼称＝chèvre, crabe cerise, crabe laineux, crabe nageur, (crabe) favouille, portune

étriper [エトゥリーぺ] 動 ①内臓を除く ②(話言葉)たたきのめす, ぶっとばす

étroit,e [エトゥルワ, トゥワ] 形 ①狭い ②緊密な ③厳しい

étroitement [エトゥルワートゥマン] 副 狭く ②厳密に

étude [エテュードゥ] 女 学問, 研究／～s 学業

étudiant,e [エテュディヤン, トゥ] 男女 学生, 大学生

étudier [エテュディエ] 動 研究する, 学ぶ

étuvage [エテュヴァージュ] 男 ①(燻製(くん)前のハム, ソーセージなどのエテューヴでの)乾燥 ②醗酵室に入れ, パン生地の醗酵を促すこと → étuver

étuve [エテューヴ] 女 エテューヴ：食品乾燥機, 保温器, 蒸気滅菌器, 乾熱滅菌器

étuvé,e [エテュヴェ] 形 蒸着した／(à l')～e 蒸者(の) ‖ étuvée 女 蒸した料理＝étouffée ‖ étuvé 男 エテューヴに入れるなどしてよく熟成させたエダム, ゴーダなどのオランダのチーズ

étuver [エテュヴェ] 動 エテュヴェする：1) 食材の水分だけで蒸煮する 2) エテューヴに入れる 3) りんごや梨などのスライスをフライパンで弱火で焼く 4) パン生地醗酵を促すために醗酵室へ入れる

eu,e [ユ] 過分 → avoir ①

euh [ウー] 間投 うーん, はあ：口ごもっている応答

euro [ウーロ] 男 ユーロ：欧州の共通通貨単位

Europe [ウロープ] 固 女 ヨーロッパ／en ～ ヨーロッパでは(に, へ)

européen,ne [ウーロペ・アン, エヌヌ] 形 ヨーロッパ(Europe)の／(à l')～ne ヨーロッパ風(の)：イギリスに対してヨーロッパ大陸風の ‖ Européen,ne 男女 ヨーロッパ人

eux [ウー] 代 男 彼ら, あの人たち, (男複を受けて)それら

eux-même [ウー メーム] 代 男 (男複を受けて)彼ら自身, それら自体

évacuation [エヴァキュアスィヨン] 女 ①排出, 排除, 排水 ②避難

évacuer [エヴァキュエ] 動 ①排出する, 排除する, 排気する, 排水する ②立退かせる, 避難させる

évaluation [エヴァリュアスィヨン] 女 評価, 見積

évaluer [エヴァリュエ] 動 評価する, 見積る

évaporation [エヴァポラスィヨン] 女 蒸発＝vaporisation

évaporé,e [エヴァポレ] 形 蒸発した＝vaporisé,e

évaporer [エヴァポレ] 動 蒸発させる＝vaporiser ‖ s'～ 代動 59 蒸発する

évent [エヴァン] 男 ①(酸化による飲食物の)変質 ②瓶詰作業中などに起る, ワインの酸化による変質

éventail [エヴァンターユ] 男 扇／en ～ 扇形に, 扇形の

éventé,e [エヴァンテ] 形 ①気の抜けた ②ワインが酸化し, 香りを失った

éventer [エヴァンテ] 動 ①扇ぐ, 風にあてる ②温度を均一にするため, ゆで汁などを杓子ですくってまぜる

éventrer [エヴァーントゥレ] 動 腹を割く

éventuellement [エヴァンテュエールマン] 副 場合により, 必要なら

évêque [エヴェーク] 男 司教

Évian [エヴィアン] 固 サヴォワ地方, レマン湖畔の町＝Evian-les-Bains ‖ Evian 固 女 エヴィアン：ミネラルウォーターの商標名

évidage [エヴィダージュ] 男 くり抜くこと＝évidement

évidé,e [エヴィデ] 形 くり抜いた

évidement [エヴィードゥマン] 男 くり抜くこと＝évidage

évidemment [エヴィダマン] 副 明らかに

évident,e [エヴィダン, トゥ] 形 明白な

évider [エヴィデ] 動 (トマトなどの中身を)くり抜く

évier [エヴィエ] 男 シンク, (キッチンの)流し, 排水管

éviter [エヴィテ] 動 避ける／«～ de＋不定詞» …しないようにする

ex- [エークス] 接頭 ①「外へ」の意味 ②

「前・旧」の意味／~ chef 前料理長
exact, e [エグザ, ークトゥ]形 正確な
exactement [エグザークトゥマン]副 正確に, 正に, 全く
ex æquo [エゼコ]形句 同順位の ‖ ex æquo 副句 同順位に
examen [エグザマン]男 ①鑑定, 調査 ②検査 ③診察 ④(基準点以上とれば合格する)試験／~ oral 口頭試問, 面接試験／passer un ~ 試験を受ける
examiner [エグザミネ]動 ①鑑定する, 調査する ②検査する ③診察する ④試験する
excédent [エクセダーン]男 超過, 過剰
excellence [エクセラーンス]女 素晴らしさ／E— 閣下：大使, 大臣などへの尊称
excellent, e [エクセラン, トゥ]形 ①優れた, 優秀な ②善良な
excelsior [エクセルスィオール]男 ①卓越, 優秀 ②ノルマンディ地方の, 牛乳のチーズ
excepté, e [エクセーブテ]形 以外の ‖ excepté 前 …以外, …を別にすれば, …を除いて
excepter [エクセーブテ]動 除く, 別にする, 例外とする
exception [エクセプスィヨン]女 例外／à l'~ de... (…を)除いて／sans ~ まんべんなく, 例外なく
exceptionnel, le [エクセプスィヨネール]形 例外的な
exceptionnellement [エクセプスィヨネールマン]副 例外的に
excès [エクセー]男〈単複同形〉過剰, 超過／à l'~, avec ~, jusqu'à l'~ むやみに, やたらに／~ de table 暴飲暴食／~s 不摂生, 暴力行為
excessif, ve [エクセスィー・フ, ヴ]形 行過ぎの, 極端な
excessivement [エクセスィーヴマン]副 過度に, 極端に
excitant, e [エクスィタン, トゥ]形 興奮させる
exciter [エクスィーテ]動 興奮させる
exclu, e [エクスクリュー]形 (計算から)除外した
exclure [エクスクリュール]動52 除く, 排除する
exclusif, ve [エクスクリュズィー・フ, ヴ]形 ①独占的な, 排他的な ②唯一の
exclusion [エクスクリュズィヨン]女 ①除名, 退学 ②除外
exclusivité [エクスクリュズィヴィテ]女 ①独占権 ②ロードショー：封切映画の独占上映
excursion [エクスキュルスィヨン]女 (調査などの目的のある)遠足, 小旅行
excursionniste [エクスキュルスィヨニーストゥ]男女 行楽客
excusable [エクスキュザーブル]形〈男女同形〉許せる
excuse [エクスキューズ]女 言い訳／~s 謝罪／faire des ~s à... …に謝罪する
excuser [エクスキュゼ]動 許す／Excusez-moi. すみません ‖ s'~ 代動59 謝る／Je m'excuse. すみません
exemplaire [エグザンプレール]形〈男女同形〉①模範的な ②いましめとなる, 見せしめの ‖ exemplaire 男 ①(本などの)冊, 部 ②見本
exemple [エグザーンプル]男 ①例／par ~ 例えば ②手本 ③見せしめ
exercer [エグゼールセ]動32 ①訓練する ②行使する, 発揮する ③営む, 従事する ‖ s'~ 代動3259 練習する
exercice [エグゼルスィース]男 練習
exigeant, e [エグズィジャーン, トゥ]形 口やかましい, 面倒な, 要求の多い
exister [エグズィーステ]動 ある, 存在する
exocet [エグゾーセ]男 とびうお= poisson-volant
exotique [エグゾティーク]形〈男女同形〉異国風の, エキゾチックな, 南国風の
expansé, e [エクスパンセ]形 膨張した
expansion [エクスパンスィヨン]女 拡大, 増大, 普及, 膨張
expédier [エクスペディエ]動 発送する, 郵送する
expéditeur, rice [エクスペディトゥール, リス]男女 発送者
expédition [エクスペディスィヨン]女 発送
expérience [エクスペリヤーンス]女 ①経験／avoir l'~ de... …の経験がある／faire l'~ de... …の経験をする ②慣れ ③実験
expérimental, e [エクスペリマンタール]形〈男複には expérimentaux [エクスペリマント]〉実験的な
expérimentalement [エクスペリマンタールマン]副 実験的に
expérimentaux → expérimental, e

expérimenté, e [エクスペリマンテ] 形 経験のある, 熟練の

expérimenter [エクスペリマンテ] 動 ①実験する ②体験する

expert, e [エクスペール, トゥ] 形 熟練の, 精通した, 巧みな‖expert 男 (女性も男のまま) エキスパート, 専門家, 達人

expertise [エクスペルティーズ] 女 鑑定, 査定

expertiser [エクスペルティゼ] 動 鑑定する, 査定する

expiration [エクスピラスィヨン] 女 ①息を吐くこと ②期限切れ

expirer [エクスピーレ] 動 ①息を吐く ②期限が切れる

explication [エクスプリカスィヨン] 女 説明

expliquer [エクスプリーケ] 動 説明する

exploitation [エクスプルワタスィヨン] 女 ①開発 ②営業 ③営業所, 作業場 ④活用, 利用 ⑤悪用 ⑥搾取

exploiter [エクスプルワーテ] 動 ①開発する ②営業する ③活用する, 利用する ④搾取する

explorateur, rice [エクスプロラトゥール, リース] 男 女 開拓者, 探求者, 探検家‖explorateur 男 イル・ド・フランス地方の, 牛乳のチーズ

exploser [エクスプロゼ] 動 爆発させる‖s'~ 代動 59 爆発する

explosion [エクスプロズィヨン] 女 爆発

exportation [エクスポルタスィヨン] 女 輸出

exporter [エクスポルテ] 動 輸出する

exposé, e [エクスポゼ] 形 ①展示した ②さらされた ③(方向に)向いた

exposer [エクスポゼ] 動 ①展示する ②さらす(風や日に)当てる

exposition [エクスポズィスィヨン] 女 ①展示会, 博覧会 ②陳列, 展示 ③さらすこと, 露出

exprès, esse [エクスプレース] 形 速達の‖exprès 男 速達 ‖ [エクスプレー] 副 ①わざと ②わざわざ, 特別に

express [エクスプレス] 男 ①急行列車 ②エスプレッソコーヒー = espresso

expression [エクスプレスィヨン] 女 ①表現 ②表現力, 表情

exprimé, e [エクスプリーメ] 形 (果汁を)絞った

exprimer [エクスプリーメ] 動 ①描く, 表現する ②余分な水分を取る = essorer ③(柑橘(かん)類の果汁を)絞る‖s'~ 代動 59 自分を表現する

expulser [エクスピュルセ] 動 追放する

expulsion [エクスピュルスィヨン] 女 追放

exquis, e [エクスキ, ーズ] 形 〈男には単複同形〉①美味しい, この上なく美味な ②上品な ③愛想のいい

exsudat [エクスユーダ] 男 ①エテュヴェや真空調理で出る材料の滲出液 ②解凍時のドリップ液

exsudation [エクスユダスィヨン] 女 しみ出たもの, しみ出ること, 滲出

exsudé, e [エクスユーデ] 形 しみ出た

exsuder [エクスユーデ] 動 しみ出る

extensible [エクスタンスィーブル] 形 〈男女同形〉のばせる, のび縮みする

extensif, ve [エクスタンスィー・フ, ヴ] 形 ①伸張の ②粗放の

extérieur, e [エクステリユール] 形 外側の, 外の, 対外的な‖extérieur 男 ①外側/ de l'~ 外から ②屋外, 海外/ à l'~ 屋外で, 屋外に/ de l'~ 海外の

externe [エクステールヌ] 形 〈男女同形〉外部の, 外側の‖externe 男 女 (寄宿生ではない)通学生

extincteur, rice [エクスタンクトゥール, リース] 形 消火の‖extincteur 男 消火器

extinction [エクスタンクスィヨン] 女 ①消火, 消灯 ②減退, 衰弱 ③消滅, 断絶

extra- [エクストゥラ-] 形 〈不変〉①(話言葉)最高の, とびきりの/~ sec エクストラ・セック:3%以下加糖をした辛口シャンパン ②産卵後3日以内の新鮮な卵に用いる形容‖extra 男 〈単複同形〉①特別なこと ②特別料理 ③1) 5年以上熟成させたカルヴァドス, アルマニャック 2) 6年以上熟成させたコニャック ④臨時営業 ⑤臨時雇 ⑥臨時出費

extra- [エクストゥラ-] 接頭 ①外… ②極…, 超…

extraction [エクストゥラクスィヨン] 女 (油分等の)抽出, 抜くこと

extra-fin, e [エクストゥラ フ アン, イーヌ] 形 〈男複には~- ~s, 女複には~- ~es〉極上の

extra-gras, se [エクストゥラ グラー, ス] 形 〈男には単複同形, 女複には~- ~ses〉(チーズの脂肪分が)45~60%の/ fromage ~ 乳脂肪分が40~60%の

チーズ = crème
extraire [エクストゥレール] 動57 ①抽出する/ (faire) bouillir...pour ～ …を煮出す ②抜く ③抜粋する
extrait, e [エクストゥレー, トゥ] 形 ①抽出した ②抜粋した ‖ extrait 男 ①抜粋, 要約 ②(フォンや煮汁の)エキス: fumet, glace /～ de malt 生地醸酵促進用のモルトのエキス ③抄本
extraordinaire [エクストゥラオルディネール] 形〈男女同形〉並外れた extraordinairement [エクストゥラオルディネールマン] 副 並外れて
extra-vierge [エクストゥラー ヴィエールジュ] 形〈男女同形, 複には～-～s〉(オリーヴ油の)一番搾りの
extrêmement [エクストゥレームマン] 副 極度に
extrémité [エクストゥレミテ] 女 端, 先端
eye-liner [アイライヌール] 男〈複 ～s-～s〉アイライナー

F, f

F, f [エフ] 男 ①フランス字母の6番め ②ファ, ヘ音:音楽用語 ③F:華氏. Fahrenheit の記号
fabricant, e [ファブリカーン, トゥ] 男 女 製造業者, メーカー
fabrication [ファブリカスィヨン] 女 制作, 製造
fabrique [ファブリーク] 女 製造所
fabriqué, e [ファブリケ] 形 製造された, …製(生産地)の
fabriquer [ファブリケ] 動 製造する
fabuleux, se [ファビュルー, ズ] 形〈男には単複同形〉信じられないほどの
fac [ファーク] 女 (話言葉)学部:faculté の略/ aller à la ～ 大学へ行く
façade [ファサードゥ] 女 建物の正面, ファサード
face [ファース] 女 ①顔 ②面/ toutes les ～s 全面 ③表面 ④正面/ en ～ 真正面から/ en ～ de... …の真正面に /～ à... …に向い合って/～ à ～ 向い合って ⑤コインの表 ⑥体面, メンツ

fâché, e [ファシェ] 形 気分を害した
fâcher [ファシェ] 動 怒らせる ‖ se ～ 代動59 気分を害す
facile [ファスィール] 形〈男女同形〉①簡単な, 安易な/《～ à +不定詞》…しやすい ②気さくな ③尻軽な
facilement [ファスィールマン] 副 容易に
facilité [ファスィリテ] 女 気軽さ, 容易さ
façon [ファソン] 女 方法, やり方/ à la ～ de... …風(の方法)で(に, の) = à la mode de... / à sa ～ 自分なりに, マイペースで/ de cette ～ そうすれば, そのように/ de toute ～ いずれにしろ, ともかく/ d'une autre ～ なんとか
façonnage [ファソナージュ] 男 加工, 細工成形= façonnement
façonné, e [ファソネ] 形 加工した, 細工した, 成形した
façonnement [ファソーヌマン] 男 加工 = façonnage
façonner [ファソネ] 動 加工する, 形づくる, 細工する, 成形する
facture [ファクテュール] 女 請求書, 伝票, (タクシーなどの)領収書
facultatif, ve [ファキュルタティー・フ, ヴ] 形 随意の, 任意の/ quantité ～ve 任意の量
facultativement [ファキュルタティーヴマン] 副 任意に
faculté [ファキュルテ] 女 ①才能, 能力 ②学部
fade [ファードゥ] 形〈男女同形〉味が薄い, 味がない, 風味のない
fagot [ファゴ] 男 ①香草の束 = bouquet garni ②豚脂とレバーを網脂で包んでソテした, アングームワ地方の料理 ③薪の束
faible [フェーブル] 形〈男女同形〉①弱い, もろい ②気弱な ③劣った ④(名詞の前で)少ない, わずかな
faiblement [フェーブルマン] 副 かすかに, 弱く
faiblesse [フェブレース] 女 弱さ
faïence [ファヤーンス] 女 陶器
failli 過分 → faillir
faillir [ファイール] 動〈不定詞, 複合時制以外はまれ〉《～+不定詞》あやうく…しそうになる
faim [ファン] 女 空腹/ avoir ～ お腹がすいている

faine [フェーヌ] 女 ぶなの実 = faîne
fainéant,e [フェネアン, トゥ] 形 怠惰な, 無精な
faire [フェール] 動 21 ①する/~ la cuisine (le ménage) 料理(家事)をする/«~ de + 定冠詞 + スポーツ, 楽器»…をする, …を奏でる ②つくる, 製造する/~ le dîner 夕食をつくる ③整える/~ la vaisselle 食器を洗う ④(金額などが合計)…になる ⑤(非人称主語代名詞 il を伴って天候, 天気を表す) il fait beau いい天気だ ⑥«~ + 不定詞»…させる/Je fais réparer la montre. 私は時計を修理させる ‖ se ~ 代動 21 59 ①行われる ②(しきたりなどに)かなっている ③成長する, 成熟する ④つくられている ⑤完成する, できあがる ⑥流行する ⑦«se ~ + 不定詞»: 1)…してもらう 2)自分を…させる/s'en ~ pour...を気にかける
faire-part [フェール パール] 男〈単複同形〉(個人に送る)通知
fais, fais- → faire 21
faisan [フザン] 男 きじ: 鳥/~ de Colchide コルキス種のきじ
faisandage [フザンダージュ] 男 (猟鳥肉の)熟成
faisandé,e [フザンデ] 形 (猟鳥肉を)熟成させた → faisander
faisandeau [フザンド] 男〈複 ~x〉雛きじ, 若いきじ = faisanneau
faisander [フザンデ] 動 熟成させる: 1) 小腸の熟成菌を猟鳥肉に付ける 2) やましぎ, きじ, しゃこなどの猟鳥肉を, 腐敗臭を帯びるまで内臓を抜かずに布にくるんで熟成させる
faisane [フザーヌ] 女 雌きじ = poule ~
faisanneau [フザノ] 男〈複 ~x〉= faisandeau
faisant 現分 → faire 21
faisselle [フェセール] 女 (チーズ製造時の水切用)ざる, ホエ・ドレイナー/~ de chèvre ルエルグ地方の, 山羊乳のチーズ
fait,e [フェ, ートゥ] 形 ①つくられた/être ~,e avec... …でできている, つくられる/mal ~,e 不細工な/~,e すぐに使用できる ②なされた ‖ fait 男 ①行為 ②事, でき事, 事実/~ (s) divers 三面記事 ③要点/au ~ ところで/du ~ de... …ので(…のせいで)/en ~ 本当は/tout à ~ 全く ‖ fait → faire 21 ‖ fait,e 過分 → faire 21

faites → faire 21
faitout [フェトゥー] 男〈単複同形〉シチュー鍋, 半寸胴鍋 = fait-tout, rondeau haut
fait-tout 男〈単複同形〉= faitout
fal(l)ette [ファレットゥ] 女 オヴェルニュ地方の, 詰物をした羊ばら肉料理/~ de veau 同地方の, 詰物をした仔牛ばら肉料理
fallait → falloir 22
falloir [ファルワール] 動 22 (常に il を主語とする) «il faut + 不定詞 / il faut...: 1)…しなければならない, …が必要である 2)時間が…かかる
fallu 過分 → falloir 22
fal(l)ue [ファリュ] 女 ノルマンディ地方の, ブリオシュの一種 = brioche coulante
fameux,se [ファムー, ズ] 形〈男には単複同形〉①話題の, 名高い ②(話言葉)うまい, 優れた
familial,e [ファミリヤール] 形〈男複には familiaux [ファミリヨ]〉家族的な, 家庭的な/cuisine ~e 家庭料理
familiaux → familial,e
familier,ère [ファミリエ, ール] 形 ①親しい ②なじんだ, 慣れた/plat ~ なじんだ料理/cuisine ~ère 惣菜料理 ‖ familier,ère 男 女 親しい人, 常連
famille [ファミーユ] 女 家族, 家庭
fan [ファン] 男 女 ファン, 愛好家
fanchette [ファンシェットゥ] 女 カスタードクリームとメレンゲ入パイケーキ = gâteau ~
fanchonnette [ファンショネットゥ] 女 ①カスタードクリーム入小パイケーキ ②いちご風味のバタークリームをはさんだマカロン
fane [ファーヌ] 女 にんじん, じゃが芋などの葉や茎
fané,e [ファネ] 形 色あせた, しおれた, しなびた
faner [ファネ] 動 ①しおれさせる ②あせさせる ‖ se ~ 代動 59 あせる, 衰える, しおれる
fantaisie [ファンテズィ] 女 ①幻想力, 空想力 ②奇抜さ ③空想の産物

fantasia [ファンタズィヤ] 囡 黄肉ネクタリンの品種

fantastique [ファンタスティーク] 形〈男女同形〉①幻想的な,架空の ②(話言葉)すばらしい

faon [ファン] 男 ①(6ヵ月までの)仔のろ鹿 ②仔赤鹿

far [ファール] 男 ①砂糖入の生地に,干ぶどうなどを入れ,焼いてから粉糖をふったブルターニュ地方のケーキ＝～ breton ②キャベツ,サラダ菜,オゼイユなどの葉とベーコン,クリーム,卵をまぜ,キャベツの葉に包んで豚肉などと共に煮た,ポワトゥー地方の料理

farce [ファールス] 囡 詰物,ファルス,まぜ物／～ à gibier 猟肉用ファルス／～ à gratin グラタン用ファルス／～ à ravioli ラヴィオリ用ファルス／～ à pâté パテ用ファルス／～ à quenelle クネルまたはムスリーヌ,ポピエット用ファルス／～ à poisson 魚用ファルス／～ à volaille 家禽(ミネッ)用ファルス／～ de veau 仔牛のファルス

farcement [ファールスマン] 男 干ぶどうや干洋梨などを水で戻して千切りのじゃが芋やベーコンとまぜ,型に詰めて焼いた,サヴォワ地方の料理

farci, e [ファールスィ] 形 詰物をした／tomate ～e くりぬいたトマトにシャンピニョンのデュクセルを詰めてグラティネした料理 ‖ farci 男 ファルシ：1) 詰物をした料理 2) ペリゴール地方の,鶏のロールキャベツ

farcidure [ファルスィデュール] 囡 リムーザン地方のキャベツやオゼイユ,ベーコン入のだんご

farcir [ファルスィール] 動4 詰物をする,射込む／～ la volaille de truffes 鶏にトリュフを詰める

farçon [ファルソーン] 男 サヴォワ地方の,じゃが芋のピュレのグラタン

fard [ファール] 男 化粧品／～ à cils マスカラ／～ à joues 頬お紅／～ à lèvres 口紅／～ à paupières アイシャドー

fardé, e [ファールデ] 形 アイシングなどを塗った → farder

farder [ファールデ] 動 アイシング,飴細工,マジパンなどを表面に飾る

farée [ファレ] 囡 シャラント地方のロールキャベツ

farfalle [ファルファッレ] 囡複 伊 蝶形パスタ

farfallette [ファルファッレッテ] 囡複 伊 小型の蝶形パスタ ＝ farfalline

farfalline [ファルファッリーネ] 囡複 伊 ＝ farfallette

farigoule [ファリグール] 囡 タイムまたはセルポレの,プロヴァンス地方での呼称 ＝ serpolet, thym

farigoulette [ファリグーレートゥ] 囡 タイム風味のリキュール

farinade [ファリナードゥ] 囡 オヴェルニュ地方のりんご入パンケーキ

farinage [ファリナージュ] 男 ①打粉すること ②菓子やクレープ以外の,クネル,クヌーデル,ポレンタなど粉を使った料理

farine [ファリーヌ] 囡 粉,小麦粉 →囲み

fariné, e [ファリネ] 形 打粉をした

fariner [ファリネ] 動 ①打粉をする ②加熱する前に材料に小麦粉をまぶす

---

farine

farine bise
　ライ麦パン用下等小麦粉
farine complète　全粒粉
farine de blé　小麦粉
farine de blé noir, farine de sarrasin　そば粉
farine de châtaignes　栗の粉
farine de gruau　強力粉
farine de lentilles　レンズ豆の粉
farine de maïs　とうもろこし粉
farine de moutarde　マスタードの粉
farine de riz　米粉,上新粉
farine de seigle　ライ麦粉
farine de soja　きな粉
farine d'orge　大麦粉
farine pâtissière, farine T45　薄力粉
farine fleur　細かい粉
farine ronde　砂のように粗い粉
farine T55　強力粉：パン,ビスケットに用いる少し粗くひいた小麦粉

farinette [ファリネートゥ] 女 オヴェルニュ地方の, 小麦粉入の厚いオムレツ/~s ごく細かい穀粒

farineu*x*,**se** [ファリヌー, ズ] 形〈男には単複同形〉①粉っぽい②でんぷん質の, 小麦粉の ‖ farineux 男〈単複同形〉グリンピース, レンズ豆, いんげん豆などでんぷん質のマメ科の植物

farini*er*, **ère** [ファリニエ, ール] 男女 製粉業者 ‖ farinière 女 ①小麦粉入れ②プロヴァンス地方の, 魚の粉付用容器

fario [ファリヨ] 女 ブラウントラウト: 淡水鱒(ます) = truite ~

farivolles [ファリヴォール] 女 複 = frivolles

faro [ファロ] 男 ベルギーのビール

farouche [ファルーシュ] 形〈単複同形〉①(動物が)なつきにくい②社交的ではない, 人見知りの ‖ farouche 男 クローバーの一種の牧草

faséole [ファゼオール] 男 いんげん豆の品種

fasse, fassent, fasses, fassiez, fassions → faire 21

fassumier [ファスュミエ] 男 ニースの, 羊のポト・フ

fatigant,e [ファティガン, トゥ] 形 骨の折れる, うんざりする

fatigue [ファティーグ] 女 疲れ

fatigué,e [ファティゲ] 形 ①疲れている②(サラダを)あえた③輸送などで一時的にワインの質が落ちた → fatiguer

fatiguer [ファティゲ] 動 ①疲れさせる②うんざりさせる③ミックスサラダの材料が同じ歯応えになるように, 供する前に, 固いものから順にドレッシングとあえる ‖ se ~ 代動 59 疲れる/ se ~ de... …にうんざりする 22

faudra, faudrait → falloir 22

faugères [フォジェール] 男 ラングドック地方の AOC 赤, ロゼワイン

fausse → faux

faut [フォ] → falloir 22

faute [フォートゥ] 女 ミス, 違い/ ~ de... …がないので/ par la ~ de... …のせいで/ sans ~ まちがいなく

fauteuil [フォトゥーユ] 男 肘掛椅子/ ~ à bascule ロッキングチェア

fau*x*,**sse** [フォ, ース] 形〈男には単複同形〉①誤った, まちがいの②にせの③不誠実な, 見せかけの④不自然な ‖ faux 副 まちがって ‖ faux 男〈単複同形〉①偽造, 虚偽②にせもの/ à ~ 失敗して, まちがって

faux-anis [フォザニース] 男 アネット, ディル: ウイキョウ科の香草 = aneth

faux-filet [フォ フィレ] 男〈複 ~-~s〉牛の外ロース, サーロイン = contrefilet

faveur [ファヴール] 女 優遇/ en ~ de... …の利益になるように

favorable [ファヴォラーブル] 形〈男女同形〉都合のよい, 優位な

favori,te [ファヴォリ, ートゥ] 形 気に入りの, 好きな ‖ favori,te 男女 お気に入り, 人気者 ‖ favori 男 本命, 優勝候補 ‖ favorite 女 愛妃, 寵妃

favoriser [ファヴォリゼ] 動 ①優遇する②幸いする③助長する, 促進する

favouille [ファヴーユ] 女 わたり蟹の, プロヴァンス地方での呼称 = étrille

fébrifuge [フェブリフュージュ] 男 解熱剤

Fécamp [フェカン] 固 フェカン: ノルマンディ地方の港町

fécampois,e [フェカンプワ, ーズ] 形〈男には単複同形〉フェカン (Fécamp) の/ (à la) ~ フェカン風(の): ムール貝や小海老を付合せ, ソース・クルヴェットを添えた料理用表現 ‖ Fécampois,e 男女〈男は単複同形〉フェカンの人

fécondé,e [フェコンデ] 形 受精させた

fécule [フェキュール] 女 片栗粉, 澱粉 (でんぷん)/ ~ de maïs コーンスターチ

féculer [フェキュレ] 動 澱粉(でんぷん)を加える

fedel(l)ini [フェデリーニ] 男 複〈伊〉カッペリーニより太いイタリアのパスタ

fée [フェ] 女 仙女, 妖精

feint,e [ファン, トゥ] 形 にせの, うわべだけの

felat [フェラ] 男 穴子のラングドック地方での呼称 = congre

fêlé,e [フェレ] 形 ひび割れた

fêler [フェレ] 動 ひびを入れる ‖ se ~ 代動 59 ひび割れる

félicitation [フェリシタスィヨン] 女 賛辞, 祝辞/ F~s. おめでとう

féliciter [フェリシテ] 動 祝福する ‖ se ~ 代動 59 喜ぶ

fêlure [フェリュール] 女 裂けめ, ひび

femelle [フメール] 女 雌

féminin, e [フェミ・ナン, ニーヌ] 形 ①女性の, 女性的な, 女らしい, 女性っぽい ②軽さと優しさを持ったワインの形容 ‖ féminin 男 ①女らしさ ②女性形:文法用語 = genre ~

femme [ファーム] 女 ①(一人前の)女性／~ d'affaires 女性実業家／~ de ménage お手伝いさん／~ de chambre (ホテルなどの)メード ②妻／(à la) bonne ~ ボヌ・ファム風(の):「お袋の味」を思わせる料理用表現 = (à la) bonne maman, (à la) ménagère, (à la) paysanne / sole ~ エシャロット, パセリ, シャンピニオンと共に舌びらめをポシェし, 煮詰めた煮汁にバターを加えてソースとした料理

fendre [ファーンドゥル] 動 39 裂く, 破る, 割る

fendu, e [ファンデュ] 形 裂けた, 割れた ‖ fendu 男 縦に溝のある細長いパン

fenêtre [フネートゥル] 女 窓

fenouil [フヌーユ] 男 ういきょう, フェンネル／~ bâtard アネット, ディル = aneth, faux-anis／~ de Florence フローレンスフェンネル:株元が丸く肥大したフェンネル／tête de ~ ういきょうの根元 = pomme de ~

fenouillet [フヌーイエ] 男 = fenouillette

fenouillette [フヌーイエットゥ] 女 ①ういきょう香のあるりんご ②ういきょう酒 = fenouillet

fente [ファーントゥ] 女 亀裂, 割れめ

fenugrec [フニュグレック] 男 フェニュグリーク, ころは:香辛料の種類 = trigonelle

fer [フェール] 男 ①鉄, 鉄分／en (または de) ~ 鉄製の ②アイロン = ~ à repasser／~ à couper 電熱線カッター／~ à glacer 焼ごて／~ rouge 焼ごて ③長期熟成させる赤ワイン用のぶどうの品種／~ servadou 赤ワイン用ぶどうの品種

fera, feras → faire 21

féra [フェラ] 女 しろ鱒(ます):淡水魚

ferai, ferai- → faire 21

ferchuse [フェルシューズ] 女 ブルゴーニュ地方の豚内臓煮込

ferez → faire 21

férie [フェリ] 女 ①(古代ローマの)休日, 祝日 ②(カトリックの)祝祭日

feriez, ferions → faire 21

férié, e [フェリエ] 形 祝祭日の

ferme [フェルム] 形〈男女同形〉かたい, しっかりした, (身が)締まった／~ sous la dent 歯応えのある ‖ ferme 副 かたく, しっかりと ‖ ferme 女 農園, 農場, 農地

fermé, e [フェルメ] 形 ①閉まった, 閉まっている ②若すぎてブーケが未発達なワインの形容

ferment [フェルマン] 男 ①素因 ②酵素 = enzyme

fermentation [フェルマンタスィヨン] 女 醱酵, 醸造／~ alcoolique アルコール醱酵／~ au levain 中種法, 醱酵種法／~ basse (ビールの)下面醱酵／~ butyrique 酪酸醱酵／~ haute (ビールの)上面醱酵／~ lactique 乳酸醱酵／~ malolactique リンゴ酸醱酵:ワインの2次醱酵／~ naturelle 自然醱酵／~ sur direct (製パンの)直接醱酵法／~ sur pâte イーストパン種法／~ sur poolish (製パンの)水種法

fermenté, e [フェルマンテ] 形 醱酵した

fermenter [フェルマンテ] 動 醱酵する

fermer [フェルメ] 動 ①閉める, 閉じる／La ferme！ うるさい！ ②明り, ガスなどを消す, スイッチを切る ‖ se ~ 代動 59 閉る, 閉じる

fermeture [フェルムテュール] 女 ①閉ること, 閉っていること ②ファスナー = ~ à glissière／~ éclair マジックテープ:商標

fermier, ère [フェルミエ, ール] 形 農場の, (伝統技法でつくった)手づくりの／(à la)~ère フェルミエール風(の), 農場風(の):野菜を付合せる料理用表現 ‖ fermier, ère 男女 農場主, 農民, 百姓 ‖ fermier 男 フェルミエ:伝統的な方法で農場でつくったチーズ

Fernet-Branca [フェルネ ブランカ] 固 男 リキュールの商標名

ferons, feront → faire 21

ferrage [フェラージュ] 男 焦げ → ferrer

ferré, e [フェレ] 形 ①鉄道の, 鉄の／voie ~e 線路 ②焦した → ferrer

ferrer [フェレ] 動 (オーヴンで菓子などの底を)焦す, 鉄ごてで粉糖を焦す

ferroviaire [フェロヴィエール] 形〈男女同形〉鉄道の

ferry [フェリ] 男 = ferry-boat

ferry-boat [フェリ ボートゥ] 男 〈複 ~-~s〉 フェリー, 連絡船 = ferry

fesses [フェース] 女複 (話言葉) 尻

festin [フェスタン] 男 ①宴会, 饗宴, 祝宴 ②ご馳走

festiner [フェスティネ] 動 宴を催す, ご馳走する

festival [フェスティヴァール] 男 〈複 ~s〉 フェスティヴァル, 祭典

festoiement [フェーストゥワマン] 男 ご馳走

feston [フェストン] 男 花飾り, 花綱/ en ~ フェストン飾りの, フェストンにした:盛付方法の種類 → festonner

festonné, e [フェストネ] 形 花飾り状にした → festonner

festonner [フェストネ] 動 花飾り状にする:1) タルトやピティヴィエの縁を模様にして飾る 2) レモンのスライス, ゼリー, 三日月形パイなどを皿の縁に花綱形に飾る

feta [フェタ] 男 ギリシアのフレッシュチーズ

fête [フェートゥ] 女 ①祭典, 祭日 ②パーティ

fêter [フェテ] 動 祝う

fettuccine [フェトゥッチーネ] 女複 伊 イタリアの, 平たいロングパスタ

feu [フー] 男 〈複 ~x〉 ①火/ à petit ~, à ~ doux 弱火で/ à ~ de bois まきの火で/ à ~ moyen, à ~ modéré 中火で/ à ~ vif, en plein ~ 強火で/ baisser le ~, réduire le ~ 火を弱める/ pousser le ~ 火を強める/ Défense de faire du ~. 火気厳禁:表示/ éteindre le ~ 火を消す/ faire du ~ 火を起す/ ~ d'artifice 花火/ hors du ~ 火からはずして/ mettre...au ~ …を火にかける/ mettre le ~ 火をつける/ mettre... au coin du ~ 鉄板レンジの隅に…をのせる/ prendre ~ 火がつく, 燃える/ régler le ~ 火加減を調節する ②火事/ Au ~! 火事だ! ③明り, ライト ④信号, 灯火/ ~ arrière 尾灯/ ~ de détresse ハザードランプ/ ~ du freinage ブレーキランプ/ ~ jaune 黄色信号/ ~ rouge 赤信号/ ~ vert 青信号 ⑤炉, ストーブ

feuillantine [フーヤンティーヌ] 女 ①パイ菓子 ②薄く切った材料 ③薄く切った材料を重ねた料理

feuille [フーユ] 女 ①箔, 薄片/ une ~ de... 1枚の…/ ~ d'aluminium アルミ箔/ ~ de brick 薄いブリック生地/ ~ d'or 金箔 ②葉/ ~ de chêne リーフレタス: 縮れレタス/ ~ de coriandre 中国パセリ, コリアンダーの葉 = persil chinois/ ~ de curry カレーリーフ = caloupilé/ ~ de lotus 蓮の葉 ③薄い生地/ ~ de farine de blé: ブリックに似た薄い生地/ ~ de riz ライスペーパー (または papier) de riz/ ~ de thé 茶葉 ④薄い円盤形のチーズ/ ~ de dreux ノルマンディ地方の, 牛乳からつくる白かびタイプのチーズ ⑤背肉をコートレットに切るための包丁

feuillet [フイエ] 男 ① (ノートなどのページの裏表) 1枚, 薄片 ②折込パイ生地の重ねた1枚分 ③センマイ: 反芻(はんすう)動物の第3胃 ④ (きのこの裏側の) しわ

feuilletage [フーユタージュ] 男 ①パイ生地を折込むこと ②折込パイ生地 = pâte feuilletée/ ~ écossais スコットランド式折込パイ生地: 小麦粉にバターの小片をまぜ, 水と塩を加えて折った簡単な折込パイ生地 = ~ rapide/ ~ hollandais, ~ inversé オランダ式折込パイ生地: バターに小麦粉をまぜてのばし, 生地で包んで折った折込パイ生地/ ~ viennois 小麦粉, 卵黄, 牛乳, 塩, 砂糖, さいのめのバターをまぜて折った折込パイ生地 ③折込パイ生地でつくったケーキや料理

feuilleté, e [フーユテ] 形 パイ生地を折込んだ/ pâte ~e 折込パイ生地 = feuilletage/ pâte ~ à l'huile バターの代りに油で折るたびに油を塗ってつくった折込パイ生地/ pâte ~e minute 小麦粉, バター, 塩, 水をよくまぜ, 三つ折りを3回繰返してつくったパイ生地 ‖ **feuilleté** 男 ①フイユテ: 折込パイ生地でつくった菓子や料理/ ~ flamand フランドル地方のパイ料理 ②細く切った折込パイ生地に卵黄を塗り, おろしチーズやパプリカをかけて焼いたアミューズ

feuilleter [フーユテ] 動 ①パイ生地を折込む ② (ぱらぱらと, ざっと) 読む

feuilleton [フーユトン] 男 ①連載小説,

連続ドラマ②薄切りの仔牛または豚肉とファルスを重ねて巻き,煮込んだ料理

feutre [フートゥル]男 ①フェルト ②サインペン/~ à l'huile マジックペン

fève [フェーヴ]女 そら豆/~ d'Egypte はすの実/~ de marais おたふく豆/~ (de) tonka トンカ豆

févette [フェヴェートゥ]女 小粒のそら豆

février [フェヴリエ]男 2月/en ~, au mois de ~ 2月に

fiadone [フィヤドーネ]男 コルシカの甘味タルト

fiançailles [フィヤンサーユ]女複 婚約

fiancé,e [フィヤンセ]形 婚約した ‖ fiancé,e 男女 婚約者

fiasque [フィヤースク]女 キャンティワイン用の瓶

fibre [フィーブル]女 筋, 繊維

fibreux,se [フィブルー,ズ]形〈男には単複同形〉筋っぽい, 繊維質の

ficelage [フィスラージュ]男 フィセルすること → ficeler

ficelé,e [フィースレ]形 フィセルした → ficeler

ficeler [フィースレ]動7 フィセルする: 整形するために鶏などを糸で縛る

ficelle [フィセール]女 ①たこ糸, 紐 ②バゲットより細いフランスパン ③細切りの肉/~s picardes ピカルディ地方の, デュクセルやハムを巻いたクレープのグラタン

fiche [フィーシュ]女 ①カード, 票/~ de paye 給料明細書/~ médicale カルテ ②領収書= reçu ③ (差込)プラグ

ficher [フィシェ]動 (話言葉)する, やる ‖ (話言葉) se ~代動59/ s'en ~ de … を気にしない(相手にしない)

fichu,e [フィシュー]形 (話言葉) ①仕上った ②だめになった ③かなりの/ bien (mal) ~,e (体の調子や見かけが)いい(悪い) ④じかの

fidèle [フィデール]形〈男女同形〉忠実な, 誠実な ‖ fidèle 男女 ①忠実な人, 誠実な人 ②支持者 ③常連

fidel(l)ini [フィデリーニ]男複 (伊) リボン状パスタ

fidès [フィデース]男複 サヴォワ地方のパスタ

fiel [フィエール]男 (食用動物の)胆汁

fiéla(s) [フィエラ]男 プロヴァンス及びラングドック地方での穴子の呼称

fier,ère [フィエール]形 ①自尊心のある, 誇りのある/être ~, ère de... …が自慢である, 誇らしく思う ②高慢な, 不遜な ‖ fier,ère 男女 不遜な人

fièvre [フィエーヴル]女 ①(病気などによる)熱, 熱病 ②興奮

figari [フィガリ]男 コルシカの AOC 赤ワイン

figatello [フィガテロ]男〈複 figatelli [フィガテリ]〉コルシカの, 豚肉とレバーのスモークソーセージ

figé,e [フィジェ]形 固まった

figer [フィジェ]動25 固まらせる/‖ se ~ 代動25 59 固まる

figue [フィーグ]女 いちじく: 実/~ d'Adam 料理用バナナ = banane plaintain /~ de Barbarie うちわさぼてんの実/~ de mer ほや= ascidie, violet

figuette [フィゲートゥ]女 干しいちじくとねずの実を水に漬け, 漉(こ)した飲物

figuier [フィギエ]男 いちじく: 木

figure [フィギュール]女 ①顔つき, 表情 ②図, 図形/~ plane 平面図 ③肖像, 人物画, 像

fil [フィール]男 ①糸, ひも/au ~ de... …につれて/~ à pêche 釣糸/~ de fer 針金/~ électrique 電気コード=~ electrique ③電話

filament [フィラマン]男 ①(動植物の)繊維, 野菜などの筋/~s (ムール貝に挟まっている)繊維 ②細い糸状にしたもの ③(電球の)フィラメント

filandre [フィランドゥル]女 動植物の堅い筋

filandreux,se [フィランドゥルー,ズ]形〈男には単複同形〉(豆などが)筋っぽい

file [フィール]女 (縦の)列

filé,e [フィレ]形 糸状の, 糸の ‖ filé 男 フィレ: シロップの状態/grand ~ 106〜109℃にしたシロップ/petit ~ 103〜105℃にしたシロップ/sucre ~ 細い糸飴

filer [フィレ]動 ①織る, 紡ぐ ②(話言葉)立去る, 逃げる ③尾行する ④(液体が)粘る

filet [フィレ]男 ①網, ネット/~ à cuisson ゆでハムなどの製造でゆでる時に入れるネット/~ de pêche 魚

網 ②3枚または5枚おろしにした魚の身／~ de sole 舌びらめのフィレ／lever les ~s 魚をおろすこと ③鶏や鴨などのささ身, 胸肉＝suprême ④(牛, 豚などの)フィレ肉／~ américain タルタルステーキのベルギーでの呼称＝steak tartare／~ de Saxe 豚フィレ肉のベーコン／~ mignon フィレ・ミニョン：1)牛または仔牛のフィレ肉の細い方の先端部分 2)牛, 仔牛, 豚などの首の付根の細い部位 3)羊, 仔羊のカレの骨と脂を取去った肉＝noisette ⑤(液体の)筋, 細い流れ／un ~ de... ひとたらしの…

filetage [フィルタージュ]男 魚をフィレにおろすこと, フィレ肉を切出すこと

fileter [フィルテ]動 ①魚をフィレにおろす ②フィレ肉を切出す

fille [フィーユ]女 ①娘 ②少女

fillette [フィエットゥ]女 ①小さな女の子 ②ボルドー地方及びロワール川流域のハーフサイズのワイン瓶 ③ボジョレワイン用の250cc入キャラフ→ pot

film [フィルム]男 ①フィルム ②映画 ③ラップ紙＝papier ~／~ sous-vide 真空パックフィルム

filmer [フィルメ]動 ラップ紙で包む

filo → pâte

fils [フィース]男〈単複同形〉息子

filtrage [フィルトゥラージュ]男 濾過(ろか)

filtration [フィルトゥラスィヨン]女 濾過(ろか), 浸透

filtre [フィールトゥル]男 ①フィルター, 濾過(ろか)器 ②à café コーヒーフィルター／~ à café ＝ café ~

filtré,e [フィルトゥレ]形 フィルターで漉(こ)した, 濾過(ろか)した

filtrer [フィルトゥレ]動 ①フィルターで漉(こ)す, 濾過(ろか)する ②染出る

fin,e [フ.ァン, ィーヌ]形 ①薄い, 細い, 細かい／tamis ~ 目の細かい裏漉(うらごし)器 ②純粋な ③質のいい／~s bois AOC コニャックの種類／~e champagne 高級コニャック ④繊細な, 洗練された／~es herbes フィーヌ・ゼルブ：1)ソース, チーズなどに香りを付けるための, みじん切りしたパセリ, セルフイユ, シブレットなどの香草 2)シブレット＝ciboulette／sauce (aux)~es herbes：1)みじん切りした香草を加えたドミグラスソースにレモン汁を加えた鶏料理用ソース 2)みじん切りした香草を白ワインソースに加えた魚料理用ソース ⑤(名詞の前において)優秀な, 腕のいい ‖ **fin**副 薄く, 細かく, 細く ‖ **fin**男 ①薄物 ②純度 ‖ **fin**女 ①終り／à la ~ ついに／à la ~ de cuisson 調理の終りに／en ~ de... …の終りごろに ②目的 ③理由／**fine**女 上等のコニャック

final,e [フィナール]形〈男複~s〉最後の, 終りの ‖ **finale**女 決勝

finalement [フィナールマン]副 結局, ついに

finaliste [フィナーリストゥ]男 決勝戦出場者

financier,ère [フィナンスィエ, ール]形 金融の, 財政の／(à la) ~ère フィナンシエール風(の)：高級食材を使った付合せの表現／sauce ~ère ソース・フィナンシエール：ソース・マデールにトリュフエッセンスを加えたソース ‖ financier男 ①金持, 財界人, 財政家, 資本家 ②フィナンシエ：長方形または楕円形のバターケーキの一種

fine-de-claire [フィーヌ ドゥ クレール]女〈複~s-~-s〉牡蠣(かき)の種類

finement [フィーヌマン]副 薄く, 細かく, 繊細に, 微妙に, 細く

finesse [フィネース]女 ①繊細さ ②ワインのデリケートで優雅な性質

fini,e [フィニ]形 ①終った ②できあがった, 完成した ③見込のなくなった ‖ fini,e過分 → finir ④

finir [フィニール]動 ①終える, 終る／« ~ de + 不定詞» …をし終える／~ par... …するに至る, やっと…するようになる ②料理やソースを仕上げる

finissant現分 → finir ④

finition [フィニスィヨン]女 仕上がり, 仕上げ

finlandais,e [ファンランデ, ーズ]形〈男は単複同形〉フィンランド(Finlande)の ‖ **Finlandais,e**男女〈男は単複同形〉フィンランド人

Finlande [ファンラーンドゥ]固女 フィンランド

fino [フィノ]男 辛口のシェリー酒

fiouse [フィウーズ]女 ロレーヌ地方の, フレッシュチーズのパイ料理

fisc [フィースク]男 税務署

fissure [フィスュール]女 ひび, 割れ目

fistulaire [フィステュレール] 女 やがら: ヤガラ科の海水魚 = bouche-en-flûte

fistuline [フィステュリーヌ] 女 かんぞう茸 = langue-de-bœuf

fitou [フィトゥー] 男 ラングドック・ルシヨン地方の AOC 赤ワイン

five-o'clock tea [ファイヴオクロック ティ] 男(英) アフターヌーンティー

fiverolles [フィヴロール] 女複 = frivolles

fixe [フィークス] 形(男女同形) 固定の

fixé,e [フィークセ] 形 くっ付けた, 固定した

fixer [フィークセ] 動 ①くっ付ける, 固定する ②定める ③(視線, 注意を)注ぐ, 見入る, 見つめる

fixin [フィクサン] 男 ブルゴーニュ地方, コート・ド・ニュイ地区の AOC 赤ワイン

fizz [フィーズ] 男 フィズ:カクテル

flaca gonga [フラカ ゴンガ] 女 プロヴァンス地方の甘味トゥルト

flacon [フラコーン] 男 (香水などの)瓶, フラスコ

flageolet [フラジョレ] 男 小粒の白いんげん豆の品種

flamand,e [フラマーン, ドゥ] 形 フランドル(Flandre)地方の/(à la) ~e フランドル風(の):1)同地方の料理に用いる表現 2) 芽キャベツまたはアンディーヴを使った料理用表現 ‖ flamand 男 フラマン語 ‖ Flamand,e 男女 フラマン人

flambage [フランバージュ] 男 煮切ること, フランベすること → flamber

flambard [フランバール] 男 加熱して採った脂, ラード = flambart

flambart = flambard

flambé,e [フランベ] 形 煮切った, フランベした, 燃上がった → flamber / banane ~e バナナに砂糖とコニャックをかけフランベし, クリームを加えてソースとしたデザート / tarte ~e = flammenküche

flambeau [フランボー] 男(複 ~x) ①たいまつ ②(複数のろうそく用)燭台

flamber [フランベ] 動 ①燃上がる ②フランベする:1) 鶏や猟鳥の羽毛をむしったあと細毛を焼くためにバーナーなどであぶる 2) ソテした材料に風味を加えるためにコニャックやラム酒などをかけ火をつける 3) フルーツやアイスクリームに香りを加えるために, リキュールやコニャックをかけて火をつける ③煮切る

flameri = flamery

flamery [フラームリ] 男 白ワインとスムールの甘いプディング = flameri, flamri, flamuri

flamiche [フラミーシュ] 女 フランドル及びピカルディ地方の, 野いちごやチーズのタルト = flamique / ~ aux endives アンディーヴと卵などのタルト

flamique [フラミーク] 女 = flamiche

flammakueche [フラマキューシュ] 男 アルザス地方の, 玉ねぎ, ベーコン, クリームなどのピザ = flammenküche

flamme [フラーム] 女 ①火, 炎 ②輝き

flammenküche [フラムメンキューシュ] = flammakueche, tarte flambée

flamri = flamery

flamuri = flamery

flamus(s)e [フラミュース] 女 ①ブルゴーニュ地方の, フルーツ入クラフティ ②フランシュ・コンテ地方のコーンブレッド

flan [フラーン] 男 ①プリン = crème caramel, crème renversée ②魚介類, レバーまたはフルーツ, 干ぶどうなどを生地にまぜて焼いたタルト料理, デザート

flanc [フラーン] 男 ①側 / ~ de volaille = aiguillette ②横腹

flanchet [フランシェ] 男 ①(牛, 仔牛の)腹肉 ②たらの腹肉

Flandre [フラーンドル] 固 女 フランドル: 北フランスの地方

flanelle [フラネール] 女 ネル, フラノ, フランネル

flangnarde [フランニャールドゥ] 女 = flognarde

flanqué,e [フランケ] 形 わきに…のある / ~ de... …を添えた

flanquer [フランケ] 動 ①ほうり出す ②添える, 付合せる

flaougnarde [フラウニャールドゥ] 女 = flognarde

flaquer [フラーケ] 動 ① (水などを)浴びせる ②魚の中骨を取除くために背開きする

flatter [フラーテ] 動 お世辞を言う, へつらう ‖ se ~ 代動 59 / se ~ de... …が自慢である, …で得意になる

flatteur,se [フラトゥー・ル, ズ] 形 おもね

flatteuse → flatteur

flaugnarde = flognarde

flaune [フローヌ]女 ①羊乳のフレッシュチーズ，生クリーム，卵の，ルエルグ地方の菓子 ②同様の材料でつくるラングドック地方のクレープ = flône

flaveur [フラヴール]男 風味，フレーバー

flèche [フレーシュ]女 ①矢，矢印／en ～ 急激に,最先端に,縦に／～ d'eau くわい= sagittaire／racine de ～ d'eau くわいの根 ②辛らつ，皮肉 ③豚ばら肉,塩漬ベーコン ④尖塔

fléchir [フレシール]動4 ①たわませる，曲る，曲げる ②鈍る，弱まる

flet [フレー]男 ぬまがれい：かれいの種類 = ～ commun

flétan [フレターン]男 おひょう：カレイ科の魚

flétri, e [フレートゥリ]形 色あせた，しおれた，しなびた

flétrir [フレトゥリール]動4 ①あせさせる，しおれさせる ②糾弾する，(名誉などを) 汚す，非難する ‖ se ～ 代動 4⓹⁹ あせる，衰える，しおれる

fleur [フルール]女 ①花／～ de courgette クールジェットの花／～ de sel フルール・ド・セル：花びらのように結晶化した海塩／essence de ～ d'oranger オレンジエセンス：柑橘（きつ）類の花からつくった香料／～ du maquis コルシカの，羊乳のチーズ ②上質の白い小麦粉 ③ミコデルマ菌によるワインの白かび

fleurage [フルラージュ]男 ①焼く前のパンに小麦粉をふること ②焼く前のパンにふる小麦粉

fleuré, e [フルーレ]形 フルレした → fleurer

fleurer [フルーレ]動 フルレする：1) 生地がくっつかないように，打粉をする 2) 焼く前のパンに小麦粉をふる

fleurette [フルーレートゥ]女 ①小さい花 ②フルレット：ホイップ用生クリーム = crème ～ ③いちごとパイナップルのアイスクリームを層にしてレモンのアイスクリームを飾ったデザート

fleuri, e [フルーリ]形 花の咲いている ‖ fleuri男 ボジョレ地区の AOC 赤ワイン

fleurir [フルリール]動4 花が咲く

fleuriste [フルリーストゥ]男女 花屋(人)／chez le（女性店主は la）～ 花屋(店)で(に)／(à la) ～ 花屋風(の)：棒切りしてバターであえた野菜の束を，くりぬいたトマトに入れて付合せた料理用表現

fleuron [フルローン]男 ①付合せ用の三日月形や葉形などの小パイ ②花飾：王冠状の花形装飾

fleuve [フルーヴ]女 (海に注ぐ)川

flexipan [フレクスィパン]男 フレクスィパン：シリコン加工の型

flic [フリーク]男 (俗語)警官

flip [フリープ]男 ①ビールとラム酒の，昔の卵酒 ②ワインに砂糖，ナツメグなどを加えたカクテル／porto ～ ポートフリープ：ポルト酒に卵や砂糖を加えたイギリスの飲物

flocon [フロローン]男 ①(羽毛，綿など)ふわふわしたもの ②フレーク，削ったもの／～s (穀物の)挽割／～ d'avoine オートミール／～s de riz 挽割米，ライスフレーク

floculation [フロキュラスィヨン]女 ①凝集 ②フロキュレーション：チーズ製造で凝固した牛乳を集めること

flognarde [フロニャールドゥ]女 オヴェルニュ地方の，クラフーティに似たデザート = flangnarde, flaugnarde, flaougnarde, flougnarde

flône = flaune

Flora [フローラ]固女 = Flore

floral, e [フローロ]形 男複には floraux 〉 花の／art ～ 華道

Flore [フロール]固女 フローラ：ローマ神話の花と豊穣と春の女神 = Flora／œuf mollet ～ パイ殻に入れた半熟卵まではポーチドエッグにソース・トマトと鶏のヴルテをかけた料理

floréal [フロレアール]男 フランス共和暦第8月

Florence [フロラーンス]固 イタリアの都市フィレンツェ

florentin, e [フロラン・タン，ティーヌ]形 フィレンツェ(Florence)の／(à la) ～e フィレンツェ風(の)：ほうれん草を使った料理用表現 ‖ Florentin, e 男女 フィレンツェの人 ‖ florentin 男 蜂蜜，砂糖漬フルーツなどでつくる菓子

flottant, e [フロターン，トゥ]形 浮いてい

る/île ~e メレンゲとクレーム・アングレーズのデザート

flotter [フロッテ] 浮く, 浮かぶ/ faire ~ 浮かべる

flotteur [フロットゥール] 男 浮(き)

flougnarde [フルーニャルドゥ] 女 = flognarde

floûte [フルートゥ] 女 フランシュ・コンテ地方の, じゃが芋のピュレのガレット

fluide [フリュイードゥ] 形〈男女同形〉とろりとした, 流れるような, 流動性の

fluorescent,e [フリュオレサン, トゥ] 形 蛍光の/ lampe ~e, tube ~ 蛍光灯

flûte [フリュートゥ] 女 ①フルート:1)楽器 2)細長いシャンパングラス ②バゲットより細いフランスパン ③アルザスワインの瓶

fnü [フニュー] 男 野生のフェンネル

foie [フワー] 男 ①肝臓, レバー/ ~ blond 白肝/ ~ gras フォワ・グラ/ ~ gras au naturel／~ gras entier フォワ・グラが75％以上入っている缶詰または瓶詰＝bloc de ~ gras, parfait de ~ gras／~ gras frais フレッシュフォワ・グラ／~ gras truffé トリュフ入りフォワ・グラ ②いかわた, 蟹みそ/ ~ de lotte あんこうの肝

foin [フワン] 男 ①干草, まぐさ ②(アーティチョークの)繊毛

foire [フワール] 女 ①定期市 ②フェア, 見本市 ③大騒ぎ, 祭

fois [フワ] 女〈単複同形〉回, 度, 倍/ à la ~ 同時に／à chaque ~ その都度／chaque ~, toutes les ~ 毎回／«chaque ~ que + 文» …する度に／«des ~» 時々／pour la première ~ 初めて／une autre ~ また今度／«en＋数詞＋~» …回に分けて

foisonné,e [フワゾーネ] 形 増大した → foisonner

foisonnement [フワゾーヌマン] 男 ①充満, 豊富 ②増加, 増大, 繁殖 → foisonner

foisonner [フワゾネ] 動 ①たくさんある ②増加する, 増殖する, 増大する, 繁殖する ③(ホイップしたりアイスクリームマシンにかけて生クリームやシャーベットの量を)増やす

Foix [フワ] 固有 フォワ：ピレネ山中スペインと接する地方／à la ~ フォワ風(の)：同地方の料理に用いる表現

---

fond

deuxième fond 二番出汁
fond blanc 白いフォン
fond brun 茶色いフォン
fond clair とろみを付けていないフォン
fond d'agneau 仔羊のフォン
fond de braisage ブレゼ汁
fond de canard 鴨のフォン
fond de gibier ジビエのフォン
fond de poisson 魚のフォン＝fumet de poisson
fond de veau 仔牛のフォン
fond de volaille 鶏のフォン
fond gras 仔牛などの骨を加えてつくったフォン
fond lié 小麦粉などでとろみを付けたフォン
fond maigre 野菜, 香草をソテしてつくったフォン

---

folklore [フォルクロール] 男 民間伝承, 民俗

folklorique [フォルクロリーク] 形〈男女同形〉民間伝承の, 民俗の

folle → fou

folle-blanche [フォル ブラーンシュ] 女〈複 ~s-~s〉白ぶどうの品種

fonçage [フォンサージュ] 男 ①敷くこと, 敷くもの ②(製菓での)底付

foncé,e [フォンセ] 形 ①濃い, 深い ②型に敷いた

foncer [フォンセ] 動32 ①(生地や豚の背脂などを)型に敷く, 張る ②玉ねぎ, にんじん, ベーコンなどを蒸煮用の鍋に敷く ③(製菓で)底付する‖ se ~ 代動 32 59 黒ずむ

fonction [フォンクスィヨン] 女 ①機能 ②役職/ ~s 職務/ ~s occupées 職歴

fonctionnaire [フォンクスィヨネール] 男女 公務員

fonctionner [フォンクスィヨネ] 動 (機械などが)動く, 機能する

fond [フォン] 男 ①奥, 突当り ②基底部, 基礎, 支え, 下地, 土台/ à ~ 完全に, しっかり, 徹底的に／~ de teint ファンデーション：化粧品／~ napolitain 料理用生地の種類 ③水深 ④背景, バック ⑤花托／~ d'artichaut ア

ーティチョークの根株, 芯 ⑥ケーキやパイなどの台となる, ジェノワーズなどでつくった底 ⑦フォン：仔牛や家禽(ﾎﾞﾝ)の骨と野菜を煮だした出汁, スープストック ‖ fonds 男〈単複同形〉：1)地所 2)営業権 3)資金, 資本 → p.149〔囲み〕

fondamental,e ［フォンダマンタール］形〈男復 には fondamentaux［フォンダマント］〉基本的な, 根本的な

fondamentaux → fondamental,e

fondant,e ［フォンダン］形 とろけるような, (溶けるように)柔らかい ‖ fondant 男 フォンダン：1) コーティング用練シロップ 2)とろけるように柔らかいケーキやボンボン 3) 柔らかく煮た料理 ‖ fondante 女 ポム・フォンダント：大型のポム・シャトー = pommes ~s

fondation ［フォンダスィヨン］女 ①設立 ②基金 ③財団／~ Auguste Escoffier オギュスト・エスコフィエ財団／~s 基礎工事, 土台

fondé,e ［フォンデ］形 ①正当な ②設立された／~ en 1900 1900年創業／~,e sur... …に基いた

fonder ［フォンデ］動 ①設立する, 興(ｵｺ)す ②確立する

fondre ［フォンドゥル］動39 溶ける, 溶かす／faire ~ 炒め溶かす, 煮溶かす ‖ se ~ 代動39 59 溶け合う, 溶ける

fondu,e ［フォンデュ］形 ①炒め溶かした, 溶けた, 煮溶かした ②いろいろな性格が調和よく溶け合った年代もののワインの形容 ‖ fondu 男 ①プロセスチーズ／~ au marc de raisin サヴォワ地方の, ぶどう風味のプロセスチーズ ②ブルゴーニュ地方のチーズ・フォンデュ ③チーズと牛乳などを溶かし, じゃが芋にかけて食べるリムーザン地方のチーズ・フォンデュ = ~ creusois ‖ fondue 女 ①フォンデュ：1)煮溶かした野菜／~e de tomate 炒め溶かしたトマト = tomate ~e 2)チーズ, 白ワインを溶かし, パンに付けて供するアルプス一帯の料理／~e au fromage ベシャメルソースにグリュイエールチーズなどを加えて平たくのばしパン粉を付けて揚げた料理／~e bourguignonne オイルフォンデュ：肉などを油で揚げる料理 ②ディップ：アメリカなどの濃いソース ③溶かしチョコレート／~e au chocolat 溶かしたチョコレートをジェノワーズやフルーツなどに付けて食べるデザート

font → faire 21

fontaine ［フォンテーヌ］女 ①泉, 噴水 ②(生地をつくる際, 小麦粉の山につくる)窪み

Fontainebleau ［フォンテーヌブロー］固 フォンテーヌブロー：パリ南方の町, 森 ‖ fontainebleau 男 イル・ド・フランス地方の, ホイップクリームを加えた塩分なしのフレッシュチーズ ‖ fontainebleau 女 ポム・デュシェスの小タルトに拍子木切りした野菜を入れた肉料理用の付合せ

fontal ［フォンタール］男 サヴォワ地方の, 牛乳のチーズ

Fontanges ［フォンターンジュ］固 女 17世紀, フランス国王ルイ14世の愛姫 ‖ Fontanges 形〈不変〉フォンタンジュ風(の)：グリンピースのピュレを使った料理用表現

fonte ［フォーントゥ］女 ①鋳物, 鋳鉄／de ~, en ~ 鋳物製の ②溶解 ③文字のフォント

Fontenay ［フォーントゥネ］固 パリ近郊の町／belle de ~ ベル・ド・フォントネ：フランスのじゃが芋の品種

Fontenelle ［フォントネール］固 男 フォントネル：17~18世紀の科学アカデミー会員, コルネイユの甥 ‖ Fontenelle 形〈不変〉フォントネル風(の)：バターをかけ, 半熟卵とともに供するアスパラガス料理の表現

fontina ［フォンティーナ］女 伊 イタリアの, 牛乳のチーズ = fontine

fontine ［フォンティーヌ］女 = fontina

forçage ［フォルサージュ］男 ①促成栽培 ②強く押込むこと

force ［フォールス］女 ①力, 気力, 精神力, 体力, 知力, 能力／à ~ 〜 しまいには／à toute ~ どうあっても／de ~ 無理やり／par ~：1)仕方なく 2)無理やり ②強度／~ noire チョコレートの種類 ③効果, 性能 ④(生地の)粘着力／pas assez de ~ (パトンのグルテンが足りないために, パンの形を保てないほど)粘着力の不足した／trop de ~ (パトンのグルテンが多すぎて)粘

着性の強すぎる

forcé, e [フォルセ] 形 ①強制された ②やむをえない／《~, e de + 不定詞》…せざるをえない ③促成の, 無理をした／légumes ~s 促成栽培野菜 ④緊張された ⑤(パンの醸酵時にグルテンが出すぎてパトンの)弾力がなくなった

forcément [フォルセマン] 副 当然の帰結として, 必然的に

forcer [フォルセ] 動32 ①強制する, 強いる ②抱かせる ③押入る, 突入する ④無理をする ‖ se ~ 代動32 59 我慢する, 自分に無理をさせる

forest*ier, ère* [フォレスティエ, エール] 形 きこりの, 森林の／(à la) ~ère きこり風(の), 森林風(の)：ソテしたきのこを使った料理用表現 ‖ forest*ier, ère* 男女 1)きこり 2)森林監視員 ‖ forestier 男 チョコレートでつくった皿にスポンジ, 野いちごをのせ, クレム・フランジパーヌで覆い, フルーツで飾ったデザート

forêt [フォレ] 錐 (錐) ‖ forêt 女 森林, 森

Forêt-Noire [フォレ ヌワール] 固 女 《複 ~s-~s》シュヴァルツヴァルト：南西ドイツの山地, 黒い森 ‖ f~-n~ 女 シュヴァルツヴァルターキルシュトルテ：ドイツ発祥の, さくらんぼ入りチョコレートケーキ

Forez [フォレ] 固 男 フォレ：中央山塊の地方

forézi*en, ne* [フォレズィ・ヤン, エーヌ] 形 フォレ (Forez) の ‖ Forézi*en, ne* 男女 フォレの人

formalité [フォルマリテ] 女 ①形式, 儀礼 ③手続

forfait [フォルフェ] 男 ①請負 ②パッケージツアー ③(競技の)棄権

format [フォルマ] 男 型, サイズ

formation [フォルマスィヨン] 女 ①形成, 成立 ②育成, 教育, 研修, 養成／~ professionnelle 職業教育 ③組織, 団体

forme [フォルム] 女 形, 形状／en ~ 正式な／en ~ de... …の形に／être en bonne (mauvaise) ~ 体調が良い(悪い)

formé, e [フォルメ] 形 ①形成した ②構成した ③養成した

formel, le [フォルメル] 形 ①絶対的な, はっきりした ②儀礼的な, 形式的な

formellement [フォルメールマン] 副 はっきり, 明確に

former [フォルメ] 動 ①形づくる, 形成する ②構成する ③養成する

formidable [フォルミダーブル] 形 《男女同形》すごい ‖ formidable 男 3 ℓ 入りのビールジョッキ

Formose [フォルモーズ] 固 女 台湾 = Taïwan

fort, e [フォール, トゥ] 形 ①強い, 丈夫な／les ~s de latour　シャトー・ラトゥールのセカンドワイン ②優れた, 有能な ③有効な, 有力な／être ~, e en... …が得手である ④辛い, きつい, 味の濃い ⑤大きな, 多くの ‖ fort 副 強く ‖ fort 男 ①強者 ②長所, 得意, 利点

fortement [フォールトゥマン] 副 ①強く ②しっかりと ③非常に

forteresse [フォルトゥレース] 女 城砦

fortifié, e [フォルティフィエ] 形 強化した

fortifier [フォルティフィエ] 動 強める, 補強する

fortune [フォルテューヌ] 女 ①財産 ②運命／bonne ~ 幸運, ラッキー

fosse [フォース] 女 窪み, 溝

fossé [フォセ] 男 溝

fou [フー] 形 《複 ~s》(母音または無音のhで始まる男の直前に用いる場合は fol [フォール], 女に用いる場合は folle [フォール]) おかしい, 気の狂った

fouace [フワース] 女 ブリオシュ生地の, 昔のパンケーキ

foudre [フードゥル] 男 ①雷／coup de ~：1) 落雷　2) ひとめぼれ ②200~300ℓ の樽

fouet [フエー] 男 ①鞭 (鞭) ②泡立器, ホイッパー／~ à blancs 卵白, 卵黄, クリーム用ホイッパー／~ à sauce ソースホイッパー

fouettage [フエタージュ] 男 ホイップすること

fouetté, e [フエテ] 形 ホイップした

fouetter [フエテ] 動 ①鞭 (鞭) 打つ ②ホイップする, かきたてる

fougace = fougasse

fougasse [フーガス] 女 南フランスのブリオシュ = fougace

fougassette [フーガセットゥ] 女 ニースの, 三つ編にしたブリオシュ

fougère [フージェール] 女 羊歯 (羊歯)／~ aigle わらび

fougeru [フージュリュ] 男 イル・ド・フランス地方の,牛乳からつくる白かびタイプのチーズ

fouille-au-pot [フーヨポ] 男〈単複同形〉(話言葉) ①家事に口出しする男 ②見習コック

foulage [フーラージュ] 男 ①漉(こ)すこと → fouler ②(ぶどうの)破砕

foulard [フーラール] 男 スカーフ

foule [フール] 女 群集,人ごみ/une ~ de... 大量の…

foulé, e [フーレ] 形 ①押しつぶした,破砕した ②漉(こ)した → fouler || **foulée** 女 ストライド,歩幅

fouler [フーレ] 動 ①圧縮する,押しつぶす ②(ソースやスープをしゃくしなどで押しながら漉(こ)し器で)漉(こ)す ③(ぶどうを)破砕する

foulure [フーリュール] 女 ねんざ

four [フール] 男 ①オーヴン,(工業用の)炉/~ à convection (forcée) コンヴェクションオーヴン/~ à gaz ガスオーヴン/~ à micro-ondes 電子レンジ = micro-ondes /~ à pain パン窯/~ à vapeur スチームオーヴン/«材料名 + au ~» …のオーヴン焼/«動詞 + au ~» オーヴンで…する/au doux 弱火のオーヴンで/~ à raclette ラクレットオーヴン/au ~ moyen 中温のオーヴンで/~ pâtissier パティシエオーヴン/au ~ vif 高温のオーヴンで ②(オーヴンで焼いた)小菓子/~ sec 干菓子/petit ~ 小菓子, プティフール = mignardise / petit ~ frais フレッシュ プティ・フール:一口サイズの菓子/petit ~ moelleux ソフトプティ・フール:柔らかい小焼菓子/petit ~ sec 小干菓子

fourchette [フールシェートゥ] 女 ①フォーク → 囲み ②鶏の三角骨

fourgonette [フールゴネートゥ] 女 ライトバン,ワゴン

fourme [フールム] 女 大きな円筒形の牛乳のチーズの総称/~ d'ambert フールム・ダンベール:オヴェルニュ地方の,青かびタイプのAOCチーズ/~ de chèvre de l'ardèche ヴィヴァレ地方アルデーシュの,山羊乳のチーズ/~ de montbrison フールム・ド・モンブリゾン:オヴェルニュ地方の,青かびタイプのAOCチーズ/~ de pierre sur haute, ~ de roche フールム・ダンベールの旧称/~ du forez フールム・ダンベールの総称

fourmentée [フールマンテ] 女 未熟小麦の粥(かゆ)

fourneau [フールノ] 男〈複 -x〉かまど,オーヴン付レンジ,(工業用の)炉/~ à plaque 鉄板レンジ = piano

fournée [フールネ] 女 (パンの)ひと窯分/une ~ de pain ひと窯分のパン

fournil [フールニール] 男 製パン室

fournir [フールニール] 動 ①(物を)収める ②供給する,支給する,提供する,提出する ③生産する ④成し遂げる

fournisseu r, se [フールニスー・ル,ズ] 男

---

fourchette

fourchette à dessert
 (卓上)デザートフォーク
fourchette à escargot
 (卓上)エスカルゴフォーク
fourchette à fruit
 (卓上)フルーツフォーク
fourchette à gâteau
 (卓上)ケーキフォーク
fourchette à huître
 (卓上)牡蠣(かき)用フォーク
fourchette à légumes
 野菜用フォーク
fourchette à lunch (卓上)ランチフォーク:小さめのテーブルフォーク

fourchette à poisson
 (卓上)フィッシュナイフ
fourchette à service
 サーヴィスフォーク
fourchette à servir la salade
 サラダサーヴィスフォーク
fourchette à servir le poisson
 フィッシュサーヴィスフォーク
fourchette de cuisine ミートフォーク:調理用フォーク = fourchette à rôti, fourchette à viande
fourchette de table
 (卓上肉用)テーブルフォーク

fourniture [フールニテュール] 女 ①納入, 納入品 ②サラダ用フィーヌゼルブ

fourrage [フーラージュ] 男 (クリームなどを)ケーキなどに)詰めること

fourré,e [フーレ] 形 (クリームなどを)詰めた,満たした

fourrer [フーレ] 動 中身を詰める,満たす / ～ A de B　AをBで満たす

fourrure [フーリュール] 女 毛皮

foutre [フートゥル] 動58 (俗語)する,やる ‖ se ～ 代動59 / s'en ～ de... …を気にしない(相手しない)

foyer [フワイエ] 男 ①家,家庭 ②寮 ③炉,かまど ④焦点距離,ピント ⑤中心地,源

Foyot [フワーヨ] 固有 18～20世紀半ば頃までパリにあったレストラン / sauce ～ ソース・ベアルネーズにグラス・ド・ヴィアンドを加えたソース

fracassé,e [フラカセ] 形 砕いた

fracasser [フラカセ] 動 砕く ‖ se ～ 代動59 砕ける

fraction [フラクスィヨン] 女 ①部分 ②分数

fracture [フラクテュール] 女 骨折

fracturer [フラクテュレ] se ～ 代動59 骨折する

fragaria [フラガリア] 女 = fraisalia

fragile [フラジール] 形〈男女同形〉壊れやすい,もろい / F－ 割れ物注意:表示

fragment [フラーグマン] 男 一部,かけら

fragrance [フラグラーンス] 女 香気,芳香

fraîchement [フレーシュマン] 副 新鮮に

fraîcheur [フレーシュール] 女 新鮮さ,鮮度,フレッシュさ

frairie [フレーリ] 女 南西フランスの守護聖人の祭

frais,îche [フレ,-シュ] 形〈男には単複同形〉①新鮮な,フレッシュな / œuf ～ 産みたての卵 ②涼しい,冷たい,冷えた ③軽い酸味が新鮮さを感じさせるワインの形容 ‖ frais 男〈単複同形〉①涼しい所,冷たい所 / tenir (または conserver, garder) ...au ～ …を冷たい所で保存する ②費用,料金

fraisage [フレザージュ] 男 フレゼすること → fraiser

fraisalia [フレザリヤ] 女 いちごをはさんだケーキ = fragaria, fraisier

fraise [フレーズ] 女 ①いちごの実 / ～ des bois 野いちごの実:栽培もされている / ～ du désert はしらサボテンの実 / sauce aux ～s キルシュ酒で香りを付けたデザート用ソース ②フレーズ:仔牛,仔羊,仔山羊の腸間膜 / ～ de veau 仔牛腸間膜

fraisé,e [フレーゼ] 形 フレゼした → fraiser

fraiser [フレーゼ] 動 フレゼする:生地がよくまざるように手でちぎったりこねたりする = fraser

fraisier [フレズィエ] 男 ①いちご:植物 ② = fraisalia

framboise [フランブワーズ] 女 木いちご,フランボワーズ,ラズベリー

framboisé,e [フランブワーゼ] 形 フランボワーズの香りを付けた,フランボワーズを加えた

framboiser [フランブワーゼ] 動 フランボワーズの香りを付ける,フランボワーズを加える

franc,he [フラーン,シュ] 形 ①純粋な,率直な,はっきりした ②(名詞の前で)露骨な ‖ franc 男 フラン:2001年以前のフランス,ベルギーの通貨単位.記号はF, Fr / ～ suisse スイスフラン

français,e [フランセ,-ズ] 形〈男には単複同形〉フランス(France)の / (à la) ～e フランス風(に,の):1)付合せフランス風を添えた料理用表現　2)サラダ菜,小玉ねぎなどと煮たグリンピースの料理用表現　3)ゆでたオマール海老に,その煮汁とヴルテソースを煮詰めた物を添えた料理用表現 / frire à la ～e 材料に牛乳,小麦粉を付けて揚げる / (garniture (à la) ～e 付合せフランス風:ポム・デュシェスのコロッケをくりぬいて野菜のマセドワーヌを詰めたもの,アスパラガス,サラダ菜,ソース・オランデーズを塗ったカリフラワーで構成する付合せ ‖ français 男 フランス語 ‖ Français,e 男 女〈男は単複同形〉フランス人

franc-comtois,e [フラン コーントゥワ,-ズ] 形〈男複には～s-, 女複には～s-～es〉フランシュ・コンテ地方 (Franche-Comté)の / (à la) ～e フランシュ・コンテ風(の):同地方の料理に用いる表現 ‖ Franc-comtois,e 男 女〈男複は～s-, 女複は～s-～es〉フランシュ・コンテ人

France [フランス]固女 フランス / de ~ フランスから / en ~ フランスでは(に, へ) / ~ métropolitaine フランス本土

Francfort [フランクフォール]固 フランクフルト：ドイツの都市

Franche-Comté [フランシュ コンテ]固女 フランシュ・コンテ：フランス東部の地方

franchement [フラーンシュマン]副 率直に

franco [フランコ]形〈男女同形〉送料発送人払の / ~ (de port) 送料無料：発送人払の表示

franco-japonais, e [フランコ ジャポネ, ーズ]形〈男には単複同形, 女複には~-~es〉日仏の

francolin [フランコラン]男 しゃこ：キジ科の鳥

frangipane [フランジパーヌ]女 フランジパーヌ：アーモンドパウダーまたはマカロンを入れたケーキ用クリーム = crème d'amande, crème ~

frappé, e [フラーペ]形 急に冷やした, よく冷えた

frapper [フラーペ]動 ①叩く ②(ワインなどを氷で急に)冷やす / ~ du champagne シャンパンをシャンパンクーラーに入れて冷やす / ~ la crème アイスクリーム用のクリームを冷凍室に入れる

fraser [フラーゼ]動 = fraiser

fréchure [フレシュール]女 ラングドック地方の, 豚の肺の煮込 = levadou

freezer [フリズール]男 ①冷蔵庫内のフリーザー ②(アイスクリーム工房の)冷凍機

fregir [フレジール]動4 カタロニア地方の方言でソテするの意

frein [フラーン]男 ブレーキ / ~ à main ハンドブレーキ

freinage [フレナージュ]男 ブレーキをかけること

freiner [フレネ]動 ブレーキをかける

fremgeye [フランジェイ]男 = fromgi

frémir [フレミール]動4 ①震える, 軽く揺れる ②かすかに沸騰させる = chanter, frissonner, sourire / laisser ~ 鍋の表面が震える程度の火で煮込む

frémissant, e [フレミサン, トゥ]形 ①震えている ②軽く沸騰している, ことこと煮えている = souriant, e / eau ~e 軽く沸騰している湯

frémissement [フレミースマン]男 ①震え ②軽い沸騰 / à ~ 軽く沸騰した状態で / (faire) cuire...au ~ …を弱火で煮る

frêne [フレーヌ]女 とねりこ：木の実

frênette [フレネートゥ]女 とねりこの葉の醸酵酒

Freneuse [フルヌーズ]形〈不変〉かぶを使った料理用表現 / potage ~ かぶとじゃが芋のポタージュ / purée ~ かぶのピュレ

fréquemment [フレカマン]副 しばしば, ひんぱんに

fréquent, e [フレカン, トゥ]形 ひんぱんな, よく起きる

fréquenté, e [フレカンテ]形 客の多い, 流行っている, 人通りの多い, 人の出入りの多い

fréquenter [フレカンテ]動 ①通う, よく行く ②付合う, よく会う

frère [フレール]男 兄弟 / grand ~ 兄 / petit ~ 弟

fresque [フレスク]女 フレスコ画

fressure [フレスュール]女 牛, 羊, 豚の煮込用内臓

fret [フレー]男 運賃, 貨物

fretin [フルタン]男 ①(集合的な意味で)小魚 ②(話言葉)がらくた, 小もの

friable [フリヤーブル]形〈男女同形〉粉になりやすい, もろい

friand, e [フリヤーン, ドゥ]形 ①大好物の ②舌の肥えた, 美食の ③フレッシュでフルーティなワインの形容 ‖ friand, e 男女 (特にワインや甘いものの)食通 ‖ friand 男 フリアン：1)ミートパイの一種 2)アーモンド風味の小ケーキ

friandise [フリヤンディーズ]女 うまいもの, 甘いもの, 菓子 = mignardise

Fribourg [フリブール]固 スイス, フリブール州 ‖ fribourg 男 スイスのグリュイエールチーズ

fric [フリック]男 (俗語)金, 金銭

fricadelle [フリカデール]女 ベルギー及びドイツの, 牛肉でつくるハンバーグの一種

fricandeau [フリカンドー]男〈複 ~x〉フリカンド：1)仔牛もも肉の煮込 2)(まぐろなど大きな魚の)切身, その煮込

3）豚挽肉などを網脂で包みオーヴンで焼いた，南西フランス諸地方の料理

fricassé,e [フリカセ] 形 フリカセにした：白いソースで煮込んだ ‖ fricassée 女 フリカセ：(主に鶏の)ホワイトシチュー／~ de volaille 鶏のフリカセ

fricasser [フリカセ] 動 フリカセにする：ホワイトソースで煮込む

fricassin [フリカサン] 男 ブルボネ地方の、仔山羊の腸のクリーム煮

fricasson [フリカソン] 男 ブルボネ地方の、仔山羊の頭や内臓、血などの煮込み

frichti [フリシュティ] 男 (話言葉) 家庭の素朴な食事、料理

fricot [フリコ] 男 (話言葉) ①食事、料理 ②シチュー、煮込

fricoter [フリコテ] 動 (話言葉) ①食事の用意をする、料理をつくる ②煮込をつくる

frigidaire [フリジデール] 男 冷蔵庫：商標

frigo [フリゴ] 男 (話言葉) ①冷蔵庫 ②冷凍肉

frigorifié,e [フリゴリフィエ] 形 冷蔵した、冷凍した

frigorifier [フリゴリフィエ] 動 冷蔵する、冷凍する

frigorifique [フリゴリフィーク] 形 〈男女同形〉冷却の、冷蔵の、冷凍の ‖ frigorifique 男 冷却室、冷蔵庫、冷凍庫

frileux,se [フリルー, ズ] 形 〈男には単複同形〉寒がりの

frinault [フリーノ] 男 フリノ：オルレアネ地方の、牛乳のチーズ／~ cendré 灰をまぶしたフリノ

fringale [フランガール] 女 (食事時まで待てないほどの)空腹

fripe [フリープ] 女 ①古着 ②食べ物 ③ (西フランス方言) 薄切りのパンに付けるジャムやバターなどペースト状のもの／~s (話言葉) 服

fripier,ère [フリピエ, エール] 男女 古着屋(人)

frire [フリール] 動53 油で揚げる = faire ~

frisé,e [フリゼ] 形 ちぢれた ‖ frisée 女 ちぢれチコリ、フリゼ = chicorée ~e

frise-beurre [フリーズ ブール] 男 〈単複同形〉バターカーラー

friser [フリゼ] 動 ①(髪をちりちりに)カールさせる ②しわをよせる

frisson [フリソーン] 男 震え

frissonner [フリソネ] 動 ①震える ②液体が沸騰する寸前に表面が波立つ = chanter, frémir

frit,e [フリー, トゥ] 形 揚げた、フライにした ‖ frite 女 フライドポテト = pommes (de terre) ~es

friteau [フリトー] 男 (複 ~x) = fritot

fritelle [フリテーレ] 女 コルシカの、ソーセージ、フレッシュチーズ、ふだん草などの衣揚

friteur,se [フリトゥール, ズ] 男女 揚物屋(人)、フライ係 = friturier,ère ‖ friteuse 女 揚物用鍋、フライヤー

fritot [フリトー] 男 かえるのもも、牡蠣(ﾎﾟ)、ムール貝などの衣揚 = friteau

fritto [フリット] 男 (ニース方言) 揚物／~ misto フリット・ミスト：ニースやイタリアの魚介類のミックスフライ

frit(t)ons [フリトーン] 男複 ①南西フランス諸地方の、豚のリエット ②ちょうの脂を出した後の脂肪のお焦げ = grattons

friture [フリテュール] 女 ①揚物、フライ、フリッター／~ à l'anglaise パン粉付フライ ②揚物用小魚 ③揚油

friturier,ère [フリテュリエ, エール] 男女 レストランのフライ係

frivole [フリヴォール] 形 〈男女同形〉軽薄な、たいしたことのない ‖ frivole 浅はか、軽薄 ‖ frivole 男女 軽薄な人

frivolité [フリヴォリテ] 女 ①軽薄、たわいのないこと ②くだらないもの／~s: 1)女性用アクセサリー 2)各種小パイの盛合せオードヴル 3)盛合せた小菓子 = mignardise, petits fours

frivolles [フリヴォール] 女複 シャンパーニュ地方の揚菓子 = crottes d'âne, farivolles, fiverolles

froid,e [フルワー, ドゥ] 形 冷たい、寒い／chambre ~e 冷蔵、冷凍チャンバー／viande ~e コールドミート ‖ froid 男 寒さ／il fait ~ dehors 外は寒い／J'ai ~. 私は寒いです ‖ froid 男 ①冷たさ／à ~ 加熱せず冷たいままで ②冷たいところ／au ~ 冷たい場所で、冷蔵庫で／au grand ~ 冷凍庫で

fromage [フロマージュ] 男 ①チーズ ②乳製品／~ glacé アイスクリームの古称 ③型に入れゼリーなどで固めた料理／~ bavarois ババロワ = bavarois／～ de soja　豆腐／～ de cochon，～ de tête　フロマージュ・ド・テート：豚頭肉のゼリー寄せ＝ pâté de tête／～ râpé　おろしチーズ →p.157［囲み］

fromagé,e [フロマジェ] 形 チーズを加えた，チーズ風味の

fromager,ère [フロマジェ，ール] 形 チーズの，チーズ製造の ‖ **fromager,ère** 男女 チーズ製造，販売業者 ‖ fromager 男 ①フレッシュチーズ製造器②おろしチーズ入れ ‖ fromagère 女 ①フレッシュチーズ製造器②おろしチーズ入れ ‖ fromager 動 25 チーズを加える

fromagerie [フロマージュリ] 女 ①チーズ製造所②チーズ製造，販売業

froment [フロマン] 男 ①小麦＝ blé ②上質小麦粉③小麦色

fromentée [フロマンテ] 形〈女にのみ用いる〉(牛が)小麦色の ‖ **fromentée** 女 ベリー地方，未熟小麦の粥(゚)＝ froumentée

fromgi [フロンジ] 男 ロレーヌ地方の，牛乳のチーズ＝ fremgeye

fronsac [フロンサック] 男 ボルドー地方，フロンサック地区の AOC 赤ワイン

front [フロン] 男 ①額(‡‡)②正面，前面

frontignan [フロンティニャン] 男 ①ラングドック地方 AOC 甘口白ワイン②ボルドーワインの瓶

Fronton [フロントン] 固 ラングドック地方の町

frontonnais,e [フロントネ，ーズ] 形〈男には単複同形〉フロントン(Fronton)の ‖ Frontonnais 固男 同地周辺のぶどう栽培地区／côtes du f～　同地のAOC 赤，ロゼワイン ‖ **Frontonnais,e** 男女 フロントンの人

frottage [フロタージュ] 男 ①ガラス磨き，艶(゚)出し②ハム製造時に豚のもも肉に塩をこすりつけること

frotté,e [フロテ] 形 ①磨かれた②こすった，すり込んだ

frottement [フロトゥマン] 男 摩擦

frotter [フロテ] 動 ①磨く②擦りつける，こする，すり込む

froufrou [フルーフルー] 男〈複 ～s〉さらさら：衣擦れや葉の鳴る音＝ frou-frou

frougnée [フルーニェ] 女 ポワトゥー地方の，羊乳または山羊乳のチーズ ＝ trébèche, trébiche, tricorne de marans

froumai [フルーマイ] 男 〈プロヴァンス語〉チーズ／～ gras　プロヴァンス地方の，牛乳のチーズ＝ sospel

froumentée [フルーマンテ] 女 ＝ fromentée

fructose [フリュクトーズ] 男 果糖

frugal,e [フリュガール] 形〈男複には frugaux [フリュゴ]〉質素な，粗食の

frugaux → frugal,e

fruit [フリュイ] 男 ①果物，フルーツ／～ à l'alcool　アルコール漬フルーツ／～ au vinaigre　酢漬フルーツ／～ candi　クリスタルフルーツ／～ confit　濃厚シロップ漬フルーツ／～ déguisé　カラメルなどでコーティングしたフルーツ／～ de la Passion　パッションフルーツ＝ grenadille／～ de pain　パンの木の実／～ givré　アイスクリーム詰フルーツ／～ d'un arbre　木の実／～ magique　ミラクルフルーツ／～s au gratin, gratin de ～s　フルーツグラタン／～s de mer　フリュイ・ド・メール：海の幸，甲殻類，いか，うに，貝など魚以外の海産物／～s de la terre　山の幸／～ sec　ドライフルーツ／～ tropical　トロピカルフルーツ②成果③チーズ，フルーツ，ケーキなどのデザート／～ confit　シロップ漬，アルコール漬，砂糖漬のフルーツにカラメルをかけた小菓子／～s rafraîchis　ワインなどを加えたシロップに様々なフルーツを漬けたデザート

fruité,e [フリュイテ] 形 フルーティな

fruiterie [フリュイートゥリ] 女 果物店

fruitier,ère [フリュイティエ，ール] 形 果物の ‖ **fruitier,ère** 男女 果物屋，八百屋(人) ‖ fruitier 男 ①果樹園②フルーツ貯蔵所③フランス王室の，フルーツ，ろうそく，シャンデリア係 ‖ fruitière 女 (サヴォワやフランシュ・コンテ地方の)チーズ製造所，その組合

fruste [フリュースト] 形〈男女同形〉野暮ったい

fucus [フュキュス] 男〈単複同形〉ひばまた：海藻＝ goémon

fuir [フュイール] 動 23 ①逃げる，逃走する②漏れる

fuite [フュイートゥ] 女 ①(ガスや水道などの)漏れ②逃走，脱走

fromage

fromage à croûte fleurie
白かびタイプのチーズ
fromage à croûte lavée
ウォッシュタイプのチーズ
fromage à double-crème
脂肪分60%以上のチーズ
fromage affiné 熟成チーズ
fromage à la feuille ノルマンディ
地方の,牛乳のチーズ= dreux
fromage à la pie
香草を加えたフレッシュチーズ
fromage à pâte filée
ストリングチーズ
fromage à pâte fleurie
白かびタイプのチーズ
fromage à pâte molle
軟質タイプのチーズ
fromage à pâte molle et à croûte fleurie 軟質白かびタイプのチーズ
fromage à pâte molle et à croûte lavée 軟質ウォッシュタイプのチーズ
fromage à pâte pressée
圧縮チーズ
fromage à pâte pressée cuite
加熱圧縮タイプのチーズ
fromage à pâte pressée non cuite
非加熱圧縮タイプのチーズ
fromage à raclette
バーニュなどラクレット用のチーズ
fromage à tartiner
スプレッドチーズ
fromage à triple-crème
脂肪分75%以上のチーズ
fromage au lait mélangé 牛乳,羊乳,山羊乳をまぜてつくったチーズ
fromage blanc フロマージュ・ブラン:熟成していないチーズ= fromage frais
fromage blanc égoutté
カテージチーズ
fromage cafioné ポワトゥー地方の,山羊乳または羊乳のチーズ= chabichou
fromage cendré サンドレ:灰をまぶして熟成させたチーズ
fromage crémeux クリームチーズ
fromage de (lait de) brebis
羊乳チーズ
fromage de breton ブルターニュ
地方の,牛乳のチーズ= curé
fromage de bufflonne
水牛乳のチーズ
fromage de curé
→ fromage de breton
fromage de lait de chèvre
山羊乳チーズ
fromage demi-gras
脂肪分20~40%のチーズ
fromage de monsieur ノルマンディ地方の,牛乳と生クリームのチーズ= monsieur fromage
fromage de troyes シャンパーニュ地方の,牛乳のチーズ= barberey
fromage de vache brûlé
バスク地方の,牛乳のチーズ
fromage d'hesdin
アルトワ地方の,牛乳のチーズ
fromage extra-gras
脂肪分45%以上のチーズ
fromage fermier
農園チーズ,ファーマーズチーズ
fromage fondu プロセスチーズ:
グリュイエール,エメンタールなどに牛乳,クリーム,くるみ,ハム,胡椒などを加えた加工チーズ
fromage fort 細かく切ったチーズを油,ワイン,ブランデーなどに漬け,強い味にしたチーズ
fromage frais = fromage blanc
fromage gras
脂肪分40~45%のチーズ
fromage maigre
脂肪分20%以下のチーズ
fromage mi-chèvre
山羊乳25%以上でつくるチーズ
fromage non affiné 非熟成チーズ
monsieur fromage
→ fromage de monsieur

fumage [フュマージュ] 男 燻蒸(⟨ん⟩), 燻製(⟨せい⟩)にすること/~ à chaud 温燻, 熱燻/~ à froid (30℃以下の)冷燻

fumaison [フュメゾン] 女 燻製(⟨せい⟩)期間

fumant,e [フュマン, トゥ] 形 煙がたっている/huile ~e 煙がたつまで熱した油

fumé,e [フュメ] 形 ①燻(⟨いぶ⟩)した, 燻製(⟨せい⟩)にした/saumon ~ スモークサーモン ②ソヴィニョン種のぶどうでつくった白ワインの, 燻したような香りの形容 ‖ **fumé** 男 燻製したもの ‖ **fumée** 女 煙, 湯気

fumer [フュメ] 動 ①燻(⟨いぶ⟩)る, 燻す, 燻製(⟨せい⟩)にする ②たばこを吸う

fumet [フュメ] 男 ①(焼いた肉や魚などの)香り, 匂い, 風味 ②フュメ:出汁/~ de champignon フュメ・ド・シャンピニョン/~ de poisson フュメ・ド・ポワソン:魚の出汁

fumeu*r,se* [フュムール, ズ] 男女 喫煙者

fumoir [フュモワール] 男 ①燻蒸(⟨くん⟩)室, 燻製(⟨せい⟩)装置 ②喫煙室

funèbre [フュネーブル] 形 ⟨男女同形⟩葬式の/pompes ~s 葬儀社 ②陰鬱な

funérailles [フュネラーユ] 女複 葬儀

funéraire [フュネレール] 形 ⟨男女同形⟩葬式の, 埋葬の

funiculaire [フュニキュレール] 男 ケーブルカー

fur [フュール] 男 割合/au ~ et à mesure 順々に, だんだんと

fureur [フュルール] 女 激怒

furieuse [フュリユーズ] → furieux,se

furieu*x,se* [フュリユー, ズ] 形 ⟨男には単複同形⟩激しく怒っている

furmagliu [フルマリュ] 男 (コルシカ方言)チーズ/~ in cerbella コルシカの, 羊乳のチーズ

fusain [フュザン] 男 (絵画用)木炭

fuseau [フュゾ] 男 ⟨複 ~x⟩ ①フュゾ:ジェジュ・ソーセージなどをつくるための, 豚の大腸の最下部 = rosette ②ながにしに似た巻貝

fusette [フュゼットゥ] 女 フュゼット:小バゲット, 45gの小さいパン = pain ~

fusil [フュズィ] 男 ①小銃, 鉄砲 ②射撃手, 砲手 ③スチール棒:包丁のとぎ棒

fusilli [フスィッリ] 男複 ⟨伊⟩ らせん状のパスタ

fût [フュ] 男 ①(ワインなどの)樽 ②(道具の)取っ手 ③(根元から最初の枝までの)幹

futaille [フュターユ] 女 酒樽 = fût

futur,e [フュテュール] 形 未来の ‖ **futur** 男 ①未来/dans le ~ 未来に ②未来形:文法用語/~ proche 近接未来/~ simple 単純未来/~ antérieur 前未来

fuxéen,ne [フュクセ・アン, エーヌ] 形 フォワ (Foix) の/(à la) ~ne フォワ風(の):同地方の料理に用いる表現 ‖ **Fuxéen,ne** 男女 フォワの人

G, g

G,g [ジェ] 男 ①フランス字母の7番目 ②ソ, ト音:音楽用語 ③g:gramme (グラム) の省略記号 ④G 接頭 giga- (ギガ) の記号

gâche [ガーシュ] 女 ①へら ②ノルマンディ, ブルターニュ地方の, 砂糖やりんごのスライスを加えた薄いパン

gâcher [ガシェ] 動 ①だめにする, むだにする, 浪費する ②練り合せる

gade [ガードゥ] 男 鱈(⟨たら⟩)の一種

gaffe [ガーフ] 女 失敗, へま/faire ~ à ... (話言葉)…に気をつける

gagnant,e [ガニャン, トゥ] 形 勝った, 当選した ‖ **gagnant,e** 男女 優勝者

gagner [ガニェ] 動 儲ける, 稼ぐ, 勝取る

gai,e [ゲ] 形 ①陽気な ②ほろよいの

gaiement [ゲマン] 副 賑やかに, 陽気に

gaieté [ゲテ] 女 陽気さ

gaillac [ガヤック] 男 ガイヤック:ラングドック・ルシヨン地方の, AOC赤, 白, ロゼ, 発泡性ワイン/~ doux 甘口ガイヤック/~ mousseux 発泡性ガイヤック

gain [ガン] 男 利益

gaine [ゲーヌ] 女 ①カバー, ケース, 鞘(⟨さや⟩) ②ガードル:下着

gaine-combinaison [ゲーヌ コンビネゾン] 女 ⟨複 ~s-~s⟩ ボディスーツ

gala [ガラ] 男 祝祭, 大宴会, 特別な公式行事/dîner de ~ ガラディナー/habit de ~ 正装

galabart [ガラバール] 男 ラングドック

地方の黒ブーダン
galanga [ガランガ] 男 根を料理や薬用に使い，風味がサフランに似たショウガ科の熱帯植物＝galingale, garingal
galantine [ガランティーヌ] 女 ガランティーヌ：鶏などの肉を開いて詰物をし，巻いた肉の冷製料理／～ de foie gras ＝ purée de foie gras → purée
galathée [ガラテ] 女 南太平洋の甲殻類
galerie [ガールリ] 女 ①アーケード，回廊 ②画廊，ギャラリー，展覧会場
galet [ガレ] 男 ①（河原などの）小石，砂利／～ solognot ソローニュ地方の，木炭粉をまぶした山羊乳のチーズ／～ de bigorre ガスコーニュ地方の，山羊乳のチーズ ②砂利の浜＝plage de ～s ③（移動用）キャスター
galet(t)oire [ガルトゥワール（ガレトゥワール）] 女 クレープ用縁なしフライパン
galeton [ガルトン] 男 リムーザン地方のクレープ
galette [ガレットゥ] 女 ①ガレット：円盤状の菓子や料理／～ de maïs トルティーヤ：とうもろこし粉のクレープ／～ de riz ライスペーパー：東南アジアの，米粉でつくった春巻の皮＝papier（または feuille）de riz／～ des rois ガレット・デ・ロワ：そら豆を1つ中に入れた，公現祭用のガレット＝gâteau des rois／～ massepinée ニヴェルネ地方のアーモンド入ガレット ②西フランスの，そば粉のクレープ
Galice [ガリース] 固 女 ガリシア：北西スペインの地方
galicien,ne [ガリシィ・ヤン，エーヌ] 形 ガリシア（Galice）の ‖ Galicien,ne 男 女 ガリシア人 ‖ galicien カスタードクリームをはさんだジェノワーズに緑色のアイシングとピスタチオを飾ったケーキ
galimafrée [ガリマフレ] 女 ①煮た鶏または羊のスライスを揚げ，玉ねぎ，ワイン風味のソースとまぜた，中世の料理 ②まずい料理
galingale [ガランガール] 男 ＝galanga
galinette [ガリネットゥ] 女 かながしらに似た地中海の岩礁魚
Galles [ガール] 固 女 ウェールズ：イギリスの地方
gallois,e [ガールワ，ーズ] 形〈男には単複同形〉ウェールズ（Galles）の ‖ gallois

男 ウェールズ語 ‖ Gallois,e 男 女〈男は単複同形〉ウェールズ人
galon [ガロン] 男 金モール
galopin [ガロパン] 男 ①（話言葉）わんぱく小僧 ②頼りない若者 ③昔，肉を焼くために串を回した小僧＝happelopin, tourne-broche ④ピカルディ地方の，ブリオシュのフレンチトースト ⑤150cc入ビールジョッキ
galte [ガールトゥ] 男 女（カタロニア語）豚のほほ肉
galuchon [ガリュション] 男 ピカルディ地方の干ぶどう入ケーキ
gamay [ガメ] 男 黒ぶどうの品種＝bourguignon noir, lyonnais
gamba(s) [ガンバ] 女 15～20cmの海老
gamberone [ガンベローネ] 男 伊 ガンバより大きい海老
gamelle [ガメル] 女 飯盒（はんごう）
gamin,e [ガ・マン，ミーヌ] 男 女 子供
gammare [ガマール] 男 よこ海老
ganache [ガナーシュ] 女 ガナーシュ：チョコレートにバター，クリームを加えたケーキ用クリーム／～ au lait, ～ blonde ミルクガナッシュ：ミルクチョコレートを使用したガナッシュ
gancia [ガンチヤまたはガンシヤ] 男 伊 イタリアヴェルモットの一種
ganglion [ガングリヨン] 男 ①リンパ腺＝～ lymphatique ②ぐりぐり，凝り
gangône [ガンゴーヌ] 男 エスカルゴの，ブルゴーニュ地方での呼称
Gannat [ガナ] 固 ガナ：ブルボネ地方の町
gannatois,e [ガナトワ，ーズ] 形〈男には単複同形〉ガナ（Gannat）の／（à la）～e ガナ風（の）：同地の料理に用いる表現 ‖ Gannatois,e 男 女〈男は単複同形〉ガナの人
gant [ガン] 男 手袋
gap(e)ron [ガプロン] 男 オベルニュ地方の，牛乳または半脱脂乳でつくる，胡椒とにんにく入チーズ
garage [ガラージュ] 男 ガレージ，車庫，自動車整備工場
garam masala [ガラム マサラ] 男 インドの混合香辛料
garant,e [ガラン，トゥ] 男 女 保証人
garantie [ガランティ] 女 保証
garantir [ガランティール] 動 4 保証する
garbure [ガルビュール] 女 おろしチーズ

をふってオーヴンで焼いたパンを付合せた, 肉と野菜のスープ / ~ à l'oignon オニオングラタンスープ

garce [ガールス] 女 (話言葉)性悪女

garçon [ガルソーン] 男 ①男の子, 少年 ②(レストランの)サービス係 = serveur / ~ d'hôtel ルームボーイ

Gard [ガール] 固男 ①ガール県 ②ガール川:ローヌ河の支流

garde [ガールドゥ] 女 ①保管 / vin de ~ 瓶の中で長く熟成する適性のあるワイン ②(病人などの)付添, 見張 ③(刀やナイフの)つば ‖ garde 男 ガードマン, 守衛

garde-corps [ガールドゥ コール] 男〈単複同形〉(バルコニーなどの)手すり

garde-fou [ガールドゥ フー] 男〈複 ~-s〉①(橋の)手すり ②ガードレール

garde-manger [ガールドゥ マンジェ] 男〈単複同形〉①網張の蝿張(はえはり), 食品棚 ②[ガルド・マンジェ:1)レストランの厨房での肉の切分け係 2) 冷製料理係 3)冷蔵庫や食品庫の管理係]

garden-party [ガルデン パルティ] 女〈複 ~-~s〉英 園遊会, ガーデンパーティ

garder [ガルデ] 動 ①見張る, 見守る ②とっておく, ある状態に保つ, とどまる ‖ se ~ 代動59 (食品の)保存が利く

garde-robe [ガールドゥ ローブ] 女〈複 ~-s〉洋服だんす

gardien, ne [ガルディ・ヤン, エーヌ] 男女 警備員

gardon [ガルドーン] 男 ローチ:コイ科の魚 / ~ rouge = rotengle

gare [ガール] 女 ①(地上鉄道の)駅 / ~ de correspondance 連絡駅 / ~ routière バスターミナル

garenne [ガレーヌ] 女 ①うさぎの繁殖地 ②穴うさぎ = lapin de ~

garer [ガレ] se ~ 代動59 駐車する

Gargantua [ガルガンテュア] 固男 ガルガンテュア:ラブレーの物語に登場する大食漢の主人公

garganturesque [ガルガンテュレスク] 形〈男女同形〉(ガルガンチュアのように)大喰いの → Gargantua

gargariser [ガルガリゼ] 動 うがいする

gargarisme [ガルガリースム] 男 ①うがい ②喉用うがい薬

gargote [ガルゴートゥ] 女 安食堂

gargotier, ère [ガルゴティエ, ール] 男女 ①安食堂の経営者 ②腕の悪い料理人

gargouillau [ガルグーヨ] 男〈複 ~x〉 ①ブルボネ及びリムザン地方の洋梨入ケーキ ②オヴェルニュ地方の野菜の煮込

gargouiller [ガルグーイエ] 動 腹が鳴る

gargoulette [ガルグーレートゥ] 女 飲料水用の素焼の壺

garingal [ガランガール] 男 = galanga

garni, e [ガルニ] 形 付合せた, あしらった, 飾った, はさんだ / bouquet ~ ブーケガルニ:煮込料理用の香草の束 / ~, e de... …を付合せた

garnir [ガルニール] 動4 ①あしらう, 添える, (サンドウィッチのように)はさむ, 付合せる ②ケーキの台にクリームを塗ったり飾ったりする

garniture [ガルニテュール] 女 ①あしらい, サンドウィッチの具, ポタージュの浮身, 料理などの付合せ / ~ aromatique ブーケガルニ, にんにく, ポロねぎ, セロリ, 丁字を刺した玉ねぎ, パセリなどの煮込料理の香り付用の香味野菜 = mirepoix / ~ composée 2種類以上そろえた付合せ / ~ simple 1種類の付合せ ②服飾品

Garonne [ガローヌ] 固女 ガロンヌ川:フランス南西部の川

garum [ガローム] 男 ガルム:ギリシア, ローマ時代の魚醤(ぎょしょう)

Gascogne [ガスコーニュ] 固女 南東フランスの地方

gascon, ne [ガスコ・ン, ヌ] 形 ガスコーニュ地方(Gascogne)の / (à la) ~ne ガスコーニュ風(の):ガスコーニュ地方特産の食材を使った料理及びその影響を受けた料理に用いる表現 ‖ Gascon, ne 男女 ガスコーニュの人

gasconnade [ガスコナードゥ] 女 ガスコーニュ地方の羊もも肉のロースト

gaspacho [ガスパチョ] 男 西 スペインの冷製野菜ポタージュ

gaspillage [ガスピヤージュ] 男 むだ使い

gaspiller [ガスピエ] 動 むだ使いする

gastralgie [ガストゥラールジ] 女 胃痛

gastrique [ガストゥリーク] 形〈男女同形〉胃の ‖ gastrique 男女 胃病患者 ‖ gastrique 女 ガストリーク:甘酢味のソースの基本材料

gastrite [ガストゥリートゥ] 女 胃炎

gastrolâtre [ガストゥロラートゥル] 男女

美食教信者：食欲を神と信じるほどの大食漢 = gastronome outré

gastromanie [ガストゥロマニ] 囡 美食狂

gastronomade [ガストゥロノマードゥ] 男囡 地方の名物料理愛好家

gastronome [ガストゥロノーム] 男囡 料理ができ、料理やワインについてあらゆる面から語ることができる食通

gastronomie [ガストゥロノミ] 囡 ガストロノミ：1）飲食を楽しむための術、美食法 2）美味論：美味についての学問

gastronomique [ガストゥロノミック] 形 〈男女同形〉 ①ガストロノミの、美食の → gastronomie ②高級料理の/menu ~ デラックスコース料理

gastronyme [ガストゥロニーム] 男囡 料理語彙(ぃ)学者

gastronymie [ガストゥロニミ] 囡 料理語彙(ぃ)学：飲食に関する専門用語の研究をする学問

gastronymique [ガストゥロニミーク] 形 〈男女同形〉料理語彙(ぃ)学の

gastroptose [ガストゥロプトーズ] 囡 胃下垂

gastroscope [ガストゥロスコープ] 男 胃カメラ

gastrotechnie [ガストゥロテクニ] 囡 料理原理

gastrotechnique [ガストゥロテクニック] 形 〈男女同形〉料理原理の

gâté, e [ガテ] 形 ①傷んだ ②甘やかされた、過保護の

gâteau [ガト] 男 〈複 ~x〉 ①菓子、ケーキ、パイ、ビスケットなどの甘味菓子の総称/~ à cornes カーニヴァルから四旬節にかけて食べる角(ッ)形の菓子 = cornadelle, cornard, cornette, corniche, cornudo, cornuelle/~ à la broche ラングドック地方の、バンジュエッセンスなどで香りを付けたバウムクーヘンのようなケーキ/~ au beurre バターケーキ/~ (au) chocolat チョコレートケーキ/~ au fromage チーズケーキ/~ de Noël クリスマスケーキ/~ de riz ライスプディング/~ des Rois = galette des rois/~ sec 干菓子 ②型に入れてプリンのように仕上げた料理/~ de foie レバーの菓子仕立 ③（菓子のような）塊

gâter [ガテ] 動 ①損なう、だめにする ②甘やかす ③（贈物などで）喜ばせる

gâte-sauce [ガトゥソース] 男 〈単複同形〉 ①へぼコック ②見習料理人

gâtis [ガティ] 男 〈単複同形〉 ルエルグ地方の、ライオルチーズとロクフォール入りブリオシュ

gattilier [ガティリエ] 男 西洋にんじんぼく

gauche [ゴーシュ] 形 〈男女同形〉 ①左の ②不器用な ‖ gauche 囡 左(方向)、左側/ à (la) ~, sur la ~ 左に

gaucher, ère [ゴシェ、ール] 形 左利きの ‖ gaucher, ère 男囡 左利きの人

gaudes [ゴードゥ] 囡複 ①ブルゴーニュ及びフランシュ・コンテ地方の、とうもろこし粉の粥(ゆ) ②とうもろこし粉の粥を冷ましてソテし、ジャムなどを塗った同地方のデザート

gaufre [ゴーフル] 囡 ゴーフル、ベルギーワッフル

gaufrette [ゴフレットゥ] 囡 ①ウエハス ②ゴフレット：碁盤目状に透かしの入ったポテトチップ

gaufreuse [ゴフルーズ] 囡 ケーキに浮彫模様を付けるための型付器

gaufrier [ゴーフリエ] 男 ゴーフル用焼型 = moule à gaufre

Gaule [ゴール] 固囡 ガリア：ローマ時代のフランスを中心とした地方名

gaulois, e [ゴールワ、ーズ] 形 〈男複は単複同形〉ガリア (Gaule) の/ (à la) ~e ガリア風(の)：鶏の腎臓ととさかを使った料理用表現 ‖ Gaulois, e 男囡 〈男は単複同形〉ガリア人 ‖ gauloise 囡 ゴロワーズ：紙巻煙草の商標名

Gault Millau [ゴミヨ] 固男 フランスのレストランガイドブック

gautrias [ゴートゥリヤ] 男 メーヌ地方の、牛乳のチーズ

gavage [ガヴァージュ] 男 （鴨などの）強制肥育

gavé, e [ガヴェ] 形 強制肥育した

gaver [ガヴェ] 動 （鴨などを）強制肥育する

gaveuse [ガヴーズ] 囡 （鴨などの）強制肥育用漏斗(ゐと)

gayette [ガイエットゥ] 囡 豚ばら肉や内臓を網脂で包み、オーヴンで焼いたドフィネ及びプロヴァンス地方の料理

gaz [ガーズ] 男 〈単複同形〉 ガス、気体

gaze [ガーズ] 囡 ガーゼ

gazeux, se [ガズー, ズ] 形〈男には単複同形〉ガスの, 気体の, 炭酸ガス入の／eau ~se 炭酸水

gazon [ガゾン] 男 芝

G.D.F. [ジェ デ エフ] 固女 フランスガス会社：Gaz de France の略

géant, e [ジェアン, トゥ] 形 巨大な, 重大な ‖ Géant 固男 ギガス：ギリシア神話の神 ‖ géant, e 男女 巨匠, 巨人

gel [ジェール] 男 ①結氷, 凍結 ②ゲル／~ de silice シリカゲル：乾燥剤

gélatine [ジェラティーヌ] 女 ゼラチン／feuille de ~ 板ゼラチン／~ en poudre 粉ゼラチン = gelée bavaroise

gélatiné, e [ジェラティネ] 形 ゼラチンを加えた, ゼラチンを塗った

gélatiner [ジェラティネ] 動 ゼラチンを加える, ゼラチンを塗る

gélatineux, se [ジェラティヌー, ズ] 形〈男には単複同形〉ぐにゃっとした, ゼリーの, ゼラチン質の

gelé, e [ジュレ] 形 凍った, こごえた, 氷結した ‖ gelée 女 ①氷点下の気温 ②ゼラチン／~e bavaroise 粉ゼラチン = gélatine en poudre ③ゼリー／~e de mer くらげ = méduse／~e de poisson：魚のフュメにゼラチンを加えたゼリー／~e de volaille：白いフォンに鶏, 仔牛の足, 豚の皮を加えて煮たゼリー／lustrer..., à la ~e (艶出しのために)…にゼリーを塗る ④ジャム：フルーツの汁だけを煮詰めたゼリー状のもの ⑤にこごり ⑥霜, 程度は下の気温

geler [ジュレ] 動⑤ 氷結する

Gelfix [ジェルフィークス] 固男 砂糖にペクチンを加えたゲル化剤の商標名

gélifiant, e [ジェリフィヤン, トゥ] 形 ゲル化の ‖ gélifiant 男 ゲル化剤：ジャム, ゼリーなどをつくるためのペクチン, 寒天など

gélifié, e [ジェリフィエ] 形 ゲル化した

gélifier [ジェリフィエ] 動 ゲル化する

géline [ジェリーヌ] 女 鶏の古称

gélure [ジェリュール] 女 冷凍焼け

gemblette [ジャンブレートゥ] 女 生地をゆでてから焼いたラングドック地方のクッキー = gimblette

gemme [ジェーム] 女 宝石

gênant, e [ジェナン, トゥ] 形 じゃまな, 迷惑な

gencive [ジャンスィーヴ] 女 歯ぐき

gendarme [ジャンダルム] 男 ①憲兵：フランスでは一部の警察業務も担当する ②塩漬冷燻(くん)にしん ③ジャンダルム：スイス, ドイツ, オーストリアの牛の平たい燻製(くん)ドライソーセージ

gendre [ジャーンドゥル] 男 婿(むこ)

gène [ジェーヌ] 男 遺伝子

gêne [ジェーヌ] 女 ①不快, 困難 ②困窮, 気詰り, 気まずさ

gêné, e [ジェネ] 形 ①困難な ②気詰りな, 困っている

génépi [ジェネピ] 男 ①にがよもぎ ②にがよもぎのリキュール

gêner [ジェネ] 動 不快にさせる, 迷惑をかける／Ça me gêne. これ, 邪魔だよ／Tu me gênes. 君, 邪魔だよ

général, e [ジェネラール] 形 男複には généraux [ジェネロ] ①一般の, 一般的な ②全体の, 全般の ③おおよその ‖ général 男〈複 généraux〉①一般, 普通, 普遍／en ~ 一般に, 普通は = généralement ②(陸軍の) 将軍 ③(修道会の) 総長 ‖ générale 女 将軍夫人

généralement [ジェネラールマン] 副 一般に, 普通は = en général

généraliste [ジェネラリーストゥ] 男女 ①総合医 ②万能家

génération [ジェネラスィヨン] 女 世代

généraux → général, e

généreux, se [ジェネルー, ズ] 形〈男には単複同形〉①寛大な, 気前のいい, 緩やかな ②芳醇で飽きないワインの形容

Gênes [ジェーヌ] 固 ジェノヴァ：イタリアの都市

genêt [ジュネ] 男 えにしだ：植物 = gineste

génétique [ジェネティーク] 形〈男女同形〉①起源の ②遺伝学の ③遺伝子の

Genève [ジュネーヴ] 固 ジュネーヴ：スイスの都市

genevois, e [ジュヌヴワー, ズ] 形〈男には単複同形〉ジュヌヴ (Genève) の／(à la) ~e ジュヌヴ風(の)：ソース・ジュヌヴワーズを使った料理用表現／sauce ~e 鮭の頭, 香味野菜などに赤ワイン, ドミグラスソースを入れて煮詰めた魚料理用ソース ‖ genevois, e 男女〈男は単複同形〉ジュヌヴの人

génie [ジェニ] 男 ①(生れつきの) 才能,

天才 ②特性 ③工学
genièvre [ジュニエーヴル] 男 ①ねず/baie de～ ねずの実 ②ジン = gin
génisse [ジェニース] 女 未経産雌牛 = taure
génois,e [ジェヌワ, ーズ] 形〈男には単複同形〉ジェノヴァ (Gênes) の／(à la)～e ジェノヴァ風(の)：ソース・ジェノワーズを使った料理用表現／sauce ～e ソース・ジェノワーズ：1) アーモンド, ピスタチオ, 香草のピュレを加えた乳化ソース 2) 赤ワイン, シャンピニョン, トリュフ, ソース・エスパニョールなどを煮詰めたソース ‖ Génois,e 男女〈男は単複同形〉ジェノヴァの人 ‖ génoise 女 ジェノワーズ：スポンジケーキの一種
genou [ジュヌー] 男〈複 ～x〉膝
genre [ジャーンル] 女 ①ジャンル, 種類 ②属：生物学上の種の上位
gens [ジャン] 男複 人々：前に性の変る形容詞が付く場合に女複となる. 例) vieilles gens
gentiane [ジャンスィヤーヌ] 女 ①りんどう：リキュールに黄色と苦味を付けるための植物 ②ゲンチアナ：リキュール用植物エセンス ‖ Gentiane 固 女 りんどうリキュールの商標名
gentil,le [ジャンティ, ーユ] 形 親切な, 優しい
gentillesse [ジャンティエース] 女 親切, 優しさ
gentiment [ジャンティマン] 副 親切に
géographie [ジェオグラーフィ] 女 地理
géographique [ジェオグラフィーク] 形〈男女同形〉地理的な
Géorgie [ジェオールジ] 固 女 グルジア
géorgien,ne [ジェオルジ・ヤーン, エーヌ] 形 グルジアの (Géorgie) の ‖ géorgien 男 グルジア語 ‖ Géorgien,ne 男 女 グルジア人
gérance [ジェラーンス] 女 経営
gérant,e [ジェラン, トゥ] 男 女 支配人, 店長, マネージャー
gérardmer [ジェラルメ] 男 ロレーヌ地方の, 牛乳のチーズ = gros lorraine
gerbe [ジェールブ] 女 (茎の長い) 花束／～ de blé 麦の束
gerber [ジェルベ] 動 ①束ねる, 積む ②(俗語) ゲロを吐く
gerbet [ジェルベ] 男 マカロンの一種

gercer [ジェルセ] 動 32 ひびを生じさせる ‖ se ～ 代動 32 59 ひび割れる
gérer [ジェレ] 動 36 運営する, 管理する
germe [ジェールム] 男 胚, 胚芽, (種や実からの) 芽／～ de soja もやし = pousse de soja／～s 雑菌
germé,e [ジェルメ] 形 芽を出した
germer [ジェルメ] 動 芽を出す
germicide [ジェルミスィードゥ] 男 殺菌剤
germinal [ジェルミナール] 男 ①フランス革命暦第7月 ②G～ ゾラの小説の題名／consommé ～ グリンピース, さやいんげん, アスパラガス, クネル, セルフイユを浮身にしたエストラゴン風味のコンソメ
germon [ジェルモン] 男 びんながまぐろ = longue-oreille, thon blanc
gérômé [ジェロメ] 男 ロレーヌ地方の, 牛乳のチーズ／～ au cumin クミン入ジェロメ
gésier [ジェズィエ] 男 砂のう, 砂肝
gestion [ジェスティヨン] 女 管理, 経営, マネージメント
gestionnaire [ジェスティヨネール] 形〈男女同形〉管理上の, 経営上の ‖ gestionnaire 男 女 管理者, 経営者
Get 27 [ジェートゥ ヴァーントゥ セートゥ] 固 男 ミントリキュールの商標名
gevrey-chambertin [ジュヴレ シャンベルタン] 男 ブルゴーニュ地方, コート・ド・ニュイ地区の AOC 赤ワイン
gewürztraminer [ゲヴュルツトゥラミネール] 男 ①白ぶどうの品種 ②アルザス地方の AOC 白ワイン
gianduja [ジャンデュジャ] 男 ヘーゼルナッツ入チョコレート
gibassié = gibassier
gibassier [ジバスィエ] 男 アニス, レモンの皮などで香りを付けたプロヴァンス地方のクリスマス用ブリオシュ = pompe à l'huile, gibassié
gibelotte [ジブロートゥ] 女 うさぎの赤ワイン煮込
gibier [ジビエ] 男 猟鳥獣, 猟鳥獣肉／～ à plume 野禽(やきん)：山しぎ, しゃこ, きじ, 野鴨などの猟鳥／～ à poil 猟獣：鹿, 猪, 野うさぎなどの猟獣
gien [ジャン] 男 オルレアネ地方の, 山羊乳または羊乳のチーズ
giga- [ジガ] 接頭 10億の意味
gigantesque [ジガンテースク] 形〈男女同

形〉巨大な, 膨大な

gigondas [ジゴンダ] 男 コート・デュ・ローヌ地方のAOC赤, ロゼワイン

gigorit [ジゴリ] 男 = gigourit

gigot [ジゴ] 男 ①羊, 仔羊の骨付きもも肉 ②詰物をし, ひもでしばった鶏や七面鳥のもも肉 / ~ de mer あんこう = baudroie, lotte de mer

gigourit [ジグーリ] 男 南西フランスの, 豚内臓の白ワイン煮込 = gigorit

gigue [ジーグ] 女 鹿もも肉 = cuissot

gilet [ジレ] 男 ①チョッキ / ~ de sauvetage 救命胴衣 ②カーディガン

gimblette = gemblette

gimlet [ギムレートゥ] 男 英 ギムレット: カクテルの一種

gin [ジン] 男 ジン = genièvre / Double G~ ダブルジン: オランダジンの種類

Ginestarié la~ [ラ ジネスタリエ] 固 女 ラングドック地方の町 / pavé de la g~ 同地方の, 山羊乳のチーズ

gineste [ジネーストゥ] 男 = genêt

gin-fizz [ジン フィズ] 男 英 ジンフィズ: カクテルの一種

gingembre [ジャンジャーンブル] 男 しょうが, ジンジャー / ~ confit しょうがの砂糖漬

gingembré,e [ジャンジャーンブレ] 形 しょうが風味の, しょうがを加えた

gingembrer [ジャンジャーンブレ] 動 しょうがで風味を付ける, しょうがを加える

ginglard [ジングラール] 男 = guinguet

ginguet [ジンゲ] 男 = guinguet

ginkgo [ジャンコ] 男 いちょう, 銀杏

ginseng [ジャンサーング] 男 朝鮮にんじん = panax, panace

gin-tonique [ジントニーク] 男 英 ジントニック: カクテルの一種

giraumon(t) [ジロモン] 男 西洋かぼちゃ = giromon

girelle [ジレール] 女 レインボーべら = demoiselle

girofle [ジロフル] 男 クローヴ, 丁字 = clou de ~ / sucre de ~ クローヴシュガー

girol(l)e [ジロール] 女 あんず茸, シャントレル茸, ジロール茸 = chanterelle

giromon [ジロモン] = giraumon

gîte [ジートゥ] 男 ①住みか ②(野うさぎなどの)巣 ③牛の腕肉, 足肉 / ~ à la noix シキンボ: ロースト, ステーキに用いるひざ上の牛もも肉 / ~ de derrière 牛もも肉後下肉 = gîte-gîte / ~ de devant 牛ひじ肉 / ~ de noix 牛外もも肉

gîte-gîte [ジートゥ ジートゥ] 男 = gîte de derrière

givre [ジーヴル] 男 ①霜, 霧氷 ②塩, 砂糖などの白い粉 / collerette de ~ グラスの縁に砂糖やココアパウダーなどを付けた飾り

givré,e [ジーヴレ] 形 ①霜や霧氷で覆われた / orange ~e オレンジジヴレ: オレンジの皮にオレンジシャーベットを詰めたデザート ②(砂糖など)白いものをまぶした ③粉をふいた ④急に冷やした ‖ givrée 女 ジヴレ: フルーツを容器にしたシャーベット

givrer [ジーヴレ] 動 ①霜で覆う ②砂糖など白いものをまぶす ③グラスの縁に砂糖などを飾付ける ④カクテル用グラスに氷片を入れ, 急に冷やす

givry [ジーヴリ] 男 ブルゴーニュ地方, コート・シャロネーズ地区のAOC赤, 白ワイン

glaçage [グラサージュ] 男 ①焼色を付けること ②つやを出すこと ③アイシングをかけること, 糖衣がけ / ~ blanc レモン汁を加えたアイシングをかけること / ~ neutre 香り付けしていないアイシングをかけること ④急冷

glace [グラース] 女 ①氷 / ~ carbonique, ~ sèche ドライアイス / ~ pilée クラッシュアイス / ~ taillée (または sculptée) 氷彫刻作品 / ~ vive 氷彫刻用の大きい氷塊 ②板ガラス ③鏡 ④粉砂糖 = sucre ~ ⑤アイスクリーム = crème glacée, ~ à la crème / ~ à la noisette ヘーゼルナッツアイスクリーム / ~ à la vanille ヴァニラアイスクリーム ⑥グラス: 煮詰めた出汁 / à ~ グラスの状態に / ~ de gibier グラス・ド・ジビエ: 猟肉のグラス / ~ de poisson グラス・ド・ポワソン: 魚のグラス / ~ de viande グラス・ド・ヴィアンド: 肉のグラス / ~ de volaille グラス・ド・ヴォライユ: 鶏のグラス / (faire) tomber à ~ グラス状に煮詰める ⑦糖衣, アイシング / ~ à l'eau, ~ de sucre cru アイシングシュガー / ~ crue 加熱しないでつく

ったアイシング／～ royale レモン汁と卵白入アイシング

glacé,e [グラッセ] 形 ①急冷させた，凍った，とても冷たい／café ～ アイスコーヒー／crème ～e アイスクリーム = glace／nougat ～ ヌガー・グラセ：泡立てた卵白とホイップクリームを加えた軽いアイスクリーム ②焼色を付けた ③（フォンダンなどを塗ったり，シロップに浸したり煮たりして）艶(つや)を出した ④（紙などが）つるつるの

glacer [グラッセ] 動 ①急冷させる，冷やす ②サラマンドルやバーナーなどで，料理やケーキなどに短時間で焼色を付ける ③（糖衣や肉汁をかけて）艶(つや)を出す ④グラセする：にんじんなどを水，バターなどで煮，煮汁がシロップ状になるまで煮詰める／～ à blanc 材料に色が付かないようにグラセする／～ à brun 材料が飴色になるまでグラセする ⑤フルーツなどをシロップに浸し，艶を付ける

glacerie [グラスリ] 女 ①ガラス工場，ガラス製造業，ガラス販売業 ②アイスクリーム，シャーベット製造業

glacial,e [グラスィヤル] 形 複には glacials または glaciaux [グラスィヨ]〈（氷のように）冷たい

glaciaux → glacial,e

glacier,ère [グラスィエ，エール] 男 女 アイスクリーム，シャーベット屋（人）‖ glacier 男 氷河‖ glacière 女 ①アイスボックス，冷蔵庫，冷凍庫 ②製氷機 ③製氷工場

glaçon [グラソーン] 男 氷，アイスキューブ，飲物に入れる氷

gland [グラーン] 男 かしの実，どんぐり／～ doux しいの実

glande [グラーンドゥ] 女 腺／～ lacrymale 涙腺

glissant,e [グリサーン，トゥ] 形 滑りやすい，（床などが）つるつるの

glisser [グリセ] 動 滑る

globe [グローブ] 男 ①球体，玉 ②地球 = ～ terrestre ③とっくり：もも肉全体 = cuisse, rouelle

globulaire [グロビュレール] 形〈男女同形〉球形の

gloire [グルワール] 女 栄誉，名誉

gloria [グローリヤ] 男 砂糖とラム酒またはブランデーを加えたコーヒー

glorieux,se [グロリユー，ズ] 形〈男には単複同形〉名誉のある

glossaire [グロセール] 男 ①古語辞典 ②（巻末の）用語辞典

glouteron [グルトゥロン] 男 ごぼうの地方呼称

glouton,ne [グルート・ン，ヌ] 形 飽くことを知らない大喰いの‖ glouton,ne 男 女 大喰い

gloutonnerie [グルートヌリ] 女 食い意地，暴食

gluant,e [グリュアン，トゥ] 形 粘着性のある，ねばねばした

glucide [グリュスィードゥ] 男 糖質：炭水化物や配糖体の総称

glucose [グリュコーズ] 男 ①グルコース，ぶどう糖 ②水飴 = sirop de fécule／～ atomisé 主にアイスクリームに用いる粉末水飴／～ cristal 結晶ぶどう糖／sirop de ～ グルコースシロップ

glutamat [グリュタマート] 男 グルタマート，グルタミン酸塩／～ de sodium グルタミン酸ナトリウム：旨味調味料

glutamine [グリュタミーヌ] 女 グルタミン

glutamique [グリュタミーク] 形〈男女同形〉グルタミンの／acide ～ グルタミン酸

gluten [グリュテーヌ] 男 グルテン，麩質(ふしつ)

glycine [グリスィーヌ] 女 藤

gnocchi [ニョッキ] 男 複〈伊〉小麦粉，じゃが芋などでつくるだんご

gobelet [ゴブレ] 男 コップ，ゴブレット

gobelin [ゴブラン] 男 ゴブラン織の布

gober [ゴベ] 動 （嚙まずに）丸飲みする

gobie [ゴビ] 男 はぜ = goujon de mer／～ blanc 白魚(しらうお)

godaille [ゴダーユ] 女 大いに飲み歌う食事

godiveau [ゴディヴォ] 男〈複 ～x〉（仔牛肉と牛脂の）詰物／～ lyonnais 仔牛の腎臓，パナードなどを加えた川かますのクネル用材料

goémon [ゴエモン] 男 ひばまた：海藻の一種 = fucus

gogue [ゴーグ] 女 アンジュー地方の，豚の血やほうれん草などのソーセージ

goinfre [グワーンフル] 男 がつがつ食べる大喰い

goinfrer [グワーンフレ] 動 （不快を催さ

せるように)がつがつ食べる
goinfrerie [グワーンフルリ] 囡 (むさぼり喰う)大食, 食氣(どんらん)
golden [ゴールデン] 囡〈単複同形〉ゴールデン(・デリシャス):りんごの種類 = ~ delicious, pomme ~
golf [ゴルフ] 男 ①ゴルフ ②ゴルフ場 = terrain de ~
golfe [ゴールフ] 男 (入口の広い)湾
golmot(t)e [ゴルモートゥ] 囡 ①てんぐ茸 = amanite ②からかさ茸 = lépiote
gombaut = gombo
gombo [ゴンボ] 男 オクラ = gombaut, ketmie, okra
gomme [ゴーム] 囡 ①ゴム/~ adragante トラガカントゴム:大量生産のマヨネーズ, ゼリーなどの乳化剤として用いる/~ arabique アラビアゴム:チューインガム, ドラジェの中身, ケーキの艶(つや)出しに用いる ②消しゴム
gommé,e [ゴメ] 形 ①消しゴムで消した ②削除した ③ゴムを塗った
gommer [ゴメ] 動 ①消しゴムで消す ②削除する ③オーヴンから出した菓子などにアラビアゴム溶液を塗る
gondole [ゴンドール] 囡 ①(ヴェネツィアの)ゴンドラ ②白いナプキンでつくったゴンドラ形の大きい魚料理用の卓上飾り
gonflé,e [ゴンフレ] 形 ふくらませた, ふくらんだ
gonflement [ゴーンフルマン] 男 腫れ
gonfler [ゴーンフレ] 動 ふくらます, ふくらむ, ふくれる, 腫れる
gonfleur [ゴンフルール] 男 空気入れ
gonnelle [ゴネール] 囡 ガンネル銀宝(ぎんぽ), ねばり:魚
gonzesse [ゴンゼース] 囡 (俗語) 女, 彼女, 女房
gorenflot [ゴランフロ] 男 シロップを染込ませた六角形の大きな菓子
goret [ゴレ] 男 乳飲仔豚 = cochon de lait
gorge [ゴールジュ] 囡 ①のど/ avoir la ~ prise 痰(たん)がからむ ②胸腺肉の一部, のど肉 ③峡谷 ④乳房
gorgée [ゴルジェ] 囡 一口分(の飲物)
gorgonzola [ゴルゴンゾーラ] 男 (伊) イタリアの, 牛乳のブルーチーズ
gosier [ゴズィエ] 男 喉(のど), 咽喉, 喉笛
gosse [ゴース] 囡男 (話言葉)がき, 子供

Gosset [ゴセ] 固男 ゴセ:シャンパンの商標名
gouda [グーダ] 男 ゴーダ:オランダの, 牛乳のチーズ
gouère [グエール] 囡 = gouéron
gouéron [グエーロン] 男 ①ニヴェルネ地方の, りんごのパイ ②トゥーレーヌ地方の, 小麦粉, 卵, 山羊乳のフレッシュチーズでつくる菓子 = gouère, gouerre, gouire
gouerre [グエール] 男 = gouéron
gouet [グエ] 男 サトイモ科アルムの一種
gouge [グージュ] 囡 ハム用骨すきナイフ
gougère [グージェール] 囡 ブルゴーニュ地方の, グリュイエールチーズ入塩味シュー
gouglof [グーグロフ] 男 = cougloff
gouire [グイール] 男 = gouéron
goujon [グージョン] 男 川はぜ, 大陸砂もぐり/~ de mer はぜ = gobie
goujonnette [グージョネートゥ] 囡 グージョネット:はぜの大きさに合せた, 舌びらめなどのフィレの細い棒切りまたはそれを揚げたもの
goulache [グーラーシュ] 男または囡 ハンガリーの, パプリカを利かせた牛の煮込 = goulasch, goulash
goulasch = goulache
gouleyant,e [グーレヤン, トゥ] 形 (話言葉) さっぱりして口当りのよいワインの形容
goulot [グーロ] 男 (瓶の)細い首
goulu,e [グーリュ] 形 (ある場面で) 大喰の || goulu,e 男囡 むさぼり喰う人
goulûment [グーリュマン] 副 がつがつ
gourde [グールドゥ] 囡 ①ひょうたん/~ blanche 冬瓜(とうがん) ②水筒
gourmand,e [グールマン, ドゥ] 形 美食家で大喰の || gourmand,e 男囡 大喰の美食家, 健啖(けんたん)家
gourmandise [グールマンディーズ] 囡 食道楽, 美食
gourmet [グールメ] 男 うまいものとそれに合うワイン選択ができる食通
gournay [グールネ] 男 ノルマンディ地方の, 牛乳のチーズ || Gournay 固男 銘柄バターの商標名
gousse [グース] 囡 ①さや/~ de vanille ヴァニラ棒 ②ひとかけ/ une ~

d'ail にんにくひとかけ / **tourner en (forme de) ~ d'ail** 楕円に整形する

goût [グー] 男 ①味, 味覚 / **~ aigre, ~ acide** 酸味 / **~ âpre** 渋味 / **bon ~** 美味 / **~ fort, ~ prononcé** 濃い味 / **~ salé, ~ salin** 塩味 ②好み, 趣味 / **centre de bon (mauvais) ~** センスのいい(悪い)

goûter [グーテ] 動 ①味を見る, 賞味する ②鑑賞する ‖ **goûter** 男 おやつ, 軽食 / **~ dînatoire** 夕食兼用のおやつ

goûteu,rse [グートゥール, ズ] 男女 ワイン, フォワ・グラ, コーヒー, バターなどの味の鑑定家 = **dégustateur,rice**

goûteux,se [グートゥー, ズ] 形 〈男には単複同形〉味のいい, 美味な

goûte-vin [グートゥヴァン] 男 〈単複同形〉ワインの利き酒用に樽から取出すためのスポイト, ピペット

goutte [グトゥ] 女 ①しずく, (液体の)少量 / **~ à ~** ぽたぽた / **une ~ de...** 1滴の… ②痛風

gouttière [グーティエール] 女 ①雨樋 (とい) ②型枠, U字型

gouvernement [グーヴェルヌマン] 男 政府

gouzon [グーゾン] 男 リムーザン地方の, 牛乳のチーズ

goyave [ゴヤーヴ] グアヴァ:果実

goyère [グワイエール] 女 フランドル地方のチーズパイ

graçay [グラーセ] 男 ベリ地方の, 山羊乳のチーズ

grâce [グラース] 女 ①気品, 優雅さ ②赦免, 免除 ③恩寵, 厚意 / **~ à...** …のおかげで

gracieuse → **gracieux,se**

gracieux,se [グラスィユー, ズ] 形 〈男には単複同形〉①優雅な ②愛想のいい ③無料の

grade [グラードゥ] 男 階級, グレード

gradin [グラダン] 男 ①スタンド, 観客席 ②パンなどでつくった宴会料理用盛台 ③砂糖細工用の芯 = **mandrin**

gradué,e [グラデュエ] 形 目盛り付の

graduellement [グラデュエールマン] 副 次第に

graillon [グラヨーン] 男 ①(俗語)痰 ②脂肪の焦げたにおいや味 ③あぶらっこくまずい料理 / **~s** 皿に残った脂

grain [グラーン] 男 ①穀物, 穀粒 ②粒, 豆 / **~ de café** コーヒー豆 / **~ de poivre** 胡椒の粒 / **~ de raisin** ぶどうの粒 / **poivre en ~s** 粒胡椒 / **poulet de ~** 穀物肥育の若鶏 / **sélection de ~s nobles** アルザス地方の貴腐ワイン ③かけら / **~s de beauté** ほくろ / **~s de verroterie** (ガラスの)ビーズ

grainage [グレナージュ] 男 = **grenage**

graine [グレーヌ] 女 ①種子 / **~s d'anis** アニスシード / **~s de céleri** セロリシード / **~s de fenouil** フヌイユシード / **~s de lotus** 蓮の実 / **~s de paradis** マニゲット = **maniguette** / **~s de pavot** ポピーシード / **~s de vanille** ヴァニラビーンズ ②皿カバーなどの飾り取っ手, ファンシートップ

grainé,e [グレーネ] 形 = **grené,e**

grainer [グレーネ] 動 = **grener**

grainoux [グレヌー] 男複 キャベツの新芽

graisse [グレース] 女 ①脂肪, 脂, 脂身 = **suif** / **~ animale** 動物性脂肪 / **~ de bœuf** 牛脂 / **~ de bouillon** 浮脂 / **~ de porc** 豚脂 / **~ de rognon** ケンネ脂:腎臓に付いた脂 / **~ normande** 牛や羊の脂と野菜, 香草を煮込んでつくるノルマンディ地方の料理用脂 / **~ de Cherbourg** / **~ pour friture** 揚脂 / **~ végétale** 植物性脂肪 ②グリース

graissé,e [グレセ] 形 脂肪を塗った

graisser [グレセ] 動 ①(型などに)脂を塗る, ひく ②砂糖が結晶化しないように水飴やクリームを加える

graisseux,se [グレスー, ズ] 形 〈男には単複同形〉脂肪質の, 脂っぽい

graitairon [グレテロン] 男 = **grataron**

grammaire [グラメール] 女 文法

grammatical,e [グラ(ン)マティカール] 形 〈男複には **grammaticaux** [グラ(ン)マティコ] 〉文法的な, 文法上の

grammaticaux → **grammatical,e**

gramme [グラーム] 男 グラム:記号はg / **viande de 300 ~** 300グラムの肉 / **300 ~ de viande** 肉300グラム

grand,e [グラーン, ドゥ] 形 ①大きい ②背が高い ③偉大な, 高級な ④主要な ⑤たっぷりの ⑥年上の ‖ **grand** 副 大きく ‖ **grand,e** 男女 ①(子供からみた)おとな, 年長者 ②偉人, 大人物

grand-croix [グラーン クルワー] 女 〈単複

grand-duc [グラーン デューク] 男〈複 ~s- ~s〉大公 ‖ grand-duc 形〈不変〉大公風(の): アスパラガスとトリュフを使った料理用表現

Grande-Bretagne [グランドゥ ブルターニュ] 固女 イギリス, グレートブリテン島, 大ブリテン島

grandeur [グランドゥール] 女 大きさ

grandiose [グランディオーズ] 形〈男女同形〉壮大な, 堂々とした

grandir [グランディール] 動 4 成長する, 伸びる

grand-maman [グラン ママン] 女〈複 ~s- ~s〉おばあちゃん/ (à la) ~ おばあちゃん風(の): 昔風家庭料理用表現 = (à la) grand-mère, (à la) ménagère

Grand Marnier [グラーン マルニエ] 固男 オレンジリキュールの商標名

grand-mère [グラン メール] 女〈複 ~s- ~s〉祖母/ (à la) ~ おばあさん風(の): 昔風家庭料理用表現 = (à la) grand-maman, (à la) ménagère

grand-père [グラン ペール] 男〈複 ~s- ~s〉祖父

grand-roussillon [グラン ルスィヨン] 男 ルシヨン地方の, AOC 甘口白, 赤, ロゼワイン

grands-échezeaux [グランゼシェゾ] 男 ブルゴーニュ地方, コート・ド・ニュイ地区の特級 AOC 赤ワイン

grands-parents [グラン パラン] 男複 祖父母

grange [グラーンジュ] 女 納屋: 干草, 穀物用

granit [グラニ] 男 ロレーヌ地方ヴォージュの大麦糖

granité [グラニテ] 男 グラニテ: 氷粒が残る口直しの氷菓/ ~ au champagne シャンパンのグラニテ

granny smith [グラニー スミートゥ] 女 りんごの品種

granule [グラニュール] 男 顆粒, 小粒

granulé,e [グラニュレ] 形 細粒状にした/ sucre ~ グラニュー糖

granuler [グラニュレ] 動 顆粒状にする, 粒状にする

granuleux,se [グラニュルー,ズ] 形〈には単複同形〉顆粒状の, 粒状の

Granville [グランヴィール] 固 ノルマンディ地方の町, 漁港/ sauce ~ 白ワインと魚のヴルテソースを煮詰め, 小海老, トリュフなどを加えたソース

graphique [グラフィーク] 形〈男女同形〉グラフで表した, 図表の ‖ graphique 男 グラフ, 図表

grapiau [グラピヨ] 男 = crapiau

grappa [グラッパ] 女 伊 ぶどうのしぼりかすでつくった北イタリアのブランデー

grappe [グラープ] 女 (ぶどうの)房

grapput [グラーピュ] 男 黒ぶどうの品種

gras,se [グラー, ス] 形〈男には単複同形〉①こってりした, 脂肪の多い, 脂身の, 脂肪質の/ foie ~ フォワ・グラ/ mardi ~ 謝肉祭の火曜日/ ~se matinée 寝坊 ②太った, 肉厚の ③肉入の, 肉を用いた/ bouillon ~ 肉のブイヨン ④口の中でねっとりした感じのワインの形容 ‖ gras 男 脂身/ ~ de col 豚の肩甲骨上の脂肪/ ~ de gorge 豚の喉から肩にかかっている脂肪

gras-double [グラ ドゥーブル] 男〈複 ~s〉ミノ: 反芻動物の第一胃 = panse

grassement [グラースマン] 副 気前よく, 贅沢に

grataron [グラタロン] 男 サヴォワ地方の, 山羊乳のチーズ = graitairon

grateron [グラトゥローン] 男 ごぼう (bardane) の地方呼称

gratification [グラティフィカスィヨン] 女 特別手当, 賞与, ボーナス

gratin [グラタン] 男 グラタン: 1) おろしチーズ, パン粉などを料理にふりオーヴンで焼色を付けた料理 2) その薄皮の部分/ ~ (à la) dauphinoise, ~ dauphinois じゃが芋のグラタン/ plat à ~ グラタン皿/ macaroni au ~ マカロニグラタン/ sauce ~ エシャロットと白ワインを煮詰め, シャンピニョン, 魚のフュメとドミグラスソースを加えたグラタン用ソース

gratinage [グラティナージュ] 男 グラタンにすること → gratin

gratiné,e [グラティネ] 形 グラタンにした/ huîtres ~es 牡蠣(ホム)のグラタン/ soupe à l'oignon ~e オニオングラタンスープ ‖ gratinée 女 グラタンにした料理/ ~e d'huître(s) 牡蠣のグラタン → gratin

gratiner [グラティネ] 動 グラタンにする = faire → gratin

gratou [グラトゥー] 男 脂肪繊維を揚げたおつまみ = gratterons, grattons

gratté,e [グラテ] 形 かき削った

gratteciel = gratte-ciel

gratte-ciel [グラトゥ スィエール] 男〈単複同形〉高層ビル,摩天楼

gratte-cul [グラトゥ キュ] 男〈複 ～, ～s〉ローズヒップ:カニナばらの実.ジャムなどにする

gratter [グラテ] 動 ①かき削る,削る ②(背中などを)かく,こする ③いがらっぽくさせる ④ちくちくする

gratterons [グラトゥローン] 男複 = grattons

grattoir [グラトゥワール] 男 削器,こて/～ à étau 肉切り台をきれいにするこて

grattons [グラトーン] 男複 ①揚げた脂肪繊維のおつまみ = gratou, gratterons ②豚の脂肪と内臓でつくるリエットの一種 = friton /～ d'oie がちょうの脂とひき肉を脂辛してから塩を加えたリエット

gratuit,e [グラテュイ,イトゥ] 形 無料の

gratuitement [グラテュイートゥマン] 副 無料で

grave [グラーヴ] 形〈男女同形〉①重大な,深刻な ②(音が)低い

gravelle [グラヴェール] 女 白ワインの瓶の中にできる透明な酒石の結晶

gravement [グラーヴマン] 副 ①(状態が)重く ②厳粛に

graver [グラーヴェ] 動 (平面に)彫刻する

graves [グラーヴ] 男 ボルドー地方,グラーヴの AOC 赤,白ワイン/～ de vayres ボルドー地方,アントル・ドゥー・メール地区の AOC 赤ワイン

gravette [グラヴェートゥ] 女 ボルドー地方の,牡蠣の品種/～ d'Arcachon 緑がかった小さい牡蠣

graveur,se [グラヴール] 男女 彫刻師,版画家

gravlax [グラヴラークス] 男 北欧のマリネ液

gravure [グラヴュール] 女 (版画の)彫刻,版画/～ à la manière noire メゾチント/～ à la pointe sèche ドライポイント/～ à l'eau-forte エッチング/～ en manière de lavis アクワチント/～ sur bois 木版画/～ sur cuivre 銅版画

grec,que [グレーク] 形 ギリシア(Grèce)の/(à la) ～que ギリシア風(の):香草や香辛料を多く使うギリシア料理の影響を受けた料理用表現/légumes (à la) ～que カリフラワー,小玉ねぎなどの野菜をソテし,オリーヴ油とレモン汁で煮てから冷やした前菜/riz à la ～que 挽肉,グリンピース,赤ピーマンのピラフ ‖ grec 男 ギリシア語 ‖ Grec,que 男女 ギリシア人

Grèce [グレース] 固 女 ギリシア/～ antique 古代ギリシア

grecque → grec,que

grêle [グレール] 女 霰(あられ),雹(ひょう)

grêler [グレーレ] 動 霰(あられ)が降る,雹(ひょう)が降る/il grêle 霰(または雹)が降っている

grêlon [グレローン] 男 霰(あられ)や雹(ひょう)の粒/～s 粒糖 = sucre en grains

gremaux [グルモー] 男複 卵,小麦粉,油,塩でつくる,付合せ用パスタ

grémille [グレミーユ] 女 ラフ:淡水魚 = perche goujonnière

grenache [グルナーシュ] 男 黒ぶどうの品種

grenade [グルナードゥ] 女 ①ざくろ ②手榴弾 ‖ Grenade 固 グラナダ:スペインの都市

grenadier [グルナディエ] 男 そこだら:ソコダラ科の鱈(たら)の総称

grenadille [グルナディーユ] 女 パッションフルーツ = fruit de la Passion

grenadin [グルナダン] 男 グルナダン:仔牛背肉や七面鳥胸肉からとる円盤形の肉/～ de veau 仔牛のグルナダン

grenadine [グルナディーヌ] 女 グルナディン:グレナデンシロップを水で割った清涼飲料/sirop de ～ グレナデンシロップ:ざくろ風味のシロップ

grenage [グルナージュ] 男 ①糖液の再結晶化 ②(ホイップ時の油脂の混入での卵白の)分離 ③(過加熱でのクレーム・アングレーズの)分離 = grainage

grené,e [グルネ] 形 糖液を結晶化させた = grainé,e

grener [グルネ] 動 ①糖液を結晶化させる ②(ホイップ時に油脂が混入して)小さい粒が生じ,卵白が分離す

る ③(過熱で)クレーム・アングレーズが分離する＝ grainer

grenétine [グレネティーヌ] 囡 上質のゼラチン

grenier [グルニエ] 男 ①穀倉 ②屋根裏部屋

Grenoble [グルノーブル] 固 グルノーブル：ドフィネ地方の都市

grenoblois,e [グルノーブルワ.ーズ] 形 (男には単複同形) グルノーブル(Grenoble)の/(à la)〜e グルノーブル風(の)：1)ケーパー, レモン, クルトンを付合せた魚のムニエル用表現 2)グルノーブルの地方料理に用いる表現/gâteau 〜 青いくるみの実を加えたビスキュイにカスタードクリームをはさみ, 青いくるみのパウダーをまぜたホイップクリームとくるみで飾ったデコレーションケーキ ‖ Grenoblois,e 男女(単複同形)グルノーブルの人

grenouille [グルヌーユ] 囡 ①あかがえる/cuisse de 〜 かえるのもも肉 ‖ grenouille 男 シャブリのAOCワイン

grésillement [グレズィーユマン] 男 じゅうじゅう：擬音

grésiller [グレズィエ] 動 ①じゅうじゅう音をたてる ②加熱して縮めさせる

gressin [グレサーン] 男 グリッシーニ：イタリア発祥の, 細い棒状の乾パン＝ grissini

greuilh [グルーイ] 男 ベアルン地方の, 羊乳のチーズ

grève [グレーヴ] 囡 ①砂や砂利の浜, 渚 ②ストライキ

gribiche [グリビーシュ] 囡 ソース・グリビーシュ：ゆで卵の黄身でつくった乳化ソースにケッパー, 香草, みじん切りしたゆで卵の白身を加えたソース＝ sauce 〜

griboui [グリブーイ] 男 グリブイ茸：ロシアのきのこ

griffe [グリーフ] 囡 ①(鳥獣の) 爪 ②牛の肩と首の間の肉

griffer [グリーフェ] 動 ①(爪で) ひっかく ②判を押す

grignoter [グリニョテ] 動 少しずつかじる, ちびちび食べる

gril [グリール] 男 ①焼網 ②グリラー, グリルパン

grillade [グリヤードゥ] 囡 ①網焼, グリル/〜 au sel 塩焼 ②グリルした肉や魚＝ grillée /〜 à la broche 串での網焼

grillage [グリヤージュ] 男 ①網焼 ②(コーヒーの) 焙煎(ばいせん)

grillardin,e [グリヤル.ダン.ディーヌ] 男女 グリル係のコック

grille [グリーユ] 囡 ①網/〜 à pâtisserie ケーキクーラー ②挽器器またはムーラン用の穴刃 〜 à trous ③鉄格子 ④格子窓 ⑤(クロスワードパズルなどの)升目 ⑥目もり

grillé,e [グリーエ] 形 ①あぶった, 網焼した, グリルした/filet de bœuf 〜 グリルした牛フィレ肉 ②(電球が) 切れた ‖ grillée 囡 グリルした料理＝ grillade /〜e de filet de bœuf 牛フィレ肉のグリル

grille-pain [グリーユ パン] 男 (単複同形) ①トースター＝ 〜 électrique, toasteur ②取っ手付パン焼器

griller [グリエ] 動 ①あぶる, 網焼する, グリルする/〜...à l'anglaise ...にバターか油を塗ってグリルする/...au sel ...を塩焼する ②コーヒー, アーモンドなどを焙煎(ばいせん)する ③(電気器具を) ショートさせる/(俗語) 〜 le feu rouge 赤信号を無視する

grilloir [グリュワール] 男 ①グリラー＝ gril ②焙煎(ばいせん)器

gril-room [グリル ルーム] 男 (複 〜-〜s) グリル料理専門店＝ grill

grimper [グランペ] 動 よじ登る

griotte [グリョートゥ] 囡 サワーチェリー：グリヨット種のさくらんぼ/〜 chambertin ブルゴーニュ地方, コート・ド・ニュイ地区のAOC赤ワイン

grippe [グリープ] 囡 インフルエンザ

gris,e [グリー, ズ] 形 (男には単複同形) ①グレーの, 灰色の/〜 argenté〈不変〉銀灰色の/vin 〜 ヴァン・グリ：醸酵前に黒ぶどうを圧搾してつくった, くすんだロゼ色のワイン ②軽く酔った ‖ gris 男 (単複同形) ①ねずみ色, 灰色 ②グレーソルト：灰色がかった粗塩＝ gros 〜, sel 〜 ③チーズの種類/〜 de lille フランドル及びアルトワ地方の, 牛乳のチーズ＝ béthune

griser [グリーゼ] 動 ほろ酔いにさせる, 陶酔させる ‖ se 〜 代動 59 / se 〜 de

guédoufle

... …に酔う
griset [グリーゼ]男 グリゼ：タイ科の魚 = brème de mer, dorade grise, pageot gris
grisette [グリゼートゥ]女 ①つる茸 ②灰色の小鳥の総称／~ de Provence クールジェットの品種
Grisons [グリゾーン]固男複 スイス,グリゾン州／viande des ~ スイスの塩漬,熟成牛肉
grissini [グリッスィーニ]男複伊 グリッシーニ：イタリアの細いパン = gressin
grive [グリーヴ]女 つぐみ
grog [グローグ]男 グロッグ：ラム酒やコニャックなどを湯,砂糖,レモン汁で割ったイギリス発祥の飲物
grogner [グロニェ]動 ①（豚が）鳴く ②（話言葉）不平を言う
grogneur [グロニュール]男 ①（愚痴の）こぼしや ②おおにべ：ニベ科の魚の総称
groin [グルワーン]男（豚や猪などの）鼻 = museau / salade de ~ d'âne たんぽぽの葉,ベーコン,ゆで卵,トーストで構成されるリヨンのサラダ
grolleau [グローロ]男複 ~x〉黒ぶどうの種類 = groslot
gronder [グロンデ]動 ①うなる,とどろく ②切迫する ③叱る
grondin [グロンダン]男 かながしら：ホウボウ科の魚= rouget ~
gros, se [グロー, ス]形〈男には単複同形〉①厚い ②（体積が）大きい ③太っている／femme ~se 妊婦／se femme 太った女 ④大ざっぱに ⑤粗い,粗野な ⑥大変な ⑦大量の ‖ gros 副 大きく ‖ gros,se 男女〈男は単複同形〉太った人 ‖ gros 男 ①大部分／en ~ だいたい ②大きなもの／~ blanc グロ・ブラン：エスカルゴの種類／~ gris 粗塩の種類 = gris／~ lorraine ロレーヌ地方のチーズ = gérardmer ③（商業の）卸／en ~ 卸で ④太字
groseille [グロゼイユ]女 グロゼイユ,ふさすぐり,赤すぐり／~ à maquereau 大すぐり,グーズベリー,西洋すぐり：大粒で甘いグロゼイユの品種／~ blanche 白グロゼイユの品種／~ noire カシス,くろすぐり,くろふさすぐり = cassis／~ épineuse インディアングーズベリー／~ rouge あかふさすぐり／vin de ~ グロゼイユワイン
groslot = grolleau
gros-plant [グロ プラーン]男 ①白ぶどうの品種 = folle blanche, gros plant ②アンジュー地方の,グロ・プラン種でつくった AOC 白ワイン
grossane [グロサーヌ]女 オリーヴの品種 = tournante
gros sémillon [グロー セミヨン]男 白ぶどうの品種
grossesse [グロセース]女 妊娠：状態
grosseur [グロスール]女 ①大きさ,サイズ,寸法,体積,太さ ②腫物 (はれもの)
grossier, ère [グロスィエ, エール]形 ①粗い,粗雑な ②品のない
grossièrement [グロスィエールマン]副 ①粗く ②雑に
grossir [グロスィール]動4 大きくなる,太る／faire ~ 大きくする,太らせる
grossiste [グロスィーストゥ]男女 卸商人
grosso modo [グロソ モド]副句 だいたい,おおむね = en gros
groupe [グループ]男 グループ,団体
grouper [グルペ]動 集める,まとめる ‖ se ~ 代動59 集まる
gruau [グリュオ]男複 ~x〉①小麦の胚乳部／farine de ~ 小麦の胚乳でつくった小麦粉 ②ひき割穀物
grue [グリュー]女 ①鶴 ②クレーン ③（俗語）立ちんぼ,売春婦
grué [グリュエー]男 炒ったカカオ豆でつくるカカオペースト
Grumbeerekiechle [グルンベールキークル]男複 アルザス地方の,じゃが芋のガレット
Grumbeereknepfles [グルンベールクネープフル]女複 アルザス地方のニョッキ
grumeau [グリュモー]男複 ~x〉凝塊,ダマ
grumeleux, se [グリュムルー, ズ]形〈男には単複同形〉ダマの多い
Gruyère [グリュイエール]固 スイスの町,グリュイエール ‖ gruyère 男 グリュイエール：スイス,サヴォワ,フランシュコンテ,ブルゴーニュ各地方の,牛乳のチーズ
gryphée [グリフェ]女 ポルトガル種の牡蠣 (かき) = portugaise
guacamole [グアカモール]男 メキシコ発祥のアヴォカドベースのディップ
guédoufle [ゲドゥーフル]女 双子瓶：卓

上用の酢と油入れ
guéméné [ゲメネ] 男 ブルターニュ地方の, 豚の内臓のソーセージ
guenille [グニーユ] 女 オヴェルニュ地方の揚菓子
Guérande [ゲランドゥ] 固 ブルターニュ地方の塩の産地
guerbigny [ゲルビニ] 男 ピカルディ地方の, 牛乳のチーズ
guère [ゲール] 副 (ne を伴って) ほとんど…ない ⇒ p.756「否定文」
guéridon [ゲリドン] 男 ①一本脚の小円卓 ②レストランサーヴィス用補助テーブル
guérir [ゲリール] 動 ④ 治す ‖ se ~ 代動 59 (病人や病気が) 治る
gueulard,e [グーラール, ドゥ] 形 ①(話言葉)がなりたてる ②食いしん坊の ‖ gueulard,e 男女 ①(話言葉) がなりたてる奴 ②食いしん坊
gueule [グール] 女 ①動物の口 ②(俗語) 口, つら(顔) / avoir la ~ de bois 二日酔いである / ~ rouge 西洋いさき
gueuleton [グールトン] 男 酒盛, 大騒ぎする宴会
gueuze [グーズ] 女 ベルギーのビール
gueyin [ゲヤン] 男 ロレーヌ地方の, 牛乳からつくる自家製チーズ
gugelhupf [グーゲロフ] 男 = cougloff
guichet [ギシェ] 男 ①切符売場, 券売機, 窓口 / ~ automatique キャッシュディスペンサー ②くぐり戸
guicheti*er,ère* [ギシュティエ, ール] 男女 窓口係
guide [ギードゥ] 男女 案内人, ガイド ‖ guide 男 ①指導者 ②案内書, ガイドブック, 手引, 便覧 / le G~ Culinaire ル・ギード・キュリネール:オギュスト・エスコフィエ著の料理人用フランス料理全書 / ~ touristique 旅行案内
guidé,e [ギデ] 形 ガイド付の
guider [ギデ] 動 ①案内する ②指導する
guidon [ギドン] 男 (二輪車の)ハンドル

guignard,e [ギニャール, ドゥ] 形 (話言葉) 運の悪い, ついてない
guigne [ギーニュ] 女 ギーニュ: ダークチェリー, さくらんぼの種類
guignette [ギニエットゥ] 女 たまきび貝 = bigorneau
guignol [ギニョール] 男 指人形
guignolet [ギニョレ] 男 さくらんぼのリキュール
guignolette [ギニョレートゥ] 女 さくらんぼのフルーツゼリー
guignon [ギニョン] 男 (パン・ド・カンパーニュなどの大きなパンの)端
guillemet [ギユメ] 男 ギュメ, 引用符: 記号は « »
guillotine [ギヨティーヌ] 女 ①ギロチン ②シガーカッター
guimauve [ギモーヴ] 女 ①たち葵(あおい) ②マシュマロ
guimpe [ガーンプ] 女 レースの三角形ショール
Guinée [ギネ] 固女 ギニア
Guiness [ギネース] 固女 ギネスビール
guinguet [ガンゲ] 男 アルコール分が少なく酸味が強い安ワイン = ginguet, ginglard
guinguette [ガンゲートゥ] 女 木立の多い, パリ郊外のダンスのできるレストラン
guirlande [ギルラーンドゥ] 女 (紙などでつくる)花飾
guise [ギーズ] 女 流儀 / en ~ de... …の代りに
guitare [ギタール] 女 ①ギター ②ギタール:ケーキスライス用カッター
gustati*f,ve* [ギュスタティー・フ,ヴ] 形 味に関する, 味覚の
gustation [ギュスタスィヨン] 女 味覚
Guyenne [ギュイエーヌ] 固女 アキテーヌの別称
gynécologie [ジネコロジ] 女 婦人科
gynécologue [ジネコローグ] 男女 婦人科医
gyromitre [ジロミートゥル] 男 しゃぐまあみがさ茸

H, h

H,h [アーシュ] 男 ①フランス字母の8番め / ~ aspiré 有音のh / ~ muet 無音のh ②シ，ロ音：音楽用語 ③H：水素，hydrogèneの元素記号 ‖ h 女 heure（時，時間）の記号 ‖ h 接頭 hecto-（100）の記号

habile [アビール] 形〈男女同形〉 ①器用な，巧みな ②そつのない，利口な

habilement [アビールマン] 副 器用に，巧みに

habileté [アビルテ] 女 器用さ，巧みさ / ~ de main 手先の鮮やかさ

habillage [アビヤージュ] 男 ①着付 ②アビエする → habiller

habillé,e [アビエ] 形 ①服を着た ②正装の，フォーマルな / bien ~,e ドレスアップしている ③アビエした → habiller

habiller [アビエ] 動 ①着せる ②かぶせる，くるめる ③アビエする：1) 枝肉にする 2) 魚の鱗(うろこ)，鰭(ひれ)，内臓を除き水洗いする 3) 鳥の毛を焼き，内臓を抜き，ひもで縛る ‖ s'~ 代動 59 ①着る ②正装をする，装う

habit [アビ] 男 ①燕尾服 = ~ à queue, queue-de-pie, queue-de-morue ②服装 / ~ de gala フォーマルウェア / ~ du dimanche 晴着 = costume du dimanche / coquilles Saint-Jacques en ~ vert ほうれん草などの葉で包んだほたて貝 / ~s 衣服

habitant,e [アビタン,トゥ] 男 女 住民，居住者

habitation [アビタスィヨン] 女 ①住居 ②居住

habiter [アビテ] 動 住む，住んでいる

habitude [アビテュードゥ] 女 癖，習慣，comme d'~ 従来通りに / d'~ 普段は / ~s 慣習，しきたり

habitué,e [アビテュエ] 形 être ~,e à... …の習慣がある，…に慣れている ‖ habitué,e 男 女 常連，馴染客

habituel,le [アビテュエール] 形 いつもの，普段の

habituellement [アビテュエールマン] 副 普段は

habituer [アビテュエ] 動 慣らす，しつける ‖ s'~ 代動 59 ~ à... …に慣れる

†**hachage** [アシャージュ] 男 ①みじん切りにすること ②肉の脂肪分と赤身を適当な大きさにしながら切分けること ③加工用の豚肩肉

†**haché,e** [アシェ] 形 アシェした，（肉を）挽いた，みじん切りした / persil ~ きざみパセリ ‖ haché 男 挽き=viande ~ e

†**hacher** [アシェ] 動 ①アシェする，挽く，みじん切りにする ②肉の脂肪分と赤身を適当な大きさにしながら切分ける

†**hachette** [アシェートゥ] 女 ①小斧，なた ②H~ アシェット：レストランガイドブック

†**hachis** [アシ] 男〈単複同形〉 ①みじん切りしたもの ②挽肉，挽肉料理 / ~ Parmentier アシ・パルマンティエ：じゃが芋と挽肉のグラタン

†**hachoir** [アシュワール] 男 ①斧(おの)，チョッパー ②挽肉器，ミンサー / ~ à viande ミートチョッパー：肉挽器，みじん切り器

†**hachua** [アシュワ] 女 バスク地方の牛または仔牛と野菜の煮込

†**haddock** [アドーク] 男 塩漬してから燻製した鱈(たら)

†**haggis** [アギース] 男〈単複同形〉ハギス：刻んだ羊の内臓を羊の胃袋に入れた，スコットランドの煮込

†**haine** [エーヌ] 女 憎悪，憎しみ

†**haïr** [アイール] 動 14 ①憎む ②嫌う

†**halbran** [アルブラーン] 男 野生の当歳鴨

†**halicot** [アリコ] 男 羊ばら肉または首肉の煮込 = haricot, haricot de mouton

haliotide [アリヨティードゥ] 女 アワビ類 = ormeau

haliotis [アリヨティース] 男〈単複同形〉アワビ類 = ormeau

hall [オール] 男 ホール，ロビー

†**halle** [アール] 女 卸売市場 / les H~s 旧パリ中央卸売市場 / H~s Centrales 中央卸売市場 / les H~s de Rungis パリ郊外，ランジス中央卸売市場

Halloween [アロウィン] 女〈英〉ハロウィン：10月31日の古代ケルトの祭

†**Hambourg** [アンブール] 固 ハンブルグ：ドイツの都市

†**Hambourgeois,e** [アンブールジュワ, ーズ] 形〈男には単複同形〉ハンブルグ(Hambourg)の ‖ Hambourgeois,e 男女〈男は単複同形〉ハンブルグの人

†**hamburger** [アンブールグール] 男(米) ①ハンバーグステーキ ②ハンバーガー

†**hameau** [アモ] 男〈複 ～x〉小村

hameçon [アムソーン] 男 釣針

†**hampe** [アーンプ] 女 さがり肉，ハンギングテンダー

hanche [アーンシュ] 女 腰

†**handicap** [アンディカープ] 男(英) ハンディキャップ

†**handicapé,e** [アンディカペ] 形 心身の障害のある，ハンディキャップのある ‖ handicapé,e 男女 心身障害者

happelopin [アプロパン] 男 = galopin

†**hardware** [アールドゥウェール] 男(英) ハードウェア

†**hareng** [アラン] 男 にしん／～ bouffi ブロター：塩漬にしんの種類／～ bouvard, ～ plein 子持にしん = bouvard／～ de la Baltique, ～ mariné au vinaigre にしんの酢漬／～ saur 塩漬冷燻(くん)にしん = pec／～ guai 放卵・放精後の卵や白子のないにしん／roi des ～s 太平洋さわら

†**harenguet** [アランゲ] 男 スプラット：ニシン科の魚 = sprat

†**haricot** [アリコ] 男 ①いんげん，いんげん豆：料理では常に複数／～s de cuisson タルトストーン ②アリコ：羊肉の煮込 = halicot, haricot de mouton ③海草の種類／～ de mer 細く茶色い海草 = spaghetti de mer

†**harissa** [アリサ] 女 ハリサ：北アフリカ及び中東の，唐辛子入調味料

harmonie [アルモニー] 女 ①均整，調和，ハーモニー ②一致，協調

harmonieusement [アルモニユーズマン] 副 調和よく，釣合よく

harmonieux,se [アルモニユー,ズ] 形〈男には単複同形〉①調和のとれた ②響きのいい

harmonisé,e [アルモニゼ] 形 調和した，調和させた

harmoniser [アルモニゼ] 動 合せる，調和させる ‖ s'～ 代動59 調和する

†**hâte** [アートゥ] 女 ①急ぐこと／à la ～ 大急ぎで／en ～ すぐに，すばやく ②ロースト用大串

†**hâtelet** = atelet

†**hâtereau** [アートゥロ] 男〈複 ～x〉 ①串揚 ②豚レバーのだんごの揚物

†**hâtif,ve** [アティー・フ,ヴ] 形 (成長などが)早い，早生の

†**hattelet** = atelet

†**hausse** [オース] 女 ①上昇 ②値上り

†**haut,e** [オ,トゥ] 形 ①高い ②高さのある ③上方の ④高地の ⑤高級な，上品な／～e qualité 高級 ‖ haut 副 高く，上方に ‖ haut 男 上，高さ，頂上／... de ～ 高さ…の／en ～ 上に，上へ

†**hautes-côtes** [オートゥ コートゥ] 男 ブルゴーニュ地方，コート・ドールのAOC赤白ワイン

†**hauteur** [オートゥール] 女 ①高さ／à ～ de... …の高さまで ②山の手

†**haut-médoc** [オ メドーク] 男 ボルドー

---

haricot

haricot aiguille
　さやいんげん：細い種類
haricot à écosser　いんげん豆
haricot beurre
　さやいんげん：黄色い種類
haricot blanc　白いんげん豆
haricot chinois, haricot oléagineux
　黄大豆 = soja jaune
haricot coco　白いんげん豆の種類
haricot de Lima, haricot de Madagascar, haricot du Tchad　ライ豆：熱帯地方の，緑色の大きないんげん豆 = pois de cap
haricot d'Espagne　紅花いんげん
haricot filet　どじょういんげん
haricot mungo　緑豆(りょくとう)
haricot princesse
　細いさやいんげんの種類
haricot rouge　赤いんげん豆
haricot sabre　なた豆
haricot tacheté　うずら豆
haricot vert　さやいんげん

175 †hernie

地方，メドック地区のAOC赤ワイン
†**havir** [アヴィール] 動4 強火で外側だけを焼く = rissoler
havrais,e [アヴレ, ーズ] 形〈男には単複同形〉ル・アーヴル (le Havre) の ‖ Havrais,e 男女〈男は単複同形〉ル・アーヴルの人
†**havre** [アーヴル] 男 小さい港, 避難所 / le H～ ル・アーヴル：ノルマンディ地方の港湾都市 / au H～ ル・アーヴルでは(に, へ)
Hawaï [アワイ] 固 ハワイ
hawaïen,ne [アワ-ヤン, イエーヌ] 形 ハワイ (Hawaï) の/ (à l')～ne ハワイ風(の)：パイナップルなどハワイの特産物を使った料理用表現 ‖ Hawaïen,ne 男女 ハワイ人
†**Hé** [エ] 間投 ねえ (呼びかけ)
hebdo [エーブド] 男 週刊誌：hebdomadaire の略
hebdomadaire [エブドマデール] 形〈男女同形〉週の ‖ hebdomadaire 男 週刊誌 = hebdo, revue ～
hébergement [エベールジュマン] 男 宿泊
héberger [エベルジェ] 動25 泊める
hectare [エクタール] 男 ヘクタール：1万 m². 記号は ha
hectolitre [エクトリートゥル] 男 ヘクトリットル：100リットル. 記号は hl
†**hélas** [エラース] 間投 ああ：嘆息
hélianthe [エリヤーントゥ] 男 ひまわり = tournesol / ～ tubéreux 菊芋
hélice [エリース] 女 プロペラ, スクリュー
hélicoptère [エリコプテール] 男 ヘリコプター
héliport [エリポール] 男 ヘリポート
helvelle [エルヴェール] 女 のぼりりゅう茸：チャワンタケ類のきのこ
Helvétie [エルヴェスィ] 固女 スイス
helvétique [エルヴェティーク] 形〈男女同形〉スイスの / Confédération ～ スイス連邦
hématie [エマティ] 女 赤血球
hémorragie [エモラジ] 女 出血
hémorroïdes [エモロイードゥ] 女複 痔
(†)**hénon** [エノン] 男 コーク, ヨーロッパざる貝 = coque
hépatite [エパティートゥ] 女 肝炎 / ～ virale ウイルス性肝炎
herbacé,e [エルバーセ] 形 ①草のよう

な ②青草の匂いの：ワインのテイスティングにおけるマイナス評価の表現
herbe [エルブ] 女 ①草, 香草, ハーブ, 牧草 / fines ～s フィーヌゼルブ：1) みじん切りしたシブレット 2) 混合香草 / ～ de Saint-Julien サリエット, きだちはっか = sarriette / ～ à Maggi リヴェーシュ = livèche / ～ au citron メリッサ = mélisse / ～ aux couronnes ローズマリー = romarin / ～ aux flèches くずうこん / ～ d'ange, ～ du Saint-Esprit アンゼリカ = angélique / ～ de Saint-Pierre クリスマム = crithmum / ～s à soupe かつてスープをつくるのに用いた, セロリ, パセリなどの緑色の野菜 / ～s à tortue エルブザ・トルテュ：バジリコ, マジョラム, サリエット, フヌイユなどの混合香草 / ～s de Provence エルブ・ド・プロヴァンス：乾燥させたタイム, ローズマリー, ロリエ, バジリコ, サリエットなどの混合香草 / ～ dragon エストラゴン = estragon / ～s potagères スープやサラダの付合せに用いるほまあかげ, ほうれん草, サラダ菜, オゼイユ, ふだん草などの混合香草 / ～ royale バジリコ = basilic / ～ sacrée やなぎはっか = hysope / ～s vénitiennes ブール・マニエにまぜて用いる, エストラゴン, オゼイユなどの香草 / mauvaises ～s 雑草 ②根菜に対して地上にできる野菜を指す古語 ③(俗語) ハシシュ, マリファナ
herbé,e [エルベ] 形 天日干にした
herber [エルベ] 動 天日干にする
herbolade [エルボラードゥ] 女 = arbolade
héréditaire [エレディテール] 形〈男女同形〉遺伝性の, 世襲の
hérédité [エレディテ] 女 遺伝, 世襲
†**hérisson** [エリソン] 男 ①はりねずみ ②はり茸 / ～ de mer うに = oursin
héritage [エリタージュ] 男 遺産, 相続
hermétique [エルメティーク] 形〈男女同形〉密封した, 密封された
hermétiquement [エルメティークマン] 副 密封して
hermitage [エルミタージュ] 男 コート・デュ・ローヌ地方のAOC赤, 白ワイン
†**hernie** [エールニ] 女 ヘルニア

hertz [エールツ] 男 ヘルツ:記号はHz

†**herve** [エールヴ] 男 ベルギーの,牛乳のチーズ

hésitation [エズィタスィヨン] 女 ためらい, 躊躇(ちゅうちょ)

hésiter [エズィテ] 動 躊躇(ちゅうちょ)する, 迷う

heure [ウール] 女 時間, 時刻/ à l'~ 定刻に/ à tout à l'~ また後で(会いましょう) / de bonne ~ 早朝に/~ de pointe ラッシュアワー/~ d'été サマータイム/~(s) et demie... 時半/~ du déjeuner ランチタイム/ il est...~(s) 時刻は…時だ/ tout à l'~ たった今, もうすぐ/~s supplémentaires 残業, 超過勤務/ Vous avez l'~ ? 今何時ですか

heureu*x,se* [ウール―, ズ] 形 〈男には単複同形〉幸せな/ «~,*se* de +名詞または不定詞» …でうれしい/ H~,*se* de vous voir! 初めまして

†**heurter** [ウールテ] 動 衝突する, ぶつかる ‖ se ~ 代動59/ se ~ contre (または à)... (自分が)…にぶつかる

hexagonal,*e* [エグザゴナール] 形 〈男複には hexagonaux [エグザゴノ]〉六角形の

hexagonaux → hexagonal,*e*

hexagone [エグザゴーヌ] 男 六角形/ H~ 固 男 フランス本土

hibiscus [イビスキュス] 男 〈単複同形〉ハイビスカス

hier [イエール] 男 または 副 昨日

hippocras = hypocras

hippodrome [イポドゥローム] 男 競馬場

hippophaé [イポファエ] 男 ヒポファエ: グミ科の低木 = argousier

hippophagie [イポファジ] 女 馬肉食

hippophagique [イポファジック] 形 〈男女同形〉馬肉食の/ boucherie ~ 馬肉屋 = boucherie chevaline

hirondelle [イロンデール] 女 燕/ nid d'~ 海燕の巣

histoire [イストワール] 女 ①物語 ②来歴, 歴史/ ~ de France フランス史

historié,*e* [イストリエ] 形 (レモンなどを)飾切りした/ moule ~ 浮彫模様の付いた型

historier [イストリエ] 動 (レモンなどを)飾切りする

historique [イストリック] 形 〈男女同形〉歴史の, 歴史的な

historiquement [イストリークマン] 副 歴史的に

hiver [イヴェール] 男 冬/ en ~ 冬に

hivernal,*e* [イヴェルナール] 形 〈男複には hivernaux [イヴェルノ]〉冬の

hivernaux → hivernal,*e*

hiverner [イヴェルネ] 動 避寒する

hl → hectolitre

†**hobby** [オビ] 〈複 hobbies〉英 趣味, ホビー

†**hochepot** [オシュポ] 男 フランドル地方の, 牛の尾のポト・フ

†**hollandais,*e*** [オランデ, ーズ] 形 〈男には単複同形〉オランダ (Hollande)の/ (à la)~*e* オランダ風(の):ソース・オランデーズを使った料理用表現/ sauce ~*e* ソース・オランデーズ:煮詰めた酢と胡椒に卵黄, 溶しバターを湯せんにかけてホイップしながらまぜ加えた魚や野菜用のソース ‖ hollandais *e* オランダ語 ‖ Hollandais,*e* 男 女 〈男は単複同形〉オランダ人

†**Hollande** [オラーンドゥ] 固 女 オランダ = Pays-Bas ‖ hollande 男 エダム, ゴーダ, ミモレットなどのオランダのチーズ ‖ hollande 女 オランダ種のじゃが芋

†**holstein** [オルスターン] 女 英 ホルスタイン:乳牛の品種

†**homard** [オマール] 男 オマール海老/ ~ breton, ~ bleu ブルターニュ産オマール海老/ sauce ~ ソース・オマール:ソース・ノルマンドに煮詰めたソース・アメリケーヌを加え, オマール海老のさいのめを入れたソース

homme [オーム] 男 ①人類, 人間 ②男性/ ~ d'affaire 実業家/ vieil ~ (男性に対して)老人

homo [オモ] 男 (俗語) ホモ = homosexuel,*e*

homogène [オモジェーヌ] 形 〈男女同形〉均質な, 均質の

homogénéisateur [オモジェネイザトゥール] 男 ホモジナイザー:均一に乳化または混合させる機械

homogénéisation [オモジェネイザスィヨン] 女 均質化

homogénéisé,*e* [オモジェネイゼ] 形 均質化された/ lait ~ ホモ牛乳

homogénéiser [オモジェネイゼ] 動 均質化する

homosexuel, le [オモセクスュエール] 形 同性愛の ‖ homosexuel, le 男女 同性愛者

†**Hong-Kong** [オンコン] 固 香港

†**Hongrie** [オーングリ] 固女 ハンガリー

†**hongrois, e** [オーングルワ, ーズ] 形〈男には単複同形〉ハンガリー (Hongrie) の/(à la) ~e ハンガリー風(の): パプリカを使った料理用表現 / sauce ~e みじん切りした玉ねぎをパプリカバターでソテし白ワインを加え, 煮詰めてからソース・シュプレームを加えたソース ‖ hongrois ハンガリー語 ‖ Hongrois, e 男女〈男は単複同形〉ハンガリー人

honnête [オネートゥ] 形〈男女同形〉正直な, まじめな

honnêtement [オネートゥマン] 副 まじめに

honneur [オヌール] 男 名誉

honorable [オノラーブル] 形〈男女同形〉名誉のある

honoraires [オノレール] 男複 ①(弁護士など自由業の人への)謝礼金 ②不動産手数料

†**honte** [オーントゥ] 女 恥辱, 恥

honteux, se [オントゥー, ズ] 形〈男には単複同形〉①恥ずべき ②恥じている

hôpital [オピタール] 男〈複 hôpitaux [オピト]〉(公立)病院

hôpitaux → hôpital

†**hoquet** [オケ] 男 しゃっくり / avoir le ~ しゃっくりをする

horaire [オレール] 形〈男女同形〉時間の, 時刻の ‖ horaire 男 ①時間表, 時刻表 ②労働時間

horizontal, e [オリゾンタール] 形〈男複には horizontaux [オリゾント]〉水平の

horizontalement [オリゾンタールマン] 副 水平に, 横に

horizontaux → horizontal, e

horloge [オルロージュ] 女 大時計, 時計 / ~ à sable 砂時計 / ~ parlante 電話の時報

horloger, ère [オルロジェ, ール] 形 時計の ‖ horloger, ère 男女 時計職人, 時計屋(人)

horlogerie [オルロージュリ] 女 時計製造, 時計製造業, 時計屋(店)

hormone [オルモーヌ] 女 ホルモン

horrible [オリーブル] 形〈男女同形〉恐ろしい

†**hors** [オール] 前 «~ de+名詞» …の外に, …を外れて, …を越えた / ~ d'âge 5年以上熟成させたアルマニャックまたはカルヴァドス酒 / «~+無冠詞の名詞» …の範囲外の / ~ jeu (サッカーなどの)オフサイド

†**hors-d'œuvre** [オル ドゥーヴル] 男〈単複同形〉オードヴル, 前菜: 古典料理では主にディナーでポタージュの後に出す / ~ chaud 温前菜: パイ料理, 衣揚など = entrée volante, petite entrée / ~ froid 冷前菜: マリネ, 燻製(2く), シャルキュトリ製品, サラダなど / ~ variés 前菜盛合せ = à la russe

†**hors-taxes** [オル タックス] 形〈不変〉免税の / boutique ~ 免税店

horticulture [オルティキュルテュール] 女 花の園芸

hospice [オスピース] 男 救護・救済施設, (巡礼のための)修道院付属無料宿泊所 / ~s de beaune ブルゴーニュ地方, コート・ド・ボーヌ地区の AOC 赤, 白ワイン

hospitalier, ère [オスピタリエ, ール] 形 もてなし上手な

hospitalisation [オスピタリザスィヨン] 女 入院

hospitalisé, e [オスピタリゼ] 形 入院した ‖ hospitalisé, e 男女 入院患者 = malade ~

hospitaliser [オスピタリゼ] 動 入院させる

hospitalité [オスピタリテ] 女 ホスピタリティ, もてなし

hosteau [オスト] 男〈複 ~x〉(俗語)病院

hostellerie [オステルリ] 女 豪華な田舎風ホテルレストラン = hôtellerie

†**hot-dog** [オートゥ ドーグ] 男〈複 ~-~s〉米 ホットドッグ = chien chaud

hôte [オートゥ] 男 客, 宿泊客 / ~ de marque 賓客, VIP / ~ d'honneur 主賓 ‖ hôte 女 (もてなす側の)主人

hôtel [オテール] 男 ①ホテル / ~ touristique 観光ホテル / ~ vacancier リゾートホテル ②大邸宅 = ~ particulier / ~ de ville 市庁舎

hôtelier, ère [オトゥリエ, ール] 形 ホテルの / (à l') ~ère オトゥリエール風(の): プール・オトリエを添えた, グリ

ルしたりソテした肉料理や魚料理用表現/ beurre ～ ブール・オトリエ：シャンピニオンのデュクセルを加えたメトル・ドテル・バター ‖ hôtelier,ère 男女 ホテル経営者

hôtellerie [オテルリ] 女 ①ホテル経営, 旅館業 ②豪華な田舎風ホテルレストラン

hôtel-résidence [オテル レズィダーンス] 男 〈複 ～s-～s〉レジデンシャルホテル, ウイークリーマンション

hôtel-restaurant [オテル レストラン] 男 〈複 ～s-～s〉レストラン付の小規模なホテル

hotesse [オテース] 女 ①客, 宿泊客 ②(もてなす側の)主人 ③女将 ④キャビンアテンダント=～ de l'air

†**houblon** [ウーブロン] 男 ホップ
†**houppe** [ウープ] 女 (球状の)飾房
†**houppette** [ウーペートゥ] 女 (化粧用)パフ
†**houx** [ウー] 男〈単複同形〉西洋ひいらぎ/～ de Paraguay マテ茶= maté, thé du Paraguay
†**hovenia** [オヴェニャ] 男 けんぽ梨
†**huche** [ユーシュ] 女 長びつ/～ à pétrir パン生地こね用びつ

huile [ユイル] 女 油, オイル/ à l'～ 油の, 油漬の　　　→[囲み]
huilé,e [ユイーレ] 形 油を塗った, 油をひいた/ papier ～ 油紙
huiler [ユイーレ] 動 ①油を入れる, 油を使う ②型の内側やマーブル台に油を塗る/ faire ～ 油分を浸出させる：ブ

huile

huile à friture　揚物用油
huile alimentaire　食用油
huile animale　動物脂
huile aromatisée　香油
huile à salade　サラダ油
huile au basilic　バジリコオイル：バジリコ風味のオリーヴオイル
huile blanche
　ポピーオイルの一番搾り= petite huile
huile d'ail　ガーリックオイル：にんにく風味のオリーヴオイル
huile d'amande　アーモンドオイル
huile d'arachide
　ピーナツオイル, 落花生油
huile de ben　わさびオイル
huile de beurre　濃縮バター：脂肪分99.8%のバター= beurre concentré
huile de carthame　紅花油
huile de coco　ココナツオイル= beurre de coco
huile de colza　菜種油
huile de crustacés
　海老オイル：甲殻類の風味の油
huile de graines de cotonnier
　綿実油
huile de maïs　コーンオイル
huile de noisette
　ヘーゼルナッツオイル

huile de noix　くるみ油
huile de palme　パーム油
huile de pépins de citrouille
　カボチャの種油
huile de pépins de raisin　グレープシードオイル
huile de ricin　ひまし油
huile de riz　米油
huile de sésame　ごま油
huile de soja　大豆油
huile de tournesol　ひまわり油
huile d'œillette　ポピーオイル
huile d'olive　オリーヴオイル
huile d'olive pure
　純粋オリーヴオイル
huile d'olive vierge
　一番搾りオリーヴオイル
huile essentielle　エセンスオイル：柑橘(かんきつ)類の皮, アーモンドなどから採る香料材料
huile légère　軽油
huile noitée　くるみ油入混合油
huile pimentée
　唐辛子入油, ホットオイル
huile pour friture　揚物用油
huile solaire　日焼止めオイル
huile végétale　植物油
petite huile = huile blanche

huileux, se [ユイール、ズ]形〈男には単複同形〉油ぎった、油っこい、油性の

huilier [ユイーリエ]男 酢と油用卓上容器

†**huit** [ユイトゥ]（子音前または有音のhの前ではユイ）形〈不変〉8の ‖ †**huit** 男〈単複同形〉①8 ②（月の）8日、8号室、8番地

†**huitante** [ユイタントゥ]（スイス、ベルギーで）形〈不変〉80の ‖ **huitante** 男〈単複同形〉80

†**huitième** [ユイティエーム]形〈男女同形〉8番めの ‖ **huitième** 男女 8番め 男 8分の1

huître [ユイートゥル]女 ①牡蠣(かき) / sauce aux ~ s: 1)牡蠣の煮汁入ベシャメルソースにカイエーヌペッパーと牡蠣のスライスを加えたソース 2) 牡蠣の煮汁入ソース・ノルマンドに牡蠣を加えたソース / sauce d'~ オイスターソース、牡蠣油 / plate 平牡蠣 / ~ sauvage 岩牡蠣 ②オイスタープラント：キク科の植物。サラダなどに用いる = plante-huître

huîtrier, ère [ユイトゥリエ、エール]形 牡蠣(かき)の ‖ **huîtrière** 女 牡蠣養殖場

humain, e [ユ・マン、メーヌ]形 ①人間の / être ~ 人間 ②人間的な、人間味のある、人情のある

humanité [ユマニテ]女 ①人類、人間 ②人間性、人情

humecté, e [ユメクテ]形 軽く湿らせた

humecter [ユメクテ]動 軽く湿らせる

humeur [ユムール]女 機嫌、気分 / être de bonne (mauvaise) ~ 機嫌がいい（悪い）

humide [ユミードゥ]形〈男女同形〉湿気のある、しっとりした、湿った

humidifié, e [ユミディフィエ]形 湿らせた

humidifier [ユミディフィエ]動 湿らせる

humidité [ユミディテ]女 湿気、湿度

humoriste [ユモリーストゥ]形〈男女同形〉ユーモアのある ‖ **humoriste** 男女 ①ユーモアのある人 ②ユーモア作家

humoristique [ユモリスティーク]形〈男女同形〉ユーモラスな

humour [ユムール]男（英）ユーモア

†**huppe** [ユープ]女 やつがしら：ヤツガシラ科の鳥

†**hure** [ユール]女 ①豚、猪、鮭の頭 ②豚などの頭肉でつくるゼリー寄せ / ~ rouge アルザス地方の、豚腸に詰めた豚の頭のゼリー寄せ

†**hussard** [ユサール]男 軽騎兵

†**hussarde** [ユサールドゥ]女 ハンガリー舞踊 ‖ †**hussarde** 形〈不変〉軽騎兵風(の)、ユサール風(の)：ホースラディッシュを用いた料理用表現は à la ~/sauce ~ トマト風味のドミグラスソースに白いフォン、生ハム、おろしたホースラディッシュなどを加えたソース

†**hutte** [ユートゥ]女 ヒュッテ、山小屋、ロッジ

hybridation [イブリダスィヨン]女 品種交配

hybride [イブリードゥ]形〈男女同形〉交配の、交配した ‖ **hybride** 男 雑種

hybridé, e [イブリデ]形 交配させた

hydne [イードゥヌ]男 はり茸 / ~ imbriqué しし茸 / ~ sinué かのした：きのこ = pied de mouton

hydratant, e [イドゥラターン、トゥ]形 皮膚に水分を与える ‖ **hydratant** 男 保湿クリーム、ローション

hydrogène [イドゥロジェーヌ]男 水素

hydromel [イドゥロメール]男 蜂蜜水 / ~ vineux 蜂蜜酒

hygiène [イジエーヌ]女 衛生、衛生学

hygiénique [イジエニーク]形〈男女同形〉衛生上の、衛生的な

hygrophore [イグロフォール]男 ぬめりがさ：きのこ

hyper [イペール]形〈不変〉(話言葉)すごい、超/ C'est ~. すごい ‖ **hyper** 副 すごく / ~ bon すごくおいしい

hypermétrope [イペルメトゥロープ]形〈男女同形〉遠視の ‖ **hypermétrope** 男女 遠視の人

hypermétropie [イペルメトゥロービ]女 遠視

hypertension [イペルタンスィヨン]女 高血圧

hypholome [イフォローム]男 クリタケ属のきのこ / ~ couleur de brique くり茸

hypocalorique [イポカロリーク]形〈男女同形〉低カロリーの

hypocras [イポクラース]男〈単複同形〉シナモン、丁字、ヴァニラなど香草風味のワイン = hippocras

hypotendu, e [イポタンデュ]形 低血圧(症)の

hypotension [イポタンスィヨン] 女 低血圧(症)

hysope [イゾープ] 女 ヒソップ, やなぎはっか／~ anisée アニスヒソップ：アニスやミントの香りがする香草＝agastache

hystérie [イステリ] 女 ヒステリー

hystérique [イステリーク] 形〈男女同形〉ヒステリックな ‖ hystérique 男女 ヒステリックな人

I, i

I, i [イ] 男 ①フランス字母の9番め ② I [アン] ローマ数字の1

iberico, a [イベリ・コ, カ] 形 西イベリアの, スペインの → ibérique ／ porc ~ イベリコ豚

Ibérie [イベリ] 固 男 イベリア半島

ibérique [イベリーク] 形〈男女同形〉イベリア半島(Ibérie)の, イベリア人の ‖ Ibérique 男女 イベリア人

icaque [イカーク] 女 イカコの実：中米の, すももに似たフルーツ

iceberg [アイスベールグ (またはイスベールグ)] 男 アイスバーグ, 玉ぢしゃ：レタスの一種

ichtyocolle [イクテョコール] 女 アイシングラス：ちょうざめなどの浮袋でつくったゼラチンの一種

ici [イスィ] 副 ここ, ここに, ここへ／d'~ ここから／~ et là 所々／par ~ ここを通って, こちらへ／près d'~ この辺に

idéal, e [イデアール] 形〈男複には idéaux [イデオ] または idéals〉①理想的な ②観念的な ‖ idéal 男〈複 idéaux〉理想

idéaux → idéal, e

idée [イデ] 女 アイディア, 意見, 考え

identique [イダンティーク] 形〈男女同形〉同一の, 同様の／en forme ~ 同じ形に

identité [イダンティテ] 女 ①一致, 同一性, アイデンティティ ②身分, 身元／pièce (または carte) d'~ 身分証明書

idiot, e [イディョ・トゥ] 形 ばかな, 白痴の ‖ idiot, e 男女 ばか, 白痴：医学

igname [イニャーム] 女 やまの芋／~ de Chine 長芋／~ de Japon 自然薯(じねんじょ)

ignoble [イニョーブル] 形 ①下劣な, さもしい ②汚らしい, 醜い

ignoré, e [イニョレ] 形 無名の, 知られていない

ignorer [イニョレ] 動 ①知らない ②無視する

igny [イニ] 男 シャンパーニュ地方の, 牛乳のチーズ

il [イール] 代 ①彼は, それは／Il est cuisinier. 彼は料理人だ ②(気温, 天候などを表す非人称主語) il fait froid (気候が)寒い ③(時刻などを表す非人称主語) Il est midi. 正午です ‖ (ilそれ自体は意味を持たない成句) il y a...：1) 今から…前に／il y a un an 1年前に 2) …がある／Il y a un frigo au fond. 突当りに冷蔵庫がある 3) il faut... …が必要だ, …すべきだ／Il faut travailler vite. 速く仕事をしなくてはいけない 4) il s'agit de... …に関することだ／Il s'agit de mon chef. 私のシェフのことです 5) il semble... …に思える／Il me semble qu'elle a raison. 彼女が正しいと私には思える 6) il vaut mieux... …するほうがいい／Il vaut mieux finir ça tout de suite. これはすぐに終わらせるほうがいい ⇒ p.748「人称代名詞」

île [イール] 女 島／~ flottante イル・フロタント：泡立てた卵白のデザート

Île-de-France [イル ドゥ フランス] 固 女 イル・ド・フランス：パリを中心とした地方

illégal, e [イレガール] 形〈男複には illégaux [イレゴ]〉非合法の

illégaux → illégal, e

illisible [イリズィーブル] 形〈男女同形〉判読不能な, 読めない

illumination [イリュミナスィヨン] 女 イルミネーション

illuminer [イリュミネ] 動 輝かす

illusion [イリュズィヨン] 女 幻想

illustration [イリュストゥラスィヨン] 女 イラスト, 絵

illustre [イリュストゥル] 形〈男女同形〉(威厳を伴う長所による) 定評のある, (よいことで)著名な

illustré, e [イリュストゥレ] 形 イラスト入の

îlot [イロ] 男 小島

ils [イール]代 彼らは、それらは：ilの複数形 → il ⇒ p.748「人称代名詞」

image [イマージュ]女 イメージ、映像

imaginer [イマジネ]動 想像する

imbécile [アンベスィール]〈男女同形〉(気力がなくすぐに他のことを考えられない) 間抜けな ‖ imbécile 男女 間抜け

imbibé,e [アンビベ]形 アンビベした、染込ませた、湿らせた / baba ~ de rhum ラム酒を染込ませたババ

imbiber [アンビベ]動 湿らせる、アンビベする：スポンジ台などにシロップなどの液体を染込ませる = siroper / ~ le baba de rhum ババにラム酒を染込ませる

imbriqué,e [アンブリーケ]形 鱗(うろこ)状に並べた

imbriquer [アンブリーケ]動 鱗(うろこ)状に並べる

imbrucciata [インブルチャータ]女 ブロッチョチーズの入ったコルシカの菓子の総称

imcomplet,ète [アンコンプレ, -トゥ]形 不完全な

imitation [イミタスィヨン]女 ①まね、模倣 ②イミテーション、模造品

imité,e [イミテ]形 ①まねた ②偽の、模造の

imiter [イミテ]動 ①まねをする ②模造する

immatriculation [イマトゥリキュラスィヨン]女 (番号や氏名の) 登録 / plaque d'~ (車の) ナンバープレート

immédiat,e [イ(ン)メディア, -トゥ]形 すぐの、即座の

immédiatement [イ(ン)メディアートゥマン]副 すぐに、即座に、ただちに

immergé,e [イ(ン)メルジェ]形 くぐらせた、沈めた、浸した

immerger [イ(ン)メルジェ]動 25 ①(シロップなどに) 沈める、浸す ②熱湯にくぐらせる

immeuble [イムーブル]男 建物

immigrant,e [イミグラーン, トゥ]男女 (外国からの) 移民

immigration [イミグラスィヨン]女 ①(外国からの) 移住 / contrôle d'~ 出入国管理 ②(都会への) 人口移動

immigré,e [イミグレ]形 移住の ‖ immigré,e 男女 (外国からの) 移民

immobilier,ère [イモビリエ, -ール]形 不動産の ‖ immobilier 男 不動産、不動産業

impair,e [アンペール]形 ①奇数の ②下りの：鉄道 ‖ impair 男 奇数 = nombre ~

imparfait,e [アンパルフェ, -トゥ]形 不完全な ‖ imparfait 男 半過去：文法用語

impasse [アンパース]女 窮地、(道の) 行詰り、袋小路

impassible [アンパスィーブル]形〈男女同形〉冷ややかな、平然とした、冷静な

impeccable [アンペカーブル]形〈男女同形〉完全な、完璧な

impeccablement [アンペカーブルマン]副 完璧に

imper [アンペール]男 雨用コート、レインコート = imperméable

impératif,ve [アンペラティー-フ, ヴ]形 命令的な、ぜひ必要な ‖ impératif 男 命令法：文法用語 = mode ~

impérativement [アンペラティーヴマン]副 命令的に、

impérial,e [アンペリヤール]形〈男複には impériaux [アンペリヨ]〉帝国の / (à l')~e 皇帝風(の)、帝国風(の)：豪華な料理の表現 / pâté ~ ベトナム揚小春巻 = nem / sauce ~e ベーコン、生ハム、鶏、仔牛などをスュエし、鶏のブイヨン、白ワイン、仔牛のフォンを加えて漉(こ)したソース ‖ impériale 女 ①2階建バスの2階 ②アンペリアル：6ℓ入のワインの瓶

impériaux → impérial,e

imperméable [アンペルメアーブル]形〈男女同形〉防水の ‖ imperméable 男 雨用コート、レインコート

impertinent,e [アンペルティナン, トゥ]形 生意気な、無礼な

impoli,e [アンポリ]形 行儀の悪い、無作法な

importance [アンポルターンス]女 ①重要性、大切さ ②大量、多数、多量

important,e [アンポルターン, トゥ]形 ①重要な、大切な ②大きい ③多数の、大量の ④地位の高い ‖ important 男 重要なこと

importateur,rice [アンポルタトゥール, リース]男女 輸入業者

importation [アンポルタスィヨン]女 輸入

/～s 輸入品

importatrice → importat*eur,rice*

importe → importer, n'importe

importé,e [アンポルテ]形 輸入された

importer [アンポルテ]動 ①輸入する ②(…にとって)重要である

impossible [アンポスィーブル]形〈男女同形〉不可能な,無理な ‖ impossible 男 不可能,無理

impôt [アンポ]男 税,国税/～s locaux 地方税/～ sur le revenu 所得税

imprégné,e [アンプレニェ]形 染込ませた

imprégner [アンプレニェ]動36 染込ませる

impression [アンプレスィヨン]女 印象,インプレッション,感動/ «avoir l'～ que+文» …の気がする,…と感じる

impressionné,e [アンプレスィヨネ]形 印象に残った,感動した/être ～,e par... …に感動する

imprimante [アンプリマーントゥ]女 プリンター/～ à bulles (または jet) d'encre バブルジェットプリンター/～ à laser レーザープリンター

imprimé,e [アンプリメ]形 印刷された ‖ imprimé 男 ①印刷物 ②プリント布地

impromptu,e [アンプロンプテュ]形 即興の,不意の/ plat ～ 即興料理(即興の品) ‖ impromptu 男 即興劇,即興曲

impur,e [アンピュール]形 不純な

impureté [アンピュルテ]女 不純性/～s 濁り,不純物

I.N.A.O. [イナオ]男 原産地名称局: Institut National des Appellations d'Origine の略

inattenti*f,ve* [イナタンティーフ,ヴ]形 不注意な

inauguration [イノギュラスィヨン]女 開通式,落成式

incendie [アンサンディ]男 火事

incendié,e [アンサンディエ]形 火事になった,焼け出された

incident [アンスィダン]男 支障,小事件

incisé,e [アンスィゼ]形 浅い切込を入れた

inciser [アンスィゼ]動 浅い切込を入れる

incision [アンスィズィヨン]女 ①切込を入れること ②切口,切込

incisive [アンスィズィーヴ]女 前歯

inclinaison [アンクリネゾーン]女 傾斜

inclination [アンクリナスィヨン]女 ①気質,傾向,好み,癖 ②会釈,お辞儀

incliné,e [アンクリーネ]形 傾いた,傾斜のある

incliner [アンクリーネ]動 ①傾ける,斜めにする,曲げる/～ à (または vers) ... …の気にさせる ‖ s'～ 代動 59 ①傾く ②お辞儀する ③敬意を表す,屈服する

inclure [アンクリュール]動 52 ①含む,含める ②同封する

inclus,e [アンクリュー,ズ]形 …込の,含まれた = compris

incolore [アンコロール]形〈男女同形〉無色の

incommode [アンコモードゥ]形〈男女同形〉使いにくい,不便な

inconscient,e [アンコンスィヤン,トゥ]形 気付かない,無意識の,無自覚の

inconsistant,e [アンコンスィスタン,トゥ]形 ①堅実でない,頼りない ②こし(歯応え)のない,粘り気のない

inconvénient [アンコンヴェニヤン]男 ①欠点,短所 ②支障,障害 ③不便

incorporant [アンコルポラン]現分 → incorporer

incorporation [アンコルポラスィヨン]女 ①混合,まぜること ②合体,合併

incorporé,e [アンコルポレ]形 まぜ入れた

incorporer [アンコルポレ]動 まぜ入れる / en incorporant... …を加えながら

incorrect,e [アンコレクトゥ]形 ①不正確な,間違った ②失礼な,無作法な

incorrectement [アンコレクトゥマン]副 ①不正確に ②無作法に

increvable [アンクルヴァーブル]形〈男女同形〉①ノーパンクの ②(話言葉)タフな,疲れを知らない

incrusté,e [アンクリュステ]形 はめ込んだ

incruster [アンクリュステ]動 ちりばめる,はめ込む

Inde [アーンドゥ]固女 インド/～s occidentales 西インド諸島

indéfini,e [アンデフィニ]形 ①限りない ②定義できない ③不定の/ article ～ 不定冠詞

indemnisation [アンデムニザスィヨン]女 賠償

indemniser [アンデムニゼ] 動 弁償する

indemnité [アンデムニテ] 女 手当, 保証金／～ d'assurance 保険金／～ d'heures supplémentaires 残業手当

indépendance [アンデパンダーンス] 女 自立, 独立

indépendant,e [アンデパンダン, トゥ] 形 自立した, 独立した, フリーの

index [アンデークス] 男〈単複同形〉①索引 ②人差指 ③係数

indicateur,rice [アンディカトゥール, リース] 形 指示の, 表示の ‖ indicateur 男 案内書, 時刻表

indicatif,ve [アンディカティー・フ, ヴ] 形 ①示している ②直説法の ‖ indicatif 男 直説法: 文法用語 = mode ～

indication [アンディカスィヨン] 女 印, 指示／～s 注意書

indicatrice → indicateur,rice

indien,ne [アンディ・ヤン, エーヌ] 形 インド (Inde) の／(à l')～ne インド風 (の): カレー風味の料理用表現 ‖ Indien,ne 男 女 インド人

indigestion [アンディジェスティヨン] 女 消化不良

indigo [アンディゴ] 形〈不変〉インディゴの, 藍色の ‖ indigo 男 インディゴ, 藍色

indiquer [アンディケ] 動 指示する

indirect,e [アンディレークトゥ] 形 間接的な

indispensable [アンディスパンサーブル] 形〈男女同形〉必須の, 必要不可欠な

indistinct,e [アンディスターン, クトゥ] 形 ぼんやりとした, もうろうとした

individu [アンディヴィデュ] 男 ①個人, 個体 ②やつ, 野郎

individuel,le [アンディヴィデュエール] 形 ①個性的な ②1人用の ‖ individuel 男 ①コンパートメント: 列車の個室 = compartiment ～ ②(ホテルの)シングルルーム

Indochine [アンドシーヌ] 固 女 インドシナ

indochinois,e [アンドシヌワ, ーズ] 形〈男には単複同形〉インドシナの ‖ Indochinois,e 男 女〈男は単複同形〉インドシナ人

Indonésie [アンドネズィ] 固 女 インドネシア

indonésien,ne [アンドネズィ・ヤン, エーヌ] 形 インドネシア (Indonésie) の ‖ indonésien 男 インドネシア語 ‖ Indonésien,ne 男 女 インドネシア人

induction [アンデュクスィヨン] 女 磁気誘導／plaque à ～ magnétique 電磁調理器

indulgence [アンデュルジャーンス] 女 寛大, 寛容,

indulgent,e [アンデュルジャン, トゥ] 形 甘い, 寛大な

industrie [アンデュストゥリ] 女 ①工業, 産業／～ alimentaire 食品産業／～ de la pêche 水産業／～ vinicole ワイン産業 ②企業, 製造会社

industriel,le [アンデュストゥリエール] 形 工業の, 工場生産の, 産業の ‖ industriel,le 男 女 実業家

industriellement [アンデュストゥリエールマン] 副 工業的に, 産業的に

inégal,e [イネガール] 形〈男複には inégaux [イネゴ]〉一定してない, 凹凸のある, 不規則な, ふぞろいな, むらのある

inégalité [イネガリテ] 女 ①不公平 ②凹凸

inégaux → inégal,e

inexpérience [イネクスペリヤーンス] 女 (経験の)未熟さ

inexpérimenté,e [イネクスペリマンテ] 形 未経験の, 未熟な

infarctus [アンファルクテュース] 男〈単複同形〉梗塞／～ cérébral 脳梗塞／～ du myocarde 心筋梗塞

infect,e [アンフェークトゥ] 形 悪臭のある, 不潔な, ひどい

inférieur,e [アンフェリユール] 形 ①下等な, 下の／partie ～e 下部 ②低い／～ à... …より低い, …より少ない, …より劣っている ‖ inférieur,e 男 女 部下

infiniment [アンフィニマン] 副 限りなく

infinitif [アンフィニティーフ] 男 不定詞: 動詞の原形

infirmier,ère [アンフィルミエ, ール] 男 女 看護師

inflammation [アンフラマスィヨン] 女 炎症

inflation [アンフラスィヨン] 女 インフレ

influence [アンフリュアーンス] 女 ①影響 ②効果 ③作用／sous l'～ de... …の作用で

influencer [アンフリュアンセ] 動 32 ①影響する ②作用する

information [アンフォルマスィヨン] 女 案

内, 知らせ, 情報, 問合せ／~s ニュース = infos／bulletin d'~s, émission des ~s ニュース番組

informatique [アンフォルマティーク]形〈男女同形〉情報処理の, 情報科学の‖ informatique 囡 情報処理, 情報科学

informel, le [アンフォルメール]形 形式ばらない, 非公式の

informer [アンフォルメ]動 通知する／~ A de B AにBを知らせる

infos [アンフォ]囡複 ニュース = informations

infraction [アンフラクスィヨン]囡 違反

infrarouge [アンフラルージュ]形〈男女同形〉赤外線の‖ infrarouge 男 赤外線 = radiation ~

infusé, e [アンフュゼ]形 アンフュゼした, 煎じた

infuser [アンフュゼ]動 アンフュゼする, 煎じる = faire ~, laisser ~

infusion [アンフュズィヨン]囡 ①ハーブティー：熱湯で煎じた薬用飲料 ②煎じ薬

ingrédient [アングレディヤン]男 原料, 材料,（混合物の）成分／~s pour quatre personnes 4人分材料

ingurgiter [アンギュルジテ]動 ①むさぼり食べる ②がぶ飲みする

inhabité, e [イナビテ]形 無人の

initial, e [イニスィヤル]形〈男女複には initiaux [イニスィヨ]〉最初の, 当初の‖ initiale 囡 頭文字

initiation [イニスィヤスィヨン]囡 手ほどき

initiaux → initial, e

initier [イニスィエ]動 手ほどきする

injecter [アンジェクテ]動 注入する

injection [アンジェクスィヨン]囡 注射, 注入

injure [アンジュール]囡 悪口

injuste [アンジュストゥ]形〈男女同形〉おかしい, 正しくない, 不当な, 論理的でない

injustice [アンジュスティス]囡 不当, 不正

inné, e [イネ]形 天賦の

innocent, e [イノサン, トゥ]形 ①無罪の, 無実の ②悪意のない, 無邪気な

innombrable [イノンブラーブル]形〈男女同形〉数えきれない

inocence [イノサンス]囡 ①無罪, 無実 ②無邪気

inoculation [イノキュラスィヨン]囡 細菌感染／~ préventive 予防接種

inodore [イノドール]形〈男女同形〉無臭の

inondation [イノンダスィヨン]囡 洪水, 浸水, 水浸し

inondé, e [イノンデ]形 洪水になった, 浸水した, 水浸しの

inopportun, e [イノポル.タン, テューヌ]形 タイミングの悪い

inox [イノークス]形〈不変〉ステンレスの = inoxydable‖ inox 男 ステンレス = acier inoxydable／poêle (en) ~ ステンレスのフライパン

inoxydable [イノクスィダーブル]形〈男女同形〉さびない, ステンレスの = inox

input [アンピュートゥ]男 英 入力 = entrée

insalubre [アンサリューブル]形〈男女同形〉不衛生な

insatisfait, e [アンサティスフェ, ートゥ]形 不満な

inscription [アンスクリプスィヨン]囡 記入, 登録, 入学手続／certificat d'~ 入学許可書

inscrire [アンスクリール]動18 書き入れる, 記入する‖ s'~ 代動 18 59／s'~ à... …に登録する, 申込む

inscrit, e [アンスクリ, ートゥ]形 ①記入された ②登録済の

insecte [アンセークトゥ]男 昆虫

insecticide [アンセクティスィードゥ]男 殺虫剤

insectifuge [アンセクティフュージュ]男 防虫剤

insensible [アンサンスィーブル]形〈男女同形〉①感じない, 鈍い, 麻痺した ②無関心な, 冷たい ③ごくわずかの

inséré, e [アンセレ]形 はさんだ, 挿入した

insérer [アンセレ]動 36 ①はさむ, 挿入する ②掲載する

insertion [アンセルスィヨン]囡 挿入

insignifiant, e [アンスィニフィヤン, トゥ]形 くだらない, とるに足らない, 無意味な

insipide [アンスィピードゥ]形〈男女同形〉味が薄い, 味がしない

insipidité [アンスィピディテ]囡 無味

insistance [アンスィスターンス]囡 ①強調／avec ~ 強調して ②しつこさ, 固執, 懇願

insistant, e [アンスィスタン, トゥ]形 押付けがましい, しつこい

insister [アンスィステ]動 ①強調する,

insolation [アンソラスィヨン] 囡 ①日にさらすこと ②日照時間 ③日射病 = coup de soleil

insolent,e [アンソラン, トゥ] 形 横柄な, 傲慢(ぼ)な, 無礼な

insolite [アンソリートゥ] 形〈男女同形〉異様な, 変った, とっぴな

insomnie [アンソムニ] 囡 不眠症

insonore [アンソノール] 形〈男女同形〉防音の

insonorisation [アンソノリザスィヨン] 囡 防音

insonorisé,e [アンソノリゼ] 形 防音した

inspecteur,rice [アンスペクトゥール, リース] 男囡 ①検査官, 視察官 ②警察 = ~,rice de police

inspection [アンスペクスィヨン] 囡 検査, 視察／~ sur les lieux 立入検査

inspiration [アンスピラスィヨン] 囡 ①インスピレーション, 霊感 ②思いつき

inspiré,e [アンスピレ] 形 ①霊感を受けた ②思いついた／~,e de... …からひらめきを受けた

installation [アンスタラスィヨン] 囡 ①設備／~ contre l'incendie 防火設備／~ sanitaire 衛生設備 ②入居

installé,e [アンスターレ] 形 設置した

installer [アンスタレ] 動 設置する‖s'~ 代動 居所を決める

instant [アンスターン] 男 一時, 一瞬, しばらくの間／à l'~ すぐに／dans un ~ 間もなく／en un ~ 一瞬のうちに／pour l'~ 今のところ／quelques ~s ほんの少しの間／Un ~. ちょっと待って

instantané,e [アンスタンタネ] 形 インスタントの, 瞬間的な, 即席の／café ~ インスタントコーヒー

instantanément [アンスタンタネマン] 副 すぐに, 瞬間的に, 即座に

institut [アンスティテュ] 男 学院, 研究所／I~ Pasteur パスツール研究所／I~ National des Appellations d'Origine 原産地名称会 = I.N.A.O.

instituteur,rice [アンスティテュトゥール, リース] 男囡 (小学校の)教師

instruction [アンストリュクスィヨン] 囡 ①教化 ②教養, 知識 ③指示, 命令／~s 使用説明書, 注意書

instruire [アンストリュイール] 動 11 教育する

instrument [アンストリュマーン] 男 楽器, 器具, 道具

insuffisance [アンスュフィザーンス] 囡 ①不十分 ②無能力 ③機能不全

insuffisant,e [アンスュフィザン, トゥ] 形 ①不十分な, 物足りない ②能力不足の

insuline [アンスュリーヌ] 囡 インスリン

intégral,e [アンテグラール] 形〈男複〉には **intégraux** [アンテグロー] 全部の, 全面的な‖**intégrale** 囡 全集

intégralement [アンテグラールマン] 副 完全に, 全面的に, まったく

intégration [アンテグラスィヨン] 囡 同化, 統合

intégraux → intégral,e

intellectuel,le [アンテレクテュエール] 形 知性の高い, 知的な, 理知的な‖intellectuel,le 男囡 インテリ, 教養人

intelligent,e [アンテリジャン, トゥ] 形 ①頭のよい, 巧みな ②知的な, 知能の高い

intelligible [アンテリジーブル] 形〈男女同形〉はっきりした, 理解のできる

intensif,ve [アンタンスィー・フ, ヴ] 形 集中的な, 徹底的な

intensité [アンタンスィテ] 囡 強度, 強さ, 激しさ

intensive → intensif,ve

intention [アンタンスィヨン] 囡 意図, 目的／avoir l'~ de... …するつもりがある

intercalé,e [アンテルカレ] 形 差込んだ, 挿入した

intercaler [アンテルカレ] 動 差込む, 挿入する

interdiction [アンテルディクスィヨン] 囡 差止め, 禁止事項

interdire [アンテルディール] 動 17 禁止する

interdit,e [アンテルディ, トゥ] 形 禁止の, 禁止された／Entrée ~e. 入場禁止:表示

intéressant,e [アンテレサン, トゥ] 形 ①おもしろい, 興味深い ②利益のある, 有利な

intéressé,e [アンテレセ] 形 ①関係のある ②興味を引かれた‖intéressé,e 男囡 関係者, 当事者

intéresser [アンテレセ] 動 ①関心を引く, 興味をもたせる ②関係する‖s'~ 代動 59／s'~ à... …に興味がある

intérêt [アンテレ] 男 ①利益 ②利子 ③

関心, 興味

intérieur, e [アンテリユール] 形 ①内側の, 中の ②国内の ‖ intérieur 男 ①内部, 中身 / à l'~ de... …の内部に ②(飴などの)センター ③インテリア

intérim [アンテリーム] 男 (職の臨時的な)代理

interimaire [アンテリメール] 形〈男女同形〉代理の ‖ interimaire 男女 代行者, 派遣社員

interlocuteur, rice [アンテルロキュトゥール, リース] 男女 対話者

intermédiaire [アンテルメディエール] 形〈男女同形〉仲介の, 中間の ‖ intermédiaire 男女 仲介者, 仲買人 ‖ intermédiaire 男 仲介, 中間

internat [アンテールナ] 男 ①寄宿舎, 寮 = pension ②インターン期間

international, e [アンテルナスィヨナール] 形〈男複には internationaux [アンテルナスィヨノ]〉国際的な

internationalement [アンテルナスィヨナールマン] 副 国際的に

internationaux → international, e

interne [アンテールヌ] 形〈男女同形〉内側の, 内部の / médecine ~ 内科 ‖ interne 男女 ①寄宿生 ②インターン生

internet [アンテルネートゥ] 男 インターネット

interphone [アンテルフォーヌ] 男 インターフォン

interposé, e [アンテルポゼ] 形 間に置いた

interposer [アンテルポゼ] 動 間に置く

interprétariat [アンテルプレタリヤ] 男 通訳(業, 職)

interprétation [アンテルプレタスィヨン] 女 ①解釈 ②演技, 演奏

interprète [アンテルプレートゥ] 男女 ①通訳 ②演者, 演奏家

interpréter [アンテルプレーテ] 動 36 ①通訳する, 翻訳する ②演奏する ③判断する

interrogatif, ve [アンテロガティー・フ, ヴ] 形 疑問の ‖ interrogatif 男 疑問詞 ‖ interrogative 女 疑問文

interroger [アンテロジェ] 動 25 質問する, 尋問する

interrompre [アンテローンプル] 動 39〈備考〉中断する, 止める, 遮(さえぎ)る

interrompu, e [アンテロンピュ] 形 ①中断した, 途絶えた, 止めた ②不通の, 運休している

interrupteur [アンテリュプトゥール] 男 (電気の)スイッチ

interruption [アンテリュプスィヨン] 女 中止, 中断

intervalle [アンテルヴァール] 男 (時間的, 空間的な)間隔, 間

intervention [アンテルヴァンスィヨン] 女 ①干渉, 介入 ②仲裁 ③(会議などでの)発言 ④処置, 外科手術

intestin [アンテスタン] 男 ①腸 / gros ~ 大腸 / ~ grêle 小腸 ②(海老の)背わた

intestinal, e [アンテスティナール] 形〈男複には intestinaux [アンテスティノ]〉腸の

intestinaux → intestinal, e

intime [アンティーム] 形〈男女同形〉親密な / ami, e ~ 親友

intimement [アンティームマン] 副 親密に

intitulé, e [アンティテュレ] 形 (…の)タイトルの付いた

intoxication [アントクスィカスィヨン] 女 中毒 / ~ alimentaire 食中毒 / ~ oxycarbonnée, ~ par le monoxyde de carbone 一酸化炭素中毒

intoxiqué, e [アントクスィケ] 形 中毒した ‖ intoxiqué, e 男女 中毒患者

intransitif, ve [アントゥランズィティー・フ, ヴ] 形 自動詞の ‖ intransitif 男 自動詞

intraveineux, se [アントゥラヴェヌー, ズ] 形〈男には単複同形〉静脈の ‖ intraveineuse 女 静脈注射

introduire [アントゥロデュイール] 動 11 導入する ‖ s'~ 代動 11 59 入り込む

inutile [イニュティール] 形〈男女同形〉無駄な, 役に立たない

inutilement [イニュティールマン] 副 無駄に

invariable [アンヴァリヤーブル] 形〈男女同形〉一定の, 変らない

inventaire [アンヴァンテール] 男 在庫調べ, 棚卸

inventé, e [アンヴァンテ] 形 ①考案した, 発明した ②でっち上げた, 捏造(ねつぞう)した

inventer [アンヴァンテ] 動 ①考案する, 発明する ②でっち上げる, 捏造(ねつぞう)する

invention [アンヴァンスィヨン] 女 ①考案, 創作, 発明 ②発明品 ③でっち上げ

inverse [アンヴェールス] 形 ①逆の，反対の ‖ inverse 男 逆 / à l'~ 裏返しに，逆に

inverti,e [アンヴェルティ] 形 転化の，反転の ‖ inverti,e 男女 性倒錯者

invisible [アンヴィズィーブル] 形 〈男女同形〉目に見えない

invitation [アンヴィタスィヨン] 女 ①誘い，招待 ②招待状 = carte d'~

invité,e [アンヴィテ] 形 招待された ‖ invité,e 男女 招待客

inviter [アンヴィテ] 動 ①招待する，誘う ②促す，頼む

iode [ヨードゥ] 男 ヨウ素，ヨード

iodé,e [ヨデ] 形 海藻の匂いのする，ヨウ素を含む

ipomée [イポメ] 女 さつま芋 = patate

Iraty [イラティ] 固 イラティ：バスク地方の地域

iris [イリース] 男 〈単複同形〉①アイリス，あやめ ②（眼球の）虹彩（ぶ）‖ Iris 固 女 イリス：ギリシア神話の虹の神

irisé,e [イリゼ] 形 虹色の

irish coffee [アイリシュ コフィ] 男 英 アイリッシュコーヒー：ホイップクリームをのせた，ウイスキー入りコーヒー

irish stew [アイリシュ ステュー] 男 英 アイリッシュシチュー：アイルランドの，羊肉とじゃが芋の煮込

irlandais,e [イルランデ,-ズ] 形 〈男には単複同形〉アイルランド（Irlande）の/（à l'）~e アイルランド風（の）：1）アイルランドの料理に用いる表現 2）羊とじゃが芋を使った料理用表現 ‖ irlandais 男 アイルランド語 ‖ Irlandais,e 男女 〈男は単複同形〉アイルランド人

Irlande [イルラーンドゥ] 固 女 アイルランド

irouléguy [イルーレギ] 男 バスク地方のAOC 赤ワイン

irradiation [イラディヤスィヨン] 女 ①照射 ②ガンマ線食品保存法：発芽を止めるのに使う

irréalisable [イレアリザーブル] 形 〈男女同形〉実現不能の，無理な

irrégularité [イレギュラリテ] 女 不規則

irrégulier,ère [イレギュリエ,-ル] 形 一定してない，不規則な，ふぞろいな，むらのある

irresponsable [イレスポンサーブル] 形 〈男女同形〉無責任な

irrité,e [イリテ] 形 ①いらいらしている，怒っている ②炎症のある

isard [イザール] 男 ピレネーシャモア：ピレネー山脈の山羊

Isigny [イズィニ] 固 イズィニ：ノルマンディ地方の町

islandais,e [イスランデ,-ズ] 形 〈男には単複同形〉アイスランド（Islande）の ‖ islandais 男 アイスランド語 ‖ Islandais,e 男女 〈男は単複同形〉アイスランド人

Islande [イスラーンドゥ] 固 女 アイスランド

isolé,e [イゾレ] 形 ①孤立した ②孤独な

isotherme [イゾテールム] 形 〈男女同形〉等温の，保温の ‖ isotherme 女 保温容器

issu,e [イスュ] 形 生じた / ~ de... …出の，…に由来する ‖ issue 女 ①出口，排出口 ②結末 / ~es 食用動物の皮，毛，角などの食べられない部分

Italie [イタリ] 固 女 イタリア

italien,ne [イタリ・ヤン,エーヌ] 形 イタリア（Italie）の / （à l'）~e イタリア風（の）：ソース・イタリエーヌまたはガルニテュール・イタリエーヌを使った料理用表現 / garniture ~ne ガルニテュール・イタリエーヌ：アーティチョークまたはマカロニの付合せ / sauce ~ne ソース・イタリエーヌ：炒め溶かした玉ねぎ，エシャロット，シャンピニヨンをブイヨン，トマトなどで煮てベーコンとパセリを加えたソース / spaghetti à l'~ne バター，クリーム，おろしチーズであえたスパゲティ ‖ italien 男 イタリア語 ‖ Italien,e 男女 イタリア人

italique [イタリク] 形 〈男女同形〉イタリック体の ‖ italique 男 イタリック体

italo- [イタロ] 接頭 「伊…，イタリア…」の意味の接頭辞

itinéraire [イティネレール] 男 道順，旅程

ivoire [イヴワール] 形 〈男女同形〉象牙色の / （à l'）~ 象牙風（の）：ソース・イヴォワールを使った料理用表現 / sauce ~ ソース・イヴォワール：ソース・シュプレームにグラス・ド・ヴィアンドまたは煮詰めた仔牛のフォンを加えた，鶏やショ・フロワ用のソース ‖ ivoire

男 象牙,象牙色

ivre [イーヴル]形〈男女同形〉酩酊(%)した,酔った/~ mort,*e* 酔いつぶれた

ivresse [イヴレース]女 酩酊(%)

ivrogne [イヴローニュ]形〈男女同形〉飲んだくれの‖ ivrogne 男女 酔っ払い

izarra [イザラ]女 バスク地方のリキュール

J, j

J, j [ジ]男 フランス字母の10番め

j' 代 直後に母音または無音のhが来る時のje の省略形 → je

jabot [ジャボ]男 そのう;鳥などの食道の一部

jabougras [ジャブーグラ]男 ペリゴール地方の野菜のスープ

Jabugo [ハブーゴ]固西 スペイン,アンダルシア地方の村:どんぐりで飼育した豚の生産地/ jamón de ~ ハモン・デ・ハブーゴ:ハブーゴの生ハム

jade [ジャードゥ]男 翡翠(%)

jadis [ジャディース]副 かつて,昔は‖ jadis 男 往時,昔

jailles [ジャーユ]女複 ジャイユ:アルプス地方の,豚肩肉とりんごの煮込

jalon [ジャロン]男 目盛

jalousie [ジャルースィ]女 ①嫉妬 ②ブラインド扉 ③ジャルージ:ヴァニラ風味のフランジパーヌなどを詰めたパイ菓子の一種

Jamaïque [ジャマイーク]固女 中米,ジャマイカ/ poivre de la ~ オールスパイス= piment de la ~

jamais [ジャメ]副 (ne を伴って)決して…ない⇒ p.756「否定文」/ à ~ いつまでも

jambalaya [ジャンバラヤ]女 パエリヤに似た,アメリカ,ニューオリンズのスパイシーな米料理

jambe [ジャーンブ]女 ①脚:1)人間のももから足首まで 2)下肢 ②(動物の)脚,肢/~ de bois 煮込用の牛の骨付すね肉 ③脚部 ④ジャンプ:グラスの内側をワインが垂れる様子を表すテイスティング用語 = larme

jambon [ジャンボン]男 ①ハム→ p.189 [囲み] ②豚もも肉

jambonneau [ジャンボノ]男〈複 ~x〉①燻製(%)したりゆでたりした,すね肉のハム ②はぼうき貝 = pinne

jambonnette [ジャンボネットゥ]女 ジャンボネット:豚挽肉を豚の背脂でとっくり形に包んだ加工食品

jambonnière [ジャンボニエール]女 加熱ハム用大鍋

jambose [ジャンボーズ]女 蒲桃(%):熱帯果樹 = jam(e)rose

jamón [ハモン]男西 ハム/ ~ serrano ハモン・セラーノ:スペインの生ハム

jam(e)rose [ジャンローズ]女 = jambose

janvier [ジャンヴィエ]男 1月/ en ~, au mois de ~ 1月に

Japon [ジャポン]固男 日本/ au ~ 日本では(に,へ)‖ japon 男 ①日本製陶器 ②和紙 = papier ~

japonais,*e* [ジャポネ,-ズ]形〈男には単複同形〉日本(Japon)の/ (à la) ~e 日本風(の):1)ちょろぎを付合せた肉料理用表現 2) 醬油など日本の産物を使った料理用表現‖ japonais 男 日本語‖ Japonais,*e* 男女〈男は単複同形〉日本人‖ japonaise 女 ジャポネーズ:牡蠣(%)の種類

japonophile [ジャポノフィール]形〈男女同形〉日本びいきの‖ japonophile 男女 日本びいきの人

japonophobe [ジャポノフォーブ]形〈男女同形〉日本嫌いの‖ japonophobe 男女 日本嫌いの人

jaquette [ジャケットゥ]女 モーニング:男性の礼服

jar [ジャール]男 隠語

jardin [ジャルダン]男 庭園,庭/ ~ d'hiver サンルーム/ ~ maraîcher, ~ potager 野菜畑

jardinage [ジャルディナージュ]男 園芸,ガーデニング,庭いじり

jardini*er*,*ère* [ジャルディニエ,-ル]男女 園芸家,庭師,野菜果樹栽培者‖ jardinière 女 ジャルディニエール:野菜の3~4 cmの拍子木切り/ (à la) ~ère ジャルディニエール風(に,の):ジャルディニエールの野菜を使った料理用表現

jarre [ジャール]女 甕(%),壺

jarret [ジャレ]男 ①(仔牛, 仔羊, 羊の)すね肉 ②ピカレル=picarel

jarretière [ジャルティエール]女 赤たち魚= cépole

jarron [ジャロン]男 小壺

jars [ジャール]男〈単複同形〉雄がちょう

jasmin [ジャスマン]男 ジャスミン/ thé au 〜 ジャスミン茶, 茉莉花茶

jasnières [ジャニエール]男 ロワール地方の AOC 白ワイン

jaspiner [ジャスピネ]動 (俗語)しゃべる

jatte [ジャトゥ]女 ①(カフェオレなどの)椀/〜 isotherme (アイスクリームなどの保冷用)ジャー ②スープチューリン

jaunâtre [ジョナートゥル]形〈男女同形〉黄色がかった, 黄色っぽい

jaune [ジョーヌ]形〈男女同形〉黄色い, 黄色の : jaune に黄色を更に限定する名詞や形容詞が付くと不変/ vin 〜 ヴァン・ジョーヌ: ジュラ地方の黄金色の白ワイン ‖ jaune 男 ①黄色 ②(卵の)黄身, 卵黄 〜= d'œuf ③蟹のわた ④黄色になるまで加熱したカラメル= caramel blond / grand 〜 カラメルの状態のひとつ= caramel moyen / petit 〜 カラメルの状態のひとつ=caramel très clair ‖ Jaune 男女 黄色人種 ‖ jaune 副 黄色く, 黄色に

java [ジャヴァ]女 (俗語)激論, 乱闘, 馬鹿騒ぎ ‖ Java 固女 ジャワ島 ‖ java 男 ジャワ: 紅茶の種類

javanais,e [ジャヴァネ, -ズ]形〈男には単複同形〉ジャワ(java)の/ (à la) 〜e ジャワ風(の): 同地方特産の香辛料を多く使った料理用表現 ‖ javanais 男 ジャワ語 ‖ Javanais,e 男女〈男は単複同形〉ジャワ島人

Javel [ジャヴェール]女 ジャヴェル水: 漂白殺菌液= eau de 〜

jazz [ジャーズ]男〈単複同形〉ジャズ

je [ジュ]代〈男女同形〉私は, あたしは, 俺は/ Je suis Japonais,e. 私は日本人です ⇒ p.748「人称代名詞」

jean [ジーヌ]男 ①ジーパン, ジーンズ ②デニム

Jeannette [ジャネトゥ]固男 19 世紀の北極探検船の名 ‖ Jeannette 形〈不変〉ジャネット風(の): 氷にのせた冷製鶏料理に用いる表現

jerez [ジェレーズ]男= xérèz

jeroboam [ジェロボアム]男 ボルドーワイン 4.5 ℓ, シャンパン及び, ポルト酒 3 ℓ用の瓶

Jersey [ジェールゼ]固男 ジャージー島: 英仏海峡の島 ‖ jersey 男 ジャージー: 布

jésuite [ジェズイートゥ]男 ①イエズス会 ②フランジパーヌを詰めた三角形のパイ

jésus [ジェズュ]男〈単複同形〉①幼子 ②ジェジュ: フランシュコンテ地方やスイスの, 豚または豚と牛の大型ソーセージ ‖ Jésus 固男 イエス・キリスト= 〜-Christ

jet [ジェ]男 ①投てき ②噴射 ③ノズル ④新芽, 若芽/〜 d'eau 噴水

jetable [ジュタープル]形〈男女同形〉使い捨ての

jambon

jambon à l'os 骨付ハム
jambon au moule プレスハム
jambon au torchon 布包ハム
jambon bruni ブラウンハム: 茶色く着色したハム
jambon cru 生ハム: 冷暗所で長時間熟成させたハム
jambon cuit 加熱ハム: 塩漬豚もも肉をブイヨンなどで煮たハム
jambon d'Auvergne 燻製(くんせい)してから熟成させた, オヴェルニュ地方の生ハム
jambon de Bayonne バイヨーヌハム: 5~6 ヶ月乾燥, 熟成させた生ハム
jambon de marcassin 猪もも肉のハム
jambon de Paris ゆでハム
jambon de Parme パルマ産生ハム
jambon désossé ボンレスハム
jambon d'York ヨークハム: イギリス発祥の, ゆでた骨付ハム
jambon fumé スモークハム

jeter [ジュテ] 動 7 ①投げる ②捨てる ‖ se ~ 代動 7 59 身を投じる

jeton [ジュトン] 男 ①(カジノ用)チップ ②丸い札 / ~ numéroté 番号札

jeu [ジュ] 男〈複 ~x〉①遊び, ゲーム / ~ de mot 洒落: 言葉遊び ②演奏 ③賭/ ~ de hasard ギャンブル / ~ vidéo テレビゲーム ④一式, 一揃

jeudi [ジュディ] 男 木曜日 / le ~ 毎木曜日

jeune [ジューヌ] 形〈男女同形〉①若い ②新しい, 未熟な ‖ jeune 男女〈男女同形〉若者 ‖ jeune 副 若くして, 若々しく

jeûne [ジューヌ] 男 (宗教上の)断食

jeûner [ジュネ] 動 絶食する

jeunesse [ジュネス] 女 ①青春期 ②若さ, 未熟 ③青少年, 若者 ④成長期 ⑤(ワインなどの)熟成期間

joaillerie [ジョアユリ] 女 宝石店

joaillier,ère [ジョアイエ, -ル] 男女 宝石商

job [ジョブ] 男 英 アルバイト

Joconde [ジョコーンドゥ] 固女 モナリザ / biscuit ~ ビスキュイ・ジョコンド: アーモンドパウダー入スポンジ

joie [ジュワ] 女 うれしさ, 喜び

joindre [ジョワーンドゥル] 動 14 ①つなげる, 結ぶ ②同封する

joint,e [ジョワーン, ト] 形 合せた, つなげた / ~ , e à... …に付け加えられた / ci-~,e 同封の → ci-joint ‖ joint 男 ①合せ目, 継目 ②接続, 継手 ③(蛇口などの)パッキン

jointer [ジョワンテ] 動 合せる, 接合する

jointoyé,e [ジョワントゥワーイエ] 形 塗りつぶした → jointoyer

jointoyer [ジョワントゥワーイエ] 動 (スポンジなどの合せ目をクリームなどで)塗りつぶす

jointure [ジョワンテュール] 女 ①合せ目 / ~ des pâtes 生地の合せ目 ②鶏などの関節

joli,e [ジョリ] 形 きれいな, 魅力的な, かわいい

joliment [ジョリマン] 副 素敵に

jonchée [ジョンシェ] 女 ①い草の小籠 ②い草またはわらの型に入れてつくった牛乳や山羊乳または羊乳のフレッシュチーズ = caillebotte

jonction [ジョンクスィヨン] 女 ①結合 ②合流 ③接続 ④合流点

joubarbe [ジューバルブ] 女 カランコエ: ベンケイソウ科の多肉植物

joue [ジュー] 女 ①ほほ ②ほほ肉

jouer [ジュエ] 動 ①遊ぶ, (スポーツやゲームなどを)する / «~ à +定冠詞+スポーツ» …をする ②演じる, 演奏する / «~ de +定冠詞+楽器» …を演奏する ③賭ける

jouet [ジュエ] 男 おもちゃ

joueur,se [ジュウール, ズ] 男女 ①演奏家, プレイヤー ②ばくち打ち

joueuse → joueur,se

jouir [ジュイール] 動 4 ①楽しむ ②…に恵まれる ③オルガスムに達する

jouissance [ジュイサーンス] 女 ①楽しみ, 喜び ②性的快楽

jour [ジュール] 男 ①日の光 ②日 / ce -là その日 / chaque ~, tous les ~s 毎日 / dans quinze ~s 再来週に(の) / ~ de l'an 元日 / huit ~s 一週, ~ de semaine, ~ ouvrable 平日 / ~s 時期, 時代, 人生 / l'autre ~ 先日 / tous les deux ~s 隔日に, 一日おきに / un autre ~ 後日 / un ~ ある日, 一日 / un ~ ou l'autre いつか ③昼間 / en plein ~ 真昼間に ④曜日 = ~ de la semaine / quel ~ 何曜日 ⑤本日 / plat du ~ 本日の特製料理

journal [ジュールナル] 男〈複 journaux [ジュールノ]〉①新聞 ②ニュース ③日記

journalier,ère [ジュールナリエ, -ル] 形 毎日の

journalisme [ジュールナリスム] 男 ジャーナリズム

journaliste [ジュールナリーストゥ] 男女 ジャーナリスト

journaux → journal

journée [ジュールネ] 女 日中, 日, (一日の)行程, 昼間 / Bonne ~. さようなら, よい一日を / dans (または pendant) la ~ 昼間に / en une ~ 一日で, 日帰りの / toute la ~ 一日中

joute [ジュートゥ] 女 シャンパーニュ地方の, キャベツとベーコンなどの煮込

joyeuse → joyeux,se

joyeusement [ジュワユーズマン] 副 陽気に

joyeux,se [ジョワユー, ズ] 形〈男には単複同形〉うれしい, 楽しい, めでたい

jubilé [ジュビレ] 男 フランベしたさくらんぼのデザート

judaïque [ジュダイーク] 形 〈男女同形〉ユダヤ教の

judaïsme [ジュダイースム] 男 ユダヤ教

judas [ジュダ] 男〈単複同形〉裏切り者‖J〜 固 男 ユダ

judru [ジュードゥリュ] 男 ブルゴーニュ地方のドライソーセージ

juif, ve [ジュイー・フ, ヴ] 形 ユダヤ教徒の, ユダヤ人の, ユダヤの／(à la)〜ve ユダヤ風(の)：鯉の料理用表現‖Juif, ve 男女 ユダヤ人, ユダヤ教徒

juillet [ジュイエ] 男 7月／en 〜, au mois de 〜 7月に

juin [ジュワーン] 男 6月／en 〜, au mois de 〜 6月に

jujube [ジュジューブ] 男 なつめの実

julep [ジュレープ] 男 ジュレップ：カクテル

juliénas [ジュリエナ] 男 ブルゴーニュ地方, ボジョレ地区のAOC赤ワイン

julienne [ジュリエーヌ] 女 ①ジュリエーヌ：1〜2 mm幅の千切り／tailler en 〜 ジュリエーヌに切る ②花大根

jumbocot [ジャンボコ] 男 アプリコットの品種

jume*au, lle* [ジュ・モ, メール] ①男女(男 複 〜x) 双子 ②牛肩肉の一部／〜 à biftek ステーキ用牛後肩肉／〜 à pot-au-feu 煮込用牛前肩肉

jument [ジュマン] 女 雌馬

jupe [ジューブ] 女 スカート

jupe-culotte[ジューブ キュロットゥ]女(複 〜s-〜s) キュロットスカート

Jura [ジュラ] 固 男 ①ジュラ山脈：スイス国境, ローヌ川とライン川の間の山脈／côtes du j〜 同地方のAOC白, 赤, ロゼ, ヴァン・ジョーヌ, ヴァン・ド・パイユワイン／crémant de 〜 同地方のAOC弱発泡性ワイン ②ジュラ県‖jura 男 スイス, ヌシャテル地方でつくるグリュイエールチーズと同タイプのチーズ

jurançon [ジュランソン] 男 ベアルン地方のAOC白ワイン

jurassien, ne [ジュラスィ・ヤン, エーヌ] 形 ジュラ(Jura)の／(à la) 〜ne ジュラ風(の)：同地方の料理に用いる表現／omelette (à la) 〜ne ジュラ風オムレツ：シブレット, オゼイユ, ベーコンの千切り入オムレツ‖Jurassien, ne 男 女 ジュラの人

juridique [ジュリディーク] 形 〈男女同形〉法的な

juridiquement [ジュリディークマン] 副 法的に

jus [ジュ] 男 〈単複同形〉①果汁, ジュース／〜 de fruit pur ピュアフルーツジュース：天然果汁100％のジュース／〜 d'égouttage ワイン醸造で, ぶどうをつぶした時, 自然に流れる汁＝moût de goutte／〜 de macération 漬込時に肉や野菜から出る汁 ②ジュ：肉汁, 焼汁. エテュヴェやブレゼ, ローストする時に出る汁＝〜 de cuisson／〜 coloré à l'anglaise ブラウングレイヴィソース：仔羊のロースト用ソース／〜 de rôti ローストの焼汁／〜 de truffes トリュフの保存のために加熱した時に出る汁／〜 de viande ジュ・ド・ヴィアンド：肉汁／〜 lié でんぷんでつないだ仔牛の茶色いジュ

jusqu'à [ジュスカ] → jusque

jusque [ジュースク] 前 ①jusqu'à... …まで／«jusqu'à ce que＋接続法の活用をする動詞を伴う文» …するまで／«jusqu'au moment où＋文» …する時まで ②(à以外の前置詞や副詞を伴って) 〜 dans... …の中まで／jusqu'alors その時まで／jusqu'ici ここまで

juste [ジュストゥ] 形 〈男女同形〉公正な‖juste 副 正確に, ちょうど／〜 au-dessus 真上に

justement [ジューストゥマン] 副 正確に, まさに

justice [ジュスティース] 女 司法

justification [ジュスティフィカスィヨン] 女 言訳, 弁明

justifier [ジュスティフィエ] 動 ①言訳する, 弁明する ②(理由を)説明する, 証明する

jutage [ジュタージュ] 男 焼汁をかけること

juter [ジュテ] 動 調理中の肉に焼汁またはソースをかける

jute*ux, se* [ジュトゥー, ズ] 形 〈男には単複同形〉①ジューシーな, 汁気の多い ②有利な

K, k

K,k [カ] 男 ①フランス字母の11番目 ②k：kilo（キロ）の省略記号 ③K：カリウムの記号
kacha [カシャ] 女 = kache
kache [カーシュ] 女 ①ロシアの小クレープ = kacha, kascha, kasha ②ポーランドの，大麦または挽割小麦の甘味牛乳粥(がゆ)
kadaïf [カダイフ] 男 カダイフ：トルコの細い麺
kaeskueche [ケースキューシュ] 男 アルザス地方のチーズタルト = käskueche
kaki [カキ] 男 ①柿 = plaquemine ②カーキ色
kakuche [カキューシュ] 男 = caghuse
kakuse [カキューズ] 男 = caghuse
kalamansi [カラマンスィ] 男 カラマンシ：フィリピン発祥の柑橘(かんきつ)類 = lime musquée
Kalbsleberwurst [カルブスレブルヴールストゥ] 女 アルザス地方のレバーソーセージ
kaléidoscope [カレイドスコープ] 男 万華鏡
kali [カリ] 男 おかひじきの一種
Kamok [カモーク] 固 男 コーヒーリキュールの商標
kangourou [カングールー] 男 〈複 ～s〉 カンガルー
Kanterbraü [カンテルブラーウ] 固 女 フランスのビールの商標
kari [カリ] 男 カレー = curry
käskueche [ケースキューシュ] = kaeskueche
kebab [ケバーブ] 男 シシカバブ：羊肉の串焼
kéfir [ケフィール] 男 ケフィール：乳酸飲料 = kéfyr, képhir
kéfyr [ケフィール] 男 = kéfir
kenya [ケニヤ] 男 ケニヤ：紅茶の種類
képhir [ケフィール] = kéfir
kermesse [ケルメース] 女 （慈善の）バザー
kerne [ケールヌ] 女 サヴォワ地方の干洋梨

ketchup [ケチューブ] 男 ケチャップ
ketmie [ケートゥミ] 女 おくら = gombaut, gombo, okra
kiche = quiche
Kiev [キエフ] 固 ウクライナの首都／poulet à la ～ 若鶏キエフ風：中にメトル・ドテルバターを詰めた鶏のカツ
kil [キール] 男 （俗語）1 ℓ：赤ワインにだけ用いる語／un ～ de rouge 赤ワイン1ℓ
kilimandjaro [キリマンジャロ] 男 コーヒー豆の種類
kilo [キロ] 男 kilogramme（キログラム）の省略形：記号はkg
kilocalorie [キロカロリ] 女 キロカロリー：記号はkcal
kilogramme [キログラーム] 男 キログラム：記号はkg
kilolitre [キロリートゥル] 男 キロリットル：記号はkℓ
kilomètre [キロメートゥル] 男 キロメートル：記号はkm
kiosque [キョースク] 男 あずま屋，キオスク，（新聞や花などの）売店
kipper [キペール] 男 キッパー：にしん，さばなどの軽い燻製(くんせい)
kir [キール] 男 キール：ブルゴーニュ白ワインベースの食前酒／～ au cassis カシス風味のキール／～ au champagne, ～ royal キール・ロワイヤル：シャンパンのキール／～ impérial キール・アンペリアル：フランボワーズ風味のシャンパンのキール
kirsch [キールシュ] 男 キルシュ：ダークチェリーの蒸留酒
kirsché,e [キルシェ] 形 キルシュ酒を染込ませた，キルシュ酒をかけた
kirscher [キルシェ] 動 キルシュ酒を染込ませる，キルシュ酒をかける
kitchenette [キチネートゥ] 女 小キッチン
kit(s)ch [キーチュ] 形 〈不変〉 悪趣味な，俗っぽい ‖ kit(s)ch 男 悪趣味，（主に絵で）俗っぽい作品
kiwano [キワノ] 男 キワノ：果物
kiwi [キウィ] 男 キウィ
klaxon [クラクソーン] 男 クラクション
klaxonner [クラクソーネ] 動 クラクションを鳴らす
Kléber [クレベール] 固 男 ガイドブックの名称，タイヤメーカー

kleenex [クリネークス] 男 ティッシュペーパー：商標名／~ de poche ポケットティッシュ

knack [クナーク] 男 豚と牛肉の, フランクフルトに似たソーセージ = saucisse de Strasbourg

knepfle [クネープフル] 男 アルザス地方の, 小麦粉またはじゃが芋のだんご

Kneppes [クネープ] 女(複) ロレーヌ地方の, じゃが芋のだんご

knöd(e)l [クヌードゥル] 男 クヌーデル：アルザス地方や中央ヨーロッパの, 時にはレバーのピュレや骨髄を加えただんご = knœdel

knœdel = knöd(e)l

Knorr [クノール] 固 ポタージュ, 固形ブイヨンなどの商標名

know-how [ノアーウ] 〈単複同形〉英 ノウハウ（専門知識）

kœckbotteram [クークボトゥラーン] 男 フランドル地方の, 牛乳, バター, 干ぶどう入ブリオシュ → couque

kola [コラ] 男 コーラの木, コーラの種 = cola

kouglof(f) = couglof(f)

kouig-aman(n) [クーイグ アマン] 男 パン生地を折ってから円盤状にして焼き, 粉糖をかけた, ブルターニュ地方の菓子 = kouign aman, kouing-aman

kouign aman [クーイニャマン] 男 = kouig-aman(n)

kouing-aman [クーイン アマン] 男 = kouig-aman(n)

koulibiac [クーリビヤーク] 男 = coulibiac

koumis [クーミ(ス)] 男〈単複同形〉ロシア, タタール地方の乳酸飲料 = koumys

koumys = koumis

Krapfen [クラープフン] 男(独) 揚げたパンにジャムをはさみ, クレーム・アングレーズやアプリコットソースを添えたデザート = berline, boule de Berlin

kriek [クリーク] 女 ベルギーのビール

kromesky = cromesqui

kromesqui = cromesqui

kronenbourg [クロナンブール] 女 ロレーヌ地方の下面醗酵ビール

Krug [クリューグ] 固 男 シャンパンメーカー

kummel [キュメール] 男 キュンメル：ロシアの, アニス, キャラウェイなどの香草風味のリキュール

kumquat = cumquat

kun pod [クン ポードゥ] 男 羊や鶏の煮込に付合せる, 干ぶどう入のブルターニュ地方のだんご

kvas = kwas

kwas [クヴァース] 男 ロシアの自家製ビール = kvas

L, l

L, l [エル] 男 ①フランス字母の 12 番め ② L [サンカーントゥ] ローマ数字の 50 ③ ℓ : litre (リットル)の省略記号

l' 冠詞・代名詞 le, la が母音または無音の h の前に来る時の省略形 → le, la

la [ラ] 冠 (女単) その ⇒ p.747 「冠詞」／la fille（誰かわかっているひとりの）女の子‖ (女) 代（直接目的代名詞として）彼女を, (女単を受けて)それを／Tu connais Marie ?— Oui, je ~ connais. マリーを知ってる？— うん, (彼女を)知ってる ⇒ p.748 「人称代名詞」

là [ラ] 副 ①そこに, そこへ, そっち(方向)／de ~ そこから／par ~ そこに(へ), その辺に(へ)／Il n'est pas ~. 彼はいません ②その時 ③（強調形の一部として）« ce + 男単 - ~ (女単の場合は cette...-là, 男女複の場合は ces...s-là となる)»

là-bas [ラ バ] 副 あちらに(で), むこうに(で) : là の強調形

label [ラベール] 男 ラベル：生産協同組合名などを記したレッテル／~ régional 地方認定ラベル／~ rouge national 国家認定赤ラベル：規準を満たした家禽(ﾆｺー), 野菜などの食材に付けるラベル

labo [ラボ] 男 (話言葉) ①（菓子やシャルキュトリの）キッチン ②実験室：ラボ laboratoire の略

laboratoire [ラボラトゥワール] 男 ①実験室, ラボ ②（製菓, シャルキュトリ, ケータリングの）キッチン, 厨房

labre [ラーブル] 男 ぎざみ, きゅうせん, べら：海水魚 = vieille

labyrinthe [ラビラーントゥ] 男 迷路
lac [ラーク] 男 湖
lâche [ラーシュ] 形 〈男女同形〉①ゆるんだ ②臆病な,卑怯な
lâchement [ラーシュマン] 副 ①ゆるく ②臆病に,卑怯に
lactaire [ラクテール] 男 ちち茸の総称/～ délicieux あかもみ茸/～ sanguin はつたけに似たチチタケ属のきのこ
lactique [ラクティーク] 形 〈男女同形〉乳酸の/fermentation ～ 乳酸醗酵
lactobacille [ラクトバスィール] 男 = lactobacillus
lactobacillus [ラクトバスィリュス] 男 〈単複同形〉乳酸菌= lactobacille/～ bulgaricus ブルガリア菌
lactosérum [ラクトセロム] 男 乳清= petit-lait
ladoix [ラードゥワ] 男 ブルゴーニュ地方,コート・ド・ボーヌ地区の AOC 赤,白ワイン
lager [ラグール] 女 〈英〉 ラガービール= bière blonde
lagopède [ラゴペードゥ] 男 ピレネしゃこ,雷鳥= perdrix des neiges, perdrix des Pyrénées
Laguiole [ラヨール] 固 ライヨル:ルエルグ地方の刃物とチーズの生産地 ‖ laguiole 男 ルエルグ地方の,牛乳の AOC チーズ
laine [レーヌ] 女 ウール,羊毛
laisser [レセ] 動 ①残す,置いておく/«～+不定詞» …させておく ②預ける ③置忘れる ④そのままにする ⑤置去りにする ‖ se ～ 代動59/«se ～+不定詞» …されるままになる
lait [レ] 男 ①乳,ミルク/～ d'amande: 1)アーモンドミルク 2)ブラン・マンジェ 3) マジパンベースの菓子/～ d'âne = laiteron ② 乳液/～ de beauté 乳液:化粧品 →[囲み]
laitage [レタージュ] 男 乳製品
laitance [レタンス] 女 白子:魚= laite
lait-de-poule [レドゥプール] 男 エッグノッグ:卵黄と砂糖入の熱いミルク
laite [レートゥ] 女 = laitance
laiterie [レートゥリ] 女 牛乳屋(店),酪農
laiteron [レトゥローン] 男 のげし:チコリに似た野菜= lait d'âne
laitier, ère [レティエ,-ル] 形 乳の,ミルクの/produits ～s 乳製品/vache ～ère 乳牛 = laitière ‖ laitier, ère 男女 ①牛乳屋(人) ②酪農家(人) ③乳牛 = vache ～ère
laiton [レトン] 男 ①真鍮(しんちゅう) ②(生後60日以内の)乳飲仔羊
laitue [レテュ] 女 レタス/～ croquante 玉ぢしゃ= iceberg/～ de brebis マーシュ= mâche/～ de chien 西洋たんぽぽ= dent-de-lion, pissenlit/～ de mer あおさ:海藻/～ romaine ロメインレタス= romaine
lalande-de-pomerol [ラランドゥドゥポムロール] 男 ボルドー地方,ラランド・ド・ポムロール地区の AOC 赤ワイン
lambic [ランビーク] 男 ベルギービールの種類= lambik
lame [ラーム] 女 ①刃 ②薄片,薄くスラ

---

lait

lait allégé, lait demi-écrémé 低脂肪乳,半脱脂乳,ローファットミルク	lait de soja 豆乳
lait battu バターミルク= babeurre	lait de vache 牛乳
lait concentré エバミルク,コンデンスミルク,練乳	lait écrémé スキムミルク,脱脂乳
lait concentré sucré 甘味コンデンスミルク	lait en poudre 粉ミルク
lait cru 未殺菌牛乳	lait entier 全乳
lait de beurre = lait battu, babeurre	lait fermenté 醱酵乳
lait de brebis 羊乳	lait homogénéisé ホモ牛乳
lait de chèvre 山羊乳	lait maternel 母乳
lait de coco ココナツミルク	lait pasteurisé 低温殺菌牛乳
	lait ribot 醱酵攪拌(かくはん)乳
	lait stérilisé UHT 高温殺菌乳
	lait UHT ロングライフ牛乳
	lait upérisé ロングライフ牛乳

イスしたもの
lamé,e [ラメ] 形 ラメの ‖ lamé 男 ラメ：金銀の箔(はく)を織込んだ生地
lamelle [ラメル] 女 小さい薄片, ごく薄くスライスしたもの
lamier [ラミエ] 男 おどりこ草：シソ科の植物＝ortie blanche
laminé,e [ラミネ] 形 (ローラーで生地を)のばした
laminer [ラミネ] 動 (ローラーで生地を)のばす
laminoir [ラミノワール] 男 パイローラー：生地の圧延機
lampadaire [ランパデール] 男 フロアスタンド
lampe [ランプ] 女 ①ランプ／〜 à alcool アルコールランプ／〜 germicide 殺菌ランプ ②電灯, 電球 ③明り
lampe-témoin [ランプ テムワーン] 女〈複 〜s-〜s〉パイロットランプ
lamproie [ランプルワ] 女 八目うなぎ
lancer [ランセ] 動32 ①投げる, 発射する ②発する ③(機械を)動かす ④(事業などを)起す, 売込む ‖ se 〜 代動32 59 (自分を)売込む, 身を投出す ‖ lancer 男 投てき／pêche au 〜 投釣り
lançon [ランソン] 男 いかなご, こうなご：魚＝équille
landais,e [ランデ, -ズ] 形〈男には単複同形〉ランド(Landes)の／(à la) 〜e ランド風(の)：生ハムやがちょうの脂肪, セープ茸を使った料理用表現 ‖ Landais,e 男 女〈男は単複同形〉ランドの人
Landes [ラーンドゥ] 固 女複 ランド：南西フランスの地方
landimolle [ランディモール] 女 ピカルディ地方の, 甘くないパンケーキ＝andimolle, tantimolle
langage [ランガージュ] 男 言語, 言語活動
langouste [ラングーストゥ] 女 いせ海老, ロブスター
langoustine [ラングースティーヌ] 女 あかざ海老, スカンピ：手長海老とは異なる＝homard de Norvège
langres [ラーングル] 男 シャンパーニュ地方の, 牛乳のAOCチーズ
langue [ラーング] 女 ①舌／〜 d'avocat 舌びらめの一種＝céteau／〜 de bœuf 牛舌／〜 écarlate (塩漬の)赤い舌肉 ②言語, 言葉

langue-de-bœuf [ラーング ドゥ ブフ] 女〈複 〜s-〜-〜〉かんぞう茸＝fistuline
langue-de-chat [ラーング ドゥ シャ] 女〈複 〜s-〜-〜〉ラング・ド・シャ：薄いクッキー
Languedoc [ラングドック] 固 男 ラングドック：南西フランスの地方／coteaux du l〜 同地方のAOC赤, 白, ロゼワイン／clairette du l〜 同地方の, クレレット種のぶどうでつくるAOC白ワイン
languedocien,ne [ラングドスィヤン, エーヌ] 形 ラングドック地方(Languedoc)の／(à la) 〜ne ラングドック風(の)：1)肥鶏などに添える, トマト, なす, セープ茸で構成される付合せ用表現 2)セープ茸, がちょうの脂肪, にんにくを使った, 同地方の料理用表現 ‖ Languedocien,ne 男 女 ラングドックの人
Languedoc-Roussillon [ラングドック ルースィヨン] 固 男 ラングドック・ルシヨン：ラングドック地方のぶどう栽培地域
languette [ラングートゥ] 女 小舌状の菓子や料理
lanière [ラニエール] 女 ①皮ひも, ストラップ ②ラニエール：3～5mm幅の千切り
Lanson [ランソン] 固 シャンパンメーカー
Laon [ラン] 固 ティエラーシュ地方の町
laonnais,e [ラネ, -ズ] 形〈男には単複同形〉ラン(Laon)の ‖ Laonnais,e 男 女〈男は単複同形〉ランの人
Laos [ラオス] 固 男 ラオス
laotien,ne [ラオスィヤン, エーヌ] 形 ラオス(Laos)の ‖ laotien 男 ラオス語 ‖ Laotien,ne 男 女 ラオス人
lapereau [ラープロ] 男〈複 〜x〉仔うさぎ
lapin,e [ラ・パン, ピーヌ] 男 女 うさぎ／〜 de clapier 飼うさぎ／〜 de garenne 野生穴うさぎ／〜 de choux, 〜 domestique 家うさぎ
laque [ラーク] 女 漆(うるし) ‖ laque 男 ①漆器(しっき) ②ヘアスプレー
laqué,e [ラケ] 形 ①漆(うるし)を塗った, 漆塗りの ②艶(つや)のある／canard 〜

北京ダック:料理

laquelle [ラケール] (疑問)代 誰, どれ:女性単数名詞を受ける時に用いる ‖ laquelle (関係)代:先行詞が女性単数名詞で, 前に前置詞を伴って用いられる. 先行詞が人の場合, 前置詞が dans, parmi では qui を用いるが, それ以外の前置詞ではどちらでもよい → lequel, lesquels

laquer [ラケ] 動 ①漆(うるし)を塗る ②艶(つや)を出す

lard [ラール] 男 ①豚の脂身 = ~ gras / ~ dur スライスして肉などを包んだり, 棒状に切って肉に刺したりして用いる, 豚の外側の固い脂身 / ~ fondant 肉に近い柔らかい豚の脂身 / ~ fumé スモークベーコン / ~ maigre 三枚肉, 豚ばら肉 = petit ~ ②塩漬豚ばら肉 ③(人の)脂肪

lardage [ラルダージュ] 男 ラルデすること → larder

lardé,e [ラールデ] 形 ラルデした → larder

larder [ラールデ] 動 ラルデする:細切りした豚脂を肉に差込む

lardoire [ラルドゥワール] 女 ラルデ用針 → larder

lardon [ラルドン] 男 ラルドン:1) 豚脂やベーコンの細切り 2) 細切りやさいのめにした, 炒めたベーコン

lardonné,e [ラルドネ] 形 ラルドン形に切った → lardon

lardonner [ラルドネ] 動 ラルドン形に切る → lardon

large [ラールジュ] 形 (男女同形) 大きい, 幅広い ‖ large 男 幅, 広さ = largeur

largement [ラールジュマン] 副 ①広く, 幅広に ②おおまかに ③たっぷりと

largeur [ラルジュール] 女 幅, 広さ = large

larme [ラルム] 女 ①涙 ②一滴 / une ~ de... ひとしずくの… ③ラルム:グラスの内側をワインが流れる様子を表すテイスティング用語 = jambe

laruns [ラランス] 男 ベアルン地方の, 羊乳のチーズ

las,se [ラ, ース] 形 ⟨男には単複同形⟩ ①疲れた ②うんざりした

lasagne [ラザーニュ] 女 ラザーニャ:イタリア発祥の幅広で薄いパスタ及びこのパスタを用いた料理

lasagnette [ラザニェートゥ] 女 小ラザーニャ

las pous [ラス プース] 女(複) ペリゴール地方の, とうもろこし粉の粥(かゆ)またはデザート = rimo(t)te

laser [ラゼール] 男 レーザー

lassitude [ラスィテュードゥ] 女 倦怠(けんたい), 疲れ, 無気力

latéral,e [ラテラル] 形 〈男には latéraux [ラテロ]〉側面の, 横の

latéraux → latéral,e

latin,e [ラ.タン,ティーヌ] 形 ラテン語の ‖ latin 男 ラテン語

latitude [ラティテュードゥ] 女 緯度 / nord (sud) ~ 北(南)緯

latricières-chambertin [ラトゥリスィエール シャンベルタン] 男 ブルゴーニュ地方, コート・ド・ニュイ地区の AOC 赤ワイン

lauréat,e [ロレア,-トゥ] 男 女 入賞者

Laurent-Perrier [ロラン ペリエ] 固 シャンパンメーカー

laurier [ロリエ] 男 月桂樹, ローリエ = laurier-sauce / feuille de ~ 月桂樹の葉, ベイリーフ

laurier-sauce [ロリエ ソース] 男 〈複 ~s-~〉 = laurier

Lausanne [ローザーヌ] 固 ローザンヌ:スイスの都市

lausannois,e [ロザーヌワ,-ズ] 形 〈男には単複同形〉ローザンヌ (Lausanne) の ‖ Lausannois,e 男 女 〈男は単複同形〉ローザンヌの人

lavabo [ラヴァボ] 男 洗面所, 洗面台

lavage [ラヴァージュ] 男 洗浄, 洗濯

laval [ラヴァール] 男 メーヌ地方の, 牛乳のチーズ

lavande [ラヴァーンドゥ] 女 ラヴェンダー:シソ科の香草

lavaret [ラヴァレ] 男 しろ鱒(ます):淡水魚

lavé,e [ラヴェ] 形 洗った

lave-linge [ラヴ ランジュ] 男 〈複 ~-~s〉洗濯機

lave-mains [ラヴ マン] 男 〈単複同形〉エルボ, 小型の洗面台

lavement [ラーヴマン] 男 浣腸

laver [ラヴェ] 動 洗う, 洗濯する / machine à ~ 洗濯機 / machine à ~ la vaisselle 皿洗機 = lave-vaisselle ‖ se ~ 代動⑲ (自分の体を) 洗う / se ~ le visage 洗面する

laverie [ラーヴリ] 女 ①洗場 ②コイン

ランドリー = ~ automatique

lavette [ラヴェートゥ] 女 たわし, ブラシ

laveur,**se** [ラヴー・ル, ズ] 男女 皿洗人 ‖ laveur 男 (根菜の)洗浄機

lave-vaisselle [ラーヴ ヴェセール] 男〈複 ~-~s〉皿洗機 = machine à laver la vaisselle

lavis [ラヴィ] 男〈単複同形〉水墨画, 淡彩画

Layon [レヨン] 固 ロワール地方, アンジュー地区のぶどう栽培地/ coteaux du l~ 同地の AOC 甘口白ワイン/ coteaux du l~ villages 同地の選抜された村の AOC 甘口白ワイン

lazaret [ラザレ] 男 検疫所

le [ル] 冠 (単数に用いる) その/~ bar (どれかに用いている) すずき ⇒ p.747「冠詞」‖ le 代 (直接目的代名詞として) 彼を, (男単を受けて) それを / Tu connais Jean ? — Oui, je ~ connais. ジャンを知ってる? — うん, (彼を) 知ってる ⇒ p.748「人称代名詞」

Lea&Perrins [リ ペリーヌ] 固 英 リー・ペリンズ社 / sauce ~ リーペリンソース:ウスターソースの商標名

leasing [リズィーング] 男 英 リース:賃貸

lèche [レーシュ] 女 ①肉やパンの薄切り ②肉の細切り = léchette

lèchefrite [レーシュフリート] 女 (オーヴンやロースターの) 脂受皿

lécher [レシェ] 動 36 舐(ʼ)める

léchette [レシェートゥ] 女 = lèche

lèche-vitrines [レーシュ ヴィトゥリーヌ] 男〈単複同形〉ウィンドーショッピング

leckerli [レケールリ] 男 上にアイシングをかけたスイスのパン・デピス = lecrelet

leçon [ルソーン] 女 ①稽古, 授業, レッスン ②教訓

lecrelet [レークルレ] 男 = leckerli

lecture [レクテュール] 女 読書, 読み取り, 読み方

légal,**e** [レガール] 形〈男複には légaux [レゴ]〉①法的な ②合法的な

légalement [レガールマン] 副 法的に

légaux → légal,e

léger,**ère** [レジェ, ール] 形 ①軽い ②あっさりした ③わずかな ④軽率な ⑤軽薄な

légèrement [レジェールマン] 副 ①軽く ②少々, わずかに

légèreté [レジェールテ] 女 軽さ

légine [レジーヌ] 女 レジーヌ:海水魚

légion [レジョン] 女 外人部隊 = ~ étrangère / L~ d'honneur レジオン・ドヌール勲章

légitime [レジティム] 形〈男女同形〉正当な

légume [レギューム] 男 野菜:料理として用いる場合は常に複数/~s aromatiques 香味野菜/~s organiques 有機野菜/~s secs 豆類, 乾燥野菜/~s hâtifs 走りの野菜 = primeurs/~s sauvages 山菜/~s verts 青物野菜

légumier,**ère** [レギュミエ, ール] 形 野菜の ‖ légumier 男 野菜サーヴィス用蓋付皿 ‖ légumi**er**,**ère** 男女 ①レギュミエ:野菜の皮むき係 ②(ベルギーの)八百屋

légumineux,**se** [レギュミヌー, ズ] 形〈には単複同形〉(豆)のさやのある ‖ légumineuses 女複 豆科の植物

le ⸢Havre [ル アーヴル] 固 男 → havre

le Mans [ル マン] 固 ル・マン:メーヌ地方の中心都市

lendemain [ランドゥマーン] 男 翌日

lent,**e** [ラン, トゥ] 形 (速度が) 遅い, ゆっくりの

lentement [ラーントゥマン] 副 ゆっくりと

lentille [ランティーユ] 女 ①レンズ ②ひら豆, レンズ豆:料理では常に複数/ ~ blonde 黄色レンズ豆/~ brune 茶色レンズ豆/~ corail さんごレンズ豆/~ orange オレンジレンズ豆/ ~ verte 緑レンズ豆/~ verte du Puy ピュイ産 AOC 緑レンズ豆

lentillon [ランティヨン] 男 小レンズ豆

lentin [ランタン] 男 きのこの種類/ ~ du chêne 椎茸 = shi(i)take

lentisque [ランティースク] 男 ピスタチオの一種

lépiote [レピョートゥ] 女 からかさ茸 = coulemelle, ~ élevée, parasol/ ~ à crête 狐のからかさ:きのこ

lequel [ルケール] (疑問)代 誰, どれ:男性単数名詞を受ける時に用いる ‖ le-quel (関係):先行詞が男性単数名詞で, 前に前置詞を伴って用いる. 先行詞が人の場合, 前置詞が dans, parmi では qui を用いるがそれ以外

les [レ] 冠 (男女複に用いる) それらの／~ oignons (どれかわかれている複数の) 玉ねぎ ⇒ p.747「冠詞」‖ **les** 代 (直接目的代名詞として) 彼女らを, 彼らを, (男女複)を受けて) それらを／Tu connais mes parents ? — Oui, je ~ connais. 私の両親を知ってる？— うん, (彼らを)知ってる ⇒ p.748「人称代名詞」

Lescure [レスキュール] 固男 AOC バターの商標名

lesquels, lesquelles [レケール] (疑問)代 誰, どれ: 男女複数名詞を受ける時に用いる) ‖ lesquels, lesquelles (関係)代 (先行詞が男女複数名詞で, 前に前置詞を伴って用いる. 先行詞が人の場合, 前置詞が dans, parmi では qui を用いるがそれ以外の前置詞ではどちらでもよい) → lequel, laquelle

lessive [レスィーヴ] 女 ①洗濯物, 汚れ物／faire la ~ 洗濯する ②洗剤

letchi [レチ] 男 = litchi

letton, ne [レトン・ヌ] 形 ラトビアの ‖ 男女 Letton, ne ラトビア人

Lettonie [レトニ] 固女 ラトビア

lettre [レートゥル] 女 ①字体, 文字／~ majuscule 大文字／~ minuscule 小文字 ②書状, 手紙, 通達／~ de recommandation 推薦状／~ d'invitation 招待状／~ recommandée 書留／~s 文学, 文芸

leur [ルール] 形 彼らの, 彼女らの／~ maison 彼らの家 ⇒ p.751「所有形容詞」‖ leur 代 (間接目的代名詞として) 彼らに, 彼女らに／Je ~ parle. 私は彼(女)らに話す ⇒ p.748「人称代名詞」‖ leur 代 (定冠詞を伴う所有代名詞として) 彼(女)らのそれ, 彼(女)らのもの／Ce sont les couteaux de tes amis ?— Oui, ce sont les ~s. これらは君の友人たちの包丁？— ええ, これらは彼らのです ⇒ p.749「所有代名詞」

leurre [ルール] 男 ルアー: 魚釣用

levadou [ルヴァドゥー] 男 = fressure

levage [ルヴァージュ] 男 酸酵による生地の膨張

levain [ルヴァン] 男 イースト, パン種／~ chef 初種, 親種／~ levure ビール種入パン種

levé, e [ルヴェ] 形 ①上がった, 上げた, 起した ②酸酵した ③除いた, くり抜いた ‖ levée 女 ①除去 ②土手, 盛土 ③パンなどの酸酵

lever [ルヴェ] 動 5 ①縦にする, 立てる, 持ち上げる ②一部を取去る, (魚を)おろす, (全体から一部を)切離す／~ les filets de poisson 魚を3枚におろす ③除く, くり抜く ④ (生地が酸酵して) ふくらむ ‖ se ~ 代動 5 59 起上がる／Le jour se lève. 夜が明ける ‖ lever 男 ① (太陽などが)昇ること／~ du jour 夜明け ②起床

levier [ルヴィエ] 男 てこ／~ à champagne シャンパン用てこ式栓抜

levraut [ルヴロー] 男 ①生後2〜4ヶ月の仔野うさぎ ②あざみの一種

lèvre [レーヴル] 女 唇

levroux [ルヴルー] 男 ベリ地方の, 山羊乳のチーズ

levure [ルヴュール] 女 ①イースト, 酵母／~ cultivée 培養酵母／~ de bière ビール酵母／~ de boulanger, ~ de pain, ~ fraîche 生イースト, パン酵母／~ de Pasteur パスツール酵母／~ de vin ワイン酵母 ②ベーキングパウダー = ~ chimique, ~ en poudre／~ sèche ドライイースト ③豚背脂の切りくず

Lewerknepfle [レーヴェルクネープフル] 男 アルザス地方の, レバー入だんご

lexique [レクスィーク] 男 ①語彙(い) ②専門用語辞典

lézard [レザール] 男 ①とかげ ②えそ: エソ科の魚の絵称

liaison [リエゾーン] 女 ①関係 ②リエゾン: 母音で始まる語を, 直前の発音しない語末の子音字とつなげて発音すること ③ (交通の) 連絡 ④ (ソースやスープなどの) つなぎ, とろみづけ／~ au jaune d'œuf 卵黄でのつなぎ／jusqu'à ~ とろみがつくまで

liant, e [リヤーン, トゥ] 形 愛想のいい, 付合いのいい ‖ liant 男 ①柔軟さ, 弾力性 ②結着剤, 結合剤

liard [リヤール] 男 (昔の) 銅貨／pommes en ~s ポテトチップ = pommes chips

liberté [リベルテ] 女 自由, フリー

libraire [リブレール] 男女 本屋 (人)

librairie [リブレリー] 女 本屋(店)
libre [リーブル] (男女同形) ①自由な, 空いている, 暇がある / chambre ～ 空室 / taxi ～ (タクシーの)空車 ②決った相手のいない
librement [リーブルマン] 副 自由に, どんどん
libre-service [リーブル セルヴィス] 男 〈単複同形〉セルフサーヴィス, セルフサーヴィスレストラン
licence [リサーンス] 女 ①学士号 ②許可, 認可, (営業用)免許
licencié,e [リサンスィエ] 形 解雇された, リストラされた ‖ licencié,e 男女 学士
licenciement [リサンスィマン] 男 解雇 / avis de ～, lettre de ～ 解雇通知
licencier [リサンスィエ] 動 解雇する
lie [リ] 女 澱(ｵﾘ) / sur ～ シュル・リ: 澱引(ｵﾘﾋﾞ)しないワイン製造法
lié,e [リエ] 形 ①つないだ, 結んだ ②リエした → lier
liège [リエージュ] 男 コルク, コルク樫(ｶｼ)の木 / bouchon de ～ コルク栓 ‖ Liège 固 リエージュ:ベルギーの地方
liégeois,e [リエージュワ, ーズ] 形〈男には単複同形〉リエージュ (Liège) の / (à la) ～e リエージュ風(の):アルデーヌハムとねずの実を使った料理用表現 / café ～ コーヒー風味のパフェ ‖ Liégeois,e 男女〈男は単複同形〉リエージュの人
lien [リヤーン] 男 ①縄, 紐 ②きずな
lier [リエ] 動 ①しばる, 結ぶ / ～ ensemble …を束ねる ②リエする: ソースにとろみをつける / ～ la sauce (つなぎを加えて)ソースの濃度を高める / ～ ...avec de la fécule …を澱粉(ﾃﾞﾝ)でつなぐ
lieu [リュー] 男〈複 ～x〉①場所 / avoir ～ 行われる / au ～ de... …の代りに / ～ de naissance 生誕地 / en premier (dernier) ～ 最初(最後)に ②ポラック:鱈(ﾀﾗ)の一種 / merlan jaune / ～ noir しろいと鱈(ﾀﾗ) = colin
lièvre [リエーヴル] 男 雄野うさぎ
ligne [リーニュ] 女 ①線 / ～ d'arrêt 停止線 / ～ droite 直線 ②回線 / ～ extérieur (intérieur) (電話の) 外 (内) 線 ③列 ④路線 / ～ internationale (intérieure) 国際 (内) 線 / grande ～ (鉄道の) 幹線 ⑤方針, 輪郭 / grandes ～s

大筋 ⑥ (本などの) 行 ⑦釣糸 / ...de ～ 一本釣の…
ligueil [リグーユ] 男 トゥーレーヌ地方の,山羊乳のチーズ
Ligurie [リギュリ] 固男 リグリア:イタリアの地中海沿岸地方
ligurien,ne [リギュリヤン, エーヌ] 形 ①リグリア (Ligurie) の / (à la) ～ne リグリア風(の):ピラフ,詰物をしたトマト,ポム・デュシェスを付合せた料理用表現 ‖ Ligurien,ne 男女 リグリアの人
Lille [リール] 固 リール:フランドル地方の都市
Lillet [リエ] 固男 ワインに柑橘(ｶﾝｷﾂ)類のリキュールを加えた赤,白の食前酒の商標 / ～ rouge リエ・ルージュ:赤のボルドーワインとフルーツリキュールの食前酒
lillois,e [リールワ, ーズ] 形〈男には単複同形〉リール (Lille) の ‖ Lillois,e 男女〈男は単複同形〉リールの人
Lima [リマ] 固 ペルーの首都 / haricot de ～ 熱帯地方でとれる緑色の大きないんげん豆
limace [リマース] 女 なめくじ / ～ de mer くさ魚 = liparis
limaçon [リマソン] 男 ①エスカルゴ,かたつむり = escargot ②らせん
limande [リマーンドゥ] 女 リマンド:まこがれいに似た小型のかれい
limandelle [リマンデール] 女 左側眼の柳がれいに似た魚 = cardine
limande-sole [リマンドゥ ソール] 女〈複 ～s-～s〉レモンソール,にしなめがれい
limandier [リマンディエ] 男 つばさだるまがれい = cardine
limbourg [ランブール] 男 ベルギーの,牛乳のチーズ
lime [リーム] 女 ①やすり ②みの貝 ③ライム = limette
limette [リメトゥ] 女 ライム = lime
limettier [リメティエ] 男 ライムの木 / ～ hérissé コンバヴァ,こぶみかん
limitation [リミタスィヨン] 女 制限
limite [リミートゥ] 女 限界,リミット
limité,e [リミテ] 形 制限された,有限の
Limoges [リモージュ] 固 リモージュ:リムーザン地方の都市
limon [リモン] 男 ①(魚表面の)ぬめり

②レモン = citron

limonade [リモナードゥ]囡 リモナード: レモン風味の炭酸飲料

limonadier, ère [リモナディエ, ール]男囡 カフェの経営者 ‖ limonadier 男 ①ソムリエナイフ ②清涼飲料水製造, 販売業者

limonage [リモナージュ]男 鱗(うろこ)やぬめりの除去 → limoner

limoné, e [リモネ]形 鱗(うろこ)やぬめりを除去した → limoner

limoner [リモネ]動 ①鱗(うろこ)やぬめりを除去する = écailler ②脳や魚のフィレなどの血や汚れを湯または水にさらして除く = blanchir

limousin, e [リムーザン, ズィーヌ]形 リムーザン(Limousin)の, リモージュ(Limoges)の / (à la) ~e リムーザン風(の), リモージュ風(の): 紫キャベツの千切りをブイヨンと酢で煮, りんごと栗を加えた付合せを添えた料理用表現 ‖ Limousin 固男 リムーザン: 中央フランスの地方 ‖ Limousin, e 男囡 リムーザンの人, リモージュの人 ‖ **limousine** 囡 リムジン: 運転手付大型高級車

Limoux [リムー]固 ラングドック地方の町 / blanquette de l~ 同地方, ブランケット・ド・リムー地区の AOC 発泡性白ワイン / crémant de l~ 同地区の AOC 弱発泡性白ワイン

limpide [ランピードゥ]形 〈男女同形〉 澄んだ, 透明な

limule [リミュール]男 かぶと蟹 = crabe des Molusques

lin [ラン]男 ①亜麻 ②リンネル

linge [ラージュ]男 ①リネン: シーツ, タオルなどの総称 / ~ de table 食卓用リネンセット ②下着

lingerie [ラージュリ]囡 ランジェリー: 女性用下着: 集合的 / ~ d'homme 男性用下着

lingot [ランゴ]男 ポワトゥー地方, ヴァンデ産の白いんげん豆: 料理では常に複数

lingual, e [ランゴワール]形 〈複には linguaux [ランゴオ]〉 舌の

lingue [ラーング]男 匕首(あいくち) ‖ lingue 囡 くろじまなが鱈(たら) = grande ~ / ~ espagnole あおびれ鱈 / ~ bleue きたあおびれ鱈

linguette [ランゲートゥ]囡 舌下錠

linguine [リンゲーイネ]囡複 伊 リングイネ: 幅広の乾燥パスタ

liniment [リニマン]男 塗薬

liparis [リパリス]男 〈単複同形〉 くさ魚 = limace de mer

lipide [リピードゥ]男 脂質

liquéfié, e [リケフィエ]形 液体にした

liquéfier [リケフィエ]動 液体にする

liqueur [リクール]囡 リキュール / ~ de cassis カシスリキュール / ~ de framboise フランボワーズリキュール / ~ de menthe ミントリキュール / ~ des villageois ホットワイン = vin cuit / ~ de tirage シャンパン製造中に加える甘口ワインと蒸留酒の混合物 = ~ d'expédition / ~ de verveine バーベナリキュール

liquidation [リキダスィヨン]囡 ①決算 ②清算 ③バーゲンセール, 安売

liquide [リキードゥ]形 〈男女同形〉 液体の, 流動性の ‖ liquide 男 ①液, 液体 / ~ de Ringer リンゲル液 ②現金

liquoreux, se [リコルー, ズ]形 〈男には単複同形〉 甘口の, リキュールっぽい ‖ liquoreux 甘口ワイン

lirac [リラック]男 コート・デュ・ローヌ地方の AOC 赤, 白, ロゼワイン

lire [リール]動24 読む

lis [リース]男 〈単複同形〉 百合(ゆり)

lisette [リゼートゥ]囡 ノルマンディ地方の小さば

lisible [リズィーブル]形 〈男女同形〉 判読可能な, 読める

lisieux [リズュー]男 ノルマンディ地方の, 牛乳のチーズ

lisse [リース]形 〈男女同形〉 なめらかな, (肌などが)つるつるの

lissé, e [リセ]形 ①なめらかにした, ならした ②糖をからめた ‖ lissé 男 シロップの状態 / grand ~ 106~109℃のシロップ = grand filé / petit ~ 103~105℃のシロップ = petit filé

lisser [リセ]動 なめらかにする, (クリームなどをパレットナイフで)ならす

liste [リーストゥ]囡 一覧表, リスト, 名簿

listrac [リストゥラーク]男 ボルドー地方, メドック地区の AOC 赤ワイン

lit [リ]男 寝台, ベッド, 寝床 / faire un ~ ベッドメーキングをする / grand ~ ダブルベッド / ~s jumeaux ツイ

ンベッド

litchi [リーチ] 男 ライチ, レイシ, レイチ：トロピカルフルーツ = letchi

literie [リートゥリ] 女 寝具：総称

lithographie [リトグラフィ] 女 石版画, リトグラフ

litorne [リトルヌ] 女 野原つぐみ

litre [リートゥル] 男 リットル：容積の単位. 記号はℓ

littéraire [リテレール] 形〈男女同形〉①文学の ②文科系の

littérature [リテラテュール] 女 文学

littoral,e [リトラル] 形〈男複〉には littoraux [リトロ]〉沿岸の

littorine [リトリーヌ] 女 たまきび貝 = bigorneau, guignette, vigneau, vignot

Lituanie [リテュアニ] 固女 リトアニア

lituanien,ne [リテュアニ・ヤン, エーヌ] 形 リトアニア (Lituanie) の ‖ lituanien 男 リトアニア語 ‖ Lituanien,ne 男女 リトアニア人

livarot [リヴァロ] 男 ノルマンディ地方の, 牛乳からつくる AOC チーズ

live [リーヴ] 形〈英〉〈不変〉ライブの

livèche [リヴェーシュ] 女 まるばとうき：セリ科の香草 = ache de montagne / sel de ~ セル・ド・リヴェーシュ：まるばとうき風味の精製塩

livernon [リヴェルノーン] 男 ケルシ地方の, 山羊乳のチーズ

living [リヴィーング] 男〈英〉リビングルーム = living-room

livraison [リヴレゾーン] 女 納品, (商品の)配達 / ~ à domicile 宅配

livre [リーヴル] 男 ①本 / ~ de poche ペーパーバック：文庫または新書本 ②帳簿, 日誌 ‖ livre 女 半キロ, ポンド：重量単位 = 500 g, demi-kilo / ~ sterling ポンド：イギリスの通貨単位

livré,e [リーヴレ] 形 ①配達された ②引渡された

livrer [リーヴレ] 動 ①配達する ②引渡す

livret [リーヴレ] 男 通帳, 手帳

livreur,se [リヴルール, ルーズ] 男女 (商品の)配達人

lloyd-georges [ロイドゥ ジョルジュ] 女複 フランポワーズの品種

lobe [ローブ] 男 (肝臓などの) 葉(ぅ) / ~ d'oreille 耳たぶ

local,e [ロカール] 形〈男複〉には locaux [ロ

コ]〉地方の, ローカルの / impôts locaux 地方税 ‖ local 男〈複〉locaux〉(一定用途に割り当てられた)場所, 部屋

locataire [ロカテール] 男女 賃借人, テナント, 入居者

location [ロカスィヨン] 女 ①賃貸, レンタル / en ~ 賃貸の ②(劇場などの)席予約 / prix de ~ (劇場の)席料

locaux → local,e

loche [ローシュ] 女 ①どじょう ②まだらなが鱈(ちら) = ~ de mer, mostelle ‖ loches 男複 トゥーレーヌ地方の, 山羊乳のチーズ

locution [ロキュスィヨン] 女 ①語法 ②句：文法用語 / ~ adverbiale (adjective, nominale, verbale) 副詞(形容詞, 名詞, 動詞)句

loge [ロージュ] 女 ①管理人室, 守衛室 ②(劇場などの)ボックス席

logé,e [ロジェ] 形 宿舎付の / ~, nourri,e, blanchi,e 衣食住付の

logement [ロージュマン] 男 宿泊設備 / avec ~ 住居付の

loger [ロジェ] 動25 住む, 泊まる, 泊める

logiciel [ロジスィエール] 男 ソフトウェア

logique [ロジーク] 形〈男女同形〉論理的な ‖ logique 女 ①論理 ②論理学

loi [ルワ] 女 法, 法則, 法律

loin [ルワン] 副 遠くに / aller trop ~：1) 遠くへ行き過ぎる 2) やり過ぎる / ~ de... …から遠くに

lointain,e [ルワーン・タン, テーヌ] 形 遠い, はるかな

Loir [ルワール] 固男 ロワール川 (Loire) 支流のロワール川 / coteaux du l~ 同地方の AOC 白, 赤, ロゼワイン

Loire [ルワール] 固女 la ~ ロワール：1) フランス最長の川 2) その流域także ‖ loire 女 ロワール川流域で産するワイン = vin de la ~ / coteaux de la l~ 同地方の AOC 白ワイン

loisir [ルワズィール] 男 暇, 余暇 / ~s 気晴し, 余暇, レジャー / (tout) à ~ (時間をかけて)ゆっくり

Lokrine [ロクリーヌ] 固女 パンの改良剤の商標

lollo rossa = lolorossa

lolorossa [ロロロサ] 女 サラダ菜の一種 = lollo rossa

lombaire [ロンベール] 形〈男女同形〉腰の ‖ lombaire 女 腰椎 = vertèbre ~

lombes [ローンブ] 男複 腰部
lo miquou [ロ ミコ] ヴィヴァレ地方の, とうもろこし粉の料理
London [ローンドゥン] 固(英) ロンドン → Londres / ~ Dry Gin ロンドンドライジン：2度蒸留するジン / filet de bœuf ~ House 牛フィレ肉ロンドン市役所風：開いた牛フィレ肉にフォワ・グラとトリュフをはさんでローストし, マデラ酒風味の仔牛のフォンをソースとした料理
londonien, ne [ロンドニ・ヤン, エーヌ] 形 ロンドン(Londres)の ‖ Londonien, ne 男女 ロンドンっ子
Londres [ローンドゥル] 固 ロンドン
long, ue [ロン, グ] 形 ①長い ②アロマが継続するワインの形容 ‖ long 男 縦, 長さ / avoir...de ~ …の長さがある / en (de) ~ 縦に, 長辺に / au ~ de..., ~ le de... 沿いに, …に沿って / inciser la viande le ~ de l'os 骨に沿って肉に切込を入れる
longane [ロンガーヌ] 男 竜眼 = トロピカルフルーツ = œil de dragon
longe [ローンジュ] 女 ロンジュ：1) 豚の肩ロース, ロース, フィレの総称 2) 仔牛の腰肉
longeol(l)e [ロンジョール] 女 サヴォワ地方の, フェンネル風味のソーセージ
longitude [ロンジテュードゥ] 女 経度 / ~ est (ouest) 東(西)経
longtemps [ロンタン] 副または男 長い間 / avant ~ 近々 / ça fait ~ que ずっと以前に…した / depuis ~ 昔から / il y a ~ ずっと以前に
longuement [ローングマン] 副 長く
longue-oreille [ロングレーユ] 女〈複 ~s- ~s〉びんながまぐろ = germon
longueur [ロングール] 女 縦, 長さ / dans le sens de la ~ 縦に, 長辺に
lonzo [ロンソ] 男 コルシカの, 豚フィレ肉の冷燻生ハム
loquat [ロカ] 男 びわの実 = bibace, bibasse, nèfle du Japon
lorgnette [ロルニェットゥ] 女 オペラグラス / en ~ ロルニェット風(に, の)：オペラグラスを模した魚の盛付方法 = en lunettes
lormes [ロールム] 男 ブルゴーニュ地方の, 牛乳のチーズ
lorrain, e [ロ・ラン, レーヌ] 形 ロレーヌ(Lorraine)の / (à la) ~e ロレーヌ風(の)：1) 紫キャベツとポム・フォンダントを付合せた料理用表現 2) 同地方の料理に用いる表現 / quiche ~e 卵とクリームをまぜベーコンを入れたタルト ‖ Lorraine 固 女 ロレーヌ：フランス西部の地方 ‖ lorraine 男 ロレーヌ地方の, 牛乳のチーズ
lorsque [ロールスク] 接 …する時
losange [ロザーンジュ] 男 菱形
losangé, e [ロザンジェ] 形 菱形の
loterie [ロトゥリ] 女 宝くじ
lot-et-garonne [ロ エ ガロンヌ] 男 乳飲仔牛として名高い牛の種類
lotion [ロスィヨン] 女 化粧水, ローション / ~ à mains ハンドクリーム(ローションタイプ) / ~ à raser シェーヴィングローション / ~ capillaire ヘアローション
lot(t)e [ロートゥ] 女 ①かわめんたい = ~ de rivière ②あんこう = baudroie, ~ de mer
lotus [ロテュス] 男〈単複同形〉蓮 = nélumbo
loubine [ルービーヌ] 女 すずきの大西洋岸での呼称 = bar, loup, louvine
louche [ルーシュ] 女 杓子, レードル = cuiller à pot / ~ à bec ソースレードル / ~ à punch パンチレードル
louer [ルエ] 貸す, 借りる / à ~ 賃貸の / vêtement à ~ 貸衣装
louise-bonne d'Avranches [ルイーズ ボーヌ ダヴランシュ] 女 洋梨の品種
lou magré [ル マグレ] ガスコーニュ地方の, 脱脂牛乳のチーズ
loup [ルー] 男 ①狼 ②すずきのプロヴァンス地方での呼称 = bar, loubine, ~ de mer / ~ en croûte すずきを折込パイ生地で包み, 魚の形に整形してオーヴンで焼いた料理
loupiac [ルーピヤック] 男 ボルドー地方, プルミエール・コート・ド・ボルドー地区の AOC 甘口白ワイン
louquenkas [ルーケンカース] 男 バスク地方のソーセージ
lourd, e [ルール, ドゥ] 形 ①重い ②蒸暑い ③(味が) しつこい ④濃厚すぎるワインの形容
lourdement [ルールドゥマン] 副 重く
louvine [ルーヴィーヌ] 女 = loubine
loyer [ルワイエ] 男 家賃

Lubéron [リュベロン] 固男 プロヴァンス地方の山脈/ côtes du l~ 同地のAOC 赤, 白, ロゼワイン

Lucerne [リュセールヌ] 固 ルツェルン：スイスの都市

lucernois,e [リュセルノワ, ーズ] 形〈男には単複同形〉ルツェルン(Lucerne)の‖Lucernois,e 男女〈男は単複同形〉ルツェルンの人

lucullus [リュキュリュス] 男 イル・ド・フランス地方の, 牛乳と生クリームのチーズ

luffa [リュファ] 男 へちま

lui [リュイ] 代 ①（強調形として, または前置詞の後で）彼/ Viens avec ~. 彼と一緒に来い ②（間接目的代名詞として）彼に, 彼女に/ Je ~ parle. 私は彼(女)に話す ⇒ p.748「人称代名詞」

lui-même [リュイ メーム] 代 彼自身

luire [リュイール] 動 11〈備考〉輝く

luisant,e [リュイザン, トゥ] 形 輝いている‖ luisant 男 光沢, 艶(つや)

luma [リュマ] 男 プティ・グリ種のエスカルゴの, ポワトゥー地方での呼称

lumbago [ロンバゴ] 男 ぎっくり腰, 腰痛症

lumière [リュミエール] 女 ①光, 日光/ ~ du soleil ②明り, 照明 ③真実, 解明

lumineux,se [リュミヌー, ズ] 形〈男には単複同形〉光る, 輝いている

lump [ラーンプ] 男 ランプフィッシュ：ダンゴウオ科の魚

lunaire [リュネール] 形〈男女同形〉月の, 月のような

lunch [ランチ] 男 英 軽食, ランチ

lundi [ランディ] 男 月曜日/ le ~ 毎月曜日

lune [リュヌ] 女 月/ ~ de miel ハネムーン = voyage de noces / pleine ~ 満月

lunette [リュネートゥ] 女 ①望遠鏡 ②丸い開口部 ③眼鏡形のサブレ = milanais/~s de ski / ~s de soleil, ~s noires サングラス/ en ~s 眼鏡造：眼鏡を模した魚の盛付方法 = lorgnette / ~s de protection ゴーグル/ porter des ~s 眼鏡をかけている

lunetterie [リュネートゥリ] 女 眼鏡屋（店）

lusitain,e [リュズィ・タン, テーヌ] = lusitanien,ne

Lusitanie [リュズィタニ] 固女 ルシタニア：ポルトガルの古称

lusitanien,ne [リュズィタニ・ヤン, エーヌ] 形 ルシタニア(Lusitanie)の/ (à la) ~ne ルシタニア風(の) = (à la) portugaise‖Lusitanien,ne 男女 ルシタニア人

lustre [リュ−ストゥル] 男 ①シャンデリア ②光沢, 艶(つや) ③ lustrer

lustré,e [リュ−ストゥレ] 形 ①光沢を付けた ②艶(つや)を出した → lustrer

lustrer [リュ−ストゥレ] 動 ①光沢を付ける ②（澄ましバター, ジュレなどを塗って）艶(つや)を出す/ ~...à la gelée （艶出しのために）…にゼリーを塗る

lut [リュートゥ] 男 鍋と蓋を密閉するための生地 = repère

luté,e [リュテ] 形 リュテした → luter

Lutèce [リュテス] 固 ルテキア：パリの古称

luter [リュテ] 動 リュテする：鍋などに蓋をして小麦の生地で密閉する

lux [リュ−クス] 男〈単複同形〉ルクス：照度単位

luxe [リュ−クス] 男 豪華, 贅沢/ de ~ デラックスな = luxueux,se

Luxembourg [リュクサンブール] 固男 ルクセンブルク

luxembourgeois,e [リュクサンブールジュワ, ーズ] 形〈男には単複同形〉ルクセンブルク(Luxembourg)の‖Luxembourgeois,e 男女〈男は単複同形〉ルクセンブルク人

luxueusement [リュクスューズマン] 副 豪華に, 贅沢に, デラックスに

luxueux,se [リュクスュー, ズ] 形〈男には単複同形〉豪華な, 贅沢な, デラックスな = de luxe

luzerne [リュゼールヌ] 女 アルファルファ, うまごやし

lycée [リセ] 男 高等学校/~ hôtelier, ~ d'hôtellerie ホテル・調理師学校

lycéen,ne [リセ・アン, エーヌ] 男女 高校生

lyciet [リスィエ] 男 拘杞(くこ)

Lyon [リヨン] 固女 リヨン：フランス第2の都市

lyonnais,e [リヨネ, ーズ] 形〈男には単複同形〉リヨン(Lyon)の/ (à la) ~e リ

ヨン風(の):1)炒め溶かした玉ねぎを使った料理,またはソース・リヨネーズと玉ねぎを使った料理用表現 2)リヨンの郷土料理に用いる表現/ pommes de terre à la ~e ソテしたじゃが芋の輪切りと炒め溶かした玉ねぎをソテした料理/ salade ~e たんぽぽの葉またはチコリ,ポーチドエッグ,ソテしたベーコン,トーストに,ベーコンをソテしたフライパンを酢でデグラセしソースとしたサラダ/ groin d'âne / sauce ~e ソース・リヨネーズ:炒め溶かした玉ねぎに酢,白ワイン,ドミグラスソースを加えたソース ‖ Lyonnais,e 男女 〈単複同形〉リヨンの人 ‖ Lyonnais 固男 リヨネ:リヨンを中心とした地方 ‖ lyonnais 男 黒ぶどうの品種 = gamay / coteaux du ~ リヨネ地方のAOC赤ワイン

lyophilisation [リヨフィリザスィヨン] 女 フリーズドライ製法

lyophilisé,e [リヨフィリゼ] 形 凍結乾燥させた

lyre [リール] 女 ①リラ:弦楽器 ②詩 ③ dragonnet ~ しゃれぬめり,ねずっぽ:魚 ④ L~ こと座

M, m

M,m [エム] 男 ①フランス字母の13番め ② M.:Monsieur (氏)の略 ③ M [ミール] ローマ数字の千 ④ m : mètre (メートル)の省略記号 ⑤ m : masculin (男性形)の略

m' me (代名詞)が母音または無音のhの前に来る時の省略形 ⇒ p.748「人称代名詞」

ma [マ] 形 〈女単に,ただし母音または無音のhで始まる語の前では mon を用いる〉私の/ ~ place 私の席 ⇒ p.751「所有形容詞」

macabeo [マカベオ] 男 白ぶどうの品種
macabeu [マカブ] 男 〈複 ~x〉白ぶどうの品種

Macaire [マケール] 形 〈不変〉つぶして平らにし焼色を付けたじゃが芋に用いる表現 = pommes ~

macaron [マカロン] 男 ①アーモンド風味の菓子 ②レストランガイドブックミシュランの星 = étoile

macaroni [マカロニ] 男 複 伊 マカロニ

macaronner [マカロネ] 動 マカロン用アパレイユに濃度が付くようにまぜる

macédoine [マセドワーヌ] 女 3~4mm角の野菜及びそのミックス料理/ ~ de fruits フルーツポンチ ‖ Macédoine 固女 マケドニア

macédonien,ne [マセドニ・ヤン,エーヌ] 形 マケドニア (Macédoine)の ‖ macédonien 男 マケドニア語 ‖ Macédonien,ne 男女 マケドニア人

macération [マセラスィヨン] 女 マセレすること → macérer / ~ carbonique 炭酸ガス浸漬(ビン)法

macéré,e [マセレ] 形 マセレした → macérer / ~,e de... …で漬けた

macérer [マセレ] 動 36 マセレする:1)肉などに塩や香草をなじませる 2)フルーツなどをシロップやリキュールに漬ける 3)(ワイン製造で)果汁と果皮とを分けずにおく

maceron [マスローン] 男 セリ科の野菜

mâche [マーシュ] 女 ①マーシュ:サラダ菜の一種 = blanchet, doucette, oreille-de-lièvre, valérianelle / ~ d'Italie イタリアンマーシュ:ほうれん草に似た野菜 ②渋味のあるワインの味

mâcher [マシェ] 動 噛む,咀嚼(ネ゚)する

machin [マシャン] 男 (話言葉)これ,あれ,それ,物 = truc

machine [マシーヌ] 女 機械/ ~ à coudre ミシン/ ~ à hacher 挽肉器/ ~ à laver 洗濯機/ ~ à découper les pâtes, ~ à pâte パスタマシン/ ~ sous-vide 真空パック機

machiniste [マシニーストゥ] 男女 (バス,地下鉄の)運転士

mâchoire [マシュワール] 女 あご

mâchon [マション] 男 ソーセージ,内臓の煮込,サラダなどを組合せたリヨン特有の軽食

macis [マスィ] 男 〈単複同形〉メース:ナツメグの皮からつくる香料

macle [マークル] 女 ひしの実 = châtaigne d'eau, noix d'eau, macre

mâcon [マコン]男 ブルゴーニュ地方, マコネ地区のAOC赤, 白, ロゼワイン／～ villages 同地区の特定の村のAOC白ワイン ‖ Mâcon 固 ブルゴーニュ地方の町

maçon [マソン]男 左官(人)

mâconnais,e [マコネ-ズ]形〈男には単複同形〉マコン (Mâcon) の/(à la) ～e マコン風(の): 1) 魚の赤ワイン煮用料理表現 2) マコンの赤ワインを使った料理用表現 ‖ Mâconnais 固男 ブルゴーニュ地方のぶどう栽培地区 ‖ mâconnais 男 ブルゴーニュ地方の, 山羊乳または牛乳, または山羊乳と牛乳でつくるチーズ ‖ Mâconnais,e 男女〈男は単複同形〉マコンの人

maçonnerie [マソヌリ]女 左官工事, 左官業

macquée [マケ]女 北フランス及びベルギーの, 脱脂乳のフレッシュチーズ

macre [マクル]女 = macle

macreuse [マクルーズ]女 ①牛肩ロース肉 ②くろ鴨

macroure [マクルール]男 ソコダラ科の魚

mactre [マークトゥル]女 あおやぎ, ばか貝

Madagascar [マダガスカール]固男 マダガスカル

Madame [マダーム]女〈複 Mesdames [メダーム]〉〈大人の女性への敬称として〉…さん

madeleine [マドゥレーヌ]女 マドレーヌ: オレンジ風味の小ケーキ

madeleineau [マドゥレノー]男〈複 ～x〉鮭 = saumon

madeleinette [マドゥレネートゥ]女 小マドレーヌ

Mademoiselle [マドゥムワゼール]女〈複 Mesdemoiselles [メドゥムワゼール]〉〈未婚女性に対する敬称〉…さん, ミス…

Madère [マデール]固女 マデラ: 大西洋のポルトガル領の島 ‖ madère 男 マデラ酒: ポルトガルの酒精強化ワイン／sauce m～ ソース・マデール: 仔牛のフォンにマデラ酒を加えたソース

madérisation [マデリザスィヨン]女 マデラ酒のような風味を持たせること

madérisé,e [マデリゼ]形 年を経るに従い琥珀(ほく)色でマデラ酒に似た風味を持つ白ワインの形容

madiran [マディラン]男 ガスコーニュ地方のAOC赤ワイン

Madrid [マドリードゥ]固 マドリード: スペインの首都

madrilène [マドリレーヌ]形〈男女同形〉マドリード (Madrid) の/(à la) ～ マドリード風(の): トマト, セロリを風味にしたコンソメに用いる料理表現 ‖ Madrilène 男女 マドリードの人

magasin [マガザン]男 倉, 店／grand ～ デパート, 百貨店

magazine [マガズィーヌ]男〈写真の多い〉雑誌

Maggi [マジ]固 マギー: 食品メーカー

Maghreb [マグレーブ]固 マグレブ: アフリカ北西部

maghrébin,e [マグレ・バン, ビーヌ]形 マグレブ (Maghreb) の/la cuisine ～e 北アフリカ料理／(à la) ～e マグレブ風(の): 北アフリカ料理に影響を受けた料理用表現 ‖ Maghrébin,e 男女 マグレブ人

magie [マジ]女 マジック, 魔法

magique [マジーク]形〈男女同形〉魔法の, 不可思議な

magnétique [マニェティーク]形〈男女同形〉磁気の, 磁気を帯びた

magnéto [マニェト]男〈話言葉〉テープレコーダー: magnétophone の略

magnétophone [マニェトフォーヌ]男 テープレコーダー = magnéto

magnétoscope [マニェトスコープ]男 ビデオテープレコーダー, ビデオデッキ

magnifique [マニフィーク]形〈男女同形〉盛大な, みごとな, 立派な

magnum [マグノム]男 ①マグナム: 1.5ℓ入ワイン瓶／double ～ 容量3ℓのボルドーワイン用大瓶 ②チーズ = chateaubriand

magret [マグレ]男 フォワ・グラ用に肥育した鴨や鷺鳥の胸肉／～ de canard 鴨のマグレ

magyfleur [マジフルール]男 飴やチョコレート用の型

mahon [マオン]男 スペインの, 牛乳と羊乳のチーズ

mai [メ]男 5月／en ～, au mois de ～ 5月に

maïa [マヤ]男 毛脚蟹 = araignée (de mer)

maigre [メーグル]形〈男女同形〉①やせ

た, 脂肪分の少ない ②(食事が)肉なしの／chair (または viande)～　赤身の肉＝maigre ③(名詞の前に置いて)粗末な, 貧弱な ④酸味の希薄なワインの形容＝plat ‖ maigre 男女 やせた人 ‖ maigre 男 ①赤身の肉＝viande～／au～　獣脂をいっさい使わない ②肉なしの食事＝repas～　③にべ：いしもちに似た魚

maigri,*e* [メーグリ] 形 (身体が以前より)やせた

maigrir [メグリール] 動4 (身体が以前より)やせる

maille [マーユ] 女 編目／M～　フランスの, マスタードと酢の製造会社

maillechort [マユショール] 男 洋銀：亜鉛, 銅, ニッケルの合金＝argentan, argent blanc, melchior

maillet [マイエ] 男 木槌

maillot [マーヨ] 男 産着, シャツ, 水着／～de bain 水着

main [マン] 女 手, 働き手／à la～　手に, 手の, 手動の／de seconde～　中古(の)／donner un coup de～　手伝う／fait,*e* à la～　手製(の)／～courante (エスカレーターの)手すり／～de bouddha 仏手柑(ぶしゅかん)：柑橘(かんきつ)類

main-d'œuvre [マン ドゥーヴル] 女〈複 ～*s*-～〉労働力

Maine [メーヌ] 固男 メーヌ：パリ西方の地方

maine-anjou [メナンジュー] 女 牛の品種

maingaux [マンゴ] 男複 ブルターニュ地方の, クリームとフルーツのデザート＝mingaux, maingots

maingots＝maingaux

maintenance [マントゥナーンス] 女 維持管理, メンテナンス

maintenant [マントゥナーン] 副 ①今, 現在 ②ところで

maintenir [マントゥニール] 動47 ①固定する ②維持する, 保つ ③主張する

maintien [マンティヤーン] 男 ①保持 ②行儀作法

maire [メール] 男 市長, 町長, 村長：フランスには地方自治体としての市, 町, 村の区別がない

mairie [メリ] 女 市役所, 町(村)役場：フランスには地方自治体としての市, 町, 村の区別がない

mais [メ] 接 しかし, でも, なお ‖ mais 副 (強調) 実に, まさに, まったく／～oui (non) もちろんそうだ(ちがう)

maïs [マイース] 男〈単複同形〉とうもろこし／farine de～　コーンミール／fécule de～　コーンスターチ／huile de～ コーン油／～doux スイートコーン／～éclatés ポップコーン

maison [メゾン] 女 ①家／～à louer 貸家／～de campagne 別荘 ②家族, 家庭 ③家柄, 家系 ④職場, 店／～de gros 問屋 (店)／～de retraite 養老院／～mère 本店 ‖ maison 形 自家製の＝de la～, fait,*e* à la～／gâteau～ 当店特製ケーキ

maître [メートゥル] 男 ①(女は maîtresse [メトゥレース]) 支配者, 主人, 長／～d'hôtel メトル・ドテル：レストランのサーヴィス責任者, マネージャー／beurre～d'hôtel メトル・ドテルバター：塩, 胡椒, パセリ, レモン汁を加えた合せバター／sauce～d'hôtel ヴルテソースにメトル・ドテルバターを加えたソース ②親方, 巨匠, 師匠, 名人：女性形はない. 女性弁護士の敬称にも maître を用いる ③技師, 先生

maître-cuisinier [メートゥル キュイズィニエ] 男〈複 ～*s*-～*s*〉プロの名料理人

maître-queux [メートゥル クー] 男〈複 ～*s*-～〉①(革命前の宮廷の) 料理人 ②(話言葉)料理長

maîtresse [メトゥレース] 女 ①主人 → maître ②愛人 ③女教師, 先生

maîtrise [メトゥリーズ] 女 ①支配 ②抑制 ③熟練, 卓越した技量 ④修士号

maîtriser [メトゥリーゼ] 動 抑制する ‖ se～ 代動(59) 我慢する, 自制する

Maïzena [マイズナ] 固女 コーンスターチの商標名

maja [マヤ] 男 毛脚蟹＝araignée (de mer)

majeur,*e* [マジュール] 形 ①主要な, より大きな, 重要な ②成人した ‖ majeur,*e* 男女 成人 ‖ majeur 男 ①中指 ②長調：音楽用語

majoration [マジョラスィヨン] 女 値上げ

majoritaire [マジョリテール] 形〈男女同形〉多数の

majorité [マジョリテ] 女 ①過半数, 大部分, 多数 ②成年

majuscule [マジュスキュール] 形〈男女同形〉大文字の ‖ majuscule 女 大文字

mal [マール] 副 へたに, 悪く, 不十分に / de ~ en pis ますます悪く / (話言葉) pas ~ かなりいい, 悪くない ‖ **mal** 男 ⟨複 maux [モ]⟩ 悪, 苦労, 苦痛, 災い, 不幸 / avoir ~ à la tête 頭が痛い / avoir le ~ de la route 車に酔う / «faire ~ à+人» …を痛くさせる, …を苦しませる / ~ du pays ホームシック / se donner du ~ 苦労する, 骨を折る / se faire ~ 怪我をする

malacoff = malakoff

malade [マラード] 形 ⟨男女同形⟩ ①具合が悪い, 病気の ②傷んだ, (心が)傷ついた / tomber ~ 病気にかかる ‖ malade 男 女 患者, 病人

maladie [マラディ] 女 病気 / ~ contagieuse 伝染病 / ~ chronique 持病 / ~ feinte, ~ simulée 仮病

maladif, ve [マラディ-.フ,ヴ] 形 病弱な, 病的な

maladresse [マラドゥレース] 女 不器用

maladroit, e [マ-ラドゥルワー.トゥ] 形 手際の悪い, 不器用な

maladroitement [マラドゥルワートゥマン] 副 不器用に

Malaga [マラガ] 固 スペインの都市 ‖ malaga 男 マラガ: 1) スペインの酒精強化ワイン 2) 干ぶどう = raisin de ~

malaguette [マラゲートゥ] 女 ギニアペッパー: 胡椒の一種 = grains de paradis, poivre de Guinée

malais, e [マレ, -ズ] 形 ⟨男には単複同形⟩ マレーシア(Malaisie)の ‖ malais 男 マレー語 ‖ Malais, e 男 女 ⟨男は単複同形⟩ マレーシア人

malaise [マレーズ] 男 体調不良, 不安 / ~ de la grossesse つわり

Malaisie [マレズィ] 固 女 マレーシア

malakoff [マラコフ] 男 ①折込パイ生地などの上にシュー生地を重ねて焼き, 中央にホイップクリームなどを絞ったケーキ ②ダクワーズにコーヒー風味のムースをはさんだケーキ ③ノルマンディ地方の, 牛乳のチーズ = malacoff

malard [マラール] 男 雄鴨, 雄あひる = malart

malaria [マラリヤ] 女 マラリア = paludisme

malart = malard

malaxage [マラクサージュ] 男 マラクセすること → malaxer

malaxé, e [マラクセ] 形 マラクセした → malaxer

malaxer [マラクセ] 動 マラクセする: 1) ハム用の肉に塩をすり込む 2) 生地やバターを柔らかくするために揉む, こねる = pétrir

malaxeur [マラクスール] 男 ①こね合せ器, ミキサー / ~ sous-vide 真空ミートミキサー ②ハム用豚肉に塩をすり込む機械

malbec [マルベック] 男 黒ぶどうの品種

malchanceux, se [マルシャンス-, ズ] 形 ⟨男には単複同形⟩ 運の悪い

mâle [マール] 男 雄 ‖ **mâle** 形 ⟨男女同形⟩ 雄の

malfaisant, e [マルフザン, トゥ] 形 悪意のある

malgache [マルガーシュ] 形 ⟨男女同形⟩ マダガスカル(Madagascar)の ‖ malgache 男 マダガスカル語 ‖ Malgache 男 女 マダガスカル人

malgré [マールグレ] 前 ①…にもかかわらず ②…に反して / ~ tout それでも, やはり / ~ cela それでも

malheur [マルール] 男 不幸

malheureusement [マルルーズマン] 副 不幸にも

malheureux, se [マルル-, ズ] 形 ⟨男には単複同形⟩ 不幸な

malhonnête [マロネートゥ] 形 ⟨男女同形⟩ 不正直な, 不誠実な, あくどい ‖ malhonnête 男 女 無作法者, 無礼者

Malibu [マリブー] 固 男 マリブー: ホワイトラムにココナツミルクを加えたりキュールの商標名

malin, gne [マ-.ラン, リーニュ] 形 意地悪い, いたずらっぽい, ちゃっかりした, 抜けめのない, 有害な ‖ malin, gne 男 女 抜けめのない人 ‖ Malin 男 悪魔

malique [マリーク] 形 ⟨男女同形⟩ リンゴ酸の / acide ~ リンゴ酸 = malique ‖ malique 男 リンゴ酸 = acide ~

malmsey [マルムゼ] 男 白ぶどうの品種

malo-lactique [マロ ラクティーク] 形 ⟨男女同形, 複には ~-~s⟩ リンゴ酸の / fermentation ~ マロラクティーク醗酵: ワインの後醗酵

malossol [マロソール] 男 塩分の薄いキャヴィア

malouin, e [マル・ワン, イーヌ] 形 サン・マロ (Saint-Malo) の ‖ Malouin, e 男女 サン・マロの人

malpighie [マルピギ] 女 アセロラ, きんとらのお: トロピカルフルーツ

malpoli, e [マルポリ] 形 行儀の悪い, 無作法な

malpropre [マルプロープル] 形〈男女同形〉汚い, 不潔な

malsain, e [マル・サン, セーヌ] 形 身体に悪い

malsat [マルサートゥ] 男 南西フランスの白ブーダンソーセージ = melsat

malt [マールトゥ] 男 乾燥大麦麦芽, ビール用モルト

maltais, e [マルテ, ーズ] 形〈男には単複同形〉マルタ (Malte) の/(à la) ~ マルタ風(の): ブラッドオレンジを使った料理や菓子用表現/sauce ~ e ブラッドオレンジの皮と果汁を入れたソース・オランデーズ ‖ Maltais, e 男女〈男は単複同形〉マルタ人 ‖ maltaise 女 ブラッドオレンジ ‖ maltais 男〈単複同形〉マルテ: オレンジ入菓子

Malte [マールトゥ] 固 マルタ: シシリア島南方の小島国

maltose [マルトーズ] 男 麦芽糖

malveillant, e [マルヴェヤン, トゥ] 形 意地悪な: 相手が困るのを期待する

malvoisie [マルヴワーズィ] 女 白ぶどうの品種 = rolle, vermentino

maman [ママン] 女〈幼児語〉おかあちゃん, ママ/(à la) bonne ~ ボヌ・ママン風: 「お袋の味」を思わせる料理用表現/(à la) ménagère

mamelle [マメール] 女 乳房

mamelon [マムロン] 男 乳首

mamirolle [マミロール] 男 フランシュ・コンテ地方の, 牛乳のチーズ

management [マナージュマン] 男 経営, 管理, マネージメント

manager [マナジェール] 男 支配人, マネージャー

manceau, lle [マン・ソ, セール] 形〈男複には ~x [マンソ]〉メーヌ (Maine) の, ル・マン (Le Mans) の/(à la) ~lle ル・マン風(の): じゃが芋とアーティチョークの根株を付合せた, 鶏のローストやフリカセなどのメーヌ地方特有の料理用表現 ‖ Manceau, lle 男女〈男複 ~x〉メーヌの人, ル・マンの人

mancelle → manceau, lle

manche [マンシュ] 男 ①(ナイフ, シャベルなど道具の) 柄, 取っ手/~ à gigot 骨付きもも肉ホルダー/~ à jambon (ハム切分け用)骨挟み ②羊, 牛などのももや骨付背肉の露出させた部分の骨 = ~ de gigot ‖ manche 女 袖 ‖ Manche 固 女 イギリス海峡

manchego [マンチェゴ] 男西 スペインの, 羊乳のチーズ

manchette [マンシェートゥ] 女 ①カフス ②マンシェット: 骨付肉の骨用紙飾

manchon [マンション] 男 ①マフ: 防寒具 ②クレーム・シブストなどを詰めたシガレット

manchonné, e [マンショネ] 形 骨付肉の骨の先端をむき出しにした

manchonner [マンショネ] 動 骨付肉の骨の先端をむき出しにする

mandarin [マンダラン] 男 ルーアンの鴨の種類

mandarine [マンダリーヌ] 女 マンダリンオレンジ, みかん

mandat [マンダ] 男 ①為替/~ postal 郵便為替 ②令状/~ d'arrêt 逮捕令状

mandoline [マンドリーヌ] 女 マンドリン: 1) 楽器 2) 野菜用スライサー/à la ~ マンドリンで

mandrin [マンドゥラン] 男 砂糖細工用の木製の芯 = gradin

manège [マネージュ] 男 メリーゴーランド = ~ de chevaux de bois

mangeable [マンジャーブル] 形〈男女同形〉まあまあ食べられる

manger [マンジェ] 動25 食べる/~ à belles dents がつがつ食べる/~ à sa faim 腹一杯食べる/~ comme un ogre がつがつ食べる/~ comme un oiseau, ~ peu 少食である/~ du bout des dents まずそうに食べる, 食欲がなさそうに食べる/~ sur le pouce 立ったまま急いで食べる ‖ manger 男 食べ物, 食事

mange-tout [マンジュ・トゥー] 男〈単複同形〉さやごと食べられる豆: きぬさや, さやいんげん/haricot ~ さやいんげん/pois ~ きぬさや

mangeur, se [マンジュー・ル, ズ] 男女 食べる人 ‖ grand, e ~, se, gros, se ~, se 健啖(けんたん)家

mangoustan [マングースタン] 男 マンゴ

スチン：トロピカルフルーツ
mangue [マーング] 女 マンゴー：トロピカルフルーツ
manhattan [マナタン] 男 マンハッタン：ウィスキーベースのカクテル
maniable [マニヤーブル] 形〈男女同形〉扱いやすい,簡便な
manié,e [マニエ] 形 こねた,柔らかく練った／beurre ～ バターと小麦粉を練った合せバター
maniement [マニマン] 男 使い方,扱い方
manier [マニエ] 動 ①扱う,(手で)操作する ②こねる,練る ③ソーセージの材料を手でよくまぜ合せる
manière [マニエール] 女 手段,方法,やり方／à sa ～ 自己流で／～sa 作法,マナー／d'une ～ なんとか／d'une ～ générale 一般に
manifestation [マニフェスタスィヨン] 女 デモ,表明
manifester [マニフェステ] 動 ①デモをする ②表明する
maniguette [マニゲットゥ] 女 カルダモンに似たショウガ科の香辛料 = graines de paradis
manioc [マニオーク] 男 キャッサバ：タピオカの原料となる植物
manipulation [マニピュラスィヨン] 女 操作,取扱
manipuler [マニピュレ] 動 ①操作する,取扱う ②(話言葉)いじくる
mannequin [マヌカン] 男 ①マネキン ②ファッションモデル
manoir [マヌワール] 男 城館
manouls [マヌール] 男複 羊の胃に心臓やレバーなどの内臓を詰めた,ラングドック地方の煮込.内臓の代りに生ハムを仔牛の胃に詰めることもある
manque [マンク] 男 欠乏,不足
manqué,e [マンケ] 形 ①失敗した ②…のない,…の欠けた ‖ manqué 男 マンケ：スポンジケーキの一種 = biscuit ～
manquer [マンケ] 動 ①…がない／il manque …が欠けている,…が足りない／～ un repas 食いはぐれる ②乗遅れる ③失敗する
Mans → le Mans
manseng [マンサン] 男 白ぶどうの品種
mansois [マーンスワ] 男 黒ぶどうの品種

mante [マーントゥ] 女 いとまきえい,マンタ
manteau [マント] 男〈複 ～x〉①オーバー,外套(がいとう) ②いかの胴
manucure [マニュキュール] 男 マニキュア
manucurer [マニュキュレ] 動 マニキュアをする
manuel,le [マニュエール] 形 手動の ‖ manuel,le 男女 肉体労働者 ‖ manuel 男 手引書,マニュアル
manuscription [マニュスクリプスィヨン] 女 手書
manuscrit,e [マニュースクリ,ートゥ] 形 手書の
manzanilla [マンザニーヤ] 女西 シェリー酒の種類
maquereau [マークロ] 男〈複 ～x〉①さば：魚／～ bâtard あじ：魚／～ blanc,～ espagnol 真さば／～ bleu,～ de l'Atlantique 大西洋さば／～ tacheté ごまさば ②(女は maquerelle)(俗語)ひも,売春宿の主人
maquevin [マクヴァン] 男 未熟ぶどう果汁のヴァン・キュイにマールブランデーを加えた,フランシュ・コンテ地方の食前酒
maquillage [マキヤージュ] 男 化粧
maquillé,e [マキエ] 形 化粧をしている
maquiller [マキエ] 動 (他人の)化粧をする ‖ se ～ 代動 59(自分で)化粧する
maraîchage [マレシャージュ] 男 野菜栽培
maraîcher,ère [マレシェ,ール] 形 園芸の,野菜畑の,野菜栽培の／jardin ～ 菜園,野菜畑 ‖ maraîcher,ère 男女 野菜栽培者／(à la)～ère マレシェール風(の)：色々な野菜を付合せた料理用表現
marais [マレ] 男〈単複同形〉沼地／～ salant 塩田
maranges [マランージュ] 男 ブルゴーニュ地方,コート・ド・ボーヌのAOC赤,白ワイン
marante [マラーントゥ] 女 くずうこん → arrow-root
marasme [マラースム] 男 ①沈滞,停滞 ②ほうらい茸／～ à pied rouge かれは茸
marasque [マラースク] 女 マラスカ：さ

くらんぼの品種 = griotte de Marasca
- **marasquin** [マラスカン] 男 マラスキーノ酒：マラスカでつくるチェリーリキュール
- **marbrade** [マルブラードゥ] 女 南西フランスの，豚頭肉のゼリー寄せ
- **marbrage** [マルブラージュ] 男 菓子などの表面に大理石模様を付けること
- **marbre** [マルブル] 男 ①大理石 ②マーブル台
- **marbré,e** [マルブレ] 形 大理石模様の，大理石模様を付けた ‖ marbré 男 やり鯛：タイ科の魚 = perdrix de mer
- **marbrer** [マルブレ] 動 大理石模様を付ける
- **marbrure** [マルブリュール] 女 大理石模様
- **marc** [マール] 男 ①マール：ぶどうなどの搾りかす ②マールブランデー：ぶどうの搾りかすでつくる蒸留酒 = eau-de-vie de marc ③出し殻／~ de thé 茶殻
- **marcassin** [マルカサーン] 男 （生後6ヶ月までの）仔猪
- **marchand,e** [マルシャン, ドゥ] 男／女 商人／~ de légumes 八百屋／~ de quatre saisons 八百屋：屋台で商う人／~ de vin 居酒屋／~ de vins ワイン商人，酒屋／sauce ~ de vin ソース・マルシャン・ド・ヴァン：エシャロットに赤ワインを入れて煮詰め，グラス・ド・ヴィアンドとドミグラスソースを加えたソース
- **marchander** [マルシャンデ] 動 値切る
- **marchandise** [マルシャンディーズ] 女 貨物，商品，荷物
- **marche** [マールシュ] 女 ①行進, 歩行 ②進行, 展開 ③踏台 ④（機械などの）作動／en ~ 動いている，作動中で
- **marché** [マルシェ] 男 市, 市場／bon ~ 安い, 安く／~ à ciel ouvert, ~ en plein air 青空市場, 露天市／étude de ~ マーケティング調査／~ aux légumes 青物市場／~ aux poissons 魚市場／~ aux puces 蚤の市
- **marcher** [マルシェ] 動 ①歩く／~ sur ... …を踏む ②進む ③うまく運ぶ／Ça marche. （レストランのかけ声）ニューオーダーが入りました／Ça marche bien. うまくいく ④（機械などが）動く ⑤（電話が）通じる
- **marcillac** [マルスィヤーク] 男 ルエルグ地方のAOC赤ワイン
- **mardi** [マルディ] 男 火曜日／~ gras マルディ・グラ：謝肉祭の最終日で四旬節直前の火曜日／le ~ 毎火曜日
- **mare** [マール] 女 ルーアン産鴨の品種
- **maréchal,e** [マレシャール] 男／女 複 は maréchaux [マレショ]，元帥, 元帥夫人／(à la)~e マレシャル風(の)：凝った料理用表現
- **maréchaux** → maréchal,e
- **marée** [マレ] 女 ①潮 ②海の魚
- **Marengo** [マランゴ] 固 マレンゴ：ナポレオン軍戦勝の地名 ‖ Marengo 形 〈不変〉マレンゴ風(の)：若鶏を白ワインとトマトなどと煮込む料理用表現
- **marennes** [マレーヌ] 女 牡蠣($\mathbb{u}$)の品種
- **margarine** [マルガリーヌ] 女 マーガリン
- **margarita** [マルガリタ] 女 マルガリータ：カクテルの種類
- **margate** [マルガート] 女 甲いか, 墨いか = seiche, sépia
- **margaux** [マルゴ] 男 ボルドー地方，オ・メドック地区のAOC赤ワイン／château ~ シャトー・マルゴ：同地区のAOC特級赤ワイン
- **marge** [マールジュ] 女 ①余地 ②（時間の）余裕
- **Margherita** [マルゲリータ] 固 女 イタリア王国ウンベルト1世妃／pizza ~ トマト，モッツァレッラチーズ，バジリコをのせたピザ
- **mari** [マリ] 男 夫
- **mariage** [マリヤージュ] 男 ①ウェディング, 結婚 ②組合せ，（ワインと料理の）調和
- **maribo** [マリボ] 男 デンマークの，牛乳のチーズ
- **marié,e** [マリエ] 形 既婚の ‖ marié 男 新郎 = nouveau ~ ‖ mariée 女 新婦 = nouvelle ~e
- **Marie-Brizard** [マリ ブリザール] 固 アニスリキュールやキュラソなどのメーカー
- **marie-jeanne** [マリ ジャーヌ] 女 2.5 ℓ入ワイン瓶
- **marier** [マリエ] 動 ①結婚させる ②組合せる ‖ se ~ 代動 59 結婚する
- **marignan** [マリニャン] 男 メレンゲで覆った干ぶどう入ケーキ
- **Marikknepfle** [マリククネーブフル] 女 ア

ルザス地方や中央ヨーロッパの，骨髄を加えただんご

marin,e [マ・ランリーヌ] 形 海の，船乗りの ‖ marin 男 ①船員 ②マリンブルー ‖ marine 女 海軍

marinade [マリナードゥ] 女 マリナード：香草，香辛料などを加えたマリネ用漬込液／～ sèche 液体が少ないマリナード／～ cuite 加熱マリナード／～ crue 非加熱マリナード／～ instantanée インスタントマリナード：魚用にはレモン，油，香草，テリーヌ用にはポルト酒，塩，香辛料など，用途により異なった材料を使う，非加熱のマリネ液

marinage [マリナージュ] 男 マリネすること

mariné,e [マリネ] 形 マリネした ‖ marinée 女 マリネ液に漬けたもの

mariner [マリネ] 動 マリネする：マリナードに漬ける → marinade

marinette [マリネットゥ] 女 マリネット：干ぶどうとりんごジャム入タルトレット

marinier, ère [マリニエ, -エール] 形 船乗りの／（à la）マリニエール風（の）：魚介の白ワイン煮料理／ moules (à la) ~ère 白ワインと魚のフュメ，エシャロット，香草などでムール貝をゆでた料理／ sauce ~ère ソース・マリニエール：ソース・ベルシにムール貝の煮汁を加え，卵黄でつないだソース

marionnette [マリオネットゥ] 女 （人形劇の）操り人形，マリオネット

marjolaine [マルジョレーヌ] 女 ①花はっか，マジョラム，マヨラナ：シソ科の香草 ②マルジョレーヌ：焼いたシュクセ生地に各種クリームをはさんだケーキ

marlin [マルラン] 男 ～ rayé まかじき = poisson-pique

marmandais,e [マルマンデ, -ーズ] 形 〈男には単複同形〉マルマンド（Marmande）の ‖ marmands 男 同地のワイン／ côtes du ～ 同地のAOC赤ワイン ‖ Marmandais,e 男女 〈男は単複同形〉マルマンドの人

Marmande [マルマーンドゥ] 固 ラングドック地方，ベルジュラック地区のぶどう栽培地

marmelade [マルムラードゥ] 女 マーマレード／ cuire...en ～ …を煮崩す／～ d'orange オレンジマーマレード

marmitako [マルミタコ] 男 バスク地方の，まぐろと野菜の煮込

marmite [マルミートゥ] 女 釜，マルミット：1) 煮込用蓋付両手鍋，寸胴鍋 2) その鍋を使った煮込料理／～ à pression 圧力鍋／～ à vapeur 蒸器／～ en（または de）terre 土鍋／～ norvégienne 火を使わずに煮込むための二重鍋／ petite ～ 牛肉，牛の尾，鶏，髄の入った骨，キャベツなどの野菜を煮込んだ小鍋のポト・フ

marmiton [マルミトン] 男 ①皿洗い，見習コック ②（俗語）コック，料理人

Marne [マールヌ] 固 女 マルヌ川

Maroc [マロック] 固 男 モロッコ

marocain,e [マロ・カン,ケーヌ] 形 モロッコ (Maroque) の／（à la）~e モロッコ風 (の)：モロッコの料理に影響を受けた料理用表現 ‖ Marocain,e 男女 モロッコ人

maroilles [マルワール] 男 フランドル及びピカルディ地方の，牛乳のAOCチーズ／～ gris = béthune

maroquin [マロカン] 男 なめし皮革

maroquinerie [マロキヌリ] 女 バッグ製造業

marquant,e [マルカン, トゥ] 形 目立つ ‖ marquant 男 ソーセージやテリーヌなどの中に入れる，切った時に目立つ，ピスタチオやトリュフなどの材料

marque [マルク] 女 ①跡，印 ②商標，ブランド，銘柄／ grande ～ 有名ブランド／～ déposée 登録商標

marqué,e [マルケ] 形 ①印の付いた ②目立った／ trop ～（味が）あくどい

marquer [マルケ] 動 ①印をつける，表示する ②記入する，記録する ③強調する ④マークする，見張る ⑤（サッカーなどで得点を）あげる ⑥目立たせる ⑦味をひきだすため，材料またはソースをミルポワまたは油脂分，小麦粉などと共に鍋で炒める ⑧鍋などに入れる前に材料をひとつに集める

marqueur [マルクール] 男 マーカー

marquis,e [マルキ, -ーズ] 男女 〈男は単複同形〉侯爵，侯爵夫人 ‖ marquise 女 マルキーズ：1) メレンゲにチョコレート風味のホイップクリームやカスタードクリームをはさんだケーキ 2) 洋梨のグラニテ 3) 白ワインやシャン

パンに炭酸水とレモンのスライスを加えた食前酒 4) キルシュ酒漬のいちごに砂糖をかけるか，いちごのシャーベットにいちご風味のホイップクリームをかけたデザート 5) 洋梨の品種

marrant,e [マラン, トゥ] 形 (俗語) おかしい，おもしろい

marron [マロン] 形〈不変〉栗色の ‖ marron 男 ①栗色 ②栗の実／～ chaud 焼栗／～ glacé マロン・グラッセ／purée de ～ ゆでて裏漉した栗にクリームとバターを加えたピュレ ③(生地をつくる時にできる) まま粉

marronnier [マロニエ] 男 マロニエ: 木

mars [マルス] 男 3月／au mois de ～, en 3月に

marsala [マルサラ] 男 マルサラ酒: イタリアの酒精強化ワイン

marsannay [マルサネ] 男 ブルゴーニュ地方，コート・ド・ニュイ地区の AOC 赤, 白, ロゼワイン

marsanne [マルサーヌ] 女 白ぶどうの品種

marseillais,e [マルセイエ, ーズ] 形〈男には単複同形〉マルセイユ (Marseille) の／(à la)～e マルセイユ風(の): 1) 同地の料理に用いる表現 2) トマトと揚げたじゃが芋を付合せた料理用表現 ‖ Marseillais,e 男女〈男は単複同形〉マルセイユの人／la M～e 女 ラ・マルセイエーズ: フランス国歌

Marseille [マルセーユ] 固 マルセイユ: プロヴァンス地方の都市

marsouin [マルスワン] 男 ねずみいるか

marteau [マルト] 男〈複 ～x〉 金槌／à homard オマールハンマー: ゆでたオマール海老の, 殻を割るハンマー

Martell [マルテール] 固 コニャックの商標名

Martini [マルティニ] 固 男 イタリアのヴェルモット商品名 ‖ martini 男 ジンベースのカクテル

maryse [マリーズ] 女 ゴムべら

mascara [マスカラ] 男 ①マスカラ: 化粧品 ②アルジェリアの赤ワイン

mascarpone [マスカルポーネ] 男 伊 イタリアの, 牛乳からつくるフレッシュチーズ = mascherpone

mascherpone [マスケルポーネ] 男 伊 = mascarpone

mascotte [マスコートゥ] 女 プラリネ入バタークリームを塗ったケーキ／(à la)～ アーティチョーク, トリュフ, ポム・ココット, 時にはトマトをココット鍋や素焼の容器に入れた付合せを添えた料理用表現

masculin,e [マスキュ・ラン, リーヌ] 形 男性の, 男性らしい ‖ masculin 男 男性形: 文法用語 = genre ～

masque [マースク] 男 仮面, マスク

masqué,e [マスケ] 形 ①仮面をつけた, マスクをつけた ②マスケした → masquer

masquer [マスケ] 動 ①仮面をつける, マスクをつける ②マスクする: ソースなどで隠すように塗付ける

massage [マサージュ] 男 ①マッサージ ②糖液の再結晶化

masse [マース] 女 ①アース: 電気の接地 ②一般大衆, 民衆 ③塊, 大量 ④まぜ合せた菓子用の材料 ⑤豚, 羊の腸の長さの単位 1マス= 91 m

massé,e [マセ] 形 ①シロップが結晶化した ②(フォンダン製造時にまぜて糖液を)白濁させた

massepain [マスパン] 男 色付をしたアーモンドペーストのクッキー

massepiné,e [マスピネ] 形 アーモンドを砕いた

massepiner [マスピネ] 動 アーモンドを砕く

masser [マセ] 動 ①マッサージする ②糖液を結晶化させる = tourner ③(フォンダン製造時に糖液をまぜて)白濁させる

masseur,se [マスー・ル, ズ] 男女 マッサージ師

massif,ve [マスィー・フ, ヴ] 形 ①(体積が)大きい, どっしりした ②塊の ‖ massif 男 ①植込み, 花壇, 茂み ②山塊／M～ central 中央山塊

massillon [マスィヨン] 男 アーモンドパウダー入ペーストを小さい舟型に入れてつくったパイ

mastiquer [マスティケ] 動 噛む, 咀嚼する

mastroquet [マストロケ] 男 居酒屋

mat,e [マートゥ] 形 くすんだ, 艶消しの, 不透明の／riz ～ 精白米 ‖ mat 男 艶消し: 写真の仕上り

matafaim = matafan

matafan [マタファン] 男 サヴォワ,ドフィネ,フランシュ・コンテ及びリヨネ地方の厚いクレープ= matafaim, matefaim

match [マーチュ] 男 〈複 ～(e)s〉英 試合,マッチ

maté [マテ] 男 マテ茶= houx de Paraguay, thé du Paraguay

matefaim [マトゥファン] 男 = matafan

matelas [マートゥラ] 男 〈単複同形〉マットレス

matelote [マトゥロートゥ] 女 うなぎなど淡水魚の赤または白ワイン煮/ sauce ～ ソース・マトロート：魚のクール・ブイヨンにドミグラスソース,シャンピニョン,赤ワインなどを加えたソース/ sauce ～ blanche ソース・マトロートの要領でつくるが赤ワインの代りに白ワインを加えたソース

matériaux [マテリオ] 男複 資材

matériel,le [マテリエール] 形 物質的な,物の ‖ matériel 男 ①材料 ②器具,設備一式 ③ハードウェア ‖ matérielle 女 (話言葉)日常の食料

maternel,le [マテルネル] 形 母の,母性的な ‖ maternelle 女 (2〜6歳用の)保育園,幼稚園

mathématiques [マテマティーク] 女複 数学

maths [マートゥ] 女複 (話言葉) 数学：mathématiques の略

mathusalem [マテュザレーム] 男 6 ℓ 入シャンパン瓶

matière [マティエール] 女 ①物質,物体/ ～ grasse 脂肪分 ②材料/ ～ première 原料 ③題材,マチエール ④原因,動機,理由 ⑤分野/ en la ～ この問題に関しては ⑥事実

matignon [マティニョン] 女 マティニョン：薄い角切りにして炒め溶かした野菜/ (à la) ～ マティニョン風(に,の)：マティニョンを使った料理用表現/ ～ au gras 同じ形のハムを加えたマティニョン/ ～ au maigre 野菜だけのマティニョン

matin [マタン] 男 朝/ au petit ～ 夜明けに/ ce ～ 今朝/ chaque ～, tous les ～s 毎朝/ de bon ～ 早朝

matinal,e [マティナール] 形 〈男複には matinaux [マティノ]〉朝の

matinaux → matinal,e

matinée [マティネ] 女 午前中/ dans la ～ 午前中に/ grasse ～ 朝寝坊

mato [マト] 男 カタロニア地方の,山羊乳のフレッシュチーズ

matouille [マトゥーユ] 女 じゃが芋などの,アリゴ用ピュレ

matrice [マトゥリース] 女 ①母胎 ②型,原型 ③抜型 ④行列,マトリックス：数学用語 ⑤原簿,台帳

matrimonial,e [マトゥリモニエール] 形 〈男複には matrimoniaux [マトゥリモニョ]〉結婚の

matrimoniaux → matrimonial,e

matton [マトン] 男 脱脂乳のフレッシュチーズ= metton

maturation [マテュラスィヨン] 女 (果実,ワインなどの)熟成

maturé,e [マテュレ] 形 熟成した

maturer [マテュレ] 動 (果実,ワインなどを)熟成させる

maturité [マテュリテ] 女 成熟期

maubèche [モベーシュ] 女 こおばし鴫(しぎ)

maure [モール] 形 〈男女同形〉ムーア人の ‖ Maure 男女 ムーア人：北西アフリカの,アラブ人とベルベル人の混血でイベリア半島を支配したイスラム教徒

mauresque [モレスク] 形 〈男女同形〉ムーア風の,ムーア様式の ‖ Mauresque 女 ムーア人の女 ‖ mauresque 女 アーモンドシロップで割ったアニス酒

maurupt [モリュ] 男 シャンパーニュ地方の,牛乳のフレッシュチーズ

Maury [モリ] 固 ルシヨン地方のワイン産地 ‖ maury 男 ルシヨン地方モリの天然甘口 AOC ワイン

maussade [モサードゥ] 形 〈男女同形〉不機嫌な

mauvais,e [モヴェ, ーズ] 形 〈男には単複同形〉①(質,性格などが)悪い/ il fait ～ 天気が悪い ②(味が)まずい

mauve [モーヴ] 形 〈男女同形〉薄紫色の,モーヴ色の ‖ mauve 男 薄紫色,モーヴ色 ‖ mauve 女 葵(あおい)

mauviette [モヴィエートゥ] 女 ひばり：料理用名称

mauvis [モヴィ] 男 〈単複同形〉わきあかつぐみ= grive

mauzac [モザーク] 男 白ぶどうの品種

maximal,e [マクスィマール] 形 〈男複には maximaux [マクスィモ]〉最大の

maximum [マクスィモーム] 男 最大

mayonnaise [マヨネーズ] 女 マヨネーズ＝ sauce ～／～ collée ゼラチンを加えたコーティング用マヨネーズ／à la russe エストラゴン風味の酢, 西洋わさび, フォンを加えたマヨネーズ

mazagran [マザグラン] 男 ①ブランデー入アイスコーヒー ②ポム・デュシェスのタルトレット ③陶製のコップ ‖ Mazagran 固 アルジェリアの町

Mazarin [マザラン] 固 男 17世紀の枢機卿 ‖ Mazarin 形〈不変〉マザラン風(の)：アーティチョークを付合せた肉料理用表現 ‖ mazarin 男 ①プラリネ入ムースをはさんだダクワーズ ②キルシュ酒に浸し, サバイヨンを塗ったババ ③くり抜いたジェノワーズにフルーツの砂糖漬を詰め, フルーツで飾ったケーキ

mazis-chambertin [マズィ シャンベルタン] 男 ブルゴーニュ地方, コート・ド・ニュイ地区の AOC 赤ワイン

mazout [マズートゥ] 男 燃料用重油

mazoyère-chambertin [マズワイエールシャンベルタン] 男 ブルゴーニュ地方, コート・ド・ニュイ地区の AOC 赤ワイン

mazuelo [マズエロ] 男 スペインの黒ぶどうの品種＝ carignan

me [ム] 代 ①(直接目的代名詞として)私を／ Tu ～ connais. 君は私を知っている ②(間接目的代名詞として)私に／ Il ～ parle. 彼は私に話す ⇒ p.748「人称代名詞」

Meaux [モ] 固 モー：パリ東郊外の町

mec [メーク] 男 (俗語)野郎, 男, 彼氏／ ce ～ あいつ：男

méchant,e [メシャン, トゥ] 形 意地悪な

mèche [メーシュ] 女 ①(ろうそくなどの)芯 ②(髪などの)束

méchoui [メシュイ] 男 北アフリカの, 羊まるごとの直火ロースト料理

mécontent,e [メコンタン, トゥ] 形 不満な

mécontentement [メコンタントゥマン] 男 不満

médaille [メダーユ] 女 勲章, メダル

médaillé,e [メダイエ] 男女 メダリスト

médaillon [メダヨン] 男 ①(大型の)メダル ②メダイヨン：1) メダルまたはメダル形にした厚みのある肉 2) 盛付けた料理 ③ロケット：装身具

médecin [メードゥサン] 男 医者／ femme ～ 女医

médecine [メドゥスィーヌ] 女 ①医学 ②医療

média(s) [メディア] 男〈単複同形〉マスコミ, マスメディア

médical,e [メディカール] 形〈男複には médicaux [メディコ]〉①医学の, 医療の ②薬の

médicament [メディカマン] 男 薬

médicamenteux,se [メディカマントゥー, ズ] 形〈男には単複同形〉薬効のある

médicaux → médical,e

médicinal,e [メディスィナール] 形〈男複には médicinaux [メディスィノ]〉薬用の

médicinaux → médicinal,e

médiéval,e [メディエヴァール] 形〈男複には médiévaux [メディエヴォ]〉中世の

médiévaux → médiéval,e

médiocre [メディオークル] 形〈男女同形〉①ぱっとしない, 無能な ②並以下の

médire [メディール] 動17 悪口を言う

médisance [メディザーンス] 女 悪口

Méditerranée [メディテラネ] 固女 地中海

méditerranéen,ne [メディテラネ アン, エーヌ] 形 地中海の／ cuisine ～ne 地中海料理／(à la)～ne 地中海風(の)：トマト, オリーヴ油, にんにくなどを使った料理用表現 ‖ Méditerranéen,ne 男女 地中海人

Médoc [メドーク] 固男 ボルドー地方のワイン生産地域 ‖ médoc 男 同地区の AOC 赤ワイン

méduse [メデューズ] 女 くらげ＝ gelée de mer

meilleur,e [メユール] 形 よりいい (bon の比較級)：定冠詞 le, la, les を伴うと最上級 ⇒ p.751「比較級と最上級」／ le ～ 一番いい／ 男単に用いる. 女単には la ～e, 男複には les ～s, 女複には les ～es ／ un des M～s Ouvriers de France フランス最高技術者賞受賞者 ‖ meilleur,e 男女 一番いいもの, 人 ‖ meilleur 男 最良の部分

mélange [メラーンジュ] 男 ①かきまぜること, 混合 ②混合物

mélangé,e [メランジェ] 形 まぜ合せた

mélanger [メランジェ] 動25 まぜ合せる, ミックスする ‖ se ～ 代動 25 59 まざる

mélangeur [メランジュール] 男 （ソーセージ用）ミキサー

mélasse [メラース] 女 黒蜜, 糖蜜

Melba [メルバ] 固有 女 Nelly ～ ネリー・メルバ:声楽家/toast ～ 薄いトースト/pêche ～ ピーチメルバ:ヴァニラアイスクリームの上に半割の桃をのせ, フランボワーズのピュレまたはグロゼイユジャムをかけたデザート

mêlé,e [メレ] 形 まぜた‖mêlée 女 まぜたもの

mêler [メレ] 動 いくつか物を合せる, まぜる‖se ～ 代動59 まざる, まじる

melet [ムレ] 男 小魚のプロヴァンス地方での呼称

mélilot [メリロ] 男 しながわ萩:牧草. 香料にも使う

meli mató [メリマト] 男 カタロニア地方の, フレッシュチーズと蜂蜜などのデザート = mel y mato

méli-mélo [メリメロ] 男 〈～s-～s〉各種取合せ料理/en ～ ごちゃまぜの, ごちゃまぜにした

mélisse [メリース] 女 ①西洋山はっか, レモンバーム/eau de ～ メリサ水:レモンバームの花を加えたアルコール飲料②レモングラス = citronnelle

mellier [メリエ] 男 センマイ:反芻(はんすう)動物の第三胃 = feuillet

melon [ムロン] 男 ①メロン/～ brodé マスクメロン = cantaloup/～ d'eau すいか = pastèque /～ d'hiver 冬メロン:メロンの品種/～（au）porto 半割のメロンにポルト酒を注いだ前菜/～ de Bourgogne 白ぶどうの品種/～ de Bourgogne

mélongène [メロンジェーヌ] 女 なすの古称 = aubergine, mélongine

mélongine [メロンジーヌ] 女 = mélongène

melrose [メルローズ] 女 りんごの品種

melsat [メルサートゥ] 男 = malsat

membrane [マンブラーヌ] 女 膜

membre [マーンブル] 男 ①会員, メンバー②肢, 手足

même [メーム] 形 〈男女同形〉①（名詞の前で）同じ/～ chose 同じもの（こと）②（名詞, 代名詞の後で）…そのもの, …自身③（人称代名詞強勢形にハイフンを付けて）-～ …自身/moi-même 私自身‖même 副 〈～+定冠詞+名詞〉…でさえ/～ si たとえ…でも/quand ～, tout de ～ それでも, いくらなんでも‖même 男女 同じもの, 同じ人

mémé [メメ] 女 （幼児語）おばあちゃん

mémento [メマント] 男 メモ帳

mémoire [メモワール] 女 ①思い出, 記憶②（死後の）評判③（パソコンの）メモリー‖mémoire 男 ①（役所などへの）報告書②見積書③論文/～s 回想録

mémorandum [メモランドーム] 男 メモ, メモ帳

mémoriser [メモリゼ] 動 覚えさせる

ménage [メナージュ] 男 ①家事,（家の中の）掃除/faire le ～ 家事をする,（家の）掃除をする②家庭, 所帯, 世帯/pain de ～ 自家製のパン

ménager,ère [メナジェ,ール] 形 家事の, 家庭の/（à la）～ère ～ 風に:簡単に手に入る安い材料を使った料理用表現 =（à la）bonne maman,（à la）paysanne‖ménagère 女 ①主婦②塩, 胡椒などを入れる容器の台③ナイフ, フォークのセット

mendiant,e [マンディヤン, トゥ] ①乞食②托鉢修道士‖mendiant 男 ①アーモンド, ヘーゼルナッツ, 干いちじく, 干ぶどうの盛合せデザート②牛乳に浸したパンにりんごや砂糖漬フルーツを加えてオーヴンで焼いた, アルザス地方のデザート

mener [ムネ] 動5 至る,（道が）通じる

menetou-salon [ムヌトゥー サロン] 男 ロワール地方のAOC白, 赤, ロゼワイン

menotte [ムノートゥ] 女 ほうき茸 = Clavaire chou-fleur /～s 手錠

mensonge [マンソージュ] 男 うそ

mensuel,le [マンスユエール] 形 各月の, 毎月の, 月極の, マンスリーの

mental,e [マンタール] 形 〈男複には mentaux [マント]〉頭や心で行う, 心の, 精神の, メンタルな‖mental,e 名 〈男複は mentaux〉精神病患者‖mental 男 〈複 mentaux〉心, 精神

mentalité [マンタリテ] 女 考え方, 気質, メンタリティ

mentaux → mental,e

menteur,se [マントゥール, ズ] 形 うそつきの‖menteur,se 男女 うそつき

menteuse → menteur,se

menthe [マーントゥ] 女 はっか,ミント/~ à l'eau マンタ・ロ：ミント水/~ bergamote ベルガモートミント/~ citronnée レモンミント/~ poivrée ペパーミント/~ verte スペアミント/sauce (à la) ~ みじん切りしたミント,砂糖,酢でつくる,ローストした羊もも肉用のソース

mentionné,e [マンスィヨネ] 形 記載された/~,e ci-dessus 前記の

mentir [マンティール] 動 4 うそをつく

Menton [マントン] 固 マントン：イタリア国境,地中海に面した町

mentonnais,e [マントネ,ーズ] 形 〈男には単複同形〉マントン（Menton）の‖Mentonnais,e 男女〈男は単複同形〉マントンの人/(à la) ~e マントン風（の）：トマト,黒オリーヴ,にんにくを使った魚料理用表現

menu,e [ムニュ] 形 ①かぼそい,細かい②ささいな‖menu 男 ①献立,品書,メニュー②コース料理,定食/~ à 5000 yen 5000円のコース料理/~ à prix fixe 定価で選ぶコース料理/~ de dégustation ムニュ・ド・デギュスタシヨン：少量の料理を多種類供するフルコース/~ du jour 本日のコース料理,定食/~ touristique サーヴィスコース料理③（食用動物の）小腸‖menu 副 細かく,小さく,細く/hacher ~ 細かくみじん切りする

menu-carte [ムニュ カールトゥ] 男〈複 ~s- ~s〉一品料理メニューから決まった数の料理を選ぶコース料理

menu-droit [ムニュ ドゥルワー] 男〈複 ~s-~s〉クレーム・ドゥーブルに漬けた鶏や七面鳥のささみをグリルし,レモン汁,ブール・ノワゼットを添えた料理

mépris [メープリ] 男〈単複同形〉①軽蔑②無視

méprise [メプリーズ] 女 思い違い,取違い/par ~ 勘違いして,間違って

mépriser [メプリゼ] 動 軽蔑する,（人を）無視する

mer [メール] 女 海/~ du Nord 北海

mercatique [メルカティーク] 女 マーケティング

merci [メルスィー] 間投 ありがとう/Non ~ 結構です：辞退

mercredi [メールクルディ] 男 水曜日/le ~ 毎水曜日

mercure [メルキュール] 男 水銀

mercurey [メルキュレ] 男 ブルゴーニュ地方,コート・ド・ボーヌ地区のAOC赤ワイン

mercurochrome [メルキュロクローム] 男 マーキュロ,赤チンの商標名

merde [メールドゥ] 女（俗語）くそ/Merde！くそ！：罵倒

mère [メール] 女 ①母/~ de sole つばさだるまがれい = cardine ②パン種

merguez [メルゲーズ] 女〈単複同形〉北アフリカ発祥の牛や羊の辛いソーセージ

méridional,e [メリディオナル] 形 〈男複には méridionaux [メリディヨノ]〉南の

méridionaux → méridional,e

meringage [ムランガージュ] 男 メレンゲで覆うこと

meringue [ムラング] 女 メレンゲ：卵白に砂糖を加えて泡立てたもの/~ cuite メレンゲを丸くしてオーヴンで焼いた菓子/~ d'amande アーモンドメレンゲ/~ française フランスメレンゲ：泡立てた卵白に砂糖を加えてまぜたメレンゲ/~ italienne イタリアンメレンゲ：泡立てた卵白に加熱砂糖を加えてまぜたメレンゲ/~ suisse スイスメレンゲ：卵白と砂糖を湯せんにかけて泡立てたメレンゲ

meringué,e [ムランゲ] 形 メレンゲで覆った,メレンゲを加えた

meringuer [ムランゲ] 動 メレンゲで覆う,メレンゲを加える

meringuette [ムランゲートゥ] 女 メレンゲ菓子の一種

merise [ムリーズ] 女 甘果桜桃：さくらんぼの品種 = cerise douce

mérite [メリートゥ] 男 ①価値②手柄③メリット

merlan [メルラン] 男 ①鱈(たら)の種類/~ jaune ポラック：鱈の種類 = lieu ②牛もも肉の一部

merle [メールル] 男 黒歌鳥,メルル

merlerault [メルルロ] 男 AOC カルヴァドス酒の種類

merlot [メルロ] 男 黒ぶどうの品種

merlu [メルリュ] 男 メルルーサ：鱈(たら)に似た深海魚 = colin, merluche

merluche [メルリューシュ] 女 メルルー

サ= colin, merlu

merluchon [メルリュション] 男 小型のメルルーサ

mérou [メルー] 男 姫すずき：魚= perche de mer

merveille [メルヴェーユ] 女 ①驚嘆②傑作，すばらしい人(もの)③ラム酒風味の揚菓子

merveilleusement [メルヴェユーズマン] 副 素敵に，立派に

merveilleu|x, se [メルヴュー，ズ] 形 〈男には単複同形〉みごとな，立派な

mes [メ] 形 〈複に〉私の/〜 amis (私の複数の)友だち ⇒ p.751「所有形容詞」

mésange [メザンージュ] 女 しじゅうから，やまがら

mesclun [メスクラーン] 男 メスクラン：若葉のサラダ

Mesdames → Madame

Mesdemoiselles → Mademoiselle

mésentère [メザンテール] 男 腸間膜

mésentérique [メザンテリック] 形 〈男女同形〉①腸間膜の②細かいひだのある

message [メサージュ] 男 メッセージ

messe [メース] 女 ミサ

Messieurs → Monsieur

messin, ne [メ・サン，スィーヌ] 形 メス(Metz)の ‖ **Messin, ne** 男女 メスの人

mesure [ムズュール] 女 ①寸法，長さ②尺度，測定③枡：計量容器④能力⑤限度，範囲⑥処置，方策/ à 〜 de... …に相応の/ au fur et à 〜 順々に，だんだん，それに応じて/ «à 〜 que +文» …するにつれて/ dans la 〜 du possible なるべく，できるかぎり

mesuré, e [ムズュレ] 形 節度ある，控えめな

mesurer [ムズュレ] 動 ①測る②…の長さがある/ Je mesure 180 cm. 私の身長は 180 cm です

met → mettre 26

métabolique [メタボリック] 形 〈男女同形〉新陳代謝の，物質代謝の

métabolisme [メタボリースム] 男 新陳代謝，物質代謝/ 〜 de base 基礎代謝

métal [メタール] 男 〈複 métaux [メト]〉金属

métallique [メタリック] 形 〈男女同形〉金属の

métaux → métal

météo [メテオ] 女 天気予報：météorologie の略= prévision de la 〜

météore [メテオール] 男 流星

météorologie [メテオロロジ] 女 ①気象学②気象台③天気予報

météorologique [メテオロロジーク] 形 〈男女同形〉気象の

méthode [メトードゥ] 女 方式，方法/ 〜 champenoise シャンパン方式：スパークリングワイン製造法のひとつ

métier [メティエ] 男 (手を使う)職業/ 〜 de bouche 食関連手工業

métis, se [メティ，ース] 形 男女 ハーフ：白人と有色人種の混血児

meton = met(t)on

mètre [メートゥル] 男 メートル：記号はm/ 〜 carré 平方メートル：記号はm²

métrique [メトゥリーク] 形 〈男女同形〉①韻律の②メートル法の

métro [メトゥロ] 男 地下鉄：chemin de fer métropolitain の略

métropole [メトゥロポール] 女 ①首都②主要都市③本国，本土

métropolitain, e [メトゥロポリ・タン，テーヌ] 形 首都の，主要都市の ‖ **métropolitain** 男 地下鉄= métro

mets [メ] 男 〈単複同形〉皿に盛った一品料理= plat ‖ **mets** → mettre 26

mett- → mettre 26

Metternich [メテルニーク] 固 メテルニッヒ：18〜19世紀のオーストリアの政治家 ‖ **Metternich** 〈不変〉メテルニッヒ風(の)：仔牛腰肉の料理に用いる表現/ selle de veau 〜 仔牛腰肉からフィレ肉を切出してスライスし，パプリカ入ベシャメルとトリュフをはさんで元に戻し，同じソースを塗って焼色を付けた料理

met(t)on [メトン] 男 フランシュコンテ地方の，脱脂牛乳のチーズ

mettre [メートゥル] 動 ①入れる，置く，のせる/ 〜...au point …を完成させる/ 〜 en magasin 入庫する/ 〜 en ordre 整理する/ 〜 en pièces (ばらばらに)破る/ 〜...ensemble …を束ねる/ 〜 la table, 〜 le couvert テーブルセッティングする②(時間を)かける③付ける，(スイッチを)入れる/ 〜...en marche …を稼動させる④塗る，貼る ‖ se 〜 26 59 /Mets-toi à ma place. 私の身にもなってくれ/

se ~ à table テーブルに着く ②«se ~ à +不定詞» …し始める

méture [メテュール] 囡 バスク及びベアルン地方の, とうもろこし粉の粥(かゆ)

Metz [メース] 固 メス:ロレーヌ地方の都市/petite de ~ すももの品種

meuble [ムーブル] 男 家具

meublé,e [ムブレ] 形 家具付の

meuil [ムーユ] ぼらの別称 = mulet

meulage [ムラージュ] 男 研磨

meule [ムール] 囡 ①挽臼(ひきうす) ②グラインダー ③円形で厚みのある大きなチーズの総称

meuler [ムーレ] 動 研磨する

meunerie [ムーヌリ] 囡 製粉業

meuni*er*,*ère* [ムニエ, ール] 形 製粉の/(à la)~ère ムニエル(風に, 風の):魚に小麦粉をまぶし, バターでソテし, レモン汁とプール・ノワゼットを添えた料理用表現/beurre ~ère レモン汁を加えたプール・ノワゼット ‖ meuni*er*,*ère* 男囡 粉屋 (人), 製粉業者 ‖ meunier 男 ①チャブの通称 = chevaine ②黒ぶどうの種類 = pinot ~ ‖ meunière 囡 ムニエル:小麦粉を付けバターでソテする料理

meurette [ムーレートゥ] 囡 ブルゴーニュ地方の, 淡水魚の赤ワイン煮込

meursault [ムールソ] 男 ブルゴーニュ地方, コート・ド・ボーヌ地区のAOC白, 赤ワイン

meurtrissure [ムルトゥリスュール] 囡 あざ

Meuse [ムーズ] 固囡 ムーズ川

mexicain,e [メクスィ・カン, ケーヌ] 形 メキシコ (Mexique) の/(à la)~e メキシコ風(の):あらかじめにしたトマトと唐辛子を使った料理用表現 ‖ Mexicain,*e* 男囡 メキシコ人

Mexique [メクスィック] 固男 メキシコ

mézzanine [メザニーヌ] 囡 中2階

mi- [ミ] 接頭 「半分の, 途中の」を意味する合成語をつくる ‖ mi-:ハイフンで名詞に付き, 形成語は囡となる/à ~-chemin 途中で(に) / à la ~-janvier 1月中旬に ‖ mi-:ハイフンで形に付く/~-fondu,*e* 半ば溶けた

micada [ミカダ] 囡 アーモンドやにんにく, オリーヴ油, ワインなどをまぜた, ルシヨン地方のソース

miche [ミーシュ] 囡 1〜3kgの丸パン

michelets [ミシュレ] 男〈単複同形〉白い

いんげん豆の品種

Michelin [ミシュラン] 固男 ミシュラン:タイヤメーカー / Guide ~ rouge ホテル・レストランガイドブック / Guide ~ vert 観光ガイドブック

mi-chemin [ミ シュマン] à ~ 副句 途中で(に)

michette [ミシェートゥ] 囡 500gほどの丸パン

micro [ミークロ] 男 マイク, マイクロフォン:microphoneの略

microbe [ミクローブ] 男 ばい菌, 微生物

micron [ミクローン] 男 ミクロン:1000分の1ミリ. 記号はμ

micro-onde [ミクロ オーンドゥ] 囡〈複~-~s〉マイクロ波, 極超短波 / four à ~s 電子レンジ

microphone [ミクロフォーヌ] 男 マイク

mi-cuit,e [ミ キュイ, トゥ] 形〈複には~-~s〉 (卵が)半熟の, 半生の ‖ mi-cuit 男 半生に火を通すこと, または半生に火を通したもの

midi [ミディ] 男 ①正午 / à ~ 正午に ②南 / M~ 南フランス = M~ de la France

mie [ミ] 囡 パンの白身 = ~ de pain / pain de ~ 食パン

miée [ミエ] 囡 ノルマンディ地方の, シードル酒に浸した甘味パン

miel [ミエール] 男 蜂蜜 / ~ d'acacia アカシアの蜂蜜 / ~ de lavande ラヴェンダーの蜂蜜 / ~ de thym タイムの蜂蜜 / ~ rosat ばらのつぼみを蜂蜜と煮た調味料

miellé,e [ミエーレ] 形 ①蜂蜜入の = au miel ②蜜のような

mieller [ミエーレ] 動 蜂蜜を加える

mien,*ne* [ミ・ヤーン, エーヌ] 代〈定冠詞を伴って〉わたしのそれ, わたしのもの / C'est ton couteau ? ― Oui, c'est le ~. これは君の包丁?―はい, これはわたしのものです ⇒ p.749「所有代名詞」

miette [ミエートゥ] 囡 ①パンくず ②ごく少量

mieux [ミユー] 副 よりよく:bienの比較級 / Il travaille ~ que moi. 彼は私よりよく働く / de ~ en ~ ますますよく / le ~ 一番よく:bienの最上級. 冠詞は不変 / Il travaille le ~ de ce restaurant. 彼はこのレストランで一番よく働く/ faire de son ～ ベストを尽くす/ mieux 形 〈不変〉 (主に être の後で) よりよい/ aller ～ 病気や怪我がよくなる‖ mieux 男 よりよいもの(こと)/ le ～ 最善, 最良/ au ～ de... …が最高の状態で

migé = miget

miget [ミジェ] 男 ポワトゥー地方などの, 赤ワインに浸した甘味パン= migé

mignard,e [ミニャール, ドゥ] 形 ①気取った ②〈話言葉〉可憐な, 可愛らしい

mignarder [ミニャルデ] 動 甘やかす, ちやほやする

mignardise [ミニャルディーズ] 女 ①気取り ②可憐さ ③食後のコーヒー用小菓子= frivolités

mignon,ne [ミニョ・ン, ーヌ] 形 かわいい/ filet ～ 牛フィレ肉の細い方の先端 = mignonnette ‖ mignon 男 ①フランドル地方のAOCチーズ ②鶏胸肉, 仔牛の胸腺肉, 牛フィレ肉などを小さく整形した肉料理 ③円盤状のテュイルにメレンゲをはさんで乾燥させた小菓子/ mignonne 女 洋梨及びすももの品種

mignonnette [ミニョネットゥ] 女 ミニョネット: 1) 粗く砕いた胡椒 2) 牛フィレ肉の筒切りまたは細いほうの先端 3) 仔牛のノワゼット= noisette 4) 鶏のささ身 = blanc de volaille 5) 細いフライドポテト 6) 鶏胸肉, 仔牛の胸腺肉, 牛フィレ肉などを小さく整形した肉料理 7) スープなどの香り付用の丁字や粒胡椒を入れた袋 8) コニャックのミニボトル

migourée [ミグーレ] 女 オニ及びサントンジュ地方の, 魚のスープ料理

migraine [ミグレーヌ] 女 偏頭痛

migrateur,rice [ミグラトゥ・ール, リース] 形 移住する, 回遊性の/ poisson ～ 回遊魚

mi-hauteur [ミ オトゥール] 女 半分の高さ

mijotage [ミジョタージュ] 男 ミジョテすること → mijoter

mijoté,e [ミジョテ] 形 ミジョテした → mijoter ‖ mijoté 男 煮込まれた料理

mijoter [ミジョテ] 動 ミジョテする: 弱火で煮込む = faire ～, laisser ～

mijoteuse [ミジョトゥーズ] 女 煮込用電気二重鍋

mil [ミール] 男 きび = millet, panic ‖ mil 形 〈不変〉 → mille

milan [ミラン] 男 かぶの品種 ‖ Milan 固 ミラノ: イタリアの都市

milanais,e [ミラネ, ーズ] 形 〈男には単複同形〉 ミラノ(Milan)の/ (à la) ～e ミラノ風(に, の)/ escalopes de veau (à la) ～e パン粉とパルメザンチーズを付けた仔牛のスライスをバターでソテし, マカロニとトマトソースを付合せた料理/ risotto (à la) ～e ワインと牛のブイヨンで煮る骨髄入りリット ‖ Milanais,e 男女 〈男は単複同形〉 ミラノの人 ‖ milanais 男 〈単複同形〉 ミラネ: 1) レモン風味のアーモンド入り小菓子 2) アニス風味のスポンジにアプリコットジャムを塗った菓子 3) ジャムを塗り, 砂糖をふった眼鏡形のサブレ = lunette

mildiou [ミルデュー] 男 べと病: 野菜やぶどうなどの葉の病気

milieu [ミリュー] 男 〈複 ～x〉 ①中央, 真ん中/ au ～ de... …の中ほど, …の半ばで/ du ～ 中間の ②環境, 境遇 ③…界/ ～x culinaires 料理界/ M～ マフィア界, やくざの世界

milk-shake [ミルク シェーク] 男 英 ミルクセーキ

milla [ミャ] 男 = millas

millas [ミャース] 男 〈単複同形〉 ラングドック地方の, オレンジ風味または干ぶどう入のとうもろこし粉のだんご, 菓子 = milla, millasse, millasson, millassou

millasse = millas

millasson [ミヤソン] 男 = millas

millassou [ミヤスー] 男 = millas

mille [ミール] 形 〈不変〉 千の: 西暦年号を表す場合 mil ともつづる/ cent ～ 十万/ en deux ～ un 2001 年に ‖ mille 男 〈単複同形〉 ①千 ②マイル: 1 マイルは 1609 m = ～ anglais

millefeuille = mille-feuille

mille-feuille [ミル フーユ] 男 〈複 ～, ～s〉= millefeuille ①ミルフイユ: カスタードクリームなどをはさんだパイケーキ ②肉, 魚, 野菜などの薄切りか別の素材をはさみ何枚か重ねた料理 ③西洋のこぎり草 = achillée

millénaire [ミレネール] 男 1000年祭

millésime [ミレズィム] 男 ヴィンテージ, ミレジム：AOC 及び VDQS ワインの製造年号

millésimé, e [ミレズィメ] 形 収穫年の付いた

millet [ミエ] 男 きび = mil, panic / ~ des oiseaux あわ

milliard [ミリヤール] 男 ①十億 ②さくらんぼ入りクラフーティ

millième [ミリエーム] 形〈男女同形〉千番めの ‖ millième 男女 千番め

millier [ミリエ] 男 約千

millière [ミリエール] 女 アンジュー地方の, 米またはとうもろこし粉のだんご

milligramme [ミリグラーム] 男 ミリグラム：記号は mg

millilitre [ミリリートゥル] 男 ミリリットル：記号は mℓ

millimètre [ミリメートゥル] 男 ミリメートル：記号は mm

million [ミリヨン] 男 百万

mimolette [ミモレートゥ] 女 フランドル地方の, エダムに似た牛乳のチーズ = boule de lille, ~ française

mimosa [ミモザ] 男 ミモザ / salade de ~ ミモザサラダ：ゆで卵の黄身を裏漉(うらご)しして散らしたサラダ

min [ミニュートゥ] 女 分：minute の略

mince [マーンス] 形〈男女同形〉薄い, 細い, ほっそりした / Mince !（話言葉）ちぇっ！

mine [ミーヌ] 女 ①顔色 / avoir bonne (mauvaise) ~ 顔色がいい(悪い) ②（鉛筆の）芯 ③鉱山 ④機雷, 地雷

minéral, e [ミネラール] 形〈男複には minéraux [ミネロ]〉鉱物の / eau ~e ミネラルウォーター ‖ minéral 男〈複 minéraux〉鉱物, 無機物

minéraux → minéral, e

Minerve [ミネールヴ] 固 ミネルバ：ローマ神話の, 技術, 職人の神. ギリシア神話のアテナ

minervois [ミネールヴワ] 男 ラングドック地方の, AOC 赤, 白, ロゼワイン

minestra [ミネーストゥラ] 女 コルシカの, スープの総称

minestrone [ミネストゥローネ] 男 (伊) ミネストローネ：イタリアの, バジリコ風味のペーストを加えた, パスタ入り野菜スープ

mineur, e [ミヌール] 形 ①重要でない, マイナーな ②未成年の ‖ mineur, e 男女 未成年 ‖ mineur 男 短調：音楽用語

mingaux = maingaux

mini- [ミニ] 接頭 「小…」の意

minibus [ミニビュス] 男〈単複同形〉マイクロバス

mini-carotte [ミニ カロートゥ] 女〈複 ~-~s〉ミニキャロット

mini-jupe [ミニ ジュープ] 女〈複 ~-~s〉ミニスカート

minimal, e [ミニマル] 形〈男複には minimaux [ミニモ]〉最小の

minimaux → minimal, e

mini-mixer [ミニ ミクスール] 男〈複 ~-~s〉ラテミキサー：ミルクをあわだてるための小型の棒状ミキサー

minimum [ミニモム] 形〈女及び複には minima [ミニマ] も用いる〉最小の, 最低の ‖ minimum 男〈複 ~s または minima〉最小, 最少, 最低

ministère [ミニステール] 男 ①省 ②大臣職 ③内閣

ministériel, le [ミニステエリエール] 形 閣僚の, 大臣の, 内閣の

ministre [ミニーストゥル] 男 ①大臣 ②公使

minoritaire [ミノリテール] 形〈男女同形〉少数派の, マイナーの

minorité [ミノリテ] 女 ①少数派, マイナー ②（18 歳未満の）未成年

minoterie [ミノートゥリ] 女 製粉工場, 製粉業

minuit [ミニュイ] 男 深夜, 午前零時

minuscule [ミニュスキュール] 形〈男女同形〉ごく小さい, 微小の, 小文字の ‖ minuscule 女 小文字

minute [ミニュートゥ] 女 ①分 ②一瞬, 短時間 / à la ~ （料理の）下準備なしの / steak ~ ミニッツステーキ / Une ~. ちょっと待って

minutieuse → minutieux, se

minutieusement [ミニュスィユーズマン] 副 細かく, 綿密に

minutieux, se [ミニュスィユー, ズ] 形〈男には単複同形〉細心の, 綿密な

miot [ミヨ] 男 トゥーレーヌ地方の, 牛乳とワインに浸した甘味パン

mique [ミーク] 女 ペリゴール地方の, とうもろこし粉のだんご. バスク地方ではゆでてからグリルする

mirabelle [ミラベル] 女 すももの一種 /

eau-de-vie de ～ ミラベルでつくるアルザス地方のブランデー

mirepoix [ミルポワ] 女 〈単複同形〉ミルポワ：フォンなどをつくるための香味野菜/～ au gras ミルポワ・オ・メーグルに生ハムまたはベーコンを加えたもの/～ au maigre ミルポワ・オ・メーグル：にんじん，玉ねぎ，セロリ，タイム，ローリエをバターで炒め溶かしたミルポワ/tailler en ～ ミルポワに切る：乱切りまたはさいのめにする

mirette [ミレットゥ] 女 ①〈俗語〉目，まぶた ②〈左官用〉こて/～ pommes じゃが芋をエテュヴェし，トリュフの千切りとグラス・ド・ヴィアンドを加え，おろしチーズをかけて焼色を付けた料理

mireval → muscat

mirin [ミリン] 男 みりん

mirliton [ミルリトン] 男 アーモンドクリーム入タルトレット

miroir [ミルワール] 男 ①鏡/œuf au ～ 卵黄の上に半透明の薄い膜がかかった状態にオーヴンで焼いた目玉焼 ②ミラー台：宴会用料理盛付台

miroton [ミロトン] 男 玉ねぎ，酢，ブイヨンを入れて煮たソースを，ゆでた牛にかけてオーヴンでつくるグラタン

mis, e [ミ, ーズ] 形 〈mis には単複同形〉加えた，敷いた，付けた，詰めた，貼った，塗った ‖ **mise** ①入れること，置くこと，のせること/～e au point 完成，仕上げ，（機械などの）調整/～e à feu （エンジンなどの）点火/～e en bouteille びん詰にすること/～e en place 下準備，配置/～e en table テーブルセッティング/～e en train 開始 ②服装 ‖ mis, e 過分 → mettre 26

misala [ミザラ] ラット種のじゃが芋の②の，アルザス地方での呼称

mission [ミスィヨン] 女 ①任務，役目 ②使節団，代表団

mistelle [ミステール] 女 アルコール添加のぶどう果汁

mitaine [ミテーヌ] 女 (指先が出る)手袋

mitan [ミタン] 男 鮭の中央部の美味な部分

mi-temps [ミタン] 女 〈単複同形〉（サッカーやラグビーなどの）ハーフタイム/à ～ パートタイムで

mitonné, e [ミトネ] 形 ミトネした ‖

mitonné 男 ミトネした料理 → mitonner

mitonnement [ミトーヌマン] 男 ミトネすること → mitonner

mitonner [ミトネ] 動 ミトネする：1)古いパンを加えてじっくり煮込む 2)とろ火で煮込む = mijoter

mitre [ミートゥル] 女 ふで貝

mitron [ミトゥロン] 男 パン見習職人

mix [ミークス] 男 〈単複同形〉アイスクリーム，シャーベット製造用の混合材料

mixage [ミクサージュ] 男 ミキサーにかけること

mixé, e [ミークセ] 形 ミキサーにかけた

mixer [ミークセ] 動 ミキサーにかける ‖ mixer [ミクセール] 男 ジューサーミキサー，ハンドミキサー = mixeur

mixeur [ミクスール] 男 ジューサーミキサー，ハンドミキサー = mixer

mixte [ミークストゥ] 形 〈男女同形〉混合の，ミックスした/à la levure fermentation ミクス法：パン製造法の一種

mixture [ミクステュール] 女 （得体の知れない）混合物

ml → millilitre

Mlle (複 Mlles) Mademoiselle の略

mobile [モビール] 形 〈男女同形〉①動かせる，動く，可動性の ②動きの多い，流動的な ‖ mobile 男 携帯電話 = téléphone ～, portable

mobylette [モビレートゥ] 女 （50 cc以下の）バイク

moca [モカ] 男 コーヒーの種類

moche [モーシュ] 形 〈男女同形〉〈話言葉〉①ブスな，醜い ②嫌な，下劣な

modalité [モダリテ] 女 方式，様式

mode [モードゥ] 女 ①服飾業界，モード：ファッション，流行/à la ～ 流行の ②料理の流儀/«à la ～ de + 地名，人名などの名詞» = «à la façon de + 地名，人名などの名詞»/tripes à la ～ de Caen 牛もつのカン風煮込み/«à la ～+女性単数形容詞» = «à la façon de + 女性単数形容詞» ‖ mode 男 （動詞活用の）法，方法，モード/～ d'emploi 使用法，マニュアル

modèle [モデール] 形 〈男女同形〉模範的な ‖ modèle 男 手本，見本，模型

modéliste [モデリーストゥ] 男女 ファッションデザイナー

modération [モデラスィヨン] 女 節度/

avec ～ 適度に
modéré,e [モデレ] 形 節度ある, 控えめな/à feu ～ 弱火で= à feu doux
modérément [モデレマン] 副 適度に, 控えめに
moderne [モデールヌ] 形〈男女同形〉①現代の, 最新の ②近代の (à la ～) モダン風(の) : 1) 蒸煮したサラダ菜, ポム・ノワゼット, トリュフを飾ったクネルなどを付合せた肉料理用表現 2) グリルしたシャンピニオンの上にソテした肉をのせ, ドミグラスソースをソースとし, コロッケ, 蒸煮したサラダ菜とトマトを付合せた, 牛フィレ肉, 仔羊のノワゼットの料理用表現
modeste [モデストゥ] 形〈男女同形〉謙虚な, 質素な, 控えめな
modestement [モデーストゥマン] 副 謙虚に, 質素に, 控えめに
modestie [モデスティ] 女 謙虚さ, 質素
modification [モディフィカスィヨン] 女 ①修正 ②(状態の)変化
modifier [モディフィエ] 動 ①修正する ②変更する ‖ se ～ 代動59 変化する
modo → grosso
moelle [ムワール] 女 骨髄, 髄/～ épinière 脊髄/sauce (à la) ～ 白ワインベースのソース・ボルドレーズに骨髄と香草を加えた肉料理用ソース
moelleusement [ムワルーズマン] 副 柔らかく
moelleux,se [ムワルー, ズ] 形〈男には単複同形〉①まろやかな, 柔らかい ②セミスイートの, やや甘口の ③髄の多い ④ねっとりした酸味の少ないワインの形容 ‖ moelleux 男〈単複同形〉①まろやかさ, まろやかなもの ②柔らかなもの, 柔らかな味 ③白ワインの軽い甘さ
Moët et Chandon [モエテ シャンドン] 固 シャンパンメーカーの名称及びシャンパンの商標名
mœurs [ムール] 女複 地方や社会階層の慣習
M.O.F. [エモエフまたはモフ] 男 フランス最高技術者:フランス文部省実施の分野別職能コンクール選抜者. Meilleur Ouvrier de France または un des Meilleurs Ouvriers de France の略
mogette [モジェートゥ] 女 白いんげん豆の品種:料理では常に複数

moi [ムワー] 代 ①(強調, または前置詞の後に付けて) 私/ Viens avec ～. 私と一緒に来い ②(肯定命令形の動詞の後に付ける間接目的語として) 私に/ Donnez-～ ça. 私にそれをください ⇒ p.748「人称代名詞」
moi-même [ムワ メーム] 代 僕自身, 私自身
moine [ムワーヌ] 男 修道士
moineau [ムワーノ] 男〈複 ～x〉すずめ
moins [ムワーン] 副 ①より少なく, より小さく/ au ～ 少なくとも/～ de... …以下の, 以内の/ de ～ en ～ 徐々に少なく/～ A que... より少なく A/～ âgé,e que... より若い/ le ～ 最も少なく, 最も小さく ‖ moins 形〈不変〉負の, マイナスの, より少ない/ moins 前 (引算で) …引く, マイナス, (時刻で) …前/ Cinq ～ trois font (または égalent) deux. 5－3＝2 / Il fait ～ dix. 零下 10℃だ/ cinq heures ～ cinq 5時5分前
mois [ムワ] 男〈単複同形〉(暦上の)月/ au ～ de janvier 1月に/ ce ～-ci 今月/ par ～ 月毎に/ tous les six ～ 6ヶ月ごとに
moisi,e [ムワズィ] 形 かびの生えた ‖ moisi 男 ①かびの生えた部分 ②かびのにおい
moisissure [ムワズィスュール] 女 かび
moisson [ムワソーン] 女 穀類の刈入れ, 収穫
moissonner [ムワソネ] 動 (穀物を) 収穫する
moite [ムワートゥ] 形〈男女同形〉しめっぽい, しっとりした
moitié [ムワティエ] 女 半分, 半ば/ par ～ 半分に/ réduire...d'une ～ …を2分の1に煮詰める
moitié-moitié [ムワティエ ムワティエ] 副 (話言葉)半々に
mojette [モジェートゥ] 女 白いんげん豆の品種:料理では常に複数
moka [モカ] 男 ①コーヒーの種類 ②コーヒー風味のバタークリームをはさんだケーキ
mol → mou
molaire [モレール] 女 臼歯
môle [モール] 女 まんぼう:魚 = poisson-lune
moléculaire [モレキュレール] 形〈男女同

形〉(化学で)分子の
molécule [モレキュール] 囡 (化学で)分子
molle → mou
mollet, te [モレ, -トゥ] 形 ふんわりした，柔らかい／œuf ～ 半熟卵
molleton [モルトン] 男 ベッドパッド
mollir [モリール] 動 4 ①鈍る，弱まる ②柔らかくなる = ramollir
mollusques [モリュスク] 男複 たこ，いか，貝などの軟体動物
molokheja [モロケジャ] 囡 モロヘイヤ：エジプト原産の葉野菜
moment [モマン] 男 一時，一瞬，時期，瞬間／à ce ～-là その頃，その時／à tout ～ ずっと／au bon ～ タイミングよく／au ～ de... …の時に／à un ～ ある時／«au ～ où ～ +文» …する時に／«Ce n'est pas le ～ de +不定詞または名詞», «Ce n'est pas le ～ où +文» (…する)どころではない／dans un ～ 間もなく／en un ～ 一瞬のうちに／en ce ～ 今，目下／pour le ～ 今のところ／sur le ～ とっさに／un bon ～ しばらくの間／un ～ 少しの時間，ちょっと
momentané, e [モマンタネ] 形 一時的な，一瞬の
momentanément [モマンタネマン] 副 一時的に
mon [モン] 形 〈男単と母音または無音の h で始まる女単に〉私の／C'est ～ couteau. これは私の包丁 ⇒ p.751「**所有形容詞**」
monacante [モナカーントゥ] 男 カワハギ科の魚の総称
Monaco [モナコ] 固 モナコ公国
monarchie [モナルシ] 囡 ①王政，君主制 ②王国，君主国
monarchique [モナルシーク] 形 〈男女同形〉王政の，君主制の
monarchisme [モナルシスム] 男 王政主義，君主制主義
monarchiste [モナルシストゥ] 形 〈男女同形〉王政主義の，君主制の ‖ monarchiste 男囡 王政主義者，君主制主義者
monarque [モナルク] 男 君主，帝王
monastère [モナステール] 男 修道院：教会法上の正式呼称
monastrell [モナストゥレール] 男 黒ぶどうの品種

monbazillac [モンバズィヤーク] 男 南西フランス，ベルジュラック地区のAOC甘口白ワイン
monceau [モンソ] 男 ピカルディ地方の，牛乳のチーズ = sorbais
monchelet [モンシュレ] 男 ピカルディ地方の，牛乳のチーズ = mouchelet
mondage [モンダージュ] 男 湯むき
monde [モーンドゥ] 男 ①世界 ②業界 ③人々，世の中：単数として扱う／beaucoup de ～ 多くの人／tout le ～ 皆
mondé, e [モンデ] 形 湯むきした = émondé → monder
monder [モンデ] 動 ①湯むきする = émonder ②酢水に浸して脳などの薄皮をはぐ
mondeuse [モンドゥーズ] 囡 黒ぶどうの品種
mondial, e [モンディヤール] 形 〈男複には mondiaux [モンディヨ]〉世界の，世界的な
mondialement [モンディヤールマン] 副 世界的に
mondiaux → mondial, e
monégasque [モネガースク] 形 〈男女同形〉モナコ(Monaco)の／(à la) ～ モナコ風(の)：モナコ特有の料理に用いる表現／tomate (à la) ～ まぐろの油漬，みじん切りした玉ねぎ，香草などを詰めたトマト ‖ Monégasque 男囡 モナコ人
monjetada [モンジェタータ゛] 囡 カタロニア地方の，豚すね肉といんげん豆の煮込
monjetto [モンジェートゥ] 囡 = monj(h)ette
monj(h)ette [モンジェートゥ] 囡 ①白いんげん豆のポワトゥー地方の呼称 = monjetto：料理では時に複数 ②同地方の，いんげん豆形の飴玉
monnaie [モネ] 囡 ①硬貨，小銭 ②通貨 ③釣銭
monochrome [モノクローム] 形 〈男女同形〉白黒の，モノクロの
monorail [モノラーユ] 男 〈単複同形〉モノレール
Monostéarate [モノステアラートゥ] 固男 乳化剤の商標名
monotone [モノトーヌ] 形 〈男女同形〉単調な
Monsieur [ムスュー] 男 〈複〉Messieurs

[メスュー]〉男性, (呼びかけで) 先生, …さん, …氏, 政治家などの敬称/～ et Madame... …夫妻 / Messieurs (会社など団体への手紙の冒頭で) 拝啓 / m～ fromage ノルマンディ地方の, 牛乳と生クリームのチーズ = fromage de m～

monstrueux, se [モンストリュウー, ズ] 形〈男には単複同形〉怪物みたいな, ものすごい‖ monstrueuse 女 巨大なもの/～ de New York 米茄子(҉)

mont [モン] 男 …山/～ Blanc モン・ブラン：…の山/～ des cats フランドル地方の, 牛乳のチーズ/～ d'or フランシュ・コンテ地方の, 牛乳の AOC チーズ = vacherin du haut-doubs /～ d'or du lyonnais リヨネ地方の, 山羊乳または山羊乳と牛乳のチーズ

montage [モンタージュ] 男 ①組立 ②モンタージュ写真 ③卵白を泡立てること/～ du lait 牛乳のふったつ

montagnard, e [モンタニャール, ドゥ] 女 山国の人

montagne [モンターニュ] 女 山‖ M～ de Reims シャンパン用ぶどう栽培地

montagneux, se [モンタニュー, ズ] 形〈男には単複同形〉山の多い

montagny [モンタニ] 男 ブルゴーニュ地方, コート・シャロネーズ地区の AOC 白ワイン

montant, e [モンタン, トゥ] 形 上がる, 上りの‖ montant 男 ①金額, 総額 ②(ソース, スープ, ワインの)こく

montauban-de-bretagne [モントバンドゥブルターニュ] 男 ブルターニュ地方の, 牛乳のチーズ

mont Blanc [モンブラン] 固 男 アルプス山脈の最高峰‖ m～-b～ 男〈複～s-～s〉モン・ブラン：1)スポンジなどの台に栗のピュレとホイップクリームをのせたケーキ 2)栗のピュレの上にホイップクリームを飾ったデザート

Montbrison [モンブリゾーン] 固 オヴェルニュ地方の町/ fourme de ～ 同地の, 牛乳からつくる青かびタイプのチーズ

montcenis [モンスニ] 男 ブルゴーニュ地方の, 牛乳または牛乳と山羊乳からつくる青かびチーズ

Mont-Dore [モンドール] 固 オヴェルニュ地方の温泉保養地‖ Mont-Dore 男 じゃが芋のピュレに卵黄, クリーム, おろしチーズを加えたグラタン

monté, e [モンテ] 形 ①上った, 乗った ②泡立てた, かき立てた ③(ソースなどに)バターの小塊を加えた‖ montée 女 ①上昇, 上ること ②坂道, 上り坂 ③(価値, 量などの)上昇, 増大

Monte-Carlo [モンテカルロ] 固 モンテカルロ

monte-charge [モントゥシャールジュ] 男〈単複同形〉(荷物用)リフト

Montélimar [モンテリマール] 固 プロヴァンス地方の町

monte-plat(s) [モントゥプラー] 男〈単複同形〉ダムウェーター：料理皿用リフト

monter [モンテ] 動 ①上がる, 登る ②乗る, 乗せる ③高くする ④組立てる, 仕上げる ⑤ホイップする ⑥バターをソースに加え, 味となめらかさを高める/～...au beurre …にバターの小片を加える‖ se ～ 代動 59 ①達する ②(会社などが)設立される ③組立てられる

Montglas [モングラ] 固 男 モングラ侯爵 / appareil ～ 赤牛舌肉, フォワ・グラ, シャンピニョン, トリュフをソース・マデールであえた詰物用材料

montgolefière [モンゴルフィエール] 女 熱気球

monthélie [モンテリ] 男 ブルゴーニュ地方, コート・ド・ボーヌ地区の AOC 赤, 白ワイン

montilla [モンティーヤ] 男〈西〉スペイン アンダルシア地方の, シェリー酒に似たアルコール度の高い赤, 白のワイン

montlouis [モンルイ] 男 ロワール地方の AOC 白, 発泡性ワイン

montmélian-rosé [モントゥメリヤンロゼ] 男 サヴォワ地方の, 牛乳のチーズ = tamié

montmorency [モンモランスィ] 女〈単複同形〉さくらんぼの品種‖ montmorency 男 モンモランシー種さくらんぼのシロップ漬やリキュール漬を使ったケーキやデザート

montoire [モントゥワール] 男 ロワール地方の, 山羊乳のチーズ

Montpellier [モンプリエ] 固 ラングドック地方の都市/ beurre ～ ほうれん

mortifié,e

草, ピクルス, アンチョヴィなどをつぶし, ゆで卵の卵黄を加えた合せバター

montpelliérain,e [モンピリエ・ラン, レーヌ] 形 モンプリエ (Montpellier) の ‖ Montpelliérain,e 男 女 モンプリエの人

montrachet [モンラシェ] 男 ブルゴーニュ地方, コート・ド・ボーヌ地区の AOC 白ワイン

Montravel [モンラヴェール] 固 ラングドック地方, ベルジュラック地区のぶどう栽培地 / côtes de m〜 同地区の AOC 白, 甘口白ワイン

montre [モーントゥル] 女 腕時計 = 〜-bracelet, 懐中時計 / dans le sens des aiguilles d'une 〜 (時計の) 右回りの(で)

montréal [モンレアール] 男 ラングドック地方の, 牛乳のチーズ ‖ Montréal 固 モントリオール: カナダ, ケベック州の州都

montrer [モーントゥレ] 動 示す, 見せる

Montreuil [モントゥルーユ] 固 ①モントルイユ: パリ東方の町, 桃の産地 / pêche 〜 シロップで煮た桃の半切をヴァニラアイスクリームの上に盛り, フランボワーズとアプリコットのピュレをかけたデザート ② 〜-sur-Mer アルトワ地方の港町 ‖ Montreuil 形 〈不変〉モントルイユ風(の): 小球状のじゃが芋をゆで, 海老ソースをかけて付合せた舌びらめの料理用表現

Montrouge [モンルージュ] 固 モンルージュ: パリ南郊外の町 ‖ Montrouge 形 〈不変〉モンルージュ風(の): シャンピニョンを使った料理用表現

monture [モンテュール] 女 ①乗物としての動物 ②台座, 取っ手 /〜 de lunettes 眼鏡のフレーム

moque [モーク] 女 シードル酒などをはかるための, ノルマンディ地方の取っ手付容器

moquer [モケ] 動 揶揄(やゆ)する ‖ se 代動 59 / se 〜 de...: 1) …を馬鹿にする, からかう 2) …を気にしない

moquette [モケット] 女 カーペット

moqueté,e [モケテ] 形 カーペットを敷詰めた

moqueter [モケテ] 動 カーペットを敷詰める

moral,e [モラール] 形 〈男 複〉には moraux ‖ moral 男 〈複〉 moraux〉気力, 元気 ‖ morale 女 ①道徳 ②倫理学 ③教訓

moraux → moral,e

morbier [モルビエ] 男 フランシュ・コンテ地方の, 牛乳の AOC チーズ

morceau [モルソ] 男 〈複 〜x〉 ①一片, かけら / un 〜 de sucre 角砂糖ひとつ ②肉などの塊, 部位

morcellement [モルセールマン] 男 分数

mordre [モールドゥル] 動 39 ①かみ付く, かむ, (魚が餌に) 食いつく ②苦しめる ③締付ける

moret [モレ] 男 クランベリーの, ノルマンディ地方での呼称 = canneberge

morey-saint-denis [モレ サン ドゥニ] 男 ブルゴーニュ地方, コート・ド・ニュイ地区の AOC 赤, 白ワイン

morgon [モルゴン] 男 ブルゴーニュ地方, ボジョレ地区の AOC 赤ワイン

morille [モリーユ] 女 あみがさ茸, モリーユ茸

morillon [モリヨン] 男 ①あみがさ茸, モリーユ茸の種類 ②白ぶどうの品種 = chardonnay

Mornay [モルネ] 固 男 19 世紀, フランスの料理人 ‖ Mornay 形 〈不変〉モルネ風(の): ソース・モルネを使った料理用表現 / sauce 〜 ソース・モルネ: ベシャメルにグリュイエールチーズと卵黄を加えたグラタン用ソース

mort,e [モール, トゥ] 形 死の, 死んだ ‖ mort,e 男 女 故人, 死者 ‖ mort 女 死, 終焉(しゅうえん)

mortadelle [モルタデール] 女 ゆでて燻製(くんせい)にしたイタリアのソーセージ

mortairol [モルテロール] 男 = mourtayrol

mortanais [モルタネ] 男 カルヴァドス酒の種類

Morteau [モルト] 固 フランシュ・コンテ地方の町 / saucisse de 〜 燻製(くんせい)ソーセージの種類

morte-saison [モールトゥ セゾン] 女 〈複 〜s-〜s〉 オフシーズン, 季節はずれ

mortier [モルティエ] 男 すり鉢, 乳鉢

mortification [モルティフィカスィヨン] 女 ①禁欲, 苦行 ②屈辱 ③肉などのエージング, 熟成

mortifié,e [モルティフィエ] 形 熟成させた

mortifier [モルティフィエ] 動 ①苦行する ②屈辱を与える ③肉などを熟成させる, ねかせる

mortuacien, ne [モルテュアスィ・ヤン, エーヌ] 形 モルト (Morteau) の ‖ Mortuacien, ne 男女 モルトの人

morue [モリュ] 女 ①モリュ: 鱈(たら)の種類 / ～ commune / ～ charbonnière 銀鱈 / ～ du pacifique occidental すけそう鱈, すけとう鱈 / ～ grise 真鱈 / ②塩漬鱈 / ～ blanche (乾燥後塩漬した) 干鱈 / ～ noire (ゆっくり乾燥後塩漬した) 干鱈 / ～ plate (干してから平たくした) 干鱈 / ～ salée 塩蔵干鱈 / ～ séchée 棒鱈 / ～ verte (乾燥せずに塩漬した) 干鱈

Morvan [モルヴァン] 固 男 ニヴェルネ地方の山岳地帯

morvandeau, lle [モルヴァン・ド・デール] 形 〈男複には～x〉 モルヴァン (Morvan) の / (à la) ～lle モルヴァン風 (の): モルヴァン産生ハムを使った料理用表現 ‖ Morvandeau, lle 男女〈男複は～x〉 モルヴァンの人

morve [モールヴ] 女 はなみず

mosaïque [モザイーク] 女 モザイク模様 / en (または de) ～ モザイクの

moscatel [モスカテール] 男 ①白ぶどうの品種 ②スペインの白ワイン

Moscou [モスクー] 固 モスクワ: ロシアの首都

moscovite [モスコヴィートゥ] 形〈男女同形〉①モスクワ (Moscou) の / (à la) ～ モスクワ風 (の): ロシアの産物を使ったりロシア料理に影響を受けたりした料理用表現 / sauce ～ ソース・ポワヴラードにマラガワイン, ねずの実, 松の実, 干ぶどうを加えたソース ‖ Moscovite 男女 モスクワっ子 ‖ moscovite 男 モスコヴィット: ババロワやアイスクリームの一種

moscow mule [モスクー ミュール] 男 ライム風味のウォッカカクテル

Moselle [モゼール] 固女 モーゼル川: ライン川の支流 ‖ moselle 男 ①ドイツ, モーゼル川流域の白ワイン ②ロレーヌ地方, モーゼル川流域のVDQS赤, 白, ロゼワイン

mostelle [モステール] 女 タラ科の魚 = loche (de mer), motelle, moustella, phycis de fond

mostoffait [モストフェ] 男 ロレーヌ地方の, 牛乳のフレッシュチーズ

mot [モ] 男 ①単語 ②言葉, 名言

motel [モテール] 男 モーテル

motelle [モテール] 女 = mostelle

moteur [モトゥール] 男 エンジン, モーター

mothais [モテ] 男 ポワトゥー地方の, 山羊乳のチーズ = mothe-saint-héray

mothe-bougon [モートゥ ブーゴン] 女 = bougon

mothe-saint-héray [モートゥ サンテレ] 男 = mothais

motif [モティーフ] 男 ①動機, 理由 ②(絵や音楽の) 対象, モチーフ

motivé, e [モティヴェ] 形 動機付けられた, モティヴェーションの高い

moto [モト] 女 (俗語) バイク

motocyclette [モトスィクレートゥ] 女 (125 cc以上の) オートバイ

motte [モットゥ] 女 かたまり

mou, lle [ムー, モール] 形〈母音または無音のhで始まる男単にはmol, 男複には～s〉①軟弱な, 柔らかい, 柔らかい ②(気候が) なま暖かい ‖ mou 男〈複～s〉①(食材としての)肺 ②(話言葉) あてにならない奴

mouche [ムーシュ] 女 ①蠅(はえ) ②毛針 = ～ artificielle

mouchelet [ムーシュレ] 男 = monchelet

moucher [ムーシェ] 動 はなをかんでやる ‖ se ～ 代動 59 (自分の) はなをかむ

moucheté, e [ムーシュテ] 形 まだら模様の, 水玉模様の

moucheter [ムーシュテ] 動 斑点(はんてん)を付ける, 水玉模様を付ける

moucheture [ムーシュテュール] 女 斑点(はんてん)

mouchoir [ムーシュワール] 男 ハンカチ

mouclade [ムークラードゥ] 女 オニス地方の, ムール貝のクリーム煮

moudre [ムードゥル] 動 39 〈備考〉粉にする, 製粉する, (コーヒーなどを) 挽く

moufle [ムーフル] 女 ミトン: 手袋

mouillage [ムーヤージュ] 男 ムイエすること → mouiller

mouille [ムーイ] 女 ダボ: 豚ももやばら肉の脂肪

mouillé, e [ムーイエ] 形 ①濡れた ②ムイエした → mouiller

mouillement [ムーユマン] 男 調理中に加えるワインや水などの液体

mouiller [ムーイエ] 動 ①濡らす ②ムイエする：炒めている鍋に水やワインなどを加える／~ à hauteur ひたひたになるように液体を加える ‖ se ~ 代動59 濡れる

mouillette [ムーイエットゥ] 女 バターを塗った細切りトースト

mouillure [ムーユール] 女 ①湿らせること ②天板や型を湿らせるために用いる液体

moujette [ムージェートゥ] 女 いんげん豆の，ラングドック地方での呼称：料理では常に複数

moulage [ムーラージュ] 男 ①型入れ，形どり ②鋳造 ③型に入れてつくったチョコレート ④挽くこと

moularen [ムーララン] 男 プロヴァンス地方の，羊乳のチーズ

moule [ムール] 男 ケーキ，パテなどの型／~ à… …型／~ à glaçon 製氷皿／~ à cannelé カヌレ型，ぎざ型／~ à manqué マンケ型／~ Carola 中空のケーキを焼くための型／~ évasé 朝顔形の型／~ souple en silicone シリコン型／~ uni ぎざなし型 ‖ moule 女 からす貝，ムール貝／~ (à la) marinière ムール・マリニエール：殻ごと白ワインなどでゆでたムール貝／~s frites ムール・マリニエールにフライドポテトを付合せた料理

moulé,e [ムーレ] 形 型に入れた，型でつくった

mouler [ムーレ] 動 型に入れる，型でつくる

moulin [ムーラン] 男 ①水車 ②風車 ③製粉機，挽いたり砕いたりする機械，ミル／~ à café コーヒーミル／~ à légumes ムーラン：ハンドル回転式マッシャー／~ à poivre 胡椒挽き／~ à sel 塩挽き

moulinage [ムーリナージュ] 男 野菜などをミルですりおろすこと

moulin-à-vent [ムーランナ ヴァン] 男 ブルゴーニュ地方，ボジョレ地区のAOC赤ワイン

mouliné,e [ムーリネ] 形 ミルですりおろした

mouliner [ムーリネ] 動 野菜などをミルですりおろす

moulinet [ムーリネ] 男 （釣りの）リール

moulis [ムーリ] 男 ボルドー地方，オ・メドック地区のAOC赤ワイン

moulu,e [ムーリュ] 形 製粉した，挽いた

moulure [ムーリュール] 女 皿カバーやスープチューリンなどの飾縁

mounjetado [ムーンジェタード] 男 いんげん豆，玉ねぎ，豚の皮の，ラングドック地方の煮込

mourant,e [ムーラン,トゥ] 形 危篤の

mourir [ムーリール] 動27 死ぬ

mouron [ムーロン] 男 るりはこべ／~ blanc, ~ des oiseaux はこべ：サラダ用野草

mourtayrol [ムールテロール] 男 オヴェルニュ及びルエルグ地方の，牛と鶏の煮込 = mortairol

mourvèdre [ムールヴェードゥル] 男 黒ぶどうの品種

moussaka [ムーサカ] 女 なす，羊挽肉，トマトなどでつくるギリシアのグラタン

mousse [ムース] 女 ①泡／~ de Ceylan, ~ du Japon 寒天 = agar-agar ②ムース：ホイップした卵白や生クリームを加えてつくる料理やデザート，／~ au chocolat チョコレートムース／~ glacée イタリアンメレンゲを加えた軽いアイスクリーム

mousseau [ムーソ] 男 〈複 ~x〉 上質小麦粉でつくったパン

mousseline [ムースリーヌ] 女 ①1人分の小さなムース ②軽くて繊細であることを表現した料理名／sauce ~ ソース・オランデーズにホイップしたクリームまたは卵白を加えたソース = sauce mousseuse ③モスリン：薄手のウール生地

mousser [ムーセ] 動 ①泡立つ，ふわっとふくらむ ②卵やクリームなどを泡立てる = battre, fouetter

mousseron [ムースロン] 男 芝生茸(たけ)：白っぽくて柔らかく香りの強いキシメジ科の茸

mousseux,se [ムース－,ズ] 形 〈男には単複同形〉 泡立った，発泡性の，ふわっとした／beurre ~ レモン汁と水を加えてホイップしたポマード状のバター ‖ mousseux 男 〈単複同形〉 発泡性ワイン，スパークリングワイン = vin ~／saumure ~ ソミュール・ムスー

moustache [ムースターシュ] 女 口ひげ

moustachu,e [ムースタシュー] 形 ひげ づらの

moustella [ムーステラ] 女 = mostelle

moustiller [ムースティエ] 動 軽く泡立つ

moût [ムー] 男 醗酵前のぶどう搾汁 = ~ de raisin

moutarde [ムータルドゥ] 女 ①からし, マスタード→ [囲み] / sauce ~: 1) クリームにマスタード, レモン汁を加えて泡立てたソース 2) ソース・オランデーズにマスタードを加えたソース 3) 白ワインを加えたドミグラスソースを煮詰め, マスタード, レモン汁, バターを加えたソース/ ~ violette de Brive リムーザン地方ブリーヴの赤ワイン用ぶどう果汁でつくる紫色のマスタード ②からし菜

moutardé,e [ムータルデ] 形 マスタードを加えた, マスタードの風味をつけた

moutarder [ムータルデ] 動 マスタードを加える, マスタードの風味をつける

moutardier [ムータルディエ] 男 ①マスタード入れ ②マスタード製造者

mouton [ムートン] 男 去勢雄羊, 羊肉, マトン

moutonne [ムートーヌ] 男 la ~ ブルゴーニュ地方, シャブリ地区のシャブリ・グラン・クリュ白ワイン

mouton-rothschild [ムートン ロトゥシールドゥ] 男 ボルドー地方, メドック地区ポイヤックの第1級赤ワイン = château ~

mouture [ムーテュール] 女 製粉

mouvement [ムーヴマン] 男 ①動き, 運動 ②動作 ③変化 ④移動, 往来

mouvette [ムーヴェートゥ] 女 先の丸い木べら

moxa [モクサ] 男 灸(きゅう), もぐさ

moyen,ne [ムワ・ヤン, イエーヌ] 形 中くらいの, 平均の/ âge — 平均年齢/~ âge = moyen-âge ‖ moyen 男 手段, 方法/ au ~ de... …を使って ‖ moyenne 女 平均/ en ~ 平均して

moyen-âge [ムワイエナージュ] 男 中世

moyenâgeux,se [ムワイエナジュー, ズ] 形〈男複には単複同形〉中世風の, 中世的な

moyennement [ムワイエーヌマン] 副 普通に, ほどほどに

Moyen-Orient [ムワヤンノリヤン] 男 中東

moyen-oriental,e [ムワヤンノリヤンタール] 形〈男複には moyen-orientaux [ムワヤンノリヤント], 女複には ~-~es〉中東の

mozzarella [モッツァレッラ] 女伊 イタリアの, 水牛または牛乳のフレッシュチーズ

mucus [ミュキュス] 男〈単複同形〉粘液

mue [ミュ] 女 脱皮, (羽毛の)抜けかわり, 抜殻

mué,e [ミュエ] 形 脱皮した, (羽毛が)抜けかわった

muet,te [ミュエ, -トゥ] 形 ①(障害で)口がきけない, 耳が聞こえない ②無音の, 無言の ‖ muet,te 男女 (障害で)口がきけない人

muffin [ミュフィンまたはムフィン] 男英 カップケーキ, マフィン

---

moutarde

moutarde à l'ancienne
粒マスタード

moutarde antique はちみつ入マスタード = moutarde millénaire

moutarde aromatisée
香草入マスタード

moutarde blanche 白からし, ホワイトマスタード

moutarde d'Alsace 辛味の少ない, アルザス地方のマスタード

moutarde de Dijon
辛味と酸味の強いマスタード

moutarde de Meaux
パリ近郊でつくる粒マスタード

moutarde des Allemands, moutarde des capucins
ホースラディッシュ = raifort

moutarde millénaire = moutarde antique

moutarde noire
黒からし, ブラックマスタード

moutarde picarde ピカルディ地方の, りんご風味の辛くないマスタード

moutarde verte フィーヌゼルブなどをまぜたグリーンマスタード

moutarde violette
赤ワイン用ぶどう果汁入マスタード

muge [ミュージュ] 男 ぼら = mulet

mujon [ミュジョン] 男 ぼら = mulet

mulard,e [ミュラール, ド] 男女 真鴨とあひるの雑種

mule [ミュール] 女 サンダル, ミュール

mulet [ミュレ] 男 ①らば ②ぼら = meuil, muge, mujon, poisson-sauteur / ~ à grosses lèvres あつくちぼら:魚

Müller-Thurgau [ミュレール テュルゴ] 男 白ぶどうの品種

multiple [ミュルティープル] 形 〈男女同形〉①〈複に〉多数の, 多様な ②〈単に〉複雑な ‖ multiple 男 倍数

multiplication [ミュルティプリカスィヨン] 女 ①増加, 増大, 増殖 ②掛算

multiplié,e [ミュルティプリエ] 形 ①繰返された ②(掛算で)乗ぜられた / trois ~ par quatre 3×4 (3掛ける4)

multiplier [ミュルティプリエ] 動 ①増える, 増やす ②掛算する / ~ par trois 3倍する ‖ se ~ 代動59 (数が)増える

multitude [ミュルティテュードゥ] 女 ①多さ / une ~ de... 多くの… ②多数

muni,e [ミュニ] 形 備付けの / ~ de... …を備えた

municipal,e [ミュニスィパール] 形 〈男複には municipaux [ミュニスィポ]〉市(町, 村)の

municipaux → municipal,e

munir [ミュニール] 動4 取付ける

munster [ムンステール] 男 アルザス及びロレーヌ地方の牛乳の AOC チーズ = ~ géromé

muqueuse [ミュクーズ] 女 粘膜

mur [ミュール] 男 壁, 塀

mûr,e [ミュール] 形 熟れた, 熟した ‖ mûre 女 ①黒いちご, きいちごの実 = mûron, ronce ②ミュール, 桑の実

mûrement [ミュールマン] 副 じっくり, 慎重に

murène [ミュレーヌ] 女 うつぼ

mûrir [ミュリール] 動4 熟れる, 熟す

muroise [ミュルワーズ] 女 ローガンベリー:フランボワーズときいちごの交配フルーツ

murol [ミュロール] 男 オヴェルニュ地方の, 牛乳のチーズ = murolait, murolet, trou du ~

murolait [ミュロレ] 男 = murol

murolet [ミュロレ] 男 = murol

mûron [ミュロン] 男 = mûre, ronce

musc [ミュースク] 男 じゃ香

muscade [ミュスカードゥ] 女 ナツメグ, にくずく / noix de ~ ナツメグの実

muscadé,e [ミュスカデ] 形 ナツメグを加えた

muscadelle [ミュスカデル] 女 白ぶどうの品種

muscader [ミュスカデ] 動 ナツメグを加える

muscadet [ミュスカデ] 男 ミュスカデ:白ぶどうの種類またはこれでつくったロワール地方の AOC 白ワイン / ~ des coteaux de la loire ロワール地方の AOC 白ワイン / ~ côtes de grand-lieu ロワール地方の AOC 白ワイン / ~ de sèvre-et-maine ロワール地方の AOC 白ワイン

muscardin [ミュスカルダン] 男 黒ぶどうの品種

muscat [ミュスカ] 男 ①マスカットぶどうの総称 / ~ blanc 小粒のマスカットぶどう / ~ d'Alexandrie, ~ d'Alsace, ~ de Hambourg, ~ ottonel いずれもマスカットぶどうの品種 ②マスカットぶどうでつくった甘口ワイン / ~ de beaumes-de-venise コート・デュ・ローヌ地方の AOC 天然甘口白ワイン / ~ de frontignan ラングドック地方の AOC 天然甘口白ワイン / ~ de lunel ラングドック地方の AOC 天然甘口白ワイン / ~ de mireval ラングドック地方の AOC 天然甘口白ワイン / ~ de rivsaltes ルシヨン地方の AOC 天然甘口白ワイン / ~ de saint-jean de minervois ラングドック地方の AOC 天然甘口白ワイン

muscavado [ミュスカヴァド] 男 = muscovado

muscle [ミュースクル] 男 筋肉

muscovado [ミュスコヴァド] 男 黒砂糖 = muscavado

musculaire [ミュスキュレール] 形 〈男女同形〉筋肉の

museau [ミュゾ] 男 〈複 ~x〉①牛や豚の頭部肉 ②豚の鼻, 顔の肉, 舌などをゼリーで固めた冷製オードヴル ③(動物や魚の)鼻

musée [ミュゼ] 男 博物館, 美術館

muselet [ミュズレ] 男 (シャンパンの栓止用)コルクワイヤー

- **muséum** [ミュゼオーム]男（自然科学の）博物館
- **musical,e** [ミュズィカール]形〈男複にはmusicaux [ミュズィコ]〉音楽の
- **musicaux** → musical,e
- **musigny** [ミュズィニー]男 ブルゴーニュ地方、コート・ド・ニュイ地区のAOC特級赤、白ワイン
- **musique** [ミュズィーク]女 音楽
- **musqué,e** [ミュスケ]形 じゃ香の香りのある
- **mutage** [ミュタージュ]男 ぶどう搾汁の醱酵停止作業
- **muté,e** [ミュテ]形（ぶどう搾汁の）醱酵を停止した
- **muter** [ミュテ]動（アルコールなどを加えてぶどう搾汁の）醱酵を停止する
- **mutuel,le** [ミュテュエール]形 相互の
- **mutuellement** [ミュテュエールマン]副 互いに
- **mye** [ミ]女 おおの貝 = bec-de-jar
- **myope** [ミョープ]形〈男女同形〉近眼の，近視の ‖ myope 男女 近眼の人
- **myopie** [ミョピ]女 近視
- **myrca** [ミールカ]男 山桃
- **myrte** [ミールトゥ]男 ぎんばいか，ミルテ：フトモモ科の常緑樹
- **myrtille** [ミルティーユ]女 ①ブルーベリー ②クランベリーの，北フランスでの呼称 = canneberge
- **mysost** [ミゾーストゥ]男 乳清でつくった，北欧のフレッシュチーズ
- **mystère** [ミステール]男 ①神秘，ミステリー ②イタリアンメレンゲで覆い，アーモンドを散らしたアイスクリーム
- **mystérieux,se** [ミステリユー, ズ]形〈男には単複同形〉神秘の，神秘的な
- **mythe** [ミートゥ]男 神話，伝説
- **mythologie** [ミトロジ]女（集合としての）神話

N, n

- **N,n** [エヌ]男 ①フランス字母の14番め ②N：窒素の元素記号 ③N：nord（北）の略
- **n'** ne の後に母音または無音の h で始まる語が来る場合の省略形 → ne
- **nabuchodonosor** [ナビュコドノゾール]男 ワイン20本分の大瓶
- **nacré,e** [ナークレ]形 ①真珠の光沢のある ②(米を)研いだ
- **nacrer** [ナークレ]動 ①真珠の光沢をつける ②(米を)研ぐ
- **nage** [ナージュ]女 ①泳ぎ ②ナージュ：1) 魚介などをゆでるための液体 2) それで煮た料理／à la ～：1) 甲殻類、貝、魚を殻ごとまたは皮ごと煮た料理用表現 2) ナージュ仕立の(に)
- **nageoire** [ナジュワール]女 ①ひれ／～ anale 尻びれ／～ caudale 尾びれ／～ dorsale 背びれ／～ pectorale 胸びれ／～ ventrale 腹びれ ②いかのエンペラ
- **nager** [ナジェ]動25 泳ぐ
- **naïf,ve** [ナイー·フ,ヴ]形 純情な，世間知らずな，ナイーヴな
- **nain,e** [ナン,ネーヌ]形 小人の，背の低い／haricot ～ 矮性（わいせい）いんげん ‖ nain,e 男女 小人
- **naissance** [ネサーンス]女 ①誕生 ②家柄 ③付け根／du cou 首の付け根
- **naître** [ネートゥル]動28 生れる
- **naïve** → naïf,ve
- **nam pla** [ナン プラー]男 ナンプラー：タイの魚醬（ぎょしょう）
- **nana** [ナナ]女（俗語）女，彼女
- **nancéien,ne** [ナンセ·ヤン,イエーヌ]形 ナンシー（Nancy）の ‖ Nancéien,ne 男女 ナンシーの人
- **Nancy** [ナンスィ]固 ナンシー：ロレーヌ地方の都市
- **Nangis** [ナンジ]固 パリ南方の町／brie de n～ 同地でつくるブリチーズ
- **nantais,e** [ナンテ,ーズ]形〈男には単複同形〉ナント（Nantes）の／(à la) ～e ナント風(の)：バターを加えた白ワインソースを使った料理用表現 ‖ Nantais,e 男女〈男は単複同形〉ナントの人 ‖ nantais 男〈単複同形〉①ナントの，アーモンドやフルーツの砂糖漬 ②ナントの干ぶどう入サブレ ③ブルターニュ地方の，牛乳のチーズ = curé ④かぶの種類 ⑤にんじんの品種
- **Nantes** [ナーントゥ]固 ナント：ブルターニュ地方の都市
- **Nantua** [ナンテュア]固 ナンテュア：サヴォワ地方の町／(à la) ～ ナンテュ

ア風(の):ざりがにを使った料理用表現／sauce 〜 ベシャメル,ざりがにの煮汁,クリームを煮詰め,ざりがにバターとコニャックを加えたソース
Naples [ナーブル]固 ナポリ:イタリアの都市
Napoléon [ナポレオン]固男 19世紀のフランス皇帝／〜 Ⅲ ナポレオン3世 ‖ Napoléon 男 ①6年以上熟成させたコニャック ②5年以上熟成させたアルマニャック,カルヴァドス
napolitain,e [ナポリ・タン,テーヌ]形 ナポリ(Naples)の／(à la) 〜e ナポリ風(の):1)同地の料理に用いる表現 2)トマトとパルメザンチーズを使った料理用表現／biscuit (à la) 〜e ピスタチオ,ヴァニラ,いちごの3色アイスクリーム／sauce 〜e:1)ソース・エスパニョールに西洋わさび,ナツメグ,生ハム,グロゼイユのジャム,干ぶどうを加えた猟肉用ソース 2)トマトに香草とオリーヴ油を加えたソース ‖ Napolitain,e 男女 ナポリの人 ‖ napolitain 男 ①デコレーションケーキの一種／fonds 〜s 同量のバター,小麦粉,砂糖,アーモンドパウダーに卵黄を加え,さっくりまぜて焼いたスポンジ ②薄いビターチョコレート
nappage [ナパージュ]男 ①ナーブにすること → napper ②ナパージュ:アプリコットなどのジュレにゼラチンを加えたコーティング用ソース
nappe [ナーブ]女 ①テーブルクロス＝tapis de table ②ナーブ:シロップやソースがスプンにねっとり付く状態
nappé,e [ナペ]形 ①表面を覆った ②ナーブの状態にした → napper ‖ nappé 男 ナペ:100℃にしたシロップ
napper [ナペ]動 ①ナペする:1)表面全体をソースなどをかけて覆う 2)(ソースなどの液体を皿に)敷く 3)シロップなどをナーブの状態にする → nappe ②テーブルクロスをかける
napperon [ナブロン]男 ランチョンマット
narbonnais,e [ナルボネ,ーズ]形 〈には単複同形〉ナルボーヌ(Narbonne)の／(à la) 〜e ナルボーヌ風(の):白いんげん豆のピュレを使った料理用表現 ‖ Narbonnais,e 男女 〈男は単複同形〉ナルボーヌの人

Narbonne [ナルボーヌ]固 ナルボーヌ:ラングドック地方の町
nard [ナール]男 甘松香(かんしょうこう)などの香草の総称,またはそのエキス
narine [ナリーヌ]女 鼻の穴
nasal,e [ナザール]形 〈男複には nasaux [ナゾ]〉鼻の
nasaux → nasal,e
nase [ナーズ]男 (俗語)鼻
natal,le [ナタル]形 〈男複には natals〉生れた場所の／pays 〜 生れ故郷
natation [ナタスィヨン]女 水泳
natif,ve [ナティーフ,ヴ]形 …生れの,出身の／〜,ve de... …出身の ‖ natif,ve 男女 〜e de... …生れの人
nation [ナスィヨン]女 ①国民 ②国家,国 ③民族
national,e [ナスィヨナール]形 〈男複には nationaux [ナスィヨノ]〉,国民的な,国の
nationalité [ナスィヨナリテ]女 国籍
nationaux → national,e
natte [ナートゥ]女 ①むしろ,ござ ②三つ編ブリオシュ＝(brioche) tressée
natté,e [ナテ]形 編んだ,敷いた ‖ natté 男 三つ編パン
nature [ナテュール]女 ①自然 ②(本来の)性質,体質／〜 morte 静物画 ‖ nature 形 〈男女同形〉①生(き)のままの,プレーンの／yaourt 〜 プレーンヨーグルト ②(野菜を)湯で煮たり蒸気で蒸しただけの＝au naturel／pommes 〜 皮ごとゆでるか蒸したじゃが芋＝pommes en robe des champs ③バターや油を使わずグリルした
naturel,le [ナテュレール]形 ①自然の ②当然の,必然の ③生来の,天賦の ‖ naturel 男(生れつきの)性格,体質／au 〜 (塩以外の味付なしで)そのままの…,水煮の
naturellement [ナテュレールマン]副 ①自然に ②必然的に ③(話言葉)もちろん
nausée [ノゼ]女 吐気
navarin [ナヴァラン]男 ナヴァラン:羊と野菜の煮込／〜 d'agneau 仔羊のナヴァラン
navel [ナヴェール]女 ネーブルオレンジ
navet [ナヴェ]男 かぶ:野菜
navette [ナヴェートゥ]女 ①油菜,菜の花 ②近距離往復便,シャトルバス,リムジンバス ③舟形の小菓子

navigation [ナヴィガスィヨン]女 (船や飛行機の)運航, 航海

naviguer [ナヴィゲ]動 航行する, (船や飛行機を)操縦する, (船が)走る

navire [ナヴィール]男 船

navré,e [ナーヴレ]形 残念な, 遺憾に思う / être ~,e de... : 1)…を残念に思う 2)…を申訳なく思う

navrer [ナーヴレ]動 ①悲しませる ②悩ませる

ne [ヌ]副 …しない, …ない : 動詞の前に用いて否定の意味を表す. 直後に母音または無音のhで始まる語が来ると, n'となる ⇒ p.756「否定文」

né,e 過分 ⇒ naître 28

nécessaire [ネセセール]形〈男女同形〉必要な, 必然の ‖ nécessaire 男 必需品, 必要なもの

nécessairement [ネセセールマン]副 必ず, きっと, どうしても

nécessité [ネセスィテ]女 必要性

nécessiter [ネセスィテ]動 必要とする

nectar [ネクタール]男 ①ネクタル : ギリシア神話で不死の命を与える酒 ②花の蜜 ③美酒 ④ネクター : 加工果汁

nectarine [ネクタリーヌ]女 つばいもも, ネクタリン = brugnon

néerlandais,e [ネエルランデ,-ズ]形〈男には単複同形〉オランダの = hollandais,e ‖ néerlandais 男 オランダ語 = hollandais ‖ Néerlandais,e 男女〈男は単複同形〉オランダ人 = hollandais,e

nèfle [ネーフル]女 西洋かりん / ~ du Japon びわの実 = loquat

négatif,ve [ネガティーフ,-ヴ]形 ①拒否の, 否定の ②消極的な, 否定的な / forme ~ve 否定形 : 文法用語 ③陰性の, マイナスの ‖ négatif 男 (写真の)ネガ ‖ negative 女 拒否, 否定

négation [ネガスィヨン]女 否定

négligé,e [ネグリージェ]形 ずさんな, (服装が)だらしない ‖ négligé 男 ネグリジェ = chemise de femme

négligeable [ネグリジャーブル]形〈男女同形〉無視しうる

négligence [ネグリジャーンス]女 無造作, 怠慢, (うっかりした)漏れ

négligent,e [ネグリジャン,トゥ]形 不注意な, 無頓着な, ルーズな

négliger [ネグリジェ]動 25 (物を)無視する / ~ de... …することを忘れる

négoce [ネゴース]男 ワイン取引

négociant,e [ネゴスィヤン,トゥ]男女 ネゴシアン : ワインを集め, ブレンドして自分の名で販売する業者

négociant-éleveur [ネゴスィヤン エルヴール]男〈複 ~s- ~s〉ワイン製造と卸売をする業者

négociant-manipulant [ネゴスィヤン マニピュラン]男〈複 ~s- ~s〉ぶどうを買取ってつくる, シャンパンメーカー

négocier [ネゴスィエ]動 交渉する

nègre [ネーグル]形〈男女同形または女には négresse [ネグレース]〉黒人の, 黒褐色の ‖ nègre 男〈女は négresse〉黒人(侮辱的表現) ‖ nègre 男 黒褐色

négrette [ネグレートゥ]女 黒ぶどうの品種

neige [ネージュ]女 ①雪 / ~ carbonique ドライアイス ②泡立てた卵白 / en ~, à la ~ 淡雪状の

neiger [ネジェ]動 25 雪が降る / il neige 雪が降っている

nélombo = nélumbo

nélumbo [ネロンボ]男 蓮(はす) = lotus, nélombo

Nélusko [ネリュスコ]固男 マイヤーベーア作のオペラの主人公 ‖ Nélusko 男 ①リキュールに漬けたさくらんぼをグロゼイユジャムで覆い, アイシングでコーティングした小菓子 ②アーモンド風味ココナツミルクのデザートスープ

nem [ネーム]男 ベトナム風小揚春巻 = pâté impérial

Nemours [ヌムール]固 パリ南東の都市 / coquelicot de ~ ひなげしの花で着色した飴 ‖ Nemours 形〈不変〉ヌムール風(の) : じゃが芋のピュレを使った料理用表現

Nemrod [ネムロードゥ]固男 ニムロデ : 聖書中のバビロニアの王で狩猟者 ‖ Nemrod 形〈不変〉ニムロデ風(の) : 猟肉を使った料理用表現

néo-calédonien,ne [ネオ カレドニ・ヤン,エーヌ]形〈男複には~- ~s, 女複には~- ~nes〉ニューカレドニア (Nouvelle Calédonie) の ‖ Néo-calédonien,ne 男女〈男複には~- ~s, 女複には~- ~nes〉ニューカレドニアの人

néo-muscat [ネオ ミュスカ]男〈複 ~- ~s〉ネオマスカット : 白ぶどうの品種

néo-zélandais, e [ネオ ゼランデ, ーズ] 形 〈男には単複同形, 女には~・~es〉ニュージーランド (Nouvelle-Zélande) の ‖ Néo-zélandais, e 男 女 〈男は単複同形, 女は~・~es〉ニュージーランド人

Népal [ネパール] 固 男 ネパール

néphrite [ネフリートゥ] 女 腎炎

Nérac [ネラック] 固 ボルドー西方の都市 / petit pâté ~ きざんだ猟鳥肉とトリュフのパイ

nerf [ネール] 男 ①神経/~ intercostal 肋間神経 ②筋, 腱 ③元気, 体力

néroli [ネロリ] 男 ①ネロリ油: オレンジの抽出油 ②オレンジエッセンスとラム酒風味のアーモンドケーキ

Néron [ネロン] 固 男 ネロ: 古代ローマの皇帝 ‖ Néron 形 〈不変〉ネロ風の: 火をつけるデザート用表現

nerveux, se [ネルヴー, ズ] 形 〈男には単複同形〉①神経の ②神経質の ③筋っぽい, 腱の多い ④適度の酸味を感じさせるワインの形容

nervure [ネルヴュール] 女 葉脈

Nescafé [ネスカフェ] 固 男 ネスカフェ: 商標

Nesselrode [ネセルロードゥ] 固 男 19世紀, ロシアの外交官 ‖ Nesselrode 形 〈不変〉ネセルロード風の: 栗のピュレを使った料理やデザート用表現

Nestlé [ネスレ] 固 ネスレ: 食品メーカー

net, te [ネートゥ] 形 ①正味の ②清潔な ③はっきりした ④免除の

nettement [ネートゥマン] 副 鮮やかに, 断然, はっきり, 明確に

netteté [ネートゥテ] 女 ①清潔さ ②鮮明, 明確

nettoiement [ネートゥワマン] 男 ①ごみ集め ②選別 ③除草

nettoyage [ネトワヤージュ] 男 ①掃除/~ à sec ドライクリーニング ②食材の汚れを落とすこと

nettoyer [ネトゥワイエ] 動 19 ①掃除する ②食材の汚れを落とす

Neuculine [ヌキュリーヌ] 固 女 ヌキュリーヌ: 転化糖の商標名

neuf, ve [ヌーフ, ヴ] 形 新しい, おろしたての / voiture ~ve 新車 ‖ neuf 形 〈不変〉9の ‖ neuf 男 〈単複同形〉①9 ②(月の)9日, 9号室, 9番地

neufchâtel [ヌシャテール] 男 ノルマンディ地方の, 牛乳のAOCチーズ

Neufchâtel-en-Bray [ヌシャテラン ブレ] 固 男 AOCバターの商標名

neuve [ヌーヴ] → neuf, ve

neuvième [ヌヴィエーム] 形 〈男女同形〉9番めの ‖ neuvième 男 女 9番め

Nevers [ヌヴェール] 固 男 ヌヴェール: ニヴェルネ地方の都市

neveu [ヌヴー] 男 (複 ~x) 甥

névralgie [ネヴラールジ] 女 神経痛

névrose [ネヴローズ] 女 神経症, ノイローゼ

Newburg [ニュブール] 固 ニューバーグ: アメリカ, ニューヨーク北方の町/ homard (à la) ~ オマール海老をソテし, コニャックとマルサラ酒でデグラセし, クリームと魚のフュメを加え, 煮汁を煮詰めてソースとした料理/ sauce ~ ソース・アメリケーヌに生クリームを加えたソース

New York [ニューヨールク] 固 ニューヨーク

newyorkais, e [ニューヨールケ, ーズ] 形 〈男には単複同形〉ニューヨーク (New York) の / (à la) ~e ニューヨーク風(の) ‖ Newyorkais, e 男 女 〈男は単複同形〉ニューヨークっ子

nez [ネ] 男 鼻

ni [ニ] (ne を伴って) …も…もない/ ~ l'une, e ~ l'autre 両方とも…ない

niçard, e [ニサール, ドゥ] 形 ニース (Nice) の/ (à la) ~e ニース風(の) = (à la) niçoise

Nice [ニース] 固 女 ニース: イタリアに近い, 地中海岸の都市

nickel [ニケール] 男 ニッケル

niçois, e [ニスワ, ーズ] 形 〈男には単複同形〉ニース (Nice) の/ (à la) ~e ニース風(の): 1)同地の料理に用いる表現 = (à la) niçarde 2)にんにく, オリーヴ, アンチョヴィ, トマトなどニース付近の食材を使った料理用表現/ salade ~ トマト, きゅうり, ピーマンなどの野菜, ゆで卵, アンチョヴィ, まぐろの油漬, 黒オリーヴ, ケーパーに, にんにく, バジリコのヴィネグレットをかけたサラダ. じゃが芋などを加えることもある ‖ Niçois, e 男 女 〈男は単複同形〉ニースの人 ‖ niçoise 女 オリーヴの種類

nicotine [ニコティーヌ] 女 ニコチン

nid [ニ] 男 巣/~ de pomme ニ・ド・

ポム：鳥の巣形のフライドポテト / ~ d'hirondelle 海つばめの巣

nièce [ニエース] 囡 姪

nielluccio [ニエルーチョ] 男 黒ぶどうの品種

nier [ニエ] 動 否定する

nieul(l)e [ニュール] 囡 フランドル地方の菓子

nigelle [ニジェール] 囡 黒クミン，くろたね草：種を香辛料とする = cheveux de Vénus, cumin noir, poivrette, quatre-épices, toute-épice

nilgiri [ニルギリ] 男 紅茶葉の品種

Nîmes [ニーム] 固 ニーム：ラングドック地方東端の町

nîmois,e [ニーモワ, ーズ] 形〈男には単複同形〉ニーム (Nîmes) の / (à la) ~e ニーム風(の)：同地の料理に用いる表現 ‖ Nîmois,e 男囡〈男は単複同形〉ニームの人

n'importe [ナンポールトゥ] 形句 または副句 «n'importe + 疑問形容詞, 疑問代名詞, 疑問副詞» たいしたものではない，どうでもいい / ~ comment どのようにでも / ~ où どこでも / ~ quand いつでも / ~ lequel (または示す名詞の性数により ~ laquelle, ~ lesquels, ~ lesquelles) どれでも / ~ quel,le... どの…でも / ~ qui 誰でも / ~ quoi 何でも

niokis [ニョキ] 男複 サヴォワ地方のニョッキ

niolin [ニョリン] 男 = niolo

niolincu [ニオリンクー] = niolo

niolo [ニョロ] 男 コルシカの，羊乳と山羊乳のチーズ = niolin, niolincu, niulincu

niora [ニョラ] 囡 ニオラ：小さい唐辛子

nippes [ニープ] 囡複 古着

nippo- [ニポ] 接頭 日(日本)…を意味する / ~-français,e 日仏の

nippo-américain,e [ニポアメリ・カン, ケーヌ] 形〈男複には ~・~s, 囡複には ~・~es〉日米の

nipponophile [ニポノフィール] = japonophile

nipponophobe [ニポノフォーブ] = japonophobe

nippo-occidental,e [ニポ オクスィダンタール] 形〈男複には nippo-occidentaux [ニポ オクスィダントー], 囡複には ~・~es〉和洋折衷の / cuisine ~e 和洋折衷料理

nitrate [ニトゥラートゥ] 男 硝酸塩 = azotate / ~ de sodium 硝酸ナトリウム

nitre [ニートゥル] 男 硝石 = salpêtre

nitrique [ニトゥリーク] 形〈男女同形〉硝酸の / acide ~ 硝酸 = eau-forte

nitrite [ニトゥリートゥ] 男 亜硝酸塩 = azotite / ~ de sodium 亜硝酸ナトリウム

nitrité,e [ニトゥリーテ] 形 亜硝酸塩を加えた / sel ~ 亜硝酸塩

niulincu [ニウリンクー] 男 = niolo

niveau [ニヴォ] 男〈複 ~x〉水準，レベル / mettre...à ~ …を水平にする

nivernais,e [ニヴェルネ, ーズ] 形〈男には単複同形〉ニヴェルネ (Nivernais) の，ヌヴェール (Nevers) の / (à la) ~e ニヴェルネ風(の)，ヌヴェール風(の)：1) この地方特有の料理に用いる表現　2) にんじん，かぶ，グラセした小玉ねぎで構成されるサラダ菜，グラセした小玉ねぎで構成される付合せを使った，牛肉または鴨のロースト料理用表現 ‖ Nivernais 固男 ニヴェルネ：ブルゴーニュ地方の一部 ‖ Nivernais,e 男囡〈男は単複同形〉ニヴェルネの人，ヌヴェールの人

N°,n° [ニュメロ] 男 番号：numéro の略

noble [ノーブル] 形〈男女同形〉貴族の，高貴な

noce [ノース] 囡 結婚式 / gâteau de ~ ウェディングケーキ ‖ noces 囡複 結婚

nocturne [ノクテュールヌ] 形〈男女同形〉夜間の，夜の

Noël [ノエル] 男 クリスマス / bûche de ~ ビュッシュ・ド・ノエル：薪形のクリスマスケーキ / Joyeux ~ メリークリスマス / treize desserts de ~ ポンプ，ヌガー，カリソン，フーガス，くるみなど13種の，プロヴァンスでクリスマスイヴに食べるデザート

nœud [ヌー] 男 結び目

noilly [ヌワイー] 男 = Noilly-Prat

Noilly-Prat [ヌワイー プラー] 固男 ノワイ酒：赤，白ベルモット酒の商標名 = noilly

noir,e [ヌワール] 形 ①黒い，黒人の ②(コーヒーが)ブラックの / café ~ ブラックコーヒー ③暗い ④汚い ⑤悲(ひ)になった ⑥(俗語)泥酔した ‖ noir 男 ①黒，黒色 / ~ de Bourgogne カ

シスの品種 ②喪服 ③陰気 ④ブラックコーヒー = café ~ ‖ Noir,e 男女 黒人

noirâtre [ヌワラートゥル] 形〈男女同形〉黒ずんだ

noircir [ヌワルスィール] 動4 黒くする, 黒くなる, 黒ずむ ‖ se ~ 代動 4 59 黒くなる

noisette [ヌワゼートゥ] 女 ①はしばみ, ヘーゼルナッツ / beurre de ~s すりつぶしたヘーゼルナッツを入れた合せバター / beurre ~ 焦しバター, ブール・ノワゼット / sauce ~ ブール・ノワゼットを加えたソース・オランデーズ ②ヘーゼルナッツ大のバターやじゃが芋 / ~ de beurre ヘーゼルナッツ大のバター / ~s de pommes, pommes ~s ヘーゼルナッツ大のソテしたじゃが芋 ③約80gの牛フィレ肉の筒切り ④円筒形に切った羊, 仔羊肉の背肉の部分 = mignonnette

noité,e [ヌワテ] 形 くるみ入の / huile ~e くるみ油入

noix [ヌワ] 女〈単複同形〉①くるみ, 硬い木の実 / ~ d'acajou, ~ de cajou カシューナッツ / ~ de coco ココやしの実 / ~ de macadamia マカダミアナッツ / ~ d'eau ひしの実 = macle ②ノワ: くるみに似た大きさや形の食材 / ~ de beurre くるみ大の量のバター ③牛, 仔牛のもも肉の一部 / gîte de ~ 牛外もも肉 / ~ pâtissière 仔牛下部もも肉 ④帆立貝の身 = ~ de coquille Saint-Jacques

nom [ノン] 男 ①名称, 物や人の名前 / ~ de famille 姓 / ~ de jeune fille 旧姓 / ~ scientifique 学名 ②名詞: 文法用語 / ~ commun 普通名詞 / ~ féminin 女性名詞 = féminin / ~ masculin 男性名詞 = masculin / ~ propre 固有名詞

nombre [ノーンブル] 男 数 / ~ ordinal 序数 / ~ pair 偶数 / ~ impair 奇数 / un grand ~ 沢山の…

nombreux,se [ノンブルー, ズ] 形〈男には単複同形〉多くの / peu ~,se 少ない

nombril [ノーンブリ] 男 へそ

nominal,e [ノミナール] 形〈男複にはnominaux [ノミノ]〉名詞の

nomination [ノミナスィヨン] 女 名称

nominaux → nominal,e

nommé,e [ノメ] 形 名付けられた

nommer [ノメ] 動 名付ける

non [ノン] 副 (肯定疑問形の答えとして)いいえ, (否定疑問形の否定形の答として)はい / ~ plus (否定文で, …もまた) / ~ seulement A mais aussi B AだけでなくBも

nonante [ノナーントゥ] 形〈不変〉(ベルギー, スイスで) 90 の ‖ nonante 男 (ベルギー, スイスで) 90

nonat → non(n)at

nonchalant,e [ノンシャラン, トゥ] 形 気楽な, のんきな

non-fumeur,se [ノン フュムー・ル, ズ] 形 非喫煙者の ‖ non-fumeur,se 男女 非喫煙者

non(n)at [ノナ] 男 小魚の総称, 雑魚

nonne [ノーヌ] 女 尼さん, 修道女

nonnette [ノネートゥ] 女 ①若い修道女 ②砂糖でコーティングした柔らかく甘いパン・デピス

non-paiement [ノン ペマン] 男〈複 ~~s〉未納, 未払 = non-payement

non(-)pareille [ノンパレーユ] 女〈複 ~~s〉①色付砂糖でつくったケーキの装飾用小ドラジェ ②小粒のケーパー

non-stop [ノンストープ] 形〈不変〉ノンストップの ‖ non-stop 男〈単複同形〉ノンストップ

noque [ノーク] 女 アルザス地方の, だんごまたはクネルの一種

nord [ノール] 形〈不変〉北の ‖ nord 男 北

nord-est [ノーレーストゥ] 形〈不変〉北東の ‖ nord-est 男 北東

nordique [ノルディーク] 形〈男女同形〉北欧の ‖ Nordique 男女 北欧の人 ‖ nordique 女 小海老の種類

nord-ouest [ノール ウェーストゥ] 形〈不変〉北西の ‖ nord-ouest 男 北西

normal,e [ノルマール] 形〈男複には normaux [ノルモ]〉①正常な ②当然の, 必然の

normalement [ノルマールマン] 副 普通は, 普通に

normand,e [ノルマン, ドゥ] 形 ノルマンディ地方 (Normandie) の / (à la) ~e ノルマンディ風 (の): バター, クリーム, りんご, シードル酒, カルヴァドス酒などノルマンディ地方の産物を使った料理用表現 / sauce ~e ソース・ノルマンド: 魚のヴルテソース, 魚のフュメ, シャンピニオンのフュメを煮

詰め，クリームとバターを加えたソース ‖ Normand,e 男女 ノルマンディの人 ‖ normande 女 ノルマンド種：フランスの牛の種類＝race ～

Normandie [ノルマンディ] 固女 ノルマンディ：北西フランスの地方

normaux → normal,e

norme [ノールム] 女 規準，規範

norovirus [ノロヴィリュス] 男〈単複同形〉ノロウィルス

Norvège [ノルヴェージュ] 固女 ノルウェー／saumon de ～ ノルウェーサーモン

norvégien,ne [ノルヴェジ・ヤン,エーヌ] 形 ノルウェー(Norvège)の／(à la) ～ne ノルウェー風(の)：1) 鮭などの大きな魚やいせ海老などに小海老のムースを飾り，ゼリーを塗り，スモークサーモンのピュレを詰めたきゅうり，小海老のムースを詰めたゆで卵の半割，プティトマトなどを添えた冷製料理用表現 2) ハドックやアンチョヴィのスフレ，アンチョヴィバターをまぜた魚のダルトワ用表現／omelette ～ne アイスクリームをイタリアンメレンゲで覆い，焼色を付けたデザート＝omelette suédoise, omelette en surprise ‖ norvégien 男 ノルウェー語 ‖ Norvégien,ne 男女 ノルウェー人

nos [ノ] 形〈複に〉私たちの／Ce sont ～ couteaux. これは私たちの包丁だ ⇒p.751「所有形容詞」

nostalgie [ノスタルジ] 女 郷愁，ノスタルジー，ホームシック

nostalgique [ノスタルジーク] 形〈男女同形〉懐かしい，望郷の

notamment [ノタマン] 副 特に，中でも

note [ノートゥ] 女 ①ノート，メモ ②(テストなどの)点数 ③音符 ④(ホテルの)会計，勘定書，伝票 ⑤注，注意書

noté,e [ノテ] 形 記された／～,e ci-dessus 前記の／～,e ci-dessous 後記の

noter [ノテ] 動 ①記す，メモする ②点数をつける

notion [ノスィヨン] 女 観念／～s 基礎知識

notre [ノートゥル] 形〈単に〉私たちの／C'est ～ restaurant. これは私たちのレストランだ ⇒p.751「所有形容詞」

nôtre [ノートゥル] 代 (定冠詞を伴って) 私たちのそれ，私たちのもの／C'est votre voiture？ — Oui, c'est la ～. これは君たちの車？—はい，私たちのものです ⇒p.749「所有代名詞」

nouer [ヌエ] 動 縛る，結ぶ

nouet [ヌエ] 男 香草用布袋：ソースやフォンをつくる時に後で取り出せるように用いる

Nougasec [ヌーガセーク] 固男 ヌガセック：砂糖菓子の乾燥剤の商標名

nougat [ヌーガ] 男 ヌガー

---

nougat

nougat au miel 蜂蜜入ヌガー

nougat blanc ホワイトヌガー

nougat brun ブラウンヌガー：白濁させないヌガー

nougat de Montélimar モンテリマールのヌガー：アーモンドとピスタチオ入ホワイトヌガーの一種

nougat de Paris, nougat noir, nougat parisien ブラックヌガー：こげ茶色のヌガー

nougat de Provence プロヴァンスの，アニス風味のヌガー

nougat glacé プラリネとイタリアンメレンゲを加えた軽いアイスクリーム

nougat liquide アイスクリームなどの製造用の液体ヌガー

nougat rouge レッドヌガー：赤茶色のヌガー

nougat tendre ソフトヌガー：粉糖を加えて柔らかくしたヌガー

nougat vietnamien ベトナムヌガー：ごまやピーナツ入ヌガー

---

nougatine [ヌーガティーヌ] 女 ①デザートの飾台や容器をつくるための，アーモンドやヘーゼルナッツ入カラメル ②ジェノワーズにプラリネをまぶしアプリコットジャムを塗り，アーモンドまたはヘーゼルナッツをかけたケーキ ③ジェノワーズにプラリネを加えたバタークリームをはさみ，チョコレートでコーティングしたケーキ

nouilles [ヌーユ] 女複 ヌイユ，パスタ，麺／～ de riz ビーフン

nouillettes [ヌーイエートゥ] 女複 スープ用の短いパスタ

nourrain [ヌーラン] 男 ①肥育用仔豚 ②養殖用稚魚

nourri,e [ヌーリ] 形 ①養われた ②充実した ③食事付の

nourrir [ヌーリール] 動 4 食物を与える, 食べさせる ‖ se ~ 代動 4 59 栄養を摂取する

nourrissant,e [ヌーリサン, トゥ] 形 栄養価の高い, 栄養豊富な

nourriture [ヌーリテュール] 女 栄養物, 食物, 食糧

nous [ヌー] 代 ①私たちは, 我々は／N~ sommes Japonais. 私たちは日本人だ ②（直接目的代名詞として）私たちを, 我々を Ils ~ connaissent. 彼らは私たちを知っている ③（間接目的代名詞として）私たちに, 我々に／Vous ~ parlez? あなたは私たちに話しているのですか ④（強調, または前置詞の後に付けて）Viens avec ~. 私たちと来い ⇒p.748「人称代名詞」

nous-même(s) [ヌー メーム] 代 私たち自身

nouveau,lle [ヌー ヴォ, ヴェル] 形〈男複には~x, 母音または無音の h で始まる男単の前では nouvel [ヌーヴェル]〉新しい, 新たな, 新規の, できたての, 最新の：名詞の前と後で意味が異なることがある／~ vin（今までのではない別の）新しいワイン／vin ~（今年できた）新酒／légumes ~x 若い野菜／~lle cuisine ヌーヴェル・キュイジーヌ：1970年代に流行した料理形式／pommes (de terre) ~lles 新じゃが芋 ‖ nouve*au,lle* 男女〈男複~x〉新人 ‖ nouveau 男〈複~x〉新しいこと, 新しい事実／à ~ 新たに／de ~ 再び ‖ nouvelle 女 ①情報, 通知 ②ニュース ③消息

nouveauté [ヌーヴォテ] 女 ①新しさ ②新しいもの, 新作

nouvel → nouve*au,lle*

nouvelle → nouve*au,lle*

Nouvelle Calédonie [ヌーヴェル カレドニ] 固 女 ニューカレドニア

Nouvelle-Zélande [ヌーヴェル ゼラーンドゥ] 固 女 ニュージーランド

novembre [ノヴァーンブル] 男 11月／en ~, au mois de ~ 11月に

novice [ノヴィース] 形〈男女同形〉未熟な ‖ novice 男女 未熟者

noyau [ヌワーヨ] 男〈複 ~x〉（果物の）核, 種／crème de ~ 果物の種で香りを付けたリキュール／~x de cuisson タルトストーン

nu,e [ニュ] 形 飾気のない, 裸の, むきだしの ‖ nu 男 裸, 裸体画

nuage [ニュアージュ] 男 雲

nuageu*x,se* [ニュアジュ, ズ] 形〈男には単複同形〉曇った, 曇りの

nuance [ニュアーンス] 女 ①色調 ②ニュアンス, 微妙な違い, 機微

nuancé,e [ニュアンセ] 形 微妙な差異をつけた, ニュアンスのある

nuancer [ニュアンセ] 動 32 ①色の濃淡をつける ②ニュアンスをつける, 微妙な変化をつける

nuire [ニュイール] 動 11〈備考〉損なう

nuisible [ニュイズィーブル] 形〈男女同形〉有害な

nuit [ニュイ] 女 夜／Bonne ~. おやすみなさい／dans la ~ 夜中に～夜間の／en pleine ~ 深夜に／La ~ tombe. 日が暮れる／~ blanche 徹夜／toute la ~ 夜通し

nuits-saint-georges [ニュイ サン ジョールジュ] 男 ブルゴーニュ地方, コート・ド・ボーヌ地区の AOC 赤ワイン

nul,le [ニュール] 形 ①無価値の, 無の, 無能な ②（ne, sans とともに）どの…もない／~le part どこにも～

nullement [ニュールマン] 副 (ne, sans とともに) まったく…ない

numérateur [ニュメラトゥール] 男 (数学で) 分子

numérique [ニュメリーク] 形〈男女同形〉①数値に関する ②デジタルの

numéro [ニュメロ] 男 ①番号：記号は N°, n° ／ composer le ~ 電話番号を押す／~ abrégé 短縮番号／~ de vol フライトナンバー／~ un, N°1 1番／~ vert フリーダイヤル ②番地 ③（雑誌などの）…号

numéroté,e [ニュメロテ] 形 番号付の

numéroter [ニュメロテ] 動 番号を付ける

nuoc-mam [ニョク マム] 男 ニョクマム：ベトナムの魚醤（ぎょしょう）

nuptial,e [ニュプスィヤル] 形〈男複には nuptiaux [ニュプスィヨ]〉結婚の

nuptiaux → nuptial,e

nuque [ニューク] 女 うなじ

nutriti*f,ve* [ニュトゥリティー・フ, ヴ] 形 栄

養になる, 栄養豊富な
nutrition [ニュトゥリスィヨン] 囡 栄養
nutritionnel,le [ニュトゥリスィヨネール] 形 栄養についての, 栄養上の
nutritionniste [ニュトゥリスィヨニーストゥ] 男囡 栄養学者, 栄養士
nylon [ニロン] 男 ナイロン／en ～, de ～ ナイロン製の
nymphe [ナーンフ] 囡 妖精：ギリシア神話の女神／～ à l'aurore 妖精オーロラ風：かえるのもも肉料理

O, o

O,o [オ] 男 ①フランス字母の 15 番め ②O：oxygène（酸素）の元素記号 ③O：ouest（西）の略
obèse [オベーズ] 形〈男女同形〉異常肥満の ‖ obèse 男囡 異常肥満の人
objectif,ve [オブジェクティー.フ,ヴ] 形 ①客観的な ②公平な ‖ objectif 男 ①目的, 目標 ②（カメラの）レンズ
objet [オブジェ] 男 ①物, 物事／～ trouvé：1)（駅などの）遺失物係 2) 拾得物 ②対象 ③目的, 目標 ④目的語：文法用語／complément d'～ direct (indirect) 直接（間接）目的語
oblade [オブラードゥ] 囡 メジナ科の魚の総称
obligatoire [オブリガトゥワール] 形〈男女同形〉①義務の, 強制的な ②（話言葉）しょうがない
obligé,e [オブリージェ] 形 やむをえない／être ～,e de... …しなければならない
obliger [オブリージェ] 動 25 義務を負わせる ‖ s'～ 代動 25 59 義務を負う
oblique [オブリーク] 形〈男女同形〉①傾いた, 斜めの ②間接的な ‖ oblique 囡 ①斜線 ②スラッシュ：記号は「／」＝ barre ～
oblong,ue [オブローン.グ] 形 ①細長い ②（本などが）横長の
obscur,e [オブスキュール] 形 ①暗い ②黒っぽい ③あいまいな, はっきりしない
observer [オブセルヴェ] 動 観察する, 注視する
obstacle [オブスタークル] 男 妨げ, 障害, 障害物
obtenai- → obtenir 47
obtenant 現分 → obtenir 47
obtenez, obteni- → obtenir 47
obtenir [オブトゥニール] 動 47 得る
obtenons → obtenir 47
obtention [オブタンスィヨン] 囡 取得
obtenu,e [オブトゥニュ] 形 得た ‖ obtenu,e 過分 → obtenir 47
obtien- → obtenir 47
obturer [オプテュレ] 動 ①（虫歯に）詰物をする ②ケーキやチョコレートボンボンにできた穴をクリームやコーティングチョコレートでふさぐ
obus [オビュ] 男〈単複同形〉砲弾／～ de Verdun チョコレートのドラジェ
occasion [オカズィヨン] 囡 ①機会, チャンス ②中古品／d'～ 中古の
occident [オクスィダン] 男 西／O～ 西洋
occidental,e [オクスィダンタール] 形〈男複には occidentaux [オクスィダント]〉西洋の／cuisine ～e（系統としての）西洋料理／plat ～ 西洋料理：一品料理
occidentaux → occidental,e
occupé,e [オキュペ] 形 ①忙しい, ふさがっている ②使用中の
occuper [オキュペ] 動 占める ‖ s'～ 代動 59／s'～ de... …に従事する, …の給仕をする／s'～ à... …に精を出す
océan [オセアン] 男 大洋
octagonal,e [オクタゴナール] 形〈男複には octagonaux [オクタゴノ]〉八角形の
octagonaux → octagonal,e
octagone [オクタゴーヌ] 男 八角形
octante [オクターントゥ] 形〈不変〉（スイス, ベルギーで）80 の ‖ octante 男 （スイス, ベルギーで）80
octobre [オクトーブル] 男 10月／en ～, au mois d'～ 10月に
oculaire [オキュレール] 形〈男女同形〉目の
oculiste [オキュリーストゥ] 男囡 眼科医
odeur [オドゥール] 囡 香り, 匂い
odorant,e [オドラン,トゥ] 形 匂いを発する
odorat [オドラ] 男 嗅覚
œil [ウーユ] 男 ①片目：両目は yeux [ユ]／jeter（または donner）un coup d'～ ちらっと見る／avoir l'～ 注意する, 目を付ける／lever les yeux sur... …

œuf （料理）

œuf à la coque （スタンドに立てて殻ごと供する半熟の）ゆで卵
œuf à la poêle フライパンでつくる目玉焼
œuf au miroir 黄身の上が白くなるようにオーヴンでつくる目玉焼
œuf battu 溶卵
œuf brouillé 半熟のスクランブルエッグ
œuf de cent ans ピータン
œuf de Pâques イースターエッグ,復活祭の卵
œuf dur 固ゆで卵
œuf en cocotte 小容器に割入れてオーヴンでつくる目玉焼
œuf filé コンソメなどに細くたらした卵
œuf frit 揚卵,フライドエッグ
œuf mollet 黄身がまだ完全に固まっていない半熟卵
œuf moulé 型に卵を割入れて湯せんにし,型からはずしてトーストなどの上にのせた料理
œuf poché ポーチドエッグ
œuf poêlé ＝ œuf à la poêle
œufs à la neige ウ・ア・ラ・ネージュ：メレンゲの塊を牛乳で煮,クレーム・アングレーズに浮かせたデザート
œuf sur le plat オーヴンでつくる目玉焼

に関心を示す,目を付ける／～ de dragon 竜眼：フルーツ＝ longane／～-de-perdrix du Valais スイスの赤,ロゼワイン ②ぶどうの木などの芽＝ bourgeon

œil-de-bœuf [ウーユ ドゥ ブフ]男〈複 ～s-～-～〉小丸窓

œillet [ウイエ]男 ①カーネーション,なでしこ／～ de mer いそぎんちゃく＝ actinie ②ボタンホール,ひも通し穴

œillette [ウイエートゥ]女 けし,ポピー／graines d'～ けしの実／huile d'～ ポピーオイル

œlenberg [エレンベールグ]男 アルザス地方の,牛乳のチーズ

œnogarum [エノガロム]男 ワインを加えた魚醬（ぎょしょう）

œnologie [エノロジ]女 ワイン醸造学

œnologique [エノロジーク]形〈男女同形〉ワイン醸造学の

œnologue [エノローグ]男女 ワイン醸造学者

œnomètre [エノメートゥル]男 アルコール計

œnophile [エノフィール]形〈男女同形〉ワイン愛好の ‖ œnophile 男女 ワイン愛好家

œnophilie [エノフィリ]女 ワイン愛好

œnothèque [エノテーク]女 高級ワイン販売店

œsophage [エゾファージュ]男 食道

œuf [ウーフ]男〈複 œufs [ウ]〉卵／～ de caille うずらの卵／～ entier 全卵／～s de cabillaud たらこ ＝ ～s de morue／～s de lump ランプフィッシュの卵：キャヴィアの代用品／～s de saumon イクラ,鮭の卵／～s d'esturgeon キャヴィア,ちょうざめの卵＝ caviar／～ fécondé 有精卵／～ frais 産みたて卵／～ non fécondé 無精卵 →［囲み］

œufrier [ウーフリエ]男 ①エッグスタンド ②ゆで卵器

œuvé, e [ウヴェ]形（魚が）子持の

œuvre [ウーヴル]女 ①仕事,活動 ②作品,著作／～ d'art 美術品

office [オフィス]男 ①役目,職務 ②事務所／～ du tourisme 観光協会 ‖ office 女 ①パントリー：レストランのホールサーヴィス用準備室 ②デザート,サラダ,オードヴル用の昔の調理場

officiel, le [オフィスィエール]形 公式の,フォーマルな

officier [オフィスィエ]男 ①士官,将校 ②受勲者／～ de bouche 王政時代の給仕頭／～ de cuisine 王政時代の料理長／～ de la Légion d'honneur 第四位レジオン・ドヌール勲章受勲者／～ du Mérite agricole 農事功労章オフィシエ章受勲者

officieux, se [オフィスィユー, ズ]形 非公式の

officinal, e [オフィスィナール] 形 〈男複には officinaux [オフィスィノ]〉 薬用の

offre [オーフル] 女 提供, 申込, 申出／～ d'emploi 求人

offrir [オフリール] 動29 贈る, 提供する

O.G.M. [オジェエム] 男 遺伝子組換え生物: organisme 男 génétiquement modifié の略

ogre, sse [オーグル, レース] 男女 (おとぎ話の) 人喰鬼

oh [オ] 間投 おお!／～ là là! えーっ!

oie [ワ] 女 ①雌がちょう＝～ domestique／～ d'Alsace アルザス地方の飼育がちょう／～ de Toulouse トゥールーズの飼育がちょう／～ des Landes ランド地方の飼育がちょう／～ grise 灰色がちょう ②雁 (*がん*) ＝～ sauvage／～ cendrée 灰色雁／～ des neiges 白雁／～ rieuse 真雁

oignon [オニョン] 男 ①玉ねぎ／～ à la lyonnaise スライスして色付くまでバターで炒め溶した玉ねぎ／～s confits コンフィにした玉ねぎ／～ émincé 薄切りした玉ねぎ／～ frit フライドオニオン／～s glacés グラセした小玉ねぎ／～ haché みじん切りした玉ねぎ

oignon

oignon blanc	白玉ねぎ
oignon jaune	黄玉ねぎ
oignon nouveau	新玉ねぎ
oignon rouge	紫玉ねぎ
petit oignon	小玉ねぎ

oignon(n)ade [オニョナードゥ] 女 ①玉ねぎなどの煮込料理②玉ねぎのピュレ

oille [オーユ] 女 ①昔の大鍋／～ à la française 詰物をした肥鶏と鳩, 牛肉, 仔牛のすね肉とかぶ, ポロねぎなどの野菜の煮込②南西フランスの野菜の煮込

oiseau [ワソ] 男 〈複 ～x〉 鳥／～ aquatique 水鳥／～ domestique 家禽 (*かきん*) ＝ volaille／～ sauvage 野鳥／ avoir un appétit d'～ 食が細い

oison [ワゾン] 男 がちょうのひな

okra [オクラ] 男 オクラ ＝ gombaut, gombo, ketmie

oléagineux, se [オレアジヌー, ズ] 形 〈男には単複同形〉 油質の, 油性の ‖ oléagineux 〈単複同形〉 くるみ, ピーナッツなどの採油植物

oléicole [オレイコール] 形 〈男女同形〉 オリーヴ栽培の

oléiculture [オレイキュルテュール] 女 オリーヴ栽培 「た魚醤 (*ぎょ*)」

oléogarum [オレオガロム] 男 油を加え

olfactif, ve [オルファクティーフ, ヴ] 形 嗅覚の／ sens ～ 嗅覚

olivaie [オリヴェ] 女 オリーヴ畑 ＝ olivette

olive [オリーヴ] 形 〈不変〉 オリーヴ色の ‖ olive 女 オリーヴの実／ couteau à ～ オリーヴ形の窪みのついたスライス用包丁／～ caillette ニース周辺の, 赤茶, 黒の細長いオリーヴ／～ de mer なみのこんぶ ＝ donax, haricot de mer／～ dénoyautée 種抜オリーヴ／～ de Nyons プロヴァンス地方ニヨン産の AOC オリーヴ／～ farcie スタッフドオリーヴ／～ lucques ラングドック地方の, 身のしっかりしたグリーンオリーヴ／～ noire 黒オリーヴ／～ verte グリーンオリーヴ ‖ olive オリーヴ色

Olivet [オリヴェ] 固 オルレアネ地方の町 ‖ olivet 男 同産の, 牛乳のチーズ／～ au foin 表面に干草を付けたチーズ／ o～ bleu 表面が青みがかったチーズ／ o～ cendré オリヴェ・ブルーの周りにぶどうの枝の灰をまぶして熟成させたチーズ

olivette [オリヴェートゥ] 女 ①小さいトマトの種類②ポピーオイルの一番搾り ＝ huile blanche, petite huile ③オリーヴ畑 ＝ olivaie

olivier [オリヴィエ] 男 オリーヴの木 ＝ arbre de Minerve

olla [オラ] 女 ルシヨン地方の鍋

ollada [オラーダ] 女 カタロニア地方のスープ

oloron [オロロン] 男 ベアルン地方の, 羊乳のチーズ

oloroso [オロロソ] 男 甘口シェリー酒の種類

ombellifères [オンベリフェール] 女複 (にんじんなどの) セリ科

ombilic [オンビリーク] 男 ①へそ②皿の中央のくぼんだ部分

ombiliqué, e [オンビリケ] 形 へそのよ

omelette

omelette (à la) norvégienne　ベークドアラスカ：アイスクリームをメレンゲで覆い，焼色を付けたデザート
omelette baveuse　（卵液がもれ出る）半熟オムレツ
omelette d'entremets, omelette sucrée　デザートオムレツ
omelette en surprise　びっくりオムレツ：フルーツやアイスクリームなどを豪華に付合せたオムレツ
omelette espagnole　トルティーヤ：じゃが芋入スペインオムレツ
omelette fourrée　調理した材料を巻いたオムレツ
omelette nature　プレーンオムレツ
omelette plate　折らずにパンケーキのように焼いたオムレツ
omelette roulée　巻オムレツ
omelette soufflée　スフレオムレツ

うなくぼみのある
omble [オーンブル] 男 いわな／～ de fontaine, ～ moucheté 川鱒(マス) = saumon de fontaine／～ de mer 海いわな：ニベ科の魚／～ du Pacifique からふといわな, オショロコマ／～ du Canada レイクトラウト：サケ科の淡水魚 = cristivomer
omble-chevalier [オーンブル シュヴァリエ] 男 〈複 ～s-～s〉 アルプスいわな
ombre [オーンブル] 女 ①影, 日陰 ②陰, 闇 ③アイシャドー =～ à paupières‖ombre 男 ①川姫鱒(カワヒメマス)／～ de mer いしもち：魚 ②いわな：omble の誤表記
ombrelle [オンブレル] 女 日傘
ombrine [オンブリーヌ] 女 アンブリナ, いしもち, にべ
omelette [オムレートゥ] 女 オムレツ→[囲み]
omnibus [オムニビュス] 男 〈単複同形〉各駅停車 = train ～
omnipraticien,ne [オムニプラティスィヤン,エーヌ] 男女 一般(総合)医 = médecin généraliste
omoplate [オモプラートゥ] 女 肩甲骨
O.M.S. [オ エメス] 女 世界保健機構：Organisation mondiale de la santé の略
on [オン] 代 人は, 私たちは, (まれに)私は, 君(たち)は, あなた(たち)は／«～ va +不定詞» …しよう(か)／O～ va manger. 食べよう(か) ⇒ p.748「人称代名詞」
once [オーンス] 女 オンス：1オンスは16分の1ポンド = 約28.35 g, リーヴル(livre)の16分の1 = 30.594 g

oncle [オーンクル] 男 叔父, 伯父
onctueux,se [オンクテュウー,ズ] 形 〈男には単複同形〉①とろっとした, 濃度のある, べとべとした ②口の中でねっとりした感じのあるワインの形容 = gras, moelleux
ondée [オンデ] 女 にわか雨 = averse
ondulation [オンデュラスィヨン] 女 ①うねり, (土地の)起伏 ②髪のウェーヴ
ondulé,e [オンデュレ] 形 ①波打った ②髪のウェーブのかかった
onduler [オンデュレ] 動 ①波打つ ②髪にウェーブをかける
ongle [オーングル] 男 爪
onglet [オングレ] 男 牛の腹身肉, スカート：ステーキ用の, 横隔膜の筋肉
onguent [オンガン] 男 傷薬, 軟膏
onze [オーンズ] 形 〈不変〉①11の‖onze 男 〈単複同形〉①11 ②(月の)11日, 11号室, 11番地
onzième [オンズィエーム] 形 〈男女同形〉11番めの‖ onzième 男女 11番め
oolong [ウーロン] 男 ウーロン茶
opaque [オパーク] 形 〈男女同形〉不透明な
opéra [オペラ] 男 ①オペラ, 歌劇／théâtre de l'～ オペラハウス ②オペラ：チョコレートケーキの一種
opérateur,rice [オペラトゥ-ル,リース] 男女 オペレーター, (運転)操作者
opération [オペラスィヨン] 女 ①作業, 操作 ②作用 ③手術 ④作戦 ⑤取引, 売買
opératoire [オペラトワール] 形 〈男女同形〉手術の／médecine ～ 外科
opercule [オペルキュール] 男 ①(魚の)えらぶた ②(巻貝の)ふた

opérer [オペレ] 動36 ①操作する ②手術する
ophtalmologie [オフタルモロジ] 女 眼科
ophtalmologue [オフタルモローグ] 男女 眼科医 = oculiste
opinion [オピニヨン] 女 意見, 考え
oponce [オポンス] 男 うちわサボテン
opportun,e [オポル・タン, テューヌ] 形 タイミングのいい, 時宜を得た, 当を得た
opposé,e [オポゼ] 形 相対している, 逆の, 反対の/ être ～ à... …に反対である‖ opposé 男 逆, 反対/à l'～ …の反対に
opposer [オポゼ] 動 対立させる ‖ s'～〈代動59〉/ s'～ à... …に反対する
opposition [オポズィスィヨン] 女 ①対抗, 反対 ②対照, 対比 ③対立 ④反対派
optimiste [オプティミーストゥ] 形 〈男女同形〉楽天的な ‖ optimiste 男女 楽天家
optométrie [オプトメートゥリ] 女 検眼
or [オール] 男 黄金, 金/～ massif 純金/ pomme d'～ トマトの南フランスでの古称 ‖ or 接 ところが
oral,e [オラール] 形 〈男複には oraux [オロ]〉①口の ②口頭の
orange [オランジュ] 女 オレンジ, 橙 (だいだい)色/～ amère ビターオレンジ/～ douce スイートオレンジ/～ givrée オレンジジヴレ: オレンジの実をくり抜いてシャーベットにして皮に戻したデザート/～ sanguine ルビーオレンジ, ブラッドオレンジ/ sauce ～ オレンジマーマレードにアプリコットのピュレをまぜ, オレンジリキュールで香りを付けたデザート用ソース/ vin d'～ オレンジワイン
orangeade [オランジャードゥ] 女 オレンジェード
orangeat [オランジャ] 男 ①オレンジピール: 砂糖漬し, みじん切りしたオレンジの外皮 ②オレンジの皮の砂糖漬のスライスをカラメルで覆った飴 ②オレンジの外皮のパウダー ③オレンジピールとアーモンドペーストをまぜて焼き, 周りをアイシングとオレンジの皮で飾った小菓子
oranger [オランジェ] 男 オレンジの木/ eau de fleur d'～ オレンジエッセンス
orangerie [オランジュリ] 女 オレンジ畑/ O～ パリのオランジュリ美術館
orangette [オランジェートゥ] 女 ①砂糖漬に用いる未成熟のオレンジ ②オレンジの皮の砂糖漬 = écorce d'orange ③オレンジでつくる醸酵酒
Orangina [オランジナ] 固男 オレンジの炭酸飲料の商標名
oraux → oral,e
ordinaire [オルディネール] 形 〈男女同形〉通常の, 普通の, 平凡な ‖ ordinaire 男 ①習慣, 日常/ d'～ 日常は, 普通は ②通常食 ③レギュラーガソリン
ordinairement [オルディネールマン] 副 一般に, 普通は
ordinateur [オルディナトゥール] 男 コンピュータ
ordonnance [オルドナーンス] 女 ①構成, 配置, 配列 ②処方, 処方箋
ordonner [オルドネ] 動 命令する
ordre [オルドゥル] 男 ①治安, 秩序/ mettre...en ～ …を整理する /～ public 治安 ②注文, 命令 ③等級, 順序/ de l'～ de... 約… / de premier (second) ～ 一(二)流の/ par ～ 順に ④勲章/～ du Mérite agricole 農事功労賞/～ national du Mérite 国家功労賞/～ de la Légion d'honneur レジオン・ドヌール勲章
ordure [オルデュール] 女 (俗語) 汚い野郎 ‖ ordures 女複 汚物, ごみ
oreille [オレーユ] 女 ①耳 ②鍋や壺の取っ手, 袋の端などの耳状のもの/～ d'âne ちゃめん茸 = pézize/～ de mer あわび = haliotide, ormeau /～ de Saint-Pierre 西洋ことぶし: 貝
oreille-de-Judas [オレーユ ドゥ ジュダ] 女〈複 ～s-～-～〉きくらげ = champignon noir, auriculariale
oreille-de-lièvre [オレーユ ドゥ リエーヴル] 女〈複 ～s-～-～〉マーシュ: サラダ菜の種類 = mâche
oreiller [オレイエ] 男 (方形の)枕
oreillette [オレイエートゥ] 女 ①あわび茸 ②油で揚げた, ラングドック地方のカーニヴァル用の菓子
oreillons [オレヨン] 男複 ①アプリコットの缶詰 ②おたふく風邪
orfèvre [オルフェーヴル] 男女 金銀細工師
orfèvrerie [オルフェーヴルリ] 女 金銀細工業, 貴金属店, 金銀細工店
organe [オルガーヌ] 男 器官
organique [オルガニック] 形 〈男女同形〉有機の
organiquement [オルガニックマン] 副

有機的に

organisation [オルガニザスィヨン] 囡 組織／O~ mondiale de la santé 世界保健機構：略は O.M.S.

organisé,e [オルガニゼ] 形 ①計画された ②組織された ③催された

organiser [オルガニゼ] 動 ①計画する ②組織する ③催す

organisme [オルガニスム] 男 有機体／~ génétiquement modifié 遺伝子組換え生物：遺伝子組換え野菜を示すことが多い

orge [オールジュ] 囡 大麦／~ vulgaire 裸麦／~ 男 脱穀した大麦／~ écrasé 押麦／~ mondé 玄大麦／~ perlé 精大麦, 丸麦　　　「プ= sirop d'~

orgeat [オルジャ] 男 アーモンドシロップ

orgelet [オールジュレ] 男 物もらい：眼病

orgie [オールジ] 囡 ①大饗宴 ②古代ギリシアのディオニュソス, 古代ローマのバッカスの祭

orgueil [オルグーユ] 男 思い上り, 自尊心, プライド

orient [オリヤン] 男 東 ‖ Orient 固男 オリエント, 東洋

oriental,e [オリヤンタール] 形 〈複には orientaux [オリヤント]〉 オリエントの, 東洋の, 東の／(à l')~e オリエント風(の), 東洋風(の)：なす, トマト, 米, サフランなどを使った料理用表現／sauce ~e：1) ソース・アメリケーヌにカレー粉とクリームを加えたソース 2) トマト, サフラン, 赤と緑ピーマンのさいのめを加えたマヨネーズ

orientaux → oriental,e

origan [オリガン] 男 オレガノ：シソ科の香草

originaire [オリジネール] 形 〈男女同形〉 ①元の, 初めの／~ de... …原産の, …出身の ②生れながらの

original,e [オリジナール] 形 〈男複にはoriginaux [オリジノ]〉 ①オリジナルの, 最初の, 基の ②個性のある, 独自の ③変った, 変な ‖ original (複 originaux) 原作, 原文, 原本, もと

originalité [オリジナリテ] 囡 オリジナリティ, 独創性

originaux → original,e

origine [オリジーヌ] 囡 源, 基

originel,le [オリジネール] 形 ①原始の, 本源の ②本来の

originellement [オリジネールマン] 副 元, 元々

O.R.L. [オ エル エル] 囡 耳鼻咽喉科： otorhino-laryngologie の略

orléanais,e [オルレアネ, ーズ] 形 〈男には単複同形〉 オルレアン(Orléans)の／(à l')~e オルレアン風(の)：アンディーヴを使った料理用表現 ‖ Orléanais 固男 フランス中部, オルレアネ地方 ‖ Orléanais,e 男女 〈男は単複同形〉 オルレアンの人, オルレアネ地方の人

Orléans [オルレアン] 固 オルレアン：ロワール川中流域の都市 ‖ Orléans 固男 オルレアン公：フランス革命期の自由主義的貴族＝duc d'~

Orloff [オルロフ] 固男 ロシア, ニコライ1世の大臣, オルロフ公 ‖ Orloff 形 〈不変〉 オルロフ風(の)：仔牛料理に用いる表現／selle de veau ~ ブレゼした仔牛腰肉のフィレ肉を切出してスライスし, ソース・スービーズとトリュフをはさんで元に戻し, 同じソースを塗って焼色を付けた料理

Orly [オルリ] 固 パリ南郊外, 空港のある町 ‖ Orly 形 〈不変〉 揚衣やパン粉を付けて揚げた魚などにトマトソースを添えて供する料理用表現

ormeau [オルモ] 男 〈複 ~x〉 ①にれの若木 ②あわび＝haliotide, haliotis, oreille de mer, ormet, ormier

ormet [オルメ] 男 = ormeau

ormier [オルミエ] 男 = ormeau

orné,e [オルネ] 形 飾った, 装飾をほどこされた

ornement [オールヌマン] 男 装飾物, オーナメント

ornementation [オルヌマンタスィヨン] 囡 装飾

orner [オールネ] 動 飾る, 美化する

oronge [オロンジュ] 囡 西洋たまご茸＝amanite

orphie [オルフィ] 囡 ダツ科の魚の総称＝aiguille de mer

orrys [オリース] 男 フォワ地方の, 羊乳または牛乳からつくるチーズ

orteil [オルテーユ] 男 足の指／gros ~ (足の)親指

orthodoxe [オルトドークス] 形 〈男女同形〉 ①オーソドックスな, 正統の ②東方正教会の ‖ orthodoxe 男女 正統派, 正教会派

orthographe [オルトグラーフ]女 ①スペル ②正書法

orthographier [オルトグラフィエ]動 (正しい)スペルを書く

orthopédie [オルトペディ]女 整形外科

orthopédique [オルトペディーク]形〈男女同形〉整形外科の

ortie [オルティ]女 いらくさ:若い葉をサラダやスープに用いる/〜 blanche おどりこ草:シソ科の植物 = lamier /〜 de mer 磯ぎんちゃく = actinie

ortolan [オルトラン]男 ずあおほおじろ:ホオジロ科の渡り鳥 = bruant 〜

os [オース]男〈複 os [オ]〉骨/〜 de seiche いかの甲

osciètre [オスィエートゥル]女 オセートラ:キャヴィアの種類 = ossetra

oseille [オゼーユ]女 オゼイユ,すいば,すかんぽ/〜 sauvage 野生のオゼイユ = rumex

oser [オゼ]動 敢えて…する/ne pas 〜 はずかしくて…できない ⇒ p.756「否定文」

osier [オズィエ]男 柳

osmonde [オスモーンドゥ]女 ぜんまい:植物

ossau-iraty [オソ イラティ]男 オソ・イラティ:ベアルン及びバスク地方の,羊乳のチーズ/petit 〜 小さいオソ・イラティ

ossetra [オセートゥラ]女 = osciètre

osseu*x,se* [オス、ーズ]形〈男には単複同形〉①骨の ②骨の多い,骨っぽい

osso(-)buco [オソブーコ]男〈単複同形〉骨付羊すね肉とトマトの,イタリアの煮込

ostergruss [オステルグリュース]男 皮が赤く身の白いラディッシュの品種

ostréiculture [オストゥレイキュルテュール]女 牡蠣(ｶｷ)養殖

ôter [オテ]動 ①上部を切除く,除去する,取除く,はずす ②(帽子を)脱ぐ

otite [オティートゥ]女 耳炎/〜 interne (moyenne) 内(中)耳炎

oto-rhino-laryngologie [オトリノラランゴロジ]女 耳鼻咽喉科

oto-rhino-laryngologiste [オトリノラランゴロジーストゥ]男女〈複 〜-〜-〜s〉耳鼻咽喉科医

ou [ウ]接 あるいは,それとも,または/〜 bien:ouの強調形

où [ウ](疑問)副 どこに,どこへ/d'〜: 1) どこから 2) だから ‖ où (関係)副 (場所や時間を表す先行詞の後で)…する場所で,…する時に

oubli [ウーブリ]男 失念,忘却

oublie [ウーブリ]女 薄いゴーフル生地の焼菓子

oublier [ウーブリエ]動 忘れる

oublieu*x,se* [ウーブリユー、ズ]形〈男には単複同形〉忘れっぽい

ouest [ウエーストゥ]形〈不変〉西の ‖ ouest 男 西

oui [ウィ]副 はい

ouïe [ウィ]女 ①(魚の)えら ②聴覚

ouillade [ウーヤードゥ]女 ①白いんげん豆,キャベツ,じゃが芋,ベーコンを煮込んだ,ルシヨン地方の料理 ②にんにくスープに溶卵を加え,トーストを入れた皿に注ぐ,ピレネ山脈,アリエージュのスープ

ouillage [ウーヤージュ]男 樽の中の減少した分のワインを補うこと

ouillat [ウーヤ]男 玉ねぎ,にんにく,白いんげん豆,トマトなどを煮込み,卵と酢でつないだ,ベアルン地方のスープ

ouille [ウーユ]女 ピレネ地方の鍋 = oule

ouiller [ウィエ]動 樽の中で減少した分のワインを補う

oulade [ウーラードゥ]女 オヴェルニュ及びビルエルグ地方の,キャベツやベーコンなどのスープ

oule [ウール]女 = ouille

ourde [ウールドゥ]女 ラングドック地方の,山羊乳のチーズ

ourite [ウーリートゥ]女 たこのプロヴァンス地方での呼称 = pieuvre, poulpe

ours [ウールス]男〈単複同形〉熊/ail des 〜 野生にんにく

oursin [ウルサン]男 うに = châtaigne de mer, hérisson de mer

oursinade [ウールスィナードゥ]女 ①乳化させた溶かしバターと卵黄にうにを加えた,プロヴァンス地方の魚用のソース ②ほうぼうなどの魚,蟹,野菜,香草,白ワインを煮,うにとクリームを加えた,プロヴァンス地方のスープ

oursiné,e [ウールスィネ]形 うにの風味を付けた

oursiner [ウールスィネ]動 うにの風味を付ける

ourteto [ウールテート] 男 プロヴァンスの、野菜のオープンサンドイッチ

oust [ウーストゥ] 男 フォワ地方の、羊乳または牛乳のチーズ = bethmale, ercé, oustet, saint-lizier

oustet [ウーステートゥ] 男 = oust

outarde [ウータルドゥ] 女 野雁(がん) = grande ~ / petite ~ ひな雁、ひめの雁 = canepetière

outardeau [ウータルド] 男 〈複 ~x〉 野雁(がん)のひな

outil [ウーティ] 男 工具、道具

outillage [ウティヤージュ] 男 工具一式

outre [ウートゥル] 前 …以外に/ en ~ 加えて、その上、また ‖ outre 女 (ワインを入れる)皮袋、皮製の水筒

outre-mer [ウートゥル メール] 副 (フランスから見て)海外で(に)/ d'~ 海外の

ouvert,e [ウーヴェール、トゥ] 形 開いている/ O~ toute l'année 年中無休：掲示 ‖ ouvert,e 過分 → ouvrir 29

ouverture [ウーヴェルテュール] 女 ①開店、開場、開始、開くこと、開いていること ②開口部

ouvr- → ouvrir 29

ouvrage [ウーヴラージュ] 男 ①作品、製作物 ②仕事

ouvre-boîtes [ウーヴル ブワートゥ] 男 〈単複同形〉 缶切

ouvre-bouteilles [ウーヴル ブーテユ] 男 〈単複同形〉 栓抜：王冠用

ouvreuse [ウーヴルーズ] 女 映画館などの案内嬢

ouvri- → ouvrir 29

ouvri*er*,*ère* [ウーヴリエ、エール] 男 女 ブルーカラー、労働者、職人

ouvrir [ウーヴリール] 動 29 ①開ける、開く ②始める ‖ s'~ 代動 29 59 開く、始まる

ouzo [ウーゾ] 男 ギリシアのアニスリキュール

ovaire [オヴェール] 男 卵巣

ovale [オヴァール] 形 〈男女同形〉 楕円の ‖ ovale 男 楕円形

ovin,e [オ・ヴァン、ヴィーヌ] 形 羊の ‖ ovins 男 複 ヒツジ類

ovni [オヴニ] 男 UFO：未確認飛行物体、objet volant non identifié の略

ovoïde [オヴォイードゥ] 形 〈男女同形〉 卵形の

ovule [オヴュール] 男 卵子

oxalide [オクサリードゥ] 女 = oxalis

oxalis [オクサリーズ] 男 〈単複同形〉 かたばみ：酸味の強い食用野草 = oxalide

oxydable [オクスィダーブル] 形 〈男女同形〉 錆びやすい

oxydant [オクスィダン] 男 酸化剤

oxydation [オクスィダスィヨン] 女 酸化

oxyde [オクスィードゥ] 男 酸化物/ ~ de calcium 乾燥剤の商標名/ ~ de fer 酸化鉄/ ~ de titane 白の着色料

oxydé,e [オクスィデ] 形 錆びた、酸化した

oxyder [オクスィデ] 動 酸化させる ‖ s'~ 代動 59 錆びる、酸化する

oxygarum [オクスィガロム] 男 酢を加えた魚醤(ぎょしょう)

oxygène [オクスィジェーヌ] 男 酸素

oxymel [オクスィメール] 男 水、蜂蜜、酢をまぜた飲物

oyaunnade [ワヨナードゥ] 女 ブルボネ地方の、がちょうの赤ワイン煮込 = oyonnade

oyonnade = oyaunnade

P, p

P,p [ペ] 男 ①フランス字母の16番め ② P: リン(phosphore)の元素記号 ③ p.: page(ページ)の略

pachade [パシャードゥ] 女 オベルニュ地方のパンケーキ

pacherenc-du-vic-bilh [パシュランデュ ヴィク ビール] 男 ガスコーニュ地方の AOC 甘口白ワイン

pacifique [パスィフィーク] 形〈男女同形〉平穏な ‖ Pacifique 固男 太平洋 = l'océan P〜

Pacojet [パコジェートゥ] 固男 パコジェット: 冷凍したもの専用のミキサーの商標

pacossé,e [パコセ] 形 パコジェットにかけた

pacosser [パコセ] 動 パコジェットにかける

pacotille [パコティーユ] 女 安物/ de 〜 粗悪な

paddy [パディ] 男 もみ米 = riz 〜

paella [パエラ] 女 パエーリャ: スペイン, バレンシア地方発祥の米料理 = paëlla

paellera [パエレーラ] 女 パエーリャ鍋

paf [パーフ] 間投 どしん, ばたん, ばちん ‖ paf 形〈不変〉(俗語)酩酊(めいてい)した

page [パージュ] 女 ページ, (新聞の)面/〜 trois 第3ページ/ 3 〜s 3ページ分

pageau = pageot

paie, paient, paies → payer 31

pagel(le) [パジェール] 男 = pageot

pageot [パジョ] 男 地中海及びガスコーニュ地方の小さな鯛/〜 commun にしき鯛 = pageau, pageu, pagel(le), rousseau /〜 gris = dorade grise, griset /〜 rose = dorade rose

pager [パジェール] 男 ポケットベル

pageu [パジュー] 男〈複〜x〉= pageot

pagre [パーグル] 男 ヨーロッパ真鯛/〜 rose 桜鯛

pagure [パギュール] 男 やどかり

paie [ペ] = paye

paie, paient, paies → payer 31

paiement [ペマン] 男 支払い/〜 au comptant 現金払い/〜 différé 後払い/〜s par échelonnement 分割払い/〜 sur livraison 代引/〜 total 一時払い

paillarde [パヤールドゥ] 女 薄いステーキ

paillasson [パヤソン] 男 ①(わらなどでできた)玄関マット ②千切りのじゃが芋を重ねて焼いた料理 = pommes 〜

paille [パーユ] 女 ①わら ②ストロー ③耐乏生活 ④パイユ: じゃが芋の千切り揚げ = pommes 〜/〜 vin de 〜 わらの上にぶどうをねかせてからつくる甘口白ワイン

pailleté,e [パーユテ] 形 ①スパンコールで飾った ②箔などをちりばめた

pailleté feuilletine [パーユテ フーユティーヌ] 男 砕いたクレープでつくった製菓材料

paillette [パイエートゥ] 女 ①スパンコール ②箔/〜 d'or 金箔 ③細い塩味パイ

pain [パン] 男 ①パン ②パンを使った料理やデザート/〜 perdu フレンチトースト/〜 de cuisine ミートロー フ/〜 des Ardennes アルデーヌ地方の,燻製(くんせい)ハム入ベシャメルのテリーヌ ③(パンのような)塊(かたまり)/〜 de savon 固形石鹸/〜 de sucre パン・ド・シュクル: 砂糖の種類 → p.247［囲み］

pair,e [ペール] 形 ①偶数の ②上りの: 鉄道 ‖ pair 男 偶数/ au 〜 オ・ペール: 部屋と食事付のベビーシッター/〜s 同僚 ‖ paire 女 カップル, 対, ペア/ une 〜e de... 1対の…

paisible [ペズィーブル] 形〈男女同形〉安らかな,静かな

pak-choï [パク ショイ] 男 チンゲン菜

Pakistan [パキスタン] 男 固 パキスタン

pakistanais,e [パキスタネ, -ズ] 形〈男には単複同形〉パキスタン(Pakistan)の ‖ Pakistanais,e 男女〈男は単複同形〉パキスタン人

palace [パラース] 男 超豪華ホテル

palais [パレ] 男〈単複同形〉①官邸, 宮殿, 豪邸/ P〜 de l'Elysée フランス大統領官邸/ soufflé du 〜 キルシュ酒とヴァニラ風味のりんごスフレ ②味覚/ avoir le 〜 fin 舌が肥えている ③口蓋(こうがい)

pain

pain à café
　細いバゲットパン = flûte
pain à l'aillade
　ガーリックトースト
pain anglais, pain de mie
　イギリスパン,食パン
pain au chocolat
　チョコレートクロワッサン
pain au lait　ミルクパン
pain au son　ふすまパン
pain aux germes　胚芽入りパン
pain aux raisins　ぶどうパン
pain azyme　無酸酵パン
pain bis　ブラウンブレッド:ふすま
　入りパン
pain blanc, pain de gruau
　上質小麦の白パン
pain complet　全粒粉パン
pain de campagne
　パン・ド・カンパーニュ
pain d'épice　ジンジャーブレッド
pain de Gênes = biscuit génois
pain de la Mecque　シュー生地に
　グラニュー糖,スライスアーモンド
　をかけたケーキ
pain de Nantes　スライスアーモン
　ドをふったオレンジやレモン風味の
　小菓子
pain de régime　食餌療法パン
pain de seigle　ライ麦パン
pain fantaisie
　動物などの形をしたパン
pain frais　できたてのパン
pain grillé　トースト
pain noir　黒パン
pain polka
　ロワール地方の円盤形の大型パン
pain rassis　固くなったパン
pain tout frais　焼きたてのパン
pain viennois　クロワッサンなどのバ
　ター折込パン
petit pain　バターロール

palatinit [パラティニートゥ] 男 パラチニット:甘味料
pâle [パール] 形〈男女同形〉(色が)薄い,(顔色が)青い / vert ~ 淡い緑
pale-ale [ペレール] 男 ペール・エール:淡色上面酸酵ビール
palémon [パレモン] 男 手長海老:淡水
paleron [パルロン] 男 牛の肩肉
Palestine [パレスティーヌ] 固女 パレスティナ / (à la) ~ パレスティナ風(の):きく芋を使った料理用表現
palestinien, ne [パレスティニ・ヤン, エーヌ] 形 パレスティナ (Palestine) の ‖ Palestinien, ne 男女 パレスティナ人
palet [パレ] 男 ①平たい小石 ②パレ:小円盤形の焼菓子 / ~ des dames パレ・デ・ダム:ヴァニラ風味のパレ
palette [パレートゥ] 女 ①(絵画用)パレット,パレットナイフ ②豚の肩甲骨肉 / ~ demi-sel 塩漬豚肩甲骨肉 ③プロヴァンス地方の AOC 赤, 白, ロゼワイン
palier [パリエ] 男 (階段の)踊り場
palme [パルム] 女 ①しゅろの葉 ②なつめやし / huile de ~ パーム油 / sucre de ~ やし糖 / vin de ~ やし酒 ③栄誉, 章:象徴としてのしゅろの葉 / ~s académiques 教育功労賞 ④ (潜水用)足ひれ ⑤(水鳥の)水かき
palmier [パルミエ] 男 ①やし / cœur de ~ キャベツやしの芽:水煮の缶詰をサラダに用いる = chou palmiste, palmiste ②しゅろの葉形のパイ菓子
palmiste [パルミーストゥ] 男 キャベツやし,キャベツやしの芽 = chou ~, cœur de palmier
palois, e [パルワ, ーズ] 形〈男には単複同形〉ポー (Pau) の / (à la) ~e ポー風(の):クリームであえたさやいんげんとポム・ノワゼットを付合せた肉料理用表現 / sauce ~e ソース・パロワーズ:エストラゴンのかわりにミントの葉を用いたベアルネーズソース ‖ Palois, e 男女〈単複同形〉ポーの人
palombe [パロンブ] 女 森鳩, 山鳩 = (pigeon) ramier
palourde [パルルドゥ] 女 あさり
palourdine [パルルディーヌ] 女 小さいあさり
palouse [パルーズ] 女 (サヴォワ方言)生のガレット / ~ des aravis サヴォワ地方の, 山羊乳のチーズ

paludine [パリュディーヌ] 女 みすじたにし: 貝

pamplemousse [パンプルムース] 男 (または 女) グレープフルーツ

pan [パン] 間投 パン! ‖ pan 男 ①うそ ②面 ③主要部分

panace [パナース] 男 朝鮮人参 = ginseng, panax

panachage [パナシャージュ] 男 混合

panaché, e [パナシェ] 形 いろいろなものを合せた/ glace ~e いろいろなアイスクリームの盛合せ ‖ panaché 男 パナシェ: 1) ビールのサイダー割 = demi ~ 2) 盛合せ料理

panacher [パナシェ] 動 いろいろなものをまぜ合せる

panade [パナードゥ] 女 ①パナード: 小麦粉などに牛乳を加えた料理材料/ ~ à la farine 小麦粉のパナード/ ~ à la pomme de terre ナツメグで香りを付けたじゃが芋のパナード/ ~ au pain パンの中身のパナード/ ~ au riz 米, バター, コンソメのパナード/ ~ frangipane フランジパーヌのパナード ②パン, ブイヨン, 牛乳, バターを煮, クリームや卵でつないだスープ

panais [パネ] 男 〈単複同形〉アメリカぼうふう, パースニップ: 野菜

panax [パナークス] 男 〈単複同形〉朝鮮人参 = ginseng, panace

pan-bagnat [パン バニャ] 男 〈複 ~s-~s〉①オリーヴオイルに浸したパンを円盤形のパンにニース風サラダをはさんだ, ニースのサンドイッチ

pancake [パンケーク] 男 英 パンケーキ

pancréas [パンクレアス] 男 〈単複同形〉膵臓

pancréatite [パンクレアティートゥ] 女 膵臓炎

pané, e [パネ] 形 パン粉を付けた

panellets [パネレ] 男 複 カタロニア地方の, マジパンの菓子

paner [パネ] 動 パン粉をつける/ ~ à la française, ~ au beurre グリル用の肉に澄しバターを塗りパン粉をまぶす/ ~ à la milanaise パン粉におろしチーズをまぜて魚や肉に付ける/ ~ à l'anglaise 魚, 肉などに小麦粉をまぶし, 溶卵にくぐらせてからパン粉を付ける/ ~ à la polonaise ゆでた野菜にバターで揚げたパン粉をふりかける/ ~ à la sauce つなぎのためにソースにパン粉を加える

paneterie [パーヌトゥリ] 女 ①パンの貯蔵所 ②王政時代のパン焼所

panetier, ère [パヌティエ, ール] 男 女 パン配膳局 ‖ panetier 男 フランス王家のパン担当者/ grand ~ 宮廷のパン総責任者/ premier ~ 宮廷の製パンシェフ ‖ panetière 女 パンを入れる袋, かご, 戸棚/ à la ~ère 中をくりぬいたパンの中に, 魚, 卵を入れた料理用表現

paneton [パヌトーン] 男 (パン用) 醗酵籠

panic [パニーク] 男 ひえ, あわ, きびの類 = mil, millet

panier [パニエ] 男 (取っ手のある) 籠/ ~ à provisions 買物籠/ ~ à friture 油切用の金ざる/ ~ à légumes ゆでた野菜を傷つけずに取出せるよう鍋に入れておく金ざる/ ~ à nid ポム・パイユ用の二重の金ざる/ ~ à salade サラダ用の水切ざる/ ~ à vin ワインバスケット

panier-repas [パニエルパ] 男 〈複 ~s-~〉弁当

panification [パニフィカスィヨン] 女 パンづくり

panifié, e [パニフィエ] 形 パンに加工した

panifier [パニフィエ] 動 パンに加工する

panisse [パニース] 女 プロヴァンス地方の, エジプト豆またはとうもろこし粉の塩味, 甘味の揚菓子

panizza [パニッツァ] 女 コルシカの, エジプト豆の塩味揚菓子

pankoufles [パンクーフル] 女 複 ロレーヌ地方の, じゃが芋と牛挽肉のガレット

panne [パーヌ] 女 ①故障/ ~ d'électricité 停電/ ~ d'essence ガス欠/ tomber en ~ 故障する ②ケンネ脂: 豚フィレ肉や腎臓の周りにある上質の脂肪 = graisse de rognon ③貧乏

panneau [パノ] 男 〈複 ~x〉看板, パネル/ ~ indicateur, ~ de signalisation 交通標識

pannequet [パヌケ] 男 詰物をしたクレープ料理やデザート

panorama [パノラマ] 男 ①全景, パノラマ ②展望

panoramique [パノラミーク] 形〈男女同形〉全景の見える

panoufle [パヌーフル] 女 ①(羊, うさぎの)脇肉 ②牛や羊のフィレを覆っている薄い肉

panse [パーンス] 女 ミノ: 反芻動物の第一胃 = gras-double, rumen

pansement [パンスマン] 男 ①(傷口の)手当 ②包帯

Pantagruel [パンタグリュエール] 固男 ラブレーの物語中の, 大喰いの巨人

pantagruélique [パンタグリュエリーク] 形〈男女同形〉巨大な, パンタグリュエルのような → Pantagruel

pantalon [パンタロン] 男 ズボン, パンタロン

pantin [パンタン] 男 ①(おもちゃ用の)操り人形 ②挽肉やゆで卵を詰めた小型のパイ包料理 = bonhomme, pâté ~

pantoufles [パントゥーフル] 女複 室内履

panure [パニュール] 女 生パン粉 /~ (à la) milanaise パルメザンチーズ入生パン粉

panurette [パニュレートゥ] 女 ラスクのパン粉

panzarotti [パンツァロティ] 男複 牛乳煮た米を揚げて砂糖をかけたコルシカの揚菓子

panzetta [パンツェータ] 女 コルシカのベーコン

paon, ne [パン, -ヌ] 男女 くじゃく

papa [パパ] 男 (幼児語)とうちゃん, パパ

papadum [パパドーム] 男 レンズ豆をつぶし, スパイスをまぜ入れてつくった, インド発祥の薄いクレープ

papal, e [パパール] 形〈男複には papaux [パポ]〉ローマ法王の

papaux → papal, e

papaye [パパイ] 女 パパイヤの実

pape [パープ] 男 ローマ法王

papeterie [パプトゥリ] 女 文房具店

papeton [パプトン] 男 プロヴァンス地方の, なすと卵のテリーヌ

paphia [パフィヤ] あさり = palourde

papier [パピエ] 男 紙, 書類, 箔 /~ absorbant ペーパータオル /~ aluminium アルミホイル /~ cuisson (紙の)ベーキングシート / en ~, de ~ 紙製の /~ dentelle レースペーパー /~ de riz ライスペーパー = galette de riz /~ de verre 紙やすり /~ film ラップ紙 /~ huilé 油紙 /~ hygiénique トイレットペーパー /~ Japon 和紙 /~ paraffiné パラフィン紙 /~ peint 壁紙 /~s d'identité 免許証など身分証明書の類 /~ sulfurisé オーヴンシート, 硫酸紙 = ~-parchemin

papier-filtre [パピエ フィールトゥル] 男〈複 ~s- ~s〉濾紙(し)

papier-parchemin [パピエ パルシュマン] 男〈複 ~s- ~s〉硫酸紙 = papier sulfurisé

papillon [パピヨン] 男 ①蝶 ②蝶ネクタイ = nœud

papillote [パピヨートゥ] 女 ①パピヨート: 紙などで包んで焼く料理 /…en ~ …の包焼 ②チョップ花: 紙製の, 骨付肉の先端用飾り ③紙で包んだボンボンやチョコレートなど

papilloté, e [パピヨテ] 形 ①パピヨートに包んだ ②チョップ花を付けた → papillote

papilloter [パピヨテ] 動 ①パピヨートに包む ②チョップ花を付ける → papillote

pappardelle [パッパルデッレ] 女複 (伊)幅の広いパスタ

paprika [パプリカ] 男 パプリカ: 甘唐辛子 /~ rose パプリカローズ: 渋みの少ない上質のパプリカ

pâque [パーク] 女 過越(すぎこし)の祭 ‖ Pâques 女複〈無冠詞〉イースター, 復活祭 / œuf de P~s イースターエッグ

paquet [パケ] 男 包み, パック

par [パール] 前 ①…から: 経由, …を通って /~ avion 航空便: 表示 /~ ici こちらへ ②…の所で «prendre + 人 ~ la main» …の手をとる ③…によって: 割合, …につき / une fois ~ mois 月に1回 / un ~ un〈男に〉, une ~ une〈女に〉 1 つずつ ④…によって, …を使って ⑤…から: 行為の始め ⑥…で: 行為の終り

parachutisme [パラシュティースム] 男 スカイダイビング

paradis [パラディ] 男〈単複同形〉天国, 楽園

paradisiaque [パラディズィヤーク] 形〈男女同形〉天国のような, 楽園みたいな

paraffine [パラフィーヌ] 女 パラフィン

paraffiné,e [パラフィネ] 形 パラフィンを塗った / papier ~ パラフィン紙

parage [パラージュ] パレすること→parer

paraître [パレートゥル] 動12 ①現れる ②…のように見える(思える), …らしい / «il paraît que +文» …であるらしい, …すらしい

parallèle [パラレール] 形〈男女同形〉対応した, 平行な /~ à... …と平行の ‖ parallèle 男 対照, 対比 ‖ parallèle 女 平行線

parallèlement [パラレールマン] 副 平行して

parallélisme [パラレリースム] 男 平行

paralysé,e [パラリゼ] 形 まひした

parapet [パラペ] 女 (橋の)手すり

parapluie [パラプリュイ] 男 雨傘

parasite [パラズィートゥ] 男 ①寄生虫 ②居候

parasol [パラソール] 男 ①日傘 ②から傘茸 = coulemelle, lépiote

parc [パルク] 男 ①公園, 庭園 ②駐車場 ③(貝や魚の)養殖場 ④ベビーサークル = à bébé

parc-auto [パルコト] 男 〈複 ~s-~s〉駐車場

parcelle [パルセール] 女 細片, 小片, 少量

parce que [パルスク] 接句 (pourquoi の質問に対する答えとして) なぜなら, …なので.

parchemin [パルシュマーン] 男 ①羊皮紙 / papier ~ オーヴンシート, パーチメントペーパー, 硫酸紙 ②(豆のさやの中の)膜

par-ci,par-là [パル スィ パル ラ] 副句 ①~あちこち ②時々

parc(o)mètre [パルク(パルコ) メートゥル] 男 パーキングメーター

parcourir [パルクーリール] 動13 ①歩き回る ②踏破する ③走り読みする

parcours [パルクール] 男〈単複同形〉①運転区間／経路, コース, 行程

par-derrière [パール デリエール] 前句 人に見えない所で, 陰で

pardessus [パルドゥスュ] 男 オーバーコート, 外套(がいとう)

pardon [パルドン] 男 許し / P~. 失礼: 謝る時 / P~? はあ？: 聞返す時

pardonner [パルドネ] 動 許す

pardou [パルドゥー] 男 petit ~ ベアルン地方のチーズ

paré,e [パレ] 形 ①着飾った ②整形した, パレした → parer

pare-brise [パール ブリーズ] 男〈単複同形〉(車の)フロントガラス

pare-chocs [パール ショック] 男〈不変〉バンパー

pareil,le [パレーユ] 形 ①同じような, 同様の ②あんな, そのような ‖ pareil 副 同じように

pareillement [パレーユマン] 副 同じやり方で, 同様に

parement [パールマン] 男 ①(袖などの)折返し ②反芻動物第一胃のまわりの脂肪

parent [パラン] 男 親戚, 先祖 /~s 両親

parenté [パランテ] 女 ①血縁関係 ②親戚, 親類 ③類似性

parenthèse [パランテーズ] 女 ①挿入句, 余談 ②丸カッコ：記号は( )

parer [パレ] 動 ①(攻撃などを)かわす ②~ à... …に備える ③飾る ④整える ⑤パレする：1) 野菜の芯をとる 2) 肉の皮や筋, 脂肪など不要なものを除く 3) 牛バラ肉を円筒形になるようにひもをかけ整形する

paresoleil [パルソレーユ] 男〈単複同形〉(自動車の)サンバイザー

paresseux,se [パレス-, ズ] 形〈男には単複同形〉無精な, 無気力な ‖ paresseux,se 男女 怠け者, 不精者

parfaire [パルフェール] 動21 ①完成する ②一杯にする ③補完する

parfait,e [パルフェ, -トゥ] 形 完全な, この上ない ‖ parfait 男 ①完全なもの /~ amour レモンと香辛料入の, オランダの甘口リキュール /~ de foie gras = foie gras entier, foie gras au naturel → foie ②パフェ, パルフェ / ~ au chocolat チョコレートパフェ ③ノルマンディ地方の, 牛乳のチーズ

parfaitement [パルフェートゥマン] 副 完全に, 完璧に

parfois [パルフワ] 副 時々, 時には

parfum [パルファン] 男 ①香水 ②(アイスクリームなどの)フレーヴァー, 芳香

parfumé,e [パルフュメ] 形 ①芳香のある ②香りをつけた

parfumer [パルフュメ] 動 ①香りで満たす ②香水をつける ③香草, リキュールなどで料理や菓子に香りを付ける

pari [パリ] 男 賭け, ギャンブル／faire un 〜 賭ける／P 〜 mutuel urbain 場外馬券 = PMU

parier [パリエ] 動 賭ける

parigot,e [パリゴ,ートゥ] 男女 (下町の)パリっ子

Paris [パリ] 固 パリ／〜 soir パリ・ソワール:冷製コンソメとヴィシソワーズのポタージュ《日本で考案した料理名. フランス語としては正しくない》

paris-brest [パリ ブレーストゥ] 男〈複 〜.〜s〉 カラメル風味のクリームをはさんだリング状のケーキ

parisien,ne [パリズィ・ヤン, エーヌ] 形 パリ(Paris)の／(à la) 〜ne パリ風(に, の):1) 他地方の料理にパリで工夫を加えた料理用表現 2) 小球状のじゃが芋を付合せた料理用表現／cuiller 〜ne くりぬきスプン, メヌキ=〜ne／pomme à la 〜ne:1)ポム・ノワゼット:小球状にくり抜いたじゃが芋= pommes noisette 2) 小球状のじゃが芋にフィーヌゼルブをふりかけた付合せ／sauce 〜ne:1)ソース・アルマンドの別称= sauce allemande 2)フレッシュチーズ, パプリカ, レモン汁に, 油を加えて乳化させ, セルフイユを加えた, 野菜用ソース／tailler en 〜ne, lever à la 〜ne 小球状にくり抜く‖Parisien,ne 男女 パリジャン, パリジェーヌ, パリっ子‖parisien 男 ①太めのバゲットパン②フランジパーヌとフルーツの砂糖漬をスポンジにはさみ, イタリアンメレンゲを塗り, 焼色を付けたデザート‖parisienne 女 くり抜スプン= cuiller 〜ne, cuillère 〜ne

paris-nice [パリ ニース] 男〈複 〜.〜s〉クレム・シブストをはさんだリング状のケーキ

parking [パルキーング] 英 駐車場

par-là [パール ラ] 副 あちらの方(に, へ)

parlant,e [パルラン,トゥ] 形 ①話す能力のある／horloge 〜e (電話の)時報 ②おしゃべりな

parler [パールレ] 動 話す／〜 de... …について話す‖parler 男 話し方

Parme [パルム] 固 パルマ:イタリアの都市

Parmentier,ère [パルマンティエ,ール] 形〈不変〉パルマンティエ風(の):じゃが芋を使った料理用表現= (à la) p〜ère／hachis 〜 挽肉とじゃが芋のピュレのグラタン‖Parmentier 固 男 パルマンティエ:フランス人農学者

parmesan,e [パルメザン・ヌ] 形 パルマ(Parme)の／(à la) 〜e パルマ風(の):主にパルメザンチーズを使った, 主にグラタン料理用表現‖Parmesan,e 男女 パルマの人‖parmesan 男 パルメザン:牛の脱脂乳でつくる, イタリア発祥のチーズ

parmi [パルミ] 前 (3つ以上のものや人)…の間

parmigiano [パルミジャーノ] 男 伊 パルミジャーノ:牛の脱脂乳でつくる硬質タイプのイタリアのチーズ= parmesan／〜 reggiano イタリア, エミリア・ロマーニャ州のパルミジャーノ

paroi [パールワ] 女 内壁面, 間仕切

paroisse [パルワース] 女 小教区教会

parole [パロール] 女 ①(口に出した)言葉, 発言 ②約束

parquet [パルケ] 男 板張の床

Parsac [パルサーク] 固 ボルドー地方, サンテミリョン・グラン・クリュワインの5つの村のひとつ

parsemé,e [パールスメ] 形 振りかけた, (装飾用に)散らした

parsemer [パールスメ] 動 ①振入れる②(装飾用に)散らす／〜...de A …にAを散らす

part [パール] 女 ①部分／...à 〜 …は別として／autre 〜 他の場所に／d'autre 〜 一方／de la 〜 de... …の命令で, …の依頼で／faire 〜 de A à B AをBに知らせる／prendre 〜 à... …に参加する／quelque 〜 どこかへ ②取り分

partage [パルタージュ] 男 分担, 分配

partagé,e [パルタージェ] 形 ①分れた②共有の

partager [パルタージェ] 動 ①分担する, 分ける ②共有する ③割勘にする

partant,e [パルタン,トゥ] 形 ①出発の ②(話言葉)乗気の／être 〜,e pour... …する気が十分ある‖partant,e 男女 (賞の)候補者‖partant 現分→ partir

parthenaise [パルトゥネーズ] 女 牛の品種= race 〜

parti [パールティ] 男 ①党, 党派 ②決心

③方針
parti,e [パルティ]形 ①出発した ②始まった ③いない ‖ parti,e 過去 → partir 30

partial,e [パルスィヤール]形 〈男複には partiaux [パルスィヨ]〉 かたよった, 不公平な

partiaux → partial,e

participant,e [パルティスィパン, トゥ] 男女 参加者, 選手

participation [パルティスィパスィヨン] 女 参加

participe [パルティスィープ] 男 分詞／～ présent 現在分詞／～ passé 過去分詞

participer [パルティスィペ] 動 加わる, 参加する

particularité [パルティキュラリテ] 女 独自性, 特徴

particuli er,ère [パルティキュリエ, エール] 形 ①特殊な, 独特の, 特別の／rien de ～ 別に大したことではない ②個人の

particulièrement [パルティキュリエールマン] 副 ①殊に, 特別に ②著しく

partie [パルティ] 女 ①部分／～ antérieure 前部／～ inférieure 下部／～ centrale 中心部／en grande ～ 主に／en ～ 部分的に／la plus grande ～ 大部分／～ supérieure 上部／～ terreuse de champignon シャンピニョンの石突／～ saillante 出っ張った部分 ②試合, ゲーム ③パーティー

partiel,e [パルスィエール] 形 部分的な ‖ partiel 男 小テスト

partiellement [パルスィエールマン] 副 部分的に

partir [パルティール] 動 30 出発する, 動き出す, 発車する／à ～ de... …から／faire ～：1) 出発させる 2) オーヴンに入れる前に火にかけて温度をあげる／～ pour... …へ向かう

partout [パルトゥー] 副 あちこち, そこら中に, どこでも

parure [パリュール] 女 ①身支度, 化粧 ②アクセサリー ③食卓用ナプキンセット ④シーツと枕カバーセット ⑤肉, 魚, 野菜などを整形して残った余分な部分, くず肉, あら, くず野菜, 切落し

parvenir [パルヴニール] 動 47 (やっと)到達する／～ à... …にたどり着く

parvis [パルヴィ] 男 〈単複同形〉(教会前の)広場

pas [パ] 男 〈単複同形〉 ①歩み, 歩 ②海峡, 峠／～ de Calais ドーヴァー海峡 ‖ pas 副 …ない：ne を伴う活用形の後に置いて否定を意味する. 会話の中で ne を省略する場合は pas のみで否定を表す／n'est-ce ～？ (…ですよ)ね／～ du tout 全然：否定

pascade [パスカードゥ] 女 ルエルグ地方の, ベーコンと玉ねぎを入れたクレープ

pascal,e [パスカール] 形 〈男複には pascaux [パスコ]〉 復活祭の

pascaux → pascal,e

paschetet [パシュテーテト] 男 アルザス地方の, 豚と仔牛のパテ料理

pas-d'âne [パダーヌ] 男 〈単複同形〉 ふきたんぽぽ

pas-de-porte [パドゥ ポールトゥ] 男 〈単複同形〉 権利金, (屋号・看板などの)権利代

passable [パサーブル] 形 〈男女同形〉 普通の, まあまあの

passablement [パサーブルマン] 副 かなり

passage [パサージュ] 男 ①通行 ②通路／～ à niveau 踏切／～ clouté 横断歩道 ③推移 ④横断

passag er,ère [パサジェ, エール] 男女 (船や飛行機の)旅客, 旅行者

passant,e [パッサン, トゥ] 形 通行量の多い, 人通りの多い／en ～ par... …経由で ‖ passant,e 男女 通行人

passe [パース] 女 ①通過 ②(厨房の)デシャップ台 ③(売春の)ショートタイム

passé,e [パセ] 形 ①過去の, 昔の ②熟れすぎた, 盛りの過ぎた ③…過ぎの／Il est six heures ～es. 6 時過ぎです ④漉(ミ)した ‖ passé 男 過去／～ composé 複合過去／～ récent 近接過去／～ simple 単純過去／～ antérieur 前過去

passe-crassane [パス クラサーヌ] 女 〈複 ～-～s〉 洋梨の品種

passe-partout [パス パルトゥー] 男 〈単複同形〉 マスターキー

passe-pierre [パス ピエール] 女 〈複 ～-～s〉 crithmum

passeport [パスポール] 男 パスポート

passer [パセ] 動 ①通す, 通る／～ à la machine 機械にかける／～ au froid

冷蔵する／~ au grand froid 冷凍する／②渡す, 回す／~ de A à B A から B へ移す, 移る／~ un contrat 契約を結ぶ③立寄る④(時間が)流れる⑤(音楽を)かけている⑥漉(ː)す／~ à l'étamine 漉布で漉す／~ au tamis 裏漉(し)する = tamiser／~ au chinois シノワで漉す = chinoiser⑦褪(ː)せる‖ se ~ [代動]59 起こる／Qu'est-ce qui s'est passé? 何があったのですか／ se ~ de... …なしで済ます

passerelle [パスレール] 女 歩道橋
passerillage [パスリヤージュ] 男 糖分を増すための, ぶどうの実の乾燥
passe-temps [パスタン] 男 〈単複同形〉気晴し, 趣味
passe-thé [パステ] 男 〈単複同形〉茶漉(ː) = passoire à thé
passe-tous-grains [パストゥーグラン] 男 〈単複同形〉ブルゴーニュ地方の AOC 赤ワイン = passe-tout-grain
passe-tout-grain [パストゥーグラン] 男 〈単複同形〉= passe-tous-grains
passion [パスィヨン] 女 ①恋心, 情熱, 熱狂② P~ キリストの受難／ fruit de la P~ パッションフルーツ = grenadille
passionné,e [パスィヨネ] 形 熱中している, 夢中な
passionner [パスィヨネ] 動 熱中させる
passito [パスィート] 男 伊 イタリア, シシリアの, 乾燥ぶどうでつくるワイン
passoire [パスワール] 女 ざる, 水切器／~ à thé 茶漉(ː) = passe-thé
pastel [パステル] 男 パステル, パステル画
pastenague [パストゥナーグ] 女 赤えい = raie cornue
pastèque [パステーク] 女 すいか = melon d'eau
pasteurisation [パストゥリザスィヨン] 女 パストリゼーション: 低温殺菌法
pasteurisé,e [パストゥリゼ] 形 低温殺菌した
pasteuriser [パストゥリゼ] 動 低温殺菌する
pastilla [パスティラ] 女 挽肉, 魚などを野菜, 香辛料とまぜて薄い生地でつつんだ, モロッコのパイ料理
pastillage [パスティヤージュ] 男 ①砂糖ベースの装飾用ガムペースト②デコレーションケーキの装飾用生地
pastille [パスティーユ] 女 トローチ, 丸くて平たいボンボン
pastis [パスティース] 男 〈単複同形〉①アニス風味のリキュール②ケルシ地方の, オレンジ風味のパイ菓子
patate [パタートゥ] 女 ①さつま芋 = ~ douce ②(話言葉)とんま, まぬけ
patay [パテ] 男 オルレアネ地方の, 牛乳のブルーチーズ. 灰まぶしもある
pâte [パートゥ] 女 ①生地／~s パスタ, 麺／~s fraîches 生のパスタ／~s alimentaires 乾燥パスタ②ペースト／~ d'amande アーモンドペースト, マジパン／~ de cacao ベーキングチョコレート／~ de fruits フルーツゼリー／~ dentifrice 練り歯磨③チーズの中身／~ de fromage コルシカの, 山羊乳と羊乳のチーズ
→ p.254 [囲み]
pâté [パテ] 男 パテ: 1) 生地で包んだ料理／~ chaud 温製パテ／~ de campagne パテ・ド・カンパーニュ, 田舎風パテ／~ de Pézenas ペズナのパテ: ラングドック地方の羊肉のパテ／~ de tête 頭肉のゼリー寄せ = fromage de tête／~ en croûte パテ・アン・クルート: パテの包焼／~ impérial ベトナム風生春巻／~ pantin = pantin 2) ペースト／~ de foie gras = purée de foie gras → purée
patelle [パテール] 女 かさ貝
paternel,le [パテルネル] 形 父の
patia [パティヤ] 女 オヴェルニュ地方の, じゃが芋のグラタン
patience [パスィヤーンス] 女 我慢, 忍耐
patient,e [パスィヤン, トゥ] 形 我慢強い, 根気のある‖ patient,e 男女 ①我慢強い人②患者
patienter [パスィヤンテ] 動 じっと待つ
patin [パタン] 男 スケート, スケート靴
patinage [パティナージュ] 男 スケート
patine [パティーヌ] 女 緑青(ː) = vert-de-gris
patiné,e [パティネ] 形 緑青(ː) がかかった = vert-de-grisé,e
patiner [パティネ] 動 ①スケートをする②すべる, スリップする③緑青(ː)がわく④古色をつける
pâtisserie [パティスリ] 女 ①生地を使

pâte

pâte à baba ババ生地	pâte à ravioli ラヴィオリ生地
pâte à beignet ベニエ生地	pâte à savarin サヴァラン生地
pâte à biscuit ビスキュイ生地	pâte à succès シュクセ生地 = fond à succès
pâte à brik ブリーク生地	
pâte à brioche ブリオシュ生地	pâte battue 泡立生地
pâte à choux シュー生地	pâte brisée ブリゼ生地
pâte à cigarettes シガレット生地	pâte d'amande
pâte à crêpes クレープ生地	パート・ダマンド：マジパン
pâte à croissants クロワッサン生地	pâte feuilletée
pâte à détrempe デトランプ生地	折込パイ生地 = feuilletage
pâte à filo(s) パタ・フィロ：小麦粉でつくる薄い生地 = pâte à phyllo	pâte friable
	ブリゼ, サブレなどのもろい生地
pâte à financier フィナンシエ生地	pâte levée 醗酵生地：パン生地, ブリオシュ生地などの総称 = pâte poussée
pâte à foncer フォンセ生地	
pâte à frire 揚衣	
pâte à gaufres ゴーフル生地	pâte levée feuilletée
pâte à génoise ジェノワーズ生地	醗酵折込生地
pâte à madeleines	pâte levée feuilletée danoise
マドレーヌ生地	デニッシュ生地
pâte à meringue メレンゲ生地	pâte morte 無醗酵生地
pâte à pain パン生地	pâte sablée サブレ生地
pâte à paner à l'anglaise	pâte sèche sucrée
パン粉衣	ドライシュクレ生地
pâte à pâté パテ生地	pâte sucrée シュクレ生地

った菓子, ケーキ②甘いデザート, 菓子③製菓業, 菓子店

pâtissier,ère [パティスィエ, -ル] 形 製菓の／crème ~ère カスタードクリーム ‖ pâtissier,ère 男女 ①パティスィエ, 洋菓子職人, 製菓業者②生地職人③(レストランの厨房の)デザート係

pâtissier-traiteur [パティスィエ トゥレトゥール] 男〈複 ~s- ~s〉仕出屋を兼ねたパティスィエ

pâtissoire [パティスワール] 女 マーブル台

pâtisson [パティソン] 男 アラジンかぼちゃ：アーティチョークに似た味のかぼちゃ

patois [パートゥワ] 男〈単複同形〉(小さな地域の)方言

pâton [パトン] 男 ①切る前の折込パイ生地②こね終えて焼く前の生地

patranque [パトゥラーンク] 女 牛乳に浸した固いパンにチーズをまぜて焼いた塩味菓子

patrie [パートゥリ] 女 祖国

patron, ne [パトゥロ・ン, -ヌ] 男女 ①オーナー, 所有者, 店主②守護聖人

patronage [パトゥロナージュ] 男 後援

patronné, e [パトゥロネ] 形 後援された, 後援の

patronner [パトゥロネ] 動 後援する

patrouille [パトゥルーユ] 女 パトロール

patte [パートゥ] 女 ①動物の足／~s d'oie 目尻のしわ／~ d'ours はなうど = berce ／~s rouges 赤足ざりがに = écrevisse à ~s rouges ②(ポケットの)ふた

patudo [パテュド] 男 めばち：魚

pâturage [パテュラージュ] 男 放牧場, 牧草地

pâture [パテュール] 女 ①飼料, まぐさ②放牧場, 牧草地

Pau [ポ] 固 ポー：ベアルン地方の町

pauchouse = pochouse

Pauillac [ポヤーク] 固 ポイヤック：1) ボルドー地方, オー・メドック地区のぶどう畑 2) 同地方の仔羊の産地 ‖ pauillac 男 同地区の AOC 赤ワイン

- **paume** [ポーム] 女 掌(てのひら) = creux de la main
- **paumé,e** [ポメ] 形 ①困った，道に迷った ②へんぴな
- **paupière** [ポピエール] 女 まぶた
- **paupiette** [ポピエットゥ] 女 ポピエット：薄切りの肉や魚に詰物を塗って巻いた料理／~ de veau 仔牛のポピエット
- **pause** [ポーズ] 女 休憩
- **pause-café** [ポーズ カフェ] 女 〈複 ~s-~〉コーヒーブレイク
- **pause-repas** [ポーズ ルパ] 女 〈複 ~s-~〉食事休憩
- **pauvre** [ポーヴル] 形〈男女同形〉①（名詞の後で）貧しい ②（名詞の前で）かわいそうな ‖ pauvre 男 女 ①貧乏人 ②かわいそうな人
- **pavé** [パヴェ] 男 ①（一つひとつの）敷石 ②四角形にした菓子，料理，チーズなど／~ blésois ロワール地方，山羊乳のチーズ／~ d'Auge ノルマンディ地方の，牛乳のチーズ／~ de la ginestarié ラングドック地方の，山羊乳のチーズ／~ de moyaux ノルマンディ地方の，牛乳のチーズ／~ de valençay ベリ地方の，牛乳のチーズ ③厚い牛肉のグリル
- **pavillon** [パヴィヨン] 男 一戸建家屋，離れ／~ blanc (rouge) du château margaux シャトー・マルゴのセカンド白（赤）ワイン／~ de verdure あずまや
- **pavot** [パヴォ] 男 ケシ科の植物の総称／graines de ~ けしの実
- **payable** [ペヤーブル] 形〈男女同形〉支払われるべき／~ à domicile 着払いの
- **payant,e** [ペヤントゥ] 形 有料の
- **paye** [ペーイ] 女 給料，（給料の）支払い = paie
- **payé,e** [ペイエ] 形 支払った／congé ~ 有給休暇
- **payer** [ペイエ] 動 31 払う／~ à son compte 自己負担する
- **pays** [ペーイ] 男〈単複同形〉①国 ②地方／~ de... … の本場／~ de Bray AOC カルヴァドス酒の種類／~ de la Risle AOC カルヴァドス酒の種類／~ d'origine 出身地／...du ~ 地元の …③故郷 = ~ natal
- **paysage** [ペイザージュ] 男 ①景色，風景 ②風景画
- **paysagiste** [ペイザジストゥ] 男女 風景画家
- **paysan,ne** [ペイザン，-ヌ] 形 田舎風の ‖ paysan,ne 男女 田舎者，農民，（侮蔑的な表現）百姓／（à la）~ne ペイザーヌ風（の）：ペイザーヌに切った野菜を使った料理用表現／tailler en ~ne ペイザーヌに切る：1）じゃが芋，にんじんなどを縦横 1 cm，厚さ 1-2 mmにする 2）キャベツを 1 cm 角の正方形にする 3）さやいんげんを 1 cm の長さにする
- **Pays-Bas** [ペイ バ] 固 男 複 オランダ = Hollande
- **P.C.V.** [ペ セ ヴェ] 男 コレクトコール：paiement contre vérification の略
- **P.D.G.** [ペ デ ジェ] 男 社長：président-directeur général の略
- **péage** [ペアージュ] 男 ①通行税，通行料金 ②料金所
- **peau** [ポ] 女〈複 ~x〉①皮，肌，皮膚／~ irritée 過敏性の肌／sèche 荒肌（肉の周りの）膜 ③（沸した牛乳の）皮膜 ④（クリームチーズの）薄皮
- **pec** [ペーク] 形 男 のみに用いる〉塩漬，冷燻(くん)した ‖ pec 塩漬冷燻にしんの種類 = craquelot, hareng saur
- **pecan** [ペカン] 男 アメリカのナッツの一種 = pécan
- **pécharmant** [ペシャルマン] 男 ギュイエンヌ地方，ベルジュラックの AOC 赤ワイン
- **pêche** [ペーシュ] 女 ①桃／~ blanche 白桃 = ~ à chair blanche／~ jaune 黄桃 = ~ à chair jaune／~ de vigne, ~ sanguine 実の赤い桃の種類 ②釣り，漁／~ à la mouche フライフィッシング／~ au lancer ルアーフィッシング／~ réservée 禁漁区：表示
- **pêché,e** [ペシェ] 形 釣った
- **pêcher** [ペシェ] 動 釣る ‖ pêcher 男 桃の木
- **pêcheur,se** [ペシュー・ル，ズ] 形 漁の ‖ pêcheur,se 男女 釣り人，漁師／salade de ~ 魚介類を盛合せたサラダ
- **pecorino** [ペコリーノ] 男 伊 イタリアの，羊乳のチーズの総称
- **Pectagel Rose** [ペクタジェール ローズ] 固 男 アイスクリーム，シャーベット用安定剤の商標
- **pecten** [ペクテーヌ] 男 イタヤガイ科の貝の総称

pectine [ペクティーヌ]女 ペクチン
pectoral, e [ペクトラール]形〈男複には pectoraux [ペクトロ]〉胸部の, 胸の
pectoraux → pectoral, e
pédagogie [ペダゴジ]女 教育学
pédale [ペダル]女 ①ペダル ②(話言葉)おかま, ホモ
pédaler [ペダレ]動 ペダルを踏む
pédé [ペデ]男 (俗語)おかま, ホモ
pédéraste [ペデラーストゥ]男 男色家
pédiatre [ペディヤートゥル]男女 小児科医
pédiatrie [ペディヤトゥリー]女 小児医学, 小児科
pédoncule [ペドンキュール]男 花梗(かこう), 花柄(かへい)
pedro ximenez [ペドゥロ ヒメネス]男 ①白ぶどうの品種 ②マラガワインの種類
peigne [ペーニュ]男 ①櫛(くし) / ~ à décor 細縞をつけるための製薬用器具 ②いたや貝, 姫ほたて, ほたて貝
peigné, e [ペニェ]形 ①櫛(くし)でとかした ②櫛模様をつけた
peigner [ペニェ]動 ①櫛(くし)でとく ②櫛模様をつけるか ‖ se ~ 代動59 / se ~ les cheveux (自分の髪を)とかす
peignoir [ペニュワール]男 ①部屋着 ②バスローブ = ~ de bain
peindre [パーンドゥル]動14 色を塗る, 色で描く
peine [ペーヌ]女 苦痛, 苦悩, 苦労, 刑罰, 悩み / à ~ ほとんど…ない, やっと / «à ~ que + 文» …するや否や / avec ~ どうにか / Ce n'est pas la ~. それには及ばない, 結構です / donner de la ~ à... …に手数をかける / sans ~ たやすく
peint, e [パン, トゥ]形 (ペンキや絵の具・塗料を)塗った
peintre [パーントゥル]男 画家:女性は femme peintre
peinture [パンテュール]女 ①絵, 絵画 ②塗装, ペンキ / ~ fraîche ペンキ塗りたて:表示
Pékin [ペカン]固 北京 = Beijing
pékinois, e [ペキヌワ, ーズ]形〈男には単複同形〉北京(Pékin)の / (à la) ~e 北京風の / potage (à la) ~e 千切りにした鶏の胸肉, 椎茸, たけのこなどの, 酸味と辛さのある中国のスープ ‖

pékinois男 北京語 ‖ **Pékinois, e**男女〈男は単複同形〉北京の人
pelage [プラージュ]男 むくこと → peler
pélamide [ペラミードゥ]女 かつお = bonite, pélamyde
pélamyde = pélamide
pélardon [ペラルドン]男 ペラルドン: ラングドック地方の, 山羊乳のチーズ
pelé, e [プレ]形 むいた → peler
peler [プレ]動5 (野菜や果物の皮を)むく / ~ à vif 身が現れるまで皮をむく, きを出しにする
pèlerin, e [ペル・ラン, リーヌ]男女 巡礼者 ‖ **pèlerin**男 ①いなご = criquet ~ ②うばざめ ‖ **pèlerine**女 ①ケープ:服 ②ほたて貝 = peigne, coquille Saint-Jacques
pèlerinage [ペルリナージュ]男 巡礼
peleu [プルー]〈複 ~x〉豚の皮むき用大型ナイフ
pelle [ペール]女 ①スコップ, シャベル, へら ②サーヴァー / ~ à pâtisserie ケーキサーヴァー / ~ à poisson フィッシュサーヴァー / ~ à tarte パイサーヴァー
pelliculaire [ペリキュレール]形〈男女同形〉薄膜状の
pellicule [ペリキュール]女 ①甘皮, 薄皮, 薄膜 ②栗の渋皮 ③(写真用)フィルム ④ふけ
pelouse [プルーズ]女 芝地 / ~ interdite 芝地内立入禁止:表示
peluche [プリュシュ]女 ①枝先の若葉, ちぎった穂先の葉 ②縫いぐるみ ③綿ぼこり = pluche
pelure [プリュール]女 野菜や果物のむいた皮
pelvien, ne [ペルヴィ・ヤン, エーヌ]形 骨盤の ‖ pelviennes女複 腹びれ = nageoires ~nes
pelvis [ペルヴィース]男〈単複同形〉骨盤
pelvoux [ペルヴー]男 AOC トムチーズの種類
pemmican [ペミカン]男 乾燥, 醗酵させた肉をフルーツ, 脂肪などとまぜて圧縮した携帯保存食
penché, e [パンシェ]形 傾斜のある
pencher [パンシェ]動 傾く, 傾ける ‖ se ~ 代動59 身をかがめる / Ne pas se ~ au dehors. 窓から手や顔を出さないこと:表示

pendant [パンダン] 前 (時間的)…の間/~ la journée 日中

pendentif [パンダンティーフ] 男 ペンダント

pendre [パーンドゥル] 動39 たれる, つるす

pendu,e [パンデュ] 形 たれた, つるした

pendule [パンデュール] 女 置時計, 掛時計

pénétrer [ペネートゥレ] 動36 染みる, 浸透する, 侵入する, はいり込む

pénible [ペニーブル] 形〈男女同形〉きつい, つらい, 骨の折れる

pénicilline [ペニスィリーヌ] 女 ペニシリン

penicillium [ペニスィリョーム] 男 青かび/~ camemberti ペニシリウム・カメンベルティ菌:白かびの種類/~ candidum ペニシリウム・カンディドゥム菌:白かびの種類/~ glaucum ペニシリウム・グラウクム菌:青かびの種類/~ roqueforti ペニシリウム・ロクフォルティ菌:青かびの種類

péninsule [ペナンスュール] 女 (大きい)半島

pénis [ペニス] 男〈単複同形〉ペニス

penne [ペンヌ] 女複 伊 ペンネ:イタリアのショートパスタ

pensé,e [パンセ] 形 よく考えた ‖ pensée 女 ①意図, 考え, 見解, 思考, 思想 ②パンジー

penser [パンセ] 動 思う, 考える/~ à... …のことを考える

pension [パンスィヨン] 女 ①(ホテルなどの)食事付宿泊 ②まかない付下宿/~ complète 3食付の下宿 ③寄宿舎, 寮 = internat ④年金

pensionnaire [パンスィヨネール] 男 女 寄宿生

pentagonal,e [パンタゴナール] 形〈複には pentagonaux [パンタゴノ] 〉五角形の

pentagonaux → pentagonal,e

pentagone [パンタゴーヌ] 形〈男女同形〉五角形の ‖ pentagone 男 五角形

pente [パーントゥ] 女 傾斜

Pentecôte [パントゥコートゥ] 女 ペンテコステ:聖霊降臨祭

pénurie [ペニュリ] 女 欠乏, 不足

pépé [ペペ] 男 (幼児語) おじいちゃん

pépin [ペパン] 男 ①(ぶどうやりんごのように複数ある, 果物の)種 ②(話言葉)傘

pérail [ペラーユ] 男 ルエルグ地方の, 羊乳のチーズ = péral

péral [ペラール] = pérail

péraldon [ペラルドン] 男 ラングドック地方の, 山羊乳のチーズ

percé,e [ペルセ] 形 穴をあけた ‖ percée 女 ピアス

perce-pierre [ペルス ピエール] 男 〈複 ~-~s〉 = crithmum

perception [ペルセプスィヨン] 女 ①感知 ②(税などの)徴収 ③税務署 = bureau de ~, fisc

percer [ペルセ] 動32 穿(う)つ, (貫通する)穴を開ける

perche [ペルシュ] 女 パーチ:すずきに似た淡水魚/~ d'Amérique, ~ noire ブラックバス = achigan, perche-truite/~ de mer:1)ハタ科の魚の総称 2) 姫すずき = serran écriture/~ de rivière 川すずき = goujonnière アセリナ = grémille ‖ perche 男 カルヴァドス酒の種類

perche-truite [ペルシュ トゥリュイートゥ] 女〈複 ~s-~s〉オオクチバス, ブラックバス = achigan

percolateur [ペルコラトゥール] 男 パーコレーター:コーヒー沸器

perdre [ペールドゥル] 動39 ①失う, なくす ②(体重が)減る ③負ける, 敗れる ‖ se ~ 代動 39 59 ① (道に)迷う ② (物が)失われる

perdreau [ペールドゥロ] 男〈複 ~x〉仔いわしゃこ:猟鳥

perdrix [ペールドゥリ] 女〈単複同形〉いわしゃこ:猟鳥/~ d'Amérique アメリカいわしゃこ/~ de mer やり鯛:タイ科の魚 = marbré/~ de roche 灰色いわしゃこ = bartavelle/~ grise ヨーロッパ山うずら/~ rouge 赤足いわしゃこ

perdu,e [ペルデュ] 形 失くした, 失った

père [ペール] 男 ①父/le ~ Noël サンタクロース ②神父/Mon ~ 神父様:呼びかけ

perfection [ペルフェクスィヨン] 女 完成度, 完全, 完璧

perfectionnement [ペルフェクスィヨーヌマン] 男 改良

perfectionner [ペールフェクスィヨネ] 動 ①改良する, 完成する, 仕上げる ②(技術を)磨く

performance [ペルフォルマンス]女 ①（競技の）記録, 成績 ②成果, 手柄／~s（自動車, 電子機器などの）性能

Périgord [ペリゴール]固男 ペリゴール: 南西フランスの地方

périgourdin,e [ペリグール・ダン, ディーヌ]形 ペリグー (Périgueux), ペリゴール (Périgord) の／(à la) ~e ペリゴール風(の): フォワ・グラ入のソース・ペリグルディーヌまたはソース・ペリゴールと共に供する料理用表現／sauce ~e ソース・マデールにフォワ・グラのピュレとトリュフを加えたソース‖Périgourdin,e 男女 ペリゲーの人, ペリゴールの人

Périgueux [ペリゲー]固 ペリグー: ペリゴール地方の町／(à la) ~ ペリグー風(の): ソース・ペリグーを使った料理用表現／sauce ~ ソース・ペリグー: ソース・マデールにトリュフとトリュフジュースを加えたソース

péril [ペリール]男 脅威, 危険

périlla [ペリラ]男 紫蘇(しそ)／graines de ~ えごま／~ rouge 赤じそ

périmé,e [ペリメ]形 有効期限の切れた

périmer [ペリメ]動 有効期限が切れる

période [ペリヨードゥ]女 期間／~ des règles 生理日

périodique [ペリヨディーク]形〈男女同形〉定期的な

périodiquement [ペリヨディークマン]副 定期的に

périphérique [ペリフェリーク]形〈男女同形〉周りの, 周囲の‖périphérique 男 環状道路 = boulevard ~

périssable [ペリサーブル]形〈男女同形〉腐りやすい

péritonite [ペリトニートゥ]女 腹膜炎

perlant [ペルラン]男 パールワイン: 微発泡性ワイン

perle [ペールル]女 ①真珠／~ argentée アラザン: ケーキ装飾用銀粒／~ du Japon 小粒のタピオカ = tapioca perlé ②粉糖を振りかけて熱を加え, 小球状のカラメルにしたもの ③焼いた生地の表面にできる真珠のような小突起 ④焼いている間に染出る肉汁

perlé,e [ペルレ]形 真珠で飾った, 真珠のような, ていねいにつくってある／tapioca ~ = perle du Japon ‖ perlé 男 ペルレ: シロップの状態／grand

~ 113~114℃にしたシロップ = soufflé／petit ~ 110~112℃にしたシロップ

permanent,e [ペルマナーン, トゥ]形 永遠の‖permanente 女 パーマ／se faire une ~e パーマをかけてもらう

permettre [ペルメートル]動26 認可する, 認める‖se ~ 代動26 59／se ~ de...: 1) 自分に…を許す 2) あえて…する 3) 失礼を顧みず…する

permis,e [ペルミ, ーズ]形〈男には単複同形〉許可のある‖permis (単複同形) 許可, 許可証, 免許／~ de conduire 運転免許

permission [ペルミスィヨン]女 認可, 免許

pernand-vergelesses [ペルナン ヴェルジュレス]男 ブルゴーニュ地方, コート・ド・ボーヌの AOC 赤, 白ワイン

Pernod [ペルノ]男 アニス風味のリキュールの商標名

perpendiculaire [ペルパンディキュレール]形〈男女同形〉垂直の

perpendiculairement [ペルパンディキュレールマン]副 垂直に, 直角に／~ à... …と直角に

Perpignan [ペルピニャン]固 ペルピニャン: ルシヨン地方の町

perpignanais,e [ペルピニャネ, ーズ]形〈男には単複同形〉ペルピニャン (Perpignan)の‖Perpignanais,e 男女〈男は単複同形〉ペルピニャンの人

Perrier [ペリエ]固男 ラングドック地方の天然炭酸水の商標名

Perrier-Jouët [ペリエ ジュエ]固男 シャンパンメーカー及びそこでつくるシャンパン

perroquet [ペロケ]男 おうむ: 鳥／~ de mer ぶ鯛 = poisson-perroquet, scare／soupe au ~ = bijane

persan,e [ペルサ・ン, ーヌ]形 ペルシア (Perse)の／(à la) ~e ペルシア風(の): なす, 玉ねぎ, 唐辛子を入れて炒め溶かしたトマトを付合せた羊, 仔羊の背肉料理用表現‖persan 男 ペルシア語‖Persan,e 男女 ペルシア人

Perse [ペールス]固女 ペルシア: イランの古称

persicot [ペルスィコ]男 桃の種で香りを付けたリキュール

persienne [ペルスィエーヌ]女 ブライン

ド扉, よろい戸
persil [ペルスィ] 男 パセリ→[囲み]
persillade [ペルスィヤッド] 女 ①パセリ, にんにくのみじん切り, パン粉をまぜたもの ②ゆでた牛肉にペルシヤードで香りをつけた家庭料理
persillé,e [ペルスィエ] 形 ①きざみパセリを加えた, パセリで飾った ②(肉が)霜降になった／viande ～e 霜降肉 ③(チーズの中に) 青かびの生えた ‖ persillée 女 霜降牛肉 = bœuf ～ ‖ persillé 男 青かびタイプの山羊乳のチーズ／～ des aravis サヴォワ地方の, 山羊乳の青かびチーズ
persiller [ペルスィエ] 動 ①きざみパセリを散らす, パセリで飾る ②(チーズに)青かびをはやす
persistance [ペルスィスターンス] 女 ①継続 ②固執, 執拗 ③飲んだ後, 口に残るワインの味, 香りなどの余韻
persister [ペルスィステ] 動 ①固執する ②(状態が)続く
personnage [ペルソナージュ] 男 ①著名人, 重要人物 ②人物, 人間
personnaliser [ペルソナリゼ] 動 ①個人の好みに合せる ②個人差をつける
personnalité [ペルソナリテ] 女 ①人格 ②個性 ③重要人物, 名士
personne [ペルソーヌ] 女 ①人格 ②人間, 人／自ら／grande ～ 大人, 成人／par ～ 1人当り／～ âgée 老人／～ morale, ～ civile 法人／propre ～ 本人 ③人称:文法用語 ‖ personne 代 (否定のne と組合せて)誰も…ない
personnel,le [ペルソネル] 形 ①個人の ②独特な ‖ personnel 男 従業員
personnellement [ペルソネールマン] 副 ①自ら ②個人的に ③親しく
perspectif,ve [ペルスペクティーフ, ヴ] 形 遠近法の, 透視図法の ‖ perspective 女 ①透視図 ②遠近法 ③見晴し, 展望 ④観点, 視野
perte [ペルトゥ] 女 ①紛失 ②損失 ③無駄, 浪費 ④敗北
pesanteur [プザントゥール] 女 重さ
pèse-acide [ペーザスィードゥ] 男〈複 ～-～s または単複同形〉酸度計
pesée [プゼ] 女 ①計量 ②分量
pèse-liqueur [ペーズ リクール] 男〈複 ～-～s または単複同形〉 メジャーカップ:カクテルをつくる際に使う器具

persil

persil bulbeux　根パセリ = persil racine
persil chinois, persil arabe　コリアンダー, 香菜 = feuille de coriandre
persil commun, persil plat　イタリアンパセリ
persil du Japon　せり
persil frisé　ちぢれパセリ
persil frit　揚パセリ
persil haché　きざみパセリ
persil noir　黒パセリ
persil racine　根パセリ = persil bulbeux
persil suédois　アネット = aneth

pèse-personne [ペーズ ペルソーヌ] 男〈複 ～-～s または単複同形〉体重計, ヘルスメーター
peser [プゼ] 動 5 ①重さがある／Je pèse 60kg. 私は60kgある ②重さを計る
pèse-saumure [ペーズ ソミュール] 男〈複 ～-～s または単複同形〉塩水濃度計
pèse-sirop [ペーズ スィロ] 男〈複 ～-～s〉糖度計
pessac-léognan [ペサック レオニャン] 男 ボルドー地方, グラーヴ地区のAOC赤, 白ワイン
pesto [ペスト] 男 = pistou
pestu [ペーストゥー] 男 ピストゥーの, コルシカでの名称
pet [ペ] 男 おなら
pétafine [ペタフィーヌ] 女 山羊乳, または山羊乳と牛乳のフレッシュチーズにマールブランデーなどを加えて味を強くした, ドフィネ地方のチーズ加工品
pétale [ペタール] 男 花弁
pétasite [ペタズィートゥ] 男 ふき:植物
pet-de-nonne [ペ ドゥ ノーヌ] 男〈複 ～s-～-～〉揚げたシュー菓子 = soupir de nonne
péter [ペテ] 動 36 おならをする
pétéram [ペテラン] 男 ガスコーニュ地方の, 羊の煮込
pétillant,e [ペティヤン, トゥ] 形 パチパチはねている ‖ pétillant 男 弱発泡性ワイン

pétiller [ペティエ] 動 はぜる, パチパチはねる

petit,e [プティ, ートゥ] 形 ①小さい, 狭い ②少ない／〜 à 〜 少しずつ ③(程度, 身分が)低い ④くだらない, ささいな ⑤かわいい, 愛らしい ‖ petit,e 男女 子供 ②小さなこと, 小さなもの ‖ petit 男 小さなチーズ／〜 pardou ベアルン地方の, 牛乳のチーズ

petit-beurre [プティ ブール] 男〈複 〜s-〜〉小サブレ

petite-fille [プティートゥ フィーユ] 女〈複 〜s-〜s〉孫娘

petit-fils [プティ フィス] 男〈複 〜s-〜〉孫息子

petit-gris [プティ グリ] 男〈複 〜s-〜s〉かたつむりの種類

petit-lait [プティ レ] 男〈複 〜s-〜s〉①乳清:凝乳から分離した透明な液体 ②澄しバターの底に溜る脂肪以外の成分

petits-enfants [プティザンファン] 男複 孫たち

petit-suisse [プティ スュイース] 男 ノルマンディ地方の, 牛乳と生クリームのフレッシュチーズ

pétoncle [ペトーンクル] 男 いたや貝, 姫ほたて = peigne, pecten

pétri,e [ペトゥリー] 形 こねた, 練った

pétrin [ペトゥラン] 男 生地をこねるための容器／〜 mécanique 生地をこねるためのミキサー, ケンミックス

pétrir [ペトゥリール] 動 4 こねる, 練る

pétrissage [ペトゥリサージュ] 男 生地のこね, 練合せ = pétrissement

pétrissement [ペトゥリースマン] 男 = pétrissage

pétrole [ペトロール] 男 石油

pétrolier,ère [ペトゥロリエ, エール] 形 石油の

pé-tsaï [ペツァイ] 男〈複 〜-〜s〉白菜

peu [プー] 副 少ししか(…ない)／à 〜 près およそ／〜 à 〜 少しずつ／〜 de... (数, 量が)わずかな〜 少しずつ／〜 近々／un 〜 少し, やや／un 〜 de... …少々, 少々の…

peuple [プープル] 男 ①(国家に対しての)国民, 民族 ②庶民, 人民, 民衆

peuplé,e [プープレ] 形 人の住む

peur [プール] 女 恐怖, 心配／avoir 〜 怖い／avoir 〜 de... …を心配する, …を恐れる／de 〜 de... …を恐れて／«de 〜 que + 接続法の活用をする動詞を伴う文» …ということを恐れて

peut → pouvoir 35

peut-être [プテートゥル] 副 おそらく, きっと, 多分 = provablement

peuvent, peux → pouvoir 35

pézize [ペズィーズ] 女 ちゃわん茸 = oreille d'âne／〜 coccinée べにちゃわん茸

pflutten [プフルーテン] = Pflütte(s)

pflutters [プフルトゥール] 男複 = Pflütte(s)

Pflütte(s) [プフリュートゥ] 男〈複〉アルザス地方の, じゃが芋のピュレのだんご = floutes, pflutten, pfloutters

phallus [ファリュース] 男〈単複同形〉すっぽん茸

phare [ファール] 男 ヘッドライト

pharmaceutique [ファルマスーティーク] 形〈男女同形〉薬学の

pharmacie [ファルマスィ] 女 薬学, 薬局

pharmacien,ne [ファルマスィ・ヤン, エーヌ] 男女 薬剤師

phénomène [フェノメーヌ] 男 現象, 事象

philippin,e [フィリ・パン, ピーヌ] 形 フィリピン (Philippines) の ‖ Philippin,e 男女 フィリピン人

Philippines [フィリピーヌ] 固女複 フィリピン

pholade [フォラードゥ] 女 ヨーロッパにお貝:二枚貝

pholiote [フォリヨートゥ] 女 スギタケ属のきのこ／〜 aux chèvres しょうげんじ茸／〜 écailleuse すぎ茸

phosphate [フォスファートゥ] 男 燐酸塩

phosphaté,e [フォスファーテ] 形 燐酸塩を加えた

photo [フォト] 女 写真 = photographie／〜 d'identité 証明書用写真

photocopie [フォトコピ] 女 コピー, 複写／〜 recto verso 両面コピー

photocopier [フォトコピエ] 動 (コピー機で)コピーする

photocopieur [フォトコピユール] 男 コピー機 = photocopieuse

photocopieuse [フォトコピユーズ] 女 コピー機 = photocopieur

photogénique [フォトジェニーク] 形〈男女同形〉写真うつりのよい

photographie [フォトグラフィ] 女 写真

= photo
photographique [フォトグラフィーク] 形〈男女同形〉写真の
photomètre [フォトメートゥル] 男 露出計
phrase [フラーズ] 女 文, 文章
phycis [フィスィ] 男〈単複同形〉タラ科の魚/〜 de fond = mostelle
phyllo = filo
phylloxéra [フィロクセラ] 男 フィロキセラ:ぶどうの木につく寄生虫の一種
physalis [フィザリース] 男〈単複同形〉ほおずき= alkékenge, amour en cage
physiologie [フィズィオロジ] 女 生理学/〜 du goût 美味礼賛:ブリヤ・サヴァランの著作名
physiologique [フィズィオロジーク] 形〈男女同形〉生理学の
physique [フィズィーク] 形〈男女同形〉①物質的な ②物理(学)の,物理的な ③肉体的な,容姿の ‖ physique 男 物理学
physiquement [フィズィークマン] 副 ①物質的に ②物理学的に ③肉体的に,容姿の点で
piano [ピヤノ] 男 ①ピアノ ②(厨房の)板ストーブ,鉄板レンジ= fourneau à plaque
pibal(l)e [ピバール] 女 しらすうなぎ:うなぎの稚魚= bibale, biballe, civelle
picada [ピカダ] 女 アーモンド,パン,シナモンなどの香辛料,酢,オリーヴ油,砂糖などをペースト状にした,カタロニア地方の調味料
picadou [ピカドゥー] 男 カベクーチーズに胡椒をふり,マールブランデーで香り付した,ケルシ地方のチーズ
picanchâgne [ピカンシャーニュ] 男 ブルボネ地方の,梨またはりんご入甘味パン= piquenchâgne
picard,e [ピカール, ドゥ] 形 ピカルディ地方(Picardie)の/ (à la) 〜e ピカルディ風(の):同地方の料理に用いる表現 ‖ Picard,e 男女 ピカルディの人
Picardie [ピカルディ] 固女 ピカルディ:フランス北部の地方
picarel [ピカレール] 男 ピカレル:ナガタイダマシ科の海水魚= jarret
picausse [ピコーセル] 男 オヴェルニュ地方の挽肉料理
piccata [ピカタ] 女 仔牛のスライスをソテし,レモン汁やマルサラ酒をふりかけた,イタリア発祥の料理

pichet [ピシェ] 男 ピッチャー:取っ手付水差
picholine [ピコリーヌ] 女 オリーヴの品種
pickles [ピークルス] 男複〈英〉ピクルス
picodon [ピコドン] 男 南フランスの,山羊乳のチーズ
picolat [ピコラ] 男 肉だんごの一種
picoussel [ピクーセール] 男 フィーヌゼルブとプルーンを入れた,オヴェルニュ地方のそば粉のフラン
picpouille [ピクプール] 男 = picpoul
picpoul [ピクプール] 男 白ぶどうの品種= picpouille
pièce [ピエース] 女 ①(品物の)1個,ひとつ/〜 de vin ブルゴーニュ地方の216ℓまたは228ℓの樽,その樽入ワイン/〜 jointe 添付書類:省略形はP.J. /〜 montée ピエス・モンテ:デコレーションケーキ ②かける/ mettre en 〜s 細かく千切る ③コイン ④部品= 〜 de rechange ⑤部屋
pied [ピエ] 男 ①足/ à 〜 歩いて/ 〜 de mouton : 1) 羊の足 2) かのした:きのこの種類= hydne /〜 de porc 豚足/ 〜s et paquets marseillais マルセイユの,ゆでた羊の脚のグリル ②(家具などの)脚/ verre à 〜 脚付グラス ③(山の)ふもと ④きのこの茎= 〜 de champignon ⑤野菜の株/ un 〜 de céleri セロリひと株/ un 〜 de vigne ぶどうひと苗 ⑥(二枚貝の)舌
pied-bleu [ピエブルー] 男〈複 〜s-〜s〉むらさきしめじ:きのこ
pied-de-poule [ピエドゥプール] 男〈複 〜s-〜-〜〉千鳥格子
pied-de-veau [ピエドゥヴォ] 男〈複 〜s-〜-〜〉アルム:サトイモ科の植物= arum
piège [ピエージュ] 男 罠
Piémont [ピエモーン] 固男 ピエモンテ:イタリア北西部の地方
piémontais,e [ピエモンテ, ーズ] 形〈男には単複同形〉ピエモンテ(Piémont)の/ (à la) 〜e ピエモンテ風(の):ピエモンテ風リゾットを付合せた料理用表現 〜 risotto 〜 ミラノ風ピラフにおろしチーズ,バター,サフランを加えたピラフ ‖ Piémontais,e 男女〈男は単複同形〉ピエモンテの人
pierogues [ピローグ] 男複 = pirojki

pierrade [ピエラードゥ]⬚女 石焼：熱くした石の上で焼いた薄切りの肉や魚
pierre [ピエール]⬚女 石／goût de ~ à fusil 火打石を想起させるワインの香り／~ à aiguiser 砥石＝queux／~ à griller グリルストーン：ステーキなどを卓上で焼くために石を熱くして用いるグリラー／~ précieuse 宝石
pierre-qui-vire [ピエール キ ヴィール]⬚男 ブルゴーニュ地方の，牛乳のチーズ
pierreries [ピエルリ]⬚女 宝石類
pierre-sur-haute [ピエール スュル オートゥ]⬚男 オヴェルニュ地方の，牛乳からつくる青かびタイプのチーズ
pieuvre [ピューヴル]⬚女 たこ：軟体類＝ourite, poulpe
pigeon [ピジョン]⬚男 鳩／~ d'élevage, ~ domestique 家鳩，飼育鳩／~ de roche, ~ biset 河原鳩／~ royal ピレネ地方タルン県の食用飼育鳩
pigeonneau [ピジョノ]⬚男〈複~x〉仔鳩：料理では成長した鳩もこう呼ぶ
pigeonnier [ピジョニエ]⬚男 鳩小屋
pigmant [ピグマン]⬚男 色素
pigmentation [ピグマンタスィオン]⬚女（色素での）着色
pigmenté,e [ピグマンテ]⬚形 着色した
pigmenter [ピグマンテ]⬚動 着色する
pignon [ピニョン]⬚男 松の実
pilaf [ピラフ]⬚男 ピラフ＝pilau, pilaw, pileau
pilage [ピラージュ]⬚男（すりこぎで）つぶすこと
pilau [ピロ]⬚男 ＝pilaf
pilaw [ピロ]⬚男 ＝pilaf
pilchard [ピルシャール]⬚男〈英〉いわし＝sardine
pile [ピール]⬚女 ①電池／~ alcaline アルカリ電池／~ au lithium リチウム電池／~ sèche 乾電池／~ solaire 太陽電池②（コインなどの）裏③堆積，山積④橋脚‖pile⬚副 きっかり，ぴったり
pilé,e [ピレ]⬚形 砕いた，粉にした，すりつぶした
pileau [ピロ]⬚男 ＝pilaf
piler [ピレ]⬚動 砕く，粉にする，すりつぶす
pilier [ピリエ]⬚男 柱
pillette [ピエートゥ]⬚女 ブレス産1.6kg以下の肥鶏
pilon [ピロン]⬚男 ①杵(きね)，すりこぎ②ドラムスティック：鶏の下もも肉
pilonnage [ピロナージュ]⬚男 すりこぎでつぶすこと，つき砕き
pilonné,e [ピロネ]⬚形 すりこぎでつぶした，つき砕いた
pilonner [ピロネ]⬚動 すりこぎでつぶす，つき砕く
pilote [ピロートゥ]⬚男 パイロット
pilpil [ピルピル]⬚男 胚芽付小麦を煮てから乾燥させ，砕いたバスク地方のシリアル
pilsener [ピルスネール]⬚女 ピルスナー：チェコのビール
pilule [ピリュール]⬚女 ①丸薬，錠剤②経口避妊薬＝~ contraceptive
piment [ピマン]⬚男 唐辛子／~ de cayenne カイエーヌペッパー，チリパウダー／~ de la Jamaïque オールスパイス＝poivre de la Jamaïque／~ d'Espelette ＝espelette／~ doux ピーマン＝poivron／~ rouge 赤唐辛子／~ vert 青唐辛子
pimenté,e [ピマンテ]⬚形 唐辛子のきいた，唐辛子をきかせた＝cayenné,e
pimenter [ピマンテ]⬚動 唐辛子をきかせる＝cayenner
pimpiolet [パンピヨレ]⬚男 野生タイム＝farigoule, serpolet
pimprenelle [パンプルネール]⬚女 われもこう：香草の一種
pin [パン]⬚男 松／pomme de ~ 松笠
pinçage [パンサージュ]⬚男 つまむこと，はさむこと
pince [パンス]⬚女 ①トング，ペンチ，はさむ器具／~ à champagne（ペンチ式）シャンパンオープナー／~ à cheveux ヘアクリップ／~ à chocolat チョコレートトング／~ à épiler 毛抜／~ à escargots エスカルゴトング／~ à glace アイストング／~ à homard ロブスタークラッカー：海老，蟹用ペンチ／~ à ongles 爪切／~ à pâtisserie ケーキトング／~ à sucre シュガートング／~ à pâte, ~ à tarte: 1)クリンパー：生地閉じ 2)パイトング，パイはさみ／~ à plat オーヴンの天板ホルダー／~ à salade サラダサーヴァー②オマール海老などの爪，蟹のはさみ③（魚用）骨抜
pincé,e [パンセ]⬚形 ①つまんだ②気取った③締めた，ほっそりした‖pin-

cée 囡 ひとつまみ / une ~e de... ひとつまみの…

pinceau [パンソ] 男 〈複 ~x〉 刷毛, 筆, ブラシ

pincer [パンセ] 動 32 ①つまむ, はさむ ②タルトやパテの端を閉じる ③パンセする：肉などを焼いた時に出る肉汁の余分な水分を, デグラセする前に加熱してとばしてカラメリゼする

pincette [パンセートゥ] 囡 ①ピンセット ②火ばさみ

pinchos [ピンチョス] 男〈複〉西 ピンチョス：小串に刺したひと口サイズの料理

pineau [ピノ] 男 〈複 ~x〉 ①コニャック地方, シャラントの, AOC 酒精強化ワイン = ~ des charentes ②ロアール川流域の黒ぶどうの品種 = ~ d'aunis / ~ de saumur 黒ぶどうの品種 = groslot

pinée [ピネ] 囡 (上等の) 干鱈 (だら)

pinne [ピーヌ] 囡 平貝, はぼうき貝 = jambonneau

pinot [ピノ] 男 ワイン用ぶどうの品種 / ~ blanc 白ぶどうの品種 / ~ chardonnay-mâcon ブルゴーニュ地方, マコンの AOC 白ワイン / ~ gris 黒, 白ぶどうの品種 / ~ meunier 黒ぶどうの品種 = meunier / ~ noir 黒ぶどうの品種 = burgunder, petit bourguignon

pintade [パンタードゥ] 囡 パンタード, ほろほろ鳥 = poule d'Afrique, poule de Guinée / ~ chaponnée 去勢パンタード / ~ fermier 地パンタード

pintadeau [パンタド] 男 〈複 ~x〉 パンタド：生後 11 週間ほどのほろほろ鳥

pinyata [ピニャータ] 囡 ルシヨン地方の, 魚介のトマト煮込

pipangaye [ピパンゲ] 男 ジンガ, とかどへちま：レユニオン島などでとれるウリ科の野菜

pipe [ピープ] 囡 (たばこ用の) パイプ

piperade [ピペラードゥ] 囡 バスク地方の, ピーマンと玉ねぎの煮込

pipi [ピピ] 男 (幼児語) おしっこ

piquage [ピカージュ] 男 ①ピケすること → piquer ②パンの第 1 次醱酵 = pointage

piquant,e [ピカン, トゥ] 形 ①チクっとする, 刺すような痛みがある ②辛い / sauce ~e：エシャロットと白ワインを煮詰め, ピクルス, 香草, 胡椒を加えたソース ‖ piquant 男 ①(うになどの) とげ ②オヴェルニュ地方の甘味パン

pique [ピーク] 囡 ①槍 / ~ à cocktail オリーヴなどのつまみ用スティック / ~ à glace アイスピック ②(トランプの) スペード

piqué,e [ピケ] 形 ①ピケした → piquer ②(傷んだワインが) 酸っぱい

pique-assiette [ピカスィエートゥ] 男 囡 〈単複同形〉(話言葉) 食客, ただ飯食い, (飯の) たかり屋

piquenchâgne = picanchâgne

pique-nique [ピクニック] 男 〈複 ~-~s〉 ①ピクニック ②ピクニック用の冷製料理

pique-niquer [ピクニケ] 動 ピクニックする, 野外で食事をとる

pique-olive [ピコリーヴ] 男 〈複 ~s-~〉 (ピンチョス用の) 爪楊枝

piquer [ピケ] 動 ①刺激する, 注射する, 突刺す ②ピケする：食材に丁字やベーコンなどを刺す / aiguille à ~ ピケ針 ③パイ生地などの加熱中ふくらまないように前もってフォークなどで穴を開ける ④ソーセージなどの加熱中に破裂しないように皮に穴をあける ⑤(俗語) くすねる, 盗む

piquette [ピケトゥ] 囡 ①ワイン用ぶどうのしぼりかすを水で割り, 再び醱酵させたワイン ②アルコール度が低く, 酸っぱい安ワイン

piqueux [ピクー] 男 〈単複同形〉ソーセージの皮の穴開け器

pique-vite [ピクヴィートゥ] 男 ピケローラー

piquillo [ピキロまたはピキヨ] 男 西 ピキーロ：スペインの唐辛子の品種

piqûre [ピキュール] 囡 ①刺傷 ②ちくっとする痛み / ~ acétique 酸敗 = acescence ③小さな穴 ④採血, 注射 ⑤ステッチ, 縫目

pirate [ピラートゥ] 男 ①海賊 ②乗っ取り犯 ③ informatique (コンピューターの) ハッカー

pire [ピール] 形 〈男女同形〉①より危ない, より悪い：mauvais の優等比較級 ② le ~ 最も悪い, 最悪の：le を伴って mauvais の最上級 ‖ pire 男 囡 最悪の人 ‖ pire 男 最悪

piriforme [ピリフォルム] 形 〈男女同形〉洋梨形の

pirogui [ピロギ] 男複 = pirojki
pirojki [ピロシキ] 男複 ピロシキ：ロシアのパイ料理 = pirogui, pierogues, pirojok
pirojok [ピローク] 男 = pirojki
pirot [ピロ] 男 ローストした仔山羊に香草を加え，白ワインをかけて煮た，ポワトゥー地方の料理
pis [ピ] 副 より悪く：malの優等比較級だが次の例以外ではほとんど用いない／Tant ～！残念だ‖ pis 男〈単複同形〉①最悪②牛の胸，腹の肉③牛，羊，山羊などの乳房 = tétine
pisan,e [ピザン，ーヌ] 形 ピサ(Pise)の‖ Pisan,e 男女 ピサの人
piscine [ピスィーヌ] 女 プール
Pise [ピーズ] 固 ピサ：イタリアの町
pissaladière [ピサラディエール] 女 ニース周辺の，炒めた玉ねぎやアンチョヴィなどをのせたピザ
pissala(t) [ピサラ] 男 アンチョヴィペースト，香辛料，オリーヴ油をまぜたプロヴァンス地方のピュレ
pisse [ピース] 女〈俗語〉小便
pissement [ピースマン] 男 排尿／～ de sang 血尿 = hématurie
pissenlit [ピサンリ] 男 たんぽぽ = dent-de-lion
pisser [ピセ] 動〈俗語〉小便をする
pistache [ピスターシュ] 女 ①ピスタチオ／～ de terre 落花生 = cacahouette ②カタロニア地方の，羊の煮込
pistaché,e [ピスタシェ] 形 ピスタチオを加えた
pistacher [ピスタシェ] 動 ピスタチオを加える
piste [ピースト] 女 ①(競技場の)トラック②滑走路③けもの道
pistil [ピスティル] 男 めしべ
pistole [ピストール] 女 干プルーン
pistolet [ピストレ] 男 ①ピストル②スプレーピストル，チョコレートスプレー = pulvérisateur ③球形のパンの種類
piston [ピストン] 男 ①ピストン②縁故，コネ
pistou [ピストゥー] 男〈複 ～s〉ピストゥー：プロヴァンス地方の，バジリコ，にんにく，オリーヴオイルのペースト／soupe au ～ 白いんげん豆，さやいんげん，クルジェット，トマトなどの野菜にヴァーミセリを加え，ピストゥーで香り付した同地方のスープ
pithiviers [ピティヴィエ] 男〈単複同形〉①オルレアネ地方の，アーモンドクリーム入パイ菓子②フルーツの砂糖漬を詰めた，同地方のパイ菓子③胸腺肉，腎臓，レバーなどの内臓やひばりの肉を中に詰めた同地方のミートパイ④同地方の，牛乳のチーズ／～ au foin 干草をつけた同タイプのチーズ‖ Pithiviers 固 オルレアネ地方の町
pitié [ピティエ] 女（救う気のある）哀れみ，人情／P～！お許しを！
pitoresque [ピトレースク] 形〈男女同形〉絵になる，景色のよい，眺めのよい‖ pitoresque 男 絵になる美しさ
pivot [ピヴォ] 男 要，軸，中枢
pivoter [ピヴォテ] 動（軸を中心に）回る／faire ～ le paton d'un quart de tour （折込パイ生地作成時に）生地を90度回転させる
pizza [ピザ] 女 ピザ
pizzaïola [ピザイオーラ] 女〈伊〉トマト，にんにく，タイム，唐辛子などをまぜてつくったイタリアの肉料理用ソース
pizzeria [ピゼリア] 女 ピザ店，ピザレストラン
P.J. = pièce jointe → pièce
placard [プラカール] 男 ①押入，クローゼット，(つくり付の)ワードローブ②掲示，張紙
place [プラース] 女 ①スペース，場所／sur ～ その場で②広場③席／～ d'honneur 貴賓席／～ libre 空席／～ réservée 優先席，予約席④席次⑤立場／à la ～ de... …の代りに，…の代理として
placé,e [プラセ] 形 置いた，置かれた
placer [プラセ] 動32 置く
plafond [プラフォーン] 男 ①天井②上限
plage [プラージュ] 女 海岸，砂浜，浜
plaie [プレー] 女 傷，傷口，怪我
plaindre [プランドゥル] 動14 同情する‖ se ～ 代動 [4] [59] ①うめく②文句を言う
plaine [プレーヌ] 女 平野
plainte [プラーントゥ] 女 不平，文句
plaire [プレール] 動33 気に入る／Ce plat me plaît. この料理は気に入った
plaisance [プレザーンス] 女 楽しみ／de ～ 娯楽用の，レジャー用の

plaisant, e [プレザーン, トゥ] 形 面白い, 愉快な

plaisir [プレズィール] 男 うれしさ, 喜び／Au~, Monsieur.（女性に対しては Madame, Mademoiselle）よろしくお願いします：引続いての交際や関係を願って別れ際の挨拶／avec ~ 喜んで／faire ~ à... …を喜ばせる

plaît → plaire ③

plan, e [プラーン, ヌ] 形 平面の ‖ plan 男 ①案, 計画／~ de travail 手順 ②（町などの）地図, 平面, 平面図

plancha [プランチャ] 女 西 プランチャ：スペイン発祥の鉄板焼

planchadas [プランチャダス] 女複 バスク地方の, いわしなどのグリル料理

planche [プランシュ] 女 板, ボード／~ à découper カーヴィングボード／~ à fromage チーズボード／~ à neige スノーボード／~ à pain パン切りボード／~ à pâtisserie 生地のこね台／~ à repasser アイロン台／~ à roulettes スケートボード／~ à voile サーフボード／~ de travail 作業台

plancher [プランシェ] 男 床, 床板

planchette [プランシェトゥ] 女 小板

planifier [プラニフィエ] 動 計画する

planning [プランニング] 男 英 予定表

plant [プラーン] 男 苗／gros ~ 白ぶどうの品種＝folle blanche

plantain [プランタン] 男 おおばこ：植物／~ d'eau さじおもだか：水草

plantaire [プランテール] 形〈男女同形〉足底の／voûte ~ 土踏まず

plante [プラーントゥ] 女 植物／~ marine 海藻／~ médicinale, ~ officinale 薬草／~ sauvage 野生の植物／~ potagère 野菜／~ vénéneuse 毒草

planter [プランテ] 動 ①植える ②（杭などを）突立てる

plantureux, se [プランテュルー, ズ] 形〈には単複同形〉豊富な

plaque [プラーク] 女 ①板, ②プレート, 表示板／~ à induction IH ヒーター／~ chauffante ホットプレート／~ d'immatriculation ナンバープレート ③天板＝~ à four／~ à débarrasser バット／~ à four ronde パイ皿／~ à pâtisserie 製菓用天板, ベーキングシート／~ à rôtir ロースト用天板／~ à tuiles テュイル用プレート

plaqué, e [プラーケ] 形 ①めっきした／~, e d'or 金張の ②天板に置いた, 天板に並べた

plaquemine [プラクミーヌ] 女 柿＝kaki

plaquer [プラーケ] 動 ①めっきする ②天板に置く, 並べる

plaquette [プラケットゥ] 女 ①小板／~ sanguine 血小板 ②小冊子

plastique [プラスティーク] 形〈男女同形〉①造形の ②プラスチックの ‖ plastique 男 プラスチック

plat, e [プラー, トゥ] 形 ①平らな ②浅い ③面白味のない, 平凡な ④味のない, こくのない ⑤酸味の希薄なワインの形容＝maigre ⑥へりくだった ‖ plat 男 ①平らな部分／à ~ 平らに, 横に／~ de côtes 牛, 仔牛, 豚の上ばら肉／~ de côtes couvert 脇ばら肉前部／~ de côtes découvert 牛脇ばら肉中央部 ②（盛付用）大皿, 焼皿／~ à four, allant au four 耐熱皿／~ à escargots エスカルゴ用耐熱皿／~ à gratin グラタン皿／~ à rôtir ロースト用耐熱皿／~ à sauter ソテパン＝sautoir／~ ovale 小判皿 ③（皿に盛った一品）料理／~ à base de... …を基本とした料理／~ à emporter テイクアウト食品／~ chaud 温製料理／~ cuisiné 加工食品, 調理済食品／~ d'accompagnement サイドディッシュ／~ de résistance, ~ principal メインディッシュ／~ du jour 本日のお薦め料理／~ froid 冷製料理／~ familier 惣菜料理／~ impromptu 即興料理／~ régional 地方料理／~ tout préparé インスタント食品, 即席料理

plateau [プラトー] 男〈複 ~x〉①盆, トレイ, ボード／~ à fromages チーズボード／~ de service プラッター：サーヴィス用盆 ②盆にのせた盛合せ料理／~ de fromages チーズの盛合せ／~ de fruits de mer 海の幸の盛合せ：生牡蠣を中心とした貝や甲殻類の盛合せ

plateau-repas [プラトールパ] 男〈複 ~x-~〉①（社員食堂や機内食用）トレイ ②トレイにのせた食事

plate-forme [プラットゥフォルム] 女〈複 ~s-~s〉①プラットホーム, ホーム

plâtre [プラートゥル] 男 ギプス, 石膏

plein,e [プ・ラーン,レーヌ] 形 ①いっぱいの, 完全な, 詰まった, 満員の / en ~... …の真ん中で / en ~ air 屋外で ②口の中で満足感を味わえるワインの形容 ‖ plein 副 いっぱいに / ~ de... たくさんの… ‖ plein 男 ①いっぱい, 充満, 最大 ②満タン

plein-temps [プラーン タン] 男〈単複同形〉常勤, フルタイム

pleurer [プルーレ] 動 泣く

pleurote [プルロートゥ] 女 ひら茸の総称: シメジ科のきのこ / ~ corne-d'abondance たもぎ茸 / ~ du panycaut せりひら茸 / ~ en coquille, ~ en huître あわび茸

pleut, pleuv- → pleuvoir [34]

pleuvoir [プルヴワール] 動[34] 雨が降る / il pleut 雨が降っている

pli [プリー] 男 折目, しわ, ひだ /...à ~s ひだのある…

pliant,e [プリヤン,トゥ] 形 折畳式の, 折畳める ‖ pliant 男 ①折畳椅子 = siège ~ ②折畳傘 = parapluie ~

plie [プリー] 女 プリ: 鰈(かれい)の一種 = carrelet, ~ commune

plié,e [プリエ] 形 折畳んだ, 折曲げた

plier [プリエ] 動 折畳む, 折曲げる

plissage [プリサージュ] 男 ひだづけ

plissé,e [プリセ] 形 ひだをつけた ‖ plissé 男 ひだ, プリーツ

plisser [プリセ] 動 ひだをつける

plomb [プローン] 男 ①鉛 ②(釣り用)おもり ③(電気の)ヒューズ ④重いビスケット

plombage [プロンバージュ] 男 (歯の)詰物

plomberie [プロンブリー] 女 配管, 配管工事

plombier,ère [プロンビエ,ール] 形 鉛のような ‖ plombier,ère 男女 配管工 ‖ Plombières 固 ロレーヌ地方の温泉保養地 ‖ plombières 女複 砂糖漬フルーツ入アイスクリーム = glace ~ère

plonge [プロンジュ] 女 (レストランの)皿洗場 / faire la ~ 皿洗をする

plongé,e [プロンジェ] 形 浸した, 没頭した ‖ plongée 女 潜水, ダイビング / ~ en apnée スキンダイビング / ~ en scaphandre (autonome) スキューバダイビング

plonger [プロンジェ] 動[25] ①(水に)漬ける ②(手などを)突っ込む, (水中に)飛込む, 潜る

plongeur,se [プロンジュー・ル, ズ] 男女 ①ダイバー ②皿洗人

plu 過分 → plaire [33], pleuvoir [34]

pluche = peluche

pluie [プリュイ] 女 雨

plumage [プリュマージュ] 男 ①鳥全身の羽毛 ②羽をむしること

plum-cake [プルーム ケーク] 男〈複 ~-~s〉英 プラムケーキ

plume [プリューム] 女 ①羽, 羽毛 / gibier à ~ : 1) 狩猟鳥 2) 猟鳥肉 ②ペン先, ペン

plumé,e [プリュメ] 形 羽毛をむしられた

plumer [プリュメ] 動 羽毛をむしる

plum-pudding [プルーム プディング] 男〈複 ~-~s〉英 プラムプディング: ケンネ脂, 干ぶどう, パン粉, オレンジとレモンの皮, 砂糖, 卵, 牛乳などをまぜてプリン型でつくる, イギリスのケーキ

plupart [プリュパール] 女 大部分 / la ~ de... 大部分の… / pour la ~ 主に

pluriel [プリュリエール] 男 複数: 文法用語

plus [プリュ] 副 更に, もっと, より多く / «~ + 形容詞または副詞 + que...» …より…だ / «~ de + 数量» …より上 / «le (または la, les) ~ + 形容詞または副詞 + de» …の中で最も…だ ⇒ p.751「比較級と最上級」 / un peu ~ もう少し(余計に) / de ~ en ~ ますます / «ne + 活用している動詞 + ~» もはや…ない, もう…ない ‖ plus [プリュース] 男 より多いこと(もの) / de ~ しかも, その上に / en ~ 加えて, 更に, その上 / le ~ 最も多いこと(もの), 最上のこと ‖ plus [プリュース] 前 …を加えた, プラス: 記号は「+」/ un ~ deux font (または égalent) trois 1+2=3

plusieurs [プリュズィユール] 形複〈男女同形〉幾つかの, 数個の, 数人の / ~ fois 何度も ‖ plusieurs 代複〈男女同形〉数個, 数人

plus-que-parfait [プリュス ク パルフェ]

男 大過去：文法用語
plutôt [プリュト] 副 むしろ
pluvier [プリュヴィエ] 男 千鳥／~ argenté だいぜん：千鳥の一種／~ doré ヨーロッパむなぐろ／~ guignard こばし千鳥
P.M.U. [ペーエミュ] 男 場外馬券売場：Pari mutuel urbain の略
pneu [プヌー] 男〈複 ~s〉タイヤ
pneumatique [プヌマティーク] 形〈男女同形〉気体の, 空気の
pneu-radial [プヌー ラディヤール] 男〈複 ~s-radiaux [プヌー ラディヨ]〉ラジアルタイヤ
pochage [ポシャージュ] 男 ポシェすること → pocher
poche [ポーシュ] 女 ①ポケット ②絞袋／~ à douille 口金付絞袋 ③（チーズ用凝乳を型に入れるための）レードル ④砂嚢 ⑤ひらめなど平たい魚の内臓収納部分
poché,e [ポシェ] 形 ポシェした → pocher ‖ poché 男 ポシェ：弱火で加熱した料理
pocher [ポシェ] 動 ポシェする：1) 沸騰前の温度でゆでる 2) 極弱火のオーヴンで加熱する 3) 絞袋で絞る = faire ~
pocheteau [ポシュト] 男〈複 ~x〉ガンギエイ科のえい
pochette [ポシェーットゥ] 女 ①ポシェット ②ポケットチーフ
pochoir [ポシュワール] 男 ステンシル：製菓用型紙
pochon [ポション] 男（長い柄の）レードル
pochouse [ポシューズ] 女 ブルゴーニュ地方の, 淡水魚の白ワイン煮 = pauchouse
poêlage [プワラージュ] 男 ポワレすること → poêler
poêle [プワール] 男 ストーブ = poële／~ à mazout 石油ストーブ ‖ poêle 女 フライパン →[囲み]
poële = poêle
poêlé,e [プワレ] 形 ポワレした → poêler ‖ poêlé 男 ポワレ：ポワレした料理 → poêler ‖ poêlée 女 フライパン一杯量／une ~e de... フライパン一杯分の…
poêle-four [プワール フール] 女〈複 ~s-

---

poêle

poêle à blinis
　ブリニパン = poêle à Darphin
poêle à crêpes
　クレープパン = crêpière
poêle à flamber
　フランベ用フライパン
poêle à frire　揚物用鍋
poêle à marrons　栗を煎るための, 底に穴のあいたフライパン
poêle anti-adhesive
　ふっ素樹脂加工フライパン
poêle à omelette
　ふちが高いオムレツ用フライパン
poêle à poisson, poêle à truite
　楕円の魚用フライパン

~）オーヴン用フライパン
poêler [プワーレ] 動 ポワレする：1) フライパンや天板に香味野菜を敷いてから肉などをのせ, オーヴンで焼く 2) フライパンで焼く
poêlon [プワロン] 男 ポワロン：小型の片手鍋／~ à sucre 砂糖を煮るための銅製ポワロン
pogne [ポーニュ] 女 ドフィネ地方の, オレンジ風味のブリオシュ
pognon [ポニョン] 男（俗語）金（ね）, 金銭
poids [プワー] 男〈単複同形〉①重さ, 重量, 体重／~ brut 風袋込の重量／~ net 正味重量／~ spécifique 比重／prendre du ~ 太る ②重石,（計量用の）おもり
poigne [プワーニュ] 女 握力
poignée [プワーニェ] 女 ①ひとつかみ, ひと握り／~ de main 握手／une ~ de... ひと握りの… ②つり革 ③取っ手
poignet [プワーニェ] 男 ①手首 ②袖口
poil [プワール] 男 繊毛,（人の）体毛, 動植物の毛／à ~（俗語）素っ裸で
poinçon [プワンソン] 男 千枚通し
point [プワン] 男 ①点／à ~ =：1) ちょうどいい時に 2)（ステーキの焼方）ミディアムに（の）3) 肉, 魚などに, その材料を最大に活かすように火を入れた／à ce ~ これほど／à quel ~ どれほど／à un certain ~ ある程度まで／au ~ de... …するほど／~ cardinal（東西南北の）方位／~ de con-

pointage [プワンタージュ] 男 ①点検 ②調節 ③パンの第1次醱酵 = piquage ④シャンパン製造時の澱引(%%)

pointe [プワーントゥ] 囡 ①先端,(槍やアスパラガスなどの)穂/~ d'un couteau 包丁の刃先/ une ~ de... ごく少量の… ②最高度, 最高値/ heure de ~ ラッシュアワー ③爪先 = ~ des pieds ④豚の腰肉

pointé, e [プワンテ] 形 (パンを)第1次醱酵させた

pointer [プワンテ] 動 ①印をつける, チェックする ②(パンを)第1次醱酵させる = faire lever

pointillage [プワンティヤージュ] 男 ①点を打つこと ②点描 ③指圧

pointillé, e [プワンティエ] 形 点々をつけた ‖ pointillé 男 点線 = ligne ~e

pointiller [プワンティエ] 動 点々をつける, 点描する

pointilliste [プワンティイーストゥ] 男 囡 点描画家

pointu, e [プワンテュ] 形 ①尖った ②甲高い, 鋭い ③とげとげしい

pointure [プワンテュール] 囡 靴, 手袋などのサイズ

point-virgule [プワーン ヴィルギュール] 男 〈複 ~s-~s〉 セミコロン:記号は「;」

poirat [プワーラ] 男 ベリー及びブルボネ地方の, 洋梨のトゥルト

poire [プワール] 囡 ①洋梨/~ alligator アヴォカド = avocat / eau-de-vie de ~ 洋梨のリキュール/~ précoce 早成梨/~ williams ウィリアムス種の洋梨 = williams ②牛肉もも肉の外側の肉

poiré [プワーレ] 男 西フランスの, 洋梨の醸造酒

poireau [プワーロ] 男 〈複 ~x〉 西洋ねぎ, ポロねぎ, リーキ/ blanc de ~ ポロねぎの白い部分

poirée [プワーレ] 囡 ふだん草 = bette, blette

pois [プワ] 男 〈単複同形〉 えんどう/~ mange-tout, ~ gourmand, ~ goulu さやえんどう‖えんどう豆/ petits ~, ~ à écosser, ~ verts グリンピース, ~ frais 生のグリンピース/~ cassés (2つ割の) ピュレ用干えんどう/~ chiche エジプト豆, ガルバンゾ, ひよこ豆/~ du cap, ~ de sept ans ライ豆 = haricot de Lima /~ des jardins 白えんどう/~ de terre 落花生 = cacahouette /~ gris 赤えんどう/~ maritime 浜えんどう/~ patate, ~ cochon, ~ manioc ぐず芋/~ sabre なた豆/~ séchés 乾燥豆《料理では複数》 ‖ pois 男 複 水玉模様/ à ~ 水玉模様の

poison [プワゾーン] 男 毒, 毒薬

poissé, e [プワーセ] 形 べとついた

poisser [プワセ] 動 (チョコレートなどのべとべとするもので)汚す

poisseux, se [プワスー, ズ] 形 〈には単複同形〉 糊のような, べとべとの

poisson [プワソーン] 男 魚/~ à chair blanche 白身の魚/~ bleu 青魚/~ de fond 底魚/~ de roche 岩礁魚/~ des bas-fonds 深海魚/~ migrateur 回遊魚/~ plat ひらめ, かれいのような平たい魚/~ rouge 金魚 ‖ Poissons 固有 魚座

poisson-ange [プワソーン アーンジュ] 男 〈複 ~s-~s〉 きんちゃく鯛

poisson-beurre [プワソーン ブール] 男 〈複 ~s-~s〉 まながつお = stromatée

poisson-chat [プワソーン シャ] 男 〈複 ~s-~s〉 なまず = silure

poisson-coffre [プワソーン コーフル] 男 〈複 ~s-~s〉 はこふぐ = coffre

poisson-de-mai [プワソーン ドゥ メ] 男 〈複 ~s-~-~〉 アローサ:魚 = alose

poisson-épée [プワソーン エペ] 男 〈複 ~s-~s〉 めかじき = espadon

poisson-globe [プワソーン グローブ] 男 〈複 ~s-~s〉 ふぐ = tetrodon

poisson-grenouille [プワソーン グルヌーユ] 男 〈複 ~s-~s〉 あんこう = baudroie, lotte de mer

poisson-lime [プワソーン リーム] 男 〈複 ~s-~s〉 カワハギ科, モンガラカワハギ科の魚の総称

poisson-lune [プワソーン リューヌ] 男 〈複

poivre

poivre à queue
　クベバ：香辛料= cubèbe
poivre blanc　白胡椒
poivre concassé　粗挽胡椒
poivre d'âne
　きだちはっか= sarriette
poivre de Cayenne　カイエーヌペッパー= piment de Cayenne
poivre de Guinée　ギニアペッパー：北アフリカの香辛料, パラダイスナッツ
poivre de la Jamaïque
　オールスパイス
poivre de Sarawaku
　サラワクペッパー

poivre de Séchouan, poivre de Seutchouan, poivre de Sichuan
　花山椒
poivre du Japon　山椒
poivre du moulin　ミルで挽く胡椒
poivre du Népal
　ネパールペッパー
poivre en grains　粒胡椒
poivre gris
　グレーペッパー：白と黒の混合胡椒
poivre noir　黒胡椒
poivre rose　ピンクペッパー：胡椒ぼくの実= baie rose
poivre vert　グリーンペッパー

〜s-〜s〉まんぼう= môle
poissonnaille [プワソナーユ] 女 小魚, 雑魚(ざこ)
poissonnerie [プワソヌリ] 女 魚屋(店)
poissonnier, ère [プワソニエ, エール] 男女 ①魚屋(人) ②魚の調理, 魚のフュメ, 魚料理の付合せを担当するコック‖ poissonnière 女 ポワソニエール: 大きな魚をまるごと煮るための, 細長い魚用鍋= saumonière
poisson-perroquet [プワソン ペロケ] 男〈複 〜s-〜s〉ぶ鯛= perroquet de mer, scare
poisson-pierre [プワソーン ピエール] 男〈複 〜s-〜s〉鬼だるまおこぜ
poisson-pilote [プワソーン ピロートゥ] 男〈複 〜s-〜s〉ぶりもどき
poisson-pique [プワソーン ピーク] 男〈複 〜s-〜s〉まかじき= marlin rayé
poisson-porc-épic [プワソン ポール エピック] 男〈複 〜s-〜s-〜s〉はりせんぼん：ふぐの種類
poisson-sauteur [プワソーン ソトゥール] 男〈複 〜s-〜s〉ぼら= mulet
poisson-scie [プワソーン スィー] 男〈複 〜s-〜s〉のこぎりえい
poisson-scorpion [プワソーン スコルピヨン] 男〈複 〜s-〜s〉かさご= rascasse, scorpène
poisson-volant [プワソーン ヴォラン] 男〈複 〜s-〜s〉とび魚= exocet
poitevin, e [プワトゥヴァン, イーヌ] 形 ポ

ワトゥー (Poitou) の/ (à la) 〜e ポワトゥー風(の)：同地方の料理に用いる表現‖ Poitevin, e 男女 ポワトゥーの人
Poitou [プワトゥー] 固有男 ポワトゥー：フランス西部の地方
poitrine [プワトゥリーヌ] 女 ①胸 ②ばら肉, 豚の胸肉/〜 de thon トロ：まぐろ/〜 fumée スモークベーコン/〜 salée 塩漬豚ばら肉
poivrade [プワヴラードゥ] 女 ①粒胡椒, 香草を加えてソテしたミルポワを酢で煮, ソース・エスパニョールまたはグラス・ド・ヴィアンドを加えたソース= sauce 〜 ②アーティチョークの品種= violet de Provence
poivre [プワーヴル] 男 胡椒/ moulin à 〜 胡椒挽き/ sauce (au) 〜 ペッパーソース　→[囲み]
poivré, e [プワーヴレ] 形 胡椒のきいた, 胡椒をふった
poivrer [プワーヴレ] 動 胡椒をきかせる, ふりかける
poivrette [プワヴレートゥ] 女 くろたね草の実= nigelle
poivrier [プワヴリエ] 男 ①胡椒の木 ②胡椒入れ= poivrière
poivrière [プワヴリエール] 女 ①胡椒畑 ②胡椒入れ= poivrier
poivron [プワヴローン] 男 ピーマン
　→ p.270 [囲み]
poivrot, e [プワーヴロ, -トゥ] 男女 酔っ

> **poivron**
> poivron carré 角形ピーマン = poivron d'Amérique
> poivron des Landes 細長い緑ピーマン
> poivron de Valence バレンシアピーマン
> poivron jaune 黄ピーマン
> poivron rouge 赤ピーマン
> poivron vert 緑ピーマン

払い
polaire[ポレール]形〈男女同形〉極地の‖ polaire 女 北極星／Étoile P~
pôle[ポール]男 極／~ Nord, ~ arctique 北極／~ Sud, ~ antarctique, ~ austral 南極
polenta[ポレンタ]女(伊) イタリアの,とうもろこし粉の粥あるいは餅
poli, e[ポリ]形 ①磨いた ②礼儀正しい‖ poli 男 艶
police[ポリース]女 ①警察,公安 ②証券,証書／~ d'assurance 保険証書
policier, ère[ポリシエ, ール]男女 警察官
poliment[ポリマン]副 丁寧に
polir[ポリール]動4 艶を出す,磨く
polissage[ポリサージュ]男 艶出し
politesse[ポリテース]女 礼儀
politique[ポリティーク]形〈男女同形〉政治的な‖ politique 女 政策,政治
polka[ポルカ]男 カスタードクリームやフランジパーヌを詰めたケーキ／pain ~ 焼く前に切目を入れたパン
pollen[ポレーヌ]男 花粉
pollinose[ポリノーズ]女 花粉症
pollué, e[ポリュエ]形 汚染された
polluer[ポリュエ]動 汚染する
pollution[ポリュスィヨン]女 汚染,公害
polo[ポロ]男 ポロシャツ
polochon[ポロション]男 (話言葉)長枕
Pologne[ポローニュ]固女 ポーランド
polonais, e[ポロネ, ーズ]形〈男には単複同形〉ポーランド(Pologne)の／(à la) ~e ポーランド風(に, の):1)ポーランド料理に影響された料理用表現 2)みじん切りしたゆで卵や焦しバターを使った料理用表現‖ polonais 男 ポーランド語‖ Polonais, e 男女〈男は単複同形〉ポーランド人‖ polonaise 女 ポロネーズ:1)ポーランド舞踏曲 2)フルーツの砂糖漬入カスタードクリームをはさんだブリオッシュのケーキ
polyclinique[ポリクリニーク]女 総合病院
polyester[ポリエステール]男 ポリエステル
polyéthylène[ポリエティレーヌ]男 ポリエチレン
Polynésie[ポリネズィ]固女 ポリネシア
polynésien, ne[ポリネズィ・ヤン, エーヌ]形 ポリネシア(Polynésie)の／(à la) ~ne ポリネシア風(の):同地方の料理に用いる表現‖ Polynésien, ne 男女 ポリネシア人
polype[ポリープ]男 ポリープ
polyphenol[ポリフェノール]男 ポリフェノール
polypore[ポリポール]男 さるのこしかけ／~ du bouleau かんば茸／~ faux amadouvier きこぶ茸／~ luisant まんねん茸=霊芝
polystylène[ポリスティレーヌ]男 = polystyrolène
polystyrolène[ポリスティロレーヌ]男 ポリスチレン = polystylène／~ expansé 発泡スチロール
pomelo[ポメロ]男 文旦,ざぼん = poméló
poméló = pomelo
pomerol[ポムロール]男 ボルドー地方,ポムロール地区のAOC赤ワイン／lalande-de-~ 同地区北のAOC赤ワイン
pommade[ポマードゥ]女 ①傷薬,軟膏 ②ポマード／en ~ ポマード状の,ポマード状にした／beurre en ~ ポマード状のバター
pommard[ポマール]男 ブルゴーニュ地方,コート・ド・ボーヌ地区のAOC赤ワイン
pomme[ポーム]女 ①りんご = ~(-) fruit／~ d'Adam のど仏／~ au four 焼きりんご／~ cannelle ばんれいし = anone／~ cerise 姫りんご／~ d'acacia, ~ d'amour, ~ d'or トマト／~ en cage りんごのパイ包焼／tomber dans les ~s 気絶する ②じゃが芋 = ~ de terre:料理では複数 → p.271[囲み]／~ agria 身の黄色いフライ

pommes (de terre)

pommes à la boulangère　厚い輪切りにし白いフォンでブレゼしたじゃが芋

pommes (à la) parisienne　小球状にくり抜いて揚げたじゃが芋

pommes (à la) vapeur　蒸芋

pommes allumettes　マッチ棒状のポテトチップ

pommes Anna　薄切りのじゃが芋のオーヴン焼

pommes Annette　千切りのじゃが芋のオーヴン焼

pommes au four　ベークドポテト

pommes bataille　2 cm角のフライドポテト

pommes Berny　ポム・デュシェスにスライスアーモンドをつけて揚げた料理

pommes bûcher　1.5 cm角の拍子木切りにしたじゃが芋

pommes château　長さ6 cmのシャトーにむいてゆがき, ソテしたじゃが芋

pommes chatouillard　長いリボン状のフライドポテト

pommes chips　ポテトチップ

pommes cocotte　長さ4 cmのシャトーにしたじゃが芋

pommes collerette　薄い花びら状のポテトチップ

pommes copeaux　薄いひも状のポテトチップ

pommes Darphin = pommes paillasson

pommes duchesse　バターと卵黄を加えたピュレ

pommes en cocotte　長さ4 cmのシャトーにしソテしてから煮たじゃが芋

pommes en robe de champs　皮のままゆでたじゃが芋 = pommes en robe de chambre

pommes fin de siècle　ジャージー島発祥のじゃが芋の品種

pommes fondante: 1)長さ8 cmのシャトー形にしてゆでたじゃが芋　2)スライスしてバターでエテュヴェしたじゃが芋

pommes frites　フライドポテト, フレンチフライ

pommes gaufrette　碁盤目状に透かしを入れたポテトチップ

pommes Macaire　円盤形にして焼いたじゃが芋のピュレ

pommes maître d'hôtel　じゃが芋のクリーム煮にパセリを加えた料理

pommes mignonnette　5 mmの拍子木切り

pommes nature　ゆでたじゃが芋

pommes noisettes　ヘーゼルナッツ大にしてソテしたじゃが芋 = noisette de pommes

pommes nouvelles　新じゃが

pommes paillasson　円盤形に焼いた千切りのじゃが芋 = pommes Darphin

pommes paille　ポム・アリュメットより長いポテトチップ

pommes pont-neuf　1 cm角, 長さ6~8 cmのフライドポテト

pommes Robert　じゃが芋のピュレに卵とシブレットを加え円盤形にして焼いた料理

pommes Saint-Florentin　ポム・デュシェスにヴァーミセリをつけて揚げた料理

pommes soufflées　中が膨らんだポテトチップ

ドポテト用のじゃが芋 ③結球

pommé, e [ポメ] 形 ①結球した ②(話言葉) 完全な ‖ pommé 男 ブルターニュ地方のりんごパイ = ~ rennais ‖ pommée 女 日本のものより少し肉厚のサラダ菜 = ~ beurre

pommeau [ポモ] 複 ~x〉 ポモ: りんごジュースとカルヴァドス酒のカクテル

pomme-fruit [ポーム フリュイ] 女〈複 ~s-~s〉 りんご: じゃが芋 pomme de terre との区別で = pomme

pommelle [ポメール] 女 濾過(ろか)器, ストレーナー

Pommery et Greno [ポームリエグルノー] 固 シャンパンメーカー

pompe [ポーンプ]〘女〙①ポンプ/~ à saler インジェクター：ハム用などの肉に塩水を注入する器具 ②行列/en grande ~ 盛大に/~s funèbres 葬儀 ③生地で包んだ, オヴェルニュ, リヨネ及びプロヴァンス地方の甘味, 塩味の菓子/~ à l'huile, ~ de Noël プロヴァンス地方の, アニス, レモンの皮などで香り付したブリオシュ = gibassier / ~ aux grattons ブルボネ地方の, ベーコンまたはグラトンのパイ料理

pomper [ポンペ]〘動〙①ポンプで吸う ②ソミュールをポンプ付針で肉に注入する = injecter ③(話言葉)飲む ④(俗語)フェラチオをする

pompette [ポンペートゥ]〘形〙〈男女同形〉(話言葉)ほろ酔いの

pomponnette [ポンポネートゥ]〘女〙さいのめの材料などを包んだ小球形のパイ

ponché,e [ポンシェ]〘形〙ポンシェした = imbibé,e, punché,e → poncher

poncher [ポンシェ]〘動〙生地にシロップを染込ませる = imbiber, puncher

poncire [ポンスィール]〘男〙レモンの一種

ponctuation [ポンクテュアスィヨン]〘女〙①句読点法/signe de ~ 句読点 ②休止符

ponctuel,le [ポンクテュエール]〘形〙①時間厳守の, (時間が)正確な ②点のような ③局部的な, 限定された

pondre [ポーンドゥル]〘動39〙卵を産む

pont [ポン]〘男〙①橋 ②(船の)デッキ

pont-l'évêque [ポン レヴェーク]〘男〙ノルマンディ地方の, 牛乳のAOCチーズ

Pont-Neuf [ポン ヌフ]〘固〙〘男〙パリの橋 ‖ pont-neuf〘男〙〈複 ~s-~〉: 1) 1 cm角, 長さ6〜8 cmのフライドポテト 2) マカロン入カスタードクリームを詰めたタルトレット

poolis(c)h [プーリッシュ]〘男〙液種(誌): 生イースト入パン種 = levain-levure

pop [ポープ]〘形〙〈不変〉ポップスの

pop-corn [ポープコーン]〘男〙〈複 ~s-~〉⑨ポップコーン

popote [ポポートゥ]〘女〙①士官食堂 ②(話言葉)スープ, (軍や社員食堂などの)料理

popotier [ポポティエ]〘男〙(軍の)給食係

populaire [ポピュレール]〘形〙〈男女同形〉①大衆的な, 民衆の ②人気の

popularité [ポピュラリテ]〘女〙人気

population [ポピュラスィヨン]〘女〙人口

porc [ポール]〘男〙豚, 豚肉/~ laqué (中華の)チャーシュー, 焼豚/~ basque バスク豚 = porc pie noir du pays de Basque

porcelaine [ポルスレーヌ]〘女〙①磁器/~ céladon 青磁 = céladon ②こやす貝, たから貝

porcelet [ポールスレ]〘男〙(生後2ヶ月までの)仔豚 = cochon de lait, goret

porché [ポルシェ]〘男〙ブルターニュ地方の, 豚足と香草などの煮込

porcin,e [ポル・サン, スィーヌ]〘形〙豚の ‖ porcins〘男〙イノシシ目：動物の分類

porcino [ポルチーノ]〘男〙〈複〉porcini [ポルチーニ]〈伊〉いくち茸, セープ茸, ポルチーニ茸 = cèpe

pormonier [ポルモニエ]〘男〙サヴォワ地方のソーセージ

porno [ポルノ]〘女〙ポルノ：pornographieの略

pornographie [ポルノグラフィ]〘女〙ポルノ

porridge [ポリーヂュ]〘男〙オートミール, ポリッジ

port [ポール]〘男〙①港/~ de plaisance ヨットハーバー ②運賃, 送料/en ~ dû 送料受取人払いで ③荷物 ④所持

portable [ポルターブル]〘形〙〈男女同形〉持ち運びのできる ‖ portable〘男〙携帯電話 = moblile

port-du-salut [ポール デュ サリュ]〘男〙メーヌ地方の, 牛乳のチーズ

porte [ポールトゥ]〘女〙ゲート, ドア, 扉/~ à coulisse, ~ coulissante, ~ glissière 引戸/~ à deux battants 両開戸/~ de service 裏口

porté,e [ポルテ]〘形〙①être ~,e à... …の傾向がある ②être ~,e sur... …が好みである ‖ portée〘女〙①(届く)範囲 ②影響力, 効力

porte-baguettes [ポールトゥ バゲートゥ]〘男〙〈単複同形〉箸置き, 箸立て

porte-billets [ポールトゥ ビエ]〘男〙〈単複同形〉札入れ

porte-bonheur [ポールトゥ ボヌール]〘男〙〈単複同形〉お守り

porte-bouteille [ポールトゥ ブーテーユ]〘男〙〈単複同形〉(貯蔵用)ワインラック

porte-carte [ポールトゥ カールトゥ]男〈単複同形〉カード入れ

porte-clefs [ポールトゥ クレ]男〈単複同形〉キーホルダー = porte-clés

porte-couteau [ポールトゥ クート]男〈複不変または ~-~x〉①ナイフレスト，ナイフ置き②包丁差し

porte-documents [ポールトゥ ドキュマン]男〈単複同形〉書類かばん

portefeuille [ポールトゥフーユ]男①財布，札入れ②ポルトフイユ：肉や魚を観音開きになるようにする切り方 / en ~ ポルトフイユにした / omelette en ~ 中身を入れ3つ折にしたオムレツ

portemanteau [ポールトゥ マント]男〈複~x〉ハンガー

porte-menu [ポールトゥ ムニュ]男〈単複同形〉メニュー立て

porte(-)mine [ポールトゥ ミーヌ]男〈複~-~s〉シャープペンシル

porte-monnaie [ポールトゥ モネ]男〈単複同形〉小銭入れ

porte-papier [ポールトゥ パピエ]男〈単複同形〉トイレットペーパーホルダー

porte-parapluies [ポールトゥ パラプリュイ]男〈単複同形〉傘立て

porte-plat [ポールトゥ プラ]男〈複~-~s〉熱い容器用の皿敷き

porter [ポルテ]動①持つ②支える③身に着けている④運ぶ，持っていく⑤記載がある⑥実をつける / ~ des fruits 実がなる ‖ se ~ 代動59 / se ~ bien (mal) 体の調子がいい(悪い)

porte-savon [ポールトゥ サヴォン]男〈複不変または ~-~s〉せっけん入れ

porte-serviette [ポールトゥ セルヴィエートゥ]男〈単複同形〉タオル掛け

porte-skis [ポールトゥ スキ]男〈単複同形〉(車の屋根の)スキーキャリヤー

porteu*r,se* [ポルトゥー.ル.ズ]男女 配達人，ベルボーイ，ベルガール，(ホテルなどの)ポーター

porte-véhicules [ポールトゥ ヴェイキュール]男〈単複同形〉カーフェリー

porti*er,ère* [ポルティエ.エール]男女 ドアボーイ，ドアガール ‖ portière 女 (列車や自動車の)ドア，扉

portion [ポルスィヨン]女①部分②1人分の食事，割当 / une portion de... 1人分の…

portionné,e [ポルスィヨネ]形①(料理を人数分に)分けた②(ソーセージなどを一定の長さに)結んだ

portionner [ポルスィヨネ]動①(料理を人数分に)分ける②(ソーセージなどを一定の長さに)結ぶ

Porto [ポルト]固 ポルト：ポルトガルの港町でポートワインの産地 ‖ porto 男 ポルト酒 / ~ millésimé vieilli en fût レイトボトルドヴィンテージ：樽熟成後に瓶詰めしたポルト酒 / sauce (au) p~: 1) ポルト酒を加えたドミグラスソース 2) ポルト酒，エシャロット，タイムを煮詰め，レモンとオレンジの皮，仔牛のフォンを加えたソース

porto-flip [ポルト フリープ]男 ポルト酒，砂糖，卵黄のカクテル

portrait [ポルトレ]男①肖像画，ポートレート / photo ~ 顔写真②プロフィール

portuaire [ポルテュエール]形〈男女同形〉港の

portugais,e [ポルテュゲ.ーズ]形〈男には単複同形〉ポルトガル(Portugal)の / à la ~e ポルトガル風の(~):トマトを多く使った料理用表現 / sauce ~e フォン・クレールに玉ねぎ，トマト，グラス・ド・ヴィアンド，にんにく，パセリを加えたソース ‖ portugais 男 ポルトガル語 ‖ Portugais,e 男女〈男は単複同形〉ポルトガル人 ‖ portugaise 女 ポルトガル種の牡蠣(㌍) = gryphée

Portugal [ポルテュガール]固男 ポルトガル

portune [ポルテューヌ]男 わたり蟹 = étrille

posé,e [ポゼ]形①置いた，設置した②敷いた③物静かな

posément [ポゼマン]副 ゆっくり

poser [ポゼ]動 置く，設置する

positi*f,ve* [ポズィティー.フ.ヴ]形①確実な，明確な②現実的な③肯定の，前向きの ‖ positif 男 ポジプリント，陽画

position [ポズィスィヨン]女 位置，ポジション

positivement [ポズィティーヴマン]副①確実に②肯定的に，前向きに

posséder [ポセデ]動36 所有する，持つ

possesseur [ポセスール]男 持主

possibilité [ポスィビリテ]女 可能性，見込み

possible [ポスィーブル] 形〈男女同形〉可能な, できる限りの / aussi...que ~ できるだけ… / dans la mesure du ~ なるべく, できる限り / faire son ~ ベストを尽くす / si (c'est) ~ できれば ‖ possible 男 可能なこと

possession [ポセスィヨン] 女 所有物

postal,e [ポスタール] 形〈男複には postaux [ポスト]〉郵便の

postaux → postal,e

poste [ポーストゥ] 女 郵便, 郵便局 / ~ aérienne エアメール, 航空便 / ~ restante 局留郵便 ‖ poste 男 ①設置場所, 地位, 部署, ポスト ②(電話)内線 ③テレビ = ~ de télévision ④ラジオ = ~ de radio

poster [ポステ] 動 投函する ‖ poster [ポステール] 男 ポスター

postérieur,e [ポステリュール] 形 後ろの, 後部の

post-scriptum [ポストゥ スクリプトーム] 男〈単複同形〉追伸：略字は P.-S.

pot [ポ] 男 ①壺 / ~ à eau 水差 / ~ à lait ミルクポット / ~ à sorbet シャーベットポット / poule au ~ 詰物をした雌鶏と牛肉のポト・フ / ~ pourri = pot-pourri ②植木鉢 ③ボジョレワイン用の 460cc 入キャラフ

potable [ポタブル] 形〈男女同形〉飲用の / eau ~ 飲用水

potage [ポタージュ] 男 ①壺で煮た料理 ②ポタージュ：液体料理の総称 / ~ de légumes 野菜のポタージュ

potage

potage clair　ポタージュ・クレール：牛, 鶏などのコンソメ
potage crème　ポタージュ・クレーム：クリーム, バター, 澱粉(ぷん)などを加えたポタージュ
potage épais　とろりとしたスープ
potage lié　ポタージュ・リエ：ルウや澱粉(ぷん)などでとろみをつけたポタージュ
potage purée　ポタージュ・ピュレ：裏漉(ごし)したポタージュ
potage velouté　ポタージュ・ヴルテ：コンソメ, ルウ, 野菜や肉のピュレをまぜたポタージュ

potager,ère [ポタジェ, -エール] 形 ①(野菜が) 食用の ②野菜の ‖ potager 男 ①菜園, 野菜畑 = jardin ~ ②昔の煮込用のかまど

pot-à-oille [ポタ オーユ] 男〈単複同形〉肥鶏と鳩の煮込用のスープ鉢

potassium [ポタスィオーム] 男 カリウム

pot-au-feu [ポトフー] 男〈単複同形〉①ポト・フ：野菜と肉などの, 煮汁の澄んでいる煮込 ②ポト・フ用牛肉

pot-bouille [ポ ブーユ] 女〈複 ~s-~s〉家庭の普段の食事

poteau [ポト] 男〈複 ~x〉杭, 柱

potée [ポテ] 女 豚肉とキャベツなどの野菜の煮込

poterie [ポートゥリ] 女 ①陶器製造 ②陶器製品 ③素焼陶器, テラコッタ

potimarron [ポティマロン] 男 栗かぼちゃ

potiron [ポティロン] 男 西洋かぼちゃ

potjevle(i)sch [ポジェヴレーシュ] 男 鶏, うさぎ, ベーコン, 仔牛, 玉ねぎ, にんじんなどの, フランドル地方の煮込

pot-pourri [ポ プーリ] 男〈複 ~s-~s〉①ポプリ：香料入小びん ②肉などを煮込んだ昔の料理

poubelle [プーベル] 女 屑入れ, ごみ箱

pouce [プース] 男 親指

pouce-pied [プース ピエ] 男〈単複同形〉かめのて：甲殻類 = pousse-pied

pouding = pudding

poudre [プードゥル] 女 粉, パウダー / ~ à flan, ~ de crème フランパウダー：アパレーユを濃くするためのクリームパウダー / ~ d'amandes アーモンドパウダー / ~ de lait 粉ミルク / ... en ~ 粉末の… / ~ sauvage プードル・ソヴァージュ：干からかさ茸のパウダー

poudré,e [プードゥレ] 形 粉をまぶした = saupoudré,e

poudrer [プードゥレ] 動 ①小麦粉, 塩, 砂糖などをふる, まぶす = saupoudrer ②化粧用パウダーをつける ③散布する ④(雪が) 薄く覆う ‖ se ~ 代動59 (自分に) 化粧用パウダーをつける

poudrier [プードゥリエ] 男 (化粧品用)コンパクト

pougny [プーニ] 男 ブルゴーニュ地方の, 山羊乳のチーズ

pouilly-fuissé [プーイイ フュイセ] 男 ブルゴーニュ地方, マコネ地区の AOC

pouilly-fumé[プーイイ フュメ]男 ロワール地方のAOC 白ワイン = blanc fumé

pouilly-sur-loire[プーイイ スュール ロワール]男 ①ブルゴーニュ地方の, 山羊乳のチーズ ②ロワール地方のAOC 白ワイン

poulailler[プーライエ]男 鶏小屋

poularde[プーラルドゥ]女 雌肥鶏/~ de Barbezieux バルブジユ産の肥鶏

poule[プール]女 雌鶏/~ au pot 詰物をした鶏と野菜の煮込/~ d'Afrique, ~ de Guinée ほろほろ鳥 = pintade / ~ d'Inde 雌七面鳥 = dinde / ~ d'eau 鷭(ばん)/~naine, ~ naine de Bantam 雌ちゃぼ

poulet[プーレ]男 チキン, 生後2~4ヶ月の若鶏/~ de grain 生後50~70日, 1.2~1.8 kgの若鶏 =~ de marque /~ d'Inde 雌七面鳥 = dindon /~ quatre quarts 生後45日前後, 1 kgほどの若鶏/~ reine 若鶏と肥鶏の間の大きさの鶏の通称/~ rôti ローストチキン/~ sauté : 1) 若鶏のソテ 2) 若鶏のソテにソースをからめた料理

poulette[プーレートゥ]女 若雌鶏/ (à la) ~ プーレート風(の): ソース・プーレートを使った料理用表現/ sauce ~ ソース・プーレート: ソース・アルマンドにシャンピニョンのフュメ, レモン汁, きざみパセリを加えたソース

pouligny saint-pierre[プーリニ サン ピエール]男 ベリ地方の, 山羊乳のAOCチーズ = Tour Eiffel

pouliot[プーリヨ]男 めぐさはっか: ミントの種類

poulpe[プールプ]男 たこ = pieuvre / ~ ocellé いいだこ

poulsard[プールサール]男 黒ぶどうの品種

poumon[プーモン]男 肺

pountari[プンタリ]男 塩漬豚肉, 玉ねぎ, 香草, 牛乳などをまぜて腸詰にするかキャベツの葉で包み, 野菜スープで煮た, オヴェルニュ地方の料理

pounti[プンティ]男 みじん切りしたベーコンまたは塩漬豚肉, 玉ねぎ, 香草と卵, 牛乳などをまぜオーヴンで焼いた, オヴェルニュ地方のフラン

poupart[プーパール]男 いちょう蟹 = dormeur, tourteau

poupée[プーペ]女 人形

poupelain[プープラン]男 シュークリームの一種 = poupelin

poupelin = poupelain

poupeton[プープトン]男 仔牛, 仔羊の胸腺肉, フォワ・グラ, トリュフをきざみ, ベシャメルソースとまぜて巻いた牛肉や鶏の料理

pour[プール]前 ①…のために(の)/~ 4 personnes 4人分/«~ que + 接続法の活用をする動詞を伴う文» …するように, …であるように ②…行の, …に向かって, …向に, …向の/ Paris パリ行の ③…にしては, …の割に ④…に賛成の ⑤…の理由で ‖ pour 男 賛成

pourboire[プールブワール]男 心づけ, チップ

pour cent[プールサン]男〈単複同形〉パーセント: 記号は「%」

pourcentage[プールサンタージュ]男 パーセンテージ, 百分率

pourlécher[プールレシェ]動 36 なめまわす ‖ se ~ 代動 36 59 舌なめずりする, 舌つづみを打つ

pourly[プールリ]男 ブルゴーニュ地方の, 山羊乳のチーズ

pourpier[プールピエ]男 すべりひゆ: 葉をサラダにする

pourpre[プールプル]形〈男女同形〉パープル色の, 緋色の ‖ pourpre 男 パープル, 緋色

pourquoi[プールクワ]副 なぜ, 何のために, どうして/ c'est ~… だから…/ ~ pas? もちろん(いいですよ)

pourra, pourra-, pourrez → pouvoir 35

pourri,e[プーリ]形 腐った, 腐っている

pourriez, pourrions → pouvoir 35

pourrir[プーリール]動 ④ 腐らせる, 腐る ‖ se ~ 代動 ④ 59 腐る

pourriture[プーリテュール]女 腐敗/~ noble 貴腐: 成熟した白ワイン用のぶどうにボトリティス・シネレア菌が増殖し, 芳香が生じる現象

pourrons, pourront → pouvoir 35

poursuivre[プールスュイーヴル]動 44 続ける, 連続する ‖ se ~代動 44 59 (行為が)続く

pourtant[プールタン]副 しかし, それで

も

pourtour [プールトゥール] 男 周り, 周囲

poussage [プーサージュ] 男 腸などにスタッファで詰物をすること

pousse [プース] 女 ①新芽, 若枝, 若芽／〜s de bambou たけのこ／〜s de pois 豆苗（とうみょう）: えんどうの若芽／〜s de radis 貝割大根／〜s de soja もやし ②醱酵による生地の膨張 ③ワインの異常醱酵

poussé,e [プーセ] 形 ①押出された ②(生地が)膨張した = levé,e

pousse-café [プース カフェ] 男〈単複同形〉①飲み終ったあとのコーヒーカップで飲む蒸留酒 = rincette ②比重と色の異なるリキュールをまぜないでグラス内に層をつくった飲物

poussée [プーセ] 女 圧力, 急増, 発作, 発疹／〜 de fièvre (突然の)発熱

pousse-pied = pouce-pied

pousser [プーセ] 動 ①押す ②声を発する／〜 un cri 叫び声をあげる ③(ソーセージ用ファルスを腸に)詰める ④絞袋で絞る ⑤醱酵する, (醱酵により生地が)膨張する ⑥(植物が)伸びる ‖ se 〜 代動59 場所を空ける, 席を詰める

poussette [プーセットゥ] 女 (折畳式の)ベビーカー

poussière [プースィエール] 女 塵, ほこり

poussin [プーサン] 男 ①ひよこ, 鶏の雛 ② 250〜300ｇの若鶏：料理用語

poussoir [プースワール] 男 スタッファ: 腸詰用器具

poutargue [プータルグ] 女 からすみ = boutargue

poutine [プーティーヌ] 女 ニースでの小魚の呼称

poutre [プートゥル] 女 梁（はり）

pouv- → pouvoir 35

pouvoir [プーヴワール] 動 35 «〜+不定詞» : 1) …できる 2) …してもいい 3) …する可能性がある ‖ pouvoir 男 ①権限, 権力 ②能力

praire [プレール] 女 プレール, まるすだれ貝, しころ貝: 生でも食べるあさりに似た貝 = coque rayée, rigadelle, vénus

prairie [プレーリ] 女 草原

pralin [プララーン] 男 プラリネ: アーモンドやヘーゼルナッツにカラメルをからめてつぶした製菓材料 = praliné

praline [プラリーヌ] 女 カラメルで覆ったアーモンド

praliné,e [プラリネ] 形 ①カラメルで覆った ②プラリネを加えた ‖ praliné 男 プラリネ: 1) アーモンドやヘーゼルナッツにカラメルをからめてつぶした製菓材料 = pralin 2) 煎（い）ったアーモンドやヘーゼルナッツを飴と共につぶしてカカオと合せたキャンディなどの中身 3) プラリネまたはプラリネ入チョコレート 4) プラリネ入バタークリームをはさんだジェノワーズ

praliner [プラリネ] 動 ①プラリネを加える ②ドライフルーツやアーモンドなどをカラメルで覆う

pratique [プラティーク] 形〈男女同形〉実用的な, 使いやすい／peu 〜 不便な ‖ pratique 女 実際, 実践／mise en 〜 応用, 実践

pratiquement [プラティークマン] 副 事実上, ほとんど

pratiquer [プラティケ] 動 ①実行する, 実践する ②(職業やスポーツを)行う

pré [プレー] 男 小さな草原, 牧場

préalable [プレアラーブル] 形〈男女同形〉あらかじめの, 前もっての

préalablement [プレアラーブルマン] 副 あらかじめ, 前もって

préavis [プレアヴィ] 男〈単複同形〉予告／sans 〜 無断で, 連絡なしに

précaution [プレコスィヨン] 女 慎重, 用心／avec 〜 慎重に, 注意して

précédent,e [プレセダン, トゥ] 形 先の, 前の ‖ précédent 男 前例

préchauffé,e [プレショフェ] 形 前もって熱した

préchauffer [プレショフェ] 動 前もって熱する

précieu*x*,*se* [プレスィユー, ズ] 形〈男複には単複同形〉貴重な, 高価な

précipitation [プレスィピタスィヨン] 女 ①大急ぎ, 性急 ②沈澱 ③降水

précipiter [プレスィピテ] 動 急がせる ‖ se 〜 代動59 急ぐ

précis,e [プレスィ, ーズ] 形〈男には単複同形〉正確な, 精密な, 明確な ‖ précis 男〈単複同形〉概要, 概論

précisément [プレスィゼマン] 副 正確に, 明確に

précision [プレスィズィヨン] 女 ①正確さ, 鮮明さ, 明確さ ②精度/～s 詳細

précoce [プレコース] 形〈男女同形〉早熟の

précuire [プレキュイール] 動11 前もって火を通す

précuisson [プレキュイソン] 女 前もって火を通すこと

précuit, e [プレキュイ, -トゥ] 形 調理済の, 前もって火を通した

préfecture [プレフェクテュール] 女 ①県 ②県庁所在地

préférable [プレフェラーブル] 形〈男女同形〉好ましい/A est ～ à B BよりAの方がいい

préféré, e [プレフェレ] 形 好きな, ひいきの ‖ préféré, e 男女 お気に入り(人)

préférence [プレフェランス] 女 好み, 選択/de ～ 特に, むしろ/～s えこひいき, 偏愛

préférer [プレフェレ] 動36 …の方を好む/～ A à B BよりAのほうを好む

préjugé [プレジュジェ] 男 偏見

prêle [プレール] 女 とくさ = prèle

prélèvement [プレレーヴマン] 男 ①採取, 控除, 先取り, 天引き ②課徴金

prélever [プレルヴェ] 動5 ①採取する, 取出す ②控除する ③自動引落しする ④天引きする

prématuré, e [プレマテュレ] 形 時期尚早の ‖ prématuré 男女 未熟児

premi/er, ère [プルミエ, -エール]〈省略記号は, 男 1er, 女 1ère〉形 ①第1の/de ～ère classe, de ～ère qualité 高級な ②最初の, 初めの ③初歩の ④最高の ‖ premier, ère 男女 第1の物(または人)/en ～ 最初に, まず ②前者 ‖ premier 男 ①(月の)ついたち/le ～ janvier 1月1日 ②2階 ＝ = étage ‖ première 女 ①1等, ファーストクラス ②(車のギヤの)ロー ③第1学年

premièrement [プルミエールマン] 副 第一に, まず

prenai- → prendre 37

prenant 現分 → prendre 37

prend, prendr- → prendre 37

prendre [プラーンドゥル] 動37 ①取る, つかむ ②飲食する, 摂取する/～ le dîner 夕食をとる ③固まる, 凍る/faire ～ 固まらせる, 凍らせる ④乗る: 乗物を利用する/～ le train 電車に乗る ⑤受ける, 受取る/～ des leçons レッスンを受ける ⑥(記録などを)とる/～ une photo 写真を撮る/～ la note ノートをとる ⑦(時間などを)かける/～ le temps 時間をかける ⑧(風呂などに)入る/～ la douche シャワーをあびる ‖ se ～ 代動37/59 固まる, 凍る

prends, prenez, preni-, prenn- → prendre 37

prénom [プレノーン] 男 名前, ファーストネーム

prenons → prendre 37

préoccuper [プレオキュペ] 動 心配させる ‖ se ～ 代動59/se ～ de... …を気にかける

préparation [プレパラスィヨン] 女 ①準備 = mise en place ②加工, 仕込, 調理

préparatoire [プレパラトゥワール] 形〈男女同形〉準備の ‖ préparatoire 女 グランドゼコール準備クラス = classe ～

préparé, e [プレパレ] 形 準備のできた/bien (mal) ～, e できのよい(悪い)/～, e à la main 手製の/tout, e ～, e すぐに使用できる, できあいの

préparer [プレパレ] 動 支度する, 準備する, 用意する ②(料理を)仕込む

préposition [プレポズィスィヨン] 女 前置詞

près [プレー] 副 近くに/～ de... …の近くに(で)/à peu ～ だいたい, 約

pré-salé [プレ サレ] 男〈複 ～s-～s〉海岸地帯の草を食べた羊, 仔羊

presbyte [プレスビートゥ] 形〈男女同形〉老眼の ‖ presbyte 男女 老眼の人

presbytie [プレスビスィ] 女 老眼

préscription [プレスクリプスィヨン] 女 ①指令, 命令 ②処方 ③時効

présence [プレザーンス] 女 ①参加, 出席, 存在 ②(国などの)威信, 影響力 ③現代性 ④存在感

présent, e [プレザーン, トゥ] 形 ①現在の ②出席している, 存在している/P ～, e ! はい: 出席の返事 ③この ‖ présent 男 ①今, 現在 ②現在形/à ～ 今では ③プレゼント ‖ présente 女 この手紙, 本状: 手紙などに用いる語

présentable [プレザンターブル] 形〈男女同形〉人前に出せる, 見栄えのいい

présentat/eur, rice [プレザンタトゥール,

リース]男女（テレビなどの）アナウンサー，（新商品などの）紹介者

présentation [プレザンタスィヨン]女 ①提出，発表 ②紹介 ③盛付，ディスプレー ④展示会

présenter [プレザンテ]動 ①紹介する ②推薦する，勧める ③提出する，見せる ④陳列する ⑤発表する，放送する ‖ se ~ 代動59 ①自己紹介する ②応募する，立候補する ③印象を与える

présentoir [プレザントゥワール]男 卓上用飾台

préservateur [プレゼルヴァトゥール]男 防腐剤

préservatif [プレゼルヴァティーフ]男 避妊具

préserver [プレゼルヴェ]動 保存する，予防する

président,e [プレズィダン，トゥ]男女 会長，議長，大統領

président,e-directeur,rice [プレズィダン，トゥ ディレクトゥ・ール，リース]男女〈男複 ~s-~s，女複 ~es-~rices〉専務取締役／~ général 代表取締役社長=P.D.G.

presque [プレスク]副 ほとんど

presqu'île [プレスキール]女 小さい半島

pressage [プレサージュ]男 圧縮

pressant,e [プレサン，トゥ]形 ①緊急の，さしせまった ②しつよい

presse [プレース]女 ①圧搾機，圧縮，プレス／~ à carcasse ダックプレス：鴨用絞器／~ à raisins ぶどう圧搾機 ②印刷機 ③ジャーナリズム，出版，報道 ④（雑誌，新聞などの）定期刊行物

pressé,e [プレーセ]形 ①圧縮した，搾った ②急いでいる，急な ‖ 男 プレセ：フォワ・グラや鶏などを野菜と取り合せて圧力をかけてつくったテリーヌ／~ de foie gras フォワ・グラのプレセ

presse-ail [プレサーユ]男〈単複同形〉ガーリックスクイザー

presse-citron [プレース スィトゥロン]男〈単複同形〉レモンスクイザー

presse-purée [プレース ピュレ]男〈単複同形〉マッシャー：ゆでたじゃが芋などをつぶす道具

presser [プレセ]動 圧縮する，搾る，急がせる ‖ se ~ 代動59 急ぐ，押し合う

presse-viande [プレース ヴィヤーンドゥ]男〈単複同形〉（肉汁用）絞器

pressing [プレスィーング]男（アイロンでの）プレス

pression [プレスィヨン]女 ①圧搾，圧力／~ à froid 冷搾／~ atmosphérique 気圧／~ d'huile 油圧 ②生ビール

pressoir [プレスワール]男 圧搾機，（ジャム・ピュレ用）絞器／~ à olives オリーヴ圧搾機

pressurage [プレスュラージュ]男（圧搾機での）果物の圧搾

pressurer [プレスュレ]動（圧搾機で果物を）圧搾する

présure [プレズュール]女 凝乳酵素，レンネット

prêt,e [プレー，トゥ]形 準備のできた，用意のできた／P~s？Partez！用意どん ‖ prêt 男 貸付，貸付金，融資，ローン

prêt-à-porter [プレタ ポルテ]男〈複 ~s-~-~〉既製服，プレタポルテ

prétentieux,se [プレタンスィュー，ズ]形〈男には単複同形〉うぬぼれが強い ‖ prétentieux,se 男女〈男は単複同形〉見栄っ張り

prétention [プレタンスィヨン]女 見栄

prêter [プレテ]動 貸す

prétexte [プレテークストゥ]男 言訳，理由／sous ~ de... ～を口実に

preuve [プルーヴ]女 証拠，証明

prévenir [プレヴニール]動47 予告する，（前もって）知らせる，警告する

préventif,ve [プレヴァンティー・フ，ヴ]形 防止の，予防の

prévention [プレヴァンスィヨン]女 ①先入観，偏見 ②予防

préventive → préventif,ve

prévision [プレヴィズィヨン]女 見込み，予測

prévoir [プレヴワール]動49 見込む，予測する，備える

prévu,e [プレヴュ]形 予想の，予定の ‖ prévu 男 予想されたこと

prier [プリーエ]動 ①祈る ②懇願する／«~+人+de+不定詞»（人）に…することを懇願する／Je vous en prie.：1）どうぞ 2）どういたしまして

prière [プリエール]女 ①祈り ②懇願／«P~ de+不定詞»…してください：掲示

primaire [プリメール]形〈男女同形〉①第一の ②初等の

prime [プリーム]女 ①賞与，特別手当

primeur [プリムール] 女 走り, 初物/ vin de ～ 新酒時につくったワイン/ ～s 早成野菜, 走りのフルーツ

primevère [プリムヴェール] 女 桜草, プリムラ：葉をサラダにする

primiti*f*,*ve* [プリミティー・フ, ヴ] 形 ①原始の ②元の

primitivement [プリミティーヴマン] 副 元は, 元々

primo [プリモ] 副 第一に

primordial,*e* [プリモルディヤール] 形 〈男複〉には primordiaux [プリモルディヨ]〉第一の

primordiaux → primordial,e

prince [プランス] 男 ①君主 ②王子, 王族 ③公, 公爵, 大公 ④第一人者

princesse [プランセース] 女 〈単複同形〉(野菜などが) 柔らかい種類の/ amandes ～ 軟粒種のアーモンド/ haricots ～ 細いさやいんげんの種類 ‖ princesse 女 王女, 妃, 皇女, 皇太子妃, プリンセス/ (à la) ～ プリンセス風(の)：アスパラガスの先端とトリュフを付合せた料理用表現

principal,*e* [プランスィパール] 形 〈男複には principaux [プランスィポ]〉メインの ‖ principal 男 〈複 principaux〉主たること, メイン

principalement [プランスィパールマン] 副 主に

principauté [プランスィポテ] 女 公国/ ～ de Monaco モナコ公国

principaux → principal,e

printani*er*,*ère* [プランタニエ, エール] 形 春の, 春のような, 春向きの/ (à la) ～ère 春風(の)：バターでエチュヴェした春野菜を付合せた料理用表現/ beurre ～ みじん切りした春野菜をまぜ込んだ合せバター ‖ printanier 男 プランタニエ：春野菜の料理

printemps [プランタン] 男 〈単複同形〉春/ au ～ 春に

prioritaire [プリヨリテール] 形 〈男女同形〉優先の

priorité [プリヨリテ] 女 優先/ en ～ 優先的に

pris,*e* [プリー, ズ] 形 ①ふさがっている/ être ～,*e* 忙しい ②固まった, 凝(ぎ)った ③凍った ‖ prise 女 ①コンセント：～e de courant ②蛇口 ③(電気の) 接続/ ～e de terre アース/ ～e mâle (差込) プラグ ④凝固 ⑤採集, 捕まえること, とること/ une ～ de... ひとつまみ (量) の… ⑥服用 ‖ pris,*e* 過分 → prendre 37

prisme [プリースム] 男 ①角柱 ②プリズム

pristipome [プリスティポーム] 男 いさき：魚

prisuttu [プリストゥー] 男 コルシカのハム

privé,*e* [プリーヴェ] 形 プライベートな

prix [プリー] 男〈単複同形〉①値段/ faire un ～ (値段を) 負ける/ ～ de location：1) (テレビの視聴料や電話料金など継続的な) 使用料 2) (劇場などの) 席料, 賃料料/ ～ de revient 原価/ ～ fixe プリ・フィクス：価格の定まった簡易コース料理/ ～ hors-taxe 免税価格/ ～ promotionnel 奉仕価格/ ～ unitaire 単価 ②賞/ grand ～ 大賞/ premier ～ 1等賞

probable [プロバーブル] 形 〈男女同形〉ありそうな/ il est ～ que... …だと予想する

probablement [プロバーブルマン] 副 おそらく, 多分 = peut-être

problème [プロブレーム] 男 問題/ sans ～ 支障なく

procédé [プロセデ] 男 技法, 製法, 手順, プロセス, 方式, やりかた

procéder [プロセデ] 動 36 ①実施する, 進める ②生じる, 発する

procédure [プロセデュール] 女 (法律上の) 手続

procès [プローセ] 男 〈単複同形〉訴訟

procès-verbal [プローセ ヴェルバール] 男 〈複〉-verbaux [プローセ ヴェルボ]〉①調書 ②駐車違反で P.-V. ③議事録

procès-verbaux → procès-verbal

prochain,*e* [プロシ・ヤン, エーヌ] 形 今度の, 次の ‖ prochaine 女 次の駅

prochainement [プロシェーヌマン] 副 近いうちに, 間もなく

proche [プローシュ] 形 〈男女同形〉近い

Proche-et-Moyen-Orient [プローシェ モワヤンノリヤン] 固有 中近東

proctologie [プロクトロジー] 女 肛門科

procuration [プロキュラスィヨン] 女 委任

procureur [プロキュルール] 男 検事

produc*teur*,*rice* [プロデュクトゥ・ール, リ

production [プロデュクスィヨン]女 生産, 製造

productrice → producteur,rice

produire [プロデュイール]動⑪ ①生産する, 製造する ②(結果や利益を)もたらす ③(書類などを)提出する ‖ se ~ 代動⑪59 現れる, 生じる

produit,e [プロデュイ, ートゥ]形 生産された, 製造された, …製(生産地)の ‖ produit 男 生産物, 製品／~ blanc ショートニング／~s alimentaires 食品／~s agricoles 農作物／~s de la terre 山の幸／~s de la mer 海産物／~s laitiers 乳製品, 酪農製品

prof [プロフ]男女 (俗語)先公, 先生

professeur [プロフェスール]男 (中等教育以上の)教授, 先生／femme ~ 女性の教授, 先生

profession [プロフェスィヨン]女 職業

professionnel,le [プロフェスィヨネール]形 ①職業的な, 職業上の／taxe ~le 事業税 ②玄人のプロの ‖ professionnel,le 男女 玄人, 専門家, プロ

profil [プロフィル]男 プロフィール

profit [プロフィ]男 利益／au ~ de... …の利益になるように

profitable [プロフィタブル]形〈男女同形〉ためになる, 役に立つ

profiterole [プロフィトゥロール]女 小さなシューにはさんだ料理または菓子 = chou ~／~ au chocolat チョコレートのプロフィトロール

profond,e [プロフォン, ドゥ]形 深い／peu ~e 浅い ‖ profond 男 奥

profondément [プロフォンデマン]副 深く

profondeur [プロフォンドゥール]女 奥行, 深さ

programmation [プログラマスィヨン]女 プログラミング

programme [プログラーム]男 計画, 番組, プログラム, 予定, 予定表

programmeur,se [プログラムール, ーズ]男女 (コンピューターの)プログラマー

progrès [プログレ]男〈単複同形〉①進歩, 上達 ②アーモンドパウダーを加えたメレンゲの台 ③メレンゲの台にバタークリームをはさんだ菓子

progresser [プログレッセ]動 上達する, 進歩する, 拡大する

progressif,ve [プログレスィーフ, ヴ]形 段階的な

progressivement [プログレスィーヴマン]副 徐々に

prohibition [プロイビスィヨン]女 (法的な)禁止

projet [プロージェ]男 企画, 計画, 案

projeter [プロジュテ]動⑦ 計画する

prolongation [プロロンガスィヨン]女 (時間的な)延長

prolongé,e [プロロンジェ]形 延長した, 延ばした

prolongement [プロローンジュマン]男 (距離的な)延長

prolonger [プロロンジェ]動㉕ 延長する, 延ばす ‖ se ~ 代動㉕59 延びる, (道などが)続く

promenade [プロムナードゥ]女 ①散歩 ②遊歩道

promenoir [プロムヌワール]男 (劇場の)立見席, (学校, 病院などの)散策場所

promesse [プロメース]女 約束

promettre [プロメートゥル]動㉖ 約束する, 請合う, 誓う

promis,e [プロミ, ーズ]形〈男には単複同形〉約束された, 約束の

promotion [プロモスィヨン]女 ①昇級, 昇進 ②向上 ③(販売)促進

promotionnel,le [プロモスィヨネール]形 (販売)促進の

prompt,e [プロン, トゥ]形 迅速な, すばやい

promptement [プローントゥマン]副 迅速に, すばやく

pronom [プロノーン]男 代名詞／~ démonstratif 指示代名詞／~ indéfini 不定代名詞／~ interrogatif 疑問代名詞／~ personnel 人称代名詞／~ réfléchi 再帰人称代名詞／~ relatif 関係代名詞

pronominal,e [プロノミナール]形〈男複には pronominaux [プロノミノ]〉代名詞の

pronominaux → pronominal,e

prononcé,e [プロノンセ]形 ①発音された ②宣言された ③濃い味の／trop ~,e (味が)あくどい

prononcer [プロノンセ]動㉜ ①発音する ②宣言する

prononciation [プロノンスィヤスィヨン]女 発音

propagule [プロパギュール]女 むかご

proportion [プロポルスィヨン]女 ①均整, 釣合, プロポーション ②比率, 割合／~ inverse 反比例／~ directe 正比例

proportionné,e [プロポルスィヨネ]形 均整のとれた, 釣合のとれた／~,e à... …と比例した

proportionnel,le [プロポルスィヨネール]形 ~,le à... ①…に釣合った ②…に比例した

propos [プロポ]男〈単複同形〉①話題 ②意図, 目的／à ~ ところで／à ~ de... …に関して, …について

proposer [プロポゼ]動 ①提案する, 提出する ②薦(すす)める ‖ se ~ 代動59 ／se ~ de... …するつもりである

proposition [プロポズィスィヨン]女 ①提案 ②定理, 命題 ③節：文法用語／~ adjective (nominale, verbale) 形容詞(名詞, 動詞)節／~ principale (subordonnée) 主(従属)節

propre [プロープル]形〈男女同形〉①（名詞の後に置いて）：1）固有の, 特有の, 本来の　2）適切な　3）清潔な ②（名詞の前に置いて）自身の

proprement [プロープルマン]副 ①本来, まさしく ②きちんと ③清潔に

propret,te [プロープレ,-ト]形 小粋な, 小ぎれいな, さっぱりした

propreté [プロープルテ]女 清潔

propriétaire [プロプリエテール]男女 オーナー, 地主, 所有者, 持主

propriété [プロプリエテ]女 ①所有, 所有地, 所有物 ②特性

prosciutto [プロシュット]男 伊 プロシュート：イタリアの生ハム

prospectus [プロスペクテュス]男〈単複同形〉(宣伝用の)パンフレット

prospérer [プロスペレ]動36 繁栄する

prospérité [プロスペリテ]女 繁栄, 繁盛

protection [プロテクスィヨン]女 保護

protégé,e [プロテジェ]形 保護された

protéger [プロテジェ]動36〈備考〉保護する

protéine [プロテイーヌ]女 たんぱく質

protéique [プロテイーク]形〈男女同形〉たんぱく質の

protestant,e [プロテスタン,-トゥ]男女 プロテスタント

protide [プロティードゥ]男 たんぱく質

protocole [プロトコール]男 ①外交議定書 ②儀礼 ③しきたり ④礼儀作法

prouver [プルーヴェ]動 証明する

provençal,e [プロヴァンサール]形〈男複には provençaux [プロヴァンソ]〉プロヴァンス(Provence)の／(à la) ~e プロヴァンス風(の)：オリーブ油, トマト, にんにくを使ったプロヴァンス料理用表現／épices ~es プロヴァンスのハーブを粉末にしたもの／sauce ~e トマト, 玉ねぎ, にんにくをオリーヴ油でソテし, 白ワイン, ブーケガルニを加えて煮たソース ‖ provençal 男 プロヴァンス語 = occitan ‖ Provençal,e 男女〈男複は Provençaux〉プロヴァンスの人

provençaux → provençal,e

Provence [プロヴァンス]固女 プロヴァンス／treize desserts de ~ プロヴァンスの, クリスマス用の13種のデザート／côtes de ~ プロヴァンス地方の AOC ロゼ, 赤, 白ワイン

provenir [プロヴニール]動47 ~ de... …から生じる, …に起因する, …に由来する

providence [プロヴィダーンス]女 (神の)摂理／P~ 神 = Dieu ‖ providence 男 ノルマンディ地方の, 牛乳のチーズ = bricquebec

province [プロヴァーンス]女 地方

provincial,e [プロヴァンスィヤール]形〈男複には provinciaux [プロヴァンスィヨ]〉①田舎の, 地方の ②田舎くさい ‖ provincial,e 男女〈男複は provinciaux〉田舎者, 地方人

provinciaux → provincial,e

Provins [プロヴァン]固 イル・ド・フランス地方の町／brie de p~ 同地のブリチーズ

proviseur [プロヴィズール]男 (リセの)校長

provision [プロヴィズィヨン]女 蓄え, 貯蔵／~s ①(食料などの)蓄え ②(食料などの)買物／faire des ~s 食料品の買物をする

provisoire [プロヴィズワール]形〈男女同形〉臨時の

provisoirement [プロヴィズワールマン]副 臨時に

proximité [プロクスィミテ]女 近所／à ~ de... …の近所に

prudemment [プリュダマン] 副 慎重に
prudence [プリュダーンス] 女 慎重／avec ～ 慎重に
prudent, e [プリュダン, トゥ] 形 慎重な
prune [プリューヌ] 女 西洋すもも, プラム, プルーン／eau-de-vie de ～(s) プラムリキュール／～ président 西洋すももの品種／～ verte 青梅
pruneau [プリュノ] 男〈複 ～x〉ドライプラム
prunelée [プリュヌレ] 女 プラムジャム
prunelle [プリュネル] 女 ①瞳 = pupille ②スロー, りんぼくの実 ③スローリキュール = eau-de-vie de ～
prunier [プリュニエ] 男 プラムの木
P.-S. [ペエス] 男 追伸: post-scriptum の略
psalliote [プサリヨートゥ] 女 はら茸 = agaric champêtre, ～ champêtre
pseudorasbora [プスードラスボラ] 男 くちぼそ, もつご: コイ科の淡水魚
psychiatre [プスィキヤートゥル] 男女 精神科医
P.T.T. [ペテテ] 女 (フランス) 郵政省, 郵便電話局: Ministère des Postes Télécommunications et Télédiffusion の略
pu 過分 → pouvoir 35
puant, e [ピュアン, トゥ] 形 ①臭い, 悪臭を放つ ②鼻持ちならない ‖ puant,e 男女 いやな奴, 鼻持ちならない奴 ‖ puant 男 臭いの強いチーズ／～ de lille, ～ gris, ～ macéré = béthune
puanteur [ピュアントゥール] 女 悪臭, 異臭
pub [ピューブ] 女 広告, 宣伝, コマーシャル = publicité ‖ pub [プーブ] 男 イギリス風カフェ, パブ
public, que [ピュブリーク] 形 一般の, 公の, 公衆の ‖ public 男 観客, 大衆, 読者／en ～ 公然と
publicitaire [ピュブリスィテール] 形〈男女同形〉広告の, 宣伝の
publicité [ピュブリスィテ] 女 ①広告, コマーシャル, 宣伝 ②公開
publique → public,que
puce [ピュース] 女 ①蚤(のみ)／marché aux ～s 蚤の市 ②チップ: 半導体
puceron [ピュスロン] 男 油虫, ありまき
pudding [プディング] 男 英 プディング: 1) 米, パンまたはスポンジなどに砂糖漬フルーツ, 卵, クリームなどを加え, 型に入れて焼いたデザート 2) 固くなったブリオシュやスポンジに牛乳, 干ぶどう, ラム酒, 卵などを加えて型に入れて焼き, アイシングをかけたケーキ／Yorkshire ～ ヨークシャープディング: イギリスのパンケーキ
puer [ピュエ] 動 悪臭を発する, 臭い／Ça pue. 臭い！
puéraire [ピュエレール] 男 葛(くず)
puis [ピュイ] 副 そして, それから, 次に
puiser [ピュイゼ] 動 汲む, 水をすくう
puis-je → pouvoir 35
puisque [ピュイースク] 接 …である以上, 何故なら
puiss- → pouvoir 35
puissance [ピュイサーンス] 女 ①権力, 権力者, 大国 ②力, 強さ ③出力 ④累乗／～ deux 二乗 (数学で)／trois ～ quatre (égalent) quatre-vingt un $3^4 = 81$ ⑤力強さとこくがあり, 芳醇なワインの特徴
puissant, e [ピュイサーン, トゥ] 形 ①強力な, 強い, 権力のある ②効能のある
puits [ピュイー] 男〈単複同形〉①井戸／～ d'amour カスタードクリームやジャムを詰めたブーシェ ②生地用の小麦粉を山にし, 水, 牛乳などをまぜるために, 中央にあけるくぼみ
puligny-montrachet [ピュリニ モンラシェ] 男 ブルゴーニュ地方, コート・ド・ボーヌ地区の AOC 白, 赤ワイン
pull [ピュール] 男 セーター = pull-over
pull-over [ピュロヴェール] 男〈複 ～s-～〉セーター = pull
pulpe [ピュルプ] 女 果肉／～ d'églantine 野ばらの実: ジャムなどにする
pulsation [ピュルサスィヨン] 女 動悸, 脈拍
pulvérisateur [ピュルヴェリザトゥール] 男 スプレー
pulverisation [ピュルヴェリザスィヨン] 女 ①吹付け, 噴霧 ②粉末化
pulvérisé, e [ピュルヴェリゼ] 形 ①霧状にした, 散布した, (スプレーなどで) 吹付けた ②粉末にした
pulveriser [ピュルヴェリゼ] 動 ①霧状にする, 散布する, (スプレーなどで) 吹付ける ②粉末にする
pumpernickel [プンペーニクル] 男 アルザス地方やドイツのライ麦パンの一種

punaise [ピュネーズ]女 ①しらみ, 南京虫／P～! ちぇっ②画びょう

punch [ポーンシュ]男⊛ パンチ：ワインや紅茶にフルーツ, ラム酒などを加えた飲物／~ aux fruits フルーツポンチ／~ français フランス風パンチ

punché,e = ponché,e

puncher = poncher

punk [ポーンク]男⊛ パンクロック

pupille [ピュピーユまたはピュピール]女 瞳, 瞳孔 = prunelle

pur,e [ピュール]形 純粋な, 清浄な, 無垢の ‖ pur 男 純粋なチーズ／~ chèvre 山羊乳100%のチーズ

purée [ピュレ]女 ピュレ／~ d'anchois アンチョビペースト／~ de foie gras 50%以上のフォワ・グラ缶詰または瓶詰 = galantine de foie gras, pâté de foie gras／~ de légumes 野菜のピュレ／~ de pommes(de terre) マッシュポテト／~ de tomate トマトピュレ

pureté [ピュルテ]女 純潔, 純粋さ, 清浄

purgatif [ピュルガティーフ]男 下剤

purge [ピュールジュ]女 下剤

purification [ピュリフィカスィヨン]女 ①純化, 清浄化②精製

purifié,e [ピュリフィエ]形 ①純化した, 浄化した②精製した

purifier [ピュリフィエ]動 ①純化する, 清浄にする②精製する

pus [ピュ]男〈単複同形〉膿(うみ)

P.-V. [ペヴェ]男 ①調書：procès-verbal の略②(話言葉)駐車違反

pyjama [ピジャマ]男 パジャマ

pyorrhée [ピヨレ]女 膿漏(のうろう)／~ alvéolo-dentaire 歯周病

pyramidal,e [ピラミダール]形〈男複にはpyramidaux[ピラミド]〉ピラミッド形の

pyramidaux → pyramidal,e

pyramide [ピラミードゥ]女 角錐, ピラミッド／en ~ ピラミッド形に(の)／~ de champagne シャンパンピラミッド／~ tétragonale 四角錐

pyrénéen,ne [ピレネ・アン, エーヌ]形 ピレネ山脈(les Pyrénées)の

Pyrénées [ピレネ]固名複 les ~ ピレネ山脈

Pyrex [ピレークス]固男〈単複同形〉パイレックス：耐熱容器の商標名

Q, q

Q,q [キュ]男 フランス字母の17番め

Q.S. [キュ エス]女 十分量, 適宜, 適量： quantité suffisante の略

quadrillage [カドゥリヤージュ]男 碁盤目

quadrillé,e [カドゥリエ]形 碁盤目状または菱形状に模様を付けた → quadriller

quadriller [カドゥリエ]動 ①アイロンやグリルパンで碁盤目状や菱形状に焼きめをつける②粉をつけてフライにする前に包丁の背で碁盤目または菱形状に筋をつける③タルトやトゥルトなどに同じ生地でつくったひもで碁盤目または菱形状の模様をつける④ピサラディエールにアンチョビのフィレで碁盤目状の飾りつけをする

quadrisection [クワドゥリセクスィヨン]女 四等分

quadruple [クワドゥリュープル]形〈男女同形〉4倍の ‖ quadruple 男 4倍

quadruplé,e [クワドゥリューブレ]形 4倍にした

quadrupler [クワドゥリューブレ]動 4倍にする, 4倍になる

quai [ケ]男 ①河岸②埠頭③プラットホーム

qualificatif,ve [カリフィカティー・フ, ヴ]形 性質上の

qualification [カリフィカスィヨン]女 ①資格②修飾：文法用語

qualifié,e [カリフィエ]形 資格のある

qualifier [カリフィエ]動 ①形容する, 規定する②資格を与える③修飾する：文法用語

qualité [カリテ]女 ①質, 性質, 性能, 品質／de bonne (mauvaise) ~ 良質の (粗悪の, 安っぽい)②長所／~ de ~ 良質の③資格／en ~ de... …の資格で, …として

qualité-prix [カリテ プリー]女〈複 ~s-~〉コストパフォーマンス = rapport ~

quand [カン](疑問)副 いつ ‖ quand接 «~+文» …する時(に, は), …する~

quant à [カンタ] 前句 …に関しては, …については

quantité [カンティテ] 女 数量, 分量／en ~ (数, 量が)たくさん／en grande ~ de... たくさんの…／~ suffisante 適量：省略記号は Q.S.

quarantaine [カランテーヌ] 女 ① 40 くらい／une ~ de... 40 くらいの…② 検疫期間 ③(早生の)じゃが芋

quarante [カラーント] 形〈不変〉40 の ‖ quarante 男〈単複同形〉40

quarantième [カランティエーム] 形〈男女同形〉40 番めの ‖ quarantième 男女 40 番め

quart [カール] 男 ① 四半分, 4 分の 1／réduire...à un ~ …を 4 分の 1 になるまで煮詰める／réduire...d'un ~ …を 4 分の 1 の分量だけ煮詰める／trois ~s 4 分の 3 ② 4 分の 1 サイズ瓶 ③ 4 分の 1 時間／deux heures et ~ 2 時 15 分／trois ~s d'heure 45 分間／un ~ d'heure 15 分 ④小型のマロワルナー

quartier [カルティエ] 男 ①(町の)地区, 街②カルティエ：柑橘(かんきつ)類などのくし切り, 4 つ切り／tailler...en ~ …をカルティエに切る ③(柑橘類の)身の一袋, 房 ④ 4 分の 1 ⑤半身の牛や豚の前または後半身／cinquième ~ 肉以外の内臓, 骨, 皮などの部分

quarts-de-chaume [カール ドゥ ショーム] 男 アンジュー地方の AOC 貴腐ワイン

quasi [カズィ] 副 ほとんど, ほぼ ‖ quasi 男 シキンビ：仔牛もも肉上部

quasi- [カズィ] 接頭 「準」の意味：後ろに名詞が付く

quasiment [カズィマン] 副 ほとんど

quater [カテール] 形〈男女同形〉(同番地内の)…の 4, 4 番めの

quatorze [カトールズ] 形〈不変〉14 の ‖ quatorze 男〈単複同形〉14, (月の)14 日, 14 号室, 14 番地／le Q~ Juillet 7 月 14 日：フランス革命記念日

quatorzième [カトルズィエーム] 形〈男女同形〉14 番めの ‖ quatorzième 男女 14 番め

quatre [カートル] 形〈不変〉4 の／~ coins いたる所, 四隅／~ heures : 1) 4 時, 4 時間 2) おやつ ‖ quatre 男〈単複同形〉① 4／un sur ~ 4 分の 1 ②(月の)4 日, 4 号室, 4 番地

quatre-épices [カートレピス] 男 または 女〈単複同形〉オールスパイス＝piment de la Jamaïque

quatre-fruits [カートル フリュイ] 男複 いちご, さくらんぼ, グロゼイユ, フランボワーズの夏の赤いフルーツ＝~ rouges d'été／~ jaunes オレンジ, セドラ, ビターオレンジ, レモンで構成される黄色いミックスジャムなどのための黄色いフルーツ

quatre-mendiants [カートゥル マンディヤン] 男〈単複同形〉4 種のドライフルーツ＝mendiant

quatre-quarts [カートゥル カール] 男〈単複同形〉カトル・カール：小麦粉, 砂糖, バター, 卵を同量使ったパウンドケーキ

quatre-quatre [カートゥル カートゥル] 男〈複〉~s-~ 四輪駆動車

quatre-vingt(s) [カートゥル ヴァン] 形〈不変〉80 の ‖ quatre-vingt(s) 男〈単複同形〉80

quatre-vingtième [カトル ヴァンティエーム] 形〈男女同形〉80 番めの ‖ quatre-vingtième 男女 80 番め

quatre-vingt-dix [カートゥル ヴァン ディス] 形〈不変〉90 の ‖ quatre-vingt-dix 男〈単複同形〉90

quatre-vingt-un [カートゥル ヴァン アン] 形〈不変〉81 の ‖ quatre-vingt-un 男〈単複同形〉81

quatrième [カトゥリエーム] 形〈男女同形〉4 番めの ‖ quatrième 男女 4 番め ‖ quatrième 男 4 分の 1 ‖ quatrième 女 第 4 学年

quatrièmement [カトゥリエームマン] 副 4 番めに

que [ク] (疑問)代 (文頭に置いて)何, 何を → qu'est-ce que 接 ①(後に文を伴って)…ということを／Je sais ~ c'est bon. 私はこれがうまいことを知っている ②(ne を伴って)…しか…ない／Je ne mange ~ ça. 私はこれしか食べない ③(moins, plus などを伴った形容詞や副詞, 名詞の後で比較の対象を表す)…より／Tu as plus de couteaux ~ moi. 君は私よりたくさんのナイフを持っている ④(aussi, autant de, même など

の後で比較の対象を表す）…と同じ（くらい）/ Il mange autant ~ toi. 彼は君と同じくらい食べる ⑤(si, tant, tellement などの後に文を伴って) あまり…なので / J'avais tellement faim ~ j'ai mangé à 4 heures. 私はあまりにおなかが減っていたので、4時に食べた ‖ que (関係)代 …するところの / C'est la maison ~ mon chef a achetée. あれがシェフが買った家だ ‖ que 副 ① (後に直説法現在形を用いた文を伴って) なんて…! / Q~ tu es riche! なんて君は金持ちなんだ！② (後に接続法現在形を用いた文を伴って) …でありますように! / Q~ je sois riche! 金持ちになりますように

Québec [ケベック] 固男 ケベック：カナダの州・都市

québécois,e [ケベクワ, -ズ] 形〈男には単複同形〉ケベックの / (à la) ~e ケベック風 ‖ Québécois,e 男女〈男は単複同形〉ケベックの人

quel,le [ケール] (疑問)形 どの、どれ、何の / ~ âge 何歳 / ~le heure 何時 / ~le date 何日 / ~le jour 何曜日 / n'importe ~ → n'importe / ~ numéro 何番 / ~le sorte de... どんな種類の… / (間接疑問として) どの、何の / Je me demande ~le fille est espagnole. どの娘がスペイン人なのかを君に聞いている / «~ que soit+名詞» …がどんなものでも ‖ (感嘆)形 (後に名詞または形容詞の付いた名詞を伴って) 何と…! / Q~ le chaleur! なんて暑さだろう / tel ~ 〈男単に〉, telle ~le 〈女単に〉, tels ~s 〈男複に〉, telles ~les 〈女複に〉そのままの

quelconque [ケルコーンク] 形〈男女同形〉①適宜の、任意の ②普通の

quelque [ケールク] 形〈男女同形〉ある、何らかの / ~ chose 何か (物、こと) / ~s いくつかの

quelquefois [ケールクフワ] 副 時々、時には

quelqu'un,e [ケル・カン, キューヌ] 男女 ある人、誰か / ~,e d'autre 誰か他の人

quemeu [クムー] 男〈複 ~x〉= queneu

quenelle [クネール] 女 ①クネル：肉または魚介のすりみなどに卵、バター、小麦粉を加えてつくるだんご / ~ de brochet トマトソースまたはソース・アメリケーヌと共に供する、川かますのクネル ②クネル形：長めのラグビーボール形

queneu [クヌー] 男〈複 ~x〉フラン用アパレイユを詰めた、シャンパーニュ地方のパイ = tarte au quemeu

quercinois,e = quercynois,e

Quercy [ケルスィ] 固男 ケルシ：南西フランスの地方 ‖ quercy 男 同地方のチーズの種類 / petit q~ 同地方の、山羊乳のチーズ

quercynois,e [ケルスィヌワ, -ズ] 形〈男には単複同形〉ケルシ (Quercy) の / (à la) ~e ケルシ風 (の)：同地方の料理用表現 ‖ Quercynois,e 男女〈男は単複同形〉ケルシの人 = quercinois,e

qu'est-ce [ケース] (疑問)代 ① ~ que 何を (直接目的語を問う) = «que+倒置文» / Q~ que tu manges？ 何を食べているの ② ~ qui 何が (主語を問う) / Q~ qui se passe？ いったい何が起きているの

question [ケスティヨン] 女 質問、問題 / poser une ~ 尋ねる

quetsche [クエーチュ] 女 クエッチ：1)すももの一種 2)クエッチリキュール

queue [クー] 女 ①尻尾 / ~ de bœuf オクステイル ②(順番待ちの) 行列 / faire la ~ 行列をつくる ③海老の胴の部分 / ~ d'écrevisse 海老ざりがにの胴の部分 ④(片手鍋の) 柄 ⑤(きのこの) 柄、茎 / ~ de persil パセリの茎 ⑥大樽：ブルゴーニュ地方では456ℓ入、シャンパーニュ地方では216ℓ入の ⑦砥石 = queux

queue-de-morue [クー ドゥ モリュ] 女〈複 ~s-~-~〉燕尾服 = habit, habit à queue, queue-de-pie

queue-de-pie [クー ドゥ ピ] 女〈複 ~s-~-~〉燕尾服 = habit, habit à queue, queue-de-morue

queux [クー] 男〈単複同形〉①料理人：古い表現 / premier ~ 宮廷の料理長 ②砥石 = queue, pierre à aiguiser

qui [キ] (疑問)代 誰、誰を / (文頭に置いて) Q~ est-ce que 誰を / (文頭に置いて) Q~ ~ 誰が / À ~ 誰に ‖ (関係)代 (従属文の主語として) …するところの、…であるところの ⇒ p.749

「関係代名詞」
quiche [キーシュ]女 キーシュ：溶卵，生クリームなどに具を入れた塩味パイ = kiche ／～ lorraine キーシュ・ロレーヌ：ロレーヌ地方の，ベーコン入りキーシュ

quiconque [キコーンク]（関係）代 …するものは誰でも

quignon [キニョン]男 ①(話言葉) 丸パンの端のひと切れ ②フランドル地方の，干ぶどう入小菓子 = cougnou

quillet [キエ]男 オレンジとヴァニラ風味のバタークリームをはさんだケーキ

quincy [カンスィ]男 ロワール地方のAOC白ワイン

quinoa [キノア]男 キノア：蕎麦に似た実をつける植物

quinquennat [カンケナ]男 (大統領職などの) 5年間

quinquina [カンキナ]男 ①キナ：キナの木の樹皮 ②カンキナ酒：キナを漬けたリキュールを入れた食前酒

quinzaine [カンゼーヌ]女 ①約15 ②半月，2週間

quinze [カーンズ]形〈不変〉15の ‖ quinze 男〈単複同形〉① 15 ／～ jours 2 週間 ②(月の)15日，15号室，15番地

quinzième [カンズィエーム]形〈男女同形〉15番めの ‖ quinzième 男女 15番め

quittance [キタンス]女 (電気，ガス料金などの) 領収書

quitter [キテ]動 ①離れる／ Ne quittez pas (電話で) お待ちください／～ la table (食卓の) 席を立つ ②退職する，やめる ③(人と) 別れる ‖ se ～ 代動59 (互いに) 別れる

quoi [クワー]（疑問）代 (que の強調形) 何，何を／ C'est ～? これは何？‖（前置詞とともに）De ～ est-ce que tu as besoin ? 君は何が必要なの？／ À ～ est-ce que tu t'intéresses ? 君は何に興味があるの？‖ quoi 間投 何！，何だって！

quoique [クワーク]接 《～＋接続法の活用をする動詞を伴う文》 …ではあるが，とはいえ，…ものの／ Il faut travailler encore ～ tu sois fatigué(e). 君は疲れているとはいえ，さらに働かなければならない

quotidien,ne [コティディ・ヤン，エーヌ]形 毎日の ‖ quotidien 男 日刊紙

quotidiennement [コティディエーヌマン]副 日常的に

R, r

R,r [エール]男 フランス字母の18番め

rabais [ラベ]男〈単複同形〉値引

rabattre [ラバートゥル]動⑨ ①下ろす，下げる，割引く ②折返す ③凹凸をなくす，平たくする

râble [ラーブル]男 うさぎの背肉

rabolire [ラボリール]女 中央に柱のある円筒形の蓋付型

rabot [ラボ]男 かんな：道具

rabote = rabot(t)e

raboter [ラボテ]動 かんなで削る

rabot(t)e [ラボートゥ]女 ピカルディ地方の，りんごまたは洋梨のパイ = pomme en cage, talibur

raccommodage [ラコモダージュ]男 直し，繕(つくろ)い

raccommoder [ラコモデ]動 繕(つくろ)う

raccompagner [ラコンパニェ]動 (人を) 送って行く，見送る

raccordement [ラコールドゥマン]男 接続，連結

raccourci,e [ラクルスィ]形 縮めた ‖ raccourci 男 近道，抜道

raccourcir [ラクルスィール]動④ 縮める，短くする

raccourcissement [ラクールスィスマン]男 短縮

raccrocher [ラクローシェ]動 ①(元の位置に) 掛ける ②受話器を置く

race [ラース]女 ①人種，民族 ②品種／ ～ charol(l)aise シャロレ種の肉牛／～ jersiaise ジャージー種の乳牛／vin de ～ 単一種のワイン ③家系

Rachel [ラシェール]固女 19世紀の悲劇女優 ‖ Rachel 形〈不変〉ラシェル風(の)／ salade ～ セロリやトリュフ，じゃが芋などの千切り，アスパラガスの穂先をマヨネーズであえたサラダ

racine [ラスィーヌ]女 ①根，根元，付根 ／～ potagère 根菜 ②ルート：数学用

racle [ラークル]⦅女⦆ ①チーズ用削器＝~ à fromage, racloir ②ドアノッカー

racler [ラクレ]⦅動⦆ かき取る, こそげる

raclette[ラクレートゥ]⦅女⦆ ①ラケット: 1) スイス, ヴァレ州の, 牛乳のチーズ 2) チーズフォンデュの一種 ②スケッパー, 生地切り ③ゴムべら

racloir [ラクルワール]⦅男⦆ チーズ用削器＝ racle

raconter [ラコンテ]⦅動⦆ 語る

radeau [ラド]⦅男⦆⦅複~x⦆ いかだ／~ de poireau chaud en salade 温製ポロ葱のサラダいかだ仕立

radiateur [ラディヤトゥール]⦅男⦆ ①放熱暖房機, ヒーター ②ラジエーター, (エンジンの)冷却装置

radiation [ラディヤスィヨン]⦅女⦆ ①輻射(ふく), 放射 ②放射線／~ infrarouge 赤外線／~ ultraviolette 紫外線

radicelle [ラディセール]⦅女⦆ 支根, 細根

radin,e [ラ・ダン, ディーヌ]⦅形⦆ けちな ‖ radin,e⦅男⦆⦅女⦆ けちな人

radio [ラディヨ]⦅女⦆ ①無線 ②ラジオ ③レントゲン

radiocassette [ラディヨカセートゥ]⦅女⦆ ラジオカセット

radiographie [ラディヨグラーフィ]⦅女⦆ レントゲン写真

radiographique [ラディヨグラフィーク]⦅形⦆⦅男女同形⦆ レントゲン写真の

radioscopie [ラディヨスコピ]⦅女⦆ X線透視, レントゲン透視

radio-taxi [ラディヨ タークスィ]⦅男⦆⦅複~ ~s⦆ 無線タクシー

radiothérapie [ラディヨテラピ]⦅女⦆ 放射線治療

radis [ラディ]⦅男⦆⦅単複同形⦆ 二十日大根, ラディッシュ／~ rose／~ blanc 大根／~ noir 黒大根

raffermir [ラフェルミール]⦅動4⦆ 一層ひき締める, 固める, 強固にする

raffinage [ラフィナージュ]⦅男⦆ 精製

raffiné,e [ラフィネ]⦅形⦆ ①あかぬけた, 洗練された ②精製された／sucre ~ 精製糖 ‖ raffiné,e⦅男⦆⦅女⦆ 洗練された人

raffinement [ラフィーヌマン]⦅男⦆ ①洗練 ②極み

raffiner [ラフィネ]⦅動⦆ ①精製する ②洗練する ③凝る

rafle [ラーフル]⦅女⦆ (ぶどうの)花梗(こう)

rafraîchi,e [ラフレシ]⦅形⦆ 冷やした

rafraîchir [ラフレシール]⦅動4⦆ ①涼しくする, 冷やす／~ le goût 口直しをする ②再び新鮮にする ③さわやかにする ‖ se ~ ⦅代動4⦆59 ①冷える ②冷たいものを飲む

rafraîchissant,e [ラフレシサン, トゥ]⦅形⦆ さわやかな, 清涼の／boisson ~e 清涼飲料＝ rafraîchissement

rafraîchissement [ラフレシスマン]⦅男⦆ ①冷却 ②清涼飲料＝ boisson rafraîchissante ③飲料, フルーツ, デザートなどの冷たいもの／~ de bouche (コース料理中の冷たい)口直し

rafraîchisseur [ラフレシスール]⦅男⦆ ①冷却器 ②ワインなどのクーラー＝ rafraîchissoir／~ à caviar キャヴィアスタンド／~ à vin ワインクーラー

rafraîchissoir [ラフレシスワール]⦅男⦆ (ワインなど用) クーラー＝ rafraîchisseur／~ à champagne シャンパンクーラー

rage [ラージュ]⦅女⦆ ①狂犬病 ②激怒／être en ~ 激しく怒っている

ragnit [ラグニートゥ]⦅男⦆ ドイツ, スイスの, 牛乳のチーズ＝ tilsit

ragougnasse [ラグーニャース]⦅女⦆ (俗語)まずいシチュー, 料理

ragoût [ラグー]⦅男⦆ 肉, 魚, 野菜などの煮込, シチュー

ragoûtant,e [ラグータン, トゥ]⦅形⦆ うまそうな／peu ~,e まずそうな

ragoûter [ラグーテ]⦅動⦆ 食欲をそそる

raide [レードゥ]⦅形⦆⦅男女同形⦆ ①硬い, こわばった ②(角度が)急な ③堅苦しい

raidi,e [レディ]⦅形⦆ ①硬くなった ②色づけせずに加熱した

raidir [レディール]⦅動4⦆ ①硬くする, 硬くなる, こわばらせる ②肉の表面だけを色づけせずに加熱する

raie [レ]⦅女⦆ ①えい:魚／~ bouclée ルーブえい／~ cornue いとまきえい／~ cendrée 白がんぎえい／~ chardon あざみえい／~ douce 甘えい／~ fleurie 花えい ②縞, 線／~s horizontales 横縞／~s verticales 縦縞 ③(髪の)分けめ

raifort [レフォール]⦅男⦆ 西洋わさび, ホースラディッシュ＝ cran, cranson／~ du Japon わさび＝ wasabi／~ râpé おろしたホースラディッシュ／sauce

～ ソース・レフォール：おろした西洋わさびに調味料，クリーム，レモン汁を加えてまぜた冷製ソース

rail [ラーユ] 男 レール

rainure [レニュール] 女 (金属や木材などに彫った)溝

rainwater [レインウォータ] 男 レインウォーター：マデラ酒の種類

raïoles [ラヨール] 男複 ラヴィオリのプロヴァンス地方での呼称

raiponce [レポンス] 女 かぶらきききょう：根をサラダにする野菜

raisin [レザン] 男 ぶどうの実：料理では常に複数／～ blanc 白ぶどう／～ de Caisse ケスレーズン：小粒で種なしの干ぶどう用白ぶどう／～ de Corinthe コリントレーズン：小粒で種なしの干ぶどう用のギリシアのぶどう／～ de cuve ワイン用ぶどう／～ de Malaga マラガ：大粒で干ぶどう用のスペインのぶどう／～s de mer 1)いか，たこの卵 2)海ぶどう：海藻／～ de Smyrne サルタナ：大粒で干ぶどう用のトルコのぶどう／～ de table 生食用ぶどう／～ noir 黒ぶどう／～ sec 干ぶどう

raisiné [レズィネ] 男 ぶどう果汁で，洋梨などと共に砂糖を加えずにつくった，ブルゴーニュ地方のジャム

raisinée [レズィネ] 女 スイスの，りんごまたは洋梨のジャム

raison [レゾン] 女 ①理性，理由／à plus forte ～ なおさら／en ～ de... …の理由で／pour quelle ～ 何故／sans ～ particulière なぜか，何となく②口実，動機，わけ③根拠，理屈／Vous avez ～. あなたの言うとおりです④割合／à ～ de A pour B B あたりAの割合で／～ inverse 反比例⑤社名，商号／～ sociale

raisonnable [レゾナーブル] 形〈男女同形〉もっともな，リーズナブルな

raïte [ライトゥ] 女 トマト，玉ねぎ，くるみ，にんにく，香草をオリーヴオイルと赤ワインと共に煮込んだプロヴァンス地方のソース = raïto, rayte

raiteau [レト] 男〈複～x〉小えい：魚 = raiton

raïto [ライト] 女 = raïte

raiton [レトン] 男 小えい = raiteau

rajouter [ラジュテ] 動 さらに加える，つけ足す

raki [ラキ] 男 トルコの，アニス風味のリキュール

ralentir [ラランティール] 動4 (速度を)緩める

rallonge [ラローンジュ] 女 継足した部分／table à ～ 折畳テーブル

rallongé,e [ラロンジェ] 形 継足した，のばした

rallongement [ラローンジュマン] 男 ①継足し②(休暇などの)延長

rallonger [ラロンジェ] 動25 継足す，のばす

rallye [ラリ] 男 自動車レース，ラリー

ramadan [ラマダン] 男 イスラムの断食月

ramasse-miettes [ラマス ミエートゥ] 男〈単複同形〉(卓上)パン屑用クリーナー

ramasser [ラマセ] 動 ①拾う②寄せ集める

ramboutan [ランブタン] 男 ランブタン：東南アジアのフルーツ

ramdam [ラムダーム] 男 (俗語) イスラムの断食月の終りの，羊の丸焼などを供する大宴会

ramener [ラムネ] 動5 ①(元の状態に)戻す，連れ戻す②持帰る，連れて来る

ramequin [ラムカン] 男 ①ラムカン：円筒形の小型耐熱容器②クリームとあえた玉ねぎやにんにく，腎臓などをトーストにのせた料理／～ vaudois パン・ド・カンパーニュとグリュイエールチーズをグラタン皿に交互に重ね，卵，牛乳をまぜて加え，オーヴンで焼いた，スイス，ヴォ州の料理

ramer [ラメ] 動 舟をこぐ

ramier [ラミエ] 男 森鳩 = palombe, pigeon

ramolli,e [ラモリ] 形 柔らかくした

ramollir [ラモリール] 動4 (使うには固すぎるものを)柔らかくする

ramollissement [ラモリースマン] 男 軟化／～ cérébral 脳軟化症

ramoner [ラモネ] 動 すす払いをする，煙突掃除をする

rampe [ランプ] 女 ①勾配，斜面，スロープ②手すり③欄干④(高速道路の)ランプウェー

ran [ラン] 男 ヨーロッパばい：貝 = bulot

rance [ランス] 形〈男女同形〉(脂肪が酸

ranci,e [ランスィ] 形 (脂肪やバターが)酸敗した

rancio [ランスィヨ] 男 樽に入れ日光にあてて熟成させた天然甘口ワイン

rancir [ランスィール] 動4 脂肪, バターなどが酸敗する

rancissement [ランスィースマン] 男 (バター, 油などの)酸敗

randonnée [ランドネ] 女 (長距離を歩く)遠足, ハイキング

rang [ラン] 男 ①順番, 席次, ランク ②(横の)列

rangé,e [ランジェ] 形 ①整理された ②きちんとした ‖ rangée 女 並び, 列

rangement [ランジュマン] 男 後片づけ

ranger [ランジェ] 動25 片づける, 揃える, 並べる, 整理する

raout [ラウトゥ] 男 大宴会, 大パーティ

râpage [ラパージュ] 男 すりおろすこと

rapatrier [ラパトゥリエ] 動 ①本国に送還する ②本国に送金する

râpe [ラープ] 女 おろし器 / ~ à fromage チーズおろし / ~ à muscade ナツメグおろし

râpé,e [ラペ] 形 おろした, すった ‖ râpé 男 ①おろしチーズ ②すりおろしたもの / ~ du Morvan じゃが芋とチーズを焼いた料理 ③ラペ: 1) 樽に残ったワインやぶどうの絞りかすまたは残り物のワインに水を加えた飲物 2) 新しいワインに古いものを加えた飲物 3) ワイン清澄用木片

râper [ラペ] 動 おろし器でおろす, 削る, すりおろす

râpeux,se [ラプー, ズ] 形 (男には単複同形) ①きめの粗い ②渋味が強く口がひりひりするワインの形容

rapide [ラピードゥ] 形 (男女同形) ①速い ②急激な ‖ rapide 男 特急列車

rapidement [ラピドゥマン] 副 ①すばやく, 速く ②急激に

rapidité [ラピディテ] 女 素早さ

rappeler [ラプレ] 動7 ①呼戻す ②思い出させる ③再び電話する ‖ se ~ 代動59 覚えている, 思い出す

rapport [ラポール] 男 ①比率 / dans le ~ de un à trois 1対3の割合で / par ~ à... …との関連で, …に比して ②報告書, リポート

rapporter [ラポルテ] 動 ①返す ②持ち帰る ③もたらす ④報告する

rapporteur [ラポルトゥール] 男 分度器

rapprochement [ラプローシュマン] 男 関係づけ

rapprocher [ラプローシェ] 動 近づける, 寄せる ‖ se ~ 代動59 / se ~ de... :1) …に近づく 2) …と親しくなる

rare [ラール] 形 (男女同形) ①まれな ②わずかな

rarement [ラールマン] 副 まれに

ras,e [ラ, ーズ] 形 ①毛足の短い ②すりきりの, すれすれの / une cuillerée à soupe ~e de... 大さじすりきり1杯の… ‖ ras 形 ①すれすれ / à ~ de ..., au ~ de..., ~ de... …とすれすれに ②毛足の短い布 / ~ de couenne 皮に付いている繊維の多い脂肪

rascasse [ラスカース] 女 かさご = crapaud de mer, poisson-scorpion, scorpène, scorpion de mer, truie de mer / ~ brune ゆびふさかさご / ~ rouge おにおこぜに似たかさご = chapon de mer / ~ de fond ゆめかさご = chèvre de mer

ras-du-cou [ラデュクー] 男 〈単複同形〉クルーネック

rasé,e [ラゼ] 形 剃った

raser [ラゼ] 動 (他人や動物を)剃る ‖ se ~ 代動59 (自分のひげなどを)剃る

rasoir [ラズワール] 男 かみそり

rassasiement [ラサズィマン] 男 飽食

rassasier [ラサズィエ] 動 堪能させる, 満腹させる, うんざりさせる ‖ se ~ 代動59 満腹する

rassemblement [ラサーンブルマン] 男 ①集合 ②人だかり ③団結, 連合

rassembler [ラサンブレ] 動 集める, 集合させる ‖ se ~ 代動59 集まる

rassir [ラスィール] se ~ 代動4 59 ①(パンが)固くなる ②(肉が)熟成する

rassis,e [ラスィ, ーズ] 形 (男には単複同形) ①パンやケーキなどの, 中はまだ柔らかいが, 外皮の固くなった ②肉が熟成した ‖ rassis 男 〈単複同形〉少し固くなったパン

rassissement [ラスィースマン] 男 ①パンの硬化 ②肉の熟成

rassurer [ラスュレ] 動 安心させる ‖ se ~ 代動59 安心する

rasteau [ラスト] 男 コート・デュ・ローヌ地方のAOC天然甘口赤, 白, ロゼワイン

rat [ラ] 男 ねずみ

rata [ラタ] 女 ①ラタトゥーユの略 → ratatouille ②(俗語)粗末な食事, まずいごった煮

ratafia [ラタフィヤ] 男 ①フルーツを加えたリキュール/〜 de noyaux 種のラタフィア ②シャンパーニュ及びブルゴーニュ地方の, ぶどう果汁でつくったリキュール

ratatouille [ラタトゥーユ] 女 ①ラタトゥーユ：プロヴァンス野菜のトマト煮込 ②(話言葉)まずい料理, ごった煮

ratavia [ラタヴィヤ] 女 ラタフィアの, コルシカでの呼称= ratafia

rate [ラートゥ] 女 脾臓

raté,e [ラテ] 形 ①しくじった, 落ちこぼれた ②乗遅れた

ratelle [ラテール] 女 (食用肉の)腹膜

rater [ラテ] 動 ①しくじる, 落ちこぼれる ②乗遅れる

ratière [ラティエール] 女 ねずみ捕り器

ration [ラスィヨン] 女 (1人分の)糧食

raton [ラトン] 男 ①子ねずみ ②チーズパイ ③砂糖をまぜたチーズまたはカスタードクリーム入タルトレット ④マカロン, アーモンド入ケーキ

R.A.T.P. [エーラテペ] 固女 パリ市営地下鉄：Régie autonome des transports parisiens (パリ交通公団)の略

ratte [ラートゥ] 女 じゃが芋の品種

rattraper [ラトゥラーペ] 動 ①再び捕まえる ②追いつく, 取戻す

rave [ラーヴ] 女 かぶ, 大根/〜 rose 二十日大根 = radis / céleri 〜 芋セロリ, 根セロリ / chou 〜 コールラビ

ravichet [ラヴィシェ] 女 紫からし

ravier [ラヴィエ] 男 オードヴル用小皿

ravigote [ラヴィゴートゥ] 女 ①元気づけ ②ソース・ラヴィゴット：1)香草に, ケーパー, 玉ねぎのみじん切りなどをまぜた冷製ソース 2)白ワイン, 酢, ミュルト, バター, 香草などでつくる温製ソース = sauce 〜/ beurre 〜 ラヴィゴットふうバター：エシャロット, エストラゴン, パセリ, セルフイユとバターをすりつぶして裏漉(ごし)した合せバター / mayonnaise à la 〜 エシャロット, エストラゴン, パセリ, セルフイユ, マスタードを加えたマヨネーズ

ravioli [ラヴィヨリ] 男複 伊 ラヴィオリ

raviol(l)e [ラヴィオール] 女 ①挽肉とほうれん草かふだん草, フレッシュチーズを入れた, ニース及びコルシカのラヴィオリ ②小麦粉, ほうれん草, ふだん草, トムチーズ, 卵をまぜて丸め, ゆでてからおろしチーズをふり, オーヴンで焼いたサヴォワ地方の料理

ravitaillement [ラヴィターユマン] 男 (食糧などの)供給, 補給

rayé,e [レイエ] 形 縞のある, 筋を付けた, 線入の

rayer [レイエ] 動 31 ①筋をつける ②線を引く, 線を引いて抹消する

rayon [レヨン] 男 ①(デパートなどの)売場, 棚 ②半径 ③光線/〜s de soleil 日光/〜 laser レーザー光線/〜s 放射線/〜s X エックス線, レントゲン

rayonnant,e [レヨナン, トゥ] 形 ①輝きを放つ ②放射状の

rayonne [レヨーヌ] 女 レーヨン/ en 〜 レーヨン製の

rayte = raïte

rayure [レユール] 女 ①縦縞模様 ②筋, 溝

réaction [レアクスィヨン] 女 ①反応 ②反動, 反発

réadaptation [レアダプタスィヨン] 女 復帰訓練, リハビリ(テーション)

réalisateur,rice [レアリザトゥール, リース] 男女 ①実行者, 実現者 ②映画監督

réalisatrice → réalisateur,rice

réalisé,e [レアリゼ] 形 ①実行した ②つくった

réaliser [レアリゼ] 動 ①実現する, 実行する ②つくる

réalité [レアリテ] 女 現実/ en 〜 本当は

réaménagement [レアメナージュマン] 男 改装, リフォーム = rénovation

réaménager [レアメナジェ] 動 25 = rénover

rebarbe [ルバールブ] 女 山羊乳の青かびチーズ, 牛乳, ブランデーをまぜて熟成させた, ラングドック地方のチーズペースト

rebibe [ルビーブ] 男 ハードタイプのチーズを薄く削ったもの

reblochon [ルブロショーン] 男 サヴォワ地方の, 牛乳のAOCチーズ

rebondi,e [ルボンディ] 形 ふっくらした, 丸々と太った

rebondir [ルボンディール] 動 4 ①跳ね返る ②再度活発になる ③腹がでる, ふくらむ

rebord [ルボール] 男 縁, 枠(?)

rebouteur, se [ルブートゥー・ル, ズ] 男女 接骨医, 骨接ぎ = rebouteu*x,se*

rebouteux, se [ルブートゥー, ズ] 男女〈男は単複同形〉= rebouteur,se

recalé, e [ルカーレ] 形 （試験に）不合格の, 落第の ‖ recalé,e 男女 不合格者

récemment [レサマン] 副 最近

récent, e [レサント, トゥ] 形 最近の

réceptacle [レセプタークル] 男 花托(だく)

récept*eur*, *rice* [レセプトゥー・ール, リース] 形 受信の ‖ récepteur 男 受信機, 受話器, レシーバー

réception [レセプスィヨン] 女 ①受信, 受領 ②歓迎会, レセプション ③面接 ④加入 ⑤受付, （ホテルなどの）フロント

réceptionniste [レセプスィヨニーストゥ] 男女 受付係, （ホテルなどの）フロント係

recette [ルセートゥ] 女 ①レシピ, 料理法 ②こつ, やり方 ③受領額, 入金額／~ de ventes 売上高 ④税務署

recevoir [ルスヴォワール] 動 38 ①受ける, 受取る ②応接する, 招待する

rechange [ルシャンジュ] 男 交換, 取換／de ~ 予備の

réchaud [レショ] 男 こんろ

réchauffage [レショファージュ] 男 再加熱

réchauffé, e [レショフェ] 形 温めなおした, 再加熱した

réchauffer [レショフェ] 動 温めなおす, 再加熱する

rêche [レーシュ] 形〈男女同形〉①（手触りが）粗い ②（味が）渋い ③気難しい

recherche [ルシェールシュ] 女 捜索, 探求, 追求／~s 研究

recherché, e [ルシェルシェ] 形 ①人気のある, 珍しい ②凝った

rechercher [ルシェルシェ] 動 ①（念入りに）探す ②調査する

récipient [レスィピヤン] 男 容器

réciproque [レスィプローク] 形〈男女同形〉（2人や2機関の間で）互いの

réciproquement [レスィプロークマン] 副 互いに

récit [レスィ] 男 物語

récital [レスィタール] 男〈複 ~s〉リサイタル

réclamation [レクラマスィヨン] 女 ①請求, 要求 ②抗議, 文句

réclamé, e [レクラーメ] 形 必要とする, 要求された／montant ~ 請求金額

réclamer [レクラーメ] 動 ①主張する ②請求する, 求める ③苦情を言う, 抗議する

récollet [レコレ] 男 ロレーヌ地方の, 牛乳のチーズ = tholy

récoltant, e [レコルタン, トゥ] 男女 ①収穫者 ②自作農

récoltant-manipulant [レコルタン マニピュラン] 男〈複 ~s-~s〉シャンパンを自家製造する, シャンパーニュ地方のぶどう栽培者

récolte [レコールトゥ] 女 （作物の）収穫

récolter [レコルテ] 動 （作物を）収穫する

recombinaison [ルコンビネゾン] 女 組換／~ génétique 遺伝子組換

recommandation [ルコマンダスィヨン] 女 ①お勧め, 推薦 ②推薦状 = lettre de ~ ③勧告

recommandé, e [ルコマンデ] 形 ①お勧めの, 推薦された／plat ~ お勧め料理 ②書留の／lettre ~e 書留郵便

recommander [ルコマンデ] 動 ①価値を保証する, 推薦する, 勧める ②勧告する ③書留にする

recommencer [ルコマンセ] 動 32 ①再開する ②やり直す ③再び始まる

récompense [レコンパーンス] 女 報酬, 褒美／en ~ de... …の褒美として

récompenser [レコンパンセ] 動 表彰する, 報酬を与える, 褒美を与える

reconduire [ルコンデュイール] 動 11 （人を）送って行く, 見送る

reconfirmation [ルコンフィルマスィヨン] 女 （予約などの）再確認

reconfirmer [ルコンフィルメ] 動 （予約などを）再確認する

reconnaissance [ルコネサンス] 女 感謝

reconnaissant, e [ルコネサン, トゥ] 形 ありがたく思う／«être の単純未来形＋~,e à A de B» A (人) が B してくださいれば有難く存じます

reconnaître [ルコネートゥル] 動 12 ①覚えている, (それと) わかる ②承認する, 認める

reconnu, e [ルコニュ] 形 認められた

reconstituer [ルコンスティテュエ] 動 (もとの形に)戻す

recoudre [ルクードゥル] 動39 〈備考〉繕う, (破れ目などを)縫う

recouvert,e [ルクーヴェール, トゥ] 形 覆った, 覆われた

recouvrir [ルクーヴリール] 動29 ①再び覆う ②すっかり覆う／～ à hauteur ひたひたにする ③ふたをする

récré [レークレ] 女 (学校の)休憩時間；récréation の略

récréation [レクレアスィヨン] 女 ①休養, 息抜き ②(学校の)休憩時間 = récré

recrutement [ルクリュトゥマン] 男 (人の)募集

recruter [ルクリュテ] 動 (人を)募集する

rectangle [レクターングル] 形 〈男女同形〉直角の ‖ rectangle 男 長方形

rectangulaire [レクタンギュレール] 形 〈男女同形〉①長方形の ②直角の

rectification [レクティフィカスィヨン] 女 修正

rectifier [レクティフィエ] 動 修正する, 整える

recto [レクト] 男 (本の) 表／～ verso 表裏の

rectum [レクトーム] 男 直腸

reçu,e [ルスュ] 形 ①歓迎された ②合格した, 認められた ‖ reçu 男 領収書, レシート ‖ reçu,e 過分 → recevoir 38

recuire [ルキュイール] 動11 再加熱する, 煮戻す, 焼きなおす

recuit,e [ルキュイ-トゥ] 形 再加熱した, 煮込んだ ‖ recuite 女 羊の凝乳

reculer [ルキュレ] 動 後退する, バックする

récupérer [レキュペレ] 動36 ①回収する ②回復する ③返してもらう, 取戻す

récurer [レキュレ] 動 (鍋などを)磨く／poudre à ～ クレンザー

recyclage [ルスィクラージュ] 男 リサイクル

recycler [ルスィークレ] 動 リサイクルする

redevance [ルドゥヴァーンス] 女 ①使用料／～ téléphonique 電話代 ②地代

redoubler [ルドゥーブレ] 動 落第する, 留年する

réduction [レデュクスィヨン] 女 ①減少, 割引 ②煮詰り, 煮詰めること ③煮詰汁

réduire [レデュイール] 動11 ①縮小する, 減らす／～ en poudre 粉々にする ②(速度を)緩める ③煮詰める／～...à glace スプンの底に付くくらいの濃度になるように…を煮詰める／～...à sec 水分がなくなるまで…を煮詰める／～...d'une moitié, ～ de moitié …を半分に煮詰める／～...à un tiers …を3分の1になるまで煮詰める／～...d'un tiers …を3分の1の分量だけ煮詰める ‖ se ～ 代動11 59 煮詰る

réduit,e [レデュイ, -トゥ] 形 ①値引された, 減らされた ②煮詰めた

rééducation [レエデュカスィヨン] 女 復帰訓練, リハビリ(テーション)

réellement [レエールマン] 副 本当に

refaire [ルフェール] 動21 つくり直す

refait,e [ルフェ-トゥ] 形 つくり直した, やり直した, 改装済の

réfection [レフェクスィヨン] 女 修道院の会食

réfectoire [レフェクトゥワール] 男 (修道院などの)食堂

référence [レフェラーンス] 女 参照, 参考／～s 身元保証書

refermer [ルフェルメ] 動 再び閉じる

réfléchi,e [ルフレシ] 形 ①思慮深い ②反射の

réfléchir [レフレシール] 動4 ①反射する, 反響する ②(話言葉) よく考える, 思う, 気がつく

refourrer [ルフーレ] 動 腸詰を別の腸に重ねて入れる

réfractomètre [レフラクトメートゥル] 男 屈折計, 糖度計

réfrigérateur [レフリジェラトゥール] 男 冷却器, 冷蔵庫 = frigo

réfrigération [レフリジェラスィヨン] 女 冷却, 冷凍

réfrigéré,e [レフリジェレ] 形 冷却した, 冷凍した = congelé,e

réfrigérer [レフリジェレ] 動 冷却する, 冷凍する

refroidi,e [ルフルワディ] 形 冷ました, 冷めた, 冷却した

refroidir [ルフルワディール] 動4 冷ます, 冷却する ‖ se ～ 代動 4 59 冷える

refroidissement [ルフルワディースマン] 男 冷ますこと, 冷却

refuge [ルフュージュ] 男 避難小屋, 避難所, 山小屋

réfugié, e [レフュジエ] 形 ①避難した ②亡命した ‖ réfugié, e 男 女 ①避難民 ②亡命者

refuser [ルフュゼ] 動 拒否する, 拒む

regail [ルガーユ] レユニオン島の, カレー用香辛料

régal [レガール] 男〈複 ~s〉①ご馳走, 大好物 ②楽しみ, 喜び ③饗宴

régalade [レガラードゥ] 女 ①一気飲み / boire à la ~ 容器に口を接触させずに飲む ②ご馳走

régaler [レガレ] 動 ①歓待する, ご馳走する ②(話言葉) おごる ③地ならしする ‖ se ~ 代動59 おいしく食べる, 楽しむ

regard [ルガール] 男 ①視線, 注目 ②目つき

regarder [ルガルデ] 動 (意思を持って) 見る, 注目する

régence [レジャーンス] 女 ①摂政, 摂政政治 ② R~ 18世紀初頭オルレアン公フィリップの摂政時代 / (à la) R~ レジャンス風(の), 摂政時代風(の): 高価な料理用表現 / garniture R~ 焼色を付けたポム・デュシェスにほうれん草のせたもの, アーティチョーク, 骨髄で構成する付合せ / sauce R~: 1) 玉ねぎとハムをソテし, エシャロットと赤ワインを加えて煮詰めてから鶏の白いフォンを入れて再び煮詰めたソース 2) ミルポワ, トリュフ, 白ワインを煮詰め, ドミグラスソースを加えたソース

régime [レジーム] 男 ①体制, 制度 ②食餌療法, ダイエット / ~ amaigrissant 痩身ダイエット / être au ~, suivre un ~ ダイエットをしている / ~ carné 肉食習慣 / ~ végétarien 菜食療法 (バナナの) 房

reginette [レジネッテ] 女複 伊 端がリボン状に縮れた, 薄くて長いイタリアの乾燥パスタ

région [レジョン] 女 ①(文化圏としての)地方 ②(行政上の)地域, 地方

régional, e [レジョナール] 形 男複 には régionaux [レジョノ]〉郷土の, 地方の / cuisine ~e (文化圏としての) 郷土料理, 地方料理

régionaux → régional, e

registre [ルジーストゥル] 男 ①記録簿, 帳簿 / ~ de l'hôtel 宿帳 ②音域

réglable [レグラーブル] 形〈男女同形〉調節のできる ②支払可能

règle [レーグル] 女 ①定規, 物差 ②規則, 規定 / ~s 生理, 月経

réglé, e [レグレ] 形 調節された

règlement [レーグルマン] 男 ①規則, 規定 ②条例, 法規 ③解決, 後始末 ④決算, 精算 = ~ de compte

réglementation [レーグルマンタスィヨン] 女 規制, 規則

réglementer [レーグルマンテ] 動 規制する, 規則を決める

régler [レグレ] 動 36 ①調節する ②支払う, 清算する = payer / ~ comptant 現金で支払う ③解決する, 決定する ④(時間を)合せる, 調節する ⑤好みの温度で火を止める ⑥加熱した材料に沸騰したブイヨンやフォンを入れ, 脂肪をすくいとる

réglisse [レグリース] 女 甘草(カンゾウ) ‖ réglisse 男 ①甘草根:甘味用, 薬用材料 ②甘草でつくった飴

regrettable [ルグレターブル] 形〈男女同形〉残念な

reguigneu [ルギニュー] 男〈複 ~x〉= requigneu

régularisation [レギュラリザスィヨン] 女 ①正規化, 正常化 ②調節

régulation [レギュラスィヨン] 女 制御, 調節

régulier, ère [レギュリエ, エール] 形 ①一定の, 規則的な ②定期的な ③合法的な, 正規の

régulièrement [レギュリエールマン] 副 欠かさず, 規則的に, むらなく

réhaussé, e [レオセ] 形 ①さらに高めた, 引上げた ②引立たせた ③スパイスを効かせた

réhausser [レオセ] 動 ①さらに高める, 引上げる ②引立たせる ③スパイスを効かせる

réhoboam [レオボアーム] 男 4.5ℓ入シャンパン瓶

Reims [ラーンス] 固 ランス: シャンパーニュ地方の都市

rein [ラン] 男 腎臓 / ~s 腰 / avoir mal aux ~s 腰が痛い / tour de ~s ぎっくり腰

reine [レーヌ] 女 王妃, 女王 / (à la) ~ 王妃風(の): 繊細で優雅な鶏料理用表現 / pain à la ~ 小さくて軽いミルク

入の昔のパン／~ des noires ズッキーニの品種／~ des reinettes すももの品種

reine-claude [レーヌ クロードゥ] 囡〈複 ~(s)-~s〉すももの品種

reine-des-prés [レーヌ デ プレ] 囡〈複 ~s-~~〉西洋なつゆき草：花の強い香りをデザートなどに利用する

reine-marguerite [レーヌ マルグリートゥ] 囡〈複 ~s-~s〉えぞ菊

reinette [レネートゥ] 囡 酸味の強いりんごの品種

rejeter [ルジュテ] 動 7 吐き出す

réjouir [レジュイール] 動 4 楽しませる ∥ se ~ 代動 4 59 喜ぶ

réjouissance [レジュイサーンス] 囡 ①（集団での）祝い／~s 祝賀行事 ②歓喜 ③肉を買う時のおまけの骨

relâché, e [ルラーシェ] 形 ①弛緩(しかん)させた，たるんだ ②（ソースなどを）のばした，ゆるめた ③釈放された

relâchement [ルラーシュマン] 男 ①弛緩(しかん)，たるみ，ゆるみ ②（ソースなどの）のばし

relâcher [ルラーシェ] 動 ①弛緩(しかん)させる，ゆるめる ②（ソースなどを）のばす ③釈放する ∥ se ~ 代動 59 ①たるむ，緩む ②つくった後で生地やクリームが柔らかくなる，だれる

relais [ルレー] 男〈単複同形〉①中継 ②食事も提供する宿

relatif, ve [ルラティー・フ, ヴ] 形 ①~, ve à... …に関する，…についての ②相対的な ③関係の：文法用語／pronom ~ 関係代名詞 ∥ relative 囡 関係詞節 = proposition ~ve

relation [ルラスィヨン] 囡 関係／être en (~s) avec... …と交際している

relativement [ルラティーヴマン] 副 比較的

relaxation [ルラクサスィヨン] 囡 リラクゼイション

relax(e) [ルラークス] 形〈男女同形〉(笑)リラックスさせる ∥ relax 男〈単複同形〉休息，休養

relaxer [ルラークセ] 動 リラックスさせる ∥ se ~ 代動 59 力を抜く，リラックスする

relayer [ルレイエ] 動 31 交代する

relent [ルラーン] 男（染みついた）悪臭

relevé, e [ルルヴェ] 形 ①引上げられた ②味を強めた，辛い，香辛料のきいた ∥ relevé 男 ①一覧表 ②ルルヴェ：1) ある料理の後の料理，後段料理／~ de poisson 魚の後段料理／~ de rôt ローストの後段料理　2) ポタージュの後の大きな塊の肉または丸ごと調理した鶏などの料理 = ~ de potage

relèvement [ルレーヴマン] 男 値上げ

relever [ルルヴェ] 動 5 ①起す，引上げる ②味をきかせる，味を強める = ~ le goût

relief [ルリエーフ] 男 浮彫，レリーフ／en ~ 立体的な，浮彫状の／~s（手をつけていない料理の）残りもの

relier [ルリエ] 動 つながる，結ぶ

religieux, se [ルリジユー, ズ] 形〈男には単複同形〉宗教的な，宗教の ∥ religieux, se 男〈男は単複同形〉修道士，修道女 ∥ religieuse 囡 ルリジューズ：1) カスタードクリームやシブストを詰めたシュークリームの上に小さいシュークリームをのせ，バタークリームを絞ったケーキ　2) チョコレートまたはコーヒー風味のシュークリームにバタークリームを塗ったデコレーションケーキ　3) 干ぶどうを加えたりんごとアプリコットジャムを入れたタルト

reliure [ルリユール] 囡 ①製本 ②（皮の）装丁 ③バインダー

reluire [ルリュイール] 動 11（反射して）輝く／faire ~ ぴかぴかに磨く

reluisant, e [ルリュイザン, トゥ] 形（反射して）ぴかぴかの

remarquable [ルマルカーブル] 形〈男女同形〉すばらしい，傑出した

remarque [ルマールク] 囡 ①指摘，注意／~s 注意書 ②備考

remarquer [ルマルケ] 動 ①注目する ②気が付く

remboursement [ランブールスマン] 男 払戻し

rembourser [ランブールセ] 動 払戻す

remède [ルメードゥ] 男 ①薬 ②治療法 ③打つ手，対抗手段

remerciement [ルメルスィマン] 男〈複 ~s で使うことが多い〉感謝

remercier [ルメルスィエ] 動 感謝する／~ A de B, ~ A pour B　A（人）にBを感謝する

remettre [ルメートゥル] 動 26 ①しまう，元に戻す ②補充する ③提出する，渡

remis, e [ルミ、ズ] 形 〈男には単複同形〉回復した、元通りにした、延期した ‖ remise 女 ①元に戻すこと／~ en ordre 後片づけ ②引渡し、授与 ③延期 ④値引、割引 ⑤提出 ⑥免除 ⑦手数料

rémois, e [レモワ、ーズ] 形 〈男には単複同形〉ランス (Reims) の／(à la) ~e ランス風(の)：同地の料理に用いる表現 ‖ Rémois, e 男女 〈男は単複同形〉ランスの人

remontant, e [ルモンタン、トゥ] 形 強壮の，元気づけの ‖ remontant 男 強壮剤

remonter [ルモンテ] 動 ①再び上がる，再び登る，再び乗る ②さかのぼる ③元気づける ④マヨネーズなどの乳化ソースが分離した時に卵黄などを加えて修正する

remorque [ルモルク] 女 ①引舟 ②トレーラー／~ de camping キャンピングトレーラー

remouiller [ルムーイエ] 動 ①再び湿らせる ②再び液体を加える

rémoulade [レムーラードゥ] 女 ソース・レムラード = sauce ~: 1) パセリなどの香草やマスタード、ケーパー、みじん切りしたゆで卵を加えた冷製料理用のソース　2) マスタード、にんにく、胡椒を加えたサラダ用マヨネーズ

remplaçant, e [ランプラサーン、トゥ] 形 代理の ‖ remplaçant, e 男女 代理人

remplacement [ランプラースマン] 男 入替、代替、代理

remplacer [ランプラーセ] 動32 ①代る，代替する，代理をする ②取替える

rempli, e [ランプリ] 形 いっぱいの、満たした

remplir [ランプリール] 動4 満たす／~ A de B　AをBで満たす

remporter [ランポルテ] 動 ①持帰る、持去る ②勝ちとる

remuage [ルミュアージュ] 男 ①まぜること ②（シャンパン製造時の）動瓶(どうびん)

remuant, e [ルミュアン、トゥ] 形 活動的な、活発な／en remuant... …をまぜながら → remuer

remué, e [ルミュエ] 形 ①動かした ②まぜた

remuer [ルミュエ] 動 ①動かす ②ゆっくりまぜる

remueur, se [ルミュウー・ル、ズ] 男女 （シャンパン製造の）動瓶(どうびん)係

rémunération [レミュネラスィヨン] 女 謝礼金、報酬

rémunéré, e [レミュネレ] 形 報酬のある／non ~, e 無給の

rencontre [ランコーントゥル] 女 出会い

rencontrer [ランコントレ] 動 出会う

rendement [ランドゥマン] 男 ①能率 ②（機械などの）性能

rendez-vous [ランデヴー] 男〈単複同形〉会う約束、アポイント、デート、（美容院や病院の）予約／avoir ~ avec... …と会う約束をしている／donner (un) ~ à... …と待合せる／prendre ~ 予約する

rendre [ラーンドゥル] 動39 ①返す ②取戻させる ③吐く、もどす ④ある状態にする／《~ + A (名詞) + B (形容詞)》AをBにする／Il rend sa femme heureuse. 彼は妻を幸せにする ‖ se ~ 代動39⑨ ①行く ②従う《se ~ + 形容詞》…になる／Vous vous rendez riche. あなたは金持ちになる ④ se ~ compte de... …を理解する

rendu, e [ランデュ] 形 ①届いた ②へとへとになった ‖ rendu 男 返品

renfermer [ランフェルメ] 動 ①含有する ②閉込める

renforcer [ランフォルセ] 動32 強化する，強める、補強する

rénié [レニエ] 男 AOC ボジョレワインの種類

renifler [ルニーフレ] 動 （くんくんと）嗅ぐ

rennais, e [レネ、ーズ] 形 〈男には単複同形〉レーヌ (Rennes) の ‖ Rennais, e 男女 〈男は単複同形〉レーヌの人

Rennes [レーヌ] 固 女 レーヌ：ブルターニュ地方の都市

renom [ルノーン] 男 評判、名声

renommé, e [ルノメ] 形 再選出された、評判の高い ‖ renommée 女 評判

renoncer [ルノンセ] 動32 放棄する／~ à... …をあきらめる

renouée [ルヌエ] 女 たで：植物

renouveler [ルヌーヴレ] 動7 ①新しくする、一新する、刷新する ②更新する ③やり直す

renouvellement [ルヌーヴェルマン] 男 ①入替, 取替 ②一新, 刷新 ③更新

rénovation [レノヴァスィヨン] 女 ①改良 ②(部屋の)模様替

rénové, e [レノヴェ] 形 ①新しくした, 改革した ②改修した

rénover [レノヴェ] 動 ①改良する ②改修する, リフォームする = réaménager

renseignement [ランセーニュマン] 男 情報, 資料／~s 案内所

rentabilité [ランタビリテ] 女 収益性

rentable [ランタブル] 形〈男女同形〉採算のとれる

rentrée [ラーントゥレ] 女 ①帰ること ②新学期, 夏休み明け ③カムバック, 復帰／~s 収入, 入金

rentrer [ラーントゥレ] 動 帰る, 戻る

renversé, e [ランヴェルセ] 形 こぼした, 逆さにした, ひっくり返した‖ renversée 女 カスタードプリン = crème (au) caramel, crème ~e

renverser [ランヴェルセ] 動 ①逆転させる ②こぼす, ひっくり返す

renvoi [ラーンヴワ] 男 ①延期 ②返送 ③げっぷ

renvoyer [ランヴワイエ] 動 ①返送する ②延期する ③解雇する

répandre [レパーンドゥル] 動 ①こぼす, まき散らす ②発散する ③普及させる‖ se ~ 代動 広がる, 広まる

répandu, e [レパンデュ] 形 ①こぼれた, まき散らされた ②発散した ③普及した

réparation [レパラスィヨン] 女 ①直し, 修繕／en ~ 修理中の ②損害賠償

réparer [レパレ] 動 修理する

réparti, e [レパルティ] 形 分配した, 割振った

répartir [レパルティール] 動 ①分配する, 分け合う ②分担する ③割振る

répartition [レパルティスィヨン] 女 配分, 割振り

repas [ルパ] 男〈単複同形〉食事／~ à bord, ~ de bord 機内食

repassé, e [ルパーセ] 形 ①なぞった ②再調査した, 復習した ③アイロンをかけた ④研いだ

repasser [ルパーセ] 動 ①再び通る ②再び来る ③なぞる ④思い返す, 再調査する, 復習する ⑤やり直す ⑥アイロンをかける ⑦切れ味を取戻す, 研ぐ

repère [ルペール] 男 ①目印 ②鍋蓋の目張用生地 = lut ③生地でつくった飾りを料理や皿などに張付けるために小麦粉と卵白でつくったのり

repérer [ルペレ] 動 ①(話言葉)見つける ②目印をつける

répéter [レペテ] 動 ①繰返す ②リハーサルをする

répétiteur, rice [レペティトゥール, リース] 男女 家庭教師

répétition [レペティスィヨン] 女 ①繰返し ②リハーサル

répétitrice → répétiteur, rice

replacer [ルプラーセ] 動 (元の場所に)戻す

replié, e [ルプリエ] 形 折込んだ, 折畳んだ

repliement [ルプリーマン] 男 折畳むこと, 折込

replier [ルプリエ] 動 ①広げたものを折畳む ②パイ生地を折返す, 折込む

reponchon [ルポンション] 男 つるくさ: ヨーロッパ産やまの芋の一種 = tamier

répondeur [レポンドゥール] 男 留守番電話

répondre [レポーンドゥル] 動 ①答える, 返事をする ②反応する

réponse [レポーンス] 女 ①答え, 返事, 返信 ②反応

report [ルポール] 男 延期

reporté, e [ルポルテ] 形 ①(元の場所に)戻した, 移した ②延期した

reporter [ルポルテ] 動 ①(元の場所に)戻す／~ sur... …に移す ②延期する

repos [ルポ] 男〈単複同形〉休憩

reposé, e [ルポーゼ] 形 ①休んだ, 疲れのとれた ②(生地などを)寝かせた

reposer [ルポーゼ] 動 休める／laisser ~ (生地などを)休ませる‖ se ~ 代動 休息する／se ~ sur... …(人)に頼る

reprendre [ルプラーンドゥル] 動 ①再び取る ②取返す, 取戻す ③引取る ④再開する ⑤叱る, たしなめる ⑥元気になる ⑦固まる

représentant, e [ルプレザンタン, トゥ] 男女 代表者, 代理人

représentation [ルプレザンタスィヨン] 女 ①代表 ②代理 ③記号, 図形, 表示

représenter [ルプレザンテ] 動 ①表す

②代表する, 代理をする ③…に相当する ④演じる, 上演する
repris,e [ルプリー, ズ] 形 〈男には単複同形〉①再び取った, 取戻した ②再開した ‖ reprise 女 ①奪回, 引取り ②修復, 繕(ｽﾞｸﾛ)い ③下取り
reprocher [ルプローシェ] 動 責める／~ à... …に文句を言う
reproduction [ルプロデュクスィヨン] 女 ①再現 ②コピー, 複製 ③生殖, 増殖
reproduire [ルプロデュイール] 動11 ①再現する, 再生する ②複写する, 複製する, コピーする ③生む
reptile [レプティール] 男 爬虫類
république [レピュブリック] 女 共和国, 共和制／la R~ フランス共和国 = la R~ Française
réputation [レピュタスィヨン] 女 ①うわさ ②名声
réputé,e [レピュテ] 形 評判の高い, 有名な
requigneu [ルキニュー] 男 〈複 ~x〉生ハムに溶卵を付けてソテした, プロヴァンス地方の料理 = reguigneu
requiem [レキュイエーム] 男 鎮魂曲, レクイエム
requin [ルカーン] 男 鮫, ふか = chien de mer, squale
requinquant,e [ルカンカン, ト] 形 強壮の／plat ~ スタミナ料理
R.E.R. [エルウーエール] 男 パリの高速地下鉄：Réseau express régional 地方高速交通網の略
réseau [レゾ] 男 〈複 ~x〉①網 ②人脈 ③ネットワーク
réservation [レゼルヴァスィヨン] 女 (ホテルやレストランの) 予約
réserve [レゼルヴ] 女 ①ストック, 予備／~s スポーツチームの控え ②控えめ ③レゼルヴ: 1) 5年以上熟成させたコニャック　2) 3年以上熟成させたカルヴァドス　3) ワインの質をよく見せるための, 法的根拠のある表現／vieille ~ ヴィエイユ レゼルヴ: 1) 6年以上熟成させたコニャック　2) 5年以上熟成させたアルマニャック　3) 4年以上熟成させたカルヴァドス
réservé,e [レゼルヴェ] 形 ①取っておいた, 貯えの, 予備の ②予約した ③遠慮深い, 慎重な, 慎み深い

réserver [レゼルヴェ] 動 ①予備とする ②とっておく, 残す ③予約する
réservoir [レゼルヴワール] 男 ①タンク, 水槽, 貯水池 ②いけす = vivier
résidence [レズィダーンス] 女 ①居住 ②住まい ③高級マンション, 邸宅
résident,e [レズィダン, ト] 男女 ①外国人居住者 ②入寮者 ③弁理公使
résidu [レズィデュ] 男 出し殻, 残り物
résigner [レズィニエ] 動 ①辞職する ②放棄する ‖ se ~ 代動59 あきらめる
résiliation [レズィリヤスィヨン] 女 契約解除
résilier [レズィリエ] 動 解約する
résine [レズィーヌ] 女 松やに
résiné,e [レズィネ] 形 松やにの香りの
résistance [レズィスタンス] 女 ①抵抗 ②耐久性, 耐久力／plat de ~ メインディッシュ = plat principal ／~ à mâcher 歯応え ③(第二次大戦中の)レジスタンス
résistant,e [レズィスタン, ト] 形 耐久性のある, 抵抗力のある
résoudre [レズードル] 動56 解決する
résolu,e [レゾリュ] 過分 → résoudre 56
respecti f,ve [レスペクティー フ, ヴ] 形 それぞれの, 別々の
respectivement [レスペクティーヴマン] 副 それぞれに, めいめいに
respectueusement [レスペクテュウーズマン] 副 ①敬意を込めて ②丁重に
respectueu x,se [レスペクテュウー, ズ] 形 〈男には単複同形〉①尊敬している ②丁重な
respiration [レスピラスィヨン] 女 呼吸
respirer [レスピーレ] 動 ①息をする, 呼吸する ②(においを)かぐ
responsabilité [レスポンサビリテ] 女 責任, 責務
responsable [レスポンサーブル] 形 〈男女同形〉責任ある ‖ responsable 男女 責任者
resquillage [レスキヤージュ] 男 無賃乗車 = resquille ／~ d'un repas ただ食い
resquille [レスキーユ] 女 = resquillage
resquiller [レスキエ] 動 ただ食いする, ただ乗りする
ressemblant,e [ルサンブラーン, ト] 形 似ている, そっくりの
ressembler [ルサンブレ] 動 ~ à... …

に似ている, まるで…のようだ‖ se ~ [代動]59 互いに似る

ressortir [ルソルティール][動]30 ①再び出る ②目立つ

ressuage [レスュアージュ][男] (焼きあがったパンの)冷却

ressué,e [レスュエ][形] (焼きあがったパンを)冷却した

ressuer [レスュエ][動] (焼きあがったパンを)冷却する

restant,e [レスタン, トゥ][形] 残りの/ poste ~e 局留郵便‖ restant [男] ①残り ②残額

restau [レスト][男] (俗語) レストラン= resto : restaurant の略/ restau U (大学の)学生食堂= restaurant universitaire

restaurant,e [レストラン, トゥ][形] 滋養のある, 元気を回復させる‖ restaurant [男] ①レストラン ②大型バゲットパン, パリジャンの南仏での呼称

restaurateur,rice [レストラトゥ・ール,リース][男][女] ①レストラン経営者 ②復興者

restauration [レストゥライョン][女] ①復元, 復活/R~ (1814~1830年の)王政復古 ②レストラン業/~ par déplacement ケータリング/~ rapide ファーストフード業 ③(スイスやドイツの)レストラン

restaurer [レストレ][動] ①修復する, 復元する, 復活させる ②元気を取戻させる, 食事をさせる

reste [レストゥ][男] ①余り, 残り ②その他/~s 残り物, 残飯

rester [レステ][動] 居る, 留まる, 残る

resto = restau

restreint,e [レストゥラーン, トゥ][形] 制限された, 限られた

restructuration [レストゥリュクテュライョン][女] 再構築, リストラ

résule [レズュール][女] サヴォワ地方のプラム入デザート

résultat [レズュルタ][男] 結果/~s (試験などの)成績, 成果

rétablir [レタブリール][動]4 元に戻す‖ se ~ [代動]4 59 元気になる

retard [ルタール][男] 遅れ/ être en ~ 遅刻する

retarder [ルタルデ] 遅らせる, 遅れる

retenir [ルトゥニール][動]47 ①とどめる ②抑える ③支える ④覚える ⑤予約する‖ se ~ [代動]47 59 我慢する, 自制する

retenu,e [ルトゥニュ][形] ①謙虚な, 控えめな ②予約された‖ retenue [女] ①謙虚さ, 慎み ②控除, 天引

rétine [レティーヌ][女] 網膜

retirer [ルティレ][動] ①降す, のける/ ~ ...du feu …を火から降す ②取去る, はずす/ ~ le cœur 芯を除く ③(貯金などを) 引出す/ ~ l'argent du compte 口座から金をおろす‖ se ~ [代動]59 引退する, 辞める

retombant,e [ルトンバン, トゥ][形] (房などが)垂下がっている

retombé,e [ルトンベ][形] (膨らんでいた生地などが)落ちた, しぼんだ

retomber [ルトンベ][動] (膨らんでいた生地などが)しぼむ

retouche [ルトゥーシュ][女] 服などの寸法直し

retoucher [ルトゥーシェ][動] 服などの寸法を直す

retour [ルトゥール][男] ①帰り, 帰ること ②返送, 返品

retourner [ルトゥールネ][動] ①裏返す ②かきまぜる, かき回す ③返送する, 返品する ④帰る, 引返す, 戻る‖ se ~ [代動]59 ①振返る, 振向く ②体の向きを変える, 寝返りを打つ

rétracté,e [レトゥラクテ][形] 縮んだ

rétracter [レトゥラクテ][動] 縮める‖ se ~ [代動]59 縮む

retrait [ルトゥレー][男] ①退去 ②(預金などの)引出 ③撤回, 撤退 ④収縮 ⑤取消, 剥奪

retraite [ルトゥレートゥ][女] ①引退, 退職 ②年金

rétréci,e [レトゥレスィ][形] 縮んだ

rétrécir [レトゥレスィール][動]4 縮む‖ se ~ [代動]4 59 縮む

rétrécissement [レトゥレスィースマン][男] 収縮

retrouver [ルトゥルーヴェ][動] (なくした物を)見つける

rétroviseur [レトゥロヴィズール][男] バックミラー/~ extérieur サイドミラー

reuilly [ルイイ] ロワール地方のAOC白, 赤, ロゼワイン

réuni,e [レユニ][形] 集まった, 合同の

réunion [レユニョン][女] 会議

réunir [レユニール] 動4 集める, 一ヶ所にまとめる, 召集する ‖ se ~ 代動4 59 集る, 団結する

réussir [レユスィール] 動4 合格する, 成功する

réussite [レユスィートゥ] 女 成功

revanche [ルヴァーンシュ] 女 ①復讐, 報復 ②巻返し / en ~ その代り

rêve [レーヴ] 男 夢

réveil [レヴェーユ] 男 ①目覚し時計 = réveille-matin ②モーニングコール

réveille-matin [レヴェーユ マタン]〈単複同形〉目覚し時計 = réveil

réveiller [レヴェーエ] 動 目覚めさせる ‖ se ~ 代動 59 目覚める

réveillon [レヴェヨーン] 男 ①クリスマスイヴにとる夜食 ②大晦日(おおみそか)から元旦にかけての祝宴 ③夜食

réveillonner [レヴェヨネ] 動 クリスマスイヴや大晦日(おおみそか)の晩餐をとる

revenir [ルヴニール] 動47 ①戻る, また来る ②再び現れる / ~ à...結局…になる / faire ~ (オーヴンに入れたりする前に) 強火で焼色を付ける = rissoler

revenu,e [ルヴニュ] 形 焼色を付けた → revenir ‖ revenu 男 収入, 所得

rêver [レヴェ] 動 夢を見る

revers [ルヴェール]〈単複同形〉①裏側 ②(手の)甲 ③(服の)折返し ④失敗

revesset [ルヴェセ] 男 魚, ほうれん草, オゼイユ, ふだん草でつくる, プロヴァンス地方のスープ

révision [レヴィズィヨン] 女 ①再検討 ②修正 ③復習 ④点検, 検査, 検診 ⑤校正

revoir [ルヴワール] 動49 再び見る, 再び会う, 再訪する ‖ revoir 男 再会 / Au revoir (再会を期待して) さようなら

révolution [レヴォリュスィヨン] 女 革命 / R~ française フランス革命

revue [ルヴュ] 女 ①雑誌 ②検討, 点検

rez-de-chaussée [レドゥショセ] 男〈単複同形〉1 階, 地上階

rhabiller [ラビエ] 動 ①再び着せる ②模様替をする ‖ se ~ 代動 59 着替える

Rhin [ラン] 固男 ライン川

rhizome [リゾーム] 男 地下茎 / ~ de lotus 蓮根(れんこん)

rhizopogon [リゾポゴン] 男 トリュフに似た北欧産のきのこ = truffe de cerf

rhodoïd [ロドイードゥ] 男 ロドイド: 不燃プラスチック樹脂の商標

rhombe [ローンブ] 男 ①菱形 ②テュルボ: 魚 = turbot

Rhône [ローヌ] 固男 ①ローヌ川 ②ローヌ県 / côtes du r~ コート・デュ・ローヌ地方の AOC 赤, 白ワイン / côtes du r~ villages 同地方の選抜された村でつくる AOC 赤, 白ワイン

rhubarbe [リバルブ] 女 ①ルバーブ, 食用大黄: ジャムやコンポートなどをつくるのに用いる ②= rebarbe

rhum [ローム] 男 ラム酒 / ~ blanc ホワイトラム

rhume [リューム] 男 風邪 / ~ de cerveau 鼻風邪

rhumé,e [ロメ] 形 ラム酒を加えた

rhumer [ロメ] 動 ラム酒を加える

riame [リヤーム] 女 サヴォワ地方のブリオシュ

riblette [リブレートゥ] 女 ①牛や仔牛肉の薄切り ②プロヴァンス地方の, パン粉を付けた薄切り豚肉のソテやグリル

Ricard [リカール] 固男 アニス風味のリキュールの商標名

riceys [リセ] 男 リセ: シャンパーニュ地方の, 牛乳のチーズ = champenois / ~ cendré 灰をまぶしたリセチーズ → rosé,e

riche [リーシュ] 形〈男女同形〉①金持の ②豊富な, 豊かな ③(ソースなどに)こくがある ④色がきれいで力強く, バランスのとれたワインの形容 ‖ riche 女 金持 ‖ Riche 固男 カフェ・リッシュ: 19 世紀のパリの高級レストラン = café R~ / sauce R~ ソース・リーシュ: 1) オマールバターを加えたソース・ノルマンド = sauce diplomate 2) シャンピニオンと牡蠣(かき)の煮汁をヴルテソースに加え, クリーム, 卵黄, オマールバターを加えたソース

richebourg [リシュブール] 男 ブルゴーニュ地方, コート・ド・ニュイ地区の AOC 特級赤ワイン

Richelieu [リシュリュ] 固男 リシュリュ公爵 ‖ Richelieu 形〈不変〉リシュリュ風(の) / sauce ~ ソテした玉ねぎをコンソメで煮, ソース・アルマンドやグラス・ド・ヴォライユなどを加えて漉(こ)したソース ‖ richelieu 男 アーモンドパウダー入ビスキュイにアプリ

コットジャムとフランジパーヌを塗って重ねたデコレーションケーキ

richesse [リシェース]囡 ①豊かさ ②富 ③豪華さ

ricin [リサン]男 とうごま：植物／huile de ～ひまし油

ricotta [リコッタ]囡伊 羊乳, 水牛の乳または牛乳の乳清でつくった, イタリアのフレッシュチーズ

ride [リードゥ]囡 (皮膚の)しわ

rideau [リド]男〈複 ～x〉カーテン, 幕

ridés [リデ]男複 グリンピースの種類

rien [リヤーン]（ne を伴って）何も…ない／Il n'y a ～ à faire. どうしようもない／un ～ de... ごく少量の…

riesling [リスリーング]男 ①白ワイン用ぶどうの品種 ②アルザス地方の AOC 白ワイン

riesling-sylvaner [リスリング スィルヴァネ]男 白ぶどうの品種

rigadelle [リガデル]囡 プレール, まるすだれ貝 = praire

rigatoni [リガトーニ]男複 太いマカロニ

rigide [リジードゥ]形〈男女同形〉 ①硬い, 堅固な ②硬直した, 柔軟性のない ③厳格な

rigodon [リゴドン]男 ①ベーコンまたはハム, 牛乳, タイムをまぜ, 型に入れてオーヴンで焼いた, ブルゴーニュ地方のオードヴル ②牛乳に浸したブリオッシュ, 卵, くるみ, ヘーゼルナッツ, シナモンをまぜ, オーヴンで焼いた当地方のデザート

rigoler [リゴレ]動 (話言葉) ①ふざける ②笑う

rigolo, te [リゴロ, -トゥ]形 (話言葉) おかしな, 滑稽な, ふざけた ‖ rigolo, te 男囡 おかしなじゃつ, ふざけ屋

rigotte [リゴートゥ]囡 ローヌ川流域の, 山羊乳または牛乳のチーズ

rigoureusement [リグールーズマン]副 厳しく

rigoureux, se [リグールー, ズ]形〈男は単複同形〉 きつい, 厳格な

rillauds [リヨ]男複 塩漬豚ばら肉をラードで煮た, アンジュー地方の料理 = rillots

rillettes [リエートゥ]囡複 豚, 鶏などを脂煮し, ほぐして脂とまぜたペースト

rillons [リヨン]男複 角切り塩漬豚ばら肉の脂煮

rillots [リヨ]男複 = rillauds

rimot(t)e [リモートゥ]囡 とうもろこし粉をゆでた, ペリゴール地方の粥(${}^{\text{ゆ}}_{\text{ゆ}}$). 冷やして角切りにし, バターで揚げて砂糖をふることもある = las pous

rince-bouteilles [ラーンス ブーテーユ]男〈単複同形〉瓶洗器

rince-doigts [ラーンス ドゥワー]男〈単複同形〉フィンガーボール

rincer [ランセ]動32 すすぐ, 水洗いする

rincette [ランセートゥ]囡 飲み終った後のコーヒーカップで飲む蒸留酒 = pousse-café

rioler [リヨレ]動 ケーキやパイの上面に細く切った生地を格子模様に飾る

ripaille [リバーユ]囡 (話言葉)ご馳走

riquette [リケートゥ]囡 = roquette

rire [リール]動41 笑う

ris [リ]男〈単複同形〉 胸腺肉／～ d'agneau 仔羊の胸腺肉／～ de canard 肥鴨の喉下の脂肪／～ de veau 仔牛の胸腺肉

risotto [リゾット]男伊 米と玉ねぎをソテし, ブイヨンを加えて煮た料理 = rizotto

risque [リースク]男 危険, リスク

risqué, e [リスケ]形 危険な, リスクのある

rissolage [リソラージュ]男 リソレすること → rissoler

rissole [リソール]囡 リソール：パイ生地に包んで焼いた料理, デザート

rissolé, e [リソレ]形 リソレした → rissoler

rissoler [リソレ]動 リソレする = faire revenir：1) バターなどを熱し, 材料の表面をよく色付くまで炒める 2) 整形したじゃが芋を色付くまで強火で炒め, オーヴンで焼く

rissolette [リソレートゥ]囡 小型のリソール → rissole

rivage [リヴァージュ]男 岸, 浜辺

rival, e [リヴァール]形〈男複には rivaux [リヴォ]〉競合する, 対抗している ‖ rival, e 男囡〈男複は rivaux〉ライバル

rivaux → rival, e

rive [リーヴ]囡 河岸, 海岸

rivesaltes [リヴザールトゥ]男 ラングドック地方の, 天然甘口 AOC 白, 赤, ロゼワイン

Riviera [リヴィエラ] 固女 リヴィエラ: イタリアへまたがる地中海沿岸地帯/(à la)~ リヴィエラ風(の):モナコも含めた同地方の料理に用いる表現

rivière [リヴィエール] 女 川

riz [リ] 男〈単複同形〉 ①稲 ②米/~ au beurre 短粒米を塩水でゆでてから水分を除きバターをからめた付合せ/~ au gras 長粒米を塩水でゆでてから洗い, 鶏または牛のブイヨンを加えて煮た付合せ/~ au lait 塩水でゆがいた短粒米の水を切り, 牛乳, 砂糖, 塩, ヴァニラを加えて煮, バターと卵黄をまぜたデザート/~ au naturel, ~ nature 白いご飯/~ cantonais, ~ sauté 炒飯/~ safrané サフランライス → 囲み

rizière [リズィエール] 女 田

rizotto = risotto

rizule [リズュール] 女 薄いブリゼ生地にジャムを塗ってから折畳んで揚げた, サヴォワ地方のデザート

robe [ローブ] 女 ①ドレス, ワンピース, 式服 / pomme de terre en ~ de champs 皮付のゆでたじゃが芋 = pommes nature /~ de grossesse マタニティドレス/~ de deuil (女性用)喪服/~ de noce(s), ~ de mariage, ~ de mariée ウェディングドレス/~ de soirée, ~ du soir イヴニングドレス/~ de chambre ガウン/~ habillée フォーマルドレス ②豚の結腸 ③(野菜, 果物の)皮 ④(ワインの)色調, 外観

Robert [ロベール] 固男 (人名) / pommes ~ じゃが芋のピュレにシブレットをまぜて焼いたガレット/ sauce ~ 玉ねぎと小麦粉をソテし, 白ワイン, ブイヨン, 酢, ドミグラスソースを加えて煮詰め, マスタードを加えたソース

robinet [ロビネ] 男 蛇口, 栓/ eau de ~ 水道の水/~ du gaz ガス栓

robinier [ロビニエ] 男 にせアカシア, はりえんじゅ

robot [ロボ] 男 ①ロボット ②見習コック ‖ Robot 固 男 = ~-coupe

Robot-coupe [ロボクープ] 固 男 〈複 ~s-~〉 フードプロセッサー, マルチカッター: きざんだり, スライスしたり, こねたり, まぜたりする機能を持った電動の厨房器具の商標名 = Robot

robuste [ロビュストゥ] 形〈男女同形〉 頑丈な

rocamadour [ロカマドゥール] 男 ギュイエーヌ地方の, 山羊乳の AOC チーズ = cabécou de ~

rocambole [ロカンボール] 女 スペイン

---

riz

riz basmati
　バスマティ米: インドの長米
riz blanc, riz blanchi, riz mat
　精白米
riz brun, riz complet, riz cargo, riz décortiqué　玄米, 脱穀米
riz camolino
　カモリノ米: 軽く油をまぶした米
riz collant, riz gluant　もち米
riz éclaté　ポップライス
riz étuvé, riz prétraité　パーボイルドライス: もみ米を蒸してから脱穀した米
riz germé　発芽米
riz glacé
　水飴に漬け, タルクをまぶした米
riz gonflé, riz soufflé
　パフドライス: 膨らませた米
riz indica, riz long　長粒米
riz noir　黒米
riz nouveau　新米
riz ordinaire　うるち米
riz paddy　もみ米
riz parfumé　におい米: タイ, ベトナムの香りの強い長粒米
riz perlé　精白米
riz poli
　精磨米: ぬかを取除いた白米
riz précuit
　少しゆでてから高温乾燥させた米
riz rond　短粒米
riz rouge　赤米
riz sauvage
　アメリカまこも, ワイルドライス
riz surinam
　スリナム米: 非常に細長い長粒米

にんにく、姫にんにく = ail d'Espagne, ail rouge des Provençaux

roche [ロッシュ]女 岩、岩礁／poisson de ~ (ほうぼう、かさごなどの) 岩礁魚

rochefort [ロシュフォール]男 オヴェルニュ地方の、牛乳のチーズ

rochelais,e [ロシュレ、-ズ]形(男には単複同形)ラ・ロシェル(la Rochelle)の／(à la) ~e ラ・ロシェル風(の):同地の料理に用いる表現 ‖ Rochelais,e 女⟨男は単複同形⟩ラ・ロシェルの人

Rochelle [ロシェール]固有 la ~ ラ・ロシェル:オニス地方の都市

rocher [ロシェ]男 ①岩山、岩壁 ②メレンゲにアーモンドまたはチョコレートや干ぶどうを加えた焼菓子 ③細く切ったアーモンド入のチョコレート

rock [ローク]男 ロック:音楽

rocou [ロクー]男⟨複 ~s⟩ ビクシン:バター、チーズなどの黄色、オレンジ色、赤色の天然着色剤

rocouyer [ロクーイエ]男 紅の木

rocroi [ロークルワ]男 シャンパーニュ地方の、牛乳の灰まぶしチーズ = cendré des ardennes

Rodez [ロデーズ]固有 ロデーズ:ラングドック地方の町

rogatons [ロガトン]男複 (料理の)残りもの、残飯

rogeret [ロジュレ]男 ヴィヴァレ地方の、山羊乳のチーズ

rogner [ロニェ]動 ①端を切落す ②ぶどうの若枝を切る

rognon [ロニョン]男 (食肉としての)腎臓／~ de veau 仔牛の腎臓

rognonnade [ロニョナードゥ]女 ①腎臓付仔牛の腰肉 ②腎臓付仔牛の腰肉を平たくし、腎臓を巻き込んでひもでしばりローストした料理

rognure [ロニュール]女 ①くず肉 ②スポンジやパイなどの切落し、切りくず = chute, parure

rogué,e [ロゲ]形 (魚が)子持の

roi [ルワー]男 ①王／jour des ~s 公現祭 = Épiphanie／~ des rougets あかてんぐ鯛／~ des saumons ちょう鮫 ②(トランプの)キング

rôle [ロール]男 ①演技 ②役割

rolle [ロール]男 白ぶどうの品種 = vermentino

rollmops [ロルモープス]男⟨単複同形⟩にしんのマリネ

rollot [ロロ]男 ピカルディ地方の、牛乳のチーズ

romain,e [ロ・マン、メーヌ]形 ローマ(Rome)の、古代ローマの／(à la) ~e 1)同地の料理に用いる表現 2) ニョッキ、パルメザンチーズ、パルマ産生ハムなどの食材やソース・ロメーヌを使った料理用表現／sauce ~e ソース・ロメーヌ:ガストリックにソース・エスパニョールとジビエのフォンを加えて煮詰め、松の実と干ぶどうを加えたソース ‖ Romain,e 男女 ローマ人 ‖ romaine 女 サンチュ、ロメインタス = chicon ‖ romain 黒ぶどうの種類

roman,e [ロマ・ン、-ヌ]形 ①ロマネスク(様式)の ②ロマンス語の ‖ roman 男 ①小説 ②ロマンス、作り事 ③ロマネスク:美術様式 ④ロマンス語

Romanée [ロマネ]固有 ブルゴーニュ地方のぶどう畑／la r~ 同地方、コート・ド・ニュイ地区の AOC 赤ワイン

romanée-conti [ロマネ コンティ]男 ブルゴーニュ地方コート・ド・ニュイ地区の AOC 特級赤ワイン

romanée-saint-vivant [ロマネ サン ヴィヴァン]男 ブルゴーニュ地方、コート・ド・ニュイ地区の AOC ワイン

romanesco [ロマネスコ]男 カリフラワーの品種

romarin [ロマラン]男 まんねんろう、ローズマリー:香草の種類

Rome [ローム]固有 古代ローマ = ~ antique ‖ Rome 固有 ローマ:イタリアの首都

romorantin [ロモランタン]男 白ぶどうの品種

rompre [ローンプル]動39⟨備考⟩①解消する、破棄する ②折る、ちぎる ③(醱酵生地の)ガス抜きをする

romsek = romsteck

romsteck [ロムステーク]男 ランプ肉:牛の臀部肉 = romsteak, rumsteak

roncal [ロンカール]男 バスク地方の、羊乳のチーズ

ronce [ロンス]女 ①きいちご、黒いちご = mûre sauvage, mûron ②いばら ③木目(もくめ)／~s 苦難

roncin [ロンサン]男 ①パン、牛乳、卵、

砂糖をまぜ, さくらんぼなどのフルーツを加えてオーヴンで焼いた, フランシュ・コンテ地方のデザート ②フレッシュチーズに小麦粉と卵をまぜて焼き, 皮付じゃが芋と共に供する, アルザス地方の料理

rond,e [ロン, ドゥ]形 ①円形の, 丸い, ②丸々とした, 太った ③口あたりが柔らかくまろやかなワインの形容‖rond 男 ①丸, 輪／~ de Chine 丸なすの品種／~ de Nice 丸いズッキーニの品種／~ de Valence 丸なすの品種／en ~ 円形に, 丸く ②牛もも肉の一部／~ de gîte ローストビーフ用の牛内もも肉／~ de tranche 牛前外もも肉‖ronde 女 ①小麦粉の種類 ②巡回 ③輪舞, ロンド

rondeau [ロンド]男〈複 ~x〉外輪鍋, 両手浅鍋／~ haut 半寸胴鍋=faitout

rondelette [ロンドゥレートゥ]女 小さい輪切り

rondelle [ロンデール]女 輪切り／en ~ ロンデルにした

rond-point [ロン ブワーン]男〈複 ~s-~s〉ロータリー／円形交差点

ronger [ロンジェ]動25 かじる

ronrico [ロンリコ]男 ラム酒の種類

room service [ルーム セルヴィス]男〈英〉ルームサーヴィス

roquefort [ロクフォール]男 ルエルグ地方の, 羊乳からつくる青かびタイプのAOCチーズ／sauce (au) ~ ロクフォールドレッシング: ロクフォールチーズ, フレッシュチーズ, 生クリーム, コニャックなどをまぜたサラダ用ソース

roquette [ロケートゥ]女 ルッコラ, きばなすずしろ, ロケット: サラダ菜の種類 = riquette

roquille [ロキーユ]女 ①オレンジの外皮のジャム ②オレンジの砂糖漬

rosace [ロザース]女 ばら窓／en ~ ばら形の(に), ばら模様の(に)

rosat [ロザ]形〈不変〉ばらの香りの

rosbif [ロスビーフ]男 ローストビーフ

rose [ローズ]形〈男女同形〉ピンクの, ばら色の／~ saumon サーモンピンクの／~ thé ティーピンクの‖rose 女 ばらの花／eau de ~ ローズ・ウォーター: クリーム, アイスクリーム, リキュールなどの香り付用のばらのエセ ンス‖rose 男 ピンク, ばら色／~ saumon サーモンピンク／~ thé ティーピンク

rosé,e [ロゼ]形 ピンク色の‖rosé 男 ロゼワイン=vin ~／~ d'anjou ロワール地方のAOCロゼワイン／~ de loire ロワール地方のAOCロゼワイン／~ des riceys シャンパーニュ地方のAOCロゼワイン‖rosée 女 露(ゅ)

rosette [ロゼートゥ]女 ①ブルゴーニュ地方のドライソーセージ ②豚大腸の最下部= fuseau‖rosette 男 ボルドー東, ベルジュラックのAOC中甘口白ワイン

roseval [ロズヴァール]女 じゃが芋の品種

rosquilla [ロスキーヤ]=rosquille

rosquille [ロスキーユ]女 ピレネ山脈の, アニス風味の固いビスケット = rosquilla, rousquille

rosséole [ロセオール]女 リソールの古称 → rissole

Rossini [ロスィーニ]固男 ロッシーニ: 音楽家‖Rossini 形〈不変〉ロッシーニ風(の): フォワ・グラとトリュフを使った料理用表現

rossolis [ロソリ]男〈単複同形〉フルーツとばらの花びらを入れたリキュール

rösti [ルシュティ]男〈独〉リュシュティ: スイス名物の細切りのじゃが芋のガレット. 厚切りの玉ねぎや塩漬豚ばら肉を加えることもある = rœsti

rosulaire [ロズュレール]= tatsöi

rot [ロ]男 げっぷ

rôt [ロ]男 ①串焼ロースト料理 ②食事

rotation [ロタスィヨン]女 ①回転 ②循環, 交代, ローテーション

rotengle [ロターングル]男 ラッド: コイ科の魚 = gardon rouge

roter [ロテ]動 げっぷをする

rothel [ロテール]男 いわなの一種

Rothomago [ロトマゴ]固 ノルマンディ地方の都市, ルーアンのラテン語名／œufs sur le plat ~ グリルしたハムを敷いた皿に卵を割入れてオーヴンで焼き, シポラタソーセージを付合せ, トマトソースを帯状にかけた料理の表現

rôti,e [ロティ]形 あぶった, ローストした‖rôti 男 ローストしたもの／~ de bœuf ローストビーフ‖rôtie 女 ①

rotin [ロタン] 男 籐(とう)

rôtir [ロティール] 動 ①ローストする：1) 肉や魚を串に刺して直火であぶり焼きする = ~ à la broche　2) 肉や魚をオーヴンで焼く = ~ au four

rôtissage [ロティサージュ] 男 ローストすること → rôtir／~ à la broche　串焼ロースト／~ au four オーヴン焼ロースト

rôtisserie [ロティスリ] 女 ①ローストチキン屋②主にロースト料理を供するレストラン

rôtisseur,se [ロティスー・ル, ズ] 男女 ①レストランのロースト係②ロースト店経営者

rôtissoire [ロティスワール] 女 ロースター：肉を刺した串を回してローストする器具

roue [ルー] 女 車輪, 車／(véhicule à) deux ~s 二輪車／grande ~ 観覧車／~ de secours スペアホイール

rouelle [ルエール] 女 厚い輪切り／tailler (または détailler) ...en ~　…を厚い輪切りにする

Rouen [ルー・ワン] 固 ルーアン：ノルマンディ地方の市

rouennais,e [ルワネ, ーズ] 形〈男には単複同形〉ルーアン (Rouen) の／(à la) ~e ルーアン風(の)：1) 同市料理用表現　2) 同地産の鴨を使った料理用表現／sauce ~e ソース・ボルドレーズに鴨のレバーのピュレを加えたソース ‖ Rouennais,e 男女〈男は単複同形〉ルーアンの人

rouergat,e [ルエールガ, ートゥ] 形 ルエルグ地方 (Rouergue) の／(à la) ~e ルエルグ風(の)：同地方の料理に用いる表現 ‖ Rouergat,e 男女 ルエルグの人

Rouergue [ルエールグ] 固 男 ルエルグ：ラングドックとオヴェルニュの間の地方

rouge [ルージュ] 形〈男女同形〉赤い／~ foncé えんじ色の／~ noirâtre 赤黒い：rouge に clair「明るい」など色を更に限定する語が付く場合は数の一致はなく不変化 ‖ rouge 男 ①赤色②赤ワイン = vin ~／gros ~ ラングドック・ルション地方の日常ワイン③口紅 = ~ à lèvres／~ à joues ほお紅

rougeâtre [ルージャートゥル] 形〈男女同形〉赤みがかった

rougeole [ルージョール] 女 麻疹(はしか)

rouget,te [ルージェ, ートゥ] 形 赤みがかった ‖ rouget 男 ルージェ：1) ヒメジ科の海水魚. 日本では金太郎　2) ひめじ, ほうぼう, いとよりなど赤みがかった魚の総称／~-barbet にしひめじ = ~ de vase, surmulet／~ de roche たてじまひめじ／~ grondin かながしら, ほうぼう

rougeur [ルージュール] 女 畜殺時に肉に付く血の染み

rougir [ルージール] 動 赤くなる(する)

rouillage [ルーヤージュ] 男 油焼け

rouille [ルーユ] 女 ①さび②ルイユ：唐辛子とにんにくのピュレにオリーヴ油などをまぜた乳化ソース

rouillé,e [ルーイエ] 形 ①さびた②油焼けした

rouiller [ルーイエ] 動 ①さびる②油焼けする ‖ se ~ 代動[59] ①さびる②衰える

roulade [ルーラードゥ] 女 詰物をして巻いた料理や菓子

roulant,e [ルーラン, トゥ] 形 移動式の, 動く, 走りやすい／tapis ~ 動く歩道

roulé,e [ルーレ] 形 巻いた, 丸めた ‖ roulé 男 ロールケーキ = biscuit ~

rouleau [ルーロ] 男〈複 ~x〉①棒, 麺棒, ローラー／~ cannelé ぎざ付麺棒／~ à décor 模様付麺棒／~ à disques メッシュローラー：調理生地用カッター／~ à pâte 生地カッター = roulette／~ à piquer ピケローラー／~ à pâtisserie パイローラー／~ coupe-croissant クロワサンカッターローラー／~ laminoir パイローラー②棒状に巻いた料理や菓子／~ de printemps (生または加熱した)春巻

roulement [ルールマン] 男 ①巻くこと②シフト, 輪番

rouler [ルーレ] 動 ①転がす, 転がる②運転する, (車や列車が) 走る③巻く, 丸める④包む, まぶす⑤麺棒でのばす ‖ se ~ 代動[59] ①転がる, 転げまわる②くるまる

roulette [ルーレートゥ] 囡 ①(賭博の)ルーレット ②パイカッター=~ à pâte

roumain,e [ルー・マン, メーヌ] 形 ルーマニア(Roumanie)の ‖ roumain 男 ルーマニア語 ‖ Roumain,e 男囡 ルーマニア人

Roumanie [ルーマニ] 固囡 ルーマニア

roumbou [ルンブー] 男 バルビュの, ニースでの呼称= barbue

rousole [ルーゾール] 囡 卵, 塩漬豚ばら肉, ちぎったパン, にんにくなどをまぜてきつね色に焼いた, ラングドック地方のガレット

rouspéter [ルースペテ] 動36 (俗語)くってかかる

rousquille [ルースキーユ] 囡 = rosquille

roussane [ルーサーヌ] 囡 白ぶどうの品種

roussâtre [ルーサトゥル] 形 〈男女同形〉赤茶けた, 赤みがかった

rousseau [ルーソ] 男 〈複 ~x〉= pageot

rousselet [ルースレ] 男 皮の赤い洋梨

roussette [ルーセトゥ] 囡 ①サヴォワ地方の, 牛乳のチーズ= tamié /~ de savoie サヴォワ地方のAOC白ワイン ②オレンジエッセンスとブランデーで香り付した, パリ南方ボースのクッキー ③とら鮫= saumonette

roussi,e [ルースィ] 形 ①赤茶色にした ②焦がした ③油脂分できつね色に炒めた= blondi,e ‖ roussi 男 焦げたにおい

Roussillon [ルースィヨン] 固男 ルシヨン: スペインと国境を接する地方/côtes du r~ 同地方のAOC白, 赤, ロゼワイン / côtes du r~ villages 同地方の, より選抜基準の厳しいAOC白, 赤, ロゼワイン

roussillonnais,e [ルースィヨネ, ーズ] 形 〈複には単複同形〉ルシヨン(Roussillon)の/ (à la) ~e ルシヨン風(の): 同地方の料理用表現 ‖ Roussillonnais,e 男囡〈男は単複同形〉ルシヨンの人

roussir [ルースィール] 動4 ①赤茶色にする ②焦がす, 焦げる ③油脂分できつね色に炒める= blondir

route [ルートゥ] 囡 ①街道, 道路/~ barrée 通行止め/~ nationale (départementale) 国(県)道 ③旅

routier,ère [ルーティエ, ール] 形 道路の ‖ routier 男 ①長距離トラック運転手 ②トラック運転手用レストラン= restaurant de ~s

routine [ルーティヌ] 囡 ①ルーティン: 決りきった仕事, 行動 ②因習

rouvet [ルーヴェ] 男 ばらむつ: 魚

rouvrir [ルーヴリール] 動29 再び開ける

roux,sse [ルー, ス] 形 〈複には単複同形〉赤褐色の, きつね色の ‖ roux 男〈単複同形〉①赤茶色 ②ルウ: 同量の小麦粉とバターを炒めた料理材料/~ blanc 白いルウ/~ blond きつね色のルウ/~ brun 茶色いルウ

rouzole [ルーゾール] 囡 生ハム, ちぎったパンなどをまぜてつくる, ラングドック地方のガレット

royal,e [ルワヤール] 形 〈男複にはroyaux ルワヨー〉①王の, 王室の, 王立の/ (à la) ~e 王風(の): 1) 繊細な料理用表現 2) ガルニチュール・レジャンスを使った料理用表現 → Régence 3) ロワイヤルを使った料理用表現/ sauce ~e 鶏のヴルテとフォン, 生クリームを煮詰め, トリュフ, シェリー酒, バターを加えたソース ②豪華な ‖ royale 囡 ①ロワイヤル: ピュレなどを卵黄で固めたもの/~ de tomate トマトピュレ, コンソメ, 卵黄でつくったロワイヤル ②卵白と砂糖でつくったアイシング= glace ~e ③ヨーロッパへ鯛= daurade, coq de mer

royan [ルワヤン] 男 いわしの, 大西洋地方での呼称

royaume [ルワヨーム] 男 王国

Royaume-Uni [ルワヨミュニ] 固男 イギリス: 大ブリテン及び北アイルランド連合王国

royaux = royal,e

R.S.V.P. [エル エス ヴェ ペ] (招待状書込用表現)返事をお願いします: Réponse s'il vous plaît の略

ruban [リュバン] 男 ①テープ, リボン/~ adhésif セロテープ ②リボン状: 卵黄, 砂糖などをホイップしてとろっとさせた状態/ bavarois ~ いろいろなフルーツのピュレを使って色を層にしてつくったバヴァロワ

rubané,e [リュバネ] 形 ①リボンを付けた ②リボン状になった → ruban

rubaner [リュバネ] 動 ①リボンを付ける ②リボン状にする → ruban

rubis [リュビ]男〈男女同形〉ルビー

ruche [リューシュ]女 蜂の巣, (蜜蜂の)巣箱/~ d'abeilles 栗のピュレとホイップクリームでつくったデザート

ruchottes-chambertin [リュショートゥ シャンベルタン]男 ブルゴーニュ地方, コート・ド・ニュイ地区の AOC 赤ワイン

rude [リュードゥ]形〈男女同形〉①(手触りが)粗い, ざらざらした ②つらい, きつい ③(ワインが)渋い

rue [リュ]女 ①(市街地の) 通り ②街頭, 市, 街 ③ヘンルーダ:ミカン科の香草

ruelle [リュエール]女 横丁, 路地

ruffec [リュフェック]男 ポワトゥー地方の, 山羊乳のチーズ

ruifard [リュイファール]男 ドフィネ地方の, 洋梨, りんご, マルメロのトゥルト

ruisseau [リュイソ]男〈複 ~x〉小川

rully [リュリ]男 ブルゴーニュ地方, コート・シャロネーズ地区の AOC 赤, 白ワイン

rumen [リュメーヌ]男 反芻動物の第一胃=panse, gras-double

rumex [リュメークス]男〈単複同形〉ぎしぎし:植物/~ alpin 野生のオゼイユ = oseille sauvage

ruminant,e [リュミナン, トゥ]形 反芻の‖ruminant 男 反芻動物=animal ~

rumsteck = romsteck

Rungis [ランジス]固男 ランジス:同名の町にあるパリ中央市場

rural,e [リュラール]形〈男複には ruraux [リュロ]〉田舎の, 田園の, 農村の

ruraux → rural,e

russe [リュース]形〈男女同形〉ロシア (Russie)の/(à la) ~ ロシア風(に, の):1) ロシア料理に影響を受けた料理や海老料理用表現 2) ロシアの産物を使った料理用表現/ salade (à la) ~ にんじん, さやいんげんなどの野菜, トリュフ, ハム, オマール海老, ピクルス, ソーセージなどをマヨネーズであえ, ビート, ゆで卵, キャヴィアで飾ったサラダ/ tailler...en ~ スライサーで…を薄い短冊に切る‖russe 男 ①ロシア語 ②蓋付片手鍋=casserole ~ ‖ Russe 男女 ロシア人

Russie [リュスィ]固女 ロシア/~ Blanche 白ロシア=Biélorussie

russule [リュスュール]女 べに茸/~ noircissante くろはつ茸

rustique [リュスティーク]形〈男女同形〉(家具や調度類が) 田舎風の, 素朴な

rutabaga [リュタバガ]男 スウェーデンかぶ, ルタバガ

ruthénois,e [リュテノワ, -ズ]形〈男には単複同形〉ロデーズ(Rodez)の‖Ruthénois,e 男女〈男は単複同形〉ロデーズの人

rye [ライ]男英 ライ麦ウィスキー

rythme [リートゥム]男 リズム

rythmique [リトゥミーク]形〈男女同形〉リズミカルな‖rythmique 女 韻律学

S, s

S,s [エス]男 ①フランス字母の 19 番め ②S 字形 ③ S:硫黄(soufre)の元素記号 ④ S:sud (南), saint (聖人), seigneur (閣下)の省略形 ⑤ s:seconde (秒)の省略形

s' 代名詞 se 及び接続詞 si が母音または無音の h の前に来る時の省略形 → se, si

sa [サ]形〈女単〉に. ただし母音または無音の h で始まる語の前では son を用いる〉彼の, 彼女の, それの/ C'est ~ voiture. これは彼(女)の車だ⇒p.751「所有形容詞」

S.A. [エサ]女 株式会社:société anonyme の略

sabardin [サバルダン]男 牛の腸, ばら肉, 豚の心臓, 香草などを白ワインで煮て豚腸に詰めたトゥーレーヌ地方のソーセージ

sabayon [サバヨン]男 サバイヨン:1) 卵黄, レモンの皮, 粉糖をまぜながら白ワインまたはポルト酒を少しずつ加えたデザート. ライスプディングなどのソースとしても用いる 2) 卵黄とシャンパンまたは白ワインをかきたてながら湯せんにかけた, 魚や海老料理用のソース=sauce ~

sablage [サブラージュ]男 サブレすること → sabler

sable [サーブル]男 砂

sablé, e [サブレ] 形 サブレした → sabler ‖ sablé 男 サブレ:小麦粉, バター, 砂糖, 卵をまぜて焼いたビスケット

sabler [サブレ] 動 サブレする:1) 小麦粉, バターなどを揉んでざらざらの状態にする 2) プラリネ製造時にアーモンドにシロップをからめて結晶化させる

sabodet [サボデ] 男 豚の頭部と豚肉でつくった, リヨネ及びドフィネ地方の生ソーセージ

sabot [サボ] 男 ひづめ／~s 厨房用のサンダル式履物

sabre [サーブル] 男 ①刀, サーベル／haricot ~, pois ~ なた豆 ②たち魚 = ceinture d'argent, trichiura

sac [サーク] 男 ①袋, バッグ, かばん／~ à dos リュックサック／~ à main ハンドバッグ ②いかの胴

saccharine [サカリーヌ] 女 サッカリン

saccharose [サカローズ] 男 サッカロース, 蔗糖

sache, sache- → savoir 42

sachet [サシェ] 男 小袋, レジ袋／~ (en) plastique (真空パック用) フィルム

sacristain [サクリスタン] 男 アーモンドをふりかけた菓子パン

sacy [サスィ] 白ぶどうの品種

sadique [サディーク] 形〈男女同形〉加虐的な, サディズムの, 残虐な ‖ sadique 男女 サディスト, 残虐な人

sadrée [サードゥレ] 女 きだちはっか = sarriette

safran [サフラーン] 男 サフラン／~ des Indes ターメリック = curcuma／~ vert 乾燥していないサフラン／riz au ~ サフランライス

safrané, e [サフラネ] 形 サフランを加えた, サフラン風味の

safraner [サフラネ] 動 サフランを加える, サフラン風味をつける

sage [サージュ] 形〈男女同形〉①賢い, 思慮深い ②(子供が) おりこうな, ききわけのよい ③節度のある ‖ sage 男 賢人

sage-femme [サージュ ファム] 女〈複 ~s-~s〉助産師 = accoucheur, se

sagesse [サジェース] 女 ①賢さ, 思慮 ②(子供の) 従順さ／dent de ~ 親知らず:歯

saginat [サジナ (-トゥ)] 男 カタロニア地方のじゃが芋料理

sagittaire [サジテール] 女 くわい = flèche d'eau／S~ いて座:星座

sagou [サグー] 男 サゴ:さご椰子の澱粉 (ぶん)

sagourne [サグールヌ] 女 牛の膵臓をソテし, パセリ, にんにく, レモン汁をかけた, トゥーレーヌ地方の料理

sahlap [サラープ] 男 = salep

saignant, e [セニャン, トゥ] 形 血のでている, 血のしたたるような ‖ saignant 男 レアのステーキ = steak ~, bifteck ~

saigné, e [セニェ] 形 採血した, 出血した, 放血した ‖ saignée 女 黒ぶどうを短期間皮ごと漬込んでつくるロゼワイン用製造法

saignement [セニュマン] 男 出血, 放血

saigner [セニェ] 動 ①採血する, 出血する ②(畜殺時に) 放血死させる／Ça saigne. 血がひどく出る

saillant, e [サヤン, トゥ] 形 突出た／partie ~e 突出た部分

saillir [サイール] 動 4 突出る

sain, e [サン, セーヌ] 形 ①(果物が) 傷みのない ②健康な／~ et sauf 無事に ‖ sain 男 (猪の)脂肪

saindoux [サンドゥー] 男〈単複同形〉豚脂, ラード

sainfoin [サンフワーン] 男 いが豆

saint, e [サン, トゥ] 形 聖なる, 聖… ‖ saint, e 男女 聖人, 聖女:略字は st., ste.

saint-amour [サンタムール] 男 ブルゴーニュ地方, ボジョレ地区のAOC赤, 白ワイン

saint-anthème [サンタンテーム] 男 オヴェルニュ地方の, 牛乳の青かびチーズ

saint-aubin [サントバン] 男 ブルゴーニュ地方, コート・ド・ボーヌ地区のAOC赤, 白ワイン

saint-auvent [サン トヴァン] 男 バターと油脂をまぜたもの

saint-benoît [サン ブヌワ] 男 オルレアネ地方の, 牛乳または脱脂乳からつくる, 木炭粉をまぶしたチーズ

saint-chinian [サン シニャン] 男 ラングドック地方の, AOC赤, ロゼワイン

saint-claude [サン クロードゥ] 男 = chevret

sainte-croix-du-mont [サーントゥク

ルワー デュモン]男 ボルドー地方, プルミエール・コート・ド・ボルドー地区の AOC 甘口白ワイン

sainte-foy-bordeaux [サーントゥ フワ ー ボルド]男 ボルドー地方, アントル・ドゥー・メール地区の AOC 甘口白, 赤ワイン

Sainte Marie [サーントゥ マリ] 固女 聖母マリア

sainte-maure [サーントゥ モール]男 サント・モール：トゥーレーヌ及びポワトゥー地方の, 山羊乳のチーズ／〜 de touraine トゥーレーヌ地方の AOC サント・モールチーズ

Sainte-Menehould [サーントゥ ムヌー] 固 シャンパーニュ地方の都市‖Sainte-Menehould 形〈不変〉サント・ムヌー風(の)：豚足, えい, オックステイルなどを煮込んでから冷まし, パン粉を付けてグリルし, マスタードまたはソース・ムヌーと共に供する料理用表現 = à la 〜

sainte-mère-église [サーントゥ メーレ グリーズ]男 AOC バターの種類

saint-émilion [サンテミリオン]男 ①ボルドー地方の AOC 赤ワイン②コニャック及びアルマニャック地方のブランデー用白ぶどうの品種

saint-estèphe [サンテステーフ]男 ボルドー地方, メドック地区の AOC 赤ワイン

Saint-Étienne [サンテティエーヌ]固 リヨネ地方の都市‖saint-étienne 女〈複 〜-〜s〉仔牛の種類

saint-félicien de lamastre [サンフ ェリスィヤン ドゥ ラマーストル]男 ヴィヴァレ地方の, 山羊乳のチーズ

Saint-Florentin [サン フロランタン] 固 ブルゴーニュ地方の町‖saint-florentin 男〈複 〜-〜s〉①イタリアンメレンゲ, バター, キルシュ酒をまぜたクリームにいちごまたは砂糖漬さくらんぼを加えてはさんだケーキ②ブルゴーニュ地方の, 牛乳のチーズ③セープ茸ににんにくを加えてソテした, 肉料理用の付合せ／pommes 〜 ハムを入れ, パン粉の代りにヴァーミセリを付けたポテトコロッケ

Saint-Germain [サンジェルマン] 固男 ルイ16世の陸軍大臣‖Saint-Germain 形〈不変〉(à la) 〜 サン・ジェルマン風(の)：グリンピースのピュレを使った料理用表現‖saint-germain 女〈単複同形〉洋梨の品種

saint-gervais [サン ジェルヴェ]男 ラングドック地方の, 山羊乳のチーズ

saint-gildas [サン ジルダ]男 ノルマンディ地方の, 牛乳と生クリームでつくるチーズ

Saint-Honoré [サントノレ] 固男 パン, ケーキ屋の守護神‖Saint-Honoré 固 パリ, サントノレ通り‖saint-honoré 男〈複 〜-〜s〉クレム・シブストを詰め, 小さなシューをまわりに飾ったケーキ／crème 〜 = crème Chiboust → Chiboust

Saint-Hubert [サンテュベール] 固男 狩猟の守護神‖Saint-Hubert 形〈不変〉サンテュベール風(の)：猟肉料理用表現

Saint-Jacques [サン ジャーク] 固男 聖ヤコブ‖Saint-Jacques 女〈単複同形〉ほたて貝 = coquille 〜, peigne, pèlerine, saint-jacques

Saint-Jean [サン ジャン] 固男 聖ヨハネ

Saint-Joseph [サン ジョゼフ] 固男 聖ヨゼフ‖saint-joseph 男 コート・デュ・ローヌ地方の AOC 赤, 白ワイン

saint-julien [サン ジュリヤン]男 ボルドー地方, オー・メドック地区の AOC 赤ワイン

saint-lizier [サン リズィエ]男 フォワ地方の, 羊乳または牛乳のチーズ = bethmale

saint-maixent [サン メクサン]男 ポワトゥー地方の, 山羊乳のチーズ

Saint-Malo [サン マロ] 固 サン・マロ：ブルターニュ地方の町／sauce 〜：1) エシャロットを白ワインで煮, マスタード, アンチョヴィソースを加えた, 白ワインソースの一種 2) エシャロットと白ワインを煮詰め卵黄でつないで魚のヴルテソースに加えたソース

Saint-Mandé [サン マンデ] 固 パリ東郊外の町‖Saint-Mandé 形〈不変〉グリンピース, さやいんげん, ポム・マケールで構成される付合せを添えた肉料理用表現

saint-marcellin [サン マールスラン]男 ドフィネ地方の, 牛乳または山羊乳と牛乳でつくる AOC チーズ

saint-nectaire [サン ネクテール]男 オヴェルニュ地方の, 牛乳の AOC チーズ

saint-nicolas-de-bourgueil [サンニコラ ドゥ ブールゲーユ] 男 ロワール地方の AOC 赤, ロゼワイン

Saintonge [サントーンジュ] 固女 サントンジュ:西フランスの地方

saintongeais,e [サントンジェ, ーズ] 形〈男には単複同型〉サントンジュの ‖ Saintongeais,e 男女〈男は単複同形〉サントンジュの人

saint-pancrace [サン パンクラース] 男 リヨネ地方の, 山羊乳のチーズ

saint-paulin [サン ポラン] 男 フランス各地で製造される, 牛乳のチーズ

saint-péray [サン ペレ] 男 コート・デュ・ローヌ地方の AOC 白ワイン/〜 mousseux 同地方の AOC 発泡性ワイン

Saint-Pierre [サン ピエール] 固男 聖ペテロ/herbe de 〜 クリスマム:香草の一種/crithmum/oreille de 〜 西洋ことぶし ‖ saint-pierre 男〈単複同形〉①まと鯛(=にしまと鯛) ②白ぶどうの品種

Saint-Raphaël [サン ラファエル] 固 サン・ラファエル:コート・ダジュールの町 ‖ Saint-Raphaël 固男 リキュールの商標

saint-romain [サン ロマン] 男 ブルゴーニュ地方, コート・ド・ボーヌ地区の AOC 赤, 白ワイン

Saint-Sylvestre [サン スィルヴェーストゥル] 女〈単複同形〉大晦日(おおみそか)

Saint-Valentin [サン ヴァランターン] 固男 聖ヴァランタイン/fête de 〜 ヴァレンタインデー

saint-véran [サン ヴェラン] 男 ブルゴーニュ地方, マコネ地区の AOC 白ワイン

saint-winocq [サン ウィノーク] 男 フランドル地方の, 脱脂牛乳のチーズ

sais → savoir 42

saisi,e [セズィ] 形 セジールした → saisir

saisir [セズィール] 動 4 ①つかむ, とらえる, 握る, 把握する ②セジールする:表面を固めるように強火で, 中まで火を通さず焼色を付ける

saison [セゾン] 男 ①季節 ②旬, 食べ頃/légumes de 〜 旬の野菜

saisonnier,ère [セゾニエ, ール] 形 季節特有の ‖ saisonnier,ère 男女 ①季節労働者 ②ワンシーズンを過す観光客

sait → savoir 42

saké [サケ] 男 日本酒/〜 chinois 老酒(らおちゅう)

salade [サラードゥ] 女 サラダ, サラダ菜

---

salade

salade (à la) lyonnaise リヨン風サラダ = saladier lyonnais
salade (à la) niçoise ニース風サラダ
salade César シーザーサラダ
salade composée コンビネーションサラダ
salade de fruits フルーツサラダ = cocktail aux fruits, macédoine de fruits
salade de pêheur 漁師風サラダ
salade mélangée, salade panachée ミックスサラダ
salade simple シンプルサラダ
salade verte グリーンサラダ

---

saladier [サラディエ] 男 ①サラダボール ②サラダボール一杯分のサラダ/〜 lyonnais リヨン風サラダ:鶏のレバー, ゆで卵などにフィーヌゼルブとマスタードを入れたドレッシングをかけた, リヨネ地方のサラダ = salade (à la) lyonnaise

salage [サラージュ] 男 (添加物も加えた)塩漬/〜 au sel sec 粗塩, 砂糖, 硝石をまぜた, 塩漬用材料

salaire [サレール] 男 給与, 給料

salaison [サレゾン] 女 ①加塩 ②(天然素材だけでの)塩漬 ③塩漬食品

salamandre [サラマンドゥル] 女 ①サラマンダー:1)火とかげ:伝説の動物 2)上火だけのグリラー ②さんしょう魚

salam(m)bô [サランボ] 男 キルシュ酒風味のカスタードクリームを入れた卵形のシュークリーム

salangane [サランガーヌ] 女 穴つばめ:巣は中国料理のポタージュに用いる

salanx [サラーンクス] 男〈単複同形〉しら魚

salarié,e [サラリエ] 男女 会社員, サラリーマン

salaud,ope [サロ, ープ] 男女 (俗語)

汚い奴, 最低野郎, 卑怯者／S~, ope ! この馬鹿野郎

sale [サール] 形〈男女同形〉不衛生な, 不潔な, 汚い

salé, e [サレ] 形 塩分のある, 塩辛い, 塩を加えた‖ salé 男 ①塩味②ペリゴール地方の豚の塩漬／petit ~ 軽く塩漬した豚肉

saleb [サレーブ] 男 = salep

salep [サレーブ] 男 サレップ：ラン科植物の球根を乾燥させた澱粉 (でん) = saleb, sahlap／~ des Indes occidentales くずうこんの澱粉 = arrow-root／~ des pauvres gens じゃが芋の澱粉

saler [サレ] 動 塩漬にする, 塩を加える, 塩をふる

salers [サレール] 男 オヴェルニュ地方の, 牛乳の AOC チーズ

salé, e-sucré, e [サレ スュクレ] 形〈複には~s-~s, 女複には~es-~es〉甘辛い

saleté [サルテ] 女 不潔, 汚れ

salicoque [サリコーク] 女 海老じゃこ = crevette grise

salicorne [サリコールヌ] 女 あっけし草, サリコルヌ：若枝を食べる

salière [サリエール] 女 卓上塩入れ

salin [サ・ラン, リーヌ] 形 塩分を含んだ‖ salin [サラン] 男 塩田‖ saline 女 塩田, 製塩所 = salin

salinité [サリニテ] 女 塩分

salir [サリール] 動 4 汚す‖ se ~ 代動 4 59 汚れる

salive [サリーヴ] 女 唾液, つば

salle [サール] 女 ①部屋／~ à manger 食事室, 食堂／~ d'attente 控室, 待合室／~ de bain バスルーム／~ de douche シャワールーム／~ particulière (レストランの) 個室②会場, (劇場やレストランなどの) 客席

salmanazar [サルマナザール] 男 12本分のシャンパン瓶‖ Salmanazar 固 男 アッシリアの王

salmigondin [サルミゴンダン] 男 = salmigondis

salmigondis [サルミゴンディ] 男〈男女同形〉①残り物を集めて再び煮込んだ料理 = salmigondin ②ごった煮／~ de gibier 野うさぎ, 山うずら, きじ, 鹿をソテし, 香草と共に赤ワインで蒸煮し, 煮詰めた煮汁ににんにくとクリームを入れてソースとした料理

salmis [サルミ] 男〈単複同形〉ローストした猟鳥肉の煮込／sauce ~ 香味野菜と猟鳥のガラをソテし, 白, 赤ワインまたはポルト酒を入れ煮詰めてからドミグラスソース, 猟鳥のフォンなどを加えたソース

salmonelle [サルモネール] 女 サルモネラ菌 = salmonella

saloir [サルワール] 男 豚肉塩漬用桶 (たる)

salon [サロン] 男 ①客間, サロン, 広間／~ de beauté, ~ d'esthétique エステティックサロン／~ de coiffure 美容院, 理髪店／~ de thé アルコールなしの喫茶店②(定期的な) 美術展

salonenque [サロナーンク] 女 オリーヴの品種 = saurine

salope → sal**aud, ope**

salpêtre [サルペートゥル] 男 硝酸カリウム, 硝石 = nitre

salpicon [サルピコン] 男 サルピコン：1) 0.5 cm 角のさいのめ 2) 野菜, 魚, 肉, フルーツを小さいさいのめにしてソースなどであえたもの／tailler en ~ サルピコンに切る

salsifis [サルスィフィ] 男〈単複同形〉西洋ごぼう, ばらもんじん = barbe-de-bouc, ~ blanc／~ noir きばなばらもんじん = scorsonère

salsola [サルソラ] 男または女 おかひじき = soude

salubre [サリューブル] 形〈男女同形〉健康によい

saluer [サリュエ] 動 挨拶する

salure [サリュール] 女 塩分, 塩加減

salut [サリュ] 男 ①挨拶, 敬礼②(話言葉)やあ, じゃあ, またね

salutation [サリュタスィヨン] 女 (おおげさな) 挨拶, お辞儀／~s distinguées (丁寧な手紙の終りで)敬具

samedi [サムディ] 男 土曜日／le ~ 毎土曜日

samos [サモス] 男 ギリシアの甘口酒 精醒化白ワイン

samoussa [サムーサ] 男 サモサ：インドの揚パイ

samovar [サモヴァール] 男 サモワール：ロシアの家庭用湯沸器

sampigny-lès-maranges [サンピニ レマランジュ] 男 ブルゴーニュ地方, コー

ト・ド・ボーヌ地区のAOC赤,白ワイン

S.A.M.U. [サミュ] 男 救急サーヴィス: Service d'Aide Médicale d'Urgence の略

sancerre [サンセール] 男 ロワール地方のAOC赤,白,ロゼワイン

sanciau [サンスィオ] 男〈複 ~x〉ブルゴーニュ地方のパンケーキ

sandale [サンダル] 女 サンダル/~ de mer なまこの種類

sandalette [サンダレトゥ] 女（甲が紐で軽い）サンダル

sandre [サンドル] 男 ルシオパーチ: パーチ科の淡水魚

sandwich [サンドゥイーシュ] 男 (英) サンドウィッチ = sandwiche / club ~, clubhouse ~ クラブハウスサンドウィッチ:ローストチキン, ゆで卵などをはさんだサンドウィッチ/~ au jambon ハムサンド/~ du book-maker ブックメーカーサンドウィッチ:ステーキをはさんだサンドウィッチ

sang [サン] 男 血液, 血

sangiovese [サンジョヴェーゼ] 男 イタリアの黒ぶどうの品種

sangle [サーングル] 女（スーツケース用）ベルト

sangler [サーングレ] 動 ①アイスクリームやシャーベットをつくる際に冷凍庫で冷やす ②中にものを詰める前に型を冷凍庫に入れる

sanglier [サングリエ] 男 猪

sangria [サングリーヤ] 女 柑橘(かんきつ)類を主としたフルーツを赤ワインに加えたスペイン発祥の飲物

sanguet [サンゲ] 女 → sanguète

sanguète [サンゲートゥ] 女 鶏の血にパセリとにんにくを加え, 凝固してからソテし, クリームとにんにくを加えてソースとした, 南西フランスの料理 = sanguette, sanguiette, sanguet, sanquet, sanquette

sanguette = sanguète

sanguiette [サンギエートゥ] 女 = sanguète

sanguin, e [サン・ガン, ギーヌ] 形 ①血液の, 血のさした / groupe ~, type ~ 血液型 ②血の色をした / orange ~e ルビーオレンジ ‖ sanguine 女 ブルボネ地方の, 鶯鳥(つぐみ)などの血の料理

sanguinolent, e [サンギノラン, トゥ] 形 血に染まった, 血のまざった

sanitaire [サニテール] 形〈男女同形〉公衆衛生の

sanquet [サンケ] 女 = sanguète

sanquette [サンケトゥ] 女 = sanguète

sans [サン] 前 …なしに, …せずに, …を伴わない/~ coloration 色付けずに/~ sel 塩抜で, 塩抜の

sans-abri [サンザブリ] 男女〈単数同形〉ホームレス

sans-fil [サン フィル] 形〈不変〉コードレスの ‖ sans-fil 男〈単数同形〉コードレスフォン

sans-patrie [サン パートゥリ] 形〈男女同形〉無国籍の

santa rosa [サンタ ローザ] 女 日本のすもも, 三太郎

santé [サンテ] 女 健康/ À votre ~ ! 乾杯！:音頭

santenay [サーントゥネ] 男 ブルゴーニュ地方, コート・ド・ボーヌ地区のAOC赤,白ワイン

santranges [サントゥラーンジュ] 男 ベリ地方の, 山羊乳のチーズ

Saône [ソーヌ] 固女 ソーヌ川:ローヌ川の支流

sapeur [サプール] 男 工兵

sapeur-pompier [サプール ポンピエ] 男〈複 ~s-~s〉消防士 = pompier

sapide [サピード] 形〈男女同形〉味のよい, 風味のある

sapidité [サピディテ] 女 美味, 風味

sapin [サパン] 男 もみの木/~ de Noël クリスマスツリー

Sarah [サラ] 固女 サラ・ベルナール: 19世紀のフランスの女優 ‖ Sarah 形〈不変〉サラ・ベルナール風(の):この女優に捧げた料理用表現/ consommé ~ 鶏の小クネル, 骨髄, アスパラガスの穂先, トリュフ, タピオカを浮身とした鶏のコンソメ

sarcelle [サルセール] 女 コガモ類:鴨の種類/~ d'hiver こ鴨:野鴨の種類/~ d'été しまあじ:小型の野鴨

Sardaingne [サルデーニュ] 固女 サルディニア:イタリアの島

sardane [サルダーヌ] 女 ズッキーニの品種

sarde [サールドゥ] 形〈男女同形〉サルディニア(Sardaigne)の/ (à la) ~ サルディニア風(の):ピエモンテ風リゾッ

トでつくったコロッケ,詰物をしたトマトときゅうりを付合せ,トマト風味のドミグラスソースをかけた肉料理用表現 ‖ **sarde** [男] サルディニア語 ‖ **Sarde** [男][女] サルディニアの人 ‖ **sarde** [女] にしはつがつお:魚

sardinade [サルディナードゥ] [女] ラングドック地方の,いわしの網焼

sardine [サルディーヌ] [女] いわし/~ à l'huile いわしの油漬

sardinelle [サルディネール] [女] かたほしいわし

sargasse [サルガース] [女] ほんだわら: 海藻

sargue [サールグ] [男] アフリカちぬ:魚

sariette [女] = sar(r)iette

S.A.R.L. [エサ エル エル] [女] 有限会社: société à la responsabilité limitée の略

sarladais,e [サルラデ,ーズ] [形] 〈[男]には単複同形〉サルラ (Sarlat) の/ (à la) ~e サルラ風(の):1)同地の料理に用いる表現 2) ソテしたじゃが芋,にんにく,パセリ,トリュフのスライスを加えた付合せを添えた料理用表現/sauce ~e ゆで卵の黄身,濃いクリーム,みじん切りしたトリュフにオリーヴ油を加えて乳化させ,レモン汁とコニャックを加えたローストビーフ用の冷製ソース ‖ Sarladais,e [男][女] 〈[男]は単複同形〉サルラの人

Sarlat [サルラ] [固] サルラ:ペリゴール地方の町

sarment [サルマン] [男] ぶどうの若枝

sarrasin,e [サラ・ザン,ズィーヌ] [形] サラセン人の/ (à la) ~e サラセン風(の):そば粉のクレープを使った料理用表現 ‖ Sarrasin,e [男][女] サラセン人 ‖ sarrasin そば:植物 = blé noir / farine de ~ そば粉

sar(r)iette [サリエートゥ] [女] きだちはっか,サマーセイヴォリ:シソ科の香草 = herbe de Saint-Julien, poivre d'âne, sadrée, ~ des jardins, savourée /~ de montagne ウィンターセイヴォリ/~ vivace

sartagnade [サルタニャードゥ] [女] = sartagnano

sartagnado [サルタニャード] [女] = sartagnano

sartagnano [サルタニャノ] [女] 小魚や小海老に小麦粉をまぶして重ね,フライパンで焼いて熱い酢をかけた,ニースの料理 = sartagnade, sartagnado, sartanade

sartanade [サルタナードゥ] [女] = sartagnano

sartenais [サールトゥネ] [男] コルシカの,山羊乳または羊乳のチーズ = sarteno

sarteno [サルテノ] [男] = sartenais

sassafras [ササフラ(ス)] [男] 〈単複同形〉サッサフラス:クスノキ科の木.葉の粉末を香料にする

sasser [サセ] [動] ①ふるう,ふるいにかける ②(液体を)漉(こ)す ③にんじん,じゃが芋などの皮の薄い野菜を粗塩と共に袋に入れゆすって皮をとる

saté [サテ] [男] サテ:インドネシアの調味料

satellite [サテリートゥ] [男] 衛星

satiété [サティエテ] [女] 飽満/ à ~ うんざりするまで/ manger à ~, manger jusqu'à ~ 飽食する

satinage [サティナージュ] [男] 艶(つや)を出すこと → satiner

satiné,e [サティネ] [形] 艶(つや)を出した → satiner

satiner [サティネ] [動] (引飴の)艶(つや)を出す

satisfaction [サティスファクスィヨン] [女] 充実感,満足

satisfaire [サティスフェール] [動]21 満足させる ‖ se ~ [代動]21 59 満足する

satisfait,e [サティスフェ,ートゥ] [形] 満足な/ être ~,e de... …に満足している

saturé,e [サテュレ] [形] 飽和状態の/ ~,e de... …でいっぱいの

saturer [サテュレ] [動] ①飽和させる ②いっぱいにする ③煮詰める = concentrer, réduire

Saturne [サテュールヌ] [固][男] サトゥルヌス:ローマ神話の農耕の神

Satyre [サティール] [固][男] サテュロス:ギリシア神話の半獣半人の神 ‖ satyre [男] ①(話言葉)痴漢 ②すっぽん茸 ‖ s~ maillé de Chine きぬがさ茸

sauce [ソース] [女] ソース/ grande ~ 基本となるソース = ~ mère /~ dérivée 派生ソース/~ blanche 白いソース/~ brune ブラウンソース:ルウでつないだ茶色いソース/~ courte 煮詰って少なくなりすぎたソ

saucisse

saucisse au vin blanc　白ワインソーセージ
saucisse cocktail　カイエーヌペッパー入の小さいソーセージ
saucisse crue　生ソーセージ
saucisse de Champagne　シャンパーニュ産白ワイン入豚肉ソーセージ
saucisse de Francfort　フランクフルトソーセージ
saucisse de Montbéliard
　フランシュ・コンテ地方モンベリアール発祥のソーセージ
saucisse de Morteau　モルトソーセージ：燻製(くんせい)ソーセージ
saucisse de Strasbourg　ストラスブールソーセージ：豚または牛，豚と牛の細かいソーセージ用詰物を羊腸に詰めたソーセージ= knack
saucisse de Toulouse　トゥールーズソーセージ：ナツメグを加えたソーセージ用詰物を豚腸に詰めた生ソーセージ
saucisse de Vienne　ウィンナーソーセージ
saucisse longue　ロングソーセージ：生ソーセージ = chipolata
saucisse paysanne　田舎風ソーセージ
saucisse plate　網脂で包んだ生の平たいソーセージ = crépinette

saucisson

saucisson d'Arles, saucisson d'âne
　プロヴァンス地方，アルルのドライソーセージ
saucisson de foie
　アルザス及びロレーヌ地方の，燻製(くんせい)にしたレバーソーセージ
saucisson de jambon　ピュレ状にした豚肉と大きいさいのめの豚肉を腸膜または太いケーシングに詰めたソーセージ
saucisson de Lyon　リヨンソーセージ：トリュフやピスタチオを外から見えるように加え，牛腸または太いケーシングに詰めたソーセージ．野菜または鶏のブイヨンでゆでるか，ブリオシュ生地で包んで焼く = cervelas de Lyon
saucisson de Paris　パリソーセージ：長いソーセージ = Paris ail
saucisson en brioche　ソシソン・アン・ブリオシュ：ソーセージをブリオシュ生地で包んで焼いた料理
saucisson en croûte
　ソシソン・アン・クルート：ソーセージを生地で包んで焼いた料理
saucisson fumé　スモークソーセージ
saucisson sec　表面に白いかびの生えたドライソーセージ

ース/~ émulsionnée 乳化ソース
saucé, e [ソセ] 形 ①ソースをかけた ②(皿のソースをパンで)ふいた
saucer [ソセ] 動 32 ① ソースをかける ②(皿のソースをパンで)ふく
saucier, ère [ソスィエ, ール] 男女 フォンやソース，肉のソテ，ブレゼ，付合せを担当するコック ‖ **saucière** 女 ソース入れ，ソースチューリン
saucisse [ソスィース] 女 ソーセージ，腸詰 →[囲み]

saucisson [ソスィソン] 男 大型ソーセージ，ドライソーセージ →[囲み]
sauf [ソーフ] 前 …以外，…を除いて，…を別にして
sauge [ソージュ] 女 セージ：香草
saugé, e [ソジェ] 形 セージを加えた
sauger [ソジェ] 動 25 セージを加える
saumon [ソモン] 男 / ~ cisele クリンプルドサーモン：イギリスの鮭の料理 / ~ cru ソモン・クリュ：鮭を軽く塩漬してから香草などで香り付した

> **saumon**
> saumon argenté　銀鮭
> saumon atlantique
> 　アトランティックサーモン
> saumon chien, saumon keta　白鮭
> saumon d'automne　秋鮭
> saumon de Norvège
> 　ノルウェーサーモン
> saumon du Pacifique, saumon royal　キングサーモン
> saumon japonais, saumon masou
> 　桜鱒(桝)
> saumon rose　からふと鱒
> saumon rouge　紅鮭

料理/～ fumé スモークサーモン
saumoné,e [ソモネ]形 (魚の身が)サーモンピンクの/ rose ～ サーモンピンク/ truite ～e 紅鱒(桝)
saumoneau [ソモノ]男〈複 ～x〉鮭の幼魚,若い鮭
saumonette [ソモネートゥ]女 とら鮫 = roussette
Saumur [ソミュール]固 アンジュー地方の町/ coteaux de s～ 同地のAOC白ワイン/ s～-champigny 同地のAOC赤ワイン/ s～ mousseux 同地のAOC発泡性白ワイン/ s～ pétillant 同地のAOC弱発泡性ワイン
saumurage [ソミュラージュ]男 (漬込用塩またはソミュールに)漬けること
saumure [ソミュール]女 漬込用漬汁:香り付塩漬汁/～ à sec, ～ au sel, ～ sèche 漬込塩, ドライソミュール/～ liquide 塩水漬込液
saumuré,e [ソミュレ]形 (漬込用塩またはソミュールに)漬けた
saumurer [ソミュレ]動 (漬込用塩またはソミュールに)漬ける
saupiquet [ソピケ]男 ①玉ねぎ,未熟ぶどう果汁,赤ワインに香辛料を加え,パンでつないだ中世のソース ②ワイン,酢,にんにく,香草などでつくったソースをかけた鴨料理/～ des Amognes 厚切りにしてソテしたハムに,酢,エシャロット,香草,香辛料,ドミグラスソース,クリームでつくったソースをかけた,ニヴェルネ地方の料理
saupoudrage [ソプードゥラージュ]男 (塩,小麦粉などを)ふりかけること
saupoudré,e [ソプードゥレ]形 (塩,小麦粉などを)ふりかけた
saupoudrer [ソプードゥレ]動 ちりばめる, (塩,小麦粉などを)ふる,まぶす
saupoudreuse [ソプードゥルーズ]女 塩などのふりかけ用容器
saur [ソール]形〈男女同形〉塩をして燻製(沒)にした/ hareng ～ 燻製にしん
saura → savoir 42
saurage [ソラージュ]男 (にしんなどの)燻製(沒)作業
saurai, saurai-, sauras → savoir 42
sauré,e [ソレ]形 燻製(沒)にした
saurel [ソレル]男 にしまあじ:魚
saurer [ソレ]動 (塩をしたにしんなどを)燻製(沒)にする
saurez, sauri- → savoir 42
saurine [ソリーヌ]女 = salonenque
saurons, sauront → savoir 42
saussignac [ソスィニャック]男 ボルドー東方ベルジュラックのAOC甘口白ワイン
saut-de-mouton [ソ ドゥ ムートン]男〈複 ～s-～-～〉高架,立体交差
sauté,e [ソテ]形 炒めた, ソテした ‖ sauté 男 ①肉や魚を強火でソテし,小麦粉をふりかけ,ブイヨンなどの水分を加えて蒸煮した料理 ②厚くスライスした肉や魚のフィレをフライパンやソテパンで強火でソテした料理
sauter [ソテ]動 ①跳ぶ,跳ねる,吹っ飛ぶ/～ un repas (食事を)抜く ②炒める,ソテする = faire ～
sauterelle [ソトレール]女 きりぎりす,ばった/～ de mer しゃこ = squille
sauternes [ソテールヌ]男 ボルドー地方のAOC貴腐甘口白ワイン
sauteuse [ソトゥーズ]女 ソースパン,ソトゥーズ:底より縁の直径が大きく浅い片手鍋
sautoir [ソトゥワール]男 ソテパン:縁が垂直で浅い片手鍋
sauvage [ソヴァージュ]形〈男女同形〉野生の
sauver [ソヴェ]動 救う ‖ se ～ 代動 59 逃げる,逃走する
sauvetage [ソヴタージュ]男 救援,救助,救命

sauvignon [ソヴィニョン] 男 白ぶどうの品種

savagnin [サヴァニャン] 男 白ぶどうの品種

savai- → savoir 42

savant 現分 → savoir 42

savarin [サヴァラン] 男 ババにラム酒風味のシロップをかけ, カスタードクリームなどを付合せたケーキ

savaron [サヴァロン] 男 オヴェルニュ地方の, 牛乳のチーズ

savennières [サヴェニエール] 男 ロワール地方の AOC 白ワイン

savent → savoir 42

saveur [サヴール] 女 ①味, 風味／~ sucrée 甘味 ②おもしろ味

savez, savi- → savoir 42

savigny-lès-beaune [サヴィニ レ ボーヌ] 男 ブルゴーニュ地方, コート・ド・ボーヌ地区の AOC 赤, 白ワイン

Savoie [サーヴワ] 固女 サヴォワ地方

savoir [サヴワール] 動 ①知っている, わかっている ②《~ + 不定詞》…できる(能力)／~ lire 読んで理解できる

savoir-faire [サヴワール フェール] 男〈単複同形〉ノウハウ, 専門知識

savoir-vivre [サヴワール ヴィーヴル] 男〈単複同形〉作法, マナー／~ à table テーブルマナー

savon [サヴォン] 男 石鹼／~ de toilette 化粧石鹼＝savonnette／~ blanc, ~ de Marseille オリーヴ石鹼

savonnette [サヴォネットゥ] 女 化粧石鹼＝savon de toilette

savons → savoir 42

savora [サヴォラ] 男 サヴォラ：インドネシアの混合調味料

savorique [サヴォリーク] 形〈男女同形〉風味のある

savory [サヴォリ] 男英 ①後段料理, セイヴォリ：メインディッシュの後またはデザートの後, 席を移して供するイギリス式の塩味料理 ②ディナー代りの軽い立食用料理

savourée [サヴーレ] 女 きだちはっか＝sar(r)iette

savourer [サヴーレ] 動 味わう, 賞味する

savoureusement [サヴールーズマン] 副 ①おいしそうに ②おもしろく

savoureux, se [サヴールー, ズ] 形〈男には単複同形〉①味のある, いい味の, 風味のよい ②おもしろい ‖ savoureux 男〈単複同形〉後段料理 = savory

savoyard, e [サヴワヤール, ドゥ] 形 サヴォワ(Savoie)の／(à la) ~ e : 1) 同地方の料理に用いる表現 2) サヴォワ風(の)：じゃが芋サヴォワ風を付合せた料理用表現／pommes (de terre) à la ~ e じゃが芋サヴォワ風：じゃが芋の薄切にグリュイエールチーズ, 牛乳, コンソメを加えオーヴンで焼いた料理 ‖ Savoyard, e 男女 サヴォワの人

saxifrage [サクスィフラージュ] 女 雪の下：ユキノシタ科の植物

sbrinz [スブリンツ] 男 スイスの, 牛乳のチーズ

scalpel [スカルペール] 男 (解剖用)メス

scandinave [スカンディナーヴ] 形〈男女同形〉スカンジナヴィア(Scandinavie)の ‖ Scandinave 男女 スカンジナヴィア人 ‖ scandinave 男 スカンジナヴィア語

Scandinavie [スカンディナヴィ] 固女 スカンジナヴィア

scare [スカール] 男 ぶ鯛 = perroquet de mer, poisson(-)perroquet

scarole [スカロル] 女 菊ぢしゃ：サラダ用葉野菜の種類 = escarole

sceau [ソ] 男〈複 ~x〉印鑑

sceller [セレ] 動 密封する

schéma [シェマ] 男 図式, 図表

schénanthe [シェナーントゥ] 女 レモングラス：イネ科の香草 = citronnelle

schenkelas [シェーンクラ] 男〈単複同形〉= schenkele

schenkele [シェーンクル] 男 アルザス地方のクリスマス用揚菓子 = schenkelas

schnaps [シュナープス] 男 丁字で香り付したドイツの蒸留酒

schupfnudeln [シュプフヌーデルン] 女複 独 ドイツのパスタ

Schweppes [シュエップス] 固男〈単複同形〉オレンジの皮, キニーネなどを加えたトニックウォーターの商標名

sciacarello [スィヤカレロ] 男 黒ぶどうの品種

sciacci [スィヤーチ] 男複 卵, トマト, チーズを加えたじゃが芋のピュレを生地で包んで焼いたコルシカのパイ

scie [スィ] 女 のこぎり

science [スィヤーンス] 女 科学, 学問／~s (特定の) …学／~s culinaires 調理科学

sciences-po [スィヤンス ポ] 女複 (俗語) 政治学部 = faculté de sciences politiques

scième [スィエーヌ] 女 いしもち, しろぐち, ぐち:魚

scientifique [スィヤンティフィーク] 形〈男女同形〉科学の, 科学的な

scientifiquement [スィヤンティフィークマン] 副 科学的に

scier [スィエ] 動 (のこぎりで) 挽く

sciure [スィユール] 女 おが屑

scolaire [スコレール] 形〈男女同形〉学校の

scombre [スコーンブル] 男 ①さわら ②サバ科の魚の総称

scone [スコーヌ] 男(英) スコーン:スコットランド発祥のパン

scorpène [スコルペーヌ] 女 かさご = rascasse

scorpion [スコルピヨン] 男 さそり／~ de mer かさご‖ Scorpion 男 さそり座

scorsonère [スコルソネール] 女 きばなばらもんじん = salsifis noir, ~ d'Espagne

scotch [スコーチ] 男〈複 ~es〉(英) ①スコッチウィスキー ②粘着テープ

scotcher [スコチェ] 動 粘着テープを貼る

screwdriver [スクリュドゥライヴァ] 男 スクリュードライバー:カクテルの種類

scubac [スキュバック] 男 ロレーヌ地方のリキュール = escubac

sculpter [スキュルテ] 動 彫刻する

sculpteur [スキュルトゥール] 男 彫刻家／femme ~ 女流彫刻家

sculpture [スキュルテュール] 女 (立体)彫刻／~ sur glace 氷彫刻

se [ス] 代 (代名動詞において) 彼(女) (ら)自身, それ(ら)自体／Il ~ lève à 6 heures. 彼は6時に起きる ⇒ p.753「代名動詞」

seau [ソ] 男〈複 ~x〉桶(鮇), バケツ／~ à champagne シャンパンクーラー／~ à glace 氷入れ

sébaste [セバストゥ] 男 めばる／~ rouge あこう鯛, めぬけ:カサゴ科メバル属の赤い深海魚

sec, èche [セー・ク, シュ] 形 ①乾燥した, 水分のない ②(ワインなどが) 辛口の, ドライな ③(シャンパンが)中辛口の／demi-~ (シャンパンが) 甘口の／extra ~ (シャンパンが) 辛口の ④乾性の, 水分を使わない ⑤味気ない, 味わいのない‖ sec 男 ①乾燥／à ~ 乾燥状態の／(faire) cuire…à ~ …をから煎りする／réduire…à ~ 水分がなくなるまで…を煮詰める ②干潟‖ sèche 女 ①干潟 ②セーシュ:フランシュ・コンテ地方の焼菓子‖ sec 副 (水で割らずに)生(き)で, ドライで

sécateur [セカトゥール] 男 ①植木ばさみ ②鳥肉用はさみ

séchage [セシャージュ] 男 乾燥

séché, e [セシェ] 形 乾燥させた

sèche-cheveux [セーシュ シュヴー] 男〈単複同形〉ヘアドライヤー

sèche-linge [セーシュランジュ] 男〈単複同形〉衣類乾燥機

sécher [セシェ] 動36 乾かす, 乾燥させる, 乾燥する／~ à l'ombre 陰干しにする／~ au soleil 日干しにする‖ se ~ 代動36/59 (体を)乾かす, (自分の) …を乾かす

sécheresse [セシュレース] 女 乾燥

séchoir [セシュワール] 男 乾燥機, 乾燥室, ドライヤー／~ à linge 物干し

séchon [セション] 男 乾燥小チーズ／~ de chèvre drômois ドフィネ地方の, 山羊乳の小チーズ

Séchouan [セシュアン] 固 四川(しせん) = Seutchouan, Sichuan

second, e [スゴン, ドゥ] 形 ①第2の, 2番目の／~ vin セカンドワイン → vin ②二流の ③もうひとつの‖ second, e 男女 2番め‖ second 男 助手‖ seconde 女 ①(列車などの)2等 ②セカンドギア ③秒／Une ~. ちょっと待って

secondaire [スゴンデール] 形〈男女同形〉二義的な, 副次的な‖ secondaire 男 中等教育 = enseignement ~

seconder [スゴンデ] 動 介助する, 助ける, 補佐する

secouer [スクエ] 動 揺り動かす

secourir [スクーリール] 動13 助ける:救済・救助

secours [スクール] 男〈単複同形〉救助／Au ~！助けて！／de ~ 救急の／premiers ~ 救急処置

Secrestat [スクレスタ] 固男 苦味のあ

るリキュールの商標名

secret, ète [スクレー, トゥ] 形 秘密の ‖ secret 男 ①秘密 ②こつ

secrétaire [スクレテール] 男女 秘書 ‖ secrétaire 男 ライティングデスク

section [セクスィヨン] 女 ①切断 ②切口, 断面 ③行政区分, 部／～ locale 支部

sectionné, e [セクスィヨネ] 形 切り分けた, 切断した → sectionner

sectionnement [セクスィヨーヌマン] 男 切断, 分けること → sectionner

sectionner [セクスィヨネ] 動 ①切断する, 分ける ②（家禽(かきん)を関節で）切分ける = démembrer

Sécu [セキュ] 女 社会保障：sécurité sociale の略

secundo [スゴンド] 副 第2に

sécurité [セキュリテ] 女 ①安心, 安全 ②安全保障, 保安／S～ sociale（国の）健康保険, 社会保障

séduction [セデュクスィヨン] 女 魅力,（性的な）誘惑

séduire [セデュイール] 動 11 魅了する, 誘惑する

séduisant, e [セデュイザン, トゥ] 形 魅力的な

seiche [セーシュ] 女 甲いか, 墨いか, もん甲いか = margate, sépia, supion

seigle [セーグル] 男 ライ麦

sein [サン] 男 ①乳房 ②ふところ ③胸中／au ～ de... …の真っ只中に

Seine [セーヌ] 固 女 セーヌ川

séisme [セイスム] 男 地震 = tremblement de terre

seize [セーズ] 形〈不変〉16の ‖ seize 男〈単複同形〉①16 ②（月の）16日, 16号室, 16番地

seizième [セズィエーム] 形〈男女同形〉16番めの ‖ seizième 男女 16番め

séjour [セジュール] 男 滞在／salle de ～ リビングルーム／～ illégal 不法滞在

séjourner [セジュールネ] 動 滞在する

Sekt [ゼークト] 男 独 ドイツのスパークリングワイン

sel [セール] 男 塩 → 囲み

sélection [セレクスィヨン] 女 選択／～ de grains nobles アルザス地方の貴腐ワイン

sélectionné, e [セレクスィヨネ] 形 選んだ, 選りすぐりの

sélectionner [セレクスィヨネ] 動 選ぶ,

---

sel

gros sel 粗塩
sel attendrisseur 柔化塩
sel de céleri セロリソルト
sel de livèche セル・ド・リヴェーシュ：リヴェーシュ風味の精製塩
sel de noisette セル・ド・ノワゼット：ヘーゼルナッツ風味の精製塩
sel de régime カリウム塩
sel de table 食卓塩
sel épicé スパイシーソルト
sel fin 精製塩
sel gemme 岩塩
sel gris グレーソルト：灰色がかった粗塩
sel iodé ヨード塩
sel marin 海塩
sel nitrité 亜硝酸塩

選択する

self-service [セルフ セルヴィス] 男〈単複同形〉英 セルフサーヴィスの食堂 = libre-service

selle [セール] 女 ①鞍(くら), サドル ②仔羊, 羊, 鹿の鞍下肉／～ d'agneau 仔羊の鞍下肉／～s 大便 ‖ selles sur cher 男 ソローニュ及びベリ地方の, 灰をまぶした山羊乳の AOC チーズ

selon [スロン] 前 …に応じて, …に従って, …どおりに

Seltz [セルツ] 固 ドイツ西部の村ゼルタース／eau de ～ ゼルツ炭酸水

semaine [スメーヌ] 女 週, 平日／cette ～ 今週／en ～ 平日に／la ～ suivante 翌週／toutes les deux ～s 隔週に／toutes les ～s 毎週

semblable [サンブラーブル] 形〈男女同形〉似た, 類似の ‖ semblable 男 同類, 似たもの

semblant [サンブラン] 男 外見／faire ～ de... …するふりをする

sembler [サンブレ] 動 思える, 見える／«il semble + 形» …のようだ／«il semble que + 文» どうも…らしい, …と思われる

semelle [スメール] 女（靴の）底

semestre [スメーストゥル] 男 半年

semestriel, le [スメストゥリエール] 形 半年の

semi- [スミー][接頭]「半分の,部分的」を意味する合成語をつくる ‖ semi-: ハイフンで名詞に付き,形成語は名詞と同じ性となる／~-conserve チルド食品 ‖ semi-: ハイフンで形容詞に付く／~-public, que 半官の,半公共的な

sémillon [セミヨン][男] セミヨン:白ぶどうの品種／gros ~ 甘味の強い大粒のセミヨン

semi-transparent, e [スミトゥランスパラント][形]〈複 ~-~s〉半透明の

semoule [スムール][女] セモリナ粉:挽割硬質小麦粉 = ~ de blé dur／~ blanche, ~ de riz 挽割米粉／~ d'échalote みじん切りして乾燥させたエシャロット／~ de sarrasin 挽割したそばの実／~ sucre ~ グラニュー糖

senberobena [センベロベーナ][女] バスク地方の,羊乳のフレッシュチーズ

séneçon [セヌソン][男] キオン:高山植物

Sénégal [セネガール][固男] ①セネガル／sole du ~ セネガルソール:舌びらめの種類 ②セネガル川

sénevé [セーヌヴェ][男] 黒辛子

sens [サーンス][男]〈単複同形〉①意味／«en ce ~ que +文» …という意味で ②勘,感覚,センス ③判断力 ④方向／dans le ~ des aiguilles de la montre 時計回りに／dans le ~ inverse des aiguilles d'une montre 時計と反対回りに／~ dessus dessous 上下反対に／~ devant derrière 前後反対に／~ interdit 進入禁止／~ unique 一方通行／~s 官能,性欲

sensation [サンサスィヨン][女] 感覚,感じ,刺激で起きる意識／~ gustative 味覚

senseur [サンスール][男] センサー

sensibilité [サンスィビリテ][女] 感覚／~ gustative 味覚

sensible [サンスィーブル][形]〈男女同形〉①感覚的な ②感傷的な

sensiblement [サンスィーブルマン][副] 明らかに,かなり

senteur [サントゥール][女] 芳香／~ appétissante おいしそうな匂い

sentier [サンティエ][男] 小径(ɔ̃はう)

sentiment [サンティマン][男] 感覚,感情

sentimental, e [サンティマンタール][形]〈男複には sentimentaux [サンティマント]〉①感情の ②感傷的な

sentimentaux → sentimental, e

sentir [サンティール][動 30] ①感じる ②意識する,気付く ③嗅ぐ ④匂う／Ça sent bon (mauvais). いい(いやな)匂いだ ‖ se ~ [代動 30 59] 自分を…と感じる／se ~ mal 気分が悪い

séparation [セパラスィヨン][女] ①別離 ②分けること,分離 ③境界

séparé, e [セパレ][形] 分離した,分れた,分けた

séparément [セパレマン][副] 別々に

séparer [セパレ][動] ①切り離す,分ける ②分割する,分離する ③別れさせる ④区別する,識別する ‖ se ~ [代動 59] ①別居する,離婚する,(互いに)別れる ②(ふたつに)分れる／se ~ de... (…と)別れる

sépia [セピヤ][女] ①甲いか,墨いか = margate, seiche ②いかすみ = encre

sept [セートゥ][形]〈不変〉7の ‖ sept [男]〈単複同形〉①7 ②(月の) 7日, 7号室, 7番地

septante [セプタントゥ][形]〈不変〉(スイス,ベルギーでの) 70の ‖ septante [男] 70

septembre [セプターンブル][男] 9月／en ~, au mois de ~ 9月に

septentrional, e [セプタントゥリヨナール][形]〈男複には septentrionaux [セプタントゥリヨノ]〉北の

septentrionaux → septentrional, e

septième [セティエーム][形]〈男女同形〉7番めの ‖ septième [男][女] 7番め

sérac [セラーク][男] サヴォワ地方の,山羊乳のチーズ

Sercial [セルスィヤール][固男] マデラ酒の種類

serdeau [セルド][男]〈複 ~x〉①宮廷の下げ膳と水の給仕係 ②王の食事の下げ渡し場所

série [セリ][女] ①シリーズ,連続 ②組,セット,ひと揃い ③カテゴリー／hors ~ 規格外の,並外れた ④系列／~ typographique フォント:大きさと書体が同じ活字ひと揃い

sérieusement [セリユーズマン][副] まじめに

sérieux, se [セリユー,ズ][形]〈男には単複同形〉重大な,まじめな／prendre...au

～ …を信じる，…を真に受ける ‖ sérieux 〖単複同形〗 500 cc入ビールジョッキ

seringue [スランング] 囡 ①デコレーター：ケーキ，デコレーション用クリーム絞器 ②インジェクター：ハムなどの製造用ソミュール注入器

sériole [セリヨール] 囡 ぶり，ひらまさ，かんぱち，はまちなどの総称

serpe [セールプ] 囡 なた

serpent [セルパン] 男 蛇(ʰ)

serpenté, e [セルパンテ] 形 蛇行した

serpenter [セルパンテ] 動 蛇行する，曲りくねる

serpolet [セルポレ] 男 セルポレ：いぶきじゃこう草，タイムの一種=farigoule, pimpiolet, thym sauvage

serran [セラン] 男 ひめすずき：ハタ科の魚=perche de mer

serre [セール] 囡 ①温室，ビニールハウス=～ en plastique ②いけす ③ワイン用ぶどうの圧搾

serré, e [セレ] 形 ①窮乏(きゅうぼう)した ②フィットした ③濃い，煮詰った，密な/café ～ 濃いコーヒー

serre-jambon [セール ジャンボン] 男〖単複同形〗ハムホルダー

serrer [セレ] 動 ①握りしめる，引締める，締める，フィットする，間を詰める/～ la main à... …と握手する ②(ソースを)煮詰めて濃くする ③つなぎを加えてソースの濃度を高める ④卵白泡立の最後にホイッパーでまるく力強くかく ⑤炭酸ガスを出すため醱酵生地を押したり丸めたりする ‖ se ～ 代動59 (自分の体を)締める，締まる，席を詰める/se ～ la main 互いに握手する

serrure [セリュール] 囡 錠

sérum [セロム] 男 血清，血清剤

servadou → fer

servan(t) [セルヴァン] 男 白ワイン用ぶどうの品種

serveur, se [セルヴール，ーズ] 男囡 (レストランの)サーヴィス係 ‖ serveur 男 (コンピューター用)サーヴァー

servi, e [セルヴィ] 形 ①使った ②給仕される，サーヴィスされる/Madame est ～e. 奥様，食事の用意ができました

serviable [セルヴィヤーブル] 形 〖男女同形〗世話好きな，親切な

service [セルヴィス] 男 ①運行，(列車やバスなどの)便 ②係，勤務，部署/～ de santé publique 保健所 ③仕事，役目 ④給仕，サーヴィス/～ à la française フランス式サーヴィス：3部から成る，王政時代から19世紀までのサーヴィス方法/～ à l'anglaise イギリス式サーヴィス：大皿をサーヴィス係が持回り，客に取分けるサーヴィス方法/～ à la russe ロシア式サーヴィス：サーヴィス係が会食者に料理を見せてからゲリドン上で皿に盛りサーヴィスする方法/～ à l'assiette 皿盛料理/～ au guéridon ワゴンサーヴィス/～ au plateau プラッターサーヴィス/～ de table テーブルセッティング ⑤サーヴィス料/～ compris サーヴィス料込 ⑥テーブルウェアセット，ひと揃い/～ à café コーヒーセット：食器/～ à salade サラダサーヴァー/～ à table テーブルウェア/～ à thé 茶器

serviette [セルヴィエートゥ] 囡 ①書類かばん ②テーブルナプキン/à la ～ :1) 丸ごとのトリュフやじゃが芋を器の形に折ったナプキンで皿盛付する方法に用いる表現 2) ハムなどを布で包みひもで縛って煮る調理法に用いる表現=au torchon ③タオル，手ぬぐい/～ de bain バスタオル/～ en papier, ～ de papier ペーパータオル

servir [セルヴィール] 動30 ①仕える，尽す ②給仕する，(食事などを)出す ③役に立つ/～ à... (…に)使われる，(物が)…の役に立つ/Ça sert à quoi ? これは何に使うの？ ‖ se ～ 代動30 59 使う，利用する/se ～ de... …を使う

ses [セ] 形〖複に〗彼の，彼女の，それの/Ses frères sont gentils. 彼の兄弟たちは親切だ ⇒ p.751「所有形容詞」

sésame [セザーム] 男 ごま

set [セートゥ] 男囡 ①(テニスなどの)セット ②ランチョンマット=～ de table

Sète [セートゥ] 囲 セート：ラングドック地方の港町

séteau [セト] 男〖複 ～x〗(小さな)舌びらめ

sétois, e [セートゥワ，ーズ] 形〖には単複

同形〉セート (Sète) の/ (à la) ~e セート風(の):あんこうなどの魚を使った料理用表現‖Sétois,e 男女〈男は単複同形〉セートの人

seul,e [スール] 形 ①ただひとつの,…だけの/ d'un ~ coup 一挙に ②孤独な,シングルの,単独の,ひとりきりの/ tout,e ~,e ただひとりで‖seul 副 …だけ,ひとりでに‖seul,e 男女(不定冠詞 un, une を伴って) ひとつだけ,ひとりだけ/ (定冠詞 le, la, les を伴って) 唯一の人やもの

seulement [スールマン] 副 ①…だけ,ただ,単に ②(時間が)やっと,ようやく ③(文の先頭で) ただ,でも ④ non ~ A mais aussi B AだけではなくBも

Seutchouan [セチュアン] 固 四川:中国の地方 = Séchouan, Sseutch'ouan

sève [セーヴ] 女 ①樹液 ②活力,気力 ③(ワインの)熟成香

sévère [セヴェール] 形〈男女同形〉厳しい

sévèrement [セヴェールマン] 副 厳しく

sévillan,e [セヴィラ·ン,ーヌ] 形 セビリア (Séville) の‖Sévillan,e 男女 セビリアの人

Séville [セヴィーユ] 固 セビリア:スペイン南部の都市

sèvre-et-maine [セーヴル エ メーヌ] → muscadet

sèvres [セーヴル] 男〈単複同形〉セーヴル(焼):フランスの磁器

sevruga [セヴリュガ] 男 セヴルーガ:ダークグレーの小粒のキャビア

sexe [セクス] 男 ①性,性別 ②セックス ③性器,生殖器

sex-shop [セクス ショープ] 男〈複 ~-~s〉ポルノショップ

sexto [セクスト] 副 第6に

sexualité [セクスュアリテ] 女 性,性行為

sexuel,le [セクスュエール] 形 性的な,性の

sexuellement [セクスュエールマン] 副 性的に

Seychelles [セシェール] 固女複 セーシェル:インド洋の島国

seyssel [セセール] 男 サヴォワ地方の,AOC 白ワイン/ ~ mousseux 同地方のAOC 発泡性ワイン

shaker [シェクール] 男 カクテル用シェーカー

Shalyapin [シャリヤピン] 固男 ロシアの音楽家‖Shalyapin 形〈不変〉シャリアピン風(の):玉ねぎをまぶしてから焼くステーキ用表現

shampoing [シャンプワーン] 男〈英〉シャンプー = shampooing / se faire un ~ (自分で)シャンプーする

Shanghaï [シャンガイ] 固 上海 = Changhaï

sherry [シェリ] 男〈英〉シェリー酒 = xérès

shi(i)také [シタケ] 男 椎茸 = lentin du chêne

short [ショールトゥ] 男〈英〉ショートパンツ

si [スィ] 接 ①(後に文を伴って)もし…なら ②(後に文を伴って) …かどうか‖副 ①(否定疑問に対する肯定形の答えとして) いいえ ②とても,たいへん‖男 シ,ロ音:音楽用語

siacarello [スィヤカレーロ] 男 黒ぶどうの品種

siaskas [スィヤスカース] 男 アルザス地方の家庭で牛乳からつくるフレッシュチーズ

siccatif [スィカティーフ] 男 乾燥剤

Sichuan [スィシュアン] 固 = Seutchouan

Sicilie [スィスィリ] 固女 シシリア

sicilien,ne [スィスィリ·ヤン,エーヌ] 形 シシリア (Sicilie) の/ (à la) ~ne シシリア風(の):詰物をしたトマト,ライス,じゃが芋のコロッケを付合せた肉料理用表現/ salade ~ne さいめのりんご,芋セロリ,トマト,アーティチョークにマヨネーズを添えたサラダ‖Sicilien,ne 男女 シシリア人

sida [スィダ] 男 エイズ, HIV:syndrome immuno-déficitaire acquis の略

side-car [スィードゥカール] 男〈英〉〈複 ~-~s〉サイドカー:1) オートバイ 2) コニャックベースのカクテル

siècle [スィエークル] 男 世紀

siège [スィエージュ] 男 ①椅子,座席,シート/ ~ d'honneur 特別席 ②便座 ③所在地,本部/ ~ social 本社

sien,ne [スィ·ヤン,エーヌ] 代 (定冠詞を伴って)彼(女)のもの,彼(女)のそれ,(主語 on を受けて)自分のそれ,自分のもの⇒ p.749「所有代名詞」

sieste [スィエーストゥ] 女 昼寝

siffler [スィーフレ] 動 笛を鳴らす

signal [スィニャール] 男〈複〉signaux [スィ

situation

ニョ］〉合図, きっかけ, サイン, 信号／~ d'arrêt 停止信号／~ sonore（留守番電話などの）信号音

signalisation [スィニャリザスィヨン] 囡 合図,信号,標識／~ routière 道路標識

signataire [スィニャテール] 男囡 署名者

signature [スィニャテュール] 囡（書類などにする）サイン, 署名

signaux → signal, e

signe [スィーニュ] 男 ①合図, サイン ②きざし, 前兆 ③手まね, 身振 ④記号

signé, e [スィニェ] 形 サインした, 署名した

signer [スィニェ] 動 サインする, 署名する

signification [スィニフィカスィヨン] 囡 意味

signifier [スィニフィエ] 動 表す, 意味する

silence [スィラーンス] 男 沈黙／garder le ~ 黙っている／S~ ! 静かにしろ

silencieusement [スィランスィユーズマン] 副 静かに, そっと

silencieux, se [スィランスィユー, ズ] 形〈男には単複同形〉静かな‖ silencieux 男〈単複同形〉消音器, マフラー

silicone [スィリコーヌ] 囡 シリコン

sillago [スィヤゴ] 男 きす:魚

sillon [スィヨン] 男 ①（畑の）畝(うね) ②溝

sillonner [スィヨネ] 動 畝(うね)を付ける, 四方八方に走る

silpat [スィルパートゥ] 男 シルパット:オーヴン用耐熱シリコンシート

silure [スィリュール] 男 ヨーロッパなまず = poisson-chat

silvaner = sylvaner

s'il vous plaît [スィル ヴ プレ] 副 句 ①どうぞ ②（依頼, 命令）すみません

simple [サーンプル] 形〈男女同形〉①簡単な, シンプルな ②単なる ③謙虚な, 素朴な ④質素な ⑤単一の／ salade ~ 主材料が1種類のサラダ ⑥（人が）単純な, ばかな‖ simple 男囡 質素な人, 単純な人‖ simples 男複 薬草

simplement [サーンプルマン] 副 ①単純に, あっさりと ②単に ③率直に

simplifié, e [サンプリフィエ] 形 簡単にした, 単純化した

simplifier [サンプリフィエ] 動 簡単にする, 単純化する

simultané, e [スィミュルタネ] 形 同時の

simultanément [スィミュルタネマン] 副 一度に, 同時に

sincère [サンセール] 形〈男女同形〉誠実な, まじめな

sincèrement [サンセールマン] 副 こころから, 率直に, 本気で

Singapour [サンガプール] 固 男 シンガポール‖ singapour 男 シロップ漬フルーツをはさみ, アプリコットジャムを塗り砂糖漬フルーツを飾ったデコレーションケーキ

singé, e [サンジェ] 形 振りかけた → singer

singer [サンジェ] 動25 サンジェする:1) ソースにとろみをつけるため加熱中のものに小麦粉を振入れる 2) カラメルでソースに色を付ける

single [スィーングル] 囡〈英〉（ホテルの）シングルルーム

singulier, ère [サンギュリエ, ール] 形 ①変った, 風変りな ②特異な, ユニークな③単数の‖ singulier 男 単数:文法用語

siphon [スィフォン] 男 ①コーヒーサイフォン ②サイフォン瓶:ソーダ水をつくる容器／~ à crème chantilly シャンティメーカー／~: 炭酸ガスで瞬間的にクリームをホイップする器具

sirop [スィロ] 男 シロップ／~ d'érable メープルシロップ／~ de fécule, ~ de glucose 水飴／~ de gomme ガムシロップ／~ d'orgeat アーモンドシロップ

siropage [スィロパージュ] 男 シロップに浸すこと

siropé, e [スィロペ] 動 シロップに浸した

siroper [スィロペ] 動 シロップに浸す = siroter

siroter [スィロテ] 動 ①（味わいながら）すする ②シロップに浸す = siroper

sirupeux, se [スィリュプー, ズ] 形〈男には単複同形〉シロップ状の

sismique [スィスミーク] 形〈男女同形〉地震の

Sisteron [スィステロン] 固 システロン:プロヴァンス地方の町

site [スィートゥ] 男 風景, 眺め／~ touristique 観光地

site-web [スィートゥ ウェーブ] 男〈複 ~s-~〉ウェブサイト, ホームページ

situation [スィテュアスィヨン] 囡 ①状況,

立場 ②位置,所在,地位 ③場面
situé, e [スィテュエ] 形 位置した,面した
situer [スィテュエ] 動 位置づける‖ se ~ 代動 59 位置づけられる,(自分の)身を置く
six [スィース (子音または有音のhの前ではスィ)] 形〈不変〉6 の‖ six 男〈単複同形〉① / un sur ~ 6分の1 ②(月の) 6月, 6号室,6番地
sixième [スィズィエーム] 形〈男女同形〉6番めの‖ sixième 男/女 6番め‖ sizième 男 6分の1
sixièmement [スィズィエームマン] 副 6番めに
skaipe = Skype
ski [スキー] 男 スキー
skipe = Skype
skrei [スクラーイまたはスクレー] 男 ノルウェーのフィヨルドで冬に獲れる鱈(たら)
Skype [スカイプ] 固 男 インターネットによる電話の商標名 = skaipe, skipe
slip [スリープ] 男 パンティ,ブリーフ/ ~ de bain 水泳パンツ
slovaque [スロヴァーク] 形〈男女同形〉スロヴァキア(Slovaquie)の‖ Slovaque 男/女 スロヴァキア人‖ slovaque 男 スロヴァキア語
Slovaquie [スロヴァキ] 固 女 スロヴァキア
slovène [スロヴェーヌ] 形〈男女同形〉スロヴェニア(Slovénie)の‖ slovène 男 スロヴェニア語‖ Slovène 男/女 スロヴェニア人
Slovénie [スロヴェニ] 固 女 スロヴェニア
smen(n) [スメーヌ] 男 = smeun
smeun [スムーヌ] 男 澄ませ,熟成させたアラブのバター = smen(n)
smitana [スミターヌ] 女 中央及び東ヨーロッパのサワークリーム = crème aigre
smoking [スモキーング] 男〈英〉タキシード
smolt [スモールトゥ] 男 若いアトランティックサーモン
smorgasbord [スモルガスボール] 男 スモーガスボード:スウェーデンのフルコースビュッフェ料理,バイキング = smörgåsbord
Smyrne [スミールヌ] 固 トルコの港町イズミールの旧称/ raisin de ~ スミルヌぶどう:トルコの干白ぶどう
snack [スナーク] 男 = snack-bar

snack-bar [スナク バール] 男〈英〉〈複 ~-~s〉スナック,軽食堂 = snack
S.N.C.F. [エス エヌ セ エフ] 固 女 フランス国鉄:Société nationale des chemins de fer français の略
sobrassada [ソブラサーダ] 女〈西〉スペイン,バレアレス諸島の辛くて太いソーセージ
sobre [ソーブル] 形〈男女同形〉①節制した,節度のある ②簡素な,地味な
sobrement [ソーブルマン] 副 ①節度を持って ②あっさり,簡素に,地味に
sobriété [ソブリエテ] 女 ①簡素,節制,節度 ②節酒,節食
sobron(n)ade [ソブロナードゥ] 女 ペリゴール地方の,塩漬豚肉,白いんげん豆,野菜のスープ
soc(c)a [ソカ] 女 ひよこ豆粉でつくるニースのクレープ
social, e [ソスィヤール] 形〈男複には sociaux [ソスィヨ]〉社会の,社会的な
sociaux → social, e
société [ソスィエテ] 女 ①社会 ②会社,法人/ ~ à la responsabilité limitée 有限会社:省略記号は S.A.R.L. / ~ anonyme 株式会社:省略記号は S.A. ③組合,団体 ④グループ,サークル ⑤交際,社交,社交界,つきあい
sociologie [ソスィヨロジ] 女 社会学
sociologique [ソスィヨロジーク] 形〈男女同形〉社会学的な
sociologue [ソスィヨローグ] 男/女 社会学者
socle [ソークル] 男 パンなどでつくった料理盛付用台
soda [ソダ] 男 ソーダ水
sodium [ソディヨーム] 男 ナトリウム/ chlorure de ~ 塩化ナトリウム/ nitrate de ~ 硝酸ナトリウム
sœur [スール] 女 ①姉妹/ grande (petite) ~ 姉(妹)/ belle ~ 義姉(妹) ②シスター,修道女/ Ma ~ シスター:修道女への呼びかけの表現
sofa [ソファ] 男 (3人掛)ソファ
sofregit [ソフレジートゥ] 男 玉ねぎ,トマト,赤ピーマンでつくる,カタロニア地方の調味料
Soho [ソオ] 固 男 茘枝(ライチ)リキュールの商標名
soi [スワー] 代 自己,自身,自分
soi-disant [スワ ディザン] 形〈不変〉①

自称の ②いわゆる

soie [スワー] 囡 ①絹, 絹糸 ②(絹のような)光沢

soif [スワフ] 囡 渇き / avoir ～ のどが乾いている

soigné, e [スワーニェ] 形 ①手入れのよい ②念入りになされた

soigner [スワーニェ] 動 ①世話をする, 手入れする ②看護する, 治療する ③気を配る

soigneusement [スワニューズマン] 副 慎重に, 丁寧に, 綿密に

soigneux, se [スワニュー, ズ] 形〈男には単複同形〉丁寧な

soi-même [スワメーム] 代 ①自分自身, それ自身 ②(話言葉)本人 / S～. (電話で)本人です

soin [スワーン] 男 気配り, 手入れ, 注意, 入念さ / avec ～ 慎重に, 大切に, 丁寧に / ～s 世話, 治療 / aux bons ～s de... …気付, …様方 / prendre ～ de ... …の世話をする / ～s de beauté 美容 / ～s esthétiques エステケア

soir [スワール] 男 午後, 晩, 夕方, 夜

soirée [スワーレ] 囡 ①(継続的時間としての)晩,(日暮れから寝るまでの)夜 / Bonne ～. よい晩を: 別れのあいさつ / dans la ～ 夕方に ②(夜の)パーティ, 夜会 / ～ habillée フォーマルパーティ / tenue de ～ 夜のフォーマルウェア

soissonnais, e [スワソネ, ーズ] 形〈には単複同形〉ソワソン(Soissons)の/(à la)～e ソワソン風(の):白いんげん豆を使った料理用表現 ‖ Soissonnais, e 男〈男は単複同形〉ソワソンの人

Soissons [スワソーン] 固 ソワソン: パリ北東の町

soit [スワー] → être ② …である / jusqu'à ce que le parmesan ～ fondu パルメザンチーズが溶けるまで ‖ soit 接 ①…～…～ …か…か, …にしろ…にしろ / On ajoute ～ de l'eau, ～ du vin. 水かワインを加える ②仮に…として ③すなわち, つまり

soixantaine [スワサンテーヌ] 囡 だいたい60

soixante [スワサーントゥ] 形〈不変〉60 の ‖ soixante 男〈単複同形〉60

soixante-dix [スワサントゥ ディス] 形〈不変〉70 の ‖ soixante-dix 男〈単複同形〉70

soixante-dixième [スワサントゥ ディジエーム] 形〈男女同形〉70 番めの ‖ soixante-dixième 男〈女〉70 番め

soixante-dizaine [スワサントゥ ディゼーヌ] 囡 だいたい70

soixantième [スワサンティエーム] 形〈男女同形〉60 番めの ‖ soixantième 男〈女〉60 番め

soja [ソジャ] 男 大豆 = soya / fromage de ～ 豆腐 / pâté de ～ 味噌 / pousse de ～ もやし / germes de ～ / ～ jaune 黄大豆 = haricot chinois, haricot oléagineux / ～s fermentés chinois 豆豉(トゥチ) / sauce de ～ 醤油 / ～ noir 黒豆, 黒大豆 / ～ vert 枝豆

sol [ソール] 男 ①地面, 土壌, 床 ②ソ: 音階 ③ゾル: コロイド溶液

solaire [ソレール] 形〈男女同形〉太陽の

solanine [ソラニーヌ] 囡 ソラニン: じゃが芋の芽に含まれる有毒物質

soldat [ソルダ] 男 兵士

solde [ソールドゥ] 男 ①(口座の)残高, 残額, 未払金 ②ディスカウントセール, バーゲン / ～s バーゲン品

solder [ソルデ] 動 バーゲンをする

sole [ソール] 囡 ①舌びらめ / ～ blonde ブロンドソール / ～ commune, ～ franche, ～ ordinaire ドーヴァーソール / ～ des sables 大西洋, ドーヴァー海峡でとれる黒いしま模様の舌びらめ / ～ du Sénégal セネガルソール: 舌びらめの種類 / ～ marbrée まこがれい / ～ perdrix シックバックソール: 舌びらめの種類 / ～ pôle 北極ソール ②オーヴンや窯の底面

soleil [ソレーユ] 男 太陽 / bain de ～ 日光浴 / coucher du ～ 日没 / coup de ～ 日射病

solen [ソレーヌ] 男 まて貝 = couteau

solennel, le [ソラネール] 形 盛大な, 荘厳な, おごそかな

solennellement [ソラネルマン] 副 盛大に, 荘厳に, おごそかに

solera [ソレラ] 囡 ソレラ法: シェリー酒製造法

solette [ソレットゥ] 囡 (小さな)舌びらめ

solide [ソリードゥ] 形〈男女同形〉①硬い, 丈夫な ②腹ごたえのある ③ワインの味がしっかりした ‖ solide 男 固形,

固体

solidement [ソリードゥマン] 副 かたく

solidification [ソリディフィカスィヨン] 女 凝固, 固化

solidifier [ソリディフィエ] 動 かたくする, 固める, 凝固させる

solidité [ソリディテ] 女 丈夫さ

solilem(m)e [ソリレム] 男 アルザス地方のブリオシュ

Sologne [ソローニュ] 固名 ソローニュ:ロワール川中流域の地方

solognot,e [ソロニョ, -トゥ] 形 ソローニュ(Sologne)の/(à la) ~e ソローニュ風(の):1) 同地方の料理に用いる表現 2) 白いんげん豆を使った料理用表現 ‖ Solognot,e 男女 ソローニュの人

solution [ソリュスィヨン] 女 ①解決, 解答 ②溶解, 溶液/~ antiseptique 消毒液

sombre [ソーンブル] 形〈男女同形〉①暗い ②(色が)濃い, 沈んだ

somme [ソム] 女 ①金額, 総額 ②全体,総量 ‖ somme 男 (短い)眠り ‖ Somme 固名 ソーム川: 北フランスの川

sommeil [ソメーユ] 男 睡眠, 眠り / avoir ~ 眠い

sommeiller [ソメイエ] 動 うとうとする

sommelier,ère [ソムリエ, -ェール] 男女 ①(レストランの)ワイン係 ②旧体制時代の王室の旅行用荷物運搬係 ③大貴族のワインと配膳の係

sommet [ソメ] 男 頂上

sommité [ソミテ] 女 (枝, 茎, 香草などの)先端

somnifère [ソムニフェール] 男 睡眠薬

somnoler [ソムノレ] 動 うとうとする

somptueusement [ソンプテュウーズマン] 副 豪華に, 贅沢に, デラックスに

somptueux,se [ソンプテュウー, ズ] 形〈男には単複同形〉豪華な, 贅沢な, デラックスな

son [ソン] 形〈男単と母音または無音のhで始まる女単に〉彼の, 彼女の, その, それの/ C'est ~ couteau. これは彼の包丁だ⇒p.751「所有形容詞」‖ son 男 ①ふすま: 小麦の殻と胚芽 / pain de ~ ふすま入パン ②(詰物用) おがくず

sonder [ソンデ] 動 ①(水深を)測る ②(金串や温度計を刺して加熱中の肉やテリーヌの中心温度を)計る

songe [ソーンジュ] 男 夢想, 空想

songer [ソンジェ] 動 25 ①思い浮かべる ②考える, 考慮する / ~ à... …を考える, ~を思い浮かべる

sonner [ソネ] 動 (ベルなどを)鳴らす, 鳴る

sonnerie [ソーヌリ] 女 (電話などが)鳴る音, ベル, 呼鈴

sonnette [ソネートゥ] 女 ベル, 呼鈴

sophistiqué,e [ソフィスティケ] 形 ①凝りすぎの ②気取りすぎの ③洗練された ④精巧な

sorbais [ソルベ] 男 フランドル地方及びピカルディ地方の, 牛乳のチーズ = monceau

sorbe [ソルブ] 女 ななかまどの実 = alise, corme

sorbet [ソルベ] 男 シャーベット / ~ à l'orange オレンジシャーベット

sorbetière [ソルベティエール] 女 アイスクリーム・シャーベットマシン = sorbétière

sorbétière [ソルベティエール] 女 = sorbetière

sorbex [ソルベークス] 男〈単複同形〉ななかまどの実から抽出した顆粒状の転化糖 = sorbite, sorbitol

sorbier [ソルビエ] 男 ななかまど

sorbique [ソルビーク] 形〈男女同形〉ソルビンの / acide ~ ソルビン酸: 保存料

sorbite [ソルビートゥ] 男 = sorbex

sorbitol [ソルビトール] 男 = sorbex

sorgho [ソルゴ] 男 もろこし: イネ科の植物 / ~ sucré 砂糖もろこし / sucre de ~ ソルゴ糖, もろこし糖

soringue [ソランーグ] 女 うなぎを未熟ぶどう果汁などで煮た, 中世の料理

sort [ソール] 男 運, 結末, 身の上 / tirer au ~ 抽選する

sorte [ソールトゥ] 女 種類 / une ~ de... …の一種 / de la ~ あんなふうに

sorti,e [ソルティ] 過分 → sortir 30 ‖ sortie 女 ①外出, 退出 ②出口 / ~e de secours 非常口 ③支出 ④発売

sortir [ソルティール] 動 30 (外に)出す, (外に)出る / ~ de... : 1) …から出る 2) …を卒業する

sospel [ソスペール] 男 プロヴァンス地方の, 牛乳のチーズ = froumai gras

sot,te [ソ, -トゥ] 形 間抜けな: うぬぼ

れが強くて判断を間違える‖**sot**,*te* 男女 馬鹿な人，間抜け

sot-l'y-laisse [ソリレス] 男〈単複同形〉鶏や鴨の腰骨のくぼみにある肉

sottise [ソティーズ] 女 ①愚かさ，愚行 ②フランドル地方のボンボン

Soubise [スービーズ] 固有 スービーズ元帥‖Soubise 形〈不変〉スービーズ風(の)：玉ねぎのピュレを使った料理用表現／purée ～ ピュレ・スービーズ：玉ねぎをゆがいてから炒め溶かし，ゆでた米とベシャメルソースを加えて煮たピュレ／sauce ～ ピュレ・スービーズにクリームを加えたソース

soubisé,**e** [スービゼ] 形 ピュレ・スービーズを加えた → Soubise

soubiser [スービゼ] 動 ピュレ・スービーズを加える → Soubise

souchet [スーシェ] 男 ①はしびろ鴨 ②かやつり草：栗のように食べる = amande de terre

souchong [スーチョン] 男 紅茶葉の種類

souci [スースィ] 男 ①悩み，心配／se faire du ～ 悩む ②きんせんか，マリーゴールド

soucoupe [スークープ] 女 (カップの)受皿

soudain,**e** [スー・ダン,デーヌ] 形 急な，突然の‖soudain 副 急に，すぐに，突然に

soudainement [スーデヌマン] 副 突然に

soude [スード] 女 ①ソーダ／～ caustique 苛性ソーダ ②おかひじき = salsola

soudé,**e** [スーデ] 形 くっ付けた，溶接した

souder [スーデ] 動 くっ付ける，溶接する

soudure [スーデュール] 女 (溶接や生地の)継目

sou-fassum [スー ファスム] 男 挽肉，米，玉ねぎなどをキャベツに詰め，羊のポト・フの煮汁で煮た，ニースの料理 = chou-fassum, sous-fassum

soufflé,**e** [スーフレ] 形 スフレにした，ふくらんだ／omelette ～e 粉糖，卵黄，オレンジリキュールなどに泡立てた卵白をまぜオーヴンで焼いたデザート／pommes (de terre) ～es ふくらませたポテトチップ‖soufflé 男 ①スフレ：材料に泡立てた卵白を加えてオーブンで焼き，ふっくらとさせた料理またはデザート／～ au chocolat チョコレートスフレ／～ glacé スフレグラセ：型の上にはみ出るようにつくった軽いアイスクリーム ②113～114℃にしたシロップ = grand perlé

souffler [スーフレ] 動 ①息を吐く，息を吹きかける ②(風が)吹く ③(空気を送って)ふくらませる

souffrance [スーフランス] 女 苦痛，苦悩

souffrir [スーフリール] 動29 苦しむ，病む

souhait [スエ] 男 願い，望み

souhaiter [スエテ] 動 (実現の可能性が不明なものを)願う，望む／«～ que +接続法の活用をする動詞を伴う文» …であることを願う

soûl,**e** [スール] 形 酔った‖soûl 男 tout son ～ 思い切り，思う存分

soulagé,**e** [スーラジェ] 形 気楽な，楽な

soûlard,**e** [スーラール,ドゥ] 形〈俗語〉酔っぱらいの‖soûlard,e 男女 酔っぱらい

soûlaud,**e** [スーロー,ドゥ] 男女〈俗語〉酔っぱらい

soûler [スーレ] 動 酔わせる‖se ～ 代動59 酩酊する

soulever [スールヴェ] 動5 持上げる

soulier [スーリエ] 男 靴

soumaintrain [スーマントゥラン] 男 ブルゴーニュ地方の，牛乳のチーズ

soupçon [スープソン] 男 ①疑い ②推測，ごく少量／un ～ de… ごく少量の…

soupe [スープ] 女 ①スープ：裏漉(ご)したりつぶしたりしていない田舎風また家庭的の，具の多い液体料理／～ à l'oignon gratinée オニオングラタンスープ／～ de légumes 野菜スープ／～ de poisson(s) 魚のスープ：ソテした野菜に水と魚を加えて煮，漉してからサフランを加えたプロヴァンス地方のスープ／manger de la ～ スープを飲む ②ブイヨン，ソース，煮込料理などの液体をかけたパン

souper [スーペ] 男 ①スープを中心とした昔の夕食 ②観劇などの後にとる夜食‖souper 動 夜食をとる

soupière [スーピエール] 女 スープチューリン：蓋付スープ鉢

soupir [スーピール] 男 ため息／～s de nonne = pet-de-nonne

souple [スープル] 形〈男女同形〉①しなやかな，柔らかい ②ひきしまっていて

しかもまろやかなワインの形容

souplesse [スープレス] 女 体などのしなやかさ, 柔らかさ

sour [サワ] 男 英 サワー:レモンやライムジュースを加えたカクテル

source [スールス] 女 ①泉, 水源 ②源, 元 ③産地

sourcil [スールスィ] 男 眉

sourd,e [スール, ドゥ] 形 ①(障害で)耳の聞えない ②無音の, 無声の ③(音や痛みなどが) 鈍い, はっきりしない／douleur ~e 鈍痛 ‖ sourd,e 男女 (障害で)耳の聞えない人

sourd-muet [スール ミュエ] 形〈男複にはs~s, 女にはe~te〉[スールドゥミュエートゥ] 聾唖(ろうあ)の ‖ sourd-muet 男 女〈女は~e~te〉聾唖者

souriant,e [スーリヤン, トゥ] 形 ①にこやかな ②ごく弱く沸いている ＝ frémissant,e

souricière [スーリスィエール] 女 ねずみ取り器

sourire [スーリール] 動41 ①微笑む ②ごく弱く煮え立つ ＝ frémir

souris [スーリ] 女〈単複同形〉①はつかねずみ ②ねずみ色 ③(パソコンの)マウス ④(羊の)膝肉

sous [スー] 前 ①…の下に ②…のもとに ③…の中に ④…の条件で ⑤…がらみで ⑥(時間)…以内に／~ peu まもなく

sous- [スー] 接頭 副…, 下…

sous-alimentation [スーザリマンタスィヨン] 女〈複 ~-~s〉栄養失調, 低栄養

sous-chef [スー シェフ] 男〈複 ~-~s〉副料理長

souscription [スースクリプスィヨン] 女 (出版物購入の)予約, 予約金

souscrire [スースクリール] 動18 応募する, 申込む, (出版物購入の)予約をする

souscrit,e [スースクリ, トゥ] 形 (出版物購入の)予約をした

sous-directeur,rice [スー ディレクトゥール, リース] 男女〈男複には~-~s, 女複には~-~rices〉副支配人

sous-fassum [スー ファスム] ＝ sous-fassum

sous-nappe [スー ナープ] 女〈複 ~-~s〉アンダークロス:テーブルクロスの下敷

sous-noix [スー ヌワ] 女〈単複同形〉仔牛もも肉, とっくり, ラウンド

sous-sol [スー ソール] 男〈複 ~-~s〉地階／premier ~ 地下1階

sous-titre [スー ティートゥル] 男〈複 ~-~s〉字幕

sous-titré,e [スー ティートゥレ] 形〈男複には~-~s, 女複には~-~es〉字幕付の

soustraction [スーストゥラクスィヨン] 女 引算

soustraire [スーストゥレール] 動57 引算する

sous-vêtement [スー ヴェートゥマン] 男〈複 ~-~s〉下着

sous-vide [スー ヴィードゥ]〈男女同形, 複には~-~s〉真空の ＝ sous vide／cuisson ~ 真空調理 ‖ sous-vide 副 真空で ‖ sous-vide 男 真空

soutenir [スートゥニール] 動47 支える

souterrain,e [スーテ ラン, レーヌ] 形 地下の

soutien-gorge [スーティヤン ゴールジュ] 男〈複 ~s-~〉ブラジャー

soutirage [スーティラージュ] 男 (ワイン製造中の)澱引(おりびき)

soutirer [スーティレ] 動 (ワイン製造中に)澱引(おりびき)する

souvenir [スーヴニール] 動47 思い出される ‖ se ～ 代動47 59 覚えている, 思い出す／se ~ de... …を思い出す, …を覚えている ‖ souvenir 男 思い出, 記憶, (旅の)土産

souvent [スーヴァン] 副 しばしば, ちょくちょく／le plus ~ たいていの場合

soya [ソヤ] 男 大豆 ＝ soja

soyeux,se [スワユー, ズ] 形〈男には単複同形〉①絹のような ②まろやかで調和がとれていて,上品なワインの形容

soyez [スワイエ] → être 2

spacieux,se [スパスィユー, ズ] 形〈男には単複同形〉広々した, ゆったりした

spaghetti [スパゲティ] 男 複 伊 スパゲティ／~ de mer ＝ haricot de mer

spaghettini [スパゲティーニ] 男 複 伊 細いスパゲティ

spalla [スパーラ] 女 伊 豚肩肉でつくったイタリアの生ハム

sparadrap [スパラドゥラ] 男 ばんそうこう

Spätlese [シュペトゥレーゼ] 女 独 ドイツの遅摘ワイン

spatule [スパテュール] 女 ①へら/~ à poisson 魚用フライ返し/~ de peinture ペインティングナイフ ②パレットナイフ

Spätzle [スパーツル (アルザス地方ではシュペーツル)] 男複 アルザス地方の小さなだんご= Späzele, Spetzli

Späzele [スパツェル (アルザス地方ではシュペーツェル)] 男複 = Spätzle

spécial,e [スペスィヤール] 形 〈男複には spéciaux [スペスィヨ]〉 ①特殊な, 特別の, 特別の ②独特の, 例外的な ‖ spéciale 女 牡蠣(か)の品種 =~ de claire

Speciale [スペチアーレ] 男/伊 マルサラ酒の種類

spécialement [スペスィヤールマン] 副 ①特別に, わざわざ ②特に ③とても

spécialiste [スペスィヤリストゥ] 男/女 専門家, スペシャリスト

spécialité [スペスィヤリテ] 女 ①専門, 専攻 ②特製料理, 名産 ③得意の分野

spéciaux → spécial,e

spécifique [スペスィフィーク] 形 〈男女同形〉特殊な, 特有の

spectacle [スペクタークル] 男 興行, 催し

spectateur,rice [スペクタトゥール, リース] 男/女 観客

spectatrice → spectateur,rice

spéculaus = spéculo(o)s

spéculo(o)s [スペキュロス] 男〈単複同形〉小麦粉, 重曹, シナモン, 丁字, 赤砂糖, バターでつくったベルギーの菓子 = spéculaus

sperme [スペルム] 男 精液

Spetzli [スパッツリ (アルザス地方ではシュペッツリ)] 男複 = Spätzle

sphère [スフェール] 女 球

sphérique [スフェリーク] 形 〈男女同形〉球形の

sphyrène [スフィレーヌ] 女 カマス科の魚の総称

spiral,e [スピラール] 形 〈男複には spiraux [スピロ]〉渦巻状の, らせん状の ‖ spirale 女 渦巻状のもの, らせん/ en ~e 渦巻形(に,の)

spirituel,le [スピリテュエール] 形 ①精神的な ②魂の

spiritueux,se [スピリテュー, ズ] 形 〈男には単複同形〉アルコール度の高い ‖ spiritueux 男 〈単複同形〉スピリッツ: アルコール度の高い蒸留酒

splendeur [スプランドゥール] 女 壮麗さ, 華やかさ

splendide [スプランディードゥ] 形 〈男女同形〉壮麗な, 立派な

spondyle [スポンディール] 女 うみぎく貝, しょうじょう貝

spontané,e [スポンタネ] 形 ①自然な, 自然発生的な, 自発的な/ cuisine ~e (市場の食材により思いつく)創作料理 ②素直な, 率直な, 本能的な

spoom [スプーム] 男 イギリスのメレンゲ入シャーベット = spoum

sport [スポール] 男 スポーツ

sportif,ve [スポルティー・フ, ヴ] 形 スポーツの, スポーツ好きの ‖ sportif,ve 男/女 スポーツマン

spoum = spoom

sprat [スプラートゥ] 男 スプラット: ニシン科の魚 = harenguet /~ rayé きびなご

spray [スプレー] 男/英 スプレー

spumante [スプマンテ] 男/伊 イタリアのスパークリングワイン

spunchade [スパンシャードゥ] 女 シャーベットまたはアイスクリームにイタリアンメレンゲを加えたデザート

squale [スクワール] 男 鮫 = requin

squelette [スクレートゥ] 男 ①骨格 ②骸骨 ③〈話言葉〉がりがりに瘦せた人

squille [スキーユ] 女 しゃこ: 海老 = sauterelle de mer

Sri Lanka [スリ ランカ] 固男 スリランカ

st,e → saint,e

stabilisant [スタビリザン] 男 安定剤

stabilisation [スタビリザスィヨン] 女 安定化

stabiliser [スタビリゼ] 動 安定させる

stabilité [スタビリテ] 女 安定性, 不変性

stable [スターブル] 形 〈男女同形〉安定した, 落着きのある

stachys [スタキス] 男 〈単複同形〉ちょろぎ = crosne

stade [スタードゥ] 男 ①競技場, スタジアム ②段階

stage [スタージュ] 男 ①研修, 実習 ②(シロップの)段階

stagiaire [スタジエール] 形 〈男女同形〉研修の, 実習の ‖ stagiaire 男/女 研修生

standard [スタンダール] 男 ①規格, 規準 ②電話交換台

standardiste [スタンダルディーストゥ] 男女 電話交換手 = téléphoniste

standing [スタンディーング] 男 立派なマンション棟

staphylocoque [スタフィロコーク] 男 ぶどう状球菌

station [スタスィヨン] 女 ①(地下鉄の)駅, 停留所／～ de correspondance (地下鉄の)乗換駅／～ de taxi タクシー乗場 ②リゾート＝～ de vacances／～ estivale, ～ d'été 夏のリゾート／～ hivernale, ～ d'hiver 冬のリゾート ③施設／～ d'essence ガソリンスタンド＝station-essence／～ thermale 湯治場

station-essence [スタスィヨン エサーンス] 女〈複 ～s- ～〉ガソリンスタンド

stationnement [スタスィヨーヌマン] 男 駐車／～ gênant 迷惑駐車／～ interdit 駐車禁止／～ payant 有料駐車場

stationner [スタスィヨネ] 動 駐車する

station-service [スタスィヨン セルヴィス] 女〈複 ～s- ～〉修理工場付ガソリンスタンド

statique [スタティーク] 形〈男女同形〉静的な, 静止の／électricité ～ 静電気

statut [スタテュ] 男 規定, 法令／～s 規約, 定款

steak [ステーク] 男 ステーキ

steak

steak à cheval
　目玉焼をのせたステーキ
steak (à la) hambourgeoise
　ハンバーグステーキ
steak au poivre　ペッパーステーキ
steak frites　ステーク・フリット：フライドポテト添のステーキ
steak haché　牛挽肉のステーキ
steak minute　ミニッツステーキ
steak tartare　タルタルステーキ

stellaire [ステレール] 形〈男女同形〉星の, 星形の

stelline [ステッリーネ] 女複〈伊〉星形小パスタ

stéphanois,e [ステファノワ, ーズ] 形〈男には単複同形〉サンテティエーヌ(Saint-Étienne)の ‖ **Stéphanois,e** 男女〈男は単複同形〉サンテティエーヌの人

stéréo [ステレオ] 男 ステレオ

stérile [ステリール] 形〈男女同形〉①不毛な ②不妊の ③殺菌された, 無菌の

stérilisateur [ステリリザトゥール] 男 高温滅菌器

stérilisation [ステリリザスィヨン] 女 ①殺菌, 消毒 ②不妊処置

stérilisé,e [ステリリゼ] 形 殺菌された, 滅菌された

stériliser [ステリリゼ] 動 ①殺菌する, 滅菌する ②(女性に)不妊手術をする

sterlet [ステルレ] 男 小型のちょう鮫

stigmate [スティグマートゥ] 男 (ずっと残る)傷跡

stilton [スティルトン] 男 イギリスの, 牛乳のブルーチーズ

stimulant,e [スティミュラン, トゥ] 形 活発にする, 刺激のある ‖ **stimulant** 男 ①刺戟 ②気付薬, 興奮剤

stimulateur [スティミュラトゥール] 男 (心臓の)ペースメーカー＝～ cardiaque

stimulation [スティミュラスィヨン] 女 刺激

stimuler [スティミュレ] 動 ①刺激する ②増進する, そそる

stocaficado [ストカフィカード] 男 = estofinade

stock [ストーク] 男〈英〉在庫, 在庫品

stockage [ストーカージュ] 男 貯蔵, 貯蔵所

stocker [ストーケ] 動 貯蔵する, ストックする

stockfisch [ストクフィーシュ] 男 塩漬干鱈(だら) = estoficado, estofinade

stoficado [ストフィカード] 男 = estofinade, stockfisch

stofinado [ストフィナード] 女 = estofinade, stockfisch

Stollen [シュトレン] 男〈独〉シュトーレン：ラム酒漬干ぶどうや砂糖漬フルーツを入れた, ドイツのクリスマス用ブリオシュ

stomatite [ストマティートゥ] 女 口内炎

stop [ストプ] 男〈英〉①一時停止, ストップ, 中止 ②ヒッチハイク

stopper [ストペ] 動 中止する, 止める

store [ストール] 男 日除け

storzapreti [ストルツァプレティ] 男 みじん切りにしたほうれん草, ふだん草, ブロッチョチーズを卵, おろしチーズとまぜ, 丸めてゆで, オーヴンで焼いたコルシカの料理

stout [スタウトゥまたはストゥートゥ] 男〈英〉

ホップが多くアルコール分の高い, イギリス及びアイルランドのビール
Straïselküeche [シュトゥライゼルキューシュ] 男 = Streusel
strapontin [ストラポンタン] 男 (折込式)補助椅子
Strasbourg [ストラスブール] 固 ストラスブール：アルザス地方の中心都市
strasbourgeois, e [ストラスブールジョワ, ーズ] 形 〈男には単複同形〉ストラスブールの／(à la) ～e ストラスブール風(の)：シュークルートなどを付合せた料理用表現‖ Strasbourgeois, e 男女 〈男は単複同形〉ストラスブールの人
stress [ストレース] 男 〈単複同形〉〈英〉ストレス
stressé, e [ストレーセ] 形 ストレスのある
Streusel [シュトゥルーゼル] 男 アルザス地方の甘味パン = Straïselküeche, Streuselküeche
Streuselküeche [シュトゥルーゼルキューシュ] 男 = Streusel
strict, e [ストゥリークト] 形 きつい, 厳格な
strictement [ストゥリークトゥマン] 副 厳しく, 厳密に
strie [ストゥリー] 女 筋, 細縞(じま)
strié, e [ストゥリエ] 形 筋, 細縞(じま)を付けた
strier [ストゥリエ] 動 筋, 細縞(じま)を付ける
Stroganof(f) [ストロガノフ] 固男 シベリアを開発したロシア人 = Stroganov, Stroganoff ／ bœuf ～ ビーフストロガノフ：1)白ワイン, 玉ねぎ, エシャロットに漬けた牛フィレ肉の細切りをソテし, シャンピニオン, クリーム, 煮詰めた漬汁, 仔牛のフォン, 玉ねぎを加えてソースとする, ロシア発祥の料理　2) マスタードを加えたサワークリーム, ルウ, レモン汁に, ソテした牛フィレの細切り肉を加えた料理
Stroganov = Stroganof(f)
Strogonoff [ストロゴノフ] 男 = Stroganof(f)
stromatée [ストロマテ] 女 マナガツオ科の魚
strophaire [ストロフェール] 男 もえぎ茸

studieusement [ステュディユーズマン] 副 熱心に, まじめに
studieux, se [ステュディユー, ズ] 形 〈男には単複同形〉勤勉な, まじめな
studio [ステュディオ] 男 ①スタジオ ②ワンルームマンション
stufatu [ストゥファトゥ] 男 牛, 豚, 羊, またはうさぎなどの肉, 生ハム, トマト, 玉ねぎなどをソテし, 白ワインと香草を加えたコルシカの煮込 = stuffato
stuffato [ストゥファト] 男 = stufatu
stupéfait, e [ステュペフェ, ーット] 形 びっくりした, 茫然(ぼう)自失の
style [スティール] 男 ①言回し, 言葉づかい, 文体 ②型, 様式 ③やり方
styliste [スティーリストゥ] 男女 ファッションデザイナー
stylo [スティロ] 男 万年筆／～ à bille ボールペン
su, e 過分 → savoir 42
suage [スュアージュ] 男 スュエすること → suer
suave [スュアーヴ] 形 〈男女同形〉甘美な, 心地よい, 優しい
subdiviser [スュブディヴィゼ] 動 小分けする, 再分割する
subir [スュビール] 動 ④ (治療, 試験などを)受ける, (被害を)こうむる
subit, e [スュビ, ート] 形 急な, 突然の
subitement [スュビートゥマン] 副 急に, 突然
subjonctif, ve [スュブジョンクティーフ, ヴ] 形 接続法の：文法用語‖ subjonctif 男 接続法 = mode ～
sublime [スュブリーム] 形 〈男女同形〉至高の, 崇高な
subric [スュブリーク] 男 ベシャメルソースや卵, 生クリームなどを材料に加えて揚げた料理やデザート
substance [スュプスタンス] 女 ①物質 ②実質, 内容 ③本質, 要点
substantiel, le [スュプスタンスィエール] 形 ①栄養豊富な ②内容のある ③本質的な
substituer [スュプスティテュエ] 動 入替える, 代替する
substitution [スュプスティテュスィヨン] 女 代替, 代用, 置換
subtil, e [スュプティール] 形 ①細微な, 繊細な ②巧妙な
subtilement [スュプティールマン] 副 繊

sucre

sucre à givre　でんぷん入砂糖
sucre à la cannelle　シナモンシュガー
sucre à l'anis　アニスシュガー：アニスパウダー入砂糖
sucre au gingembre　ジンジャーシュガー：生姜入砂糖
sucre au girofle　クローヴシュガー：丁字パウダー入砂糖
sucre blanc　白糖
sucre candi　氷砂糖
sucre conserve, sucre massé, sucre tourné　糖化飴：白濁させた細工用の飴
sucre coulé　流し飴：型に流して固めた飴
sucre cristal, sucre cristallisé　ざらめ糖
sucre cuit　煮詰めた糖液
sucre d'art　細工飴
sucre de betterave　てんさい糖
sucre de canne　しょ糖
sucre de coco　やし糖
sucre de lait　乳糖, ラクトーズ
sucre de malt　麦芽糖, マルトース
sucre de pomme　糖液にりんご果汁を加えてつくった, ノルマンディ地方の飴
sucre d'érable　メープルシュガー
sucre de sorgho　ソルゴ糖：もろこし糖
sucre d'orge　大麦糖
sucre en cube, sucre en morceau　角砂糖
sucre en grains　粒糖 = grêlons
sucre en poudre, sucre glace　粉糖
sucre filé, sucre voilé　糸飴
sucre gélifiant　ペクチン入砂糖
sucre granulé, sucre semoule　グラニュー糖
sucre inverti　転化糖
sucre liquide　液化糖
sucre raffiné　精製糖
sucre rocher　岩飴
sucre roux　赤糖
sucre soufflé　吹飴
sucre tiré　引飴
sucre vanillé　ヴァニラシュガー
sucre vanilliné　ヴァニリンシュガー：ヴァニラ風味の砂糖

細に, 微妙に
subtilité [スプティリテ] 囡 繊細さ
suc [スューク] 男 ①液, 汁／〜 gastrique 胃液 ②魚, 肉, 野菜を焼いた時にオーヴンの天板やフライパンに付く焦げつき
succéder [スュクセデ] 動36 (後を) 継ぐ, (後に) 続く
succès [スュクセ] 男 〈単複同形〉 ①成功／avec 〜 うまく, 首尾よく ②アーモンド入メレンゲにプラリネバタークリームをはさんで, 上に同じクリームを塗りスライスアーモンドなどで飾ったケーキ
successif, ve [スュクセスィー・フ, ヴ] 形 相次ぐ
succession [スュクセスィヨン] 囡 ①連続 ②継承, 相続
successivement [スュクセスィーヴマン] 副 次々と
succomber [スュコンベ] 動 ①死ぬ ②屈する, 負ける
succulence [スュキュラーンス] 囡 うまさ, 滋味の豊かさ
succulent, e [スュキュラン, トゥ] 形 ①滋味豊かな, 美味な ②(フルーツが)ジューシーな
succursale [スュキュルサール] 囡 支店
sucer [スュセ] 動32 ①しゃぶる, すする, 舐(²)める ②汁を吸取る
sucette [スュセートゥ] 囡 ①棒付キャンデー／〜 glacée アイスキャンデー ②おしゃぶり
Suchet [スュシェ] 固有 男 アルビュフェラ公ルイ・シュシェ元帥 = Albufera／sauce 〜 ポロねぎ, にんじん, セロリの千切りを加えた白ワインソース
sucre [スュークル] 男 砂糖, 糖 → [囲み]
sucré, e [スュークレ] 形 甘い, 砂糖を加えた ‖ sucré 男 甘味
sucrer [スュークレ] 動 甘くする, 砂糖を加える

sucrerie [スュークリリ] 女 精糖業, 製糖工場／~s 甘いもの, 砂糖菓子

sucrier [スュークリエ] 男 砂糖入れ

sucrin [スュークラン] 男 メロンの品種

sucrine [スュークリーヌ] 女 ロメインに似たサラダ菜

sud [スュードゥ] 形〈不変〉南の ‖ sud 男 南

sud-américain,e [スュドメリ・カン, ケーヌ] 形〈男複には~-~s, 女複には~-~es〉南米 (Amérique du Sud) の ‖ Sud-Américain,e 男女〈男複は~-~s, 女複は~-~es〉南米人

sud-est [スュデーストゥ] 形〈不変〉南東の ‖ sud-est 男 南東

sud-ouest [スュドゥエーストゥ] 形〈不変〉南西の ‖ sud-ouest 男 南西

sué,e [スュエ] 形 ①汗をかいた ②スュエした → suer

Suède [スュエードゥ] 固女 スウェーデン

suédois,e [スュエードゥワ, ーズ] 形〈男には単複同形〉スウェーデン (Suède) の／(à la) ~e スウェーデン風(の): 北欧の影響を受けた料理用表現／sauce ~e 白ワインで煮たりんごのマルムラードとおろした西洋わさびを加えてまぜたマヨネーズ ‖ suédois 男 スウェーデン語 ‖ Suédois,e 男女〈男は単複同形〉スウェーデン人 ‖ suédoise 女 ミックスフルーツのゼリー寄せ

suer [スュエ] 動 ①汗をかく ②スュエする: 野菜などを弱火でソテし, うまみを油分に移す = faire suer

sueur [スュウール] 女 汗

suffire [スュフィール] 動⑰ 十分だ, 間に合う

suffisamment [スュフィザマン] 副 かなり, 十分に

suffisant,e [スュフィザン, トゥ] 形 十分な, 満足な

suggérer [スュグジェレ] 動㊱ 提案する, 勧める

suggestion [スュグジェスティヨン] 女 ①暗示 ②勧め, 提案／menu de ~ お勧めコース料理

suif [スュイーフ] 男 獣脂, 油脂／~ de bœuf 牛脂, ヘット = graisse de bœuf

suintement [スュアーントゥマン] 男 滲出(しんしゅつ)

suis → être ②, suivre ㊹

suisse [スュイース] 形〈男女同形〉スイスの ‖ Suisse 男女〈女は Suissesse [スュイーセス]ともいう〉スイス人

Suissesse → suisse

suit → suivre ㊹

suite [スュイットゥ] 女 ①次, 続き／à la ~ 次々と ②連続／de ~ 連続して ③結果／par ~ de... …の結果, …のせいで／tout de ~すぐに ④(ホテルの)スイートルーム = appartement

suivant,e [スュイヴァーン, トゥ] 形 以下の, 次の ‖ suivant,e 男女 ①次の人, 次のもの ②お供 ‖ suivant 前 …に応じて, …に従って, …によって

suivi,e [スュイヴィ] 形 ①継続的な, 一貫した ②人気のある ‖ suivi 男 調査

suivre [スュイーヴル] 動㊹ ①追う, ついて行く, たどる, (後を)つける, (後に)続く, なぞる ②出席する ③理解する ‖ se ~ 代動㊹㊿ (次々と)続く

sujet [スュジェ] 男 ①原因, 主題, テーマ, 理由／au ~ de... …について ②主語: 文法用語

sulfatage [スュルファタージュ] 男 ぶどうの木の病害を防ぐ硫酸銅溶液散布

sulfureux,se [スュルフュルー, ズ] 形〈男には単複同形〉硫黄の, 硫黄を含んだ

sulfurisé,e [スュルフュリゼ] 形 硫酸処理をした／papier ~ 硫酸紙

sultane [スュルタヌ] 女 ①オスマントルコ皇帝妃／(à la) ~ サルタン風(の): 1) トルコをイメージした料理用表現 2) ピスタチオを使った料理やデザート用表現 ②トルコ風建物に模したケーキ ③長椅子の一種

sultanine [スュルタニーヌ] 女 ギリシアの干ぶどう

sumac [スュマック] 男 中近東の, 酸味のある香辛料

sundae [サンデ] 男 英 サンデー: フルーツなどをのせたアイスクリーム

super [スュペール] 形〈不変〉(話言葉)すごい ‖ super 男 スーパーガソリン

super- [スュペル] 接頭 超…

superbe [スュペルブ] 形〈男女同形〉みごとな, 立派な

supérette [スュペレートゥ] 女 コンビニエンスストア

superficie [スュペルフィスィ] 女 ①表面 ②面積

superficiel,le [スュペルフィスィエール] 形 表面的な

superflu, e [スュペールフリュ] 形 余計な, 余分な

supérieur, e [スュペリュール] 形 ①上の, 上部の ②上級の, より優れた ③より多い, より大きい ‖ supérieur 男 上司

supermarché [スュペールマルシェ] 男 スーパー (マーケット)

superposé, e [スュペールポゼ] 形 (上に)置いた, 重ねた

superposer [スュペールポゼ] 動 (上に)置く, 重ねる

supion [スュピヨン] 女 するめいか, 筒いか, やりいか = calamar, calmar, encornet

suppléance [スュプレアーンス] 女 代理

suppléant, e [スュプレアン, トゥ] 形 代理の, 代行の ‖ suppléant, e 男女 代理人

suppléer [スュプレエ] 動 ①不足を補う ②代行する

supplément [スューブレマン] 男 ①補足 ②割増, 追加料金

supplémentaire [スュプレマンテール] 形 〈男女同形〉追加の

supplier [スューブリエ] 動 懇願する / Je t'en supplie. (親しい相手に) お願いだ, 頼むよ / Je vous en supplie. (親しくない相手に) どうかお願いします

support [スュポール] 男 ①支え, 台 / ～ à seau ワインクーラースタンド ②主材料を上に盛るための米やトーストなどでつくった台 = socle

supportable [スュポルターブル] 形 〈男女同形〉我慢できる, まずまずの

supporter [スュポルテ] 動 ①支える ②負担する ③我慢する, 耐える / ～ de... …に耐える

supposer [スュポゼ] 動 推測する, 想定する, 前提とする

supprimé, e [スュプリーメ] 形 削除した, 撤去した, 取除いた, 廃止した

supprimer [スュプリメ] 動 ①撤去する, 削除する ②消去する, なくす

suppuration [スュピュラスィヨン] 女 化膿

suprême [スュプレーム] 形 〈男女同形〉最高の, 最後の, 至上の / sauce ～ソース・シュプレーム: 白いルウに鶏のコンソメ, 鶏のフォン, クリーム, バター, レモン汁を加えたソース ‖ suprême 男 シュプレーム: 1) 鳥の胸肉 2) 白身魚のフィレ 3) 皮をむいて果肉だけにした柑橘(かんきつ)類 4) 繊細な料理やデザート

sur [スュール] 前 ①…の上に ②…に関して, …に関する, …について ③…に対して / trois ～ cinq 5分の3: 分数 ④…のほうへ ‖ sur, e 形 酸っぱい, 酸味のある

sur- [スュール] 接頭 超…

sûr, e [スュール] 形 ①確かな, 確信している / bien ～ もちろん ②安全な, 安心な

suralimentation [スュラリマンタスィヨン] 女 栄養過多

surchauffé, e [スュルショフェ] 形 過熱した

surchauffer [スュルショフェ] 動 過熱させる

surcuisson [スュルキュイソン] 女 (料理の)過熱

sureau [スュロ] 男 〈複 ～x〉ニワトコ属の植物 / ～ rouge 西洋にわとこ: 赤い実のなる低木 / confiture de ～ にわとこジャム

surélevé, e [スュレルヴェ] 形 ①さらに高い ②盛上げた

surélever [スュレルヴェ] 動 5 ①さらに高くする ②盛上げる

sûrement [スュールマン] 副 ①必ず, きっと ②確実に ③安全に

suret, te [スュレ, ートゥ] 形 少し酸っぱい

sûreté [スュルテ] 女 ①安全 ②確かさ ③自信 ‖ Sûreté 女 警察庁

surf [スュルフ] 男 サーフィン, サーフボード / ～ à voile ウィンドサーフィン

surface [スュルファス] 女 ①表面 / ～ plane 平面 ②面積 / ～ au sol 床面積

surgélateur [スュルジェラトゥール] 男 急速冷凍庫

surgélation [スュルジェラスィヨン] 女 急速冷凍

surgelé, e [スュルジュレ] 形 急速冷凍した ‖ surgelé 男 冷凍食品 = aliment ～

surgeler [スュルジュレ] 動 5 急速冷凍する

Surgères [スュルジェール] 固 男 AOC バターの商標

suri, e [スュリ] 形 酸っぱくなった, すえた

surimi [スリミ] 男 (蟹の身に似せた)かまぼこ

Surinam [スュリナム] 固 男 (南米の)スリナム共和国 / riz s～ スリナム米:

細長い米

surlendemain [スュルラーンドゥマン]男 翌々日

surlonge [スュルロンジュ]女 牛の肩ロース

surmené,e [スュルムネ]形 ひどく疲れた

surmonté,e [スュルモンテ]形 ①克服した,乗越えた ②(…の上に)載っている

surmonter [スュルモンテ]動 ①克服する,乗越える ②(…の上に)載せる

surmulet [スュルミュレ]男 にしひめじのノルマンディ地方での呼称= rouget-barbet

surnom [スュルノーン]男 あだ名

surplus [スュルプリュ]男〈単複同形〉余り,余計/au ～ なおかつ,さらに

surprendre [スュルプラーンドゥル]動37 不意をつく,驚かせる‖ se ～代動37 59 思わず…する

surpris,e [スュルプリ,ーズ]形〈男には単複同形〉不意を突かれた,驚いた‖ surprise 女 ①驚き ②思いがけないこと(もの)/en ～e シュルプリーズ:中に思いがけないものが入っているフルーツや料理の表現

sursulfité,e [スュルスュルフィテ]形 無水亜硫酸を加えすぎた,白ワインに亜硫酸臭のする

surtout [スュルトゥー]副 特に‖ surtout 男 宴会や会食の卓上に置く,飾付の大皿,大鉢,ミラー台など

surveiller [スュルヴェイエ]動 ①気をつける ②見守る ③監視する

survêtement [スュルヴェトゥマン]男 スタジャン,ジャージ

survivre [スュルヴィーヴル]動48 ①生残る ②食いつなぐ

sus [スュ(ス)]副 en ～ (金額に)加えて,さらに

suspendre [スュスパーンドゥル]動39 ①ぶら下げる ②中断する,止める

suspendu,e [スュスパンデュ]形 運休している,停止した/service ～ 運休

suspension [スュスパンスィヨン]女 停止,中断

Suze [スューズ]固女 シューズ:リンドウ風味の甘口リキュールの商標名

Suzette [スュゼートゥ]固女 女性の名前‖ Suzette 形〈不変〉シュゼット風(の)/crêpe ～ クレープシュゼット:クレープにオレンジキュラソーとオレンジの汁,レモン汁,バター,砂糖で風味を付けたデザート/crêpes ～ flambées クレープ・シュゼットにブランデーをかけ火をつけたデザート

svelte [スヴェールトゥ]形〈男女同形〉すらりとした

sweatshirt [スウィトゥシュールトゥ]男〈英〉 トレーナー,スウェットシャツ

sylphide [スィルフィードゥ]女 ケルト,ゲルマン神話の空気の精‖ Sylphide 固女 19世紀のバレエの題名/à la ～ シルフィード風(の):ムースを使ったすずあおはおじろの料理用表現

sylvaner [スィルヴァネ(ール)]男 ①白ぶどうの品種 ②そのぶどうでつくった白ワイン= silvaner

symétrie [スィメートゥリ]女 左右対称

symétrique [スィメトゥリーク]形〈男女同形〉左右対称的な

symétriquement [スィメトゥリークマン]副 左右対称的に

sympa [サンパ]形〈男女同形〉(話言葉)感じのいい:sympathique の略

sympathique [サンパティーク]形〈男女同形〉感じのいい

symphonie [サンフォニ]女 ①交響曲,シンフォニー ②調和のとれた組合せ

symposium [サンポズィヨーム]男 ①会議,シンポジウム ②饗宴,酒宴= banquet

symptôme [サンプトーム]男 症状

synagogue [スィナゴーグ]女 ユダヤ教会

syndicat [サンディカ]男 ①組合 ②協会/～ d'initiative 観光協会,観光案内所

syndrome [サンドゥローム]男 症候群,シンドローム

synthèse [サンテーズ]女 ①集大成,総括 ②合成

synthétique [サンテティーク]形〈男女同形〉①総括的な,総合的な ②合成の,人工的な

syphilis [スィフィリース]女〈単複同形〉梅毒

syrah [スィラ]女 黒ぶどうの品種

système [スィステーム]男 系統,システム,体系,体制

T, t

T,t [テ] 男 ①フランス字母の20番め ②T字形のもの ③t：重量トン(tonne)の記号

t' 代名詞 te が母音または無音の h の前に来る時の省略形 → te ⇒ p.748「人称代名詞」

T45 [テ カラーントゥ サーンク] 女 薄力粉：サヴァラン、ブリオシュなどに用いる小麦粉 = farine type 45

T55 [テ サンカーントゥ サーンク] 女 中力粉：スポンジなどに用いる小麦粉 = farine type 55

T65 [テ スワサーントゥ サーンク] 女 強力粉：ビスキュイなどに用いる小麦粉 = farine type 65

T80 [テ カートゥル ヴァン] 女 強力粉：パン用の小麦粉 = farine type 80

ta [タ] 形 (女単に. ただし母音または無音の h で始まる語の前では ton を用いる) 君の、お前の／T～ maison est grande. 君の家は大きい ⇒ p.751「所有形容詞」

tabac [タバ] 男 ①煙草 ②煙草屋 = bureau de ～

tabasco [タバスコ] 男 タバスコ

tabati|er,ère [タバティエ, .ール] 男女 煙草製造工 ‖ **tabatière** 女 ①嗅ぎ煙草入れ ②(突上げ式)天窓 ③パンの種類

tab(b)oulé [タブーレ] 男 スムールにピーマン、トマトなどのみじん切りをまぜた、北アフリカ発祥のサラダ

tablage [タブラージュ] 男 テンパリング → tabler

table [ターブル] 女 ①台、テーブル／～ à flamber フランベワゴン／～ chauffante ホットテーブル：盛付台／～ de cuisine 調理台／～ de cuisson レンジ、ストーブ／～ de travail 作業台／～ d'hôte：1) ホテルなどの会食用大テーブル及びその食事 2) シェフズテーブル、決った料理だけを供するレストラン／～ roulante テーブルワゴン／dresser la ～, mettre la ～ テーブルセッティングをする／mise en ～ テーブルセッティング／se mettre à ～ 席に着く ②食事 ③表(ひょう)、目録

tablé,e [ターブレ] 形 テンパリングをした → tabler ‖ **tablée** 女 一つの食卓を囲む会食者 → convive

tableau [ターブロ] 男〈複 ～x〉①一覧表 ②絵 ③掲示板

tabler [ターブレ] 動 ①あてにする ②テンパリングをする：大理石上でチョコレートの温度調整をする

tablette [タブレートゥ] 女 ①棚板 ②板状のもの／～ de bouillon ブイヨンキューブ／～ de chocolat 板チョコ

tablier [タブリエ] 男 エプロン、前掛／～ de sapeur タブリエ・ド・サプール：リヨン名物、牛胃のパン粉揚

taboulé = tab(b)oulé

tabouret [タブーレ] 男 丸椅子

tacaud [タコ] 男 ビブ：鱈(たら)の種類／～ norvégien ノルウェー鱈

tacca [タカ] 男 たしろ芋：塊茎から澱粉(でんぷん)を採る

tache [ターシュ] 女 あざ、染み、斑点、まだら、汚れ

tâche [ターシュ] 女 仕事、責務 ‖ la ～ 男 ブルゴーニュ地方、コート・ド・ニュイ地区の AOC 特級赤ワイン

taché,e [ターシェ] 形 染みのついた、汚れた

tacher [タシェ] 動 染みをつける、斑点をつける、汚す ‖ se ～ 代動 59 汚れる

tâcher [タシェ] 動 努める／～ de... …しようと努力する

tacheté,e [タシュテ] 形 斑点のある

taco [タコ] 男 タコス：メキシコの、とうもろこし粉のクレープに具をのせた料理

tadorne [タドルヌ] 男 つくし鴨：鴨と灰色雁(野生の鷲鳥(がちょう))の交配種

taffea [タフェア] 男 = tafia

tafia [タフィヤ] 男 糖蜜からつくる2級のラム酒

tagliatelle [タリヤテッレ] 女〈複〉伊 5～6 mm 幅の薄いパスタ

tagliatini [タリヤティーニ] 男〈複〉伊 非常に細くて薄いパスタ

tahin [タイーヌ] 男 タヒン：中東のごまペースト

Tahiti [タイティ] 固 男 タヒチ

tahitien,ne [タイス・ヤン,.エーヌ] 形 タヒチ (Tahiti) の／(à la) ～ne タヒチ風(の)：生の魚を使った料理用表現 ‖ **Tahitien,ne** 男女 タヒチの人

taie [テ] 囡 ①枕カバー ②(ソースに生じる)つぶつぶ

taillade [タヤードゥ] 囡 切傷, 切口

taillage [タヤージュ] 男 (食材の)カット, カットによる整形

taille [ターユ] 囡 ①身長 ②ウェスト= tour de ~ ③(服の)サイズ ④(肉などの切身の)大きさ ⑤ぶどうの若枝の剪定(せんてい) ⑥剪定後の若枝

taillé, e [タイエ] 形 (ある形に)切った, 切りそろえた

taille-crayon [ターユ クレヨン] 男〈単複同形〉鉛筆削り

taille-pain [ターユ パン] 男〈単複同形〉押切り式パン切り器

tailler [タイエ] 動 ①(ある形に)切る, 切りそろえる/~ en... …切りにする/~ la soupe 固くなったパンを切ってスープに入れる ②(包丁などで)削る

taillerins [タユラン] 男複 サヴォワ地方のリボンパスタ

tailleur [タユール] 男 ①仕立屋 ②テーラードスーツ

tailloir [タユワール] 男 (中世の) ローストなどの肉料理をのせる台に用いる薄くて固いパン

taire [テール] 動 33 言わない‖se ~ 代動 33 59 黙る / Tais-toi! うるさい!

Taittinger [テタンジェ] 固男 シャンパンメーカー及びそのシャンパン

Taïwan [タイワン] 固囡 台湾=Formose

taïwanais, e [タイワネ, ーズ] 形〈男には単複同形〉台湾(Taïwan)の‖Taïwanais, e 男囡〈男は単複同形〉台湾人

tajine [タジーヌ] 男 ①北アフリカのふた付煮込用陶製鍋 ②その鍋でつくる, 羊または鶏や魚と野菜の, 北アフリカの煮込み

talent [タラン] 男 才能, 特技

talibur [タリビュール] 男 りんごを生地で包んで焼いた, ピカルディ地方のデザート= pomme en cage, rabotte

talisman [タリスマン] 男 魔よけのお守

Talleyrand [タレーラン] 固男 タレイラン: 18~19世紀の政治家で美食家‖Talleyrand 形〈不変〉タレイラン風(の): トリュフやソース・タレイランを使った料理用表現 / sauce ~ ソース・タレイラン: 鶏のヴルテソースと白いフォンを煮詰め, クリーム, マデラ酒, バター, 野菜とトリュフのさいのめを加えたソース‖talleyrand 男 パイナップルをサヴァラン生地に加えて焼いたケーキ

talmose [タルモーズ] 囡 古典技法でつくったタルムーズ

talmouse [タルムーズ] 囡 タルムーズ: チーズ入パイ料理

talon [タロン] 男 ①かかと/~s hauts ハイヒール ②牛の腕肉と首肉の間の赤身の煮込用肉 ③ハム, チーズ, パンなどの端 ④木や豚脂でつくった, 料理盛付用の台

talure [タリュール] 囡 フルーツの傷み

tamarillo [タマリロ] 男 タマリロ: 南米原産のフルーツ

tamarin [タマラン] 男 タマリンド: 香料の一種

tambouille [タンブーユ] 囡 ①(話言葉)まずい料理 ②(俗語)炊事, 調理

tamelier [タムリエ] 男 = tamisier

tamié [タミエ] 男 サヴォワ地方の, 牛乳のチーズ=abbaye de ~, arbin, montmélian-rosé, roussette

tamier [タミエ] 男 つるくさ: ヨーロッパ産やまの芋の一種 = reponchon

tamis [タミ] 男〈単複同形〉①ふるい ②裏漉(うらご)し器

tamisage [タミザージュ] 男 ①ふるうこと ②濾過(ろか)すること ③裏漉(うらご)し

tamisé, e [タミゼ] 形 ①ふるった ②裏漉(うらご)しした

tamiser [タミゼ] 動 ①ふるう ②裏漉(うらご)しする

tamisier [タミズィエ] 男 (中世の) パン屋= tamelier

tampon [タンポン] 男 ①ゴム印, スタンプ, 判 ②タンポン, (荷造などの)詰物

tamponner [タンポネ] 動 ①(傷口などを)拭う, (ばれんなどで)こする ②スタンプを押す ③(ソースに膜が張らないように)バターで上面を覆う ④型に入れたパテで生地で蓋をする

tanaisie [タネズィ] 囡 えぞよもぎ菊, タンジー: 香草の一種

tanche [ターンシュ] 囡 ①テンチ: コイ科の淡水魚 ②AOC オリーヴの種類

tandis que [タンディク] 接位 …である一方, …に反して

tandori [タンドリ] 男 ①インドの香辛料 ②ヨーグルトやスパイスに漬けた鶏

を焼いたインド,パキスタンの料理
tandour [タンドゥール]男 タンドール:インドやパキスタンの,土製の釜
tangelo [タンジェロ]男 みかんとグレープフルーツの交配種
tangérine [タンジェリーヌ]女 ポンカン:みかんの品種
tangor [タンゴール]男 タンゴール:みかんの品種
tanin = tan(n)in
tannat [タナ]男 黒ぶどうの品種
tan(n)in [タナン]男 タンニン:ぶどうの皮などに含まれ,赤ワインの色と渋みをつくりだす成分
tannique [タニーク]形〈男女同形〉①タンニンの ②タンニンが多いために生じる渋みの強いワインの形容
tant [タン]副 ①それほど,とても ②«~ de+名詞» たくさんの… ③«~ (de) A que+文» とてもAなので…だ ④«~ que+文» …する限りは,…するうちは/ en ~ que... …の立場で,…として/~ bien que mal なんとか/~ que ça (話言葉)そんなに(すごく)
tante [タントゥ]女 叔母,伯母
tantimolle [タンティモール]女 = landimolle
tant-pour-tant [タン プール タン]男 タン・プール・タン:砂糖とアーモンドパウダーを同量含ませたもの. 省略形はT.P.T.
tapas [タパス]女複 西 タパス:いかのすみ煮などの,スペインの酒のつまみ
tapenade [タプナドゥ]女 黒オリーヴ,ケーパー,アンチョヴィなどでつくる,プロヴァンス地方のペースト
taper [タペ]動 叩く
tapinette [タピネトゥ]女 オルレアネ地方の,フレッシュチーズタルト = tarte au caillé
tapioca [タピヨカ]男 タピオカ:小球状の澱粉(でんぷん)/~ perlé 小粒のタピオカ = perle du Japon
tapis [タピ]男〈単複同形〉敷物,じゅうたん,マット/~ de cuisson シリコンパッド,ベーキングシート
tapisser [タピセ]動 ①タペストリーをかける,壁紙を張る ②壁に並べる ③覆う ④(生地などを型に)敷く,張る
tapotage [タポタージュ]男 軽く叩くこと
tapoter [タポテ]動 (手や指で軽く繰返して)叩く

tarama [タラマ]男 からすみとパンなどをまぜたギリシアのペースト
tarare [タラール]男 リヨネ地方の,牛乳からつくる白かびチーズ
tard [タール]副 遅れて,遅く/ au plus ~ 遅くとも/ plus ~ 後で,後から
tardif, ve [タルディー・フ,ヴ]形 遅れた,遅い
tarentais [タランテ]男 サヴォワ地方の,山羊乳のチーズ
tarif [タリフ]男 運賃(表),定価(表),料金(表)/ plein ~ 普通料金/~ étudiant 学生割引料金/~ réduit 割引料金
taro [タロ]男 タロ芋
tarots [タロ]男複 タロット
tartare [タルタール]形〈男女同形〉 ロシア,タタールの ‖ Tartare 固男 タルタロス:地獄以下の奈落 ‖ Tartare 男 女 タタール人 ‖ tartare 男 ①タルタルステーキ:生の馬または牛の挽肉にみじん切りの玉ねぎ,卵の黄身,タバスコ,ウスターソースなどをまぜた料理 = steak ~ ②タルタルソース:ゆで卵の黄身,玉ねぎ,シブレットのみじん切りやケーパーなどを加えたマヨネーズ = sauce ~
tarte [タールトゥ]女 タルト:ブリゼ生地などを台にし,肉,魚またはフルーツをのせてつくった料理,甘味のパイ/~ de rien, ~ au sucre 具なしで砂糖だけをかけたタルト/~ au quemeu = queneu/~ aux pommes りんごのタルト/~ flambée = flammaküche/~ Tatin タルト・タタン = ~ renversée → Tatin
tartelette [タルトゥレトゥ]女 タルトレット:塩味,甘味の小タルト/~ aux fruits フルーツのタルトレット
tartiffle [タルティーフル]女 サヴォワ地方でのじゃが芋の別称
tartiflette [タルティフレートゥ]女 じゃが芋,玉ねぎ,クリーム,ベーコン,白ワインでつくる,サヴォワ地方のグラタン
tartine [タルティーヌ]女 バターやジャムなどを塗ったパン
tartiné, e [タルティネ]形 (パンに)ジャムなどを塗った
tartiner [タルティネ]動 (パンに)ジャムなどペースト状のものを塗る
tartoche [タルトーシュ]女 = tartotche

tartotche [タルトーチュ]女 じゃが芋の, ブルゴーニュ地方での呼称 = tartoche

tartouffe [タルトゥフ]女 じゃが芋の, ブルボネ地方での呼称

tartouillat [タルトゥーヤ]男 りんごをまぜたクレープ生地をキャベツで包みオーブンで焼いた, ニヴェルネ地方のデザート

tartouste [タルトゥーストゥ]女 じゃが芋の, トゥールーズでの呼称

tartre [タールトル]男 ①酒石:ワイン醸酵時の沈殿物/crème de ~ 酒石英, タータクリーム:飴細工用の添加剤 ②歯石

tartrique [タルトゥリーク]形〈男女同形〉酒石の/acide ~ 酒石酸

tas [タ]男〈単複同形〉堆積, 山積み/mettre...en ~ …を積上げる/un (または des) ~ de... たくさんの…

tasse [タース]女 カップ/~ à café コーヒーカップ/~ à thé ティーカップ/une ~ de... カップ 1 杯の…

tasser [タセ]動 ①(圧縮して)固める ②(重ねて)詰める

taste-vin [ターストゥ ヴァン]男〈単複同形〉= tâte-vin

tata [タタ]女(幼児語)(親戚の)おばちゃん

tâte-vin [タートゥ ヴァン]男〈単複同形〉ワイン試飲用杯 = taste-vin

Tatin [タタン]固 りんごをトゥルト型に立てて詰め, 砂糖とバターの小片を散らし, 生地をかぶせて焼いたタルト = tarte renversée, tarte ~

tatsöi [タツォイ]男 塌菜(ターツァイ): 中国野菜 = rosulaire

taule [トール]女 = tôle ①(俗語)家, 部屋 ②(隠語)ムショ, 刑務所

taure [トール]女 未経産雌牛 = génisse

taureau [トロ]男〈複 ~x〉雄牛/T~ おうし座

taurillon [トリヨン]男 若雄牛

taux [ト]男〈単複同形〉利率, 率/~ de rentabilité 利益率/~ de change 為替レート

tavel [タヴェール]男 コート・デュ・ローヌ地方の AOC ロゼワイン

taverne [タヴェールヌ]女 ①居酒屋 ②伝統的な内装のカフェ・レストラン, ブラスリー

tavernier, ère [タヴェルニエ, ール]男女 居酒屋の経営者

tawny [トゥニ]男英 5 年熟成のポルト酒

taxe [タークス]女 ①間接税/~ d'habitation 住民税/~ douanière 関税/~ sur la valeur ajoutée 付加価値税 = T.V.A. ②公共サービス料, 公定料金/~ postale 郵送料

taxer [タークセ]動 税金をかける

taxi [タクスィ]男 タクシー

taxiphone [タクスィフォーヌ]男 公衆電話

tchèque [チェーク]形〈男女同形〉チェコ(Tchéquie)の‖tchèque 男 チェコ語‖Tchèque 男女 チェコ人

Tchéquie [チェキ]固女 チェコ

tchorba [チョルバ]女 = chorba

te [トゥ]代 ①(直接目的語として)君を, お前を/Je ~ connais. 私は君を知っている ②(間接目的語として)君に, お前に/Je ~ parle. 私は君に話している ⇒ p.748「人称代名詞」

technicien, ne [テクニスィ・ヤン, エーヌ]男女 専門技術者

technique [テクニーク]形〈男女同形〉技術的な‖technique 女 テクニック

technologie [テクノロジ]女 工学, テクノロジー

technologique [テクノロジーク]形〈男女同形〉工学の, テクノロジーの

tee-shirt [ティーシャート]男 T-shirt

téfalé, e [テファレ]形 ふっ素加工した

téflon [テフロン]男 テフロン

teigne [テーニュ]女 ごぼうの, 地方での呼称

teindre [ターンドゥル]動14 染める

teint, e [タン, トゥ]形(薄く)着色した‖teint 男 ①顔色 ②染め具合/fond de ~ ファンデーション‖teinte 女 ①色合, 色調 ②顔色 ③様相

teinté, e [タンテ]形 薄く色をつけた/~, e de... …のニュアンスのある

teinter [タンテ]動 薄く色をつける

teinture [タンテュール]女 ①毛染め = ~ pour les cheveux/~ d'iode ヨードチンキ

teint-vin [タン ヴァン]男〈複 ~-~s〉= canneberge

tel, le [テール]形 あんな, そのような/«~, le que + 名詞・代名詞または文» …のような/~, le quel, le そのまま

の, もとのままの

télé [テレ] 囡 〈話言葉〉テレビ: télévision の略 = T.V.

télécarte [テレカールトゥ] 囡 テレホンカード

télécommande [テレコマーンドゥ] 囡 リモコン

télécommunication [テレコミュニカスィヨン] 囡 遠距離通信

télécopie [テレコピ] 囡 ファックス

téléphérique [テレフェリーク] 男 ロープウェイ

téléphone [テレフォーヌ] 男 電話/au ~ 電話で/~ fixe 固定電話/~ mobile, ~ portable 携帯電話= portable/~ sansfil コードレス電話

téléphoner [テレフォネ] 動 電話をする

téléphonique [テレフォニーク] 形 〈男女同形〉電話での, 電話の

téléphoniste [テレフォニーストゥ] 男女 電話交換手 = standardiste

télésiège [テレスィエージュ] 男 (スキー用)リフト

télévisé,e [テレヴィゼ] 形 テレビ放映の

téléviser [テレヴィゼ] 動 (テレビで)放送する

téléviseur [テレヴィズール] 男 テレビ= télévision, T.V.

télévision [テレヴィズィヨン] 囡 テレビ= télé, téléviseur, T.V.

tellement [テールマン] 副 それほど, とても/《~ A que+文》あまりAなので…だ

tempé [タンペ] 男 テンペ:インドネシアの納豆

tempérage [タンペラージュ] 男 テンパリング = tablage → tempérer

tempérament [タンペラマン] 男 気質, 性質, 体質

tempérance [タンペラーンス] 囡 節酒, 節食

température [タンペラテュール] 囡 温度, 体温/ basse ~ 低温/ haute ~ 高温/ prendre la ~ 体温を計る/ ~ ambiante 室温/ ~ constante 一定の温度/ ~ convenable 適温/ ~ optimale 最適な温度

tempéré,e [タンペレ] 形 ①温暖な, 温和な, 穏やかな ②テンパリングした → tempérer

tempérer [タンペレ] 動 ①(暑さや寒さを)和らげる ②テンパリングする:チョコレートの温度調整作業をする = tabler

tempéreuse [タンペルーズ] 囡 テンパリング用機材

temple [ターンブル] 男 ①神殿 ②プロテスタントの教会堂 ③仏教寺院

temporaire [タンポレール] 形 〈男女同形〉一時的な, 臨時の

temporairement [タンポレールマン] 副 一時的に

tempranillo [テンプラニーヨ] 男 (西) スペインのぶどうの品種

temps [タン] 男 〈単複同形〉 ①気候, 天候/ beau ~ 晴天/ ~ couvert 曇 ②時間, 時代, 時/ à ~ タイミングよく/ à ~ partiel パートタイムの/ avoir du ~ (自由な)時間がある/ ces derniers ~ 最近/ dans le ~ 昔は/ de ~ en ~, de ~ à autre 時々/ en ce ~-là 当時/ en même ~ 一度に/ être à ~ 時間に間に合う/ la plupart du ~ たいてい/ notre ~ 現代/ quelque ~ しばらくの間, 当分/ ~ anciens, vieux ~ 昔/ ~ libre 暇な時間/ tout le ~ いつも

tenace [トゥナース] 形 〈男女同形〉しつこい, 執拗(しつよう)な

ténacité [テナスィテ] 囡 ①頑固さ, 粘り強さ ②粘着力

tenai- → tenir 47 〈備考〉

tenailles [トゥナーユ] 囡 複 ペンチ, やっとこ

tenant 現分 → tenir 47 〈備考〉

Ténarèze [テナレーズ] 固 男 アルマニャックの種類

tendance [タンダーンス] 囡 傾向

tende [ターンドゥ] 囡 シキンボ:牛ももの内肉 = -de-tranche

tende-de-tranche [ターンドゥ ドゥ トゥラーンシュ] 囡 〈複〉~s-~-~s〉= tende

tendon [タンドン] 男 腱/ ~ d'Achille アキレス腱

tendre [ターンドゥル] ①形 〈男女同形〉柔らかい ②(皮膚などが)弱い ③思いやりがある, 優しい ④淡い ‖ tendre 動 39 ①張る ②緊張させる ③差しのべる ④~ à... …の傾向がある

tendresse [タンドゥレース] 囡 思いやり, 優しさ

tendreté [ターンドゥルテ] 囡 (肉などの)

柔らかさ
tendron [タンドゥローン] 男 牛の中部ばら肉,仔牛の後部ばら肉
tendu, e [タンデュ] 形 ①ぴんとした ②緊張した
teneur [トゥヌール] 女 ①文面 ②含有量/〜 en sucre 砂糖含有量
Tenez [トゥネ] 間投 ①はい！：相手に物を差出す時 ②ねえ：注意を引く時 ‖ tenez → tenir 47〈備考〉
teniez, tenions → tenir 47〈備考〉
tenir [トゥニール] 動 47〈備考〉 ①つかむ ②支える ③保つ, 保持する, 維持する ④執着する/《〜 à +不定詞》…を強く希望する/〜 la droite 右側通行：掲示/…au froid …を冷蔵する ⑤経営する ⑥長続きする ‖ se 〜 代動 47 59 ①（手すりなどに）つかまる ②（ある状態や場所に）いる/se 〜 bien (mal) 行儀がいい（悪い） ③開催される
tennis [テニス] 男〈単複同形〉 ①テニス ②テニスコート
tenons → tenir 47〈備考〉
tension [タンスィヨン] 女 ①緊張 ②圧力 ③電圧
tentacule [タンタキュール] 男 （いかやたこの）足
tente [ターントゥ] 女 テント
tenter [タンテ] 動 ①試す ②誘惑する
tenu, e [トゥニュ] 形 ①整頓された, 手入れのいい ②忙しい/être 〜, e à…: …の義務がある ‖ tenue 女 ①維持, 管理 ②行儀作法, 態度, 品位 ③制服, 服装, 身なり, 装い/〜 de soirée 燕尾服, タキシード/grande 〜e 正装/T〜e de soirée recommandée（案内状などのただし書）礼服着用のこと/〜e de ville：1）タウンウェア, 平服 2）（案内状などのただし書）平服着用のこと ④（料理用生地の）まとまり ‖ tenu, e 過分 → tenir 47〈備考〉
ténu, e [テニュ] 形 ①極細の ②微妙な
tequila [テキラ] 女 テキーラ
ter [テール] 形〈不変〉 ①3番めの ②（同番号内の）…の3
terme [テルム] 男 ①期限, 時期/à court (long) 〜 短期（長期）の：商業用語 ②単語, 用語/〜s 言葉遣い
terminal, e [テルミナール] 形 〈男複には terminaux [テルミノ]〉 最後の, 末端の ‖

terminal 男〈複は terminaux〉 ①終着駅, 空港ターミナル ②コンピューター端末 ‖ terminale 女 （リセの）最終学年
terminaux → terminal, e
terminé, e [テルミネ] 形 終った, でき上った, 完成した
terminer [テルミネ] 動 終える, 完了する ‖ se 〜 代動 59 終る
terminologie [テルミノロジ] 女 （総称としての）用語
terminus [テルミニュース] 男 〈単複同形〉終着駅, ターミナル = gare 〜, terminal
terne [テルヌ] 形〈男女同形〉 ①気の抜けた, くすんだ ②特徴のないワインの形容
terni, e [テルニ] 形 （グラスなどが）曇りの, 曇った
ternissure [テルニスュール] 女 （グラスなどの）曇り
terrain [テラン] 男 ①土地 ②グラウンド/〜 de tennis テニスコート ③地質, 土壌 ④場, 分野
terrasse [テラース] 女 ①テラス ②台地, 高台
terre [テール] 女 ①地面, 大地/sous 〜 地下に ②陸 ③所有地, 地所 ④耕作地, 土壌 ⑤土/〜 cuite テラコッタ ⑥この世, 地上 ⑦ T〜 地球
terreux, se [テルー, ズ] 形 〈男には単複同形〉 土の付いた
terrible [テリーブル] 形 〈男女同形〉 ①すごい, 恐ろしい ②はなはだしい
terriblement [テリーブルマン] 副 すごく
terrine [テリーヌ] 女 ①パテをつくるための, 陶器などのふた付容器 ②その容器でつくる料理/〜 de canard 鴨のテリーヌ ③（陶製か金属製の）壺, 鉢
terrinée [テリネ] 女 ①テリーヌ型1杯分 ②米と牛乳, 砂糖などでつくり冷やして食べる, ノルマンディ地方のデザート = bourre-gueule, teurt-goule, torgoule
terroir [テルワール] 男 ①郷土 ②農産物, 特にぶどうの産地
tes [テ] 形〈複に〉 君の, お前の/T〜 amis sont là. 君の友だち（複数）があそこにいる ⇒ p.751「所有形容詞」
test [テーストゥ] 男 ①テスト ②うにやオマール海老の殻

testament [テスタマン] 男 ①遺言書 ②聖書

tester [テステ] 動 テストする

testicule [テスティキュール] 男 睾丸

tétanos [テタノス] 男〈単複同形〉破傷風

tête [テートゥ] 女 ①頭／à ~ reposée（時間をかけて）ゆっくり／mal de ~ 頭痛／~ de nègre: 1) 焼いた半球状のメレンゲにチョコレート入バタークリームをはさみ，同じクリームでコーティングした菓子 2) ライスプディングを丸くしてチョコレートソースでコーティングしたデザート ②頭肉／~ de veau 仔牛の頭肉 ③頭つき，表情 ④記憶力，頭脳，分別 ⑤1人，1匹／par ~ 1人あたり ⑥先頭，トップ／~ de cuvée（ワインの）一番搾り= première cuvée ⑦指導者 ⑧丸い先端／~ de champignon シャンピニョンの笠／~ de nègre 黒セープ茸= bolet ~ de nègre, cèpe noir／~ de violon わらびの若芽 ⑨球根，丸い部分／~ d'ail にんにくの株／~ de chou キャベツの球 ⑩ヘディング

tête-bêche [テートゥ ベーシュ] 副 頭と足(尾)を交互に

tête-de-maure [テートゥ ドゥ モール] 女= boule de lille

tête-de-moine [テートゥ ドゥ ムワーヌ] 女〈複〉~s-~-~〉スイスの，牛乳のチーズ

téter [テテ] 動 36 (乳を)吸う，飲む

tétine [テティーヌ] 女 ①(哺乳瓶の)乳首 ②(牛や豚の食用)乳房

tétragone [テトゥラゴーヌ] 女 浜ぢしゃ，つる菜，ニュージーランドほうれん草= épinard de la Nouvelle-Zélande, épinard d'été

tetrodon [テトゥロドーン] 男 ふぐ= poisson-globe

tétrodotoxine [テトゥロドトクスィーヌ] 女 テトロドトキシン：ふぐの毒

teurt-goule [トゥール グール] 女= terrinée

texte [テークストゥ] 男 歌詞，原稿，台本，テキスト，抜粋，文章，本文

texturant [テクステュラン] 男 食品用結着剤

texture [テクステュール] 女 ①構造，組織 ②触感

T-fal [テファール] 固 ふっ素加工商品の商標名

T.G.V. [テジェ ヴェ] 男 高速列車（新幹線）：train à grande vitesse の略

thaïlandais, e [タイランデ, ーズ] 形〈男に は単複同形〉タイ (Thaïlande) の／(à la)~e タイ風(の) ‖ thaïlandais 男 タイ語 ‖ Thaïlandais, e 男女〈男は単複同形〉タイ人

Thaïlande [タイラーンドゥ] 固 女 タイ：国

thé [テ] 男 ①茶／~ de bœuf ビーフティー ②ティーパーティ

thé

thé à la menthe　ミントティー
thé à la pomme　アップルティー
thé aromatisé　フレイヴァーティー：香り付した紅茶
thé au citron　レモンティー
thé au jasmin　ジャスミン茶
thé au lait　ミルクティー
thé au lait royal　ロイヤルミルクティー
thé de Ceylan　セイロン茶
thé de montagne　はごろも草ハーブティ= thé d'alchemille
thé des Alpes　ハーブブランデー
thé glacé　アイスティー
thé impérial　中国緑茶の種類
thé indien au lait aux épices　チャイ：インド式ミルクティー
thé (noir)　紅茶
thé oolong, thé oulong　ウーロン茶
thé vert　緑茶

théâtre [テアートゥル] 男 ①演劇，劇 ②劇場，劇団 ③わざとらしさ

théier [テイエ] 男 茶の木

théière [テイエール] 女 急須，ティーポット

thème [テーム] 男 主題，テーマ

thenay [トゥネ] 男 ロワール地方の，牛乳からつくる白かびチーズ

théorie [テオリ] 女 理論

théorique [テオリック] 形〈男女同形〉①理論的な ②理論上の

thérapie [テラピ] 女 療法

thermal, e [テルマール] 形〈男複には

thermaux [テルモ]〉温泉の / source ~e 温泉 / station ~e 湯治場

thermal → thermal,e

thermaux → thermal,e

thermidor [テルミドール]男 フランス革命後の共和暦の第11月：7月19日〜8月18日 / homard ~ オマールのテルミドール：ゆでて縦に2つに切ったオマールえびの中身を小さく切ってソース・ベルシーとあえ，殻に戻しておろしチーズをかけたグラタン料理

thermomètre [テルモメートゥル]男 温度計 / ~ sonde 芯温計 = thermosonde

thermos [テルモス]男〈単複同形〉魔法瓶 = bouteille isolante

thermosonde [テルモゾーンドゥ]女 芯温計, 中心温度計 = thermomètre sonde

thèse [テーズ]女 ①主張, 説 ②学位論文 / ~ de doctorat 博士論文

thoissey [トゥワーセ]男 中央フランスの, 山羊乳のチーズ

tholy [トリ]男 = récollet

thon [トン]男 まぐろ / ~ à l'huile まぐろの油漬 / ~ au naturel まぐろの水煮 / ~ blanc びんながまぐろ / ~ germon びんながまぐろ / ~ obèse めばちまぐろ / ~ rouge 本まぐろ, 黒まぐろ

thourin = tourin

thrombocyte [トゥロンボスィートゥ]男 血小板

thym [タン]男 タイム：香草 / ~ allemand, ~ d'hiver 冬タイム：苦味のあるタイム / ~ citronelle レモン風味のタイム = ~ citron / ~ sauvage セルポレ：タイムの一種 = serpolet

tian [ティヤーン]男 ①プロヴァンス地方の大きな土鍋 ②じゃが芋やトマトなどを重ねて土鍋に入れ，オーヴンで煮た料理

tianu [ティヤヌ]男 ①コルシカの, 煮込用土鍋 ②コルシカの煮込 / ~ di panizzi パニツァのティアヌ：コルシカの, ポロねぎ, トマト, パニツァの煮込

tibia [ティビヤ]男 脛骨(けいこつ), 向う脛(すね)

tic [ティーク]男 チック症, けいれん

ticket [ティケ]男（地下鉄などの）切符 / ~ de quai （駅の）入場券

tiède [ティエードゥ]形（男女同形）温かい, ぬるい ‖ tiède 男 温かい所 / tenir... au ~ …を温かい所で保存する

tiédi,e [ティエーディ]形 粗熱をとった，ぬるくした

tiédir [ティエディール]動4 ①温（暖）かくする ②ぬるくする ③粗熱をとる = faire ~ / laisser ~ （温かい程度の状態に自然に）冷ます

tiendr-, tienne, tienne- → tenir 47〈備考〉

tien,ne [ティ・ヤーン, エーヌ]代（定冠詞 le, la, les を伴って）君のそれ, 君のもの ⇒ p.749「所有代名詞」

Tiens [ティヤーン]間投 ①あら, まあ ②はい！ ほら！：相手に物を差出す時 ③ねえ：注意を引く時 ‖ tiens → tenir 47〈備考〉

tient → tenir 47〈備考〉

tiers,ce [ティエール, ス]形〈男には単複同形〉3番めの ‖ tiers 男〈単複同形〉①第三者 ②3分の1 / un (deux) ~ 3分の1 (2) / réduire...d'un ~ …を3分の1の分量だけ煮詰める / réduire...à un ~ …を3分の1に煮詰める

tige [ティージュ]女 茎, 軸

tignard [ティニャール]男 サヴォワ地方の, 山羊乳と牛乳のブルーチーズ = bleu de tignes

tigre [ティーグル]男 ①虎 ②タイガーフィッシュ = chien d'eau

tigré,e [ティグレ]形 虎模様の

tilapia [ティラピ]女 泉鯛, ティラピア

tilleul [ティユール]男 ①しなの木, ぼだい樹 ②しなの木の葉のハーブティー

tilsit [ティルスィートゥ]男 ドイツ, スイスの, 牛乳のチーズ = ragnit

timbale [タンバル]女 ①ティンパニー：楽器 ②銀製の杯 ③円形の型 ④円形の型でつくったパイ / ~ Elysée タンバル・エリゼ：生地でタンバル型をつくり, アイスクリームやフルーツを入れ, フルーツのソースとホイップクリームをかけたデザート / dresser... en ~ …をタンバル形に盛付ける ⑤さいのめの野菜, 肉などをダリオル型に詰めた料理 ⑥アイスクリーム, フルーツ, ホイップクリームを生地でつくったタンバル型に入れたデザート

timbre [ターンブル]男 ①切手, 印紙 / ~ fiscal 公文書の印紙 / ~ de quittance 領収書に貼る収入印紙 ②音色, ベル, 呼鈴

timbré,e [タンブレ]形 ①印紙を貼った, 切手を貼った, 消印のある ②いい

音色の

timbrer [タンブレ] 動 ①印紙を貼る,切手を貼る,消印を押す ②(通信文の冒頭に)日付と用件を記す

timide [ティミードゥ] 形〈男女同形〉内気な,臆病な,恥ずかしがり屋の ‖ timide 男女 恥ずかしがり屋

timing [タイミング] 男〈英〉タイミング

tintillo de malaga [ティンティヨ デ マラガ] 男〈西〉酒精強化ワインの一種

tioro [ティヨロ] 男 バスク地方の,魚介のスープ料理 = ttoro

tirage [ティラージュ] 男 ①引くこと,引きのばし ②印刷 ③抽選 ④(小切手の)振出 ⑤ワインの澱引(ホʊ)のために別の樽に入れること = soutirage

tiramisu [ティラミスー] 男 マスカルポーネチーズ,卵黄,マルサラ酒,コーヒーエセンスをまぜた,イタリア発祥のクリーム及びデザート

tiré,e [ティレ] 形 ①引きのばされた ②ぴんと張った ③刷られた ④引用された

tire-bouchon [ティール ブション] 男〈複 ~-~s〉(T字形)ワインオープナー = débouchoir / ~ bilame はさみ抜き式ワインオープナー / ~ en papillon バタフライ形ワインオープナー

tire-larigot [ティール ラリゴ] à ~ 副句 (話言葉)たくさん,たらふく

tirelire [ティルリール] 女 貯金箱

tirer [ティレ] 動 ①引く,引きのばす,引っ張る ②飴を花などに加工する前に何度もひっぱって弾力を出す ③(利益などを)引出す ④引抜く ⑤(くじを)引く ⑥印刷する ⑦乳を絞る ⑧撃つ

tiret [ティレ] 男 ダッシュ:記号は「—」

tireu*r,se [ティルール,ズ] 男女 振出人

tiroir [ティルワール] 男 引出

tisane [ティザーヌ] 女 ①ハーブティー = infusion / ~ de bœuf 濃いビーフブイヨン = beef-tea / ~ de champagne 甘口シャンパン / ~ de Richelieu ボルドーワイン = (vin de) bordeaux ②煎じ薬 ③(話言葉)安酒

tisanière [ティザニエール] 女 茶漉(ミ)が中に付いたハーブティー用カップ

tison [ティゾン] 男 燠(ネ),燃えさし

tissu [ティシュ] 男 織物,布地

titre [ティートゥル] 男 称号,タイトル,名称 / à ~ de... ...の立場で,...として

toast [トーストゥ] 男 ①乾杯 / porter un ~ 乾杯する ②トースト = rôtie, toste

toasté,e [トーステ] 形 トーストにした

toaster [トーステ] 動 ①乾杯する ②トーストにする

toasteur [トストゥール] 男 = grille-pain

toc [トク] 間投 ~ toc とんとん:打つ音 ‖ toc 男 にせ物

toi [トゥワ] 代 (強調,または前置詞の後に付けて)君,お前 / Je travaille avec ~. 私は君と一緒に働いている ⇒ p.748「人称代名詞」

toile [トゥワール] 女 ①布 / ~ d'araignée 蜘蛛の巣 / ~ métalique 金網 ②カンバス ③油絵

toilette [トゥワレートゥ] 女 ①化粧,洗面 / faire sa ~ 洗面する,身なりを整える ②身なり,装い / se mettre en grande ~ ドレスアップする / ~s 洗面所,トイレ = W.-C. ③化粧台,ドレッサー ④網脂 = crépine

toi-même [トゥワ メーム] 代 君自身

toit [トゥワ] 男 屋根

toiture [トゥワテュール] 女 屋根組,屋根材

tokai = tokay

tokaï = tokay

tokay [トカイまたはトケ] 男 ①ハンガリーの甘口白ワイン = tokai, tokaï ②アルザス地方の白ぶどうの品種 = grauclevner, pinot gris, ~ d'Alsace

tokyoïte [トキヨイートゥ] 形〈男女同形〉東京の ‖ Tokyoïte 男女 東京人

tôle [トール] 女 ①鋼板 / ~ étamée ブリキ板 / ~ galvanisée トタン板 ②(俗語) = taule

tolérer [トレレ] 動36 大目に見る

tomate [トマートゥ] 女 トマト = pomme d'or, pomme d'acacia, pomme d'amour / sauce ~ トマトソース / ~ au sel 塩漬トマト / ~ cerise ミニトマト / ~s concentrées トマト・コンサントレ / ~s fondues トマト・フォンデュ:炒め溶かしたトマト

tomaté,e [トマテ] 形 トマトを加えた,トマト風味の

tomater [トマテ] 動 トマトを加える,トマト風味にする

tombe [トーンブ] 女 墓,墓石

tombeau [トンボ] 男〈複 ~x〉墓石

tombée [トンベ] 囡 ①降下, 落下 ②暮れること／~ de la nuit, ~ du jour 日没

tomber [トンベ] 動 ①落ちる／~ dans les pommes 気絶する ②…(の状態)になる／(faire) ~ à glace 濃いシロップ状態に煮詰める／~ amoureux,se de… …に恋をする ③野菜の水分を加熱してとばす／(faire) ~ à sec 油脂分を加えずに水分がなくなるまで煮る

tom collins [トム コリーンズ] 男 ジンと炭酸水のカクテル

tome [トーム] 男 (本の)巻／~ 1 第1巻 ‖ tome 囡 = tom(m)e

tom(m)e [トーム] 男 トム：1) サヴォワ地方やスイスの, 牛乳のチーズ／~ blanche ルブロションチーズのフレッシュタイプ／~ de savoie サヴォワ地方の AOC トム 2) 主に南フランスの, 山羊乳または牛乳のチーズ／~ d'arles プロヴァンス地方カマルグの, 羊乳のトム = camargue, tome arlésienne

tom-pouce [トム プース] 男 ①〈単複同形〉親指トム ②(話言葉)小人, ちび ③コーヒー風味のバタークリームにヘーゼルナッツを加え, 小さいシュクレ生地に塗り, 2枚重ねたケーキ

ton [トン] 男 色合, 音質, 色調, 調子, トーン ‖ ton 形 〈男単または母音または無音の h で始まる囡単に〉お前の, 君の／Je suis ~ ami(e). 私は君の友達だ ⇒p.751「所有形容詞」

tonique [トニック] 形〈男女同形〉活気のある, 強壮にする, 元気付ける, 刺激のある ‖ tonique 男 ①強壮剤, 刺激剤 ②トニックウォーター = eau ~ ③トニックローション = lotion ~／~ capillaire ヘアトニック

tonka [トンカ] 男 トンカ豆 = fève de ~

Tonkin [トンカン] 固 トンキン：ベトナム北部の地方

tonkinois,e [トンキヌワ, -ーズ] 形〈男には単複同形〉①トンキン地方 (Tonkin) の ‖ Tonkinois,e 男囡〈男は単複同形〉トンキンの人 ‖ tonkinois 男〈単複同形〉トンキノワ 1) プラリネ入バタークリームをはさんだアーモンド風味のケーキ 2) フランジパーヌ入キャラメルにチョコレートをコーティングしたさいころ形の小菓子

tonne [トンヌ] 囡 トン：単位 = 1000 kg. 記号は t

tonneau [トノ] 男〈複 ~x〉①樽 ②トン：船の容積量 = 2.83 m³

tonnelet [トヌレ] 男 小樽

tonton [トントン] 男 (親戚の)おじちゃん：幼児語

topinambour [トピナンブール] 男 きく芋 = artichaut d'espagne, artichaut de Jérusalem, artichaut d'hiver

toque [トック] 囡 コック帽 = ~ de cuisinier

torchon [トルション] 男 雑巾, ふきん

tordre [トールドゥル] 動 39 (縄などを)よじる, よる ‖ se ~ 代動 39 59 ねじれる, 曲る, (自分の手足を)曲げる

tordu,e [トルデュ] 形 絞った, ねじった, ねじれた, よった

torgoule [トルグール] 囡 = terrinée

torréfacteur [トレファクトゥール] 男 焙煎(ばいせん)器

torréfaction [トレファクスィヨン] 囡 焙煎(ばいせん)

torréfié,e [トレフィエ] 形 焙煎(ばいせん)した

torréfier [トレフィエ] 動 ①焙(ほう)じる, 煎(い)る, 焙煎(ばいせん)する ②つなぎのための小麦粉をオーヴンで焼く

torrent [トラン] 男 急流

torsade [トルサド] 囡 らせん状に撚(よ)ったもの／en ~ らせん状の(に)

torsadé,e [トルサデ] 形 らせん状に撚(よ)った

torsader [トルサデ] 動 らせん状にねじる, 撚(よ)る

torsion [トルスィヨン] 囡 ねじれ

tort [トール] 男 間違い／avoir ~ 間違っている／à ~ 不当に, 間違って／à ~ et à travers むやみに, やたらに

torteil [トルテーユ] 男 カタロニア地方の, 公現祭用の王冠状のブリオシュ = tortell

tortell [トルテール] 男 = torteil

tortellini [トルテッリーニ] 男複〈伊〉リング形のパスタ

tortilla [トルティーヤ] 囡〈西〉①中南米の, とうもろこし粉のクレープ ②じゃが芋または干鱈(ひだら)を入れたスペインのオムレツ

tortiller [トルティエ] 動 (あっというまに)がつがつ食べる

tortillon [トルティヨン]男 アーモンドやフルーツの砂糖漬を入れたパイ生地またはシュー生地をねじってつくる小菓子

tortue [トルテュ]女 亀/~ de mer 海亀/ sauce ~：1) トマト風味のドミグラスソースにエルブ・ザ・トルテュ, マデラ酒, トリュフエセンス, カイエーヌペッパーを加えたソース 2) ブイヨンでのばしたルウ, ミルポワ, 白ワインにトマト風味を付けたソース

toscan,e [トスカン, ヌ]形 トスカーナ (Toscane)の/ (à la) ~e トスカーナ風(の)：パルメザンチーズと生ハムを使った料理用表現 ‖ Toscane 固女 トスカーナ：北イタリアの地方 ‖ Toscan,e 男女 トスカーナの人

toscanello [トスカネッロ]男 伊 イタリアの, 羊乳のチーズ

toste = toast

tôt [ト]副 (時期, 時刻が) 早く/ au plus ~ 早くても/ ~ ou tard いずれ

total,e [トタール]形〈男複には totaux [トト]〉① 全体の, 全部の ② 完全な ‖ total 男〈複 totaux〉合計, 全体/ au ~ 合計, 延べ

totalement [トタールマン]副 完全に, 全面的に

totaliser [トタリゼ]動 総計する, (…の) 総計になる

totalité [トタリテ]女 全体, 全部/ en ~ (全部)まとめて

tôt-fait [トフェ]男〈複 ~-~s〉レモンの皮入スポンジケーキの一種

toti [トティ]男 プロヴァンス地方の, オリーヴ油を塗ったクルトン

touaille [トゥアーユ]女 ① (昔の) 手拭(てぬぐい) ② 回転式手ふき器

toubib [トゥービブ]男 (俗語)医者

touche [トゥーシュ]女 ① タッチ, 筆づかい ② 配色 ③ (ピアノ, パソコンなどの) キー ④ スイッチ, ボタン ⑤ (釣りでの魚の) 食い

toucher [トゥーシェ]動 ① 接触する, 接する, 触れる ② (金を) 受取る ③ 心を打つ ④ 命中する ‖ toucher 男 触覚, タッチ, 手触り/ ~ buccal 食感/ ~ dental 歯触り/ ~ lingual 舌触り

toucy [トゥースィ]男 ブルゴーニュ地方の, 山羊乳のチーズ

touillis [トゥーイイ]男〈単複同形〉まぜたもの/ ~ de Vandy シャンパーニュ地方の, 小麦粉入オムレツ

toujours [トゥジュール]副 相変らず, いつも, いつまでも, それでも/ pour ~ いつまでも

Toul [トゥール]固 ロレーヌ地方のぶどう栽培地区/ côtes de t~ 同地方の VDQS ヴァン・グリ

Toulon [トゥーロン]固 トゥーロン：プロヴァンス地方, 地中海に面した都市

toulonnais,e [トゥーロネ, ーズ]形〈女には単複同形〉トゥーロン (Toulon)の/ (à la) ~e トゥーロン風(の)：同地方で獲れる魚介類を使った料理用表現/ sardines à la ~e いわしの骨を取り, 炒めたほうれん草を詰めてオーヴンで焼いて白ワインソースをかけた料理 ‖ Toulonnais,e 男女〈男は単複同形〉トゥーロンの人

toulousain,e [トゥールー・ザン, ゼーヌ]形 トゥールーズ (Toulouse)の/ (à la) ~e トゥールーズ風 (の)：鶏のクネル, 胸腺肉のスライス, 鶏の腎臓とさかか, シャンピニョン, トリュフをソース・トゥールーゼーヌであえた付合せ用表現/ sauce ~e ソース・トゥールーゼーヌ：生クリームと卵黄を加えたソース・シュプレーム ‖ Toulousain,e 男女 トゥールーズの人

Toulouse [トゥールーズ]固 トゥールーズ：ラングドック地方の都市

toupin [トゥーパン]男 ① サヴォワ地方の土鍋 ② 同地方の, 牛乳のチーズ

tour [トゥール]男 ① 回転, 周, 周遊/ faire un ~ 一周する/ ~ de hanches 腰周り, ヒップ ② 順番/ à ~ de rôle 順に/ C'est à votre ~. あなたの番です ③ (製菓用) 大理石の作業台/ ~ de pâtisserie マーブル台/ ~ réfrigéré 冷却装置付マーブル台 ④ (折込パイ生地を折る際の生地の) 三つ折 ‖ tour 女 高層ビル, 塔/ T~ Eiffel：1) エッフェル塔 2) ベリ地方の, 山羊乳の AOC チーズ = pouligny saint-pierre

tourage [トゥーラージュ]男 パイ生地の折込作業

tourain = tourin

Touraine [トゥーレーヌ]固女 トゥーレーヌ：ロワール川沿いの地方 ‖ touraine 男 ロワール地方の AOC 白, 赤, ロゼワイン/ t~-azey-le-rideau 同地

方の AOC 白ワイン／t~-mousseux 同地方の AOC 発泡性ワイン

tourangeau,lle [トゥーラン・ジョ, ジェール] 形 〈男複には tourangeaux [トゥーランジョ]〉トゥール(Tours)の, トゥーレーヌ(Touraine)の／(à la) ~lle トゥーレーヌ風(の)：1)同地方の料理に用いる表現 2) さやいんげんやいんげん豆を付合せた料理用表現 ‖ Tourangeau,lle 男女 〈男複 Tourangeaux〉トゥールの人, トゥーレーヌの人

tourangelle → tourangeau,lle

tourer [トゥーレ] 動 折込パイ生地を伸ばして三つ折にする

tourier,ère [トゥーリエ,エール] 男女 生地・練菓子職人

tourifas [トゥーリファ] 〈単複同形〉生ハムとベーコンのペーストなどをパンに塗って揚げた, オヴェルニュ地方の料理

tourin [トゥーラン] 男 ペリゴール及びボルドー地方の, にんにくや玉ねぎのスープ= tourain, thourin

tourisme [トゥーリスム] 男 観光／office du ~ 観光案内所

touriste [トゥーリスト] 男女 観光客

touristique [トゥーリスティーク] 形 〈男女同形〉観光の／menu ~ サーヴィスコース料理

tournage [トゥルナージュ] 男 トゥルネすること → tourner

tournant,e [トゥールナン, トゥ] 形 回転する, 回転している ‖ tournant 男 曲り角 ‖ tournant,e 男女 ヘルプ, 臨時コック ‖ tournante 女 オリーヴの種類 = grossane

tourne [トゥールヌ] 女 ①(ワインなどの)酸敗 ②醗酵したパン生地の整形

tourné,e [トゥールネ] 形 ①回転した, 回った ②トゥルネした → tourner ③かきまぜた ④丸めた ⑤傷んだ, 酸っぱい ‖ tournée 女 巡回

tournebride [トゥールヌブリードゥ] 男 ①城などの近くにある, 招待客の従者用宿舎 ②田舎の安くて親切な小ホテル

tournebroche [トゥールヌブローシュ] 男 ①ロースト用焼串回転器 ②ロースト用焼串回転係

tournedos [トゥールヌド] 男 〈単複同形〉厚さ2cmの牛フィレ肉

tourner [トゥールネ] 動 ①回転させる, 回転する, 回す／~ A à..., ~ A vers... A を…の方向に向ける ②かき回す, (生地などを)こねる ③向きを変える ④裏返す ⑤反対向きにする ⑥(角を)曲る ⑦巻きつける ⑧(動画を)撮影する ⑨トゥルネする：1) シャンピニョンの笠に渦巻模様を刻みつける 2) 野菜の整形用に面取する／~ A en... A を…形に面取する ⑩加熱中の肉や鍋の中をへらなどでよくまぜる ⑪(ワインや牛乳が)酸化する, 酸敗する ⑫クロワッサンの形にする ⑬フルーツなどが腐る ⑭(ソースが)分れる ⑮パン生地を好みの長さにのばし, 整形する ⑯シロップを結晶化させる = masser

tournesol [トゥールヌソール] 男 ひまわり

tournevis [トゥールヌヴィス] 男 〈単複同形〉ドライバー, ねじ回し

tournure [トゥールニュール] 女 ①成行き ②展開 ③言い回し ④外観 ⑤(果実をむいた)帯状の皮

touron [トゥーロン] 男 アーモンド, 卵白, 砂糖にオレンジの皮, ピスタチオなどを加えてオーヴンで乾燥させた, 地中海地方の小菓子／~ catalan シロップと蜂蜜にヘーゼルナッツを入れたカタロニア地方のヌガー／~ espagnol 蜂蜜に木の実などをまぜてオーヴンで焼いた, スペインの四角い菓子

Tours [トゥール] 固 トゥール：トゥーレーヌ地方の都市／à la mode de ~ トゥール風(の)：トゥーレーヌ地方産白ワインでマリネした仔猪のブレゼ料理用表現

tourte [トゥールトゥ] 女 トゥルト：上面を生地で覆った甘味や塩味のパイ

tourteau [トゥールト] 男 〈複 ~x〉①いちょう蟹 = dormeur, poupart ②(果物などの)絞りかす ③丸い黒パン ④ポワトゥー地方の, 山羊乳のフレッシュチーズケーキ

tourtelette [トゥールトゥレートゥ] 女 1人前の小トゥルト

tourtereau [トゥールトゥロ] 男 〈複 ~x〉きじ鳩のひな

tourterelle [トゥールトゥレール] 女 きじ鳩／~ des bois こきじ鳩, 森きじ鳩／~ rieuse じゅずかけ鳩／~ turque トルコきじ鳩

tourtière [トゥールティエール] 女 ①タルト型, トゥルト型 ②トゥルティエー

ル：1) ペリゴール地方の，りんごをはさんだパイ菓子 2) カナダの，じゃが芋入りミートパイ
tourtisseau [トゥールティソ] 男 複 ~x ポワトゥー地方の揚パイ菓子
tourton [トゥールトン] 男 リムーザン地方の，そば粉のガレット = tourtou
tourtou [トゥールトゥー] 男 複 ~s = tourton
tous [トゥー] 形 tout の複数形 → tout,e ‖ tous [トゥース] 代 全て，全員，みんな
touselle [トゥーゼール] 女 ほうず小麦 = touzelle
Toussaint [トゥーサン] 女 万聖節：キリスト教の聖人の祝日
tousser [トゥーセ] 動 咳(せき)をする
toussoter [トゥーソテ] 動 咳(せき)払いをする
tout,e [トゥー, トゥト] 形 男複には tous [トゥー], 女複 toutes [トゥート] 代 全ての，…全体の／avant ~ 何よりもまず／«tout le + 男単, toute la + 女単»（数えられないもの）全ての，丸ごとの／«tous les + 男複, toutes les + 女複»（数えられるもの）全ての／~ les deux〈女には toutes les deux〉両方／en ~ 合せて，全体で／~e la famille 家族中で／~ le monde 全員，皆 ‖ tout 副 ごく，とても，正に，全く，まるで／À ~ à l'heure 後ほど（また会いましょう）／~ à fait すっかり／~ de suite 直ちに，直ぐに ‖ tout 男 全部／après ~ どうせ／pas du ~ 全く…ない ‖ tout 代 全て，全部
toute-bonne [トゥートゥ ボヌ] 女 複 ~s-~s 1) クラリセージ：香草の一種 2) 洋梨の品種
toute-épice [トゥートゥピス] 女 複 ~s-~s 1) くろたね草 = nigelle 2) オールスパイス
toutefois [トゥートゥフワ] 副 それでも
toutes [トゥート] 形 → tout,e
tout-Paris [トゥクィーク] 男〈男女同形〉パリの名士 = T~-~-~
toux [トゥー] 女〈単複同形〉咳(せき)
touzelle = touselle
toxique [トクスィーク] 形〈男女同形〉有毒な，毒のある ‖ toxique 男 毒薬
T.P.T. [タン プール タン] 男 = tant-pour-tant

Trablit [トラブリートゥ] 固 男 コーヒーエセンスの商標名
tracasser [トラカーセ] 動 心配させる，悩ませる ‖ se ~ 代動 59 悩む
trace [トゥラース] 女 1) 跡, 足跡 2) 名残
tracé,e [トラーセ] 形 筋を付けた，線を引いた
tracer [トラーセ] 動 32 筋を付ける，線を引く
trachée [トラーシェ] 女 気管
trachure [トラシュール] 女 = carangue
tradition [トラディスィヨン] 女 伝統
traditionnel,le [トラディスィヨネール] 形 伝統的な
traditionnellement [トラディスィヨネールマン] 副 伝統的に
traducteur,rice [トラデュクトゥール, リース] 男 翻訳家
traduction [トラデュクスィヨン] 女 通訳：行為，翻訳，翻訳文
traductrice → traducteur,rice
traduire [トラデュイール] 動 11 翻訳する
traduit,e [トラデュイ, -トゥ] 形 翻訳された
trafic [トラフィーク] 男 1) 往来, 交通 2) 輸送
train [トラーン] 男 1) 列車／monter dans le ~ 列車に乗込む／par le ~ 鉄道便で／prendre le ~ 列車に乗る，列車を使う／~ à grande vitesse 高速列車：新幹線 = T.G.V. ／~ de bois いかだ = radeau 2) 行列, 列／en ~ de... …している最中 3) (牛などの) 半身／~ de côtes 背肉全体／~ de derrière (牛たちの) 後半身 4) 進行
traîner [トレーネ] 動 1) 引きずる 2) 長引く 3) 散らかっている
trait [トレー] 男 1) 線／d'un (seul) ~ 一息に，一気に／~ d'union ハイフン：記号は「-」2) アルコールのひとさじ分／~s 特色, 特徴
traite [トゥレートゥ] 女 1) 手形 2) 取引, 売買 3) 道のり 4) 搾乳
traité,e [トゥレーテ] 形 処理された
traitement [トゥレートゥマン] 男 1) 扱い，待遇 2) 治療，手当 3) 加工，処理／~ de cheveux ヘアトリートメント／~ des données データ処理／~ de texte ワープロソフト
traiter [トゥレーテ] 動 1) 人を扱う，遇す

traiteur [トゥレトゥール] 男 ケータラー, 惣菜屋, テイクアウト食品店

trajet [トゥラージェ] 男 道程, 道のり

tram [トゥラーム] 男 市電, 路面電車: tramway の略

tramway [トゥラームウェ] 男 市電, 路面電車 = tram

tranchage [トゥランシャージュ] 男 薄く切り分けること

tranchant, e [トゥランシャン, トゥ] 形 ①鋭利な, 切れ味のよい ②きっぱりした ‖ **tranchant** 男 ①刃 ②宮廷の食卓サーヴィス, 肉切り分け係 → écuyer / **grand ~** グラン・トランシャン：王の食卓サーヴィス, 肉切り分け係 / **premier ~** 王妃の食卓サーヴィス, 切り分け係

tranche [トゥラーンシュ] 女 スライスしたもの / **une ~ de…** ひと切れの… / **~ grasse** 牛内もも肉

tranché, e [トゥランシェ] 形 ①明確な ②断固とした, 断定的な ③スライスした ‖ **tranchée** 女 堀, 溝

tranchelard [トゥランシュラール] 男 スライス用薄刃包丁

tranche-pain [トゥランシュ パン] 男 〈単複同形〉パン切り包丁, パンスライサー

trancher [トゥランシェ] 動 パンやハムなどをスライスする, ひと切れにする

tranchet [トゥランシェ] 男 豚の頭と足の皮はぎナイフ

trancheur, se [トゥランシュール, ズ] 男 ①宮廷での切分け係 ②卓上の肉切分け用包丁 = couteau à trancher ‖ **trancheuse** 女 電動スライサー

tranchoir [トゥランシュワール] 男 ①肉のみじん切り用まな板 = planche à hachoir ②チーズ切分け用の藁製の小盆 ③刃物, 包丁 ④昔, ロースト肉皿の代用をした薄くて固いパン

tranquille [トゥランキール] 形 〈男女同形〉①平静な, 落着いた, 静かな ②（ワインが）発泡していない

tranquillement [トゥランキールマン] 副 静かに, 冷静に

tranquillisant [トゥランキリザン] 男 精神安定剤

transaction [トゥランザクスィヨン] 女 ①妥協 ②取引

transatlantique [トゥランザトランティーク] 形 〈男女同形〉大西洋横断の ‖ **transatlantique** 男 ①大西洋横断定期船 ②デッキチェア

transférer [トゥランスフェレ] 動 36 ①移す / **~ l'argent** 送金する ②順延する

transfert [トゥランスフェール] 男 （物の）移転, （飛行機の）乗換 / **~ bancaire** 銀行送金

transfo [トゥランスフォ] 男 変圧器：transformateur の略

transformateur [トゥランスフォルマトゥール] 男 変圧器 = transfo

transformé, e [トゥランスフォルメ] 形 変形した

transformer [トゥランスフォルメ] 動 変える, 変形させる ‖ **se ~** 代動 59 変る, 変化する

transfusion [トゥランスフュズィヨン] 女 輸血 = ~ sanguine

transit [トゥランズィートゥ] 男 トランジット

transitif, ve [トゥランズィティーフ, ヴ] 形 他動詞の ‖ **transitif** 男 他動詞 = verbe ~

translucide [トゥランスリュスィードゥ] 形 〈男女同形〉半透明の

transmettre [トゥランスメートゥル] 動 26 伝える ‖ **se ~** 代動 26 59 伝わる

transmission [トゥランスミスィヨン] 女 ①伝達, 伝搬 ②委譲, 相続 ③（車の）トランスミッション

transparaître [トゥランスパレートゥル] 動 12 透きとおる, 透きとおっている

transparence [トゥランスパランス] 女 透明

transparent, e [トゥランスパラン, トゥ] 形 透明の

transpercer [トゥランスペールセ] 動 32 突通す

transpiration [トゥランスピラスィヨン] 女 汗, 発汗

transpirer [トゥランスピレ] 動 汗をかく

transport [トゥランスポール] 男 運搬 / **~s** 交通機関

transporter [トゥランスポルテ] 動 運搬する, 輸送する

transvaser [トゥランスヴァゼ] 動 （ワインなどの容器を）移しかえる

transversal, e [トゥランスヴェルサール] 形 〈複には transversaux [トゥランスヴェルソ]〉横断の

transversalement [トランスヴェルサールマン] 副 水平に, 横切って

trapèze [トラペーズ] 男 台形

trappe [トラープ] 女 ①トラピスト派修道会 ②メーヌ地方の, 同派修道女が牛乳からつくるチーズ

trappiste [トラピースト] 男 ①トラピスト派修道士 ②同派修道士がつくるチーズの総称

trappistine [トラピスティーヌ] 女 ①トラピスト派修道女 ②同派修道女がつくる, アルマニャックに各種香草を入れた黄緑色のリキュール

trattoria [トラットリーヤ] 女 伊 大衆的イタリアンレストラン

travail [トラヴァイユ] 男〈複 travaux [トラヴォー]〉①作業, 仕事, 労働／travaux pratiques (学校の)実習 ②勉学 ③作品 ‖ travaux 男複 ①工事, 土木事業 ②道路工事：標識 ③研究, 論文

travaillé, e [トラヴァイエ] 形 ①加工された ②凝った ③こねた

travailler [トラヴァイエ] 動 ①働く ②勉強する ③細工する ④(生地などを)こねる, 練る ⑤(ワインなどに)まぜ物をしてごまかす

travailleu r, se [トラヴァイユー・ル, ズ] 形 ①労働者の ②働き者の ‖ travailleur, se 男女 労働者 ‖ travailleuse 女 裁縫台

travaux → travail

travers [トラヴェール] 男〈単複同形〉①悪い癖 ②舷側(ポ) ③横糸／à ~..., au ~ de..., を通して／par le ~ 水平に, 横に ④(豚の)脇腹肉, スペアリブ =~ de porc

traversée [トラヴェルセ] 女 横断

traverser [トラヴェルセ] 動 横断する

traversin [トラヴェルサン] 男 (ベッドの幅と同じ長さの)枕

travesti, e [トラヴェスティ] 形 仮装の, 仮装した ‖ travesti 男 女装の性的倒錯者

trebbiano [トレッピヤーノ] 男 伊 イタリアの白ぶどうの品種 = ugni-blanc

trébèche [トレベーシュ] 男 = trébiche

trébiche [トレビーシュ] 男 ポワトー地方の, 羊乳または牛乳のチーズ = frougnée, trébèche, tricorne de marans

treffe [トレーフ] 女 じゃが芋の, シャロレ地方での呼称

trèfle [トレーフル] 男 クローバー

treillage [トレヤージュ] 男 格子組

treille [トレーユ] 女 ぶどう棚

treillis [トレイー] 男〈単複同形〉①粗布 ②金網

treize [トゥレーズ] 形〈不変〉13 の／~ desserts de Provence プロヴァンス地方でクリスマスに食べる 13 種類のデザート ‖ treize 男〈単複同形〉①13 ②(月の) 13 日, 13 号室, 13 番地

treizième [トゥレズィエーム] 形〈男女同形〉13 番めの ‖ treizième 男女 13 番め

tremblement [トゥラーンブルマン] 男 振動, 震え, 揺れ／~ de terre 地震 = séisme

trembler [トゥラーンブレ] 動 振動する, 震える, 揺れる

trémelle [トゥレメール] 女 白きくらげ

trempage [トゥランパージュ] 男 ①スポンジなどにシロップなどを染込ませること ②リエットなどを容器に入れた時に容器を揺らしたりして中の空気を抜くこと ③飴をチョコレートやフォンダンにくぐらせること

trempé, e [トゥラーンペ] 形 濡れた, 浸した → tremper

tremper [トゥラーンペ] 動 ①濡らす, 浸す／~ la soupe トーストや固くなったパンの入った皿にスープを入れる ②リエットなどを容器に入れた時に容器を揺らしたりして中の空気を抜く ③飴をチョコレートやフォンダンにくぐらせる

trempette [トゥランペートゥ] 女 スープなどに浸したパン

trénels [トゥレネール] 男複 ハム, にんにく, 羊の胃を牛の胃に包んでにんじん, 香草, 白ワインと煮込んだラングドック地方の料理

trenette [トゥレネッテ] 女複 伊 細い平打パスタ

trentaine [トゥランテーヌ] 女 だいたい 30／une ~ de... 30 くらいの…

trente [トゥラーントゥ] 形〈不変〉30 の ‖ trente 男〈単複同形〉①30 ②(月の) 30 日, 30 号室, 30 番地

trentième [トゥランティエーム] 形〈男女同形〉30 番めの ‖ trentième 男女 30 番め

trépang [トゥレパン] 男 = tripang

très [トゥレー] 副 とても, 大変

tressage [トゥレサージュ] 男 三つ編にすること

tresse [トゥレース] 女 ①三つ編 ②三つ編パン ③組ひも

tressé,e [トゥレセ] 形 三つ編にした ‖ tressée 女 三つ編ブリオシュ = brioche ~e, natte

tresser [トゥレセ] 動 三つ編にする

tressot [トゥレーソ] 男 黒ぶどうの品種

trévise [トゥレヴィーズ] 女 赤チコリ, トレヴィズ：葉が赤いチコリの一種

tri [トゥリー] 男 選別

triage [トゥリヤージュ] 男 選別

triangle [トゥリヤーングル] 男 ①三角形 ②三角形のもの, 三角パレット

triangulaire [トゥリヤンギュレール] 形 〈男女同形〉①三角の ②三つどもえの

tribunal [トゥリビュナール] 男 〈複 tribunaux [トゥリビュノ]〉裁判, 裁判所, 司法

tribunaux → tribunal

Tricastin [トゥリカスタン] 固 コート・デュ・ローヌ地方のぶどう栽培地 / coteaux du t~ 同地の AOC 赤, 白, ロゼワイン

trichiure [トゥリキュール] 男 たち魚 = ceinture d'argent, jarretière, sabre (argenté)

tricholome [トゥリコローム] 男 キシメジ科のきのこ /~ agrégé, ~ en truffe 本しめじ /~ équestre 黄しめじ /~ nu, ~ pied-bleu 紫しめじ

trichophytie [トゥリコフィティ] 女 白癬(はくせん), 水虫

triclinium [トゥリクリニョーム] 男 3人が寝そべって囲み食事をとる, ローマ時代の食卓及び食堂

tricolore [トゥリコロール] 形 〈男女同形〉3色の / drapeau ~ フランス国旗 ‖ tricolore (話言葉) (サッカーなどの) フランスナショナルチーム

tricorne [トゥリコールヌ] 男 三角帽の一種 /~s de marans = trébiche

tricot [トゥリーコ] 男 ①編物 ②ニット, セーター

tricoté,e [トゥリコテ] 形 編んだ

tricoter [トゥリコテ] 動 編む

tridacne [トゥリダークヌ] 男 しゃこ貝

trié,e [トゥリーエ] 形 選別した

trier [トゥリーエ] 動 選別する

trigle [トゥリーグル] 男 = grondin, rouget

trigonelle [トゥリゴネール] 女 フェニュグリーク, ころは：香辛料の種類 = fenugrec

trilogie [トゥリロジ] 男 3部作, 3点盛

Trimoline [トゥリモリーヌ] 固 女 転化糖の商標名

tringle [トゥラーングル] 女 (カーテンや鍋を掛けるための) 横棒

trionix [トゥリヨニークス] 男 〈単複同形〉すっぽんの一種 = trionyx

trionyx [トゥリヨニークス] 男 = trionix

tripang [トゥリパーン] 男 なまこ = concombre de mer, trépang

tripe [トゥリープ] 女 ①牛, 仔牛, 羊などの胃腸：料理用語では常に複数 ②牛, 仔牛, 羊などの胃の料理 / œufs à la ~ 玉ねぎをソテし小麦粉をふり入れて牛乳でのばしたホワイトソースを, 厚い輪切りにしたゆで卵にかけた料理

triperie [トゥリープリ] 女 内臓肉店

tripette [トゥリペート] 女 コルシカの, 羊や牛の赤ワイン煮込

tripier,ère [トゥリピエ, ール] 男 女 臓物屋；人

triple [トゥリーブル] 形 〈男女同形〉3重の, 3倍の / cointreau ~ sec ごく辛口のコアントロー酒 ‖ triple 男 3倍

triplé,e [トゥリーブレ] 形 3倍にした

triple-crème [トゥリープル クレーム] 男 乳脂肪分75％以上のチーズ

tripler [トゥリーブレ] 動 3倍にする

tripocha [トゥリポチャ] 男 バスク地方の, スパイスのきいた仔牛の血のブーダンソーセージ = tripotch, tripotcha

tripotch [トゥリポチ] 男 = tripocha

tripotcha = tripocha

tripous = tripoux

tripoux [トゥリプー] 男複 羊の胃, 足, 香草などでつくった, 中央及び南フランスの煮込 = tripous

triptyque [トゥリプティーク] 女 3部作, 3連絵画

trisection [トゥリセクスィヨン] 女 3等分

triste [トゥリーストゥ] 形 〈男女同形〉陰気な, 悲しい / avoir le vin ~ 泣き上戸

trituration [トゥリテュラスィヨン] 女 すりおろすこと, すりつぶすこと

trituré,e [トゥリテュレ] 形 ①すりおろした ②こねた, 揉んだ

triturer [トゥリテュレ] 動 ①すりおろす,

すりつぶす, 粉砕する ②こねる, 揉む
troche [トゥルーシュ]女= troque
trofie [トゥローフィエ]女〈伊〉手打ちの短いスパゲティ
trognon [トゥロニョーン]男 (キャベツやりんごなどの)芯= cœur
trois [トゥルワー] ①形〈不変〉3の/ ~ cornes de marans = trébiche || trois 男〈単複同形〉①3 ②(月の)3日, 3号室, 3番地
trois-frères [トゥルワ フレール]男〈単複同形〉①王冠状のケーキ ②チョコレートボンボンの一種
troisième [トゥルワズィエーム]形〈男女同形〉3番めの || troisième 男女 3番め || troisième 男 3分の1
troisièmement [トゥルワズィエームマン]副 第3に, 3番めに
trois-pièces [トゥルワ ピエス]男〈単複同形〉三つ揃の背広= costume ~
trois-quarts [トゥルワ カール]男〈単複同形〉①成獣に近い仔豚うさぎ ②7分丈のコート
trolley [トゥーレ]男 (話言葉)トロリーバス: trolleybus の略/ sac ~ キャリーバッグ
trolleybus [トゥロレビュス]男〈単複同形〉トロリーバス= trolley
trombone [トゥロンボーヌ]男 ①トロンボーン ②(紙用)クリップ
tromper [トゥロンペ]動 裏切る, ごまかす, だます || se ~ 代動59/ se ~ de... …を混同する, …を間違える/ se ~ sur... …について勘違いする/ se ~ à … にだまされる
trompette [トゥロンペートゥ]女 ①トランペット/ ~ de la mort = trompette-des-morts ②ズッキーニの品種
trompette-des-morts [トゥロンペートゥデモール]女〈複 ~s-~-~〉黒らっぱ茸= champignon noir, corne d'abondance, craterelle, trompette de la mort
tronc [トゥローン]男 ①木の幹 ②胴, 胴体
tronçon [トゥロンソーン]男 筒切り, ぶつ切り/ 「にした
tronçonné,e [トゥロンソネ]形 筒切り
tronçonner [トゥロンソネ]動 ①(魚を)筒切りにする ②(肉などを)ぶつ切りにする
tronçonneuse [トゥロンソヌーズ]女 ①金挽のこぎり ②チェーンソー
trop [トゥロー]副 ①あまりに, …過ぎる ②あまりに多くの, とても || trop 代 多すぎる人や物, 過多, 過度, 過剰
trophée [トゥロフェ]男 ①勝利の記念品; 盾, トロフィー, メダル ②戦利品
tropical,e [トゥロピカール]形 男複には tropicaux [トゥロピコ] 熱帯の/ région ~e, zone ~e 熱帯地方
tropicaux → tropical,e
tropique [トゥロピーク]男 回帰線/ ~s 熱帯地方
troque [トゥローク]男 しったかに似たニシキウズガイ科の巻貝= troche
troquet [トゥローケ]男 居酒屋, バー
trottoir [トゥロトゥワール]男 歩道
trou [トゥルー]男〈複 ~s〉穴, (ゴルフの)ホール/ ~ normand: 1)食中の口直しのアルコール= coup de milieu 2)食中に供する, アルコールをかけたシャーベット
trouble [トゥルーブル]形〈男女同形〉曇った, 濁った, 不純な || trouble 男 困惑, 動揺, 不安/ ~s : 1)騒動, 紛争 2)障害, 変調/ ~s nutritifs 栄養障害
troublé,e [トゥルーブレ]形 ①混乱した, 不安な, 乱された ②濁った
troubler [トゥルーブレ]動 ①騒がす ②邪魔する ③動揺させる, 乱す, 不安にさせる, 入れ, 足را乱させる || se ~ 代動59 濁る
troué,e [トゥルーエ]形 穴のあいた
trouer [トゥルーエ]動 貫通する, 穴をあける
troussage [トゥルーサージュ]男 トゥルーセすること → trousser
trousse [トゥルース]女 肉屋やコックがベルトにつるす道具差
troussé,e [トゥルーセ]形 トゥルーセした → trousser
trousser [トゥルーセ]動 トゥルーセする: 1)しばる前に家禽(かきん)の脚を処理する 2)鶏や猟鳥のわき腹の皮に切込を入れ, 足ひもをしまい込む 3)ざりがにのはさみを背に刺す
trouvé,e [トゥルーヴェ]形 見つかった
trouver [トゥルーヴェ]動 ①見つける ②思う || se ~ 代動59 …がある, 見つかる
trouvaillais,e [トゥルーヴィレ, -ズ]形〈男には単複同形〉トゥルーヴィル (Trouville-sur-Mer) の/ (à la) ~e トゥル

ーヴィル風(の)：海老などノルマンディ地方で獲れる海産物を使った料理に用いる表現／filet de sole à la 〜e 舌びらめにムール貝と小海老を付合せ、ソース・クルヴェットを塗り、グラス・ド・ヴィアンドをかけた料理‖Trouvillais,e 男女〈男は単複同形〉トゥルーヴィルの人

Trouville-sur-Mer [トゥルーヴィル スュル メール] 固 トゥルーヴィル：ノルマンディ地方の町／homard (à la) Trouville 薄切りにしたオマール海老をソース・ノルマンドであえ、ピラフとともにソース・モルネで覆い、焼色をつけた料理

troyen, ne [トゥルワ・ヤン, イエーヌ] 形 トロワ(Troyes)の／gras-double à la 〜e 牛の胃にパン粉を付けてグリルしドレッシングをかけた料理‖Troyen,ne 男女 トロワの人

Troyes [トゥルワ] 固 トロワ：シャンパーニュ地方の町

truc [トゥリューク] 男 ①こつ ②トリック ③(話言葉)あれ、これ、それ＝ machin

truelle [トゥリュエール] 女 ①(左官用)こて ②食卓で用いる魚用ナイフ

truffade [トゥリュファードゥ] 女 ソテした輪切りのじゃが芋にベーコンとトムチーズを加え、溶けてから裏返して焼いた、オヴェルニュ地方の料理＝truffado

truffado = truffade

truffat [トゥリューファ] 男 = truffiat

truffe [トゥリューフ] 女 ①西洋松露、トリュフ／〜 de Chine むらさき芋：じゃが芋の一種／essence de 〜 トリュフエッセンス／jus de 〜 瓶詰や缶詰にするために煮たトリュフの煮汁／〜 blanche イタリア、ピエモンテ地方の白トリュフ／〜 d'été 夏トリュフ：茶褐色のトリュフ／〜 d'hiver 冬トリュフ：灰色のトリュフ／〜 noire 黒トリュフ ②トリュフチョコレート：小球状のチョコレート＝〜 en chocolat

truffé, e [トゥリュフェ] 形 トリュフ入の、トリュフ風味の

truffer [トゥリュフェ] 動 トリュフの香りを付ける、トリュフを加える／〜 une poularde 肥鶏の皮と身の間にトリュフのスライスを入れる

truffiat [トゥリュフィヤ] 男 おろしたじゃが芋とフレッシュチーズをまぜて煮た、ベリー地方の料理＝truffat

truffier, ère [トゥリュフィエ・エール] 形 トリュフを産する、トリュフ採集の‖truffière 女 トリュフ産地

truffole [トゥリュフォール] 女 じゃが芋の、オヴェルニュ地方での呼称

truie [トゥリュイー] 女 雌豚／〜 de mer かさご＝ rascasse

truite [トゥリュイートゥ] 女 鱒(ます)／〜 arc-en-ciel にじ鱒／〜 de mer 海鱒／〜 brune, 〜 de rivière, 〜 fario 淡水鱒の総称、ブラウントラウト／〜 saumonée, 〜 de lac サーモントラウト

truitelle [トゥリュイテール] 女 鱒(ます)の幼魚

trumeau [トゥリュモ] 男〈複 〜x〉①(窓の間の壁や暖炉の上の) 額絵や鏡 ②牛のすね肉＝gîte

T-shirt [ティシュールトゥ] 男〈複 〜s-〜s〉(英) Tシャツ＝ tee-shirt

ttoro [トロ] 男＝ tioro

tu [テュ] 代 あんたは、君は、お前は ⇒ p.748「人称代名詞」‖tu,e 過分 → taire 33〈備考〉

tube [テューブ] 男 管、チューブ

tubercule [テュベルキュール] 男 塊茎(かいけい)、塊根(かいこん)

tuberculeux, se [テュベルキュルー, ズ] 形〈男には単複同形〉①結核性の ②結節の ③塊茎(かいけい)状の‖tuberculeux,se 男女〈男は単複同形〉結核患者

tuberculose [テュベルキュローズ] 女 結核

tue-mouche [テュ ムーシュ] 男〈単複同形〉べにてんぐ茸

tuer [テュエ] 動 ①殺す ②害する、損なう／〜 le temps 時間をつぶす‖se 〜 代動 59 ①自殺する ②健康を損なう ③退屈する

tuile [テュイール] 女 ①屋根瓦(がわら) ②テュイル：西洋瓦形の小焼菓子

tuilé, e [テュイーレ] 形 時を経て西洋瓦(がわら)色になった赤ワインの形容

tulipe [テュリープ] 女 ①チューリップ ②アイスクリームを入れるためのチューリップ形のテュイル

Tunis [テュニース] 固 チュニス：チュニジアの首都

Tunisie [テュニズィ] 固 女 チュニジア

tunisien, ne [テュニズィ・ヤン, エーヌ] 形 チュニジア (Tunisie)の／(à la) 〜ne チュニジア風(の)：同地の料理または同

tunisois,e 地の料理に影響を受けた料理用表現‖Tunisien,ne 男女 チュニジア人

tunisois,e [テュニズワ, ーズ] 形 (男)には単複同形)チュニス(Tunis)の‖Tunisois,e 男女 〈男は単複同形〉チュニスの人

tunnel [テュネール] 男 トンネル

turban [テュルバン] 男 ①ターバン ②ターバン状または王冠状の盛付/en~ ターバン状に(の)

Turbigo [テュルビゴ] 形 〈不変〉テュルビゴ風(の):イタリアを想起させる料理用表現‖Turbigo 固 イタリア, ミラノ近くの町

turbine [テュルビーヌ] 女 アイスクリーム・シャーベットマシン=sorbetière, sorbétière, ~ à glace

turbiner [テュルビネ] 動 ①アイスクリームマシンでアイスクリームをつくる ②(製糖時に遠心分離機で)分蜜する

turbo [テュルボ] 男 さざえ

turbot [テュルボ] 男 テュルボ:ひらめに似た魚=clavelat, rhombe, triboulet

turbotière [テュルボティエール] 女 ひらめ用菱形の鍋

turbotin [テュルボタン] 男 小さいテュルボ → turbot

turc,que [テュルク] 形 トルコ(Turquie)の/(à la) ~que トルコ風(の):王冠状に盛ったピラフを付合せた料理用表現‖turc 男 トルコ語‖Turc,que 男女 トルコ人

Turin [テュラン] 固 トリノ:イタリアの都市‖turin 男=turinois

turinois,e [テュリヌワ, ーズ] 形 〈男には単複同形〉トリノ(Turin)の‖Turinois,e 男女 〈男は単複同形〉トリノの人‖turinois 男 〈単複同形〉栗のピュレやチョコレートなどを型に詰めてつくる小菓子=turin

Turquie [テュールキ] 固 女 トルコ

turquoise [テュルクワーズ] 形 〈男女同形〉ターコイズブルーの‖turquoise 男 ターコイズブルー色‖turquoise 女 トルコ石

tussilage [テュスィラージュ] 男 ふきたんぽぽ=pas d'âne

tutti frutti [トゥッティ フルッティ] 形 〈不変〉 仏 小さく切った数種のフルーツを加えた‖tutti frutti 男 さいのめの砂糖漬フルーツやフルーツのシロップ煮を生地にはさんだケーキ

tuyau [テュイーヨ] 男 〈複 ~x〉 ①管, チューブ, パイプ/~ d'échappement 排気管 ②煙突

T.V. [テ ヴェ] 女 (話言葉)テレビ:télévision の略

T.V.A. [テ ヴェ ア] 女 付加価値税:taxe sur la valeur ajoutée の略

tvarog [トゥヴァローグ] 男 フレッシュチーズとサワークリームなどをまぜて卵でつないだ, ピロシキ, クレープ用材料=twarogue

twarogue [トゥヴァローグ]=tvarog

twin [トゥィーン] 女 奥 (ホテルの)ツインルーム

txangurro [トゥサングーロ] 男 ハム, トマト, 玉ねぎなどを詰めた, バスク地方の蟹料理

tympan [タンパン] 男 鼓膜

tyndallisation [タンダリザスィヨン] 女 チンダル間欠滅菌法:60~80℃と常温で行う滅菌法

type [ティープ] 男 ①型, タイプ, 型式 (がた) ②(話言葉)やつ, 男/ce ~ あいつ:男/sale ~ 汚い奴

typique [ティピーク] 形 〈男女同形〉典型的な

typiquement [ティピークマン] 副 典型的に

Tyrol [ティロール] 固 男 チロル地方:オーストリアからイタリアにまたがるアルプス山岳地方

tyrolien,ne [ティロリ・ヤン, エーヌ] 形 チロル(Tyrol)の/(à la) ~ne チロル風(の):揚げた玉ねぎ, トマトを添えた料理用表現/sauce ~ne トマトを加えたソース・ベアルネーズをバターではなく油でつないだソース‖Tyrolien,ne 男女 チロルの人

U, u

U,u [ユ] 男 ①フランス字母の21番目 ②U字型 ③U:ウラニウムの原子記号

ugni-blanc [ユニ ブラーン] 男 白ぶどうの品種

U.H.T. [ユ アシュ テ] 女 超高温殺菌法:

ultra haute température の略
Ukraine [ユクレーヌ] 固 女 ウクライナ
ukrainien,ne [ユクレニヤン, エーヌ] 形 ウクライナ (Ukraine) の ‖ Ukrainien,ne 男 女 ウクライナ人
ulcère [ユルセール] 男 潰瘍／〜 duodénal 十二指腸潰瘍／〜 gastrique, 〜 à l'estomac 胃潰瘍
ultra [ユールトゥラ] 形〈不変〉過激な／〜 haute température = U.H.T.
ultra(-)sensible [ユルトゥラ サンシーブル] 形〈複〉〜(-)〜s〉超高感度の
ultraviolet,te [ユルトゥラヴィヨレ, ーット] 形 紫外線の ‖ ultraviolet 男 紫外線
un,e [アン, ユーヌ] 冠 ある1つの ‖ un,e 形 1の, 1つの ‖ un 男 ① ② 1号室, 1番地 ‖ un,e 男 女 1人, 1つ (のもの)／l'〜,e 片方／l'〜,e après l'autre 次々と／l'〜,e et l'autre 両方／〜,e à 〜,e, 〜,e par 〜,e 一つずつ
uni,e à [ユニ] 形 ①ひとつにした, 統一した ②くっ付けた ③単色の, 無地の
uniforme [ユニフォルム] 形〈男女同形〉一様の, 画一的な, 同形の ‖ uniforme 男 軍服, 制服, ユニフォーム
uniformément [ユニフォルマン] 副 一様に
unilatéral,e [ユニラテラール] 形〈男複にはunilatéraux [ユニラテロ]〉①片側の, 片面の ②一方的な ‖ unilatérale 女 片側, 片面／cuisson à l'〜e (魚などの皮面だけの)片面調理
unilatéralement [ユニラテラールマン] 副 片面だけを(に)
unilatéraux → unilatéral,e
union [ユニヨン] 女 ①結びつき／〜 libre 同棲 ②組合, 同盟, ユニオン ③協力, 団結
unique [ユニーク] 形〈男女同形〉ただひとつの, 独自の, ユニークな
uniquement [ユニークマン] 副 単に, …だけを
unir [ユニール] 動 4 くっ付ける, 一つにする
unité [ユニテ] 女 単位, (テレホンカードの)度数, ユニット／〜 de valeur (大学などの)単位 = U.V.
universitaire [ユニヴェルスィテール] 形〈男女同形〉大学の
université [ユニヴェルスィテ] 女 大学
upérisation [ユペリザスィヨン] 女 蒸気殺菌法, ユペリゼーション：瞬間的に温度を約150℃にする牛乳殺菌法
uranoscope [ユラノスコープ] 男 みしまおこぜ：魚
urbain,e [ユルバン,ベーヌ] 形 都市の
urgence [ユルジャンス] 女 緊急, 非常／d'〜：1)緊急の 2)いそいで
urgent,e [ユルジャン,トゥ] 形 緊急の
urine [ユリーヌ] 女 尿
urticaire [ユルティケール] 女 じんましん
usage [ユザージュ] 男 ①使用, 利用／hors d'〜 使用できない ②使用法, 用途, 用法 ③慣習, 慣例／〜s エチケット, 作法
usagé,e [ユザジェ] 形 衰えた, 消耗した, 使い古した
usager [ユザジェ] 男 ユーザー, 利用者
usé,e [ユゼ] 形 使い古した, 古くて使えなくなった／vin 〜 品質が劣化しまずくて飲めないワイン
user [ユゼ] 動 使い古す, 消耗させる ‖ s'〜 代動 59 ①摩滅する ②消耗して弱くなる
usine [ユズィーヌ] 女 工場
ustensile [ユスタンスィール] 男 家庭用具／〜s de cuisine キッチン用具
usuel,le [ユズュエール] 形 慣用の, 日常の, 日用の
utérus [ユテリュス] 男〈単複同形〉子宮
utile [ユティール] 形〈男女同形〉役に立つ, 有効な, 有用な
utilisable [ユティリザーブル] 形〈男女同形〉使用可能な, 使える
utilisateur,rice [ユティリザトゥール,リース] 男 ユーザー, 利用者
utilisation [ユティリザスィヨン] 女 使用, 利用, 利用法／manuel d'〜 説明書
utilisatrice → utilisateur,rice
utilisé,e [ユティリゼ] 形 使った,利用した
utiliser [ユティリゼ] 動 活用する, 利用する
utilité [ユティリテ] 女 ①有効性 ②実益／〜 publique 公益
U.V. [ユ ヴェ] 男 (大学などの)単位：unité de valeur の略 ‖ U.V. 男 紫外線：ultraviolet の略
uval,e [ユヴァール] 形〈男複 uvaux [ユヴォ]〉ぶどうの, ぶどうによる
uvaux → uval,e

V, v

V,v [ヴェ] 男 ①フランス字母の22番め ②V字形 ③V [サーンク] ローマ数字の5 ④V [ヴォールトゥ] 電圧:voltの略
va → aller ⑥
vacance [ヴァカーンス] 女 欠員, 不在/~s ヴァカンス, 休暇, 休養
vacancier,ère [ヴァカンスィエ,エール] 形 ヴァカンスの, 休暇の ‖ vacancier,ère 男女 休暇を過ごす人, ヴァカンス客
vacant,e [ヴァカン,トゥ] 形 (部屋などが)空いている
vaccin [ヴァークサン] 男 ワクチン
vaccination [ヴァクスィナスィヨン] 女 予防接種/~ antivariolique 種痘
vacciné,e [ヴァクスィーネ] 形 ①ワクチン予防接種を受けた ②(経験をして)免疫のできた
vacciner [ヴァクスィーネ] 動 ①ワクチン予防接種を受ける ②(経験をして)免疫をつくる
vachard [ヴァシャール] 男 オヴェルニュ地方の, 牛乳のチーズ
vache [ヴァーシュ] 女 出産経験のある雌牛/~ à lait 乳牛/~ folle BSE, 狂牛病 ‖ vache 形〈男女同形〉(話言葉) ①いじわるな ②ついてない ③すげえ
vachement [ヴァーシュマン] 副 (話言葉)すごく, とても
vacherin [ヴァシュラン] 男 ①ヴァシュラン:サヴォワ, フランシュ・コンテ地方の, 牛乳のチーズ/~ d'abondance サヴォワ地方の, 牛乳のヴァシュランチーズ/~ mont d'or フランシュ・コンテ地方の, 牛乳のAOCヴァシュランチーズ = ~ du haut-doubs ②生地にアイスクリームや砂糖漬フルーツなどをのせたデザート/~ glacé 生地に色々な種類のアイスクリームを層にしてのせたデザート
vacqueyras [ヴァケラ] 男 コート・デュ・ローヌ地方の, AOC赤ワイン
vacuvin [ヴァキュヴァン] 男 瓶内の空気を抜くポンプ付の栓
vagir [ヴァジール] 動 ④ (赤ん坊が)泣く, (うさぎなどが)鳴く
vague [ヴァーグ] 形〈男女同形〉おぼろげな, はっきりしない, ぼんやりした ‖ vague 女 波
vaguement [ヴァーグマン] 副 ぼんやりと, 何となく
vainement [ヴェーヌマン] 副 むだに
vainqueur,se [ヴァンクー・ルズ] 形 勝利の ‖ vainqueur,se 男女 勝者, 優勝者
vairon [ヴェロン] 男 はや:コイ科の小魚
vais → aller ⑥
vaisseau [ヴェソ] 男〈複 ~x〉①大型船, 艦 ②管, 血管
vaisselier [ヴェースリエ] 男 (田舎風の)食器棚
vaisselle [ヴェセール] 女 ①食器類 ②皿洗い:行為/ faire la ~ 皿洗いをする
val [ヴァール] 男〈複 vaux [ヴォ]〉渓谷, 谷/~ berghe プロヴァンス地方の, 山羊乳のチーズ = tome de valberg, valberg
valable [ヴァラーブル] 形〈男女同形〉①価値のある ②(法的に)有効な
Valais [ヴァレ] 固男 スイスの州/ désosser du ~ (魚を) 2枚おろしにする ‖ valais 男〈単複同形〉黒ぶどうの品種
valberg [ヴァルベール] 男 = val berghe → val
valdotain,e [ヴァルド・タン,テーヌ] 形 アオスタ(Aoste)の ‖ Valdotain,e 男女 アオスタの人
valençay [ヴァランセ] 男 ベリ地方の, 山羊乳のチーズ, 灰ぶしもある
Valence [ヴァラーンス] 固 ①ヴァランス:ドフィネ地方の町 ②バレンシア:スペインの都市 ‖ valence 女 バレンシア産オレンジ
valencien,ne [ヴァランスィ・ヤン,エーヌ] 形 バレンシア(Valence)の/ (à la) ~ne バレンシア風(の):バレンシア風ピラフを付合せた料理用表現/ riz à la ~ne バレンシア風ピラフ:生ハム, ピーマン, トマトのさいのめなどを加えたピラフ ‖ Valencien,ne 男女 バレンシアの人
Valenciennes [ヴァランスィエーヌ] 固 ヴァランスィエーヌ:フランドル地方の町/ (à la) ~ ヴァランスィエーヌ風(の):燻製(くんせい)にした舌肉にフォワ・グラのピュレを塗った料理や, 干すも

もと干ぶどうを入れたうさぎ料理などに用いる表現

valenciennois,e [ヴァランスィエヌワ, ーズ] 形〈男には単複同形〉ヴァランスィエーヌ (Valenciennes) の ‖ **Valenciennois,e** 男女〈男は単複同形〉ヴァランスィエーヌの人

valentinois,e [ヴァランティヌワ, ーズ] 形〈男には単複同形〉ヴァランス (Valence) の ‖ **Valentinois,e** 男女〈男は単複同形〉ヴァランスの人

valérianelle [ヴァレリヤネール] 女 マーシュ：サラダ菜の種類＝ mâche

valet [ヴァレ] 男 ①召使／〜 de chambre (ホテルの)部屋係 ②(トランプの)ジャック

valeur [ヴァルール] 女 ①価値, 値打ち／〜 en recommandé 現金書留 ②才能, 能力 ③数値／〜s 株などの有価証券

valide [ヴァリードゥ] 形〈男女同形〉①健康な, 丈夫な ②(法的に)有効な

validité [ヴァリディテ] 女 効力, 有効期間

valise [ヴァリーズ] 女 スーツケース／faire la 〜 荷造りする

vallée [ヴァレ] 女 谷, 渓谷／la 〜 de l'Orne カルヴァドス酒の種類

valmur [ヴァルミュール] 男 ブルゴーニュ地方の, シャブリ・グラン・クリュ AOC 白ワイン

Valognes [ヴァローニュ] 固女 銘柄バターの商標名

valoir [ヴァルワール] 動46 ①…の価値がある／«il vaut mieux + 不定詞» «il vaut mieux que + 接続法の活用をする動詞を伴う表» (…する)方がいい ②…に相当する

vandoise [ヴァンドゥワーズ] 女 うぐい：淡水魚＝ dard

vandouvan [ヴァンドゥーヴァン] 男 インドの混合スパイス

vanille [ヴァニーユ] 女 ヴァニラ／Bourbon インド洋西部レユニオン島産の最高級ヴァニラ／crème de 〜 ヴァニラ風味のリキュール／essence de 〜 ヴァニラエッセンス／glace à la 〜 ヴァニラアイスクリーム

vanillé,e [ヴァニエ] 形 ヴァニラ風味の, ヴァニラを加えた／sucre 〜 ヴァニラ風味の砂糖

vaniller [ヴァニエ] 動 ヴァニラを加える, ヴァニラの風味をつける

vanilline [ヴァニリーヌ] 女 ヴァニリン：ヴァニラの香り成分

vanité [ヴァニテ] 女 虚栄, みえ

vaniteu*x*,**se** [ヴァニトゥー, ズ] 形〈男には単複同形〉みえっ張りの ‖ **vaniteu***x*,**se** 男女〈男は単複同形〉みえっ張り

vanné,e [ヴァネ] 形 ヴァネした→vanner

vanneau [ヴァノ] 男〈複 〜*x*〉①たげり：千鳥の一種 ②ほたて貝に似た小さい貝

vanner [ヴァネ] 動 ヴァネする：ソースなどに膜ができないようにまぜる

vapeur [ヴァプール] 女 蒸気, 湯気／(faire) cuire…à la 〜 …を蒸す／…à la 〜 蒸した…：液体を沸騰させ, その蒸気で蒸した料理用表現

vaporisateur [ヴァポリザトゥール] 男 ①霧吹器 ②スプレー

vaporisation [ヴァポリザスィヨン] 女 蒸発＝évaporation

vaporisé,e [ヴァポリゼ] 形 蒸発した＝évaporé,e

vaporiser [ヴァポリゼ] 動 ①気化させる, 蒸発させる＝évaporer ②(スプレーなどで)吹付ける ‖ se 〜 代動59 蒸発する

Var [ヴァール] 固男 ①プロヴァンス地方東部の川 ②南東フランスの県

varech [ヴァレック] 男 岩のり

variable [ヴァリヤーブル] 形〈男女同形〉①変りやすい ②変化のある

variation [ヴァリヤスィヨン] 女 ヴァリエーション, 変化

varié,e [ヴァリエ] 形 色々な, 変化に富んだ／hors-d'oeuvre 〜s 前菜の盛合せ, 取合せオードヴル

varier [ヴァリエ] 動 変わる, 変化する, 変化をつける／〜 en proportion directe avec... …に正比例する

variété [ヴァリエテ] 女 ①変化に富むこと, 多様性／〜s バラエティ ②品種

variole [ヴァリオル] 女 天然痘

Varois [ヴァールワ] 固 プロヴァンス地方のぶどう栽培地区／coteaux v〜 同地の AOC ロゼ, 赤, 白ワイン

Varsovie [ヴァルソヴィ] 固 ワルシャワ：ポーランドの首都

varsovien,ne [ヴァルソヴィ・ヤン, エーヌ] 形 ワルシャワ (Varsovie) の／sole (à la)〜ne 舌びらめを魚のフュメ, 千切

りの野菜などと煮,焼色を付けた料理 ‖ Varsovien,*ne* 男女 ワルシャワっ子

vas → aller 6

vase [ヴァーズ] 男 ①壺 ②花瓶

vasque [ヴァースク] 女 ①フルーツなどを盛る卓上飾鉢 ②パンチボール/~ à rafraîchir ワインクーラー

vaste [ヴァーストゥ] 形〈男女同形〉広大な

Vaud [ヴォ] 固 ヴォ:スイスの州

vaudésir [ヴォデズィール] 男 ブルゴーニュ地方,シャブリ地区のAOCグラン・クリュ白ワイン

vaudois,e [ヴォードゥワ, ーズ] 形〈男には単複同形〉ヴォ (Vaud) の/(à la) ~e ヴォ風(の):同地方の料理に用いる表現 ‖ Vaudois,*e* 男女〈男は単複同形〉ヴォの人

vaudr- → valoir 46

vaut → valoir 46

vaute [ヴォートゥ] 女 ロレーヌ地方の塩味パンケーキ= vôte

vaux → val, valoir 46

V.D.L. [ヴェ デ エル] 男 リキュールワイン:リキュールとまぜた甘口ワイン. vin de liqueur の略

V.D.N. [ヴェ デ エヌ] 男 酒精強化甘口ワイン: vin doux naturel の略

V.D.P. [ヴェデペ] 男 地方ワイン:地方名を明記したワイン:vin de pays の略

V.D.Q.S. [ヴェ デ キュ エス] 男 上質指定ワイン:AOCワインより規定のゆるやかなワイン: vin délimité de qualité supérieure の略

veau [ヴォ] 男〈複 ~x〉仔牛/~ de lait 乳飲吞牛

vécu,e 過分 → vivre 48

vedette [ヴデートゥ] 女 ①スター,花形 ②(辞典などの)見出し ③モーターボート

végétal,e [ヴェジェタール] 形〈男複には végétaux [ヴェジェト]〉①植物性の,植物の,植物をモチーフにした/ huile ~e 精油:植物性の芳香や植物を想起させる香りのあるワインの形容 ‖ végétal 男〈複 végétaux〉植物

végétalien,ne [ヴェジェタリ・ヤン,エーヌ] 形 完全菜食の ‖ végétalien,*ne* 男女 完全菜食主義者→ végétalisme

végétalisme [ヴェジェタリースム] 男 完全菜食主義:穀物,野菜,フルーツ,植物油だけしか摂取しない

végétarien,ne [ヴェジェタリ・ヤン,エーヌ] 形 菜食の ‖ végétarien,*ne* 男女 菜食主義者→ végétarisme

végétarisme [ヴェジェタリースム] 男 菜食主義:卵と乳製品は摂取する

végétation [ヴェジェタスィヨン] 女 植生,植物:集合的/~s (皮膚などの)肥大,扁桃腺肥大

végétaux → végétal,e

véhicule [ヴェイキュール] 男 車両,乗物

veille [ヴェーユ] 女 ①前夜,前日/~ au soir 前夜 (の)/~ de Noël クリスマスイヴ ②徹夜 ③夜警

veillée [ヴェイエ] 女 ①(夕食から寝るまでの)夜,(夜の)団欒(らん) ②通夜= ~ funèbre

veiller [ヴェイエ] 動 ①徹夜する ②(夜に)団欒(らん)する ③~ à... …に気をつける ④~ sur... …を見張る ⑤寝ずに看病する ⑥通夜をする

veilleur,se [ヴェユール, ーズ] 男女 ①通夜をする人,徹夜をする人 ②夜警,夜勤係 ‖ veilleuse 女 ①常夜灯 ②(車の)車幅灯 ③口火,種火

veinard,e [ヴェナール, ドゥ] 形 (話言葉) ラッキーな

veine [ヴェーヌ] 女 ①血管,静脈 ②木目 ③(キャベツなどの細めの)葉脈 ④牛の首肉= collier /~ grasse 牛の下部首肉/~ maigre 牛の上部首肉 ⑤(話言葉)運,つき

veiné,e [ヴェネ] 形 (葉脈のような)縞模様を付けた

veiner [ヴェネ] 動 (葉脈のような)縞模様を付ける

veinure [ヴェニュール] 女 (葉脈のような)縞模様

vélo [ヴェロ] 男 (話言葉)自転車/ en ~ 自転車で/ monter à ~ 自転車に乗る

vélomoteur [ヴェロモトゥール] 男 (50~125 ccの)オートバイ

velours [ヴルール] 男〈単複同形〉ビロード,ベルベット/~ côtelé コーデュロイ/~ de coton 別珍,綿ビロード/~ de soie (絹の)本ビロード

velouté,e [ヴルーテ] 形 ①ビロードのような,まろやかな ②ポタージュなどをビロードのように滑らかにした ‖ velouté 男 ヴルテ:1)白いフォンまたは魚のフュメを白またはブロンドのルウでつないだ基本のソース= sauce

~ 2) コンソメとルウでつくったヴルテに鶏または魚など目的別のピュレを加えたポタージュ・ヴルテ = potage ~ 3) 肉, 魚, 野菜などをコンソメで煮て裏漉(ﾞ)し, 卵黄, クリーム, バターを加えたポタージュ = potage ~/~ gras 仔牛または鶏のフォンでつくったヴルテ/~ maigre 魚のフュメでつくったヴルテ = ~ de poisson

velouter [ヴルテ] 動 ポタージュなどをビロードのように滑らかにする

venacais [ヴェナケ] 男 = venaco

venaco [ヴェナコ] 男 コルシカの, 山羊乳または羊乳のチーズ = venacais

venai- → venir 47

venaison [ヴネゾン] 女 ①(猪や鹿など大型の) 猟獣肉/ basse ~ うさぎ, 野うさぎの肉/ quartier de ~ 熟成させたりマリネしローストして供する, 鹿, 猪などのもも肉 = hanche de ~ ②クリームとグロゼイユのジュレを加えたソース・ポワヴラードなどの猟肉料理用ソース = sauce grand veneur, sauce ~ ③鹿肉や猪肉を想起させるワインの香り

venant [現分] → venir 47

vendange [ヴァンダンジュ] 女 ぶどうの収穫/ vin de ~ tardive 遅摘ワイン

vendanger [ヴァンダンジェ] 動 25 (ぶどうを) 収穫する

vendangeur, se [ヴァンダンジュール, ズ] 男女 ぶどう収穫人/ à la ~se ぶどう収穫人風(の): ぶどうを使ったりぶどう畑を想起させる料理用表現 = (à la) vigneronne

Vendée [ヴァンデ] 固女 ヴァンデ: ポワトゥー地方の県

vendéen, ne [ヴァンデ・アン, エーヌ] 形 ヴァンデ (Vendée)の/ (à la) ~ne ヴァンデ風(の): 同地方の料理に用いる表現 ‖ Vendéen, ne 男女 ヴァンデの人

vendeur, se [ヴァンドゥール, ズ] 男女 販売員

vendôme [ヴァンドーム] 男 オルレアネ地方の, 牛乳のチーズ/ ~ bleu そのチーズに灰をまぶした後に自然にはえた青かびのチーズ/ ~ cendré そのチーズに灰をまぶしたチーズ

vendre [ヴァーンドゥル] 動 39 売る/ À ~ 売物: 表示/ ~ en gros 卸で売る

vendredi [ヴァーンドゥルディ] 男 金曜日/ le ~ 毎金曜日

vendu, e [ヴァンデュ] 形 売られた/ V~, e 売約済: 表示

vénéneux, se [ヴェネヌー, ズ] 形 〈男には単複同形〉(きのこや貝などが) 有毒な

vénérien, ne [ヴェネリ・ヤン, エーヌ] 形 性病の/ maladie ~ne 性病

veneur [ヴヌール] 男 ①猟犬を使って狩猟をする人 ②王家や君主などの狩猟係/ grand ~: 1) フランス王家の狩猟長 2) ソース・グラン・ヴヌールを使った猟肉料理用表現/ sauce grand ~ ソース・グラン・ヴヌール: 猟肉のくず, グロゼイユのジュレ, クリームなどを加えたソース・ポワヴラード = sauce venaison, venaison

venez, veni- → venir 47

venimeux, se [ヴニムー, ズ] 形 〈男には単複同形〉①(動物が) 有毒の ②意地悪な

venir [ヴニール] 動 47 ①来る ②至る ③伝わる ④由来する/ ~+不定詞 …しに来る/ ~ de+不定詞 …したばかりだ/ ~ à+不定詞 たまたま…する

Venise [ヴニーズ] 固 ヴェネツィア: イタリアの都市

vénitien, ne [ヴェニスィ・ヤン, エーヌ] 形 ヴェネツィア (Venise)の/ (à la) ~ne ヴェネツィア風(の): 1) 同地の料理に影響を受けた料理に用いる表現 2) ソース・ヴェニスィエーヌを使った料理用表現/ sauce ~ne ソース・ヴェニスィエーヌ: 白ワインソースまたはソース・アルマンドにエストラゴンなどの香草を加えたソース ‖ Vénitien, ne 男女 ヴェネツィアっ子

venons → venir 47

vent [ヴァン] 男 風/ il fait du ~ 風が強い

vente [ヴァーントゥ] 女 売上, 販売/ ~ aux enchères 競売

vente-réclame [ヴァーントゥ レクラーム] 女 複 ~s-~ 特売

ventilateur [ヴァンティラトゥール] 男 換気扇, 扇風機

ventilation [ヴァンティラスィヨン] 女 通風, 換気

Ventoux [ヴァントゥー] 固男 プロヴァンス地方の山 ‖ ventoux 男 同地区のワイン/ côtes du v~ 同地区の AOC 赤, 白, ロゼワイン

ventral,e [ヴァントゥラール] 形 〈男複には ventraux [ヴァントゥロ]〉 腹部の
ventraux → ventral,e
ventre [ヴァーントゥル] 男 腹, 腹部/à plat 〜 腹ばいに/avoir le 〜 lourd 胃が重い/avoir mal au 〜 腹が痛い/sur le 〜 うつぶせに, 腹を下にして
ventrèche [ヴァントゥレーシュ] 女 塩漬し乾燥させてから胡椒をまぶした南西フランスの豚ばら肉
venu,e [ヴニュ] 過分 → venir 47 ‖ venu,e 形 発育の/bien (mal) 〜,e 発育のいい(悪い) ‖ venu,e 男女 来た人 ‖ venue 女 ①到着, 到来 ②誕生 ③できばえ, 仕上り, 発育ぶり
Vénus [ヴェニュース] 固有女 ヴィーナス:ローマ神話の愛と美の女神.ギリシア神話ではアフロディテ ‖ vénus 女 〈単複同形〉 プレール, まるすだれ貝＝praire, 〜 à verrue
ver [ヴェール] 男 うじ, 毛虫, (みみずなどの)虫
véranda [ヴェランダ] 女 ベランダ:ガラス張りの小部屋
verbal,e [ヴェルバール] 形 〈男複には verbaux [ヴェルボ]〉①口頭の②言葉の③動詞の
verbaux → verbal,e
verbe(h) [ヴェールブ] 男 ①動詞 ②口調, 言語表現
verdelet,te [ヴェールドゥレ, ートゥ] 形 未成熟で酸味のあるワインの形容
verdet [ヴェルデ] 男 緑青(ろくしょう)/〜 gris ヴェルディグリス, 酢酸銅:ワイン栽培時の抗かび剤
verdeur [ヴェルドゥール] 女 (未成熟果実やワインなどの)酸味, 渋み
verdot [ヴェルド] 男 petit 〜 黒ぶどうの品種
verdoyant,e [ヴェルドゥワヤーン, トゥ] 形 (草木が)緑に覆われた
verdure [ヴェルデュール] 女 ①(草木の)緑 ②(サラダなどに用いる)青野菜 ③緑色の香草をまぜ合せたもの
verdurette [ヴェルデュレートゥ] 女 ゆで卵,香草を加えたヴィネグレット
vergeoise [ヴェルジュワーズ] 女 粗糖
verger [ヴェルジェ] 男 果樹園
verglas [ヴェールグラ] 男 〈単複同形〉 路面凍結
vérification [ヴェリフィカスィヨン] 女 ①確認, 検査 ②校正
vérifier [ヴェリフィエ] 動 調べる, 確認する
véritable [ヴェリターブル] 形 〈男女同形〉真実の, 本当の, 本物の
véritablement [ヴェリターブルマン] 副 本当に
vérité [ヴェリテ] 女 事実, 真実, 真理, 本質
verjus [ヴェールジュ] 男 〈単複同形〉①未熟ぶどう果汁 ②酸味の強いワイン ③収穫した未成熟ぶどう
verjuté,e [ヴェルジュテ] 形 未熟ぶどう果汁を加えた
verjuter [ヴェルジュテ] 動 未熟ぶどう果汁を加える
vermeil,le [ヴェルメーユ] 形 朱色の ‖ vermeil 金めっきまたは金箔を貼った銀, その食器
vermentino [ヴェルマンティノ] 男 白ぶどうの品種＝malvoisie, rolle
vermenton [ヴェルマントン] 男 ブルゴーニュ地方の, 山羊乳のチーズ
vermicelles [ヴェルミセール] 男複 ヴァーミセリ:極細のパスタ/en 〜 細ひも状に/〜 chinois 春雨:食品
vermillon [ヴェルミヨン] 形 〈男女同形〉朱色の ‖ vermillon 男 朱色
vermout(h) [ヴェルムートゥ] 男 ヴェルモット:ワインに香草や香辛料を加えたリキュール
verneuil [ヴェルヌーユ] 男 トゥーレーヌ地方の, 山羊乳のチーズ
verni,e [ヴェールニ] 形 (ニスやエナメルを)塗った
vernir [ヴェルニール] 動 4 (ニスやエナメルを)塗る
vernis [ヴェルニ] 男 〈単複同形〉①漆, ニス ②マニキュア液＝〜 à ongles ③エナメルの靴 ④ヴェルニ:二枚貝の一種
vernissage [ヴェルニサージュ] 男 ①(ニスでの)塗り ②ヴェルニサージュ:1) 絵画展前の特別招待 2) 絵画展開催日
véronique [ヴェロニーク] 女 ①くわがた草 ②そのハーブティ
verra, verrai, verrai-, verras → voir 49
verre [ヴェール] 男 ①ガラス/〜 à feu 耐火ガラス/〜 incassable 硬質ガラス/〜 mat くもりガラス ②レンズ/〜s de contact コンタクトレンズ ③

verre

verre à anjou アンジューワイン用グラス	verre à liqueur リキュールグラス
verre à bordeaux rouge ボルドー赤ワイン用グラス	verre à madère マデラグラス
	verre à mélanger ミキシンググラス
verre à bourgogne blanc ブルゴーニュ白ワイン用グラス	verre à pied 脚付グラス
verre à cocktail カクテルグラス	verre à sour サワーグラス
verre à collins コリンズグラス, カクテル用ロンググラス	verre à vin ワイングラス
	verre à whisky ウィスキーグラス
verre à dégustation 試飲用グラス	verre à xérès シェリーグラス
verre à eau-de-vie ブランデーグラス	verre ballon ブランデーグラスなどの球形グラス
	verre de vin グラスワイン
	verre gradué 計量カップグラス

グラス, コップ→[囲み]④ 1杯分の量, 1杯の酒 / petit ~ 小さなグラスで飲むリキュール / On va prendre un ~. 1杯やろう / un ~ de... グラス(コップ) 1杯分の…

verrerie [ヴェールリ] 囡 ①ガラス製造, ガラス工場 ②グラス類

verrez, verri-, verron-, verron-→ voir 49

verrine [ヴェリーヌ] 囡 ガラス製容器及びそれに盛った料理やデザート

verrue [ヴェリュ] 囡 いぼ

vers [ヴェール] 前 …の方へ, …のそばで, …頃に / ~ deux heures 2時頃か / vers 男複 韻文, 詩

versaillais, e [ヴェルサイエ, ーズ] 形 (男には単同形) ベルサイユ (Versailles)の ‖ Versaillais, e 男 囡 (男は単同形) ベルサイユの人

Versailles [ヴェルサーユ] 固 ベルサイユ: パリ近郊の町

versé, e [ヴェールセ] 形 かけた, 注いだ

versement [ヴェルスマン] 男 払い込み

verser [ヴェールセ] 動 ①注ぐ, 流し込む ②こぼす ③ひっくり返す ④払い込む ⑤ひっくり返る

verseur, se [ヴェルスール, ズ] 形 注ぐための, 注ぎ口の付いた ‖ verseur, se 男 囡 飲物を注ぐ係, カフェのボーイ, ウェイトレス ‖ verseur 男 注ぎ口, つぎ口 ‖ verseuse 囡 まっすぐな取っ手付の金属製サーヴィス用ポット

version [ヴェルスィヨン] 囡 (自国語への) 翻訳 / ~ française (映画の) フランス語版 / ~ originale (映画の) オリジナル版

verso [ヴェルソ] 男 (印刷の面の) 裏

vert, e [ヴェール, トゥ] 形 ①緑の, 青い / ~ foncé 〈不変〉 深緑色の / ~ noirâtre 〈不変〉 青黒いか / beurre ~ グリーンバター: 香草をまぜたバター / sauce ~e ほうれん草, クレソン, 香草のピュレをマヨネーズとまぜたソース ②熟していない, 酸っぱい ③生の, 乾いていない ④酸味の強すぎるワインの形容 ‖ vert 男 ①緑色 / ~ de Massy きゅうりの品種 ②青葉, 青草

vert-cuit, e [ヴェール キュイ, ートゥ] 形 (料理が) ほとんど生の, 少し加熱した

vert-de-gris [ヴェール ドゥ グリ] 男 〈単複同形〉緑青(ろくしょう) = patine

vert-de-grisé, e [ヴェール ドゥ グリゼ] 形 緑青(ろくしょう) がかかった = patiné, e

vertébral, e [ヴェルテブラール] 形 〈男複には vertébraux [ヴェルテーブロ]〉 脊椎(せきつい)の, 椎骨(ついこつ)の / colonne ~e 脊柱, 背骨

vertébraux → vertébral, e

vertèbre [ヴェルテーブル] 囡 椎骨(ついこつ)

vertical, e [ヴェルティカール] 形 〈男複には verticaux [ヴェルティコ]〉 垂直の

verticalement [ヴェルティカールマン] 副 垂直に

verticaux → vertical, e

vert-pré [ヴェール プレー] 形 〈不変〉 牧場風(の): アスパラガス, クレソン, さやいんげんなど緑の野菜を付合せた料理用表現 = au ~

verveine [ヴェルヴェーヌ] 囡 ①バーベナ, くまつづら: ハーブティ用の葉 / ~ odorante レモンバーベナ: ぼうしゅ

vésicule [ヴェズィキュール]囡 小囊, 胆囊/~ biliaire 胆囊

vésiga [ヴェズィガ]囡 魚膠(にかわ):ちょうざめ脊髄から採った香料

vessie [ヴェスィ]囡 膀胱/en ~ 豚の膀胱に鶏肉などを入れてゆでた料理用表現/~ natatoire 魚の浮袋

veste [ヴェストゥ]囡 上着, ジャケット/~ de cuisine コックコート/~ droite (croisée) シングル (ダブル) ジャケット

vestiaire [ヴェスティエール]男 ①クローク ②更衣室

vestibule [ヴェスティビュール]男 玄関ホール

veston [ヴェストン]男 (スーツなどの) 上着/~ croisé ダブルの上着

Vésubie [ヴェズュビ]囡 コート・ダジュール地方, ヴァール川の支流

Vésuve [ヴェズューヴ]固男 イタリアのヴェスヴィオ火山

vésuvien, ne [ヴェズュヴィ・ヤン, エーヌ]形 ヴェスヴィオ火山 (Vésuve) の/(à la) ~ne ヴェスヴィオ火山風(の):円錐台形にしたプディングなどの中央に穴を開け, アルコールを注いで火をつけたデザート用表現

vêtement [ヴェートゥマン]男 上着, コート/~s 衣類/~s de travail 作業着

vétérinaire [ヴェテリネール]男囡 獣医

veuill-, veulent, veut → vouloir 50

Veuve-Clicquot-Ponsardin [ヴーヴ クリコ ポンサルダン]固男 シャンパンメーカー及びそのシャンパン

veux → vouloir 50

via [ヴィヤ]前 …経由で, …経由の

viande [ヴィヤーンドゥ]囡 肉, 食用肉/~ blanche 豚, 仔牛, うさぎ, 鶏などの白身肉/~ de boucherie 牛, 羊, 馬などの畜殺肉/~ hachée 挽肉/~ noire 野鳥, 猪, 野うさぎなどの狩猟肉/~ persillée 霜降肉/~ rouge 羊, 仔羊, 牛などの赤身肉

Viandox [ヴィヤンドックス]固男 牛のフォンを濃縮したエキスの商標名

vice- [ヴィース]接頭 副…

vic-en-bigorre [ヴィカン ビゴール]男 ベアルン地方の, 羊乳のチーズ

vice-président, e [ヴィス プレズィダン, トゥ]男囡 〈複 ~-~s, es〉副会長, 副社長, 副大統領

Vichy [ヴィシ]固 ヴィシー:1) ブルボネ地方の町 2) ヴィシー産ミネラルウォーター/(à la) ~ ヴィシー風(の) = (à la) vichyssoise / carottes ~ にんじんをヴィシー水または水と塩, 砂糖で水分が無くなるまで煮てバターであえ, きざみパセリをかけた付合せ = garniture ~ / purée ~ にんじんのピュレ = purée de carottes

vichyssois, e [ヴィシースワ, ーズ]形 〈男には単複同形〉ヴィシー (Vichy) の/(à la) ~e ヴィシー風(の):グラセしたにんじんをせた付合せ料理用表現 ‖ Vichyssois, e 男囡 〈男は単複同形〉ヴィシーの人 ‖ vichyssoise 囡 ヴィシスワーズ:じゃが芋とポロねぎのポタージュ = potage (à la) ~e, crème ~e

victoire [ヴィクトゥワール]囡 勝利, 優勝

Victoria [ヴィクトリヤ]固囡 19世紀, イギリスの女王/ sauce ~:1) 白ワインソースにオマール海老の風味を付け, 辛味を加えた魚料理用ソース 2) ソース・エスパニョールにポルト酒, グロゼイユのジャム, 香辛料などを加えた, 鹿や猪などの料理用ソース

vidage [ヴィダージュ]男 ①からにすること ②内臓を除くこと

vidange [ヴィダーンジュ]囡 ①(下水などを)からにすること ②(車の)オイル交換 ③排水用側溝/~s 汚物, し尿, 廃棄物

vidanger [ヴィダンジェ]動 25 ①(排水溝を)さらう ②(車の)オイル交換をする

vide [ヴィードゥ]形 〈男女同形〉①空いている, からの ②真空の ③家具なしの ‖ 男 ①空き ②真空

vidé, e [ヴィデ]形 ①空にした ②内臓を除いた ③芯を除いた

vide-ananas [ヴィダナナ]男 〈単複同形〉パイナップルの芯抜器

videler [ヴィードゥレ]動 7 (詰物が出ないように)のばした生地の縁を折り返して止める

videlle [ヴィデール]囡 ①パイカッター, (製菓用)ルーレット ②芯抜器

vidéo [ヴィデオ]囡 ビデオ

vidéocassette [ヴィデオカセートゥ]囡 ビデオカセット

vidéoclub [ヴィデオクルーブ]男 レンタ

ルビデオショップ

vidéodisque [ヴィデオディスク] 男 ビデオディスク

vidéophone [ヴィデオフォーヌ] 女 テレビ電話

vide-pomme [ヴィードゥ ポーム] 男 〈複 ~-~s〉りんごの芯抜器= colonne

vider [ヴィデ] 動 ①からにする,中身を取除く ②魚,鶏などの内臓を取除く ③フルーツの芯を抜く

vidure [ヴィデュール] 女 (鳥や魚の不可食)内臓

vie [ヴィ] 女 ①命 ②人生 ③生活

vieil → vieux

vieillard [ヴィエヤール] 男 老人;男性

vieille [ヴィエーユ] 女 ①ぎざみ,きゅうせん,べら:魚= labre ②老女 ③→ vieux

vieillerie [ヴィエーユリ] 女 古道具

vieillesse [ヴィエイエース] 女 老い,老化

vieilli,e [ヴィエイ] 形 ①年取った ②(ワインを)寝かせた

vieillir [ヴィエイール] 動[4] ①年を取る,老化する/ faire ~, laisser ~ (ワインを)熟成させる,寝かせる ②すたれる

vieillissement [ヴィエイースマン] 男 ①老化 ②熟成/~ forcé ワインの強制熟成

viendr- → venir[47]

Vienne [ヴィエーヌ] 固 ①ウィーン:オーストリアの首都 ②ヴィエーヌ:ローヌ川沿いの町

vienne, vienne- → venir[47]

viennois,e [ヴィエーヌワ,ーズ] 形 〈男には単複同形〉①ウィーン (Vienne)の,ヴィエーヌ (Vienne)の/ (à la) ~e:1) ウィーン(風)の:オーストリアの料理に影響をうけた料理に用いる表現/ café ~ ウィンナーコーヒー:ホイップクリームを浮かべたコーヒー/ escalope de veau à la ~e 仔牛のスライスにパン粉を付けてソテした料理= Wiener Schnizel 2) ヴィエーヌ風(の):ヴィエーヌの料理に用いる表現 ②菓子パンの,デニッシュパンの/ pain ~ ヴィエノワ:胚乳を挽いた小麦粉でつくったパン ‖ Viennois,e 男 女 〈男は単複同形〉①ウィーンの人 ②ヴィエーヌの人 ‖ viennoise 女 ウィーンの地ビール

viennoiserie [ヴィエヌワーズリ] 女 ①デニッシュパン:酵母生地でつくったクロワサンやブリオシュなどのパン ②デニッシュパン製造販売業

viens,vient → venir[47]

vierge [ヴィエルジュ] 形 〈男女同形〉①処女の,童貞の ②けがれのない,手をつけていない ③熱を加えず最初の圧搾で採れた一番搾りの/ huile d'olive ~ ヴァージンオリーヴ油 ‖ vierge 女 処女= pucelle ‖ Vierge 固 女 ①聖母マリア= sainte ~, V~ Marie ②乙女座

Viêt-nam [ヴィエートゥナム] 固 男 ベトナム

vietnamien,ne [ヴィエトゥナミ・ヤン, エーヌ] 形 ベトナム (Viêt-nam)の/ (à la) ~ne ベトナム風(の):ベトナム料理に影響をうけた料理に用いる表現 ‖ vietnamien 男 ベトナム語 ‖ Vietnamien,ne 男 女 ベトナム人

Viette [ヴィエートゥ] 女 銘柄バターの商標

vieux [ヴュー] 形 〈単複同形〉〈母音または無音のhで始まる男性の前では vieil [ヴィエーユ], 女には vieille [ヴィエーユ]〉①古い/ vieille réserve:1) 5年以上熟成させたアルマニャック 2) 4年以上熟成させたカルヴァドス 3) 6年以上熟成させたコニャック/ ~ pontarlier フランシュ・コンテ地方のアニス酒/ ~ hollande = boule de lille / ~ lille = gris de lille ②年老いた ‖ vieux, vieille 男 女 〈男は単複同形〉老人 ‖ vieux 男 〈単複同形〉長く熟成させたチーズ:1) 1年以上熟成させたエダムチーズ 2) 6ヶ月以上熟成させたカンタルチーズ= cantal caractère / ~ de lille = béthune

vieil,vieille → vieux

vif,ve [ヴィー・フ,ヴ] 形 ①生き生きした/ à ~ 肉が現れている,むき出しの ②激しい,激烈な ③適度な酸味があり,若く軽いワインの形容

vigne [ヴィーニュ] 女 ①ぶどうの木= arbre de Baccus / ~ sauvage 山ぶどう ②ぶどう園,ぶどう畑

vigneau [ヴィーニョ] 男 〈複 ~x〉たまきび貝= bigorneau

vigneron,ne [ヴィニュロ・ン, ーヌ] 形 ぶどう栽培者の/ (à la) ~ne ぶどう栽

培者風(の) = (à la) vendangeuse ‖ vigneron,*ne* 男女 ぶどう栽培者
vignette [ヴィニェートゥ] 女 自動車税納税証紙;車のフロントガラスに貼る
vignoble [ヴィニョーブル] 男 ぶどう園,ぶどう畑
vignot = vigneau
vigoureusement [ヴィグールーズマン] 副 力強く
vigoureu*x,se* [ヴィグールー, ズ] 形〈男には単複同形〉強力な
vigueur [ヴィグール] 女 力, 強さ
Viking [ヴィキーング] 男 ①ヴァイキング:民族 ②ヴァイキング:立食形式のコース料理の和製語 = smorgasbord
vilain,*e* [ヴィ・ラン, レーヌ] 形 醜い, 卑しい, たちの悪い, あくどい, (子供が)いたずらな ‖ vilain,*e* 男女 いたずらっ子
villa [ヴィラ] 女 別荘
village [ヴィラージュ] 男 ①村 ②ボジョレやコート・デュ・ローヌなどの広い地域から産するAOCワインの地域をより限定したワイン
villageois,*e* [ヴィラジュワ, ーズ] 形〈男には単複同形〉村の/ (à la) ~e 村人風(の):ソース・ヴィラジュワーズを使った仔牛や鶏料理用表現/ sauce ~e ソース・ヴィラジュワーズ:ソース・スービーズに仔牛または鶏のフォンとシャンピニョンの煮汁を加え, 卵黄などでつないだソース/ soupe à la ~e ポロねぎをソテしてブイヨンを加え, キャベツの千切り, ヴァーミセリ, セルフイユを浮身としたスープ ‖ villageois,*e* 男女〈男は単複同形〉村人
ville [ヴィール] 女 ①市, 都会, 町/ en ~ 市内で(に), 町で(に) / ~ universitaire 大学都市 ②市街/ vieille ~ 旧市街/ ~ nouvelle, ~ neuve 新市街
villebardou [ヴィルバルドゥー] 男 = ville-

vin

grand vin
　銘醸ワイン = vin renommé
gros vin　安赤ワイン
petit vin
　あまり知られていない地ワイン
second vin　セカンドワイン:地方の1~5級及びクリュ・ブルジョワのぶどうでつくる次ランクワイン = seconde étiquette
vin aromatisé
　フレーヴァードワイン
vin aux fruits　フルーツを入れたワイン = sangria
vin blanc　白ワイン = blanc
vin capiteux
　アルコール度の高いワイン
vin chaud　ヴァン・ショ:砂糖とシナモン, レモンの皮などを入れて熱くしたワイン
vin chimique　合成ワイン
vin courant
　並のワイン = vin ordinaire
vin crémant　ヴァン・クレマン:弱発泡性ワインの一種 = crémant
vin cuit　ヴァン・キュイ:甘いぶどう搾汁を煮詰め, 蒸留酒, 香辛料, 香草などを入れた南フランスの甘口ワイン = liqueur des villageois
vin d'A.O.C.　AOCワイン
vin de Bordeaux
　ボルドー産のワイン
vin de Bourgogne
　ブルゴーニュ産のワイン
vin de carafe　デカンタワイン:びんや樽から移したワイン
vin de coupage　ブレンドワイン
vin de dessert　デザートワイン
vin de fruits　フルーツの搾汁を醸酵させてつくったアルコール飲料
vin de goutte　上澄みワイン
vin de la Loire　ロワールワイン
vin délimité de qualité supérieure
　上質指定ワイン = V.D.Q.S.
vin de liqueur : 1)ぶどう搾汁に蒸留酒を加えたアルコール飲料　2) アルコール添加していない極甘口白ワイン = vin liquoreux
vin demi-sec　やや辛口ワイン
vin de paille　ヴァン・ド・パイユ:甘口白ワインの一種
vin de palme　やしの樹液からつくったアルコール度の高い醸造酒
vin de pays　ヴァン・ド・ペイ:地酒
vin de pêche　ピーチワイン

barou

villebarou [ヴィルバルー] 男 オルレアネ地方の, 牛乳のチーズ = villebardou

villedieu [ヴィルデュー] 男 ノルマンディ地方の, 牛乳のチーズ

Villeroi [ヴィールルワ] = Villeroy 固男 フランスの元帥 ‖ Villeroi 形〈不変〉ヴィルロワ風(の): ソース・ヴィルロワを使った料理用表現／sauce ~ ソース・ヴィルロワ: 白いフォンとシャンピニオンを加えたソース・アルマンドを煮詰め, トリュフエセンスとトマトか玉ねぎのピュレを加えたソース

ville-saint-jacques [ヴィル サン ジャーク] 男 イル・ド・フランス地方の, ブリチーズの一種 = brie de montereau

villiers-sur-loir [ヴィリエ スュール ルワール] 男 オルレアネ地方の, ぶどうの葉に包んだ山羊乳のチーズ = villiers-vendôme

villiers-vendôme [ヴィリエ ヴァンドーム] 男 = villiers-sur-loir

vin [ヴァン] 男 ワイン = dons de Bacchus ／ avoir le ~ mauvais 酒乱である／sauce (au) ~ blanc 白ワインソース: 1) 魚のヴルテソースを白ワイン入魚のフュメに入れ, 卵黄とバターでつないだソース 2) 白ワイン入魚のフュメを煮詰め, 卵黄でつないだソース 3) 白ワイン入グラス・ド・ポワソンにバターを加えたソース 4) 玉ねぎを炒め溶し, 白ワイン, シャンピニョンなどを加えて煮詰めたソース／sauce (au) ~ rouge 赤ワインソース: 1) 赤ワインにエシャロットを入れて煮詰め, グラス・ド・ポワソン, バター, アンチョヴィエセンスなどを加えたソース 2) 魚のフュメ, ミルポワ, 赤ワイン, シャンピニオンなどを煮詰め, アンチョヴィエセンス, ブール・マニエ

vin de pissenlit (たんぽぽの花, ビール酵母, 香辛料でつくる)たんぽぽ酒

vin de pourriture noble 貴腐ワイン

vin de presse 加圧濾過ワイン

vin de primeur 新酒 = vin nouveau

vin de qualité produit dans une région déterminée 欧州連合規格の指定地域優良ワイン = V.Q.P.R.D.

vin de table ヴァン・ド・ターブル: フランス国産ワインと他の欧州連合加盟国のワインをブレンドしたワイン

vin doux スイートワイン

vin doux naturel ブランデーを加え醸酵を止めた甘口ワイン = V.D.N.

vin fin 高級ワイン

vin gazéfié 炭酸ガスを注入した発泡性ワイン

vin gris ヴァン・グリ: 赤ワイン用ぶどうを使って白ワイン製造法でつくった薄い色のロゼワイン

vin jaune ヴァン・ジョーヌ: フランシュ・コンテ地方, ジュラの, 室温で供する白ワイン

vin jeune 若いワイン

vin liquoreux 甘口ワイン = vin de liqueur

vin médicinal 薬用ワイン

vin millésimé ヴィンテージワイン: 収穫製造年号の付いたワイン

vin moelleux やや甘口ワイン

vin mousseux スパークリングワイン, 発泡性ワイン

vin mousseux naturel 天然の発泡性ワイン

vin muté 酒精強化ワイン

vin nouveau 新酒 = vin de primeur

vin ordinaire 並のワイン = vin courant

vin pétillant ヴァン ペティヤン: 弱発泡性ワイン

vin renommé 銘ワイン = grand vin

vin résiné (松脂の香りを付けた)レチナワイン

vin rosé ロゼワイン = rosé

vin rouge 赤ワイン = rouge

vin tranquille スティルワイン, 無発泡ワイン

vin vieux 年代物のワイン

vin viné (南フランスの)酒精強化甘口ワイン

などを加えたソース 3) 玉ねぎをソテし、赤ワインを加えて煮詰め、仔牛のフォンを加えて漉(こ)したソース

vinaigre [ヴィネーグル] 男 酢／au ~ 酢漬の、酢漬にした

vinaigre

vinaigre à la lavande
　ラヴェンダーヴィネガー
vinaigre à l'estragon
　エストラゴン風味の酢
vinaigre aromatisé　加工酢
vinaigre balsamique
　バルサミコ酢 = balsamique
vinaigre d'alcool, vinaigre blanc
　アルコールヴィネガー
vinaigre de cidre
　シードルヴィネガー
vinaigre de framboise
　フランボワーズヴィネガー
vinaigre de malt　モルトヴィネガー
vinaigre de prune　梅酢
vinaigre de riz　米酢
vinaigre de vin blanc (rouge)
　白(赤)ワインヴィネガー
vinaigre de xérès
　シェリーヴィネガー
vinaigre noir　黒酢
vinaigre rosat　ローズヴィネガー
vinaigre vieux à l'ancienne　古酢にワインを加えて樽で熟成させた酢

vinaigré, e [ヴィネグレ] 形 酢の効いた、酢を加えた
vinaigrer [ヴィネグレ] 動 酢を加える
vinaigrette [ヴィネグレットゥ] 女 ヴィネグレットソース、サラダドレッシング = sauce ~
vinaigrier, ère [ヴィネグリエ、ール] 男女 酢製造・販売業者 ‖ vinaigrier 男 油入れと酢入れが一つになった卓上容器
vinasse [ヴィナース] 女 (話言葉) 安い赤ワイン
Vincent [ヴァンサン] 固男 ヴァンサン・ラ シャペル：18世紀の料理長 ‖ Vincent 女 タルタルソースとソース・ヴェルトをまぜたソース = sauce ~
viné, e [ヴィネ] 形 酒精強化した：ぶどう果汁やワインにアルコール添加した ‖ vinée 女 ①ぶどうの収穫 ②ワインの生産 ③ぶどうのできる枝 = vinouse
viner [ヴィネ] 動 (ぶどう果汁やワインに)アルコール添加する、酒精強化する
vineux, se [ヴィヌー、ズ] 形〈男には単同形〉①ワインの香りや味のする ②アルコール度が比較的強く、よりワイン的なワインの形容
vingt [ヴァン] 形〈不変〉20 の ‖ vingt 男〈単複同形〉①20 ②(月の)20日、20号室、20番地／~ mille　2万
vingtaine [ヴァンテーヌ] 女 だいたい20／une ~ de... 20くらいの…
vingt-cinq [ヴァントゥ サンク] 形〈不変〉25 の ‖ vingt-cinq 男〈単複同形〉①25 ②(月の)25日、25号室、25番地
vingt-deux [ヴァントゥ ドゥ] 形〈不変〉22 の ‖ vingt-deux 男〈単複同形〉①22 ②(月の)22日、22号室、22番地
vingt et un [ヴァンテ アン] 形〈不変〉21 の ‖ vingt et un 男〈単複同形〉①21 ②(月の)21日、21号室、21番地
vingt et unième [ヴァンテユニエーム] 形〈男女同形〉21番めの／~ siècle 21世紀 ‖ vingt et unième 男女 21番め
vingtième [ヴァンティエーム] 形〈男女同形〉20番めの ‖ vingtième 男女 20番め
vinicole [ヴィニコール] 形〈男女同形〉ワイン醸造の／coopérative ~ ワイン農協
vinification [ヴィニフィカスィヨン] 女 ワイン醸酵、ワイン醸造過程
vinifié, e [ヴィニフィエ] 形 ワイン醸造された
vinifier [ヴィニフィエ] 動 ワイン醸造する、ぶどう果汁を醸酵させる
vinyle [ヴィニール] 男 ビニール
viognier [ヴィヨニエ] 男 白ぶどうの品種
violacé, e [ヴィヨラセ] 形 紫色がかった
violation [ヴィヨラスィヨン] 女 ①違反／~ de contrat 契約違反 ②侵害
violemment [ヴィヨラマン] 副 激しく、乱暴に
violent, e [ヴィヨラーン、トゥ] 形 激しい、乱暴な
violet, te [ヴィヨレ、ートゥ] 形 紫色の、すみれ色の／~ pâle〈不変〉すみれ色の ‖ violette 女 すみれ／~ te de Solliès いちじくの品種／~ te de Toulouse トゥールーズ特産のすみれの砂糖漬／~ te odorante　スイートヴァイオレッ

ト, においすみれ ‖ violet 男 ①すみれ色 ②ほや=ascidie, figue de mer ③アーティチョークの品種=poivrade, ~ de Provence

violon [ヴィヨロン] 男 バイオリン

violoncelle [ヴィヨロンセール] 男 チェロ

V.I.P. [ヴェイペまたはヴィアイピ] 男 英 〈単複同形〉ブイアイピー

virage [ヴィラージュ] 男 ①方向転換 ② カーブ, 曲り角

virement [ヴィールマン] 男 送金 / ~ postal 郵便振替

virer [ヴィレ] 動 ①方向転換する ②回転する, 回る ③変る ④(口座に) 振込む ⑤(話言葉) 首にする

virgule [ヴィルギュール] 女 小数点, コンマ:記号は「,」

viril,e [ヴィリール] 形 ①男の, 男らしい ②力強くこくのあるワインの形容

Viroflay [ヴィロフレ] 固 パリ郊外の町 / (à la) ~ ヴィロフレ風(の):ほうれん草を使った料理用表現

virus [ヴィリュス] 男 〈単複同形〉ウィルス

vis [ヴィース] 女 〈単複同形〉雄ねじ, ビス → vivre 48

visa [ヴィザ] 男 ヴィザ, 入国査証

visage [ヴィザージュ] 男 顔

vis-à-vis [ヴィザ ヴィ] 副 向い合って / ~ de...:1) …の向いに(で) 2) …と比べて, …に対して

viscéaux → viscéral,e

viscéral,e [ヴィセラール] 形 〈男複には viscéraux [ヴィセロ]〉内臓の

viscosité [ヴィスコズィテ] 女 粘り, 粘着性

viseur [ヴィズール] 男 (カメラの) ファインダー

visible [ヴィズィーブル] 形 〈男女同形〉①目に見える, 可視の ②目立つ

visitandine [ヴィズィタンディーヌ] 女 ①聖母訪問会の修道女 ②泡立てた卵白, アーモンドパウダーなどでつくった菓子

visite [ヴィズィートゥ] 女 ①訪問, 来店 / rendre ~ au Japon 来日する ②見学 ③見舞, 面会 / ~s interdites 面会謝絶:掲示 ④訪問者

visiter [ヴィズィテ] 動 ①見学する, (建物などを) 訪ねる ②見舞う

visiteur,euse [ヴズィトゥール, ズ] 男女 ①観光客, 見学者, 訪問者 ②見舞客

vison [ヴィゾン] 男 ミンク

visqueux,se [ヴィスクー, ズ] 形 〈男には単複同形〉①液体などが粘りのある ②表面がねばねばした, ぬるぬるした

vitamine [ヴィタミーヌ] 女 ビタミン

vitaminé,e [ヴィタミネ] 形 ビタミン添加の

vite [ヴィトゥ] 副 急いで, すぐに, 早く

vitelotte [ヴィトゥロートゥ] 女 むらさき芋:じゃが芋の品種

vitesse [ヴィテース] 女 ①スピード, 速度 / à toute ~ 大急ぎで / en ~ 急いで / grande ~ 高速 / ~ limitée 制限速度 ②(車の) 変速ギア

viticol,e [ヴィティコール] 形 ぶどう栽培の

viticulteur,rice [ヴィティキュルトゥール, リース] 男女 ぶどう栽培者

viticultrice → viticulteur,rice

viticulture [ヴィティキュルテュール] 女 ぶどう栽培

Vitpris [ヴィトゥプリ] 固 男 ゲル化剤の商標:ゼリー状にするための添加剤

vitrail [ヴィトゥラーユ] 男 〈複〉vitraux [ヴィトゥロ] ステンドグラス

vitraux → vitrail

vitre [ヴィートゥル] 女 窓ガラス

vitrine [ヴィトゥリーヌ] 女 ショーウィンドー, ショーケース

Vittel [ヴィテール] 固 女 ミネラルウォーターの商標

vivaneau [ヴィヴァノ] 男 〈複 ~x〉フエダイ科の魚

vivant,e [ヴィヴァン, トゥ] 形 生きている, 活気のある / être ~ 生物

vivarais,e [ヴィヴァレ, ーズ] 形 〈男には単複同形〉ヴィヴァレ (Vivarais) の / (à la) ~e ヴィヴァレ風 (の):同地域の料理に用いる表現=(à l')ardéchoise ‖ Vivarais,e 男女 〈男は単複同形〉ヴィヴァレの人 ‖ Vivarais 固 男 ヴィヴァレ:ラングドック地方の地域 / côtes du v~ 同地域の AOC 赤, 白, ロゼワイン

vive [ヴィーヴ] 間投 万歳 / V~ la cuisine! 料理万歳! ‖ vive 女 はちみしま:ハチミシマ科の魚の総称=grande ~ / petite ~ まむしはちみしま / ~ araignée ぶちはちみしま

vivement [ヴィーヴマン] 副 ①勢いよく, すばやく ②激しく, 猛烈に

vivier [ヴィヴィエ] 男 いけす, 養殖池

vivre [ヴィーヴル] 動 48 ①生きる ②暮

す,生活する‖ **vivres** 男複 食糧,食料

V.O. [ヴェオ]〈不変〉英 ①(アルマニャック,カルヴァドスが) 熟成 4 年以上の:very old の略 ②(コニャックが) 熟成 5 年以上の:very old の略
V.O. 女 (映画などの)原版版:version originale の略

vocabulaire [ヴォカビュレール] 男 ①語彙(い),用語 ②基本語辞典,専門用語集

vodka [ヴォートゥカ] 女 ウォッカ

vogue [ヴォーグ] 女 人気,流行/ en ～ 流行の

voici [ヴワースィ] 副 ここに…がある

void [ヴワー] 男 ロレーヌ地方の,牛乳のチーズ

voie [ヴワー] 女 ①車線 ②線路,(駅の)…番線/～ ferrée 線路/～ trois 3 番線 ③交通路/ par ～ de surface 船便で ④道筋:官庁用語

voie, voient, voies → voir 49

voilà [ヴワラ] 副 ①そこに…がある ②ほら…だ

voile [ヴワール] 男 ①ヴェール ②覆い,幕‖ **voile** 女 帆

voilé,e [ヴワレ] 形 ①ヴェールのかかった ②糸飴を飾った ③濁ったワインの形容

voiler [ヴワーレ] 動 ①ヴェールをかける ②糸飴を覆うように飾る

voilier [ヴワリエ] 男 ①帆船,ヨット ②ばしょうかじき

voir [ヴワール] 動49 ①見る,見える ②見物する ③…に会う ④気づく,分る ⑤考える,想像する

vois → voir 49

voisin,e [ヴワ・ザン,ズィーヌ] 形 近所の,近い,隣の,似ている‖ **voisin,e** 男女 仲間,隣人,隣国

voisinage [ヴワズィナージュ] 男 近所,近所付き合い,(集合的意味で)近所の人たち

voit → voir 49

voiture [ヴワテュール] 女 ①自動車,車両/ nouvelle ～ 新型車/～ neuve (買ったばかりの) 新車/～ réservée 座席指定車 ②馬車 ③(手押) ワゴン/～ à hors-d'œuvre オードヴル用ワゴン = chariot à hors-d'œuvre

voiture-bar [ヴワテュール バール] 女〈複 ～s-～s〉列車内のビュッフェ

voiture-lit [ヴワテュール リ] 女〈複 ～s-

～s〉寝台車

voiture-piège [ヴワテュール ピエージュ] 女〈複 ～s-～s〉覆面パトカー

vol [ヴォール] 男 ①飛行,飛翔,(飛行機の)便,フライト ②窃盗,盗品,盗み,暴利

volaille [ヴォラーユ] 女 ①家禽(きん):鶏,鴨,七面鳥,がちょう,鳩などの食用飼育鳥 ②鶏

volant,e [ヴォラン,トゥ] 形 飛べる‖ **volant** 男 (自動車の)ハンドル

volatil,e [ヴォラティール] 形 一過性の,揮発性の‖ **volatil** 男 家禽(きん)

vol-au-vent [ヴォロ ヴァン] 男〈単複同形〉ヴォロ・ヴァン:折込パイ生地でつくったパイ料理の一種

volcan [ヴォルカン] 男 火山

volé,e [ヴォレ] 形 盗まれた‖ **volée** 女 飛ぶこと

voler [ヴォレ] 動 ①飛ぶ,飛行する,飛翔する ②横領する,盗む

volet [ヴォレ] 男 ルーバー付扉,鎧戸(よろいど)

voleur,se [ヴォルー・ル,ズ] 男女 泥棒/ Au ～! 泥棒!

volière [ヴォリエール] 女 鳥小屋/ en ～ 鳥の姿盛(に,の)

volnay [ヴォルネ] 男 ブルゴーニュ地方,コート・ド・ボーヌ地区の AOC 赤ワイン

volontaire [ヴォロンテール] 形〈男女同形〉①故意の ②自発的な,ボランティアの‖ **volontaire** 男女 志願者,ボランティア

volontariat [ヴォロンタリヤ] 男 ボランティア:行為

volonté [ヴォロンテ] 女 意向,意志,意欲/ à ～ 好きなだけ/ bonne ～ やる気

volontiers [ヴォロンティエ] 副 喜んで

volt [ヴォールトゥ] 男 ボルト:電圧.記号は V

voltage [ヴォルタージュ] 電圧,ボルト

volume [ヴォリューム] 男 ①体積,容量,ボリューム ②口の中に広がる感じを持たせるワインの特徴

volumineux,se [ヴォリュミヌー,ズ] 形〈男には単複同形〉ボリュームがある

volvaire [ヴォルヴェール] 女 ふくろ茸:はら茸の一種

Volvic [ヴォルヴィーク] 固女 ミネラルウォーターの商標名

vomir [ヴォミール] 動4 嘔吐する, 吐く
vomissement [ヴォミスマン] 男 嘔吐
vongole [ヴォンゴール] 女複 地中海地方での, あさりの呼称
vont → aller 6
vorace [ヴォラース] 形〈男女同形〉①飽くことを知らない大喰いの ②貪欲な
voracité [ヴォラシテ] 女 (飽くことを知らない)大食, 貪食(どんしょく)さ
vos [ヴォ] 形〈複に〉あなた(たち)の, 君たちの/ Ce sont ~ couteaux. これはあなた(たち)の包丁だ⇒p.751「所有形容詞」
Vosges [ヴォージュ] 固女複 ヴォージュ地方, ヴォージュ山脈
vosgien,ne [ヴォジ・ヤン, エーヌ] 形 ヴォージュ(Vosges)の/ (à la)~ne ヴォージュ風(の): 同地方の料理に用いる表現‖ Vosgien,ne 男女 ヴォージュの人
vosne-romanée [ヴォーヌ ロマネ] 男 ブルゴーニュ地方, コート・ド・ニュイ地区のAOC赤ワイン
vôte = vaute
votre [ヴォートル] 形〈単に〉あなた(たち)の, 君たちの/ C'est ~ restaurant. あなた(たち)のレストランだ⇒p.751「所有形容詞」
vôtre [ヴォートル] 代 (定冠詞を伴って)あなた(たち)のそれ, あなた(たち)のもの, 君たちのそれ, 君たちのもの/ C'est notre couteau.— Oui, c'est le ~. これは私たちの包丁?—はい, 君たちのものです⇒p.749「所有代名詞」
voudr- → vouloir 50
vougeot [ヴージョ] 男 ブルゴーニュ地方, コート・ド・ニュイ地区のAOC赤, 白ワイン/ clos de ~ 同地区の特級AOC赤ワイン
voulai- → vouloir 50
voulant [現分] → vouloir 50
voulez, vouli-, voulons → vouloir 50
voulu,e [過分] → vouloir 50
vouloir [ヴールワール] 動50 ①欲しい, 望む, 願う ②«~ + 不定詞» …したい/ «Voulez-vous + 不定詞 ?» 依頼や婉曲な命令をあらわす» …してください, …してくださいませんか‖ vouloir 男 意図, 意欲

vous [ヴー] 代 ①あなた(たち)は, 君たちは/ V~ êtes à Paris. あなた(たち)はパリにいる ②(直接目的代名詞として)あなた(たち)を, 君たちを/ Ils ~ connaissent. 彼らはあなた(たち)を知っている ③(間接目的代名詞として)あなた(たち)に, 君たちに/ Je ~ parle. 私はあなた(たち)に話している ④(直前に前置詞を伴って)Je mange avec ~. 私はあなた(たち)と食べる⇒p.748「人称代名詞」
vous-même [ヴー メーム] 代 あなた(たち)自身
voûte [ヴートゥ] 女 アーチ形の天井の総称, 丸天井/ ~ plantaire 土踏まず
vouvray [ヴーヴレ] 男 ロワール地方のAOC白ワイン/ ~ pétillant 同地区の軽い発泡性のAOCワイン/ ~ mousseux 同地区のAOC発泡性ワイン
voves [ヴーヴ] 男 イル・ド・フランス地方, 灰をまぶすか干草で包んだ牛乳のチーズ
voyage [ヴワヤージュ] 男 旅, 旅行/ Bon ~ ! よい旅を!/ ~ de noces ハネムーン = lune de miel
voyager [ヴワヤジェ] 動25 旅行する
voyageu*r,se* [ヴワヤジュー・ル, ズ] 男女 (列車やバスの)旅客
voyai- → voir 49
voyant,e [ヴワヤーン, トゥ] 形 華やかな, 目立つ‖ voyant [現分] → voir 49
voyelle [ヴワイエール] 女 母音
voyez, voyi-, voyons → voir 49
V.Q.P.R.D. [ヴェ キュ ペ エる デ] 男 欧州連合規格の指定地域優良ワイン: vin de qualité produit dans une région déterminée の略
vrac [ヴラック] 副 en ~ ばらで, まとめずに
vrai,e [ヴレー] 形 実際の, 本当の
vraiment [ヴレーマン] 副 本当に
V.S.O.P. [ヴェ エス オ ペ] 形〈不変〉(英): very superior old pale の略 ①(アルマニャック)熟成4年以上の ②(カルヴァドス, コニャック)熟成5年以上の
vu,e [ヴュ] 形 ①見た ②分った‖ vu 前 …を考えると‖ vu,e [過分] → voir 49
vue [ヴュ] 女 ①視覚, 視力/ examen de la ~ 視力検査 ②視線 ③眺め ④

見方, 見解／à ～ d'œil 目分量で
vulgaire [ヴュルゲール] 形 〈男女同形〉 ① ありふれた, 通俗的な, 凡庸(ぼんよう)な ② 下品な, 俗っぽい, 品のない

W, w

W,w [ドゥーブルヴェ] 男 フランス字母の23番め ‖ W [ワートゥ] 男 ワット：電力の単位 watt の略
wagon [ヴァゴン] 男 車両, 貨車
wagon-lit [ヴァゴン リ] 男 〈複 ～s-～s〉寝台車
wagonnet [ヴァゴネ] 男 トロッコ
wasabi [ワサビ] 男 わさび = raifort du Japon
Washington [ワシントン] 固男 ワシントン：アメリカ初代大統領 ‖ Washington 形 〈不変〉ワシントン風(の)：とうもろこしを使った料理用表現
waterzo(o)ï [ワテルゾイ] 男 うなぎと他の魚, 香草, 野菜を白いフォンで煮た, フランドル地方の料理
watt [ワートゥ] 男 ワット：電力の単位：記号は W
W.-C. [ヴェ セまたはドゥーブルヴェ セ] 男 複 英トイレ, 便所 = toilettes
week-end [ウィケーンドゥ] 男 〈複 ～-～s〉英 週末／Bon ～! よい週末を!
Wellington [ウェリントン] 固男 イギリスのウェリントン公爵 ‖ Wellington 形 〈不変〉ウェリントン風(の)：同公爵に捧げた料理用表現／bœuf ～ 牛フィレ肉に焼色を付け, シャンピニオンのデュクセルを加えた鶏の詰物で覆って生地で包み, オーヴンで焼いた料理
whisky [ウィスキ] 男 ウィスキー／～ à base de seigle ライウィスキー = rye／～ de maïs コーンウィスキー／～ de malt モルトウィスキー／～ irlandais アイリッシュウィスキー／～ nature ストレートウィスキー／～ sour ウィスキーサワー：ウィスキーベースのカクテル
whisky-soda [ウィスキ ソーダ] 男 〈複 ～-～s〉ハイボール

williamine [ウィリアミーヌ] 女 ウィリアミーヌ：洋梨の蒸留酒
williams [ウィリヤーム] 女 〈単複同形〉ウィリヤムス種の洋梨
witloof [ヴィトゥローフ] 女 アンディーヴ：ベルギーチコリ = chicon, endive
wok [ヴォーク] 男 中華鍋
Worcester, Worcshire [ウォルセステール (ウォルセシール)] 固 ウスター：イングランド, ウスターシャー州の州都／sauce ～ ウスターソース

X, x

X,x [イークス] 男 ①フランス字母の24番め ② X 字形 ③ X [ディース] ローマ数字の10 ④ X：名を明かせない人, 某／Monsieur X：X 氏
Xantana [グザンタナ] 固男 ゲル化剤の商標名
xérès [ケレーズ (またはグゼレーズ)] 男 〈単複同形〉シェリー酒 = jerez, sherry
xingar [スィンガール] 男 バスク地方の, エスプレット 唐辛子風味の干豚ばら肉
Xocopili [ショコピリ] 固男 ヴァローナ社の料理用塩味チョコレートの商標名

Y, y

Y,y [イグレーク] 男 ①フランス字母の25番め ② Y 字形 ‖ y [イ] 副 ① («à または は dans, pour など場所を表す前置詞＋場所»を代名詞的に受けて) そこで, そこに ②慣用句として／il ～ a un an 1年前／On ～ va. 行こう, レッツゴー ‖ y [イ] 代 («à + もの, 事象»を受けて) それを
†**yacht** [ヨートゥ] 男 ヨット
†**yacht-club** [ヨートゥ クルーブ] 男 〈複 ～-～s〉ヨットクラブ
†**yaourt** [ヤウル(トゥ)] 男 ヨーグルト =

yogourt /～ aromatisé フレイヴァーヨーグルト/～ aux fruits フルーツヨーグルト/～ de goût bulgare ブルガリアヨーグルト/～ maigre 低脂肪ヨーグルト/～ nature プレーンヨーグルト

†**yaourtière** [ヤウールティエール]女 ヨーグルト製造器
†**yen** [イエーン]男〈単複同形〉円：通貨
yeux [ユー]男複 両眼, 両目：片目は œil / avoir les ～ rouges 目が充血する / sous les ～ 目の前に/～ lourds, ～ de fatigue 疲れ目
†**yoga** [ヨガ]男 ヨガ
†**yogourt** [ヨグールト(ゥ)]男 = yaourt
†**yokohamien,ne** [ヨコオアミ・ヤン, エーヌ]形 横浜の‖ Yokohamien,ne 男女 浜っ子
York [ヨールク]固 イギリス北東部の都市 / jambon d'～ ヨークハム：ゆでた骨付きもも肉ハム
Yorkshire [ヨルクシール]固 イギリス北東部の州/～ pudding 小麦粉, 牛乳, 卵をこねてオーヴンで焼いた, ローストビーフ用付合せ / sauce ポルト酒, オレンジの皮, グロゼイユのジャム, 香辛料を煮た, ロースト料理用ソース‖ Yorkshire 女 ヨークシャー種：豚の品種
youp [ユープ]擬音 よっ！/～ gwad ユープ・グワド：燕麦, 牛乳, 豚の血でつくった, ブルターニュ地方の粥
Yquem [イケーム]固 人名 / château d'y～ ボルドー地方, ソテルヌ地区の特級 AOC 貴腐ワイン
Yvelines [イヴリーヌ]固女 イヴリーヌ：パリ西方の県

Z, z

Z,z [ゼードゥ]男 フランス字母の 26 番め
zakouski [ザクースキ]男複 さまざまな料理を大皿に盛ったロシア風の前菜
zébrage [ゼブラージュ]男 縞模様をつけること
zébré,e [ゼーブレ]形 縞模様をつけた
zébrer [ゼーブレ]動 36 縞模様をつける
zée [ゼ]男 まとう鯛 = saint-pierre
Zewelewai [ツェヴェルヴァイ]女 = Zeewelküeche
Zeewelküeche [ツェヴェルキューシュ]女 アルザス地方の, 玉ねぎとベーコン, クリームなどのタルト = Zewelewai
zenberona [ゼンベロナ]女 バスク地方の, 羊乳のチーズ
zéphyr [ゼフィール]男 そよ風 /～ s 春‖ Zéphyr 男 ゼフィロス：ギリシア神話の西風の神, ゼフィロス‖ zéphyr 形〈不変〉ゼフィロス風(の)：スフレ, ムースなど, 気泡をまぜ入れて軽く仕上げた料理用表現‖ zéphyr 男 プラリネまたはコーヒー風味のバタークリームをはさみアイシングをかけた小菓子/～s antillais チョコレート風味のサバイヨンをかけたヴァニラまたはラム酒風味のアイスクリーム
zéro [ゼロ]形〈不変〉ゼロの, 零の‖ zéro 男〈単複同形〉ゼロ, 零, 零点 / audessous de ～ 零下 / dix degrés audessous de ～ 零下 10 度
zestage [ゼスタージュ]男 むくこと → zester
zeste [ゼーストゥ]男 柑橘類の外皮 /～ d'orange オレンジゼスト
zesté,e [ゼステ]形 むいた → zester
zester [ゼステ]動 (柑橘)類の外皮をむく
zesteur [ゼストゥール]男 ゼスター：柑橘類の外皮むき器 = couteau ～
zigzag [ズィグザグ]男 ジグザグ /en ～ ジグザグの(に)
zikiro [スィキロ]男 バスク地方の, 羊のグリル料理
ziminu [スィミヌ]女 ほうぼう, かさごなどの魚と海老, いかをトマト, 玉ねぎ, 香草, 魚のスープと共に煮たコルシカの料理 = aziminu
zinc [ザーング]男 亜鉛
zinfandel [ザンファンデール]男 ジンファンデル：ワイン用ぶどうの品種
zingara [ザンガラ]女 ジプシー女 / (à la) ～ ザンガラ風(の)：ジプシー風 / sauce ～：1) トマト風味のドミグラスソースに, ハム, 赤い牛舌肉, トリュフなどを入れ, パプリカで風味を付けたソース 2) エシャロットと酢を煮詰

め, 茶色いフォンとパンの中身を加えて煮, パセリとレモン汁を加えたソース

ziste [ズィーストゥ] 男 柑橘(かんきつ)類の皮の内側の白い部分

zone [ゾーヌ] 女 ゾーン, 地帯／～ à urbaniser en priorité 市街化優先地域：略は Z.U.P.／～ littorale 近海

zoo [ゾオ] 男 動物園：jardin zoologique の略

zoologie [ゾオロジ] 女 動物学

zoologique [ゾオロジーク] 形 〈男女同形〉動物学の, 動物の／jardin ～ 動物園 = zoo

zoom [ズーム] 男 ㊥ ズーム

Z.U.P. [ズュープ] 女 市街化優先地域：zone à urbaniser en priorité の略

zuppa [ツッパ] 女 ㊥ スープ／～ inglese ツッパ・イングレーゼ：1) スポンジにカスタードクリーム, 砂糖漬フルーツをはさみ, イタリアンメレンゲで覆って焼色を付けたケーキ 2) グラタン皿にブリオシュのトーストと砂糖漬フルーツを入れて砂糖と卵を加えた牛乳をかけ, オーヴンで焼色を付けたデザート

Zurich [ズュリーク] 固 チューリッヒ

zurichois,e [ズュリクワ, ーズ] 形 〈男には単複同形〉チューリッヒ (Zurich) の ‖ Zurichois,e 男女 〈男は単複同形〉チューリッヒの人

zut [ズュートゥ] 間投 ちぇっ！：しまった, 間違った, 失敗した

和 仏 編
japonais-français

あ

アーガン → アルガン
アーケード arcades[アルカードゥ] 女複
アース（電気の接地）prise 女 de terre[プリーズ ドゥ テール]
アーチ（門）arc[アールク] 男／（橋など）arche[アールシュ] 女／（丸天井など）cintre[サーントゥル] 男／〜形の en arche[アンナルシュ], cintré,e[サーントゥレ]
アーティチョーク（朝鮮あざみ）artichaut[アルティショ] 男, 英 *artichoke, globe artichoke*／〜の繊毛 foin[フワーン] 男／〜の花 chardonnette[シャルドネットゥ] 女／〜の根株（芯）fond 男 d'artichaut[フォン ダルティショ]
アーモンド amande[アマーンドゥ] 女, 英 *almond*／〜入の amandin,e[アマン・ダン, ディーヌ]／〜風味の amandé,e[アマンデ]／〜クリーム crème 女 d'amande[クレーム ダマンドゥ]／〜パウダー poudre 女 d'amande[プードゥル ダマーンドゥ], amande en poudre[アマンドゥ アン プードゥル]／〜バター beurre 男 d'amande[ブール ダマンドゥ]／〜ペースト pâte 女 d'amande[パートゥ ダマーンドゥ]／〜ミルク lait 男 d'amande[レ ダマーンドゥ]／スライス〜 amandes effilées[アマンドゥゼフィレ] → エセンス
アールグレイ（紅茶）英 *earl grey*
あい 愛 amour[アムール] 男 ‖ 〜する aimer[エメ]
あいいろ 藍色 indigo[アンディゴ] 男／〜の indigo[アンディゴ] 〈不変〉
アイ・エイチ・ヒーター IHヒーター（電磁調理器）plaque 女 à induction[プラーカ アンデュクスィヨン]
あいかぎ 合鍵 → かぎ¹
あいがも 合鴨 → かも¹
あいかわらず 相変らず toujours[トゥージュール]
あいこうか 愛好家 amateur[アマトゥール] 男：女性でも男性形を用いる
あいさつ 挨拶 salut[サリュ] 男, salutation[サリュタスィヨン] 女／〜する saluer[サリュエ]／（スピーチ）discours[ディスクール] 男
アイ・シー・ユー I.C.U.（集中治療室）U.S.I.[ユエスイ] 女:unité 女 de soins intensifs[ユニテ ドゥ スワーン アンタンスィフ] の略
アイシャドー ombre 女 (à paupières)[オーンブル (ア ポピエール)]
アイシング（グラス, 糖衣）glace 女 (de sucre)[グラース(ドゥ スュークル)], 英 *icing, frosting*‖〜をかける glacer[グラセ] 32／（ドラジェ用に）dragéifier[ドゥラジェイフィエ]‖〜をかけた glacé,e[グラセ]／〜をかけること glaçage[グラサージュ] 男 → グラス⁴
アイスヴァイン（ワイン）独 Eiswein 男
アイスキャンデー sucette 女 glacée[スュセートゥ グラセ], 米 *Popsicle*
アイスクリーム glace 女 (à la crème)[グラース(ア ラ クレーム)], crème 女 glacée[クレーム グラセ], 英 *ice cream*／〜型 moule 男 à glace[ムーラ グラース]／〜コーン cornet 男 à glace[コルネ ア グラース]／〜ディッシャー cuiller（または cuillère）女 à glace automatique[キュイエラ グラストマティーク]／〜マシン sorbetière[ソルブティエール] 女, sorbétière[ソルベティエール] 女, turbine 女 (à glace)[テュルビーヌ(ア グラース)]‖〜屋（店）glacerie[グラスリ] 女／（人）glacier[グラスィエ] 男, glacière[グラスィエール] 女‖ヴァニラ〜 glace à la vanille[グラサ ラ ヴァニーユ]／チョコレート〜 glace au chocolat[グラソ ショコラ]／ストロベリー〜 glace aux fraises[グラソ フレーズ]
アイスピック pique 女 à glace[ピカ グラース]
アイスペール（氷入れ）seau 男 〈複 -x〉 à glace[ソア グラース]
アイスボックス glacière[グラスィエール] 女
アイスランド Islande[イスラーンドゥ] 固 女／〜人 Islandais,e[イスランデ, デーズ] 男女 〈男は単複同形〉／〜の islandais,e[イスランデーズ] 〈男には単複同形〉
あいせきする 相席する（レストランで）se mettre à une table avec d'autres clients[ス メートゥル ア ユヌ ターブル アヴェック ドートゥル クリヤン] 〈mettre 代動 26 59〉
あいだ 間（空間）espace[エスパース] 男

男/(空間, 時間) intervalle [アンテルヴァール] 男‖…の－(の, で) (時間, 期間) durant [デュラン], pendant [パンダン]/休暇の～ pendant les vacances [パンダン レ ヴァカンス]‖(2つのものや時間の) entre [アーントゥル]/カフェとパン屋の～ entre le café et la boulangerie [アーントゥル ル カフェ エ ラ ブーランジュリ]/2時から4時の～ entre 2 et 4 heures [アーントゥル ドゥー エ カトゥール]‖(3つ以上のものや人の) parmi [パルミ]/私たちの～では parmi nous [パルミ ヌー]

あいつ 彼奴 ce type 男 [スティープ], ce mec 男 [スメーク], cette nana 女 [セートゥナナ], cette gonzesse 女 [セートゥゴンゼース]

アイディーカード ID カード → みぶんしょうめいしょ

あいている[1] 開いている ouvert,e [ウーヴェール, ト]

あいている[2] 空いている (からっぽ) vide [ヴィードゥ] 〈男女同形〉/(時間, 場所が) libre [リーブル] 〈男女同形〉/(部屋などが) vacant,e [ヴァカン, トゥ]/(自由に使える) disponible [ディスポニーブル] 〈男女同形〉‖私は時間が～ J'ai du temps. [ジェ デュ タン]

あいなめ 鮎魚女・鮎並 greenling [グリンリング] 男, 英 *greenling*

アイヤード (料理) aillade [アヤードゥ] 女/ソースの～ sauce 女 aillade [ソーサ ヤードゥ]

アイユ → にんにく

アイヨリ (マヨネーズ) aïoli または ailloli [アヨリ] 男

アイリッシュ → ウィスキー, コーヒー, シチュー

アイルランド Irlande [イルラーンドゥ] 固女/～人 Irlandais,e [イルランデ, ーズ] 男女 〈男は単複同形〉/～の irlandais,e [イルランデ, ーズ] 〈男には単複同形〉/～風 (à l')irlandaise [イルランデーズ (ア リルランデーズ)]

アイロン fer 男 (à repasser) [フェール (ア ルパセ)]/～台 planche 女 à repasser [プランシュ ア ルパセ]/～をかける repasser [ルパセ]

あう[1] …に合う (適している) convenir à… [コンヴニール ア] 4/(合致する) s'ajuster à… [サジュステア] 代動 59

あう[2] 会う (予期して) voir [ヴワール] 49/(予期せずに) rencontrer [ランコントレ]/(事故に) avoir un accident [アヴワール アンナクシダン] 〈*avoir* ①〉

アヴァン・デセール (第1デザート) avant-dessert 男 〈複 ~-~s〉

アヴィニョン (町) Avignon 固男/～の avignonnais,e [アヴィニョネ, ーズ] 〈男には単複同形〉/～風 (à l') avignonnaise [アヴィニョネーズ (アラヴィニョネーズ)]

アヴォカド avocat [アヴォカ] 男, 英 *avocado*

あえ …和え mélange 男 (à…) [メランジュ (ア)]/ほうれん草のごま～ mélange d'épinard au sésame [メランジュ デピナーロ セザム]

あえる 和える (混ぜて味をつける) assaisonner en mélangeant [アセゾネ アン メランジャン]/(濃度をつける) lier [リエ]/ドレッシングでサラダを～ fatiguer la salade avec la vinaigrette [ファティゲラ サラードゥ アヴェーク ラ ヴィネグレットゥ] → つなぐ

あえん 亜鉛 zinc [ザーンク] 男/～メッキの galvanisé,e [ガルヴァニゼ]

あお 青 bleu [ブルー] 男/～い bleu,e [ブルー]/(顔色が) pâle [パール] 〈男女同形〉 → みどり

あおぐ 扇ぐ éventer [エヴァンテ]/火を～ activer le feu [アクティヴェル フー]

あおくび 青首 → かも[1]

あおさ 石蓴:海藻 laitue 女 de mer [レテュ ドゥ メール], ulve [ユールヴ] 女, 英 *sea lettuce*

アオスタ (都市) Aoste [アオーストゥ] 固/～の valdotain,e [ヴァルド・タン, テーヌ]/～風 (地方料理) (à la) valdotaine [(ア ラ) ヴァルドテーヌ], ～家風 (à l') Aoste [アオーストゥ (ア ラオーストゥ)]

ア・オ・セ (原産地統制名称) A.O.C. 女: Appellation 女 d'origine contrôlée [アペラスィヨン ドリジーヌ コントゥローレ] の略

あおはたまめ 青はた豆 = あおだいず → だいず

あおみ 青み vert [ヴェール] 男/ねぎの～ vert de poireau [ヴェールドゥ プワーロ]/鱒(ﾏｽ)の～仕立 truite 女 au bleu [トゥリュイートゥ ブルー]

あおむけに 仰向けに sur le dos [スュール ルド]/…を～に置く poser (また

あおもの 青物 → やさい
あおやぎ 青柳 → ばかがい
あおよせ 青寄せ extrait [男] de feuilles vertes [エクストレ ドゥ フーユ ヴェルトゥ]
あか 赤 rouge [ルージュ] [男] / ～い rouge 〈男女同形〉 / ～くする, ～くなる rougir [ルージール] [4]
あかがい 赤貝 coque [女] akagaï [コーク アカガイ], (英) *bloody clam*
あかかぶ 赤蕪 → ラディッシュ
あかざ 藜（植物）chénopode [ケノポードゥ] [男], épinard [男] sauvage [エピナール ソヴァージュ], (英) *fat hen*
あかざえび 赤座(藜)海老 → えび
アカシア acacia [アカスィヤ] [男], (英) *acacia* / ～の蜂蜜 miel [男] d'acacia [ミエール ダカスィヤ]
あかだま 赤玉 → エダム
あかちゃ 赤茶 → ちゃいろ
アカデミー académie [女] / 料理～ Académie Culinaire [アカデミ キュリネール]
あかとう 赤糖 → さとう
あかバター 赤バター → バター
あかふさすぐり 赤房酸塊 → グロゼイユ
アガペ → かいしょく
あかみ 赤身（魚や肉の）chair [女] rouge [シェール ルージュ] / (肉の) viande [女] rouge [ヴィヤーンドゥ ルージュ], (viande) maigre [(ヴィヤーンドゥ) メーグル] [男]
あかみがかった 赤味がかった rougeâtre [ルージャートゥル] 〈男女同形〉
あかむらさきいろ 赤紫色 → ボルドー
あかり 明り（光）lumière [リュミエール] [女] / (電灯) lampe [ランプ] [女] / (照明, 採光) éclairage [エクレラージュ] [男]
あかるい 明るい clair,e [クレール] / ～部屋 chambre [女] claire [シャーンブル クレール] / ～色 couleur [女] claire [クールール クレール] / (照らされて) éclairé,e [エクレレ] / 明るく clairement [クレールマン] / 明るくする éclairer [エクレレ] / 明るくなる s'éclairer [セクレレ] [代動] [59] ‖ (陽気な) gai,e [ゲ] / ～に gaiment [ゲマン] ‖ 彼はプロヴァンス料理に～ Il s'y connaît en cuisine provençale. [イル スィ コネ アン キュイズィーヌ プロ

ヴァンサール]
あかワインソース 赤ワインソース sauce [女] (au) vin rouge [ソース(オ) ヴァン ルージュ], (英) *red wine sauce*
あかんぼう 赤ん坊 bébé [ベベ] [男]
あき¹ 秋 automne [オトーヌ] [男] / ～には en automne [アンノトーヌ] / ～の d'automne [ドトーヌ], automnal,e [オトナール], automnaux [オトノー] 〈男複に〉 / ～の七草 sept herbes [女] [複] d'automne [セテールブ ドトーヌ]
あき² 空き vide [ヴィードゥ] [男] / ～時間 temps [男] libre [タン リーブル]
→ あいている², から¹, けついん
アキテーヌ (地方) Aquitaine [固有 女] / ～の aquitain,e [アキ-テヌ, テーヌ]
あきらめる (…を) あきらめる renoncer (à...) [ルノンセ(ア)] [32] / (断念する) abandonner [アバンドネ]
あきる 飽きる → うんざりする, たいくつ
アキレスけん アキレス腱 tendon [男] d'Achille [タンドン ダシル]
あく¹ 灰汁 écume [エキューム] [女], amertume [アメルテューム] [女] / (液体に浮いた) ～を取る écumer [エキュメ] / ～を取った écumé,e [エキュメ] ‖ (水に晒(さら)して) ～を取る dégorger [デゴルジェ] [25] / ～を取った dégorgé,e [デゴルジェ]
→ デピエ
あく² 開く ouvrir [ウーヴリール] [29], s'ouvrir [スーヴリール] [代動] [29] [59]
アクアヴィット (蒸留酒) aquavit または akvavit [アクアヴィートゥ] [男], (英) *aquavit*
あくしゅ 握手 poignée [女] de main [プワーニェドゥ マン] / …と～をする serrer la main à... [セレラマン ア] / 互いに～をする se serrer la main [ス セレラ マン] 〈serrer [代動] [59]〉
あくしゅう 悪臭 → くさい, におい
アクセサリー (付属品) accessoire [アクセスワール] [男] / (装身具) parure [パリュール] [女]
アクセル accélérateur [アクセレラトゥール] [男] / ～を踏む accélérer [アクセレレ] [36]
アクセント accent [アクサン] [男] / ～をつける accentuer [アクサンテュエ] / (目立たせる) marquer [マールケ] / ～の強い, ～をつけた accentué,e [アクサンテュエ]
→ なまり²
あくどい (不正直) malhonnête [マロネ

あくまふう　　　　　　　　　376

ーートゥ〈男女同形〉/（たちの悪い）vilain,e[ヴィ・ラン,レーヌ]

あくまふう 悪魔風 (à la) diable[(アラ)ディヤーブル], 英 devilled

アクリル acrylique[アクリリーク]男

あげがし 揚菓子 （甘味）beignet男 sucré[ベニェ スュークレ]/（塩味）beignet salé[ベニェ サレ]

あげもの 揚物 friture[フリテュール]女, 英 fry/～屋（店）friterie[フリートゥリ]女/（人）friteur[フリトゥール]男, friteuse[フリトゥーズ]女/～係 friturier[フリテュリエ]男, friturière[フリテュリエール]女/～用衣（生地）pâte女 à frire[パタ フリール], 英 batter/（空揚 friteau または fritot[フリトゥ]男, 英 fritter/（パン粉揚）friture à l'anglaise[フリテュラ ラングレーズ]/…のパン粉揚（フライ）…à l'anglaise[ア ラングレーズ], 英 breaded
→ あげもの[2], ベニエ

あける[1] 開ける（窓,包,ガス栓などを）ouvrir[ウーヴリール]29/開けた ouvert,e[ウーヴェール,トゥ]‖（貫通する穴を）percer[ペルセ]32, trouer[トゥルーエ]/開けた percé,e[ペルセ], troué,e[トゥルーエ]/（瓶の栓を）déboucher[デブーシェ]/開けた débouché,e[デブーシェ]‖（山盛にした小麦粉に窪みをつくる）faire la fontaine[フェール ラ フォンテーヌ]〈faire 21〉
→ あな, かき[1]

あける[2] 空ける（空にする）vider[ヴィデ]/空けた vidé,e[ヴィデ]

あげる[1] 上げる（値段や高さを）élever[エルヴェ]5, augmenter[オグマンテ]/（持上げる）lever[ルヴェ]5

あげる[2] 揚げる（faire）frire[(フェール)フリール]〈faire 21, frire 53〉, 英 fry/揚げた frit,e[フリ・トゥ], 英 fried
→ あげもの, したあげ

あげる[3] （与える）donner[ドネ] → おくる

あご 顎 mâchoire[マシュワール]女/上（下）～ mâchoire supérieure (inférieure)[マシュワール スュペリユール (アンフェリユール)]

あこうだい 赤魚鯛 → たい[1]

アコラード（盛付方法）accolade[アコラードゥ]女/…を～に盛る décorer...en accolade[デコレ アンナコラードゥ]

あさ[1] 朝 matin[マタン]男/～の matinal,e[マティナール], matinaux[マティノ]〈男複に〉

あさ[2] 麻 chanvre[シャーンヴル]男/ ～の実 chènevis[シェヌヴィ]男〈単複同形〉/（亜麻）lin[ラン]男/～のテーブルクロス nappe女 de lin[ナープ ドゥラン]

あざ 痣 tache[ターシュ]女, meurtrissure[ムルトゥリスュール]女/（打身の）bleu[ブルー]男〈複~s〉

あさい 浅い peu profond,e[プープロフォン, ドゥ]/眠りが～ dormir mal[ドルミール マール]〈dormir 30〉/経験が～ manquer d'expérience[マンケ デクスペリヤーンス]‖浅く légèrement[レジェールマン]/…に浅く切込を入れる inciser légèrement...[アンスィゼ レジェールマン]

あさがお 朝顔 volubilis男〈単複同形〉(des jardins)[ヴォリュビリス (デジャルダン)]/～形の型 moule男 évasé[ムーレヴァゼ]

あさつき 浅葱 → シブレット

あさづけ 浅漬 légumes男複 salés peu fermentés[レギューム サレ プー フェルマンテ]

あさって 明後日(に) après-demain[アプレ ドゥマン]男

あざみ 薊 chardon[シャルドン]男, 英 thistle → アーティチョーク, カルドン

あざやか 鮮やか(な)（生き生きした）vif[ヴィーフ]男に, vive[ヴィーヴ]女に/ ～に vivement[ヴィーヴマン]‖～な（はっきりした）net,te[ネ.トゥ]/～な色 couleur女 nette[クールール ネートゥ]/～に nettement[ネートゥマン]‖～な（腕前が）habile[アビール]〈男女同形〉/ ～さ habileté女[アビルテ]/～に habilement[アビルマン]

あさり 浅蜊 clovisse[クロヴィース]女, palourde[パルールドゥ]女, 英 littleneck

アシ（料理）†hachis男/～・パルマンティエ hachis Parmentier

あし[1] 足（人）pied[ピエ]男‖（動物）patte[パートゥ]女/後（前）～ patte女 de derrière (devant)[パートゥ ドゥ デリエール (ドゥヴァン)]/（たこ, いか）tentacule[タンタキュール]男‖（交通手段）moyen男 de transport[ムワヤン ドゥ トゥランスポール]

あし² 脚 jambe [ジャーンブ] 囡/(グラスの) pied [ピエ] 男/〜付グラス verre [ヴェール] 男 à pied [ア ピエ]

あじ¹ 味 goût [グー] 男, saveur [サヴール] 囡 ‖〜に関する gustatif [ギュスタティーフ]〈男に〉, gustative [ギュスタティーヴ]〈囡に〉‖〜を付けた, 整えた assaisonner [アセゾネ] /〜を付けた, 整えた assaisonné,e [アセゾネ] ‖ いい(悪い)〜 bon (mauvais) goût [ボン (モヴェ) グー] ‖ 薄い〜 goût fade [グー ファードゥ], /濃い〜 goût fort [グー フォール], /強い〜 goût prononcé [グー プロノンセ] /〜のない insipide [アンスィピードゥ] (男女同形)
→ あじわう, うすい, うまい¹, うまさ, ふうみ, フレイヴァー

あじ² 鰺 (真鰺) carangue [カラング] 囡, chinchard [シャンシャール] 男, *horse mackerel* / 縞〜 chinchard rayé [シャンシャール レイエ], 奥 *striped jack, white trevally* / むろ〜 comète [コメートゥ] 囡 japonaise [コメートゥ ジャポネーズ], 奥 *Japanese scad*

アジア Asie [アズィ] 囡/〜人 Asiatique [アズィヤティーク] 男囡/〜の asiatique [アズィヤティーク] (男女同形)

アシェ (挽肉) haché 男 → みじんぎり

アシエット → さら, りょうり

あしくび 足首 cheville [シュヴィーユ] 囡

あじけ 味気 saveur [サヴール] 囡/〜ない料理 plat [プラ] 男 insipide [アンスィピードゥ]

アシスタント assistant,e [アスィスタン, トゥ] 男囡

あした 明日 demain [ドゥマーン] 男/また〜ね À demain. [ア ドゥマーン] /〜の朝 demain matin [ドゥマーン マタン]

あしたば 明日葉 angélique 男 ashitaba [アンジェリーク アシタバ], 奥 *angelica ashitaba*

あじつけ 味付 → ちょうみりょう

あじのもと 味の素 → うまみ

あじみ 味見 → あじわう, ししょく

あしらい garniture [ガルニテュール] 囡

あしらう → つけあわせ

あじわい 味わい → ふうみ

あじわう 味わう (賞味する) savourer [サヴーレ], *savour* / (評価する) apprécier [アプレスィエ]

あす 明日 → あした

あずかる 預かる garder [ガルデ]

あずき 小豆 azuki [アズュキ] 男, †haricot 男 rouge [アリコ ルージュ] : 料理では常に複数, 奥 *azuki beans*

あずける 預ける (置いておく) laisser [レセ] / (託す) déposer [デポゼ], confier [コンフィエ]

アスパラガス asperge [アスペールジュ] 囡, 奥 *asparagus* / グリーン〜 asperge verte [アスペールジュ ヴェールトゥ], 奥 *green asparagus* / ホワイト〜 asperge blanche [アスペールジュ ブランシュ], 奥 *white asparagus* / ヴァイオレット〜 asperge violette [アスペールジュ ヴィオレットゥ], 奥 *purple asparagus* / ミニ〜 asperge blé [アスペールジュ ブレ] /〜の若茎 turion [テュリヨン] 男 /〜の穂先 pointe [プワーントゥ] 囡 d'asperge [プワーントゥ ダスペールジュ]
→ アスペルジュ

アスピック (ゼリー寄せ) aspic [アスピーク] 男, 奥 *aspic* /…の〜 aspic de... [アスピーク ドゥ] /…en gelée [アン ジュレ], …à la gelée [ア ラ ジュレ]

アスピリン aspirine [アスピリーヌ] 囡

アスペルジュ 〜ソヴァージュ asperge 囡 sauvage, 奥 *wild asparagus*
→ アスパラガス

あずまや 四阿・東屋 kiosque [キヨースク] 男

あせ 汗 sueur [スュウール] 囡, transpiration [トランスピラスィヨン] 囡/〜をかく transpirer [トゥランスピレ], suer [スュエ]

アセゾヌマン → ちょうみりょう

アセチレンガス gaz 男 à acétylène [ガ ザ アセティレーヌ]

あせる 褪せる passer [パセ], déteindre [デタンドゥル] 14 /あせた déteint,e [デタン, トゥ]

アセロラ (果実) acérola 囡, azerola [アズロール] 囡, 奥 *acerola*

あそこ là [ラ], cet endroit-là [セタンドゥルワラ], là-bas [ラ バ] /〜へ, 〜に là [ラ] /〜から là [ドゥラ]

あそび 遊び jeu [ジュ] 男〈複 〜x〉→ きばらし ‖ 遊ぶ jouer [ジュエ] / (…で遊ぶ, …して楽しむ) s'amuser à... [サミュゼ ア] 代動 59

あたえる 与える (授ける) décerner [デセルネ] / (損害を) endommager [アンドマジェ] 25
→ あげる³

あたたかい 暖かい・温かい doux

[ドゥー]〈男, 単複同形〉, douce[ドゥース]〈女に〉, tempéré,e[タンペレ] /～所 tiède[ティエードゥ]男/…を～所で保存する tenir…au tiède[トゥニール オティエードゥ]〈tenir 47〉‖（心のこもった）chaleureux[シャルー]〈男, 単複同形〉, chaleureuse[シャルールーズ]〈女に〉 → あつい¹, ぬるい, ほぞん

あたためなおす 温めなおす réchauffer[レショフェ]/温めなおした réchauffé,e[レショフェ]

あたためる 暖める・温める （部屋などを）chauffer[ショフェ]/暖めた chauffé,e[ショフェ]‖（調理したものを）réchauffer[レショフェ]/温めた réchauffé,e[レショフェ]

あだな あだ名 surnom[スュルノーン]男

アダプター adaptateur[アダプタトゥール]男

あたま 頭 tête[テートゥ]女/仔牛の～肉 tête de veau[テートゥ ドゥ ヴォ]/（猪, 豚, 鮭などの）hure[ユール]女/鮭の～ hure de saumon[ユール ドゥ ソモン]/オマールや伊勢海老の～ coffre[コーフル]男‖～を切落す étêter[エテテ]/～を切落した étêté,e[エテテ]‖～のよい（功みな）intelligent,e[アンテリジャン, トゥ] → ちてき(な), りこう

あたらしい 新しい （出来たての, 新規の）nouveau[ヌーヴォ]〈男単に〉, nouveaux[ヌーヴォ]〈男複に〉, nouvel[ヌーヴェル]〈母音または無音のhで始まる男単に〉, nouvelle[ヌーヴェル]〈女に〉‖（おろしたての）neuf[ヌフ]男, neuve[ヌーヴ]〈女に〉‖（最近の）récent,e[レサン, トゥ]/（刷新）rénové,e[レノヴェ]

あたり¹ 辺り → ちかい

あたり² …当り 1人～ par personne[パール ペルソヌ], par tête[パール テートゥ]/1キロ～ le（または par）kilo[ル（パール）キロ]/1キロ＝2000円 deux mille yen le kilo[ドゥー ミル イエン ル キロ]

あたりどし 当り年 année[アネ]女 favorable[ファヴォラーブル], bonne année[ボンナネ]

あたる 当る （中毒になる）être intoxiqué,e[エートゥル アーントクスィケ]〈être 2〉

アダルト ～映画 film男 porno[フィルム ポルノ] → おとな

あちこち partout[パルトゥー], ça et là[サエラ]

あちら → あそこ

あつあげ 厚揚 → なまあげ

あつあつの 熱々の(に) très chaud,e[トゥレー ショードゥ]

あつい¹ 熱い chaud,e[ショ, ードゥ]/～スープ potage男 chaud[ポタージュ ショ]/～うちに供する servir chaud[セルヴィール ショ]〈servir 30〉‖（沸騰して）bouillant,e[ブーヤン, トゥ]/（火傷をしそうに）brûlant,e[ブリュラーン, トゥ]

あつい² 厚い épais,se[エペ, ース], gros,se[グロ, ース]

あつい³ 暑い （気候が）il fait chaud[イル フェ ショ]〈faire 21〉/（本人が）avoir chaud[アヴワール ショ]〈avoir 1〉

あつかう 扱う （人を）traiter[トゥレーテ] → つかう, とりあつかい

あつがみ 厚紙 papier男 épais[パピエ エペ] → ボールがみ

あつぎり 厚切 grosse tranche女[グロストゥラーンシュ]

あけしそう 厚岸草 salicorne[サリコールヌ]女, 英 glasswort, samphire

あつさ¹ 厚さ épaisseur[エペスール]女/～3センチ 3 cm d'épaisseur[トゥルワサンティメートゥル デペスール]

あつさ² 熱さ・暑さ chaleur[シャルール]女

あっさり （軽い）léger[レジェ]〈男に〉, légère[レジェール]〈女に〉/～した味 goût男 léger[グー レジェ]‖（単純に）simplement[サーンプルマン]/～と盛付ける garnir simplement[ガルニール サーンプルマン]〈garnir 4〉

あっしゅく 圧縮 pressage[プレサージュ]男/～する presser[プレセ]/～した pressé,e[プレセ] → チーズ

アット(マーク) @ arrobas[アロバ(ス)]男〈単複同形〉

アップル ～パイ tarte女 aux pommes à l'anglaise[タルト ポマ ラングレーズ], 英 apple pie → ティー¹, りんご

あつまる 集まる se réunir[スレュニール]代動 4 59

あつめる 集める （寄せ集める）ramasser[ラマセ]/（ひきつける）attirer[アティレ]/（収集）collectionner[コレクスィヨネ] → まとめる

あつりょく 圧力 pression[プレスィヨン]⤵/～を加える presser[プレセ]/～を加えた pressé,*e*[プレセ]/～なべ

あてさき 宛先 destination[デスティナスィヨン]⤵/～人 destinataire[デスティナテール]男女

アテネ (首都) Athènes[アテーヌ]固女/～の athénien,*ne*[アテニ・ヤン,エンヌ]/～風 (à l'athénienne[アテニエーヌ (ア ラ テニエーヌ)]/(女神) Athéna[アテナ]固女

あてる 当てる toucher[トゥーシェ] ‖ (日や風に)exposer[エクスポゼ] ‖ (推測) deviner[ドゥヴィネ]

あと[1] (…の)後 après...[アプレ]/～で,～から après, plus tard[プリュ タール]/…した～で «après avoir [アプレザヴォワール] +過分»：過去分詞となった動詞が助動詞として être をとる場合は «après être[アプレゼートル] +過分»

あと[2] 跡 trace[トゥラース]女, marque[マールク]女

あとあし 後足 → あし[1]

あとあじ 後味 arrière-goût[アリエールグー]男

アドヴォカート (リキュール) advocaat[アドゥヴォカートゥ]男

アドーク = ハドック → たら[2]

あとかたづけ 後片付 rangement[ランジュマン]男/～する ranger[ランジェ]㉕ ‖ 食事の～をする(卓上をきれいにする) desservir la table[デセルヴィール ラ ターブル] ⟨desservir ㉚⟩

あとくち 後口 → あとあじ

あとしまつ 後始末 (解決) règlement[レーグルマン]男/～する régler[レーグレ]㊱ → あとかたづけ

アドバイス conseil[コンセーユ]男/～する conseiller[コンセイエ]

あとばらい 後払 paiement[ペマン]男 différé[ディフェレ]/～で (送金受取人払で) en port dû[アン ポール デュ]

アトピーせいひふえん アトピー性皮膚炎 dermatite[デルマティート]女 atopique[アトピーク]

アトマイザー → スプレー

アトリエ atelier[アトゥリエ]男

アトレ → くし[1]

アドレス → イーメール,じゅうしょ

アトロ → くし[1]

あな 穴 trou[トゥルー]男 ⟨複 ～s⟩/～のあいた troué,*e*[トゥルーエ] ‖ (窪み,溝) fosse[フォース]女/(生地をつくる際,小麦粉の山につくる窪み) fontaine[フォンテーヌ]女/～しゃくし,スプーン

あなうさぎ 穴兎 → うさぎ

あなご 穴子 congre[コーングル]男, anguille[アンギーユ]女 de mer[アンギーユ ドゥ メール], 英 conger

あなた 貴方 ⇒ p.748「人称代名詞」

あなつばめ 穴燕 → つばめ

アナナ(ス) → パイナップル

あなば 穴刃 (挽肉用) grille[グリーユ]女 (à trous)[グリーユ (ア トゥルー)]

あなばの 穴場の intéressant,*e* mais peu connu,*e*[アンテレサン, トゥ メ プー コニュ]

あに 兄 → きょうだい

アニサキス (寄生虫) anisakiasis[アニザキアズィス]女⟨単複同形⟩

アニス (香草) anis[アニス]男⟨単複同形⟩, 英 *anise*/～風味を付ける aniser[アニゼ]/～風味を付けた,～風味の anisé,*e*[アニゼ], 英 *flavoured with aniseed* ‖ ～シード graines[グレーヌ]女複 d'anis[グレーヌ ダニス]/～ハーブティー tisane[ティザーヌ]女 d'anis[ティザーヌ ダニス]/～パウダー poudre[プードゥル]女 d'anis[プードゥル ダニス]/～油 anéthole[アネトール]男 → さとう,リキュール

アニゼット (リキュール) anisette[アニゼトゥ]女

アニョ → こひつじ

アニメ dessin[デサン]男 animé[デサン アニメ]

あね 姉 → しまい

アネット[1] (ディル:香草) aneth[アネートゥ]男, faux-anis[フォザニス]男, 英 *dill*

アネット[2] = ポム・アネット → ポム, p.682[囲み]

あの (フランス語には「この,あの,その」の区別はない) ce[ス]⟨男単に⟩, cet[セ]⟨母音または無音の h で始まる男単に⟩, cette[セートゥ]⟨女単に⟩, ces[セ]⟨男女複に⟩/～レストラン ce restaurant (-là:強調形としてつけて)[スレストラン (ラ)]/あの男性 cet homme[セトーム]/あの女性 cette femme[セートゥ ファーム]/あの男の人たち ces hommes[セゾーム]/あの女の人たち ces femmes[セファーム]

アバ → ないぞう

アパート (木造) maison[メゾン]女 en bois

アバティ

[メゾン アン ブワー] → マンション, p.659 [囲み]

アバティ → ないぞう

アパレイユ (詰物などのためにまぜ合せた材料) appareil [男]/スフレ用～ appareil à soufflé [アパレユ スーフレ]

あひる 家鴨 → かも¹

あぶく 泡 → あわ¹

アブサン (リキュール) absinthe [アプサーントゥ][女], 英 absinth(e)

アプサント → アブサン

アフターサーヴィス (service[男])après-vente [セルヴィス アプレ ヴァーントゥ][男]〈単複同形〉

アフターヌーンティー five o'clock tea [ファイヴ オクロック ティ][男], 英 five-o'clock tea

あぶない 危ない dangereux [ダンジュルー][男に, 単複同形], dangereuse [ダンジュルーズ]〈女に〉/(リスクのある) risqué,e [リスケ]/(危機的な) critique [クリティック][男女同形]/危ない! Attention! [アタンスィヨン] ‖ 危なく…しそうになる «faillir [ファイール]＋不定詞»：faillir は不定詞, 複合時制 (過去faili) 以外はまれ

あぶら¹ 油 (常温で液体) huile [ユイール][女], 英 oil/植物～ huile végétale [ユイール ヴェジェタール]/～切り égouttoir [エグートゥワール][男]/～差し (卓上小びん) burette (à l'huile) [ビュレートゥ (アリュイール)][女]/酢と～用卓上容器 huilier [ユイーリエ][男], guédoufle [ゲドゥーフル][女]/～を塗る, ひく huiler [ユイーレ]/～を塗った huilé,e [ユイーレ]
→ あぶらっこい¹, オイルサーディン

あぶら² 脂 (常温で固体) graisse [グレース][女], 英 fat/豚の～ graisse de porc [グレース ドゥ ポール]/～を取除く dégraisser [デグレセ]/～を取除いた dégraissé,e [デグレセ]/～を取除くこと dégraissage [デグレサージュ][男]/～をひく graisser [グレセ]/～をひいた graissé,e [グレセ] ‖ (オーヴンやロースターの) ～受け lèchefrite [レシュフリートゥ][女]
→ あぶらっこい², コンフィ, しぼう¹

あぶらあげ 油揚 émincé [男] de fromage de soja frit [エマンセ ドゥ フロマージュ ドゥ ソジャ フリー]

あぶらがみ 油紙 papier [男] huilé [パピエ ユイレ]

あぶらっこい¹ 油っこい huileux [ユイルー][男に, 単複同形], huileuse [ユイルーズ]〈女に〉

あぶらっこい² 脂っこい gras,se [グラース]

あぶらな 油菜 → なたね

あぶらみ 脂身 gras [グラー][男], graisse [グレース][女], 英 fat/豚の～ lard gras [ラール グラ][男]/～の少ない maigre [メーグル][男女同形]

あぶらやけ 油焼 (酸化) rouillage [ルーヤージュ][男]/～する rouiller [ルーイエ]/～した rouillé,e [ルーイエ]

アプランティ → みならい

アフリカ Afrique [アフリーク][女]/～人 Africain,e [アフリ・カン, ケーヌ][男][女]/～の africain,e [アフリ・カン, ケーヌ]/～風 (à l')africaine [アフリケーヌ (ア ラ フリケーヌ)]/北(南)～ Afrique du Nord (Sud) [アフリーク デュ ノール (スュードゥ)]/北(南)～人 nord(sud)-africain,e [ノール (スュードゥ) アフリ・カン, ケーヌ][男][女]〈複 ～-s〉
→ マグレブ

アプリコット (あんず) abricot [アプリコ][男], 英 apricot/～ソース sauce [女] abricot [ソース アプリコ]/～ブランデー eau-de-vie [女] d'abricot [オ ドゥ ヴィ ダブリコ]/干～ abricot sec [アプリコ セーク]
→ アプリコテする, リキュール

アプリコテする (アプリコットジャムを塗る) abricoter [アブリコテ]/アプリコテした abricoté,e [アブリコテ]

あぶる 炙る → グリル, ロースト

あふれる 溢れる déborder [デボルデ]

アベイ (大修道院またはそこで作るチーズ) abbaye [女]

あべべべ → はんたい

アベタイザー → アペリティフ, アミューズ

アペリティフ (食前酒) apéritif [男], (俗語) apéro [アペロ][男], 英 aperitif, appetizer

アボカド → アヴォカド

ア・ポワン → ミディアム

アボンダンス (チーズ) abondance [男], vacherin [男] d'abondance [ヴァシュラン ダボンダンス]

あま 亜麻 → あさ²

あまい 甘い (甘口 (の)) doux [ドゥー][男に, 単複同形], douce [ドゥース]〈女に〉, 英 sweet/(砂糖を加えた) sucré,e [ス

ュクレ], édulcoré,*e* [エデュルコレ], 㷄 *sweet* / (甘いだけの)doucereux [ドゥースルー] 男に, 単複同形〉, *douceureuse* [ドゥースルーズ] 女に〉 ‖ ～もの doux [ドゥー] 男〈単複同形〉, douceurs [ドゥースール] 女複, friandise [フリヤンディーズ] 女, sucrerie [スュークリ] 女 ‖ 甘くする(砂糖を加える) sucrer [スュークレ]／甘くした sucré,*e* [スュークレ]

あまえび 甘海老 → えび

あまからい 甘辛い salé,*e*-sucré,*e* [サレ スュークレ]

あまかわ 甘皮 (果実の)pellicule [ペリキュール] 女／(爪の)cuticule [キュティキュール] 女／栗の～ pellicule de marron [ペリキュール ドゥ マロン] ‖～をむく émonder [エモンデ]／～をむいた émondé,*e* [エモンデ]

あまくちの 甘口の (ワインなどが) liquoreux [リコルー] 男に, 単複同形〉, *liquoreuse* [リコルーズ] 女に〉, doux [ドゥー] 男に, 単複同形〉, douce [ドゥース] 女に〉, 㷄 *sweet* ／～ワイン vin 男 doux [ヴァン ドゥー], vin liquoreux [ヴァン リコルー]／(ワインなどがやや甘口) moelleux [ムワルー] 男に, 単複同形〉, *moelluse* [ムワルーズ] 女に〉

あまぐり 甘栗 marron 男 grillé amaguri [マロン グリーエ アマグリ]

あまご 天魚：淡水魚 truite 女 amago [トゥリュイートゥ アマゴ], 㷄 *red spotted masu trout*

あまさ 甘さ → あまみ

あまざけ 甘酒 → さけ²

あまじおの 甘塩の demi-sel [ドゥミ セール] 〈不変〉, légèrement salé,*e* [レジェールマン サレ]

あます 甘酢 → エーグル・ドゥー

あまずっぱい 甘酸っぱい → エーグル・ドゥー

あまだい 甘鯛(赤甘鯛) → たい¹

アマチュア → しろうと

あまった 余った… (残りの) reste 男 de... [レーストゥドゥ]／(自由に使える, 予備の) disponible [ディスポニーブル] 男女同形〉

あまったるい 甘ったるい trop sucré,*e* [トゥロ スュクレ], trop doux [トゥロ ドゥー] 男に〉, trop douce [トゥロ ドゥース] 女に〉

あまとう 甘党 friand,*e* 男 女 de sucreries [フリヤン, ドゥ ドゥ スュークルリ]

あまなつ 甘夏 pomelo 男 japonais doux [ポムロ ジャポネ ドゥー], 㷄 *sweet Japanese summer orange*

あまなっとう 甘納豆 †haricots 男複 glacés [アリコ グラセー]

あまみ 甘味 douceur [ドゥースール] 女, saveur 女 douce [サヴール ドゥース], goût 男 sucré [グー スュークレ], 㷄 *sweetness*

アマランサス (穀物) amarant(h)e [アマラーントゥ] 女, 㷄 *amaranth*

あまり 余り → のこり

あまる 余る → のこる

アマレット (リキュール) 伊 amaretto

アマンディーヌ (ケーキ) amandine 女

アマンド → アーモンド

あみ 網(ネット) filet [フィレ] 男／魚～ filet de pêche [フィレ ドゥ ペーシュ]／たも～ épuisette [エピュイゼートゥ] 女／焼～ gril [グリール] 男／(チーズ用) clayon [クレヨン] 男 → かなあみ, グリル

あみあぶら 網脂 crépine [クレピーヌ] 女, toilette [トゥワレートゥ] 女, coiffe [クワーフ] 女, 㷄 *caul* ／～で包んだ料理(クレピネット) crépinette [クレピネートゥ] 女

アミアン (都市) Amiens 固／～の amiénois,*e* [アミエヌワ, ーズ] 男には単複同形〉／～の鴨のパテ pâté 男 de canard d'Amiens [パテ ドゥ カナール ダミヤン]

あみがさだけ 網笠茸 morille [モリーユ] 女, 㷄 *morel*／しゃぐま～ gyromitre [ジロミートゥル] 男

アミ・デュ・シャンベルタン (チーズ) ami du chambertin

アミノさん アミノ酸 aminoacide [アミノアスィードゥ] 男

あみパン 編みパン natté [ナテ] 男, tresse [トゥレース] 女

アミューズ (小オードヴル) ～・グール amuse-gueule 男〈単複同形〉／～・ブーシュ amuse-bouche 男〈単複同形〉, 㷄 *appetizer*／小さな～ amusette 女 de bouche [アミュゼトゥ ドゥ ブーシュ]

あむ 編む tricoter [トゥリコーテ]／編んだ tricoté,*e* [トゥリコーテ] → みつあみ

アムーレット (リキュール) amourette

あめ¹ 雨 pluie [ブリュイ] 囡／にわか～ averse [アヴェールス] 囡 → ふる²

あめ² 飴 (飴玉) bonbon [ボンボン] 男, 英 sweet, 米 candy／棒付き～ sucette [スュセートゥ] 囡, 英 lollipop／～細工 sucre [スュクル] d'art [スュークル ダール]／糸～ sucre filé [スュークル フィレ], 米 spun sugar／流し～ sucre coulé [スュークル クーレ]／引～ sucre tiré [スュークル ティレ]／吹～ sucre soufflé [スュークル スーフレ]／岩～ sucre rocher [スュークル ロシェ]

アメリカ Amérique [アメリーク] 固 囡／～合衆国 États-Unis 固 男 複 (d'Amérique) [エタズュニ (ダメリーク)], U.S.A. [ユエサ] 固 男 複, Amérique [アメリーク] 固 囡／～人 Américain,e 囡 [アメリ・カン, ケーヌ]／～の américain,e [アメリ・カン, ケーヌ]／～風, アメリケーヌ (à l')américaine [(アラ)メリケーヌ]／北(南)～ Amérique du Nord (Sud) [アメリーク デュ ノール (スュードゥ)]／北(南)～人 nord(sud)-américain,e [ノール (スュードゥ)・アメリ・カン, ケーヌ] 男 囡 (～s)／～へ, ～では en Amérique [アンナメリック]／～合衆国へ, ～合衆国では aux États-Unis [オゼタズュニ], aux U.S.A. [オズュエサ]

アメリカン → アメリカ, コーヒー

アメリケーヌ ソース・～ sauce 囡 américaine → アメリカ

アモンティヤード (シェリー酒) amontillado 男

あやまった 誤った → まちがった
あやまって 誤って → まちがって
あやまる¹ 誤る → まちがえる
あやまる² 謝る → しゃざい

あゆ 鮎 truite 囡 [トゥリュイートゥ アユ], 英 ayu, sweetfish

あら¹ 粗 → おとし
あら² (魚) bar 男 ara [バール アラ], 英 sawedged perch

ア・ラ… ～・カルト (一品料理) à la carte [ア ラ カールトゥ]／～・ミニュット (仕込なしの) à la minute [ア ラ ミニュートゥ]／～・モード (今風の, 今風に) à la mode [ア ラ モードゥ]
→ …ふう, …そえ, …ふうみ

アラーム → けいほう

あらい¹ 粗い (大粒の) gros,se [グロー, ス]／(粗雑な, 目の粗い) grossier [グロスィエ] 〈男に〉, grossière [グロスィエール] 〈囡に〉／粗く grossièrement [グロスィエールマン] ‖ (手触りが) rêche [レーシュ] 〈男女同形〉, rude [リュードゥ] 〈男女同形〉

あらい² 洗い → こい²

あらいば 洗い場 (レストランの) plonge [プロンジュ] 囡

あらう 洗う laver [ラヴェ]／食器を～ laver (または faire) la vaisselle [ラヴェ (フェール) ラ ヴェセール]／(自分の体を) se laver [スラヴェ] 代動 59

あらかじめ 予め → まえもって

アラザン perle 囡 argentée [ペールラル ジャンテ]

あらじお 粗塩 → しお¹

アラス (都市) Arras 固 男／～の arrageois,e [アラジュワ, ーズ] 〈男には単複同形〉／～風 (à l') arrageoise [アラジュワーズ (アラジュワーズ)]

アラスカ Alaska 固 男／ベークド～ omelette 囡 (à la) norvégienne [オムレートゥ (アラ) ノルヴェジエーヌ]

あらたに 新たに → あらためて
あらためて 改めて (新たに) à nouveau [ア ヌーヴォ]／(再び) de nouveau [ドゥ ヌーヴォ]

あらねつをとる 粗熱をとる (laisser) tiédir [(レセ) ティエディール] (tiédir 4)

アラビア Arabie [アラビ] 固 囡／～人 Arabe [アラーブ] 男 囡／～語 arabe [アラーブ] 男／～の arabe [アラーブ] 〈男女同形〉／～数字 chiffres 男 複 arabes [シーフルザラーブ]
→ ゴム

あらびき 粗挽き → こしょう¹, こむぎこ, ひきにく

アラブ ～首長国連邦 Fédération 固 囡 des Émirats arabes unis [フェデラスィヨン デゼミラザラーブズュニ]／～人 Arabe 男 囡 [アラーブ]／～の arabe [アラーブ] 〈男女同形〉
→ アラビア

あらまきさけ 新巻鮭 → さけ¹

あらみじんにする 粗微塵にする → みじんぎり

あらゆる 凡ゆる → ぜんぶ¹

あられ 霰 grêle [グレール] 囡／(せんべい) grain 男 de gâteau de riz [グランドゥガトードゥリ]

あらわす 表す (表示する) représenter [ルプレザンテ] ‖ (表現する) exprimer [エクスプリーメ] ‖ (姿を) se mon-

あらわれる 現れる apparaître [アパレートゥル] ②

ありあわせ 有合せ（食事）repas 男 impromptu [ルパ アンプロンプテュ]

アリエージュ（県）Ariège 固／〜の ariégeois,e [アリエジュワ・ーズ] 男には単複同形／〜風（à l'）ariégeoise [アリエジュワーズ（アラリエジュワーズ）]

ありがとう 有難う merci [メルスィ]／どうも〜ございます Merci beaucoup. [メルスィ ボク・]，Je vous remercie beaucoup. [ジュ ヴー ルメルスィ ボク・]

アリコ（羊料理）†haricot または†halicot 男, 英 haricot ‖（家畜(🅟)内臓料理）alicot 男, alicuit [アリキュイ] 男
→ **いんげんまめ, さやいんげん**

アリゴ（料理）aligot 男

アリゴテ（ワイン）aligoté 男

アリサ → ハリサ

アリ・バブ（料理人）Ali-Bab 固男

ありふれた banal,e [バナール]（複 〜s）

アリュメット（マッチ棒, マッチ棒状の野菜, パイ菓子）allumette [アリュメートゥ] 女, 英 matchstick／…を〜に切る tailler...en allumette [タイエ アンナリュメートゥ] → **ぼうぎり**, p.682 [囲み]

ある¹ 有る・在る（存在）être [エートゥル] ②, il y a [イリヤ]〈avoir ①〉／ホテル内にカフェが〜 Un café est dans l'hôtel. [アン カフェ エ ダン ロテール]，Il y a un café dans l'hôtel. [イリヤ アン カフェ ダン ロテール] ‖（見出される）se trouver [ストゥルーヴェ]〔代動59〕／左手にレストランが〜 Le restaurant se trouve à gauche. [ル レストラン ストゥルーヴ ア ゴーシュ] ‖（所有, 所属）avoir [アヴォワール] ①／このホテルにはレストランが2つ〜 Cet hôtel a deux restaurants. [セトテール ア ドゥー レストラン] ‖（長さがある）mesurer [ムズュレ]／この鮭の体長は80cm〜 Ce saumon mesure 80 cm. [ス ソモン ムズュール カートル ヴァン サンティメートゥル] ‖（行われる）avoir lieu [アヴォワール リュー]〈avoir ①〉／ここのレストランで結婚式が〜 Le mariage a lieu dans ce restaurant. [ル マリヤージュ ア リュー ダン ス レストラン] ‖（起きる）se passer [ス パセ]〔代動59〕／何があったのですか Qu'est-ce qui s'est passé ? [ケス キ セ パセ] ‖…したことがある：複合過去形を用いる／私はリヨンに行ったことが〜 J'ai été à Lyon. [ジェ エテ ア リヨン]／私は彼女と会ったことが〜 Je l'ai déjà vue. [ジュ レ デジャ ヴュ] ‖ ありそうなことだ Ça arrive. [サ アリーヴ]，Ça peut arriver. [サ プー アリヴェ] ‖ ドアは開けて〜 La porte est ouverte. [ラ ポルト エトゥーヴェルトゥ]

ある² 或る（とある…）un [アン]〔男・単に〕, une [ユヌ]〈女・単に〉／〜日 un jour [アン ジュール] 男／（ある程度の, 特定の）certain,e [セル・タン, テーヌ]／（何らかの）quelque [ケールク]〔男女同形〕

あるいは 或いは → **または**

アルカション（町）Arcachon 固

アルカリ alcali 男／〜性 alcalinité [アルカリニテ] 女／〜性の alcalin,e [アルカ・ラン, リーヌ]

アルガン（アルガンツリーの実）argan 男 または argania [アルガニャ] 女, 英 argan／〜オイル huile 女 d'argan [ユイール ダルガン]

あるく 歩く marcher [マルシェ]／歩いて à pied [ア ピエ]

アルコール alcool 男, 英 alcohol／〜飲料 alcool, boisson 女 alcoolisée [ブワソーン アルコリゼ]／〜漬フルーツ fruit 男 à l'alcool [フリュイ ア ラルコール]／〜計 alcoomètre [アルコメートゥル] 男, œnomètre [エノメートゥル] 男／〜テスト（運転者への）alcotest [アルコテーストゥ] 男／〜度 degré 男 d'alcool [ドゥグレ ダルコール]／〜度の高い capiteux [カピトゥー] 男に, 単複同形, capiteuse [カピトゥーズ] 女に／（ぶどう果汁やワインに）〜添加する viner [ヴィネ]／〜添加した viné,e [ヴィネ]／〜添加ワイン vin 男 viné [ヴァン ヴィネ]

→ **す²**, **ちゅうどく**

アルザス（地方）Alsace 固女／〜の alsacien,ne [アルザスィ・ヤン, エーヌ]／〜風（à l'）alsacienne [アルザスィエーヌ（ア ラルザスィエーヌ）]／〜マスタード moutarde 女 d'Alsace [ムータルドゥ ダルザス]

アルジェ（首都）Alger 固／〜の algérois,e [アルジェルワ・ーズ] 男には単複同形／〜風（à l'）algéroise [アルジェルワーズ（ア ラルジェルワーズ）]

アルジェリア Algérie [アルジェリ] 固女／〜人 Algérien,ne [アルジェリ・ヤン, エーヌ] 男女／〜の algérien,ne [アルジェリ・ヤン,

エーヌ]／～風 (à l') algérienne [アルジェリエーヌ (ア ラルジェリエーヌ)]

アルジャントゥイユ Argenteuil 固／～風 (à l') Argenteuil [アルジャントゥーユ (ア ラルジャントゥーユ)]

アルティショ → アーティチョーク

アルデーシュ (県) Ardèche 固女／～の ardéchois,e [アルデシュワ, ーズ]〈男には単複同形〉／～風 (à l') ardéchoise [アルデシュワーズ (ア ラルデシュワーズ)]

アルデーヌ (地方) Ardennes 固女複／～の ardennais,e [アルデネ, ーズ]〈男には単複同形〉／～風 (à l') ardennaise [アルデネーズ (ア ラルデネーズ)]／～のパン pain 男 des Ardennes [パン デザルデーヌ]

アル・デンテ → はごたえ

アルトワ (地方) Artois [アールトゥワ] 固男／～の artésien,ne [アルテズィヤン, エーヌ]／～風 (à l') artésienne [アルテズィエーヌ (ア ラルテズィエーヌ)]／～伯爵風：料理表現 d'Artois [ダールトゥワ]

アルバイト job [ジョープ] 男

アルビ (町) Albi 固／～の albigeois,e [アルビジュワ, ーズ]〈男には単複同形〉／～風 (à l') albigeoise [アルビジュワーズ (ア ラルビジュワーズ)]

アルファベット alphabet [アルファベ] 男

アルファルファ (うまごやし) luzerne [リュゼールヌ] 女, 英 *alfalfa*

アルプスさんみゃく アルプス山脈 Alpes [アルプ] 固女複

アルベール(風) Albert [アルベール]／ソース～ sauce 女 Albert [ソースアルベール]

アルマニャック (ブランデー) armagnac [アルマニャック] 男／(地域) Armagnac [アルマニャック] 固男

アルマンド ソース・～ sauce 女 allemande [ソースアルマーンドゥ] → ドイツ

アルミ(ニウム) aluminium [アリュミニヨム] 男／～製の en aluminium [アンナリュミニヨム]／～ホイル (箔) papier 男 (または feuille 女) d'aluminium [パピエ (フォーユ) ダリュミニヨム]

アルモリカ(風) (à l') armoricaine [ア ルモリケーヌ (ア ラルモリケーヌ)]

アルル (町) Arles 固／～の arlésien,ne [アルレズィヤン, エーヌ]／～風 (à l') arlésienne [アルレズィエーヌ (ア ラルレズィエーヌ)]／～ソーセージ saucisson 男 d'Arles [ソシソンダールル]

アルルカン (道化師) arlequin [アルルカン] 男／～風 (à l') arlequine [アルルキーヌ (ア ラルルキーヌ)] → のこり

あれ ça [サ], cela [スラ]／(俗語) ce truc [ストゥリューク] 男, ce machin [スマシャン] 男‖《フランス語は, これ, それ, あれの区別がなく, あえて区別する場合は次のようになる》あれ, あちら celui-là [スリュイラ] 男単に, celle-là [セルラ] 女に, ceux-là [スーラ] 男複に／これ, こちら celui-ci [スリュイスィ] 男単に, celle-ci [セルスィ] 女に, ceux-ci [スースィ] 男複に

あれから depuis [ドゥピュイ], après cela [アプレスラ]

アレクサンダー (カクテル) alexandre [アレクサーンドゥル], alexandra [アレクサンドゥラ] 男, 英 *alexander*

アレルギー allergie [アレルジ] 女／～体質 prédisposition 女 à l'allergie [プレディスポズィスィヨン アラレルジ]／卵～ allergie à l'œuf [アレルジアルーフ]／～性の allergique [アレルジーク]〈男女同形〉 → かふん¹

アロエ aloés [アロエス] 男〈単複同形〉, 英 *aloe*

アロー・ルート (澱粉(でんぷん)) arrow-root [アロ ルートゥ] 男

アロス・コルトン (ワイン) aloxe-corton 男

アロマ (芳香) → におい

アロマート (香味野菜または香辛料) aromate [アロマートゥ] 男

アロム・パトレル (着色料) arôme 男 patrelle [アロム パトゥレール]

アロワイヨ (牛肉の部位) aloyau [アルワーヨ] 男

あわ¹ 泡 (気泡) bulle [ビュール] 女／ビールの～ mousse 女 de bière [ムース ドゥ ビエール]／(ムース) mousse [ムース] 女／(沸騰による) bouillon [ブーヨン] 男

あわ² 粟 millet 男 des oiseaux [ミエ デズワゾ], 英 *foxtail millet, Italian millet*

あわい 淡い (色が) tendre [タンドゥル]〈男女同形〉／～緑 vert 男 tendre [ヴェール タンドゥル]／(はっきりしない) vague [ヴァーグ]〈男女同形〉 → うすい

あわせて 合せて en tout [アントゥー]／(全体で) au total [オトタール]

あわせバター 合せバター → バター

あわせめ 合せ目 jointure [ジュワンテュール] 女 / 生地の～ jointure des pâtes [ジュワンテュール デ パートゥ]

あわせる 合せる（適合させる）ajuster [アジュステ] /（比較する, つき合せる）confronter [コンフロンテ] /（時間を）régler [レーグレ] 36 / 時計を～régler la montre [レーグレ ラ モーントゥル] → くみあわせ, ちょうわ, つなぐ

あわだつ 泡立つ mousser [ムーセ] / 泡立っている mousseux [ムースー] 〈男に, 単複同形〉, mousseuse [ムースーズ] 〈女に〉‖（パチパチ音をたてながら）pétiller [ペティエ] / 泡立っている pétillant,e [ペティヤン, トゥ] ‖（軽く）moustiller [ムースティエ]

あわだてき 泡立器（ホイッパー）fouet [フエ] 男 → ミキサー

あわだてじ 泡立生地 pâte 女 battue [バートゥ バテュ]

あわだてる 泡立てる → まぜる

あわび 鮑 ormeau [オルモ] 男〈複 ～x〉, oreille 女 de mer [オレーユ ドゥ メール], 英 abalone, sea-ear

あわびたけ 鮑茸 pleurote 女 en coquille [プルロトゥ アン コキーユ], oreillette [オレイエートゥ] 女, 英 oyster mushroom

あわゆき 淡雪（和食甘味）gelée 女 en neige [ジュレ アン ネージュ] /～状の en neige [アン ネージュ], à la neige [ア ラ ネージュ]

あん 餡 小豆～ pâte 女 de haricots rouges sucrés [パートゥ ドゥ アリコ ルージュ スュクレ] /～パン pain 男 fourré de pâte de haricots rouges sucré [パン フーレ ドゥ パートゥ ドゥ アリコ ルージュ スュクレ]

あんかけ 餡かけ …の～ ...(à la) sauce 女 liée [(ア ラ) ソース リエ]

アングーモワ（地方）Angoumois [アングームワ] 固男 /～の angoumoisin,e [アングームワザン, ズィーヌ] /～風（à l'）angoumoisine [アングームワズィーヌ, アラングームワズィーヌ]

アングーレーム（都市）Angoulême 固 /～の angoumois,e [アングームワ, ーズ] /～風（à l'）angoumoise [アングームワーズ, アラングームワーズ]

アングレーズ クレーム・～ crème anglaise [クレーム アングレーズ] → イギリス

あんこう 鮟鱇 baudroie [ボードゥルワ] 女, lotte 女 (de mer) [ロットゥ (ドゥ メール)], 英 angler /～の肝 foie 男 de lotte [フワー ドゥ ロットゥ]

アンゴストゥーラ（リキュール）angostura 女

アンサンブル ensemble 男

アンジェ（都市）Angers 固 /～の angevin,e [アンジュ・ヴァン, ヴィーヌ] /～風（à l'）angevine [アンジュヴィーヌ (ア ランジュヴィーヌ)]

アンシエーヌ → こてん

アンジェリカ → アンゼリカ

アンジュー（地方）Anjou 固男 /～の angevin,e [アンジュ・ヴァン, ヴィーヌ] /～風（à l'）angevine [アンジュヴィーヌ (ア ランジュヴィーヌ)]

アンショイヤード（料理）anchoïade または anchoyade [アンショヤードゥ] 女

あんしょうばんごう 暗証番号 digicode [ディジ コードゥ] 男, code 男 secret [コードゥ スクレ]

あんしんする 安心する se rassurer [スラスュレ] 代動 59

あんず 杏 → アプリコット

あんずたけ 杏茸 → ジロール

アンゼリカ angélique [アンジェリーク] 女, 英 angelica /～の砂糖漬 angélique confite [アンジェリーク コンフィートゥ] → リキュール

あんぜんぐつ 安全靴 chaussures 女 複 de protection [ショスュール ドゥ プロテクスィヨン]

アンダークロス sous-nappe [スー ナーブ] 女

アンダルシア（地方）Andalousie [アンダルーズィ] 固女 /～の andalou,se [アンダルー, ズ] /～風（à l'）andalouse [アンダルーズ (アランダルーズ)]

アンチョヴィ anchois [アーンシュワ] 男, 英 anchovy /～バター beurre 男 d'anchois [ブール ダンシュワ] /～エセンス essence 女 d'anchois [エサーンス ダンシュワ] /～ペースト purée 女 d'anchois [ピュレ ダンシュワ]

アンチョビ → アンチョヴィ

あんてい 安定（不変, 頑丈）stabilité [スタビリテ] 女 /（不変の）～した stable [スターブル] 〈男女同形〉‖食品～剤 stabilisant 男 alimentaire [スタビリザン

アリマンテール/精神～剤 tranquillisant [トゥランキリザン]男 → つりあい

アンディーヴ=ベルギーチコリ → チコリ

アンティーブ(都市) Antibe 固/～の antibois,*e*[アンティブワ.-ズ]〈男には単複同形〉/～風(à l')antiboise[アンティブワーズ(アランティブワーズ)]

アンティルしょとう アンティル諸島 Antilles[アンティーユ]固女複/～の antillais,*e*[アンティエ.-ズ]〈男には単複同形〉/～風(à l')antillaise[アンティエーズ(アランティエーズ)]

アンドウイエット(腸詰) andouillette[アンドゥーイエートゥ]女

アンドウイユ(腸詰) andouille 女

アントルコート → p.399[囲み]

アントル・ドゥー・メール(ワイン) entre-deux-mers[アントゥルドゥーメール]男

アントルメ(デザート) entremets[アントゥルメ]男,(英) entremets

アントルメティエ → コック¹

アントレ《アメリカで entrée とはメインディッシュのこと》→ オードヴル

アントワープ(都市) Anvers[アンヴェール]固/～の anversois,*e*[アンヴェルスワ.-ズ]〈男には単複同形〉/～風(à l')anversoise[アンヴェルスワーズ(アランヴェルスワーズ)]

アンナ → p.682[囲み]

あんな《フランス語では「あんな,こんな,そんな」の厳密な区別をしない》(そのような) pareil,*le*[パレーユ], tel,*le*[テール]/～風に ainsi[アンスィ], de la sorte[ドゥラソールトゥ], de cette façon[ドゥセットゥファソン]/～に si[スィ], tellement[テールマン]

あんない 案内 (知らせ) information[アンフォルマスィヨン]女/(情報,資料) renseignement[ランセニュマン]男‖～する guider[ギデ]/(連れて行く) conduire[コンデュイール]11‖～書 guide[ギードゥ]男/～所 (bureau[ビュロー]男 de) renseignements[ビュロードゥランセニュマン]/観光～ guide[ギードゥ]男 touristique[ギードゥトゥーリスティーク]/観光～所 syndicat[サンディカ]男 d'initiative[サンディカディニスィヤティーヴ], office[オフィス]男 du tourisme[オフィスデュトゥーリスム]

あんにんどうふ 杏仁豆腐 gelée 女 d'amande[ジュレダマンドゥ]

あんばい 按配・塩梅(味加減)assaisonnement[アセゾヌマン]男/～をみる goûter[グーテ] → ぐあい,かげん

アンバランス(な) déséquilibré,*e*[デゼキリーブレ], disproportionné,*e*[ディスプロポルスィヨネ]

アンビべする → しみこませる

アンフュゼする → せんじる

アンプル ampoule[アンプール]女

い

い 胃 estomac[エストマ]男/～液 suc 男 gastrique[スュックガストゥリーク]/～が痛い avoir mal à l'estomac[アヴワールマラレストマ]〈avoir ①〉/～が重い avoir le ventre lourd[アヴワールルヴァントゥルルール]/～の調子が悪い avoir l'estomac détraqué[アヴワールレストマデトゥラケ]‖(食べ物が)～にもたれる rester sur l'estomac[レステスュルレストマ]‖～炎 gastrite[ガストゥリートゥ]女/～潰瘍 ulcère 男 gastrique[ユルセールガストゥリーク]/～カメラ gastroscope[ガストゥロスコープ]男/～けいれん crampe 女 d'estomac[クランプデストマ]/～薬 médicament 男 pour l'estomac[メディカマンプールレストマ]/～酸過多 hyperacidité[イペラスィディテ]女/～病 maladie 女 de l'estomac[マラディドゥレストマ]‖(動物の食用胃腸) tripe[トゥリープ]女 → ギアラ,せんまい,はちのす,ミノ

いい 良い bon,*ne*[ボン,-ヌ]/～休暇を! Bonnes vacances![ボーヌヴァカンス]/～旅を! Bon voyage![ボンヴワヤージュ]/より～〈bonの比較級〉meilleur,*e*[メユール]/一番～〈bonの最上級〉le meilleur[ルメユール]〈男に〉, *la meilleure*[ラメユール]〈女単に〉‖(都合が)favorable[ファヴォラーブル]〈男女同形〉/(ふさわしい)convenable[コンヴナーブル]〈男女同形〉‖～ですね C'est bien.[セビヤン]/その方が～ C'est mieux.[セミュー]/入っても～ですよ. Vous pouvez entrer.[ヴーブーヴェアントゥレ]/もう～! Ça suffit![サスュフィ]

/ここにいた方が～ Il vaut mieux rester ici. [イル ヴォ ミュ レステ イシ] /これでですか Ça va comme ça ? [サ ヴァ コム サ] → いいよ, ゆうゆう, よく¹

いいえ non [ノン] /（否定疑問の答として）si [スィ] ‖ あなたは日本人じゃないの？――いいえ, 日本人です。 Vous n'êtes pas Japonais,e ? [ヴー ネートゥ パ ジャポネ, ーズ] ― Si, je suis Japonais,e. [スィ ジュ スュイ ジャポネ, ーズ]

いいかげん いい加減（な）（不確かな）peu sûr,e [プー スュール] /～に（俗語）à la six-quatre-deux [ア ラ スィス カットゥルドゥー]

イースター （復活祭）Pâques [パーク] 女複〈冠詞を付けない〉/～の pascal,e [パスカル], pascaux [パスコー] 男複 /～エッグ œuf 男 de Pâques [ウフ ドゥ パーク]

イースト ドライ～ levure 女 sèche [ルヴュール セーシュ] /生～ levure de boulanger [ルヴュール ドゥ ブーランジェ], levure fraîche [ルヴュール フレーシュ], → こうぼ

いいだこ 飯蛸 → たこ¹

イーメール eメール e-mail [イ メール] 男, courriel [クーリエール] 男, courrier 男 électronique [クーリエ エレクトゥロニック] /～アドレス adresse 女 e-mail [アドゥレス イーメール]

いいよ （承知する）D'accord. [ダコール], Entendu. [アンタンデュ], O.K. [オケ]

いいん 医院 → びょういん

いう 言う dire [ディール] 17

イヴ （前日）→ クリスマス

イヴニングドレス → れいふく

いえ 家 maison [メゾン] 女 /土地付の～ immeuble 男 avec terrain [イムーブラヴェック テラン] /...の～へ, ...の～で chez... [シェ]

いえん 胃炎 → い

いか¹ ...以下 → みまん

いか² 烏賊 甲～（ヨーロッパ甲～, 墨～）margate [マルガートゥ] 女, seiche [セーシュ] 女, sépia [セピヤ] 女, 英 cuttlefish /筒～ calmar [カルマール] 男, encornet [アンコルネ] 男, 英 calamary, squid /するめ～ calmar surume [カルマール スルメ], 英 flydog squid /ほたる～ calmar luciole [カルマール リュスィヨール], 英 firefly squid /やり～ cal-

mar [カルマール] 男, 英 spear squid → あし¹, いかすみ, エンペラ, たまご, ないぞう

いが 毬 （栗の）bogue [ボーグ] 女 / ...の栗毬仕立て ...en bogue [アン ボーグ]

いがい¹ ...以外 → のぞいて

いがい² 貽貝 → ムールがい

いがい 意外（な）inattendu,e [イナタンデュ], inespéré,e [イネスペレ]

いかいよう 胃潰瘍 → い

いかが 如何 ご機嫌～？ Comment allez-vous ? [コマンタレ ヴー]〈aller⑥〉/...は～ですか（欲しいですか）Voulez-vous...? [ヴーレ ヴー]〈vouloir⑩〉

いがく 医学 médecine [メドゥスィーヌ] 女 /～部 faculté de médecine [ファキュルテ ドゥ メドゥスィーヌ] /～的な médical,e [メディカール], médicaux [メディコ] 男複

いかすみ 烏賊墨 encre [アーンクル] 女, sépia [セピヤ] 女, 英 ink /～袋 poche 女 à encre [ポーシャ アーンクル] / ...の～煮 ...à l'encre [ア ラーンクル]

いかだ 筏 radeau [ラド] 男〈複～x〉, train 男 de bois [トゥラン ドゥ ブワー] / ...の～仕立 radeau de... [ラド ドゥ], 英 raft of...

いかなご 玉筋魚（こうなご）équille [エキーユ] 女, lançon [ランソン] 男, sand eel, Japanese sand lance

いがまめ いが豆 sainfoin [サンフワン] 男, 英 sainfoin

いカメラ 胃カメラ → い

いがらっぽい âcre [アークル] /～味 saveur 女 âcre [サヴーラークル]

いかり 怒り colère [コレール] 女 /（激怒）rage [ラージュ] 女, fureur [フュルール]

いき¹ 息 respiration [レスピラスィヨン] 女 ‖ ～をする respirer [レスピレ]

いき² 粋 chic [シーク] 男 /～な chic [シーク]〈男女同形〉/～に chiquement [シークマン]

いきぐるしい 息苦しい étouffant,e [エトゥーファン, トゥ] /（自分が）s'étouffer [セトゥーフェ] 代動59

いきた 生きた（ままの）vivant,e [ヴィヴァン, トゥ] /～魚 poisson 男 vivant [ブワソン ヴィヴァン]

いきづくり 生造 → いけづくり

いきとどいた 行届いた → ていれ
いきどまり 行止り → とおり²
いきなり → とつぜん
いきのいい 活のいい → せんど
いきもの 生き物 être [男] vivant [エートゥル ヴィヴァン]
イギリス（イングランド） Angleterre [アングルテール] [固女] /（大ブリテン及び北アイルランド連合王国）Royaume-Uni [ルワヨミュニ] [固女] ‖ 〜人 Anglais,e [アングレ,-ズ] [男女]〈男は単複同形〉/〜語 anglais [アングレ] [男] /〜の anglais,e [アングレ,-ズ]〈男には単複同形〉/〜風 (à l') anglaise [アングレーズ(ア ラングレーズ)] /〜風に…にパン粉をつける panner...à l'anglaise [パネ ア ラングレーズ] /〜海峡 la Manche [ラ マーンシュ] [固女]

いく 行く（…へ） aller à... [アレ ア] [6] /…しに〜 «aller＋不定詞»
いぐすり 胃薬 → い
いぐちだけ（イグチ科のきのこ） bolet [ボレ] [男], [英] *boletus*
いくつ 幾つ combien [コンビヤーン] /グラスは〜あるか Il y a combien de verres ? [イリヤ コンビヤン ドゥ ヴェール] ‖（何歳） quel âge [男] [ケラージュ] /（君は）〜なの Tu as quel âge ? [テュア ケラージュ]
いくつかの 幾つかの quelques [ケルク], plusieurs [プリュズィユール]
イクラ（鮭の卵） œufs [男][複] de saumon [ウドゥ ソモン], [英] *salmon roe*
いくら 幾ら combien [コンビヤーン] /〜ですか C'est combien ? [セ コンビヤーン] /全部で〜ですか Ça fait combien ? [サ フェ コンビヤーン] ‖ 〜…しても «même si [メーム スィ] ＋文» /〜何でも quand même [カン メーム]
いくらか 幾らか → すこし
いけいれん 胃痙攣 → い
いけす 生簀 vivier [ヴィヴィエ] [男], réservoir [レゼルヴワール] [男]
いけづくり 生け作り, 活造り émincé [男] de chair de poisson vivant remis à sa place [エマンセ ドゥ シェール ドゥ プワソン ヴィヴァン ルミザ サ プラース]
いけない（悪い） …すると〜から «de peur de [ドゥ プール ドゥ] ＋不定詞» → ならない, わるい
いけばな 生け花（生けた花） fleurs [女][複] en vase [フルール アン ヴァーズ] /（華道） arrangement [男] des fleurs [アランジュマン デフルール], art [男] floral [アール フロラール]

いける（味がいい） bon,ne [ボン,-ヌ], pas mal [パマール] ‖ あなたはアルコールが一口ですね Vous supportez bien l'alcool. [ヴー スュポルテ ビヤン ラルコール]
いけん 意見 avis [アヴィ] [男]〈単複同形〉, opinion [オピニヨン] [女] /私の〜では à mon avis [アモンナヴィ]
いご 以後 après... [アプレ], à partir de... [アパルティール ドゥ] → いらい¹
いこう 以降 → いご, いらい¹
いこむ 射込む farcir [ファルスィール] [4]
いざかや 居酒屋 bistro(t) [ビストゥロ] [男], mastroquet [マストゥローケ] [男], troquet [トゥローケ] [男] /（バー） bar [バール] [男] /（北フランスの安酒場） estaminet [エスタミネ] [男] /（郊外や б都会の安酒屋, 簡易料理店） caboulot [カブーロ] [男] /（イギリス風パブ） pub [プーブ] [男]
いさき 伊佐木（魚） pristipome [プリスティポーム] [男], [英] *threeline grunt*
いし 石 pierre [ピエール] [女] /〜製の de (または en) pierre [ドゥ(アン) ピエール] /小〜 caillou [カユー] [男][複 〜*x*]
いじ 維持（保持） maintien [マンティヤーン] [男] /〜する maintenir [マントゥニール] [47] ‖ （メンテナンス） entretien [アントゥルティヤーン] [男] /〜費 frais [男] d'entretien [フレ ダントゥルティヤーン] /〜する entretenir [アントゥルトゥニール] [47] → ほぞん
いしがきがい 石垣貝（えぞいしかげ貝の別称） coque [女] ishigaki [コーク イシガキ], [英] *Ezo cokle*
いしがれい 石鰈 flet [男] ishigarei [フレートゥイシガレイ], [英] *stone flounder*
いしだい 石鯛 → たい¹
いしづき 石突（茸の） partie [女] terreuse de champignon [パルティ テルーズ ドゥ シャンピニョン] → え²
いしつぶつ 遺失物 objet [男] perdu [オブジェ ペルデュ] /〜取扱所 bureau [男] des objets trouvés [ビュロ デゾブジェ トゥルーヴェ]
イジニ（町） Isigny [イズィニ] [固] /〜バター beurre [男] d'Isigny [ブール ディ

いしもち 石持（ぐち） sciène [スィエーヌ] ⼥, ombrine [オンブリーヌ] ⼥, ombre de mer [オーンブル ドゥ メール], (英) *croaker, drum*

いしゃ 医者 médecin [メードゥサン] 男, femme médecin [ファム メードゥサン] ⼥, (俗語) toubib [トゥービブ] 男／～を呼ぶ appeler un médecin [アプレ アン メードゥサン] 〈appeler ⑦〉／～に⾏く aller chez le médecin [アレ シェ ル メードゥサン] 〈aller ⑥〉

一般(総合)医	généraliste [ジェネラリースト] 男⼥, omnipraticien,ne [オムニプラティスィヤン, エーヌ]
消化器病専門医	gastroentérologue(s) [ガストゥロワンテロローグ] 男⼥(複)
神経科医	neurologue [ヌロローグ] 男⼥
専門医	médecin spécialiste [メードゥサン スペスィヤリースト]
町医者	médecin de quartier [メードゥサン ドゥ カルティエ]
ホームドクター	médecin de famille [メードゥサン ドゥ ファミーユ]

→ がんか, げか, こうもん, さんふじんか, しか², じびいんこうか, じゅうい, しょうにか, せいしん, ひふ

いしゅう 異臭 odeur ⼥ fétide [オドゥール フェティードゥ], puanteur [ピュアントゥール] ⼥

いじょう¹ …以上 (量,程度) plus de ... [プリュ ドゥ]／(…より多い,優れた,上の) supérieur,e à... [スュペリユール ア]

いじょう² 異常 anomalie [アノマリ] ⼥／～な anormal,e [アノルマール], anormaux [アノルモ] 男(複)／anormalement [アノルマルマン]‖(並外れた) extraordinaire [エクストゥラオルディネール] 〈男⼥同形〉／～に extraordinairement [エクストゥラオルディネールマン]

いしょく 衣⾷ habillement 男 et nourriture [アビーユマン エ ヌーリテュール]／～住⽀給(の) logé,e, nourri,e, blanchi,e [ロジェ ヌーリ ブランシ]

いじわる 意地悪(な) (相手が困るのを期待する) méchant,e [メシャン, トゥ]／(敵意のある) malveillant,e [マルヴェヤン, トゥ]／(毒⾆, 中傷) venimeux [ヴニムー] 〈男に, 単複同形〉, venimeuse [ヴニムーズ] 〈⼥に〉

いす 椅⼦ chaise [シェーズ] ⼥／(座席) siège [スィエージュ] 男／折畳～(siège) pliant [(スィエージュ) プリヤーン] 男／(劇場,地下鉄,バス等の)補助～ strapontin [ストゥラポンタン] 男
→くるまいす, スツール, とう²

いずみ 泉 (⽔源) source [スールス] ⼥／(⽔汲場) fontaine [フォンテーヌ] ⼥

いずみだい 泉鯛 → テラピア

イスラエル Israël [イスラエル] 固男／～⼈ Israélien,ne [イスラエリ・ヤン, エーヌ] 男⼥／～の israélien,ne [イスラエリ・ヤン, エーヌ]

イスラム (イスラム世界, イスラム⽂化) Islam 固男／～教徒 musulman,e [ミュズュルマン, ーヌ] 男⼥／～教 islam 男, islamisme [イスラミースム] 男／～教の islamique [イスラミーク] 〈男⼥同形〉, musulman,e [ミュズュルマン, ーヌ]

いずれ 何れ(そのうち) bientôt [ビヤント] → どちら

いずれは 何れは → そのうち

いせえび 伊勢海⽼ → えび

いせき 遺跡 vestiges [ヴェスティージュ] 男複, ruines [リュイーヌ] ⼥複

いぜん 以前 avant [アヴァン], auparavant [オパラヴァン]‖(昔) autrefois [オートルフワ] 男, dans le temps [ダンル タン]‖～から de (または depuis) long-temps [ドゥ(ドゥピュイ) ロンタン]

いそ 磯 → かいがん

いそうろう 居候 écornifleur,e [エコルニフルール] 男⼥, parasite [パラズィートゥ] 男, (話⾔葉) pique-assiette [ピカスィエートゥ] 〈不変〉

いそがしい 忙しい être occupé,e [エートル オキュぺ] 〈être ②〉, être pris,e [エートル プリーズ]

いそぎんちゃく 磯⼱着 anémone ⼥ de mer [アネモーヌ ドゥ メール], actinie [アクティニ] ⼥, (英) *sea anemone*

いそぎんぽ 磯銀宝 → ぎんぽ

いそぐ 急ぐ se dépêcher [ス デペシェ] 代動 59, se presser [ス プレセ] 代動 59／急いでください Dépêchez-vous ! [デペシェ ヴ]／急げ Allez vite, vite ! [アレ ヴィートゥ ヴィートゥ]／急いで en †hâte [アン アートゥ], en vitesse [アン ヴィテース]／急いでいる être pressé,e [エートゥル プレセ] 〈être ②〉／急がせる

いた

presser [プレセ] →きゅう³
いた 板 planche [プランシュ] 囡/(鉄板) tôle [トール] 囡/(小型の板) planchette [プランシェートゥ] 囡
→プレート
いたい 痛い «avoir mal à... [アヴワール マラ]+定冠詞+痛い個所»〈avoir ①〉/(うずく) lanciner [ランシネ]/痛い! Aïe! [アーイ], ouïe [ウーユ]
→いたみ¹
(片脚が) avoir mal à la jambe [アヴワール マララ ジャーンブ]
(両脚が) avoir mal aux jambes [アヴワール マロ ジャンブ]
(片〔両〕足が) avoir mal au(x) pied(s) [アヴワール マロ ピエ]
(頭が) avoir mal à la tête [アヴワール マララ テートゥ]
(胃が) avoir mal à l'estomac [アヴワール マラ レストマ]
(片〔両〕腕が) avoir mal au(x) bras [アヴワール マロ ブラ]
(腰が) avoir mal aux reins [アヴワール マロ ラン]
(歯が) avoir mal aux dents [アヴワール マロ ダン]
(腹が) avoir mal au ventre [アヴワール マロ ヴァーントゥル]
(片〔両〕膝が) avoir mal au(x) genou(x) [アヴワール マロ ジュヌー]
(片耳が) avoir mal à l'oreille [アヴワール マラ ロレーユ]
(両耳が) avoir mal aux oreilles [アヴワール マロゾレーユ]
(片目が) avoir mal à l'œil [アヴワール マ ルーユ]
(両目が) avoir mal aux yeux [アヴワール マロズュー]
いたストーブ 板ストーブ(鉄板レンジ) piano [ピヤノ] 男
いただきます 頂きます (食前の挨拶) Bon appétit! [ボンナペティ]：食べる人に向かって言う表現．自分の謙譲表現はフランス語にはない
いただく 頂く (受取る) recevoir [ルスヴワール] ③⑧/(取る，飲食する) prendre [プランドル] ③⑦/…していただけませんか «Voulez-vous [ヴーレ ヴー]+不定詞?»
いたばり 板張 (床) planchéiage [プランシェヤージュ] 男/～の床 parquet [パ

ルケ] 男/(壁) boiserie [ブワーズリ] 囡
いたまえ 板前 cuisinier 男 (de restaurant japonais) [キュイズィニエ (ドゥ レストラン ジャポネ)]
いたみ¹ 痛み douleur [ドゥルール] 囡, mal [マール] 男, maux [モ] 男複/(苦悩) souffrance [スーフランス] 囡/(鋭い，激しい痛み) douleur aiguë [ドゥルール エギュ]/(ずきずき，きりきりする痛み) douleur lancinante [ドゥルール ランスィナントゥ]/(鈍い痛み) douleur sourde [ドゥルール スールドゥ]/(ひりひりする痛み) douleur piquante [ドゥルール ピカントゥ]/(軽い痛み) douleur légère [ドゥルール レジェール] →いたい
いたみ² 傷み (船舶，積荷などの損失) avarie [アヴァリ] 囡, dommage [ドマージュ] 男/(状況などの悪化，機械などの破損) détérioration [デテリヨラスィヨン] 囡/(衰弱) délabrement [デラーブルマン] 男/(果物などの) meurtrissure [ムルトリスュール] 囡, talure [タリュール] 囡
いたむ¹ 痛む →いたい
いたむ² (物が)傷む s'abîmer [サビメ] 代動 59/傷んだ abîmé,e [アビメ] ‖ (消耗して弱くなる) s'user [スュゼ] 代動 59/傷んだ usé,e [ユゼ] ‖ (果物などが) meurtrir [ムルトゥリール] ④/傷んだ meurtri,e [ムールトゥリ]
→くさる, さんばい
いため …炒め sauté [ソテ] 男/野菜～ sauté de légumes [ソテ ドゥ レギューム]
いためる 炒める (ソテ：鍋をあおって) (faire) sauter [(フェール) ソテ]〈faire ㉑〉/炒めた sauté,e [ソテ] ‖ (黄金色にする) (faire) blondir [(フェール) ブロンディール], (faire) dorer [(フェール) ドレ]/炒めた blondi,e [ブロンディ], doré,e [ドレ] ‖ (炒め溶かす) faire fondre [フェール フォーンドゥル]/炒めた fondu,e [フォンデュ] ‖ …を焦がさないように～ (faire) cuire...à blanc [キュイール ア ブラン]〈faire ㉑, cuire ⑪備考〉
いたやがい 板屋貝 peigne [ペーニュ] 男, pecten [ペクタン] 男, 英 scallop
イタリア Italie [イタリ] 固囡/～人 Italien,ne [イタリ・ヤン, エーヌ] 男/～語 italien [イタリヤン] 男/～の italien, ne [イタリ・ヤン, エーヌ]/～風 (à l') italienne [イタリエーヌ (ア リタリエーヌ)] ‖

料理（体系としての）cuisine italienne [キュイズィニタリエーヌ] 囡／(一品料理としての) plat 男 (または mets 男) italien [プラ(メ) タリヤン]

イタリアン → イタリア, パセリ, メレンゲ

いち¹ 1 un [アン] 男／(1つの) un,e [アン, ユヌヌ] ／いちばん

いち² 市 定期～ foire [フワール] 囡 → いちば

いち³ 位置（ポジション）position [ポズィスィヨン] 囡／(状況, 場所) situation [スィテュアスィヨン] 囡

いちがつ 一月 janvier [ジャンヴィエ] 男／～に en janvier [アン ジャンヴィエ]

いちご 苺 fraise [フレーズ] 囡, 英 strawberry／野～(蝦夷へび～) fraise 囡 des bois [フレーズ デ ブワー], 英 wild strawberry／木～ framboise [フランブワーズ] 囡, 英 blackberry, (方言) mûron [ミュロン] 男

いちじ 一時 (ある時) à un moment [ア アン モマン] 男／(少しの間) un moment [アン モマン] 男, un instant [アンナンスタン] 男／～の temporaire [タンポレール] 男女同形／手荷物～預り所 consigne [コンスィーニュ] 囡／～停止 stop [ストプ] 男, arrêt [アレ] 男／～的に temporairement [タンポレールマン] → いちじの, じこく

いちじく 無花果 figue [フィーグ] 囡, 英 fig

いちぜん 一膳 (飯) un bol 男 de riz [アン ボル ドゥリ] ／(箸) une paire 囡 de baguettes [ユヌ ペール ドゥ バゲトゥ]

いちど 一度 (に) → いっかい², いっきに, どうじ

いちにち 一日 un jour [アン ジュール] 男, une journée [ユヌ ジュールネ] 囡

いちにんまえ 一人前 (ポーション) une portion [ユヌ ポルスィヨン] 囡／～の… une portion de... [ユヌ ポルスィヨン ドゥ], ...pour une personne [プール ユヌ ペルソヌヌ]

いちねん 一年 un an [アンナン] 男, une année [ユナネ] 囡／～につき par an [パーラン] ／～後 dans un an [ダンザンナン] ／～中 toute l'année [トゥートゥラネ]

いちば 市場 marché [マルシェ] 男, †halle [アール] 囡／青物～ marché 男 aux légumes [マルシェ オ レギューム] ／中央～ halles [アール] 囡 複／パリ中央～ les †Halles de Rungis [レアール ドゥ ランジス] ／魚～ halle aux poissons [アロ プワソン], marché aux poissons [マルシェ オ プワソン], 英 fish market／青空～ marché en plein air [マルシェ アン プレネール]

いちばん 一番 (番号) numéro un [ニュメロ アン] ／(1番め) le premier [ル プルミエ] 男, la première [ラ プルミエール] 囡／～初めに tout d'abord [トゥー ダボール], premièrement [プルミエールマン] ／～いいもの(または人) le meilleur [ル メユール] 男, la meilleure [ラ メユール] 囡／～いい, いち¹, もっとも

いちばんしぼり 一番搾り (シャンパン) tête 囡 de cuvée [テートゥ ドゥ キュヴェ] ／(オリーヴ油) extra-vierge [エクストゥラヴィエールジュ]

いちぶぶん 一部分 une partie [ユヌ パルティ] 囡／～は partiellement [パルスィエールマン], en partie [アン パルティ]

イチボ → うし

いちまい 一枚 (葉, 紙, 薄片) une feuille [ユヌ フーユ] 囡／(ハムなどひと切れ) une tranche [ユヌ トゥラーンシュ] 囡／(板) une planche [ユヌ プラーンシュ] 囡／(金属板など) une plaque [ユヌ プラーク] 囡

いちまつもよう 市松模様 → こうし²

いちめん 一面 (側面) une face [ユヌ ファース] 囡, un côté [アン コテ] 男／(角度) un aspect [アンナスペ] 男／～の partiel,le [パルスィエール] ‖～に (全面に) entièrement [アンティエールマン], totalement [トタルマン] → かためん

いちよう 一様 (の) uniforme [ユニフォルーム] 〈男女同形〉／～にする uniformiser [ユニフォルミゼ] ／～に uniformément [ユニフォルメマン]

いちょう¹ 胃腸 estomac 男 et intestin 男 [エストマ エ アンテスタン]

いちょう² 銀杏 ginkgo [ジャンコ] 男

いちょうがに 銀杏蟹 → かに

いちらんひょう 一覧表 → ひょう¹

いちりゅうの 一流(一番) の… ...de premier ordre [ドゥ プルミエ オルドル] ／(優れた) meilleur,e [メユール]

いちれつ 一列 (線) une ligne [ユヌ リーニュ] 囡／(並び) une rangée [ユヌ ランジェ] 囡／(縦の) une file [ユヌ フィール]

いつ 何時 quand [カン] / ～から depuis quand [ドゥピュイ カン]

いつう 胃痛 → い

いつか 何時か （先日）l'autre jour [ロートゥル ジュール] 男, un jour [アン ジュール] 男 / （後日、将来）un jour [アン ジュール] 男, dans l'avenir [ダン ラヴニール] 男

いっかい¹ 一階 → かい²

いっかい² 一回 une fois [ユヌ フワー] 女 / ～月に～ une fois par mois [ユヌ フワー パール ムワ]

いっきに 一気に d'un (seul) trait [ダン (スール) トゥレー], d'un (seul) coup [ダン (スール) クー] / （話言葉）～飲む faire cul sec [フェール キュ セーク] ⟨faire 21⟩

いっさい 一切 → ぜんぶ¹, まったく

いっしき 一式 → セット²

いっしゅ 一種 une sorte [ユヌ ソールトゥ] 女, une espèce [ユネスペース] 女 / …の～ une sorte (または espèce) de … [ユヌ ソールトゥ (エスペース) ドゥ]

いっしゅう 一周 un tour [アン トゥール] 男 / ～する faire un tour [フェール アン トゥール] ⟨faire 21⟩

いっしょに 一緒に ensemble [アンサーンブル] / …と～ avec… [アヴェーク] / （同時に）en même temps [アン メーム タン]

いっつい 一対 → つい

いっていの 一定の （固定の）fixe [フィークス] ⟨男女同形⟩ / （決った）déterminé,e [デテルミネ] / （絶間ない）constant,e [コンスタン, トゥ] / （変らない）invariable [アンヴァリヤーブル] ⟨男女同形⟩ → きそく

いっていらっしゃい 行っていらっしゃい （さよなら）Au revoir. [オルヴォワール] / （よい一日を）Bonne journée. [ボヌ ジュールネ] / （よい晩を）Bonne soirée. [ボヌ スワーレ] / （よい旅行を）Bon voyage. [ボン ヴワヤージュ]

いってき 一滴 → てき

いつでも 何時でも （どんな時でも）n'importe quand [ナンポールトゥ カン] / （ずっと）toujours [トゥジュール]

いっとう 一等 （～賞）premier prix [プルミエ プリー] 男 / （列車などの）première classe [女] [プルミエール クラース]

いっぱい 一杯 コップ～の… un verre [男] de… [アン ヴェール ドゥ] / ティースプーン～の… une cuiller (または cuillère) [女] à thé de… [ユヌ キュイエラ テ ドゥ] / カップ～の… une tasse [女] de… [ユヌ タース ドゥ] / ～やろう On va boire un verre. [オン ヴァ ブワール アン ヴェール]

いっぱい(の) （満たされた）plein,e [プラーン, レーヌ] / （満席の）complet [コンプレ] 男に, complète [コンプレートゥ] ⟨女に⟩ / 私はお腹が～だ Je n'ai plus faim. [ジュ ネ プリュ ファン] / ～月に～ jusqu'à la fin de ce mois [ジュスカ ラ ファン ドゥ ス ムワー] → たくさん, たっぷり, みたす

いっぱん 一般（の） （全般の）général,e [ジェネラル] 男複, généraux [ジェネロ] 男複 / ～に généralement [ジェネラールマン], en général [アン ジェネラル] ‖ （普通の）ordinaire [オルディネール] ⟨男女同形⟩ / ～に ordinairement [オルディネールマン] ‖ （日常の）courant,e [クーラン, トゥ] ‖ （公の）public [ピュブリーク] 男に⟩, publique [ピュブリーク] ⟨女に⟩ / ～に publiquement [ピュブリークマン]

いっぴん¹ 一品 （品物）un article [アンナルティークル] 男 / （料理）un mets [アン メ] 男 → ア・ラ・…

いっぴん² 逸品 chef-d'œuvre [シェドゥーヴル] 男 ⟨複 ～s-～⟩

いっぺんに 一遍に → いっきに

いっぽう 一方 l'un,e [ラン, リューヌ] / （それに対して）par contre [パール コントゥル] / ～では… d'un côté… [ダン コテ] / …である～ «tandis que [タンディク] +文», «alors que [アロールク] +文»

いっぽうつうこう 一方通行 sens [男] unique [サンスユニーク]

いっぽんしめじ 一本しめじ → しめじ

いっぽんづりの 一本釣の… …de ligne [ドゥ リーニュ]

いつまで jusqu'à quand [ジュスカ カン] / ～も pour toujours [プール トゥジュール], éternellement [エテルネールマン]

いつも toujours [トゥジュール], tout le temps [トゥール タン] / （普段）d'habitude [ダビテュードゥ] / ～の habituel,le [アビテュエール] / …するたびに～ «chaque fois que+文» [シャーク フワク] / ～どおり comme d'habitude [コム ダビテュードゥ] / 日曜は～ le dimanche [ル ディマーンシュ]

いてざ 射手座 Sagittaire [サジテール]

いてん 移転（物の） transfert [トランスフェール] 男 → てんきょ

いでんし 遺伝子 gène [ジェーヌ] 男 /〜組換野菜 légumes [レギューム] 男複 de recombinaison génétique [ドゥ ルコンビネゾン ジェネティーク], O.G.M. [オジェエム] 男:organisme génétiquement modifié [オルガニーズム ジェネティークマン モディフィエ] の略

いと 糸 fil [フィール] 男 /からげ〜 bride [ブリードゥ] 女, fil [フィール] /たこ〜 ficelle [フィセール] 女 /釣〜 fil à pêche [フィラ ペーシュ] → ひも

いど[1] 井戸 puits [ピュイ] 男〈単複同形〉
いど[2] 緯度 latitude [ラティテュードゥ] 女
いとあめ 糸飴 → あめ[2]
いとこ 従兄弟・従姉妹 cousin,e [クーザン, ズィーヌ] 男
いとすぎ 糸杉 cyprès [スィープレ] 男
いとたまご 糸卵 → たまご
いとよ 糸魚（トゲウオ科の魚） épinoche [エピノーシュ] 女, 英 three-spined stickleback
いとよりだい 糸縒鯛 → たい[1]
いな 鯔:ぼらの若魚 petit muge 男 [プティ ミュージュ], petit mulet 男 [プティ ミュレ], 英 mullet → ぼら

いないに …以内に en moins de... [アン ムワーン ドゥ] /1週間〜 en moins d'une semaine [アン ムワーン デュヌ スメーヌ]

いなか 田舎（田園）campagne [カンパーニュ] 女 /〜の campagnard,e [カンパニャール, ドゥ], champêtre [シャンペートゥル] 〈男女同形〉 /〜者 campagnard,e [カンパニャール, ドゥ] 男女 ‖（故郷）pays 男 (natal) [ペイー(ナタール)] /〜者 paysan,ne [ペイザン, ヌ] 男女 ‖（家具などが）〜風の rustique [リュスティーク] 〈男女同形〉 /〜風の料理:垢抜けないが美味な一品 plat 男 rustique [プラ リュスティーク] → ちほう, パテ

いなごまめ 蝗豆 caroube [カルーブ] 女, carouge [カルージュ] 女, 英 carob
いなだ 鰍 jeune sériole [ジューヌ セリヨール], 英 yellowtail
いぬ 犬 chien,ne [シヤン, エーヌ] 男女
いね 稲 riz [リ] 男〈単複同形〉
いのしし 猪 sanglier [サングリーエ] 男, （雌）laie [レ] 女, 英 boar / 仔〜

marcassin [マルカサン] 男
イノシンさん イノシン酸（旨味成分） acide 男 inosinique [アスィードゥ イノズィニーク]

いはん 違反（法規などの）contravention [コントゥラヴァンスィヨン] 女 /スピード〜 contravention pour excès de vitesse [コントゥラヴァンスィヨン プーレクセドゥ ヴィテース] /駐車〜, 交通〜 P.V. [ペヴェ] 男:procès-verbal [プローセ ヴェルバール] 男 /〜複 -verbaux [プローセ ヴェルボ] の略 /（法律, 契約などの重大な）violation [ヴィヨラスィヨン] 女

イブ → クリスマス
いぶす 燻す（虫などを）enfumer [アンフュメ] → くんせい
イブニングドレス → れいふく
イベリコぶた イベリコ豚 → ぶた
いほう 違法（の）→ ふほう
イポクラス（香草入りワイン）hypocras [イポクラス] 男, 英 hippocras
いぼだい 疣鯛 → たい[1]
いま[1] 今 maintenant [マントゥナーン], en ce moment [アン ス モマン] /（現在, 目下）actuellement [アクテュエールマン] /〜に bientôt [ビヤント], tôt ou tard [トウタール] /〜のところ pour le moment [プール モマン] /たった〜 tout à l'heure [トゥータ ルール] /〜時（今日）de nos jours [ドゥ ノ ジュール] /（この時間に）à cette heure-ci [ア セトゥール スィ] ‖〜風 à la mode [アラモードゥ] /〜風の一品（料理）plat 男 très à la mode [プラ トゥレ ザラ モードゥ] /〜まで jusqu'à maintenant [ジュスカ マントゥナーン], jusqu'à présent [ジュスカ プレザーン] → すぐ

いま[2] 居間 → リビング（ルーム）
いまのところ 今のところ → いま[1]
いみ 意味 sens [サーンス] 男〈単複同形〉 /どういう〜ですか Qu'est-ce que ça veut dire ? [ケスク サヴー ディール] → むいみ

イミテーション imitation [イミタスィヨン] 女 /（宝石）faux bijou 男 [フォ ビジュー]
イメージ image [イマージュ] 女
いも 芋 → さつまいも, さといも, じゃがいも, ながいも, やまいも
いもうと 妹 → しまい
いもくり 芋剝り=くり抜きスプン → スプン

いもセロリ 芋セロリ → セロリ

いものの 鋳物の… ...de (または en) fonte [ドゥ(アン) フォーントゥ] 囡

いや 嫌(な) (不快な, 感じの悪い) désagréable [デザグレアーブル] (男女同形) /〜な味 goût 男 désagréable [グーデ ザグレアーブル] /(おぞましい) répugnant,e [レピュニャン, トゥ] /〜な臭いのする infect,e [アンフェークトゥ] /(気持の悪い) dégoûtant,e [デグータン, トゥ]

いやだ! Non ! [ノン]

イヤリング boucle 男 d'oreille [ブークル ドレュ]

いよいよ → ますます

いよかん 伊予柑 orange 囡 iyo [オランジュ イヨ], 英 *iyo orange*

いらい¹ …以来 depuis... [ドゥピュイ]

いらい² 依頼 demande [ドゥマーンドゥ] 囡 /〜状 lettre 囡 de demande [レートゥル ドゥ ドゥマーンドゥ]

依頼の表現

…してくれませんか
Pouvez-vous...? [プーヴェ ヴー] ⟨pouvoir 35⟩
Voulez-vous...? [ヴーレ ヴー] ⟨vouloir 50⟩
もう少しゆっくり話してくれませんか? Pouvez-vous parler plus lentement, s'il vous plaît. [プーヴェ ヴー パルレ プリュ ラーントゥマン スィル ヴー プレ]
電話番号を書いてくれますか?
Voulez-vous écrire votre numéro de télépohone, s'il vous plaît. [ヴーレ ヴー エクリール ヴォートゥル ニュメロ ドゥ テレフォーヌ スィル ヴー プレ]
…してください «動詞命令形2人称複数の活用＋s'il vous plaît. [スィル ヴー プレ]
コーヒー1つください (Donnez-moi) Un café, s'il vous plaît. [(ドネモワ) アン カフェ スィル ヴー プレ]

いらくさ 刺草 ortie [オルティ] 囡, 英 *nettle*

イラスト(レーション) → え¹

いらっしゃい こっちへ〜 Venez par ici. [ヴネ パーリスィ] ‖ 〜ませ (昼) Bonjour [ボンジュール] /(夜) Bonsoir [ボンソワール] → ようこそ

イラティ(地域) Iraty 固 → オソ・イラティ

いり …入(の) (容器に入った) en... [アン], 英 *in...* /(内容物を加えた) avec... [アヴェーク], 英 *with...* /(オムレツなどに包み込んだ) fourré,e de... [フーレドゥ]

いりえ 入江 → わん²

いりぐち 入口 entrée [アーントゥレ] 囡

いりたまご 煎卵 → たまご

いる¹ 居る (存在する) être [エートゥル] ②, exister [エグズィステ] /(住んでいる) habiter [アビテ] /(とどまる) rester [レステ]

いる² (…が)要る → ひつよう(な)

いる³ 炒る・煎る (卵や豆腐を) brouiller en sautant à sec [ブルイエ アンソタン アセーク] /(栗などを) griller [グリーエ]
→ ばいせん

いるい 衣類 → ふく¹

イルーレギ(ワイン) irouléguy 男

いるか 海豚 dauphin [ドファン] 男

イル・フロタント(デザート) île 囡 flottante [イル フロターントゥ]

イルミネーション illumination [イリュミナスィヨン] 囡

いれば 入歯 dentier [ダンティエ] 男

いれもの 入物 → うつわ, ふくろ

いれる 入れる mettre [メートゥル] 26 /(戻す, 入れなおす) remettre [ルメートゥル] 26 /(置く) placer [プラーセ] 32 /(加える) ajouter [アジューテ] /(混ぜ入れる) incorporer [アンコルポレ] /(注ぐ) verser [ヴェルセ] /(挿入する) insérer [アンセレ] 36 /(スイッチを) allumer [アリュメ]

いろ 色 couleur [クールール] 囡 /明るい(濃い) 〜 couleur claire (foncée) [クールール クレール (フォンセ)] /暖(寒)色 couleur chaude (froide) [クールール ショードゥ (フルワードゥ)] :色を表す形容詞 bleu, vert などは, それが修飾する名詞と性・数の一致をするが, 限定する語がつく場合は名詞との性・数の一致はなく無変化. 例）cravate 囡 bleu foncé [クラヴァートゥ ブルー フォンセ]
→ いろあい, やきいろ

いろあい 色合 (色調) coloris [コロリ] 男 ⟨単複同形⟩, teinte [タントゥ] 囡, ton [トン] 男 /(彩色) coloration [コロラスィヨン] 囡 /(色調) nuance [ニュアーンス] 囡

いろいろな 色々な → いくつかの, さまざま, たくさん, ちがう

いろこ 色粉 colorant [コロラン] 男

いろづけ 色付 → ちゃくしょくする, やきいろ

いろつや 色艶 coloris [コロリ] 男〈単複同形〉

いろどり 彩り → いろあい

いろどる 彩る (豊かにする) enrichir [アンリシール] 4 → ちゃくしょくする, ぬる

いわ 岩 roche [ローシュ] 女 / (岩山, 岩壁) rocher [ロシェ] 男

いわい 祝い (祝賀) célébration [セレブラスィヨン] 女 / (祭典, 祭日) fête [フェートゥ] 女 / ～の品 cadeau [カドォ フェートゥ] 男 de fête / (賛辞) compliment [コンプリマン] 男 / ～酒 alcool pour fêter [アルコール プール フェテ] → たんじょう

いわう 祝う fêter [フェテ] / (式を挙げて) célébrer [セレブレ] 36 / (祝福する) féliciter [フェリスィテ]

いわざとう 岩砂糖 → さとう

いわし 鰯 sardine [サルディーヌ] 女, 薬 sardine, pilchard / うるめ～ sardine ronde [サルディーヌ ロードゥ], 薬 red-eye round herring / かたくち～ anchois 男 japonais [アンショワ ジャポネ], 薬 Japanese anchovy → オイルサーディン

いわな 岩魚 omble [オーンブル] 男, 薬 char / アルプス～ omble-chevalier [オーンブル シュヴァリエ] 男〈複 ～s-～s〉, 薬 arctic char

いわのり 岩海苔 algue 女 iwanori [アールグ イワノリ], 薬 iwanori

いんかん 印鑑 (印) cachet [カシェ] 男 / (公印) sceau [ソ] 男〈複 ～x〉

イングランド → イギリス

いんげんまめ 隠元豆 †haricots 男 複 (à écosser) [アリコ (ア エコセ)], 薬 haricot (beans) / 赤～ haricots rouges [アリコ ルージュ], 薬 red kidney beans / 白～ haricots blancs [アリコ ブラン], 薬 haricot beans → さやいんげん, フラジョレ

いんさつ 印刷 (行為) impression [アンプレスィヨン] 女 / (印刷物) imprimé [アンプリメ] 男 / ～する imprimer [アンプリメ]

いんし 印紙 timbre [ターンブル] 男 / (公文書の) 収入～ timbre fiscal [ターンブル フィスカール] / (領収書に貼る) 収入～ timbre de quittance [ターンブル ドゥ キターンス]

いんしゅ 飲酒 (癖) boisson [ブワソン] 女 / ～運転 conduite 女 en état alcoolique [コンデュイートゥ アネタ アルコリーク]

インシュリン → インスリン

いんしょくぎょう 飲食業 métier 男 de bouche [メティエ ドゥ ブーシュ]

いんしょくする 飲食する boire et manger [ブワール エ マンジェ] ⟨boire 10, manger 25⟩ / (レストランなどで) consommer [コンソメ]

いんしょくてん 飲食店 restaurant [レストラン] 男

いんしょくぶつ 飲食物 boire 男 et manger 男 [ブワール エ マンジェ]

インスタント(の) instantané,e [アンスタンタネ] → コーヒー, しょくひん, マリナード, ラーメン

インスリン insuline [アンスュリーヌ] 女

インターネット internet [アンテルネートゥ] 男 / ～カフェ cyber café [スィベール カフェ] → つなぐ

インターホン interphone [アンテルフォーヌ] 男

インディカ → こめ

インテリア intérieur [アンテリユール] 男 / ～コーディネーター coordinateur 男 (coordinatrice 女) pour la décoration d'intérieur [コオルディナトゥリース プール ラ デコラスィヨン ダンテリユール] → デザイナー, デザイン

インド Inde [アーンドゥ] 固 女 / ～人 Indien,ne [アンディヤン, エーヌ] 男 女 / ～の indien,ne [アンディヤン, エーヌ] / ～風 (à l') indienne [アンディエーヌ (ア ランディエーヌ)]

インドシナ Indochine [アンドシーヌ] 固 女 / ～の indochinois,e [アンドシノワ, ーズ] 〈男には単複同形〉

インドネシア Indonésie [アンドネズィ] 固 女 / ～人 Indonésien,ne [アンドネズィヤン, エーヌ] 男 女 / ～の indonésien, ne [アンドネズィヤン, エーヌ] / ～風 (à l') indonésienne [アンドネズィエーヌ (ア ランドネズィエーヌ)]

インフォメーションセンター (bureau 男

インフルエンザ　396

de) renseignements [(ビュロ ドゥ) ランセニュマン] 男複
インフルエンザ grippe [グリープ] 女／～にかかる avoir (または attraper) la grippe [アヴワール (アトゥラーペ) ラ グリープ]〈avoir ①〉／鳥～ grippe aviaire [グリープ アヴィエール]
インフレ(ーション) inflation [アンフラスィヨン] 女
いんよう 飲用(の) potable [ポタープル]〈男女同形〉／～水 eau 女 potable [オ ポタープル]
いんりょう 飲料 boisson [ブワソーン] 女／アルコール～ boisson alcoolisée [ブワソーン アルコリゼ]／清涼～ rafraîchissement [ラフレシースマン] 男／炭酸～ boisson gazeuse [ブワソーン ガズーズ]

う

ヴァージンオリーヴオイル → オリーヴ
ヴァーミセリ → ヴェルミセル
ヴァイオレット → エセンス, すみれ, ムータルド
ヴァイキング (民族) Viking [ヴィーキング] 固男 → スモルガスボード
ヴァカンス ～客 vacancier [ヴァカンスィエ] 男, vacancière [ヴァカンスィエール] 女 → きゅうか
ヴァシュラン (チーズ) vacherin 男／(デザート) vacherin 男／～・グラセ vacherin glacé [ヴァシュラン グラセ]
ヴァテル (メトル・ドテル) Vatel 固男／(チーズ) vatel 男
ヴァニラ vanille [ヴァニーユ] 女, 英 *vanilla*／～エセンス essence 女 de vanille [エサーンス ドゥ ヴァニーユ]／～パウダー poudre 女 de vanille [プードゥル ドゥ ヴァニーユ]／～ビーンズ graines 女複 de vanille [グレーヌ ドゥ ヴァニーユ]／～棒 gousse 女 de vanille [グース ドゥ ヴァニーユ]／～風味の, ～風味を付けた vanillé,*e* [ヴァニエ], 英 *vanilla flavoured*／～風味をつける vaniller [ヴァニエ]
→ アイスクリーム, エセンス, さとう
ヴァニリンシュガー → さとう

ヴァネ (ソースなどに膜ができないように混ぜる) vanner
ヴァプール → むす
ウ・ア・ラ・ネージュ (デザート) œufs 男複 (à la) neige [ウ (ア ラ) ネージュ], 英 *floating islands*
ヴァランシエーヌ (町) Valenciennes [ヴァランスィエーヌ] 固／～の valenciennois,*e* [ヴァランスィエヌワーズ]〈男には単複同形〉／～風 (à la) Valenciennes [(ア ラ) ヴァランスィエーヌ]
ヴァランス (町) Valence 固／～の valentinois,*e* [ヴァランティヌワーズ]〈男には単複同形〉／～風 (à la) valentinoise [(ア ラ) ヴァランティヌワーズ]
ヴァランセ (チーズ) valençay 男
ヴァリエーション variation [ヴァリヤスィヨン] 女／～のある varié,*e* [ヴァリエ]／～をつける varier [ヴァリエ]
ヴァレンタインデー fête 女 de Saint-Valentin [フェートゥ ドゥ サン ヴァランタン], 英 *Saint Valentine's Day*
ヴァン → ワイン
ヴァンサン ソース・～ sauce 女 Vincent
ヴァンダンジュ・タルディヴ → おそつみ
ヴァンデ (県) Vendée 固 女／～の vendéen,*ne* [ヴァンデ・アン, エーヌ]／～風 (à la) vendéenne [(ア ラ) ヴァンデエーヌ]
ウィークエンド week-end [ウィケーンドゥ] 男複 ～-~*s*
ウィークデー → へいじつ
ウィーン (首都) Vienne [ヴィエーヌ] 固／～の viennois,*e* [ヴィエヌワーズ]〈男には単複同形〉／～風 (à la) viennoise [(ア ラ) ヴィエヌワーズ]
ヴィヴァレ (地域) Vivarais 固男／～の vivarais,*e* [ヴィヴァレ, ーズ]〈男には単複同形〉／～風 (à la) vivaraise [(ア ラ) ヴィヴァレーズ]
ヴィエノワズリ → デニッシュ
ヴィオニエ (ぶどう) viognier 男
ういきょう 茴香 → フヌイユ
ヴィザ → ビザ
ヴィシー (町) Vichy 固／～の vichyssois,*e* [ヴィシスワーズ]〈男には単複同形〉／～風 (à la) Vichy [(ア ラ) ヴィシ], (à la) vichyssoise [(ア ラ) ヴィシスワーズ]
ヴィシソワーズ (ポタージュ) vichyssoise [ヴィシスワーズ] 女, potage 男 (à la) vichyssoise [ポタージュ (ア ラ) ヴィシス

ワーズ], crème 女 (à la) vichyssoise [クレーム (ア ラ) ヴィシスワーズ], 英 *vichyssoise* → ヴィシー

ウイスキー whisky 男, *whisk(e)y* /アイリッシュ~ whisky irlandais [ウィスキ イルランデ]/ 英 *Irish whiskey* /グレイン~ whisky de grain [ウィスキ ドゥ グラン], 英 *grain whisky* /コーン~ whisky de maïs [ウィスキ ドゥ マイース], 英 *corn whisky* /スコッチ~ scotch [スコーチ], *Scotch whisky* /バーボン~ bourbon [ブールボン] 男, 英 *bourbon* /~ハイボール whisky (au) soda [ウィスキ (オ) ソダ], *whisky highball* /~の水割 whisky à l'eau [ウィスキ ア ロ]/~のロック whisky avec glaçon [ウィスキ アヴェック グラソーン]/モルト~ whisky de malt [ウィスキ ドゥ マールトゥ], 英 *malt whisky* /シングルモルト~ (whisky) pur malt [ウィスキ ピュール マールトゥ] 男
→ グラス¹, みずわり

ヴィテル → ヴィテル
ヴィデする → のぞく
ヴィテル (ミネラルウォーター) Vittel 固名
ヴィネガー → す²
ヴィネグレット (sauce) vinaigrette [(ソース) ヴィネグレートゥ] 女, 英 *French dressing, vinaigrette, oil and vinegar sauce*
ウイヤ (スープ) ouillat [ウイヤ] 男
ヴィユ・ポンタルリエ (アニス酒) Vieux Pontarlier 固男
ウィリアミーヌ → ようなし
ウィリアムス → ようなし
ウイルス virus [ヴィリュース] 男 〈単複同形〉
ヴィルロワ (ソース) (sauce 女) Villeroi [(ソース) ヴィルルワ] / ~風 Villeroi または Villeroy [ヴィルルワ]
ヴィロフレ (町) Viroflay 固/~風 (à la) Viroflay [(ア ラ) ヴィロフレ]
ウィンカー clignotant [クリニョタン] 男
ヴィンテージ millésime [ミレズィム] 男 /~の millésimé,e [ミレズィメ]
ウィンドーショッピング lèche-vitrines [レーシュ ヴィトゥリーヌズ] 男 〈単複同形〉
ウィンドサーフィン surf 男 à voile [スルフ ア ヴワール]
ウィンナー → コーヒー, ココア, ソーセージ

ウィンナーシュニツェル (料理) côte 女 de veau à la viennoise [コートゥ ドゥ ヴォ ア ラ ヴィエヌワーズ], 英 独 *Wiener Schnitzel*
ヴーヴ・クリコ・ポンサルダン (シャンパン) veuve clicquot-ponsardin 固男
ヴーヴレ (ワイン) vouvray 男
ウーブリ (菓子) oublie 女
ウール → ようもう
ウーロンちゃ ウーロン茶 thé 男 oolong または oulong [テゥーロン], 英 *oolong*
うえ 上 †haut [オ] 男 /…の~に sur... [スュール]/…の~の方に au-dessus de... [オ ドゥスュ ドゥ]/その~に au-dessus [オ ドゥスュ]/~(上部)の supérieur,e [スュペリユール]/~(上部)を水平に切り除く ôter la partie supérieure de... [オテラ パルティ スュペリユール ドゥ]/…より~(上位, 優れた)の supérieur,e [スュペリユーラ] → より²
ウェイター serveur [セルヴール]
ウェイトレス serveuse [セルヴーズ] 女
ウェーブ (髪) ondulation [オンデュラスィヨン] 女 /~をかける onduler [オンデュレ]/~をかけた ondulé,e [オンデュレ]
ヴェール (かぶりもの) voile [ヴワール] 男
ウェールズ (地方) (Pays 男 de) Galles [(ペイ ドゥ) ガール] 固女 /~人 Gallois,e [ガールワ, ーズ] 男 (男は単複同形)/~語 gallois [ガールワ] 〈男には単複同形〉/~の gallois,e [ガールワ, ーズ]/~風 (à la) galloise [(ア ラ) ガルワーズ]
ウエスト → どう²
ウェディング ~ケーキ gâteau 男 〈複 ~x〉 de noce(s) [ガト ドゥ ノース], 英 *wedding cake* → けっこん
ヴェ・デ・キュ・エス (上質指定ワイン) V.D.Q.S. 男 : vin 男 délimité de qualité supérieure [ヴァン デリミテ ドゥ カリテ スュペリユール] の略
ヴェナコ (チーズ) venaco 男
ヴェネツィア (都市) Venise [ヴニーズ] 固女 /~の vénitien,ne [ヴェニスィヤン, エーヌ]/~風 (à la) vénitienne [(ア ラ) ヴェニスィエーヌ]
ウェハース gaufrette [ゴフレートゥ] 女, 英 *wafer*
ウェブサイト → ホームページ
ウェリントン(風) Wellington [ウェリントン]/牛フィレ肉~ filet 男 de bœuf

うえる

Wellington [フィレ ドゥ ブフ ウェリントン]
うえる 飢える être affamé,e [エートゥル アファメ] être ②
ヴェルジュ (未熟ぶどう果汁) verjus /～を使う(酸味として加える) verjuter [ヴェルジュテ] /～を使った verjuté,e [ヴェルジュテ]
ヴェルダン (ステーキの焼方) bien cuit [ビヤン キュイ] /ベリー～ brûlé [ブリューレ]
ヴェルデュレット (ソース) verdurette [ヴェルデュレットゥ]
ヴェルミセル (パスタ) vermicelles 男 複, 英 vermicelli
ヴェルモット (食前酒) vermout (h) [ヴェルムートゥ] 男, 英 vermouth
ヴォ (スイスの州) Vaud 固 /～の vaudois,e [ヴォードワ,ーズ] 男 には単複同形 /～風 (à la) vaudoise [(アラ) ヴォドワーズ]
うおいちば 魚市場 → いちば
ヴォージュ (地方・山脈) Vosges 固 女 複 /～の vosgien,ne [ヴォジ ヤン, エーヌ] /～風 (à la) vosgienne [(アラ) ヴォジエーヌ]
ヴォーヌ・ロマネ (ワイン) vosne-romanée 男
ウォーマー → ほおんき
うおざ 魚座 Poissons [プワソーン] 固 男 複
ウォッカ vodka [ヴォートゥカ] 女, 英 vodka
ウォッシュタイプ → チーズ
うおのめ 魚の目 œil-de-perdrix [ウユドゥペールドゥリ] 男〈複 ～s-～-～〉
ヴォライユ → かきん
ヴォルヴィック (ミネラルウォーター) Volvic [ヴォルヴィーク] 固 女
ヴォルネ (ワイン) volnay 男
ヴォロ・ヴァン (料理) vol-au-vent 男
うがい 嗽 gargarisme [ガルガリースム] 男 /～する se gargariser [ス ガルガリゼ] 代動59 /～薬(喉用) gargarisme [ガルガリースム], (歯用) eau 女 dentifrice [オ ダンティフリース]〈複 ～x～s〉
うかべる 浮べる faire flotter [フェール フローテ]〈faire ㉑〉/…を浮かべた flotté,e de [フローテ ドゥ]
うかる 受かる → ごうかくする
うがん 右岸 rive 女 droite [リーヴ ドゥルワートゥ]

うき 浮(釣用) flotteur [フロトゥール] 男
うきあぶら 浮脂 graisse 女 de bouillon [グレース ドゥ ブヨン] → あぶら²
うきこ 浮粉 amidon 男 de farine [アミドン ドゥ ファリーヌ]
うきぶくろ 浮袋 (遊泳用)ceinture 女 pneumatique [サンテュール プヌマティーク] /(救命) bouée 女 (de sauvetage) [ブエ (ドゥ ソヴタージュ)] /(魚の) vessie 女 natatoire [ヴェスイ ナタトワール]
うきぼり 浮彫 relief [ルリーフ] 男 /(金属や食器の) bosselure [ボスリュール] 女
うきみ 浮身(ポタージュなどの) garniture [ガルニテュール] 女
うきよえ 浮世絵 estampe 女 japonaise [エスタンプ ジャポネーズ]
うぐい 石斑魚 vandoise 女 ugui [ゥアンドゥワーズ ウグイ], 英 Japanese dace
ウクライナ Ukraine [ユクレーヌ] 固 女 /～の ukrainien,ne [ユクレニ ヤン, エーヌ] /～風 (à l') ukrainienne [ユクレニエーヌ (ア リュクレニエーヌ)]
うけざら 受皿 → さら
うけつけ 受付 (フロント) réception [レセプスィヨン] 女 /～係 réceptionniste [レセプスィヨニーストゥ] 男 女
うけつけない 受付けない (拒否する) refuser [ルフュゼ] /(…のアレルギー症状になる) être allergique à... [エートゥル アレルジーク ア]
うけつける 受付ける (承諾する) accepter [アクセープテ]
うけとり 受取 → りょうしゅうしょ
うけみけい 受身形 → じゅどうたい
うける 受ける (受取る) recevoir [ルスヴワール] 38 /(試験を) passer [パセ] /(被害, 治療などを) subir [スュビール] ④
うごかす 動かす remuer [ルミュエ] /(機械)…を～ faire marcher [フェール マルシェ]〈faire ㉑〉, mettre...en marche [メートゥル アン マルシュ]〈mettre ㉖〉/(移動する) déplacer [デプラセ] 32
うごく 動く bouger [ブージェ] 25 /(移動する) se déplacer [ス デプラセ] 代動 32 59 /(機械などが) marcher [マルシェ], fonctionner [フォンクスィヨネ]
うこん 鬱金,宇金 → ターメリック
うさぎ 兎 lapin,e [ラ・パン, ピーヌ] 男 女, 英 rabbit /～の背肉(ロース) râble 女 (de lapin) [ラーブル (ドゥ ラパン)], 英

牛の部位と利用法

頭肉 tête [テートゥ] 囡, 英 *head meat*
内肩肉 macreuse [マクルーズ] 囡, 英 *shoulder*
内もも肉 tende-de-tranche [タンドゥ ドゥ トゥラーンシュ] 囡, 英 *topside*
後もも肉 gîte [ジートゥ] 男 de derrière [ドゥ デリエール], gîte-gîte [ジートゥ ジートゥ] 男
後外肩肉 jumeau 男 à bifteck [ジュモア ビフテック], 英 *clod*
尾, オクステイル queue [クー] 囡, 英 *oxtail*
肩ロース basse côte [バス コートゥ] 囡
首肉 collier [コリエ] 男, 英 *neck*
後部ばら肉 flanchet [フランシェ] 男, 英 *flank*
腰肉(フィレ, フォフィレ, ランプを含む) aloyau [アルワーヨ] 男 〈複 ~x〉, 英 *loin*
腰肉バヴェット bavette 囡 d'aloyau [バヴェートゥ ダルワーヨ], 英 *undercut*
サーロイン faux-filet [フォフィレ] 男, contre-filet [コントゥル フィレ] 男, 英 *sirloin*
シキンボ(もも上部肉) quasi [カズィ] 男, 英 *silverside*
尻肉, イチボ culotte [キュロートゥ] 囡, 英 *aitchbone*
すね肉 crosse [クロース] 囡, 英 *knuckle*
背肉(肋骨1本ずつに骨付で切分けた) côte [コートゥ] 囡, 英 *rib*
外もも肉 gîte 男 noix [ジートゥ ヌワ], 英 *silverside*
タンドロン(中部ばら肉) tendron [タンドゥローン] 男
臀部にくっついた細い部分 aiguillette 囡 de romsteck [エギュイエートゥ ドゥ ロムステーク]
ばら肉前部 poitrine [プワトゥリーヌ] 囡, 英 *brisket*
ばら肉, 腹部半身肉 caparaçon [カパラソン] 男
ハンギングテンダー †hampe [アーンプ] 囡, 英 *hanging tender*
ひじ肉 gîte de devant [ジートゥ ドゥ ドゥヴァン]
フィレ肉 filet [フィレ] 男, 英 *fillet, tenderloin*
腹部バヴェット bavette de flanchet [バヴェートゥ ドゥ フランシェ]
前外肩肉 jumeau 男 à pot-au-feu [ジュモア ポトフ], 英 *clod*
前内もも肉 rond 男 de tranche [ロンドゥ トゥラーンシュ]
ランプ, ロムステーク romsteck または rumsteck [ロムステーク] 男, 英 *rump*
リブロース(アントルコート) entrecôte [アントゥルコートゥ] 囡, 英 *entrecôte, rib roast*
リブロース(肋骨5本分) train 男 de côtes [トゥラーン ドゥ コートゥ]
リブロース先端部分 noix 囡 d'entrecôte [ヌワ ダントゥルコートゥ]
脇腹肉中央部 plat 男 de côtes découvert [プラ ドゥ コートゥ デクーヴェール]
脇腹肉前部 plat de côtes couvert [プラ ドゥ コートゥ クーヴェール]
→ アキレスけん, い, こうがん, した[2], じんぞう[1], ちょう[1], のう[1], はい[3], レバー

back, saddle /~のもも肉 cuisse de lapin [キュイース ドゥ ラパン] 囡 /(仔穴うさぎ) lapereau [ラプロ] 男 〈複 ~x〉, 英 *young rabbit* /(雄野うさぎ) lièvre [リエーヴル] 男, 英 *hare* /(雌野うさぎ) †hase [アーズ] 囡 /(仔野うさぎ) levraut [ルヴロ] 男, 英 *leveret*

うし 牛 (牛肉) bœuf [ブフ] 男, bœufs [ブ] 男複, 英 *beef* /~の bovin, e [ボ・ヴァン, ヴィーヌ] ‖ 雄~ taureau [トロ] 男 〈複 ~x〉/去勢雄~ bœuf /未経産雌~ taure [トール] 囡 /雌~ vache [ヴァーシュ] 囡 /若い雄~ taurillon [トリヨン] 男 /若い雌~ génisse [ジェニース] 囡
→ こうし[1], シャロレ, にゅうぎゅう, ノルマンド, はんまる, はんみ, わぎゅう

うじ 蛆 ver [ヴェール] 男 /(釣の餌) asticot [アスティコ] 男

うしおじる

うしおじる 潮汁 potage 男 clair aux palourdes [ポタージュ クレール オ パルールドゥ]

うしなう 失う → なくす

うしろあし 後ろ足 → あし¹

うしろに (…の) 後ろに derrière... [デリエール]

うす 臼 (挽臼) meule [ムール] 女

うず 渦 tourbillon [トゥールビヨン] 男 /(渦状のもの) spirale [スピラール] 女 /~形の spiral,e [スピラール], spiraux [スピロ] 男複 に, en spirale [アン スピラール]

うすい 薄い (厚み) fin [ファン] 〈男に〉, fine [フィーヌ] 〈女に〉, mince [マーンス] 〈男女同形〉〈男女同形〉‖ (濃度) léger [レジェ] 〈男に〉, légère [レジェール] 〈女に〉, 英 light ‖ (味) fade [ファードゥ] 〈男女同形〉 /(薄塩の) légèrement salé,e [レジェールマン サレ], 英 lightly salted /~味 saveur 女 discrète [サヴール ディスクレートゥ]

うすかわ 薄皮 pellicule [ペリキュール] 女 /(牛乳の) peau [ポ] 女 複 ~x)

うすぎり 薄切 (エギュイエット:筋肉繊維と同方向の細長い薄切り) aiguillette [エギュイエートゥ] 女, 英 aiguillette (エマンセ:薄いスライス) émincé [エマンセ] 男, 英 émincé /~にする émincer [エマンセ] 32 /~にした émincé,e [エマンセ], 英 sliced
(エスカロップ:肉,魚などのそぎ切) escalope [エスカロープ] 女, 英 escalope /~にする escaloper [エスカロペ] /~にした escalopé,e [エスカロペ], 英 sliced
(パンやハムなどのスライス) tranche [トゥラーンシュ] 女, 英 slice /~にする trancher [トゥランシェ] / ~ にした tranché,e [トゥランシェ], 英 sliced
(肉,パンの薄いスライス) lèche [レーシュ] 女, 英 thin slice
(ゴーフレット:碁盤目状に透しの入ったじゃが芋のスライス) gaufrette [ゴフレートゥ] 女, 英 wafer
(小さい薄切) lame [ラーム] 女, lamelle [ラメール] 女, 英 thin slice
(ペイザーヌ:1cm角の野菜の薄切り) paysanne [ペイザーヌ] 女, 英 paysanne
(マティニョン:四角く切って炒め溶かした野菜のスライス) matignon [マティニョン] 女, 英 matignon, vegetable fondue
(ロンデル:輪切) rondelle [ロンデール] 女, 英 round
《上記に「~にする」の記述がない場合, tailler en... [タイエアン], 「~にした」taillé,e en... [タイエアン] とし, それぞれの「薄切」という名詞を...に入れる》

うすくする 薄くする (生地の厚みを) abaisser [アベセ] /薄くした abaissé,e [アベセ] ‖ (肉などを平たくする) aplatir [アプラティール] 4 /薄くした aplati,e [アプラティ] → うすめる

うすじお 薄塩 (の) → うすい

ウスターソース sauce 女 Worcester (Worceshire) [ソース ウォルセステール (ウォルスシール)], 英 Worcester (shire) sauce

うすば 薄刃 lame 女 fine [ラム フィーヌ] /~の包丁 couteau 男 〈複~x〉à lame fine [クート ア ラム フィーヌ], tranchelard [トゥランシュラール] 男

うすまき 渦巻 → うず

うすめえき 薄め液 diluant [ディリュアン] 男, 英 thinner

うすめる 薄める (液体を) allonger [アロンジェ] 25, relâcher [ルラーシェ] /薄めた allongé,e [アロンジェ], relâché,e [ルラシェ] ‖ (味などを和らげる) adoucir [アドゥースィール] 4 /薄めた adouci,e [アドゥースィ] ‖ (ワインを水で) couper [クペ] /薄めた coupé,e [クペ]

うずら 鶉 caille [カーユ] 女, 英 quail /山~ (ヤマウズラ類の総称) perdrix [ペールドゥリ] 女 〈単複同形〉, 英 partridge /山~のひな perdreau [ペールドゥロ] 男〈複~x〉 → しゃこ², たまご

うずらまめ 鶉豆 †haricots 男複 tachetés [アリコ タシュテ], 英 mottled kidney beans

うそ 嘘 mensonge [マンソーンジュ] 男 /~をつく mentir [マンティール] 30 /~つき (人) menteur [マントゥール] 男, menteuse [マントゥーズ] 女 /~つきの menteur [マントゥール] 〈男に〉, menteuse [マントゥーズ] 〈女に〉

ウゾ (リキュール) ouzo [ウーゾ] 男

うたがう (…を) 疑う douter de... [ド

うち¹ 内 → あいだ, ないぶ
うち² 家 → いえ
うちあわせ 打合せ concertation [コンセルタスィヨン] 囡 / ～をする concerter [コンセルテ]
うちがわ 内側 (型などの) paroi [パーロワ] 囡 → ないぶ, なか
うちき 内気(な) timide [ティミードゥ] 〈男女同形〉
うちこ 打粉 (小麦粉) farine [ファリーヌ] 囡 / ～をする fariner [ファリネ], fleurer [フルーレ] / ～をした fariné,e [ファリネ], fleuré,e [フルーレ] / こねている生地に～する contre-fraser [コーントゥル フラゼ]
うちももにく 内股肉 → うし
うちわサボテン 団扇仙人掌 → サボテン
うつ 打つ (叩く) frapper [フラペ] ‖ (軽く叩く) tapper [タペ] ‖ (生地などを) abaisser [アベセ]
うつくしい 美しい → きれい
うつくしさ 美しさ beauté [ボテ] 囡
うつし 写し → コピー
うつしかえる 移し替る (ワインなどの容器を) transvaser [トゥランスヴァゼ] → デカンテする
うつす 移す (移動させる) déplacer [デプラセ] ③² / (移転, 転任させる) transférer [トゥランスフェレ] ③⁶ / (運搬する) transporter [トゥランスポルテ]
うつすら 薄ら → かるい
うつぶせ 俯せ(に) à plat ventre [アプラ ヴァーントゥル], sur le ventre [スュール ル ヴァーントゥル] / …を～にする poser (または mettre)…sur le ventre [ポゼ(メートゥル) スュール ル ヴァーントゥル] (mettre ²⁶)
うつぼ 鱓 murène [ミュレーヌ] 囡, 英 moray (eel)
うつる 移る (移動) se déplacer [スデプラセ] 代動 ③²⁵⁹ / A から B へ～ passer de A à B [パセ ドゥ ア ア ベ] → でんせん¹
うつわ 器 (容器) récipient [レスィピヤン] 男 (食器) vaisselle [ヴェセール] 囡
うで 腕 bras [ブラー] 男 〈単複同形〉 / ～組みする croiser les bras [クルワーゼ レ ブラー] → のうりょく

うど 独活 aralia 男 udo [アラリヤ ウド], 英 udo
うどん 饂飩 grosses nouilles 囡耨 japonaises (de farine de blé) [グロース ヌーユ ジャポネーズ (ドゥ ファリーヌ ドゥ ブレー)]
うなぎ 鰻 anguille [アンギーユ] 囡, 英 eel / ～の蒲焼 brochette 囡 de filet d'anguille grillé à la sauce de soja sucrée [ブロシェートゥ ドゥ フィレ ダンギーユ グリエ ア ラ ソース ドゥ ソジャ スュークレ] / ～の白焼 anguille grillée [アンギーユ グリエ] → しらすうなぎ, やつめうなぎ
うなじ 項 nuque [ニューク] 囡
うなどん 鰻丼 bol 男 de riz au filet d'anguille grillé à la sauce de soja sucrée [ボル ドゥ リオ フィレ ダンギーユ グリエ ア ラ ソース ドゥ ソジャ スュークレ]
うに 雲丹・海胆 oursin [ウルサン] 男, châtaigne 囡 de mer [シャテーニュ ドゥ メール], 英 sea urchin / ～の身 corail [コラーユ] 男, coraux [コロ] 男耨 / ～風味を付ける oursiner [ウルスィネ] / ～風味を付けた oursiné,e [ウルスィネ] / ～風味をつけた料理 oursinade [ウルスィナードゥ] 囡 → から²
うぬぼれ 自惚れ fatuité [ファテュイテ] 囡 / (思い上がり) prétension [プレタンスィヨン] 囡 / ～が強い prétentieux [プレタンスィユー] 男に, 単複同形, prétentieuse [プレタンスィユーズ] 〈囡に〉
うね 畝 billon [ビヨン] 男 / …に～模様を付ける rayer…en nervure [レイエ アン ネルヴュール] 〈rayer ③¹〉
うのはな 卯の花 → おから
うま 馬 cheval [シュヴァール] 男 〈複 chevaux [シュヴォ]〉/ 雌～ jument [ジュマン] 囡 / 仔～ poulain [プーラン] 男 → ばにく
うまい¹ 旨い (おいしい) bon,ne [ボン, -ヌ] / (とても) délicieux [デリスィユー] 〈男に, 単複同形〉, délicieuse [デリスィユーズ] 〈囡に〉/ (この上なく美味な) exquis,e [エクスキ,-ズ] 〈男には単複同形〉/ (滋味豊かな) succulent,e [スュキュラントゥ]
うまい² 上手い (上手) bien [ビヤーン] → きよう
うまく 上手く (上手) bien [ビヤーン] / (首尾よく) bien [ビヤーン], avec succès [アヴェック スュクセ] / ～いってる? Ça marche bien? [サ マルシュ ビヤーン]

うまさ → きょう
うまさ 旨さ（大きな喜びのもと）délice [デリース] 女／（風味のよさ）saveur [サヴール] 女／（滋味の豊かさ）succulence [スュキュラーンス] 女

うまそうな 旨そうな appétissant,e [アペティサン, トゥ], alléchant,e [アレシャン, トゥ]

うまづらはぎ 馬面剝 baliste 男 umazura [バリーストゥ ウマズラ], 英 file-fish umazura

うまみ 旨み saveur [サヴール] 女, 英 flavour／（鍋に付いたものを液体に溶した）suc [スューク] 男／〜調味料 glutamate 男 de sodium [グリュタマートゥドゥソディヨム], ajinomoto 男 [アジノモト]

うまれる 生れる naître [ネートゥル] 28／私は1980年7月14日に東京で生れた Je suis né,e à Tokyo le 14 juillet 1980. [ジュ スュイ ネ ア トキョ カトールズ ジュイエ ミルヌフサンカートゥルヴァン]

うみ¹ 海 mer [メール] 女／〜の marin,e [マ・ラン, リーヌ]／（潮）marée [マレ] 女／〜の幸 fruits 男複 de mer → ぎょかいるい

うみ² 膿 pus [ピュ] 男〈単複同形〉

うみべ 海辺 → かいがん

うみます 海鱒 → ます²

うむ 産む・生む （出産する）accoucher [アクーシェ]／（鳥が卵を）pondre [ポンドゥル] 39／うみたての卵 œuf frais [ウフ フレ]／（魚が卵を）frayer [フレイエ] 31

うめ 梅（実）prune 女 japonaise [プリューヌ ジャポネーズ], 英 Japanese apricot／青〜 prune verte [プリューヌ ヴェールトゥ]／〜酒 liqueur 女 de prune [リクール ドゥ プリューヌ]／〜酢 vinaigre 男 de prune [ヴィネーグル ドゥ プリューヌ]／〜干 prune confite au sel [プリューヌ コンフィートゥ セール]

うもう 羽毛 → はね, ふとん

うら 裏 envers [アンヴェール] 男, revers [ルヴェール] 男／（反対面）l'autre face [ロートゥル ファス] 女, l'autre côté [ロートゥル コテ] 男／（印刷した面の）verso [ヴェルソ] 男, dos [ド] 男

うらがえす 裏返す → ひっくりかえす

うらぐち 裏口 porte 女 de service [ポルトゥ ドゥ セルヴィス]

うらごしき 裏漉器 → こしき

うらごしする 裏漉する → こす²

うらどおり 裏通り → とおり²

うらやましい 羨ましい envier [アンヴィエ]

うり 瓜（ウリ科植物の総称）cucurbitacées [キュキュルビタセ] 女複, 英 cucurbitaceous plant／金糸〜 courge 女 spaghetti [クールジュ スパゲティ], spaghetti squash／隼人(はやと)〜 chayot(t)e [シャヨートゥ] 女, christophine [クリストフィーヌ], 英 chayote／まくわ〜 melon 男 oriental [ムロン オリヤンタール], 英 oriental melon

うりあげ 売上 recette [ルセートゥ] 女, vente [ヴァーントゥ] 女／（総売上）chiffre 男 d'affaires [シフル ダフェール]

うりきれ 売切れ épuisement [エピュイズマン] 男／〜の épuisé,e [エピュイゼ]

うりば 売場（デパートなどの）rayon [レヨン] 男／食品〜 rayon de l'alimentation [レヨン ドゥ ラリマンタスィヨン]／（切符の）guichet [ギシェ]／（劇場, 乗物の予約）bureau 男 de location [ビュロ ドゥ ロカスィヨン]

うりもの 売物 article 男 de vente [アルティークル ドゥ ヴァーントゥ]／（特産, お勧め品）spécialité [スペスィヤリテ] 女／（表示）À vendre. [ア ヴァーンドゥル]

うりや 売家 maison 女 à vendre [メゾン ア ヴァーンドゥル]

うる 売る vendre [ヴァーンドゥル] 39

うるさい 煩い（騒々しい）bruyant,e [ブリュイヤン, トゥ]／（気難しい）difficile [ディフィスィール]／（男女同形）／（口やかましい）exigeant,e [エグズィジャン, トゥ]／〜！ Tais-toi ! [テトゥワ], (俗語) La ferme ! [ラ フェールム]

うるし 漆（塗料）laque [ラーク] 女／〜椀 bol 男 laqué [ボール ラケ]／〜を塗る laquer [ラケ] → しっき

うるちまい 粳米 → こめ

ヴルテ（ポタージュ）（potage 男）velouté [(ポタージュ) ヴルテ] 男, 英 velouté soup／ソース〜（sauce 女）velouté [(ソース) ヴルテ], 英 velouté sauce

うれしい 嬉しい（喜ばしい）joyeux [ジュワユー] 男に, 単複同形〉, joyeuse [ジュワユーズ]〈女に〉,（満足）content,e [コンタン, トゥ] → しあわせ

うれる 熟れる → じゅくす

うろこ 鱗 écaille [エカーユ] 女／～をひく écailler [エカイエ]／～をひいた écaillé,e [エカイエ] ‖ ～状に並べる imbriquer [アンブリケ]／～状に並べた imbriqué,e [アンブリケ], (英) *overlapped* ‖ ～ひき：道具 écailleur [エカユール] 男

うわぎ 上着 → ジャケット

うわぐすり 釉薬 glaçure [グラスュール] 女

うわずみ 上澄み partie 女 claire [パルティ クレール]／～をとる décanter [デカンテ]

うん¹ → はい¹

うん² 運 chance [シャーンス] 女／(話言葉) veine [ヴェーヌ] 女／～がいい avoir de la chance [アヴワール ドゥ ラ シャーンス] ⟨avoir ①⟩／私は～がいい J'ai de la chance. [ジェ ドゥ ラ シャーンス]／～が悪い ne pas avoir de la chance [ヌ パ アヴワール ドゥ ラ シャーンス]／君は～が悪い Tu n'as pas de chance. [テュ ナ パ ドゥ シャーンス]

うんきゅう 運休 service 男 suspendu [セルヴィス ススパンデュ], service interrompu [セルヴィス サンテロンピュ]／～している interrompu,e [アンテロンピュ], suspendu,e [ススパンデュ]

うんこう¹ 運行 (交通機関の) service 女 (des transports) [セルヴィス (デ トゥランスポール)]／～する désservir [デセルヴィール] ③⓪／～している desservi,e [デセルヴィ]／日曜も～ (表示) Service assuré le dimanche [セルヴィス アスュレ ル ディマーンシュ]

うんこう² 運航 service [セルヴィス] 男／(船の) navigation [ナヴィガスィヨン] 女

うんざりする (…に)～ en avoir assez (de...) [アン アヴワール アセ (ドゥ)] ⟨avoir ①⟩

うんしゅうみかん 温州蜜柑 → みかん

うんそう 運送 transport [トゥランスポール] 男／～会社 compagnie 女 de transport [コンパニ ドゥ トゥランスポール]

うんち → だいべん

うんちん 運賃 frais 男複 de transport [フレー ドゥ トゥランスポール]／(物) frais d'expédition [フレー デクスペディスィヨン]／(貨物) fret [フレー(トゥ)] 男／(手紙, 荷物) port [ポール] 男／～表 tarif [タリフ] 男／往復～ tarif aller-retour [タリフ アレ ルトゥール]／航空～ tarif aérien [タリフ アエリヤン]／～そうりょう

うんてん 運転 (車の) conduite [コンデュイートゥ] 女／(機械の操作) manœuvre [マヌーヴル] 女／(機械の作動) marche [マールシュ] 女, fonctionnement [フォンクスィヨヌマン] 男／～区間 parcours [パルクール] 男 [単複同形] ‖ ～する conduire [コンデュイール] ⑪ ‖ ～者 (自家用車の) automobiliste [オトモビリーストゥ] 男女 ‖ ～手 conducteur [コンデュクトゥール] 男, conductrice [コンデュクトゥリース] 女／(バス, 地下鉄などの) machiniste [マシニーストゥ] 男女／(タクシー, トラックなどの) chauffeur [ショフール] 男

うんどう 運動 exercice [エグゼルスィーズ] 男 ‖ (社会に対しての) mouvement [ムーヴマン] 男　→ スポーツ

え

え¹ 絵 (彩色画) peinture [パンテュール] 女／(油彩などの額絵) tableau [タブロ] 男 [複 ~x]／(映像, 画像) image [イマージュ] 女／(挿絵, イラスト) illustration [イリュストゥラスィヨン] 女／(デッサン) dessin [デサン] 男／(水彩画) aquarelle [アクワレル] 女／(素描) esquisse [エスキース] 女／(パステル画) pastel [パステール] 男／(版画) estampe [エスターンプ] 女／(フレスコ画) fresque [フレースク] 女 ‖ 静物画 nature 女 morte [ナテュール モールトゥ]／風景画 paysage [ペイザージュ] 男／人物画 figure [フィギュール] 女／裸体画 nu [ニュ] 男／抽象画 peinture 女 abstraite [パンテュール アプストゥレートゥ]

え² 柄 (ナイフ, シャベルなど道具の) manche [マーンシュ] 男／(容器などの) anse [アーンス] 女／(片手鍋の) queue [クー] 女／(両手鍋の) poignée [プワーニェ] 男／(きのこの) queue [クー] 女, pédicule [ペディキュール] 男, pied [ピエ] 男

エアコン → くうちょう

エアターミナル → ターミナル¹

エアメール → こうくう

えい 鱏 raie [レ] 女, 英 *ray, skate*／小～ raiteau [レト] 男〈複 ~x〉, raiton [レトン] 男／～の肝 foie 男 de raie [フォドゥルレ]

えいが 映画 cinéma [スィネマ] 男,（作品）film [フィルム] 男／～館 cinéma [スィネマ]

えいぎょう 営業 （商業, 商売）commerce [コメルス] 男／（ビジネス, 商売）affaires [アフェール] 女複／～権 droit 男 de pas-de-porte [ドゥルワ ドゥ パ ドゥ ポールトゥ]／～時間 heures 女複 d'ouverture [ウール ドゥーヴェルテュール]／（店などが）～中 ouvert,e [ウーヴェール, トゥ]

えいご 英語 anglais [アングレ] 男

えいこく 英国 → イギリス

エイズ sida [スィダ] 男: syndrome 男 d'immunodéficience acquise [サンドロームディミュノデフィスィヤンスキーズ] の略／～感染者 sidateux [スィダトゥー] 男〈単複同形〉, sidateuse [スィダトゥーズ] 女
→ けんさ

えいせい[1] 衛生 hygiène [イジエーヌ] 女／～的な hygiénique [イジエニーク]〈男女同形〉, propre [プロプル]〈男女同形〉, salubre [サリューブル]〈男女同形〉／不～な sale [サル]〈男女同形〉, insalubre [アンサリューブル]〈男女同形〉‖～法規 règlement 男 sanitaire [レーグルマン サニテール]／食品～ hygiène alimentaire [イジエナリマンテール]

えいせい[2] 衛星 satellite [サテリートゥ] 男／通信～ satellite de télécommunications [サテリートゥ ドゥ テレコミュニカスィヨン]
→ ほうそう[1]

えいふつ 英仏(の) anglo-français,*e* [アングロ フランセ, ーズ]〈複は単複同形〉／～海峡 la Manche [ラ マーンシュ] 固女

えいよう 栄養 nutrition [ニュトゥリスィヨン] 女／～価 valeur 女 nutritive [ヴァルール ニュトゥリティーヴ]／～学 diététique [ディエテティーク] 女／～士 diététicien,*ne* [ディエテティスィヤン, エーヌ] 男女／～失調 dénutrition [デニュトゥリスィヨン] 女／～障害 troubles 男複 nutritifs [トゥループル ニュトゥリティーフ]／～素 élément 男 nutritif [エレマン ニュトゥリティーフ]／～不良 malnutrition [マルニュトゥリスィヨン] 女／（低栄養）sousalimen-tation [スーザリマンタスィヨン] 女／～豊富な nourrissant,*e* [ヌーリサン, トゥ]

えいりな 鋭利な → きれあじ

エヴァンタイユ → おうぎ

エヴィアン（ミネラルウォーター）Évian [エヴィヤン] 固女

エー・オー・シー → ア・オ・セ

エーグル・ドゥー（甘酸っぱい味の表現）(à l')aigre-doux [エーグル ドゥー (ア レーグル ドゥー)]／～の aigre-doux [エーグル ドゥー]〈男に, 男複は ~s~〉, aigre-douce [エーグル ドゥース]〈女に, 女複は ~s-douces〉／ソース・～ sauce 女 aigre-douce [ソース エーグル ドゥース], 英 *sauce sweet and sour*

エージング → じゅくせい

えーと euh [ウー]

えかき 絵描き → がか

えがく 描く （ペンなどで）dessiner [デスィネ]／（色で）peindre [パーンドゥル] 14／（下絵を）esquisser [エスキセ]／（文で描写する）décrire [デクリール] 18

えき 駅 （地下鉄の）station [スタスィヨン] 女／（地上鉄道の）gare [ガール] 女／～員 employé,*e* 男女 de gare [アンプルワイエ ドゥ ガール]

えきかカラメル 液化カラメル（液体カラメル） → カラメル

えきかさとう 液化砂糖（液糖） → さとう

えきかとう 液化糖（液糖） → さとう

エキス extrait [エクストゥレ] 男, 英 *extract*

エキストラヴァージンオイル → オリーヴ

エキゾティック(な) exotique [エグゾティーク]〈男女同形〉, 英 *exotic*

えきたい 液体 liquide [リキードゥ] 男, 英 *liquid*／～料理 cuisine 女 liquide [キュイズィーヌ リキードゥ]／～窒素 azote 男 liquide [アゾートゥ リキードゥ]／～にする liquéfier [リケフィエ]／～にした liquéfié,*e* [リケフィエ]

えきだね 液種（パン種）poolich または poolisch [ポリーシュ]

えきとう 液糖 → さとう

えきべん 駅弁 panier-repas 男〈複 ~s-~〉vendu(s) dans le train et à la gare [パニエ ルパ ヴァンデュ ダン ル トゥラーン エ ア ラ ガール]

エギュイエット → うすぎり

エキュメ（灰汁をとる） → あく[1]

えぐい 蔽い・刳い âcre[アークル]〈男女同形〉/えぐみ âcreté[アークルテ]女

エクサン・プロヴァンス（都市）Aix-en-Provence 固/～の aixois,e[エークスワーズ]〈男には単複同形〉/～風（à l'）aixoise[エークスワーズ（アレクスワーズ）]

エクストラ・セック からくち(の)

エクストラヴァージンオイル → オリーヴ

エクス・レ・バン（都市）Aix-les-Bains 固/～の aixois,e[エークスワーズ]〈男には単複同形〉/～風（à l'）aixoise[エークスワーズ（アレクスワーズ）]

エクルヴィス → ざりがに

エクレア éclair[エクレール]男, 英 éclair/小～ caroline[カロリーヌ]女

エコノマ（レストランの食材倉庫）économat 男

エコノミー économie 女/～クラス classe 女 économique[クラーセコノミーク]

エコノム → かわむきき

えごま graines 女複 de périlla[グレーヌ ドゥ ペリラ], 英 beefsteak plant

えさ 餌（動物の）pâture[パテュール]女/(魚釣用）appât[アパ]男

エシェゾー（ワイン）échezeaux 男

エジプト Égypte[エジープトゥ]固女/～人 Égyptien,ne[エジプスィ・ヤン, エーヌ]男女/～の égyptien,ne[エジプスィ・ヤン, エーヌ]/～風（à l'）égyptienne[エジプスィエーヌ（アレジプスィエーヌ）]

エジプトまめ エジプト豆 → ひよこまめ

エシャルプ（肩から斜めにかける綬）écharpe 女

エシャロット échalote[エシャロートゥ]女, 英 shallot/～バター beurre 男 d'échalote[ブール デシャロートゥ]

エショデ（小菓子）échaudé 男

エシレ（バター）Échiré 固男

エスカベーシュ（料理）escabèche 女, 英 escabeche

エスカルゴ escargot 男, cagouille[カグーユ]女, limaçon[リマソン]男, 英 snail/(プティ・グリ：プロヴァンス地方の小型) petit-gris 男〈複 ~s-~〉/（グロ・ブラン：ブルゴーニュ地方の大型）gros blanc[グロ ブラーン]男/～キャヴィア caviar 男 d'escargot[カヴィヤール デスカルゴ]/～バター beurre 男 pour escargot[ブール プーレスカルゴ], 英 garlic and parsley butter

エスカレーター escalator[エスカラトール]男

エスカロップ（そぎ切り）→ うすぎり

エスコフィエ, オーギュスト（料理長）Escoffier, Auguste[エスコフィエ オギュストゥ]固男/～協会 Association 女 des Disciples d'Auguste Escoffier[アソスィヤスィヨン デ ディスィーブル ドギュステスコフィエ]/～財団 Fondation 女 Auguste Escoffier[フォンダスィヨン オギュステスコフィエ]

エステ(ティック)（ケア）soins 男複 esthétiques[スーワンゼステティーク]/～サロン salon 男 d'esthétique[サロン デステティーク], 英 institut 男 de beauté[サロン（アンスティテュ）ドゥ ボテ], salon 男 d'esthétique[サロン デステティーク]

エステティシャン esthéticien,ne[エステティスィ・ヤン, エーヌ]男女

エストゥーファ（煮込）estouffat 男

エストニア Estonie[エストニ]固女/～人 Estonien,ne[エストニ・ヤン, エーヌ]男女/～語 estonien[エストニヤン]男/～の estonien,ne[エストニ・ヤン, エーヌ]

エストフィカード（煮込）estoficado 男

エストフィナード（煮込）estofinado 男

エストラゴン（香草）estragon[エストラゴーン]男/～ヴィネガー vinaigre 男 à l'estragon[ヴィネーグラレストゥラゴーン]/～バター beurre 男 d'estragon[ブール デストゥラゴーン]

エスニック（民族的な）ethnique[エトニーク]〈男女同形〉/～レストラン restaurant de cuisine exotique[レストラン ドゥ キュイズィーネグゾティーク]

エスパニョール（スペイン風）ソース.～ sauce 女 espagnole[ソセスパニョール] → スペイン

エスプリ（精神, 才気）esprit 男

エスプレッソ(コーヒー) express[エクスプレース]男, espresso[エスプレソ]男, 英 espresso/～マシン appareil 男 à espresso[アパレーヤ エスプレーソ]

エスプレット（唐辛子）piment 男 d'espelette[エスプレートゥ（ピマン デスプレートゥ）]

エセンス（精油）essence[エサーンス]女, 英 essence/アーモンド～（オイル）essence d'amande[エサーンス ダマー

えそ 鱚:魚 lézard [レザール] 男, 英 *lizardfish*

えぞ 蝦夷… → いちご, しか¹, シブレット

エソルーズ (水切器) → みずきり

えだ 枝 branche [ブランシュ] 女/若～ brin [ブラン] 男/ごく細い若～ brindille [ブランディーユ] 女/(若茎や草の細茎) brin [ブラン] 男 →くき

えだにく 枝肉 carcasse [カルカース] 女/～にする habiller [アビエ]

えだまめ 枝豆 sojas [ソジャ ヴェール] 男複 verts [ソジャ ヴェール], 英 *green soybeans*

エタミーヌ → こしぬの

エタミネ →こす²

エダム (チーズ, 赤玉) édam 男, croûte 女 rouge [クルートゥ ルージュ]

エチケット (儀礼) étiquette [エティケートゥ] 女, savoir-vivre [サヴォワール ヴィーヴル] 男〈単複同形〉/(作法) usages [ユザージュ] 男複, manières [マニエール] 女複

えちぜんがに 越前蟹 → かに

エッグ ～スタンド coquetier [コクティエ] 男, œufrier [ウフリエ] 男/～ノッグ (卵酒) lait-de-poule [レ ドゥ プール] 男, 英 *eggnog*/～ブランデー advocaat [アドヴォカートゥ] 男/スクランブル～ œufs brouillés [ウブルイエ], 英 *scrambled eggs*/スコッチ～ œuf dur enrobé de hachis de bœuf [ウフ デュール アンロベ ドゥ アシ ドゥ ブフ], 英 *scotch egg*/ハム～ œuf(s) au jambon [ウフ(ウ) オ ジャンボン], 英 *ham and eggs*/フライド～ œuf(s) frit(s) [ウフ(ウ) フリ], 英 *fried egg(s)*/ベーコン～ œuf(s) au lard fumé [ウフ(ウ) オ ラール フュメ], 英 *bacon and eggs*
→ イースター, たまご, ポーチドエッグ

エッセンス → エセンス

エディブルフラワー (食用花) fleur 女 comestible [フルール コメスティーブル], 英 *edible flower*

エテューヴ (食品乾燥機) étuve 女

エテュヴェ (蒸煮) étuvée 女/～する étuver/～した étuvé,e, 英 (魚) *steamed*, (肉) *braised*

エトゥーフェ → にこむ

エナメル émail [エマーユ] 男〈複 émaux [エモ]〉/(靴) vernis [ヴェルニ] 男〈単複同形〉

えのきだけ 榎茸 collybie 女 à pied velouté [コリビア ピエ ヴルテ], champignon 男 enoki [シャンピニョン エノキ], 英 *velvet shank*, *Enoki mushrooms*

えのぐ 絵の具 (油彩) couleur 女 à l'huile [クールール リュイール]/(水彩) couleur 女 à l'eau [クールール ア ロ]

エバミルク → ミルク

エバルべする (ひれを除く) → ひれ

えび 海老:小型も大型も全部含めた総称はフランス語にはない/小～ crevette [クルヴェートゥ] 女, 英 *prawn, shrimp*/～バター beurre 男 de crevette [ブール ドゥ クルヴェートゥ]/～オイル huile 女 de crustacés [ユイール ドゥ クリュスタセ]/～の尾 (身) queue [ク-] 女, (扇形のひれ部分) nageoire 女 (caudale) [ナジュワール (コダール)]/～のチリソース crevettes sautées (à la) sauce piquante [クルヴェートゥ ソテ (ア ラ) ソース ピカントゥ] → p.407[囲み]

エピグラム (料理) épigramme 女 (d'agneau) [エピグラーム (ダニョ)]

えびじゃこ → むく¹

エピス ～・プロヴァンサル épices 女複 provençales [エピス プロヴァンサール]
→ こうしんりょう

エプリュシェする → むく¹

エプロン tablier [タブリエ] 男

エプロン・バシーク (肴) éperons 男複 bachiques

エペルラン → きゅうりうお

えぼだい えぼ鯛 → たい¹

エポワス (チーズ) époisses [エプワース] 男

エマンセ → うすぎり

エム・オ・エフ M.O.F. (フランス最高技術者) M.O.F. [エム オ エフ または エモフ]: Meilleur Ouvrier 男 de France [メユールーヴリエ ドゥ フランス], un des Meilleurs Ouvriers de France [アン デ メユー

ズーヴリエ ドゥ フランス]の略
エムディ MD MD［エムデ］男:mini-disque［ミニディースク］男の略
エメンタル（チーズ）emment(h)al［エマンタール］男, 英 *Emment(h)al*
えら 鰓 ouïes［ウイ］女複, branchies［ブランシ］女複／～蓋 opercule［オペルキュール］男
えらい 偉い grand,e［グラーン, ドゥ］
えらぶ 選ぶ choisir［シュワズィール］④／（区別）trier［トゥリエ］／（選択）sélectionner［セレクスィヨネ］
えり 襟 col［コール］男／折返し～ revers［ルヴェール］男〈単複同形〉／～ぐり décolleté［デコルテ］男
エリクシャー（蒸留酒）élixir［エリクスィール］男, 英 *elixir*
エリクシル → エリクシャー
エリゼ(風) Elysée［エリゼ］／タンバル・～ timbale 男 Elysée［タンバリゼ］
える 得る obtenir［オブトゥニール］47, remporter［ランポルテ］

エルブ（草）herbes 女複／～・ド・プロヴァンス herbes de Provence［エールブ ドゥ プロヴァンス］／～ザ・トルテュ herbes à tortue［エルブ ザ トルテュ］
→ こうそう
エルミタージュ（ワイン）hermitage 男
エレガント(な) élégant,e［エレガン, トゥ］
エレベーター ascenseur［アサンスール］男
えん¹ 円 cercle［セールクル］男, rond［ロン］男／～形の circulaire［スィルキュレール］男女同形　→ はんえん
えん² 円（通貨）yen［イエーン］男〈単複同形〉／～をユーロに替える changer le yen en euro［シャンジェル イエーン アンユーロ］
えんかい 宴会 banquet［バンケ］男, festin［フェスタン］男, 英 *banquet*／～場 salle 女 de banquet［サル ドゥ バンケ］‖（ガラディナー）dîner 男 de gala［ディネ ドゥ ガラ］／（ガーデンパーティ）garden-party［ガルデンパルティ］女／（結

海老の種類

あかざ海老（スカンピ）langoustine［ラングースティーヌ］女, †homard 男 de Norvège［オマール ドゥ ノルヴェージュ］, 英 *scampi*：この種を手長海老と呼ぶこともあるが, 誤用
甘海老 crevette 女 amaëbi［クルヴェートゥ アマエビ］, 英 *pink shrimp*
伊勢海老 langouste［ラングースト］女, †homard épineux［オマール エピヌー］, 英 *spiny lobster*
海老じゃこ crevette grise［クルヴェートゥ グリーズ］, boucaud［ブーコ］男, 英 *shrimp*
ガンバ（15～20cmの海老）gamba(s)［ガンバ］女, crevette d'Algérie［クルヴェートゥ ダルジェリ］, 伊英 *gamba*
車海老 langoustine kuruma［ラングースティーヌ クルマ］, 英 *Japanese tiger prawn*
桜海老 petite crevette rose［プティートゥ クルヴェートゥ ローズ］, crevette sakura［クルヴェートゥ サクラ］, 英 *sakura shrimp*
芝海老 crevette Shiba［クルヴェートゥ シバ］, 英 *Shiba shrimp*
すじ海老 crevette rose［クルヴェートゥ ローズ］, bouquet［ブーケ］男, 英 *common prawn*
大正海老 crevette charnue［クルヴェートゥ シャルニュ］, 英 *fleshy prawn*
たらば海老, 富山海老, ぼたん海老 crevette botan［クルヴェートゥ ボタン］, 英 *spot prawn*
手長海老（川海老）crevette de rivière［クルヴェートゥ ドゥ リヴィエール］, 英 *freshwater prawn*
ブラックタイガー（牛海老）crevette (géante) tigrée［クルヴェートゥ（ジェアーントゥ）ティグレ］, 英 *giant tiger prawn*
→ オマール, ざりがに

婚披露宴) banquet de mariage [バンケ ドゥ マリアージュ] / (大喰の) banquet gargantuesque [バンケ ガルガンテュエースク] / (酒盛) beuverie [ブーヴリ] 囡, buverie [ビューヴリ] 囡, (話言葉) bamboche [バンボーシュ] 囡, gueuleton [グールトン] 男

えんき 延期 report [ルポール] 男 / ～する ajourner [アジュールネ], reporter [ルポルテ]

えんげい 園芸 jardinage [ジャルディナージュ] 男 / (花の) horticulture [オルティキュルテュール] 囡 / ～家 jardinier [ジャルディニエ] 男, jardinière [ジャルディニエール] 囡 / ～家風 (à la) jardinière [(アラ) ジャルディニエール]

エンゲージリング bague 囡 de fiançailles [バーグ ドゥ フィヤンサーユ]

えんし 遠視 hypermétropie [イペールメトゥロピ] 囡 / ～の hypermétrope [イペールメトゥロープ] 〈単複同形〉 → めがね

えんじ 臙脂 (色の) rouge foncé [ルージュ フォンセ] 〈不変〉, bordeaux [ボルド] 〈不変〉

エンジェルヘアー → カペッリ・ダンジェロ

えんしょう 炎症 inflammation [アンフラマスィヨン] 囡

エンジン moteur [モトゥール] 男

えんすい[1] 塩水 → しおみず, ソミュール

えんすい[2] 円錐 cône [コーヌ] 男 / ～形の conique [コニーク] 〈男女同形〉 / ～形に en cône [アン コーヌ]

えんせきがいせん 遠赤外線 infrarouge [アンフラルージュ]

えんそう 演奏 exécution [エグゼキュスィヨン] 囡 / ～する exécuter [エグゼキュテ], jouer [ジュエ] ‖ ～会 concert [コンセール] 男, récital [レスィタール] 男 〈複 ～s〉 / ～会場 salle de concert [サル ドゥ コンセール] / ～家 joueur [ジュウール] 男, joueuse [ジュウーズ] 囡, exécutant,e [エグゼキュタン, トゥ] 男囡

えんそく 遠足 (調査などの目的のある) excursion [エクスキュルスィヨン] 囡 / (長距離を歩く) randonnée [ランドネ]

エンダイヴ (菊ぢしゃ, にがちしゃ) chicorée frisée [シコレ フリゼ] 囡, (英) *curly chickory, curly endive*

えんたく 円卓 table 囡 ronde [ターブル ロンドゥ]

えんちゅう 円柱 colonne [コローヌ] 囡

えんちょう 延長 (距離) prolongement [プロロンジュマン] 男 / (時間, 日程) prolongation [プロロンガスィヨン] 囡 / ～する prolonger [プロロンジェ] 25

えんとう 円筒 cylindre [スィラーンドゥル] 男 / ～形の cylindrique [スィラーンドゥリーク] 〈男女同形〉

えんどうまめ 豌豆豆 pois [プワー] 男 〈単複同形〉, (英) *peas* / 干～ pois cassé [プワー カセ], *split peas* → さやえんどう

えんとつ 煙突 cheminée [シュミネ] 囡 / (管) tuyau [テュイヨ] 男 〈複 ～x〉 / ～掃除 ramonage [ラモナージュ] 男

えんばく 燕麦 avoine [アヴワーヌ] 囡, (英) *oats*

えんばん 円盤 disque [ディースク] 男

えんぴつ 鉛筆 crayon [クレヨン] 男 → ペンシル

えんびふく 燕尾服 → れいふく

エンブレム (紋章) emblème [アンブレーム] 男

えんぶん 塩分 salinité [サリニテ] 囡, salure [サリュール] 囡 / ～を含んだ salé,*e* [サレ], salin,*e* [サ・ラン, リーヌ]

エンペラ (いかのひれ) nageoire 囡 triangulaire de seiche [ナジュワール トゥリヤンギュレール ドゥ セーシュ]

えんみ 塩味 → しおあじ

えんゆうかい 園遊会 garden-party [ガルデン パルティ] 囡 〈複 ～- ～s〉

えんりょ 遠慮 (慎み) discrétion [ディスクレスィヨン] 囡 / (控えめ) réserve [レゼールヴ] 囡 / ～深い discret [ディースクレ] 〈男に〉, discrète [ディスクレートゥ] 〈囡に〉, réservé,*e* [レゼルヴェ] ‖ (ためらい) hésitation [エズィタスィヨン] 囡 / ～する hésiter [エズィテ] ‖ (辞退) ～する décliner [デクリーネ] ‖ どうかご遠慮なく Ne vous gênez pas. [ヌヴー ジェネパ] / 煙草はご遠慮ください Prière de ne pas fumer. [プリエール ドゥ ヌ パ フュメ]

お

お 尾 queue [クー] 囡, 英 *tail* → うし,えび
おい¹（呼びかけ）→ おおい³
おい² 甥 neveu [ヌヴー] 男 〈複 ~x〉
おいしい 美味しい → うまい¹,うまさ,うまそうな
オイスター ~ソース sauce 囡 aux huîtres chinoise [ソース オズュイートゥル シヌワーズ], 英 *chinese oyster sauce* → かき¹,フォーク
オイスターマッシュルーム → ひらたけ
おいて 於て（場所）…に~ à... [ア], dans... [ダン] / …の分野に~ dans le domaine de... [ダンル ドメーヌ ドゥ] → につき
オイル（車の）~交換 vidange [ヴィダンジュ] 囡 → あぶら¹
オイルサーディン（いわしの油漬）sardine 囡 à l'huile [サルディナ リュイール]
おう 王 roi [ルワ] 男 / ~の royal,*e* [ルワイヤール], royaux [ルワーヨ] 〈男複に〉→ ロワイヤル / ~子,皇子 prince [プランス] 男 / ~女,王女 princesse [プランセス] 囡 / ~妃 reine [レーヌ] 囡 / ~女~風 (à la) reine [アラ レーヌ]
オヴェルニュ（地方）Auvergne 固 囡 / ~の auvergnat,*e* [オヴェルニャ,-トゥ] / ~風 (à l')auvergnate [オヴェルニャートゥ(アロベルニャートゥ)]
おうかくまく 横隔膜 diaphragme [ディヤフラーグム] 男
おうかん 王冠 couronne [クーローヌ] 囡 / ~状の盛付 turban [テュルバン] 男, couronne [クーローヌ] 囡 / …を~状に盛る dresser...en couronne（または en turban）[ドゥレセ アン クーローヌ (アン テュルバン)] ‖（瓶の）capsule [カプスュール] 囡
おうぎ 扇 éventail [エヴァンターユ] 男 / ~状に(の) en éventail [アンネヴァンターユ], 英 *fan-shaped*
おうごん 黄金 → きん¹,こがねいろ
おうじ 王子 → おう
おうしざ 牡牛座 Taureau [トロ] 固 男
おうじて …に応じて selon... [スロン], suivant... [スュイヴァン]
おうしゅう 欧州 → ヨーロッパ
おうじょ 王女 → おう
おうじょうの 凹状の concave [コンカーヴ] 〈男女同形〉
おうしょくじんしゅ 黄色人種 Jaune [ジョーヌ] 男 囡, race 囡 jaune [ラス ジョーヌ]
おうしん 往診 consultation 囡 à domicile [コンスュルタスィヨン ア ドミスィール]
おうたい 応対 accueil [アクーユ] 男
おうだん¹ 横断 traversée [トゥラヴェルセ] 囡 / ~歩道 passage 男 clouté [パサージュ クルーテ] / ~する traverser [トゥラヴェルセ]
おうだん² 黄疸 jaunisse [ジョニース] 囡
おうと 嘔吐 → はく¹
おうとつ 凹凸 inégalité [イネガリテ] 囡 / ~のある inégal,*e* [イネガール], inégaux [イネゴ] 〈男複に〉
おうひ 王妃 → おう
おうふう 欧風 → ヨーロッパ
おうふく 往復 aller-retour [アレルトゥール] 男 〈単複同形〉, aller et retour [アレ エ ルトゥール] 男 〈単複同形〉 / ~する faire l'aller-retour [フェール ラレ ルトゥール] 〈faire ㉑〉→ うんちん,きっぷ,はがき
おうぶん 欧文 langue 囡 européenne [ラングーロペエーヌ]
おうべい 欧米 Europe 固 囡 et Amérique 固 囡 [ユーロペアメリーク]
おうへいな 横柄な（尊大）arrogant,*e* [アロガン,-トゥ]
おうよう 応用 application [アプリカスィヨン] 囡, mise 囡 en pratique [ミザン プラティーク] / ~する appliquer [アプリケ]
おえる 終える finir [フィニール] ④, terminer [テルミネ]
おおあじ 大味（な）（平板）plat,*e* [プラ,-トゥ]
おおい¹ 多い nombreux [ノンブルー] 〈男に,単複同形〉, nombreuse [ノンブルーズ] 〈囡に〉, important,*e* [アンポルタン,-トゥ] → たくさん,たっぷり,ボリューム
おおい² 覆い → カバー
おおい³（呼びかけ）Ohé! [オエ], Hé! [エ]
おおいそぎで 大急ぎで à toute vitesse [アトゥートゥ ヴィテス]

おおう

おおう 覆う couvrir [クーヴリール] 29 / 覆った couvert,e [クーヴェール, トゥ] ‖ (全体を覆う) masquer [マスケ], recouvrir [ルクーヴリール] 29/覆った masqué,e [マスケ], recouvert,e [ルクーヴェール, トゥ] ‖ (料理や菓子の表面を) napper [ナペ]/覆った nappé,e [ナペ] → コーティング

オーヴン four [フール] 男/…の～焼 …au four [オフール]/コンヴェクション～ four à convection (forcée) [フーラ コンヴェクスィヨン (フォルセ)]/スチーム～ four à vapeur [フーラ ヴァプール]/スチームコンヴェクション～ four à convection forcée à vapeur [フーラ コンヴェクスィヨン フォルセ アヴァプール]/ペーカー～ four à pâtisserie [フーラ パティスリ]/…を～に入れる mettre…au four [メットゥル オフール] ⟨mettre 26⟩, enfourner… [アンフールネ]

オーエル OL employée 女 de bureau [アンプルワイエ ドゥ ビュロ]

おおがた 大型 grand format [グラン フォルマ] 男/～の grand,e [グラーン, ドゥ], gros,se [グロー, ス]

おおきい 大きい grand,e [グラーン, ドゥ]/(背が高い) grand,e/(太っている) gros,se [グロー, ス]/(幅や広さが) large [ラールジュ] ⟨男女同形⟩/(巨大な) énorme [エノルム] ⟨男女同形⟩/(数量がある) important,e [アンポルタン, トゥ]/(体積が) gros,se/(場所ふさぎの) encombrant,e [アンコンブラン, トゥ]

おおきさ 大きさ grandeur [グランドゥール] 女/(寸法) dimension [ディマンスィヨン] 女, grosseur [グロスール] 女/(体積) grosseur 女, volume [ヴォリューム] 男/(面積, 広さ) étendue [エタンデュ] 女, superficie [スュペルフィスィ] 女/(身長, ウエスト, 肉などの切身の) taille [ターユ] 女/(数量) importance [アンポルターンス] 女/(写真などのサイズ) format [フォルマ] 男/(靴, 手袋, 帽子など) pointure [プワンテュール] 女/(家具) dimension [ディマンスィヨン] 女

おおく 多く → たくさん
おおぐい 大喰 → えんかい, たいしょく², たいしょくかん
オークション → きょうばい
おおくちばす → ブラックバス
オーケー D'accord. [ダコール], Ça va. [サヴァ], OK [オケ]
おおすぐり 大須具利 → グロゼイユ
オーストリア Autriche [オトリーシュ] 固女/～人 Autrichien,ne [オトゥリスィ・ヤン, エーヌ]/～の autrichien,ne [オトゥリスィ・ヤン, エーヌ]/～風 (à l') autrichienne [オトゥリスィエンヌ (アロトゥリスィエーヌ)]

おおぜい 大勢(の) beaucoup de… [ボクードゥ]

オーソドックス(な) orthodoxe [オルトドークス] ⟨男女同形⟩

オーダー → ちゅうもん
オー・デ・コロン eau 女 de Cologne [オ ドゥ コローニュ]
オードヴル (前菜) †hors-d'œuvre [オルドゥーヴル] 男 ⟨単複同形⟩, entrée [アントゥレ] 女, (英) hors-d'œuvre/各種～盛合せ hors-d'œuvre variés [オルドゥーヴル ヴァリエ], hors-d'œuvre assortis [オルドゥーヴル アソルティ], assortiment 男 de hors-d'œuvre [アソルティマン ドゥ オルドゥーヴル]/(つまみ) accompagnement 男 d'alcool [アコンパニュマン ダルコール] → ワゴン¹

おおどおり 大通り → とおり²
オート・クチュール †haute couture [オートゥ クーテュール] 女
オート・コート (ワイン) †hautes-côtes [オートゥコートゥ] 男
オー・ド・トワレ eau 女 de toilette [オドゥ トゥワレトゥ]
オートバイ → バイク
オードブル → オードヴル
オートマティック → じどう
オートミール flocons 男複 d'avoine [フロコン ダヴワーヌ], porridge [ポーリッジュ] 男, (英) oatmeal
オートむぎ オート麦 → むぎ
オーナー → しょゆう
オーバー(コート) manteau [マントー] 男 ⟨複 ~x⟩, pardessus [パルドゥスュ] 男 ⟨単複同形⟩

おおばくとう 大麦糖 sucre 男 d'orge [スュークル ドルジュ], (英) barley sugar
おおばこ (薬草) plantain [プランタン] 男, (英) plantain, plantago
オープン → オーヴン
オープン ouverture [ウーヴェルテュール] 女/～する ouvrir [ウーヴリール] 29
オープンサンドウィッチ → カナペ, タルテ

おおみそか 大晦日 Saint-Sylvestre [サン シィルヴェーストゥル] 囡, dernier jour [デルニエ ジュール ドゥ ラネ] de l'année／～の祝宴 réveillon [レヴェヨン] 男

おおむぎ 大麦 → むぎ

おおもじ 大文字 → もじ

おおや 大家 → やぬし

おおよそ 大凡 → くらい²

オールスパイス (香辛料) piment 男 de la Jamaïque [ピマン ドゥラ ジャマイーク], quatre-épices [カトゥレピース] 男 または 囡〈単複同形〉, poivre 男 de la Jamaïque [プワーヴル ドゥラ ジャマイーク], toute-épice [トゥートゥゼピス] 囡〈複 ～s-～s [トゥートゥゼピス]〉,(英) *allspice*

オーロラ (極光) aurore [オロール] 囡／～ソース sauce 囡 aurore [ソーソロール]

おか 丘 colline [コリーヌ] 囡／小～ butte [ビュートゥ] 囡／ぶどう畑のある～ coteau [コト] 男〈複 ～x〉

おがくず 大鋸屑 sciure [スィユール] 囡

おかげ …の～で grâce à... [グラーサ]／～様で(お礼) Merci. [メルスィ]

おかしい (面白い) drôle [ドゥロール]〈男女同形〉, marrant,*e* [マラン, トゥ]／(変な) bizarre [ビザール]〈男女同形〉／(好奇心をそそられる) curieux [キュリユー] 〈男, 単複同形〉, *curieuse* [キュリユーズ] 〈囡〉／(異常な) anormal,*e* [アノルマル], anormaux [アノルモ]〈男複に〉, fou [フー]〈男に, 複 ～s〉, *folle* [フォール]〈囡に〉／(疑わしい) douteux [ドゥートゥー] 〈男に, 単複同形〉, *douteuse* [ドゥートゥーズ] 〈囡に〉／(不適当な) injuste [アンジュストゥ]〈男女同形〉／(論理的でない) illogique [イロジーク]〈男女同形〉

おかず 御数・御菜 plat 男 d'accompagnement de riz [プラ ダコンパーニュマン ドゥリ]

おかひじき 陸鹿尾菜 soude [スードゥ] 囡, salsola [サルソラ] 男 または 囡, (英) *saltwort*

おかみ 女将(オーナー) patronne [パトゥローヌ] 囡／(雇われ) hôtesse [オテース] 囡

おから (材料) tourteau 男〈複 ～x〉 de soja [トゥールトゥ ドゥ ソジャ]／(料理) tourteau de soja sucré-salé aux légumes [トゥールトゥ ドゥ ソジャ スュクレ サレ オ レギューム]

おかわり (…の)お代り un,*e* autre... [アンノートゥル, ユノートゥル]

おき 燠 braise [ブレーズ] 囡／～で焼いた… ...grillé,*e* sur la braise [グリエ スュール ラ ブレーズ]

おぎなう 補う compléter [コンプレテ] 36, suppléer [スュプレエ]

おきる 起きる (起床) se lever [ス ルヴェ] [代動] 5 59／(起き上がる) se relever [スルルヴェ] [代動] 5 59

おく¹ 置く mettre [メートゥル] 26 ‖ (物を置く, 設置する) poser [ポゼ]／置いた posé,*e* [ポゼ] ‖ (人や物を据える) placer [プラーセ] 32／置いた placé,*e* [プラーセ] ‖ (間に置く) interposer [アンテルポゼ]／置いた interposé,*e* [アンテルポゼ]

おく² 奥 fond [フォン] 男, profond [プロフォン] 男／…の～に au fond de ... [オ フォン ドゥ]

おく³ 億 1億 cent millions [サン ミリヨン] 男複／10億 un milliard [アン ミリヤール]

おくがい 屋外 extérieur [エクステリユール] 男／～で, ～に dehors [ドゥオール], à l'extérieur [アレクステリユール]

おくじょう 屋上 toit 男 (en terrasse) [トゥワー(アン テラス)]／～で, ～に sur le toit [スュール ル トゥワー]

オクステイル queue 囡 de bœuf [クー ドゥ ブフ] → うし

オクスフォード(ソース) sauce 囡 Oxford [ソーソクスフォール]

おくない 屋内 intérieur [アンテリユール] 男／～で, ～に à l'intérieur [ア ラ ンテリユール]

おくやみ お悔み condoléances [コンドレアーンス] 囡複／～申上げます Je vous présente toutes mes condoléances. [ジュ ヴー プレザーントゥ トゥートゥ メ コンドレアーンス]

おくゆき 奥行 profondeur [プロフォンドゥール] 囡

オクラ okra 男, gombaut または gombo [ゴンボ] 男, (英) *gumbo, okra, lady's-finger*／(小型) bamia [バミヤ] 囡

おくらせる 遅らせる retarder [ルタルデ]

おくりもの 贈物 cadeau [カド] 男〈複 ～x〉, présent [プレザーン] 男／(年末年始の) étrennes [エトゥレーヌ] 囡複

おくる¹ 送る (人を見送る) accompagner [アコンパニェ] → はっそう
おくる² 贈る offrir [オフリール] 29
おくれ 遅れ retard [ルタール] 男／～をとりもどす rattraper le retard [ラトゥラーベル ルタール] ‖ ～る être en retard [エートゥル アン ルタール] ⟨être ②⟩／(時計が) retarder [ルタルデ]
おけ 桶 seau [ソ] 男 ⟨複 ~x⟩, baquet [バケ] 男, cuve [キューヴ] 女
おこす 起す (立たせる) relever [ルルヴェ] 5 ‖ (目覚めさせる) réveiller [レヴェイエ]
おこぜ 鰧 (鬼おこぜ) rascasse 女 okozé [ラスカス オコゼ], (英) stonefish
おごっている 奢っている (口が) avoir (または faire) une fine bouche [アヴォワール (フェール) ユヌ フィーヌ ブーシュ] ⟨avoir ①, faire ㉑⟩
おこなう 行う → する¹
おこなわれる 行われる se faire [スフェール] 代動 ㉑ ㊾, avoir lieu [アヴォワール リュー] ⟨avoir ①⟩
おこのみやき お好焼 crêpe 女 épaisse aux légumes, fruits de mer et viande [クレーペゾス レギューム フリュイドゥメール エ ヴィヤーンドゥ]
おこる¹ 怒る (癇癪を起こす) …に対して怒っている être en colère contre... [エートゥル アン コレール コーントゥル] ⟨être ②⟩／(気分を害す) …に対して～ être fâché,e contre... [エートゥル ファシェ コーントゥル]
おこる² 起る (事件などが) arriver [アリヴェ], se passer [スパセ] 代動 ㉑
おごる 奢る (支払う) inviter [アンヴィテ], régaler [レガレ]／私が～ C'est moi qui paie. [セムワーキペ] ⟨payer ㉛⟩／1杯～ inviter à boire [アンヴィテ ア ブワール]
おさめる 収める・納める (金銭を) payer [ペイエ] ㉛, régler [レグレ] ㊱／(物を) fournir [フールニール] ④
おじ 伯父・叔父・小父 oncle [オンクル] 男
おじいさん お爺さん → そふ, ろうじん
おしいれ 押入 → クローゼット
オシエトラ → キャヴィア
おしえる 教える enseigner [アンセニェ], apprendre [アプランドゥル] ㊲／(指示する) indiquer [アンディケ]／携帯電話の番号を教えてください Donnez-moi le numéro de votre portable. [ドネムワール ニュメロドゥ ヴォートゥル ポルターブル]
おしがた 押型 empreinte [アンプラーントゥ]／葉形の～ empreinte à feuille [アンプラント フーユ]／～で模様を付ける empreindre [アンプランドゥル] ⑭
おじぎ お辞儀 inclination [アンクリナスィヨン] 女, salut [サリュ] 男／～する s'incliner [サンクリネ] 代動 ㊾
おしこむ 押込む enfoncer [アンフォンセ] ㉜／押込んだ enfoncé,e [アンフォンセ]
おしっこ → しょうべん
おしつぶす 押潰す écraser [エクラーゼ]／押潰した écrasé,e [エクラーゼ]
おしべ 雄蘂 étamine [エタミーヌ] 女
おしぼり お絞り serviette 女 de table humidifiée [セルヴィエートゥ ドゥ ターブル ユミディフィエ]
おしむぎ 押麦 → むぎ
おじや bouillie 女 de riz [ブーイィドゥリ]
おしゃれ お洒落 (粋) chic [シック] 男／～な chic (男女同形), coquet, te [コケ,トゥ], élégant,e [エレガン,トゥ]
オシュポチ (煮込) hochepot 男
おしんこ お新香 légumes 男複 marinés et fermentés [レギューム マリネ エ フェルマンテ]
おす¹ 押す pousser [プーセ]／(指で) …を～ appuyer sur... [アピュイエ スュール] ⟨appuyer ⑲⟩ → あっしゅく
おす² 雄 mâle [マール] 男
おすい 汚水 eau 女 sale [オサール]
おすすめ お勧め (推薦) recommandation [ルコマンダスィヨン] 女／(提案) suggestion [スュグジェスティヨン] 女／シェフの～コース menu 男 de suggestion [ムニュドゥ スュグジェスティヨン], (英) *chef's recommendation* ／～料理 plat 男 recommandé [プラルコマンデ], (英) *recommended dish* → プラ
オスピス・ド・ボーヌ (ワイン) hospices de beaune [オスピスドゥ ボーヌ]
オゼイユ (すかんぽ,酸葉) oseille 女
オセートラ → キャヴィア
おせちりょうり 御節料理 mets 男複 raffinés traditionnels pour le nouvel an [メ ラフィネ トゥラディスィヨネール プール ル ヌーヴェラン]
おそい 遅い (時刻) tardif [タルディー

フ〉〈男に〉, tardive[タルディーヴ]〈女に〉/遅く（時刻）tard[タール] ‖（速度）lent,e[ラン, トゥ]/（ゆっくり）遅く lentement[ラーントゥマン]

オソ・イラティ（チーズ） ossau-iraty

おそづみ 遅摘（ぶどうの）vendange 女 tardive[ヴァンダンジュ タルディーヴ]

おそばん 遅番 brigade 女 du soir[ブリガードゥ デュ ソワール]

オソ・ブーコ → オッソブコ

おたふくまめ 阿多福豆 fèves 女複 de marais[フェーヴ ドゥ マレ], 英 broad beans

おたまじゃくし お玉杓子 → しゃくし

おちこむ 落込む（気分）avoir le cafard[アヴォワール ル カファール]〈avoir ①〉

おちつく 落着いた（物静かな）tranquille[トゥランキール]〈男女同形〉, posé,e[ポゼ]/（冷静な）calme[カールム]〈男女同形〉/落着いて à tête reposée[ア テートゥ ルポゼ] ‖ 落着く se calmer[ス カールメ]代動59/（居所を決める）s'installer[サンスタレ]代動59

おちる 落ちる tomber[トンベ] ‖（膨らんでいた生地などがしぼむ）retomber[ルトンベ]/落ちた retombé,e[ルトンベ]

おつかれさま お疲れ様（さよなら）Au revoir.[オルヴワール]

オッソブコ（煮込）ossobuco または ossobucco[オソブーコ]男〈単複同形〉, 英 osso buco

おっと¹ 夫 mari[マリ]男/（配偶者）époux[エプー]男〈単複同形〉

おっと² （危ない）Oh![オ]

おてつだいさん お手伝いさん femme 女 de ménage[ファム ドゥ メナージュ], bonne[ボーヌ]女

おでん 御田；料理 marmite 女 de quenelles de poisson et de légumes mijotés dans un bouillon[マルミートゥ ドゥ クネル ドゥ プワソン エ ドゥ レギュームミジョテ ダンザン ブーヨン]

おとうと 弟 → きょうだい

おとこ 男 ～の子 garçon[ガルソン]男 → だんせい

おとし 落し（肉や魚の切りくず）parure[パリュール]女

おとしたまご 落し卵 → ポーチドエッグ

おとしぶた 落し蓋 couvercle 男 posé directement sur les ingrédients à cuire[クーヴェルクル ポゼ ディレクトゥマン スュール レザングレディヤン ア キュイール]

おとす 落す（物を）laisser tomber[レセトンベ]/（火を消す）éteindre[エタンドゥル] ⑭/（低くする）baisser[ベセ] → なくす

おととい 一昨日 avant-hier[アヴァンティエール]

おととし 一昨年 il y a deux ans[イリヤ ドゥーザン]

おとな 大人 adulte[アデュールトゥ]男女, grande personne 女[グラーンドゥ ペルソンヌ]

おとなしい （物静かな）tranquille[トゥランキール]〈男女同形〉/（穏和な）doux[ドゥー]〈男に, 単複同形〉, douce[ドゥース]〈女に〉/（子供が）sage[サージュ]〈男女同形〉

おとめざ 乙女座 Vierge[ヴィエールジュ]固女

おどり 踊り danse[ダンス]女/海老の～食い dégustation 女 de crevettes vivantes[デギュスタスィヨン ドゥ クルヴェットゥ ヴィヴァントゥ]

おどりば 踊り場（階段）palier[パリエ]男

おどろいた 驚いた（びっくりした）étonné,e[エトネ]/驚く s'étonner[セトネ]代動59 ‖（不意を突かれて）être surpris,e[エートゥル スュルプリー, ズ]〈être ②〉/驚く se surprendre[ス スュルプラーンドゥル]代動37 59 ‖（茫然自失）stupéfait,e[ステュペフェ, トゥ]

おなか お腹 → はら, くうふく

おなじ 同じ（の）même[メーム]〈男女同形〉, pareil,le[パレーユ] ‖（同じもの, 人）le même[ル メーム]男, la même[ラ メーム]女, les mêmes[レ メーム]男女複 ‖ ～に pareillement[パレーユマン]

おなら → へ²

オニオン ～グラタンスープ garbure 女 à l'oignon[ガルビューラ ロニョン], soupe 女 à l'oignon gratinée[スープ ア ロニョン グラティネ], 英 onion gratin soup/～スープ soupe 女 à l'oignon[スープ ア ロニョン], 英 onion soup → たまねぎ

おにかます 鬼かます → かます

おにがわ 鬼皮 → かわ¹

おにぎり お握り boule 女 de riz salé[ブール ドゥリ サレ]

オニス（地方）Aunis 固男/～の

おば 414

aunisien,ne [オニズィ・ヤン, エーヌ] /~風(à l')aunisienne [オニズィエーヌ (ア ロニズィエーヌ)]

おば 伯母・叔母・小母 tante [タートゥ] 女

おばあさん お婆さん → グラン・メール(風),そぼ,ろうじん

おはぎ お萩 boulette 女 de riz enrobée de pâte de haricots rouges sucrée [ブーレートゥ ドゥ リ アンロベ ドゥ パートゥ ドゥ アリコ ルージュ スュークレ]

おばね 尾羽 → にわとり, p.608 [囲み]

おはよう お早う Bonjour. [ボンジュール]

おび 帯 ceinture [サンテュール] 女 /(果実をむいた)~状の皮 tournure [トゥールニュール] 女

おひたし お浸し légumes 男複 à feuille verte blanchis [レギュム フーユ ヴェールトゥ ブランシ] /ほうれん草の~ épinards 男複 blanchis [エピナール ブランシ]

おひつじざ 牡羊座 Bélier [ベリエ] 固男

おひょう 大鮃 flétan [フレターン] 男, 英 halibut

おびれ 尾鰭 → ひれ

オフィス bureau [ビュロ] 男 ⟨複 ~x⟩, 英 office /(パントリ) office [オフィス] 男

オフシーズン basse saison 女 [バスセゾン], morte-saison [モールトゥ セゾン] 女 ⟨複 ~s-~s⟩

オペラ (歌劇, ケーキ) opéra 男 /~座 théâtre 男 de l'opéra [テアートゥル ドゥ ロペラ]

オベルジュ (リゾートのホテル・レストラン) auberge 女

おぼえがき 覚書 convention [コンヴァンスィヨン] 女

おぼえている 覚えている se rappeler [スラプレ] 代動 7 59 /(…を) se souvenir de... [ス スーヴニール ドゥ] 代動 47 59

おぼえる 覚える retenir [ルトゥニール] 47, apprendre [アプラーンドゥル] 37

おぼこ (ぼらの幼魚) muge [ミュージュ] 男, 英 mullet

オマール (海老) †homard 男, 英 lobster /ブルターニュ産~ homard breton [オマール ブルトン], homard bleu [オマール ブルー] /~バター beurre 男 de homard [ブール ドゥ オマール] → あたま,から[2],つめ,どう[2],みそ

オマール(風) à la d'Aumale [ア ラ ドマール]

おまえ お前 → きみ

おまたせしました お待たせしました(詫びる) Excusez-moi de vous avoir fait attendre. [エクスキュゼムワ ドゥ ヴーザヴワール フェ アターンドゥル]

おまもり お守り porte-bonheur [ポルトゥ ボヌール] 男 ⟨単複同形⟩ /(魔よけ) talisman [タリスマン] 男

オムライス pilaf 男 (または pilau 男) tomaté enveloppé d'omelette [ピラフ (ピロ) トマテ アンヴロペ ドムレートゥ]

オムレツ omelette [オムレートゥ] 女, 英 omelet / プレーン~ omelette nature [オムレートゥ ナテュール] /スフレ~ omelette soufflée [オムレートゥ スーフレ] /(卵液がもれ出る)半熟~ omelette baveuse [オムレートゥ バヴーズ] /デザート~ omelette sucrée [オムレートゥ スュクレ] /クレープ~ omelette plate [オムレートゥ プラートゥ]

おめでとう Mes félicitations! [メフェリスィタスィヨン] /誕生日~ Bon (または Joyeux) anniversaire! [ボナニヴェルセール (ジュワユーザニヴェルセール)] /あけまして~ Bonne année. [ボンナネ] /結婚~ Mes félicitations pour votre mariage. [メ フェリスィタスィヨン プール ヴォートゥル マリヤージュ]

オ・メドック (ワイン) †haut-médoc 男

おもい 重い (重量が) lourd,e [ルール, ドゥ] /重く lourdement [ルールドゥマン] ‖ (病気が) grave [グラーヴ] ⟨男女同形⟩ /重く gravement [グラーヴマン]

おもいきり 思いきり(思う存分) tout son soûl [トゥー ソン スー]

おもいだす …を思い出す se rappeler... [スラプレ] 代動 7 59, se souvenir de... [ス スーヴニール ドゥ] 代動 47 59

おもいつき 思いつき inspiration [アンスピラスィヨン] 女 /思いつく inspirer [アンスピレ] /…から思いついた inspiré,e de... [アンスピレ ドゥ]

おもいで 思い出 souvenir [スーヴニール] 男

おもいやり 思いやりのある compatissant,e [コンパティサン, トゥ]

おもう 思う penser [パンセ], croire

[クルワール] 15, trouver [トゥルーヴェ] / (想像する) imaginer [イマジネ] / (…を予想する) s'attendre à... [サタンドゥリア] 代動 39 59, se douter de... [スドゥテドゥ] 代動 59

《不確定な未来を表す意味で「思う」を使う場合は当該動詞を直説法単純未来形に活用させる》 → つもり

おもさ 重さ → じゅうりょう

おもし 重石 poids [プワー] 男〈単複同形〉

おもしろい 面白い (興味深い) intéressant,e [アンテレサン, トゥ] / (愉快な) amusant,e [アミュザン, トゥ], plaisant,e [プレザン, トゥ] → おかしい

おもて 表 (コインの) face [ファース] 女 / (前面) devant [ドゥヴァン] 男 / (建物の正面) façade [ファサードゥ] 女

おもてどおり 表通り → とおり²

おもな 主な principal,e [プランスィパール], principaux [プランスィポ] 〈男複に〉/ 主に principalement [プランスィパルマン]

オモニエール(風) aumônière [オモニエール] 女

おもゆ 重湯 bouillon [ブヨン] 男 de riz [ブーヨンドゥリ]

おもり 錘 (計量用) poids [プワー] 男〈単複同形〉/ (釣用) plomb [プローン] 男

おや 親 → ちち¹, はは, りょうしん

おやかた 親方 → しゅじん, チーフ, リーダー

おやこどん 親子丼 bol [ボル] 男 de riz aux œufs et au poulet cuits à la sauce de soja sucrée [ボルドゥリゾエオプーレキュイアラソースドゥソジャスュークレ]

おやすみ お休み(なさい) Bonne nuit. [ボヌニュイ] → きゅうか

おやつ お八つ → かんしょく¹

おやゆび 親指 → ゆび

およぐ 泳ぐ nager [ナジェ] 25

およそ → くらい²

オラ (鍋) olla [オラ] 女

オランジャ (オレンジ外皮, またはそのパウダー) orangeat [オランジャ] 男

オランダ Pays-Bas [ペイバ] 固 男 複, †Hollande [オランドゥ] 固 女 / ~人 †Hollandais,e [オランデ, ーズ] 男〈単複同形〉, Néerlandais,e [ネエルランデ, ーズ] 男〈単複同形〉/ ~の hollandais,e

〈男には単複同形〉, néerlandais,e 男には単複同形〉/ ~風 (à la) hollandaise [(アラ) オランデーズ]
→ おりこみパイきじ

オランデーズ (オランダ風) ソース・~ sauce 女 hollandaise → オランダ

おり 澱 dépôt [デポ] 男, lie [リ] 女

オリーヴ (実) olive [オリーヴ], 英 olive / ~オイル huile 女 d'olive [ユイルドリーヴ] / (エクストラ) ヴァージン~オイル huile d'olive (extra-)vierge [ユイルドリーヴ(エクストゥラ)ヴィエルジュ] / 黒(緑)~ olive noire (verte) [オリーヴ ヌワール (ヴェールトゥ)], 英 black (green) olive / 種抜~ olive dénoyautée [オリーヴ デヌワヨテ] / スタッフド~ olive farcie [オリーヴ ファルスィ], 英 stuffed olive

オリーブ → オリーヴ

オリエント Orient [オリヤーン] 固 男 / ~の oriental,e [オリヤンタール], orientaux [オリヤント] 〈男複に〉/ ~風 (à l') orientale [オリヤンタール(アロリヤンタール)]

おりかえす 折返す (生地を) replier [ルプリエ], rabattre [ラバートゥル] 9 / 折返した replié,e [ルプリエ], rabattu,e [ラバテュ]

オリガン → オレガノ

おりこみパイきじ 折込パイ生地 feuilletage [フーユタージュ] 男, pâte 女 feuilletée [パートゥ フーユテ], 英 puff pastry / (折り終えて切る前の) pâton [パトン] 男 / オランダ式~ feuilletage 男 hollandais [フーユタージュ オランデ]

おりこむ 折込む (パイ生地) feuilleter [フーユテ], replier [ルプリエ], tourer [トゥーレ] / 折込んだ feuilleté,e [フーユテ], replié,e [ルプリエ], touré,e [トゥーレ]

オリジナリティー originalité [オリジナリテ] 女

オリジナル original [オリジナール] 男 / ~な original,e [オリジナール], originaux [オリジノ] 〈男複に〉

おりたたみしきの 折畳式の pliant,e [プリヤン, トゥ] → いす, かさ¹

おりたたむ 折畳む plier [プリエー] / (広げたものを) replier [ルプリエー] → おりこむ

おりパイきじ 折パイ生地 → おりこみパイきじ

おりびき 澱引 (ワイン製造中の) soutirage [スーティラージュ] 男 / ~する

おりまげる

おりまげる 折曲げる → おる

おりめ 折目 pli[プリー]男

おりる 降りる descendre[デサーンドゥル]39

おる 折る (固いものを) casser[カセ]/折った cassé,e[カセ]‖(折曲げる) plier[プリーエ]/折った plié,e[プリーエ]‖(折返す, 平らにする) rabattre[ラバットゥル]9/折った rabattu,e[ラバテュ]

オルジャ (飲物) orgeat[オルジャ]男/シロ・～ sirop d'orgeat[スィロ ドルジャ]

オルトラン (ずあおほおじろ：鳥) ortolan 男, 英 ortolan bunting

オルレアン (都市) Orléans 固/～の orléanais,e[オルレアネ，ーズ]男には単複同形/～風 (à l')orléanaise[オルレアネーズ (アロルレアネーズ)]

オルロフ(風) Orloff または Orlov[オルロフ]

オレガノ (香草) origan[オリガン]男, 英 oregano, wild marjoram

オレンジ orange[オラーンジュ]女, 英 orange/～エード orangeade[オランジャードゥ]女/スイート～ orange douce[オラーンジュ ドゥース]女, 英 sweet orange/バレンシア～ valence[ヴァラーンス]女, 英 Valencia orange/ビター～ orange amère[オラーンジャメール], 英 Seville orange, bitter orange/ルビー (ブラッド) ～ orange sanguine[オラーンジュ サンギーヌ], 英 blood orange
→ エセンス, かわ¹, かわむきき, キュラソー, ジヴレする, シャーベット, ビガラード, ベルガモット, マーマレード, ワイン

オロール(風) aurore[オロール] → オーロラ

おろし¹ 卸 (商業) gros[グロー]男/～商人 grossiste[グロスィーストゥ]男女/～値 prix[プリー]男 de gros[プリー ドゥ グロー]/～で en gros[アングロー]
→ おろす¹

おろし² 下ろし(器) râpe[ラープ]女/チーズ～ râpe à fromage[ラーパ フロマージュ]/ナツメグ～ râpe à muscade [ラーパ ミュスカードゥ]/鬼～ râpe 女 en bambou à grosses dents[ラーパン バンブーア グロースダン]

おろしみ 卸し身 (魚) filet[フィレ]男/(高級魚) suprême[スュプレーム]男

おろす¹ 卸す (商業) vendre en gros[ヴァーンドゥル アングロー]〈vendre 39〉‖(魚を3枚に) lever (les filets)[ルヴェ(レ フィレ)]〈lever 5〉/卸した levé,e[ルヴェ]/大名卸しにする lever les filets d'un coup[ルヴェ レ フィレダン クー]/2枚卸しにする (スイスの魚の卸し方) désosser à la façon du valais[デゾセ ア ラ ファソン デュ ヴァレ] → すりおろす

おろす² 下ろす・降す (人や物を) descendre[デサーンドゥル]39/(下げる) baisser[ベセ]/(火から) retirer (du feu)[ルティレ(デュ フ)]/(荷物を) décharger[デシャルジェ]25 → こうざ

オロロソ (シェリー酒) oloroso 男

オワ → がちょう

おわり 終り fin[ファン]女

おわる 終る finir[フィニール]4, (se) terminer[(ス) テルミネ]代動59

おんがく 音楽 musique[ミュズィーク]女/～の musical,e[ミュズィカール], musicaux[ミュズィコ]男複に〉

おんくん 温燻 → くんせい

オンザロック (ウィスキーの) whisky 男 avec glaçon[ウィスキ アヴェーク グラソーン]

おんしつ 温室 serre[セール]女/～栽培 culture 女 en serre[キュルテューラン セール]

おんすい 温水 eau 女 tiède[オティエードゥ]

おんせい 温製(の) chaud,e[ショ，ードゥ]/～料理 plat 男 chaud[プラーショ]

おんせん 温泉 eau(x) 女 (複) thermale(s)[オテルマール]/(源泉) source 女 thermale[スールステルマール]/(湯治場) station 女 thermale[スタスィヨン テルマール] → たまご

おんぞうこ 温蔵庫 (大型の) chambre 女 chaude[シャーンブル ショードゥ]/(小型の) armoire 女 chauffante[アルムワール ショファーントゥ]

おんど 温度 température[タンペラテュール]女/何度？ Quelle température ?[ケル タンペラテュール]/…の～をみ

る vérifier la température de...[ヴェリフィエ ラ タンペラテュール ドゥ]/〜計 thermomètre[テルモメートゥル]男/中心〜計(芯温計) thermosonde[テルモゾーンドゥ]女
→たいおん

おんどちょうせい 温度調整(チョコレートの)(混ぜての) conchage[コンシャージュ]男/〜する concher[コンシェ] ‖ (大理石上での) tablage[タブラージュ]男/〜する tabler[ターブレ] ‖ (作業全般) tempérage[タンペラージュ]男/〜する tempérer[タンペレ]

おんどり 雄鶏 → にわとり
おんな 女 → じょせい, むすめ
オンブル・シュヴァリエ → いわな

か

か …か(疑問)«Est-ce que[エースク]+平叙文», «活用動詞+主語(倒置疑問)», «平叙文の最終母音を高音にする»/君は空腹か Est-ce que tu as faim?. As-tu faim ?. Tu as faim ? /(誘いかけ) 〜しませんか, しないか «On va[オン ヴァ]+不定詞», «Allons[アロン]+不定詞» → または
が¹ → しかし
が² …が:フランス語には該当する語はなく,以下のように表現する/(主語の強調) AがBだ C'est A, B.[セ]/彼が料理長だ C'est lui, le chef.[セリュイ ル シェフ] ‖ (目的語を表す) AはBが…だ/私はチーズが好きだ J'aime le fromage.[ジェーム ル フロマージュ]
カーヴ → しゅこ
カーヴィング → デクパージュ,ナイフ
カーキいろ カーキ色 kaki[カキ]男/〜の kaki[カキ]〈不変〉
ガーゼ gaze[ガーズ]女
カーディガン cardigan[カルディガン]男, gilet[ジレ]男
カーテン rideau[リド]男〈複 〜x〉
カート → ワゴン
カード¹ carte[カールトゥ]女/(分類,整理用) fiche[フィーシュ]女/〜入れ porte-carte[ポルトゥ カールトゥ]男〈単複

同形〉/キャッシュ〜 carte bancaire[カールトゥ バンケール]/クレジット〜 carte de crédit[カールトゥ ドゥ クレーディ]/テレフォン〜 télécarte[テレカールトゥ]女/クリスマス〜 carte de Noël[カールトゥ ドゥ ノエル]/プリペイド〜 carte prépayée[カールトゥ プレペイエ]/ID〜 carte d'identité[カールトゥ ディダンティテ]/IC〜 carte à puce[カルタ ピュース]
カード² (凝乳) caillé[カイエ]男
ガードル gaine[ゲーヌ]女
ガードレール garde-fou[ガールドゥ フー]男〈複 〜-〜s〉
カーニヴァル (謝肉祭) carnaval[カルナヴァール]男〈複 〜s〉
カーニバル → カーニヴァル
カービング → デクパージュ,ナイフ
カーブ → まがりかど
カーペット → じゅうたん
カーマイン (着色料) carmin[カルマン]男
カーラー (髪用) bigoudi[ビグーディ]男/まつげ〜(ビューラー) recourbe-cils[ルクールブ スィール]男〈単複同形〉
ガーリック 〜オイル huile[ユイール]女 d'ail[ダーユ]/〜スクイザー presse-ail[プレサーユ]男〈単複同形〉/〜パウダー ail en poudre[アーヤン プードゥル]
→にんにく,トースト
カールさせる (髪をちりちりに) friser[フリゼ]/(巻毛に) boucler[ブークレ]
→ウェーブ
カール・ド・ショーム (チーズ) quarts-de-chaume[カールドゥ ショーム]
ガールフレンド → ともだち
かい¹ 回 fois[フワー]女〈単複同形〉/何〜? Combien de fois ?[コンビヤン ドゥ フワー]/1〜め la première fois[ラ プルミエール フワー]/…に分けて en... fois[アン フワー]
かい² 階 étage[エタージュ]男/1〜(地上階) rez-de-chaussée[レ ドゥ ショセ]男/2〜 premier (étage)[プルミエ (エタージュ)]男/3〜建の家 maison女 à 2 étages[メゾン ア ドゥーゼタージュ]:フランスでは地上1階を数えないので日本語の階数から1を引いた序数である → ちか²
かい³ 貝 coquillage[コキヤージュ]男, 英 shellfish/(二枚貝) bivalve[ビヴァ

がい 418

ールヴ] 男/(巻貝) gastéropodes [ガステロポードゥ] 男複, gastropodes [ガストゥロポードゥ] 男複

がい 害 (災, 不幸) mal [マール] 男, maux [モ] 男複 → ひがい

かいいん 会員 membre [マーンブル] 男, adhérent,e [アデラン, トゥ] 男女/~権 droit [ドゥロワー] 男 de membre [ドゥ マーンブル]

カイエーヌペッパー (香辛料) cayenne [カイエーヌ] 男, piment [ピマン] 男 (または poivre [プワーヴル]) de Cayenne [ドゥ カイエーヌ], 英 *Cayenne pepper*

かいがい 海外 → がいこく

かいがら 貝殻 coquille [コキーユ] 女 ∥~から出す décoquiller [デコキエ] / ~から出した décoquillé,e [デコキエ]

かいかん 開館 → オープン

かいがん 海岸 rivage [リヴァージュ] 男/(浜) plage [プラージュ] 女, grève [グレーヴ] 女/(沿岸) côte [コートゥ] 女/(海辺) bord de la mer [ボール ドゥ ラ メール]/(磯) rivage rocheux [リヴァージュ ロシュー]

かいぎ 会議 réunion [レユニヨン] 女/(ミーティング) meeting [ミティーング] 男

かいきょう 海峡 détroit [デートロワ] 男

かいきん 解禁 猟(漁)の~日 ouverture [ウーヴェルテュール] 女 de la chasse (pêche) [ドゥ ラ シャース (ペーシュ)]

かいけい 会計 compte [コーントゥ] 男/~係 comptable [コンターブル] 男/(経理, 簿記) comptabilité [コンタビリテ] 女 ∥ (レストラン, カフェで) addition [アディスィヨン] 女/~してください L'addition, s'il vous plaît. [ラディスィヨン スィル ヴープレ] ∥ (ホテルの) note [ノートゥ] 女

かいこ 解雇 licenciement [リサンスィマン] 男/~する licencier [リサンスィエ], renvoyer [ランヴワイエ] 20

がいこう 外交 diplomatie [ディプロマスィ] 女/~官 diplomate [ディプロマートゥ] 男, femme [ファム] 女 diplomate [ファム ディプロマートゥ]

がいこく 外国 étranger [エトゥランジェ] 男/~の étranger [エトゥランジェ] ⟨男に⟩, *étrangère* [エトゥランジェール] ⟨女に⟩/~で(に) à l'étranger [アレトゥラ

ーンジェ] ∥ ~製品 importations [アンポルタスィヨン] 女複/~語 langue [ラング] 女 étrangère [ランゲトゥランジェール]/~人 étranger [エトゥランジェ] 男, étrangère [エトゥランジェール] 女/~人登録証(滞在許可書) carte 女 de séjour [カールトゥ ドゥ セジュール]/~人留学生 étudiant 男 étranger [エテュディヤン エトゥランジェ], étudiante 女 étrangère [エテュディヤントゥ エトゥランジェール]

→ がくぶ, かわせ, りょこう

かいさつ 改札 自動~ contrôle 男 automatique [コントゥローロトマティーク]/自動~機 composteur [コンポストゥール] 男/自動~する composter [コンポステ]/~口 accès 男 aux quais [アークセ オケ]

かいさんぶつ 海産物 produits 男複 de la mer [プロデュイ ドゥ ラ メール]

かいしゃ 会社 compagnie [コンパニ] 女/(企業) entreprise [アントゥプリーズ] 女/~員 employé,e [アンプルワイエ] 男女, salarié,e [サラリエ] 男女/株式~ société 女 anonyme [ソスィエテ アノニーム] (S.A. [エスア] と略す)/子~ filiale [フィリヤール] 女/有限~ société à responsabilité limitée [ソスィエテ アレスポンサビリテ リミテ] 女 (S.A.R.L. [エスア エールエル] と略す)

がいしゅつ 外出 sortie [ソルティ] 女/~する sortir [ソルティール] 30

かいしょく 会食 (一つの食卓を囲む) tablée [ターブレ] 女/(親しい者同士の) agapes [アガープ] 女複 ∥ ~者 (招待された) convive [コンヴィーヴ] 男女/(普段一緒の) commensal,e [コマンサール] 男女 ⟨複 commensaux [コマンソ]⟩/…と昼(夜)に~する déjeuner (dîner) avec... [デジュネ (ディネ) アヴェーク]

がいしょく 外食 repas 男 ⟨単複同形⟩ à l'extérieur [ルパア レクステリユール] ∥ ~産業 métiers 男複 de bouche [メティエ ドゥ ブーシュ]/(レストラン業) restauration [レストラスィヨン] 女/~する prendre le repas à l'extérieur [プラーンドゥル ル ルパア レクステリユール] ⟨prendre 37⟩

がいじん 外人 → がいこくじん

かいすい 海水 eau 女 de mer [オドゥ メール]/~浴 bain 男 de mer [バン ドゥ メール]/~浴場 station 女 balnéaire[スタスィヨン バルネエール]

かいすうけん (1つづりの)回数券 carnet[カールネ]

かいせき 懐石(料理) repas[男] simple japonais servi pendant la cérémonie de thé[ル パ サーンプル ジャポネ セルヴィ パンダン ラ セレモニ ドゥ テ]

かいせきりょうり 会席料理 repas[男] de dégustation des mets japonais traditionnels[ル パ ドゥ デギュスタスィヨン デ メ ジャポネ トゥラディスィヨネール]

かいせつ 解説 commentaire[コマンテール][男]

がいせん 外線(電話) ligne[女] extérieur[リーニュ エクステリユール]

かいそう¹ 海藻 plante[女] marine[プラーントゥ マリーヌ], algue[アールグ][女],〈英〉seaweed /(漂着海藻) varech[ヴァレク][男] /～の匂いのする iodé,e[ヨデ]
→ こんぶ, のり¹, ひばまた, わかめ¹

かいそう² 改装 rénovation[レノヴァスィヨン][女] /～する rénover[レノヴェ] /～した rénové,e[レノヴェ]

かいだん 階段 escalier[エスカリエ][男] /非常～ escalier de secours[エスカリエ ドゥ スクール] /らせん～ escalier en limaçon[エスカリエ アン リマソン]

かいてき 快適(な) agréable[アグレアーブル]〈男女同形〉, confortable[コンフォルターブル]〈男女同形〉 /～に agréablement[アグレアーブルマン], confortablement[コンフォルターブルマン]

かいてん¹ 開店 → オープン

かいてん² 回転 tour[トゥール][男] /～する, ～させる tourner[トゥールネ] ‖ (折込パイ生地作成時に)生地を90度～させる faire pivoter le pâton d'un quart de tour[フェール ピヴォテル パトン ダン カール ドゥ トゥール]〈faire 21〉/～寿司店 bar[男] de sushi tournant[バール ドゥ スシ トゥールナン] ‖ ～のいいカフェ café[男] fréquenté[カフェ フレカンテ]

ガイド (人)guide[ギードゥ][男][女], accompagnateur[アコンパニャトゥール][男], accompagnatrice[アコンパニャトゥリース][女] /～付の guidé,e[ギデ] /(本)guide[ギードゥ]

かいとう 解凍 décongélation[デコンジェラスィヨン][女] /～する décongeler[デコンジュレ][5] /～した décongelé,e[デコンジュレ]

かいばしら 貝柱 noix[女]〈単複同形〉(de coquille)[ヌワー(ドゥ コキーユ)],〈英〉flesh

かいばつ 海抜 altitude[アルティテュードゥ][女]

かいひ 会費 cotisation[コティザスィヨン][女]

がいひ 外皮 → かわ¹, むく¹

かいもの 買物 achat[アシャ][男], courses[クールス][女][複] ‖ ～をする faire des achats[フェール デ ザシャ]〈faire 21〉, faire des courses[フェール デ クールス] /(食料品の)faire des provisions[女][複] [フェール デ プロヴィズィヨン]

買物の表現

いくらですか
　C'est combien ?[セ コンビヤーン]
合計いくらですか
　Ça fait combien ?[サ フェ コンビヤーン]
…をください
　...s'il vous plaît.[スィル ヴー プレ]
…はありますか
　Vous avez... ?[ヴーザヴェ]
(考え直して)また来ます
　Je vais réfléchir.[ジュ ヴェ レフレシール]

かいよう 潰瘍 ulcère[ユルセール][男]

かいりょう 改良(向上) amélioration[アメリヨラスィヨン][女] /～する améliorer[アメリヨレ] ‖ (完璧をめざす)perfectionnement[ペルフェクスィヨーヌマン][男] /～する perfectionner[ペルフェクスィヨネ] ‖ (刷新)rénovation[レノヴァスィヨン][女] /～する rénover[レノヴェ]

かいろ 懐炉 (使い捨て)chauffrette[女] de poche jetable[ショフレートゥ ドゥ ポーシュ ジュタブル]

かいろう 回廊 → ギャラリー

かいわ 会話 conversation[コンヴェルサスィヨン][女] /～する faire la conversation[フェール ラ コンヴェルサスィヨン]〈faire 21〉 → にちじょうかいわ

かいわれだいこん 貝割大根 pousses[女][複] de radis[プース ドゥ ラディ],〈英〉white radish sprouts

かう 買う acheter[アシュテ][5]

カヴァ → カバ

カヴィスト (ワイン在庫管理係)→ サーヴィス

カウチ

カウチ（ソファ）divan［ディヴァン］男
ガウン robe 女 de chambre［ローブ ドゥ シャーンブル］
カウンター （会計）caisse［ケース］女／（バー）comptoir［コントゥワール］男
かえす 返す rendre［ラーンドゥル］39, rapporter［ラポルテ］
かえで 楓 → メープル
かえば 替刃（挽肉器，ムーラン用）grille［グリーユ］女
かえり 帰り retour［ルトゥール］男
かえる¹ 帰る rentrer［ラーントゥレ］／（引返す）retourner［ルトゥールネ］
かえる² 変える・替える・代える（容姿，習慣，気分などを）changer［シャンジェ］25 ‖（…を取替える，…を乗換える）«changer de［シャンジェ ドゥ］+無冠詞の名詞» ‖（場所，形，色などを）A を B に～ «changer A de B（無冠詞の名詞）［シャンジェ ドゥ］‖（変形）transformer［トランスフォルメ］‖（置換える）A を B と～ remplacer A par B［ランプラセ パール］〈remplacer 32〉‖（新しくする）renouveler［ルヌーヴレ］7
かえる³ 蛙 食用あか～ grenouille［グルヌーユ］，(英) frog／ひき～，がま～ crapaud［クラーポ］男／～のもも肉 cuisse 女 de grenouille［キュイース ドゥ グルヌーユ］
かお 顔 visage［ヴィザージュ］男, figure［フィギュール］女／（表示）窓から～を出さないこと Ne pas se pencher au dehors.［ヌ パス パンシェ オ ドゥオール］／～色がよい（悪い）avoir bonne (mauvaise) mine［アヴワール ボーヌ（モヴェーズ）ミーヌ］〈avoir ①〉
→ ポートレート
カオール （ワイン）cahors／（町）Cahors 固／～の cadurcien,ne［カデュルスィ・ヤン, エーヌ］／～風 （à la）cadurcienne［（ア ラ）カデュルスィエーヌ］, Cahors
かおり 薫り・香り → におい,こめ
かおる 薫る・香る embaumer［アンボメ］, parfumer［パルフュメ］／…で薫らせた embaumé,e de...［アンボメ ドゥ］, parfumé,e de...［パルフュメ ドゥ］
がか 画家 peintre［パーントル］男女
カカオ cacao 男, (英) cocoa／～バター beurre 男 de cacao［ブール ドゥ カカオ］／～ビーン amande 女（または）fève 女 de cacao［アマーンドゥ（フェーヴ）ドゥ カカオ］／～マス pâte 女 de cacao［パートゥ ドゥ カカオ］／～の実 cabosse

かかく 価格 → ねだん
かがく¹ 化学 chimie［シミ］女／～の chimique［シミーク］〈男女同形〉／～的に chimiquement［シミークマン］／～者 chimiste［シミーストゥ］男女／～製品 produit 男 chimique［プロデュイ シミーク］
→ がくぶ,ちょうみりょう
かがく² 科学 science［スィヤーンス］女／調理～ sciences culinaires［スィヤーンス キュリネール］／～者 scientifique［スィヤンティフィーク］男女／～的な scientifique［スィヤンティフィーク］〈男女同形〉／～的に scientifiquement［スィヤンティフィークマン］
かかす 欠かす manquer［マンケ］
かかと 踵 talon［タロン］男
かがみ 鏡 miroir［ミルワール］男
かがみごい 鏡鯉 → こい¹
かがやく 輝く briller［ブリーエ］, luire［リュイール］11〈備考〉→ つや¹
かかり 係 （部署）service［セルヴィス］男／（人）employé,e［アンプルワイエ］男女‖～長（会社）chef 男 de service［シェフ ドゥ セルヴィス］
かかる 掛る （引っ掛る）s'accrocher［サクロ−シェ］59 ‖（時間が）«il faut［イル フォ］+時を表す語»／これを終えるのに1時間～ Il faut une heure pour finir ça.‖（音楽が）passer［パセ］
→ かける¹,でんわ,ひよう,めいわく
かかわらず （…にも）拘らず malgré ...［マ−ルグレ］, «bien que［ビヤーン ク］+接続法に活用する動詞を伴う文» ⇒ p.753「接続法」
かき¹ 牡蠣 huître［ユイトゥール］女, (英) oyster／～あけ職人 écailler［エカイエ］男, écaillère［エカイエール］女／～をあける écailler［エカイエ］／～のひもを除く ébarber［エバルベ］
→ オイスター,ナイフ,p.421［囲み］
かき² 柿 kaki, plaquemine［プラクミーヌ］女, (英) persimmon, sharon fruit／干～ kaki sec［カキ セーク］
かぎ¹ 鍵 clef または clé［クレー］女／合～ double clef［ドゥーブル クレー］／（マスターキー）passe-partout［パス パルトゥー］男〈単複同形〉／…に～をかける

牡蠣の種類

岩牡蠣 huître [女] sauvage [ユイートゥル ソヴァージュ]
カンカル cancale [女]
グラヴェット gravette [グラヴェートゥ][女]
クレール claire [女]
ジャポネーズ japonaise [女]
スペシアル(・ド・クレール) spéciale [女] (de claire) [スペスィヤール (ドゥ クレール)]
平牡蠣 huître [女] plate [ユイートゥル プラトゥ]
フィーヌ・ド・クレール fine-de-claire [フィーヌ ドゥ クレール][女]〈複 ~s-~-~〉
ブージーグ bouzigues [ブーズィーグ][女]〈単複同形〉
ブロン belon [女]
ポルトガル牡蠣 portugaise [ポルトゥゲーズ][女]
マレーヌ marennes [女]〈単複同形〉

fermer...à clef [フェルメア クレー] → キー
かぎ² 鉤 crochet [クローシェ][男]/(肉などをつるための) croc [クロック][男]/~でひっかける crocher [クローシェ] → かっこ
かきあげ 掻揚 tempura [男] de mélange [テンプラ ドゥ メラーンジュ]
かきごおり 欠氷 glace [女] râpée au sirop [グラス ラペ オ スィロ]
かきたてる 掻立てる → まぜる
かきとめ 書留 lettre [女] recommandée [レートゥル ルコマンデ]
かきとる 掻取る → けずる
かきまわす 掻回す → まぜる
かきん 家禽 volaille [ヴォラーユ][女], volatile [ヴォラティール][男], (英) *poultry*/~肉商(人) volailler [ヴォライエ], volaillère [ヴォライエール][女]
かく¹ 書く écrire [エクリール][18]/(記入する) remplir [ランプリール][4]/メニューを~ établir une carte [エタブリール ユヌ カールトゥ]〈établir [4]〉
かく² 描く → えがく
かく³ 掻く gratter [グラーテ] → けずる,まぜる
かく⁴ 各… chaque... [シャーク]〈男女同形〉
かく⁵ 核 → たね¹
かぐ¹ 家具 meuble [ムーブル][男]/~付の meublé,e [ムーブレ]/~なしの vide [ヴィードゥ]〈男女同形〉
かぐ² 嗅ぐ sentir [サンティール][30], (くんくんと) renifler [ルニーフレ]
がく¹ 萼 calice [カリース][男]
がく² 額 (フレーム) cadre [カードゥル][男]/~装する encadrer [アンカードゥレ] → きんがく
かくえきていしゃ 各駅停車(列車) (train [男]) omnibus [(トゥラーン) オムニビュース][男]
かくぎりにする 角切にする → さいのめ
かくざとう 角砂糖 → さとう
がくし 学士 licencié,e [リサンスィエ][男][女]
かくしつ 角質 kératine [ケラティーヌ][女]
かくじつ¹ 確実(な) certain,e [セルタン, テーヌ], sûr,e [スュール]/~に certainement [セルテーヌマン], sûrement [スュールマン]
かくじつ² 隔日(に) tous les deux jours [トゥー レ ドゥー ジュール]
かくしゅ 各種(の) (すべての種類) toutes sortes de... [トゥートゥ ソールトゥ ドゥ]/(色々な) divers,e [ディヴェール, ルス], varié,e [ヴァリエ]/(異なった) différent,e [ディフェラン, トゥ]/(取合せの) assorti,e [アソールティ]
かくしゅう 隔週(に) tous les quinze jours [トゥー レ カンズ ジュール], toutes les deux semaines [トゥートゥ レ ドゥー スメーヌ]
かくす 隠す cacher [カシェ]/(覆う) couvrir [クーヴリール][29]/(味や匂いを) masquer [マスケ]
がくせい 学生 étudiant,e [エテュディヤン,トゥ][男][女] → しょうめいしょ,しょくどう,わりびき,りょう
かくづけ 格付 classement [クラースマン][男]/~ぶどう畑 cru [男] classé [クリュ クラーセ]/~する classer [クラーセ]/~した classé,e [クラーセ]
カクテル cocktail [コクテール][男], (英) *cocktail*/フルーツ~ cocktail aux fruits [コクテール オ フリュイ] → グラス¹,ドレス,パーティ
かくど 角度 angle [アーングル][男]
かくにん 確認 confirmation [コンフィルマスィヨン][女]/~する confirmer [コンフィルメ], vérifier [ヴェリフィエ]/再~

かくはんする

(予約などの) reconfirmation [ルコンフィルマシオン] 女

かくはんする 攪拌する → まぜる

がくぶ 学部 faculté [ファキュルテ] 女: 1968年学制改革でフランスの大学の学部は研究単位になった／医～ faculté de médecine [ファキュルテ ドゥ メドゥスィーヌ]／外国語～ faculté des langues étrangères [ファキュルテ デ ラングゼトゥランジェール]／化学～ faculté de chimie [ファキュルテ ドゥ シミ]／教育～ faculté d'éducation [ファキュルテ デデュカスィオン]／経済～ faculté des sciences économiques [ファキュルテ デ スィヤンスゼコノミク]／工～ faculté de technologie [ファキュルテ ドゥ テクノロジ]／獣医～ faculté de médecine vétérinaire [ファキュルテ ドゥ メドゥスィーヌ ヴェテリネール]／歯～ faculté de chirurgie dentaire [ファキュルテ ドゥ シリュルジ ダンテール]／政治～ faculté de science politique [ファキュルテ ドゥ スィヤンス ポリティーク]／文～ faculté des lettres [ファキュルテ デ レートゥル]／法～ faculté de droit [ファキュルテ ドゥ ドゥルワ]／理～ faculté des sciences [ファキュルテ デ スィヤンス]

かくまく 角膜 cornée [コルネ] 女／～炎 kératite [ケラティートゥ]

がくれき 学歴 carrière [カリエール] 女 scolaire [スコレール]／(履歴書で) études 女複 effectuées [エテュードゥ ゼフェクテュエ]

かけ¹ 賭 pari [パリ] 男, jeu [ジュ] 男 〈複 ～x〉／～をする parier [パリエ]

かけ² 片 gousse [グース] 男／にんにくひと～ une gousse d'ail [ユヌ グース ダーユ]

かげ 陰 (日陰) ombre [オーンブル] 女／～干する sécher à l'ombre [セシェア ローンブル] 〈sécher 36〉／(人に見えない所)～で par(-)derrière [パール デリエール]

かけざん 掛算 multiplication [ミュルティプリカスィヨン] 女／3掛ける4は12 trois multiplié par quatre, (ça fait) douze [トゥルワ ミュルティプリエ パル カートゥル (サ フェ) ドゥーズ], quatre fois trois font douze [カートゥル フワ トゥルワ フォン ドゥーズ]

かけだし 駆出し → しょしんしゃ, みならい

かけら 欠片 → かけ², はへん

かける¹ 掛ける (時間を) mettre [メットゥル] 26 → アイロン, おおう, かぎ¹, かけざん, しばる, スプレー, そそぐ, つるす, でんわ, ひ², ひっかける, フードカッター, ふりかける, ふるい², ミキサー, めがね

かける² 欠ける (一部が破損する) s'ébrécher [セブレーシェ] 代動 36 59／欠けた ébréché,e [エブレーシェ] → ふそく

かげん 加減 (程度) ソースの味の～をみる goûter la sauce [グーテ ラ ソース]／(健康) お体の～はいかがですか Comment vous sentez-vous ? [コマン ヴー サンテ ヴー] 〈sentir 代動 30 59〉／

かこ 過去 passé [パセ] 男／～に dans le passé [ダン ル パセ], autrefois [オートゥルフワー]／～の passé,e [パセ] ‖ (動詞の)～形 passé [パセ] 男／単純～ passé simple [パセ サンプル]／近接～ passé récent [パセ レサン]／半～ imparfait [アンパルフェ] 男／複合～ passé composé [パセ コンポゼ]

かご 籠 (取っ手のない) corbeille [コルベーユ] 女／(取っ手のある) panier [パニエ] 男／買物～ panier à provisions [パニエ ア プロヴィズィヨン]／(動物用) cage [カージュ] 女／(食卓パン用) corbeille à pain [コルベーユ ア パン]／(パンの醗酵用) banneton [バヌトーン] 男, paneton [パヌトーン] 男

かこう¹ 加工 ～する façonner [ファソネ], traiter [トゥレーテ]／～した façonné,e [ファソネ], traité,e [トゥレーテ] → しょくひん, ちょうり

かこう² 花梗 pédoncule [ペドンキュール] 男／(ぶどうの) rafle [ラーフル] 女

かこむ 囲む → とりかこむ

かさ¹ 傘 parapluie [パラプリュイ] 男, pépin [ペパン] 男／～をさす tenir un parapluie [トゥニール アン パラプリュイ] 〈tenir 47〉／～立 porte-parapluies [ポールトゥ パラプリュイ] 男 〈単複同形〉／折畳～ parapluie pliant [パラプリュイ プリヤーン] → パラソル

かさ² 笠 (ランプシェード) abat-jour [アバジュール] 男／(きのこの) chapeau [シャポ] 男, tête [テートゥ] 女

かさ³ 嵩 volume [ヴォリューム] 男

かさい 火災 incendie [アンサンディ] 男, feu [フ] 男 〈複 ～x〉／～報知

avertisseur 男 d'incendie [アヴェルティスール ダンサンディ] → ほけん
かさご 笠子（ふさかさご）rascasse [ラスカース] 女, 英 *scorpion fish*
かさねる 重ねる（置く）superposer [スュペールポゼ]／重ねた superposé,*e* [スュペールポゼ]／(薄切の肉などの一部を重ねて並べる) chevaucher [シュヴォーシェ]／重ねた chevauché,*e* [シュヴォーシェ]
かさばる 嵩張る → おおきい
がざみ → かに
かざる 飾る（装飾）décorer [デコレ], orner [オールネ]／飾った décoré,*e* [デコレ], orné,*e* [オールネ], 英 *decorated*／飾り décor [デコール], ornement [オールヌマン]／飾付 décoration [デコラスィヨン] 女‖(型をチョコレートなどに押付け、上面に模様をつける) empreindre [アンプランドゥル] 14／飾り empreinte [アンプラーントゥ]
→ くし¹, だい, ちんれつ, はなかざり, ミラーだい
かざん 火山 volcan [ヴォルカーン] 男
カシ（ワイン樽）cassis [カスィ] 男
かし¹ 菓子（砂糖菓子）confiserie [コンフィーズリ] 女, sucrerie [スュークルリ] 女, 英 *sweets*／(生地を使った菓子) pâtisserie [パティスリ] 女, 英 *cake, pastry*／(甘いものの総称) friandise [フリヤンディーズ] 女, douceur [ドゥースール] 女, 英 *sweetmeat*, 米 *sweets*／小〜 petit four 男 [プティ フール]／茶〜 gâteau pour le thé [ガト プール ル テ]／和〜 gâteau japonais [ガト ジャポネ]‖〜屋（生地を使った）pâtisserie [パティスリ] 女／(砂糖菓子、砂糖漬) confiserie [コンフィーズリ] 女‖〜職人 pâtissier [パティスィエ], pâtissière [パティスィエール]／confiseur [コンフィズール] 男, confiseuse [コンフィズーズ] 女
→ ガトー, ケーキ, パティシエ, パン
かし² 貸 〜…à louer [ア ルエ], …de location [ドゥ ロカスィヨン]／〜部屋 chambre 女 à louer [シャーンブル ア ルエ]／〜マンション appartement 男 à louer [アパールトゥマン ア ルエ] → ちんたい
かし³ 河岸 quai [ケ] 男 → いちば
かし⁴ 樫（木）chêne [シェーヌ] 男／(実) gland [グラーン] 男
かし⁵ 華氏 F [エフ] 男: Fahrenheit

[ファレナーイトゥ] 男 の略
かじ¹ 火事 incendie [アンサンディ] 男, feu [フ] 男〈複 〜*x*〉／〜だ! Au feu! [オ フー]
かじ² 家事 ménage [メナージュ] 男／〜をする faire le ménage [フェール ル メナージュ]〈faire 21〉
かじか 鰍 chabot [シャボ] 男, 英 *sculpin*
かじき 梶木 真〜 marlin 男 rayé [マルラン レイエ], poisson-pique [プワソンピーク] 男〈複 〜*s*–*s*〉, 英 *striped marlin*／め〜 espadon [エスパドン] 男, poisson-épée [プワソン エペ] 男〈複 〜*s*–*s*〉, 英 *swordfish*／芭蕉〜 voilier [ヴワリエ] 男, 英 *sailfish*／くろ〜 marlin bleu [マルラン ブルー], 英 *blue marlin*
かしきり 貸切 〜バス autocar 男 affrété [オトカーラフレテ]／レストランを〜にする réserver entièrement un restaurant [レゼルヴェ アンティエールマン アン レストラン] → まんいん
カシス（黒すぐり、ブラックカラント）cassis [カスィス] 女〈単複同形〉, 英 *cassis, blackcurrant*／〜リキュール crème 女 (または liqueur 女) de cassis [クレーム (リクール) ドゥ カスィス]
かじつ 果実 〜酒 alcool 男 de fruits [アルコール ドゥ フリュイ] → くだもの
カジノ（賭博場）casino [カズィノ] 男
カシミヤ cashmire [カシュミール] 男
かじゅ 果樹 arbre 男 fruitier [アールブル フリュイティエ]／〜園 verger [ヴェールジェ] 男
カジュアルウェア vêtement 男 de loisirs [ヴェートゥマン ドゥ ルワズィール]
かじゅう 果汁 → ジュース
カシューナッツ cajou [カジュー] 男〈複 〜*x*〉, noix d'acajou [ヌワー ダカジュー], anacarde [アナカールドゥ] 男, 英 *cashew nut*
かしらもじ 頭文字 → もじ
かじる 齧る ronger [ロンジェ] 25／(少しずつ) grignoter [グリニョテ]／(チョコレートなどのかたい物を) croquer [クローケ]
かしわ 柏：木 chêne 男 mâle du Japon [シェーヌ マール デュ ジャポン]／〜餅 pâte 女 de riz farcie de pâte de haricots sucrée enrobée de feuille

de chêne [パートゥ ドゥ リ ファルスィ ドゥ パートゥ ドゥ アリコ スュークレ アンロベ ドゥ フーユ ドゥ シェーヌ]

かす¹ 粕 lie [リ] 女 /酒~ lie de saké [リ ドゥ サケ] /~漬 aliment 男 macéré dans la lie de saké [アリマン マセレ ダン ラ リ ドゥ サケ]

かす² 滓 (残り物) → おり, くず¹, ちんでんする, のこり

かす³ 貸す prêter [プレーテ] / (賃貸) louer [ルエ] / →かし²

かず 数 nombre [ノーンブル] 男, chiffre [シーフル] 男 /~を数える compter le nombre [コンテ ル ノーンブル]

1	un [アン]	2	deux [ドゥー]
3	trois [トゥルワ]	4	quatre [カートゥル]
5	cinq [サーンク]	6	six [スィース]
7	sept [セートゥ]	8	huit [ユイートゥ]
9	neuf [ヌーフ]	10	dix [ディース]

ガス gaz [ガーズ] 男 / (フランスの) ~会社 G.D.F. [ジェ デ エフ] : Gaz 男 de France [ガーズ ドゥ フランス] 男の略 /~爆発 explosion 女 de gaz [エクスプロズィヨン ドゥ ガーズ] /炭酸~ gaz carbonique [ガーズ カルボニック] /~浸漬法 macération 女 carbonique [マセラスィヨン カルボニック] /都市~ gaz de ville [ガーズ ドゥ ヴィル] /プロパン~ gaz propane [ガーズ プロパーヌ] : フランスはブタンガス (gaz) butane [(ガーズ) ビュターヌ]
→ アセチレンガス, ガスぬきする, かん⁴, こんろ, ストーブ, せん³, ちゅうどく, レンジ

カスーレ (煮込) cassoulet 男 → カステルノダリ

かすかに 微かに légèrement [レジェールマン]

ガスけつ ガス欠 → ガソリン

ガスコーニュ (地方) Gascogne 固女 /~の gascon,ne [ガスコン, -ヌ] /~風 (à la) gasconne [(ア ラ) ガスコーヌ] /~バター:仔羊の脂肪とにんにくのピュレを混ぜた調味料 beurre 男 de Gascogne [ブール ドゥ ガスコーニュ]

カスタードクリーム (クレーム・パティシエール) crème pâtissière [クレーム パティスィエール], 英 confectioner's custard

カスタードプリン → プリン

かすづけ 粕漬 → かす¹

カスティーヤ (スペインの地方) Castille [カスティーユ] 固女 /~の castillan,e [カスティヤ・ン, -ヌ] /~風 (à la) castillane [(ア ラ) カスティヤーヌ]

カステラ quatre-quarts 男 japonais [カートゥル カール ジャポネ]

カステルノダリ (都市) Castelnaudary 固 /~の castelnaudarien,ne [カステルノダリ・ヤン, エーヌ] /~風 (à la) castelnaudarienne [(ア ラ) カステルノダリエーヌ] /~のカースレ cassoulet de Castelnaudary [カスーレ ドゥ カステルノダリ]

ガストリック (酢と砂糖を煮詰めたもの) gastrique [ガストゥリーク] 女

ガストロノミ (飲食を楽しむための術) gastronomie [ガストロノミ] 女

ガスぬきする ガス抜きする (生地の) rompre [ローンプル] 39 〈備考〉/ガス抜した rompu,e [ロンピュ]

かずのこ 数の子 œufs 男複 de hareng salés [ウ ドゥ アラン サレ], 英 herring roe

ガスパチョ (スープ) gaspacho 男

カスレ → カスーレ

かぜ¹ 風邪 rhume [リューム] 男 / (鼻風邪) rhume de cerveau [リューム ドゥ セルヴォ] /~をひく attraper le froid [アトゥラーペ ル フルワ] /~をひいている enrhumé,e [アンリュメ] /~薬 médicament 男 contre le rhume [メディカマン コーントゥル ル リューム] / (インフルエンザ) grippe [グリープ] 女 → インフルエンザ

かぜ² 風 vent [ヴァン] 男 /~が強い il fait du vent [イル フェ デュ ヴァン] ‖ (通風) ~通し aération [アエラスィヨン] 女 /~通しのよい bien aéré,e [ビヤンナエレ]

かせいソーダ 苛性ソーダ soude 女 caustique [スードゥ コスティーク] : フランスでは厨房清掃に苛性ソーダではなくジャヴェル水 eau 女 de Javel [オ ドゥ ジャヴェル] (無塩素酸ナトリウム水溶液)を使う

カセット → テープ, テープレコーダー

かぞえる 数える → けいさん

かぞく 家族 famille [ファミーユ] 女 /~的な familial,e [ファミリヤール], familiaux [ファミリヨ] 〈男複に〉

カソナード → さとう

ガソリン essence [エサンス] 女 /~切れ

panne [女] d'essence [パーヌ デサンス] ‖ ～スタンド station [女] d'essence [スタスィヨン デサンス] / (修理工場付) station-service [スタスィヨン セルヴィス] 〈複 ~s-~s〉 ‖ スーパー～ super [スュペール] [男] / レギュラー～ ordinaire [オルディネール] [男] → まんタン

カソレット → さら

かた¹ 肩 épaule [エポール] [女] / ～凝 courbature [女] aux épaules [クールバテュールオゼポール] / ～幅 carrure [カリュール] [女], うし,こうし¹, こひつじ,ひつじ,ぶた

かた² 型 (成型用) moule [ムール] [男] / ～に入れる mouler [ムーレ] / ～に入れた moulé,e [ムーレ]
→ アイスクリーム, おしがた, クルスタード, クルスタディーヌ, ケーキ, サヴァラン, シリコン, シャブロン, セルクル, タルト, ぬきがた, ぬくふながた

かた⁴ …方 → きづけ

かたい 堅い・固い・硬い (硬直した) rigide [リジードゥ] 〈男女同形〉/ (こわばった) raide [レードゥ] 〈男女同形〉/ (中身が詰まってしっかりしている) ferme [フェルム] 〈男女同形〉/ (肉が皮のように) coriace [コリアス] 〈男女同形〉/ (丈夫な) solide [ソリードゥ] 〈男女同形〉/ (生地が) consistant,e [コンスィスタン,トゥ] / (古いパンが) rassis,e [ラスィ,ーズ] 〈男には単複同形〉
→ かたい, かためる, ぎょうこ

かたいれたまご 型入れ卵 → たまご

かたがわ 片側 → かためん

かたく¹ 硬く solidement [ソリードゥマン] / (しっかり) ferme [フェルム], fermement [フェルムマン] ‖ ～する,～なる durcir [デュルスィール] [4] / ～した,～なった durci,e [デュールスィ] ‖ (こわばらせる) ～する raidir [レディール] [4] / ～した,～なった raidi,e [レディ] ‖ (パンには単複同形) ～なった rassis,e [ラスィ,ーズ] 〈男には単複同形〉
→ かたい, かためる, ぎょうこ

かたく² 花托 réceptacle [レセプタークル] [男]

かたくちいわし 片口鰯 → いわし

かたくりこ 片栗粉 farine [女] de dent-de-chien [ファリーヌ ドゥ ダン ドゥ シヤーン]
→ でんぷん

かたち 形 forme [フォルム] [女] / …の～に en forme de... [アン フォルム ドゥ] / ～づくる former [フォルメ] / ～づくった formé,e [フォールメ] ‖ (細工する) façonner [ファソネ] / ～づくった façonné,e [ファソネ] ‖ (型に入れて) mouler [ムーレ] / ～づくった moulé,e [ムーレ]

かたづける 片付ける (整理する) ranger [ランジェ] [25] / (邪魔なものを除く) débarrasser [デバラセ] / (食卓を) desservir [デセルヴィール] [30]

かたつむり 蝸牛 → エスカルゴ

かたてなべ 片手鍋 → なべ

かたどる 象る → かた²

かたぬき 型抜 → ぬきがた, ぬく

かたはば 肩幅 → かた¹

かたほう 片方 → いっぽう

かたまらせる 固まらせる → かためる

かたまり 塊 bloc [ブロック] [男], masse [マース] [女], morceau [モルソ] [男] 〈複 ~x〉

かたまる 固まる → かたく¹

かたみ 片身 → はんみる, はんみ

かたみち 片道 aller [男] (simple) [アレ (サーンプル)] → きっぷ

かたむける 傾ける pencher [パンシェ], incliner [アンクリーネ]

かためる 固める (硬くする) durcir [デュルスィール] [4] / 固めた,硬くした durci,e [デュールスィ] ‖ (圧縮) tasser [タセ] / (脂肪を) figer [フィジェ] [25] / (肉の塊の表面を強火で焼いて) saisir [セズィール] [4] / 固めた saisi,e [セズィ] ‖ (弱火や湯で色を付けないように) raidir [レディール] [4] / 固めた raidi,e [レディ] ‖ (一層きつ締める, 強固にする) raffermir [ラフェルミール] [4] → ぎょうこ

かためん 片面 un côté [アン コテ] [男] / ～だけを(に) d'un seul côté [ダンスール コテ], unilatéralement [ユニラテラルマン], 愛 unilaterally

かたロース 肩ロース → うし,こうし¹, こひつじ, ひつじ, ぶた

カタログ catalogue [男]

カタロニア (地方) Catalogne [カタローニュ] [固女] / ～の catalan,e [カタラ・ン,ーヌ] / ～風 (à la) catalane [(アラ) カタラーヌ]

がちょう 鵞鳥 oie [女] (domestique) [ワ (ドメスティーク)], 愛 goose / (雄) jars [ジャール] [男] / (雛) oison [ワゾン] [男]

カツ → カツレツ

ガツ → ミノ

かつお 鰹 bonite [ボニートゥ] [女], 愛

bonito /本～ bonite à ventre rayé [ボニト ヴァントゥル レイエ], (英) *Skipjack tuna* /そうだ～ bonite vraie [ボニトゥ ヴレ], (英) *bullet tuna, bullet mackerel* /歯(葉)～ pélamide または pélamyde [ペラミドゥ] /縞～ bonite à dos rayé [ボニータ ドレイエ], (英) *striped bonito* ‖ ～出汁 bouillon 男 extrait de bonite séchée râpée [ブーヨン エクストゥレ ドゥ ボニートゥ セシェ ラペ] /～節 bonite séchée à râper pour le bouillon de poisson [ボニートゥ セシェ ア ラペ プール ル ブーヨン ドゥ プワソン]

がっか 学科 (大学) section [セクスィヨン] 女: 制度の違いによりフランスの大学には学科にあたる区分はない /(科目) matière [マティエール] 女

がっかり(した) être déçu,*e* [エートゥル デス] 〈être ②〉

がっき 楽器 instrument 男 musical [アンストゥリュマン ミュズィカール]

かっけ 脚気 béribéri [ベリベリ] 男

かっこ 括弧 (丸かっこ) parenthèse [パランテーズ] 女 /かぎ～: フランス語では « » ギュメ guillemet [ギユメ] 男 を用いる

かっこいい chouette [シュウェートゥ]〈男女同形〉

がっこう 学校 école [エコール] 女 /各種～ cours [クール] 男 /(美術, 建築) académie [アカデミ] 女, École des Beaux-Arts [エコール デ ボザール], les Beaux-Arts [レボザール] 男複 /(音楽, 舞台芸術) conservatoire [コンセルヴァトゥワール] 男 /(単科) institut [アンスティテュ] 男 /小～ école primaire [エコール プリメール] /中～ collège [コレージュ] 男
→ こうこう,だいがく,ちょうじがっこう

かっしょく 褐色 brun [ブラーン] 男 /～の brun,*e* [ブラーン, リューヌ] /～の肌 peau 女 brune [ポブリューヌ]

カッター (ケーキスライス用) guitare [ギタール] 女 /パイ～ roulette [ルーレットゥ] 女 /ゆで卵～ coupe-œuf [クープーフ] 男〈単複同形〉/(文房具) cutter [キュテール] 男
→ フードカッター, ミキサー, ローラー

カッターシューズ souliers 男複 plats [スーリエ プラ]

かつて 嘗て dans le temps [ダン ル タン], jadis [ジャディス] /～の ancien,*ne*
[アンスィヤン, エーヌ] → むかし

カッティングサーヴィス → デクパージュ

カット (削除) coupure [クーピュール] 女, suppression [スュプレスィヨン] 女 /(映倫や政府による映画などの) censure [サンスュール] 女
→ きる¹, グラス¹, デクパージュ

カツどん カツ丼 bol 男 de riz à la panée d'escalope de porc recuite dans la sauce de soja sucrée et nappée d'œuf battu [ボル ドゥ リア ラ パネ デ スカロープ ドゥ ポール ル キュイートゥ ダン ラ ソース ドゥ ソジャ スュークレ エ ナペ ドゥフ バテュ]

カップ (碗) tasse [タース] 女 /(広口, 脚付) coupe [クープ] 女 ‖ アイスクリーム～ coupe à glace [クーパ グラース] /コーヒー(ティー)～ tasse à café (thé) [タサ カフェ(テ)] /計量～ verre 男 gradué [ヴェール グラデュエ], verre doseur [ヴェール ドズール] /デミタス～ tasse à moka [タサ モカ], tasse à café [タサ カフェ], (英) *demitasse*

カツレツ escalope 女 panée (à l'anglaise) [エスカロープ パネ (ア ラングレーズ)] ‖ 豚カツ (ロース) côtelette 女 de porc panée [コトゥレートゥ ドゥ ポール パネ] /(ヒレ) filet 男 de porc pané [フィレ ドゥ ポール パネ]

かてい 家庭 famille [ファミーユ] 女, foyer [フワイエ] 男 /～の familial,*e* [ファミリヤール], familiaux [ファミリヨ] 〈男複 に〉, ménager [メナジェ]〈男に〉, *ménagère* [メナジェール]〈女に〉/～教師 répétiteur [レペティトゥール] 男, répétitrice [レペティトゥリース] 女 /～用品 ustensiles 男複 de ménage [ユスタンスィル ドゥ メナージュ] /～料理 cuisine 女 ménagère [キュイズィーヌ メナジェール], cuisine familiale [キュイズィーヌ ファミリヤール]

カテージチーズ → チーズ

かど 角 angle [アーングル] 男, coin [クワーン] 男

かとう 加糖 (ワイン製造時の) chaptalisation [シャプタリザスィヨン] 女 /～する chaptaliser [シャプタリゼ]

かどう 華道 → いけばな

ガトー (菓子) gâteau 男〈複～*x*〉, (英) *cake* / ～ショコラ gâteau (au) chocolat [ガト(オ) ショコラ] /～・デ・ロワ gâteau des Rois [ガト デ ルワー] /～・ド・サヴォワ gâteau de Savoie [ガト ドゥ サ

ウワ]／〜・バスク gâteau basque／〜・フラマン gâteau flamand／〜・セック gâteau sec
→ かし¹,ケーキ,チーズケーキ,プディング

カトラリー → テーブル

カトル・エピス → オールスパイス

カトル・カール（ケーキ）quatre-quarts [カートゥル カール]男〈単複同形〉, 英 *pound cake*

ガナ（町）Gannat 固／〜の gannatois,e [ガナトゥワ, ーズ]〈男には単複同形〉／〜風（à la）gannatoise [(ア ラ)ガナトゥワーズ]

ガナーシュ（クリーム）ganache 女／ミルク〜 ganache au lait [ガナショ レ], ganache blonde [ガナシュ ブロンド], 英 *milk chocolate ganache*

かなあみ 金網 treillis [トゥレイー]男 → あみ

カナール → かも

かながしら 金頭（ルージェ・グロンダン：ホウボウ科の魚）(rouget 男) grondin [(ルージェ)グロンダン]男, 英 *sea robin*

かなぐし 金串 → くし¹

かなしい 悲しい triste [トゥリーストゥ]〈男女同形〉

ガナッシュ → ガナーシュ

かなづち 金槌 → ハンマー

カナッペ → カナペ

カナペ（オープンサンドウィッチ）canapé 男, 英 *canapé, open sandwich*／スモークサーモンの〜 canapé au saumon fumé

かならず 必ず sans faute [サン フォートゥ]

かなり（十分に）assez [アセ], suffisamment [スュフィザマン]／（明らかに）sensiblement [サンスィーブルマン]

かに 蟹（総称）crabe [クラーブ]男, 英 *crab*／〜の身 chair 女 de crabe [シェール ドゥ クラーブ]／〜かまぼこ surimi [スリミ]男 → 〜座 Cancer [カンセール]固男 → こう,はさみ²,みそ,[囲み]

かにく 果肉 pulpe [ピュールプ]女, 英 *pulp*／（フルーツ）〜の多い charnu,e [シャルニュ]

カヌー canoë [カノエ]男

カヌトン（仔鴨）caneton 男 → かも¹

カヌレ（ケーキ）cannelé または cannelet 男 → ナイフ,みぞ

蟹の種類

毛脚蟹 maïa [マヤ]男, araignée 女 (de mer) [アレニェ (ドゥ メール)]

毛蟹 crabe 男 kegani [クラーブ ケガニ], 英 *horse hair crab*

沢蟹 crabe d'eau douce du Japon [クラーブ ド ドゥース デュ ジャポン], 英 *Japanese freshwater crab*

上海蟹, 中国藻屑蟹 crabe de Changhaï [クラーブ ドゥ シャンガイ], 英 *chinese mitten crab*

ずわい蟹, 越前蟹, 松葉蟹 crabe des neiges [クラーブ デ ネージュ], 英 *snow crab, queen crab*

ソフトシェルクラブ（脱皮直後の青蟹）crabe à carapace molle [クラーバ カラパス モール], 英 *soft-shell crab*

高脚蟹 crabe géant [クラーブ ジェアン], 英 *giant spider crab*

鱈場(ば)蟹 crabe royal [クラーブ ルワヤール], crabe Taraba [クラーブ タラバ], 英 *king crab*

花咲蟹 crabe de Hanasaki [クラーブ ドゥ ハナサキ], 英 *blue king crab*

椰子蟹 crabe des cocotiers [クラーブ デ ココティエ]

ヨーロッパいちょう蟹 tourteau [トゥールトー]男〈複 ~x〉, dormeur [ドルムール]男, poupart [プーパール]男, 英 *common crab*

渡り蟹, がざみ蟹 portune [ポルテューヌ]男, (crabe) enragé [(クラーブ)アンラジェ]男, 英 *swimming crab*

かね¹ 金（金銭）argent [アルジャン]男, (俗語) fric [フリーク]男‖〜を使う dépenser [デパンセ]／〜を稼ぐ gagner de l'argent [ガニェ ドゥ ラルジャン]／〜をかける dépenser de l'argent pour... [デパンセ ドゥ ラルジャン プール]
→ げんきん,つうか

かね² 鐘 cloche [クローシュ]女, carillon [カリヨン]男

かねつ¹ 加熱 chauffage [ショファージュ]男／〜調理 cuisson [キュイソーン]女‖〜する chauffer [ショフェ]／〜した chauffé,e [ショフェ]‖再〜 réchauffage [レショファージュ]男／再〜する réchauffer [レショフェ]／再〜した réchauffé,e [レショフェ]

かねつ² 過熱 chauffage 男 excessif [ショファージュエクセシフ]／(料理の) sur-cuisson [スュルキュイソン] 女 ‖ 〜する surchauffer [スュルショフェ]／〜した surchauffé,e [スュルショフェ]

かねもち 金持 riche [リーシュ] 男女／〜の riche [リーシュ] 男女同形／(ゆとりのある) aisé,e [エゼ]／(上流で) huppé,e [ユペ]

カネル → シナモン

カネロニ (パスタ) ⑭ cannelloni 男複

かのう¹ 化膿 suppuration [スュピュラスィヨン] 女, purulence [ピュリュランス] 女／〜止 antiseptique [アンティセプティク] 男／〜する suppurer [スュピュレ]

かのう² 可能 possible [ポスィーブル] 男女同形／〜性 possibilité [ポスィビリテ] 女 → かも²

カノーラ (菜種油の一種) canola 男, ⑭ canola

かのじょ 彼女:「あの人，あいつ」も同じ／(主語として) 〜(たち) は elle(s) [エール]／〜は親切だ Elle est gentille. [エレジャンティーユ]／〜たちは親切だ Elles sont gentilles. [エルソンジャンティーユ] ‖ (強調形として, c'est や前置詞の後で) 〜 elle [エール], 〜たち elles [エール]／〜が料理をするんだ C'est elle qui fait la cuisine. [セテルキフェラキュイズィーヌ], 〜たちが料理をするんだ Ce sont elles qui font la cuisine. [スソンテールキフォンラキュイズィーヌ]／私は〜(たち)と話す Je parle avec elle (elles). [ジュパールルアヴェケール] ‖ この本は〜(たち)のかい Ce livre est à elle (elles)? [スリーヴレタエル] ‖ 私は〜(たち)の家へ行きたい Je voudrais aller chez elle (elles). [ジュヴードレアレシェゼール]／(直接目的語として) 〜(たち)を la (les) [ラ(レ)]／私は〜(たち)を母に紹介する Je la (les) présente à ma mère. [ジュラ(レ)プレザンタメール] [(間接目的語として) 〜(たち)に lui (leur) [リュイ(ルール)]／彼は〜(たち)に電話をする Il lui (leur) téléphone. [イルリュイ(ルール)テレフォーヌ] ⇒ p.748「人称代名詞」‖ (所有形容詞として) 〜の son [ソン] 男または母音または無音のhで始まる女単の前に, sa [サ] 女単の前に, ses [セ] 男女複の前に, 〜たちの leur [ルール] 男女単の前に, leurs [ルール] 男女複の前に／〜(たち)のレストランは大きい Son (Leur) restaurant est grand. [ソン(ルール)レスタオランエグラン]／〜(たち)の部屋は清潔だね Sa (Leur) chambre est propre. [サ(ルール)シャンブルエプロープル]／〜(たち)の両親はニースにいるの？ Ses (Leurs) parents sont à Nice? [セ(ルール)パランソンタニース] ⇒ p.751「所有形容詞」‖ (恋人) copine [コピーヌ] 女, petite amie 女 [プティタミ]

カバ (スペインのワイン) cava [カヴァ] 男, ⑭ cava

カバー (覆い) couverture [クーヴェルテュール] 女／(保温用) ディッシュ〜 cloche [クローシュ] 女, couvre-plat [クーヴルプラー] 男〈単複同形〉, dessus-de-plat [ドゥスュドゥプラー] 男〈単複同形〉／ベッド〜 dessus-de-lit [ドゥスュドゥリ] 男〈単複同形〉／枕〜 taie [テ] 女

かばやき 蒲焼 → うなぎ

かばん (書類入れ) porte-documents [ポルトゥドキュマン] 男〈単複同形〉, serviette [セルヴィエットゥ] 女

かび 黴 moisi [ムワーズィ] 男, moisissure [ムワズィスュール] 女／〜の生えた moisi,e [ムワーズィ]／白〜 moisissure blanche [ムワズィスュールブランシュ]／青〜 moisissure bleue [ムワズィスュールブルー], moisissure verte [ムワズィスュールヴェールトゥ], pénicillium [ペニスィリヨム] 男 ‖ (チーズの中に) 青〜の生えた persillé,e [ペルスィエ] → チーズ

かびん 花瓶 vase 男 (à fleurs) [ヴァーズ(アフルール)]

かぶ¹ 蕪(すずな) navet [ナヴェ] 男, ⑭ turnip／紫〜 ravichet [ラヴィシェ] 男 → ルタバガ

かぶ² 株 (野菜の単位) pied [ピエー] 男／サラダ菜ひと〜 un pied de salade [アンピエードゥサラードゥ]／(塊) tête [テートゥ] 女／にんにくひと〜 une tête d'ail [ユヌテートゥダーユ]

かぶ³ 下部 partie 女 inférieure [パルティアンフェリユール], bas [バ] 男〈単複同形〉

カフェ 〜・リエジョワ (コーヒー風味のパフェ) café 男 liégeois [カフェリエジュワ] → きっさてん, コーヒー

カフェイン caféine [カフェイーヌ] 女, ⑭

caffeine /～レスコーヒー (café 男) décaféiné [(カフェ) デカフェイネ] 男, déca [デカ] 男

カフェ・オ・レ café 男 au lait, 英 *café au lait*

カフェテリア → レストラン

カフェレストラン → レストラン

カフス manchette [マンシェトゥ] 女 / ～ボタン bouton 男 de manchette [ブートン ドゥ マンシェトゥ]

カプセル capsule [カプスュール] 女

カプチーノ (飲物) cappuccino 男

カプリス・デ・デュー (チーズ) caprice des dieux 男

ガプロン (チーズ) gaperon または gapron 男

かふん¹ 花粉 pollen [ポレーヌ] 男 / ～症 pollinose [ポリノーズ] 女, allergie 女 aux pollens [アレルジ オ ポレーヌ]

かふん² 加粉 (こねている生地に小麦粉を加えること) contre-frasage [コーントゥル フラザージュ] 男 〈複 ～-s〉/～する contre-fraser [コーントゥル フラゼ] 他

かべ 壁 mur [ミュール] 男 /～紙 papier 男 peint [パピエ パン]

カベクー (チーズ) cabécou 男

カペッリーニ (パスタ) 伊 capellini 男 複

カペッリ・ダンジェロ (エンジェルヘアー: パスタ) cheveux 男 複 d'ange [シュヴー ダンジュ], 英 *Angel's hair*, 伊 *capelli* 男 複 *d'angelo*

カベルネ (ぶどう) cabernet 男 /・ソヴィニヨン cabernet sauvignon /～・ダンジュー cabernet d'Anjou /～・ド・ソミュール cabernet de Saumur [カベルネ ドゥ ソミュール] /～・フラン cabernet franc

かべん 花弁 (花びら) → はな¹

かぼす orange 女 kabosu [オラーンジュ カボス], 英 *kabosu orange*

かぼちゃ 南瓜 courge [クールジュ] 女, 英 *pumpkin*, *squash* / ぺぽ ～ citrouille [スィトゥルーユ] 女, pâtisson [パティソン] 男, 英 *marrow*, *summer squash* / 西洋～ potiron [ポティロン] 男, giraumon(t) [ジロモン] 男, 英 *pumpkin* / ～ potimarron [ポティマロン] 男, 英 *red kuri squash*

カポナータ (冷製なす料理) 伊 caponata 女

かま¹ 釜 marmite [マルミートゥ] 女 / 電気～ autocuiseur 男 (de riz) [オトキュイズール (ドゥリ)] / (茶釜) bouilloire 女 à cérémonie de thé [ブーユワール セレモニ ドゥ テ]

かま² 窯 ～ひとつ分のパン une fournée de pain [ユヌ フールネ ドゥ パン] / パン～ four 男 à pain [フール ア パン] → オーヴン

かます 魳 sphyrène [スフィレーヌ] 女, 英 *barracuda* / 鬼～ (バラクーダ) barracuda [バラキュダ] 男, 英 *great barracuda* → かわかます

かまぼこ 蒲鉾 farce 女 de poisson étuvée sur planche de bois [ファルス ドゥ ポワソン エテュヴェ スュール プランシュ ドゥ ブワー] / 蟹(に)～ surimi [スリミ] 男

がまん 我慢 (忍耐) patience [パスィヤーンス] 女 /～する supporter [スュポルテ] || (抑制) maîtrise [メトゥリーズ] 女 / (…を)～する maîtriser [メトゥリゼ] 代動 59, se retenir [スルトゥニール] 代動 47/59

カマンベール (チーズ) camembert 男, 英 *Camenbert*

かみ¹ 紙 papier [パピエ] 男 /～の, ～でできた en (または de) papier [アン(ドゥ) パピエ] /…の～包焼 …en papillote [アン パピヨートゥ], papillote de … [パピヨートゥ ドゥ], 英 *…cooked in tinfoil* → やすり

かみ² 髪 cheveu [シュヴー] 男 〈複 ～x〉/～形 coiffure [クワフュール] 女 / 前～ toupet [トゥペ] 男

かみ³ 神 dieu [デュー] 男 〈複 ～x〉/ 女～ déesse [デエース] 女, (ユダヤ教, キリスト教など一神教の) Dieu [デュー] 固 男 〈無冠詞〉/～の divin,e [ディ・ヴァン, ヴィーヌ]

かみそり 剃刀 rasoir [ラズワール] 男

かむ 噛む (咀嚼する) mâcher [マシェ], mastiquer [マスティケ] || (噛みつく) mordre [モールドル] 39

ガム chewing-gum [シュウィング ゴム] 男, 英 *chewing gum*

ガムシロップ sirop 男 de gomme [スィロゴム], 英 *gum syrup*

ガムテープ scotch [スコーチュ] 男

ガムペースト pastillage [パスティヤージュ] 男

かめ¹ 亀 tortue [トルテュ] 女, 英

かめ² *turtle*
かめ² 瓶 jarre [ジャール] 囡
ガメ (ぶどう) gamay 男
かめのて 亀の手(甲殻類) pouce-pied または pousse-pied [プース ピエ] 男〈単複同形〉, 英 *goose barnacle*
カメラ (写真機) appareil 男 (de photo) [アパレーユ (ドゥ フォト)] / デジタル～ appareil numérique [アパレーユ ニュメリーク] / (映画用) caméra [カメラ] 囡 / ビデオ～ caméra vidéo [カメラ ヴィデオ]
かめん 仮面 masque [マスク] 男
かも¹ 鴨 canard [カナール] 男, 英 *duck* / (生後 2 ヶ月以下の雄鴨) caneton [カヌトーン] 男, 英 *duckling* / (生後 2 ヶ月以下の雌鴨) canette [カネートゥ] 囡, 英 *duckling* / (若鴨) canardeau [カナルド] 男〈複～x〉, 英 *duckling* / (雌鴨) cane [カーヌ] 囡, 英 *duck* / 窒息～ canard étouffé [カナール トゥーフェ] / ～の胸肉 ris 男〈単複同形〉 de canard [リドゥ カナール] / ～のもも肉 cuisse 囡 de canard [キュイース ドゥ カナール] → だきみ, マグレ

鴨の種類

合鴨(真鴨とあひるの雑種) mulard [ミュラール] 男, mularde [ミュラールドゥ] 囡
青首, 真鴨, コルヴェール colvert [コルヴェール] 男, 英 *mallard*
小鴨(ぎも) sarcelle [サルセール] 囡, 英 *teal*
飼育鴨(あひる) canard 男 domestique [カナール ドメスティーク], 英 *domestic duc*
シャラン産鴨 canard de Challans [カナール ドゥ シャラン]
ナント産鴨 canard nantais [カナール ナンテ]
野鴨 canard sauvage [カナール ソヴァージュ], 英 *wild duck*
バルバリ鴨, バリケン canard de Barbarie [カナール ドゥ バルバリ]
ルーアン産鴨 canard rouennais [カナール ルワネ]

かも² (…)かも «pouvoir [プーヴワール] 35 + 不定詞», «il est possible que [イレ ポスィーブル ク] + 接続法の活用をする動詞を伴う文 »

かもしか 羚羊 → シャモワ
カモミーユ (香草) camomille 囡, 英 *c(h)amomile*
カモミール → カモミーユ
かゆ 粥 bouillie 囡 de riz [ブイドゥ リ], 英 *rice porridge*
かゆい 痒い démanger [デマンジェ] 25/背中が～ Ça me démange dans le dos. [サ ム デマンジュ ダン ル ド] / 痒み démangeaison [デマンジェゾン] 囡
かよう (…に)通う aller régulièrement à... [アレ レギュリエールマン ア] ‹aller 6›
かようび 火曜日 mardi [マールディ] 男 → 用例は「にちようび」
から¹ 空 ～の vide [ヴィードゥ] 〈男女同形〉 → あける²
から² 殻 (甲殻類の) carapace [カラパス] 囡, coffre [コーフル] 男, test [テーストゥ] 男 / (雲丹の) test [テーストゥ] 男 / (エスカルゴの) coquille 囡 d'escargot [コキーユ デスカルゴ] / (胡桃などの) écale [エカール] 囡 / (穀物の) bal(l)e [バール] 囡 / (卵の) coque [コーク] 囡 ‖ パイ～ croûte [クルートゥ] 囡, croustade [クルスタードゥ] 囡 / (小さい) croustadine [クルースタディーヌ] 囡 → かいがら
から³ …から de... [ドゥ], depuis... [ドゥピュイ], à partir de... [ア パルティール ドゥ] / 初め～ depuis le début [ドゥピュイル デビュ] / …～すぐ dès... [デ]
ガラ → にわとり
カラー (色) couleur [クールール] 囡 → コピー
からあげ 空揚 → あげもの
カラーリング (毛染) teinture 囡 (pour les cheveux) [タンテュール (プール レ シュヴー)]
からい 辛い piquant,e [ピカン, トゥ], fort,e [フォール, トゥ] / (スパイシーな) épicé,e [エピセ] / (のどを刺激する) acre [アークル] 〈男女同形〉 / (唐辛子の) pimenté,e [ピマンテ] / (香辛料のきいた) relevé,e [ルルヴェ] / (塩辛い) salé,e [サレ]
からかう → ばか
からかさたけ 唐傘茸 coulemelle [クールメール] 囡, 英 *parasol mushroom*
からくち 辛口(の) (ドライ) sec [セーク] 〈男に〉, sèche [セーシュ] 〈囡に〉 ‖ (ワイン) sec [セーク] / (シャンパンやスパ

ークリングワイン) extra sec [エクストゥラ セーク], extra dry [エクストゥラ ドゥライ] / (シャンパンやスパークリグワイン) 極~ brut [ブリュートゥ] / 半~ demi-sec [ドゥミセーク]

からげ 絡げ… →いと,しばる,はり

からし 芥子・辛子(調味料) moutarde [ムータルドゥ] 囡, 英 *mustard* / 和~ moutarde japonaise [ムータルドゥ ジャポネーズ], 英 *Japanese mustard* / 黒(白)~ moutarde noire (blanche) [ムータルドゥ ヌワール (ブランシュ)], 英 *black (white) mustard* / ~壺 moutardier [ムータルディエ] 男 / ~菜 moutarde [ムータルドゥ] / 黒~の種 sénevé [セヌヴェ], 英 *wild mustard*
→ムータルド,めんたいこ

からす 鳥 corbeau [コールボ] 男 〈複 ~x〉

ガラス 硝子 verre [ヴェール] 男 / 擦~ verre mat [ヴェール マートゥ] / 窓~ carreau [カロ] 男 〈複~x〉

からすがい 烏貝 →ムールがい

からすみ 唐墨・鱲子 boutargue [ブータルグ] 囡, poutargue [プータルグ] 囡, 英 *botargo*

からすむぎ 烏麦 →むぎ

からだ 体 corps [コール] 男 〈単複同形〉 / ~によい bon,ne pour la santé [ボン,ーヌ プール ラ サンテ] / ~を壊す s'abimer la santé [サビメ ラ サンテ] 〈abimer 代動 59〉

ガラディナー →えんかい

からとう 辛党 amateur 男囡 d'alcool [アマトゥール ダルコール]

カラフ(容器) →みずさし,ワイン

からふとししゃも 樺太ししゃも →ししゃも

からみ 辛味 goût 男 piquant [グーピカン] →からい

ガラムマサラ(香辛料) garam masala 男, 英 *garam masala*

カラメル caramel 男, 英 *caramel* / ~ソース sauce 囡 caramel [ソースカラメル] / 液体~ caramel liquide [カラメル リキードゥ], 英 *liquid caramel*
→シロップ

からめる enrober [アンロベ] /からめた enrobé,e [アンロベ] /…にソースを~ enrober…de sauce [アンロベ ドゥ ソース]

からやきする 空焼する 油を加えずに…を~ (faire) cuire…à sec [(フェール) キュイール ア セーク] 〈faire 21, cuire 11〉備考

ガランティーヌ(料理) galantine 囡, 英 *galantine*

カラント →グロゼイユ

かり[1] 雁 →がん[2]

かり[2] 狩 →きのこ,しゅりょう

ガリ →しょうが

ガリア(フランスの古称) Gaule [ゴール] 固囡 / ~人 Gaulois,e [ゴールワ, -ズ] 男囡 〈男は単複同形〉 / ~の gaulois,e [ゴールワ, -ズ] 〈男には単複同形〉 / ~風 (à la) gauloise [(アラ) ゴルワーズ]

かりいれ 刈入 →しゅうかく

かりかりの →カリッとした

カリグラフィ calligraphie 囡 / ~で書く calligraphier [カリグラフィエ] / ~で書いた calligraphié,e [カリグラフィエ]

カリソン(菓子) calisson 男

カリッとした croustillant,e [クルースティヤン, トゥ], croquant,e [クロカン, トゥ] / ~もの croustillant [クルースティヤン] 男

カリニャン(ぶどう) carignan (e) 男

カリブかい カリブ海 Caraïbe [カライーブ] 男 = Caraïbes / ~の caraïbe [カライーブ] 〈男女同形〉 / ~風 (à la) caraïbe [(アラ) カライーブ]

カリフラワー chou-fleur [シューフルール] 男 〈複~x~s〉, 英 *cauliflower* / (ロマネスコ種) romanesco [ロマネスコ] 男, 英 *Romanesco cauliflower*

かりゅう 顆粒 granule [グラニュール] 男

かりよく 火力 puissance 囡 calorifique [ピュイサーンス カロリフィーク], feu [フー] 男 〈複~x〉

かりる 借りる (物,金を) emprunter [アンプランテ] / (賃借する) louer [ルエ] → p.659 [囲み] / (知恵を) demander [ドゥマンデ]

かりん 花梨 coing 男 chinois [クワーン シヌワ], 英 *Chinese quince* / 西洋~ nèfle [ネーフル] 囡

かるい 軽い léger [レジェ] 〈男に〉, légère [レジェール] 〈囡に〉, 英 *light* / 軽く légèrement [レジェールマン], 英 *lightly* / 軽く…をふる saupoudrer légèrement [ソプードゥレ レジェールマン] / 軽くする alléger [アレジェ] 36 〈備考〉, rendre léger [ラーンドゥル レジェ] 〈rendre 39〉 / 軽くした allégé,e [アレジェ] / 軽

カルヴァドス　432

さ　légèreté [レジェルテ] 囡
カルヴァドス（りんごの蒸留酒）calvados 男, calva [カルヴァ] 男, ⊛ *calvados, apple brandy, apple jack*
カルヴィ → キャラウェイ
カルカソーヌ（町）Carcassonne 固 /～の carcassonnais,*e* [カルカソネ,ーズ] 〈男には単複同形〉/～風 （à la) carcassonnaise [(アラ) カルカソネーズ]
ガルガンチュア（大食漢）Gargantua 固男
カルキ chlorure 男 de chaux [クロリュール ドゥ ショ]
カルゴラード（料理）cargolade [カルゴラードゥ] 囡
カルシウム calcium [カルスィヨム] 男, ⊛ *calcium*
カルダモン（香草）cardamome [カルダモーム] 男, ⊛ *cardamom*
カルテ（病院の記録）fiche 囡 médicale [フィーシュ メディカール]
カルティエ（飾切, 四半分, 柑橘(かんきつ)類の房）quartier 男 /…を～に切る tailler…en quartier [タイエ アン カルティエ]
カルディナル（カクテル, デザート, ボンブ）cardinal 男 /～風　cardinal
カルト → メニュー, ア・ラ…
カルド（カルドンの葉柄）carde [カールドゥ] 囡, ⊛ *cardoon*
カルドン（朝鮮あざみ）cardon 男, ⊛ *cardoon*
ガルニ（チュール） → つけあわせ
カルパッチョ（料理）carpaccio 男, ⊛ *carpaccio*
ガルバンゾ → ひよこまめ
ガルビュール（スープ）garbure 囡
カルボナード（料理）carbon(n)ade [カルボナードゥ] 囡
カルボナーラ（料理）⊕ carbonara 囡
ガルム（魚醤）garum [ガロム] 男
カレ¹ → こうし, こひつじ, ひつじ
カレ²（町）Calais 固 /～の calaisien, *ne* [カレズィ・ヤン, エーヌ] /～風 (à la) calaisienne [(アラ) カレズィエーヌ]
かれ　彼:「あの人, あいつ, 奴」なども同じ /（主語として）～(ら)は il (ils) [イル] /～は親切だ Il est gentil. [イル

ジャンティ] /～らは親切だ Ils sont gentils. [イル ソン ジャンティ] ‖（強調形として, c'est や前置詞の後で）lui [リュイ], ～ら eux [ウー] /～が料理をするんだ C'est lui qui fait la cuisine. [セ リュイ キ フェラ キュイズィーヌ] /～らが料理をするんだ C'est eux qui font la cuisine. [セ トゥーン トゥーキ フォン ラ キュイズィーヌ] /私は～(ら)と話す Je parle avec lui (eux). [ジュ パールル アヴェーク リュイ (ウー)] ‖ この本は～(ら)のかい Ce livre est à lui (eux)? [スリーヴル リュイ (ウー)] ‖ 私は～(ら)の家へ行きたい Je voudrais aller chez lui (eux). [ジュ ヴードゥレ アレ シェ リュイ (ズー)] ‖ （直接目的語として）～(ら)を le (les) [ル(レ)] / 私は～(ら)を母に紹介する Je le (les) présente à ma mère. [ジュ ル (レ) プレザンタ マ メール] ‖（間接目的語として）～(ら)に lui (leur) [リュイ (ルール)] /私は～(ら)に電話をする Je lui (leur) téléphone. [ジュ リュイ (ルール) テレフォーヌ] ‖（所有形容詞として）～の son [ソン] 〈男単または母音または無音のhで始まる囡単の前に〉, sa [サ] 〈囡単の前に〉, ses [セ] 〈男女複の前に〉, ～らの leur [ルール] 〈男女単の前に〉, leurs [ルール] 〈男女複の前に〉/～(ら)のレストランは大きい Son (Leur) restaurant est grand. [ソン (ルール) レストラン エ グラーン] /～(ら)の部屋は清潔だね Sa (Leur) chambre est propre. [サ (ルール) シャーンブル エ プロプル] /～(ら)の両親はニースにいるの? Ses (Leurs) parents sont à Nice? [セ (ルール) パラン ソンタ ニース]
⇒ p.748「人称代名詞」
かれい　鰈（カレイ目の魚の総称）carrelet [カルレ] 男, plie [プリー] 囡, ⊛ *flounder, halibut* → p.433 [囲み]
カレー curry [キュリ] 男, cari [カリ] 男, ⊛ *curry* /～粉 curry en poudre [キュリ アン プードゥル], poudre 男 de curry [プードゥル ドゥ キュリ] /～ライス riz au curry [リオ キュリ] /～ソース sauce 囡 (au) curry [ソース (オ) キュリ]
ガレージ → しゃこ³
かれし　彼氏（恋人）copain [コパン] 男, petit ami 男 [プティ タミ]
ガレット（菓子, 料理）galette [ガレットゥ] 囡, ⊛ *biscuit, pancake* /～生地 pâte 囡 à galette [パタ ガレットゥ] /～.

かれいの種類

なめたがれい，婆婆がれい　flet 男 nameta [フレトゥ ナメタ], 英 slime flounder

西なめたがれい，レモンソール　limande-sole [リマンドゥ ソール] 女〈複 ~s-~s〉, 英 lemon sole

真がれい　limande-plie 女〈複 ~s-~s〉du Japon [リマーンドゥ プリ デュ ジャポン], 英 brown sole, littlemouth flounder

真子(まこ)がれい　sole 女 marbrée [ソール マルブレ], 英 marbled sole, marbled flounder

柳虫(やなぎむし)がれい，柳がれい　flet 男 yanagimushigarei [フレトゥ ヤナギムシガレイ], 英 willowy flounder

リマンド，ニシマがれい　limande [リマーンドゥ] 女, 英 dab

デ・ロワ　galette des rois [ガレトゥ デ ルワー]

カレ・ド・レスト（チーズ）carré 男 de l'est [カレ ドゥ レーストゥ]

カレム，アントナン（料理人）Carême, Antonin 固名

かれら　彼等 → かれ ⇒ p.748「人称代名詞」

カレンダー　calendrier [カラーンドゥリエ]

かろう　過労　excès 男 de travail [エクセ ドゥ トゥラヴァーユ], surmenage [スュルムナージュ]

カローラ（型）moule Carola [ムール カローラ]

カロチン（着色料）carotène [カロテーヌ] 男, carotine [カロティーヌ] 女

カロテン → カロチン

ガロム → ガルム

カロリー　calorie [カロリ] 女, 英 calorie / キロ~　grande calorie [グラーンドゥ カロリ], kilocalorie [キロカロリ] 女 / 低~の　hypocalorique [イポカロリーク]〈男女同形〉

カロリーヌ（菓子）caroline 女

かわ¹　皮（ゼスト：柑橘(かんきつ)類の外皮）zeste [ゼーストゥ] 男, 英 peel, zest / オレンジの~　zeste d'orange [ゼーストゥ ドゥランジュ], orangeat [オランジャ] 男 / (柑橘類の内側の白い部分) ziste [ズィーストゥ] 男 / (餃子やしゅうまいの) pâte 女 fine pour ravioli chinois [パートゥ フィーヌ プール ラヴィヨリ シヌワ] / (栗などの甘皮，渋皮) pellicule [ペリキュール] 女 / (栗などの鬼皮) écorce [エコールス] 女 / (植物の樹皮) écorce 女 / (動物の) peau [ポ] 女〈複~x〉, 英 skin / 豚~ (料理用) couenne [クワヌ] 女 / (動物のはいだ皮) dépouille [デプユ] 女 / (パンやチーズの) croûte [クルートゥ] 女 / (野菜や果物のむいた皮) pelure [プリュール] 女 ‖ ~付のにんにく gousse 女 d'ail en chemise [グース ダユ アン シュミーズ], 英 whole cooked garlic / (加熱して供する) ~付のじゃが芋　pomme de terre en robe de champs [ポム ドゥ テーラン ロブ ドゥ シャン], pomme de terre en robe de chambre [ポム ドゥ テーラン ロブ ドゥ シャーンブル], 英 potato cooked in his skin → うすかわ，むく

かわ²　川　rivière [リヴィエール] 女 / (海に注ぐ) fleuve [フルーヴ] 男 / (小川) ruisseau [リュイソ] 男〈複~x〉

かわ³　革　cuir [キュイール] 男 / ~製の　de (または en) cuir [ドゥ(アン) キュイール] / なめし~　maroquin [マロカン] 男

がわ　側　côté [コテ] 男 / …の右(左)~　du côté droit (gauche) [デュ コテ ドゥルワ (ゴーシュ)] / …の向こう側，…の反対側　de l'autre côté de... [ドゥ ロートゥル コテ ドゥ]

かわいい　可愛い　mignon, ne [ミニョン，-ヌ]

かわいた¹　乾いた → かんそう

かわいた²　渇いた（のどが）avoir soif [アヴワール スワフ]〈avoir ①〉

かわえび　川海老 → えび

かわかす　乾かす → かんそう

かわかま　川鮒　brochet [ブローシェ] 男, 英 pike / ~の稚魚　brocheton [ブロシュトン] 男

かわき¹　乾き → かんそう

かわき²　渇き（のどの）soif [スワフ] 女

かわく　渇く → かわいた²

かわざかな　川魚　poisson 男 de rivière [プワソン ドゥ リヴィエール] → たんすい

かわせ　為替　mandat [マンダ] 男 / 外国~　devises [ドゥヴィーズ] 女複 / 郵便~　mandat postal [マンダ ポスタール]

かわつきの → レート

かわつきの 皮付の → かわ¹
かわった 変った → おかしい
かわはぎ 皮剝(カワハギ科の魚の総称) alutère [アリュテール] 男, poisson-lime 男 〈複 ~s-~s〉[ブワソン リーム], 英 filefish 英 triggerfish
かわはぜ 川鯊 goujon [グージョン] 男, 英 gudgeon
かわひきナイフ 皮引きナイフ → ナイフ
かわひめます 川姫鱒 → ます²
かわます 川鱒 → ます²
かわむき 皮剝 → かわむきき,むく¹
かわむきき 皮剝器 éconeme [エコノーム] 男, éplucheur [エプリュシュール] 男, éplucheuse [エプリュシューズ] 女 / (ゼスター: 柑橘(かんきつ)類などの外皮用) (couteau 男) zesteur [(クート) ゼストゥール] 男
かわめんたい 川明太 lot(t)e 女 (de rivière) [ロートゥ(ドゥ リヴィエール)], 英 burbot
かわら 瓦 tuile [テュイール] 女 / ～せんべい tuile japonaise [テュイール ジャポネーズ]
かわり 代り(入替,代理) remplacement [ランプラスマン] 男 / (代理人) remplaçant,e [ランプラサーン,トゥ] / …の～に (代理,代用) à la place de… [ア ラ プラース ドゥ], (人,物) au lieu de… [オ リュー ドゥ], (物) en échange de… [アンネシャンジュ ドゥ]
かわる¹ 代る(代理をする) remplacer [ランプラーセ] ③② / (交代する) relayer [ルレイエ] ③①
かわる² 変る changer [シャンジェ] ②⑤ → なる1,へんか,へんする
カン (都市) Caen 固 / ～の caennais,e [カネ,ーズ] 男には単複同形 / ～風 à la mode de Caen [ア ラ モードゥ ドゥ カン]
かん¹ 冠 → おうかん
かん² 燗 saké tiédi [サケ ティエディ] / 熱～ saké chauffé [サケ ショフェ] / ～をする tiédir du saké [ティエディール デュ サケ] 〈tiédir ④〉
かん³ 缶 boîte 女 (de conserve) [ブワートゥ (ドゥ コンセールヴァ)] ‖ ～切 ouvre-boîtes [ウーヴル ブワートゥ] 男 〈単複同形〉 / (コーンビーフ缶などの巻上げ式) clef 女 à sardines [クレー ア サルディーヌ]
かん⁴ 管 tuyau [テュイヨ] 男 〈複 ~x〉, tube [テューブ] 男 / ガス～ conduite 女 de gaz [コンデュイートゥ ドゥ ガーズ] / 水道～ conduite d'eau [コンデュイートゥ ドー]
がん¹ 癌 cancer [カンセール] 男
がん² 雁 oie 女 (sauvage) [ワ (ソヴァージュ)], 英 wild goose / 野～ (grande) outarde [(グラーンドゥ) ウータルドゥ] 女 / 真～ oie rieuse [ワ リユーズ]
かんえん 肝炎 hépatite [エパティートゥ] 女
がんえん 岩塩 …の～包 …en croûte de (gros) sel [アン クルートゥ ドゥ (グロ) セール], 英 …in crust of salt → しお¹
がんか 眼科 ophtalmologie [オフタルモロジ] 女 / ～医 oculiste [オキュリーストゥ] 男女, ophtalmologue [オフタルモローグ] 男女 / ～医院 clinique 女 ophtalmologique [クリニーク オフタルモロジーク]
かんがえる (…のことを)考える penser à… [パンセア], (…を考慮に入れる) songer à… [ソンジェア] ②⑤ / …についてよく～ réfléchir à (または sur)… [レフレシール ア (スュール)] ④
かんかく¹ 間隔 intervalle [アンテルヴァール] 男 / (隔り) distance [ディスターンス] 女, espacement [エスパースマン] 男 / 2センチ～でグリンピースを並べる étaler les petits pois avec 2 cm de distance [エタレ レ プティ プワ アヴェーク ドゥーサンティメートゥル ドゥ ディスターンス]
→ スペース
かんかく² 感覚 (感覚機能) sens [サーンス] 男 〈単複同形〉/ (刺激で起きる意識) sensation [サンサスィヨン] 女 / (感応性, 感受性) sensibilité [サンスィビリテ] 女 ‖ (感受性の強い) sensible [サンスィーブル] 〈男女同形〉 → かんじょう²,みかく
カンカル (町) Cancale 固 / ～の cancalais,e [カンカレ,ーズ] 男には単複同形 / ～風 (à la) cancalaise [(ア ラ) カンカレーズ]
カンガルー kangourou [カングールー] 男, 英 kangaro
かんき 換気 aération [アエラスィヨン] 女, ventilation [ヴァンティラスィヨン] 女 / ～扇 ventilateur [ヴァンティラトゥール] 男

/～のよい（悪い） bien (mal) aéré,e [ビヤーン（マール）アエレ]

かんきつるい 柑橘類（シトラス） agrumes [アグリューム] 男複, citrus [スィトリュリュース] 男複, 英 *citrus fruit*

かんきゃく 観客 → きゃく

かんけい 関係（関り合い） relation [ルラスィヨン] 女／～代名詞 pronom [プロノーン] 男 relatif [ルラティーフ]／（つながり） liaison [リエゾン] 女

かんげい 歓迎 bienvenue [ビヤンヴニュ] 女／～会 réception [レセプスィヨン] 女／～する accueillir [アクイール] 29 〈備考〉…を～する faire bon accueil à... [フェール ボンナクーユア]〈faire 21〉
→ ようこそ

ガンゲット → レストラン

かんこう 観光 tourisme [トゥーリスム] 男／～客 touriste [トゥーリストゥ] 男女／～シーズン saison [セゾン] 女 de tourisme [ドゥ トゥーリスム]／～地 site [スィート] 男 touristique [トゥーリスティーク]
→ あんない, バス[1], ホテル

かんこうへん 肝硬変 cirrhose [スィローズ] 女

かんこく 韓国 Corée 固女 du Sud [コレ デュ スュードゥ]／（大韓民国） République de Corée [レピュブリーク ドゥ コレ] 女固／～人 Coréen,ne [コレ・アン, エーヌ]／～語 coréen [コレアン] 男／～の coréen,ne [コレ・アン, エーヌ]／～風 (à la) coréenne [(アラ) コレエーヌ]

かんごし 看護師 infirmier [アンフィルミエ] 男, infirmière [アンフィルミエール] 女

かんさん 換算 conversion [コンヴェルスィヨン] 女／～率 taux [ト デュ シャンジュ] du change [トドゥシャンジュ]

カンシ（ワイン） quincy [カンスィ] 男

かんし 冠詞 article [アルティークル] 男／定～ article défini [アルティークル デフィニ]／不定～ article indéfini [アルティークル アンデフィニ]／部分～ article partitif [アルティークル パルティティーフ]
⇒ p.747「冠詞」

かんじ 感じ sensation [サンサスィヨン] 女／(印象) impression [アンプレスィヨン] 女／～がいい sympathique [サンパティーク]〈男女同形〉,（話言葉）sympa [サンパ]〈男女同形〉

がんじつ 元日 jour [ジュール ドゥ ラン] de l'an [ジュール ドゥ ラン]

かんして（…に）関して → かんする

かんしゃ 感謝 remerciement [ルメルスィマン] 男〈複 ～s で用いることが多い〉, reconnaissance [ルコネーサンス] 女／～状 lettre [レートゥル ドゥ ルメルスィマン] de remerciement／A(人)に B のことを～する remercier A de (または pour) B [ルメルスィエ ドゥ (プール)]
→ ありがとう

かんじゃ 患者 patient,e [パスィヤン, トゥ] 男女

かんしゅう 慣習（社会の） coutume [クートゥーム] 男／(coutume より社会性が低い) usage [ユザージュ] 男／(地方や階層の) mœurs [ムール] 女複
→ しゅうかん[2]

かんじょう[1] 勘定 → かいけい

かんじょう[2] 感情 sentiment [サンティマン] 男／～的（な） sentimental,e [サンティマンタール], sentimentaux [サンティマント]／(男複に)／(興奮した) excité,e [エクスィテ]

かんじょう[3] 環状（の） circulaire [スィルキュレール]〈男女同形〉／外～道路 (boulevard) périphérique [ブールヴァール ペリフェリーク],（話言葉） périphe [ペリーフ] 男

がんしょう 岩礁 roche [ローシュ] 女／～魚 poisson [プワソーン ドゥ ローシュ] de roche

かんしょく[1] 間食 collation [コラスィヨン] 女, 英 *collation, mixed collation*／(おやつ) goûter [グーテ] 男, quatre heures [カトゥルール] 男, 英 *snack*／～する manger entre les repas [マンジェ アーントゥル レルパ]〈manger 25〉

かんしょく[2] 寒色 → いろ

かんじる 感じる sentir [サンティール] 30／(自分が)～ se sentir... [ス サンティール] 代動 30 59

かんすい 梘水（中華麺用） eau 女 intensément alcalisée [オ アンタンセマン アルカリゼ]

かんする（…に）関する sur... [スュール], concernant... [コンセルナン], quant à... [カンタ]

かんせい[1] 完成（完了） achèvement [アシェーヴマン] 男／～する achever [アシュヴェ] 5 ‖（成就） accomplissement [アコンプリスマン] 男／～させる accomplir [アコンプリール] 4 ‖（改良

かんせい² 436

perfection [ペルフェクスィヨン] 囡／～させる perfectionner [ペルフェクスィヨネ]
かんせい² 感性 → かんかく²
かんぜい 関税 taxe 囡 douanière [タークス ドゥワニエール]／輸入～ taxe à l'importation [タクサ ランポルタスィヨン]／～率 tarif 男 douanier [タリフ ドゥワーニエ]
かんせつ¹ 関節 articulation [アルティキュラスィヨン] 囡／(鶏などの) jointure [ジュワンチュール] 囡 * きりはなす
かんせつ² 間接(的な) indirect,e [アンディレークトゥ]／～に indirectement [アンディレークトゥマン]
かんぜん 完全 perfection [ペルフェクスィヨン] 囡／～な complet [コンプレ] 〈囡に〉, complète [コンプレートゥ] 〈囡に〉, parfait,e [パルフェ,-トゥ]／～に complètement [コンプレートゥマン], tout à fait [トゥータ フェ] ‖ ～無欠な (話言葉) impeccable [アンペカーブル] 〈男女同形〉／～に impeccablement [アンペカーブルマン]
かんそ 簡素 → かんたん, しっそ
かんそう 乾燥 dessèchement [デセーシュマン] 男／(行為) séchage [セシャージュ] 男／(状態) sécheresse [セーシュレス] 囡／(凍結乾燥) dessiccation [デスィカスィヨン] 囡／(エテューヴでの) étuvage [エテュヴァージュ] 男／(生地やリキュールボンボンの) croûtage [クルータージュ] 男 ‖ ～する sécher [セシェ] 36, se dessécher [ス デセシェ] 代動 36 59／～させる sécher, dessécher [デセシェ] 36／～した sec [セーク] 〈囡に〉, sèche [セーシュ] 〈囡に〉／～させた séché,e [セシェ], desséché,e [デセシェ] ‖ ～野菜 légumes 男複 secs [レギューム セーク] ‖ ～機 (衣服用) sècheling [セーシュランジュ] 男 〈単複同形〉 ‖ ～器 (食器殺菌用) étuve [エテューヴ] 囡／～器に入れる étuver [エテュヴェ]／～器に入れた étuvé,e [エテュヴェ] ‖ ～剤 déshydratant [デズィドゥラターン], siccatif [スィカティーフ] 男／～室 séchoir [セシュワール] 男
→ ドライヤー, パスタ, フルーツ, まめ¹
かんぞう¹ 肝臓 → レバー
かんぞう² 甘草 réglisse [レグリース] 囡, 英 liquorice
かんそうかい 歓送会 réunion 囡 d'adieu [レユニヨン ダデュー]
かんたい 歓待 hospitalité [オスピタリテ] 囡, bon accueil [ボンナクーユ]
カンタドゥー (チーズ) cantadou 男
カンタル (チーズ) cantal 男
カンタレ (チーズ) cantalet 男
かんたん 簡単 (な) (単純な) simple [サーンプル] 〈男女同形〉／～に simplement [サーンプルマン]／～にする simplifier [サンプリフィエ]／～にした simplifié,e [サンプリフィエ] ‖ (容易な) facile [ファスィル] 〈男女同形〉／～に facilement [ファスィルマン]
がんたん 元旦 → がんじつ
かんたんし 感嘆詞 exclamatif [エクスクラマティーフ] 男
ガンチア (ヴェルモット) gancia [ガンチヤまたはガンツィヤ] 男
かんちょう 浣腸 lavement [ラーヴマン] 男
かんづめ 缶詰 (boîte 囡 de) conserve [(ブワートゥ ドゥ) コンセールヴ] 囡, 英 tin／水煮の～ conserve au naturel [コンセルヴォ ナテュレール]
かんてん 寒天 agar [アガール] 男, agar-agar [アガラガール] 男, mousse 囡 du Japon [ムース デュ ジャポン], 英 agar
かんでん 感電 commotion 囡 électrique [コモスィヨン エレクトゥリーク]
かんでんち 乾電池 → でんち
かんどう 感動 émotion [エモスィヨン] 囡／～的な émouvant,e [エムーヴァン,トゥ]／～させる émouvoir [エムーヴワール] 55／…に～する être ému,e par... [エートゥル エミュエ パル]〈être〉
かんとうし 間投詞 interjection [アンテルジェクスィヨン] 囡
かんとん 広東 (中国の地方) Canton 固男／～の cantonais,e [カントネ,-ズ] 〈男には単複同形〉／～風 (à la) cantonaise [(ア ラ) カントネーズ]／～料理 cuisine 囡 cantonaise [キュイズィーヌ カントネーズ]
かんな 鉋 rabot [ラボ] 男／～屑 copeau [コポ] 男〈複～x〉
カンヌ (都市) Canne [カーヌ] 固／～の cannois,e [カヌワ,-ズ] 〈男には単複同形〉／～風 (à la) cannoise [(ア ラ) カヌワーズ]
ガンバ → えび
かんぱい 乾杯 toast [トーストゥ] 男／～する porter un toast [ポルテ アントース

トゥ]/(音頭) À votre santé ![アヴォートゥル サンテ]
かんぱち 間八・勘八:魚 sériole couronnée[セリヨール クーロネ], 英 *greater amberjack*
カンパリ (リキュール) campari 男
がんばる 頑張る(努力する) faire un effort[フェール アンネフォール]〈faire 21〉| 頑張ります Je vais faire mon mieux![ジュ ヴェ フェール モン ミュー]/頑張ってください Bon courage.[ボン クーラージュ]/頑張れ!(Du) courage![(デュ) クーラージュ]
かんばん 看板 enseigne[アンセーニュ] 女, panneau[パノ] 男〈複~x〉
かんパン 乾パン biscuit[ビスキュイ ドゥ ソルダ] de soldat, 英 *hardtack*
かんびょう 看病 soins[スワーン] 男複/~する soigner[スワーニェ]
かんぴょう 干瓢 ficelle[フィセール ドゥ カルバース] 女 de calebasse, 英 *string of calbash gourd*
かんぶ 患部 partie 女 atteinte[パルティ アターントゥ]
かんぶつ 乾物 épicerie[エピスリ] 女/~屋(業) épicerie 女/~屋(人) épicier[エピスィエ] 男, épicière[エピスィエール] 女
かんぺき 完璧 → かんぜん
かんべんな 簡便な(扱いやすい) maniable[マニヤーブル]〈男女同形〉→ かんたん, べんり
かんぽう 漢方 médecine 女 chinoise[メドゥスィーヌ シヌワーズ]/~薬 médicament chinois[メディカマン シヌワ] 男
カンボジア Cambodge[カンボージュ] 固男/~人 Cambodgien, ne[カンボジヤン, エーヌ]/~の cambodgien, ne/~風 (à la) cambodgienne[(ア ラ) カンボヂエーヌ]
カンマ (コンマ) virgule[ヴィルギュール] 女
かんまんな 緩慢な → ゆっくり
かんみ 甘味 saveur 女 sucrée[サヴール スュクレ], sucré[スュクレ] 男/~を付ける, ~を加える édulcorer[エデュルコレ]/~を付けた, ~を加えた édulcoré, e[エデュルコレ]‖人工~料 édulcorant[エデュルコラン] → サッカリン
かんむり 冠 → おうかん
がんもどき 雁擬 quenelle 女 frite de fromage de soja aux légumes[クネル フリートゥ ドゥ フロマージュ ドゥ ソジャ オ レギューム]
がんゆうりょう 含有量 teneur[トゥヌール] 女
かんらくがい 歓楽街 quartier 男 de divertissements[カルティエ ドゥ ディヴェルティスマン]
かんらんしゃ 観覧車 grande roue 女 [グランドゥ ルー]
かんり 管理 (監督, 制御) contrôle[コントロール] 男‖(運営) gestion[ジェスティヨン] 女/~する gérer[ジェレ] 36‖(保存, 維持) entretien[アントゥルティヤーン] 男/~する entretenir[アントゥルトゥニール] 47‖(マンション)の~組合 syndicat[サンディカ] 男/~職 cadre[カードゥル] 男/~人 concierge[コンスィエールジュ] 男女/~費 charges[シャールジュ] 女複/~費込 charges comprises[シャールジュ コンプリーズ]

き

き¹ 木 (立木) arbre[アーブル] 男/(木材) bois[ブワー] 男〈単複同形〉
き² 黄 → きいろ
き³ 生(の) brut, e[ブリュ, -トゥ] → じゅんすい(な)
ギア (自動車の) changement 男 de vitesse[シャンジュマン ドゥ ヴィテース]/(自転車の) dérailleur[デラユール] 男
きあつ 気圧 pression 女 atmosphérique[プレスィヨン アトゥモスフェリーク]
ギアラ (牛胃) caillette[カイエートゥ] 女, 英 *rennet stomac*
キー ~ポイント point 男 clef[プワーン クレー], clef 女 de voûte[クレ ドゥ ヴートゥ]/~ホルダー porte-clefs[ポールトゥ クレー] 男〈単複同形〉 → かぎ¹
キーシュ (パイ) quiche または kiche 女, 英 *quiche*/~・ロレーヌ quiche lorraine
きいちご 木苺 → フランボワーズ
ギード・キュリネール → ル・ギード・キュリネール
キーボード (全体) clavier[クラヴィエ] 男

キール (食前酒) kir [キール] 男／〜・ロワイヤル kir royal [キール ルワイヤル]／〜・アンペリアル kir impérial [キーランペリアル]／フランボワーズリキュール入〜 kir à la framboise [キーラ ラ フランブワーズ]

きいろ 黄色 jaune [ジョーヌ] 男〈男女同形〉／〜い jaune〈男女同形〉

キウイ (果実) kiwi 男, 英 *kiwi*

キエ (ケーキ) quillet 男

キエフ (首都) Kiev 固／若鶏〜風 poulet 男 à la Kiev [プーレ ア ラ キエフ]

きえる 消える (火が) s'éteindre [セタンドゥル] 代動 14 59／(姿が) disparaître [ディスパレートゥル] 12

きおうしょう 既往症 antécédent [アンテセダン] 男

キオスク kiosque [キヨスク] 男

きおん 気温 température [タンペラテュール] 女

きかい[1] 機械・器械 (機関, 機器) machine [マシーヌ] 女／〜化 mécanisation [メカニザシヨン] 女／(器械, 装置) appareil [アパレーユ] 男 → **どうぐ**

きかい[2] 機会 occasion [オカズィヨン] 女／またの〜にします (Ce sera) pour une autre fois. [(ス スラ) プーリュノートゥル フワー]

きがえ 着替(服) vêtements 男複 de rechange [ヴェトゥマン ドゥ ルシャンジュ]／〜る se rhabiller [ス ラビエ] 代動 59, se changer [ス シャンジェ] 代動 25 59

きがきく 気が利く attentionné,e [アタンスィヨネ]

きかせる 利かせる (…で味を) relever (le goût) avec... [ルルヴェ (ル グー) アヴェーク]〈relever 5〉／…を利かせた relevé,e de... [ルルヴェ ドゥ]／塩を〜 saler bien [サレ ビヤーン] ‖ (風味を) accentuer (la saveur) [アクサンテュエ (ラ サヴール)]／…を利かせた accentué,e de... [アクサンテュエ ドゥ]

きがつく 気が付く remarquer [ルマルケ], s'apercevoir [サペルスヴワール] 代動 38 59

きかぶ 黄蕪 → **ルタバガ**

きがる 気軽(な) facile [ファスィール]〈男女同形〉／〜に sans cérémonie [サン セレモニ]／お〜にお出でください N'hésitez pas de venir. [ネズィテ パ ドゥ ヴニール]／〜さ facilité [ファスィリテ] 女

きかん[1] 期間 durée [デュレ] 女, période [ペリヨードゥ] 女 → **あいだ, きげん**[2]

きかん[2] 器官 organe [オルガーヌ] 男, appareil [アパレーユ] 男

きかん[3] 気管 trachée [トゥラーシェ] 女／〜支 bronche [ブロンシュ] 女／〜支炎 bronchite [ブロンシートゥ] 女

ききうで 利き腕 → **ひだり, みぎ**

ききざけ 利酒 → **テイスティング**

ききゅう 気球 ballon [バロン] 男／熱〜 montgolfière [モンゴルフィエール] 女

ききんぞく 貴金属 métaux 男複 précieux [メト プレスィユー]／〜店 (金銀細工店) orfèvrerie [オルフェーヴルリ] 女

きく[1] 菊 chrysanthème [クリザンテーム] 男, 英 *chrysanthemum*／食用〜 chrisanthème comestible [クリザンテーム コメスティブル]

きく[2] 聞く (聞える, 理解する) entendre [アンタンドゥル] 39／(聴く, 聞入れる) écouter [エクーテ]／(尋ねる) demander [ドゥマンデ]

きく[3] (…に)利く agir sur... [アジールスュール]〈agir 4〉, être efficace pour... [エートゥル エフィカス プール]〈être 2〉

きぐ 器具 ustensile [ユスタンスィール] 男 → **きかい, きざい, キッチン, どうぐ**

きくいも 菊芋 topinambour [トピナンブール] 男, 英 *Jerusalem artichoke*

きくぢしゃ 菊ぢしゃ → **チコリ**

きくらげ 木耳 auriculariale [オリキュラリユール] 女, oreille-de-Judas [オレイユ ドゥ ジュダ] 女〈複〜s-〜-〜〉／(中華料理での) champignon noir [シャンピニョン ヌワール], 英 *Judas's ear*／白〜 trémelle [トゥレメール] 女, 英 *silver ear*

きけん 危険 danger [ダンジェ] 男／(脅威) péril [ペリール] 男／(恐れ) risque [リースク] 男 → **あぶない**

きげん[1] 起源 origine [オリジーヌ] 女

きげん[2] 期限 (終了時期) terme [テールム] 男／(支払などの期日) échéance [エシェアーンス] 女／(限界) limite [リミットゥ] 女／賞味〜 D.L.U.O. [デ エル ユ オ]:date 女 limite d'utilisation optimale [ダートゥ リミートゥ デュティリザシヨン オプティマール] の略 ‖ 有効〜が切れる périmer [ペリメ]／有効〜の切れた

périmé,*e* [ペリメ] →しょうみきげん
きげん³ 機嫌 →きぶん,ごきげん
きこう 気候 climat [クリーマ] 男 →てんき
きこえる 聞える entendre [アンタードゥル] 39
きこく 帰国 retour 男 dans son pays [ルトゥール ダン ソン ペイ] /〜する retourner dans son pays [ルトゥールネ ダン ソン ペイ]:「私の国」は mon pays [モン ペイ],「あなたの国」は votre pays [ヴォートゥル ペイ] というように変化する
きこり 樵 forestier [フォレスティエ] 男, forestière [フォレスティエール] 女 /〜風 (à la) forestière [(ア ラ) フォレスティエール]
きこん 既婚(の) marié,*e* [マリエ]
きざい 機材 matériel [マテリエール] 男
きざぎざ (鋸状) dentelure [ダントゥリュール] 女 /〜の,〜になった dentelé,*e* [ダントゥレ] ‖ (線条) crénelure [クレヌリュール] 女 /〜の,〜になった crénelé,*e* [クレヌレ] →ナイフ,めんぼう²
きざむ 刻む →みじんぎり
きし 岸 (川) rive [リーヴ] 女 / (整備された河岸) quai [ケ] 男 / (海) côte [コートゥ] 女, plage [プラージュ] 女
きじ¹ 雉 faisan [フザン] 男, 英 *pheasant* /雌〜 faisane [フザーヌ] 女 /ひな〜 faisandeau [フザンド] 男 (複 〜*x*), 英 *young pheasant*
きじ² 生地 (小麦粉の) pâte [パートゥ] 女, 英 *batter, dough, pastry* / (小麦粉と水だけの基本) détrempe [デトゥランプ] 女 / (延ばした) abaisse [アベース] 女 / (鍋蓋の密閉用) repère [ルペール] 男, lut [リュ] 男 /酸種〜 pâte levée [パートゥ ルヴェ] /無酸種〜 pâte morte [パートゥ モールトゥ] ‖〜に空気を入れる battre [バートゥル] 9 /〜に空気を入れた battu,*e* [バテュ]
→おりこみパイきじ,カッター,だいじ,ねりこみきじ,パトン,パン,フォンセきじ,ブリゼきじ
きじ³ 生地(布) →ぬの
きじ⁴ 記事 article [アルティークル] 男 /三面〜 fait(s) 男 (複) divers [フェディヴェール]
きしつ 気質 tempérament [タンペラマン] 男
きじばと 雉鳩 →はと

きしゅく 寄宿 〜舎 foyer [フワイエ] 男, internat [アンテルナ] 男 /〜生 pensionnaire [パンスィオネール] 男女
ぎじゅつ 技術 (技巧) technique [テクニック] 女 /〜的な technique 〈男女同形〉/〜的に techniquement [テクニークマン] /〜者 technicien,*ne* [テクニスィヤン,エーヌ] 男女 / (方法,コツ) art [アール] 男 /調理〜 art culinaire [アール キュリネール]
きじゅん 基準 norme [ノールム] 女, standard [スタンダール] 男 /〜通りの conforme aux normes [コンフォルモ ノールム]
キシリトール xylitol [クスィリトール] 男
きす 鱚 sillago [スィヤゴ] 男, 英 *silver whiting* →にぎす
きず 傷 blessure [ブレスュール] 女 /〜跡 cicatrice [スィカトゥリース] 女 / (ずっと残る) stigmate [スティグマートゥ] 男 /〜口 plaie [プレー] 女 ‖〜つける blesser [ブレセ] / (心を) meurtrir [ムールトゥリール] 4 ‖ 打撲傷 contusion [コンテュズィヨン] 女 /擦傷 écorchure [エコルシュール] 女 /軽(重)傷 blessure légère (grave) [ブレスュール レジェール (グラーヴ)]
→いたみ²,きりきず,けが
きすう¹ 基数:基礎となる数詞 nombre cardinal [ノンブル カルディナール] 男
きすう² 奇数 (nombre 男) impair [アンペール (ノーンブランペール)] 男
きせい 既成(の) (完成された) accompli,*e* [アコンプリ] / (すぐに使用できる) tout préparé,*e* [トゥー プレパレ] /〜のフォン fond tout préparé [フォン トゥー プレパレ] /〜服 prêt-à-porter [プレタポルテ] 男 (複 〜*s*-〜-〜)
きせいちゅう 寄生虫 (ver 男) parasite [(ヴェール) パラズィートゥ] 男
きせつ 季節 saison [セゾン] 女 /〜労働者 saisonnier [セゾニエ] 男, saisonnière [セゾニエール] 女 /〜の野菜 légumes 男 (複) de la saison [レギューム ドゥラ セゾン]
きぜつ 気絶 évanouissement [エヴァヌイースマン] 男 /〜する s'évanouir [セヴァヌイール] 代動 4 59, tomber dans les pommes [トンベダン レ ポーム] /〜した,〜している être évanoui,*e* [エートゥル エヴァヌイ] (être 2)
きそ 基礎 base [バーズ] 女 / (土台)

きそく 440

fondations [フォンダスィヨン] 囡愎
→ きほん
きそく 規則 règle [レーグル] 囡, règlement [レーグルマン] 囲／～的な régulier [レギュリエ]〈囲に〉, régulière [レギュリエール]〈囡に〉／～的に régulièrement [レギュリエールマン]／(規制) règlementation [レーグルマンタスィヨン] 囡
きた 北 nord [ノール] 囲／～の nord [ノール]〈不変〉
ギター guitare [ギタール] 囡
きたい[1] 期待 espoir [エスプワール] 囲／～する espérer [エスペレ] 36
きたい[2] 気体 corps 囲 gazeux [コールガズー]〈単複同形〉, gaz [ガーズ] 囲
きたない 汚い sale [サール]〈男女同形〉, malpropre [マルプロープル]〈男女同形〉／～奴 sale type 囲 [サル ティープ]
きちじ 吉次・喜知次（きんき）sébaste 囲 kichiji [セバーストゥ キチジ], 英 Kichiji rockfish
きちょう[1]（飛行機の）機長 capitaine [カピテーヌ]
きちょう[2] 貴重(な) précieux [プレスィユー]〈囲に〉, précieuse [プレスィユーズ]〈囡に〉／～品 objet 囲 précieux [オブジェ プレスィウー]
きちんと → げんみつ, せいかく[1]
きちんとした（秩序だった）en ordre [アンノールドゥル]／(しかるべき) convenable [コンヴナーブル]〈男女同形〉, correct,e [コレークトゥ]
きつい（骨の折れる）pénible [ペニーブル]〈男女同形〉‖(厳格な) sévère [セヴェール]〈男女同形〉, strict,e [ストゥリークトゥ],
→ きびしい, つよい
きつえんする 喫煙する fumer [フュメ]／喫煙室(所) fumoir [フュムワール] 囲, 単複同形／喫煙者 fumeur [フュムール] 囲, fumeuse [フュムーズ] 囡／喫煙車:表示 Fumeurs [フュムール] 囲愎
ぎっくりごし ぎっくり腰 tour 囲 de reins [トゥール ドゥ ラン], lumbago [ロンバゴ] 囲
きづけ …気付 chez... [シェ], aux bons soins de... [オ ボン スワン ドゥ]
きっさてん 喫茶店 café [カフェ] 囲, cafétéria [カフェテリア] 囡／(アルコールを供さない) salon 囲 de thé [サロンドゥテ]
キッシュ → キーシュ

ぎっしり bondé,e [ボンデ]／～詰める bonder [ボンデ]
きづち 木槌 maillet [マイエ] 囲
キッチン cuisine [キュイズィーヌ] 囡／(菓子やシャルキュトリの) laboratoire [ラボラトワール] 囲, labo [ラボ] 囲, atelier [アトゥリエ] 囲／小～ kitchenette [キチュネートゥ] 囡／セントラル～ cuisine centrale [キュイズィーヌ サントゥラール]／～コーナー coin 囲 cuisine [クワーン キュイズィーヌ]／～ペーパー papier 囲 d'office [パピエ ドフィス]／～バター beurre 囲 de cuisine [ブールドゥキュイズィーヌ]／～用品 ustensiles [ユスタンスィーヌ] 囲愎
きって 切手 timbre 囲 (postal) [タンブル (ポスタール)]
きっと → たしか
きつねいろ 狐色 → こがねいろ, ちゃいろ, やきいろ
きっぷ 切符（列車, 飛行機, 劇場）billet [ビエ] 囲／往復～ (billet) aller-retour [(ビエ) アレ ルトゥール]〈単複同形〉／片道～ (billet) aller simple [(ビエ) アレ サーンプル]／座席指定～ billet de réservation [ビエ ドゥ レゼルヴァスィヨン]／連絡～ billet combiné [ビエ コンビネ]／(地下鉄, バス) ticket [ティケ] 囲／(搭乗券) carte 囡 d'embarquement [カールトゥ ダンバルクマン]／(駅の)入場券 ticket de quai [ティケ ドゥ ケ]／(引換券) bon [ボン] 囲／(クーポン) coupon 囲／(劇場の)～売場 bureau 囲 de location [ビュロ ドゥ ロカスィヨン]
きとく 危篤(の) mourant,e [ムーラン, トゥ]
キドニー[1] → じんぞう[1]
キドニー[2]（赤隠元豆）→ いんげんまめ
キナ（キナノキの樹皮）quinquina [カンキナ] 囲／～酒 quinquina
きないしょく 機内食 repas 囲〈単複同形〉à bord [ルバ アボール]
きなこ 黄粉 farine 囡 de soja [ファリーヌ ドゥ ソジャ]
ギニアペッパー（香辛料）poivre 囲 de Guinée [プワーヴル ドゥ ギネ], malaguette [マラゲートゥ] 囡, 英 Guinea pepper, melegueta pepper
きにいる 気に入る plaire [プレール] 33／この料理は(私の)気に入った Ce plat me plaît. [スプラムプレー]／お気に

きにいりの favori,te [ファヴォリ,-トゥ]
きにくわない 気に食わない déplaire [デプレール] ③, ne pas plaire [ヌパプレール] ③/あの料理人は～ Ce cuisinier ne me plaît pas. [スキュイズィニエ ヌムプレパ]
きにする （…を）気にする（気にかける） se préoccuper de... [スプレオキュペドゥ] 代動59, s'en faire pour... [サンフェール プール]〈faire 代動21 59〉/気にしないでください Ne vous en faites pas. [ヌヴーザン フェートゥパ]/…を気にしない（相手にしない，話言葉） s'en ficher de... [サンフィシェドゥ] 代動59, (俗語) s'en foutre de... [サン フートゥル ドゥ] 代動58 59
きにゅうする 記入する → かく¹
きぬ 絹 soie [スワ] 女/～のような soyeux [スワユー] 男に，単複同形, soyeuse [スワユーズ]〈女に〉
きぬがさだけ 衣笠茸 satyre [サティール] 男 maillé de Chine [マイエドゥシーヌ], satyre voilé [サティール ヴワレ], (英) bamboo fungus
きぬさや 絹莢 → さやえんどう
きね 杵 pilon [ピロン] 男
ギネス（ビール） guiness [ギネス] 女, (英) Guiness
キノア（植物） quinoa 男, (英) quinoa
きのう 昨日 hier [イエール]
きのう 技能 → ぎじゅつ
きのこ 茸 champignon [シャンピニョン] 男, (英) mushroom/森の～ champignon de bois [シャンピニョン ドゥ ブワー]/食用～ champignon comestible [シャンピニョン コメスティーブル]/毒～ champignon vénéneux [シャンピニョン ヴェネヌー]/栽培～ champignon cultivé [シャンピニョン キュルティヴェ]/野生～ champignon sauvage [シャンピニョン ソヴァージュ]/～狩 chasse 女 aux champignons [シャソ シャンピニョン]
→ え¹, かさ¹
きのぬけた 気の抜けた éventé,e [エヴァンテ]
きのみ 木の実 → み²
きのめ 木の芽 bourgeon [ブールジョン] 男, (英) bud /（山椒の）jeune feuille 女 de poivre du Japon [ジュヌ フーユ ドゥ プワーヴル デュ ジャポン]
キパー → にしん
きはだ 黄肌（鮪） → まぐろ
きび 黍 millet [ミエ] 男, mil [ミール] 男, panic [パニック] 男, (英) millet
きびしい 厳しい dur,e [デュール]
きびなご 黍魚子 †hareng [アラング ラシール] 男 gracile, (英) silver-stripe round herring, banded blue sprat
きひんせき 貴賓席 → せき¹
ギプス plâtre [プラートゥル] 男
きぶつ 器物 → うつわ, どうぐ
きふワイン 貴腐ワイン → ワイン
きぶん 気分 （機嫌）humeur [ユムール] 女/～がよい（悪い）être de bonne (mauvaise) humeur [エートゥル ボンヌ ユムール]〈être ②〉/（体調）～がよい（悪い） se sentir bien (mal) [スサンティール ビヤン (マール)]〈sentir 代動30 59〉
きべら 木箆 → へら
きほう 気泡 → あわ¹
きぼう 希望 espoir [エスプワール] → ねがう
きほん 基本 base [バーズ] 女 ‖ ～的な basique [バズィック]〈男女同形〉, fondamental,e [フォンダマンタル], fondamentaux [フォンダマント]〈男複に〉‖（本質）essence [エサーンス] 女/～的な essentiel,le [エサンスィエール]‖（要素）élément [エレマン] 男/～的な élémentaire [エレマンテール]〈男女同形〉
きまぐれ 気紛れ caprice [カプリース] 男/～な capricieux [カプリスィユー]〈男複に，単複同形〉, capricieuse [カプリスィユーズ]〈女に〉
きまった 決った（一定の）fixe [フィークス]〈男女同形〉, déterminé,e [デテルミネ]
きみ¹ 黄身 → らんおう
きみ² 君 （親兄弟, 友達, 夫婦など親しい間で）（主語として）～は tu [テュ], ～たちは vous [ヴー]/～は親切だ Tu es gentil（女性の場合は gentille）. [テュ エ ジャンティ（ジャンティーユ）]/～たちは親切だ Vous êtes gentils（女性の場合は gentilles）. [ヴーゼトゥ ジャンティ（ジャンティーユ）]‖（強調形として, 前置詞の後で）～ toi [トゥワー], ～たち vous [ヴー]/～が料理をするんだ C'est toi qui fais la cuisine. [セトゥワーキ フェラ キュイズィーヌ]

/～たちが料理をするんだ C'est vous qui faites la cuisine.[セ ヴ ー キ フェト ゥ ラ キュイズィーヌ]/彼は～(たち)と話す Il parle avec toi (vous).[イル パルル アヴェック トゥワー (ヴー)]‖この本は～(たち)のかい Ce livre est à toi (vous)?[スリーヴレタ トゥワー (ヴー)]/私は～(たち)の家へ行きたい Je voudrais aller chez toi (vous).[ジュ ヴードゥレ アレ シェ トゥワー (ヴー)]‖(直接目的語として)～を te [トゥ], ～たちを vous [ヴー]/～(たち)を母に紹介する Je te (vous) présente à ma mère.[ジュ トゥ (ヴー) プレザン タ マ メール]‖(間接目的語として)～に te [トゥ], ～たちに vous [ヴー]/彼は～(たち)に電話をする Il te (vous) téléphone.[イル トゥ (ヴー) テレフォヌ]‖(所有形容詞として)～の ton [トン] 男または母音あるいは無音のhで始まる 女 単 の前に), ta [タ] 〈女単の前に〉, tes [テ] 〈男女複の前に〉, ～たちの votre [ヴォートゥル] 〈男女単の前に〉, vos [ヴォ] 〈男女複の前に〉/～(たち)のレストランは大きい Ton (Votre) restaurant est grand.[トン (ヴォートゥル) レストラン エ グラン]/～(たち)の部屋は清潔だね Ta (Votre) chambre est propre.[タ (ヴォートゥル) シャンブル エ プロプル]/～(たち)の両親はニースにいるの? Tes (Vos) parents sont à Nice?[テ (ヴォ) パラン ソンタ ニース]
→ あなた⇒p.748「人称代名詞」

ぎみ …気味 風邪～ sentir venir le rhume [サンティール ヴニール ル リューム] 〈sentir 30〉

きみどり 黄緑(色) vert 男 jaunâtre [ヴェール ジョナートゥル]/～の vert jaunâtre 〈不変〉

キムチ chou 男 chinois fermenté au piment [シュー シノワ フェルマンテ オ ピマン]

ギムレット (カクテル) gimlet [ギムレートゥ] 男

きめ 木目・肌理 の～細かい fin,e [ファン, フィーヌ]/～の粗い râpeux [ラプー] 〈男に, 単複同形〉, râpeuse [ラプーズ] 〈女に〉

きも 肝 → あんこう, レバー

ぎもん 疑問 (疑い) doute [ドゥートゥ] 男, 〈単複同形〉 douteux [ドゥートゥー] 男に, 単複同形〉, douteuse [ドゥートゥーズ] 〈女に〉/～詞 interrogatif [アンテロガティフ] 男/～符] 男

キャヴィア caviar [カヴィヤール] 男, 英 caviar/白～ caviar blanc [カヴィヤール ブラン]/イミテーション～ œufs 男複 de lump [ウー ドゥ ランプ]/～スタンド rafraîchisseur 男 à caviar [ラフレシスーラ カヴィヤール]/(料理)～・ド・ベルジーヌ caviar d'aubergine [カヴィヤール ドベルジーヌ], 英 eggplants in caviar style/人造～ caviar synthétique [カヴィヤール サンテティーク]‖(キャヴィアの種類) ベルーガ bélouga 男, béluga [ベリューガ] 男/セヴルーガ sevruga [セヴリューガ] 男/オシエトラ, オセートラ osciètre [オスィエートゥル] 男, ossetra [オセトゥラ] 男

きゃく 客 (来客) invité,e [アンヴィテ] 男女/(見学者, 訪問者) visiteur [ヴィズィトゥール] 男, visiteuse [ヴィズィトゥーズ] 女/(顧客) client,e [クリヤーン, トゥ] 男女/(観客) spectateur [スペクタトゥール] 男, spectatrice [スペクタトゥリース] 女/(聴衆) auditeur [オディトゥール] 男, auditrice [オディトゥリース] 女/買物～ client,e [クリヤーン, トゥ] 男女‖(ホテルの)～室 chambre [シャンブル] 女 (ホテルの)～室係 valet 男 de chambre [ヴァレドゥ シャーンブル]/～引(人) racoleur [ラコルール] 男, racoleuse [ラコルーズ] 女/～間 salon [サロン] 男
→ じょうきゃく

きやく 規約 (規定) règlement [レーグルマン] 男/(定款) statuts [スタテュ] 男複

ぎゃく 逆 → はんたい

キャスロール → キャセロール, なべ

キャセロール (鍋) marmite [マルミートゥ] 女/(煮込) ragoût [ラグー] 男, pot-au-feu [ポトフー] 男 〈単複同形〉

きゃたつ 脚立 escabeau [エスカボー] 男 〈複~x〉

キャッサバ (植物) manioc [マニヨーク] 男, 英 manioc, cassava

キャッシュ ～ディスペンサー guichet automatique [ギシェ オトマティーク]
→ カード¹, げんきん

キャバレー cabaret [カバレ] 男, boîte de nuit [ブワットゥ ドゥ ニュイ] 女

キャビア → キャヴィア

キャビン cabine [カビーヌ] 女/～アテンダント steward [ステュワールドゥ] 男,

hôtesse 女 de l'air [オテス ドゥ レール]
キャベツ chou [シュー] 男 複~x, 英 cabbage／ちりめん～ chou frisé [シュー フリゼ], chou de Milan [シュー ドゥ ミラン], 英 savoy cabbage／紫～, 赤～ chou rouge [シュー ルージュ], 英 red cabbage／芽～ chou de Bruxelles [シュー ドゥ ブリュセール], 英 Brussels sprout／ロール～ chou farci [シュー ファルスィ] →やし
キャミソール（下着）camisole [カミゾール], top [トープ] 男
キャラウェイ（姫ういきょう）carvi [カルヴィ] 男, 英 caraway／～シード graines 女複 de carvi [グレーヌ ドゥ カルヴィ]
キャラフ みずさし, ワイン
キャラメル（菓子）caramel [カラメール] 男 →カラメル
ギャラリー（回廊）galerie [ガールリ] 女
ギャルソン →ボーイ
キャンセル annulation [アニュラスィヨン] 女／～する annuler [アニュレ]／～待ちをする être dans la liste d'attente [エートゥル ダン ラ リーストゥ ダタントゥ]〈être 2〉／～料 frais 男 d'annulation [フレ ダニュラスィヨン]
キャンティ（ワイン）chianti 男
キャンディー bonbon [ボンボン] 男, 英 candy
キャンドル →ろうそく
キャンピングカー caravane [カラヴァーヌ] 女／（キャンピングトレーラー）remorque 女 de camping [ルモールク ドゥ カンピーング]
キャンプ camping [カンピーング] 男／～する camper [カンペ]／～場 terrain 男 de camping [テランドゥ カンピーング]
ギャンブル →かけ¹, ばくち
ギュイエーヌ（アキテーヌの別称）Guyenne 固女 →アキテーヌ
キュイエール →スプン
キュイジニエ →りょうりにん
キュイス →もも²
きゅう¹ 九 neuf [ヌーフ] 男〈単複同形〉／（九つの）neuf〈不変〉

→ばい¹, ぶんのいち
きゅう² 灸 moxa [モークサ] 男
きゅう³ 急（な, の）（緊急の）urgent,e [ユルジャン, トゥ]／～に urgemment [ユルジャマン], d'urgence [デュルジャーンス] ‖（流れが）rapide [ラピードゥ]〈男女同形〉／～に rapidement [ラピードマン] ‖（角度が）raide [レードゥ]〈男女同形〉／～に raide →とつぜん
ぎゅう 牛 →うし
キュヴェ（ワイン）cuvée 女
きゅうか 休暇 congé [コンジェ] 男／～をとる prendre un congé [プランドゥル アン コンジェ]〈prendre 37〉／（まとまった）vacances [ヴァカーンス] 女複／有給～ congé payé [コンジェ ペイエ]
きゅうかく 嗅覚 odorat [オドラ] 男, sens olfactif [サンス オルファクティーフ]
きゅうかん¹ 急患 malade 男女 d'urgence [マラードゥ デュルジャーンス] →きゅう³
きゅうかん² 休館 →きゅうぎょう
きゅうきゅう 救急（の）de secours [ドゥ スクール]／～車 ambulance [アンビュラーンス] 女／～処置 premiers secours 男複 [プルミエ スクール]／～箱 boîte 女 de secours [ブワートゥ ドゥ スクール]／～病院 S.A.M.U. [サミュ] 男：Service 男 d'Aide Médicale d'Urgence [セルヴィス デードゥ メディカル デュルジャーンス] の略
きゅうぎょう 休業 fermeture [フェルメテュール] 女／本日～：表示 Fermé aujourd'hui [フェルメ オジュルデュイ]／臨時～ fermeture exceptionnelle [フェルムテュール エクセプスィヨネル]
きゅうけい¹ 休憩 repos [ルポ] 男〈単複同形〉, pause [ポーズ] 女, ʰhalte [アールトゥ] 女／（学校の）récréation [レクレアスィヨン] 女, récré [レクレ] 女／（幕間, 中断）entracte [アントゥラクトゥ] 男／（コーヒーブレイク）pause-café [ポーズ カフェ] 女 複~s-~／（食事用）pause-repas [ポーズルパ] 女 複~s-~／～室 salle 女 de repos [サール ドゥ ルポ] →やすむ
きゅうけい² 球形 sphère [スフェール] 女／～の sphérique [スフェリーク]〈男女同形〉, en boule [アン ブール], rond,e [ロン, ドゥ]／…を～に丸める rouler...en boule [ルーレ アン ブール] →しょうげん
きゅうげき 急激（な）→きゅう³, とつぜ

きゅうこう 急行(列車)(train)express[(トゥラーン) エクスプレース] 男
きゅうこん 球根 → ね²
きゅうじ 給仕 → サーヴィス
ぎゅうし 牛脂 → ヘット
きゅうしがい 旧市街 vieille ville 女[ヴィエーユ ヴィール], vieux quartier [ヴュー カルティエ]/(…市の)～ vieux...[ヴュー]
きゅうしき 旧式(の) démodé,e [デモデ], désuet,te [デズュエ, -トゥ], ancien, ne [アンシィ・ヤン, エーヌ] → ふるい¹
きゅうじつ 休日(休暇) jour 男 de congé [ジュール ドゥ コンジェ] → しゅくじつ
きゅうしゅう 吸収 absorption [アブゾルプスィヨン] 女/～する absorber [アブゾルベ]/～剤 absorbant [アブゾルバン] 男/～紙 papier 男 absorbant [パピエ アブゾルバン] ‖(消化吸収)assimilation [アスィミラスィヨン] 女/～する assimiler [アスィミレ]
きゅうじゅう 九十 quatre-vingt-dix [カートゥル ヴァン ディス] 男/～の quatre-vingt-dix 〈不変〉/(ベルギー, スイスでの) nonante [ノナントゥ] ‖ ～ばい
きゅうしょく¹ 給食 repas 男〈単複同形〉 collectif [ルパ コレクティーフ]/(学校給食制度) demi-pension [ドゥミ パンスィヨン] 女
きゅうしょく² 求職 demande 女 d'emploi [ドゥマーンドゥ ダーンプルワ]/～広告 annonce 女 de demande d'emploi [アノーンス ドゥ ドゥマーンドゥ ダーンプルワ]
きゅうしん 休診:表示 Pas de consultation [パドゥ コンスュルタスィヨン]:フランスの表示は, 上記に続いて受付医 Médecins de Garde [メドサンドゥ ガールドゥ], Médecins de Service [メドサンドゥセルヴィス] の名と連絡先が記してある
きゅうじん 求人 offre 女 d'emploi [オーフル ダーンプルワ]/～広告 annonce 女 d'offre d'emploi [アノンス ドーフル ダーンプルワ]
きゅうす 急須 théière [テイエール] 女
きゅうせい 旧姓:女性の結婚前の姓 nom 男 de jeune fille [ノンドゥ ジューヌ フィーユ]
きゅうそく 休息 → きゅうけい¹
きゅうそくれいとう 急速冷凍 → れいとう

ぎゅうたん 牛舌 → した²
きゅうてい 宮廷 cour 女 (impériale) [クール (アンペリヤール)]
きゅうでん 宮殿 palais [パレ] 男〈単複同形〉
ぎゅうにく 牛肉 → うし
ぎゅうにゅう 牛乳 lait [レ] 男, 英 milk/高温殺菌～, ロングライフ～ lait stérilisé UHT [レ ステリリゼ ユ アシュ テ], lait upérisé [レ ユペリゼ]/低温殺菌 ～ lait pasteurisé [レ パストゥリゼ]/醗酵～ lait fermenté [レ フェルマンテ]/未殺菌～ lait cru [レ クリュー]/ローファット(低脂肪)～ lait demi-écrémé [レ ドゥミ エクレメ], lait allégé [レ アレジェ], 英 low fat milk ‖ ～屋(製造業) laiterie [レートゥリ] 女/(人) laitier [レティエ] 男, laitière [レティエール] 女 → ぜんにゅう, ミルク
きゅうばん 吸盤(たこやいかの) tentacule [タンタキュール] 男/(ゴム製などの) ventouse [ヴァントゥーズ] 女
きゅうひ 給費(奨学金) bourse [ブールス] 女/～生 boursier [ブールスィエ] 男, boursière [ブールスィエール] 女
きゅうびょう 急病 maladie 女 subite [マラディ スュビートゥ]/～人 malade 男 女 subite [マラードゥ スュビートゥ]
キューブ (立方体) cube 男
きゅうめいどうい 救命胴衣 gilet 男 de sauvetage [ジレドゥ ソヴタージュ]
きゅうゆ 給油 ravitaillement 男 d'essence [ラヴィタユマン デサンス]
きゅうよ 給与 → きゅうりょう
きゅうり 胡瓜 concombre [コンコーンブル] 男, 英 cucumber
きゅうりお 胡瓜魚(エペルラン) éperlan [エペルラン] 男, 英 smelt
きゅうりょう 給料 salaire [サレール] 男/～日 jour 男 de paye [ジュール ドゥ ペイ]/～明細書 fiche 女 de paye [フィーシュ ドゥ ペイ]/税込～ salaire brut [サレール ブリュットゥ]/手取～ salaire net [サレール ネートゥ]
キュラソー キュラソー(リキュール) curaçao [キュラソ] 男/ブルー～ curaçao bleu [キュラソ ブルー], 英 blue curaçao
キュルノンスキ(美食家, 料理評論家, 料理史家) Curnonsky 固 男
キュンメル (リキュール) kummel 男,

(英) *Kümmel*

きょう¹ 今日 aujourd'hui [オジュールデュイ]

きょう² …強 砂糖大さじ1杯〜 une forte cuiller à soupe de sucre [ユヌ フォールトゥ キュイエーラ スープ ドゥ スュークル]

きよう 器用 (な) (巧妙) adroit,*e* [アドゥルワー, トゥ] /(熟達) habile [アビール] 〈男女同形〉/(天分のある) doué,*e* [ドゥエ] ‖〜に adroitement [アドゥルワートゥマン], avec adresse [アヴェカドゥレース], habilement [アビルマン]

きょういく 教育 enseignement [アンセーニュマン] 男 /(子供の) éducation [エデュカスィヨン] 女 /(技術養成) formation [フォルマスィヨン] 女 /〜学 pédagogie [ペダゴジ] 女 /職業〜 formation professionnelle [フォルマスィヨン プロフェスィヨネール] /通信〜 enseignement par correspondance [アンセーニュマン パール コレスポンダンス] → がくぶ

きょうえん 饗宴 → えんかい

きょうかい 教会 (カトリック) église [エグリーズ] 女 /(小教区教会) paroisse [パルワース] 女 /(チャペル, 祭壇が1つの) chapelle [シャペール] 女 /(司教座大聖堂) cathédrale [カテドゥラール] 女 /(教皇により与えられた特権のある聖堂) basilique [バズィリーク] 女 /(プロテスタント) temple [タンプル] 男

ぎょうかい 業界 monde [モーンドゥ] 男, milieu [ミリュー] 男 複 〜*x*/料理〜 milieu culinaire [ミリュー キュリネール]

きょうかしょ 教科書 → テキスト

ぎょうぎ 行儀 tenue [トゥニュ] 女 ‖〜がよい (育ちがよい) bien élevé,*e* [ビヤーンネルヴェ] /〜が悪い (育ちが悪い) mal élevé,*e* [マレルヴェ] /(無作法な) impoli,*e* [アンポリ], malpoli,*e* [マルポリ] → マナー, れいぎ

きょうぎゅうびょう 狂牛病 → ビーエスイー

きょうけんびょう 狂犬病 rage [ラージュ] 女 /〜ワクチン vaccin [ヴァクサン] 男 contre la rage [コーントゥル ラ ラージュ]

ぎょうこ 凝固 prise [プリーズ] 女 /〜させる faire prendre [フェール プランドゥル] 〈faire 21〉, figer [フィジェ] 25 /〜させた figé,*e* [フィジェ], pris,*e* [プリーズ] 〈男には単複同形〉/〜する prendre [プラーンドゥル] 37, se figer [ス フィジェ] 代動 25 59 /(固化) solidification [ソリディフィカスィヨン] 女 /〜させる solidifier [ソリディフィエ] /〜させた solidifié,*e* [ソリディフィエ] ‖(牛乳や血などの) coagulation [コアギュラスィヨン] 女, caillement [カーユマン] 男 /〜する cailler [カイエ], coaguler [コアギュレ] /〜した caillé,*e* [カイエ], coagulé,*e* [コアギュレ]

きょうこつ 胸骨 (鳥の) bréchet [ブレシェ] 男

ぎょうざ 餃子 ravioli 男複 chinois [ラヴィヨリ シヌワ]

きょうし 教師 → せんせい

ぎょうしゃ 業者 出入の〜 (人及び店) fournisseur [フールニスール] 男, fournisseuse [フールニスーズ] 女

きょうじゅ 教授 professeur [プロフェスール] 男, femme 女 professeur [ファム プロフェスール]

きょうしゅうじょ 教習所 → じどうしゃ

ぎょうしゅく 凝縮 condensation [コンダンサスィヨン] 女 /〜させる condenser [コンダンセ] /〜した condensé,*e* [コンダンセ]

きょうしんしょう 狭心症 angine 女 de poitrine [アンジーヌ ドゥ プワトゥリーヌ]

きょうする 供する → サーヴィス

きょうせいひいく 強制肥育 → ひいく

きょうせんにく 胸腺肉 ris [リ] 男 〈単複同形〉, (英) *sweetbread* /仔牛の〜 ris de veau [リ ドゥ ヴォ] /仔羊の〜 ris d'agneau [リ ダニョ]

きょうそう 強壮 (の) requinquant,*e* [ルカンカン, トゥ]

きょうだい 兄弟 (男の) frère [フレール] 男, (話言葉) frangin [フランジャン] 男 /兄 grand frère [グラン フレール] 男 /弟 petit frère [プティ フレール] 男 → きょうだいのしまい

きょうたくする 供卓する → サーヴィス

きょうど 郷土 → サーヴィス

きょうどうくみあい 協同組合 (société 女) coopérative [(ソスィエテ) コオペラティーヴ] 女 → のうきょう

きょうな 京菜 (水菜, 壬生菜) colza 男 kyona [コルザ キョーナ]

ぎょうにゅう 凝乳 (レンニン, レンネット) (lait 男) caillé [(レ) カイエ] 男 /〜酵素 présure [プレズュール] 女

きょうばい 競売 vente [ヴァントゥ] 女 aux enchères [ヴァントザンシェール]
きょうりきこ 強力粉 → こむぎこ
ぎょうれつ 行列 → れつ
きょか 許可 （承認）permission [ペルミスィヨン] 女 /（許し）autorisation [オトリザスィヨン] 女 /（同意，承諾）consentement [コンサントゥマン] 男 ‖（許可に関する表現）入ってもいいですか？ Je peux entrer？[ジュプーアーントゥレ] /煙草を吸ってもかまいません Vous pouvez fumer. [ヴープーヴェ フュメ] /仕事を続けさせてください Laissez-moi travailler. [レセムワトゥラヴァイエ]
→ たいざい，にゅうがく，ゆるす
ぎょかいるい 魚介類 （魚以外）fruits 男複 de mer [フリュイドゥ メール]，（英）seafood(s) /（魚と貝）poissons 男複 et coquillages 男複 [プワソーン エ コキヤージュ]，（英）seafood(s) /（海産物）fruits 男複 de la mer [フリュイドゥ ラ メール]
ぎょぎょう 漁業 pêche [ペーシュ] 女
きょくどめ 局留 （郵便）poste 女 restante [ポーストゥ レスターントゥ]
ぎょくろ 玉露 thé 男 vert de première qualité [テ ヴェール ドゥ プルミエール カリテ]
ぎょしょう 魚醤 → ガルム，ニョクマム
きょせい 去勢 castration [カストゥラスィヨン] → うし，にわとり，ひつじ
ぎょそん 漁村 village 男 de pêcheurs [ヴィラージュ ドゥ ペシュール]
きょだい 巨大 gigantesque [ジガンテースク]〈男女同形〉, énorme [エノールム]〈男女同形〉, géant,e [ジェアン, トゥ]
ぎょにく 魚肉 chair 女 de poisson [シェール ドゥ プワソーン]
きょねん 去年 l'année 女 dernière [ラネ デルニエール], l'an 男 dernier [ラン デルニエ]
きょほう 巨峰（実）raisin 男 kyoho [レザン キョホ]
きよみ 清美 → みかん
ぎょゆ 魚油 huile 女 de poisson [ユイール ドゥ プワソーン]
ぎょらん 魚卵 œufs 男複 de poisson [ウドゥプワソーン]
きょり 距離 distance [ディスターンス] 女
ぎょるい 魚類 poissons [プワソーン] 男複, 英 fish /～学 ichtyologie [イク

ティヨロジー] 女
きらい 嫌い → きらう
きらう 嫌う détester [デテステ] /（嫌にさせる）dégoûter [デグーテ], déplaire [デプレール] 33
きらく 気楽（な）aisé,e [エゼ] /（呑気）nonchalant,e [ノンシャラン, トゥ] /～に à l'aise [ア レーズ]
きり¹ 霧 brouillard [ブルーヤール] 男
きり² 錐 foret [フォレ] 男
きりおとし 切落し → くず¹
きりおとす 切落す → きる¹
きりきず 切傷 coupure [クーピュール] 女, taillade [タヤードゥ] 女 /（深い）entaille [アンターユ] 女
きりくず 切屑 → くず¹
きりくち 切口（断面）coupe [クープ] 女, section [セクスィヨン] 女
きりこみ 切込（トリュフなどを差込むための）incision [アンスィズィヨン] 女 /～を入れる inciser [アンスィゼ] /～を入れた incisé,e [アンスィゼ] ‖（魚に浅く入れた）ciselage [スィズラージュ] 男 /～を入れる ciseler [スィズレ] 5 /～を入れた ciselé,e [スィズレ] ‖（生地のまわりに均等に浅く入れた）chiquetage [シクタージュ] 男 /～を入れる chiqueter [シクテ] /～を入れた chiqueté,e [シクテ] ‖（溝）entaille [アンターユ] 女 ‖（野菜などの皮に入れる）cerne [セールヌ] 男 /～を入れる cerner [セルネ] /～を入れた cerné,e [セルネ]
ギリシア Grèce [グレース] 固 女 /～人 Grec,que [グレック] 男 女 /～語 grec [グレック] /～の grec,que /～風（à la）grecque [（ア ラ）グレック] /古代～ Grèce 女 antique [グレーサンティーク]
→ しんトウ
キリスト Jésus-Christ [ジェズュ クリ] 固 男 /～教 christianisme [クリスティヤニスム] 男, religion 女 chrétienne [ルリジョン クレティエーヌ] /～教徒 chrétien,ne [クレティ・ヤン, エーヌ] 男 女
きりだす 切出す → きる¹
きりとる 切取る → きりはなす，きる¹
きりぬき 切抜 → きりぬく
きりぬく 切抜く découper [デクーペ] /切抜いた découpé,e [デクーペ] /～こと découpage [デクーパージュ] 男 → ぬく
ぎりの 義理の… beau-... [ボ]〈男に〉, belle-... [ベール]〈女に〉/～父 beau-

père [ポ ペール] 男／～母 belle-mère [ベル メール] 女／～兄弟 beau-frère [ボ フレール] 男／～姉妹 belle-sœur [ベル スール] 女／～両親 beaux-parents [ボ パラン] 男複

きりはなす 切離す （分離）détacher [デタシェ], séparer [セパレ] ‖ （関節で）sectionner [セクスィヨネ], désarticuler [デザルティキュレ]／切離した sectionné,e [セクスィヨネ], désarticulé,e [デザルティキュレ] 女 ‖ （鶏などを関節で）déjointer [デジョワンテ]／切離した déjointé,e [デジュワンテ] 女 ‖ （四肢を）démembrer [デマンブレ]／切離した démembré,e [デマンブレ] → きる¹

きりひらく 切開く ouvrir [ウーヴリール] 29

きりふき 霧吹 → スプレー

キリマンジャロ （コーヒー） kilimandjaro 男

きりみ 切身 tranche [トゥランシュ] 女, 英 slice／（魚の筒切）darne [ダールヌ] 女, 英 steak／（薄いそぎ切）escalope [エスカロープ] 女, 英 escalope／（魚の半身）filet [フィレ] 男, 英 fillet

きりわけ 切分け／（宮廷での）～係 trancheur [トゥランシュール] 男
→ きる¹, サーヴィス

きる¹ 切る couper [クーペ]／切った coupé,e [クーペ] ‖ （ある形に）tailler [タイエ]／ジュリエーヌに～ tailler en julienne [タイエ アン ジュリエーヌ]／切った taillé,e [タイエ]

（筒切に）tronçonner [トゥロンソネ]／切った tronçonné,e [トゥロンソネ]
（薄く）émincer [エマンセ] 32／切った émincé,e [エマンセ]
（そぎ切に）escaloper [エスカロペ]／切った escalopé,e [エスカロペ]
（刻み）hacher [アシェ]／切った haché,e [アシェ]
（細かく）détailler [デタイエ]／切った détaillé,e [デタイエ]
（鋭利な刃物でみじんに）ciseler [スィズレ]／切った ciselé,e [スィズレ]
（あらみじんに）concasser [コンカセ]／切った concassé,e [コンカセ]
（魚の頭を落す）étêter [エテテ]／切った étêté,e [エテテ]
（魚のひれやえんがわを）ébarber [エバルベ]／切った ébarbé,e [エバルベ]
（ひと切れに輪切）trancher [トゥランシェ]／切った tranché,e [トゥランシェ]
（肉をぶつ切に）charcuter [シャルキュテ]／切った charcuté,e [シャルキュテ]
（同じ大きさに）découper [デクーペ]／切った découpé,e [デクーペ]
（生地などの端を）rogner [ロニェ]／切った rogné,e [ロニェ]
（トマトやレモンなどの上部を水平に）décalotter [デカロテ]／切った décalotté,e [デカロテ]
（水を）égoutter [エグーテ]／切った égoutté,e [エグーテ]
（髪を）couper [クーペ]／髪を切ってもらう se faire couper les cheveux [スフェール クーペ レ シュヴー] 〈faire 代動 21 59〉
→ あたま, うすぎり, きりこみ, きりぬく, きりはなす, きりひらく, くしぎり, さいのめ, せんぎり, はんわりにする, ひれ, ぶつぎり, みじんぎり, わぎり

きる² 着る mettre [メートル] 26／（ある服装をする）s'habiller [サビエ] 代動 59

キルシュしゅ キルシュ酒 （蒸留酒）kirsch [キールシュ] 男

きれ …切れ → ひときれ

きれあじ 切味 ～のよい tranchant,e [トゥランシャン, トゥ]／～の悪い émoussé,e [エムーセ]

きれい 綺麗（な） （美しい）beau [ボ] 〈男単に, 複～x〉, belle [ベール] 〈女に〉, bel [ベール] 〈母音または無音の h で始まる男単に〉‖（魅力的な, かわいい）joli,e [ジョリ]／～に joliment [ジョリマン] ‖ （清潔な）propre [プロープル] 〈男女同形〉／～に proprement [プロープルマン]

きれつ 亀裂 （割れめ）fente [ファーントゥ] 女 → ひび

きれめ 切れめ （休止）pause [ポーズ] 女／（中止, 中断）interruption [アンテリュプスィヨン] 女 → きれつ

キレる → おこる¹

きれる 切れる （期限が）périmer [ペリメ]／切れた périmé,e [ペリメ]／（電球が）～ être grillé,e [エートゥル グリエ]
→ きれあじ

キロ ～グラム kilo 男, kilogramme [キログラム] 男：記号はkg／～メートル kilomètre [キロメートゥル] 男：記号はkm／～リットル kilolitre [キロリートゥル]

男:記号kℓ

キワノ（フルーツ）kiwano 男, 英 *kiwano*

きをつける 気をつける veiller [ヴェイエ], faire attention [フェール アタンスィヨン]〈faire 21〉/（見守る）surveiller [スュルヴェイエ]

きをぬく 気を抜く relâcher l'attention [ルラーシェ ラタンスィヨン]

きん[1] 金 or [オール] 男 /～の，～製の d'or [ドール], en or [アンノール] /～箔 feuille（または paillette）d'or [フーユ（パイエートゥ）ドール] /～張り plaqué,*e* d'or [プラケ ドール] /～粉 poudre d'or [プードゥル ドール] /～メッキ dorure [ドリュール] 女 /～モール galon [ガロン] 男 /純～ or massif [オール マスィーフ]
→ こがねいろ

きん[2] 菌 （きのこ菌）champignon [シャンピニョン] 男 /（細菌, バクテリア）microbe [ミクローブ] 男, bactérie [バクテリ] 女 /嫌気性細～ bactérie anaérobie [バクテリ アナエロビ] /好気性細～ bactérie aérobie [バクテリ アエロビ] /（雑菌, 病原菌）germe [ジェールム] 男
→ ウィルス, こうぼ, だいちょう, ぶどうじょうきゅうきん

ぎん 銀 argent [アルジャン] 男 /～色の，～メッキした argenté,*e* [アルジャンテ] /～器 argenterie [アルジャントゥリ] 女 /～製の en argent [アンナルジャン], d'argent [ダルジャン] /～細工品（業）orfèvrerie [オルフェーヴルリ] 女 /～箔 feuille 女 d'argent [フーユ ダルジャン] /純～ argent massif [アルジャン マスィーフ]
→ シルバー

きんいつ 均一（の）régulier [レギュリエ] 男に, *régulière* [レギュリエール] 女に /～に régulièrement [レギュリエールマン]

きんえん 禁煙 abstinence 女 de fumer [アプスティナーンス ドゥ フュメ] /（表示）Défense 女 de fumer [デファーンス ドゥ フュメ] /～する arrêter de fumer [アレテ ドゥ フュメ] /～車 voiture 女 non-fumeurs [ヴワテュール ノン フュムール]

きんかい 近海 zone 女 littorale [ゾーヌ リトラール] /～魚 poisson 男 côtier [プワソン コティエ]

きんがく 金額 somme [ソーム] 女 /（総額）montant [モンタン] 男

きんかん 金柑 kumquat または cumquat [コンクワートゥ] 男, 英 *kumquat*

きんがん 近眼 → きんし[2]

きんき → きちじ

きんきゅう 緊急 → きゅう[3]

きんきょり 近距離 petite distance 女 [プティートゥ ディスターンス]

キングサーモン → さけ[1]

きんこ 金庫 coffre (-fort) [コーフル (フォール)] 男

きんこう 近郊 → こうがい

ぎんこう 銀行 banque [バーンク] 女 /～の bancaire [バンケール]〈男女同形〉/～家風（à la）banquière [(アラ) バンキエール]
→ こうざ, よきん

ぎんざけ 銀鮭 → さけ[1]

きんし[1] 禁止 défense [デファーンス] 女 /～の défendu,*e* [デファンデュ] ‖（差止め）interdiction [アンテルディクスィヨン] 女 /～の interdit,*e* [アンテルディ, トゥ] ‖（法律的な）prohibition [プロイビスィヨン] 女 ‖（掲示）進入～ Sens 男 interdit [サンサンテルディ] /立入～ Entrée 女 interdite [アーントゥレ アンテルディートゥ], Accès 男 interdit [アクセ アンテルディ] /駐車～ Stationnement 男 interdit [スタスィヨーヌマン アンテルディ], Défense 女 de stationner [デファーンス ドゥ スタスィオネ] /通行～ Défense de circuler [デファーンス ドゥ スィルキュレ] /通り抜け～ Passage 男 interdit [パサージャンテルディ]
→ きんえん

きんし[2] 近視 myopie [ミヨピ] 女 /～の myope [ミヨープ]〈男女同形〉

きんしうり 金糸瓜 → うり

きんしたまご 金糸卵 → たまご

きんしつ 均質（な, の）homogène [オモジェーヌ]〈男女同形〉/～にする homogénéiser [オモジェネイゼ]

きんしゅ 禁酒 abstinence 女 d'alcool [アプスティナーンス ダルコール] /～する s'abstenir d'alcool [サプストゥニール ダルコール]〈abstenir 代動 47 59〉

きんじょ 近所 voisinage [ヴワズィナージュ] 男, proximité [プロクスィミテ] 女 /（付近）environs [アンヴィロン] 男複 /（周辺）alentours [アラントゥール] 男複 /～の人 voisin,*e* [ヴワ・ザン, ズィーヌ] 女 /～の voisin,*e* /…の～に à proximité de... [ア プロクスィミテ ドゥ],

きんせんか 金盞花（マリーゴールド） souci [スースィ], (英) *marigold*

きんぞく 金属 métal [メタール] 男, métaux [メト] 男複 / ～の métallique [メタリック] 〈男女同形〉

ぎんだら 銀鱈 → たら²

きんちゃく 巾着 aumônière [オモニエール] 女

きんときまめ 金時豆 †haricot 男 rouge [アリコ ルージュ]：料理では常に複数〈複〉～s〉, (英) *red kidney bean*

きんとん 金団 purée 女 de patate sucrée [ピュレ ドゥ パタートゥ スュクレ] / 栗～ purée de patate sucrée au marron [ピュレ ドゥ パタートゥ スュクレ オ マロン]

ぎんなん 銀杏 ginkgo [ジンコ] 男

きんにく 筋肉 muscle [ミュスクル] 男

きんぱく 金箔 → きん¹

ぎんぱく 銀箔 → ぎん

きんぷん 金粉 → きん¹

ぎんぽ 銀宝：魚 磯～ baveuse [バヴーズ] 女, blennie [ブレーニ] 女, (英) *blennie*

きんむ 勤務 service [セルヴィス] 男, travail [トゥラヴァーユ] 男 / ～先 lieu 男 de travail [リュー ドゥ トゥラヴァーユ] / ～する travailler [トゥラヴァイエ] / ～中である être au travail [エートゥル オ トゥラヴァーユ] 〈être②〉

きんめだい 金目鯛 → たい¹

きんようび 金曜日 vendredi [ヴァーンドゥルディ] 男 → 用法は「にちようび」

きんりょう¹ 禁猟 prohibition 女 de chasse [プロイビスィヨン ドゥ シャース] / ～区：表示 chasse 女 interdite [シャサン テルディートゥ]

きんりょう² 禁漁 prohibition 女 de pêche [プロイビスィヨン ドゥ ペーシュ] / ～区：表示 pêche 女 interdite [ペーシャン テルディートゥ]

きんれんか 金蓮花 → ナスターチウム

く

く¹ 九 → きゅう

く² 区（行政区）arrondissement [アロンディスマン] 男

ぐ 具（料理材料）ingrédients [アングレディヤン] 男複 / (サンドウィッチや汁の) garniture [ガルニテュール] 女

ぐあい 具合 état [エタ] 男 / 体の～がよい（悪い）se porter bien (mal) [スポルテ ビヤーン（マール）] 〈porter 代動59〉

グアヴァ (果実) goyave [ゴヤーヴ] 女, (英) *guava*

くいあわせ 食合せ prise 女 des aliments à éviter de manger à la fois [プリーズ デザリマン ア エヴィテ ドゥ マンジェ ア ラ フワー]

くいいじ 食意地 avidité [アヴィディテ] 女, gloutonnerie [グルートヌリ] 女, goinfrerie [グワンフルリ] 女

くいけ 食気 → しょくよく

くいしんぼう 食いしん坊 → しょくつう, たいしょくかん

くいつなぐ 食繋ぐ survivre [スュルヴィーヴル] 48

くいどうらく 食道楽 → しょくつう

くいな 水鶏 râle 男 d'eau [ラール ド], (英) *water rail, sibley*

くいにげする 食い逃げする filer sans régler ses consommations [フィレ サン レーグレ セ コンソマスィヨン]

くいはぐれる 食いはぐれる manquer un repas [マンケ アン ルパ]

くいもの 食い物 → たべもの

くう 食う → たべる

クーイニュ・アマン (菓子) kouign aman 男, couign [クーイニュ] 男, kouing aman [クーイン アマン] 男

クーヴェール → テーブル

クーヴェルチュール → チョコレート

くうき 空気 air [エール] 男 / (タイヤの) ～圧 pression 女 des pneus [プレスィヨン デプヌー] / ～入れ gonfleur [ゴンフルール] 男 / タイヤに～を入れる gonfler un pneu [ゴンフレ アン プヌー]

クーグロフ (ブリオシュ) couglof(f), kouglof 男, gouglof [グーグロフ] 男, gugelhupf [グーゲルホフ] 男, (英) *kougelhoph*

くうこう 空港 aéroport [アエロポール] 男

グージェール (シュー) gougère 女, (英) *salty puff*

くうしつ 空室 chambre 女 libre [シャンブル リーブル]

くうしゃ 空車 (タクシーの) taxi 男

グージョネット(料理) goujonnettes[グージョネットゥ]女複

グージョン(たいりくすなもぐり:魚) goujon男, 英 *gudgeon*

グーズ(ビール) gueuze女

ぐうすう 偶数 pair[ペール]男, nombre pair[ノンブル ペール]

グーズベリー(西洋すぐり) groseille女 à maquereau[グロゼーヤ マークロ], 英 *gooseberry*

くうせき 空席 → せき¹

くうちょう 空調 climatisation[クリマティザシィヨン]女/~機 climatiseur[クリマティズール]男

クープ¹(グラス、グラスに入れた料理やデザート) coupe女, 英 *goblet*

クープ²(パンの切込) coupe女

クーフィドゥー(煮込) coufidou男複 ~x

グーフェ、ジュール(料理人) Gouffé, Jules固男

くうふく 空腹 faim[ファン]男/~だ avoir faim[アヴワール ファン] ⟨avoir①⟩/(食事時まで待てないほどの) fringale[フランガール]女/(病的) boulimie[ブーリミ]女

クーポン → きっぷ

クーラー(冷房) climatiseur[クリマティズール]男/~をかける climatiser[クリマティーゼ]/~設備のある climatisé,e[クリマティーゼ]
→ ケーキ、シャンパン、ワイン

グーラーシュ(煮込) goulache男女

クーリ(ピュレ) coulis男⟨単複同形⟩, 英 *purée, sauce*/トマトの~ coulis de tomate[クーリ ドゥ トマートゥ], 英 *tomato purée*

クーリビヤーク(料理) coulibiac または koulibiac男

クール(かっこういい) super[スュペール]⟨不変⟩ ‖ (チーズ) cœur男

クールキノワーズ(料理) courquinoise[クールキヌワーズ]

クールジェット(ズッキーニ) courgette[クール ジェットゥ]女, 英 *zucchini, summer squash*/~の花 fleur女 de courgette[フルール ドゥ クールジェットゥ]

クール・ブイヨン(ゆで汁) court-bouillon男, 英 *court-bouillon*

クーローヌ → おうかん

クーロミエ(チーズ) coulommiers男

くえ 九絵:魚 mérou男 kuë[メルークエ]複~s~

グエール(ケーキ) gouère女

クェッチ(果実) quetsche女, 英 *damson, damask plum*

クエンさん クエン酸 acide男 citrique[アスィードゥ スィトゥリーク]

クォーター → カルティエ、よんぶんのいち

くがつ 九月 septembre[セプターンブル]男/~に en(または au mois de) septembre[アン(オ ム ワ ドゥ) セプターンブル]

くき 茎 tige[ティージュ]女/パセリの~ queue女 de persil[クー ドゥ ペルスィ] → えだ

くぐらせる 潜らせる (熱湯に) immerger[(イン) メルジェ]25/潜らせた immergé,e[(イン) メルジェ]

クグロフ → クーグロフ

くこ 拘杞 lyciet[リスィエ]男, 英 *boxthorn*/~の実 fruits男複 de lyciet[フリュイ ドゥ リスィエ]

くさ 草 herbes[エールブ]女複/(雑草) mauvaise(s) herbe(s)[モヴェーゼルブ]女(複)/(牧草) herbage[エルバージュ]男

くさい 臭い puant,e[ピュアン, トゥ], infect,e[アンフェクトゥ]/~なあ！ Ça pue.[サ ピュ], Ça sent mauvais.[ササンモヴェ]/臭み mauvaise odeur女[モヴェーゾドゥール], puanteur[ピュアントゥール]女
→ こげ

くさび 楔 coin[クワーン]男, cale[カール]女/~形の en forme de coin[アン フォールム ドゥ クワーン]

くさらせる 腐らせる corrompre[コローンプル]39 ⟨備考⟩, gâter[ガテ]

くさり 鎖 chaîne[シェーヌ]女

くさりやすい 腐りやすい périssable[ペリサーブル]⟨男女同形⟩

くさる 腐る pourrir[プーリール]4, se putréfier[ス ピュトゥレフィエ]代動59/腐った pourri,e[プーリ], putréfié,e[ピュトゥレフィエ] ‖ (劣化する) altérer[アルテレ]36/腐った altéré,e[アルテレ] ‖ (牛乳が) tourner[トゥールネ]/腐った tourné,e[トゥールネ]

くし¹ 串 (小) brochette[ブロシェットゥ]女/(大きな金串) broche[ブローシュ]女/ロースト~ broche à rôtir[ブロ

ーシャ ロティール]/(飾串, アトレ) hatelet, atelet [アートゥレ]男/(焼串, アトロ) attereau [アートゥロ]男(複 ~x)
→くしざし, くしやき

くし² 櫛 peigne [ペーニュ]男/~模様をつける peigner [ペニェ]/~模様をつけた peigné,e [ペニェ]

くしぎり 櫛切 quartier [カルティエ]男,〈英〉piece/~にする tailler en quartier [タイエ アン カルティエ]

くしざし 串刺 embrochement [アンブローシュマン]男/…を~にする mettre… à la broche (または brochette) [メートゥル ア ラ ブローシュ (ブロシェットゥ)]〈mettre ㉖〉, embrocher [アンブローシェ]/~にした embroché,e [アンブローシェ]

くしやき 串焼 (小串の) brochette [ブロシェットゥ]女, attereau [アートゥロ]男(複 ~x),〈英〉brochette, kebab/~にした, ~の à la brochette [ア ラ ブロシェットゥ]‖(大串でのロースト) rôtissage 男 à la broche [ロティサージャ ラ ブローシュ]

くじゃく 孔雀 paon [パン]男, (雌) paonne [パーヌ]女,〈英〉peacock

くしゃみ 嚔 éternuement [エテルニュマン]男/~をする éternuer [エテルニュエ]

くじょう 苦情 réclamation [レクラマスィヨン]女, plainte [プラーントゥ]女

グジョネット → グージョネット

くじら 鯨 baleine [バレーヌ]女,〈英〉whale

くず¹ 屑 déchets [デシェ]男複, détritus [デトリティユー(ス)]男複/(ぼろ) chiffon [シフォン]男/(野菜) épluchures [エプリュシュール]女複/(肉などの整形後の) parure [パリュール]女/(シット:生地の整形後の) chute [シュートゥ]女, rognure [ロニュール]女/~かご(紙くず用) corbeille 女 à papier [コルベーヤ パピエ]
→ごみ, はへん, パン

くず² 葛 puéraire [ピュエレール]男, kudzu [クズ]男/~粉 amidon de puéraire [アミドン ドゥ ピュエレール], amidon de kudzu [アミドン ドゥ クズ]/~餅 gelée 女 d'arrow-root au sirop de sucre roux [ジュレ ダロ ルートゥ オ スィロ ドゥ スュークル ルー]/~湯 bouillie 女 d'arrow-root [ブーイイ ダロ ルートゥ]

くずうこん arrow-root [アロ ルートゥ]男,

herbe 女 aux flèches [エルボ フレーシュ],〈英〉arrowroot

クスクス couscous [クースクース]男/~用調理鍋 couscoussier [クースクースィエ]男

ぐず(な) → のろま(な)

くすり 薬 médicament [メディカマン]男, remède [ルメードゥ]男/~屋 (店) pharmacie [ファルマスィ]女, (人) pharmacien,ne [ファルマスィ・ヤン, エーヌ]‖塗~ (軟膏) onguent [オンガン]男, pommade [ポマードゥ]女/(塗布薬) liniment [リニマン]男/(膏薬) emplâtre [アンプラートゥル]男‖飲~ médicament à avaler [メディカマン ア アヴァレ]/水~ breuvage [ブルヴァージュ]男, potion [ポスィヨン]女
→い, うがい, かぜ¹, げざい, げねつざい, げり, こうせいぶっしつ, じょうざい, ずつう, せいちょうざい, せき², ちんつうざい, どく, め¹

くすりゆび 薬指 → ゆび

くせ 癖 habitude [アビテュードゥ]女

くそ 糞 excrément [エクスクレーマン]男, selles [セール]女複, (俗語) merde [メールドゥ]女‖(罵倒) ~! Merde !, Mince ! [マーンス] :Merde より少し上

くだ 管 → かん⁴

くだく 砕く broyer [ブルワイエ] ⑲, briser [ブリゼ], fracasser [フラカセ]/砕いた broyé,e [ブルワイエ], brisé,e [ブリーゼ], fracassé,e [フラカセ]‖(細片にする) émietter [エミエテ], effriter [エフリテ]/砕いた émietté,e [エミエテ], effrité,e [エフリテ],〈英〉crumbled‖(顆粒状に) granuler [グラニュレ]/砕いた granulé,e [グラニュレ]‖(粉にする) piler [ピレ], pulvériser [ピュルヴェリゼ]/砕いた pilé,e [ピレ], pulvérisé,e [ピュルヴェリゼ]‖(粗く) concasser [コンカセ]/砕いた concassé,e [コンカセ],〈英〉crushed
→つぶす, ほぐす

くだける 砕ける se fricasser [ス フリカセ]〈代動 ㊾〉, se briser [ス ブリーゼ]〈代動 ㊾〉, s'écraser [セクラーゼ]〈代動 ㊾〉

ください …を~ Donnez-moi..., s'il vous plaît. [ドネ ムワ スィル ヴー プレ]

くだもの 果物 fruit [フリュイ]男,〈英〉fruit/~の fruitier [フリュイティエ]〈男に〉, fruitière [フリュイティエール]〈女に〉/~屋 (店) fruiterie [フリュイトゥリ]女,

くだり

(人) fruitier [フリュイティエ] 男, fruitière [フリュイティエール] 女
→ナイフ

くだり 下り descente [デサーントゥ] 女／列車 train 男 impair [トゥラーン アンペール]

くだる 下る →おりる,げり

くち 口 bouche [ブーシュ] 女／(動物の) gueule [グール] 女／(管などの) orifice [オリフィス] 男

ぐち→いしもち

くちあたり 口当り sensation 女 gustative [サンサスィヨン ギュスタティーヴ]／～のよい agréable au palais [アグレアーブロ パレ], savoureux,se [サヴールー, ズ]‖(ワインがやや甘口で) moelleux,se [ムワルー, ズ], さっぱりしての～のよい gouleyant,e [グーレヤン, トゥ]／～の悪い râpeux [ラプー]〈男に,単複同形〉, râpeuse [ラプーズ]〈女に〉

くちがね 口金 (絞袋の) douille [ドゥーユ] 女／絞袋に～をつける munir la douille à la poche [ミュニール ラ ドゥーユ ア ラ ポーシュ]〈munir ④〉‖(ワイン用瓶の) étain [エタン] 男‖(ワイン用瓶の) capsule [カプスュール] 女／(ワイン用瓶の)～を除く décacheter [デカシュテ] ⑤‖(ハンドバッグなどの) fermoir [フェルムワール] 男

絞袋用口金の種類

花弁形口金
　douille rose [ドゥーユ ローズ]
ギザ(星)口金
　douille cannelée [ドゥーユ カヌレ]
平口金
　douille plate [ドゥーユ プラートゥ]
丸口金　douille unie [ドゥーユ ユニ]

くちなおし 口直し rafraîchissement 男 (de bouche) [ラフレシスマン(ドゥ ブーシュ)], 英 *refreshments*‖～の冷菓(粒状) granité [グラニテ] 男／(シャーベット) sorbet [ソルベ] 男‖～のアルコール trou [トゥルー] 男 normand [ノルマン], 英 *glass of spirits*‖～をする enlever l'arrière-goût [アンルヴェ ラリエール グー]〈enlever ⑤〉, rafraîchir le goût [ラフレシィール グ] 〈rafraîchir ④〉

くちばし 嘴 bec [ベック] 男

くちび 口火 (ガス用) veilleuse [ヴェユーズ] 女

くちびる 唇 lèvre [レーヴル] 女／上(下)～ lèvre supérieure (inférieure) [レーヴル スュペリュール(アンフェリュール)]

くちべに 口紅 rouge 男 (à lèvres) [ルージュ(ア レーヴル)]

くちぼそ 口細→もつご

くつ 靴 chaussures [ショスュール] 女複, souliers [スーリエ] 男複‖紐～ derbies [デルビ] 男複／～べら chausse-pied [ショス ピエ] 男〈複 ～-*s*〉／～屋(店) magasin 男 de chaussures [マガザン ドゥ ショスュール], (人) chaussuer [ショスュール] 男, bottier [ボティエ] 男‖(製靴業) cordonnerie [コルドーヌリ] 女／～職人 cordonnier [コルドニエ] 男, cordonnière [コルドニエール] 女
→カッターシューズ,サンダル,スニーカー, ハイヒール,パンプス,ブーツ

クッキー→サブレ,ビスケット

クッキング ～スクール école 女 de cuisine [エコール ドゥ キュイズィーヌ]‖～シート(ペーパー) papier 男 sulfurisé [パピエ スュルフュリゼ], (papier) parchemin [(パピエ) パルシュマン] 男 →りょうり

ぐつぐつ →にこむ,にる²

くつした 靴下 →ストッキング,ソックス

クッション coussin [クーサン] 男

くっつく →つく¹

くっつける attacher [アタシェ]／くっついた attaché,e [アタシェ]‖(隣接させる) accoler [アコレ]／くっつけた accolé,e [アコレ]‖(1つにする) unir [ユニール] ④／くっつけた uni,e [ユニ] →こていする,せつごう,つける², はる³

くつろぐ 寛ぐ→リラックス

くどい→しつこい

くとうてん 句読点 signes 男複 de ponctuation [スィーニュ ドゥ ポンクテュアスィヨン]

くに 国 pays [ペーイ] 男〈単複同形〉‖(共同意識を持つ国民の集合体) nation [ナスィヨン] 女／～の national,e [ナスィヨナール], nationaux [ナスィヨノ]〈男複に〉‖(共通の法律を持つ独立共同体) État [エタ] 男／(祖国) patrie [パートゥリ] 女
→ちほう

クヌー(パイ) queneu 男〈複 ～*x*〉

クヌーデル (料理) knödel 男, 英 *knödel*

クネプフル (料理) Knepfle 男

クネル (料理) quenelle [クネール] 女,

(英) quenelle

クノール（食品メーカー） Knorr 固

くび 首 cou [クー] 男 / (複 ~s) / (瓶の) col [コール] 男
→ うなじ, かいこ, こうし¹, こひつじ, しか, ひつじ, ぶた

クベバ（果実） cubèbe [キュベーブ] 男, poivre 男 à queue [ブワーヴラ クー], (英) cubeb pepper, Java pepper

くぼみ 窪み creux [クルー] 男〈単複同形〉, cavité [カヴィテ] 女 / ~ あな

くま 隈（目の下の） cerne [セルヌ] 男

くみ 組 groupe [グループ] 女, bande [バンドゥ] 女 → セット², チーム, つい¹

ぐみ 茱萸（グミ科の赤い実） goumi 男 (du Japon) [グーミ(デュ ジャポン)], (英) gumi, cherry elaeagnus

くみあわせ 組合せ （構成） composition [コンポズィスィヨン] 女 / ~る composer [コンポゼ] 女 / ~た composé,e [コンポゼ] ‖ (配合, 取合せ) assortiment [アソルティマン] 男, (英) assortment / ~る assortir [アソルティール] 4 / …と~た assorti,e avec... [アソルティ アヴェーク], (英) assorted with... ‖ (結合) combinaison [コンビネゾン] 女 / ~る combiner [コンビネ] / ~た combiné,e [コンビネ] ‖ (連合) association [アソスィヤスィヨン] 女 / ~る associer [アソスィエ] / ~た associé,e [アソスィエ] ‖ (2つの取合せ) mariage [マリヤージュ] 男, (英) marriage → とりあわせ

くみたて 組立 montage [モンタージュ] 男, assemblage [アサンブラージュ] 男 / ~る monter [モンテ], assembler [アサンブレ]

クミン cumin [キュマン] 男, carvi [カルヴィ] 男 / ~シード graine 女 de cumin [グレーヌ ドゥ キュマン] → くろたねそう

くむ 汲む puiser [ピュイゼ]

くも 雲 nuage [ニュアージュ] 男

くもり 曇り temps 男 couvert [タンクーヴェール] / ~だ il fait nuageux [イル フェ ニュアジュー], il est couvert [イレ クーヴェール] ‖ (グラスなどの) ternissure [テルニスュール] 女 / ~のある terni,e [テルニ]

くら 倉・蔵 dépôt [デポ] 男, entrepôt [アーントゥルポ] 男, magasin [マガザン] 男 / (干し草用) grange [グランージュ] 女 → しゅこ

グラーヴ（ワイン） graves 男

グラーシュ → グーラーシュ

くらい¹ 暗い sombre [ソーンブル]〈男女同形〉, obscure [オプスキュール]〈男女同形〉/ (陰気な) triste [トゥリーストゥ]〈男女同形〉

くらい² …くらい （約） environ... [アンヴィロン], à peu près... [ア プー プレ] / 10~ dizaine [ディゼーヌ] 女 / 10個~のオリーヴ une dizaine d'olives [ユヌ ディゼーヌ ドリーヴ] ‖ (あたり, 頃) vers ... [ヴェール]

10くらい	dizaine [ディゼーヌ] 女
20くらい	vingtaine [ヴァンテーヌ] 女
30くらい	trentaine [トゥランテーヌ] 女
40くらい	quarantaine [カランテーヌ] 女
50くらい	cinquantaine [サンカンテーヌ] 女
60くらい	soixantaine [スワサンテーヌ] 女
70くらい	soixante-dizaine [スワサントゥ ディゼーヌ] 女
80くらい	quatre-vingtaine [カートゥル ヴァンテーヌ] 女
90くらい	quatre-vingt-dizaine [カートゥル ヴァン ディゼーヌ] 女
100くらい	centaine [サンテーヌ] 女
1000くらい	millier [ミリエ] 男

グラインダー → とぎき

クラクション klaxon [クラクソン] 男

クラクラン （クッキー） craquelin [クラクラン] 男

クラクレ（チーズ料理） claqueret [クラクレ] 男

くらげ 水母 méduse [メデューズ] 女, (英) jellyfish

くらしたにく 鞍下肉 → こひつじ, しか, ひつじ

クラシック（音楽） musique 女 classique [ミュズィーク クラスィーク] → こてん

グラス¹ verre [ヴェール] 男 / 脚付~ verre à pied [ヴェーラ ピエ] / カット~ cristal taillé [クリスタル タイエ] / ~類 verrerie [ヴェールリ] 女 → p.454囲み

グラス² （煮詰めた出汁） glace [グラース] 女, (英) (stock) glaze / ~・ド・ヴィアンド glace de viande [グラース ドゥ ヴィヤーンドゥ], (英) meat glaze / ~・ド・ヴォライユ glace de volaille [グラース ドゥ ヴォラーユ] / ~・ド・ポワソン glace

グラス³　454

グラスの種類
ウィスキーグラス
verre à whisky [ヴェーラ ウィスキ]
カクテルグラス
verre à cocktail [ヴェーラ コクテル]
カクテルロンググラス
verre à collins [ヴェーラ コリンズ]
サワーグラス
verre à sour [ヴェーラ サワ]
シェリーグラス
verre à xérès [ヴェーラ ケレス]
シャンパングラス　(浅い) coupe [クープ] 囡／(細長い) flûte [フリュートゥ] 囡
ブランデーグラス
verre à eau-de-vie [ヴェーラ オドゥ ヴィ]
リキュールグラス
verre à liqueur [ヴェーラ リクール]
ワイングラス
verre à vin [ヴェーラ ヴァン]
→コップ, ジョッキ

de poisson [グラース ドゥ プワソーン]／~・ド・ジビエ　glace de gibier [グラース ドゥ ジビエ]

グラス³ → アイスクリーム

グラス⁴ 　~ロワイヤル (糖衣) glace 囡 royale [グラース ルワヤール] → アイシング

クラステッドポルト (ポルト酒) 　英 crusted port

グラセ (焼色または艶をつけた, 冷やした, 砂糖漬にした) glacé,e [グラーセ], 英 glazed ／~する glacer [グラーセ] 32

グラタン　gratin 男, 英 gratin ／~にした料理　gratinée [グラティネ] 囡／~にする　(faire) gratiner [(フェール) グラティネ] ⟨faire 21⟩／~にした　gratiné,e [グラティネ]／~・ドフィノワ (じゃが芋) gratin 男 dauphinois [グラタン ドフィノワ], 英 gratin Dauphinois ／牡蠣 (ホッ) の~　gratin d'huître(s) [グラタン デュイートゥル], huîtres 囡複 gratinées [ユイートゥル グラティネ], gratinée 囡 d'huître (s) [グラティネ デュイートゥル], 英 oysters au gratin

クラッカー (塩味菓子) cracker [クラケール], petits biscuits 男複 salés [プティ ビスキュイ サレ], 英 cracker

クラッシュアイス glace 囡 pilée [グラース ピレ]

クラッチ (車の) embrayage [アンブレヤージュ] 男

グラッパ (ブランデー) grappa 囡, 伊 grappa 囡

グラティネする (グラタンにする) → グラタン

グラ・ドゥーブル (料理) gras-double 男 ⟨複 ~-~s⟩, 英 trip

グラトン (料理) grattons [グラトーン] 男複, gratterons [グラトゥロン] 男複, fritons [フリトーン] 男複, gratou [グラトゥー] 男, 英 pork scratchings

グラニ・スミス (りんご) granny smith [グラニ スミートゥ] 囡

グラニテ granité 男, 英 granita

グラニューとう グラニュー糖→さとう

グラハムこ グラハム粉 (全粒粉) farine 囡 complète [ファリーヌ コンプレートゥ], 英 graham flour

クラピヨ (パンケーキ) crâpiau 男 ⟨複 ~x⟩

クラブ¹ (親睦団体) club [クルーブ] 男 → ディスコ

クラブ² → かに

クラフーティ (パンケーキ) clafoutis 男 ⟨単複同形⟩

クラブサンドウィッチ → サンドウィッチ

クラフティ → クラフーティ

くらべる 比べる comparer [コンパレ] ／A を B と~　comparer A avec (または à) B [コンパレ アヴェーク (ア)]

クラボディーヌ(風)　en crapaudine [アン クラポディーヌ]

クラム ~チャウダー soupe 囡 aux clams [スープ クラーム], 英 clam chowder → はまぐり

グラム gramme [グラーム] 男／300~の肉 viande 囡 de 300 g [ヴィヤーンドゥ ドゥ トゥルワサン グラーム]／肉300~　300 g de viande [トゥルワ サン グラーム ドゥ ヴィヤーンドゥ]

クラリフィエする → すます²

クラルケ (デザート) clarequet 男

クラレット (ワイン) claret [クラレートゥ] 男, 英 claret

グラン・ヴヌール(風)　grand veneur [グラン ヴヌール] 男

グラン・カセ → シロップ

グラン・クリュ → クリュ

グランド・キュイジーヌ (高級料理) → こうきゅう

グランド・シャンパーニュ(コニャック) grande champagne 男 [グランドゥ シャンパーニュ]

グランド・ソース grande sauce 女 [グランドゥ ソース]

グラン・フィレ → シロップ

グラン・ブーレ → シロップ

グラン・プリ grand prix 男

クランベリー → つるこけもも

グラン・ペルレ → シロップ

グラン・ママン(風) → グラン・メール(風)

グラン・マルニエ(リキュール) Grand Marnier 固 / チェリーマルニエ Cherry Marnier [シェリマルニエ] 固男

グラン・メール(風) (おばあさん風;昔風家庭料理) (à la) grand-mère [(ア ラ) グラン メール], (à la) grand-maman [(アラ) グラン ママン]

グラン・リセ → シロップ

くり 栗 marron [マロン] 男, châtaigne [シャテーニュ] 女, 英 chestnut ‖ ～色 marron 男, (髪) chatain [シャタン] 男 /～色の marron〈男女同形〉, chatain,e [シャ・タン, テーヌ]

クリー → クーリ

クリーク (ビール) kriek 女 / (料理) crique 女

グリーストラップ(油脂除去装置) bac 男 à graisse [バカ グレース]

クリーナー (汚れ落し) détachant [デタ シャン] 男 / パン屑 → (卓上) ramasse-miettes [ラマス ミエトゥ] 男〈単複同形〉 → そうじき

クリーニング → せんたく¹, ドライクリーニング

クリーム crème [クレーム] 女, 英 cream / (アパレーユを濃くするため の) ～パウダー poudre 男 de crème [プードゥラ クレーム], poudre à flan [プードゥラ フラーン] / コンパウンド～ (混合クリーム) crème 女 combinée [クレーム コンビネ], 英 compound cream → アーモンド, クレーム², クレーム³, クレーム⁴, クレンジングクリーム, サワークリーム, ソーダ, タータクリーム, チーズ, なまクリーム, バター, ハンドクリーム, モイスチャークリーム

グリーン ～車 voiture 女 de la première classe [ヴワテュール ドゥラ プルミエール クラース] / ～バター beurre 男 vert [ブール ヴェール], 英 green butter

→ みどり

グリエ → グリル

グリオート → さくらんぼ

くりかえす 繰返す répéter [レペテ] 36 / (もう一度初めから) recommencer [ルコマンセ] 32

クリケット(クレープ) criquette [クリケートゥ] 女

クリスタリーヌ(料理) cristalline 女, 英 cystalline

クリスタル cristal 男〈複 cristaux [クリスト]〉/ ～グラス verre 男 en cristal [ヴェーラン クリスタル] / ～ガラス製品 cristaux [クリスト] / ～フルーツ fruit 男 candi [フリュイ カンディ], 英 cristal fruit

クリスピー(な) → カリッとした

クリスマス Noël [ノエル] 男, 英 Christmas / ～イヴ la veille de Noël [ラ ヴェーユ ドゥ ノエル] / ～カード carte 女 de Noël [カールトゥ ドゥ ノエル]: クリスマスカードは年賀状を兼ねることが多い / ～休暇 vacances 女複 de Noël [ヴァカーンス ドゥ ノエル] / ～ケーキ gâteau 男〈複 ～x〉de Noël [ガトゥ ドゥ ノエル] / (新形の) ～ケーキ bûche 女 de Noël [ビューシュ ドゥ ノエル], 英 Christmas cake / ～ツリー sapin

---

クリスマスカードの例

メリークリスマス
そして幸多き新年を
お祈りしています。

Je vous souhaite un joyeux Noël
et
une bonne année.

または

Je vous adresse tous mes vœux
de joyeux Noël
et
d'heureuse année.

メリークリスマス
新年おめでとう

Joyeux Noël
et
Bonne Année

クリスマム 男 de Noël [サパン ドゥ ノエル] /〜プレゼント cadeau 男 〈複 〜x〉 de Noël [カド ドゥ ノエル] /メリー〜 Joyeux Noël [ジュワユー ノエル]

クリスマム (香草) crithmum [クリトゥムー] 男, crithme [クリートゥム] 男, 英 *crithmum*

グリセリン glycérine [グリセリーヌ] 女, 英 *glycerin*

グリッシーニ (パン) 伊 grissini 男複

クリップ (紙用) trombone [トゥロンボーヌ] 男 / (髪用) pince 女 (à cheveux) [パンス (ア シュヴー)]

クリニック → びょういん

くりぬきき 刳貫器 → しんぬきき, スプン

くりぬく 刳貫く (トマトなどの中身を) évider [エヴィデ] / 刳貫いた évidé,e [エヴィデ] ‖ (除く) lever [ルヴェ] 5 / 刳貫いた levé,e [ルヴェ] ‖ (えぐり取る) creuser [クルーゼ] / 刳貫いた creusé,e [クルーゼ]

グリビーシュ (ソース) gribiche 女

クリビヤーク → クーリビヤーク

クリマ (ぶどう園) climat [クリーマ] 男

グリヤード → グリル

クリュ (ぶどう園) cru 男 / グラン・〜 grand cru / 〜・エクセプショネル cru exceptionnel [クリュ エクセプスィヨネール] / 〜・クラセ cru classé [クリュ クラセ] / 〜・ブルジョワ cru bourgeois [クリュ ブールジュワ]

グリュイエール (チーズ) gruyère 男

クリュスタセ → こうかくるい

クリュッグ (シャンパン) Krug 固男

クリュディテ (サラダ) crudités 女複, 英 *crudités*

グリヨート → さくらんぼ

グリラー gril [グリール] 男, grilloir [グリユワール] 男 / (上火だけの) salamandre [サラマーンドゥル] 女

グリル (料理) grillade [グリヤードゥ] 女, 英 *grill* / (アメリカ式) barbecue [バルブキュ] 男 *grill*, *barbecue* / 〜する griller [グリエ] / 〜した grillé,e [グリエ], 英 *grillade* / 〜したもの grillée [グリエ] 女 / 〜係 grillardin,e [グリヤル・ダン, ディーヌ] / 〜パン gril [グリール] 男 → あみ, レストラン

クリンパー (生地とじ) pince 女 à tarte [パンサ タールトゥ]

グリンピース petits pois [プティ プワー] 男複, 英 green peas

くる 来る venir [ヴニール] 47

クルヴェット (小海老) → えび

クルージング croisière [クルワズィエール] 女

クルーゼ → クロゼ

クルーテ → さす²

クルート (パンの殻) croûte [クルートゥ] 女

クルーピヨン (鶏の尾羽の付根肉) → にわとり

グルコース (ぶどう糖) glucose [グリュコーズ] 男 /〜シロップ sirop 男 de glucose [スィロ ドゥ グリュコーズ] → みずあめ

グルジア Géorgie [ジェオルジ] 固女 /〜人 Géorgien,ne [ジェオルジ・ヤン, エーヌ] /〜語 géorgien [ジェオルジヤン] /〜の géorgien,ne

くるしい 苦しい douloureux [ドゥールールー] 男に, 単複同形, douloureuse [ドゥールールーズ] 〈女に〉/ 苦しむ souffrir [スーフリール] 29

クルジェット → クールジェット

クルスタード (抜いたパンやパイ殻, それに詰めた料理) croustade [クルースタードゥ] 女, 英 *croustade*

クルスタディーヌ (小さなクルスタード) croustadine [クルースタディーヌ] 女, *small croustade*

クルスティヤン (カリッとした料理の名称) croustillant [クルースティヤン] 男, 英 *crisp*

グルタミン glutamine [グリュタミーヌ] 女 /〜酸ナトリウム glutamate 男 de sodium [グリュタマートゥ ドゥ ソディヨム]

グルテン gluten [グリュテン] 男, 英 *gluten*

クルトン (小さい揚げパン) croûton [クルートン] 男

グルナーシュ (ぶどう) grenache 男

グルナダン (仔牛肉の部位) grenadin 男

グルヌイユ (かえる) → かえる³

グルノーブル (都市) Grenoble 固 /〜の grenoblois,e [グルノブルワ, ーズ] 〈男には単複同形〉, (à la) grenobloise [(ア ラ) グルノブルワーズ]

くるぶし 踝 cheville [シュヴィーユ] 女

くるま 車 → じどうしゃ

くるまいす 車椅子 fauteuil rou-

くるまえび 車海老 → えび
くるまよい 車酔い → よう²
グルマン → しょくつう
くるみ 胡桃 noix [ヌワー] 女〈単複同形〉, 英 walnut /～割 casse-noix [カスヌワー] 〈単複同形〉, 英 half-shelled walnut /～の殻 écale [エカール] 女 /～油 huile 女 de noix [ユイールドゥノワ], 英 walnut oil /～入油 huile 女 noitée [ユイール ヌワーテ] /～大のバター noix de beurre [ヌワードゥブール] /～の殻を除く écaler [エカレ] /～の青い殻をむく cerner [セルネ] /～バター beurre 男 de noix [ブールドゥヌワー]

くるむ 包む → つつむ
グルメ → しょくつう
グレイヴィ → スプン, ブラウンレイヴィソース
グレー → はいいろ
グレービー → スプン, ブラウンレイヴィソース
クレープ crêpe 女, 英 pancake, crepe, crêpe /～シュゼット crêpes 女複 Suzette [クレープ スュゼットゥ], 英 crepes Suzette /～フランベ crêpe flambée [クレープ フランベ] /～屋 (店) crêperie [クレープリ], (人) crêpier [クレピエ], crêpière [クレピエール] 女 /～生地 pâte 女 (または appareil 男) à crêpes [パタ(アパレュ) クレープ]

グレープシードオイル huile 女 de pépins de raisin [ユイール ドゥ ペパン ドゥ レザン], 英 grape seed oil
グレープフルーツ pamplemousse [パンプルムース] 男, 英 grapefruit
クレーム¹ → くじょう
クレーム² (ポタージュ) /～・ド・リ crème 女 de riz [クレーム ドゥ リ], 英 cream of rice soup → ポタージュ
クレーム³ (リキュール) crème 女 /～・ド・カシス crème de cassis [クレーム ドゥ カスィス] /～・ド・ヴァニーユ crème de vanille [クレーム ドゥ ヴァニーユ] /～・マント crème de menthe [クレーム ドゥ マントゥ]
クレーム⁴ (デザート) crème 女, 英 cream dessert /～・カタラーヌ crème catalane /～・フリットゥ crème frite [クレーム フリトゥ] /～・ブリュレ crème brûlée, 英 crème brûlée /～・オ・ブール crème au beurre [クレモブール] /～・ダマンドゥ crème d'amandes [クレーム ダマーンドゥ]
→ アイスクリーム, アングレーズ, カスタードクリーム, クリーム, サントノレ, シブスト, シャンティイ, フランジパーヌ, プリン, ムスリーヌ

クレール → かき¹
クレオル(風) (à la) créole [(ア ラ) クレオル]
クレジット crédit [クレーディ] 男 → カード¹
クレシ(風) (à la) Crécy [(ア ラ) クレースィ]
クレソニエール(風) (à la) cressonnière [(ア ラ) クレソニエール] 女
クレソン cresson [クレソーン] 男, 英 watercress
グレック (酢漬) grecque 女 /野菜の～ légumes 男複 à la grecque [レギューム アラグレック], 英 vegetables à la grecque → ギリシア
グレナディンシロップ grenadine [グルナディーヌ] 女, 英 grenadine (syrup)
クレピ (ワイン) crépy [クレピー] 男
クレピーヌ → あみあぶら
クレピネット → あみあぶら
クレベール (ガイドブック) Kléber 固男
クレマン (ワイン) crémant [クレマーン] 男
クレマンティーヌ → みかん
クレムー (クリーム状に作ったもの) crémeux 男〈単複同形〉
クレム・ド・タルトル → タータクリーム
クレメ・ダンジェ (デザート) crémet 男 d'Angers
クレメ・ナンテ (デザート) crémet 男 nantais
クレヨン (crayon 男 de) pastel [(クレヨン ドゥ) パステール] 男
くれる (与える) donner [ドネ] /…して～ avoir la bonté de... [アヴワール ラ ボンテ ドゥ] (avoir ①)
クレルモン(風) Clermont [クレールモン]
クレルモン・フェラン (都市) Clermont-Ferrant 固 /～の clermontois,e [クレールモントゥワ, -ズ] 〈関には単複同形〉 /～風 (à la) clermontoise [(ア ラ) クレールモントゥワーズ]
クレレ (ワイン) clairet [クレーレ] 男
クレンザー détergent [デテルジャン] 男,

クレンジングクリーム　458

poudre 女 à récurer [プードゥラ レキュレ]
クレンジングクリーム(ローション)　crème 女（または lotion 女）démaquillante [クレーム (ロスィヨン) デマキヤントゥ]
クロ（ぶどう畑）clos 男
くろ　黒 noir [ヌワール] 男/～い noir,e [ヌワール]
くろいちご（黒苺，ブラックベリー）mûre [ミュール] 女, mûron [ミュロン] 男, ronce [ロンス] 女, 英 blackberry
くろう　苦労 → しんぱい,てすう,どりょく
くろうと　玄人 → せんもん
クローヴ → ちょうじ
クローヴ・シュガー　sucre 男 de girofle [スュークル ドゥ ジロフル]
クローク　vestiaire [ヴェスティエール] 男
クロージュ → カバー
クローズ・エルミタージュ（ワイン）crozes-hermitage
クローゼット　placard [プラカール] 男
クローネンブルグ（ビール）kronenbourg [クロナンブール] 女
クローバー　trèfle [トゥレーフル] 男, 英 clover
クロカン（クッキー）croquant [クロカーン] 男 → カリッとした
クロカンブーシュ（ケーキ）croquembouche, 英 pyramid of cream filled choux pastry balls
クロキニョール（菓子）croquignole 女
クロク・マダム（サンドウィッチ）croque-madame 男, 英 toasted cheese sandwich with ham and white sauce
クロク・ムシュウ（サンドウィッチ）croque-monsieur [クローク ムスュー] 男, 英 toasted cheese sandwich with ham
クロケット（コロッケ）croquette [クロケートゥ] 女, 英 croquette
くろげわしゅ　黒毛和種 bœuf 男 japonais à poil noir [ブーフ ジャポネ ア プワール ヌワール], 英 Kuroge breed
くろこげ　黒焦げ → こげ
クロコ・セル（塩だけを調味料として食べる）（à la）croque au sel [(アラ)クローコ セール], 英 with sprinkling of salt
クロス → テーブル
くろすぐり　黒酸塊 → カシス
くろずむ　黒ずむ（se）noircir [(ス) ヌワルスィール] 4/黒ずんだ noirâtre [ヌワラートゥル]〈男女同形〉
クロゼ（料理）crozets [クロゼ] 男複, crousets [クルーゼ] 男複/サン・クリストフの～　crozets de Saint-Christophe [クローゼ ドゥ サン クリストフ]
グロゼイユ（ふさすぐり，赤すぐり）groseille 女, 英 red currant/～ワイン vin 男 de groseilles [ヴァン ドゥ グロゼーユ]/～・ノワール（カシス，くろすぐり，くろふさすぐり）groseille noire [グロゼーユ ヌワール], cassis [カスィース] 男〈単複同形〉, 英 black currant
グロ・セミヨン（ぶどう）gros sémillon 男
グロ・セル → しお¹
くろだい　黒鯛 → たい¹
くろだいず　黒大豆 → だいず
くろたねそう　黒種草(黒クミン) nigelle [ニジェール] 女, poivrette [プワヴレートゥ], toute-épice [トゥーテピス] 女〈複 ～s-～s〉, 英 nigella, black cumin
クロタン（チーズ）crottin [クロターン] 男/～・ド・シャヴィニョル crottin de chavignol [クロタン ドゥ シャヴィニョール]
クロック・マダム → クロク・マダム
クロック・ムッシュ → クロク・ムシュウ
グロッグ（飲物）grog 男
クロッシュ → カバー
クロテッドクリーム　crème 女 en grumeaux [クレーマン グリュモ], 英 clotted cream
クロ・ド・ヴージョ（ワイン）clos 男 de vougeot [クロー ドゥ ヴージョ]
くろバターソース　黒バターソース → バター
くろぱん　黒パン → パン
クロビール　黒ビール → ビール
グロ・ブーレ → シロップ
くろふさすぐり　黒房酸塊 → カシス,グロゼイユ
グロ・ブラン → エスカルゴ
くろまぐろ　黒鮪 → まぐろ
くろまめ　黒豆 soja 男 noir [ソジャ ヌワール], 英 black soy beans
グロ・マンサン（ぶどう）gros manseng 男
くろみつ　黒蜜 mélasse [メラース] 女
クロム　chrome [クローム] 男/～メッキした chromé,e [クロメ]
クロメスキ（料理）cromesqui 男

くろらっぱたけ 黒らっぱ茸 trompette [トゥロンペートゥ] 囡 de la mort [ドゥ ラ モール], trompette-des-morts [トゥロンペートゥデモール] 囡, craterelle [クラトゥレール] 囡, (英) *black trumpet*

グロリア (コーヒー) gloria 男

クロレラ (植物) chlorelle [クロレール] 囡, (英) *chlorella*

グロロ (ぶどう) grolleau または groslot [グローロ] 男

クロロフィル → ようりょくそ

クロワサーン croissant [クルワサーン] 男, (英) *croissant* / ～生地 pâte 囡 à croissants [パタ クルワサーン] / チョコレート～ pain 男 au chocolat [パン オ ショコラ] → ローラー

クロワッサン → クロワサン

くわ 桑 (実) mûre [ミュール] 囡, (英) *mulberry*

クワーヌ (豚の皮) → かわ¹

くわい 慈姑 sagittaire [サジテール] 男, (英) *arrowhead* / ～の根 racine de sagittaire [ラスィーヌ ドゥ サジテール]

くわえる 加える ajouter [アジュテ] / 加えた ajouté,*e* [アジュテ] ‖ (混入, 合体させる) incorporer [アンコルポレ] / 加えた incorporé,*e* [アンコルポレ] ‖ (入れる) mettre [メートゥル] 26 / 加えた mis,*e* [ミ, ーズ] 〈肯には単複同形〉/ (ソースの仕上げにバターを) ～ monter au beurre [モンテ オ ブール] → ふうみ

くわしい 詳しい détaillé,*e* [デタイエ] / (詳しく) en détail [アン デタ ーユ] / (…を熟知している) s'y connaître en... [スィ コネートゥル アン] 〈connaître 代動 12/59〉

くわずぎらい 食わず嫌い → たべずぎらい

くわわる 加わる → さんか²

くん …君:…君,…さん,…様を区別する特別な敬称は,フランス語にはない → さま

くんえき 燻液 arôme (または arome) 男 fumé [アローム フュメ]

くんしょう 勲章 décoration [デコラスィヨン] 囡, médaille [メダーユ] 囡

くんじょう 燻蒸 fumage [フュマージュ] 男 / ～室 fumoir [フュムワール] 男

くんせい 燻製 (製品) fumé [フュメ] 男 ‖ ～にする fumer [フュメ], boucaner [ブーカネ], (にしんなどを) saurer [ソレ] / (30℃以下の冷燻) fumer à froid [フュメア フルワ] / (熱燻, 温燻) fumer à chaud [フュメア ショ] ‖ ～にした fumé,*e* [フュメ], boucané,*e* [ブーカネ], sauré,*e* [ソレ], (英) *smoked* ‖ ～装置 fumoir [フュムワール] 男 → スモーク

くんれん 訓練 → れんしゅう

け

け 毛 (動物のあるいは体毛) poil [プワール] 男 ‖ → かみ²

けあしがに 毛脚蟹 → かに

けい 計 → ごうけい, そうけい

ゲイ → ホモ

けいえい 経営 gestion [ジェスティヨン] 囡, administration [アドゥミニストゥラスィヨン] 囡, gérance [ジェランス] 囡 ‖ ～者 (オーナー) patron,*ne* [パトゥローン, ヌ] 男囡 / (経営責任者) administrateur [アドゥミニストゥラトゥール] 男, administratrice [アドゥミニストゥラトゥリース] 囡

けいかく 計画 → よてい

けいかん 警官 agent 男 (de police) [アジャン (ドゥ ポリース)], policier [ポリスィエ] 男, policière [ポリスィエール] 囡, (俗語) flic [フリーク] 男

けいけん 経験 expérience [エクスペリヤーンス] 囡 / ～年数 années d'expérience [アネ デクスペリヤーンス] / …の～がある avoir l'expérience de... [アヴワール レクスペリヤーンス ドゥ] 〈avoir ②〉

けいこう 傾向 tendance [タンダーンス] 囡

けいこうとう 蛍光灯 tube 男 fluorescent [テューブ フリュオレサーン]

けいこく 渓谷 vallée [ヴァレ] 囡

けいざい 経済 économie [エコノミ] 囡 / ～的な économique [エコノミーク] 〈男女同形〉 → がくぶ

けいさつ 警察 police [ポリース] 囡 / ～署 commissariat 男 de police [コミサリヤ ドゥ ポリース] → けいかん

けいさん 計算 calcul [カルキュール] 男, compte [コーントゥ] 男 ‖ ～する

けいしゃ 460

calculer [カルキュレ] / (数える) compter [コンテ]
けいしゃ 傾斜 pente [パーントゥ] 囡/〜のある penché,e [パンシェ]
げいじゅつ 芸術 art [アール] 男/〜的な artistique [アルティスティーク] 〈男女同形〉/〜的に artistiquement [アルティスティックマン] /〜家 artiste [アルティストゥ] 男
けいしょう¹ 軽症 maladie 囡 légère [マラディ レジェール]
けいしょう² 軽傷 blessure 囡 légère [ブレスュール レジェール]
けいしょく 軽食 repas 男 léger [ルパ レジェ], (英) light meal, snack / (サンドウィッチなどの冷製) casse-croûte [カス クルートゥ] 男/ (いつでも食べられるように用意した) en-cas または encas [アンカ] 男〈単複同形〉/ (内輪の軽い夕食) dînette [ディネトゥ] 囡/ (リヨンの) mâchon [マション] (間食) goûter [グーテ], collation [コラスィヨン] 囡/ (セイヴォリ:デザート後の) canapé 男 chaud [カナペ ショ], mets 男 non sucré [メノン スュクレ], (英) savoury → しょくどう,レストラン
けいたい 携帯(の) portable [ポルタブル] 〈男女同形〉/〜電話 (téléphone 男) portable [(テレフォーヌ) ポルタブル] 囡, (téléphone) mobile [(テレフォーヌ) モビル] / プリペイド〜電話 mobile à télécarte prépayée [モビーラ テレカールトゥ プレペイエ]
けいば 競馬 course 囡 de chevaux [クールス ドゥ シュヴォ] /〜場 hippodrome [イポドゥローム] 男, champ 男 de courses [シャン ドゥ クールス] /3勝連式〜 tiercé [ティエルセ] 男
けいばい 競売 → きょうばい
けいひ¹ 経費 frais [フレー] 男複/ (出費) dépense [デパーンス] 囡
けいひ² 桂皮 → シナモン
けいびいん 警備員 gardien,ne [ガルディ・ヤン,エーヌ]
げいひんかん 迎賓館 résidence 囡 d'accueil [レズィダンス ダクーユ], hôtel 男 de réception [オテール ドゥ レセプスィヨン]
けいほう 警報 alarme [アラルム] 囡
けいやく 契約 contrat [コーントゥラ] 男/〜解除 résiliation 囡 d'un contrat [レズィリヤスィヨン ダン コーントゥラ] /〜書 contrat [コーントゥラ] 男/〜破棄 annulation 囡 d'un contrat [アニュラスィヨン ダン コーントゥラ] /〜不履行 inexécution 囡 d'un contrat [イネグゼキュスィヨン ダン コーントゥラ] /労働 (雇用) 〜 contrat de travail [コーントゥラ ドゥ トゥラヴァーユ]
→ いはん,こうしん,ちんたい,むすぶ
けいゆ¹ …経由(で) via... [ヴィヤ], en passant par... [アン パサン パール]
けいゆ² 軽油 huile 囡 légère [ユイール レジェール]
けいようし 形容詞 adjectif [アヂェクティーフ] 男/指示〜 adjectif démonstratif [アヂェクティーフ デモンストゥラティーフ] /所有〜 adjectif possessif [アヂェクティーフ ポセスィーフ] /品質〜 adjectif qualificatif [アヂェクティーフ カリフィカティーフ] /不定〜 adjectif indéfini [アヂェクティーフ アンデフィニ] /〜句 locution 囡 adjective [ロキュスィヨン アヂェクティーヴ] /〜節 proposition 囡 adjective [プロポズィスィヨン アヂェクティーヴ]
けいり 経理 comptabilité [コンタビリテ] 囡/〜係 (人) comptable [コンターブル] 男囡
けいりょう 計量 (長さの) mesure [ムズュール] 囡/ (重さの) pesage [プザージュ] 男, pesée [プゼ] 囡 → カップ,スプン
けいれき 経歴 → がくれき,しょくれき,りれきしょ
けいれん 痙攣 spasme [スパースム] 男, crampe [クラーンプ] 囡/ (顔の) tic [ティック] 男
ゲヴュルツトラミネール (ワイン) gewürztraminer 男
ケーキ gâteau [ガト] 男〈複〜x〉, pâtisserie [パティスリ] 囡, (英) cake, pastry ǁ 〜型 moule [ムール] 男/ (セルクル) cercle 男 / (枠) cadre [カードゥル] 男 ǁ 〜クーラー grille 囡 à pâtisserie [グリーヤ パティスリ]
→ カッター,ガトー,クリスマス,ショートケーキ,チーズケーキ,デコレーション,パウンドケーキ,バターケーキ,プラム,フルーツ,ホット,ロールケーキ
ケーシング (ソーセージ用) boyau 男 artificiel [ブワーヨ アルティフィスィエール] 〈複 〜x 〜s〉, (英) casing
ケース (容器) caisse 囡, boîte [ブワートゥ] 囡/小さな〜 caissette [ケセトゥ]

ゥ] 女/（パイなどの）～入の en caisse [アンケース]

ケータラー traiteur [トゥレトゥール] 男, 英 caterer

ケータリング restauration 女 par déplacement [レスタウラスィヨン パル デプラスマン], 英 catering／～業者 traiteur [トゥレトゥール], 英 caterer

ゲート（空港などの）porte [ポールトゥ] 女

ケーパー câpre [カーブル] 女, 英 caper

ケーブルカー funiculaire [フュニキュレール] 男

ゲーム jeu [ジュ] 男〈複 ~x〉／テレビ～ jeu vidéo [ジュ ヴィデオ]

ゲーリックコーヒー → コーヒー

ケール（キャベツの原種）kale [カール] 男, 英 kale = chou frisé

けが 怪我 blessure [ブレスュール] 女／～人 blessé,e [ブレセ] 男 女／～をしている être blessé,e [エートゥル ブレセ]〈être ②〉／～する se blesser [ス ブレセ]〈代動 ㊾〉

げか 外科 chirurgie [シリュルジ] 女

けがに 毛蟹 → かに

けがわ 毛皮 fourrure [フーリュール] 女

げきじょう 劇場 théâtre [テアートゥル] 男

げこ 下戸:酒の飲めない人 buveur 男 d'eau [ビュヴール ド]

けさ 今朝 ce matin [スマタン]

げざい 下剤 purgatif [ピュルガティフ] 男, purge [ピュールジュ] 女

けし 芥子 pavot [パヴォ] 男, œillette [ウイエートゥ] 女, 英 poppy／～の実 graines 女 de pavot [グレーヌ ドゥ パヴォ], 英 poppy seeds／～油（ポピーオイル）huile 女 d'œillette [ユイル ドゥイエートゥ]

けしき 景色 → ながめ

けしゴム 消しゴム gomme [ゴーム] 女

げしゅく 下宿(屋) pension [パンスィヨン] 女／朝食付～ demi-pension [ドゥミ パンスィヨン] 女〈複 ~~s〉／3食付～ pension complète [パンスィヨン コンプレートゥ]／…に～する prendre pension chez...[プランドゥル パンスィヨン シェ]／～人 pensionnaire [パンスィヨネール] 男 女

げじゅん 下旬 fin [ファン] 女／9月～ fin septembre [ファン セプターンブル]

けしょう 化粧 maquillage [マキャージュ] 男／～する se maquiller [ス マキエ]〈代動 ㊾〉／～をしている(状態) être maquillé,e [エートゥル マキエ]〈être ②〉／～室 cabinet 男 de toilette [カビネ ドゥ トゥワレートゥ] ‖ ～水 lotion [ロスィヨン] 女／～台 table 女 de toilette [ターブル ドゥ トゥワレートゥ]／～品 produits 男 複 de beauté [プロデュイ ドゥ ボテ] → クレンジングクリーム

けす 消す（火を）éteindre [エタンドゥル] ⑭／（明り, ガスなどを）éteindre, fermer [フェルメ]／（音, 匂いなどを）effacer [エファセ] ㉜

げすい 下水 eaux 女 複 d'égout [オ デグー], 英 sewage／～道 égout [エグー] 男／～管 tuyau 男〈複 ~x〉 d'égout [テュイヨ デグー]

ゲスト → きゃく

けずりき 削器（チーズ用）racle 女 (à fromage) [ラークル (ア フロマージュ)], racloir [ラクルワール] 男

けずりぶし 削節 flocon 男 de bonite séchée [フロコーン ドゥ ボニートゥ セシェ]

けずる 削る（掻取る, こそげる）racler [ラークレ]／（かんなで）raboter [ラボテ]

けち(な) avare [アヴァール] 〈男女同形〉, (話言葉) radin,e [ラ・ダン, ディーヌ]

ケチャップ ketchup [ケチューブ] 男, 英 ketchup

けつあつ 血圧 tension 女 artérielle [タンスィヨン アルテリエール]／～を計る prendre la tension artérielle [プランドゥル ラ タンスィヨン アルテリエール]〈prendre ㊲〉／高～ hypertension [イペルタンスィヨン] 女／低～ hypotension [イポタンスィヨン] 女

けつい 欠員 vacance [ヴァカーンス] 女

けつえき 血液 sang [サン] 男／～型 groupe 男（または type 男）sanguin [グループ（ティープ）サンガン], 英 blood → けんさ

けっか 結果 résultat [レズュルタ] 男

けっかく 結核 tuberculose [テュベルキュローズ] 女

けっかん¹ 血管 veine [ヴェーヌ] 女

けっかん² 欠陥 → けってん

げっきゅう 月給 salaire 男 mensuel [サレール マンスュエール]

けっきゅうした 結球した pommé,e [ポメ]

けっきんする 欠勤する → やすむ

げっけいじゅ 月桂樹 → ローリエ

けっこう[1] 欠航(飛行機の) annulation 女 de vol [アニュラスィヨン ドゥ ヴォール]

けっこう[2] 結構 〜です (辞退) Non, merci. [ノン メルスィ], (それには及ばない) Ce n'est pas la peine. [スネパラペーヌ]

けっこん 結婚 mariage [マリヤージュ] 男, noces [ノース] 女複/〜している être marié,e [エートゥル マリエ] 〈être ②〉/〜する se marier [スマリエ] 代動59, épouser [エプーゼ] /〜式 cérémonie 女 de mariage [セレモニ ドゥ マリヤージュ], noce [ノース] 女
→ えんかい, とどけ, ゆびわ

けっして 決して 〜…ない 〈ne とともに〉jamais [ジャメ]/火を消すのを〜忘れてはいけない Il ne faut jamais oublier d'éteindre le feu. [イルヌフォジャメ ウブリエ デターンドゥル ル フー]
→ ひてい[1]

けっしょう[1] 決勝 (epreuve 女) finale [(エプルーヴ) フィナール] 女/〜戦出場者 finaliste [フィナリーストゥ] 男

けっしょう[2] 結晶 (作用) cristallisation [クリスタリザスィヨン] 女/(結晶体) cristal [クリスタル] 男 複 cristaux [クリスト]〉/〜させる cristalliser [クリスタリゼ]/〜した cristallisé,e [クリスタリゼ] ‖ 糖液を〜化させる grainer [グレネ], grener [グルネ] ⑤, masser [マセ]/糖液を〜化させた grainé,e [グレネ], grené,e [グルネ], massé,e [マセ]/氷菓用〜防止剤 anticristallisant [アンティクリスタリザン] 男

けっせき[1] 欠席 absence [アプサーンス] 女/〜の absent,e [アプサン, トゥ]/〜する s'absenter [サプサンテ] 代動59
→ やすむ

けっせき[2] 結石 → じんぞう[1], にょう

けっちゃくざい 結着剤 (食品用) texturant [テクスチュラン] 男

けっちょう 結腸 (豚の) robe [ローブ] 女

けってん 欠点 défaut [デフォ] 男

けつにょう 血尿 pissement 男 de sang [ピースマン ドゥ サン]

ケッパー → ケーパー

ゲップ rot [ロ] 男/〜をする roter [ロテ]

けつまくえん 結膜炎 conjonctivite [コンジョンクティヴィートゥ] 女

げつまつ 月末(に) à la fin du mois [アラ ファンデュ ムワー]

げつようび 月曜日 lundi [ランディ] 男 → 用例は「にちようび」

けつろ 結露 buée [ビュエ] 女

げてもの 下手物 〜趣味 goût 男 kitsch [グー キーチュ] ‖ 〜料理 (変った) plat singulier [プラー サンギュリエ], (悪趣味の) plat kitsch [プラー キーチュ]

けぬき 毛抜 pince 女 à épiler [パンサ エピレ]

げねつざい 解熱剤 fébrifuge [フェブリフュージュ] 男

ケバブ → シシカバブ

けびょう 仮病 maladie 女 feinte [マラディ ファーントゥ], maladie simulée [マラディ スィミュレ]

げひん 下品 → ひん

ケフィール (酵母) kéfir, képhir 男

ケベック (カナダの州・都市) Québec 固 男/〜の québécois,e [ケベクワ, ーズ] 〈複には単複同形〉/〜風 (à la) québécoise [(アラ) ケベクワーズ]

けむり 煙 fumée [フュメ] 女/〜がたっている fumant,e [フュマン, トゥ]/〜がたつまで熱した油 huile 女 fumante [ユイル フュマーントゥ]

けやき 毛焼 〜する flamber [フランベ]/〜した flambé,e [フランベ]

ケラチン → かくしつ

ゲランド (塩の産地) Guérande [ゲラーンドゥ] 固

げり 下痢 colique [コリーク] 女, diarrhée [ディヤレ] 女/〜する avoir la diarrhée [アヴワール ラ ディヤレ] 〈avoir ①〉/〜止め antidiarrhéique [アンティディヤレイーク] 男

ゲリドン (サービス用小卓) guéridon 男

ゲル gel [ジェール] 男/〜化する gélifier [ジェリフィエ]/〜化した gélifié,e [ジェリフィエ]/〜化剤 gélifiant [ジェリフィヤン] 男/(商標) Vitpris [ヴィプリ] 男

ケルシー (地方) Quercy [ケルスィ] 固 男/〜の quercyssois,e [ケルスィスワ, ーズ] 〈複には単複同形〉/〜風 (à la) quercyssoise [(アラ) ケルスィスワーズ]

ケルト 〜の celtique [セールティーク]

〈男女同形〉, celte [セールトゥ]〈男女同形〉／～人 Celte 男女

ケレーズ→ シェリー

けれども→ しかし

けん¹ 券 → きっぷ

けん² 県 département [デパルトゥマン] 男, préfecture [プレフェクトゥール] 女／～庁 Hôtel 男 du département [オテール デュ デパルトゥマン]／～庁所在地 chef-lieu 男〈複 ~s-~x〉(de département) [シェフリュ (ドゥ デパルトゥマン)], préfecture [プレフェクトゥール] 女

げんいん 原因 cause [コーズ] 女／…が～で à cause de... [アコーズ ドゥ]

けんえき 検疫 quarantaine [カランテーヌ] 女／～所 lazaret [ラザレ] 男

げんえんバター 減塩バター → バター

けんか 喧嘩 (口論) dispute [ディスピュートゥ] 女／…と～する se disputer avec... [ス ディスピュテ アヴェック] 代動 59 ‖ (殴り合い) bagarre [バガール] 女／…と～する se bagarrer avec... [ス バガレ アヴェック] 代動 59

げんか 原価 prix 男 de revient [プリー ドゥ ルヴィヤン] 男

けんがく 見学 visite [ヴィズィートゥ] 女／…を～する visiter... [ヴィズィテ]／～者 visiteur [ヴィズィトゥール] 男, visiteuse [ヴィズィトゥーズ] 女

けんがん 検眼 → けんさ

げんかん 玄関 (ホール) vestibule [ヴェスティビュール] 男 → マット

げんき 元気 (気力) moral [モラール] 男／(活力) vitalité [ヴィタリテ] 女／～ですか Vous allez bien ? [ヴザレ ビヤーン] ―はい, ～です Oui, je vais bien. [ウイ ジュ ヴェ ビヤーン]／～? Ça va (bien) ? [サ ヴァ (ビヤーン)] ―うん, ～ Oui, ça va (bien). [ウイ サ ヴァ (ビヤーン)]

けんきゅう 研究 étude [エテュードゥ] 女, recherches [ルシェールシュ] 女複／…の～ étude de... [エテュードゥ ドゥ]／～する étudier [エテュディエ]

げんきん 現金 espèces [エスペース] 女複, liquide [リキードゥ] 男／～で支払う payer en espèces [ペイエ アンネスペース] 〈payer 31〉

げんけい 原形(動詞) → ふていし

けんこう 健康 santé [サンテ] 女／～状態 état 男 de santé [エタ ドゥ サンテ]／～な sain, *e* [サン, セーヌ]／～によい salubre [サリューブル]〈男女同形〉→ しょくひん, しんだん, ほけん

けんこうこつにく 肩甲骨肉 → ぶた

けんさ 検査 examen [エグザマーン] 男, contrôle [コントゥロール] 男／立入～ inspection 女 sur les lieux [アンスペクスィヨン スュール レ リュー]／手荷物～ contrôle 男 des bagages à main [コントゥロール デ バガージュ ア マン]／～する examiner [エグザミネ], contrôler [コントゥローレ]

エイズ検査 dépistage 男 du sida [デピスタージュ デュ スィダ]
血液検査 analyse de sang [アナリーズ ドゥ サン]
検便 analyse 女 de selles [アナリーズ ドゥ セール]
視力検査(検眼) optométrie [オプトメートゥリ] 女
身体検査 examen médical [エグザマーン メディカール]
尿検査(検尿) analyse d'urines [アナリーズ デュリーヌ]
レントゲン検査 examen radiographique [エグザマーン ラディヨグラフィーク]

げんざい 現在 présent [プレザーン] 男／(動詞の)～形 présent 男

けんさつ 検札 contrôle 男 des billets [コントゥロール デ ビエ]

げんさんちとうせいめいしょう 原産地統制名称 → ア・オ・セ

げんさんちめいしょうこくりついん 原産地名称国立院 I.N.A.O. [イナオ]: Institut 男 National des Appellations d'Origine [アンスティテュ ナスィヨナール デザペラスィヨン ドリジーヌ] の略

けんしゅう 研修 stage [スタージュ] 男／～する faire un stage [フェール アン スタージュ]〈faire 21〉／～先 point 男 de stage [プワーン ドゥ スタージュ]／～生 stagiaire [スタジエール] 男女 → みならい

けんしょう 減少 → へらす, へる

けんしん 検診 → けんさ

げんだい 現代 époque 女 contemporaine [エポーク コンタンポレーヌ]／～の contemporain, *e* [コンタンポラン, レーヌ]／～料理 cuisine 女 contemporaine [キュイズィーヌ コンタンポレーヌ]

けんたん 健啖 → しょくつう, たいしょく², たいしょくかん

ゲンチアナ 464

ゲンチアナ →ジャンシエーヌ
けんちく 建築 architecture [アルシテクテュール] 囡／～家 architecte [アルシテークトゥ] 男女
げんちゃり 原チャリ →バイク
けんにょう 検尿 →けんさ
ケンネあぶら ケンネ脂 panne [パーヌ] 囡, graisse 囡 de rognon [グレース ドゥ ロニョン], 英 fat
けんばいき 券売機 guichet 男 automatique [ギシェ オトマティーク]
けんべん 検便 →けんさ
けんま 研磨 →とぐ
げんまい 玄米 →こめ
げんみつ 厳密(な) strict,e [ストゥリークトゥ]／～に strictement [ストゥリークトゥマン]
けんりきん 権利金 (営業用) pas-de-porte [パドゥポールトゥ] 男
げんりょう 原料 matière 囡 première [マティエール プルミエール]

こ

こ[1] 粉 ～をふいた givré,e [ジーヴレ] →こな
こ[2] …個 →ひとつ
こ[3] 仔… →いのしし, うさぎ, うし, うま, しか, ねこ, ひつじ, ひな, ぶた, やぎ
こ[4] 子…, 小… petit,e... [プティ, ートゥ]
ご[1] 五 cinq [サーンク] 男〈単複同形〉／(5つの) cinq [サーンク (子音または有音のhの前ではサン)]〈不変〉 →ばい[1], ばん[1], ぶんのいち
ご[2] 語 →ことば, たんご[1]
ご[3] …後(今から…後) dans... [ダン]／1年～ dans un an [ダン ザンナン] ‖ (…以後に) après... [アプレ]／食～ après le repas [アプレルルパ] ‖ (過去または未来の時点を基準にして) «時間の表現+après [アプレ]»／1年～ un an après [アンナン アプレ]　→いらい[1]
コアントロー →コワントロ
こい[1] 濃い (濃度) consistant,e [コンスィスタン, トゥ], épais,se [エペ・ース]／(色) foncé,e [フォンセ]〈色を表す形容詞の後に置くとその形容詞とともに不変〉／～青のスカート jupe 囡 bleu foncé [ジュープ ブルー フォンセ] ‖ corsé,e [コールセ] ‖ (味) fort,e [フォール, トゥ], relevé,e [ルルヴェ] ‖ (密度) dense [ダーンス]〈男女同形〉, serré,e [セレ]／～コーヒー café 男 serré [カフェ セレ] ‖ 濃くする (味を) relever [ルルヴェ] [5]／(濃度を) épaissir [エペスィール] [4]
こい[2] 鯉 carpe [カールプ] 囡, 英 carp ／小～ carpillon [カルピヨン] 男／若～ carpeau [カルポ] 男〈複 ～x〉／鏡～ carpe miroir [カールプ ミルワール], 英 mirror carp ／～の洗い émincé 男 de filet de carpe rincé à l'eau glacée [エマンセ ドゥ フィレ ドゥ カルプ ランセ ア ロ グラーセ]
コイン ～ランドリー laverie 囡 (automatique) [ラーヴリ (オトマティーク)] →こぜに, ロッカー
こう[1] 甲 (いか) os 男〈単複同形〉 de seiche [オース ドゥ セーシュ]／(手) dos 男〈単複同形〉 de la main [ド ドゥ ラ マン]／(亀, 蟹) carapace [カラパース] 囡
ごう …号 numéro... [ニュメロ] 男／第5～ numéro cinq [ニュメロ サーンク]
こうい 行為 acte [アークトゥ] 男, action [アクスィヨン] 囡
こういう tel,le [テール], pareil,le [パレーユ]／～ふうに comme ça [コム サ], ainsi [アンスィ]
こういか 甲烏賊 →いか[1]
こういしつ 更衣室 vestiaire [ヴェスティエール] 男
こうえん[1] 公園 parc [パールク] 男, jardin 男 (public) [ジャルダン (ピュブリーク)]
こうえん[2] 後援 patronage [パトゥロナージュ] 男／…～の patronné,e par... [パトゥロネ パール]／～者 patron,ne [パトゥローン, ヌ]
こうおん 高温 †haute température [オートゥ タンペラテュール] 囡／超～ température surélevée [タンペラテュール スュルレヴェ]
こうか 効果 effet [エフェ] 男, efficacité [エフィカスィテ] 囡／～的な efficace [エフィカース]〈男女同形〉／～的に efficacement [エフィカスマン]
ごうか 豪華(な) luxueux [リュクスュウー] 男に, 単複同形], luxueuse [リュクスュウーズ] 囡に], splendide [スプランディードゥ]〈男女同形〉／～に luxueusement [リ

ュクスュウーズマン], splendidement[スプランディードゥマン]

こうがい 郊外 banlieue[バンリュー]女 → でんしゃ

ごうかくする 合格する （試験に）réussir (à un concours)[レュスィール(アアンコンクール)]④

こうかくるい 甲殻類 crustacés[クリュスタセ]男複

こうかん 交換 échange[エシャンジュ]男／〜部品 pièce 女 de rechange[ピエースドゥルシャンジュ]／〜する échanger[エシャンジェ]㉕

こうがん 睾丸 testicule[テスティキュール]男，(俗語) couille[クーユ]女／(料理用語) animelle[アニメール]女，(英) animelle

こうきゅう 高級（な）de première qualité[ドゥプルミエールカリテ]／〜料理 †haute cuisine[オートゥキュイズィーヌ]女, grande cuisine[グランドゥキュイズィーヌ]／〜ワイン grand vin[グラーンヴァン]男

こうぎょう 工業 industrie[アンデュストゥリ]女／〜の, 〜的な industriel,le[アンデュストゥリエル]／〜的に industriellement[アンデュストゥリエールマン]／食品〜 industrie alimentaire[アンデュストゥリアリマンテール]

こうぎょく 紅玉 → りんご

こうくう 航空 aviation[アヴィヤスィヨン]女／〜会社 compagnie 女 aérienne[コンパニ アエリエーヌ]／〜便 poste 女 aérienne[ポスタエリエーヌ]／(封筒などの表示) par avion[パラヴィヨン]
→ うんちん, きっぷ

ごうけい 合計 total[トータル]男／(総額) somme[ソーム]女

こうけつあつ 高血圧 → けつあつ

こうげんさい 公現祭 Épiphanie[エピファニ]女, jour 男 des Rois[ジュールデルワ]

こうご 交互 〜の alternatif[アルテルナティーフ],alternative[アルテルナティーヴ]〈女に〉／〜に alternativement[アルテルナティヴマン]／〜にする alterner[アルテルネ]／〜にした alterné,e[アルテルネ]

こうこう 高校 lycée[リセ]男／商業〜 lycée commercial[リセコメルスィヤール]／工業〜 lycée technique[リセテクニーク]／ホテル科〜 lycée hôtelier[リセオトゥリエ], lycée d'hôtellerie[リセドテルリ]／〜生 lycéen,ne[リセ・アン, エーヌ]男女

こうこく 広告 → せんでん

こうさ 交差・交叉 croisement[クルワーズマン]男／〜する se croiser[スクルワーゼ]代動⑤／〜した croisé,e[クルワーゼ]／〜させる croiser[クルワーゼ] ‖ 〜点 carrefour[カルフール]男, croisement[クルワーズマン]男

こうざ 口座 銀行〜 compte 男 bancaire[コーントゥバンケール]／郵便貯金〜 compte de caisse d'épargne[コーントゥドゥケスデパールニュ]／〜に入金する créditer le compte[クレディテルコーントゥ]／〜からおろす retirer l'argent du compte[ルティレラルジャンデュコーントゥ]

こうさい 香菜 → コリアンダー

こうさぎ 仔兎 → うさぎ

こうし[1] 仔牛 veau[ヴォ]男〈複 〜x〉, (英) veal／(乳飲み) veau de lait[ヴォドゥレ], (英) milk-fed calf／(赤身にするために草を食べさせた仔牛) broutard または broutart[ブルータール]
→ フォン, p.466[囲み]

こうし[2] 格子 (碁盤目) quadrillage[カドゥリヤージュ]男, carreau[カロ]男〈複 〜x〉／〜模様を付ける quadriller[カドゥリエ]／〜模様を付けた quadrillé,e[カドゥリエ] ‖ (市松模様) damier[ダミエ]男／〜の, 〜に en damier[アンダミエ]　→ ちどりごうし

こうじ 工事 travaux[トゥラーヴォ]男複

こうしき 公式（の）officiel,le[オフィスィエール]／〜に officiellement[オフィスィエールマン]

こうしつ 硬質（の）dur,e[デュール] → こむぎ

こうしゃく(ふじん)ふう[1] 公爵(夫人)風 (à la) duchesse[(アラ)デュシェス]

こうしゃく(ふじん)ふう[2] 侯爵(夫人)風 (à la) marquise[(アラ)マルキーズ]

こうしゅう 公衆 public [ピュブリーク]男／〜の public〈男に〉, publique[ピュブリーク]〈女に〉
→ でんわ, トイレ

こうしゅうぶどう 甲州ぶどう raisin 男 de Koshu[レザンドゥコシュ]

こうじょう 工場 usine[ユズィーヌ]女／(工房, 作業場) atelier[アトゥリエ]男／

こうしん

仔牛の部位
足 pied [ピエ]男, 英 trotter
頭 tête [テートゥ]女, 英 head
内腿肉, ノワ noix [ヌワー]女〈単複同形〉, 英 eye
肩ロース basse côte [バスコートゥ]女, 英 shoulder
下部腿肉 noix [ヌワー]女〈単複同形〉pâtissière [ヌワーパティスィエール]
カレ, 骨付半身分背肉 carré, 英 loin
首 collier [コリエ]男, collet [コレ]男, 英 scrag (end)
後半身 baron [バロン]男,
コート, コートレット, 肋骨(1本ずつに骨付で切分けた背肉) côte [コートゥ]女, côtelette [コトゥレートゥ]女, 英 chop
腰肉 côtes-filets [コートゥフィレ]女複, longe [ロンージュ]女, 英 fillet, loin
すね肉 jarret [ジャレ]男, 英 knuckle, shank
前部ばら肉 tendron [タンドゥローン]男, 英 plate of veal
腹部肉 flanchet [フランシェ]男, 英 flank
耳 oreille [オレーユ]女, 英 ear
腿肉 cuisseau [キュイーソ]男〈複〜x〉, 英 haunch
→ アキレスけん, い, きょうせんにく, した², しんぞう, じんぞう¹, ちょう¹, ちょうかんまく, のう¹, はい³, レバー

〜生産の industriel, le [アンデュストゥリエール]

こうしん 更新 renouvellement [ルヌーヴェルマン]男／滞在許可証の〜 renouvellement de carte de séjour [ルヌーヴェルマン ドゥ カールトゥ ドゥ セジュール]

こうしんりょう 香辛料 épice [エピス]女, 英 spice／〜を加える épicer [エピセ]32／〜をきかせる épicer, condimenter [コンディマンテ]／〜をきかせた épicé,e [エピセ], condimenté,e [コンディマンテ], réhaussé,e [レオセ], 英 seasoned, spiced

こうすい¹ 香水 parfum [パルファン]男

こうすい² 硬水 eau 女 dure [オデュール]

こうすい³ 鉱水 → ミネラル

こうせい 構成 composition [コンポズィスィヨン]女／〜する composer [コンポゼ], former [フォルメ]

ごうせい¹ 合成(の) synthétique [サンテティーク]〈男女同形〉／〜ワイン vin 男 chimique [ヴァンシミーク] → せんい

ごうせい² 豪勢 → ごうか

こうせいぶっしつ 抗生物質 antibiotique [アンティビオティーク]男

こうそ 酵素 enzyme [アンズィーム]男または女

こうそう 香草 herbe [エールブ]女, aromates [アロマートゥ]男複, fines herbes [フィーヌゼルブ]女複, 英 herb／〜ソース sauce 女 aux (fines) herbes [ソーソ (フィーヌ) ゼルブ], 英 herb sauce

こうそく 高速 → どうろ

こうたいし(ひ)ふう 皇太子(妃)風 (à la) dauphine [(アラ) ドフィーヌ]

こうたく 光沢 → つや¹

こうちゃ 紅茶 thé 男 (noir) [テ (ヌワール)], 英 (black) tea → カップ

こうつう 交通 circulation [スィルキュラスィヨン]女, trafic [トゥラフィーク]男／〜機関 moyen 男 de transport [ムワヤン ドゥ トゥランスポール]／道〜法 code 男 de la route [コードゥ ドゥ ラルートゥ]／〜費 frais 男複 de transport [フレードゥ トゥランスポール]／〜取締 contrôle 男 préventif [コントゥロール プレヴァンティーフ] → いはん, じこ, じゅうたい²

こうていふう 皇帝風 (à l') impériale [アンペリヤール (ア ラ ンペリヤール)]

こうていえき 口蹄疫 fièvre 女 aphteuse [フィエーヴラフトゥーズ]

こうとうがっこう 高等学校 → こうこう

こうとうしもん 口頭試問 examen 男 oral [エグザマーン オラール]

こうないえん 口内炎 stomatite [ストマティートゥ]女

こうなご 小女子 → いかなご

こうにゅう 購入 achat [アシャ]男, acquisition [アキズィスィヨン]女 → かう

こうはい 交配:雑種形成 hybridation [イブリダスィヨン]女／〜させる hybrider [イブリーデ]／〜の hybride [イブリードゥ]〈男女同形〉

こうばしい 香ばしい(焼けた匂い) sentir la grillade [サンティール ラ グリヤードゥ]〈sentir 30〉

こうはんしん 後半身 → こうし, こひつじ

こうぶ 後back → デリエール [男], arrière [アリエール] [男]

こうぶつ 好物 régal [レガール] [男] 〈複 régaux〉, mets [男] favori [メファヴォリ] /キャビアは私の大〜です J'adore le caviar. [ジャドール ル カヴィヤール]

こうふん 興奮 → しげき

こうへい 公平(な) équitable [エキターブル] 〈男女同形〉‖ (平等) égal,e [エガール], égaux [エゴ] [男]複に〉

こうぼ 酵母(菌) (イースト) levure [ルヴュール] [女] /天然〜 levure naturelle [ルヴュール ナテュレル] /パン〜 levure de pain [ルヴュール ドゥ パン] /ワイン〜 levure de vin [ルヴュール ドゥ ヴァン] /ビール〜 levure de bière [ルヴュール ドゥ ビエール] /培養〜 levure cultivée [ルヴュール キュルティヴェ]

ごうほうてき 合法的(な) légal,e [レガール], légaux [レゴ] [男]複に〉

こうま 仔馬 → うま

こうみやさい 香味野菜 → ミルポワ

こうむいん 公務員 fonctionnaire [フォンクスィオネール] [男女同形]

こうもん 肛門 anus [アニュス] [男] 〈単複同形〉/〜科 proctologie [プロクトロジ] [女]

こうゆ 香油 huile [女] aromatisée [ユイラロマティゼ]

こうら 甲羅 → こう

こうり 小売 détail [デタユ] [男], vente [女] au détail [ヴァント デタユ] /〜店 magasin [男] de détail [マガザン ドゥ デタユ]

こうりつ 効率 efficacité [エフィカスィテ] [女] /〜的な efficace [エフィカース] 〈男女同形〉/〜的に efficacement [エフィカスマン]

こうりょう 香料 aromate [アロマトゥ] [男], (英) (ハーブなど) herb, (胡椒など) spice

こえだ 小枝 → えだ

こえび 小海老 → えび

コー (地方) (pays [男] de) Caux [(ペイ ドゥ) コ] 固[男] /〜の cauchois,e [コショワーズ] 〈男には単複同形〉/〜風 (à la) cauchoise [(ア ラ) コショワーズ]

コーカサス (ロシアの地方) Caucase [コーカズ] 固[男] /〜風 (à la) caucasienne [(ア ラ) コカズィエーヌ]

ゴーグ (ソーセージ) gogue [男]

ゴーグル lunettes [女]複] de protection [リュネットゥ ドゥ プロテクスィヨン]

コース (道路) itinéraire [イティネレール] [男], trajet [トゥラージェ] [男] / (課程) cours [クール] [男] 〈単複同形〉 / (ゴルフや競馬の) parcours [パルクール] [男]〈単複同形〉‖ (料理) menu [ムニュ] [男], (英) set menu /フル〜 menu de dégustation [ムニュ ドゥ デギュスタスィヨン], (英) full course dinner → ていしょく,ムニュ

コースター (コップ敷) dessous-de-verre [ドゥスードゥ ヴェール] [男] 〈単複同形〉

ゴーダ (チーズ) gouda [グーダ] [男], (英) Gouda cheese

コーディアル (リキュール) cordial [コルディヤール], (英) cordial

コーディネーター coordinateur [コオルディナトゥール] [男], coordinatrice [コオルディナトゥリス] [女]

コーティング (行為) enrobage [アンロバージュ] [男] /〜する enrober [アンロベ] /〜した enrobé,e [アンロベ] ‖ (糖衣がけ) glaçage [グラサージュ] [男] /〜する glacer [グラーセ] 32] /〜した glacé,e [グラーセ] ‖ 〜用チョコレート (chocolat [男] de) couverture [(ショコラ ドゥ) クーヴェルテュール] [女] /〜用フォンダン fondant [フォンダン] [男] /〜用マヨネーズ mayonnaise [女] collée [マヨネーズ コレ] → アイシング,グラセ,ナパージュ

コーデュロイ velours [男] côtelé [ヴルール コートゥレ]

コート (外套) manteau [マント] [男] 〈複 ～x〉‖ (ぶどう栽培丘陵) côte(s) [コトゥ] [女](複) → コック[1],せにく

コード (電気の) fil [フィール] [男] ‖ (記号) code [コードゥ] [男]

コート・ダジュール (地方) Côte d'Azur [コートゥ ダジュール] 固[女] /〜風 (à l') azuréenne [アジュレエーヌ (ア ラズュレエーヌ)]

コート・ドール (県) Côte-d'Or [コートゥ ドール] 固

コードレスフォン → でんわ

コートレット → こうし,こひつじ,ひつじ

コーヒー café [カフェ] [男], (英) coffee /〜サイフォン cafetière [女] à siphon [カフティエーラ スィフォン] /〜豆 grain [男] de café [グラーン ドゥ カフェ] /〜メーカー cafetière [カフティエール] [女] /〜セット

コーヒー

アイスコーヒー
café 男 glacé [カフェ グラーセ], mazagran [マザグラーン] 男, 英 iced coffee

アイリッシュコーヒー, ゲーリックコーヒー
café irlandais [カフェ イルランデ], 英 Irish coffee, Gaelic coffee

アメリカンコーヒー café allongé [カフェ アロンジェ]

インスタントコーヒー café instantané [カフェ アンスタンタネ]

ウィンナーコーヒー
café viennois [カフェ ヴィエヌワ], 英 coffee with whipped cream

ドリップコーヒー (café) filtre [(カフェ) フィールトゥル] 男

トルココーヒー café turc [カフェ テュールク]

ブラックコーヒー café noir [カフェ ヌワール], café nature [カフェ ナテュール]

→ エスプレッソ(コーヒー), カフェ・オ・レ

---

service 男 à café [セルヴィサ カフェ] → エセンス, カップ, ポット, ミル

ゴーフル (菓子) gaufre 女, 英 waffle /~生地 pâte 女 à gaufre [パタ ゴーフル]

ゴーフレット (菓子) gaufrette [ゴフレットゥ] 女, 英 wafer

ゴー・ミヨ → ゴ・ミヨ

コーラ coca [コカ] 男, 英 cola

こおらせる 凍らせる → れいとう

こおり 氷 glace [グラース] 女, 英 ice /(飲物などに入れる小塊) glaçon [グラソーン] 男, 英 ice cube /~彫刻作品 glace taillée [グラース タイエ], glace sculptée [グラース スキュルテ] /…を~詰にする conserver...dans la glace [コンセルヴェ ダン ラ グラース] /~水 eau 女 avec glaçons [オ アヴェーク グラソーン] /~の塊 glace vive [グラース ヴィーヴ]
→ クラッシュアイス, さとう, ちょうこく, づめ

こおる 凍る se congeler [ス コンジュレ] 代動 59, se prendre [ス プランドル] 代動 37 59 /凍った gelé,e [ジュレ], pris,e [プリ, ズ], 英 frozen → れいとう

コールてん コール天 → コーデュロイ

ゴールデン(・デリシャス) → りんご

コールラビ (野菜) chou-rave [シューラーヴ] 男 〈複 ~x~s〉, 英 kohlrabi

コーン クリーム~ポタージュ potage 男 crème de maïs [ポタージュ クレーム ドゥ マイース], 英 cream corn potage /~油 huile 女 de maïs [ユイル ドゥ マイース], 英 corn oil, maize oil /スイート~ maïs 男 doux [マイース ドゥー], 英 sweet corn /ベビー~, ヤング~ épi 男 de maïs [エピ ドゥ マイース], 英 young corn → ウィスキー, スターチ, とうもろこし, パン, フレーク

こがしバター 焦がしバター → バター

こがす 焦がす brûler [ブリューレ] /焦がした brûlé,e [ブリューレ] ‖ (鉄ごてで粉糖を) ferrer [フェレ] /焦がした ferré,e [フェレ]

こがた 小型(の) petit,e [プティ, ートゥ]

ごがつ 五月 mai [メ] 男 /~に en mai [アン メ]

ごかくけい 五角形 pentagone [パンタゴーヌ] 男 /~の pentagone 〈男女同形〉, pentagonal,e [パンタゴナール], pentagonaux [パンタゴノ] 〈男複に〉

こがねいろ 黄金色 blond [ブローン] 男, or [オール] 男 /~の blond,e [ブロン, ドゥ], doré,e [ドレ] → やきいろ

こがも 仔鴨, 小鴨 → かも¹

コキーユ → かいがら

コキーユ・サン・ジャーク → ほたてがい

コキール (貝殻形の皿) → かいがら

コキエット (パスタ) coquillettes [コキエットゥ] 女複, 英 pasta shells

ごきげん ご機嫌 ~いかがですか Comment allez-vous ? [コマンタレ ヴー] /~いかが Comment vas-tu ? [コマン ヴァ テュ], Comment ça va ? [コマン サ ヴァ]

こぎって 小切手 chèque [シェーク] 男 /~帳 chèquier [シェキエ] 男

ごきぶり blatte [ブラットゥ] 女, cafard [カファール] 男

コキヤージュ → かい³

こきゅう 呼吸 respiration [レスピラシヨン] 女 /~する respirer [レスピレ] /深

こきょう 故郷 → ちほう
こぎれい 小綺麗(な)(清潔) propret,te [プロプレ-トゥ]
こく(ソース、スープ、ワインの) ～のある corsé,e [コルセ], riche [リーシュ] 〈男女同形〉, 英 rich／～のない plat,e [プラ-トゥ]／～を付ける corser [コルセ]
こくさい 国際 ～的な international,e [アンテルナスィヨナール], internationaux [アンテルナスィヨノ]〈男複に〉／～線 ligne 女 internationale [リーニャンテルナスィヨナール] → せかい、でんわ
こくさん 国産(の…) ...de fabrication 女 nationale [ドゥ ファブリカスィヨン ナスィヨナール]／～品 produit 男 national [プロデュイ ナスィヨナール]
ごくじょう 極上(の) extra-fin,e [エクストゥラ フ.ァン.イーヌ], de première qualité [ドゥ プルミエール カリテ], surchoix [スュールシュワ]〈不変〉
こくじん 黒人 Noir,e [ヌワール] 男女
こくせき 国籍 nationalité [ナスィヨナリテ] 女
こくちます 小口鱒 → ます²
こくてつ 国鉄 フランス～ S.N.C.F. [エス エヌ セ エフ] 女: Société 女 nationale des chemins de fer français [ソスィエテ ナスィヨナール デ シュマン ドゥ フェール フランセ] の略
コクテル → カクテル
こくどう 国道 → どうろ
こくない 国内(の) intérieur,e [アンテリユール], domestique [ドメスティーク]〈男女同形〉／～線 ligne 女 intérieure [リニャンテリユール]
こくみん 国民 nation [ナスィヨン] 女／～の、～的な national,e [ナスィヨナール], nationaux [ナスィヨノ]〈男複に〉
こくもつ 穀物 céréale [セレアール] 女, grain [グラーン] 男, 英 cereal
コクリコ(花) coquelicot [コクリコ] → ひなげし
こくりつ 国立 national,e [ナスィヨナール], nationaux [ナスィヨノ]〈男複に〉／～公園 parc 男 national [パルク ナスィヨナール]／～大学 université 女 nationale [ユニヴェルスィテナスィヨナール]
こくるい 穀類 → こくもつ
ごくろうさま ご苦労様 Merci. [メルスィ]
こげ 焦げ brûlé [ブリュレ] 男／(焼きごてで付けた) ferrage [フェラージュ] 男／～る brûler [ブリュレ], 英 to brûlé [ブリュレ] 4／～付く attacher [アタシェ]／～付いた attaché,e [アタシェ]／鍋に～付いた旨味 suc [スューク] 男／黒～の calciné,e [カルスィネ], carbonisé,e [カルボニゼ]／～臭い sentir le brûlé [サンティール ル ブリュレ]〈sentir 30〉／～のにおい roussi [ルースィ] 男／～臭いぞ！ Ça sent le brûlé. [サ サン ル ブリューレ]

こけい 固形 → こたい
こげちゃ 焦茶 brun 男(または marron 男) foncé [ブラーン (マロン) フォンセ]／～の brun (または marron) foncé〈不変〉
こけもも → つるこけもも
ココ → ココナツ
ここ(へ、に) ici [イスィ]／～から d'ici [ディスィ]
ごご 午後 après-midi [アプレ ミディ] 男〈単複同形〉／～に dans l'après-midi [ダン ラプレ ミディ]／～4時に à quatre heures de l'après-midi [ア カトゥル-ルド ゥ ラプレ ミディ]
ココア chocolat [ショコラ] 男, 英 chocolate／アイス～ cohocolat frappé [ショコラ フラーペ], chocolat glacé [ショコラ グラーセ], cacolac [カコラック], 英 iced cocoa／ウィンナー～ chocolat 男 viennois [ショコラ ヴィエヌワ], 英 Viennese chocolate／～パウダー cacao 男 en poudre [カカオ アン プードゥル], poudre 女 de cacao [プードゥル ドゥ カカオ]／ミルク～ chocolat au lait [ショコラ オ レ], 英 milk cocoa／～入の cacaoté,e [カカオテ] → ポット
ココ・ヴァン(煮込) coq 男 au vin, 英 coq au vin
ごこうふん 五香粉 cinq-épices [サンケピス] 男〈単複同形〉, 英 five spices
ここちよい 心地よい(甘美な) suave [スュアーヴ]〈男女同形〉
ココット(小陶器型) ramequin [ラムカン] 男／(両手鍋) cocotte [ココートゥ] 女／…の～煮 ... en cocotte [アン ココートゥ] → なべ、ポム
ココナツ(noix 女 de) coco 男 [(ヌワ ドゥ) ココ], 英 coconut／～バター beurre 男 de coco [ブール ドゥ ココ]／～

ミルク lait [男] de coco [レドゥ ココ], (英) *coconut milk*
こごみ (山菜) pousse [女] de fougère [プース ドゥ フージェール], (英) *fern shoot*
こころづけ 心づけ → チップ
こさ 濃さ (味) intensité [アンタンスィテ] [女] / ~のど
こざかな 小魚 petit poisson [男] [プティ プワソーン], poissonnaille [プワソナーユ] [女] / (白い雑魚) blanchaille [ブランシャーユ] [女], nonnat [ノナ] [男] / (白い川魚) blanc [ブラーン] [男] / (集合的) fretin [フルターン] [男]
ごさん 午餐 → ちゅうしょく
こし[1] 腰 reins [ラン] [男][複], lombes [ローンブ] [男][複] / (腰部) ˈhanches [アーンシュ] [女][複] → いたい, うし, こうし[1]
こし[2] (弾力性) corps [コール] [男] / (生地が) ~のある corsé,e [コルセ] / (生地に) ~をつける corser [コルセ] / ~ (歯応え)がある ferme sous les dents [フェルム スー レ ダン], al dente [アル デンテ] / ~ (歯応え)がない être inconsistant,e [エートル アンコンスィスタン, トゥ] ⟨être⟩ / (火が入りすぎて) ~がない trop cuit,e [トゥロ キュイ, -トゥ]
こしき 漉器 passoire [パスワール] [女] / (シノワ) chinois [シヌワ] [男] ⟨単複同形⟩ / (シノワ・エタミーヌ) chinois étamine [シヌワ エタミーヌ] / (タミ) tamis [タミ] [男] ⟨単複同形⟩ / (ムーラン:野菜用) moulin [男] à légumes [ムーランナ レギューム] / 茶~ passoire à thé [パスワーラ テ], passe-thé [パステ] [男] ⟨単複同形⟩ → こしぬの
こしつ 個室 chambre [女] individuelle [シャーンブル アンディヴィデュエール], chambre privée [シャーンブル プリーヴェ] / (レストランの) salle [女] particulière [サール パルティキュリエール] / (列車の) (compartiment [男]) individuel [(コンパルティマン) アンディヴィデュエール] [男]
ごじつ 後日 un autre jour [男] [アンノートゥル ジュール]
こしぬの 漉布 étamine [エタミーヌ] [女] → こす[2]
こしぶくろ 漉袋 chausse [ショース] [女] / (コーヒー用布袋) chaussette [ショセトゥ] [女]
ごじゅう 五十 cinquante [サンカーントゥ] [男] ⟨単複同形⟩ / (50の) cinquante ⟨不変⟩ → ばい[1], ばん[1], ぶんのいち

ごしゅうしょうさま 御愁傷様 Toutes mes condoléances [トゥートゥル メ コンドレアーンス]
こしょう[1] 胡椒 poivre [プワーヴル] [男], (英) *pepper* / 粗挽~ mignonnette [ミニョネートゥ] [女], poivre concassé [プワーヴル コンカセ] / ~入れ poivrier [プワヴリエ] [男] / 粒~ poivre en grains [プワーヴラン グラーン] / 挽立の~ poivre du moulin [プワーヴル デュ ムーラン] / ~をする poivrer [プワーヴレ] / ~をした poivré,e [プワーヴレ], (英) *peppery* → ミル

胡椒の種類

グリーンペッパー poivre vert [プワーヴル ヴェール], (英) *green pepper*

黒胡椒, ブラックペッパー poivre noir [プワーヴル ヌワール], (英) *black pepper*

グレーペッパー poivre gris [プワーヴル グリ], (英) *grey pepper*

サラワクペッパー poivre de Sarawak [プワーヴル ドゥ サラワク], (英) *Sarawaku pepper*

白胡椒, ホワイトペッパー poivre [男] blanc [プワーヴル ブラーン], (英) *white pepper*

ネパールペッパー poivre du Népal [プワーヴル デュ ネパール]

ピンクペッパー poivre rose [プワーヴル ローズ], baie [女] rose [ベローズ], (英) *pink pepper*

こしょう[2] 故障 panne [パーヌ] [女] / ~する tomber en panne [トンベ アン パーヌ]
コション → ぶた
こじん 個人 (社会に対して) individu [アンディヴィデュ] [男] / ~の individuel,le [アンディヴィデュエール] ‖ (私人) particulier [パルティキュリエ] [男], particulière [パルティキュリエール] [女] / ~の particulier ⟨男に⟩, particulière ⟨女に⟩ ‖ ~授業 cours [男] particulier [クール パルティキュリエ]
こす[1] 越す・超す dépasser [デパセ]
こす[2] 漉す passer [パセ] / こした passé,e [パセ] / ~こと foulage [フーラージュ] [男] ‖ (シノワぜする:…をシノワで

こす) chinoiser... [シノワゼ] / passer... au chinois [パセ オ シノワ] / こした chinoisé,e [シノワゼ] ‖ (エタミネでこす:…を漉布でこす) étaminer... [エタミネ], passer...à l'étamine [パセ アレタミーヌ] / 漉した étaminé,e [エタミネ] ‖ (タミゼする:…を裏漉器でこす) tamiser [タミゼ], passer...au tamis [パセ オ タミ] / 裏漉した tamisé,e [タミゼ] ‖ (フィルターでこす) filtrer [フィールトゥレ] / こした filtré,e [フィールトゥレ]

こす³ 古酢 → す²

コスティエール・ド・ニーム(ワイン) costières-de-nîmes [コスティエール ドゥ ニーム] 男

コスト coût [クー] 男 / ～ダウン baisse 女 de coût de production [ベス ドゥ クー ドゥ プロデュクスィヨン] / ～パフォーマンス rapport qualité-prix [ラポール カリテ プリー] → ひよう

こすりつける 擦付ける → こする

こする 擦る frotter [フローテ] / こすった frotté,e [フローテ]

ゴセ(シャンパン)Gosset 固男

こせい 個性 personnalité [ペルソナリテ] 女, individualité [アンディヴィデュアリテ] 女, ～的な individuel,le [アンディヴィデュエール] ‖ (独自性) particularité [パルティキュラリテ] 女 / ～ある particulier [パルティキュリエール] 男に, particulière [パルティキュリエール] 女に

こせき 戸籍 état 男 civil [エタ スィヴィール]:法律上の身分. フランスは戸籍法ではなく出生法 / ～謄本(身分を表す記載)acte 男 d'état civil [アークトゥ デタ スィヴィール]

こぜに 小銭 monnaie [モネ] 女 / (コイン) pièce [ピエース] 女 / ～入れ porte-monnaie [ポールトゥ モネ] 男 〈単複同形〉

ごぜん 午前 matin [マタン] 男 / ～中 matinée [マティネ] 女 / ～中に dans la matinée [ダンラ マティネ]

そそげる → かく³

こたい 固体 solide [ソリードゥ] 男

こだい 古代 Antiquité [アンティキテ] 女 / ～の antique [アンティーク] 〈男女同形〉 → ギリシア, ローマ

こたえ 答え réponse [レポンス] 女 / ～る répondre [レポンドゥル] 39

こたまねぎ 小玉ねぎ → ペコロス

こち 鯒 platycéphale 男 indien [プラティセファール アンディヤン], 英 flathead

ごちそう ご馳走 (bonne) chère [(ボーヌ) シェール] 女, festin [フェスタン] 男, régal [レガール] 男 〈複 régaux [レゴ]〉, (話言葉) ripaille [リパーユ] 女 / (大いに飲む) (話言葉) bombe [ボンブ] 女 ‖ ～様 Merci, c'était bon. [メルスィ セテ ボン] → おごる, しょくじ, たべる, もてなす

ごちゃまぜ ごちゃ混ぜ méli-mélo [メリメロ] 男 〈複 ～s-～s〉

こちらへ par ici [パーリスィ]

こつ truc [トゥリューク] 男, secret [スクレ] 男

コック¹ (料理人) cuisinier [キュイズィニエ] 男, cuisinière [キュイズィニエール] 女 / 船の～ coq [コーク] 男 / (客船以外の船のコック長) maître-coq [メートゥル コック] 男 〈複 ～s-～s〉/ 軍隊の～ (話言葉) cuistot [キュイスト] 男, cuistancier [キュイスタンスィエ] 男 / 平の～ commis [コミ] 男 〈単複同形〉/ へぼ～ gâte-sauce [ガートゥ ソース] 男 〈単複同形〉/ 見習い～ apprenti,e [アプランティ] 男女, (俗語) marmiton [マルミトン] 男 / ～用の服 veste 女 de cuisine [ヴェーストゥ ドゥ キュイズィーヌ] / ～帽 toque [トーク] 女 → まかない, りょうりにん, p.472 囲み

コック²(蛇口)robinet [ロビネ] 男, prise [プリーズ] 女

コック³(ケーキ)coque [コーク] 女

コック・オ・ヴァン → ココ・ヴァン

こつずい 骨髄 moelle [ムワール] 女, 英 marrow / (料理用語) amourette [アムーレートゥ] 女

こっせつ 骨折 fracture [フラクテュール] 女 / ～する se fracturer [ス フラクテュレ] 代動 59

こった 凝った(工夫した)travaillé,e [トラヴァイエ] → かた¹

ごったに ごった煮 → サルミゴンディ

こづつみ 小包 colis [コリ] 男 〈単複同形〉/ 郵便～ colis postal [コリ ポスタール]

こってり (味が) gras,se [グラー, ス]

コットン → めん¹

コッパ(ハム)coppa [コパ] 女, 伊 coppa

こつぶ 小粒 petit grain 男 [プティ グラン], granule [グラニュール] 男

コップ(タンブラー)gobelet [ゴーブレ] 男, verre [ヴェール] 男 → グラス¹

厨房の係

シェフ (料理長)	chef 男 cuisinier [シェフ キュイズィニエ], chef de cuisine [シェフ ドゥ キュイズィーヌ] / (からかった表現) maître-queux [メートゥル クー] 男 〈複 ~s-~〉
スー・シェフ (副料理長)	sous-chef [スー シェフ] 男 〈複 ~s-~s〉
シェフ・ド・パルティ (セクションシェフ)	chef de partie [シェフ ドゥ パルティ]
アントルメティエ (スープ・野菜・卵料理係)	entremétier または entremettier [アーントゥルメティエ] 男, entremétière または entremettière [アントゥルメティエール] 女
ソシエ (ソース係)	saucier [ソスィエ] 男, saucière [ソスィエール] 女
ポワソニエ (魚係)	poissonnier [プワソニエ] 男, poissonnière [プワソニエール] 女
ブッチャー (肉処理係)	boucher [ブーシェ] 男, bouchère [ブーシェール] 女
ガルド・マンジェ (冷製料理係)	garde-manger [ガールドゥマンジェ] 男女 〈単複同形〉
パティシエ (デザート係)	pâtissier [パティスィエ] 男, pâtissière [パティスィエール] 女
レギュミエ (野菜係)	légumier [レギュミエ] 男, légumière [レギュミエール] 女
ロティスール (ロースト係)	rôtisseur [ロティスール] 男, rôtisseuse [ロティスーズ] 女

こて 鏝 → やきごて
ゴディヴォ → つめもの
こていする 固定する fixer [フィクセ] / 固定した fixé,e [フィクセ] → しばる
こてん 古典 classique [クラスィーク] 男 / ~の classique 〈男女同形〉, ancien,ne [アンスィヤン, エーヌ] / ~風 (à l') ancienne [アンスィエーヌ (アランスィエーヌ)] / ~料理 cuisine 女 classique [キュイズィーヌ クラスィーク]
コトー (ぶどう畑の丘の斜面) coteau 男 〈複 ~x〉/ (ワイン名) coteau(x)...[男]
ことこと → にこむ
ことし 今年 → こん[2]
ことなる 異なる différer [ディフェレ] 36 / 異なった différent,e [ディフェラン, トゥ]

ことに 殊に → とくに
ごとに …毎に → まい[2]
ことば 言葉 (言語) langue [ラーング] 女 / (言語活動) langage [ランガージュ] 男
こども 子供 enfant [アンファン] 男女, (俗語) gosse [ゴース] 男女
コトリヤード (料理) cotriade [コトゥリヤードゥ] 女
こな 粉 poudre [プードゥル] 女, (英) *powder* / ~っぽい farineux [ファリヌー] 〈男に, 単複同形〉, farineuse [ファリヌーズ] 〈女に〉/ ~状の… ...en poudre [アン プードゥル]
→ くだく, こむぎこ, さとう, ゼラチン, チーズ, ミルク
こなごなにする 粉々にする → くだく
コニャック cognac 男, (英) *cognac*, *brandy*
コネ (縁故) piston [ピストン] 男
こねだい 捏台 (生地用) planche 女 à pâtisserie [プランシャ パティスリ]
こねる 捏ねる pétrir [ペートゥリール] 4 / 生地を~ pétrir la pâte [ペートゥリール ラ パートゥ] / 捏ねた pétri,e [ペートゥリ] ‖ (フレゼする:小麦粉に卵や牛乳などを加えてからよく混ざるようにちぎったりする) fraiser [フレゼ], fraser [フラゼ] / 捏ねた fraisé,e [フレゼ], frasé,e [フラゼ] ‖ (パンや生地を柔らかくなるように) malaxer [マラクセ], manier [マニエ] / 捏ねた malaxé,e [マラクセ], manié,e [マニエ] ‖ (小麦粉と水を) détremper [デトゥランペ] / 捏ねた détrempé,e [デトゥランペ]
この あの
このあいだ この間 = 先日 → せん[5]
このくらい この位 comme ça [コム サ], autant que cela [オタン ク スラー]
このしろ (小鰭) alose 女 tachetée [アローズ タシュテ], *dotted gizzard shad* / つばめ~ capitaine [カピテーヌ] 男, (英) *thredfin*
このみ 好み goût [グー] 男, préférence [プレフェランス] 女 / ~の (好きな) favori,te [ファヴォリ, トゥ] / (任意の) facultatif [ファキュルタティーフ] 〈男に〉, facultative [ファキュルタティーヴ] 〈女に〉 / ~の量 quantité 女 facultative [カンティテ ファキュルタティーヴ] / ~で facultativement [ファキュルタティヴマン]
このよう この様 (な, に) → こういう

このわた 海鼠腸 entrailles 女複 de tripang fermentées [アントゥラーユ ドゥ ゥリパン フェルマンテ]

こばしら 小柱(青柳の貝柱) noix 女 〈単複同形〉 de mactre [ヌワール ドゥ マークトゥル]

こはだ 小鰭・小鯯 → このしろ

ごはん 御飯 (炊いた米) riz 〈単複同形〉 au naturel [リ オ ナチュレール], riz nature [リ ナチュール] / ～粒 grain de riz [グラーン ドゥ リ] → こめ, しょくじ

こばんざら 小判皿 → さら

ごばんめ 碁盤目 → こうし²

コピー copie 女, double [ドゥーブル] 男 ‖ (複写機での) photocopie [フォトコピ] 女 / カラー～ photocopie en couleur [フォトコピ アン クールール] / 両面～ photocopie recto verso [フォトコピ レクト ヴェルソ] ‖ ～する copier [コピエ] / (複写機で) ～する photocopier [フォトコピエ] / ～機 copieur [コピユール] 男, photocopieur [フォトコピユール] 男

こひつじ 仔羊 agneau [アニョ] 男 〈複 ～x〉, 英 lamb / (生後20～60日以内の) 乳飲～ agneau de lait [アニョ ドゥ レ], agnelet [アニュレ] 男, laiton [レトン] 男, 英 milk-fed lamb / (生後80～130日の) agneau blanc [アニョ ブラーン] / (生後5～9ヶ月の) agneau gris [アニョ グリー], broutart [ブルータール] 男 / (ブルターニュ産のヨード分の多い) (agneau) pré-salé [アニョ プレ サレ] 男 〈複 ～s-～s〉 / ポイヤック産の agneau de Pauillac [アニョ ドゥ ポヤーク] / (牧草だけで育てた) broutart [ブルータール] → フォン, [囲み]

こぶ 瘤 bosse [ボース] 女 / ～のある bosseux [ボスー] 〈単複同形〉, bosseuse [ボスーズ] 〈女に〉

ごぶ 五分 → はんぶん

こぶくろ 子袋 (内臓肉) utérus [ユテリュス] 男 〈単複同形〉, 英 womb

こぶた 仔豚 → ぶた

コプラ (植物) copra(h) 男, 英 copra

ゴフレット → うすぎり, ゴーフレット, ポム

ゴブレット (脚付グラス) → グラス¹

コポ (菓子, チョコレート, ポテトチップ) copeaux 男複

ごぼう 牛蒡 bardane [バルダーヌ] 女, herbe 女 à la teigne [エルバ ラ テーニュ], 英 burdock → ばらもんじん

仔羊の部位

足 pied [ピエ] 男, 英 leg
肩 épaule [エポール] 女, 英 shoulder
肩ロース carré 男 de côtes découvertes [カレ ドゥ コートゥ デクーヴェルトゥ], 英 rack
カレ carré 男, 英 loin
首 collier [コリエ] 男, collet [コレ] 男, 英 neck
鞍下肉 selle [セール] 女, 英 saddle
コートレット, 肋骨付背肉 côtelette [コートゥレートゥ] 女, 英 cutlet
後半身 baron [バロン] 男
すね肉 jarret [ジャレ] 男, 英 shank
ノワゼット, 骨なし赤身背肉 noisette [ヌワゼートゥ] 女, 英 noisette
ばら肉, 胸肉 poitrine [プワトゥリーヌ] 女, 英 breast
もも肉 gigot [ジゴ] 男, 英 leg, haunch
→ アキレスけん, きょうせんにく, した², しんぞう, じんぞう¹, ちょう¹, ちょうかんまく, のう¹, はい³, レバー

こぼす 零す (液体などを) répandre [レパーンドゥル] 39 / (ひっくり返す) renverser [ランヴェルセ]

こぼね 小骨 → ほね

こぼれる 零れる déborder [デボルデ]

ごま 胡麻 sésame [セザーム] 男, 英 sesame / ～油 huile 女 de sésame [ユイール ドゥ セザーム] / ～塩 sésame salé [セザーム サレ] / 金～ sésame blond [セザーム ブローン] / 黒～ sésame noir [セザーム ヌワール] / 白～ sésame blanc [セザーム ブラーン]

コマーシャル → せんでん

こまかい 細かい fin,e [ファン, フィーヌ], petit,e [プティ, トートゥ] / 細かく fin [ファン], finement [フィーヌマン], menu [ムニュ] ‖ (細部にこだわる) minutieux [ミニュスィユー] 〈男に, 単複同形〉, minutieuse [ミニュスィユーズ] 〈女に〉 / 細かく minutieusement [ミニュスィユーズマン]

こまく 鼓膜 tympan [タンパン] 男

ごまさば 胡麻さば → さば

ごますり 胡麻擂り (道具) moulin 男 à sésame [ムーラン ア セザーム] / (追従者) flatteur [フラトゥール] 男, flatteuse [フラトゥーズ] 女

こまつな 小松菜 colza [男] komatsuna [コルザ コマツナ], (英) *mustard-spinach*

こまる 困る → めいわく

コミ → コック¹, サーヴィス

こみ …込 compris,e [コンプリ, ーズ]〈男には単複同形〉, inclus,e [アンクリュ, ーズ]〈男には単複同形〉/税～ taxe [男] comprise [タクス コンプリーズ]/サーヴィス料～ service [男] compris [セルヴィス コンプリ]

ごみ ordures [オルデュール] [女複]/～箱 poubelle [プーベル] [女]/～置場 dépôt [男] d'ordures [デポ ドルデュール]‖生～ (レストランの) déchets [男複] de cuisine [デシェドゥ キュイズィーヌ] → くず¹

コミュナール (食前酒) communard [男] → まかない

ゴ・ミヨ (ガイドブック) Gault Millau [男]

ゴム caoutchouc [カウチュー] [男]/(消しゴム, ゴム糊) gomme [ゴーム] [女]/アラビア～ gomme arabique [ゴマラビーク]/輪～ (bande [女]) élastique [(バンドゥ) エラスティーク] [男]/～のような caoutchouteux [カウチュートゥー]〈男に, 単複同形〉, caoutchouteuse [カウチュートゥーズ]〈女に〉/～印 tampon [タンポン] [男]

こむぎ 小麦 blé [ブレ] [男], (英) *wheat, corn*/スペルト～ épeautre [エポートゥル] [男], (英) *spelt*/デュラム(硬質)～ blé dur [ブレ デュール], (英) *durum wheat*/坊主～ touselle [トゥーゼール] [女]/軟質～ blé tendre [ブレ タンドゥル]/発芽～ blé germé [ブレ ジェルメ]

こむぎこ 小麦粉 farine [女] (de blé) [ファリーヌ (ドゥ ブレ)], (英) *flour*/(上質小麦粉) froment [フロマーン] [男]/(スムール: デュラムセモリナの粗挽) semoule [女] *semolina*/(全粒粉) farine complète [ファリーヌ コンプレートゥ], (英) *whole wheat flour*‖強力粉 farine T 55 [ファリーヌ テ サンカーントゥ サンク], farine de gruau [ファリーヌ ドゥ グリュオ], farine de force [ファリーヌ ドゥ フォールス]‖中力粉 farine de type moyen [ファリーヌ ドゥ ティープ ムワヤン]‖薄力粉 farine de blé tendre [ファリーヌ ドゥ ブレ ターンドゥル], farine faible [ファリーヌ フェーブル], farine T 45 [ファリーヌ テ カラーントゥ サンク]

→ うちこ, かふん², こな, サンジェする, ふりかける

こめ 米 riz [リ] [男]〈単複同形〉, (英) *rice*/～粒 grain [男] de riz [グラーン ドゥリ]/～油 huile [女] de riz [ユイール ドゥリ]/～粉 farine [女] de riz [ファリーヌ ドゥリ]/→ す², p.475 [囲み]

ごめんなさい → しゃざい

こもじ 小文字 → もじ

こもち 子持(の): 魚 rogué,e [ロゲ], œuvé,e [ウヴェ]

こゆび 小指 → ゆび

こよう 雇用 emploi [アーンプルワ] [男]/～者 employeur [アンプルワユール] [男], employeuse [アンプルワユーズ] [女]/～条件 conditions [女複] de travail [コンディスィヨン ドゥ トゥラヴァーュ]/～する employer [アンプルワイエ] [19], engager [アンガジェ] [25], embaucher [アンボシェ]

コラーゲン collagène [コラジェーヌ]

コライユ corail [コラーユ] [男]〈複〉 coraux [コロ], (英) *coral*

コリアンダー (香菜) coriandre [コリヤーンドゥル] [男], (英) *coriander*/～シード graines [女複] de coriandre [グレーヌ ドゥ コリヤーンドゥル]

コリアンドル → コリアンダー

コリウール (ワイン) collioure [男]

こりすぎの 凝過ぎの sophistiqué,e [ソフィスティケ]

コリンズグラス (カクテル用ロンググラス) → グラス

コリントぶどう → レーズン

コルヴェール → かも¹

コルク liège [リエージュ] [男]/～ワイヤー (シャンパンの栓止め) muselet [ミュズレ] [男] → せん³, せんぬき

ゴルゴンゾーラ (チーズ) gorgonzola [男], (伊) *gorgonzola*

コルザ → なたね

コルシカ Corse [コールス] [固女]/～語 corse [男]/～の corse〈男女同形〉/～風 (à la) corse [(アラ) コールス]

コルトン (ワイン) corton [男]

コルドン・ジョーヌ (リキュール) cordon [男] jaune

コルドン・ブルー (料理上手な女性) cordon-bleu [男]〈複〉～s-~s/(女性用料理, 製菓学校) Cordon-Bleu [固男]

コルドン・ルージュ (シャンパン, リキュール) cordon [男] rouge

米

赤米 riz rouge [リルージュ], (英) red rice
うるち米 riz ordinaire [リ オルディネール], (英) nonglutinous rice
カモリノ米 (riz) camolino [(リ) カモリノ] 男, (英) camolino rice
黒米 riz noir [リ ヌワール], (英) black rice
玄米 riz complet [リ コンプレ], riz cargo [リ カルゴ], riz décortiqué [リ デコルティケ], (英) brown rice
スリナム米(細長い米) (riz) surinam [(リ) スュリナーム] 男, (英) Surinam rice
精磨米 riz poli [リ ポリ], (英) polished rice
短粒米, ジャポニカ riz rond [リ ロン], riz japonica [リ ジャポニカ], (英) japonica rice
長粒米, インディカ riz long [リ ロン], riz indica [リ アンディカ], (英) long-grain rice
香(にお)米 riz parfumé [リ パルフュメ], (英) fragrant rice
パーボイルライス(籾ごと蒸した後に精米した米) riz étuvé [リ エテュヴェ], riz prétraité [リ プレトゥレテ], (英) parboiled rice
胚芽米, 発芽米 riz germé [リ ジェルメ], (英) rice with the germ
白米 riz blanc [リ ブラーン], riz perlé [リ ペルレ], riz blanchi [リ ブランシ], (英) white rice
バスマティ米 (riz) basmati [(リ) バスマティ] 男, (英) basmati rice
パフドライス(膨らませた米) riz soufflé [リ スーフレ], (英) puffed rice
もち米 riz collant [リ コラン], riz gluant [リ グリュアーン], (英) glutinous rice
もみ米 (riz) paddy [(リ) パディ] 男, (英) paddy
ワイルドライス(アメリカまこも) riz sauvage [リ ソヴァージュ], (英) wild rice

コルナス (ワイン) cornas 男
コルニション → ピクルス
コルヌ (へら)
コルネ (円錐形の絞袋, 料理, 菓子) cornet 男
コルビエール (ワイン) corbière 男
ゴルフ golf 男 / ～場 terrain 男 de golf [テラン ドゥ ゴルフ]
コルベール(風) Colbert [コルベール]
これ → あれ
これから à partir de maintenant [アパルティール ドゥ マントゥナン], (将来) à l'avenir [アヴニール]
コレクトコール P.C.V. [ペセヴェ]: paiement 男 contre vérification [ペマン コントゥル ヴェリフィカスィヨン]の略
コレステロール cholestérol 男 / ～値 cholestérolémie [コレステロレミ] 女
これまで jusqu'à présent [ジュスカプレザン] / ～に…ない «ne + 活用動詞 + jamais [ヌ ジャメ]»
ころ 頃 → くらい²
コロイド colloïde [コロイードゥ] 男 / ～状 état 男 colloïdal [エタコロイダール]
ころがす 転がす rouler [ルーレ]

ころす 殺す tuer [テュエ] / (畜殺する) abattre [アバートゥル] 9
コロッケ → クロケット
ころも 衣 → あげもの, きじ², パンこ
コロン (:) deux-points [ドゥー ブワーン] 男 (単複同形), (英) colon
コロンボ (スパイス) colombo 男
こわい terrible [テリーブル] 〈男女同形〉/ (…が)怖い avoir peur de... [アヴワール プール ドゥ] 〈avoir ①〉
こわがり 怖がり(な) peureux [プールー] 〈に, 単複同形〉, peureuse [プールーズ] 〈女に〉
こわけする 小分けする subdiviser [スュブディヴィゼ] / ～した subdivisé,e [スュブディヴィゼ]
こわす 壊す casser [カセ] / 壊した, 壊れた cassé,e [カセ]
こわれものちゅうい 壊れ物注意 → われもの
こわれやすい 壊れやすい fragile [フラジール] 〈男女同形〉
コワントロ (リキュール) cointreau [クワントゥロ]
こん¹ 紺(色) bleu 男 foncé [ブルー フ

ォンセ], bleu marine [ブルー マリーヌ], azur [アズュール] 男/〜の bleu foncé 〈不変〉, bleu marine 〈不変〉

こん² 今… ce...[ス]〈男に〉, cet...[セ]〈母音または無音のhで始まる男に〉, cette...[セートゥ]〈女に〉/〜月 ce mois 男 [スムワー]/〜週 cette semaine 女 [セートゥスメーヌ]/〜年 cette année 女[セタネ]/〜晩 ce soir 男 [ス スワール]/〜夜 cette nuit 女[セートゥ ニュイ]

こんいん 婚姻 → けっこん, とどけ

コンヴェクションオーヴン → オーヴン

コンカセする → みじんぎり

こんがり → ひやけ, やきいろ

コンキリエ(パスタ) 伊 conchiglie 女複

コンク(ほら貝) → ほらがい

コンクール concours 男〈単複同形〉/料理〜 concours de cuisine [コンクール ドゥ キュイズィーヌ], concours culinaire [コンクール キュリネール]

こんげつ 今月 → こん²

こんごうバター 混合バター → あわせバター

コンブル → きゅうり

こんさい 根菜 racine 女 potagère [ラスィーヌ ポタジェール], 英 *vegetable root*

コンサントレ(煮詰めたもの) concentré [コンサントゥレ] 男/トマト〜 tomate 女 concentrée [トマトゥ コンサントゥレ], concentré 男 de tomate [コンサントゥレ ドゥ トマトゥ]

コンシェルジュ(管理人,案内係) concierge [コンスィエールジュ] 男女

こんしゅう 今週 → こん²

コンセント prise 女 (de courant) [プリーズ (ドゥ クーラン)]

コンソメ consommé 男, 英 *consommé*/〜・サンプル consommé simple/〜・ドゥーブル, ダブル〜 consommé double/冷製〜 consommé froid [コンソメ フルワー], consommé glacé [コンソメ グラッセ], consommé en gelée [コンソメ アン ジュレ]

コンタクトレンズ verres 男複 de contact [ヴェールル ドゥ コンタークトゥ]

こんだて 献立 → ムニュ,メニュー

コンチネンタルブレクファスト petit déjeuner 男 [プティ デジュネ], 英 *continental breakfast*

コンテ(チーズ) comté 男

コンデ(菓子) (gâteau 男) condé [(ガトー) コンデ] 男

コンティぜする → さす²

コンティ(風) Conti [コンティ]

コンディマン → ちょうみりょう

コンデンスミルク → ミルク

ゴンドラ gondole [ゴンドール] 女/〜風 (à la) gondole [(ア ラ) ゴンドール]

コントラスト contraste [コントゥラーストゥ] 男

コンドリュ(ワイン) condrieu [コンドゥリュー] 男

コントレクス(ミネラルウォーター) Contrex [コントゥレークス] 固女

こんな 〜もの(このようなもの) chose 女 comme ça [ショーズ コム サ]/〜役に立たないもの chose inutile [ショーズ イニュティール]
→ あんな, こういう

こんにちは 今日は Bonjour. [ボンジュール]

こんにゃく 蒟蒻 pâte 女 gélatineuse faite de tubercule japonais [パートゥ ジェラティヌーズ フェートゥ ドゥ テュベルキュール ジャポネ]

コンバヴァ(カフィアライム, こぶみかん) combava 男, limettier 男 †hérissé [リメティエ エリセ], 英 *kaffir lime*

コンパウンドクリーム → クリーム

コンパクト(化粧品) boîte 女 à poudre [ブワタ プードゥル], poudrier [プードゥリエ] 男

こんばん 今晩 〜は Bonsoir. [ボンスワール]
→ ばん²

コンビーフ corned-beef [コルン ビーフ] 男〈単複同形〉, 英 *corned-beef*

コンビニエンスストア épicerie [エピスリ] 女, supérette [スュペレートゥ] 女

コンピューター ordinateur [オルディナトゥール] 男

こんぶ 昆布 algue 女 kombu [アールグ コンブ], baudrier 男 de Neptune [ボドゥリエ ドゥ ネプテューヌ] 英 *sea tangle, kelp, sea belt*/〜出汁 bouillon 男 extrait d'algue kombu [ブーヨン エクストゥレ ダールグ コンブ]

コンフィ(脂煮) confit 男, 英 *confit* → さとうづけ, つける¹

コンフィズリ → かし¹

コンフェクショナーズカスタード → クレー

ム⁵
コンポート （シロップ煮, 肉の煮込, 野菜の煮溶し）compote [コンポートゥ] 囡, 英 (肉の) *stew*, (野菜の) *stewed vegetables* ／フルーツ〜 compote de fruits [コンポートゥ ドゥ フリュイ] 囡, 英 *compote, stewed fruits* ／（フルーツの盛台）compotier [コンポティエ] 男
コンマ → カンマ

こんや 今夜 → こん²
こんやく 婚約 fiançailles [フィヤンサーユ] 囡複／〜者 fiancé,e [フィヤンセ] 男囡 → ゆびわ
こんれい 婚礼 → けっこん
こんろ 焜炉（レショ）réchaud [レショ] 男／ガス〜 réchaud à gaz [レショ ア ガーズ]／電気〜 réchaud électrique [レショ エレクトゥリーク]

さ

さあ（掛声）Va [ヴァ], Allons [アロン], Allez [アレ], Bon [ボン]

サーヴァー[1]（サーヴィス用）pelle [ペール] 囡 / ケーキ～ pelle à pâtisserie [ペーラ パティスリ] / サラダ～ service [セルヴィス] à salade [セルヴィサ サラードゥ] / タルト～ pelle à tarte [ペーラ タルトゥ] → トング

サーヴァー[2]（コンピューター用）serveur [セルヴール] 男

サーヴィス service [セルヴィス] 男 ‖ ～する（給仕）servir [セルヴィール] 30 /（厨房から食卓へ）envoyer [アンヴワイエ] 20 ‖ …を～する（おまけ）donner ...en prime [ドネ アン プリーム] / このレストランは～がよい On est bien servi dans ce restaurant. [オネ ビヤーン セルヴィ ダン ス レストラン] / ～エリア（高速道路の）aire [エール] 囡 de service [ドゥ セルヴィス] / ～員 serveur [セルヴール], serveuse [セルヴーズ] 囡 / ～料 service [セルヴィス] / 皿盛～ service à l'assiette [セルヴィス ア ラシエートゥ] / フランス（ロシア）式～ service à la française (russe) [セルヴィサ ラ フランセーズ (リュス)] / ルーム～ room service [ルームセルヴィス], service dans la chambre [セルヴィス ダン ラ シャーンブル], (英) *room service* → アフターサーヴィス, こみ, スプン, フォーク, べつ, ムニュ, テーブル, わりびき

レストランサーヴィス係

切分け係 découpeur [デクープール] 男, découpeuse [デクープーズ] 囡
テーブル責任者 chef 男 de rang [シェフ ドゥ ラン]
平のサーヴィス係, コミ commis [コミ] 男 (単複同形)
ワイン蔵係 caviste [カヴィーストゥ] 男囡
→ しはいにん, ソムリエ, ドア, レジ, みならい, メトル・ドテル

ザーサイ 榨菜 tige 囡 de moutarde de Chine condimentée [ティージュ ドゥ ムータルドゥ ドゥ シーヌ コンディマンテ]

サーバー → サーヴァー[1,2]
サービス → サーヴィス
サーフィン surf [スールフ] 男
サーフボード planche 囡 à voile [プランシャヴワール]
サーモン さけ, ピンク, ます[2]
サーロイン aloyau [アルワーヨ] 男, (英) *sirloin*

さい[1] 賽 → さいのめ

さい[2] …歳 何～ quel âge [ケラージュ] 男 / …だ avoir...ans [アヴワール アン] 〈avoir ①〉

さいあく 最悪 pire [ピール] 男 / ～の le pire [ル ピール] 〈男単に〉, la pire [ラ ピール] 〈囡単に〉, les pires [レ ピール] 〈複に〉

さいえん 菜園 (jardin 男) potager [(ジャルダン) ポタジェ] 男, jardin maraîcher [ジャルダン マレシェ]

さいかねつ 再加熱 → かねつ[1]

さいきん[1] 細菌 → きん[2]

さいきん[2] 最近 dernièrement [デルニエールマン], récemment [レサマン]

さいく 細工（作業）façonnage [ファソナージュ] 男 / (作品) ouvrage [ウーヴラージュ] 男 / ～する façonner [ファソネ], travailler [トゥラヴァイエ]

サイクリング cyclisme [スィクリースム] 男 /（旅行）cyclotourisme [スィクロトゥーリスム] 男

さいご 最後 fin [ファン] 囡 / ～のもの dernier [デルニエ] 男, dernière [デルニエール] 囡 / ～の dernier 〈男に〉, *dernière* 〈囡に〉, les derniers [レ デルニエ] 〈男複に〉, *les dernières* [レ デルニエール] 〈囡複に〉 / ～に en dernier [アン デルニエ] /（最終的に）finalement [フィナールマン]

ざいこ 在庫 stock [ストック] 男 / ～品 stock / ～調べ inventaire [アンヴァンテール] 男 → リスト

さいこう 最高 le meilleur [ル メユール] 男, la meilleure [ラ メユール] 囡 / ～の le meilleur 〈男単に〉, *la meilleure* 〈囡単に〉, les meilleurs [レ メユール] 〈男複に〉, *les meilleures* [レ メユール] 〈囡複に〉 /（最良の）《定冠詞 + meilleur,e [メユール]》 ‖ ～に le mieux [ル ミュー] ⇒ p.751「比較級と最上級」

さいころ 賽子 → さいのめ

さいさん 採算（収益性）rentabilité

[ランタビリテ] 女 /~のとれる rentable [ランタープル] 〈男女同形〉

さいじつ 祭日 → しゅくじつ

さいしゅう 最終(の) ~列車, ~電車 dernier train 男 [デルニエ トゥラーン] → さいご

さいしょ 最初 → はじめ

さいしょう 最小 minimum [ミニモム] 男 /~の minimal,e [ミニマール], minimaux [ミニモ] 〈男複に〉, minimum 〈男女同形〉

さいじょう 最上 → さいこう, もっとも

さいしょくしゅぎ 菜食主義 (卵と乳製品は摂取する) végétarisme [ヴェジェタリスム] 男 /~者 végétarien,ne [ヴェジェタリ・ヤン, エーヌ] 男 女 ‖ (完全な) végétalisme [ヴェジェタリスム] 男 /~者 végétalien,ne [ヴェジェタリ・ヤン, エーヌ] 男 女

さいしょくりょうほう 菜食療法 régime 男 végétarien [レジーム ヴェジェタリヤン]

さいしん 最新(の) dernier [デルニエ] 〈男に〉, dernière [デルニエール] 〈女に〉

サイズ → おおきさ

サイダー limonade [リモナードゥ] 女

さいだい 最大 maximum [マクスィモム] 男 /~の maximal,e [マクスィマール], maximaux [マクスィモ] 〈男複に〉, maximum 〈男女同形〉

さいてい 最低 → さいあく, さいしょう

さいてき 最適(な) optimal,e [オプティマール], optimaux [オプティモ] 〈男複に〉 /~温度 température 女 optimale [タンペラテュール オプティマール] → てきする

サイド ~カー (カクテル, オートバイ) sidecar [スィードゥカール] 男 / ~ディッシュ plat 男 d'accompagnement [プラー ダコンパニュマン] /~ミラー rétroviseur 男 extérieur [レトロヴィズーレクステリユール] → かわ, そくめん

さいのう 才能 talent [タラン] 男 / (天賦の) don [ドン] 男 / (天才的な) génie [ジェニ] 男

さいのめ 賽の目 (ダイス) dé [デ] 男 : 料理では常に複数, 英 dice /大きな(小さな)~に切る tailler en gros (petits) dés [タイエ アングロー (プティ) デ] → サルピコン, ブリュノワーズ, マセドワーヌ

さいばい 栽培 culture [キュルテュール] 女 /~する cultiver [キュルティヴェ] /~の, ~した cultivé,e [キュルティヴェ] /促成~ forçage [フォルサージュ] 男 / 有機~ culture 女 organique [キュルテューロルガニック] ‖ ぶどう~ viticulture [ヴィティキュルテュール] 女 /ぶどう~の viticol,e [ヴィティコール] /ぶどう~者 (経営者) viticulteur [ヴィティキュルトゥール] 男, viticultrice [ヴィティキュルトリース] 女 / (労働者) vigneron,ne [ヴィニュロン, ヌ] 男 女 /ぶどう~者風 (à la) vigneronne [(ア ラ) ヴィニュロンヌ] ‖ 野菜~ maraîchage [マレシャージュ] 男, culture 女 maraîchère [マレシェール] /野菜~者 maraîcher [マレシェ] 男, maraîchère [マレシェール] 女 /野菜~者風 (à la) maraîchère [(アラ) マレシェール] → おんしつ

さいばん 裁判 justice [ジュスティス] 女 /~官 juge [ジュージュ] 男 女 /~長 président [プレズィダン] 男 /~所 tribunal [トゥリビュナール] 男 〈複〉tribunaux [トゥリビュノ]

さいふ 財布 (札入れ) portefeuille [ポルトゥフーユ] 男, porte-billets [ポルトゥビエ] 〈単複同形〉 → こぜに

サイフォン siphon [スィフォン] 男

さいほう 裁縫 → ぬいもの, ぬう

サイホン → サイフォン

ざいりょう 材料 (料理の) ingrédient [アングレディヤン] 男 / (資材) matériaux [マテリヨ] 男複 / (素材) matière [マティエール] 女

サイン (有名人の署名) autographe [オトグラーフ] 男 ‖ (書類などにする) signature [スィニャテュール] 女 /~する signer [スィニェ] /~した signé,e [スィニェ] /~した人 signataire [スィニャテール] 男 女 ‖ (献辞) dédicace [デディカース] 女 /~する dédicacer [デディカセ] 32 /~した dédicacé,e [デディカセ] → ペン

ザウアクラウト → ザワークラウト

サヴァラン savarin 男 /~型 moule 男 à savarin [ムーラ サヴァラン]

サヴィニ・レ・ボーヌ (ワイン) savigny-lès-beaune

サヴォワ (地方) Savoie [サヴワ] 固 女 /~の savoyard,e [サヴォワヤール, ドゥ] /~風 (à la) savoyarde [(アラ) サヴォワヤールドゥ]

サウナ (風呂) sauna [ソナ] 男 または 女

さえ (…) → でも

さか 坂 pente [パーントゥ] 囡／下り〜 descente [デサーントゥ] 囡／上り〜 montée [モンテ] 囡

さぐら 酒蔵（地下倉庫）cave [カーヴ] 囡／（1階の）chai [シェ] 男／（ワインの）cellier [セリエ] 男

さかさ 逆さ → はんたい

さがす 探す・捜す chercher [シェルシェ]／（念入に）rechercher [ルシェルシェ]

さかずき 杯（浅い，脚付）coupe [クープ] 囡／（日本酒用）coupe à saké [クーパサケ] → グラス[1]

さかだね 酒種（酵母）levure [ルヴュール] 囡 de saké [ドゥサケ]

さかな[1] 魚 poisson [プワソーン] 男, 俚 fish／（鮮魚）marée [マレ], 俚 fresh fish‖青〜 poisson bleu [プワソーン ブルー], 俚 blue fish／〜のスープ soupe [スープ] 囡 de poisson(s) [スープ ドゥ プワソーン], 俚 fish soup‖〜屋（業態）poissonnerie [プワソヌリ] 囡／〜屋（人）poissonnier [プワソニエ], poissonnière [プワソニエール] 囡, marchand,e 男囡 de marée [マルシャン, ドゥ ドゥマレ] → かわざかな, がんしょう, グラス[2], こざかな, コック[1], しんかい, たんすい, なべ, フォン, フュメ

さかな[2] 肴 → つまみ

さかば 酒場 → いざかや

さかむし …の酒蒸 …au saké cuit,e à la vapeur [オサケキュイタラヴァプール]

さかもり 酒盛 → えんかい

さかや 酒屋（店）magasin 男 de vin [マガザンドゥヴァン]／（銘酒販売店）œnothèque [エノテーク] 囡／（人）marchand,e 男囡 de vin [マルシャン, ドゥ ヴァン]

さかん 左官（業）maçonnerie [マソヌリ] 囡／（人）maçon [マソン] 男

さがん 左岸 rive 囡 gauche [リヴゴーシュ]

さき 先（先端）bout [ブー] 男, extrémité [エクストゥレミテ] 囡／（尖った先端）pointe [プワーントゥ] 囡／アスパラガスの〜 pointe d'asperge [プワーントゥ ダスペルジュ], 俚 asparagus tip／（香草などの）sommité [ソミテ] 囡, 俚 head

さきおととい 一昨昨日 il y a trois jours [イリヤトゥルワジュール]

さきおととし 一昨昨年 il y a trois ans [イリヤトゥルワザン]

さきに 先に（前に）avant [アヴァン]／お〜どうぞ Après vous. [アプレ ヴー]／300メートル〜 à 300 mètres plus loin [アトゥルワサンメートゥル プリュ ルワン]

さぎょう 作業 travail [トゥラヴァーユ] 男複 travaux [トゥラーヴォ], opération [オペラスィヨン] 囡／〜時間 heures 囡複 de travail [ウールドゥトゥラヴァーユ]／〜効率 rendement [ラーンドゥマン]／〜台 table 囡 de travail [ターブルドゥトゥラヴァーユ]／〜場 atelier [アトゥリエ] 男／〜着 vêtement 男 de travail [ヴェートゥマンドゥトゥラヴァーユ]

さく[1] 作（刺身の）filet 男 préparé pour sashimi [フィレプレパレ プール サシミ]

さく[2] 裂く 腹（背）を〜 ouvrir le ventre (dos) [ウーヴリール ル ヴァーントゥル (ド)] 〈ouvrir 29〉→ やぶる

ザクースキ（オードヴル）zakouski 男複

さくさくした craquant,e [クラカーン, トゥ]

さくさん 酢酸 acide 男 acétique [アスィドゥアセティーク]

さくじつ 昨日 → きのう

さくねん 昨年 → きょねん

さくばん 昨晩 → ゆうべ

さくひん 作品 œuvre [ウーヴル] 囡

さくもつ 作物 produits 男複 agricoles [プロデュイアグリコール]

さくや 昨夜 la nuit 囡 dernière [ラニュイデルニエール]

さくら 桜（木）cerisier [スリズィエ] 男／（花）fleur 囡 de cerisier [フルールドゥスリズィエ]／〜の花（葉）の塩漬 fleur (feuille 囡) de cerisier au sel [フルール (フーユ) ドゥスリズィエオセール]
→ えび,たい[1],ます[2]

さくらんぼ 桜ん坊 cerise [スリーズ] 囡, 俚 cherry → p.481 [囲み]

サクリスタン（パン）sacristain 男

ざくろ 柘榴 grenade [グルナードゥ] 囡, 俚 pomegranate

さけ[1] 鮭（サーモン）saumon [ソモン] 男, 俚 salmon／（若い）saumoneau [ソモノ] 男 〈複 -x〉／（顎の突出た雄）bécard [ベカール] 男／秋〜（時知らず）jeune saumon délicieux [ジューヌソモンデリスィユー]／秋〜 saumon d'automne [ソモンドトーヌ]‖〜の筒切

さくらんぼの種類

アメリカン（またはダーク）チェリー
cerise 女 noire [スリーズ ヌワール] 英 *black cherry*

甘果桜桃 merise [ムリーズ] 女, cerise douce [スリーズ ドゥース], 英 *sweet cherry*

ギーニュ guigne 女

グリヨット griotte [グリヨットゥ] 女

酸果桜桃 cerise acide [スリーザスィードゥ] 女, 英 *sour cherry*

ビガロ種 bigarreau [ビガロ] 男〈複 ~x〉

マラスカ marasque [マラスク] 女

モンモランシ montmorency [モンモランスイ] 女

---

darne 女 de saumon [ダールヌ ドゥ ソモン], 英 *salmon steak* / ～の頭 hure de saumon [ユール ドゥ ソモン], 英 *salmon's head* /塩～, 新巻 saumon salé [ソモン サレ] → スモーク, ます², [囲み]

さけ² 酒（清酒, 日本酒）saké [サケ] 男, vin de riz [ヴァン ドゥ リ] / (特級酒) saké extra-fin [サケ エクストゥラ ファン] / 甘～ saké blanc doux non-alcoolisé [サケ ブラーン ドゥー ノンナルコリゼ] /白～ saké blanc doux [サケ ブラーン ドゥー] /煮切り～ saké flambé [サケ フランベ] /濁り～（どぶろく）saké non-clarifié [サケ ノン クラリフィエ] ‖～が強い supporter bien l'alcool [スュポルテ ビヤン ラルコル] /～癖が悪い avoir le vin mauvais [アヴワール ル ヴァン モヴェ]〈avoir ①〉/（大)～飲, 酒豪 (grand) buveur [(グラーン) ビュヴール] 男, (grande) buveuse [(グラーンドゥ) ビュヴーズ] 女/～浸りになる se donner à la boisson [スドネ ア ラ ブワソーン]〈donner 代動 59〉

→ かす¹, じょうりゅう, リキュール, ワイン

さけめ 裂目（破れ目）déchirure [デシリュール] 女 → ひび¹, われめ

さける 避ける éviter [エヴィテ]

さげる 下げる（ある位置から）abaisser [アベセ] /（食器を）desservir [デセルヴィール] 30 /（作っているカラメルなどに水などを入れて温度を）décuire [デキュイール] 11

→ おろす², へらす

ざこ 雑魚 → こざかな

さこつ 鎖骨 clavicule [クラヴィキュール] /（鶏の三角骨）fourchette [フールシェートゥ]

ささ 笹 bambou 男 nain [バンブー ナン] /～の葉 feuille 女 de bambou [フーユ ドゥ バンブー]

ささえ 支え appui [アピュイ] 男, support [スュポール] 男

さざえ 栄螺 turbo [テュルボ] 男〈単複同形〉, 英 *horned turban*

ささえる 支える soutenir [ストゥニール] 47 /（重さ・圧力を）supporter [スュポルテ] /（維持する）maintenir [マントゥニール] 47

ささげ 大角豆 mongette [モンジェートゥ] 女: 料理用語では常に複数, 英 *cowpea*

ささみ 笹身 → にわとり

さじ 匙 → スプン

さしこむ 差込む enfoncer [アンフォンセ] 32 /差込んだ enfoncé,e [アンフォンセ] ‖ (切込みに) contiser [コンティゼ] /差込んだ contisé,e [コンティゼ] /（押込む）ficher [フィシェ] /差込んだ fiché,e [フィシェ] → さす²

さしだしにん 差出人 expéditeur [エクスペディトゥール] 男, expéditrice [エクスペディトゥリース] 女

さしみ 刺身 sashimi [サシミ] 男, fine tranche 女 de poisson cru [フィーヌ トゥラーンシュ ドゥ ポワソーン クリュー]

さしみず 差水 addition 女 d'eau

鮭の種類

アトランティックサーモン saumon 男 atlantique [ソモン アトゥランティーク], 英 *atlantic salmon*

キングサーモン, 鱒の介 chinook [シノーク] 男, saumon royal [ソモン ルワヤール], 英 *king salmon*

白鮭 saumon kéta du Pacifique [ソモン ケタ デュ パスィフィーク], 英 *dog salmon, chum salmon*

スモルト（若いアトランティックサーモン） smolt [スモールトゥ] 男, 英 *smolt*

紅鮭, 紅鱒 saumon rouge [ソモン ルージュ], 英 *red salmon*

さす¹

froide [アディスィヨン ドゥ フルワードゥ] / …に～をする ajouter de l'eau froide à … [アジュテ ドゥ ロ フルワードゥ ア]

さす¹ 差す → かざ¹

さす² 刺す （突刺す）percer [ペルセ] ③②
（突通す，貫く）transpercer [トランスペルセ] ③②
（クルーテ：丁字やトリュフの細切などを肉などに）clouter / 刺した clouté,e
（ピケ：背脂などを肉に）piquer / 刺した piqué,e
（コンティゼ：肉の浅い切込みに）contiser / 刺した contisé,e
（ラルデ：細切の豚の背脂を肉に）larder, entrelarder [アントルラルデ] / 刺した lardé,e, entrelardé,e [アントルラルデ]
（トゥルーセ：盛付用にざりがにのはさみを背に）trousser [トゥルーセ] / 刺した troussé,e [トゥルーセ]

ざせき 座席 → 指定車 voiture 女 réservée [ヴワテュール レゼルヴェ] → きっぷ, せき¹

させる …させる（なすがままに）laisser [レセ] / 私にやらせてください Laissez-moi faire. [レセムワ フェール] ‖（故意に）faire [フェール] ㉑/ 料理長はスタッフを働かせる Le chef fait travailler sa brigade. [ル シェフ フェ トゥラヴァイエ サ ブリガードゥ]

さそりざ 蠍座 Scorpion [スコルピヨン] 固 男

さち 幸 → うみ¹, しあわせ, やま

さつ 札 → しへい

ざつ 雑（な）peu soigné,e [プー スワニェ] / ～にする manquer de soin [マンケ ドゥ スワン]

サッカリン saccharine [サカリーヌ] 女

さっき（先ほど）tout à l'heure [トゥータ ルール]

さっきん 殺菌 stérilisation [ステリリザスィヨン] 女 / 低温～ pasteurisation [パストゥリザスィヨン] 女 / ～する stériliser [ステリリゼ] / ～した stérilisé,e [ステリリゼ] ‖ ～剤 germicide [ジェルミスィードゥ] 男 / ～ランプ lampe [ランプ] 女 germicide [ラーンプ ジェルミスィードゥ]

ざっきん 雑菌 → きん²

ざっくりと grossièrement [グロスィエールマン]

ざっこく 雑穀 céréales 女複 diverses [セレアール ディヴェルス]

ざっし 雑誌 revue [ルヴュ] 女 /（グラビア誌）magazine [マガズィーヌ] 男

ざっそう 雑草 → くさ

さっちゅうざい 殺虫剤 insecticide [アンセクティスィードゥ] 男

ザッハトルテ（ケーキ）独 Sachertorte 女

さっぱり（味が）～した léger [レジェ] 〈男に〉, légère [レジェール] 〈女に〉, sans arrière-goût [サンザリエール グー]

さつまいも 薩摩芋 patate [パタートゥ] 女, patate douce [パタートゥ ドゥース], 英 sweet potato

サテ（調味料）saté 男

サテン（布）satin [サタン] 男 /（引飴の艶(?)だし）satinage [サティナージュ] 男

さといも 里芋 chou 男 〈複 ~x〉 caraïbe [シュー カライーブ], colocas [コロカース] /（タロイモ）taro [タロ] 男, 英 taro

さとう 砂糖 sucre [スュークル] 男 / ～を加える sucrer [スュークレ] / ～を加えた, ～入の sucré,e [スュークレ] / ～入れ sucrier [スュークリエ] 男 / ～水 eau 女 sucrée [オ スュークレ]
→ p.483 [囲み]

さどう 茶道 cérémonie 女 de thé [セレモニ ドゥ テ]

さとうきび 砂糖黍 canne 女 à sucre [カナ スュークル], 英 sugar cane / ～の搾りかす bacasse [バカース]

さとうだいこん 砂糖大根 → てんさい²

さとうづけ 砂糖漬 confit [コンフィ] 男 / ～にする confire [コンフィール] ㊸ / ～の, ～にした confit,e [コンフィ, ートゥ], 英 crystallized candied / フルーツの～, フリュイ・コンフィ fruits 男複 confits [フリュイ コンフィ], 英 crystallized fruit, candied fruit

サドル（二輪車の）selle [セール] 女

サニーサイドアップ → めだまやき

サニーレタス → レタス

さのう 砂嚢（貝などの）poche [ポーシュ] 女 /（鳥の）gésier [ジェズィエ] 男, 英 gizzard

さば 鯖 maquereau [マークロ] 男 〈複 ~x〉, 英 mackerel /（リゼット：ノルマンディ地方の小型の）lisette [リゼートゥ] 女 / ごま～ maquereau tacheté [マークロ タシュテ], 英 spotted mackerel /

砂糖の種類

赤糖 sucre 男 roux [スュークル ルー]
アニスシュガー sucre d'anis [スュークル ダニス]
岩砂糖 sucre roche [スュークル ローシュ]
ヴァニラシュガー sucre vanillé [スュークル ヴァニエ]
ヴァニリンシュガー(ヴァニラ風味の砂糖) sucre vanilliné [スュークル ヴァニリネ]
液砂糖 sucre liquide [スュークル リキードゥ]
角砂糖 sucre en morceau [スュークラン モルソ]
グラニュー糖 sucre granulé [スュークル グラニュレ], sucre semoule [スュークル スムール]
黒砂糖 muscovado [ミュスコヴァドゥ] 男
氷砂糖 candi [カンディ] 男, sucre candi [スュークル カンディ]
ざらめ糖 sucre cristallisé [スュークル クリスタリゼ], sucre cristal [スュークル クリスタール]
シナモンシュガー sucre de cannelle [スュークル ドゥ カネール]
ジンジャーシュガー(生姜入砂糖) sucre de gingembre [スュークル ドゥ ジャンジャンブル]
精製糖 sucre raffiné [スュークル ラフィネ]
粗糖(カソナード) cassonade [カソナードゥ] 女 /(製糖くず) vergeoise [ヴェルジュワーズ] 女
粒糖 sucre en grains [スュークラン グラーン]
転化糖 sucre inverti [スュークランヴェルティ], sorbitol [ソルビトール] 男 /(トリモリーヌ:商標) trimoline [トゥリモリーヌ] 女
でんぷん入砂糖 sucre à givre [スュークラ ジーヴル]
糖蜜 mélasse [メラース] 女
白糖 sucre blanc [スュークル ブラーン]
粉糖 sucre glace [スュークル グラース], sucre en poudre [スュークラン プードゥル]

しめ~ filet 男 de maquereau cru au vinaigre [フィレ ドゥ マークロ クリュー オ ヴィネーグル] /関~ maquereau Seki
サバイヨン(クリーム, ソース) sabayon [サバイヨン] 男, 英 zabaglione
さばく 捌く『おろす¹, きる¹』
サバラン → サヴァラン
さび 錆 rouille [ルーユ] 女 /~を落とす dérouiller [デルーイエ] /~る rouiller [ルイエ], se rouiller [スルイエ] 代動59, s'oxyder [ソクスィデ] 代動59/ ~やすい oxydable [オクスィダーブル] 〈男女同形〉/~ない inoxydable [イノクスィダーブル] 〈男女同形〉/~た rouillé,e [ルイエ], oxydé,e [オクスィデ]
サフラワーゆ サフラワー油 huile 女 de carthame [ユイル ドゥ カルターム], 英 safflower oil
サフラン safran, pistil 男 de safran [ピスティル ドゥ サフラン] 男, 英 saffron /~を加える safraner [サフラネ] /~を加えた safrané,e [サフラネ], 英 saffroned /~ライス riz 男 safrané [リ サフラネ], 英 saffroned rice
サブレ sablé 男, 英 cookie /~生地 pâte 女 sablée [パートゥ サブレ] /~生地を作る sabler [サブレ] /~生地にした sablé,e
サボ → サンダル
さほう 作法 → マナー
サボテン 仙人掌 cactus [カクテュース] 男 〈単複同形〉, 英 cactus /うちわ~ oponce [オポンス] 男 /うちわ~の実 figue 女 de Barbarie [フィーグ ドゥ バルバリ], 英 prickly pear /はしら~ cierge [スィエルジュ] 男, 英 cereus /はしら~の実 fraise 女 du désert [フレーズ デュ デゼール]
さほど…ではない pas tellement... [パ テルマン]
さぼる (仕事を) manquer le travail [マンケ ル トゥラヴァーユ] /(話言葉)(授業を) sécher un cours [セシェ アン クール] 〈sécher 36〉
ざぼん → ぶんたん²

さま …様 (男性に) Monsieur... [ムスュー] / (女性に) Madame... [マダーム] / (未婚または未既婚不明の若い女性に) Mademoiselle... [マドゥムワゼール]

サマータイム heure 女 d'été [ウール デテ]

さまざま 様々(な) divers,e [ディヴェール, ス], 英 deverse / ～に diversement [ディヴェールスマン] ‖ (変化に富んで) varié,e [ヴァリエ], 英 varied / (異なった) différent,e [ディフェラン, トゥ], 英 different / ～に différemment [ディフェラマン]

さます 冷ます refroidir [ルフルワディール] 4 / 冷ました refroidi,e [ルフルワディ] / (温かい程度の状態に) tiédir [ティエディール] 4, laisser tiédir [レセィエティエディール] / 冷ました tiédi,e [ティエディ]

サ・マルシュ (ニューオーダーの掛声) Ça marche !

さむい 寒い froid,e [フルワ, ードゥ] / (気候が) il fait froid [イル フェ フルワー] ⟨faire 21⟩ / (本人が) avoir froid [アヴワール フルワー] ⟨avoir 1⟩

さむがり 寒がり(の) frileux [フリルー] ⟨男に, 単複同形⟩, frileuse [フリルーズ] ⟨女に⟩

さむさ 寒さ froid [フルワー] 男

さめ 鮫 requin [ルカーン] 男, 英 shark → ふかひれ

さめる 冷める se refroidir [スルフルワディール] 代動 4 59 / 冷めた refroidi,e [ルフルワディ] → さます

サモワール (湯沸器) samovar [サモヴァール] 男

さや¹ 莢 cosse [コース] 女, gousse [グース] 女

さや² 鞘 gaine [ゲーヌ] 女

さやいんげん 莢隠元 ᵗharicot 男 vert [アリコ ヴェール], 英 French bean / どじょういんげん (細い種類) haricot filet [アリコ フィレ], haricot aiguille [アリコ エギュイーユ] / へばにないんげん haricot d'Espagne [アリコ デスパーニュ], 英 runner bean / (太い種類) mange-tout [マンジュ トゥー] 男 ⟨単複同形⟩, haricot mange-tout [アリコ マンジュ トゥー] ⟨複 ～s ～～⟩ / (黄色い種類) haricot beurre [アリコ ブール] ⟨複 ～s ～⟩ 《料理では常に複数》

さやえんどう 莢豌豆(絹さや) pois 男 gourmand [ブワー グールマン] ⟨単複同形⟩, pois goulu [ブワー グーリュ] ⟨単複同形⟩, pois mange-tout [ブワー マンジュ トゥー] ⟨単複同形⟩, 英 snow pea 《料理では常に複数》

さゆ 白湯 eau 女 chaude [オ ショードゥ], 英 hot water

さゆうたいしょう 左右対称 → たいしょう

さよう 作用 (物理的) action [アクスィヨン] 女 / (効果・影響) effet [エフェ] 男, influence [アンフリュアーンス] 女 / (…に) ～する agir sur... [アジール スュール] ⟨agir 4⟩, influencer... [アンフリュアンセ] 32 / …の～で sous l'action (または l'effet) de... [スーラークスィヨン (レフェ) ドゥ]

さようなら au revoir [オルヴワール] / (長期または永遠の) adieu [アデュー] / (いい一日を) Bonne journée. [ボヌ ジュールネ] / (いい夜を) Bonne soirée. [ボヌ スワレー] / (じゃあね) Allez, ciao. [アレ チャオ] / (あとでね) À tout à l'heure. [ア トゥータ ルール]

さより 細魚 demi-bec 男 ⟨複 ～～s⟩ du Japon [ドゥミ ベック デュ ジャポン], 英 Japanese needle-fish, halfbeak

さら 皿 (総称) vaisselle [ヴェセール] 女 / ～盛料理 service 男 à l'assiette [セルヴィサ ラスィエートゥ] → カバー, さらあらい, ほおんき, りょうり, p.485 [囲みほか]

さらあらい 皿洗い (行為) vaisselle [ヴェセール] 女 / (レストランの) plonge [プロンジュ] 女 / (人) plongeur [プロンジュール] 男, plongeuse [プロンジューズ] 女 ‖ ～をする faire la vaisselle [フェール ラ ヴェセール] ⟨faire 21⟩, faire la plonge [フェール ラ プロンジュ] / ～機 lave-vaisselle [ラーヴ ヴェセール] 男 ⟨複 ～～s⟩

さらいげつ 再来月 dans deux mois [ダン ドゥー ムワ]

さらいしゅう 再来週 dans quinze jours [ダン カーンズ ジュール], dans deux semaines [ダン ドゥー スメーヌ]

さらいねん 再来年 dans deux ans [ダン ドゥーザン]

さらう 攫う (排水溝を) vidanger [ヴィダンジェ] 25

さらさらした (なめらかな) lis,se [リ, ース] / (流れるような) coulant,e [クーラン, トゥ] / さらさらし過ぎたソース sauce

皿の種類

エスカルゴ皿 escargotière [エスカルゴティエール] 囡, plat à escargots [プラタ エスカルゴ]
大皿 plat [プラー] 男
オードヴル用小皿 ravier [ラヴィエ] 男
貝殻形皿 coquille [コキーユ] 囡
カップ用受皿, ソーサー soucoupe [スークープ] 囡
グラタン皿 plat à gratin [プラタ グラタン], (カソレット:小グラタン皿) cassolette [カソレットゥ] 囡
小判皿 plat ovale [プラー オヴァール]
食卓用飾皿 assiette [囡] de présentation [アスィエートゥ ドゥ プレザンタスィヨン]
耐熱皿 plat à four [プラタ フール], plat allant au four [プラー アラントゥ フール] / (ガラス製) pyrex [ピレクス] 男
デザート皿 assiette à dessert [アスィエタ デセール]
パイ皿 plaque [囡] à four ronde [プラカ フール ロンドゥ], plaque tourtière [プラーク トゥールティエール]
バター皿 coupelle [クーペール] 囡
パン皿 assiette à pain [アスィエタ パン]
一人用盛皿 assiette [アスィエートゥ]
平皿 assiette plate [アスィエートゥ プラートゥ]
深皿, スープ皿 assiette creuse [アスィエートゥ クルーズ]

囡 trop liquide [ソーストゥロー リキードゥ]
ざらざらした (手触りの粗い) rêche [レーシュ] 〈男女同形〉, rude [リュードゥ] 〈男女同形〉/ (表面の荒れた) rugueux [リュグー] 〈男に, 単複同形〉, rugueuse [リュグーズ] 〈囡に〉/ (粒々の) granuleux [グラニュルー] 〈男に, 単複同形〉, granuleuse [グラニュルーズ] 〈囡に〉
サラザン → そば²
さらす 晒す (魚の血などの汚れを除くために) limoner [リモネ], dégorger [デゴルジェ] 25/ 晒した limoné,e [リモネ], dégorgé,e [デゴルジェ] ‖ (冷やすために) refroidir [ルフルワディール] 4, rafraîchir [ラフレシール] 4/ 晒した refroidi,e [ルフルワディ], rafraîchi,e [ラフレシ] ‖ (太陽などに) exposer [エクスポゼ]/ 晒した exposé,e [エクスポゼ]
サラダ salade [サラードゥ] 囡, 奧 salad /～油 huile 囡 à salade [ユイーラ サラードゥ]
→ サーヴァー¹, ボール², p.486〔囲み〕
サラダな サラダ菜 → レタス
サラダバーネット (香草) pimprenelle [パンプルネール] 囡, 奧 garden burnet, salad burnet
さらっとした → さらさらした
さらに 更に en plus [アン プリュース]

サラ・ベルナール(風) Sarah Bernhardt [サラ ベルナール]
サラマンダー → サラマンドル
サラマンドル (上火オーヴン) salamandre [サラマーンドゥル] 囡
サラミ (ソーセージ) saucisson 男 sec [ソスィソン セーク], salami 男 salami
ざらめとう 粗目糖 → さとう
さらもりサーヴィス 皿盛サーヴィス → サーヴィス
サラリー salaire [サレール] 男 /～マン salarié,e [サラリエ] 男囡
サラワクペッパー → こしょう¹
サリー・ワイル (スイス人料理長) Saly Weil 男
サリエット (きだちはっか, セイヴォリ) sar(r)iette 囡 des jardins [サリエートゥ デ ジャルダン], 奧 summer savory
ざりがに 蝲蛄 écrevisse [エクルヴィース] 囡, 奧 crawfish /～の身 queue 囡 d'écrevisse [クー デクルヴィース], 奧 crawfish tail /～バター beurre 男 d'écrevisse [ブール デクルヴィース]/ 赤足～ écrevisses à pattes rouges [エクルヴィース ア パートゥ ルージュ]/ アメリカ～ écrevisse rouge [エクルヴィース ルージュ], 奧 red crawfish
ざる 笊 passoire [パスワール] 囡 / (チ

主なサラダの種類

グリーンサラダ salade 女 verte [サラードゥ ヴェールトゥ]
コンビネーションサラダ salade composée [サラードゥ コンポゼ], 英 *combination salad*
シンプルサラダ salade simple [サラードゥ サーンプル], 英 *simple salad*
生野菜盛合せサラダ crudités [クリュディテ] 女複, salade de crudités [サラードゥ ドゥ クリュディテ], 英 *crudités*
ニース風サラダ salade (à la) niçoise [サラードゥ (ア ラ) ニスワーズ], 英 *salad in Nice style*
フルーツサラダ salade de fruits [サラードゥ ドゥ フリュイ], 英 *fruits salad*
ミックスサラダ salade mélangée [サラードゥ メランジェ], salade panachée [サラードゥ パナシェ] / (若菜の) salade de mesclun [サラードゥ ドゥ メスクラン], 英 *mixed salad*
リヨン風サラダ saladier 男 lyonnais [サラディエ リヨネ], salade (à la) lyonnaise [サラードゥ (ア ラ) リヨネーズ], 英 *salad in Lyon style*

ーズ用) faisselle [フェセール] 女
ざるがい 笊貝 (ヨーロッパざる貝) coque [コーク] 女, 英 *cockle*
サルシフィ → ばらもんじん
サルタナ (スミルヌ干ぶどう) → レーズン
サルディーヌ → いわし
サルディニア (イタリアの島) Sardaigne [サルデーニュ] 固女 /〜の sarde [サールドゥ] 〈男女同形〉/〜風 (à la) sarde [(ア ラ) サールドゥ]
サルピコン (小さいさいのめ切り, その野菜) salpicon 男
サルミ (煮込) salmis 男, 英 *salmi*
サルミゴンダン (ごった煮) salmigondin 男
サルミゴンディ (ごった煮) salmigondis 男, 英 *hotchpotch, hodgepodge*
サルモネラきん サルモネラ菌 salmonella [サルモネラ] 女, salmonelle [サルモネール] 女
サルラ (町) Sarlat 固 /〜の sarladais,e [サルラデーズ] 〈男には単複同形〉/〜風 (à la) sarladaise [(ア ラ) サルラデーズ]
サレ (豚の塩漬) salé 男
サレップ (澱粉(ﾃﾞﾝﾌﾟﾝ)) salep 男
される …される «être+過去分詞» ⇒ p.755「受動態」
サロン salon 男 → きっさてん
ザワークラウト 独 Sauerkraut → シュークルート
サワークリーム crème 女 aigre [クレーメーグル], smitane [スミターヌ] 女, 英 *sour cream*
サワーチェリー (グリヨート) → さくらんぼ
サワーミルク → ミルク
さわがに 沢蟹 → かに
さわやかな 爽かな rafraîchissant,e [ラフレシサン, トゥ], 英 *refreshing* / (涼しい, 新鮮な, はつらつとした) frais [フレー] 〈男に, 単複同形〉, fraîche [フレーシュ] 〈女に〉
さわら 鰆 scombre [スコーンブル] 男, thazard 男 oriental [タザール オリヤンタール], 英 *Spanish mackerel*
さわる 触る toucher [トゥーシェ]
さん¹ 三 trois [トゥルワー] 男 〈単複同形〉/(3つの) trois 〈不変〉
→ さんとうぶん, さんぶんのいち, さんぶんのに, ばい¹, ばん¹
さん² 酸 acide [アスィードゥ] 男
さん³ …産(の) (原産) originaire 〈男女同形〉 de... [オリジネール ドゥ] / アフリカ〜のフルーツ fruit 男 originaire d'Afrique [フリュイ オリジネール ダフリーク]
さん⁴ …さん → さま
サン・ヴェラン (ワイン) saint-véran 男
さんか¹ 酸化 oxydation [オクスィダスィヨン] 女 /〜する s'oxyder [ソクスィデ] 代動 59 /〜した oxydé,e [オクスィデ] /〜剤 oxydant [オクスィダン] 男 /〜物 oxyde [オクスィードゥ] 男 /〜防止剤 antioxydant [アンティオクスィダン] 男
さんか² 参加 participation [パルティ

スィパスィヨン] 囡 /…に～する participer à... [パルティスィペア...], prendre part à... [プランドル パール ア] ⟨prendre ㊲⟩ /～者 participant,e [パルティスィパン, ト ゥ] 男囡

さんか³ 産科 ～医 accoucheur [アクーシュール] 男, accoucheuse [アクーシューズ] 囡　→さんふじんか

さんかい 山海 → ちんみ

さんかく 三角(形) triangle [トゥリヤーングル] 男 ⟨男女同形⟩, (英) *triangular* /～錐 pyramide 囡 triangulaire [ピラミードゥ トゥリヤンギュレール] /～柱 prisme 男 triangulaire [プリースム トゥリヤンギュレール] /正～ triangle équilatéral [トゥリヤーングレキテラレール] /二等辺～ triangle isocèle [トゥリヤーングリゾセール]

さんがつ 三月 mars [マールス] 男 /～に en mars [アン マールス]

ザンガラ(風) (ジプシー風:料理表現) (à la) zingara [(アラ) ザンガラ] 囡

サンカンテアン (リキュール) 51 (cinquante et un) 男

サンギーヌ (料理) sanguine 囡

さんぎょう 産業 industrie [アンデュストゥリ] 囡 /食品～ industrie alimentaire [アンデュストゥリ アリマンテール] /ワイン～ industrie vinicole [アンデュストゥリ ヴィニコール]

ざんぎょう 残業 → じかんがい

サンク・エピス → ごこうふん

サングラス lunettes [リュネートゥ ドゥ ソレーユ] 囡複 de soleil

サングリア (飲物) sangria 囡

サングリエ → いのしし

さんけつ 酸欠 manque 囡 d'oxygène [マンク ドクスィジェーヌ]

サンゲット (料理) sanguette または sanguète [サンゲートゥ] 囡

サンケピス → ごこうふん

さんご 珊瑚 corail [コラーユ] 男 ⟨複 coraux [コロ]⟩

さんさい 山菜 légumes 男複 sauvages [レギュム ソヴァージュ], (英) *edible wild plants*

さんざし 山査子 (西洋さんざし) aubépine [オベピーヌ] 囡, épine 囡 blanche [エピーヌ ブラーンシュ] /～の実 azerole [アズロール] 囡, cenelle [スネー

ル] 囡, (英) *haw*

サンジェする (粉をふる, またはカラメルでソースに色を付ける) singer [サンジェ] ㉕ /サンジェした singé,e [サンジェ]

サン・ジェルマン(風) (à la) Saint-Germain [(アラ) サン ジェルマン]

サン・シニャン (ワイン) saint-chinian 男

サン・ジャック → ほたてがい

さんじゅう¹ 三十 trente [トゥラーントゥ] ⟨不変⟩　→ばん¹

さんじゅう² 三重 triple [トゥリーブル] ⟨男女同形⟩ /～にする tripler [トゥリープレ] /～にした triplé,e [トゥリープレ]

サン・ジュリアン (ワイン) saint-julien 男

さんしょう 山椒 (香辛料) poivre 男 du Japon [プワーブル デュ ジャポン], poivre japonais [プワーブル ジャポネ], (英) *Japanese pepper* /花～ poivre de Séchouan (または Sichuan) [プワーブル ドゥ セシュアン (スィシュアン)]

さんしょく¹ 三色(の) tricolore [トゥリコロール] ⟨男女同形⟩ /～旗 drapeau 男 tricolore ⟨複 ～x ～s⟩ [ドゥラーポ トゥリコロール]

さんしょく² 三食 trois repas 男複 [トゥルワー ルパ]

サン・ジョゼフ (ワイン) saint-joseph 男

サン・シルヴェストル → おおみそか

さんすう 算数 arithmétique [アリトゥメティーク] 囡

さんせい 酸性(度) acidité [アスィディテ] 囡 /～の acide [アスィードゥ] ⟨男女同形⟩

サンセール (ワイン) sancerre 男

さんそ 酸素 oxygène [オクスィジェーヌ] 男　→ボンベ, マスク

さんそう 山荘 maison 囡 (または villa 囡) de montagne [メゾン (ヴィラ) ドゥ モンターニュ] /(山小屋) chalet [シャレ] 男

サンタクロース père 男 Noël [ペール ノエル]

サンタムール (ワイン) saint-amour 男

サンダル sandales [サンダール] 囡複, sandalettes [サンダレートゥ] 囡複 /厨房用の～ sabots [サボ] 男複

さんち 産地 (国) pays 男 ⟨単複同形⟩ producteur [ペイ プロデュクトゥール] /(地方) région 囡 productrice [レジョン プロデュクトゥリース] /(食品の) cru [クリュー]

サンチーム → サンティーム
サンチュ（サラダ菜）laitue 囡 coréenne [レテュ コレエーヌ]／英 *sangchu lettuce*
サンティーム（補助通貨）centime 男
サンデー（アイスクリーム）sundae 男, 英 *sundae*
サンテステフ（ワイン）saint-estèphe 男
サンテティエーヌ（都市）Saint-Étienne 固囡／～の stéphanois,e [ステファノワ,ーズ]〈男には単複同形〉／～風（à la）stéphanoise [(ア ラ) ステファノワーズ] ‖（仔牛の種類）Saint-Étienne 囡
サンテミリヨン（ワイン）saint-émilion 男
サンテュベール（風）Saint-Hubert [サンテュベール]
さんてんもり 三点盛 trilogie [トゥリロジ] 囡, triptyque [トゥリプティーク] 囡, 英 *trilogy*
サンドイッチ → サンドウィッチ
サンドウィッチ sandwich [サンドウィーシュ（またはサンドウィーチ）] 男, 英 *sandwich*／クラブ（ハウス）～ club（または clubhouse）sandwich [クルーブ（クルーブハウス）サンドウィーシュ], 英 *clubhouse sandwich*／ハム～ sandwich au jambon [サンドウィーショ ジャンボン]
→ パン・バニャ，ブックメーカーサンドウィッチ
サンドゥー → ラード
さんとうぶん 三等分 trisection [トゥリセクスィヨン] 囡／～にする diviser en trois parties égales [ディヴィゼ アン トゥルワ パルティゼガール]
サント・クロワ・デュ・モン（ワイン）sainte-croix-du-mont [サーントゥ クルワ デュ モン] 男
サントネ（ワイン）santenay [サントゥネ] 男
サントノレ（ケーキ）saint-honoré 男／クレーム・～ crème 囡 saint-honoré
サントバン（ワイン）saint-aubin 男
サント・フォワ・ボルドー（ワイン）sainte-foy-bordeaux [サーントゥ フワ ボルド] 男
サンドペーパー → やすり
サント・ムヌー（風）（à la）Sainte-Menehould [(ア ラ) サントゥ ムヌー]
サント・モール（チーズ）sainte-maure [サーントゥ モール]

サンドレ（チーズ）cendré [サーンドゥレ]
サントンジュ（地方）Saintonge 固囡／～の saintongeais,e [サントンジェーズ]〈男には単複同形〉／～風（à la）saintongeaise [(ア ラ) サントンジェーズ]
サン・ニコラ・ド・ブールグイユ（ワイン）saint-nicolas-de-bourgueil [サン ニコラ ドゥ ブールグーユ] 男
サン・ネクテール（チーズ）saint-nectaire 男
ざんねん 残念（な）regrettable [ルグレターブル]〈男女同形〉,（嘆かわしい）désolant,e [デゾラン,トゥ]／～だ C'est dommage., Tant pis ! [タンピ]／…を～に思う（悩む）être désolé,e de... [エートゥル デゾレ ドゥ…]〈être 2〉
さんぱい 酸敗（ワインなどの）aigrissement [エグリスマン] 男, tourne [トゥールヌ] 囡／～する tourner [トゥールネ]／～した tourné,e [トゥールネ] ‖（ワインやビールが酸っぱくなり始めた）acescence [アセサーンス] 囡／～した acescent,e [アセサン,トゥ] ‖（バター，油などの）rancissement [ランスィスマン] 男／～する rancir [ランスィール] 4／～した ranci,e [ランスィ]
ざんぱん 残飯 → のこり
サン・ピエール（まとう鯛）→ たい¹
サンピニ・レ・マランジュ（ワイン）sampigny-lès-maranges 男
サン・プールサン（ワイン）saint-pourçain 男
さんふじんか 産婦人科 gynécologie [ジネコロジ] 囡／～医 gynécologue [ジネコローグ] 男囡 → さんか³
さんぶつ 産物 produit [プロデュイ] 男
サンプル → みほん
サン・フロランタン（ケーキ）saint-florentin 男
さんぶんのいち 三分の一（⅓）un tiers [アンティエール] 男, un sur trois [アンスュールトゥルワ]
さんぶんのに 三分の二（⅔）deux tiers [ドゥー ティエール] 男複, deux sur trois [ドゥー スュール トゥルワー]
さんま 秋刀魚 balaou [バラウー] 男 du Japon [バラウー デュ ジャポン], 英 *Pacific saury*
さんまいにく 三枚肉（豚）poitrine 囡 de porc [プワトゥリーヌ ドゥ ポール], lard 男 maigre [ラール メーグル], petit

lard[プティ ラール], 㕛 *side*
サン・マルスラン（チーズ）saint-marcellin[男]
サン・マロ（風）Saint-Malo[サン マロ], (à la) malouine[(アラ) マルイーヌ]
サン・マンデ（風）Saint-Mandé[サン マンデ]
さんみ 酸味 acidité[アスィディテ][女], goût[男] acide[グースィードゥ], aigreur[エグルール][女]/〜をつける acidifier[アスィディフィエ]/〜をつける acidifié,e[アスィディフィエ], 㕛 *acidified* ‖ 軽く〜をつける aciduler[アスィデュレ]/軽く〜をつけた acidulé,e[アスィデュレ], 㕛 *slightly acid* ‖ (酸化させて) aigrir[エグリール][4]/〜をつけた aigri,e[エーグリ]
サン・ラファエル（リキュール）Saint-raphaël[固有]
サンルーム véranda[ヴェランダ][女], jardin d'hiver[ジャルダン ディヴェール][男]
サン・ロマン（ワイン）saint-romain[男]

し

し[1] 四 → よん
し[2] 市 ville[ヴィール][女]：フランスでは地方自治体としての市・町・村の区別はなく、全て commune[コミューヌ][女]と言う/〜の municipal,e[ミュニスィパール], municipaux[ミュニスィポ]〈男複に〉
し[3] 死 → しぼう[2]
じ[1] 字 → もじ
じ[2] 痔 hémorroïdes[エモロイードゥ][女複]
じ[3] 時 → じこく
しあい 試合（複数の人やチームで行う）compétition[コンペティスィヨン][女]/(2人やチーム間の) match[マーチュ][男]/(記念カップ等の争奪) challenge[シャランジュ][男], coupe[クープ][女], trophée[トゥローフェ][男]/(選手権) championat[シャンピヨナ][男]/(価値や性能を知るための) epreuve[エプルーヴ][女]
しあげ 仕上げ → おえる, かんせい[1]
しあさって 明々後日 dans trois jours[男複][ダントゥロワ ジュール]
しあつ 指圧 pointillage[プワンティヤージュ][男]
しあわせ 幸せ bonheur[ボヌール][男]/〜な heureux[ウールー]〈男に, 単複同形〉, heureuse[ウールーズ]〈女に〉
シーヴ → シブレット
しいく 飼育 élevage[エルヴァージュ][男]/〜する élever[エルヴェ][5]/〜した élevé,e[エルヴェ]
シークワサー mandarine[女] shiikuwasha[マンダリーヌ シークワシャ], 㕛 *hirami lemon*
シーザーサラダ salade[女] César[サラードゥ セザール], 㕛 *Caesar Salad*
シーシー cc［セセ］: centimètre[男] cube[サンティメートゥル キューブ][男]の略
シーズニング → ちょうみりょう
シーズン → オフシーズン, きせつ
しいたけ 椎茸 lentin du chêne[ランタン デュ シェーヌ][男], shi(i)také[シタケ][男], champignon[男] chinois[シャンピニョン シノワ], 㕛 *shiitake*/干〜 shi(i)také séché[シタケ セシエ], champignon chinois séché[シャンピニョン シノワ セシエ]
シーチキン（鮪缶詰の商標名）→ ツナ
シーツ drap[ドゥラー][男]
シーディー CD → ディスク
シーディーロム CD-ROM CD-ROM[セデロム][男], cédérom[セデロム][男]
シート 〜 ベルト ceinture[女] de sécurité[サンテュール ドゥ セキュリテ] → クッキング, せき[1], ベーキングシート
シードル（りんご酒）cidre[スィードゥル][男], 㕛 *cider*/いちじく〜 cidre de figue[スィードゥル ドゥ フィーグ] → す[2]
しいのみ 椎の実 gland[男] doux[グラーン ドゥー]〈複〜s 〜〉, 㕛 *acorn*
ジーパン → ジーンズ
シーフード → うみのさち
しいら 鱪(白甘鯛) coryphène[コリフェーヌ][女], (poisson[男]) caméléon[(プワソーン) カメレオン], 㕛 *dolphin fish*
シール autocollant[オトコラン][男]
しいれ 仕入 achat[アシャ][男]/(調達) approvisionnement[アプロヴィズィヨヌマン][男]/(卸からの) achat en gros[アシャ アン グロー]/〜先 fournisseur[フルニスール][男]/〜る acheter[アシュテ][5]
しいん[1] 試飲 → テイスティング

しいん² 子音 consonne[コンソーヌ]女

ジーンズ jean[ジーン]男, blue-jean[ブルジーン]男〈複 ~-~s〉

シヴェ(煮込) civet[スィヴェ]男

シヴェット → シブレット

シヴリ(風) (à la) Chivry[(ア ラ) シヴリ]

ジヴレする (砂糖など白いものをまぶす) givrer[ジヴレ]/ジヴレした givré,e[ジヴレ],英 froasted/オレンジジヴレ orange givrée[オランジュ ジヴレ],英 orange sherbet served in the orange skin → フリュイ

シェーヴィング ~クリーム(ローション) crème 女 (lotion 女) à raser[クレーム(ロション) アラゼ]

シェーヴル → やぎ

シェーカー shaker[シェケール]男,英 shaker

シェナ(ワイン) chénas[シェナ]男

ジェネビ → にがよもぎ

ジェノヴァ(イタリアの都市) Gênes[ジェーヌ]固/~の génois,e[ジェノワ,ーズ]〈男には単複同形〉/~風 (à la) génoise[(ア ラ) ジェノワーズ]

ジェノワーズ(スポンジケーキ) génoise[ジェノワーズ]女,英 genoise/~生地 pâte 女 à génoise[パタ ジェノワーズ]

シェフ → コック¹,サーヴィス,パティシエ

シェリー(酒) xérès[ケレスまたはグゼレーズ]男,英 sherry → グラス¹,す²

ジェリー → ゼリー

ジェルミニ(風) Germiny[ジェルミニ]

しお¹ 塩 sel[セール]男,英 salt/~をする, ~を加える saler[サレ]男/~を加えた salé,e[サレ]/~の salin,e[サ ラン, リーヌ]
→ クロコ・セル,しおあじ,しおいれ,しおかげん,しおがまづつみ,しおぬき,しおみず,しおやき,しおゆでする,しょっぱい,セル・ド・ノワゼット,フルール・ド・セル,[囲み]

しお² 潮 marée[マレ]女

しおあじ 塩味 goût[グー]男 salé[サレ], goût salin[グー サラン]

しおいれ 塩入れ salière[サリエール]女

しおかげん 塩加減 salure[サリュール]女

しおがまづつみ 塩釜包(の) en croûte de sel[アン クルート ドゥ セール]

しおから 塩辛 poisson 男 cru détaillé salé et fermenté[プワソン クリュ デタイエ サレ エ フェルマンテ]

塩の種類

亜硝酸塩 sel nitrité[セール ニトゥリテ]

粗塩, グロ・セル
gros sel[グロ セール]

海塩 sel marin[セール マラン]

岩塩 sel gemme[セール ジェーム]

グレーソルト sel gris[セール グリ],
gros gris[グロ グリ]男

精製塩 sel fin[セール ファン], sel de table[セール ドゥ ターブル]

セル・ド・リヴェーシュ(リヴェーシュ風味の精製塩) sel de livèche[セール ドゥ リヴェーシュ]

セロリソルト
sel de céleri[セール ドゥ セルリ]

柔化塩
sel attendrisseur[セーラタンドゥリスール]

しおからい 塩辛い → しょっぱい

しおけ 塩気 → えんぶん,しおあじ

しおざけ 塩鮭 → さけ¹

しおだし 塩出し → しおぬき

しおだら 塩鱈 → たら²

しおづけ 塩漬 (天然素材だけの) salaison[サレゾン]女/(添加物も加えた) salage[サラージュ]男‖~豚肩甲骨肉 palette 女 demi-sel[パレートゥ ドゥミ セール],英 slightly salted shoulder/~豚ばら肉 poitrine 女 salée[プワトゥリーヌ サレ],英 streaky bacon

しおぬき 塩抜 ~する déssaler[デサレ]/~した déssalé,e[デサレ]

しおみず 塩水 eau 女 salée[オ サレ] → ソミュール

しおやき 塩焼 grillade 女 au sel[グリヤード セール]/…を~する griller...au sel[グリエ オ セール]/魚の~ poisson 男 grillé au sel[プワソン グリエ オ セール]

しおゆでする 塩茹する faire cuire à l'anglaise[フェール キュイール ア ラングレーズ] 〈faire 21〉/塩茹した, 塩茹の cuit,e à l'anglaise[キュイ,-トゥ ア ラングレーズ],英 boiled

しおれる 萎れる se faner[ス ファネ] 代動59/しおれた fané,e[ファネ]

しか¹ 鹿 (総称) cerf[セール]男,英 deer → p.491 [囲み]

しか² 歯科(医院) clinique 女 dentaire[クリニーク ダンテール]/~の dentaire[ダンテール]〈男女同形〉/~医 den-

鹿の種類

雄のろ鹿 chevreuil [シュヴルーユ] 男, 英 roebuck
雌のろ鹿 chevrette [シュヴレートゥ] 女, 英 roe, doe
仔のろ鹿 (6ヶ月までの) chevrotin [シュヴロタン] 男, faon [ファン] 男, (18ヶ月までの) chevrillard [シュヴリヤール] 男, 英 fawn
若のろ鹿 (20〜25kgの) brocard [ブロカール] 男, 英 brocket
雄だま鹿 daim [ダン] 男, 英 buck
雌だま鹿 daine [デーヌ] 女, 英 hind
雄赤鹿 cerf [セール] 男, 英 red deer hart, stag
雌赤鹿 biche [ビーシュ] 女, 英 doe, hind
仔赤鹿 faon [ファン] 男, 英 fawn
えぞ鹿 chevreuil d'Ezo [シュヴルーユ デゾ], 英 Ezo deer

鹿の部位

肩肉 épaule [エポール] 女, 英 shoulder
首肉 collier [コリエ] 男, 英 scrag (end)
鞍下肉 selle [セール] 女, 英 saddle
腰肉 longe [ロンジュ] 女, 英 loin
尻肉 cimier [スィミエ] 男, 英 knuckle, shank
すね肉 jarret [ジャレ] 男
背肉 (1本ずつ切けた骨付) côtelette [コトゥレートゥ] 女, 英 chop
ばら肉 poitrine [プワトゥリーヌ] 女
フィレ肉 filet [フィレ] 男, 英 fillet
もも肉 gigue [ジーグ] 女, 英 haunch

---

tiste [ダンティーストゥ] 男女 /〜へ行く aller chez le dentiste [アレ シェ ル ダンティーストゥ] ⟨aller 6⟩

しか³ A 〜…ない «ne+動詞+que A» [ヌク] /私は10ユーロしか持っていない Je n'ai que 10 euros. [ジュ ネ ク ディーズーロ]

シガー (葉巻) cigare [スィガール] 男 /〜カッター guillotine [ギヨティーヌ] 女

しがい 市街 ville [ヴィール] 女 /旧〜 vieille ville [ヴィエーユ ヴィル] /新〜 ville neuve [ヴィル ヌーヴ], nouveau quartier [ヌーヴォ カルティエ] /〜地 agglomération [アグロメラスィヨン] 女

しがいきょくばん 市外局番 indicatif [アンディカティフ] 男 téléphonique [テレフォニック]

しがいせん 紫外線 ultraviolet [ユルトゥラヴィオレ] 男, U.V. [ユヴェ]

しかく¹ 資格 qualification [カリフィカスィヨン] 女 /〜のある qualifié,e [カリフィエ] ‖ (社会的) qualité [カリテ] 女 / (免状) diplôme [ディプローム] 男 / (肩書) titre [ティートゥル] 男

しかく² 四角 (正方形) carré [カレ] 男 /〜い, 〜の carré,e [カレ] ‖ (長方形) rectangle [レクターングル] 男 /〜い, 〜の rectangulaire [レクターンギュレール] ⟨男女同形⟩ ‖ (立方体) cube [キューブ] 男 /〜い, 〜の cube ⟨男女同形⟩, cubique [キュビーク] ⟨男女同形⟩ ‖ 〜柱 prisme [プリスム] 男 tétragonal [テトゥラゴナール]
→ ピラミッド

じかこねほう 直説法 → はっぽう

しかし mais [メ], cependant [スパンダン], pourtant [プールタン]

じかせい 自家製(の…) (レストランなどでの)…de la maison [ドゥ ラ メゾン], ...fait,e à la maison [フェ, トゥ ア ラ メゾン], 英 chef's own... / (家庭での) ménager [メナジェ] ⟨男に⟩, ménagère [メナジェール] ⟨女に⟩

しかた 仕方 〜ない Tant pis ! [タン ピ] /〜なく faute de mieux [フォートゥ ドゥ ミュー]
→ ほうほう

しがつ 四月 avril [アヴリール] 男 /〜に en avril [アンナヴリール]

しかも (その上に) de plus [ドゥ プリュース], en plus [アンプリュース]

しかられる 叱られる être grondé,e

しかる　492

[エートゥル グロンデ]〈être ②〉
しかる　叱る　gronder [グロンデ]/(たしなめる) reprendre [ルプランドゥル] ③⑦/(どなりつける) engueuler [アンゲレ]
シガレット　(紙巻煙草または菓子) cigarette [スィガレット] 囡/〜生地　pâte 囡 à cigarettes [パータ スィガレット]
じかん　時間　temps [タン] 男〈単複同形〉, heure [ウール] 囡/何〜　combien d'heures [コンビヤン ドゥール]/半〜 demi-heure [ドゥミウール] 囡/数〜 plusieurs heures [プリュズィユール]/〜がある　avoir du temps [アヴワール デュ タン]〈avoir ①〉/…〜かかる　il faut ...heure(s) [イル フォ ウール]/私には〜がない　Je n'ai pas de temps [ジュネ パ ドゥ タン]/すぐに〜がたつ　Le temps passe vite. [ル タン パス ヴィートゥ]/〜に追われる　être pressé,e par le temps [エートゥル プレーセ パール ル タン]〈être ②〉/調理〜　temps de cuisson [タン ドゥ キュイソン]/労働〜　heures de travail [ウール ドゥ トゥラヴァーユ] ‖ (時刻) heure [ウール] 囡/〜に間に合う　être à temps [エートゥル アタン]〈être ②〉/〜どおりに　à l'heure [ア ルール]/食事〜　heure du repas [ウール デュ ルパ]
→じかんがい, じこく, ちこく, なんじ
じかんがい　時間外　〜に働く　faire des heures supplémentaires [フェール デズール スュプレマンテール]〈faire ㉑〉/〜手当　indemnité 囡 d'heures supplémentaires [アンデムニテ ドゥール スュプレマンテール]/〜労働　heures supplémentaires [ウール スュプレマンテール]
じかんひょう　時間表　→じこく
しき¹　四季　quatre saisons 囡複 [カートゥル セゾン]
しき²　式　cérémonie [セレモニ] 囡/〜場　salle 囡 de cérémonie [サール ドゥ セレモニ]/〜服　habit 男 de cérémonie [アビ ドゥ セレモニ] →れいふく
しぎ　鴫・鷸　bécasse [ベカース] 囡, 英 sandpiper/ひな〜　bécasseau [ベカソ] 男〈複〜x〉‖ (しぎの種類) 田〜 bécassine 囡 (des marais) [ベカスィーヌ (デマレ)], 英 snipe/浜〜 bécasseau 男 variable [ベカソ ヴァリヤーブル]〈複〜x〜s〉, 英 dunlin/山〜 bécasse des bois [ベカス デ ブワー], 英 woodcock/雛山〜 bécasseau 男〈複〜x

(des bois) [ベカソ デ ブワー]
じき¹　時期 (時)　temps [タン] 男〈単複同形〉, moment [モマン] 男/丁度いい〜　au bon moment [オ ボン モマン]
→きかん¹, きせつ
じき²　時機　→きかい²
じき³　磁器　→とうじき
しきいし　敷石　dalle [ダール] 囡/(一つひとつの) pavé [パヴェ] 男
しききん　敷金　→ほしょう¹
しきこみようきじ　敷込用生地　→フォンセギし, プリぜきじ
しきちょう　色調　ton [トン] 男, tonalité [トナリテ] 囡/(ワインの) robe [ローブ] 囡
しきふ　敷布　→シーツ
しきゅう　子宮　utérus [ユテリュス] 男, matrice [マトゥリース] 囡/〜筋腫 myome 男 utérin [ミヨーム ユテラン]
→コブクロ
じきゅう　時給　salaire 男 à l'heure [サレール アルール]
しきょう　司教　évêque [エヴェーク] 男/大〜　archevêque [アルシュヴェーク] 男
しきり　仕切り　(部屋の) cloison [クルワゾン] 囡/(棚や箱の) case [カーズ] 囡
シキンボ　→うし
しく　敷く　(生地を鍋の底や型に) foncer [フォンセ] ㉜/敷いた　foncé,e [フォンセ]/〜こと、〜もの　fonçage [フォンサージュ] 男 ‖ (広げる) étendre [エタンドゥル] ㊴/敷いた　étendu,e [エタンデュ] ‖ (置く) mettre [メートゥル] ㉖, poser [ポゼ]/敷いた　mis,e [ミ,ーズ]〈男には単複同形〉, posé,e [ポゼ]/(ソースなどの液体を皿に) napper [ナペ]/敷いた　nappé,e [ナペ]/(行渡らせる) répartir [レパルティール] ㉚
じく　軸　pivot [ピヴォ] 男 →くき
ジグザグ　zigzag [ズィグザーグ] 男/〜の, 〜に　en zigzag [アン ズィグザーグ]/〜にする　zigzaguer [ズィグザゲ]
シクテ　(生地に切れめを入れる)　chiqueter/〜した　chiqueté,e
しげき　刺激　stimulation [スティミュラスィヨン] 囡/(興奮) excitation [エクスィタスィヨン] 囡 ‖ 〜する　stimuler [スティミュレ]/(興奮) exciter [エクスィテ]/〜のある　stimulant,e [スティミュラン, トゥ]/(興奮させる) excitant,e [エクスィタン, トゥ]/(舌を刺す) piquant,e [ピカン, トゥ]

しけん 試験（決められた点以上を越えると合格する）examen [エグザマン] 男/面接～ interview [アンテルヴュー] 女/（口頭試問）examen oral [エグザマン オラール]/～を受ける passer un examen [パセ アンネグザマン]/～に合格する réussir à un examen [レユスィール ア アンネグザマン]〈réussir ④〉/（合格人数が定まっている選抜方法）concours [コンクール]〈単複同形〉‖（能力を知るための）épreuve [エプルーヴ] 女‖（検査）essai [エセ] 男, test [テーストゥ] 男/～する tester [テステ]

じこ¹ 事故 accident [アクスィダン] 男/交通～ accident de la route [アクスィダン ドゥ ラ ルートゥ]/自動車～ accident de voiture [アクスィダン ドゥ ヴワテュール] 男/～を起す avoir un accident [アヴワール アナクスィダン]〈avoir ①〉

じこ² 自己 soi [スワー], soi-même [スワメム]/～を紹介する se présenter [ス プレザンテ]代動59/～紹介させてください Permettez-moi de me présenter. [ペルメテモワ ドゥ ム プレザンテ]/～負担する payer à son compte [ペイエ ア ソン コントゥ]/～流で à sa façon [ア サ ファソン]：「私が自己負担する」や「自己流で」と言う場合は son, sa ではなく mon, ma に,「君」の場合は ton, ta に変る ⇒ p.751「所有形容詞」

ジゴ（もも肉）→ こひつじ,ひつじ

しこう 嗜好 → このみ

じこく 時刻 heure [ウール] 女/～表 horaire [オレール] 男, indicateur [アンディカトゥール] 男/（時刻の言い方）«il est [イレ] +時刻»/（自分の時計で）«avoir [アヴワール ①] +時刻» → p.494［囲み］

しごと 仕事（労働,業務）travail [トゥラヴァーユ] 男, 複 travaux [トゥラヴォ]/（職業）profession [プロフェスィヨン] 女/（手仕事としての職業）métier [メティエ] 男/（ポスト,地位,部署）poste [ポストゥ] 男

しこみ 仕込 → したごしらえ

シコリ（菊ぢしゃ,菊にがな）→ チコリ

しこり 凝り・痼り（硬化した部分）induration [アンデュラスィヨン] 女/（ぐりぐり）ganglion [ガングリヨン] 男

シコレ（代用コーヒー）chicorée 女 → チコリ

ジゴンダ（ワイン）gigondas [ジゴンダス] 男

じさ 時差 décalage 男 horaire [デカラージョレール]

しさい 司祭 curé [キュレ] 男

じざいかぎ 自在鉤 crémaillère [クレマイエール] 女

しさく 試作 essai [エセ] 男

じざけ 地酒（日本酒）saké 男 de pays [サケ ドゥ ペイ] → ワイン

しし 四肢 membres [マーンブル] 男 複

シシカバブ kebab [ケバーブ] 男, shesh kebab [シェーシュ ケバーブ] 男, 英 kabob, kebob

ししざ 獅子座 Lion [リヨン] 男

ししつ 脂質 lipide [リピードゥ] 男

ししとうがらし 獅子唐辛子 piment doux vert [ピマン ドゥー ヴェール]（複 ～s ～s）, 英 sweet pepper

しじみ 蜆 corbicule [コルビキュール] 女, 英 corbicula

じしゃく 磁石 aimant [エマン] 男/～付包丁ホルダー porte-couteau 男 aimanté [ポールトゥ クート エマンテ]〈複 ～-～x ～s〉‖（コンパス）compas [コンパ] 男〈単複同形〉

ししゃも 柳葉魚（からふとししゃも）capelan [カープラン] 男, capélan [カペラン] 男, 英 capelin

ししゅう 刺繍 broderie [ブロドゥリ] 女/～する broder [ブローデ]/～した brodé,e [ブローデ]

しじゅう 四十 → よんじゅう

じしゅう 次週 → つぎ, よく² らい²

ししゅうびょう 歯周病（歯槽膿漏）pyorrhée 女 alvéolo-dentaire [ピヨレ アルヴェオロ ダンテール]

ししゅつ 支出 dépense [デパーンス] 女

しじゅんせつ 四旬節 carême [カレーム] 男

じしょ 辞書 dictionnaire [ディクスィヨネール] 男/～で調べる consulter un dictionnaire [コンスュルテ アン ディクスィヨネール]

ししょう 師匠 → せんせい

しじょう 市場 → いちば

じじょう 二乗 → じょう²

ししょく 試食 dégustation [デギュスタスィヨン] 女/～する déguster [デギュステ],（味見）goûter [グーテ]

シシリア → シチリア

じしん 地震 séisme [セイースム] 男,

時刻の言い方

«il est +時刻». (自分の時計で)«avoir +時刻»

1時です Il est une heure. [イレ ユヌール]
1時過ぎです Il est une heure passée. [イレ ユヌール パセ]
1時3分です Il est une heure trois. [イレ ユヌール トゥルワー]
1時15分です Il est une heure quinze. [イレ ユヌール カンズ], Il est une huere et quart. [イレ ユヌーレ カール]
1時30分です Il est une heure trente. [イレ ユヌール トゥラーントゥ]
1時半です Il est une heure et demie. [イレ ユヌーレ ドゥミー]
1時45分です Il est une heure quarante-cinq. [イレ ユヌール カラーントゥ サーンク]
2時15分前です Il est deux heures moins quinze. [イレ ドゥーズール ムワーン カンズ], Il est deux heures moins le quart. [イレ ドゥーズール ムワーン ル カール]
1時52分です Il est une heure cinquante-deux. [イレ ユヌール サンカーントゥ ドゥー]
2時8分前です Il est deux heures moins huit. [イレ ドゥーズール ムワーン ユイートゥ]
12時です Il est douze heures. [イレ ドゥーズール]
正午です Il est midi. [イレ ミディ]
午後12時半です Il est midi et demi(e). [イレ ミディ エ ドゥミー]
24時です Il est vingt-quatre heures. [イレ ヴァーントゥ カトゥルール], Il est minuit. [イレ ミニュイ]
午前4時です Il est quatre heures du matin. [イレ カトゥルール デュ マタン]
午後4時です Il est quatre heures de l'après-midi. [イレ カトゥルール ドゥ ラプレ ミディ]
午後7時です Il est sept heures du soir. [イレ セトゥール デュ スワール]
ちょうど6時です Il est six heures pile. [イレ スィズール ピール]
だいたい6時です Il est à peu près six heures. [イレ ア プ プレー スィズール]

発音のしかた

1時 une heure [ユヌール]
2時 deux heures [ドゥーズール]
3時 trois heures [トゥルワズール]
4時 quatre heures [カトゥルール]
5時 cinq heures [サンクール]
6時 six heures [スィズール]
7時 sept heures [セトゥール]
8時 huit heures [ユイトゥール]
9時 neuf heures [ヌヴール]
10時 dix heures [ディズール]
11時 onze heures [オンズール]
12時 douze heures [ドゥーズール]
13時 treize heures [トゥレーズール]
14時 quatorze heures [カトルズール]
15時 quinze heures [カンズール]
16時 seize heures [セズール]
17時 dix-sept heures [ディセトゥール]
20時 vingt heures [ヴァントゥール]
21時 vingt et une heures [ヴァンテ ユヌール]
22時 vingt-deux heures [ヴァーントゥ ドゥーズール]
23時 vingt-trois heures [ヴァーントゥ トゥルワズール]
24時 vingt-quatre heures [ヴァーントゥ カトゥルール]

tremblement 男 de terre [トゥラーンブルマン ドゥ テール]/～の sismique [スィスミーク]〈男女同形〉

じすいする 自炊する faire la cuisine soi-même [フェール ラ キュイズィーヌ ソワ メーム]〈faire 21〉:「私が自炊する」と言う場合は soi-même ではなく moi-même [ムワ メーム] に, 「君」の場合は toi-même [トゥワ メーム] に変る

しずか 静か(な) (ひっそりとした, 穏やかな) calme [カールム]〈男女同形〉/～に calmement [カルムマン] ‖ (音のな

い) silencieux[スィランスィユー]〈男に,単複同形〉, *silencieuse*[スィランスィユーズ]〈女に〉/～に silencieusement[スィランスィユーズマン]‖(落着いた) tranquille[トゥランキール]〈男女同形〉/～に tranquillement[トゥランキルマン]‖(安らかな) paisible[ペズィーブル]〈男女同形〉/～に paisiblement[ペズィーブルマン]/(そっと)～に doucement[ドゥースマン]‖～にしろ Silence![スィランス], Du calme![デュカールム]

しずく 雫 goutte[グートゥ]女/(焼けている間に染み出る肉汁) perle[ペール]女/…をひと～ une goutte de...[ユヌ グートゥ ドゥ]/(水滴) goutte d'eau[グートゥ ドー]

システム système[スィステーム]男

システロン(町) Sisteron[スィステロン]固

ジスト(柑橘(かんきつ)類の皮の内側の白い部分) ziste[ズィーストゥ]男

しずめる[1] 沈める immerger[イ(ン)メルジェ][25]

しずめる[2] 静める calmer[カルメ]

シズレする → みじんぎり

せき 歯石 tartre[タールトゥル]男

しせん 四川(中国の地方) Séchouan[セシュアン]固男 または Sichuan[スィシュアン]固男/～料理 cuisine[キュイズィーヌ]女 de Séchouan[ドゥ セシュアン]

しぜん 自然 nature[ナテュール]女/～の,～な naturel,*le*[ナテュレール]/～に naturellement[ナテュレールマン]
→ しょくひん

じぜんに 事前に préalablement[プレアラーブルマン]

しそ 紫蘇 périlla[ペリラ]女, pérille[ペリール]男, shiso[シソ]男,〈英〉*beefsteakplant, beefsteak mint*/赤～ périlla rouge[ペリラ ルージュ]

しそうのうろう → ししゅうびょう

した[1] 下 bas[バ]男, dessous[ドゥスー]男/～の inférieur,*e*[アンフェリュール]/…の～ sous...[スー], au-dessous de...[オ ドゥスー ドゥ]/その～に dessous[ドゥスー] → みまん

した[2] 舌 langue[ラーング]女,〈英〉*tongue*/～が肥えている avoir le palais fin[アヴワール ル パレ ファン]〈avoir [1]〉, être gourmet[エートゥル グールメ]〈être [2]〉/牛～ langue de bœuf[ラーング ドゥ ブフ]/(塩漬の) 赤い牛～肉 langue écarlate[ラーングカルラートゥ]/～シチュー ragoût[ラグードゥラーング]男 de langue[ドゥラーング],〈英〉*tongue stew*/豚～ langue de porc[ラーング ドゥ ポール]
→ べろ

したあげ 下揚 ～する blanchir[ブランシール][4]/～した blanchi,*e*[ブランシ]

したあじ 下味 assaisonnement[アセゾヌマン]男 de base[ドゥ バーズ]/～を付ける assaisonner[アセゾネ]/～を付けた assaisonné,*e*[アセゾネ]

したい …したい 《vouloir[ヴールワール][50]+不定詞》/私はこれを食べたい Je veux manger ça.[ジュ ヴー マンジェ サ], 《avoir envie de[アヴワール アンヴィ ドゥ](avoir [1])+不定詞》/私は仕事がしたい J'ai envie de travailler.[ジェ アンヴィ ドゥ トゥラヴァイエ]

じだい 時代(時期) époque[エポーク]女/(世代,時勢) temps[タン]男

しだいに 次第に(段階的に) graduellement[グラデュエルマン]/(だんだん強く) de plus en plus[ドゥ プリュ ザン プリュー]/(だんだん弱く) de moins en moins[ドゥ ムワーンザン ムワーン]

したがって 従って(だから) donc[ドーンク]/(…につれて)《à mesure que[ア ムズュール ク]+文》/(…どおりに) selon...[スロン]

したぎ 下着 linge[ラーンジュ]男, sous-vêtement[スー ヴェートゥマン]男〈複～~s〉/(女性用,集合的) lingerie[ラーンジュリ]女/(男性用,集合的) lingerie[ラーンジュリ]女 d'homme[ラーンジュリ ドム]

したく 支度 → じゅんび

したごしらえ 下拵え préparation[プレパラスィヨン]女, mise[ミーズ]女 en place[ミザン プラース]/(野菜の皮むき) épluchage[エプリュシャージュ]男/(魚や家禽の) habillage[アビヤージュ]男‖～する préparer[プレパレ]/～した préparé,*e*[プレパレ]/(野菜の皮をむく) éplucher[エプリュシェ]/～した épluché,*e*[エプリュシェ]/(筋など余分なものを除く) parer[パレ]/～した paré,*e*[パレ]/(内臓を除く) vider[ヴィデ]/～した vidé,*e*[ヴィデ]/(魚の整形) habiller[アビエ]/～した habillé,*e*[アビエ]/(鳥の毛を焼き,内臓を抜き,紐で縛る) habiller[アビエ]/～した habillé,*e*[アビエ]

したざわり 舌触り toucher[男]

lingual[トゥーシェ ラングワール]/～がよい être lisse à la langue[エートゥル リサ ララ ーング]〈être ②〉
しだしや 仕出屋 → ケータリング
したじゅんび 下準備 → したごしらえ
したしょり 下処理 → したごしらえ
したつづみ 舌鼓 clappement 男 de langue[クラプマン ドゥ ラーング]/～を打つ clapper[クラペ]
したなめずりする 舌なめずりする se pourlécher[スプールレシェ]代動 36 59
したびらめ 舌平目 (ソール) sole 女, 英 sole/(ドーヴァーソール) sole[ソール], sole franche[ソール フランシュ], 英 common sole, Dover sole/(小型の) séteau[セト]男〈複～x〉, solette[ソレートゥ]女
したまち 下町 quartier 男 populaire[カルティエ ポピュレール]
しち 七 sept[セートゥ]男〈単複同形〉/～ sept〈不変〉
→ ばい¹, ばん¹, ぶんのいち
しちがつ 七月 juillet[ジュイエ]男/～に en juillet[アン ジュイエ]
しちじゅう 七十 soixante-dix[スワサーントゥ ディス]男/～の soixante-dix〈不変〉/(スイス, ベルギーでは) septante[セプターントゥ] → ばん¹
しちめんちょう 七面鳥 (雌, ターキー) dinde[ダーンドゥ]女, poule d'Inde[プール ダーンドゥ], 英 turkey/(雄) dindon[ダンドン]男, poulet 男 d'Inde[プーレ ダーンドゥ]/(若雌) dindonneau[ダンドノ]男〈複～x〉/(若雄) dindette[ダンデートゥ]
しちゃく 試着 essayage[エセヤージュ]男/～室 cabinet 男 d'essayage[カビネ デセヤージュ]㉛/～する essayer[エセイエ]㉛
シチュー ragoût[ラグー]男/アイリッシュ～ irish stew[アイリッシュ ステュー]男, 英 Irish stew/ビーフ～ ragoût de bœuf[ラグ ドゥ ブフ]/(赤ワイン煮) bœuf bourguignon[ブフ ブールギニョン]男, 英 beef stew → なべ
しちゅうし 司厨士 → コック¹
しちょう 市長 maire[メール]男, madame[マダム] le maire[ル メール]
シチリア (イタリアの島) Sicile[スィスィリ]固女/～の sicilien,ne[スィスィリヤン, エーヌ]/～風 (à la) sicilienne
[(ア ラ) スィスィリエーヌ]
しっ (静かに) Chut![シュートゥ]
しつ 質 qualité[カリテ]女
しつおん 室温 température 女 ambiante[タンペラテューランビヤーントゥ]/(赤ワインを18℃ほどの)～にする chambrer[シャンブレ]/～にした chambré,e[シャンブレ]
しっかり (力を込めて) fortement[フォールトゥマン]/(きちんと) bien[ビヤーン]/(徹底的に) à fond[ア フォン]/～しろ! (Du) courage![(デュ) クーラージュ]
→ かたく¹, しまった², まじめ(な)
しっかん 疾患 → びょうき
しっき 漆器 laque[ラーク]女
しつぎょう 失業 chômage[ショマージュ]男/～者 chômeur[ショムール]男, chômeuse[ショムーズ]女 → ほけん
シック → おしゃれ
じっくり → しんちょう², ゆっくり
しっけ 湿気 humidité[ユミディテ]女/～のある humide[ユミードゥ]〈男女同形〉
じっけん 実験 expérience[エクスペリヤーンス]女/～する faire une expérience[フェーリュヌ エクスペリヤーンス]〈faire ㉑〉/～的な expérimental,e[エクスペリマンタル], expérimentaux[エクスペリマント]〈複に〉/～的に expérimentalement[エクスペリマンタルマン]/～料理 cuisine 女 expérimentale[キュイズィーヌ エクスペリマンタル]
しつこい (味が) lourd,e[ルール, ドゥ]/(油っこい) gras,se[グラ, ース]/(押付がましい) insistant,e[アンスィスタン, トゥ]/(執拗な) tenace[トゥナース]〈男女同形〉
じっしゅう 実習 (学校の) travaux 男 複 pratiques[トゥラーヴォ プラティーク] → けんしゅう, れんしゅう
しっしん¹ 失神 → きぜつ
しっしん² 湿疹 eczéma[エグゼマ]男
しっそ 質素(な) modeste[モデーストゥ]〈男女同形〉, simple[サーンプル]〈男女同形〉/(食事が)～な frugal,e[フリュガル], frugaux[フリュゴ]〈複に〉
しったか 尻高(貝) troque[トゥローク]男, 英 top shell
しっている 知っている (名前, 顔, もの, 性質, 機能を) connaître[コネートゥル]⑫/(わかる, できる) savoir[サヴワール]㊷/…であることを～ «savoir que[サヴワール ク]+文»/(…に精通し

ている) être au courant de... [エートゥ ルオ クーランドゥ]〈être ②〉
→ しらない,しる¹

シット → くず¹

しつど 湿度 → しっけ

しっとり (水分などで) humide [ユミードゥ]〈男女同形〉, mouillé,e [ムーイエ], moite [ムワートゥ]〈男女同形〉→ しめらせる

しっぱい 失敗 échec [エシェーク] 男 / (俗語:ばかげた失敗) connerie [コヌリ] 女 / (料理の)〜作 plat 男 raté [プラーテ ラテ]/〜する échouer [エシュエ], rater [ラテ]

しっぷ 湿布 compresse [コンプレス] 女, cataplasme [カタプラスム] 男

しっぽ 尻尾 → お

しつもん 質問 question [ケスティヨン] 女 /〜する demander [ドゥマンデ]

じつようてき 実用的(な) pratique [プラティーク]〈男女同形〉

しつれい 失礼(無礼) impolitesse [アンポリテス] 女 /〜な impoli,e [アンポリ], malpoli,e [マルポリ] → しゃざい

してい 指定 désignation [デズィニャスィヨン] 女 /〜の désigné,e [デズィニェ] /〜する désigner [デズィニェ]
→ きっぷ

してん 支店 succursale [スュキュルサール] 女 / (小さな) agence [アジャーンス] 女 /〜長 gérant,e de succursale [ジェラン,トゥ ドゥ スュキュルサール]

しでん 市電 tram [トゥラーム] 男, tramway [トゥラームウェ] 男

じてん 辞典・事典 → じしょ,ひゃっかじてん

じてんしゃ 自転車 bicyclette [ビスィクレトゥ] 女, vélo [ヴェロ] 男 /〜で à (または en) bicyclette [ア(アン)ビスィクレートゥ], à (または en) vélo [ア(アン)ヴェロ] /〜屋 magasin de cycles [マガザン ドゥ スィークル] /〜に乗る monter à bicyclette [モンテア ビスィクレートゥ]

じどう 自動(の) automatique [オトマティーク]〈男女同形〉→ かいさつ,ドア,はんばい

じどうしゃ 自動車 voiture [ヴワテュール] 女, (俗語) bagnole [バニョール] 女 /〜で en voiture [アン ヴワテュール] /〜学校(教習所) autoécole [オトエコール] 女 /〜修理工場 garage [ガラージュ] 男 /〜税納税証紙 vignette [ヴィニェトゥ] 女 automobile [ヴィニェートトモビール]
→ ほけん,めんきょ

シトラス → かんきつるい

シトロナード → レモネード

シトロネル (香草またはリキュール) citronnelle [スィトゥロネール] 女

シトロン (丸仏手柑) cédrat [セードゥラ] 男, (英) citron (レモン) citron [スィトゥローン] 男 /〜ヴェール citron vert [スィトゥローン ヴェール]

シトロンタイム → タイム²

しな 品 objet [オーブジェ] 男 / (商品) article [アルティークル] 男, marchandise [マルシャンディーズ] 女 /5〜の料理 menu 男 à cinq plats [ムニュ ア サン プラー] / (製品) produit [プロデュイ] 男

しながき 品書 → メニュー

しなぎれ 品切 épuisement [エピュイズマン] 男

しなくてはいけない …しなくてはいけない «il faut [イルフォ] +不定詞», «devoir [ドゥヴワール] ⑯ +不定詞»

しなそば 支那蕎麦 → ラーメン

しなちく 支那竹 pousse 女 de bambou conservée au sel [プース ドゥ バンブー コンセルヴェオ セール]

しなびた 萎びた → しおれる

しなもの 品物 → しな

シナモン cannelle [カネール] 女, cinnamome [スィナモーム] 男, (英) cinnamon /〜スティック cannelle en tuyau [カネーラン テュイヨ] /〜パウダー cannelle en poudre [カネーラン プードゥル]
→ シュガー

しなやかな → じゅうなん

しにせ 老舗 vieille maison 女 [ヴィエーユ メゾン]

しぬ 死ぬ → しぼう²

じねんじょ 自然薯 igname 女 de Japon [イニャーム ドゥ ジャポン], (英) *Japanese yam*

シノワ → こしき,こす²,ちゅうごく

シノン (町) Chinon 男 /〜の chinonais,e [シノネ,ーズ]〈男には単複同形〉/〜風 (à la) chinonaise [(アラ)シノネーズ] / (ワイン) chinon 男

しば 芝 gazon [ガゾン] 男 /〜地 pelouse [プルーズ] 女 /〜地内立入禁止:掲示 pelouse interdite [プルーザンテルディートゥ]

しはいにん 支配人 gérant,e [ジェラン,

しばえび 芝海老 → えび

しばしば souvent [スーヴァン], fréquemment [フレーカマン]

しはつ 始発 départ [デパール] 男/〜駅 gare 女 de départ [ガール ドゥ デパール]/〜列車, 電車 premier train 男 [プルミエ トゥラーン]

しはらい 支払い paiement [ペマン] 男, règlement [レーグルマン] 男/分割〜 paiements 男複 par échelonnement [ペマン パーレシュローヌマン]
→ はらう

しばらく 暫く (ある少しの期間) quelque temps [ケールク タン]/(ほんの少しの間) un moment [アン モマン], un instant [アンナンスタン]

しばる 縛る (つなぎとめる) attacher [アタシェ]/縛った attaché,e [アタシェ] ‖ (ひもでくくる) ficeler [フィスレ] 7/縛った ficelé,e [フィスレ] ‖ (ロースト用鳥の脚を胴に固定する) assujettir [アスュジェティール] 4, trousser [トゥルーセ]/縛った assujetti,e [アスュジェティ], troussé,e [トゥルーセ]
→ ブリデする

しはんぶん 四半分 → カルティエ, よんぶんのいち

じびいんこうか 耳鼻咽喉科 otorhino-laryngologie [オトリノ ラランゴロジ] 女, O.R.L. [オエルエル]/〜医 oto-rhino-laryngologiste [オトリノ ラランゴロジーストゥ] 男女

ジビエ → りょうじゅうにく, りょうちょうにく, りょうにく

じびょう 持病 maladie 女 chronique [マラディ クロニーク]

しびれ 痺れ engourdissement [アングールディスマン] 男/〜る s'engourdir [サングールディール] 代動 4 59

しぶ[1] 支部 section 女 (locale) [セクスィヨン (ロカール)]

しぶ[2] 渋 tan(n)in [タナン] 男 ‖ い(味) âpre [アープル] 〈男女同形〉/(ワイン) astringent,e [アストゥランジャン, トゥ], rude [リュードゥ] 〈男女同形〉/(色) sobre [ソーブル] 〈男女同形〉/(趣) discret [ディスクレー] 〈男に〉, discrète [ディスクレートゥ] 〈女に〉 ‖ 〜み(味) âpreté [アープルテ] 女, goût âpre [グーアープル] 男/(趣) délicatesse 女 discrète [デリカテス ディスクレートゥ]
→ かわ[1]

シフォナード → せんぎり

シフォネット (ポタージュ) chiffonnette [シフォネートゥ] 女

シフォンケーキ gâteau 男 mousseline [ガトームースリーヌ], 英 *chiffon cake*

ジプシー gitan,e [ジタ・ン, ーヌ] 男女/〜風 → ザンガラ(風)

シブスト (菓子職人) Chiboust [シブーストゥ] 固/クレーム〜 crème 女 Chiboust [クレーム シブーストゥ]

シフト (輪番) roulement [ルールマン] 男

シブレット (西洋浅葱, 蝦夷葱, チャイブ) ciboulette [スィブーレートゥ] 女, fines herbes [フィーヌゼルブ] 女複, cive [スィーヴ] 女, civette [スィヴェートゥ] 女, 英 *chives*

ジブロート (煮込) gibelotte [ジブロートゥ] 女

じぶん 自分 → みずから, わたし

しへい 紙幣 billet 男 [ビエ], billet de banque [ビエ ドゥ バーンク]

シベリア Sibérie [スィベリ] 固女/〜の sibérien,ne [スィベリ・ヤ・ン, エーヌ]/(ケーキ) gâteau 男 de génoise garni de pâte de haricots rouges sucrée [ガトー ドゥ ジェヌワズ ガルニ ドゥ パートゥ ドゥ アリコ ルージュ スュクレ]

しへんけい 四辺形 quadrilatère [カドゥリラテール] 男/〜の quadrilatéral,e [カドゥリラテラール], quadrilatéraux [カドゥリラテロー] 〈男複に〉/平行〜 parallélogramme [パラレログラーム] 男

しほう 四方 (いたる所に) partout [パルトゥー]/(周囲全体に) tout autour [トゥー トゥトゥール]

しぼう[1] 脂肪 graisse [グレース] 女/〜質の, 〜太りの adipeux [アディプー] 〈男に, 単複同形〉, adipeuse [アディプーズ] 〈女に〉/〜分 matière 女 grasse [マティエール グラース]/〜の多い gras,se [グラース, ス]/〜の少ない maigre [メーグル] 〈男女同形〉 ‖ 動物〜 graisse animale

［グレサ ヴェジェタール］/ 植物～ graisse végétale［グレース ヴェジェタール］
→ あぶら², ひか

しぼう² 死亡 mort［モール］女／～する mourir［ムーリール］27
→ しょうめいしょ, とどけ, なくなる²

じぼう 時報 horloge 女 parlante［オルロージュ パルラントゥ］

しぼむ 萎む・凋む affaiser［アフェセ］/（膨らんでいた生地が）retomber［ルトンベ］/ しぼんだ retombé,e［ルトンベ］

シポラタ（ソーセージ）chipolata 女

しぼりかす 絞り滓（果実などの）marc［マール］男

しぼりき 絞器 presse［プレス］女／（レモン用）presse-citron［プレス シトゥローン］〈単複同形〉／（電動フルーツスクイザー）presse agrumes［プレサグリューム］男〈単複同形〉／（鴨用）presse 男 à carcasse［プレサ カルカース］/（デコレーションケーキ用ポンプ）seringue［スラーングュ］女

しぼりじる 絞汁 → ジュース

しぼりだしき 絞出器 → しぼりき

しぼりだす 絞出す → しぼる

しぼりぶくろ 絞袋 poche［ポーシュ］女／（紙を円錐形に巻いた）cornet［コルネ］男

しぼる 絞る（ねじって）tordre［トルドゥル］39／絞った tordu,e［トルデュ］‖（圧をかけて）presser［プレセ］/ 絞った pressé,e［プレセ］‖（絞袋から天板に）dresser［ドゥレセ］, coucher［クーシェ］/ 絞った dressé,e［ドゥレセ］, couché,e［クーシェ］‖（果汁を）exprimer［エクスプリメ］/ 絞った exprimé,e［エクスプリメ］‖（液体の抽出, 分離）extraire le jus［エクストゥレール ル ジュ］〈extraire［57］〉

しま¹ 島 île［イール］女／小～ îlot［イロ］男

しま² 縞 → しまもよう

しまあじ 縞鯵 → あじ²

しまい 姉妹 sœur［スール］女／（話言葉）frangine［フランジーヌ］女／姉 sœur aînée［スーレネ］, grande sœur［グラーンドゥ スール］/ 妹 petite sœur［プティートゥ スール］
→ ぎりの

しまう 仕舞う → かたづける

じまく 字幕 sous-titre［スーティートゥル］男〈複 ~-~s〉／～付の sous-titré,e［スーティートゥレ］

しまった¹（間違った, 失敗した）Zut !［ズュートゥ］

しまった² 締った（身が）ferme［フェルム］〈男女同形〉/（密度の高い）compact,e［コンパクトゥ］

しまもよう 縞模様 rayure［レユール］女複／（縦縞）raies 女複 verticales［ヴェルティカール］/（横縞）raies horizontales［レオリゾンタール］/～の rayé,e［レイエ］/～を付ける zébrer［ゼーブレ］36‖（葉脈模様の）veinure［ヴェニュール］女／～を付ける veiner［ヴェネール］/～を付けた veiné,e［ヴェネ］

しまる 閉る fermer［フェルメ］/（ひとりでに）se fermer［ス フェルメ］代動 59／閉っている fermé,e［フェルメ］

しみ 染 tache［ターシュ］女／～を付ける tacher［タシェ］/～が付く se tacher［ス タシェ］代動 59／～抜する détacher［デタシェ］/～抜 détachage［デタシャージュ］/～のある taché,e［タシェ］

しみこませる 染込ませる imbiber［アンビベ］, poncher または puncher［ポンシェ］/ 染込ませた imbibé,e［アンビベ］, ponché,e または punché,e［ポンシェ］‖ ババにラム酒を～ imbiber le baba de rhum［アンビベル ババ ドゥ ローム］

しみでる 染出る exsuder［エクスュデ］/～こと, 染出たもの exsudation［エクスュダスィオン］

じみな 地味な（節度のある）sobre［ソーブル］〈男女同形〉→ ひかえめ

しみる 染みる（浸透する, 入込む）pénétrer［ペネトゥレ］36／（目に）玉ねぎが～ L'oignon me pique les yeux.［ロニョン ム ピーク レズュー］

じむしょ 事務所 → オフィス

しめい 氏名 nom 男 et prénom 男［ノンエ プレノン］

しめじ 占地（茸）tricholome［トゥリコロー ム］男, 〈英〉*shimeji mushroom* /（本しめじ）tricholome agrégé［トゥリコロームアグレジェ］, tricholome en touffe［トゥリコローム アントゥーフ］/（ぶなしめじ）tricholome buna［トゥリコローム ブナ］

しめらせる 湿らせる humecter［ユメクテ］/ 湿らせた humecté,e［ユメクテ］‖（型などの内側に刷毛を使って水で）mouiller［ムーイエ］/ 湿らせた mouillé,e［ムーイエ］‖（硬すぎるパン生地に水を少々加えてこねる）bassiner

しめり　湿り → しっけ
しめる¹　閉める　fermer[フェルメ]
しめる²　締める（きつくする）serrer[セレ]／…を酢で〜　faire mariner...au vinaigre[フェール マリネ オ ヴィネーグル]〈faire ㉑〉
しも　霜　givre[ジーヴル]男, gelée 女[ジュレ]／〜取りする　dégivrer[デジーヴレ]
じもとの　地元の…　...du pays[デュペイ]
しもにたねぎ　下仁田葱 → ねぎ
しもふり　霜降(の)　persillé,e[ペルスィエ], entrelardé,e[アントゥルラールデ]／〜肉 viande 女 persillée[ヴィヤーンドゥ ペルスィエ]
ジャー　(炊飯用) autocuiseur[オトキュイズール ドゥ リ]男 de riz／(アイスクリームなどの保冷用) jatte 女 isotherme[ジャーティゾテルム] → ポット
ジャージー　(乳牛の種類) race 女[ラース ジェルズィエーズ] jersiaise／(服) jersey[ジェルゼ]男
ジャーナリズム　journalisme[ジュールナリスム]男, presse[プレス]女
じゃあね　Allez, ciao.[アレ チャオ], Salut.[サリュ]／(また近々ね) À bientôt.[アビヤント]／(あとでね) À tout à l'heure.[アトゥーターるール]
シャープペンシル → ペン
シャーベット　sorbet[ソールベ]男, (英) sherbet, sorbet／〜マシン sorbetière[ソルベティエール]女, sorbétière[ソルベティエール]女, turbine[テュルビーヌ]女／オレンジ〜　sorbet à l'orange[ソルベ ア ロランジュ], (英) orange sherbet → グラニテ, ポット
ジャーマンオーヴン　(ブレゼ用鍋) braisière[ブレズィエール]女
しゃいん　社員　employé,e[アンプルワイエ]男女
シャヴィニョル → クロタン
シャウールス　(チーズ) chaource[シャウールス]男
しゃかい　社会　société[ソスィエテ]女／(世の中) monde[モーンドゥ]男／〜的な social,e[ソスィヤール], sociaux[ソスィヨ]〈男複に〉／〜学 sociologie[ソスィ ヨロジ]女

じゃがいも　じゃが芋　pomme 女[ポーム], pomme de terre[ポーム ドゥ テール]：料理では常に複数, (英) potato／新〜　pomme de terre nouvelle[ポーム ドゥ テール ヌーヴェル]〈複 〜s 〜 〜s〉‖(じゃが芋の種類) 男爵芋 pomme danshaku[ポーム ダンシャク]／メイクイン pomme may queen[ポーム メイ クイーン], (英) may queen → p.682[囲み]
しゃくし　杓子　(穴あき) écumoire[エキュムワール]女, (英) skimmer (揚物用スキマー) araignée[アレニェ]女 (レードル, お玉杓子) louche[ルーシュ]女, (英) ladle (凝乳をすくうチーズ製造用) poche[ポーシュ]女 (木杓子) spatule[スパテュル]女 en bois[アンブワー] (加熱中の材料に汁などをかけるための) pochon[ポション]男 (パンチレードル) louche à punch[ルーシャ ポーンシュ] (ソースレードル) louche à bec[ルーシャ ベック]
しゃくしょ　市役所　mairie[メリ]女／(市庁舎) hôtel 男 de ville[オテール ドゥ ヴィール]
じゃぐち　蛇口　robinet[ロビネ]男
じゃくはっぽうせいの　弱発泡性の → はっぽう
ジャケット　veste[ヴェーストゥ]女, veston[ヴェストン]男／シングル(ダブル)〜　veste droite (croisée)[ヴェーストゥ ドゥルワートゥ (クルワーゼ)]
しゃこ¹　蝦蛄　squille[スキーユ]女, crevette-mante[クルヴェットゥ マーントゥ]女〈複〜s-〜s〉, (英) mantis shrimp
しゃこ²　鷓鴣　francolin[フランコラン]男, (英) francolin
しゃこ³　車庫　garage[ガラージュ]男
じゃこう　麝香　musc[ミュースク]男／〜の香のある　musqué,e[ミュスケ]
しゃこうかい　社交界　milieux 男複 aristocrates[ミリューアリストクラートゥ]
しゃこがい　硨磲貝　tridacne[トゥリダークヌ]男, bénitier[ベニティエ]男, tridacna
シャサーニュ・モンラシェ (ワイン) chas-

sagne-montrachet [男]

しゃざい 謝罪 excuses [エクスキューズ] [女複] /〜する s'excuser [セクスキュゼ] [代動 59] /…に〜する demander pardon à... [ドゥマンデ パルドン ア], faire des excuses à... [フェール デゼクスキューズ ア] ⟨faire 21⟩

謝罪の表現

(軽い謝罪)
すみません Pardon. [パルドン]
ごめんなさい Excusez-moi. [エクスキュゼモワ]
ごめんね Excuse-moi. [エクスキューズ ムワ]

(丁寧な謝罪)
申しありません Je suis désolé,e. [ジュスュイ デゾレ]
許してください Je vous demande pardon. [ジュ ヴー ドゥマーンドゥ パルドン]
Pardonnez-moi. [パルドネ ムワ]

(さらに丁寧な謝罪)
どうか(私を)お許しください Je vous prie de m'excuser. [ジュ ヴー プリ ドゥ メクスキュゼ]

しゃしん 写真 photo [フォト] [女] /〜の photographique [フォトグラフィーク] ⟨男女同形⟩ /〜をとる prendre une photo [プランドル ユヌ フォト] ⟨prendre 37⟩ /〜屋 (現像などをする店) magasin [男] de photo [マガザン ドゥ フォト] /スピード〜 photomaton [フォトマトン] [男は自][女]
シャスール(風) chasseur [シャスール] /ソース・〜 sauce [女] chasseur
ジャスミン jasmin [ジャスマン] [男], (英) jasmin(e) → ティー¹
シャスラ (ぶどう) chasselas [男]
しゃせん¹ 斜線 ligne [女] oblique [リーニョブリーク]
しゃせん² 車線 voie [ヴワー] [女]
しゃちょう 社長 président-directeur général [プレズィダン ディレクトゥール ジェネラル] [男] ⟨複 ~s-~s généraux⟩ : 略は P.D.G. [ペデジェ] [男]
シャツ (Yシャツ) chemise [シュミーズ] [女] /半袖〜 chemisette [シュミゼトゥ] [女] /(Tシャツ) T-shirt [ティ シュールトゥ] [男] ⟨複 ~-~s⟩, tee-shirt [ティ シュールトゥ] [男] ⟨複 ~-~s⟩ /(ポロシャツ) polo

[ポロ] [男] /(女性用Yシャツ, ブラウス) chemisier [シュミズィエ] [男]
じゃっかん 若干 → すこし
しゃっきん 借金 dette [デートゥ] [女], emprunt [アンプラン] [男]
しゃっくり 吃逆 ⁺hoquet [オケ] [男] /〜をする avoir le hoquet [アヴワール ル オケ] ⟨avoir 1⟩
シャッター (鎧戸) volet [ヴォレ] [男] /(カメラの) déclencheur [デクランシュール] [男]
シャテーニュ → くり
シャトー (城またはワイナリー) château [シャト] [男] ⟨複 ~x⟩ /(樽形に整形したじゃが芋) pomme [女] château [ポム シャト], [複 ~s ~x], château [男] ⟨複 ~x⟩
シャトーブリアン → シャトブリアン
シャトブリアン (肉) chateaubriand または châteaubriant [男] /(チーズ) chateaubriand [男]
しゃないはんばい 車内販売 → はんばい
しゃにくかようび 謝肉火曜日 → マルディ・グラ
しゃにくさい 謝肉祭 → カーニヴァル
ジャネット(風) Jeannette [ジャネートゥ]
シャバい → さらさらした
シャビシュー (チーズ) chabichou [男]
ジャブゴ → ハブゴ
しゃぶしゃぶ shabu-shabu [男], émincés [男複] fins de bœuf à tremper rapidement dans le bouillon avec accompagnement de légumes [エマンセ ファン ドゥ ブフ ア トゥランペ ラピドゥマン ダン ル ブーヨン アヴェーカコンパニュマン ドゥ レギュム]
しゃふつ 煮沸 → しょうどく, ふっとう
シャブリ (ワインまたはチーズ) chablis [男]
しゃぶる sucer [スュセ] [32]
シャブロン (抜型) chablon [男]
シャベル pelle [ペール] [女]
しゃべる 喋る bavarder [バヴァルデ], causer [コゼ], (俗語) jaspiner [ジャスピネ], papoter [パポテ]
ジャポネーズ → かき¹, にほん
シャボン → せっけん
シャポン (去勢鶏またはにんにくをこすり付けたパン) chapon [男]
じゃま 邪魔 (迷惑, 妨害) dérangement [デランジュマン] [男], embarras [アンバラ] [男] /〜する déranger [デランジェ]

25], gêner[ジェネ]／～者 gêneur[ジェヌール]男, gêneuse[ジェヌーズ]女／～な gênant,e[ジェナン, ト]，embarrassant,e[アンバラサン, ト]‖お邪魔します(入室時の挨拶) Je peux entrer?[ジュプーアントレ]／本日お邪魔してもよろしいでしょうか Est-ce que je peux venir vous voir aujourd'hui?[エスクジュプヴニール ヴー ヴワール オジュールデュイ]／お邪魔しました(退出時の挨拶) Merci de m'avoir accueilli,e.[メルスィ ドゥ マヴワーラクイー]／君，～だよ Tu me gênes.[テュ ム ジェーヌ]／これ，～だよ Ça me gêne.[サム ジェーヌ]

し **ジャム** (形の残ったもの) confiture[コンフィテュール]女, 英 jam／(果汁で作ったジュレ) gelée[ジュレ]女, 英 jelly／(ブルゴーニュ地方のぶどう果汁の) raisiné[レズィネ]男／(スイスのりんごまたは洋梨の) raisinée[レズィネ]女／～入れ confiturier[コンフィテュリエ]男

しゃも 軍鶏 coq[コック]男 de combat[ドゥコンバ], combattant[コンバタン]男, 英 game fowl

しゃもじ 杓文字 → へら

シャモワ (山羊) chamois[シャモワ]男, 英 chamois

シャラン (地名) Challans 固 → かも¹

シャラント (地方) Charentes[シャラント]固女／～の charentais,e[シャランテーズ]〈男には単複同形〉／～風 (à la) charentaise[(ア ラ) シャランテーズ]／(バター) Charentes 男

シャリアピンステーキ steak 男 Shalyapin[ステーク シャリヤピン]

シャリオ (ワゴン) chariot[シャリヨ]男

しゃりょう 車輛 véhicule[ヴェイキュール]男

しゃりん 車輪 roue[ルー]女／後～ roue arrière[ルー アリエール]／前～ roue avant[ルー アヴァン]

シャルキュティエ (惣菜調理人，経営者) charcutier, charcutière[シャルキュティエール]女／～・トレトゥール (仕出し, 惣菜業者) charcutier-traiteur[シャルキュティエ トゥルトゥール]男〈複 ～s-～s〉／～風 (à la) charcutière[(ア ラ) シャルキュティエール]

シャルキュトリ (惣菜製造販売業) charcuterie[シャルキュトゥリ]女

ジャルディニエール → ぽうぎり

シャルドネ (ぶどう) chardonnay 男

シャルトルーズ (リキュールまたはドーム形に盛った野菜料理) chartreuse[シャルトゥルーズ]女

シャルトル(風) (à la) Chartres[(ア ラ) シャールトゥル]

シャルボネ (肉の炭火焼) charbonnée 女

シャルロット (ケーキ) charlotte[シャルロートゥ]女

しゃれ 洒落 (言葉遊び) jeu 男〈複 ～x〉de mot[ジュドゥモ], calembour[カランブール]男／駄洒落を言う dire des calembours faciles[ディール デ カランブールファスィール]〈dire 17〉

ジャレ (仔牛のすね肉) → こうし¹

しゃれいきん 謝礼金 → ほうしゅう

しゃれた 洒落た → おしゃれ

シャロット → エシャロット

シャロレ (地区) Charol(l)ais 固／～種の牛 race 女 charol(l)aise[ラースシャロレーズ]／～風 (à la) charol(l)aise[(ア ラ) シャロレーズ]

シャロン (町) Chalon-sur-Saône[シャロン スュール ソーヌ]／～風 (à la) chalonnaise[(ア ラ) シャロネーズ]

ジャワ (インドネシアの島) Java[ジャヴァ]固女／～の javanais,e[ジャヴァネ, ーズ]〈男には単複同形〉／～風 (à la) javanaise[(ア ラ) ジャヴァネーズ]／(紅茶) java[ジャヴァ]男

シャワー douche[ドゥーシュ]女／～ルーム salle 女 de douche[サールドゥドゥーシュ]／(ホテルの)～付の部屋 chambre 女 avec douche[シャーンブルアヴェーク ドゥーシュ]

ジャンクフード aliments 男複 sans valeur nutritive[アリマン サン ヴァルール ニュトゥリティーヴ], 英 junk food

ジャンシアーヌ (りんどう, リキュール) gentiane[ジャンスィヤーヌ]女, 英 gentian

ジャンジャンブル → しょうが

シャンツァイ 香菜 → コリアンダー

シャンティイ (町) Chantilly 固／クレーム・～ crème 女 chantilly, 英 crème Chantilly／～風 (à la) Chantilly[(ア ラ) シャンティイ]

ジャンドゥジャ (チョコレート) gianduja 男

シャンデリア lustre[リュストゥル]男

ジャンパー（ブルゾン）blouson[ブルゾン]男

シャンパーニュ（地方）Champagne 固女/〜の champenois,e[シャーンプヌワーズ]〈男には単複同形〉/〜風 (à la) champenoise[(ア ラ) シャーンプヌワーズ]

しゃんはい 上海(中国の都市) Changhaï または Shanghaï[シャンガイ]/〜蟹(中国モズクガニ) crabe 男 de Chang-haï[クラーブ ドゥ シャンガイ]/〜料理 cuisine 女 de Chang-haï[キュイジーヌ ドゥ シャンガイ]

シャンパン champagne[シャンパーニュ]男, 英 *champagne*/〜クーラー seau 男〈複 〜x〉 à champagne[ソア シャンパーニュ]/〜ストッパー bouchon 男 hermétique[ブーション エルメティーク]/〜ピラミッド pyramide 女 de champagne[ピラミードゥ ドゥ シャンパーニュ]/〜方式 méthode 女 champenoise[メトードゥ シャンプヌワーズ]
→ **せんぬき**

シャンピニョン（きのこの総称）champignon 男, 英 *mushroom*/（マシュルーム, つくりたて）champignon de Paris[シャンピニョン ドゥ パリ], champignon de couche[シャンピニョン ドゥ クーシュ], 英 *cultivated mushroom* ‖ (パン) champignon 男
→ **いしづき, え², かさ²**

ジャンブ（ワインの試飲用語）jambe 女

シャンプー shampo(o)ing[シャンプワン]男/（自分で）〜する se faire un shampo(o)ing[スフェール アン シャンプワン][faire 代動21/59]

シャンブレ → **しおつん**

シャンベルタン（ワイン）chambertin 男/ジュヴレ・〜 gevrey-chambertin 男/シャルム・〜 charmes-chambertin 男

シャンペン → **シャンパン**

シャンボール（町）Chambord 固/〜風 (à la) Chambord[(ア ラ) シャンボール]/〜・ミュジニ（ワイン）chambolle-musigny[シャンボール ミュズィニ] 男

ジャンボネット（肉の加工品）jambonnette[ジャンボネートゥ]女

ジャンボノ（豚のすね肉）→ **ぶた**

ジャンポン → **ハム**

ジャンル → **しゅ**

しゅ 種（種類）sorte[ソールトゥ]女, espèce[エスペース]女/（分野, 区分）genre[ジャーンル]男/（生物学の）espèce
→ **いっしゅ**

ジュ（肉や野菜の汁）jus[ジュ]男 broth, jus, stock/〜・ド・ヴィアンド jus de viande[ジュ ドゥ ヴィヤーンドゥ]
→ **やきじる**

しゅいろ 朱色 vermillon[ヴェルミヨン]男/〜の vermillon〈男女同形〉

シュー¹（ケーキ）chou 男〈複 〜x〉, 英 *choux*, *puff*/〜クリーム chou à la crème[シュー アラ クレーム], 英 *cream puff*/クリームなどを詰めた小さな〜 profiterole[プロフィトゥロール] 男, 英 *profiterole*/〜生地 pâte 女 à choux[パタ シュー]

シュー² 〜・アメール（苦味のある小キャベツ）chou 男〈複 〜x〉 amer, chou moutarde[シュー ムータルドゥ]
→ **キャベツ**

しゅう 週 semaine[スメーヌ]女, huit jours[ユイジュール]複/〜の hebdomadaire[エブドマデール]〈男女同形〉/〜休 congé 男 hebdomadaire[コンジェ エブドマデール]/〜給 salaire 男 hebdomadaire[サレールエブドマデール]
→ **こん², せん⁵, まい², らい²**

じゅう¹ 十 dix[ディース]男〈単複同形〉/（十の）dix[ディース(子音または有音のhの前ではディ)]〈不変〉/（ひとまとめにした）dizaine 男/〜約〜の… une dizaine de...[ユヌ ディゼーヌ ドゥ]
→ **ばい¹, ばん¹, ぶんのいち**

じゅう² …中（時間）pendant tout,e ...[パンダン トゥ. トゥ]/夏休み〜 pendant toutes les vacances d'été[パンダン トゥートゥ レ ヴァカンス デテ]/（場所）tout,e... [トゥ. トゥ]/パリ〜 tout Paris[トゥ パリ]/（…の中で）家族〜 toute la famille[トゥートゥラ ファミーユ]

シュヴァル（盛付方法）à cheval[ア シュヴァル]/ステーク・ア・〜 steak 男 à cheval[ステーカ シュヴァール]

しゅうい 周囲 tour[トゥール]男, pourtour[プールトゥール]男

じゅうい 獣医 vétérinaire[ヴェテリネール]男女 → **がくぶ**

じゅういち 十一 onze[オーンズ]男/〜の onze[オーンズ] → **ばん¹**

じゅういちがつ 十一月 novembre[ノヴァンブル]男/〜に en novembre[アン ノヴァンブル]

シュヴー・ダンジュ（パスタ）cheveux 男複 d'ange, 英 angel's hair

じゅうおく 十億 milliard [ミリヤール] 男

じゅうかえん 柔化塩 → しお¹

しゅうかく 収穫 (作物の) récolte [レコールトゥ] 女／～する récolter [レコルテ]‖(穀物の) moisson [ムワソン] 女／～する moissonner [ムワソネ]‖(ぶどうの) vendange [ヴァンダーンジュ] 女／～する vendanger [ヴァンダンジェ] 25

じゅうがつ 十月 octobre [オクトーブル] 男／～に en octobre [アンノクトーブル]

しゅうかん¹ 週間 → しゅう

しゅうかん² 習慣 habitude [アビテュードゥ] 女／～的な habituel,le [アビテュエル]／～的に habituellement [アビテュエルマン] → かんしゅう

しゅうかんし 週刊誌 (revue 女) hebdomadaire [(ルヴュ) エブドマデール], 男, hebdo [エブド] 男

じゅうき 什器 jeu 男〈複 ~x〉d'ustensiles [ジュ デュスタンスィール]

じゅうきゅう 十九 dix-neuf [ディズヌフ] 男／～の dix-neuf〈不変〉→ ばん¹

じゅうきょ 住居 logement [ロージュマン] 男, habitation [アビタスィヨン] 女／～付の logé,e [ロジェ], avec logement [アヴェーク ロージュマン]

じゅうぎょういん 従業員 employé,e [アンプルワイエ] 男女, personnel [ペルソネール] 男／～用通用口 porte 女 de service [ポールトゥドゥ セルヴィス] → しょくどう

じゅうく 十九 → じゅうきゅう

シュークリーム → シュー¹

シュークルート（ザワークラウト：醗酵キャベツ）choucroute [シュークルートゥ] 女, 英 sauerkraut／(ソーセージなどを添えた) ～料理 choucroute garnie [シュークルートゥ ガルニ], 英 sauerkraut with meat

じゅうけつ 充血 congestion [コンジェスティヨン] 女／目が～する avoir les yeux rouges [アヴワール レズュ ルージュ]〈avoir ①〉

じゅうご 十五 quinze [カーンズ] 男／～の quinze〈不変〉→ ばん¹

ジューサー centrifugeuse [サントゥリフュジューズ] 女

じゅうさん 十三 treize [トゥレーズ] 男／～の treize〈不変〉→ ばん¹

しゅうし 修士 ～号 maîtrise [メトゥリーズ] 女 → だいがく

じゅうし 十四 quatorze [カトールズ] 男／～の quatorze〈不変〉→ ばん¹

じゅうじ 十字 croix [クルワー] 女〈単複同形〉／～形に en forme de croix [アン フォールム ドゥクルワー]／～架 croix,

ジューシー(な) (多汁の) succulent,e [スュキュラン, トゥ]／(肉の) moelleux [ムワルー]〈男に, 単複同形〉, moelleuse [ムワルーズ]〈女に〉

じゅうしち 十七 → じゅうなな

しゅうじつ 終日 toute la journée 女 [トゥートゥラ ジュールネ]

じゅうじゅう (擬音) grésillement [グレズィーユマン] 男／～いう grésiller [グレズィエ]

しゅうしゅく 収縮 retrait [ルトゥレー] 男, rétrécissement [レトゥレスィースマン] 男 → ちぢむ

じゅうしょ 住所 domicile [ドミスィール] 男／現～ adresse 女 actuelle [アドゥレーサクテュエール], domicile 男 actuel [ドミスィラクテュエール]／～変更 changement 男 de domicile [シャーンジュマンドゥ ドミスィール]／～録 carnet 男 d'adresses [カルネ ダドゥレース]‖(所在地, あて先) adresse [アドゥレース] 女

じゅうしょう 重傷 → きず

シューズ (りんどうリキュール) Suze [スューズ] 固女

ジュース jus [ジュ] 男〈単複同形〉, 英 juice／オレンジ～ jus d'orange [ジュ ドランジュ]／濃縮～ jus concentré [ジュ コンサーントゥレ]

しゅうせい 修正 modification [モディフィカスィヨン] 女, rectification [レクティフィカスィヨン] 女／～する modifier [モディフィエ], rectifier [レクティフィエ]

じゅうそう 重曹 bicarbonate 男 [ビカルボナートゥ], 英 bicarbonate of soda, baking soda

じゅうたい¹ 重態 ～である être gravement malade [エートゥル グラーヴマン マラードゥ]〈être ②〉

じゅうたい² 渋滞 embouteillage [アンブーテーヤージュ] 男, bouchon [ブーション] 男／～の embouteillé,e [アンブーテイエ]

じゅうたく 住宅 ～手当 indemnité 女 de logement [アンデムニテ ドゥ ロージュマン] → じゅうきょ

しゅうだん 集団 collectivité [コレクテ

ィヴィテ] 女/(グループ, 群) groupe[グループ] 男, bande[バーンドゥ] 女

じゅうたん 絨毯(部屋に敷詰めたカーペット) moquette[モケトゥ] 女/~敷の moquetté,e[モクテ] ‖ (置敷) tapis[タピ] 男〈単複同形〉/(マット, 小絨毯) carpette[カルペートゥ] 女

しゅうてん 終点 terminus[テルミニュス] 男〈単複同形〉

じゅうでん 終電 → さいしゅう

じゅうでん 充電 charge[シャールジュ] 女/~する charger une batterie[シャルジェ ユヌ バートゥリ] 〈charger ②⑤〉

しゅうどういん 修道院 (一般呼称) couvent[クーヴァン] 男/(総称) cloître[クルワートゥル] 男/(教会法上の正式呼称) monastère[モナステール] 男/(大修道院長) abbé[アベ] 男, abbesse[アベス] 女が統括 abbaye[アベイ] 女/(小修道院長) prieur,e[プリユール] 男女が統括 prieuré[プリユレ] 男

しゅうどうじょ 修道女 religieuse[ルリジューズ] 女/(ふざけて) nonne[ノーヌ] 女/~風 (à la) religieuse[(ア ラ) ル リジューズ]

じゅうなな 十七 dix-sept[ディセートゥ] 男/~の dix-sept〈不変〉 → ばん¹

じゅうなん 柔軟(な) flexible[フレクスィーブル]〈男女同形〉, souple[スープル]〈男女同形〉/~性 flexibilité[フレクスィビリテ] 女, souplesse[スープレス] 女

じゅうに 十二 douze[ドゥーズ] 男/~の douze〈不変〉 → ばん¹

じゅうにがつ 十二月 décembre[デサーンブル] 男/~に en décembre[アン デサーンブル]

じゅうにじ 十二時 douze heures 女複 [ドゥーズール]/~間 douze heures/(昼の)~ midi[ミディ] 男/~に à midi [ア ミディ]/(夜の)~ minuit[ミニュイ] 男/~に à minuit[ア ミニュイ]

じゅうにしちょう 十二指腸 duodénum[デュオデノム] 男/~潰瘍 ulcère 男 duodénal[ユルセール デュオデナール]

しゅうにゅう 収入 revenu[ルヴニュ] 男 → いんし

しゅうねん …周年 /5~ cinquième anniversaire 男[サンキエマニヴェルセール] → じょすう

じゅうはち 十八 dix-huit[ディズュイートゥ] 男/~の dix-huit〈不変〉 → ばん¹

じゅうびょう 重病 → びょうき

じゅうぶん 十分(な) suffisant,e[スュフィザン, トゥ] 男女/~に assez[アセ], suffisamment[スュフィザマン]

しゅうまい 焼売 ravioli 男複 chinois à la vapeur[ラヴィヨリ シヌワ ア ラ ヴァプール]

しゅうまつ 週末 week-end[ウィケーンドゥ] 男〈複〉~s ~s/よい~を Bon week-end.[ボン ウィケーンドゥ]

じゅうまん 十万 cent mille 男[サンミール]

じゅうみん 住民 habitant,e[アビタン, トゥ] 男女/~登録 enregistrement 男 de domicile[アンルジーストゥルマン ドゥ ドミスィール]/~票(居住証明) certificat 男 de domicile[セルティフィカ ドゥ ドミスィール] → ぜい

しゅうや 終夜 toute la nuit 女[トゥートゥ ラ ニュイ]/~営業:掲示 ouvert toute la nuit[ウーヴェール トゥートゥラ ニュイ]

じゅうゆ 重油(家庭燃料) mazout[マズートゥ] 男

じゅうよう 重要 → たいせつ

じゅうよん → じゅうし

じゅうらい 従来(の) vieux[ヴュー]〈男 に, 単複同形〉, vieil[ヴィエーユ]〈母音または無音の h で始まる 男 単 に〉, vieille[ヴィエーユ] 女 に

しゅうり 修理 → なおす

じゅうりょう 重量 pesanteur[プザントゥール] 女, poids[プワー] 男〈単複同形〉/~感 massiveté[マスィヴテ] 女, massivité[マスィヴィテ] 女/~超過 dépassement 男 de poids[デパスマン ドゥ プワー]/…kgの~がある avoir...kg[アヴワール キロ]〈avoir ①〉/正味~ poids net[プワー ネートゥ]/総~ poids brut[プワー ブリュートゥ]

シュヴルイユ(風) en chevreuil[アン シュヴルーユ]

ジュヴレ・シャンベルタン → シャンベルタン

しゅうれん 収斂 convergence[コンヴェルジャーンス] 女/(ワインの)~性 astringence[アストゥランジャーンス] 女/~性のある astringent,e[アストゥランジャン, トゥ]

じゅうろく 十六 seize[セーズ] 男/~の seize〈不変〉 → ばん¹

シュヴロタン(チーズ) chevrotin 男

シュヴロトン (チーズ) chevreton 男
シュエ →スュエ
シュエドワーズ (デザート) suédoise [スュエドワーズ] 女 →スウェーデン
シュガー ～バター (生地の種) appareil 男 crémé [アパレーユ クレーメ] →さとう,トング
しゅぎょう 修行 →けんしゅう,みならい,れんしゅう
しゅくえん 祝宴 →えんかい
しゅくじつ 祝日 fête [フェートゥ] 女, jour 男 férier [ジュール フェリェ]
しゅくしゃ 宿舎 logement [ロージュマン] 男/～付の,～付で avec logement [アヴェーク ロージュマン] →りょう⁵
じゅくす 熟す mûrir [ミュリール] [4]/熟した mûr,e [ミュール]/熟しすぎた blet,te [ブレ,-トゥ], passé,e [パセ] →じゅくせい
シュクセ (菓子) succès [スュクセ] 男〈単複同形〉/～生地 pâte 女 à succès [パタ スュクセ]
じゅくせい 熟成 (肉の) mortification [モルティフィカスィヨン] 女, 英 ageing, aging/～させる mortifier [モルティフィエ], maturer,e [マテュレ]/～した mortifié,e [モルティフィエ], maturé,e [マテュレ] || (猟鳥肉の) faisandage [フザンダージュ] 男/～させる faisander [フザンデ]/～した faisandé,e [フザンデ] || (果物の) maturation [マテュラスィヨン] 女/～させる maturer [マテュレ]/～した maturé,e [マテュレ] || (チーズの) affinage [アフィナージュ] 男/～させる affiner [アフィネ]/～した affiné,e [アフィネ], mature || (ワインの) maturation [マテュラスィヨン] 女/ (ワインの強制熟成) vieillissement 男 forcé [ヴィエイースマン フォルセ]/～させる maturer [マテュレ]/～した maturé,e [マテュレ]
しゅくてん 祝典 fête [フェートゥ] 女/ (公式の) gala [ガラ] 男
しゅくはい 祝杯 →かんぱい
しゅくはく 宿泊 hébergement [エベルジュマン] 男/～客 client,e [クリヤーン,-トゥ] 男女/ (難民などの) ～所 centre 男 d'hébergement [サーントゥル デベルジュマン] →しゅくしゃ,ホテル,りょう⁵
シュクレきじ シュクレ生地 pâte 女 sucrée [パートゥ スュクレ]/ドライ～ pâte sèche sucrée [パートゥ セーシュ スュクレ]

じゅくれん 熟練 ～した (の) expert,e [エクスペール,-トゥ]
しゅこ 酒庫 (地下) cave [カーヴ] 女/ (1階) chai [シェ] 男/～係 caviste [カヴィーストゥ] 男女
しゅごう 酒豪 →さけ²
しゅさい 主菜 →メイン
しゅし 種子 →たね¹
しゅじゅつ 手術 opération [オペラスィヨン] 女/緊急～ opération d'urgence [オペラスィヨン デュルジャーンス]
じゅしょうする¹ 受賞する recevoir un prix [ルスヴォワール アン プリー]〈recevoir 38〉/受賞者 lauréat,e [ロレア,-トゥ] 男女
じゅしょうする² 授賞する décerner [デセルネ]/授賞式 cérémonie 女 de la remise [セレモニ ドゥ ラ ルミーズ]
しゅしょく¹ 主食 nourriture 女 principale [ヌーリテュール プランスィパール], aliment 男 de base [アリマン ドゥ バーズ]
しゅしょく² 酒色 ～にふける vivre dans la débauche et l'ivrognerie [ヴィーヴル ダン ラ デボーシュ エ リヴロニュリ]〈vivre 48〉
しゅじん 主人 maître [メートゥル] 男, maîtresse [メトゥレース] 女/ (ホテルの) hôtelier [オトゥリエ] 男, hôtelière [オトゥリエール] 女/ (一家の) chef 男 de famille [シェフ ドゥ ファミーユ]/ (客を接待する) hôte [オートゥ] 男, hôtesse [オテース] 女 →おっと¹,けいえい,しょゆう
じゅしん 受診 →しんりょう
しゅせい 酒精 (エチルアルコール) esprit-de-vin [エスプリ ドゥ ヴァン] 男〈複 ～s-～-～〉/～強化ワイン vin 男 muté [ヴァン ミュテ], 英 fortified wine
しゅせきえい 酒石英 →タータクリーム
しゅせきさん 酒石酸 acide 男 tartrique [アスィードゥ タルトゥリーク] →タータクリーム
シュゼット(風) Suzette [スュゼートゥ] →クレープ
しゅぞう 酒造 fabrication 女 de saké [ファブリカスィヨン ドゥ サケ]/～業者 fabricant,e 男女 de saké [ファブリカン,-トゥ ドゥ サケ]
しゅっけつ 出血 saignement [セーニュマン] 男, hémorragie [エモラジ] 女/内～ hémorragie interne [エモラジ アンテールヌ]/脳～ (脳溢血) hémorragie

cérébrale [セレブラル セレブラール] /～する saigner [セニェ]

しゅっこく 出国 sortie 女 du pays [ソルティ デュ ペイ] /～カード carte 女 d'embarquement [カールトゥ ダンバールクマン]

しゅっさん 出産 accouchement [アクーシュマン] 男 /～する accoucher [アクーシェ]

しゅっしょう 出生 → しょうめいしょ, たんじょう, とどけ

しゅっしん 出身 origine [オリジーヌ] 女 /～地 pays d'origine [ペイ ドリジーヌ] /…者 natif (女性は native) de... [ナティーフ (ナティーヴ) ドゥ] ‖ …だ (出身地) être de... [エートゥル ドゥ] 〈être ②〉 / (学校) être sorti,e de... [エートゥル ソルティ ドゥ]

しゅっせい 出生 → しょうめいしょ, たんじょう, とどけ

しゅっせき 出席 présence [プレザーンス] 女 /～の, ～している présent,e [プレザーン, トゥ] /～する assister [アスィステ]

しゅっちょう 出張 déplacement [デプラースマン] 男 /～する se déplacer [ス デプラセ] 〈代動 ③② ⑤⑨〉 /～費 frais 男複 de déplacement [フレ ドゥ デプラースマン] /～料理 plats 男複 de traiteur [プラ ドゥ トゥレトゥール]

しゅつにゅうこく 出入国 émigration 女 et immigration 女 [エミグラスィヨン エ イミグラスィヨン] /～管理 contôle 男 d'immigration [コントゥロール ディミグラスィヨン]

しゅっぱつ 出発 départ [デパール] 男 /…へ～する partir pour... [パルティール プール] 〈partir ㉚〉 /～時刻 heure 女 de départ [ウール ドゥ デパール] /～点 point 男 de départ [ポワン ドゥ デパール] /～日 jour 男 de départ [ジュール ドゥ デパール] ‖ (発車) démarrage [デマラージュ] 男

しゅと 首都 capitale [カピタール] 女, métropole [メトゥロポール] 女 /～の métropolitain,e [メトゥロポリタン, テーヌ] /～圏 région 女 métropolitaine [レジヨン メトゥロポリテーヌ]

しゅどう 手動 (の) manuel,le [マニュエール], à la main [アラマン]

じゅどうたい 受動態 passif [パスィフ] 男, voix 女 passive [ヴワ パスィヴ]

⇒ p.755「受動態」

シュトゥルーゼル (パン) Streusel [ストゥルーゼル] 男

シュトゥルーデル (パイ) 独 Strudel 男

シュトーレン (ケーキ) 独 Stollen 男

シュナプス (ドイツの蒸留酒) 独 Schnaps [シュナープス] 男

シュナン・ブラン (ぶどう) chenin blanc

ジュニエーヴル → ねず

シュニッツェル (カツレツ) 独 Schnitzel 男 /ウィーナー～ côte 女 de veau (à la) viennoise [コートゥ ドゥ ヴォ (アラ) ヴィエヌワーズ], 独 Wiener Schnitzel

ジュネーヴ (スイスの都市) Genève 固 /～の genevois,e [ジュヌヴワ, ーズ] 〈男 には単複同形〉 /～風に genevoise (アラ) ジュヌヴワーズ]

ジュビレ (デザート) jubilé 男

しゅひん 主賓 hôte 男 d'honneur [オートゥ ドヌール], hôtesse 女 d'honneur [オテース ドヌール] /～席 place 女 d'honneur [プラース ドヌール]

しゅふ¹ 首府 → しゅと

しゅふ² 主婦 ménagère [メナジェール] 女, femme au foyer [ファモ フワイエ]

シュブリーク (揚物) subric [スュブリーク] 男

シュプレーム (鳥の胸肉, 白身魚のフィレ, 皮をむいて果肉だけにした柑橘(かんきつ)類, 繊細な料理) suprême [スュプレーム] 男, (英) supreme /ソース・～ sauce 女 suprême [ソース スュプレーム]

シュペツル (だんご) 独 Spätzle または Späzele, Spetzli 男複

シュペトレーゼ (ワイン) spätlese [シュペトゥレーゼ] 男

しゅほう 手法 → ぎじゅつ, てじゅん

しゅみ 趣味 (好み) goût [グー] 男 /悪～ mauvais goût [モヴェ グー] /～がよい (悪い) avoir de bon (mauvais) goût [アヴワール ドゥ ボン (モヴェ) グー] 〈avoir ①〉 / (気晴し) passe-temps [パスタン] 男 〈単複同形〉 / (ホビー) †hobby [オビ] 男 〈複 hobbies [オビ]〉

シュミーズ → スリップ, つつみやき

シュミゼする (型の内側に生地, ジュレ, 野菜などを張る) chemiser [シュミゼ] /シュミゼした chemisé,e [シュミゼ]

しゅよう 腫瘍 tumeur [テュムール] 女 /脳～ tumeur cérébrale [テュムール セ

ジュラ (地方) Jura 固男／〜の jurassien,ne [ジュラスィ・ヤン, エーヌ]／〜風 (à la) jurassienne [(ア ラ) ジュラスィエーヌ] ‖ (チーズ) jura 男

しゅらん 酒乱 〜だ avoir le vin mauvais [アヴォワール ル ヴァン モヴェ]〈avoir ①〉

ジュランソン (ワイン) jurançon 男

ジュリエーヌ → せんぎり

ジュリエナ (ワイン) juliénas 男

しゅりょう 狩猟 chasse [シャース] 女／〜期 saison 女 de la chasse [ドゥ ラ シャース] → りょうにく

じゅりょうしょ 受領書 accusé 男 de réception [アキュゼ ドゥ レセプスィヨン] → りょうしゅうしょ

しゅるい 種類 → いっしゅ,しゅ

シュルプリーズ (盛付方法) en surprise [アン スュルプリーズ]

シュル・リ (ワイン製造法) sur lie [スュル リ]

ジュレ → ジャム,ゼリー

じゅわき 受話器 récepteur [レセプトゥール] 男／〜を取る décrocher [デクロシェ]／〜を置く raccrocher [ラクロシェ]

しゅん 旬 saison [セゾン] 女／(今が)〜の野菜 légumes 男複 de saison [レギューム ドゥ セゾン], 英 vegetales of season

じゅん 順 ordre [オールドゥル] 男, tour [トゥール] 男／〜に par ordre [パーロルドゥル], à tour de rôle [ア トゥール ドゥ ロール]

しゅんかん 瞬間 moment [モマン] 男／…の〜に «au moment de [オ モマン ドゥ]＋名詞»／…する〜に «au moment où [オ モマン ウー]＋文»

じゅんかんき 循環器 appareil 男 circulatoire [アパレーユ スィルキュラトゥワール]

しゅんぎく 春菊 chrysanthème comestible [クリザンテーム コメスティーブル], 英 crown daisy

じゅんけっしょう 準決勝 demi-finale [ドゥミフィナール] 女〈複 〜-〜s〉

じゅんさい 蓴菜 cabomba [カボンバ] 男, 英 water shield

じゅんじょ 順序 〜よく en bon ordre [アン ボンノールドゥル]

じゅんすい 純粋(な) pur,e [ピュール]

じゅんび 準備 préparation [プレパラスィヨン] 女／〜する préparer [プレパレ], apprêter [アプレテ]／(支度) préparatifs [プレパラティーフ] 男複／〜ができている être prêt,e [エートゥル プレ, プレット]〈être ②〉／ディナーの〜ができました Le dîner est prêt. [ル ディネ エ プレー] → したごしらえ,セッティング

しょう¹ 賞 prix [プリー] 男〈単複同形〉／1等〜 premier prix [プルミエ プリー]／大〜 grand prix [グラーン プリー]

しょう² 省 ministère [ミニステール] 男／農林水産〜 ministère de l'agriculture et de la pêche [ミニステール ドゥ ラグリキュルテュール エ ドゥ ラ ペーシュ]

しよう¹ 使用 emploi [アーンプルワ] 男／(利用) utilisation [ユティリザスィヨン] 女, usage [ュザージュ] 男／〜中 occupé,e [オキュペ]／〜料 (借りたものの) prix 男 de location [プリー ドゥ ロカスィヨン]／〜料 (テレビの視聴料や電話料金など継続的な) redevance [ルドゥヴァーンス] 女／〜つかう,とりあつかい,マニュアル

しよう² 私用 affaire 女 personnelle [アフェール ペルソネール]

しよう³ 仕様 → マニュアル

しよう⁴ …しよう → よう¹

じょう¹ 錠 serrure [セリュール] 女／南京〜 cadenas [カードゥナ] 男〈単複同形〉

じょう² …乗 puissance [ピュイサーンス] 女／2乗 puissance deux [ピュイサーンス ドゥー]／$3^4=81$ trois puissance quatre égalent quatre-vingt un [トゥルワー ピュイサーンス カートゥル エガール カートゥル ヴァン アン]

じよう 滋養 → えいよう

じょうおん 常温 température 女 ordinaire [タンペラテューロルディネール]／(一定の温度) température constante [タンペラテュール コンスタントゥ]

しょうか¹ 消化 digestion [ディジェスティヨン] 女／〜する digérer [ディジェレ] ③⑥／〜によい(悪い) bon,ne (mauvais,e) pour la digestion [ボン, ボーヌ モヴェ, ーズ) プール ラ ディジェスティヨン]／〜器 appareil 男 digestif [アパレーユ ディジェスティーフ]／〜剤 digestif [ディジェスティーフ] 男／〜不良 indigestion [アンディジェスティヨン] 女 → こうか

しょうか² 消火 extinction [エクスタンクスィヨン] 女／〜器 extincteur [エクスタンクトゥール] 男／〜栓 bouche 女

しょうか³ 昇華 sublimation [スュブリマスィヨン] 女／～する sublimer [スュブリメ]／～した sublimé,e [スュブリメ]

しょうが 生姜 gingembre [ジャンジャーンブル] 男, 英 *ginger* ‖ ～を加える gingembrer [ジャンジャンブレ]／～を加えた, ～風味の gingembré,e [ジャンジャンブレ], 英 *gingered* ‖ （ガリ） gingembre confit au vinaigre [ジャンジャーンブル コン フィ オ ヴィネーグル]／紅～ gingembre confit rouge [ジャンジャーンブル コンフィ ルージュ]／～の砂糖漬 gingembre confit [ジャンジャーンブル コンフィ]

しょうかい 紹介 présentation [プレザンタスィヨン] 女／～状 lettre 女 de présentation [レートゥル ドゥ プレザンタスィヨン], références [レフェラーンス] 女複／～者 présentateur [プレザンタトゥール] 男, présentatrice [プレザンタトゥリース] 女／～する présenter [プレザンテ]／よいレストランを～する recommander un bon restaurant [ルコマンデ アン ボン レストラン]／自己～する se présenter [ス プレザンテ] [代動] 59

紹介の表現

…さんを紹介します Je vous présente Monsieur (Madame, Mademoiselle).... [ジュ ヴー プレゼートゥ ムスュー, マドゥム, マドゥモワゼル]

はじめまして Enchanté,e. [アンシャンテ]

私は…です Je m'appelle.... [ジュ マペール], Je suis.... [ジュ スュイ]

（くだけた自己紹介）
こんにちは, …です。君は? Bonjour, c'est.... Et toi? [ボンジュール セ エトワ]

しょうがつ 正月 nouvel an [ヌーヴェラン] 男／～休み vacances 女複 de nouvel an [ヴァカーンス ドゥ ヌーヴェラン]

しょうがっこう 小学校 → がっこう

じょうき 蒸気 vapeur [ヴァプール] 女／（パテの生地に開ける）～穴 cheminée [シュミネ] 女

じょうぎ 定規 règle [レーグル] 女

じょうきゃく 乗客 （船, 飛行機） passager [パサジェ] 男, passagère [パサジェール] 女／（列車, 電車） voyageur [ヴワヤジュール] 男, voyageuse [ヴワヤジューズ] 女／（タクシー） client,e [クリヤーン, トゥ]

しょうきゅう 小球 petite boule 女 [プティトゥ ブール]／～状の揚げたじゃが芋 pommes 女複 noisettes [ポーム ヌワゼットゥ]／～を取りにくい時に lever...à la (cuiller) parisienne [ルヴェ アラ （キュイエール） パリズィエーヌ] ⟨lever ⑤⟩

じょうきゅう 上級（の） supérieur,e [スュペリユール]／～課程 cours 男 supérieur [クール スュペリユール]

しょうぎょう 商業 commerce [コメールス] 男／～的, ～の commercial,e [コメルスィヤール], commerciaux [コメルスィヨ] 男複に

じょうきょうそう 滋養強壮（の） analeptique [アナレプティーク] ⟨男女同形⟩／～剤 analeptique 男

じょうけん 条件 condition [コンディスィヨン] 女／労働～ conditions de travail [コンディスィヨン ドゥ トゥラヴァーユ] → ほう²

しょうげんじだけ 生源寺茸 pholiote 女 aux chèvres [フォリヨートゥ シェーヴル], 英 *gypsy mushroom*

しょうご 正午 → じゅうにじ

じょうご 漏斗 entonnoir [アントヌワール] 男

しょうこうき 昇降機 → エレベーター, ダンウェーター

じょうざい 錠剤 cachet [カシェ] 男, comprimé [コンプリメ] 男, pilule [ピリュール] 女

しょうさん 硝酸 acide 男 azotique [アスィードゥ アゾティーク], acide nitrique [アスィードゥ ニトゥリーク] → しお¹, ナトリウム

しょうじき 正直（な） honnête [オネートゥ] ⟨男女同形⟩／～に honnêtement [オネートゥマン]

じょうしつ 上質（の） de qualité supérieure [ドゥ カリテ スュペリユール]

じょうしゃ 乗車 ～口（扉） portière [ポルティエール] 女／～賃 frais 男 de voyage [フレ ドゥ ヴワヤージュ] → のる

じょうじゅん 上旬（に） «début [デビュ] +月や年号など» 9月～ début septembre [デビュ セプターンブル]

しょうしょう 少々（の） → すこし

しょうじょう 症状 symptôme [サンプトーム] 男

しょうしょく 小食　～である manger peu [マンジェ プー] ⟨manger 25⟩, faire la petite bouche [フェール ラ プティートゥ ブーシュ] ⟨faire 21⟩／～な人 petit mangeur 男 [プティ マンジュール], petite mangeuse 女 [プティートゥ マンジューズ]

じょうしょく 常食　aliment 男 habituel [アリマン アビテュエール]

しょうじる 生じる　(発生する)se produire [ス プロデュイール] 代動 11 59

しょうじん 精進　abstinence 女 de viande et de poisson [アプスティナーンス ドゥ ヴィヤーンドゥ エ ドゥ プワソーン]／～揚 beignet 男 de légumes [ベニエ ドゥ レギューム]／～料理 cuisine 女 maigre [キュイズィーヌ メーグル], repas 男 végétarien [ルパ ヴェジェタリヤン]

じょうしんこ 上新粉　farine 女 de riz [ファリーヌ ドゥ リ]

じょうず 上手(な)　→ うまい², うまく

じょうすい 浄水　eau 女 purifiée [オ ピュリフィエ]／～器 épurateur 男 d'eau [エピュラトゥール ド]

じょうせい 醸成　→ じょうぞう

しょうせき 硝石　salpêtre [サルペートゥル] 男

じょうぞう 醸造　fermentation [フェルマンタスィヨン] 女／～酒 boisson 女 fermentée [ブワソーン フェルマンテ]‖(ワインの)vinification [ヴィニフィカスィヨン] 女／(桶での)cuvage [キュヴァージュ] 男, cuvaison [キュヴェゾン] 女／～の vinicole [ヴィニコール] ⟨男女同形⟩／～する vinifier [ヴィニフィエ]／～学 œnologie [エノロジ] 女／～学の œnologique [エノロジーク] ⟨男女同形⟩／～学者 œnologue [エノローグ] 男女‖～所 chai [シェ] 男／(ボルドーの)château [シャト] 男 ⟨複 ～x⟩‖(ビールの)brassage [ブラサージュ] 男／～する brasser [ブラセ]／～所 brasserie [ブラスリ] 女

しょうたい 招待　invitation [アンヴィタスィヨン] 女／～する inviter [アンヴィテ]／～客 invité,e [アンヴィテ] 男女‖～状 carte 女 d'invitation [カールトゥ ダンヴィタスィヨン], lettre d'invitation [レートゥル ダンヴィタスィヨン]‖(食事や宴会の)convive [コンヴィーヴ] 男女／～する convier [コンヴィエ]

じょうたい 状態　état [エタ] 男

しょうちゅう 焼酎　eau-de-vie [オ ドゥ ヴィ] 女 ⟨複 ～x-～-～⟩／米～ eau-de-vie de riz [オ ドゥ ヴィ ドゥ リ]／麦～ eau-de-vie d'orge [オ ドゥ ヴィ ドールジュ]／芋～ eau-de-vie de patate [オ ドゥ ヴィ ドゥ パタートゥ]／蕎麦～ eau-de-vie de sarrasin [オ ドゥ ヴィ ドゥ サラザン]

しょうちょう 小腸　intestin 男 grêle [アンテスタン グレール], menu [ムニュ] 男, petit boyau 男 ⟨複 ～s～x⟩ [プティ ブワーヨ], 英 (*small*) *guts*, *entrails* → ちょう¹

しょうどく 消毒　désinfection [デザンフェクスィヨン] 女／～液 eau 女 de Javel [オ ドゥ ジャヴェル]／～薬 (solution 女) antiseptique [(ソリュスィヨン) アンティセプティーク] 男／～する désinfecter [デザンフェクテ]／煮沸～ stérilisation par ébullition [ステリリザスィヨン パーレビュリスィヨン]

しょうにか 小児科　pédiatrie [ペディヤトリ] 女／～医 pédiatre [ペディヤートゥル] 男女

しょうにまひ 小児麻痺　polio [ポリヨ] 女, poliomyélite [ポリヨミエリートゥ] 女

じょうば 乗馬　équitation [エキタスィヨン] 女／～クラブ club 男 équestre [クルーベケーストル]

じょうはつ 蒸発　évaporation [エヴァポラスィヨン] 女／～させる évaporer [エヴァポレ]／～する s'évaporer [セヴァポレ] 代動 59／～した évaporé,e [エヴァポレ]

しょうひ 消費　consommation [コンソマスィヨン] 女／～期限2010年4月4日まで à consommer avant le 4.4.2010 [ア コンソメ アヴァン ル カートゥロ アヴリール ドゥ ーミルディス]　→ ぜい

しょうひょう 商標(登録)　marque 女 déposée [マールク デポゼ]

しょうひん 商品　marchandise [マルシャンディーズ] 女

じょうひん 上品　→ ひん

じょうぶ¹ 上部　partie 女 supérieure [パルティ スュペリユール], †haut [オ] 男

じょうぶ² 丈夫(な)　solide [ソリードゥ] ⟨男女同形⟩, robuste [ロビュストゥル] ⟨男女同形⟩

しょうへん 小片　parcelle [パルセール] 女

しょうべん 小便　pisse [ピース] 女／(幼児表現)pipi [ピピ] 男‖～をする pisser [ピセ]／(幼児表現)faire pipi [フェール ピピ] ⟨faire 21⟩　→ にょう

じょうまえ 錠前 → じょう¹
しょうみ¹ 賞味 → あじみ, あじわう, ししょく
しょうみ² 正味(の) net,te [ネートゥ]
しょうみきげん 賞味期限 DLUO [デエルユオ]:date [女] limite d'utilisation optimale [ダートゥ リミットゥ デュティリザスィヨン オプティマル] の略
じょうみゃく 静脈 veine [ヴェーヌ] [女] / ～の veineux [ヴェヌー] 〈複に,単複同形〉, veineuse [ヴェヌーズ] 〈女に〉 → ちゅうしゃ¹
しょうめい 証明(口頭または文書による) attestation [アテスタスィヨン] [女] / ～する attester [アテステ] ‖ (証拠による) preuve [プルーヴ] [女] / ～する prouver [プルーヴェ] ‖ (論理的説明による) démonstration [デモンストゥラスィヨン] [女] / ～する démontrer [デモントゥレ] → しょうめいしょ, みぶんしょうめいしょ
しょうめいしょ 証明書 certificat [セルティフィカ] [男], attestation [アテスタスィヨン] [女] / ～用写真 photo [女] d'identité [フォトゥ ディダンティテ] / 在職～ certificat de travail [セルティフィカ ドゥ トゥラヴァーユ] / 学生～ carte [女] d'étudiant [カールトゥ デテュディヤン] / 婚姻～ acte [男] de mariage [アークトゥ ドゥ マリヤージュ] / 出生～:日本の戸籍抄本にあたる acte de naissance [アークトゥ ドゥ ネサーンス] / 死亡～ acte de décès [アークトゥ ドゥ デセ] → みぶんしょうめいしょ
しょうめん 正面 face [ファース] [女] / ～に, ～から en face [アン ファース] / 真～に juste en face [ジュストゥ ファース] / …の～に en face de… [アン ファス ドゥ] ‖ (前面) front [フローン] [男] / (建物の) façade [ファサードゥ] [女] / (店先) devanture [ドゥヴァンテュール] [女]
じょうやど 定宿 hôtel [男] habituel [オテラビテュエール]
しょうゆ 醤油 sauce [女] de soja [ソースドゥ ソジャ], 〔英〕soy sauce
じょうりゅう 蒸留 distillation [ディスティヤスィヨン] [女] / ～する distiller [ディスティエ] / ～した distillé,e [ディスティエ] ‖ ～器(単式) alambic [アランビーク] [男] / (連続) alambics [男][複] à distillation continue [アランビーク ザ ディスティヤスィヨン コンティニュ] ‖ ～酒 boisson [女] distillée [ブワソン ディスティエ], eau-de-vie [オドゥヴィ] [女] 〈複 ～x-, ～-, -〉, alcool [アルコール] [男] / (高アルコール度の) spiritueux [スピリテュー] [男] 〈単複同形〉
しょうりょう 少量 petite quantité [女] [プティートゥ カンティテ] / ～の… un peu de… [アン ブー ドゥ]
じょうれん 常連 fidèle [フィデール] [女], habitué,e [アビテュエ] [男][女]
しょうろ 松露 → トリュフ
ショー (見世物, 興行) spectacle [スペクタークル] [男] / ディナー～ dîner-spectacle [ディネ スペクタークル] [男] 〈複 ～s-～s〉
ショーウィンドー vitrine [ヴィトゥリーヌ] [女], devanture [ドゥヴァンテュール] [女]
じょおう 女王 → おう
ショーケース vitrine [ヴィトゥリーヌ] [女]
ショート (電気の) court-circuit [クールスィルキュイ] [男] 〈複 ～s-～s〉 / ～する court-circuiter [クール スィルキュイテ]
ショートケーキ petit gâteau [プティガトー] [男] 〈複 ～s-～x〉, 〔英〕shortcake
ショートドリンク (カクテル) petit verre [男] [プティ ヴェール], 〔英〕short drink
ショートニング produit [男] blanc [プロデュイ ブラン]
ショーフロワ → ショ・フロワ
ショーム (チーズ) chaumes [男]
ショール (肩掛) châle [シャール] [男]
ショールーム (展示室) salle [女] d'exposition [サール デクスポズィスィヨン]
しょきゅう 初級(の) élémentaire [エレマンテール] 〈男女同形〉 / ～課程 cours [男] élémentaire [クール エレマンテール]
じょきょ 除去 → のぞく
ジョギング jogging [男], footing [フーティング] [男]
しょく 食 流動～ aliment [男] liquide [アリマン リキードゥ] / ～が進む avoir un bon appétit [アヴワール アン ボナペティ] 〈avoir ①〉 / ～が進まない ne pas avoir d'appétit [ヌ パ アヴワール ダペティ] / ～が細い ne pas manger beaucoup [ヌ パ マンジェ ボクー] 〈manger ㉕〉 → しょくじ
しょくえん 食塩 → しお¹
しょくぎょう 職業(の) professionnel, le [プロフェスィオネール] / ～教育 formation [女] professionnelle [フォルマスィヨン プロフェスィオネール] → しごと
しょくご 食後(に) après le repas [ア

しょくざい

プレルルバ] → ディジェスティフ
しょくざい 食材 ingrédients [アングレディヤーン] 男複
しょくじ 食事 repas [ルパ] 男〈単複同形〉/（内輪の会食）agapes [アガープ] 女複/（修道院の会食）réfection [レフェクスィヨン] 女/（大いに飲み歌う）godaille [ゴダーユ] 女/軽い～ repas léger [ルパ レジェ]/豪華な～ grand repas [グラーン ルパ] ‖ ～をする manger [マンジェ] 25, prendre le repas [プラーン ドゥル ルパ]〈prendre 37〉
→ きゅうけいか
しょくじりょうほう 食餌療法 → ダイエット
しょくせいかつ 食生活 vie 女 alimentaire [ヴィ アリマンテール]
しょくぜん 食前（に）avant le repas [アヴァンル ルパ] → アペリティフ
しょくだい 燭台 chandelier [シャーンドゥリエ] 男/（複数の蠟燭が立てられるもの）flambeau [フランボ] 男〈複 ～x〉/（携帯用）bougeoir [ブージュワール] 男/（壁用）bras [ブラー]〈単複同形〉
しょくたく 食卓 → テーブル
しょくちゅうしゅ 食中酒 trou 男 normand [トゥルー ノルマン], coup 男 de milieu [クードゥ ミリュー],（英）glass of spirits
しょくちゅうどく 食中毒 → ちゅうどく
しょくつう 食通（旨いものとそれに合うワイン選択ができる）gourmet [グールメ] 男, fine bouche 女 [フィーヌ ブーシュ]/（たくさん食べる美食家）gourmand,e [グールマン, ド]/（飲食文化と技術の研究家）gastronome [ガストゥロノーム] 男女/（地方の名物料理愛好家）gastronomade [ガストゥロノマード] 男女/（美食狂）gastronomanie [ガストゥロノマニ] 男女
しょくどう¹ 食堂（家, ホテルなどの食事室）salle 女 à manger [サラ マンジェ]/～車（列車）wagon-restaurant [ヴァゴン レストラン] 男〈複 ～s-～s〉
→ レストラン, 囲み
しょくどう² 食道 œsophage [エゾファージュ] 男
しょくにく 食肉 → にく, にくや
しょくにん 職人 artisan,e [アルティザン, ヌ] 男女/（集合的に）artisanat [アルティザナ] 男/～気質 mentalité 女 artisanale [マンタリテ アルティザナール]/～的な artisanal,e [アルティザナール] artisanaux [アルティザノ] 男複に〉
しょくば 職場 lieu 男 de travail [リュー ドゥ トゥラヴァーユ]
しょくばい 触媒 catalyseur [カタリズール] 男
しょくパン 食パン → パン
しょくひ 食費 frais 男複 de nourriture [フレードゥ ヌーリテュール]
しょくひん 食品（食物）aliment [アリマン] 男,（英）food/（話言葉）bouffe [ブーフ] 女/（食料品）alimentation [アリマンタスィヨン] 女, produits 男複 alimentaires [プロデュイザリマンテール], nourriture [ヌーリテュール] 女/（加工食品）aliment préparé [アリマン プレパレ]/インスタント～ alimentation instantanée [アリマンタスィヨン アンスタンタネ] 女 cuisiné [プラー キュイズィネ]/健康～ aliment diététique [アリマン ディエテティーク]/自然～ aliment naturel [アリマン ナテュレル]/～店 magasin 男 d'alimentation [マガザン ダリマンタスィヨン]/生鮮～ denrées 女複 périssables [ダンレ ペリサーブル]/醱酵～ aliment fermenté [アリマン フェルマンテ]/冷凍～ aliment surgelé [アリマン スュルジュレ]
→ うりば, えいせい¹, エコノマ, かがく², こうぎょう, てんか²
しょくぶつ 植物 plante [プラーントゥ] 女,（集合的）végétation [ヴェジェタスィヨン] 女/～学 botanique [ボタニック]/薬用～ plante médicinale [プラーントゥ メディスィナール]/食用～ plante

食堂の種類

駅, 劇場などの簡易食堂, スタンド buvette [ビュヴェットゥ] 女
駅の軽食堂 buffet [ビュフェ] 男
軽食堂 snack [スナーク] 男, snack-bar [スナーク バール] 男
高校までの学生食堂 cantine [カンティーヌ] 女
社員食堂 cantine [カンティーヌ] 女
修道院などの食堂 réfectoire [レフェクトゥワール] 男
大学の学生食堂 restaurant 男 universitaire [レストラン ユニヴェルスィテール], restau U [レストユー] 男

comestible[プラーントゥ コメスティーブル]/〜の, 〜的な végétal,e[ヴェジェタール], végétaux[ヴェジェト][男][複]に〉 → あぶら¹

しょくもつ 食物 → しょくりょう, せんい
しょくよう 食用(の) → たべられる
しょくよく 食欲 appétit[アペティ][男]/〜がある avoir un bon appétit[アヴワール アン ボナペティ]〈avoir ①〉/〜がない ne pas avoir d'appétit[ヌ パ ザヴワール ダペティ]⇒ p.756「否定文」/〜を満たす satisfaire l'appétit[サティスフェール ラペティ]〈satisfaire ㉑〉/猛烈な〜 appétit[男] pantagruélique[アペティ パンタグリュエリーク]/〜増進 augmentation d'appétit[オグマンタスィヨン ダペティ]/〜不振 manque d'appétit[マンク ダペティ]

しょくりょう 食糧 vivres[ヴィーヴル][男][複]/〜の蓄え provisions[プロヴィズィヨン][女][複]

しょくりょうひん 食料品 → しょくひん
しょくれき 職歴 carrière[カリエール][女], expérience[女] professionnelle[エクスペリヤーンス プロフェスィヨネール], fonctions[女][複] occupées[フォンクスィヨンゾキュペ]

じょこうえき 除光液 dissolvant[ディソルヴァン][男]

ショコラ → チョコレート
ジョコンド (スポンジケーキ) biscuit[男] Joconde[ビスキュイ ジョコーンドゥ]

しょさい 書斎 bureau[ビュロ][男]〈~x〉

じょさんし 助産師(助産婦) sage-femme[サージュ ファム][女]〈~s-~s〉

じょしつする 除湿する déshumidifier[デズュミディフィエ]/除湿器 déshumidificateur[デズュミディフィカトゥール][男] → かんそう

じょしゅ 助手 → アシスタント
じょじゅん 初旬 → じょうじゅん
じょじょに 徐々に → だんだん
しょしん 初診 première consultation[女][プルミエール コンスュルタスィヨン]

しょしんしゃ 初心者 débutant,e[デビュタン, トゥ][男][女], novice[ノヴィス][男][女] → みならい

じょすう 序数:第…のように順序を表わす数字 nombre[男] ordinal[ノーンブルオルディナール], nombres[男][複] ordinaux[ノーンブルゾルディノ] → ばん¹

ショスティエ (チーズ) chaucetier[男]
じょせい 女性 femme[ファーム][女]/(丁寧な言い方) dame[ダーム][女]/(俗語) gonzesse[ゴンゼース][女]/(たちの悪い) garce[ガールス][女]‖〜的な (の) féminin,e[フェミ・ナン, ニーヌ]/〜形:文法用語 féminin[フェミナン][男] → めいし²

ショソン (パイ) chausson[男], 〔英〕turnover

じょちゅう 女中 → おてつだいさん
しょっかく¹ 食客 → いそうろう
しょっかく² 触角 antenne[アンテーヌ][女]

しょっかく³ 触覚 toucher[トゥーシェ][男]
しょっかん 食感 toucher[トゥーシェ] buccal[トゥーシェ ビュカール] → したざわり, はごたえ

しょっき 食器 vaisselle[ヴェセール][女]‖(1人分) couvert[クーヴェール][男]‖(セット) service[セルヴィス][男]‖〜を卓上から片付ける desservir[デセルヴィール][㉚] → さら, さらあらい, たな

ジョッキ (125cc) bock[ボーク][男]/(150cc) galopin[ガロパン][男]/(250cc) chope[ショープ][女], demi[ドゥミー][男]/(500cc) sérieux[セリュー][男]/(500cc) distingué[ディスタンゲ][男]/(2500cc) chevalier[シュヴァリエ][男]/(3000cc) formidable[フォルミダーブル][男]

しょっけん 食券 ticket[男] de repas[ティケ ドゥ ルパ], chèque-repas[シェークルパ][男]〈~s-~〉

しょっつる 塩魚汁 nuocmâm[男] japonais[ニョクユム ジャポネ]

しょっぱい 塩っぱい salé,e[サレ], 〔英〕salty/しょっぱ過ぎる trop salé,e[トゥロー サレ]

ショッピング → かいもの
しょとう¹ 初等(の) → しょきゅう
しょとう² 蔗糖 saccharose[サカローズ][男], 〔英〕saccharose, sucrose

しょどう 書道 calligraphie[カリグラフィ][女]/〜家 calligraphe[カリグラフ][男][女]

じょどうし 助動詞 verbe[男] auxiliaire[ヴェルボクスィリエール]

しょとく 所得 revenu[ルヴニュ][男] → ぜい

ショ・フロワ (一度火を入れてから冷やし

しょほ 514

た料理) chaud-froid [ショ フルワー] 男 〈複 ~s-~s〉／ソース・~ sauce chaud-froid [ソース ショ フルワー]／ソース・~を塗る chaufroiter [ショフルワテ]／~を塗った chaufroité,e [ショフルワテ]

しょほ 初歩 → きほん,しょきゅう

しょほう 処方 ordonnance [オルドナーンス] 女, prescription [プレスクリプスィヨン] 女／~箋 ordonnance 女

しょめい 署名 → サイン

しょゆう 所有 possession [ポセスィヨン] 女／~者 propriétaire [プロプリエテール] 男女, possesseur [ポセスール] 男／~物,~権 propriété [プロプリエテ] 女／~する posséder [ポセデ] 36 ~ている

しょり 処理 traitement [トゥレートゥマン] 男／~する traiter [トゥレーテ]／~した traité,e [トゥレーテ]

しょるい 書類 (文書) papiers [パピエ] 男複, pièce [ピエス] 女／(一式) dossier [ドスィエ] 男 → てんぷ

ジョルジェット(風) Georgette [ジョルジェートゥ]

ジョルジュ・サンド(風) Georges Sande [ジョルジュ サーンドゥ]

ショーレ・ボーヌ(ワイン) chorey-lès-beaune 男

ショロン(風) Choron [ショロン] 男／ソース・~ sauce 女 Choron

シラ(ぶどう) syrah [スィラ] 女

しらうお 白魚 salanx [サラーンクス] 男, 英 whitefish, Japanese icefish

しらぎも 白肝 foie 男 blond [フワーブローン], 英 white liver

しらこ 白子:魚 laitance [レタンス] 女, laite [レートゥ] 女, 英 milt, soft roe

しらす 白子 blanchaille [ブランシャーユ] 女, 英 soft roe ／~うなぎ (稚魚) civelle [スィヴェール] 女, 英 glass-eel, elver／(ボルドー地方での呼称) pibale [ピバール] 女, biballe [ビバール] 女

しらせる 知らせる (AをBに) annoncer A à B [アノンセ]〈annoncer 32〉, informer A de B [アンフォルメドゥ], faire savoir A à B [フェール サヴワール ア]〈faire 21〉

しらたき 白滝(食品) vermicelles 女複 gélatineuses de tubercule japonais [ヴェルミセール ジェラティヌーズ ドゥ テュベルキュール ジャポネ]

しらたまこ 白玉粉 farine 女 de riz gluant [ファリーヌ ドゥ リ グリュアン]

しらない 知らない ignorer [イニョレ]

しらべる 調べる (探求) rechercher [ルシェルシェ] ‖ (調査) étudier [エテュディエ] → じしょ

しらやきする (…を)白焼する cuire ...à blanc [キュイール ア ブラーン] 〈cuire 11〉

しり 尻 fesses [フェース] 女複, (俗語) cul [キュ] 男 → うし,しか¹

しりあい 知合 connaissances [コネサーンス] 女複／…と~になる faire connaissance avec... [フェール コネサーンサヴェーク]〈faire 21〉

シリアル (穀類及びその加工食品) céréale [セレアール] 女, 英 cereal

シリカゲル (乾燥剤) gel 男 de silice [ジェール ドゥ スィリース]

シリコン (樹脂) silicone [スィリコーヌ] 女／~シート → シルパット／~型 moule 男 souple en silicone [ムール スープラン スィリコーヌ]

しりびれ 尻鰭 → ひれ

しりょう 資料 document [ドキュマン] 男 → データ

しりょく 視力 vue [ヴュ] 女／~検査 examen 男 de la vue [エグザマーン ドゥ ラ ヴュ]

しる¹ 知る (聞いたり読んだりして) apprendre [アプラーンドゥル] 37 → しっている,しらない

しる² 汁 → うまみ,コンソメ,しぼる,ジュ,すいぶん,すいもの,スープ,つゆ¹,ブイヨン,ポタージュ

シルヴァネ(ぶどう) silvaner または sylvaner [スィルヴァネ] 男

シルーブル(ワイン) chiroubles 男

シルク → きぬ

しるこ 汁粉 potage 男 sucré de haricots rouges [ポタージュ スュクレ ドゥ アリコ ルージュ]

しるし 印 marque [マールク] 女／~を付ける marquer [マールケ]／~を付けた marqué,e [マールケ]

シルバー ~シート siège 男 prioritaire pour les personnes âgées et handicapées [スィエージュ プリヨリテール プール レ ペルソーヌ ジェ エ アンディカペ]／~ダスター chiffon 男 pour argenterie [シフォン プール アルジャーントゥリ] 女 ‖ ~ポリシャー

(銀磨器) brunisseuse [ブリュニスーズ] 女／(クリーム) crème 女 pour argenterie [クレーム プーラルジャーントゥリ]／(液体) liquide 男 pour argenterie [リキードゥ プーラルジャーントゥリ] →ぎん

シルパット(耐熱シートの商標名) silpat [スィルパトゥ]

シルフィード(風) (à la) Sylphide [(アラ) スィルフィードゥ]

しろ¹ 白 blanc [ブラーン] 男／～い blanc,he [ブラーン, シュ]

しろ² 城 château [シャト] 男〈複 ～x〉／(城砦) forteresse [フォルトゥレース] 女／(宮殿) palais [パレ] 男〈単複同形〉

しろいんげんまめ 白隠元豆 → いんげんまめ

しろあまだい 白甘鯛 → しらい

しろうお 白魚・素魚 gobie 男 blanc [ゴビ ブラーン], 英 ice goby

しろうと 素人 (愛好家, アマチュア) amateur [アマトゥール] 男女, femme 女 amateur [ファム アマトゥール]／(門外漢) profane [プロファーヌ] 男女／～料理 cuisine 女 d'amateur [キュイズィーヌ ダマトゥール]

ジロール ジロール (茸) (あんず茸) girol(l)e, chanterelle [シャントゥレール] 女, 英 chanterelle

しろぐち → いしもち

しろざ 白藜：野生のほうれん草 chénopode 男 blanc [ケノポードゥ ブラーン], 英 fat hen

しろざけ¹ 白鮭 → さけ¹

しろざけ² 白酒 → さけ²

シロップ sirop [スィロ] 男, 英 syrup／～に浸す siroper [スィロペ], siroter [スィロテ]／～に浸した siropé,e [スィロペ], siroté,e [スィロテ]／～状の sirupeux [スィリュプー]〈女に単複同形〉, sirupeuse [スィリュプーズ]〈女に〉／ガム～ sirop de gomme arabique [スィロ ドゥ ゴマラビーク]／メープル～ sirop d'érable [スィロ デラーブル] → カラメル,囲み

ジロフル → ちょうじ

しろみ 白身(肉) viande 女 blanche [ヴィヤーンドゥ ブラーンシュ]／～の魚 poisson 男 à chair blanche [プワソーン アシェール ブラーンシュ] → なかみ, らんぱく

ジロル → ジロール

しろワインソース 白ワインソース

シロップの状態(温度の低いものから順に)

(100℃) nappé [ナペ] 男
(103~105℃) petit filé [プティ フィレ], petit lissé 男 [プティ リセ]
(106~109℃) grand filé [グラーン フィレ], grand lissé [グラーン リセ]
(110~112℃) petit perlé [プティ ペルレ]
(113~114℃) soufflé [スーフレ] 男, grand perlé [グラーン ペルレ]
(115~124℃) petit boulé [プティ ブーレ]
(125~134℃) gros boulé [グロ ブーレ], grand boulé [グラーン ブーレ]
(135℃) petit cassé [プティ カセ]
(135~140℃) cassé [カセ] 男
(145~150℃) grand cassé [グラーン カセ]

---

sauce (au) vin blanc [ソース(オ)ヴァンブラーン], 英 white wine sauce

しわ 皺 (皮膚) ride [リードゥ] 女／(紙や布のひだ) pli [プリ] 男／(しわくちゃの) chiffonnage [シフォナージュ] 男／(目尻の) pattes 女複 d'oie [パートゥドゥワー]

しん¹ 芯 (中心) cœur [クール] 男／(鉛筆の) mine [ミーヌ] 女／(ろうそくなどの) mèche [メーシュ] 女／(りんご, キャベツなどの) trognon [トゥロニョーン] 男／(フィレ肉の中心部) cœur ‖ ～を除く vider [ヴィデ], parer [パレ], retirer le cœur [ルティレル クール]／～を除いた vidé,e [ヴィデ], paré,e [パレ] ‖ ～ (パスタなどに) ～のある al dente [アル デンテ]〈男女同形〉／～のあるライス riz 男 mi-cuit [ミキュイ]
→ アーティチョーク, おんど, しんぬきき, たね¹, ようみゃく

しん² 新… ～車 (新型) voiture 女 nouvelle [ヴヮテュール ヌーヴェル]／(買ったばかりの) voiture neuve [ヴヮテュール ヌーヴ]／(買換えたばかりの) nouvelle voiture [ヌーヴェル ヴヮテュール]
→ あたらしい, じゃがいも, しんにゅう, しんじん, たまねぎ, め³

ジン(蒸留酒) gin 男, genièvre [ジュニエーヴル] 男, 英 gin／スロー～ prunelle [プリュネール] 女, 英 sloe gin

しんおん 芯温 température 女 à cœur [タンペラテューラ クール]

しんかい 深海 abysse [アビース] 男／

しんかんせん

~魚 poisson 男 des bas-fonds [ブワソーン デ バフォン]

しんかんせん 新幹線 train 男 à grande vitesse [トゥラーンナ グラーンドゥ ヴィテース] → てつどう

しんきんこうそく 心筋梗塞 infarctus 男 du myocarde [アンファルクテュス デュ ミヨカールドゥ] 〈単複同形〉

シンク → ながし

しんく 深紅・真紅 carmin [カルマン] 男, cramoisi [クラムワズィ] 男/～の carmin〈不変〉, cramoisi,e [クラムワズィ]

しんぐ 寝具 (総称) literie [リートゥリ] 女

しんくう 真空 vide [ヴィードゥ] 男, sous-vide [スーヴィードゥ]/～調理 cuisson 女 sous-vide [キュイソーン スー ヴィードゥ], 英 vacuum cooking/～パック emballage 男 sous-vide [アンバラージュ スー ヴィードゥ]/～パック機 machine 女 sous-vide [マシーヌ スー ヴィードゥ]/～パックフィルム film [フィールム] 男, sachet 男 plastique [サシェ プラスティック]/～ミートミキサー malaxeur 男 sous-vide [マラクスール スー ヴィードゥ]

シングル (ウィスキーなど) une mesure normale [ユヌ ムズュール ノルマール]/(ホテルの部屋) single [スィーングル] 男/～ジャケット, どくしん, ベッド

しんけい 神経 nerf [ネール] 男/～の, ～質な nerveux [ネルヴー] 〈男に, 単複同形〉, nerveuse [ネルヴーズ]〈女に〉/～痛 névralgie [ネヴラールジ]

しんごう 信号 signal [スィニャール] 男 〈複〉signaux [スィニョ]/(交通信号機) feu [フー] 男 〈複〉~x/青 (赤, 黄)～ feu vert (rouge, jaune) [フー ヴェール (ルージュ, ジョーヌ)]/～無視をする négliger (俗語 griller) le feu [ネグリジェ (グリーレ) ル フー]/～ négliger 25/停止～ signal 男 d'arrêt [スィニャール ダレ]

じんこう¹ 人口 population [ポピュラスィヨン] 女/～の多い peuplé,e [プープレ]

じんこう² 人工 (の, 的な) artificiel,le [アルティフィスィエール]/～的に artificiellement [アルティフィスィエールマン] → かんみん

しんこきゅう 深呼吸 → こきゅう

しんこく 申告 déclaration [デクララスィヨン] 女/～する déclarer [デクラーレ]

しんさつ 診察 → しんりょう

しんしつ 寝室 chambre 女 (à coucher) [シャーンブル (アクーシェ)]

じんじゃ 神社 temple 男 shintoïste [ターンプル シントイーストゥ]

ジンジャー → さとう, しょうが, パン

しんしゅ 新酒 (ワイン) vin 男 nouveau [ヴァン ヌーヴォ], vin de primeur [ヴァンドゥ プリムール]

しんじゅ 真珠 perle [ペールル] 女/～のような perlé,e [ペールレ]/～の光沢のある nacré,e [ナークレ]

しんじん 新人 nouveau [ヌーヴォ] 男 〈複〉~x), nouvelle [ヌーヴェール] 女

しんせい 申請 déclaration [デクララスィヨン] 女/～する déclarer [デクラーレ]

しんせいどうめいふう 神聖同盟風 Sainte Alliance [サンタリヤーンス]

しんせき 親戚 parenté [パラーンテ] 女, parent,e [パラン, トゥ] 男 女/～の parent,e

しんせつ 親切 (愛想) amabilité [アマビリテ] 女/(優しさ) gentillesse [ジャンティエース] 女/～な aimable [エマーブル]〈男女同形〉, gentil,le [ジャンティ, ーユ]/(お礼) ご～に C'est gentil. [セジャンティ]/(世話好きな) serviable [セルヴィヤーブル]〈男女同形〉/～に gentiment [ジャンティマン]

しんせん 新鮮 → せんど

しんぞう 心臓 cœur [クール] 男/～病 maladie 女 cardiaque [マラディ カルディヤーク]

じんぞう¹ 腎臓 (食用として) rognon [ロニョン] 男, 英 kidney/(人) rein [ラン] 男/～結石 calcul 男 rénal [カルキュール レナール]/～病 maladie 女 du rein [マラディ デュ ラン]

じんぞう² 人造 (の) artificiel,le [アルティフィスィエール], synthétique [サンテティック] 〈男女同形〉 → キャヴィア

しんたい 身体 → からだ, けんさ

しんだい 寝台 lit [リ] 男/(列車の) couchette [クーシェット] 女/～車 voiture-lit [ヴワテュール リ] 女 〈複〉~s-~s/～料金 supplément 男 de couchette [スュプレマン ドゥ クーシェットゥ]

しんだん 診断 diagnostic [ディヤグノスティック] 男/健康～ examen 男 médical [エグザマン メディカール]/～書 certificat 男 médical [セルティフィカ メディカール]

しんちゅう 真鍮 cuivre 男 jaune [キュイーヴル ジョーヌ], laiton [レトン] 男

しんちょう¹ 身長 taille [ターユ] 女／～を測る mesurer [ムズュレ]／私の～は180cmです Je mesure 180 cm. [ジュ ムズュール サン カートゥヴァン サンティメートル]

しんちょう² 慎重(な) prudent,e [プリュダーン, トゥ]／～に prudemment [プリュダマン]

しんちんたいしゃ 新陳代謝（生体内での）métabolisme [メタボリースム] 男

じんつう 陣痛 douleurs 女複 de l'accouchement [ドゥールール ドゥ ラクーシュマン]

シンデレラ(風) Cendrillon [サンドゥリヨン]

しんとうあつ 浸透圧 pression 女 osmotique [プレスィヨン オスモティーク]

しんとうする 浸透する pénétrer [ペネートゥレ]

しんなりさせる （玉ねぎなどをバターで炒める）faire fondre [フェール フォンドゥル]〈faire 21〉, fondre [フォンドゥル] 39／（サラダ菜をドレッシングであえる）fatiguer [ファティーゲ]
→ スュエ

しんにゅうきんし 進入禁止 → きんし¹

しんぬきき 芯抜器 vidèle [ヴィデール] 女／（りんごの）vide-pomme [ヴィードゥポム] 男〈単複同形〉／（オリーヴなどの種抜）dénoyauteur [デヌワヨトゥール] 男

しんねん 新年 nouvelle année [ヌーヴェラネ] 女
→ しょうがつ

しんぱい 心配(気がかり) souci [ス-スィ] 男／～する se faire du souci [ス フェール デュ スースィ]〈faire 代動 21 59〉／(不安) inquiétude [アンキエチュード] 女／～を…する s'inquiéter de... [サンキエテド ドゥ...]〈代動 36 59〉, être inquiet,ète de... [エートゥル アンキエ, -トゥド ドゥ...]〈être 2〉

しんぷ¹ 神父 père [ペール] 男／（呼びかけ）～様 Mon père [モン ペール]

しんぷ² 新婦 nouvelle mariée [ヌーヴェル マリエ] 女

シンプル → かんたん

しんぶん 新聞 journal [ジュールナル] 男〈複 journaux [ジュールノ]〉／日刊紙 quotidien [コティディヤン] 男

シンポジウム symposium [サンポズィヨーム]

しんまい 新米（初心者）débutant,e [デビュタン, トゥ] 男 女／（米）riz 男 nouveau [リ ヌーヴォ]

じんましん 蕁麻疹 urticaire [ユルティケール] 女

しんめ 新芽 → め³

しんやえいぎょう 深夜営業(の) ouvert,e la nuit [ウーヴェール, トゥ ラ ニュイ]

しんゆう 親友 meilleur,e ami,e 男 女 [メユーラミ], ami,e intime [アミ アンティーム]

しんりょう 診療（診察）consultation [コンスュルタスィヨン] 女／～時間 heures 女複 de consultation [ウール ドゥ コンスュルタスィヨン]
→ びょういん

しんりんふう 森林風 (à la) forestière [(ア ラ) フォレスティエール] → もり

しんろう 新郎 nouveau marié 男 [ヌーヴォ マリエ]／～新婦 nouveaux mariés 男複 [ヌーヴォ マリエ]

しんわ 神話 mythologie [ミトロジ] 女／ギリシア～ mythologie grecque [ミトロジ グレック]／ローマ～ mythologie romaine [ミトロジ ロメーヌ]

す

す¹ 巣（鳥や虫の）nid [ニ] 男／…じゃが芋の鳥の～仕立 ...au nid de pomme de terre [オ ニ ドゥ ポム ドゥ テール]／（蜘蛛の）toile 女 d'araignée [トゥワール ダレニェ] → つばめ, はち²

す² 酢 vinaigre [ヴィネーグル] 男, 英 *vinegar* ／～入れ:容器 vinaigrier [ヴィネーグリエ] 男／～を加える vinaigrer [ヴィネーグレ]／～を加えた vinaigré,e [ヴィネーグレ], 英 *vinegared* → p. 518 囲み]

ず 図（図形）figure [フィギュール] 女／（図面）plan [プラーン] 男／（図表）graphique [グラフィーク] 男, diagramme [ディヤグラーム]／（製図・デッサン）dessin [デサン] 男／（図式）schéma [シェマ] 男／（絵図）image [イマージュ] 女

ずい 髄 → こつずい

酢の種類

赤ワイン酢 vinaigre de vin rouge [ヴィネーグル ドゥ ヴァン ルージュ], 英 *red wine vinegar*
アルコールヴィネガー, ホワイトヴィネガー vinaigre d'alcool [ヴィネーグル ダルコール], 英 *white vinegar*
オルレアンヴィネガー vinaigre d'Orléans [ヴィネーグル ドルレアーン]
加工酢 vinaigre aromatisé [ヴィネーグル アロマティゼ], 英 *aromatic vinegar*
果実酢 vinaigre de fruit [ヴィネーグル ドゥ フリュイ], 英 *fruit vinegar*
黒酢 vinaigre noir [ヴィネーグル ヌワール], 英 *black vinegar*
古酢 vinaigre vieux à l'ancienne [ヴィネーグル ヴュー ア ランスィエーヌ], 英 *old vinegar*
米酢 vinaigre de riz [ヴィネーグル ドゥ リ], 英 *rice vinegar*
シードルヴィネガー vinaigre de cidre [ヴィネーグル ドゥ スィードゥル], 英 *cider vinegar*
シェリーヴィネガー vinaigre de xérès [ヴィネーグル ドゥ ケレーズ (またはグゼレーズ)], 英 *sherry vinegar*
白ワイン酢 vinaigre de vin blanc [ヴィネーグル ドゥ ヴァン ブラーン], 英 *white wine vinegar*
フランボワーズヴィネガー vinaigre de framboise [ヴィネーグル ドゥ フランブワーズ], 英 *raspberry vinegar*
モルトヴィネガー vinaigre de malt [ヴィネーグル ドゥ マールトゥ], 英 *malt vineger*
ラヴェンダーヴィネガー vinaigre à la lavande [ヴィネーグル ア ラ ラヴァーンドゥ], 英 *lavender vinegar*
→ バルサミコす

スイーツ douceurs [ドゥースール] 女複, 英 (食後の) *sweets*, 米 *desert*
スイート ~ポテト (ケーキ) gâteau 男 《複 ~x》 de patate [ガトー ドゥ パタートゥ] → あまい, オレンジ, コーン, すみれ, マルティニ, ワイン
スイートルーム (ホテルの) appartement [アパールトゥマン] 男, suite [スュイートゥ] 女
すいえい 水泳 natation [ナタスィヨン] 女
すいか 西瓜 pastèque [パステーク] 女, melon 男 d'eau [ムロン ドー], 英 *watermelon*
すいぎゅう 水牛 buffle [ビュフル] 男, 英 *buffalo* / (若い) bufflon [ビュフロン] 男, (雌) bufflonne [ビュフローヌ]
→ チーズ
すいぎん 水銀 mercure [メルキュール] 男
すいさいが 水彩画 → え¹
すいさん 水産 ~加工品 produit 男 à base de la mer [プロデュイ ア バーズ ドゥ ラ メール]
すいじ 炊事 → キッチン, コック¹, ちょうり, どうぐ, りょうり
すいしつ 水質 qualité 女 d'eau [カリテド] / ~検査 analyse 女 de l'eau [アナリーズ ドゥロ]
すいじょうき 水蒸気 → じょうき
スイス Suisse [スュイース] 固女, Helvétie [エルヴェスィ] 固女, ~連邦 Confédération 固女 suisse [コンフェデラスィヨン スュイース], Confédération helvétique [コンフェデラスィヨン エルヴェティーク] / ~人 Suisse 男女, Suissesse [スュイセース] 女 / ~の suisse 〈男女同形〉, helvétique [エルヴェティーク] 〈男女同形〉 / ~風 (à la) suisse [(ア ラ) スュイース] / ~アルプス Alpes 固女複 suisses [アールプ スュイース] / ~フラン franc 男 suisse [フラン スュイース] / ~ロール (ケーキ) biscuit 男 roulé [ビスキュイ ルーレ], 英 *Swiss roll* → メレンゲ
すいせん 推薦 recommandation [ルコマンダスィヨン] 女 / ~者 personne 女 qui recommande [ペルソーヌ キ ルコマーンドゥ] / ~状 lettre 女 de recommandation [レートゥル ドゥ ルコマンダスィヨン] / ~する recommander [ルコマンデ]
すいそう 水槽 réservoir 男 d'eau [レゼルヴワール ド] / (飼育用) aquarium

すいぞう 膵臓 pancréas [パンクレアース] 男 〈単複同形〉

すいちょく 垂直(の) vertical,e [ヴェルティカール], verticaux [ヴェルティコ] 〈男複に〉／～に verticalement [ヴェルティカールマン]

スイッチ (電気の) interrupteur [アンテリュプトゥール] 男／～を入れる allumer [アリュメ]／～を切る fermer [フェルメ], couper [クーペ] ‖ (切替用の) commutateur [コミュタトゥール] 男 ‖ (スイッチボタン) bouton [ブートン] 男／～を入れる (ボタンを押す) appuyer [アピュイエ] 31／(ボタンを回す) tourner le bouton [トゥールネル ブートン]

すいでん 水田 → たんぼ

すいとう 水筒 gourde [グールドゥ] 女

すいどう 水道 (給水設備) eau [オ] 女／～水 eau du robinet [オ デュ ロビネ] → かん⁴

すいとりがみ 吸取紙 (papier 男) buvard [ビュヴァール] 男

すいとる 吸取る (気体や液体を) absorber [アプソルベ]／(汁液を) sucer [シュセ] 32／(スポンジで) éponger [エポンジェ] 25

すいのう 水嚢 tamis [タミ] 男 〈単複同形〉

すいば 酸模 → オゼイユ

すいはんき 炊飯器 → かま¹

すいぶん 水分 eau [オ] 女 ‖ (野菜) ～の多い aqueux [アクー] 〈男に, 単複同形〉, aqueuse [アクーズ] 〈女に〉／(果物) ～の多い juteux [ジュトゥー] 〈男に, 単複同形〉, juteuse [ジュトゥーズ] 〈女に〉／～のない sec [セーク] 〈男に〉, sèche [セーシュ] 〈女に〉 ‖ ～を取除く éliminer l'eau [エリミネ ロ]

すいへい 水平(の) horizontal,e [オリゾンタール], horizontaux [オリゾント] 〈男複に〉／～に horizontalement [オリゾンタルマン]／…を～にする mettre...à niveau [メートゥル アニヴォ] 〈mettre 26〉

すいみん 睡眠 sommeil [ソメーユ] 男／～不足だ avoir mal dormi [アヴワール マル ドルミ] 〈avoir ①〉／～薬 somnifère [ソムニフェール] 男 → ねむる

すいもの 吸物 consommé 男 japonais [コンソメ ジャポネ]

すいようび 水曜日 mercredi [メールクルディ] 男 → 用法は「にちようび」

すう¹ 吸う aspirer [アスピレ]／(空気を) respirer [レスピレ] → すいとる, すする

すう² 数… (いくつかの) quelques... [ケールク]／～回 quelques fois [ケールク フワー]／～十の… quelques dizaines de... [ケールク ディーゼーヌ ドゥ]／～日 quelques jours 男複 [ケールク ジュール] ‖ (いくつもの) plusieurs... [プリュズィユール]

スー・ヴィード → しんくう

スウェーデン Suède [スュエードゥ] 固女／～人 Suédois,e [スュエドゥワ, ーズ] 男女 〈男は単複同形〉／～語 suédois [スュエドゥワ] 男 〈男には単複同形〉／～の suédois,e 〈男には単複同形〉／～風 (à la) suédoise [(ア ラ) スュエドゥワーズ] → ルタバガ

すうがく 数学 mathématiques [マテマティーク] 女複, (話言葉) maths [マートゥ] 女複

すうききょうふう 枢機卿風 → カルディナル

すうじ 数字 chiffre [シーフル] 男／アラビア～ chiffres arabes [シーフル ザラーブ]／ローマ～ chiffres romains [シーフル ロマン]

スーシェ (ソース用表現) Souchet

スー・シェフ (副料理長) → コック¹

スーツ (男性用) costume [コステューム] 男／(女性用) tailleur [タユール] 男 → せびろ, トランク

スーパー(マーケット) supermarché [スュペールマルシェ] 男／巨大～ hypermarché [イペールマルシェ] 男

スービーズ(風) Soubise [スービーズ]

スープ (具の多い) soupe [スープ] 女, (英) soup／野菜～ soupe aux légumes [スープ レギューム], (英) vegetable soup／(液体料理の総称) potage [ポタージュ] 男, (英) soup → さら, しゃくし, スプン, チューリン, のむ, フォン, ポタージュ

スーペ → やしょく

スーマントラン (チーズ) soumaintrain [スーマントゥラン] 男

すうりょう 数量 quantité [カンティテ] 女

すえる 据える → おく¹

スカート jupe [ジューブ] 女／キュロット～ jupe-culotte [ジューブ キュロットゥ] 女 〈複 ~s-~s〉／タイト～ jupe droite

スカーフ 520

[ジュープ ドゥ ルワートゥ]/プリーツ～ jupe à plis [ジューパ プリー], jupe plissée [ジュープ プリセ]/フレア～ jupe évasée [ジュープ エヴァゼ]/ミニ～ mini-jupe [ミニ ジュープ] 女 〈複 ～-~s〉/(宴会盛台用) cache-table [カシュ ターブル] 男 〈単複同形〉

スカーフ (四角) carré [カレ] 男 /(襟巻) foulard [フーラール] 男, cache-col [カシュ コール] 男 〈単複同形〉

すがたもり 姿盛 (の, に) (鳥) en volière [アン ヴォリエール]/(魚) à la nage [ア ラ ナージュ], 英 (cooked) in a court bouillon

スカッシュ → レモン

ずがら 図柄 (モチーフ) motif [モティーフ] 男

スカンジナビア Scandinavie [スカンディナヴィ] 固 女 /～人 Scandinave [スカンディナーヴ] 男女/～風 scandinave 〈男女同形〉/～風 (à la) scandinave [(ア ラ) スカンディナーヴ]

スカンピ → えび

すかんぽ → オゼイユ

すき 好き ～な préféré,e [プレフェレ], favori,te [ファヴォリ, -トゥ]/…が～ aimer... [エメ]/…が大～ adorer... [アドレ] ‖ (恋愛で男性が) …を～になる tomber amoureux de... [トンベ アムールードゥ]/(女性が) tomber amoureuse de... [トンベ アムールーズ ドゥ] ‖ A より B の方が～ aimer mieux B que A [エメ ミュークス], préférer B à A [プレフェレア] 〈préférer 36〉/～なだけ à volonté [ア ヴォロンテ] 女 / お～なように Comme vous voulez. [コム ヴー ヴーレ] → きにいる

スキー ski 男 /～をする faire du ski [フェール デュスキー] 〈faire 21〉/～キャリヤー (車の屋根の) porte-skis [ポルトゥ スキ] 男 〈単複同形〉

すききらい 好き嫌い (好み) goût [グー] 男, préférence [プレフェランス] 女/～が激しい avoir des goûts très difficiles [アヴワール デ グートゥレ ディフィシィール] 〈avoir 1〉/(食べ物の)～がない ne pas être difficile sur la nourriture [ヌ パ エートゥル ディフィシィール スュール ラ ヌーリテュール] 〈être 2〉 → ひてい ⇒ p.756「否定文」

すぎこしのまつり 過越祭 pâque [パーク] 女

すぎたけ 杉茸 pholiote 女 écailleuse [フォリヨートゥ カユーズ], 英 shaggy pholiota

すきっぱら 空っ腹 → くうふく

すきとおった 透き通った → とうめい

すきま 隙間 interstice [アンテルスティース] 男 /(割目) fente [ファーントゥ] 女

スキマー → しゃくし

スキムミルク → ミルク

すきやき 鋤焼 sukiyaki 男, émincé 男 de bœuf et légumes cuits dans le bouillon à base de sauce de soja sucrée [エマンセ ドゥ ブーフ エ レギューム キュイダン ル ブーヨン ア バーズ ドゥ ソース ドゥ ソジャ スュークレ]

スキュバーク (リキュール) scubac 男

すぎる[1] 過ぎる (時間, 場所) passer [パセ]

すぎる[2] …過ぎる (動詞の場合) «活用動詞 + trop [トゥロ]»/私は食べ過ぎた J'ai trop mangé. [ジェ トゥロ マンジェ] ‖ (形容詞・副詞の場合) «trop + 形容詞または副詞»

すく 空く このカフェは空いている Il n'y a pas beaucoup de monde dans ce café. [イル ニヤ パ ボクー ドゥ モーンドゥ ダン ス カフェ] → くうふく

すぐ 直ぐ (直ちに) aussitôt [オスィト], tout de suite [トゥー ドゥ スュイートゥ]/…から～に dès... [デ]/…すると～に «aussitôt que [オスィトク] + 文», «dès que [デク] + 文»/(短時間で) en un moment [アンナン モマン]

すくう 掬う (水を) puiser [ピュイーゼ]/(魚などを) prendre [プラーンドゥル] 37

すくない 少ない (数が) peu nombreux [プー ノンブルー] 〈複 に〉, peu nombreuse [プー ノンブルーズ] 〈女 に〉/(量が) peu abondant,e [プー アボンダン, トゥ] ‖ 少なくする diminuer [ディミニュエ], réduire [レデュイール] 11

すくなからず 少なからず beaucoup [ボクー], pas mal [パ マル]

すくなくとも 少なくとも au moins [オ ムワン]

スクランブルエッグ → エッグ

すぐり → グーズベリー, グロゼイユ

スクリュードライバー (カクテル) screwdriver [スクリュ ドライヴァー] 男

スクレイピー (羊の病気) tremblante 女

すぐれた 優れた → ゆうしゅう
ずけい 図形 → ず
スケートボード planche[プランシャ] 女 à roulette[ルーレットゥ]
スケジュール (日程) emploi[アーンプルワ] 男 du temps[デュ タン], calendrier[カランドゥリーエ] 男 / (時間割) horaire[オレール] 男
すけそうだら 助宗鱈・助惣鱈 → たら²
すけた 透けた transparent,e[トランスパラントゥ]
スケッパー → へら
すけとうだら 介党鱈 → たら²
スケボー → スケートボード
すごい 凄い terrible[テリーブル]〈男女同形〉, formidable[フォルミダーブル]〈男女同形〉‖(話言葉) super[スュペール]〈男女同形〉/すげえ！ C'est super![セスュペール]‖～人 (偉人) grand[グラーン] 男, quelqu'un[ケルカン]〈男無冠詞〉‖すごく terriblement[テリーブルマン], vachement[ヴァシュマン]
スコーン (パン) scone[スコーヌ] 男, petit pain[プティ パン] au lait[オ レ],〈英〉scone
すこし 少し un peu[アン プー]‖～の (数えられるものに) quelques...[ケールク]/ (数えられないものに) un peu de...[アン プー ドゥ]/ (ごく少量) un soupçon de...[アン スープソン ドゥ], une pointe de...[ユヌ プワーントゥ ドゥ]‖～しか～ない peu de...[プー ドゥ], peu à peu[プーア プー], progressivement[プログレスィーヴマン]/～も nullement[ニュールマン]
→ てき,ひとたらし,ひとつまみ,ひとつかみ
スコッチ → ウィスキー,エッグ
スコットランド Écosse[エコース] 固女 /～人 Écossais,e[エコセ, ーズ]〈男は単複同形〉/～の écossais,e[エコセ, ーズ]〈男は単複同形〉/～風 (à l')écossaise[(ア レ)コセーズ]/～式折込パイ生地 feuilletage[フーユタージュエコセ] 男 écossais[エコセ]
スコップ pelle[ペール] 女
ずさん 杜撰(な) négligé,e[ネグリジェ]
すし 寿司 sushi[スシ] 男, riz[リ] 男 vinaigré[リヴィネグレ]/にぎり～ boulette[ブーレットゥ] 女 de riz vinaigré à l'émincé de poisson cru[ブーレートゥ ドゥ リ ヴィネグレ アレマンセドゥブワソン クリュー]/散らし～ bol 男 de riz vinaigré aux poissons crus émincés[ボール ドゥ リ ヴィネグレ オ プワソーン クリュー エマンセ]
すじ 筋 (線) ligne[リーニュ] 女, trait[トゥレー] 男/～を付ける tracer[トゥラーセ] 32 /～を付けた tracé,e[トゥラーセ] (縞模様) rayure[レユール] 女 /～を付ける rayer[レイエ] 31 /～を付けた rayé,e[レイエ] (平行した細縞) strie[ストゥリー] 女 /～を付ける strier[ストゥリーエ]/～を付けた strié,e[ストゥリーエ] (繊維) fibre[フィーブル] 女 (肉の) nerf[ネール] 男 /～の多い nerveux[ネルヴー]〈男に, 単複同形〉, nerveuse[ネルヴーズ]〈女に〉/肉の～を除く,～引する dénerver[デネールヴェ]/肉の～を除いた, ～引した dénervé,e[デネールヴェ] (腱) nerf[ネール] 男, tendon[タンドン] 男 (動植物の堅い) filandre[フィラーンドゥル] 女 (動植物の細い) filament[フィラマン] 男 (豆などの)～が多い filandreux[フィラーンドゥルー]〈男に, 単複同形〉, filandreuse[フィラーンドゥルーズ]〈女に〉 (豆の莢(さや)の)～を除く éffiler[エフィレ]/～を除いた éffilé,e[エフィレ] (生地の表面に飾り用の浅い)～を付ける chiqueter[シクテ]/～を付けた chiqueté,e[シクテ] → せんい
すじえび 筋海老 → えび
すじこ 筋子 → すずこ
すじめ 筋目 → すじ
すす 煤 suie[スュイー] 女
すず 錫 étain[エタン] 男 /～メッキの étamé,e[エタメ]
すずき 鱸 bar[バール] 男, loup[ルー] 男, loup de mer[ルー ドゥ メール], loubine[ルービーヌ] 女,〈英〉(black) sea bass
すすぐ 濯ぐ rincer[ランセ] 32
すずこ 鈴子 œufs[ウ] 男複 de saumon salés[ウ ドゥ ソモン サレ],〈英〉salted salmon roe
すずしい 涼しい (ひんやりした) frais[フレー]〈男に, 単複同形〉, fraîche[フレーシュ]〈女に〉

すずしろ 清白 → だいこん
すずな 菘・鈴菜 → かぶ[1]
すすむ 進む s'avancer [サヴァンセ] [代動] 32 59 → しょく
すすめ 勧め → おすすめ
すずめ 雀 moineau [ムワーノ] [男]〈[複] ~x〉, [英] sparrow / ~の串焼 brochette [女] de moineau [ブロシェートゥ ドゥムワーノ]
すずめだい 雀鯛 → たい[1]
すすめる[1] 進める avancer [アヴァンセ] 32
すすめる[2] 勧める → アドバイス, すいせん, ていあん
すする 啜る sucer [スュセ] 32 /（味わいながら）siroter [スィロテ]
すそ 裾 （下部）bas [バ] [男] /（衣服の）ourlet [ウーレル] [男]
スターアニス → はっかく
スターチ コーン～ fécule [フェキュル ドゥ マイース] [女] de maïs /（商標名）maïzena [マイズナ] [女] → でんぷん
スタート départ [デパール] [男] /（厨房の掛声）料理の～ Ça marche ! [サ マールシュ]
スターフルーツ carambole [カランボール] [女], [英] carambola, star fruit
スタイル （様式）style [スティール] [男] → ふう, プロポーション
スタウト （ビール）stout [スタウトゥ] [男] または [女], [英] stout
スタキス → ちょろぎ
すだち 酢橘 mandarine [女] sudachi [マンダリーヌ スダチ], [英] sudachi mandarin
スタッフ[1] （要員）personnel [ペルソネール] [男] /（厨房要員一同）brigade [ブリガードゥ] [女]
スタッフ[2] → つめる
スタッファ （腸詰用器具）poussoir [プースワール] [男], entonnoir [男] (à saucisse) [アントヌワール (ア ソスィース)]
スタミナ （力強さ）force [フォルス] [女], vigueur [ヴィグール] [女] /～のある vigoureux [ヴィグール] 〈[女]に, 単複同形〉, vigoureuse [ヴィグールーズ]〈[女]に〉‖（耐久力）résistance [レズィスタンス] [女] /～のある résistant,e [レズィスターン, トゥ] ‖～料理 plat [男] requinquant [プラール ルカンカン]
すだれ 簾 （日よけ）store [ストール]

[男] /（海苔巻用）natte [女] en bambou [ナートゥン バンブー]
スタンド （観客席）gradin [グラダーン] [男] /（台）support [スュポール] [男] / 電気～ lampe [ランプ] [女] /フロア～ lampadaire [ランパデール] [男]
スタンバイする （用意のできた状態にする）être prêt,e [エートゥル プレ, トゥ] 〈être [2]〉/（必要な食材をまとめる）marquer [マールケ]
スチーム （暖房）radiateur [ラディヤトゥール] [男] → オーヴン
スチールぼう スチール棒 fusil [フュズィ] [男]
スチュワーデス → キャビン
スチュワード → キャビン
ずつ …ずつ 少し～ peu à peu [プ ア プ] /1つ～ un par un [アン パール アン] 〈[男]に〉, une par une [ユヌ パール ユヌ]〈[女]に〉
ずつう 頭痛 mal [男] de tête [マル ドゥ テートゥ] /偏～ migraine [ミグレーヌ] [女] /～がする avoir la migraine [アヴワール ラ ミグレーヌ] 〈avoir [1]〉/～薬 médicament [男] contre la migraine [メディカマン コートゥル ラ ミグレーヌ]
スツール （丸椅子）tabouret [タブレ] [男]
すっかり complètement [コンプレートゥマン], tout à fait [トゥータ フェ]
ズッキーニ → クールジェット
すづけの 酢漬の…（酢漬した）…au vinaigre [オヴィネーグル], [英] pickled…
ずっと （はるかに）beaucoup [ボクー], bien [ビヤーン] /（続けて）toujours [トゥージュール] /～以前に il y a longtemps [イリヤ ロンタン]
すっぱい 酸っぱい aigre [エーグル] 〈男女同形〉/（未熟）acerbe [アセールブ] 〈男女同形〉, vert,e [ヴェール, トゥ] /（軽い酸味）acidulé,e [アスィデュレ], suret,te [スュレ, ートゥ] /（刺激的）acre [アークル] 〈男女同形〉/（酸味のある）acide [アスィードゥ] 〈男女同形〉/（酢が効いた）vinaigré,e [ヴィネーグレ] /（傷んだワインが）piqué,e [ピケ] /（傷んだ）tourné,e [トゥールネ] /（レモンを効かせた）citronné,e [スィトロンネ] /（酸の味がする）acétueux [アセトゥー] 〈[男]に, 単複同形〉, acétueuse [アセトゥーズ] 〈[女]に〉
すっぽん 鼈 trionix または trionyx [トゥリヨニークス] [男], [英] suppon /～鍋

marmite 女 de bouillon de tortue aux légumes [マルミート ドゥ ブーヨン ドゥ トルテュ オ レギューム]

スティック （棒状のもの）bâton [バトン] 男, (英) *stick* /（オリーヴなどのつまみ用）pique 女 à cocktail [ピーカ コクテル]

スティルトン （チーズ）stilton [スティルトン] 男, (英) *Stilton* /ホワイト～ (英) *white Stilton*

スティルワイン → ワイン

ステーキ （ビーフ）steak [ステーク] 男, bifteck [ビフテック] 男, (英) *beefsteak*, *steak* /ペッパー～ steak au poivre [ステーコ プワーヴル] /ポーク～ côtelette 女 de porc sautée [コトレットゥ ドゥ ポール ソテ], (英) *sauté of pork chop* /ミニッツ～ steak à la minute [ステーカ ラ ミニュートゥ], (英) *minute steak*
→ シュヴァル, ステーク・フリット, タルタル

ステーク・フリット （ステーキとフライドポテト）steak frites [ステーク フリットゥ], (英) *steak and chips*, (米) *steak and French fries*

すてき 素敵 → かっこいい, きれい, すばらしい

すでに 既に → もう

すてる 捨てる （投棄てる）jeter [ジュテ] 7 /（放棄する）renoncer [ルノンセ] 32 /（見捨てる）abandonner [アバンドネ]

ステレオ stéréo 男

ステンシル （型紙）pochoir [ポシュワール] 男

ステンドグラス vitrail [ヴィトゥラーユ] 男 (複 vitraux [ヴィートゥロ])

ステンレス acier 男 inoxydable [アスィエ イノクスィダーブル], inox [イノックス] 男

スト → ストライキ

ストア (店) → みせ

ストーブ poêle または poële [プワール] 男 /ガス～ chauffage 男 à gaz [ショファージャ ガーズ]
→ こんろ, スチーム, レンジ

ストール （三角）fichu [フィシュー] 男 /（毛皮）étole [エトール] 女

ストクフィーシュ → たら[2]

ストッキング bas [バ] 男複 /パンティ～ collant [コラン] 男

ストック （在庫）stock [ストック] 男 /～する stocker [ストーケ] → ブイヨン

ストップ stop [ストップ] 男 /～! †Halte! [アールトゥ] /（停止）arrêt [アレ] 男 /～する arrêter [アレテ], stopper [ストーペ]

ストライキ grève [グレーヴ] 女

ストライプ → しまもよう

ストラスブール （都市）Strasbourg [ストゥラスブール] 固 /～の strasbourgeois,e [ストゥラスブールジュワ, ーズ] 〈男には単եもう同形〉 /（アラ）strasbourgeoise [(アラ) ストゥラスブールジュワーズ]
→ ソーセージ

ストラップ lanière [ラニエール] 女

ストリングチーズ fromage 男 à pâte filée [フロマージャ パートゥ フィレ], (英) *string cheese*

ストレート(の) （水を加えない）sec [セーク] 男に, sèche [セーシュ] 〈女に〉/～ウィスキー whisky 男 nature [ウィスキ ナテュール] → まっすぐ(な)

ストレートほう ストレート法（直接醸酵法）→ はっこう

ストレス stress 男 /～のある stressé,e [ストゥレーセ]

ストロー paille [パーユ] 女, chalumeau [シャリュモ] 男 〈複 ～x〉

ストロガノフ （料理）Stroganoff または Stroganov [ストゥロガノフ] 固 /ビーフ～ bœuf Stroganoff [ブーフ ストゥロガノフ], (英) *beef stroganof*

ストロベリー → いちご

すな 砂 sable [サーブル] 男 /（細かい）sablon [サブローン] 男 /～の多い sablonneux [サブロヌー] 〈男に, 単եもう同形〉, sablonneuse [サブロヌーズ] 〈女に〉

すなぎも 砂肝 → さのう

スナック (店) snack 男, snack-bar [スナック バール] 男 〈複 ～- ～s〉→ アミューズ, けいしょく

すなはま 砂浜 → かいがん

すなぶくろ 砂袋 （海老の）poche [ポーシュ] 女

スニーカー chaussures 女複 de marche [ショスュール ドゥ マールシュ] /（バスケットシューズ）baskets [バスケットゥ] 男（または女）

すね 脛 jambe [ジャーンブ] 女 /（向こう脛）tibia [ティビヤ] 男
→ うし, こうし, こひつじ, ひつじ, ぶた

スノー （グラスの縁の塩）collerette 女 de givre [コルレートゥ ドゥ ジーヴル] → ゆき[1]

スノーボード planche 女 à neige [プランシャ ネージュ]

すのこ 簀子 (チーズ製造用) claie [クレー] 女 / (小型の) clayette [クレイエットゥ] 女 / (フルーツ砂糖漬用) clayon [クレヨーン] 男

スノボー → スノーボード

すのもの 酢の物 mets [メ] 男〈単複同形〉 vinaigré [ヴィネーグレ]

スパークリングワイン → ワイン

スパイシー(な) épicé,e [エピセ]

スパイス → こうしんりょう

ずばいもも → ネクタリン

スパゲッティ spaghetti [スパゲッティ] 男 複

スパツル (だんご) spätzle [シュペーツル] 男

スパテュール → へら

スパテラ → へら

すばやい 素早い rapide [ラピードゥ]〈男女同形〉/ 素早く rapidement [ラピードゥマン]

すばらしい 素晴しい (感嘆すべき) admirable [アドミラーブル]〈男女同形〉/ (並外れた) extraordinaire [エクストゥラオルディネール]〈男女同形〉/ (驚異的) merveilleux [メルヴェユー]〈男に, 単複同形〉, merveilleuse [メルヴェユーズ]〈女に〉/ (豪華な) magnifique [マニフィーク]〈男女同形〉/ (見事な, 立派な) superbe [スュペールブ]〈男女同形〉/ (想像を絶する) fabuleux [ファビュルー]〈男に, 単複同形〉, fabuleuse [ファビュルーズ]〈女に〉/ (華麗な) splendide [スプランディードゥ]〈男女同形〉 → ゆうしゅう

スパンシャード (氷菓) spunchade [スパンシャードゥ] 女

スピーディーな → すばやい

スピード → しゃしん, そくど

スピリッツ (アルコール) spiritueux [スピリテュウー] 男〈単複同形〉, (英) spirits

スプーム (氷菓) spoom (または spoum) 男

スプーン → スプン

すぶた 酢豚 porc 男 sauté à l'aigre-douce [ポール ソテア レーグル ドゥース]

スプマンテ (ワイン) vin 男 mousseux [ヴァンムースー], (伊) spumante

スプリンツ (スイスのチーズ) sbrinz 男

スフレ soufflé [スーフレ] 男, (英) soufflé / チーズ〜 soufflé au fromage [スーフレ オ フロマージュ], (英) cheese soufflé / 〜にした soufflé,e [スーフレ], (英) souff-lé / 〜グラセ soufflé glacé [スーフレ グラセ], (英) frozen soufflé → ボム

スプレー atomiseur [アトミズール] 男 / (製菓用) 〜ガン pistolet 男 [ピストレ] / ヘア〜 laque [ラーク] 女, spray 男 pour les cheveux [スプレ プール レ シュヴー] ‖ 〜する pulvériser [ピュルヴェリゼ] / 〜した pulvérisé,e [ピュルヴェリゼ] → チョコレート

スプン cuiller または cuillère [キュイエール] 女 / 穴あき〜 cuiller percée [キュイエール ペルセ] / くり抜き〜 cuiller à la parisienne [キュイエーラ ラ パリズィエーヌ], parisienne [パリズィエーヌ] 女 / 計量〜 cuiller doseuse [キュイエール ドズーズ] → いっぱい¹, [囲み]

スペ → やしょく

スプンの種類

アイスクリームサービススプン	cuiller 女 de service à glace [キュイエール ドゥ セルヴィサ グラース]
アイスクリームスプン	cuiller à glace [キュイエーラ グラース]
グレイヴィスプン	cuiller de service à sauce [キュイエール ドゥ セルヴィサ ソース]
コーヒースプン, モカスプン	cuiller à café [キュイエーラ カフェ]
サーヴィス用スプン	cuiller à service [キュイエーラ セルヴィス]
スープスプン, 大さじ	cuiller à soupe [キュイエーラ スープ]
ソーススプン	cuiller à sauce [キュイエーラ ソース]
ソーダスプン	cuiller à soda [キュイエーラ ソーダ]
ティースプン, 小さじ, 茶さじ	cuiller à thé [キュイエーラ テ]
デグレセスプン	cuiller à dégraisser [キュイエーラ デグレーセ]
ブイヨンスプン	cuiller à bouillon [キュイエーラ ブーヨン]
ミキシングスプン	cuiller à mélanger [キュイエーラ メランジェ]

スペア (予備) rechange [ルシャンジュ] 男
スペアミント → ミント
スペアリブ travers [トゥラヴェール ドゥ ポール] 〈単複同形〉 de porc, 英 spare-ribs
スペイン Espagne [エスパーニュ] 固女 /〜人 Espagnol,e [エスパニョール] 男女 /〜語 espagnol [エスパニョール] 男 /〜の espagnol,e /〜風 (à l')espagnole [(ア レ)スパニョール]
スペース espace [エスパース] 男, place [プラース] 女 /〜を開ける espacer [エスパーセ] 32
スペード pique [ピーク] 男
スペクタクル → ショー
スペシャリテ spécialité [スペスィヤリテ] 女, 米 specialty /当店の〜 spécialité de la maison [スペスィヤリテ ドゥ ラ メゾン]
スペシャル → とくべつ
すべて 全て → ぜんぶ¹
すべる 滑る glisser [グリーセ]
スペルトこむぎ スペルト小麦 → こむぎ
スポーツ sport [スポール] 男 /〜をする faire du sport [フェール デュ スポール] 〈faire 21〉/〜マン sportif [スポルティーフ] 男, sportive [スポルティーヴ] 女
ズボン → パンツ
スポンジ éponge [エポーンジュ] 女 ‖ 〜生地 (ジェノワーズ) pâte 女 à génoise [パタ ジェヌワズ] / (ビスキュイ) pâte à biscuit [パタ ビスキュイ] / (ジョコンド) pâte à biscuit Joconde [パタ ビスキュイ ジョコーンド] / (マンケ) pâte à biscuit manqué [パタ ビスキュイ マンケ] ‖ 〜ケーキ (ジェノワーズ) génoise [ジェヌワーズ] 女 / (ビスキュイ) biscuit [ビスキュイ] 男 / (ジョコンド) biscuit Joconde [ビスキュイ ジョコーンド], 英 sponge cake
すまき 簀巻 rouleau [ルーロ] 男 〈複 〜x〉/…を〜にする rouler...à l'aide de natte de bambou [ルーレ ア レードゥ ドゥ ナット ドゥ バンブー]
すましバター 澄しバター → バター
すます¹ 済す → おえる
すます² 澄す clarifier [クラリフィエ] /澄した clarifié,e [クラリフィエ] → すむ³
すまない 済まない → すみません
すみ¹ 隅 coin [クワーン] 男

すみ² 墨 encre [アーンクル] 女 de Chine [ドゥ シーヌ]
すみ³ 炭 charbon [シャルボン] 男 / (木炭) charbon de bois [シャルボン ドゥ ブワー] / (真っ赤に燃えた) brasier [ブラズィエ] 男 /…の〜火焼 charbonée de... [シャルボネ ドゥ] /…を〜火で焼く griller...sur le brasier [グリエ スュール ル ブラズィエ]
すみ⁴ …済(の) 支払〜 payé,e [ペイエ] /検査〜 contrôlé,e [コントゥローレ]
すみいか 墨烏賊 → いか²
すみこみ 住込 〜の店員 employé,e 男女, logé,e et nourri,e [アンプルワイエ ロジェ エ ヌーリ]
スミターヌ (サワークリーム) smitane
すみません 済みません (呼びかけ, 男性に) Monsieur [ムスュー] / (女性に) Madame [マダーム] / (若い女性に) Mademoiselle [マドゥムワゼール] / (依頼) S'il vous plaît. [スィル ヴー プレー] / (感謝) Merci. [メルスィ] → しゃざい
すみやか 速やか(な) → はやい²
スミルヌ (ぶどう) → レーズン
すみれ 菫 violette [ヴィヨレット] 女, 英 violet /〜色 violet [ヴィヨレ] 男 /〜色の violet,te [ヴィヨレ, ートゥ] / 匂い〜, スイートバイオレット violette odorante [ヴィヨレットゥ オドラーントゥ], 英 sweet violet, English violet
すむ¹ 住む habiter [アビテ] / (一時的に) loger [ロジェ] 25
すむ² 済む (間に合う) …なしで済す se passer de... [ス パセ ドゥ] 代動 59
すむ³ 澄む se clarifier [ス クラリフィエ] 代動 59 → すます²
スムール → こむぎこ
スモーガスボード → スモルガスボード
スモーキング (燻製) fumage [フュマージュ] 男, 英 smoking
スモーク 〜サーモン saumon 男 fumé [ソモン フュメ], 英 smoked salmon /〜ハム jambon fumé [ジャンボン フュメ], 英 smoked ham /〜ベーコン lard 男 fumé [ラール フュメ], poitrine 女 fumée [プワトゥリーヌ フュメ], 英 smoked bacon → くんせい, けむり
すもも 李 → プラム
スモルガスボード (ヴァイキング料理)

すやき 素焼 → テラコッタ
スューズ → シューズ
スュエ（野菜などを弱火でソテする） suer／〜した sué,*e*
すら，…すら → でも
スライサー（電動）trancheuse［トランシューズ］女‖電動野菜カッター〜 coupe-légumes［クープ レギューム］男〈単複同形〉／手動野菜カッター〜 mandoline［マンドリーヌ］女‖パン〜（包丁） couteau-scie［クートゥ スィ］男〈複 〜*x*-〜*s*〉／パン〜 tranche-pain［トゥランシュ パン］男〈単複同形〉／トリュフ〜 coupe-truffe［クープ トゥリュフ］男〈単複同形〉／ハム〜 coupe-jambon［クープ ジャンボン］男〈単複同形〉 → ナイフ
スライス（ナッツ類を）〜する effiler［エフィレ］／〜した effilé,*e*［エフィレ］ → うすぎり
ずらす（場所や時間を）décaler［デカレ］／ずらした décalé,*e*［デカレ］
スラッシュ barre 女 oblique［バーロブリーク］：記号は「/」
スリーズ ソース・〜 sauce 女 aux cerises［ソーソ スリーズ］，英 cherry sauce → さくらんぼ
すりおろす 擦下ろす・擂下ろす（下ろし金で）râper［ラペ］／擦下ろした râpé,*e*［ラペ］／擦下ろしたもの râpé［ラペ］男‖（野菜などをミルで）mouliner［ムーリネ］／擦下ろした mouliné,*e*［ムーリネ］‖（擂鉢（らいばち）で）pilonner［ピロネ］，triturer［トゥリテュレ］／擂下ろした pilonné,*e*［ピロネ］，trituré,*e*［トゥリテュレ］
すりきり 摺切 ras,*e*［ラ．-ズ］／大さじ〜1杯の… une cuillerée à soupe rase de...［ユヌ キュイュレ ア スープ ラーズ ドゥ］
すりこぎ 擂粉木 pilon［ピロン］男
すりこみばん 擦込板（型抜用） chablon［シャブロン］男
すりこむ 擦込む（塩などを）frotter［フローテ］，malaxer［マラクセ］／擦込んだ frotté,*e*［フローテ］，malaxé,*e*［マラクセ］‖（生地を擦込板に）chablonner［シャブロネ］／擦込んだ chablonné,*e*［シャブロネ］
スリゼット（リキュール）cerisette［スリゼートゥ］女

スリッパ pantoufles［パントゥーフル］女複
スリップ（下着）combinaison［コンビネゾン］女
すりつぶす 擂潰す → すりおろす
スリナムまい スリナム米 → こめ
すりばち 擂鉢（乳鉢）mortier［モルティエ］男／（日本の）mortier sillonné［モルティエ スィヨネ］／〜形の conique［コニック］〈男女同形〉
すりみ 擂身 chair 女 de poisson pilé［シェール ドゥ プワソン ピレ］
すりむく 擦りむく s'écorcher［セコルシェ］代動 59
スリランカ Sri Lanka 固男／〜人 Sri Lankais,*e*［スリランケ．-ズ］男女〈男は単複同形〉／〜の sri lankais,*e*〈男には単複同形〉 → セイロン
する¹（…する）faire［フェール］21／買物を〜 faire des courses［フェール デ クールス］／スポーツを〜 «faire de［フェール ドゥ］+定冠詞+スポーツ名》／料理を〜 faire la cuisine［フェール ラ キュイズィーヌ］／何をしているのですか Qu'est-ce que vous faites?［ケスク ヴー フェートゥ］
する² 擂る → すりおろす
ズルチン（甘味料）dulcine［デュルスィーヌ］女
すると → そして，では¹
するどい 鋭い aigu,*ë*［エギュ］ → きれあじ，とがった
するめいか 鯣烏賊 → いか²
すれすれに …と〜 à ras de...［ア ラ ドゥ］，au ras de...［オ ラ ドゥ］
スロヴァキア Slovaquie［スロヴァキ］固女／〜人 Slovaque［スロヴァーク］男女／〜語 slovaque 男／〜の slovaque〈男女同形〉／〜風（à la）slovaque［（ア ラ）スロヴァック］
スロヴェニア Slovénie［スロヴェニ］固女／〜人 Slovène［スロヴェーヌ］男女／〜語 slovène 男／〜の slovène〈男女同形〉／〜風（à la）slovène［（ア ラ）スロヴェーヌ］
スロー（りんぼくの実）prunelle［プリュネール］女，英 sloe
ずわいがに 楚蟹 → かに
すわる 座る s'asseoir［サスワール］代動 8 59／どうぞお座りください Asseyez-vous.［アセイエ ヴー］／座っている assis,*e*［アスィ．-ズ］〈男には単複同形〉

すんだ 澄んだ clair,e [クレール]
ずんどうなべ 寸胴鍋 → なべ
すんぽう 寸法 mesure [ムズュール] 女, dimension [ディマンスィヨン] 女／(服の) taille [ターユ] 女

せ

せ 背 dos [ド]〈単複同形〉…を〜から開く ouvrir...sur le dos [ウーヴリール スュール ルド]〈ouvrir ㉙〉／…の〜を上にして置く mettre...sur son ventre [メートゥル スュール ソン ヴァーントゥル]〈mettre ㉖〉／…の〜を下にして置く mettre...sur son dos [メートゥル スュール ソンド]〈mettre ㉖〉‖ (身長) taille [ターユ] 女／〜が高い grand,e [グラーン, ドゥ]／(椅子の) dossier [ドスィエ] 男
せあぶら 背脂 (豚の) lard [ラール] 男, 英 fat → さす², バルド, まく¹, ラルドン
せい¹ 姓 nom 男 (de famille) [ノン (ドゥ ファミーユ)]
せい² …製(の) (生産国) «produit,e au [プロデュイ, -トゥオ] +国男»／日本製ワイン vin 男 produit au Japon [ヴァン プロデュイ オ ジャポン] ‖ «produit,e en [プロデュイ, -トゥアン] +国女»／フランス製ワイン vin produit en France [ヴァン プロデュイ アン フランス] ‖ (工業品生産国)«fabriqué,e au [ファブリーケ オ] +国男»,«fabriqué,e en [ファブリーケ アン] +国女»‖ (材料) en... [アン], de... [ドゥ]／木〜の… ...en bois [アン ブワー]
せい³ 所為 …ので (原因) à cause de... [アコーズ ドゥ], du fait de... [デュ フェ ドゥ]／(責任) par la faute de... [パール ラ フォートゥ ドゥ]
ぜい 税 (主に国・地方税) impôt [アンポ] 男／(間接税・使用税) taxe [タークス] 女／(許認可税) droit [ドゥルワ] 男 ‖ (住民税) taxe 女 d'habitation [タークス ダビタスィヨン]／(消費税) taxe sur la consommation [タークス スュール ラ コンソマスィヨン]／(フランスの付加価値税) T.V.A. [テ ヴェ ア] : taxe sur la valeur ajoutée [タークス スュール ラ ヴァルール アジューテ] の略／(所得税) impôt sur le revenu [アンポ スュール ル ルヴニュ]／(地方税) impôts locaux [アンポ ロコ]／(通行税) péage [ペアージュ] 男 → こみ
セイヴォリ → けいしょく, サリエット
せいか¹ 青果 légumes 男複 et fruits 男複 [レギューム エ フリュイ]／〜市場 marché 男 aux légumes et aux fruits [マルシェオ レギューム エオ フリュイ]
せいか² 製菓 → アイスクリーム, かし¹, チョコレート, パティシエ
せいかがく 生化学 biochimie [ビヨシミ] 女／〜者 biochimiste [ビヨシミーストゥ] 男女
せいかく¹ 正確(な) exact,e [エグザー, クトゥ], correct,e [コレークトゥ] ／〜に exactement [エグザークトゥマン], correctement [コレークトゥマン] → めいかく
せいかく² 性格 → せいしつ
せいかつ 生活 vie [ヴィ] 女／〜する vivre [ヴィーヴル] ㊽／〜協同組合 coopérative 女 de consommation [コオペティーヴ ドゥ コンソマスィヨン]
ぜいかん 税関 douane [ドゥワーヌ] 女／〜検査 contrôle 男 douanier [コントゥロール ドゥワーニエ]／〜手続 formalités 女複 douanières [フォルマリテ ドゥワニエール]
せいき¹ 世紀 siècle [スィエークル] 男／21〜 vingt et unième siècle [ヴァンテ ユニエム スィエークル]
せいき² 性器 sexe [セークス] 男／(生殖器) appareil 男 génital [アパレーユ ジェニタール]
せいきゅう 請求 demande [ドゥマーンドゥ] 女／〜金額 montant 男 réclamé [モンタン レクラメ]／〜書 facture [ファクテュール] 女／〜する demander [ドゥマンデ], réclamer [レクラメ]
せいきょう 生協 → せいかつ
ぜいきん 税金 → ぜい
せいけいする 成形する・整形する → さいく, パレ¹, めんとりする
せいけつ 清潔(な) propre [プロープル]〈男女同形〉, net,te [ネートゥ]／〜に proprement [プロープルマン], nettement [ネートゥマン]
せいげん 制限 limitation [リミタスィヨン] 女／食事〜 diète [ディエートゥ] 女／速度〜 limitation de vitesse [リミタスィヨン ドゥ ヴィテース] 女／〜速度 vitesse 女 limitée [ヴィテース リミテ]

せいご (25 cm 以下のすずき) petit bar [男] [プティ バール], petit loup [男] (de mer) [プティ ルー(ドゥ メール)], (英) young sea bass

せいこう 成功 succès [スュクセ] [男]〈単複同形〉, réussite [レユスィートゥ] [女] / ~する réussir [レユスィール] 4

せいざ 星座 constellation [コンステラスィヨン] [女]

せいさく 製作 → せいぞう

せいさん¹ 生産 production [プロデュクスィヨン] [女] / ~地 centre [男] de production [サーントゥル ドゥ プロデュクスィヨン], lieu [男] d'origine [リュ ドリジーヌ] / ~者 producteur [プロデュクトゥール] [男], productrice [プロデュクトゥリス] [女] / ~する produire [プロデュイール] 11

せいさん² 正餐 → ディナー

せいさん³ 精算 → しはらい, はらう

せいし 精子 spermatozoïde [スペルマトゾイドゥ] [男] / (精液) sperme [スペールム] [男]

せいじ¹ 青磁 céladon [セラドン] [男]

せいじ² 政治 politique [ポリティーク] [女] / ~の politique〈男女同形〉→ がくぶ

せいしき 正式(な) en bonne forme [アン ボヌ フォルム]

せいしつ 性質 nature [ナテュール] [女] → きしつ, ひんしつ

せいじつ 誠実(な) sincère [サンセール]〈男女同形〉/ ~に sincèrement [サンセールマン]

せいしゅ 清酒 → さけ²

せいじゅく 成熟 → じゅくす, じゅくせい

せいしょ 聖書 Bible [ビーブル] [女] / 旧約~ Ancien Testament [男] [アンスィヤン テスタマン] / 新約~ Nouveau Testament [男] [ヌーヴォ テスタマン]

せいじょう¹ 清浄(な) pur,e [ピュール]

せいじょう² 正常(な) normal,e [ノルマール], normaux [ノルモ]〈男複に〉

せいしん 精神 esprit [エスプリ] [男] / ~科医 psychiatre [プスィキヤートゥル] [男][女] / ~病 maladie [女] mentale [マラディ マンタール]

せいじん 成人 → おとな

せいせんしょくひん 生鮮食品 → しょくひん

せいそう¹ 正装 grande tenue [女] [グラーンドゥ トゥニュ] / ~の habillé,e [アビエ] / ~する se mettre en grande tenue [スメートゥル アン グラーンドゥ トゥニュ]〈mettre [代動] 26 59〉→ れいふく

せいそう² 清掃 ~係 (道路の) balayeur [バレユール] [男], balayeuse [バレユーズ] [女] / (ごみ収集人) éboueur [エブウール] [男] → そうじ

せいぞう 製造 fabrication [ファブリカスィヨン] [女], production [プロデュクスィヨン] [女] / (料理や菓子の) confection [コンフェクスィヨン] [女] / ~業 industrie [アンデュストゥリ] [女] / ~業者 fabricant,e [ファブリカン, トゥ] [男][女] / ~所 fabrique [ファブリーク] [女] / ~年月日 date [女] de fabrication [ダートゥ ドゥ ファブリカスィヨン] / ~法 procédé de fabrication [プロセデ ドゥ ファブリカスィヨン] / ワイン~年号 millésime [ミレズィム] [男] / ~年号の付いたワイン vin [男] millésimé [ヴァン ミレズィメ] ‖ ~する fabriquer [ファブリケ], faire [フェール], produire [プロデュイール] 11, (料理や菓子を) confectionner [コンフェクスィヨネ]

せいだい 盛大(な) magnifique [マニフィック]〈男女同形〉/ (荘厳) solennel,le [ソラネール] / ~に en grande pompe [アン グラーンドゥ ポーンプ], solennellement [ソラネルマン]

せいたいはいりょう 聖体拝領 communion [コミュニオン] [女]

ぜいたく 贅沢 → ごうか

せいたんち 生誕地 lieu [男] de naissance [リュ ドゥ ネーサンス]

せいちょう 清澄 → すます²

せいちょうざい 整腸剤 remède [男] pour l'intestin [ルメードゥ プール ランテスタン]

せいでんき 静電気 électricité [女] statique [エレクトゥリスィテ スタティック]

せいと 生徒 élève [エレーヴ] [男][女] / (小学生) écolier [エコリエ] [男], écolière [エコリエール] [女] / (中学生) collégien,ne [コレジ・ヤン, エーヌ] [男][女] → こうこう

せいとう¹ 正統(の) orthodoxe [オルトドークス]〈男女同形〉

せいとう² 精糖 (工程) raffinage [男] de sucre [ラフィナージュ ドゥ スュークル]

せいなんせい 西南西 ouest-sud-ouest [ウエーストゥ スュドウエーストゥ] [男] / ~の ouest-sud-ouest〈不変〉

せいにく 精肉 viande [女] de boucherie [ヴィヤーンドゥ ドゥ ブーシュリ]／〜店 boucherie [ブーシュリ] 囡

せいねんがっぴ 生年月日 date 囡 de naissance [ダートゥ ドゥ ネサーンス]

せいのう 性能 （機械などの）rendement [ラーンドゥマン] 男／（自動車, 電子機器の）performances [ペルフォルマーンス] 囡複

せいはく 精白 blanchiment [ブラーンシマン] 男／〜する blanchir [ブランシール] ④／〜米 riz 男 blanc [リブラーン], riz blanchi [リ ブランシ], riz mat [リマートゥ]

せいび 整備 entretien [アントゥルティヤーン] 男／〜する entretenir [アントゥルトゥニール] ㊼／自動車〜工場 garage [ガラージュ] 男

せいびょう 性病 maladie 囡 vénérienne [マラディ ヴェネリエーヌ]

せいひょうき 製氷機 glacière [グラスィエール] 囡

せいひょうざら 製氷皿 moule 男 à glaçon [ムーラ グラソーン]

せいひれい 正比例 proportion 囡 directe [プロポルスィヨン ディレークトゥ]／…に〜する varier en proportion directe avec… [ヴァリエ アン プロポルスィヨン ディレークトゥ アヴェーク]

せいひん 製品 → しな

せいぶ 西部 → にし

せいふく 制服 uniforme [ユニフォルム] 男

せいぶつがく 生物学 biologie [ビオロジ] 囡／〜的 biologique [ビオロジーク] 〈男女同形〉

せいぶん 成分 （構成要素）composant [コンポザン] 男／（混合物の）ingrédient [アングレディヤーン] 男／〜分析 analyse 囡 des composants [アナリーズ デ コンポザン]／主〜 élément principal [エレマン プランスィパール], éléments 男複 principaux [エレマン プランスィポ]

せいべつ 性別 → セックス

せいぼ 歳暮 （品物）cadeau 男 〈複〜x〉 de fin d'année [カドゥ ドゥ ファン ダネ]

せいほう 製法 procédé de fabrication [プロセーデ ドゥ ファブリカスィヨン] 男／（料理の）recette [ルセットゥ] 囡

せいほうけい 正方形 → しかく[2]

せいほくせい 西北西 ouest-nord-ouest [ウエーストゥ ノルウエーストゥ] 男／〜の ouest-nord-ouest 〈不変〉

セイボリ → サリエット

せいまいする 精米する → せいはく

せいむしょ 税務署 bureau 男 de fisc [ビュロ ドゥ フィースク]

せいめい 姓名 nom 男 et prénom 男 [ノン エ プレノーン]

せいめんき 製麺機 → パスタ

せいゆ[1] 製油 fabrication 囡 de l'huile [ファブリカスィヨン ドゥ リュイール]／〜所（植物油）huilerie [ユイールリ] 囡

せいゆ[2] 精油 → エセンス

せいよう 西洋 Occident [オクスィダン] 固男／〜化 Occidentalisation 囡 [オクスィダンタリザスィヨン]／〜人 Occidental,e [オクスィダンタール] 男女 〈男複は Occidentaux〉／〜の occidental,e, occidentaux 〈男複〉に〉／〜風 （à l')occidentale [オクスィダンタール (ア ロクスィダンタール)]／〜文明 civilisation 囡 occidentale [スィヴィリザスィヨン オクスィダンタール]

→ かぼちゃ, かりん, とこぶし, トリュフ, にわとこ, のこぎりそう, ばらもんじん, ヘーゼルナッツ, ホースラディッシュ, りょうり, レモンバーム

せいり[1] 整理 arrangement [アラーンジュマン] 男, ordre [オールドゥル] 男／…を〜する arranger… [アランジェ] ㉕, mettre…en ordre [メートゥル アンノールドゥル] 〈mettre ㉖〉 → たんす

せいり[2] 生理 physiologie [フィズィヨロジ] 囡／〜学 physiologie 囡／〜学者 physiologiste [フィズィヨロジーストゥ] 男女／〜現象 phénomène 男 physiologique [フェノメーヌ フィズィヨロジーク] ‖（月経）règles [レーグル] 囡複／〜痛 douleur 囡 menstruelle [ドゥルール マンストゥリュエール]／〜不順 troubles 男複 de la menstruation [トゥルーブル ドゥ ラ マンストゥリュアスィヨン]／〜日 période 囡 des règles [ペリヨードゥ デ レーグル]

せいりしょくえんすい 生理食塩水 sérum 男 physiologique [セロム フィズィヨロジーク]

せいりょういんりょう 清涼飲料 boisson 囡 rafraîchissante [ブワソーン ラフレシサーントゥ], rafraîchissement [ラフレシスマン] 男

せいれいこうりんさい 聖霊降臨祭 → ペンテコステ

せいろ 蒸籠 → むしき

セイロン (現在のスリランカ共和国) Ceylan [セラン] 固男 /~の cing(h)alais,*e* [サンガレ,-ズ] 男には単複同形/~風 (à la) cing(h)alaise [(ア ラ) サンガレーズ]

セヴェーヌ (山脈) Cévennes 固女 /~の cévenol,*e* [セヴェノール] /~風 (à la) cévenole [(ア ラ) セヴェノール]

セヴルーガ → キャヴィア

セーヴル (フランスの磁器) sèvres 男 〈単複同形〉

セーグル → ライむぎ

セージ (香草) sauge [ソージュ] 女, 英 *sage* /~を加える sauger [ソジェ] 25 /~を加えた saugé,*e* [ソジェ]

セーター pull-over [ピュロヴェール] 男 〈複 ~~s〉, pull [ピュル] 男 / (厚手の) chandail [シャンダーユ] 男

セート (町) Sète [セートゥ] 固 /~の sétois,*e* [セトゥワーズ] 男には単複同形/~風 (à la) sétoise [(ア ラ) セトゥワーズ]

セーヌがわ セーヌ川 la Seine [ラ セーヌ] 固女

セープだけ セープ茸 cèpe [セープ] 男, bolet [ボレ] 男, 英 *cep, boletus*

セーブル → セーヴル

セール → バーゲン

せかい 世界 monde [モーンドゥ] 男 /~の, ~的 mondial,*e* [モンディヤール], mondiaux [モンディヨ] 〈男複に〉 /~中に dans le monde entier [ダン ル モンダンティエ] /~各国 tous les pays [トゥー レ ペイ] du monde [トゥー レ ペイ デュ モーンドゥ] /~保健機構 O.M.S. [オ エム エス]: Organisation 女 mondiale de la santé [オルガニザスィヨン モンディヤール ドゥ ラ サンテ] の略

セカンドワイン (ボルドー地方の高級ぶどう園で作る次ランクワイン) seconde étiquette 女 [スゴンデティケートゥ], second vin [スゴン ヴァン]

せき[1] 席 (座席) place [プラース] 女, siège [スィエージュ] 男 / (レストランの) couvert [クーヴェール] 男 / (劇場やレストランなどの) 客~ salle [サール] 女 / 貴賓~, 特別~ place d'honneur [プラース ドヌール] / (レストランで) ~料 couvert [クーヴェール] 男 / (劇場など) ~料 prix 男 de location [プリ ドゥ ロカスィヨン] /予約~, 優先~ place réservée [プラース レゼルヴェ] /空~ place libre [プラース リーブル] / (電話で) ~を外しています Il (女性は Elle) n'est pas là. [イル (エル) ネ パ ラ] / (食堂で) ~に着く se mettre à table [ス メットゥル ア タブル] 〈mettre 代動 26 59〉

せき[2] 咳 toux [トゥー] 女 〈単複同形〉 /~をする tousser [トゥーセ] /~払い toussotement [トゥーソートゥマン] 男 /~払いをする toussoter [トゥーソテ] /~止め médicament contre la toux [メディカマン コーントゥル ラ トゥー]

せきがいせん 赤外線 infrarouge [アンフラルージュ] 男

せきさば 関鯖 → さば

せきずい 脊髄 moelle 女 épinière [ムワールエピニエール] → こつずい

せきたん 石炭 †houille [ウーユ] 女, charbon 男 de terre [シャルボン ドゥ テール]

せきちゅう 脊柱 colonne 女 vertébrale [コローヌ ヴェルテブラール]

せきつい 脊椎 échine [エシーヌ] 女, vertèbre [ヴェルテーブル] 女

せきどう 赤道 équateur [エクワトゥール] 男

せきにん 責任 responsabilité [レスポンサビリテ] 女 /~ある responsable [レスポンサーブル] 〈男女同形〉 /~者 responsable 男女

せきはん 赤飯 riz 男 rouge aux haricots rouges [リルージュ オ アリコ ルージュ]

せきゆ 石油 pétrole [ペトゥロール] 男 / (燃料用:フランスは重油) mazout [マズートゥ] 男 /~ストーブ poêle 男 à mazout [プワーラ マズートゥ]

セクションシェフ → コック

ゼクト (ドイツのスパークリングワイン) Sekt [ゼークトゥ] 男

せざるをえない …せざるを得ない ne pas pouvoir s'empêcher de... [ヌ パ プーヴワール サンペシェ ドゥ] 〈pouvoir 35〉

せし[1] セ氏 → せっし

せし[2] 背脂 → せあぶら

ゼスター → かわむきき

ゼステ → むく[1]

ゼスト → かわ[1]

せだい 世代 génération [ジェネラスィヨン] 女

せっきゃくがかり 接客係(部門) réception [レセプスィヨン] 囡／～員 réceptionniste [レセプスィヨニーストゥ] 男囡 → サーヴィス

セックス → からだ

セックス (性別) sexe [セークス] 男／…と～する faire l'amour avec... [フェール ラムール アヴェック]〈faire 21〉

せっけっきゅう 赤血球 globules 男複 rouges [グロビュール ルージュ], hématie [エマティまたはエマスィ] 囡

せっけん 石鹸 savon [サヴォン] 男, savonnette [サヴォネートゥ] 囡／～入れ porte-savon [ポールトゥ サヴォン] 男〈複 ~- ~s〉

石鹸の種類

液状石鹸
　savon 男 liquide [サヴォン リキードゥ]
化粧石鹸　savon de toilette [サヴォン ドゥ トゥワレートゥ]
固形石鹸
　pain 男 de savon [パン ドゥ サヴォン]
粉石鹸　savon en poudre [サヴォン アン プードゥル]
洗濯石鹸　savon blanc [サヴォン ブラン], savon de Marseille [サヴォン ドゥ マルセーユ]
薬用石鹸　savon médicinal [サヴォン メディスィナール]

せつごう 接合 (生地の) soudure [スーデュール] 囡／～する souder [スーデ]／～した soudé,e [スーデ]

せっし 摂氏 Celsius [セルスィヨス] 男／～…度 ...degré 男 centigrade Celsius [ドゥグレ サンティグラードゥ セルスィヨス]

せっしゅ¹ 摂取 (経口) ingestion [アンジェスティヨン] 囡／～する (経口する) ingérer [アンジェレ] 36

せっしゅ² 節酒 sobriété [ソブリエテ] 囡, tempérance [タンペランス] 囡

せっしょく 節食 diète [ディエートゥ] 囡／～する manger sobrement [マンジェ ソーブルマン]〈manger 25〉
→ ダイエット

ぜっしょく 絶食 jeûne [ジューヌ] 男／～する jeûner [ジュネ] → ダイエット

せっする 接する (接触する) toucher [トゥーシェ]／(隣接する) …に～

confiner à... [コンフィネ ア]／(会う) voir [ヴワール] 49

せつぞく 接続 (連結) raccordement [ラコールドゥマン] 男／(結合, 合流) jonction [ジョンクスィヨン] 囡／～詞 conjonction [コンジョンクスィヨン] 囡
→ のりかえ, ほう²

せったい 接待 accueil [アクーユ] 男／～係(部門) service 男 d'accueil [セルヴィス ダクーユ]／～(交際)費 frais 男 de représentation [フレードゥルプレザンタスィヨン]／～する accueillir [アクイール] 29〈備考〉, recevoir [ルスヴワール] 38

ぜったい 絶対(に) absolument [アプソリュマン]

せつだん 切断 coupe [クープ] 囡

せっちゃくざい 接着剤 adhésif [アデズィーフ] 男

セッティング (テーブルの) dressage 男 de table [ドゥレサージュ ドゥ ターブル], mise 囡 en table [ミザン ターブル]／～する dresser la table [ドゥレセ ラ ターブル], mettre la table [メートゥル ラ ターブル]〈mettre 26〉

セット¹ (髪の) coiffure [クワフュール] 囡／(自分で)～する se coiffer [ス クワフェ]〈代動 59〉／～してもらう se faire coiffer [ス フェール クワフェ]〈faire 代動 21 59〉

セット² (一揃) série [セリ] 囡, jeu [ジュ] 男〈複 ~x〉／…1～ un jeu de... [アン ジュ ドゥ]
→ コーヒー, しょっき, ちょうしょく, ティー¹, テーブル, メニュー, リネン

せつび 設備 équipement [エキープマン] 男, installation [アンスタラスィヨン] 囡／～のよい(悪い) bien(mal) équipé,e [ビヤーン(マール) エキペ]／宿泊～ logement [ロージュマン] 男／防火～ installation contre l'incendie [アンスタラスィヨン コーントゥル ランサンディ]

せつめい 説明 explication [エクスプリカスィヨン] 囡／～する expliquer [エクスプリケ]／(解説) commentaire [コマンテール] 男／(解明) éclaircissement [エクレルスィースマン] 男／(実演による) démonstration [デモンストゥラスィヨン] 囡
→ マニュアル

せつやく 節約 économie [エコノミ] 囡／～家 économe [エコノーム] 男囡／～する économiser [エコノミゼ]

せともの 瀬戸物 → とうじき

せなか 背中 dos [ド] 男〈単複同形〉

ぜにあおい → モーヴ

せにく 背肉 → うさぎ,うし,こうし¹,こひつじ,しか,ひつじ,ぶた

セニャン(肉がレアの) saignant, e [セニャン, ト]

セパージュ(ぶどうの品種) cépage 男

ぜひ 是非 à tout prix [アトゥープリ]

セピア(色) sépia [セピヤ] 女

セビリア(風) (à la) sévillane [(アラ) セヴィラーヌ]

せびれ 背鰭 → ひれ

せびろ 背広 costume [コステューム] 男 /(三つ揃) complet [コーンプレ] 男

せぼね 背骨 → せきちゅう,せすい

せまい 狭い (幅が) étroit, e [エトロワ, ト] /(面積が) petit, e [プティ, ート] /(限られた) limité, e [リミテ]

セミコロン(;) point-virgule [プワーン ヴィルギュール] 男〈複 〜s-〜s〉

セミスイート → あまくち(の)

セミドライ → からくち

セミヨン(ぶどう) sémillon 男

セモリナこ セモリナ粉 → こむぎこ

セラー(ワイン用) cave [カーヴ] 女 /(食品用) cellier [セリエ] 男

ゼラチン gélatine [ジェラティーヌ] 女, 英 gelatine /板〜 feuille 女 de gélatine [フーユ ドゥ ジェラティーヌ] /粉〜 gélatine en poudre [ジェラティーナン プードゥル], gelée 女 bavaroise [ジュレ バヴァルワーズ] /〜を加える gélatiner [ジェラティネ] /〜を加えた gélatiné, e [ジェラティネ] ‖(濃度を付けるために)〜を加える coller [コレ] /〜を加えた collé, e [コレ] ‖ 〜質の gélatineux [ジェラティヌー] (後に単複同形), gélatineuse [ジェラティヌーズ] 女に

セラミック céramique [セラミーク] 女

せり 芹 persil 男 du Japon [ペルスィ デュ ジャポン], 英 water parsley

ゼリー(ジュレ) gelée [ジュレ] 女, 英 jelly /(魚膠(にかわ)) vésiga [ヴェズィガ] 女 /魚の〜 gelée de poisson [ジュレ ドゥ プワソーン] /さいの目の〜 croûton [クルトーン] 男 /(艶(つや)出しのために)〜を塗る lustrer...à la gelée [リュストゥレ アラ ジュレ] /製菓用〜 gelée d'entremets [ジュレ ダントゥルメ] /フルーツ〜 gelée aux fruits [ジュレ オ フリュイ], 英 fruits jelly
→ アスピック

セル¹(鞍下肉) → こひつじ, しか¹, ひつじ

セル²(塩) 〜・ポワ (塩, 胡椒) sel et poivre [セレ プワーヴル] 男 /〜・ポワする saler et poivrer [サレ エ プワヴレ]
→ しお¹

セルヴェル・ド・カニュ(チーズ料理) cervelle 女 de canut [セルヴェール ドゥ カニュ] → クラクレ

セルヴラ(ソーセージ) cervelas 男〈単複同形〉

セルクル(輪金) cercle 男 → はずす

セル・シュル・シェル(チーズ) selles sur cher [セル シュル シェール] 男

セルティフィカ → しょうめいしょ

セル・ド・ノワゼット(ヘーゼルナッツ入の塩) sel 男 de noisettes [セール ドゥ ノワゼット]

セルフイユ(香草) cerfeuil [セルフーユ] 男, 英 chervil

セルフサーヴィス libre-service [リーブル セルヴィス] 男〈単複同形〉, self-service [セルフ セルヴィス] 男〈複 〜-〜s〉→ レストラン

セルフタイマー(カメラの) déclencheur 男 automatique [デクランシュー ロトマティック]

セルポレ(香草) farigoule [ファリグール], serpolet 男, 英 wild thyme

セルリ・ラーヴ(根セロリ) → セロリ

セレアル → シリアル

セレブ(贅沢) 〜な生活 vie 女 luxueuse [ヴィ リュクスユウーズ]
→ めいし²

ゼロ → れい³

セロテープ scotch [スコーチ] 男 (商標名), ruban 男 adhésif [リュバン アデズィーフ]

セロハン → セロファン

セロファン cellophane [セロファーヌ] 女

セロリ céleri [セルリ] 男, 英 celery /茎〜 céleri-branche 男〈複 〜s-〜s〉 [セルリ ブランシュ] /根〜, 芋〜 céleri-rave [セルリ ラーヴ] 男〈複 〜s-〜s〉, 英 celery root, celeriac /〜シード seed grains [グラーン ドゥ セルリ] de céleri 男〈複〉 /野生〜(アーシュ) ache 女 (des marais) [アーシュ(デマレ)], 英 wild celery, smallage

せわ 世話 soins [スワーン] 男 複／～をする soigner [スワーニェ] ‖ (迷惑) お～をおかけしてすみません Excusez-moi de vous déranger. [エクスキュゼ ムワ ドゥ ヴー デランジェ] ／(お節介) 大きなお～だ Occupe-toi de tes affaires. [オキュプ トゥワ ドゥ テザフェール] ⟨occuper 代動59⟩／(面倒) お～になりました Merci de tous vos accueils. [メルスィ ドゥ トゥー ヴォザクーユ]

せわた 背腸 intestin [アンテスタン] 男, 英 intestine／～をとる châtrer [シャートゥレ]

せん¹ 千 mille [ミール] 男 〈単複同形〉／～の mille 〈不変〉／約～ millier [ミリエ] 男 → ばん¹

せん² 線 (直線など) ligne [リーニュ] 女, trait [トゥレ] 男／停止～ ligne d'arrêt [リーニュ ダレ]／点～ ligne pointillée [リーニュ プワンティエ], pointillé [プワンティエ] 男 ‖ (鉄道, 電話など) ligne, voie [ヴワ] 女／3番～ voie trois [ヴワ トゥルワ] ‖ (道路) route [ルートゥ] 女／国道7号～ route 女 nationale sept [ルートゥナスィヨナル セトゥ]

せん³ 栓 (差込) bouchon [ブーション] 男／コルク～ bouchon de liège [ブーション ドゥ リエージュ]／～を抜く déboucher [デブーシェ], retirer le bouchon [ルティレ ル ブーション]／～をする boucher [ブーシェ] ‖ (口金, 王冠) capsule [カプスュール] 女／～を抜く enlever la capsule [アンルヴェ ラ カプスュール] ⟨enlever 5⟩, décapsuler [デカプスュレ]／(瓶内の空気を抜くポンプつき) vacuvin [ヴァキュヴァン] 男／(シャンパン用) bouchon 男 hermétique [ブーション エルメティーク]／(ガスや水道の) robinet [ロビネ] 男 → せんぬき

せん⁴ 腺 glande [グランドゥ] 女

せん⁵ 先… …dernier [デルニエ] ⟨に⟩, dernière [デルニエール] ⟨女に⟩／～月 le mois [ル ムワ] dernier [ル ムワ デルニエ]／～日 l'autre jour [ロートゥル ジュール]／～週 la semaine [ラ スメーヌ] 女 dernière [ラ スメーヌ デルニエール]

ぜん¹ 膳 (台) table 女 basse individuelle [ターブル バスアンディヴィデュエール]

ぜん² …膳 ご飯1～ un bol de riz [アン ボル ドゥ リ]／箸1～ une paire de baguettes [ユヌ ペール ドゥ バゲトゥ]

ぜん³ 全…／～員 tout le monde [トゥール モンドゥ]／～世界 le monde entier [ル モーンダンティエ] → ぜんぶ

ぜん⁴ 前… ex-... [エークス], précédent,e [プレセダーン, トゥ]／～料理長 ex-chef [エークス シェフ] 男／～年 l'année [ラネ] 女 précédente [ラネ プレセダーントゥ]／～日 la veille [ラ ヴェーユ] 女／～夜 la veille au soir 男 [ラ ヴェーヨ スワール]

せんい 繊維 fibre [フィーブル] 女／～質の fibreux [フィーブルー] ⟨男に, 単複同形⟩, fibreuse [フィーブルーズ] ⟨女に⟩／化学～ fibre chimique [フィーブル シミーク]／合成～ fibre synthétique [フィーブル サンテティーク]／食物～ fibre alimentaire [フィーブル アリマンテール]

ぜんかい 全開 ～する ouvrir à fond [ウヴリール ア フォン] ⟨ouvrir 29⟩

ぜんがく 全額 total [トタール] 男 複 taux [ト], somme 女 totale [ソム トタール]

ぜんきの 前記の mentionné,e ci-dessus [マンスィヨネ スィドゥスュ], noté,e ci-dessus [ノテ スィドゥスュ]

せんぎょ 鮮魚 poisson [プワーソン] 男 frais [フレ] 複〜s〜, marée [マレ] 女, 英 fresh fish

せんぎり 千切り (ジュリエーヌ:1〜2mm幅) julienne [ジュリエーヌ] 女／(ラニエール:3〜5mm幅) lanière [ラニエール] 女／(シフォナード:7〜8mm幅) chiffonnade [シフォナードゥ] 女, 英 chiffonnade／(カッター使用) にんじんの～ carotte 女 râpée [カロトゥ ラペ]／grated carrot／(千六本) petits batonnets [プティ バトネ] 男 複／…を～にする «tailler...en [タイエアン] +それぞれの語» → きる¹

せんげつ 先月 → せん⁵

ぜんご 前後 (場所) devant et derrière [ドゥヴァン エ デリエール]／(時間) avant et après [アヴァン エ アプレー] → くらい²

せんこう 専攻 spécialité [スペスィヤリテ] 女

センサー (感知機) senseur [サンスール] 男

せんさい 繊細(な) délicat,e [デリカ, トゥ], fin,e [ファン, フィーヌ], subtil,e [スュブティール]／～に délicatement [デリカートゥマン], subtilement [スュブティルマン]

せんざい 洗剤 lessive [レスィーヴ] 女

ぜんさい 前菜 → オードヴル
ぜんざい 善哉 potage [男] purée sucré de haricots rouges [ポタージュ ピュレ スュクレ ドゥ アリコ ルージュ]
せんじつ 先日 → せん⁵
ぜんじつ 前日 → ぜん⁴
せんしゅ 選手 (参加者) participant,e [パルティスィパン, トゥ] 男女 / (競争相手) concurrent,e [コンキュラン, トゥ] 男女
せんしゅう 先週 → せん⁵
せんじょう 洗浄 lavage [ラヴァージュ] 男 / ~する→あらう
せんじる 煎じる (湯に浸す) infuser [アンフュゼ] / 煎じた infusé,e [アンフュゼ] / (煮出す) faire la décoction [フェール ラ デコクスィヨン] ⟨faire [1]⟩
センス (感) sens [サーンス] 男 ⟨単複同形⟩ / (趣味) goût [グー] 男 / ~がいい(悪い) avoir de bon (mauvais) goût [アヴォワール ドゥ ボン (モヴェ) グー] ⟨avoir [1]⟩
せんす 扇子 → おうぎ
せんせい 先生 (教師) enseignant,e [アンセニャン, トゥ] 男女 / (小学校) instituteur [アンスティテュトゥール] 男, institutrice [アンスティテュトゥリース] 女 / (中学以上) professeur [プロフェスール] 男 (女にも) / (師匠) maître [メートゥル] 男 (女はない) / (医者の敬称) docteur [ドクトゥール] 男 (女にも) / (弁護士の敬称) maître [メートゥル] 男 (女にも) / (政治家などの敬称) Monsieur [ムスュー] 男, Messieurs [メスュー] 男複, Madame [マダーム] 女, Mesdames [メダーム] 女複
せんせいじゅつ 占星術 astrologie [アストゥロロジ] 女 / ~師 astrologue [アストゥロローグ] 男女
ぜんぜん 全然 → とても,まったく
ぜんそく 喘息 asthme [アースム] 男
センター (中心施設) centrale [サントゥラール] 女 / 医療~ centre 男 médical [サーントゥル メディカール]
→ ちゅうしょう,なかみ
ぜんたい 全体 tout [トゥー] 男, ensemble [アンサーンブル] 男 / ~の entier [アンティエ] ⟨男に⟩, entière [アンティエール] ⟨女に⟩ / ~で en tout [アントゥー] / ~に entièrement [アンティエールマン], totalement [トタルマン]
せんたく¹ 洗濯 lessive [レスィーヴ] 女, lavage [ラヴァージュ] 男 / ~する faire la lessive [フェール ラ レスィーヴ] ⟨faire [21]⟩, laver [ラヴェ] / ~機 machine [女] à laver [マシーンヌ ラヴェ] / ~物 lessive [女] ‖ ~屋(業) blanchisserie [ブランシスリ] 女 / (人) blanchisseur [ブランシスール] 男, blanchisseuse [ブランシスーズ] 女
→ コイン
せんたく² 選択 choix [シュワー] 男 ⟨単複同形⟩
せんたん 先端 → さき
センチ ~メートル centimètre:記号はcm [サンティメートゥル] / ~リットル centilitre:記号はcℓ [サンティリートゥル] 男
ぜんちし 前置詞 préposition [プレポズィスィヨン] 女
せんちゃ 煎茶 → ちゃ
せんでん 宣伝(広告) publicité [ピュブリスィテ] 女, pub [ピューブ] 女 / ~の publicitaire [ピュブリスィテール] ⟨男女同形⟩
せんど 鮮度 fraîcheur [フレシュール] 女 / ~のいい frais [フレー] ⟨男に,単複同形⟩, fraîche [フレーシュ] ⟨女に⟩, (英) fresh / (生きているような) vif [ヴィーフ] ⟨男に⟩, vive [ヴィーヴ] ⟨女に⟩ / ~が落ちる perdre de sa fraîcheur [ペール ドゥ ル ドゥ サ フレシュール] ⟨perdre [39]⟩
セントラルキッチン → キッチン
セントラルヒーティング chauffage [男] central [ショファージュ サントゥラール]
ぜんにゅう 全乳 lait [男] entier [レアンティエ]
せんぬき 栓抜 (王冠用) ouvre-bouteilles [ウーヴル ブーテーユ] 男 ⟨単複同形⟩, décapsuleur [デカプスュルール] 男 ‖ (ワイン用) tire-bouchon [ティール ブーション] 男 ⟨複 ~-~s⟩ / (ソムリエナイフ) couteau-sommelier [クート ソムリエ] 男 ⟨複 ~x-~⟩, limonadier [リモナディエ] 男 ‖ (シャンパン用) débouchoir [男] à champagne [デブシュワーラ シャンパーニュ] / (ペンチ式) pince [男] à champagne [パンサ シャンパーニュ]
ぜんねん 前年 → ぜん⁴
ぜんぶ¹ 全部 tout [トゥー] 男 ‖ ~の… (数えられるもの) «tous les [トゥー レ] +男複», «toutes les [トゥートゥ レ] +女複» / (数えられないもの,または一つ丸ごと) «tout le [トゥー ル] +男単», «toute la [トゥートゥ ラ] +女単»

→ ぜんたい

ぜんぶ² 前部 partie 囡 antérieure [パルティ アンテリユール]

せんぷうき 扇風機 ventilateur [ヴァンティラトゥール] 男

せんべい 煎餅 galette 囡 salée de riz grillée [ガレットゥ サレ ドゥリ グリーエ] / 揚~ galette salée de riz frite [ガレットゥ サレ ドゥリ フリートゥ]

せんべつ 選別 → よりわけ

センマイ (牛の第3胃) feuillet [フイエ] 男, mellier [メリエ] 男 ‖ 英 manyplies

ぜんまい 薇：植物 osmonde [オスモンドゥ] 囡, 英 osmunda royal fern

せんめん 洗面 toilette [トゥワレットゥ] 囡 /~する se laver le visage [スラヴェ ル ヴィザージュ] ⟨laver 代動59⟩ ‖ ~器 cuvette [キュヴェートゥ] 囡 /~所 toilettes [トゥワレットゥ] 囡複, lavabo [ラヴァボ] 男 /~台 lavabo 男

ぜんめん 全面 toutes les faces [トゥートゥ レ ファス] 囡複 /~的(な) entier [アンティエ] 男に, entière [アンティエール] ⟨囡に⟩ /~に entièrement [アンティエールマン]

せんもう 繊毛 poil [プワール] 男 / (アーティチョークの) foin [フワン] 男

せんもん 専門 spécialité [スペスィヤリテ] 囡 /~の spécial,e [スペスィヤル], spéciaux [スペスィヨ] ⟨男複に⟩ ‖ ~家 spécialiste [スペスィヤリーストゥ] 男 囡にも / (プロの) professionnel,le [プロフェスィヨネール] 男 囡 / (独立した職人) artisan,e [アルティザン, ーヌ] 男 囡 ‖ ~学校 école 囡 de formation professionnelle [エコール ドゥ フォルマスィヨン プロフェスィヨネール]

ぜんや 前夜 → ぜん⁴

ぜんらん 全卵 œuf [ウフ] 男 entier [ウファンティエ], ⟨複⟩ œufs entiers [ウアンティエ]

ぜんりゅうふん 全粒粉 → こむぎこ

せんろ 線路 voie 囡 ferrée [ヴワーフェレ] / (レール) rail [ラーユ] 男

せんろっぽん 千六本 → せんぎり

そ

そい (魚) sébaste 男, soï [セバーストゥ ソイ], 英 fox jacopever

ぞい …沿い le long de... [ル ロンドゥ]

そう¹ (はい) oui [ウィ] ‖ (そのように) ainsi [アンスィ], comme ça [コム サ]

そう² 層 couche [クーシュ] 囡 /…を3層に重ねる superposer...en trois couches [スュペルポゼ アントゥルワー クーシュ]

そう³ …そう (…ということだ) «on dit que [オンディク] + 文» ⟨dire 17⟩, «avoir entendu dire que [アヴワール アンタンデュディール ク] + 文» ⟨avoir 1⟩ / 彼は料理長になる~だ On dit qu'il sera chef de cuisine. [オンディキル スラ シェフ ドゥ キュイズィーヌ] / (…に見える) avoir l'air... [アヴワール レール] ⟨avoir 1⟩ / 彼女は楽し~だ Elle a l'air gaie. [エラ レール ゲ]

ソヴァージュ (野生の) sauvage ⟨男女同形⟩

ソヴィニヨン (ぶどう) sauvignon 男 /~・ブラン sauvignon blanc

ぞうか¹ 増加 augmentation [オグマンタスィヨン] 囡 / (拡張) accroissement [アクルワースマン] 男 → ふえる

ぞうか² 造花 fleur 囡 artificielle [フルール アルティフィスィエール]

そうがく 総額 somme [ソーム] 囡 / (給料) salaire 男 brut [サレール ブリュートゥ]

そうぎ 葬儀 funérailles [フュネラーユ] 囡複, pompes 囡複 funèbres [ポーンプ フュネーブル]

→ ごしゅうしょうさま

そうぎょ 草魚 amour 男 blanc [アムール ブラン], carpe 囡 amour [カールプ アムール], 英 grass carp

そうぎょう 創業 → そうせつ

そうきん 送金 (銀行) transfert 男 bancaire [トゥランスフェール バンケール] /~する transférer l'argent [トゥランスフェレ ラルジャン] ⟨transférer 36⟩

ぞうきん 雑巾 chiffon [シフォン] 男,

ぞうげ 象牙 ivoire [イヴワール] 男／～色 ivoire 男／～色の ivoire〈男女同形〉／～風 (à l')ivoire [イヴワール (アリヴワール)]

そうけい 総計 total [トタール] 男〈複 totaux [トト]〉／～の total,*e* [トタール], totaux 男〈複〉に

そうげいバス 送迎バス → バス¹

そうげん 草原 → ぼくじょう

そうこ 倉庫 → くら

そうさ 操作（使い方）maniement [マニマン] 男／手で～する manier [マニエ] ‖（機械の）manœuvre [マヌーヴル] 女／～する manœuvrer [マヌーヴレ] ‖（作業）opération [オペラスィヨン] 女／～する opérer [オペレ] 36 ‖（取扱）manipulation [マニピュラスィヨン] 女／～する manipuler [マニピュレ]

そうざい 惣菜（日常の料理）plat ordinaire [プラー オルディネール]／（なじんだ料理）plat 男 familier [プラー ファミリエ]／（調理済食品）plat 男 cuisiné [プラー キュイズィネ]／（テイクアウト食品）plat à emporter [プラータ アンポルテ]

そうさく 創作（新しく作り出す）création [クレアスィヨン] 女／～料理 cuisine 女 créative [キュイズィーヌ クレアティーヴ]／（市場の食材により思いつく）～料理 cuisine 女 spontanée [キュイズィーヌ スポンタネ]／（考案）invention [アンヴァンスィヨン] 女 ‖ ～する créer [クレエ]／～した créé,*e* [クレエ]

そうじ 掃除（家の中の）ménage [メナージュ] 男／～する faire le ménage [フェール ル メナージュ]〈faire 21〉‖ 掃き～ balayage [バレヤージュ] 男／～する balayer [バレイエ] 31 ‖ 拭き～ essuyage [エスュイヤージュ] 男／～する essuyer [エスュイエ] 19 ‖（きれいにすること）nettoyage [ネトゥワヤージュ] 男／～する nettoyer [ネトワイエ] 19 ‖ ～機 aspirateur [アスピラトゥール] 男／～機をかける passer l'aspirateur [パセ ラスピラトゥール]

（魚の鰭などの切落し）ébarbage [エバルバージュ] 男／～する ébarber [エバルベ]／～した ebarbé,*e* [エバルベ]

（鱗を取ること）écaillage [エカイヤージュ] 男／～する écailler [エカイエ]／～した écaillé,*e* [エカイエ]

（食材の汚れを落すこと）nettoyage [ネトゥワヤージュ] 男／～する nettoyer [ネトワイエ] 19／～した nettoyé,*e* [ネトゥワイエ]

（内臓を取るなどの下処理）habillage [アビヤージュ] 男／～する habiller [アビエ]／～した habillé,*e* [アビエ]

（鱗やぬめりの除去）limonage [リモナージュ] 男／～する limoner [リモネ]／～した limoné,*e* [リモネ]

（内臓の除去）vidage [ヴィダージュ] 男／～する vider [ヴィデ]／～した vidé,*e* [ヴィデ]

（牛，羊，鶏などの骨の除去）désossement [デゾスマン] 男／～する désosser [デゾセ]／～した désossé,*e* [デゾセ]

（魚の骨の除去）désarêtement [デザレートゥマン] 男／～する désarêter [デザレテ]／～した désarêté,*e* [デザレテ]

（肉の脂肪や筋などの除去）parage [パラージュ] 男／～する parer [パレ]／～した paré,*e*

（脂肪の除去）dégraissage [デグレサージュ] 男／～する dégraisser [デグレセ]／～した dégraissé,*e* [デグレセ]

（肉・レバーなどの血管や筋の除去）dénervement [デネルヴマン] 男／～する dénerver [デネルヴェ]／～した dénervé,*e* [デネルヴェ]

そうし 葬式 → そうぎ

そうしはいにん 総支配人 → しはいにん

そうじゅうりょう 総重量 → じゅうりょう

そうしょく 装飾 décoration [デコラスィヨン] 女／～的（な）décoratif [デコラティーフ]〈男に〉, décorative [デコラティーヴ]〈女に〉 → インテリア

ぞうすい 雑炊 risotto 男 japonais [リゾット ジャポネ], 英 Japanese risotto

そうせつ 創設 fondation [フォンダスィヨン] 女／1900年～ fondé,*e* en 1900 [フォンデ アン ミル ヌフ サン]

そうぞう¹ 創造 création [クレアスィヨン] 女／～性 créativité [クレアティヴィテ] 女／～性のある créatif [クレアティーフ]〈男に〉, créative [クレアティーヴ]〈女に〉

そうぞう² 想像 imagination [イマジナスィヨン] 女／～する imaginer [イマジネ] ‖（想定）supposition [スュポズィスィヨン] 女／～する supposer [スュポゼ]

そうたいする 早退する quitter en avance [キテ アンナヴァーンス]

そうだがつお 宗田鰹 → かつお

そうちょう 早朝(に) de bon matin [ドゥ ボン マタン] 男

ぞうに 雑煮 consommé 男 aux galettes de riz gluant et légumes pour la fête de nouvel an [コンソメオ ガレートゥ ドゥ リ グリュアン エ レギューム プール ラ フェートゥ ドゥ ヌーヴェラン]

そうにゅう 挿入 insertion [アンセルション] 女／～する insérer [アンセレ] 36, intercaler [アンテルカレ]／～した inséré,e [アンセレ], intercalé,e [アンテルカレ]

そうふ 送付 → はっそう

そうふう 送風 ventilation [ヴァンティラシヨン] 女, aération [アエラシヨン] 女／～機 ventilateur [ヴァンティラトゥール] 男, aérateur [アエラトゥール] 男

そうべつかい 送別会 réunion 女 d'adieu [レユニオン ダデュー]

そうめん 素麵 vermicelles 男複 japonais [ヴェルミセル ジャポネ], 英 thin Japanese wheat noodles

ぞうもつ 臓物 → ないぞう

そうりょう¹ 送料 frais 男複 d'expédition [フレー デクスペディシヨン], port [ポール] 男 /(郵便料金) affranchissement [アフランシースマン] 男 /(送主負担)～無料 franco [フランコ], franc de port.... [フラーン ドゥ ポール]
→ ちゃくばらい

そうりょう² 総量 quantité 女 totale [カンティテ トタール]

そえ …添(の) au... [オ] 〈男単に〉, 英 with /キャヴィア～ au caviar [オ カヴィアール], 英 with caviar /トリュフ～ à la truffe [ア ラ トリュッフ], 英 with truffle /aux... [オ] 〈男女複に〉, 英 with /野菜～ aux légumes [オ レギューム], 英 with vegetables → つけあわせ

そえた 添えた → つけあわせ

そえもの 添物 → つけあわせ

そえる 添える → くわえる, つけあわせ

ソーサー さら

ソース sauce 女, 英 sauce /白い～, ホワイト～ sauce blanche [ソース ブランシュ], 英 white sauce /茶色い～, ブラウン～ sauce brune [ソース ブリューヌ], 英 brown sauce /ブロンド色の～ sauce blonde [ソース ブロンドゥ]／マザー～(ソースのベースとなるソース) grande sauce [グランドゥ ソース], sauce mère [ソース メール] ‖ ～をかける saucer [ソセ] 32 /～をかけた saucé,e [ソセ]／～をパンで拭く saucer [ソセ] 32 /～入れ saucière [ソスィエール] 女 /～パン sauteuse [ソトゥーズ] 女

ソーセージ (小型の) saucisse [ソスィース] 女, 英 sausage /(大型の) saucisson [ソスィソーン] 男, 英 sausage /(網脂で巻いた) crépinette [クレピネットゥ] 女
→ スタッファ, シンソン, ブーダン,〔囲み〕

ソーダ soude [スードゥ] 女, 英 soda /～水 soda [ソダ] 男 /クリーム～ soda à la glace [ソダ ア ラ グラース] → スプン

ソーセージの種類

アルルソーセージ saucisson 男 d'Arles [ソスィソーン ダールル]

ウィンナーソーセージ saucisse 女 viennoise [ソスィース ヴィエヌワーズ], 英 Vienna sausage, Viennese sausage, 米 wiener

白ワインソーセージ saucisse au vin blanc [ソスィソ ヴァン ブラーン]

ストラスブールソーセージ saucisse de Strasbourg [ソスィース ドゥ ストラスブール]

ドライソーセージ saucisson sec [ソスィソーン セーク], 英 dry sausage

パリソーセージ saucisson de Paris [ソスィソーン ドゥ パリ]

モルトソーセージ saucisse de Morteau [ソスィース ドゥ モルト]

モンベリアールソーセージ saucisse de Montbéliard [ソスィース ドゥ モンベリヤール]

リヨンソーセージ saucisson de Lyon [ソスィソーン ドゥ リヨン]

レバソーセージ saucisson de foie [ソスィソーン ドゥ フワー]

ソーヌがわ ソーヌ川 la Saône [ラソーヌ] 固女
ソーモン →さけ¹, サモン
ソール →したびらめ, ナイフ
ソカ (クレープ) soc(c)a 女
そぐ 削ぐ (かき削る) gratter [グラテ] / (端を切る) rogner [ロニェ]
ぞくご 俗語 mot 男 vulgaire [モヴュルゲール]
そくざに 即座に → すぐ
そくせいさいばい 促成栽培 → さいばい, やさい
そくたつ 速達 exprès [エクスプレス] 男 (単複同形)
そくど 速度 vitesse [ヴィテース] 女 / ～違反 contravention 女 pour excès de vitesse [コントラヴァンスィヨン プーレクセ ドゥ ヴィテース] / ～をゆるめる ralentir [ラランティール] 4 / ～を速める accélérer [アクセレレ] 36 / ～計 compteur 男 (de vitesse) [コントゥール (ドゥ ヴィテース)]
そくめん 側面 côté [コテ] 男
そこ¹ 底 fond [フォン] 男 / 鍋～ «fond 男 de [フォンドゥ] +定冠詞+鍋名» / (靴の) semelle [スメール] 女 / (瓶の) cul [キュ] 男
そこ(へ)² là [ラ] / ～から de là [ドゥラ]
そこづけ 底付 (製菓) fonçage [フォンサージュ] 男 / ～する foncer [フォンセ] 32
そこなう 損なう nuire [ニュイール] 11 〈備考〉
そこら (その辺) par là [パール ラ]
そこらじゅう →あちこち
そざい 素材 →ざいりょう
ソシエ →コック¹
ソシエール →チューリン
ソシソン ～・アン・クルート saucisson 男 en croûte [ソスィソーン アン クルートゥ], (英) sausage en croute / ～・アン・ブリオシュ saucisson en brioche [ソスィソーン アン ブリヨーシュ], (英) sausage in brioche / →ソーセージ
そして et [エ] → それから
そしゃくする 咀嚼する → かむ
そしょく 粗食 nourriture 女 frugale [ヌーリテュール フリュガール]
そそぎぐち 注ぎ口 (くちばし状) bec [ベック] 男 / (つぎ口) verseur [ヴェルスール] 男

そそぐ 注ぐ (液体を) verser [ヴェルセ] / 注いだ versé,e [ヴェルセ]
そそっかしい étourdi,e [エトゥルディ]
そそる (興奮させる) exciter [エクスィテ] / (増進する) stimuler [スティミュレ] ‖ (食欲を)～ような appétissant,e [アペティサン, トゥ]
そだてる 育てる élever [エルヴェ] 5
そっきょう 即興(の) impromptu,e [アンプロンプテュ] / ～料理 plat 男 impromptu [プラ アンプロンプテュ]
そつぎょう 卒業 fin 女 d'études [ファン デテュードゥ] / ～する terminer les études [テルミネ レゼテュードゥ] / ～試験 examen 男 de fin d'études [エグザマン ドゥ ファン デテュードゥ] / ～証書 diplôme 男 de fin d'études [ディプローム ドゥ ファン デテュードゥ] / ～証明書 certificat 男 de fin d'étude [セルティフィカ ドゥ ファン デテュードゥ]
ソックス chaussettes [ショセートゥ] 女複
ソックル →だい²
そっち →そこ²
そっちゅう 卒中 apoplexie [アポプレークスィ] 女 / ～の発作 coup 男 de sang [クードゥ サン] / 脳～ apoplexie cérébrale [アポプレークスィ セレブラール]
そっちょく 率直(な) franc [フラーン] 〈男に〉, franche [フラーンシュ] 〈女に〉 / ～に franchement [フランシュマン]
そって …に沿って au long de... [オ ロンドゥ], le long de... [ル ロン ドゥ] / 骨に～肉に切込を入れる inciser la viande le long de l'os [アンスィゼ ラ ヴィヤーンドゥル ロン ドゥ ロース]
そっと (静かに) silencieusement [スィランスィユーズマン] / (ゆっくり) doucement [ドゥースマン] / (慎重に) délicatement [デリカートゥマン]
ソテ sauté 男, (英) sauté / ポーク～ porc 男 sauté [ポール ソテ], sauté de porc [ソテ ドゥ ポール], (英) pork sauté, sauté of pork / ～する (faire) sauter [(フェール) ソテ] 21 / ～した sauté,e [ソテ] → いためる, なべ
そで 袖 manche [マーンシュ] 女 / ～をまくる relever ses manches [ルルヴェ セ マーンシュ] 〈relever 5〉 / ～口 poignet [プワーニェ] 男 / ～なし sans manches [サン マーンシュ] / 長～ manches longues [マーンシュ ロング] / 半～

manches courtes[マーンシュ クールトゥ]

ソテルヌ（ワイン） sauternes[男]

そと 外 （単複同形）/〜側 extérieur[男]/〜に à l'extérieur[アレクステリユール]/〜から de l'extérieur[ドゥ レクステリユール]/〜で dehors → やがいで

そとうーズ → なべ

そとももにく 外股肉 → うし

ソトワール → なべ

そとわなべ 外輪鍋 → なべ

そなえつけ 備付(の) équipé,e[エキペ], muni,e[ミュニ]

その → あの

そのう 咀嚢・嗉嚢 jabot[ジャボ][男]

そのうえ その上 en plus[アン プリューズ], en outre[アンヌートゥル]

そのうち（近いうち）bientôt[ビヤント]/（当該者のうち）私も〜のひとり Je suis l'un,e d'entre nous.[ジュ スュイ ラン リュヌ ダントゥル ヌー]

そのかわり その代り(に)（代償）en revanche[アン ヴァランシュ]

そのご その後 après[アプレ]

そのころ その頃 en ce temps-là[アン スタンラ], à ce moment-là[ア ス モマン ラ]

そのた その他 autre[オートゥル][男][女]/（等々）etc., et cætera[エトゥセテラ]

そのつど その都度 à chaque fois[ア シャーク フワ]

そのとおりだ その通りだ C'est ça.[セ サ], C'est vrai.[セ ヴレー]/（やや丁寧な言い方）Vous avez raison.[ヴザヴェ レゾン]/（親しい言い方）Tu as raison.[テュア レゾン]

そのとき その時 alors[アロール], à ce moment[ア ス モマン]

そのひ その日 ce jour-là[ス ジュール ラ]

そのへん その辺 là[ラ], aux alentours[オザラントゥール]

そのほか → そのた

そのまま(の) tel quel[テル ケル]〈[男単]に〉, telle quelle[テル ケル]〈[女単]に〉, tels quels[テル ケル]〈[男複]に〉, telles quelles[テル ケル]〈[女複]に〉/〜にする laisser[レセ] ‖（油など何も加えないで）〜加熱する（faire）cuire à sec[(フェール) キュイール ア セーク]〈faire [21], cuire [11] 備考〉/（塩以外の味付なしで）

〜の… ...au naturel[オ ナテュレール] ‖（電話で）〜でお待ちください Ne quittez pas.[ヌ キテパ]

そのように comme ça[コム サ]

そば¹ 側 → ちかい

そば² 蕎麦 （植物）sarrasin[サラザン][男], blé noir[ブレ ヌワール], (英) *buckwheat* /〜粉 farine[女] de sarrasin[ファリーヌ ドゥ サラザン] ‖（麺）nouilles[女複] de sarrasin[ヌーユ ドゥ サラザン]/年越し〜 nouilles[女複] de sarrasin pour le réveillon[ヌーユ ドゥ サラザン プール ル レヴェヨーン]

そふ 祖父 grand-père[グラーン ペール][男]〈[複] 〜s-〜s〉

ソファ canapé[カナペ][男]/（3人掛）sofa[ソファ][男] → ベッド

ソフト(な)（柔らかい）mou[ムー]〈[男]に, [複]には〜s〉, molle[モール]〈[女]に〉, mol[モール]〈母音または無音のhで始まる[男]に〉‖〜ウェア logiciel[ロジスィエール][男]/〜クリーム glace[女] moelleuse[グラース ムワルーズ], (英) *soft ice cream* /〜ドリンク boisson[女] non alcoolisée[ブワソーン ノンナルコリゼ] → かに, やさしい

そふぼ 祖父母 grands-parents[グラーン バラン][男複]

そぼ 祖母 grand-mère[グラーン メール][女]〈[複] 〜s-〜s〉

ソミュール（漬汁）saumure[女]/ドライ〜 saumure à sec[ソミューラ セーク], saumure au sel[ソミューロ セール]→つける¹

ソムリエ sommelier[男], sommelière[ソムリエール][女]→せんぬき

そめる 染める teindre[ターンドゥル][14]

ソモン 〜・クリュ saumon[男] cru/〜・フュメ saumon fumé/〜・ア・ロゼイユ saumon à l'oseille → さけ¹

そら 空 ciel[スィエール][男]/〜色 bleu[男] ciel[ブルー スィエール]

ソラニン（有毒物質）solanine[ソラニーヌ][女], (英) *solanin*

そらまめ 空豆・蚕豆 fève[フェーヴ][女], (英) *broad bean, fava bean* /（小粒）févette[フェヴェートゥ][女]《料理では常に複数》

ソリ・レス → にわとり

そる 剃る raser[ラゼ]/自分で〜 se raser[スラゼ][代動59]

ソルゴとう ソルゴ糖（もろこし糖） sucre 男 de sorgho [スュークル ドゥ ソルゴ], 英 *sugar sorghum*

ソルビトール（転化糖の商標） sorbitol 男, sorbite [ソルビートゥ] 女

ソルベ（シャーベット，チーズ） sorbet 男, 英 *water ice, sherbet, sorbet*

それ → あれ

それから (et) puis [(エ) ピュイー]

それぞれ chacun,e [シャ・カン, キューヌ] 男女／～に（めいめい） respectivement [レスペクティーヴマン] → かく⁴

それでは → では²

そろい (…)揃い → セット²

ソローニュ（地方） Sologne 固女／～の solognot,e [ソロニョ, ートゥ]／～風 (à la) solognote [(アラ) ソロニョートゥ]

ソワソン（町） Soissons [スワソーン] 固／～の soissonnais,e [スワソネ, ーズ]〈男には単複同形〉／～風 (à la) soissonnaise [(アラ) スワソネーズ]

そんがいばいしょう 損害賠償 dédommagement [デドマージュマン] 男／～する dédommager [デドマジェ] 25

そんな → あんな

た

た¹ 田 → たんぼ
た² 他 → のこり, ほか
だ …だ → です
ターキー → しちめんちょう
ダークチェリー → さくらんぼ
ターサイ 塌菜 tatsoï [タツォイ]男, rosulaire [ロズュレール]女, 英 *Chinese flat cabbage*
ダージリン（紅茶）darjeeling [ダルジリング]男, 英 *Darjeeling*
ダース douzaine [ドゥーゼーヌ]女／半〜 demi-douzaine [ドゥミー ドゥゼーヌ]女
タータクリーム（酒石酸水素カリウム：安定剤）crème 女 de tartre [クレーム ド ゥ タルトゥル]
ターツァイ → ターサイ
タート・ヴァン（試飲用杯）tâte-vin [タートゥ ヴァン]男〈単複同形〉, taste-vin [タストゥ ヴァン]男〈単複同形〉
ターバン turban [テュルバン]男／〜を盛 en turban [アン テュルバン]
ターブル・ドート（宿泊者用大テーブル及び定食）table 女 d'hôte [タープル ドートゥ]
ターミナル¹ gare 女 terminus [ガール テルミニュス], terminus [テルミニュス]男〈単複同形〉, terminal [テルミナール]男〈複 terminaux [テルミノ]〉／エア〜 aérogare [アエロガール]男, terminal 男〈複 terminaux〉／バス〜 gare 女 routière [ガール ルーティエール]
ターミナル²（コンピューター端末）terminal [テルミナール]男〈複 terminaux [テルミノ]〉
ターメリック（うこん）curcuma [キュルキュマ]男, 英 *turmeric*
タイ Thaïlande [タイラーンドゥ]固女／〜の thaïlandais,e [タイランデ, ーズ]形〈男には単複同形〉／〜人 thaïlandais,e 男女〈男は単複同形〉／〜語 thaïlandais 男／〜風 (à la) thaïlandaise [(ア ラ) タイランデーズ]
たい¹ 鯛 dorade [ドラードゥ]女, 英 *sea bream*
たい² …(し)たい → したい

鯛の種類

あこう鯛 sébaste 男 akodaï [セバーストゥ アコダイ], 英 *red rockfish*
甘鯛 dorade 女 amadaï [ドラードゥ アマダイ], 英 *red tilefish*
石鯛 dorade ishidaï [ドラードゥ イシダイ], 英 *striped beakperch, Japanese parrot fish*
糸より鯛 rouget 男 itoyori [ルージェ イトヨリ], cohana 男 doré [コアナ ドレ], 英 *golden threadfin bream*
いぼ鯛 stromaté 男 du Japon [ストゥロマテ デュ ジャポン], 英 *Pacific rudderfish*
金目鯛 bérix [ベリークス]男, 英 *alfonsino*
黒鯛, ちぬ dorade noire [ドラードゥ ヌワール], 英 *black porgy, black sea bream*
雀鯛 demoiselle [ドゥモワゼール]女, 英 *pearl-spot chromis*
真鯛（桜鯛：真鯛の別称）dorade japonaise [ドラードゥ ジャポネーズ], 英 *red sea bream*
まとう鯛 saint-pierre [サン ピエール]男〈単複同形〉, 英 *john dory*
ヨーロッパへ鯛 daurade [ドラードゥ]女, dorade royale [ドラードゥ ルワヤール], 英 *gilthead sea bream*
ヨーロッパ真鯛 pagre 男 commun [パーグル コマン], 英 *red porgy, sea bream*

だい¹ 大 → おおきい
だい² 台（支え）support [スュポール]男／（調理台）table 女 de cuisine [タープル ドゥ キュイズィーヌ]／（ソックル：料理盛付用台）socle [ソークル]男／（飾台）présentoir [プレザントゥワール]男／（演壇）estrade [エストゥラードゥ]女 → ミラーだい
だい³ 代（治世）règne [レーニュ]男／（年代）1960年〜に dans les années soixante [ダン レザネ スワサーントゥ]／30〜の人 personne d'une trentaine d'années [ペルソーヌ デュヌ トゥランテーヌ ダネ] → じだい, せだい
だい⁴ 第…：通常序数を用いる. 第1課 leçon 女 un [ルソン アン], 第2条

だい⁵ 542

article 男 deux [アルティークル ドゥー] などは基数を使用 →ばん¹

だい⁵ …台 車1～ une voiture [ユヌ ヴワテュール]：1台, 2台という単位としての言い方はフランス語にはない

だいいち 第一(の) premier [プルミエ], *première* [プルミエール] 女に／～に premièrement [プルミエールマン]

ダイエット (食餌療法) diète [ディエートゥ] 女, régime [レジーム] 男, diétothérapie [ディエトテラピ] 女／(痩身用ダイエット)療法) régime [レジーム] 男／～をしている suivre un régime [スュイーヴル アン レジーム]⟨suivre 44⟩, être au régime [エートゥル オ レジーム]⟨être 2⟩

だいおう 大黄 → ルバーブ

たいおん 体温 température [タンペラテュール] 女／～を計る prendre la température [プランドゥル ラ タンペラテュール]⟨prendre 37⟩／～は36度です J'ai trente-six degrés. [ジェ トゥラントゥ スィ ドゥグレ]／～計 thermomètre 男 [テルモメートゥル]

だいがく 大学 (総合) université [ユニヴェルスィテ] 女／短期~ institut 男 universitaire à deux ans [アンスティテュ ユニヴェルスィテーラ ドゥーザン]／~院(修士課程) cours 男 de maîtrise [クール ドゥ メトゥリーズ], deuxième cycle 男 [ドゥズィエーム スィークル]／(博士課程) cours de doctorat [クール ドゥ ドクトラ], troisième cycle 男 [トゥルワズィエム スィークル]／~都市 ville 女 universitaire [ヴィリュニヴェルスィテール], cité 女 universitaire [スィテ ユニヴェルスィテール]／～へ行く aller à la faculté [アレ ア ラ ファキュルテ]
→ がくせい, がくぶ, しょくどう, びょういん

たいかくせん 対角線 diagonale 女 [ディヤゴナール]／～の diagonal,*e* [ディヤゴナール], diagonaux [ディヤゴノ]⟨男複に⟩／～に diagonalement [ディヤゴナールマン], en diagonale [アン ディヤゴナール]

だいきじ 台生地 (料理用) fond [フォン] 男

たいきょ 退去 évacuation [エヴァキュアスィヨン] 女／(追放) expulsion [エクスピュルスィヨン] 女

ダイキリ (カクテル) daiquiri 男

だいきん 代金 → ねだん, ひよう, りょうきん

だいく 大工 charpentier [シャルパンティ

エ] 男

たいくつ 退屈(な) ennuyeux ⟨男に, 単複同形⟩ [アンニュイユー], ennuyeuse ⟨女に⟩ [アンニュイユーズ]／…することに～する «s'ennuyer à… ([サンニュイエ ア] + 不定詞»⟨ennuyer 代動 31 59⟩

だいけい 台形 trapèze [トゥラペーズ] 男／～の trapézoïdal,*e* [トゥラペゾイダール], trapézoïdaux [トゥラペゾイド] ⟨男複に⟩

たいこうふう 大公風 grand-duc [グランデュック] 男／大公妃風 grande-duchesse [グランドゥ デュシェース]

だいこん 大根 (すずしろ) radis 男 blanc [ラディ ブラーン] ⟨複 ~s⟩, (英) Chinese radish／～おろし radis râpé [ラディ ラペ]／黒～ radis noir [ラディ ヌワール] → ラディッシュ

たいざい 滞在 séjour [セジュール] 男／～期間 durée de séjour [デュレ ドゥ セジュール]／～許可書 carte de séjour [カールトゥ ドゥ セジュール]／合法(不法)～ séjour légal (illégal) [セジュール レガール (イレーガル)]／～する séjourner [セジュルネ]

たいし 大使 ambassadeur [アンバサドゥール] 男, (女性大使, 大使夫人) ambassadrice [アンバサドゥリース] 女／～館 ambassade [アンバサードゥ] 女／日本～館 ambassade de Japon [アンバサードゥ ドゥ ジャポン]／～風 (à l')ambassadeur [アンバサドゥール (ア ランバサドゥール)]／～風, ～夫人風 (à l')ambassadrice [アンバサドゥリース (ア ランバサドゥリース)]

だいじ 大事 → たいせつ

だいしきょう 大司教 → しきょう

たいして (…に)対して (向って) envers... [アンヴェール], avec... [アヴェーク]／(向い合って) vis-à-vis de... [ヴィ ザ ヴィ ドゥ]／(反対して) contre... [コントゥル]／(お礼・報酬) pour... [プール]／(割合) par... [パール], pour... ／(比して) par rapport à... [パール ラポラ]／(比率) contre... → いっぽう

たいしゃ 代謝 métabolisme [メタボリースム] 男／基礎～ métabolisme de base [メタボリースム ドゥ バーズ]

だいしゃ 台車 chariot [シャリヨ] 男

たいしゅう 大衆 public [ピュブリーク]

たいじゅう 体重 poids[ブワー]男〈単複同形〉/～は…kgだ peser...kg[プゼ キロ(グラーム)][peser ⑤]/私は～60kg Je pèse 60 kg.[ジュ ペーズ スワサントゥ キロ(グラーム)]/～計 balance[バランス]女 → はかる

たいしょう (左右)対称 symétrie[スィメトゥリ]女/～的な symétrique[スィメトゥリーク]〈単複同形〉/～的に symétriquement[スィメトゥリクマン]

たいしょうえび 大正海老 → えび

だいじょうぶ 大丈夫 Ça va.[サヴァ]

たいしょく¹ 退職(引退) retraite[ルトゥレートゥ]女/～する prendre sa retraite[プラーンドゥル サ ルトゥレートゥ]〈prendre ㊴〉:主語が「私」ならsaはma[マ]に、「君」ならta[タ]にそれぞれ変る‖(辞職) démission[デミスィヨン]女/～する démissionner[デミスィヨネ]

たいしょく² 大食 grand appetit[グランタペティ]男/(うまいものの) gourmandise[グールマンディーズ]女/(飽くことを知らない) gloutonnerie[グルートヌリ]女, voracité[ヴォラスィテ]女/(むさぼり食う) goinfrerie[グワンフルリ]女

たいしょくかん 大食漢 grand(または gros) mangeur[グラーン(グロー)マンジュール]男, grande(または grosse) mangeuse[グラーンドゥ(グロース)マンジューズ]女,(俗語) bafreur[バフルール]男, bafreuse[バフルーズ]女/(飽くことを知らない) glouton,ne[グルート,ン,ーヌ]男女, vorace[ヴォラース]男女/(むさぼり食う人) goulu,e[グーリュ]男女/(汚らしく食べる人) goinfre[グワンフル]男/(常に食べ物を探す過度の) avide[アヴィードゥ]男女/(美食家で) gourmand,e[グールマン,ドゥ]/(ラブレーの物語に出てくるガルガンチュアのような) gargantuesque[ガルガンチュレースク]男女

だいず 大豆 soja[ソジャ]男, soya[ソヤ]男:料理では常に複数,(英) soybean, soy pea/青～, 青はた～ soja vert[ソジャ ヴェール]/黒～ soja noir[ソジャ ヌワール]/～粉, きな粉 farine[ファリーヌ]女 de soja[ドゥ ソジャ]/～油 huile[ユイール]女 de soja[ドゥ ソジャ]

たいする 対する → たいして

たいせいよう 大西洋 Atlantique[アトゥランティーク]固男

たいせき 体積 volume[ヴォリューム]男

たいせつ 大切(な) important,e[アンポルターン,トゥ], précieux[プレスィユー]〈男に,単複同形〉, précieuse[プレスィユーズ]〈女に〉/～に avec précaution[アヴェック プレコスィヨン], avec soin[アヴェック スワン]/～なこと importance[アンポルターンス]女

だいたい 大体(おおむね) dans l'ensemble[ダン ランサーンブル], grosso modo[グロソ モド]→ くらい², だいぶぶん, ほとんど

だいだい 橙 bigarade[ビガラードゥ]女, orange[オラーンジュ]女 amère[アメール],(英) bitter orange, sour orange/～色 orange[オラーンジュ]男/～色の orange〈男女同形〉

だいたいこつ 大腿骨 → ほね

たいちょう 体調 condition[コンディスィヨン]女 physique[フィズィーク]/～が良い(悪い) être en bonne (mauvaise) forme[エートゥル アン ボーヌ(モヴェーズ)フォールム]〈être ②〉

たいちょう² 体長 longueur[ロングール]女

だいちょう 大腸 gros intestin[グロザンテスタン]男〈複 ~s〉/～炎 colite[コリートゥ]女/～菌 colibacille[コリバスィール]男‖(食用動物の)牛,羊の～ baudruche[ボドリューシュ]女/豚の～ chaudin[ショダン]男/豚～の最下部 fuseau[フュゾ]男〈複 ~x〉, rosette[ロゼットゥ]女
→ ちょう¹

タイツ collant男 épais[コラン エペ]

たいてい 大抵 le plus souvent[ル プリュス スーヴァン], → いっぱん

だいとうりょう 大統領 président[プレズィダン]男,(女性大統領,大統領夫人) présidente[プレズィダーントゥ]女/(フランスの)～官邸 palais男 de l'Élysée[パレ ドゥ レリゼ]

だいどころ 台所 → キッチン

タイトル titre[ティートゥル]男/…という～の付いた intitulé,e...[アンティテュレ]

たいな 体菜 → パクチョイ
ダイナミック(な) dynamique [ディナミック]〈男女同形〉／～に dynamiquement [ディナミックマン]
ダイニングキッチン cuisine-salle [キュイズィーヌ サラ マンジェ]〈複 ~s- ~s〉 à manger
たいねつ 耐熱(の) résistant,e à la chaleur [レズィスタン, トゥ ア ラ シャルール]／～ガラス：商標 Pyrex [ピレックス] 固 男 → さら
ダイバー plongeur [プロンジュール] 男, plongeuse [プロンジューズ] 女
だいひょう 代表 représentation [ルプレザンタスィヨン] 女／～者 représentant,e [ルプレザンタン, トゥ] 男女形
ダイビング plongée [プロンジェ] 女／スカイ～ parachutisme [パラシュティースム] 男／スキン～ plongée en apnée [プロンジェ アン ナプネ]／スキューバ～ plongée en scaphandre [プロンジェ アン スカファーンドル]
タイプ type [ティープ] 男／(好みの) genre [ジャーンル] 男／(型式) modèle [モデール] 男
だいぶ 大分 → かなり, とても
だいぶぶん 大部分 plupart [プリュパール] 女／～の la plupart de... [ラ プリュパール ドゥ]／(過半数) majorité [マジョリテ] 女／～の majoritaire [マジョリテール]〈男女同形〉
たいへいよう 太平洋 Pacifique [パスィフィーク] 固 男
たいへん 大変 (著しい) remarquable [ルマルカーブル]〈男女同形〉／(困難な) dur,e [デュール]〈男女同形〉, difficile [ディフィスィール]〈男女同形〉／(重大な) grave [グラーヴ]〈男女同形〉‖～だ！ Mon Dieu! [モン ディュ] → とても
だいべん 大便 selles [セール] 女 複／(医学用語) fèces [フェース] 女 複‖(幼児表現) caca [カカ] 男／～をする faire caca [フェール カカ]〈faire ㉑〉
たいほ 逮捕 arrestation [アレスタスィヨン] 女
たいま 大麻 chanvre [シャーンヴル] 男
タイマー compte-minutes [コーントゥ ミニュートゥ]〈単複同形〉
だいみょうおろし 大名卸 → おろす¹
タイミング timing [男]／～よく au bon moment [オ ボン モマン], à temps [ア タン]
タイム¹ (時間) temps [タン] 男〈単複同形〉／～カード carte [女] de pointage [カルトゥ ドゥ プワンタージュ]／～レコーダー machine [女] à pointer [マシーナ プワンテ], pointeur [プワントゥール] 男／(ストップウォッチで計った時間) temps chronométré [タン クロノメートレ]／(休憩) pause [ポーズ] 女
タイム² (香草) thym [タン] 男, 英 thyme／～の花 fleur [フルール ドゥ タン] de thym／野生～ (いぶきじゃこう草) serpolet [セルポレ] 男, pimpiolet [パンピヨレ] 男, 英 wild thyme／(プロヴァンス地方の呼称) farigoule [ファリグール] 女／シトロン～ thym citron [タン スィトゥローン], thym citronnelle [タン スィトゥロネール]
だいめいし 代名詞 pronom [プロノーン] 男／関係～ pronom relatif [プロノーン ルラティーフ]／指示～ pronom démonstratif [プロノーン デモンストゥラティーフ]／人称～ pronom personnel [プロノーン ペルソネール]／疑問～ pronom interrogatif [プロノーン アンテロガティーフ]／再帰人称～ pronom réfléchi [プロノーン レフレシ]／不定～ pronom indéfini [プロノーン アンデフィニ]／～的 pronominal,e [プロノミナール], pronominaux [プロノミノ]
たいもう 体毛 → け
タイヤ pneu [プヌー] 男〈複 ~s〉／～を交換する changer la roue [シャンジェ ラルー]〈changer ㉕〉／スノー～ pneu neige [プヌー ネージュ]／スペア～ pneu 男 de rechange [プヌー ドゥ シャーンジュ]／ノーパンク～ pneu increvable [プヌー アンクルヴァーブル]／ラジアル～ pneu-radial [プヌー ラディヤール]〈複 ~s- radiaux [プヌー ラディヨ]〉
ダイヤ (鉄道用語) diagramme 男 [ディヤグラーム]‖(トランプ) carreau [カロ] 男〈複 ~x〉／(ダイヤモンド) diamant [ディヤマーン] 男
ダイヤル cadran [カドゥラーン] 男／フリー～ numéro 男 vert [ニュメロ ヴェール]／～する composer le numéro [コンポゼル ニュメロ]
タイユヴァン (料理人) Taillevent [ターユヴァン] 固 男
たいよう 太陽 → ひ¹

だいよう 代用 remplacement [ランプラースマン] 男/〜する remplacer [ランプラーセ] 32/〜食 ersatz [エルザーツ] 男〈単複同形〉, aliment 男 de substitution [アリマン ドゥ スプスティテュスィヨン]

たいら 平ら(な) plat,e [プラ.ートゥ] /〜にする(ならす) aplanir [アプラニール] 4, égaliser [エガリゼ] /(つぶす) aplatir [アプラティール] 4

たいらがい 平貝 → たいらぎ

たいらぎ 平貝 jambonneau [ジャンボノ] 男〈複 〜x〉, pinne [ピーヌ] 女, 英 *pen shell*

たいらげる 平らげる(ぺろりと〜) finir complètement les plats servis [フィニール コンプレートゥマン レ プラ セルヴィ]〈finir 4〉

だいり 代理 (代り) remplacement [ランプラースマン] 男, suppléance [スプレアーンス] 女, intérim [アンテリーム] 男/(人) remplaçant,e [ランプラサーン, ト] 男女 ‖ (委任) procuration [プロキュラスィヨン] 女

たいりく 大陸 continent [コンティナン] 男/〜の continental,e [コンティナンタール] 女, continentaux [コンティナント]〈複に〉

だいりせき 大理石 marbre [マールブル] 男/〜模様 marbrure [マルブリュール] 女/〜模様を付ける marbrer [マルブレ] /〜模様を付けた marbré,e [マルブレ]

だいりてん 代理店 agence [アジャーンス] 女/旅行〜 agence de voyages [アジャーンス ドゥ ヴワヤージュ] /(営業権所有者) concessionnaire [コンセスィヨネール] 男女

たいりゅう 対流 convection [コンヴェクスィヨン] 女

たいりょう 大量 grande quantité 女 [グラーンドゥ カンティテ], masse [マース] 女 → たくさん

タイル carreau [カロ] 男〈複 〜x〉/〜張 carrelage [カルラージュ] 男/〜張の carrelé,e [カルレ]

たいわん 台湾 Taïwan 固女, Formose [フォルモーズ] 固女/〜人 Taïwanais,e [タイワネ.ーズ] 男女/〜の taïwanais,e

タヴェル (ワイン) tavel [タヴェール] 男

だえき 唾液 → つば¹

たえず 絶えず continuellement [コンティニュエルマン], sans cesse [サン セース]

だえん 楕円 ellipse [エリープス] 女, ovale [オヴァール] 男/〜の ovale 〈男女同形〉/〜に整形する tourner en forme de gousse [トゥールネ アン フォルム ドゥ グース]

タオル serviette 女 [セルヴィエートゥ] /(手拭) essuie-mains [エスュイ マン] 男〈単複同形〉/バス〜 serviette de bain [セルヴィエートゥ ドゥ バン] /ペーパー〜 serviette en papier [セルヴィエートゥ アン パピエ], papier 男 absorbant [パピエ アプソルバーン] /〜掛 porte-serviettes [ポルトゥ セルヴィエートゥ] 男〈単複同形〉

だが → しかし

たかあしがに 高脚蟹 → かに

たかい 高い (場所,数値,声,評価など) ʰhaut,e [オ.ートゥ], élevé,e [エルヴェ] /(値段が) cher [シェール] 〈男に〉, chère [シェール] /(人に)

たがい 互い(の) (2人や2機関の間) réciproque [レスィプローク] 〈男女同形〉 /〜に réciproquement [レスィプロークマン] ‖(多くの人や機関などの間) mutuel,le [ミュテュエル] /〜に mutuellement [ミュテュエルマン]

たがいちがい 互い違い → こうご

たかさ 高さ (位置の,幅に対する) ʰhauteur [オトゥール] 女/半分の〜 mi-hauteur [ミオトゥール] 女/…の〜まで à hauteur de... [ア オトゥール ドゥ] → かいばつ

だがし 駄菓子 gâteau 男 frivole [ガトフリヴォール]〈複 〜x 〜s〉

たかな 高菜 feuille 女 de moutarde takana [フーユ ドゥ ムータルドゥ タカナ], 英 *leaf mustard takana*

たかのつめ 鷹の爪 piment 男 rouge séché [ピマン ルージュ セシェ], 英 *dried red piment*

たかべ 高部・鯖:魚 pristipome [プリスティポーム タカベ], 英 *yellow-striped butterfish*

だから donc [ドーンク], par conséquent [パール コンセカン] → なぜなら

たからくじ 宝籤 loterie [ロートゥリ] 女

たがる …(し)たがる → したい

たきぎ 薪 → まき

タキシード smoking [スモーキング] 男

だきみ 抱身(合鴨胸肉) suprême 男

たぎる 滾る → ふっとう
たく 炊く 飯を～ (faire) cuire du riz [(フェール) キュイール デュリ]〈faire ㉑, cuire ⑪〉
たくあん 沢庵 radis 男〈単複同形〉blanc fermenté dans le son de riz [ラディ ブラン フェルマンテ ダン ル ソン ドゥリ]
たくさん 沢山 (数,量が) beaucoup [ボクー]／～の… beaucoup de... [ボクー ドゥ]／(豊富な) riche [リーシュ]〈男女同形〉／(数えきれない) innombrable [イノンブラーブル]〈男女同形〉 → たっぷり
タクシー taxi [タクスィ] 男／～で en taxi [アン タクスィ]／～に乗る prendre un taxi [プランドル アン タクスィ]〈prendre ㊲〉／～を呼ぶ appeler un taxi [アプレ アン タクスィ]〈appeler ⑦〉／～を拾う arrêter un taxi [アレテ アン タクスィ]／～乗場 station 女 de taxi [スタスィヨン ドゥ タクスィ]／流しの～ taxi en maraude [タクスィ アン マロードゥ]
ダクト (導管) conduite [コンデュイートゥ] 女
たくはい 宅配 livraison 女 à domicile [リヴレゾン ア ドミスィール]
ダクワーズ (菓子) dacquoise 女
たくわん → たくあん
たけ¹ 丈 → すんぽう,たかさ,ながさ
たけ² 竹 bambou [バンブー]
だけ …だけ → しか³,ただ¹
たけのこ 筍・竹の子 pousse 女 de bambou [プース ドゥ バンブー],〈英〉bamboo shoot
たげり (千鳥の一種) vanneau [ヴァノ] 男〈複～x〉,〈英〉lapwing
たこ¹ 蛸・章魚 (総称) poulpe [プールプ] 男, pieuvre [ピユーヴル] 女,〈英〉octopus 飯～ petit poulpe iidako [プティ プールプ イイダコ],〈英〉ocellated octopus → あし¹,たまご
たこ² 胼胝 durillon [デュリヨン] 男, cal [カール] 男／手に～ができる avoir un durillon à la main [アヴワール アン デュリヨン アラマン]〈avoir ①〉
たこいと 凧糸 → いと
タコス (ガレット) taco [タコ] 男
ダコワーズ → ダクワーズ
ださい → やぼ
だし 出汁 (成分を煮出して取る) décoction [デコクスィヨン] 女‖(口実) …を～に sous prétexte de... [スープ レテクストゥドゥ] → かつお,こんぶ,ブイヨン,フォン,フュメ
タジーヌ (料理,土鍋) tajine 男
たしか 確か(な) sûr,e [スュール], certain,e [セル・タン,テーヌ]／～に sûrement [スュールマン], certainement [セルテーヌマン], certes [セールトゥ]
たしかめる 確かめる → かくにんする
だしがら 出殻 résidu [レズィデュ] 男
たしざん 足算 addition [アディスィヨン] 女／2＋3＝5 Deux et trois font cinq [ドゥー エ トゥロワ フォン サーンク] → たす
だしじる 出し汁 → だし
だしまきたまご 出汁巻卵 → たまご
たしょう 多少 (いくらか) plus ou moins [プリュズー ムワン] → すこし
たす 足す(足算する) additionner [アディスィヨネ], faire une addition [フェール ユナディスィヨン]〈faire ㉑〉→ おぎなう,くわえる,たしざん
だす¹ …(し)出す → はじめる
だす² 出す(取出す) sortir [ソルティール] ㉚, tirer [ティレ]
たすう 多数 → おおぜいの,だいぶぶん
たすけ 助け secours [スクール] 男〈単複同形〉／(援助) aide [エードゥ] 女, assistance [アスィスタンス] 女／助けて! Au secours! [オ スクール]
たすける 助ける (補佐,介助) seconder [スゴンデ], aider [エデ]／(救済,救助) secourir [スクーリール] ⑬ → てつだう
たずねる¹ 訪ねる → ほうもん
たずねる² 尋ねる → しつもん
ただ¹ 唯 (単に) seulement [スールマン], simplement [サーンプルマン]
ただ² 只(無料) ～の gratuit,e [グラテュイー,トゥ]／～で gratuitement [グラテュイートゥマン]‖(普通の) ordinaire [オルディネール]〈男女同形〉
ただいま 只今 (帰宅時の挨拶) Me voilà, je suis de retour! [ム ヴワラー ジュスュイ ドゥ ルトゥール]：フランスにはこの表現に該当する挨拶はない
たたき (鯵(ぁじ)の)fines tranches 女 複 de filet de carangue macérées à la sauce de soja gingembrée [フィーヌ トゥラーンシュ ドゥ フィレ ドゥ カラングマセレ ラ ソース ドゥ ソジャ ジャンジャーンブレ]

たたく 叩く frapper［フラーペ］, battre［バートゥル］⑨, taper［タペ］／(手や指で軽く繰返して) tapoter［タポテ］
ただぐい ただ食い resquille 女 d'un repas［レスキーユ ダン ルパ］／～する resquiller un repas［レスキエ アン ルパ］
ただし 但し cependant［スパンダン］
ただしい 正しい (公正な) juste［ジュースト ゥ］〈男女同形〉, droit,*e*［ドゥルワー, トゥ］／正しく droitement［ドゥルワートゥマン］‖(正当な) juste〈男女同形〉, légitime［レジティム］〈男女同形〉／正しく légitimement［レジティムマン］／(人の言うことが)～ avoir raison［アヴワール レゾン］〈avoir ①〉／私は～ J'ai raison.［ジェ レゾン］→ せいかく[1], ほんとう
ただちに 直ちに → すぐ
たたみ 畳 tatami 男, matelas 男〈単複同形〉 rectangulaire de paille de riz recouvert de jonc tressé［マートゥラ レクタンギュレール ドゥ パーユ ドゥ リ ルクーヴェル ドゥ ジョーンク トゥレーセ］
たたむ 畳む (折曲げる) plier［プリーエ］, replier［ルプリーエ］
ただれ 爛れ (炎症) inflammation［アンフラマスィヨン］女
タタン (タルト) tarte 女 Tatin［タール トゥ タタン］
たちいり 立入 → きんし[1], けんさ
たちうお 太刀魚 ceinture 女 d'argent［サンテュール ダルジャン］, sabre［サーブル］男, trichiure［トゥリキュール］男, 英 *cutlass fish, hair tail, scabbard fish*
たちおとし 裁落し (生地の) rognure［ロニュール］女, chute［シュートゥ］女
たちぐいする 立食する manger debout［マンジェ ドゥブー］〈manger ㉕〉
たちのみする 立飲みする boire au comptoir［ブワール オ コントゥワール］〈boire ⑩〉
たちまち (すぐに) aussitôt［オスィト］／(わずかの時間に) en peu de temps［アン プー ドゥ タン］／(一瞬のうちに) en un moment［アンナン モマン］, en un instant［アンナンナンスタン］
たちみ 立見 ～する voir debout［ヴワール ドゥブー］〈voir ㊾〉／～席 promenoir［プロムヌワール］男, place 女 debout［プラース ドゥブー］
だちょう 駝鳥 autruche［オトゥリューシュ］女, 英 *orstrich*
たつ[1] 発つ partir［パルティール］㉚／(離れる) quitter［キテ］
たつ[2] 立つ se lever［ス ルヴェ］代動 ⑤ (59)／(食卓の) 席を～ quitter la table［キテ ラ ターブル］
だつ 駄津:魚 orphie［オルフィ］女, aiguille 女 de mer［エギュイーユ ドゥ メール］, 英 *needlefish, garfish*
だついじょ 脱衣所 (海水浴場, プールなどの) cabine 女［カビーヌ］, déshabilloir［デザビユワール］男／(風呂場の) salle 女 de déshabillage［サール ドゥ デザビヤージュ］
だっきゅう 脱臼 luxation［リュクサスィヨン］女, déboîtement［デブワートゥマン］男
ダックプレス presse 女 à carcasse［プレーサ カルカース］
だっこくする 脱穀する décortiquer［デコルティケ］／脱穀した décortiqué,*e*［デコルティケ］／脱穀米 riz 男 décortiqué［リ デコルティケ］
だっしにゅう 脱脂乳 → ミルク
だっしめん 脱脂綿 coton 男 hydrophile［コトンニドゥロフィール］
ダッシュボード tableau［タブロー］男〈複 ～*x*〉, boîte 女 à gants［ブワータ ガン］
だっしょく 脱色 décoloration［デコロラスィヨン］女／～する décolorer［デコロレ］／～した décoloré,*e*［デコロレ］
たつじん 達人 expert［エクスペール］男, virtuose［ヴィルテュオーズ］男女
だっすい 脱水 déshydratation［デズィドゥラタスィヨン］女／～する déshydrater［デズィドゥラーテ］／～症 déshydratation ‖(洗濯物の) essorage［エソラージュ］男／～する essorer［エソレ］
→ バター, みずきり
たつたあげ 竜田揚 鯖(さば)(鶏)の～ friture 女 de maquereau (poulet) mariné de sauce de soja［フリテュール ドゥ マークロ (プーレ) マリネ ドゥ ソース ドゥ ソジャ］
だって → しかし, でも, なぜなら, も[2]
たっぷり ～の abondant,*e*［アボンダン, トゥ］, copieux［コピユー］〈男に, 単複同形〉, *copieuse*［コピユーズ］〈女に〉／～と abondamment［アボンダマン］, copieusement［コピユーズマン］ → たくさん
だつもう 脱毛 chute 女 des cheveux［シュートゥ デ シュヴー］／(除毛) épilation［エピラスィヨン］女／～クリーム crème

たて¹ …たて 焼き~のパン pain 男 frais [パンフレー]《複~s~》/挽き~のコーヒー café 男 fraîchement moulu [カフェフレーシュマンムーリュ]

たて² 縦（長辺）longueur [ロングール] 女/~10センチ 10cm de long [ディサンティメートルドゥロン] 女/~の longitudinal,e [ロンジテュディナール], longitudinaux [ロンジテュディノ]〈男複に〉/~に en long [アンロン], dans le sens de la longueur [ダンルサーンスドゥラロングール] → すいちょく、たかさ

たで 蓼 renouée [ルヌエ] 女, 英 water pepper/~酢 vinaigre 男 à la renouée [ヴィネーグララルヌエ]

たじま 縦縞 → しまもよう

たてもの 建物 bâtiment [バティマン] 男/（大きな）édifice [エディフィス] 男

たてる¹ 立てる（縦にする）dresser [ドゥレセ], lever [ルヴェ] 5/（突立てる）planter [プランテ]/（計画、目標などを）établir [エタブリール] 4

たてる² 建てる construire [コンストゥリュイール] 4, bâtir [バティール] 4/（巨大建築物を）édifier [エディフィエ]/（像、塔などを）élever [エルヴェ] 5, dresser [ドゥレセ]

たてる³ → まぜる

たとえ …であろうと même si... [メームスィ], quel que... [ケールク]

たとえば 例えば par exemple [パーレグザンプル], comme [コーム], tel que [テルク]

タナ（ぶどう）tannat 男

たな 棚 étagère [エタジェール] 女, rayon [レヨン] 男‖（食器棚）buffet [ビュフェ] 男/（田舎風の）vaisselier [ヴェスリエ] 男‖（棚板）tablette [タブレートゥ] 女

たなおろし 棚卸 inventaire [アンヴァンテール] 男

たなご 鱮:魚 bouvière [ブーヴィエール] 女, 英 bitterling

たなばた 七夕 fête 女 de rencontre de Véga et Altaïr du 7 juillet [フェートゥドゥランコーントゥルドゥヴェガエアルタイールデュセートゥジュイエ]

ダナブルー（チーズ）danablu 男

たにし 田螺 escargot 男 de rivière [エスカルゴドゥリヴィエール], 英 pond snail

たね¹ 種（種子）semence [スマーンス] 女, (野菜などの粒状の) graine [グレーヌ] 女‖（桃などの核）noyau [ヌワーヨ] 男《複~x》/~のラタフィア ratafia 男 de noyaux [ラタフィアドゥヌワヨー]/(仁) amande [アマーンドゥ] 女‖（トマト、ぶどうなど複数できる種）pépin [ペパン] 男/~を取る épépiner [エペピネ]/~を取った épépiné,e [エペピネ]‖（核や芯）~を取る dénoyauter [デヌワヨーテ]/~を取った dénoyauté,e [デヌワヨーテ]‖~抜器 dénoyauteur [デヌワヨトゥール] 男

たね² 種（ケーキなどの材料の）appareil [アパレーユ] 男/パン~ levain [ルヴァン] 男/パンの水~ poolis(c)h [ポーリーシュ] 女

たねび 種火 veilleuse [ヴェユーズ] 女

たのしい 楽しい joyeux [ジュワユー] 男〈女に, 単複同形〉, joyeuse [ジュワユーズ]/楽しく joyeusement [ジュワユーズマン]

たのしみ 楽しみ（喜び）plaisir [プレズィール] 男, joie [ジュワ] 女/（気晴し）divertissement [ディヴェルティスマン]/それを~にしています Je l'espère bien. [ジュレスペールビヤーン]

たのしむ 楽しむ se régaler [スレガレ] 代動 59/(面白がる) s'amuser [サミュゼ] 代動 59/…をして~ se divertir à... [スディヴェルティール ア] 代動 4 59/(味わう, 鑑賞する) goûter [グーテ]‖楽しませる（愉快にする）amuser [アミュゼ], égayer [エゲイエ] 31/（気晴しさせる）distraire [ディストゥレール] 57, divertir [ディヴェルティール] 4

たのむ （…に）頼む demander à... [ドゥマンデア]/頼み demande [ドゥマーンドゥ] 女

たば 束 botte [ボートゥ] 女/小~ bottillon [ボティヨン] 男

たばこ 煙草（葉）tabac [タバ] 男/(紙巻) cigarette [スィガレートゥ] 女/（葉巻）cigare [スィガール] 男/~屋 tabac [タバ]/~を吸う fumer [フュメ]

タパス（つまみ）tapas 女複

タバスコ tabasco 男

たばねる （…を）束ねる mettre...ensemble [メートゥルアンサーンブル]〈mettre 26〉

たび[1] 旅 → りょこう
たび[2] …度 → つど
タピオカ tapioca [タピヨカ] 男, perle 女 du Japon [ペールル デュ ジャポン], 英 *tapioca*
たびたび 度度 → しばしば
タヒチ Tahiti [タイティ] 固男/～の人 Tahitien,ne [タイスィヤン, エーヌ] 男女/～の tahitien,ne [タイスィヤン, エーヌ] 男女/～風 (à la) tahitienne [(アラ) タイスィエーヌ]
タヒン（ごまペースト）tahin [タイーヌ] 男, tahina [タイナ] 女
ダビング repiquage [ルピカージュ] 男, copie [コピ] 女/～する repiquer [ルピーケ]
タフィー caramel 男 au beurre [カラメル ボール], 英 *toffee*, 米 *taffy*
タブーレ（サラダ）tab(b)oulé 男, 英 *tabbouleh*
タプナード（ペースト）tapenade [タプナードゥ] 女, 英 *tapenade*
タブリエ → エプロン
タブリエ・ド・サプール（料理）tablier 男 de sapeur [タブリエドゥ サプール]
ダブル（ウィスキー）double whisky 男 [ドゥーブル ウィスキ]/（上着）veston 男 croisé [ヴェストン クルワゼ]/（ホテルの部屋）double [ドゥーブル] 女
→ コンソメ, ベッド, マグナム
たぶん 多分 probablement [プロバーブルマン], sans doute [サン ドゥートゥ], peut-être [プテートゥル] → かも[2]
たべかけ 食べかけ（残飯）restes 男複 de repas [レーストゥ ドゥ ルパ]/～の entamé,e [アンタメ]/～で en cours de repas [アン クール ドゥ ルパ]
たべかた 食べ方 façon 女 de manger [ファソン ドゥ マンジェ] → マナー
たべごろ 食べ頃（成熟期）maturité [マテュリテ] 女 → しゅん
たべすぎ 食べ過ぎ → ぼういんぼうしょく
たべずぎらい 食べず嫌い avoir un préjugé contre... [アヴワール アン プレジュジェ コーントゥル] ⟨avoir[1]⟩
たべすぎる 食べ過ぎる manger trop [マンジェ トゥロー] ⟨manger[25]⟩
たべつくす 食べ尽くす manger entièrement [マンジェ アンティエールマン] ⟨manger[25]⟩
たべのこし 食べ残し → たべかけ

たべのこす 食べ残す laisser [レセ]
たべもの 食べ物 → しょくひん, しょくりょう
たべられる 食べられる（食用の）comestible [コメスティーブル] ⟨男女同形⟩/（味が悪くない）mangeable [マンジャーブル] ⟨男女同形⟩/（受身）être mangé,e [エートゥル マンジェ] ⟨être[2]⟩/（可能）pouvoir manger [プーヴワール マンジェ] ⟨pouvoir[35]⟩
たべる 食べる（食物を）manger [マンジェ][25], prendre [プラーンドゥル][37]
（ご馳走を）se régaler [スレガレ] ⟨代動[59]⟩
（楽しくご馳走を）faire bonne chère [フェール ボーヌ シェール] ⟨faire[21]⟩
（喰う）bouffer [ブーフェ]
（栄養を摂取する）se nourrir [ス ヌーリール] ⟨代動[4][59]⟩
（試食する）goûter [グーテ], essayer [エセイエ][31]
（むしゃむしゃと）manger à belles dents [マンジェ ア ベル ダン] ⟨manger[25]⟩
（がつがつと）manger comme un ogre [マンジェ コマンノーグル], (俗語) brif(f)er [ブリーフェ], (俗語) brif(fe)ter [ブリフテ]
（ちびちび）grignoter [グリニョテ]
（まずそうに, 食欲がなさそうに）manger du bout des dents [マンジェ デュ ブー デダン]
（…をまずそうにちびちび）chipoter sur... [シポテ スュール]
（ばりばりとかじって）croquer [クロケ]
（肉をひきちぎりながら何も残さずに）dévorer [デヴォレ], ingurgiter [アンギュルジテ], goinfrer [グワーンフレ]
（腹一杯）manger à sa faim [マンジェ ア サファン]
（立ったまま急いで）manger sur le pouce [マンジェ スュール ル プース]
（不快を催させるように）goinfrer [グワーンフレ]
（あっというまに）tortiller [トルティエ]
たほう 他方 autre [オートゥル] 男女/～では d'un autre côté [ダンノートゥル コテ]
だぼくしょう 打撲症 contusion [コンテュズィヨン] 女, meurtrissure [ムルトゥリスュール] 女

たま 玉・球 boule [ブール] 囡, globe [グローブ] 男 → きゅうけい²
だま grumeau [グリューモ] 男 〈複 ~x〉
たまきびがい 玉黍貝 bigorneau [ビゴルノ] 男 〈複 ~x〉, littorine [リトリーヌ] 囡, vigneau [ヴィニョ] 男 〈複 ~x〉(または vignot) [ヴィニョ] 男, 英 winkle
たまご 卵 œuf [ウーフ] 男 〈複 œufs [ウ]〉, 英 egg / 産みたて~ œuf frais [ウーフ フレ] / 生~ œuf cru [ウーフ クリュー] / ~屋 (人) coquetier [コクティエ] 男, coquetière [コクティエール] 囡 / ~酒 saké 男 à l'œuf battu [サケ アルーフ バテュ] / ~立て coquetier 男, œufrier [ウーフリエ] 男 / ~ゆで器 coquetière [コクティエール] 囡 ‖ (卵の種類)(うずら) œuf de caille [ウーフ ドゥ カーユ], 英 quail's egg / (あひる) œuf de cane [ウーフ ドゥ カーヌ], 英 duck's egg / (いか・たこ) raisin(s) [レザンドゥ メール] de mer / (エスカルゴ) caviar d'escargot [カヴィヤール デスカルゴ] / (魚) œufs de poisson [ウ ドゥ ポワソーン] / (鶏) œuf de poule [ウーフ ドゥ プール] / (ランプフィッシュ) œufs de lump [ウ ドゥ ランプ]
→ ぜんらん, ときたまご, むせいらん, ゆうせいらん, らんおう, らんぱく, [囲み]

たまごがたの 卵形の ovoïde [オヴォイードゥ] 〈男女同形〉
だまじか だま鹿 → しか¹
たまに → ときどき, まれ
たまねぎ 玉葱 oignon [オニョン] 男, 英 onion / 新~ oignon nouveau [オニョン ヌーヴォ] 〈複 ~s ~x〉 → ペコロス
タマリロ (果物) tamarillo 男, 英 tamarillo
タマリンド (香料) tamarin [タマラン] 男, 英 tamarind
だまる 黙る se taire [ステール] 代動 33 59, fermer la bouche [フェルメ ラ ブーシュ] / 黙らせる faire taire [フェール テール] 〈faire ②〉 / 黙ってください！ Taisez-vous ! [テゼ ヴー] / 黙れ！ Tais-toi ! [テトワー], (俗語) La ferme ! [ラ フェルム]
タミ → こしき
タミエ (チーズ) tamié 男
ダミエ (ケーキ) damier 男
タミゼ → こす²
ため …のための(に) «pour [プー

ル] +名詞», «afin de [アファンドゥ] +名詞» / これは君のためだ C'est pour toi. [セ プール トゥワ] ‖ …するために «pour+不定詞», «afin de [アファンドゥ] +不定詞» / 澱粉 (でんぷん) はソースの濃度を濃くするためである La fécule est pour épaissir la sauce. [ラ フェキューレ プーレペスィール ラ ソース] ‖ …であるために «pour que [プールク] +接続法の活用をする動詞を伴う文», «afin que [アファンク] +接続法の活用をする動詞を伴う文» / 私は客が幸せであるために料理をする Je fais la cuisine pour que les clients soient heureux. [ジュフェラ キュイズィーヌ プール クレクリヤン スワトゥールー] ‖ (…の利益になる) en faveur de... [アン ファヴール ドゥ], au profit de... [オ プロフィ ドゥ]
だめ 駄目 (望みがない) sans espoir [サン ゼスポワール] / ~にする (損害を与える) endommager [アンドマジェ] 25 / ~になる (損害を受ける) être

---

卵料理

揚卵, フライドエッグ
œuf 男 frit [ウーフ フリー]

糸卵 œufs filés [ウ フィレ], 英 trickled eggs

煎(い)卵 œufs brouillés bien cuits [ウ ブルイエ ビヤン キュイ], 英 scrambled eggs

温卵 œuf cuit à la coque à 65° [ウーフ キュイ ア ラ コーク ア スワサーントゥ サンク ドゥグレ], 英 lightly boiled egg

型入れ卵 œuf moulé [ウーフ ムーレ], œufs moulés [ウ ムーレ], 英 molded egg

金糸卵 omelette 囡 finement ciselée [オムーレートゥ フィーヌマン スィズレ]

出汁巻卵 omelette japonaise moulée à la natte [オムレートゥ ジャポネーズ ムーレ ア ラ ナートゥ]

卵焼 omelette 囡 sucrée [オムレートゥ スュークレ]

半熟煎卵
œufs brouillés [ウ ブルイエ]
((卵料理には通常, 1人前2個を使うので œufs [ウ] 男 複))
→エッグ, オムレツ, ポーチドエッグ, めだまやき, ゆでたまご

endommagé,e [エートゥル アンドマジェ] 〈être ②〉/これは〜だ！Ça ne va pas ![サ ヌ ヴァ パ（くだけた会話ではヌを発音せずにサヴァパとなる）]
→ いけない、いたむ², しっぱい、ふかのう、むだ

ためす 試す essayer [エセイエ] 31

たよる 頼る (…を) compter sur... [コンテ スュール]

たら¹ …たら → もし

たら² 鱈 (生) cabillaud [カビヨ] 男, 英 cod／〜子 œufs [男複] de cabillaud [ウドゥ カビヨ] → 囲み

たらい 盥 baquet [バケ] 男, bassin [バサン] 男／金〜 cuvette [キュヴェートゥ] 女

たらこ 鱈子 → たら²

タラゴン → エストラゴン

だらしない (服装) négligé,e [ネグリジェ] [男女同形]／(時間に) peu ponctuel,le [プー ポンクテュエール]／(乱雑な) désordonné,e [デゾルドネ]

たらしの …滴の → ひとたらし

たらす (…を) 垂らす (液体を) verser un filet de... [ヴェルセアン フィレ ドゥ]／…を糸状に〜 verser...en filet [ヴェルセアン フィレ] → つるす

たらだまし 鱈だまし → たら²

たらのめ たらの芽 pousse 女 d'aralia [ブース ダラリヤ], 英 angelica tree shoots

たらば → えび、かに

たらふく 鱈腹 〜食う manger tout son soûl [マンジェトゥー ソン スー]

タラマ (ペースト) tarama 男, 英 taramasalata

たり …たり …et [エ]／行ったり来たりする aller et venir [アレ エ ヴニール] 〈aller ⑥, venir ㊺〉

タリアテッレ (パスタ) 伊 tagliatelle 女

ダリオールかた ダリオール型 dariole [ダリヨール] 女, moule 男 à dariole [ムーラ ダリヨール]

たりない (…が) 足りない manquer... [マンケ]／塩が〜 Il manque de sel. [イル マーンクドゥセール]／(時間、金銭などが) ne pas avoir assez de... [ヌ パ ザヴォワール アセドゥ] 〈avoir ①〉／私は時間が足りない Je n'ai pas assez de temps. [ジュネ パアセドゥ タン], ...ne pas suffire [ヌ パスュフィール] ⑰〈備考〉／給料は私には足りない. Le salaire ne me suffit pas. [ル サレールヌム スュフィ パ] → ひてい ⇒ p.756「否定文」

たりょう 多量(の) → たくさん

たる 樽 (大樽) tonneau [トノ] 男〈複 〜x〉／(小樽) tonnelet [トーヌレ] 男, baril [バリル] 男／(酒樽) fût [フュ] 男, futaille [フュターユ] 女

だるい 体が〜 se sentir lourd,e [ス サンティヌルール, ドゥ]〈sentir 代動 30 59〉

タルタル 〜ステーキ steak tartare [ステーク タルタール] 男, 英 tartar steak／〜ソース sauce 女 tartare [ソース タルタール], 英 tartar sauce

---

鱈の種類

銀鱈 morue 女 charbonnière [モリュ シャルボニエール], 英 sablefish
助宗鱈, 助惣鱈, 介党鱈 morue du pacifique occidental [モリュ デュ パスィフィーコクスィダンタール], 英 Alaska pollack
大西洋鱈 morue [モリュ] 女, 英 cod
鱈だまし, ハドック, 紋付鱈 églefin (または aiglefin, égrefin, aigrefin) [エーグルファン] 男, ânon [アノン] 男, 英 haddock
ポラック lieu [リュー] 男, lieu 男 jaune [リュー ジョーヌ], 英 pollack
真鱈 morue grise [モリュ グリーズ], 英 Pacific cod, gray cod

塩鱈の種類

ストクフィーシュ (塩漬後干した鱈) stockfisch 男, 英 stockfish
ハドック (塩漬燻製鱈) haddock [アドーク] 男, 英 smoked haddock
メルリューシュ (干鱈) merluche 女
モリュ (塩漬鱈) morue [モリュ] 女

タルティーヌ（ジャムやバターを塗ったパン） tartine 女, (英) slice of bread and butter（または jam）

タルト tarte [タールトゥ] 女, (英) tart／小～ tartelette [タルトゥレート] 女, (英) tartlet／～ストーン noyaux [ヌワヨウ ドゥ キュイソン] 男複 de cuisson, billes [ビーユ ドゥ キュイソン] 複 de cuisson／～・タタン（りんごパイ） tarte Tatin [タルトゥ タタン], tarte renversée [タルトゥ ランヴェルセ], (英) upside-down tart／～・ド・リヤン（具なしのタルト） tarte de rien [タルトゥ ドゥ リヤーン], tarte au sucre [タルト スュークル]／～型 moule 男 à tarte [ムーラ タールトゥ], tourtière [トゥールティエール]

タルトレット（小タルト）→ タルト

ダルトワ（パイ料理） dartois [ダールトゥワ] 男〈単複同形〉

ダルヌ（筒切）→ つつぎり

ダルファン → ポム, p.682 [囲み]

タルムーズ（パイ料理） talmouse 女

たれ（ソース） sauce 女 salée-sucrée [ソース サレ スュークレ]

だれ 誰 qui [キ]／～か quelqu'un [ケルカン]／～でも（みんな） tout le monde [トゥール モーンドゥ], tous [トゥース]／～であろうと n'importe qui [ナンポールトゥ キ], quiconque [キコンクゥ], qui que ce soit [キクス スワー]／～も…ない ne...personne [ヌ ベルソーヌ]／私は～も知らない Je ne connais personne. [ジュ ヌ コネ ベルソーヌ] → ひてい ⇒ p.756「否定文」

タレーラン(風) Talleyran [タレーラン]

たれる 垂れる（下がっている） pendre [パーンドゥル] 39／（したたる） dégoutter [デグテ], ruisseler [リュイースレ]／（漏れる） couler [クーレ]

タロいも タロ芋 → さといも

だろう …だろう（きっと…だろう） «devoir [ドゥヴワール] +不定詞» 16／彼はきっとそこにいるだろう Il doit sûrement être là. [イル ドゥワ スユールマン エートゥル ラ]／（たぶん…だろう） «il est probable que [イレ プロバーブル ク] +文»｜（念を押す） n'est-ce pas [ネスパ]／君はたばこを吸わないだろう Tu ne fumes pas, n'est-ce pas ? [テュ ヌ フュームパ ネスパ]

→ おもう, なんと, たぶん

タワー → とう¹

たわし 束子 lavette [ラヴェートゥ] 女

タン → した², タイム²

たん 痰 crachat [クラーシャ] 男／～がからむ avoir la gorge prise [アヴワール ラ ゴールジュ プリーズ] 〈avoir ①〉

だん 段（階段） marche [マールシュ] 女／（段階） degré [ドゥグレー] 男／（新聞の） colonne [コローヌ] 女, partie [パルティ] 女

たんい 単位（数の） unité [ユニテ] 女／（大学等の） unité de valeur [ユニテ ドゥ ヴァルール], U.V. [ユヴェ]

ダンウェーター（荷物用昇降機） monte-charge [モーントゥ シャールジュ]〈単複同形〉

たんか¹ 単価 prix 男 unitaire [プリ ユニテール]〈複 ～s〉

たんか² 炭化 carbonisation [カルボニザスィヨン] 女／～する se carboniser [ス カルボニゼ] 代動 59 ／～した carbonisé,e [カルボニゼ]

だんかい 段階（度合） degré [ドゥグレー] 男／（シロップの） stage [スタージュ] 男／（期間） étape [エタープ] 女

たんき 短期(の) de courte durée [ドゥ クールトゥ デュレ] 女／（商業） à court terme [アクール テールム] 男

タンク（容器） réservoir [レゼルヴワール] 男, citerne [スィテールヌ] 女／ガソリン～ réservoir d'essence [レゼルヴワール デサーンス]

たんご¹ 単語 mot [モ] 男, vocabulaire [ヴォカビュレール] 男／（用語） terme [テールム] 男

たんご² 端午 ～の節句 fête 女 des garçons [フェートゥ デ ガルソーン]

だんご 団子 boulette 女 de pâte [ブーレートゥ ドゥ パートゥ]

たんさん 炭酸 acide 男 carbonique [アスィードゥ カルボニック]／～の carbonique [カルボニック]〈男女同形〉／～水 eau 女 gazeuse [オ ガズーズ]／無～水 eau plate [オ プラートゥ]

→ いんりょう, ガス, ナトリウム

タンジー（香草） tanaisie [タネズィ] 女, (英) tansy

タンジェリーヌ → みかん

タンジェロ（柑橘類） tangelo 男, (英) tangelo

だんじき 断食（宗教上の） jeûne [ジ

ユーヌ]男/～する jeûner[ジュネ]‖(四旬節の節制)carême[カレーム]男/～する faire carême[フェール カレーム]〈farie 21〉‖(絶食)diète[ディエートゥ]女/～する faire diète[フェール ディエートゥ]〈faire 21〉

だんしゃく 男爵 baron,ne[バロン,-ヌ]男/～風,～夫人風 (à la) baronne[(アラ) バローヌ] →じゃがいも

たんじゅう 胆汁 (人間の)bile[ビール]女/(食用動物の)fiel[フィエール]男

たんしゅく 短縮 (長さの)raccourcissement[ラクールスィスマン]男/～する raccourcir[ラクールスィール]4‖(時間の)abrègement[アブレージュマン]男/～する abréger[アブレージェ]36〈備考〉‖～番号 numéro abrégé[ニュメロ アブレージェ]

たんじゅん 単純(な) →かこ,かんたん

たんじょう 誕生 naissance[ネサンス]女/～祝 fête[フェートゥ] d'anniversaire[ダニヴェルセール]/～プレゼント cadeau[カドゥ]男〈複 ~x〉d'anniversaire[カドゥ ダニヴェルセール]/～ケーキ gâteau[ガトゥ]男〈複 ~x〉d'anniversaire[ガトゥ ダニヴェルセール],(英)*birthday cake*/～日 anniversaire[アニヴェルセール]男

だんしょく 暖色 →いろ

たんす 簞笥 (開き戸の)armoire[アルムワール]女/(洋服だんす)armoire, garde-robe[ガルドゥ ロブ]女〈複 ~-~s〉/(整理だんす,チェスト)commode[コモドゥ]女 →クローゼット,ワードローブ

たんすい 淡水 eau[オ]女 douce[ドゥース]〈複 ~x ~s〉/～魚 poisson[プワソン]男 d'eau douce[ドゥ ドゥース]

だんすい 断水 coupure[クープュール]女 d'eau

たんすいかぶつ 炭水化物 glucide[グリュスィードゥ]男, hydrate[イドゥラトゥ]男 de carbone[ドゥ カルボヌ]

たんすう 単数 singulier[サンギュリエ]男/～の singulier〈男に〉, singulière[サンギュリエール]〈女に〉

だんせい 男性 homme[オーム]男/～の masculin,e[マスキュ・ラン,リーヌ]/～形:文法用語 masculin[マスキュラン]男 →めいし[2]

たんせき 胆石 calcul[カルキュール]男 biliaire[カルキュール ビリエール], cholélithiase[コレリティヤーズ]女

タンゼロ → タンジェロ

だんだん 段段 →しだいに,すこし

だんち 団地 (郊外の)Z.U.P.[ズープ]女:zone[ゾヌ]女 à urbaniser en priorité[ゾーヌ ユルバニゼアン プリヨリテ]の略

ダンツィッヒリキュール eau-de-vie[オドゥヴィ](または liqueur[リクール]女)de Dantzig[ドゥ ダンツィーグ]

たんちょう 単調(な) monotone[モノトーヌ]男女同形

ダンド →しめんちょう

たんとうする (…を)担当する se charger de...[ス シャルジェ ドゥ]代動[25][59]

たんどく 単独(の) seul,e[スール]

タンドリ tandori[男]

だんどり 段取 arrangement[アラーンジュマン]男/～する arranger[アランジェ]25 →じゅんび,てじゅん

タンドロン (仔牛胸肉,牛ばら肉) tendron[タンドゥローン]男

タンニン tan(n)in[タナン]男

だんねつざい 断熱材 calorifuge[カロリフュージュ]男

たんのう 胆嚢 vésicule[ヴェズィキュル]女 biliaire[ヴェズィキュル ビリエール]

たんぱく[1] 蛋白 albumine[アルビュミーヌ]女/～質 protéine[プロテーヌ]女/～質の protéique[プロテイーク]男女同形/植物性～質 protéine végétale[プロテーヌ ヴェジェタル]/動物性～質 protéine animale[プロテイナマーレ]

たんぱく[2] 淡泊(な) (脂肪分の少ない)maigre[メーグル]〈男女同形〉/(塩味が薄い)peu salé,e[プーサレ]

タンバル (円形の型あるいはその料理) timbale[タンバル]女, *timbale*[女]/～形に盛付ける dresser...en timbale[ドゥレーセ アン タンバル]/～・エリゼ timbale Élysée[タンバルリゼ]

タン・プール・タン (ケーキ用粉) tant-pour-tant[男]

タンブラー →コップ

ダンプリング (だんご) dumpling[ドゥンプリング]男, (英)*dumpling*

タンペルーズ (製菓機材) tempéreuse[男]

たんぼ 田圃 rizière[リズィエール]女

だんぼう 暖房 chauffage[ショファージュ]男/～をつける(止める)mettre

だんボール　554

(arrêter) le chauffage [メートゥル (アレテ) ル ショファージュ]〈mettre 26〉‖〜器 chauffage 男
→ セントラルヒーティング
だんボール 段ボール carton 男 ondulé [カルトーン オンデュレ]
タンボネする → バター
たんぽぽ 蒲公英 pissenlit [ピサンリ] 男, dent-de-lion 女 [ダンドゥリヨン]〈複 〜s-〜-〉, 英 dandelion／〜酒 vin 男 de pissenlit [ヴァン ドゥ ピサンリ]
タンポン tampon 男
たんまつ 端末 terminal [テルミナール] 男〈複 terminaux [テルミノ]〉
だんりょくせい 弾力性 élasticité [エラスティスィテ] 女／〜のある élastique [エラスティーク]〈男女同形〉
だんろ 暖炉 cheminée [シュミネ] 女, foyer [フワイエ] 男

ち

ち 血 sang [サン] 男／〜が出る saigner [セニェ]／〜が出てるよ Ça saigne. [サ セーニュ]／〜のしたたる saignant,e [セニャン, トゥ]／〜のしたたるようなステーキ steak 男 saignant [ステーク セニャン]／〜の色をした sanguin,e [サン·ガン, ギーヌ]
→ けつえき
ちあい 血合(魚の) partie 女 noire [パルティ ヌワール]
ちあん 治安 sécurité 女 publique [セキュリテ ピュブリーク]
ちいき 地域 (地帯) zone [ゾーヌ] 女／(界隈) coin [クワーン] 男, quartier [カルティエ] 男／(農産物, 特にぶどうの産地) terroir [テルワール] 男／(ブルゴーニュ地方の特定ぶどう栽培地区) climat [クリーマ] 男／(ワイン用ぶどう園) cru [クリュー] 男　→ ちほう
チーク → ほおべに
ちいさい 小さい petit,e [プティ, ートゥ], 英 small／小さく petit [プティ], menu [ムニュ]／小さくなる (形が) devenir plus petit,e [ドゥヴニール プリュ プティ, ートゥ]〈devenir 47〉‖(細かい

fin,e [ファン, フィーヌ] ‖ (声や音が) petit,e, bas,se [バ, ス]／小さくする baisser [ベセ] ‖ (取るに足らない) infime [アンフィーム]〈男女同形〉

チーズ fromage [フロマージュ] 男, 英 cheese／おろし〜 fromage râpé [フロマージュ ラペ]／粉〜 fromage granulé [フロマージュ グラニュレ]／〜スプレッド fromage à tartiner [フロマージャ タルティネ]／〜製造所 fromagerie [フロマージュリ] 女／〜製造(販売)業者 fromager [フロマジェ] 男／〜製造(販売)業者 fromagère [フロマジェール] 女／(サヴォワ地方の) 〜製造所 fruitière [フリュイティエール] 女／盛合せ〜 plateau 男〈複 〜x〉 de fromage [プラトー ドゥ フロマージュ], 英 choice of cheeses
→ チーズケーキ, ナイフ, フォンデュ, ボード, ワゴン¹, p.555[囲み]
チーズケーキ gâteau 男〈複 〜x〉 au fromage [ガトオ フロマージュ]／フレッシュ〜 gâteau au fromage frais [ガトオ フロマージュ フレー], 英 fresh cheese cake／ベイクト〜 gâteau au fromage cuit [ガトオ フロマージュ キュイー], 英 baked cheese cake
チーフ chef [シェフ] 男 → コック¹
チーム équipe [エキープ] 女／(ブリガード：厨房のチーム) brigade [ブリガードゥ] 女
チェイフィングディッシュ (卓上湯せん器) chauffe-plats [ショフ プラー] 男〈単複同形〉, 英 chafing dish
チェーン chaîne [シェーヌ] 女 → レストラン
チェコ Tchéquie [チェキ] 固／〜人 Tchèque [チェーク] 男女／〜語 tchèque [チェーク]／の tchèque〈男女同形〉
チェス échecs [エシェック] 男複／〜ボード échiquier [エシキエ] 男／〜をする jouer aux échecs [ジュエ オゼシェーク]
チェスト → たんす
ちえつ Zut ! [ズュートゥ]
チェック (点検) vérification [ヴェリフィカスィョン] 女／〜する vérifier [ヴェリフィエ] ‖ (照合, 記録すること) pointage [プワンタージュ] 男／〜する pointer [プワンテ] ‖ (点などの印) coche [コーシュ] 女／〜する cocher [コシェ]
→ こうし², こぎって
チェックアウト règlement [レーグルマン]

チーズのタイプ

青かびチーズ, ブルーチーズ bleu [ブルー] 男, persillé [ペルスィエ], 英 *blue cheese*
圧縮タイプチーズ fromage à pâte pressée [フロマージャ パートゥ プレーセ], 英 *pressed cheese*
ウォッシュタイプチーズ fromage à croûte lavée [フロマージャ クルートゥ ラヴェ], 英 *cheese with a washed rind*
カテージチーズ fromage blanc égoutté [フロマージュ ブラン エグーテ], 英 *cottage cheese*
クリームチーズ fromage crémeux [フロマージュ クレムー], 英 *cream cheese*
白かびチーズ fromage à croûte fleurie [フロマージャ クルートゥ フルーリ], 英 *cheese with a downy rind*
水牛乳チーズ fromage de bufflonne [フロマージュ ドゥ ビュフローヌ], 英 *buffaloe's milk cheese*
軟質白かびタイプチーズ fromage à pâte molle et à croûte fleurie [フロマージャ パートゥ モール エア クルートゥ フルーリ], 英 *soft cheese with a downy rind*
灰まぶしチーズ cendré [サーンドゥレ] 男, 英 *cendré*
非加熱圧縮タイプチーズ fromage à pâte pressée non cuite [フロマージャ パートゥ プレーセ ノン キュイートゥ], 英 *pressed cheese*
フレッシュチーズ, フロマージュ・ブラン (未醸酵) fromage frais [フロマージュ フレー], 英 *fresh cheese*
プロセスチーズ fromage fondu [フロマージュ フォンデュ], 英 *processed cheese*
山羊乳チーズ (fromage de) chèvre [(フロマージュ ドゥ) シェーヴル] 男, 英 *goats' milk cheese*
羊乳チーズ fromage de brebis [フロマージュ ドゥ ブルビー]

男, check out [チェカーウトゥ] 男 /〜する régler la note [レーグレ ラ ノートゥ] ⟨régler 36⟩

チェックイン enregistrement [アンルジーストゥルマン] 男, check in [チェキーン] 男 /〜する enregistrer [アンルジーストゥレ]

チェリー → グラン・マルニエ, さくらんぼ, トマト, ブランデー, ワイン

ちか¹ (キュウリウオ科の魚) capelan [カプラーン] 男, 英 *surf smelt*

ちか² 地下 sous-sol [スー ソル] 男 ⟨複〜〜s⟩ /〜の souterrain,e [スーテ・ラン, レーヌ] /〜道 passage souterrain [パサージュ スートゥラン] 男 /〜1階 premier sous-sol [プルミエ スー ソル] /〜貯蔵室 cave [カーヴ] 女
→ しゅこ, ちゅうしゃじょう

ちかい 近い (距離, 時間) proche [プローシュ] ⟨男女同形⟩/...から〜 près de... [プレードゥ] /(類似) semblable [サンブラーブル] ⟨男女同形⟩ /また〜うちに! À bientôt ! [アビヤント] ‖ 近くから de près [ドゥ プレー] /近くの proche [プローシュ], voisin,e [ヴワ・ザン, ズィーヌ] /...の近くに près de...
→ きんじょ, くらい², ほとんど, まもなく

ちがい¹ 違い (相違) différence [ディフェラーンス] 女 / (区別) distinction [ディスタンクスィヨン] 女 / (差) écart [エカール] 男 / (意見などの) divergence [ディヴェルジャーンス] 女 → ちがう, まちがい

ちがい² 稚貝 (牡蠣(かき)やムール貝の) naissain [ネサン] 男

ちがう 違う (種々の, 変化のある) variable [ヴァリヤーブル] ⟨男女同形⟩/(似ていない) dissemblable [ディサンブラーブル] ⟨男女同形⟩ / (別の) autre [オートゥル] ⟨男女同形⟩ / (間違った) mauvais,e [モヴェ, ーズ], incorrect,e [アンコレクトゥ] /...と違って à la différence de... [アラディフェラーンス ドゥ]
→ いいえ, ことなる, へんか, へんけい

ちかごろ 近頃 → さいきん²

ちかづく (...に) 近づく s'approcher de... [サプローシェ ドゥ] 代動 59

ちかづける 近づける rapprocher [ラプローシェ], approcher [アプローシェ]

ちかてつ 地下鉄 métro [メートゥロ]

男, métropolitain[メトロポリタン]男/(パリの) R.A.T.P.[エーラテペ]：Régie 女 autonome des transports parisiens[レジオトノーム デ トゥランスポール パリジィヤン] パリ交通公団の略/(パリの) 高速～ R.E.R.[エルーエール]：Réseau 男 express régional[レゾ エクスプレース レジョナール]地方高速交通網の略/～で en métro[アン メートゥロ], en R.E.R.[アン エルーエール]

ちかみち 近道 raccourci[ラクールスィ]男

ちから 力 force[フォールス]女

ちからづよい 力強い fort,e[フォール, トゥ], vigoureux[ヴィグールー]〈男に, 単複同形〉, vigoureuse[ヴィグールーズ]〈女に〉/力強く fortement[フォルトゥマン], vigoureusement[ヴィグールーズマン]

ちきゅう 地球 terre[テール]女

ちぎょ 稚魚 frai[フレ]男, jeune poisson[ジューヌ プワソン], (英) fry/(養殖・放流用の) alevin[アルヴァーン]男, nourrain[ヌーラン]男

ちぎる 千切る → やぶる

チキン ロースト～ poulet 男 rôti[プーレ ロティ], (英) roast chiken/～ソテ sauté 男 de poulet[ソテ ドゥ プーレ]：poulet sauté は別の料理, (英) chiken sauté/～ナゲット chicken nugget[チキン ナゲットゥ]/～ライスピラフ 男 tomaté au poulet[ピラフ トマテ オ プーレ], (英) chiken and tomato pilaf/～ににわとり, ブイヨン

ちく 地区 → ちいき

ちくさつ 畜殺 abattage[アバタージュ]男/～する abattre[アバトゥル]9/～した abattu,e[アバテュ]

ちくさん 畜産 élevage[エルヴァージュ]男/～業者 éleveur[エルヴール]男, éleveuse[エルヴーズ]女

ちくでんち 蓄電池 → でんち

ちくのうしょう 蓄膿症 ozène[オゼーヌ]男

ちくび 乳首 mamelon[マムローン]男/(哺乳瓶の) tétine[テティーヌ]女

ちくわ 竹輪 rouleau 男〈複～x〉de farce de poisson[ルーロ ドゥ ファルス ドゥ プワソン]

チケット → きっぷ

ちこく 遅刻 retard[ルタール]男/～する être en retard[エートゥル アン ルタール]〈être 2〉

チコリ (菊にがな, アンディーヴ, ブリュッセルチコリ, ベルギーチコリ) endive[アンディーヴ]女, chicorée 女 de Bruxelles[シコレ ドゥ ブリュセール], (英) Belgian chicory, chicory／赤～ trévise[トゥレヴィーズ]女, (英) trevise

ちしき 知識 connaissances[コネサーンス]女複/基礎～ notions[ノスィヨン]女複

ちしゃ 萵苣 → チコリ, ボリジ, マーシュ, レタス

ちじん 知人 → しりあい, ともだち

ちず 地図 carte[カールトゥ]女/(町などの) plan[プラーン]男/～帳 atlas[アトゥラース]男〈単複同形〉/道路～ carte 女 routière[カールトゥ ルーティエール]

ちたい 地帯 → ちいき

ちち¹ 父 père[ペール]男/～の paternel,le[パテルネール]／～ぎりの

ちち² 乳 (母乳) lait 男 maternel[レ マテルネール] → ちぶさ

ちちたけ 乳茸 (総称) lactaire[ラクテール]男, (英) milk cap

ちぢむ 縮む (狭まる) se rétrécir[ス レトゥレスィール] 代動 4 59／縮んだ rétréci,e[レトゥレースィ] ‖ (収縮する) se rétracter[ス レトゥラークテ] 代動 59／縮んだ rétracté,e[レトゥラークテ]

ちぢめる 縮める (詰める) raccourcir[ラクールスィール] 4／縮めた raccourci,e[ラクールスィ] ‖ (短縮する) abréger[アブレジェ] 36 〈備考〉/縮めた abrégé,e[アブレジェ]

ちちゅうかい 地中海 Méditerranée[メディテラネ]固女/～の méditerranéen,ne[メディテラネ・アン, エーヌ]/～風 (à la) méditerranéenne[(ア ラ) メディテラネエーヌ]/～料理 cuisine 女 méditerranéenne[キュイズィーヌ メディテラネエーヌ]

ちぢれた 縮れた frisé,e[フリゼ]/(カールした) bouclé,e[ブークレ] → パセリ, レタス

ちっそ 窒素 azote[アゾートゥ]男/～ガス gaz 男 azote[ガザゾートゥ]

ちっそくがも 窒息鴨 → かも¹

チップ¹ (心づけ) pourboire[プールブワール]男/(サービス料) service[セルヴィス]男/(年末年始の) étrennes[エトゥレーヌ]女複

チップ² (カジノ用) jeton[ジュトン]男

/(燻蒸(くんじょう)用) sciure [スィユール] 女

ちてき 知的(な) (知性の高い) intellectuel,le [アンテレクチュエール] / (聡明な) intelligent,e [アンテリジャン, トゥ]

ちどり 千鳥 pluvier [プリュヴィエ] 男, 英 plover /～の卵 œuf 男 de pluvier [ウーフ ドゥ プリュヴィエ]

ちどりごうし 千鳥格子 pied-de-poule [ピエードゥプール] 男 〈複 ~s-~-~〉

ちぬ → たい¹

ちのみ 乳飲… → こうし¹, こひつじ, ぶた

ちび (背の低い) nabot,e [ナボ, -トゥ] /(子ども) bambin,e [バン・バン, ビーヌ] 女, gosse [ゴース] 男女

ちぶさ 乳房 mamelle [マメール] 女, sein [サン] 男, poitrine [プワトゥリーヌ] 女, (話言葉) téton [テトン] 男 /(牛や豚の食用) tétine [テティーヌ] 女

ちほう 地方 (地理・経済的) région [レジョン] 女 /～の local,e [ロカール], locaux [ロコ] (複) 男, régional,e [レジョナール], régionaux [レジョノ] 〈複に〉 /～料理 cuisine 女 régionale [キュイズィーヌ レジョナール] /(首都に対しての) province [プロヴァンス] 女 /～の provincial,e [プロヴァンスィヤール], provinciaux [プロヴァンスィヨ] 〈複に〉 ‖ (故郷) terroir [テルワール] 男, pays [ペイー] 男 〈単複同形〉 /～料理 cuisine de terroir [キュイズィーヌ ドゥ テルワール]
→ いなか, ちいき, ラベル

ちゃ 茶 thé [テ] 男, 英 tea /一番～ thé impérial [テ アンペリヤール] /新～ thé nouveau [テ ヌーヴォ] /煎～, 緑～ thé vert [テ ヴェール], 英 green tea /～殻 marc 男 de thé [マール ドゥ テ] /～器 service 男 à thé [セルヴィサ テ] /～渋 dépôt 男 de thé [デポ ドゥ テ] /番～ thé vert ordinaire [テヴェール オルディネール] /抹～ thé vert en poudre [テ ヴェーラン プードゥル], 英 green tea powder
→ ウーロンちゃ, かし¹, ぎょくろ, こうちゃ, こしき, さどう, ちゃいろ, ティー¹

チャーハン 炒飯 riz 男 cantonais [リ カントネ], riz 男 sauté [リ ソテ]

チャービル → セルフイユ

チャーミング かわいい, みりょく

チャイ (インド式ミルクティー) thé 男 au lait aux épices à l'indienne [テ オ レ オゼピース ア ランディエーヌ]

チャイヴ → シブレット

チャイブ → シブレット

ちゃいろ 茶色 (栗色) marron [マロン] 男 /～の marron 〈不変〉 ‖ (茶褐色) brun [ブラーン] 男 /～い brun,e [ブ・ラーン, リュ・ヌ] /～の髪 cheveux 男 (複) bruns [シュヴー ブラン] /～くする brunir [ブリュニール] 4 /～くした bruni,e [ブリュニ] ‖ 赤～ roux [ルー] 男 /赤～の roux [ルー] 〈複に, 単複同形〉, rousse [ルース] 〈女に〉
→ かっしょく, ソース, フォン, ルウ

チャウダー → クラム

ちゃかい 茶会 cérémonie 女 de thé [セレモニ ドゥ テ]

ちゃき 茶器 → ちゃ

ちゃきんしぼり 茶巾絞 aumônière [オモニエール] 女 /栗の～ aumônière 女 de marron [オモニエール ドゥ マロン]

ちゃくしょくする 着色する colorer [コロレ], 着色した coloré,e [コロレ] /(薄く)～ teinter [タンテ] /着色した teinté,e [タンテ] ‖ (色素で)～ pigmenter [ピグマンテ] /着色した pigmenté,e [ピグマンテ] ‖ (カラメルで蒸留酒を)～ obscurer [オプスキュレ] /着色した obscuré,e [オプスキュレ] ‖ 着色料 colorant [コロラン] 男 /合成(人工)着色料 colorant synthétique [コロラン サンテティック] /天然着色料 colorant naturel [コロラン ナテュレール]

ちゃくばらい 着払(の) payable 〈男女同形〉 à domicile [ペヤーブ ラ ドミスィール]

チャコールグレー gris anthracite [グリー アントゥラスィートゥ], gris de charbon de bois [グリー ドゥ シャルボン ドゥ ブワー]

ちゃさじ 茶匙 → スプン

ちゃしつ 茶室 salon 男 à cérémonie de thé [サロン ア セレモニ ドゥ テ]

ちゃたく 茶托 soucoupe [スークープ] 女

ちゃち(な) (価値のない) indigne [アンディーニュ] 〈男女同形〉 /(粗悪な) de pacotille [ドゥ パコティーユ]

ちゃっかりした finaud,e [フィノ, -ドゥ]

チャック → ファスナー

ちゃづけ 茶漬 riz 男 au thé vert avec condiments [リ オ テ ヴェール アヴェーク コンディマン]

チャツネ chutney [シュートゥネまたはチョートゥネ] 男

チャップ → チョップ

ちゃのま 茶の間 salle [女] de séjour [サル ドゥ セジュール], living-room [リヴィングルーム] [男] [複] ~~s

チャペル → きょうかい

チャボ (雄) coq [男] nain [コーク ナン]／(雌) poule [女] naine [プール ネーヌ] [英] *Japanese bantam*

ちゃわん 茶碗 tasse [女] à thé [タサ テ], (ご飯用) bol [男] à riz [ボーラリ]

ちゃわんむし 茶碗蒸 royale [女] au poulet et au ginkgo [ルワイヤーロ プーレ エオ ジャンコ]

チャンス (幸運) occasion [オカズィヨン] [女] → うん²

チャンバー → れいぞう

チュイル → テュイル

ちゅう …中 (期間) pendant... [パンダン], durant... [デュラン], au cours de... [オクール ドゥ]／午前～ dans la matinée [ダンラ マティネ]／(…している最中) en... [アン], en cours de... [アン クール ドゥ]／修理～(の) ...en réparation [アン レパラスィヨン] ‖ (…のうちで) sur [スュール]／A人中B人 B sur A [レスュール]

ちゅうい 注意 (用心) attention [アタンスィヨン] [女], précaution [プレコスィヨン] [女]／～深い attentif [アタンティーフ] [男に], attentive [アタンティーヴ] [女に]／～深く attentivement [アタンティヴマン], avec attention [アヴェック アタンスィヨン]／～する (注目または用心) faire attention [フェール アタンスィヨン] ⟨faire 21⟩ ‖ (心配り) soin [スワン] [男]／～する se soigner [ス スワーニェ] [代動 59] ‖ (警戒) garde [ガールドゥ] [女]／～する garder [ガールデ] ‖ (警告) avertissement [アヴェルティースマン] [男]／～する avertir [アヴェルティール] [4] ‖ (指摘) remarque [ルマールク] [女]／～する remarquer [ルマールケ] ‖ ～書 indications [アンディカスィヨン] [女][複], remarques [ルマールク] [女][複]／～信号 signal [男] d'alarme [スィニャール ダラルム]／(黄色信号) feu [男] jaune [フー ジョーヌ]

チューインガム → ガム

ちゅうおう 中央 centre [サーントゥル] [男], milieu [ミリュー] [男] [複] ~x／～の central,e [サントゥラール], centraux [サーントゥロ] [男女同形]／～に au centre [オサーントゥロ], au milieu [オミリュー]／～に

置く centrer [サーントゥレ] → いちば

ちゅうか 中華 chinois,e [シヌワーズ]〈男女は単複同形〉／～料理 cuisine [女] chinoise [キュイズィーヌ シヌワーズ]／～料理店 restaurant [男] chinois [レストラン シヌワ]／～料理人 cuisinier [男] (cuisinière [女]) de la cuisine chinoise [キュイズィニエ (キュイズィニエール) ドゥ ラ キュイズィーヌ シヌワーズ] → なべ

ちゅうがく 中学 ～生 collégien,ne [コレジ・ヤン, エーヌ] [男女] → がっこう

ちゅうかん 中間 milieu [ミリュー] [男]〈複 ~x〉／～の intermédiaire [アンテルメディエール]〈男女同形〉, du milieu [デュ ミリュー]／(中位の) moyen,ne [ムワ・ヤン, イエーヌ]

ちゅうきゅう 中級(の) moyen,ne [ムワ・ヤン, イエーヌ]／～課程 cours [男] moyen [クール ムワヤン]

ちゅうきんとう 中近東 Proche-et-Moyen-Orient [プローシェ ムワイヤンノリヤン] [固][男]

ちゅうぐらい 中位(の) → ちゅうかん

ちゅうこ 中古(の) d'occasion [ドカズィヨン] [女], de seconde main [ドゥ スゴンドゥ マン]／～車(品) voiture [女] (article [男]) d'occasion [ヴワテュール (アルティークル) ドカズィヨン]

ちゅうごく 中国 Chine [シーヌ] [女]／～人 Chinois,e [シヌワ, ーズ] [男女] ⟨男は単複同形⟩／～語 chinois [シヌワ] [男]／～の chinois,e [男には単複同形]／～風 (à la) chinoise [(アラ) シヌワーズ] → ちゅうか

ちゅうざい 駐在 résidence [レズィダーンス] [女]

ちゅうし 中止 → ストップ, ちゅうだん, やめる¹

ちゅうじえん 中耳炎 otite [女] moyenne [オティートゥム ワイエーヌ]

ちゅうしゃ¹ 注射 piqûre [ピキュール] [女], injection [アンジェクスィヨン] [女]／予防～ vaccination [ヴァクスィナスィヨン] [女]

ちゅうしゃ² 駐車 stationnement [スタスィヨヌマン] [男]／～場 parking [パルキーング] [男], parc-auto [パールコト] [男]〈複 ~s-~〉／地下～場 parking en sous-sol [パルキーング アン スー ソル]／有料 stationnement payant [スタスィヨヌマン ペヤン]／～する garer [ガレ], station-

ちゅうしゅつする 抽出する（油分などを）extraire [エクストレール] 57 / 抽出した extrait,e [エクストレー,トゥ]
ちゅうじゅん 中旬 9月の~に à la mi-septembre [アラ ミ セプタンブル]
ちゅうしょうきぎょう 中小企業 petites et moyennes entreprises [女][複][プティートゥ ゼ ムワイエーヌ ザントゥルプリーズ], P.M.E [ペエムー][女][複]
ちゅうしょうてき 抽象的(な) abstrait,e [アプストレ,トゥ] → え[1]
ちゅうしょく 昼食 déjeuner [デジュネ][男] / ~をとる déjeuner [デジュネ], prendre le déjeuner [プランドゥル ル デジュネ]〈prendre 37〉→ ランチ
ちゅうしん 中心 centre [サーントゥル][男], milieu [ミリュー][男]〈複 ~x〉, cœur [クール][男] /（核）noyau [ヌワーヨ][男]〈複 ~x〉‖ ~人物 pivot [ピヴォ][男] / ~地 centre [サーントゥル][男] / ~部 cœur [クール][男], partie [女] centrale [パルティ サントゥラール]
ちゅうすいえん 虫垂炎 → もうちょうえん
ちゅうすう 中枢 → ちゅうおう, ちゅうしん
ちゅうせい 中世 moyen âge [ムワイエナージュ][男] / ヨーロッパの~ Moyen(-)Âge / ~の médiéval,e [メディエヴァル], médiévaux [メディエヴォ][男][複に] / ~風の、~的な moyenâgeux [ムワイエナジュー]〈男に、単複同形, moyenâgeuse [ムワイエナジューズ]〈女に〉
ちゅうぜつ 中絶（人工妊娠中絶）avortement [女] volontaire [アヴォールトゥマン ヴォロンテール]
ちゅうせん 抽選 tirage [ティラージュ][男] / ~する tirer au sort [ティレ オ ソール]
ちゅうだん 中断 interruption [アンテリュプスィヨン][女] / ~する interrompre [アンテローンプル] 39〈備考〉/ ~した interrompu,e [アンテロンピュ] / ~せずに sans interrompre [サン アンテローンプル] ‖（一時的な）suspension [スュスパンスィヨン][女] / ~する suspendre [スュスパーンドゥル] 39 / ~した suspendu,e [スュスパンデュ]
ちゅうとう 中東 Moyen-Orient [ムワヤンノリヤン][男] / ~の moyen-oriental,e [ムワヤンノリヤンタール], moyen-orientaux [ムワヤンノリヤントー]〈男複に〉

ちゅうどく 中毒 intoxication [アントクスィカスィヨン][女], empoisonnement [アンプワゾヌマン][男] / ~した intoxiqué,e [アントクスィケ] / ~患者 intoxiqué,e [男][女] / 一酸化炭素~ intoxication par le monoxyde de carbone [アントクスィカスィヨン パール ル モノクスィードゥ ドゥ カルボーヌ] / 食~ intoxication alimentaire [アントクスィカスィヨン アリマンテール] / ガス~ intoxication par le gaz [アントクスィカスィヨン パール ル ガズ] / アルコール~ alcoolisme [アルコーリスム][男] / アルコール~患者 alcoolique [アルコーリク][男][女]
ちゅうなんべい 中南米 Amérique [女] latine [アメリーク ラティーヌ] / ~人 Latino-Américain,e [ラティノ アメリ・カン, ケーヌ][男][女]〈複 ~~s〉/ ~の latino-américain,e〈複には~・~s〉
ちゅうにかい 中2階 entresol [アントルソール][男], mézzanine [メツァニーヌ][女]
ちゅうにゅう 注入 injection [アンジェクスィヨン][女] / ~する injecter [アンジェクテ]
ちゅうび 中火 feu [男] moyen [フー ムワヤン], feu modéré [フー モデレ] / ~で à feu moyen [ア フー ムワヤン] / ~のオーヴンで au four moyen [オ フール ムワヤン] / …を~にかける mettre…au feu moyen [メートゥル オ フー ムワヤン]〈mettre 26〉
チューブ tube [男] /（タイヤの）chambre [女] à air [シャーンブラ エール]
ちゅうべい 中米 Amérique [女] centrale [アメリーク サントゥラール] / ~人 Centramericain,e [サントラメリ・カン, ケーヌ][男][女] / ~の centramericain,e
ちゅうぼう 厨房 → キッチン
ちゅうもん 注文（レストランなどでの）commande [コマーンドゥ][女] / ~する（レストランなどで）commander [コマンデ] / ~に応じた（あつらえの）sur commande [スュール コマーンドゥ] / 調理法はご~に応じた cuisson [女] selon votre commande [キュイソン スロン ヴォートゥル コマーンドゥ] / 追加~ commande [女] supplémentaire [コマーンドゥ スュプレマンテール] /（商業での）ordre [オールドゥル][男] /（要求）demande [ドゥマーンドゥ][女]
→ ニューオーダー

ちゅうりきこ 中力粉 → こむぎこ
チューリップ tulipe [テュリップ] 女
ちゅうりゅう 中流 (川の) cours 男 〈単複同形〉 moyen [クール ムワイヤン] / (中産階級) classe 女 moyenne [クラース ムワイエーヌ]
チューリン (スープ) soupière [スーピエール] 女 / (ソシエール) saucière [ソシエール] 女
チュニジア Tunisie [テュニズィ] 女固 / ～人 Tunisien,ne [テュニズィヤン,エーヌ] 名 / ～の tunisien,ne / ～風 (à la) tunisienne [(アラ) テュニズィエーヌ]
チュニス (チュニジアの首都) Tunis [テュニース] 固 / ～の tunisois,e [テュニズワーズ] 〈男には単複同形〉
ちょう[1] 腸 intestin [アンテスタン] 男 / ～炎 entérite [アンテリートゥ] 女 ‖ (食用動物の) boyau [ブワーヨ] 男 〈複 ～x〉, 英 guts / ソーセージ用ファルスを～に詰める embosser [アンボセ], pousser [プーセ]
→ けっちょう, じゅうにしちょう, しょうちょう, だいちょう, ちょくちょう
ちょう[2] 兆 billion [ビリヨン] 男
ちょう[3] 超… sur-... [スュール], super-... [スュペール] / ～大国 superpuissance [スュペルピュイサーンス] 女
ちょう[4] 蝶 papillon [パピヨン] 男 → ネクタイ
ちょうか 超過 excédent [エクセダン] 男 / (飛行機用手荷物の) 重量～ excédent de bagages [エクセダン ドゥ バガージュ]
ちょうかんがい,あてど[? 事]
ちょうかんまく 腸間膜 mésentère [メザンテール] 男 / (食用動物の) fraise [フレーズ] 女, 英 mesentery
ちょうこうそうビル 超高層ビル → ビル (ディング)
ちょうこく 彫刻 sculpture [スキュルテュール] 女 / 氷～ sculpture de glace [スキュルテュール ドゥ グラース] / ～する sculpter [スキュルテ] / ～家 sculpteur [スキュルトゥール], femme 女 sculpteur [ファーム スキュルトゥール]
ちょうざめ 蝶鮫 esturgeon [エステュルジョン] 男, roi des saumons [ルワー デ ソモン], 英 sturgeon / ～の卵 caviar [カヴィヤール]
ちょうし[1] 調子 (状態) condition [コンディスィヨン] 女 / ～はどう? Ça va?

[サヴァ] / ～に乗る se laisser entraîner [ス レセ アントゥレーネ] 代動 59 ‖ (口調) ton [トン] 男 ‖ (音質) ton 男, tonalité [トナリテ] 女 ‖ (拍子) rythme [リートゥム] 男
→ ぐあい
ちょうし[2] 銚子 → とっくり
ちょうじ 丁字 (実) clou 男 〈複 ～s〉 de girofle [クルー ドゥ ジロフル], 英 clove / ～を刺す clouter [クルーテ] / ～を刺した clouté,e [クルーテ]
ちょうじょ 長女 aînée [エネ] 女, fille 女 aînée [フィーユ エネ]
ちょうじょう 頂上 sommet [ソメ] 男, cime [スィーム] 女
ちょうしょく 朝食 petit déjeuner 男 [プティ デジュネ] / ～をとる prendre le petit déjeuner [プラーンドゥル プティ デジュネ] 〈prendre 37〉, déjeuner [デジュネ] / ～セット service 男 du petit déjeuner [セルヴィスドゥ プティ デジュネ]
ちょうせい 調整 → ちょうせつ
ちょうせつ 調節 réglage [レグラージュ] 男, ajustement [アジュストゥマン] 男 / ～する régler [レグレ] 36, ajuster [アジュステ] ‖ (機械などの) mise 女 au point [ミズ プワーン]
ちょうせん 朝鮮 Corée [コレ] 女固 / ～民主主義人民共和国 République 女 démocratique populaire de Corée [レピュブリーク デモクラティーク ポピュレール ドゥ コレ] → かんこく
ちょうせんあざみ 朝鮮あざみ → アーティチョーク
ちょうせんにんじん 朝鮮人参 ginseng [ジンサング] 男, panax [パナークス] 男 〈単複同形〉, panace [パナース] 男, 英 Ginseng
ちょうちょううお 蝶々魚 poisson-papillon [プワソン パピヨン] 男 〈複 ～s-～s〉, 英 butterfly fish
ちょうつがい 蝶番 charnière [シャルニエール] 女 / ～付の型 moule 男 à charnière [ムール ア シャルニエール]
ちょうづめ 腸詰 → ソーセージ
ちょうてん 頂点 sommet [ソメ] 男 / (絶頂) comble [コーンブル] 男
ちょうど 丁度 → まさに
ちょうなん 長男 (fils 男) aîné [(フィース) エネ]
ちょうネクタイ 蝶ネクタイ → ネクタイ
ちょうぼ 帳簿 livre 男 de compte

[リーヴル ドゥ コーントゥ], registre [ルジーストゥル] 男

ちょうほうけい 長方形 → しかく²

ちょうみりょう 調味料（塩, 胡椒）assaisonnement [アセゾーヌマン] 男, (英) *condiment* /〜を加える assaisonner [アセゾネ] /〜を加えた assaisonné,e [アセゾネ], (英) *seasoning* /化学〜 assaisonnement chimique [アセゾーヌマン シミーク] ‖（香辛料の）condiment [コンディマン] 男 /〜を加える condimenter [コンディマンテ] /〜を加えた condimenté,e [コンディマンテ]

ちょうり 調理 apprêt [アプレー] 男, cuisine [キュイズィーヌ] 女 /〜する apprêter [アプレーテ], cuisiner [キュイズィネ], faire la cuisine [フェール ラ キュイズィーヌ]〈faire 21〉/〜した, された apprêté,e [アプレーテ], cuisiné,e [キュイズィネ] /〜の culinaire [キュリネール]〈男女同形〉

（下準備）accommodation [アコモダスィヨン] 女 /〜する accommoder [アコモデ] /〜した accommodé,e [アコモデ]

（加熱）cuisson [キュイソーン] 女 /〜する cuire [キュイール] 11, faire cuire [フェール キュイール]〈faire 21〉/〜した, された cuit,e [キュイー, トゥ] /低温〜 cuisson 女 à basse température [キュイソーン ア バス タンペラテュール]

（準備）préparation [プレパラスィヨン] 女 /〜する préparer [プレパレ] /〜した préparé,e [プレパレ]

（加工）cuisine [キュイズィーヌ] 女 /〜する cuisiner [キュイズィネ] /〜した cuisiné,e [キュイズィネ] /〜済食品 plat 男 cuisiné [プラ キュイズィネ]

（学術的な熱処理）coction [コクスィヨン] 女

→ だい², ちょうりがっこう, ちょうりほう, りょうり

ちょうりがっこう 調理学校（料理学校）école 女 culinaire [エコール キュリネール], école de cuisine [エコール ドゥ キュイズィーヌ] /（専門学校）lycée 男 d'hôtellerie [リセ ドテルリ], lycée hôtelier [リセ オトゥリエ]

ちょうりほう 調理法（ルセット, レシピ）recette [ルセートゥ] 女 /（加熱）mode de cuisson [モードゥ ドゥ キュイソーン]

ちょうわ 調和 harmonie [アルモニ] 女 /〜させる harmoniser [アルモニゼ] /〜した, させた harmonisé,e [アルモニゼ] /〜する s'harmoniser [サルモニゼ] 代動 59 /〜のとれた harmonieux [アルモニユー]〈英に, 単複同形〉, *harmonieuse* [アルモニユーズ]〈女に〉‖（一致, 合意）accord [アコール] 男 /〜させる accorder [アコルデ] /〜した, ～させた accordé,e [アコルデ] ‖（ワインと料理の）mariage [マリヤージュ] 男

ちょきん 貯金 épargne [エパールニュ] 女, économies [エコノミ] 女複 /〜する faire des économies [フェール デゼコノミ]〈faire 21〉, épargner [エパルニェ] /郵便〜 caisse 女 d'épargne [ケス デパールニュ]
→ こうざ, つうちょう, よきん

ちょくせつ 直接(の) direct,e [ディレクトゥ], immédiat,e [イメディヤ, ートゥ] /〜に directement [ディレークトゥマン]

ちょくせん 直線 ligne 女 droite [リーニュ ドゥルワートゥ]

ちょくぜん (…の)直前に juste avant … [ジュースタヴァン]

ちょくそう 直送(の) 産地〜 arrivage 男 direct [アリヴァージュ ディレークトゥ]

ちょくちょう 直腸 rectum [レクトーム] 男

ちょくつう 直通(の) direct,e [ディレクトゥ] /〜列車 train 男 direct [トゥラーン ディレクトゥ]

ちょくほうたい 直方体 parallélépipède 男 rectangle [パラレレピペードゥ ルクターングル]

ちょこ 猪口 petite coupe 女 à saké [プティートゥ クーパ サケ]

チョコレート chocolat [ショコラ] 男, (英) *chocolate* /〜を加える chocolater [ショコラテ] /〜を加えた, 〜で風味を付けた chocolaté,e [ショコラテ], (英) *chocolate flavoured* /〜メーカー(業) chocolaterie [ショコラトゥリ] 女 /〜職人 chocolatier [ショコラティエ], chocolatière [ショコラティエール] 女 /プラスチック〜 chocolat plastique [ショコラ プラスティーク] /板〜 tablette [タブレートゥ] 女 /ビター〜 chocolat amer [ショコラ アメール] /ホワイト〜 chocolat blanc [ショコラ ブラーン], (英) *white chocolate* /ミルク〜 chocolat au lait [ショコラ オレ] /クーヴェルテュール〜 couverture [クーヴェ

ちょぞう

ルテュール][女]/調理用～（ムース、アイスクリームなどの製造用．カカオバターが少ない）chocolat à cuire［ショコラ ア キュイール］，（chocolat à cuireより上質．板チョコ用）chocolat à croquer［ショコラ ア クローケ］, chocolat de labo［ショコラ ドゥ ラボ］/パウダー～ chocolat en poudre［ショコラ アン プードゥル］/フォンダン～ chocolat fondant［ショコラ フォンダン］/スプレー～ chocolat pailleté［ショコラ パユテ］, chocolat granulé［ショコラ グラニュレ］/～クラッシャー concheuse［コンシューズ］[女]
→ アイスクリーム、コポ、トリュフ、ムース

ちょぞう 貯蔵（貯え）provision［プロヴィズィォン］[女]/～する stocker［ストーケ］/～庫 dépôt［デポ］[男] → ほぞん

ちょっかく 直角 angle[男] droit［アーングル ドゥルワー］/～の rectangle［レクターングル］〈男女同形〉/…と～に perpendiculairement à...［ペルパンディキュレールマンア］

チョッキ → ベスト

ちょっけい 直径 diamètre［ディヤメートゥル］[男]/～…センチの ...cm de diamètre［サンティメートゥル ドゥ ディヤメートゥル］

ちょっと （少しの時間）un moment［アンモマン］, un instant［アンナンスタン］/（呼びかけ）Hé！[エ], Ho！[オ]：「ちょっと無理」「ちょっとできない」といった表現は、フランス語では「ちょっと」を付けず、単に否定するなど別の形をとる
→ すこし

ちょっとした （ささいな）petit,e［プティ、トゥ］, léger［レジェ］[男]に, légère［レジェール］[女]に/（かなりの）grand,e［グラン、ドゥ］, important,e［アンポルタン、トゥ］

チョッパー (みじん切り器) hachoir［アシュワール］[男]

チョップ （仔羊などの肋骨ごとに切り分けた背肉）côtelette［コトゥレートゥ］[女]、(英) chop/～花（骨付肉の骨用飾り）manchette［マンシェートゥ］[女], collerette［コルレートゥ］[女], papillote［パピヨートゥ］[女]/～花を付ける papilloter［パピヨテ］/～花を付けた papilloté,e［パピヨテ］

チョリソ （スペインのドライソーセージ）chorizo［ショリソ］[男]、(英) chorizo

ちょろぎ 草石蚕・丁呂木 crosne［クローヌ］[男], stachys［スタキス］[男]〈単複同形〉, (英) Chinese artichoke

ちらかす 散らかす déranger［デランジェ］[25]/散らかっている traîner［トゥレーネ］/厨房が散らかってるぞ！Ça traîne dans la cuisine！［サトゥレーヌ ダン ラ キュイジーヌ］

ちらしずし ちらし寿司 → すし

ちらす 散らす（装飾用に）parsemer［パルスメ］, éparpiller［エパルピエ］/散らした parsemé,e［パルスメ］, éparpillé,e［エパルピエ］

ちり¹ 塵 poussière［プースィエール］[女]

ちり² 地理 géographie［ジェオグラフィ］[女]/～的な géographique［ジェオグラフィーク］〈男女同形〉

ちりがみ ちり紙 → ティッシュ (ペーパー)

チリパウダー （唐辛子粉）piment[男] de cayenne［ピマン ドゥ カイエーヌ］, (英) chili powder

ちりめん → キャベツ、レタス

ちりょう 治療 traitement［トゥレートゥマン］[男], soins［スワーン］[男複]/～する soigner［スワーニェ］, traiter［トゥレーテ］/～費 frais [男複] médicaux［フレ メディコ］

チル （急速冷却）frapper［フラペ］, (英) chill

チルド(した) réfrigéré,e［レフリジェレ］/～食品 semi-conserve［スミ コンセルヴ］[女]〈複〉~-~s〉/ビーフ～ bœuf réfrigéré［ブフ レフリジェレ］

チロル(風) （à la) tyrolienne［(ア ラ) ティロリエーヌ］

ちんあげ 賃上げ（給料の）augmentation[女] de salaire［オグマンタスィヨン ドゥ サレール］

ちんぎん 賃金 → ほうしゅう

チンゲンさい チンゲン菜 pak-choï［パク チョイまたはパク ショイ］[男]〈複 ~-~s〉, bok-choy［ボク チョイ］〈複 ~-~s〉, (英) qing-geng-sai, Chinese cabbage

チンザノ （ベルモット酒）cinzano［サンザノ］[男], (英) cinzano

チンジャオロース sauté [男] de bœuf émincé au poivron à la sauce huîtres［ソテ ドゥ ブフ エマンセ オ ポワヴロン ア ラ ソース ユイートゥル］

ちんせいざい 鎮静剤 → ちんつうざい

ちんたい 賃貸 location［ロカスィヨン］[女]/～契約 bail［バーユ］[男]〈複〉baux

ちんつうざい 鎮痛剤 calmant [カルマン] 男, sédatif [セダティーフ] 男

ちんでんする 沈澱する se déposer [ス デポゼ] 代動59/沈澱物 sédiment [セディマン] 男 → おり

ちんみ 珍味 mets 男 rare et subtil [メ ラール エ スュブティール], mets recherché [メル シェルシェ] /山海の～ produits 男複 délicieux de terre et de mer [プロデュイ デリスィユー ドゥ テール エ ドゥ メール]

ちんれつ 陳列 étalage [エタラージュ] 男/～棚, ～台 étalage, présentoir [プレザントゥワール] 男/(市場などの) étal [エタール] 男〈複 ～s または étaux [エト]〉/～する étaler [エタレ]

つ

ツアーコンダクター accompagnateur 男 (accompagnatrice 女) de tourisme [アコンパニャトゥール (アコンパニャトゥリース) ドゥトゥーリスム]

つい¹ 対 paire [ペール] 女/1～の… une paire de... [ユヌ ペール ドゥ] /～にする accoupler [アクプレ] /～にした accouplé,e [アクプレ]

つい² (無意識に) involontairement [アンヴォロンテールマン] / (ほんの) juste [ジュストゥ]

ついか 追加 (補足) supplément [スュプレマーン] 男/～する suppléer [スュプレエ] ‖ (付足すこと) addition [アディスィヨン] 女/～する ajouter [アジュテ], additionner [アディスィヨネ] → りょうきん

ついしん 追伸 p.-s. [ペ エ ス] 男: post-scriptum [ポースト スクリプトム] 男 〈単複同形〉の略

ついたち 一日 le premier 男 [ルプルミエ]

ついて …について → につき
ついている → うん²

ついとつする 追突する (他の車に) heurter l'arrière d'une autre voiture [ウールテ ラリエール デュノートゥル ヴワテュール]

ツイン ～の部屋 twin [トゥイーン] 女

つう¹ …通 exemplaire [エグザンプレール] 男/コピー1～ une copie [ユヌ コピ] 女/履歴書を1～提出する présenter un C.V. [プレザンテ アン セヴェ]

つう² 通 (物事に通じている人) connaisseur [コネスール] 男, connaisseuse [コネスーズ] 女 → しょくつう

つうか 通貨 monnaie [モネ] 女→かね¹

つうかん 通関 (関税の支払) dédouanement [デドゥワーヌマン] 男/～手数料 commission 女 douanière [コミスィヨン ドゥワニエール] /～手続 formalités 女複 douanières [フォルマリテ ドゥワニエール] /～する dédouaner [デドゥワネ]

つうき 通気 → かんき
つうきんてあて 通勤手当 → てあて²

つうこう 通行 passage [パサージュ] 男/(交通) trafic [トゥラフィーク] 男, circulation [スィルキュラスィヨン] 女/～止め route 女 barrée [ルートゥ バレ] → きんし¹,ぜい,りょうきん

つうじょう 通常 → いっぱん, いつも, せいじょう², ふつう¹

つうじる 通じる (交通機関などが) desservir [デセルヴィール] 30/(道が) mener [ムネ] 5, relier [ルリエ] /(電話が) marcher [マルシェ] /(話が) comprendre [コンプランドゥル] 37/(物事に) s'y connaître en... [スィ コネートゥル アン] 〈connaître 代動12 59〉, être au courant de... [エートゥル オ クーラン ドゥ] 〈être 2〉

つうしん 通信 communication [コミュニカスィヨン] 女/デジタル～ communication digitale [コミュニカスィヨン ディジタール] /(放送) transmission [トゥランスミスィヨン] 女/データ～ transmission de données [トゥランスミスィヨン ドゥ ドネ]

つうち 通知 annonce [アノンス] 女/(通告) avis [アヴィ] 男〈単複同形〉‖ (個人に送る) faire-part [フェール パール] 男〈単複同形〉/転居～ faire-part de changement d'adresse [フェール パール ドゥ シャーンジュマン ダドレス] ‖ (警告) avertissement [アヴェルティースマン] 男

つうちょう 通帳 銀行預金～ livret 男 de dépôt [リーヴレ ドゥ デポ] / 郵便貯金～ livret 男 de caisse d'épargne [リヴレ ドゥ ケス デパールニュ]

つうふう 痛風 goutte [グートゥ] 女

つうやく 通訳 (行為) traduction [トゥラデュクスィヨン] 女 / 同時～ traduction simultanée [トゥラデュクスィヨン スィミュルタネ] / (人) interprète [アンテルプレートゥ] 男女, traducteur [トゥラデュクトゥール] 男, traductrice [トゥラデュクトゥリース] 女 / (業) interprétariat [アンテルプレタリヤ] 男 / ～する traduire [トゥラデュイール] 11 / 日本語からフランス語に～する traduire du japonais en français [トゥラデュイール デュ ジャポネ アン フランセ] ⟨traduire 11⟩

つうようぐち 通用口 porte 女 de service [ポールトゥ ドゥ セルヴィス]

つうろ 通路 passage [パサージュ] 男

つうわ 通話 (電話) communication 女 téléphonique [コミュニカスィヨン テレフォニーク] / ～中です La ligne est occupée. [ラ リーニュ エトキュペ] / ～料金 tarif 男 de la communication [タリフ ドゥ ラ コミュニカスィヨン]

つえ 杖 canne [カーヌ] 女 / 松葉～ béquille [ベキーユ] 女

つか 柄 poignée [プワーニェ] 女

つかいかた 使い方 → おうよう, マニュアル

つかいこなす 使いこなす contrôler [コントゥローレ], manipuler bien [マニピュレ ビヤーン]

つかいすて 使い捨て(の) jetable [ジュターブル] ⟨男女同形⟩ → かいろ

つかいやすい 使い易い (操作しやすい) maniable [マニヤーブル] ⟨男女同形⟩ / (便利) commode [コモードゥ] ⟨男女同形⟩

つかう 使う (物を) se servir de... [ス セルヴィール ドゥ] 代動 30 59, employer [アンプルワイエ] 19, utiliser [ユティリゼ] / (時間や金などを) dépenser [デパンセ] / (雇用する) employer [アンプルワイエ] 19 / (時間や金をかける) mettre [メートゥル] 26 / ～に使われる servir à... [セルヴィール ア] ⟨servir 30⟩ / これは何に～の？ Ça sert à quoi ? [サ セール ア クワー] → しよう¹, とりあつかい, ろうひ

つかえる¹ 使える (使用可能) utilisable [ユティリザーブル] ⟨男女同形⟩

つかえる² 支える (障害になる) 魚の骨が喉に～ avoir une arête dans la gorge [アヴワール ユ ナレートゥ ダン ラ ゴールジュ] ⟨avoir 1⟩ / (言葉などが) 質問の答えに～ ne pas arriver à répondre [ヌ パ アリヴェ ア レポーンドゥル] ⇒ p.756 「否定文」

つかって (…を)使って avec... [アヴェック], à l'aide de... [ア レードゥ ドゥ] / …をマンドリーヌを～千切りにする tailler...en julienne à l'aide d'une mandoline [タイエ アン ジュリエーヌ ア レードゥ デュヌ マンドリーヌ]

つかむ 摑む saisir [セズィール] 4, prendre [プラーンドゥル] 37, tenir [トゥニール] 47 → ひとつかみ

つかれ 疲れ fatigue [ファティーグ] 女 / ～ている être fatigué,e [エートゥル ファティゲ] ⟨être 2⟩ / ～る se fatiguer [ス ファティゲ] 代動 59 / ～る仕事 travail 男 fatigant [トゥラヴァーユ ファティガン] / ひどく～ている être surmené,e [エートゥル スュルメネ]

つかれめ 疲れ目 yeux 男複 lourds de fatigue [ユ ルール ドゥ ファティーグ]

つき¹ 月 (天体) lune [リューヌ] 女 / ～の lunaire [リュネール] ⟨男女同形⟩ / (暦の) mois [ムワー] 男 ⟨単複同形⟩ / ～の mensuel,le [マンスュエル] → こん², せん⁵, まい², らい²

つき² 付 → うん²

つき³ …付(の) (付属)家具～ meublé,e [ムブレ] / まかない～ nourri,e [ヌーリ] / (制服の)洗濯～ blanchi,e [ブランシ] / 宿舎～ logé,e [ロジェ] / 庭～ avec jardin [アヴェーク ジャルダン]

つぎ 次(の) suivant,e [スュイヴァーント, トゥ] / (今度の) prochain,e [プロ・シャーン, シェーヌ] / ～に ensuite [アンスュイトゥ], puis [ピュイ] → よく⁵, らい²

つきあい 付合 (よく会うこと) fréquentation [フレカンタスィヨン] 女 / (関係) relation [ルラスィヨン] 女 / 付合う fréquenter [フレカンテ] / (…と関わりを持つ) être en relations avec... [エートゥル アン ルラスィヨン アヴェック] ⟨être 2⟩ ∥ (…と友達だ) être ami,e avec... [エートゥル アミ アヴェック] / (ともに行動する) accompagner [アコンパニエ]

つきあたり 突当り → おく[2]
つぎあわせる 継合せる → つなぐ
つきぞい 月極(の) mensuel,*le* [マンスユエール]／〜で…を借りる louer...au mois [ルエ オ ムワー]
つきさす 突刺す → さす[2]
つきそい 付添 (病人などの) garde [ガールドゥ] 女／(同伴者, ガイド) accompagnateur [アコンパニャトゥール] 男, accompagnatrice [アコンパニャトゥリース] 女
つきだし 付出し amuse-gueule [アミュズ グール] 男〈単複同形〉, amuse-bouche [アミューズ ブーシュ] 男〈単複同形〉／小さな〜 amusette [アミュゼットゥ] 女 de bouche [ドゥ ブーシュ]
つぎつぎと 次々と l'un,*e* après l'autre [ラン, リュヌ アプレ ロートゥル], à la suite [ア ラ スユイートゥ]
つきでる 突出る saillir [サイール] [4]／突出した saillant,*e* [サヤン, トゥ]
つきとおす 突通す → さす[2]
つぎめ 継目 (2つのものが合さる場所) jointure [ジュワンテュール] 女／(溶接の) soudure [スードゥール] 女
つく[1] 付く (…に付着する) s'attacher à... [サタシェ ア], coller à... [コレ ア]／(…のそばにいる) être avec... [エートゥル アヴェーク]〈être [2]〉, être auprès de... [エートゥル オプレ ドゥ]／(ともに行動する) accompagner [アコンパニェ]
つく[2] 着く → さわる, とうちゃく
つく[3] (…で)突く (…の一撃を与える) donner un coup de... [ドネ アン クードゥ]／→ さす[2]
つく[4] 点く (火や明りが) s'allumer [サリュメ] [代動][59]
つく[5] 搗く → くだく, だっこくする
つぐ 注ぐ → そそぐ
つくえ 机 bureau [ビュロ] 男〈複 〜x〉
つくし 土筆 tige [ティージュ] 女 (または pousse [プース] 女) de prêle [ドゥ プレール], (英) *field horsetail shoot*
つくだに 佃煮 海苔の〜 algues [アルグ] 複 à la sauce de soja sucrée [ア ラ ソース ドゥ ソジャ スュクレ]
つくね 鶏(魚)の〜 boulette 女 de farce de poulet (poisson) [ブーレットゥ ドゥ ファルス ドゥ プーレ (プワソン)]
つぐみ 鶫 grive [グリーヴ] 女, (英) *thrush*
つくり 作・造 〜のしっかりした家 maison [メゾン] 女 solide [メゾン ソリードゥ] → さしみ
つくりかた 作り方 façon 女 de faire [ファソン ドゥ フェール] → ちょうりほう
つくりなおす 作り直す refaire [ルフェール] [21]／作り直した refait,*e* [ルフェ, トゥ]
つくりもの 作り物 → イミテーション, にせ
つくる 作る・造る (製造する) faire [フェール] [21], fabriquer [ファブリケ]／(菓子やパンを) confectionner [コンフェクスィヨネ]／(料理を) apprêter [アプレテ]／生産する) produire [プロデュイール] [11]／(創造する) créer [クレーエ]／(設立する) fonder [フォンデ]／(作成する) faire [フェール] [21]／(表などを) établir [エタブリール] [4], dresser [ドゥレセ]／(食事などを) préparer [プレパレ], faire／(作詩作曲などを) composer [コンポゼ]
→ こうせい, さいばい, たてる[2]
づけ[1] …付 8月2日〜の手紙 lettre 女 du 2 août [レートゥル デュ ドゥー ウートゥ]
づけ[2] 漬(の) (漬汁での) mariné,*e* de... [マリネ ドゥ]／(少量の液体や香辛料などでの) macéré,*e* de... [マセレ ドゥ] → つける
つけあわせ 付合せ (ガルニテュール) accompagnement [アコンパーニュマン] 男, assortiment [アソルティマン] 男, garniture [ガルニテュール] 女, (英) *garnish*／A に B を〜 accompagner A de B [アコンパニェ ドゥ], assortir B à A [アソルティール ア]〈assortir [4]〉, garnir A de B [ガルニール ドゥ]〈garnir [4]〉／…を〜た «à [ア]＋定冠詞...», accompagné,*e* de... [アコンパニェ ドゥ], assorti,*e* de... [アソルティ ドゥ], avec... [アヴェーク], garni,*e* de... [ガルニ ドゥ], (英) *with...*, *accompanied with...*, *assorted with...* → そえ
つけこみえき 漬込液 → ソミュール, マリナード
つけこむ 漬込む → つける[1]
つけじる 漬汁 → ソミュール, ファファレー, マリナード
つけね 付根 首の〜 naissance 女 du cou [ネサンス デュ クー]／鶏もも肉の

つけもの

~ articulation 囡 de la cuisse de poulet [アルティキュラスィヨン ドゥラ キュイーズ ドゥ プーレ]

つけもの 漬物 → おしんこ

つける¹ 漬ける (マセレ:香り付用に浸漬(ひた)させる) macérer ㊱/漬けた macéré,e [マセレ] / macerated ‖ (ソミュレ:ソミュールに) saumurer /漬けた saumuré,e [ソミュレ] ‖ (マラクセ:ハム用に塩で) malaxer /漬けた malaxé,e [マラクセ] ‖ (コンフィレ:砂糖, 脂, 酢などに) confire ㊸/漬けた confit,e [コンフィ,-トゥ], 英 (フルーツを砂糖に) crystallized, (酢に) pickled ‖ (マリネ:マリネ風の漬けに) mariner /漬けた mariné,e [マリネ], 英 marinated ‖ (保存のために) conserver [コンセルヴェ]/漬けた conservé,e [コンセルヴェ], 英 comserved → ひたす

つける² 付ける (取付ける, 付着させる) mettre [メートゥル] ㉖/付けた mis,e [ミ,-ーズ] 〈男には単複同形〉 ‖ (設置する) installer [アンスタレ], poser [ポゼ]/付けた installé,e [アンスタレ], posé,e [ポゼ] ‖ (値段, 点数, 名前を) donner [ドネ]/付けた donné,e [ドネ] ‖ (点数を) noter [ノテ]/付けた noté,e [ノテ] ‖ (備付ける) garnir [ガルニール] ④/付けた garni,e [ガルニ] ‖ (名前を) appeler [アプレー] ⑦/付けた appelé,e [アプレー] ‖ (尾行する) suivre [スュイーヴル] ㊹/付けた suivi,e [スュイヴィ]

→ きをつける, こていする, スイッチ, つけあわせ, つける³, つなぐ, はる³

つける³ (身に) 着ける mettre [メートゥル] ㉖/着けた mis,e [ミ,-ーズ] 〈男には単複同形〉 (着けている) porter [ポルテ], avoir [アヴワール] ①/着けた porté,e [ポルテ]

つたえる 伝える transmettre [トランスメートゥル] ㉖/…このメッセージを~ transmettre ce message à...[トゥランスメートゥル ス メサージャ]

つち 土 sol [ソール] 男, terre [テール] 囡/~の付いた terreux [テルー] 男に, 単複同形], terreuse [テルーズ] 〈囡に〉 → どろ

つちふまず 土踏まず voûte 囡 plantaire [ヴートゥ プランテール]

つつ 筒 → えんとう, かん⁴

つついか 筒烏賊 → いか²

つづき 続き (次のもの) suite [スュイートゥ] 囡/(連続) succession [スュクセスィヨン] 囡, continuité [コンティニュイテ] 囡

つづぎり 筒切 (総称) tronçon [トゥロンソン] 男, 英 round thick slice /~にする tronçonner [トゥロンソネ]/~にした tronçonné,e [トゥロンソネ] ‖ (大型魚の) darne [ダールヌ] 囡, steak, darne / 鮭の ~ darne de saumon [ダールヌ ドゥ ソモン], 英 salmon steak /~にする tailler en darne [タイエ アンダルヌ] 囡

つづく 続く continuer [コンティニュエ], durer [デュレ]/(状態が) persister [ペルスィステ]/(行為が) se poursuivre [ス プールスュイーヴル] 代動㊹㊾/(延びる) se prolonger [ス プロロンジェ] 代動㉕㊾/(長引く) traîner [トゥレーネ]/(長持ちする) tenir [トゥニール] ㊼/(道などが) continuer [コンティニュエ]/(至る) mener [ムネ] ⑤/(後に) suivre [スュイーヴル] ㊹/(次々と) se suivre [ス スュイーヴル] 代動㊹㊾

つづけて 続けて (絶え間なく) sans cesse [サン セース]/(次々と) successivement [スュクセスィーヴマン]/(連続して) de suite [ドゥ スュイトゥ]

つづける 続ける (連続する) continuer [コンティニュエ]/…し~ «continuer à [コンティニュエア]+不定詞»

つつましい 慎ましい → ひかえめ

つつみ 包 paquet [パケ] 男/~紙 papier 男 d'emballage [パピエ ダンバラージュ]

→ がんえん, つつみやき, パイ, パピヨット

つつみやき 包焼 papillote [パピヨートゥ] 囡, 英 papillote /…の~, ~にした… ...en chemise [アン シュミーズ], en papillote [アン パピヨートゥ], 英 in papillote

つつむ 包む envelopper [アンヴロペ]/包んだ enveloppé,e [アンヴロペ], 英 enveloped ‖ (梱包する) emballer [アンバレ]/包んだ emballé,e [アンバレ] ‖ (バルデ:豚の背脂を巻く) barder [バルデ]/巻いた bardé,e [バルデ], 英 barded → コーティング

つて → コネ

つど (…する)都度 «chaque fois que [シャーク フワーク] +文», «toute les fois que [トゥートゥ レ フワーク] +文» → そのつど

つとめ 勤め → きんむ,こよう,サラリー,しごと,じゅうぎょういん,はたらく

ツナ 〜の缶詰 thon 男 à l'huile [トン ア リュイル] → まぐろ

つなぎ (ソースなどの) liaison [リエゾーン] 女 /(服) combinaison [コンビネゾーン] 女

つなぐ 繋ぐ (結び付ける) attacher [アタシェ]/(結合する) joindre [ジュワーンドゥル] 14/(関連させる) relier [ルリエ] ‖(ソースなどに濃度を付ける) lier [リエ]/つないだ lié,e [リエ], つないだ thickened‖(電話に)内線35番につないでください Donnez-moi le poste trente-cinq, s'il vous plaît. [ドネ ムワ ル ポーストゥ トゥラーントゥ サーンク スィル ヴー プレ]/おつなぎしました Vous avez la communication. [ヴーザヴェ ラ コミュニカスィヨン] ‖(インターネットに) connecter à l'internet → むすぶ

つの 角 corne [コールヌ] 女

つば¹ 唾 (唾液) salive [サリーヴ] 女/(吐き捨てた) crachat [クラーシャ] 男/〜を吐く cracher [クラーシェ]

つば² 鍔 (帽子の) bord [ボール] 男/(刀やナイフの) garde [ガルドゥ] 女

つばさ 翼 aile [エール] 女

つばす (ぶりの幼魚) petite sériole 女 [プティートゥ セリヨール], 英 young yellowtail

つばめ 燕 hirondelle [イロンデール] 女, 英 swallow /穴〜(中華料理で巣を用いる) salangane [サランガーヌ] 女, 英 swiftlet, salangane /〜の巣のスープ potage 男 au nid d'hirondelle [ポタージュ オー ニ ディロンデール], 英 birds nest soup

つぶ 粒 grain [グラーン] 男/(ホイップしすぎて)〜ができる grainer [グレーネ]/〜ができた grainé,e [グレーネ]/〜状の, つぶつぶした granuleux [グラニュルー] 男に, 単複同形, granuleuse [グラニュルーズ] 〈女に〉/〜状にする granuler [グラニュレ]/〜状にした granulé,e [グラニュレ] → ひとつぶ

つぶがい つぶ貝 → ばいがい

つぶす 潰す écraser [エクラーゼ]/潰した écrasé,e [エクラーゼ]/時間を〜 tuer le temps [テュエル ル タン]

つぶつぶした → つぶ

つぼ 壺 (容器) pot [ポ] 男/大きな〜 jarre [ジャール] 女/(両取っ手付) cruche [クリューシュ] 女

つぼみ 蕾 bouton [ブートン] 男

つま¹ 妻 femme [ファーム] 女/(配偶者) épouse [エブーズ] 女

つま² (刺身の) garniture 女 de poisson cru [ガルニテュール ドゥ プワソン クリュー]/(大根の千切) julienne 女 de radis pour la garniture de poisson cru [ジュリエーヌ ドゥ ラディ プール ラ ガルニテュール ドゥ プワソン クリュー]

つまさき 爪先 pointe 女 des pieds [プワーントゥ デ ピエー]/(靴の) pointe des chaussures [プワーントゥ デ ショスュール]

つまみ 抓み・撮み・摘み (引出などの) bouton [ブートン] 男/(酒の) accompagnement 男 d'alcool [アコンパーニュマン ダルコール] → アミューズ, ひとつまみ

つまみぐいする つまみ食いする piquer un petit morceau [ピケ アン プティ モルソ]

つまむ 摘む (挟む) pincer [パンセ] 32/(少し食べる) grignoter [グリニョテ]/箸で…を〜 prendre…avec des baguettes [プラーンドゥル アヴェーク デ バゲットゥ] 〈prendre 37〉 → つむ², ひとつまみ

つまようじ 爪楊枝 cure-dent [キュルダン] 男 〈複 〜-〜s〉/(ピンチョス用の) pique-olive [ピコリーヴ] 男 〈複 〜-〜s〉

つまらない (平凡な) médiocre [メディヨークル] 〈男女同形〉/(興味をもてない) peu intéressant,e [プーアンテレサン,トゥ]

つまり (要するに) enfin [アンファン], après tout [アプレトゥ], bref [ブレーフ]/(すなわち) c'est-à-dire [セタドゥール]

つまる 詰まる s'engorger [サンゴルジェ] 代動 25 59 ‖詰まっている (下水などが) bouché,e [ブーシェ]/(中身が) serré,e [セレ] ‖私は鼻が詰まっている J'ai un nez bouché. [ジェ アン ネ ブーシェ] → いっぱい(の)

つみあげる (…を)積上げる mettre

つみかさねる

つみかさねる 積重ねる superposer [スュペールポゼ] / 積重ねた superposé,e [スュペールポゼ], 英 *superimposed*

つみれ (いわし) boulette 女 de sardine [ブーレートドゥサルディーヌ]

つむ¹ 積む (載せる) charger [シャルジェ] 25 → つみあげる, つみかさねる

つむ² 摘む (果物や花を) cueillir [クイール] 29 〈備考〉摘んだ cueilli,e [クイイ] 〈葉先を〉 effeuiller [エフーイエ] / 摘んだ effeuillé,e [エフイエ]

つめ 爪 ongle [オーングル] 男 ‖ ～切 coupe-ongles [クープオーングル] 男〈単複同形〉, pince 女 à ongles [パンサオーングル] / (はさみ) ciseaux 男複 à ongles [スィゾアオーングル] ‖ (海老や蟹の) pince [パンス] 女, 英 *claw* / (鳥獣の) griffe [グリーフ] 女

づめ 詰 ～の farci,e de... [ファルスィドゥ] / 樽～の酒 saké 男 en tonneau [サケアントノ] / 氷～の… conservé,e avec des glaçons [コンセルヴェアヴェックデグラソン]

つめあわせ 詰合せ assortiment [アソルティマン] 男 /～る assortir [アソルティール] 4 /～た assorti,e [アソルティ]

つめたい 冷たい froid,e [フルワ, ドゥ] / (氷のように) glacial,e [グラスィヤール], glaciaux [グラスィヨ] 〈男複に〉, 英 *icy* / (心地よく) frais [フレー] 〈男に, 単複同形〉, fraîche [フレーシュ] 〈女に〉/ 飲物 boisson 女 fraîche [ブワソンフレーシュ], boisson rafraîchissante [ブワソンラフレシサーントゥ], rafraîchissement [ラフレシースマン] 男, 英 *cold drink* /～所 frais [フレー] 〈単複同形〉/ (冷静) impassible [アンパスィーブル] 〈男女同形〉/ 冷たくなる devenir froid,e [ドゥヴニールフルワー, ドゥ] 〈devenir 47 備考〉, refroidir [ルフルワディール] 4, se refroidir [スルフルワディール] 代動 4 59

→ ひやす, ほぞん

つめもの 詰物 (料理用ファルス) farce [ファールス] 女 / (ソーセージ用) chair 女 à saucisse [シェーラソスィース], godiveau [ゴディヴォ] 男〈複 ～x〉 ‖ (荷造などの) tampon [タンポン] 男 / (歯の) plombage [プロンバージュ] 男

→ ぐ, つめる

つめる 詰める (詰物をする) bourrer [ブーレ], étoffer [エトフェ] / 詰めた bourré,e [ブーレ], étoffé,e [エトフェ] / (穴をふさぐ) boucher [ブーシェ] / 詰めた bouché,e [ブーシェ] / (入れる) mettre [メートゥル] 26 / 詰めた mis,e [ミ,ーズ] 〈男には単複同形〉/ (料理で詰物をする) farcir [ファルスィール] 4 / 詰めた farci,e [ファルスィ], 英 *stuffed* / A に B を～ farcir A de B [ファルスィールアドゥベ] / (製菓で) fourrer [フーレ] / A を B で～ fourrer A de B [フーレアドゥベ] / 詰めた fourré,e [フーレ], 英 *filled* / (ソーセージにファルスを) entonner [アントネ] / 詰めた entonné,e [アントネ] / (間を) serrer [セレ] / 詰めた serré,e [セレ] / (席を) se serrer [スセレ] 代動 59, se pousser [スプーセ] 代動 59

→ にづくりする, つめる, へらす, みじかい

つもり (…する) つもり «avoir l'intention de [アヴワールランタンスィヨンドゥ] +不定詞» «avoir 1», «se proposer de [スプロポーゼドゥ] +不定詞» 代動 59, «compter [コンテ] +不定詞»

つや¹ 艶 (光沢) lustre [リュストゥル] 男 /～を出す, ～を付ける lustrer [リュストゥレ] /～を出した, ～を付けた lustré,e [リュストゥレ] / (輝き) brillant [ブリヤーン] 男 /～を出す faire briller [フェールブリーエ] 〈faire 21〉 /～のある brillant,e [ブリヤーン, トゥ] / (生地に卵黄を塗って) ～を出す dorer [ドレ] /～を出した doré,e [ドレ] / (アプリコットジャムを塗って) ～を出す abricoter [アブリコテ] /～を出した abricoté,e [アブリコテ] / (ジュレやナパージュを塗って) ～を出す lustrer [リュストゥレ] /～を出した lustré,e [リュストゥレ] / (糖衣や肉汁をかけて) ～を出す glacer [グラセ] 32 /～を出した glacé,e [グラセ] / (引き飴の) ～を出す satiner [サティネ] /～を出した satiné,e [サティネ]

つや² 通夜 veillée 女 funèbre [ヴェイエフュネーブル]

つやけし 艶消(の): 写真の仕上り

dépoli,e [デポリ], mat,e [マートゥ]

つやだし 艶出 → つや¹

つやにする 艶出する (faire) glacer [(フェール) グラッセ] ⟨faire 21, glacer 32⟩

つゆ¹ 汁 (椀物) potage 男 clair [ポタージュクレール] → ジュ, スープ

つゆ² 露 rosée [ロゼ] 女

つよい 強い fort,e [フォール, トゥ]/強く fortement [フォールトゥマン], fort [フォール] ‖ (強力な) vigoureux [ヴィグーレー] ⟨男に, 単複同形⟩, vigoureuse [ヴィグールーズ] ⟨女に⟩/強く vigoureusement [ヴィグールーズマン]/(断固とした) ferme [フェルム] ⟨男女同形⟩/強く fermement [フェルムマン] ‖ (頑丈な) robuste [ロビュストゥ] ⟨男女同形⟩, solide [ソリードゥ]/強く robustement [ロビュストゥマン], solidement [ソリードゥマン]
→ はげしい

つよび 強火 feu 男 vif [フー ヴィフ]/〜で à feu vif [アフーヴィフ], en plein feu [アン プラン フー]/〜のオーヴンで au four vif [オ フール ヴィフ]/…を〜にかける mettre…au feu vif [メートゥル オ フーヴィフ] ⟨mettre 26⟩

つよめる 強める (強化) renforcer [ランフォルセ] 32/(補強) fortifier [フォルティフィエ]/(火力を) pousser le feu [プーセルフー]/(強調) insister [アンスィステ]

つらい 辛い → きつい, くるしい

つらぬく 貫く → さす²

つり¹ 釣 (魚釣) pêche [ペーシュ] 女/〜糸 fil 男 à pêche [フィラ ペーシュ]/〜竿 canne 女 à pêche [カナ ペーシュ]/〜人 pêcheur [ペシュール], pêcheuse [ペシューズ] 女/〜船 bateau 男 de pêche [バトゥ ドゥ ペーシュ]/投げ〜 pêche à lancer [ペーシャ ランセ]
→ つる, フライフィッシング

つり² 釣 → つりせん

つりあい 釣合 équilibre [エキーブル] 男/釣合う s'équilibrer [セキリブレ] ⟨代動 59⟩/〜のとれた équilibré,e [エキリブレ] ‖ (バランス) balance 女/釣合う balancer [バランセ] 32/〜のとれた balancé,e [バランセ] ‖ (均整) proportion [プロポルスィヨン] 女/釣合わせる proportionner [プロポルスィヨネ]/〜のとれた proportionné,e [プロポルスィヨネ]

つりかわ 吊革 poignée [プワーニェ] 女

つりせん 釣銭 monnaie [モネ] 女

つりばし 釣橋・吊橋 → はし¹

つる¹ 釣る (魚を) pêcher [ペシェ]/釣った pêché,e [ペシェ]/(竿で) 釣ったすずき bar 男 de ligne [バール ドゥ リーニュ]

つる² 攣る …(の筋肉)が〜 avoir une crampe à… [アヴワール ユヌ クラーンパ] ⟨avoir 1⟩

つる³ 鶴 grue [グリュー] 女

つるこけもも 蔓苔桃 (クランベリー) canneberge [カヌベールジュ] 女, 英 cranberry / (こけもも) airelle 女 rouge [エレール ルージュ], 英 cowberry, bilberry

つるしがき 吊柿(干柿) → かき²

つるす 吊す pendre [パーンドゥル] 39, suspendre [スュスパーンドゥル] 39/吊した pendu,e [パンデュ], suspendu,e [スュスパンデュ]

つるつる (床などが) glissant,e [グリサーン, トゥ]/(肌や水面などが) lisse [リース] ⟨男女同形⟩/(紙などが) glacé,e [グラセ]

つるな 蔓菜(浜ぢしゃ) tétragone [テトラゴーヌ] 女, épinard 男 d'été [エピナール デテ], 英 New Zealand spinach

つるむらさき 蔓紫 épinard 男 de malabar [エピナール ドゥ マラバール], 英 malabar spinach

つれて (…するに) 〜 «à mesure de [ア ムズュール ドゥ] + 不定詞» «à mesure que [ア ムズュール ク] + 文»

つれていく 連れて行く emmener [アンムネ] 5

つわり 悪阻 malaise 男 de la grossesse [マレーズ ドゥ ラ グロセース]

て

て¹ 手 (人の) main [マン] 女/〜のひら paume [ポーム] 女, creux 男 ⟨単複同形⟩ de la main [クルー ドゥ ラ マン]/(動物の) patte [パートゥ] 女 ‖ 〜に入れる obtenir [オプトゥニール] 47/〜を貸す aider [エデ], donner un coup de main

[ドネ アン クード ドゥマン］／～を借りる demander une aide[ドゥマンデ ユネ ードゥ]／～を抜く bâcler[バークレ]‖こう

て² 手（方法）moyen[ムワヤーン]男, mesure[ムズュール]女／（秘訣）truc[トゥリューク]男

デ → さいのめ

で …で（場所）:場所を表す「…で」は「に」と同じ用法／（…の中で）dans ...[ダン]／厨房で dans la cuisine[ダン ラ キュイズィーヌ]‖（…の上で）sur...[スュール]／卓上で sur la table[スュール ラ ターブル]‖（…を使って）avec...[アヴェーク], à l'aide de...[アレードゥ ドゥ]／絞袋で avec une poche[アヴェーキュヌポーシュ]‖（…が原因で）à cause de...[アコーズ ドゥ]／事故で電車が遅れている Le train est en retard à cause d'un accident.[ルトゥラーン エタン ルタール アコーズ ダナクスィダン]‖（…の家で, …のところで）chez...[シェ]:「…」には人名などを入れる／私の家で chez moi[シェ ムワー] → に¹

であう （…に）出会う → あう²

てあし 手足 membres[マーンブル]男 複

てあて¹ 手当（傷口などの）pansement[パンスマン]男 → ちりょう

てあて² 手当（給付）allocation[アロカスィヨン]女／残業～ indemnité d'heures supplémentaires[アンデムニテ ドゥール スュプレマンテール]／通勤～ indémnité de transport[アンデムニテ ドゥ トゥランスポール]／特別～ allocation女 spéciale[アロカスィヨン スペスィヤール] → ほうしゅう

てあらい 手洗（エルボ）lave-mains[ラーヴマン]男〈単複同形〉→ せんめんト, トイレ

である → です

ティアヌ（煮込）tianu男

ディアブル(風) → あくまふう

ディアブロタン（辛い料理）diablotin男

ディアボロ（清涼飲料）diabolo男／～・マント diabolo menthe[ディヤボロマーントゥ]

ティアン（料理, 鍋）tian男

ていあん 提案 suggestion[スュグジェスティヨン]女／～する suggérer[スュグジェレ]36

ティー¹ アイス～ thé glacé[テグラーセ], 英 iced tea／アップル～ thé à la pomme[テ ア ラ ポーム]／ジャスミン～ thé au jasmin[テ オ ジャスマン]／セイロン～ thé de Ceylan[テ ドゥ セラン]／～セット service女 à thé[セルヴィサ テ]／～バッグ sachet男 de thé[サシェ ドゥ テ]／ファイヴオクロック～ thé five o'clock[テ ファイヴォクローク]男〈単複同形〉, 英 five-o'clock tea／フレイヴァー～ thé aromatisé[テ アロマティゼ], 英 flavour tea／ミルク～ thé au lait[テ オ レ], 英 milk tea／ミント～ thé à la menthe[テ ア ラ マーントゥ]／レモン～ thé au citron[テ オ スィトゥローン], 英 lemon tea／ロイヤルミルク～ thé au lait royal[テ オ レ ルワヤール], 英 royal milk tea

→ カップ, スプン, ちゃ, パーティ, ハーブ, ポット

ティー² （ゴルフの）tee男

ディーヴィディー DVD DVD[デヴェデ]男／（録画機能付）DVD enregistrable[デヴデ アンルジストゥラーブル]

ディーエヌエー DNA A.D.N.[アデ エヌ]男: acide désoxyribonucléique[アスィードゥ デゾクスィリボニュクレイーク] の略

ティーシャツ Tシャツ → シャツ

ティーボーン(ステーキ) T bone steak[ティ ボーン ステーク], 英 T bone steak

ディール → アネット¹

ていいん 定員 nombre男 limité[ノーンブル リミテ]

ディヴァ(風) Diva[ディヴァ]

ディエップ（町）Dieppe固／～の dieppois,e[ディエプワ, ーズ]〈男には単複同形〉／～風（à la) dieppoise[(ア ラ) ディエプワーズ]

ていえん 庭園 → にわ

ていおう 帝王 → こうていふう

ていおん 低温 basse température女[バス タンペラテュール] → ぎゅうにゅう, さっきん, ちょうり

ていかんし 定冠詞 → かんし

ていきけん 定期券 carte女 de transport[カルトゥドゥトゥランスポール]／（パリ市バス・メトロの）carte orange[カルトゥ オラーンジュ]

ていきてき 定期的（規則的）→ きそく

ていきゅうび 定休日 jour男 de fer-

meture[ジュール ドゥ フェルムテュール]
ていきょう 提供 offre[オーフル]⬚女/〜する offrir[オフリール]㉙, fournir[フールニール]④

テイクアウト → そうざい

ていけい¹ 提携 coopération[コオペラスィヨン]⬚女

ていけい² 定形・定型 forme⬚女 régulière[フォールム レギュリエール], forme fixe[フォールム フィークス]

ていけつあつ 低血圧(症) → けつあつ

ていこく 定刻 l'heure[ルール]⬚女, heure fixée[ウール フィークセ]/〜に à l'heure[ア ルール]

ていこくふう 帝国風 (à l')impériale[アンペリヤール (ア ランペリヤール)]

ティザーヌ(ハーブティー) → ハーブ

ていし → しんごう、ストップ、せん²、ちゅうだん、やめる¹

ディジェスティフ(食後酒) digestif[ディジェスティーフ]⬚男, pousse-café[プースカフェ]⬚男〈単複同形〉

ていしぼう 低脂肪 → ぎゅうにゅう、ヨーグルト

ていしゃ 停車 arrêt[アレ]⬚男/〜する s'arrêter[サレテ]⬚代動59

ていしゅ 亭主 → おっと¹、けいえい、しゅじん

ていしゅつ 提出 présentation[プレザンタスィヨン]⬚女, remise[ルミーズ]⬚女/〜する présenter[プレザンテ], remettre[ルメートゥル]㉖

ていしょく 定食 (一皿に盛った) plat⬚男 du jour[プラ デュ ジュール], 《米》today's special/(定価で選ぶコース料理) menu⬚男 à prix fixe[ムニュ ア プリー フィークス], 《英》set(price)menu/本日の〜(コース料理) menu du jour[ムニュ デュ ジュール], 《英》today's menu/...円の〜 menu à...yen[ムニュ ア イエン]
→ ムニュ

ディジョン(都市) Dijon⬚固/〜の dijonnais,e[ディジョネ、-ズ]⬚形〈ディジョンには単複同形〉/〜風 (à la)dijonnaise[(ア ラ)ディジョネーズ] → ムータルド

でいすい 泥酔 → よう²

ディスカウント rabais[ラベ]⬚男〈単複同形〉/〜ショップ discount[ディスクーントゥ]⬚男, magasin⬚男 de soldes[マガザン ドゥ ソールドゥ]

ディスク disque⬚男/コンパクト〜 disque compact[ディースク コンパクトゥ], C.D.[セデ]⬚男/ハード〜 disque dur[ディースク デュール]/ビデオ〜 vidéodisque[ヴィデオディースク]⬚男/フロッピー〜 disquette[ディスケートゥ]⬚女

ディスコ discothèque[ディスコテーク]⬚女

テイスティング(味見) dégustation[デギュスタスィヨン]⬚女/〜する déguster[デギュステ]

ディスプレー → ちんれつ、てんじ

ていせい 訂正 → しゅうせい

ディッシュ… → カバー、さら、さらあらい、ほおんき

ティッシュ(ペーパー) Kleenex[クリネークス]⬚固:商標名, mouchoir⬚男 de papier[ムーシュワール ドゥ パピエ]⬚男/ポケット〜 Kleenex de poche[クリネークス ドゥ ポーシュ]

ディップ(ソース) fondue[フォンデュ]⬚女, 《英》dip

ていでん 停電 (意図的)coupure⬚女 de courant[クーピュル ドゥ クーラン]/(事故で) panne⬚女 d'électricité[パーヌ デレクトリスィテ]

ていど 程度 (度合)degré[ドゥグレ]⬚男/(水準)niveau[ニヴォ]⬚男〈複~x〉/(範囲)étendue[エタンデュ]⬚女/(限度) limite[リミートゥ]⬚女‖ある〜まで à un certain point[アアン セルタン プワン]

ディナー (正餐) grand dîner⬚男[グラン ディネ], 《英》dinner/(公式の) dîner de gala[ディネ ドゥ ガラ], dîner d'apparat[ディネ ダパラ]/(儀式的な) dîner cérémonieux[ディネ セレモニュー]/ビジネス〜 dîner d'affaires[ディネ ダフェール]
→ ショー、ゆうしょく

ディネ → ディナー

ていねい 丁寧 (入念さ) soin[スワン]⬚男/〜な soigneux[スワニュー]⬚男に、単複同形〉, soigneuse[スワニューズ]⬚女〉/〜に soigneusement[スワニューズマン], avec soin[アヴェーク スワン]‖(心遣い) attentions[アタンスィヨン]⬚複/〜な attentif[アタンティーフ]⬚男に〉, attentive[アタンティーヴ]⬚女〉/〜に attentivement[アタンティーヴマン]
→ しんちょう²、れいぎ

ディプロマート(プディング) diplomate[ディプロマートゥ]⬚男/〜風 (à la) diplomate[(ア ラ)ディプロマートゥ]

ディプロム → めんじょう
ティラピア → テラピア
ティラミス tiramisu [ティラミスー] 男, (伊) tiramisù
でいりぐち 出入口 → いりぐち, ゲート, でぐち
ていりゅうじょ 停留所 arrêt [アレ] 男, station [スタスィヨン] 女
テイル → お, オクステイル
ディル → アネット[1]
ティルジート (チーズ) tilsit [ティルズィトゥ] 男, (英) Tilsit
ていれ 手入 soins [スワーン] 男複 /~のよい soigné,e [スワーニェ] /~する soigner [スワーニェ]
ディレクター → しはいにん, ぶちょう
デヴィルドソース sauce à diable à l'anglaise [ソース ディヤーブラ ラングレーズ], (英) devilled sauce
てうちそば 手打蕎麦 nouilles 女複 de sarrasin preparées à la main [ヌーユ ドゥ サラザン プレパレ ア ラ マン]
テークアウト → そうざい
データ donnée [ドネ] 女 /~処理 traitement 男 des données [トゥレートゥマン デドネ] /~ベース base de données [バーズ ドゥ ドネ] /~バンク banque 女 de données [バンク ドゥ ドネ] → しりょう
デーツ (なつめ椰子の実) datte [ダートゥ] 女, (英) date
デート rendez-vous [ランデヴー] 男〈単複同形〉
テート・ド・ネーグル (ケーキ) tête 女 de nègre [テートゥ ドゥ ネーグル]
テープ bande [バーンドゥ] 女 /カセット~ casette [カセトゥ] 女 /ビデオ (録音) ~ bande vidéo (magnétique) [バーンドゥ ヴィデオ (マニェティック)] /色付線~ serpentin [セルパンタン] 男 /粘着~ ruban 男 adhésif [リュバン アデズィフ], scotch [スコーチ] 男:セロハンテープの商標名/両面~ scotch double-face [スコーチ ドゥーブル ファース]
テーブル table [ターブル] 女 /サーヴィス用~ (レストランの皿片付用) desserte [デセールトゥ] 女 /~スピーチ discours 男 à table [ディスクール ア ターブル] /~に着く se mettre à table [スメートゥル ア ターブル] 〈mettre 代動 26 59〉 /~にどうぞ À table, s'il vous plaît.

[ア ターブル スィル ヴー プレ] ‖~ウェア, ~セット (カトラリー) couvert [クーヴェル] 男, service 男 à table [セルヴィサターブル], (英) cutlery /~クロス nappe [ナープ] 女 /ホット~ (盛付台) table chauffante [ターブル ショファーントゥ] /ラウンド~ (中華料理の食卓) table tournante [ターブル トゥールナントゥ] → クリーナー, ゲリドン, セッティング, ナイフ, フォーク, マナー, ワイン
テープレコーダー (カセット) magnétophone [マニェトフォーヌ] 男 /ビデオ~ magnétoscope [マニェトスコープ] 男
テーマ (主題) thème [テーム] 男, sujet [スュジェ] 男
テールランプ feu 男 arrière [フー アリエール] 〈複 ~x ~s〉
てがき 手書 manuscription [マニュスクリプスィヨン] 女 /~の manuscrit,e [マニュスクリー, トゥ], écrit,e à la main [エクリー, トゥ ア ラ マン]
でかける (…へ)出掛ける → いく, がいしゅつ, しゅっぱつ
てがみ 手紙 lettre [レートゥル] 女
でがらしの 出涸しの épuisé,e [エピュイゼ] /~茶 thé épuisé [テ エピュイゼ]
てがるな 手軽な → かんたん, つかいやすい
デカンタ (容器, カラフ) → みずさし, ワイン
デカンタする (澱を除くためにワインをカラフに移す) décanter [デカンテ] /デカンタした décanté,e [デカンテ]
てき …滴 (一滴) une goutte [ユヌ グートゥ] 女, une larme [ユヌ ラールム] 女 /水一~ une goutte d'eau [ユヌ グートゥ ド] /一~ずつ goutte à goutte [グータ グートゥ] → ひとしたら
でき 出来 (試験などの成績, 成果) résultats [レズュルタ] 男複 /(仕上り) finition [フィニスィヨン] 女 /~上り (完成) achèvement [アシェーヴマン] 男 /(成就) accomplissement [アコンプリースマン] 男 /(出来栄え) すばらしい~だ C'est très bien fait. [セトゥレ ビヤン フェ] ‖~上る (完成する) se faire [スフェール] 代動 21 59, s'achever [サシュヴェ] 代動 5 59 /(酔う) être cuit,e [エートゥル キュイ, トゥ] 〈être 2〉 → しゅうかく
できあい 出来合い(の) tout,e préparé,e [トゥー, トゥ プレパレ] /~のソース

sauce 女 **toute préparée**[ソーストゥートゥ プレパレ]/(市販の)**industriel,le**[アンデュストゥリエル]

テキーラ **tequila**[テキラ]女, 西 *tequila*

てきおん 適温 **température**女 **convenable**[タンペラテュール コンヴナーブル]

てきぎ 適宜 (状況に応じて)**selon les circonstances**[スロン レ スィルコンスターンス]/(任意)~の**quelconque**[ケルコンク] 男女同形 → **てきとう**

テキスト **texte**[テークストゥ]男/(教科書)**livre**男 **scolaire**[リーヴル スコレール]

てきする 適する (…に適している)**convenir à…**[コンヴニール ア]42,être **convenable pour…**[エートゥル コンヴナーブル プール]⟨être 2⟩/適した**convenable**⟨男女同形⟩[コンヴナーブル]/(適合した)**adapté,e**[アダプテ]

できそこない 出来損い(の)**mal préparé,e**[マル プレパレ], **raté,e**[ラテ]

できたて 出来立(の) **neuf**[ヌーフ]⟨男に⟩, **neuve**[ヌーヴ]⟨女に⟩/~パン **pain**男 **frais**[パン フレー]

てきど 適度(の) **modéré,e**[モデレ]/~に **modérément**[モデレマン]

てきとう 適当(な)(適切な)**convenable**[コンヴナーブル]⟨男女同形⟩/~に**convenablement**[コンヴナーブルマン]‖(時宜を得た)**opportun,e**[オポルタン, テューヌ]‖(あいまい)**ambigu,ë**[アンビギュ]‖(でたらめ)**n'importe quoi**[ナンポルトゥクワー]

できばえ 出来栄え → **でき**

てきぱき → **こうりつ, はやい**[2]

できもの 出来物 → **しゅよう, はれもの, ふきでもの**

デキャンタ → **みずさし**

デギュスタシヨン (味見) **dégustation**[デギュスタスィヨン]女 → **コース**

てきよう 適用 **application**[アプリカスィヨン]女/~する **appliquer**[アプリケ]

てきりょう 適量 **Q.S.**(キュ エス): **quantité**女 **suffisante**[カンティテ スュフィザーントゥ]の略

できる[1] …できる:いずれも不定詞を置く/(可能)**pouvoir**[プーヴワール]35/私はこれを食べることが~ **Je peux manger ça.**[ジュ プー マンジェ サ]‖(能力)**savoir**[サヴワール]42, être **capable de…**[エートゥル カパーブル ドゥ]⟨être 2⟩/私はこのテリーヌを作ることが~ **Je sais préparer cette terrine.**[ジュ セ プレパレ セートゥ テリーヌ]/~ことなら **si c'est possible**[スィ セ ポスィーブル]
→ **かのう**[2]

できる[2] 出来る (出来上る, 完成する)**s'achever**[サシュヴェ]代動 5 59/出来た, 出来上った **achevé,e**[アシュヴェ], **fini,e**[フィニ]/(準備が整った)être **prêt,e**[エートゥル プレー, トゥ]⟨être 2⟩‖(…で作られている)être **fait,e avec…**[エートゥル フェ, トゥ アヴェック]⟨être 2⟩‖(…で構成されている)être **composé,e de…**[エートゥル コンポゼ ドゥ]/(…の材質で)être **en…**[エートゥル アン]/(生じる, 生産される)**se produire**[ス プロデュイール]代動 11 59 → **かんせい**[1]

できるだけ → **なるべく**

できれば → **できる**[1]

てぎわ 手際 → **きよう, はやい**[2], **ぶきよう**

テクスチャー (触感)**texture**[テークステュール]女 → **したざわり, はざわり**

でぐち 出口 **sortie**[ソルティ]女, **issue**[イスュ]女/(広いところへの)**débouché**[デブーシェ]男

テクニック → **ぎじゅつ**

デクパージュ (カッティングサービス)**découpage**[デクーパージュ]男/~をする **découper**[デクーペ]

てくび 手首 **poignet**[プワーニェ]男

デグラセ (液体を加えて鍋肌にこびりついた旨みをとる)**déglacer**[デグラセ]32/~した **déglacé,e**[デグラセ] → **スプン**

デグレセ (脂肪分を除く) → **あぶら**[2]

でこぼこ 凸凹 **inégalité**[イネガリテ]女, **irrégularité**[イレギュラリテ]女

デゴルジェ(肉や魚の血などを除く) → **さらす**

デコレーション ~ケーキ **pièce**女 **montée**[ピエース モンテ], 英 *fancy cake* → **そうしょく**[1]

デザート **dessert**[デセール]男, 英 *dessert* → **コック**[1], **スプン, ナイフ, フォーク, プロヴァンス, メニュー, ワイン, ワゴン**[1]

デザイナー **dessinateur**[デスィナトゥール]男, **dessinatrice**[デスィナトゥリース]女‖インテリア~ **décorateur**男 (**décoratrice**女) **d'intérieur**[デコラトゥール(デコラトゥリース) ダンテリュール],

デザイン dessin [デサン] 男／～する dessiner [デシネ]／インテリア～ décor [デコール] 男, décoration d'intérieur [デコラシヨン ダンテリユール] 女

てさき 手先 (指先) doigt [ドゥワー] 男／(手) main [マン] 女

てさばき 手捌き → ぎじゅつ, きよう

てざわり 手触り toucher [トゥーシェ] 男／～のよい lisse [リース] 〈男女同形〉

でし 弟子 disciple [ディシープル] 男 → せいと, みならい

デジカメ → カメラ

デジタル ～式の digital,e [ディジタール], digitaux [ディジト] 〈男複に〉, numérique [ニュメリーク] 〈男女同形〉→ カメラ, つうしん, とけい

デシャップ ～係 aboyeur [アブワユール] 男, annonceur [アノンスール]／～台 passe [パース] 女

デジュネ → ちゅうしょく

てじゅん 手順 filière [フィリエール] 女, ordre [オールドゥル] 男, procédé [プロセデ] 男, plan [プラーン] de travail [ドゥ トゥラヴァーユ]

でしょう → だろう

デシリットル décilitre [デスィリートゥル] 男:記号はdℓ

です …です (主語の修飾) être [エートゥル] [2]／私は日本人です Je suis Japonais,e. [ジュ スュイ ジャポネ, -ズ]／それは…です 《C'est [セ] +「形容詞男性形」または「冠詞+名詞」》／これはおいしいです C'est bon. [セボン]／これは皮むき器です C'est un économe. [セタンエコノム]
→ あつい³, くうふく, さむい, ねむい

てすう 手数 (労力) peine [ペーヌ] 女／～を省く épargner la peine [エパルニェラ ペーヌ]／…に～をかける donner de la peine à... [ドネ ドゥラペーヌ ア]／～ですが…していただけませんか Je vous serai reconnaissant,e de... [ジュ ヴー スレル コネサーン, トゥ ドゥ]

てすうりょう 手数料 commission [コミスィヨン] 女／仲介～ courtage [クールタージュ] 男

テスト test [テーストゥ] 男／ブラインド～ dégustation [デギュスタスィヨン] 女 à l'aveugle [アラヴーグル]／～する essayer [エセイエ] 31, tester [テステ] → しけん

てすり 手摺 (橋の) garde-fou [ガールドゥフー] 男 〈複 ～-～s〉, parapet [パラペ] 女／(バルコニーなどの) garde-corps [ガールドゥ コール] 男 〈単複同形〉／(階段の) rampe [ランプ] 女／(エスカレーターの) main 女 courante [マンクーラントゥ]

てせい 手製(の) fait,e à la main [フェートゥ アラマン], artisanal,e [アルティザナール], artisanaux [アルティザノ] 〈男複に〉

デセール → デザート

デゼする → ほね

テタンジェ(シャンパンメーカー) Taittinger 固有

てちょう 手帳 carnet [カールネ] 男／(日記式) agenda [アジャンダ] 男

てつ 鉄 fer [フェール] 男／(鋼鉄) acier [アスィエ] 男／(鋳鉄) fonte [フォーントゥ] 女

デッキ (船の) pont [ポン] 男／(列車の) plate-forme [プラートゥ フォールム] 女 〈複 ～s-～s〉／(2階建バスの2階) impériale [アンペリヤール] 女／～チェア transatlantique [トゥラーンザトゥランティーク], transat [トゥランザ] 男

てっきょう 鉄橋 pont en fer [ポンタン フェール]／(鉄道の) pont 男 de chemin de fer [ポン ドゥ シュマン ドゥ フェール]

てっきんコンクリート 鉄筋コンクリート béton 男 armé [ベトンナルメ]

てづくりの 手作りの → てせいの, じかせいの

てつけきん 手付金 arrhes [アール] 女

デッサン → え¹, ず

てつだい 手伝い aide [エードゥ] 女, assistance [アスィスターンス] 女／(人) aide [エードゥ] 男女, assistant,e [アスィスターン, トゥ] 男女

てつだう 手伝う aider [エデ], assister [アスィステ], donner un coup de main [ドネ アン クー ドゥ マン]

てつづき 手続 formalité [フォルマリテ] 女／(法律上の) procédure [プロセデュール] 女／(進め方) démarche [デマールシュ] 女

てっていてきに 徹底的に à fond [ア

てつどう 鉄道 chemin de fer [シュマン ドゥ フェール] 男 / ferroviaire [フェロヴィエール] 〈男女同形〉/ローカル~ chemin de fer local [シュマン ドゥ フェール ロカール]
→しんかんせん, とっきゅう¹, れっしゃ

でっぱった 出っ張った saillant,e [サヤーン, トゥ] /~部分 partie 女 saillante [パルティ サヤーントゥ]

てっぱん 鉄板 plaque 女 en fer [プラーカン フェール], tôle [トール] 女 /~の焼 grillade 女 de...sur une plaque de fonte [グリヤードゥ ドゥ スュリュヌ プラーク ドゥ フォーントゥ]
→いたストーブ

てつびん 鉄瓶 bouilloire 女 de fonte [ブーイワール ドゥ フォーントゥ]

てつぶん 鉄分 fer [フェール] 男 / ~を含む ferrugineux [フェリュジヌー] 〈男, 単複同形〉, ferrugineuse [フェリュジヌーズ] 〈女に〉

てつや 徹夜 veille [ヴェーユ] 女 /~する veiller [ヴェイエ] /~で働く veiller la nuit [ヴェイエ ラ ニュイ]

デトランプ (小麦粉と水で作った生地) détrempe [デトラーンプ] 女

てどり 手取 → きゅうりょう

テトロドトキシン tétrodotoxine [テトロドトクスィーヌ] 女

てながえび 手長海老 → えび

テナレーズ (アルマニャック) ténarèze [テナレーズ] 男

テナント locataire [ロカテール] 男女

テニス tennis 男 〈単複同形〉/~コート court de tennis [クール ドゥ テニス]

デニッシュ (パン) viennoiserie [ヴィエヌズリ] 女, pain 男 viennois [パン ヴィエーヌワ] 〈複~s~〉, 〈英〉 Danish pastry /~生地 pâte 女 levée feuilletée danoise [パートゥ ルヴェ フーユテ ダヌワーズ]

デニム jean [ジーン] 男

てにもつ 手荷物 bagage 男 à main [バガージュ ア マン] ‖ ~預り所 (駅などの) consigne [コンスィーニュ] 女 /(レストランなどの) vestiaire [ヴェスティエール] 男
→けんさ

てぬき 手抜き → て¹

てぬぐい 手拭 → タオル

てば 手羽 aile [エール] 女, 〈英〉 wing /~先 aileron [エルロン] 男

では¹ eh bien [エビヤーン], alors [アロール], donc [ドーンク]

では² …では (…については) 私の考えで~ à mon avis [アモナヴィ] / (…においては) 私たちの間で~ entre nous [アーントゥル ヌー] / (…によれば) シェフの意見~ d'après le chef [ダプレール シェフ] /(場所):国, 地方, 建物など, 場所を表す「では」は「に」と同じ用法→に¹

デパート grand magasin 男 [グラーン マガザン]

でばぼうちょう 出刃包丁 couteau 男 〈複~x〉à poisson [クートアプワソーン]

てばやく 手早く → はやい²

てびき 手引 → あんない, マニュアル

でぶ (太っている人) obèse [オベーズ] 男女, gros,se [グロー, ス] 男女

テファール (ふっ素加工商品の商標名) T-fal 固

デプイエ (煮詰める際に灰汁をとる) dépouiller [デプーイエ] /~した dépouillé,e [デプーイエ] → むく¹

てふき 手拭き serviette [セルヴィエートゥ] 女

てぶくろ 手袋 gant [ガン] 男 /ゴム~ gant de caoutchouc [ガン ドゥ カウチュー] /ビニール~ gant de plastique [ガン ドゥ プラスティーク] /(ミトン) moufle [ムーフル] 女 /(指先が出るもの) mitaine [ミテーヌ] 女

テフロン téflon 男 /~フライパン poêle 女 téfalée [ノワール テファレ], poêle anti-adhésive [プワーランティ アデズィーヴ]

てほどき 手ほどき initiation [イニスィヤスィヨン] 女 / A を B に~する initier B à A [イスィエア]

てほん 手本 modèle [モデール] 男, exemple [エグザーンプル] 男

てま 手間 → てすう

てまえ 手前 …の~に(で) en deçà de... [アンドゥサードゥ]

でまえ 出前 livraison 女 à domicile [リヴレゾーン アドミスィール] → ケータリング

デミグラス → ドゥミ

でみせ 出店 → してん, やたい

デミタスカップ → カップ

でむかえ 出迎え accueil [アクーユ] 男 /~る recevoir [ルスヴワール] 38, accueillir [アクィール] 29 〈備考〉

でも …でも（たとえ…でも）«même si[メームスィ]＋文»／(…でさえ)«même[メーム]＋名詞または代名詞»／(どんな…でも) «n'importe quel,le[ナンポールトゥケール]＋名詞», «quel,le que soit[ケールクスワー]＋定冠詞＋名詞»
→ しかし, でもない

でもない …でもない (AでもBでもない) ni A ni B[ニニ]／そう～ pas tout à fait[パトゥータフェ]

デモンストレーション démonstration[デモンストゥラスィヨン]

テュイル（菓子）tuile[テュイール]囡／～用プレート plaque囡 à tuiles[プラーカテュイール]

デュオ（二重奏,二重唱,同じ材料2つを組合せた料理) duo

デュクセル（みじん切りしたきのこのソテ) duxelles囡〈単複同形〉／ドライ～ duxelles sèche[デュクセールセーシュ]

デュグレレ(風) Dugléré[デュグレレ]

デュシェス（洋梨,ケーキ,クッキー) duchesse囡／～風 (à la) duchesse[(アラ)デュシェス] → ポム, p.682[囲み]

デュバリ(風) du Barry または Dubarry[デュバリ]

デュボネ（ヴェルモット) Dubonnet 固男

デュボワ, ユルバン・フランソワ（料理人) Urbain François Dubois[ユールバン フランスワ デュブワ]固男

デュマ（小～) Alexandre Dumas[アレクサーンドゥル デュマ]固男, Dumas fils[デュマ フィス]／（大～) Alexandre Dumas, Dumas père[デュマ ペール]／～風 Dumas

デュメーヌ, アレクサンドル（料理人) Alexandre Dumaine[アレクサーンドゥル デュメーヌ]固男

デュラム こむぎ, こむぎこ

テュルボ → ひらめ

テュルボタン → ひらめ

テュルボティエール（鍋) turbotière囡

デラウェア（ぶどう) Delaware

テラコッタ（素焼のもの) terre cuite[テールキュイートゥ]

テラス terrasse囡

デラックス → ごうか

テラピア tilapia[ティラピ]男, 英 tilapia

てり 照り → つや¹

テリーヌ（型, 料理) terrine囡, 英 terrine, pâté

デリカ(テッセン) plat男 cuisiné[プラキュイズィネ] → シャルキュトリ, そうざい

デリス（ケーキや前菜などにつける名称) délice囡, 英 delight

テリネ（デザート) terrine囡

てりやき 照焼 魚(鶏)の～ grillade囡 de poisson (poulet) macéré de sauce de soja sucrée[グリヤードゥ ドゥ ブワソン (ブーレ) マセレ ドゥ ソース ドゥ ソジャ スュークレ]

テルミドール（料理) thermidor男

テレカ → テレホンカード

テレビ télévision[テレヴィズィヨン]囡, (話言葉) télé[テレ]囡, T.V.[テヴェ]男／（受像機) poste男 de télévision[ポーストゥ ドゥ テレヴィズィヨン], téléviseur[テレヴィズール]男／～局 station囡 de télévision[スタスィヨン ドゥ テレヴィズィヨン]

テレホンカード télécarte[テレカールトゥ]囡

テロワール（ワイン用ぶどう産地, ワインの気候風土による特質) terroir[テルワール]男

てん 点（マーク) point[プワーン]男／小数～ virgule[ヴィルギュール]囡／（成績) note[ノートゥ]囡, point‖（スポーツなどの得点) point, but[ビュートゥ]男‖（品物の数) pièce[ピエース]囡
→ カンマ, ピリオド

でんあつ 電圧 voltage[ヴォルタージュ]男, tension[タンスィヨン]囡 → ボルト

てんいん 店員（身分) employé,e男囡 de magasin[アンプルワイエ ドゥ マガザン] → はんばい

でんえん 田園 → いなか

てんか¹ 点火（ストーブなどの) allumage[アリュマージュ]男／～する allumer[アリュメ]／～装置 allumage‖（エンジンなどの) mise に à feu[ミズフー]／～する mettre le feu[メートゥル フー]〈mettre 26〉 → プラグ

てんか² 添加 addition[アディスィヨン]囡／食品～物 additif alimentaire[アディティーフ アリマンテール]／～する ajouter[アジュテ]

てんかとう 転化糖 → さとう

てんき 天気 temps [タン] 男〈単複同形〉/〜がいい（悪い） il fait beau (mauvais) [イルフェボ（モヴェ）]/〜予報 météo [メテオ] 女/〜予報によれば d'après la météo [ダプレラメテオ]

でんき 電気 électricité [エレクトゥリスィテ] 女/〜の électrique [エレクトゥリック]〈男女同形〉/（電流）courant [クーラン] 男　→ あかり，かま¹，りょうきん

でんきゅう 電球 ampoule [アンプール] 女, lampe [ランプ] 女/ねじ込式〜 ampoule à visse/はめ込式〜 ampoule à baïonnette [アンプーラ バヨネートゥ]/豆〜 lampe miniature [ランプ ミニテュール]

てんきょ 転居（引っ越す）déménagement [デメナージュマン] 男/〜する déménager [デメナジェ] 25/（入居する）emménagement [アンメナージュマン] 男/〜する emménager [アンメナジェ] 25 ‖〜先 nouvelle adresse [ヌーヴェラドゥレース]　→ つうち，とどけ，にもつ

てんぐさ 天草 algue [アルグ] 女 rouge [アールグ ルージュ], 英 red sea weed

てんぐたけ 天狗茸 amanite [アマニートゥ] 女, fausse golmot(t)e [フォース ゴルモートゥ] 女, 英 amanita

てんけい 典型 type [ティープ] 男/〜的な typique [ティピーク]〈男女同形〉

てんけん 点検 → チェック

でんげん 電源 → コンセント, スイッチ

てんこう 天候 → きこう，てんき

でんごん 伝言 message [メサージュ] 男, petit mot [プティモ]

てんさい¹ 天才（人）génie [ジェニー] 男 ‖ (創造力のある才能) génie/〜的な génial, e [ジェニャール], géniaux [ジェニョー]〈男複〉, de génie [ドゥ ジェニー] ‖ (目に見える結果をもたらした才能) talent [タラン] 男/〜的な talentueux [タランテュウー]〈男に, 単複同形〉, talentueuse [タランテュウーズ]〈女に〉‖ (天賦のり) don [ドン] 男/〜的な doué, e [ドゥエ]

てんさい² 甜菜（ビーツ）betterave [ベトゥラーヴ] 女 [ベトゥラーヴ], 英 beetroot, 米 beet /〜糖 sucre 男 de betterave [スュークル ドゥ ベトゥラーヴ]

てんじ 展示 exposition [エクスポズィスィヨン] 女, présentation [プレザンタスィヨン] 女/〜会 exposition [エクスポズィスィヨン]/〜する exposer [エクスポゼ], présenter [プレザンテ]

でんし 電子 électron [エレクトゥロン] 男/〜の électronique [エレクトゥロニーク]〈男女同形〉→ イーメール, レンジ

でんじ(ゆうどう) 電磁（誘導）induction [アンデュクスィヨン] 女 magnétique [マニェティーク] → アイ・エイチ・ヒーター

でんしゃ 電車 train [トゥラーン] 男/〜で en train [アントゥラーン]/郊外〜 train de banlieu [トゥラーン ドゥ バンリュ] ‖ しでん, れっしゃ

てんしゅ 店主 → しょゆう

てんじょう 天井（上階の床と共通の）plafond [プラフォン] 男/（裏に電線などを通すために付けた）faux plafond [フォ プラフォン]/丸〜 coupole [クーポール] 女, voûte [ヴートゥ] 女

てんじょういん 添乗員 → ツアーコンダクター

てんせん 点線 → せん²

でんせん¹ 伝染 contagion [コンタジヨン] 女 ‖〜病 maladie [マラディ] 女 contagieuse [コンタジユーズ]/(感染症) maladie infectieuse [マラディ アンフェクスィユーズ] ‖ (病気が)〜する se transmettre [ストゥランスメートゥル] 代動 26 59 /(人が)…に〜する attraper... [アトゥラペ], être contaminé, e [エートゥル コンタミネ]〈être〉②

でんせん² 電線 fil 男 électrique [フィル エレクトゥリーク]

テンダーロイン filet [フィレ] 男, 英 fillet, tenderloin

でんたく 電卓 calculatrice [カルキュラトゥリース] 女, calculette [カルキュレットゥ] 女

でんち 電池 pile [ピール] 女/乾〜 pile sèche [ピル セーシュ]/アルカリ〜 pile alcaline [ピーラルカリーヌ]/リチウム〜 pile au lithium [ピーロ リティヨム]/蓄〜 accumulateur [アキュミュラトゥール] 男/（話言葉）accus [アキュ]〈男複〉/太陽〜 pile solaire [ピール ソレール]

てんちょう 店長 gérant [ジェラン] 男

テント tente [タントゥ] 女

てんとう 点灯 allumage [アリュマージュ] 男/〜する allumer [アリュメ]

でんとう¹ 伝統 tradition [トゥラディスィヨン] 女/〜的な traditionnel, le [トゥラディスィヨネール]/〜料理 cuisine 女

でんとう² 電灯 → あかり, でんき

てんどん 天丼 bol 男 de riz aux beignets à la sauce de soja sucrée [ボール ドゥ リ オ ベニエ ア ラ ソース ドゥ ソジャ スュークレ]

てんねん 天然 nature [ナテュール] 女 / ～の naturel,le [ナテュレール]
→ こうぼ

テンパリング → おんどちょうせい／～マシン tempéreuse [タンペルーズ] 女

てんばん 天板 → てんパン

てんパン 天パン plaque 女 [プラーク], plaque à four [プラーカ フール]／～に置く, 並べる plaquer [プラーケ]／～に置いた, 並べた plaqué,e [プラーケ]／製菓用～ plaque à pâtisserie [プラーカ パティスリ]／ロースト用～ plaque à rôtir [プラーカ ロティール]

てんぴ¹ 天日 soleil [ソレーユ] 男／～干の séché,e au soleil [セシェ オ ソレーユ]

てんぴ² 天火 → オーヴン

でんぴょう 伝票 facture [ファクテュール] 女, note [ノートゥ] 女

てんびんざ 天秤座 Balance [バランス] 固女

てんぷ 添付（の） ～書類 pièce 女 jointe [ピエース ジュワーントゥ], P.J. [ペジ] 女 → どうふう

てんぷら 天ぷら tempura [タンプラ] 男, beignet [ベニエ] 男

でんぷん 澱粉 amidon [アミドン] 男 ‖（天然の）fécule [フェキュール] 女／～を加える féculer [フェキュレ]／～を加えた féculé,e [フェキュレ]／～を含んだ féculent,e [フェキュラン, トゥ]／…を～でつなぐ lier...avec de la fécule [リエ アヴェーク ドゥ ラ フェキュール]
→ アロー・ルート, サレップ, スターチ

テンペ（インドネシアの納豆）tempé [タンペ] 男, ⚘ tempe

てんぼう 展望（将来の）prospective [プロスペクティーヴ] 女／～車 train 男 panoramique [トゥラン パノラミーク]／～台 belvédère [ベルヴェデール] 男
→ ながめ

デンマーク Danemark [ダヌマールク]／～人 Danois,e [ダヌワ, ーズ] 男 女〈男は単複同形〉／～語 danois [ダヌワ] 男／～の danois,e [ダヌワ, ーズ] 男 女〈男には単複同形〉／～風（à la）danoise [(ア ラ) ダヌワーズ]

てんまど 天窓（屋根裏部屋用）lucarne [リュカールヌ] 女 /（丸または楕円の）œil-de-bœuf [ウーユ ドゥ ブフ] 男〈複 ～s- ～.- ～〉/（突上げ式の）tabatière [タバティエール] 女

てんやもの 店屋物 plat 男 livré à domicile [プラー リーヴレ ア ドミスィール]

てんらんかい 展覧会 exposition [エクスポズィスィョン] 女／～会場 salle 女 d'exposition [サール デクスポズィスィョン]／(定期的な美術展) salon [サロン] 男

でんりょくがいしゃ 電力会社（フランスの）E.D.F. [ウデアフ] 女：Électricité de France [エレクトゥリスィテ ドゥ フランス] の略

でんわ 電話 téléphone [テレフォーヌ] 男／IP（アイピー）～ skype または skaïpe [スカイプ] 男／公衆～ téléphone public [テレフォーヌ ピュブリーク]／コードレス～ téléphone sans-fil [テレフォーヌ サン フィル]〈複 ～s ～.～〉／国際～ téléphone international [テレフォーナンテルナスィョナール]／固定～ téléphone fixe [テレフォーヌ フィークス]／テレビ～ vidéo phone [ヴィデオ フォーヌ]／留守番～ répondeur [レポンドゥール] 男／～会社（フランスの）France Télécom [フランス テレコム] 固女／～帳 annuaire [アニュエール] 男, bottin [ボタン] 男／～番号 numéro 男 de téléphone [ニュメロ ドゥ テレフォーヌ]／～ボックス cabine 女 téléphonique [カビーヌ テレフォニーク]／～料金 redevance 女 téléphonique [ルドゥヴァーンス テレフォニーク]／～が鳴る sonner [ソネ]／～で au téléphone [オ テレフォーヌ]／…に～をかける téléphoner à... [テレフォネ ア], appeler...au téléphone [アプレー オ テレフォーヌ]〈appeler ⑦〉 → けいたい

と

と¹ → いっしょに, そして

と² 戸 porte [ポールトゥ] 囡／(引戸) porte coulissante [ポールトゥ クーリサントゥ]／(よろい戸) volet [ヴォレ] 男／(列車や車の) portière [ポルティエール] 囡

ど 度 (回数) fois [フワー] 囡〈単複同形〉／(テレホンカードなどの度数) unité [ユニテ] 囡／(温度, 角度, 経緯度, アルコール度) degré [ドゥグレ] 男／180° cent quatre-vingts degrés [サンカートゥルヴァンドゥグレー] → **かい**¹

ドア 自動～ porte [囡] automatique [ポールトゥ トマティーク]／～チェーン chaîne [囡] de sûreté [シェーヌ ドゥ スュルテ], entrebâilleur [アーントゥルバユール] 男／～ノブ poignée [プワーニェ] 囡／～マン portier [ポルティエ] 男, portière [ポルティエール] 囡 → **と**²

とい 樋 gouttière [グーティエール] 囡／～型 gouttière

といあわせ 問合せ demande 囡 de renseignements [ドゥマーンドゥ ドゥ ランセニュマン]／～る se renseigner [スランセニェ] 代動 59 → **しつもん**

といし 砥石 pierre 囡 à aiguiser [ピエーラ エギゼ]

ドイツ Allemagne [アルマーニュ] 固囡／～人 Allemand,e [アルマン, ドゥ] 男囡／～語 allemand [アルマン] 男／～の allemand,e ／～風 (à l')allemande [アルマンドゥ (ア ラルマンドゥ)]

トイレ (cabinets 男 複 de) toilettes [カビネ ドゥ トゥワレートゥ] 囡複, W.C. [ヴェセ (または ドゥーブルヴェ セ)] 男複, cabinets [カビネ] 男複, (話言葉) coin [プティクワーン], (俗語) chiottes [ショートゥ] 囡複／公衆～ toilettes publiques [トゥワレートゥ ピュブリーク]／～ペーパー papier 男 hygiénique [パピエ イジェニーク]

とう¹ 塔 tour [トゥール] 囡／(尖塔) flèche [フレーシュ] 囡／(鐘楼) campanile [カンパニール] 囡

とう² 籐 rotin [ロタン] 男／～椅子 chaise 囡 de rotin [シェーズ ドゥ ロタン], chaise cannée [シェーズ カネ]

とう³ 糖 sucre [スュークル] 男

とう⁴ …等 (等級) classe [クラース] 男／(軍などの等級) grade [グラードゥ] 男／(席次) rang [ラン] 男

どう¹ (どのように) comment [コマン], de quelle façon [ドゥ ケル ファソン]／このにんじんを～切るのか Comment est-ce que je taille les carottes ? [コマンテスク ジュ ターユ レ カロトゥ]‖(何を) que [ク], qu'est-ce que [ケスク]／君はシェフを～思うか Qu'est-ce que tu penses du chef ? [ケスク テュ パーンス ドゥ シェフ]／～したの Qu'est-ce que tu as ? [ケスク テュ ア] → **どうでもいい**, **どんな**

どう² 胴 (胴体) corps [コール] 男〈単複同形〉, tronc [トゥローン] 男／(ウエスト) taille [ターユ] 囡／(いかの) sac [サーク] 男, manteau [マント] 男〈複 ～x〉, poche [ポーシュ] 囡／(伊勢海老やオマールの) queue [ク−] 囡

どう³ 銅 cuivre [キュイーヴル] 男／～の, ～でできた en (または de) cuivre [アン (ドゥ) キュイーヴル]／(青銅) bronze [ブローンズ] 男

とうい 糖衣 ～錠 dragée [ドゥラージェ] 囡／～アイシング, フォンダン

どういう → **どう**¹

どういたしまして Je vous en prie. [ジュ ヴーザン プリー], Pas de quoi. [パ ドゥ クワー]

ドゥーズ (シャンパンメーカー, そのシャンパン) Deutz 固男

トゥーテピス → **くろたねそう**

ドゥ・リーヴル (パン) deux-livres 男

トゥーラン (都市) Tours 固／～の tourangeau [トゥーランジョ]〈複 ～x〉, tourangelle [トゥーランジェール]〈囡に〉／～風 (à la) tourangelle [(アラ) トゥーランジェール], à la mode de Tours [アラ モードゥ ドゥ トゥール]

トゥールーズ (都市) Toulouse 固／～の toulousain,e [トゥールー ザン, ゼーヌ]／～風 (à la) toulousaine [(アラ) トゥールーゼーヌ]／～のカスーレ cassoulet de Toulouse [カスーレ ドゥ トゥールーズ]

トゥレーヌ (地方) Touraine [トゥーレーヌ] 固囡／～の tourangeau [トゥーランジョ] 男に,〈複 ～x〉, tourangelle [トゥーランジェール]〈囡に〉／～風 (à la) tourangelle [(アラ) トゥーランジェール]／(AOC ロワールワイン) touraine [トゥーレーヌ] 男

トゥーロン (都市) Toulon 固／～の toulonnais,e [トゥーロネ, -ズ] 男には単複同形／～風 (à la) toulonnaise [(アラ) トゥーロネーズ]

とうえき 糖液 → シロップ
とうおう 東欧 Europe 固女 orientale［ウーロポリヤンタール］, europe 女 de l'Est［ウロープ ドゥ レーストゥ］
どうか S'il vous plaît.［スィル ヴー プレ］／(願望)〜…でありますように «je souhaite que［ジュ スエートゥ ク］+接続法現在形の活用をする動詞を伴う文»／(懇願)〜お願いです Je vous en supplie.［ジュ ヴー ザン スュプリ］／…か〜 si［スィ］／〜したのですか？ Qu'est-ce que vous avez ?［ケー ス ク ヴザヴェ］ → どうぞ
とうがたった 薹がたった monté,*e*［モンテ］
とうがらし 唐辛子 piment［ピマン］男, 英 *pepper*／赤(青)〜 piment rouge (vert)［ピマン ルージュ (ヴェール)］／〜をきかせる pimenter［ピマンテ］／〜のきいた, 〜をきかせた pimenté,*e*［ピマンテ］ → エスプレット
とうがん 冬瓜 courge 女 cireuse［クールジュ スィルーズ］, melon 男 d'hiver chinois［ムロン ディヴェール シヌワ］, 英 *wax gourd, white gourd*
とうき 陶器 → とうじき
どうき 動悸 battement 男 de cœur［バートゥマン ドゥ クール］／〜がする avoir un battement de cœur［アヴワール アン バートゥマン ドゥ クール］〈avoir ①〉
とうきび 唐黍 → とうもろこし
どうきょ 同居 cohabitation［コアビタスィヨン］女／〜する cohabiter［コアビテ］
どうぎょうしゃ 同業者 confrère［コンフレール］男
どうぐ 道具 (工具) outil［ウーティ］男／〜箱 boîte 女 à outils［ブワータ ウーティ］／(工具一式) outillage［ウーティヤージュ］男‖(器具) instrument［アンストゥリュマン］男 ‖(キッチン用) ustensile［ユスタンスィール］男／調理〜一式 batterie 女 de cuisine［バートゥリ ドゥ キュイズィーヌ］
とうげ 峠 col［コール］男
とうげい 陶芸 céramique［セラミーク］女／〜家 céramiste［セラミーストゥ］男 女
とうけつ 凍結 (急冷) glaçage［グラサージュ］男／〜させる glacer［グラーセ］㉜／〜させた glacé,*e*［グラーセ］‖(結氷) gel［ジェール］男／〜させる geler［ジュレ］⑤／〜した gelé,*e*［ジュレ］‖〜乾燥 lyophilisation［リヨフィリザスィヨン］女／〜乾燥させた lyophilisé,*e*［リヨフィリゼ］‖道路〜 verglas［ヴェールグラ］男〈単複同形〉 → れいとう
とうざいなんぼく 東西南北 → ほうい
とうざよきん 当座預金 → よきん
とうさん 倒産 faillite［ファイートゥ］女／〜する faire faillite［フェール ファイートゥ］〈faire ㉑〉
とうじ[1] 当時 à cette époque-là［アセテポーク ラ］, en ce temps-là［アン ス タン ラ］
とうじ[2] 湯治 cure 女 thermale［キュール テルマール］
どうし 動詞 verbe［ヴェールブ］男／代名〜 verbe pronominal［ヴェールブ プロノミナール］／自〜 verbe intransitif［ヴェールバントゥランズィティーフ］／他〜 verbe transitif［ヴェールブ トゥランズィティーフ］
どうじ 同時(の) simultané,*e*［スィミュルタネ］／〜に simultanément［スィミュルタネマン］, à la fois［ア ラ フワー］／(平行して)〜に parallèlement［パラレールマン］／…と〜に en même temps que ...［アン メーム タン ク］ → つうやく
とうじき 陶磁器 (窯業製品) céramique［セラミーク］女／(磁器) porcelaine［ポルスレーヌ］女／(陶器) poterie［ポートゥリ］女, (ファイアンス) faïence［ファヤーンス］女
とうじつ 当日 ce jour-là［ス ジュール ラ］
どうして → どうやって, なぜ
どうしても (絶対に) absolument［アブソリュマン］／(必ず) nécessairement［ネセセールマン］
とうしょ 当初 → はじめ
とうじょう 搭乗 embarquement［アンバールクマン］男／〜員 équipage［エキパージュ］男／〜券 carte 女 d'embarquement［カールトゥ ダンバルクマン］／〜手続 formalités 女 複 d'embarquement［フォルマリテ ダンバルクマン］／〜する monter［モンテ］, s'embarquer［サンバルケ］代動 (59)
どうじょう 同情 (哀れみ) compassion［コンパスィヨン］女／…に〜する avoir de la compassion pour...［アヴワール ドゥ ラ コンパスィヨン プール］〈avoir ①〉
どうせい 同棲 concubinage［コンキュビナージュ］男, union 女 libre［ユニヨン リーブル］

とうせいめいしょう 統制名称 appellation [女] contrôlée [アペラスィヨン コントゥローレ]

とうぜん 当然 (必然的に) naturellement [ナテュレールマン] /～の naturel,le [ナテュレル] ‖ (標準的に) normalement [ノルマルマン] /～の normal,e [ノルマル], normaux [ノルモ] 〈男複〉‖ (明らかに) évidemment [エヴィダマン] /～の évident,e [エヴィダン, トゥ]

どうぞ (依頼) s'il vous plaît [スィル ヴープレー], je vous en prie [ジュ ヴーザンプリー] / (許可) Allez-y. [アレズィ] /～お先に Après vous. [アプレ ヴー] → どうか

とうち 豆豉 soja [男] noir fermenté chinois [ソジャ ヌワール フェルマンテ シヌワ]

とうちゃく 到着 arrivée [アリヴェ] [女] /～駅 gare [女] d'arrivée [ガール ダリヴェ] /～時刻 heure [女] d'arrivée [ウール ダリヴェ] /～ホーム quai [男] d'arrivée [ケ ダリヴェ] /～する arriver [アリヴェ]

トゥッティ・フルッティ (デザート) tutti frutti [男複]

どうでもいい (私には) Ça m'est égal. [サ メテガル]

とうど 糖度 teneur [女] en sucre [トゥヌーラン スュークル] / (ボーメ度) Baumé [ボメ] [男] : 記号は °B /～計 pèse-sirop [ペーズ スィロ] [男] 〈複 ～-s〉, réfractomètre [レフラクトメートゥル] [男]

とうとう 到頭 → やっと

とうなん 盗難 vol [ヴォル] [男] / (強盗) cambriolage [カンブリヨラージュ] [男] ‖～車 voiture [女] volée [ヴワテュール ヴォレ] /～届 déclaration [女] de vol [デクララスィヨン ドゥ ヴォール] /～品 vol [ヴォール] [男]

とうなんアジア 東南アジア Asie [女] du Sud-Est [アズィ デュ スュデーストゥ]

とうなんとう 東南東 est-sud-est [エーストゥ スュデーストゥ] [男] /～の est-sud-est 〈不変〉

トウニ (ポルト酒) tawny [男]

どうにか → なんとか, やっと

どうにもならない Il n'y a rien à faire. [イル ニヤ リヤンナ フェール]

とうにゅう 豆乳 lait [男] de soja [レドゥ ソジャ]

とうにょうびょう 糖尿病 diabète [ディヤベトゥ] [男] /～患者 diabétique [ディヤベティーク] [男女]

とうばな 塔花 (トウバナ属) clinopodium [クリノポディヨーム] [男]

とうばんじゃん 豆板醤 purée [女] de fève piquante de Chine [ピュレ ドゥ フェーヴ ピカーントゥ ドゥ シーヌ]

とうふ 豆腐 fromage [男] de soja [フロマージュ ドゥ ソジャ], tofu [トーフ] [男] / 絹漉(ごし)～ fromage de soja soyeux [フロマージュ ドゥ ソジャ スワユー]

とうぶ¹ 頭部 → あたま
とうぶ² 東部 → ひがし¹

どうふう 同封(の) (添付の) ci-joint,e [スィ ジュワーン, トゥ] /～する joindre [ジュワーンドゥル] 14, inclure [アンクリュール] 52

どうぶつ 動物 animal [アニマール] [男] 〈複 animaux [アニモ]〉/～の animal,e, animaux 〈男複〉‖ (獣, 家畜) bête [ベートゥ] [女]

とうぶん¹ 当分 (しばらくの間) quelque temps [ケールク タン] / (今のところ) pour le moment [プール ル モマン]

とうぶん² 糖分 sucre [スュークル] [男] /～含有量 teneur [女] en sucre [トゥヌーラン スュークル] /～控えめ(の) allégé,e en sucre [アレジェ アン スュークル]

とうほくとう 東北東 est-nord-est [エーストゥ ノーレーストゥ] [男] /～の est-nord-est 〈不変〉

ドゥミ (250 cc の生ビール) demi [男] /～・グラス (ソース) demi-glace [ドゥミ グラース] [女], sauce [女] demi-glace [ソース ドゥミ グラース] /～セック (甘口シャンパンまたはセミドライ白ワイン) demi-sec [ドゥミ セーク] [男] 〈複 ～-s〉/～・ドゥイユ (盛付け方法) demi-deuil [ドゥミ ドゥーユ] [男] 〈複 ～-s〉/～パナシェ (ビールの甘味炭酸水割り) demi-panaché [男] 〈複 ～-s〉
→ なかば, はんぶん

とうみつ 糖蜜 → さとう

ドゥミドフ(風) Demidof(f) [ドゥミドーフ]

どうみゃく 動脈 artère [アルテール] [女] /～硬化 artériosclérose [アルテリヨスクレローズ] [女] /～瘤 anévrisme [アネヴリースム] [男]

とうみょう 豆苗 : えんどうの若芽 pousse [女] de pois [プース ドゥ プワー] 《料理では常に複数》, 〈英〉 pea sprout

とうめい 透明(な) transparent,e [トゥーランスパラーン, トゥ] / (澄んだ) clair,e

[クレール] ‖ 半〜の diaphane [ディヤファーヌ]〈男女同形〉, translucide [トゥランスリュイードゥ]〈男女同形〉 ‖ 不〜な opaque [オパーク]〈男女同形〉

とうめん 当面 → とうぶん¹

どうも → あいさつ, どうやら, とても, ひじょうに

とうもろこし 玉蜀黍 maïs [マイース]男〈単複同形〉, (英) *maize*, (米) *corn* / 〜粉 (コーンミール) farine 女 de maïs [ファリーヌ ドゥ マイース] → コーン

どうやって comment [コマン], par quel moyen [パール ケル ムワヤーン], de quelle façon [ドゥ ケル ファソン]

どうやら (…にとってどうも…らしい)《il semble à [イル サンブル ア] + 人 + que [ク] + 文》/ (なんとか) tant bien que mal [タン ビヤーン ク マール]

とうゆ 灯油: フランスの燃料用重油 mazout [マズートゥ]男

とうよう 東洋 Orient [オリヤーン]固男 / 〜の oriental,e [オリヤンタール], orientaux [オリヤント]〈男複に〉 / 〜風 (à l')orientale [オリヤンタール (ア ロリヤンタール)]

どうよう 同様 → おなじ

どうりょう¹ 同量 même quantité 女 [メーム カンティテ] / A と〜の B autant de B que A [オタン ドゥ ク]

どうりょう² 同僚 → ともだち, なかま

ドゥルー (町) Dreux 固 / 〜の drouais,e [ドゥルーエ, -ズ]〈男には単複同形〉 / 〜風 à la Dreux [ア ラ ドゥルー]

トゥルーヴィル (町) Trouville-sur-Mer [トゥルーヴィル スュール メール] 固 / 〜の trouvillais,e [トゥルーヴィレ, -ズ]〈男には単複同形〉 / 〜風 (à la) trouvillaise [(ア ラ) トゥルーヴィレーズ]

トゥルー・ノルマン → しょくちゅうしゅ

トゥルト (パイ) tourte [トゥールトゥ] 女, (英) *pie* / 小〜 tourtelette [トゥールトゥレートゥ] 女, (英) *small pie*

トゥルトー (ケーキ) tourteau [トゥールト]男〈複〜x〉

トゥルヌド (牛フィレ肉の薄い筒切) tournedos [トゥールヌド]男〈単複同形〉, ⓔ *tournedos*

トゥルネする (野菜の整形) tourner [トゥールネ] / トゥルネした tourné,e [トゥールネ] / (鍋の中をまぜる) tourner → めんとりする

どうろ 道路 (都市間の道) route [ルートゥ]女 / (官庁用語) voie [ヴワー]女 / (歩道) trottoir [トロトワール]男 / (車道) chaussée [ショセ] 女 / (国道) route nationale [ルートゥ ナスィヨナール] / (県道) route départementale [ルートゥ デパルトゥマンタール] / 高速〜 autoroute [オトルートゥ] 女 / 環状〜 (boulevard 男) périphérique [(ブールヴァール) ペリフェリーク]男 / 〜工事; 標識 travaux [トゥラーヴォ]男複 ‖ 有料〜 route à péage [ルータ ペアージュ] / (有料高速道路) autoroute à péage [オトルータ ペアージュ] → とおり², みち

とうろく 登録 (法的な) enregistrement [アンルジーストゥルマン]男 / 〜する enregistrer [アンルジーストゥレ] / 〜料 droits 男複 d'enregistrement [ドゥルワダンルジーストゥルマン] ‖ (番号や氏名の) immatriculation [イマトゥリキュラスィヨン]女 / …に〜する immatriculer [イマトゥリキュレ] / 〜番号 (人の) numéro 男 d'immatriculation [ニュメロ ディマトゥリキュラスィヨン] ‖ (大学などの) inscription [アンスクリプスィヨン]女 / …に〜する s'inscrire à... [サンスクリール ア]代動 18 59 ‖ (商標などの) dépôt [デポ]男 / 〜する déposer [デポゼ]

とお 十 → じゅう¹

とおい 遠い loin [ルワーン] / …から遠くに loin de... [ルワーン ドゥ]

ドーヴァー 〜海峡 pas 男 de Calais [パドゥ カレ] / 〜したびらめ

ドーヴィル (港町) Deauville 固 / 〜の deauvillais,e [ドヴィレ, -ズ]〈男には単複同形〉 / 〜風 (à la) deauvillaise [(ア ラ) ドヴィレーズ]

とおざける 遠ざける éloigner [エルワーニェ], écarter [エカルテ]

とおし (お)通し → つきだし

とおして (…を)通して à travers... [ア トゥラヴェール], au travers de... [オ トゥラヴェール ドゥ]

とおす 通す faire (または laisser) passer [フェール (レセ) パセ]〈faire 21〉 / (糸を) enfiler [アンフィレ]

トースター grille-pain [グリーユ パン]男〈単複同形〉, toasteur [トストゥール]男

トースト pain 男 grillé [パン グリエ], toast, toste [トーストゥ] 男, (英) *toast* / 〜にする griller [グリエ], toaster [ト

ステ]/～にした grillé,e [グリーエ], toasté,e [トステ] ‖ ガーリック～ aillade [アヤードゥ] 囡, pain à l'aillade [パンアラヤードゥ]/フレンチ～ pain perdu [パンペルデュ] (英) French toast ‖ (中世の皿代りの) rôtie [ロティ] 囡

とおっている 通っている (電気やガスが，電車などが) desservi,e [デセルヴィ]

ドーナツ beignet 男 sucré [ベニェ スュクレ], berline [ベルリーヌ] 囡, (英) *doughnut*

ドーブ (煮込) daube 囡, (英) *casserole, stew* /～にする endauber [アンドベ] /～にした endaubé,e [アンドベ]
→ なべ

ドーム dôme 男 /～形の en dôme [アンドーム]

とおり¹ (…の) 通り (…のように) comme... [コム] / (…によって) suivant... [スュイヴァン] / あなたの言う～です Vous avez raison. [ヴーザヴェレゾン]

とおり² 通り (街路) rue [リュ] 囡/裏～ rue de derrière [リュドゥデリエール] / 表～ rue principale [リュプランスィパール] ‖ (市外に通じる道) avenue [アヴニュ] 囡/ (都市環状) boulevard [ブールヴァール] 男/ (並木のある散歩道) cours [クール] 男 〈単複同形〉/ (幹線道路) artère [アルテール] 囡/ (路地) ruelle [リュエール] 囡/ (車の通らない抜道) passage [パサージュ] 男/ (アーケード，回廊) galerie [ガルリ] 囡/ (袋小路) impasse [アンパス] 囡, cul-de-sac [キュドゥサック] 〈複 ~s-~-~〉 / (往来，輸送) trafic [トラフィーク] 男/ (流通，循環) circulation [スィルキュラスィヨン] 囡
《手紙などの宛先では avenue は av. と boulevard は bd. と略すこともある》
→ どうろ，みち

とおる 通る (通過する) passer [パセ] / (往来する) circuler [スィルキュレ] ‖ …を通って par... [パール], à travers... [アトラヴェール] →とおっている

トカイ (ハンガリーのワイン) tokay, tokai [トカイまたはトケ] 男, tokaï [トカイ] / (ハンガリー語) *Tokaji*

とかい 都会 ville [ヴィール] 囡/大～ grande ville [グランドゥヴィール]/～人 citadin,e [スィタ・ダン，ディーヌ] 男囡,

gens 男複 de la ville [ジャンドゥラヴィール] /～生活 vie 囡 urbaine [ヴィユルベーヌ]

とかす¹ 溶かす・解かす (溶解) fondre [フォンドゥル] 39, faire fondu,e [フェール フォンドゥル]〈faire 21〉/溶かした fondu,e [フォンデュ] ‖ (解凍) dégeler [デジュレ] 5/解かした dégelé,e [デジュレ] ‖ (液体中に) dissoudre [ディスードゥル] 56/溶けた dissous [ディスー] 男, 単複同形, dissoute [ディスートゥ] 囡に) ‖ (液体で溶く) diluer [ディリュエ] /溶かした dilué,e [ディリュエ] ‖ (液化) liquéfier [リケフィエ] /溶かした liquéfié,e [リケフィエ]

とかす² 梳かす (自分の髪を) se peigner les cheveux [スペニェレシュヴー]〈peigner 代動 59〉

とがった 尖った pointu,e [プワンテュ] / (研いで) …を失らす aiguiser la pointe de... [エギゼザプワーントゥドゥ]

とき¹ 時 temps [タン] 男 〈単複同形〉, moment [モマン] 男
→ きかい², じかん, じこく¹, じだい

とき (…の) 時「au moment de [オモマンドゥ] + 名詞または不定詞」/盛付の (盛付ける)～は集中が必要だ Il faut une concentration au moment du dressage [イルフォ ユヌ コンサントゥラスィヨン オ モマン デュドゥレサージュ (ドゥドゥレセ)] ‖ (…する～) quand... [カン], lorsque... [ロルスク] /出かける～に電話が鳴った Le téléphone a sonné quand j'allais sortir. [ル テレフォナ ソネ カン ジャレ ソルティール]

ときし 研器 (包丁) aiguiseur [エギズール] 男, aiguisoir [エギズワール] 男/ (スチール棒) fusil [フュズィ] 男/ (グラインダー) meule [ムール] 囡/ (研道具の総称) affiloir [アフィルワール] 男, affiloire [アフィルワール] 囡

ときしらず 時知らず →さけ¹

ときたまご 溶卵 œuf 男 battu [ウフバテュ]〈複 ~s-~s [ウバテュ]〉‖ (生地の照出し用) dorure [ドリュール] 囡/～を塗る dorer [ドレ] /～を塗った doré,e [ドレ]

ときどき 時々 de temps en temps [ドゥタンザンタン], quelquefois [ケルクフワ]

ときには 時には des fois [デフワ],

とぎぼう 研棒 → とぎき

とく¹ 解く（ほどく）dénouer [デヌエ], délier [デリエ] ‖（ひもを）déficeler [デフィスレ] 7 /解いた déficelé,e [デフィスレ] ‖（解決する）résoudre [レズードゥル] 56

とく² 溶く（のばす）délayer [デレイエ] 31 → とかす¹

とく³ 得（な）avantageux [アヴァンタジュー]〈男に, 単複同形〉, avantageuse [アヴァンタジューズ]〈女に〉/（有益な）profitable [プロフィターブル]〈男女同形〉

とぐ 研ぐ（米を）nacrer [ナークレ] /研いだ nacré,e [ナークレ] ‖（砥石などで）aiguiser [エギゼ] /研いだ aiguisé,e [エギゼ] ‖（グラインダーで）émoudre [エムードル] 39〈備考〉研いだ émolu,e [エムーリュ] ‖（切れ味を取戻す）affûter [アフュテ]

どく 毒（総称）toxique [トクスィーク]男/（身体に悪いもの）poison [プワゾン]男/（蛇などの）venin [ヴナーン]男/〜のある（動物が）venimeux [ヴニムー]〈男に, 単複同形〉, venimeuse [ヴニムーズ]〈女に〉/（植物が）vénéneux [ヴェネヌー]〈男に, 単複同形〉, vénéneuse [ヴェネヌーズ]〈女に〉/〜草 plante 女 vénéneuse [プラーントゥ ヴェネヌーズ] /〜消し（解毒）désintoxication [デザントクスィカスィヨン]女/解〜剤 contrepoison [コーントゥルプワゾン]男

とくい 得意（客）client,e [クリヤン, トゥ]男女/（集合的）clientèle [クリヤンテール] 女/（常連）habitué,e [アビテュエ]男女/〜である être fier〈女にはfière〉de... [エートゥル フィエール ドゥ]〈être 2〉/（…が得手）être fort,e en... [エートゥル フォール, トゥ アン], être bon,ne en... [エートゥル ボン, ーヌ アン]

とくぎ 特技 talent [タラン]男

とくさ 木賊・砥草 prêle 女 d'hiver [プレール ディヴェール],〈英〉scouring rush

とくさんぶつ 特産物 produit 男 spécial [プロデュイ スペスィヤール]〈複 〜s spéciaux [プロデュイ スペスィヨ]〉/（名産）spécialité [スペスィヤリテ] 女

とくしゅ 特殊（な）particulier [パルティキュリエ]〈男に〉, particulière [パルティキュリエール]〈女に〉

どくしょ 読書 lecture [レクテュール] 女/〜する lire [リール] 24

とくしょく 特色 → とくちょう¹

どくしん 独身 célibat [セリバ]男/〜者 célibataire [セリバテール]男女/〜の célibataire〈男女同形〉

とくせい 特製（の）（並外れた）†hors série [オール セリ]〈複 〜〜s〉/（独創的な）original,e [オリジナル], originaux [オリジノ]〈男複に〉/当店の〜… ...de la maison [ドゥ ラ メゾン]

とくせん 特選（の）… ...de choix [ドゥ シュワ], ...surchoix [スュルシュワ]〈不変〉

どくそうせい 独創性 → オリジナ, そうぞう¹

ドクター → いしゃ, はくし

とくだい 特大（の）→ きょだい

とくちゅう 特注（特別注文）commande 女 spéciale [コマーンドゥ スペスィヤール] /〜品 article 男 sur commande [アルティークル スュール コマーンドゥ]

とくちょう¹ 特徴 caractéristique [カラクテリスティーク] 女/（独自性）particularité [パルティキュラリテ] 女/〜的な, 〜のある caractéristique〈男女同形〉/（独特の）particulier [パルティキュリエ]〈男に〉, particulière [パルティキュリエール]〈女に〉 ‖（属性）propriété [プロプリエテ] 女/〜的な, 〜のある propre [プロープル]〈男女同形〉

とくちょう² 特長（質のよさ）qualité [カリテ] 女/（優位性）avantage [アヴァンタージュ]男/（精神的価値）mérite [メリートゥ]男

どくとく 独特（の）→ オリジナル, とくしゅ, とくちょう¹, とくべつ

とくに 特に surtout [スュルトゥー], notamment [ノタマン], spécialement [スペスィヤールマン]

とくばい 特売 → バーゲン

とくべつ 特別（な）spécial,e [スペスィヤール], spéciaux [スペスィヨ]〈男複に〉/〜に spécialement [スペスィヤールマン] ‖（例外的な）exceptionnel,le [エクセプスィヨネール], 〜に exceptionnellement [エクセプスィヨネールマン]

どくみする 毒味する goûter [グーテ]

とくよう 徳用（の）（節約する）économique [エコノミーク]〈男女同形〉/（得な）

トケ（ぶどう）tokay 男 /~・ダルザス tokay d'Alsace

とげ 刺・棘 épine [エピーヌ] 女/~のある épineux [エピヌー] 〈男に, 単複同形〉, épineuse [エピヌーズ] 〈女に〉/‖ (皮膚に刺さった) écharde [エシャールドゥ] 女

とけい 時計 (腕・懐中時計) montre [モーントゥル] 女/デジタル~ montre digitale [モーントゥル ディジタール] /防水~ montre étanche [モーントゥル エターンシュ] / (大型時計) horloge [オルロージュ] 女/ (掛, 置型時計) pendule [パンデュール] 女/ (目覚し時計) réveil [レヴェーユ] 男, réveille-matin [レヴェーユ マタン] 〈単複同形〉/‖ ~回りに dans le sens des aiguilles d'une montre [ダン サンス デ エギュイーユ デュヌ モーントゥル] /~と反対回りに dans le sens inverse des aiguilles d'une montre [ダン ル サンス アンヴェルス デ エギュイーユ デュヌ モーントゥル]

とけつ 吐血 vomissement 男 de sang [ヴォミスマン ドゥ サン]

とける 溶ける fondre [フォーンドゥル] 39/溶けた fondu,e [フォンデュ] /溶けるような fondant,e [フォンダン, トゥ] / (液体に) se dissoudre [ス ディスードゥル] 代動 56 59/溶けた dissous [ディスー] 〈男に, 単複同形〉, dissoute [ディスートゥ] 〈女に〉/‖ (氷や雪が) dégeler [デジュレ] 5 /溶けた dégelé,e [デジュレ] / (緊張が) se dégeler [ス デジュレ] 代動 5 59

どこ 何処 (場所) ~へ, ~に, ~で où [ウー] /~から d'où [ドゥー] /~まで jusqu'où [ジュスクー] /~か quelque part [ケールク パール] /私は~かわからない Je ne sais où. [ジュ ヌ セ ズー] /~でも (いたるところ) partout [パルトゥー] /~でも (かまわない) n'importe où [ナンポルトゥー] /~にも (ない) nulle part [ニュル パール]

とこぶし 床臥・常節 (西洋とこぶし) petit ormeau [プティトルモ] 男 複 ~s ~x [プティゾルモ], 英 small abalone

とこや 床屋 → りはつ

ところ 所 Aさんの~ chez A [シェ] ‖…している~ «être en train de [エートゥル アントゥラーン ドゥ] +不定詞» 〈être 2〉 → じゅうしょ, ばしょ

ところが cependant [スパンダン], or [オール]

ところか …ところか (反対に) au contraire [オ コントゥレール]

ところで à propos [ア プロポ]

ところではない (…する)ところではない «Ce n'est pas le moment de [ス ネ パ ル モマン ドゥ] +不定詞または名詞», «Ce n'est pas le moment où [ス ネ パ ル モマン ウー] +文»

ところてん 心太 gelée 女 d'agara-gar [ジュレ ダガラガール]

ところどころ 所所 par-ci, par-là [パール スィ パール ラ], ça et là [サ エ ラ]

とさか 鶏冠 crête [クレートゥ] 女

とさかのり 鶏冠海苔:海藻 algue 女 rouge [アールグ ルージュ], 英 edible red alga

とさつ 屠殺 → ちくさつ

とざん 登山 alpinisme [アルピニースム] 男 /~家 alpiniste [アルピニーストゥ] 男 女 /~靴 brodequins 男 複 d'alpiniste [ブロドゥカン ダルピニーストゥ] /~電車 (鉄道) chemin 男 de fer de montagne [シュマン ドゥ フェール ドゥ モンターニュ] /~する faire de l'alpinisme [フェール ドゥ ラルピニースム] 〈faire 21〉

とし¹ 年 (年齢) âge [アージュ] 男 /~をとる prendre de l'âge [プラーンドゥル ドゥ ラージュ] 〈prendre 37〉, vieillir [ヴィエイエール] 4 ‖ ~上の plus âgé,e [プリュ ゼジェ] ‖ ~下の plus jeune [プリュ ジューヌ] ‖ ~越 réveillon [レヴェヨン] 男 / (暦として) an [アン] 男, année [アネ] 女 → こん²

とし² 都市 ville [ヴィール] 女 /~の urbain,e [ユル・バン, ベーヌ] /新興~ ville nouvelle [ヴィル ヌーヴェル]

ドジーズ・レ・マランジュ(ワイン) dezize-lès-maranges [ドゥズィーズ レ マラーンジュ] 男

として …として (…の立場で) comme... [コム], en tant que... [アンタン ク] /~は comme...

どしゃぶり 土砂降り pluie 女 torrentielle [プリュイ トランスィエール]

どじょう¹ 土壌 sol [ソール] 男, terre [テール] 女, terrain [テラン] 男

どじょう² 泥鰌 loche [ローシュ] 女, 英

loach

どじょういんげん → さやいんげん

としょかん 図書館 bibliothèque [ビブリヨテーク]〔女〕／大学～ bibliothèque universitaire [ビブリヨテーキュニヴェルスィテール], B.U. [ベユ]〔女〕

とじる 閉じる fermer [フェルメ]／閉じた fermé, e [フェルメ] ‖ (鍋と蓋を生地で) luter [リュテ]／閉じた luté, e [リュテ] ‖ (封をする) cacheter [カシュテ], sceller [セレ] ‖ (閉まる) se fermer [スフェルメ]〔代動59〕

としん 都心 centre〔男〕de la ville [サーントゥル ドゥラ ヴィール]

どしん Paf ! [パーフ], Boum ! [ブーム]

トスカ(歌) Tosca [トスカ]

トスカーナ (イタリアの地方) Toscane [トスカーヌ]〔固〕／～の toscan, e [トスカン, ーヌ]／～風 (à la) toscane [(アラ) トスカーヌ]

どすん → どしん

とそ 屠蘇 vin〔男〕de riz épicé pour le nouvel an [ヴァン ドゥ リ エピセ プール ル ヌーヴェラン]

どそく 土足 ―禁止：掲示 Se déchausser avant d'entrer. [スデショセ アヴァン ダントレ]

どだい 土台 base [バーズ]〔女〕

とだな 戸棚 (作り付の) placard [プラカール]／(食器用) buffet [ビュフェ]〔男〕

とたん …途端 (…するや否や) «à peine…que [ア ペーヌク]＋文», «aussitôt que [オスィトク]＋文», «dès que [デク]＋文»

とち 土地 (地面) terre [テール]〔女〕, terrain [テラン]〔男〕／(所有地) propriété [プロプリエテ]〔女〕／～所有者 propriétaire [プロプリエテール]〔男〕 foncier [フォンスィエ], propriétaire〔女〕foncière [プロプリエテール フォンスィエール]／(資産) fonds [フォン]〔男〕〔単複同形〕 ‖ (農地) terroir [テルワール]〔男〕 ‖ (垣で囲まれたぶどう栽培地) clos [クロー]〔男〕〔単複同形〕 ‖ (地方) région [レジョン]〔女〕, pays [ペイー]〔男〕〔単複同形〕

とちのき 栃の木・橡 marronnier [マロニエ]〔男〕

どちゃく 土着(の) indigène [アンディジェーヌ]〈男女同形〉

とちゅう 途中(で) (行き帰り道で) en chemin [アン シュマン]／～下車 interruption〔女〕du voyage [アンテリュプスィヨン デュ ヴワヤージュ]／(道なかばで) à mi-chemin [ア ミ シュマン]／(…の最中に) au cours de… [オ クール ドゥ]

どちら (どれ, どちらの) lequel [ルケール]〔男〕〔単〕〈に〉, laquelle [ラケール]〔女〕〔単〕〈に〉, lesquels [レケール]〔男〕〔複〕〈に〉, lesquelles [レケール]〔女〕〔複〕〈に〉 ‖ ～か l'un, e ou l'autre [ラン, リューヌ ウ ロートゥル]／～も…だ l'un, e et l'autre [ラン, リューヌ エ ロートゥル], tous les deux [トゥー レ ドゥー]〔男〕に〉, toutes les deux [トゥート レ ドゥー]〈〔女〕に〉 ‖ ～も…ない ni l'un, e ni l'autre [ニ ラン, リューヌ ニ ロートゥル], aucun, e de… [オ・カン, キューヌ ドゥ] ‖ ～でも (あなたの好みで) Comme vous voulez. [コム ヴー ヴーレ]／～にしても de toute façon [ドゥ トゥート ファソン]／～かと言えば plutôt [プリュト] ‖ ～様ですか (訪問者に対して) Puis-je avoir votre nom ? [ピュイジュ アヴワール ヴォートゥル ノン]／(電話で) À qui dois-je annoncer ? [アキ ドワージュ ジャノンセ], C'est de la part de qui ? [セ ドゥラ パール ドゥ キ]
　→ どこ, だれ

とっき 突起 saillie [サイーイ]〔女〕

とっきゅう¹ 特急 (列車) rapide [ラピードゥ]〔男〕／～券 billet〔男〕de rapide [ビエ ドゥ ラピードゥ]：フランスには存在しない／～料金 supplément-rapide [スュプルマン ラピードゥ]〔男〕〔複 ~s- ~〕：フランスには存在しない

とっきゅう² 特級(の) de qualité extra [ドゥ カリテ エークストゥラ]

ドック dock [ドーク]〔男〕／人間～ check-up [チェクープ]〔男〕〔単複同形〕, examen〔男〕médical [エグザマン メディカール]

トックぼう トック帽 (コック帽) toque [トーク]〔女〕

とっくり 徳利 flacon〔男〕à saké [フラコーン ア サケ]／～セーター pull〔男〕または pull-over〔男〕〔複 ~- ~s〕) à col roulé [ピュール (ピュロヴェール) ア コル ルーレ]

とつじょう 凸状(の) convexe [コンヴェークス]〈男女同形〉

とつぜん 突然(の) soudain, e [スーダン, デーヌ], brusque [ブリュスク]〈男女同形〉／～に soudain [スーダン], brusquement [ブリュスクマン], tout à coup [トゥ タ クー]

どっちみち → どちら

とって¹ …に〜 pour... [プール]
とって² 取っ手 → た²,つまみ,ドア
とっておく 取っておく → ほぞん,よやく
ドット point [プワーン] 男
トッピング garniture 女 de dessus [ガルニテュール ドゥ ドゥスュ] /…を〜した garni,e de... [ガルニ ドゥ]
ドディーヌ(料理,ソース) dodine 女
どてなべ 土手鍋 pot-au-feu 男〈単複同形〉d'huîtres et de légumes à la pâte de soja fermentée servi dans une marmite en terre [ポトフ デュイートル エ ドゥ レギューム ア ラ パート ドゥ ソジャ フェルマンテ セルヴィ ダンジュヌ マルミータン テール]
とても (大変) très [トゥレー] / (よく) bien [ビヤーン], fort [フォール], beaucoup [ボクー]
とどく 届く (着く) arriver [アリヴェ], parvenir [パルヴニール] 47 / (配達される) être livré,e [エートゥル リーヴレ] 〈être 2〉 / (達する) atteindre [アターンドゥル] 14
とどけ 届 (申告) déclaration [デクララスィヨン] 女 / 婚姻〜 déclaration de mariage [デクララスィヨン ドゥ マリヤージュ] / 死亡〜 déclaration de décès [デクララスィヨン ドゥ デセ] / 出生〜 déclaration de naissance [デクララスィヨン ドゥ ネサーンス] / 転居〜 déclaration de changement d'adresse [デクララスィヨン ドゥ シャーンジュマン ダドゥレース] ‖ (通達) note [ノートゥ] 女, notification [ノティフィカスィヨン] 女 / 〜先 (目的地) destination [デスティナスィヨン] 女 / (受取人) destinataire [デスティナテール]
ととのえる 整える・調える → かたづける,せいり¹,バレ¹
トナカイ renne [レーヌ] 男, 英 reindeer, caribou
どなべ 土鍋 → タジーヌ,なべ
となり 隣 (家) maison 女 d'à côté [メゾン ダ コテ] / (アパート) appartement 男 voisin [アパルトゥマン ヴワザーン] / (人) voisin,e [ヴワ・ザーン, ズィーヌ] 男女 / 〜の voisin,e d'à côté [ダ コテ] / /…の〜に à côté de... [ア コテ ドゥ] / …と〜合う être voisin,e de... [エートゥル ヴワ・ザーン, ズィーヌ ドゥ] 〈être 2〉 / 近所 voisinage [ヴワズィナージュ] 男
どなる 怒鳴 crier fort [クリーエ フォール], †hurler [ユールレ], (俗語) gueuler

[グーレ]
とにかく → ともかく
トニック(ウォーター) tonique [トニーク] 男 / ヘア〜 tonique capillaire [トニーク カピレール] / (ローション) lotion 女 tonique [ロスィヨン トニーク]
とねりこ(秦皮:しんぴ) frêne [フレーヌ] 男, 英 ash
どの 〜…でも (かまわない) n'importe quel,le... [ナンポールトゥ ケール] ‖ 〜も (ない) : ne [ヌ], sans [サン] と共に aucun,e... [オ・カン, キューヌ], pas un,e... [パ・ザン, ズューヌ]
→ ぜんぶ¹, どちら, どんな, なに ⇒ p.756「否定文」
どのくらい (距離) combien [コンビヤーン], quelle distance [ケール ディスターンス] / (期間) combien de temps [コンビヤーン ドゥタン] ‖ 〜の… (数や量) combien de... [コンビヤーン ドゥ] / (数値) quel,le... [ケール]
どのような どの様な → どの,どんな
どのように どの様に → どう¹
とは …とは (としては) 〜思えない «ne pas pouvoir croire que [ヌ パ プーヴワール クルワール ク] +接続法の活用をする動詞を伴う文»〈pouvoir 35〉/ この料理がそんなにうまいとは思えない Je ne peux pas croire que ce plat soit si bon. [ジュヌ プー パ クルワール ク ス プラー スワー スィ ボン] / (それほど) 〜かからない ne même pas falloir... [ヌ メーム パ ファルワール] / この仕事を終えるのに5分とはかからない Il ne faut pas cinq minutes pour finir ce travail. [イルヌ フォ メム パ サン ミニュートゥ プール フィニール ストゥラヴァーユ] / (意外) «il est surprenant [イレ スュルプルナーン] +不定詞または文»/ ここであなたに出会う〜 Il est surprenant de vous rencontrer ici. [イレ スュルプルナーン ドゥ ヴー ランコントレ イスィ] / (定義) 料理〜何だ Qu'est-ce que c'est que la cuisine ? [ケスクセ ク ラ キュイズィーヌ]
→ ひてい ⇒ p.756「否定文」
とばく 賭博 → かけ¹,カジノ,ばくち
とばす 飛ばす (ロケットなどを) lancer [ランセ] / (水分を気化) évaporer [エヴァポレ] / 飛ばした évaporé,e [エヴァポレ] ‖ (肉などを焼いたときに出る肉汁の余分な水分をデグ

とびうお 飛魚 exocet [エグゾーセ] 男, poisson 男 volant [ブワソーン ヴォラン], 英 *flying fish*

とびこ とび子:飛魚の卵 œufs 男複 d'exocet [ウ デグゾセ], 英 *flying fish roe*

とびら 扉 → と²

どびん 土瓶 théière 女 en porcelaine [テイエーラン ポルスレーヌ] / 〜蒸し consommé 男 japonais en théière [コンソメ ジャポネ アンテイエール]

とぶ 飛ぶ (空中を) voler [ヴォレ] /…の上を〜 survoler [スュルヴォレ]

どぶ 溝 fossé [フォセ] 男, égout [エグー] 男 / さらいをする curer [キュレ]

ドフィーヌ (皇太子妃) dauphine 女 / ポム・〜 pommes 女複 dauphine / 〜風 (à la) dauphine [(アラ) ドフィーヌ]

ドフィネ (地方) Dauphiné 固 男 / 〜の dauphinois,e [ドフィヌワ, ーズ] 〈男には単複同形〉 / 〜風:料理表現 (à la) dauphinoise [(アラ) ドフィヌワーズ]

ドフィノワ → グラタン,ドフィネ

とふつする 渡仏する aller en France [アレ アン フランス] 〈aller ⑥〉

とほ 徒歩(で) → あるく

トマト tomate [トマートゥ] 女 / (プロヴァンス地方での呼称) pomme 女 d'amour [ポム ダムール], 英 *tomato* / プチ〜, ミニ〜 tomate cerise [トマートゥ スリーズ], 英 *cherry tomato*, *mini-tomato* / 〜を加える tomater [トマテ] / 〜を加えた, 〜風味の tomaté,e [トマテ], 英 *with tomato*

とまる¹ 止まる (停止する) s'arrêter [サレテ] 代動 ⑤⁹, stopper [ストペ] / (小休止する) faire †halte [フェール アールトゥ] 〈faire ㉑〉 / (動かなくなる) s'immobiliser [スィモビリゼ] 代動 ⑤⁹, être bloqué,e [エートゥル ブロケ] 〈être ②〉 / (収まる) cesser [セセ] / (断たれる) être coupé,e [エートゥル クーペ] / (中断する) être interrompu,e [エートゥル アンテロンピュ]

とまる² 泊まる (ホテルなどに) loger [ロジェ] ㉕ / (滞在する) rester [レステ]

ドミ → ドゥミ

ドミドフ → ドゥミドフ

トム (チーズ) tom(m)e 女

ドム D.O.M. (たいそうすぐれてよき神に) D.O.M.:Deo Optimo Maximo [デオ オプティモ マクスィモ] の略

トムコリンズ (カクテル) tom collins 男

とむらい 弔い → そうぎ

ドメーヌ (所有地, ぶどう園) domaine 男

とめがね 留金 agrafe [アグラーフ] 女

とめる¹ 止める (停止させる) arrêter [アレテ], stopper [ストペ] → ちゅうしゃ²

とめる² 留める (固定する) attacher [アタシェ] / (ピンで) épingler [エパーングレ] / (釘で) clouer [クルーエ] / (ホチキスで) agrafer [アグラフェ]

とめる³ 泊める héberger [エベルジェ] ㉕, loger [ロジェ] ㉕

とも¹ …共 (すべて) tous [トゥー] 男に), toutes [トゥートゥ] 〈女に〉 / 2人〜 tous les deux [トゥー レ ドゥー], (女性だけ) toutes les deux [トゥートゥ レ ドゥー]

とも² …であろう〜 «même si [メームスィ] +直説法半過去の活用をする動詞を伴う文» / 早く (遅く) 〜 au plus tôt (tard) [オプリュト (タール)]

ともかく (どちらにしても) en tout cas [アントゥー カ]

ともだち 友達 ami,e [アミ] 男 女 / 男〜 (ボーイフレンド) copain [コパン] 男 / 女〜 (ガールフレンド) copine [コピーヌ] 女 → しりあい, なかま

ともに 共に (…とともに) avec... [アヴェーク] / (…を伴って) accompagné,e de... [アコンパネ ドゥ] / (…を添えて) garni,e de... [ガルニ ドゥ], 英 *garnished with* → いっしょに, どうじ

ドモン(風) (à la) Daumont [(アラ) ドモン]

とやまえび 富山海老 → えび

どよう 土用 canicule [カニキュール] 女 / 〜の caniculaire [カニキュレール] 〈男女同形〉

どようび 土曜日 samedi [サムディ] 男 → 用法は「にちようび」

ドライ → からくち, プティ・フール, フルーツ, マカロン, マルティニ

ドライアイス glace 女 sèche [グラース セーシュ]

ドライクリーニング nettoyage 男 à sec [ネトワヤージュ アセーク]

ドライチェリー cerisette [スリゼートゥ]

ドライバー (ねじ回し) tournevis [トゥールヌヴィス] 男/プラス(マイナス)～ tournevis cruciforme (simple) [トゥルヌヴィス クリュシフォルム(サーンプル)] ‖ (ゴルフクラブ) driver [ドライヴァ] 男
→ うんてん

ドライブ (車で) randonnée 女 en voiture [ランドネ アン ヴォテュール] /～イン drive-in [ドゥライヴィン] 男〈単複同形〉, restauroute または restoroute [レストルートゥ]

ドライヤー (ヘヤードライヤー) sèche-cheveux [セーシュ シュヴー] 男〈単複同形〉/ (パーマ用の) casque [カースク] 男

トラウト → ます[2]

トラガントガム (パスティヤージュ用) gomme 女 adragante [ゴム アドゥラガーントゥ]

ドラギニャン (町) Draguignan [ドゥラギニャン] 固/～の dracenois,e [ドゥラスヌワ..ズ] 〈男には単複同形〉/～風 (à la) dracenoise [(アラ) ドゥラスヌワーズ]

ドラジェ (菓子) dragée [ドゥラージェ] 女

トラック (車) camion [カミヨン] 男/大型～ poids 男 lourd [プワ ルール] 〈複 ～～s〉/小型～ camionnette [カミオネートゥ] 女, petit camion [プティ カミヨン] 男

ドラッグストア drugstore [ドゥルーグストール] 男

トラットリア (イタリア料理の軽食堂) trattoria [トゥラトリーヤ]

トラピスト (修道士, チーズ) trappiste [トゥラピーストゥ] 男/～ビール bière 女 trappiste [ビエール トゥラピーストゥ]

トラブル → めんどう, もんだい

トラベラーズチェック chèque 男 de voyage [シェーク ドゥ ヴォヤージュ]

トラミネール (ぶどう) traminer [トゥラミネール] 男, gewürztraminer [ゲヴュルツトゥラミネール] 男

ドラムスティック → にわとり

トランキライザー → あんてい

トランク (大型) malle [マール] 女/(スーツケース) valise [ヴァリーズ] 女/(自動車の) coffre [コーフル] 男

トランクス → パンツ

トランジット transit [トゥランズィートゥ] 男

トランショワール (俎板) tranchoir [トゥランシュワール] 男/(皿代りにした昔の固く薄いパン) tranchoir 男

トランス → へんあつき

トランプ cartes [カールトゥ] 女複 /～ゲームをする jouer aux cartes [ジュエ オ カールトゥ]

ドランブイ (リキュール) drambuie [ドゥランブイ] 男

とり[1] 鳥 oiseau [ワゾ] 男〈複 ～x〉/(家禽(きん)) volaille [ヴォラーユ] 女
→ インフルエンザ, にわとり

とり[2] 鶏 → にわとり

ドリア (料理) pilaf 男 gratiné [ピラフ グラティネ] /～風:料理表現 Doria [ドリヤ]

とりあつかい 取扱い (待遇) traitement [トゥレートゥマン] 男/～注意:表示 Fragile [フラジール] /取扱う (手で) manier [マニエ]
→ しよう[1], そうさ, マニュアル

トリアノン(風) Trianon [トゥリヤノーン]

とりあわせ 取合せ (ごたまぜ) pêle-mêle [ペール メール] 男〈単複同形〉, méli-mélo [メリ メロ] 男〈複 ～s-～s〉/(拍子木切野菜の) jardinière [ジャルディニエール] 女/(さいの目野菜の) macédoine [マセドゥワーヌ] 女/(同じ食材を異なった2種以上の調理法で作る) déclinaison [デクリネゾーン] 女
→ くみあわせ, もりあわせ

ドリアン (フルーツ) durion [デュリオン] 男, 英 durian

とりいれ 取入れ → しゅうかく

トリオ trio [トゥリヨ] 男

とりがい 鳥貝 coque 女 torigaï [コーク トリガイ], 英 cockle

とりかえす 取返す → とりもどす

とりかえる 取替える → かえる[2]

とりかこむ 取囲む entourer [アントゥーレ] cerner [セルネ]

とりけす 取消す (意見などの撤回) rétracter [レトゥラクテ]

とりごやふう 鳥小屋風:料理表現 en volière [アン ヴォリエール]

トリコロール → さんしょく[1]

とりだす 取出す retirer [ルティレ] /取出した retiré,e [ルティレ] ‖ (取除く) dégager [デガジェ] 25/取出した dégagé,e [デガジェ] ‖ (採取する) prélever [プレルヴェ] 5/取出した prélevé,e [プレルヴェ] ‖ (抽出する) extraire [エクストゥ

とりつぎ 取次（伝言の）transmission [トランスミスィヨン] 囡 /（仲介）intermédiaire [アンテルメディエール] 囲囡 / ～業者 intermédiaire 囲囡 / ～店 agence [アジャーンス] 囡

トリップ (牛や羊の胃腸) tripes [トゥリープ] 囡複, *guts, tripe* / ～風 à la tripes [ア ラ トゥリープ]

ドリップコーヒー → コーヒー

とりどり divers,*e* [ディヴェール, ス]〈囲には単複同形〉, varié,*e* [ヴァリエ]

とりにく 鶏肉 → にわとり

トリノ (イタリアの都市) Turin [テュラン] 固 / ～の turinois,*e* [テュリヌワーズ]〈囲には単複同形〉/ ～風 (à la) turinoise [(ア ラ) テュリヌワーズ]

とりのす 鳥の巣 → す¹

とりのぞく 取除く → のぞく

とりはだ 鳥肌 ～が立つ avoir la chair de poule [アヴワール ラ シェール ドゥ プール]〈avoir ①〉

とりめ 鳥目 héméralpie [エメラールピ] 囡

とりもどす 取戻す reprendre [ルプラーンドゥル] ③⑦

トリモリーヌ (転化糖) → さとう

トリュフ (西洋松露) truffe [トゥリューフ] 囡, 英 *truffle* / 黒(白)～ truffe noire (blanche) [トゥリューフ ヌワール (ブラーンシュ)] / 夏～ truffe d'été [トゥリューフ デテ] / ～を加える, ～風味を付ける truffer [トゥリューフェ] / ～を加えた, ～風味を付けた truffé,*e* [トゥリューフェ], 英 *granished with truffles* / ～バター beurre [ブール] de truffe [トゥリューフ] / ～チョコレート truffe 囡 / ～ギッター：金網 grille 囡 à truffes [グリーヤ トゥリューフ]

→ エセンス, スライサー

とりょう 塗料 peinture [パントゥール] 囡, enduit [アンデュイ] 囲

どりょく 努力 effort [エフォール] 囲 / ～する faire un effort [フェール アンネフォール]〈faire ②〉, s'efforcer [セフォルセ] 代動 ③②⑤⑨

とりわける 取分ける partager [パルタジェ] ②⑤ /（給仕する）servir [セルヴィール] ③⑩

トリンシャ・セルダ (料理) trinxat 囲 cerda [トゥリンシャ (またはトゥリンシャートゥ) セルダ]

とる¹ 取る（摑む）prendre [プラーンドゥル] ③⑦,（賞を）remporter [ランポルテ], gagner [ガニェ],（購読する）s'abonner [サボネ] 代動 ⑤⑨ /（ノートを）prendre

→ しょくじ, ちゅうもん, つかむ, ぬすむ, わたす

とる² 撮る（写真を）prendre [プラーンドゥル] ③⑦, photographier [フォトグラフィエ]

とる³ 録る（録画, 録音）enregistrer [アンルジストレ]

トルーヴィル (町) → トゥルーヴィル

トルコ Turquie [テュルキ] 固囡 / ～人 Turc [テュールク] 囲, Turque [テュールク] 囡 / ～語 turc [テュルク] 囲 / ～の turc [テュルク] 囲に, turque [テュルク]〈囡に〉/ ～風 (à la) turque [(ア ラ) テュルク]

→ コーヒー

トルティーヤ (オムレツ) omelette 囡 espagnole [オムレーテスパニョール], 西 *tortilla* 囡 ‖（クレープ）tortilla [トルティヤ] 囡, galette 囡 de maïs [ガレートゥ ドゥ マイース], 西 *tortilla*

トルネ → トゥルネする

ドレ → やきいろ, らんおう

どれ (いずれ) lequel [ルケール]〈囲単に〉, laquelle [ラケール]〈囡単に〉, lesquels [レケール]〈囲複に〉, lesquelles [レケール]〈囡複に〉‖ ～でも n'importe lequel (laquelle, lesquels, lesquelles) [ナンポールトゥ ケール (ラケール, レケール, レケール)] / ～も…ない：ne [ヌ], sans [サン] と共に aucun,*e* [オ・カン, キューヌ]

→ どんな, ひてい ⇒ p.756「否定文」

トレイ (盆) plateau [プラトー] 囲〈複 ～*x*〉

トレヴィス trévise [トゥレヴィーズ] 囡, 英 *red chicory*

トレーナー (シャツ) sweatshirt [スウェートゥシュールトゥ] 囲 /（コーチ）entraîneur [アントゥレヌール] 囲

トレーニング entraînement [アントゥレーヌマン] 囲 / ～する entraîner [アントゥレーネ]

トレーラー remorque [ルモールク] 囡,

camion [男] à remorque [カミヨン ナ ルモールク]／キャンピング～ remorque de camping [ルモルク ドゥ カンピーング]
どれくらい → どのくらい
ドレサージュ → もりつけ
ドレス (ワンピース) robe [ローブ] [女]／ウェディング～ robe de mariage [ローブ ドゥ マリヤージュ]／カクテル～ robe de cocktail [ローブ ドゥ コクテル]／マタニティ～ robe de grossesse [ローブ ドゥ グロセース]／フォーマル～ robe habillée [ローバビエ] ‖～アップする se mettre en grande toilette [ス メトゥル アン グランドゥ トゥワレートゥ] ⟨mettre 代動 26/59⟩／～アップした，している bien habillé,e [ビヤンナビエ]
ドレッサー (化粧台) coiffeuse [クワフーズ] [女], toilette [トゥワレートゥ] [女]
ドレッジ (カードべら) corne [コールヌ] [女]
ドレッシー(な) élégant,e [エレガン，トゥ], habillé,e [アビエ]
ドレッシング sauce [女] froide pour salade [ソース フルワードゥ プール サラードゥ], 英 *salad dressing*／フレンチ～ (sauce) vinaigrette [(ソース) ヴィネグレートゥ] [女], 英 *French dressing, oil and vinegar dressing*
トレトゥール (仕出屋) traiteur [トゥレトゥール] [男]
トレビス → トレヴィス
ドレンチェリー cerise [女] confite [スリーズ コンフィートゥ], 英 *drained cherry*
トロ (まぐろ) poitrine [女] de thon [プワトゥリーヌ ドゥ トン], 英 *tuna belly*
どろ 泥 boue [ブー]／～だらけの boueux [ブウー] ⟨男に，単複同形⟩, boueuse [ブウーズ] ⟨女に⟩／～臭い (洗練されてない) peu raffiné,e [プー ラフィネ]／～抜：魚の下処理 débourbage [デブールバージュ] [男]／～抜する débourber [デブールベ]
トローチ pastille [パスティーユ] [女], 英 *troche*
とろけるような fondant,e [フォンダン，トゥ]
トロケンベーレンアウスレーゼ (ワイン) 独 Trockenbeerenauslese [男]
トロッコ wagonnet [ヴァゴネ] [男], benne [ベーヌ] [女]
ドロップ (菓子) pastille [パスティーユ] [女], bonbon [ボンボン] [男], 英 *drops*

とろび とろ火 → にこむ，よわび
トロピカル 熱帯の，フルーツ
トロフィー trophée [トゥロフェ] [男]
どろぼう 泥棒 (人) voleur [ヴォルール] [男], voleuse [ヴォルーズ] [女]／(強盗，空き巣) cambrioleur [カンブリヨルール] [男], cambrioleuse [カンブリヨルーズ] [女] ‖ (行為) vol [ヴォル] [男]／(強盗，空巣行為) cambriolage [カンブリヨラージュ] [男]／～! Au voleur! [オ ヴォルール]
とろみ → とろりとした，のど
トロリーバス trolleybus [トゥロレビュース] [男] (単複同形), (話言葉) trolley [トゥローレ] [男]
とろりとした (粘り気のある) consistant,e [コンスィスタン，トゥ], onctueux [オンクテュウー] ⟨男に，単複同形⟩, onctueuse [オンクテューズ] ⟨女に⟩／(濃い) épais,se [エペ，ース]／(とろみを付けた) lié,e [リエ]／(クリーム状の) crémeux [クレムー] ⟨男に，単複同形⟩, crémeuse [クレムーズ] ⟨女に⟩
とろろいも とろろ芋 (やまの芋) igname [イニャーム] [女]／(長芋) igname de Chine [イニャーム ドゥ シーヌ]
トロワ (町) Troyes [トゥルワ] 固／～の troyen,ne [トゥルワ・ヤン，イエーヌ]
トロンソン (切り方) tronçon [トゥロンソン] [男]／～に切る tronçonner [トゥロンソネ]／～に切った tronçonné,e [トゥロンソネ]

トロンペット・デ・モール → くろらっぱたけ
トン (単位:1000kg) tonne [トヌ] [女]: 記号は t／(船の容量:2.83m³) tonneau [トノ] [男] ⟨複 ～x⟩ → まぐろ
とんカツ 豚カツ → カツレツ
トンカまめ トンカ豆 fève [女] de tonka [フェーヴドゥ トンカ], tonka [トンカ], 英 *tonka bean*: 料理では常に複数
トング pince [パーンス] [女]
→ p.592 [囲み]
どんこ 冬茹 shitake [男] épais [シタケ エペ] ⟨複 ～s ～⟩, gros champignon [男] chinois [グロー シャンピニョン シヌワ] ⟨複 ～s ～⟩, 英 *winter mushroom*
とんそく 豚足 pied [男] de porc [ピエードゥ ポール], 英 *pig's foot*
トントロ (豚肉) cou [男] de porc [クードゥ ポール], 英 *pig's neck*
とんとん (打つ音) toc toc [トーク トーク]
どんどん (打つ音) pan! pan! [パン パン]

トングの種類

アイストング
　pince à glace [パンサ グラース]
エスカルゴトング
　pince à escargot [パンサ エスカルゴ]
ケーキトング
　pince à pâtisserie [パンサ パティスリ]
シュガートング
　pince à sucre [パンサ スュークル]
チョコレートトング
　pince à chocolat [パンサ ショコラ]
パントング
　pince à tarte [パンサ タールトゥ]

/（速く）vite [ヴィートゥ] /（自由に）librement [リーブルマン] /〜食べてください Servez-vous bien. [セルヴェ ヴー ビヤーン]

どんな（どの…，どのような…）quel,le… [ケール] /〜方法で comment [コマン], de quelle façon [ドゥ ケール ファソン], de quelle manière [ドゥ ケール マニエール] ‖（以下のように否定形として用いる場合，活用動詞の前に ne を伴う）/〜…もない aucun,e… [オ・カン, キューヌ] /〜人でも…ない personne [ペルソーヌ] /〜ものも…ない rien [リヤーン] /〜所にも…ない nulle part [ニュル パール] /〜…でも n'importe quel,le… [ナンポールトゥ ケール] /〜人でも n'importe qui [ナンポールトゥ キ]：人を選ばない意味で用いることが多い/〜ものでも n'importe quoi [ナンポールトゥ クワ]：物を選ばない意味で用いることが多い

トンネル tunnel [テュネール] 男

とんぶり caviar 男 de champs [カヴィヤール ドゥ シャン], grains 男 複 de cyprès d'été [グラーン ドゥ スィープレ デテ], 英 *summer cypress grains*

トンベする（加えた水分がなくなるまで煮る）tomber [トンベ] /油脂分を加えずに〜 tomber à sec [トンベア セーク]

ドン・ペリニョン（シャンパン）Dom Pérignon 男 固

とんや 問屋（店）maison 女 de gros [メゾン ドゥ グロー] /（人）grossiste [グロスィーストゥ] 男 女

な

な 名 → なづける，なまえ

ナージュ（ゆで汁，料理）nage 女 /…の〜仕立 …à la nage [ア ラ ナージュ], 英 *in a court-bouillon*

ナープ（シロップやソースの状態）nappe 女

ない¹ …ない（単純な否定文）ne… pas [ヌパ]：…には活用している動詞を入れる．ne の後にくる動詞が母音で始まる場合には n' となり，その母音に応じて発音も変化する．動詞が原形（不定詞）の場合には ne pas の後におく．また，実際の会話では ne を省略することが多い/私は食べない Je ne mange pas. [ジュヌマンジュパ] ‖（pas 以外を用いる場合）（決して）ne…jamais [ヌ ジャメ] /（ほとんど）peu de… [プードゥ], ne…guère [ヌ ゲール] /（少しも）ne …point [ヌポワン] /（…も…も）ne…ni …ni [ヌニニ] /（誰も）ne…personne [ヌ ペルソーヌ] /（何も）ne…rien [ヌ リヤーン] /（どんな…も）ne…aucun,e [ヌ オ・カン, キューヌ] /（…しか）ne…que… [ヌ ク] /（もはや）ne…plus [ヌ プリュー] /（…ないで，…しないように）《sans [サン] + 不定詞》/（…しないうちに）《avant de [アヴァン ドゥ] + 不定詞》

→ ひてい ⇒ p.756「否定文」

ない² …内 → ないぶ，なか

ない³ 無い（存在しない）ne pas exister [ヌパ エグズィステ], ne pas être [ヌ パ エートゥル]〈être ②〉‖〜がない il n'y a pas de… [イルニャパ ドゥ] /A がない（A は単数名詞または「それ」il, elle, ça, cela) A n'existe pas. [ネグズィーストゥ パ], A n'est pas là. [ネ パ ラ], A manque. [マーンク] ‖ B がない（B は複数名詞または「それら」ils, elles) / B n'existent pas. [ネグズィーストゥ パ] / B ne sont pas là. [ヌ ソン パ ラ] / B manquent. [マーンク] ‖（…を持っていない，…がいない）ne pas avoir [ヌ パ アヴワール]〈avoir ①〉/私は車がない Je n'ai pas de voiture. [ジュ ネ パ ドゥ ヴワテュール] /彼には兄弟がいない Il n'a

pas de frère. [イル ナ パ ドゥ フレール] / (…が欠けている, …が足りない) il manque... [イル マーンク] ‖ …がなくて (…がないので) faute de... [フォートゥ ドゥ], par manque de... [パール マーンク ドゥ] / …なしで sans... [サン]
→ ひてい ⇒ p.756「否定文」

ナイーブ naïf [ナイーフ] 〈男に〉, *naïve* [ナイーヴ] 〈女に〉

ないか 内科 médecine 女 interne [メドゥスィーナンテールヌ] / ～医 médecin 男 généraliste [メドゥサン ジェネラリーストゥ]

ないし → または

ないしきょう 内視鏡 endoscope [アンドスコープ] 男 / ～検査 endoscopie [アンドスコピ] 女

ないしゅっけつ 内出血 hémorragie 女 sous-cutanée [エモラジ スー キュタネ] / ～する avoir une hémorragie sous-cutanée [アヴワール ユネモラジ スーキュタネ] 〈avoir 1〉

ないそう 内装 (工事) aménagement [アメナージュマン] 男 / (インテリア) ameublement [アムーブルマン] 男, intérieur [アンテリユール] 男 / ～屋 (人) décorateur [デコラトゥール] 男, décoratrice [デコラトゥリース] 女

ないぞう 内臓 entrailles [アントゥラーユ] 女 複, boyaux [ブワーヨ] 男 複, viscères [ヴィセール] 男 複 ‖ (アバ:哺乳動物の食用内臓の総称) abats 男 複, 英 *offal*, 米 *variety meat* / (トリップ:哺乳動物の胃腸) tripes [トゥリーブ] 女 複, 英 *tripe* / ～を除く étriper [エトゥリーペ], vider [ヴィデ] ‖ ～屋 (店) triperie [トゥリーブリ] 女 / (人) tripier [トゥリーピエ] 男, tripière [トゥリピエール] 女 ‖ (アバティ:家禽(かきん)類の食用内臓の総称) abat(t)is 男 複, 英 *giblets* ‖ (鳥や魚の不可食) vidure [ヴィデュール] 女 ‖ (いか,たこの) foie [フワー] 男 ‖ ～の viscéral,*e* [ヴィセラール], viscéraux [ヴィセロ] 〈男 複に〉 ‖ ～を除く vider [ヴィデ] / ～を除いた vidé,*e* [ヴィデ]

ナイトクラブ boîte 女 de nuit [ブワートゥ ドゥ ニュイー], night-club [ナーイトゥ クルーブ] 男 〈複 ～-～*s*〉

ナイフ couteau [クート] 男 〈複 ～*x*〉 / (短剣) poignard [プワニャール] 男 / (折りたたみの) canif [カニーフ] 男, couteau pliant [クート プリヤーン] / ～レスト porte-couteau [ポールトゥ クート] 男 〈複 ～-～*x*〉 / ペーパー～ coupe-papier [クープ パピエ] 男 〈単複同形〉
→ カッター, p.594 [囲み]

ないぶ 内部 intérieur [アンテリユール] 男, dedans [ドゥダン] 男 / ～の intérieur,*e* [アンテリユール] / …の～に à l'intérieur de... [ア ランテリユール ドゥ]

ないへき 内壁 → うちがわ, シュミゼする

ないよう 内容 contenu [コントゥニュ] 男, teneur [トゥヌール] 女 / (要点) substance [スュプスターンス] 女

ナイロン nylon [ニロン] 男 / ～製の en (または de) nylon [アン (ドゥ) ニロン]

ナヴァラン (煮込) navarin 男, 英 *mutton* (または *lamb*) *stew*

ナヴェット (小菓子) navette [ナヴェートゥ] 女

なお 猶・尚 (より) encore [アンコール], davantage [ダヴァンタージュ] / (まだ) encore, toujours [トゥージュール] / ～かつ (さらに) au surplus [オ スュルプリュース] / それでも～ malgré cela [マールグレ スラー]

なおす 直す (修理する) dépanner [デパネ], réparer [レパレ] / (繕う) raccommoder [ラコモデ] / (服などの寸法を直す) retoucher [ルトゥーシェ] / (修復する) restaurer [レストレ] / (味などを修正する) rectifier [レクティフィエ] / (訂正する) corriger [コリジェ] 25

なおる 治る (病人や病気が) guérir [ゲリール] 4, se guérir [ス ゲリール] 代動 4 59 / (元気になる) se rétablir [スレタブリール] 代動 4 59

なか 中 (…の中に) dans... [ダン]
→ あいだ, ないぶ

ながい 長い long,*ue* [ロン, グ] / 細～ allongé,*e* [アロンジェ], oblong,*ue* [オブローン, グ] ‖ ～間 pendant longtemps [パンダン ロンタン] / 長く longuement

ながいす 長椅子 canapé [カナペ] 男, banquette [バンケートゥ] 女 / (背や肘掛なしの) divan [ディヴァン] 男

ながいも 長芋 igname 女 de Chine [イニャム ドゥ シーヌ], 英 *Chinese yam*

なかがい 仲買 courtage [クールタージュ] 男 / ～人 courtier [クールティエ] 男, courtière [クールティエール] 女 / (ワイン

な

ナイフの種類

(卓上ナイフ)
ぎざ刃ナイフ couteau-scie [クートゥ スィ] 男 〈複 ~x- ~s〉
果物ナイフ couteau 男 à fruit [クートゥ ア フリュイ]
グレープフルーツナイフ bistortier [ビストルティエ] 男
ステーキナイフ couteau à steak [クートゥ ア ステーク]
チーズナイフ couteau à fromage [クートゥ ア フロマージュ]
テーブルナイフ couteau de table [クートゥ ドゥ ターブル]
デザートナイフ couteau à dessert [クートゥ ア デセール]
バターナイフ couteau à beurre [クートゥ ア ブール]
フィッシュサーヴィスナイフ couteau à servir le poisson [クートゥ ア セルヴィール ル ブワソーン]
フィッシュナイフ couteau à poisson [クートゥ ア ブワソーン]

(調理用ナイフ)
カーヴィングナイフ couteau à découper [クートゥ ア デクーペ]
牡蠣開けナイフ écaillère [エカイエール] 女, couteau à huître [クートゥ ア ユイートゥル]
カヌレナイフ canneleur [カヌルール] 男, couteau à canneler [クートゥ ア カヌレ]
皮ひきナイフ couteau éplucheur [クートゥ エプリュシュール], économe [エコノーム] 男
ぎざナイフ couteau à dents de loup [クートゥ ア ダン ドゥ ルー]
サーモンナイフ couteau à saumon [クートゥ ア ソモン]
スライスナイフ couteau à trancher [クートゥ ア トゥランシェ], tranchelard [トゥランシュラール] 〈男, 単複同形〉
背肉をコートレットに切るためのナイフ feuille [フーユ] 女
ソールナイフ couteau à filet de sole [クートゥ ア フィレ ドゥ ソール]
トマトナイフ couteau à tomate [クートゥ ア トマトゥ]
ハムスライサー couteau à jambon [クートゥ ア ジャンボン]
ハム用骨すきナイフ gouge [グージュ] 女
バルデナイフ(刃渡を調節して豚の背脂を切出すナイフ) bardier [バルディエ] 男
パレットナイフ couteau-palette [クートゥ パレートゥ] 〈複 ~x- ~s〉, palette [パレートゥ] 女
パン切ナイフ, 波形ナイフ couteau-scie [クートゥ スィ] 〈複 ~x- ~s〉
豚畜殺時の毛剃ナイフ couteau à raser [クートゥ ア ラゼ]
豚畜殺時の血抜ナイフ couteau à saigner [クートゥ ア セニェ]
豚の頭と足の皮剥ナイフ tranchet [トゥランシェ] 男
豚の皮剥用大型ナイフ peleu [プルー] 男 〈複 ~x〉
ブッチャーナイフ couteau de boucher [クートゥ ドゥ ブーシェ]
ペティナイフ couteau d'office [クートゥ ドフィース]
骨割ナイフ couperet [クープレ] 男
レモン・オレンジピラー couteau zesteur [クートゥ ゼストゥール]

などの) négociant,e [ネゴスィヤン, トゥ] 男女
ながく 長く → ながい
ながくする 長くする (長さを) allonger [アロンジェ] 25, rallonger [ラロンジェ] 25 /長くした allongé,e [アロンジェ] / (時間を) prolonger [プロロンジェ] 25
ながぐつ 長靴 botte [ボートゥ] 女 / ゴム~ botte en caoutchouc [ボトゥ アン カウチュー]
なかごろ 中頃 → なかば
ながさ 長さ long [ロン] 男, lon-

gueur [ロングール] 囡／…cmの〜がある avoir...cm de long [アヴワール サンティメートゥル ドゥロン]〈avoir ①〉

ながし 流し（キッチン）évier [エヴィエ] 男／（レストランの皿洗用）plonge [プロンジュ] 囡 → タクシー

ながしこむ 流し込む → そそぐ

ながす 流す（液体を）couler [クーレ], verser [ヴェルセ]

ながそで 長袖 → そで

なかだねほう 中種法：日本のパン生地製法 fermentation [フェルマンタスィヨン オルヴァーン] au levain

なかにわ 中庭 cour [クール] 囡

ながねぎ 長葱 → ねぎ

なかば 半ば（半分）moitié [ムワティエ] 囡, demi [ドゥミー] 男, mi-名詞 [ミ]（mi-が付く名詞は全て囡）‖（中ほど）…の〜で au milieu de... [オミリュードゥ]／…に〜火を通す cuire...à moitié [キュイール アムワティエ]〈cuire ⑪〉／〜火が通ったら à mi-cuisson [アミキュイソーン] → とちゅう, はん¹

なかぼね 中骨 → ほね

なかま 仲間（親しい）compagnon [コンパニョン] 男, compagne [コンパーニュ] 囡／（相互に愛情がある友）ami,e [アミ] 男囡, copain [コパン] 男, copine [コピーヌ] 囡／（同僚）collègue [コレーグ] 男囡／（作業上の）collaborateur [コラボラトゥール] 男, collaboratrice [コラボラトゥリース] 囡／（同志）camarade [カマラードゥ] 男囡

なかみ 中身 contenu [コントニュ] 男／（パンの白身）mie [ミ] 囡／（チーズの）pâte [パートゥ] 囡／（ドラジェやボンボンのセンター）intérieur [アンテリユール] 男 → つめもの

ながめ 眺め vue [ヴュ] 囡／よい〜 belle vue [ベル ヴュ]‖（遠くからの）perspective [ペルスペクティーヴ] 囡‖（光景, 景色）paysage [ペイザージュ] 男／〜のよい pittoresque [ピトレスク]〈男女同形〉‖（展望）panorama [パノラマ] 男

なかゆび 中指 → ゆび

なかよし 仲良し → しんゆう

ながら （…し）ながら（同時に）«en +動詞の現在分詞»／彼は歌い=仕事をする Il travaille en chantant. [イル トラヴァーユ アン シャンタン]

ながらも …ながらも（…にもかかわらず）«malgré [マールグレ] +名詞»／彼は薄給〜マンションを買った Il a acheté un appartement malgré son salaire peu élevé. [イラ アシュテ アンナパルトゥマン マールグレ ソン サレール プー エルヴェ], «bien que [ビヤーンク] +接続法の活用をする動詞を伴う文»／«quoi que [クワーク] +接続法の活用をする動詞を伴う文»／彼は学生〜車を持っている Il a une voiture bien qu'il soit étudiant. [イラ ユヌ ヴワテュール ビヤーン キル スワ エテュディヤン]

ながれでる 流れ出る → ながれる

ながれる 流れる（水, 涙, 時間などが）couler [クーレ]／（流れ出る）s'écouler [セクーレ]代動 ⑲／（循環する）circuler [スィルキュレ]

なく¹ 泣く pleurer [プルーレ]

なく² 鳴く（動物が）crier [クリーエ]／（鳥や虫などが）chanter [シャンテ]／（犬が）aboyer [アブワイエ] ㉛／（猫が）miauler [ミヨレ]／（牛が）meugler [ムーグレ]／（馬が）†hennir [エニール] ④／（豚が）grogner [グローニェ]／（雄鶏が）pousser des coquericos [プーセ デコクリコ]／（雌鶏が）glousser [グルーセ]／（鳩が）roucouler [ルークーレ]

なくす 無くす（失う）perdre [ペールドゥル] ㊴／（消す）faire disparaître [フェール ディスパレートゥル]〈faire ㉑〉／（廃止する）abolir [アボリール] ④ → のぞく

なくなる¹ 無くなる（消える）disparaître [ディスパレートゥル] ⑫／（尽きる）s'épuiser [セピュイゼ]代動 ⑲／（霧などが）se dissiper [スディスィペ]代動 ⑲

なくなる² 亡くなる（逝去する）décéder [デセデ] ㊱

なげる 投げる jeter [ジュテ] ⑦

なければならない （…し）なければならない «il faut [イル フォ] +不定詞», «devoir [ドゥヴワール] ⑯ +不定詞», «avoir besoin de [アヴワール ブズワンドゥ] +不定詞»〈avoir ①〉

なし 梨（洋梨）poire [プワール] 囡, (英) pear／〜のリキュール eau-de-vie 囡 [複 ~x-~-~] de poire [オ ドゥ ヴィ ドゥ プワール], williamine [ウィリヤミーヌ]／（日本の）poire 囡 japonaise [プワール ジャポネーズ]／20世紀〜 poire nijusseiki [プワール ニジュセーキ]

なしに …無しに sans... [サン] → ない³

なじみきゃく　馴染客 →じょうれん

なす　茄子　aubergine [オベルジーヌ] 囡, mélongène [メロンジェーヌ] 囡, mélongine [メロンジーヌ] 囡, 英 aubergine, 米 eggplant／米 ～ monstrueuse de New York [モンストリューウズ ドゥ ニュヨールク], 黒 black beauty

ナスターチウム（金蓮花）capucine [カピュシーヌ] 囡, 英 nasturtium

なずな　薺　capselle [カプセール] 囡, bourse-à-pasteur [ブールサ パストゥール] 囡〈～s-～-～〉, 英 shepherd's purse

なぜ　何故　pourquoi [プールクワ], pour quelle raison [プール ケル レゾーン]

なぜなら　何故なら　puisque [ピュイスク], car [カール], comme [コーム]／(pourquoi の質問に対する答えとして) parce que [パルスク]

なぞる　suivre [スュイーヴル] 44

なた　鉈　serpe [セールプ] 囡, †hachette [アシェートゥ] 囡

なたね　菜種(油菜)　colza [コルザ] 男, 英 rapeseed／～油　huile 囡 de colza [ユイル ドゥ コルザ]

なたまめ　鉈豆　†haricot [男]（または pois [男]〈単複同形〉) sabre [アリコ(ブワー)サーブル]〈複 ～s ～〉：料理では常に複数, 英 sword bean

ナチュラル(な)　naturel,le [ナテュレール]／～フード　aliment 男 naturel [アリマン ナテュレール]

なつ　夏　été [エテ] 男／～休み　grandes vacances [グランドゥ ヴァカーンス] 囡複, vacances d'été [ヴァカーンス デテ]／～の　estival,e [エスティヴァール], estivaux [エスティヴォ]〈男複に〉／真～　canicule [カニキュール] 囡／～には　en été [アンネテ]

なつかしい　懐かしい（物，出来事などが)～なあ. Ça me rappelle. [サ ム ラペル]／(望郷の) nostalgique [ノスタルジーク]〈男女同形〉

なづける　名付ける　nommer [ノメ], appeler [アプレー] 7／名付けられた　nommé,e [ノメ], appelé,e [アプレー]

ナット（雌ねじ）écrou [エクルー] 男〈複 ～x〉

なっとう　納豆　sojas [男複] fermentés filés [ソジャ フェルマンテ フィレ]

なっとく　納得 →りかい

なっぱ　菜っ葉　légumes [男複] verts [レギューム ヴェール]

ナップ →ナープ

なつみかん　夏蜜柑　pamplemousse 男または囡 japonais(e) [パンプルムース ジャポネ (-ズ)], pomelo 男 japonais [ポメロ ジャポネ], 英 Japanese summer orange

なつめ　棗：実 jujube [ジュジューブ] 男, 英 jujube

ナツメグ　muscade [ミュスカードゥ] 囡, 英 nutmeg／～を加える　muscader [ミュスカデ]／～を加えた　muscadé,e [ミュスカデ]

なつやし　棗椰子 →デーツ

など　…等(等々) et cætera, et cetera, etc. [エトセテラ]：人名には etc. ではなく記号「...」を用いる／(…などのような) tel,le que... [テール ク], comme... [コーム]

ナトリウム　sodium [ソディヨム] 男／塩化～ chlorure 男 de sodium [クロリュール ドゥ ソディヨム]／炭酸～ soude [スードゥ] 囡, carbonate 男 de sodium [カルボナートゥ ドゥ ソディヨム]／硝酸～ nitrate 男 de sodium [ニトラートゥ ドゥ ソディヨム]

なな　七　sept [セートゥ] 男〈単複同形〉／(ななつの) sept〈不変〉→ばい¹, ばん¹, ぶんのいち

ななかまど　七竈（実）alise [アリーズ] 囡, corme [コールム] 囡, sorbe [ソールブ] 囡, rowan berry

ななくさ　七草　sept herbes [セテールブ] 囡複／春(秋)の～ sept herbes de printemps (d'automne) [セテールブ ドゥ プランタン (ドトーヌ)]

ななじゅう　七十 →しちじゅう

ななめ　斜め　biais [ビエ] 男〈単複同形〉／～の　oblique [オブリーク]〈男女同形〉, biais,e [ビエ, -ズ]〈男には単複同形〉／～に　obliquement [オブリークマン], en oblique [アンノブリーク]
→かたむける

なに　何　～を《Qu'est-ce que [ケスク]＋平叙文》,《Que [ク]＋倒置文》,(話言葉)《平叙文中の必要な箇所に置く》 quoi [クワー] ‖ ～が　qu'est-ce qui [ケスキ] ‖ ～に　à quoi [ア クワー] ‖ ～で（～を使って) avec quoi [アヴェーククワ

なまり² 訛り accent [アクサン]男／～がある avoir de l'accent [アヴワール ドゥ ラクサン] ⟨avoir ①⟩

なまりぶし なまり節 bonite 女 à la vapeur légèrement séchée [ボニタ ラヴァブール レジェルマン セシェ]

なまる 鈍る (刃物が) s'émousser [セムーセ] 代動 59

なみ 波 vague [ヴァーグ]女／(波紋) onde [オーンドゥ] 女

なみ 並み(の) (創意に欠けた) banal,e [バナール] 男複には banals⟩ → ふつう¹, ちゅうかん

なみき 並木 rangée (または alignée)女 d'arbres [ランジェ (アリニェ) ダルブル]／～道 allée [アレ] 女

なみだ 涙 larme [ラールム] 女

なみなみと à pleins bords [ア プラーン ボール], à ras bord [アラ ボール]／～注ぐ remplir [ランプリール] ④ → たっぷり

なめこ 滑子 pholiote 女 nameko [フォリヨートゥ ナメコ], 英 pholitora nameko

なめたがれい → かれい

なめたけ → なめこ

なめらか 滑らか(な) (すべすべした) lisse [リース] 男女同形／～に (よどみなく) avec aisance [アヴェーケザーンス]／～にする (ポタージュなどをビロードのように) velouter [ヴルテ]／～にした velouté,e [ヴルテ] → ならす²

なめる 嘗める・舐める (舌で) lécher [レシェ] 36／(しゃぶる) sucer [スュセ] 32／(味見する) goûter [グーテ]
→ばかにする

なや 納屋 (干草,穀物用) grange [グラーンジュ] 女／(農機具用の壁なし) †hangar [アンガール] 男

なやみ 悩み (心配) souci [スースィ] 男／(気がかり) ennui [アンニュイ] 男／(苦悩) peine [ペーヌ] 女／悩む se faire du souci [ス フェール デュ スースィ] ⟨faire 21⟩

なら «直説法単純未来形の活用をする動詞を伴う文, si＋直説法現在形の活用をする動詞を伴う文»／もし明日天気がいい～出かけよう On sortira demain, s'il fait beau. [オン ソルティラ ドゥマン スィル フェ ボ]／もしA なら B なのに «条件法現在形の活用を伴う文, si＋直説法半過去形の活用をする動詞を伴う文»／もし今日天気がいい～出かけるのに On sortirait aujourd'hui, s'il faisait beau. [オン ソルティレ オジュールデュイ スィル フゼ ボ]／もしA だったら B だったのに «条件法過去形の活用をする動詞を伴う文, si＋直説法大過去形の活用をする動詞を伴う文»／もし昨日天気が良かった～出かけたのに On serait sorti hier, s'il avait fait beau. [オン スレ ソルティ イエール スィラヴェ フェ ボ]

ならう 習う apprendre [アプラーンドゥル] 37／(レッスンを受ける) prendre des leçons [プラーンドゥル デ ルソン] ⟨prendre 37⟩ → べんきょう

ならす¹ 鳴らす (ベルなどを) sonner [ソネ]

ならす² 均す (平らにする) aplatir [アプラティール] ④／ならした aplati,e [アプラティ]／(平均,均等にする) égaliser [エガリゼ]／ならした égalisé,e [エガリゼ]‖(肉などを叩いて伸ばす) aplatir／ならした aplati,e‖(クリームなどをパレットナイフで) lisser [リセ]／ならした lissé,e [リセ]‖(スポンジなどの合せめをクリームなどで塗潰す) jointoyer [ジョワントゥワーイエ] 31／ならした jointoyé,e [ジョワントゥワーイエ]

ならない (…しなければならない) devoir [ドゥヴワール] 16, avoir à… [アヴワール ア] ①, il faut… [イル フォ] ⟨falloir 22⟩, être obligé,e de… [エートゥル オブリージェ ドゥ] ⟨être ②⟩：これらの語の後にはすべて不定詞を置く‖(禁止) …してては «il ne faut pas+不定詞» [イル ヌ フォ パ]‖(…でしかたがない) «ne pas pouvoir [ヌ パ プーヴワール]＋不定詞» ⟨pouvoir 35⟩, «s'empêcher de [サンペシェ ドゥ]＋不定詞»
→ ひてい ⇒ p.756「否定文」

ならびに 並びに → そして

ならぶ 並ぶ (列を作る) faire la queue [フェール ラ クー] ⟨faire 21⟩

ならべる 並べる (配置する) disposer [ディスポゼ]／(1列に) aligner [アリニェ]／(陳列する) étaler [エタレ]
→ せい)¹, おく¹

なる 成る (身分や職業などに) devenir [ドゥヴニール] 47／(変化する) se transformer [ストゥランスフォルメ] 代動 59／(金額などが) faire [フェール]

なる²

㉑, coûter [クーテ] /（達する）se monter [スモンテ] 代動㊾, s'élever [セルヴェ] 代動⑤㊾ /（…するようになる，…し始める）«commencer à [コマンセア] +不定詞» ㉜ /（やっと…するようになる）«finir par [フィニール パール] +不定詞»〈finir ④〉, «en arriver à [アンナリヴェア] +不定詞» /時刻は…時になる il est...heure(s) [イレ ウール] /年齢はもうすぐ…歳になる aller avoir...an(s)〈アレ アヴォワール アン ⑥〉

なる² 鳴る （ベルなどが）sonner [ソネ] /（鐘が）tinter [タンテ] /（太鼓が）battre [バートゥル] ⑨ /（パチン, パタンと）claquer [クラーケ] /（腹が）gargouiller [ガルグーイエ]

なる³ 生る （実が）porter（または donner）des fruits [ポルテ（ドネ）デ フリュイ]

なるべく （できるかぎり）dans la mesure du possible [ダン ラ ムズュール デュ ポスィーブル] /（できれば）si（c'est）possible [スィ（セ）ポスィーブル] /（できるだけ…）aussi...que possible [オスィ クポスィーブル]

ナルボーヌ（町）Narbonne 固 /～の narbonnais,e [ナルボネ, ーズ] 男には単複同形/～風 （à la）narbonnaise [（ア ラ）ナルボネーズ]

なるほど 成程 （わかった）Je vois. [ジュ ヴワー], Je comprends. [ジュ コンプラーン]

なれる （…に）慣れる s'habituer à... [サビテュエ ア] 代動⑤㊾ /…に慣れている être habitué,e à... [エートゥル アビテュエ ア] 〈être ②〉

なわ 縄 corde [コールドゥ] 女, lien [リヤーン] 男 /（細い）cordelette [コルドゥレットゥ] 女

なん 何… （不定の複数）～人もの, ～時間もの, ～回もの «des [デ] +複数名詞», «plusieurs [プリュズィユール] +複数名詞» → かい¹, どのくらい, なんじ, なんにち, なんにん, なんよう び

なんい 南緯 latitude 女 sud [ラティテュードゥ スュドゥ]

なんおう 南欧 sud 男 de l'Europe [スュドゥ ドゥ ルーロープ], europe 女 méridionale [ウローブ メリディヨナール]

なんきょく 南極 pôle 男 Sud [ポール スュドゥ] /～の antarctique [アンタルクティーク]

なんきんまめ 南京豆 → ピーナツ

なんこう 軟膏 → くすり

なんこつ 軟骨 cartilage [カルティラージュ] 男 /～質の cartilagineux [カルティラジヌー] 男に, 単複同形, cartilagineuse [カルティラジヌーズ] 女に

なんじ 何時 quelle heure [ケルール] 女 /今～ですか Quelle heure est-il? [ケルーレティール], Vous avez l'heure? [ヴザヴェ ルール] /～に à quelle heure [アケルール] /～から de quelle heure [ドゥ ケルール], depuis quelle heure [ドゥピュイ ケルール] /～まで jusqu'à quelle heure [ジュスカ ケルール] /～ごろ vers quelle heure [ヴェール ケルール] /～間 combien d'heures [コンビヤン ドゥール]

ナンシー（町）Nancy [ナンスィ] 固 /～の nancéien,ne [ナンセ・ヤン, イエーヌ] /～風 （à la）nancéienne [（ア ラ）ナンセイエーヌ]

なんしつ 軟質 → こむぎ, チーズ

なんすい 軟水 eau 女 douce [オドゥース]

なんせい 南西 sud-ouest [スュドゥエーストゥ] 男 /～の sud-ouest〈不変〉

なんだ 何だ → なに

なんたいどうぶつ 軟体動物 mollusques [モリュースク] 男複

ナンテ（菓子, チーズ）nantais 男〈単複同形〉

なんでも 何でも （全部）tout [トゥー] 男 /（全部の）tout〈男単に〉, toute [トゥートゥ]〈女に〉, tous [トゥー]〈男複に〉 /（どんな物にでも）n'importe quoi [ナンポールトゥクワ]

ナンテュア（町）Nantua 固 /～の nantuatien,ne [ナンテュアスィ・ヤン, エーヌ] /～風 （à la）Nantua [（ア ラ）ナンテュア]

ナント（都市）Nantes [ナーントゥ] 固 /～の nantais,e [ナンテ, ーズ] 男には単複同形/～風 （à la）nantaise [（ア ラ）ナンテーズ] /～かも¹

なんと 何と… （感嘆詞として）«Comme [コーム] +文！», «Que [ク] +文！», «Qu'est-ce que [ケスク] +文！», «Quel,le [ケル] +名詞または形容詞！» → どう¹, なに

なんど¹ 何度 ～も beaucoup [ボクー], plusieurs fois [プリュズィユール フワ] → なん

なんど² 納戸 débarras[デバラ]男〈単複同形〉

なんとう 南東 sud-est[スュデーストゥ]男/～の sud-est〈不変〉

なんとか 何とか (やっと) enfin[アンファン]/～する se débrouiller[スデブルイエ]代動59

なんとなく 何となく (ぼんやりと) vaguement[ヴァーグマン]/(なぜか) sans raison particulière[サン レゾン パルティキュリエール]

なんなんせい 南南西 sud-sud-ouest[スュドゥ スュードゥエーストゥ]男/～の sud-sud-ouest〈不変〉

なんなんとう 南南東 sud-sud-est[スュドゥ スュデーストゥ]男/～の sud-sud-est〈不変〉

なんにち 何日 (暦)quelle date 女[ケル ダートゥ], le combien 男[ル コンビヤーン]/今日は～ですか On est le combien?[オンネル コンビヤーン]/(日数)combien de jours[コンビヤーン ドゥ ジュール]

なんにん 何人 combien de personnes[コンビヤーン ドゥ ペルソヌ]:「人」を男・女・料理人・従業者などで明示する場合は, combien de...にそれぞれの名詞の複数形を付ける

なんねん 何年 (暦)quelle année 女[ケラネ]/～に en quelle année[アン ケラネ]/(年度)combien d'années[コンビヤーン ダネ]/～間 combien d'années

なんの 何の (疑問)quel,le[ケール]

ナンバー numéro[ニュメロ]男/～ワン numéro un[ニュメロ アン]/～ワンの numéro un〈不変〉 → プレート

なんぱく 軟白(野菜の) étiolement[エティヨールマン]男/～する étioler[エティヨレ]/～した étiolé,e[エティヨレ]

ナンパする(異性をひっかける) draguer[ドゥラゲ]

なんばん 何番 quel numéro 男[ケール ニュメロ]

なんぶ 南部 → みなみ

ナンプラー(魚醤) nam pla 男

なんめい 何名 → なんにん

に

に¹ …に (時間)2時に à deux heures[アドゥーズール]/3月に en mars[アン マルス]/2010年に en deux mille dix[アン ドゥー ミール ディス]/5世紀に au cinquième siècle[オ サンキエーム スィエークル]/6歳の時に à l'âge de six ans[ア ラージュ ドゥ スィザン]/午前中に dans la matinée[ダン ラ マティネ]/午後に dans l'après-midi[ダン ラプレ ミディ]/晩に dans la soirée[ダン ラ スワーレ]/夜に dans la nuit[ダン ラ ニュイー]/(日付, 曜日):日付または曜日には前置詞を付けない/8月7日に le sept août[ル セートゥートゥ]/月曜日に lundi[ランディ]/毎週月曜日に le lundi[ル ランディ]/いつかの月曜日に un lundi[アン ランディ]/《別れの挨拶の時には à をつける》月曜日に会いましょう À lundi.[ア ランディ] ‖ (季節)春に au printemps[オ プランタン]/夏に en été[アンネテ]/秋に en automne[アンノトーヌ]/冬に en hiver[アンニヴェール] ‖ (国):女性形及び母音で始まる男性形の国名の前では en, 男性形の国名の前では au, 複数名詞の国名の前では aux をつける/フランスに en France[アン フランス]/日本に au Japon[オ ジャポン]/アメリカに aux États-Unis[オゼタズュニ] ‖ (ヨーロッパなどの5大州は en)en Europe[アンヌーロプ]/(フランスの旧地方名は en)en Provence[アン プロヴァンス]/(県名は dans)dans les Yvelines[ダン レズィヴリーヌ]:ただし旧地方名に由来するとenになる. en Savoie[アン サヴォワ] ‖ (都市や町及びそれより小さい地区などの地名の前では à) パリに à Paris[アパリ]/モンパルナスに à Montparnasse[ア モンパルナース]/ル・アーヴルに au Havre[オ アーヴル] ‖ (施設や建物など)リヨン駅に à la gare de Lyon[ア ラ ガール ドゥ リヨン]/海に à la mer[ア ラ メール]/公園に au parc[オ パルク], dans le parc[ダン ル パルク]/通りに dans la rue[ダン ラ リュ]/レストランに au restaurant[オ

に²

レストラン], dans le restaurant [ダンルレストラン] ‖ (屋内)厨房に dans la cuisine [ダンラキュイズィーヌ], à la cuisine [アラキュイズィーヌ] / テーブルに à la table [アラタブル] / トイレに aux toilettes [オトゥワレトゥ] ‖ (店, 家)私の家に chez moi [シェモワ], dans ma maison [ダンマメゾン], dans mon appartement [ダンモンナパールトゥマン] ‖ (人)デュポン氏に à Monsieur Dupont [アムスューデュポン] ⇒ p.748「人称代名詞」‖ (…によって)(受動態) de [ドゥ], par [パール] / シェフにしかられる être grondé,e par le chef [エートゥルグロンデパールルシェフ] 〈être ②〉/ みんなに尊敬されている. être estimé,e de tout le monde. [エートゥルエスティメドゥトゥールモーンドゥ] 〈être ②〉: 習慣的または継続的な内容の場合, 動作主を de …で表すことが多い ‖ (割合)par, sur / 月に1回 une fois par mois [ユヌフワパールムワ] / 2つに1つ un,e sur deux [アン, ユヌスュールドゥー] ‖ (…として)comme… / 食前酒にキールを注文する demander un kir comme apéritif [ドゥマンデアンキールコマペリティーフ]

に² 二 deux [ドゥー] 男 〈単複同形〉/ (2つの) deux 〈不変〉→ にかい¹, にかい², にぶんのいち, ばい¹, ばん¹

に³ 荷 charge [シャールジュ] 女 / (積荷) cargaison [カルゲゾーン] 女, chargement [シャールジュマン] 男 / (商品) marchandises [マルシャンディーズ] 女複 → にもつ, なふだ

にあう 似合う (…に) aller bien à… [アレビヤンア] 〈aller ⑥〉→ てきする

ニース(都市) Nice 固 女 / 〜の niçois,e [ニスワ, -ズ] 〈男には単複同形〉/ 〜風 (à la) niçoise [(アラ) ニスワーズ], (à la) niçarde [(アラ) ニサルドゥ]

ニーム(町) Nîmes 固 / 〜の nîmois,e [ニムワ, -ズ] 〈男には単複同形〉/ 〜風 (à la) nîmoise [(アラ) ニムワーズ]

ニヴェルネ(地方) Nivernais 固 男 / 〜の nivernais,e [ニヴェルネ, -ズ] 〈男には単複同形〉/ 〜風 (à la) nivernaise [(アラ) ニヴェルネーズ]

にえたぎる 煮えたぎる → ふっとう

にえる 煮える cuire [キュイール] ⑪ / 煮えた cuit,e [キュイ, -トゥ]

におい 匂い・臭い (香り, 臭み) odeur [オドゥール] 女 / 〜のある odorant,e [オドラン, トゥ] ‖ (芳香) parfum [パルファン] 男 / 〜のある parfumé,e [パルフュメ] ‖ (よい味を感じさせる) senteur [サントゥール] 女 / 〜のある aromatique [アロマティーク] 〈男女同形〉/ 〜を付けた aromatisé,e [アロマティゼ], 英 flavoured ‖ おいしそうな〜 senteur appétissante [サントゥーラペティサントゥ] / (悪臭) puanteur [ピュアントゥール] 女 / 〜のある puant,e [ピュアン, トゥ] ‖ (肉料理などの芳香) fumet [フュメ] 男 ‖ (ワインをグラスから鼻でかぐ) bouquet [ブーケ] 男 / (口から鼻に抜けるワインの) arôme [アローム] 男 / (ワインの熟成香) sève [セーヴ] 女 ‖ 〜をかぐ respirer l'odeur [レスピーレロドゥール], sentir [サンティール] ④ ‖ 〜を発する, におう sentir / いい[嫌な]〜だ Ça sent bon (mauvais). [ササンボン(モヴェ)]

においすみれ 匂い菫 → すみれ

においまい 香米 → こめ

におう 匂う・臭う → におい

ニオラ(唐辛子) niora [ニヨラ]

ニオロ(チーズ) niolo [ニヨロ]

にかい¹ 二回 deux fois 女複 [ドゥーフワー] / 〜めの second,e [スゴン, ドゥ], deuxième [ドゥーズィエーム] 〈男女同形〉

にかい² 二階 premier étage 男 [プルミエターュ]: フランスでは地上階を数えないため, 日本でいう2階は「1階」の意味のフランス語である

にがい 苦い (味が) amer [アメール] 〈男に〉, amère [アメール] 〈女に〉/ (つらい) amer 〈男に〉, amère 〈女に〉, dur,e [デュール], pénible [ペニーブル] 〈男女同形〉

にがうり 苦瓜 margose [マルゴーズ] 女, concombre 男 amer [コンコーンブラメール], 英 bitter melon

にがさ → にがみ

にかた 煮方 (煮物係) saucier [ソスィエ] 男, saucière [ソスィエール] 女

にがつ 二月 février [フェーヴリエ] 男 / 〜に en février [アンフェーヴリエ]

にがて 苦手 (弱点) point faible [プワーンフェーブル] / (不得意) 〜だ ne pas être fort,e [ヌパエートゥルフォール, トゥ] 〈être ②〉/ (嫌い) ne pas aimer [ヌパエメ] → ひてい ⇒ p.756「否定文」

にがみ 苦味 amer [アメール] 男, amertume [アメルテューム] 女

にがよもぎ 苦蓬 absinthe [アプサーントゥ] 女, 英 worm-wood /アルプスの～ génépi [ジェネピ] 男, génépi [ジュネピ], 英 genipi /～のリキュール génépi 男

にぎす 似鱚 argentine [アルジャンティーヌ] 女, 英 argentine

にきび 面皰 bouton [ブトン] 男 de jeunesse [ドゥジュネース], bouton acné [ブトンアクネ] 女

にぎやか 賑やかな (陽気) gai,e [ゲ] /～に gaiement [ゲマン] ‖ (活気) animé,e [アニメ] / (人が多い) fréquenté,e [フレカンテ]

にぎり 握り (取っ手) poignée [プワーニェ] 女 / (握力) poigne [プワーニュ] 女 / ひと～の… une poignée de… [ユヌプワーニェドゥ] → おにぎり, すし

にきりざけ 煮切り酒 → さけ²

にきる 煮切る flamber [フランベ]

にぎる 握る (手にとる) prendre [プラーンドゥル] 37 = つかむ, とる¹

にく 肉 (食用の) chair [シェール] 女, viande [ヴィヤーンドゥ] 女, 英 meat / (果肉) pulpe [ピュルプ] /(人や動物などの) chair 女 /～を伴った gras,se [グラー,ス] /霜降～ viande persillée [ヴィヤーンドゥペルスィエ] /生～ viande crue [ヴィヤーンドゥクリュー]
→ ぎゅうにく, ジュ, ひきにく

にくい (…し) 難い «être difficile à [エートゥルディフィスィーラ]+不定詞» (être 2) → にくむ

にくしょく 肉食 (習慣) régime 男 carné [レジームカルネ]

にくずく → ナツメグ

にくずす (…を)煮崩す cuire…en marmelade [キュイールアンマルムラードゥ] ⟨cuire 11⟩ / (炒め溶かす) faire fondre [フェールフォーンドゥル] ⟨faire 21⟩

にくたたき 肉叩き batte 女 à côtelette [パータコトゥレートゥ], attendrisseur [アタンドゥリスール] 男

にくだち 肉断ち (四旬節の) carême [カレーム] 男

にくだんご 肉団子 boulette 女 de viande [ブレートゥドゥヴィヤーンドゥ]

にくづき 肉付 ～のよい charnu,e [シャルニュ] ⟨男女同形⟩ /～の悪い maigre [メーグル]

にくばなれ 肉離れ déchirure 女 musculaire [デシリュールミュスキュレール]

にくむ 憎む †haïr [アイール] 54

にくや 肉屋 (業, 店) boucherie [ブーシュリ] 女 / (人) boucher [ブーシェ], bouchère [ブーシェール] /～風, ブーシェール風 (à la) bouchère [(アラ)ブーシェール]

にくりょうり 肉料理 plat 男 de viande [プラードゥヴィヤーンドゥ]

にぐるま 荷車 (手押二輪) diable [ディヤーブル] 男 / (四輪) chariot [シャリヨ] 男

にげる 逃げる (逃走する) fuir [フュイール] 23, se sauver [スソヴェ] 代動 59

にこごり gelée [ジュレ] 女 / (煮込料理の鍋底に残ったもの) effondrilles [エフォンドゥリーユ] 女複

ニコチン nicotine [ニコティーヌ] 女 /～中毒 tabagisme [タバジースム] 男, nicotinisme [ニコティニースム] 男

にごった 濁った → にごり

にこぼれる 煮こぼれる déborder [デボルデ]

にこみ 煮込 (肉, 魚, 野菜などの煮込料理) ragoût [ラグー] 男, fricot [フリコ] 男, mijoté [ミジョテ] 男, 英 stew 男 / (パンを加えた) mitonné [ミトネ] 男 / (肉や魚の蒸煮込料理) estouffade [エストゥーファードゥ] 女, étouffade [エトゥーファデ] 男 / (仔牛, 仔羊や魚の白いシチュー) blanquette [ブランケートゥ] 女 / (鶏, 仔牛などの白いシチュー) fricassée [フリカセ] 女 / (野うさぎなどの赤ワイン煮込) civet [スィヴェ] 男 / (羊と野菜の煮込) navarin [ナヴァラン] 男 / (プロヴァンス地方の牛の) daube [ドーブ] 女 ‖ (行為) mijotage [ミジョタージュ] 男 ‖ (ドーブ用)～鍋 daubière [ドビエール] 女 → にこむ, マルミート

にこむ 煮込む (ミジョテ: 弱火で) mijoter [ミジョテ], faire mijoter [フェールミジョテ] ⟨faire 21⟩, 英 stew /煮込んだ mijoté,e [ミジョテ], stewed /煮込んだ料理 mijoté [ミジョテ] 男 ‖ (ミトネ: パンを加えて) mitonner /煮込んだ mitonné,e [ミトネ], 英 simmered /煮込んだ料理 mitonné [ミトネ] 男 ‖ (エトゥーフェ: 蒸煮) étouffer, 英 (野菜) steamed, (肉) braised /煮込んだ étouffé,e [エトゥーフェ] ‖ (肉

がばらばらになるまで) compoter [コンポテ] /煮込んだ compoté,e [コンポテ], (英) stewed ‖ (鍋の表面が震える程度の火で) frémir [フレミール] ④, laisser frémir [レセ フレミール] /ことこと煮えている frémissant,e [フレミサーン, トゥ]
→にこみ,にる², ブレゼ

ニコライにせいふう ニコライ2世風 Nicolas [ニコラ]

にごり 濁り impureté [アンピュルテ] 囡 ‖ 濁った trouble [トゥルーブル]〈男女同形〉/(不透明な) opaque [オパーク] 〈男女同形〉/(乱された) troublé,e [トゥルーブレ] /(不純な) impur,e [アンピュール] /(曇った) brouillé,e [ブルーイエ]
→さけ², よごれ

にごる 濁る se troubler [ストゥルーブレ] [代動]59/(曇る) se brouiller [スブルーイエ] [代動]59
→よごれ

にざかな 煮魚 poisson cuit à la sauce de soja sucrée [プワソーン キュイ タ ラ ソース ドゥ ソジャ スュークレ]

にさんかたんそ 二酸化炭素 bioxyde 男 de carbone [ビヨクスィードゥ ドゥ カルボーヌ]

にし 西 ouest [ウェーストゥ] 男 /〜の ouest〈不変〉, d'ouest [ドゥエーストゥ]

にじ 虹 arc-en-ciel [アルカン スィエール] 男〈複 〜s-〜-〜〉/〜色の arc-en-ciel〈不変〉, irisé,e [イリゼ]

にしては …にしては pour... [プール] /彼はコック〜おしゃべりだ Il est bavard pour un cuisinier. [イレ バヴァール プーラン キュイズィニェ]

にじはっこう 二次醱酵 →はっこう

にじます 虹鱒 →ます²

にじゅう¹ 二十 vingt [ヴァン] 男 /〜の vingt [ヴァン]〈不変〉 →ばん¹

にじゅう² 二重 double [ドゥーブル]〈男女同形〉/〜に doublement [ドゥーブルマン], en double [アン ドゥーブル] /〜にする doubler [ドゥーブレ] /〜にした doublé,e [ドゥーブレ]

にじゅういち 二十一 vingt et un [ヴァンテ アン] /〜世紀 vingt et unième siècle 男 [ヴァンテ ユニエーム スィエークル]

にじょう 二乗 →じょう²

にしょく 二色(の) bicolore [ビコロール]〈男女同形〉

にじる 煮汁 cuisson [キュイソーン] 囡, fond 男 de cuisson [フォン ドゥ キュイソーン], décoction [デコクスィヨン] 囡 /(肉の) jus 男 [ジュ]〈単複同形〉, jus de cuisson [ジュ ドゥ キュイソーン] /(エチュヴェでにじみ出る材料の液) exudat [エクスュダ] 男

にしん 鰊・鯡 †hareng [アラン] 男, (英) herring /酢漬〜 (ロールモプス) rollmops [ロルモープス]〈単複同形〉, hareng de la Baltique [アラン ドゥ ラ バルティーク], hareng mariné au vinaigre [アラン マリネ オ ヴィネーグル] /子持〜 hareng plein [アラン プラン], bouvard [ブーヴァール] /身欠〜 filet de hareng séché [フィレ ドゥ アラン セシェ]

燻製(くんせい),塩漬にしんの種類

アラン・ソール(塩漬冷燻)
　hareng 男 saur
キパー(軽い燻製)
　kipper [キペール] 男, (英) *kipper*
クラクロ(北フランスの軽い塩漬燻製)
　craquelot 男
ジャンダルム(塩漬冷燻)
　gendarme
ブーフィ, ブロター(軽い塩漬燻製)
　bouffi 男, (英) *bloater*
ブラン(塩漬) blanc [ブラーン] 男
ペーク(燻製) pec 男

にせ 偽(の) faux [フォ]〈に,単複同形〉, *fausse* [フォース]〈囡に〉, imité,e [イミテ] /〜物 contrefaçon [コントゥルファソーン] 囡 →イミテーション

ニソワーズ (オリーヴ) niçoise [ニスワーズ] 囡 →ニース

にた 煮た →にる²

にだしじる 煮出し汁 →だし

にだす 煮出す →せんじる

にたてる 煮立てる →ふっとう

にち 日 jour [ジュール] 男 /何〜(期間) combien de jours [コンビヤーン ドゥ ジュール] /(日付) le combien [ル コンビヤーン], quel date [ケル ダート]

にちじょう 日常(の) (日々の) quotidien,ne [コティディ・ヤン, エーヌ] ‖ (日用の) usuel,le [ユズュエール] ‖ 〜は ordinairement [オルディネールマン], d'ordinaire [ドルディネール] /〜的に quotidiennement [コティディエーヌマン] ‖ 〜会話 conversation 囡 courante [コンヴェ

にちふつ　日仏(の) (日仏間の) entre le Japon et la France [アーントゥル ル ジャポン エ ラ フランス], franco-japonais,*e* [フランコ ジャポネ, ーズ] 〈男には単複同形〉／(日仏両国の) japonais,*e* et français,*e* [ジャポネ, ーズ エ フランセ, ーズ]

にちぼつ　日没 → ひ¹

にちや　日夜　jour [男] et nuit [女] [ジューる ニュイ]／(休まずに) sans arrêt [サンザレ], sans relâcher [サン ルらーシェ]

にちようび　日曜日　dimanche [ディマーンシュ] [男]／次の～　dimanche prochain [ディマーンシュ プろシャン]／先週の～　dimanche dernier [ディマーンシュ デルニエ]／毎～に　chaque dimanche [シャック ディマーンシュ], le dimanche [ル ディマーンシュ], tous les dimanches [トゥ レ ディマーンシュ]

にちようひん　日用品　objets [男] [複] d'usage courant [オブジェ デュザージュ クーらン]

にっき　日記　journal [ジューるナル] [男]〈[複] journaux [ジューるノー]〉→ ちょう

につき　…につき (…ごとに) par... [パール], à... [ア]／(…の理由で) en raison de... [アン れゾン ドゥ]
→ かんする, せい³

ニックネーム → あだな

にづくりする　荷造する　faire la valise [フェール ラ ヴァリーズ] 〈faire ②〉

につけ　煮付　魚の～　poisson [男] cuit dans la sauce de soja sucré [ブワソン キュイ ダン ラ ソース ドゥ ソジャ スュークれ]

にっけい　肉桂 → シナモン

ニッケル　nickel [ニーケル] [男]／～メッキした　nickelé,*e* [ニークれ]

にっこう　日光　lumière [女] du soleil [リュミエール デュ ソレーユ]／～浴　bain [男] de soleil [バン ドゥ ソレーユ]

にっしゃびょう　日射病　insolation [アンソラスィヨン] [女], coup [男] de soleil [クー ドゥ ソレーユ]

にっすう　日数　nombre [男] de jours [ノーンブル ドゥ ジュール]

にっちゅう　日中(に)　pendant la journée [パンダン ラ ジュールネ]

ニット (編物またはセーター) tricot [トゥリーコ] [男]

にっぽん　日本 → にほん

につまる　煮詰る　(減る) se réduire [ス れデュィール] [代動] ⑪ 59 ／煮詰って reduit,*e* [れデュィ, ートゥ]／煮詰って少なくなりすぎたソース　sauce [女] courte [ソース クールトゥ]／煮詰り　réduction [れデュクスィヨン] [女] ‖ (計画などが具体化する) prendre corps [プらンドゥル コール] 〈prendre ③7〉

につめじる　煮詰め汁　réduction [れデュクスィヨン] [女], glace [グらス] [女]

につめる　煮詰める　faire réduire [フェール れデュィール] 〈faire ②1〉, réduire [れデュィール] ⑪／煮詰めた réduit,*e* [れデュィ, ートゥ]／～こと　réduction [れデュクスィヨン] [女]／水分がなくなるまで～ réduire à sec [れデュィール ア セック]／…を⅓の分量だけ～ réduire...d'un tiers [れデュィール ダン ティエール]／…を⅓の分量になるまで～ réduire...à un tiers [れデュィール ア アン ティエール] ‖ (ソースを) serrer [セれ]／煮詰めた serré,*e* [セれ] ‖ (グラスになるまで) (faire) tomber à glace [(フェール) トンベ ア グらス] 〈faire ②1〉

にど　二度　deux fois [女] [複] [ドゥー フワ]／～とない　unique [ユニック] 〈男女同形〉

にとう　二等 (列車など) deuxième classe [女] [ドゥーズィエーム クラース] [女]／～車　voiture [女] de deuxième classe [ヴワテュール ドゥ ドゥーズィエーム クラース]／～賞　deuxième prix [男] [ドゥーズィエーム プリ]

にとうぶん　二等分 (数学で) bissection [ビセクスィヨン] [女]

にとかす　煮溶かす　faire fondre [フェール フォーンドゥル] 〈faire ②1〉／煮溶かした fondu,*e* [フォーンデュ]

ニ･ド･ポム (鳥の巣形のフライドポテト) nid [男] de pomme [ニ ドゥ ポーム]

になおす　煮直す → にもどす

にぬし　荷主 (発送人) expéditeur [エクスペディトゥール] [男], expéditrice [エクスペディトゥリース] [女]／(持主) propriétaire [プロプリエテール] [男]

にばんきじ　二番生地　demi-feuilletage [男] [ドゥミ フーユタージュ]

にばんだし　二番出汁　deuxième fond [男] [ドゥーズィエム フォン]

にぶい　鈍い (音や痛みなどが) sourd,*e* [スール, ドゥ]／(感じない)

にふだ 荷札 → なふだ, ラベル

にぶる 鈍る（衰える）s'affaiblir [サフェブリール] 代動 4 59 /（切れ味が）s'émousser [セムーセ] 代動 59 /（感覚が）s'engourdir [サングールディール] 代動 4 59

にぶんする 二分する diviser par deux [ディヴィゼ パール ドゥー], partager en deux [パルタジェ アンドゥー] 〈partager 25〉

にぶんのいち 二分の一（½）un sur deux [アン スュール ドゥー] /…を~に煮詰める réduire...d'une moitié [レデュイール デュヌ ムワティエ] 〈réduire 11〉 → はんぶん

にべ 鮸 courbine 女 nibe [クールビーヌ ニベ], 英 nibe croaker /大~ grogneur [グロニュール] 男, 英 meagre

にぼし 煮干 petits poissons 男複 cuits et séchés pour le bouillon japonais [プティ プワソン キュイ エ セシェ プール ル ブーヨン ジャポネ]

にほん 日本 Japon [ジャポン] 固男 /~人 Japonais,e [ジャポネ,ーズ] 〈男女, 男は単複同形〉/~語 japonais [ジャポネ] 男 /~の japonais,e〈男には単複同形〉/~から du Japon [デュ ジャポン] /~に, へ, では au Japon [オ ジャポン] /~画 peinture 女 japonaise [パントゥール ジャポネーズ] /~時間 heure 女 de Tokyo [ウール ドゥ トキヨ] ‖ ~風 style japonais [スティル ジャポネ] /（料理表現）(à la) japonaise [（ア ラ）ジャポネーズ] ‖ ~料理（体系として）cuisine 女 japonaise [キュイジーヌ ジャポネーズ] /（一品料理として）plat 男 japonais [プラー ジャポネ] → さけ¹

にまいおろし 二枚おろし → おろし¹

にまいがい 二枚貝 → かい³

にもかかわらず → のに

にもつ 荷物 bagages [バガージュ] 男複 /手~ bagages à main [バガージュ ア マン] /~一時預り所 consigne [コンシーニュ] 女 /引越~ déménagement [デメナージュマン] 男 /別送~ bagage 男 non-accompagné [バガージュ ノンナコンパニェ]

にもどす 煮戻す recuire [ルキュイール] 11 /煮戻した recuit,e [ルキュイ,ート

ゥ] ‖（薄める）décuire [デキュイール] 11 /煮戻した décuit,e [デキュイ,-トゥ]

にもの 煮物 → にこみ

ニュアンス nuance 女 /~のある nuancé,e [ニュアンセ] /~をつける nuancer [ニュアンセ] 32

ニュイ・サン・ジョルジュ（ワイン）nuits-saint-georges 男

にゅういん 入院 hospitalisation [オスピタリザスィヨン] 女 /~患者（malade 男女）hospitalisé,e [（マラードゥ）オスピタリゼ] 男女 /~している être hospitalisé,e [エートゥル オスピタリゼ] 〈être 2〉 /~させる hospitaliser [オスピタリゼ]

にゅういんりょう 乳飲料 boisson 女 lactique [ブワソン ラクティーク], 英 lactic drinks

にゅうえき 乳液（化粧品）lait 男 de beauté [レドゥ ボテ] /（樹液）latex [ラテークス] 男〈単複同形〉

ニューオーダー nouvelle commande 女 [ヌーヴェル コマンドゥ] /（レストランでのかけ声）~が入りました Ça marche. [サマールシュ]

にゅうか¹ 乳化 émulsion [エミュルスィヨン] 女 ‖ ~剤 émulsif [エミュルスィーフ] 男 /（商標名）Monostéarate [モノステアラートゥ] 固男 ‖ ~させる émulsionner [エミュルスィヨネ] /~した émulsionné,e [エミュルスィヨネ] /~ソース, ソース・エミュルシヨネ sauce 女 émulsionnée [ソースエミュルスィヨネ]

にゅうか² 入荷 arrivage [アリヴァージュ] 男

にゅうかい 入会（加盟）adhésion [アデズィヨン] 女 /~する adhérer [アデレ] 36 /~金 frais 男複 d'admission [フレー ダドゥミスィヨン] → とうろく

にゅうがく 入学 entrée [アーントゥレ] 女 /（登録）inscription [アンスクリプスィヨン] 女 /…に~する entrer à... [アントゥレ ア], s'inscrire à... [サンスクリール ア] 代動 18 59 /~願書 demande 女 d'admission [ドゥマーンドゥ ダドゥミスィヨン] /~許可 admission [アドゥミスィヨン] 女 /~許可書 certificat d'inscription [セルティフィカ ダンスクリプスィヨン] /~金 frais 男複 d'inscription [フレー ダンスクリプスィヨン] /~試験 concours 男

d'entrée [コンクール ダーントゥレ] /～手続 inscription [アンスクリプスィヨン] 女

ニューカレドニア Nouvelle-Calédonie [ヌーヴェル カレドニ] 固女/～の néo-calédonien,ne [ネオカレドニ・ヤン,エーヌ]

にゅうがん 乳癌 cancer 男 du sein [カンセール デュ サン]

にゅうぎゅう 乳牛 laitière [レティエール] 女, vache 女 à lait [ヴァシュ レ]

にゅうきょ 入居 installation [アンスタラスィヨン] 女, emménagement [アンメナージュマン] 男‖～者（住民） habitant,e [アビタン,トゥ]／（寄宿） résident,e [レズィダン,トゥ] 男女/（借家人） locataire [ロカテール] 男女

にゅうきん 入金（支払）paiement [ペマン] 男,versement [ヴェルスマン] 男/（収入） rentrées [ラーントゥレ] 女複

にゅうこく 入国 entrée 女 dans le pays [アントゥレ ダン ル ペイ]/～する entrer dans le pays [アントゥレ ダン ル ペイ]/～カード carte 女 de débarquement [カールトゥ ドゥ デバールクマン]/～管理事務所 Office 男 national de l'immigration [オフィス ナスィヨナール ドゥ リミグラスィヨン]

にゅうさつ 入札（競売の） adjudication [アデュディカスィヨン] 女/競売の～価格 prix 男〈単複同形〉d'adjudication [プリ ダデュディカスィヨン]

にゅうさん 乳酸 acide 男 lactique [アスィードゥ ラクティーク]/～飲料 boisson 女 à base d'acide lactique [ブワソーン ア バーズ ダスィードゥ ラクティーク]/～菌 bactérie 女 lactique [バクテリーク]
→はっこう

にゅうし 入試 → にゅうがく

にゅうじ 乳児 nourrisson [ヌーリソン] 男

ニュージーランド Nouvelle-Zélande [ヌーヴェル ゼランドゥ] 固女/～の néo-zélandais,e [ネオ ゼランデ,ーズ]〈男複に ～-～, 女複に ～-～es〉／～人 Néo-Zélandais,e 男女〈男複～-～, 女複 ～-～es〉

にゅうしょう 入賞 ～する gagner（または remporter）le prix [ガニェ（ランポルテ）ル プリー]／～作品 ouvrage 男 couronné [ウーヴラージュ クーロネ]／～者 lauréat,e [ロレア,-トゥ] 男女

にゅうじょう 入場 entrée [アーントゥレ] 女/～許可 admission [アドゥミスィヨン] 女/～する entrer [アーントゥレ]
→ きっぷ, りょうきん

ニュース nouvelle [ヌーヴェル] 女, informations [アンフォルマスィヨン] 女複, infos [アンフォ] 女複

にゅうせい 乳清 petit-lait [プティ レ] 男〈複 ～s-～s〉

にゅうせいひん 乳製品 laitage [レタージュ] 男, produits 男複 laitiers [プロデュイ レティエ]

にゅうだく 乳濁 → にゅうか[1]

ニューバーグ(風) (à la) Newburg [(ア ラ) ニュブール]

ニューヨーク New York [ニュ ヨールク] 固/～の newyorkais,e [ニュヨルケ,-ズ]〈男は単複同形〉／～風 (à la) new-yorkaise [(ア ラ) ニュヨルケーズ]

にゅうよくする 入浴する → ふろ

にゅうりょく 入力 input [アンピュートゥ] 男, entrée [アーントゥレ] 女/～データを ～する entrer des donnés [アーントゥレ デ ドネ]

ニュール（菓子）nieul(l)e 女

ニュブール(風) → ニューバーグ(風)

にょう 尿 urine [ユリーヌ] 女/排～する uriner [ユリネ]/～結石 calcul 男 urinaire [カルキュール ユリネール]/～検査 analyse 女 d'urines [アナリーズ デュリーヌ]

にょうぼう 女房 → つま[1]

ニョクマム（魚醬） nuoc-mam 男〈単複同形〉

ニョッキ（パスタ） 伊 gnocchi 男複

にら 韮 ciboulette 女（または civette 女）chinoise [スィブーレートゥ（スィヴェートゥ）シヌワーズ], 英 Chinese chive, Chinese leek

にりゅう 二流 second ordre [スゴントールドゥル] 男/～の de second ordre [ドゥ スゴントールドゥル]

にりんしゃ 二輪車 (véhicule 男 à) deux roues [(ヴェイキューラ) ドゥー ルー]

にる[1]（…に）似る ressembler à...[ルサーンブレ ア]/（互いに）se ressembler [スルサーンブレ] 代動 59

にる[2] 煮る (faire) cuire [(フェール) キュイール]〈faire 21, cuire 11〉/煮た cuit,e [キュイ,-トゥ]‖（材料が柔らかく

にれつ 二列 (縦) deux files [ドゥー フィル] / (横) deux rangs [ドゥー ラン] 男複

にわ 庭 (庭園) jardin [ジャルダン] 男 / ～いじり jardinage [ジャルディナージュ] 男 / ～師 jardinier [ジャルディニエ] 男, jardinière [ジャルディニエール] 女 / (中庭) cour [クール] 女 / (裏庭) arrière-cour [アリエール クール] 女〈複 ～-～s〉 / (前庭) avant-cour [アヴァン クール] 女〈複 ～-～s〉 / (公園または城の) parc [パルク] 男

→ にこむ, にとかす, にもどす, ブレゼ, みず, よわび

にわかあめ 俄雨 → あめ¹

にわとこ 接骨木 (西洋にわとこ) sureau [スュロ] 男〈複 ～x〉, 英 elder / ～ジャム confiture 女 de sureau [コンフィテュール ドゥ スュロ]

にわとり 鶏 volaille [ヴォラーユ] 女, 英 fowl, poultry / (雄) coq [コーク] 男, 英 cock / (雌鶏) poule [プール] 女, (古称) géline [ジェリーヌ] 女, 英 hen, (料理) fowl / (雌若鶏) poulette [プーレートゥ] 女 / (雄若鶏) coquelet [コクレ] 男, 英 cockerel / (若鶏, チキン) poulet [プーレ] 男, 英 chicken / (去勢鶏) chapon [シャポン] 男, 英 capon / (肥鶏) poularde [プーラルドゥ] 女, 英 fatted chicken / (ブレス産 1.6 kg 以下) pillette [ピエートゥ] 女 / バルブズィユの～ poularde de Barbezieux [プーラルドゥ ドゥ バルブズィユー] / (雛鶏) poussin [プーサン] 男, 英 chick / ～肉 volaille 女 / 穀物肥育の若～ poulet de grain [プーレ ドゥ グラーン] / 地～ poulet de ferme [プーレ ドゥ フェルム] / ブレスの～ poulet de Bresse [プーレ ドゥ ブレス] ‖ 若鶏のソテ poulet sauté [プーレ ソテ], 英 sauté of chicken / ～の空揚 poulet frit [プーレ フリ], 英 fried chicken / ～のつくね boulette de poulet [プーレートゥ ドゥ プーレ] / ～の赤ワイン煮 coq au vin [ココヴァン], 英 coq au vin → チキン, チャボ, ないぞう, フォン, ブロイラー, [囲み]

にん …人 personne [ペルソーヌ] 女 / 3～ trois personnes [トゥルワーズ ペルソーヌ] / 何～ combien de personnes [コンビヤン ドゥ ペルソーヌ]

にんい 任意(の) → このみ

にんき 人気 ～のある populaire [ポピュレール] 〈男女同形〉

にんぎょう 人形 poupée [プーペ] 女 / 操り～ marionnette [マリヨネートゥ] 女, pantin [パンタン] 男 / 指～ guignol [ギニョール] 男

にんげん 人間 être 男 humain [エートゥル ユマン] / ～の, ～的な humain,e [ユ・マン, メーヌ] / ～的に humainement [ユメーヌマン] / ～関係 relations 女複 humaines [ルラスィヨンズュメーヌ] / ～ドッ

鶏の部位

足 patte [パートゥ] 女	ソ・リ・レス sot-l'y-laisse [ソリレース] 男 〈単複同形〉
足先の皮 écaille [エカーユ] 女	
尾羽の付根肉 croupion [クルーピヨン] 男	手羽(元) aile [エール] 女, 英 wing
皮 peau [ポ] 女〈複 ～x〉	手羽先 aileron [エルロン] 男, 英 pinion
ガラ carcasse [カルカース] 女	とさか crête [クレートゥ] 女
首 cou [クー] 男〈複 ～s〉	ドラムスティック pilon [ピロン] 男, 英 drum stick
ささ身 aiguillette [エギュイエートゥ] 女, blanc 男 de volaille [ブラーン ドゥ ヴォラーユ], suprême [スュプレーム] 男	胸 suprême [スュプレーム] 男, filet [フィレ] 男, 英 breast
白胆 foie [フワー] 男 blond [フワー ブロン]	もつ (食用内臓) abat(t)is [アバティ] 男複, 英 giblets
心臓 cœur [クール] 男	
腎臓 rognon [ロニョン] 男	腿 cuisse [キュイース] 女, 英 leg
砂肝 gésier [ジェズィエ] 男	レバー foie [フワー] 男, 英 liver
せせり (首肉) viande 女 de cou [ヴィヤーンドゥ ドゥ クー]	

ク check-up[チェクーブ]男〈単複同形〉, examen 男 médical complet[エグザマン メディカル コンプレ]

にんじょう 人情 humanité[ユマニテ]女/〜のある(人間味のある) humain,e[ユマン, メーヌ] → おもいやり

にんしょうだいめいし 人称代名詞 pronom 男 personnel[プロノーン ペルソネール]

にんしんする 妊娠する devenir enceinte[ドゥヴニール アンサーントゥ]〈devenir 47〉/妊娠している être enceinte[エートゥル アンサーントゥ]〈être 2〉, attendre un bébé[アタンドゥル アン ベベ]〈attendre 39〉

にんじん 人参 carotte[カロートゥ]女, (英) *carrot*/ミニ〜 mini-carotte[ミニカロートゥ]女〈複〜-〜〉

にんずう 人数 nombre 男 de personnes[ノーンブル ドゥ ペルソーヌ]

にんにく 大蒜 ail[アーユ]男〈複 aulx[オ]またはaulx[オ]〉, (英) *garlic*/…に〜を差込む, …に〜をすりこむ, …に〜を加える ailler...[アイエ]/〜を刺した, 〜をこすりつけた aillé,e[アイェ] ‖ 〜の芽を除く dégermer[デジェルメ]/〜の芽を除いた dégermé,e[デジェルメ] ‖ 姫〜 rocambole[ロカンボール]女, ail d'Espagne[アーユ デスパーニュ], ail rouge[アーユ ルージュ]/野生〜 ail des ours[アーユ デズールス] → ガーリック, かけ², かぶ²

にんぷ 妊婦 femme 女 enceinte[ファマンサーントゥ]

ぬ

ヌイエット(パスタ) nouillette[ヌイエートゥ]女

ぬいもの 縫物(裁縫)couture[クーテュール]女

ヌユ → めん³

ぬう 縫う coudre[クードゥル]39〈備考〉/(繕う)recoudre[ルクードゥル]39

ヌーヴェル(「新しい」の意味の形容詞女性形)〜・キュイジーヌ nouvelle cuisine 女[ヌーヴェル キュイズィーヌ]/〜・シノワ nouvelle cuisine chinoise[ヌーヴェル キュイズィーヌ シノワーズ] → あたらしい,しん²,ヌーヴォ

ヌーヴォ(「新しい」の意味の形容詞男性形)nouveau[ヌーヴォ]〈複 〜x〉/ボジョレ〜 beaujolais 男 nouveau/(新しいこと,新酒) nouveau 男 → あたらしい,しん²,ヌーヴェル

ヌヴェール(町)Nevers 固/〜の nivernais,e[ニヴェルネ, -ズ]〈男には単複同形〉/〜風 (à la) nivernaise[(アラ) ニヴェルネーズ]

ヌードル → めん³

ぬか son 男 de riz[ソン ドゥリ], (英) *rice bran*/〜味噌 pâte 女 de son salée et fermentée pour macérer des légumes[パートゥ ドゥ ソン サレ エ フェルマンテ プール マセレ デ レギューム]

ヌガー nougat[ヌーガ]男, (英) *nougat*/ソフト〜 nougat tendre[ヌーガ タンドゥル]/パリ〜 nougat parisien[ヌーガ パリズィヤン]/ブラウン〜 nougat brun[ヌーガ ブラン]/(焦げ茶色)ブラック〜 nougat noir[ヌーガ ヌワール]/ホワイト〜 nougat blanc[ヌーガ ブラン]/モンテリマール〜 nougat de Montélimar[ヌーガ ドゥ モンテリマール]/レッド〜 nougat rouge[ヌーガ ルージュ]

ヌガセック(乾燥剤の商標)Nougasec[ヌガセック]固男

ヌガティーヌ(菓子)nougatine[ヌーガティーヌ]女, (英) *nougatine*/砕いた〜 craquelin[クラクラーン]男

ぬかるみ 泥濘 bourbier[ブールビエ]男

ぬき …抜(に, で)→ なしに

ぬきがた 抜型 emporte-pièce[アンポールトゥ ピエース]男〈単複同形〉, découpoir[デクプワール]男 → p.610[囲み]

ヌキュリーヌ(転化糖の商標)neuculine 女

ぬく 抜く(引抜く)arracher[アラシェ] ‖(コルクの栓を)déboucher[デブーシェ]/(瓶の王冠を)décapsuler[デカプスュレ] ‖(引く)tirer[ティレ]/(引出す)retirer[ルティレ] ‖(除去する)enlever[アンルヴェ] 5, ôter[オテ]/抜いた enlevé,e[アンルヴェ] ‖(抜型で)emporter[アンポルテ]/抜いた emporté[アンポルテ] ‖(型から)démouler[デムーレ]/抜いた démoulé,e[デムーレ] ‖(セルクル

抜型の種類

ヴォロ・ヴァン型 découpoir 男 à vol-au-vent [デクープワーラ ヴォロヴァン]
ぎざ付楕円型 découpoir ovale cannelé [デクープワール オヴァール カヌレ]
ぎざ付丸型 découpoir rond cannelé [デクープワール ロン カヌレ]
キャラメル型 découpoir à caramels [デクープワーラ カラメール]
楕円型 découpoir ovale [デクープワール オヴァール]
丸型 découpoir rond uni [デクープワール ロン ユニ]

から) décercler [デセールクレ]/抜いた décerclé,e [デセールクレ] ‖ (追越す) dépasser [デパセ], doubler [ドゥーブレ]/(食事を) sauter un repas [ソテ アン ルパ]

ぬぐ 脱ぐ enlever [アンルヴェ] 5, ôter [オテ]/(靴を) se déchausser [ス デショセ] 代動 59/(服を) se déshabiller [ス デザビエ] 代動 59
ぬぐう 拭う → ふく²
ぬけみち 抜道 (裏道) raccourci [ラクールスィ] 男
ヌシャテル (チーズ) neufchâtel 男
ぬすむ 盗む voler [ヴォレ]/私は金を盗まれた On m'a volé de l'argent. [オン マ ヴォレドゥ ラルジャン]
ぬの 布 (生地) étoffe [エトフ] 女/(織物一般) tissu [ティスュ] 男/(平織の布) toile [トゥワール] 女
ぬのごしする 布漉する → こす²
ぬま 沼 marais [マレ] 男〈単複同形〉/～地 marécage [マレカージュ] 男
ヌムール (風) Nemours [ヌムール]
ぬめり (魚表面の) limon [リモン] 男/～を除く limoner [リモネ]/～を除いた limoné,e [リモネ] ‖ ～のある visqueux [ヴィスクー] 〈女に,単複同形〉, visqueuse [ヴィスクーズ] 〈女に〉
ぬらす 濡す mouiller [ムーイエ]/濡した mouillé,e [ムーイエ]
→ しめらせる,ひたす
ぬる 塗る (付ける) mettre [メートゥル] 26/塗った mis,e [ミ,-ズ] 〈男には単複同形〉
(うるしを) laquer [ラケ]/塗った laqué,e [ラケ]

(薬を) appliquer [アプリーケ]/塗った appliqué,e [アプリーケ]
(壁などを) enduire [アンデュイール] 11/塗った enduit,e [アンデュイ,-トゥ]
(ペンキ,絵の具,塗料を) peindre [パンドゥル] 14/塗った peint,e [パン,トゥ]
(ニスやエナメルを) vernir [ヴェルニール]/塗った verni,e [ヴェルニ]
(ワックスやろうを) cirer [スィレ]/塗った ciré,e [スィレ]
(ソースなどで隠すように:特に料理や製菓で使う語) masquer [マスケ]/塗った masqué,e [マスケ]
(全体に平均して覆うように) napper [ナペ]/塗った nappé,e [ナペ]
(パンにジャムなどを) tartiner [タルティネ]/塗った tartiné,e [タルティネ]
(刷毛で) badigeonner [バディジョネ]/塗った badigeonné,e [バディジョネ]
(ゼリーを) lustrer [リュストゥレ]/塗った lustré,e [リュストゥレ]
(チョコレートを) chocolater [ショコラテ]/塗った chocolaté,e [ショコラテ]
(卵黄を) dorer [ドレ]/塗った doré,e [ドレ]
(フォンダンなどを薄く) glacer [グラセ] 32/塗った glacé,e [グラセ]
ぬるい 温い tiède [ティエードゥ] 〈男女同形〉/～コーヒー café 男 refroidi [カフェ ルフルワディ]
(faire) tiédir [(フェール) ティエディール] 〈faire 21, tiédir 4〉/ぬるくした tiédi,e [ティエディ]
ぬるまゆ ぬるま湯 eau 女 tiède [オトゥ]
ぬれる 濡れる se mouiller [ス ムーイエ] 代動 59/濡れた mouillé,e [ムーイエ], trempé,e [トゥランペ]

ね

ね¹ (…ですよ) ね n'est-ce pas? [ネスパ]
ね² 根 racine [ラスィーヌ] 女/(球根) bulbe [ビュルブ] 男/(塊根,塊茎) tubercule [テュベルキュール] 男
ねあがり 値上がり augmentation

ねあげ 値上げ majoration [マジョラスィヨン] 囡, augmentation [オグマンタスィヨン] 囡, †hausse [オース] 囡／～する augmenter [オグマンテ]

ねあせ 寝汗 sueurs [スュウール ノクテュールヌ] 囡 覆 nocturnes／～をかく avoir des sueurs nocturnes [アヴワール デ スュウール ノクテュールヌ]〈avoir ①〉

ねえ（呼びかけ） Dis donc [ディ ドン], Hé [エ]

ネージュ（雪） neige 囡

ネーブル（オレンジ） orange 囡 navel [オランジュ ナヴェール], navel [ナヴェール] 囡, 英 navel orange

ネーム → なふだ, なまえ

ネオマスカット（ぶどう） néo-muscat [ネオ ミュスカ] 男〈覆 ～-～s〉, 英 neo muscat

ネガ（写真） négatif [ネガティーフ] 男, cliché [クリーシェ] 男

ねがう 願う（祈る） souhaiter [スウェーテ]／（希望する） espérer [エスペレ] ③⑥／（欲する） désirer [デズィレ], vouloir [ヴールワール] ⑤⓪／（期待する） attendre [アタンドゥル] ③⑨／（懇願する） A に B するように～ prier A de B [プリーエ ドゥ] ∥お願い！（親しい相手に） Je t'en supplie. [ジュ タン スュープリ]／（親しくない相手に） Je vous en supplie. [ジュ ヴーザン スュープリ] ∥（依頼） A をお願いします A, s'il vous plaît. [スィル ヴー プレ]
→ よろしく

ねかせる 寝かせる（眠らせる） endormir [アンドルミール] ③⓪／（横にする） coucher [クーシェ]／寝かせた couché,e [クーシェ] ∥（生地などを） laisser reposer [レセ ルポゼ]／寝かせた reposé,e [ルポゼ]／（ワインなどを） laisser vieillir [レセ ヴィエイール]／寝かせた vieilli,e [ヴィエイ]

ねぎ 葱（シブール, 長葱） ciboule [スィブール] 囡, 英 Welsh onion／下仁田～ ciboule de Shimonita [スィブール ドゥ シモニタ]／万能～ jeune ciboule [ジューヌ スィブール] → ポロねぎ

ねぎる 値切る marchander [マルシャンデ]

ネクター（加工果汁） nectar [ネクタール] 男

ネクタイ cravate [クラヴァートゥ] 囡／蝶～ papillon [パピヨン] 男

ネクタリン（つばい桃） nectarine [ネクタリーヌ] 囡, brugnon [ブリュニョーン] 男, 英 nectarine

ネグリジェ chemise 囡 de nuit [シュミーズ ドゥ ニュイ], négligé 男

ねこ 猫 chat,te [シャ, -トゥ] 男 囡／仔～ chaton [シャトン] 男 → なく²

ネゴシアン（卸商人） négociant,e [ネゴスィヤン, トゥ] 男 囡

ねさがり 値下がり baisse 囡 du prix [ベース デュ プリー]／～する baisser le prix [ベセ プリー]

ねさげ 値下げ abaissement 男 du prix [アベスマン デュ プリー]／（値引） réduction [レデュクスィヨン] 囡／～する baisser（または réduire） le prix [ベセ（レデュイール）ル プリー]

ねざけ 寝酒 ～を1杯飲む boire un verre avant de se coucher [ブワール アン ヴェール アヴァン ドゥ ス クーシェ]〈boire ⑩〉: 飲むものが「私」なら se が me [ム] に, 「君」なら se が te [トゥ] に変化する ⇒ p.753「代名動詞」

ねじ vis [ヴィース] 囡〈単複同形〉→ ドライバー

ねじる 捩る tordre [トールドゥル] ③⑨／ねじった, ねじれた tordu,e [トルデュ]

ねず 杜松（の実） baie 囡 de genièvre [ベドゥ ジュニエーヴル], 英 juniper berry

ネスカフェ Nescafé 固 男

ねずっぽ → めごち

ねずみ 鼠 rat [ラ] 男／（二十日鼠） souris [スーリ] 囡〈単複同形〉／～取り souricière [スーリスィエール] 囡／～取り: 警察の取締り souricière

ネスレ（食品メーカー） Nestlé 固

ネッセルロード（風） Nesselrode [ネセルロードゥ]

ねた（題材） sujet [スュジェ] 男／（情報） information [アンフォルマスィヨン] 囡／（寿司の）ingrédient [アングレディヤン] 男

ねだん 値段 prix [プリー] 男〈単複同形〉／～表 liste 囡 des prix [リーストゥ デ プリー], tarif [タリフ] 男／小売～ prix de détail [プリードゥ デタール]

ねちがえる 寝違える attraper un torticolis pendant le sommeil [アトゥラーペ アン トルティコリ パンダン ル ソメーユ]

ねつ 熱（病気による高い体温）fièvre［フィエーヴル］女／高～ forte fièvre［フォールトゥ フィエーヴル］／微～ petite fièvre［プティートゥ フィエーヴル］／平～ température 女 normale［タンペラテュール ノルマール］／～のある fiévreux［フィエヴルー］〈男に, 単複同形〉, *fiévreuse*［フィエヴルーズ］〈女に〉／～がある avoir de la fièvre［アヴワール ドゥ ラ フィエーヴル］〈avoir ①〉／～がない ne pas avoir de fièvre［ヌ パ アヴワール ドゥ フィエーヴル］→ たいおん, ひてい ⇒ p.756「否定文」

ネック → くび

ネックレス collier［コリエ］男

ねっくん 熱燻 → くんせい

ねつげん 熱源 source 女 de chaleur［スールス ドゥ シャルール］

ねっしゃびょう 熱射病 coup 男 de chaleur［クー ドゥ シャルール］

ねっしん 熱心(な)（燃えるような）ardent,*e*［アルダン, トゥ］／(熱狂的な) enthousiaste［アントゥーズィヤーストゥ］〈男女同形〉／(熱烈な) chaleureux［シャルールー］〈男に, 単複同形〉, *chaleureuse*［シャルールーズ］〈女に〉／(勤勉な) appliqué,*e*［アプリーケ］‖～に avec ardeur［アヴェーカルドゥール］,（きちんと）assidûment［アスィデュマン］‖～さ ardeur［アルドゥール］女

ねっする 熱する (faire) chauffer［(フェール) ショ フェ］〈faire ㉑〉／熱した chauffé,*e*［ショフェ］

ねったい 熱帯 tropiques［トゥロピーク］男複／～の tropical,*e*［トゥロピカール］, tropicaux［トゥロピコ］〈男複に〉／～植物 plante 女 tropicale［プラーントゥ トゥロピカール］／～地方 zone 女 tropicale［ゾーヌ トゥロピカール］

ねつでんどう 熱伝導 conduction［コンデュクスィヨン］女

ネット → あみ

ねっとう 熱湯 ～消毒 stérilisation 女 à l'eau bouillante［ステリリザスィヨン アロ ブーヤントゥ］→ ひたす, ゆ

ねっとりした → ねばねばした

ねっぷう 熱風 vent 男 chaud［ヴァン ショ］

ねつりょう 熱量 → カロリー

ねばねばした 粘々した（べとべとした）consistant,*e*［コンスィスタン, トゥ］, visqueux［ヴィスクー］〈男に, 単複同形〉, *visqueuse*［ヴィスクーズ］〈女に〉／(糊のような) collant,*e*［コラン, トゥ］, gluant,*e*［グリュアーン, トゥ］／(接着力のある) adhésif［アデズィーフ］〈男に〉, *adhésive*［アデズィーヴ］〈女に〉

ねばり 粘り viscosité［ヴィスコズィテ］女／～が出る devenir visqueux〈男に, 単複同形〉(*visqueuse*〈女に〉)［ドゥヴニール ヴィスクー (ヴィスクーズ)］〈devenir ㊼〉／～気（グルテンの）ténacité 女 de gluten［テナスィテ ドゥ グリュテーヌ］／～気のない inconsistant,*e*［アンコンスィスタン, トゥ］→ ねばねばした

ねばる 粘る（糸を引く）filer［フィレ］

ねびき 値引 → わりびき

ねぶくろ 寝袋 sac 男 de couchage［サーク ドゥ クーシャージュ］

ねぼう 寝坊 grasse matinée 女［グラース マティネ］／～する faire la grasse matinée［フェール ラ グラース マティネ］〈faire ㉑〉, se lever tard［スルヴェ タール］〈lever 代動 ⑤(59)〉

ねまき 寝巻 → ネグリジェ, パジャマ

ねむい 眠い avoir sommeil［アヴワール ソメーユ］〈avoir ①〉

ねむり 眠り sommeil［ソメーユ］男／(短い) somme［ソーム］男

ねむる 眠る dormir［ドルミール］㉚／(眠り込む) s'endormir［サンドルミール］代動 ㉚(59)／(うとうとする) sommeiller［ソメイエ］, s'assoupir［サスーピール］代動 ④(59) → ねる[1]

ねもと 根元（付根）racine［ラスィーヌ］女／(下部) pied［ピエー］男

ねりあわせ 練合せ → こねる, ねる[2]

ねりこみきじ 練込生地（ブリゼ生地）pâte 女 brisée［パートゥ ブリーゼ］／(フォンセ生地) pâte à foncer［パタ フォンセ］

ねりもの 練物（魚などの）quenelle 女 japonaise［クネール ジャポネーズ］／(あんこを用いた) gâteau 男〈複 ～*x*〉à pâte de haricots sucrée［ガトア パートゥ ドゥ アリコ スュークレ］

ネル（布）flanelle［フラネール］女

ねる[1] 寝る（床に就く）se coucher［ス クーシェ］代動 (59), aller au lit［アレ オ リ］〈aller ⑥〉‖（横になる）se coucher 代動 (59), s'allonger［サロンジェ］代動 ㉕(59) → ねむる

ねる[2] 練る travailler［トゥラヴァイエ］

→ こねる

ネロ(風) (デザート表現) Néron [ネロン]

ネロリゆ ネロリ油 (オレンジの抽出油) néroli [ネロリ]

ねん 年 an [アン] 男, année [アネ] 女 /去～ l'année dernière [ラネ デルニエール] /一年中 toute l'année [トゥトゥ ラネ] ‖ (学年) année [アネ] 女 /(日本の)1年生だ être en première année [エートゥル アン プルミエーラネ] 〈être ②〉: フランスでは大きい数字が下級生 ‖ 《日付を言う場合は an を用いず,例えば 1789年7月14日 は le quatorze juillet mille sept cent quatre-vingt-neuf [ル カトゥルズ ジュイエ ミル セトゥ サン カートゥル ヴァン ヌフ] と言う. また, 例えば 「1789年に」と言う場合も en mille sept cent quatre-vingt-neuf [アン ミル セートゥ サン カートゥル ヴァン ヌフ] のように, an を用いない》

→ いちねん, こん², なんねん, まい² らい²

ねんえき 粘液 mucus [ミュキュス] 〈単複同形〉/(鼻の) mucosité [ミュコズィテ] 女

ねんがじょう 年賀状 carte 女 de nouvel an [カールトゥ ドゥ ヌーヴェラン]

ねんかん¹ 年間(の) annuel,le [アニュエール]

ねんかん² 年鑑 almanach [アルマナ] 男, annuaire [アニュエール] 男

ねんきん 年金 pension [パンスィヨン] 女, retraite [ルトゥレートゥ] 女 /養老～ allocation 女 de vieillesse [アロカスィヨン ドゥ ヴィエイエース]

ねんげつ 年月 années [アネ] 女複, temps [タン] 男

ねんざ 捻挫 entorse [アントールス] 女, foulure [フーリュール] 女

ねんさい …年祭 50～ cinquantenaire [サンカントゥネール] 男 /100～ centenaire [サントゥネール] 男 /200～ bicentenaire [ビサントゥネール] 男 /1000～ millénaire [ミレネール] 男

ねんし 年始 (正月) le nouvel an [ル ヌーヴェラン]

ねんしゅう 年収 revenu 男 annuel [ルヴニュ アニュエール]

ねんじゅう 年中 (1年中) toute l'année [トゥトゥ ラネ] /～無休:掲示 Ouvert toute l'année [ウーヴェール トゥトゥ ラネ] /(いつも) tout le temps [トゥ ルタン], toujours [トゥージュール]

ねんしょ 年初 début 男 de l'année [デビュ ドゥラネ]

ねんしょう 燃焼 combustion [コンビュスティヨン] 女 /完全(不完全)～ combustion complète (incomplète) [コンビュスティヨン コンプレートゥ(アンコンプレートゥ)]

ねんちゃく 粘着 adhérence [アデランス] 女 /～性の adhérant,e [アデラン, トゥ], adhésif [アデズィーフ] 〈女に〉, adhésive [アデズィーヴ] 〈女に〉, collant,e [コラン, トゥ] /～力 ténacité [テナスィテ] 女

→ テープ

ねんまく 粘膜 muqueuse [ミュクーズ] 女

ねんまつ 年末 fin 女 de l'année [ファン ドゥ ラネ]

ねんりょう 燃料 combustible [コンビュスティーブル] 男 /(エンジン用) carburant [カルビュラン] 男 → ガソリン

ねんりん 年輪 cerne [セールヌ] 男 /…の～造 (料理) ...aux cernes [オ セールヌ]

ねんれい 年齢 âge [アージュ] 男 /平均～ âge moyen [アージュ モワヤーン] /～制限 limite 女 d'âge [リミトゥ ダージュ]

→ ねん, さい²

の

の¹ …の(所有,所属) de [ドゥ]..., à [ア]... /これはジャンのナイフだ C'est le couteau de Jean. [セルクートゥ ドゥ ジャン] /このナイフはジャンのだ Ce couteau est à Jean [スクートゥ エタ ジャン] /鴨の胸肉 suprême 男 de canard [スプレーム ドゥ カナール] ‖ (先行する料理の主成分を表す) AのB B de A /トマトのピュレ purée 女 de tomate [ピュレ ドゥ トマトゥ] ‖ (先行する料理に加える風味を表す) AのB 《B à+定冠詞+A》/チョコレートのムース mousse 女 au chocolat [ムーソ ショコラ] → ふうみ ‖ (加熱法や形状の材料を表す) 仔牛のソテ sauté 男 de veau [ソテ ドゥ

*], にんじんのジュリエーヌ julienne 女 de carotte [ジュリエーヌ ドゥ カロットゥ] ‖ (…した, …された. 先行する材料と性・数を一致させた形容詞を用いる) / 鯛のグリル (グリルした鯛) dorade 女 grillée [ドラードゥ グリーエ]
⇒ p.750 「形容詞」

の² 野 → ぼくじょう

のいちご 野苺 → いちご

ノイリーしゅ ノイリー酒 → ノワイしゅ

ノイローゼ névrose [ネヴローズ] 女

のう¹ 脳 cerveau [セルヴォ] 男 〈複 ~x〉, 英 brain /~死 mort cérébrale [モール セレブラール] /~血栓 thrombose 女 cérébrale [トゥロンボーズ セレブラール] /~梗塞 infarctus 男 〈単複同形〉 cérébral [アンファルクテュス セレブラール] /~挫傷 (損傷) lésion cérébrale [レズィヨン セレブラール] /~しんとう com-motion 女 cérébrale [コモスィヨン セレブラール] ‖ (食用としての言い方) cervelle [セルヴェール] 女, 英 brains
→ しゅっけつ, しゅよう, そっちゅう, ひんけつ

のう² 能 (能楽) nô [ノ] 男, théâtre 男 nô [テアトゥル ノ] / (能力) capacité [カパスィテ] 女

のうえん 農園 → のうじょう

のうか 農家 ferme [フェルム] 女

のうがく 農学 agronomie [アグロノミ] 女 /~者 agronome [アグロノーム] 女 /~部 faculté 女 d'agriculture [ファキュルテ ダグリキュルテュール]

のうきょう 農協 (農業協同組合) coopérative 女 agricole [コオペラティヴ アグリコール] / (ワイン農協) coopérative vinicole [コオペラティヴ ヴィニコール]

のうぎょう 農業 agriculture [アグリキュルテュール] 女 /~の agricole [アグリコール] 〈男女同形〉 /有機~ agriculture biologique [アグリキュルテュール ビヨロジーク]

のうこう 濃厚 (な) → こい¹

のうさぎ 野兎 → うさぎ

のうさんぶつ 農産物 produits 男 複 agricoles [プロデュイ アグリコール] /~加工業 agro-alimentaire [アグロ アリマンテール] 男 〈複 ~-~s〉

のうじこうろうしょう 農事功労賞 Ordre 男 du Mérite agricole [オールドゥル デュ メリタグリコール]: 上から Com-mandeur [コマンドゥール], Officier [オフィスィエ] 男, Chevalier [シュヴァリエ] 男 の3等級がある

のうしゅく 濃縮 (牛乳の) condensation [コンダンサスィヨン] 女 /~する condenser [コンダンセ] /~した condensé,e [コンダンセ] ‖ (果汁の) concentration [コンサントゥラスィヨン] 女 /~する concentrer [コンサントゥレ] /~した concentré,e [コンサントゥレ]
→ ジュース, つめる, バター

のうじょう 農場 ferme [フェルム] 女 /~製の fermier [フェルミエ] 〈男に〉, fermière [フェルミエール] 〈女に〉 /~風 (à la) fermière [(アラ) フェルミエール]

のうど 濃度 (液体) consistance [コンスィスタンス] 女
→ つなぐ, とろりとした, みつど

のうどうたい 能動態 actif [アクティーフ] 男, voix 女 active [ヴワー アクティーヴ]

のうにゅう 納入 ~業者 fournisseur [フルニスール] 男, fournisseuse [フルニスーズ] 女 → のうひん

ノウハウ (専門知識) know-how [ノアウ] 男 〈単複同形〉, savoir-faire [サヴワール フェール] 男 〈単複同形〉

のうひん 納品 livraison [リヴレゾーン] 女 /~書 bulletin 男 de livraison [ビュルタンドゥリヴレゾーン] /~する livrer [リーヴレ], fournir [フルニール] 4

のうみん 農民 (農業専従者: 主に経営者) agriculteur [アグリキュルトゥール] 男, agricultrice [アグリキュルトゥリース] 女 / (農業従事者: 主に雇われている人) cultivateur [キュルティヴァトゥール] 男, cultivatrice [キュルティヴァトゥリース] 女 / (農場経営者) fermier [フェルミエ] 男, fermière [フェルミエール] 女

のうやく 農薬 produits 男 複 chimiques agricoles [プロデュイ シミカグリコール] / (殺虫剤) insecticide 男 agricole [アンセクティスィードゥグリコール], pesticide [ペスティスィードゥ] 男
→ やさい

のうりつ 能率 rendement [ランドゥマン] 男, efficience [エフィスィヤーンス] 女

のうりょく 能力 (受容力) capacité [カパスィテ] 女 /~のある capable [カパーブル] 〈男女同形〉 / (才能) faculté [ファキュルテ] 女 / (特定の分野の) compétence [コンペタンス] 女 /~のある compétent,e [コンペタン, トゥ] ‖ (適性)

aptitude [アプティテユードゥ] 女／～のある apte [アープトゥ]〈男女同形〉
→ さいのう
ノエル → クリスマス, ビュ-シュ・ド・ノエル
ノースリーブ → そで
ノート (帳面) cahier [カイエ] 男／～をとる prendre des notes [プランドゥル デノートゥ]〈prendre ③⑦〉
ノーハウ → ノウハウ
のがも 野鴨 → かも¹
のがん 野雁 → がん²
のこぎり 鋸 scie [スィ] 女／～で切る scier [スィエ]
のこぎりそう 鋸草(西洋のこぎり草) mille-feuille [ミル フーユ]〈複 ~-~s〉, achillée [アキレ] 女, 発 yarrow
のこす 残す (そのまま置いておく) laisser [レセ]／(保持する) garder [ガルデ], réserver [レゼルヴェ], conserver [コンセルヴェ]
のこらず 残らず → すっかり
のこり 残り reste [レーストゥ] 男, restant [レスタン] 男／(かす) résidu [レズィデュ] 男／(他の人や物) les autres [レゾートゥル] 男女複／(料理の) restes [レーストゥ] 男複, rogatons [ロガトン] 男複／(アルルカン:残飯,残り物で作った料理) arlequin [アルルカーン] 男
のこる 残る rester [レステ]
のじゅくする 野宿する passer la nuit en plein air [パセ ラ ニュイ アン プラン ネール]
のす 延す → のばす
のせる 乗せる・載せる (物を) charger [シャルジェ] ㉕／(乗物に) embarquer [アンバルケ]／(掲載する) insérer [アンセレ] ㊱ → おく¹
のぞいて (…を)除いて sauf... [ソフ], excepté... [エクセプテ], à l'exception de... [アレクセプスィヨン ドゥ], à part... [アパール]
のぞく 除く (取除く) enlever [アンルヴェ] ⑦／除いた enlevé,e [アンルヴェ]／(別にする) excepter [エクセプテ] ‖ (排除する) éliminer [エリミネ], dégager [デガジェ] ㉕／除いた dégagé,e [デガジェ], éliminé,e [エリミネ] ‖ (ヴィデ:魚などの内臓を取る) vider [ヴィデ]／除いた vidé,e [ヴィデ] ‖ (きのこの柄や果物の軸を) équeuter [エクーテ]／除いた équeuté,e [エクーテ] ‖ (片付ける) débarrasser [デバラセ]／除いた débarrassé,e [デバラセ]
→ すじ
のぞむ¹ 望む → ねがう
のぞむ² 臨む (…に面している) donner sur... [ドネ スュール]／(見下ろす) dominer [ドミネ]
のち 後 ～ほど(また会いましょう) À tout à l'heure. [アトゥータ ルール]
→ あと¹
ノックする (扉を) frapper [フラーペ]
ので …ので parce que... [パールスク], puisque... [ピュイスク], comme... [コーム], car... [カール]
→ おかげ, せい³, なぜなら
のてん 野天 → ふろ, やがいで
のど 喉 (咽喉) gosier [ゴズィエ] 男／(咽喉) gorge [ゴールジュ] 女／～が渇く avoir soif [アヴワール スワーフ]〈avoir ①〉／～笛 gosier／～仏 pomme 女 d'Adam [ポム ダダーム]
のに …のに(…にもかかわらず) «malgré [マールグレ]＋名詞», «quoique [クワーク]＋接続法の活用をする動詞を伴う文», «bien que [ビヤーンク]＋接続法の活用をする動詞を伴う文»／(…するために) pour... [プール]→ いっぽう, ため, なら
ノネット (パン) nonnette [ノネートゥ] 女
のばす 伸ばす・延ばす (巻いたものを) dérouler [デルーレ]／伸ばした déroulé,e [デルーレ] ‖ (体や手足を) étirer [エティレ], étendre [エターンドゥル] ㊴／伸ばした étiré,e [エティレ], étendu,e [エタンデュ] ‖ (小麦粉やルウを溶く) délayer [デレイエ] ㉛／伸ばした délayé,e [デレイエ] ‖ (パン生地などを) abaisser [アベセ]／伸ばした abaissé,e [アベセ] ‖ (ローラーで生地を) laminer [ラミネ]／伸ばした laminé,e [ラミネ]
→ うすめる, うすくする, えんき, えんちょう, ながくする, はる², ひく¹, ひろげる, ゆるめる
のばら 野薔薇 (実) gratte-cul [グラット キュ] 男〈複 ~-~s〉, pulpe 女 d'églantine [ピュルプ デグランティーヌ]
のびちぢみする 伸び縮みする(伸ばすことができる) extensible [エクスタンスィーブル]〈男女同形〉→ だんりょくせい
のびる¹ 伸びる (大きくなる) grandir [グランディール] ④／(植物が) croître [クルワートゥル] ⑫／備考, pousser [プーセ]／(発展, 発育する) se

のびる² 延びる（長くなる）allonger [アロンジェ] 25／延びた allongé,e [アロンジェ] ‖（延期される）se remettre [スルメットゥル] 代動 26 59, s'ajourner [サジュールネ] 代動 59

のびる³ 野蒜 ail 男 nobiru [ノーユニビル]〈複 aulx nobiru [オ ノビル]〉, 英 *Chinese garlic*

のべ 延べ au total [オトタール] 男／〜人数 nombre 男 total des personnes [ノーンブル トタール デペルソンヌ]

のぼり 上り montée [モンテ] 女／〜列車 train 男 pair [トゥラーン ペール]

のぼる¹ 上る（高い所へ）monter [モンテ], s'élever [セルヴェ] 代動 5 59／（高い地位に）arriver [アリヴェ]

のぼる² 登る monter [モンテ]／（よじ登る）grimper [グランペ]

のませる 飲ませる faire boire [フェール ブワール]〈faire 21〉

のみくい 飲み食い →いんしょくする

のみこむ 飲込む・呑込む（嚥下（えんか）する）déglutir [デグリュティール] 4／（一気に）engloutir [アングルーティール]／（急いで食べる）avaler [アヴァレ]／（味わわず噛まずに）gober [ゴベ]

のみならず Aのみならず Bも non seulement A mais aussi B [ノン スールマン メゾシィ]／（その上）en outre [アヌートゥル], en plus [アン プリュース]

のみのいち 蚤の市 marché 男 aux puces [マルシェ オ ピュース]

のみみず 飲水 →いんよう

のみもの 飲物 boisson [ブワソーン] 女, 英 *beverage*／冷たい〜 rafraîchissement [ラフレシースマン] 男, 英 *cool*（または *cold*）*drink*

のみや 飲屋 →いざかや

のみやすい 飲み易い（ワインが）coulant,e [クーラン, トゥ]

のむ 飲む（液体を）boire [ブワール] 10, prendre [プランドゥル] 37／（乳を飲む）téter [テテ] 36／（摂取する）consommer [コンソメ]／（飲下す）avaler [アヴァレ], déglutir [デグリュティール] 4／（薬を）prendre／〜スープを〜 manger de la soupe [マンジェ ドゥ ラ スープ]〈manger 25〉／一杯飲みましょう On va prendre un verre. [オン ヴァ プランドゥル アン ヴェール]

のめる 飲める（飲用）potable [ポタブル]〈男女同形〉／（さほどまずくない）buvable [ビュヴァーブル]〈男女同形〉／一口（酒がいける）buveur [ビュヴール] 男, buveuse [ビュヴーズ] 女

のり¹ 海苔 algue 女 nori [アールグ ノリ]／（浅草海苔）feuille 女 d'algue séchée [フーユ ダルグ セシェ], 英 *nori, laver*／（海藻）青〜 cheveux 男複 de mer [シュヴー ドゥ メール], 英 *green laver* ‖〜巻 rouleau 男〈複 -x〉de riz au vinaigre enroulé de feuille d'algue séchée [ルーロ ドゥ リ オ ヴィネーグル アンルーレ ドゥ フーユ ダルグ セシェ]

のり² 糊 colle [コール] 女／〜を付する coller [コレ]／〜付した collé,e [コレ]／（洗濯用）empois [アンブワ]〈単複同形〉

のりおくれる 乗遅れる manquer [マンケ], rater [ラテ]

のりかえ 乗換 changement [シャーンジュマン] 男／（地下鉄などの）correspondance [コレスポンダーンス] 女／（飛行機の）transfert [トゥランスフェール] 男／〜駅 gare 女 de correspondance [ガール ドゥ コレスポンダンス]／〜る changer [シャンジェ] 25

のりこす 乗越す dépasser la gare de destination [デパセ ラ ガール ドゥ デスティナスィヨン]

のりつぎ 乗継 →トランジット

のりば 乗場（バス）arrêt [アレ] 男／（タクシー）station 女 de taxis [スタスィヨン ドゥ タクスィ]／（波止場、駅のホーム）quai [ケ] 男

のりもの 乗物 véhicule [ヴェイキュール] 男

のる 乗る（乗物などに乗りこむ）monter [モンテ]／（乗物を利用する）prendre [プランドゥル] 37／（飛行機や船に乗る）s'embarquer [サンバールケ] 代動 59／「…に乗って」のように移動手段を表す場合は各乗物の項参照

ノルウェー Norvège [ノルヴェージュ] 固 女／〜人 Norvégien,ne [ノルヴェジィ・ヤン, エーヌ] 男 女／〜語 norvégien [ノルヴェジャン]／料理表現（à la）norvégienne [（ア ラ）ノルヴェジェーヌ]／〜の norvégien,ne [ノルヴェジャン]／〜サーモン saumon 男 de Norvège [ソモン ドゥ ノルヴェージュ]

ノルマンディ（地方）Normandie 固女 /～の normand,e [ノルマン, ドゥ] /～風 (à la) normande [(アラ) ノルマーンドゥ]

ノルマンド ～種（牛の品種）(race 女) normande [(ラース) ノルマーンドゥ] 女

のれん 暖簾 （店頭の）rideau 男 ⟨複～x⟩ d'enseigne à l'entrée de magasin [リドゥ ダンセーニュ アラーントゥレ ドゥ マガザン] ‖（店の信用）crédit [クレーディ] 男 /～代（屋号, 看板代）pas-de-porte [パ ドゥ ポールトゥ] 男 ⟨単複同形⟩

のろい 鈍い → おそい

ノロウィルス norovirus [ノロヴィリュス] 男 ⟨単複同形⟩

のろじか のろ鹿 → しか[1]

のろま(な) （ぐずで間抜）balourd,e [バルール, ドゥ] ‖（ぐずで無器用）lourdaud,e [ルールドゥ, −ドゥ]

ノワ（胡桃）noix [ヌワー] 女 ⟨単複同形⟩: 球形に近い肉の部位, あるいは帆立貝 の貝柱もノワという

ノワイしゅ ノワイ酒：ベルモット酒の 商標 noilly-prat [ヌワイ プラー] 男

ノワイ・プラ → ノワイしゅ

ノワゼット （焦しバター）ブール～ beurre 男 noisette [ブール ヌワゼートゥ], 英 *brown butter sauce* / （ヘーゼルナッツ大のバター）～・ド・ブール noisette 女 de beurre [ヌワゼートゥ ドゥ ブール] /（ヘーゼルナッツ大のソテしたじゃが芋）noisettes 女複 de pommes [ヌワゼートゥ ドゥ ポーム], pommes 女複 noisettes [ポーム ヌワゼートゥ], 英 *mini potato croquettes*
→ こひつじ, ヘーゼルナッツ

ノンアルコール(の) sans alcool [サンザルコール]

ノンストップ(の) non-stop [ノン ストープ] ⟨不変⟩

のんだくれ 飲んだくれ → よっぱらい

のんべえ 飲んべえ → さけ[2], よっぱらい

は

は¹ 歯 (動物, 人間, 櫛, 歯車, フォークなどの) dent [ダン] 囡/〜痛 mal [マール] 囲 de dents [ドゥ ダン] ‖ 親知らず dent de sagesse [ダン ドゥ サジェース]/臼歯, 奥歯 molaire [モレール] 囡/犬歯 canine [カニーヌ] 囡/前歯, 門歯 dent incisive [ダン アンスィズィーヴ] 囡
→ いたい, ばっし², みがく, むしば

は² 葉 feuille [フーユ] 囡/〜型 moule [ムール] 囲 à feuille [ア フーユ]/ (草木一本全体の葉) feuillage [フーヤージュ] 囲/ (にんじんなどの茎葉) fane [ファーヌ] 囡/ (香草などのちぎった穂先) p(e)luche [プリューシュ]

は³ 刃 lame [ラーム] 囡/ (挽肉器, ムーラン用) 替〜 grille [グリーユ] 囡

は⁴ …は: 文の主語, 叙述の内容や判断基準の範囲の限定を示す. フランス語には該当する語はない. 平叙文では原則として主語は動詞の前に置く/ジャンは若い Jean est jeune. [ジャン エ ジューヌ] ⇒ p.748 「人称代名詞」

はあ (はい) Oui. [ウィ]/ (あいまいな応答) Euh... [ウー]/ (聞返すとき) Pardon ? [パルドン], Quoi ? [クワ]

バー (酒場) bar [バール] 囲 → いざかや

ばあい 場合 cas [カ] 囲〈単複同形〉/ …の〜 «en cas de [アン カ ドゥ] +名詞»/ …である〜 «au cau où [オ カ ウー] +条件法の活用をする動詞を伴う文»/ その〜は dans ce cas-là [ダン ス カラ] → どころではない

ハーヴェイズソース ⊛ Harvey's sauce

バーガンディ → ブルゴーニュ

パーキング parking [パルキーング] 囲/〜メーター parcmètre [パルクメートル], parcomètre [パルコメートゥル]

バーゲン (安売) solde [ソールドゥ] 囲/〜をする solder [ソルデ]/〜品 solde(s) 囲 (囡)

バーコード code 囲 à barres [コーダ バール], code-barres [コードゥ バール] 〈複 〜s-〜〉

パーコレーター (コーヒー沸し器) percolateur [ペルコラトゥール] 囲

パーシャル (微凍結) congélation 囡 partielle [コンジェラスィヨン パルスィエール]

バージンオイル → オリーヴ

バースデー → たんじょう

パースニップ (アメリカぼうふう: 野菜) panais [パネ] 囲〈単複同形〉, ⊛ parsnip

パーセンテージ (百分率) pourcentage [プールサンタージュ] 囲

パーセント pour cent [プールサン] 囲/10〜 dix pour cent [ディ プールサン]

パーチ (魚) perche [ペールシュ] 囡, ⊛ perch

パーチメントペーパー → クッキング

パーティ partie [パルティ] 囡, fête [フェートゥ] 囡/ (もてなし) réception [レセプスィヨン] 囡/ (夜の) soirée [スワレ] 囡/立食〜 buffet [ビュフェ] 囲/カクテル〜 cocktail [コクテール] 囲/ティー〜 thé [テ] 囲/フォーマル〜 soirée habillée [スワレ アビエ]
→ えんかい

バーテン barman [バールマン] 囲〈複 barmen (または barmans) [バールメン (バールマン)]〉/ (女性の) barmaid [バールメードゥ] 囡

ハート cœur [クール] 囲/〜形に, 〜形の en cœur [アン クール], en forme de cœur [アン フォルム ドゥ クール]

パート (部分) partie [パルティ] 囡 ‖ (パートタイム) 〜の, 〜で à temps partiel [ア タン パルスィエール], à mi-temps [アミ タン]/ (人) employé,e 囡 à temps partiel [アンプロワイエ ア タン パルスィエール] → きじ²

ハードウェア †hardware [アルドゥウェール] 囲, matériel [マテリエール] 囲

ハードディスク → ディスク

ハード(な) → かたい, たいへん

パート・フィロ → パタ・フィロ

バーナー (携帯燃焼器) chalumeau [シャリュモ] 囲〈複 〜x〉/〜で焼色を付ける chalumeauter または chalumoter [シャリュモテ]

バーニシャー (銀磨器) → シルバー

ハーフ (半分) demi [ドゥミー] 囲, ⊛ half/〜タイム (サッカーなどの) mi-temps [ミタン] 囡
→ びん¹, ポーション

ハーブ 〜ティー (水か湯で煎じた薬用飲料) tisane [ティザーヌ] 囡/ (熱湯で

煎じた薬用飲料) infusion [アンフュズィヨン] 囡, 英 *herb tea* /〜ワイン vin 男 herbé [ヴァン エールベ], 英 *herb wine* → こうそう

パープル → むらさき

バーベキュー barbecue [バルブキュ] 男, 英 *barbecue*

バーベナ (ばべん草) verveine [ヴェルヴェーヌ] 囡 vervain /〜リキュール liqueur 男 de verveine [リクール ドゥ ヴェルヴェーヌ]

バーベル (魚) barbeau [バルボ] 男〈複 〜x〉, 英 *barbel*

バーボン → ウィスキー

パーマ permanente [ペルマナーントゥ] 囡 /〜をかけてもらう se faire faire une permanente [ス フェール フェール ユヌ ペルマナーントゥ]〈faire 代動 21 59〉

バーミセリ → ヴェルミセル

パームゆ パーム油 huile 囡 de palme [ユイール ドゥ パールム]

ハーモニー → ちょうわ

パーラー salon 男 de thé [サロン ドゥ テ], 英 *parlor*

はい[1] (肯定文で答える場合) Oui. [ウイ] / (否定文で答える場合) Non. [ノン] / (否定疑問文に肯定文で答える場合) Si. [スィ] / (出席の返事) Présent,e. [プレザーン, トゥ] ‖ (相手に物を差出すとき) Voilà. [ヴヮーラ] / (親しい相手に) Tiens ! [ティヤーン] / (親しくない相手に) Tenez ! [トゥネ]

はい[2] 灰 cendre [サーンドゥル] 囡 / 〜焼の sous la cendre [スーラ サーンドゥル] /〜をまぶした cendré,e [サーンドゥレ]

はい[3] 肺 poumon [プーモン] 男 / 〜炎 pneumonie [プヌモニ] 囡 / (食材として) mou [ムー] 男〈複 〜s〉

はい[4] 胚→はいが

はい[5] …杯 グラス (コップ) 1〜の… un verre de... [アン ヴェール ドゥ] / 大さじ2〜の… deux cuillerées 囡複 à soupe de... [ドゥー キュイエレア スープ ドゥ], deux cuillers 囡複 à soupe de... [ドゥー キュイエラ スープ ドゥ]

パイ 英 *pie* / (上面を覆わない甘味・塩味の) tarte [タールトゥ] 囡, 英 *tart* / (上面を覆わない小型の塩味・甘味) tartelette [タルトゥレートゥ] 囡, 英 *tartlet* / (上面を生地で覆った甘味・塩味の) tourte [トゥールトゥ] 囡, 英 *pie* / (細い棒状または短冊形の菓子) allumette [アリュメートゥ] 囡, 英 *matchstick pie* / (塩味で細い) paillette [パイエートゥ] 囡 / (殻に詰物の) croustade [クルースタードゥ] 囡 / (小さい殻に詰物の) croustadine [クルースタディーヌ] 囡 / (小さい殻に蓋をした) bouchée [ブーシェ] 囡, 英 *vol-au-vent* / (大きな殻に蓋をした) vol-au-vent [ヴォ ロヴァン] 男, 英 *vol-au-vent* / (生地に包んで焼いた) croûte [クルートゥ] 囡, rissole [リソール] 囡 /…の〜包 ...en croûte [アン クルートゥ] / 鮭の〜包焼 coulibiac 男 de saumon [クーリビヤック ドゥ ソモン]

→ おりこみパイきじ, カッター, から[2], サーヴァー[1], シュクレきじ, トング, パイざら, フォンセきじ, ブリゼきじ, ローラー

ばい[1] …倍 ...fois [フヮー] 囡〈単複同形〉/ 10〜 dix fois [ディ フヮー] ‖ …〜する multiplier par... [ミュルティプリエ パール] / 10〜する multiplier par dix [ミュルティプリエ パール ディス] ‖ 2〜 double [ドゥーブル] 男 /2〜にする doubler [ドゥーブレ] ‖ 3〜 triple [トゥリーブル] 男 /3〜にする tripler [トゥリープレ] ‖ 4〜 quadruple [カドリューブル] 男, 4〜にする quadrupler [カドリューブレ] ‖ 5〜 quintuple [カンテューブル] 男, 5〜にする quintupler [カンテューブレ]

ばい[2] → ばいがい

はいいろ 灰色 gris [グリ] 男〈単複同形〉/〜の gris,e [グリー, ズ]〈男には単複同形〉, cendré,e [サーンドゥレ] / (ねずみ色) gris souris [グリー スーリ] / (銀灰色) gris argenté [グリー アルジャンテ]

ハイウエー → どうろ

パイエット (パイ) paillette [パイエートゥ] 囡

バイエルン (ドイツの地方) Bavière [バヴィエール] 固 囡 /〜の bavarois,e [バヴァルワ, ーズ]〈男には単複同形〉/〜風 (à la) bavaroise (アラ) バヴァルワーズ

バイオレット → すみれ

はいが 胚芽 germe [ジェールム] 男 → こめ, パン

ばいがい 蛽貝 (ヨーロッパばい貝) bulot [ビュロ] 男, buccin [ビュクサン] 男, 英 *common whelk*

はいかん 配管 (水道配管工事) canalisation [カナリザスィヨン] 囡 /〜工

plombier [プロンビエ] 男, plombière [プロンビエール] 女

はいき 排気 échappement [エシャープマン] 男 / (換気) ventilation [ヴァンティラスィヨン] 女 / 〜ガス gaz 男〈単複同形〉d'échappement [ガーズ デシャープマン] / 〜管 tuyau 男〈複 〜x〉d'échappement [テュイーヨ デシャープマン] / 〜口 orifice 男 d'échappement [オリフィース デシャープマン]

ばいきん 黴菌 (細菌) → きん²

ハイキング → えんそく

バイキング → ヴァイキング, スモルガスボード

バイク motocyclette [モトスィクレートゥ] 女, (俗語) moto [モト] 女 / (50cc以下の) mobylette [モビレートゥ] 女, cyclomoteur [スィクロモトゥール] 男 / 〜で à (または en) moto [ア (アン) モト]

はいぐうしゃ 配偶者 époux [エプー] 男〈単複同形〉, épouse [エプーズ] 女, conjoint,e [コンジュワーン, トゥ]

パイクラスト croûte [クルートゥ] 女, (英) piecrust

はいけい 拝啓 (既婚の女性へ) (Chère) Madame [マダームゥ] / (未婚の女性へ) (Chère) Mademoiselle [シェール マドゥムワゼール] / (男性へ) (Cher) Monsieur [(シェール) ムスュー] / (団体へ) Messieurs [メスュー] 《Cher, Chère は親しみを込めた表現》

はいごう 配合 → くみあわせ

はいざら 灰皿 cendrier [サーンドゥリエ]

パイざら パイ皿 moule 男 à tarte [ムーラ タールトゥ]

はいしゃ 歯医者 → しか²

はいしゅつ 排出 évacuation [エヴァキュアスィヨン] 女 / 〜する évacuer [エヴァキュエ]

はいしょく 配色 assortiment 男 de couleurs [アソルティマンドゥクールール]

はいすい¹ 排水 évacuation [エヴァキュアスィヨン] 女, écoulement [エクールマン] 男 / 〜管 evier [エヴィエ] / 〜溝 canal 男〈複 canaux [カノ]〉d'écoulement [カナール デクールマン] / (側溝) caniveau 男〈複 〜x〉[カニヴォ] / 〜する évacuer l'eau [エヴァキュエロ]

はいすい² 配水 distribution 女 de l'eau [ディストゥリビュスィヨン ドゥ ロ] / 〜管 conduite 女 d'eau [コンデュイートゥ ド]

はいせん 配線 canalisation [カナリザスィヨン] 女 / (集合的) câblage [カブラージュ] 男 ‖ 〜する installer des fils électriques [アンスタレ デ フィルゼレクトゥリーク]

はいぜん 配膳 service [セルヴィス] 男 / 〜室 office [オフィス] 女 / 〜する servir [セルヴィール] 30

ばいせん 焙煎 torréfaction [トレファクスィヨン] 女 / 〜器 grilloir [グリュワール] 男, torréfacteur [トレファクトゥール] 男 / 〜する torréfier [トレフィエ] / 〜した torréfié,e [トレフィエ]

はいそう 配送 → はいたつ

はいた 歯痛 → いたい

はいたつ 配達 (商品の) livraison [リヴレゾーン] 女 / 〜する livrer [リーヴレ] / 〜人 livreur [リヴルール] 男, livreuse [リヴルーズ] 女 / 〜料 frais 男〈複〉 de livraison [フレー ドゥ リヴレゾーン], factage [ファクタージュ] 男 ‖ (郵便・新聞の) distribution [ディストゥリビュスィヨン] 女 / 〜する distribuer [ディストゥリビュエ] / 〜人 distributeur [ディストゥリビュトゥール] 男, distributrice [ディストゥリビュトゥリース] 女　→ あてさき

はいち 配置 disposition [ディスポズィスィヨン] 女 / 〜する disposer [ディスポゼ]

ハイティー (アフターヌーンティー) (英) high tea

ばいてん 売店 (壁際の) échoppe [エショープ] 女 / (タバコの) tabac [タバ] 男 / (新聞や花などの) kiosque [キヨスク] 男

ばいどく 梅毒 syphilis [スィフィリス] 女

パイナップル ananas [アナナ(ス)] 男〈単複同形〉, (英) pineapple

はいにゅう 胚乳 albumen [アルビュメーヌ] 男

ばいばい 売買 vente 女 et achat 女 [ヴァンテ アシャ] / (商売) commerce [コメールス] 男 / (取引) transaction [トゥランザクスィヨン] 女

バイパス (迂回路) déviation [デヴィヤスィヨン] 女

ハイヒール chaussures 女〈複〉à talons hauts [ショスュール ア タロン オ]

ハイビスカス hibiscus [イビスキュス] 男〈単複同形〉, (英) hibiscus, fosemallow

パイピング（絞袋で絞ること）dressage[ドゥレサージュ]男/～する dresser[ドゥレセ]

パイプ（たばこ用の）pipe[ピープ]女→かん⁴

ハイブリッド → こうはい

バイブル → せいしょ

ハイフン trait d'union[トゥレ デュニヨン]

はいぶん¹ 灰分 cendres[サーンドゥル]女複

はいぶん² 配分 distribution[ディストゥリビュスィヨン]女/（割振り）répartition[レパルティスィヨン]女/均等に～する répartir également[レパルティール エガルマン]〈répartir 30〉

ハイボール → ウィスキー

ハイヤー voiture 女 de location avec chauffeur[ヴワテュール ドゥ ロカスィヨン アヴェーク ショフール]

バイヤー acheteur[アシュトゥール]男, acheteuse[アシュトゥーズ]女

ばいやくずみ 売約済（提示）Vendu[ヴァンデュ]/～の vendu,e[ヴァンデュ]

パイヤソン → ポム

パイヤルド（薄いステーキ）paillarde[パイヤールドゥ]

パイユ → ぼうぎり, ポム

パイユテ・フイユティーヌ（菓子材料）pailleté 男 feuilletine[パーユテ フユティーヌ]

ばいようこうぼ 培養酵母 → こうぼ

バイヨーヌ（都市）Bayonne[バヨーヌ]固/～の bayonnais,e[バヨネ,ーズ]〈男には単複同形〉/～風（à la）bayonnaise[（ア ラ）バヨネーズ] → ハム

バイリンガル（2ヶ国語を話す人）bilingue[ビラーング]男女/～の bilingue〈男女同形〉

はいる 入る entrer[アーントゥレ]/（入込む）s'introduire[サントゥロデュイール]代動⑪⑲/（侵入する）pénétrer[ペネートゥレ]㊱/（加入する）adhérer[アデレ]㉑ → とうろく

パイレックス（耐熱容器の商標）Pyrex[ピレクス]固男〈単複同形〉

パイロット aviateur[アヴィヤトゥール]男, aviatrice[アヴィヤトゥリース]女, pilote[ピロートゥ]男/～ランプ lampe-témoin[ラーンプ テムワーン]女〈複 ～s-～s〉

バインダー reliure[ルリユール]女, classeur[クラスール]男

バヴァロワ（デザート）bavarois[バヴァルワ]男〈単複同形〉,〈英〉bavarois

バヴァロワーズ（飲物）bavaroise[バヴァルワーズ]女

パヴェ（四角形の菓子, チーズ, 料理など）pavé[パヴェ]男,〈英〉（ステーキ）thickly-cut steak

バヴェット（腹身肉）bavette[バヴェートゥ]女,〈英〉flank

パウダー こな, さとう

バヴュール（生地に塗る溶卵の塗過ぎ部分）bavure[バヴュール]女

パウンドケーキ quatre-quarts[カートゥル カール]男〈単複同形〉,〈英〉pound cake/～型 moule 男 à cake[ムーラ ケーク]

はえ 蠅 mouche[ムーシュ]女

パエーリャ paella または paëlla[パエーリャ]女/～鍋 paellera[パエラ]女

パエラ → パエーリャ

はか 墓（墓石）tombe[トーンブ]女/（墓碑）tombeau[トンボ]男〈複 ～x〉/（墓地）cimetière[スィムティエール]男

ばか 馬鹿（な）bête[ベートゥ]〈男女同形〉/～な人 bête 女‖（俗語）（まぬけ）con,ne[コン,ヌ], connard,e[コナール,ドゥ]/～な人 con[コン]男, conne[コーヌ]女‖～なこと bêtise[ベティーズ]女‖...を～にする（からかう）se moquer de...[スモケ ドゥ]代動⑤⑨‖～野郎！Salaud！[サロ]男, Salope！[サロープ]女

ばかがい ばか貝（青柳）mactre[マークトゥル]女,〈英〉hen clam

はがき 葉書 carte 女 postale[カールトゥ ポスタール]/往復～ carte postale avec réponse payée[カルトゥ ポスタール アヴェーク レポーンス ペイエ]/返信用～ carte-réponse[カールトゥ レポーンス]女〈複 ～s-～s〉

はがす（くっついたものを）décoller[デコレ]/はがした décollé,e[デコレ]/（キャベツの葉などを）défaire[デフェール]㉑/はがした défait,e[デフェ,ートゥ]

はかせ 博士 → はくし

はがた 葉型 → は²

はがつお 歯鰹 → かつお

はかり 秤 balance[バラーンス]女/（台秤）bascule[バスキュール]女/（電子

ばかり …ばかり （だけ）seulement [スールマン]／（…した～）«venir de [ヴニール ドゥ]+不定詞» 47 →くらい²

はかる 計る・測る・量る（大きさや長さを）mesurer [ムズュレ]／（重さを）peser [プゼ] 5／（水深を）sonder [ソンデ]／（芯温計で）sonder

バカロレア（大学入学資格・試験）baccalauréat 男, (話言葉) bac [バック] 男

バカンス →ヴァカンス

はきけ 吐気 nausée [ノゼ] 女／～がする avoir mal au cœur [アヴワール マ ロ クール]⟨avoir ①⟩, avoir la nausée [アヴワール ラ ノゼ]

ハギス（料理）†haggis [アギース] 男, (英) haggis

パキスタン Pakistan 男 固／～人 Pakistanais,e [パキスタネ, -ズ] 男 女⟨男は単複同形⟩／～の pakistanais,e ⟨男には単複同形⟩

はく¹ 吐く （たんなどを）cracher [クラーシェ]／（嘔吐する）vomir [ヴォミール] 4, (俗語) gerber [ジェルベ]／（息を）expirer [エクスピーレ]／（火などを）cracher [クラーシェ]

はく² 掃く →そうじ

はく³ 箔 paillette [パイエートゥ] 女, feuille [フーユ] 女 →アルミ（ニウム）, きん¹, ぎん

はく⁴ …泊（夜）...nuit(s) [ニュイー] 女 複／1～する passer une nuit [パセ ユーヌ ニュイー] →しゅくはく

はぐ 剥ぐ →むく

はくい 白衣 blouse 女 blanche [ブルーズ ブランシュ] →コック¹

ばくが 麦芽 orge [オールジュ ジェルメ] germée 男／（ビール醸造用）malt [マールトゥ] 男／～糖 maltose [マルトーズ] 女

はぐき 歯茎 gencive [ジャンスィーヴ] 女

はくさい 白菜 chou 男 chinois [シューシヌワ]⟨複 ~x ~⟩, pé-tsaï [ペツァイ] 男⟨複 ~~s⟩, (英) Chinese cabbage

はくし 博士 docteur [ドクトゥール] 男⟨女性にも⟩／～号 doctorat [ドクトラ] 男 →だいがく

はくしゃく(ふじん)ふう 伯爵（夫人）風 (à la) comtesse [(アラ) コンテーッス]

はくしゅ 拍手 applaudissement [アプロディースマン] 男／～する applaudir [アプロディール] 4

はくじん 白人 Blanc,he [ブラーン, シュ] 男 女

ばくち 博打・博奕 →かけ¹

パクチー（香菜）→コリアンダー

パクチョイ（広東白菜, 体菜）pak-choï [パク ショイ] 男⟨複 ~-~s⟩, (英) pakchoi

はくちょう 白鳥 cygne [スィーニュ] 男, (英) swan

ばくつく（ばくばく食べる）（俗語）bouffer [ブーフェ]

バクテリア →きん²

はくとう 白桃 →もも¹

バクノフ →ベクノフ

ばくはつ 爆発 explosion [エクスプロズィヨン] 女／～する s'exploser [セクスプローゼ] 代動 59／～物 explosif [エクスプロズィーフ] 男

はくぶつかん 博物館 musée [ミュゼ] 男／（自然科学の）muséum [ミュゼオム] 男

はくへん 薄片 lame [ラーム] 女／（小薄片）lamelle [ラメル] 女

はくまい 白米 →こめ

バグラション(風) Bagration [バグラスィヨン]

はくらんかい 博覧会（見本市）foire [フワール] 女, exposition [エクスポズィスィヨン] 女

はくりきこ 薄力粉 →こむぎこ

はけ 刷毛 →ぬる, ふで, ブラシ

はげしい 激しい （強い）fort,e [フォール, トゥ]／激しく fortement [フォールトゥマン]‖（活発な）vif [ヴィーフ]⟨男に⟩, vive [ヴィーヴ]⟨女に⟩／激しく vivement [ヴィーヴマン]‖（乱暴な）violent,e [ヴィオラーン, トゥ]／激しく violemment [ヴィオラマン]

バケツ seau [ソ] 男⟨複 ~x⟩

バゲット →パン

はけん 派遣 envoi [アーンヴワ] 男／～社員 intérimaire [アンテリメール] 男 女／～する envoyer [アンヴワイエ] 20

ばけん 馬券 ticket [ティケ ドゥ パリ ミュテュエール] de pari mutuel／場外～売場 P.M.U. [ペミュ]：Pari 男 mutuel urbain [パリ ミュテュエーリュルバン] の略

はこ 箱 boîte [ブワートゥ] 女／（大箱）caisse [ケース] 女／（小箱）caissette [ケセートゥ] 女／（蓋付の）coffre [コーフル]

⑦/(蓋付の小箱) coffret [コーフレ] 男

パコジェット（ミキサーの商標）Pacojet [パコジェートゥ] 固 男 / 〜にかける pacosser [パコセ] / 〜にかけた pacossé,e [パコセ]

はごたえ 歯応え résistance 女 à mâcher [レズィスターンサ マシェ] /〜がある avoir de la résistance à mâcher [アヴワール ドゥラ レズィスターンサ マシェ] 〈avoir ①〉/〜がない manquer de résistance à mâcher [マンケ ドゥ レズィスターンサ マシェ] ‖〜のある (かたい) dur,e [デュール] / (カリカリする) croquant,e [クロカーン, トゥ] / (アル・デンテ：パスタや米に少し芯がある) 伊 al dente → はざわり

はこぶ 運ぶ (運搬する) porter [ポルテ] / (輸送する) transporter [トゥランスポルテ] →もっていく, もってくる

はこふぐ 箱河豚 →ふぐ

はこべ (サラダ用野草) mouron 男 des oiseaux [ムーロン デズワゾ], 英 chickweed

バザー (市) bazar [バザール] 男 / (慈善の) kermesse [ケルメース]

はさい 破砕 (ぶどうの) foulage [フーラージュ] 男 /〜する fouler [フーレ]

はさき 葉先 (枝先の若葉) p(e)luche [プリューシュ]

ばさし 馬刺 émincé 男 de viande crue de cheval [エマンセ ドゥ ヴィヤンドゥ クリュ ドゥ シュヴァール]

ぱさつく (粉っぽい) farineux [ファリヌー] 男 に, farineuse [ファリヌーズ] 女 に

はさみ¹ 鋏 ciseaux [スィゾ] 男 複 / (金物用などの大きな) cisailles [スィザーユ] 女 複 → 囲み

はさみ² 螯 (蟹や海老などの) pince

はさみの種類

魚用はさみ ciseaux 男 複 à poisson [スィゾ ア プワソーン]
裁ばさみ ciseaux de tailleur [スィゾ ドゥ タユール]
調理ばさみ ciseaux de cuisine [スィゾ ドゥ キュイズィーヌ]
爪切ばさみ coupe-ongles [クープ オングル] 男 〈単複同形〉
鳥肉用はさみ sécateur [セカトゥール] 男

[パーンス] 女

はさみ³ 挟み → トング

はさむ 挟む (つかむ) prendre [プラーンドゥル] ㊲ / (固定する) coincer [クワーンセ] ㉜ / (つまむ) pincer [パンセ] ㉜ ‖ (入れる) insérer [アンセレ] ㊱ /挟んだ inséré,e [アンセレ] ‖ (サンドウィッチのように) garnir [ガルニール] ④ /挟んだ garni,e [ガルニ] → さしこむ

バザルマニャック (蒸留酒) basarmagnac [バザルマニャック] 男

はざわり 歯触り toucher 男 dental [トゥーシェ ダンタール] /〜がよい croquant,e [クロカーン, トゥ]

はさん 破産 faillite [ファイートゥ] 女 /〜する faire faillite [フェール ファイートゥ] 〈faire ㉑〉

はし¹ 橋 pont [ポン] 男 ‖ (橋の種類) 吊橋 pont suspendu [ポン スュスパンデュ] /はね橋 pont basculant [ポン バスキュラン] /鉄橋 pont de chemin de fer [ポン ドゥ シュマン ドゥ フェール] /歩道橋 passerelle [パスレール] 女

はし² 端 bout [ブー] 男, extrémité [エクストレミテ] 女 /…の〜に au bout de... [オ ブー ドゥ] / (パン・ド・カンパーニュなどの大きなパンの) guignon [ギニョン] 男

はし³ 箸 baguettes [バゲートゥ] 女 複 /〜一膳 une paire de baguettes [ユヌ ペール ドゥ バゲートゥ] /〜置, 〜立 porte-baguettes [ポルトゥ バゲートゥ] 男 〈単複同形〉/割〜 baguettes jetables [バゲートゥ ジュタブル]

はしか 麻疹 rougeole [ルージョール] 女

はしご 梯子 échelle [エシェール] 女

はしばみ 榛 → ヘーゼルナッツ

はじまる 始まる commencer [コマンセ] ㉜

はじめ 初め・始め début [デビュ] 男 /〜に, 〜は au début [オ デビュ] /〜から depuis le début [ドゥピュイ ル デビュ] / (最初の) premier [プルミエ] 男 /〜 (に), première [プルミエール] 女 に /〜に premièrement [プルミエールマン] /〜て pour la première fois [プール ラ プルミエール フワー] → はじめまして, はじめる

はじめまして 初めまして Enchanté,e. [アンシャンテ], Heureux (自分が女性の場合 Heureuse) de vous voir. [ウールー (ズ) ドゥ ヴー ヴワール]

はじめる 始める commencer [コマンセ] ㉜/(店などを)ouvrir [ウーヴリール] ㉙/…し〜 «commencer à [コマンセア] +不定詞»

パジャマ pyjama [ピジャマ] 男

パシュラン・デュ・ヴィク・ビル（ワイン）pacherenc-du-vic-bilh

ばしょ 場所 lieu [リュー] 男〈複 〜x〉/(限定された)endroit [アーンドゥルワ] 男/(占有された)place [プラース] 女/(一定用途に割当てられた)local [ロカル] 男〈複 locaux [ロコ]〉

ばしょうかじき 芭蕉加治木・芭蕉梶木 → かじき

はしょうふう 破傷風 tétanos [テタノース] 男

はしら 柱 pilier [ピリエ] 男/(円柱)colonne [コローヌ] 女/(杭)poteau [ポト] 男〈複 〜x〉/電信〜 poteau électrique [ポト エレクトゥリーク]

はしり 走り(初物)primeur [プリムール] 女

バジリコ → バジル

はしる 走る (人や動物が)courir [クーリール] ⑬/(車や列車用)rouler [ルレ]/(船が)naviguer [ナヴィゲ]/(走破する)parcourir [パルクーリール] ⑬

バジル（パジリコ）basilic [バズィリーク] 男, 英 basil/〜オイル huile [ユイル] 女 au basilic [オ バズィリーク]/〜バター beurre [ブール] de basilic [ドゥ バズィリーク]

はす 蓮 lotus [ロテュス] 男〈単複同形〉, nélombo または nélumbo [ネロンボ] 男, 英 lotus/〜の葉 feuille 女 de lotus [フーユ ドゥ ロテュス], 英 lotus leaf/〜の実 graine 女 de lotus [グレーヌ ドゥ ロテュス], fève 女 d'Egypte [フェーヴ デジープト], 英 lotus seed‖(蓮根) racine 女(または rhizome 男) de lotus [ラスィーヌ（リゾーム）ドゥ ロテュス], 英 lotus root

はず …のはず, …するはず «devoir [ドゥヴワール]+不定詞» ⑯

バス¹ (市内) autobus [オトビュース] 男〈単複同形〉, bus [ビュース] 男〈男複同形〉/〜で en bus [アン ビュース]‖(長距離) autocar [オトカール] 男/〜で en car [アン カール]/観光〜 car 男 de tourisme [カール ドゥ トゥーリスム]/送迎〜 navette [ナヴェートゥ] 女

→ ていりゅうじょ

バス² 〜ローブ peignoir [ペニュワール] 男/〜タブ付の avec baignoire [アヴェーク ベニュワール]

→ タオル, ふろ, マット

はずかしい 恥かしい (気まずい)gêné,e [ジェネ]/(恥べき)honteux [オントゥー] 男〈複, 単複同形〉, honteuse [オントゥーズ] 女〈に〉/恥かしくて…できない ne pas oser... [ヌ パ オゼ] → ひてい ⇒ p.756「否定文」

はずかしがる 恥かしがる (内気)être timide [エートゥル ティミードゥ]〈男女同形〉〈être ②〉/(人見知りする)être farouche [エートゥル ファルーシュ]〈男女同形〉/恥かしがり屋 timide [ティミードゥ] 男女

バスク（地方）Pays 固男 basque [ペイ バースク]/〜人 Basque [バースク] 男, Basquaise [バスケーズ] 女/〜の basquais,e [バスケ,ーズ] 男〈複には単複同形〉/〜風 (à la) basquaise [(ア ラ) バスケーズ]

バスケット（スポーツ）basket-ball [バスケットゥ ボール] 男〈複 〜s〜s〉/→ かご

はずす 外す (取る) enlever [アンルヴェ] ⑤, retirer [ルティレ]/(肉にかけた糸を)…の糸を〜 débrider... [デブリデ]

パスタ pâtes 女 alimentaires [パートゥザリマンテール], 英 pasta/乾燥〜 pâtes sèches [パートゥ セーシュ]/フレッシュ〜 pâtes fraîches [パートゥ フレーシュ]/〜マシン machine 女 à pâte [マシーナ パートゥ]
→ めん³

パスティーユ → ドロップ

パスティス（パイ菓子, リキュール）pastis [パスティス]〈単複同形〉

パスティヤージュ（ケーキの装飾用生地）pastillage [パスティヤージュ]

バスティヨン（盛付法）bastion 男

パステル pastel [パステル] 男 → え¹

バスト (胸) poitrine [プワトゥリーヌ] 女/(胸囲) tour 男 de poitrine [トゥール ドゥ プワトゥリーヌ]

パストラミ (燻製肉)（米）pastrami

パストリゼーション（低温殺菌法）pasteurisation [パストゥリザスィヨン] 女

パスポート passeport [パスポール] 男

バスマティまい バスマティ米 → こめ

はぜ 鯊・沙魚 gobie [ゴビ] 男, goujon 男 de mer [グージョン ドゥ メール], 英

goby /川～ goujon [グージョン], (英) gudgeon
パセする (漉す) passer [パセ]
パセリ persil [ペールスィ] 男 /縮れ～ persil frisé [ペルスィ フリゼ], (英) curly parsley /イタリアン～, 平～ persil italien [ペルスィ イタリヤン], persil plat [ペルスィ プラ], (英) Italian parsley /根～ persil bulbeux [ペルスィ ビュルブー] 〈複 ～s ～〉, persil racine [ペルスィ ラスィーヌ], (英) parsley root /中国～ (コリアンダー) persil chinois [ペルスィ シヌワ] 〈複 ～s ～〉/刻み～ persil haché [ペルスィ アシェ] /～を加える, ～を散らす persiller [ペルスィエ] /～を加えた, ～を散らした persillé,e [ペルスィエ] /揚 persil frit [ペルスィ フリー]
はぜる 爆る pétiller [ペティエ]
パソコン ordinateur 男 (individuel) [オルディナトゥール (アンディヴィデュエール)] /デスクトップ～ ordinateur de table [オルディナトゥール ドゥ ターブル] /ノート～ ordinateur bloc-notes [オルディナトゥール ブロック ノートゥ] 〈複 ～s ‐～〉
はた 羽太:ハタ科の魚の総称 mérou [メルー] 男 〈複 ～s〉, perche 女 de mer [ペルシュ ドゥ メール], serran [セラン] 男, (英) grouper
はだ 肌 (皮膚) peau [ポ] 女 〈複 ～x〉/荒～ peau sèche [ポ セーシュ] /過敏性の～ peau irritée [ポイリテ]
バター beurre [ブール] 男 / 赤～ beurre rouge [ブール ルージュ] /合せ～ beurre composé [ブール コンポゼ], (英) compound butter, flavoured butter /焦し～ beurre noisette [ブール ヌワゼートゥ], (英) noisette butter /黒～ソース beurre noir [ブール ヌワール], (英) black butter /澄し～ beurre clarifié [ブール クラリフィエ] /溶し～ beurre fondu [ブール フォンデュ] /濃縮～ beurre concentré [ブール コンサントゥレ] /ポマード～ beurre en pommade [ブーラン ポマードゥ] /～カーラー coquilleur 男 à beurre [コキユーラ ブール] /～クーラー beurrier 男 rafraîchisseur [ブーリエラ フレシスール] /～クリーム crème 女 au beurre [クレーモ ブール] /～ケーキ gâteau 男 〈複 ～x〉au beurre [ガトオ ブール] /～ケース beurrier [ブーリエ] 男 /～ソース sauce 女 au beurre [ソーソ ブール] /～ミルク lait 男 de beurre [レ ドゥ ブール], babeurre [バブール] 男 /～ライス riz 男 au beurre [リオ ブール] /～で…をモンテする monter...au beurre [モンテオ ブール] ‖ ～を加える, ～を塗る beurrer [ブーレ] /～を加えた, ～を塗った beurré,e [ブーレ] ‖ (ソースに膜が張らないように) ～を上面に置く tamponner [タンポネ]
→ アーモンド, ココナツ, ナイフ, パン

バターの種類

塩分無添加バター
  beurre 男 sans sel [ブール サン セール]
脱水バター
  beurre déshydraté [ブール デズィドゥラテ]
低温殺菌バター
  beurre pasteurisé [ブール パストゥリーゼ]
農場バター
  beurre fermier [ブール フェルミエ]
醸酵バター
  beurre fermenté [ブール フェルマンテ]
有塩バター (薄い塩味, 減塩) beurre demi-sel [ブール ドゥミ セール], (濃い塩味) beurre salé [ブール サレ]

バタール → パン
バタール・モンラシェ (ワイン) bâtard-montrachet [バタール モンラシェ]
バタイユ → ポム
バタヴィア → レタス
はだかむぎ 裸麦 → むぎ
バタクラン (ケーキ) bataclan 男
はたけ 畑 champ [シャン] 男 / (野菜畑) (jardin 男) potager [(ジャルダン) ポタジェ] 男 / (耕作地) labours [ラブール] 男複 → ぶどうえん
バタ・シュー (生地) → シュー¹
はたち 二十歳 vingt ans [ヴァンタン] 男複
はたはた 鰰・鱩 touroumoque 男 japonais [トゥルーモーク ジャポネ], (英) sandfish
バタ・フィロ (薄い生地) pâte 女 à filo(s), pâte à phyllo [パタ フィロ]
はたらく 働く travailler [トゥラヴァイエ]
バタルド (ソース) sauce 女 bâtarde [ソース バタルドゥ]
はち¹ 八 †huit [ユイトゥ] 〈単複同形〉/ (八つの) †huit [ユイトゥ (子音または

はち² 蜂(蜜蜂) abeille [アベーユ] 女‖～の巣 nid [ニ] 男 d'abeilles [ダベーユ]‖(雀蜂) guêpe [ゲープ] 女, frelon [フルロン] 男

はち³ 鉢(小鉢) écuelle [エキュエール] 女/(椀) bol [ボール] 男/(植木鉢) pot [ポ] 男

はちがつ 八月 août [ウ(トゥ)] 男/～に en août [アンヌー(トゥ)], au mois d'août [オムワダー(トゥ)]

はちじゅう 八十 quatre-vingts [カートゥル ヴァン] 男/～の quatre-vingt 〈不変〉/(スイス，ベルギーでは) huitante [ユイタントゥ] 男, octante [オクタートゥ] 男 →ばん¹

ハチノス (牛胃) bonnet [ボネ] 男, 英 honeycomb tripe → はち²

はちみつ 蜂蜜 miel [ミエール] 男, 英 honey/～を加える mieller [ミエーレ]/～入の，～風味の miellé,e [ミエーレ], au miel [オ ミエール]

はちゅうるい 爬虫類 reptile [レプティール] 男

ハツ → しんぞう

はつ …発 (一撃) coup [クー] 男‖(出発)8時～の… de huit heures [ドゥ ユイトゥール]/パリ～の de Paris [ドゥ パリ]

はつおん 発音 prononciation [プロノンスィヤスィヨン] 女/～する prononcer [プロノンセ] 32

はっか 薄荷 → ミント

はつか 二十日 (日付) le vingt [ルヴァン] 男/(20日間) vingt jours [ヴァンジュール] 男複

はつが 発芽 bourgeonnement [ブールジョヌマン] 男, germination [ジェルミナスィヨン] 女/～する bourgeonner [ブールジョネ], germer [ジェルメ]/～した germé,e [ジェルメ] →こむぎ

ハッカー (コンピューターの) pirate 男 informatique [ピラタンフォルマティーク]

はっかく 八角:香辛料 anis étoilé [アニセトゥワーレ] 〈複 ～s〉, badiane [バディヤーヌ] 女, 英 star anise

はっかくけい 八角形 octagone [オクタゴーヌ] 男/～の octagonal,e [オクタゴナール], octagonaux [オクタゴノ] 〈複〉に〉

バッカス (酒神) Bacchus [バキュース] 男固/(古代ローマの)～祭 bacchanale [バカナール] 女

はつかだいこん 二十日大根 → ラディッシュ

はつがまい 発芽米 → こめ

はつがんせい 発癌性(の) cancérogène [カンセロジェーヌ] 〈男女同形〉, carcinogénétique [カルスィノジェネティーク] 〈男女同形〉/～物質 substance 女 carcinogénétique [スュブスタンス カルスィノジェネティーク]

はっきり (明確に) clairement [クレールマン], nettement [ネートゥマン]/～した (明確な) clair,e [クレール], net,te [ネートゥ]/(率直に) franchement [フランシュマン]

ばっきん 罰金 amende [アマーンドゥ] 女, contravention [コントゥラヴァンスィヨン] 女

パッキン (蛇口の) joint 男 de robinet [ジュワーン ドゥ ロビネ]/(目地, 詰物) joint [ジュワーン]

パッキング → ほうそう²

バック (背景) arrière-plan [アリエール プラーン] 男 〈複 ～-s〉/(後退)～する aller en arrière [アレ アンナリエール] 〈aller 6〉, reculer [ルキュレ]

バッグ sac [サーク] 男/ハンド～ sac à main [サカ マン]/ショルダー～ sac en bandoulière [サカン バンドゥーリエール]/ボストン～ sac de voyage [サークドゥ ヴワヤージュ]/～製造業 maroquinerie [マロキヌリ] 女/～業者 maroquinier [マロキニエ] 男

パック (包) paquet [パケ] 男, emballage [アンバラージュ] 男→しんくう,りょうこう

バックミラー rétroviseur [レトロヴィズール] 男

バックル (留金) boucle [ブークル] 女

パッケージ → にづくりする,パック,りょこう

はっけっきゅう 白血球 globules 男複 blancs [グロビュール ブラーン], leucocyte [ルコスィートゥ] 男

はっこう 醗酵 fermentation [フェルマンタスィヨン] 女/アルコール～ fermentation alcoolique [フェルマンタスィヨン アルコリーク]/酢酸～ fermentation acétique [フェルマンタスィヨン アセティーク]/乳酸～ fermentation lactique [フェルマンタスィヨン ラクティーク]/～する lever [ルヴェ] 5, fermenter [フェルマンテ]/～

した levé,e[ルヴェ], fermenté,e[フェルマンテ]‖(ワインの)vinification[ヴィニフィカスィヨン]⼥/～させる vinifier[ヴィニフィエ]/～した vinifié,e[ヴィニフィエ]‖(ワインタンク内の)cuvage[キュヴァージュ]男, cuvaison[キュヴェゾン]⼥/～する cuver[キュヴェ]/～した cuvé,e[キュヴェ]‖マロラクティーク～, りんご酸～ fermentation⼥ malolactique[フェルマンタスィヨン マロラクティーク]‖(パン生地の)levée[ルヴェ]⼥/第1次～ pointage[プワンタージュ]男/第1次～させる pointer[プワンテ]/第1次～させた pointé,e[プワンテ]/第2次(本)～ apprêt[アプレ]男/第2次～させる apprêter[アプレテ]/第2次～させた apprêté,e[アプレテ]/直接～法(直捏法) fermentation⼥ sur direct[フェルマンタスィヨン スュール ディレークトゥ]/～種(元)法 fermentation au levain[フェルマンタスィヨン オ ルヴァーン]‖(ビールの)下面～ fermentation⼥ basse[フェルマンタスィヨン バース]/上面～ fermentation haute[フェルマンタスィヨン オートゥ]
→ かご, きじ², ぎゅうにゅう, しょくひん, バター, パンだね, ぼうちょう

はっさく 八朔 pomelo(または poméło) hassaku⼥〈複〜s 〜〉[ポムロ(ポメロ) ハサク], 英 *hassaku orange*

ばっし¹ 抜糸 extraction⼥ d'un fil[エクストゥラクスィヨン ダン フィール]

ばっし² 抜歯 extraction⼥ d'une dent[エクストゥラクスィヨン デュヌ ダン]/～する(してもらう) se faire arracher une dent[ス フェール アラシェ ユヌ ダン]〈faire 代動 21 59〉

はっしゃ 発車 départ[デパール]男, démarrage[デマラージュ]男/～する partir[パルティール]30, démarrer[デマレ]

はっしょくざい 発色剤 colorant[コロラン]男

パッションフルーツ fruit男 de la Passion[フリュイ ドゥラ パスィヨン], grenadille[グルナディーユ]⼥, 英 *passionfruit*

はっしん 発疹 exanthème[エグザンテーム]男, éruption[エリュプスィヨン]⼥

はっしんおん 発信音 signal男 sonore[スィニャール ソノール]〈複 signaux ～s[スィニョ ソノール]〉

はっそう 発送 expédition[エクスペディスィヨン]⼥‖～先(宛名)adresse[アドゥレス]⼥, (行先)destination[デスティナスィヨン]⼥/～者 expéditeur[エクスペディトゥール]男, expéditrice[エクスペディトゥリース]⼥/～する expédier[エクスペディエ]

はつたけ 初茸 lactaire男 hatsutake[ラクテール ハツタケ], 英 *hatsutake mushroom*

はっちゃく 発着 départ男 et arrivée[デパーレ アリヴェ]

はっちゅう 発注 → ちゅうもん

バッテラ(寿司)sushi男 moulé au maquereau vinaigré[スシ ムーレ オ マクロ ヴィネーグレ]

バッテリー(電池)batterie[バートゥリ]⼥/(自動車の)accumulateur[アキュミュラトゥール]男, batterie

バット(調理用容器)bac[バーク]男, 英 *vat*/(シロップかけの)candissoire[カンディシワール]⼥, conche[コーンシュ]⼥

パット(ミニクッション)coussinet[クースィネ]男/(詰物)rembourrage[ランブーラジュ]男

はつねつ 発熱 accès男〈単複同形〉(または poussée⼥)de fièvre[アクセ(プーセ)ドゥ フィエーヴル]

はっぴょう 発表 présentation[プレザンタスィヨン]⼥/～する présenter[プレザンテ]

バッファロー → すいぎゅう

はっぽう 発泡(性の)mousseux[ムースー]男〈複, 単複同形〉, mousseuse[ムースーズ]⼥(に)/弱～ pétillant,e[ペティヤン, トゥ]/～スチロール polystyrène男 expansé[ポリスティレーネクスパンセ]
→ ワイン

はつもの 初物 → はしり

パテ pâté男, 英 *pâté, meat-pie*/～型 moule男 à pâté[ムーラ パテ], terrine[テリーヌ]⼥/～・アン・クルート pâté en croûte[パテ アンクルートゥ]/～生地 pâte⼥ à pâté[パタ パテ]/～・ド・カンパーニュ(田舎風パテ)pâté de campagne[パテドゥ カンパーニュ]/～・パンタン pâté pantin

パティシエ(パティ料理及び菓子の職人)pâtissier[パティスィエ]男, pâtissière[パティスィエール]⼥/～・トレトゥール(仕出しを兼ねたパティスリ)pâtissier-

パティスリ → かし¹

パティソワール（マーブル台）→ マーブル

はと 鳩 pigeon [ピジョン] 男, 英 *pigeon* /（白い）colombe [コローンブ] 女 /飼育～ pigeon d'élevage [ピジョン デルヴァージュ] /仔～ pigeonneau [ピジョノ] 男〈複 ~x〉:料理用語では仔鳩でなくともこの語を用いる /～小屋 pigeonnier [ピジョニエ] 男 /（塔の形の）colombier [コロンビエ] 男‖雉~ 英 *eastern turtle dove, oriental turtle dove* /森～（山鳩）(pigeon) ramier [(ピジョン)ラミエ] 男, palombe [パローンブ] 女, 英 *wood pigeon*

パトカー voiture 女 de police [ヴワテュール ドゥ ポリース] /覆面～ voiture-piège [ヴワテュール ピエージュ] 女〈複 ~s-~s〉

ハドック → たら²

バトネ → ぼうぎり

バトリエール(風) (à la) batelière [(ア ラ) バトゥリエール]

パトロン（オーナー）patron,ne [パトロ·ン,-ヌ]

パドワ（水の商標）Badois [バードゥワ] 固女

バトン（太めの棒状にした野菜）bâton 男 /～にした，～の en bâton [アン バトン] /（棒状の菓子）bâton /～・グラセ（パイ菓子）bâton glacé /～・ド・ジャコブ（小エクレア）bâton de Jacob [バトン ドゥ ジャコーブ]

パトン（バターを折込んだ生地）pâton 男

はな¹ 花 fleur [フルール] 女 /～の floral,e [フロラール] 男, floraux [フロロ] 〈男複〉/～が咲いた fleurir [フルリール] ④ /～が咲いている fleuri,e [フルリ] ‖～束（ブーケ）bouquet 男 de fleurs [ブーケ ドゥ フルール] /（茎の長い）gerbe [ジェルブ] 女 /～びら pétale [ペタール] 男‖～屋（人）fleuriste [フルーリストゥ] 男女, marchand,e [マルシャン, ドゥ ドゥ フルール] /（店）magasin 男 de fleurs [マガザン ドゥ フルール] /～屋で chez le（女性店主は la）fleuriste [シェル (ラ) フルリーストゥ]
→ エディブルフラワー

はな² 鼻 nez [ネ] 男〈複 ~s〉/～の nasal,e [ナザール] 男, nasaux [ナゾ] 〈男複〉/～がつまる avoir le nez bouché [アヴワール ル ネ ブーシェ] /～血 saignement 男 de nez [セーニュマン ドゥ ネ], hémorragie 女 nasale [エモラジナザール] /（動物や魚の）museau [ミュゾ] 男〈複 ~x〉/（豚や猪などの）groin [グルワン] 男

はな³ 華 → はなやか

はな⁴ 洟 morve [モールヴ] 女 /～（みず）が出る avoir la goutte au nez [アヴワール ラ グートゥ オ ネ]〈avoir ①〉/（自分の）～をかむ se moucher [ス ムーシェ] 代動 59

パナード（小麦粉などに牛乳を加えた料理材料）panade [パナードゥ] 女 /小麦粉の～ panade à la farine [パナード ラ ファリーヌ] /～・フランジパーヌ panade frangipane [パナードゥ フランジパーヌ]

はなうど 花独活 berce [ベールス] 女, patte 女 d'ours [パートゥ ドゥールス], 英 *hogweed*

はなかざり 花飾（紙などで作る）guirlande [ギルラーンドゥ] 女 /（王冠の花形装飾）fleuron [フルローン] 男‖（花綱）feston [フェストン] 男 /～状にする festonner [フェストネ] /～状にした festonné,e [フェストネ]

はなさきがに 花咲蟹 → かに

はなさんしょう 花山椒 → さんしょう

はなし 話（会話）conversation [コンヴェルサスィヨン] 女 /（おしゃべり）bavardage [バヴァルダージュ] 男 /（演説）discours [ディスクール] 男〈単複同形〉/（物語）histoire [イストゥワール] 女 /（短い物語）conte [コーントゥ] 男 → はなす¹

はなしあい 話合い conversation [コンヴェルサスィヨン] 女 /（協議）entretien [アントゥルティヤーン] 男 /（討論）discussion [ディスキュスィヨン] 女 /（交渉）négociation [ネゴスィヤスィヨン] 女

はなしあう 話し合う（互いに）se parler [ス パールレ] 代動 59 /（交渉）négocier [ネゴスィエ] /（討論）discuter [ディスキュテ]

パナシェ（飲物）panaché 男

はなしかける 話しかける aborder

[アボルデ]
はなしちゅう 話中 → つうわ
はなす[1] 話す （…について）parler de... [パールレドゥ]/（しゃべる）bavarder [バヴァルデ], causer [コゼ]/（物語る）raconter [ラコンテ], relater [ルラーテ]/（討論する）discuter [ディスキュテ]/（交渉する）négocier [ネゴスィエ]
→ はなし, はなしあう
はなす[2] 離す （遠ざける）écarter [エカルテ], éloigner [エルワーニェ]/（分ける）séparer [セパレ]/（間をあける）espacer [エスパセ] 32 /（切離す）détacher [デタシェ]
はなだいこん 花大根 （スイート・ロケット）julienne [ジュリエーヌ] 囡, 英 sweet rocket, dame's rocket
はなづな 花綱 → はなかざり
バナナ banane [バナーヌ] 囡, 英 banana
はなび 花火 feu 男〈複 ～x〉d'artifice [フーダルティフィース]
はなみず 鼻水 → はな[4]
はなむこ 花婿 marié [マリエ] 男
はなや 花屋 → はな[1]
はなやか 華やか（な） （カラフルな）coloré,e [コロレ] → ごうか
はなよめ 花嫁 mariée [マリエ] 囡
はなれ 離れ （建物）annexe [アネークス] 囡, pavillon [パヴィヨン] 男
ハニーワイン bergerette [ベルジュレートゥ] 囡
ばにく 馬肉 viande 囡 de cheval [ヴィヤーンドゥ ドゥ シュヴァール], chevaline [シュヴァリーヌ]/英 horse meat/～店 boucherie 囡 chevaline [ブーシュリ シュヴァリーヌ]
パニス （エジプト豆でつくる, プロヴァンス地方の揚菓子）panisse 囡
パニッツァ （コルシカのパニス）panizza 囡〈複 panizzi [パニッツィ]〉
バニュルス （ワイン）banyuls 男
バニラ → ヴァニラ
バニリンシュガー → さとう
パヌケ （料理）panneguet 男
はね 羽・羽根 （1本）plume [ブリューム] 囡/（鳥のにこ毛）duvet [デュヴェ] 男/（全体）plumage [プリュマージュ] 男/～をむしる plumer [プリュメ] ‖（翼）aile [エール] 囡/（プロペラやスクリューなどの）pale [パール] 囡

パネ （パン粉付する）paner /～した pané,e
ハネムーン → りょこう
はねる 跳ねる sauter [ソテ]/油が～ L'huile saute. [リュイル ソートゥ]
パネル panneau [パノ] 男〈複 ～x〉
パノラマ （全景）panorama 男
バノン （チーズ）banon 男
はは 母 mère [メール] 囡/～の maternel,le [マテルネール] → ぎりの
はば 幅 （ラールジュ）largeur [ラルジュール] 囡/～が広い large〈男女同形〉/～が狭い étroit,e [エートゥルワ, ートゥ]/～10センチ 10 cm de large [ディー センティメートル ドゥ ラールジュ]
ババ （ケーキ）baba 男/～生地 pâte 囡 à baba [バタ ババ]/ラム酒風味の～ baba au rhum [ババ オ ローム]
パパ papa 男
パパイヤ （果物）papaye [パパーイ] 囡, 英 papaya
ババロア → バヴァロワ
パピヨート （紙包料理, 飴）papillote [パピヨートゥ] 囡 → チョップ, つつみやき
パピヨン （蝶形）papillon 男
パフ （化粧）†houppe 囡 à poudre [ウープ プードゥル], †houppette [ウーペートゥ] 囡
パブ （バー）pub [プーブ] 男
パプール → はる
パフェ → パルフェ
ハブゴ （スペインの豚肉製品の産地）西 Jabugo 囡/西 jamon 男 de Jabugo [ハモン デ ハブゴ] ‖（同地の豚肉製品）西 jabugo 男
パプトン （卵料理）papeton 男
はブラシ 歯ブラシ → ブラシ
パプリカ （香辛料）paprika 男, 英 paprika /（肉厚のピーマン）poivron [プワヴロン], belle pepper
バブル （泡）bulle [ビュール] 囡/～経済 bulle économique [ビューレコノミーク]
はへん 破片 débris [デーブリ] 男〈単複同形〉, fragment [フラグマン] 男, brisure [ブリズュール] 囡
はま 浜 → かいがん
はまき 葉巻 → シガー
はまぐり 蛤 clam [クラーム] 男, 英 clam
はまち sériole [セリヨール] 囡, 英 yel-

はまぢしゃ

lowtail, amberjack

はまぢしゃ 浜ぢしゃ → つるな

はまな 浜菜（シーケール） crambe [クランブ], crambé [クランベ] 男, chou 男 marin [シュー マラン] 〈複 ~*x* ~*s*〉, 英 *seakale*

バミア → オクラ

はみがき 歯磨（行為）brossage 男 des dents [ブロサージュ デ ダン] / 練～pâte 女 dentifrice [パート ゥ ダンティフリース] / ～する se brosser les dents

はみだす はみ出す dépasser [デパセ], déborder [デボルデ]

ハム jambon [ジャンボン] 男, 英 *ham* → エッグ, サンドウィッチ, スライサー, なべ, ハブゴン, ハモン・セラーノ, ホルダー

ハムの種類

加熱ハム jambon 男 cuit [ジャンボン キュイ], 英 *cooked ham*

すね肉のハム jambonneau [ジャンボノ] 男 〈複 ～*x*〉, 英 *knuckle of ham*

生ハム jambon cru [ジャンボン クリュ], 英 *raw ham*

布包ハム jambon au torchon [ジャンボン オトルション]

バイヨーヌハム jambon de Bayonne [ジャンボン ドゥ バヨーヌ], 英 *Bayonne ham*

パルマハム jambon de Parme [ジャンボン ドゥ パルム], 英 *Parma ham*

プレスハム jambon au moule [ジャンボン オ ムール], 英 *pressed ham*

骨付ハム jambon à l'os [ジャンボン アロース], 英 *ham on the bone*

ボンレスハム jambon désossé [ジャンボン デゾセ], 英 *boneless ham*

ゆでハム jambon de Paris [ジャンボン ドゥ パリ], 英 *boiled ham*

ヨークハム jambon de York [ジャンボン ドゥ ヨールク], 英 *York ham*

ロースハム jambon de côte [ジャンボン ドゥ コートゥ]

はめこむ はめ込む incruster [アンクリュステ] / はめ込んだ incrusté,*e* [アンクリュステ]

バ・メドック（ぶどう栽培地域）Bas-Médoc [バ メドック] 固 男

はも 鱧 murène 女 japonaise [ミュレーヌ ジャポネーズ], anguille 女 de mer [アンギーユ ドゥ メール], brochet 男 de mer [ブロシェ ドゥ メール], 英 *pike eel, conger pike*

はもの 刃物 couteau [クートゥ] 男 〈複 ～*x*〉/（総称）coutellerie [クーテルリ] 女 / ～屋 coutellerie 女

ハモン・セラーノ（生ハム）西 jamon 男 serrano

はや 鮠 vairon [ヴェロン] 男, 英 *minnow*

はやい¹ 早い tôt [ト] / 早く（時刻が）tôt /（早朝に）de bonne heure [ドゥ ボヌール] / できるだけ早く dès que possible [デク ポスィーブル] / 早くとも au plus tôt [オ プリュ ト]

はやい² 速い（スピードが）rapide [ラピードゥ]〈男女同形〉/ 速く rapidement [ラピードゥマン], vite [ヴィートゥ] / できるだけ速く le plus vite possible [ル プリュ ヴィートゥ ポスィーブル] ‖（迅速な）prompt,*e* [プロン, トゥ] / 速く promptement [プロントゥマン]

はやし 林 → もり

ハヤシライス riz 男 au ragoût de bœuf et d'oignon émincés [リ オ ラグー ドゥ ブフ エ ドニョン エマンセ]

はやなり 早成 précocité [プレコスィテ] 女 / ～の précoce [プレコース]〈男女同形〉

はやり 流行（病気や風俗の）épidémie [エピデミ] 女 → りゅうこう

はやる 流行る（繁盛する）prospérer [プロスペレ] 36 / 流行っている（評判になっている）populaire [ポピュレール]〈男女同形〉/ 流行っているレストラン restaurant 男 fréquenté [レストラン フレカンテ]

はら 腹（腹部）ventre [ヴァーントゥル] 男,（俗語）bide [ビードゥ] 男 /（医学用語）abdomen [アブドメーヌ] 男 ‖ ～ごしらえする manger avant de travailler [マンジェ アヴァン ドゥ トラヴァイエ]〈manger 25〉/ ～応えのある solide [ソリードゥ]〈男女同形〉/ ～ごなし digestion [ディジェスティヨン] 女 / ～を裂く éventrer [エヴァーントゥレ] / ～を開いて内臓を除く vider [ヴィデ]

→ いたい, くうふく, げり

ばら¹ 薔薇（花）rose [ローズ] 女 / ～形, ～模様 rosace [ロザース] 女 / ～形

ばら の(に), ～模様の(に) en rosace [アンロザース]/～の香りの rosat [ロザ]〈不変〉/(木) rosier [ロズィエ] 男
→ のばら, まど

ばら² 散(で) en vrac [アン ヴラック]

はらいこみ 払込 versement [ヴェールスマン] 男/払込む verser [ヴェールセ]

はらいもどし 払戻 remboursement [ランブールスマン] 男/払戻す rembourser [ランブールセ]

はらう 払う (支払う) payer [ペイエ] 31/(返済する) rembourser [ランブールセ]/(清算する) régler [レーグレ] 36/(取払う) enlever [アンルヴェ] 5
→ しはらい

バラクーダ → かます

ばらす (ばらばらにする) démonter [デモンテ]/(四肢を切り分ける) démembrer [デマンブレ]/(鶏などを部位別にする) découper [デクーペ]

パラソル (日傘) ombrelle [オンブレール] 女/ビーチ～ parasol (de plage) [パラソル (ドゥ プラージュ)] 男

はらたけ 原茸 (総称) agaric [アガリック] 男, mousseron [ムースロン] 男, psalliote [プサリヨートゥ] 男または 女, 英 agaric

ばらにく 肋肉 → うし, こうし¹, こひつじ, さんまいにく, ひつじ, ぶた

はらばい 腹這(に) → うつぶせ

はらびれ 腹鰭 → ひれ

パラフィンし パラフィン紙 papier paraffiné [パピエ パラフィネ] 男

はらみにく 腹身肉 → ひれ

ばらもんじん 婆羅門参 (西洋ごぼう) salsifis [サルスィフィ] 男〈単複同形〉, 英 oyster-plant, salsify

はらわた 腸 → ないぞう

バランス (つりあい, はかり)

はり¹ 針 (裁縫, 時計, 注射器などの) aiguille [エギューユ] 女/ブリデ～, からげ～ aiguille à brider [エギューイヤ ブリデ]/ピケ～ aiguille à piquer [エギューイーカ ピケ]/ラルデ～ lardoir [ラルドゥワール]/釣～ hameçon [アムソン] 男/毛～ mouche [ムーシュ] 女 artificielle [アルティフィスィエール]

はり² 梁 poutre [プートゥル] 女

はり³ 鍼 acupuncture または acuponcture [アキュポンクテュール] 女

パリ Paris 固 男 ‖ ～の parisien, ne [パリズィ・ヤン, エーヌ]/～風 (à la) parisienne [(アラ) パリズィエーヌ] ‖ ～っ子 Parisien,ne 男 女/(下町の) Parigot,e [パリゴ, トゥ] ‖ ～祭 (フランス革命記念日) le Quatorze Juillet [ル カトールズ ジュイエ]
→ ソーセージ, ヌガー, パリジエーヌ, パリジャン

はりうなぎ 針鰻 (白子鰻) → しらす

バリウム baryum [バリヨーム] 男

バリエーション → ヴァリエーション

はりがね 針金 fil 男 de fer [フィルドゥフェール]

はりがみ 貼紙 affiche [アフィーシュ] 女/(大型) placard [プラカール] 男/～をする afficher [アフィシェ]

ばりき 馬力 cheval-vapeur, CV [シュヴァール ヴァプール] 男〈複 chevaux-～ [シュヴォ ヴァプール]〉

バリグール (あかもみ茸) barigoule 女, 英 saffron milk-cap/～風:アーティチョークの料理表現 (à la) barigoule [(アラ) バリグール]

バリケン → かも¹

ハリサ (調味料) †harissa [アリサ] 女

パリジエーヌ (女性のパリっ子) Parisienne [パリズィエーヌ] 女/(小球状の野菜の切り方) parisienne 女/…を～に切る tailler...en parisienne [タイエ アン パリズィエーヌ]

パリジャン (男性のパリっ子) Parisien [パリズィヤン] 男
→ パン

パリ・ソワール (ポタージュ) Paris soir [パリ スワール]:このポタージュは日本だけで通用し, フランスには存在しない. また, フランス語としても正しくない.

パリッとした → カリッとした

パリ・ニース (ケーキ) paris-nice 男〈複 ～-～s〉

パリ・ブレスト (ケーキ) paris-brest [パリ ブレストゥ] 男〈複 ～-～s〉

はる¹ 春 printemps [プランタン] 男〈単複同形〉/(古) zéphyrs [ゼフィール] 男 複/～に au printemps [オ プランタン]/～の printanier [プランタニエ]〈男に〉, printanière [プランタニエール]〈女に〉/～風 (à la) printanière [(アラ) プランタニエール]

はる² 張る (引っ張る) tendre [タンドゥル] 39/張った tendu,e [タンデュ] ‖ (広げる, 広がる) étendre [エターン

はる³ 632

ドゥル] 39/張った étendu,e [エタンデュ]

はる³ 貼る（つける）mettre [メートル] 26/貼った mis,e [ミ.-ズ] ‖（接着剤で）coller [コレ]/貼った collé,e [コレ] ‖（貼付ける）appliquer [アプリケ]/貼った appliqué,e [アプリケ] ‖（型の内側に）chemiser [シュミゼ]/貼った chemisé,e [シュミゼ] ‖（型に敷く）foncer [フォンセ] 32/貼った foncé,e [フォンセ]

バルケット（小パイ）barquette [バルケートゥ] 女

バルコニー balcon [バルコン] 男

バルサック（ワイン）barsac [バルサーク] 男

バルサミコす バルサミコ酢（vinaigre 男）balsamique [ヴィネーグル バルサミーク] 男, 英 balsamico vinegar

はるさめ 春雨:食品 vermicelles [ヴェルミセール] 男 複 de fécule chinois [ドゥ フェキュール シヌワ]

バルセロナ（スペインの都市）Barcelone [バルスローヌ] 固/～の barcelonais,e [バルスロネ, -ズ]〈男には単複同形〉/～風（à la）barcelonaise [(ア ラ) バルスロネーズ]

バルデする → つつむ,バルド

バルド（豚の背脂の薄切）barde [バールドゥ] 女/～を除く débarder [デバルデ]/～を除いた débardé,e [デバルデ] → つつむ

バルビュ → ひらめ

バルブ（弁）valve [ヴァールヴ] 女, soupape [スーパープ] 女, 英 valve

バルフェ parfait [パルフェ] 男/チョコレート～ parfait au chocolat [パルフェ オ ショコラ]/～・ド・フォワ・グラ（フォワ・グラの缶詰,瓶詰）parfait de foie gras [パルフェ ドゥ フワグラー]

パルマ（イタリアの都市）Parme [パールム] 固/～の parmesan,e [パルムザン, -ヌ]/～風（à la）parmesane [(ア ラ) パルムザーヌ] → ハム

はるまき 春巻（生）rouleau [ルーロ] 男 複 ～x de printemps [ドゥ プランタン], pâté [パテ] 男 impérial [アンペリヤール]/ベトナム風揚～, nem [ネーム] 男/～の皮 papier [パピエ] 男 （または galette 女) de riz [パピエ (ガレットゥ) ドゥ リ]

パルマンティエ, アントワーヌ・オーギュスタン（農学者）Parmentier, Antoine Augustin [パルマンティエ アントゥワーヌ オギュスタン] 男 固/～風 Parmentier [パルマンティエ]（à la）parmentière [(ア ラ) パルマンティエール]

パルミエ（パイ菓子）palmier [パルミエ] 男

パルミジャーノ・レッジャーノ（チーズ）伊 parmigiano [パルミジャーノ] 伊 reggiano [レッジャーノ]

パルメザン（チーズ）parmesan [パルムザン] 男 → パルミジャーノ・レッジャーノ

はれ¹ 晴 beau temps [ボ タン] 男/～ている（いい天気だ）il fait beau [イル フェ ボ]

はれ² 腫 enflure [アンフリュール] 女, gonflement [ゴーンフルマン] 男/～る enfler [アーンフレ], gonfler [ゴーンフレ]

パレ¹（脂肪や皮などを除く）parer/～した paré,e

パレ²（小菓子）palet 男/～・デ・ダム palet des dames

ばれいしょ 馬鈴薯 → じゃがいも

バレエ（踊り）ballet [バレ] 男

はれぎ 晴着 habit 男（または costume 男) du dimanche [アビ (コステューム) デュ ディマーンシュ]

パレスティナ Palestine [パレスティーヌ] 女 固/～人 Palestinien,ne [パレスティニ・ヤン, エーヌ] 男 女/～の palestinien, ne/～風（à la）Palestine [(ア ラ) パレスティーヌ]

はれつ 破裂 éclatement [エクラートゥマン] 男/～する éclater [エクラーテ]/～した éclaté,e [エクラーテ]

パレット（絵画用）palette [パレートゥ] 女 → ナイフ,ぶた

はれもの 腫物 abcès [アープセ] 男〈単複同形〉, grosseur [グロスール] 女

バレンシア（スペインの都市）Valence [ヴァランス] 固/～の valencien,ne [ヴァランスィ・ヤン, エーヌ]/～風（à la）valencienne [(ア ラ) ヴァランスィエーヌ] → オレンジ

バレンタインデー → ヴァレンタインデー

ハロウィン（祭）Halloween [アロウィン] 女, 英 Halloween

バローロ（ワイン）barolo 男

バロティーヌ（料理）ballottine 女

パワー → ちから,つよい

ハワイ Hawaï [アワイ] 固/～の hawaïen,ne [アワイ・ヤン, エーヌ]/～風（à l'）hawaïenne [アワイエーヌ (ア ラワイエーヌ)]

はん¹ 半 demi,e [ドゥミー]/…時半

...heure(s) et demie [ウルエドゥミー] / 半... demi-... 〈demi は不変〉, semi-... [スミ] 〈semi は不変〉
→ ダース, なかば, はんぶん

はん² 判 → いんかん, ゴム

バン (有蓋車) fourgon [フールゴン] 男 / ライト～ fourgonnette [フールゴネットゥ] 女

ばん¹ …番 (番号) numéro..., N° [ニュメロ] 男 / 何～ quel numéro [ケルニュメロ] 男 / (順番) tour [トゥール] 男 / あなたの～です. C'est à votre tour. [セタヴォートゥルトゥール] / 1番 numéro un, N° 1 [ニュメロアン], 2番 numéro deux, N° 2 [ニュメロドゥー] ‖ 1番め le premier, le 1ᵉʳ [ルプルミエ] 男, la première, la 1ʳᵉ [ラプルミエール] 女 / 2番め le deuxième, le 2ᵉ [ルドゥーズィエーム] 男, la deuxième, la 2ᵉ [ラドゥーズィエーム] 女, le second [ルスゴン] 男, la seconde [ラスゴンドゥ] 女 / 《第3の, 3番めの, 以降は基数の語尾に e がある場合は e を除いてから, それ以外は直接 ième を付け加える. 男女同形である. 例外》第5 cinquième [サンキエーム] 男女), 第9 neuvième [ヌヴィエーム] 男女)》/《「第1に, 1番めに」など「…に」は形容詞 (=第…の, …番めの) の女性形に ment を付け加える. premièrement [プルミエールマン]》

ばん² 晩 (時間の区分) soir [スワール] 男 / (継続的時間) soirée [スワーレ] 女 / 朝から～まで du matin au soir [デュマタンオスワール] / 今～ ce soir [ススワール] / 毎～ le soir [ルスワール], tous les soirs [トゥーレスワール] / こん～は Bonsoir. [ボンスワール]

ばん³ 鷭:鳥 poule 女 d'eau [プールド] *moorhen*

パン pain, 英 *bread* /～くず miette [ミエートゥ] 女 /～生地 pâte 女 à pain [パタパン] ‖～職人, ～屋 (人) boulanger [ブーランジェ] 男, boulangère [ブーランジェール] 女 /～屋 boulangerie [ブーランジュリ] 女 / 製～室 fournil [フールニール] 男 / 押切式～切器 taille-pain [ターユパン] 男 〈単複同形〉 /～に加工する panifier [パニフィエ] /～作り panification [パニフィカスィヨン] /～を焼く (作る) cuire (または faire) le pain [キュイール (フェール) ルパン]

〈cuire ⑪〉〈備考〉, faire ㉑〉/ 固くなった～ pain rassis [パンラスィ] 〈複 ～s ～〉
→ かご, かま², かわ¹, クリーナー, クロワッサン, こうぼ, スライサー, トースト, ナイフ, なかみ, パンコ, パンだね, ブーランジェール (風), まいたけ, やきたて, p.634 囲み

はんあまくち 半甘口 → あまくちのワイン

はんえん 半円 (形) demi-cercle [ドゥミーセールクル] 男 〈複 ～-～s〉 /～の demi-circulaire [ドゥミースィルキュレール] 〈男女同形, 複 ～-～s〉, en demi-cercle [アンドゥミーセールクル]

はんが 版画 → え¹

ハンガー porte-manteau [ポールトゥマントー] 男 〈複 ～-～x〉

はんかがい 繁華街 quartier 男 fréquenté [カルティエフレカンテ]

はんかこ 半過去 → かこ

ハンカチ mouchoir [ムーシュワール] 男 / (ポケットチーフ) pochette [ポシェットゥ]

はんからくち 半辛口 → からくち, ワイン

ハンガリー †Hongrie [オーングリ] 女固 /～人 †Hongrois,e [オーングルワ, ーズ] 男女 〈男は単複同形〉 /～語 hongrois [オーングルワ] 男 /～の hongrois,e 男 には単複同形〉 /～風 (à la) hongroise [(アラ) オングルワーズ]

バンガロー bungalow [バンガロ] 男

はんきゅう 半球 hémisphère [エミスフェール] 男 / 北 (南) ～ hémisphère nord (sud) [エミスフェールノール (スュードゥ)] /～形の hémisphérique [エミスフェリック] 〈男女同形〉

ハンギングテンダー → うし

パンク (破裂) crevaison [クルヴェゾン] 女 /～する se crever [ス クルヴェ] 代動 ⑤ ㊾ / 私の車が～した J'ai crevé. [ジェ クルヴェ]

ばんぐみ 番組 programme [プログラム] 男, émission [エミスィヨン] 女

ハンググライダー deltaplane [デルタプラーヌ] 男, 英 *hang glider*

バンケ → えんかい

はんけい 半径 rayon [レヨン] 男, demi-diamètre [ドゥミーディヤメートゥル] 男 〈複 ～-～s〉

パンケーキ crêpe 女 épaisse [クレーペス], 英 *pancake*

パンの種類

網パン natté [ナテ] 男, tresse [トゥレース] 女

菓子パン (折込パン生地で作る) pain viennois [パン ヴィエーヌワ] 〈複 ～s ～〉, viennoiserie [ヴィエヌワーズリ] 女, (英) Viennese breads and buns

黒パン pain noir [パン ヌワール] / (アルザスなどの) pumpernickel [プンプーニケル] 男

クロワサンなどのバター折込パン pain viennois [パン ヴィエーヌワ]

コーンブレッド pain de maïs [パン ドゥ マイース]

食パン pain de mie [パン ドゥ ミ], pain anglais [パン アングレ], (英) sandwich bread, sandwich loaf

白パン pain blanc [パン ブラーン]

ジンジャーブレッド, パン・デピス pain d'épice, (英) gingerbread

全粒パン pain complet [パン コーンプレ]

チョコレートクロワサン, パン・オ・ショコラ pain au chocolat

動物などの整形パン pain de fantaisie [パン ドゥ ファンテズィ]

胚芽パン pain aux germes [パン オ ジェールム]

バターロール, ロールパン petit pain roulé [プティ パン ルーレ], (英) soft roll

パン・ド・カンパーニュ pain de campagne [パン ドゥ カンパーニュ]

ブール (350gの丸パン) boule 女

ふすまパン pain au son [パン オ ソン]

プティート・ブール (小型の球形パン) petite boule 女 [プティートゥ ブール]

ぶどうパン pain aux raisins [パン オ レザン]

ブノワトン (ぶどう入ライ麦パン) benoîton [ブヌワトーン] 男

ブラウンブレッド, パン・ビス pain bis 〈複 ～s ～〉

ベーグル
  petit pain roulé en couronne [プティ パン ルーレ アン クーローヌ], (英) bagel

ミーシュ (500g以上の丸パン) miche 女

ミシェット michette [ミシェットゥ]

ミルクパン pain au lait [パン オ レ], (英) milk bread

無塩パン pain sans sel [パン サン セール]

無酵母パン pain azyme [パン アズィーム]

ライ麦パン pain de seigle [パン ドゥ セーグル]

リング形のパン couronne [クーローヌ] 女

《以下は棒状のいわゆるフランスパン》

バゲット baguette [バゲットゥ] 女

バタール (バゲットより短い) bâtard [バタール] 男

パリジャン (バゲットの2倍の重さ) parisien [パリズィヤン] 男, (パリジャンの南仏での呼称) restaurant [レストラン] 男

フィセル (細くて小型) ficelle [フィセル] 女

フリュート (バゲットより細い) flûte [フリュートゥ] 女

はんげつ 半月 demi-lune [ドゥミーリューヌ] 女 〈複 ～-～s〉/～形の, ～形に en demi-lune [アン ドゥミー リューヌ]

バンケット → えんかい

はんこ 判子 → いんかん, ゴム

パンこ パン粉 chapelure [シャプリュール] 女 /生～ panure [パニュール] /～衣 pâte 女 à paner l'anglaise [パタ パネ ア ラングレーズ] /ラスクの～ panurette [パニュレートゥ] 女 /～を付ける paner [パネ] /～を付けた pané, e [パネ] /～用にパンを砕く chapeler [シャプレ] 7 → あげもの

はんごう 飯盒 gamelle [ガメル] 女

ばんごう 番号 numéro [ニュメロ] 男 /～札 jeton 男 numéroté [ジュトン ニ

ュメロテ］／～を付ける numéroter［ニュメロテ］

ばんごはん 晩御飯 → ゆうしょく

ばんざい 万歳 vive［ヴィーヴ］／料理～！ Vive la cuisine !［ヴィーヴ ラ キュイズィーヌ］

ばんさん(かい) 晩餐(会) dîner［ディネ］男／(キリストの) 最後の～ Cène［セーヌ］女

ばんしゃく 晩酌 ～をする boire de l'alcool avant le dîner［ブワール ドゥ ラルコール アヴァン ル ディネ］〈boire ⑩〉

はんじゅく 半熟(の) mi-cuit,*e*［ミ キュイ, ートゥ］／(オムレツなどが) baveux［バヴー］〈男に, 単複同形〉, *baveuse*［バヴーズ］〈女に〉 → ゆでたまご

はんじょう 繁盛 prospérité［プロスペリテ］女／～する prospérer［プロスペレ］㊱／～しているレストラン restaurant 男 fréquenté［レストラン フレカンテ］

パンス(生地の縁をつまむ器具) pince 女

はんすうどうぶつ 反芻動物 ruminant［リュミナン］男

はんズボン 半ズボン → パンツ

はんずんどうなべ 半寸胴鍋 → なべ

ばんせいせつ 万聖節:キリスト教の聖人の祝日 Toussaint［トゥーサン］女

パンセする(鍋などに焼脂が残ったまま火にかけて焼汁をカラメリゼする) pincer［パンセ］㉜

ばんそうこう 絆創膏 sparadrap［スパラドゥラ］男

はんそで 半袖 → シャツ, そで

ハンター → りょうし[1]

パンタード → ほろほろちょう

はんたい 反対 (方向や意見が反対であること) contraire［コントゥレール］男／～の contraire〈男女同形〉／～に contrairement［コントゥレールマン］, au contraire［オ コントゥレール］／～側に de l'autre côté［ドゥ ロートゥル コテ］／前後～に sens devant derrière［サーンス ドゥヴァン デリエール］／上下～に sens dessus dessous［サーンス ドゥスュ ドゥスー］‖(順序などが) inverse［アンヴェールス］男‖(対照的) opposé［オポゼ］男／～の opposé,*e*［オポゼ］／～に à l'opposé［ア ロポゼ］／…に～する s'opposer à...［ソポゼ ア］代動(59)‖(抵抗) opposition［オポズィスィヨン］女‖(反論) objection［オブジェクスィヨン］女, protestation［プロテスタスィヨン］女‖(裏面) envers［アンヴェール］男〈単複同形〉／～に à l'envers［ア ランヴェール］／(逆) inverse［アンヴェールス］男／～に à l'inverse［ア ランヴェールス］‖～に(頭と足または尾を交互に) tête-bêche［テートゥ ベーシュ］ → ひっくりかえす

はんだっしにゅう 半脱脂乳 → ミルク

パンタドー(若ほろほろ鳥) → ほろほろちょう

パンだね パン種 levain［ルヴァン］男, poolisch［ポーリーシュ］女, mère［メール］女, 英 *leaven*／～法 fermentation 女 sur pâte［フェルマンタスィヨン スュール パートゥ］

パンタロン pantalon 男

パンタン(パイ料理) pantin 男

ばんち 番地 numéro［ニュメロ］男:ただし, 住所等を A 番地と示す場合は数字だけで表す

パンチ(紅茶を入れた蒸留酒) punch［ポーンシュ］男, 英 *punch* → しゃくし, ボール[2]

パンチェッタ(イタリアのベーコン) lard［ラール］男, 伊 *pancetta* 女

ばんちゃ 番茶 → ちゃ

パンツ(トランクス) caleçon［カルソーン］男／(ブリーフ) slip［スリープ］男／(パンティ) slip 男, culotte［キュロートゥ］女／(ズボン) pantalon［パンタロン］男／ショート～ short［ショールトゥ］男

はんつき 半月 quinze jours 男 複［キャーンズ ジュール］, quinzaine［キャンゼーヌ］女

パンティー → パンツ

パンティーストッキング → ストッキング

はんてん 斑点 moucheture［ムーシュテュール］女, tache［ターシュ］女／～のある moucheté,*e*［ムーシュテ］, taché,*e*［タシェ］, tacheté,*e*［タシュテ］／～を付ける moucheter［ムーシュテ］⑦, tacher［タシェ］, tacheter［タシュテ］⑦

バンド(楽団) formation 女 musicale［フォルマスィヨン ミュズィカール］ → ベルト

はんとう 半島 (大きい) péninsule［ペナンスュール］女／(小さい) presqu'île［プレスキール］女

はんとうめい 半透明 → とうめい

ハンドクリーム crème 女 à mains［ク

は

はんとし 半年 semestre [スメーストゥル]男/~ごとの semestriel,le [スメストゥリエール]/~ごとに par semestre [パール スメーストゥル]

ハンドバッグ → バッグ

パントリ office [オフィス]女, 英 pantry

ハンドル （自動車の）volant [ヴォラン]男/（二輪車の）guidon [ギドン]男/（クランクハンドル）manivelle [マニヴェール]

はんにち 半日 demi-journée 女 [ドゥミ ジュールネ]複~-~s

はんにんぶん 半人分 → ポーション

ばんのうねぎ 万能ねぎ → ねぎ

パンのき パンの木 arbre 男 à pain [アールブラ パン]/~の実 fruit 男 de pain [フリュイ ドゥ パン], 英 breadfruit

バンパー pare-chocs [パール ショーク]男〈単複同形〉

ハンバーガー †hamburger [アンブルグール]男, 英 hamburger

ハンバーグステーキ †hamburger [アンブルグール]男 / hamburger steak / （牛挽肉だけの）steak（または bifteck）haché [ステーク（ビフテーク）アシェ]男/（ビトーク）bitok(e) 男

はんばい 販売 vente [ヴァーントゥ]女/通信~ vente par correspondance [ヴァーントゥ パール コレスポンダンス]/~員 vendeur [ヴァンドゥール]男, vendeuse [ヴァンドゥーズ]女/自動~機 distributeur automatique [ディストゥリビュトゥーロ トマティーク]/（列車の）車内~ vente 女 ambulante [ヴァンタンビュラーントゥ]/予約~ vente par souscription [ヴァーントゥ パール スースクリプスィヨン]

パン・バニャ（サンドイッチ）pan-bagnat 男〈複~s-~s〉

はんびらき 半開（の）entrouvert,e [アントゥルヴェール,トゥ]

はんぴれい 反比例 proportion 女（または raison 女）inverse [プロポルスィヨン（レゾン）アンヴェールス]/…に~する être en raison inverse de... [エートゥル アン レゾン アンヴェールス ドゥ]〈être ②〉

パンプキン → かぼちゃ

パンプス（靴）escarpins [エスカルパン]男〈複〉

パンプディング → プディング

パンフレット（冊子）brochure [ブロシュール]女/（宣伝用の）prospectus [プロスペクテュース]男〈単複同形〉/（折込）dépliant [デプリヤーン]男

はんぶん 半分 demi [ドゥミー]男, moitié [ムワーティエ]女/~に par moitié [パール ムワーティエ]/~ずつ moitié-moitié [ムワーティエ ムワーティエ]/…を~に煮詰める réduire...de moitié [レデュイール ドゥ ムワーティエ]〈réduire ⑪〉→ はん¹

ハンマー marteau [マルト]男〈複~x〉/アイス~ marteau-piolet [マルト ピヨレ]男〈複~x-~s〉

バン・マリ → ゆせん

はんまる 半丸（牛などを脊髄で分けた）demi-carcasse [ドゥミー カルカス]女〈複~-~s〉→ はんみ

はんみ 半身（魚の骨なしの身）filet [フィレ]男/（牛などを前後に分けた）train [トゥラーン]男/前(後)~ train de devant(derrière) [トゥラーン ドゥ ドゥヴァン（デリエール）] → はんまる

ばんめし 晩飯 → ゆうしょく

ばんれいし 番荔枝 anone [アノーヌ]女, pomme 女 cannelle [ポム カネール], 英 annona, cherimoya, custard apple, sugar apple

はんわりにする （…を）半割にする couper...en deux [クーペ アン ドゥー]

ひ

ひ¹ 日・陽（太陽）soleil [ソレーユ]男/~の solaire [ソレール]〈男女同形〉/~の入 coucher 男 du soleil [クーシェ デュ ソレーユ]/~の出 lever 男 du soleil [ルヴェ デュ ソレーユ]/（日光）jour [ジュール]男/~の当る ensoleillé,e [アンソレイエ] → ひづけ, ようび

ひ² 火 feu [フー]男〈複~x〉/（炎）flamme [フラーム]女/~を付ける allumer [アリュメ], mettre le feu [メートゥル フー]〈mettre ㉖〉/~を消す éteindre le feu [エターンドゥル ル フー]

〈éteindre ⑭〉/ (料理で) …を〜にかける mettre...au feu [メートル オ フー] /〜を通す cuire [キュイール] ⑪, faire cuire [フェール キュイール] 〈faire ㉑〉/〜からはずして hors du feu [オル デュ フー]
→ ちゅうび, つよび, つよめる, フランベ, ほどほど, よわび, よわめる

ひ³ 比 → ひりつ
び 美 beauté [ボテ] 囡
ビアガーデン → ビヤガーデン
ピアス percée [ペルセ] 囡
ひあたり 日当り・陽当り ensoleillement [アンソレーユマン] 男/〜のよい ensoleillé,e [アンソレイエ]
ピアノ (楽器または鉄板レンジ) piano [ピヤノ] 男
ビアリッツ (都市) Biarritz [ビヤリッツ] 固/〜の biarrot,te [ビヤロ,-トゥ] /〜風 (à la) biarrote [(ア ラ) ビヤロートゥ]
ピー (留守番電話の信号音) → はっしんおん
ビー エス イー BSE (牛海綿状脳症) E.S.B. [ウ エ ス ベ] 囡:encéphalopathie 囡 spongiforme bovine [アンセファロパティ スポンジフォルム ボヴィーヌ] の略 / (狂牛病) maladie 囡 de la vache folle [マラディ ドゥ ラ ヴァーシュ フォル]
ビーアンドビー B & B (リキュールの商標) B et B [ベ エ ベ]:Bénédictine & Brandy [ベネディクティーヌ エ ブランディ] の略 → ホテル
ピーカン → ペカン
ひいく 肥育 engraissement [アングレースマン] 男/〜する engraisser [アングレーセ] /〜した engraissé,e [アングレーセ] ‖ (鴨や鵞鳥などの) 強制〜 gavage [ガヴァージュ] 男/〜する gaver [ガヴェ] /〜した gavé [ガヴェ]
ビーズ (ガラスの) grains 男複 de verroterie [グラン ドゥ ヴェロートゥリ]
ヒーター (放熱器) radiateur [ラディヤトゥール] 男 → だんぼう
ピータン œuf 男 de cent ans [ウーフ ドゥ サンタン]
ピーチ → メルバ(風), もも¹, ワイン
ビーチパラソル → パラソル
ピーナツ arachide [アラシードゥ] 囡, cacahouette または cacahouète, cacahuète [カカウエートゥ], pois 男

〈単複同形〉 de terre [プワール ドゥ テール], 奧 *peanut* /〜オイル huile 囡 d'arachide [ユイル ダラシードゥ], 奧 *peanut oil* /〜バター beurre 男 d'arachide [ブール ダラシードゥ], beurre de cacahouètes [ブール ドゥ カカウエートゥ], 奧 *peanut butter*
ビーフ → うし, シチュー, ステーキ, ストロガノフ, ロースト
ビーフティー thé 男 de bœuf [テ ドゥ ブーフ], 奧 *beef tea*
ビーフン vermicelles 男複 chinois [ヴェルミセール シノワ], 奧 *rice vermicelli*
ピーマン poivron [プワヴロン] 男, 奧 *sweet pepper, bell pepper* /赤(黄,緑)〜 poivron rouge (jaune, vert) [プワヴロン ルージュ (ジョーヌ, ヴェール)]
ピーラー → かわむきき
ビール bière [ビエール] 囡, 奧 *beer* /缶〜 bière en boîte [ビエーラン プワートゥ] /黒〜 bière brune (blanche) [ビエール ブリューヌ (ブランシュ)] /ドラフト〜, 生〜 pression [プレスィヨン] 囡, 奧 *draught beer*, 奧 *draft beer* /(小ジョッキの)生ビール demi [ドゥミ] 男/〜煮 à la bière [ア ラ ビエール] /瓶〜 bière en bouteille [ビエーラン ブーテーユ] /ラガー〜 lager [ラグール] 囡, bière blonde [ビエール ブロンドゥ], 奧 *lager*
→ こうぼ, じょうぞう, トラピスト
ピール → かわ¹
ひいろ 緋色 pourpre [プールプル] 男, écarlate [エカルラートゥ] 囡/〜の pourpre 〈男女同形〉, écarlate 〈男女同形〉
ひえ 稗 panic [パニック ヒエ], 奧 *barnyard millet*
ピエール・キ・ヴィール (チーズ) pierre-qui-vire 男
ひえしょう 冷性 → さむがり
ピエス・モンテ (ケーキ) pièce 囡 montée [ピエース モンテ]
ピエゼ・パケ (羊料理) pieds 男複 et paquets 男複 marseillais [ピエゼ パケ マルセイエ]
ピエモンテ (イタリアの地方) Piémont [ピエモン] 固男/〜の piémontais,e [ピエモンテ,-ズ] /〜風 (à la) piémontaise [(ア ラ) ピエモンテーズ]
ひえる 冷える se refroidir [スル ルフロワディール] 代動 ④59, devenir froid,e [ドゥヴニール フルワー,ドゥ] 〈devenir ㊼〉

びえん 鼻炎 catarrhe [カタール ナザル] 男 nasal [ナザル] /アレルギー性〜 allergie 女 nasale [アレルジナザール]

ひか 皮下(の) hypodermique [イポデルミーク] 〈男女同形〉/〜脂肪 panicule 男 adipeux [パニキュール アディプー]

ピカーダ(調味料) picada [ピカダ] 女

ひがい 被害 dégats [デガ] 男複/〜を与える causer des dégats [コゼ デ デガ] /〜を受ける subir des dégats [スュビール デ デガ] 〈subir 4〉

ひかえしつ 控室 antichambre [アンティシャンブル] 女

ひかえめ 控え目(な) (節度のある) mesuré,e [ムズュレ] 〈男女同形〉/〜に mesurément [ムズュレマン] ‖ (謙虚な) discret [ディスクレ] 〈男に〉, discrète [ディスクレートゥ] 〈女に〉, modeste [モデーストゥ] 〈男女同形〉/〜に discrètement [ディスクレートゥマン], modestement [モデーストゥマン] ‖ (少量の) allégé,e [アレジェ] → とうぶん²

ひがえり 日帰(の) en une journée [アン ユヌ ジュールネ] → りょこう

ひかく 比較 comparaison [コンパレゾン] 女/AとBを〜する comparer A avec B [コンパレ アヴェーク] /〜級 forme 女 comparative [フォルム コンパラティーヴ] /〜的 relativement [ルラティヴマン] → より²

ひかげ 日陰 ombre [オーンブル] 女

ひかげん 火加減 feu [フー] 男〈複〜x〉/〜を調節する régler le feu [レーグレル フー] 〈régler 36〉

ひがさ 日傘 → パラソル

ひがし¹ 東 est [エーストゥ] 男/〜の est 〈男女同形〉

ひがし² 干菓子 gâteau 男 sec [ガトセック] 〈複〜x 〜s〉, four 男 sec [フールセック]

ピカタ(料理) piccata 女

ぴかぴか(の) (輝いている) brillant,e [ブリヤーン, トゥ] / (磨いて) reluisant,e [ルリュイザーン, トゥ] /鍋を〜に磨く faire reluire des casseroles [フェール ルリュイール デ カスロル] 〈faire 21〉

ビガラード(ビターオレンジ) bigarade [ビガラードゥ], orange 女 amère [オランジュ アメール], bigarade, bitter orange

→ ひやす

ひからびる 干涸びる se dessécher [ス デセシェ] 代動 36 59/干涸びた desséché,e [デセシェ]

ひかり 光 lumière [リュミエール] 女/(光線) rayon [レヨン] 男/(光沢) lustre [リュストゥル] 男/(明るさ) clarté [クラルテ] 女

ピカルディ(地方) Picardie 女固/〜の picard,e [ピカール, ドゥ] /〜風 (à la) picarde [(アラ) ピカルドゥ]

ひかれる 轢かれる → ひく³

ひかん 避寒 /〜する hiverner [イヴェルネ] /〜地 station 女 hivernale [スタスィヨン イヴェルナール]

ピカンシャーニュ(甘味パン) picanchâgne または piquenchâgne 男

びき …引 /30%〜 rabais 男 de trente pour cent [ラベ ドゥ トゥラーント プール サン]

ひきあめ 引飴 → あめ²

ピキーヨ(唐辛子) piquillo 男, 英 piquillo pepper

ひきざん 引算 soustraction [スーストゥラクスィヨン] 女/〜する soustraire [スーストゥレール] 57/5−3=2 cinq moins trois égalent deux [サーンク ムワーン トゥルワー エガル ドゥー]

ひきだし 引出 tiroir [ティルワール] 男

ひきだす 引出す (利益や情報などを) tirer [ティレ] / (外に出す) sortir [ソルティール] 30 → こうず

ひきたたせる 引立たせる (味を) relever [ルルヴェ] 5/引立たせた relevé,e [ルルヴェ] ‖ (目立たせる) faire ressortir [フェール ルソルティール] 〈faire 21〉

ビキニ → みずぎ

ひきにく 挽肉 viande 女 hachée [ヴィヤーンドゥ アシェ], 英 minced meat /(ソーセージ製造用) chair 女 à saucisse [シェーラ ソスィース] /粗〜 viande grossièrement hachée [ヴィヤーンドゥ グロスィエールマン アシェ] ‖ 〜器 †hachoir [アシュワール] 男/(機械) machine 女 à hacher [マシーンナ アシェ] /〜器にかける passer à la machine à hacher [パセ ア ラ マシーンナ アシェ] → ひく²

ひきのばす 引伸す étirer [エティレ] /引延した étiré,e [エティレ]

ひきはらう 引払う (アパートなどを) quitter [キテ]

ひきわり 挽割 (穀物の) gruau [グリ

ひく¹ 引く （引っ張る）tirer [ティレ]／(引きずる) traîner [トゥレーネ] ‖ (飴を) étirer [エティレ]／引いた étiré,e [エティレ] ‖ (水道などを) installer [アンスタレ] ‖ (辞書を) consulter [コンシュルテ]
→ ひきざん, わりざん

ひく² 挽く （コーヒーなどを）moudre [ムードゥル]③⑨〈備考〉挽いた moulu,e [ムーリュ] ‖ (のこぎりで) scier [スィエ] ‖ (胡椒などを粗く) concasser [コンカセ]／挽いた concassé,e [コンカセ] ‖ (肉を) ⁺hacher [アシェ]／挽いた ⁺haché,e [アシェ]

ひく³ 轢く écraser [エクラゼ]／轢かれる être écrasé,e [エートゥル エクラゼ]〈être〉②

ひくい 低い （位置, 音, 温度, 程度などが） bas,se [バ, ース]／(背が) petit,e [プティ, ートゥ]／(地位が) subalterne [スュバルテールヌ]〈男女同形〉／(抑えた) modéré,e [モデレ]／(音が) grave [グラーヴ]〈男女同形〉‖ 低く bas [バ]／低くする baisser [ベセ], abaisser [アベセ]

ビクシン （バター, チーズ着色剤）rocou [ロクー]男〈複 ~s〉

ビクトリア(風) Victoria

ピクニック pique-nique [ピクニック]男〈複 ~-~s〉／~する pique-niquer [ピクニケ]

ピクプール （ぶどう）piquepoul 男

ピクルス (英) pickles 男複, (英) pickle(s)／(小きゅうりの) cornichon [コルニション]男／(野菜の酢漬) légumes 男複 macérés au vinaigre [レギューム マセレ オ ヴィネーグル]

ひぐれ 日暮 → ゆうがた

ひげ 髭 （あご）barbe [バールブ]女／~づらの barbu,e [バルビュ] ‖ (口) moustache [ムースターシュ]女／~づらの moustachu,e [ムースタシュー] ‖ (頬) favoris [ファヴォリ]男複

ピケ (布) さす², はり¹, ローラー

ひけい 肥鶏 → にわとり

ピケット （安ワイン）piquette [ピケットゥ]女

ひこうき 飛行機 avion [アヴィヨン]男／~で en avion [アンナヴィヨン]

ピコドン （チーズ）picodon 男

ピコリーヌ （オリーヴの種類）picholine 女

ビゴルノ → たまきびかい

ビザ （入国査証）visa [ヴィザ]男／(学生ビザ) visa d'étudiant [ヴィザ デテュディヤン]

ピサ （イタリアの町）Pise [ピーズ]固／~の pisan,e [ピザン, -ヌ]／~風 (à la) pisane [(アラ) ピザーヌ]

ピザ pizza 女／~の店 pizzeria [ピゼリヤ]女

ひさしぶり 久しぶり／お~です。 Ça fait longtemps qu'on ne s'est pas vus. [サ フェ ロンタン コンヌ セパヴュ]：互いに会うのが女性だけなら vus は vues となる

ピサラ （調味料）pissala(t) 男

ピサラディエール （パイ料理）pissaladière 女

ひじ 肘 coude [クードゥ]男／~掛 accoudoir [アクードゥワール]男／~掛椅子 fauteuil [フォトゥーユ]男

ひしがた 菱形 losange [ロザーンジュ]男／~の losange〈男女同形〉／~の模様を付ける losanger [ロザンジェ]②⑤／…を~に切る tailler...en losange [タイエ アン ロザンジュ]

ひじき algues 女複 hijiki [アールグ ヒジキ], (英) brown seeweeds

ビシソワーズ → ヴィンソワーズ

ひじにく 肘肉 → うし

ビジネス affaires [アフェール]女複, (話言葉) business [ビズィネース]男 ‖ ~マン (ウーマン) （実業家）homme 男 (femme 女) d'affaires [ファム (オム) ダフェール]／(サラリーマン) salarié [サラリエ]男
→ ランチ

ひしのみ 菱の実(鬼菱) mâcre [マークル]女, châtaigne 女 d'eau [シャテーニュ ド], (英) water chestnut

ひしゃく 柄杓 puisoir [ピュイズワール]男

びしゅ 美酒 nectar [ネクタール]男

ひじゅう 比重 poids 男〈単複同形〉spécifique [プワール スペスィフィーク], densité [ダンスィテ]女／~計 densimètre [ダンスィメートゥル]男

びじゅつ 美術 beaux-arts [ボザール]男複／~的な, ~の artistique [アルティスティーク]〈男女同形〉／~的に artistiquement [アルティスティークマン]／~館 musée [ミュゼ]男／~品 œuvre 女

d'art [ウーヴル ダール] → がっこう

ひしょ¹ 秘書 secrétaire [スクレテール] 男女

ひしょ² 避暑 〜客 estivant,e [エスティヴァン, トゥ] 男女／〜地 station d'été [スタスィヨン デテ]

ひじょうぐち 非常口 sortie 女 de secours [ソルティ ドゥ スクール]

ひじょうに 非常（極度）に extrêmement [エクストゥレームマン]／（かなり）considérablement [コンスィデラーブルマン]／（限りなく）infiniment [アンフィニマン] → とても

びしょく 美食（美味を楽しむための術）gastronomie [ガストゥロノミ] 女／（食い道楽）gourmandise [グールマンディーズ] 女／（食物）bonne chère [ボーヌ シェール] 女／（甘味）friandise [フリヤンディーズ] 女 ‖ 〜する faire bonne chère [フェール ボーヌ シェール] ⟨faire ㉑⟩ → しょくつう

ピジョノ（仔ばと）→ はと

ビショフ（ホットワイン）bichof または bischof [ビショーフ] 男

ピショリーヌ → ピコリーヌ

ピジョン → はと

ビス → ねじ

ひすい 翡翠 jade [ジャードゥ] 男

ビスキュイ（スポンジケーキ）biscuit 男, 英 *sponge cake*／〜生地 pâte à biscuit [パタ ビスキュイ] 女／〜・ア・ラ・キュイエール biscuit à la cuiller／〜・グラセ biscuit glacé／〜・ジェノワ biscuit génois [ビスキュイ ジェヌワ] ⟨複 〜s 〜⟩／〜ド・サヴォワ biscuit de Savoie [ビスキュイ ドゥ サヴワ]／〜・ド・ランス biscuit de Reims [ビスキュイ ドゥ ランス]／〜・ルーレ biscuit roulé → カトル・カール, ビスケット, ジョコンド, マンケ

ビスク（ポタージュ）bisque 女

ビスケット biscuit [ビスキュイ] 男, 英 *biscuit*, 米 *cookie*

ビスコタン（ビスケット）biscotin 男

ビスコット → ラスク

ピスターシュ（羊料理）pistache 女

ピスタチオ（実）pistache [ピスターシュ] 女, 英 *pistachio*／〜を加える pistacher [ピスタシェ]／〜を加えた pistaché,e [ピスタシェ]

ヒステリー hystérie [イステリ] 女

ヒステリックな hystérique [イステリーク] ⟨男女同形⟩

ピストゥー（ペースト）pistou 男 ⟨複 〜s⟩

ピストル（スプレー）pistolet [ピストレ] 男

ピストレ（球形パン）pistolet 男

ビストロ bistro(t) [ビストゥロー] 男

びせいぶつ 微生物（病原菌）microbe [ミクローブ] 男

ひぞう 脾臓 rate [ラートゥ] 女, 英 *spleem*

ヒソップ（柳薄荷）hysope [イゾープ] 女, 英 *hyssop*

ひだ 襞 plis [プリー] 男 複／〜のある plissé,e [プリーセ], à plis [アプリー]／〜をつける plisser [プリーセ]／〜した éboullianté,e [エブーヤンテ]／（細かいしわのような）chiffon [シフォン] 男／〜をつけた chiffonné,e [シフォネ]

ビター（飲物）bitter [ビテール] 男, 英 *bitters*

ひたい 額 front [フローン] 男

ひたす 浸す（濡らす）tremper [トゥランペ]／浸した trempé,e [トゥランペ] ‖（染込ませる）imbiber [アンビベ]／浸した imbibé,e [アンビベ] ‖（液体に潜らせる）plonger [プロンジェ] ㉕／浸した plongé,e [プロンジェ] ‖（手足などを）baigner [ベニェ] ‖（熱湯に）ébouillanter [エブーヤンテ]／浸した ébouillanté,e [エブーヤンテ] ‖（鳥の羽をむしるために熱湯に）échauder [エショデ]／浸した échaudé,e [エショデ] ‖（シロップなどに沈める）immerger [イ(ン) メルジェ] ㉕／浸した immergé,e [イ(ン) メルジェ] → つける¹, マリネ

ひたひた 〜になるまで水を入れる verser de l'eau à hauteur [ヴェールセ ドゥ ロア オトゥール]

ビタミン vitamine [ヴィタミーヌ] 女, 英 *vitamin*／〜A vitamine 女 A [ヴィタミーヌ ア]／〜強化 vitaminisation [ヴィタミニザスィヨン] 女／〜欠乏症 carence 女 de vitamines [カランス ドゥ ヴィタミーヌ]／〜剤 médicaments [メディカマン ヴィタミネ] 男 複 vitaminés／〜添加の vitaminé,e [ヴィタミネ]／〜の vitaminique [ヴィタミニーク] ⟨男女同形⟩

ひだら 干鱈 → たら²

ひだり 左（方向）gauche [ゴーシュ] 女／〜の gauche ⟨男女同形⟩／〜に à

gauche [アゴーシュ], sur (または à) la gauche [スュル(ア) ラ ゴーシュ] /～側 côté 男 gauche [コテ ゴーシュ], gauche 女 /～側の, ～側に du côté gauche [デュ コテ ゴーシュ] /～利き(人) gaucher [ゴシェ] 男, gauchère [ゴシェール] 女 /～利きの gaucher 男に, gauchère 女に /～回りで, ～回りの（時計の反対回り）dans le sens inverse des aiguilles d'une montre [ダン ル サーンス ザンヴェルス デゼギュイーユ デュヌ モーントゥル]

ピチピチの （服がきつい）trop serré,e [トゥロ セレ] → せんど

ひっかける 引っ掛ける（釘などに）accrocher [アクロシェ] → ナンパする

びっくり ～オムレツ omelette 女 en surprise [オムレータン スュルプリーズ] → おどろいた

ひっくりかえす 引っ繰り返す（裏返す）retourner [ルトゥールネ] /（逆転させる）renverser [ランヴェルセ] → こぼす

ピックルえき ピックル液 → ソミュール, マリナード

ひづけ 日付 date [ダートゥ] 女 /～を記入する dater [ダテ] → づけ¹

ピッケル piolet [ピヨレ] 男

ひっこし 引越 → てんきょ

ひつじ 羊 （去勢雄）mouton [ムートン] 男, 英 mutton [マトゥン] /（非去勢雄）bélier [ベリエ] 男 /（雌羊）brebis [ブルビー] 女 〈単複同形〉/（プレ・サレ: 海岸地帯の羊）pré-salé 男 〈複 ~s-~s〉 ‖ ～の ovin,e [オヴァン, ヴィーヌ] ‖ ～飼 berger [ベルジェ] 男 /～飼 bergère [ベルジェール] 女 /～飼風 (à la) bergère [(アラ) ベルジェール] → こひつじ, チーズ, ようにゅう, p.642 [囲み]

ぴったりの （密着）serré,e [セレ] → てきする

ヒッチハイク auto-stop 男 〈複 ~-~s〉 /～する faire de l'auto-stop [フェール ドゥ ロト ストープ] 〈faire ㉑〉, faire du stop [フェール デュ ストープ]

ピッチャー → みずさし

ビット （電算用語）bit [ビートゥ] 男, 英 bit

ヒップ （腰周り）tour 男 de hanches [トゥール ドゥ アーンシュ]

ビップ V.I.P. [ヴェイペまたはヴィアイピ] 〈単複同形〉, 英 V.I.P. /（賓客）hôte 男

de marque [オートゥ ドゥ マールク], hôtesse 女 de marque [オテース ドゥ マールク]

ひづめ 蹄 sabot [サボ] 男

ひつよう(な) 必要(な) nécessaire [ネセセール] 〈男女同形〉/（必要不可欠な）indispensable [アンディスパンサーブル] 〈男女同形〉/…が～だ «avoir besoin de [アヴワール ブズワン ドゥ] ＋名詞», «il faut [イル フォ] ＋名詞», «単数名詞＋est nécessaire [エ ネセセール]», «複数名詞＋sont nécessaires [ソン ネセセール]» /…することが～だ «avoir besoin de [アヴワール ブズワン ドゥ] ＋不定詞», «il faut [イル フォ] ＋不定詞»

ビデ (洗浄器) bidet [ビデ] 男 → のぞく

ひてい 否定 négation [ネガスィヨン] 女, démenti [デマンティ] 男 /～する nier [ニエ] /～的な négatif [ネガティーフ] 男に, négative [ネガティーヴ] 女に /～形 forme négative [フォルム ネガティーヴ] : 否定文は原則として ne と pas で活用している動詞をはさんで作る。目的代名詞がある場合もそれとはさむ ‖ 決して…ない ne...jamais [ヌジャメ], A しか B ない ne B que A [ヌク] /だれも…ない ne...personne [ヌ ペルソーヌ] /なにも…ない ne...rien [ヌ リヤーン] /ひとつ（ひとり）の A も B ない ne B aucun,e A [ヌ オカン, キューヌ] /ほとんど…ない ne...guère [ヌ ゲール] /もう…ない ne...plus [ヌ プリュー] ⇒ p.756 「否定文」

ピティヴィエ (菓子, チーズ) pithiviers 男 〈単複同形〉

びていこつ 尾骶骨 coccyx [コクスィース] 男 〈単複同形〉

ビデオ vidéo [ヴィデオ] 女 /～ショップ (レンタル) vidéoclub [ヴィデオクルーブ] 男 /～にとる magnétoscoper [マニェトスコペ] → カメラ, テープ, テープレコーダー

ひと 人 personne [ペルソーヌ] 女 /（ある特定した個人）personnage [ペルソナージュ] 男 /（名士）personnalité [ペルソナリテ] 女 /（皆）tout le monde [トゥール モーンドゥ] 男 /（各人）chacun [シャカン] 男, chacune [シャキューヌ] 女 (はない) /（他人）autre [オートゥル] 〈男女同形〉: 不特定の人を表す主語人称代名詞に on があり,「人は」「人々は」

羊肉の部位

足 pied [ピエー] 男, 英 trotter
頭 tête [テートゥ] 女, 英 head
首 collier [コリエ] 男, 英 scrag
肩肉 épaule [エポール] 女, 英 shoulder
肩ロース côtelettes 女複 découvertes [コトゥレートゥ デクーヴェルトゥ]
カレ carré 男, 英 loin
鞍下肉 selle [セール] 女, 英 saddle
すね肉 jarret [ジャレ] 男, 英 hnuckle, shank
背肉(中央部) côtelettes 女複 premières [コトゥレートゥ プルミエール], 英 haunch / (後部) côtelettes-filets [コートゥレートゥ フィレ] 女複 / (肋骨1本ずつに切分けた背肉) côte [コートゥ] 女, 英 chop
前半身 coffre [コーフル] 男
ばら肉, 胸肉 poitrine [プワトゥリーヌ] 女, 英 breast
もも肉 gigot [ジゴ] 男, 英 leg, haunch
脇腹肉 panoufle [パヌーフル] 女
→ い, こうがん, した², しんぞう, じんぞう¹, ちょう¹, ちょうかんまく, のう¹, はい³, レバー

「我々は」など特定しない意味で用いる. que や si 等の後では l'on とすることもあり, 動詞は3人称単数形の活用をとる. on の意味が女性や複数である場合, 形容詞や過去分詞を性数一致させることがある. On est japonaises. [オンネ ジャポネーズ] 私たちは日本人だ (全員が日本人女性の場合)

→ にんげん, だれ, ひとびと

ひどい 酷い (恐ろしい) affreux [アフルー] 〈男に, 単複同形〉, affreuse [アフルーズ] 〈女に〉, terrible [テリーブル] 〈男女同形〉 / ひどく terriblement [テリーブルマン], horriblement [オリーブルマン] ‖ (激しい) fort,e [フォール, トゥ] / ひどく fort [フォール] ‖ (大変な) grave [グラーヴ] 〈男女同形〉 / ひどく gravement [グラーヴマン]

ビトーク bitok(e) 男

ひときれ 一切れ une tranche [ユヌ トゥラーンシュ] 女 / 〜の… une tranche de… [ユヌ トゥラーンシュ ドゥ]

ひとくちぶん 一口分 (食べ物) une bouchée [ユヌ ブーシェ] 女 / 〜の… une bouchée de… [ユヌ ブーシェ ドゥ] / (飲物) une gorgée [ユヌ ゴルジェ] 女 / 〜の… une gorgée de… [ユヌ ゴルジェ ドゥ]

ひとさしゆび 人差指 → ゆび

ひとしい 等しい (イコール) égal,e [エガール], égaux [エゴ] 〈男複に〉 / 等しく également [エガールマン] ‖ (価値が) équivalent,e [エキヴァラン, トゥ]
→ こうへい

ひとそろい 一揃 → セット²

ひとたらし 一滴 (ひとすじ) un filet [アン フィレ] 男 / 〜の… un filet de… [アン フィレドゥ]
→ てき

ひとつ 一つ un,e [アン, ユーヌ] 男女 / 〜の un,e / 〜ずつ un à un [アン ア アン] 〈男に〉, une à une [ユーナ ユーヌ] 〈女に〉 / (唯一の) seul,e [スール] / 〜もない (否定の副詞 ne とともに) aucun,e [オ・カン, キュヌ]
→ ひてい → p.756「否定文」

ひとつかみ 一摑 une poignée [ユヌ プワーニェ] 女 / 〜の… une poignée de… [ユヌ プワーニェドゥ]

ひとつぶ 一粒 un grain [アン グラン] 男 / 〜の… un grain de… [アン グランドゥ]

ひとつまみ 一抓 une pincée [ユヌ パンセ] 女, une prise [ユヌ プリーズ] 女 / 〜の… une pincée de… [ユヌ パンセドゥ], une prise de… [ユヌ プリーズ ドゥ]

ひとで 人手 (働き手) main [マン] 女, main-d'œuvre [マン ドゥーヴル] 女 〈複 〜s-〜〉 / 〜不足 manque 男 de personnel [マンク ドゥ ペルソネール] / (助力) aide [エードゥ] 女

ひとにぎり 一握 → ひとつかみ
ひとばん 一晩 une nuit [ユヌ ニュイー] 女
ひとびと 人々 gens [ジャン] 男複, monde [モーンドゥ] 男 → ひと
ひとまわり 一回り （一周）un tour [アントゥール] 男 / (巡回) une tournée [ユヌ トゥールネ] 女
ひとみ 瞳 prunelle [プリュネール] 女
ひとやま 一山 （商品）lot [ロ] 男 / （盆上）〜の… un plateau [アン プラトードゥ] 男 de... / （籠いっぱい）un panier [アン パニエドゥ] 男 de...
ひとり 一人・独り （男性）un homme [アンノーム] 男 / （女性）une femme [ユヌ ファーム] 女 / （性別なしに）une personne [ユヌ ペルソーヌ] 女 ‖ 〜だけ seul,e [スール] / 〜につき par tête [パール テートゥ], par personne [パール ペルソーヌ] / 〜ずつ （男性）un à un [アンナアン], （女性）une à une [ユーナ ユーヌ] / 〜で seul,e / たった〜で tout,e seul,e [トゥ. –トゥ スール] / 〜でに automatiquement [オトマティークマン] / 〜用 individuel,le [アンディヴィデュエール]
ひとりべや 一人部屋 → こしつ, シングル
ひな 雛 （小鳥の）oisillon [ワズィヨン] 男 → がちょう, かも¹, きじ¹, しちめんちょう, にわとり, はと
ひなげし 雛罌粟 (ポピー) coquelicot [コクリコ] 男, 英 *poppy, redweed*
ひなん 避難 évacuation [エヴァキュアスィヨン] 女 / 〜所 refuge [ルフュージュ] 男, abri [アブリ] 男 / 〜する （身を守る）s'abriter [サブリーテ] 代動59, se mettre à l'abri [ス メートル ア ラブリー] 〈mettre 代動 26 59〉 / （逃げる）se réfugier [ス レフュジエ] 代動 59 → もんく
ビニール vinyle [ヴィニール] 男 / 〜ハウス serre 女 en plastique [セーラン プラスティック]
ピニャータ （煮込）pinyata 女
ひにょうき 泌尿器 appareil [アパレーユ] 男 urinaire [ユリネール] / 〜系 système [スィステーム] 男 urinaire [システム ユリネール]
ひにん 避妊 contraception [コントラセプスィヨン] 女 / 〜具 contraceptif [コントラセプティーフ] 男, préservatif [プレゼルヴァティーフ] 男 / 〜薬 contraceptif 男 / 経口〜薬（ピル）pilule [ピリュール] 女 / 〜する avoir（または suivre）une contraception [アヴワール(スュイヴル) ユヌ コントゥラセプスィヨン] 〈avoir ①, suivre ④〉
ビネガー → す²
ビネグレット → ヴィネグレット
びねつ 微熱 → ねつ
ひねる 捻る → かいてん², ねじる
ピノ (ぶどう) pinot 男 / 〜・グリ pinot gris / 〜・ノワール pinot noir [ピノ ノワール] / 〜・ブラン pinot blanc / 〜・ムニエ pinot meunier ‖ 〜・デ・シャラント (酒精強化ワイン) pineau 男 des charentes [ピノ デ シャラーントゥ]
ひのこ 火の粉 flammèche [フラメーシュ] 女 / （火花）étincelle [エタンセール]
ひばな 火花 → ひのこ
ひばまた （海藻）fucus [フュキュス] 男 〈単複同形〉, goémon [ゴエモン] 男, 英 *bladder wrack*
ひばり 雲雀 alouette [アルウェートゥ] 女 / （料理用呼称）mauviette [モヴィエートゥ] 女, 英 *skylark*
ひび¹ (裂目) fissure [フィスュール] 女, fêlure [フェリュール] 女 / 〜割れる se fêler [ス フェレ] 代動59, se fissurer [ス フィスュレ] 代動59 ‖ （壁などの）lézarde [レザルドゥ] 女 / 〜割れる lézarder [レザルデ] ‖ （皮膚の）fissures [フィスュール ドゥラ ポ] ‖ （乾燥による木材などの）gerce [ジェールス] 女 / 〜割れる se gercer [ス ジェルセ] 代動 32 59
ひび² 日日 （毎日）chaque jour 男 [シャーク ジュール], tous les jours 男複 [トゥー ジュール] / 〜の journalier [ジュールナリエ] 男, journalière [ジュールナリエール] 〈女に〉/ （日常的に）quotidiennement [コティディエーヌマン] / 〜の quotidien,ne [コティディ・ヤン, エーヌ]
ひひょう 批評 critique [クリティーク] 女 / 〜家 critique 男女 / 美食〜 critique gastronomique [クリティーク ガストゥロノミーク] / 〜する critiquer [クリティケ]
びひん 備品 （家具など）ameublement [アムーブルマン] 男 / (設備) équipement [エキープマン] 男

ひふ 皮膚 peau [ポ] [女] 〈複 ~x〉/(表皮) épiderme [エピデールム] [男] ‖ ~科 dermatologie [デルマトロジ] [女] / ~科医 dermatologue [デルマトローグ] [男][女] / ~病 maladie [女] cutanée [マラディキュタネ]

ビフィズスきん ビフィズス菌 bifidus [ビフィデュース] [男]

ビフテキ → ステーキ

ピペラード (料理) piperade [ピペラードゥ] [女]

ひぼし 日干(の) séché,e au soleil [セシェ オ ソレーユ] / ~にする sécher au soleil [セシェ オ ソレーユ] 〈sécher 36〉

ひま 暇 (時間) temps [男] libre [タンリーブル], loisir [ルワズィール] [男] / (無為) désœuvrement [デズーヴルマン] [男] / ~な libre [リーブル] 〈男女同形〉/ (閑散) peu fréquenté,e [プー フレカンテ]

ひまご 曾孫 arrière-petit-fils [アリエール プティ フィース] [男] 〈複 ~~s~〉, arrière-petite-fille [アリエール プティトゥ フィーユ] [女] 〈複 ~~s~s〉/ (集合的) arrière-petits-enfants [アリエール プティ ザンファン] [男][複]

ひましゆ 蓖麻子油 huile [女] de ricin [ユイール ドゥ リサン]

ひまわり 向日葵 tournesol [トゥールヌソール] [男], 英 *sunflowr* / ~油 huile [女] de tournesol [ユイール ドゥ トゥールヌソール], 英 *sunflower oil*

ひまん 肥満 (肥満症) obésité [オベズィテ] [女] / (太り気味) embonpoint [アンボンプワン] [男] → ふとった

びみ 美味 → うまさ

ひみつ 秘密 secret [スクレー] [男] / ~の secret 〈英に〉, secrète [スクレートゥ] 〈女に〉 ‖ (神秘) mystère [ミステール] [男] / ~の mystérieux [ミステリユー] 〈男に〉, mystérieuse [ミステリユーズ] 〈女に〉 ‖ (秘法) arcane [アルカーヌ] [男] ‖ (内密の話) confidence [コンフィダーンス] [女] / ~の confidentiel,le [コンフィダンスィエール]

びみょう 微妙(な) (何とも言いがたい) indéfinissable [アンデフィニサーブル] 〈男女同形〉/ ~に indéfinissablement [アンデフィニサーブルマン] ‖ (細微な) subtil,e [スュプティール] / ~に subtilement [スュプティールマン] ‖ (繊細な) délicat,e [デリカ.トゥ] / ~に délicatement [デリカートゥマン]

ひめ 姫… → にんにく, ほたてがい, ます², りんご

ひめういきょう 姫ういきょう → キャラウェイ

ひめじ 比売知:ヒメジ科の魚 rouget [ルージェ] [男], 英 *goatfish*

ひめだい 姫鯛 (チビキ) vivaneau [男] himedai [ヴィヴァノ ヒメダイ] 〈複 ~x~〉, 英 *lavender jobfish*

ひも 紐 (梱包用) ficelle [フィセール] [女] / (飾り用など) cordon [コルドン] [男] / (靴, 犬の散歩用) lacet [男] / (貝の) barbe [バールブ] [女] / (細紐) bandelette [バンドゥレトゥ] [女] / ~状に, ~状の en vermicelle [アン ヴェルミセール] → いと, しばる, はずす

ひもじい affamé,e [アファメ] → くうふく

ひもの 干物 (魚) poisson [男] salé et séché [プワソーン サレエセシェ]

ビヤガーデン brasserie [女] en plein air servant principalement de la bière [ブラスリアン ブランネール セルヴァン プランスィパールマン ドゥラ ビエール]

ひゃく 百 cent [サン] [男] / ~の cent 〈男女同形〉(200～900は cents. ただし端数や mille を伴うと不変) / ~程度 centaine [サンテーヌ] [女] / ~番目の centième [サンティエーム] 〈男女同形〉/ ~分の1, ~番め centième [女]¹

ひゃくしょう 百姓 (軽蔑的な表現) paysan,ne [ペイザン, ヌ] [男] → のうみん

ひゃくねん 百年 cent ans [サンタン] [男][複] / ~祭 centenaire [サントゥネール] [男]

ひゃくぶんりつ 百分率 → パーセンテージ

ひゃくまん 百万 million [ミリヨン] [男] / ~分の1 un millionième [アン ミリヨニエーム] [男]

ひやけ 日焼 bronzage [ブロンザージュ] [男], †hâle [アール] [男] / ~止クリーム (オイル) crème [女] (huile [女]) solaire [クレーム (ユイール) ソレール] / ~用クリーム crème de bronzage [クレーム ドゥ ブロンザージュ] / ~した bronzé,e [ブロンゼ] / ~する se bronzer [スブロンゼ] 〈代動 59〉

ひやす 冷やす rafraîchir [ラフレシール] 4, refroidir [ルフルワディール] 4 / 冷やした rafraîchi,e [ラフレシ], refroidi,e

びょうき

［ルフルワーディ］／〜こと, 冷却 refroidissement［ルフルワディースマン］男, réfrigération［レフリジェラスィヨン］女‖（焼きあがったパンを）ressuer［レスュエ］／冷やした ressué,e［レスュエ］‖（氷などで）glacer［グラセ］32／冷やした glacé,e［グラセ］‖（ワインなどを氷で急に）frapper［フラペ］／冷やした frappé,e［フラペ］‖（冷蔵庫に入れる）…を… tenir...au froid［トゥニールオフロワ］〈tenir 47 備考〉（冷凍庫で型を冷やす）sangler［サーングレ］／冷やした sanglé,e［サーングレ］　→さます

ひゃっかじてん 百科事典 encyclopédie［アンスィクロペディ］女

ビヤホール brasserie 女 servant principalement de la bière［ブラスリ セルヴァン プランスィパールマン ドゥ ラ ビエール］

ひやむぎ 冷麦 vermicelles 男複 japonais［ヴェルミセール ジャポネ］

ビヤン・キュイ → ウェルダン

ひゆ 比喩・喩 → アマランサス

ビュイソン（茂み）buisson 男／アン・〜（盛付法）en buisson

ピュイ・ダムール（パイ）puits 男〈単複同形〉d'amour

ビューシュ・ド・ノエル（薪式クリスマスケーキ）bûche 女 de Noël［ビューシュ ドゥ ノエル］

ヒューズ（電気の）plomb［プロン］男, fusible［フュズィーブル］男

ビューニュ（菓子）bugne 女

ビューラー → カーラー

ビュシェ → ぼうぎり

ビュジェ（地方）Bugey 男固／〜風 à la mode de Bugey［アラモードゥドゥビュジェ］

ビュッシュ → ビューシュ・ド・ノエル

ビュッフェ（駅の）buffet［ビュフェ］男／（列車内の）voiture-bar［ヴワテュール バール］女 複〜s-〜s　→パーティ

ビュニェット（菓子）bunyètes または bunyettes［ビュニェートゥ］女複

ピュリニ・モンラッシェ（ワイン）puligny-montrachet 男

ピュレ（水分の少ない）purée 女／（水分の多い）coulis［クーリ］男〈単複同形〉,（英）purée／じゃが芋の〜 purée de pommes de terre［ピュレ ドゥ ポム ドゥ テール］／トマト〜 purée de tomate［ピュレ ドゥ トマートゥ］／〜・サン・ジェルマン purée Saint-Germain／〜・スービーズ purée Soubise／〜・ド・フォワ・グラ purée de foie gras［ピュレ ドゥ フワ グラー］／（アリゴ用のじゃが芋ベースの）matouille［マトゥーユ］女
　→クーリ, ポタージュ

ビュロ（ヨーロッパばいがい）bulot 男,（英）whelk

ひょう¹ 表（一覧表）table［ターブル］女, tableau［ターブロ］男 複〜x／（リスト）liste［リーストゥ］女／（グラフ）diagramme［ディヤグラーム］男‖運賃〜 tarif［タリフ］男／時刻〜 horaire［オレール］男／予定〜 emploi 男 du temps［アンプルワ ドュ タン］／料金〜 tableau des prix［ターブロ デ プリ］

ひょう² 雹 grêle［グレール］女／〜が降る grêler［グレレ］／〜が降っている il grêle［イル グレル］

ひよう 費用（出費）frais［フレー］男複, dépense［デパンス］女／〜のかかる coûteux［クートゥー］〈男に, 単複同形〉, coûteuse［クートゥーズ］〈女に〉／〜がかかる coûter［クーテ］　→りよう

びょう 秒 seconde［スゴーンドゥ］女

びよう 美容 soins 男複 de beauté［スワーン ドゥ ボテ］／〜院 salon 男 de coiffure［サロン ドゥ クワフュール］, salon de beauté［サロン ドゥ ボテ］‖〜師 coiffeur［クワフュール］男, coiffeuse［クワフューズ］女‖〜食（やせるための）régime 男 amaigrissant［レジーマ メグリサン］
　→エステ（ティック）, エステティシャン

びょういん 病院（公立）hôpital［オピタール］男〈複 hôpitaux［オピトー］〉,（俗語）hosteau［オスト］男〈複〜x〉／（私立病院または診療所）clinique［クリニーク］女／総合〜 polyclinique［ポリクリニーク］女／公立診療所 policlinique［ポリクリニーク］女／大学〜 hôpital universitaire［オピタール ユニヴェルスィテール］

ひゅうきゅう → きゅうきゅう

ひょうおんほぞん 氷温保存 conservation 女 par réfrigération［コンセルヴァスィヨン パール レフリジェラスィヨン］

ひょうか 評価 estimation［エスティマスィヨン］女, appréciation［アプレスィヤスィヨン］女／〜する estimer［エスティメ］／高く〜する apprécier［アプレスィエ］

びょうき 病気 maladie［マラディ］女／重い〜 maladie grave［マラディ グラー

ひょうけつ　　　　　　　　　　　　　　646

ウ］/軽い〜　maladie bénigne［マラディ ベニーニュ］/〜の　malade［マラードゥ］〈男女同形〉/〜が治る　guérir［ゲリール］ ④ /〜欠席　absence 囡 pour cause de maladie［アブサーンス プール コーズ ドゥ マラディ］/〜にかかる　tomber malade［トンベ マラードゥ］, attraper une maladie［アトゥラーペ ユヌ マラディ］/〜名　nom 男 de maladie［ノン ドゥ マラディ］/〜見舞をする　aller voir un（患者が女性の場合 une）malade［アレ ヴワール アン（ユヌ）マラードゥ］〈aller ⑥〉, rendre visite à un,e malade［ラーンドゥル ヴィズィートゥ ア アン, ユヌ マラードゥ］〈rendre ㊴〉
→ びょうしつ, びょうじょう, びょうにん, びょうれき

ひょうけつ　氷結 → こおる, れいとう
ひょうげん　表現　expression［エクスプレスィヨン］囡/〜する　exprimer［エクスプリメ］
びょうげんきん　病原菌 → きん²
ひょうこう　標高　altitude［アルティテュードゥ］囡
ひょうじ　表示（指示）indication［アンディカスィヨン］囡/〜する　indiquer［アンディケ］
ひょうしき　標識　signal［スィニャール］男〈複 signaux［スィニョ］〉/（総称）signalisation［スィニャリザスィヨン］囡/道路〜　signalisation routière［スィニャリザスィヨン ルーティエール］
ひょうしぎきり　拍子木切 → ぼうぎり
びょうしつ　病室　chambre 囡 de malade［シャーンブル ドゥ マラードゥ］
ひょうしょう　表彰　éloge 男 public des mérites［エロージュ ピュブリーク デ メリートゥ］/〜式　cérémonie 囡 de remise des prix［セレモニ ドゥ ルミーズ デ プリ］/〜状　diplôme d'honneur［ディプローム ドヌール］男 /〜する　faire l'éloge public［フェール レロージュ ピュブリーク］〈faire ㉑〉, décerner un honneur［デセルネ アンノヌール］
びょうじょう　病状　état 男 du malade［エタ デュ マラードゥ］
ひょうたん　瓢箪　calebasse［カルバース］囡, gourde［グールドゥ］囡,（英）calabash, gourd, bottle gourd
ひょうてん　氷点　point 男 de congélation［ブワン ドゥ コンジェラスィヨン］/〜下15度　quinze degrés 男複 au-des-

sous de zéro［カーンズ ドゥグレー オ ドゥスードゥ ゼロ］/（気温が）〜下15度だ　Il fait moins quinze.［イル フェ ムワン カンズ］
びょうにん　病人　malade［マラードゥ］男囡
ひょうはく　漂白　blanchiment［ブランシマン］男/〜する　blanchir［ブランシール］④
→ だっしょく
ひょうばん　評判　réputation［レピュタスィヨン］囡, renommée［ルノメ］囡, renom［ルノーン］男 /いい〜の　réputé,e［レピュテ］, renommé,e［ルノメ］||（名声）notoriété［ノトリエテ］囡
ひょうひ　表皮 → かわ¹
ひょうめん　表面　surface［スュルファース］囡, superficie［スュペールフィスィ］囡 /〜的な　superficiel,le［スュペールフィスィエール］/〜的に　superficiellement［スュペールフィスィエールマン］||（グリルした焼面）côté 男 grillé［コテ グリーエ］
びょうれき　病歴　antécédents 男複 médicaux［アンテセダン メディコ］
ひょうろん　評論（批評）critique［クリティーク］囡/〜家　critique 男囡 /料理〜　critique gastronomique［クリティーク ガストゥロノミーク］||（書評）compte-rendu［コーントゥ ランデュ］男〈複 〜s-〜s〉, recension［ルサンスィヨン］囡
ひよけ　日除　store［ストル］男 /（ブラインド扉）persienne［ペルスィエーヌ］囡/（自動車用）pare-soleil［パルソレーユ］男〈単複同形〉
ひよこ　雛 → ひな
ひよこまめ　雛豆（エジプト豆, ガルバンゾ）pois 男 chiche［ブワ シーシュ］〈複 〜-〜s〉: 料理では常に複数.（英）garbanzo
ひら　平: 魚　alose 囡 gracile［アローズ グラスィル］,（英）Chinese herring
ひらき　開き（間隔）distance［ディスターンス］囡/（ずれ）décalage［デカラージュ］男, écart［エカール］男/（干魚）poisson 男 ouvert saumuré et séché［プワソーン ウーヴェール ソミュレ エ セシェ］
ひらく　開く（貝の殻を）écailler［エカイエ］/開いた　écaillé,e［エカイエ］||（包を）dépaqueter［デパクテ］/（畳んであるものを）déplier［デープリエ］/（手紙などを）décacheter［デカシュテ］/（間隔をとる）écarter［エカルテ］/（店などが）ouvrir［ウーヴリール］㉙/（創設する）

créer[クレーエ], **fonder**[フォンデ]/(催す) **organiser**[オルガニゼ], **donner**[ドネ], **tenir**[トゥニール]⁴⁷〈備考〉/(花が)**s'ouvrir**[スーヴリール]代動²⁹⁵⁹‖開かれる(催される) **avoir lieu**[アヴワール リュー]〈**avoir** ①〉, **se tenir**[ストゥニール]代動⁴⁷〈備考〉⁵⁹ → **あける**¹

ひらたい 平たい → たいら

ひらたけ 平茸(オイスターマッシュルーム：シメジ科の茸) **pleurote**[プルロートゥ]男, 英 *oyster mushroom*

ひらなべ 平鍋 → なべ

ピラフ **pilaf**[ピラーフ]男, **pil(e)au** または **pilaw**[ピロ]男

ひらまさ 平政 **sériole**[セリヨール ヒラマサ]女 *hiramasa*, 英 *yellowtail amberjack, yellowtail kingfish*

ピラミッド (四角錐) **pyramide**[ピラミードゥ]女/〜形に **en pyramide**[アン ピラミードゥ]/〜形の **pyramidal,e**[ピラミダール], **pyramidaux**[ピラミド]男複に

ひらめ 平目 **cardeau**男 **hirame**[カルド ヒラメ]〈復〜x 〜〉, 英 *bastard halibut* → かれい, したびらめ

ひらめの種類

テュルボ(カレイ目の魚)
turbot男, 英 *turbot*
テュルボタン(小型のテュルボ)
turbotin男, 英 *chicken turbot*
バルビュ **barbue**女, 英 *brill*

ひらめく 閃く(考えなどが) **inspirer**[アンスピーレ]/ひらめきを受ける **inspirer**/…からひらめきを受けた **inspiré,e de...**[アンスピーレ ドゥ]

ひらや 平屋 **maison**女 **de plain-pied**[メゾン ドゥ プラン ピエ]

ビリ (チーズ) **billy**男

ビリオド **point**[プワン]男

ひりつ 比率 **proportion**[プロポルスィヨン]女, **rapport**[ラポール]男/(百分率) **pourcentage**[プールサンタージュ]男/3対2 **trois contre deux**[トゥルワ コントゥル ドゥー]

ぴりっとした **piquant,e**[ピカン, トゥ]

ビリ・ビ (ポタージュ) **billy-by** または **bilibi**男

ques[アーングレ シミーク]/有機〜 **engrais organiques**[アーングレ オルガニーク](堆肥) **fumier**[フュミエ]男

ひる 昼(昼間) **jour**[ジュール]男, **journée**[ジュルネ]女/〜寝 **sieste**[スィエーストゥ]女/〜寝をする **faire la sieste**[フェール ラ スィエーストゥ]〈**faire** ㉑〉/〜間に **dans la journée**[ダン ラ ジュルネ]/〜休み **repos**[ルポ]男〈単複同形〉(または **pause**女)**de midi**[ルポ(ポーズ) ドゥ ミディ]/真〜間に **en plein jour**[アン プラン ジュール] → じゅうにじ, ちゅうしょく

ピル → ひにん

ビル(ディング) **immeuble**[イムーブル]男, **building**/高層〜 **tour**[トゥール]女/超高層〜 **gratteciel** または **gratte-ciel**[グラトゥスィエール]男〈単複同形〉

ビルヴェーク (パン) **bierevecke** または **bireweck**男

ピルスナー (ビール) **pilsener**[ピルスネール]女

ピルゼン (ビール) **pilsen**女

ピルピル (料理) **pilpil**[ピールピール]男

ビルベリー → ブルーベリー

ヒレ → フィレ

ひれ 鰭(魚の) **nageoire**[ナジュワール]女/尾〜 **nageoire caudale**[ナジュワール コダール]/尻〜 **nageoire anale**[ナジュワール アナール]/背〜 **nageoire dorsale**[ナジュワール ドルサール]/腹〜 **nageoire ventrale**[ナジュワール ヴァントゥラール], **nageoire pelvienne**[ナジュワール ペルヴィエーヌ]/胸〜 **nageoire pectorale**[ナジュワール ペクトラール]‖〜を除く(エバルベする) **ébarber**[エバルベ]/〜を除いた **ébarbé,e**[エバルベ]
→ ふかひれ

ひれいした (…に)比例した **proportionné,e à...**[プロポルスィヨネ ア] → ひりつ

ピレネーさんみゃく ピレネー山脈 **les Pyrénées**[レ ピレネ]固女複/〜の **pyrénéen,ne**[ピレネ・アン, エーヌ]/〜風(à la) **pyrénéenne**[(アラ) ピレネエーヌ]

ピロ → ピロシキ

ひろい 広い(幅が) **large**[ラールジュ]〈男女同形〉/(空間が) **spacieux**[スパスィユー]男に, 単複同形, **spacieuse**[スパスィユーズ]〈女〉に/(面積が) **étendu,e**[エ

ひろいもの　拾い物　objet [男] trouvé [オブジェ トゥルーヴェ] /（もうけ物）aubaine [オベーヌ]

ひろう¹　拾う　ramasser [ラマセ] / タクシーを〜　arrêter un taxi [アレテ アン タクスィ]

ひろう²　疲労 → つかれ

ひろう³　披露（告知）annonce [アノーンス] [女] /〜する　annoncer [アノンセ] 32 → えんかい, はっぴょう

ビロード　（ベルベット）velours [ヴルール] [男]〈単複同形〉/ 本（絹）〜　velours de soie [ヴルール ドゥ スワー] / 綿〜　velours de coton [ヴルール ドゥ コトン] / 〜のような　velouté,e [ヴルーテ]

ピロギ → ピロシキ

ひろげる　広げる　élargir [エラルジール] 4 /（大きくする）agrandir [アグランディール] 4 /（畳んだものを）déplier [デープリエ] /（塗る）étaler [エタレ]

ひろさ　広さ　（幅）largeur [ラルジュール] [女] /（広がり）étendue [エタンデュ] [女] /（面積）surface [スュルファース] [女]

ピロシキ　（ロシアのパイ料理）pirojok [ピロジョーク] [男]〈複 pirojki [ピロシュキ], pierogues [ピローグ] [男複]

ひろば　広場　place [プラース] [女] /（大きな建物の前の）esplanade [エスプラナードゥ] [女] /（教会前の）parvis [パルヴィ] [男]〈単複同形〉

ひろま　広間　grande salle [女] [グラーンドゥ サール] → ホール

ピロン → すりこぎ, にわとり

びわ　枇杷　（実）nèfle [女] du Japon [ネーフル デュ ジャポン], loquat [ロカ] [男], 〈英〉loquat

ひん　品　distinction [ディスタンクスィヨン] [女] /〜のある　distingué,e [ディスタンゲ] /〜のない　vulgaire [ヴュルゲール] 〈男女同形〉, grossier [グロスィエ] [男に], grossière [グロスィエール] [女に]

びん¹　瓶　bouteille [ブーテーユ] [女] / ⋯ひと〜　une bouteille de... [ユヌ ブーテーユ ドゥ] ∥（油や酢を入れる卓上用小瓶）burette [ビュレートゥ] [女] /（香水などの栓付）flacon [フラコーン] [男] /（小ぶりのワイン用）clavelin [クラヴラン] [男] /（ロワールのワイン用小瓶）fillette [フィエートゥ] [女] /（ハーフボトル）demi-bouteille [ドゥミ ブーテーユ] [女] /（広口瓶）bocal [ボカール] [男]〈複 bocaux [ボコ]〉/（酢と油の双子瓶）guédoufle [ゲドゥーフル] [男] /（水薬などの）fiole [フィヨール] [女]

びん²　便　（列車やバスなどの運行）service [セルヴィス] [男] /（飛行機の）vol [ヴォール] [男]

ピン　（留め具）épingle [エパーングル] [女] / ヘア〜　épingle à cheveux [エパーングラ シュヴー] /〜で留める　épingler [エパーングレ]

ピンク　（色）rose [ローズ] [男] / サーモン〜　rose saumon [ローズ ソモン] /〜の rose〈男女同形〉, rosé,e / サーモン〜の rose saumon〈不変〉
→ こしょう¹

ひんけつ　貧血　anémie [アネミ] [女] / 脳〜　anémie cérébrale [アネミ セレブラール] [女] /〜症の人　anémié,e [アネミエ] [男女]

びんしき　瓶敷　dessous-de-bouteille [ドゥスー ドゥ ブーテーユ] [男]〈単複同形〉

ひんしつ　品質　qualité [カリテ] [女] / 〜のいい（悪い）de bonne (mauvaise) qualité [ドゥ ボーヌ (モヴェーズ) カリテ]

ひんしゅ　品種　race [ラース] [女] /（属の下位分類）espèce [エスペス] [女]

ピンセット　pincette [パンセットゥ] [女] /（小物用）brucelles [ブリュセール] [女複]

びんちょうまぐろ　鬢長鮪 → まぐろ

ピンチョス　（一口サイズの料理）〈西〉pinchos [男複]

びんづめ　瓶詰　（作業）mise en bouteille [ミザン ブーテーユ] /（製品）conserve [コンセールヴ] [女] /〜の… … en bocal [アン ボカール]

ビンテージ → ヴィンテージ

ピント　（焦点距離）focus [フォキュス] [男]〈単複同形〉/（カメラの）〜を合せる régler la distance [レーグレ ラ ディスターンス]〈régler 36〉

ぴんと　（まっすぐに）droit,e [ドゥルワー, トゥ] /（緊張して）tendu,e [タンデュ]

びんながまぐろ　鬢長鮪 → まぐろ

ひんぱん　頻繁（な）fréquent,e [フレカーン, トゥ], fréquemment [フレカマン], très souvent [トゥレ スーヴァン]

ひんぴょうかい　品評会 → コンクール, てんじ

びんぼう 貧乏(な) → まずしい
ピンぼけの flou,e [フルー] 〈男複には flous〉
ひんもく 品目 genre [ジャーンル] 囡 des articles [デ ザルティークル] /(項目) article [アルティークル] 男
びんろう 檳榔(実) (noix 囡 d')arec [アレーク (ヌワー ダレーク)] 男, 英 betel nut

ふ

ふ 麩 pâte 囡 légère de gluten de blé [パートゥ レジェール ドゥ グリュテーヌ ドゥ ブレー]
ぶ 部 (会社の) service [セルヴィス] 男/(書類などの単位として) exemplaire [エグザンプレール] 男
→ ぶぶん
ファーストフード fast food [ファーストゥ フードゥ] 男/〜店 fast food /〜会社 restauration 囡 rapide [レストラスィヨン ラピードゥ]
ファイバー 〜スコープ fibroscope [フィブロスコープ] 男, 英 fiber scope → せんよう
ファイル fichier [フィシエ] 男/添付〜 fichier joint [フィシエ ジュワーン]
ファクス télécopie [テレコピ] 囡
ファスナー fermeture 囡 à glissière [フェルムテューラ グリスィエール], fermeture éclair [フェルムテュークレール]
ファッション mode [モードゥ] 囡, vogue [ヴォーグ] 囡 → デザイナー, モデル
ファティゲ fatigue 〈ドレッシングで和える〉 fatiguer /〜した fatigué,e
ファファル (漬汁) fafaru 男
ファリーヌ → こむぎこ
ファリヴォル (揚菓子) farivolles [ファリヴォール] 囡複
ファリグール farigoule 囡 → セルポレ
ファリナード (パンケーキ) farinade [ファリナードゥ] 囡
ファリネ (打粉をする) fariner
ファリネット (オムレツ) farinette [ファリネトゥ] 囡
ファルシ (料理) farci [ファルスィ] 男/(詰物をした) farci,e [ファルスィ] /シュー・〜 chou 男 farci [シュー ファルスィ] 〈複 〜x〜s〉
ファルス → つめもの, つめる, ムスリーヌ
ファルスマン (料理) farcement 男
ファルソン (料理) farçon 男
ファルファッレ (小パスタ) 伊 farfalle 囡複
ファレ (ロールキャベツ) farée 囡
ファン (愛好者) admirateur [アドミラトゥール] 男, admiratrice [アドミラトゥリース] 囡, fan [ファン] 男
ファンシェット (ケーキ) fanchette [ファンシェートゥ] 囡
ファンショネット (ケーキ) fanchonnette [ファンショネットゥ] 囡
ファンタジー fantaisie [ファンテズィ] 囡
ファンタスティック(な) fantastique [ファンタスティーク] 男女同形
ファンデーション (化粧品) fond 男 de teint [フォンドゥ タン]
ブイアイピー → ビップ
ふあん 不安(な) inquiet [アンキエ] 男に, inquiète [アンキエートゥ] 〈囡に〉
フィアドーネ (タルト) fiadone [フィヤドーネ] 男
ブイイ (粥) bouillie [ブーイー] 囡/(ゆで肉) bouilli [ブーイー] 男
ブイイナード (料理) bouillinade [ブーイナードゥ] 囡
フィーヌ・シャンパーニュ (コニャック) fine champagne 囡
フィーヌゼルブ (香草) fines herbes 囡複
フィーネ (マルサラ酒) 伊 fine 男
ブイイ・フュイセ (ワイン) pouilly-fuissé [プーイー フュイーセ] 男
ブイイ・フュメ (ワイン) pouilly-fumé [プーイー フュメ] 男
フィガテロ (ソーセージ) figatello 男
フィガリ (ワイン) figari 男
フィクサン (ワイン) fixin 男
フィゲット (飲物) figuette [フィゲートゥ] 囡
フィズ fizz [フィーズ] 男, 英 fizz /ジン〜 gin 男 fizz
フィスレ (紐かけ) → しばる
フィセル (細切の肉) ficelle [フィセール] 囡/牛の〜風 bœuf à la ficelle [ブーファラ フィセール] → いと, パン
フィッシュ・アンド・チプス 英 fish &

フィットする（よく合う）aller bien [アレビヤーン]〈aller ⑥〉, s'ajuster [サジュステ]代動59

フィデリーニ（パスタ）fidel(l)ini 男複 → フェデリーニ

フィトゥー（ワイン）fitou 男

フィナンシエ（バターケーキ）financier [フィナンスィエ] 男 ／〜生地 pâte à financier [パタ フィナンスィエ]

フィナンシエール（風）（à la) financière [(アラ) フィナンスィエール]

フィノ（シェリー酒）fino 男

ブイヤベース（料理）bouillabaisse 女

フイヤンティーヌ（パイ菓子）feuillantine 女

フイユタージュ → おりこみパイきじ

フイユテ（菓子，料理）feuilleté 男

ブイユテュール（料理）bouilleture 女

ブイヨナード（鍋物）bouillonnade [ブヨナードゥ] 女

ブイヨン（出し汁）bouillon [ブーヨン] 男, consommé 男 blanc [コンソメ ブラン], 英 *bouillon, broth, stock* ／〜キューブ tablette 女 de bouillon [タブレットゥ ドゥ ブーヨン] ／肉の〜 bouillon gras [ブーヨン グラー], 英 *meat bouillon, meat stock* ／野菜の〜 bouillon maigre [ブーヨン メーグル], 英 *vegetables bouillon, vegetable stock* ／チキン〜 bouillon de volaille [ブーヨン ドゥ ヴォラーユ], 英 *chiken bouillon, chiken stock* → スプン

フィリング 英 filling → ぐ, つめもの

フィルター filtre [フィールトゥル] 男 → こす[2]

フィルム（写真用）pellicule [ペリキュール] 女 ／カラー（白黒）〜 pellicule couleur (noir et blanc) [ペリキュール クールール (ヌワーレ ブラン)] ／（映画用）film [フィールム] 男 → しんくう, ラップしん

フィレ（牛, 豚などの）filet 男, 英 *fillet, tenderloin* ／〜ミニョン filet mignon, 英 *fillet mignon* ／〜肉を切り出す fileter [フィルテ]⑤‖（円筒形に整形した肉）noisette [ヌワゼートゥ] 女, 英 *noisette* ／（厚さ2cmの牛フィレ肉）tournedos [トゥールヌド] 男〈単複同形〉, 英 *tournedos* ／（魚の身）filet, 英 *fillet*

フィレンツェ（都市）Florence [フロランス] 固 ／〜の florentin,e [フロラン

タン, ティーヌ] ／〜風 (à la) florentine [(アラ) フロランティーヌ]

フィロキセラ（寄生虫）phylloxéra [フィロクセラ] 男

フィロクセラ → フィロキセラ

フィンガービスケット（レディースフィンガー）biscuit à la cuiller [ビスキュイ アラキュイエール], 英 *finger*

フィンガーボール rince-doigts [ラーンスドゥワー] 男〈単複同形〉

フィンランド Finlande [ファンラーンドゥ] 固 ／〜人 Finlandais,e [ファンランデ, ーズ] 男女〈男は単複同形〉／〜語 finlandais [ファンランデ] ／〜の finlandais,e〈男には単複同形〉／〜風 (à la) finlandaise [(アラ) ファンランデーズ]

ふう …風（様式や型）modèle… [モデール], style [スティール] 男‖（仕方）façon 女 de… [ファソーン ドゥ] ／（料理表現）«à la façon + 女性形単数形容詞»:façon または女性形単数を省略することが多い, 英 «*in the style of* + 地名など» ／リヨン〜 à la façon lyonnaise [アラ ファソーン リヨネーズ], à la lyonnaise [アラ リヨネーズ], lyonnaise [リヨネーズ] ／《用例は少ないが «à la mode de + 地名» とすることもある》カン〜 à la mode de Caen [アラ モードゥ ドゥカン]

ブーイナーダ（スープ）b(o)ullinada 女

ブーイヤード（調味料）bouillade [ブーイヤードゥ] 女

ブーカ（チュニジアの蒸留酒）boukha 女

フーガス（パン）fougasse または fougace 女

フーガセート（パン）fougassette [フーガセットゥ] 女

ブークティエール（風）(à la) bouquetière [(アラ) ブークティエール]

ブーグラ（スープ）bougras 男〈単複同形〉

ブーケ[1] 〜・ガルニ（香草の束）bouquet garni ／〜・サンプル（パセリの束）bouquet simple → たば, はな[1]

ブーケ[2]（ワインの香り）bouquet 男 ／〜のある bouqueté,e [ブークテ]

ふうけい 風景 → ながめ

ブーシェ（小バイ料理）bouchée 女 ／〜・ア・ラ・レーヌ bouchée à la reine

ブーシェール → にくや
ブーシャレス (bouchalès) 男〈単複同形〉，(英)*bouchalès*
ブーション → レストラン
ふうしん 風疹 rubéole [リュベオール] 女
プース・カフェ → ディジェスティフ
ふうぞく 風俗 (風習) mœurs [ムール(ス)] 女複/(社会のしきたり) coutume [クーテューム] 女/〜営業 affaires 女複 de plaisirs [アフェール ドゥ プレズィール]
ブーダン (ソーセージ) boudin 男，(英) *sausage*/〜・ノワール (黒〜) boudin noir [ブーダン ヌワール]，(英) *black pudding, blood sausage*/〜・ブラン (白〜) boudin blanc，(英) *white pudding*
ブーツ (長靴) bottes [ボートゥ] 女複/(ショート，ハーフ) bottines [ボティーヌ] 女複
ふうど 風土 climat [クリーマ] 男
ふうとう 封筒 enveloppe [アンヴロープ] 女
フードカッター cutter [キュテール] 男, robo [ロボ] 男, robo-coupe [ロボクープ] 男〈複 〜x-〜〉：商品名, *food processor*/〜にかける passer au cutter [パセ オ キュテール] → ミキサー
フードプロセッサー → フードカッター
プードル・ダマンド → アーモンド
ブーニェット (揚菓子) bougnette [ブーニェートゥ] 女/(料理) bougnette de Castres [ブーニェートゥ ドゥ カーストル]
ふうふ 夫婦 → ふさい
ふうふうする (息を吹きかける) souffler [スーフレ]
プープトン (料理) poupeton 男
プープラン (シュークリーム) poupel(a)in 男
ふうみ 風味 saveur [サヴール] 女, sapidité [サピディテ] 女/〜のある savoureux [サヴールー]〈女に，単複同形〉, *savoureuse* [サヴールーズ]〈女に〉, sapide [サピードゥ]〈男女同形〉/〜のない fade [ファードゥ]〈男女同形〉 → [囲み]
ブーム (人気) boom 男
ブーラーシュ (ボリジ：香草) bourrache 女, *borage*
プーラルド → にわとり
ブーランジェ (パン職人) → パン
ブーランジェール(風) (à la) boulangère [(ア ラ) ブーランジェール] → ポム

メニューの中の「…風味」

…風味を加えた○○，…風味の○○
例) ヴァニラ風味のクリーム

• «à + 定冠詞 + 名詞»
crème à la vanille [クレーマ ラ ヴァニーユ]：«à + 定冠詞»は，名詞が男単の場合 au (例 au café)，複の場合 aux (例 aux légumes) と変化する

• «à la saveur de + 名詞»
crème à la saveur de vanille [クレーマ ラ サヴール ドゥ ヴァニーユ]

• «au parfum de + 名詞»
crème au parfum de vanille [クレーム オ パルファン ドゥ ヴァニーユ]

• 形容詞化した動詞の過去分詞を○○の性・数に一致させる
crème vanillée [クレーム ヴァニエ]

• 「香り付けする」の意味の動詞 parfumer の過去分詞を形容詞化させて「ヴァニラで香り付けされたクリーム」にする
crème parfumée de vanille [クレーム パルフュメ ドゥ ヴァニーユ]

ブーリド (料理) bourride [ブーリードゥ] 女
プーリニ・サン・ピエール (チーズ) pouligny saint-pierre 男
ブール 〜・カフェ・ド・パリ beurre 男 Café de Paris [ブール カフェ ドゥ パリ]/〜・マニエ beurre manié/〜・ノワゼット beurre noisette [ブール ヌワゼートゥ]/〜・コンポゼ beurre composé/〜・ド・モンプリエ beurre de Montpellier [ブール ドゥ モーンプリエ]/〜・ノワール beurre noir [ブール ヌワール]/〜・ブラン beurre blanc → バター，パン
プール piscine [ピスィーヌ] 女/屋内〜 piscine couverte [ピスィーヌ クーヴェールトゥ]
ブールグイユ (ワイン) bourgueil [ブールグーユ] 男
プールサール (ぶどう) poulsard 男
ブールサン (チーズ) boursin 男
フールシェット (鶏の三角骨) fourchette [フールシェートゥ] 女 → フォーク
ブールソ (チーズ) boursault 男
ブールダルー (デザート) bourdaloue 男

ブール・ド・ネージュ（ケーキ）boule-de-neige[ブール ドゥ ネージュ]女/複〜s-〜-〜)

ブール・ド・リル（チーズ）boule 女 de lille[ブール ドゥ リール]

ブールドロ（パイ菓子）bourdelot[ブールドゥロ]

ブールブーラン（ぶどう）bourboulenc 男

フールム（チーズ）fourme 女/〜・ダンベール fourme d'ambert

ブーレ → シロップ

プーレ → にわとり

ブーレット（だんご）boulette[ブーレットゥ]女 ‖（チーズ）boulette 女/〜・ド・ラ・ピエール・キ・ヴィール（チーズ）boulette de la pierre-qui-vire[ブーレットゥ ドゥラ ピエール キ ヴィール]

プーレット(風)（à la）poulette[(ア ラ) プーレットゥ] / ソース・〜 sauce 女 poulette[ソース プーレットゥ] → にわとり

ブーロネ（地方）Boulonnais 固男/〜の boulonnais,e[ブーロネ,ーズ]〈男には単複同形〉/〜風（à la）boulonnaise[(ア ラ) ブーロネーズ]

プーロ・ポ（煮込）poule 女 au pot

フェ → あわだてき

フェア → はくらんかい

ふえいせい 不衛生 → えいせい[1]

フェカン（町）Fécamp 固/〜の fécampois,e[フェカンプワ,ーズ]〈男には単複同形〉/〜風（à la）fécampoise[(ア ラ) フェカンプワーズ]

フェキュール（天然の澱粉）→ でんぷん

フェスティヴァル festival 男〈複〜s〉

フェタ（ギリシアのチーズ）feta 男

フェットゥッチーネ（パスタ）伊 fettuccine 女複

フェデリーニ（パスタ）伊 fedel(l)ini 男複

フェニュグリーク（香辛料）fenugrec[フェニュグリーク]男, trigonelle[トゥリゴネール]女, 英 fenugreek

ふえふきだい 笛吹鯛 dorade 女 fuefuki[ドラードゥ フエフキ], 英 emperor fish

フェラ（魚）féra 女, 英 common whitefish

フェリー ferry-boat[フェリ ボートゥ]男〈複〜-〜s〉/（渡船）bac[バーク]男

ふえる 増える（量が）augmenter[オグマンテ], s'accroître[サクルワートゥル]代動 12〈備考〉59/（数が）se multiplier[ス ミュルティプリエ]代動 59/（拡張）s'accroître

フェルト feutre[フートゥル]男 → ペン

フェルミエ（チーズ）fermier 男

フェンネル フローレンス〜 fenouil 男 de Florence[フヌーユ ドゥ フロランス], 英 Florence fennel
→ フヌイユ

フォイルカッター（ワイン瓶口を包んだフォイル用）coupe-capsule[クープ カプスュール]男〈複〜-〜s〉, 英 foilcutter

フォーク fourchette[フールシェートゥ]女

フォークの種類

エスカルゴフォーク fourchette à escargot[フールシェタ エスカルゴ]

オイスターフォーク fourchette à huître[フールシェタ ユイートゥル]

ケーキフォーク fourchette à gâteau[フールシェタ ガト]

サーヴィス用フォーク fourchette 女 à service[フールシェタ セルヴィス]

テーブルフォーク（肉用）fourchette de table[フールシェトゥ ドゥ ターブル]

デザートフォーク fourchette à dessert[フールシェタ デセール]

フィッシュフォーク fourchette à poisson[フールシェタ プワソン]

フルーツフォーク fourchette à fruit[フールシェタ フリュイー]

ボンボンチョコレート被膜用フォーク bague[バーグ]女, broche 女 à tremper[ブローシャ トゥランペ]

ミートフォーク（調理用）fourchette de cuisine[フールシェートゥ ドゥ キュイズィーヌ]

フォースラベル（第4ランクのワイン）quatrième étiquette 女[カトゥリエーメ ティケートゥ]

フォーマル(な)（儀礼的な）cérémonieux[セレモニュー]〈男に, 単複同形〉, cérémonieuse[セレモニューズ]〈女に〉 → こうしき, せいそう[1], ディナー, パーティ

フォル・ブランシュ（ぶどう）folle blanche[フォール ブランシュ]女

フォレ（地方）Forez 固 男/〜の

forézien,ne [フォレズィ・ヤン, エーヌ] /～風 (à la) forézienne [(ア ラ) フォレズィエンヌ]
フォレスティエール(風) → しんりんふう
フォレ・ノワール (ケーキ) gâteau ⟨~x⟩ de la Forêt-Noire [ガトー ドゥ ラ フォレ ヌワール] 男
フォワ[1] (地方) Foix [フワー] 男固 /～の fuxéen,ne [フュクセ・アン, エーヌ] /～風 à la Foix [ア ラ フワー], (à la) fuxéenne [(ア ラ) フュクセエンヌ]
フォワ[2] → しらもも, レバー
フォワ・グラ (料理) foie gras [フワー グラー] ⟨複～s～⟩, 英 foie gras /トリュフ入り～ foie gras truffé [フワー グラー トゥリュ フェ] /鴨の～ foie gras de canard [フワー グラー ドゥ カナール] /鵞鳥の～ foie gras d'oie [フワー グラー ドゥワー] → パルフェ
フォワヨ(風) Foyot [フワーヨ]
フォン (出し汁, スープストック) fond 男, stock 男 /仔牛の～, ～・ド・ヴォ fond de veau [フォン ドゥ ヴォ] /仔牛の茶色い～, ～・ブラン・ド・ヴォ fond brun de veau [フォン ブラン ドゥ ヴォ] /仔羊の～, ～・ダニョ fond d'agneau /ジビエの～, ～・ド・ジビエ fond de gibier [フォン ドゥ ジビエ] /鶏の～, ～・ド・ヴォライユ fond de volaille [フォン ドゥ ヴォラーユ] /魚の～, ～・ド・ポワソン fond de poisson [フォン ドゥ ポワソン] /(茶色い)～・ブラン fond brun /(白い)～・ブラン fond blanc
フォンセきじ フォンセ生地 pâte à foncer [パタ フォンセ]
フォンダン (ケーキ, 糖衣, ボンボン, 柔らかく煮た料理) fondant 男
フォンタンジュ(風) Fontanges [フォンタンジュ]
フォンダント → ポム
フォンテーヌ (泉) fontaine 女
フォンデュ (料理または煮溶かした野菜) fondue 女 /チーズ～ fondue au fromage [フォンデュ オ フロマージュ] /オイル～ fondue bourguignonne [フォンデュ ブールギニョンヌ] /トマト～ fondue de tomate [フォンデュ ドゥ トマトゥ], tomate 女 fondue [トマトゥ フォンデュ] → なべ
フォント (文字の) fonte [フォーントゥ] 女 /(文字の大きさ) série 女 typographique [セリ ティポグラフィーク]
フォントネル(風) Fontenelle [フォンテネール]

フォン・ナポリタン (生地) fond 男 napolitain
ぶか 部下 subordonné,e [スュボルドネ] 男女, inférieur,e [アンフェリユール] 男女
ふかい 深い profond,e [プロフォーン, プロフォーンドゥ] /深く profondément [プロフォンデマン]
ぶがいしゃ 部外者 étranger [エトランジェ] 男, étrangère [エトランジェール] 女
ふかさ 深さ profondeur [プロフォンドゥール] 女
ふかざけ 深酒 ～をする boire trop [ブワール トゥロー] ⟨boire ⑩⟩
ふかざら 深皿 → さら
ふかす 蒸す → むす
ブカティーニ (パスタ) 伊 bucatini 男複
ふかのう 不可能(な) impossible [アンポスィーブル] ⟨男女同形⟩ /実現～ irréalisable [イレアリザーブル] ⟨男女同形⟩
ふかひれ 鱶鰭 aileron 男 de requin [エルロン ドゥ ルカン]
ふかみどり 深緑 vert 男 foncé [ヴェール フォンセ] /～色の vert foncé ⟨不変⟩
ふかんぜん 不完全(な) incomplet [アンコーンプレ] ⟨男に⟩, incomplète [アンコンプレートゥ] ⟨女に⟩ → ねんしょう
ふき 蕗 pétasite [ペタズィートゥ] 男, 英 butterbur /～のとう bouton 男 de pétasite [ブートン ドゥ ペタズィートゥ], 英 butterbur scape
ふきあめ 吹飴 → あめ[2]
ふきかえ 吹替 (映画の) doublage [ドゥーブラージュ] 男
ふきけす 吹消す souffler [スーフレ]
ふきげん 不機嫌(な) → きぶん
ふきこぼれる 吹零れる → こぼれる
ふきそく 不規則(な) irrégulier [イレギュリエ] ⟨男に⟩, irrégulière [イレギュリエール] ⟨女に⟩, inégal,e [イネガール] 男女, inégaux [イネゴ] ⟨男複に⟩
ふきつけ 吹付 pulverisation [ピュルヴェリザスィヨン] 女 /製菓用～器 pistolet [ピストレ] 男 ‖ ～る (スプレーなどで) pulvériser [ピュルヴェリゼ] /(雨風などが) battre [バートル] ⑨
ふきでもの 吹出物 bouton [ブートン] 男
ふきとる 拭取る → ふく[2]
ふきょう 不況 (沈滞) dépression [デ

ぶきよう　不器用・無器用(な)　maladroit,*e* [マラドゥルワー, トゥ]

ふきん　布巾　torchon [トルション] 男／(グラス用) essuie-verres [エスュイ ヴェール] 男〈単複同形〉

ふく¹　服　vêtement [ヴェートゥマン] 男, habit [アビ] 男／(衣装) costume [コステューム] 男／(服装) tenue [トゥニュ] 女

ふく²　拭く　essuyer [エスュイエ] 31／(自分の身体を) s'essuyer [セスュイエ] 代動 31 59／(スポンジで) éponger [エポンジェ] 3

ふく³　副…　vice- [ヴィース], sous- [スー]／〜社長　vice-président,*e* [ヴィース プレズィダン, トゥ] 男女〈男複 〜-*s*, 女複 〜-*es*〉／〜支配人　sous-directeur [スー ディレクトゥール] 男〈複 〜-*s*〉, sous-directrice [スー ディレクトゥリース] 女〈複 〜-*s*〉　→コック¹

ふぐ　河豚　poisson-globe [ブワソーン グローブ] 男〈複 〜-*s*〉, tétrodon [テトゥロドーン] 男, (英) *globefish* (箱河豚) poisson-coffre [プワソーン コーフル] 男〈複 〜-*s*〜*s*〉, (英) *boxfish*, *trunkfish* (虎河豚) tétrodon 52／torafugu [トゥロドーン トラフグ] 男, (英) *tiger puffer*

ふくごう　複合(の)　complexe [コンプレークス] (男女同形)　→かこ

ふくざつ　複雑(な)　compliqué,*e* [コンプリーケ], complexe [コンプレークス] (男女同形)／(入組んだ) embrouillé,*e* [アンブルーイエ]

ふくさよう　副作用　effet 男 secondaire [エフェスゴンデール]

ふくさんぶつ　副産物　sous-produit [スープロデュイ] 男〈複 〜-*s*〜*s*〉, produit 男 dérivé [プロデュイ デリヴェ]

ふくし　副詞　adverbe [アドゥヴェールブ] 男／関係〜　adverbe relatif [アドゥヴェールブ ルラティーフ]／句　locution adverbiale [ロキュスィヨン アドゥヴェルビヤール]／〜節　proposition 女 adverbiale [プロポズィスィヨン アドゥヴェルビヤール]／〜の　adverbial,*e* [アドゥヴェルビヤール], adverbiaux [アドゥヴェルビヨ] (男複に)

ふくしゃ¹　輻射　radiation [ラディヤスィヨン] 女／〜熱　chaleur 女 radiante [シャルール ラディヤーントゥ]

ふくしゃ²　複写 →コピー

ふくしょう　副賞　prix supplémentaire [プリー スュプレマンテール]

ふくしょく　副食　nourriture 女 subsidiaire [ヌーリテュール スュプスィディエール]

ふくじん　副腎　surrénales [スュレナール] 女複　→ホルモン¹

ふくすう　複数　pluriel [プリュリエール] 男／〜の　plusieurs [プリュズィユール] (不変 複に)

ふくそう　服装　tenue [トゥニュ] 女／(女性の) toilette [トゥワレートゥ] 女

ふくつう　腹痛　mal 男 de ventre [マール ドゥ ヴァーントゥル]／(差込) coliques [コリーク] 女複
→いたい

ブクティエール　→ブークティエール(風)

ふくぶ　腹部　abdomen [アブドメーヌ] 男, ventre [ヴァーントゥル] 男／〜の　abdominal,*e* [アブドミナール], abdominaux [アブドミノ] (男複に)
→うし, こうし¹

ふくまく　腹膜　péritoine [ペリトゥワーヌ] 男／〜炎　péritonite [ペリトニートゥ] 女／(食肉) ratelle [ラテール] 女

ふくませる　含ませる　→しみこませる

ふくむ　含む　comprendre [コンプラーンドゥル] 37, contenir [コントゥニール] 47, inclure [アンクリュール] 52／含んだ　compris,*e* [コンプリ, ーズ], inclu,*e* [アーンクリュ]／税とサービス料は料金に含まれている　La taxe et le service sont compris dans le tarif. [ラ タークス エル セルヴィス ソン コーンプリ ダン ル タリフ]

ふくらしこ　膨らし粉　→ベーキングパウダー

ふくらませる　膨らませる　gonfler [ゴーンフレ]／膨らませた　gonflé,*e* [ゴーンフレ]‖(膨張させる) dilater [ディラテ]‖(鶏などに詰物をして) étoffer [エトフェ]／膨らませた　étoffé,*e* [エトフェ]

ふくらむ　膨らむ　gonfler [ゴーンフレ], se gonfler [ス ゴーンフレ] 代動 59‖(醗酵で) lever [ルヴェ] 5／膨らんだ　levé,*e* [ルヴェ]‖(膨張する) se dilater [ス ディラテ] 代動 59‖(大きくなる) grossir [グロスィール] 4

ふくりょうりちょう　副料理長　→コック¹

ふくれる　膨れる　→ふくらむ

ふくろ　袋　sac [サーク] 男／買物〜

sac à provisions [サカ プロヴィズィヨン] / ビニール～ sac plastique [サック プラスティーク] / (小袋) sachet [サシェ] 男 / レジ～ sachet plastique [サシェ プラスティーク] / (単位) paquet [パケ] 男 / 飴1～ un paquet de bonbons [アン パケ ドゥ ボンボン]

ふくろこうじ 袋小路 → とおり²

ふくろたけ 袋茸 volvaire [ヴォルヴェール] 女, 英 *paddy straw mushroom*

ふけ 雲脂・頭垢 pellicules [ペリキュール] 女複

ふけいき 不景気 → ふきょう

ふけつ 不潔(な) sale [サール] 〈男女同形〉, malpropre [マルプロープル] 〈男女同形〉 / (不純な) impur,e [アンピュール]

ふけんこう 不健康(な) (不衛生な) insalubre [アンサリューブル] 〈男女同形〉 / (病的な) morbide [モルビードゥ] 〈男女同形〉 / (身体に悪い) malsain,e [マル・サン,セーヌ]

ふこう 不幸(不幸せ) malheur [マルール] 男 / ～な malheureux [マルルー] 〈男に, 単複同形〉, malheureuse [マルルーズ] 〈女に〉 / ～にも malheureusement [マルルーズマン]

ふごうかくになる 不合格になる (試験で) échouer [エシュエ] / (しくじる) rater [ラテ]

ふこうへい 不公平(な) partial,e [パルスィヤール], partiaux [パルスィヨ] 〈男複に〉 ‖ (不公正な) injuste [アンジューストゥ] 〈男女同形〉

ふさ (球状)†houppe [ウープ] 女 / (カーテン用の飾) frange [フランジュ] 女 / (ぶどう) grappe [グラープ] 女 / (バナナ) régime [レジーム] 男 / (柑橘(かんきつ)類の房の中身) quartier [カルティエ] 男

ふさい 夫妻(夫婦) couple [クーブル] 男, époux [エプー] 男複 / …夫妻 Monsieur et Madame... [ムスュー エ マダーム]

ふさいく 不細工(な) mal fait,e [マル フェ,トゥ]

ふさく 不作 mauvaise récolte 女 [モヴェーズ レコールトゥ] / (穀物の) mauvaise moisson 女 [モヴェーズ ムワソン]

ふさぐ 塞ぐ (開口部を物で) boucher [ブーシェ] / 塞いだ, 塞がった bouché,e [ブーシェ] ‖ (道や水路を) barrer [バレ] / 塞いだ, 塞がった barré,e [バレ] ‖ (割目を) colmater [コルマテ] / (場所を) encombrer [アンコーンブレ] / (埋める) combrer [コーンブレ]

ふさすぐり 房酸塊 → グロゼイユ

ぶさほう 不作法・無作法 → しつれい, ひん

ブザンソン (都市) Besançon 固 / ～の bisontin,e [ビゾン・タン,ティーヌ] / ～風(à la) bisontine [(アラ) ビゾンティーヌ]

フザンデ → じゅくせい

ふし 節 → かんせつ¹

ふじ 藤 glycine [グリスィーヌ] 女

ぶじ 無事(に) (支障なく) sans problème [サン プロブレーム] / (つつがなく) sain et sauf [サン エ ソーフ] / どうぞご～で (旅に出る人に) Bon voyage. [ボン ヴワヤージュ]

ふじいろ 藤色 → むらさき

ふじつぼ 富士壺 balane [バラーヌ] 女, 英 *barnacle*

フシッリ (パスタ) 伊 fusilli 男複

ふじまめ 藤豆 dolic または dolique [ドリーク] 男, 英 *hyacinth bean*

ふじゅうぶん 不十分(な) insuffisant,e [アンスュフィザン,トゥ]

ぶしゅかん 仏手柑 cédrat 男 main de Bouddha [セードゥラ マン ドゥ ブーダ], 英 *fingered citron, Buddha's Hand Citron*

ふじゅんぶつ 不純物 impureté [アンピュールテ] 女

ぶしょ 部署 poste [ポーストゥ] 男

ぶしょう 無精・不精 → なまけもの

ブショネ (ワインが傷んだ) bouchonné,e

ふじん¹ 婦人 ～科 gynécologie [ジネコロジ] 女 → けいかん, じょせい

ふじん² 婦人 femme [ファーム] 女, épouse [エプーズ] 女 / …～ Madame... [マダーム]

ふしんせつ 不親切(な) désobligeant,e [デゾブリジャン,トゥ]

ふすま (小麦の殻と胚芽) son [ソン] 男, 英 *bran* / 粗い～ bran [ブラーン] 男 → パン

ふせいかく 不正確(な) inexact,e [イネグザクトゥ], imprécis,e [アンプレスィ,ーズ] 〈男には単複同形〉, incorrect,e [アンコレクトゥ]

ふせぐ 防ぐ(守る) défendre [デファ

ふそく　不足（不十分）insuffisance [アンスュフィザンス] 囡 ‖（欠乏）manque [マーンク] 男／～する manquer [マンケ]

ふた　蓋（容器の）couvercle [クーヴェールクル] 男／～をする mettre le couvercle [メートゥル ル クーヴェールクル]〈mettre ㉖〉, recouvrir [ルクーヴリール] ㉙／～を取る découvrir [デクーヴリール] ㉙／～をして à couvert [アクーヴェール], ～をしないで à découvert [アデクーヴェール], sans couvercle [サン クーヴェールクル]／落し～ couvercle posé sur les ingrédients à cuire [クーヴェールクル ポゼ スュール レザングレディヤン ア キュイール] ‖（ポケットの）patte [パートゥ]／（巻貝の）opercule [オペルキュール] 男

ふだ　札 → なふだ, ラベル

ぶた　豚　cochon [コション] 男, 英 pig, hog／イベリコ～ porc 男 ibérique [ポール イベリーク], 英 Iberian pig／去勢雄～ cochon／黒～（バークシャー）Berkshire [ベルクシール] 男, 英 Berkshire／種雄～ verrat [ヴェラ] 男／乳飲仔～ cochon de lait [コションドゥレ] 男, cochonnet [コショネ] 男, goret [ゴレ] 男, porcelet [ポールスレ] 男, 英 piglet, milk pork ‖～の porcin,e [ポル・サン, スィーヌ] ‖～の皮　couenne [クワーヌ] 囡／～皮を除く　découenner [デクワーネ]／～皮を除いた découenné,e [デクワーネ] ‖～肉　porc [ポール] 男, viande 囡 de porc [ヴィヤーンドゥ ドゥ ポール], 英 pork／～肉加工業, 店 charcuterie [シャルキュトゥリ] 囡, ～肉加工業者 charcutier [シャルキュティエ] 男／～肉加工品 cochonnaille [コショナーユ] 囡／～肉加工の charcutier 〈男に〉, charcutière 〈女に〉／～雌～ truie [トゥリューイ] 囡／→しおづけ, [囲み]

ぶたがわ　豚皮 → かわ¹

ふたご　双子　jumeau [ジュモ] 男〈複 ～x〉, jumelle [ジュメール] 囡／～座 Gémeaux [ジェモ] 固男複 → びん¹

ふたたび　再び（新たに）à nouveau [アヌーヴォ]／（もう一度）de nouveau [ドゥヌーヴォ], encore [アンコール]：「～…する」というときは動詞の頭に re（頭

豚肉の部位

足　pied [ピエ] 男, 英 foot, trotter
頭肉　tête [テートゥ] 囡, 英 head
尾　queue [クー] 囡, 英 tail
肩肉　épaule [エポール] 囡, 英 shoulder
肩ロース　échine [エシーヌ] 囡, fatback
首肉　collier [コリエ] 男, collet [コレ] 男
肩甲骨肉（パレット）palette [パレートゥ] 囡
腰肉　pointe [プワーントゥ] 囡
すね　jambonneau [ジャンボノ] 男〈複 ～x〉, 英 knuckle of ham
背脂　lard [ラール] 男, lard gras [ラール グラー] 男, 英 fat
喉肉　gorge [ゴールジュ] 囡
ばら肉　plat [プラ ドゥ コートゥ] de côte, lard maigre [ラール メーグル], 英 belly
フィレ　filet [フィレ] 男, 英 tenderloin
耳　oreille [オレーユ] 囡, 英 ear
もも肉　jambon [ジャンボン] 男, 英 ham
ロース（肋骨1本ずつに骨付で切分けた背肉）côte [コートゥ] 囡, 英 chop, 上ロース côtes 囡複 premières [コートゥ プルミエール], 下ロース côtes secondes [コートゥ スゴーンドゥ], côtes de filet [コートゥ ドゥ フィレ]
脇腹肉　travers [トゥラヴェール] 男〈単複同形〉, 英 spare ribs
→い, かわ¹, こうがん, した², しんぞう, じんぞう¹, ちょう¹, のう¹, はい³, ラード, レバー, ロンジュ

文字が母音のときは r) を付けた1つの語として表すことができる．例)再び加熱する recuire [ルキュイール] ⑪, 再び開ける rouvrir [ルーヴリール] ㉙

ふたつ 二つ → に²

ふたとおり 二通り deux façons 囡複 [ドゥー ファソン] /(2種類) deux sortes 囡複 [ドゥー ソールトゥ]

ぶたにく 豚肉 → ぶた

ふたば 双葉 (新芽) pousse [プース] 囡 /(子葉) cotylédon [コティレドン] 男

ふたり 二人 deux personnes 囡複 [ドゥー ペルソンヌ]

ふだん 普段 ～の料理 cuisine 囡 familière [キュイズィーヌ ファミリエール]
→ つねに,たいてい

ふだんそう 不断草 bette [ベートゥ] 囡, blette [ブレートゥ] 囡, poirée [プワーレ] 囡, 英 *Swiss chard*

ふち 縁(端) bord [ボール] 男 /(枠) rebord [ルボール] 男 /(縁どり部分) bordure [ボルデュール] 囡 /～どる border [ボルデ] /～どった bordé,e [ボルデ]
→ フレーム

ぶち 斑 → まだら¹

プチ プチ～ →トマト,プティ

ふちゅうい 不注意(な) inattentif [イナタンティーフ] 男に, inattentive [イナタンティーヴ] 囡に

ぶちょう 部長 directeur [ディレクトゥール] 男, directrice [ディレクトゥリース] 囡

ふつう¹ 普通(の)(一般的な) général,e [ジェネラール], généraux 〈男複に〉/～車(鉄道の2等車) wagon 男 de deuxième classe [ヴァゴン ドゥーズィエーム クラッス] /～は généralement [ジェネラールマン], en général [アン ジェネラール] ‖ (平凡な) ordinaire [オルディネール] 〈男女同形〉/～に ordinairement [オルディネールマン]
→ よきん

ふつう² 不通(の)(途絶えた) coupé,e [クーペ], interrompu,e [アンテロンピュ] /(通行止) barré,e [バレ], bloqué,e [ブローケ]

ふつか 二日 (2日間) deux jours 男複 [ドゥー ジュール] /(2番めの日) le deuxième jour [ル ドゥーズィエーム ジュール] /(日付) le deux [ル ドゥー] ‖ ～酔いである avoir la gueule de bois [アヴワール ラ グール ドゥ ブワ] 〈avoir ①〉,

avoir la G.D.B. [アヴワール ラ ジェデベ]

ぶっか 物価 prix [プリー] 男複

ふっかつさい 復活祭 → イースター

ぶつぎり ぶつ切り /(肉を)～にする charcuter [シャルキュテ] /～にした charcuté,e [シャルキュテ]
→ つつぎり

フック → かぎ

ブックメーカーサンドウィッチ sandwich 男 bookmaker [サンドウィーシュ ブークメール]

ふっこ (30～60cmのすずき) jeune bar 男 [ジューヌ バール], jeune loup 男 (de mer) [ジューヌ ルー (ドゥ メール)]

ふつごう 不都合 → ふべん

ぶっしゅかん → ぶしゅかん

ブッシュ・ド・ノエル → ビュッシュ・ド・ノエル

プッシュホン téléphone 男 à touches [テレフォナ トゥーシュ]

ふっそ 弗素 fluor [フリュオール] 男 /～加工した téfalé,e [テファレ]
→ フライパン

ブッチャー (人) boucher [ブーシェ] 男, bouchère [ブーシェール] 囡 /(部門) boucherie [ブーシュリ] → p.472 囲み

ふってん 沸点 point 男 d'ébullition [プワーン デビュリスィヨン]

ふっとう 沸騰 (水などの) ébullition [エビュリスィヨン] 囡 /～する bouillir [ブーイール] ④ /～している湯 eau bouillante [オ ブーヤントゥ] /～させる ébullitionner [エビュリスィヨネ], (faire) bouillir [(フェール) ブーイール] 〈faire ㉑〉/～に porter à ébullition [ポルテ ア エビュリスィヨン] 囡 /(軽く)～する frémir [フレミール] ④, bouillotter [ブーヨテ] /～させる faire frémir [フェール フレミール] 〈faire ㉑〉/～している湯 eau frémissante [オ フレミサーントゥ] /～した状態で à frémissement [ア フレミースマン] ‖ (ぐらぐらと)～する bouillonner [ブーヨネ] /～した bouillonné,e [ブーヨネ] /～させる faire bouillir à gros bouillon [フェール ブイール ア グロー ブーヨン] /ぐらぐら～している bouillonnant,e [ブーヨナン,トゥ]

ブッフェ → ビュッフェ

ぶつぶつ¹ (できもの) → ふきでもの

ぶつぶつ² (不平を言う) grommeler [グロームレ] ⑦

ふつぶん 仏文 texte 男 français [テ

ふつやく

ークストゥ フランセ]〈複〉~s ~〉／（フランス語）français [フランセ]男／~和訳 traduction du français en japonais [トゥラデュクスィヨン デュ フランセ アン ジャポネ] → ぶんがく

ふつやく 仏訳 traduction 女 française [トゥラデュクスィヨン フランセーズ]

ぶつり 物理(学) physique [フィズィーク]女／~の physique 〈男女同形〉

ふつりあい 不釣合(な) disproportionné,e [ディスプロポルスィヨネ]

ふつわじてん 仏和辞典 dictionnaire 男 français-japonais [ディクスィヨネール フランセ ジャポネ]

ふで 筆 pinceau [パンソ]〈複〉~x〉／~づかい touche [トゥーシュ]女

プティ プティ…(小…) petit,e... [プティ, -トゥ]

プティート・シャンパーニュ(コニャック) petite champagne [プティートゥ シャンパーニュ]女

プティート・マルミート(煮込) petite marmite [プティートゥ マルミートゥ]女

プティ・ヴェルド(ぶどう) petit verdot 男

プティ・オニオン → ペコロス

プティ・カセ → シロップ

ふていかんし 不定冠詞 → かんし

プティ・グリ → エスカルゴ

ふていけいようし 不定形容詞 → けいようし

プティ・サレ(塩漬肉) petit salé 男

ふていし 不定詞(原形) infinitif [アフィニティーフ]男:不定詞は主語のすぐあとには用いない．多くの場合，前置詞あるいは活用する動詞の後に用いる．またレシピなどでは文頭に用い「…すること」という意味になる

プティ・シャブリ(ワイン) petit chablis 男

プティ・スイス(チーズ) petit-suisse [プティ スュイース]男

ふていだいめいし 不定代名詞 → だいめいし

ブティック(店) boutique [ブーティーク]女

プティ・デジュネ → ちょうしょく

プティ・フィレ → シロップ

プティ・フール(小菓子) petit four 男／ソフト~ petit four moelleux [プティ フール ムワルー]〈複〉~s ~s〉／ドライ~ petit four sec [プティ フール セーク]／

フレッシュ~ petit four frais [プティ フール フレー]〈複〉~s ~〉

プティ・ブーレ → シロップ

プティ・ペルレ → シロップ

プティ・ポワ → グリンピース

プティ・リセ → シロップ

プティ・レ(バターの脂肪以外の成分) petit-lait 〈複〉~s-~s〉

プディング pudding または pouding 男, 英 pudding／アップル~ 英 apple-pudding／パン~ pudding(または pouding) [プディング], 英 pudding／プラム~ plum-pudding [プルーム プディング]男〈複〉~s〉, 英 plum-pudding／ヨークシャー~ Yorkshire pudding [ヨルクシュール プディング]男, 英 pudding／ライス~ gâteau 男〈複〉~x〉de riz [ガトー ドゥ リ], 英 rice pudding

ふでばこ 筆箱 plumier [プリュミエ]男

ふとい 太い gros,se [グロー, ス]

ぶどう 葡萄 raisin [レザン]男, 英 grape／~の木 vigne [ヴィーニュ]女／~酒 vin [ヴァン]男／~棚 treille [トレーユ]女／生食用~ raisin de table [レザン ドゥ ターブル]／ワイン用~ raisin de cuve [レザン ドゥ キューヴ]／醸酵前の~搾汁 moût [ムー]男／未熟~果汁 verjus [ヴェルジュー]男〈単複同形〉, 英 verjuice

→ さいばい, しぼりかす, しゅうかく, セパージュ, ふさ, ぶどうえん, レーズン

ぶどうえん 葡萄園 vigne [ヴィーニュ]女, vignoble [ヴィニョーブル]男, domaine [ドメーヌ]男‖(石垣などで囲われたぶどう畑) clos [クロー]〈単複同形〉／(丘のぶどう畑) côte [コートゥ]女, coteau [コト]男〈複〉~x〉／(ボルドー地方の~) cru [クリュー]男〈複〉~x〉／(ブルゴーニュ地方の~) climat [クリーマ]男‖(特定) cru [クリュー]男／格付~ cru classé [クリュ クラーセ]

ぶとうかい 舞踏会 bal [バール]男〈複〉~s〉／仮装~ bal costumé [バール コステュメ]

ふどうさん 不動産:財産 biens 男複 immobiliers [ビヤーンズィモビリエ]／~業 immobilier [イモビリエ]男／~物件:広告 immobilier 男／~屋 agence 女 immobilière [アジャンスィモビリエール]

→ p.659 [囲み]

ぶどうじょうきゅうきん　葡萄状球菌　staphylocoque [スタフィロコーク] 男

ぶどうとう　葡萄糖　glucose [グリュコーズ] 男, dextrose [デクストローズ] 男 / 結晶〜　glucose cristal [グリューコーズ クリスタール]

ふとうめい　不透明(な) → とうめい

ふとさ　太さ(大きさ)　grosseur [グロスール] 女

ふとった　太った　gros,se [グロー,ス] / (丸々した) rond,e [ロン,ドゥ] / (ぽちゃぽちゃした) dodu,e [ドデュ] / (脂ののった) gras,se [グラー,ス] → でぶ

ふとる　太る　grossir [グロスィール] ④, forcir [フォルスィール] ④

ふとん　布団　futon [フュトン] 男 / 羽毛〜　édredon [エドルドーン] 男

ふな　鮒　carassin [カラサン] 男, cyprin [スィプラーン] 男, 英 *crucian*

ふながた　舟型　bateau [バトー] 男〈複〜x〉/小〜　barquette [バルケートゥ] 女

ぶなしめじ → しめじ

ふなつきば　船着場　quai [ケ] 男 / 小さい〜　embarcadaire [アンバルカデール] 男

ふなびん　船便(で)　par bateau 男 [パール バト]

ふなよい　船酔　mal 男 de mer [マールドゥ メール]

ふにゃふにゃ → やわらかい

フニュグレーク → フェニュグリーク

フヌイユ (ういきょう, フェンネル:香草)　fenouil [フヌーユ] 男, 英 *fennel* /〜シード　graine 女 de fenouil [グレーヌ ドゥ フヌーユ] /〜の茎　bulbe 男 de fenouil [ビュルブ ドゥ フヌーユ] → フェンネル

ふね　船・舟　bateau [バトー] 男〈複〜x〉/〜で　en bateau [アン バト] /〜に乗る　embarquer [アンバールケ] /〜から下りる　débarquer [デバールケ] /〜をこぐ　ramer [ラメ] ‖ (船の種類) 大型客船　paquebot [パクボ] 男 / 漁船, 釣船　bateau de pêche [バトドゥ ペーシュ] / 小舟　barque [バールク] 女, embarcation [アンバルカスィヨン] 女 → きゅうめい, ボート

ふねがた　船型 → ふながた

ふねんせい　不燃性(の)　incombustible [アンコンビュスティーブル] 〈男女同形〉

ブノワトン → パン

ふはい　腐敗(物質の)　pourriture [プーリテュール] 女, décomposition [デコンポズィスィヨン] 女 → くさる

ぶひん　部品　pièce [ピエース] 女

ブフ → うし

ププトン → プープトン

アパートを借りる時の用語と表現

貸物件　à louer [ア ルエ]
部屋(下宿)　chambre 女 dépendante [シャーンブル デパンダーントゥ]
風呂トイレなしワンルーム　chambre indépendante [シャーンブル アンデパンダーントゥ]
ワンルームマンション　studio [ステューディヨ] 男
2K　appartement 男 à deux pièces 男 [アパールトゥマン ア ドゥーピエース]
家賃　loyer [ルワイエ] 男
敷金　caution [コスィヨン] 女
管理費　charge [シャールジュ] 女
不動産屋の仲介手数料　honoraires [オノレール] 男複
賃貸契約　contrat 男 de location [コーントゥラ ドゥ ロカスィヨン]
この物件を見たい(借りたい). Je voudrais visiter (louer) ça. [ジュ ヴードゥレ ヴィズィテ (ルエ) サ]
ちょっと考えて見ます. Je vais réfléchir. [ジュ ヴェ レフレシール]
家賃(敷金)はいくらですか. Quel est le loyer (la caution)? [ケレル ルワイエ (ラ コスィヨン)]
明日全額払います. Je vais tout régler demain. [ジュ ヴェ トゥー レーグレ ドゥマン]
今月末にこのアパートを引払います. Je vais quitter cet appartement à la fin de ce mois. [ジュ ヴェ キテ セタパールトゥマン アラ ファン ドゥス ムワー]

ブフ・ブルギニョン bœuf 男 bourguignon

ぶぶん 部分 partie [パルティ] 女／〜的な partiel,le [パルスィエール]／〜的に partiellement [パルスィエールマン], en partie [アン パルティ] ‖（割当）portion [ポルスィヨン] → かんぶ

ふべん 不便(な) incommode [アンコモードゥ]〈男女同形〉, peu pratique [プー プラティーク]〈男女同形〉

ふほう 不法(の) illégal,e [イレガル], illégaux [イレゴ]〈男複に〉→ たいざい, ろうどう

ふまん 不満(な) mécontent,e [メコンタン,トゥ], insatisfait,e [アンサティスフェ,トゥ]／〜を言う grogner [グローニェ]

ふみきり 踏切 passage 男 à niveau [パサージュ ニヴォ]

ふみだい 踏台 marchepied [マールシュピエ]

ふみだん 踏段（ステップ）marchepied [マールシュピエ] 男, marche [マールシュ] 女

ふみんしょう 不眠症 insomnie [アンソムニ] 女

ふむ 踏む（歩く）marcher [マルシェ]／（踏みつける）fouler aux pieds [フーレオピエー]／（…の足を）marcher...sur le pied [マルシェ スュール ル ピエー]

ふもと 麓 bas [バ] 男〈単複同形〉, pied [ピエー]

ぶもん 部門 → ぶ

ふやかす amollir [アモリール] 4

ふやける s'amollir（または gonfler）par l'humidité [サモリール（ゴンフレ）パール リュミディテ]〈amollir 代動 4 59〉

ふやす 増やす augmenter [オグマンテ]／（ホイップして生クリームやシャーベットの量を）foisonner [フワゾネ]

ふゆ 冬 hiver [イヴェール] 男／真〜 plein hiver [プランニヴェール]／〜休み vacances 女複 d'hiver [ヴァカンスディヴェール]／〜の hivernal,e [イヴェルナール], hivernaux〈男複に〉[イヴェルノ]／〜に en hiver [アンニヴェール]

ふゆかい 不愉快(な)（対象が）désagréable [デザグレアーブル]〈男女同形〉, déplaisant,e [デプレザン,トゥ]

フュメ（魚などの出し汁）fumet 男, 英 fumet／魚の〜, 〜・ド・ポワソン fumet de poisson [フュメ ドゥ ブワソン]

→ くんせい

フュモワール（燻製(くんせい)装置）fumoir 男

ふよう 不用・不要(な) inutile [イニュティール]〈男女同形〉／（余分な）superflu,e [スュペールフリュ]

プラ（平皿,大皿または一品一品の料理）plat 男／〜・デュ・ジュール（本日のお薦め料理）plat du jour, 英 today's special

フライ → あげもの,しゃくし

ブライ（ワイン）blaye 男

ブライエ（ワイン）blayais 男

フライト（飛行）vol [ヴォール] 男／〜ナンバー numéro 男 de vol [ニュメロドゥヴォール]

プライド（自惚れ）amour-propre [アムール プロープル] 男〈複 〜s-〜s〉／（思い上がり,自尊心）orgueil [オルグーユ] 男／〜が高い orgueilleux,se [オルグーユー,ズ] → ほこり[1]

フライドエッグ → たまご

フライドポテト → ポテト

プライバシー vie 女 privée [ヴィプリーヴェ]

フライパン poêle [プワール] 女／焦付防止加工〜, ふっ素樹脂加工〜 poêle anti-adhésive [プワーランティアデズィーヴ]〈複 〜s 〜-〜s〉

フライパンの種類

オーヴン用フライパン poêle-four [プワール フール] 女〈複 〜s-〜〉

クレープパン crêpière [クレピエール] 女, poêle 女 à crêpe [プワーラクレープ]

クレープ用縁なしフライパン galétoire または galettoire [ガレトゥワール]

魚用フライパン poêle à poisson [プワーラ プワソーン], poêle à truite [プワーラトゥリュイートゥ]

フランベ用フライパン poêle à flamber [プワーラ フランベ]

ブリニパン poêle à blinis [プワーラブリーニ]

フライフィッシング pêche 女 à la mouche [ペーシャラムーシュ]

プライベート(な) privé,e [プリーヴェ], personnel,le [ペルソネール]

フライヤー friteuse [フリトゥーズ] 女, 英 deep fryer
ブラインド → テスト, ひよけ
ブラウス → シャツ
フラウニャルド (デザート) flaougnarde [フラウニャールドゥ] 女
ブラウングレイヴィソース jus coloré à l'anglaise [ジュ コロレア ラングレーズ], 英 brown gravy sauce
ブラウンソース → ソース
ブラウントラウト → ます[2]
ブラウンブレッド → パン
フラガリア (ケーキ) fragaria 女
ブラガンス (ケーキ) bragance 男
ブラガンス(風) Bragance [ブラガンス]
プラグ (差込) prise 女 / mâle [プリーズマール], fiche [フィーシュ] 女 / 点火用 bougie 女 d'allumage [ブージ ダリュマージュ]
ぶらさげる ぶら下げる → つるす
ブラシ brosse [ブロース] 女 / 歯 (ヘア) ~ brosse à dents (cheveux) [ブロー サダン (シュヴー)] / → みがく
ブラジャー soutien-gorge [スーティヤンゴールジュ] 男 〈複 ~s-~s〉
フラジョレ (隠元豆) flageolet 男
プラス plus [プリュース] 男 / (有利) avantage [アヴァンタージュ] 男
プラスチック plastique [プラスティーク] 男
ブラストチラー (急速冷却機) surgélateur [スュルジェラトゥール] 男, 英 blastchiller
ブラスリ brasserie 女
ブラック → くろ
ブラックカラント → カシス
ブラックタイガー → えび
ブラックバス (魚) achigan [アシガン] 男, perche-truite [ペルシュ トゥリュイートゥ] 女 〈複 ~s-~s〉, 英 black bass
ブラックベリー → くろいちご
プラッター (サービス用盆) plateau [プラトー] 男 〈複 ~x〉 / サービス service 男 au plateau [セルヴィソ プラトー]
ブラッドソーセージ → ブーダン
フラッペ → フラペ
ブラディマリー (カクテル) 英 bloody mary
ブラニ (ワイン) blagny 男
フラノ (布) flanelle [フラネール] 女
ブラバント(風) à la brabançonne [アラ ブラバンソーヌ]
ふらふらする (よろめく) tituber [ティテュベ] / (ぐらつく) vaciller [ヴァスィエ]
フラペ (急激に冷やすこと) frapper / ~した frappé,e [フラッペ] ‖ (氷菓) glace 女 pilée au sirop [グラース ピレオ スィロ] / いちご~ glace pilée au sirop de fraise [グラース ピレ オ スィロ ドゥ フレーズ]
ブラボー bravo [ブラヴォー] 間投男
フラミーク (パイ料理) flamique 女
フラミーシュ (パイ料理) flamiche 女
フラミュース (ケーキまたはパン) flamusse 女
フラミューズ (ケーキまたはパン) flamuse 女
プラム (李) prune [プリューヌ] 女, 英 plum / ~ケーキ plum-cake [プルームケーク] 男 〈複 ~-~s〉, 英 plum cake / ~リキュール prune, eau-de-vie 女 de prune [オドゥ ヴィ ドゥ プリューヌ] → プディング, プルーン, ミラベル
フラムリ (プディング) flamery または flamuri 男
プララン (製菓材料) pralin 男, 英 praline
プラリーヌ (菓子) praline 女
プラリネ (プラランまたはプララン入のチョコレート) praliné 男
フラン[1] (2001年以前のフランスの通貨単位) franc [フラーン] 男 / スイス~ franc suisse [フラーン スュイース] / パシフィック~ franc pacifique [フラーン パスィフィーク]
フラン[2] (タルト) flan [フラーン] 男
ブラン フォン・~ (茶色いフォン) fond brun, (白いフォン) fond blanc → しろ[1], ちゃいろ, にしん, ゆでじる, らんぱく, ワイン
プラン → けいかく
ブラン・カシス (食前酒) blanc 男 cassis [ブラーン カスィース]
フランクフルトソーセージ saucisse 女 de Francfort [ソスィース ドゥ フランクフォール], 英 frankfurter
ブランケット[1] (シチュー) blanquette [ブランケートゥ] 女 / 仔牛の~ blanquette de veau [ブランケートゥ ドゥ ヴォ], 英 veal in white sauce
ブランケット[2] (ぶどう) blanquette [ブランケートゥ]
ブランケット・ド・リムー (ワイン) blanquette de limoux [ブランケートゥ ドゥ リム

ブランシール（湯がく、ホイップする、白く揚げる） blanchir ④ ／〜した blanchi,e [ブランシ]

ブランジパーヌ（クリーム） frangipane 囡, 愛 *almond paste*

フランシュ・コンテ（フランス東部の地方） Franche-Comté 固囡 ／〜の comtois,e [コントゥワ, ーズ], franc-comtois,e [フラーン コントゥワ, ーズ]〈男には単複同形〉／〜風 （à la) comtoise [(ア ラ) コントゥワーズ], franc-comtoise [(ア ラ) フラーン コントゥワーズ]

フランシヨン（サラダ） Francillon [フランスィヨン]男

フランス France [フラーンス]固囡 ／〜人 Français,e [フランセ, ーズ]男囡〈男は単複同形〉／〜語 français [フランセ]男／〜の français,e [フランセ, ーズ]〈男には単複同形〉／〜風 （à la) française [(ア ラ) フランセーズ]／〜に, 〜へ, 〜では en France [アン フランス]／〜から de France [ドゥ フランス]／北〜 France du Nord [フラーンス デュ ノール], nord 男 de la France [ノール ドゥ ラ フラーンス]／南〜 Midi [ミディ]固男, France méridionale [フラーンス メリディヨナール]

→ サーヴィス, パン, ぶんがく, りょうり

フランセーズ → フランス

ブランダード（ペースト） brandade [ブランダードゥ]囡／鱈(ﾀﾞﾗ)の〜 brandade de morue [ブランダードゥ ドゥ モリュ]

プランタニエ（料理） printanier 男／〜風 （à la) printanière [(ア ラ) プランタニエール]

ブランチ（遅い朝食） brunch 男

プランチャ（鉄板焼） plancha 囡

ブランデー brandy [ブランディ]男, eau-de-vie [オ ドゥ ヴィ]囡〈複 〜x-, 〜.〜.〉, 愛 *brandy* ／〜フリープ brandy-flip [ブランディ フリップ]男／チェリー〜 cherry-brandy [シェリ ブランディ]男, eau-de-vie de cerise [オ ドゥ ヴィ ドゥ スリーズ]囡, 愛 *cherry brandy*／マール〜 marc [マール]男

→ アルマニャック, グラス¹, コニャック

ブランド grande marque [グラーンドゥ マルク]囡 → めいがら

ブラン・ド・ノワール（シャンパン） blanc 男 de noirs [ブラーン ドゥ ヌワール]

ブラン・ド・ブラン（ワイン, シャンパン） blanc 男 de blancs [ブラーン ドゥ ブラーン]

フランドル（地方） Flandre [フラーンドゥル]固囡／〜の flamand,e [フラマーン, ドゥ]／〜風 （à la) flamande [(ア ラ) フラマーンドゥ]

フランパウダー（菓子材料） poudre 男 à flan [プードゥル ア フラーン], poudre de crème [プードゥル ドゥ クレム]

ブラン・フュメ（ぶどう） blanc 男 fumé

フランベ 〜する flamber [フランベ]／〜した flambé,e [フランベ], 愛 *flambé* → フライパン, ワゴン

フランボワーズ（木苺, ラズベリー） framboise [フランブワーズ]囡, 愛 *raspberry* ‖ 〜の香りを付ける framboiser [フランブワゼ]／〜の香りを付けた framboisé,e [フランブワゼ], 愛 *flavoured with raspberry* ‖ 〜リキュール liqueur 囡 de framboise [リクール ドゥ フランブワーズ] → す²

ブラン・マンジェ（デザート） blanc-manger 男〈複 〜s-〜s〉, 愛 *blanc-mange*

ブリ（チーズ） brie [ブリー]男／〜・ド・モ brie de meaux [ブリー ドゥ モ]

ぶり 鰤 sériole [セリヨール]囡, 愛 *yellowtail, amberjack*

フリアン（ミートパイ, ケーキ） friand [フリヤーン]男

フリー（独立した） indépendant,e [アンデパンダン, トゥ]／〜パス laissez-passer [レセパセ]男〈単複同形〉 → ダイヤル

ブリーク（粗挽粉のクレープ） brik または brick, brique 囡／〜生地 pâte 囡 à brik [パタ ブリーク]／〜の皮 feuille 囡 de brik [フーユ ドゥ ブリーク]／（ブリークの皮を使ったアラブ菓子） brik または brick, brique 男

フリーザー congélateur [コンジェラトゥール]男, freezer [フリズール]男

フリーズドライせいほう フリーズドライ製法 lyophilisation [リヨフィリザスィヨン]囡

プリーツ（襞） → ひだ

フリープ（飲物） flip 男, 愛 *flip*／シェリー・〜 sherry-flip [シェリ フリープ]男

ブリーム（魚） brème [ブレム]囡, 愛 *bream*

フリーランス（自由契約者） free-lance [フリ ラーンス]男囡〈複 〜s-〜s〉

ふりいれる 振入れる → うちこ, サンジ

ェする,ふりかける
フリヴォリテ（小パイ盛合せ）frivolités [女複]
フリヴォル（菓子）frivolles [フリヴォール][女複]
ブリオシュ（バターを多く含んだパン）brioche [ブリヨーシュ][女], 〈英〉brioche / こぶのある~ brioche à tête [ブリオシャ テートゥ] / 三つ編の~ brioche tressée [ブリヨーシュ トゥレーセ] / ~生地 pâte [女] à brioche [パタ ブリヨーシュ]
ブリガード → チーム
ふりかえ 振替（送金）virement [ヴィールマン][男] / 郵便~ virement postal [ヴィールマン ポスタール] / ~る virer [ヴィレ]
ふりかける 振りかけ状（粉末状のものを）saupoudrer [ソプドゥレ] / 振りかけた saupoudré,e [ソプドゥレ] ‖（均等に撒き散らす）parsemer [パールスメ] ⑤ / 振りかけた parsemé,e [パールスメ] ‖（液体を）arroser [アロゼ] / 振りかけた arrosé,e [アロゼ] ‖（液体を少しずつ）asperger [アスペルジェ] ㉕ / 振りかけた aspergé,e [アスペルジェ] → うちく,こしょう,サンジェする,しお[1]
フリカセ（煮込）fricassée [女]
フリカデル（ハンバーグ）fricadelle [フリカデール][女]
フリカンド（煮込または魚の切身）fricandeau [フリカンドー][男]〈複 ~x〉
ブリキ fer-blanc [フェール ブラーン][男]〈複 ~s-~s〉
ブリクベーク（チーズ）bricquebec [男]
フリコ（煮込）fricot [フリーコ][男]
ふりこむ 振込む → はらいこみ
ブリスレ（ゴーフル）bricelet [男]
フリゼきじ ブリゼ生地 pâte [女] brisée [パートゥ ブリゼ]
フリゼサラダ → エンダイブ
ふりだし 振出（小切手などの）émission [エミスィヨン][女] / ~人 émetteur [エメトゥール][男], émettrice [エメトゥリース][女] / ~日 date [女] d'émission [ダートゥ デミスィヨン] / （出発点）point [男] de départ [プワーン ドゥ デパール]
ブリック → ブリーク
ブリックスど ブリックス度（濃度）degré [男] brix [ドゥグレー ブリークス]〈複 ~s ~〉
フリッター（衣揚）beignet [ベニェ][男],

friture [フリテュール][女], 〈英〉 fritters
フリット（フライドポテト）frites [フリートゥ][女複] / ~・ミスト（空揚）fritto misto
ブリデする（鶏の足をたこ糸で整形する）brider [ブリーデ] / ブリデした bridé,e [ブリーデ] → はり[1]
フリテュール（揚物）friture [女]
フリト（揚物）friteau [男]〈複 ~x〉または fritot [男]
フリトゥーズ → フライヤー
フリトン（豚肉のペースト）frit(t)ons [フリトーン][男複]
ブリニ（クレープ）blin [ブラーン][男], blinis [ブリーニ][男]〈単複同形〉→ フライパン
プリ・フィクス（コース料理）prix [男] fixe [プリ フィークス]〈複 ~~s〉
プリペイド(の) payé,e d'avance [ペイエ ダヴァーンス]
プリムール → はしり
ブリヤ・サヴァラン（美食家）Brillat-Savarin, Jean-Anthelme [ブリヤ サヴァラン ジャン アンテルーム][固有] / （チーズ）brillat-savarin [男]〈複 ~~s〉
フリヤン（ケーキまたはパイ）friand [フリヤーン][男]
フリュイ（フルーツ）~・ジヴレ（氷菓）fruit [男] givré / ~・デギゼ（コーティングしたフルーツ）fruit déguisé → かじつ,さとうづけ,フルーツ
フリュイ・ド・メール → ぎょかいるい
ブリュッセルチコリ → チコリ
ブリュット（辛口のシャンパンやスパークリングワイン）brut [ブリュトゥ][男]
ブリュノ → プルーン
ブリュノワーズ（小さいさいのめの野菜）brunoise [ブリュヌワーズ][女] / …を~に切る tailler...en brunoise [タイエ アン ブリュヌワーズ]
ブリュレ（ステーキの焼方）brûlé [ブリューレ][男], 〈英〉 very well-done
ふりをする（…の）振りをする faire semblant de... [フェール サンブラーン ドゥ]〈faire ㉑〉
プリン（クレーム・カラメル, クレーム・ランヴェルセ:カスタードプリン）crème [女] caramel [クレーム カラメル], crème renversée, 〈英〉 custard pudding, egg custard / ~型 dariole [ダリヨール][女] → プディング

プリンスメロン → メロン

プリンセス(風) (à la) princesse [(アラ) プランセース]

プリンター imprimante [アンプリマーントゥ] 女/バブルジェット〜 imprimante à bulles d'encre [アンプリマーンタ ビュール ダーンクル] /レーザー〜 imprimante à laser [アンプリマーンタ ラ ラゼール]

プリント (布地) imprimé [アンプリーメ] 男 → いんさつ

ふる¹ 振る (揺する) agiter [アジテ], secouer [スクエ]/(大きく) balancer [バランセ] 32 → ふりかける

ふる² 降る (雨が) pleuvoir [プルヴォワール] 34/雨が降っている il pleut [イル プルー]‖(雪が) neiger [ネジェ] 25/雪が降っている il neige [イル ネージュ]

ふるい¹ 古い vieux [ヴュー] ⟨男に, 単複同形⟩, vieille [ヴィエーユ] ⟨女に⟩, vieil [ヴィエイ]/(母音, 無声の h で始まる男の直前に)/(旧式の) ancien, ne [アンスィ・ヤン, エーヌ]/(昔の) antique [アンティーク] ⟨男女同形⟩/(使い古した) usé, e [ユゼ]

ふるい² 篩 (目の細かい) tamis [タミ] 男 ⟨単複同形⟩/〜にかける tamiser [タミゼ], passer au tamis [パセ オ タミ]/〜にかけた tamisé, e [タミゼ]‖(目の粗い) crible [クリーブル] 男/〜にかける cribler [クリーブレ]/〜にかけた criblé, e [クリーブレ]‖(粉用) blutoir [ブリュトゥワール] 男 ⟨単複同形⟩/〜にかける bluter [ブリュテ]/〜にかけた bluté, e [ブリュテ]

ブルイヤード (スクランブルエッグ) brouillade [ブルーヤードゥ] 女

ブルー (ステーキの焼方, 魚の料理法) bleu 男 → あお, チーズ

ブルーイ (ワイン) brouilly 男

ブルータール (仔羊) broutard 男

ブルーチーズ → チーズ

フルーツ ドライ〜 fruits 男複 secs [フリュイ セーク], 英 *dry fruit*/トロピカル〜 fruit tropical [フリュイ トロピカール] ⟨複 〜s tropicaux [ブリュイ トゥピコー]⟩/〜ケーキ cake [ケーク] 男
→ カクテル, くだもの, コンポート, サラダ, ゼリー, ポンチ

フルーティーな fruité, e [フリュイテ]

フルート (楽器, グラス, パン, 瓶) flûte [フリュートゥ] 女/(ガレット) floûte [フルートゥ] 女

ブルード・ド・ノワ (リキュール) brou de noix [ブルー ドゥ ヌワー], 英 *walnut liqueur*

ブルーベリー (クロマメノキ) airelle [エレール] 女, 英 *blueberry*/(ビルベリー) myrtille [ミルティーユ] 女, 英 *bilberry*

ブルーマウンテン blue mountain [ブルー マウーントゥン] 男, 英 *Blue Mountain coffee*

フルーリ (ワイン) fleurie 男

フルール・ド・セル (塩) fleur 女 de sel [フルール ドゥ セール]

プルーン (干すもも) pruneau [プリュノ] 男 ⟨複 〜x⟩, 英 *prune*

ふるえる 震える trembler [トゥラーンブレ]/(軽い音をたてて) frémir [フレミール] 4/(かすかに) trembloter [トゥラーンブローテ]/(寒さや熱で) frissonner [フリソネ]

ブルガリア Bulgarie [ビュルガリ] 固男/〜人 Bulgare [ビュルガール] 男女/〜語 bulgare 男/〜の bulgare ⟨男女同形⟩/〜菌 lactobacillus 男 bulgaricus [ラクトバスィリュス ビュルガリキュス] ⟨男女同形⟩
→ ヨーグルト

ふるぎ 古着 (話言葉) nippes [ニープ] 女複‖〜屋(人) fripier [フリービエ] 男, fripière [フリビエール] 女/(店) friperie [フリプリ] 女

ブルギニョート(風) (à la) bourguignotte [(アラ) ブールギニョートゥ]

ブルギニョン 〜・ノワール (ぶどう) bourguignon 男 noir [ブールギニョン ヌワール] → ブフ・ブルギニョン, ブルゴーニュ

フルコース → コース

ブルゴーニュ (地方) Bourgogne [ブールゴーニュ] 固男/〜の bourguignon, ne [ブールギニョ・ン, ーヌ]/〜風 (à la) bourguignonne [(アラ) ブールギニョーヌ]/〜・アリゴテ bourgogne aligoté 男/〜ワイン bourgogne 男, vin 男 de Bourgogne [ヴァン ドゥ ブールゴーニュ], 英 *Burgundy*

ふるさと 故郷 → ちほう

ブルジョワ bourgeois, e [ブールジュワ, ーズ] 男 女 ⟨男は単複同形⟩/〜の bourgeois, e ⟨男には単複同形⟩/〜風 (à la) bourgeoise [(アラ) ブールジュワーズ]/(体系としての)〜料理 cuisine 女 bourgeoise [キュイズィーヌ ブールジュワーズ]

ブルソード（豚の脂肪繊維片）beursaude[ブールソードゥ] 女

ブルターニュ（地方）Bretagne 固女／～の breton,ne[ブルトー・ン, ヌ]／～風（à la) bretonne[(アラ) ブルトーヌ]

フルタイム(で)（常勤）à plein-temps[ア プランゲ タン]

ふるどうぐ 古道具 brocante[ブロカントゥ] 女, bric-à-brac[ブリカ ブラック] 男〈単複同形〉‖～屋（人）brocanteur[ブロカントゥール] 男, brocanteuse[ブロカントゥーズ] 女／(店) bric-à-brac 男〈単複同形〉

ブルトン（ケーキ）breton[ブルトーン] 男／～型 moule 男 à breton[ムーラ ブルトン]

フルネーム nom 男 et prénom 男 [ノン エ プレノン]

ブルビ（チーズ）brebis[ブルビ] 男〈単複同形〉／(雌羊) brebis 女〈単複同形〉

フルボトル → びん[1]

ブルボネ（地方）Bourbonnais[ブールボネ] 固男／～の bourbonnais,e[ブールボネ, ーズ]〈男には単複同形〉／～風（à la) bourbonnaise[(アラ) ブールボネーズ]

ふるほん 古本 livre 男 d'occasion[リーヴル ドカズィヨン], bouquin[ブーカン] 男‖～屋（店）boutique 女 de livres d'occasion[ブーティーク ドゥ リーヴル ドカズィヨン]／(人) bouquiniste[ブーキニストゥ] 男女

プルミエール・コート・ド・ブライ（ワイン）premières-côtes-de-blaye[プルミエール コートゥ ドゥ ブライ]

プルミエール・コート・ド・ボルドー（ワイン）premières-côtes-de-bordeaux[プルミエール コートゥ ドゥ ボルド] 男

プルミエ・グラン・クリュ（ワイン）premier grand cru 男

プルミエ・クリュ（ワイン）premier cru 男

フルム → フールム

フルレット → なまクリーム

フルロン（小パイ）fleuron[フルーロン] 男

フレイヴァー（風味, 味）flaveur[フラヴール] 男, 英 flavour → ティー[1], ヨーグルト

ブレーカー（電気の）coupe-circuit[クープ スィルキュイ] 男〈単複同形〉

ブレーキ frein[フラーン] 男／ハンド～ frein à main[フランナマン]／～をかける freiner[フレネ]／～ランプ feu 男〈複〉~x du freinage[フー ドゥ フレナージュ]

フレーク flocon[フロコーン] 男, 英 flakes／コーン～ flocons 男〈複〉de maïs[フロコーン ドゥマイース], cornflakes[コンフレーク] 女〈複〉, 英 cornflakes／まぐろ～ thon émietté[トン エミエテ]／ライス～ flocons 男〈複〉de riz[フロコーン ドゥリ], 英 rice flakes

ブレージングパン → なべ

プレート plaque[プラーク] 女／ナンバー～ plaque d'immatriculation[プラーク ディマトゥリキュラスィヨン]／ホット～ plaque chauffante[プラーク ショファーントゥ]

フレーバー → フレイヴァー

フレーム（額縁）cadre[カードゥル] 男／(眼鏡) monture[モンテュール] 女／(枠) châssis[シャースィ] 男〈単複同形〉

プレール（あさりに似た貝, まるすだれ貝）praire 女, vénus[ヴェニュス] 女〈単複同形〉, 英 warty venus

プレーン nature[ナテュール]〈男女同形〉, simple〈サーンプル〉〈男女同形〉→ オムレツ, ヨーグルト

フレキシパン（シリコン加工の型）flexipan[フレクスィパン] 男

プレゴード（スープ）brégaude[ブレゴードゥ] 女

ブレザー(コート) blazer[ブラゼールまたは ブラズール] 男

フレザリア（ケーキ）fraisalia[フレザリヤ] 女

プレ・サレ → ひつじ

ブレサン（チーズ）bressan 男

フレジエ（ケーキ）fraisier[フレズィエ] 男

フレシュール（内臓）fressure[フレスュール] 女

ブレス（地名）Bresse[ブレース] 固／～の bressan,e[ブレサー・ン, ヌ]／～風（à la) bressane[(アラ) ブレサーヌ]／～・ブルー（チーズ）bresse bleu[ブレース ブルー] 男

プレス（圧縮）presse[プレース] 女／(アイロン) pressing[プレスィーング] 男／(報道) presse 女／～担当 attaché,e 男女 de presse[アタシェ ドゥ プレース]

ブレストワ（ケーキ）brestois[ブレストゥワ] 男〈単複同形〉

ブレスレット bracelet[ブラスレ] 男

フレゼ → こねる
ブレゼ (オーヴンで煮込む調理法，ブレゼしたもの) braisé[ブレゼ]男/~する braiser[ブレゼ]/~した braisé,e[ブレゼ]/~汁 fond 男 de braisage[フォン ドゥ ブレザージュ] →なべ
プレゼント → おくりもの
プレタポルテ prêt-à-porter[プレータ ポールテ]男《複 ~s-~-~》
プレッツェル (塩味菓子) bretzel または bratschtall[ブレツェール]男
フレッシュ → せんど，チーズ，パスタ
ふれる 触れる → さわる
フレンチ (料理) cuisine 女 française[キュイズィーヌ フランセーズ]/~レストラン restaurant 男 français[レストラン フランセ] →トースト，ドレッシング，ポテト
ブレンド → まぜる
ふろ 風呂 bain[バン]男/(バスタブ，浴槽) baignoire[ベニョワール]女/~場 salle 女 de bain(s)[サール ドゥ バン], salle d'eau[サール ドー]/~屋 bains 男複 publics[バン ピュブリーク]/~に入る prendre un bain[プラーン ドゥル アン バン][prendre 37]/露天~ bain en plein air[バン アン プレネール]
プロ → せんもん
フロア (床) plancher[プランシェ]男/(階) étage[エタージュ]男
ブロイラー poulet 男 à rôtir[プーレ ア ロティール], 英 broiler
プロヴァンサル → プロヴァンス
プロヴァンス (地方) Provence 固女/~の provençal,e[プロヴァンサール], provençaux[プロヴァンソ]男複/(に)~風 (à la) provençale[(ア ラ) プロヴァンサール]/~の13種のデザート treize desserts 男複 de Provence[トゥレーズ デセール ドゥ プロヴァーンス]
フローズンドリンク (半東結飲料) gelée 女 de cocktail[ジュレ ドゥ コクテル], 英 frozen drink
ブローチ (アクセサリー) broche[ブローシュ]女
フローラ (ローマ神話の女神) Flore[フロール]女/~風 Flore
プログラマー (コンピューターの) programmer[プログラムール]男, programmeuse[プログラムーズ]女
プログラミング programmation[プログラマスィヨン]女

プログラム programme[プログラーム]男
プログレ (菓子) progrès[プログレ]男《単複同形》
ブロコリ brocoli 男, 英 broccoli
ブロシェ → かわかます
ブロシェット → くし[1]，くしやき
プロシュット (イタリアの生ハム) jambon[ジャンボン]男, 伊 prosciutto/~・ド・パルム jambon de Parme[ジャンボン ドゥ パルム], 伊 prosciutto di Parma
プロセスチーズ → チーズ
プロター → にしん
ブロチュ (チーズ) brocciu 男
ブロチョ (チーズ) broccio 男
ブロック (コンクリート) parpaing[パルバン]男/(街区) bloc[ブローク]男
ブロッコリー → ブロコリ
フロッピー → ディスク
フロニャルド (デザート) flognarde または flaugnarde[フロニャールドゥ]女
プロバイダー fournisseur 男 d'accès à internet[フールニスール ダクセ ア アンテルネートゥ]
プロパン → ガス
プロフィール profil 男, portrait[ポールトレ]男
プロフィトロール (料理，菓子) profiterole[プロフィトゥロール]女
プロフェッショナル → せんもん
プロペラ hélice[エリース]女
プロポーション proportion[プロポルスィヨン]女/~のいい proportionné,e[プロポルスィヨネ]
フロマージュ ~・ド・テート：頭肉の煮こごり fromage 男 de tête[フロマージュ ドゥ テートゥ] →チーズ
プロムナード (散歩，遊歩道) promenade[プロムナードゥ]女
ブロン → かき[1]
プロン (ビスケット) plomb[プローン]男
フロンザック (ワイン) fronsac[フロンサーク]男
ブロンジュール → さらあらい
ブロンズ (青銅) bronze 男
フロント → うけつけ
フロントガラス pare-brise[パール ブリーズ]男《単複同形》
フロントネ (ワイン産地) Frontonnais 固男
ブロンド(の) (色) blond,e[ブローン, ドゥ]
プロンビエール (アイスクリーム)

plombière(s) 女(複)
フワス（菓子） fouace [フワース] 女
ふわふわした → やわらかい
ふん 分 minute [ミニュートゥ] 女：1分 une minute [ユーヌ ミニュートゥ] など，時間を表す時は用いるが，1時1分など，時刻を表す時は une heure une [ユヌールユヌ] というように普通は minute(s) を使わない → じこく
ぶん[1] 分（割当）part [パール] 女，portion [ポルスィヨン] 女 /（分数）5分の3 trois sur cinq [トゥルワース スュール サーンク] / 材料4人へ ingrédients pour quatre personnes [アングレディヤン プール カトゥル ペルソーヌ]
ぶん[2] 文 phrase [フラーズ] 女 /（書いたもの）écrit [エークリ] 男 /（記事，論文）article [アルティークル]
ふんいき 雰囲気 ambiance [アンビヤーンス] 女，climat [クリーマ] 男 /（環境）atmosphère [アトゥモスフェール] 女
ぶんか 文化 culture [キュルテュール] 女 / ～的な culturel,le [キュルテュレール]
ぶんがく 文学 littérature [リテラテュール] 女 / フランス～ littérature française [リテラテュール フランセーズ] /（文芸）lettres [レートゥル] 女複 → がくぶ
ぶんかつ 分割 division [ディヴィズィヨン] 女 /（分配）partage [パルタージュ] 男 /（分断）morcellement [モルセールマン] → きる，しはらい，わける
ふんさいする 粉砕する → くだく
ぶんし[1] 分子（化学で）molécule [モレキュール] 女 /（数学で）numérateur [ニュメラトゥール] 男
ぶんし[2] 分詞 participe [パルティスィープ] 男 / 現在～ participe présent [パルティスィープ プレザーン] / 過去～ participe passé [パルティスィープ パセ] ⇒ p.752「分詞形」
ふんしつ 紛失 perte [ペールトゥ] 女, disparition [ディスパリスィヨン] 女 / ～届 déclaration [デクララスィヨンドゥ ペールトゥ] 女 de perte
→ いしつぶつ，なくす，なくなる[1]
ぶんすう 分数 fraction [フラクスィヨン] 女
ぶんせき 分析 analyse [アナリーズ] 女 / ～する analyser [アナリゼ]
ぶんたん[1] 分担（割当）répartition [レパルティスィヨン] 女 / ～する répartir

[レパルティール] 30
ぶんたん[2] 文旦（ざぼん） pomelo buntan [ポムロ ブンタン] 男, 英 *pomelo, shaddock*
ふんだんに en abondance [アンナボンダーンス], en grande quantité [アン グラーン ドゥ カンティテ]
ふんとう 粉糖 → さとう
ぶんのいち …分の一 «un（分子の数）sur 分母の数» / 1/5 un sur cinq [アン スュール サーンク] ‖ «un（分子の数）に続けて序数» / 1/5 un cinquième [アン サンキエーム]：この表現は分母が5以上に用いる ‖（分子の数が2以上の場合は任意の数にし，分母が序数のときは複数形にする） 2/5 deux sur cinq [ドゥー スュール サンク], deux cinquièmes [ドゥー サンキエーム]
→ さんぶんのいち，にぶんのいち，よんぶんのいち
ぶんぼ 分母 dénominateur [デノミナトゥール] 男
ぶんぽう 文法 grammaire [グラ（ン）メール] 女 / ～的な，～の grammatical,e [グラ（ン）マティカール], grammaticaux [グラ（ン）マティコー] 男複〈に〉
ぶんぼうぐ 文房具 papeterie [パペトゥリまたはパプトゥリ] 女 / ～店 papeterie
ふんまつ 粉末 → こな
ぶんめい 文明 civilisation [スィヴィリザスィヨン] 女
ぶんり 分離 séparation [セパラスィヨン] 女 / ～する séparer [セパレ] / ～した séparé,e [セパレ]
ぶんりょう 分量 quantité [カンティテ] 女, volume [ヴォリューム] 男 /（薬などの）dose [ドーズ] 女
ふんわり → やわらかい

へ

へ[1] …へ à... [ア] /（…のなかへ）dans... [ダン], en... [アン] /（…のところへ）chez... [シェ] / 君のところへ chez toi [シェトワー] / パン屋へ chez le boulanger [シェル ブーランジェ] /（…の方へ）vers [ヴェール] /（目的地または宛

へ² 名として) pour... [プール] → に¹, ほう¹

へ² 屁 pet [ペ] 男 / 〜をする péter [ペテ] 36

ヘア 〜トリートメント traitement 男 de cheveux [トゥレートゥマン ドゥ シュヴー] → かみ², カラーリング, け, スプレー, トニック (ウォーター), ピン, ローション

ペア (一組) couple [クープル] 男 / 〜つい¹

ベアティーユ (煮込) béatilles 女複

ベアルネーズ (ソース) béarnaise 女, sauce béarnaise [ソース ベアルネーズ] → ベアルン

ベアルン (地方) Béarn 固 男 / 〜の béarnais,e [ベアルネ, ーズ] 男 (には単複同形) / 〜風 (à la) béarnaise [(アラ) ベアルネーズ] / (ワイン) béarn 男

へいかん 閉館 → へいてん

へいきん 平均 moyenne [ムワイエーヌ] 女 / 〜して en moyenne [アン ムワイエーヌ] / 〜の, 〜的な moyen,ne [ムワ・ヤン, イエーヌ]

へいこう¹ 平行 parallélisme [パラレリースム] 男 / 〜線 parallèle [パラレール] 女 / 〜な parallèle 〈男女同形〉 → しへんけい

へいこう² 平衡 → つりあい

へいさ 閉鎖 fermeture [フェルムテュール] 女 / 〜的な fermé,e [フェルメ]

ペイザーヌ(風) (à la) paysanne [(アラ) ペイザーヌ] → うすぎり

へいじつ 平日 jour 男 ouvrable [ジュール ウーヴラーブル], semaine [スメーヌ] 女 / 〜は, 〜に en semaine [アン スメーヌ]

べいしょく 米食 alimentation 女 à base de riz [アリマンタスィヨン ア バーズ ドゥ リ]

へいてん 閉店 fermeture [フェルムテュール] 女 / 〜時間 heure 女 de fermeture [ウール ドゥ フェルムテュール] / …を〜する fermer... [フェルメ]

べいなす 米茄子 → なす

へいねつ 平熱 → ねつ

へいはつ 併発 (合併症) complication [コンプリカスィヨン] 女 / 〜する avoir une complication [アヴワール ユヌ コンプリカスィヨン] 〈avoir ①〉

へいふく 平服 (タウンウェア) habit 男 (または tenue 女) de ville [アビ (トゥニュ) ドゥ ヴィール] / (招待状に書く表現) 〜で御出席ください Tenue de ville. [トゥニュ ドゥ ヴィール]

へいほう 平方 carré [カレ] 男 / 〜の carré,e [カレ] / 〜メートル mètre 男 carré [メートゥル カレ]

へいぼん 平凡 (な) (独創性のなさ) banal,e [バナル] (〈複〜s〉) / (月並) médiocre [メディヨークル] 〈男女同形〉

へいめん 平面 surface 女 plane [スュルファス プラーヌ] / 〜の plan,e [プラー・ン, ヌ], plat,e [プラー, ト] / 〜図 figure 女 plane [フィギュール プラーヌ]

ベイリーフ → ローリエ

ベーカー → パン

ベーカリー → パン

ベーキングシート (シリコンパッド) tapis 男 〈単複同形〉 de cuisson [タピ ドゥ キュイソーン] / (商標) silpat [スィルパットゥ] 男 / (紙) papier 男 cuisson [パピエ キュイソーン], papier sulfurisé [パピエ スュルフュリーゼ]

ベーキングパウダー levure 女 en poudre [ルヴュール アン プードゥル], levure chimique [ルヴュール シミーク], levure alsacienne [ルヴュール アルザスィエーヌ]

ベーク → にしん

ベークド ベークド… → アラスカ, ポテト

ベーグル → パン

ベーコン (塩漬豚ばら肉) lard [ラール] 男, poitrine 女 salée [プワトゥリーヌ サレ], 英 bacon / (イギリス式の) bacon [バコン] 男 / (スモークした) lard fumé [ラール フュメ], poitrine fumée [プワトゥリーヌ フュメ], 英 smoked bacon

ページ page [パージュ] 女 / 第3〜 page trois [パージュ トゥルワ] / 3〜分 3 pages [トゥルワ パージュ]

ベーシック (な) → きほん

ベージュ (色) beige 男 / 〜の beige 〈男女同形〉

ペーシュン → もも¹, メルバ (風)

ベース (基本) base [バーズ] 女 / …を〜とした料理 plat 男 à base de... [プラー ア バーズ ドゥ]

ペースト pâté [パテ] 男

ヘーゼルナッツ (西洋はしばみ) noisette [ヌワゼートゥ] 女, 英 hazel (nut) / (変種の実) aveline [アヴリーヌ] 女 / 〜

ペーニュ（製菓用器具）peigne 男 (à décor)[ペーニュ (ア デコール)]

ペーパー 〜ドライバー conducteur 男 (conductrice 女) du dimanche [コンデュクトゥール (コンデュクトゥリース) デュ ディマンシュ] → かみ,タオル,ナイフ,レース²

ペール → ヴェール

ペール・エール（ビール）pale-ale[ペレール], 英 pale ale

ベカシーヌ（田鳴）→ しぎ

ベカス → しぎ

ピカン（ナッツ）pecan または pécan 男, 英 pecan

べき 〜する・〜である «devoir...[ドゥヴワール]+不定詞» ⑯, «il faut...[イル フォ]+不定詞»

ペキン 北京 Pékin [ペカン] 固, Beijing[ペイジン] 固/〜の pékinois,e [ペキヌワ, ーズ] 〈男には単複同形〉/〜風 (à la) pékinoise [(ア ラ) ペキヌワーズ]/〜ダック canard 男 (à la) pékinoise [カナール (アラ) ペキヌワーズ]/（体系としての）〜料理 cuisine 女 pékinoise [キュイズィーヌ ペキヌワーズ] → かも¹

ヘクタール（1万㎡）hectare [エクタール] 男:記号は ha

ペクタジェル・ローズ（安定剤の商標名）Pectagel Rose 固

ペクチン pectine [ペクティーヌ] 女, 英 pectin

ヘクトリットル（100リットル）hectolitre [エクトリートゥル] 男:記号は hℓ

ベクノフ（煮込）Baekenofe または backenoff [バクノフ] 男

ペコー（紅茶）pekoe [ペコ] 男, 英 pekoe

ペコリーノ（イタリアのチーズ） 伊 pecorino 男

ペコロス（小玉ねぎ）petit oignon 男 [プティトニョン] (複 〜s〜s [プティゾニョン])

ペサック・レオニャン（ワイン）pessac-léognan [ペサック レオニャン] 男

ベジタリアン → さいしょくしゅぎ

ベシャメル（ソース）（ルウでつくるホワイトソース）béchamel [ベシャメル] または bechamel [ベシャメル] 男, sauce 女 béchamel [ソース ベシャメル], 英 béchamel sauce, white sauce

ペシャルマン（ワイン）pécharmant 男

ベジョータ → ベヨータ

ベスト （最善）le mieux [ル ミュー] 男/〜を尽くす faire de son mieux [フェール ドゥ ソン ミュー] 〈faire ㉑〉:「私のベスト」なら son は mon [モン],「君の」なら ton [トン] となる‖（チョッキ）gilet [ジレ] 男

ペスト 伊 pesto → ピストゥー

ペズナのパテ pâté 男 de Pézenas [パテ ドゥ ペズナ]

ベセ（チーズ）bessay 男

ベゼ（菓子）baiser 男

へそ 臍 nombril [ノーンブリ] 男

へた¹ 下手（な）maladroit,e [マラドゥワール, トゥ], malhabile [マラビル] 〈男女同形〉/私はフランス語が〜だ Je parle mal français. [ジュ パルル マール フランセ]

へた² 蔕（実や花のがく）calice [カリス] 男, （花柄(%)、花梗(%))) pédoncule [ペドンキュール] 男

へだい 平鯛 → たい¹

ペタフィーヌ（チーズ加工品）pétafine 女

ペダル pédale [ペダル] 女/〜を踏む pédaler [ペダレ]

へちま 糸瓜 courge 女 éponge [クールジュ エポーンジュ], luffa [リュファ] 女, 英 luffa

べつ 別 （区別）distinction [ディスタンクスィヨン] 女/（相違）différence [ディフェランス] 女‖（除外）exception [エクセプスィヨン] 女/…は〜として à part...[ア パール], excepté...[エクセプテ], sauf...[ソフ]/税・サービス料〜 taxe 女 et service 男 en sus [タークセ セルヴィサン スュース]/…を〜にする mettre...de côté [メートゥル ドゥ コテ] 〈mettre ㉖〉‖（追加）〜料金 supplément [スュプレマン] 男 → べつに,べつの

べっかん 別館 → はなれ

べっしつ 別室 autre salle 女 [オートゥル サル]

べっそう 別荘 villa [ヴィラ] 女, maison 女 de campagne [メゾン ドゥ カンパーニュ]/（田舎用のしゃれた）cottage [コテージュ または コタージュ] 男

べっちん 別珍（綿ビロード）→ ビロード

ヘット（牛脂）suif 男 (または graisse

ベット

〔女〕 de bœuf [スュイーフ(グレース)ドゥブフ]
ベット → ふだんそう
ベッド [リ]〔男〕／～メーキングをする faire un lit [フェール アン リ]〈faire ㉑〉／～パッド molleton [モルトン]〔男〕
→ カバー

折畳式ベッド
lit〔男〕pliant [リ プリヤーン]
シングルベッド lit pour une personne [リ プール ユヌ ペルソヌ]
ソファーベッド canapé-lit [カナペ リ]〔男〕〈複 ~s-~s〉
ダブルベッド grand lit [グラーン リ], lit pour deux personnes [リ プール ドゥ ペルソヌ]
2段ベッド lits superposés [リ スュペールポゼ]

ペット(動物) animal〔男〕〈複 animaux〉de compagnie [アニマール(アニモ)ドゥコンパニ]
ヘッドライト phare [ファール]〔男〕
べつに 別に (加えて)en plus [アンプリュス]／(分けて)à part [アパール]‖(大したことではない)～に rien de particulier [リヤーン ドゥ パルティキュリエ]
べつの 別の (切離された)séparé,e [セパレ]／(各々の,それぞれの)respectif [レスペクティーフ]〈女に、respective [レスペクティーヴ]〈女に〉
→ ことなる, ほか
ペッパー ～ソース sauce〔女〕au poivre [ソーソ プワーヴル],〔英〕pepper sauce／～ステーキ steak〔男〕au poivre [ステーコ プワーヴル],〔英〕pepper steak → こしょう¹, ミル
べつむね 別棟 → はなれ
ベッリーニ (カクテル) Bellini [ベリーニ]〔男〕／～風 Bellini
ペティナイフ → ナイフ
ペティヤン (ワイン) pétillant〔男〕
ベテューヌ (チーズ) béthune〔男〕
ベテラン vétéran〔男〕
べとつく → べとべと
ベトナム Viêt-nam [ヴィエトゥ ナーム]〔男〕／～人 Vietnamien,ne [ヴィエトゥナミヤン, エーヌ]〔男〕／～語 vietnamien [ヴィエトゥナミヤーン]〔男〕／～の vietnamien,ne／～風 (à la) vietnamienne [(アラ)ヴィエトゥナミエーヌ]／～ヌガー (ご

まやピーナツ入ヌガー) nougat〔男〕vietnamien [ヌーガ ヴィエトゥナミヤーン]
ペ・ド・ノーヌ (菓子) pet-de-nonne [ペドゥノーヌ]〔男〕〈複 ~s-~-~〉
べとべと(の) collant,e [コラン, トゥ], poisseux [プワスー]〈男に, 単複同形〉, poisseuse [プワスーズ]〈女に〉／～する poisser [プワセ], coller [コレ]‖(粘り気のある)visqueux [ヴィスクー]〈男に, 単複同形〉, visqueuse [ヴィスクーズ]〈女に〉
ペトンクル → ほたてがい
べに¹ 紅 (紅の木)rocouyer [ロクイエ]〔男〕／(色)rouge [ルージュ]〔男〕‖～花油 huile〔女〕de carthame [ユイール ドゥ カルターム],〔英〕safflower oil
べに² 紅… → さけ¹, さやいんげん, しょうが
ベニエ (衣揚) beignet〔男〕,〔英〕fritter／～スフレ beignet soufflé／野菜の～ beignet de légumes [ベニェ ドゥ レギューム]／～生地 pâte〔女〕à beignet [パタ ベニェ]
ペニシリン pénicilline [ペニスィリーヌ]〔女〕
ベニス → ヴェネツィア
ベネディクティーヌ (リキュール) Bénédictine〔女〕
ベネディクト(風) (à la) bénédictine [(アラ)ベネディクティーヌ]
ペパーミント → ミント
へび 蛇 serpent [セルパン]〔男〕
ベビー ～カー (折畳式の)poussette [プーセトゥ]〔女〕／(フード付の)landau [ランド]〔男〕〈複 ~s〉‖～フード aliment〔男〕pour bébé [アリマン プール ベベ]
→ あかんぼう, コーン
へま (失敗) (話言葉)gaffe [ガーフ]〔女〕／～をやる gaffer [ガーフェ]
ペミカン (保存携帯食)pemmican〔男〕
へや 部屋 (仕切られた一区画) pièce [ピエース]〔女〕／(用途のはっきりした)salle [サール]〔女〕／(寝室) chambre [シャーンブル]〔女〕／(ホテルの料金)～代 prix〔男〕de la chambre [プリ ドゥ ラ シャーンブル]
ベヨータ (最高級のイベリコ豚)〔西〕bellotta〔女〕
へら 篦 spatule [スパテュール]〔女〕, gâche [ガーシュ]〔女〕／(木べら)spatule en bois [スパテュラン ブワー]／(コルヌ, スケッパー)corne [コールヌ]〔女〕／(ステンレスの生地切り)coupe-pâte [クー

プ バートゥ] 男〈単複同形〉‖～で集める，～で整形する corner [コルネ] ‖ (魚用フライ返し) spatule à poisson [スパテュ ラ ポワソーヌ] / (パート・ダマンド細工用) ébauchoir [エボシュワール] 男 / (ゴムべら，ラクレット) maryse [マリーズ] 女, raclette de caoutchouc [ラクレットゥ ドゥ カウチュウ] 女 / (パレットナイフ) palette [パレートゥ] 女 / (三角パレット) triangle [トゥリィヤーングル] 男

へら 遍羅・倍良:魚 labre [ラーブル] 男, vieille [ヴィエーユ] 女, 英 *wrasse* / レインボー～ girelle [ジレール] 女, demoiselle [ドゥムワゼール] 女, 英 *rainbow wrasse*

へらす 減らす diminuer [ディミニュエ] → つめる

ペラプラ，アンリ・ポール (料理長) Pellaprat, Henri Paul 固男

ペラル (チーズ) péral [ペラール] 男

ペラルドン (チーズ) pélardon または péraldon

ベランダ balcon [バルコン] 男 → サンルーム, バルコニー

へり 縁 bord [ボール] 男, bordure [ボルデュール] 女

ベリ (地方) Berry または Berri 固男 / ～の berrichon,ne [ベリション・ヌ] / ～風 (à la) berrichonne [(ア ラ) ベリション ヌ]

ベリーニ → ベッリーニ

ペリエ (水の商標) Perrier 固女

ペリエ・ジュエ (シャンパンメーカー) Perrier-Jouët 固

ペリグー (町) Périgueux 固 / ～の périgourdin,e [ペリグール・ダン,ディーヌ] / ～風 (à la) Périgueux [(ア ラ) ペリグー] / ソース・～ sauce 女 Périgueux

ペリグルディーヌ ソース・～ sauce 女 Périgourdine → ペリゴール

ペリゴール (地方) Périgord 固男 / ～の périgourdin,e [ペリグール・ダン,ディーヌ] / ～風 (à la) périgourdine [(ア ラ) ペリグルディーヌ]

へる 減る (減少する) diminuer [ディミニュエ], décroître [デクルワートゥル] 12 〈備考〉/ 減った diminué,e [ディミニュエ] ‖ s'user [スュゼ] 代動 59 / (腹が) avoir faim [アヴワール ファン] 〈avoir ①〉/ (体重が) perdre [ペールドゥル] 39

ベル (呼鈴) sonnette [ソネートゥ] 女, timbre [ターンブル] 男 / (小釣鐘状の) clochette [クロシェートゥ] 女 ‖ (電話の) sonnerie 女 de téléphone [ソーヌリ ドゥ テレフォーヌ] / ポケット～ pager [パジェール] 男, pageur [パジュール] 男

ベルーガ → キャヴィア

ベルヴュ(風) en bellevue [アン ベルヴュ]

ベル・エポック (芸術様式) Belle Époque [ベレポーク] 女

ベル・エレーヌ(風) → ベレレーヌ (風)

ベルガモート (オレンジ，キャンディ) bergamote [ベルガモートゥ] 女

ベルギー Belgique [ベルジーク] 固女 / ～の belge [ベールジュ] 男女同形 / ～人 Belge 男女 / ～風 (à la) belge → エシャロット，チコリ，ワッフル

ペルシア (イランの古称) Perse [ペールス] 固女 / ～の persan,e [ペールサ・ン,ヌ] / ～風 (à la) persane [(ア ラ) ペルサーヌ]

ペルシエ (チーズ) persillé [ペールスィエ] 男, 英 *goats' milk veined cheese*

ペルシコ (リキュール) persicot [ペルスィコ] 男

ベルシ(風) Bercy [ベールスィ] / ソース・～ sauce 女 Bercy [ソース ベルスィ]

ペルシヤード (料理材料) persillade [ペルスィヤードゥ] 女

ベルジュラック (ワイン産地) Bergerac [ベルジュラーク] 固男 / (ワイン) bergerac 男

ヘルスメーター → たいじゅう

ヘルツ hertz [エールツ] 男:記号はHz

ベルト ceinture [サンテュール] 女 / 安全～ ceinture de sécurité [サンテュール ドゥ セキュリテ] / (時計の) bracelet 男 d'une montre [ブラースレ デュヌ モーントゥル] / (スーツケース用) sangle [サーングル] 女 / (機械の) courroie [クールワ] 女

ベルドリ (山うずら) → うずら

ベルドロ (山うずらのひな) → うずら

ベルナール，エミール (料理人) Bernard, Émile 固男

ベルナン・ヴェルジュレス (ワイン) pernand-vergelesses [ベルナーン ヴェルジュレス] 男

ヘルニア †hernie [エールニ] 女 / 椎間板～ hernie discale [エールニ ディスカール]

ベルニ(風) Bernis または Berny [ベル

ペルノ (パスティスの商標) Pernod [男]
ペルピニャン (都市) Perpignan [固] /〜の perpignanais,e [ペルピニャネ, ーズ] 〈男には単複同形〉/〜風 (à la) perpignaise [(アラ) ペルピニャネーズ]
ヘルプ (助手) aide [エードゥ] [男][女]
ベルベット → ビロード
ベルボーイ chasseur [シャスール] [男], porteur [ポルトゥール] [男], porteuse [ポルトゥーズ] [女]
ヘルメット casque [カスク] [男]
ベルモットしゅ ベルモット酒 → ヴェルモット
ペルレ (シロップ) perlé [男]
ベレ bellet [男]
ベレーヌ(風) Belle-Hélène [ベレエーヌ]
べろ (舌) langue [ラング] [女] /二枚貝の〜 pied [ピエー] [男] → ほたてがい
へん¹ 辺 (このへん, 近所) voisinage [ヴワズィナージュ] [男] /(周辺, あたり) alentours [アラントゥール] [男][複] /(界隈) quartier [カルティエ] [男] /この〜に par là [パーる ラ], près d'ici [プレ ディスィ] /(図形の) côté [コテ] [男]
へん² …片 → かけ²
へん³ 変 → おかしい
べん 便 → しょうべん, だいべん, べんり
ペン plume [プリューム] [女] /ボール〜 stylo [男] à bille [スティロ ア ビーユ] /サイン〜 crayon feutre [クレヨーン フートゥる] [男] → ペンシル
へんあつき 変圧器 transformateur [トゥランスフォルマトゥール] [男], transfo [トゥランスフォー]
へんか 変化 changement [シャンジュマン] [男] /〜する changer [シャンジェ] [25] ‖ (状態) modification [モディフィカスィヨン] [女] /〜する se modifier [スモディフィエ] [代動] [59] ‖ (動き) mouvement [ムーヴマン] [男] ‖ (文法での性・数・格の語尾変化) déclinaison [デクリネゾーン] [女] / (動詞の活用) conjugaison [コンジュゲゾーン] [女]
→ ヴァリエーション, へんけい
べんき 便器 cuvette [キュヴェートゥ] [女]
ペンキ peinture [パンテュール] [女] /〜を塗る peindre [パンドゥる] [14] /〜塗りたて: 表示 Peinture fraîche. [パンテュール フレーシュ]
べんきょう 勉強 (勉学) travail [トゥラヴァーユ] [男] 〈[複] travaux [トゥラーヴォ]〉/ 〜する apprendre [アプらーンドゥる] [37], travailler [トゥラヴァイエ] ‖ (学業) études [エテュードゥ] [女][複] /〜する faire des études [フェール デゼテュードゥ] 〈faire [21]〉 → けんきゅう
へんきん 返金 remboursement [ランブールスマン] [男] /〜する rembourser [ランブールセ]
へんけい 変形 transformation [トゥランスフォルマスィヨン] [女] /〜する transformer [トゥランスフォルメ] ‖ (ゆがみ) déformation [デフォルマスィヨン] [女] /〜する se déformer [スデフォルメ] [代動] [59]
ペンケース → ふでばこ
へんこう 変更 (変化) changement [シャンジュマン] /〜する changer [シャンジェ] [25] /住所〜 changement d'adresse [シャーンジュマン ダドゥれース]
べんごし 弁護士 avocat,e [アヴォカ, ートゥ] [男][女]
べんざ 便座 siège [スィエージュ] [男]
へんじ 返事 réponse [レポーンス] [女] /〜をする répondre [レポーンドゥる] [39] /(招待状に書込む表現) ご〜をお願いします R.S.V.P. [エール エス ヴェ ペ]: réponse, s'il vous plaît [レポーンス スィル ヴープレ] の略
へんしつ 変質 〜する changer de qualité [シャンジェ ドゥ カリテ] 〈changer [25]〉/(悪化)〜する s'altérer [サルテレ] [代動] [36][59] /〜した altéré,e [アルテレ] ‖ (ワインや牛乳など) tourner [トゥルネ] /〜した tourné,e [トゥルネ]
べんじょ 便所 → トイレ
べんしょう 弁償 dédommagement [デドマージュマン] [男] /〜する dédommager [デドマジェ] [25]
へんしょく 変色 changement [男] de couleur [シャーンジュマン ドゥ クールール] /〜する changer de couleur [シャンジェ ドゥ クールール] 〈changer [25]〉‖ (退色) décoloration [デコロラスィヨン] [女]
へんしょく² 偏食 déséquilibre [男] alimentaire [デゼキリーブル アリマンテール]
ペンション (田舎のレストランホテル) auberge [オベールジュ] [女] /(家庭的なホテル) pension [女] de famille [パンスィヨン ドゥ ファミーユ]
ペンシル アイブロー〜 crayon [男] à sourcils [クレヨーン ア スールスィ] /シャープ

へんしん 返信 réponse [レポーンス] 女 → はがき, へんじ

へんずつう 偏頭痛 → ずつう

へんそう 返送 renvoi [ランヴワー] 男 / ～する renvoyer [ランヴワイエ] 20

へんそくき 変速器 → ギア

ペンダント pendentif [パンダンティーフ] 男

ベンチ (腰掛) banc [バン] 男 / (スポーツチームの控え) réserves [レゼールヴ] 女複

ペンチ pince [パーンス] 女 / (やっとこ) tenailles [トゥナーユ] 女複

ペンテコステ (聖霊降臨祭) Pentecôte [パントゥコートゥ]

べんとう 弁当 panier-repas [パニエパ] 男 〈複 ～s ～〉, casse-croûte [カスクルートゥ] 男〈単複同形〉

へんとうせんえん 扁桃腺炎 inflammation [アンフラマスィヨン デザミグダール] des amygdales, amigdalite [アミグダリートゥ] 女

ペンネ (パスタ) 伊 penne 女複

べんぴ 便秘 constipation [コンスティパスィヨン] 女 / ～の constipé,e [コンスティペ] / ～する avoir une constipation [アヴワール ユヌ コンスティパスィヨン] 〈avoir ①〉

へんぴん 返品 rendu [ランデュ] 男 / ～する renvoyer [ランヴワイエ] 20

べんり 便利(な) commode [コモードゥ] 〈男女同形〉 → やく³

ヘンルーダ (ミカン科の香草) rue [リュ] 女, 英 rue

ほ

ほ 穂 (稲やすすきなどの) épi [エピ] 男 / (槍やアスパラガスなどの) pointe [プワーントゥ] 女 → は²

ポ (500cc入ボジョレワインの瓶) pot 男 → つぼ

ボアルネ(風) Beauharnais [ボアルネ]

ボアレ → ポワレ

ホイール (車輪) roue [ルー] 女 / スペア～ roue de secours [ルー ドゥ スクール] / ～キャップ enjoliveur 男 (de roue) [アンジョリヴール (ドゥ ルー)]

ホイッパー → あわだてき

ホイップクリーム crème 女 fouettée [クレーム フエーテ] / (甘味の) crème chantilly [クレーム シャンティイ]

ホイップする → まぜる

ポイヤック (ワイン) pauillac [ポヤック] 男 / (仔羊の産地) Pauillac 固 男

ホイル → アルミ(ニウム)

ボイルする → ゆでる

ぼいん 母音 voyelle [ヴワイエール] 女 / 半～ semi-voyelle [スミ ヴワイエール] 女 〈複 ～-～s〉/ 鼻～ voyelle nasale [ヴワイエール ナザール]

ほう¹ (…の)方 (方向) …の～に vers... [ヴェール] / (関して) …の～は quant à... [カンタ] → ほうがいい

ほう² 法 (権威による法律) loi [ルワー] 女 / ～的な légal,e [レガール], légaux [レゴ] 〈男複に〉/ ～的に légalement [レガルマン] ‖ (社会で互いが認めるべき法律) droit [ドゥルワー] 男 / (法典) code [コードゥ] 男 / (政令) décret [デークレ] 男 ‖ (司法) justice [ジュスティース] 女 / ～的な juridique [ジュリディーク] 〈男女同形〉/ ～的に juridiquement [ジュリディークマン] ‖ (文法用語として) mode [モードゥ] 男 / 条件～ (mode) conditionnel [(モードゥ) コンディスィヨネール] 男 / 接続～ (mode) subjonctif [(モードゥ) スュブジョンクティーフ] 男 / 直説～ (mode) indicatif [(モードゥ) アンディカティーフ] 男 / 命令～ (mode) impératif [(モードゥ) アンペラティーフ] 男 → こうつう

ぼう 棒 bâton [バトン] 男 / (小型) bâtonnet [バトネ] 男

ほうい 方位 (方角) point 男 cardinal [プワーン カルディナール] / (東西南北) points 男複 cardinaux [プワーン カルディノ]

ぼういんぼうしょく 暴飲暴食 excès 男複 de table [エークセ ドゥ ターブル] / ～する boire et manger en excès [ブワール エ マンジェ アンネークセ] 〈boire ⑩, manger 25〉

ぼうおん 防音 insonorisation [アンソノリザスィヨン] 女

ほうがいい 方がいい (好み) A より

ほうがく

Bの~ préférer B à A [プレフェレア] 〈préférer 36〉/(価値) valoir [ヴァルワール] 46 /…する «il vaut mieux [イルヴォミュー]+不定詞(または que [ク]+接続法の活用をする動詞を伴う文)»

ほうがく 方角 → ほう¹, ほうこう¹

ほうき 箒 balai [バレ] 男 /~で掃く balayer [バレイエ] 31

ほうきだけ 箒茸 clavaire 男 chou-fleur [クラヴェール シュー フルール] 〈複 ~s ~x-~s〉, menotte [ムノートゥ] 女, (英) red-tipped clavaria, pink-tipped coral mushroom

ぼうぎり 棒切(バトネ) bâtonnet [バトネ] 男 /~にする «tailler en+棒切の種類»

棒切の種類

アリュメット (0.3 cm角, 長さ5 cm) alumette [アリュメートゥ] 女

魚の身の棒切 goujonnette [グージョネートゥ] 女

ジャルディニエール (0.3~0.4 cm角, 長さ3~4 cm) jardinière 女

パイユ(わら状) paille [パーユ] 女

ビュシェ (1.5 cm角, 長さ6~8 cm) bûcher 男

ポン・ヌフ (1 cm角, 長さ6~8 cm) pont-neuf [ポン ヌーフ] 男

ミニョネット (0.5 cm角, 長さ4~5 cm) mignonnette [ミニョネートゥ] 女

《料理では常に複数》

ほうげん 方言 (広い地域の) dialecte [ディヤレークトゥ] 男 /(小さな地域の) patois [パートゥワ] 男〈単複同形〉

ほうこう¹ 方向 direction [ディレクスィヨン] 女 /~転換 changement de direction [シャーンジュマン ドゥ ディレクスィヨン] /~転換する virer [ヴィレ] 31 /(動きの向き) sens [サーンス] 男〈単複同形〉/~指示器 clignotant [クリニョタン] 男
→ ほうい

ほうこう² 芳香 ~剤 aromatisant [アロマティザン] 男 → におい

ぼうこう 膀胱 vessie [ヴェスィ] 女, (英) bladder [アンヴェスィ]/~に詰めた… …en vessie /~炎 inflammation 女 de la vessie [アンフラマスィヨン ドゥラ ヴェスィ]

ぼうし 帽子 (かぶり物の総称) coif-fure [クワフュール] 女 /(全体につばあり) chapeau [シャポ] 男〈複~x〉/(縁なし) bonnet [ボネ] 男 /(前部につば付) casquette [カスケートゥ] 女 /(コック帽) toque [トークゥ] 女 /~掛 porte-chapeaux [ポールトゥ シャポ] 〈単複同形〉/~屋(製造販売店) chapellerie [シャペールリ] 女 /(職人) chapelier [シャプリエ] 男, chapelière [シャプリエール] 女

ほうしき 方式 → ほうほう

ほうしゅう 報酬 rémunération [レミュネラスィヨン] 女, rétribution [レトゥリビュスィヨン] 女 /(出演料, ギャラ) cachet [カシェ] 男 /(弁護士など自由業への) honoraires [オノレール] 男複
→ ボーナス

ぼうしゅうざい 防臭剤 déodorant [デオドラーン] 男

ぼうじょう 棒状(に, の) en (forme de) bâton [アン (フォールム ドゥ) バトン] → ぼうぎり

ほうしょく 飽食 rassasiement [ラサズィマン] 男 /~する manger à satiété [マンジェア サティエテ] 〈manger 25〉, se rassasier [スラサズィエ] 代動 59

ぼうしょく 暴食 gloutonnerie [グルートゥヌリ] 女, goinfrerie [グワーンフルリ] 女 /~する manger goulûment [マンジェ グーリュマン] 〈manger 25〉, (俗語) bâfrer [バーフレ]

ほうしょやき 奉書焼 → パピヨート

ほうじん 法人 personne 女 morale [ペルソーヌ モラール], personne civile [ペルソーヌ スィヴィール]

ぼうず 坊主(僧) bonze [ボーンズ] 男, moine [ムワーヌ] 男 /~頭 tête 女 rasée [テートゥ ラゼ] /~刈にする(してもらう) se faire couper les cheveux à ras [ス フェール クーペ レ シュヴー アラ] 〈faire 代動 21 59〉

ぼうすい 防水(の) imperméable [アンペルメアーブル] 〈男女同形〉/~加工した imperméabilisé,e [アンペルメアビリゼ]

ほうせき 宝石 pierre 女 précieuse [ピエール プレスィユーズ], gemme [ジェーム] 女, joyau [ジュワーヨ] 男〈複~x〉/~商 joaillier [ジョアイエ] 男, joaillière [ジョアイエール] 女, bijoutier [ビジュティエ] 男, bijoutière [ビジュティエール] 女 /~店 joaillerie [ジョアユリ] 女, bijouterie [ビ

ほうそう¹ 放送 diffusion [ディフュズィヨン] 囡/(ラジオの) radiodiffusion [ラディオディフュズィヨン] 囡/(テレビの) télédiffusion [テレディフュズィヨン] 囡/(番組) émission [エミスィヨン] 囡, programme [プログラム] 男/衛星~ émission par satellite [エミスィヨン パール サテリートゥ]

ほうそう² 包装 emballage [アンバラージュ] 男/~する emballer [アンバレ] /~した emballé,e [アンバレ]

ほうたい 包帯 pansement [パーンスマン] 男, bandage [バンダージュ] 男/~をする bander [バンデ]

ほうだい …放題 tout son soûl [トゥー ソン スール]/飲み~ boire tout son soûl [ブワール トゥー ソン スール]

ぼうだら 棒鱈 → たら²

ほうちょう 包丁・庖丁 → ナイフ

ぼうちょう 膨張 dilatation [ディラタスィヨン] 囡/~する se dilater [スディラテ] 代動59/~させる dilater [ディラテ]/(増大) accroissement [アクルワースマン] 男/~する s'accroître [サクルワートゥル] 代動12〈備考〉59/(拡大) expansion [エクスパンスィヨン] 囡‖(醱酵による生地の膨張) levage [ルヴァージュ] 男, pousse [プース] 囡 → ふくらむ

ほうっておく 放って置く(そのままにする) laisser [レセ]

ぼうねんかい 忘年会 banquet 男 de fin d'année [バンケ ドゥ ファン ダネ]/(飲み会) buverie [ビューヴリ] 囡 de fin d'année [ビューヴリ ドゥ ファン ダネ]

ほうふ 豊富 → たくさん, たっぷり

ぼうふざい 防腐剤 antiseptique [アンティセプティーク] 男, préservateur [プレゼルヴァトゥール] 男

ほうほう 方法 moyen [ムワイヤーン] 男, façon [ファソーン] 囡, manière [マニエール] 囡, mode [モードゥ] 男/(方式) méthode [メトードゥ] 囡/(やり方) procédé [プロセーデ] 男

ほうぼう 魴鮄:魚 grondin [グロンダン] 男, 奥 gurnard

ほうぼく 放牧(粗放牧畜) élevage 男 extensif [エルヴァージュ エクスタンスィーフ]

ほうもん 訪問 visite [ヴィズィートゥ] 囡/~販売 démarchage [デマルシャージュ] 男, vente 囡 à domicile [ヴァントゥ ドミスィール]‖~する(人を) rendre visite à… [ラーンドゥル ヴィズィートゥ ア] 〈rendre 39〉, aller voir… [アレ ヴワール] 〈aller 6〉/(場所を) visiter… [ヴィズィテ] → きゃく

ほうりつ 法律 → いはん, ほう²

ほうれんそう 菠薐草・法蓮草 épinard [エピナール] 男, 奥 spinach/茎をつけたままの~ épinards en branche [エピナール アン ブラーンシュ]/山~ arroche [アローシュ] 囡, 奥 orache《料理では常に複数》

ほうろう 琺瑯 émail [エマーユ] 男〈複〉 émaux [エモ]/~引の émaillé,e [エマイエ]

ホエ(乳清) petit-lait [プティレ] 男〈複〉 ~s-~s〉, 奥 whey

ボエミエーヌ(風) (à la) bohémienne [(ア ラ) ボエミエーヌ]

ほほ 頰 joue [ジュー] 囡, 奥 cheek/豚の~ joue de porc [ジュー ドゥ ポール]/牛の~肉 joue de bœuf [ジュー ドゥ ブーフ]

ポー(町) Pau 固/~の palois,e [パルワーズ] 男には単複同形/~風(à la) paloise [(ア ラ) パルワーズ]

ボーイ(少年) garçon [ガルソン] 男/(サービス係) serveur [セルヴール] 男:現在はボーイ(garçon)とは呼ばない/~フレンド → ともだち

ポーク → ぶた, ロースト

ポーション(1人前) portion [ポルスィヨン] 囡/ハーフ~ demi-portion [ドゥミ ポルスィヨン] 囡〈複〉 ~-~s〉

ほおじろ 頰白:総称 bruant [ブリュアン] 男, 奥 bunting/ずあお~ bruant ortolan [ブリュアーン オルトラン], ortolan [オルトラン] 男, 奥 ortolan bunting, black-faced bunting

ホース(管) tuyau [テュイヨ] 男〈複〉 ~x〉

ほおずき 酸漿 alkékenge [アルケカーンジュ] 男, amour 男 en cage [アムーラン カージュ], 奥 Chinese lantern

ホースラディッシュ(西洋わさび) raifort [レフォール] 男, 奥 horseradish /おろした~ raifort râpé [レフォール ラペ]

ポーター(ホテルなどの) porteur [ポルトゥール] 男, porteuse [ポルトゥーズ] 囡

ポーチ(小型バッグ) pochette [ポシェー

ポーチドエッグ（落し卵）œuf poché [ウフ ポシェ]〈複 œufs pochés [ウ ポシェ]〉, 英 poached egg ／〜の白身の余分な部分を除く ébarber [エバルベ]

ボート canot [カノ] 男／救命〜 canot de sauvetage [カノ ドゥ ソヴタージュ]／ゴム〜 canot pneumatique [カノ プヌマティーク]／プレジャー〜 bateau 男〈複 〜x〉 de plaisance [バト ドゥ プレザーンス]／モーター〜 canot automobile [カノ オトモビール], canot à moteur [カノ ア モトゥール]
→ ふね

ボード（板）planche [プラーンシュ] 女／チーズ〜 planche à fromage [プラーンシャ フロマージュ]

ポートレート portrait [ポールトゥレ] 男／〜写真 photo 女 portrait [フォト ポールトゥレ]

ポートワイン（ポルト酒）porto [ポルト] 男／〜ソース sauce 女 au porto [ソース オ ポルト], sauce porto [ソース ポルト]

ボーナス（特別手当, 賞与）gratification [グラティフィカスィヨン] 女, prime [プリーム] 女

ボーヌ（ワイン）beaune 男

ボーヌ・マール（ワイン）bonnes-mares

ほおばる 頰張る se bourrer [ス ブーレ] 代動59

ほおべに 頰紅 rouge 男 à joues [ルージャ ジュー]

ホーム（プラットホーム）quai [ケ] 男

ホームシック nostalgie [ノスタルジ] 女, mal 男 du pays [マール デュ ペイ]

ホームステイ séjour 男（または hébergement 男）chez un particulier [セジュール（エベルジュマン）シェザン パルティキュリエ]／〜する loger dans une famille [ロジェ ダンズュヌ ファミーユ]〈loger 25〉

ボーム・ド・ヴニーズ → ミュスカ・ボーム・ド・ヴニーズ

ホームページ（ウェブサイト）site 男 web [スィートゥ ウェーブ]

ホームレス sans-abri [サンザブリ] 男女〈単複同形〉

ボーメど ボーメ度（比重の単位）degré 男 Baumé [ドゥグレ ボメ]〈複 〜s 〜〉

ポーランド Pologne [ポローニュ] 固女／〜人 Polonais,e [ポロネ, ーズ] 男女〈男は単複同形〉／〜語 polonais [ポロネ] 男／〜の polonais,e [ポロネ, ーズ]〈男には単複同形〉／〜風 (à la) polonaise [(ア ラ) ポロネーズ]

ボーリング（ゲームの）bowling [ボーリング] 男

ホール（広間, 会館）salle [サール] 女, †hall [オール] 男／（ゴルフの）trou [トゥルー] 男〈複 〜x〉

ボール¹（卓球やテニスなどの小球）balle [バール] 女／（サッカーなどの大球）ballon [バロン] 男／…の〜仕立 ... en ballon [アン バロン]

ボール²（容器）bassine [バスィーヌ] 女／（パンチ用）bol 男 à punch [ボーラ ポンシュ]／（底も丸い泡立用）cul-de-poule [キュ ドゥ プール] 男〈複 〜s- 〜- 〜〉／（卵白泡立用）bassine à blancs [バスィーナ ブラン]／（サラダボール）saladier [サラディエ] 男

ボールがみ ボール紙 carton [カルトン] 男

ポール・サリュ → ポール・デュ・サリュ

ポール・デュ・サリュ（チーズ）port-du-salut

ボールペン → ペン

ほおんき 保温器（温製料理用）chauffe-plats [ショーフ プラー] 男〈単複同形〉／（皿用）chauffe-assiettes [ショフ スィエートゥ] 男〈単複同形〉／（ボックス）conteneur 男 isotherme [コントゥヌール イゾテールム]／（湯せん用）bain-marie [バンマリ] 男〈複 〜s- 〜〉 → ジャー

ほおんする 保温する maintenir la température [マントゥニール ラ タンペラテュール]〈maintenir 47〉／…を〜 garder ...au chaud [ガルデ オ ショ]

ほか 外・他 autre [オートゥル] 男女／〜の autre〈男女同形〉／誰か〜の人 quelqu'un d'autre [ケルカン ドートゥル]／〜に en plus [アン プリュース], encore [アンコール], outre [ウートゥル], autre part [オートゥル パール]／〜の場所に ailleurs [アユール], autre part [オートゥル パール]
→ のぞいて, べつ

ほかほか(の) tout chaud [トゥー ショ]〈男に〉, toute chaude [トゥートゥ ショードゥ]〈女に〉

ぽかぽか 〜した陽気だ il fait doux [イル フェ ドゥー]

ほかん 保管 〜場所 dépôt [デポ] 男

／～料 droits [男][複] de dépôt [ドロワ ドゥ デポ] → ほぞん

ほきゅう 補給 ravitaillement [ラヴィターユマン][男]／～する ravitailler [ラヴィタイエ]

ぼく 僕 → わたし

ほくい 北緯 latitude [女] nord [ラティテュードゥ ノール]

ほくおう 北欧 Europe [女] septentrionale [ウロープ セプタントゥリヨナール], pays [男][複] nordiques [ペイ ノルディーク]／～の nordique [ノルディーク]〈男女同形〉

ぼくし 牧師 pasteur [パストゥール][男]

ほぐしみ 解し身（鱈(たら)などを薄い身にしたもの）effeuillée [エフーイエ][女] → フレーク, ほぐす

ぼくじょう 牧場 pâturage [パテュラージュ][男]／(草原) prairie [プレーリ][女]／(小さな草原) pré [プレー][男]／(高原の斜面) alpage [アルパージュ][男]／(良質の草のある) herbage [エルバージュ][男]

ほぐす 解す（鱈(たら)などを薄い身に）effeuiller [エフーイエ]／ほぐした effeuillé,e [エフーイエ]‖(砕片にする) émietter [エミエテ]／ほぐした émietté,e [エミエテ]‖(肉などを繊維状に) effilocher [エフィロシェ]／ほぐした effiloché,e [エフィロシェ]‖(緊張などを) détendre [デタンドゥル][39]／ほぐした détendu,e [デタンデュ]

ほくせい 北西 nord-ouest [ノール ウェーストゥ][男]／～の nord-ouest〈不変〉

ぼくそう 牧草 herbe [女][エールブ] → ぼくじょう

ほくち → きた

ぼくちく 牧畜 élevage [エルヴァージュ][男]／～業者 éleveur [エルヴール][男], éleveuse [エルヴーズ][女]

ほくとう 北東 nord-est [ノーレーストゥ][男]／～の nord-est〈不変〉

ほくぶ 北部 → きた

ほくほくせい 北北西 nord-nord-ouest [ノール ノール ウェーストゥ][男]／～の nord-nord-ouest〈不変〉

ほくほくとう 北北東 nord-nord-est [ノール ノーレーストゥ][男]／～の nord-nord-est〈不変〉

ほくよう 北洋（北の海）mers [女][複] septentrionales [メール セプタントゥリヨナール]／(北海) mer [女] du Nord [メール デュ ノール]

ほくろ 黒子 grain [男] de beauté [グラーン ドゥ ボテ]

ボケール(風) (à la) Beaucaire [(ア ラ) ボケール]

ポケット poche [ポーシュ][女] → ティッシュ(ペーパー), ベル

ほけん 保険 assurance [アスュラーンス][女]／～がかけてある assuré,e [アス

保険の種類

火災保険 assurance [女] contre l'incendie [アスュラーンス コーントゥル ランサンディ]
強制保険 assurance obligatoire [アスュラーンソブリガトゥワール]
健康保険 assurance maladie [アスュラーンス マラディ]／(国の) sécurité [女] sociale [セキュリテ ソスィヤール], sécu [セキュ][女]
雇用(失業)保険 assurance chômage [アスュラーンス ショマージュ]
災害保険, オールリスクス assurance tous risques [アスュラーンス トゥー リースク]
自動車保険 assurance automobile [アスュラーンソトモビル]
傷害保険 assurance contre les accidents [アスュラーンス コーントゥル レザクスィダン]
生命保険 assurance sur la vie [アスュラーンス スュール ラ ヴィ], assurance-vie [アスュラーンス ヴィ][女]〈[複] ～s- ～〉
責任賠償保険 assurance contre responsabilité civile [アスュラーンス コーントゥル レスポンサビリテ スィヴィール]
盗難保険 assurance contre le vol [アスュラーンス コーントゥル ル ヴォール]
任意保険 assurance volontaire [アスュラーンス ヴォロンテール]
旅行損害保険 assurance de voyage [アスュラーンス ドゥ ヴワヤージュ]
労働災害保険 assurance contre accidents du travail [アスュラーンス コーントゥラ クスィダン デュ トゥラヴァーユ]

ほけんじょ

ュレ］／～会社 compagnie 囡 d'assurance［コンパニ ダスュランス］／～金 indemnité 囡 d'assurance［アンデムニテ ダスュランス］／～契約 contrat 男 d'assurance［コーントゥラ ダスュランス］／～証書 police 囡 d'assurance［ポリス ダスュランス］／～代理店 agence 囡 d'assurance［アジャーンス ダスュランス］‖～料 prime 囡 d'assurance［プリーム ダスュランス］／（共済組合の）cotisation 囡 d'assurance［コティザスィヨン ダスュランス］ →p.677［囲み］

ほけんじょ 保健所 service 男 de santé publique［セルヴィス ドゥ サンテ ピュブリック］

ほご 保護 protection［プロテクスィヨン］囡／～する protéger［プロテジェ］36〈備考〉

ほこり¹ 誇り fierté［フィエルテ］囡

ほこり² 埃 poussière［プースィエール］囡

ほさ 補佐 → ほじょ

ほさき 穂先 → ほ

ほし¹ 星 étoile［エトゥワール］囡／～形の étoilé,e［エトゥワレ］, en forme d'étoile［アン フォルム デトゥワール］／～の stellaire［ステレール］〈男女同形〉／（ミシュランガイドブックの）～付のレストラン restaurant 男 étoilé［レストラン エトゥワレ］ →せんせいじゅつ

ほし² 干… → アプリコット, かき², レーズン

ほしい (…が) 欲しい vouloir...［ヴルワール］50, avoir envie de...［アヴワール アンヴィド］〈avoir ①〉, désirer...［デズィレ］: vouloir, avoir envie de, désirer の順に意味が強くなる

ポシェ (低温で加熱する) ～する pocher［ポシェ］／～した poché,e［ポシェ］‖（弱火で調理すること, 弱火で調理した料理）poché［ポシェ］男

ぼしゅう 募集 (会員などの) recrutement［ルクリュトゥマン］男,（広告）offre 囡 d'emploi［オーフル ドゥンプルワ］／～要項 modalité 囡 de recrutement［モダリテ ドゥ ルクリュトゥマン］／～する recruter［ルクリュテ］‖（寄付や署名の）collecte［コレークト］囡／～する collecter［コレクテ］

ほじょ 補助 aide［エードゥ］囡, assistance［アスィスターンス］囡／～する aider［エデ］, assister［アスィステ］

→アシスタント, いす

ほしょう¹ 保証 garantie［ギャランティ］囡／品質～ garantie de qualité［ギャランティ ドゥ カリテ］／～書 (真正) certificat 男 d'authenticité［セルティフィカ ドタンティスィテ］／（商品に対する）bon 男 de garantie［ボン ドゥ ギャランティ］／（身元）références［レフェラーンス］囡複／～期間 période 囡 de garantie［ペリヨードゥ ギャランティ］／～人 garant,e［ギャラン, トゥ］男囡／～金：敷金 caution［コスィヨン］囡, cautionnement［コスィヨーヌマン］男／～する garantir［ギャランティール］④‖（請合）assurance［アスュラーンス］囡／～する assurer［アスュレ］

ほしょう² 補償 (賠償) indemnisation［アンデムニザスィヨン］囡／～金 indemnité［アンデムニテ］囡／～する indemniser［アンデムニゼ］

ボジョレ (ワイン) beaujolais［ボジョレ］男／～風 (à la) beaujolaise［(ア ラ) ボジョレーズ］／～・ヴィラージュ beaujolais villages／～・ヌーヴォ beaujolais nouveau／～プリムール beaujolais primeur‖（チーズ）～ピュール・シェーヴル beaujolais pur chèvre

ほす 干す・乾す sécher［セシェ］36, dessécher［デセシェ］36／（グラスを）飲み～ vider le verre［ヴィデ ヴェール］,（話言葉）faire cul sec［フェール キュ セック］〈faire ㉑〉

ポスター affiche［アフィーシュ］囡, poster［ポステール］男／～カラー couleur 囡 pour affiches［クールール プーラフィーシュ］

ホステス hôtesse［オテス］囡／バーなどの～ entraîneuse［アントゥレヌーズ］囡

ホスト → しゅじん

ポスト (郵便) boîte 囡 à lettre［ブワートゥ ア レートゥル］, boîte aux lettres［ブワートゥ オ レートゥル］ → しごと

ほそい 細い (太さが) fin,e［フ・ァン, ィーヌ］／細く finement［フィヌマン］／（極細）ténu,e［テニュ］‖食が～ avoir un appétit d'oiseau［アヴワール アンナペティ ドゥワーゾ］〈avoir ①〉 →やせている

ほそぎり 細切 (魚) goujonette［グージョネートゥ］囡／（葉野菜）lanière［ラニエール］囡／（ベーコン）lardon［ラルドン］男《料理では常に複数》

ほぞん 保存 conservation [コンセルヴァスィヨン] 女 /〜する conserver [コンセルヴェ] ‖ (保管) garde [ガールドゥ] /〜する garder [ガールデ] ‖ (蓄え) réserve [レゼールヴ] 女 /〜する réserver [レゼルヴェ] ‖ …を冷たい(温かい)所に〜する garder (または tenir) ...au froid (chaud) [ガルデ(トゥニール) オ フルワー(ショ)] 〈tenir 47〉/〜食 vivres 男複 de réserve [ヴィーヴルドゥ レゼールヴ] /〜料 produit 男 conservateur [プロデュイ コンセルヴァトゥール]

ポタージュ (液体料理の総称) potage 男, 英 soup /〜・ヴルテ potage velouté [ポタージュ ヴルーテ], 英 velouté soup /〜・クレーム potage crème, 英 cream soup /〜・クレール potage clair, 英 clear soup /〜・ピュレ potage purée, 英 purée soup

ぼだいじゅ 菩提樹 tilleul [ティユール] 男, 英 linden, lime tree

ほたてがい 帆立貝 (ヨーロッパ帆立) coquille 女 (de) Saint-Jacques [コキーユ(ドゥ) サンジャック] 女, Saint-Jacques または (単複同形), 英 scallop /姫〜 pétoncle [ペトンクル] 男, 英 queen scallop /〜の貝柱(身) noix 女 de Saint-Jacques [ヌワードゥ サン ジャック] /〜のヒモ corail 男 複 coraux s de Saint-Jacques [コライユ(コロ) ドゥ サンジャック]

ぼたぼた goutte à goutte [グータ グートゥ]

ぼたもち ぼた餅 boulette 女 de riz gluant recouverte de pâte de haricots rouges sucrée [ブレートゥ ドゥ リ グリュアン ルクーヴェルトゥ ドゥ パートゥ ドゥ アリコ ルージュ スュクレ]

ほたるいか 蛍烏賊 → いか

ボタン (衣服の, またはスイッチ) bouton [ブートン] 男 /〜ホール boutonnière [ブートニエール] 女

ぼたんえび 牡丹海老 → えび

ぼち 墓地 → はか

ホチキス agrafeuse [アグラフーズ] 女 /〜で留める agrafer [アグラフェ] /〜針 agrafe [アグラフ] 女

ほちょうき 補聴器 audiophone [オディヨフォーヌ] 男

ほっきがい 北寄貝 (うばがい) mactre 女 hokki [マークトゥル ホキ] 男, Sakhalin surf clam

ほっきょく 北極 pôle 男 Nord [ポール ノール] /〜海 Océan 男 Glacial Arctique [オセアン グラスィヤーラルクティーク] /〜圏 cercle 男 arctique [セールクラルクティーク] /〜星 Polaire [ポレール] 女

ホック (スナップ) agrafe [アグラーフ] 女, bouton-pression [ブートン プレスィヨン] 男 複 〜s 〜

ボックス 〜席 loge [ロージュ] 女 → はこ

ほっけ 鯡 maquereau 男 Atka [マークロ アートゥカ] 〈複 〜x 〜〉, arabesque greenling

ほっさ 発作 attaque [アターク] 女 /〜を起す avoir une attaque [アヴワール ユヌ アターク] 〈avoir 1〉

ポッシュ → しぼりぶくろ, ポケット

ほっそり → やせている

ホッチキス → ホチキス

ほっておく laisser [レセ]

ホット 〜オイル(唐辛子入油) huile 女 pimentée [ユイル ピマンテ] /〜ケーキ crêpe 女 épaisse [クレープ エペース], 英 hot cake → あつい¹, テーブル, プレート, ワイン

ポット (鉢) pot [ポ] 男 /(魔法瓶) bouteille 女 isolante [ブーテーユ イゾラントゥ], (商標)thermos [テルモ] 女 /コーヒー〜 cafetière [カフティエール] 女 /ココア〜 chocolatière [ショコラティエール] 女 /シャーベット〜 pot à sorbet [ポ ア ソルベ] /ティー〜 théière [テイエール] 女 /電気〜 bouilloire 女 électrique [ブーユワーレレクトゥリーク] /ミルク〜 pot à lait [ポ タレ]

ホットドッグ †hot dog または †hotdog [オートゥドーグ] 男

ほっぴょうよう 北氷洋 → ほっきょくかい

ホップ †houblon [ウーブロン] 男, 英 hop

ポップアート pop art [ポパールトゥ] 男

ポップコーン pop-corn [ポプ コーン] 男 〈複 〜〜s〉, maïs éclaté [マイーセクラーテ], 英 popcorn

ポップス (音楽) musique 女 pop [ミュズィーク ポープ]

ポップライス riz 男 éclaté [リエクラーテ], 英 poped rice

ほっぽう 北方 → きた

ぼつぼつ (斑点) tache [タシュ] 女 /

(少しずつ) peu à peu [プーアプー]

ボツリヌスきん ボツリヌス菌 bacille 男 botulique [バスィール ボテュリーク], bacille botulinique [バスィール ボテュリニーク]

ポテ (煮込) potée 女

ボディ (車体) carrosserie [カロースリ] 女‖(ワインのこく) corps [コール] 男 〈本複同形〉/～のある corsé,e [コルセ]

ポティロン → かぼちゃ

ポテト ベークド～ pomme 女 au four [ポモ フール], pommes de terre au four [ポム ドゥ テール フール], 英 *baked potato*/～チップ chips [シープス] 女 複, 英 *crisps*/～フライ, フライド～, フレンチフライ pommes 女 frites [ポム フリートゥ], pommes de terre frites [ポム ドゥ テール フリートゥ] 英 *chips*, 米 *French fries*
→ じゃがいも, マッシュポテト, p.682 [囲み]

ホテル hôtel [オテール] 男/一流～ hôtel de première catégorie [オテール ドゥ プルミエール カテゴリ]/田舎の～・レストラン auberge [オベールジュ]/観光～ hôtel touristique [オテール トゥーリスティーク]/最高級～ palace [パラース] 男/長期滞在用～ pension [パンスィヨン], hôtel résidentiel [オテール レズィダンスィエール]/B&B(ベッド・アンド・ブレクファスト)～ chambres 女 複 d'hôte [シャーンブル ドートゥ]/3つ星～ hôtel à trois étoiles [オテーラ トゥルワゼトゥワール]/リゾート～ hôtel vacancier [オテールヴァカンスィエ]
→ こうこう, しゅじん

ほど …程 (…するほど) au point de … [オ プワーン ドゥ]/彼は倒れるほど空腹だった Il était affamé au point de tomber. [イレテ アファメ オ プワーン ドゥ トンベ]/(どれほど) à quel point [アケルプワーン]/彼がどれほど働いているのか私には想像できる Je peux imaginer à quel point il travaille. [ジュ プー イマジネ ア ケル プワーン イル トゥラヴァーユ]/(これほど) à ce point [アス プワーン]/私はこれほどまでにワインを飲んだことはない Je n'ai jamais bu de vin à ce point. [ジュ ネ ジャメ ビュ ドゥ ヴァン ア ス プワーン]‖(A すればするほど B だ) plus (moins) A, plus (moins) B [プリュー(ムワーン) プリュー(ムワーン)]：plus はそのことがより増加することを, moins はそのことがより減少することを表す/この本は読めば読むほどおもしろい Plus je lis ce livre, plus m'intéresse. [プリュー ジュ リス スィーヴル プリュー イル マンテレス]/彼が食べなくなればなるほど, 私は安心していられない Moins il mange, moins je me rassure. [ムワーン イル マンジュ ムワーン ジュ ム ラスュール]‖(約) environ… [アンヴィロン], à peu près… [ア プー プレ]
→ ほどほど

ほとう 補糖 (ワイン製造用) → かとう

ほどう 歩道 trottoir [トゥロトゥワール] 男/～橋 passerelle [パスレール] 女

ほどく 解く (結び目を) dénouer [デヌエ]/(荷物を) dépaqueter [デパクテ] 7, défaire [デフェール] 21

ポトフ (煮込) pot-au-feu 男 〈単複同形〉

ほどほど 程程 (に)/～に火を通す (faire) cuire à point [(フェール) キュイール ア プワン] faire 21, cuire 11 備考〉
→ てきど, てきとう, ちゅうぐらい

ボトリティス・シネレアきん ボトリティス・シネレア菌 (貴腐菌) botrytis 男 cinéréa [ボトゥリティース スィネレア]

ボトル → びん[1]

ほとんど (ほぼ) presque [プレースク]/(事実上) pratiquement [プラティークマン], quasiment [カズィマン]/(否定) (ほとんど…ない) «ne [ヌ] +活用動詞+guère [ゲール]», peu… [プー], à peine… [ア ペーヌ] → ひてい ⇒ p.756 「否定文」

ぼにゅう 母乳 lait 男 maternel [レマテルネール]

ボヌゾ (ワイン) bonnezeaux 男

ボヌ・ファム(風) (à la) bonne femme [(ア ラ) ボーヌ ファーム]

ボヌフォワ(風) Bonnefoy [ボーヌフワー]

ボヌ・ママン(風) (à la) bonne maman [(ア ラ) ボーヌ ママン]

ほね 骨 (動物の) os [オース] 男 〈複〉 os [オ]/～を除く, デゾセする désosser [デゾセ]/～を除いた désossé,e [デゾセ]‖鶏などの足の～をむき出しにする manchonner [マンショネ]/～をむき出しにした manchonné,e [マンショネ]‖(魚の) arête [アレートゥ] 女/(小骨) petite arête [プティータレートゥ] 女/

頭蓋骨　crâne [クラーヌ] 男
鎖骨　clavicule [クラヴィキュール] 女
胸骨　sternum [ステルノーム] 男
肋骨　côte [コートゥ] 女
肩甲骨　omoplate [オモプラートゥ] 女
脊椎　colonne 女 vertébrale [コローヌ ヴェルテブラール]
腰椎　vertèbres 女複 lombaires [ヴェルテーブル ロンベール]
大腿骨　fémur [フェミュール] 男
脛骨(けい)　tibia [ティビヤ] 男
膝蓋(しつ)骨　rotule [ロテュール] 女

(中骨) arête dorsale [アレートゥ ドルサール] /～を除く désarêter [デザルテ] /～を除いた désarêté,e [デザルテ]
→こっせつ, ナイフ, ほねぬき, ほねはさみ

ボネ¹　(帽子) bonnet 男
ボネ²　(牛の第2胃) bonnet 男, 英 honeycomb tripe
ほねぬき　骨抜(行為) désossement [デゾースマン] 男 /～する désosser [デゾセ] /～した désossé,e [デゾセ] ‖ (鶏などのガラを) décarcasser [デカルカセ] /～した décarcassé,e [デカルカセ] ‖ (魚用の道具) pince [パンス] 女
ほねはさみ　骨挟 (羊もも肉切分け用) manche 男 à gigot [マーンシャ ジゴ] / (ハム切分け用) manche à jambon [マーンシャ ジャンボン]
ほねわりぼうちょう　骨割包丁 → ナイフ
ほのお　炎　flamme [フラーム] 女
ホバークラフト　aéroglisseur [アエログリスール] 男
ポピー → けし, ひなげし
ポピエット　(料理) paupiette [ポピエートゥ] 女
ポピュラー　(一般的, 人気のある) populaire [ポピュレール] 男女同形
ボフォール　(チーズ) beaufort 男
ほほ　頬 → ほお
ほぼ　略 → ほとんど
ポマード　pommade [ポマードゥ] 女 /～の, ～状にした en pommade [アン ポマードゥ] /～状のバター beurre 男 en pommade [ブーラン ポマードゥ]
ポマール　(ワイン) pommard 男
ポム → じゃがいも, りんご, p.682 [囲み]
ポムリ・エ・グルノ (シャンパンメーカー) Pommery et Greno 固
ポムロール　(ワイン) pomerol 男

ホモ　(同性愛者) homosexuel [オモセクスュエール] 男, (俗語) homo [オモ] 男 ‖ (男色) pédéraste [ペデラースト] 男, (俗語) pédé [ペデ] 男 ‖ (衣装倒錯) travesti [トゥラヴェスティ]
ボモン　(チーズ) beaumont 男
ほや　海鞘　violet [ヴィヨレ] 男, figue 女 de mer [フィーグ ドゥ メール], ascidie [アスィディ] 女, 英 sea squirt
ほようじょ　保養所　maison 女 de délassement [メゾン ドゥ デラースマン]
ほようち　保養地　villégiature [ヴィレジャテュール] 女
ぼら → はい¹
ぼら　鰡　muge [ミューグ] 男, mulet [ミュレ] 男, 英 mullet /～の卵 œufs 男複 de mulet [ウドゥ ミュレ]
ほらがい　法螺貝　triton [トゥリトーン] 男, 英 conch shell, trumpet conch
ポラック → たら²
ポラロイドカメラ　(インスタントカメラの商標名) polaroïd [ポラロイードゥ] 男
ボランジェ (シャンパンメーカー) Bollinger 固
ボランティア　(行為) volontariat [ヴォロンタリヤ] 男 / (人) bénévole [ベネヴォール] 男女, volontaire [ヴォロンテール] 男女 ‖ ～の bénévole 〈男女同形〉, volontaire 〈男女同形〉
ポーリッシュほう　ポーリッシュ法 (パン製造法) fermentation 女 sur poolish [フェルマンタスィヨン スュール ポーリッシュ]
ポリープ　polype 男
ポリエステル　polyester [ポリエステール] 男
ポリエチレン　polyéthylène [ポリエティレーヌ] 男
ポリジ → しょうにまひ
ボリジ　(瑠璃ぢしゃ:サラダ菜) bourrache [ブーラーシュ] 女, 英 borage
ほりだしもの　掘出物　trouvaille [トゥルーヴァーユ] 女
ポリッジ　(粥) porridge [ポリージュ] 男
ポリニャーク(風) Polignac [ポリニャーク]
ポリネシア　Polynésie [ポリネズィ] 固女 /～の polynésien,ne [ポリネズィ・ヤン, エーヌ] /～人 Polynésien,ne 男女 /～風 (à la) polynésienne [(アラ) ポリネズィエーヌ]
ポリフェノール　polyphénol 男
ポリぶくろ　ポリ袋 → ふくろ

じゃが芋料理

ポム・アネット(オーヴン焼)
pommes Annette [ポム アネートゥ], 英 Annette potatoes

ポム・(ア・ラ・)パリジエーヌ(小球状) pommes (à la) parisienne [ポム (アラ) パリジィエーヌ], 英 parisienne potatoes

ポム・アリュメット pommes allumettes (フライ) [ポム アリュメートゥ], 英 matchstick potatoes

ポム・アンナ pommes Anna(オーヴン焼), 英 Anna potatoes

ポム・アン・ローブ・デ・シャン(皮付) pommes en robe des champs, 英 potatoes cooked in their skins

ポム・オ・フール(オーヴン焼) pommes au four, 英 baked potatoes

ポム・ココット(ソテ) pommes cocotte [ポム ココートゥ], 英 cocotte potatoes

ポム・ゴフレット(ポテトチップ)
pommes gaufrette [ポム ゴフレートゥ], 英 potato wafers

ポム・コルレット(ポテトチップ)
pommes collerette [ポム コルレートゥ], 英 potato collerettes

ポム・サン・フロランタン(クロケット)
pommes Saint-Florentin, 英 Saint Florentin croquettes

ポム・シプス(ポテトチップ) pommes chips [ポム シープス], 英 crisps, 米 chips

ポム・シャトウイヤール(ポテトチップ)
pommes chatouillard [ポム シャトゥーヤール], 英 chips chatouillard

ポム・シャトー(ソテ) pommes château, 英 château potatoes

ポム・スフレ(ポテトチップ) pommes souflées, 英 potato soufflé

ポム・ダルファン(オーヴン焼) pommes Darphin, 英 Darphin potatoes

ポム・デュシェス(ピュレ) pommes duchesse, 英 duchess potatoes

ポム・ナテュール(ゆで芋) pommes nature, 英 boiled potatoes

ポム・ノワゼット(ソテ) pommes noisettes [ポム ヌワゼートゥ], noisettes 女複 de pommes de terre [ヌワゼートゥ ドゥ ポム ドゥテール], 英 mini potato croquettes

ポム・パイヤソン(オーヴン焼) pommes paillasson, 英 mat potatoes

ポム・パイユ(フライ) pommes paille, 英 straw potatoes

ポム・バタイユ(フライ) pommes bataille, 英 bataille potatoes

ポム・ブーランジェール(オーヴン焼)
pommes boulangère, 英 potatoes à la boulangère

ポム・フォンダント(ゆで芋)
pommes fondantes [ポム フォンダーントゥ], 英 potato fondantes

ポム・フリット(フライ)
pommes frites [ポム フリートゥ], 英 chips, 米 French fries

ポム・ベルニ(クロケット) pommes Berny, 英 Berny croquettes

ポム・ポン・ヌフ(フライ)
pommes Pont-Neuf [ポム ポン ヌーフ], 英 Pont-Neuf chips

ポム・マケール(ピュレのソテ) pommes Macaire, 英 Macaire potatoes

ポム・ミニョネット(フライ)
pommes mignonnettes [ポム ミニョネートゥ], 英 mignonnette chips

ポム・ムスリーヌ(ピュレ) pommes mousseline, 英 mashed potatoes

ポム・ロベール(ピュレのソテ) pommes Robert, 英 potatoes Robert

ボリューム(量) volume [ヴォリューム] 男/〜のある volumineux [ヴォリュミヌー]〈男に,単複同形〉, volumineuse [ヴォリュミヌーズ]〈女に〉/〜のある食事 repas 男 copieux [ルパ コピュー]

ポルカ(ケーキ) polka 男

ポルシェ（煮込料理） porché [ポルシェ] 男, 英 borsch

ボルシチ（ロシアの煮込） bortsch または borchtch [ボールシュ] 男

ホルスタイン（牛） †holstein [オルスタン] 女

ホルダー（支え） support [スュポール] 男／ハム～ serre-jambon [セール ジャンボン] 男〈単複同形〉

ポルチーニ（セープ茸） cèpe [セープ] 男, 英 borscht

ポルテュゲーズ → かき[1]

ボルト（電圧） volt [ヴォールトゥ] 男：記号は V. フランスは220 V／（ねじ） boulon [ブーロン] 男

ポルト → ポートワイン

ボルドー（都市） Bordeaux [ボルド] 男／～の bordelais,e [ボルドゥレ, ーズ]〈男には単複同形〉／～風 (à la) bordelaise [(ア ラ) ボルドゥレーズ]／ソース・～ sauce bordelaise [ソース ボルドゥレーズ]／（ワイン） bordeaux [ボルド] 男／～形の瓶 bordelaise [ボルドゥレーズ] 女, frontignan [フロンティニャン] 男／～色 bordeaux 男／～色の服 bordeaux〈不変〉 → ボルドレ

ポルトガル Portugal [ポルテュガール] 固 男／～人 Portugais,e [ポルテュゲ, ーズ] 男女〈男は単複同形〉／～語 portugais [ポルテュゲ] 男／～の portugais,e [ポルテュゲ, ーズ]〈男には単複同形〉／～風 (à la) portugaise [(ア ラ) ポルテュゲーズ] → かき[1]

ポルトフイユ（札入, 切方） portefeuille [ポルトフュイュ] 男／～に切った… en portefeuille [アン ポルトフュイュ]

ボルドレ（地域） Bordelais [ボルドゥレ] 男 → ボルドー

ボルドレーズ → ボルドー

ポルノ pornographie [ポルノグラーフィ] 女, porno

ポルモニエ（ソーセージ） pormonier 男

ホルモン[1] hormone [オルモーヌ] 女／男（女）性～ hormones sexuelles mâles (femelles) [オルモーヌ セクスュエール マール (フメール)]／副腎皮質～ hormones corticosurrénales [オルモーヌ コルティコスュレナル]

ホルモン[2]（料理） tripes [トゥリープ] 女 複／～焼 grillée 女 de tripes [グリエ ドゥ トゥリープ]／～の煮込 ragoût 男 de tripes [ラグー ドゥ トゥリープ]

ボレ（カップ） bolée 女

ポレンタ（粥, 餅） polenta 女

ボローニャ（イタリアの都市） Bologne [ボローニュ] 固／～の bolognais,e [ボロニェ, ーズ]〈男には単複同形〉／～風 (à la) bolognaise [(ア ラ) ボロニェーズ]

ポロシャツ → シャツ

ポロネーズ（ケーキ） polonaise 女 → ポーランドふう

ポロねぎ poro葱 poireau [プワロ] 男〈複 ~x〉, 英 leek／～の白い部分 blanc 男 de poireau [ブラン ドゥ プワロ]

ポロバン → ヴォロ・ヴァン

ほろほろちょう ほろほろ鳥 pintade [パンタードゥ] 女, poule 女 de Guinée [プール ドゥ ギネ], 英 guineafowl／若～, パンタドー pintadeau [パンタド] 男〈複 ~x〉, 英 young guineafowl

ほろよい ほろ酔い(の) éméché,e [エメシェ], gris,e [グリーズ]〈男には単複同形〉,（話言葉）pompette [ポンペートゥ]〈男女同形〉

ポワール → ようなし

ポワール・ウィリアム（蒸留酒） poire 女 williams [プワール ウィリアム]

ホワイト（…） → アスパラガス, からし, しろ[1], す[2], スティルトン, ソース, チョコレート, ヌガー, ソース, ラムしゅ

ポワヴラード（小アーティチョーク） poivrade [プワヴラードゥ] 女, 英 poivrade artichoke／（ペッパーソース） sauce 女 poivrade [ソース プワヴラードゥ], 英 vinegar sauce with pepper

ポワヴル → こしょう[1]

ポワヴロン → ピーマン

ポワ・オルディネール（コニャック） bois ordinaires [プワー オルディネール] 男

ポワ・カセ（乾燥豆） pois 男 複 cassés [プワー カセ]

ポワ・シーシュ → ひよこまめ

ポワゼット（製菓道具） boisette [プワゼートゥ] 女

ポワソニエ → さかな[1]

ポワソニエール → なべ

ポワソン → さかな[1]

ポワトゥー（地方） Poitou [プワトゥー] 固 男／～の poitevin,e [プワトゥ・ヴァン, ヴィーヌ]／～風 (à la) poitevine [(ア ラ) プワトゥヴィーヌ]

ボワヨ (腸, ソーセージ用皮膜) boyau [ブワーヨ] 男, 複 ~x, caising

ポワレ (オーヴンでの蒸焼, フライパン焼) poêlé [プワーレ] 男, 英 fry／～する poêler [プワーレ]／～した poêlé,e [プワーレ], 英 fried → ようなし

ポワロ → ポロねぎ

ポワロン → なべ

ほん[1] 本 livre [リーヴル] 男／(話し言葉) bouquin [ブーカン] 男

ほん[2] …本：フランス語には細長いものを数える場合の特別の単位はなく, すべて以下のように《数詞＋名詞》の組合せで表す／(棒1本) un bâton [アン バトン]／(包丁1本) un couteau [アンクート]／(バゲット1本) une baguette [ユヌ バゲートゥ]

ぼん 盆 (器) plateau [プラトー] 男 〈複 ~x〉‖(祭) fête [フェートゥ] 女 bouddhique des morts [フェートゥ ブーディークデモール]

ほんかくてき 本格的(な) authentique [オタンティーク]〈男女同形〉／～に authentiquement [オタンティークマン]

ほんかん 本館 (別館に対して) bâtiment 男 principal [バティマン プランスィパール]

ぽんかん ぽん柑 → みかん

ぼんさい 盆栽 bonsaï [ボンサイ] 男

ポンシェ しみこませる

ほんしき 本式(の) → せいとう[1]

ほんじつ 本日 ce jour 男 [スジュール] → きょう[1], プラ

ほんしゃ 本社 siège 男 social [スィエージュ ソスィヤール]

ほんせき 本籍 (法定住所) domicile 男 légal [ドミスィール レガール]

ボンタン (料理表現) Bontemps 男

ぼんち 盆地 bassin [バサン] 男, cuvette [キュヴェートゥ] 女

ポンチ フルーツ～ macédoine 女 de fruits [マセドゥワーヌ ドゥ フリュイ], punch 男 aux fruits [ポーンシュ オ フリュイ], 英 fruit punch → パンチ

ほんてん 本店 maison 女 mère [メゾン メール]

ほんど 本土 métropole [メトロポール] 女／フランス～ France 固 女 métropolitaine [フランス メトロポリテーヌ], Hexagone [エグザゴーヌ] 固 男

ボンド (チーズ) bonde [ポーンドゥ] 女

ポンド (通貨単位) livre 女 sterling [リーヴル ステルリーング]／(重量単位) livre [リーヴル] 女

ほんとう 本当 vérité [ヴェリテ] 女‖～の vrai,e [ヴレー] (真実) véritable [ヴェリターブル]〈男女同形〉‖～は en fait [アン フェートゥ], en réalité [アン レアリテ], à vrai dire [ア ヴレ ディール]‖～に (まさに) vraiment [ヴレーマン], (実際に) réellement [レエールマン], effectivement [エフェクティーヴマン], véritablement [ヴェリターブルマン], en effet [アンネフェ]‖～? C'est vrai? [セヴレー]

ボンドン (チーズ) bondon 男

ほんにん 本人 propre personne 女 [プロープル ペルソーヌ]／～です(電話で) Soi-même. [スワ メーム]

ポン・ヌフ (橋) Pont-Neuf 固 男／(菓子) pont-neuf 男 → ぼうぎり, ポム, p.682 囲み

ボンネット (車の) capot [カポ] 男

ほんの → わずか

ほんば (…の)本場 pays 男〈単複同形〉 de… [ペイ ドゥ]／ワインの～ pays de vin [ペイ ドゥ ヴァン]

ポンパドゥール(風) Pompadour [ポンパドゥール]

ポンプ (アイスクリーム) bombe 女, 英 bombe

ポンプ (機理) pompe 女

ボン・ファム → ボヌ・ファム (風)

ボンベ bouteille [ブーテーユ] 女／酸素～ bouteille d'oxygène [ブーテーユ ドクスィジェーヌ]

ボンボン → あめ[2]

ほんみょう 本名 vrai nom 男 [ヴレーノン]

ほんもの 本物(の) véritable [ヴェリターブル]〈男女同形〉, original,e [オリジナール], originaux [オリジノ] 男 複／(真正) authentique [オタンティーク]〈男女同形〉

ほんや 本屋 (店) librairie [リーブレリ] 女／(人) libraire [リブレール] 男 女‖(出版社) maison 女 d'édition [メゾン デディスィヨン]

ほんやく 翻訳 traduction [トゥラデュクスィヨン] 女／～する traduire [トゥラデュイール] 11／～された traduit,e [トゥラデュイ] → ふつぶん, ふつやく, わぶん, わやく

ぼんやりと (おぼろげ) vaguement [ヴァーグマン]／～した vague [ヴァーグ]〈男

女同形〉‖(うわのそら) distraitement [ディストゥレートゥマン]／〜した distrait,*e* [ディストゥレ,-トゥ]

ポン・レヴェーク (チーズ) pont-l'évêque 男

ボンレスハム → ハム

ま 間（空間や時間）espace [エスパース] 囡

まあ（感嘆）Oh ! [オ], Oh là là ! [オララ], Tiens ! [ティヤーン], Mon Dieu ! [モンデュー] ／〜ね Ben oui. [バン ウイー]

マーカー(ペン) marqueur [マルクール] 男

マーガリン margarine [マルガリーヌ] 囡

マーキュロ（赤チン）mercurochrome [メルキュロクローム] 男

マーク → しるし, ラベル

マーケット → いちば

マーケティング marketing [マルケティング] 男, mercatique [メルカティーク] 囡

まあじ 真鯵 → あじ²

マーシュ（野ぢしゃ）mâche 囡, doucette [ドゥーセートゥ] 囡, (英) *corn salad, lamb's lettuce* ／イタリアン〜 mâche d'Italie [マーシュ ディタリ], (英) *Italian corn salad*

マーブル 〜台 marbre [マールブル] 男, pâtissoire [パティスワール] 囡, tour [トゥール] 男／（冷却装置付）tour réfrigéré [トゥール レフリジェレ]
→ だいりせき

マーボどうふ 麻婆豆腐 fromage 男 de soja sauté au hachis de bœuf, sauce piquante [フロマージュ ドゥ ソジャ ソテ オ アシ ドゥ ブフ ソース ピカーントゥ]

まあまあ（案外いい）pas mal [パ マル]／（我慢できる）supportable [スュポルターブル] 男女同形／（よくも悪くもない）comme ci comme ça [コム スィ コム サ]／〜の（普通の）passable [パサーブル] 男女同形／〜食べられる mangeable [マンジャーブル] 男女同形／〜飲める buvable [ビュヴァーブル] 男女同形

マーマレード marmelade [マルムラードゥ] 囡, (英) *marmalade*／オレンジ〜 marmelade d'orange [マルムラードゥ ドランジュ]

マール（ぶどうなどの絞りかす）marc 男 → ブランデー

まい¹ …枚：フランス語には薄いものを数える場合の特別な単位はなく、すべて以下のように「数詞＋名詞」の組合せで表す. ただし, 一切れと言う意味での「1枚の…」は une tranche de... [ユヌ トゥラーンシュ ドゥ]／切符1〜 un billet [アン ビエ]／ハム1〜 une tranche de jambon [ユヌ トゥラーンシュ ドゥ ジャンボン]

まい² 毎…（…ごと）chaque [シャク], tous les... [トゥーレ]〈男複に〉, *toutes* les... [トゥートゥレ]〈囡複に〉／〜朝 chaque matin 男 [シャーク マタン], tous les matins 男複 [トゥーレ マタン]／〜回 chaque fois 囡 [シャーク フワー], toutes les fois 囡複 [トゥートゥレ フワー]／〜週 chaque semaine 囡 [シャークス メーヌ], toutes les semaines 囡複 [トゥートゥレ スメーヌ]／〜月 chaque mois [シャーク ムワー], tous les mois 男複 [トゥーレ ムワー]／〜年 chaque année 囡 [シャーカネ], tous les ans 男複 [トゥーレ ザン]／〜晩 chaque soir [シャークスワール], tous les soirs 男複 [トゥーレ スワール] → まいにち

マイク（マイクロフォン）micro [ミークロ] 男, microphone [ミクロフォーヌ] 男

マイクロバス minibus [ミニビュース] 男〈単複同形〉

まいご 迷子 enfant 男囡 perdu, e [アンファン ペルデュ]

マイス → とうもろこし

マイズナ → スターチ

まいたけ 舞茸 poule 囡 des bois [プール デ ブワー]〈複 〜s 〜〉, (英) *hen of the wood*

まいど 毎度 → しばしば

マイナー(な)（少数派）minoritaire [ミノリテール]〈男女同形〉／（重要でない）mineur, e [ミヌール]

マイナス（減じること）moins [ムワーン] 男〈単複同形〉／〜10℃だ il fait moins dix [イル フェ ムワーン ディス]
→ ひきざん

まいにち 毎日 chaque jour 男 [シャーク ジュール], tous les jours 男複 [トゥーレ ジュール]／〜の quotidien, ne [コーティディヤン, エーヌ]

マイペース 〜で à sa façon [ア サ ファソン]：主語が自分なら sa が ma [マ] に,「君」なら ta [タ] に,「あなた(たち)」なら votre [ヴォートゥル] にそれぞれ変る

マイルドな → あまい, やさしい

まうえ 真上(に) juste au-dessus [ジュストゥドゥスュ]

まうしろ 真後ろ ～に juste derrière [ジュストゥ デリエール] ／～から juste par derrière [ジュストゥ パール デリエール]

マウス (パソコン) souris [スーリ] 女 〈単複同形〉

まえ[1] 前 (前部) devant [ドゥヴァーン] 男 ‖ (今から…前) il y a... [イリヤ] ／1年～ il y a un an [イリヤアンナン] ／ (…前から) depuis [ドゥピュイ] ／1年～から depuis un an [ドゥピュイ アンナン] ／～の (前方の, 以前の) antérieur,e [アンテリユール] ‖ (先の) dernier [デルニエ] 〈男に〉, dernière [デルニエール] 〈女に〉 ／～の年 l'an dernier [ラン デルニエ] ／～の週 la semaine dernière [ラ スメーヌ デルニエール] ‖ (その直前の) précédent,e [プレセダン, トゥ] ／その～の日 le jour précédent [ル ジュール プレセダン] ／その～の週 la semaine précédente [ラ スメーヌ プレセダントゥ] ‖ (以前) ～に, ～は avant [アヴァン], auparavant [オパラヴァン] ‖ ～の～に (時間) avant... [アヴァン] ／ランチの～に avant le déjeuner [アヴァン ル デジュネ] ‖ …の～に (場所) devant... [ドゥヴァーン] ／タクシーの～に devant le taxi [ドゥヴァーン ル タクシ] ／～する～に «avant de» [アヴァン ドゥ] +不定詞 → いぜん

まえ[2] …前 1人～ une portion [ユヌ ポルスィヨン] 女 → ぶん[1]

まえあし 前足 → あし[1]

まえうり 前売 (劇場などの予約) location [ロカスィヨン] 女 ／～券 billet [ビエ] 男 vendu à l'avance [ヴァンデュ アラヴァンス] ／～場 bureau [ビュロ] 男 de location

まえかけ 前掛 → エプロン

まえがし 前貸 avance [アヴァンス] 女 ／～する avancer [アヴァンセ] 32

まえがり 前借り avance [アヴァンス] 女 ／～する se faire avancer [スフェール アヴァンセ] 〈faire 代動 21 59〉 ／給料の～ができますか Pouvez-vous me faire avancer sur le salaire ? [プーヴェ ヴーム フェール アヴァンセ スュール ル サレール]

まえきん 前金 avance [アヴァンス] 女

まえば 前歯 → は[1]

まえばらい 前払 avance [アヴァンス] 女 ／～する payer d'avance [ペイエ ダヴァンス] 〈payer 31〉

まえむき 前向き ～の positif [ポズィティーフ] 〈男に〉, positive [ポズィティーヴ] 〈女に〉 ／～に positivement [ポズィティーヴマン]

まえもって 前以て à l'avance [アラヴァンス], d'avance [ダヴァンス], préalablement [プレアラーブルマン] ‖ ～熱くしておく préchauffer [プレショフェ] ／～熱した préchauffé,e [プレショフェ]

まがいもの 紛い物・擬い物 → イミテーション, にせ

まがし 間貸 location 女 d'une chambre [ロカスィヨン デュヌ シャーンブル]

まかじき 真梶木 → かじき

マガジン → ざっし

まかせる 任せる (負わせる) charger [シャルジェ] 25 ／ (託す) confier [コンフィエ]

マカダミアナッツ noix 女 〈単複同形〉 de macadamia [ヌワ ードゥ マカダミア], 英 macadamia nut

まかない 賄い (レストランの) repas 男 〈単複同形〉 de personnel [ルパ ドゥ ペルソネル] ／～係 communard [コミュナール] 男 ／～付の nourri,e [ヌーリ] ／～付下宿 pension [パンスィヨン] 女

まがも 真鴨 → かも[1]

まがり 間借 location 女 d'une chambre [ロカスィヨン デュヌ シャーンブル]

まがりかど 曲り角 tournant [トゥールナン] 男, virage [ヴィラージュ] 男

まがりくねる 曲りくねる (蛇行する) serpenter [セールパンテ] ／曲りくねった tortueux [トルテュウー] 〈男に, 単複同形〉, tortueuse [トルテュウーズ] 〈女に〉, serpenté,e [セルパンテ]

まがる 曲る (たわむ) fléchir [フレシール] 4 ／ (ねじれる) se tordre [ストールドゥル] 代動 39 59

マカロニ macaroni 男複 (伊英) macaroni ／～グラタン macaroni au gratin [マカロニ オ グラタン]

マカロネする (マカロン用アパレイユに濃度が付くようにまぜる) macaronner [マカロネ]

マカロン macaron 男, 英 makaroon ／ドライ～ macaron craquelé [マカロン クラークレ]

まがん 真雁 → がん[2]

まき 薪 bûche [ビューシュ] 囡, bois [ブワー] 男〈単複同形〉/（そだ）fagot [ファゴ] 男

マギー （食品メーカー）Maggi [マジ] 固

まきがい 巻貝 → かい³

マキシマム → さいだい

まきじゃく 巻尺 mètre [メートゥル] 男 à ruban [リュバン]

まきす 巻簾 natte 囡 en bambou [ナタン バンブー]

まきば 牧場 → ぼくじょう

まく¹ 巻く （丸める）rouler [ルーレ]/巻いた roulé,e [ルーレ], 英 rolled/巻いたもの roulé 男, roulade [ルーラードゥ] 囡, 英 roll ‖（ぐるぐると,巻きつける）enrouler [アンルーレ]/巻いた enroulé,e [アンルーレ]/しばる,つつむ

まく² 蒔く・播く semer [スメ] ⑤

まく³ 撒く（まき散らす）(AをBに) parsemer A de B [パールスメ ドゥ] ⑤/（水などを）asperger [アスペルジェ] ㉕

まく⁴ 幕 → カーテン

まく⁵ 膜 membrane [マンブラーヌ] 囡/（表皮）pellicule [ペリキュール] 囡/（皮膜）peau [ポ] 囡〈複 ～x〉

マグカップ chope [ショープ] 囡

マグナム （瓶）magnum [マグノーム] 男/ダブル～ double-magnum [ドゥーブルマグノーム] 男〈複 ～s-～s〉

マグネシウム magnésium [マグネスィヨーム] 男

まくら 枕 （方形の）oreiller [オレイエ] 男/（長枕）traversin [トゥラヴェルサン] 男

マグレ （肉）magret 男/鴨の～ magret de canard [マーグレ ドゥ カナール], 英 steaklet of duck, duck cutlet

マグレブ （アフリカ北西部）Maghreb 固/～人 Maghrébin,e [マグレ・バン, ビーヌ] 男囡/～の maghrébin,e/～風 (à la) maghrébine [(ア ラ) マグレビーヌ]

まぐろ 鮪 thon [トン] 男, 英 tuna ‖ ～の油漬 thon à l'huile [トン ア リュイール], 英 tuna in oil/～の水煮 thon au naturel [トン オ ナテュレール], 英 tuna in brine → 囲み

まくわうり 真桑瓜 → うり

まけ 負 défaite [デフェートゥ] 囡, perte [ペールトゥ] 囡

マケール → ポム, p682 [囲み]

鮪の種類

黄肌鮪 albacore [アルバコール] 男, 英 *yellowfin*

鬢長(びんちょう)鮪 thon blanc [トン ブラン], germon [ジェルモン] 男, 英 *albacore*

本（黒）鮪 thon 男 rouge [トン ルージュ], 英 *bluefin (tuna)*

目鉢(めばち)鮪 thon obèse [トン オベーズ], 英 *bigeye tuna*

まける 負ける （試合などに）perdre [ペールドゥル] ㊴ ‖（値段を）faire un prix [フェール アン プリー]〈faire ㉑〉/…に～（屈する）céder à… [セデア] ㊱, succomber à… [スュコンベア]/～（劣る）être inférieur,e à… [エートゥル アンフェリユーラ]〈être ②〉

まげる 曲げる （たわませる）courber [クールベ], fléchir [フレシール] ④ → おる

まご 孫 petit-fils [プティ フィース] 男〈複 ～s-～〉, petite-fille [プティートゥ フィーユ] 囡〈複 ～s-～s〉/～たち petits-enfants [プティザンファン] 男複

まこがれい 真子鰈 → かれい

マコネ （ぶどう栽培地区）Mâconnais 固/～風 (à la) mâconnaise [(ア ラ) マコネーズ] ‖（チーズ,ワイン）mâconnais 男

まこも 真菰 zizanie [ズィザニ] 囡, 英 *Manchurian wild rice*

マコン （町）Mâcon 固/～風 (à la) mâconnaise [(ア ラ) マコネーズ]/（ワイン）～・ヴィラージュ mâcon villages 男

マザーソース → ソース

マザグラン （カップ,飲物）mazagran 男/（じゃが芋のピュレのタルトレット）mazagran

まさつ 摩擦 frottement [フロートゥマン] 男, friction [フリクスィヨン] 囡/～熱 chaleur 囡 frictionnelle [シャルール フリクスィヨネール]

まさに 正に （丁度,間違いなく）juste [ジュートゥ], exactement [エグザークトゥマン], justement [ジュストゥマン]

マザラン （焼菓子）mazarin 男

まざる 混ざる・交ざる → まじる

まし¹ …増（の）…de plus [ドゥ プリュー(ス)]

まし² 〜です C'est mieux.[セミュー] , C'est meilleur.[セムユール] / A より B の方が〜だ（よりいい）B est meilleur que A.[エムユール ク] , (より好ましい) B est préférable à A.[エプレフェラーブラ]

まじきり 間仕切 paroi[パールワ] 女, cloison[クルワゾーン] 女 / 〜で仕切る cloisonner[クルワゾーネ]

マジ・シャンベルタン （ワイン） mazis-chambertin[マズィ シャンベルタン] 男

マジック （手品） prestidigitation[プレスティディジタスィヨン] 女 → ペン

まして （なおさら） à plus forte raison[ア プリュ フォールトゥ レゾーン]

マジパン （アーモンドペースト） pâte 女 d'amandes[パートゥ ダマンドゥ] , 英 almond paste /（マジパン：色付したアーモンドペースト）massepain[マスパン] 男

まじめ(な) （真剣） sérieux[セリユー] 〈男に、単複同形〉, sérieuse[セリユーズ] 〈女に〉 / 〜に sérieusement[セリユーズマン] ‖ （勤勉）studieux[ステュディユー] 〈男に、単複同形〉, studieuse[ステュディユーズ] 〈女に〉 / 〜に studieusement[ステュディユーズマン] → しょうじき、せいじつ

マシュマロ guimauve[ギモーヴ] 女, 英 marshmallow

マジョラム （香草） marjolaine[マルジョレーヌ] 女, 英 marjoram

まじる 混じる・交じる se mêler[スメレ] 代動59, se mélanger[スメランジェ] 代動25 59

まじわる 交わる（交差する）croiser[クルワーゼ] /（互いに）se croiser[スクルワーゼ] 代動59

マス （製菓材料）masse[マース] 女

ます¹ 升（計量容器）mesure[ムズュール] 女 → ますめ

ます² 鱒（トラウト）truite[トゥリュイトゥ] 女, 英 trout /（幼魚）truitelle[トゥリュイテール] 女 → p.690 囲み

まず 先ず（最初に）d'abord[ダボール] /何よりも〜 avant tout[アヴァントゥ] /（原則として）en principe[アンプランスィープ] → いちばん、はじめ、ほとんど

ますい 麻酔 anesthésie[アネステズィ] 女 / 〜をかける anesthésier[アネステズィエ]

まずい 不味い（味が）mauvais,e [モヴェ，-ズ] 〈男には単複同形〉, pas bon,ne[パボン，-ヌ] /（十分な味がついてない）fade[ファードゥ] 〈男女同形〉 /（食べる喜びを持てない）insipide[アンスィピードゥ] 〈男女同形〉 / 〜料理（パリの俗語）ratatouille[ラタトゥーユ] 女 /脂こくて、料理 graillon[グラヨーン] 女 ‖（困った）incommode[アンコモードゥ]〈男女同形〉 → へた¹, まずそう

マスカット （ぶどう）muscat[ミュスカ] 男, 英 muscat / 〜・オヴ・アレキサンドリア muscat d'Alexandrie[ミュスカ ダレクサンドゥリ], 英 muscat of Alexandria / 〜ベリーA muscat bailey A[ミュスカ ベレア], 英 muscat bailey A

マスカラ mascara 女, fard 男 à cils[ファーラ スィール]

マスカルポーネ （チーズ）伊 mascarpone 男

マスク masque[マースク] 男 /酸素〜 masque à oxygène[マースカ オクスィジェーヌ]

マスクメロン → メロン

マスコミ média(s)[メディヤ] 男〈単複同形〉

まずしい 貧しい pauvre[ポーヴル]〈男女同形〉 /（極貧の）indigent,e[アンディジャン, トゥ]

まずそう 不味そう peu appétissant,e[プー アペティサン, トゥ]

マスター （店主）patron,ne[パトゥロン, -ヌ] 男 女 / 〜キー passe-partout[パス パールトゥー]〈単複同形〉 → しゅうし

マスタード → からし、ムータルド

マスティック → ランティスク

ますのすけ 鱒之介 → さけ¹

マスパン → マジパン

ますます 益益（増加の意味で）de plus en plus[ドゥ プリューザン プリュー], davantage[ダヴァンタージュ] /（減少の意味で）de moins en moins[ドゥ ムワーンザン ムワーン] /（ますますよく）de mieux en mieux[ドゥ ミューザン ミユー] /（ますます悪く）de mal en pis[ドゥ マーランピ]

まずまず → まあまあ

ますめ 升目（チェス盤などの）case[カーズ] 女 /（パズルなどの碁盤目）grille[グリーユ] 女 → こうし²

マスロン （アレクサンダース：野菜）maceron[マスロン] 男, 英 alexanders

まぜあわせる 混ぜ合せる → まぜる

鱒の種類

海鱒, サーモントラウト truite 女 de mer[トゥリュイートゥ ドゥ メール], truite saumonée[トゥリュイートゥ ソモネ], 英 *sea trout, salmon trout*

川姫鱒 ombre 男 arctique[オーンブル アルクティーク], 英 *arctic grayling*

川鱒 omble 男 de fontaine[オーンブル ドゥ フォンテーヌ], saumon 男 de fontaine[ソモン ドゥ フォンテーヌ], 英 *brook trout*

銀鮭 saumon argenté[ソモン アルジャンテ], 英 *coho, silver salmon*

小口鱒, レノック truite lenok[トゥリュイートゥ レノーク], 英 *lenok*

桜鱒 saumon du Daube[ソモン デュ ドーブ], saumon masou[ソモン マス], saumon japonais[ソモン ジャポネ], 英 *masu salmon*

虹鱒 truite arc-en-ciel[トゥリュイートゥ アルカン スィエール] 〈複 ~s ~-~-~〉, 英 *rainbow trout*

姫鱒(紅鮭の陸封型) saumon rouge[ソモン ルージュ], truite himemasu[トゥリュイートゥ ヒメマス], 英 *kokanee*

ブラウントラウト truite de rivière[トゥリュイートゥ ドゥ リヴィエール], truite brune[トゥリュイートゥ ブリューヌ], 英 *brown trout*

レイクトラウト cristivomer[クリスティヴォメール] 男, omble du Canada[オーンブル デュ カナダ], 英 *lake trout*

マセドワーヌ (角切野菜及びそのミックス料理) macédoine[マセドゥワーヌ]女, 英 *mixed vegetables* / フルーツの~ macédoine de fruits[マセドゥワーヌ ドゥ フリュイ], 英 *fruit salad*

まぜる 混ぜる (まぜ入れる) incorporer[アンコルポレ] / まぜた incorporé,e[アンコルポレ]

(いくつか物を合せる) mêler[メレ] / まぜた mêlé,e[メレ] / まぜたもの mêlée[メレ]女

(ブレンドする, まぜ合せる) mélanger[メランジェ] / まぜた mélangé,e[メランジェ] / まぜたもの, まぜること mélange[メラーンジュ]男

(ごちゃごちゃかきまぜる) brouiller[ブルーイエ] / まぜた brouillé,e[ブルーイエ]

(ミキサーで) mixer[ミークセ] / まぜた mixé,e[ミークセ]

(一つにする) réunir[レユニール] 4 / まぜた réuni,e[レユニ]

(ホイップする) fouetter[フエーテ], monter[モンテ], battre[バートゥル] 9 / まぜた fouetté,e[フエーテ], monté,e[モンテ], battu,e[バテュ], 英 *whipped*

(ガスでホイップする) aérobattre[アエロバートゥル] 9 / 泡立てた aérobattu,e[アエロバテュ]

(コンシェ:チョコレートを) concher / コンシェした conché,e[コンシェ]

(卵白泡立の最後にホイッパーを手早く廻しながら) serrer[セレ] / まぜた serré,e[セレ]

(卵黄をホイップする) blanchir[ブランシール] 4〈備考〉/ まぜた blanchi,e[ブランシ]

(小麦粉に入れる) détremper[デトゥランペ] / まぜた détrempé,e[デトゥランペ]

(ゆっくり) remuer[ルミュエ] / まぜた remué,e[ルミュエ]

(サラダを) fatiguer[ファティゲ], brasser[ブラセ] / まぜた fatigué,e[ファティゲ], brassé,e[ブラセ]

(パナシェ:いろいろなものを合せる) panacher / まぜた panaché,e[パナシェ]

(小麦粉にバターを) manier[マニエ] / まぜた manié,e[マニエ]

(ヴァネ:冷ますソースに膜が張らないように) vanner / まぜた vanné,e[ヴァネ]

→ マカロネする

マセレ → つける¹

また¹ 又 (別れの挨拶で)(近々) À bientôt.[ア ビヤントー]

→ さようなら,じゃあね,そして,そのうえ,それから,どうぞ,または

また² 股 (ズボンや木の) fourche[フールシュ]女

まだ 未だ (今も) encore[アンコール], toujours[トゥージュール] / (まだ…ない) pas encore[パ アンコール], toujours pas[トゥージュール パ] / (一度も…ない) «ne[ヌ]+活用動詞+jamais[ジャメ]»

まだい 真鯛 → たい¹

または 又は ou[ウー], ou bien[ウー ビヤーン]

マダム madame[マダーム] 女 〈複 mesdames[メダーム]〉

まだら 斑 tache[ターシュ] 女 /～の tacheté,e[タシュテ]

まだら² 真鱈 → たら²

まち 町・街 (都市) ville[ヴィール] 女 / (街頭) rue[リュ] 女 / (地区) quartier[カルティエ] 男 ‖～で (市内) en ville[アン ヴィール] / (街頭) dans la rue[ダン ラ リュ]

まちあいしつ 待合室 salle 女 d'attente[サール ダタントゥ]

まちあわせ 待合せ rendez-vous[ランデヴー] 男 〈単複同形〉/…と～る donner rendez-vous à...[ドネ ランデヴー ア]

まちがい 間違い (ミス) faute[フォートゥ] 女, erreur[エルール] 女

まちがう 間違う → まちがえる

まちがえる 間違える (誤る) se tromper[ストゥロンペ] 代動 59, faire une erreur[フェール ユネルール]〈faire 21〉/ (間違っている) avoir tort[アヴワール トール]〈avoir 1〉/ (取違える) confondre[コンフォンドゥル] 39

まちがった 間違った (誤った) faux[フォ] 男に, 単複同形, fausse[フォース] 女に, erroné,e[エロネ]

まちがって 間違って (つい) par erreur[パー レール] / (勘違いして) par méprise[パール メプリーズ] / (不当に) à tort[ア トール]

まちじかん 待ち時間 attente[アタントゥ] 女 / あなたの～は10分です Vous avez 10 minutes d'attente.[ヴザヴェ ディ ミニュトゥ ダタントゥ]

まつ¹ 待つ attendre[アタンドゥル] 39 / (じっと待つ) patienter[パシヤンテ] ‖ (電話で) お待ちください Ne quittez pas.[ヌ キテ パ] / ちょっと待って Une seconde.[ユヌ スゴンドゥ], Une minute.[ユヌ ミニュトゥ], Un instant.[アン ナンスタン]
→ おまたせしました

まつ² 松 pin[パン] 男 /～の実 pignon[ピニョン] 男, 英 *pine nut* /～笠 pomme de pin[ポム ドゥ パン]

まっかな 真っ赤な tout,e rouge[トゥー, トゥ ルージュ]

まっくろな 真っ黒な tout noir[トゥー ヌワール] 男に, toute noire[トゥートゥ ヌワール] 女に

まつげ 睫・睫毛 cil[スィール] 男 / 付～ faux cils[フォ スィール] → カーラー

マッサージ massage[マサージュ] 男 /～をしてもらう se faire masser[スフェール マセ]〈faire 代動 21 59〉/～師 masseur[マスール] 男, masseuse[マスーズ] 女 /～する masser[マセ]

マッシャー (調理道具) presse-purée[プレース ピュレ]〈単複同形〉, 英 *potato masher* / (ハンドル回転式) moulin[ムーラン] 男 à légumes[ア レギューム]

マッシュポテト purée 女 de pomme de terre[ピュレ ドゥ ポム ドゥ テール], 英 *mushed potato*

マッシュルーム → シャンピニョン

まっしろ(な) 真っ白な tout blanc[トゥー ブラーン] 男に, toute blanche[トゥートゥ ブラーンシュ] 女に

まっすぐ(な) 真っ直ぐ (一直線の) droit,e[ドゥルワー, トゥ] /～に (一直線) tout droit[トゥー ドゥルワー]
→ すいちょく

まったく 全く ～…ない pas du tout[パ デュトゥー], aucunement[オキューヌマン], nullement[ニュールマン] → かんぜん, ほんとう, まさに

まつたけ 松茸 matsutake[マツタケ] 男, champignon 男 de pin parfumé[シャンピニョン ドゥ パン パルフュメ], 英 *matsutake mushroom*

マッチ allumette[アリュメットゥ] 女

マッチする (…とよく合う, 似合う) aller bien avec...[アレ ビヤーン アヴェック]〈aller 6〉

まっちゃ 抹茶 → ちゃ

マット (敷物) tapis[タピ] 男 〈単複同形〉/ (玄関の) essui-pieds[エスュイ ピエー] 男 〈単複同形〉, paillasson[パヤソーン] 男 / バス～ descente 女 de bain[デサーント ドゥ バン]

マットレス matelas[マトゥラ] 男 〈単複同形〉, 英 *mattress*

まつばがに 松葉蟹 → かに

まつばづえ 松葉杖 → つえ
まつやに 松脂 résine [レズィーヌ] 女 / ～の香りの résiné,e [レズィネ]
まつり 祭 fête [フェートゥ] 女
まで (継続時間の終り) jusqu'à... [ジュスカ] / 私は11時まで働く Je travaille jusqu'à onze heures. [ジュトゥラヴァーユ ジュスカ オンズール] ‖ (ある時点より前に) avant... [アヴァン] / シェフは昼食までには戻る Le chef sera là avant le déjeuner. [ル シェフ スラ ラ アヴァン ル デジュネ] ‖ (場所, 程度) jusqu'à... / 私は駅まで歩く Je marche jusqu'à la gare. [ジュ マルシュ ジュスカラ ガール]
マティニ (カクテルの種類) cocktail 男 martini [コクテール マルティニ] → マルティニ
マティニョン (薄い角切野菜) matignon 男 / ～・オ・グラ matignon au gras / ～・オ・メーグル matignon au maigre / ～風 matignon → うすぎり
マディラン (ワイン) madiran 男
マティルド(風) Matilde [マティールドゥ]
マデール → マデラ
まてがい 馬刀貝・馬蛤貝・蟶貝 couteau [クート] 男 〈複 ～x〉, coutelier [クートゥリエ] 男, solen [ソレーヌ] 男, 英 *jack-knife clam, razor clam*
まてちゃ マテ茶 maté [マテ] 男, 英 *mate*
マデラ (酒) (酒精強化ワイン) madère [マデール] 男, 英 *Madeira*
まてんろう 摩天楼 ビル(ディング)
まど 窓 fenêtre [フネートゥル] 女 / 薔薇～ rosace [ロザース] 女 / 丸～ œil-de-bœuf [ウーユ ドゥ ブーフ] 〈複 ～s-~~〉 / (車の) carreau [カロ] 男 〈複 ~x〉 / (飛行機の) †hublot [ユーブロ] 男 → ガラス, てんまど
まとうだい 的鯛 → たい¹
まどぐち 窓口 guichet [ギシェ] 男 / ～係 guichetier [ギシュティエ] 男, guichetière [ギシュティエール] 女
まとだい 的鯛 → まとうだい
まとまり(料理用生地の) tenue [トゥニュ] 女
まとめて (ひとつに) en bloc [アン ブロック], ensemble [アンサーンブル] / (丸々全部) en totalité [アントタリテ]
まとめる 纏める (ひとつに) rassembler [ラサンブレ] / (集める) réunir [レユニール] 4, regrouper [ルグルーペ] / (いくつかに) grouper [グルーペ]
マドモワゼル (未婚女性に対する敬称) mademoiselle [マドゥムワゼール] 女 〈複 mesdemoiselles [メドゥムワゼール]〉
マドレ bâtonnet [バトネ] 男
マドリード (スペインの首都) Madrid [マドゥリードゥ] 固 / ～の madrilène [マドゥリレーヌ] 〈男女同形〉 / ～風 (à la) madrilène [(アラ) マドゥリレーヌ]
マドリレーヌ → マドリード
マドレーヌ (ケーキ) madeleine [マドゥレーヌ] 女, 英 *madeleine* / 小～ madeleinette [マドゥルネートゥ] 女 / ～生地 pâte 女 à madeleines [パタ マドゥレーヌ]
マトロート (料理) matelote [マトゥロートゥ] 女, 英 *matelote* / うなぎの～ matelote d'anguille [マトゥロートゥ ダンギーユ], 英 *eel stewed in wine sauce*
マナー (作法) manières [マニエール] 女複, savoir-vivre [サヴォワール ヴィーヴル] 男 〈単複同形〉, usages [ユザージュ] 男複 / (公式の儀礼) étiquette [エティケットゥ] 女, protocole [プロトコル] / テーブル～ savoir-vivre à table [サヴォワール ヴィーヴラ ターブル]
まないた 俎・俎板 planche 女 à découper [プラーンシャ デクーペ] / (厚い) billot [ビヨ] 男 / (パン用) planche à pain [プラーンシャ パン]
まながつお 真名鰹 aileron 男 argenté [エルロン アルジャンテ], stromatée [ストロマテ] 女, *silver pomfret*
まなつ 真夏 → なつ
まなぶ 学ぶ → べんきょう
まにあう 間に合う (時刻に) arriver à l'heure [アリヴェ ア ルール] / (乗物に) attraper [アトゥラーペ] / (十分だ) suffire [スュフィール] 17 〈備考〉
マニキュア (液) vernis 男 〈単複同形〉à ongles [ヴェールニア オーングル] / ～をする (話言葉) manucurer [マニュキュレ]
マニュアル (手引) manuel [マニュエール] 男 / (使用法) mode 男 d'emploi [モードゥ ダンプロワ] → しゅどう
マヌール (煮込) manouls 男複
まぬけ 間抜け(な) → ばか
まねする 真似する imiter [イミテ],

copier [コピエ]
マネー → かね[1]
マネージメント → かんり, けいえい
マネージャー → しはいにん
マネキン (人形) mannequin [マヌカン] 男
まねく 招く → しょうたい
まひ 麻痺 paralysie [パラリズィ] 女, torpeur [トルプール] 女 /～した paralysé,e [パラリゼ], ～している être paralisé,e [エートゥル パラリゼ] ⟨être [2]⟩
マフィン (ケーキ) muffin [ムフィン] 男, 英 *muffin*
まぶす 塗る → おおう, ジヴレする
まぶた 瞼 paupière [ポピエール] 女
まふゆ 真冬 → ふゆ
マフラー (襟巻) cache-nez [カーシュネ] 男 ⟨単複同形⟩, écharpe [エシャルプ] 女 / (車の消音器) silencieux [スィランスィユー] 男 ⟨単複同形⟩
まほうびん 魔法瓶 → ポット
マホガニー acajou [アカジュー] 男 ⟨複 ～s⟩
ママ (母親) maman [ママン] 女 / (飲食店の女主人) patronne [パトゥロヌ] 女 / (雇われ店長) gérante [ジェラーントゥ] 女
まま (継続状態にある) …の～である rester... [レステ], être toujours... [エートゥル トゥージュール], ⟨être [2]⟩ /その～の tel quel [テル ケール] ⟨男に⟩, telle quelle [テル ケール] ⟨女に⟩
ママレード → マーマレード
まみず 真水 eau 女 douce [オドゥース] ⟨複 ～x ～s⟩
まめ[1] 豆 (豆類の総称) légumes 男複 à gousse [レギューマ グース], 英 *pulse* / 乾燥～ légumes 男複 secs [レギューム セック], 英 *dry beans*
まめ[2] (水ぶくれ) ampoule [アンプール] 女 / (たこ) durillon [デュリヨン] 男
まもなく 間もなく bientôt [ビヤント-], prochainement [プロシェヌマン], dans un instant [ダンザンナンスタン]
まやく 麻薬 drogue [ドゥローグ] 女
まゆ 眉 sourcil [スールスィ] 男
まよう 迷う (道に) se perdre [スペルドゥル] ⟨代動 59⟩ / (ためらう) hésiter [エズィテ]
マヨナラ → マジョラム
マヨネーズ mayonnaise 女, 英 *mayonnaise* / (～が) 分離する tourner [トゥールネ] / (～が) 分離した tourné,e
マラガ (酒精強化ワイン) malaga 男, 英 *Malaga* → レーズン
マラクセ → つける[1]
マラゲット → ギニアペッパー
マラスカ → さくらんぼ
マラスキーノしゅ マラスキーノ酒: リキュール marasquin [マラスカン] 男, 英 *maraschino*
マラリア (伝染病) paludisme [パリュディースム] 男, malaria [マラリヤ] 女
マリア (聖母) Sainte Marie [サーントゥ マリ] 女, la Sainte Vierge [ラ サーントゥ ヴィエールジュ] 女
マリア・テレジア(風) Marie-Thérèse [マリ テレーズ]
マリーゴールド → きんせんか
マリーズ → へら
マリ・ステュアート(風) Marie-Stuart [マリ ステュワール]
マリナード (マリネ液またはこれに漬けた野菜や肉) marinade [マリナードゥ] 女 / 液体が少ない～ marinade sèche [マリナードゥ セーシュ] / 加熱した～ marinade cuite [マリナードゥ キュイートゥ] / 非加熱の～ marinade crue [マリナードゥ クリュ] / インスタント～ marinade instantanée [マリナードゥ アンスタンタネ] → つける[1], マリネ
マリニエール(風) (à la) marinière [(アラ) マリニエール], 英 *marinière* / ムール貝の～ moules 女複 (à la) marinière [ムール (アラ) マリニエール], 英 *moules marinière*
マリネ (液体に漬けた物) marinée 女, marinade [マリナードゥ] 女 → つける[1], マリナード
マリファナ marijuana [マリジュアナ] 女, marihuana [マリワナ] 女
マリ・ブリザール (リキュールの商標名) Marie-Brizard 女
マリ・ルイーズ(風) Marie-Louise [マリ ルイーズ]
まる 丸 (輪) rond [ロン] 男, cercle [セールクル] 男
まるい 丸い (円形) rond,e [ロン, ドゥ], circulaire [スィルキュレール] ⟨男女同形⟩ / (球形) sphérique [スフェリーク] ⟨男女同形⟩, globulaire [グロビュレール] ⟨男女

マルヴォワジ（ぶどう）malvoisie [マルヴワーズィ], (英) *malvoisie*

マルカサン(風) en marcassin [アンマルカサン]

マルガリータ（カクテル）margarita 女

マルキーズ（菓子, カクテル）marquise 女

まるく 丸く （円形に）en rond [アンロン], en cercle [アンセールクル]

マルグリ(風) Marguery [マールグリ]

マルゴ（ワイン）margaux 男／シャトー・～ château margaux 男

まるごと 丸ごと （全部）entier [アンティエ] 男／～の entier [男に], entière [アンティエール] 〈女に〉

マルサラしゅ マルサラ酒:酒精強化ワイン marsala [マルサラ] 男

マルシェ → いちば

マルシャン・ド・ヴァン（居酒屋）marchand 男 de vin [マルシャンドゥヴァン] ／ソース・～ sauce 女 marchand de vin [ソースマルシャンドゥヴァン]

マルセイエーズ（フランス国歌）la Marseillaise [ラマルセイエーズ] 女

マルセイユ（都市）Marseille 固／～の marseillais,e [マルセイェ, ーズ] 〈男には単複同形〉／～風 (à la) marseillaise [(アラ) マルセイエーズ]

マルタ（地中海の小国）Malte [マールトゥ] 固／～の maltais,e [マルテ, ーズ] 〈男には単複同形〉／～風 (à la) maltaise [(アラ) マルテーズ]

まるで …のよう «on dirait [オンディレ] +名詞», «on dirait que [オンディレク] +文»

マルディ・グラ（四旬節直前の謝肉火曜日）mardi 男 gras [マルディグラ] 〈複 ～s ～〉

マルティニ（ヴェルモット）martini 男／スイート～ martini doux [マルティニドゥー], sweet martini [スウィートゥマルティニ]／ドライ～ martini sec [マルティニセク], dry martini [ドゥローイマルティニ]

まるてんじょう 丸天井 → てんじょう

マルトース → ばくが

まるのみする 丸飲みする gober [ゴベ], avaler sans mâcher [アヴァレサンマシェ]

まるばとうき 丸葉当帰 → リヴェーシュ

マルブラード（料理）marbrade [マルブラードゥ] 女

マルベーク（ぶどう）malbec 男, (英) *malbec*

まるまるした 丸丸した rond,e [ロン, ドゥ], rebondi,e [ルボンディ]

マルミート（マルミット,煮込）marmite [マルミートゥ] 女

マルミット（寸胴鍋）→ なべ

マルムラード → マーマレード

マルメゾン(風) Malmaison [マルメゾン]

まるめる 丸める （丸みをもたせる）arrondir [アロンディール] 4／丸めた arrondi,e [アロンディ]

マルメロ（果実）coing [クワーン] 男, (英) *quince*

まるやき 丸焼 …の～ «rôti 男 de ...entier [ロティアンティエ] (...が男性名詞), または ...entière [アンティエール] (...が女性名詞)»／…を～にする rôtir entièrement... [ロティールアンティエールマン] 〈rôtir 4〉

まれ 稀・希(な) rare [ラール] 〈男女同形〉／～に rarement [ラールマン] ‖ （例外的な）exceptionnel,le [エクセプスィヨネール]／～に exceptionnellement [エクセプスィヨネールマン]

マレーヌ(牡蠣) marennes 女 〈単複同形〉

マレシェール(風) (à la) maraîchère [(アラ) マレシェール]

マレシャル(風) (à la) maréchale [(アラ) マレシャル]

マレンゴ(風) Marengo [マランゴ]

マロニエ marronnier 男

まろやか 円やか(な) （口当りが）moelleux [ムワルー] 男に, 単複同形, moelleuse [ムワルーズ] 〈女に〉, velouté,e [ヴルーテ] ‖ ～さ moelleux 男 〈単複同形〉

マロラクティークはっこう マロラクティーク醗酵 → はっこう

マロワル（チーズ）maroilles [マルワール] 男

マロン ～・グラセ marron 男 glacé, (英) *marrons* → くり

まわす 回す （渡す）passer [パセ] → かいてん²

まわり 回り・周り （周囲）tour [トゥール] 男, pourtour [プールトゥール] 男／（周辺）alentours [アラントゥール] 男複／…の～に autour de... [オトゥールドゥ] → ひとまわり

まわりみち　回り道　(迂回) détour [デトゥール] 男 /～をする　faire un détour [フェール アン デトゥール] ⟨farie 21⟩ / (道草) prendre le chemin des écoliers [プラーンドゥル ル シュマン デゼコリエ] ⟨prendre 37⟩

まわる　回る　(巡回する) patrouiller [パトゥルイエ] → かいてん[2]

まん　万　1万　dix mille [ディ ミール] 男 / 10万　cent mille [サン ミール]：フランス語には万という単位はなく，千の単位を利用して10千，20千，30千という形で言い表す

まんいん　満員(の)　complet [コンプレ] ⟨男に⟩, *complète* [コンプレートゥ] ⟨女に⟩, plein,*e* [プ・ラーン, レーヌ]

まんが　漫画　B.D. [ベ デ] 女：bande 女 dessinée [バーンドゥ デスィネ] の略 / (風刺画) caricature [カリカテュール] 女, dessin 男 humoristique [デサン ユモリスティーク]　→ アニメ

マンケ　ビスキュイ・～ (スポンジケーキの一種) biscuit 男 manqué /～型　moule 男 à manqué [ムーラ マンケ]

まんげつ　満月　pleine lune 女 [プレーヌ リューヌ]

マンゴー (果物)　mangue [マーング] 女, (英) *mango*

マンゴスチン (果物)　mangoustan [マングースタン] 男, (英) *mangosteen*

マンサニーヤ (シェリー酒)　manzanilla 女

マンジェ → まかない

マンシェット (骨用紙飾)　manchette [マンシェートゥ] 女

まんじゅう　饅頭　pain 男 rond farci de purée de haricots sucrée [パン ロン ファルスィ ドゥ ピュレ ドゥ アリコ スュークレ]

マンジュ・トゥー → さやえんどう

マンション　(1軒分) appartement [アパールトゥマン] 男 / ワンルーム～　studio [ステューディヨ] 男 / 2 K～　appartement à deux pièces [アパールトゥマン アドゥー ピエース] / (建物) immeuble [イムーブル] 男 → p. 659 [囲み]

マンスリー　(各月の) mensuel,*e* [マンスュエール] / ～マンション　hôtel-résidence 男 ⟨複 ～*s*-～*s*⟩ [オテール レズィダーンス]

まんせい　慢性(の)　chronique [クロニーク] ⟨男女同形⟩ / ～的に　chroniquement [クロニークマン]

まんぞく　満足(な)　content,*e* [コンタン, トゥ], satisfait,*e* [サティスフェ, ートゥ] / ～する　se satisfaire [ス サティスフェール] 代動 21 (59) / ～している　être content,*e* [エートゥル コンタン, トゥ] ⟨être 2⟩, être satisfait,*e* [エートゥル サティスフェ, ートゥ]

マンタ・ロ (ミント水)　menthe 女 à l'eau

まんタン　満タン　plein [プラーン] 男 / ～にする　faire le plein [フェール ル プラーン] ⟨faire 21⟩

マンチェゴ (チーズ)　(西) manchego 男

マンディアン (ドライフルーツ)　mendiant 男

マントノン(風)　Maintenon [マントゥノン]

マンドリン (楽器，野菜カッター)　mandoline [マンドリーヌ] 女 / ～で　à la mandoline [アラ マンドリーヌ]

マントルピース → だんろ

マントン (町)　Menton 固 / ～の　mentonnais,*e* [マントネ, ーズ] ⟨男は単複同形⟩ / ～風　(à la) mentonnaise [(アラ) マントネーズ]

まんなか　真ん中 → ちゅうおう

まんねんひつ　万年筆　stylo [スティロ] 男

マンハッタン (カクテル)　manhattan [マナタン] 男

まんぷく　満腹　～だ avoir bien mangé [アヴワール ビヤーン マンジェ] ⟨avoir 1⟩, être rassasié,*e* [エートゥル ラサズィエ] ⟨être 2⟩

まんぼう　翻車魚　môle [モール] 女, poisson-lune [プワソーン リューヌ] 男 ⟨複 ～*s*-～*s*⟩, (英) *ocean sunfish*

まんまえ　真ん前 → しょうめん

まんまる　真ん丸(の)　tout rond [トゥーロン] ⟨男に⟩, *toute ronde* [トゥートゥ ローンドゥ] ⟨女に⟩

み

み[1]　身　(立場) place [プラース] 女 / 私の～にもなってくれ　Mets-toi à ma place. [メトゥワー アマ プラース] ‖ (肉，果肉) chair [シェール] 女　→ なかみ

み

み² 実 (果実) fruit [フリュイ] 男, (英) *fruit* / (漿果またはベリー類) baie [ベ] 女 / (小さな実, 粒) grain [グラーン] 男, (英) *grain* / (硬い木の実) noix [ヌワー] 女 〈単複同形〉, (英) *nut*

ミーシュ → パン
ミートフォーク → フォーク
ミートローフ pain 男 de cuisine [パン ドゥ キュイズィーヌ], (英) *meat loaf*

みえ 見え (虚栄) vanité [ヴァニテ] 女 / 〜っ張りの vaniteux [ヴァニトゥー] 男に, 単複同形〉, *vaniteuse* [ヴァニトゥーズ]〈女に〉

ミエル → はちみつ

みえる 見える (見ている人を主語にする場合) voir [ヴワール] 49 / (見かける) apercevoir [アペルスヴワール] 49 / (見下ろす) dominer [ドミネ] ‖ (見える物を主語にする場合) être visible [エートゥル ヴィズィーブル], (être 2) / (現れる) paraître [パレートゥル] 12 / (見えない) être invisible [エートゥル アンヴィズィーブル] / (見えなくなる) disparaître [ディスパレートゥル] → よう³

みおくる 見送る (人を送って行く) racompagner [ラコンパニェ]

みがきにしん 身欠鰊 → にしん

みかく 味覚 (味による感覚) palais [パレ] 男 〈単複同形〉, sensation 女 gustative [サンサスィヨン ギュスタティーヴ] / (味) goût [グー] 男

みがく 磨く (艶を出す) polir [ポリール] 4 / 磨いた poli,e [ポリ] ‖ (銀器を) brunir [ブリュニール] 4 ‖ (鍋などを) récurer [レキュレ] / 磨いた récuré,e [レキュレ] ‖ (靴を) cirer [スィレ] / 磨いた ciré,e [スィレ] ‖ (ブラシで) brosser [ブローセ] / 磨いた brossé,e [ブローセ] / 歯を〜 se brosser les dents [スブローセ レ ダン] 〈brosser 代動 59〉 ‖ (技術を) perfectionner [ペルフェクスィヨネ]

みかづき 三日月 croissant [クルワサン] 男 / 〜形小パイ fleuron [フルーロン] 男, (英) *small puff pastry* / 〜形の, 〜形に en croissant [アン クルワサン]

みかん 蜜柑 mandarine [マンダリーヌ] 女, (英) *mandarin* → タンジェロ, 囲み

みき 幹 tronc [トローン] 男 / (根元から最初の枝まで) fût [フュ] 男

みぎ 右 droite [ドゥルワート] 女 / 〜の droit,e [ドゥルワー, トゥ] / 〜に à droite [ア ドゥルワートゥ] / …の〜に à la droite de... [アラ ドゥルワートゥ ドゥ] / 〜側通行:掲示 Tenir la droite. [トゥニール ラ ドゥルワート] / 〜利き (人) droitier [ドゥルワティエ] 男 / 〜利き (人) droitière [ドゥルワティエール] 女 / 〜利き (の) droitier 〈男に〉, droitière 〈女に〉 / 〜回りで, 〜回りの (時計回り) dans le sens des aiguilles d'une montre [ダン ル サンス デゼギュイーユ デュヌ モーントゥル]

みかんの種類
温州 (おんしゅう) みかん mandarine 女 Satsuma [マンダリーヌ サツマ], (英) *satsuma mandarin*

紀州みかん mandarine-kinokuni [マンダリーヌ キノクニ] 女 〈複 〜s-〜〉, (英) *kinokuni mandarin*

きよみ, タンゴール tangor [タンゴール] 男, (英) *Kiyomi tangor*

クレマンティーヌ, クレメンティン clémentine [クレマンティーヌ] 女, (英) *clémentine*

ぽん柑 tangérine [タンジェリーヌ] 女, (英) *ponkan-mandarin*

ミキサー (料理用, 棒状ミキサー) mixer [ミクセール] 男, mixeur [ミクスール] 男, blender [ブレンデール] 男, (英) *à main* [アマン] / (ホイッパー) batteur [バトゥール] 男 / (こね合せ器) malaxeur [マラクスール] 男 / (ソーセージ用) mélangeur [メランジュール] 男 / ハンド〜 batteur 男 à main [バトゥール マン] / ラテ〜 (小型の棒状) mixeur 男 plongeant [ミクスール プロンジャン], (英) *latte mixer, mini mixer* ‖ …を〜にかける «passer...au [パセオ] +各ミキサー名»
→ しんくう, フードカッター, まぜる

ミキシンググラス verre 男 à mélanger [ヴェーラ メランジェ]

ミキシングスプーン → スプン

ミクストグリル (料理) mixed grill 男 [ミークストゥ グリール], (英) *mixed grill*

ミクスほう ミクス法:パン製造法 fermentation 女 mixte à la levure [フェルマンタスィヨン ミークストゥア ラ ルヴュール]

みけん 眉間 milieu 男 du front [ミリュー デュ フローン]

みごと 見事 お〜! Mes compli-

admettre, accorder[アコールデ]/(認可する)approuver[アプルーヴェ], permettre[ペルメートゥル]26

みどり 緑(色)vert[ヴェール]男/～の vert,e[ヴェール,トゥ](英)green/(草木の)verdure[ヴェルデュール]女/～に覆われた verdoyant,e[ヴェルドゥワヤン,トゥ]

みとりず 見取図 croquis[クローキ]男〈単複同形〉, plan[プラーン]男

みな 皆(すべての)tout[トゥー]〈単に〉, toute[トゥートゥ]〈女に〉, tous[トゥー]〈男複に〉‖(すべての人)tout le monde[トゥール モーンドゥ]男, tous[トゥース]男複, toutes[トゥートゥ]女複/(すべてのもの)toutes les choses[トゥートゥレ ショーズ]→ぜんぶ[1]

みなと 港 port[ポール]男/～の portuaire[ポルテュエール]

みなみ 南 sud[スュードゥ]男/～の sud〈不変〉/～フランス Midi[ミディ]固男, France 固女 du Sud[フラーンスドゥスュードゥ]

みならい 見習(修行)apprentissage[アプランティサージュ]男/(人)apprenti,e[アプランティ]男女→けんしゅう,コック[1]

ミニ… mini-…[ミニ]→スカート,トマト,にんじん

みにくい 醜い disgracieux[ディスグラシユー]〈男に,単複同形〉, disgracieuse[ディスグラシユーズ]〈女に〉, laid,e[レ,ードゥ], moche[モーシュ]〈男女同形〉

ミニッツステーキ entrecôte[アントゥルコートゥ]女 (à la) minute[ミニュートゥ], steak[ステーク]男 (à la) minute[ステーク(ア ラ)ミニュートゥ], (英)minute steak

ミニャルディーズ(菓子)mignardise[ミニャルディーズ]女, frivolités[フリヴォリテ]女複, (英)miniature sweets

ミニョネット mignonnette[ミニョネートゥ]女, (英)mignonnette→こしょう[1], ぽうぎりハム, p.682[囲み]

ミニョン(チーズ,小さく整形した肉料理)mignon[ミニョン]男→フィレ

ミネストラ(スープ)minestra[ミネーストゥラ]女, (伊)minestra

ミネストローネ(スープ)minestrone[ミネーストゥローネ]女, (伊)minestrone

ミネラル(鉱物)minéral[ミネラール]男〈複 minéraux[ミネロ]〉/～ウォーター eau 女 minérale[オミネラール]

ミネルヴォワ(ワイン)minervois[ミネルヴワ]男

ミノ(牛第1胃,ガツ)panse[パーンス]女, gras-double[グラドゥーブル]男〈複 ～-～s〉, (英)plain tripe

みのる 実る(実をつける)donner[ドネ], porter[ポルテ]→じゅくす

みばえのよい 見栄えの良い présentable[プレザンターブル]〈男女同形〉

みはらし 見晴し vue[ヴュ]女, perspective[ペールスペクティーヴ]女/～のよい dégagé,e[デガジェ]→ながめ

みぶな 壬生菜→きょうな

みぶんしょうめいしょ 身分証明書 carte 女 (または pièce 女) d'identité[カールトゥ(ピエース)ディダンティテ]/(免許証など身分証明書の代りになるもの)papiers[パピエ]男複

みほん 見本(商品の)échantillon[エシャンティヨン]男/(手本)modèle[モデール]男, exemple[エグザーンブル]男→はくらんかい

みまい 見舞→びょうき

みまん …未満 moins de…[ムワーンドゥ], inférieur,e à…[アンフェリユーラ], au-dessous de…[オドゥスードゥ]

みみ 耳 oreille[オレーユ]女/(パンの)croûte[クルートゥ]女/豚の～ oreille de porc[オレーユドゥポール]/～垢(あか)cérumen[セリュメーヌ]男, cire[スィール]女/～搔 cure-oreille[キュロレーユ]男〈複 ～-～s〉/～朶(たぶ)lobe 男 de l'oreille[ロープドゥロレーユ]/～鳴り tintement[タントゥマン]男 (または bourdonnement[ブールドヌマン]男) d'oreilles[タントゥマン(ブールドヌマン)ドレーユ]

ミモザ(マメ科の植物)mimosa[ミモザ]男, (英)mimosa/～サラダ salade 女 de mimosa[サラードゥドゥミモザ], (英)mimosa salad

みもと 身元 identité[イダンティテ]女→しょう[1]

ミモレット・フランセーズ(チーズ)mimolette[ミモレットゥ]女 française[ミモレートゥフランセーズ]

みゃく 脈(脈拍)pouls[プー]男〈単複同形〉, pulsation[ピュルサスィヨン]女

みやげ 土産(手土産)cadeau[カド]男〈複 ～x〉/(旅の)souvenir[スーヴニール]男/～物店 magasin 男 de

ミュール (サンダル) mules [女][複] →くろいちご, くわ

ミュジニ (ワイン) musigny [ミュズィニ] [男]

ミュスカ・ド・ボーム・ド・ヴニーズ (ワイン) musucat [男] de beaumes-de-venise [ドゥ ボーム ドゥ ヴニーズ] → マスカット

ミュスカード → ナツメグ

ミュスカデ (ぶどう, ワイン) muscadet [男], (英) muscadet

ミュスカデル (ぶどう) muscadelle [女], (英) muscadelle

ミュゾ (牛や豚の頭部肉) museau [男] [複 ~x], brawn, headcheese

ミュラール (合鴨) → かも[1]

ミュロワーズ (ローガンベリー) muroise [ミュルワーズ] [女], (英) loganberry

みょう 明… → あした

みょうが 茗荷 gingembre [男] mioga [ジャンジャーンブル ミョガ] [男], (英) Japanese ginger

みょうごにち 明後日 → あさって

みょうじ 名字 → せい[1]

みょうばん 明礬 alun [アラン] [男]

ミラーだい ミラー台 (盛付台) miroir [ミルワール] [男]

みらい[1] 未来 futur [フュテュール] [男] /~の futur,e [フュテュール] [形] ‖ dans le futur [ダン フュテュール] ‖ (前途) avenir [アヴニール] [男] /~に dans l'avenir [ダン ラヴニール] ‖ (動詞の)~形 futur /単純~ futur simple [フュテュール サーンプル] /近接~ futur proche [フュテュール プロッシュ]

みらい[2] 味蕾 bourgeon [男] gustatif [ブールジョン ギュスタティーフ]

ミラネーズ → ミラノ

ミラノ (イタリアの都市) Milan [ミラン] [固] /~の milanais,e [ミラネ-ズ] [形] (には単複同形) /~風 (à la) milanaise (アラ) ミラネーズ] /~風パン粉衣 chapelure [女] (à la) milanaise [シャプリュール (アラ) ミラネーズ]

ミラベル (プルーン) mirabelle [女]

みられる 見られる (見られている) s'observer [ソプセールヴェ] [代動] 59

ミリ ~グラム milligramme [ミリグラム] [男] : 記号は mg /~メートル millimètre [ミリメートル] [男] : 記号は mm /~リットル millilitre [ミリリートル] [男] : 記号は ml

みりょく 魅力 charme [シャールム] [男], attrait [アートゥレ] [男] /~的な charmant,e [シャルマン, トゥ], attirant,e [アティラン, トゥ]

みりん 味醂 mirin [ミリン] [男], saké doux [サケ ドゥー]

ミル (胡椒用) moulin [男] à poivre [ムーランナ プワーヴル] / (塩用) moulin à sel [ムーランナ セール] / (コーヒー用) moulin à café [ムーランナ カフェ]

みる[1] 見る voir [ヴワール] 49 / (意思を持って) regarder [ルガルデ] / (見入る) fixer [フィクセ], considérer [コンスィデレ] 36, contempler [コンターンプレ] / (観察する) observer [オプセールヴェ] / (一瞥(べつ)する) jeter (または donner) un coup d'œil [ジュテ(ドネ) アン クードゥーユ] 〈jeter 7〉 → みえる

みる[2] 診る consulter [コンスュルテ] → しんさつ

ミルク lait [レ] [男], (英) milk /~セーキ lait de poule [レドゥ プール], milkshake [ミルク シェーク] [男], (米) milk shake → アーモンド, ガナーシュ, ぎゅうにゅう, コンナツ, ティー[1], パン, ポット, ようにゅう, p.701 [囲み]

ミルテ (ぎんばいか) myrte [ミールトゥ] [男], (英) myrtle

ミルティーユ → ブルーベリー

ミルト → ミルテ

ミルフィーユ (ミルフイユの誤表記) → ミルフイユ

ミルフイユ (のこぎり草, パイケーキ) mille-feuille 〈[複] ~- ~s〉 または millefeuille [ミルフイユ] [男]

ミルポワ (香味野菜) mirepoix [ミールプワ] [女], légumes [男][複] aromatiques [レギューム ザロマティーク] /~・オ・グラ mirepoix au gras [ミールプワ オ グラー] /~・オ・メーグル mirepoix au maigre [ミールプワ オ メーグル] /~に切る tailler en mirepoix [タイエ アン ミールプワ]

ミルリトン (タルトレット) mirliton [男]

ミレイユ(風) Mireille [ミレーユ]

ミレジム → ヴィンテージ

ミロトン (料理) miroton または mironton [ミロントン] [男], (英) miroton

みわける 見分ける distinguer [ディ

ミルクの種類
牛乳 lait [男] de vache [レ ドゥ ヴァーシュ]
粉ミルク poudre [女] de lait [プードゥル ドゥ レ], lait en poudre [レ アン プードゥル]
サワーミルク lait fermenté [レ フェルマンテ]
スキムミルク(脱脂乳) lait écrémé [レ エクレーメ]
全乳 lait entier [レ アンティエ]
半脱脂乳 lait demi-écrémé [レ ドゥミー エクレーメ]
山羊乳 lait de chèvre [レ ドゥ シェーヴル]
羊乳 lait de brebis [レ ドゥ ブルビー]
練乳 (エバミルク) lait concentré [レ コンサントゥレ], (コンデンスミルク) lait concentré sucré [レ コンサントゥレ スュクレ]

スタンゲ]
ミンク vison [ヴィゾン] [男]
みんしゅく 民宿 chambres [女][複] d'hôtes [シャーンブル ドートゥ]
みんぞく[1] 民族 peuple [プープル] [男] ‖ (文化, 言語により形成された分類) ethnie [エトゥニ] [女]/〜の ethnique [エトゥニーク]〈男女同形〉
みんぞく[2] 民俗 (民間伝承, 芸能) folklore [フォルクロール] [男]/〜の folklorique [フォルクロリーク]〈男女同形〉
ミンチ → ひきにく
ミント (はっか) menthe [マーントゥ] [女], (英) *mint* /〜ソース sauce [女] (à la) menthe [ソース(ア ラ) マーントゥ], (英) *mint sauce* /〜リキュール crème [女] (または liqueur [女]) de

ミントの種類
スペアミント menthe [女] verte [マーントゥ ヴェールトゥ], menthe douce [マーントゥ ドゥース], (英) *spearmint*
ペニーロイヤル, 目草薄荷(めぐさはっか), プリヨはっか pouliot [プーリョ] [男], (英) *pennyroyal*
ペパーミント menthe poivrée [マーントゥ プワーヴレ], (英) *peppermint*

menthe [クレーム (リクール) ドゥ マーントゥ]
→ ティー[1], マンタ・ロ
みんな 皆な → みな
みんぽう 民法 droit [男] civil [ドゥルワ スィヴィール], code [男] civil [コードゥ スィヴィール]

む

ムイエする (炒め中の鍋に水分を加える) mouiller [ムーイエ] /ムイエした mouillé,*e* [ムーイエ]
ムイエット (トースト) mouillette [ムーイエートゥ] [女], (英) *sippet*
むいみ 無意味 non-sens [ノン サーンス] [男]〈単複同形〉/〜な insignifiant,*e* [アンスィニフィヤン,トゥ]
ムークラード (煮込) mouclade [ムークラードゥ] [女]
ムース (料理, 菓子) mousse [女], (英) *mousse* /〜・オ・ショコラ mousse au chocolat [ムーソ ショコラ], (英) *chocolate mousse* /〜グラセ mousse glacée, (英) *frozen mousse*
ムーセする (アパレイユが軽くなるようによく混ぜる) mousser [ムーセ]
ムータルド 〜・ア・ランシエーヌ moutarde [女] à l'ancienne [ムータルダ ランスィエーヌ] /〜・アロマティゼ moutarde aromatisée [ムータルダロマティゼ] /〜・アンティーク moutarde antique [ムータルダンティーク] /〜・ヴィオレット moutarde violette [ムータルドゥ ヴィオレートゥ] /〜・ダルザス moutarde d'Alsace [ムータルドゥ ダルザース] /〜・ド・ディジョン moutarde de Dijon [ムータルドゥ ドゥ ディジョン] /〜・ド・モ moutarde de Meaux [ムータルドゥ ドゥ モ] /〜・ピカルド moutarde picarde [ムータルドゥ ピカールドゥ]
→ からし
ムートン → ひつじ
ムーラン → こしき, ミル
ムーランナ・ヴァン (ワイン) moulin-à-vent [男]
ムール → かた[2], ムールがい
ムールヴェードル (ぶどう) mourvèdre [ムールヴェードゥル] [男]

ムールがい ムール貝 moule[ムール]囡, (英) mussel /〜に挟まっている繊維 filaments[フィラマン]男複

ムーレット（煮込）meurette[ムーレットゥ]囡

むえん… 無塩… → バター, パン

むかいあって 向い合って vis-à-vis[ヴィザヴィ], face à face[ファサ ファース]

むかう （…へ）向う（面している）donner sur...[ドネ スュール] /（進む）se diriger vers...[ス ディリジェ ヴェール]〈diriger[代動]25 59〉/（出発する）partir pour...[パルティール プール]〈partir[30]〉

むかえにゆく 迎えに行く aller chercher[アレ シェルシェ]〈aller[6]〉

むかえる 迎える（招く）inviter[アンヴィテ] → でむかえ

むかご 零余子 bulbille[ビュルビーユ]囡, propagule[プロパギュール]囡, (英) propagule

むかごにんじん 零余子人参：セリ科だが根を食用とする chervis[シェルヴィ]男〈単複同形〉, (英) skirret

むかし 昔 〜は autrefois[オートゥルフワー] /〜から depuis longtemps[ドゥピュイ ロンタン] /〜の d'autrefois[ドートゥル フワー] /（過去の）passé,e[パセ] /〜ながらの comme d'autrefois[コム ドートゥル フワー] → かつて, こてん

むかつく → おこる¹, むかむかする

むかって （…に）向って contre...[コーントゥル]

むかむかする （吐気で）avoir la nausée[アヴワール ラ ノゼ]〈avoir[1]〉, avoir mal au cœur[アヴワール マロ クール]

むぎ 麦（オート麦, 燕麦）avoine[アヴワーヌ]囡, (英) oat /ひき割〜 gruau[グリューオ]男〈複〜x〉, (英) groats /（大麦）orge[オルジュ]囡, (英) barley /（押麦）orge écrasée[オールジュクラゼ], (英) pressed barley /脱穀大〜 orge mondée[オールジュ モンデ], (英) hulled barley /精白大〜 orge perlée[オールジュ ペルレ], (英) pearl barley /（からす麦）avoine sauvage[アヴワーヌ ソヴァージュ], (英) wild oat /（裸麦）orge vulgaire[オールジュ ヴュルゲール], (英) naked barley
→ こむぎ, ライむぎ

むぎこがし 麦焦し farine[ファリーヌ]囡 rôtie[ロティ], (英) roasted flour

むきだし 剝出し(の)（肉が現れている）à vif[ア ヴィーフ] /〜にする（果実などの身が現れるまで皮をむく）peler à vif[プレーア ヴィーフ]〈peler[5]〉/骨の先端を〜にする manchonner[マンショネ]

むきゅう¹ 無休 pas de congé[パ ドゥ コンジェ] /年中〜：掲示 Ouvert toute l'année[ウーヴェール トゥートゥラネ]

むきゅう² 無給(の) non rémuneré,e[ノンレミュネレ]

むぎわら 麦藁 paille[パーユ]囡

むきん 無菌(の) stérile[ステリール]〈男女同形〉

むく¹ 剝く（野菜や果物の皮を）peler[プレー][5] /むいた pelé,e[プレー]（エプリュシェする：野菜や果物の余分な部分を除く）éplucher[エプリュシェ] /むいた épluché,e[エプリュシェ]（穀物の殻や栗の鬼皮などを）écorcer[エコルセ]32 /むいた écorcé,e[エコルセ]（柑橘(かんきつ)類の外皮を）zester[ゼステ] /むいた zesté,e[ゼステ]（柑橘類などの皮を果肉が見えるまで）peler à vif[プレーア ヴィーフ]〈peler[5]〉（エフィレ：豆のさやの筋を）effiler /むいた effilé,e （豆のさやを）écosser[エコセ] /むいた écossé,e[エコセ]（湯むきする）émonder[エモンデ], monder[モンデ] /むいた émondé,e[エモンデ], mondé,e[モンデ]（デコルティケする：海老などの殻を）décortiquer[デコルティケ] /むいた décortiqué,e[デコルティケ]（貝の殻を）décoquiller[デコキエ] /むいた décoquillé,e[デコキエ]（卵や胡椒の殻を）écaler[エカレ] /むいた écalé,e[エカレ]（二枚貝の殻を）écailler[エカイエ] /むいた écaillé,e[エカイエ]（魚の皮を）enlever la peau[アンルヴェ ラ ポ]〈enlever[5]〉（デピイエ：猟肉の皮を）dépouiller[デプーイエ], écorcher[エコルシェ] /むいた dépouillé,e[デプーイエ], écorché,e[エコルシェ]

むく² 無垢(の) pur,e[ピュール]

むくち 無口(な) taciturne[タシテュールヌ]〈男女同形〉, silencieux[スィランスィユー]〈男に, 単複同形〉, silencieuse[ス

むくむ 浮腫み se boursoufler [スブールスーフレ]〔代動 59〕, s'enfler [サンフレ]〔代動 59〕/むくんだ boursouflé,e [ブールスーフレ]

むけ …向け destiné,e à... [デスティネア], pour... [プール]

むける 向ける（AをBの方向に）diriger A vers B [ディリジェ ヴェール]〈diriger 25〉

むこ 婿 （娘の）gendre [ジャーンドゥル]〔男〕, beau-fils [ボフィース]〔男〕〈複~x-~〉

むこう¹ 向こう（あそこ，そこ）~に（へ）là-bas [ラバ]/~から de là-bas [ドゥラバ]/~側で de l'autre côté [ドゥロートゥル コテ]/（対話者）interlocuteur [アンテルロキュトゥール]〔男〕, interlocutrice [アンテルロキュトゥリース]〔女〕

むこう² 無効（の）non valable [ノン ヴァラーブル]〈男女同形〉

むこくせき 無国籍（の）apatride [アパトゥリードゥ]〈男女同形〉, sans-patrie [サン パートゥリ]〈男女同形〉/~料理 cuisine [女] internationale [キュイズィーナンテルナスィョナール]

むざい 無罪 inocence [イノサーンス]〔女〕/~の inocent,e [イノサン, トゥ]

ムサカ （料理）moussaka [ムーサカ]〔女〕, 英 moussaka

むし 虫 （昆虫）insecte [アンセークトゥ]〔男〕, bestiole [ベスティヨール]〔女〕, petite bête〔女〕[プティートゥ ベートゥ]/（害虫）vermine [ヴェルミーヌ]→ きせいちゅう

むじ 無地（の）uni,e [ユニ]

むしあつい 蒸暑い lourd,e [ルール, ドゥ]/今日は～ Il fait lourd aujourd'hui. [イル フェ ルール オジュールデュイ]

むしがれい 虫鰈 → かれい

むしき 蒸器 cuiseur〔男〕vapeur [キュイズール ヴァプール], cuit-vapeur [キュイ ヴァプール]〔男〕〈複~s-~〉/corbeille〔女〕à vapeur [コルベーユ ヴァプール]/（金物）marmite〔女〕à vapeur [マルミタ ヴァプール]/（クスクス用2段鍋）couscoussier [クースクスィエ]〔男〕

むしくだし 虫下し （駆虫剤）vermifuge [ヴェルミフュージュ]〔男〕

むしする 無視する mépriser [メプリーゼ], négliger [ネグリジェ]25〕‖（相手にしない）s'en ficher [サン フィシェ]〔代動 59〕,（俗語）s'en foutre [サン フートゥル]〔代動 58 59〕

むしに 蒸煮（ブレゼしたもの）braisé [ブレーゼ]〔男〕, 英 braisé /~にする braiser [ブレーゼ]/~にした braisé,e [ブレーゼ], 英 braised / daube〔女〕[ドーブ]/~にする endauber [アンドベ]/~にした endaubé,e [アンドベ]‖（エテュヴェしたもの）étuvée〔女〕, 英 stew /~にする étuver [エテュヴェ]/~にした étuvé,e [エテュヴェ], 英 stewed‖（エトゥーフェしたもの）étouffée〔女〕/~にする étouffer [エトゥーフェ]/~にした étouffé,e [エトゥーフェ], 英 （魚, 野菜）,（肉） braised → むす, むしやき

むしば 虫歯 dent〔女〕cariée [ダン カリエ], carie [カリ]〔女〕/~がある avoir une（複数なら des）carie(s) [アヴォワール ユヌ（デ）カリ]〈avoir 1〉

むしやき 蒸焼（にしたもの）poêlé [プワーレ]〔男〕, 英 fry /~にする poêler [プワーレ]/~にした poêlé,e [プワーレ], 英 fried

むしゃむしゃ → たべる

むしゅう 無臭（の）inodore [イノドール]〈男女同形〉

むしょく¹ 無色（の）incolore [アンコロール]/（透明の）transparent,e [トゥラーンスパラン, トゥ]

むしょく² 無職（の）sans profession [サン プロフェスィヨン]

むしよけ 虫除け （防虫剤）insectifuge [アンセクティフュージュ]〔男〕

むしる 毟る （雑草などを）arracher [アラシェ]/毟った arraché,e [アラシェ]‖（鳥の羽を）plumer [プリューメ]/毟った plumé,e [プリューメ]‖（葉を）effeuiller [エフーイエ]/毟った effeuillé,e [エフーイエ]

むしろ¹ 寧ろ plutôt [プリュトー]

むしろ² 筵 (ござ) natte [ナートゥ]〔女〕

むじん 無人（の）inhabité [イナビテ]

むす 蒸す faire cuire à la vapeur [フェール キュイーラ ラ ヴァプール]〈faire 21〉/蒸した cuit,e à la vapeur [キュイ, トゥア ヴァプール]

ムース → はっぽう

むずかしい 難しい difficile [ディフィスィール]〈男女同形〉, dur,e [デュール]/難

むすこ　息子　fils [フィース] 男 〈単複同形〉

むすびめ　結び目　nœud [ヌー] 男／〜を作る　faire un nœud [フェール アン ヌー] 〈faire 21〉

むすぶ　結ぶ（縛る）nouer [ヌエ], lier [リエ] ‖（契約や条約を）conclure [コンクリュール] 52／…と契約を〜　conclure（または passer）un contrat avec... [コンクリュール（パセ）アン コーントゥラ アヴェック] 〈conclure 52〉　→つなぐ

むすめ　娘　fille [フィーユ] 女／（若い女性）jeune fille [ジューヌ フィーユ], (俗語) nana [ナナ] 女

ムスリーヌ（菓子, 料理材料）mousseline 女, 英 mousseline／クレーム・crème 女 mousseline／ファルス・farce 女 mousseline

むぜい　無税 → めんぜい

むせいらん　無精卵　œuf [ウーフ] 男 non fécondé [ヌーフ ノン フェコンデ] 〈複 〜s ＝ 〜s [ウノフェコンデ]〉

むせきにん　無責任（な）irresponsable [イレスポンサーブル] 〈男女同形〉

むせる　噎せる・咽せる　s'étouffer [セトゥーフェ] 代動 59

むせん　無線　radio [ラディヨ] 女／〜タクシー　radio-taxi [ラディヨ タークスィ] 男 〈複 〜-〜s〉／〜の sans-fil [サン フィル] 〈不変〉

むせんいんしょく　無銭飲食 → ただぐい

むだ　無駄（な）inutile [イニュティル] 〈男女同形〉／〜に inutilement [イニチィートゥルマン]　→ ろうひ

ムタルド → ムータルド

むだん　無断（で）（連絡なしに）sans préavis [サン プレアヴィ]／〜欠勤, 〜欠席　absence 女 sans préavis [アブサーンス サン プレアヴィ]／（無許可で）sans permission [サン ペルミスィヨン], sans autorisation [サンゾトリザスィヨン]

むちうちしょう　鞭打ち症　coup 男 du lapin [クー デュ ラパン]

むちんじょうしゃ　無賃乗車（話言葉）resquille [レスキーユ] 女

むつ　鯥：ムツ科の魚　légine 女 mutsu [レジーヌ ムツ], 英 Japanese bluefish, gnomefish

ムッシュ　Monsieur [ムスュー] 男 〈複 Messieurs [メスュー]〉／（男性への敬称として）A さん　Monsieur A [ムスュー]

むなぐるしい　胸苦しい → くるしい, いきぐるしい

むなぐろ　胸黒：鳥　pluvier 男 fauve [プリュヴィエ フォーヴ]／ヨーロッパ・pluvier doré [プリュヴィエ ドレ]

むなびれ　胸鰭 → ひれ

むなぼね　胸骨 → りゅうこつ

ムニエル（料理法）(à la) meunière [(ア ラ) ムニエール] 女, 英 meunière／〜バター beurre 男 (à la) meunière [ブール (ア ラ) ムニエール]

ムニュ（コース料理）menu 男, 英 set menu／〜・カルト　menu-carte [ムニュ カールトゥ] 〈複 〜s－〜s〉／（サーヴィスコース）menu touristique [ムニュ トゥーリスティーク], 英 standard menu → コース, ていしょく, メニュー

むね　胸　poitrine [プワトゥリーヌ] 女, (古) estomac [エストマ] 男 → しんぞう, ちぶさ, はい[3]

むねにく　胸肉 → さんまいにく, にわとり, だきみ, マグレ

むねやけがする　胸焼けがする　avoir des aigreurs [アヴワール デゼグルール] 〈avoir 1〉, avoir des brûlures d'estomac [アヴワール デブリュリュール デストマ]

むはっこうきじ　無酸素生地（パン用）pâte 女 morte [パートゥ モールトゥ]

むみ　無味（の）insipide [アンスィピードゥ] 〈男女同形〉

むめんきょ　無免許（で）（運転免許）sans permis [サン ペルミ]

むら　村　village [ヴィラージュ] 男／〜の villageois,e [ヴィラジュワ, ーズ] 〈男は単複同形〉／〜人　villageois,e 男女 〈男は単複同形〉／〜人風　(à la) villageoise [(ア ラ) ヴィラジュワーズ] ‖（小村）†hameau [アモ] 男 〈複 〜x〉

むらさき　紫（色）（すみれ色）violet [ヴィヨレ] 男／〜の violet,te [ヴィヨレ, ートゥ]／〜がかった violacé,e [ヴィヨラセ] ‖（薄紫）mauve [モーヴ]／〜の mauve 〈男女同形〉 ‖（赤紫, パープル）pourpre [プールプル] 男／〜の pourpre 〈男女同形〉 ‖（ライラック色）lilas [リラ] 男／〜の lilas 〈不変〉　→ かぶ[1], キャベツ

むらなく　斑なく　régulièrement [レギュリエールマン]

むらのある 斑のある（一定してない） inégal,e [イネガール], inégaux [イネゴ] 〈男複に〉, irrégulier [イレギュリエ] 〈男複に〉, irrégulière [イレギュリエール] 〈女に〉

ムラング → メレンゲ

ムランゲット（菓子） meringuette [ムランゲトゥ]

むり 無理(な) impossible [アンポスィーブル] 〈男女同形〉‖～に de force [ドゥ フォールス]／～やり forcément [フォルセマン]

ムリーズ → さくらんぼ

むりょう 無料 入場～:掲示 Entrée libre [アーントレリーブル] → ただ²

ムルソ（ワイン） meursault [ムルソ]

むろあじ 室鯵 → あじ²

ムワルー → モワルー

ムンステール（チーズ） munster [男]

め

め¹ 目・眼 œil [ウーユ] 男 〈複 yeux [ユ]〉／(眼球) globe 男 oculaire [グローボキュレール]／(視力) vue [ヴュ] 女／(視線) regard [ルガール] 男‖～薬 collyre [コリール] 男 → めざめる

め² 目（挽肉器の） grille [グリーユ]／細かい～ grille fine [グリーユ フィーヌ]／粗い～ grille grosse [グリーユ グロース]‖(布の折目) tissure [ティスュール] 女／(編目) maille [マーユ]
→ あらい¹, ますめ, めのつまった

め³ 芽 bourgeon [ブールジョン] 男／(種や実からの) germe [ジェールム] 男, (英) sprout／(新芽) bouton [ブートン] 男, (英) bud／(若芽, 若枝) pousse [プース] 女, jet [ジェ] 男, (英) shoot／(じゃが芋の) œil [ウーユ] 男 〈複は yeux [ユ]〉, eye‖～を出す germer [ジェルメ]／～を出した germé,e [ジェルメ]／～を摘取る dégermer [デジェルメ]

め⁴ …目 → ばん¹

めい 姪 nièce [ニエース] 女

めいか 銘菓 gâteau 男 〈複 ～x〉de qualité [ガトドゥ カリテ]

めいかく 明確(な) précis,e [プレスィーズ] 〈男には単複同形〉／～に précisément [プレスィゼマン]

めいがら 銘柄（ブランド）marque [マールク] 女／～品 produits 男複 de marque [プロデュイドゥ マールク]

メイクイン → じゃがいも

めいさいしょ 明細書（一覧表）description [デスクリプスィヨン] 女／(勘定書や給与などの) bordereau [ボールドゥロ] 男 〈複 ～x〉

めいさく 名作 chef-d'œuvre [シェドゥーヴル] 男 〈複 ～s-～〉

めいさん 名産 spécialité [スペスィヤリテ] 女

めいし¹ 名刺 carte 女 de visite [カールトゥ ドゥ ヴィズィートゥ], bristol [ブリストール] 男

めいし² 名詞 nom [ノン] 男／～の nominal,e [ミナール], nominaux [ノミノ] 〈男複に〉／加算(不加算)～ nom comptable (non-comptable) [ノン コンターブル（ノンコンターブル）]／固有～ nom propre [ノン プロープル]／女性(男性)～ nom féminin (masculin) [ノン フェミナン（マスキュラン）]／単数(複数)～ nom singulier (pluriel) [ノン サンギュリエ（プリュリエール）]／普通～ nom commun [ノン コマン]

めいし³ 名士（政治家, 文化人）personnalité [ペルソナリテ] 女／(社会的に重要な著名人) personnage [ペルソナージュ]／(有力者) notable [ノターブル] 男／(セレブ, 有名人) célébrité [セレブリテ], nom [ノン] 男

めいしゃ 目医者 → がんか

めいしゅ 銘酒（酒）saké 男 de qualité [サケドゥ カリテ]／(ワイン) vin 男 de qualité [ヴァンドゥ カリテ], grand vin [グラーン ヴァン]

めいしょ 名所 lieu 男 〈複 ～x〉célèbre [リュー セレーブル], †haut lieu [オ リュー]

めいしょう 名称 nom [ノン] 男／(呼称) appellation [アペラスィヨン] 女, dénomination [デノミナスィヨン] 女

めいじん 名人 maître [メートゥル] 男／(音楽の) virtuose [ヴィルテュオーズ] 男女／アマチュアの女性料理～ cordon-bleu [コルドン ブルー] 男／プロの料理～ maître-cuisinier [メートゥル キュイズィニエ] 男 〈複 ～s-～s〉

めいせい 名声 → ゆうめい

めいてい 酩酊 → よい², よう²
めいぶつ 名物　spécialité [スペスィヤリテ]
めいぼ 名簿　liste [リーストゥ] 女／会員～　liste des membres [リーストゥ デ マーンブル]
めいめい 銘銘 → それぞれ
めいよ 名誉　honneur [オヌール] 男／～のある　honorable [オノラブル]〈男女同形〉／～会員　membre 男 d'honneur [マーンブル ドヌール]／～会長　président,e 男女 d'honneur [プレズィダン, トゥ ドヌール] ‖ (栄誉) gloire [グルワール] 女／～のある　glorieux [グロリユー] 〈男に, 単複同形〉, glorieuse [グロリユーズ] 〈女に〉
めいれい 命令　ordre [オールドゥル] 男／～する　ordonner [オルドネ], commander [コマンデ] → ほう²
めいろ 迷路　labyrinthe [ラビラーントゥ] 男, dédale [デダール] 男
めいわく 迷惑 (困惑) embarras [アンバラ] 男〈単複同形〉／～をかける　embarrasser [アンバラセ]／～な　embarrassant,e [アンバラサン, トゥ]／～する　être embarrassé,e [エートゥル アンバラセ]〈être ②〉‖ (厄介) ennuis [アンニュイ] 男複／～をかける　ennuyer [アンニュイエ] ③ ／～な　ennuyeux [アンニュイユー] 〈男に, 単複同形〉, ennuyeuse [アンニュイユーズ] 〈女に〉／～する　être ennuyé,e [エートゥル アンニュイエ] 〈être ②〉‖～駐車　stationnement 男 gênant [スタスィヨヌマン ジェナン]／ご～をおかけして申訳ありません　Excusez-moi de vous déranger. [エクスキュゼムワ ドゥ ヴー デランジェ] → じゃま
メイン (主たること)　principal [プランスィパール] 男〈複〉 principaux [プランスィポ]／～の　principal,e [プランスィパール], principaux [プランスィポ] 〈男複に〉／～ストリート　rue 女 principale [リュ プランスィパール]／～ディッシュ　plat 男 principal [プラー プランスィパール], plat de résistance [プラー ドゥ レズィスターンス]
メーカー　fabricant,e [ファブリカーン, トゥ] 男女／～品　marque [マールク] 女
メーキャップ → けしょう
メース (香辛料) macis [マスィ] 男〈単複同形〉, 英 mace
メーター (計器) compteur [コントゥール] 男 → メートル
メード (ホテルなどの) femme 女 de chambre [ファム ドゥ シャーンブル]
メートル　mètre [メートゥル] 男：記号は m
メーヌ (地方) Maine 固男／～の manceau [マンソ] 〈男に, 複 ～x〉, mancelle [マンセール] 〈女に〉／～風 (à la) mancelle [(アラ) マンセール]
メープル (かえで) érable [エラーブル] 男／～シュガー　sucre 男 d'érable [スュークル デラーブル], 英 maple sugar／～シロップ　sirop 男 d'érable [スィロラーブル], 英 maple syrup
メール → イーメール, ゆうびん
メーン → メイン
めかじき 女梶木・女旗魚・眼梶木・眼旗魚 → かじき
めがね 眼鏡　lunettes [リュネートゥ] 女複／遠視用～　lunettes d'hypermétrope [リュネートゥ ディペルメトロープ]／近視用～　lunettes de myope [リュネートゥ ドゥ ミヨープ]／～のつる　branches 女複 de lunettes [ブラーンシュ ドゥ リュネートゥ]／～をかける　porter (または mettre) des lunettes [ポルテ (メートゥル) デ リュネートゥ] 〈mettre ㉖〉‖～屋 (店) lunetterie [リュネートゥリ] 女, (人) opticien,e [オプティスィヤン, エーヌ] 男女 ‖～造：魚の盛付法　en lunettes [アン リュネートゥ]
めがみ 女神　déesse [デエース] 女
メキシコ　Mexique [メクスィーク] 固男／～人　Mexicain,e [メクスィカン, ケーヌ] 男女／～の　mexicain,e [メクスィカン, ケーヌ]／～風 (à la) mexicaine [(アラ) メクスィケーヌ]
めキャベツ 芽キャベツ → キャベツ
めごち 女鯒・雌鯒 (ねずっぽ) dragonnet [ドゥラゴネ] 男, 英 dragonet
めざし 目刺　sardines 女複 séchées [サルディーヌ セシェ]
めざまし 目覚し → とけい
めざめる 目覚める　se réveiller [ス レヴェイエ] 代動 ㊾
めし 飯 → ごはん
めしあがれ 召上れ　Bon appétit. [ボナペティ]
めじな 眼仁奈：メジナ科の魚　girella [ジレーラ] 女, 英 girella, large-scale blackfish
めしべ 雌蕊　pistil [ピスティール] 男
メジャー → けいりょう, まきじゃく
メシュイ (アラブの羊料理) méchoui 男
めじり 目尻　coin 男 de l'œil [クワー

めじるし 目印 repère [ルペール] 男／〜をつける repérer [ルペレ] 36
メス¹ （外用に）bistouri [ビストゥーリ] 男／（解剖用）scalpel [スカルペール] 男
メス² （都市）Metz 固／〜の messin,e [メ・サン, スィーヌ]／〜風 (à la) messine [(アラ) メスィーヌ]
めす 雌 femelle [フメール] 女／〜の femelle
→ いぬ, いのしし, うさぎ, うし, うま, がちょう, かも¹, きじ¹, しか¹, しちめんちょう, にわとり, ねこ, ひつじ, ぶた, やぎ
メスクラン （ベビーリーフ）mesclun 男, mesclum
めずらしい 珍しい （めったにない）rare [ラール] 男女同形
→ おかしい, れいがい
メダイヨン （肉などの整形後の形）médaillon 男, 英 medaillon
めだま 目玉 → め¹
めだまやき 目玉焼 （オーヴンでつくる）œuf 男 sur le plat [ウフ スュール ル プラ], 英 fried egg ／（オーヴンでつくる, 黄身に白い膜がかかった）œuf au miroir [ウフ オ ミルワール] ／（フライパンでつくる）œuf à la poêle [ウフ ア ラ ポワル], 英 œuf poêlé [ウフ ポワレ]
《卵料理は通常, 1人前2個を用いるので œufs [ウ] 男 複 とし, œufs poêlés とする》
メダル médaille [メダーユ] 女／（大型の）médaillon [メダーヨン] 男／〜を授ける médailler [メダイエ]／〜を授与された médaillé,e [メダイエ]
めっき 鍍金・滅金 placage [プラカージュ] 男／〜する plaquer [プラケ]／〜した plaqué,e [プラケ]
→ きん¹, ぎん, クローム, ニッケル, すず
メッセージ → でんごん
メドック （ワイン産地）Médoc [メドーク] 固
メトル・ドテル （レストランのサービス責任者）maître 男 d'hôtel [メートゥル ドテール]／〜バター beurre 男 maître d'hôtel [ブール メートゥル ドテール], 英 maître-d'hôtel butter
メトン （チーズ）met(t)on 男
メナジェール(風) (à la) ménagère [(ア ラ) メナジェール]

メニュー （料理の品書）carte [カールトゥ] 女, menu [ムニュ] 男, 英 menu ／セット〜 menu à prix fixe servi à la fois [ムニュ ア プリー フィークス セルヴィ ア ラ フワー]／デザート〜 menu （または carte) de dessert [ムニュ (カールトゥ) ドゥ デセール]／〜立て porte-menu [ポールトゥ ムニュ] 男 単複同形
めぬけ 目抜 （おおさが）：魚 sébaste 男 menuke [セバーストゥ ムヌケ], 英 menuke ocean perch
めのつまった 目の詰った （密度の高い）compact,e [コンパクトゥ]
めばち 目鉢 → まぐろ
めばり 目張 （生地での鍋蓋の固定）lut [リュットゥ] 男／〜する きじ², とじる
めばる 眼張：メバル属の魚の総称 sébaste [セバーストゥ] 男, 英 rockfish
めぶんりょうで 目分量で à vue d'œil [ア ヴュ ドゥイユ]
めまい 眩暈 vertige [ヴェルティージュ] 男／〜がする avoir le vertige [アヴォワール ル ヴェルティージュ]
メモ mémorandum [メモランドーム] 男, mémo [メモ] 男, note [ノートゥ] 女／〜する noter [ノテ], prendre des notes [プランドゥル デ ノートゥ] ⟨prendre 37⟩ ‖ 〜帳 mémorandum, mémento [メマント] 男／（1枚ずつはがせる）block-notes [ブローク ノートゥ] 男 複 〜s-〜
めもり 目盛 échelle [エシェール] 女
メリーゴーランド manège [マネージュ] 男
メリサ 〜水：飲物 eau 女 de mélisse [オド メリース]
→ レモンバーム
メリット （価値, 手柄）mérite [メリートゥ] 男／〜がある（得だ）avoir du mérite [アヴォワール デュ メリートゥ] ⟨avoir 1⟩
→ とく³
メリ・メロ （取合せ料理）méli-mélo ⟨複 〜s-〜s⟩／〜の, 〜にした en méli-mélo [アン メリ メロ]
メルキュレ （ワイン詰）mercurey 男
メルゲーズ merguez 女
メルバ(風) Melba [メルバ]／〜トースト toast 男 Melba [トーストゥ メルバ], 英 Melba toast ／ピーチ〜（デザート）pêche 女 Melba [ペーシュ メルバ], 英 peach Melba
メルラン （魚）merlan 男, 英 whiting
メルリューシュ → メルルーサ
メルルーサ colin [コラン] 男, merlu [メ

ルリュ], merluche [メルリューシュ] 囡, 〈英〉hake

メルロ（ぶどう）merlot 男

メレンゲ（固くホイップした卵白）meringue [ムラーング] 囡, 〈英〉meringue / 〜で覆う, 〜を加える meringuer [ムラーンゲ] / 〜で覆った, 〜を加えた meringué,e [ムラーンゲ] / イタリアン（スイス, フランス）〜 meringue italienne (suisse, française) [ムラーング イタリエンヌ (スュイス, フランセーズ)] / 〜生地 pâte 囡 à meringue [パタ ムラーング]

メロン melon [ムロン] 男, 〈英〉melon / 〜・ポルト melon (au) porto [ムロン(オ)ポルト]

メロンの種類

カンタループ cantaloup [カンタルー] 男

シャラント charentais 男〈単複同形〉

プリンスメロン melon 男 prince [ムロン プランス], 〈英〉prince melon

マスクメロン, ネットメロン melon brodé [ムロン ブローデ], 〈英〉net melon, muskmelon

めん¹ 面（方面）aspect [アスペ] 男, côté [コテ] 男 / (新聞の) page [パージュ] 囡 / (平面) plan [プラーン] 男 / (表面) face [ファース] 囡 → ひょうめん, マスク

めん² 綿 coton [コトン] 男 / 〜製の en (または de) coton [アン(ドゥ) コトン]

めん³ 麺 nouilles [ヌーユ] 囡, 〈英〉noudles, pasta / 乾〜 pâtes 囡複 alimentaires [パートゥザリマンテール] / 生〜 pâtes fraîches [パート フレーシュ] / スープ用の短い〜 nouillettes [ヌーイエートゥ] 囡複

めんえき 免疫 immunité [イミュニテ] 囡

めんかい 面会 entrevue [アーントゥルヴュー] 囡 / …と〜する voir... [ヴワール] ㊵, avoir une entrevue avec... [アヴワール ユナーントゥルヴュー アヴェーク] 〈avoir ①〉

めんきょ 免許（許可, 認可）autorisation [オトリザスィヨン] 囡, permission [ペルミスィヨン] 囡 / 〜証 permis [ペルミ] 男〈単複同形〉, brevet [ブルヴェー] 男 / 運転〜証 permis de conduire [ペルミ ドゥ コンデュイール] / (営業用) licence [リサーンス] 囡

めんじつゆ 綿実油 huile 囡 de graines de cotonnier [ユイール ドゥ グレーヌ ドゥ コトニエ], huile de coton [ユイール ドゥ コトン], 〈英〉cottonseed oil

めんじょう 免状（小・中学校卒業の）brevet [ブルヴェー] 男 / (高校以上卒業の) diplôme [ディプローム] 男

めんぜい 免税(の) détaxé,e [デタクセ] / 〜店 magasin 男 d'articles détaxés [マガザン ダルティークル デタクセ] / (空港などでの) 〜手続 détaxe [デタークス] 囡 / 〜価格 prix 男 hors taxes [プリー オール タークス] / 〜品 article 男 détaxé [アルティークル デタクセ]

めんせき 面積 superficie [スュペルフィスィ] 囡, surface [スュルファース] 囡 / 表〜 superficie ‖ (数学用語として) aire [エール] 囡

めんせつ 面接 entrevue [アーントゥルヴュー] 囡 → こうとうしもん

めんたいこ 明太子 œufs 男複 de cabillaud salés et pimentés [ウドゥ カビヨ サレ エ ピマンテ]

メンチカツ friture 囡 de côtelette de viande hachée à l'anglaise [フリテュール ドゥ コトゥレートゥ ドゥ ヴィヤンダ シェ ア ラングレーズ] / (牛肉だけの) bitoke [ビトーク] 男

メンテナンス → いじ

めんどう 面倒（厄介）ennuis [アンニュイ] 男複 / 〜くさい ennuyeux [アンニュイユー] 〈男に, 単複同形〉, ennuyeuse [アンニュイユーズ] 〈囡に〉, embêtant,e [アンベタン, トゥ] → めいわく, せわ

めんとりする 面取する（トゥルネする）：野菜の整形 tourner [トゥールネ] / A を B の形に〜 tourner A en B [トゥールネ アン アン] / 面取した tourné,e [トゥールネ]

メンバー membre [マーンブル] 男 / (スポーツチームの) équipier [エキピエ] 男, équipière [エキピエール] 囡

めんぼう¹ 綿棒 coton-tige [コトン ティージュ] 男〈複〜s-〜s〉

めんぼう² 麺棒 rouleau 男〈複〜x〉à pâtisserie [ルーロア パティスリ] / ギザ付〜 rouleau cannelé [ルーロ カヌレ] / 模様付〜 rouleau à décor [ルーロア デコール] / 〜でのばす rouler [ルーレ]

メンマ → しなちく

も

も[1] 藻:水生植物の総称 plante aquatique [プランタクワティーク] 女

も[2] …も (及び) et...[エ], ainsi que... [アンシク] / (A だけでなく B も) non seulement A mais aussi B [ノン スールマン メソスィ] / (否定において,A も B も) ni A ni B [ニニ] / (肯定文で,…もまた) aussi [オスィ], également [エガルマン] / (否定文で,…もまた) non plus [ノン プリュ] / (…さえ) même [メーム]

モイスチャークリーム (化粧品) crème 女 hydratante [クレームドゥラタントゥ]

もう (すでに) déjà [デジャ] / (もうすぐ) bientôt [ビヤント—] / (もっと) encore [アンコール] / ～ひとつ un,e autre [アン ノートゥル, ユノートゥル] / …ない ne...plus [ヌ プリュ] / ～少し un peu plus [アン プー プリュス]
→ ひてい ⇒ p.756「否定文」

もうける 儲ける gagner [ガニェ]

もうしこむ 申込む → いらい[2], とうろく, よやく

もうしょ 猛暑 canicule [カニキュール] 女

もうしわけ 申訳 → しゃざい

もうす 申す → いう

もうちょうえん 盲腸炎 (虫垂炎) appendicite [アパンディスィートゥ] 女

もうふ 毛布 couverture [クーヴェルテュール] 女

もうまく 網膜 rétine [レティーヌ] 女 / ～剝離 décollement 男 de la rétine [デコールマン ドゥ ラ レティーヌ]

もうろうとした 朦朧とした embrumé,e [アンブリュメ] / 意識が～ être dans le brouillard [エートゥル ダン ル ブルーヤール] 〈être [2]〉 → ぼんやりと

モエテ・シャンドン (シャンパンメーカー) Moët et Chandon 男

もえにくい 燃えにくい (防災の) ininflammable [イナンフラマーブル] 〈男女同形〉 / (不燃の) incombustible [アンコンビュスティーブル] 〈男女同形〉

もえる 燃える brûler [ブリューレ] / (火が付く) s'allumer [サリュメ] 代動 59, prendre feu [プランドゥル フー] 〈prendre 37〉 / (燃上がる) flamber [フランベ], s'enflamer [サンフラメ] 代動 59 / (燃尽きる) se consumer [ス コンスュメ] 代動 59

モーヴ (銭葵:アオイ科の植物) mauve 女, 英 mallow

モーター moteur [モトゥール] 男 → ボート

モーツァルト(風) Mozart [モザール]

モーテル motel [モテール] 男

モード (ファッション) mode [モードゥ] 女 / (方法, 様式) mode 男

モーニング～コール réveil [レヴェーユ] 男 → あさ[1], れいふく

モーパサン(風) Maupassant [モーパサン]

モカ (コーヒー, ケーキ) moka 男, 英 (コーヒー) mocha coffee, (ケーキ) mocha, (クリームケーキ) cream gâteau / ～クリーム crème 女 de moka [クレーム ドゥ モカ], 英 mocha cream

もぐ 捥ぐ (木から実を) cueillir [クイール] 29 〈備考〉/ (ぶどうなどの房から粒を) égrapper [エグラペ]

もくさく 木酢(液) (燻製用品) acide 男 pyroligneux [アスィードゥ ピロリニュー] 〈複 ～s ～〉

もくぞう 木造 de (または en) bois [ドゥ (アン) ブワー] / ～家屋 maison 女 de bois [メゾン ドゥ ブワー]

もくたん 木炭 (絵画用) fusain [フュザン] 男 → すみ[3]

もくてき 目的 but [ビュ(ートゥ)] 男 / (意図) intention [アンタンスィヨン] 女 / ～地 destination [デスティナスィヨン] 女

もくてきご 目的語:文法用語 objet [オブジェ] 男 / 直接～ complément 男 d'objet direct [コンプレマン ドブジェ ディレクトゥ] / 間接～ complément d'objet indirect [コンプレマン ドブジェ アンディレクトゥ]

もくひょう 目標 objectif [オブジェクティーフ] 男

もくようび 木曜日 jeudi [ジュディ] 男 → 用法は「にちようび」

もぐり 潜り (潜水) plongée [プロンジェ] 女 / ～の (非合法的な) clandestin,e [クランデス・タン, ティーヌ]

もぐる 潜る (水中に) plonger [プロンジェ] 25 / 隠れる se cacher [ス カシェ] 代動 59

モザイク (模様) mosaïque [モザイーク] 女 / ～の en (または de) mosaïque [アン(ドゥ) モザイーク], 英 *mosaic*

もし (もし…なら) «si [スィ] +文», «au cas où [オカウ] +文» / ～よかったら～しませんか «Si nous (または on) [スィヌー(オン)] +直説法半過去の活用をする動詞» / なら

もじ 文字 écriture [エクリチュール] 女, lettre [レートゥル] 女 / (字体) caractère [カラクテール] 男 / 大～ majuscule [マジュスキュール] 女 / 頭～ initiale [イニスィヤール] 女 / 小～ minuscule [ミニュスキュール] 女 / (時計の)～盤 cadran [カードゥラン] 男 → フォント

もしもし (電話での呼びかけ) allô [アロ]

もしゃ 模写 pastiche [パスティーシュ] 男 / ～する pasticher [パスティシェ]

モスカテル (ぶどう) moscatel 男

もずく 水雲・海蘊 algue 女 mozuku [アールグ モズク], 英 *mozuku*

モスクワ Moscou [モスクー] 固 / ～の moscovite [モスコヴィートゥ] 〈男女同形〉/ ～風 (à la) moscovite [(アラ) モスコヴィートゥ]

モスコヴィット (デザート) moscovite [モスコヴィートゥ] 女

モスコミュール (カクテル) moscow mule 男

もたれる 凭れる・靠れる (胃が) avoir l'estomac lourd [アヴワール レストマ ルール] 〈avoir 1〉/ 胃に～料理 plat 男 lourd [プラー ルール]

モダン(な) moderne [モデールヌ] 〈男女同形〉/ ～風 (à la) moderne [(アラ) モデールヌ]

もち 餅 pâte 女 de riz collant [パートゥ リ コラン]

もちあげる 持上げる lever [ルヴェ] 5 / (少し) soulever [スールヴェ] 5

もちあじ 持味 goût 男 particulier [グー パルティキュリエ]

もちいる 用いる → つかう, てきよう

もちかえり 持帰り → そうざい

もちごめ 糯米 → こめ

もちぬし 持主 → しょゆう

もちば 持場 poste [ポーストゥ] 男

もちろん 勿論 bien sûr [ビヤン スュール], bien entendu [ビヤンナンタンデュ]

もつ[1] 持つ (所有する) avoir [アヴワール] 1 / (負担する) supporter [スュポルテ] → しょゆう, つかむ, もっている

もつ[2] 臓 ～焼 brochette 女 de tripes [ブロシェートゥ ドゥ トゥリープ] / ～鍋 marmite 女 de tripes à la japonaise [マルミートゥ ドゥ トゥリープ アラ ジャポネーズ] → ないぞう

もつご 持子 (くちぼそ): 魚 pseudorasbora [プスドラスボラ] 男, 英 *topmouth gudgeon*

モッツァレッラ (イタリアのチーズ) 伊 mozzarella 女

もっていく 持って行く emporter [アンポルテ]

もっている 持っている (携帯する) porter [ポルテ] → しょゆう, もつ

もってくる 持って来る apporter [アポルテ] / (ある場所に行って) aller chercher [アレ シェルシェ] 〈aller 6〉

もっと plus [プリュース], encore [アンコール], davantage [ダヴァンタージュ] → より[2]

もっとも 最も: 最上級 …で～ A le (または la, les) plus A de... [ル(ラ, レ) プリュー ドゥ] / シェフはこのレストランで～背が高い Le chef est le plus grand de ce restaurant. [ル シェフ エ ル プリュ グラーン ドゥ ス レストラン] / ～おいしい le (または la) meilleur,e [ル(ラ) メユール], les meilleur(e)s [レ メユール] / ～多い… le plus de... [ル プリュ ドゥ] / ～少ない… le moins de... [ル ムワン ドゥ] / ～いい le mieux [ル ミュー] 《plus の代りに moins [ムワン] を用いることにより「最少の」「最劣等の」の意味となる》⇒ p. 751「比較級と最上級」

モップ (掃除用) balai 男 à franges [バレ ア フランジュ]

もてなし 持て成し accueil [アクーユ] 男, hospitalité [オスピタリテ] 女 / (レセプション) réception [レセプスィオン] 女 / ～上手な accueillant,e [アクーヤン, トゥ], hospitalier [オスピタリエ] 〈男に〉, hospitalière [オスピタリエール] 〈女に〉

もてなす 持て成す accueillir [アクーイール] 29 〈備考〉/ (応接する) recevoir [ルスヴワール] 38 / (ご馳走する) régaler [レガレ]

モデル (型, 手本) modèle [モデール] 男

もと 元・基 (源) origine [オリジーヌ] 囡, source [スールス] 囡／〜の originel,le [オリジネール]‖(最初の, 独自の) original,e [オリジナル], originaux [オリジノ]〈男複に〉‖(過去の) ancien,ne [アンスィヤン, エーヌ]／〜大統領 ancien président [アンスィヤン プレズィダン]
→ げんいん

もどす 戻す (元通りに) remettre [ルメートゥル] 26／(元の場所に) replacer [ルプラーセ] 32／(元の形に) reconstituer [ルコンスティテュエ]／(元の状態に) ramener [ラムネ] 5
→ といもどす, はく¹

もとどおりに 元通りに comme avant [コマヴァン]

もとは 元は (元々) originellement [オリジネールマン]／(初めは) au début [オデビュ]

もどる 戻る revenir [ルヴニール] 47
→ かえる¹

もなか 最中 gaufre [女] fourrée de pâte de haricots rouges sucrée [ゴーフル フーレ ドゥ パートゥ ドゥ アリコ ルージュ スュークレ]

モナコこうこく モナコ公国 principauté de Monaco [プランスィポテ ドゥ モナコ] 囡／〜人 Monégasque [モネガースク] 男女／〜の monégasque 〈男女同形〉／〜風 (à la) monégasque [(アラ) モネガスク]

モネガスク → モナコこうこく

もの 物 chose [ショーズ] 囡, objet [オブジェ] 男, (話言葉) truc [トゥリュック] 男, machin [マシャン] 男‖(品物) article [アルティークル]

ものおき 物置 (納戸) débarras [デバラ] 男〈単複同形〉／(屋根裏の) grenier [グルニエ] 男／(地下の) cave [カーヴ] 囡／(小屋) resserre [ルセール] 囡／(がらくた入れ) fourre-tout [フールトゥー] 男〈単複同形〉

モノクロ (白黒) 〜の monochrome [モノクローム]〈男女同形〉／〜映画 film 男 noir et blanc [フィルム ヌワーレ ブラーン]

ものさし 物差 → じょうぎ

ものすごい 物凄い → すごい

ものたりない 物足りない insuffisant,e [アンスュフィザン, トゥ]

ものの …ものの (…ではあるが) «quoique [クワーク]+接続法の活用をする動詞を伴う文»

ものほし 物干 〜かけ séchoir 男 à linge [セシュワーラ ランジュ]／〜ロープ corde 囡 à linge [コルダ ランジュ]

ものもらい 物貰い (麦粒(ばくりゅう)腫) orgelet [オルジュレ] 男, compère-loriot [コンペール ロリヨ]〈複〜s-〜s〉

モノレール monorail [モノラーユ] 男〈単複同形〉

もはや 最早 déjà [デジャ]

もはん 模範 exemple [エグザーンプル] 男, modèle [モデール] 男／〜的な exemplaire [エグザーンプレール]〈男女同形〉, modèle〈男女同形〉

もふく 喪服 vêtement 男 de deuil [ヴェートゥマン ドゥ ドゥーユ]／(女性用) robe 囡 de deuil [ロープ ドゥ ドゥーユ]

もみ 籾 (籾殻) bal(l)e [バール] 囡

もみのき 樅の木 sapin [サパン] 男

もむ 揉む (マッサージする) masser [マセ]／(しわくちゃにする) chiffonner [シフォネ], froisser [フルワーセ]／(生地やバターを柔らかくするために) malaxer [マラークセ]

もめん 木綿 → めん²

もも¹ 桃 (実) pêche [ペーシュ] 囡, 〈英〉 peach／(白〜, 黄)〜 pêche blanche (jaune) [ペーシュ ブラーンシュ (ジョーヌ)]

もも² 腿 cuisse [キュイース] 囡, 〈英〉 leg／〜肉ホルダー manche 囡 à gigot [マンシャ ジゴ]
→ いのしし, うさぎ, うし, こうし¹, しか¹, にわとり, ひつじ, ぶた

もや 靄 brume [ブリューム] 囡／〜のかかった brumeux [ブリュームー]〈男に, 単複同形〉, brumeuse [ブリュームーズ]〈女に〉

もやし 萌し・蘖 germes [ジェルム] 男複 (または pousses 囡複) de soja [ジェールム (プース) ドゥ ソジャ], 〈英〉 bean sprout《料理では常に複数》

もやす 燃やす brûler [ブリューレ] → フランベ

もよう 模様 motif [モティーフ] 男／〜替え (部屋の) rénovation [レノヴァスィヨン] 囡

もよおし 催し (興行) spectacle [スペクタークル] 男／(祭) fête [フェートゥ] 囡／(式典) cérémonie [セレモニ] 囡

もよりの 最寄の (とても近くの)

もらう 貰う (受取る) recevoir [ルスヴワール] 38 / (…してもらう) «faire [フェール] 21 + 不定詞» / (自分に…してもらう) «se faire [スフェール] 代動 21 59 + 不定詞» → とる1

もり 森 bois [ブワ] 男 〈単複同形〉 / (植樹林) futaie [フュテ] 女 → しんりんふう

もりあげる 盛上げる surélever [スュルレヴェ] 5 / 盛上げた surélevé,e [スュルルヴェ]

もりあわせ 盛合せ assortiment [アソルティマン] 男, 英 assortment / 前菜の~ assortiment de hors-d'œuvre [アソルティマン ドゥ オルドゥーヴル], hors-d'œuvre assortis [オルドゥーヴル アソルティ], hors-d'œuvre variés [オルドゥーヴル ヴァリエ], 英 assortment of hors d'œuvres / 海の幸の~ plateau 男 〈複 ~x〉 de fruits de mer [プラトー フリュイドゥ メール], 英 plate of seafood / ~た assorti,e [アソルティ], varié,e [ヴァリエ], 英 assorted → とりあわせ

モリーユだけ モリーユ茸 morille [モリーユ] 女 / morel

もりつけ 盛付 dressage [ドゥレサージュ] 男, présentation [プレザンタスィヨン] 女 / ~る dresser [ドゥレセ] / ~た dressé,e [ドゥレセ] → ミラーだい

もりばと 森鳩 → はと

モリブデン (金属) molybdène [モリブデーヌ] 男 / ~包丁 couteau 男 d'acier [クートー ダスィエ]

モリュー → たら2

モリヨン (茸) morillon 男, 英 semi-free morel

もる 盛る → もりつけ

モルヴァン (地方) Morvan 固男 / ~の morvandeau [モルヴァンドー] 〈男に, 複 ~x〉, morvandelle [モルヴァンデール] 〈女に〉 / ~風 (à la) morvandelle [(ア ラ) モルヴァンデール]

モルゴン (ワイン) morgon 男

モルタデル (ソーセージ) mortadelle 女, 英 mortadella

モルティエ → すりばち

モルト[1] (麦芽) malt [マールトゥ] 男, 英 malt → ウィスキー, す[2]

モルト[2] (町) Morteau 固 → ソーセージ

モルネ (風) Mornay [モルネ] / ソース~ sauce 女 Mornay

もれ 漏れ (うっかりした) oubli [ウーブリ] 男, négligence [ネグリジャーンス] 女 / (抜落ち) omission [オミスィヨン] 女 / (ガスや水道など) fuite [フュイートゥ] 女

モレ・サン・ドニ (ワイン) morey-saint-denis [モレ サンドゥニー] 男

もれる 漏れる fuir [フュイール] 23, s'échapper [セシャペ] 代動 59 / (秘密が) se divulguer [ス ディヴュルゲ] 代動 59 / (染み出る) filtrer [フィールトゥレ]

もろい 脆い (壊れやすい) cassable [カサーブル] 〈男女同形〉 / (粉になりやすい) friable [フリヤーブル] 〈男女同形〉

もろこ 諸子:魚 goujon 男 moroko [ゴージョン モロコ], 英 willow shiner

もろこし 蜀黍・唐黍 (植物) sorgho [ソルゴ] 男, 英 sorghum / 砂糖~ sorgho sucré [ソルゴ スュクレ]

モロッコ Maroc [マロック] 固男 / ~人 Marocain,e [マロ・カン, ケーヌ] 男女 / ~の marocain,e [マロカン, ケーヌ] / ~風 (à la) marocaine [(ア ラ) マロケーヌ]

モロヘイヤ molokheya [モロケヤ] 女, 英 molokheya

モワル → こつずい

モワルー (デザート, 料理) moelleux [ムワルー] 男 〈単複同形〉, 英 semi sweet

もん 門 porte [ポールトゥ] 女

もんがらかわはぎ 紋柄皮剝 baliste 男 clown [バリーストゥ クルーヌ], 英 clown triggerfish

もんく 文句 (不平) plainte [プラーントゥ] 女 / …について~を言う se plaindre de… [ス プラーンドゥル ドゥ] 代動 14 59 || (抗議) réclamation [レクラマスィヨン] 女 / …に~を言う réclamer contre… [レクラメ コーントゥル] || (非難) reproche [ルプローシュ] 男 / …に~を言う reprocher à… [ルプローシェア]

モングラ (風) Montglas [モングラ]

モンタージュ (組立) montage 男

もんだい 問題 problème [プロブレーム] 男, question [ケスティヨン] 女 || (主題) sujet [スュジェ] 男 / この~に関しては en la matière [アンラマティエール]

モンタニェ (料理人) Prosper Mon-

tagné [プロスペル モンタニェ] 固男
モンテ（バターを加える、ホイップする）monter
モンデ → むく¹
モンテ・カルロ(風) (à la) Monte-Carlo [(アラ) モンテ カルロ]
モンテスパン(風) Montespan [モンテスパン]
モンテリマール（町）Montélimar 固／～の montilien,ne [モンティリ・ヤン, エーヌ] → ヌガー
モン・ドール（チーズ）mont d'or 男
モン・ドール・デュ・リヨネ（チーズ）mont d'or du lyonnais 男
モントルイユ(風) Montreuil [モントゥルーユ]
モンバジヤック（ワイン）monbazillac [モンバズィヤーク] 男
モンパンシエ(風) Montpensier [モンパンスィエ]
モン・ブラン （山）mont Blanc 固男／（ケーキ）mont-blanc 男 〈複 ～s-～s〉, 英 chestnut cream dessert
モンベリアール（都市）Montbéliard 固／～の montbéliardais,e [モンベリヤルデ, -ズ] → ソーセージ
モンペリエ（都市）Montpellier [モンプリエ] 固／～の montpelliérain,e [モンプリエ・ラン, レーヌ], ～風 (à la) montpelliéraine [(アラ) モンプリエレーヌ]／～バター beurre de Montpellier [ブール ドゥ モンプリエ]
モンモランシ(風) Montmorency [モンモランスィ] → さくらんぼ
モンラシェ（ワイン）montrachet 男

や

や …や et [エ]
やあ（呼びかけ）Ohé ! [オーエー], Hé ! [エ]
やおや 八百屋 （人）marchand,e 男女 de légumes [マルシャン, ドゥドゥレギューム]／(屋台で商う人) marchand,e de quatre saisons [マルシャン, ドゥドゥカートゥル ソゾン]／(店) magasin 男 de légumes [マガザン ドゥ レギューム]

やがいで 野外で au grand air [オグランテール], en plein air [アン プランネール]
やかた 館（街中の）hôtel particulier [オーテル パルティキュリエ]／(田舎の) manoir [マヌワール] 男／(邸宅) résidence [レズィダーンス] 女
やがて →あと¹, いずれ, いつか, まもなく
やがら 矢柄（青やがら）：魚 fistulaire [フィストゥレール] 女, 英 smooth flutemouth, bluespotted cornetfish
やかん¹ 夜間 → ばん², よる¹
やかん² 薬缶 bouilloire [ブーユワール] 女, coquemar [コクマール] 男／小さな～ bouillotte [ブーヨットゥ] 女
やぎ 山羊（雌）chèvre [シェーヴル] 女, 英 goat／(雄) bouc [ブーク] 男／雄仔～ chevreau [シュヴロ] 男 〈複 ～x〉／雌仔～ chevrette [シュヴレットゥ] 女／～乳 lait 男 de chèvre [レドゥ シェーヴル] → シャモワ, チーズ
やきいも 焼芋 patate 女 sous la cendre [パタートゥ スーラ サーンドゥル]
やきいろ 焼色（コロレ）～を付ける colorer／～を付けた coloré,e [コロレ]／～を付けずに sans coloration [サン コロラスィヨン], à blanc [アブラン] ‖ ～を付けずに加熱する raidir [レディール] ④／～を付けずに加熱した raidi,e [レディ] ‖ (ドレ) きつね色（黄金）色に～を付ける dorer, (faire) blondir [(フェール) ブロンディール] 〈faire ㉑, blondir ④〉／～を付けた doré,e [ドレ], blondi,e [ブロンディ] ‖ (グラセ) 強火のオーヴンで材料の上面に～を付ける glacer ㉜／～を付けた glacé,e [グラセ] ‖ (リソレ) 熱した油で材料の表面がカラメル化するまで強火で～を付ける rissoler [リソレ]／～を付けた rissolé,e [リソレ] ‖ (表面を固めるように強火で) ～を付ける faire revenir [フェール ルヴニール] 〈faire ㉑〉, saisir [セズィール] ④／～を付けた revenu,e [ルヴニュ], saisi,e [セズィ]
やきかげん 焼加減 → やきかた
やきかた 焼方（焼具合）cuisson [キュイソーン] 女／～はどうしますか Quelle cuisson ? [ケル キュイソーン] ‖ (ロースト係) rôtisseur [ロティスール] 男, rôtisseuse [ロティスーズ] 女
→ ウェルダン, ミディアム, レア

やきかわ 焼皮（グラタンの表面の）croûte [クルートゥ] 女／〜のできた croûté,e [クルーテ]

やきぐり 焼栗 marron 男 chaud [マロン ショ]

やきごて 焼鏝 fer 男 à glacer [フェーラ グラーセ], fer rouge [フェール ルージュ]

やぎざ 山羊座 Capricone [カプリコーヌ] 固男

やきざかな 焼魚 poisson 男 grillé [プワソン グリーエ]

やきじる 焼汁 jus 男〈単複同形〉de cuisson [ジュ ドゥ キュイソーン]／ローストの〜 jus de rôti [ジュ ドゥ ロティ]／〜をかける juter [ジュテ]／〜をかけた juté,e [ジュテ]

やきすぎ 焼過ぎ trop cuit,e [トゥロ キュイ, -トゥ]

やきそば 焼蕎麦 nouilles 女複 sautées [ヌーソテ]

やきたて 焼立て 〜の（熱々の）tout,e chaud,e [トゥー, トゥ ショー, -ドゥ]／〜のパン pain 男 tout frais [パン トゥー フレー]

やきとり 焼鳥 brochette 女 de poulet grillé [ブロシェートゥ ドゥ プーレ グリーエ]

やきにく 焼肉 viande 女 grillée [ヴィヤーンドゥ グリーエ]／朝鮮〜 barbecue 男 coréen [バールブキュ コレアン]

やきぶた 焼豚（中華の）porc 男 laqué [ポール ラケ]

やきもの 焼物 → とうじき

やぎゅう 野牛 bison [ビゾン] 男, 英 bison

やきん¹ 夜勤 travail 男〈複〉travaux de nuit [トゥラヴァーユ（トゥラーヴォ）ドゥ ニュイー]

やきん² 野禽 → りょうちょうにく

やく¹ 約 〜くらい²

やく² 焼く（燃やす）brûler [ブリューレ] → グリル, ソテ, ポワレ, やきかた, ロースト

やく³ 役（役職）fonction [フォンクスィヨン] 女, poste [ポーストゥ] 男／（演技, 役割）rôle [ロール] 男／（役目）devoir [ドゥワール] 男, mission [ミスィヨン] 女 ‖〜に立つ utile [ユティール]〈男女同形〉／何の役に立つの？ À quoi ça sert ? [アクワ サセール]／〜に立たない inutile [イニュティール]〈男女同形〉

やく⁴ 訳 → つうやく, ほんやく

やくがく 薬学 pharmacie [ファールマスィ] 女／〜の pharmaceutique [ファルマスーティーク]〈男女同形〉／〜部 faculté 女 de pharmacie [ファキュルテ ドゥ ファールマスィ]

やくざいし 薬剤師 pharmacien,ne [ファルマスィヤン, エーヌ] 男女

やくしょ 役所 Administration [アドゥミニストゥラスィヨン] 女

やくそう 薬草 plante 女 médicinale [プラーントゥ メディスィナール], simples [サーンプル] 男複

やくそく 約束 promesse [プロメース] 女／〜する（誓う）promettre [プロメートゥル] 26 ‖（誓い）engagement [アンガージュマン] 男 ‖（人と会う）rendez-vous [ランデヴー] 男〈単複同形〉／A と会う〜をしている avoir rendez-vous avec A [アヴワール ランデ ヴー アヴェーク]〈avoir ①〉

やくだつ 役立つ → やく³

やくみ 薬味 → こうしんりょう, ちょうみりょう

やくよう 薬用（の）médicinal,e [メディスィナール], médicinaux [メディスィノ]〈男複に〉, officinal,e [オフィスィナール], officinaux [オフィスィノ]〈男複に〉／〜酒 vin 男 médicinal [ヴァン メディスィナール] → しょくぶつ, せっけん

やけい 夜景 vue 女（または paysage 男 nocturne [ヴュー（ペイザージュ）ノクテュールヌ]

やけざけ やけ酒 vin 男 de consolation [ヴァン ドゥ コンソラスィヨン]

やけど 火傷 brûlure [ブリュリュール] 女／…を〜する se brûler... [ス ブリューレ] 代動 59

やける 焼ける → こげる, もえる

やこうれっしゃ 夜行列車 → れっしゃ

やさい 野菜 légumes [レギューム] 男複, plantes 女複 potagères [プラーントゥ ポタジェール], 英 vegetables／青（生）〜 légumes verts [レギューム ヴェール], 英 green vegetables／香味〜 légumes aromatiques [レギューム ザロマティーク]／促成栽培〜 légumes forcés [レギューム フォルセ]／無農薬〜 légumes sans produits chimiques [レギューム サン プロデュイ シミーク]／有機〜 légumes organiques [レギューム ゾルガニーク]／〜炒め légumes sautés [レギューム ソテ],

やさい 野菜 légume [レギューム] /~を摂る などを~ laisser reposer [レセルポゼ]
→ うすぎり, コック¹, さいばい, サラダ, スープ, はたけ, ブイヨン

やさしい¹ 易しい → かんたん

やさしい² 優しい (温和な) doux [ドゥー] [男に, 単複同形], douce [ドゥース] [女に] /優しく doucement [ドゥースマン] ‖ (思いやりがある) tendre [タンードゥル] [男女同形] /優しく tendrement [タンードゥルマン] → てあつい, もてなし

やし 椰子 (木) palmier [パルミエ] [男] /キャベツ~の芽 cœur [男] de palmier [クールドゥパルミエ], chou [男] palmiste [シューパルミストゥ] 〈複~x ~s〉, 英 heart of palm /さご~の木 sagotier [サゴティエ] [男] /さごの澱粉 (でん) sagou [サグー] [男] 〈複 ~s〉
→ かに, デーツ

やしき 屋敷 → やかた

やしょく 夜食 souper [スーペ] [男] /~を摂る souper, prendre le souper [プランードゥルルスーペ] 〈prendre ③⑦〉

やすい¹ …易い «être facile [男女同形] à» [エートゥルファシラ] + 不定詞»〈être ②〉

やすい² 安い bon marché [ボンマルシェ] 〈不変〉, pas cher [パシェール] [男に], pas chère [パシェール] [女に] / (手ごろな値段) abordable [アボルダーブル] [男女同形] /少し安くなりませんか On peut marchander ? [オンプーマルシャンデ]

やすうり 安売 → ディスカウント, バーゲン

やすっぽい 安っぽい (粗悪の) de mauvaise qualité [ドゥモヴェーズカリテ] / (価値のない) sans valeur [サンヴァルール], peu valable [プーヴァラーブル]

やすまずに 休まずに sans arrêt [サンザレ], sans relâche [サンルラーシュ]

やすませる 休ませる → やすめる

やすみ 休み きゅうか, きゅうけい, けっせき, しゅくじつ, ていきゅうび

やすむ 休む (休息する) prendre du repos [プランードゥルドゥルポ] 〈prendre ③⑦〉, se reposer [スルポゼ] [代動] ⑤⑨ / (欠勤, 欠席する) être absent,e [エートゥルアブサーン, トゥ] 〈être ②〉 → きゅうか, けっせき, へいてん

やすめる 休める (休息) reposer [ルポゼ], délasser [デラセ] /料理用の生地 などを~ laisser reposer [レセルポゼ]

やすり 鑢 lime [リーム] [女], râpe [ラープ] [女] /~をかける limer [リメ] /紙~ papier [男] de verre [パピエドゥヴェール]

やせい 野生(の) sauvage [ソヴァージュ] [男女同形] /~植物 plante [女] sauvage /プラントゥソヴァージュ /~動物 animal [男] sauvage [アニマルソヴァージュ] 〈複 animaux ~s [アニモソヴァージュ]〉

やせている 痩せている (痩せっちの) maigre [メーグル] [男女同形] / (以前より) maigri,e [メーグリ] /痩せる maigrir [メグリール] ④, s'amaigrir [サメグリール] [代動] ④⑤⑨ ‖ (すらりとした) fin,e [ファン, フィーヌ], mince [マーンス] [男女同形], svelte [スヴェールトゥ] [男女同形] ‖ (土地が) pauvre [ポーヴル] [男女同形]

やたい 屋台 (祭や市の) baraque [女] foraine [バラーク フォレーヌ] / (露店) échoppe [エショップ] [女]

やたらに avec excès [アヴェーケークセ], à tort et à travers [アトール エ ア トゥラヴェール]

やちょう 野鳥 oiseau [男] sauvage [ワゾソヴァージュ] 〈複 ~x ~s〉 → りょうちょう にく

やちん 家賃 loyer [ルワイエ] [男]

やっかい 厄介(な) → めんどう

やつがしら 八頭 : 里芋の一種 colocase [女] yatsugashira [コロカーズ ヤツガシラ], 英 taro yatsugashira

やっきょく 薬局 → くすり

やった (しでかした, うまくいった) Ça y est ! [サイエ] / (いいぞ) Bravo ! [ブラーヴォ]

やっつ 八つ → はち¹

やってみる → ためす

やっと (どうにか) avec peine [アヴェーク ペーヌ] → さいご

やつめうなぎ 八目鰻 lamproie [ラーンプルワ] [女], 英 lamprey

やといぬし 雇主 → こよう

やとう 雇う → こよう

やどかり 宿借 (甲殻類) pagure [パギュール] [男], bernard-l'(h)ermite [ベルナール レルミートゥ] [男] 〈単複同形〉, 英 hermit crab

やどちょう 宿帳 registre [男] de l'hôtel [ルジストゥル ドゥ ロテール]

やどや 宿屋 → オーベルジュ, しゅくしゃ, ホ

やなぎ 柳 saule [ソール] 男, osier [オズィエ] 男

やなぎば(ぼうちょう) 柳刃(包丁) couteau 男 〈複 ～x〉à sashimi [クートー ア サシミ]

やに 脂 (樹脂) résine [レズィーヌ] 女

やぬし 家主 propriétaire [プロプリエテール] 男女

やね 屋根 toit [トゥワー] 男, couverture [クーヴェルテュール] 女

やねうら(べや) 屋根裏(部屋) (壁が斜めの) mansarde [マンサールドゥ] 女 / (階全体) combles [コーンブル] 男複 / (物置用) grenier [グルニエ] 男

やはり (相変らず) toujours [トゥージュール] / (それでも) malgré tout [マルグレ トゥー], quand même [カン メーム] / (最終的には) finalement [フィナールマン] / (思ったとおり)～ね Je m'en doutais. [ジュマン ドゥーテ]

やぶる 破る (裂く) déchirer [デシレ], lacérer [ラセレ] 36 / (ばらばらに) mettre en pièces [メートゥル アン ピエース] 〈mettre 26〉

やぶれる 破れる (裂ける) se déchirer [スドゥシレ] 代動 59 / (すり切れる) s'user [スュゼ] 代動 59

やぼ 野暮(な) balourd,e [バルール, ドゥ], fruste [フリュステュ] 〈男女同形〉

やま 山 montagne [モンターニュ] 女 / A～ mont 男 A [モン] / ～の幸 fruits 男複 de la terre [フリュイ ドゥ ラ テール] / ～の多い montagneux [モンタニュー] 〈男に, 単複同形〉, montagneuse [モンタニューズ] 〈女に〉 / ～国風 (à la) montagnarde [(ア ラ) モンタニャールドゥ] / ～小屋 (避難小屋) refuge [ルフュージュ] 男 / ～裾(の) pied [ピエー] 男
→ ひとやま, やまづみ, やまもりいっぱい

やまいも 山芋(やまのいも) igname [イニャーム] 女, 英 yam

やまどり 山鶏 → うずら

やましぎ 山鴫・山鷸 → しぎ

やまづみ 山積み tas [タ] 男 〈単複同形〉 / ～にする entasser [アンタセ] → ひとやま

やまのて 山の手 (高級住宅地) bon quartier 男 [ボン カルティエ] / (高台) †hauteur [オトゥール] 女

やまばと 山鳩 → はと

やまぶどう 山葡萄 vigne 女 sauvage [ヴィーニュ ソヴァージュ] / ～の実 raisins 男複 sauvages [レザン ソヴァージュ], 英 wild grapes

やまほうれんそう 山法連草 → ほうれんそう

やまめ 山女魚 saumon 男 yamame [ソモン ヤマメ], 英 salmon yamame

やまもも 山桃 myrica [ミリカ] 男, 英 Chinese bayberry

やまもりいっぱい 山盛一杯(の) 大さじ～の… une bonne cuillerée à soupe de... [ユヌ ボヌ キュイユレア スープ ドゥ]

やむ 止む → とめる[1]

やめる[1] 止める (中止する) arrêter [アレテ], cesser [セセ] / (中断する) suspendre [スュスパーンドゥル] 39, interrompre [アンテローンプル] 39 〈備考〉

やめる[2] 辞める (辞任) démissionner [デミシィヨネ] (辞職) quitter [キテ] / (引退) se retirer [スルティレ] 代動

やや (少し) un peu [アン プー]

ややこしい → ふくざつ

やりいか 槍烏賊 → いか

やりかた やり方 → ほうほう

やりとおす やり通す achever [アシュヴェ] 5, accomplir [アコンプリール] 4

やりなおす やり直す recommencer [ルコマンセ] 32

やる → あげる[3], する[1], ためす

やるき やる気 (熱意) courage [クーラージュ] 男 / …を～がある avoir envie de... [アヴワール アンヴィ ドゥ] 〈avoir 1〉 / ～をなくす perdre courage [ペールドゥル クーラージュ] 〈perdre 39〉 ∥ ～のある (熱心な) courageux [クーラジュー] 〈男に, 単複同形〉, courageuse [クーラジューズ] 〈女に〉 / (モティヴェーションの高い) motivé,e [モティヴェ] / ～のない (無気力) inerte [イネールトゥ] 〈男女同形〉, atone [アトーヌ] 〈男女同形〉

やれやれ (ふう) Ouf ! [ウーフ] / (いけいけ) Allez ! [アレ]

やろう[1] …やろう → よう[4]

やろう[2] 野郎(やつ) type [ティープ] 男, bougre [ブーグル] 男, bougresse [ブーグレス] 女, individu [アンディヴィデュ] 男

やわらかい 柔らかい・軟らかい (ソフト, ふにゃふにゃ) mou [ムー] 〈男に, 複 ～x〉, mol [モール] 〈母音または無音の h で始まる男単に〉, molle [モール] 〈女

に), 英 *soft*／やわらかく mollement [モールマン]‖ 4／(使うには固すぎるものを) ramollir [ラモリール] 4‖(まろやか、ふかふか) moelleux [ムワルー]〈男に、単複同形〉, moelleuse [ムワルーズ]〈女に)／やわらかく moelleusement [ムワルーズマン]‖(穏やか) doux [ドゥー]〈男に、単複同形〉, douce [ドゥース]〈女に)／やわらかく doucement [ドゥースマン]‖(肉などが) tendre [タンドゥル]〈男女同形〉, 英 *tender*／やわらかくする attendrir [アタンドゥリール] 4
→じゅうなん

やわらげる 和らげる (静める) apaiser [アペゼ]／(軽減) atténuer [アテニュエ]／(強い味を) adoucir [アドゥースィール] 4   →かるい

ヤングコーン → コーン

ゆ

ゆ 湯 eau 女 chaude [オショードゥ]／(熱湯) eau bouillante [オブーヤントゥ]／(ぬるま湯) eau tiède [オティエードゥ]
ゆあつ 油圧 pression 女 d'huile [プレスィヨン デュイール]
ゆいいつの 唯一の seul,*e* [スール], unique [ユニーク]〈男女同形〉
ゆう 結う (自分で髪を) se coiffer [ス クワーフェ]〈代動59〉／(髪を結ってもらう) se faire coiffer [ス フェール クワーフェ]〈faire 代動21 59〉
ゆうが 優雅 élégance [エレガーンス] 女／～な élégant,*e* [エレガン, トゥ]／～に élégamment [エレガマン]‖(気品) grâce [グラース] 女／～な gracieux [グラスィユー]〈男に、単複同形〉, *gracieuse* [グラスィユーズ]〈女に)／～に gracieusement [グラスィユーズマン]
ゆうがい 有害(な) nuisible [ニュイズィーブル]〈男女同形〉
ゆうがた 夕方 soir [スワール] 男, soirée [スワレ] 女／～に au soir [オスワール], dans la soirée [ダンラスワレ]／(黄昏) crépuscule [クレピスキュール] 男
ゆうき¹ 勇気 courage [クーラージュ] 男／～のある courageux [クーラジュー]〈男に、単複同形〉, *courageuse* [クーラジューズ]〈女に)／brave [ブラーヴ]〈男女同形〉
ゆうき² 有機(の) organique [オルガニーク]〈男女同形〉／～的に organiquement [オルガニークマン]
→さいばい、のうぎょう、やさい
ゆうきゅうきゅうか 有給休暇 → きゅうか
ゆうぐれ 夕暮 → ゆうがた
ゆうこう¹ 友好 amitié [アミティエ] 女／～的な amical,*e* [アミカール], amicaux [アミコ]〈男複に)
ゆうこう² 有効 (効き目) efficacité [エフィカスィテ] 女／～な efficace [エフィカース]〈男女同形〉／(法的) validité [ヴァリディテ] 女／～な valable [ヴァラーブル]〈男女同形〉／～期間 durée 女 de validité [デュレドゥヴァリディテ]
ユーザー (利用者) utilisateur [ユティリザトゥール] 男, utilisatrice [ユティリザトゥリース] 女, usager [ユザジェ] 男
ゆうざい 有罪 culpabilité [キュルパビリテ] 女／～の coupable [クーパーブル]〈男女同形〉
ゆうしゅう 優秀(な) excellent,*e* [エクセラン, トゥ]／(傑出した) remarquable [ルマルカーブル]〈男女同形〉／(良質の) de qualité [ドゥカリテ]
ゆうしょう 優勝 victoire [ヴィクトゥワール] 女／～カップ coupe [クープ] 女／～者 vainqueur [ヴァンクール] 男, gagnant,*e* [ガニャン, トゥ] 男 女, champion,*ne* [シャンピヨン・ヌ] 男 女
ゆうじょう 友情 amitié [アミティエ] 女
ゆうしょく 夕食 dîner [ディネ] 男, repas 男〈単複同形〉du soir [ルパデュスワール]／～をとる dîner [ディネ], prendre le dîner [プランドゥルル ディネ]〈prendre 37〉／～兼用の dînatoire [ディナトゥワール]〈男女同形〉
ユースホステル auberge 女 de jeunesse [オベルジュドゥジュネス]
ゆうせいらん 有精卵 œuf 男 fécondé [ウーフフェコンデ]〈複〉～s～s [ウフェコンデ]
ゆうせん 優先 priorité [プリヨリテ] 女／～の prioritaire [プリヨリテール]〈男女同形〉／～的に en priorité [アンプリヨリテ]   → せき¹
ゆうそう 郵送 expédition [エクスペディ

ィスィヨン]女/～する expédier [エクスペディエ]/～料 taxe 女 postale [タークス ポスタール], affranchissement [アフランシースマン]男/～料無料:発送人払の表示 franco [フランコ]

ユーターン Uターン (逆戻り) demi-tour [ドゥミトゥール]男〈複 ～-～s〉/～する faire un demi-tour [フェール アン ドゥミトゥール]〈faire ㉑〉

ゆうだち 夕立 averse [アヴェールス]女

ゆうどく 有毒(な) → どく

ゆうのう 有能(な) compétent,e [コンペタン,トゥ], capable [カパーブル]〈男女同形〉

ゆうはん 夕飯 → ゆうしょく

ゆうびん 郵便 poste [ポースト]女/配達不能 = courrier 男 non-délivré [クーリエ ノンデリーヴレ]/～局 poste [ポースト]女, bureau 男〈複 ～x〉de poste [ビュロ ドゥ ポースト], P.T.T. [ペテテ]女:Ministère 男 des Postes Télécommunications et Télédiffusion [ミニステール デポストゥ テレコミュニカスィヨン エテ レディフュズィヨン] の略/～配達 (人) facteur [ファクトゥール]男/～番号 code 男 postal [コードゥ ポスタール]〈複 ～s postaux [コードゥ ポスト]〉‖～物 (国内) courrier 男 intérieur [クーリエ アンテリユール], (国際) courrier 男 international [クーリエ アンテルナスィヨナル]〈複 ～s internationaux [クーリエ アンテルナスィヨノ]〉
→ かきとめ, かわせ, きって, きょくどめ, こづつみ, そくたつ, ちょきん, はがき, ポスト, ゆうそう

ユーフォー UFO ovni [オヴニ]男:objet 男 volant non identifié [オブジェ ヴォラン ノンニダンティフィエ] の略

ゆうべ 夕べ(昨晩) hier soir 男 [イエール スワール] → ゆうがた

ゆうほどう 遊歩道 promenade [プロムナードゥ]女

ゆうめい 有名(な) connu,e [コニュ]/(過去にしたことで評判の) célèbre [セレーブル]〈男女同形〉/(話題の) fameux [ファムー]〈男に, 単複同形〉, fameuse [ファムーズ]〈女に〉
→ ひょうばん, めいし³

ユーモア humour [ユムール]男/～のある avoir de l'humour [アヴォワール ドゥ リュムール]〈avoir ①〉

ゆうやけ 夕焼 embrasement 男 du soleil couchant [アンブラーズマン デュ ソレーユ クーシャン]/～空 ciel 男 embrasé [スィエーランブラーゼ]

ゆうよ 猶予 délai [デレ]男, répit [レピ]男/執行～ sursis [スュルスィ]男〈単複同形〉

ゆうらん 遊覧 excursion [エクスキュルスィヨン]女/～船 bateau 男〈複 ～x〉d'excursion [バトー デクスキュルスィヨン]/～バス car 男 d'excursion [カール デクスキュルスィヨン]

ゆうりな 有利な(得な) avantageux [アヴァンタジュー]〈男に, 単複同形〉, avantageuse [アヴァンタジューズ]〈女に〉/(利益になる) profitable [プロフィターブル]〈男女同形〉

ゆうりょう 有料(の) payant,e [ペイヤン,トゥ]

ユール(料理) †hure 女

ユーロ(通貨単位) euro [ウーロ]男

ゆか 床 plancher [プランシェ]男/～板 plancher 男/～面積 surface 女 au sol [スュルファーソ ソール]/(寄木張) parquet [パルケ]男/(タイル張) carrelage [カルラージュ]男

ゆかい 愉快 → おもしろい, たのしみ

ゆがく 湯掻く (表面をしめたりなどするために) faire ébouillanter [フェール エブーヤンテ]〈faire ㉑〉, ébouillanter [エブーヤンテ]/湯掻いた ébouillanté,e [エブーヤンテ]‖(内臓などのぬめりや皮に付いた毛や羽を除くために) échauder [エショデ]/湯掻いた échaudé,e [エショデ]
→ ブランシール

ゆき¹ 雪 neige [ネージュ]女/～景色 paysage 男 de neige [ペイザージュ ドゥ ネージュ]

ゆき² 行 (往路)aller [アレ]男/(目的地)…～ pour... [プール], à destination de... [ア デスティナスィヨン ドゥ]/パリ～ pour Paris [プール パリ]

ゆきすぎ 行過ぎ (超過, 過多) excès [エクセ]男〈単複同形〉/～の excessif [エクセスィーフ]〈男に〉, excessive [エクセスィーヴ]〈女に〉‖(過度, 極端) outrance [ウートゥランス]女/～の outrancier [ウートゥランスィエ]〈男に〉, outrancière [ウートゥランスィエール]〈女に〉

ゆきすぎる 行過ぎる (通過) dé-

ゆきつけの 行きつけの　passer [デパセ] / (やり過ぎる) aller trop loin [アトゥロール ワーン] ⟨aller ⑥⟩

ゆきちがい 行違い　(交差すること) croisement [クルワーズマン] 男 / (意見等の) désaccord [デザコール] 男, divergence [ディヴェルジャーンス] 女

ゆきつけの 行きつけの　(慣れた) habituel,le [アビテュエール] / (気に入りの) favori,te [ファヴォリ,-トゥ]

ゆきづまり 行詰り　(窮地) impasse [アンパース] 女 ‖ (停滞) stagnation [スタグナスィヨン] 女 / 行詰る stagner [スタグネ]
→とおり[2]

ゆきとどいた 行届いた → ちゅうい, ていれ

ゆきどまり 行止り → とおり[2]

ゆきのした 雪の下：植物 saxifrage [サクスィフラージュ] 女, 英 saxifrage

ゆく 行く → いく

ゆげ 湯気　vapeur [ヴァプール] 女, fumée [フュメ] 女 / (ガラスに付いた) buée [ビュエ] 女

ゆけつ 輸血　transfusion [トゥランスフュズィヨン] 女

ユサルド(風) (à la) †hussarde [アラ ユサールドゥ]

ゆし 油脂 → あぶら[1], あぶら[2]

ゆしゅつ 輸出　exportation [エクスポルタスィヨン] 女 / ～する exporter [エクスポルテ]

ゆず 柚子　cédrat 男 yuzu [セードゥラユズ] 男, 英 *yuzu*

ゆする 揺する　(強く) ébranler [エブラーンレ] / (軽く) secouer [スクエ] / (振る) agiter [アジテ] / (鍋を) remuer [ルミュエ]

ゆずる 譲る　(席などを) céder [セデ] ⑯ / (渡す) passer [パセ] / (与える) donner [ドネ] / (譲歩する) concéder [コンセデ] / (売る) céder ⑯

ゆせいの 油性(油質)の oléagineux [オレアジヌー] ⟨男に, 単複同形⟩, oléagineuse [オレアジヌーズ] ⟨女に⟩

ゆせん 湯せん　bain-marie [バンマリ] 男 ⟨複 ～s-～⟩ / …を～にかける mettre (または tenir)...au bain-marie [メートゥル (トゥニール) オバンマリ] ⟨mettre ㉖, tenir ㊼⟩
→ チェイフィングディッシュ, なべ

ゆたかな 豊かな　riche [リーシュ] ⟨男女同形⟩ / (肥沃な) fertile [フェルティール]　⟨男女同形⟩, fécond,e [フェコン,ドゥ]
→ たっぷり

ユダヤ ～(人)の juif [ジュイーフ] ⟨男に⟩, juive [ジュイーヴ] ⟨女に⟩ / ～人, ～教徒 Juif 男, Juive 女 / ～教 judaïsme [ジュダイースム] 男 / ～教会 synagogue [スィナゴーグ] 女 / ～教の judaïque [ジュダイーク] ⟨男女同形⟩ / ～風 (à la) juive [(アラ) ジュイーヴ]

ゆだる 茹る　être cuit,e [エートゥル キュイ,-トゥ] ⟨être ②⟩

ゆっくり (穏やかに) doucement [ドゥースマン] / (落着いて) posément [ポゼマン]
→ おそい, おちついた, リラックス

ゆったりした → ひろい

ゆでじる 茹汁　(キュイソン：フォンなどできあがったもの) cuisson [キュイソーン] 女 / (ブラン：レモンと小麦粉を加えた野菜用) blanc [ブラーン] 男 / ～で茹でる (faire) cuire au blanc [(フェール) キュイール オ ブラーン] ⟨faire ㉑, cuire ⑪ 備考⟩

ゆでたまご 茹卵　(固ゆで) œuf 男 dur [ウフ デュール], 英 *hard-boiled egg* / (スタンドに立てて殻ごと供する半熟) œuf à la coque [ウフ アラ コーク], 英 *soft-boiled egg* / (殻をむいて供する半熟) œuf mollet [ウーフ モレ], 英 *soft-boiled egg*
⟨卵料理は1人前2個が基準なので通常は œufs [ウ]⟩

ゆでめんき 茹麺器　cuit-pâtes [キュイパートゥ] 男 ⟨複 ～s-～⟩

ゆでる 茹でる　(faire) cuire à l'eau [(フェール) キュイール ア ロ] ⟨faire ㉑, cuire ⑪ 備考⟩ / ゆでたじゃが芋 pomme 女 nature [ポム ナテュール], 英 *boiled potato* → にる[2], ポシェ, ゆがく

ゆどうふ 湯豆腐　pot-au-feu ⟨単複同形⟩ de tofu au naturel accompagné de sauce condimentée [ポトードゥ トーフ オ ナテュレール アコンパニェ ドゥ ソース コンディマンテ]

ゆどおし 湯通し → ゆがく

ユニーク(な) unique ⟨男女同形⟩

ユニット (単位) unité [ユニテ] 女

ユニフォーム → せいふく

ユニ・ブラン (ぶどう) ugni-blanc 男

ゆにゅう 輸入　importation [アンポルタスィヨン] 女 / ～する importer [アンポルテ]

ゆのみ 湯飲・湯呑 tasse 囡 à thé vert [タサテ ヴェール]

ゆび 指 doigt [ドゥワー] 男／～先 bout 男 du doigt [ブーデュ ドゥワー]／(足の) orteil [オルテーユ] 男, doigt de pied [ドゥワー ドゥ ピエー] ‖ 親～ pouce [プース] 囲／人差～ index [アンデークス] 男〈単複同形〉／中～ majeur [マジュール] 男, médius [メデュース] 男〈単複同形〉／薬～ annulaire [アニュレール] 男／小～ auriculaire [オリキュレール] 男, petit doigt [プティ ドゥワー]

ゆびわ 指輪 bague [バーグ] 囡／結婚～ anneau 男〈複 ~x〉de mariage [アノ ドゥ マリヤージュ], alliance [アリヤーンス] 囡／婚約～ bague de fiançailles [バーグ ドゥ フィヤンサーユ]

ゆぶね 湯船 → ふろ
ゆみがた 弓形 → アーチ
ゆむぎ 湯剝 → むく
ゆめ 夢 rêve [レーヴ] 男／～を見る rêver [レヴェ]／(幻想) illusion [イリュズィヨン] 囡／(夢想, 空想) songe [ソーンジュ] 男／(悪夢) cauchemar [コシュマール] 男

ゆらい 由来 (発生) origine [オリジーヌ] 囡, source [スールス] 囡／(来歴) histoire [イストゥワール] 囡

ゆり 百合 lis または lys [リース] 男／～根 bulbe 男 de lis [ビュルブ ドゥ リース], ⓔ lily scale

ゆりうごかす 揺り動かす → ふる¹

ゆるい 緩い lâche [ラーシュ]〈男女同形〉／緩く lâchement [ラーシュマン]

ゆるす 許す (許可する) permettre [ペルメートゥル] 26, autoriser [オトリゼ]／(容赦する) pardonner [パルドネ], excuser [エクスキュゼ]／(免除する) exempter [エグザンテ], dispenser [ディスパンセ]

ゆるむ 緩む (たるむ) se relâcher [ス ルラーシェ] 代動 59, se desserrer [ス デセレ] 代動 59／緩んだ relâché,e [ルラーシェ]／(緊張が) se détendre [ス デタンドゥル] 代動 39 59／緩んだ détendu,e [デタンデュ]

ゆるめる 緩める (緩ませる) desserrer [デセレ], lâcher [ラシェ]／(緊張を) détendre [デタンドゥル] 39／緩めた détendu,e [デタンデュ] ‖ (煮詰りすぎたジャムやソースを水で) décuire [デキュイール] 11／緩めた décuit,e [デキュイ] → のばす

ゆわかしき 湯沸器 chauffe-eau [ショフォ] 男〈単複同形〉

よ

よあけ 夜明 aube [オーブ] 囡, aurore [オロール] 囡／～に au petit matin [オ プティマタン]

よい¹ 良い・善い → いい
よい² 酔 ivresse [イヴレース] 囡, cuite [キュイートゥ] 囡／船～ mal 男 de mer [マール ドゥ メール]／飛行機～ mal de l'air [マール ドゥ レール]／車～ mal de la route [マール ドゥ ラ ルートゥ]／～を醒ます dégriser [デグリゼ], désenivrer [デザンィヴレ]／～が醒める se dégriser [ス デグリゼ] 代動 59, se désenivrer [ス デザンィヴレ] 代動 59／～醒め dégrisement [デグリーズマン] 男 → よう²

よい³ 宵 → ゆうがた

よいしょ Allez, hop! [アレ オープ]／(引っ張るとき) Oh! hisse! [オ イース]

よう¹ 用 affaire [アフェール] 囡, quelque chose 囡 à faire [ケルク ショーズ ア フェール]／(頼みごと) commission [コミスィヨン] 囡 → ようの

よう² 酔う (酒などに) s'enivrer [サンィヴレ] 代動 59, avoir la cuite [アヴワール ラ キュイートゥ]〈avoir 1〉, se griser [ス グリゼ] 代動 59／船(車)に～ avoir le mal de mer (la route) [アヴワール ル マール ドゥ メール (ラ ルートゥ)]‖酔った ivre [イーヴル]〈男女同形〉, enivré,e [アンィヴレ], (話言葉) soûl,e [スール], (俗)／軽く酔った gris,e [グリ, ーズ]／前後不覚に酔った ivre mort,e [イーヴル モール, トゥ], (俗語) noir,e [ヌワール]

よう³ 様 …の～に(な) comme... [コーム] ‖ …の～だ «il semble [イル サーンブル] +形容詞または不定詞», «il semble que [イル サーンブル ク] +文» ‖ …する～に (…のために) pour... [プール] ‖ …でありますよう～に «Que [ク] +接続法現在形の活用をする動詞を伴う文»

→ らしい
よう[4] …し〜(か) «On va...[オン ヴァ]+不定詞»/食べ〜か. On va manger.[オン ヴァ マンジェ]

ようい[1] 用意 〜どん Prêts ? Partez.[プレー パルテ]
→ じゅんび

ようい[2] 容易(な) → かんたん

ようえき 溶液 solution[ソリュスィヨン]女, dissolution[ディソリュスィヨン]女

ようがし 洋菓子 → かし[1], ケーキ

ようかん 羊羹 pâte 女 moulée de haricots sucrée[パートゥ ムーレ ドゥ アリコ スュクレ]

ようき[1] 容器 → うつわ, みっぺい

ようき[2] 陽気(な) → あかるい

ようぎん 洋銀 argentan[アルジャンタン]男, maillechort[マーユショール]男

ようぐ 用具 → どうぐ

ようご 用語 terme[テールム]男/(総称として) terminologie[テルミノロジ]女/(語彙) vocabulaire[ヴォカビュレール]男, lexique[レクスィーク]男

ようこそ(いらっしゃいました) Soyez le bienvenu (女性に対しては la bienvenue)![スワイエル ビヤーンヴニュ(ラ ビヤーンヴニュ)]

ようし 容姿 apparence[アパランス]女, physique[フィズィーク]男/〜の点で physiquement[フィズィークマン]

ようじ[1] 用事 → よう[1]

ようじ[2] 幼児 petit, e enfant[男]女[プティタンファン]/〜の enfantin, e[アンファンタン, ティーヌ]

ようじ[3] 楊枝 → つまようじ

ようしき 洋式(の) → せいよう

ようしょく[1] 養殖 élevage[エルヴァージュ]男/(水産動植物の) aquiculture[アキュイキュルテュール]→しいく

ようしょく[2] 洋食 (体系としての西洋料理) cuisine 女 occidentale[キュイズィーノクスィダンタール]/(西洋料理の一品) plat 男 (または mets 男) occidental[プラ オクスィダンタル]複 plats (または mets) occidentaux[プラ(メ) オクスィダント]/(明治以降に日本で開発した体系としての西洋料理) cuisine 女 occidentale japonisée[キュイズィーノクスィダンタール ジャポニゼ], cuisine nippono-occidentale[キュイズィーヌ ニポノオクスィダンタル]/(明治以降に日本で開発した西洋風料理の一品) plat 男 (または mets 男) occidental japonisé[プラー(メ) オクスィダンタル ジャポニゼ], plat 男 (または mets 男) nippono-occidental[プラー(メ) ニポノ オクスィダンタール]複 plats (または mets) nippono-occidentaux[プラ(メ) ニポノ オクスィダンタール]/〜屋 restaurant 男 de la cuisine occidentale japonisée[レストラン ドゥ ラ キュイズィーノクスィダンタール ジャポニゼ]

ようじん 用心 précaution[プレコスィヨン]女/〜深い précautionneux[プレコスィヨヌー]〈女に、単複同形〉, précautionneuse[プレコスィヨヌーズ]〈女に〉/〜する prendre la précaution[プラーンドゥル ラ プレコスィヨン]〈prendre 37〉

ようす 様子 (外観) aspect[アスペ]男/(状態) état[エタ]男

ようするに 要するに → つまり

ようせい[1] 養成 formation[フォルマスィヨン]女/〜所 école 女 de formation[エコール ドゥ フォルマスィヨン]/〜する former[フォルメ]

ようせい[2] 妖精 (ギリシア神話の女神) nymphe[ナーンフ]女/オーロラ風(かえるのもも肉の料理) nymphe à l'aurore[ナンファ ロロール]/(仙女) fée[フェ]女

ようせき 容積 → ようりょう

ようそ 要素 élément[エレマン]男

ようちえん 幼稚園 école 女 maternelle[エコール マテルネール]

ようつい 腰椎 vertèbres 女複 lombaires[ヴェルテーブル ロンベール]

ようつう 腰痛 lumbago[ロンバゴ]男

ようど 用度 économat[エコノマ]男/〜係 économe[エコノーム]男女

ようなし 洋梨 poire[ポワール]女, (英) pear (ウィリアムス種) williams[ウィリヤームス]女〈単複同形〉, (英) williams pear/〜の醸造酒, ポワレ poiré[ポワーレ]男/〜の蒸留酒 eau-de-vie 女〈複〉〜x-〜-〜〉 de poire[オ ドゥ ヴィ ドゥ プワール], poire williams[プワール ウィリヤームス], williamine[ウィリヤミーヌ]女

ようにゅう 羊乳 lait 男 de brebis[レ ドゥ ブルビー]→ チーズ

ようの (…)用の pour...[プール], à...[ア]

ようび 曜日 jour 男 de la semaine[ジュール ドゥ ラ スメーヌ]→ なにようび

ようふく 洋服 → たんす, ふく¹
ようへい 葉柄 pétiole [ペティヨール] 男
ようみゃく 葉脈 nervure [ネルヴュール] 女, côte [コート] 女
ようもう 羊毛（ウール）laine [レーヌ] 女
ようやく 漸く → やっと
ようりょう¹ 要領（要点）point 男 essentiel [プゥーン エサンスィエール] / (こつ) truc [トリューク] 男 / ～のいい（人）débrouillard,e [デブルーイヤール, ド]
ようりょう² 容量 capacité [カパスィテ] 女, contenance [コントナーンス] 女
ようりょくそ 葉緑素 chlorophylle [クロロフィール] 女
ようろう 養老 → ねんきん, ろうじん
ヨークシャー（イギリスの旧州）Yorkshire [ヨルクシール] 固 / ～ソース sauce 女 Yorkshire [ソース ヨルクシール], 英 *Yorkshire sauce* / ～プディング（イギリスのパンケーキ）Yorkshire pudding [ヨルクシール プディング] 男, 英 *Yorkshire pudding*
ヨークハム → ハム
ヨーグルト †yaourt [ヤウール（トゥ）] 男, †yogourt [ヨグール（トゥ）] 男, 英 *yoghurt, yogurt* / 低脂肪～ yaourt maigre [ヤウール メーグル], 英 *low fat yoghourt* / ブルガリア～ yaourt de goût bulgare [ヤウール ドゥ グー ビュルガール] / フレイヴァー～ yaourt aromatisé [ヤウーラロマティゼ], 英 *flavour yoghurt* / プレーン～ yaourt nature [ヤウール ナテュール] / ～メーカー（装置）†yaourtière [ヤウールティエール]
ヨード（沃素）iode [ヨードゥ] 男 / ～臭のある iodé,e [ヨデ] / ～塩 sel 男 iodé [セーリヨデ] / ～チンキ teinture 女 d'iode [タンテュール ディヨードゥ]
ヨーロッパ Europe [ウロープ] 女 / ～の européen,ne [ウーロペ・アン, エーヌ] / ～人 Européen,ne 男女 / ～風（欧風）の: イギリスに対してのヨーロッパ大陸風 européen,ne, continental,e [コンティナンタール], continentaux [コンティナントゥ] 男複に
よか 余暇 loisirs [ルワズィール] 男複
ヨガ †yoga 男
よきん 預金 dépôt [デポ] 男 / 銀行～ dépôt bancaire [デポ バンケール] / 当座～ compte 男 courant sans in-térêt [コーントゥ クーラン サンザンテレ] / 普通～ compte courant [コントゥ クーラン]
よく¹ 良く（うまく）bien [ビヤーン] / (とても) bien, beaucoup [ボクー] / 彼は～働く Il travaille bien. [イル トゥラヴァーユ ビヤーン] ‖ より～（bien の比較級）mieux [ミュー] / 彼は私より～働く Il travaille mieux que moi. [イル トゥラヴァーユ ミュー ク ムワー] ‖ 最も～（bien の最上級）le mieux [ル ミュー] / 彼はこのレストランで一番～働く Il travaille le mieux de ce restaurant. [イル トゥラヴァーユ ル ミュー ドゥ ス レストラン] ‖ (病気や怪我がよくなる) aller mieux [アレ ミュー] ⟨aller ⑥⟩
よく² 翌… ～日 le lendemain [ル ラーンドゥマン], le jour 男 suivant [ル ジュール スュイーヴァン] / ～朝 le lendemain 男 matin [ル ラーンドゥマン マタン] / ～週 la semaine 女 suivante [ラ スメーヌ スュイヴァーントゥ] / ～月 le mois 男 suivant [ル ムワ スュイーヴァン] / ～年 l'année 女 suivante [ラネ スュイヴァーントゥ] / 翌々日 le surlendemain [ル スューるラーンドゥマン]
よくじょう 浴場 → ふろ
よくそう 浴槽 → ふろ
よくよくじつ 翌々日 → よく²
よこ 横（側）côté [コテ] 男, flanc [フラーン] 男 / (側面) ～の latéral,e [ラテラール], latéraux [ラテロ] ⟨男複に⟩ / (そば) ～に à côté [ア コテ] / (方向) ～に en travers [アントゥラヴェール] / (そば) …の～に à côté de... [ア コテ ドゥ] ‖ ～にする coucher [クーシェ]
→ すいへい, はば
よこぎる 横切る → おうだん¹
よこじま 横縞 → しまもよう
よごす 汚す → よごれ
よこたわる 横たわる se coucher [ス クーシェ] 代動 59, s'allonger [サロンジェ] 代動 25 59
よこちょう 横町・横丁 → とおり²
よこなが 横長（の）（本などが）oblong,ue [オブローン, グ]
よこばら 横腹 côté [コテ] 男, flanc [フラーン] 男
よこみち 横道（間違った方向）mauvais chemin [モヴェ シュマン] 男 / ～にそれる dévier [デヴィエ] ‖ (話の) digression [ディグレシヨン] 女 / ～にそ

れる faire une digression [フェール ユーヌ ディグレスィヨン]〈faire ㉑〉

よごれ 汚れ(不潔) saleté [サールテ]囡／～る se salir [ス サリール]代動㊾／～た sale [サール]〈男女同形〉‖汚す salir [サリール]④／(チョコレートなどのべとべとするもので) poisser [プワーセ]‖(汚染) pollution [ポリュスィヨン]囡／～る se polluer [ス ポリュエ]代動㊾／～た pollué,e [ポリュエ]／汚す polluer [ポリュエ]

よさん 予算 budget [ビュヂェ]男

よすみ 四隅 quatre coins [男複 カートル クワーン]

よせなべ 寄せ鍋 pot-au-feu [男〈単複同形〉ポトフー] de légumes et de poisson [ドゥ レギュームゼ ドゥ プワソーン]

よせる 寄せる → ちかづける

よせん 予選 éliminatoire [エリミナトゥワール]囡

よそ → ほか

よそう 予想 prévision [プレヴィズィヨン]囡／～する prévoir [プレヴワール]㊾／～通り comme prévu [コム プレーヴュ]／～以上(の) plus que prévu [プリュー ス クプレーヴュ]

よそおい 装い(服装) tenue [トゥニュ]囡／装う s'habiller [サビエ]㊾

よだれ 涎 bave [バーヴ]囡／おいしそうで～がでる avoir l'eau à la bouche [アヴワール ロア ラ ブーシュ]〈avoir ①〉

よつかど 四つ角 → こうさてん

よっきゅう 欲求 envie [アンヴィ]囡／(願望) désir [デズィール]男／(意欲) vouloir [ヴールワール]男

よつぎりにする 四つ切りにする couper en quatre [クーペ アン カートゥル]

よった 酔った → よう²

ヨット voilier [ヴワリエ]男,†yacht [ヨートゥ]男／～風 (à la) voilière [(ア ラ) ヴワリエール]／～クラブ club [クラブ]男 de voile [ドゥ ヴワール], †yacht-club [ヨートゥクラブ]男〈複 ~-~s〉／～ハーバー port [ポール]男 de plaisance [ドゥ プレザーンス]

よっぱらい 酔っ払い ivrogne [イヴローニュ]男囡, (俗語) boit-tout [ブワトゥ]男〈単複同形〉, poivrot,e [プワーヴロ, ートゥ]男囡, soûlard,e [スーラール, ドゥ]男囡, soûlaud,e [スーロー, ドゥ]男囡／～運転 conduite [コンデュイート]囡 en état d'ivresse [アンネタ ディヴレース]／～の ivrogne〈男女同形〉, (俗語) soûlard,e, soûlaud,e

よてい 予定 projet [プロージェ]男, plan [プラーン]男／…する～である «compter +不定詞» [コンテ]／～を立てる faire un projet [フェール アン プロージェ]〈faire ㉑〉／～の prévu,e [プレーヴュ]／～表 programme 男 → りようてい

よどおし 夜通し toute la nuit [トゥートゥラ ニュイー]

よなか 夜中 nuit [ニュイー]囡／(深夜) minuit [ミニュイー]男／～に dans la nuit [ダン ニュイー]／(深夜に) en pleine nuit [アン プレーヌ ニュイー]

よねつ 余熱 chaleur [シャルール]囡 résiduelle [レズィデュエル]

よばれる 呼ばれる (招待される) être invité,e [エートゥル アンヴィテ]〈être ②〉

よび 予備 (ストック) réserve [レゼールヴ]囡／～の de réserve [ドゥ レゼールヴ]／～校 école 囡 préparatoire [エコール プレパラトゥワール]

よびな 呼名 → あだな, めいしょう

よぶ 呼ぶ appeler [アープレ]⑦ → しょうたい

よふかし 夜更かし → てつや

よふけ 夜更け → よなか

よぶん 余分 excès [エークセ]男〈単複同形〉, surplus [スュルプリュス]男〈単複同形〉／～な superflu,e [スュペールフリュ]

よぼう 予防(防止) prévention [プレヴァンスィオーン]囡／病気の～法 prophylaxie [プロフィラクスィ]囡 → ちゅうしゃ¹

よほど 余程 → とても

よみかた 読み方 → はつおん

よみせ 夜店 baraque 囡 foraine de soir [バラック フォレーヌ ドゥ スワール]

よむ 読む (読書) lire [リール]㉔／(ぱらぱらと, ざっと) feuilleter [フーユテ]⑦／(走り読み) parcourir [パルクーリール]⑬

よめ 嫁(息子の) belle-fille [ベル フィーユ]囡〈複 ~s-~s〉／～に行く se marier [スマリエ]代動㊾, épouser [エプーゼ]→ つま¹, はなよめ

よめる 読める (読む能力がある) savoir lire [サヴワール リール]〈savoir ㊷〉／(読みやすい, 読れる) lisible [リズィーブル]
→ よそう

よもぎ 蓬 armoise[アルムワーズ]女〈英〉*mugwort* → にがよもぎ

よやく 予約（ホテルやレストランの）réservation[レゼルヴァスィヨン]女／〜する réserver[レゼルヴェ], retenir[ルトニール]47／〜した réservé,*e*[レゼルヴェ], retenu,*e*[ルトニュ]‖（医者や美容院の）rendez-vous[ランデヴー]男〈単複同形〉／〜する prendre rendez-vous[プランドゥル ランデヴー]〈prendre 37〉‖（雑誌購読の）abonnement[アボヌマン]男／〜する s'abonner[サボネ]代動59／〜した abonné,*e*[アボネ]‖（本購入の）souscription[スースクリプスィヨン]女／〜する souscrire[スースクリール]18／〜した souscrit,*e*[スースクリ, -トゥ]〜せき[^1], はんばい

よゆう 余裕（余地）marge[マルジュ]女, place[プラース]女／（時間の）marge, temps disponible[タン ディスポニーブル]／（金の）argent[アルジャン] 男 disponible[アルジャン ディスポニーブル]／（ゆとり）aisance[エザーンス]女

より[1] …より → から[3]

より[2] …より（比較級）A より B だ plus B que A[プリューク]／シェフは私より背が高い Le chef est plus grand que moi.[ル シェフェ プリュー グラーン クムワー]／シェフは私より年上（より少なく若い）Le chef est moins jeune que moi.[ル シェフェ ムワーン ジューヌ クムワー]／A よりおいしい meilleur,*e* que A[メユールク]／A より多い plus que A[プリューク]／A より少ない moins que A[ムワーンク]／A よりいい mieux que A[ミューク]：plus の代りに moins[ムワーン] を用いることにより「より少ない」「劣性」の意となる

よりわけ 選分け tri[トゥリー]男, triage[トゥリヤージュ]男／〜る trier[トゥリーエ]／〜た trié,*e*[トゥリーエ]

よる[1] 夜 nuit[ニューイ]女／〜の de nuit[ドゥ ニューイ], nocturne[ノクテュールヌ]〈男女同形〉

よる[2]（…に）因る・拠る・依る（…次第である）il（または ça）dépend de...[イル（サ） デパン ドゥ]／（…に従って）selon...[スロン], d'après...[ダプレ]／（…の理由で）en raison de...[アン レゾン ドゥ], à cause de...[ア コーズ ドゥ]

よる[3] 寄る（立寄る）passer[パセ] → ちかづく

よる[4] 縒る・撚る（縄などを）tordre[トールドゥル]39／よった tordu,*e*[トルデュ]

よろいど 鎧戸 → と[2]

よろこび 喜び（歓喜）réjouissance[レジュイサーンス]女／喜ぶ se réjouir[スレジュイール]代動459／喜ばせる réjouir[レジュイール]4, faire plaisir à ...[フェール プレズィール ア]〈faire 21〉‖喜んで volontiers[ヴォロンティエ], avec plaisir[アヴェーク プレズィール]

よろしい 宜しい（これでよい）C'est bien.[セビヤーン], C'est parfait.[セ パルフェ]‖…しても〜（親しくない相手に）vous pouvez...[ヴー プヴェ],（親しい相手に）tu peux...[テュ プー]／…しても〜でしょうか Puis-je...[ピュイージュ]《全て後に不定詞を伴う》

よろしく 宜しく（依頼）あとは〜お願いします Je compte sur vous.[ジュ コーントゥ スュール ヴー]／（引続いての交際や関係を願って別れ際に言う挨拶）〜お願いします Au plaisir, Monsieur.（女性に対しては Madame, Mademoiselle).[オ プレズィール ムスュー（マダム, マドゥムワゼール）]／A さんに〜お伝えください Transmettez mes amitiés à Monsieur（女性に対しては Madame, Mademoiselle) A.[トゥラーンスメテ メザミティエ ア ムスュー（マダム, マドゥムワゼール）]／皆さんに〜 Transmettez mes amitiés à tous.[トゥラーンスメテ メザミティエ ア トゥース]／Dites bonjour à tous[ディートゥ ボンジュール トゥース]／…を〜お願いします Je vous remercie d'avance pour...[ジュ ヴー ルメルスィ ダヴァーンス プール]

よわい 弱い faible[フェーブル]〈男女同形〉／（虚弱な）débile[デビール]〈男女同形〉／（きゃしゃな）frêle[フレール]〈男女同形〉‖弱く faiblement[フェーブルマン]／弱くなる s'affaiblir[サフェブリール]代動459‖弱さ faiblesse[フェブレース]女／（弱点）point[ポワン]男 faible[ブワン フェーブル] → そっと, よわめる

よわび 弱火 feu[フー]男 doux[フー ドゥー]〈複〜x〜〉, feu modéré[フー モデレ]／〜で à petit feu[ア プティ フー], à feu doux[ア フー ドゥー], doucement[ドゥースマン]／〜のオーヴンで au four doux [ドゥー] /…を～にかける mettre…au feu doux [メートル オ フードゥー] 〈mettre ㉖〉/鉄板レンジで…を～にかける mettre…au coin du feu [メートル オ クワーン デュ フー] /にする baisser le feu [ベセル フー], réduire le feu [レデュイール ルフー] 〈réduire ⑪〉 → にこむ

よわめる 弱める affaiblir [アフェブリール] ④, atténuer [アテニュエ]

よん 四 quatre [カートル] 男 〈単複同形〉/四つの quatre 〈不変〉→ ばい¹, よんとうぶん, よんぶんのいち

よんじゅう 四十 quarante [カラントゥ] 男 〈単複同形〉/～の quarante 〈不変〉 /～歳ぐらい quarantaine [カラーンテヌ] 女 → ばい¹

よんでくる 呼んで来る aller chercher [アレ シェルシェ] 〈aller ⑥〉

よんとうぶん 四等分 quadrisection [カドゥリセクスィヨン] 女 /～にする diviser en quatre parties égaux [ディヴィゼ アン カートル パルティゼゴ]

よんぶんのいち 四分の一 un sur quatre (¼) [アン スュール カートル], un quart [アン カール] /…を～の分量だけ煮詰める réduire…d'un quart [レデュイール ダン カール] 〈réduire ⑪〉/…を～になるまで煮詰める réduire…à un quart [レデュイール ア アン カール]

よんりんくどうしゃ 四輪駆動車 voiture 女 de traction à quatre roues [ヴワテュール ドゥトゥラクスィヨン ア カートル ルー], quatre-quatre [カートゥル カートゥル] 男 〈複 ~s-~〉

ら

ラード (豚脂) saindoux [サンドゥー] 男 〈単複同形〉, graisse 女 de porc [グレース ドゥ ポール], 英 lard

ラーブル (うさぎの背肉) → うさぎ

ラーメン potage 男 aux nouilles chinois [ポタージュ ヌーユ シヌワ] /インスタント～ nouilles 女複 chinoises instantanées [ヌーユ シヌワーズ アンスタンタネ]

ラーゆ 辣油 huile 女 piquante chinoise [ユイル ピカーントゥ シヌワーズ]

ラール → せあぶら, ベーコン

らい¹ … 来 20年～ depuis vingt ans [デュピュイ ヴァンタン] → いらい¹

らい² 来… (次の) ～週 la semaine prochaine [ラスメーヌ プロシェーヌ] /～月 le mois prochain [ル ムワ プロシャーン] /～年 l'année 女 prochaine [ラネ プロシェーヌ], l'an 男 prochain [ランプロシャーン] ‖ (来ること) ～店 visite [ヴィズィートゥ] /～日する rendre visite au Japon [ラーンドゥル ヴィズィートゥ ジャポン] 〈rendre ㊴〉

ライス ～インド風 riz à l'indienne [リア ランディエーヌ], 英 rice in Indien style /～クレオール風 riz à la créole [リア ラ クレオール] /～コロッケ croquette 女 de riz [クロケットゥ ドゥ リ], 英 rice croquette /～バレンシア風 riz à la valencienne [リア ラ ヴァランスィエーヌ], 英 rice in Valencia style /～ペーパー (米粉の生地) feuille 女 (または galette 女) de riz [フーユ (ガレットゥ) ドゥ リ], 英 rice paper /～ポタージュ crème 女 de riz [クレーム ドゥ リ], 英 rice potage
→ カレー, ごはん, こめ, チキン, バター, ハヤシライス, プディング, フレーク

ライセンス → めんきょ, めんきょしょう

ライター (着火装置) briquet [ブリケー] 男 ‖ (文筆家) écrivain [エークリヴァン] 男 (女性でも男)

ライチ → れいし

ライト → あかり, ヘッドライト

ライトバン commerciale [コメルスィヤル] 女, fourgonette [フールゴネットゥ] 女

らいねん 来年 → らい²

ライバル concurrent,e [コンキュラーン, トゥ] 男女

ライブ(の) (生の) joué,e en public [ジュエアン ピュブリーク], live [リーヴ] 〈不変〉/ (TVやラジオの) en direct [アン ディレークトゥ]

ライブオリーヴ (黒オリーヴ) → オリーヴ

ライまめ ライ豆 †haricot 男 de Lima [アリコ ドゥリマ], pois 男 〈単複同形〉du cap [プワー デュ カーブ], 英 lima bean (《料理では常に複数》)

ライム lime [リーム] 女, limette [リメ

ライむぎ ライ麦 seigle [セーグル] 男, 英 rye／〜粉 farine 女 de seigle [ファリーヌ ドゥ セーグル] →ウィスキー, パン

ライヨル (町) Laguiole [ラヨール] 固／(チーズ) laguiole 男

ラインがわ ライン川 le Rhin [ルラン] 固

ラ・ヴァリエール(風) la Vallière または Lavallière [ラヴァリエール]

ラヴァンド →ラヴェンダー

ラヴィオリ ravioles [ラヴィヨール] 男複, ravioli [ラヴィヨリ] 男複, (伊英) ravioli／〜生地 pâte 女 à ravioli [パタ ラヴィヨリ]／〜用 ファルス farce 女 à ravioli [ファルス ラヴィヨリ]

ラヴィゴット (sauce 女) ravigote [(ソース) ラヴィゴートゥ] 女, 英 dressing with hard-boiled eggs, shallot and herbs

ラヴェンダー (香草) lavande [ラヴァーンドゥ] 女, 英 lavender →す²

ラウンジ salon [サロン] 男

ラウンドテーブル →テーブル

ラオチュウ 老酒 saké 男 chinois [サケ シヌワ]

ラガー →ビール

ラキ (トルコのリキュール) raki 男

ラギオル →ライヨル

らく 楽(な) (安楽, 快適) confortable [コンフォルターブル] 〈男女同形〉／〜に confortablement [コンフォルターブルマン] ‖ (負担の減った) soulagé,e [スーラジェ] →かんたん, きらく

ラグー →シチュー

らくせん 落選 défaite [デフェートゥ] 女／〜する échouer [エシュエ]

らくだいする 落第する (留年する) redoubler [ルドゥーブレ]

らくてんてき 楽天的(な) optimiste [オプティミーストゥ] 〈男女同形〉／楽天家 optimiste 男女

ラクレット¹ (チーズまたはチーズフォンデュ) raclette [ラクレートゥ] 女／〜オーヴン four 男 à raclette [フーラ ラクレートゥ]

ラクレット² →へら

ラザーニャ lasagne [ラザーニュ] 女, (伊英) lasagna

らしい …らしい (思われる) «il semble que [イル サーンブル ク] +文»／(耳にする) «il paraît que [イル パレク] +文», «on dit que [オンディク] +文»

ラジエーター (放熱器) radiateur [ラディヤトゥール] 男

ラシェル(風) Rachel [ラシェール]

ラジオ radio [ラディヨ] 女

ラスカス →かさご

ラスク (ビスコット) biscotte [ビスコートゥ] 女, 英 rusk

ラスト 〜オーダー dernière commande 女 [デルニエール コマーンドゥ]／〜チャンス dernière occasion 女 [デルニエーロ カズィヨン] →さいご

ラズベリー →フランボワーズ

らせん 螺旋 spirale [スピラール] 女／〜状の, 〜状に en spirale [アン スピラール], en torsade [アン トルサードゥ] →かいだん

ラタ →ラタトゥイユ

ラ・ターシュ (ワイン) la tâche 男

ラタトゥイユ (煮込) ratatouille 女, 英 ratatouille／(俗語) rata [ラタ] 女

ラタフィア (リキュール) ratafia 男

らっかせい 落花生 →ピーナツ

ラッキー(な) chanceux [シャンスー] 〈に, 単複同形〉, chanceuse [シャンスーズ] 〈女に〉 →うん²

らっきょう 辣韮・薤・辣韭 échalote 女 [エシャロートゥ ジャポネーズ], 英 scallion, rakkyo

ラック →たな

ラッシュアワー heure 女 de pointe [ウール ドゥ プワーントゥ]

らっぱのみする らっぱ飲みする boire à la bouteille [ブワール アラ ブーテーユ] 〈boire ⑩〉

ラップし ラップ紙 film [フィールム] 男, papier 男 film [パピエ フィールム]／〜で包む filmer [フィルメ]／〜で包んだ filmé,e [フィルメ]

ラディ →だいこん

ラディッシュ (二十日大根) radis [ラディ] 男 〈単複同形〉, radis rose [ラディローズ], 英 radish

ラニエール →せんぎり

ラパン (穴うさぎ) →うさぎ

ラビオリ →ラヴィオリ

ラ・ブイユ (チーズ) la bouille 女

ラブロ (穴仔うさぎ) →うさぎ

ラペ →すりおろす

ラベル （一般的なレッテル, タグ）étiquette[エティケットゥ]⑤／(生産協同組合名等を記したレッテル) label[ラベール]男／国家認定赤～ label rouge national[ラベル ルージュ ナスィヨナール]⑥〈複〉～s ～s nationaux[ラベル ルージュ ナスィヨノ]／(ワインの)サード～ troisième étiquette[トゥロワズィエーメティケートゥ]／地方認定～ label régional[ラベル レジョナール]⑥〈複〉～s régionaux[ラベル レジョナール]

ラベンダー → ラヴェンダー

ラボ(ラトリー) （実験室）laboratoire[ラボラトゥワール]男,(話言葉) labo[ラボ]男 → キッチン

ラボリール （型）rabolire ⑤

ラミノワール → ローラー

ラム → こひつじ

ラムカン （小型耐熱容器）ramequin 男

ラムしゅ ラム酒 rhum[ローム]男, 英 rhum, rum[ローム]男／ホワイト～ rhum blanc[ローム ブラーン]男, 英 white rhum ‖ ～を加える rhumer[ロメ]／～を加えた rhumé,e[ロメ]男 ‖ (安物の) tafia[タフィヤ]男／～ババ, ロンリコ

ラランド・ド・ポムロール (ワイン) lalande-de-pomerol[ラランドゥ ドゥ ポムロール]男

ラリー （自動車レース）rallye[ラリ]男／(テニスなどの) échange[エシャーンジュ]男

ラルデ→ さす², はり¹

ラルドン （豚脂やベーコンの細切り）lardon 男, 英 lardon ‖ ～形に切る lardonner[ラルドネ]／～形に切った lardonné,e[ラルドネ]

ラ・ロシェル （都市）la Rochelle 固⑤／～の rochelais,e[ロシュレ, ーズ]男(には単複同形)／～風 (à la) rochelaise[(ア ラ) ロシュレーズ]

ラン LAN réseau 男 local[レゾロカール]⑥〈複〉～x locaux[レゾロコ]男／無線～ réseau local sans-fil[レゾロカール サンフィル]

らん 欄 （新聞などの）rubrique[リュブリーク]⑤, courrier[クーリエ]男／(書類の記入欄) case[カーズ]⑤

らんおう 卵黄 jaune[ジョーヌ]男, jaune d'œuf[ジョーヌ ドゥーフ]男, 英 yolk／(料理の生地などに塗るための) dorure[ドリュール]⑤／～を塗 dorer[ドレ]／～を塗った doré,e[ドレ]／～を白っぽくなるまでホイップする blanchir les jaunes d'œufs[ブランシール レジョーヌ ドゥーフ]〈blanchir ④〉／～を塗りすぎた部分 bavure[バヴュール]⑤／～を卵白と分ける clarifier[クラリフィエ]

らんぎりやさい 乱切り野菜 → ミルポワ

ランク （順番）rang[ラン]男 ‖ ～付け classement[クラースマン]男／～付けする classer[クラーセ]／～付けした classé,e[クラーセ]

ラングースト → えび

ラングスティーヌ → えび

ラングスト → いせえび

ラング・ド・シャ （クッキー）langue-de-chat[ラーング ドゥ シャ]男〈複〉～s-～-～〉

ラングドック （地方）Languedoc[ラングドーック]固男／～の languedocien,ne[ラングドースィ・ヤン,エンヌ]／～風 (à la) languedocienne[(ア ラ) ラングドースィエンヌ]

ラングドック・ルシヨン （ぶどう栽培地域）Languedoc-Roussillon[ラングドーック ルースィヨン]固男

ラングル （チーズ）langres 男

らんし¹ 卵子 ovule[オヴュール]男

らんし² 乱視 astigmatisme[アスティグマティースム]男／～の astigmate[アスティグマートゥ]〈男女同形〉／～の人 astigmate

ランジェリー → したぎ

ランシオ （ワイン）rancio[ランスィヨ]男

ランジス （卸市場）Rungis 固男

ランス （都市）Reims 固⑤／～の rémois,e[レームワーズ]男(には単複同形)／～風 (à la) rémoise[(ア ラ) レムワーズ]

らんそう 卵巣 ovaire[オヴェール]男／～癌 cancer 男 ovarien[カンセーロ ヴァリヤン]

ランソン （シャンパンメーカー）Lanson 固

ランチ （軽食）lunch 男, 英 lunch／ビジネス～ déjeuner 男 d'affaires[デジュネ ダフェール]／～タイム heure ⑤ du déjeuner[ウール デュ デジュネ]／～メニュー carte ⑤ du déjeuner[カールトゥ デュ デジュネ]／～をとる faire un lunch[フェール アン ランチ]〈faire ㉑〉 → ちゅうしょく

ランチョンマット napperon[ナプローン]男, set (de table)[セートゥ(ドゥ ターブル)]

ランティーユ → レンズまめ

ランティスク（マスティック：樹液）lentisque 男, 英 mastic

ランド（地方）Landes [ランードゥ] 固女複 /〜の landais,e [ランデ, ーズ]〈男には単複同形〉/〜風 (à la) landaise [(アラ) ランデーズ]

ランドリー → せんたく¹, コイン

ランニング（走ること）course [クールス] 女 /（シャツ）maillot 男 de courses [マーヨ ドゥ クールス], maillot de sport [マーヨ ドゥ スポール]

らんぱく 卵白 blanc [ブラーン] 男, blanc d'œuf [ブラーン ドゥフ], 英 white /〜用ホイッパー fouet 男 à blancs [フエ ア ブラン]

ランビーク（ベルギーのビール）lambic 男

ランプ（明り）lampe 女 /（高速道路の）rampe 女 → ランプにく, ランプフィッシュ

ランブータン（果物）ramboutan 男, 英 rambutan

ランプにく ランプ肉 → うし

ランプフィッシュ（ダンゴウオ科の魚）lump [ランプ] 男, 英 lumpfish /〜の卵（イミテーションキャヴィア）œufs 男複 de lump [ウドゥ ランプ]

り

リ（胸腺肉）ris 男〈単複同形〉/〜・ド・カナール：鴨の喉下の脂肪 ris de canard [リドゥ カナール] /〜・ダニョ：仔羊の胸腺肉 ris d'agneau /〜・ド・ヴォ：仔牛の胸腺肉 ris de veau [リドゥ ヴォ] → おり

リーキ → ポロねぎ

リース（長期賃貸）leasing [リズィーング] 男, crédit-bail [クレディ バーユ] 男〈複 ~s-~s〉/〜契約 contrat 男 de leasing [コントゥラドゥ リズィーング]

リーズナブル(な)（もっともな）raisonnable [レゾナーブル]〈男女同形〉 → やすい¹

リーダー（指導者）dirigeant,e [ディリジャン, トゥ] 男女, chef [シェフ] 男

リーフレタス → レタス

リーペリンソース（ウスターソースの商標）（英）Lea&Perrins sauce [リベリンソース] 女

リール¹（釣の）moulinet [ムーリネ] 男

リール²（都市）Lille 固 /〜の lillois,e [リールワ, ーズ]〈男には単複同形〉/〜風 (à la) lilloise [(アラ) リールワーズ]

リヴァロ（チーズ）livarot 男

リヴィエラ（地中海沿岸地帯）Riviera 固女 /〜風 (à la) Riviera [(アラ) リヴィエラ]

リヴェーシュ（まるばとうき：香草）livèche 女, ache 女 de montagne [アシュ ドゥ モンターニュ], ache des montagnes [アーシュ デ モンターニュ], 英 lovage

リヴェルノン（チーズ）livernon 男

リヴザルト（ワイン）rivesaltes 男

リウマチ rhumatisme [リュマティースム] 男

リエ → つなぐ

リエーヴル（野うさぎ）→ うさぎ

リエージュ（ベルギーの地方）Liège 固 /〜の liégeois,e [リエジュワ, ーズ]〈男には単複同形〉/〜風 (à la) liégeoise [(アラ) リエジュワーズ]

りえき 利益 bénéfice [ベネフィース] 男, profit [プロフィ] 男 /〜率 taux 男〈単複同形〉de rentabilité [トドゥ ランタビリテ]

リエジョワ → カフェ

リエゾン《母音で始まる語を，直前の発音しない語末の子音とつなげて発音すること》liaison 男 /例) les autres [レゾートゥル]

リエット（ペースト）rillettes [リエートゥ] 女複, 英 potted meat

りか 理科 sciences [スィヤーンス] 女複

リカール（リキュール）Ricard 固男

りかい 理解 compréhension [コンプレアンスィヨン] 女 /〜のできる compréhensible [コンプレアンスィーブル]〈男女同形〉 → わかりやすい, わかる

リキュール liqueur [リクール] 女, 英 liqueur /（薬用）cordial [コルディヤール] 男〈複 cordiaux [コルディヨ]〉/（糖分の多いフルーツの）crème [クレーム] 女 /〜アニス anis [アニース] 男〈単複同形〉, liqueur 女 d'anis [リクール ダニース], liqueur anisée [リクール アニゼ], anisette [アニゼートゥ] 女 /アプリコット〜

abricotine [アブリコティーヌ] 女 ／アンゼリカ liqueur d'angélique [リクール ダンジェリーク] ／オレンジ～ liqueur d'orange [リクール ドランジュ] ／ミント～ liqueur de menthe [リクール ドゥ マーントゥ] ／ワイン:甘口ワイン vin 男 de liqueur [ヴァン ドゥ リクール], (vin) liquoreux 男 [(ヴァン) リコルー]
→ グラス¹

リクエスト (要望) demande [ドゥマーンドゥ] 女

リクライニングシート siège 男 à dossier réglable [スィエージュ ア ドスィエ レグラーブル]

リグリア (地方) Ligurie [リギュリ] 固 ／～の ligurien,ne [リギュリ・ヤン, エーヌ] ／～風 (à la) ligurienne [(ア ラ) リギュリエーヌ]

リクルート → きゅうじん

りこう 利口(な) (聡明な) intelligent,e [アンテリジャン, トゥ] ／(賢い) sage [サージュ] 〈男女同形〉／(そつのない) habile [アビール] 〈男女同形〉／(ぬけめのない) malin [マラン] 男に, maligne [マリーニュ] 女に

リコッタ (イタリアのチーズ) ricotta [リコタ] 女, 伊 ricotta

リコルー (ワイン) liquoreux 男 〈単複同形〉

りこん 離婚 divorce [ディヴォールス] 男／～する divorcer [ディヴォルセ] 32
→ とどけ

リサイクル recyclage [ルスィクラージュ] 男／～する recycler [ルスィークレ]

リサイタル récital [レスィタール] 男 〈複 ～s〉

りし 利子 intérêt [アンテレ] 男

リシュブール (ワイン) richebourg [リーシュブール] 男

リスト 在庫品～ liste 女 d'inventaire [リーストゥ ダンヴァンテール] ／ワイン～ carte 女 des vins [カールトゥ デ ヴァン]
→ ひょう¹

リストラ (再構築) restructuration [レストリュクテュラスィヨン] 女 ‖ (人員整理) licenciement [リサンスィマン] 男／～する licencier [リサンスィエ] ／～された licencié,e [リサンスィエ]

リズム rythme [リートゥム] 男

リスリング (ぶどう, ワイン) riesling 男

リセ (チーズ) riceys 男

リゾート lieu 男 〈複 ～x〉 (または station 女) de vacances [リュー (スタスィヨン) ドゥ ヴァカーンス] ／～ウエア tenue 女 de vacances [トゥニュ ドゥ ヴァカーンス] ／夏の～地 station d'été [スタスィヨン デテ] ／冬の～地 station d'hiver [スタスィヨン ディヴェール] ／～マンション appartement 男 de vacances [アパルトゥマン ドゥ ヴァカーンス] ／～客 vacancier [ヴァカンスィエ] 男, vacancière [ヴァカンスィエール] 女
→ ホテル

リソール (料理) rissole 女

りそく 利息 → りし

リゾット (米料理) risotto (または rizotto) [リゾート] 男, 伊 英 risotto

リソレ → やきいろ

リタイア → たいしょく¹

りつ 率 taux [ト] 男〈単複同形〉／(百分率) pourcentage [プールサンタージュ] 男／(比率) proportion [プロポルスィヨン] 男

りっきょう 陸橋 → ほどう

りっしょく 立食 buffet [ビュフェ] 男／～パーティ buffet 男／(北欧風の)～料理 smorgasbord [スモルガスボール] 男／(ロシア風の)～料理 zakouski [ザクースキ] 男

りったいこうさ 立体交差(高架) saut-de-mouton [ソドゥムートン] 男 〈複 ～s-～〉

りったいてき 立体的(な) (浮彫状) en relief [アン ルリーフ]

リッツ, セザール (ホテル経営者) Ritz, César [リーツ セザール] 固 男

リットル (容積の単位) litre [リートゥル] 男:記号はℓ

りっぱ 立派(な) (大きな) beau [ボ] 男に, 〈複 ～x〉, bel [ベール] 〈母音または無音のhで始まる男単に〉, belle [ベール] 女に／～に bien [ビャーン] ‖ (壮大な) grandiose [グランディヨーズ] 〈男女同形〉／～に grandiosement [グランディヨーズマン]
→ すばらしい

リップクリーム baume 男 pour les lèvres [ボーム プール レ レーヴル]

りっぽう 立方 cube [キューブ] 男／2立方メートル(2㎥) deux mètres cube [ドゥー メートゥル キューブ]

リネン (シーツ, タオルなどの総称) linge [ラーンジュ] 男／食卓用～セット

リノールさん　リノール酸　acide 男 linoléique [アスィドゥ リノレイク]

リハーサル　(本番前の稽古) répétition [レペティスィヨン] 女 /〜をする répéter [レペテ] 36

りはつ　理髪　coiffure [クワフュール] 女 /〜店　salon 男 de coiffure [サロン ドゥ クワフュール] /〜師　coiffeur [クワフール], coiffeuse [クワフーズ] 女

リハビリ(テーション)　(復帰訓練) rééducation [レエデュカスィヨン] 女, réadaptation [レアダプタスィヨン] 女

リビング(ルーム)　salle 女 de séjour [サール ドゥ セジュール] 男, living [リヴィーング] 男

リフォーム　(改装) rénovation [レノヴァスィヨン] 女, réaménagement [レアメナージュマン] 男 /〜する réaménager [レアメナジェ] 25, rénover [レノヴェ] ‖〜ソース (イギリスのソース) sauce 女 Réforme [ソース レフォールム], (英) Reform sauce

リフト　(スキー用) télésiège [テレスィエージュ] 男 →ダンウェーター

リブレット　(牛肉の薄切) riblette [リブレートゥ] 女

リブロース →うし

リポート →レポート

リボン　ruban [リュバン] 男 /〜状 (ホイップした卵黄と砂糖がとろっとした状態) ruban 男

リマンド →かれい

リマンド・ソール　(レモンソール) →かれい

リムーヴァー →じょこうえき

リムーザン　(地方) Limousin 固 男 /〜の　limousin,e [リムー・ザン, ズィーヌ] /〜風 (à la) limousine [(ア ラ) リムーズィーヌ]

リムジン　(大型高級車) limousine [リムーズィーヌ] 女 /〜バス navette [ナヴェットゥ] 女

リメット →ライム

リモージュ　(都市) Limoges 固 /〜の limousin,e [リムー・ザン, ズィーヌ] /〜風 (à la) limousine [(ア ラ) リムーズィーヌ]

リモコン　(リモートコントロール) télécommande [テレコマーンドゥ] 女

リモナード　(飲物) limonade [リモナードゥ] 女, (英) fizzy lemonade

りゃくれき　略歴 (簡単な経歴) curriculum vitae 男 abrégé [キュリキュロム ヴィテア アブレジェ], C.V. abrégé [セヴェ アブレジェ]

りゅう　…流　(流派) école [エコール] 女 /(やり方) manière [マニエール] 女, façon [ファソン] 女 ‖一〜の　de classe [ドゥ クラス], de premier ordre [ドゥ プルミエ オールドゥル]

りゅう　理由　(動機) raison [レゾン] 女, motif [モティーフ] 男 /(原因) cause [コーズ] 女 /(言訳) excuse [エクスキューズ] 女, prétexte [プレテクストゥ] 男

りゅうがく　留学　étude 女 à l'étranger [エテュードゥ アレトゥランジェ] /研修〜 stage 男 à l'étranger [スタージュ アレトゥランジェ] /〜する　aller étudier à l'étranger [アレ エテュディエ ア レトゥランジェ] /パリに〜する　aller étudier à Paris [アレ エテュディエ ア パリ] /〜生 étudiant 男 étranger [エテュディヤンテトゥランジェ], étudiante 女 étrangère [エテュディヤンテトゥランジェール]

りゅうかん　流感 →インフルエンザ

りゅうこう　流行 (ファッション) mode [モードゥ] 女 /〜の (à la) mode [(ア ラ) モードゥ] /〜遅れの démodé,e [デモデ] ‖ (人気) vogue [ヴォーグ] 女 /〜 en vogue [アン ヴォーグ]

りゅうこつ　竜骨 (鳥の胸骨) brechet [ブレシェ]

りゅうざん　流産　avortement [アヴォールトゥマン] 男, fausse couche 女 [フォース クーシュ]

りゅうさんし　硫酸紙 →クッキング

りゅうすい　流水　eau 女 courante [オ クーラントゥ]

りゅうどうしょく　流動食　aliment 男 (または nourriture 女) liquide [アリマン (ヌーリテュール) リキードゥ]

リューマチ →リウマチ

リュス →なべ, ロシア

リュックサック　sac 男 à dos [サーク ド]

リュネット　(盛付法) en lunettes [アン リュネットゥ]

リュバン →リボン

リュリ　(ワイン) rully 男

リヨ　(料理) rillauds または rillots 男複

りょう[1] →りょうう

りょう[2]　量 (数量) quantité [カンティテ] 女 /(容量) volume [ヴォリューム] 男

りょう[3]　猟 →きんりょう[1], しゅりょう, りょうじ

ゅうにく, りょうちょうにく

りょう[4] 漁 pêche [ペーシュ] 女 → きんりょう[2], つり[1]

りょう[5] 寮 (寄宿舎) internat [アンテールナ] 男, pension [パンスィヨン] 女 / 学生～ foyer 男 d'étudiants [フワィエ デテュディヤン] / (フランスの) 大学学生～ cité 女 universitaire [スィテ ユニヴェルスィテール]

りよう[1] 利用 utilisation [ユティリザスィヨン] 女 / ～する utiliser [ユティリゼ] / (利益のために) ～する profiter [プロフィテ]

りよう[2] 理容 → りはつ

りょうがえ 両替 change [シャーンジュ] 男 / ～機 changeur 男 de monnaie [シャンジュール ドゥ モネ] / ～所 bureau 男 〈複 –x〉 de change [ビュロ ドゥ シャーンジュ] / ～する changer [シャンジェ] 25 / 円をユーロに～してください Changez le yen contre l'euro, s'il vous plaît. [シャンジェ ル イエーヌ コーントゥル ルーロ スィル ヴー プレー]

りょうがわ 両側 deux côtés 男複 [ドゥー コテ], chaque côté 男 [シャーク コテ]

りょうきん 料金 tarif [タリフ] 男 / 電気～ tarif d'électricité [タリフ デレークトゥリスィテ] / 普通～ plein tarif [プラーン タリフ] / 割引～ tarif réduit [タリフ レデュイ] / ～表 tarif ‖ (手数料) 男 / ～表 tarif ‖ (手数料) droit 男 / ～登録 droit d'inscription [ドゥルワール ダンスクリプスィヨン] ‖ (値段) prix [プリー] 男 〈単複同形〉 / (費用) frais [フレー] 男複 / ～追加 supplément [スュプレマン] 男 / ～通行 péage [ペアージュ] 男 / ～入場 droits d'entrée [ドゥルワー ダーントゥレ] / (劇場, 映画館などの料金) tarif / ～所 (道路の) péage / ～未納 non-paiement [ノンペーマン] 男

りょうきんにく 猟禽肉 → りょうちょうにく

りょうさんひん 量産品 article 男 de série [アルティークル ドゥ セリ]

りょうし[1] 猟師 chasseur [シャスール] 男, chasseuse [シャスーズ] 女 / ～風 chasseur

りょうし[2] 漁師 pêcheur [ペシュール] 男, pêcheuse [ペシューズ] 女 / ～風サラダ salade 女 de pêcheur [サラードゥ ドゥ ペシュール], 英 fisherman's salad

りょうじ 領事 consul [コンスュール] 男 / ～館 (または部) consulat [コンスュラ] 男 / 総～ consul général [コンスュール ジェネラール] / 総～館 consulat général [コンスュラ ジェネラール]

りょうしつ(の) 良質の de bonne qualité [ドゥ ボーヌ カリテ]

りょうしゅうしょ 領収書 reçu [ルスュ] 男, acquit [アキ] 男 / (電気, ガス料金などの) quittance [キターンス] 女 / (タクシーなどの) facture [ファクテュール] 女

りょうじゅう 領獣 → うける

りょうじゅうにく 猟獣肉 gibier 男 à poil [ジビエ ア プワール], 英 game animal / (猪や鹿などの大型) venaison [ヴネゾン] 女, 英 venison

りょうしん 両親 parents [パラン] 男複

りょうちょうにく 猟鳥肉 gibier 男 à plume [ジビエ ア プリューム], 英 game bird

りょうてい 料亭 restaurant 男 japonais [レストラン ジャポネ]

りょうにく 猟肉 gibier [ジビエ] 男, 英 game → りょうじゅうにく, りょうちょうにく

りょうほう[1] 両方 tous (女には toutes) les deux [トゥー (トゥートゥ) レドゥー], l'un (女には l'une) et l'autre [ラン (リューヌ) エ ロートゥル] / (両方とも…ない) ni l'un (女には l'une) ni l'autre [ニ ラン (リューヌ) ニ ロートゥル]

りょうほう[2] 療法 thérapie [テラピ] 女, cure [キュール] 女

りょうめん 両面 deux faces 女複 [ドゥー ファース], deux côtés 女複 [ドゥー コテ] → コピー, テープ

りょうよう 療養 cure [キュール] 女 / ～する faire une cure [フェール ユヌ キュール] 〈faire 21〉 / ～所 maison 女 (または établissement 男) de cure [メゾン (エタブリスマン) ドゥ キュール]

りょうり 料理 (体系としての) cuisine [キュイズィーヌ] 女 / 西洋 (日本, フランス) ～ cuisine occidentale (japonaise, française) [キュイズィーヌ オクスィダンタール (ジャポネーズ, フランセーズ)] / (軍や社員食堂などの) popote [ポポートゥ] 女 / (皿上の) assiette [アスィエートゥ] 女, mets [メ] 男 〈単複同形〉, plat [プラー] 男 / (調理された) apprêt [アプレー] 男 / 肉 (魚) ～ plat de viande (poisson) [プラードゥ ヴィヤーンドゥ (プワソーン)] / 日本 (フ

りょうりにん 料理人（アマチュアの上手な女性）cordon-bleu [コルドン ブルー] 男 〈複 ~s-~s〉/（革命前の宮廷の）maître queux [メートゥル クー] 男 → コック[1]

りょうりほう 料理法（一品の）recette [ルセートゥ] 女 /（技法）art 男 culinaire [アール キュリネール]

りょかく 旅客（列車やバスの）voyageur [ヴワヤジュル] 男, voyageuse [ヴワヤジューズ] 女 /（船や飛行機の）passager [パサジェ] 男, passagère [パサジェール] 女

りょかん 旅館 auberge 女 japonaise [オベールジュ ジャポネーズ]/ ~業 hôtellerie [オテルリ] 女 → ホテル

りょくとう 緑豆 †haricot 男 mungo [アリコ マンゴ], 英 *green gram, mung bean*《料理では常に複数》

りょくないしょう 緑内障 glaucome [グロコーム] 男

りょけん 旅券 → パスポート

りょこう 旅行 voyage [ヴワヤージュ] 男 / ~する voyager [ヴワヤジェ] 25 / ~者 voyageur [ヴワヤジュール] 男, voyageuse [ヴワヤジューズ] 女 /（小旅行）excursion [エクスキュルスィヨン] 女 /（周遊）tour [トゥール] 男 / 海外~ voyage à l'étranger [ヴワヤージャ レトランジェ]/ 修学~ voyage scolaire [ヴワヤージュ スコレール]/ 新婚~ lune 女 de miel [リュヌ ドゥ ミエール], voyage de noces [ヴワヤージュ ドゥ ノース]/日帰り~ voyage（または excursion）d'une journée [ヴワヤージュ（エクスキュルスィヨン）デュヌ ジュールネ]/ 団体~ voyage en groupe [ヴワヤージャン グループ]/パック~ voyage organisé [ヴワヤージョルガニゼ]
→ ガイド、かんこう、だいてん、ほけん

りょてい 旅程 trajet [トゥラージェ] 男, itinéraire [イティネレール] 男

リヨネ（地方）Lyonnais 固男 /（ぶどう）lyonnais → リヨン[1]

リヨネーズ → リヨン[1]

りょひ 旅費 frais 男複 de voyage [フレ ドゥ ヴワヤージュ], frais de transport [フレ ドゥ トゥランスポール]

リヨン[1]（フランス第二の都市）Lyon 固女 / ~の lyonnais,e [リヨネ,-ズ]〈男には単複同形〉/ ~風（à la）lyonnais [（アラ）リヨネ] / ~ソーセージ

リヨン[2]（料理）rillons 男複, 英 *chopped pork cooked in fat and served cold*

リラクゼーション relaxation [ルラクサスィヨン] 女

リラックス relax [ルラークス] 男〈単複同形〉/ ~する（力を抜く）se relaxer [ス ル ラークセ] 代動59 / ~した relaxé,e [ルラークセ]/（気楽にする）être à l'aise [エートゥル アレーズ]〈être[2]〉

りりく 離陸 décollage [デコラージュ] 男 / ~する décoller [デコレ]

りれきしょ 履歴書 C.V.[セ ヴェ] 男: curriculum-vitæ [キュリキュロム ヴィテ] 男〈単複同形〉の略

りろん 理論 théorie [テオリ] 女 / ~的な théorique [テオリーク]〈男女同形〉/ ~家 théoricien,ne [テオリスィ ヤン、エーヌ]

リング（輪）anneau [アノ] 男〈複 ~x〉

リングイネ（パスタ）linguine [リングイネ] 女複, 伊 *linguine*

リンゲル ~液（体液の代用液）liquide 男 de Ringer [リキドゥ ドゥ リンゲール]

りんご 林檎 pomme [ポーム] 女 /（じゃが芋との区別で）pomme-fruit [ポームフリュイ] 女〈複 ~s-~s〉, 英 *apple*/ ~焼 pomme au four [ポモ フール], 英 *baked apple*/ ~のタルト tarte 女 aux pommes [タルト ポーム], 英 *apple*

りんごの種類

紅玉
  pomme Jonathan [ポム ジョナタン]
ゴールデンデリシャス pomme golden [ポーム ゴールデン] 女〈単複同形〉
姫りんご pomme cerise [ポム スリーズ]

りんじ 臨時(の) (一時的な) temporaire [タンポレール]〈男女同形〉/〜に temporairement [タンポレールマン] ‖ (仮の) provisoire [プロヴィズワール]〈男女同形〉/〜に provisoirement [プロヴィズワールマン] ‖ (代理の) intérimaire [アンテリメール]〈男女同形〉
→ きゅうぎょう, れっしゃ
リンス (シャンプー後の) après-shampooing [アプレ シャンプワン]男〈複 〜s〉, démélant [デメラン]男, crème [クレーム] démélante [クレーム デメラントゥ]女
リンデン → ぼだいじゅ
りんどう 竜胆 → ジャンシアーヌ
リンパ 〜腺 ganglion [ガングリヨン]男
りんびょう 淋病 blennorr(h)agie [ブレノラジ]女, (俗語) chaude-pisse [ショードゥ ピース]女〈複 〜s 〜s〉
りんぺん 鱗片 → かけ²

る

ルアー (釣用) leurre [ルール]男
ル・アーブル (都市) le †Havre [固男]/〜の †havrais,e [アヴレ, ーズ]〈男には単複同形〉/〜風 (à la) havraise [(アラ) アヴレーズ]/〜へ, 〜で au Havre [オアーヴル]
ルイイ (ワイン) reuilly [男]
るいじひん 類似品 chose [ショーズ] semblable [ショーズ サンブラーブル]女
るいせん 涙腺 glande [グラーンドゥ クラリマル] lacrymale 女
ルイユ (ソース) rouille [女]
ルウ (小麦粉とバターを混ぜたもの) roux [ルー]男〈単複同形〉/白い〜 roux blanc [ルー ブラーン]/きつね色の〜 roux blond [ルー ブローン]/茶色い〜 roux brun [ルー ブラーン]
ルー¹ → すずき, ルウ
ルー² → ヘンルーダ
ルーアン (都市) Rouen [ルーアンまたはルワーン]固/〜の rouennais,e [ルワネ, ーズ]〈男には単複同形〉/〜風 (à la)

rouennaise [(アラ) ルワネーズ] → かも¹
ルージェ (魚) rouget [男], 〈英〉mullet / 〜バルベ rouget-barbet [男]〈複 〜s 〜s〉, 〈英〉red mullet → かながしら
ルージュ (赤色, 赤ワイン, 口紅) rouge [男] → あか
ルーズ(な) (たるんだ) relâché,e [ルラーシェ]/(無頓着) négligent,e [ネグリジャーン, トゥ]
ルーズリーフ (用紙) feuille [女] volante [フーユ ヴォラーントゥ]
ルーツ → きげん¹
ルーティン (決りきった仕事) routine [ルーティーヌ]女/〜ワーク travail [男]〈複 travaux〉de routine [トゥラヴァーユ (トゥラヴォ) ドゥ ルーティーヌ]
ルート → みち
ルーベンス(風) Rubens [リュバーンス]
ルーマニア Roumanie [ルーマニ]固女/〜人 Roumain,e [ルー・マン, メーヌ] 男女/〜語 roumain [ルーマン]男/〜の roumain,e
ルームメート camarade [男][女] de chambre [カマラードゥ ドゥ シャーンブル]
ルーラード (料理, 菓子) roulade [ルーラードゥ]女, 〈英〉roulade
ルール → きそく
ルーレット (賭博の) roulette [ルーレートゥ]女 → カッター
ルエルグ (地方) Rouergue [固男]/〜の rouergat,e [ルエルガ, トゥ]/〜風 (à la) rouergate [(アラ) ルエルガートゥ]
ル・ギード・キュリネール (料理全書) le Guide Culinaire [固男]
ルクセンブルグ Luxembourg [リュクサンブール]固男/〜人 Luxembourgeois,e [リュクサンブールジュワ, ーズ]男女〈男は単複同形〉/〜の luxembourgeois,e [男には単複同形]/〜風 (à la) luxembourgeoise [(アラ) リュクサンブールジュワーズ]
ルシタニア (ポルトガルの古称) Lusitanie [リュズィタニ]固女/〜風 (à la) lusitanienne [(アラ) リュズィタニエーヌ], (アラ) lusitaine [(アラ) リュズィテーヌ]
ルシヨン (地方, ワイン産地) Roussillon [ルースィヨン]固男/〜の roussillonnais,e [ルースィヨネ, ーズ]〈男には単複同形〉/〜風 (à la) roussillonnaise [(アラ) ルースィヨネーズ]
るす 留守 absence [アプサーンス]女

ルセット 734

/~の absent,*e* [アプサーン, ト] , sorti,*e* [ソールティ] /~中に pendant l'absence [パンダン ラプサーンス] → でんわ

ルセット → ちょうりほう

ルタバガ（黄蕪，スウェーデン蕪）rutabaga [リュタバガ] 男, chou-navet [シューナヴェ] 男〈複 ~s-~s〉, 英 *rutabaga*

ルツェルン（スイスの市）Lucerne [リュセールヌ] 固 /~の lucernois,*e* [リュセールヌワ, -ズ] 〈男には単複同形〉/~風（à la）lucernoise [(アラ) リュセルヌワーズ]

ルッコラ → ロケット

ルテキア（パリの古称）Lutèce [リュテース] 固

ルネサンス Renaissance 女 /~風 (à la) Renaissance [(アラ) ルネサーンス]

ルバーブ（食用大黄）rhubarbe [リュバールブ] 女, 英 *rhubarb*

ルビー（宝石）rubis [リュビ] 男〈単複同形〉→ オレンジ

ルブロション（チーズ）reblochon 男

ルペール（密閉用生地）repère 男

ル・マン（都市）le Mans 固 /~の manceau [マンソ] 〈男に, 複 ~x〉, mancelle [マンセール] 〈女に〉/~風 (à la) mancelle [(アラ) マンセール]

ルリジューズ（ケーキ）religieuse 女 → しゅうどうじょ

るりぢしゃ 瑠璃萵苣 → ボリジ

ルルヴェ（ポタージュの後の料理）relevé 男

れ

レ → ぎゅうにゅう, ミルク

レア（ステーキの焼方）saignant [セニャン], 英 *rare* /ベリー~ bleu [ブルー], 英 *very rare*

レ・アール（パリ中央卸売市場）les †Halles 固 女 複

れい¹ 礼 ~状 lettre 女 de remerciements [ルメルスィマン] → おじぎ, かんしゃ, ほうしゅう, れいぎ

れい² 例（たとえ）exemple [エグザーンプル] 男 /（前例）précédent [プレセダン] 男

れい³ 零 zéro [ゼロ] 男 /~の zéro 〈不変〉/~下 au-dessous de zéro [オ ドゥスー ドゥ ゼロ] /~点 zéro 男 /~度 zéro degré [ゼロ ドゥグレー] /午前~時に à minuit [ア ミニュイ] /午後~時に à midi [ア ミディ]

レイアウト → はいち

れいがい 例外 exception [エクセプスィヨン] 女 /~的な exceptionnel,*le* [エクセプスィヨネール] /~的に exceptionnellement [エクセプスィヨネールマン]

れいぎ 礼儀 politesse [ポリテース] 女 /~正しい poli,*e* [ポリ] /~正しく poliment [ポリマン] ‖（慇懃さ）courtoisie [クールトゥワズィ] 女 /~正しい courtois,*e* [クールトゥワ, -ズ] 〈男には単複同形〉/~正しく courtoisement [クールトゥワーズマン] → マナー

れいきゃく 冷却 ~装置 refroidisseur [ルフルワディスール] 男 → さます, ひやす, ラジエーター

れいきん 礼金：大家への礼金は，フランスには存在しない → ほうしゅう

レイクトラウト → ます²

れいくん 冷燻 ~製 くんせい

れいし 茘枝（ライチ）litchi [リーチ] 男, letchi [レチ] 男, 英 *li(t)chi* /~リキュール alcool 男 de soho [アルコール ドゥ ソオ]

れいすい 冷水 eau glacée [オ グラーセ] 〈複 ~x ~s〉

れいせい¹ 冷静（な）（一時的な）calme [カールム] 〈男女同形〉/~に calmement [カールムマン] ‖（平常の）tranquille [トゥランキール] 〈男女同形〉/~に tranquillement [トゥランキールマン] ‖（冷ややかな）impassible [アンパスィーブル] 〈男女同形〉/~に impassiblement [アンパスィーブルマン]

れいせい² 冷製 ~料理 plat 男 froid [プラー フルワー], 英 *cold dish* /~デザート dessert 男 froid [デセール フルワー], dessert glacé [デセール グラーセ], 英 *cold dessert* → コック¹

れいそう 礼装 → れいふく

れいぞう 冷蔵 ~チャンバー（冷蔵室）chambre 女 froide [シャーンブル フルワード] /~庫 réfrigérateur [レフリジェラトゥール] 男, frigo [フリーゴ] 男 /ワイン用~庫 climatiseur 男 de cave [クリマティズール ドゥ カーヴ] → ひやす

れいだんぼう 冷暖房 → くうちょう

レイチ → れいし

れいとう 冷凍 congélation[コンジェラスィヨン]女/〜庫 congélateur[コンジェラトゥール]男/(冷蔵庫内のフリーザー) freezer[フリズール]男/急速〜 surgélation[スュルジェラスィヨン]女/急速〜庫 surgélateur[スュルジェラトゥール]男/(アイスクリーム工房の)〜機 freezer 男∥〜保存 conservation 女 par la surgélation[コンセルヴァスィヨン パール ラ スュルジェラスィヨン]/〜焼け gélure[ジェリュール]女∥〜する congeler[コンジュレ]⑤, passer au grand froid[パセ オ グラン フルワー]/〜した congelé,e[コンジュレ]/急速〜する surgeler[スュルジュレ]⑤/急速〜した surgelé,e[スュルジュレ] → しょくひん

れいふく 礼服(燕尾服) habit 男 à queue[アビアクー], queue-de-pie[クードゥピ]女〈複 〜s-〜-〜s〉(モーニング) jaquette[ジャケートゥ]女/(イヴニングドレス) robe 女 de soirée[ローブ ドゥ スワレ]/〜着用のこと tenue 女 de soirée recommandée[トゥニュドゥ スワレ ルコマンデ] → せいそう[1]

れいぼう 冷房 → くうちょう, クーラー

レインコート → レーンコート

レインボーべら (遍羅・倍良) → べら

レヴェイヨン (クリスマスイヴにとる夜食) réveillon[レヴェィヨン]男

レヴロ (仔野うさぎ) → うさぎ

レーザー laser[ラゼール]男/〜光線 rayon 男 laser[レヨン ラゼール] → プリンター

レース[1] (競争) course[クールス]女

レース[2] (透し模様のある布地) dentelle[ダンテル]女/〜ペーパー papier 男 dentelle[パピエ ダンテル], 英 *lace paper*

レーズン (干ぶどう) raisins 男複 secs[レザン セーク], 英 *raisins* → [囲み]

レート taux[ト]男〈単複同形〉/為替〜 taux de change[トドゥ シャーンジュ]/対ユーロ〜 taux de change contre l'euro[トドゥ シャーンジュ コーントゥル ルーロ]

レードル → しゃくし

レーヌ (都市) Rennes 固女/〜の rennais,e[レネ, -ズ]男〈には単複同形〉/〜風 (à la) rennaise[(アラ) レネーズ]

レーズンの種類

ケスぶどう raisins 男複 de caisse [レザンドゥ ケース]

コリントぶどう raisins de Corinthe [レザンドゥ コラーントゥ]

サルタナ, スミルヌぶどう raisins de Smyrne[レザンドゥ スミールヌ]

マラガぶどう raisins de Malaga[レザンドゥ マラガ]

レーヨン (繊維) rayonne[レヨーヌ]女, soie 女 artificielle[スワ アルティフィスィエール]/〜製の en rayonne[アン レヨーヌ]

レーン → しゃせん[2]

レーンコート (雨用コート) imperméable[アンペルメアーブル]男, imper[アンペール]男

れきし 歴史 histoire[イストゥワール]女/〜の, 〜的な historique[イストリーク]〈男女同形〉

レギューム 〜・アロマティーク légumes 男複 aromatiques[レギュームザロマティーク] → やさい

レギュミエ → コック[1]

レギュラー → ガソリン, きそくてきな

レグリス (飴) réglisse 女, 英 *liquorice*

レザー → かわ[3]

レジ (会計) caisse[ケース]女/(レジスター) caisse enregistreuse[ケーサンルジストゥルーズ]/(係) caissier[ケスィエ]男, caissière[ケスィエール]女/〜袋 sachet[サシェ]男

レシート → りょうしゅうしょ

レジネ (ジャム) raisiné[レズィネ]男, 英 *grape jelly*

レシピ → ちょうりほう

レジャー loisirs[ルワズィール]男複/〜の de plaisance[ドゥ プレザーンス]

レジャンス(風) (à la) Régence[(アラ) レジャーンス]

レショ → こんろ

レジヨン・ドヌールくんしょう レジヨン・ドヌール勲章 Légion 女 d'honneur

レストラン restaurant 男, (俗語) restau または resto[レスト]男/〜チェーン chaîne 女 de restaurant[シェーヌドゥ レストラン]/〜業 restauration[レストラスィヨン]女/〜経営者 restau-

rateur [レストラトゥール] 男, restauratrice [レストラトゥリース] 女
(オベルジュ:リゾートの宿泊付レストラン) auberge [オベルジュ] 女／〜の主人 aubergiste [オベルジーストゥ] 男女
(カフェレストラン) café-restaurant 男〈複 ～s-～s〉
(ガンゲット:ダンスができ, 郊外にある) guinguette [ガンゲートゥ] 女
(カフェテリア) cafétéria または caféteria 女
(ガルゴット:安食堂) gargotte [ガルゴートゥ] 女
(グリル料理専門店) gril-room [グリールルーム] 男〈複 ～s-～s〉, grill [グリール] 男
(セルフサービス) restaurant libre-service [レストラン リーブル セルヴィス]〈複 ～s ～-～s〉, restaurant self-service [レストラン セルフ セルヴィス]〈複 ～s ～-～s〉
(小規模なホテルのレストラン) hôtel-restaurant [オテール レストラン] 男〈複 ～s-～s〉
(タヴェルヌ:伝統的な内装のカフェ・レストラン) taverne [タヴェルヌ] 女
(ブラスリ, ビヤレストラン) brasserie 女
(ロースト料理専門店) rôtisserie [ロティスリ] 女
(ブーション:リヨンの郷土料理店) bouchon [ブション] 男 → しょくどう

レセプション → うけつけ, かんげい

レタス (玉ぢしゃ, ニューヨークレタス) iceberg [アイスベールグまたはイスベールグ] 男, (英) *iceberg lettuce*

レタンス → しらこ

レタスの種類

サニーレタス, ちりめんぢしゃ, バタヴィア, リーフレタス feuille 女 de chêne [フーユ ドゥ シェーヌ], batavia 女, *leaf lettuce*

サラダ菜, ちしゃ salade [サラードゥ] 女, laitue [レテュ] 女, (英) *lettuce, salad*

立ちぢしゃ, ロメインレタス, ロメーヌ romaine 女, chicon [シコン] 男, *romaine lettuce*

ロロロサ lolorossa (または lollo rossa) 女

れつ 列 (並び) ligne [リーニュ] 女／(順番待ちの) queue [クー] 女／(横の) rang [ラン] 男／(縦の) file [フィール] 女

れっしゃ 列車 train [トゥラーン] 男／遠距離〜 train de grande ligne [トゥラーン ドゥ グラーンドゥリーニュ]／近距離〜 train de banlieue [トゥラーン ドゥ バンリュー]／夜行〜 train de nuit [トゥラーン ドゥ ニュイー]／臨時〜 train supplémentaire [トゥラーン スュプレマンテール]／〜で en train [アントゥラーン]
→ かくえきていしゃ, きゅうこう, くだり, しはつ, しんかんせん, ちょくつう, てつどう, とっきゅう, のぼり

レッテル → ラベル

レディーズフィンガー → おくら, フィンガービスケット

レディーメード → きせい

レテュ → レタス

レトルトしょくひん レトルト食品 plat 男 cuisiné en sachet sous-vide [プラ キュイズィネ アン サシェ スー ヴィードゥ]

レバー (肝臓) foie [フワー] 男, (英) *liver*／〜の葉($\frac{1}{2}$), 房 lobe 男 du foie [ローブ デュ フワー] → ソーセージ

レフォール → ホースラディッシュ

レ・フォール・ド・ラトゥール (ワイン) les forts de latour [レ フォール ドゥ ラトゥール] 男

レベル (水準) niveau [ニヴォ] 男〈複 ～x〉, échelon [エシュロン] 男

レポート (報告書) rapport [ラポール] 男, compte-rendu [コーントゥ ランデュ] 男〈複 ～s-～s〉‖(小論文) dissertation [ディセルタスィオン] 女／〜用紙 papier 男 réglé [パピエ レーグレ]

レムラード (ソース) rémoulade [レムーラードゥ] 女, (英) *remoulade*

レモネード citronnade [スィトゥロナードゥ] 女, (英) *still lemonade*

レモン citron [スィトゥローン] 男, (英) *lemon*／〜汁 jus 男〈単複同形〉de citron [ジュ ドゥ スィトゥローン]／〜スカッシュ citron pressé à l'eau gazeuse [スィトゥローン プレーセ ア ロ ガズーズ], (英) *lemon squash*／〜を加える, 〜風味をつける citronner [スィトゥロネ]／〜を加えた, 〜風味をつけた citronné,e [スィトゥロネ], (英) *lemon flavoured* → ティー¹

レモングラス (イネ科の香草) citron-

nelle [スィトゥロネール] 囡, schénanthe [シェナーントゥ] 男, 英 *lemongrass*
レモンソール → かれい
レモンバーベナ（防臭木(ぼうしゅぼく)）verveine 囡 odorante [ヴェルヴェーヌ オドラーントゥ], verveine citronelle [ヴェルヴェーヌ スィトゥロネール], 英 *lemon verbena*
レモンバーム（西洋山はっか）mélisse [メリース] 囡, 英 *lemon balm*
レリーフ → うきぼり
れんきゅう 連休 jours 男複 fériés consécutifs [ジュール フェリエ コンセキュティーフ]
れんげ 蓮華（中国スプン）cuiller（またはcuillère）囡 en porcelaine [キュイエーラン ポルスレーヌ]
れんげそう 蓮華草：マメ科の植物 astragale [アストゥラガール] 男, 英 *Chinese milk vetch*
れんこん 蓮根 → はす
レンジ fourneau [フールノ] 男 〈複 ~x〉/（家庭用）cuisinière [キュイズィニエール] 囡/（鉄板）piano [ピヤーノ] 男/ガス~ cuisinière à gaz [キュイズィニエーラ ガーズ]/電気~ cuisinière électrique [キュイズィニエーレレクトゥリーク]/電子~ four 男 à micro-ondes [フーラ ミークロオンドゥ]
れんじつ 連日 → まいにち
れんしゅう 練習 exercice [エグゼルスィース] 男/~する s'exercer [セグゼルセ] 代動32 59‖（トレーニング）entraînement [アントゥレーヌマン] 男/~する s'entraîner [サントゥレネ] 代動59
レンズ lentille [ランティーユ] 囡, verre [ヴェール] 男/（カメラの）objectif [オブジェクティーフ] 男
レンズまめ レンズ豆 lentille [ランティーユ] 囡, 英 *lentils*/緑~ lentilles vertes [ランティーユ ヴェールトゥ]/黄色~ lentilles blondes [ランティーユ ブロンドゥ]/茶色~ lentilles brunes [ランティーユ ブリューヌ]/オレンジ~ lentilles corail [ランティーユ コラーユ]《料理では常に複数》
レンタカー voiture 囡 de location [ヴワテュール ドゥ ロカスィヨン]
レンタル location [ロカスィヨン] 囡
れんたん 練炭 aggloméré 男 de charbon [アグロメレ ドゥ シャルボン]/（加圧加工の）briquette [ブリゲットゥ] 囡

レントゲン → けんさ
れんにゅう 練乳 → ミルク
レンニン → ぎょうにゅう
レンネット → ぎょうにゅう
れんらく 連絡（人との）contact [コンタークトゥ] 男, communication [コミュニカスィヨン] 囡/…とをとる prendre contact avec... [プランドゥル コンタークトゥ ヴェーク]〈prendre 37〉/（交通機関が）~している correspondre [コレスポーンドゥル] 39 → のりかえ

ろ

ロ（串焼ロースト料理）rôt 男, 英 *roast*
ろ 炉 foyer [フワイエ] 男/（工業用の）four [フール] 男, fourneau [フールノ] 男 〈複 ~x〉→ だんろ
ロイヤルミルクティ → ティー¹
ろう 蠟 cire [スィール] 囡
ロヴェージ → リヴェーシュ
ろうか 廊下 couloir [クールワール] 男
ろうがん 老眼 presbytie [プレスビスィ] 囡/~鏡 lunettes 囡複 de presbyte [リュネットゥ ドゥ プレスビート]/~の presbyte [プレスビートゥ]〈男女同形〉
ろうさい 労災 accident 男 du travail [アクスィダン デュトゥラヴァーユ] → ほけん
ろうじん 老人（男女ともに）personne 囡 âgée [ペルソーナジェ], vieillard [ヴィエヤール] 男/（男性に対して）vieil homme 男 [ヴィエヨーム]/（女性に対して）vieille femme 囡 [ヴィエーユファーム]/（集合的）vieux [ヴュー] 男複/~ホーム maison 囡 de retraite [メゾンドゥルトゥレートゥ]
ろうすい 漏水 fuite 囡 d'eau [フュイートゥドー]
ロウズピーチビター（イギリスのリキュール）英 *Law's Peach Bitter*
ろうそく 蠟燭 bougie [ブージ] 囡, chandelle [シャンデール] 囡/~祝別の日：カトリックの祝日 chandeleur [シャンドゥルール] 囡 → しょくだい
ろうでん 漏電 fuite 囡 électrique [フュイーテレクトゥリーク]

ろうと 漏斗 → じょうご

ろうどう 労働 travail [トゥラヴァーユ] 男 〈複 travaux [トゥラヴォ]〉/不法～ travail illégal [トゥラヴァーユ イレガール] ‖ ～者 travailleur [トゥラヴァユール] 男, travailleuse [トゥラヴァユーズ] 女/(肉体労働者) ouvrier [ウーヴリエ] 男, ouvrière [ウーヴリエール] 女 ‖ ～力 main-d'œuvre [マンドゥーヴル] 女〈複 ～s-〉 → けいやく, じかん, じょうけん

ろうひ 浪費 gaspillage [ガスピヤージュ] 男/～する gaspiller [ガスピエ]

ローカル(の) → ちほう

ローガンベリー (ブラックベリーとラズベリーの交差種) mûroise [ミュルワーズ] 女, 英 loganberry

ローザンヌ (スイスの都市) Lausanne [ロザンヌ] 固/～の lausannois,e [ロザーヌワ, ーズ] 〈男には単複同形〉/～風 (à la) lausannoise [(アラ) ロザヌワーズ]

ローション (化粧水) lotion [ロスィヨン] 女/ヘア～ lotion capillaire [ロスィヨン カピレール]

ロース → うさぎ, うし, カツレツ, ハム, ひつじ, ぶた

ローズ → ばら[1]

ローズウォーター (ばら香水) eau 女 de rose [オ ドゥ ローズ]

ロースター (直火焼器) rôtissoire [ロティスワール] 女

ロースト (直火で焼いた肉) rôti [ロティ] 男, 英 roast/～する rôtir [ロティール] [4]/～した rôti,e [ロティ]/オーヴン焼～ rôtissage au four [ロティサージョ フール]/～ビーフ rôti de bœuf [ロティ ドゥ ブフ], rosbif [ロスビーフ] 男, 英 roast beef/～ポーク rôti de porc [ロティ ドゥ ポール], 英 roast porc → くし, くしやき, コック[1], チキン, やきじる, ロ, ワゴン

ローズヒップ (カニナばらの実) gratte-cul [グラートゥ キュ] 男 〈複 ～-～s〉, 英 rose-hip

ローズマリー (香草) romarin [ロマラン] 男, 英 rosemary

ロータリー (交差点の円形中心部) rond-point [ロン プワーン] 男 〈複 ～s-～s〉

ローチ (魚) gardon [ガルドン] 男, 英 roach

ローテーション (交替) rotation [ロタスィヨン] 女

ローヌがわ ローヌ川 le Rhône [ル ローヌ] 固男

ロープ (綱) corde [コールドゥ] 女

ローファットミルク → ぎゅうにゅう

ロープウェイ téléphérique [テレフェリーク] 男

ローマ (イタリアの首都) Rome [ローム] 固女/～の romain,e [ロ・マン, メーヌ]/～風 (à la) romaine [(アラ) ロメーヌ]/古代～ Rome 固女/～字 écriture 女 japonaise en lettres romaines [エクリテュール ジャポネーザン レートゥル ロメーヌ] → しんわ, すうじ

ローラー クロワッサンカッター～ rouleau 男 〈複 ～x〉 coupe-croissant [ルーロ クープ クルワサン]/ピケ～ pique-vite [ピク ヴィートゥ] 男 〈単複同形〉, rouleau à piquer [ルーロ ア ピケ]/メッシュ～ (生地用カッター) rouleau à disques [ルーロ ア ディスク]/(ラミノワール: 電動パイローラー) laminoir [ラミヌワール] 男 → めんぼう[2]

ローリエ (月桂樹) (feuille 女 de) laurier [(フーユ ドゥ) ロリエ] 男, 英 bay leaf

ロールキャベツ → キャベツ

ロールケーキ (biscuit 男) roulé [(ビスキュイ) ルーレ] 男, 英 swiss roll

ロールパン → パン

ロールモプス → にしん

ローン (貸付) prêt [プレー] 男/(借入) emprunt [アンプラン] 男

ろか 濾過 filtrage [フィルトゥラージュ] 男/～する filtrer [フィルトゥレ]/～した filtré,e [フィルトゥレ]

ろかた 路肩 (道路の端) bord 男 de la route [ボール ドゥ ラ ルートゥ]/(縁石) bordure [ボルデュール] 女

ロカマドゥール (チーズ) rocamadour 男

ろく 六 six [スィース] 男 〈単複同形〉/六つの six 〈不変〉 → ばい[1], ばん[1], ぶんのいち

ろくおん 録音 enregistrement [アンルジーストゥルマン] 男/～する enregistrer [アンルジーストゥレ] → テープ

ろくが 録画 enregistrement des images [アンルジーストゥルマン デズィマージュ]/～する enregistrer des images [アンルジーストゥレ デズィマージュ]

ろくがつ 六月 juin[ジュワーン]男／〜に en juin[アン ジュワーン]

ろくじゅう 六十 soixante[スワサーントゥ]男〈単複同形〉／〜の soixante〈不変〉／約〜 soixantaine[スワサンテーヌ]女 → ばん[1]

ろくしょう 緑青 patine[パティーヌ]女, vert-de-gris[ヴェール ドゥ グリ]男〈単複同形〉／〜がわく patiner[パティネ]／〜がかかった patiné,e[パティネ], vert-de-grisé,e[ヴェール ドゥ グリゼ]

ロクフォール(チーズ) roquefort[ロクフォール]男

ろくまくえん 肋膜炎 pleurésie[プルルズィー]女

ロクリーヌ Lokrine 固女：パンの改良剤の商標名

ろくろ 轆轤 tour[トゥール]男

ロケット(ルッコラ) roquette[ロケットゥ]女, 英 rocket

ろし 濾紙 papier-filtre[パピエ フィルトゥル]男〈複 〜s-〜s〉

ろじ 路地 → とおり[2]

ロシア Russie[リュスィ]固女／〜人 Russe[リュース]男女／〜語 russe[リュース]男／〜の russe(男女同形)／〜皇帝風 (à la) tsarine(または tzarine)[(アラ) ツァリーヌ] → サーヴィス

ロシェ(焼菓子) rocher[ロシェ]男

ろしゅつけい 露出計 photomètre[フォトメートゥル]男

ロシュフォール(チーズ) rochefort[ロシュフォール]男

ロゼ(ワイン) vin[ヴァン]男 rosé[(ヴァン) ロゼ]男, 英 *rosé*

ロソリ(リキュール) rossolis[ロソリ]男

ロッカー vestiaire[ヴェスティエール]男／コイン〜 consigne[コンスィーニュ]女 automatique[オトマティーク]

ろっかくけい 六角形 hexagone[エグザゴーヌ]男／〜の hexagonal,e[エグザゴナール], hexagonaux[エグザゴノ]〈男複に〉

ろっかんしんけいつう 肋間神経痛 douleur[ドゥールール]女 intercostale[アンテルコスタール]

ロッキングチェア fauteuil[フォトゥーヤ]男 à bascule[ア バスキュール], rocking-chair[ロキング チェール]男〈複 〜s-〜s〉

ロック[1] …のロック(氷入り) avec glaçon[アヴェック グラソーン]

ロック[2] (音楽) rock[ローク]男

ロッククライミング varappe[ヴァラープ]女／〜をする varapper[ヴァラペ]

ろっこつ 肋骨 côte[コートゥ]女

ロッジ(山小屋) †hutte[ユートゥ]女

ロッシーニ(風) Rossini[ロスィニ]

ロティ → ロースト

ロティスール → コック[1]

ロティスリ(鶏のロースト販売店, ロースト料理レストラン) rôtisserie[ロティスリ]女

ロデーズ(都市) Rodez 固／〜の ruthénois,e[リュテノワ, -ズ]〈男には単複同形〉／〜風 (à la) ruthénoise[(アラ) リュテノワーズ]

ろてん 露天 → ふろ, やがい

ロドイド(不燃プラスチック樹脂の商標) rhodoïd[ロドイードゥ]男

ロトシルド(風) Rothschild[ロトゥシールドゥ]

ロニョナード(料理) rognonnade[ロニョナードゥ]女

ロニョン → じんぞう[1]

ろば 驢馬 âne[アーヌ]男

ロビー †hall[オール]男

ロブスター 〜クラッカー pince[パンス]女 à homard[ア オマール] → オマール

ロベール ソース・〜 sauce[ソース]女 Robert → ポム, p.682[囲み]

ロボ → フードカッター

ロボクープ → フードカッター

ロマネ・コンティ(ワイン) romanée-conti[ロマネ コンティ]男

ロマネ・サン・ヴィヴァン(ワイン) romanée-saint-vivant[ロマネ サン ヴィヴァン]男

ロマノフ(風) Romanof(f) または Romanov

ロマラン → ローズマリー

ロムステーク → うし

ロメインレタス → レタス

ロメーヌ → ローマ, レタス

ろめんでんしゃ 路面電車 → しでん

ラン・ペリエ(シャンパンメーカー) Laurent-Perrier 固

ロルニェット(風)(盛付方法) en lorgnette[アン ロルニェットゥ]

ロルモプス(料理) rollmops[ロルモープス]男〈単複同形〉, 英 *rollmops*

ロレーヌ(地方) Lorraine 固女／〜の lorrain,e[ロ・ラン, レーヌ]／〜風 (à la) lorraine[(アラ) ロレーヌ]

ロワール(川, その流域地方) la Loire[ラ ルワール]固／〜ワイン vin[ヴァン]男

ロワイヤル (王風)(à la) royale[(アラ)ルワヤル]/(ピュレなどを卵黄で固めたもの) royale[ルワヤール]⑤, ⑨ *moulded custard*/(アイシング) glace ⑤ royale[グラース ルワヤール], royale[ルワヤール]⑤

ろんがん 竜眼(りゅうがん):果物 longane[ロンガーヌ]⑨, ⑨ *longan*

ロンジュ (豚上半身肉) longe ⑤

ロンジョル (ソーセージ) longeol(l)e[ロンジョール]⑤

ロンデル → うすぎり

ロンドン Londres[ロードゥル]固/〜の londonien,ne[ロンドニ・ヤン,エーヌ]/〜風 (à la) londonienne[(アラ) ロンドニエーヌ]/〜ハウス風:牛フィレ肉料理用表現 London House[ロンドン ハウス]

ろんぶん 論文 thèse[テーズ]⑤

ロンリコ (ラム酒) ronrico ⑨

わ

わ¹ 輪(イヤリングや指輪など) boucle[ブークル]⑤, anneau[アノ]⑨ 〈複〜*x*〉/(円, 円形) rond[ロン]⑨, cercle[セールクル]⑨

わ² …羽:フランス語には鳥やうさぎを数えるときの単位は特にはない. 若鶏1羽は un poulet[アン プーレ], 若鶏2羽は deux poulets[ドゥー プーレ] というようにただ名詞の前に数詞を付け, 2羽以上は名詞を複数形にする

ワードプロセッサー → ワープロ

ワードローブ garde-robe[ガールドゥロブ]⑤〈複〜-〜*s*〉

ワープロ(ソフト) traitement ⑨ de texte[トゥレートゥマン ドゥ テークストゥ]

ワイシャツ → シャツ

ワイパー essuie-glace[エスユイ グラース]⑨〈複〜-〜*s*〉

ワイヤー(ケーブル) câble[カーブル]⑨

ワイルドライス → こめ

ワイン vin[ヴァン]⑨, ⑨ *wine*/オレンジ〜 vin d'orange[ヴァン ドランジュ]/チェリー〜 cerisette[スリゼトゥ]⑤/ピーチ〜 vin de pêche[ヴァン ドゥ ペーシュ]/ホット〜 vin chaud[ヴァン ショ], ⑨ *hot wine*/カラフ〜, キャラフ〜 vin de carafe[ヴァン ドゥ カラーフ]/〜の香り(味)のする vineux[ヴィヌー]〈男に, 単複同形〉, vineuse[ヴィヌーズ]〈⑤に〉/〜愛好家 œnophile[エノフィール]〈男女同形〉/〜クーラー seau ⑨〈複〜*x*〉à vin[ソア ヴァン]/〜セラー cellier[セリエ]⑨/(地下の) cave[カーヴ]⑤/(1階の) chai[シェ]⑨‖〜屋(業者) marchand,e ⑨⑤ de vins[マルシャン, ドゥ ヴァン]/(高級ワイン販売店) œnothèque[エノテーク]⑤‖淡水魚の〜煮 matelote[マトゥロートゥ]⑤ → グラス¹, こうぼ, せいぞう, せんぬき, のうきょう, はっこう, リスト, れいぞう, p.741 [囲み]

ワインレッド → ボルドー

わかい 若い jeune[ジューヌ]〈男女同形〉/…より〜 moins âgé,e que...[ムワーンザジェク], plus jeune que...[プリュ ジューヌク]

わかさぎ 公魚 éperlan⑨ wakasagi[エペルラン ワカサギ], ⑨ *pond smelt*

わかし (ぶりの幼魚) jeune sériole ⑤[ジューヌ セリョール], ⑨ *young amberjack*

わがし 和菓子 → かし¹

わかす 沸かす → ふっとう

わがた 輪型 → セルクル

わかどり 若鶏 → にわとり

わかめ¹ 若布:海藻 algue ⑤ wakame[アールグ ワカメ], ⑨ *Japanese kelp*

わかめ² 若芽 → め³

わかりやすい 解り易い(理解しやすい) accessible[アクセスィーブル]〈男女同形〉, facile〈男女同形〉à comprendre[ファスィーラ コンプラーンドゥル]/(単純な) simple[サーンプル]〈男女同形〉

わかる 分る(理解する) comprendre[コンプラーンドゥル] 37, voir[ヴワール] 49/わかりました Je comprends. [ジュ コンプラン], Je vois. [ジュ ヴワ]/(知る) savoir[サヴワール] 42/(過去の見聞でそれとわかる) reconnaître[ルコネートゥル] 12

わかれる¹ 別れる(…と) quitter...[キテ], se séparer de...[ス セパレ ドゥ]代動 59/(互いに) se quitter[ス キテ]代動 59, se séparer[ス セパレ]代動 59

わかれる² 分れる (ふたつに) se

ワインの種類

赤ワイン
　(vin 男) rouge [(ヴァン) ルージュ] 男, (俗語) canon [カノン] 男, 英 red wine
白ワイン　(vin) blanc [(ヴァン) ブラーン] 男, 英 white wine
ロゼワイン　(vin) rosé [(ヴァン) ロゼ] 男, 英 rosé
黄ワイン, ヴァン・ジョーヌ　(vin) jaune
灰色ワイン, ヴァン・グリ　(vin) gris [(ヴァン) グリー] 男, 英 vin gris
スティルワイン(無発泡)　vin tranquille [ヴァントゥランキール], 英 still wine
弱発泡性ワイン　(vin) pétillant [(ヴァン) ペティヤン] 男, 英 cracking wine
クレマン　(vin) crémant [(ヴァン) クレマン] 男, 英 champagne cremant
スパークリングワイン
　(vin) mousseux [(ヴァン) ムスー] 男, 英 sparkling wine
甘口ワイン　(vin) liquoreux [(ヴァン) リコルー] 男, 英 sweet wine
天然甘口ワイン　vin doux naturel [ヴァンドゥー ナテュレル], 英 naturally sweet wine
やや甘口ワイン　vin moelleux [ヴァンムワルー], 英 sweetish wine
やや辛口ワイン　vin demi-sec [ヴァンドゥミセーク], 英 semi dry wine
辛口ワイン　vin sec [ヴァンセーク], 英 dry wine
貴腐ワイン　vin de pourriture noble [ヴァンドゥ プーリテュール ノーブル], 英 noble rot wine
遅摘ワイン　(vin de) vendange [女] tardive [(ヴァン ドゥ) ヴァンダンジュ タルディーヴ]
上澄ワイン　vin de goutte [ヴァンドゥ グートゥ]
加圧濾過ワイン　vin de presse [ヴァンドゥ プレース]
加熱ワイン, ヴァン・キュイ　vin cuit
酒精強化ワイン　vin muté [ヴァン ミュテ] / (南フランスの) vin viné [ヴァン ヴィネ]
フレーヴァードワイン　vin aromatisé [ヴァン アロマティゼ]
ブレンドワイン　(産地の異なる) vin de coupage [ヴァンドゥ クーパージュ] / (産地が同じ) vin d'assemblage [ヴァン ダサンブラージュ]
レチナワイン(松脂の香りを付けた)　vin résiné [ヴァン レズィネ]
藁ワイン, ヴァン・ド・パイユ　vin de paille [ヴァンドゥ パーユ]
カラフワイン, デカンタワイン　vin de carafe [ヴァンドゥ カラーフ]
高級ワイン　grand vin [グラーン ヴァン], vin fin [ヴァン ファン]
並のワイン　vin ordinaire [ヴァン オルディネール], vin courant [ヴァン クーラン]
安赤ワイン　petit (または gros) vin [プティ (グロー) ヴァン], (話言葉) vinasse [ヴィナース] 女
若いワイン　vin jeune [ヴァン ジューヌ]
年代物のワイン　vin vieux [ヴァン ヴュー]
アルコール度の高いワイン　vin capiteux [ヴァン カピトゥー]
テーブルワイン　vin de table [ヴァンドゥ ターブル]
デザートワイン　vin de dessert [ヴァンドゥ デセール]
地ワイン　vin de pays [ヴァンドゥ ペイ]
→ア・オ・セ, ヴェ・デ・キュ・エス

---

séparer [セパレ] 代動 59 / (分裂する)
se diviser [スディヴィゼ] 代動 59 ‖ (ソースが) séparer [セパレ], tourner [トゥールネ] / 分れた séparé, e [セパレ], tourné, e [トゥールネ]
わき　脇　(横) côté [コテ] 男 / ～腹 flanc [フラーン] 男

わきたつ　沸立つ → ふっとう
わきのした　腋の下　aisselle [エセール] 女
わきばら　脇腹　côte [コートゥ] 女 / ～肉 → うし, ぶた, ひつじ
わぎゅう　和牛　bœuf 男 japonais [ブーフ ジャポネ], 英 Japanese beef / (短

角和種) bœuf japonais à petites cornes [ブフ ジャポネ ア プティートゥ コールヌ] /(黒毛和種) bœuf japonais à poil noir [ブフ ジャポネ ア プワール ヌワール]

わぎり 輪切(野菜など) rondelle [ロンデル] 囡, 英 round /(肉) rouelle [ルエール] 囡, 英 slice
→ きる¹, つつぎり

わく¹ 沸く → ふっとう

わく² 枠 cadre [カードゥル] 男, châssis [シャスィ] 男〈単複同形〉

ワクチン vaccin [ヴァクサン] 男

わけ 訳 → いみ, りゆう

わけぎ 分葱 feuille 囡 d'échalote wakegi [フーユ デシャロートゥ ワケギ], 英 wakegi, wakegi green onion

わける 分ける (分配する) partager [パルタジェ] 25, répartir [レパルティール] 4/分けた partagé, e [パルタジェ] ‖ (分割する) diviser [ディヴィゼ] /分けた divisé, e [ディヴィゼ] ‖ (料理を人数分に) portionner [ポルスィヨネ] /分けた portionné, e [ポルスィヨネ]
→ きりはなす, きる

わゴム 輪ゴム → ゴム

ワゴン¹ (手押しの) chariot [シャリヨ] 男, table 囡 roulante [ターブル ルーラントゥ] /~サービス service 男 au guéridon [セルヴィソ ゲリドン]

ワゴンの種類

オードヴルワゴン chariot 男 à hors-d'œuvre [シャリヨア オルドゥーヴル]

サーヴィスワゴン chariot de service [シャリヨ ドゥ セルヴィス]

チーズワゴン chariot à fromages [シャリヨア フロマージュ]

デザートワゴン chariot à dessert [シャリヨア デセール]

フランベワゴン chariot à flamber [シャリヨア フランベ]

リキュールワゴン chariot à liqueur [シャリヨア リクール]

ローストビーフワゴン chariot à trancher [シャリヨア トゥラーンシェ]

ワゴン² (自動車) fourgonnette [フールゴネットゥ] 囡

わさび 山葵 wasabi [ワサビ] 男, raifort 男 du Japon [レフォール デュ ジャポン], 英 wasabi, Japanese horseradish /~の木: マメ科に似た植物 ben [ベーヌ] 男 /~の木オイル huile 囡 de ben [ユイール ドゥ ベーヌ]

わさんぼん 和三盆 sucre 男 wasambon [スュークル ワサンボン]

わし 和紙 (papier 男) japon [パピエ ジャポン] 男

わしょく 和食 (体系的な) cuisine 囡 japonaise [キュイズィーヌ ジャポネーズ] /(一品として) plat 男 japonais [プラ ジャポネ] 〈複 ～s ～〉

ワシントン(風) Washington [ワシントン]

わずか 僅か ～な…(数, 量) peu de... [プードゥ] /(金額が) modique [モディーク] 〈男女同形〉/(軽い) léger [レジェ] 〈男に〉, légère [レジェール] 〈囡に〉/(無視できる) négligeable [ネグリジャーブル] 〈男女同形〉/～に peu [プー], légèrement [レジェールマン]
→ しょうりょう, すこし

わすれっぽい 忘れっぽい oublieux [ウーブリユー] 〈囡に, 単複同形〉, oublieuse [ウーブリユーズ] 〈囡に〉

わすれる 忘れる oublier [ウーブリエ]

わた¹ 綿 coton [コトン] 男 /(脱脂綿) coton hydrophile [コトン イドゥロフィール] /(中わた) ouate [ワートゥ] 囡
→ あめ²

わた² 腸 → ないぞう, のぞく

わたし 私: フランス語ではわたし, わたくし, 僕, 俺などの区別を一語で表せない /(主語として) ～は je [ジュ] /～たちは nous [ヌー] /～は日本人だ Je suis Japonais, e. [ジュ スュイー ジャポネ, －ズ] /～たちは日本人だ Nous sommes Japonais, es [ヌー ソム ジャポネ, －ズ] ‖ (強調型として, 前置詞の後で) moi [ムワー] /～たち nous [ヌー] /～が料理をするんだ C'est moi qui fais la cuisine. [セ ムワーキ フェ ラ キュイズィーヌ] /～たちが料理をするんだ Ce sont nous qui faisons la cuisine. [ス ソン ヌー キ フゾン ラ キュイズィーヌ] /彼は～(たち)と話す Il parle avec moi (nous). [イル パルル アヴェーク ムワー(ヌー)] /この本は～(たち)のかい? Ce livre est à moi (nous)? [ス リーヴルタ ムワー(ヌー)] /彼は～(たち)の家に来たいの? Il veut venir chez moi (nous)? [イル ヴ ヴニール シェ ムワー(ヌー)] ‖ (直接目的語として) ～を me

[ム]/〜たちを nous[ヌー]/彼は〜(たち)をシェフに紹介する Il me (nous) présente au chef. [イルム(ヌー)プレザントシェフ] ‖ (間接目的語として) 〜にme [ム]/〜たちに nous[ヌー]/彼は〜(たち)に電話をする Il me (nous) téléphone. [イルム(ヌー)テレフォーヌ] ⇒ p.748「人称代名詞」‖ (所有形容詞として) 〜の mon [モン]〈[女]単または母音または無音のhで始まる[女]単の前に〉, ma [マ]〈[女]単の前に〉, mes [メ]〈[男]複[女]複の前に〉/〜たちの notre [ノートゥル]〈[男]単[女]単の前に〉, nos [ノ]〈[男]複[女]複の前に〉/〜(たち)のレストランは大きい Mon (Notre) restaurant est grand. [モン(ノートゥル)レストランエグラーン]/〜(たち)の部屋は清潔だ Ma (Notre) chambre est propre. [マ(ノートゥル)シャーンブレプロープル]/〜(たち)の両親はニースにいる Mes (Nos) parents sont à Nice. [メ(ノ)パラン ソンタ ニース] ⇒ p.751「所有形容詞」

わたす 渡す (手渡す) passer [パセ], remettre [ルメートゥル] ㉖/(与える) donner [ドネ]/(譲る) céder [セデ] ㊱

わたりがに 渡り蟹 → かに

わたる 渡る passer [パセ] → おうだん[1]

ワックス cire [スィール] [女]/〜をかける cirer [スィレ]

ワット (電力の単位) watt [ワートゥ] [男]: 記号はW

ワッフル (ベルギーワッフル) gaufre [ゴーフル] [女], [英] *waffle* /〜用焼型 gaufrier [ゴーフリエ] [男]/(日本式) pancake [男] fourré [パンケークフーレ]

ワテルゾイ (料理) waterzo(o)ï [男]

わに (アフリカの) crocodile [クロコディール] [男], [英] *crocodile*/〜肉 viande [女] de crocodile [ヴィヤーンドゥドゥクロコディール]/(アメリカの) alligator [アリガトール] [男], [英] *alligator*

わふう 和風 (à la) japonaise [(ア ラ)ジャポネーズ]

わふつじてん 和仏辞典 dictionnaire [男] japonais-français [ディクスィヨネール ジャポネフランセ]

わぶん 和文 texte [男] japonais [テークストゥジャポネ]〈[複]〜s〜〉/(日本語) japonais [ジャポネ] [男]〈単複同形〉/〜仏訳 traduction [女] du japonais en français [トゥラデュクスィヨン デュ ジャポネアンフランセ]

わやく 和訳 traduction [女] japonaise [トゥラデュクスィヨン ジャポネーズ]

わようせっちゅう 和洋折衷(の) nippo-occidental,e [ニポオクスィダンタール], nippo-occidentaux [ニポオクスィダントー]〈[男]複〉に/〜料理 cuisine [女] nippo-occidentale [キュイズィーヌニポオクスィダンタール]〈[複]〜s 〜〜s〉

わら 藁 paille [パーユ] [女]/(屋根用の) chaume [ショーム] [男]/〜ワイン

わらう 笑う rire [リール] ㊶, (話言葉) rigoler [リゴレ]/(微笑む) sourire [スーリール] ㊶/(くすくす) glousser [グルーセ]/(ふき出して) pouffer [プーフェ]

わらさ (若いぶり) jeune sériole [ジュヌ セリヨール], [英] *young amberjack*

わらび 蕨 fougère [フージェーレーグル] [女], [英] *bracken*/〜の若芽 tête [女] de violon [テートゥ ドゥ ヴィオロン], [英] *brackenbud*

わりあい 割合 (比率) proportion [プロポルスィヨン] [女], raison [レゾン] [女]/(パーセント) pourcentage [プールサンタージュ] [男]/1対3の〜で dans le rapport [男] de un à trois [ダンル ラポール ドゥアン アトゥルワ], un contre trois [アンコントル トゥルワ]/牛乳1ℓ当り砂糖200gの〜で à raison de deux cents grammes (200 g) de sucre pour un litre (1ℓ) de lait [アレゾンドゥドゥーサングラーム ドゥ スュークル プーラン リートゥル ドゥ レ]

わりあて 割当 distribution [ディストゥリビュスィヨン] [女]/〜る distribuer [ディストゥリビュエ] → まえ[2]

わりかん 割勘 〜にする partager [パルタジェ] ㉕

わりざん 割算 division [ディヴィズィヨン] [女]/8割る2は4 Huit divisé par deux égalent quatre. [ユイトゥディヴィゼ パール ドゥー エガール カートゥル]

わりに 割に → ひかく

わりばし 割箸 → はし[3]

わりびき 割引 réduction [レデュクスィヨン] [女], remise [ルミーズ] [女]/学生〜 tarif [男] étudiant [タリフェテュディヤン]/〜する faire une réduction [フェール ユーヌ レデュクスィヨン]〈faire ㉑〉/〜した

わりまし 割増 supplément[スュプレマーン]男

わりもどす 割戻す rembourser[ランブールセ]/ristourner[リストゥールネ]

わる 割る (皿などを) casser[カセ]/(ひびを入れる) fêler[フェレ]/(裂く) fendre[ファーンドゥル]39 ‖ (割算) diviser[ディヴィゼ] ‖ (アルコールなどを) couper[クーペ]/割った coupé,e → うすめる, くだく, こわす, わりざん

わるい 悪い (状態, 質, 性格などが) mauvais,e[モヴェ, ーズ]〈男には単複同形〉, mal[マール]〈不変〉/(まちがっている) avoir tort[アヴワール トール]〈avoir ①〉/(タイミングが) inopportun,e[イノポルタン, テューヌ]/(体の具合が) malade[マラードゥ]〈男女同形〉→ きぶん, てんき, ゆうがい

わるく 悪く mal[マール]/(状態が) ～なる s'aggraver[サグラヴェ]代動59, se dégrader[スデグラーデ]代動59, empirer[アンピレ] → へんせつ

わるくち 悪口 médisance[メディザーンス]女, injure[アンジュール]女/～を言う médire[メディール]17

わるよい 悪酔い (飲みすぎで頭が痛い) avoir mal aux cheveux[アヴワール マロ シュヴー]〈avoir ①〉

ワレウスカ(風) Walewska[ワレウスカ]

われめ 割目 fente[ファーントゥ]女, crevasse[クルヴァース]女 → ひび¹

われもの 割物 objet 男 fragile[オブジェ フラジィル]/～注意:表示 Fragile[フラジール]

われる 割れる (壊れる) se casser[スカセ]代動59, se briser[スブリーゼ]代動59/(砕ける) se fracasser[スフラカセ]代動59 → ひび¹

わん¹ 椀·碗 bol[ボール]男

わん² 湾 (入口の広い) golfe[ゴールフ]男/(入口の狭い) baie[ベ]女/(入江) anse[アーンス]女, crique[クリーク]女

わんたん 饂飩·雲呑 ravioli 男複 chinois[ラヴィヨリ シヌワ]/(スープ) potage 男 aux ravioli chinois[ポタージョ ラヴィヨリ シヌワ]/～の皮 pâte 女 à ravioli chinois[パータ ラヴィヨリ シヌワ]

ワンピース robe[ローブ]女

ワンルームマンション → マンション¹

を

を …を :動作や状態の対象を示す. フランス語にはこれに当たる語はない. 多くの場合, 直接目的語の名詞は動詞の後に, 代名詞は動詞の前に置く/私は音楽~聴いている J'écoute la musique.[ジェクートゥラ ミュズィーク]/シェフが君~呼んでいる Le chef t'appelle.[ル シェフ タペル]/(移動を表す文で行為の場所や起点を示す) 私は階段~上る Je monte l'escalier.[ジュ モーントゥ レスカリエ]

付　録

フランス語のきまり
① 日本語や英語との違い　　746
② 名詞　　746
③ 冠詞　　746
④ 代名詞　　747
⑤ 形容詞　　750
⑥ 比較級と最上級　　751
⑦ 動詞　　752
⑧ 法　　753
⑨ 前置詞　　754
⑩ 副詞　　754
⑪ 接続詞　　754
⑫ 受動態　　755
⑬ 平叙文・疑問文・命令文・
　 感嘆文・否定文　　755

動詞活用表　　757

フランス語のきまり

1 日本語や英語との違い
フランス語と日本語は単語が違うだけではありません. 語順も異なります.

1. 大ざっぱに言えば英語と似ています.

日本語	○○は	△△と	××する.
	主語	補語	述語

英語・フランス語	○○は	××する	△△と.
	主語	動詞(述語)	補語

◆ 日本語では, 述語となる動詞はふつう文末に置きますが, 英語やフランス語では, 主語の次にきます.

2. 細かい点では英語とも違います.

日本語　　　　おいしい　フルーツ

英語　　　　　delicious　fruit

フランス語　　fruit　délicieux [フリュイ デリスィユー]

◆ このように英語では名詞を説明することば(形容詞)は日本語と同じく名詞の前に置きますが, フランス語では原則として名詞の後ろに付けます.

例外　petit [プティ](小さい), grand [グラーン](大きい)など.
petit gâteau
小さい 菓子

◆ ただし grand を名詞の前に置くと grand homme [グラーン トーム](偉大な男), 後ろに置くと homme grand [オーム グラーン](背の高い男)となるように, 置く場所によって意味が変わる形容詞もあります.

2 名詞 (この辞典では男性名詞には男, 女性名詞には女という印を付けています)
名詞とは, 物, 人, 動物の種類, また観念などの呼び名です.

maison [メゾン] 女 家　　mère [メール] 女 母
chat [シャ] 男 猫　　voyage [ヴワヤージュ] 男 旅行

◆ フランス語では, 全ての名詞は男性か女性に分かれています.

◆ 単数名詞の語尾に s (語末が u の語の多くは x) を付けると複数形になります. ただし, 英語のようにこれらの s や x を発音することはありません.
table [ターブル](テーブル1台)　　tables [ターブル](テーブル複数台)

◆ また, 単数形の語尾にもともと s や x のある名詞は, 複数形も単数形と同形です.
ananas [アナナ](パイナップル1個または複数)

3 冠詞 (この辞典では冠の印を付けています)
名詞の前には原則として冠詞が付きます.

◆ 「私の」「君の」といった所有形容詞(→ p.751)が名詞に付く場合などは例外的に冠詞は付きません.

1. 冠詞の役割
次に来るのが名詞であること,またその名詞が男性か女性か,単数か複数かを示します.

2. 冠詞の種類
不定冠詞 特定の何,だれ,と決まっていない名詞に付けます.
  une carotte[ユヌ カロートゥ] （特定していない）にんじん1本
  des oignons[デゾニョン] （特定していない）玉ねぎ数個

定冠詞 いくつもある中で「この,その」と特定する名詞に付けます.
  la poêle[ラ プワール] （その）フライパン
  le four[ル フール] （その）オーヴン
  les tasses[レ タース] （それらの）カップ

部分冠詞 1つ,2つと数えることのできない,液体や粉などの少量を表す名詞に付けます.
  du vin[デュ ヴァン] いくらかのワイン

◆ ただし,具体的にある単位を使って分量を示したい場合はその単位を加えて un litre de vin[アン リートゥル ドゥ ヴァン]「1ℓのワイン（またはワイン1ℓ）」のようにします.

	男性単数名詞に付く	女性単数名詞に付く	男女複数名詞に付く
不定冠詞	**un**[アン]	**une**[ユーヌ]	**des**[デ]
定冠詞	**le**[ル] ☆	**la**[ラ] ☆	**les**[レ]
部分冠詞	**du**[デュ] ☆☆	**de la**[ドゥ ラ] ☆☆	×

 ☆ 定冠詞 le, la の場合,母音または無音の h で始まる名詞がくると l' となります.（この辞典では有音の h には†の印を付けています）
 ☆☆ 部分冠詞 du, de la の場合,母音または無音の h で始まる名詞がくると de l' となります.

無冠詞 タイトルや見出し,メニューのはじめの語には**冠詞を付けない**のが一般的です.

縮約冠詞 つづりは部分冠詞 du と同じですが,前置詞 de と 定冠詞 le が合わさった **du** (=de+le) があります.これを縮約冠詞といいます.

 Je fais ***du*** piano.[ジュ フェ デュ ピアノ] 私はピアノを弾く.

「楽器を演奏する」をフランス語では «faire de + 定冠詞 + 楽器» で表わしますが,de の後には 定冠詞 la を置くことはできても le を置くことはできません.«de+le=du» という決まりがあるためです.同様に de + les は des になります.また,à + le, à + les もそれぞれ **au**, **aux** となります.

 Il va ***au*** restaurant.[イル ヴァ オ レストラン] 彼はレストランに行く.
 Ils habitent ***aux*** États-Unis.[イルザビート ゼタズュニ] 彼らはアメリカ合衆国に住んでいる.

しかし,de la, à la は縮約形にはなりません.また,男性名詞でも母音または無音の h で始まる語の前では du, au とはならずそれぞれ **de l'**, **à l'** となります.

 Tu viens ***de*** l'hôtel.[テュ ヴィヤーン ドゥ ロテール] 君はホテルから来る.
 C'est ***à*** l'est de Paris.[セタ レ ストゥ ドゥ パリ] それはパリの東です.

④ 代名詞
（この辞典では代の印を付けています） 例えば日本語では「ケーキ,あげる」と言うだけで自分が相手にケーキを与えることを示す文になりますが,フランス語の文では,「誰が,何が,誰を,何を,誰に,何に」という語も必要です.つまり「私はあなたにケーキをあげる」と言うのです.しかし同じ名詞を繰り返さないように,代名詞を使って,例えば「私はあなたにそれをあげる」のように

言うことがよくあります.また,日本語では「私は」「君を」「彼に」というように「私,君,彼」などの後ろに「は,を,に」などを加えて意味を表わしますが,フランス語では英語と同じように単語自体が変わってしまうことが多いのです.

1. 人称代名詞　主に人を表わす名詞の代わりに用いますが,主語人称代名詞や直接目的代名詞の3人称では物を示すこともあります.その場合,フランス語の名詞には性がありますから,物であっても男性単数名詞の代わりに il, le, 女性単数名詞の代わりに elle, la, 男性複数名詞には ils, les, 女性複数名詞には elles, les をそれぞれ使います.これらは原則としてすべて動詞の前に置きます.

人称代名詞	主語 (…は、…が)	直接目的 (…を)	間接目的 (…に)	強勢形
私	**je** [ジュ]	**me** [ム]	**me** [ム]	**moi** [ムワー]
君、おまえ	**tu** [テュ]	**te** [トゥ]	**te** [トゥ]	**toi** [トゥワー]
彼(それ*)	**il** [イール] *	**le** [ル] *	**lui** [リュイ]	**lui** [リュイ]
彼女(それ*)	**elle** [エール] *	**la** [ラ] *	**lui** [リュイ]	**elle** [エール]
私たち	**nous** [ヌー]	**nous** [ヌー]	**nous** [ヌー]	**nous** [ヌー]
あなた、君たち、あなたたち	**vous** [ヴー]	**vous** [ヴー]	**vous** [ヴー]	**vous** [ヴー]
彼ら(それら*)	**ils** [イール] *	**les** [レ] *	**leur** [ルール]	**eux** [ウー]
彼女たち(それら*)	**elles** [エール] *	**les** [レ] *	**leur** [ルール]	**elles** [エール]

◆ 上記とは別に on という主語人称代名詞があります.会話ではとてもひんぱんに用います.多くの場合「人は」「みんなは」「私達は」を表しますが,時には「私は」「あなたは」という意味でも使います.動詞は il, elle と同じ活用形になります.
　　On va manger. [オン ヴァ マンジェ]　食べましょう　(on=nous)

◆ 人について「…に」と言う場合,ふつう me, te, lui, nous, vous, leur という語を使いますが,必ずというわけではありません.
　　Je *lui* téléphone. [ジュ リュイ テレフォーヌ]　私は彼に電話する
　　Je *le* vois. [ジュ ル ヴワ]　私は彼に会う
　　* vois (不定形は voir) という動詞は本来「…を見る」という意味ですから,「私は彼を見る」という言い方をして「私は彼に会う」という表現になります.

◆ 強勢形は主語を強調したい場合や,前置詞の後に用います.
　　Moi, je suis Sato. [ムワー ジュ スュイ サト]　私が佐藤です.
　　C'est pour *toi*. [セ プール トゥワー]　これは君宛だよ.

2. 中性代名詞
en　主に「それ」という意味で,性・数の区別なしに,動詞の前に置いて用います.上記人称代名詞の le, la, les に似た使い方をしますが,人の代わりにはなりません.また,「そこから」という意味の副詞としても用います.

◆ 不定冠詞(un, une, des), 部分冠詞(du, de la, de l')や un litre de vin [アン リートゥル ドゥ ヴァン]「1リットルのワイン」, 100 grammes de farine [サン グラーム ドゥ ファリーヌ]「100グラムの小麦粉」, 3 tomates [トゥルワ トマート]「3個のトマト」というように具体的に数量や分量を示す語の付いた名詞の代わりに使用します.
　　Tu veux *du café*? —Oui, j'*en* veux. [テュ ヴー デュ カフェ] [ウイ ジャン ヴー]
　　コーヒーほしい? —うん、それがほしい.

Il a *des couteaux* ? —Oui, il **en** a. [イラ デクート] [ウイ イランナ]
彼は包丁を持っていますか. —はい, それを持っています.

y «à + もの, 事象» を受けて,「それを」という意味で, 性・数の区別はなく動詞の前に置いて用います. また,「そこへ」という意味の副詞としても使います.

Vous pensez *à votre voyage* ? —Oui, j'**y** pense.
[ヴー パンセア ヴォートゥル ヴワヤージュ] [ウイ ジ パーンス]
あなたは(自分の)旅行のことを考えているのですか.
—はい, それを考えています.

le 「そのこと」という意味で, 名詞ではなく文や不定詞などを受ける代名詞です. 性・数の区別はなく動詞の前に置いて用います.

Vous savez *qu'il est marié* ? —Oui, je **le** sais.
[ヴー サヴェ キレ マリエ] [ウイ ジュル セ]
あなたは彼が結婚していることを知っていますか.
—はい, そのことを知っています.

3. 所有代名詞 「私の…」「彼の…」のように所有者が示された名詞の代わりに,「わたしのもの」「彼のもの」という意味で使いますが, 次のように必ず定冠詞をつけます.

	男性単数名詞の代わりに	女性単数名詞の代わりに	男性複数名詞の代わりに	女性複数名詞の代わりに
私のもの	**le mien** [ル ミヤーン]	**la mienne** [ラ ミエーヌ]	**les miens** [レ ミヤーン]	**les miennes** [レ ミエーヌ]
君のもの	**le tien** [ル ティヤーン]	**la tienne** [ラ ティエーヌ]	**les tiens** [レ ティヤーン]	**les tiennes** [レ ティエーヌ]
彼(女),自分のもの	**le sien** [ル スィヤーン]	**la sienne** [ラ スィエーヌ]	**les siens** [レ スィヤーン]	**les siennes** [レ スィエーヌ]
私たちのもの	**le nôtre** [ル ノートゥル]	**la nôtre** [ラ ノートゥル]	**les nôtres** [レ ノートゥル]	
あなた(たち),君たちのもの	**le vôtre** [ル ヴォートゥル]	**la vôtre** [ラ ヴォートゥル]	**les vôtres** [レ ヴォートゥル]	
彼(女)たち,自分たちのもの	**le leur** [ル ルール]	**la leur** [ラ ルール]	**les leurs** [レ ルール]	

4. 関係代名詞 関係代名詞は, 主たる文中の名詞を別の文で説明し2つの文を1つの文にする働きをします. **qui, que, quoi, dont, où, lequel, laquelle** などがあり, 更にこれらの語に前置詞が付くこともあります.

◆ J'ai un frère ***qui*** travaille dans ce restaurant.
[ジェアン フレール キトゥラヴァーユ ダン ス レストラン]
私にはこのレストランで働いている兄(または弟)がいます.

この文の qui はその前の frère「兄(弟)」を受けた関係代名詞で, qui 以降を「その人はこのレストランで働いている」と訳すこともできます.

◆ Voilà le dictionnaire ***que*** tu cherches. ほら, 君の探している辞書があるよ.
[ヴワラ ル ディクスィヨネール クテュ シェールシュ]

この文の que はその前の dictionnaire「辞書」を受けた関係代名詞で, que 以降を「それを君は探している」と訳すこともできます.

◆ C'est ma sœur *à qui* tu as parlé. [セ マ スール ア キ テュ ア パルレ]
君が話しかけたのは僕の姉（または妹）だよ．

この文の à qui はその前の sœur「姉（妹）」を受けた代名詞で，à qui 以降を「その人に君は話しかけた」と訳すこともできます．

5 形容詞 (この辞典では 形 の印を付けています)

1. 形容詞とは，名詞をもっとよく説明するための語です．文法書ではこの「説明」を「修飾」と呼んでいます．他に，動詞 être (…です) などの後に置くと être の主語の性質などを表わします．

2. 日本語や英語と違って，**形容詞**つまり「説明」は原則として**名詞の後ろ**に付けます．

・一般的なもの
　　un fruit *délicieux* [アン フリュイ デリシィユー]　**おいしいフルーツ**
　　　名詞　　形容詞
　　un restaurant *connu* [アン レストラン コニュ]　**有名なレストラン**
　　　名詞　　　　形容詞

・ただし petit,e「小さい」，grand,e「大きい」，bon,ne「よい，おいしい」，mauvais,e「悪い，まずい」など日常頻繁に用いる形容詞は冠詞の後，名詞の前に置きます．
　　un *bon* repas [アン ボン ルパ]　**おいしい食事**
　　　形容詞 名詞
　　un *mauvais* service [アン モヴェ セルヴィース]　**悪いサービス**
　　　形容詞　　　名詞

3. 形容詞は名詞の性質を説明する語ですから，名詞との密接性を表わすために，**名詞にその性や数を一致**させなければいけません．

・名詞が男性単数の場合
　　un plat *froid* [アン プラ フルワー]　**冷たい料理**
　　un sac *lourd* [アン サーク ルール]　**重いかばん**
・名詞が男性形複数の場合
　　des plat*s* *froids* [デ プラ フルワー]　**冷たい料理**
　　des sac*s* *lourds* [デ サーク ルール]　**重いかばん**
・名詞が女性形単数の場合
　　une assiette *froide* [ユヌ アスィエートゥ フルワードゥ]　**冷たい皿**
　　une table *lourde* [ユーヌ ターブル ルールドゥ]　**重いテーブル**
・名詞が女性形複数の場合
　　des assiette*s* *froides* [デザスィエートゥ フルワードゥ]　**冷たい皿**
　　des table*s* *lourdes* [デ ターブル ルールドゥ]　**重いテーブル**

4.　形容詞の種類
品質形容詞　　名詞が表わす物や生物の形やサイズ，色など，また国籍や感情などを説明する形容詞です．
　　un poisson *plat* [アン プワソン プラー]　**平たい魚**
　　des jupes *blanches* [デ ジューブ ブランーシュ]　**白いスカート**

動詞の過去分詞から転じた品質形容詞　　英語の tired「疲れている」が元は tier「疲れさせる」という動詞の過去分詞であるように，フランス語でも過去分詞を形容詞として用いることがあります．意味としては受身的で，厳密に言えば「…された」ですが，「…した」という日本語にすることもあります．特に料理名にはとても多く使うので，その用法を見てみましょう．その際も名詞の性や数と一致させます．

des carottes *blanchies*[デ カロートゥ ブランシィ]　　**ブランシールした(された)にんじん**
　女・複・形容詞

　＊carottes は女性名詞複数なので blanchies もそれにあわせて es が付いています。

指示形容詞　ce (cet), cette, ces　　「この, あの, その」といった意味の形容詞. 名詞の前に置きます.

　ただしフランス語には英語の this, that にあたる上記のような使い方の違いがありません. あえて区別したい場合は :ce vin-*ci*[スヴァンスィ]「このワイン」, ce vin-*là*[スヴァンラ]「あのワイン」というように **-ci, -là** を付けます.
形容詞ですから, 関わる名詞の性と数に一致させなければいけません.

	男性単数名詞に付く	女性単数名詞に付く	男女複数名詞に付く
この, あの, その	**ce** [ス]☆	**cette** [セートゥ]	**ces** [セ]

　　ce vin [スヴァン]　　この(あの, その)ワイン
　　cette pomme [セートゥ ポーム]　　この(あの, その)りんご
　　ces poissons [セ プワソーン]　　この(あの, その)魚
　　☆母音または無音の h で始まる男性単数名詞に付く場合 **cet** となります.
　　　cet agneau [セタニョ]　　この(あの, その)仔羊
　　このように次の母音と cet の t を一緒に発音します.

所有形容詞　「私の, 彼の, それの」といった, 名詞の所有者を意味する形容詞. 名詞の前に置きます.

	男性単数名詞に付く	女性単数名詞に付く	男女複数名詞に付く
私の	**mon** [モン]	**ma** [マ]☆	**mes** [メ]
君の, おまえの	**ton** [トン]	**ta** [タ]☆	**tes** [テ]
彼の, 彼女の, その	**son** [ソン]	**sa** [サ]☆	**ses** [セ]
私たちの	**notre** [ノートゥル]	**notre** [ノートゥル]	**nos** [ノ]
おまえたちの, あなた(たち)の	**votre** [ヴォートゥル]	**votre** [ヴォートゥル]	**vos** [ヴォ]
彼らの, 彼女らの, それらの	**leur** [ルール]	**leur** [ルール]	**leurs** [ルール]

　　☆母音または無音の h で始まる女性単数名詞に, 「私の, 君の, 彼(女)の」をつける場合は, ma, ta, sa ではなく, **mon, ton, son** を用います.
　　　mon assiette [モンナスィエートゥ]　　私の皿
　　　　女・単・名詞

6　**比較級と最上級**　「より…だ」「一番…だ」のように他者との比較を表わす語.
形容詞の場合
　「より…」という表現は, 形容詞の前に **plus** を付け, 比較する対象の前に **que** を置きます.「同じくらい…」という場合は形容詞の前に **aussi** を付け, 比較する対象の前に **que** を置きます. また, 5 形容詞 3 で説明したように, 形容詞は説明する名詞の性・数に一致させます.「一番…」という場合には形容詞の前に **le plus** を付けますが, 名詞が女性形の場合には **la plus** となります.

　　Il est grand.　　彼は背が高い.
　　[イレ グラーン]

Il est *plus* grand *que* moi. 彼は私**より**背が高い.
[イレ プリュー グラーン ク ムワー]
Il est *aussi* grand *que* toi. 彼は君**と同じくらい**背が高い.
[イレ オスィ グラーン ク トゥワー]
Il est *le plus* grand *de* la famille. 彼は家族で**一番**背が高い.
[イレ ル プリュー グラーン ドゥ ラ ファミーユ]
Elle est *plus* petite *que* moi. 彼女は私**より**小さい.
[エレ プリュー プティートゥ ク ムワー]
Elle est *la plus* petite *de* la famille. 彼女は家族で**一番**小さい.
[エレ ラ プリュー プティートゥ ドゥ ラ ファミーユ]

*ただし, bon,*ne*「よい, おいしい」の比較では plus bon,*ne* とは言わず, **meilleur,e**[メユール] とし, 「一番よい」も **le** meilleur[ル メユール], **la** meilleure[ラ メユール]となります.

副詞の場合

形容詞と同様「より…」という表現では副詞の前に **plus** を付け, 比較する対象の前に **que** を置きます.「同じくらい…」という場合は副詞の前に **aussi** を付け, 比較する対象の前に **que** を置きます.「一番…」という場合には副詞の前に **le plus** を付けます.

Il mange *plus* vite *que* moi. 彼は私**より速く**食べる.
[イル マージュ プリュー ヴィートゥ ク ムワー]
Il mange *le plus* vite. 彼は**一番速く**食べる.
[イル マージュ ル プリュー ヴィートゥ]

*ただし, bien「よく, 上手に」の比較では plus bien とは言わず, **mieux**[ミュー]とし「一番よく, 上手に」も **le mieux**[ル ミュー]となります.

7 動詞 (この辞典では動の印を付けています)

文の主語の動作や状態を表わす語です. 動詞はいろいろ変化します.

1. 不定形 辞書の見出しになっている形で, 語の最後のつづりが -er, -ir, -oir, -dre などになっています. 主語がないので活用変化しません.「…すること」という意味にとらえられます. (この辞典では「不定詞」としています)

coup*er*[クーペ] 切ること blanch*ir*[ブランシール] 湯がくこと

2. 活用形 「私」「あなた」などの主語により語尾が変化する形です.
私はパリへ行く. Je *vais* à Paris.[ジュ ヴェ ア パリ]
あなたはパリへ行く. Vous *allez* à Paris.[ヴーザレ ア パリ]

*例文で使われている vais, allez「行く」という動詞の不定形は aller です. この辞典では原則として見出しにはこの不定形だけを載せています. 意味を正確に伝えるには活用形を覚えなければなりません.

◆ また, 過去・現在・未来など, 動詞が表わす時制においても変化します.
私はパリへ**行く**. Je *vais* à Paris.[ジュ ヴェ ア パリ]
私はパリへ**行った**. Je *suis allé(e)* à Paris.[ジュ スュイザレ ア パリ]

3. 分詞形 分詞には現在分詞と過去分詞があります
過去分詞 多くの動詞で語尾が -é, -is, -u などとなります. 英語の have にあたる avoir や英語の be 動詞にあたる être の活用形と組み合わせて過去形をつくります.

J'ai *coupé* la carotte.[ジェ クーペ ラ カロートゥ] 私は(その)にんじんを切った.
Je *suis allé(e)* à Paris.[ジュ スュイザレ ア パリ] 私はパリへ行った.

◆ その他, 名詞の後に置いて「…された」という受身形的な意味でその名詞を説明する形容詞としても使います.
　　carotte ***coupée*** [カロートゥ クーペ]　**切った**にんじん
　　女・単・名詞　女・単・形容詞

現在分詞　英語の -ing にあたり, 語尾が -ant となります.「…する, …している」という意味で, 継続している動作, または行為を表わします.
　　vin ***restant*** [ヴァン レスタン]　**残っている**ワイン

◆ その他, «en + 現在分詞» で「…しながら」という意味になる「ジェロンディフ」という形があります. ある動作と同時進行している行為を表わします.
　　faire cuire ***en remuant*** [フェール キュイール アン ルミュアン]
　　かき回しながら加熱する

4. 代名動詞（この辞典では[代動]の印を付けています）　もともと「…させる」という意味のある動詞に代名動詞をつけて 1 つの動詞グループをつくり,「…する」に変えた動詞です. 主語が主語に「…させる」, つまり「主語」が「…する」, となります. ただ, 他にも受身の意味や「互いに」の意味を持つこともあります. この辞典では «se ～» と表記しています.
　活用は «se» も «～» も主語により変化します.
　例) se lever「起き上がる」
　　je ***me lève***　　　　　nous ***nous levons***
　　tu ***te lèves***　　　　　vous ***vous levez***
　　il ***se lève***　　　　　　ils ***se lèvent***

[8] **法**　これまで動詞の活用は, すべて事実を表わす**直説法**という形について説明してきました. この他, その時点で「事実ではない」あるいは「事実ではなさそうなこと」を表わす**接続法**, 事実ではない仮定や条件（もし…なら…なのに）を表わす**条件法**があり, それぞれに時制と人称による活用があります. 主語を付けずに命令を表わす**命令法**もあります.

1. 接続法　接続詞 que に導かれる従属文での用法です. ただし, 主文で Je veux que...「私は欲する」や Il faut que...「…しなければならない」, Je ne pense pas que...「…とは思わない」など que 以下に「事実ではない」あるいは「事実ではなさそうな」ことを表わす従属文を導く場合などに使います.

2. 条件法　実際にはそうはならない条件文の主文での用法です.「（もし…なら）…なのに」という意味で, 活用形は直説法単純未来に似ていますが, 語尾は, 直説法半過去の語尾にします.
　　J'***achèterais*** un appartement, si j'étais riche.
　　[ジャシェートゥレ アンナパルトゥマン スィ ジェテ リーシュ]
　　もし私が金持ちなら, マンションを買うのに.

◆ 他にも, 過去から見た未来や, 婉曲な表現にも用います.
　　Paul m'a dit l'an dernier qu'il ***serait*** à Nice.
　　[ポール マ ディ ラン デルニエ キル スレ ア ニース]
　　ポールは去年私に将来はニースにいるだろうと言った.
　　Je ***voudrais*** habiter à Paris. [ジュ ヴドゥレ アビテ ア パリ]
　　パリに住みたいのですけど.
　　＊ Je veux... という直説法現在より婉曲な表現法で, 丁寧な意味合いになります.

⑨ 前置詞 (この辞典では前の印を付けています)

日本語の「…に, …から, …で」などにあたります.

フランス語では倒置疑問文や命令文を除いて, 主語は動詞の前, 直接目的語(代名詞を除く)は動詞の後ろに置くことでそれぞれの機能がわかるようになっています. そして前置詞である「…に, …から」などにあたる語は「…」という語(名詞または動詞の不定形)の直前に置いて意味を伝えます. (日本語では「…に, …から」というように名詞の後ろに置きます.)

以下によく使う前置詞を記します.

主な前置詞

à [ア] …に, …で, …によって, …風に, …風の
avant [アヴァン] …の前に
chez [シェ] …のところに
dans [ダン] …の中に, …後に
depuis [ドゥピュイ] …から
dès [デ] …になるとすぐに
en [アン] …に, …で, …の

après [アプレ] …のあとで
avec [アヴェーク] …と共に, …を用いて
contre [コーントゥル] …に反して
de [ドゥ] …の, …から
derrière [デリエール] …の後ろに
devant [ドゥヴァン] …の前に
pour [プール] …のために

⑩ 副詞 (この辞典では副の印を付けています)

動詞, 形容詞, 他の副詞を説明する語です.

形容詞の女性形に ment をつけた形が多く見られます. 動詞を説明する場合は, 活用する動詞の後ろに置き, 形容詞や他の副詞を説明する場合はその前に置きます.

Je coupe *très vite*. [ジュ クープ トゥレ ヴィートゥ]
　　　　 副詞　副詞 　　　　　　　　　　　　　私は**とても速く**切る.

filet de sole *légèrement* poêlé [フィレ ドゥ ソール レジェールマン プワーレ]
　　　　　　　 副詞 　　　　　　　　　**軽く**ポワレした舌びらめのフィレ

◆ 他に, 代名詞のような意味を持つ副詞があります.

en 「そこから」という意味で, de... 「…から」を受けて代名詞のように動詞の前に置いて用います.

Il est venu *de Tokyo*? —Oui, il *en* est venu.
[イレ ヴニュ ドゥ トキョ] [ウイ イラン ネ ヴニュ]
彼は東京から来たのですか. —はい, 彼はそこから来ました.

y 「そこへ」という意味で, à..., dans..., sur..., といった「…に」という前置詞を含んだ語を受け, 代名詞のように動詞の前に置いて用います.

Tu vas *à Lyon*? —Oui, j'*y* vais. [テュ ヴァ ア リヨン] [ウイ ジ ヴェ]
リヨンに行くの? —うん, そこへ行くよ.

Je mets des assiettes *sur la table*. Tu *y* mets des verres.
[ジュ メ デザスィエートゥ スュル ラ ターブル] [テュ イ メ デ ヴェール]
私はテーブルの上に皿を置く. 君はそこにグラスを置く.

⑪ 接続詞 (この辞典では接の印を付けています)

語と語, 文と文をつなぐ語です.

主な接続詞

et [エ] 〜と, そして
parce que [パルス ク] なぜなら
ou [ウ] あるいは, または
bien que [ビヤーンク] …ではあるが, …にもかかわらず
comme [コーム] …なので

mais [メ] しかし
quand [カン] …の時
si [スィ] もし…ならば, …かどうか

12 受動態

受身の意味の「…される」という文は《être+ 過去分詞》で表わし,動作主は動詞の後に par を伴って付け加えます.

La fille *est grondée par* sa mère.
[ラ フィーユ エ グロンデ パール サ メール]
女の子がお母さんに叱られている.

La souris *est mangée par* le chat.
[ラ スーリ エ マンジェ パール ル シャ]
ねずみは猫に食べられる.

◆ また習慣的, 恒常的な状態や動作主の感情を表わす文の場合 par の代わりに de を伴います.

Le jardin *est couvert de* fleurs.
[ル ジャルダン エ クーヴェール ドゥ フルール]
庭は花で覆われている.

Le chef *est respecté de* tout le monde.
[ル シェフ エ レスペクテ ドゥ トゥール モーンドゥ]
シェフはみんなから尊敬されている.

13 平叙文・疑問文・命令文・感嘆文・否定文

1. 平叙文 「○○は△△する」という, 一般的な文の形です. 日本語では動詞を含む述語は, 常に文の最後に置きますが, フランス語では 1 語順で示したように主語の直ぐ後ろに動詞を置き, 説明などはさらにその後ろに置きます.

君は車の中で眠っている.
(主語)→君は (説明)→車の中で (述語)→眠っている
Tu dors dans la voiture. [テュ ドール ダン ラ ヴワテュール]
(主語)→ Tu (動詞: 述語)→ dors (説明)→ dans la voiture

2. 疑問文 例えば, 「君は車の中で眠っているのか」という文をフランス語では, ***Est-ce que* tu dors dans la voiture ?** [エスク テュ ドール ダン ラ ヴワテュール] と平叙文の文頭に **Est-ce que** を付けて表わす方法があります. また, ***Dors-tu*** dans la voiture ? [ドール テュ ダン ラ ヴワテュール] と主語の tu と, 動詞の dors を置き換えてこの 2 語の間に「-」を入れて表わす倒置疑問文があります.

さらに最も簡略化した方法として, 平叙文のままで文末に「?」をつけるだけ(実際の会話の際には語尾のイントネーションを上げて発音する)でも疑問文になります. Tu dors dans la voiture ? [テュ ドール ダン ラ ヴワテュール]

◆ 疑問詞のある疑問文の場合は, 《疑問詞+倒置疑問文》, 《疑問詞+ est-ce que +平叙文》, 《平叙疑問文+疑問詞》というようになります.

どこに住んでいるの?
Où habites-tu ? [ウー アビートゥ テュ]
Où est-ce que tu habites ? [ウー エスク テュ アビートゥ]
Tu habites ***où*** ? [テュ アビートゥー]

何を食べているの?
Que manges-tu ? [ク マンジュ テュ]
Qu'est-ce que tu manges ? [ケスク テュ マーンジュ]
Tu manges ***quoi*** ? [テュ マーンジュ クワー]

*「何を」の que は平叙文に用いることはできず, quoi を用います.

主な疑問詞
quand [カン] いつ **qui** [キ] だれ **où** [ウ] どこ **que** [ク] 何
qu'est-ce que [ケースク] 何 **quoi** [クワー] 何 **pourquoi** [プールクワ] なぜ
comment [コマン] どうやって, どのように **quel, le** [ケール] どの, どんな, なんの

lequel [ルケール], **laquelle** [ラケール], **lesquels**, **lesquelles** [レケール]
(その中の)だれ, どれ

3. 命令文及び依頼文　「…しろ(して), …してください, …しましょう(しよう)」という文は命令法 (p.753) の活用を使います. 多くの動詞の場合, それぞれ tu の活用, vous の活用, nous の活用を用いますが, それぞれの主語は言いません.

 Prends le métro. [プラーン ル メートゥロ]　地下鉄に乗れ(乗って)
 Prenez le métro. [プルネ ル メートゥロ]　地下鉄に乗ってください
 Prenons le métro. [プルノーン ル メートゥロ]　地下鉄に乗りましょう(乗ろう)

＊ただし, 不定詞の語尾が er の規則動詞では tu に対する命令形は語末の s を付けません. また, 不規則動詞の場合は命令形特有の活用をするものもあります.

◆「…しよう」という, nous (私たち) に対する文は, 現実の会話文では «On va + 不定詞» という平叙文で表わすのが大半です.
 On va manger. [オン ヴァ マンジェ]　食事をしよう.

4. 感嘆文　「なんて…なんだろう!」という文は Que を文頭に置き, その後に平叙文を続けることで表わすことができます.
 Que c'est bon ! [ク セ ボン]　これはなんておいしいんだろう.

5. 否定文　原則として否定を表わす場合は文の中の活用している動詞を **ne** と **pas** ではさみます.
 Tu ***ne*** dors ***pas*** dans la voiture. [テュ ヌ ドール パ ダン ラ ヴワテュール]
 君は車の中で眠らない.
 Ne prenez ***pas*** le métro. [ヌ プルネ パ ル メートゥロ]
 地下鉄に乗らないでください.

◆ しかし, 不定詞を否定にしたい場合にはその前に ne pas を置きます.
 Je vous demande de ***ne pas*** fumer. [ジュ ヴ ドゥマンドゥ ドゥ ヌ パ フュメ]
 たばこを吸わないようにお願いします.

◆ さらに, **jamais** [ジャメ], **personne** [ペルソーヌ], **plus** [プリュー], **que** [ク], **rien** [リヤーン] などを pas の代わりに用いる場合もあります.
 Elle ne mange ***jamais*** de poisson cru.　彼女は**決して生魚を食べない**.
 [エル ヌ マーンジュ ジャメ ドゥ プワソーン クリュー]
 Il n'y a ***personne*** dans la classe.　　教室の中に**だれもいない**.
 [イル ニヤ ペルソーヌ ダン ラ クラース]
 Je ne suis ***plus*** étudiant.　　　　　　**もう**僕は学生**ではない**.
 [ジュ ヌ スュイ プリューゼテュディヤン]
 Tu ne bois ***que*** du vin rouge.　　君は赤ワイン**しか飲まない**.
 [テュ ヌ ブワーク デュ ヴァン ルージュ]
 Est-ce que vous ne voulez ***rien*** ?　あなたは**何も欲しくない**のですか.
 [エスク ヴー ヌ ヴーレ リヤーン]
 ＊実際の会話では ne を省略して pas や jamais, rien などだけで否定形を表わすことがよくあります.

付

動詞活用表

1. avoir
2. être
3. aimer
4. finir
5. acheter
6. aller
7. appeler
8. asseoir
9. battre
10. boire
11. conduire
12. connaître
13. courir
14. craindre
15. croire
16. devoir
17. dire
18. écrire
19. employer
20. envoyer
21. faire
22. falloir
23. fuir
24. lire
25. manger
26. mettre
27. mourir
28. naître
29. ouvrir
30. partir
31. payer
32. placer
33. plaire
34. pleuvoir
35. pouvoir
36. préférer
37. prendre
38. recevoir
39. rendre
40. revêtir
41. rire
42. savoir
43. suffire
44. suivre
45. vaincre
46. valoir
47. venir
48. vivre
49. voir
50. vouloir
51. clore
52. conclure
53. frire
54. haïr
55. mouvoir
56. résoudre
57. traire
58. foutre
59. se laver

不定法	直説法		
[1] **avoir** 現在分詞 ayant 過去分詞 eu [y]	現在 j' **ai** [e] tu **as** il **a** nous **avons** vous **avez** ils **ont**	半過去 j' av**ais** tu av**ais** il av**ait** nous av**ions** vous av**iez** ils av**aient**	単純未来 j' aur**ai** tu aur**as** il aur**a** nous aur**ons** vous aur**ez** ils aur**ont**
	複合過去 j' ai eu tu as eu il a eu nous avons eu vous avez eu ils ont eu	大過去 j' avais eu tu avais eu il avait eu nous avions eu vous aviez eu ils avaient eu	前未来 j' aurai eu tu auras eu il aura eu nous aurons eu vous aurez eu ils auront eu
[2] **être** 現在分詞 étant 過去分詞 été	現在 je **suis** tu **es** il **est** nous **sommes** vous **êtes** ils **sont**	半過去 j' étais tu étais il était nous étions vous étiez ils étaient	単純未来 je serai tu seras il sera nous serons vous serez ils seront
	複合過去 j' ai été tu as été il a été nous avons été vous avez été ils ont été	大過去 j' avais été tu avais été il avait été nous avions été vous aviez été ils avaient été	前未来 j' aurai été tu auras été il aura été nous aurons été vous aurez été ils auront été
[3] **aimer** 現在分詞 aimant 過去分詞 aimé **第1群 規則動詞**	現在 j' aim**e** tu aim**es** il aim**e** nous aim**ons** vous aim**ez** ils aim**ent**	半過去 j' aim**ais** tu aim**ais** il aim**ait** nous aim**ions** vous aim**iez** ils aim**aient**	単純未来 j' aimer**ai** tu aimer**as** il aimer**a** nous aimer**ons** vous aimer**ez** ils aimer**ont**
	複合過去 j' ai aimé tu as aimé il a aimé nous avons aimé vous avez aimé ils ont aimé	大過去 j' avais aimé tu avais aimé il avait aimé nous avions aimé vous aviez aimé ils avaient aimé	前未来 j' aurai aimé tu auras aimé il aura aimé nous aurons aimé vous aurez aimé ils auront aimé

直説法

現在	半過去	単純未来
j' assieds [asje] tu assieds il assied n. asseyons v. asseyez ils asseyent	j' asseyais tu asseyais il asseyait n. asseyions v. asseyiez ils asseyaient	j' assiérai tu assiéras il assiéra n. assiérons v. assiérez ils assiéront
j' assois tu assois il assoit n. assoyons v. assoyez ils assoient	j' assoyais tu assoyais il assoyait n. assoyions v. assoyiez ils assoyaient	j' assoirai tu assoiras il assoira n. assoirons v. assoirez ils assoiront
je bats tu bats il bat n. battons v. battez ils battent	je battais tu battais il battait n. battions v. battiez ils battaient	je battrai tu battras il battra n. battrons v. battrez ils battront
je bois tu bois il boit n. buvons v. buvez ils boivent	je buvais tu buvais il buvait n. buvions v. buviez ils buvaient	je boirai tu boiras il boira n. boirons v. boirez ils boiront
je conduis tu conduis il conduit n. conduisons v. conduisez ils conduisent	je conduisais tu conduisais il conduisait n. conduisions v. conduisiez ils conduisaient	je conduirai tu conduiras il conduira n. conduirons v. conduirez ils conduiront
je connais tu connais il connaît n. connaissons v. connaissez ils connaissent	je connaissais tu connaissais il connaissait n. connaissions v. connaissiez ils connaissaient	je connaîtrai tu connaîtras il connaîtra n. connaîtrons v. connaîtrez ils connaîtront

条件法	接続法	命令法
現在 j' aurais tu aurais il aurait nous aurions vous auriez ils auraient	現在 j' aie [ɛ] tu aies il ait nous ayons vous ayez ils aient	aie ayons ayez
過去 j' aurais eu tu aurais eu il aurait eu nous aurions eu vous auriez eu ils auraient eu	過去 j' aie eu tu aies eu il ait eu nous ayons eu vous ayez eu ils aient eu	
現在 je serais tu serais il serait nous serions vous seriez ils seraient	現在 je sois tu sois il soit nous soyons vous soyez ils soient	sois soyons soyez
過去 j' aurais été tu aurais été il aurait été nous aurions été vous auriez été ils auraient été	過去 j' aie été tu aies été il ait été nous ayons été vous ayez été ils aient été	
現在 j' aimerais tu aimerais il aimerait nous aimerions vous aimeriez ils aimeraient	現在 j' aime tu aimes il aime nous aimions vous aimiez ils aiment	aime aimons aimez
過去 j' aurais aimé tu aurais aimé il aurait aimé nous aurions aimé vous auriez aimé ils auraient aimé	過去 j' aie aimé tu aies aimé il ait aimé nous ayons aimé vous ayez aimé ils aient aimé	

不定法 現在分詞 過去分詞	直説法			条件法	接続法
④ **finir** 現在分詞 finissant 過去分詞 fini 第2群規則動詞	現在 je finis tu finis il finit nous finissons vous finissez ils finissent	半過去 je finissais tu finissais il finissait nous finissions vous finissiez ils finissaient	単純未来 je finirai tu finiras il finira nous finirons vous finirez ils finiront	現在 je finirais tu finirais il finirait nous finirions vous finiriez ils finiraient	現在 je finisse tu finisses il finisse nous finissions vous finissiez ils finissent
	複合過去 j' ai fini tu as fini il a fini nous avons fini vous avez fini ils ont fini	大過去 j' avais fini tu avais fini il avait fini nous avions fini vous aviez fini ils avaient fini	前未来 j' aurai fini tu auras fini il aura fini nous aurons fini vous aurez fini ils auront fini	過去 j' aurais fini tu aurais fini il aurait fini nous aurions fini vous auriez fini ils auraient fini	過去 j' aie fini tu aies fini il ait fini nous ayons fini vous ayez fini ils aient fini
⑤ **acheter** achetant acheté	現在 j' achète tu achètes il achète n. achetons v. achetez ils achètent	半過去 j' achetais tu achetais il achetait n. achetions v. achetiez ils achetaient	単純未来 j' achèterai tu achèteras il achètera n. achèterons v. achèterez ils achèteront	現在 j' achèterais tu achèterais il achèterait n. achèterions v. achèteriez ils achèteraient	現在 j' achète tu achètes il achète n. achetions v. achetiez ils achètent
⑥ **aller** allant allé	je vais tu vas il va n. allons v. allez ils vont	j' allais tu allais il allait n. allions v. alliez ils allaient	j' irai tu iras il ira n. irons v. irez ils iront	j' irais tu irais il irait n. irions v. iriez ils iraient	j' aille tu ailles il aille n. allions v. alliez ils aillent
⑦ **appeler** appelant appelé	j' appelle tu appelles il appelle n. appelons v. appelez ils appellent	j' appelais tu appelais il appelait n. appelions v. appeliez ils appelaient	j' appellerai tu appelleras il appellera n. appellerons v. appellerez ils appelleront	j' appellerais tu appellerais il appellerait n. appellerions v. appelleriez ils appelleraient	j' appelle tu appelles il appelle n. appelions v. appeliez ils appellent

不定法 現在分詞 過去分詞
⑧ **asseoir** asseyant (assoyant) assis
⑨ **battre** battant battu
⑩ **boire** buvant bu
⑪ **cond** conduis conduit
⑫ **conn** connaiss connu

条件法	接続法	命令法	同型・備考
現在	現在		
j' assiérais tu assiérais il assiérait n. assiérions v. assiériez ils assiéraient	j' asseye [asɛj] tu asseyes il asseye n. asseyions v. asseyiez ils asseyent	assieds asseyons asseyez	主として代名動詞 s'asseoir で使われる.
j' assoirais tu assoirais il assoirait n. assoirions v. assoiriez ils assoiraient	j' assoie tu assoies il assoie n. assoyions v. assoyiez ils assoient	assois assoyons assoyez	
je battrais tu battrais il battrait n. battrions v. battriez ils battraient	je batte tu battes il batte n. battions v. battiez ils battent	bats battons battez	abattre combattre
je boirais tu boirais il boirait n. boirions v. boiriez ils boiraient	je boive tu boives il boive n. buvions v. buviez ils boivent	bois buvons buvez	
je conduirais tu conduirais il conduirait n. conduirions v. conduiriez ils conduiraient	je conduise tu conduises il conduise n. conduisions v. conduisiez ils conduisent	conduis conduisons conduisez	cuire (過分)は cuit) luire, nuire の 過分 は lui, nui
je connaîtrais tu connaîtrais il connaîtrait n. connaîtrions v. connaîtriez ils connaîtraient	je connaisse tu connaisses il connaisse n. connaissions v. connaissiez ils connaissent	connais connaissons connaissez	accroître, croître は, 直・現・単, 命・単, 過分で ^ をつける

不定法 現在分詞 過去分詞	直説法		
	現在	半過去	単純未来
⑬ **courir** courant couru	je cours tu cours il court n. courons v. courez ils courent	je courais tu courais il courait n. courions v. couriez ils couraient	je courrai tu courras il courra n. courrons v. courrez ils courront
⑭ **craindre** craignant craint	je crains tu crains il craint n. craignons v. craignez ils craignent	je craignais tu craignais il craignait n. craignions v. craigniez ils craignaient	je craindrai tu craindras il craindra n. craindrons v. craindrez ils craindront
⑮ **croire** croyant cru	je crois tu crois il croit n. croyons v. croyez ils croient	je croyais tu croyais il croyait n. croyions v. croyiez ils croyaient	je croirai tu croiras il croira n. croirons v. croirez ils croiront
⑯ **devoir** devant dû, due, dus, dues	je dois tu dois il doit n. devons v. devez ils doivent	je devais tu devais il devait n. devions v. deviez ils devaient	je devrai tu devras il devra n. devrons v. devrez ils devront
⑰ **dire** disant dit	je dis tu dis il dit n. disons v. **dites** ils disent	je disais tu disais il disait n. disions v. disiez ils disaient	je dirai tu diras il dira n. dirons v. direz ils diront
⑱ **écrire** écrivant écrit	j' écris tu écris il écrit n. écrivons v. écrivez ils écrivent	j' écrivais tu écrivais il écrivait n. écrivions v. écriviez ils écrivaient	j' écrirai tu écriras il écrira n. écrirons v. écrirez ils écriront

条件法	接続法	命令法	同型・備考
現在	現在		
je courrais tu courrais il courrait n. courrions v. courriez ils courraient	je coure tu coures il coure n. courions v. couriez ils courent	cours courons courez	accourir parcourir
je craindrais tu craindrais il craindrait n. craindrions v. craindriez ils craindraient	je craigne tu craignes il craigne n. craignions v. craigniez ils craignent	crains craignons craignez	atteindre éteindre joindre peindre plaindre
je croirais tu croirais il croirait n. croirions v. croiriez ils croiraient	je croie tu croies ils croie n. croyions v. croyiez ils croient	crois croyons croyez	
je devrais tu devrais il devrait n. devrions v. devriez ils devraient	je doive tu doives il doive n. devions v. deviez ils doivent		
je dirais tu dirais il dirait n. dirions v. diriez ils diraient	je dise tu dises il dise n. disions v. disiez ils disent	dis disons di**tes**	suffire 型 の 直・現・2 複, 命・2 複 は suffisez, 過分 は suffi
j' écrirais tu écrirais il écrirait n. écririons v. écririez ils écriraient	j' écrive tu écrives il écrive n. écrivions v. écriviez ils écrivent	écris écrivons écrivez	décrire inscrire

不定法 現在分詞 過去分詞	直説法		
	現在	半過去	単純未来
⑲ **employer** employant employé	j' emploie tu emploies il emploie n. employons v. employez ils emploient	j' employais tu employais il employait n. employions v. employiez ils employaient	j' emploierai tu emploieras il emploiera n. emploierons v. emploierez ils emploieront
⑳ **envoyer** envoyant envoyé	j' envoie tu envoies il envoie n. envoyons v. envoyez ils envoient	j' envoyais tu envoyais il envoyait n. envoyions v. envoyiez ils envoyaient	j' enverrai tu enverras il enverra n. enverrons v. enverrez ils enverront
㉑ **faire** faisant [fəzɑ̃] fait	je fais [fɛ] tu fais il fait n. faisons [fəzɔ̃] v. **faites** [fɛt] ils **font**	je faisais [fəzɛ] tu faisais il faisait n. faisions v. faisiez ils faisaient	je ferai tu feras il fera n. ferons v. ferez ils feront
㉒ **falloir** — fallu	il faut	il fallait	il faudra
㉓ **fuir** fuyant fui	je fuis tu fuis il fuit n. fuyons v. fuyez ils fuient	je fuyais tu fuyais il fuyait n. fuyions v. fuyiez ils fuyaient	je fuirai tu fuiras il fuira n. fuirons v. fuirez ils fuiront
㉔ **lire** lisant lu	je lis tu lis il lit n. lisons v. lisez ils lisent	je lisais tu lisais il lisait n. lisions v. lisiez ils lisaient	je lirai tu liras il lira n. lirons v. lirez ils liront

付

条件法	接続法	命令法	同型・備考
現在	現在		
j' emploierais tu emploierais il emploierait n. emploierions v. emploieriez ils emploieraient	j' emploie tu emploies il emploie n. employions v. employiez ils emploient	emploie employons employez	aboyer nettoyer noyer tutoyer
j' enverrais tu enverrais il enverrait n. enverrions v. enverriez ils enverraient	j' envoie tu envoies il envoie n. envoyions v. envoyiez ils envoient	envoie envoyons envoyez	renvoyer
je ferais tu ferais il ferait n. ferions v. feriez ils feraient	je fasse tu fasses il fasse n. fassions v. fassiez ils fassent	fais faisons fait**es**	défaire refaire satisfaire
il faudrait	il faille		
je fuirais tu fuirais il fuirait n. fuirions v. fuiriez ils fuiraient	je fuie tu fuies ils fuie n. fuyions v. fuyiez ils fuient	fuis fuyons fuyez	s'enfuir
je lirais tu lirais il lirait n. lirions v. liriez ils liraient	je lise tu lises il lise n. lisions v. lisiez ils lisent	lis lisons lisez	élire relire

不定法 現在分詞 過去分詞	直説法		
	現在	半過去	単純未来
㉕ **manger** mangeant mangé	je mange tu manges il mange n. mangeons v. mangez ils mangent	je mangeais tu mangeais il mangeait n. mangions v. mangiez ils mangeaient	je mangerai tu mangeras il mangera n. mangerons v. mangerez ils mangeront
㉖ **mettre** mettant mis	je mets tu mets il met n. mettons v. mettez ils mettent	je mettais tu mettais il mettait n. mettions v. mettiez ils mettaient	je mettrai tu mettras il mettra n. mettrons v. mettrez ils mettront
㉗ **mourir** mourant mort	je meurs tu meurs il meurt n. mourons v. mourez ils meurent	je mourais tu mourais il mourait n. mourions v. mouriez ils mouraient	je mourrai tu mourras il mourra n. mourrons v. mourrez ils mourront
㉘ **naître** naissant né	je nais tu nais il naît n. naissons v. naissez ils naissent	je naissais tu naissais il naissait n. naissions v. naissiez ils naissaient	je naîtrai tu naîtras il naîtra n. naîtrons v. naîtrez ils naîtront
㉙ **ouvrir** ouvrant ouvert	j' ouvre tu ouvres il ouvre n. ouvrons v. ouvrez ils ouvrent	j' ouvrais tu ouvrais il ouvrait n. ouvrions v. ouvriez ils ouvraient	j' ouvrirai tu ouvriras il ouvrira n. ouvrirons v. ouvrirez ils ouvriront
㉚ **partir** partant parti	je pars tu pars il part n. partons v. partez ils partent	je partais tu partais il partait n. partions v. partiez ils partaient	je partirai tu partiras il partira n. partirons v. partirez ils partiront

条件法	接続法	命令法	同型・備考
現在	現在		
je mangerais tu mangerais il mangerait n. mangerions v. mangeriez ils mangeraient	je mange tu manges il mange n. mangions v. mangiez ils mangent	mange mangeons mangez	changer déranger nager obliger partager voyager
je mettrais tu mettrais il mettrait n. mettrions v. mettriez ils mettraient	je mette tu mettes il mette n. mettions v. mettiez il mettent	mets mettons mettez	admettre commettre permettre promettre remettre
je mourrais tu mourrais il mourrait n. mourrions v. mourriez ils mourraient	je meure tu meures il meure n. mourions v. mouriez ils meurent	meurs mourons mourez	
je naîtrais tu naîtrais il naîtrait n. naîtrions v. naîtriez ils naîtraient	je naisse tu naisses il naisse n. naissions v. naissiez ils naissent	nais naissons naissez	
j' ouvrirais tu ouvrirais il ouvrirait n. ouvririons v. ouvririez ils ouvriraient	j' ouvre tu ouvres il ouvre n. ouvrions v. ouvriez ils ouvrent	ouvre ouvrons ouvrez	accueillir, cueillir, recueillir の 直・単未, 条・ 現の語幹末の 綴りは -le-, 過分 は -li
je partirais tu partirais il partirait n. partirions v. partiriez ils partiraient	je parte tu partes il parte n. partions v. partiez ils partent	pars partons partez	dormir ressortir sentir servir sortir

不定法 現在分詞 過去分詞	直説法		
	現在	半過去	単純未来
31 **payer** payant payé	je paie [pɛ] tu paies il paie n. payons v. payez ils paient	je payais tu payais il payait n. payions v. payiez ils payaient	je paierai tu paieras il paiera n. paierons v. paierez ils paieront
	je paye [pɛj] tu payes il paye n. payons v. payez ils payent		je payerai tu payeras il payera n. payerons v. payerez ils payeront
32 **placer** plaçant placé	je place tu places il place n. plaçons v. placez ils placent	je plaçais tu plaçais il plaçait n. placions v. placiez ils plaçaient	je placerai tu placeras il placera n. placerons v. placerez ils placeront
33 **plaire** plaisant plu	je plais tu plais il plaît n. plaisons v. plaisez ils plaisent	je plaisais tu plaisais il plaisait n. plaisions v. plaisiez ils plaisaient	je plairai tu plairas il plaira n. plairons v. plairez ils plairont
34 **pleuvoir** pleuvant plu	il pleut	il pleuvait	il pleuvra
35 **pouvoir** pouvant pu	je peux (puis) tu peux il peut n. pouvons v. pouvez ils peuvent	je pouvais tu pouvais il pouvait n. pouvions v. pouviez ils pouvaient	je pourrai tu pourras il pourra n. pourrons v. pourrez ils pourront

条件法	接続法	命令法	同型・備考
現在	現在		
je paierais tu paierais il paierait n. paierions v. paieriez ils paieraient	je paie tu paies il paie n. payions v. payiez ils paient	paie payons payez	effrayer essayer
je payerais tu payerais il payerait n. payerions v. payeriez ils payeraient	je paye tu payes il paye n. payions v. payiez ils payent	paye payons payez	
je placerais tu placerais il placerait n. placerions v. placeriez ils placeraient	je place tu places il place n. placions v. placiez ils placent	place plaçons placez	annoncer avancer commencer forcer lancer prononcer
je plairais tu plairais il plairait n. plairions v. plairiez ils plairaient	je plaise tu plaises il plaise n. plaisions v. plaisiez ils plaisent	plais plaisons plaisez	complaire déplaire (se) taire 直・現・3・ 単は tait
il pleuvrait	il pleuve	il plût	
je pourrais tu pourrais il pourrait n. pourrions v. pourriez ils pourraient	je puisse tu puisses il puisse n. puissions v. puissiez ils puissent		

不定法 現在分詞 過去分詞	直説法		
	現在	半過去	単純未来
³⁶ **préférer** préférant préféré	je préfère tu préfères il préfère n. préférons v. préférez ils préfèrent	je préférais tu préférais il préférait n. préférions v. préfériez ils préféraient	je préférerai tu préféreras il préférera n. préférerons v. préférerez ils préféreront
³⁷ **prendre** prenant pris	je prends tu prends il prend n. prenons v. prenez ils prennent	je prenais tu prenais il prenait n. prenions v. preniez ils prenaient	je prendrai tu prendras il prendra n. prendrons v. prendrez ils prendront
³⁸ **recevoir** recevant reçu	je reçois tu reçois il reçoit n. recevons v. recevez ils reçoivent	je recevais tu recevais il recevait n. recevions v. receviez ils recevaient	je recevrai tu recevras il recevra n. recevrons v. recevrez ils recevront
³⁹ **rendre** rendant rendu	je rends tu rends il rend n. rendons v. rendez ils rendent	je rendais tu rendais il rendait n. rendions v. rendiez ils rendaient	je rendrai tu rendras il rendra n. rendrons v. rendrez ils rendront
⁴⁰ **revêtir** revêtant revêtu	je **revêts** tu revêts il **revêt** n. revêtons v. revêtez ils revêtent	je revêtais tu revêtais il revêtait n. revêtions v. revêtiez ils revêtaient	je revêtirai tu revêtiras il revêtira n. revêtirons v. revêtirez ils revêtiront

条件法	接続法	命令法	同型・備考
現在	現在		
je préférerais tu préférerais il préférerait n. préférerions v. préféreriez ils préféreraient	je préfère tu préfères il préfère n. préférions v. préfériez ils préfèrent	préfère préférons préférez	-écer 型は 32 の活用を，-éger 型は 25 の活用も兼ねる
je prendrais tu prendrais il prendrait n. prendrions v. prendriez ils prendraient	je prenne tu prennes il prenne n. prenions v. preniez ils prennent	prends prenons prenez	apprendre comprendre entreprendre reprendre surprendre
je recevrais tu recevrais il recevrait n. recevrions v. recevriez ils recevraient	je reçoive tu reçoives il reçoive n. recevions v. receviez ils reçoivent	reçois recevons recevez	apercevoir concevoir décevoir
je rendrais tu rendrais il rendrait n. rendrions v. rendriez ils rendraient	je rende tu rendes il rende n. rendions v. rendiez ils rendent	rends rendons rendez	rompre 型の直・現・3・単は rompt. coudre 型・moudre 型はそれぞれ母音字の前で d→s, d→l の語幹末子音字の交替あり
je revêtirais tu revêtirais il revêtirait n. revêtirions v. revêtiriez ils revêtiraient	je revête tu revêtes il revête n. revêtions v. revêtiez ils revêtent	revêts revêtons revêtez	

不定法 現在分詞 過去分詞	直説法		
	現在	半過去	単純未来
41 **rire** riant ri	je ris tu ris il rit n. rions v. riez ils rient	je riais tu riais il riait n. riions v. riiez ils riaient	je rirai tu riras il rira n. rirons v. rirez ils riront
42 **savoir** sachant su	je sais tu sais il sait n. savons v. savez ils savent	je savais tu savais il savait n. savions v. saviez ils savaient	je saurai tu sauras il saura n. saurons v. saurez ils sauront
43 **suffire** suffisant suffi	je suffis tu suffis il suffit n. suffisons v. suffisez ils suffisent	je suffisais tu suffisais il suffisait n. suffisions v. suffisiez ils suffisaient	je suffirai tu suffiras il suffira n. suffirons v. suffirez ils suffiront
44 **suivre** suivant suivi	je suis tu suis il suit n. suivons v. suivez ils suivent	je suivais tu suivais il suivait n. suivions v. suiviez ils suivaient	je suivrai tu suivras il suivra n. suivrons v. suivrez ils suivront
45 **vaincre** vainquant vaincu	je vaincs tu vaincs il vainc n. vainquons v. vainquez ils vainquent	je vainquais tu vainquais il vainquait n. vainquions v. vainquiez ils vainquaient	je vaincrai tu vaincras il vaincra n. vaincrons v. vaincrez ils vaincront
46 **valoir** valant valu	je vaux tu vaux il vaut n. valons v. valez ils valent	je valais tu valais il valait n. valions v. valiez ils valaient	je vaudrai tu vaudras il vaudra n. vaudrons v. vaudrez ils vaudront

条件法	接続法	命令法	同型・備考
現在	現在		
je frirais tu frirais il frirait n. fririons v. fririez ils friraient		fris	
je haïrais tu haïrais il haïrait n. haïrions v. haïriez ils haïraient	je haïsse tu haïsses il haït n. haïssions v. haïssiez ils haïssent	hais haïssons haïssez	
je mouvrais tu mouvrais il mouvrait n. mouvrions v. mouvriez ils mouvraient	je meuve tu meuves il meuve n. mouvions v. mouviez ils meuvent	meus mouvons mouvez	
je résoudrais tu résoudrais il résoudrait n. résoudrions v. résoudriez ils résoudraient	je résolve tu résolves il résolve n. résolvions v. résolviez ils résolvent	résous résolvons résolvez	
je trairais tu trairais il trairait n. trairions v. trairiez ils trairaient	je traie tu traies il traie n. trayions v. trayiez ils traient	trais trayons trayez	
je foutrais tu foutrais il foutrait n. foutrions v. foutriez ils foutraient	je foute tu foutes il foute n. foutions v. foutiez ils foutent	fous foutons foutez	

不定法	直説法	
[59] **se laver** 現在分詞 se lavant 過去分詞 lavé	現在 je　me　lave tu　te　laves il　se　lave elle　se　lave n.　nous lavons v.　vous lavez ils　se　lavent elles se　lavent	半過去 je　me　lavais tu　te　lavais il　se　lavait elle　se　lavait n.　nous lavions v.　vous laviez ils　se　lavaient elles se　lavaient
	単純未来 je　me　laverai tu　te　laveras il　se　lavera elle　se　lavera n.　nous laverons v.　vous laverez ils　se　laveront elles se　laveront	複合過去 je　me suis　lavé(e) tu　t'es　lavé(e) il　s'est　lavé elle　s'est　lavée n.　nous sommes lavé(e)s v.　vous êtes　lavé(e)(s) ils　se sont　lavés elles se sont　lavées
	大過去 je　m'étais　lavé(e) tu　t'étais　lavé(e) il　s'était　lavé elle　s'était　lavée n.　nous étions lavé(e)s v.　vous étiez lavé(e)(s) ils　s'étaient　lavés elles s'étaient　lavées	前未来 je　me serai　lavé(e) tu　te seras　lavé(e) il　se sera　lavé elle　se sera　lavée n.　nous serons lavé(e)s v.　vous serez lavé(e)(s) ils　se seront　lavés elles se seront　lavées

条件法	接続法
現在 je me laverais tu te laverais il se laverait elle se laverait n. nous laverions v. vous laveriez ils se laveraient elles se laveraient	現在 je me lave tu te laves il se lave elle se lave n. nous lavions v. vous laviez ils se lavent elles se lavent
過去 je me serais lavé(e) tu te serais lavé(e) il se serait lavé elle se serait lavée n. nous serions lavé(e)s v. vous seriez lavé(e)(s) ils se seraient lavés elles se seraient lavées	過去 je me sois lavé(e) tu te sois lavé(e) il se soit lavé elle se soit lavée n. nous soyons lavé(e)s v. vous soyez lavé(e)(s) ils se soient lavés elles se soient lavées
命令法 lave-toi lavons-nous lavez-vous	

仏和・和仏 料理フランス語辞典

PETIT DICTIONNAIRE
DE LA GASTRONOMIE
français ⟷ japonais

2008 年 8 月 10 日　第 1 刷発行
2024 年 2 月 25 日　第 6 刷発行

Ⓒ 日仏料理協会 ［編］

宇田川　政喜（うだがわ　まさのぶ）
加藤　　綾子（かとう　あやこ）
砂川　　裕美（すながわ　ゆみ）
堀田　　小百合（ほった　さゆり）

発行者　岩堀雅巳
印刷所　株式会社三秀舎
製本所　株式会社松岳社

発行所　株式会社　白水社
101-0052 東京都千代田区神田小川町 3 の 24
電話 03-3291-7811　振替　00190-5-33228
http://www.hakusuisha.co.jp
乱丁・落丁本は，送料小社負担にてお取り替えいたします．
Printed in Japan
ISBN978-4-560-00041-0

▷本書のスキャン、デジタル化等の無断複製は著作権法上での例外を除き禁じられています。本書を代行業者等の第三者に依頼してスキャンやデジタル化することはたとえ個人や家庭内での利用であっても著作権法上認められていません。

新フランス料理用語辞典

日仏料理協会 [編]

食を愛するすべての人に贈る仏和辞典．食材，調理，ワイン，チーズ，ケーキ，スパイスなどを網羅した語数約9000．料理名の由来やルセットも詳しい，ガストロノミのこれぞバイブル！

■四六判／354頁

イタリア料理用語辞典

町田亘，吉田政国 [編]

一般の辞典にない料理用語を豊富に収録．語数7000．方言や地方料理名，ワインとチーズの名称を多数収録．巻末にレシピを読むためのイタリア語文法，メニュー例，肉の部位図あり．便利な和伊付．

■四六判／257頁

仏英独＝和 [新] 洋菓子辞典

千石玲子，千石禎子，吉田菊次郎 [編]

仏・英・独の3か国語対応．カナ発音付．日本語から引ける逆引き用語集併録．独菓子，仏地方菓子，最新用語が充実．パティシエ，製菓業界関係者必携！　これからプロを目指す人にも．語数7800．

■四六判／557頁

洋菓子百科事典

吉田菊次郎 [著]

洋菓子のすべてがわかる事典．配合や製法に加え，歴史やエピソードなど文化的背景も．主原料・器具・製菓用語も詳しい．巻末に年表．

■菊判／618頁